Le dictionnaire HARRAP'S Pratique français-allemand / allemand-français est identique au PONS Standardwörterbuch Französisch paru aux éditions PONS GmbH, Stuttgart R.F.A., ISBN 978-3-12-517342-2

Collaborateurs : Nathalie Karanfilovic, Katja Meister, Bernadette Poltorak-Pfenning, Anja Tauchmann

21, rue du Montparnasse
75283 Paris Cedex 06
France

HARRAP's® est une marque de Larousse SAS.
www.harrap.com

ISBN 978 2 81 870196 6

Direction rédactionnelle : Majka Dischler
Gestion informatique : Wolfgang Schindler, Gabrielle Villard
Composition : Dörr und Schiller GmbH, Stuttgart

ıcture des articles français-allemand

gewöhnlich
ːionale pour l'emploi

Toutes les **entrées** sont présentées dans l'ordre alphabétique et imprimées en couleur.

f; **changer d'~** umzie-

ːhkeit *f*

Les exposants en chiffre arabe indiquent qu'il s'agit de mots identiques avec des sens différents (**homographes**).

Le **tilde** remplace l'entrée dans les exemples et tournures idiomatiques.

Les formes irrégulières au pluriel des substantifs et des adjectifs sont indiquées entre chevrons.

Un **numéro** suivant l'infinitif du **verbe** ou la marque **irr** renvoie aux tableaux de conjugaison qui se trouvent en annexe.

e **voir II.** *adj* (*qui se re-*
ːvin) Hellseher(in) *m(f)*

Les chiffres romains subdivisent une entrée en différentes **catégories grammaticales.**
Les chiffres arabes subdivisent une entrée en ses différents **sens**.

r **comme** ~ für zwei es-
ːichst **II.** *m inv* Vier *f; v.a.*

Le signe ► introduit le **bloc des expressions figées**. Les mots soulignés permettent une meilleure orientation.

De nombreuses **balises sémantiques** permettent de trouver la bonne traduction :

US Konservatorium *nt;*

- indication du **domaine**

ːrren]anzug *m* 2 (*d'épo-*
s) Tracht *f*

- **définitions** et **synonymes**, **sujets** et **objets** typiques et autres **explications**

ndeheim *nt* 2 CH (*désor-*

- indication des **régionalismes**

n Arbeitstier *nt*

- indication du **niveau de lan**

W0213430

HARRAP'S

Dictionnaire Pratique

ALLEMAND

français-allemand • allemand-français

HARRAP

Inhaltsverzeichnis

Table des matières

Verwendete Lautschriftzeichen

Die französische Phonetik

[ː]	longueur vocalique
[ø]	**Eu**rope
[a]	b**a**c
[ɑ]	cl**a**sse
[ɛ]	c**ai**sse
[ɑ̃]	ch**an**son
[b]	**b**eau
[d]	**d**u
[e]	**é**tat
[ə]	m**e**nace
[ɛ̃]	af**in**
[f]	**f**eu
[g]	**g**ant
[ˊ]	**h**éros (h aspiré)
[i]	d**i**plôme
[j]	**y**acht
[ʒ]	**j**our
[k]	**c**œur
[l]	**l**oup
[m]	**m**arché
[n]	**n**ature
[ɲ]	di**gn**e
[ŋ]	campi**ng**
[o]	**au**to
[ɔ]	**o**btenir
[œ]	c**œu**r
[ɔ̃]	b**on**b**on**
[œ̃]	auc**un**
[p]	**p**age
[ʀ]	**r**ègle
[s]	**s**el

Signes utilisés pour la transcription phonétique

Die deutsche Phonetik

[ː]	Längezeichen
[ˈ]	Betonungszeichen
[ʔ]	Knacklaut
[ø]	Am**ö**be
[a]	Mech**a**nik
[ɑ]	H**a**rdware
[ai̯]	S**ei**fe
[au̯]	Fr**au**
[ɛ]	Tab**e**lle
[ɑ̃]	Br**an**che
[æ]	J**a**zz
[b]	Getrie**b**e
[ç]	Tei**ch**
[dʒ]	**Dsch**ungel
[e]	Gr**e**mium
[ə]	Temp**e**l
[ɛ̃]	Bullet**in**
[f]	Ha**f**en
[g]	Ha**g**ebutte
[h]	**H**agel
[i]	Hind**i**
[ɪ]	Br**i**lle
[i̯]	Emiss**i**on
[j]	In**j**ektion
[ʒ]	Eta**g**e
[k]	Inse**k**t
[l]	**L**uft
[m]	**M**acht
[n]	Ab**n**ahme
[ŋ]	Geda**n**ke
[o]	Ab**o**

[ʃ]	**ch**ef	[ɔ]	R**o**lle
[t]	**t**imbre	[o̯]	P**o**inte
[u]	c**ou**p	[õ]	Br**on**ze
[v]	**v**apeur	[œ]	T**ö**pfer
[w]	ki**w**i	[ɔ͜y]	Fr**eu**de
[y]	nat**u**re	[p]	A**b**stinenz
[ɥ]	h**u**ile	[p͜f]	Gi**pf**el
[z]	**z**èbre	[r]	**R**eise
		[ɐ]	Haf**er**
		[ɐ̯]	He**r**d
		[s]	Re**s**pekt
		[ʃ]	Fla**sch**e
		[θ]	**Th**riller
		[ʦ]	**Z**iel
		[ʧ]	Ki**tsch**
		[ʊ]	R**u**nde
		[ʌ]	P**u**blicity
		[x]	Spra**ch**e
		[ʏ]	St**ü**ck

Zeichen und Abkürzungen / Symboles et abréviations

▶	phraseologischer Block	bloc phraséologique	▶
|	zusammengesetztes, trennbares Verb	verbe composé séparable	
=	Kontraktion	contraction	=
*	Partizip ohne ge-	pas de ge- au participe passé	
≈	entspricht etwa	correspond	≈
-	Sprecherwechsel	changement d'interlocuteur	-
®	Warenzeichen	marque déposée	®
RR	reformierte Schreibung	nouvelle orthographe	
ALT	alte Schreibung	ancienne orthographe	
a.	auch	aussi	*a.*
A	österreichisch	autrichien	
Abk	Abkürzung	abréviation	*abr*
adj	Adjektiv	adjectif	*adj*
ADMIN	Verwaltung	administration	ADMIN
adv	Adverb	adverbe	*adv*
AGR	Landwirtschaft	agriculture	AGR
akk	Akkusativ	accusatif	
ANAT	Anatomie	anatomie	ANAT
app	Apposition	apposition	*app*
ARCHÄOL	Archäologie	archéologie	ARCHEOL
ARCHIT	Architektur	architecture	ARCHIT
art	Artikel	article	*art*
	Kunst	beaux-arts	ART
ASTRO	Astrologie, Astronomie	astrologie, astronomie	ASTRO
attr	attributiv	épithète	
AUT	Auto, Transport und Verkehr	automobile, moyens de transport	AUT
aux	Hilfsverb	auxiliaire	*aux*
AVIAT	Luftfahrt, Raumfahrt	aviation, espace	AVIAT
	belgisch	belge	BELG
bes.	besonders	surtout	
BIO	Biologie	biologie	BIO
BOT	Botanik, Gartenbau	botanique, horticulture	BOT
	kanadisch	canadien	CAN
CH	schweizerisch	suisse	CH
	Jagd	chasse	CHASSE
	Eisenbahn	chemin de fer	CHEMDFER
CHEM	Chemie	chimie	CHIM
CINE	Film, Kino	cinéma	CINE
COM	Handel	commerce	COM
	Komparativ	comparatif	*comp*
	Ergänzung, Objekt	complément	*compl*

conj	Konjunktion	conjonction	*conj*
COUT	Mode	couture	COUT
dat	Dativ	datif	
def	bestimmt	défini	*déf*
	unvollständiges Verb	verbe défectif	*défec*
dekl	dekliniert	décliné	
dem	demonstrativ	démonstratif	*dém*
	Begleiter des Substantivs	déterminant	*dét*
Dim	Verkleinerungsform	diminutif	*dim*
EISENBAHN	Eisenbahn	chemin de fer	
	Ökologie	écologie	ECOL
	Wirtschaft	économie	ECON
ELEC	Elektrizität	électricité	ELEC
	Kindersprache	langage enfantin	*enfantin*
etw	etwas	quelque chose	
f	Femininum	féminin	*f*
fam	umgangssprachlich	familier	*fam*
fig	figurativ, übertragen	figuré	*fig*
FIN	Finanzen, Börse	finances, bourse	FIN
form	förmlicher Sprachgebrauch	langage formel	*form*
	Futur	futur	*fut*
GASTR	Gastronomie	gastronomie	GASTR
geh	gehobener Sprachgebrauch	soutenu	
gen	Genitiv	génitif	
	meist	généralement	*gén*
GEO	Geographie, Geologie	géographie, géologie	GEO
HIST	Geschichte	histoire	HIST
Imp	Imperfekt	imparfait	*imparf*
	unpersönlich	impersonnel	*impers*
IND	Industrie	industrie	IND
indef	unbestimmt	indéfini	*indéf*
indic	Indikativ	indicatif	*indic*
Infin	Infinitiv	infinitif	*infin*
INFORM	Informatik	informatique	INFORM
interj	Interjektion	interjection	*interj*
interrog	fragend	interrogatif	*interrog*
inv	unveränderlich	invariable	*inv*
iron	ironisch, scherzhaft	ironique, humoristique	*iron*
JAGD	Jagd	chasse	
irr	unregelmäßig	irrégulier	*irr*
jd	jemand	qn (nominatif)	
jdm	jemandem	qn (datif)	
jdn	jemanden	qn (accusatif)	
jds	jemandes	qn (génitif)	

	Spiele	jeux	JEUX
JUR	Jura, Recht	juridique	JUR
Kinderspr.	Kindersprache	langage enfantin	
Komp	Komparativ	comparatif	
KUNST	Kunst	beaux-arts	
LING	Linguistik, Grammatik	linguistique, grammaire	LING
LITER	Literatur	littérature	LITTER
	Wendung	locution	*loc*
m	Maskulinum	masculin	*m*
MATH	Mathematik, Geometrie	mathématiques, géométrie	MATH
MED	Medizin, Pharmazie	médecine, pharmacie	MED
MEDIA	(audiovisuelle) Medien	médias, audiovisuel	MEDIA
METAL	Hüttenwesen	métallurgie	METAL
METEO	Meteorologie	météorologie	METEO
	südfranzösisch	du Midi	MIDI
MIL	Militär	militaire	MIL
MIN	Bergbau	industrie minière	MIN
MINER	Mineralogie	minéralogie	MINER
MUS	Musik	musique	MUS
NAUT	Seefahrt	navigation	NAUT
NDEUTSCH	norddeutsch	allemand du Nord	
	Verneinung	négation	*nég*
nom	Nominativ	nominatif	
	nordfranzösisch	du Nord	NORD
NS	nationalsozialistisch	national-socialiste	
nt	Neutrum	neutre	
num	Zahlwort	numéral	*num*
o	oder	ou	*o*
ÖKOL	Ökologie	écologie	
ÖKON	Wirtschaft	économie	
opp	Gegenteil	opposé, antonyme	*opp*
OPT	Optik	optique	OPT
	Angeln	pêche	PECHE
pej	abwertend	péjoratif	*péj*
pers	persönlich	personnel	*pers*
Pers	Person	personne	*pers.*
PHILOS	Philosophie	philosophie	PHILOS
PHOT	Fotografie	photographie	PHOT
PHYS	Physik	physique	PHYS
Pl	Plural	pluriel	*pl*
POL	Politik	politique	POL
poss	possessiv	possessif	*poss*
POST	Post	poste	POST
PP	Partizip Perfekt	participe passé	*part passé*

	Partizip Präsens	participe présent	*part prés*
präd	prädikativ	attribut	
präp	Präposition	préposition	*prép*
Präs	Präsens	présent	*prés*
PRESSE	Presse	presse	PRESSE
pron	Pronomen	pronom	*pron*
prov	sprichwörtlich	proverbe	*prov*
PSYCH	Psychologie	psychologie	PSYCH
	etwas	quelque chose	qc
	jemand	quelqu'un	qn
RADIO	Rundfunk	radio	RADIO
refl	reflexiv	réfléchi	
reg	regelmäßig	régulier	
rel	relativ	relatif	*rel*
REL	Religion	religion	REL
s.	siehe	voir	
S.	Sache	chose	
SCI	Naturwissenschaften	sciences naturelles	SCI
SCHULE	Schulwesen	école	SCOL
SDEUTSCH	süddeutsch	allemand du Sud	
Sing	Singular	singulier	*sing*
SOZIOL	Soziologie	sociologie	SOCIOL
	gehoben	soutenu	*soutenu*
SPIEL	Spiele	jeux	
SPORT	Sport	sport	SPORT
	Konjunktiv	subjonctif	*subj*
	Substantiv	substantif	*subst*
Superl	Superlativ	superlatif	*superl*
TECH	Technik	technique	TECH
TELEC	Nachrichtentechnik	télécommunications	TELEC
TEXTIL	Textilien	textile	TEXTIL
THEAT	Theater	théâtre	THEAT
TOUR	Tourismus	tourisme	TOUR
TV	Fernsehen	télévision	TV
TYP	Buchdruck	typographie	TYP
UNIV	Universität	université	UNIV
unpers	unpersönlich	impersonnel	
	siehe	voir	*v.*
vi	intransitives Verb	verbe intransitif	*vi*
vr	reflexives Verb	verbe pronominal	*vpr*
vt	transitives Verb	verbe transitif	*vt*
vulg	vulgär	vulgaire	*vulg*
ZOOL	Zoologie	zoologie	ZOOL

Aa

A, **a** [ɑ] *m inv* A *nt*, a *nt*; **a commercial** INFORM at-Zeichen *nt*

a [a] *indic prés de* **avoir**

à [a] <à + le = au, à la, à + les = aux> *prép* ① (*introduit une notion de temps*) **à 8 heures** um acht [Uhr]; **à Noël** an Weihnachten; **à l'arrivée** bei der Ankunft; **le cinq juin au matin** am fünften Juni morgens; **au printemps** im Frühling; **à mon retour** bei meiner Rückkehr; **à demain!** bis morgen!; **de 2 à 8 heures** von 2 bis 8 Uhr ② (*introduit une notion de lieu*) **aller à l'école/la poste** in die Schule/auf die Post gehen; **aller à la mer/montagne/à Paris** ans Meer/ins Gebirge/nach Paris fahren; **aller au Japon/aux États-Unis** nach Japan/in die Vereinigten Staaten fliegen; **s'asseoir à son bureau** sich an seinen Schreibtisch setzen; **être à la piscine/poste** im Schwimmbad/auf der Post sein; **habiter à Paris/aux États-Unis** in Paris/in den Vereinigten Staaten leben; **être assis à son bureau** an seinem Schreibtisch sitzen; **au coin de la rue** an der Straßenecke; **à la page 36** auf Seite 36; **à cinq minutes d'ici** fünf Minuten von hier [entfernt]; **à la télévision** im Fernsehen; **avoir mal à la tête** Kopfschmerzen haben; **les larmes aux yeux** mit Tränen in den Augen ③ (*par*) **à l'heure/la journée** in der Stunde/am Tag; **7 litres aux 100 [kilomètres]** 7 Liter auf 100 [Kilometer]; **acheter au poids/au mètre** nach Gewicht/meterweise [ein]kaufen ④ (*cause*) **à cette nouvelle, ...** bei dieser Nachricht ... ⑤ (*indique une appartenance*) **c'est à moi/lui** das gehört mir/ihm; **un ami à eux** ein Freund von ihnen; **avoir une maison à soi** ein eigenes Haus haben ⑥ (*indique le moyen*) **coudre/écrire qc à la machine** etw auf der Maschine nähen/schreiben; **cuisiner au beurre** mit Butter kochen; **à la loupe** durch die Lupe ⑦ (*indique la manière*) **à 2/3** zu zweit/dritt; **s'ennuyer à mourir** sich zu Tode langweilen; **c'est à mourir de rire** das ist zum Totlachen

abaissement [abɛsmɑ̃] *m* (*d'un niveau, siège*) Niedrigerstellen *nt;* (*de l'âge de la retraite*) Herabsetzen *nt*

abaisser [abese] <1> **I.** *vt* (*niveau*) niedriger stellen; (*âge de la retraite*) herabsetzen **II.** *vpr* (*s'humilier*) **s'~** sich erniedrigen

abandon [abɑ̃dɔ̃] *m* ① Verlassen *nt;* (*d'un nouveau-né, animal*) Aussetzen *nt;* **laisser qc à l'~** etw verkommen lassen ② *a.* SPORT (*des études, d'une piste*) Aufgabe *f;* (*des recherches*) Einstellung *f*

abandonné, **e** [abɑ̃dɔne] *adj* (*maison*) verlassen; (*enfant*) ausgesetzt; (*animal*) herrenlos

abandonner [abɑ̃dɔne] <1> **I.** *vt* ① verlassen; (*nouveau-né, animal*) aussetzen; (*véhicule*) stehen lassen; **se sentir abandonné** sich allein gelassen fühlen ② (*renoncer à*) aufgeben; (*pouvoir, fonction*) verzichten auf (+ *akk*) **II.** *vi* aufgeben **III.** *vpr* **s'~ au désespoir** sich der Verzweiflung hingeben

abasourdir [abazuʀdiʀ] <8> *vt* (*stupéfier*) sprachlos machen; **être abasourdi** verblüfft sein

abat-jour [abaʒuʀ] *m inv* Lampenschirm *m*

abats [aba] *mpl* Innereien *Pl*

abattage [abataʒ] *m* (*d'un mur, d'une maison*) Abreißen *nt;* (*d'une cloison*) Einreißen *nt*

abattoir [abatwaʀ] *m* Schlachthof *m*

abattre [abatʀ] <irr> **I.** *vt* ① (*mur, maison*) abreißen; (*cloison*) einreißen; (*arbre*) fällen; (*forêt*) abholzen; (*avion*) abschießen ② (*animal de boucherie*) schlachten; (*personne*) erschießen ③ (*travailler vite et beaucoup*) **~ de la besogne** seine Arbeit flott erledigen **II.** *vpr* **s'~** ① (*tomber brutalement*) umstürzen; (*pluie*) niederprasseln ② (*fondre sur: aigle, personne*) sich stürzen auf (+ *akk*)

abattu, **e** [abaty] **I.** *part passé de* **abattre** **II.** *adj* (*physiquement*) geschwächt; (*moralement*) niedergeschlagen

abbaye [abei] *f* Abtei *f*

abbé [abe] *m* ① (*prêtre*) Priester *m* ② (*supérieur d'une abbaye*) Abt *m*

abbesse [abɛs] *f* Äbtissin *f*

abcès [apsɛ] *m* Abszess *m*

abdication [abdikasjɔ̃] *f* Abdankung *f*

abdiquer [abdike] <1> *vi* ① (*roi*) abdanken ② (*renoncer*) aufgeben

abdomen [abdɔmɛn] *m* Bauch *m*

abdominal, **e** [abdɔminal, o] <-aux> *adj* Bauch-

abdominaux [abdɔmino] *mpl* Bauchmuskeln *Pl*
abeille [abɛj] *f* Biene *f*
aberrant, e [abeʀɑ̃, ɑ̃t] *adj* widersinnig; (*prix, idée*) irrsinnig
aberration [abeʀasjɔ̃] *f* Widersinnigkeit *f*
abîmer [abime] <1> **I.** *vt* beschädigen **II.** *vpr* ❶ (*se détériorer*) **s'~** sich abnutzen ❷ (*détériorer*) **s'~ les yeux** sich (*dat*) die Augen verderben; **s'~ la santé** seine Gesundheit ruinieren
abject, e [abʒɛkt] *adj* niederträchtig
aboiement [abwamɑ̃] *m* Bellen *nt*
abolir [abɔliʀ] <8> *vt* abschaffen; (*frontière*) aufheben
abolition [abɔlisjɔ̃] *f* Abschaffung *f*; (*des frontières*) Aufhebung *f*
abominable [abɔminabl] *adj* (*acte*) abscheulich; (*temps*) scheußlich
abomination [abɔminasjɔ̃] *f* abscheuliche Tat
abondamment [abɔ̃damɑ̃] *adv* reichlich
abondance [abɔ̃dɑ̃s] *f* Fülle *f* ▶**en** ~ in Hülle und Fülle
abondant, e [abɔ̃dɑ̃, ɑ̃t] *adj* (*nourriture*) reichhaltig; **des pluies ~es** ergiebige Regenfälle *Pl*
abonder [abɔ̃de] <1> *vi* reichlich vorhanden sein
abonné, e [abɔne] **I.** *adj* **être ~ à un journal** eine Zeitung abonniert haben, auf eine Zeitung abonniert werden (CH) **II.** *m, f* (*d'un théâtre, journal*) Abonnent(in) *m(f)*; **~ au téléphone** Fernsprechteilnehmer *m*
abonnement [abɔnmɑ̃] *m* Abonnement *nt*; (*au téléphone*) Anschluss *m*; **~ hebdomadaire/mensuel** Wochen-/Monatskarte *f*
abonner [abɔne] <1> **I.** *vpr* **s'~ à qc** etw abonnieren **II.** *vt* **~ qn à un journal** jdn für ein Zeitungsabonnement werben
abord [abɔʀ] *m* (*alentours*) **les ~s d'une ville** die unmittelbare Umgebung einer Stadt ▶**au premier** ~ auf den ersten Blick; [**tout**] **d'**~ zu[aller]erst; **d'~ tu n'avais qu'à ...** *fam* also, du hättest einfach nur ...; **et d'~, qui ...** *fam* und überhaupt, wer ...
abordable [abɔʀdabl] *adj* (*prix*) erschwinglich
abordage [abɔʀdaʒ] *m* (*assaut*) Entern *nt*
aborder [abɔʀde] <1> **I.** *vt* ❶ (*accoster, évoquer*) ansprechen ❷ (*sujet*) herangehen an (+ *akk*); (*épreuve*) anpacken **II.** *vi* anlegen
aborigène [abɔʀiʒɛn] *adj* (*peuple*) eingeboren
aboutir [abutiʀ] <8> *vi* ❶ (*réussir*) Erfolg haben; (*projet*) erfolgreich abgeschlossen werden; **ne pas ~** erfolglos [geblieben] sein ❷ (*se terminer par*) führen zu
aboutissement [abutismɑ̃] *m* Ergebnis *nt*
aboyer [abwaje] <6> *vi* bellen
abracadabrant, e [abʀakadabʀɑ̃, ɑ̃t] *adj* ungewöhnlich
abrasif [abʀazif] *m* Schleifmittel *nt*
abrégé [abʀeʒe] *m* ❶ (*texte réduit*) gekürzte Fassung; **en ~** abgekürzt ❷ (*ouvrage*) Abriss *m*
abréger [abʀeʒe] <2a, 5> *vt* (*souffrances*) verkürzen; (*rencontre, mot*) abkürzen; (*texte*) kürzen
abreuver [abʀœve] <1> **I.** *vt* **~ qn de compliments** jdn mit Komplimenten überhäufen **II.** *vpr* (*boire*) **s'~** trinken
abreuvoir [abʀœvwaʀ] *m* Tränkrinne *f*
abréviation [abʀevjasjɔ̃] *f* Abkürzung *f*
abri [abʀi] *m* ❶ (*protection naturelle*) Schutz *m*; **mettre qc à l'~** etw in Sicherheit bringen ❷ MIL Unterstand *m* ❸ (*lieu aménagé*) Hütte *f*; (*en montagne*) Schutzhütte ▶**être à l'~** (*personne*) in Sicherheit sein; (*vélo, voiture*) untergestellt sein; **être à l'~ du besoin** keine finanziellen Sorgen [mehr] haben; **être à l'~ des gelées** vor Frost geschützt sein
abribus® [abʀibys] *m* Wartehäuschen *nt*
abricot [abʀiko] **I.** *m* Aprikose *f*, Marille *f* (A) **II.** *adj inv* aprikosenfarben
abricotier [abʀikɔtje] *m* Aprikosenbaum *m*
abriter [abʀite] <1> **I.** *vt* ❶ (*protéger*) schützen vor (+ *dat*) ❷ (*héberger*) beherbergen **II.** *vpr* ❶ **s'~** (*se protéger du danger*) in Deckung gehen; (*population*) Schutz suchen; (*se protéger des intempéries*) sich unterstellen ❷ *fig* **s'~ derrière qn/qc** sich hinter jdm/etw verstecken
abroger [abʀɔʒe] <2a> *vt* aufheben
abrupt, e [abʀypt] *adj* (*pente*) steil
abruti, e [abʀyti] **I.** *adj* (*idiot*) blöd **II.** *m, f fam* Idiot(in) *m(f)*
abrutir [abʀytiʀ] <8> *vt* (*bruit, soleil*) [ganz] benommen machen; **~ qn de travail** jdn mit Arbeit überhäufen
abrutissant, e [abʀytisɑ̃, ɑ̃t] *adj* (*travail*) stumpfsinnig; (*musique*) [ohren]betäubend

abrutissement [abʀytismɑ̃] *m* Benommenheit *f*

ABS [ɑbeɛs] *m abr de* **Anti Blockier System** ABS *nt*

absence [apsɑ̃s] *f* ❶ Abwesenheit *f;* **en l'~ de qn** in jds Abwesenheit ❷ (*manque*) **l'~ de qc** das Fehlen einer S. (*gen*); **~ d'humour** Humorlosigkeit *f*

absent, e [apsɑ̃, ɑ̃t] **I.** *adj* ❶ abwesend; (*élève*) fehlend; **être ~ à une réunion** bei einer Besprechung fehlen; **être ~ du bureau** nicht im Büro sein ❷ (*air, regard*) [geistes]abwesend **II.** *m, f* Abwesende(r) *f(m)*

absentéisme [apsɑ̃teism] *m* (*d'un élève*) häufiges Fernbleiben vom Unterricht

absenter [apsɑ̃te] <1> *vpr* **s'~** weggehen

absinthe [apsɛ̃t] *f* Absinth *m*

absolu [apsɔly] *m* **l'~** das Absolute

absolu, e [apsɔly] *adj* absolut; (*confiance*) uneingeschränkt; (*amour*) bedingungslos

absolument [apsɔlymɑ̃] *adv* ❶ (*d'une manière absolue*) unbedingt; **~ pas** überhaupt nicht; **~ rien** absolut nichts ❷ (*remarquable*) ganz; (*vrai*) vollkommen; (*faux*) völlig ▶**~!** genau!; **mais ~!** aber sicher!

absorbant, e [apsɔʀbɑ̃, ɑ̃t] *adj* (*tissu*) saugfähig

absorber [apsɔʀbe] <1> *vt* ❶ (*consommer*) zu sich nehmen; (*médicament*) einnehmen ❷ (*s'imbiber*) aufsaugen; (*odeur*) absorbieren ❸ ECON (*concurrent*) übernehmen ❹ (*accaparer*) in Anspruch nehmen; **être absorbé par une lecture** in eine Lektüre völlig vertieft sein

absorption [apsɔʀpsjɔ̃] *f* (*d'un médicament*) Einnahme *f*

absoudre [apsudʀ] <irr> *vt* REL **~ qn** jdm [die] Absolution erteilen

abstenir [apstəniʀ] <9> *vpr* ❶ (*se refuser*) **s'~ de qc** auf etw (*akk*) verzichten ❷ (*ne pas voter*) **s'~** sich der Stimme (*gen*) enthalten

abstention [apstɑ̃sjɔ̃] *f* [Stimm]enthaltung *f*

abstentionniste [apstɑ̃sjɔnist] *mf* Nichtwähler(in) *m(f)*

abstinence [apstinɑ̃s] *f* ❶ (*chasteté*) Enthaltsamkeit *f* ❷ (*sobriété*) Abstinenz *f*

abstraction [apstʀaksjɔ̃] *f* **faire ~ de qc** etw außer Acht lassen

abstraire [apstʀɛʀ] <irr> *vt* ❶ (*schématiser*) abstrahieren ❷ (*isoler par la pensée*) absehen von (+ *dat*)

abstrait [apstʀɛ] *m* (*abstraction*) Abstrakte *nt*

abstrait, e [apstʀɛ, ɛt] *adj* abstrakt

absurde [apsyʀd] *adj* absurd

absurdité [apsyʀdite] *f* ❶ (*caractère absurde*) Absurdität *f* ❷ (*bêtise*) Unsinn *m kein Pl*

abus [aby] *m* ❶ (*consommation excessive*) **~ d'alcool/de tabac** übermäßiger Alkohol-/Tabakgenuss ❷ (*usage abusif*) Missbrauch *m;* **~ sexuel sur qn** sexueller Missbrauch von jdm; **~ de biens sociaux** Unterschlagung *f;* **~ de pouvoir** Amtsmissbrauch

abuser [abyze] <1> **I.** *vi* ❶ übertreiben; **~ de l'alcool/du tabac** zu viel trinken/rauchen ❷ (*faire un usage excessif*) **~ de son pouvoir** seine Macht missbrauchen ❸ (*exploiter*) **~ de la confiance de qn** jds Vertrauen ausnutzen ❹ (*violer*) **~ de qn** jdn missbrauchen (*geh*) **II.** *vpr* **si je ne m'abuse** wenn ich [mich] nicht irre

abusif, -ive [abyzif, -iv] *adj* übermäßig; (*licenciement*) ungerechtfertigt

acacia [akasja] *m* Akazie *f*

académicien, ne [akademisjɛ̃, jɛn] *m, f* Mitglied *nt* der Académie française

académie [akademi] *f* ❶ (*société savante*) Akademie *f* ❷ SCOL, UNIV Schule *f;* (*circonscription*) ≈ Schulaufsichtsbezirk *m* ❸ (*service administratif d'une académie*) ≈ Oberschulamt *nt*

Académie [akademi] *f* Akademie *f;* **l'~ française** die Académie française

> Die **Académie française** in Paris ist mit der Pflege der französischen Sprache betraut. Die vierzig Mitglieder sind auf Lebenszeit gewählt, ebenso wie der *Secrétaire perpétuel*, der die *Académie* leitet. Die Sprachpflege besteht vor allem in der Erarbeitung eines Wörterbuchs, das für die französische Sprache maßgeblich sein soll. Darüber hinaus vergibt die **Académie française** begehrte Literaturpreise.

académique [akademik] *adj* ❶ (*d'une société savante*) Akademie- ❷ (*de l'Académie française*) der Académie française

acajou [akaʒu] *m* (*bois*) Mahagoni[holz *nt*] *nt*

acariens [akaʀjɛ̃] *mpl* Milben *Pl*

accablant, e [akablɑ̃, ɑ̃t] *adj* ❶ (*chaleur*) drückend; (*nouvelle*) deprimierend; (*travail*) erschöpfend ❷ (*témoignage, preuve*) belastend

accabler [akable] <1> *vt* ❶ (*abattre*) ~ **qn** (*nouvelle*) jdn deprimieren; (*dettes*) auf jdm lasten; **être accablé de travail** mit Arbeit überhäuft sein ❷ (*imposer*) ~ **qn de reproches** jdn mit Vorwürfen überschütten; ~ **le peuple d'impôts** dem Volk [viel zu] hohe Steuern aufbürden ❸ (*confondre*) ~ **qn** (*témoignage*) jdn belasten

accalmie [akalmi] *f* ❶ METEO [vorübergehendes] Nachlassen ❷ (*trêve*) etwas ruhigere Phase

accaparer [akapaʀe] <1> *vt* ❶ (*conversation*) an sich (*akk*) reißen; (*attention*) auf sich (*akk*) ziehen ❷ (*occuper complètement*) völlig in Anspruch nehmen

accéder [aksede] <5> *vi* ❶ (*parvenir à*) gelangen zu ❷ (*atteindre*) ~ **à un poste** eine Stelle erlangen; ~ **en finale** ins Finale kommen

accélérateur [akseleʀatœʀ] *m* AUT Gaspedal *nt;* **donner un coup d'~** aufs Gaspedal treten

accélération [akseleʀasjɔ̃] *f* Beschleunigung *f*

accéléré [akseleʀe] *m* Zeitraffer *m*

accélérer [akseleʀe] <5> **I.** *vt, vi* beschleunigen **II.** *vpr* **s'~** (*pouls*) sich beschleunigen; (*travaux*) schneller gehen

accent [aksɑ̃] *m* ❶ **e ~ aigu/grave/circonflexe** e Akut *m*/Gravis *m*/Zirkumflex *m* ❷ (*manière de prononcer*) Akzent *m* ❸ (*accentuation*) Akzent *m,* Betonung *f;* **mettre l'~ sur qc** etw [besonders] hervorheben

accentuation [aksɑ̃tɥasjɔ̃] *f* ❶ (*des symptômes*) Verschlimmerung *f* ❷ LING Setzen *nt* der Akzente

accentué, e [aksɑ̃tɥe] *adj* LING betont

accentuer [aksɑ̃tɥe] <1> **I.** *vt a.* LING betonen; (*efforts*) verstärken **II.** *vpr* **s'~** sich verstärken; (*froid*) sich verschärfen

acceptable [aksɛptabl] *adj* akzeptabel

acceptation [aksɛptasjɔ̃] *f* Zustimmung *f*

accepter [aksɛpte] <1> **I.** *vt* (*cadeau, échec, destin*) annehmen; (*excuses*) akzeptieren; (*responsabilité*) übernehmen; ~ **une thèse/théorie** einer These/Theorie zustimmen **II.** *vi* ❶ (*être d'accord*) akzeptieren; ~ **de faire qc** damit einverstanden sein etw zu tun ❷ (*tolérer*) dulden ❸ (*permettre*) zulassen

accès [aksɛ] *m* ❶ Eingang *m;* (*pour piétons*) Zugang *m;* (*pour véhicules*) Zufahrt *f;* ~ **interdit** kein Zutritt ❷ (*action d'accéder à une position*) ~ **à un poste** Zugang *m* zu einer Stelle ❸ (*crise*) Anfall *m;* ~ **d'humeur** Launenhaftigkeit *f* ❹ INFORM Zugang *m*

accessible [aksesibl] *adj* ❶ (*lieu*) zugänglich; **être ~ à qn** für jdn erreichbar sein ❷ (*compréhensible*) verständlich ❸ (*prix*) erschwinglich

accession [aksesjɔ̃] *f* ~ **à qc** Erlangen *nt* einer S. (*gen*); ~ **à la propriété** Erwerb *m* von [Wohnungs]eigentum

accessoire [akseswaʀ] **I.** *adj* nebensächlich **II.** *m* ❶ (*pièce complémentaire*) Zubehörteil *nt;* **les ~s** das Zubehör ❷ COUT Accessoire *nt* ❸ THEAT, CINE Requisit *nt*

accessoirement [akseswaʀmɑ̃] *adv* nebenbei

accessoiriste [akseswaʀist] *mf* Requisiteur(in) *m(f)*

accident [aksidɑ̃] *m* Unfall *m;* ~ **de parcours** Missgeschick *nt;* **avoir un ~** verunglücken

accidenté, e [aksidɑ̃te] **I.** *adj* ❶ (*terrain*) uneben ❷ (*personne*) verunglückt; (*voiture*) Unfall- **II.** *m, f* Verunglückte(r) *f(m)*

accidentel, le [aksidɑ̃tɛl] *adj* (*dû au hasard*) zufällig; (*dû à un accident*) Unfall-

accidentellement [aksidɑ̃tɛlmɑ̃] *adv* ❶ zufällig ❷ (*dans un accident*) **mourir ~** tödlich verunglücken

acclamation [aklamasjɔ̃] *f* Jubel *m kein Pl;* **les ~s du public** die Beifall[s]rufe des Publikums

acclamer [aklame] <1> *vt* ~ **qn** jdm zujubeln

acclimatation [aklimatasjɔ̃] *f* Akklimatisierung *f*

acclimater [aklimate] <1> *vpr* **s'~** sich gewöhnen an (+ *akk*)

accolade [akɔlad] *f* ❶ (*embrassade*) feierliche Umarmung *f* ❷ TYP geschweifte Klammer

accoler [akɔle] <1> *vt* anhängen an (+ *akk*)

accommodant, e [akɔmɔdɑ̃, ɑ̃t] *adj* (*patron, directeur*) entgegenkommend

accommodation [akɔmɔdasjɔ̃] *f* ❶ (*adaptation*) ~ **à une nouvelle vie** Anpassung *f* an ein neues Leben ❷ GASTR [Art *f* der] Zubereitung *f*

accommoder [akɔmɔde] <1> **I.** *vt* GASTR zubereiten; (*restes*) verwerten **II.** *vpr* (*se contenter de*) **s'~ de qc** mit etw zufrieden sein

accompagnateur, -trice [akɔ̃paɲatœʀ, -tʀis] *m, f* Begleiter(in) *m(f)*

accompagnement [akɔ̃paɲmɑ̃] *m* MUS Begleitung *f*

accompagner [akɔ̃paɲe] <1> *vt* begleiten

accompli, e [akɔ̃pli] *adj* perfekt

accomplir [akɔ̃pliʀ] <8> **I.** *vt* (*travail*) erledigen; (*tâche*) erfüllen; (*devoir*) tun **II.** *vpr* **s'~** (*prophétie*) sich erfüllen

accomplissement [akɔ̃plismɑ̃] *m* (*d'un travail, d'une tâche*) Erledigung *f*

accord [akɔʀ] *m* ❶ Einverständnis *nt;* **d'un commun ~** einmütig; **donner son ~ à qn** jdm seine Zustimmung geben; **d'~!** einverstanden! ❷ (*convention*) Vereinbarung *f* ❸ (*entente*) [gutes] Einvernehmen; **faire qc en ~ avec qn** etw in Übereinstimmung mit jdm tun; **se mettre** [*o* **tomber**] **d'~ avec qn/sur qc** sich mit jdm/auf etw (*akk*) einigen ❹ MUS Akkord *m* ❺ LING **faute d'~** Kongruenzfehler *m*

accordéon [akɔʀdeɔ̃] *m* Akkordeon *nt*

accordéoniste [akɔʀdeɔnist] *mf* Akkordeonspieler(in) *m(f)*

accorder [akɔʀde] <1> **I.** *vt* ❶ (*crédit, délai*) gewähren; (*permission*) erteilen; (*faveur*) erweisen; (*circonstances atténuantes*) zubilligen; (*confiance*) schenken ❷ (*attribuer*) **~ de l'importance à qc** einer S. (*dat*) Gewicht beilegen ❸ MUS stimmen ❹ (*verbe, adjectif*) angleichen an (+ *akk*) **II.** *vpr* ❶ (*s'entendre*) **s'~ avec qn sur une solution** sich mit jdm über eine Lösung einigen ❷ (*s'octroyer*) **s'~ une pause** sich (*dat*) eine Pause gönnen

accoster [akɔste] <1> **I.** *vi* anlegen **II.** *vt* ❶ (*aborder*) ansprechen ❷ NAUT (*quai*) anlegen an (+ *dat*)

accouchement [akuʃmɑ̃] *m* Geburt *f*

accoucher [akuʃe] <1> **I.** *vi* MED entbinden; **~ d'une fille** ein Mädchen zur Welt bringen ▶**allez, accouche!** *fig* los, raus damit! **II.** *vt* **~ qn** jdn entbinden

accoucheur, -euse [akuʃœʀ, -øz] *m, f* Hebamme *f*

accouder [akude] <1> *vpr* **s'~ à qc** sich mit den Ellbogen auf etw (*akk*) stützen

accoudoir [akudwaʀ] *m* Armlehne *f*

accouplement [akupləmɑ̃] *m* ZOOL Paarung *f*

accoupler [akuple] <1> **I.** *vpr* ZOOL **s'~** sich paaren **II.** *vt* ZOOL paaren mit

accourir [akuʀiʀ] <irr> *vi* + *avoir o être* (*personne*) herbeieilen; (*animal*) angelaufen kommen

accoutrement [akutʀəmɑ̃] *m* Aufmachung *f*

accoutrer [akutʀe] <1> *vpr* **s'~** sich ausstaffieren

accoutumance [akutymɑ̃s] *f* Gewöhnung *f*

accoutumé, e [akutyme] *adj* gewohnt

accoutumer [akutyme] <1> *vt* **~ son enfant à qc** (*habituer*) sein Kind an etw (*akk*) gewöhnen

accro [akʀo] *abr de* **accroché I.** *adj fam* ❶ (*dépendant d'une drogue*) süchtig ❷ (*passionné*) **~ de jazz** [ganz] verrückt auf Jazz (*akk*) **II.** *mf fam* ❶ (*drogué*) Junkie *m* ❷ (*passionné*) Fan *m*

accroc [akʀo] *m* (*déchirure*) Riss *m;* **faire un ~ à sa chemise** sich (*dat*) ein Loch ins Hemd reißen

accrochage [akʀɔʃaʒ] *m* ❶ (*collision*) [leichter] Zusammenstoß ❷ (*altercation*) Auseinandersetzung *f*

accroche [akʀɔʃ] *f* MEDIA Blickfang *m*

accrocher [akʀɔʃe] <1> **I.** *vt* ❶ (*suspendre*) aufhängen; **~ qc à qc** etw an etw (*akk*) hängen ❷ (*déchirer*) hängen bleiben mit ❸ (*entrer en collision*) streifen **II.** *vpr* ❶ (*se tenir à qc*) **s'~ à qc** sich an etw (*dat*) festklammern ❷ (*se faire un accroc*) **s'~ à qc** an etw (*dat*) hängen bleiben ❸ (*persévérer*) **s'~** durchhalten ❹ (*se disputer*) **s'~ avec qn** sich mit jdm in die Haare kriegen

accrocheur, -euse [akʀɔʃœʀ, -øz] *adj* **titre ~/publicité accrocheuse** Titel, der/Werbung, die Aufmerksamkeit erregt

accroissement [akʀwasmɑ̃] *m* Zunahme *f;* (*du chiffre d'affaires*) Steigerung *f*

accroître [akʀwɑtʀ] <irr> **I.** *vt* (*patrimoine*) vermehren **II.** *vpr* **s'~** (*mécontentement*) zunehmen

accroupir [akʀupiʀ] <8> *vpr* **s'~** in die Hocke gehen; **être accroupi** kauern

accru, e [akʀy] *adj* höher

accu [aky] *m souvent pl fam abr de* **accumulateur** Akku *m*

accueil [akœj] *m* ❶ (*fait de recevoir*) Empfang *m;* **faire bon/mauvais ~ à qn** jdn freundlich/unfreundlich empfangen ❷ (*lieu*) Rezeption *f* ❸ INFORM (*badge*) Home *nt*

accueillant, e [akœjɑ̃, ɑ̃t] *adj* (*personne*) freundlich; (*pièce*) gastlich

accueillir [akœjiʀ] <irr> *vt* empfangen; (*nouvelle, hôte*) aufnehmen; (*projet*) begrüßen

accumulateur [akymylatœʀ] *m* Akku *m*

accumulation [akymylasjɔ̃] *f* Anhäufung *f;* (*de preuves*) Sammeln *nt*

accumuler [akymyle] <1> **I.** *vt* anhäufen; (*preuves*) sammeln; **~ les erreurs** einen Fehler nach dem anderen begehen **II.** *vpr* **s'~** sich sammeln; (*difficultés*) sich häufen

accusateur, -trice [akyzatœʀ, -tʀis] **I.** *adj* (*regard*) anklagend **II.** *m, f* Ankläger(in) *m(f)*

accusatif [akyzatif] *m* LING Akkusativ *m*

accusation [akyzasjɔ̃] *f* Anschuldigung *f;* JUR Anklage *f*

accusé, e [akyze] *m, f* JUR Angeklagte(r) *f(m)*

accuser [akyze] <1> *vt* ❶ JUR anklagen; **~ qn d'un vol** jdn des Diebstahls beschuldigen ❷ (*montrer*) **son visage accuse la fatigue** er/sie sieht müde aus

ace [ɛs] *m* SPORT Ass *nt*

acerbe [asɛʀb] *adj* (*ton, paroles*) scharf

acéré, e [aseʀe] *adj* (*griffes, couteau*) scharf

acétate [asetat] *m* CHIM Acetat *nt*

acétone [asetɔn] *f* CHIM Aceton *nt*

acharné, e [aʃaʀne] *adj* (*travailleur*) verbissen; (*joueur*) leidenschaftlich; (*combat*) erbittert; **être ~** hartnäckig sein

acharnement [aʃaʀnəmɑ̃] *m* Hartnäckigkeit *f,* Verbissenheit *f*

acharner [aʃaʀne] <1> *vpr* **s'~ sur qn** von jdm nicht ablassen; **s'~ sur qc** sich an etw (*dat*) festbeißen; (*détruire*) einen Gegenstand blindwütig zerstören; **s'~ à faire qc** sich darauf versteifen etw zu tun

achat [aʃa] *m* Kauf *m;* (*de biens durables*) Anschaffung *f;* **faire des ~s** einkaufen

acheminer [aʃ(ə)mine] <1> *vt* befördern

acheter [aʃ(ə)te] <4> **I.** *vt* ❶ **~ qc chez qn** etw bei jdm [ein]kaufen ❷ *péj* (*silence*) sich (*dat*) erkaufen **II.** *vpr* **s'~ qc** sich (*dat*) etw kaufen

acheteur, -euse [aʃtœʀ, -øz] *m, f* Käufer(in) *m(f)*

achèvement [aʃɛvmɑ̃] *m* (*d'un immeuble*) Fertigstellung *f;* (*des travaux*) Abschluss *m*

achever [aʃ(ə)ve] <4> *vt* ❶ (*œuvre*) vollenden; **~ de faire qc** etw zu Ende tun ❷ (*tuer*) töten ❸ (*épuiser*) den Rest geben (*fam*)

acide [asid] **I.** *adj* sauer **II.** *m* CHIM Säure *f*

acidité [asidite] *f* (*d'un fruit*) saurer Geschmack

acidulé, e [asidyle] *adj* (*goût, bonbon*) säuerlich

acier [asje] *m* ❶ (*métal*) Stahl *m* ❷ (*industrie*) **l'~** die Stahlindustrie

aciérie [asjeʀi] *f* Stahlwerk *nt*

acné [akne] *f* Akne *f*

acolyte [akɔlit] *m péj* Komplize *m*

acompte [akɔ̃t] *m* Anzahlung *f*

Açores [asɔʀ] *fpl* **les ~** die Azoren

à-côté [akote] <à-côtés> *m* ❶ (*détail*) Nebensächlichkeit *f* ❷ (*gain occasionnel*) Zubrot *nt kein Pl* **à-coup** [aku] <à-coups> *m* Ruck *m;* **par ~s** stoßweise

acoustique [akustik] *f sans pl* (*qualité sonore*) Akustik *f*

acquéreur [akeʀœʀ] *m* Käufer *m*

acquérir [akeʀiʀ] <irr> *vt* ❶ erwerben ❷ (*compétence*) sich (*dat*) aneignen; (*expérience*) sammeln

acquiescer [akjese] <2> *vi* zustimmen

acquis [aki] *mpl* (*avantages sociaux*) Errungenschaften *Pl*

acquis, e [aki, iz] **I.** *part passé de* **acquérir** **II.** *adj* ❶ (*fortune*) erworben; (*droit*) wohlerworben; (*expériences*) gewonnen; (*avantages*) erkämpft ❷ (*reconnu*) feststehend; **considérer qc comme ~** etw als gesichert betrachten

acquisition [akizisjɔ̃] *f* ❶ (*action*) Erwerb *m;* **faire l'~ de qc** [sich (*dat*)] etw anschaffen ❷ (*objet acquis*) Anschaffung *f*

acquittement [akitmɑ̃] *m* (*d'un accusé*) Freispruch *m*

acquitter [akite] <1> **I.** *vt* (*personne*) freisprechen **II.** *vpr* **s'~ d'une dette** eine Schuld begleichen; **s'~ d'une fonction** eine Funktion ausüben

âcre [ɑkʀ] *adj* herb; (*fumée*) beißend

acrobate [akʀɔbat] *mf* Akrobat(in) *m(f)*

acrobatie [akʀɔbasi] *f* (*tour*) Akrobatenstück *nt;* **~ aérienne** Kunstflug *m*

acrobatique [akʀɔbatik] *adj* akrobatisch

acrylique [akʀilik] **I.** *adj* acrylhaltig **II.** *m* Acryl *nt*

A

acte [akt] *m* ❶ (*action*) Tat *f*, Handlung *f*; ~ **d'agression** aggressiver Akt; ~ **de vandalisme** Akt *m* blinder Zerstörungswut; ~ **désespéré** Verzweiflungstat; ~ **sexuel** Geschlechtsakt *m*; **faire ~ de présence** sich kurz blicken lassen; **passer à l'~** zur Tat schreiten ❷ JUR (*document*) Urkunde *f*; **l'Acte Unique Européen** die Einheitliche Europäische Akte; ~ **de vente** Kaufvertrag *m*; ~ **d'origine** CH Heimatschein (CH); **prendre ~ de qc** (*écrire*) etw zu Protokoll nehmen; (*prendre connaissance de*) etw zur Kenntnis nehmen ❸ THEAT Akt *m*

acteur, **-trice** [aktœʀ, -tʀis] *m, f* Schauspieler(in) *m(f)*

actif, **-ive** [aktif, -iv] **I.** *adj* ❶ aktiv ❷ ECON (*population*) erwerbstätig ❸ LING **la voix active** das Aktiv **II.** *m, f* (*travailleur*) Erwerbstätige(r) *f(m)*

action [aksjɔ̃] *f* ❶ (*acte*) Tat *f* ❷ *sans pl* (*fait d'agir*) Handeln *nt*, Handlung *f*; (*démarche*) Vorgehen *nt*, Aktion *f*; (*du gouvernement*) Maßnahmen *Pl*; ~ **syndicale** Kampf *m* der Gewerkschaft(en); **passer à l'~** etwas unternehmen ❸ CINE, THEAT Handlung *f*; **manquer d'~** zu wenig Action haben (*fam*) ❹ FIN Aktie *f*

actionnaire [aksjɔnɛʀ] *mf* Aktionär(in) *m(f)*

actionnement [aksjɔnmɑ̃] *m* (*d'un levier*) Betätigen *nt*; (*d'une machine*) Ingangsetzen *nt*

actionner [aksjɔne] <1> *vt* (*levier*) betätigen

activation [aktivasjɔ̃] *f* Aktivierung *f*

activement [aktivmɑ̃] *adv* aktiv

activer [aktive] <1> **I.** *vt* ❶ (*feu*) anfachen; (*processus*) beschleunigen; (*travaux*) vorantreiben ❷ INFORM aktivieren **II.** *vi* ein bisschen schneller machen; **faire ~ qn** jdn antreiben **III.** *vpr* **s'~** geschäftig hin und her sausen

activiste [aktivist] **I.** *adj* aktivistisch **II.** *mf* Aktivist(in) *m(f)*

activité [aktivite] *f* ❶ *sans pl* (*fait d'être actif*) Aktivität *f*; (*agitation dans un lieu*) geschäftiges Treiben; **entrer en ~** (*volcan*) ausbrechen ❷ (*professionnelle*) Tätigkeit *f*; (*politique*) Aktivität *f*; ~ **économique** Wirtschaft *f*; ~ **industrielle** produzierendes Gewerbe *nt*; ~ **commerciale** Handelsgewerbe *nt*; (*dans une société*) kaufmännische Tätigkeit; **avoir plusieurs ~s** verschiedenen Beschäftigungen nachgehen

actrice [aktʀis] *f v.* **acteur**

actualisation [aktɥalizasjɔ̃] *f* Aktualisierung *f*

actualiser [aktɥalize] <1> *vt* aktualisieren

actualité [aktɥalite] *f* ❶ *sans pl* Aktualität *f*; **d'~** aktuell ❷ *sans pl* (*événements*) Zeitgeschehen *nt*; **l'~ économique** das Neueste aus der Wirtschaft ❸ *pl* TV, RADIO Nachrichten *Pl*

actuel, **le** [aktɥɛl] *adj* aktuell; (*régime*) herrschend; (*directeur*) jetzig; (*monde*) von heute; (*état, circonstances*) gegenwärtig

actuellement [aktɥɛlmɑ̃] *adv* zurzeit

acuité [akɥite] *f* ❶ (*de la douleur*) Heftigkeit *f*; (*du son*) Intensität *f* ❷ (*sensibilité*) Schärfe *f*

acuponcteur, **-trice**, **acupuncteur**, **-trice** [akypɔ̃ktœʀ, -tʀis] *m, f* Akupunkteur/Akupunkteuse *m/f*

acuponcture, **acupuncture** [akypɔ̃ktyʀ] *f* Akupunktur *f*

adage [adaʒ] *m* geflügeltes Wort

adaptable [adaptabl] *adj* passend

adaptateur [adaptatœʀ] *m* TECH Adapter *m*

adaptation [adaptasjɔ̃] *f* ❶ *sans pl* Anpassung *f* ❷ CINE, THEAT Bearbeitung *f*

adapter [adapte] <1> **I.** *vt* ❶ (*embout*) anbringen; ~ **qc à qc** etw mit etw verbinden ❷ CINE, THEAT bearbeiten **II.** *vpr* (*s'habituer à*) **s'~ à qn/qc** sich jdm/einer S. anpassen

addictif, **-ive** [adiktif, -iv] *adj* Sucht-; **comportement ~** Suchtverhalten *nt*

addiction [adiksjɔ̃] *f* Sucht *f*; ~ **à la nicotine** Nikotinsucht

addictologie [adiktoloʒi] *f* MED Suchtmedizin *f*

additif [aditif] *m* (*supplément*) Zusatz *m*

addition [adisjɔ̃] *f* ❶ Addition *f* ❷ (*facture*) Rechnung *f* ❸ (*ajout*) Hinzufügen *nt*

additionner [adisjɔne] <1> **I.** *vt* zusammenzählen **II.** *vpr* **s'~** (*erreurs*) sich summieren

adepte [adɛpt] *mf* Anhänger(in) *m(f)*

adéquat, **e** [adekwa, at] *adj* passend; (*tenue*) angemessen

adhérence [adeʀɑ̃s] *f* Haftung *f*

adhérent, **e** [adeʀɑ̃, ɑ̃t] **I.** *adj* **être ~ à qc** auf etw (*dat*) haften **II.** *m, f* Mitglied *nt*

adhérer [adeʀe] <5> *vi* ❶ (*coller*) ~ **à qc** an etw festkleben (*dat*); (*pneu*) auf etw (*dat*) haften ❷ (*approuver*) ~ **à qc** einer S. zustimmen ❸ (*devenir membre de*) ~ **à un parti** einer Partei beitreten

adhésif [adezif] *m* ❶ (*pansement*) Heftpflaster *nt* ❷ (*ruban* ~) Klebeband *nt*

adhésif, -ive [adezif, -iv] *adj* haftend; **ruban ~** Klebestreifen *m*

adhésion [adezjɔ̃] *f* ❶ (*approbation*) **~ à qc** Zustimmung *f* zu etw ❷ (*inscription*) **~ à l'Union européenne** Beitritt *m* in die Europäische Union ❸ (*fait d'être membre*) Mitgliedschaft *f*

adieu [adjø] <x> **I.** *m* **les ~x** Abschied *m;* **faire ses ~x à qn** von jdm Abschied nehmen **II.** *interj* lebe wohl!/leben Sie wohl!; **~, la belle vie** ade, du schönes Leben

adjectif [adʒɛktif] *m* Adjektiv *nt;* **~ épithète** Attribut *nt*

adjectival, e [adʒɛktival, o] <-aux> *adj* adjektivisch

adjoindre [adʒwɛ̃dʀ] <irr> *vt* (*ajouter*) **~ qc** etw hinzufügen

adjoint, e [adʒwɛ̃, wɛ̃t] **I.** *adj* stellvertretend **II.** *m, f* Assistent(in) *m(f);* (*remplaçant*) Stellvertreter(in) *m(f)*

adjonction [adʒɔ̃ksjɔ̃] *f* TECH **l'~ à qc** (*à l'extérieur*) das Anbringen an etw; (*à l'intérieur*) der Einbau in etw

adjudant [adʒydɑ̃] *m* MIL Hauptfeldwebel *m*

adjudication [adʒydikasjɔ̃] *f* ❶ (*vente aux enchères*) Versteigerung *f* ❷ (*appel d'offres, attribution*) [öffentliche] Ausschreibung

adjuger [adʒyʒe] <2a> *vt* (*décerner*) **être adjugé à qn** (*prix*) an jdn gehen ▸**une fois, deux fois, trois fois, adjugé!** zum Ersten, zum Zweiten, zum Dritten!

adjuvant [adʒyvɑ̃] *m* (*médicament*) unterstützendes Mittel

admettre [admɛtʀ] <irr> *vt* ❶ (*accepter*) dulden; (*personne, animal*) hineinlassen; (*visites*) erlauben ❷ SCOL, UNIV zulassen ❸ (*reconnaître*) zugeben ❹ (*supposer*) annehmen; **admettons que ...** angenommen, dass ...; **en admettant que ...** vorausgesetzt, dass ... ❺ (*plusieurs interprétations*) zulassen

administrateur, -trice [administʀatœʀ, -tʀis] *m, f* ❶ (*gestionnaire*) Verwalter(in) *m(f);* **~ de site** INFORM Webmaster *m* ❷ (*membre d'un conseil d'administration*) Mitglied *nt* des Verwaltungsrats

administratif, -ive [administʀatif, -iv] *adj* (*démarche*) administrativ; **services ~s** Verwaltung *f*

administration [administʀasjɔ̃] *f* ❶ *sans pl* Verwaltung *f;* (*d'une entreprise*) Leitung *f* ❷ (*secteur du service public*) [Verwaltungs]behörde *f*

Administration [administʀasjɔ̃] *f* **l'~** die Verwaltung

administré, e [administʀe] *m* **chers ~s!** liebe Mitbürger!

administrer [administʀe] <1> *vt* ❶ (*gérer*) verwalten; (*pays*) regieren ❷ (*médicament*) verabreichen

admirable [admiʀabl] *adj* bewundernswert

admirablement [admiʀabləmɑ̃] *adv* sehr gut

admirateur, -trice [admiʀatœʀ, -tʀis] *m, f* Bewunderer/Bewund[r]erin *m/f;* (*d'une vedette*) Verehrer(in) *m(f)*

admiratif, -ive [admiʀatif, -iv] *adj* (*regard*) bewundernd

admiration [admiʀasjɔ̃] *f sans pl* Bewunderung *f;* **avec ~** voller Bewunderung; **rester/tomber en ~ devant qn/qc** jdn sehr bewundern/etw voller Bewunderung betrachten

admirer [admiʀe] <1> *vt* bewundern

admissible [admisibl] *adj* akzeptabel; (*candidat*) zugelassen

admission [admisjɔ̃] *f* ❶ *sans pl* (*accès*) **~ dans un club/à l'Union européenne** Aufnahme *f* in einem Klub/der Europäischen Union; **~ dans une discothèque** Zutritt *m* zu einer Diskothek ❷ SCOL, UNIV Zulassung *f*

ADN [ɑdeɛn] *m abr de* **acide désoxyribonucléique** DNS *f*

ado [ado] *mf fam abr de* **adolescent**

adolescence [adɔlesɑ̃s] *f* Jugend *f*

adolescent, e [adɔlesɑ̃, ɑ̃t] **I.** *adj* jugendlich; **être ~** jung sein **II.** *m, f* Jugendliche(r) *f(m)*

adonner [adɔne] <1> *vpr* **s'~ à la boisson/au jeu** dem Alkohol/dem Spiel verfallen

adopter [adɔpte] <1> *vt* ❶ (*enfant*) adoptieren ❷ (*point de vue*) einnehmen; (*motion*) annehmen; (*loi*) verabschieden; (*procédé*) einführen

adoptif, -ive [adɔptif, -iv] *adj* Adoptiv-

adoption [adɔpsjɔ̃] *f* ❶ JUR (*d'un enfant*) Adoption *f* ❷ (*approbation*) Annahme *f;* (*d'un procédé*) Einführung *f*

adorable [adɔʀabl] *adj* (*joli*) süß; (*gentil*) sehr lieb

adorateur, -trice [adɔʀatœʀ, -tʀis] *m, f* (*d'une divinité, d'une femme*) Verehrer(in) *m(f)*; (*d'un objet*) Liebhaber(in) *m(f)*

adoration [adɔʀasjɔ̃] *f sans pl* Verehrung *f*; **être en ~ devant qn** jdn anbeten

adorer [adɔʀe] <1> *vt* ❶ (*aimer*) sehr mögen; (*plat*) schrecklich gern essen (*fam*); (*musique, chanteur*) schwärmen für; **~ faire qc** etw sehr gern tun ❷ REL anbeten

adosser [adose] <1> *vpr* **s'~ à qc** sich [mit dem Rücken] an etw (*akk*) lehnen

adoucir [adusiʀ] <8> **I.** *vt* (*linge, peau*) weich machen; (*voix*) dämpfen; (*peine*) lindern; (*personne*) besänftigen **II.** *vpr* **s'~** (*personne, température*) milder werden; (*voix*) sanfter werden

adoucissant [adusisɑ̃] *m* Weichspüler *m*

adrénaline [adʀenalin] *f* Adrenalin *nt*

adresse[1] [adʀɛs] *f a.* INFORM Adresse *f*; **changer d'~** umziehen; **~ électronique** E-Mail-Adresse

adresse[2] [adʀɛs] *f sans pl* Geschicklichkeit *f*

adresser [adʀese] <1> **I.** *vt* ❶ (*envoyer*) schicken ❷ (*parler*) **~ la parole à qn** jdn ansprechen **II.** *vpr* **s'~ à qn** (*personne*) sich an jdn wenden; (*remarque*) jdm gelten; (*publicité*) sich an jdn richten; (*littérature*) für jdn bestimmt sein

Adriatique [adʀijatik] *f* **l'~** die Adria

adroit, e [adʀwa, wat] *adj* geschickt

adroitement [adʀwatmɑ̃] *adv* geschickt

adulte [adylt] **I.** *adj* (*personne*) erwachsen; (*animal*) ausgewachsen **II.** *mf* Erwachsene(r) *f(m)*; **réservé aux ~s** nur für Erwachsene

adultère [adyltɛʀ] *m* Ehebruch *m*

advenir [advəniʀ] <9> **I.** *vi* geschehen **II.** *vi impers* **quoi qu'il advienne** was auch geschehen mag; **que va-t-il ~ de moi?** was wird aus mir?

adverbe [advɛʀb] *m* Adverb *nt*

adverbial, e [advɛʀbjal, jo] <-aux> *adj* adverbial

adversaire [advɛʀsɛʀ] *mf* Gegner(in) *m(f)*

adverse [advɛʀs] *adj* (*forces, camp*) feindlich; (*équipe*) gegnerisch

adversité [advɛʀsite] *f sans pl, soutenu* (*détresse*) Unglück *nt*

aération [aeʀasjɔ̃] *f sans pl* Lüftung *f*; (*d'une pièce*) Lüften *nt*

aéré, e [aeʀe] *adj* (*pièce*) gelüftet

aérer [aeʀe] <5> **I.** *vt* [aus]lüften **II.** *vpr* **s'~** frische Luft schnappen (*fam*)

aérien, ne [aeʀjɛ̃, jɛn] *adj* Luft-; (*ligne, compagnie*) Flug-

aérobic [aeʀɔbik] *f* Aerobic *nt kein Art*

aérodrome [aeʀodʀom] *m* Flugplatz *m*

aérodynamique [aeʀodinamik] *adj* (*véhicule*) aerodynamisch

aérodynamisme [aeʀodinamism] *m* Aerodynamik *f*

aérogare [aeʀogaʀ] *f* Flughafen[gebäude *nt*] *m*; (*terminal*) Terminal *nt o m*

aéroglisseur [aeʀoglisœʀ] *m* Luftkissenfahrzeug *nt*

aéronautique [aeʀonotik] *f sans pl* Luftfahrt *f*

aéronaval, e [aeʀonaval] <s> *adj* zur Marine und zur Luftfahrt zugehörig

Aéronavale [aeʀonaval] *f: Luftwaffe der französischen Marine*

aéroport [aeʀopɔʀ] *m* Flughafen *m*

Aéropostale [aeʀopɔstal] *f: ehemalige französische Luftpostgesellschaft* (*1927 - 1933*)

aérosol [aeʀosɔl] *m* Spray *nt o m*

aérospatial, e [aeʀospasjal, jo] <-aux> *adj* **recherche ~e** [Welt]raumforschung *f*

aérospatiale [aeʀospasjal] *f* Luft- und Raumfahrtindustrie *f*

affable [afabl] *adj* freundlich

affabulation [afabylasjɔ̃] *f* Lügenmärchen *nt*

affaiblir [afebliʀ] <8> **I.** *vt* schwächen **II.** *vpr* **s'~** nachlassen; (*personne*) schwächer werden

affaiblissement [afeblismɑ̃] *m* Schwächung *f*; (*d'une monnaie*) Abschwächung *f*

affaire [afɛʀ] *f* ❶ Angelegenheit *f*; **c'est mon ~** das ist meine Sache; **ce n'est pas ton ~** das geht dich nichts an; **~ de pots-de-vin** Bestechungsaffäre *f*; **embarquer qn dans une sale ~** jdn in eine schmutzige Sache verwickeln ❷ JUR Fall *m*; **classer une ~** eine Sache zu den Akten legen ❸ *sans pl* (*entreprise*) Geschäft *nt*, Betrieb *m* ❹ *pl* (*commerce*) Geschäft *nt*, Geschäfte *Pl*; **être dans les ~s** Geschäftsmann/-frau sein; **parler ~s** über das Geschäftliche reden; **rendez-vous d'~s** geschäftliche Verabredung ❺ *pl* POL Staatsgeschäfte *Pl*; **~ d'État** *a. iron* Staatsangelegenheit *f*; **les Affaires étrangères** die auswärtigen Angelegenheiten; (*ministère*) das Auswärtige Amt ❻ *pl* (*effets personnels*) Sachen *Pl* ▶**la belle ~!**

was soll's! (*fam*); **c'est une ~ classée!** vergessen wir die Sache!; **avoir ~ à qn/qc** es mit jdm/etw zu tun haben

affaissement [afɛsmɑ̃] *m* Senkung *f*

affaisser [afese] <1> *vpr* **s'~** (*baisser de niveau*) sich senken; (*poutre*) durchhängen

affaler [afale] <1> *vpr* **s'~ dans un fauteuil** sich in einen Sessel fallen lassen; **être affalé dans un fauteuil** in einem Sessel zusammengesunken sein

affamé, e [afame] *adj* hungrig; (*population*) hungernd

affectation [afɛktasjɔ̃] *f* ❶ *sans pl* (*mise à disposition*) **l'~ d'une somme à qc** die Verwendung einer Summe für etw ❷ (*nomination*) Einstellungsbescheid *m*

affecté, e [afɛkte] *adj* (*sentiment*) unecht

affecter [afɛkte] <1> *vt* ❶ (*sentiment, attitude*) vortäuschen ❷ (*nommer*) **~ qn à un poste** jdn in eine Position stellen ❸ (*émouvoir*) **~ qn** jdm nahegehen

affectif, -ive [afɛktif, -iv] *adj* Gefühls-

affection [afɛksjɔ̃] *f* ❶ Zuneigung *f;* **prendre qn en ~** jdn lieb gewinnen ❷ MED Erkrankung *f*

affectionner [afɛksjɔne] <1> *vt* bevorzugen

affectueusement [afɛktɥøzmɑ̃] *adv* liebevoll; **je vous embrasse ~** liebe Grüße [und Küsse]

affectueux, -euse [afɛktɥø, -øz] *adj* liebevoll

affichage [afiʃaʒ] *m* ❶ *sans pl* (*action de poser des affiches*) Anschlagen *nt;* **~ électoral** Wahlplakate *Pl;* **~ publicitaire** Plakatwerbung *f* ❷ (*moyen de renseigner*) Bekanntmachung *f* durch Aushang; (*des départs*) Anzeigetafel *f* ❸ INFORM Anzeige *f;* **~ électronique** elektronische Anzeigetafel; **~ à cristaux liquides** LCD-Anzeige

affiche [afiʃ] *f* ❶ (*feuille imprimée*) Plakat *nt;* ADMIN Aushang *m;* **~ électorale** Wahlplakat *nt* ❷ *sans pl* THEAT [Theater]programm *nt;* **être à l'~** auf dem Spielplan stehen

afficher [afiʃe] <1> **I.** *vt* ❶ (*placarder*) aufhängen; (*résultat*) aushängen ❷ INFORM, TECH anzeigen; **être affiché sur l'écran** auf dem Bildschirm zu sehen sein ❸ (*opinions politiques*) bekannt geben **II.** *vi* **défense d'~!** Plakate ankleben verboten! **III.** *vpr* **s'~** (*personne*) sich zur Schau stellen; **s'~ avec qn** sich in aller Öffentlichkeit mit jdm zeigen

affilée [afile] ▸**d'~** ununterbrochen, ohne Pause

affiliation [afiljasjɔ̃] *f* ❶ (*adhésion*) **~ à un parti** Eintritt *m* in eine Partei; **~ à une fédération** Beitritt *m* zu einer Föderation ❷ (*fait d'être membre*) **~ à qc** Mitgliedschaft *f* in etw (*dat*)

affilié, e [afilje] **I.** *adj* **être ~ à un parti** einer Partei angehören; **être ~ à la Sécurité sociale** in der gesetzlichen Krankenkasse sein **II.** *m, f* Mitglied *nt*

affiner [afine] <1> *vt* (*style*) verfeinern

affinité [afinite] *f* Gemeinsamkeit *f*

affirmatif [afiʀmatif] *interj fam* ja[wohl]; TELEC positiv

affirmatif, -ive [afiʀmatif, -iv] *adj* (*réponse*) positiv; (*geste, sourire*) zustimmend; (*ton*) bestimmt; **être ~** sich sicher sein

affirmation [afiʀmasjɔ̃] *f* Behauptung *f*

affirmative [afiʀmativ] *f sans pl* **répondre par l'~** bejahen

affirmativement [afiʀmativmɑ̃] *adv* mit ja

affirmer [afiʀme] <1> *vt* ❶ (*soutenir*) behaupten; **~ sur l'honneur que ...** bei seiner/ihrer Ehre [be]schwören, dass ... ❷ (*originalité, autorité*) beweisen; (*position*) festigen

affligé, e [afliʒe] *adj* **être ~ de qn/qc** unter jdm/etw (*akk*) leiden

affligeant, e [afliʒɑ̃, ʒɑ̃t] *adj* (*lamentable*) erbärmlich

affluence [aflyɑ̃s] *f sans pl* Andrang *m;* (*de visiteurs*) Strom *m*

affluent [aflyɑ̃] *m* Zufluss *m*

affluer [aflye] <1> *vi* (*manifestants*) [zusammen]strömen; (*sang*) strömen; (*argent*) fließen

afflux [afly] *m sans pl* (*arrivée massive: de clients*) Ansturm *m;* (*de visiteurs*) Strom *m*

affolant, e [afɔlɑ̃, ɑ̃t] *adj* beängstigend

affolé, e [afɔle] *adj* (*personne, foule*) von panischer Angst ergriffen; (*animal*) zu Tode erschrocken; **être ~** in Panik sein (*fam*)

affolement [afɔlmɑ̃] *m sans pl* Panik *f*

affoler [afɔle] <1> **I.** *vt* sehr erschrecken **II.** *vpr* **s'~** in Panik geraten

affranchi, e [afʀɑ̃ʃi] *adj* (*esclave, serf*) freigelassen

affranchir [afʀɑ̃ʃiʀ] <8> *vt* ❶ POST frankieren ❷ (*esclave*) freilassen

affranchissement [afʀɑ̃ʃismɑ̃] *m* (*action*) Frankieren *nt*

A

affréter [afʀete] <5> *vt* ❶ (*donner en location*) vermieten ❷ (*prendre en location*) mieten
affreusement [afʀøzmɑ̃] *adv* furchtbar
affreux, -euse [afʀø, -øz] *adj* ❶ (*laid*) furchtbar hässlich ❷ (*horrible*) schrecklich; (*temps*) scheußlich
affront [afʀɔ̃] *m soutenu* Beleidigung *f*
affrontement [afʀɔ̃tmɑ̃] *m* Konfrontation *f*
affronter [afʀɔ̃te] <1> **I.** *vt* ❶ *a.* SPORT (*combattre*) **~ qn** jdm gegenübertreten ❷ (*situation difficile*) konfrontiert werden mit; (*hiver*) gerüstet sein für **II.** *vpr* **s'~** aufeinandertreffen
affût [afy] *m* ❶ CHASSE (*endroit*) Hochsitz *m* ❷ (*attente*) Warten *nt* ▶**être à l'~** auf der Lauer liegen
affûter [afyte] <1> *vt* schärfen
afghan [afgɑ̃] *m* Afghanisch *nt; v.a.* **allemand**
afghan, e [afgɑ̃, aːn] *adj* afghanisch; *v.a.* **allemand**
Afghan, e [afgɑ̃, aːn] *m, f* Afghane/Afghanin *m/f*
Afghanistan [afganistɑ̃] *m* **l'~** Afghanistan *nt*
afin [afɛ̃] *prép* **~ de...** um zu...; **~ que...** + *subj* damit...
africain, e [afʀikɛ̃, ɛn] *adj* afrikanisch
Africain, e [afʀikɛ̃, ɛn] *m, f* Afrikaner(in) *m(f)*
Afrikan[d]er [afʀikanɛʀ, afʀikɑ̃dɛʀ] *m, f* Afrik[a]ander(in) *m(f)*
afrikans [afʀikɑ̃s] *m* Afrikaans *nt; v.a.* **allemand**
Afrique [afʀik] *f* **l'~** Afrika *nt;* **l'~ du Nord/Sud** Nord-/Südafrika; **l'~ noire** Schwarzafrika
afro-américain, e [afʀoameʀikɛ̃, ɛn] <afro-américains> *adj* afroamerikanisch **Afro-Américain, e** [afʀoameʀikɛ̃, ɛn] <Afro-Américains> *m, f* Afroamerikaner(in) *m(f)*
after-shave [aftɛʀʃɛv] *m inv* Aftershave *nt*
agaçant, e [agasɑ̃, ɑ̃t] *adj* äußerst ärgerlich
agacement [agasmɑ̃] *m* Ärger *m*
agacer [agase] <2> *vt* ärgern
âge [ɑʒ] *m* ❶ (*temps de vie*) Alter *nt;* **arriver à l'~ adulte** erwachsen werden; **avoir l'~ de faire qc** alt genug sein etw zu tun; **faire plus vieux que son ~** älter aussehen, als man ist; **elle a passé l'~ de voyager** sie ist zu alt zum [Ver]reisen; **prendre de l'~** älter werden; **à l'~ de 8 ans** im Alter von 8 Jahren; **quel ~ as-tu?** wie alt bist du? ❷ (*ère*) Zeitalter *nt* ▶**le troisième ~** die Senioren; **~ de la retraite** Pensionsalter *nt*
âgé, e [ɑʒe] *adj* alt; **être ~ de 10 ans** 10 Jahre alt sein; **un enfant ~ de 10 ans** ein Kind im Alter von 10 Jahren
agence [aʒɑ̃s] *f* ❶ (*bancaire*) [Bank]niederlassung *f;* (*commerciale*) Geschäftsstelle *f;* (*pour les photos*) Agentur *f;* **~ de voyages** Reisebüro *nt* ❷ ADMIN **l'Agence nationale pour l'emploi** Arbeitsamt *nt*
agencement [aʒɑ̃smɑ̃] *m* ❶ (*d'éléments*) Zusammenfügen *nt;* (*de faits*) Aneinanderreihung *f* ❷ LITTER (*d'un roman, d'une phrase*) Aufbau *m*
agencer [aʒɑ̃se] <2> *vt* ❶ (*ordonner: éléments*) zusammensetzen ❷ (*structurer, combiner: phrase*) [auf]bauen; (*couleurs*) [aufeinander] abstimmen ❸ (*aménager*) **être bien agencé** gut angelegt sein ❹ (*équiper: cuisine*) einrichten
agenda [aʒɛ̃da] *m* [Termin]kalender *m;* **~ électronique** Organizer *m*
agenouiller [aʒ(ə)nuje] <1> *vpr* **s'~** sich hinknien; (*pour prier*) niederknien; **être agenouillé sur qc** auf etw (*dat*) knien
agent [aʒɑ̃] *m* ❶ **~ [de police]** Polizist(in) *m(f);* **~ de la force publique** Polizeibeamte(r)/ -beamtin *m/f;* **~ du littoral** *Spezialist(in) für den [ökologischen] Küstenschutz* ❷ ECON Vertreter(in) *m(f);* (*immobilier*) Makler(in) *m(f)* ❸ *a.* ART, LITTER Agent(in) *m(f);* **~ secret** Geheimagent
agglomération [aglɔmeʀasjɔ̃] *f* ❶ (*localité*) Ortschaft *f* ❷ (*ville et banlieue*) Großraum *m*
agglomérer [aglɔmeʀe] <5> *vt* ❶ (*neige, sable*) anhäufen ❷ TECH (*bois*) pressen
agglutiner [aglytine] <1> *vpr* (*se rassembler*) **s'~** sich sammeln
aggravant, e [agʀavɑ̃, ɑ̃t] *adj* erschwerend
aggravation [agʀavasjɔ̃] *f* (*d'une crise*) Zuspitzung *f;* (*d'une situation*) Verschlechterung *f;* (*du chômage*) Zunahme *f*
aggraver [agʀave] <1> **I.** *vt* verschlimmern; (*crise*) verschärfen; (*difficultés*) vergrößern **II.** *vpr* **s'~** schlimmer werden; (*conflit*) sich zuspitzen; (*conditions sociales*) schlechter werden; (*difficultés*) größer werden
agile [aʒil] *adj* geschickt

agilité [aʒilite] *f sans pl* Beweglichkeit *f*

agir [aʒiʀ] <8> **I.** *vi* ❶ handeln ❷ (*influencer*) ~ **sur qn/qc** jdn/etw beeinflussen ❸ MED wirken **II.** *vpr impers* **il s'agit de qn/qc** es handelt sich um jdn/etw; **il s'agit de faire qc** es geht darum etw zu tun

agissements [aʒismɑ̃] *mpl péj* (*machinations*) Machenschaften *Pl*

agitateur, **-trice** [aʒitatœʀ, -tʀis] *m, f* Agitator(in) *m(f)*

agitation [aʒitasjɔ̃] *f* ❶ (*animation*) geschäftiges Treiben ❷ (*excitation*) Aufregung *f* ❸ (*troubles*) Unruhe *f*

agité, **e** [aʒite] *adj* (*personne*) unruhig; (*mer*) bewegt

agiter [aʒite] <1> **I.** *vt* (*drapeau*) schwenken; (*mouchoir*) winken mit; (*bouteille*) schütteln **II.** *vpr* **s'~** (*s'énerver*) unruhig werden; **arrête de t'~ comme ça!** hör auf so herumzurennen!

agneau, **agnelle** [aɲo, aɲɛl] <x> *m, f* Lamm *nt*

agonie [agɔni] *f* Todeskampf *m*

agoniser [agɔnize] <1> *vi* im Sterben liegen

agrafe [agʀaf] *f* ❶ COUT Haken *m* ❷ (*pour papiers*) Heftklammer *f*

agrafer [agʀafe] <1> *vt* (*feuilles*) zusammenheften

agrafeuse [agʀaføz] *f* ❶ (*pour papiers*) Heftgerät *nt* ❷ (*pour clouer*) Tacker *m*

agraire [agʀɛʀ] *adj* (*politique*) Agrar-; (*réforme*) Boden-

agrandir [agʀɑ̃diʀ] <8> **I.** *vt* ❶ (*rendre plus grand*) größer machen ❷ (*rendre plus large*) erweitern ❸ (*entreprise, photo*) vergrößern **II.** *vpr* **s'~** größer werden; (*entreprise*) sich vergrößern; (*ville*) sich ausdehnen; (*famille*) Zuwachs bekommen

agrandissement [agʀɑ̃dismɑ̃] *m* Vergrößerung *f*

agréable [agʀeabl] *adj* angenehm

agréablement [agʀeabləmɑ̃] *adv* angenehm

agréé, **e** [agʀee] *adj* (*expert*) zugelassen

agréer [agʀee] <1> *vt soutenu* (*remerciements*) annehmen; **veuillez ~, Madame/Monsieur, mes salutations distinguées** ≈ mit freundlichen Grüßen

agrégation [agʀegasjɔ̃] *f: eine Staatsprüfung für Gymnasiallehrer in Form eines „Concours", mit deren Bestehen die Lehrerlaubnis an höheren Schulen erworben wird*

agrégé, **e** [agʀeʒe] **I.** *adj* **être** ~ die „Agrégation" haben **II.** *m, f* Gymnasiallehrer(in) *m(f)*/Dozent(in) *m(f)* mit „Agrégation"

agrémenter [agʀemɑ̃te] <1> *vt* (*pièce*) verschönern

agrès [agʀɛ] *mpl* SPORT [Turn]geräte *Pl*

agresser [agʀese] <1> *vt* überfallen; (*verbalement*) angreifen

agresseur, **-euse** [agʀɛsœʀ, -øz] *m, f* Angreifer(in) *m(f)*

agressif, **-ive** [agʀesif, -iv] *adj* aggressiv; (*couleur*) grell

agression [agʀesjɔ̃] *f* Überfall *m;* **être victime d'une ~** überfallen werden

agressivité [agʀesivite] *f* Aggressivität *f*

agricole [agʀikɔl] *adj* landwirtschaftlich

agriculteur, **-trice** [agʀikyltœʀ, -tʀis] *m, f* Landwirt(in) *m(f)*

agriculture [agʀikyltyʀ] *f* Landwirtschaft *f*

agripper [agʀipe] <1> **I.** *vt* packen **II.** *vpr* **s'~ à qn/qc** sich an jdn/etw klammern

agroalimentaire [agʀoalimɑ̃tɛʀ] **I.** *adj* **société ~** Nahrungsmittelfirma *f;* **industrie ~** Nahrungsgüterindustrie *f* **II.** *m* Lebensmittelsektor *m*

agronomie [agʀɔnɔmi] *f* Agrarwissenschaft *f*

agrotourisme [agʀotuʀism] *m* Agrotourismus *m*

agrume [agʀym] *m* Zitrusfrucht *f*

aguets [agɛ] **être aux ~** auf der Lauer liegen

ah [ˊɑ] *interj* ❶ (*de joie, d'admiration*) **~!** ah! ❷ (*de sympathie, de déception*) **~!** ach! ❸ *interrog a. iron* ~ **~!** ach ja? ❹ (*rire*) **~! ~!** haha! ►**~ bon** (*résignation*) na ja; (*polémique*) soso; (*étonnement*) ach ja; **~ non** ach nein; **~ non alors!** o nein!; **~ oui** (*confirmation*) doch, doch; (*polémique*) soso; (*évidence*) ach ja!; **~ oui, je vois...** Ach ja, ich verstehe

ahuri, **e** [ayʀi] **I.** *adj* verblüfft **II.** *m, f péj* Blödmann *m*

ahurissant, **e** [ayʀisɑ̃, ɑ̃t] *adj* verblüffend

ai [ɛ] *indic prés de* **avoir**

aide [ɛd] **I.** *f* ❶ Hilfe *f;* (*financière*) Unterstützung *f;* **à l'~!** [zu] Hilfe!; **appeler à l'~** um Hilfe rufen ❷ *fig* **à l'~ de qc** mit Hilfe einer S. **II.** *mf* Aushilfe *f;* **~ familiale** Haushaltshilfe *f*

aide-mémoire [ɛdmemwaʀ] *m inv* ❶ (*mémento*) kurzer Abriss ❷ (*feuille*) Merkzettel *m*

aide-ménagère [ɛdmenaʒɛʀ] <aides-ménagères> *f* Haushaltshilfe *f*

aider [ede] <1> **I.** *vt* ~ **qn** jdm helfen; (*financièrement*) jdn [finanziell] unterstützen **II.** *vpr* (*utiliser*) **s'~ de qc** etw zu Hilfe nehmen

aide-soignante [ɛdswaɲɑ̃t] <aides-soignantes> *f* Hilfsschwester *f*

aie [ɛ] *subj prés de* **avoir**

aïe [aj] *interj* ❶ (*douleur*) ~**!** au! ❷ (*problème*) ~**!** oje! ▸~ ~ ~**!** *fam* auwei[a]!

aigle [ɛgl] *mf* Adler/Adlerweibchen *m/f*

aigre [ɛgʀ] *adj* ❶ sauer; (*odeur*) säuerlich ❷ (*critique*) scharf ❸ (*vent*) schneidend

aigre-doux, aigre-douce [ɛgʀədu, ɛgʀədus] <aigres-doux> *adj* süß-sauer

aigreur [ɛgʀœʀ] *f* ❶ (*acidité*) Säure *f* ❷ (*saveur aigre*) saurer Geschmack

aigri, e [egʀi] *adj* verbittert

aigrir [egʀiʀ] <8> *vpr* **s'~** sauer werden; (*personne*) verbittern

aigu, ë [egy] *adj* (*angle*) spitz; (*voix*) schrill; (*note*) hoch; (*intelligence, perception*) scharf; (*douleur*) stechend; (*crise*) akut

aiguillage [egɥijaʒ] *m* CHEMDFER Weiche

aiguille [egɥij] *f* Nadel *f;* (*d'une montre*) Zeiger *m*

aiguiller [egɥije] <1> *vt* ❶ CHEMDFER umsetzen ❷ (*orienter*) **mal ~ qn** jdn in die falsche Richtung schicken

aiguillonner [egɥijɔne] <1> *vt* antreiben

aiguiser [egize] <1> *vt* ❶ (*outil*) schärfen; (*couteau*) schleifen ❷ (*appétit, sens*) anregen

aïkido [aikido] *m* Aikido *nt*

ail [aj] *m* Knoblauch *m*

aile [ɛl] *f* ❶ (*organe*) Flügel *m* ❷ (*partie latérale: d'un véhicule*) Kotflügel *m;* (*d'un avion*) Tragfläche *f* ❸ ARCHIT [Seiten]flügel *m* ▸**voler de ses propres ~s** auf eigenen Füßen stehen

aileron [ɛlʀɔ̃] *m* (*de requin*) Flosse *f*

ailier [elje] *m* Flügelstürmer(in) *m(f);* ~ **droit** Rechtsaußen *m*

aille [aj] *subj prés de* **aller**

ailleurs [ajœʀ] *adv* woanders; **regarder ~** woandershin schauen; **nulle part ~** nirgendwo anders; **partout ~** überall sonst ▸**d'~, ...** übrigens; **par ~** außerdem

ailloli [ajɔli] *m* Knoblauchmajonäse *f*

aimable [ɛmabl] *adj* freundlich ▸**trop ~!** *iron* tausend Dank! (*fam*)

aimablement [ɛmabləmɑ̃] *adv* ❶ (*avec politesse*) höflich ❷ (*avec cordialité*) freundlich

aimant [ɛmɑ̃] *m* Magnet *m*

aimanté, e [ɛmɑ̃te] *adj* **corps ~** Magnet *m*

aimanter [ɛmɑ̃te] <1> *vt* magnetisieren

aimer [eme] <1> **I.** *vi* (*apprécier*) **tu aimes?** gefällt es dir? **II.** *vt* ❶ (*éprouver de l'amour*) lieben ❷ (*apprécier*) mögen; (*nourriture*) gern essen; (*boisson*) gern trinken ❸ (*désirer, souhaiter*) **j'aimerais ...** ich würde gern ... ❹ (*préférer*) ~ **autant** [*o* **mieux**] **qc** etw lieber mögen; **j'aimerais mieux du fromage** ich hätte lieber [etwas] Käse; **j'aime mieux le football que le tennis** mir gefällt Fußball besser als Tennis; **j'aime autant m'en aller** ich gehe lieber weg; **j'aimerais mieux que** + *subj* mir wäre es lieber, wenn **III.** *vpr* **s'~** (*d'amour*) sich lieben; (*d'amitié*) sich mögen

aine [ɛn] *f* ANAT Leiste *f*

aîné, e [ene] **I.** *adj* ❶ (*plus âgé de deux*) ältere(r, s) ❷ (*plus âgé de plusieurs*) älteste(r, s) **II.** *m, f* ❶ (*plus âgé de deux*) Ältere(r, s) ❷ (*plus âgé parmi plusieurs*) Älteste(r, s); **elle est mon ~e de 3 ans** sie ist 3 Jahre älter als ich

aînés [ene] *mpl* CAN (*le troisième âge*) **les ~** die Senioren *Pl*

ainsi [ɛ̃si] *adv* ❶ (*de cette manière*) so; **et ~ de suite** und so weiter; **pour ~ dire** sozusagen ❷ REL ~ **soit-il!** amen! ▸~ **que** (*comparaison*) [so] wie; (*énumération*) und [auch]

air[1] [ɛʀ] *m sans pl* Luft *f;* ~ **conditionné** Klimaanlage *f;* **en plein ~** im Freien; **avoir besoin de changer d'~** einen Klimawechsel brauchen

air[2] [ɛʀ] *m* ❶ (*allure*) Aussehen *nt;* **avoir l'~ distingué/d'une reine** vornehm/wie eine Königin aussehen ❷ (*ressemblance*) **un faux ~ de qn** eine entfernte Ähnlichkeit mit jdm (*dat*) ❸ (*expression*) Miene *f* ❹ (*apparence*) **avoir l'~ triste** einen traurigen Eindruck machen; **ça a l'~ délicieux** es sieht appetitlich aus; **cette proposition m'a l'~ idiote** dieser Vorschlag kommt mir dumm vor; **ça m'en a tout l'~** es sieht mir ganz danach aus ▸**sans en avoir l'~** obwohl man es [gar] nicht vermuten würde

air[3] [ɛʀ] *m* MUS Melodie *f;* ~ **populaire**

Volksweise *f*

airbag® [ɛʀbag] *m* Airbag *m*

airbus® [ɛʀbys] *m* Airbus *m*

aire [ɛʀ] *f* Platz *m;* ~ **de repos** Rastplatz *m*

airelle [ɛʀɛl] *f* Preiselbeere *f*

aisance [ɛzɑ̃s] *f* ❶ (*richesse*) Wohlstand *m* ❷ (*facilité*) Leichtigkeit *f*

aise [ɛz] *f* **se sentir à l'**~ sich wohl fühlen; **se mettre à l'**~ (*s'installer confortablement*) es sich (*dat*) bequem machen; (*enlever sa veste*) ablegen

aisé, e [eze] *adj* (*fortuné*) wohlhabend

aisément [ezemɑ̃] *adv* ohne weiteres

aisselle [ɛsɛl] *f* Achselhöhle *f*

Aix-la-Chapelle [ɛkslaʃapɛl] Aachen *nt*

ajournement [aʒuʀnəmɑ̃] *m* (*d'un examen, d'une élection*) Verschiebung *f*

ajourner [aʒuʀne] <1> *vt* (*voyage*) verschieben; (*décision*) aufschieben

ajout [aʒu] *m* Zusatz *m*

ajouter [aʒute] <1> **I.** *vt* ❶ (*mettre, dire en plus*) hinzufügen; **ajoute deux assiettes!** stell noch zwei Teller auf den Tisch!; **sans ~ un mot** ohne ein weiteres Wort ❷ (*additionner*) ~ **qc à qc** etw zu etw dazurechnen **II.** *vpr* **s'~ à qc** zu etw [noch] hinzukommen

ajusté, e [aʒyste] *adj* (*vêtement*) tailliert

ajuster [aʒyste] <1> **I.** *vt* TECH anpassen; (*ceinture de sécurité*) richtig einstellen **II.** *vpr* **s'~ sur/à qc** auf etw (*akk*) passen

alambic [alɑ̃bik] *m* Destillierkolben *m*

alambiqué, e [alɑ̃bike] *adj* (*discours*) kompliziert

alarmant, e [alaʀmɑ̃, ɑ̃t] *adj* alarmierend

alarme [alaʀm] *f* ❶ Alarm *m;* **donner l'**~ Alarm schlagen ❷ (*dispositif*) Alarmanlage *f*

alarmer [alaʀme] <1> **I.** *vt* alarmieren **II.** *vpr* **s'~ de qc** sich wegen etw ängstigen

alarmiste [alaʀmist] *adj* dramatisierend

albanais [albanɛ] *m* Albanisch *nt; v.a.* **allemand**

albanais, e [albanɛ, ɛz] *adj* albanisch; *v.a.* **allemand**

Albanais, e [albanɛ, ɛz] *m, f* Albaner(in) *m(f)*

Albanie [albani] *f* **l'**~ Albanien *nt*

albatros [albatʀos] *m* Albatros *m*

albinos [albinos] *mf* Albino *m*

album [albɔm] *m* ❶ (*cahier, disque*) Album *nt* ❷ (*volume illustré*) Bildband *m;* (*pour enfants*) Bilderbuch *nt*

alchimie [alʃimi] *f* Alchimie *f*

alchimiste [alʃimist] *mf* Alchimist(in) *m(f)*

alcool [alkɔl] *m* ❶ CHIM Alkohol *m;* ~ **à brûler** [Brenn]spiritus *m* ❷ (*spiritueux*) Spirituose *f meist Pl*

alcoolémie [alkɔlemi] *f* Blutalkohol[spiegel *m*] *m*

alcoolique [alkɔlik] **I.** *adj* (*personne*) alkoholabhängig **II.** *mf* Alkoholiker(in) *m(f)*

alcoolisé, e [alkɔlize] *adj* alkoholhaltig

alcoolisme [alkɔlism] *m* Alkoholismus *m*

alcoologue [alkɔlɔg] *mf* Facharzt/ -ärztin *m/f* für Alkoholismus

alcootest® [alkɔtɛst] *m* Alkoholtest *m*

aléatoire [aleatwaʀ] *adj* [rein] zufällig

alémanique [alemanik] **I.** *adj* alemannisch; **la Suisse ~** die deutschsprachige Schweiz **II.** *m* Alemannisch *nt; v.a.* **allemand**

alentours [alɑ̃tuʀ] *mpl* ❶ (*abords*) Umgebung *f* ❷ *fig* **aux ~ de midi** gegen Mittag

alerte [alɛʀt] **I.** *adj* schwungvoll **II.** *f* Alarm *m;* ~ **à la bombe** Bombenalarm; **donner l'**~ Alarm geben; **être en** [**état d'**]~ in Alarmbereitschaft sein

alerter [alɛʀte] <1> *vt* alarmieren; (*informer*) in Kenntnis setzen

alexandrin [alɛksɑ̃dʀɛ̃] *m* Alexandriner *m*

algèbre [alʒɛbʀ] *f* Algebra *f*

algébrique [alʒebʀik] *adj* algebraisch

Alger [alʒe] Algier *nt*

Algérie [alʒeʀi] *f* **l'**~ Algerien *nt*

algérien [alʒeʀjɛ̃] *m* Algerisch *nt; v.a.* **allemand**

algérien, ne [alʒeʀjɛ̃, jɛn] *adj* algerisch; *v.a.* **allemand**

Algérien, ne [alʒeʀjɛ̃, jɛn] *m, f* Algerier(in) *m(f)*

algue [alg] *f* Alge *f*

alias [aljas] *adv* alias

alibi [alibi] *m* Alibi *nt*

alicament [alikamɑ̃] *m: synthetischer Lebensmittelersatz*

aliénation [aljenasjɔ̃] *f* MED ~ **mentale** Geistesgestörtheit *f*

aliéné, e [aljene] *m, f* Geisteskranke(r) *f(m)*

aliéner [aljene] <5> *vt* JUR (*donner*) übertragen

alignement [aliɲ(ə)mɑ̃] *m* (*de maisons*) Reihe *f*

aligner [aliɲe] <1> **I.** *vt* ❶ (*mettre en ligne*) in einer Reihe aufstellen; (*chiffres*) untereinanderschreiben ❷ (*rendre conforme*) ~

une monnaie sur qc eine Währung an etw (*akk*) angleichen **II.** *vpr* **s'~** sich [in einer Reihe] aufstellen

aliment [alimɑ̃] *m* Lebensmittel *nt*

alimentaire [alimɑ̃tɛʀ] *adj* (*industrie*) Nahrungsmittel-; **régime ~** Diät *f*

alimentation [alimɑ̃tasjɔ̃] *f* ① (*action: d'une personne*) Ernährung *f;* (*d'un animal*) Fütterung *f* ② (*produits*) Nahrungsmittel *Pl;* **magasin d'~** Lebensmittelgeschäft *nt* ③ (*approvisionnement*) **~ en eau** Wasserversorgung *f*

alimenter [alimɑ̃te] <1> **I.** *vt* ① (*nourrir*) ernähren ② (*approvisionner*) **~ qc en eau** etw mit Wasser versorgen ③ (*entretenir*) **~ la conversation** (*sujet*) für Gesprächsstoff sorgen **II.** *vpr* **s'~** (*personne, animal*) Nahrung zu sich nehmen

alinéa [alinea] *m* ① (*renfoncement*) Einzug *m* ② (*paragraphe*) Absatz *m*

aliter [alite] <1> *vt* **être alité** das Bett hüten müssen

alizé [alize] *m* Passat[wind *m*] *m*

Allah [a(l)la] *m* Allah *m*

allaitement [alɛtmɑ̃] *m* (*d'un bébé*) Stillen *nt;* (*d'un animal*) Säugen *nt*

allaiter [alete] <1> **I.** *vi* stillen **II.** *vt* (*bébé*) stillen; (*animal*) säugen

alléchant, e [aleʃɑ̃, ɑ̃t] *adj* (*odeur, plat*) verlockend

allécher [aleʃe] <5> *vt* anlocken

allée [ale] *f* ① (*chemin bordé d'arbres*) Allee *f* ② (*passage*) **~ centrale** [Mittel]gang *m*

allégé, e [aleʒe] *adj* fettarm

allégement, allègement [alɛʒmɑ̃] *m* (*des charges*) Verringerung *f;* **~ des impôts** steuerliche Entlastung

alléger [aleʒe] <2a, 5> *vt* ① leichter machen ② (*impôts*) senken; (*programmes scolaires*) entlasten

allégorie [al(l)egɔʀi] *f* Allegorie *f*

alléguer [a(l)lege] <5> *vt* (*prétexter*) vorschützen

Allemagne [almaɲ] *f* **l'~** Deutschland *nt;* **l'~ de l'Est/de l'Ouest** Ost-/Westdeutschland; **l'~ fédérale** die Bundesrepublik Deutschland; **la réunification des deux ~s** die [Wieder]vereinigung Deutschlands; **aller en ~** nach Deutschland fahren

allemand [almɑ̃] *m* **l'~** Deutsch *nt,* das Deutsche; **parler [l']~** Deutsch sprechen; **écrire en ~** auf Deutsch schreiben; **traduire en ~** ins Deutsche übersetzen

allemand, e [almɑ̃, ɑ̃d] *adj* deutsch; **ces légumes sont ~s** dieses Gemüse kommt aus Deutschland

Allemand, e [almɑ̃, ɑ̃d] *m, f* Deutsche(r) *f(m)*

aller[1] [ale] <irr> **I.** *vi + être* ① (*se déplacer à pied*) gehen; **on a sonné, peux-tu y ~?** es hat geklingelt, kannst du mal hingehen?; **y ~ en courant** hinlaufen; **~ et venir** hin und her laufen; **pour ~ à l'hôtel de ville?** wie komme ich zum Rathaus?; **~ au-devant de qn/qc** jdm/einer S. entgegenkommen ② (*pour faire quelque chose*) **~ à la boulangerie** zum Bäcker gehen; **~ se coucher/se promener** schlafen gehen/spazieren gehen; **~ voir qn** jdn besuchen; **je vais voir ce qui se passe** ich gehe [mal] nachsehen, was los ist; **~ chercher les enfants à l'école** die Kinder von der Schule abholen gehen ③ (*rouler/voler*) fahren/fliegen ④ (*faire un voyage*) reisen ⑤ (*être acheminé*) **~ à Paris** (*marchandise*) nach Paris geliefert werden; (*courrier*) nach Paris gehen ⑥ (*avoir sa place quelque part*) **~ à la cave** in den Keller kommen ⑦ (*être conçu pour*) **ce plat ne va pas au micro-ondes** diese Schüssel ist nicht mikrowellenfest ⑧ (*oser*) **~ jusqu'à faire qc** so weit gehen etw zu tun ⑨ (*progresser*) **~ vite** (*personne*) schnell vorankommen; (*chose*) schnell vorangehen; (*nouvelles*) sich schnell herumsprechen ⑩ (*se porter*) **il va bien** ihm geht es gut; **comment ça va/vas-tu/allez-vous?** wie geht's?/wie geht es dir?/Ihnen?; **ça va pas[, la tête]?** *fam* sonst geht's dir gut! ⑪ (*fonctionner, évoluer*) **ça va les études ?** was macht das Studium?; **tout va bien/mal** alles geht gut/schief; **quelque chose ne va pas** da stimmt etwas nicht ⑫ (*pour donner un âge approximatif*) **~ sur ses 3 ans** bald drei [Jahre alt] sein ⑬ (*convenir à qn*) **ça va** das ist gut; **ça ira** das passt schon; **ça peut ~** es geht schon; **ça [te] va?** [bist du damit] einverstanden? ⑭ (*être seyant*) **~ bien/mal à qn** jdm gut/nicht stehen ⑮ (*être coordonné, assorti*) **~ avec qc** zu etw gehören; **~ ensemble** zusammengehören; **~ bien avec qc** gut zu etw passen ⑯ (*se dérouler*) **ne pas ~ sans difficulté** nicht ohne Schwierigkeiten ablaufen; **laisser ~ les affaires** die Sache laufen lassen (*fam*) ⑰ (*pour commencer, démarrer*) **on y va?** packen wir's an? ⑱ *impers* (*être en jeu*) **il y va de notre vie** es geht um unser Leben ⑲ (*ne rien faire*) **se laisser ~** (*se négliger*) sich gehen lassen; (*abandonner*) aufgeben; (*se décontracter*) sich entspannen ⑳ (*être*) **il en va de même pour toi** dasselbe gilt auch für dich ►**cela va de soi** [das ist doch] selbstverständlich; **ça va [comme ça]!** *fam* das reicht!; **où allons-nous?** wo soll/wird das [noch] enden? **II.** *aux + être* (*pour exprimer le futur proche*) **~ faire qc** gleich etw tun; **le train va partir** der Zug fährt gleich ab; **elle allait faire qc** sie wollte gerade etw tun; **ne va pas croire/imaginer que ...** glaub bloß nicht, dass ... (*fam*) **III.** *vpr + être* **s'en ~** ❶ (*partir: à pied*) [weg]gehen; (*en voiture, à vélo, en bateau*) [weg]fahren; (*en avion*) [weg]fliegen; **s'en ~ en vacances/à l'étranger** in Urlaub fahren/ins Ausland gehen ❷ (*disparaître: héritage*) zerrinnen; (*tache*) herausgehen; (*cicatrice*) weggehen **IV.** *interj* ❶ *fam* (*invitation à agir*) **vas-y/allons-y/allez-y!** (*en route!*) los geht's!; (*au travail!*) [na] dann wollen wir mal!; **vas-y/allez-y!** (*pour encourager*) los!; **allons!** nur Mut!; **allons debout!** auf geht's!; **allez, presse-toi un peu!** komm, beeil dich ein bisschen!; **allez, allez, circulez!** los, weitergehen/weiterfahren!; **allez, au revoir!** also dann, auf Wiedersehen!; **allons/allez donc!** *iron* (*c'est évident!*) natürlich!; (*vraiment?*) ach komm/kommen Sie! ❷ (*voyons!*) **un peu de calme, allons!** etwas Ruhe, bitte! ❸ (*pour exprimer la résignation, la conciliation*) **je le sais bien, va!** schon gut, ich weiß es ja! (*fam*); **allez, allez, ça ne sera rien!** schon gut, es wird nicht so schlimm! (*fam*); **va/allez savoir!** tja! (*fam*) ❹ (*non!?*) **allez!** *fam* [ach] komm! ❺ (*d'accord!*) **alors, va pour le ciné!** also gut, dann gehen wir eben ins Kino!

aller[2] [ale] *m* ❶ (*trajet: à pied*) Hinweg *m;* (*en voiture, train*) Hinfahrt *f;* (*en avion*) Hinflug *m* ❷ (*voyage*) Hinreise *f;* **à l'~** hinwärts ❸ (*billet*) **~ simple** einfache Hinfahrt; **un ~ pour Grenoble, s'il vous plaît** bitte einmal Grenoble [Hinfahrt]

allergie [alɛʀʒi] *f* Allergie *f*

allergique [alɛʀʒik] *adj* allergisch

alliage [aljaʒ] *m* Legierung *f*

alliance [aljɑ̃s] *f* ❶ (*engagement mutuel*) Bündnis *nt* ❷ (*anneau*) Ehering *m*

allié, e [alje] **I.** *adj* POL verbündet **II.** *m, f* ❶ POL Bündnispartner(in) *m(f)* ❷ (*ami*) Verbündete(r) *f(m)* ❸ *pl* HIST **les Alliés** die Alliierten

allier [alje] <1> *vpr* **s'~ à qn** sich mit jdm verbünden

allô [alo] *interj* hallo

In der Regel meldet man sich in Frankreich am Telefon nicht mit seinem Namen, sondern nur mit **Allô?**. Der Anrufer nennt daraufhin seinen Namen, häufig, indem er sagt: „C'est ... à l'appareil."

alloc [alɔk] *f fam abr de* **allocation**

allocation [alɔkasjɔ̃] *f* **~ chômage/logement** Arbeitslosen-/Wohngeld *nt;* **~s familiales** Kindergeld *nt,* Familienbeihilfe *f* (A)

allocution [alɔkysjɔ̃] *f* Ansprache *f*

allongement [alɔ̃ʒmɑ̃] *m* ❶ (*fait de s'allonger*) Verlängerung *f;* (*d'un muscle*) Streckung *f;* (*des métaux*) [Längs]dehnung *f;* (*d'une voyelle*) Längung *f* ❷ (*action d'allonger*) Verlängerung *f;* (*d'un réseau de transport*) Ausbau *m*

allonger [alɔ̃ʒe] <2a> **I.** *vi* (*devenir plus long*) länger werden **II.** *vt* ❶ (*rendre plus long*) verlängern ❷ (*cou*) recken; (*bras*) [aus]strecken ❸ (*blessé*) [ausgestreckt] hinlegen; **être allongé** [ausgestreckt] liegen **III.** *vpr* **s'~** ❶ (*devenir plus long*) länger werden ❷ (*se coucher*) sich hinlegen

allouer [alwe] <1> *vt* (*attribuer*) gewähren

allumage [alymaʒ] *m* AUT Zündung *f*

allume-cigare [alymsigaʀ] <allume-cigares> *m* Zigarettenanzünder *m*

allumer [alyme] <1> **I.** *vt* ❶ (*feu, cigarette, bougie*) anzünden; **être allumé** brennen ❷ (*briquet, lampe*) anmachen; (*projecteur, four*) einschalten; **~ le couloir** im Flur [das] Licht [an]machen; **la cuisine est allumée** in der Küche brennt [das] Licht **II.** *vi* [das] Licht [an]machen **III.** *vpr* **s'~** ❶ (*lumière*) angehen; (*yeux*) aufleuchten; (*regard*) sich aufhellen ❷ (*se mettre en marche automatiquement: appareil*) sich einschalten

allumette [alymɛt] *f* Streichholz *nt*

allumeuse [alymøz] *f péj fam* Vamp *m*

allure [alyʀ] *f* ❶ *sans pl* (*vitesse*) Geschwin-

A

digkeit *f;* **à toute ~** mit voller Geschwindigkeit ❷ *sans pl* (*apparence*) Aussehen *nt;* **avoir de l'~** (*personne*) Stil haben; (*chose*) elegant wirken ❸ *pl* (*airs*) Gebaren *nt*

allusion [a(l)lyzjɔ̃] *f* Anspielung *f;* **faire ~ à qn/qc** eine Anspielung auf jdn/etw machen

alluvions [a(l)lyvjɔ̃] *fpl* Schwemmland *Pl*

almanach [almana] *m* Kalender *m*

alors [alɔʀ] **I.** *adv* ❶ (*à ce moment-là*) damals; **jusqu'~** bis dahin ❷ (*par conséquent*) da ❸ (*dans ce cas*) ja dann; **~, je comprends!** ja dann verstehe ich das!; **~, qu'est-ce qu'on fait?** ja, was machen wir denn da? ❹ *fam* (*impatience, indignation*) **~, tu viens?** also, kommst du jetzt [endlich]? ►**ça ~!** Na, so was!; **et ~?** (*la belle affaire!*) na und? (*fam*); (*suspense*) und dann?; **~ là!** ja, dann!; **non, mais ~!** nein, also wirklich! (*fam*) **II.** *conj* **~ que** ❶ (*pendant que*) während ❷ (*tandis que*) wohingegen ❸ (*bien que*) obwohl

alouette [alwɛt] *f* Lerche *f*

alourdir [aluʀdiʀ] <8> *vt* ❶ schwer[er] machen ❷ (*impôts, charges*) erhöhen

Alpes [alp] *fpl* **les ~** die Alpen

alphabet [alfabɛ] *m* Alphabet *nt*

alphabétique [alfabetik] *adj* alphabetisch; **par ordre ~** in alphabetischer Reihenfolge

alphabétisation [alfabetizasjɔ̃] *f* Alphabetisierung *f*

alphabétiser [alfabetize] <1> *vt* alphabetisieren

alpin, e [alpɛ̃, in] *adj* GEO Alpen-

alpinisme [alpinism] *m* Bergsteigen *nt*

alpiniste [alpinist] *mf* Bergsteiger(in) *m(f)*

Alsace [alzas] *f* **l'~** das Elsass

alsacien [alzasjɛ̃] *m* Elsässisch *nt; v.a.* **allemand**

alsacien, ne [alzasjɛ̃, jɛn] *adj* elsässisch; *v.a.* **allemand**

Alsacien, ne [alzasjɛ̃, jɛn] *m, f* Elsässer(in) *m(f)*

altération [alteʀasjɔ̃] *f* (*d'un aliment*) Verderben *nt;* (*de la qualité*) Minderung *f;* (*des traits*) Entstellung *f*

altercation [altɛʀkasjɔ̃] *f* [heftiger] Wortwechsel

alter ego [altɛʀego] *m inv* Alter Ego *nt*

altérer [alteʀe] <5> *vt* ❶ (*relation, santé*) beeinträchtigen; (*couleur, métal*) verändern; (*qualité*) mindern ❷ (*visage, traits*) entstellen

altermondialiste [altɛʀmɔ̃djalist] *mf* Globalisierungsgegner(in) *m(f)*

alternance [altɛʀnɑ̃s] *f* Wechsel *m;* **en ~ avec** im Wechsel mit

alternatif, -ive [altɛʀnatif, -iv] *adj* (*courant*) Wechsel-; **mouvement ~** Bewegung *f* hin und zurück

alternative [altɛʀnativ] *f* Alternative *f*

alternativement [altɛʀnativmɑ̃] *adv* abwechselnd

alterner [altɛʀne] <1> *vi* abwechseln

altesse [altɛs] *f* Hoheit *f*

altitude [altityd] *f* Höhe *f* [über dem Meeresspiegel]; **être à 400 m d'~** sich in 400 m Höhe befinden; (*village*) in 400 m Höhe liegen; **prendre de l'~** an Höhe gewinnen

alto [alto] *m* ❶ (*instrument*) Bratsche *f* ❷ (*musicien*) Bratschist(in) *m(f)*

alu [aly] *m abr de* **aluminium** Alu *nt*

aluminium [alyminjɔm] *m* Aluminium *nt*

alunir [alyniʀ] <8> *vi* auf dem Mond landen

alunissage [alynisaʒ] *m* Mondlandung *f*

alvéole [alveɔl] *f* Wabe *f;* **en forme d'~** wabenförmig

amabilité [amabilite] *f* ❶ Liebenswürdigkeit *f;* **ayez l'~ de m'apporter un café** wären Sie so freundlich mir einen Kaffee zu bringen ❷ *pl* (*politesses*) Höflichkeiten *Pl*

amadouer [amadwe] <1> *vt* umstimmen; **~ qn pour qu'il fasse qc** jdn dazu bringen etw zu tun

amaigrir [amegʀiʀ] <8> *vt* **être amaigri par qc** durch etw abgemagert sein

amaigrissant, e [amegʀisɑ̃, ɑ̃t] *adj* gewichtsreduzierend

amalgame [amalgam] *m* ❶ *a.* MED (*alliage de métaux*) Amalgam *nt;* (*matière obturatrice*) Amalgamfüllung *f* ❷ (*mélange: de matériaux*) Gemisch *nt;* (*de gens, de choses*) Mischung *f;* (*d'idées*) Amalgam *nt*

amalgamer [amalgame] <1> *vt* (*métal*) amalgamieren; (*éléments*) vermischen

amande [amɑ̃d] *f* Mandel *f*

amandier [amɑ̃dje] *m* Mandelbaum *m*

amant [amɑ̃] *m* Liebhaber *m;* (*seulement extraconjugal*) Geliebter *m;* **les ~s** die Liebenden

amarre [amaʀ] *f* Halteleine *f;* **larguez les ~s!** Leinen los!

amarrer [amaʀe] <1> *vt* (*bateau*) vertäuen

amas [amɑ] *m* Haufen *m*

amasser [amɑse] <1> **I.** *vt* anhäufen **II.** *vpr* **s'~** (*personnes*) sich drängen

amateur, -trice [amatœʀ, -tʀis] **I.** *mf* ❶ Amateur(in) *m(f)* ❷ *sans art* (*connaisseur*) **~ d'art** Kunstliebhaber(in) *m(f)*; **être ~ de films/de bons vins** gerne Filme sehen/gute Weine trinken ❸ *péj* Stümper(in) *m(f)* **II.** *adj pas de forme féminine* (*équipe*) Amateur-; (*peintre*) Hobby-

amateurisme [amatœʀism] *m* SPORT Amateursport *m*

amazone [amazon] *f* (*cavalière*) Reiterin *f*; **en ~** im Damensitz

ambassade [ɑ̃basad] *f* Botschaft *f*

ambassadeur, -drice [ɑ̃basadœʀ, -dʀis] *m, f* Botschafter(in) *m(f)*

ambiance [ɑ̃bjɑ̃s] *f* Atmosphäre *f*; (*entre personnes*) Stimmung *f*

ambiant, e [ɑ̃bjɑ̃, jɑ̃t] *adj* (*enthousiasme*) allgemein; **se boire à** [**la**] **température ~e** bei Zimmertemperatur getrunken werden

ambidextre [ɑ̃bidɛkstʀ] *adj* **être ~** beidhändig sein

ambigu, ë [ɑ̃bigy] *adj* mehrdeutig

ambiguïté [ɑ̃bigɥite] *f* Mehrdeutigkeit *f*; **sans ~** unmissverständlich

ambitieux, -euse [ɑ̃bisjø, -jøz] **I.** *adj* ehrgeizig **II.** *m, f* ehrgeiziger Mensch

ambition [ɑ̃bisjɔ̃] *f* Ehrgeiz *m*

ambitionner [ɑ̃bisjɔne] <1> *vt* (*poste, prix*) anstreben

ambre [ɑ̃bʀ] *m* **~** [**jaune**] Bernstein *m*

ambulance [ɑ̃bylɑ̃s] *f* Krankenwagen *m*

ambulancier, -ière [ɑ̃bylɑ̃sje, -jɛʀ] *m, f* Krankenwagenfahrer(in) *m(f)*

ambulant, e [ɑ̃bylɑ̃, ɑ̃t] *adj* (*marchand*) fliegend

ambulatoire [ɑ̃bylatwaʀ] *adj* ambulant

âme [ɑm] *f* Seele *f* ▸**être violoniste dans l'~** mit Leib und Seele Geiger sein

amélioration [ameljɔʀasjɔ̃] *f* Verbesserung *f*; (*du temps, de la santé*) Besserung *f*

améliorer [ameljɔʀe] <1> **I.** *vt* verbessern; (*qualité, production*) steigern; (*budget*) aufbessern **II.** *vpr* **s'~** besser werden; (*santé, temps, situation*) sich bessern

amen [amɛn] *interj* amen

aménagement [amenaʒmɑ̃] *m* ❶ (*d'une pièce*) Einrichtung *f*; (*d'un quartier*) Errichtung *f* ❷ (*modification*) Umstellung *f*; **~ du temps de travail** Arbeitszeitregelung *f*

aménager [amenaʒe] <2a> *vt* ❶ (*pièce*) einrichten ❷ (*modifier*) umstellen; (*par des travaux*) umbauen

amende [amɑ̃d] *f* Geldstrafe *f*

amendement [amɑ̃dmɑ̃] *m* (*d'une loi*) [Ab]änderungsantrag *m*

amender [amɑ̃de] <1> *vt* POL [ab]ändern

amener [am(ə)ne] <4> **I.** *vt* ❶ *fam* (*apporter*) mitbringen ❷ (*mener*) bringen; **qu'est-ce qui t'amène ici?** was führt dich hierher? ❸ (*provoquer*) verursachen ❹ (*entraîner à*) **~ qn à faire qc** jdn dazu bringen etw zu tun **II.** *vpr fam* **amène-toi!** komm [schon] her!

amenuiser [amənɥize] <1> *vpr* **s'~** sich verringern; (*espoir*) schwinden (*geh*)

amer, -ère [amɛʀ] *adj* bitter; (*souvenir*) schmerzlich

amèrement [amɛʀmɑ̃] *adv* bitter; (*critiquer*) scharf

américain [ameʀikɛ̃] *m* Amerikanisch *nt*; *v.a.* **allemand**

américain, e [ameʀikɛ̃, ɛn] *adj* amerikanisch; *v.a.* **allemand**

Américain, e [ameʀikɛ̃, ɛn] *m, f* Amerikaner(in) *m(f)*

Amérique [ameʀik] *f* **l'~** Amerika *nt*; **l'~ centrale/latine/du Nord/du Sud** Mittel-/Latein-/Nord-/Südamerika

amerrir [ameʀiʀ] <8> *vi* wassern

amertume [amɛʀtym] *f* Bitterkeit *f*

améthyste [ametist] *f* Amethyst *m*

ameublement [amœbləmɑ̃] *m* Einrichtung *f*

ameuter [amøte] <1> *vt* alarmieren

ami, e [ami] **I.** *m, f* Freund(in) *m(f)*; **se faire des ~s** Freunde finden **II.** *adj* (*pays*) befreundet; **être très ~ avec qn** mit jdm eng befreundet sein

amiable [amjabl] *adj* (*constat*) einvernehmlich; **à l'~** gütlich

amiante [amjɑ̃t] *m* Asbest *m*

amibe [amib] *f* Amöbe *f*

amical, e [amikal, o] <-aux> *adj* ❶ (*rencontre, conseil*) freundschaftlich; (*attitude*) freundlich ❷ SPORT **match ~** Freundschaftsspiel *nt*

amicale [amikal] *f* (*association*) Vereinigung *f*

amicalement [amikalmɑ̃] *adv* (*formule de fin de lettre*) herzliche Grüße

amidon [amidɔ̃] *m* Stärke *f*

amidonner [amidɔne] <1> *vt* stärken

A

amincir [amɛ̃siʀ] <8> **I.** *vt* schlank[er] machen **II.** *vpr* **s'~** (*personne*) schlanker werden

amincissant, e [amɛ̃sisɑ̃, ɑ̃t] *adj* **être ~** (*robe*) schlank machen

amiral [amiʀal, o] <-aux> *m* Admiral *m*

amitié [amitje] *f* Freundschaft *f;* **se lier d'~ avec qn** sich mit jdm anfreunden; **avoir de l'~ pour qn** jdn mögen; **~s** (*formule de fin de lettre*) alles Liebe; **faire toutes ses ~s à qn** jdn herzlich grüßen lassen

ammoniac [amɔnjak] *m* Ammoniak *nt*

ammoniaque [amɔnjak] *f* (*liquide*) Salmiakgeist *m*

amnésie [amnezi] *f* Gedächtnisschwund *m*

amnésique [amnezik] **I.** *adj* an Gedächtnisschwund leidend **II.** *mf* an Gedächtnisschwund Leidende(r) *f(m)*

amnistie [amnisti] *f* Amnestie *f*

amnistier [amnistje] <1> *vt* amnestieren

amocher [amɔʃe] <1> *vt fam* ramponieren; (*blesser*) [übel] zurichten

amoindrir [amwɛ̃dʀiʀ] <8> **I.** *vt* (*autorité*) schwächen **II.** *vpr* **s'~** (*forces*) abnehmen

amonceler [amɔ̃s(ə)le] <3> *vt* aufhäufen

amoncellement [amɔ̃sɛlmɑ̃] *m* Haufen *m*

amont [amɔ̃] *m* (*d'un cours d'eau*) Oberlauf *m;* **vers l'~** flussaufwärts

amoral, e [amɔʀal, o] <-aux> *adj* amoralisch

amorcer [amɔʀse] <2> **I.** *vt* ❶ (*explosif*) scharf machen ❷ PECHE beködern ❸ (*commencer*) **~ un virage** in eine Kurve gehen **II.** *vpr* **s'~** (*dialogue*) in Gang kommen

amortir [amɔʀtiʀ] <8> *vt* ❶ (*bruit, choc*) dämpfen; (*chute*) bremsen ❷ (*dette*) tilgen ❸ (*équipement, voiture*) amortisieren

amortissement [amɔʀtismɑ̃] *m* (*d'un choc, bruit*) Dämpfung *f*

amortisseur [amɔʀtisœʀ] *m* Stoßdämpfer *m*

amour [amuʀ] *m* ❶ (*sentiment, acte*) Liebe *f;* **l'~ maternel** die Mutterliebe; **faire l'~** miteinanderschlafen ❷ (*personne*) Liebe *f;* **mon ~** [mein] Liebling; **être un ~** *fam* ein [richtiger] Schatz sein ❸ (*attachement, altruisme*) **~ du prochain** Nächstenliebe; **~ de la nature** Liebe *f* zur Natur ▶**pour l'~ de <u>Dieu</u>** um Gottes willen; **vivre d'~ et d'<u>eau</u> fraîche** von Luft und Liebe leben

amouracher [amuʀaʃe] <1> *vpr péj* **s'~ de qn** sich in jdn vernarren

amoureusement [amuʀøzmɑ̃] *adv* liebevoll

amoureux, -euse [amuʀø, -øz] **I.** *adj* **être ~ de qn** in jdn verliebt sein; **tomber ~ de qn** sich in jdn verlieben **II.** *m, f* ❶ (*soupirant*) Verehrer(in) *m(f);* **des ~** Verliebte *Pl;* (*sentiment plus profond*) Liebende *Pl;* **en ~** in trauter Zweisamkeit ❷ (*passionné*) **~ de la musique/de la nature** Musikliebhaber *m*/Naturfreund *m*

amour-propre [amuʀpʀɔpʀ] <amours-propres> *m* Selbstachtung *f*

amours [amuʀ] *mpl f si poétique* Liebschaften *Pl;* **comment vont tes ~?** was macht die Liebe? ▶**<u>à</u> tes/vos ~!** *iron* Gesundheit!

amovible [amɔvibl] *adj* abnehmbar

ampère [ɑ̃pɛʀ] *m* Ampere *nt*

amphétamine [ɑ̃fetamin] *f* Amphetamin *nt*

amphi [ɑ̃fi] *m* UNIV *fam abr de* **amphithéâtre** Hörsaal *m*

amphibie [ɑ̃fibi] *m* ZOOL Amphibie *f*

amphithéâtre [ɑ̃fiteɑtʀ] *m* ❶ Amphitheater *nt* ❷ UNIV Hörsaal *m*

amphore [ɑ̃fɔʀ] *f* Amphore *f*

ample [ɑ̃pl] *adj* ❶ weit ❷ (*sujet*) umfangreich; (*information*) ausführlich

amplement [ɑ̃pləmɑ̃] *adv* ausführlich; **être ~ suffisant** völlig ausreichen

ampleur [ɑ̃plœʀ] *f* ❶ (*d'un vêtement*) Weite *f* ❷ (*importance: d'une catastrophe*) Ausmaß *nt;* **prendre de l'~** (*événement*) an Bedeutung gewinnen

ampli [ɑ̃pli] *m fam abr de* **amplificateur**

amplificateur [ɑ̃plifikatœʀ] *m* Verstärker *m*

amplifier [ɑ̃plifje] <1> **I.** *vt* ❶ verstärken ❷ (*exagérer*) aufblähen **II.** *vpr* **s'~** (*bruit*) anschwellen; (*mouvement, scandale*) sich ausweiten

amplitude [ɑ̃plityd] *f* (*ampleur*) Ausmaß *nt*

ampoule [ɑ̃pul] *f* ❶ ELEC [Glüh]birne *f* ❷ MED Ampulle *f* ❸ (*cloque*) Blase *f*

amputation [ɑ̃pytasjɔ̃] *f* Amputation *f*

amputer [ɑ̃pyte] <1> *vt* amputieren

amulette [amylɛt] *f* Amulett *nt*

amusant, e [amyzɑ̃, ɑ̃t] *adj* ❶ (*jeu*) unterhaltsam; (*travail, vacances*) abwechslungsreich ❷ (*drôle*) lustig ❸ (*curieux*) witzig (*fam*)

amuse-gueule [amyzgœl] *m inv fam* Knabbereien *Pl*

amusement [amyzmɑ̃] *m* ❶ (*divertissement*) Zeitvertreib *m* ❷ (*plaisir*) Vergnügen *nt*

amuser [amyze] <1> **I.** *vt* ❶ (*divertir*) unterhalten; ~ **qn** (*activité*) jdm Spaß machen ❷ (*faire rire*) amüsieren **II.** *vpr* **s'~** ❶ (*jouer*) spielen ❷ (*se divertir*) **bien s'~** sich gut amüsieren; **amuse-toi/amusez-vous bien!** viel Spaß!; **qn s'amuse à faire qc** es macht jdm Spaß etw zu tun

amuseur, **-euse** [amyzœʀ, -øz] *m, f* ~ **public/amuseuse publique** Alleinunterhalter(in) *m(f);* (*à la télé*) Entertainer(in) *m(f)*

amygdale [amidal] *f* Mandel *f*

an [ɑ̃] *m* ❶ (*durée*) Jahr *nt;* **après cinq ~s de vie commune** nach fünfjährigem Zusammenleben ❷ (*âge*) Jahr *nt;* **avoir cinq ~s** fünf [Jahre alt] sein; **à quarante ~s** mit vierzig [Jahren]; **homme de cinquante ~s** fünfzigjähriger Mann; **fêter ses vingt ~s** seinen/ihren zwanzigsten Geburtstag feiern ❸ (*point du temps*) Jahr *nt;* **l'~ dernier/prochain** letztes/nächstes Jahr; **par ~** jährlich; **en l'~ 200 avant Jésus-Christ** [im Jahr] 200 vor Christus; **le nouvel ~, le premier de l'~** Neujahr *nt,* der Neujahrstag; **au nouvel ~** an [*o* zu] Neujahr

anagramme [anagʀam] *f* Anagramm *nt*

anal, **e** [anal, o] <-aux> *adj* anal

analgésique [analʒezik] *m* Schmerzmittel *nt*

analogie [analɔʒi] *f* Analogie *f;* **par ~** analog

analogue [analɔg] *adj* analog, ähnlich

analphabète [analfabɛt] **I.** *adj* des Lesens und Schreibens unkundig **II.** *mf* Analphabet(in) *m(f)*

analphabétisme [analfabetism] *m* Analphabetismus *m*

analyse [analiz] *f* Analyse *f;* MED Untersuchung *f*

analyser [analize] <1> *vt* ❶ analysieren; (*mot*) bestimmen ❷ MATH, MED untersuchen

analyste [analist] *mf* Analytiker(in) *m(f)*

analytique [analitik] *adj* analytisch

ananas [anana(s)] *m* Ananas *f*

anarchie [anaʀʃi] *f* Chaos *nt;* POL Anarchie *f*

anarchique [anaʀʃik] *adj* anarchisch

anarchiste [anaʀʃist] **I.** *adj* anarchistisch **II.** *mf* Anarchist(in) *m(f)*

anathème [anatɛm] *m* Exkommunikation *f*

anatomie [anatɔmi] *f* Anatomie *f*

anatomique [anatɔmik] *adj* anatomisch

ancestral, **e** [ɑ̃sɛstʀal, o] <-aux> *adj* alt[überliefert]

ancêtre [ɑ̃sɛtʀ] *mf* ❶ (*aïeul*) Vorfahr(in) *m(f)* ❷ (*précurseur*) Vorläufer(in) *m(f)*

ancêtres [ɑ̃sɛtʀ] *mpl* HIST Vorfahren *Pl*

anchois [ɑ̃ʃwa] *m* Sardelle *f*

ancien, **ne** [ɑ̃sjɛ̃, jɛn] **I.** *adj* ❶ (*bâtiment, coutume*) alt; (*objet d'art, culture, peuple*) antik; (*livre*) antiquarisch ❷ *antéposé* (*ex-*) ehemalig ❸ (*qui a de l'ancienneté*) **être ~ dans le métier** schon lange im Beruf sein **II.** *m, f* (*personne*) **les ~s** die Alten

anciennement [ɑ̃sjɛnmɑ̃] *adv* früher

ancienneté [ɑ̃sjɛnte] *f* ADMIN Dienstalter *nt*

anciens [ɑ̃sjɛ̃] *mpl* HIST Völker des Altertums

ancre [ɑ̃kʀ] *f* Anker *m*

ancrer [ɑ̃kʀe] <1> *vt* ❶ NAUT verankern; **être ancré dans la rade** auf der Reede liegen ❷ *fig* **être ancré dans qc** in etw (*akk*) [fest] verankert sein

Andorre [ɑ̃dɔʀ] *f* Andorra *nt*

andouille [ɑ̃duj] *f: Wurst aus Innereien von Schwein oder Kalb*

andouillette [ɑ̃dujɛt] *f: Würstchen aus Innereien*

androgyne [ɑ̃dʀɔʒin] **I.** *adj* BIO androgyn **II.** *mf* BIO Zwitter *m*

âne [ɑn] *m* ❶ ZOOL Esel *m* ❷ (*imbécile*) **quel ~!** so ein Esel! ►**être têtu comme un ~** störrisch wie ein Esel sein

anéantir [aneɑ̃tiʀ] <8> *vt* ❶ (*ville*) dem Erdboden gleichmachen; (*effort, espoir*) zunichtemachen ❷ (*déprimer, accabler*) niederdrücken; **~ qn** (*mauvaise nouvelle*) jdn niederschmettern

anéantissement [aneɑ̃tismɑ̃] *m* Zerstörung *f*

anecdote [anɛkdɔt] *f* Anekdote *f*

anecdotique [anɛkdɔtik] *adj* anekdotisch

anémie [anemi] *f* Blutarmut *f*

anémier [anemje] <1a> *vt a. fig* schwächen

anémone [anemɔn] *f* BOT Anemone *f*

ânerie [ɑnʀi] *f* Dummheit *f*

ânesse [ɑnɛs] *f* Eselin *f; v.a.* **âne**

anesthésie [anɛstezi] *f* Narkose *f*

anesthésier [anɛstezje] <1> *vt* betäuben

anesthésiste [anɛstezist] *mf* Narkosearzt/-ärztin *m/f*

ange [ɑ̃ʒ] *m* Engel *m;* ~ **gardien** Schutzengel

angélique[1] [ɑ̃ʒelik] *adj* engelhaft

angélique[2] [ɑ̃ʒelik] *f* BOT Engelwurz *f*

angine [ɑ̃ʒin] *f* Angina *f*

anglais [ɑ̃glɛ] *m* Englisch *nt; v.a.* **allemand**

anglais, e [ɑ̃glɛ, ɛz] *adj* englisch ▸**filer à l'~e** sich [auf] französisch verabschieden; *v.a.* **allemand**

Anglais, e [ɑ̃glɛ, ɛz] *m, f* Engländer(in) *m(f)*

angle [ɑ̃gl] *m* Ecke *f;* MATH Winkel *m*

Angleterre [ɑ̃glətɛʀ] *f* **l'~** England *nt*

anglicisme [ɑ̃glisism] *m* (*emprunt*) Anglizismus *m*

anglophone [ɑ̃glɔfɔn] **I.** *adj* englischsprechend; (*dont l'anglais est la langue maternelle*) englischsprachig **II.** *mf* Englischsprechende(r) *f(m);* (*dont l'anglais est la langue maternelle*) Englischsprachige(r) *f(m)*

anglo-saxon, ne [ɑ̃glosaksɔ̃, ɔn] <anglo-saxons> *adj* angelsächsisch **Anglo-Saxon, ne** [ɑ̃glosaksɔ̃, ɔn] <Anglo-Saxons> *m, f* Angelsachse/-sächsin *m/f*

angoissant, e [ɑ̃gwasɑ̃, ɑ̃t] *adj* beängstigend

angoisse [ɑ̃gwas] *f* (*peur*) Angst *f;* (*malaise*) Angstzustand *m*

angoissé, e [ɑ̃gwase] **I.** *adj* (*visage, voix*) angsterfüllt; (*personne*) verängstigt **II.** *m, f* ängstlicher Mensch

angoisser [ɑ̃gwase] <1> *vt* ängstigen

angora [ɑ̃gɔʀa] **I.** *adj* Angora- **II.** *m* (*laine*) Angorawolle *f*

anguille [ɑ̃gij] *f* Aal *m*

angulaire [ɑ̃gylɛʀ] *adj* eckig; **pierre ~** Eckstein *m*

anguleux, -euse [ɑ̃gylø, -øz] *adj* (*menton*) eckig

animal [animal, o] <-aux> *m* Tier *nt;* **~ domestique** Haustier

animal, e [animal, o] <-aux> *adj* (*matières*) tierisch; (*fonctions*) animalisch

animalier, -ière [animalje, -jɛʀ] *adj* **documentaire ~** Tierfilm *m*

animateur, -trice [animatœʀ, -tʀis] *m, f* ❶ (*spécialiste de l'animation*) Betreuer(in) *m(f);* (*d'un club de sport*) Leiter(in) *m(f)* ❷ RADIO, TV Moderator(in) *m(f);* (*d'un débat*) Leiter(in) *m(f)*

animation [animasjɔ̃] *f* ❶ (*grande activité: d'un bureau*) [rege] Betriebsamkeit; (*d'un quartier*) lebhaftes Treiben; **mettre de l'~** für Stimmung sorgen ❷ (*conduite de groupe*) Leitung *f* ❸ CINE Animation *f*

animé, e [anime] *adj* (*discussion*) lebhaft; (*rue*) belebt; **dessin ~** Zeichentrickfilm *m*

animer [anime] <1> **I.** *vt* ❶ (*débat*) leiten; (*émission*) moderieren ❷ (*mouvoir*) bewegen ❸ (*égayer*) beleben **II.** *vpr* **s'~** (*rue, yeux*) sich beleben; (*conversation*) lebhaft werden

animisme [animism] *m* Animismus *m*

animosité [animozite] *f* Feindseligkeit *f*

anis [anis] *m* Anis *m*

anisette [anizɛt] *f* Anisette *m*

ankyloser [ɑ̃kiloze] <1> *vpr* **s'~** (*devenir raide*) steif werden

annales [anal] *fpl* Annalen *Pl*

anneau [ano] <x> *m* ❶ Ring *m* ❷ (*maillon*) Glied *nt*

année [ane] *f* Jahr *nt;* **au cours des dernières ~s** in den letzten Jahren; **bien des ~s après** Jahre später; **tout au long de l'~** das ganze Jahr [über]; **~ scolaire** [Schul]jahr *nt;* **~ universitaire** akademisches Jahr; **l'~ prochaine/dernière/passée** nächstes/letztes/vergangenes Jahr; **~ de naissance** Geburtsjahr; **les ~s trente** die dreißiger Jahre; **1985, c'est une bonne ~ pour le Bordeaux** 1985 ist beim Bordeaux ein guter Jahrgang; **bonne ~!** ein gutes neues Jahr!

année-lumière [anelymjɛʀ] <années-lumière> *f* Lichtjahr *nt*

annexe [anɛks] *f* Anhang *m;* **nous joignons en ~ ...** als Anlage fügen wir ... bei

annexer [anɛkse] <1> *vt* (*territoire, pays*) annektieren

annexion [anɛksjɔ̃] *f* Annexion *f*

annihiler [aniile] <1> *vt* (*efforts, espoir*) zunichtemachen

anniversaire [anivɛʀsɛʀ] **I.** *adj* **jour ~** Jahrestag *m;* **cérémonie ~** Gedenkfeier *f* **II.** *m* (*d'une personne*) Geburtstag *m;* (*d'un événement*) Jahrestag *m;* **bon ~!** alles Gute zum Geburtstag!

annonce [anɔ̃s] *f* ❶ (*avis*) Ankündigung *f* ❷ (*information officielle*) **~ de qc** Bekanntgabe *f* einer S. (*gen*); MEDIA Meldung *f* einer S. (*gen*) ❸ (*texte*) [**petite**] **~** Anzeige *f;* **les petites ~s** (*rubrique*) die Kleinanzeigen; **passer une ~** eine Anzeige aufgeben

annoncer [anɔ̃se] <2> **I.** *vt a.* METEO ankündigen; (*fait, décision*) mitteilen; (*à la radio, la TV*) melden; **~ qn** jdn melden **II.** *vpr* ❶ (*arriver*) **s'~** sich ankündigen; (*été*) vor der Tür stehen ❷ (*se présenter*) **bien/mal s'~** gut/schlecht anfangen; **ça s'annonce bien** es sieht gut aus

annonceur, -euse [anɔ̃sœʀ, -søz] *m, f*

(*speaker*) Sprecher(in) *m(f)*

annotation [anɔtasjɔ̃] *f* Anmerkung *f*

annoter [anɔte] <1> *vt* mit Anmerkungen versehen

annuaire [anɥɛʀ] *m* Jahrbuch *nt;* ~ **téléphonique** [*o* **des téléphones**] Telefonbuch

annuel, le [anɥɛl] *adj* jährlich; (*congé*) Jahres-

annulaire [anylɛʀ] *m* Ringfinger *m*

annulation [anylasjɔ̃] *f* (*d'une commande*) Stornierung *f;* (*d'un rendez-vous*) Absage *f;* (*d'un examen, contrat*) Annullierung *f*

annuler [anyle] <1> *vt* ❶ (*voyage, commande*) stornieren; (*rendez-vous*) absagen ❷ (*jugement*) aufheben; (*mariage*) annullieren ❸ INFORM abbrechen

anoblir [anɔbliʀ] <8> *vt* adeln

anodin, e [anɔdɛ̃, in] *adj* (*personne, détail*) unbedeutend

anomalie [anɔmali] *f* Anomalie *f*

anonymat [anɔnima] *m* Anonymität *f;* **dans l'**~ anonym

anonyme [anɔnim] *adj* anonym

anorak [anɔʀak] *m* Anorak *m*

anorexie [anɔʀɛksi] *f* Magersucht *f*

anorexique [anɔʀɛksik] *adj* magersüchtig

anormal, e [anɔʀmal, o] <-aux> *adj* ungewöhnlich

anormalement [anɔʀmalmɑ̃] *adv* ungewöhnlich

ANPE [aɛnpeø] *f abr de* **Agence nationale pour l'emploi**

anse [ɑ̃s] *f* Henkel *m*

antagonisme [ɑ̃tagɔnism] *m* Gegensatz *m*

antagoniste [ɑ̃tagɔnist] *mf* Gegner(in) *m(f)*

antarctique [ɑ̃taʀktik] *adj* antarktisch

Antarctique [ɑ̃taʀktik] *m* **l'**~ die Antarktis

antécédent [ɑ̃tesedɑ̃] *m* ❶ LING Bezugswort *nt* ❷ *pl a.* MED Vorgeschichte *f*

antenne [ɑ̃tɛn] *f* ❶ Antenne *f* ❷ RADIO, TV Sender *m;* **une heure d'**~ eine Stunde Sendezeit ❸ ZOOL Fühler *m*

antérieur, e [ɑ̃teʀjœʀ] *adj* ❶ (*précédent*) frühere(r, s); **être ~ à qc** vor etw (*dat*) liegen ❷ (*patte, membre*) Vorder-

antérieurement [ɑ̃teʀjœʀmɑ̃] *adv* früher

antériorité [ɑ̃teʀjɔʀite] *f* [zeitlich] früheres Vorhandensein; LING Vorzeitigkeit *f*

anthologie [ɑ̃tɔlɔʒi] *f* Anthologie *f*

anthracite [ɑ̃tʀasit] *m* Anthrazit *m*

anthropologue [ɑ̃tʀɔpɔlɔg] *mf* Anthropologe/Anthropologin *m/f*

antiacnéique [ɑ̃tiakneik] **I.** *adj* gegen Akne; **crème** ~ [Anti-]Aknecreme *f* **II.** *m* Aknemittel *nt*

antialcoolique [ɑ̃tialkɔlik] *adj* **campagne** ~ Antialkoholkampagne *f*

antiatomique [ɑ̃tiatɔmik] *adj* **abri** ~ Strahlenschutzbunker *m*

antibiotique [ɑ̃tibjɔtik] *m* Antibiotikum *nt*

antibrouillard [ɑ̃tibʀujaʀ] *m* Nebelscheinwerfer *m*

anticerne[s] [ɑ̃tisɛʀn] *m* Augencreme *f* (*gegen Schwellungen und Augenringe*)

antichambre [ɑ̃tiʃɑ̃bʀ] *f* Vorzimmer *nt*

anticipation [ɑ̃tisipasjɔ̃] *f* **par** ~ im Voraus

anticiper [ɑ̃tisipe] <1> *vi* (*devancer les faits*) vorgreifen

anticlérical, e [ɑ̃tikleʀikal, o] <-aux> **I.** *adj* antiklerikal **II.** *m, f* Antiklerikale(r) *f(m)*

anticonformiste [ɑ̃tikɔ̃fɔʀmist] *adj* nonkonformistisch

anticonstitutionnel, le [ɑ̃tikɔ̃stitysjɔnɛl] *adj* verfassungswidrig

anticorps [ɑ̃tikɔʀ] *m* Antikörper *m*

anticyclone [ɑ̃tisiklon] *m* Hoch[druckgebiet] *nt*

antidépresseur [ɑ̃tidepʀesœʀ] *m* Antidepressivum *nt*

antidérapant, e [ɑ̃tideʀapɑ̃, ɑ̃t] *adj* rutschfest

antidote [ɑ̃tidɔt] *m* MED Gegenmittel *nt*

antiémeute [ɑ̃tiemøt] *adj* Antikonflikt-; **police** ~ Antikonflikt-Team *nt* der Polizei

antigel [ɑ̃tiʒɛl] *m* Frostschutzmittel *nt*

anti-inflammatoire [ɑ̃tiɛ̃flamatwaʀ] <anti-inflammatoires> *adj* entzündungshemmend

antillais, e [ɑ̃tijɛ, jɛz] *adj* antillisch

Antillais, e [ɑ̃tijɛ, ɛz] *m, f* Bewohner(in) *m(f)* der Antillen

Antilles [ɑ̃tij] *fpl* **les** ~ die Antillen

antilope [ɑ̃tilɔp] *f* Antilope *f*

antimilitariste [ɑ̃timilitaʀist] *adj* antimilitaristisch

antimite [ɑ̃timit] **I.** *adj* gegen Motten **II.** *m* Mottenschutzmittel *nt*

antipathie [ɑ̃tipati] *f* ~ **pour qn/qc** Abneigung *f* gegen jdn/etw

antipathique [ɑ̃tipatik] *adj* unsympathisch

antipelliculaire [ɑ̃tipelikylɛʀ] *adj* gegen Schuppen

antipode [ɑ̃tipɔd] *m* GEO Ort *m* auf der anderen Seite der Erdkugel

antipoison [ɑ̃tipwazɔ̃] *adj inv* **centre ~** *Spezialklinik für Vergiftungen*

antipolio [ɑ̃tipɔljo] *adj inv abr de* **antipoliomyélitique** gegen Kinderlähmung

antiquaire [ɑ̃tikɛʀ] *mf* Antiquitätenhändler(in) *m(f)*

antique [ɑ̃tik] *adj* antik

antiquité [ɑ̃tikite] **I.** *f sans pl* ❶ HIST **l'Antiquité** (*ancienne civilisation*) das Altertum; (*civilisation gréco-romaine*) die Antike ❷ (*période très reculée*) Vorzeit *f* **II.** *fpl* ❶ (*œuvres d'art antiques*) Altertümer *Pl* ❷ (*objets anciens*) Antiquitäten *Pl*

Antiquité [ɑ̃tikite] *f sans pl* **l'~** die Antike

antiquités [ɑ̃tikite] *fpl* Antiquitäten *Pl*

antireflet [ɑ̃tiʀəflɛ] *adj* Antireflex-

antirides [ɑ̃tiʀid] *adj* gegen Falten

antirouille [ɑ̃tiʀuj] *adj inv* Rostschutz-

antisèche [ɑ̃tisɛʃ] *f fam* Spickzettel *m*

antisémite [ɑ̃tisemit] *adj* antisemitisch

antisémitisme [ɑ̃tisemitism] *m* Antisemitismus *m*

antiseptique [ɑ̃tisɛptik] *adj* antiseptisch

antitabac [ɑ̃titaba] *adj inv* gegen das Rauchen

antithèse [ɑ̃titɛz] *f* PHILOS Antithese *f*

anti-virus [ɑ̃tiviʀys] *adj inv* INFORM (*programme*) Antiviren-

antivol [ɑ̃tivɔl] *m* (*d'un vélo*) [Fahrrad]schloss *nt*

antonyme [ɑ̃tɔnim] *m* Antonym *nt*

anus [anys] *m* After *m*

Anvers [ɑ̃vɛʀ] Antwerpen *nt*

anxiété [ɑ̃ksjete] *f* Angst *f*

anxieusement [ɑ̃ksjøzmɑ̃] *adv* ängstlich

anxieux, **-euse** [ɑ̃ksjø, -jøz] **I.** *adj* ängstlich **II.** *m, f* ängstlicher Mensch

AOC [aose] *abr de* **appellation d'origine contrôlée** *Qualitätsmerkmal für Wein oder Käse aus einem bestimmten Anbaugebiet*

> **AOC-Weine** sind Weine mit kontrollierter Herkunftsbezeichnung. Die Rebsorte und das Herstellungsverfahren sind vorgeschrieben. In Frankreich gibt es ca. 460 Weine mit dem angesehenen AOC-Prädikat. Auf 40% der gesamten Weinanbaufläche Frankreichs werden **AOC-Weine** angebaut.

aorte [aɔʀt] *f* Aorta *f*

août [u(t)] *m* August *m;* **en ~** im August; **début/fin ~** Anfang/Ende August; **pendant tout le mois d'~** den ganzen August über; **le 15 ~, c'est l'Assomption** der 15. August ist Mariä Himmelfahrt

aoûtien, **ne** [ausjɛ̃, jɛn] *m, f* Augusturlauber(in) *m(f)*

apaisement [apɛzmɑ̃] *m* Beruhigung *f*

apaiser [apeze] <1> **I.** *vt* beruhigen; (*douleur*) lindern **II.** *vpr* **s'~** (*douleur*) nachlassen; (*colère, tempête*) sich legen

aparté [apaʀte] *m* (*entretien*) vertrauliches Gespräch

apartheid [apaʀtɛd] *m* Apartheid *f*

apathie [apati] *f* Apathie *f*

apathique [apatik] *adj* apathisch

apatride [apatʀid] *mf* Staatenlose(r) *f(m)*

apercevoir [apɛʀsəvwaʀ] <12> **I.** *vt* ❶ (*entrevoir*) flüchtig wahrnehmen ❷ (*remarquer*) bemerken **II.** *vpr* ❶ (*se voir*) **s'~** sich sehen ❷ (*se rendre compte*) **s'~ de qc/de la présence de qn** etw/jdn bemerken

aperçu [apɛʀsy] *m* kurzer Überblick; INFORM Seitenansicht *f*

apéritif [apeʀitif] *m* Aperitif *m*

apéro [apeʀo] *m fam abr de* **apéritif**

apesanteur [apəzɑ̃tœʀ] *f* Schwerelosigkeit *f*

à-peu-près [apøpʀɛ] *m inv* (*approximation*) **c'est de l'~** das ist alles nur so ungefähr

apeuré, **e** [apœʀe] *adj* verängstigt

aphone [afɔn] *adj* ohne Stimme

aphrodisiaque [afʀɔdizjak] *m* Aphrodisiakum *nt*

aphte [aft] *m* MED Aphthe *f*

à-pic [apik] <à-pics> *m* Steilhang *m;* (*en bord de mer*) Kliff *nt*

apiculteur, **-trice** [apikyltœʀ, -tʀis] *m, f* Imker(in) *m(f)*

apitoiement [apitwamɑ̃] *m* **~ sur qn** Mitleid *nt* mit jdm

apitoyer [apitwaje] <6> *vpr* **s'~ sur qn/qc** jdn/etw bemitleiden

aplanir [aplaniʀ] <8> *vt* (*niveler*) einebnen

aplati, **e** [aplati] *adj* platt [gedrückt]

aplatir [aplatiʀ] <8> **I.** *vt* platt drücken **II.** *vpr* (*se plaquer*) **s'~ contre qc** sich gegen etw drücken; (*s'écraser*) gegen etw prallen

aplomb [aplɔ̃] *m* ❶ (*équilibre*) Gleichgewicht *nt;* (*verticalité*) Lot *nt;* **d'~** senkrecht ❷ (*assurance*) Selbstsicherheit *f*

apnée [apne] *f* SPORT Tauchen *nt* ohne Sauerstoffgerät

apnéiste [apneist] *mf* Apnoetaucher(in) *m(f)*
apocalypse [apɔkalips] *f* Apokalypse *f*
apocalyptique [apɔkaliptik] *adj* apokalyptisch
apogée [apɔʒe] *m* Höhepunkt *m*
apolitique [apɔlitik] *adj* unpolitisch
apologie [apɔlɔʒi] *f* ❶ (*éloge*) Verherrlichung *f* ❷ (*justification*) Verteidigung *f*
a posteriori [a pɔsteʀjɔʀi] *adv* im Nachhinein, nachträglich
apostrophe [apɔstʀɔf] *f* ❶ Apostroph *m* ❷ (*interpellation*) barscher Zuruf
apostropher [apɔstʀɔfe] <1> *vt* anfahren
apothéose [apɔteoz] *f* Höhepunkt *m*
apôtre [apotʀ] *m* ❶ REL, HIST Jünger *m* ❷ (*propagateur d'une idée*) Verfechter(in) *m(f)*
apparaître [apaʀɛtʀ] <irr> *vi + être* ❶ (*se montrer*) erscheinen ❷ (*surgir: difficulté, fièvre*) auftreten ❸ (*sembler*) ~ **grand à qn** jdm groß scheinen
appareil [apaʀɛj] *m* ❶ (*machine, instrument*) Gerät *nt;* ~ **photo[graphique]** Fotoapparat *m;* ~**s ménagers** Haushaltsgeräte *Pl* ❷ (*prothèse*) Prothese *f;* (*dentaire*) Zahnspange *f;* (*dentier*) Gebiss *nt;* ~ **auditif** Hörgerät *nt* ❸ (*avion*) Maschine *f* ❹ ANAT ~ **digestif** Verdauungsapparat *m;* ~ **circulatoire** Kreislaufsystem *nt;* ~ **respiratoire** Atmungsorgane *Pl*
appareillage [apaʀɛjaʒ] *m* NAUT Auslaufen *nt*
appareiller [apaʀeje] <1> *vi* ablegen
apparemment [apaʀamɑ̃] *adv* anscheinend; (*vraisemblablement*) offensichtlich
apparence [apaʀɑ̃s] *f* ❶ (*aspect*) Anblick *m;* ~ **physique** äußeres Erscheinungsbild ❷ (*ce qui semble être*) [An]schein *m* ▸**sauver les** ~**s** den Schein wahren
apparent, e [apaʀɑ̃, ɑ̃t] *adj* ❶ (*visible*) sichtbar ❷ (*évident, manifeste*) offensichtlich
apparenté, e [apaʀɑ̃te] *adj* (*parent*) ~ **à qn/qc** mit jdm/etw verwandt
apparenter [apaʀɑ̃te] <1> *vpr* **s'**~ **à qc** ❶ (*ressembler*) einer S. (*dat*) ähneln ❷ (*se lier par mariage*) in etw (*akk*) einheiraten
apparition [apaʀisjɔ̃] *f* ❶ (*d'une personne*) Erscheinen *nt;* (*d'un acteur*) Auftritt *m* ❷ *sans pl* (*d'un phénomène*) Auftreten *nt;* (*d'une étoile*) Erscheinen *nt* ❸ (*d'un être surnaturel*) Erscheinung *f* ❹ (*fantôme*) Gespenst *nt*
appart [apaʀt] *m fam abr de* **appartement**
appartement [apaʀtəmɑ̃] *m* (*habitation*) Wohnung *f*
appartenance [apaʀtənɑ̃s] *f* (*dépendance: à un parti*) Mitgliedschaft *f*
appartenir [apaʀtəniʀ] <9> **I.** *vi* ❶ (*être la propriété de*) ~ **à qn** jdm gehören ❷ (*faire partie de*) ~ **à qc** einer S. (*dat*) angehören **II.** *vi impers* **il appartient à qn de faire qc** es ist jds Sache, etw zu tun
appât [apɑ] *m* Köder *m*
appâter [apɑte] <1> *vt* (*allécher*) locken
appauvrir [apovʀiʀ] <8> *vt* (*personne*) arm machen; (*pays*) verarmen lassen
appauvrissement [apovʀismɑ̃] *m* Verarmung *f*
appel [apɛl] *m* ❶ (*cri*) Ruf *m* ❷ (*signal*) Zeichen *nt* ❸ (*demande*) Appell *m;* **faire** ~ **à qn/qc** an jdn/etw appellieren ❹ (*exhortation*) ~ **à qc** Aufruf *f* zu etw; **lancer un** ~ **à qn** einen Appell an jdn richten ❺ (*vérification de présence*) **faire l'**~ die Namen aufrufen ❻ TELEC Anruf *m* ❼ INFORM Aufruf *m* ▸**faire** ~ Berufung einlegen; ~ **d'offres** Ausschreibung *f*
appelé, e [aple] *m, f* MIL Einberufene(r) *m*
appeler [aple] <4> **I.** *vt* ❶ rufen ❷ (*faire venir*) [herbei]rufen ❸ (*téléphoner à*) anrufen ❹ (*nommer*) nennen; ~ **qn par son prénom** jdn mit seinem Vornamen anreden ❺ (*désigner*) ~ **qn à un poste** jdm eine Stelle zuteilen ❻ (*se référer à*) **en** ~ **à qc** an etw (*akk*) appellieren ❼ INFORM aufrufen **II.** *vi* (*héler*) rufen; (*téléphoner*) anrufen **III.** *vpr* **s'**~ heißen; **comment t'appelles-tu/s'appelle cette plante?** wie heißt du/diese Pflanze?; **je m'appelle** ich heiße
appellation [apelasjɔ̃] *f* Bezeichnung *f;* ~ **d'origine** Herkunftsbezeichnung
appendice [apɛ̃dis] *m* Anhang *m*
appendicite [apɛ̃disit] *f* Blinddarmentzündung *f*
appétissant, e [apetisɑ̃, ɑ̃t] *adj* appetitanregend
appétit [apeti] *m* Appetit *m;* **donner de/couper l'**~ **à qn** jdm Appetit machen/den Appetit verderben
applaudir [aplodiʀ] <8> **I.** *vi* [Beifall] klatschen **II.** *vt* ~ **qn/qc** jdm/etw applaudieren
applaudissements [aplodismɑ̃] *mpl* Applaus *m*

applicable [aplikabl] *adj* ~ **à qn/qc** anwendbar auf jdn/etw

application [aplikasjɔ̃] *f* ❶ (*pose*) Auftragen *nt* ❷ (*utilisation*) *a.* INFORM Anwendung *f* ❸ (*mise en pratique: d'une idée*) Umsetzung *f*; **mettre en** ~ praktisch anwenden

applique [aplik] *f* Wandleuchte *f*

appliqué, e [aplike] *adj* (*élève*) fleißig

appliquer [aplike] <1> **I.** *vt* ❶ (*poser*) auftragen ❷ (*mettre en pratique*) [praktisch] anwenden; (*décision*) ausführen; (*règlement*) befolgen **II.** *vpr* **s'~ à faire qc** sich (*dat*) Mühe geben etw zu tun

appoint [apwɛ̃] *m* Zubrot *nt* ▸**faire l'~** eine Geldsumme passend geben

appontement [apɔ̃tmɑ̃] *m* Landungsbrücke *f*

apport [apɔʀ] *m* **l'~ de qn/qc à qc** jds Beitrag/der Beitrag einer S. (*gen*) zu etw

apporter [apɔʀte] <1> *vt* ❶ bringen; ~ **sa contribution à qc** seinen Beitrag zu etw leisten ❷ (*avec soi*) mitbringen ❸ (*preuve*) liefern ❹ (*profiter à*) ~ **beaucoup à qn/qc** jdm/einer S. viel geben

apposer [apoze] <1> *vt* ~ **qc sur qc** (*timbre*) etw an etw (*dat*) aufkleben; (*signature*) etw unter etw (*akk*) setzen

apposition [apozisjɔ̃] *f* LING Apposition *f*

appréciable [apʀesjabl] *adj* beachtlich

appréciation [apʀesjasjɔ̃] *f* Beurteilung *f*

apprécier [apʀesje] <1> **I.** *vt* ❶ (*distance, vitesse*) abschätzen ❷ (*aimer*) schätzen **II.** *vi fam* **il n'a pas apprécié!** das hat ihm gar nicht gefallen!; **je vous laisse** ~ ich lasse Sie selbst urteilen

appréhender [apʀeɑ̃de] <1> *vt* ❶ (*redouter*) ~ **de faire qc** Angst haben etw zu tun ❷ (*arrêter*) fassen

appréhension [apʀeɑ̃sjɔ̃] *f* Befürchtung *f*; **avec** ~ ängstlich

apprendre [apʀɑ̃dʀ] <13> **I.** *vt* ❶ (*informer*) ~ **qc à qn** jdm etw mitteilen; ~ **qc par qn/qc** von einer S. durch jdn/etw erfahren ❷ (*leçon, langue*) lernen; (*science, art, métier, technique*) erlernen; ~ **à faire qc** lernen etw zu tun ❸ (*enseigner*) beibringen **II.** *vi* lernen

apprenti, e [apʀɑ̃ti] *m, f* Lehrling *m*, Auszubildende(r) *f(m)*

apprentissage [apʀɑ̃tisaʒ] *m* (*formation*) Lehre *f*; **être en** ~ in der Lehre sein

apprêté, e [apʀete] *adj* affektiert

apprêter [apʀete] <1> *vpr* **s'~ à faire qc** im Begriff sein etw zu tun

apprivoiser [apʀivwaze] <1> *vt* zähmen

approbateur, -trice [apʀɔbatœʀ, -tʀis] *adj* zustimmend

approbation [apʀɔbasjɔ̃] *f* Zustimmung *f*

approche [apʀɔʃ] *f* ❶ Näherkommen *nt*; (*d'un événement, danger*) [Heran]nahen *nt* ❷ (*manière d'aborder un sujet*) Vorgehensweise *f*; **l'~ du problème** der Problemansatz; **une** ~ eine Einführung

approcher [apʀɔʃe] <1> **I.** *vi* näher kommen; (*moment, date*) näher rücken; (*saison*) nahen; (*nuit*) hereinbrechen; (*orage*) [her]aufziehen **II.** *vt* ❶ (*mettre plus près*) ~ **qc de qn/qc** etw an jdn/etw näher heranschieben; **elle approche son visage du sien** sie nähert ihr Gesicht dem seinen/ihren ❷ (*venir plus près*) ~ **qn** sich jdm nähern; **ne m'approche pas!** komm mir nicht zu nahe! **III.** *vpr* **s'~ de qn/qc** sich jdm/einer S. nähern

approfondi, e [apʀɔfɔ̃di] *adj* gründlich; (*connaissance*) fundiert

approfondir [apʀɔfɔ̃diʀ] <8> *vt* (*trou*) vertiefen; (*sujet*) sich näher beschäftigen mit; (*connaissances*) erweitern

approprié, e [apʀɔpʀije] *adj* ~ **à qc** für etw geeignet

approprier [apʀɔpʀije] <1> *vpr* **s'~ qc** sich (*dat*) etw aneignen

approuver [apʀuve] <1> *vt* ❶ (*agréer*) ~ **qn/qc** jdm zustimmen/etw gutheißen; ~ **que** + *subj* es begrüßen, dass ❷ JUR (*projet de loi*) annehmen

approvisionnement [apʀɔvizjɔnmɑ̃] *m* ~ **en qc** Versorgung *f* mit etw

approvisionner [apʀɔvizjɔne] <1> **I.** *vt* ~ **en qc** (*ville*) mit etw versorgen; (*magasin*) mit etw beliefern; (*compte*) mit etw auffüllen **II.** *vpr* **s'~ en qc** sich mit etw versorgen

approximatif, -ive [apʀɔksimatif, iv] *adj* ungefähr

approximation [apʀɔksimasjɔ̃] *f* [ungefähre] Schätzung *f*

approximativement [apʀɔksimativmɑ̃] *adv* ungefähr

appui [apɥi] *m* ❶ (*support*) Stütze *f* ❷ (*aide*) Unterstützung *f*

appuie-tête [apɥitɛt] <appuie-tête[s]> *m* Kopfstütze *f*

appuyer [apɥije] <6> **I.** *vi* ❶ (*presser*) ~ **sur**

qc (*avec la main/le pied*) drücken/treten auf etw (*akk*) ❷ (*insister sur*) ~ **sur qc** (*prononciation*) etw betonen; (*argumentation*) etw hervorheben **II.** *vt* ❶ (*poser*) ~ **qc contre/sur qc** etw gegen etw lehnen/auf etw (*akk*) stützen ❷ (*presser*) ~ **sa main/son pied sur qc** mit der Hand auf etw (*akk*) drücken/mit dem Fuß auf etw (*akk*) treten ❸ (*soutenir*) unterstützen **III.** *vpr* **s'~ contre qn/qc** sich an jdn/etw [an]lehnen; **s'~ sur qn/sur qc** sich auf jdn/etw stützen; (*compter sur*) sich auf jdn/etw verlassen

âpre [ɑpʀ] *adj a. fig* herb

après [apʀɛ] **I.** *prép* ❶ (*temporel*) nach (+ *dat*); **bien/peu ~ qc** lange/kurz nach etw; **~ avoir fait qc** nachdem jd etw getan hat ❷ (*plus loin que*) nach (+ *dat*) ❸ (*derrière*) hinter (+ *dat*); **courir ~ l'autobus** dem Bus hinterherrennen; **~ toi/vous!** [bitte] nach dir/nach Ihnen! ❹ (*chaque*) **page ~ page** Seite für Seite ❺ (*selon*) **d'~ qn/qc** nach jdm/etw **II.** *adv* ❶ (*plus tard, ensuite*) danach; (*par la suite*) nachher; **longtemps/peu ~** viel später/bald darauf ❷ (*plus loin, derrière*) dahinter ❸ (*à part ça*) ansonsten ❹ *fam* (*à la suite de*) hinterher ❺ (*qui suit*) **d'~** danach ►**et ~?** *fam* [na] und?; **~ tout** schließlich **III.** *conj* **~ que** nachdem

après-demain [apʀɛdmɛ̃] *adv* übermorgen

après-guerre [apʀɛgɛʀ] <après-guerres> *m* Nachkriegszeit *f* **après-midi** [apʀɛmidi] **I.** *m o f inv* Nachmittag *m;* **cet[te] ~** heute Nachmittag; **[dans] l'~** am Nachmittag; **4 heures de l'~** 4 Uhr nachmittags **II.** *adv* **mardi ~** [am] Dienstagnachmittag; **demain ~** morgen Nachmittag; **tous les lundis ~** montagnachmittags **après-11-septembre** [apʀɛɔ̃zsɛptɑ̃bʀ] *sans pl m* **l'~** die Zeit nach dem 11. September (*dem Tag des Attentats auf das World Trade Center in New York*) **après-rasage** [apʀɛʀɑzaʒ] *m inv* Rasierwasser *nt* **après-ski** [apʀɛski] *m inv* Schneestiefel *m* **après-vente** [apʀɛvɑ̃t] *m inv* Kundendienst *m*

âpreté [ɑpʀəte] *f* ❶ (*d'un vin*) Herbheit *f* ❷ (*d'un paysage, d'une voix*) Rauheit *f*

a priori [apʀijɔʀi] **I.** *adv* a priori **II.** *m inv* Apriori *nt*

à-propos [apʀɔpo] *m* **esprit d'~** Schlagfertigkeit *f*

apte [apt] *adj* geeignet

aptitude [aptityd] *f* Eignung *f*

aquarelle [akwaʀɛl] *f* Aquarell *nt*

aquarium [akwaʀjɔm] *m* Aquarium *nt*

aquatique [akwatik] *adj* Wasser-

aqueduc [akdyk] *m* Aquädukt *m o nt*

aquilin [akilɛ̃] *adj* **un nez ~** eine Adlernase

Aquitaine [akitɛn] *f* **l'~** Aquitanien *nt*

arabe [aʀab] **I.** *adj* arabisch; *v.a.* **allemand II.** *m* Arabisch *nt; v.a.* **allemand**

Arabe [aʀab] *mf* Araber(in) *m(f)*

arabesque [aʀabɛsk] *f* Arabeske *f*

Arabie [aʀabi] *f* **l'~ [Saoudite]** [Saudi-]Arabien *nt*

arachide [aʀaʃid] *f* ❶ (*plante*) Erdnuss *f* ❷ CAN (*cacahouète*) **des ~s salées** gesalzene Erdnüsse *Pl*

araignée [aʀeɲe] *f* Spinne *f*

arbalète [aʀbalɛt] *f* Armbrust *f*

arbitrage [aʀbitʀaʒ] *m* SPORT Schiedsrichteramt *nt*

arbitraire [aʀbitʀɛʀ] *adj* willkürlich

arbitrairement [aʀbitʀɛʀmɑ̃] *adv* willkürlich

arbitre [aʀbitʀ] *mf* ❶ SPORT Schiedsrichter(in) *m(f)* ❷ (*conciliateur*) Vermittler(in) *m(f)*

arbitrer [aʀbitʀe] <1> *vt* **~ qc** bei etw schlichten; SPORT bei etw Schiedsrichter(in) sein

arborer [aʀbɔʀe] <1> *vt* (*drapeau*) hissen

arborescence [aʀbɔʀesɑ̃s] *f* INFORM Baumstruktur *f*

arboriculteur, -trice [aʀbɔʀikyltœʀ, tʀis] *m, f* Baumpfleger(in) *m(f)*

arbre [aʀbʀ] *m* ❶ BOT Baum *m* ❷ TECH Welle *f*

arbuste [aʀbyst] *m* Strauch *m*

arc [aʀk] *m* Bogen *m;* **~ de triomphe** Triumphbogen

arcade [aʀkad] *f* Arkade *f*

arc-boutant [aʀkbutɑ̃] <arcs-boutants> *m* ARCHIT Strebebogen *m* **arc-bouter** [aʀkbute] <1> *vpr* **s'~ contre qc** sich gegen etw stemmen

arceau [aʀso] <x> *m* kleiner Bogen

arc-en-ciel [aʀkɑ̃sjɛl] <arcs-en-ciel> *m* Regenbogen *m*

archaïque [aʀkaik] *adj* archaisch; (*mot, tournure*) veraltet

archaïsme [aʀkaism] *m* ❶ (*caractère désuet*) Veraltetsein *nt* ❷ LING Archaismus *m*

A

arche [aʀʃ] *f* ❶ Bogen *m* ❷ REL **~ de Noé** Arche *f* Noah
archéologie [aʀkeɔlɔʒi] *f* Archäologie *f*
archéologique *adj* archäologisch
archéologue [aʀkeɔlɔg] *mf* Archäologe/-login *m/f*
archet [aʀʃɛ] *m* Bogen *m*
archétype [aʀketip] *m* Archetyp[us] *m*
archevêché [aʀʃəveʃe] *m* Erzbistum *nt*
archevêque [aʀʃəvɛk] *m* Erzbischof *m*
archiconnu, e [aʀʃikɔny] *adj* überall bekannt
archiduc, archiduchesse [aʀʃidyk, aʀʃidyʃɛs] *m, f* Erzherzog(in) *m(f)*
archipel [aʀʃipɛl] *m* Archipel *m*
architecte [aʀʃitɛkt] *mf* Architekt(in) *m(f)*
architectural, e [aʀʃitɛktyʀal, o] <-aux> *adj* architektonisch
architecture [aʀʃitɛktyʀ] *f* Architektur *f;* INFORM Struktur *f*
archive [aʀʃiv] *f* INFORM Archiv *nt*
archiver [aʀʃive] <1> *vt* archivieren
archives [aʀʃiv] *fpl* Archiv *nt*
archiviste [aʀʃivist] *mf* Archivar(in) *m(f)*
arçon [aʀsɔ̃] *m* Sattelbogen *m*
arctique [aʀktik] *adj* arktisch; (*pôle*) Nord-
Arctique [aʀktik] *m* **l'~** die Arktis
ardemment [aʀdamɑ̃] *adv* sehnlichst
ardent, e [aʀdɑ̃, ɑ̃t] *adj* ❶ (*brûlant*) glühend ❷ *fig* (*désir, passion*) brennend; (*amour, lutte*) heiß
ardeur [aʀdœʀ] *f* ❶ (*chaleur*) glühende Hitze ❷ (*force vive*) Heftigkeit *f* ❸ (*zèle*) Begeisterung *f;* **~ à qc** Eifer *m* bei etw
ardoise [aʀdwaz] **I.** *f sans pl* Schiefer *m* **II.** *adj inv* (*couleur*) schieferfarben; (*bleu, gris*) schiefer-
ardu, e [aʀdy] *adj* (*problème, question*) schwierig
are [aʀ] *m* Ar *nt*
arène [aʀɛn] *f* Arena *f*
arête [aʀɛt] *f* ❶ (*d'un poisson*) Gräte *f* ❷ (*bord saillant*) Kante *f*
argent [aʀʒɑ̃] **I.** *m* ❶ Geld *nt;* **~ de poche** Taschengeld ❷ (*métal*) Silber *nt* **II.** *adj inv* (*couleur*) Silber-
argenté, e [aʀʒɑ̃te] *adj* ❶ (*couleur, reflets*) silbern ❷ (*recouvert d'argent*) versilbert
argenterie [aʀʒɑ̃tʀi] *f sans pl* Silbergeschirr *nt*
argentin, e [aʀʒɑ̃tɛ̃, in] *adj* argentinisch
Argentin, e [aʀʒɑ̃tɛ̃, in] *m, f* Argentinier(in) *m(f)*
Argentine [aʀʒɑ̃tin] *f* **l'~** Argentinien *nt*
argile [aʀʒil] *f* Ton *m*
argileux, -euse [aʀʒilø, -øz] *adj* tonhaltig
argot [aʀgo] *m* ❶ *sans pl* (*langue verte*) Argot *m o nt* ❷ (*langage particulier*) Jargon *m*
argotique [aʀgɔtik] *adj* **expression ~** Argotausdruck *m*
argument [aʀgymɑ̃] *m* Argument *nt*
argumentation [aʀgymɑ̃tasjɔ̃] *f* Argumentation *f*
argumenter [aʀgymɑ̃te] <1> *vi* argumentieren
Argus [aʀgys] *m* ≈ Schwackeliste *f*
aride [aʀid] *adj* trocken
aridité [aʀidite] *f sans pl* Trockenheit *f*
aristocrate [aʀistɔkʀat] *mf* Aristokrat(in) *m(f)*
aristocratie [aʀistɔkʀasi] *f* Aristokratie *f*
aristocratique [aʀistɔkʀatik] *adj* aristokratisch
arithmétique [aʀitmetik] **I.** *f* ❶ SCOL Rechnen *nt* ❷ (*science*) Arithmetik *f* **II.** *adj* arithmetisch
arlequin [aʀləkɛ̃] *m* Harlekin *m*
armada [aʀmada] *f* Heer *nt*
armagnac [aʀmaɲak] *m* Armagnac *m*
armateur [aʀmatœʀ] *m* Reeder(in) *m(f)*
armature [aʀmatyʀ] *f* Gerüst *nt;* (*d'une tente*) Gestänge *nt;* (*d'un soutien-gorge*) Bügel *Pl*
arme [aʀm] *f* Waffe *f;* **~s de destruction massive** Massenvernichtungswaffen
armé, e [aʀme] *adj* bewaffnet
armée [aʀme] *f* Armee *f;* **être à l'~** seinen Militärdienst absolvieren; **~ du Salut** Heilsarmee
armement [aʀməmɑ̃] *m* Bewaffnung *f;* (*d'un pays*) Rüstung *f*
Arménie [aʀmeni] *f* **l'~** Armenien *nt*
arménien [aʀmenjɛ̃] *m* Armenisch *nt; v.a.* **allemand**
arménien, ne [aʀmenjɛ̃, jɛn] *adj* armenisch; *v.a.* **allemand**
Arménien, ne [aʀmenjɛ̃, jɛn] *m, f* Armenier(in) *m(f)*
armer [aʀme] <1> **I.** *vt* ❶ (*soldat, pays*) bewaffnen ❷ (*fusil*) laden; (*appareil photo*) spannen ❸ (*équiper*) ausrüsten **II.** *vpr* ❶ **s'~** (*soldat*) sich bewaffnen ❷ *fig* **s'~ de patience** sich mit Geduld wappnen
armistice [aʀmistis] *m* Waffenstillstand *m*

Am 11. November wird in Frankreich der Feiertag **l'Armistice** begangen. An diesem Tag wird des Waffenstillstands gedacht, der am 11.11.1918 den Ersten Weltkrieg beendete. Am *Arc de Triomphe* in Paris findet am Grab des Unbekannten Soldaten eine offizielle Kranzniederlegung statt.

armoire [aʀmwaʀ] *f* Schrank *m*

armoiries [aʀmwaʀi] *fpl* Wappen *nt*

armure [aʀmyʀ] *f* MIL Rüstung *f*

armurerie [aʀmyʀʀi] *f* (*commerce*) Waffenhandlung *f*

armurier [aʀmyʀje] *m* Waffenhändler(in) *m(f)*

arnaque [aʀnak] *f fam* Betrug *m*

arnaquer [aʀnake] <1> *vt fam* übers Ohr hauen

arnaqueur, **-euse** [aʀnakœʀ, -øz] *m, f fam* Betrüger(in) *m(f)*

arobas [aʀɔba(z)] *m* INFORM at *nt*

aromate [aʀɔmat] *m* Gewürzkraut *nt*

aromatiser [aʀɔmatize] <1> *vt* (*aliments*) würzen

arôme, **arome** [aʀom] *m* Aroma *nt;* (*d'un vin*) Bouquet *nt*

arpenter [aʀpɑ̃te] <1> *vt* ❶ (*parcourir: pièce*) durchmessen ❷ (*mesurer*) vermessen

arqué, **e** [aʀke] *adj* **avoir les jambes ~es** O-Beine haben (*fam*)

arrache-pied [aʀaʃpje] *adv* **d'~** (*lutter, travailler*) unermüdlich

arracher [aʀaʃe] <1> **I.** *vt* ❶ herausreißen; (*arbre*) entwurzeln; (*clou*) herausziehen; (*dent*) ziehen ❷ (*affiche*) abreißen ❸ (*prendre*) ~ **qn des mains de qn** jdn jds Händen entreißen; ~ **qc des mains de qn** jdm etw aus den Händen reißen **II.** *vpr* (*se disputer*) **s'~ qn/qc** sich um jdn/etw reißen ▸**s'~ les cheveux** sich (*dat*) die Haare ausreißen

arrangeant, **e** [aʀɑ̃ʒɑ̃, ʒɑ̃t] *adj* umgänglich

arrangement [aʀɑ̃ʒmɑ̃] *m* ❶ Zusammenstellung *f* ❷ (*accord*) Einigung *f* ❸ MUS Arrangement *nt*

arranger [aʀɑ̃ʒe] <2a> **I.** *vt* ❶ ordnen; (*pièce*) einrichten ❷ (*organiser*) organisieren; (*rencontre*) arrangieren ❸ (*régler*) regeln; (*réparer*) in Ordnung bringen ❹ (*contenter*) ~ **qn** jdm gelegen kommen; **ça m'arrange** [**que** + *subj*] es passt mir gut[, dass] ❺ *fam* (*malmener*) übel zurichten **II.** *vpr* **s'~** ❶ (*se mettre d'accord*) sich einigen ❷ (*s'améliorer: problème*) sich regeln; (*situation*) sich bessern ❸ (*se débrouiller*) **s'~ pour que** + *subj* es sich (*dat*) so einrichten, dass

arrestation [aʀɛstasjɔ̃] *f* Verhaftung *f*

arrêt [aʀɛ] *m* ❶ (*d'une machine, d'un moteur*) Abstellen *nt;* (*d'un réacteur*) Abschalten *nt;* (*des négociations, hostilités*) Einstellen *nt;* (*de la production*) Einstellung *f;* ~ **cardiaque** Herzstillstand *m;* **sans** ~ unaufhörlich; **en ~ maladie** krankgeschrieben sein ❷ AUT Halt *m;* **dix minutes d'~** zehn Minuten Aufenthalt; **rester** [*o* **tomber**] **en** ~ stehen bleiben ❸ (*station*) Haltestelle *f*

arrêté [aʀete] *m* Erlass *m*

arrêté, **e** [aʀete] *adj* fest; *péj* festgefahren

arrêter [aʀete] <1> **I.** *vi* ~ **de faire qc** aufhören etw zu tun **II.** *vt* ❶ (*stopper*) anhalten; (*télé, machine*) ausmachen; **au voleur, arrêtez-le!** haltet den Dieb! ❷ (*terminer, abandonner*) aufhören mit ❸ (*interrompre*) unterbrechen ❹ (*bloquer*) aufhalten ❺ (*faire prisonnier*) verhaften ❻ (*date*) festlegen **III.** *vpr* **s'~** ❶ (*s'immobiliser*) stehen bleiben; (*véhicule, chauffeur*) [an]halten ❷ (*cesser*) aufhören; (*épidémie, inflation, production*) zum Stillstand kommen

arrêt-maladie [aʀɛmaladi] <arrêts-maladie> *m* (*congé*) Beurlaubung *f* wegen Krankheit; (*certificat*) Arbeitsunfähigkeitsbescheinigung *f;* **être en ~** krank geschrieben sein

arrhes [aʀ] *fpl* Anzahlung *f*

arriéré [aʀjeʀe] *m* FIN Rückstand *m*

arrière [aʀjɛʀ] **I.** *m* ❶ *sans pl* AUT, NAUT, AVIAT Heck *nt;* (*d'un train*) hinteres Teil; **à l'~ de la voiture** auf dem Rücksitz des Wagens ❷ SPORT Verteidiger(in) *m(f)* ▸**se pencher en ~** sich zurückbeugen; **regarder en ~** (*derrière soi/vers le passé*) nach hinten sehen/zurücksehen; **rester en ~** hinten bleiben; **aller en ~** rückwärtsgehen **II.** *adj inv* (*roue*) Hinter-; (*siège*) Rück-

arrière-cour [aʀjɛʀkuʀ] <arrière-cours> *f* Hinterhof *m* **arrière-goût** [aʀjɛʀgu] <arrière-goûts> *m* Nachgeschmack *m* **arrière-grand-mère** [aʀjɛʀgʀɑ̃mɛʀ] <arrière-grands-mères> *f* Urgroßmutter *f* **arrière-grand-père** [aʀjɛʀgʀɑ̃pɛʀ] <arrière-grands-pères> *m* Urgroßvater *m* **arrière-grands-parents** [aʀjɛʀgʀɑ̃paʀɑ̃] *mpl* Urgroßeltern *Pl* **arrière-pays** [aʀjɛʀpei] *m inv* Hinterland *nt* **arrière-petite-fille**

[aʀjɛʀpətitfij] <arrière-petites-filles> *f* Urenkelin *f* **arrière-petit-fils** [aʀjɛʀpətifis] <arrière-petits-fils> *m* Urenkel *m* **arrière-petits-enfants** [aʀjɛʀpətizɑ̃fɑ̃] *mpl* Urenkel *Pl* **arrière-plan** [aʀjɛʀplɑ̃] <arrière-plans> *m a. fig* Hintergrund *m* **arrière-saison** [aʀjɛʀsɛzɔ̃] <arrière-saisons> *f* Nachsaison *f* **arrière-train** [aʀjɛʀtʀɛ̃] <arrière-trains> *m* ZOOL Hinterteil *nt*

arrivage [aʀivaʒ] *m* Lieferung *f*

arrivant, e [aʀivɑ̃, ɑ̃t] *m, f* Ankommende(r) *f(m)*

arrivée [aʀive] *f* ❶ Ankunft *f* ❷ (*endroit*) Ziel *nt* ❸ TECH Anschluss *m*

arriver [aʀive] <1> **I.** *vi + être* ❶ (*venir, finir*) ankommen; ~ **[le] premier** als Erster ankommen ❷ (*approcher*) kommen ❸ (*être acheminé*) ~ **par un tuyau** durch ein Rohr kommen ❹ (*aller jusque*) ~ **aux genoux** bis an die Knie gehen; **il m'arrive à l'épaule** er reicht mir bis zur Schulter ❺ (*atteindre*) ~ **à qc** (*personne*) etw erreichen ❻ (*réussir*) **qn arrive à faire qc** es gelingt jdm etw zu tun ❼ (*survenir*) **qu'est-ce qui est arrivé?** was ist passiert? ❽ (*aboutir*) **en ~ à faire qc** schließlich etw tun **II.** *vi impers + être* (*se produire*) **qu'est-ce qu'il t'est arrivé?** was ist dir denn passiert?; **il m'arrive de faire qc** (*de temps en temps*) es kommt vor, dass ich etw tue

arriviste [aʀivist] *mf* Karrierist(in) *m(f)*

arrogance [aʀɔgɑ̃s] *f* Arroganz *f*

arrogant, e [aʀɔgɑ̃, ɑ̃t] *adj* arrogant

arrondir [aʀɔ̃diʀ] <8> **I.** *vt* ❶ (*rendre rond*) rund machen ❷ (*simplifier*) ~ **qc à qc** (*vers le haut/le bas*) etw auf etw (*akk*) aufrunden/abrunden **II.** *vpr* **s'~** [immer] runder werden

arrondissement [aʀɔ̃dismɑ̃] *m* Arrondissement *nt*

In Paris, Lyon und Marseille heißen die Stadtbezirke **arrondissements**. Aber auch die Verwaltungsbezirke eines Departements werden so genannt. Paris ist in zwanzig durchnummerierte Arrondissements unterteilt. Diejenigen mit den niedrigen Nummern befinden sich im Zentrum. An der Postleitzahl kann man das Arrondissement ablesen: 75020 Paris steht für „Paris vingtième", also für das zwanzigste Arrondissement.

arrosage [aʀozaʒ] *m* ❶ (*au jet*) Sprengen *nt* ❷ (*à l'arrosoir*) Gießen *nt*

arroser [aʀoze] <1> *vt* ❶ gießen ❷ GASTR *a. fig* begießen

arrosoir [aʀozwaʀ] *m* Gießkanne *f*

arsenal [aʀsənal, o] <-aux> *m a. fig* Arsenal *nt*

arsenic [aʀsənik] *m* Arsen *nt*

art [aʀ] *m* Kunst *f*; **avoir l'~ du compromis** es meisterhaft verstehen Kompromisse zu schließen

artère [aʀtɛʀ] *f* ❶ ANAT Arterie *f* ❷ (*voie de communication*) [Haupt]verkehrsader *f*

artériel, le [aʀteʀjɛl] *adj* arteriell

arthrose [aʀtʀoz] *f* Arthrose *f*

artichaut [aʀtiʃo] *m* Artischocke *f*

article [aʀtikl] *m* Artikel *m*; JUR Paragraph *m*

articulaire [aʀtikylɛʀ] *adj* Gelenk-

articulation [aʀtikylasjɔ̃] *f* ❶ Gelenk *nt* ❷ (*prononciation*) Artikulieren *nt*

articulé, e [aʀtikyle] *adj* (*opp: rigide*) **une poupée ~e** eine Gliederpuppe

articuler [aʀtikyle] <1> **I.** *vt* (*prononcer*) artikulieren **II.** *vpr* **s'~ à qc** (*os*) durch ein Gelenk mit etw verbunden sein

artifice [aʀtifis] *m* ❶ (*moyen ingénieux*) Trick *m* ❷ *souvent pl* (*tromperie*) List *f*

artificiel, le [aʀtifisjɛl] *adj* künstlich

artificiellement [aʀtifisjɛlmɑ̃] *adv* künstlich

artificier [aʀtifisje] *m* ❶ (*fabricant, organisateur*) Feuerwerker(in) *m(f)* ❷ (*spécialiste du désamorçage*) [Bomben]entschärfer(in) *m(f)*

artillerie [aʀtijʀi] *f* Artillerie *f*

artisan, e [aʀtizɑ̃, an] *m, f* Handwerker(in) *m(f)*

artisanal, e [aʀtizanal, o] <-aux> *adj* handwerklich; (*produit*) handgearbeitet

artisanat [aʀtizana] *m* Handwerk *nt*

artiste [aʀtist] *mf* Künstler(in) *m(f)*

artistique [aʀtistik] *adj* künstlerisch

aryen, ne [aʀjɛ̃, jɛn] *adj* arisch

as[1] [a] *indic prés de* **avoir**

as[2] [ɑs] *m* Ass *nt*

ascendance [asɑ̃dɑ̃s] *f* Abstammung *f*

ascendant [asɑ̃dɑ̃] *m sans pl* ~ **sur qn/qc** [starker] Einfluss auf jdn/etw

ascenseur [asɑ̃sœʀ] *m* Aufzug *m*

ascension [asɑ̃sjɔ̃] *f* ❶ Aufstieg *m*; **faire l'~ d'une montagne** einen Berg besteigen ❷ *sans pl* REL **l'Ascension** Christi Himmelfahrt

aseptisé, e [asɛptize] *adj* ❶ (*instrument*)

sterilisiert; (*pansement*) keimfrei; (*chambre, plaie*) desinfiziert ② *fig* steril

aseptiser [asɛptize] <1> *vt* (*instrument*) sterilisieren; (*chambre, plaie*) desinfizieren

asexué, e [asɛksɥe] *adj* ungeschlechtlich

asiatique [azjatik] *adj* asiatisch

Asiatique [azjatik] *mf* Asiat(in) *m(f)*

Asie [azi] *f* **l'~** Asien *nt;* **l'~ centrale/Mineure** Zentral-/Kleinasien

asile [azil] *m* ① Asyl *nt* ② (*refuge*) Zufluchtsort *m;* **offrir un ~ à qn** jdm Unterschlupf gewähren

asocial, e [asɔsjal, jo] <-aux> *adj* asozial

aspect [aspɛ] *m* ① *sans pl* Aussehen *nt* ② (*point de vue*) Aspekt *m*

asperge [aspɛʀʒ] *f* Spargel *m*

asperger [aspɛʀʒe] <2a> **I.** *vt* **~ qn/qc de qc** jdn/etw mit etw bespritzen **II.** *vpr* **s'~ de parfum/d'eau** sich mit Parfüm besprühen/mit Wasser bespritzen; **s'~ le visage d'eau froide** sich (*dat*) kaltes Wasser ins Gesicht spritzen

asphalte [asfalt] *m* Asphalt *m*

asphyxie [asfiksi] *f sans pl* Ersticken *nt;* **mourir par ~** ersticken

asphyxier [asfiksje] <1> *vt, vpr* [**s'**]~ ersticken

aspic [aspik] *m* GASTR Sülze *f*

aspirant [aspiʀɑ̃] *m* MIL Offiziersanwärter(in) *m(f)*

aspirateur [aspiʀatœʀ] *m* Staubsauger *m;* **passer l'~** staubsaugen

aspiration [aspiʀasjɔ̃] *f* ① *sans pl* (*inspiration*) Einatmen *nt* ② *sans pl* (*élan*) **~ à la liberté** Streben *nt* nach Freiheit ③ *pl* (*désirs*) Sehnsüchte *Pl*

aspiré, e [aspiʀe] *adj* LING aspiriert

aspirer [aspiʀe] <1> **I.** *vt* ① (*inspirer, inhaler*) einatmen; **~ à pleins poumons** tief durchatmen ② (*avec la bouche*) [ein]saugen ③ TECH absaugen **II.** *vi* (*désirer*) **~ à qc** sich nach etw sehnen

aspirine [aspiʀin] *f* Aspirin® *nt*

assagir [asaʒiʀ] <8> *vpr* **s'~** ruhiger werden

assaillant, e [asajɑ̃, jɑ̃t] *m, f* Angreifer(in) *m(f)*

assaillir [asajiʀ] <irr> *vt* angreifen

assainir [aseniʀ] <8> *vt* sanieren

assainissement [asenismɑ̃] *m* ARCHIT Sanierung *f;* (*d'un marécage*) Trockenlegung *f*

assaisonnement [asɛzɔnmɑ̃] *m* ① *sans pl* Würzen *nt;* (*d'une salade*) Anmachen *nt* ② (*ingrédient*) Würze *f*

assaisonner [asɛzɔne] <1> *vt* (*plat*) würzen; (*salade*) anmachen

assassin [asasɛ̃] *m* Mörder(in) *m(f)*

assassinat [asasina] *m* ① (*action*) Ermordung *f* ② (*résultat*) Mord *m*

assassiner [asasine] <1> *vt* ermorden

assaut [aso] *m* ① (*ruée*) Ansturm *m* ② MIL **~ de qc** Sturm *m* auf etw (*akk*); **à l'~!** Attacke!

assèchement [asɛʃmɑ̃] *m* Trockenlegung *f*

assécher [aseʃe] <5> *vt* trocken legen

ASSEDIC [asedik] *fpl abr de* **Association pour l'emploi dans l'industrie et le commerce** ① (*organisme*) *für die Zahlung der Arbeitslosenversicherung in Frankreich zuständige Organisation* ② (*régime d'assurance*) ≈ Arbeitslosenversicherung *f* ③ (*cotisation*) ≈ Beitrag *m* für die Arbeitslosenversicherung ④ (*indemnités*) ≈ Arbeitslosengeld *nt;* **toucher les ~** Arbeitslosengeld bekommen

assemblage [asɑ̃blaʒ] *m* (*de pièces mécaniques*) Zusammenbauen *nt;* (*de couleurs*) Zusammenstellung *f*

assemblée [asɑ̃ble] *f* Versammlung *f;* **l'Assemblée nationale** die Nationalversammlung; **l'Assemblée fédérale** CH Rat *m* (CH)

> Die **Assemblée nationale** ist die erste Kammer des französischen Parlaments. Sie setzt sich aus 577 Abgeordneten zusammen, die nach dem Mehrheitswahlrecht für fünf Jahre gewählt werden.

assembler [asɑ̃ble] <1> **I.** *vt* zusammensetzen; (*meuble, moteur*) zusammenbauen **II.** *vpr* **s'~** sich versammeln

assembleur [asɑ̃blœʀ] *m* INFORM Assembler *m*

asseoir [aswaʀ] <irr> **I.** *vt* **~ qn sur/dans/contre qc** jdn auf/in/an etw (*akk*) setzen; **faire ~ qn** jdn bitten sich zu setzen; **être/rester assis** sitzen/sitzen bleiben; **assis!** (*à une personne/un chien*) hingesetzt!/sitz! **II.** *vpr* **s'~** sich [hin]setzen; **asseyez-vous!** setzt euch!/setzen Sie sich!

assermenté, e [asɛʀmɑ̃te] *adj* vereidigt

asservir [asɛʀviʀ] <8> *vt* unterwerfen

assesseur [asesœʀ] *m* Beisitzer(in) *m(f)*

assez [ase] *adv* ① (*suffisamment*) genug; ~

parlé! genug der Worte! ❷ (*plutôt*) ziemlich; **aimer ~ les films de Bergman** die Filme von Bergman ganz gerne sehen ❸ (*quantité suffisante*) **c'est/ce n'est pas ~** das reicht/reicht nicht ❹ (*dans l'ensemble*) **être ~ content de soi** [eigentlich] ganz zufrieden mit sich sein ❺ SCOL **~ bien** ≈ befriedigend ❻ (*exprimant la lassitude*) **~!** genug!; **en voilà ~!** jetzt ist es aber genug!; **j'en ai ~ de tes bêtises!** jetzt reicht's mir aber mit deinen Dummheiten!

assidu, e [asidy] *adj* (*élève*) immer anwesend; (*travail*) ständig

assiduité [asidɥite] *f sans pl* regelmäßige Anwesenheit; **~ au travail** Beharrlichkeit *f* bei der Arbeit

assidûment [asidymɑ̃] *adv* (*fréquenter*) regelmäßig, eifrig

assiéger [asjeʒe] <2a, 5> *vt* belagern

assiette [asjɛt] *f* Teller *m*

assignation [asiɲasjɔ̃] *f* Vorladung *f*

assigner [asiɲe] <1> *vt* ❶ (*attribuer*) zuteilen ❷ JUR **~ qn à résidence** jdm einen Aufenthaltsort zuweisen; **~ qn à comparaître** jdn vorladen

assimilation [asimilasjɔ̃] *f* ❶ *fig* (*de connaissances*) Aneignen *nt* ❷ (*intégration*) **~ à qc** Eingliederung *f* in etw (*akk*)

assimiler [asimile] <1> **I.** *vt* ❶ (*confondre*) **~ qn/qc à qn/qc** jdn/etw mit jdm/etw gleichsetzen; **~ qn à qc** jdn mit etw vergleichen ❷ (*connaissances*) sich (*dat*) aneignen, aufnehmen ❸ (*intégrer*) eingliedern **II.** *vpr* (*s'intégrer*) **s'~ à qc** sich in etw (*akk*) integrieren

assis, e [asi, iz] **I.** *part passé de* **asseoir II.** *adj* sitzend

assise [asiz] *f* ❶ ARCHIT (*rangée*) Schicht *f* ❷ *souvent pl* (*fondement*) Grundlage *f*

assises [asiz] *fpl* JUR Schwurgericht *nt*

assistanat [asistana] *m* UNIV, SCOL Assistenz *f*

assistance [asistɑ̃s] *f* ❶ (*public*) Publikum *nt* ❷ (*secours*) Hilfe *f;* (*médicale*) Betreuung; **demander ~ à qn** jdn um Hilfe bitten; **prêter ~ à qn** jdm Hilfe leisten

assistant, e [asistɑ̃, ɑ̃t] *m, f* ❶ (*aide*) Assistent(in) *m(f);* MED [Arzt]helfer(in) *m(f);* **~ social** Sozialarbeiter *m* ❷ INFORM **~ personnel** Organizer *m*

assisté, e [asiste] *adj* ❶ SOCIOL **personne ~e** Sozialhilfeempfänger(in) *m(f)* ❷ AUT **direction ~e** Servolenkung *f* ❸ INFORM **dessin ~ par ordinateur** Computer Aided Design *nt;* **traduction ~e par ordinateur** computergestützte Übersetzung

assister [asiste] <1> **I.** *vi* **~ à qc** (*être présent*) bei etw anwesend sein; (*regarder*) sich (*dat*) etw ansehen; (*participer*) an etw (*dat*) teilnehmen; (*être témoin de*) etw miterleben **II.** *vt* **~ qn dans qc** jdm bei etw helfen

associatif, -ive [asɔsjatif, -iv] *adj* ❶ PSYCH, MATH assoziativ ❷ (*relatif à une association*) **vie associative** Vereinsleben *nt*

association [asɔsjasjɔ̃] *f* ❶ (*action d'associer*) Vereinigung *f* ❷ (*action de s'associer*) Zusammenschluss *m* ❸ (*groupement*) Organisation *f;* JUR (*opp: société*) Verein *m;* **~ économique/sportive** Wirtschaftsverband *m*/Sportverein *m*

associé, e [asɔsje] **I.** *m, f* Gesellschafter(in) *m(f)* **II.** *adj* (*gérant*) teilhabend

associer [asɔsje] <1> **I.** *vt* (*choses, personnes*) [miteinander] verbinden **II.** *vpr* ❶ (*s'allier*) **s'~** sich zusammenschließen ❷ (*participer à*) **s'~ à qc** sich an etw (+ *dat*) beteiligen

assoiffé, e [aswafe] *adj* ❶ (*qui a soif*) [sehr] durstig ❷ (*avide*) **~ de vengeance** rachsüchtig

assombrir [asɔ̃bʀiʀ] <8> **I.** *vt* ❶ (*obscurcir*) verdunkeln ❷ (*personne*) trübsinnig machen **II.** *vpr* **s'~** sich verdunkeln; (*horizon, visage*) sich verfinstern; (*personne*) trübsinnig werden

assommant, e [asɔmɑ̃, ɑ̃t] *adj fam* nervtötend

assommer [asɔme] <1> *vt* ❶ bewusstlos schlagen ❷ *fam* (*ennuyer*) zu Tode langweilen

Assomption [asɔ̃psjɔ̃] *f* Mariä Himmelfahrt *f*

> Der 15. August, **l'Assomption**, ist ein Feiertag, an dem für viele die Ferien zu Ende gehen. Oft kommt es auf den Straßen zu Verkehrsbehinderungen. Dieses Datum steht in einigen Gegenden Frankreichs auch klimatisch für das Ende des Sommers.

assorti, e [asɔʀti] *adj* (*couleurs, vêtements*) passend; **être ~ à qc** zu etw passen; **être bien/mal ~s** gut/schlecht zusammenpassen

assortiment [asɔʀtimɑ̃] *m* Sortiment *nt;* ~ **de charcuterie** Wurstplatte *f;* ~ **de gâteaux** Gebäckmischung *f*
assortir [asɔʀtiʀ] <8> *vt* (*couleurs, fleurs*) zusammenstellen; ~ **qc à qc** etw auf etw (+ *akk*) abstimmen
assoupi, e [asupi] *adj* ❶ (*somnolent*) dösend ❷ (*affaibli*) abgekühlt; (*douleur*) gelindert
assoupir [asupiʀ] <8> *vpr* **s'~** dösen
assoupissement [asupismɑ̃] *m* Schläfrigkeit *f*
assouplir [asupliʀ] <8> **I.** *vt* ❶ (*cheveux, cuir*) geschmeidig machen; (*linge*) weich machen ❷ (*règlement*) lockern **II.** *vpr* **s'~** ❶ (*devenir plus souple: chaussures*) weich[er] werden; (*cuir*) geschmeidig[er] werden; (*personne*) gelenkig[er] werden ❷ (*devenir moins rigide*) umgänglich[er] werden
assouplissant [asuplisɑ̃] *m* Weichspüler *m*
assouplissement [asuplismɑ̃] *m a. fig* Lockerung *f*
assourdir [asuʀdiʀ] <8> **I.** *vt* (*abasourdir*) betäuben **II.** *vpr* **s'~** (*bruit*) schwächer werden
assouvir [asuviʀ] <8> *vt* (*faim, vengeance*) stillen
assujetti, e [asyʒeti] **I.** *adj* unterworfen; ~ **à l'impôt** steuerpflichtig **II.** *m, f* ADMIN (*à l'impôt*) Steuerpflichtige(r) *f(m);* (*à la sécurité sociale*) Beitragspflichtige(r) *f(m)*
assujettir [asyʒetiʀ] <8> *vt* ~ **qn à l'impôt** jdm eine Steuer auferlegen
assumer [asyme] <1> **I.** *vt* (*risque*) auf sich (*akk*) nehmen; (*tâche, responsabilité*) übernehmen **II.** *vi fam* dazustehen
assurance [asyʀɑ̃s] *f* ❶ *sans pl* (*aplomb*) Selbstbewusstsein *nt;* **avec** ~ selbstsicher ❷ (*garantie*) Zusicherung *f* ❸ (*contrat*) Versicherung *f* ❹ (*société*) Versicherung[sgesellschaft *f*] *f*
assuré, e [asyʀe] **I.** *adj* sicher **II.** *m, f* Versicherte(r) *f(m)*
assurément [asyʀemɑ̃] *adv soutenu* gewiss
assurer [asyʀe] <1> **I.** *vt* ❶ versichern ❷ (*protection*) gewährleisten; (*avenir*) sichern ❸ SPORT sichern **II.** *vpr* **s'~** ❶ (*contracter une assurance*) sich versichern ❷ (*vérifier*) sich überzeugen **III.** *vi fam* wissen, wo's langgeht
assureur [asyʀœʀ] *m* Versicherungsträger *m*
astérisque [asteʀisk] *m* Sternchen *nt*
astéroïde [asteʀɔid] *m* Asteroid *m*
asthmatique [asmatik] **I.** *adj* asthmatisch **II.** *mf* Asthmatiker(in) *m(f)*
asthme [asm] *m* Asthma *nt*
asticot [astiko] *m fam* Made *f*
asticoter [astikɔte] <1> *vt fam* nerven
astigmate [astigmat] *adj* astigmatisch
astiquer [astike] <1> *vt* polieren
astral, e [astʀal, o] <-aux> *adj* **signe** ~ Sternzeichen *nt*
astre [astʀ] *m* ❶ (*astronomie*) Gestirn *nt* ❷ (*astrologie*) Stern *m*
astreignant, e [astʀɛɲɑ̃, ɑ̃t] *adj* anstrengend
astreindre [astʀɛ̃dʀ] <irr> *vt* ~ **qn à un travail** jdn zu einer Arbeit zwingen
astreinte [astʀɛ̃t] *f* Zwang *m;* JUR Zwangsgeld *nt*
astringent [astʀɛ̃ʒɑ̃] *m* adstringierendes Mittel *nt*
astrologie [astʀɔlɔʒi] *f* Astrologie *f*
astrologique [astʀɔlɔʒik] *adj* astrologisch
astrologue [astʀɔlɔg] *mf* Astrologe/Astrologin *m/f*
astronaute [astʀonot] *mf* Astronaut(in) *m(f)*
astronautique [astʀonotik] *f* Raumfahrt *f*
astronome [astʀɔnɔm] *mf* Astronom(in) *m(f)*
astronomie [astʀɔnɔmi] *f* Astronomie *f*
astronomique [astʀɔnɔmik] *adj a. fig* astronomisch
astrophysique [astʀofizik] *f* Astrophysik *f*
astuce [astys] *f* ❶ *sans pl* (*qualité*) Raffiniertheit *f* ❷ *souvent pl* (*truc*) Trick *m*
astucieux, -euse [astysjø, -jøz] *adj* schlau
asymétrie [asimetʀi] *f* Asymmetrie *f*
asymétrique [asimetʀik] *adj* asymmetrisch
atchoum [atʃum] *interj* hatschi
atelier [atəlje] *m* Werkstatt *f;* (*d'un artiste*) Atelier *nt*
athée [ate] **I.** *adj* atheistisch **II.** *mf* Atheist(in) *m(f)*
athéisme [ateism] *m* Atheismus *m*
Athènes [atɛn] Athen *nt*
athlète [atlɛt] *mf* Leichtathlet(in) *m(f)*
athlétique [atletik] *adj* athletisch
athlétisme [atletism] *m* Leichtathletik *f*
atlantique [atlɑ̃tik] *adj* atlantisch; (*côte*) Atlantik-
Atlantique [atlɑ̃tik] *m* **l'~** der Atlantik
atlas [atlɑs] *m* Atlas *m*

A

atmosphère [atmɔsfɛʀ] *f* ❶ *a.* METEO Atmosphäre *f* ❷ (*ambiance*) Stimmung *f*
atmosphérique [atmɔsfeʀik] *adj* atmosphärisch; (*pression*) Luft-
atoll [atɔl] *m* Atoll *nt*
atome [atom] *m* Atom *nt*
atomique [atɔmik] *adj* atomar
atomiser [atɔmize] <1> *vt* (*pulvériser*) zerstäuben
atomiseur [atɔmizœʀ] *m* Zerstäuber *m*
atout [atu] *m* ❶ Trumpf *m* ❷ (*qualité*) Pluspunkt *m*
âtre [ɑtʀ] *m* Feuerstelle *f*
atroce [atʀɔs] *adj* grauenhaft; (*peur*) furchtbar
atrocement [atʀɔsmɑ̃] *adv* furchtbar
atrocité [atʀɔsite] *f* ❶ (*d'un acte*) Abscheulichkeit *f* ❷ *pl* (*action*) Gräuel[taten *Pl*] *Pl* ❸ (*calomnie*) **dire des ~s** Gräuelmärchen erzählen
atrophier [atʀɔfje] <1> *vpr* **s'~** verkümmern
attabler [atable] <1> *vpr* **s'~** sich zu Tisch setzen
attachant, **e** [ataʃɑ̃, ɑ̃t] *adj* (*personne, personnalité*) fesselnd; (*enfant*) reizend
attache [ataʃ] *f* (*lien*) Befestigung *f*
attaché, **e** [ataʃe] *m, f* Attaché *m;* **~(e) de presse** Pressesprecher(in) *m(f)*
attaché-case [ataʃekɛz] <attachés-cases> *m* Aktenkoffer *m*
attachement [ataʃmɑ̃] *m* Anhänglichkeit *f*
attacher [ataʃe] <1> **I.** *vt* ❶ (*fixer*) **~ qn/qc à qc** jdn/etw an etw (*dat*) festmachen; (*avec une corde, ficelle*) jdn/etw an etw (*akk*) anbinden; **~ qn sur/à qc** jdn an etw (*akk*) fesseln ❷ (*lacets, tablier*) binden; (*montre, collier*) zumachen; **~ sa ceinture de sécurité** sich anschnallen ❸ (*cheveux*) zusammenbinden ❹ (*attribuer*) **~ de l'importance à qc** einer S. (*dat*) Bedeutung beimessen **II.** *vpr* ❶ (*mettre sa ceinture de sécurité*) **s'~** sich anschnallen ❷ (*se lier d'affection*) **s'~ à qn** jdn/etw lieb gewinnen; **être ~ à qn/qc** an jdm/etw hängen
attaquant, **e** [atakɑ̃, ɑ̃t] *m, f* Angreifer(in) *m(f)*
attaque [atak] *f* ❶ Angriff *m* ❷ MED Anfall *m*
attaquer [atake] <1> **I.** *vt* ❶ angreifen ❷ (*jugement*) anfechten; **~ qn en justice** jdn verklagen ❸ (*commencer*) beginnen ►**~ le <u>mal</u> à la racine** das Übel an der Wurzel packen **II.** *vpr* ❶ (*chercher à résoudre*) **s'~ à un problème** ein Problem angehen ❷ (*commencer*) **s'~ à qc** etw in Angriff nehmen
attardé, **e** [ataʀde] *adj* (*en retard*) verspätet
attarder [ataʀde] <1> *vpr* **s'~** sich verspäten
atteindre [atɛ̃dʀ] <irr> *vt* ❶ erreichen ❷ (*personne, cible*) treffen
atteint, **e** [atɛ̃, ɛ̃t] *adj* ❶ **malade ~ du cancer** Krebspatient *m* ❷ *fam* übergeschnappt
atteinte [atɛ̃t] *f* ❶ (*préjudice*) Beeinträchtigung *f* ❷ (*portée*) **réputation hors d'~** unantastbares Ansehen; **se mettre hors d'~** sich in Sicherheit bringen
attelage [at(ə)laʒ] *m* (*dispositif: de chevaux*) Geschirr *nt*
atteler [at(ə)le] <3> **I.** *vt* anspannen **II.** *vpr* **s'~ à un travail** sich an eine Arbeit machen (*fam*)
attelle [atɛl] *f* Schiene *f*
attenant, **e** [at(ə)nɑ̃, ɑ̃t] *adj* angrenzend
attendre [atɑ̃dʀ] <14> **I.** *vt* warten auf (+ *akk*); (*enfant*) erwarten; (*occasion*) abwarten **II.** *vi* warten **III.** *vpr* **s'~ à qc** etw erwarten; (*en cas de chose désagréable*) auf etw (*akk*) gefasst sein
attendri, **e** [atɑ̃dʀi] *adj* gerührt
attendrir [atɑ̃dʀiʀ] <8> **I.** *vt* rühren **II.** *vpr* **se laisser ~** sich erweichen lassen; **s'~ sur soi-même** sich selbst bemitleiden
attendrissant, **e** [atɑ̃dʀisɑ̃, ɑ̃t] *adj* rührend
attendu, **e** [atɑ̃dy] *adj* (*espéré*) erwartet
attentat [atɑ̃ta] *m* **~ contre qn/qc** Attentat *nt* auf jdn/etw
attente [atɑ̃t] *f* ❶ (*expectative*) **l'~ de qn/qc** das Warten auf jdn/etw; **salle d'~** Wartesaal *m;* **mise en ~** Warteschleife *f* ❷ (*espoir*) **contre toute ~** wider Erwarten
attenter [atɑ̃te] <1> *vi* **~ à sa vie** Selbstmord verüben; **~ à la vie de qn** jdm nach dem Leben trachten (*geh*)
attentif, **-ive** [atɑ̃tif, -iv] *adj* aufmerksam; **être ~ à qc** auf etw (*akk*) achten
attention [atɑ̃sjɔ̃] *f* Aufmerksamkeit *f;* **avec ~** aufmerksam; **à l'~ de qn** zu jds Händen; **faire ~ à qn/qc** auf jdn/etw aufpassen; **fais ~!** pass [doch] auf!; **~!** Vorsicht!
attentionné, **e** [atɑ̃sjɔne] *adj* aufmerksam
attentivement [atɑ̃tivmɑ̃] *adv* aufmerksam
atténuation [atenɥasjɔ̃] *f* (*d'un sentiment*) Milderung *f*

atténuer [atenɥe] <1> **I.** *vt* (*douleur*) lindern; (*bruit*) dämpfen **II.** *vpr* **s'~** nachlassen
atterré, e [ateʀe] *adj* erschüttert
atterrir [ateʀiʀ] <8> *vi* landen
atterrissage [ateʀisaʒ] *m* Landen *nt;* **~ en catastrophe** Bruchlandung *f*
attestation [atɛstasjɔ̃] *f* Bescheinigung *f*
attester [atɛste] <1> *vt* **~ qc/que ...** (*personne*) etw bestätigen/bestätigen, dass ...; (*par écrit*) etw bescheinigen/bescheinigen, dass ...; (*document*) ein Beweis für etw sein/dafür sein, dass ...
attirail [atiʀaj] *m fam* Zeug *nt*
attirance [atiʀɑ̃s] *f* Anziehungskraft *f;* **éprouver de l'~ pour qn** sich zu jdm hingezogen fühlen
attirant, e [atiʀɑ̃, ɑ̃t] *adj* (*personne*) anziehend; (*proposition*) verlockend
attirer [atiʀe] <1> **I.** *vt* ❶ (*personne*) anziehen; (*animal, client*) anlocken ❷ (*intéresser: projet, pays*) ansprechen; **~ le regard** Aufsehen erregen ❸ (*procurer*) **~ des ennuis à qn** jdn in Schwierigkeiten bringen **II.** *vpr* sich anziehen; **s'~ des ennuis** in Schwierigkeiten geraten
attiser [atize] <1> *vt a. fig* schüren
attitré, e [atitʀe] *adj* (*promoteur*) beauftragt
attitude [atityd] *f* Haltung *f*
attouchement [atuʃmɑ̃] *m* Berührung *f*
attractif, -ive [atʀaktif, -iv] *adj* (*prix*) interessant
attraction [atʀaksjɔ̃] *f* ❶ Anziehungskraft *f* ❷ (*divertissement*) Attraktion *f*
attrait [atʀɛ] *m* Reiz *m*
attrape [atʀap] *f* Scherzartikel *m*
attraper [atʀape] <1> **I.** *vt* ❶ fangen; (*bus, train*) erreichen ❷ (*tromper*) reinlegen (*fam*) ❸ (*maladie*) sich (*dat*) holen; (*punition, amende*) bekommen **II.** *vpr* **s'~** (*maladie contagieuse*) sich übertragen
attrayant, e [atʀɛjɑ̃, jɑ̃t] *adj* interessant
attribuer [atʀibɥe] <1> *vt* (*prix*) verleihen
attribut [atʀiby] *m* ❶ Attribut *nt* ❷ LING **~ du sujet** prädikative Ergänzung zum Subjekt
attribution [atʀibysjɔ̃] *f* Zuweisung *f;* (*d'une indemnité*) Gewährung *f;* (*d'un prix*) Verleihung *f*
attristant, e [atʀistɑ̃] *adj* traurig
attrister [atʀiste] <1> *vt* traurig machen
attroupement [atʀupmɑ̃] *m* Menschenansammlung *f*
attrouper [atʀupe] <1> *vpr* **s'~ sur la place** auf dem Platz zusammenströmen
atypique [atipik] *adj* atypisch
au [o] = **à le** *v.* **à**
aubaine [obɛn] *f* Geschenk *nt* des Himmels
aube [ob] *f* Morgendämmerung *f*
aubépine [obepin] *f* [eingriffeliger] Weißdorn
auberge [obɛʀʒ] *f* [Land]gasthaus *nt;* **~ de jeunesse** Jugendherberge *f*
aubergine [obɛʀʒin] **I.** *f* Aubergine *f,* Melanzani *f* (A) **II.** *adj inv* (*couleur*) aubergine[-farben]
aubergiste [obɛʀʒist] *mf* [Gast]wirt(in) *m(f)*
auburn [obœʀn] *adj inv* kastanienbraun
aucun, e [okœ̃, yn] **I.** *adj antéposé* **~ ... ne ..., ne ... ~ ...** kein(e); **sans ~** ohne **II.** *pron* **~ ne ..., ne ... ~** keine(r, s); **n'aimer ~ de ces romans** keinen dieser Romane mögen
aucunement [okynmɑ̃] *adv* keineswegs
audace [odas] *f* ❶ Kühnheit *f* ❷ (*effronterie*) Dreistigkeit *f*
audacieux, -euse [odasjø, -jøz] *adj* ❶ kühn; (*projet, mode*) gewagt ❷ (*effronté*) frech
au-dedans [odədɑ̃] **I.** *adv* drinnen **II.** *prép* **~ de qc** (*sans mouvement*) innerhalb einer S. (*gen*); (*avec mouvement*) in etw (*akk*) [hinein] **au-dehors** [odəɔʀ] **I.** *adv* ❶ (*sans mouvement*) draußen; (*avec mouvement*) nach [dr]außen ❷ (*dans l'apparence extérieure*) äußerlich **II.** *prép* **~ de qc** außerhalb einer S. (*gen*); (*avec mouvement*) aus etw [heraus] **au-delà** [od(ə)la] **I.** *adv* (*plus loin*) weiter **II.** *prép* **~ de qc** (*sans mouvement*) jenseits (*gen*) einer S.; (*avec mouvement*) auf die andere Seite einer S. (*gen*); (*dépassant*) über etw (*akk*) hinaus **III.** *m* Jenseits *nt* **au-dessous** [od(ə)su] **I.** *adv* darunter **II.** *prép* ❶ (*plus bas*) **~ de qn/qc** unter jdm/etw; **~ de Lyon** unterhalb von Lyon ❷ (*inférieur, subordonné*) **être ~ de qn** unter jdm stehen; **être ~ de tout** nutzlos sein
au-dessus [od(ə)sy] **I.** *adv* darüber **II.** *prép* ❶ **~ de qn/qc** (*sans mouvement*) über jdm/etw; (*avec mouvement*) über jdn/etw; **~ de Lyon** oberhalb von Lyon ❷ (*supérieur*) **être ~ de qn/qc** über jdm/etw (*dat*) stehen **au-devant** [od(ə)vɑ̃] *prép* **~ de** entgegen (*dat*)
audible [odibl] *adj* hörbar
audience [odjɑ̃s] *f* ❶ Audienz *f;* JUR Ge-

richtsverhandlung *f* ❷ MEDIA Einschaltquote *f*

audimat [odimat] *m* (*taux d'écoute*) Einschaltquote *f*

audionumérique [odjonymeʀik] *adj* digital

audiovisuel [odjovisɥɛl] *m* TV audiovisuelle Medien *Pl*

audiovisuel, le [odjovisɥɛl] *adj* audiovisuell

audit [odit] *m* Revision *f*

auditeur, -trice [oditœʀ, -tʀis] *m, f* ❶ Zuhörer(in) *m(f)* ❷ UNIV ~ **libre** Gasthörer *m*

auditif, -ive [oditif, -iv] *adj* (*mémoire*) auditiv; **appareil** ~ Hörgerät *nt*

audition [odisjɔ̃] *f* ❶ (*sens*) Hören *nt* ❷ JUR Anhörung *f* ❸ THEAT, CINE (*d'un acteur*) Vorsprechen *nt;* (*d'un chanteur*) Vorsingen *nt;* (*d'un musicien*) Vorspielen *nt*

auditionner [odisjɔne] <1> **I.** *vt* (*acteur*) vorsprechen lassen; (*musicien*) vorspielen lassen; (*chanteur*) vorsingen lassen **II.** *vi* (*acteur*) vorsprechen; (*musicien*) vorspielen; (*chanteur*) vorsingen

auditoire [oditwaʀ] *m* Zuhörerschaft *f*

auge [oʒ] *f* ❶ (*abreuvoir*) Tränke *f* ❷ (*mangeoire*) Futtertrog *m*

augmentation [ɔgmɑ̃tasjɔ̃] *f* Erhöhung *f;* (*d'une production*) Steigerung *f;* (*du chômage, de l'inflation*) Zunahme *f*

augmenter [ɔgmɑ̃te] <1> **I.** *vt* erhöhen; (*misère*) vergrößern; ~ [**le salaire de**] **qn de 5%** jds Gehalt/Lohn um 5% erhöhen **II.** *vi* steigen; (*impôts*) erhöht werden; (*marchandise, vie*) teurer werden; (*douleur*) stärker werden

augure[1] [ogyʀ] *m* **être de bon/mauvais** ~ Gutes/nichts Gutes verheißen

augure[2] [ogyʀ] *m* HIST Augur *m*

aujourd'hui [oʒuʀdɥi] *adv* heute; **il y a ~ huit jours** heute vor acht Tagen ▸**c'est pour ~ ou pour demain?** *fam* wird's bald?

aula [ola] *f* CH ❶ UNIV (*amphithéâtre*) Hörsaal *m* ❷ (*grande salle: d'un établissement scolaire*) Aula *f*

aulne [o(l)n] *m* Erle *f*

aumône [omon] *f* Almosen *nt*

aumônier [omonje] *m* ~ **d'un lycée** Religionsunterricht erteilender Geistlicher; ~ **d'une prison/d'un hôpital** Gefängnis-/Krankenhauspfarrer *m*

auparavant [opaʀavɑ̃] *adv* vorher

auprès de [opʀɛ də] *prép* bei; **viens t'asseoir ~ moi** komm, setz dich zu mir

auquel [okɛl] = **à lequel** *v.* **lequel**

aura [ɔʀa] *f* Aura *f* (*geh*)

aurai [ɔʀɛ] *fut de* **avoir**

auréole [ɔʀeɔl] *f* ❶ (*tache*) Rand *m* ❷ REL Heiligenschein *m*

auréoler [ɔʀeɔle] <1> *vt* ❶ (*parer*) ~ **qn de gloire** jdn mit einem Glorienschein umgeben ❷ (*entourer*) einrahmen

auriculaire [ɔʀikylɛʀ] *m* kleiner Finger

aurore [ɔʀɔʀ] *f* Morgenröte *f;* (*heure du jour*) Morgengrauen *nt*

auscultation [ɔskyltasjɔ̃] *f* Abhören *nt*

ausculter [ɔskylte] <1> *vt* abhören

aussi [osi] **I.** *adv* ❶ (*élément de comparaison*) ~ **... que** so ... wie; **elle est ~ grande que moi** sie ist [genau]so groß wie ich; **Paul ~ bien que son frère** Paul [eben]so wie sein Bruder ❷ (*également*) auch; **bon appétit! — merci, vous ~!** guten Appetit! — danke, gleichfalls! ❸ (*en plus*) auch noch **II.** *conj* daher

aussitôt [osito] **I.** *adv* sofort; ~ **après** gleich danach; ~ **dit, ~ fait** gesagt, getan **II.** *conj* ~ **que** sobald

austère [ostɛʀ] *adj* streng; (*vie*) asketisch

austérité [osteʀite] *f* Strenge *f;* **mesure d'~** Sparmaßnahmen *Pl*

austral, e [ɔstʀal] <s> *adj* (*hémisphère*) südlich

Australie [ostʀali] *f* **l'~** Australien *nt*

australien, ne [ostʀaljɛ̃, jɛn] *adj* australisch

Australien, ne [ɔstʀaljɛ̃, jɛn] *m, f* Australier(in) *m(f)*

autant [otɑ̃] *adv* ❶ (*tant*) so viel ❷ (*relation d'égalité*) ~ **que** ebenso [sehr]/ebenso viel... wie; **d'~** ebenso viel; ~ **de beurre que de farine** genauso viel Butter wie Mehl; **pas ~ de... que** nicht so viel... wie ❸ (*dans la mesure où*) [**pour**] ~ **que je sache** soviel ich weiß; ~ **que possible** so weit wie möglich ❹ **d'~ plus** umso mehr

autarcie [otaʀsi] *f* Autarkie *f*

autel [otɛl] *m* Altar *m*

auteur [otœʀ] *m* ❶ (*écrivain*) Autor(in) *m(f)* ❷ (*créateur*) Schöpfer(in) *m(f)* ❸ (*responsable*) Verursacher(in) *m(f)*

auteur-compositeur [otœʀkɔ̃pozitœʀ] <auteurs-compositeurs> *m* Texter(in) *m(f)* und Komponist(in) *m(f)*

authenticité [otɑ̃tisite] *f* Echtheit *f*

authentifier [otɑ̃tifje] <1> *vt* (*document, si-*

gnature) beglaubigen; (*tableau*) für echt befinden

authentique [otɑ̃tik] *adj* echt

autisme [otism] *m* Autismus *m*

autiste [otist] **I.** *adj* autistisch **II.** *mf* Autist(in) *m(f)*

auto [oto] *f abr de* **automobile** Auto *nt*

autobiographe [otobjɔgʀaf] *mf* Autobiograf(in) *m(f)*

autobiographie [otobjɔgʀafi] *f* Autobiografie *f*

autobiographique [otobjɔgʀafik] *adj* autobiografisch

autobus [otobys] *m* [Auto]bus *m*

autocar [otokaʀ] *m* Reisebus *m*

autochtone [otokton] *mf* Einheimische(r) *f(m)*

autocollant [otokɔlɑ̃] *m* Aufkleber *m*

autocollant, e [otokɔlɑ̃, ɑ̃t] *adj* selbstklebend

autocritique [otokʀitik] *f* Selbstkritik *f*

autocuiseur [otokɥizœʀ] *m* Schnellkochtopf *m*

autodafé [otodafe] *m* HIST ~ **de livres** Bücherverbrennung *f*

autodéfense [otodefɑ̃s] *f* Selbstverteidigung *f*

autodérision [otodeʀizjɔ̃] *f* Selbstironie *f*

autodétermination [otodetɛʀminasjɔ̃] *f* Selbstbestimmung *f*

autodétruire [otodetʀɥiʀ] <irr> *vpr* **s'~** (*machine, cassette*) sich selbst vernichten; (*personne*) sich [selbst] zugrunde richten

autodidacte [otodidakt] *mf* Autodidakt(in) *m(f)*

autodiscipline [otodisiplin] *f* Selbstdisziplin *f*

autoécole, auto-école [otoekɔl] <auto-écoles> *f* Fahrschule *f*

autofiction [otofiksjɔ̃] *f* LITTER Autofiktion *f*

autofinancement [otofinɑ̃smɑ̃] *m* Eigenfinanzierung *f*

autofocus [otofɔkys] **I.** *adj* mit Autofokus **II.** *m* Automatikkamera *f*

autogestion [otoʒɛstjɔ̃] *f* Selbstverwaltung *f*

autographe [otogʀaf] *m* Autogramm *nt*

automate [otomat] *m* Automat *m*

automatique [otomatik] *adj* automatisch

automatiquement [otomatikmɑ̃] *adv* automatisch

automatisation [otomatizasjɔ̃] *f* ❶ (*action*) Automatisierung *f* ❷ (*résultat*) Automation *f*

automatiser [otomatize] <1> *vt* automatisieren

automatisme [otomatism] *m* Automatismus *m*

automnal, e [otɔnal, o] <-aux> *adj* herbstlich; (*brume, fleurs*) Herbst-

automne [otɔn] *m* Herbst *m;* **en** ~ im Herbst

automobile [otomɔbil] **I.** *adj* Auto-; (*industrie, salon*) Automobil- **II.** *f* (*voiture*) Auto *nt*

automobiliste [otomɔbilist] *mf* Autofahrer(in) *m(f)*

autonome [otonom] *adj* ❶ (*personne*) unabhängig; (*responsable*) selb[st]ständig; (*état, province*) autonom; **travailleur** ~ CAN (*free-lance*) Freiberufler *m* ❷ INFORM offline

autonomie [otonomi] *f* ❶ (*indépendance*) Autonomie *f;* (*sur le plan financier*) Unabhängigkeit *f* ❷ TECH Betriebsdauer *f*

autonomiste [otonomist] *mf* Anhänger(in) *m(f)* einer Autonomiebewegung

autoportrait [otopɔʀtʀɛ] *m* Selbstporträt *nt*

autopsie [otɔpsi] *f* Autopsie *f*

autoradio [otoʀadjo] *m* Autoradio *nt*

autoreverse [otoʀivœʀs] *adj inv* mit Autoreverse

autorisation [otoʀizasjɔ̃] *f* Erlaubnis *f;* (*de caractère officiel*) schriftliche Genehmigung; ~ **de sortie du territoire** Ausreisegenehmigung (*für Minderjährige*)

autorisé, e [otoʀize] *adj* erlaubt

autoriser [otoʀize] <1> *vt* ❶ ~ **qn à faire qc** jdm erlauben, etw zu tun ❷ (*habiliter*) ~ **qn à faire qc** (*titre, décret*) jdn berechtigen, etw zu tun; (*personne*) jdn ermächtigen, etw zu tun

autoritaire [otoʀitɛʀ] *adj* autoritär

autorité [otoʀite] *f* ❶ Autorität *f;* (*parentale*) Gewalt *f;* **avec** ~ bestimmt; **avoir de l'~ sur qn** Macht über jdn haben; **être sous l'~ de qn** (*employé*) jdm unterstehen; (*enfant*) unter jds Aufsicht (*dat*) stehen ❷ (*influence, considération*) Ansehen *nt;* **jouir d'une grande** ~ großes Ansehen genießen; **faire** ~ (*ouvrage*) als maßgebend gelten; (*personne*) als Autorität gelten ❸ *souvent pl* (*organisme*) Behörde *f*

autoroute [otoʀut] *f* Autobahn *f*

autoroutier, -ière [otoʀutje, -jɛʀ] *adj* Autobahn-

A

autostop, **auto-stop** [otostɔp] *m sans pl* Trampen *nt;* **faire de l'~** trampen

autostoppeur, **-euse**, **auto-stoppeur**, **-euse** [otostɔpœʀ, -øz] <auto-stoppeurs> *m, f* Tramper(in) *m(f)*

autour [otuʀ] **I.** *adv* herum; **tout ~** rundherum **II.** *prép* ❶ (*entourant*) **~ de qn/qc** um jdn/etw herum; **tout ~ de qn/qc** ringsherum um jdn/etw ❷ (*à proximité de*) **~ de...** in der Umgebung von... ❸ (*environ*) **~ des 1000 euros** um die 1000 Euro [herum]; **~ des 15 heures** [so] gegen 15 Uhr

autre [otʀ] **I.** *adj antéposé* ❶ (*différent*) andere(r, s); **~ chose** etwas anderes; **d'une ~ manière** anders ❷ (*supplémentaire*) weitere(r, s) ❸ (*second des deux*) **l'~ ...** der/die/das andere ... ▶**nous ~s ..., vous ~s ...** wir ..., ihr [dagegen] .. **II.** *pron indéf* ❶ andere(r); **un ~/une ~ que** ein anderer/eine andere als; **tout ~ ... que** ein ganz anderer/eine ganz andere ... als; **quelqu'un d'~** jemand anders; **qui d'~?** wer sonst? ❷ (*chose différente*) andere(r, s); **d'~s** andere; **quelques ~s** ein paar andere; **quelque chose d'~** etwas anderes; **rien d'~** nichts anderes; **quoi d'~?** was sonst? ❸ (*personne, chose supplémentaire*) weitere(r, s); **tu es une menteuse! — j'en connais une ~!** du bist eine Lügnerin! — du ebenfalls! ❹ (*opp: l'un*) **l'un l'~/l'une l'~/les uns les ~s** einander ▶ **entre ~s** unter anderem; **une ~!** Zugabe!

autrefois [otʀəfwa] *adv* früher

autrement [otʀəmɑ̃] *adv* ❶ (*différemment*) anders; **on ne peut pas faire ~** es geht nicht anders ❷ (*sinon*) sonst ▶**~ dit** mit anderen Worten

Autriche [otʀiʃ] *f* **l'~** Österreich *nt*

autrichien, **ne** [otʀiʃjɛ̃, jɛn] *adj* österreichisch

Autrichien, **ne** [otʀiʃjɛ̃, jɛn] *m, f* Österreicher(in) *m(f)*

autruche [otʀyʃ] *f* ZOOL Strauß *m*

autrui [otʀɥi] *pron inv* ein anderer/eine andere; (*les autres*) andere; **pour le compte d'~** auf fremde Rechnung

auvent [ovɑ̃] *m* Vordach *nt*

auvergnat, **e** [ovɛʀɲa, at] *adj* aus der Auvergne

aux [o] = **à les** *v.* **à**

auxiliaire [ɔksiljɛʀ] **I.** *adj* Hilfs- **II.** *mf* Hilfskraft *f* **III.** *m* LING Hilfsverb *nt;* **~ de mode** Modalverb

avachi, **e** [avaʃi] *adj* ❶ (*personne*) schlaff ❷ (*chaussures*) ausgetreten

avachir [avaʃiʀ] <8> *vpr* ❶ (*s'affaisser*) **s'~** (*muscles, traits*) erschlaffen; (*chaussures*) ausleiern ❷ *fam* (*devenir amorphe*) träge werden

avais [avɛ] *imparf de* **avoir**

aval [aval] *m* (*d'un cours d'eau*) Unterlauf *m;* **en ~ de** unterhalb (*gen*)

avalanche [avalɑ̃ʃ] *f* Lawine *f*

avaler [avale] <1> **I.** *vt* ❶ [hinunter]schlucken; (*par accident*) verschlucken ❷ (*dévorer*) verschlingen ❸ (*croire*) **~ n'importe quoi** einem alles abkaufen (*fam*) **II.** *vi* schlucken; (*manger*) zu sich nehmen

avance [avɑ̃s] *f* ❶ (*progression*) Vormarsch *m* ❷ (*opp: retard*) **en ~** [**de cinq minutes**] [fünf Minuten] zu früh; **être en ~ dans un travail** weiter in einer Arbeit sein als vorgesehen ❸ (*précocité*) **être en ~ pour son âge** seinem Alter voraussein; **être en ~ sur qn** jdm voraussein ❹ (*distance*) **avoir de l'~ sur qn/qc** einen Vorsprung vor jdm/etw haben ❺ (*somme*) Vorschuss *m* ❻ *pl* (*approche amoureuse*) **faire des ~s à qn** bei jdm Annäherungsversuche machen

avancé, **e** [avɑ̃se] *adj* (*nuit, âge*) fortgeschritten; (*enfant*) weit entwickelt; (*civilisation, technique*) hoch entwickelt ▶**ne pas être plus ~** nicht viel weiter als vorher sein

avancée [avɑ̃se] *f* ❶ (*saillie*) Vorsprung *m* ❷ (*de l'ennemi*) Vormarsch *m*

avancement [avɑ̃smɑ̃] *m* ❶ (*des travaux*) Vorankommen *nt* ❷ (*promotion*) Beförderung *f;* **avoir de l'~** befördert werden

avancer [avɑ̃se] <2> **I.** *vt* ❶ (*montre*) vorstellen; (*rendez-vous, départ*) vorverlegen ❷ (*chaise, table*) vorrücken; (*voiture*) vorfahren; **~ de huit cases** JEUX acht Felder vorrücken ❸ (*idée, thèse*) vorbringen ❹ (*argent*) vorstrecken ▶**ça t'avance à quoi?** [und] was hast du davon?; **ça ne nous avance à rien!** das bringt uns gar nichts [ein]! **II.** *vi* ❶ (*approcher: conducteur, voiture*) [weiter] vorfahren; (*personne*) vorwärtskommen; (*ennemi, armée*) vorrücken ❷ (*être en avance: montre*) vorgehen ❸ (*progresser: personne*) vorankommen; (*travail*) vorangehen **III.** *vpr* ❶ **s'~** (*pour sortir d'un rang*) vortreten; (*en s'appro-

chant) näher kommen; **s'~ vers qn/qc** auf jdn/etw zugehen ❷ (*prendre de l'avance*) **s'~ dans son travail** mit der Arbeit vorankommen ❸ (*se risquer, anticiper*) **s'~ trop** sich zu weit vorwagen

avant [avɑ̃] **I.** *prép* (*temps, lieu*) vor (+ *dat*); **~ de faire qc** bevor jd etw tut; **en ~ de qn/qc** vor jdm/etw ▶**~ tout** vor allem **II.** *adv* (*temps, lieu*) vorher; **passer ~** vorgehen; **en ~** nach vorne; **plus/trop ~** weiter vor/zu weit vor; **le jour d'~** am Tag[e] davor **III.** *conj* **~ que** + *subj* bevor **IV.** *m* ❶ Vorderteil *nt o m;* **à l'~** vorn[e]; **vers l'~** nach vorn ❷ SPORT Stürmer(in) *m(f)* **V.** *adj inv* Vorder-; **le clignotant ~ droit** der Blinker vorne rechts

avantage [avɑ̃taʒ] *m* ❶ *a.* SPORT Vorteil *m;* **à son ~** zu seinem/ihrem Vorteil; **être à son ~** vorteilhaft aussehen; **avoir l'~** führen ❷ (*supériorité*) Überlegenheit *f*

avantager [avɑ̃taʒe] <2a> *vt* ❶ (*favoriser*) begünstigen ❷ (*mettre en valeur*) **~ qn** (*vêtement, coiffure*) jdm gut stehen

avantageusement [avɑ̃taʒøzmɑ̃] *adv* günstig

avantageux, -euse [avɑ̃taʒø, -ʒøz] *adj* (*prix*) günstig

avant-bras [avɑ̃bʀɑ] <avant-bras> *m* Unterarm *m* **avant-centre** [avɑ̃sɑ̃tʀ] <avants-centres> *m* Mittelstürmer(in) *m(f)* **avant-coureur** [avɑ̃kuʀœʀ] <avant-coureurs> *adj* (*bruit*) vorauseilend **avant-dernier, -ière** [avɑ̃dɛʀnje, -jɛʀ] <avant-derniers> **I.** *adj* vorletzte(r, s) **II.** *m, f* Vorletzte(r) *f(m)* **avant-garde** [avɑ̃gaʀd] <avant-gardes> *f* ART, LITTER Avantgarde *f* **avant-goût** [avɑ̃gu] <avant-goûts> *m* Vorgeschmack *m* **avant-guerre** [avɑ̃gɛʀ] <avant-guerres> *m o f* Vorkriegszeit *f* **avant-hier** [avɑ̃tjɛʀ] *adv* vorgestern **avant-midi** [avɑ̃midi] *m o f inv* CAN (*matinée*) Vormittag *m* **avant-première** [avɑ̃pʀəmjɛʀ] <avant-premières> *f* Voraufführung *f* **avant-propos** [avɑ̃pʀɔpo] <avant-propos> *m* Vorwort *nt* **avant-veille** [avɑ̃vɛj] <avant-veilles> *f* zwei Tage zuvor

avare [avaʀ] **I.** *adj* geizig **II.** *mf* Geizhals *m*

avarice [avaʀis] *f* Geiz *m*

avarie [avaʀi] *f* Schaden *m*

avarié, e [avaʀje] *adj* verdorben

avatar [avataʀ] *m gén pl* Unannehmlichkeit *f*

avec [avɛk] **I.** *prép* mit (+ *dat*); **agir ~ précaution** vorsichtig handeln; **être gentil ~ qn** nett zu jdm sein; **~ toutes ces histoires, j'ai oublié...** wegen all dieser Geschichten habe ich vergessen... **II.** *adv fam* damit; **tu viens ~?** BELG kommst du mit? ▶**faire ~** sich [eben] damit abfinden

avènement [avɛnmɑ̃] *m* (*d'un roi*) Thronbesteigung *f*

avenir [av(ə)niʀ] *m* Zukunft *f;* **à l'~** in Zukunft

avent [avɑ̃] *m* Advent *m*

aventure [avɑ̃tyʀ] *f* Abenteuer *nt;* **avoir le goût de l'~** abenteuerlustig sein ▶**dire la bonne ~ à qn** jdm die Zukunft voraussagen; **à l'~** aufs Geratewohl

aventurer [avɑ̃tyʀe] <1> *vpr* **s'~** sich wagen; *fig* sich einlassen

aventureux, -euse [avɑ̃tyʀø, -øz] *adj* abenteuerlich; (*projet*) waghalsig

aventurier, -ière [avɑ̃tyʀje, -jɛʀ] *m, f* Abenteurer(in) *m(f)*

avenue [av(ə)ny] *f* Avenue *f*

avéré, e [aveʀe] *adj* erwiesen

avérer [aveʀe] <5> *vpr* **s'~** sich erweisen als; (*exact, faux*) sich herausstellen als; **il s'avère que ...** es stellt sich heraus, dass ...

averse [avɛʀs] *f* [Regen]schauer *m;* (*d'injures*) Flut *f*

aversion [avɛʀsjɔ̃] *f* Abneigung *f*

averti, e [avɛʀti] *adj* kompetent

avertir [avɛʀtiʀ] <8> *vt* ❶ (*informer*) benachrichtigen ❷ (*mettre en garde*) warnen

avertissement [avɛʀtismɑ̃] *m* ❶ (*mise en garde*) Warnung *f* ❷ SPORT Verwarnung *f*

avertisseur [avɛʀtisœʀ] *m* Hupe *f*

aveu [avø] <x> *m souvent pl* Geständnis *nt;* **passer aux ~x** ein Geständnis ablegen

aveuglant, e [avœglɑ̃, ɑ̃t] *adj* (*lumière, soleil*) grell

aveugle [avœgl] **I.** *adj* blind **II.** *mf* Blinde(r) *f(m);* **~ de naissance** Blindgebor[e]ne(r) *f(m)*

aveuglement [avœgləmɑ̃] *m* Blindheit *f*

aveuglément [avœglemɑ̃] *adv* (*en toute confiance*) blind[lings]

aveugler [avœgle] <1> *vt* ❶ (*éblouir*) blenden ❷ *fig* blind machen

aveuglette [avœglɛt] ▶**à l'~** wie ein Blinder [tastend]

avez [ave] *indic prés de* **avoir**

aviateur, -trice [avjatœʀ, -tʀis] *m, f* Flieger(in) *m(f)*

aviation [avjasjɔ̃] *f* ❶ AUT Luftfahrt *f;* **compagnie d'~** Fluggesellschaft *f* ❷ MIL Luftwaffe *f*

avide [avid] *adj* ~ **de qc** gierig nach etw; ~ **d'argent/de pouvoir** geldgierig/machthungrig

avidité [avidite] *f* Gier *f*

avilir [aviliʀ] <8> *vt* erniedrigen

avion [avjɔ̃] *m* Flugzeug *nt;* **aller en ~** fliegen; **par ~** POST mit Luftpost

avion-cargo [avjɔ̃kaʀgo] <avions-cargos> *m* Frachtflugzeug *nt*

aviron [aviʀɔ̃] *m (sport)* Rudern *nt*

avis [avi] *m* ❶ *(opinion)* Ansicht *f;* **donner son ~ sur qc** seine Meinung über etw *(akk)* äußern; **changer d'~** seine Meinung ändern; *(se raviser)* es sich *(dat)* anders überlegen; **être de l'~ de qn** jds Meinung sein; **si tu veux mon ~** wenn du mich fragst ❷ *(notification)* Mitteilung *f;* *(affiche officielle)* Bekanntmachung *f;* **~ au lecteur** Hinweis *m* für den Leser; **~ de décès/recherche** Todes-/Suchanzeige *f;* **sauf ~ contraire** sofern keine gegenteilige Mitteilung ergeht *(form)* ►**~ aux amateurs!** falls es jdn interessiert

avisé, e [avize] *adj* klug

aviser [avize] <1> *vt* ~ **qn de qc** jdn von etw benachrichtigen

aviver [avive] <1> *vt (couleurs, teint)* auffrischen

avocat [avɔka] *m* Avocado *f*

avocat, e [avɔka, at] *m, f* [Rechts]anwalt/-anwältin *m/f,* Advokat(in) *m(f)* (A, CH)

avoine [avwan] *f* Hafer *m*

avoir [avwaʀ] <irr> **I.** *vt* ❶ haben; ~ **de la visite** Besuch haben; ~ **15 ans** 15 Jahre alt sein; ~ **2 mètres de haut/large** 2 Meter hoch/breit sein ❷ *(chapeau)* aufhaben; *(vêtement)* anhaben ❸ *(obtenir, attraper)* bekommen; *(examen)* bestehen; **pouvez-vous m'~ ce livre?** können Sie mir dieses Buch besorgen? ❹ *(devoir)* haben; ~ **qc à faire** etw zu tun haben; **ne pas ~ à faire qc** etw nicht tun sollen; *(ne pas avoir besoin)* etw nicht zu machen brauchen; **j'ai des cachets à prendre** ich muss Tabletten [ein-]nehmen ❺ *fam (rouler)* reinlegen ►**en ~ après qn** *fam* etwas gegen jdn haben; **en ~ jusque-là de qc** *fam* die Nase voll von etw haben; **en ~ pour deux minutes/10 euros** zwei Minuten brauchen/es kostet jdn 10 Euro; **qu'est-ce qu'il a?** was hat er denn? **II.** *aux* **il n'a rien dit** er hat nichts gesagt; **elle a couru/marché deux heures** sie ist zwei Stunden gelaufen/gegangen; **l'Italie a été battue par le Brésil** Italien ist von Brasilien geschlagen worden **III.** *vt impers* ❶ *(exister)* **il y a ...** es gibt ...; **il y a 300 km de Nancy à Paris** von Nancy nach Paris sind es 300 km; **il y a champagne et champagne** Champagner ist nicht gleich Champagner; **il n'y a pas que l'argent dans la vie** Geld ist nicht alles im Leben; **il n'y a qu'à partir plus tôt** wir müssen nur früher losfahren; **il n'y a que toi pour faire cela!** das bringst nur du fertig! ❷ *(temporel)* **il y a 3 jours/4 ans** vor 3 Tagen/4 Jahren; *(durée)* [schon] seit 3 Tagen/4 Jahren ► **il n'y a plus rien à faire** da ist nichts mehr zu machen; **il n'y en a que pour lui/elle** alles dreht sich nur [noch] um ihn/sie; **il n'y a pas de quoi!** keine Ursache! **IV.** *m* ❶ *(crédit)* Guthaben *nt* ❷ *(bon d'achat)* Gutschein *m*

avoisinant, e [avwazinɑ̃, ɑ̃t] *adj* benachbart; *(rue)* Nachbar-

avoisiner [avwazine] <1> *vt a. fig* ~ **qc** an etw *(akk)* grenzen

avons [avɔ̃] *indic prés de* **avoir**

avortement [avɔʀtəmɑ̃] *m* Abtreibung *f*

avorter [avɔʀte] <1> *vi* ❶ abtreiben ❷ *(échouer)* fehlschlagen

avouer [avwe] <1> **I.** *vt* gestehen; *(erreur, méprise)* eingestehen **II.** *vi* ❶ *(confesser)* gestehen ❷ *(admettre)* zugeben

avril [avʀil] *m* April *m* ►**poisson d'~** Aprilscherz *m;* **poisson d'~!** April, April!; *v.a.* **août**

axe [aks] *m* Achse *f*

axer [akse] <1> *vt* ausrichten

ayant [ɛjɑ̃] *part prés de* **avoir**

azalée [azale] *f* BOT Azalee *f*

azimut [azimyt] *m* ASTRO Azimut *m o nt*

azote [azɔt] *m* Stickstoff *m*

aztèque [astɛk] *adj* aztekisch

Aztèque [astɛk] *mf* Azteke/Aztekin *m/f*

azur [azyʀ] *m* **ciel d'~** azurblauer Himmel

Bb

B, b [be] *m inv* B *nt,* b *nt*

baba¹ [baba] *m* GASTR ≈ Savarin *m* (*mit Rum und Sirup übergossener Hefekuchen*)

baba² [baba] *m* ▸**l'avoir dans le ~** *fam* (*être bien roulé*) der/die Gelackmeierte sein

babiller [babije] <1> *vi* plappern

babines [babin] *fpl* Lefzen *Pl*

babiole [babjɔl] *f* Kleinigkeit *f*

bâbord [bɑbɔʀ] *m* Backbord *nt*

babouin [babwɛ̃] *m* Pavian *m*

baby-foot® [babifut] *m inv* Tischfußball[-spiel *nt*] *m* **baby-sitting** [bebisitiŋ, babisitiŋ] *m sans pl* Babysitting *nt*

bac¹ [bak] *m* ❶ (*récipient*) Behälter *m;* (*d'un évier*) [Spül]becken *nt* ❷ (*bateau*) Fähre *f*

bac² [bak] *m fam abr de* **baccalauréat** ≈ Abi *nt*

baccalauréat [bakalɔʀea] *m* ≈ Abitur *nt*

> Das **baccalauréat** ist die Abschlussprüfung des *lycée* und berechtigt zum Hochschulstudium. Termin und Inhalt der Abiturprüfung werden in Frankreich vom Staat einheitlich für das ganze Land festgelegt.

bâche [bɑʃ] *f* Plane *f*

bachelier, -ière [baʃəlje, -jɛʀ] *m, f* Abiturient(in) *m(f)*

bacille [basil] *m* Bazillus *m*

bâcler [bɑkle] <1> *vt fam* hinschludern

bacon [bekɔn] *m* Lachsschinken *m*

bactérie [bakteʀi] *f* Bakterie *f*

bactériologique [bakteʀjɔlɔʒik] *adj* bakteriologisch

badaud, e [bado, od] *m, f* Schaulustige(r) *f(m)*

Bade-Wurtemberg [badvyʀtɑ̃bɛʀg] *m* **le ~** Baden-Württemberg *nt*

badge [badʒ] *m* Button *m*

badigeon [badiʒɔ̃] *m* Tünche *f*

badigeonner [badiʒɔne] <1> *vt* einpinseln

badiner [badine] <1> *vi* scherzen

baffe [baf] *f fam* Ohrfeige *f*

baffle [bafl] *m* Lautsprecherbox *f*

bafouer [bafwe] <1> *vt* verhöhnen

bafouiller [bafuje] <1> *vt, vi fam* stammeln

bagage [bagaʒ] *m* ❶ *pl* Gepäck *nt* ❷ (*connaissances*) Kenntnisse *Pl*

bagarre [bagaʀ] *f* Schlägerei *f*

bagarrer [bagaʀe] <1> *vpr fam* **se ~** sich prügeln

bagarreur, -euse [bagaʀœʀ, -øz] *m, f fam* Raufbold *m*

bagatelle [bagatɛl] *f* Kleinigkeit *f;* (*vétille*) Bagatelle *f*

bagnard [baɲaʀ] *m* Sträfling *m*

bagne [baɲ] *m* ▸**quel ~!** die reinste Sklavenarbeit!

bagnole [baɲɔl] *f fam* Karre *f*

bague [bag] *f* Ring *m*

baguette [bagɛt] *f* ❶ (*pain*) Baguette *f o nt* ❷ (*bâton*) Stab *m;* (*d'un tambour*) Schlegel *m;* (*d'un chef d'orchestre*) Taktstock *m;* **~ chinoise** Stäbchen *nt* ❸ TECH [Profil]leiste *f*

> Das **baguette** ist das bekannteste französische Stangenweißbrot. Die Bäckereien bieten es mehrmals am Tag ofenfrisch an. Selbst sonntagvormittags wird es frisch gebacken. Es gehört praktisch zu jeder Mahlzeit.

bahut [bay] *m* ❶ (*buffet*) Anrichte *f* ❷ *fam* (*lycée*) Penne *f*

baie [bɛ] *f* ❶ GEO Bucht *f* ❷ (*fenêtre*) **~ vitrée** großes Glasfenster ❸ BOT Beere *f*

baignade [bɛɲad] *f* Baden *nt*

baigner [beɲe] <1> **I.** *vt* baden **II.** *vi* **~ dans qc** in etw (*dat*) schwimmen **III.** *vpr* **se ~** baden; (*dans une piscine*) schwimmen

baigneur [bɛɲœʀ] *m* (*poupée*) Babypuppe *f*

baignoire [bɛɲwaʀ] *f* Badewanne *f*

bail [baj, bo] <-aux> *m* (*d'un local commercial*) Pachtvertrag *m;* (*d'une maison*) Mietvertrag *m*

bâillement [bɑjmɑ̃] *m* Gähnen *nt*

bâiller [bɑje] <1> *vi* ❶ (*personne*) gähnen ❷ (*col*) abstehen

bâillon [bɑjɔ̃] *m* Knebel *m*

bâillonner [bɑjɔne] <1> *vt* knebeln

bain [bɛ̃] *m* Bad *nt;* **grand/petit ~** Schwimmer-/Nichtschwimmerbecken

bain-marie [bɛ̃maʀi] <bains-marie> *m* Wasserbad *nt*

baïonnette [bajɔnɛt] *f* Bajonett *nt*

baisemain [bɛzmɛ̃] *m* Handkuss *m*

baiser¹ [beze] *m* Kuss *m;* **bons ~s** (*en formule*) liebe Grüße

baiser² [beze] <1> **I.** *vt* ❶ *soutenu* küssen ❷ *fam* (*coucher avec*) bumsen (*vulg*) ❸ *fam* *(tromper)* [he]reinlegen **II.** *vi fam* bumsen *(vulg)*

baisse [bɛs] *f* Rückgang *m;* FIN Baisse *f;* *(de pouvoir)* Schwinden *nt;* *(de popularité)* Einbuße *f;* ~ **de tension** MED Blutdruckabfall *m*

baisser [bese] <1> **I.** *vt* ① *(store, rideau)* herunterlassen; *(vitre de voiture)* herunterkurbeln; *(col)* herunterschlagen ② *(tête, prix)* senken; *(yeux)* niederschlagen ③ *(rendre moins fort: ton)* leiser machen; *(voix)* senken *(geh)* **II.** *vi* *(forces, mémoire, vue)* nachlassen; *(niveau, rivière)* sinken; *(température)* zurückgehen; *(prix)* sinken **III.** *vpr* **se** ~ sich bücken

bal [bal] <s> *m* Ball *m*

balade [balad] *f fam* Spaziergang *m;* *(en voiture)* Spazierfahrt *f*

balader [balade] <1> *vpr* **se** ~ *fam* spazieren gehen; *(en voiture)* spazieren fahren

baladeur [baladœʀ] *m* Walkman® *m;* ~ **numérique** MP3-Player *m*

balafre [balɑfʀ] *f* Schmiss *m*

balai [balɛ] *m* Besen *m*

balai-brosse [balɛbʀɔs] <balais-brosses> *m* Schrubber *m*

balan [balɑ̃] *m* CH **je suis sur le** ~ ich schwanke; *(incertain)* ich bin unsicher

balance [balɑ̃s] *f* Waage *f;* ~ **commerciale** Handelsbilanz *f*

Balance [balɑ̃s] *f* Waage *f;* **être** [**du signe de la**] ~ Waage sein

balancé, e [balɑ̃se] *adj* ① *(équilibré)* ausgewogen ② *fam* *(bien bâti)* **bien** ~ gut gebaut

balancer [balɑ̃se] <2> **I.** *vt* ① *(personne)* schaukeln; *(bras)* schlenkern mit; *(jambes)* baumeln mit ② *fam* *(jeter)* schmeißen; *(à la poubelle)* wegschmeißen **II.** *vpr* **se** ~ ① *(bateau)* [hin und her] schaukeln; *(branches)* sich hin und her bewegen ② *(sur une balançoire)* schaukeln

balancier [balɑ̃sje] *m* *(d'une horloge)* Pendel *nt*

balançoire [balɑ̃swaʀ] *f* Schaukel *f*

balayage [balɛjaʒ] *m* ① Kehren *nt* ② INFORM Scannen *nt*

balayer [baleje] <7> *vt* ① *(ramasser)* zusammenkehren ② *(nettoyer)* fegen ③ INFORM scannen ④ *(objection, argument)* vom Tisch wischen *(fam)*

balayette [balɛjɛt] *f* Handfeger *m,* Bartwisch *m* (A)

balayeur, -euse [balɛjœʀ, -jøz] *m, f* Straßenfeger(in) *m(f)*

balayeuse [balɛjøz] *f* [Straßen]kehrmaschine *f*

balbutiement [balbysimɑ̃] *m* ① Stammeln *nt;* *(d'un bébé)* Brabbeln *nt* ② *pl* *(débuts)* Anfänge *Pl*

balbutier [balbysje] <1> *vt, vi* stammeln; *(bébé)* brabbeln

balcon [balkɔ̃] *m* Balkon *m*

Bâle [bɑl] Basel *nt*

Baléares [baleɑʀ] *fpl* **les** [**îles**] ~ die Balearen

baleine [balɛn] *f* ZOOL Wal *m*

balisage [balizaʒ] *m* Markierung *f*

balise [baliz] *f* ① AVIAT, NAUT Bake *f;* *(lumineuse)* Leuchtfeuer *nt* ② AUT Leitpfosten *m* ③ INFORM Tag *m*

baliser [balize] <1> *vt a.* INFORM markieren

baliverne [balivɛʀn] *f* Unsinn *m kein Pl*

balkanique [balkanik] *adj* Balkan-

Balkans [balkɑ̃] *mpl* **les** ~ der Balkan

ballade [balad] *f* Ballade *f*

ballant, e [balɑ̃, ɑ̃t] *adj* *(jambes)* baumelnd; *(bras)* schlenkernd

ballast [balast] *m* Schotter[bett *nt*] *m*

balle [bal] *f* ① Ball *m;* **jouer à la** ~ Ball spielen ② *(projectile)* Kugel *f* ③ *pl fam* *(francs)* **100 ~s** 100 Kröten ④ *fam* *(nul)* **à deux ~s** *(fête, musique)* lahm; *(histoire, cours)* totlangweilig

ballerine [balʀin] *f* ① *(danseuse)* Ballerina *f* ② *(chaussure)* Ballerinaschuh *m*

ballet [balɛ] *m* Ballett *nt*

ballon [balɔ̃] *m* ① Ball *m;* **jouer au** ~ Ball spielen ② *(baudruche)* Luftballon *m* ③ *(aérostat)* Ballon *m* ④ GEO Belchen *m*

ballonnement [balɔnmɑ̃] *m* *(du ventre)* Aufgeblähtsein *nt*

ballot [balo] *m* [kleiner] Ballen *m*

ballottage [balɔtaʒ] *m* **être en** ~ in die Stichwahl kommen

ballotter [balɔte] <1> **I.** *vi* hin- und herrutschen **II.** *vt* *(voiture)* durchschütteln

balluchon [balyʃɔ̃] *m* Bündel *nt*

balnéaire [balneɛʀ] *adj* **station** ~ Seebad *nt*

balourd, e [baluʀ, uʀd] *adj* unbeholfen

balte [balt] *adj* **les États ~s** die Baltischen Staaten

Balte [balt] *mf* Balte/Baltin *m/f*

Baltique [baltik] *f* **la** [**mer**] ~ die Ostsee

baluchon [balyʃɔ̃] *m v.* **balluchon**

balustrade [balystʀad] *f* (*en bois, métal*) Geländer *nt;* (*en maçonnerie*) Brüstung *f*
bambin [bɑ̃bɛ̃] *m* kleiner Junge/kleines Mädchen
bambou [bɑ̃bu] *m* Bambus *m*
ban [bɑ̃] *m* ❶ *pl* (*de mariage*) Aufgebot *nt* ❷ *fam* (*applaudissements*) rhythmischer Beifall
banal, e [banal] <s> *adj* banal; (*choses, idée*) alltäglich; (*personne*) durchschnittlich
banalisation [banalizasjɔ̃] *f* Banalisierung *f*
banaliser [banalize] <1> *vt* banalisieren
banalité [banalite] *f* Banalität *f*
banane [banan] *f* ❶ Banane *f* ❷ (*pochette*) Gürteltasche *f*
bananier [bananje] *m* Bananenstaude *f*
banc [bɑ̃] *m* ❶ Bank *f;* ~ **des accusés** Anklagebank ❷ (*colonie: de poissons*) Schwarm *m*
bancaire [bɑ̃kɛʀ] *adj* Bank-
bancal, e [bɑ̃kal] <s> *adj* (*meuble*) wack[e]lig
bandage [bɑ̃daʒ] *m* Verband *m*
bande¹ [bɑ̃d] *f* ❶ (*long morceau étroit*) Streifen *m;* (*d'un magnétophone*) [Ton]band; CINE Film[streifen] *m* ❷ MED Binde *f* ►~ **dessinée** Comic[strip] *m*
bande² [bɑ̃d] *f* (*groupe constitué*) Bande *f;* ~ **d'amis** Clique *f*
bande-annonce [bɑ̃danɔ̃s] <bandes-annonces> *f* Vorschau *f*
bandeau [bɑ̃do] <x> *m* ❶ (*serre-tête*) Stirnband *nt* ❷ (*sur les yeux*) Binde *f*
bander [bɑ̃de] <1> **I.** *vt* ❶ (*panser*) verbinden ❷ (*tendre*) spannen **II.** *vi fam* einen Ständer haben
banderole [bɑ̃dʀɔl] *f* Spruchband *nt*
bande-son [bɑ̃dsɔ̃] <bandes-son> *f* Tonstreifen *m* **bande-vidéo** [bɑ̃dvideo] <bandes-vidéo> *f* Videoband *nt*
bandit [bɑ̃di] *m* (*malfaiteur*) Bandit *m;* (*malhonnête*) Gauner *m*
banditisme [bɑ̃ditism] *m* Verbrechertum *nt*
bandoulière [bɑ̃duljɛʀ] *f* Schulterriemen *m*
bang [bɑ̃g] *interj* peng!
Bangladesh [bɑ̃gladɛʃ, bɛ̃gladɛʃ] *m* Bangladesch *nt*
banlieue [bɑ̃ljø] *f* Vorort *m*
banlieusard, e [bɑ̃ljøzaʀ, aʀd] *m, f* Vorstädter(in) *m(f)*
banni, e [bani] *adj* verbannt
bannière [banjɛʀ] *f* Banner *nt*
bannir [baniʀ] <8> *vt* verbannen
banque [bɑ̃k] *f* Bank *f*
Banque centrale *f* Zentralbank *f*
Banque européenne d'investissement *f* Europäische Investitionsbank
banqueroute [bɑ̃kʀut] *f* Bankrott *m*
banquet [bɑ̃kɛ] *m* Bankett *nt* (*geh*)
banquette [bɑ̃kɛt] *f* [Sitz]bank *f;* ~ **arrière** AUT Rücksitz *m*
banquier, -ière [bɑ̃kje, -jɛʀ] *m, f* Bankier *m*
banquise [bɑ̃kiz] *f* Packeis *nt*
baobab [baɔbab] *m* Affenbrotbaum *m*
baptême [batɛm] *m* Taufe *f*
baptiser [batize] <1> *vt* ❶ taufen ❷ (*surnommer*) einen Spitznamen geben
baquet [bakɛ] *m* Bottich *m*
bar¹ [baʀ] *m* (*café, comptoir, meuble*) Bar *f*

> Die französischen **bars** sind kleine, einfache Lokale, in denen man am Tresen oder am Tisch einen Kaffee oder Aperitif trinkt. Es gibt dort nur kleine Imbisse wie Sandwiches oder überbackenen Toast, denn die **bars** sind keine Speiselokale.

bar² [baʀ] *m* ZOOL Seebarsch *m*
bar³ [baʀ] *m* PHYS Bar *nt*
baragouiner [baʀagwine] <1> **I.** *vt fam* radebrechen **II.** *vi fam* Kauderwelsch reden
baraque [baʀak] *f* ❶ [Holz]baracke *f* ❷ *fam* (*maison*) Bude *f*
baraqué, e [baʀake] *adj fam* breitschultrig
baraquement [baʀakmɑ̃] *m* Barackenlager *nt*
baratin [baʀatɛ̃] *m fam* Geschwätz *nt*
baratiner [baʀatine] <1> **I.** *vt fam* ~ **qn** auf jdn einreden **II.** *vi fam* dummes Zeug reden
barbant, e [baʀbɑ̃, ɑ̃t] *adj fam* öde
barbare [baʀbaʀ] **I.** *adj* ❶ (*cruel*) barbarisch ❷ (*grossier*) unkultiviert **II.** *m* ❶ (*brute*) Barbar *m* ❷ (*inculte*) [Kultur]banause *m*
barbarie [baʀbaʀi] *f* Barbarei *f*
barbe [baʀb] *f* ❶ (*poils*) Bart *m* ❷ GASTR ~ **à papa** Zuckerwatte *f*
barbecue [baʀbəkju] *m* Grill *m;* **faire un** ~ grillen
barbelé [baʀbəle] *m* Stacheldraht *m*
barbelé, e [baʀbəle] *adj* **fil de fer** ~ Stacheldraht *m*
barber [baʀbe] <1> *vt fam* anöden
barbiturique [baʀbityʀik] *m* BIO Barbiturat *nt*

barboter [baʀbɔte] <1> **I.** *vi* [herum]planschen **II.** *vt fam* klauen
barboteuse [baʀbɔtøz] *f* Strampelhöschen *nt*
barbouillage [baʀbujaʒ] *m* Geschmier[e] *nt*
barbouiller [baʀbuje] <1> *fam* **I.** *vt* ❶ beschmieren; (*papier, page*) vollkritzeln ❷ **avoir l'estomac barbouillé** einen verdorbenen Magen haben **II.** *vpr* **se ~ le visage de qc** sich (*dat*) das Gesicht mit etw voll schmieren
barbu [baʀby] *m* Bärtige(r) *m*
barbu, e [baʀby] *adj* bärtig
barbue [baʀby] *f* ZOOL Glattbutt *m*
barder [baʀde] <1> *vi fam* ▸**ça barde** es ist dicke Luft
barème [baʀɛm] *m* Tabelle *f;* SCOL Bewertungsmaßstab *m*
baril [baʀil] *m* Fass *nt*
barillet [baʀijɛ] *m* (*d'une montre*) Federgehäuse *nt;* (*d'un revolver*) Trommel *f*
bariolé, e [baʀjɔle] *adj* bunt bemalt
barioler [baʀjɔle] <1> *vt* bunt bemalen
barmaid [baʀmɛd] *f* Bardame *f*
barman [baʀman] <s> *m* Barkeeper *m*
baromètre [baʀɔmɛtʀ] *m* Barometer *nt*
baron, ne [baʀɔ̃, ɔn] *m, f* Baron(in) *m(f)*
baroque [baʀɔk] **I.** *adj* barock **II.** *m* Barock *m o nt*
baroudeur [baʀudœʀ] *m fam* Haudegen *m*
barque [baʀk] *f* Kahn *m*
barquette [baʀkɛt] *f* ❶ (*tartelette*) *kleines Gebäck in Form eines Schiffchens* ❷ (*récipient*) Schale *f*
barrage [baʀaʒ] *m* ❶ (*barrière*) Sperre *f* ❷ ELEC [Stau]damm *m*
barre [baʀ] *f* ❶ (*pièce*) Stange *f;* **~ de chocolat** Schokoladenriegel *m* ❷ JUR **~ des témoins** Zeugenstand *m* ❸ (*trait*) Strich *m* ❹ SPORT (*pour la danse*) Stange *f;* (*en athlétisme*) Latte *f* ❺ NAUT [Ruder]pinne *f* ❻ INFORM Leiste *f;* **~ de défilement/des tâches** Bildlauf-/Taskleiste; **~ d'espacement** Leertaste *f*
barré, e [baʀe] *adj* (*rue*) gesperrt
barreau [baʀo] <x> *m* ❶ (*d'une échelle*) Sprosse *f;* (*d'une grille*) [Gitter]stab *m* ❷ JUR Anwaltschaft *f*
barrer [baʀe] <1> **I.** *vt* ❶ (*chemin, route*) (*fermer*) sperren; (*bloquer*) versperren ❷ (*biffer*) durchstreichen ❸ NAUT steuern ❹ CAN (*fermer à clé*) abschließen **II.** *vi* steuern **III.** *vpr fam* **se ~** abhauen
barrette [baʀɛt] *f* [Haar]spange *f*
barreur, -euse [baʀœʀ, -øz] *m, f* Steuermann *m*/-frau *f*
barricade [baʀikad] *f* Barrikade *f*
barricader [baʀikade] <1> **I.** *vt* (*porte*) verbarrikadieren; (*rue*) versperren **II.** *vpr* **se ~** ❶ (*derrière une barricade*) sich verbarrikadieren ❷ (*s'enfermer*) sich einschließen
barrière [baʀjɛʀ] *f* ❶ (*fermeture*) Absperrung *f;* CHEMDFER Schranke *f* ❷ (*clôture*) Zaun *m* ❸ (*séparation*) Barriere *f*
barrique [baʀik] *f* Fass *nt*
barrir [baʀiʀ] <8> *vi* trompeten
bar-tabac [baʀtaba] <bars-tabac> *m: Bistro mit Tabakwarenverkauf*
baryton [baʀitɔ̃] *m* Bariton *m*
bas, se [bɑ, bɑs] *adj* ❶ niedrig; (*stature*) klein; (*branche, ciel*) tief hängend; **à voix ~se** leise ❷ (*opp: aigu*) tief ❸ *antéposé* (*peuple*) einfach; (*sentiment*) erbärmlich
bas¹ [bɑ] *m* Strumpf *m*
bas² [bɑ] **I.** *m* (*partie inférieure*) unterer Teil; (*d'une maison*) Erdgeschoss *nt* **II.** *adv* ❶ **en ~** unten; **voir plus ~** siehe unten; **en ~ de la colline** am Fuße des Hügels ❷ (*opp: aigu/haut*) tief; **tomber très ~** (*thermomètre*) stark fallen ❸ (*doucement*) leise
basalte [bazalt] *m* Basalt *m*
basané, e [bazane] *adj* dunkel[häutig]
bas-côté [bɑkote] <bas-côtés> *m* (*d'une route*) [Straßen]rand *m*
bascule [baskyl] *f* ❶ (*balançoire*) Wippe *f* ❷ (*balance*) Waage *f*
basculer [baskyle] <1> **I.** *vi* ❶ (*tomber*) umkippen ❷ *fig* (*sombrer*) abgleiten **II.** *vt* (*faire pivoter*) [um]kippen
base [bɑz] *f* ❶ *a.* MIL Basis *f;* (*d'un monument*) Fundament *nt;* **~ aérienne/navale** Luftwaffen-/Flottenstützpunkt *m* ❷ (*principe*) Grundlage *f* ❸ INFORM **~ de données** Datenbank *f*
base-ball [bɛzbol] *m* Baseball *m*
baser [bɑze] <1> **I.** *vt* ❶ (*fonder*) stützen ❷ MIL **être basé à Strasbourg** in Straßburg stationiert sein **II.** *vpr* **se ~ sur qc** sich auf etw (*akk*) stützen
bas-fond [bɑfɔ̃] <bas-fonds> *m* ❶ (*endroit*) Untiefe *f* ❷ *pl* (*d'une ville*) Elendsviertel *Pl;* (*d'une société*) Abschaum *m* (*pej*)
basilic [bazilik] *m* Basilikum *nt*

B

basilique [bazilik] *f* Basilika *f*
basique [bazik] *adj* CHIM basisch
basket [baskɛt] *f* Basketballschuh *m*
basketteur, -euse [basketœʀ, -øz] *m, f* Basketballspieler(in) *m(f)*
basque[1] [bask] **I.** *adj* baskisch; **Pays ~** Baskenland *nt; v.a.* **allemand II.** *m* Baskisch *nt; v.a.* **allemand**
basque[2] [bask] *f* [Rock]schoß *m*
Basque [bask] *mf* Baske/Baskin *m/f*
basse [bɑs] *f* Bass *m*
basse-cour [bɑskuʀ] <basses-cours> *f* (*lieu*) Hühnerhof *m;* (*animaux*) Kleinvieh *nt*
Basse-Saxe [bɑssaks] *f* **la ~** Niedersachsen *nt*
bassesse [bɑsɛs] *f* Niederträchtigkeit *f;* (*d'un sentiment*) Erbärmlichkeit *f*
bassin [basɛ̃] *m* Becken *nt*
bassine [basin] *f* Wanne *f*
bassiste [bɑsist] *mf* Bassist(in) *m(f)*
basson [bɑsɔ̃] *m* (*instrument*) Fagott *nt*
baster [baste] <1> *vi* CH (*céder, s'incliner*) nachgeben
bastille [bastij] *f* **la Bastille** die Bastille

> Die im 14. Jahrhundert erbaute **Bastille** war ein berüchtigtes Staatsgefängnis in Paris. Bei dem berühmten „Sturm auf die Bastille" am 14. Juli 1789 wurden die Gefangenen befreit und das Gebäude zerstört. Dieser Tag markierte den Beginn der Französischen Revolution. Er ist heute Nationalfeiertag in Frankreich.

bastion [bastjɔ̃] *m* Bastion *f*
bas-ventre [bɑvɑ̃tʀ] <bas-ventres> *m* Unterleib *m*
bataille [bataj] *f* ① Schlacht *f* ② (*jeu*) *Kartenspiel, bei dem der gewinnt, der zuletzt alle Karten hat*
batailler [bataje] <1> *vi* **~ pour qc** um etw kämpfen
batailleur, -euse [batajœʀ, -jøz] **I.** *adj* **être ~** ein Raufbold sein **II.** *m, f* Kämpfer(in) *m(f)*
bataillon [batajɔ̃] *m* ① Bataillon *nt* ② (*grand nombre*) Heer *nt*
bâtard, e [bɑtaʀ, aʀd] **I.** *adj* (*enfant*) unehelich; (*chien*) nicht reinrassig **II.** *m, f* (*enfant*) uneheliches Kind; (*chien*) Promenadenmischung *f*
bateau [bato] <x> *m* Schiff *nt*
bateau-citerne [batositɛʀn] <bateaux-citernes> *m* Tanker *m*
bateau-mouche [batomuʃ] <bateaux-mouches> *m: kleines Vergnügungsschiff auf der Seine*
batelier, -ière [batəlje, -jɛʀ] *m, f* [Fluss]schiffer(in) *m(f)*
bâti, e [bɑti] *adj* bebaut; **être bien/mal ~** eine gute/schlechte Figur haben
bâtiment [bɑtimɑ̃] *m* ① (*édifice*) Gebäude *nt* ② ECON Baugewerbe *nt* ③ NAUT [großes] Schiff
bâtir [bɑtiʀ] <8> *vt* bauen
bâtisse [bɑtis] *f* Kasten *m* (*fam*)
bâton [bɑtɔ̃] *m* ① (*canne*) Stock *m* ② (*bâtonnet*) Stiel *m* ③ (*stick*) Stift *m* ④ (*trait vertical*) [senkrechter] Strich
bâtonnet [bɑtɔnɛ] *m* Stöckchen *nt*
batracien [batʀasjɛ̃] *m* ZOOL Lurch *m*
battage [bataʒ] *m* (*publicité*) Rummel *m* (*fam*)
battant [batɑ̃] *m* ① (*d'une cloche*) Klöppel *m* ② (*d'une fenêtre, porte*) Flügel *m*
battant, e [batɑ̃, ɑ̃t] **I.** *adj* (*personne*) einsatzfreudig **II.** *m, f* Kämpfernatur *f*
batte [bat] *f* Schläger *m*
battement [batmɑ̃] *m* ① (*bruit, rythme*) Schlagen *nt;* (*de la pluie*) Prasseln *nt* ② (*intervalle de temps*) [verfügbare] Zeit; (*entre deux cours*) Pause *f*
batterie [batʀi] *f* Batterie *f;* MUS Schlagzeug *nt;* **~ de cuisine** Topf- und Pfannenset *nt*
batteur [batœʀ] *m* ① (*mixeur*) [Hand]rührgerät *nt* ② MUS Schlagzeuger(in) *m(f)*
battre [batʀ] <irr> **I.** *vt* ① *a.* MUS schlagen ② (*blé*) dreschen; (*fer*) schmieden; (*tapis, matelas*) [aus]klopfen ③ (*blanc d'œuf, crème*) schlagen; (*œuf entier*) verquirlen ④ (*campagne, forêt*) durchkämmen **II.** *vi* ① (*cogner, frapper*) schlagen; (*porte, volet*) klappern; (*pluie*) gegen etw (*akk*) trommeln ② (*agiter*) **~ des ailes** mit den Flügeln schlagen; **~ des cils** blinzeln; **~ des mains** [in die Hände] klatschen **III.** *vpr* ① (*se bagarrer*) **se ~** [**contre qn**] [mit jdm] kämpfen ② (*se disputer*) **se ~ avec qn pour qc** sich mit jdm um etw streiten ③ (*militer*) **se ~ pour qc** für etw streiten (*geh*)
battu, e [baty] **I.** *part passé de* **battre II.** *adj* (*vaincu*) geschlagen
battue [baty] *f* Suchaktion *f;* CHASSE Treibjagd *f*
baudet [bodɛ] *m fam* Esel *m*
baudruche [bodʀyʃ] *f* **ballon de ~** Luftbal-

lon *m*

baume [bom] *m* Balsam *m*

baux [bo] *v.* **bail**

bauxite [boksit] *f* Bauxit *m*

bavard, e [bavaʀ, aʀd] **I.** *adj* ❶ (*loquace*) redselig ❷ (*indiscret*) geschwätzig (*pej*) **II.** *m, f* (*qui parle beaucoup*) Schwätzer(in) *m(f)*

bavardage [bavaʀdaʒ] *m* ❶ (*papotage*) Plauderei *f* ❷ (*propos vides*) Geschwätz *nt* (*fam*)

bavarder [bavaʀde] <1> *vi* plaudern

bavarois [bavaʀwa] *m* ❶ (*dialecte*) Bairisch *nt; v.a.* **allemand** ❷ GASTR Bayerische Creme

bavarois, e [bavaʀwa, waz] *adj* bay[e]risch; (*dialecte*) bairisch; *v.a.* **allemand**

Bavarois, e [bavaʀwa, waz] *m, f* Bayer(in) *m(f)*

bave [bav] *f* Geifer *m;* (*des gastéropodes*) Schleim *m*

baver [bave] <1> *vi* ❶ geifern; (*escargot, limace*) Schleim absondern ❷ (*stylo*) auslaufen

bavette [bavɛt] *f* ❶ (*bavoir*) Lätzchen *nt* ❷ (*viande*) *Steakfleisch aus dem oberen Teil des Bauchlappens*

baveux, -euse [bavø, -øz] *adj* ❶ (*personne, animal*) speichelnd; (*escargot, limace*) schleimig ❷ (*omelette*) nicht ganz gar

Bavière [bavjɛʀ] *f* **la ~** Bayern *nt*

bavoir [bavwaʀ] *m* Latz *m*

bavure [bavyʀ] *f* (*erreur*) Irrtum *m*

bazar [bazaʀ] *m* ❶ (*magasin*) Kaufhalle *f* ❷ (*souk*) Basar *m* ❸ *fam* (*désordre*) Kuddelmuddel *nt*

bazarder [bazaʀde] <1> *vt fam* wegschmeißen

BCE [beseø] *f abr de* **Banque centrale européenne** EZB *f*

beach-volley [bitʃvɔlɛ] *m inv* Beachvolleyball *m*

béant, e [beɑ̃, ɑ̃t] *adj* (*gouffre, trou*) gähnend

béat, e [bea, at] *adj* (*air, sourire*) [glück]selig

béatifier [beatifje] <1> *vt* selig sprechen

béatitude [beatityd] *f* Glücksgefühl *nt*

beau [bo] <x> *m* ❶ **le ~** das Schöne ❷ METEO **se mettre au ~** schön werden

beau, bel, belle [bo, bɛl] <x> *adj antéposé* schön ▸**avoir ~ faire qc** etw tun können, so viel man will; **il fait ~** es ist schön[es Wetter]; **se faire ~** sich fein machen; **de plus belle** umso schlimmer

beaucoup [boku] *adv* ❶ (*en grande quantité*) viel ❷ (*intensément*) **ça m'a ~ plu** es hat mir sehr gut gefallen ❸ (*fréquemment*) [sehr] oft ❹ (*~ de personnes*) **~ pensent la même chose** viele glauben dasselbe ❺ (*~ de choses*) **avoir ~ à faire** viel zu tun haben ❻ *avec un comp* **~ plus rapide/petit** viel schneller/kleiner ❼ *avec un adv* **~ trop** viel zu viel

beauf [bof] *m fam abr de* **beau-frère** Schwager *m*

beau-fils [bofis] <beaux-fils> *m* ❶ (*gendre*) Schwiegersohn *m* ❷ (*fils du conjoint*) Stiefsohn *m* **beau-frère** [bofʀɛʀ] <beaux-frères> *m* Schwager *m* **beau-père** [bopɛʀ] <beaux-pères> *m* ❶ (*père du conjoint*) Schwiegervater *m* ❷ (*conjoint de la mère*) Stiefvater *m*

beauté [bote] *f* Schönheit *f*

beaux-arts [bozaʀ] *mpl* **les ~** die schönen Künste **beaux-enfants** [bozɑ̃fɑ̃] *mpl* Stiefkinder *Pl* **beaux-parents** [bopaʀɑ̃] *mpl* Schwiegereltern *Pl*

bébé [bebe] *m* Baby *nt*

bébé-éprouvette [bebeepʀuvɛt] <bébés-éprouvettes> *m* Retortenbaby *nt*

bébête [bebɛt] *adj fam* bisschen doof

bec [bɛk] *m a. fam* Schnabel *m*

bécane [bekan] *f fam* (*bicyclette*) [Fahr]rad *nt;* (*moto*) Maschine *f*

bécasse [bekas] *f* ❶ ZOOL [Wald]schnepfe *f* ❷ *fam* (*sotte*) dumme Gans

bec-de-lièvre [bɛkdəljɛvʀ] <becs-de-lièvre> *m* Hasenscharte *f*

béchamel [beʃamɛl] *f* Béchamelsoße *f*

bêche [bɛʃ] *f* Spaten *m*

bêcher [beʃe] <1> *vt, vi* umgraben

bécoter [bekɔte] <1> **I.** *vt fam* abknutschen **II.** *vpr fam* **se ~** knutschen

becqueter [bɛkte] <3> **I.** *vt* ZOOL aufpicken **II.** *vi* ZOOL picken

becter [bɛkte] <1> *vi fam* futtern

bédé [bede] *f fam* Comic *m*

bedonnant, e [bədɔnɑ̃, ɑ̃t] *adj fam* dick[bäuchig]

Bédouin, e [bedwɛ̃, win] *m, f* Beduine/Beduinin *m/f*

bée [be] *adj v.* **bouche**

beefsteak [biftɛk] *v.* **bifteck**

beffroi [befʀwa] *m* Wach[t]turm *m;* (*d'une église*) Turm *m*

bégaiement [begɛmɑ̃] *m* Stottern *nt*
bégayer [begeje] <7> **I.** *vi* stottern **II.** *vt* stammeln
bégonia [begɔnja] *m* Begonie *f*
bègue [bɛg] **I.** *adj* stotternd **II.** *mf* Stotterer/ Stotterin *m/f*
beige [bɛʒ] **I.** *adj* beige **II.** *m* Beige *nt*
beignet [bɛɲɛ] *m* Krapfen *m*, Buchtel *f* (A)
bel [bɛl] *v.* **beau**
bêler [bele] <1> *vi* (*mouton*) blöken; (*chèvre*) meckern
belette [bəlɛt] *f* Wiesel *nt*
belge [bɛlʒ] *adj* belgisch
Belge [bɛlʒ] *mf* Belgier(in) *m(f)*
belgicisme [bɛlʒisism] *m* belgischer Ausdruck
Belgique [bɛlʒik] *f* **la ~** Belgien *nt*
Belgrade [bɛlgʀad] Belgrad *nt*
bélier [belje] *m* Widder *m*
Bélier [belje] *m* Widder *m*; *v.a.* **Balance**
belle [bɛl] **I.** *adj v.* **beau II.** *f* SPORT Entscheidungsspiel *nt*
belle-fille [bɛlfij] <belles-filles> *f* ❶ (*bru*) Schwiegertochter *f* ❷ (*fille du conjoint*) Stieftochter *f* **belle-mère** [bɛlmɛʀ] <belles-mères> *f* ❶ (*mère du conjoint*) Schwiegermutter *f* ❷ (*conjointe du père*) Stiefmutter *f* **belle-sœur** [bɛlsœʀ] <belles-sœurs> *f* Schwägerin *f*
belligérant, e [beliʒeʀɑ̃, ɑ̃t] *adj* Krieg führend
belligérants [beliʒeʀɑ̃] *mpl* Krieg führende Mächte *Pl*
belliqueux, -euse [belikø, -øz] *adj* ❶ (*guerrier*) kriegerisch ❷ (*personne*) streitsüchtig
belote [bəlɔt] *f: dem Schafkopf ähnliches französisches Kartenspiel*
belvédère [bɛlvedɛʀ] *m* ❶ (*édifice*) Belvedere *nt* ❷ (*point de vue*) Aussichtspunkt *m*
bémol [bemɔl] *m* MUS b *nt*
ben [bɛ̃] *adv fam* **eh ~!** Mensch [Meier]!
bénédiction [benediksjɔ̃] *f* Segen *m*
bénéfice [benefis] *m* ❶ COM Profit *m* ❷ (*avantage*) Vorteil *m*
bénéficiaire [benefisjɛʀ] *mf* Empfänger(in) *m(f)*; (*d'une retraite*) CH Bezieher(in) *m(f)*, Bezüger(in) *m(f)* (CH)
bénéficier [benefisje] <1> *vi* profitieren
bénéfique [benefik] *adj* günstig
Benelux [benelyks] *m* **le ~** die Benelux[staaten]
bénévolat [benevɔla] *m* ehrenamtliche Tätigkeit *f*
bénévole [benevɔl] **I.** *adj* freiwillig; (*fonction*) ehrenamtlich **II.** *mf* Freiwillige(r) *f(m)*; (*dans une fonction*) Ehrenamtliche(r) *f(m)*
bénévolement [benevɔlmɑ̃] *adv* freiwillig
Bengladesh [bɑ̃gladɛʃ] *v.* **Bangladesh**
bénin, -igne [benɛ̃, -iɲ] *adj* harmlos; (*tumeur*) gutartig
Bénin [benɛ̃] *m* **le ~** Benin *nt*
bénir [beniʀ] <8> *vt* segnen
bénit, e [beni, it] *adj* geweiht
bénitier [benitje] *m* Weihwasserbecken *nt*
benjamin, e [bɛ̃ʒamɛ̃, in] *m, f* Jüngste(r) *f(m)*
benne [bɛn] *f* Kübel *m*; (*d'un camion*) Mulde *f*
benzine [bɛ̃zin] *f* Reinigungsbenzin *nt*
béotien, ne [beɔsjɛ̃, jɛn] *m, f* [Kultur]banause *m*
BEPC [beøpese] *m abr de* **brevet d'études du premier cycle** ≈ Mittlere Reife
béqueter [bekte] <3> *v.* **becqueter**
béquille [bekij] *f* Krücke *f*; (*d'une moto, d'un vélo*) Ständer *m*
berbère [bɛʀbɛʀ] **I.** *adj* berberisch; *v.a.* **allemand II.** *m* Berberisch *nt*; *v.a.* **allemand**
Berbère [bɛʀbɛʀ] *mf* Berber(in) *m(f)*
berceau [bɛʀso] <x> *m* Wiege *f*
bercement [bɛʀsəmɑ̃] *m* Wiegen *nt*
bercer [bɛʀse] <2> *vt* wiegen
berceuse [bɛʀsøz] *f* Wiegenlied *nt*
béret [beʀɛ] *m* **~ basque** Baskenmütze *f*
berge [bɛʀʒ] *f* ❶ (*rive*) Ufer *nt* ❷ *pl, fam* (*années*) Jahre *Pl*
berger [bɛʀʒe] *m* (*chien*) Schäferhund *m*
berger, -ère [bɛʀʒe, -ɛʀ] *m, f* Hirte/Hirtin *m/f*
bergerie [bɛʀʒəʀi] *f* Schafstall *m*
Berlin [bɛʀlɛ̃] Berlin *nt*
berline [bɛʀlin] *f* AUT Limousine *f*
berlingot [bɛʀlɛ̃go] *m* ❶ (*bonbon*) *tetraederförmiges, weiß gestreiftes Frucht-/Gewürzbonbon* ❷ (*emballage*) Tetrapak® *m*
berlinois [bɛʀlinwa] *m* Berlinerisch *nt*; *v.a.* **allemand**
berlinois, e [bɛʀlinwa, az] *adj* aus Berlin, Berliner
Berlinois, e [bɛʀlinwa, az] *m, f* Berliner(in) *m(f)*
bermuda [bɛʀmyda] *m* Bermudashorts *Pl*
berne [bɛʀn] ▸**être en ~** auf halbmast [ge-

setzt] sein

Berne [bɛʀn] Bern *nt*

berner [bɛʀne] <1> *vt* an der Nase herumführen

besace [bəzas] *f* Umhängetasche *f*

besogne [bəzɔɲ] *f* Arbeit *f*

besogneux, -euse [bəzɔɲø, -øz] *adj* ❶ (*nécessiteux*) bedürftig ❷ (*affecté à de petits travaux*) bescheiden

besoin [bəzwɛ̃] *m* ❶ (*nécessité*) **le ~ de qc** (*constant*) der Bedarf an etw (*dat*); (*momentané*) das Bedürfnis nach etw; **~s financiers** finanzielle Bedürfnisse ❷ (*nécessité d'uriner*) **~ naturel** Notdurft *f* (*geh*) ▸**avoir ~ de qc/de faire qc** etw brauchen/etw machen müssen; **au ~** bei Bedarf; **dans le ~** Not leidend

bestial, e [bɛstjal, jo] <-aux> *adj* brutal; (*instinct*) tierisch

bestialité [bɛstjalite] *f* Bestialität *f*

bestiaux [bɛstjo] *mpl* Vieh *nt*

bestiole [bɛstjɔl] *f fam* Tier[chen] *nt*

best-seller [bɛstsɛlœʀ] <best-sellers> *m* Bestseller *m*

bêta [beta] *app* INFORM **version ~** Betaversion *f*

bétail [betaj] *m sans pl* Vieh *nt*

bête [bɛt] **I.** *f* ❶ (*animal*) Tier *nt;* **les ~s** (*bétail*) Vieh *nt* ❷ (*insecte*) Viech *nt* (*pej*) (*vermine*) Ungeziefer *nt* ❸ (*être humain*) Bestie *f* ❹ (*animalité*) **la ~** das Animalische **II.** *adj* (*idiot*) dumm ▸**c'est tout ~** es ist ganz einfach

bêtement [bɛtmɑ̃] *adv* dummerweise

bêtise [betiz] *f* ❶ (*a. acte*) Dummheit *f* ❷ (*parole*) Unsinn *m kein Pl* ❸ (*peccadille*) Lappalie *f*

béton [betɔ̃] *m* Beton *m*

bétonner [betɔne] <1> *vt* betonieren

bétonnière [betɔnjɛʀ] *f* Betonmischmaschine *f;* (*camion*) Transportmischer *m*

bette [bɛt] *f* Mangold *m*

betterave [bɛtʀav] *f* Rübe *f*

beuglement [bøgləmɑ̃] *m* (*meuglement: de la vache, du veau*) Muhen *nt;* (*du taureau, bœuf*) Brüllen *nt*

beugler [bøgle] <1> *vi* (*vache, veau*) muhen; (*taureau, bœuf*) brüllen

beur, e [bœʀ] *m, f fam in Frankreich geborene Kinder maghrebinischer Einwanderer*

beurre [bœʀ] *m* Butter *f*

beurré, e [bœʀe] *adj fam* blau

beurrer [bœʀe] <1> *vt* (*tartine, toast*) mit Butter bestreichen; (*moule*) einfetten

beurrier [bœʀje] *m* Butterdose *f*

beuverie [bœvʀi] *f* Trinkgelage *nt*

bévue [bevy] *f* Fehler *m*

biais [bjɛ] *m* Umweg *m;* (*échappatoire*) Ausweg *m* ▸**de ~** schräg

biaiser [bjeze] <1> *vi* ausweichen

biathlon [biatlɔ̃] *m* Biathlon *nt*

bibelot [biblo] *m* Nippfigur *f*

biberon [bibʀɔ̃] *m* Flasche *f*

bible [bibl] *f* Bibel *f*

bibliographie [biblijɔgʀafi] *f* Bibliographie *f*

bibliographique [biblijɔgʀafik] *adj* bibliographisch

bibliothécaire [biblijɔtekɛʀ] *mf* Bibliothekar(in) *m(f)*

bibliothèque [biblijɔtɛk] *f* ❶ (*salle*) Bibliothek *f;* (*~ publique*) Bücherei *f;* **~-en-ligne** Onlinebibliothek ❷ (*meuble*) Bücherregal *nt*

biblique [biblik] *adj* biblisch

bicarbonate [bikaʀbɔnat] *m* Hydrogenkarbonat *nt*

biceps [bisɛps] *m* Bizeps *m*

biche [biʃ] *f* Hirschkuh *f*

bichette [biʃɛt] *f* **ma ~** mein Schätzchen

bichonner [biʃɔne] <1> **I.** *vt* [ver]hätscheln **II.** *vpr* **se ~** sich fein machen

bicolore [bikɔlɔʀ] *adj* zweifarbig

bicross® [bikʀɔs] *m* ❶ (*bicyclette*) BMX[-Rad] *nt;* (*V.T.T.*) Mountainbike *nt* ❷ (*sport*) Mountainbiking *nt*

bicyclette [bisiklɛt] *f* [Fahr]rad *nt;* **faire de la ~** Rad fahren

bide [bid] *m fam* Wampe *f*

bidet [bidɛ] *m* Bidet *nt*

bidon [bidɔ̃] **I.** *m* ❶ Kanister *m;* (*de lait*) Kanne *f* ❷ *fam* (*ventre*) Wampe *f* **II.** *adj inv, fam* Schein-

bidonner [bidɔne] <1> *vpr fam* **se ~** sich schieflachen

bidonville [bidɔ̃vil] *m* Slum *m*

bidule [bidyl] *m fam* Dings[bums] *nt*

bielle [bjɛl] *f* (*de voiture*) Pleuel[stange *f*] *m*

bien [bjɛ̃] **I.** *adv* ❶ (*beaucoup: rire*) viel; (*manger*) gut; (*boire*) eine Menge; **~ des gens** viele Leute; **il a ~ du mal à faire qc** ihm fällt es sehr schwer, etw zu tun ❷ (*au moins*) mindestens ❸ (*plus*) **c'est ~ mieux** das ist viel besser; **~ assez** mehr als genug ❹ (*agir, se tenir*) richtig; **tu ferais ~ de me le dire** du sagst es mir wohl besser ❺ (*vrai-*

ment, très) sehr; (*imaginer, voir*) gut; **aimer ~ qn/qc** jdn/etw gernhaben; **je veux ~, merci!** gern, danke! ❻ (*à la rigueur*) schon; **il a ~ voulu nous recevoir** er war so nett, uns zu empfangen; **je vous prie de ~ vouloir faire qc** ich bitte Sie, etw zu tun ❼ (*effectivement*) wirklich ❽ (*sans le moindre doute*) [sehr] wohl; (*sûrement*) bestimmt ❾ (*typiquement*) **c'est ~ toi** das ist typisch für dich ▶**qn va ~** jdm geht es gut; **ou ~** oder [lieber]; **~ plus** schlimmer noch; **~ que** + *subj* obwohl; **tant ~ que mal** mehr schlecht als recht **II.** *adj inv* ❶ (*satisfaisant*) **être ~** gut sein ❷ (*en forme, à l'aise*) **se sentir ~** sich wohl fühlen; **être ~** es bequem haben; **être ~ avec qn** sich gut mit jdm verstehen ❸ (*joli*) schön; (*homme*) gut aussehend ❹ (*sympathique*) nett ❺ (*comme il faut*) anständig **III.** *m* ❶ (*capital physique ou moral*) Gut *nt;* **le ~ général** das [All]gemeinwohl; **le ~ et le mal** das Gute und das Böse ❷ (*capital matériel*) Eigentum *nt;* **~s collectifs/de consommation** Kollektiv-/Konsumgüter *Pl*

bien-aimé, e [bjɛ̃neme] <bien-aimés> *adj* geliebt **bien-être** [bjɛ̃nɛtʀ] *m sans pl* Wohlbefinden *nt*

bienfaisance [bjɛ̃fəzɑ̃s] *f* Wohltätigkeit *f*

bienfaisant, e [bjɛ̃fəzɑ̃, ɑ̃t] *adj* (*personne*) wohltätig; (*climat, pluie*) wohltuend

bienfait [bjɛ̃fɛ] *m* Wohltat *f;* **les ~s** (*d'un traitement*) wohltuende Wirkung

bienfaiteur, -trice [bjɛ̃fɛtœʀ, -tʀis] *m, f* Wohltäter(in) *m(f)*

bien-fondé [bjɛ̃fɔ̃de] <bien-fondés> *m* Richtigkeit *f*

bienheureux, -euse [bjɛ̃nœʀø, -øz] **I.** *adj* REL (*personne*) selig **II.** *m, f* Selige(r) *f(m)*

biennal, e [bjɛnal, o] <-aux> *adj* zweijährlich

bienséance [bjɛ̃seɑ̃s] *f* Anstand *m*

bientôt [bjɛ̃to] *adv* bald; **à ~!** bis bald!

bienveillance [bjɛ̃vɛjɑ̃s] *f* Wohlwollen *nt*

bienveillant, e [bjɛ̃vɛjɑ̃, jɑ̃t] *adj* wohlwollend

bienvenu, e [bjɛ̃v(ə)ny] **I.** *adj* willkommen **II.** *m, f* **être le/la ~(e) pour qn/qc** jdm/einer S. gelegen kommen

bienvenue [bjɛ̃v(ə)ny] **I.** *f* **souhaiter la ~ à qn** jdn [herzlich] willkommen heißen **II.** *interj* CAN *fam* (*je vous en prie*) **~!** gern geschehen!

bière [bjɛʀ] *f* Bier *nt;* **~ blonde/brune** helles/dunkles Bier; **~ [à la] pression** Bier vom Fass

biffer [bife] <1> *vt* streichen

bifteck [biftɛk] *m* [Beef]steak *nt*

bifurcation [bifyʀkasjɔ̃] *f* Gabelung *f*

bifurquer [bifyʀke] <1> *vi* ❶ (*se diviser*) sich gabeln ❷ (*changer de direction*) abbiegen

bigamie [bigami] *f* Bigamie *f*

bigarré, e [bigaʀe] *adj* (*tissu*) bunt[gemustert]

bigarreau [bigaʀo] <x> *m* BOT Knorpelkirsche *f*

big-bang [bigbɑ̃g] *m* Urknall *m*

bigleux, -euse [biglø, -øz] *adj fam* **être ~** (*loucher*) schielen

bigorneau [bigɔʀno] <x> *m* Strandschnecke *f*

bigot, e [bigo, ɔt] **I.** *adj* bigott **II.** *m, f* Frömmler(in) *m(f)*

bigoudi [bigudi] *m* Lockenwickler *m*

bijou [biʒu] <x> *m* ❶ (*joyau*) Schmuckstück *nt;* **des ~x** Schmuck *m* ❷ (*chef-d'œuvre*) Kleinod *nt*

bijouterie [biʒutʀi] *f* Juweliergeschäft *nt*

bijoutier, -ière [biʒutje, -jɛʀ] *m, f* Juwelier(in) *m(f)*

bilan [bilɑ̃] *m* ❶ Bilanz *f;* **déposer le ~** Konkurs anmelden ❷ MED Untersuchung *f*

bilatéral, e [bilateʀal, o] <-aux> *adj* ❶ (*stationnement*) auf beiden Seiten ❷ JUR, POL bilateral

bile [bil] *f* Galle *f*

bilingue [bilɛ̃g] **I.** *adj* zweisprachig **II.** *mf* Zweisprachige(r) *f(m)*

bilinguisme [bilɛ̃gɥism] *m* Zweisprachigkeit *f*

billard [bijaʀ] *m* Billard *nt*

bille [bij] *f* Murmel *f;* **stylo à ~** Kugelschreiber *m*

billet [bijɛ] *m* ❶ (*entrée*) Eintrittskarte *f* ❷ (*titre de transport: d'autobus*) Fahrschein *m;* (*de train*) Fahrkarte *f;* (*d'avion*) Flugticket *nt;* **~ aller/aller-retour** Einzel-/Rückfahrkarte *f* ❸ (*numéro*) Los *nt* ❹ (*argent*) [Geld]schein *m*

billetterie [bijɛtʀi] *f* (*distributeur de billets*) Geldautomat *m;* **~ automatique** Fahrkartenautomat *m*

bimbo [bimbo] *f fam* Modetussi *f*

bimensuel, le [bimɑ̃sɥɛl] *adj* **être ~** (*jour-*

nal, revue) zweimal im Monat erscheinen

bimestriel, le [bimɛstʀijɛl] *adj* **être** ~ *(journal, revue)* alle zwei Monate erscheinen

bimoteur [bimɔtœʀ] **I.** *adj inv (avion, bateau)* zweimotorig **II.** *m (avion)* zweimotoriges Flugzeug

binaire [binɛʀ] *adj* binär

biner [bine] <1> *vt* [durch]hacken

bing [biŋ] *interj* peng

biniou [binju] *m* [bretonischer] Dudelsack

biocarburant [bjokaʀbyʀɑ̃] *m* Biokraftstoff *m*

biochimie [bjoʃimi] *f* Biochemie *f*

biodégradable [bjodegʀadabl] *adj* biologisch abbaubar

biodégrader [bjodegʀade] *vpr* ECOL **se** ~ sich zersetzen

biodiversité [bjodivɛʀsite] *f* Artenvielfalt *f*

bioénergie [bjoenɛʀʒi] *f* PSYCH Bioenergetik *f*

biographie [bjɔgʀafi] *f* Biografie *f*

biographique [bjɔgʀafik] *adj* biografisch

bioindustrie [bjɔɛ̃dystʀi] *f: Industrie (chemische, Pharma-), die sich der Umwandlung von organischen Substanzen durch Mikroorganismen bedient*

biologie [bjɔlɔʒi] *f* Biologie *f*

biologique [bjɔlɔʒik] *adj* biologisch; **aliments ~s** Biokost *f*

biologiste [bjɔlɔʒist] *mf* Biologe/Biologin *m/f*

biomasse [bjomas] *f* Biomasse *f*

biopsie [bjɔpsi] *f* Biopsie *f*

biorythme [bjɔʀitm] *m* Biorhythmus *m*

biosphère [bjosfɛʀ] *f* Biosphäre *f*

biosynthèse [bjosɛ̃tɛz] *f* Biosynthese *f*

biotechnique [bjotɛknik] *f* Biotechnik *f*

biotechnologie [bjotɛknɔlɔʒi] *f* Biotechnologie *f*

bioterrorisme [bjoteʀɔʀism] *m* Bioterrorismus *m*

bioterroriste [bjoteʀɔʀist] **I.** *adj* bioterroristisch **II.** *mf* Bioterrorist(in) *m(f)*

biotope [bjɔtɔp] *m* Biotop *nt*

biovigilance [bjoviʒilɑ̃s] *f: Überwachung der Auswirkungen gentechnisch veränderter Lebensmittel*

bip [bip] *m* Tonzeichen *nt; fam (appareil)* Piepser *m;* ~ **sonore** Pfeifton *m*

bipède [bipɛd] **I.** *adj* zweifüßig **II.** *m* Zweifüßer *m*

biper [bipe] <1> *vt fam* anpiepsen

biplace [biplas] **I.** *adj* zweisitzig **II.** *m* Zweisitzer *m*

bique [bik] *f fam* Ziege *f*

biquet, te [bikɛ, ɛt] *m, f fam* ▸**mon** ~ mein Schätzchen

biréacteur [biʀeaktœʀ] *m* zweistrahliges Flugzeug

bis [bis] **I.** *adv* **~!** Zugabe! **II.** *app* **n° 12** ~ Nr. 12a

bis, e [bi, biz] *adj* graubraun

biscornu, e [biskɔʀny] *adj* bizarr

biscotte [biskɔt] *f* Zwieback *m*

biscuit [biskɥi] *m* ❶ *(gâteau sec)* Keks *m* ❷ *(pâtisserie)* Biskuit *m*

bise[1] [biz] *f (vent du Nord)* kalter Nordwind

bise[2] [biz] *f fam* Küsschen *nt;* **se faire la** ~ sich Küsschen geben; **grosses ~s!** viele Grüße und Küsse!

biseau [bizo] <x> *m* [abgeschrägte] Kante

biseauter [bizote] <1> *vt* abschrägen

bisexualité [bisɛksɥalite] *f (d'une personne)* Bisexualität *f*

bisexuel, le [bisɛksɥɛl] *adj* bisexuell

bison [bizɔ̃] *m* Bison *m* ▸**Bison futé** *Informationssystem zum Vermeiden und Umfahren von Staus*

bisou [bizu] *m fam* Küsschen *nt*

bissectrice [bisɛktʀis] *f* MATH Winkelhalbierende *f*

bisser [bise] <1> *vt* ~ **un musicien** eine Zugabe von einem Musiker fordern

bissextile [bisɛkstil] *adj* **année** ~ Schaltjahr *nt*

bistouri [bistuʀi] *m* Skalpell *nt*

bistro[t] [bistʀo] *m fam* Kneipe *f*

bit [bit] *m* INFORM Bit *nt*

bitume [bitym] *m* Asphalt *m*

bivouac [bivwak] *m* Biwak *nt*

bivouaquer [bivwake] <1> *vi* biwakieren

bizarre [bizaʀ] *adj* seltsam

bizarrement [bizaʀmɑ̃] *adv* seltsam

bizarrerie [bizaʀʀi] *f (d'une personne)* seltsame Art; *(d'une idée, initiative)* Eigenartigkeit *f*

blabla [blabla] *m fam* Blabla *nt*

blackbouler [blakbule] <1> *vt* POL **se faire** ~ eine Niederlage erleiden

black-out [blakaut] *m inv* ❶ *(obscurité)* Verdunkelung *f* ❷ *fig* Nachrichtensperre *f*

blafard, e [blafaʀ, aʀd] *adj (teint)* bleich; *(lumière)* fahl *(geh)*

blague [blag] *f fam* ❶ *(histoire drôle)* Witz *m* ❷ *(farce)* Streich *m* ▸**sans** ~! im Ernst!

blaguer [blage] <1> *vi* Witze machen

blagueur, -euse [blagœʀ, -øz] *m, f* Spaßvogel *m*

blaireau [blɛʀo] <x> *m* ❶ ZOOL Dachs *m* ❷ (*pour la barbe*) Rasierpinsel *m* ❸ *fam* dummer Spießer *m* (*pej*)

blairer [bleʀe] <1> *vt fam* riechen

blâmable [blɑmabl] *adj* tadelnswert

blâme [blɑm] *m* (*sanction*) Verweis *m*

blâmer [blɑme] <1> *vt* (*personne*) tadeln; (*conduite*) verurteilen

blanc [blɑ̃] *m* ❶ (*couleur*) Weiß *nt;* **en ~** in Weiß ❷ TYP, INFORM Leerstelle *f* ❸ (*espace vide*) Lücke *f* ❹ (*vin*) Weißwein *m* ❺ (*linge*) Weißwäsche *f* ❻ GASTR **~ d'œuf** Eiweiß *nt;* **~ de poulet** Hähnchenbrust *f* ❼ ANAT **le ~ de l'œil** das Weiße im Auge

blanc, he [blɑ̃, ɑ̃ʃ] *adj* ❶ (*de couleur ~he*) weiß ❷ (*bulletin de vote*) leer; (*feuille*) unbeschrieben ❸ (*fictif*) **mariage ~** Scheinheirat *f;* **examen ~** Probeklausur *f*

Blanc, he [blɑ̃, ɑ̃ʃ] *m, f* Weiße(r) *f(m)*

blanc-bec [blɑ̃bɛk] <blancs-becs> *m fam* Grünschnabel *m*

blanchâtre [blɑ̃ʃɑtʀ] *adj* weißlich

blanche [blɑ̃ʃ] *f* MUS halbe Note

Blanche-Neige [blɑ̃ʃnɛʒ] *f* Schneewittchen *nt*

blancheur [blɑ̃ʃœʀ] *f* Weiß *nt*

blanchiment [blɑ̃ʃimɑ̃] *m* (*d'un mur, d'une façade*) Weißen *nt;* **~ de l'argent** Geldwäsche *f*

blanchir [blɑ̃ʃiʀ] <8> **I.** *vt* ❶ (*rendre blanc*) weiß machen; (*mur*) weißen ❷ (*argent*) waschen **II.** *vi* weiße Haare bekommen

blanchissage [blɑ̃ʃisaʒ] *m* (*du linge*) Waschen *nt*

blanchisserie [blɑ̃ʃisʀi] *f* Wäscherei *f*

blanquette [blɑ̃kɛt] *f* Frikassee *nt*

blasé, e [blɑze] **I.** *adj* blasiert **II.** *m, f* blasierter Mensch

blason [blɑzɔ̃] *m* Wappen *nt*

blasphème [blasfɛm] *m* Blasphemie *f*

blasphémer [blasfeme] <5> *vi* Gott lästern

blazer [blazɛʀ, blazœʀ] *m* Blazer *m*

blé [ble] *m* ❶ (*plante*) Weizen *m;* (*grain*) Getreide *nt* ❷ *fam* (*argent*) Knete *f*

bled [blɛd] *m péj fam* Kaff *nt*

blême [blɛm] *adj* (*visage*) bleich

blêmir [blemiʀ] <8> *vi* bleich werden

blennorragie [blenɔʀaʒi] *f* MED Gonorrhö[e] *f*

blessant, e [blesɑ̃, ɑ̃t] *adj* verletzend

blessé, e [blese] **I.** *adj* verletzt **II.** *m, f* Verletzte(r) *f(m)*

blesser [blese] <1> **I.** *vt* ❶ verletzen ❷ (*meurtrir: chaussures*) drücken **II.** *vpr* **se ~** sich verletzen

blessure [blesyʀ] *f* (*lésion*) Verletzung *f;* (*plaie*) Wunde *f*

blette [blɛt] *f* Mangold *m*

bleu [blø] *m* ❶ (*couleur*) Blau *nt;* **~ ciel/foncé** Himmel-/Dunkelblau ❷ (*marque*) blauer Fleck ❸ (*vêtement*) blauer Arbeitsanzug ❹ (*fromage*) Blauschimmelkäse *m* ❺ *pl* SPORT **les ~s** *französische Fußballnationalmannschaft*

bleu, e [blø] *adj* ❶ (*de couleur bleue*) blau ❷ (*steak*) englisch

bleuâtre [bløɑtʀ] *adj* bläulich

bleuet [bløɛ] *m* Kornblume *f*

bleuir [bløiʀ] <8> **I.** *vt* **avoir les mains toutes bleuies par le froid** von der Kälte ganz blaue Hände haben **II.** *vi* blau werden; (*visage*) blau anlaufen

bleuté, e [bløte] *adj* bläulich

blindage [blɛ̃daʒ] *m* Panzerung *f*

blindé [blɛ̃de] *m* Panzer *m*

blindé, e [blɛ̃de] *adj* ❶ gepanzert ❷ *fam* (*endurci*) abgehärtet

blinder [blɛ̃de] <1> *vt* ❶ (*renforcer: véhicule, porte*) panzern ❷ *fam* (*endurcir*) **~ qn contre qc** jdn gegen etw abhärten

bloc [blɔk] *m* Block *m* ►**en ~** im Ganzen

blocage [blɔkaʒ] *m* ❶ (*des roues, freins*) Blockieren *nt;* (*de la porte*) Versperren *nt* ❷ (*des prix, salaires*) Stopp *m;* (*d'un crédit, des commandes*) Sperre *f* ❸ PSYCH innerer Widerstand

bloc-cuisine [blɔkkɥizin] <blocs-cuisines> *m* Küchenzeile *f*

blockhaus [blɔkos] *m* Bunker *m*

bloc-moteur [blɔkmɔtœʀ] <blocs-moteurs> *m* (*de la voiture*) Motorblock *m*

bloc-notes [blɔknɔt] <blocs-notes> *m* Notizblock *m*

blocus [blɔkys] *m* Blockade *f*

blond [blɔ̃] *m* (*couleur*) Blond *nt;* **~ cendré** Aschblond

blond, e [blɔ̃, blɔ̃d] **I.** *adj* blond; (*tabac*) hell **II.** *m, f* (*personne*) Blonde(r) *f(m);* (*femme*) Blondine *f*

blonde [blɔ̃d] *f* ❶ (*bière*) helles Bier ❷ (*cigarette*) Zigarette *f* aus hellem Tabak

blondinet, te [blɔ̃dinɛ, ɛt] *m, f* Blondschopf *m*

blondir [blɔ̃diʀ] <8> *vi* (*cheveux*) blond werden

bloquer [blɔke] <1> **I.** *vt* ❶ blockieren; (*passage, route, porte*) versperren; **être bloqué dans l'ascenseur** im Fahrstuhl festsitzen ❷ ECON sperren; (*négociations*) zum Stocken bringen ❸ (*jours de congés*) zusammenlegen ❹ (*balle*) stoppen **II.** *vpr* **se ~** ❶ (*s'immobiliser*) klemmen; (*roues, freins*) blockieren ❷ PSYCH sich innerlich sperren ❸ INFORM (*programme*) abstürzen **III.** *vi* PSYCH *fam* abblocken

blottir [blɔtiʀ] <8> *vpr* **se ~ contre qn** sich an jdn kuscheln; **se ~ dans un coin** sich in eine Ecke kauern

blouse [bluz] *f* [Arbeits]kittel *m*

blouson [bluzɔ̃] *m* Blouson *m o nt* ▸**~ noir** Rocker *m*

blue-jean [bludʒin] <blue-jeans> *m* [Blue]jeans *f*

blues [blus] *m inv* ❶ (*musique*) Blues *m* ❷ (*cafard*) **avoir un coup de ~** schwermütig sein

bluffer [blœfe] <1> *vt, vi* bluffen

boa [bɔa] *m* Boa *f*

bob [bɔb] *m* ❶ SPORT Bob *m* ❷ (*chapeau*) Stoffhut *m*

bobard [bɔbaʀ] *m fam* [Lügen]märchen *nt*

bobine [bɔbin] *f* Spule *f*; (*de fil*) Rolle *f*

bobo [bobo] *m fam* Wehwehchen *nt*

bobsleigh [bɔbslɛg] *m v.* **bob**

bocal [bɔkal, o] <-aux> *m* Glas *nt*

Boche [bɔʃ] *mf péj fam* Boche *mf* (*abwertende Bezeichnung für Deutsche aus dem 2. Weltkrieg*)

bock [bɔk] *m* Glas *nt* Bier

bœuf [bœf] *m* ❶ ZOOL Rind *nt* ❷ (*opp: taureau, vache*) Ochse *m* ❸ (*viande*) Rindfleisch *nt*

bof [bɔf] *interj* na ja

bogue [bɔg] *m o f* INFORM bug *m*

bohème [bɔɛm] *adj* unkonventionell

Bohême [bɔɛm] *f* **la ~** Böhmen *nt*

bohémien, ne [bɔemjɛ̃, jɛn] *m, f* Zigeuner(in) *m(f)*

boille [bɔj] *f* CH (*récipient à lait*) Milchkanne *f*

boire [bwaʀ] <irr> **I.** *vt* ❶ trinken; (*finir de ~*) austrinken ❷ (*s'imprégner de*) aufsaugen **II.** *vi* trinken; **~ à la santé de qn** auf jds Wohl trinken

bois [bwa] **I.** *m* ❶ (*forêt*) [kleiner] Wald ❷ (*matériau*) Holz *nt* ▸**toucher du ~** [dreimal] auf Holz klopfen **II.** *mpl* ❶ MUS Holzblasinstrumente *Pl* ❷ (*cornes: des cervidés*) Geweih *nt*

boisé, e [bwaze] *adj* bewaldet

boiser [bwaze] <1> *vt* (*région*) aufforsten

boiserie [bwazʀi] *f* [Holz]täfelung *f*

boisson [bwasɔ̃] *f* Getränk *nt*

boîte [bwat] *f* ❶ (*récipient*) Schachtel *f*; **~ à outils** Werkzeugkasten *m*; **~ en plastique** Plastikdose *f* ❷ (*conserve*) Dose *f*; **en ~** aus der Dose ❸ *fam* (*discothèque*) Disko *f*; **~ de nuit** Nachtklub *m* ❹ *fam* (*entreprise*) Laden *m* ❺ AVIAT **~ noire** Flugschreiber *m* ❻ AUT **~ de vitesses** [Schalt]getriebe *nt* ❼ INFORM **~ de dialogue** Dialogfeld *nt*; **~ aux lettres [électronique]** Mailbox *f*; **~ à rythmes** Drumcomputer *m* ❽ (*casier*) **~ aux lettres** Briefkasten *m*; **~ postale** Postfach *nt*

boiter [bwate] <1> *vi* hinken

boiteux, -euse [bwatø, -øz] *adj* (*personne*) hinkend

boîtier [bwatje] *m* Gehäuse *nt*

boitiller [bwatije] <1> *vi* leicht hinken

boiton [bwatɔ̃] *m* CH (*porcherie*) Schweinestall *m*

bol [bɔl] *m* ❶ (*récipient*) Schale *f* ❷ CAN (*cuvette*) **~ de toilette** Toilettenschüssel *f* ▸**avoir du ~** *fam* Schwein haben; **en avoir ras le ~** *fam* die Nase voll haben

bolet [bɔlɛ] *m* BOT Röhrling *m*

bolide [bɔlid] *m* Rennwagen *m*

bombance [bɔ̃bɑ̃s] *f* **faire ~** *fam* ein großes Eß- und Trinkgelage machen

bombardement [bɔ̃baʀdəmɑ̃] *m* Bombardierung . *f*; **~ aérien** Luftangriff *m*

bombarder [bɔ̃baʀde] <1> *vt* bombardieren; **~ qn de qc** jdn mit etw bewerfen

bombardier [bɔ̃baʀdje] *m* Bomber *m*

bombe [bɔ̃b] *f* ❶ Bombe *f*; **~ atomique** Atombombe; **~ lacrymogène** Tränengas *nt*; **~ humaine** menschliche Bombe ❷ (*atomiseur*) Spraydose *f* ❸ (*casquette*) Reitkappe *f*

bombé, e [bɔ̃be] *adj* gewölbt

bomber [bɔ̃be] <1> *vt* ❶ (*poitrine, torse*) [he]rausstrecken (*fam*) ❷ *fam* (*peindre*) sprühen

bon [bɔ̃] **I.** *m* ❶ (*coupon d'échange*) Gutschein *m* ❷ (*ce qui est ~*) Gute(s) *nt* ❸ (*per-

sonne) Gute(r) *f(m)* ▶**avoir du** ~ seine Vorzüge haben **II.** *adv* **sentir** ~ duften ▶ **il fait** ~ es ist mild

bon, ne [bɔ̃, bɔn] <meilleur> *adj antéposé* ❶ (*opp: mauvais*) gut; **être** ~ **en maths** gut in Mathe sein; **être très** ~ sehr gut schmecken ❷ (*adéquat, correct*) richtig; **tous les moyens sont** ~**s** alle Mittel sind recht ❸ (*valable*) gültig ❹ (*soirée, moment, vacances, week-end*) schön; (*eau*) sehr angenehm ❺ (*intensif de quantité*) gut; (*intensif de qualité*) anständig (*fam*) ❻ (*être fait pour*) **c'est** ~ **à savoir** das ist gut zu wissen ❼ (*être destiné à*) **être** ~ **pour qc** reif für etw sein (*fam*) ❽ (*moralement*) gut; **ne pas avoir de** ~**nes lectures/fréquentations** nichts Anständiges lesen/keine anständigen Freunde haben ▶**c'est** ~ (*a bon goût*) das schmeckt gut; (*fait du bien*) das tut gut; (*ça ira comme ça*) das reicht; **n'être** ~ **à rien** zu nichts zu gebrauchen sein; **à quoi** ~**?** wozu?

bonbon [bɔ̃bɔ̃] *m* Bonbon *m o nt*

bonbonne [bɔ̃bɔn] *f* [bauchige] Korbflasche

bond [bɔ̃] *m* (*saut*) Satz *m;* ~ **en avant** ECON Sprung *m* nach vorn

bonde [bɔ̃d] *f* (*bouchon: de l'évier, de la baignoire*) Stöpsel *m*

bondé, e [bɔ̃de] *adj* überfüllt

bondir [bɔ̃diʀ] <8> *vi* [hoch]springen; ~ **à la porte** an die Tür stürzen; ~ **de joie** Freudensprünge machen (*fam*)

bonheur [bɔnœʀ] *m* Glück *nt;* **par** ~ zum Glück; **porter** ~ **à qn** jdm Glück bringen

bonhomie [bɔnɔmi] *f* Herzlichkeit *f*

bonhomme [bɔnɔm, bɔ̃zɔm] <bonshommes> *m fam* (*homme*) Mann *m;* (*plutôt négatif*) Kerl *m;* ~ **de neige** Schneemann *m*

boniche [bɔniʃ] *f péj fam* Dienstmädchen *nt*

bonification [bɔnifikasjɔ̃] *f* (*amélioration: d'un vin*) Verbesserung *f*

bonifier [bɔnifje] <1> *vpr* **se** ~ (*vin*) besser werden

boniment [bɔnimɑ̃] *m* ❶ (*baratin: d'un vendeur, camelot*) Anpreisen *nt* der Ware ❷ (*mensonges*) Lügengeschichte *f*

bonjour [bɔ̃ʒuʀ] *m* ~**!** guten Tag/Morgen! CAN (*bonne journée*) einen schönen Tag noch!; **donner bien le** ~ **à qn de la part de qn** jdm von jdm einen schönen Gruß bestellen

bonne [bɔn] *f* Dienstmädchen *nt*

bonnement [bɔnmɑ̃] *adv* ▶**tout** ~ ganz einfach

bonnet [bɔnɛ] *m* ❶ Mütze *f;* ~ **de bain** Badekappe *f* ❷ (*du soutien-gorge*) Körbchen *nt*

bonsoir [bɔ̃swaʀ] *m* (*en arrivant*) guten Abend; (*en partant*) auf Wiedersehen; (*avant le coucher*) gute Nacht

bonté [bɔ̃te] *f* Güte *f*

bonus [bɔnys] *m* Schadenfreiheitsrabatt *m*

bonze [bɔ̃z] *m* Bonze *m*

boom [bum] *m* Boom *m;* ~ **démographique** Bevölkerungsexplosion *f*

boomerang [bumʀɑ̃g] *m* Bumerang *m*

booter [bute] <1> *vi* INFORM [hoch]booten

bord [bɔʀ] *m* Rand *m;* (*d'une table, d'un trottoir*) Kante *f;* (*d'un lac, d'une rivière*) Ufer *nt;* **au** ~ **de** [**la**] **mer** am Meer ▶**passer par-dessus** ~ über Bord gehen; **virer de** ~ wenden; *fig* umschwenken; **à** ~ an Bord

bordeaux [bɔʀdo] **I.** *m* Bordeaux[wein *m*] *m* **II.** *app inv* weinrot

bordel [bɔʀdɛl] *m* ❶ *vulg* (*maison close*) Puff *m* (*fam*) ❷ *fam* (*désordre*) Saustall *m*

bordélique [bɔʀdelik] *adj fam* chaotisch

border [bɔʀde] <1> *vt* ❶ (*rivière, route*) säumen (*geh*) ❷ COUT ~ **qc de dentelle** etw mit Spitze besetzen ❸ (*enfant, malade*) zudecken; (*lit*) machen (*indem man die Laken unter der Matratze feststeckt*)

bordereau [bɔʀdəʀo] <x> *m* (*formulaire*) Schein *m;* ~ **d'achat** [Kauf]beleg *m;* ~ **de livraison** Lieferschein

bordier [bɔʀdje] *m* CH (*riverain*) Anlieger *m,* Anstößer *m* (CH)

bordure [bɔʀdyʀ] *f* ❶ (*bord*) Rand *m* ❷ (*rangée*) Reihe *f*

boréal, e [bɔʀeal] <s> *adj* nördlich

borgne [bɔʀɲ] *adj* einäugig

borne [bɔʀn] *f* ❶ (*pierre*) Grenzstein *m;* ~ **kilométrique** Kilometerstein ❷ *pl* (*limite*) Grenzen *Pl;* **dépasser les** ~**s** zu weit gehen ❸ *fam* (*distance de 1 km*) Kilometer *m*

borné, e [bɔʀne] *adj* (*personne*) borniert

borner [bɔʀne] <1> *vpr* **se** ~ **à qc** (*se contenter de*) sich mit etw begnügen

bosquet [bɔskɛ] *m* Baumgruppe *f*

bosse [bɔs] *f* ❶ (*déformation*) Beule *f;* (*difformité*) Buckel *m;* (*du chameau*) Höcker *m* ❷ (*accident de terrain*) [leichte] Erhebung *f*

bosser [bɔse] <1> *vi fam* arbeiten; (*travailler dur*) schuften

bosseur, -euse [bɔsœʀ, -øz] *m, f fam* Arbeitstier *nt*

bossu, e [bɔsy] **I.** *adj* buck[e]lig **II.** *m, f* Buck[e]lige(r) *f(m)*

botanique [bɔtanik] **I.** *adj* botanisch **II.** *f* Botanik *f*

botaniste [bɔtanist] *mf* Botaniker(in) *m(f)*

botte [bɔt] *f* ❶ (*chaussure*) Stiefel *m* ❷ (*de légumes*) Bund *nt;* (*de foin*) Ballen *m*

botté, e [bɔte] *adj* gestiefelt

botter [bɔte] <1> *vt* ~ **le derrière/les fesses à qn** jdn in den Hintern treten (*fam*)

bottin® [bɔtɛ̃] *m* Telefonbuch *nt*

bottine [bɔtin] *f* Stiefelette *f*

bouc [buk] *m* ❶ ZOOL Ziegenbock *m* ❷ (*barbe*) Spitzbart *m* ▶~ **émissaire** Sündenbock *m*

boucan [bukɑ̃] *m fam* Radau *m*

bouche [buʃ] *f* ❶ Mund *m;* **parler la ~ pleine** mit vollem Mund sprechen ❷ (*ouverture*) ~ **de métro** Metroeingang *m* ❸ *pl* GEO **les ~s du Rhône** die Mündung der Rhone ▶~ **bée** bass erstaunt; **être une fine ~** ein Feinschmecker sein; **faire la fine ~** wählerisch sein

bouché, e [buʃe] *adj* ❶ (*obstrué*) verstopft ❷ (*sans avenir*) ohne Zukunft ❸ *fam* (*personne*) beschränkt

bouche-à-bouche [buʃabuʃ] *m sans pl* Mund-zu-Mund-Beatmung *f*

bouchée [buʃe] *f* ❶ (*petit morceau*) Bissen *m* ❷ GASTR ~ **au chocolat** Praline *f* ▶**pour une ~ de pain** für ein Butterbrot (*fam*)

boucher [buʃe] <1> **I.** *vt* (*bouteille*) zukorken; (*trou*) zumachen; (*toilettes, évier*) verstopfen **II.** *vpr* **se ~** (*évier*) verstopfen; **se ~ le nez/les oreilles** sich (*dat*) die Nase/Ohren zuhalten

boucher, -ère [buʃe, -ɛʀ] *m, f* Metzger(in) *m(f)*

bouchère [buʃɛʀ] *f* (*femme du boucher*) Fleischersfrau *f*

boucherie [buʃʀi] *f* ❶ (*magasin*) Metzgerei *f* ❷ (*massacre*) Gemetzel *nt*

boucherie-charcuterie [buʃʀiʃaʀkytʀi] <boucheries-charcuteries> *f* Fleisch- und Wurstwarengeschäft *nt*

bouche-trou [buʃtʀu] <bouche-trous> *m* (*émission, article de journal*) [Lücken]füller *m*

bouchon [buʃɔ̃] *m* ❶ (*d'une bouteille*) Korken *m;* (*d'un bidon, tube*) Verschluss *m;* (*d'un réservoir*) Deckel *m* ❷ PECHE Schwimmer *m* ❸ (*embouteillage*) Stau *m*

bouchonner [buʃɔne] <1> *vi fam* stauen

boucle [bukl] *f* ❶ (*de soulier, ceinture*) Schnalle *f;* ~ **d'oreille** Ohrring *m* ❷ (*qui s'enroule*) ~ **de cheveux** Haarlocke *f* ❸ INFORM, MATH Schleife *f*

bouclé, e [bukle] *adj* (*cheveux, poils*) lockig

boucler [bukle] <1> **I.** *vt* schließen; (*ceinture*) zumachen; (*dossier*) abschließen **II.** *vi* ❶ (*friser*) **ses cheveux bouclent naturellement** er/sie hat Naturlocken ❷ INFORM eine Schleife machen

bouclette [buklɛt] *f* [Ringel]löckchen *nt*

bouclier [buklije] *m* Schild *m;* (*protection*) Schutz[schild *m*] *m*

bouddhisme [budism] *m* Buddhismus *m*

bouddhiste [budist] **I.** *adj* buddhistisch **II.** *mf* Buddhist *m*

bouder [bude] <1> *vi* schmollen

boudeur, -euse [budœʀ, -øz] **I.** *adj* beleidigt **II.** *m, f* jd, der schmollt

boudin [budɛ̃] *m* ❶ (*charcuterie*) ~ **noir** ≈ Blutwurst *f,* ≈ Blunze[n] *f* (A); ~ **blanc** *aus Geflügelfleisch, Milch, Ei und Brotkrume hergestellte Wurst* ❷ *fam* (*fille*) Pummel *m*

boudiné, e [budine] *adj* ❶ (*doigt*) Wurst- (*fam*) ❷ (*serré dans un vêtement étriqué*) beengt

boue [bu] *f* Schlamm *m,* Gatsch *m* (A)

bouée [bwe] *f* ❶ (*balise*) Boje *f* ❷ (*protection gonflable*) Schwimmreifen *m;* ~ **de sauvetage** Rettungsring *m*

boueux, -euse [bwø, -øz] *adj* schlammig

bouffant, e [bufɑ̃, ɑ̃t] *adj* **des manches ~es** Puffärmel *Pl*

bouffe [buf] *f fam* Essen *nt*

bouffée [bufe] *f* ❶ (*souffle*) ~ **d'air frais/chaud** frische Brise/Schwall *m* heißer Luft ❷ (*poussée*) ~ **de chaleur** [Hitze]wallung *f*

bouffer [bufe] <1> **I.** *vi fam* (*manger*) essen **II.** *vt fam* ❶ (*manger*) futtern ❷ (*essence, huile*) schlucken

bouffi, e [bufi] *adj* (*visage*) aufgedunsen; (*yeux*) verquollen

bouffon, ne [bufɔ̃, ɔn] *m, f* Narr *m*

bouffon *m fam* (*personne sans intérêt, niaise, ridicule*) Witzfigur *f*

bouge [buʒ] *m* (*bar mal famé*) Spelunke *f* (*pej*)

bougeoir [buʒwaʀ] *m* Kerzenständer *m*

bougeotte [buʒɔt] *f* **avoir la ~** *fam* kein Sitzfleisch haben

bouger [buʒe] <2a> **I.** *vi* ❶ (*remuer*) sich bewegen; **je ne bouge pas d'ici!** ich rühre mich nicht vom Fleck! ❷ *fam* (*changer*) **ne pas ~** (*prix, taux*) unverändert bleiben; **faire ~ qc** etw ins Rollen bringen **II.** *vt* ❶ (*meuble, objet*) umstellen ❷ (*bras, doigt, tête*) bewegen **III.** *vpr fam* **se ~** ❶ (*se remuer*) sich bewegen ❷ (*faire un effort*) sich anstrengen

bougie [buʒi] *f* Kerze *f;* AUT Zündkerze *f*

bougon, ne [bugɔ̃, ɔn] *adj* mürrisch

bougonner [bugɔne] <1> *vi* murren

bougre, bougresse [bugʀ, bugʀɛs] *m, f fam* Kerl *m*

boui-boui [bwibwi] <bouis-bouis> *m péj fam* Spelunke *f*

bouillant, e [bujɑ̃, jɑ̃t] *adj* ❶ (*qui bout*) kochend ❷ (*boisson*) kochend heiß

bouille [buj] *f fam* Gesicht *nt*

bouilli, e [buji] *part passé de* **bouillir**

bouillie [buji] *f* Brei *m*

bouillir [bujiʀ] <irr> *vt, vi* ❶ kochen; **faire ~** zum Kochen bringen ❷ (*laver à l'eau bouillante, stériliser*) [aus]kochen ❸ *fig* **~ d'impatience** vor Ungeduld (+ *dat*) platzen

bouilloire [bujwaʀ] *f* [Wasser]kessel *m*

bouillon [bujɔ̃] *m* Brühe *f*

bouillon-cube [bujɔ̃kyb] <bouillon-cubes> *m* Brühwürfel *m*

bouillonnement [bujɔnmɑ̃] *m* ❶ (*ébullition*) Sprudeln *nt* ❷ *fig* (*des idées*) Überschäumen *nt*

bouillonner [bujɔne] <1> *vi* ❶ brodeln ❷ *fig* **~ d'idées** vor Ideen überschäumen

bouillotte [bujɔt] *f* Wärmflasche *f*

boulanger, -ère [bulɑ̃ʒe, -ɛʀ] *m, f* Bäcker(in) *m(f)*

boulangère [bulɑ̃ʒɛʀ] *f* (*femme d'un boulanger*) Bäckersfrau *f*

boulangerie [bulɑ̃ʒʀi] *f* Bäckerei *f*

boulangerie-pâtisserie [bulɑ̃ʒʀipatisʀi] <boulangeries-pâtisseries> *f* Bäckerei-Konditorei *f*

boulanger-pâtissier [bulɑ̃ʒepatisje] <boulangers-pâtissiers> *m* Bäcker und Konditor *m*

boule [bul] *f* ❶ Kugel *f;* **~ de neige** Schneeball *m* ❷ *pl* JEUX **jeu de ~s** Boule[spiel] *nt;* **jouer aux ~s** Boule spielen ❸ (*tête*) **avoir la ~ à zéro** *fam* eine Glatze haben; **perdre la ~** *fam* durchdrehen

bouleau [bulo] <x> *m* Birke *f*

bouledogue [buldɔg] *m* Bulldogge *f*

boulet [bulɛ] *m* (*de canon*) [Kanonen]kugel *f;* (*boule de métal attachée aux pieds des condamnés*) [Eisen]kugel *f*

boulette [bulɛt] *f* ❶ Kügelchen *nt;* **~ de pétrole** Ölklumpen *m* ❷ GASTR Frikadelle *f*

boulevard [bulvaʀ] *m* Boulevard *m*

bouleversant, e [bulvɛʀsɑ̃, ɑ̃t] *adj* (*spectacle, récit*) erschütternd

bouleversement [bulvɛʀsəmɑ̃] *m* grundlegende Veränderung; (*émotion*) Erschütterung *f*

bouleverser [bulvɛʀse] <1> *vt* ❶ (*personne*) [zutiefst] erschüttern ❷ (*carrière, vie*) völlig verändern; (*emploi du temps, programme*) umstoßen

boulimie [bulimi] *f* MED Bulimie *f*

boulimique [bulimik] **I.** *adj* ❶ (*vorace*) gefräßig ❷ *fig* unersättlich **II.** *mf* Bulimiekranke(r) *f(m)*

bouliste [bulist] *mf* Boulespieler(in) *m(f)*

boulodrome [bulodʀom] *m* Bouleplatz *m*

boulon [bulɔ̃] *m* Schraubenbolzen *m* [mit Mutter]

boulonner [bulɔne] <1> *vi fam* schuften

boulot [bulo] *m fam* (*travail*) Arbeit *f;* (*emploi*) Job *m*

boum¹ [bum] **I.** *interj* bum[s] **II.** *m* (*bruit sonore*) Bums *m* (*fam*)

boum² [bum] *f fam* Fete *f*

bouquet [bukɛ] *m* ❶ (*de fleurs*) Strauß *m;* (*de persil, thym*) Bund *nt* ❷ (*parfum: d'un vin*) Blume *f*

bouquetin [buktɛ̃] *m* Steinbock *m*

bouquin [bukɛ̃] *m fam* Schmöker *m*

bouquiner [bukine] <1> *vi fam* schmökern

bouquiniste [bukinist] *mf* Bouquinist *m*

bourbier [buʀbje] *m* Schlammloch *nt*

bourde [buʀd] *f fam* Schnitzer *m*

bourdon [buʀdɔ̃] *m* ZOOL Hummel *f*

bourdonnement [buʀdɔnmɑ̃] *m* Summen *nt;* (*des voix*) Gemurmel *nt*

bourdonner [buʀdɔne] <1> *vi* (*insecte*) summen

bourg [buʀ] *m* Marktflecken *m*

bourgade [buʀgad] *f* kleiner Marktflecken

bourge [buʀʒ] *mf péj fam abr de* **bourgeois II.2.** Spießer(in) *m(f)*

bourgeois, e [buʀʒwa, waz] **I.** *adj* ❶ bürgerlich ❷ *péj* spießbürgerlich **II.** *m, f* ❶ Bürgerliche(r) *f(m)* ❷ *péj* Spießbürger(in) *m(f)* ❸ HIST (*citoyen*) Bürger(in) *m(f)*

bourgeoisie [buʀʒwazi] *f* Bürgertum *nt;* HIST Bourgeoisie *f*

bourgeon [buʀʒɔ̃] *m* Knospe *f*

bourgeonner [buʀʒɔne] <1> *vi* BOT Knospen treiben

bourgmestre [buʀgmɛstʀ] *m* BELG (*maire*) Bürgermeister *m*

bourgogne [buʀgɔɲ] *m* Burgunder[wein *m*] *m*

Bourgogne [buʀgɔɲ] *f* **la** ~ Burgund *nt*

bourguignon, ne [buʀgiɲɔ̃, ɔn] *adj* burgundisch; GASTR Burgunder-

Bourguignon, ne [buʀgiɲɔ̃, ɔn] *m, f* Burgunder(in) *m(f)*

bourlinguer [buʀlɛ̃ge] <1> *vi fig fam* [viel] herumreisen

bourrade [buʀad] *f* Stoß *m*

bourrage [buʀaʒ] *m* ❶ (*d'un coussin, matelas*) Füllen *nt;* (*d'une pipe*) Stopfen *nt* ❷ *fig fam* ~ **de crâne** (*endoctrinement*) Indoktrination *f;* (*gavage intellectuel*) stures [Ein]pauken (*pej*) ❸ TECH ~ **de papier** Papierstau *m*

bourrasque [buʀask] *f* (*de vent*) Bö *f*

bourratif, -ive [buʀatif, -iv] *adj* sättigend

bourre [buʀ] *f* ❶ (*matière de remplissage*) Füllung *f* ❷ (*duvet des bourgeons*) Flaum *m*

bourré, e [buʀe] *adj* ❶ randvoll; (*portefeuille*) prall; (*valise*) voll gestopft; **être ~ de fautes/complexes** voller Fehler/Komplexe sein ❷ *fam* (*ivre*) besoffen

bourreau [buʀo] <x> *m* ❶ (*exécuteur*) Henker *m* ❷ (*tortionnaire*) Peiniger *m;* ~ **d'enfants** *jd, der Kinder misshandelt;* ~ **des cœurs** *iron* Herzensbrecher *m*

bourrée [buʀe] *f* Bourrée *f alter franz. Volkstanz*

bourrelet [buʀlɛ] *m* ❶ (*pour isoler*) Abdichtung *f* ❷ ANAT Wulst *m o f*

bourrer [buʀe] <1> **I.** *vt* (*pipe*) stopfen; ~ **qn/qc de qc** jdn/etw mit etw voll stopfen **II.** *vpr* **se ~ de qc** sich mit etw voll stopfen **III.** *vi* sättigen

bourricot [buʀiko] *m fam* Esel *m*

bourrique [buʀik] *f fam* Esel(in) *m(f)* ▶**faire tourner qn en ~** jdn wahnsinnig machen

bourru, e [buʀy] *adj* mürrisch

bourse[1] [buʀs] *f* ❶ (*porte-monnaie*) Geldbeutel *m* ❷ (*allocation*) ~ **d'études** Stipendium *nt* ❸ *pl* ANAT Hodensack *m*

bourse[2] [buʀs] *f* **la Bourse** (*lieu*) die Börse; (*ensemble des cours*) die [Börsen]kurse; **jouer à la Bourse** [an der Börse] spekulieren

boursicoter [buʀsikɔte] <1> *vi fam* kleine Börsengeschäfte machen

boursier, -ière[1] [buʀsje, -jɛʀ] **I.** *adj* **étudiant ~** Stipendiat *m* **II.** *m, f* Stipendiat(in) *m(f)*

boursier, -ière[2] [buʀsje, -jɛʀ] **I.** *adj* (*relatif à la Bourse*) Börsen- **II.** *m, f* (*professionnel de la Bourse*) Börsenmakler(in) *m(f)*

boursouflé, e [buʀsufle] *adj* [an]geschwollen; (*visage*) aufgedunsen

boursoufler [buʀsufle] <1> *vt* anschwellen

boursouflure [buʀsuflyʀ] *f* (*de la peau, du visage*) Schwellung *f;* (*d'une surface, peinture*) Blase *f*

bousculade [buskylad] *f* ❶ Gedränge *nt* ❷ (*précipitation*) Eile *f*

bousculer [buskyle] <1> **I.** *vt* ❶ (*personne*) anstoßen; (*presser*) drängen; (*livres, chaises*) umwerfen ❷ (*déranger*) völlig durcheinanderbringen; (*habitudes, traditions*) von Grund auf ändern **II.** *vpr* **se ~** sich drängeln

bouse [buz] *f* Kuhfladen *m*

bousiller [buzije] <1> *vt fam* kaputt machen

boussole [busɔl] *f* [Magnet]kompass *m*

bout [bu] *m* ❶ (*extrémité, limite*) Ende *nt;* (*du doigt, nez*) Spitze *f;* **~ à ~** aneinander; **jusqu'au ~** bis zum Schluss; **tout au ~** ganz hinten; **tenir jusqu'au ~** durchhalten ❷ (*morceau*) Stück[chen *nt*] *nt* ❸ (*terme*) nach (+ *dat*); **au ~ d'un moment** nach einer Weile ▶**savoir qc sur le ~ des doigts** etw im Schlaf können; **tenir le bon ~** es bald geschafft haben; **joindre les deux ~s** mit seinem Geld auskommen; **à tout ~ de champ** alle naselang (*fam*); **être à ~ de forces** mit seinen Kräften am Ende sein (*fam*); **à ~ de souffle** außer Atem; **venir à ~ de qc/qn** mit etw/jdm fertig werden; **au ~ du compte** letzten Endes

boutade [butad] *f* Bonmot *nt*

boute-en-train [butɑ̃tʀɛ̃] *m inv* Stimmungskanone *f* (*fam*)

bouteille [butɛj] *f* Flasche *f;* ~ **consignée/non consignée** Pfand-/Einwegflasche; ~ **de lait** Milchflasche; **boire à la ~** aus der Flasche trinken; **une bonne ~** (*de vin*) ein guter Tropfen *m*

boutique [butik] *f* Laden *m*

bouton [butɔ̃] *m* ❶ Knopf *m;* (*de porte*)

Knauf *m;* (*d'un interrupteur*) Schalter *m* ❷ MED ~ **de fièvre** Fieberbläschen *nt;* ~ **d'acné** Aknepickel *m* ❸ BOT Knospe *f*

bouton-d'or [butɔ̃dɔʀ] <boutons-d'or> *m* Butterblume *f*

boutonner [butɔne] <1> **I.** *vt* zuknöpfen **II.** *vpr* **se** ~ (*vêtement*) zugeknöpft werden; (*personne*) seine Knöpfe zumachen

boutonneux, -euse [butɔnø, -øz] *adj* pick[e]lig

boutonnière [butɔnjɛʀ] *f* Knopfloch *nt*

bouton-poussoir [butɔ̃puswaʀ] <boutons-poussoirs> *m* Druckschalter *m* **bouton-pression** [butɔ̃pʀesjɔ̃] <boutons-pression> *m* Druckknopf *m*

bouture [butyʀ] *f* Steckling *m*

bouvreuil [buvʀœj] *m* Dompfaff *m*

bovin, e [bɔvɛ̃, in] *adj* Rinder-

bovins [bɔvɛ̃] *mpl* Rinder *Pl*

box [bɔks] <es> *m* ❶ (*dans une écurie*) Box *f;* (*dans un garage*) Stellplatz *m* ❷ JUR ~ **des accusés** Anklagebank *f*

boxe [bɔks] *f* Boxen *nt*

boxer [bɔkse] <1> *vt, vi* boxen

boxeur, -euse [bɔksœʀ, -øz] *m, f* Boxer(in) *m(f)*

boxon [bɔksɔ̃] *m fam* Durcheinander *nt*

boyau [bwajo] <x> *m* ❶ ANAT Darm *m* ❷ (*chambre à air*) Schlauch *m*

boycott [bɔjkɔt] *m,* **boycottage** [bɔjkɔtaʒ] *m* Boykott *m*

boycotter [bɔjkɔte] <1> *vt* boykottieren

boy-scout [bɔjskut] <boys-scouts> *m* Pfadfinder *m*

BP [bepe] *abr de* **boîte postale**

Brabant [bʀabɑ̃] *m* **le** ~ Brabant

bracelet [bʀaslɛ] *m* Armband *nt*

bracelet-montre [bʀaslɛmɔ̃tʀ] <bracelets-montres> *m* Armbanduhr *f*

braconnage [bʀakɔnaʒ] *m* CHASSE Wilderei *f*

braconner [bʀakɔne] <1> *vi* CHASSE wildern; PECHE ohne Angelschein angeln

braconnier, -ière [bʀakɔnje, -jɛʀ] *m, f* ❶ CHASSE Wilderer *m* ❷ PECHE Angler(in) *m(f)* ohne Angelschein

brader [bʀade] <1> *vt* COM verschleudern

braderie [bʀadʀi] *f* Trödelmarkt *m*

braguette [bʀagɛt] *f* Hosenschlitz *m*

braillard, e [bʀɑjaʀ, -jaʀd] **I.** *adj fam* plärrend; (*ivrogne, foule*) grölend **II.** *m, f fam* Schreihals *m*

braille [bʀɑj] *m* Blindenschrift *f*

brailler [bʀɑje] <1> *vt, vi* brüllen; (*ivrogne, foule*) grölen

braise [bʀɛz] *f* Glut *f*

braiser [bʀeze] <1> *vt* schmoren

bramer [bʀɑme] <1> *vi* ZOOL röhren

brancard [bʀɑ̃kaʀ] *m* Tragbahre *f*

brancardier, -ière [bʀɑ̃kaʀdje, -jɛʀ] *m, f* Träger(in) *m(f)*

branchage [bʀɑ̃ʃaʒ] *m* Geäst *nt*

branche [bʀɑ̃ʃ] *f* ❶ (*d'un arbre*) Ast *m* ❷ (*tige: d'une paire de lunettes*) Bügel *m;* (*d'un chandelier*) Arm *m* ❸ (*famille*) Linie *f* ❹ (*domaine: d'enseignement, d'une science*) Zweig *m;* (*de l'économie, de profession*) Branche *f*

branché, e [bʀɑ̃ʃe] *adj fam* up to date; **être ~ cinéma** auf Kino abfahren

branchement [bʀɑ̃ʃmɑ̃] *m* Anschluss *m*

brancher [bʀɑ̃ʃe] <1> **I.** *vt* ❶ (*raccorder*) anschließen [an (+ *akk*)] ❷ (*orienter*) ~ **la conversation sur qn/qc** die Unterhaltung auf jdn/etw lenken **II.** *vpr* **se ~ sur qc** etw einschalten

branchies [bʀɑ̃ʃi] *fpl* Kiemen *Pl*

brandir [bʀɑ̃diʀ] <8> *vt* (*arme*) drohend schwingen; (*drapeau*) schwenken

branlant, e [bʀɑ̃lɑ̃, ɑ̃t] *adj* wack[e]lig

branle-bas [bʀɑ̃lbɑ] *m inv fig* Trubel *m*

branler [bʀɑ̃le] <1> **I.** *vi* wackeln **II.** *vpr vulg* **se** ~ sich (*dat*) einen runterholen

braquage [bʀakaʒ] *m* ❶ (*des roues*) Einschlagen *nt* ❷ *fam* (*attaque*) bewaffneter Überfall *m*

braquer [bʀake] <1> *vt* ❶ AUT ~ **le volant à droite** nach rechts einschlagen ❷ (*diriger*) ~ **qc sur qn** (*arme*) etw auf jdn richten ❸ *fam* (*banque, magasin*) überfallen

bras [bʀa] *m* ❶ Arm *m;* ~ **dessus ~ dessous** untergehakt; (*d'un fauteuil*) Armlehne ❷ (*main-d'œuvre*) Arbeitskraft *f* ►**rester les ~ ballants** untätig herumsitzen/-stehen; **baisser les** ~ das Handtuch werfen

brasier [bʀɑzje] *m* Flammenmeer *nt* (*geh*); *fig* Inferno *nt*

bras-le-corps [bʀalәkɔʀ] ►**prendre à** ~ in die Arme schließen

brassage [bʀasaʒ] *m* (*de la bière*) Brauen *nt*

brassard [bʀasaʀ] *m* Armbinde *f*

brasse [bʀas] *f* Brustschwimmen *nt;* ~ **papillon** Delphinschwimmen *nt*

brassée [bʀase] *f* einen Arm voll[er]

brasser [bʀase] <1> *vt* ❶ (*cartes*) mischen ❷ *fig* ~ **de l'argent** mit großen Summen umgehen ❸ (*bière*) brauen

brasserie [bʀasʀi] *f* ❶ (*restaurant*) *Café-Restaurant* ❷ (*entreprise de bière*) Brauerei *f*

brasseur [bʀasœʀ] *m* [Bier]brauer *m*

brassière [bʀasjɛʀ] *f* ❶ (*de bébé*) Jäckchen *nt* ❷ CAN *fam* (*soutien-gorge*) BH *m*

bravade [bʀavad] *f* ❶ (*ostentation de bravoure*) Imponiergehabe *nt* ❷ (*attitude de défi insolent*) dreiste Herausforderung

brave [bʀav] *adj* ❶ (*soldat*) tapfer ❷ *antéposé* (*honnête*) anständig ❸ (*naïf*) [lieb und] gut

braver [bʀave] <1> *vt* ❶ (*défier*) ~ **l'adversaire** dem Gegner die Stirn bieten; ~ **le danger/la mort** der Gefahr/dem Tod ins Auge sehen ❷ (*loi*) sich hinwegsetzen über (+ *akk*)

bravo [bʀavo] **I.** *interj* bravo **II.** *m* Bravo[ruf *m*] *nt*

bravoure [bʀavuʀ] *f* Mut *m*

break [bʀɛk] *m* AUT Kombi[wagen *m*] *m*

brebis [bʀəbi] *f* [Mutter]schaf *nt* ►~ **galeuse** schwarzes Schaf

brèche [bʀɛʃ] *f* Öffnung *f*; (*dans une coque*) Loch *nt*

bredouille [bʀəduj] *adj* mit leeren Händen

bredouiller [bʀəduje] <1> *vt, vi* stottern

bref [bʀɛf] *adv* **en** ~ kurz; **enfin** ~ kurz und gut

bref, brève [bʀɛf, bʀɛv] *adj* kurz; **soyez ~!** fassen Sie sich kurz!

breloque [bʀəlɔk] *f* [Armband]anhänger *m*

Brême [bʀɛm] Bremen

Brésil [bʀezil] *m* **le** ~ Brasilien

brésilien, ne [bʀeziljɛ̃, -jɛn] *adj* brasilianisch

Brésilien, ne [bʀeziljɛ̃, -jɛn] *m, f* Brasilianer(in) *m(f)*

Bretagne [bʀətaɲ] *f* **la** ~ die Bretagne

bretelle [bʀətɛl] *f* ❶ (*de pantalon*) Hosenträger *m*; (*de soutien-gorge*) Träger *m* ❷ (*bifurcation d'autoroute*) Auffahrt *f*/Abfahrt *f*

breton [bʀətɔ̃] *m* Bretonisch *nt*; *v.a.* **allemand**

breton, ne [bʀətɔ̃, ɔn] *adj* bretonisch; *v.a.* **allemand**

Breton, ne [bʀətɔ̃, -ɔn] *m, f* Bretone/Bretonin *m/f*

breuvage [bʀœvaʒ] *m* ❶ Trank *m* (*geh*); *péj* Gebräu *nt* ❷ CAN (*boisson non alcoolisée*) nichtalkoholisches Getränk

brève [bʀɛv] *adj v.* **bref**

brevet [bʀəvɛ] *m* ❶ (*diplôme*) Diplom *nt* ❷ (*certificat*) [Abschluss]zeugnis *nt*; ~ **d'invention** Patent *nt* ❸ MIL, NAUT, AVIAT Schein *m*

breveté, e [bʀəv(ə)te] *adj* ❶ (*invention*) patentiert ❷ (*ingénieur, interprète*) Diplom-

breveter [bʀəv(ə)te] <3> *vt* patentieren

bréviaire [bʀevjɛʀ] *m* Brevier *nt*

bribe [bʀib] *f souvent pl fig* (*de conversation*) Wortfetzen *m*

bric-à-brac [bʀikabʀak] *m inv* Durcheinander *nt*

bricelet [bʀislɛ] *m* CH (*gaufre*) *dünne, knusprige Waffel*

bricolage [bʀikɔlaʒ] *m* ❶ Basteln *nt* ❷ (*mauvais travail*) Pfusch *m* (*pej fam*)

bricole [bʀikɔl] *f* ❶ (*objet de peu de valeur*) Kleinigkeit *f* ❷ (*petit événement*) Lappalie *f* (*fam*)

bricoler [bʀikɔle] <1> **I.** *vi* basteln; **savoir** ~ [handwerklich] geschickt sein **II.** *vt* [zusammen]basteln; (*tant bien que mal*) herumbasteln an (+ *dat*)

bricoleur, -euse [bʀikɔlœʀ, -øz] **I.** *adj* [handwerklich] geschickt **II.** *m, f* Heimwerker(in) *m(f)*

bride [bʀid] *f* Zügel *m*

bridé, e [bʀide] *adj* **des yeux ~s** Schlitzaugen *Pl*

brider [bʀide] <1> *vt* ❶ (*mettre la bride: cheval*) [auf]zäumen ❷ (*réprimer*) zügeln

bridge [bʀidʒ] *m* ❶ JEUX Bridge *nt* ❷ (*prothèse dentaire*) Brücke *f*

briefer [bʀife] <1> *vt* instruieren

briefing [bʀifiŋ] *m* Instruktion *f*

brièvement [bʀijɛvmɑ̃] *adv* kurz

brièveté [bʀijɛvte] *f* Kürze *f*

brigade [bʀigad] *f* Brigade *f*; ~ **antidrogue** Abteilung *f* zur Drogenbekämpfung; ~ **des stupéfiants** Rauschgiftdezernat

brigadier [bʀigadje] *m* (*de gendarmerie*) Brigadeführer *m*; MIL Gefreite(r) *m*

brigand [bʀigɑ̃] *m péj* Betrüger *m*

briguer [bʀige] <1> *vt* (*emploi*) sich bemühen um

brillamment [bʀijamɑ̃] *adv* glänzend

brillance [bʀijɑ̃s] *f* Glanz *m*

brillant [bʀijɑ̃] *m* ❶ (*diamant*) Brillant *m* ❷ (*aspect brillant*) Glanz *m*

brillant, e [bʀijɑ̃, jɑ̃t] *adj* glänzend; (*couleurs*) leuchtend; (*discours, candidat*) brillant; (*victoire*) glorreich

briller [bʀije] <1> *vi* ❶ (*soleil, étoile*) scheinen; (*diamant*) funkeln; (*chaussures, cheveux*) glänzen ❷ (*se mettre en valeur*) ~ **par qc** durch etw glänzen

brimade [bʀimad] *f* Schikane *f*

brimer [bʀime] <1> *vt* schikanieren

brin [bʀɛ̃] *m* ❶ ~ **de paille/d'herbe** Stroh-/Grashalm *m;* ~ **de muguet** Maiglöckchen *nt;* ~ **de laine** [kurzer] Wollfaden ❷ (*petite quantité*) **un ~ de bon sens** ein Funke *m* Verstand

brindille [bʀɛ̃dij] *f* Reis *nt* (*geh*)

bringue [bʀɛ̃g] *f* ❶ *péj fam* (*fille*) **grande ~** Bohnenstange *f* ❷ *fam* Fete *f*

brio [bʀijo] *m* Bravour *f*

brioche [bʀijɔʃ] *f* Brioche *f*

brique¹ [bʀik] **I.** *f* ❶ Ziegelstein *m;* **maison de ~** Backsteinhaus *nt* ❷ *fam* (*francs*) 10.000 Francs **II.** *app inv* (*couleur*) ziegelrot

brique®² [bʀik] *f* (*emballage*) Tetra Pak® *m*

briquer [bʀike] <1> *vt* [auf Hochglanz] polieren

briquet [bʀikɛ] *m* Feuerzeug *nt*

briqueterie [bʀik(ə)tʀi, bʀikɛtʀi] *f* Ziegelei *f*

brise [bʀiz] *f* Brise *f*

brise-glace [bʀizglas] *m inv* Eisbrecher *m*

brise-lames [bʀizlam] *m inv* Wellenbrecher *m*

briser [bʀize] <1> **I.** *vt* ❶ (*vaisselle, vase*) zerbrechen; (*vitre, carreau*) einschlagen ❷ (*grève, révolte, forces*) brechen; (*espoir, illusions*) zerstören ▶ **~ le cœur à qn** jdm das Herz brechen; **être brisé** CAN (*être en panne*) defekt sein **II.** *vpr* **se ~** zerbrechen

briseur, -euse [bʀizœʀ, -øz] *m, f* **~ de grève** Streikbrecher *m*

britannique [bʀitanik] *adj* britisch

Britannique [bʀitanik] *mf* Brite/Britin *m/f*

broc [bʀo] *m* Krug *m*

brocante [bʀɔkɑ̃t] *f* (*boutique*) Trödelladen *m* (*fam*); (*foire*) Trödelmarkt *m*

brocanteur, -euse [bʀɔkɑ̃tœʀ, -øz] *m, f* Trödler(in) *m(f)*

broche [bʀɔʃ] *f* ❶ (*bijou*) Brosche *f* ❷ GASTR [Brat]spieß *m*

brochet [bʀɔʃɛ] *m* Hecht *m*

brochette [bʀɔʃɛt] *f* GASTR Spieß *m,* Schaschlik *m o nt*

brochure [bʀɔʃyʀ] *f* Broschüre *f*

brocoli [bʀɔkɔli] *m* Brokkoli *Pl*

broder [bʀɔde] <1> **I.** *vt* (*étoffe*) besticken; (*motif*) sticken **II.** *vi* (*affabuler*) fabulieren

broderie [bʀɔdʀi] *f* Stickerei *f*

brome [bʀom] *m* CHIM Brom *nt*

bromure [bʀɔmyʀ] *m* CHIM Bromid *nt*

bronche [bʀɔ̃ʃ] *f* Bronchie *f*

broncher [bʀɔ̃ʃe] <1> *vi* aufmucken (*fam*)

bronchite [bʀɔ̃ʃit] *f* Bronchitis *f*

bronzage [bʀɔ̃zaʒ] *m* [Sonnen]bräune *f*

bronze [bʀɔ̃z] *m* Bronze *f*

bronzé, e [bʀɔ̃ze] *adj* braun gebrannt

bronzer [bʀɔ̃ze] <1> *vi* [sich] bräunen

brosse [bʀɔs] *f* ❶ (*ustensile*) Bürste *f;* **~ à dents** Zahnbürste ❷ (*pinceau*) Quast *m* ❸ (*coupe de cheveux*) Bürsten[haar]schnitt *m*

brosser [bʀɔse] <1> **I.** *vt* ❶ (*épousseter*) abbürsten ❷ (*portrait*) zeichnen **II.** *vpr* **se ~** sich abbürsten; **se ~ les cheveux** sich (*dat*) die Haare bürsten; **se ~ les dents** sich (*dat*) die Zähne putzen

brouette [bʀuɛt] *f* Schubkarre *f*

brouhaha [bʀuaa] *m* Lärm *m*

brouillard [bʀujaʀ] *m* Nebel *m*

brouille [bʀuj] *f* Streit *m*

brouillé, e [bʀuje] *adj* ❶ (*fâché*) zerstritten ❷ (*nul*) **être ~ avec les chiffres** *fam* mit Zahlen auf Kriegsfuß stehen(*iron*)

brouiller [bʀuje] <1> **I.** *vt* ❶ (*rendre trouble*) trüben ❷ (*cartes*) mischen; (*pistes*) verwischen **II.** *vpr* ❶ (*se fâcher*) **se ~** sich zerstreiten ❷ (*se troubler*) **ma vue se brouille** ich sehe alles ganz verschwommen; **mes idées se brouillent** ich kann keine klaren Gedanken fassen

brouillon [bʀujɔ̃] *m* Konzept *nt*

brouillon, ne [bʀujɔ̃, jɔn] *adj* (*élève*) schlampig(*pej fam*)

broussaille [bʀusaj] *f* Gestrüpp *nt*

broussailleux, -euse [bʀusajø, -jøz] *adj* voller Gestrüpp; (*jardin*) verwildert

brousse [bʀus] *f* (*contrée tropicale*) Busch *m*

brouter [bʀute] <1> **I.** *vt* abweiden **II.** *vi* weiden

broutille [bʀutij] *f fig* Lappalie *f*

broyer [bʀwaje] <6> *vt* zerkleinern

Bruges [bʀyʒ] Brügge

brugnon [bʀyɲɔ̃] *m* Nektarine *f*

bruine [bʀɥin] *f* Nieselregen *m*

bruiner [bʀɥine] <1> *vi impers* nieseln

bruire [bʀɥiʀ] <irr, déf> *vi* (*vent*) säuseln

bruissement [bʀɥismɑ̃] *m* (*des feuilles*)

Säuseln *nt;* (*du tissu, papier*) Rascheln *nt*

bruit [bʀɥi] *m* ❶ (*son*) Geräusch *nt;* (*de vaisselle*) Klappern *nt;* (*de ferraille*) Scheppern *nt* ❷ (*vacarme*) Lärm *m* ❸ (*rumeur*) Gerücht *nt;* **le ~ court que …** es geht das Gerücht um, dass … ►**faire du ~** Aufsehen erregen

bruitage [bʀɥitaʒ] *m* Geräuschkulisse *f*

brûlant, e [bʀylɑ̃, ɑ̃t] *adj* ❶ glühend heiß; (*plat, liquide*) kochend heiß ❷ (*sujet*) heiß

brûlé [bʀyle] *m* ❶ (*résultat*) Verbrannte(s) *nt* ❷ GASTR Angebrannte(s) *nt*

brûlé, e [bʀyle] **I.** *adj* verbrannt; (*plat*) angebrannt **II.** *m, f* **grand ~** Verletzter *m* mit schweren Verbrennungen

brûle-pourpoint [bʀylpuʀpwɛ̃] ►**à ~** ohne Umschweife

brûler [bʀyle] <1> **I.** *vi* ❶ brennen ❷ (*être très chaud*) heiß sein ❸ GASTR anbrennen ❹ (*être dévoré*) **~ de faire qc** darauf brennen, etw zu tun ►**tu brûles!** du bist ganz nah dran! **II.** *vt* ❶ verbrennen; (*forêt, maison*) niederbrennen ❷ (*endommager*) **~ qc** (*liquide bouillant*) etw verbrühen; (*gel*) etw erfrieren lassen; (*soleil*) etw verbrennen ❸ (*stop, signal*) überfahren; (*étape*) überspringen; **~ un feu rouge** bei Rot über die Ampel fahren ❹ (*calories, électricité*) verbrauchen **III.** *vpr* **se ~** sich verbrennen; **se ~ qc** sich (*dat*) etw verbrennen

brûleur [bʀylœʀ] *m* Brenner *m*

brûlure [bʀylyʀ] *f* ❶ (*blessure*) Verbrennung *f;* (*plaie*) Brandwunde *f* ❷ (*trou*) Brandloch *nt* ❸ MED **~s d'estomac** Sodbrennen *nt*

brume [bʀym] *f* Nebel *m*

brumeux, -euse [bʀymø, -øz] *adj* (*temps*) diesig

brumisateur® [bʀymizatœʀ] *m* Zerstäuber *m*

brun [bʀœ̃] *m* (*couleur*) Braun *nt*

brun, e [bʀœ̃, bʀyn] **I.** *adj* (*opp: blond*) braun; (*cheveux, tabac*) dunkel; **être ~** dunkelhaarig sein **II.** *m, f* Dunkelhaarige(r) *f(m)*

brunante [bʀynɑ̃t] *f* CAN (*crépuscule*) [Abend]dämmerung *f*

brunâtre [bʀynɑtʀ] *adj* bräunlich

brune [bʀyn] *f* dunkles Bier

brunir [bʀyniʀ] <8> **I.** *vi* braun werden **II.** *vt* bräunen

Brunswick [bʀœ̃svik] Braunschweig *nt*

brushing® [bʀœʃiŋ] *m* Föhnfrisur *f*

brusque [bʀysk] *adj* ❶ (*soudain*) plötzlich ❷ (*personne, ton*) barsch; (*geste*) heftig

brusquement [bʀyskəmɑ̃] *adv* plötzlich

brusquer [bʀyske] <1> *vt* ❶ (*précipiter*) überstürzen ❷ (*bousculer*) brüsk behandeln; (*parler durement*) anfahren

brusquerie [bʀyskəʀi] *f* Barschheit *f*

brut [bʀyt] *adv* brutto

brut, e [bʀyt] *adj* ❶ Roh-; (*champagne*) brut; (*diamant*) ungeschliffen ❷ ECON Brutto-

brutal, e [bʀytal, o] <-aux> *adj* brutal; (*langage, réponse*) unverblümt

brutalement [bʀytalmɑ̃] *adv* ❶ heftig ❷ (*soudainement*) [ur]plötzlich

brutaliser [bʀytalize] <1> *vt* brutal behandeln

brutalité [bʀytalite] *f* ❶ *sans pl* Brutalität *f* ❷ *pl* (*actes violents*) **être victime de ~s** ein Opfer der Gewalt sein

brute [bʀyt] *f* brutaler Kerl

Bruxelles [bʀy(k)sɛl] Brüssel *nt*

bruyamment [bʀyjamɑ̃, bʀɥijamɑ̃] *adv* laut

bruyant, e [bʀyjɑ̃, bʀɥijɑ̃, jɑ̃t] *adj* laut

bruyère [bʀyjɛʀ] *f* Heidekraut *nt*

BTS [beteɛs] *m abr de* **brevet de technicien supérieur** Ingenieurdiplom *nt*

bu, e [by] *part passé de* **boire**

buanderie [bɥɑ̃dʀi] *f* Waschküche *f*

Bucarest [bykaʀɛst] Bukarest *nt*

buccal, e [bykal, o] <-aux> *adj* Mund-

buccodentaire [bykodɑ̃tɛʀ] *adj* (*hygiène*) Mund- und Zahn-

bûche [byʃ] *f* [Holz]scheit *m;* **~ de Noël** GASTR *Weihnachtscremerolle*

bûcher [byʃe] <1> *vi fam* büffeln

bûcheron, ne [byʃʀɔ̃, ɔn] *m, f* Holzfäller(in) *m(f)*

bûcheur, -euse [byʃœʀ, -øz] **I.** *adj fam* fleißig **II.** *m, f fam* Arbeitstier *nt*

Budapest [bydapɛst] Budapest *nt*

budget [bydʒɛ] *m* FIN Budget *nt;* **le ~ de l'Etat** der Staatshaushalt

budgétaire [bydʒetɛʀ] *adj* Haushalts-

buée [bɥe] *f* Beschlag *m*

buffet [byfɛ] *m* Büfett *nt;* **~ de la gare** Bahnhofsgaststätte *f*

buffle [byfl] *m* Büffel *m*

bug [bœg] *m* INFORM Programmfehler *m*

building [b(y)ildiŋ] *m* Hochhaus *nt*

buis [bɥi] *m* Buchs[baum] *m*

buisson [bɥisɔ̃] *m* Busch *m*

bulbe [bylb] *m* Zwiebel *f*

bulgare [bylgaʀ] **I.** *adj* bulgarisch; *v.a.* **allemand II.** *m* Bulgarisch *nt; v.a.* **allemand**

B

Bulgare [bylgaʀ] *mf* Bulgare/Bulgarin *m/f*

Bulgarie [bylgaʀi] *f* **la** ~ Bulgarien *nt*

bulldozer [byldɔzɛʀ] *m* Bulldozer *m*

bulle [byl] *f* Blase *f;* (*dans une bande dessinée*) Sprechblase *f*

bulletin [byltɛ̃] *m* ❶ (*communiqué*) Bericht *m* ❷ PRESSE (*journal*) Bulletin *nt;* ~ **d'information** Nachrichten *Pl* ❸ POL ~ **de vote** Stimmzettel *m* ❹ SCOL ~ **scolaire** Schulzeugnis *nt* ❺ (*certificat*) ~ **de paye** (*d'un ouvrier*) Lohnzettel *m;* (*d'un employé*) Gehaltszettel *m*

buraliste [byʀalist] *mf* Tabak[waren]händler(in) *m(f)*

bureau [byʀo] <x> *m* ❶ (*meuble*) Schreibtisch *m* ❷ (*lieu de travail*) Büro *nt,* Arbeitszimmer *nt* ❸ (*service*) ~ **des objets trouvés** Fundbüro *nt;* ~ **de poste** Postamt *nt;* ~ **de tabac** Tabak[waren]laden *m;* ~ **de vote** Wahllokal *nt*

bureaucrate [byʀokʀat] *mf* Bürokrat(in) *m(f)*

bureaucratie [byʀokʀasi] *f* Bürokratie *f*

bureaucratique [byʀokʀatik] *adj* bürokratisch

bureautique® [byʀotik] *f* Bürokommunikation *f*

burette [byʀɛt] *f* TECH Ölkanne *f*

burin [byʀɛ̃] *m* ❶ (*outil*) [Gravier]nadel *f* ❷ (*ciseau*) Meißel *m*

buriné, e [byʀine] *adj* (*visage*) zerfurcht; (*traits*) scharf

burka [buʀka] *f* Burka *f*

burlesque [byʀlɛsk] *adj* THEAT, CINE burlesk

burnous [byʀnu(s)] *m* Burnus *m*

bus[1] [bys] *m abr de* **autobus** Bus *m*

bus[2] [bys] *m* INFORM ~ **de données** Datenbus *m*

bus[3] [by] *passé simple de* **boire**

buse [byz] *f* ZOOL Bussard *m*

busqué, e [byske] *adj* (*nez*) Haken-

buste [byst] *m* ❶ Oberkörper *m;* (*poitrine de femme*) Brust *f* ❷ (*sculpture*) Büste *f*

bustier [bystje] *m* Bustier *nt*

but [by(t)] *m* ❶ Ziel *nt* ❷ SPORT Tor *nt*

butane [bytan] *m* Butan[gas *nt*] *nt*

buté, e [byte] *adj* trotzig

buter [byte] <1> **I.** *vi* stoßen **II.** *vt fam* (*tuer*) umlegen **III.** *vpr* **se** ~ bockig werden

buteur [bytœʀ] *m* Torjäger *m*

butin [bytɛ̃] *m* Beute *f*

butiner [bytine] <1> *vi* Nektar sammeln

butoir [bytwaʀ] *m* ❶ CHEMDFER Prellbock *m* ❷ TECH Anschlag *m*

butte [byt] *f* [Erd]hügel *m;* **la** ~ **Montmartre** der Hügel, auf dem Montmartre liegt

buvable [byvabl] *adj* trinkbar

buvais [byvɛ] *imparf de* **boire**

buvant [byvɑ̃] *part prés de* **boire**

buvard [byvaʀ] *m* Löschblatt *nt*

buvette [byvɛt] *f* Bar *f*

buveur, -euse [byvœʀ, -øz] *m, f* Trinker(in) *m(f)*

buvez [byve], **buvons** [byvɔ̃] *indic prés et impératif de* **boire**

byte [bajt] *m* INFORM Byte *nt*

byzantin, e [bizɑ̃tɛ̃, in] *adj* byzantinisch

C c

C, c [se] *m inv* C *nt,* c; **c cédille** C-Cedille

c' < *devant a* ç'> *pron dém v.* **ce**

ça [sa] *pron dém* ❶ *fam* (*pour désigner ou renforcer*) das; **ah** ~ **non!** das auf gar keinen Fall!; *v.a.* **cela** ❷ *fam* (*répétitif*) **le fer,** ~ **rouille** Eisen rostet nun eben mal ❸ *péj* (*personne*) **et** ~ **vote!** und so etwas wählt! ►**c'est** ~ [ganz] genau; ~ **va?** wie geht's?; *v.a.* **cela**

çà [sa] ~ **et là** hier und da

caban [kabɑ̃] *m* Caban *m* (*modischer kurzer Herrenmantel*)

cabane [kaban] *f* Hütte *f*

cabanon [kabanɔ̃] *m* Schuppen *m*

cabaret [kabaʀɛ] *m* ❶ Nachtlokal *nt* ❷ CAN (*plateau*) Tablett *nt*

cabas [kabɑ] *m* Einkaufstasche *f*

cabillaud [kabijo] *m* Kabeljau *m*

cabine [kabin] *f* Kabine *f;* ~ **téléphonique** Telefonzelle *f*

cabinet [kabinɛ] *m* ❶ *pl* (*toilettes*) Toilette *f;* **être aux** ~**s** auf der Toilette sein ❷ (*d'un médecin*) Praxis *f;* (*d'un avocat*) Kanzlei *f* ❸ POL Kabinett *nt* ❹ (*endroit isolé*) ~ **de toilette** [kleiner] Waschraum

câble [kɑbl] *m* Kabel *nt;* ~ **métallique** Drahtseil *nt*

câbler [kɑble] <1> *vt* TV verkabeln

caboche [kabɔʃ] *f fam* Schädel *m*
cabosser [kabɔse] <1> *vt* verbeulen
cabot [kabo] *m fam péj* (*chien*) Köter *m*
cabrer [kɑbʀe] <1> *vt* (*cheval*) steigen lassen; (*avion*) hochziehen
cabri [kabʀi] *m* Zicklein *nt*
cabriole [kabʀijɔl] *f* Luftsprung *m*
cabriolet [kabʀijɔlɛ] *m* Kabrio[lett] *nt*
caca [kaka] *m enfantin fam* **faire ~** Aa machen
cacahuète, **cacahouète** [kakawɛt] *f* Erdnuss *f*
cacao [kakao] *m* Kakao *m*
cacatoès [kakatɔɛs] *m* Kakadu *m*
cachalot [kaʃalo] *m* Pottwal *m*
cache [kaʃ] *m* INFORM Cache[speicher] *m*
cache-cache [kaʃkaʃ] *m inv* Versteckspiel *nt*
cache-col [kaʃkɔl] *m inv* Halstuch *nt*
cachemire [kaʃmiʀ] *m* Kaschmir *m*
cache-nez [kaʃne] *m inv* Schal *m* **cache-pot** [kaʃpo] <cache-pots> *m* Übertopf *m*
cacher[1] [kaʃe] <1> **I.** *vt* ❶ (*dissimuler*) verstecken ❷ (*masquer*) verdecken ❸ (*ne pas laisser voir*) verbergen ❹ (*garder secret*) **~ qc à qn** jdm etw verheimlichen **II.** *vpr* ❶ **se ~** sich verstecken; (*chose*) sich verbergen ❷ (*tenir secret*) **ne pas se ~ de qc** kein[en] Hehl aus etw machen
cacher[2] [kaʃɛʀ] *adj v.* **casher**
cachet [kaʃɛ] *m* ❶ MED Tablette *f* ❷ (*tampon*) Stempel *m;* **~ officiel** Amtssiegel *nt* ❸ (*rétribution*) Honorar *nt;* (*d'un acteur*) Gage *f*
cacheter [kaʃte] <3> *vt* versiegeln
cachette [kaʃɛt] *f* Versteck *nt* ▸**en ~** heimlich
cachot [kaʃo] *m* (*cellule*) Kerker *m*
cachotterie [kaʃɔtʀi] *f gén pl* Geheimniskrämerei *f*
cachottier, **-ière** [kaʃɔtje, -jɛʀ] **I.** *adj* heimlichtuend **II.** *m, f* Heimlichtuer(in) *m(f)*
cacophonie [kakɔfɔni] *f* Missklang *m*
cactus [kaktys] *m* Kaktus *m*
c.-à-d. *abr de* **c'est-à-dire** d.h.
cadastre [kadastʀ] *m* Kataster *m o nt*
cadavre [kadɑvʀ] *m* (*d'une personne*) Leiche *f;* (*d'un animal*) Kadaver *m*
cadeau [kado] <x> *m* Geschenk *nt;* **faire ~ de qc à qn** jdm etw schenken
cadenas [kadnɑ] *m* Vorhängeschloss *nt*
cadenasser [kadnɑse] <1> *vt* mit einem Vorhängeschloss verschließen
cadence [kadɑ̃s] *f* ❶ (*rythme*) Rhythmus *m* ❷ (*vitesse*) Tempo *nt*
cadet, **te** [kadɛ, ɛt] **I.** *adj* ❶ (*le plus jeune*) jüngste(r, s) ❷ (*plus jeune que qn*) jüngere(r, s) **II.** *m, f* ❶ (*dernier-né*) Jüngste(r) *f(m)* ❷ (*plus jeune que qn*) Jüngere(r) *f(m);* **elle est ma ~te de trois mois** sie ist drei Monate jünger als ich
cadrage [kɑdʀaʒ] *m* Bildeinstellung *f*
cadran [kadʀɑ̃] *m* ❶ Zifferblatt *nt;* **~ solaire** Sonnenuhr *f* ❷ CAN *fam* (*réveil*) Wecker *m*
cadre [kɑdʀ] **I.** *m* ❶ (*encadrement*) Rahmen *m* ❷ (*environnement*) Umgebung *f* ❸ (*limites*) Rahmen *m* **II.** *mf* leitende(r) Angestellte(r) *f(m);* **~ moyen/supérieur** mittlere/obere Führungskraft
cadrer [kɑdʀe] <1> *vi* **~ avec qc** mit etw übereinstimmen
cadreur [kɑdʀœʀ] *m* Kameramann *m*/Kamerafrau *f*
caduc, **caduque** [kadyk] *adj* ❶ (*périmé*) überholt ❷ BOT **à feuilles ~s** im Winter die Blätter verlierend
cafard [kafaʀ] *m* ❶ (*insecte*) [Küchen]schabe *f* ❷ (*spleen*) Depressionen *Pl*
café [kafe] *m* ❶ (*boisson*) Kaffee *m;* **~ crème/filtre/au lait** Milch-/Filter-/Milchkaffee; **~ liégeois** *Mokkaeis, Mokkasoße und Schlagsahne* ❷ (*établissement*) Kneipe *f* (*fam*) ❸ (*moment du repas*) **au ~** beim Kaffee ❹ CH (*dîner*) **un ~ complet** ein leichtes Nachtessen (CH)

> Der französische **café** ist ähnlich stark wie ein Espresso und wird in kleinen Tassen serviert. Ein **café crème** ist ein Milchkaffee. Er wird mit aufgeschäumter Milch in einer größeren Tasse serviert. Ein **café au lait** ist die einfache Variante eines Milchkaffees, wie man ihn sich privat zubereitet: mit Milch, die nicht unbedingt aufgeschäumt oder erwärmt ist, und in dem Mischungsverhältnis zwischen Kaffee und Milch, wie man es bevorzugt. (In der Gastronomie wird der Begriff **café au lait** kaum verwendet.)

caféine [kafein] *f* Koffein *nt*
café-restaurant [kafeʀɛstɔʀɑ̃] <cafés-restaurants> *m* Bar *f* mit Restaurationsbetrieb **café-tabac** [kafetaba] <cafés-

tabacs> *m* Bar *f* mit Tabakladen
cafétéria [kafeteʀja] *f* Cafeteria *f*
café-théâtre [kafeteɑtʀ] <cafés-théâtres> *m* Kleinkunstbühne *f*
cafetière [kaftjɛʀ] *f* Kaffeekanne *f;* ~ **électrique** Kaffeemaschine *f*
cafouiller [kafuje] <1> *vi fam* ❶ (*agir avec confusion*) Murks machen ❷ (*s'embrouiller*) chaotisch werden
cage [kaʒ] *f* ❶ (*pour enfermer*) Käfig *m;* ~ **à lapin** Kaninchenstall *m* ❷ TECH ~ **d'ascenseur** Aufzugschacht *m;* ~ **d'escalier** Treppenhaus *nt*
cageot [kaʒo] *m* [Obst]kiste *f*
cagette [kaʒɛt] *f* [Obst]kiste *f*
cagibi [kaʒibi] *m* Abstellkammer *f*
cagnotte [kaɲɔt] *f* gemeinsame Kasse
cagoule [kagul] *f* Kapuzenmütze *f*
cagoulé, e [kagule] *adj* maskiert; (*encagoulé*) vermummt
cahier [kaje] *m* [Schreib]heft *nt;* ~ **de textes** Aufgabenheft
cahoter [kaɔte] <1> *vi* holpern
caïd [kaid] *m* [Gangster]boss *m*
caille [kaj] *f* Wachtel *f*
caillé, e [kaje] *adj* (*sang*) geronnen
cailler [kaje] <1> *vi, vpr* ❶ (*sang, lait*) gerinnen ❷ *fam* (*avoir froid*) sich (*dat*) einen abfrieren
caillot [kajo] *m* Gerinnsel *nt*
caillou [kaju] <x> *m* (*pierre*) Kiesel[stein *m*] *m*
caillouteux, -euse [kajutø, -øz] *adj* steinig
caïman [kaimɑ̃] *m* Kaiman *m*
Caire [kɛʀ] *m* **le** ~ Kairo *nt*
caisse [kɛs] *f* ❶ (*boîte*) Kiste *f;* ~ **à outils** Werkzeugkasten ❷ (*dépôt d'argent, guichet*) Kasse *f;* ~ **noire** Geheimfonds *m;* ~ **d'épargne** Sparkasse ❸ (*organisme de gestion*) Kasse *f;* ~ **d'assurance maladie** Krankenkasse
caissier, -ière [kesje, -jɛʀ] *m, f* Kassierer(in) *m(f)*
cajoler [kaʒɔle] <1> *vt* liebkosen
cajolerie [kaʒɔlʀi] *f gén pl* Zärtlichkeiten *Pl*
cajoleur, -euse [kaʒɔlœʀ, -øz] *adj* zärtlich; (*voix*) sanft
cajou [kaʒu] *m* [**noix de**] ~ Cashewnuss *f*
cake [kɛk] *m* englischer [Tee]kuchen
cal [kal] *m* Schwiele *f*
calamar [kalamaʀ] *m* Tintenfisch *m*
calamité [kalamite] *f* Katastrophe *f*
calanque [kalɑ̃k] *f* [kleine] Felsbucht
calcaire [kalkɛʀ] **I.** *adj* kalkhaltig **II.** *m* GEO Kalk[stein] *m*
calciné, e [kalsine] *adj* verkohlt
calciner [kalsine] <1> *vt* CHIM kalzinieren
calcium [kalsjɔm] *m* Kalzium *nt*
calcul [kalkyl] *m* ❶ Berechnung *f;* **faire le ~ de** berechnen; **faire une erreur de** ~ sich verrechnen ❷ (*arithmétique*) ~ **algébrique** algebraisches Rechnen ❸ *pl* (*estimation*) Berechnung *f*
calculable [kalkylabl] *adj* berechenbar
calculatrice [kalkylatʀis] *f* Rechner *m*
calculer [kalkyle] <1> **I.** *vi* rechnen **II.** *vt* ausrechnen; (*risque*) einkalkulieren
calculette [kalkylɛt] *f* Taschenrechner *m*
cale[1] [kal] *f* NAUT Laderaum *m*
cale[2] [kal] *f* (*coin*) Keil *m*
calé, e [kale] *adj fam* **être ~ en qc** in etw (*dat*) etwas draufhaben
calèche [kalɛʃ] *f* Kalesche *f*
caleçon [kalsɔ̃] *m* Unterhose *f*
calembour [kalɑ̃buʀ] *m* Kalauer *m;* **faire un** ~ kalauern
calendrier [kalɑ̃dʀije] *m* ❶ Kalender *m* ❷ (*programme*) Zeitplan *m*
cale-pied [kalpje] <cale-pieds> *m* Rennbügel *m*
calepin [kalpɛ̃] *m* Notizbuch *nt*
caler [kale] <1> **I.** *vi* ❶ AUT (*conducteur*) den Motor abwürgen; (*moteur*) absterben ❷ *fam* (*être rassasié*) bis obenhin voll sein **II.** *vt* ❶ (*meuble*) unterlegen ❷ (*rendre stable*) ~ **qc contre qc** etw gegen etw lehnen
calfeutrer [kalføtʀe] <1> *vt* abdichten
calibre [kalibʀ] *m* Durchmesser *m;* (*d'un projectile*) Kaliber *nt;* (*des fruits, œufs*) Größe *f*
calice [kalis] *m* BOT [Blüten]kelch *m*
califourchon [kalifuʀʃɔ̃] **à** ~ rittlings
câlin [kɑlɛ̃] *m* Zärtlichkeit *f;* **faire un ~ à qn/au chat** *fam* mit jdm schmusen/die Katze streicheln
câlin, e [kɑlɛ̃, in] *adj* anschmiegsam
câliner [kɑline] <1> *vt* ~ **qn** zu jdm zärtlich sein
call-girl [kolgœʀl] <call-girls> *f* Callgirl *nt*
calligraphie [ka(l)ligʀafi] *f* ❶ (*technique*) Kalligraphie *f* ❷ (*écriture élégante*) Schönschrift *f*
calmant [kalmɑ̃] *m* Beruhigungsmittel *nt*

calmant, e [kalmɑ̃, ɑ̃t] *adj* beruhigend
calmar [kalmaʀ] *m v.* **calamar**
calme [kalm] **I.** *adj* ruhig; (*lieu*) still **II.** *m* Ruhe *f*; **du ~!** Ruhe bewahren!
calmement [kalməmɑ̃] *adv* ruhig
calmer [kalme] <1> **I.** *vt* ① (*personne, esprits, nerfs*) beruhigen ② (*douleur*) lindern; (*faim*) stillen **II.** *vpr* **se ~** sich beruhigen; (*tempête*) nachlassen
calomnie [kalɔmni] *f* Verleumdung *f*
calomnier [kalɔmnje] <1a> *vt* verleumden
calomnieux, -euse [kalɔmnjø, -jøz] *adj* verleumderisch
calorie [kalɔʀi] *f* Kalorie *f*
calorifique [kalɔʀifik] *adj* wärmeerzeugend
calotte [kalɔt] *f fam* (*gifle*) Ohrfeige *f*
calque [kalk] *m* (*papier*) Pauspapier *nt*
calumet [kalymɛ] *m* Kalumet *nt* ▶**fumer le ~ de la paix** die Friedenspfeife rauchen
calvados [kalvados] *m* Calvados *m*
calvaire [kalvɛʀ] *m* Martyrium *nt*
calvitie [kalvisi] *f* ① (*tonsure*) Glatze *f* ② (*phénomène*) Kahlköpfigkeit *f*
camarade [kamaʀad] *mf* ① (*collègue*) Kamerad(in) *m(f)*; **~ d'études** Kommilitone/Kommilitonin *m/f* ② POL Genosse/Genossin *m/f*
camaraderie [kamaʀadʀi] *f* Kameradschaft *f*
Camargue [kamaʀg] *f* **la ~** die Camargue
Cambodge [kɑ̃bɔdʒ] *m* **le ~** Kambodscha *nt*
cambouis [kɑ̃bwi] *m* [gebrauchtes] Schmieröl
cambré, e [kɑ̃bʀe] *adj* **être très ~** ein starkes Hohlkreuz haben
cambriolage [kɑ̃bʀijɔlaʒ] *m* Einbruch[sdiebstahl *m*] *m*
cambrioler [kɑ̃bʀijɔle] <1> *vt* **~ qc** in etw (*akk*) einbrechen
cambrioleur, -euse [kɑ̃bʀijɔlœʀ, -øz] *m, f* Einbrecher(in) *m(f)*
cambrousse [kɑ̃bʀus] *f fam* ländliche Gegend; **en pleine ~** mitten in der Pampa; **débarquer de sa ~** gerade aus seinem Kuhdorf kommen
came [kam] *f fam* Stoff *m*
camé, e [kame] *m, f fam* Fixer(in) *m(f)*
caméléon [kameleɔ̃] *m* ZOOL Chamäleon *nt*
camélia [kamelja] *m* BOT Kamelie *f*
camelote [kamlɔt] *f fam* Ramsch *m*
camembert [kamɑ̃bɛʀ] *m* Camembert *m*
caméra [kameʀa] *f* Kamera *f*
caméraman [kameʀaman] <s> *m* Kameramann/-frau *m/f*
Cameroun [kamʀun] *m* **le ~** Kamerun *nt*
caméscope [kameskɔp] *m* Camcorder *m*
camion [kamjɔ̃] *m* Lastwagen *m*, Lkw *m*
camion-citerne [kamjɔ̃sitɛʀn] <camions-citernes> *m* Tankwagen *m*
camionnette [kamjɔnɛt] *f* Lieferwagen *m*
camionneur [kamjɔnœʀ] *m* Lastwagenfahrer(in) *m(f)*
camisole [kamizɔl] *f* Mieder *nt*
camomille [kamɔmij] *f* ① (*fleur*) Kamille *f* ② (*tisane*) Kamillentee *m*
camouflage [kamuflaʒ] *m* MIL Tarnung *f*
camoufler [kamufle] <1> *vt* ① MIL tarnen ② (*tenir secret*) verheimlichen
camp [kɑ̃] *m* ① *a.* MIL, POL Lager *nt*; **~ de concentration** Konzentrationslager ② SPORT Seite *f* ▶**ficher le ~** *fam* abhauen
campagnard, e [kɑ̃paɲaʀ, aʀd] **I.** *adj* ländlich **II.** *m, f* Landbewohner(in) *m(f)*
campagne [kɑ̃paɲ] *f* ① (*opp: ville*) Land *nt*; **à la ~** auf dem Land[e] ② (*paysage*) ländliche Gegend ③ MIL Feldzug *m*, Kampf *m* ④ (*action de communication*) **~ électorale/publicitaire** Wahl-/Werbekampagne *f*
campement [kɑ̃pmɑ̃] *m* Lager *nt*
camper [kɑ̃pe] <1> *vi* ① (*monter une tente*) campen ② (*être installé provisoirement*) kampieren (*fam*)
campeur, -euse [kɑ̃pœʀ, -øz] *m, f* Camper *m*
camping [kɑ̃piŋ] *m* ① (*action de camper*) Zelten *nt*, Camping *nt*; **faire du ~** zelten ② (*lieu*) [**terrain de**] **~** Campingplatz *m*
camping-car [kɑ̃piŋkaʀ] <camping-cars> *m* Wohnmobil *nt* **camping-gaz®** [kɑ̃piŋgɑz] *m inv* Gaskocher *m*
campus [kɑ̃pys] *m* Campus *m*
Canada [kanada] *m* **le ~** Kanada *nt*
canadair® [kanadɛʀ] *m* Löschflugzeug *nt*
canadien, ne [kanadjɛ̃, jɛn] *adj* kanadisch
Canadien, ne [kanadjɛ̃, jɛn] *m, f* Kanadier(in) *m(f)*
canadienne [kanadjɛn] *f* ① (*veste*) lammfellgefütterte Jacke (*aus Stoff oder Leder*) ② (*tente*) kleines [Zweimann]zelt
canaille [kanɑj] *f* ① (*fripon*) Halunke *m* ② *iron* (*enfant*) Schlingel *m*
canal [kanal, o] <-aux> *m* Kanal *m*

canalisation [kanalizasjɔ̃] *f* ❶ (*tuyauterie*) Rohrleitung *f;* ~ **d'eau/de gaz** Wasser-/Gasleitung ❷ (*égouts*) Kanalisation *f*

canaliser [kanalize] <1> *vt* kanalisieren

canapé [kanape] *m* ❶ (*meuble*) Couch *f* ❷ GASTR Häppchen *nt*

canapé-lit [kanapeli] <canapés-lits> *m* Schlafcouch *f*

canard [kanaʀ] *m* ❶ (*oiseau*) Ente *f* ❷ *fam* (*journal*) Blatt *nt*

canari [kanaʀi] *m* Kanarienvogel *m*

canasson [kanasɔ̃] *m péj* Gaul *m*

cancan [kɑ̃kɑ̃] *m* **french** ~ French-Cancan *m*

cancer [kɑ̃sɛʀ] *m* Krebs *m*

Cancer [kɑ̃sɛʀ] *m* Krebs *m; v.a.* **Balance**

cancéreux, -euse [kɑ̃seʀø, -øz] **I.** *adj* Krebs- **II.** *m, f* Krebskranke(r) *f(m)*

cancérigène [kɑ̃seʀiʒɛn] *adj*, **cancérogène** [kɑ̃seʀɔʒɛn] *adj* Krebs erregend

cancérologue [kɑ̃seʀɔlɔg] *mf* Krebsspezialist(in) *m(f)*

cancre [kɑ̃kʀ] *m fam* fauler Schüler/faule Schülerin *m/f*

candélabre [kɑ̃delɑbʀ] *m* [mehrarmiger] Kerzenständer *m*

candidat, e [kɑ̃dida, at] *m, f* ❶ Kandidat(in) *m(f)* ❷ (*à un poste*) Bewerber(in) *m(f)*

candidature [kɑ̃didatyʀ] *f* ❶ (*aux élections*) Kandidatur *f* ❷ (*à un poste, un jeu*) Bewerbung *f;* **poser sa ~ à un poste** sich um eine Stelle bewerben; **retenir une ~** eine Bewerbung berücksichtigen

candide [kɑ̃did] *adj* (*ingénu*) unverdorben

cane [kan] *f* (*opp: mâle*) Entenweibchen *nt*

caneton [kantɔ̃] *m* Entenküken *nt*

canette [kanɛt] *f* [Bier]dose *f*

canevas [kanvɑ] *m* Kanevas *m*

caniche [kaniʃ] *m* Pudel *m*

caniculaire [kanikylɛʀ] *adj* (*chaleur*) unerträglich

canicule [kanikyl] *f* ❶ (*période*) Hundstage *Pl* ❷ (*chaleur*) Hitze *f*

canif [kanif] *m* Taschenmesser *nt,* Feitel *m* (A)

canin, e [kanɛ̃, in] *adj* Hunde-; **races ~es** Hunderassen *Pl*

canine [kanin] *f* Eckzahn *m*

caniveau [kanivo] <x> *m* Rinnstein *m*

cannabis [kanabis] *m* Cannabis *m*

canne [kan] *f* ❶ (*bâton*) [Spazier]stock *m* ❷ (*tige*) ~ **à sucre** Zuckerrohr *nt* ❸ (*gaule*) ~ **à pêche** Angelrute *f*

cannelle [kanɛl] *f* Zimt *m*

cannibale [kanibal] **I.** *adj* kannibalisch **II.** *mf* Kannibale/Kannibalin *m/f*

cannibalisme [kanibalism] *m* Kannibalismus *m*

canoë [kanɔe] *m* ❶ (*embarcation*) Kanu *nt* ❷ (*sport*) Kanufahren *nt*

canoë-kayak [kanɔekajak] <canoës-kayaks> *m* Kajak *m o nt;* **faire du ~** Kajak fahren

canon [kanɔ̃] **I.** *adj inv fam* **super ~** echt stark **II.** *m* ❶ (*arme*) Kanone *f* ❷ (*tube: d'un fusil*) Lauf *m* ❸ (*machine*) ~ **à neige** Schneekanone *f*

canot [kano] *m* Boot *nt*

cantatrice [kɑ̃tatʀis] *f* [Opern]sängerin *f*

cantine [kɑ̃tin] *f* Kantine *f*

cantique [kɑ̃tik] *m* [Kirchen]lied *nt*

canton [kɑ̃tɔ̃] *m* ❶ (*en France*) ≈ Land-/Stadtkreis *m* ❷ (*en Suisse*) Kanton *m*

cantonal, e [kɑ̃tɔnal, o] <-aux> *adj* ❶ (*en France*) **élections ~es** ≈ Kreiswahlen *Pl* ❷ (*en Suisse*) kantonal; **autorités ~es** Kantonsbehörden *Pl*

cantonner [kɑ̃tɔne] <1> **I.** *vt* (*reléguer*) ~ **qn dans qc** jdn auf etw (*akk*) beschränken **II.** *vpr* **se ~ dans qc** sich auf etw (*akk*) beschränken

cantonnier [kɑ̃tɔnje] *m* Straßenarbeiter *m*

canular [kanylaʀ] *m fam* Scherz *m*

canyoning [kanjɔniŋ] *m* SPORT Canyoning *nt*

CAO [seɑo] *abr de* **conception assistée par ordinateur** CAD *nt*

caoutchouc [kautʃu] *m* ❶ (*matière*) Kautschuk *m* ❷ (*élastique*) Gummi[ring *m*] *m* ❸ (*plante*) Gummibaum *m*

cap [kap] *m* ❶ (*pointe de terre*) Kap *nt* ❷ (*direction*) Kurs *m*

CAP [seɑpe] *m abr de* **certificat d'aptitude professionnelle** *Zeugnis für eine abgeschlossene Berufsausbildung* (*z.B. Gesellenbrief*)

capable [kapabl] *adj* fähig

capacité [kapasite] *f* ❶ (*contenance*) Fassungsvermögen *nt* ❷ INFORM Kapazität *f;* ~ **d'une mémoire** Speicherkapazität ❸ (*faculté*) Fähigkeit *f* ❹ (*puissance*) ~ **de production** Produktionskapazität *f* ❺ SCOL ~ **en droit** *Abschlusszeugnis eines vereinfachten Jurastudiums für Nichtabiturienten*

cape [kap] *f* Umhang *m*

C

capeline [kaplin] *f:* *Damenhut mit breiter Krempe*

CAPES [kapɛs] *m abr de* **certificat d'aptitude au professorat de l'enseignement secondaire** ≈ *Staatsexamen für das Lehramt an höheren Schulen*

capharnaüm [kafaʀnaɔm] *m fam* Rumpelkammer *f*

capillaire [kapilɛʀ] *adj* **lotion ~** Haarwasser *nt*

capitaine [kapitɛn] *m* ❶ MIL Hauptmann *m* ❷ NAUT, AVIAT, SPORT Kapitän *m*

capital [kapital, o] <-aux> *m* ❶ Kapital *nt* ❷ *pl* FIN Gelder *Pl*

capital, e [kapital, o] <-aux> *adj* wesentlich

capitale [kapital] *f* ❶ (*ville*) Hauptstadt *f* ❷ (*lettre*) Großbuchstabe *m*

capitaliser [kapitalize] <1> *vt* FIN kapitalisieren

capitalisme [kapitalism] *m* Kapitalismus *m*

capitaliste [kapitalist] *mf* Kapitalist(in) *m(f)*

capitonner [kapitɔne] <1> *vt* polstern

capitulation [kapitylasjɔ̃] *f* Kapitulation *f*

capituler [kapityle] <1> *vi* kapitulieren

caporal [kapɔʀal, o] <-aux> *m* Gefreite(r) *m*

capot [kapo] *m* Motorhaube *f*

capote [kapɔt] *f* ❶ AUT Verdeck *nt* ❷ *fam* (*préservatif*) ~ [**anglaise**] Pariser *m*

câpre [kɑpʀ] *f* Kaper *f*

caprice [kapʀis] *m* ❶ (*fantaisie*) Laune *f* ❷ *pl* (*changement*) Launen *Pl* ❸ (*exigence d'un enfant*) Quengelei *f*

capricieux, -euse [kapʀisjø, -jøz] *adj* (*personne*) launisch; (*temps*) unbeständig

Capricorne [kapʀikɔʀn] *m* Steinbock *m; v.a.* **Balance**

capsule [kapsyl] *f* ❶ (*d'une bouteille*) Kron[en]korken *m* ❷ (*médicament*) Kapsel *f*

capter [kapte] <1> *vt* ❶ (*source*) fassen; (*énergie*) einfangen ❷ (*émission*) empfangen; (*message*) mitbekommen (*fam*) ❸ (*chercher à obtenir*) ~ **l'attention de qn** jdn fesseln

capteur [kaptœʀ] *m* Sensor *m*

captif, -ive [kaptif, -iv] *adj* (*personne, animal*) gefangen [gehalten]

captivant, e [kaptivɑ̃, ɑ̃t] *adj* fesselnd

captiver [kaptive] <1> *vt* fesseln

captivité [kaptivite] *f* Gefangenschaft *f*

capture [kaptyʀ] *f* (*d'un animal*) [Ein]fangen *nt*

capturer [kaptyʀe] <1> *vt* (*personne*) fassen; (*animal*) einfangen

capuche [kapyʃ] *f* Kapuze *f*

capuchon [kapyʃɔ̃] *m* (*bouchon*) [Verschluss]kappe *f*

capucine [kapysin] *f* Kapuzinernonne *f*

car[1] [kaʀ] *m* Bus *m*

car[2] [kaʀ] *conj* denn

carabine [kaʀabin] *f* Karabiner *m*

caractère [kaʀaktɛʀ] *m* ❶ (*tempérament*) Charakter *m* ❷ (*fermeté*) Charakter[stärke *f*] *m;* **avoir beaucoup de ~** willensstark sein ❸ (*personne*) [starke] Persönlichkeit ❹ (*symbole*) [Schrift]zeichen *nt;* **~s d'imprimerie** Druckschrift *f;* **en ~s gras/italiques** fett/kursiv

caractériel, le [kaʀakteʀjɛl] **I.** *adj* (*personne*) verhaltensgestört **II.** *m, f* Verhaltensgestörte(r) *f(m)*

caractériser [kaʀakteʀize] <1> **I.** *vt* ❶ (*être typique de*) kennzeichnen ❷ (*définir*) charakterisieren **II.** *vpr* **se ~ par qc** sich durch etw auszeichnen

caractéristique [kaʀakteʀistik] **I.** *adj* **être ~ de qn/qc** charakteristisch für jdn/etw sein **II.** *f* typisches Merkmal

carafe [kaʀaf] *f* Karaffe *f*

Caraïbes [kaʀaib] *fpl* **les ~** die Karibik

carambolage [kaʀɑ̃bɔlaʒ] *m* [Massen]karambolage *f*

caramel [kaʀamɛl] *m* ❶ (*bonbon*) Karamellbonbon *m o nt* ❷ (*substance*) Karamell *m*

caraméliser [kaʀamelize] <1> *vt, vi, vpr* karamellisieren

carapace [kaʀapas] *f* (*d'un crabe, d'une tortue*) Panzer *m*

carat [kaʀa] *m* Karat *nt*

caravane [kaʀavan] *f* ❶ (*nomades*) Karawane *f* ❷ (*véhicule*) Wohnwagen *m*

caravelle [kaʀavɛl] *f* Karavelle *f*

carbone [kaʀbɔn] *m* Kohlenstoff *m*

carboniser [kaʀbɔnize] <1> *vt* verkohlen

carburant [kaʀbyʀɑ̃] *m* Treibstoff *m*

carburateur [kaʀbyʀatœʀ] *m* Vergaser *m*

carburer [kaʀbyʀe] <1> *vi* (*moteur*) vergasen

carcasse [kaʀkas] *f* ❶ (*squelette*) Gerippe *nt* ❷ *fam* (*corps*) **ma vieille ~** meine alten Knochen ❸ (*charpente: d'un bateau*) Gerippe *nt;* (*d'un édifice*) Skelett *nt*

carcéral, e [kaʀseʀal, o] <-aux> *adj* Gefängnis-

cardiaque [kaʀdjak] **I.** *adj* **malaise ~** Herzanfall *m* **II.** *mf* Herzkranke(r) *f(m)*

cardinal [kaʀdinal, o] <-aux> *m* Kardinal *m*

cardinal, e [kaʀdinal, o] <-aux> *adj* MATH Kardinal-

cardiologie [kaʀdjɔlɔʒi] *f* Kardiologie *f*

cardiologue [kaʀdjɔlɔg] *mf* Herzspezialist(in) *m(f)*

carême [kaʀɛm] *m* ❶ (*jeûne*) Fasten *nt* ❷ (*période*) Fastenzeit *f*

carence [kaʀɑ̃s] *f* MED Mangel *m;* **~ alimentaire** einseitige Ernährung

caressant, e [kaʀesɑ̃, ɑ̃t] *adj* (*personne*) anschmiegsam; (*voix*) zärtlich

caresse [kaʀɛs] *f* Streicheln *nt*

caresser [kaʀese] <1> *vt* ❶ (*faire des caresses*) streicheln ❷ (*nourrir: espoir*) hegen

cargaison [kaʀgɛzɔ̃] *f* Ladung *f*

cargo [kaʀgo] *m* Frachtschiff *nt*

caricatural, e [kaʀikatyʀal, o] <-aux> *adj* grotesk

caricature [kaʀikatyʀ] *f* Karikatur *f*

caricaturer [kaʀikatyʀe] <1> *vt* karikieren

caricaturiste [kaʀikatyʀist] *mf* Karikaturist(in) *m(f)*

carie [kaʀi] *f* Karies *f*

carié, e [kaʀje] *adj* von Karies befallen

carillon [kaʀijɔ̃] *m* (*d'une église*) Glockenspiel *nt;* (*d'une porte d'entrée*) Türglocke *f*

carillonner [kaʀijɔne] <1> *vi* (*cloche, horloge*) läuten, schlagen

carmin [kaʀmɛ̃] **I.** *adj inv* karm[es]in[rot] **II.** *m* (*couleur*) Karm[es]inrot *nt*

carnage [kaʀnaʒ] *m* ❶ (*tuerie*) Blutbad *nt* ❷ *fam* (*dévastation*) Verwüstung *f*

carnassier [kaʀnasje] *m* Fleischfresser *m*

carnassier, -ière [kaʀnasje, -jɛʀ] *adj* Fleisch fressend

carnaval [kaʀnaval] <s> *m* Karneval *m,* Fasching *m* (SDEUTSCH)

carnet [kaʀnɛ] *m* ❶ (*calepin*) Heft *nt;* **~ d'adresses** Adressbuch *nt;* **~ de notes** Zeugnisheft; **~ d'épargne** CH (*livret d'épargne*) Sparbuch *nt,* Sparheft (CH); **~ de santé** Gesundheitspass *m* ❷ (*paquet*) **~ de tickets** Fahrscheinheft *nt;* **~ de timbres** Briefmarkenheftchen *nt;* **~ de chèques** Scheckheft

carnivore [kaʀnivɔʀ] *m* Fleischfresser *m*

carnotset [kaʀnɔtsɛ] *m* CH Partykeller *m*

carotide [kaʀɔtid] *f* Halsschlagader *f*

carotte [kaʀɔt] *f* Karotte *f,* Möhre *f;* **~ rouge** CH (*betterave*) rote Rübe *f* (CH)

carpe [kaʀp] *f* Karpfen *m*

carpette [kaʀpɛt] *f* (*tapis*) Läufer *m*

carré [kaʀe] *m* ❶ MATH Quadrat *nt;* **quatre/six au ~** vier/sechs im Quadrat ❷ JEUX **un ~ d'as** vier Asse ❸ (*parcelle*) **~ de terre** Stück *nt* Land

carré, e [kaʀe] *adj* ❶ (*rectangulaire*) quadratisch ❷ (*robuste: épaules*) breit ❸ MATH **mètre/kilomètre ~** Quadratmeter *m/*-kilometer *m*

carreau [kaʀo] <x> *m* ❶ (*vitre*) [Fenster]scheibe *f;* **faire les ~x** die Fenster putzen ❷ (*carrelage*) Fliese *f* ❸ (*motif sur tissu*) Karo *nt;* (*sur papier*) Kästchen *nt;* **à grands/petits ~x** groß/klein kariert ❹ JEUX Karo *nt*

carrefour [kaʀfuʀ] *m* ❶ (*de routes*) Kreuzung *f* ❷ (*point de rencontre*) Treffpunkt *m*

carrelage [kaʀlaʒ] *m* Fliesen *Pl*

carreler [kaʀle] <3> *vt* fliesen

carrelet [kaʀlɛ] *m* Scholle *f*

carreleur, -euse [kaʀlœʀ, -øz] *m, f* Fliesenleger(in) *m(f)*

carrément [kaʀemɑ̃] *adv fam* geradeheraus

carrière[1] [kaʀjɛʀ] *f* Laufbahn *f;* **faire ~** Karriere machen

carrière[2] [kaʀjɛʀ] *f* **~ de pierres** Steinbruch *m*

carrosse [kaʀɔs] *m* Karosse *f*

carrosserie [kaʀɔsʀi] *f* Karosserie *f*

carrousel [kaʀuzɛl] *m* TECH kreisförmiges Förderband

carrure [kaʀyʀ] *f* ❶ (*largeur du dos*) Schulterbreite *f* ❷ (*envergure*) Format *nt*

cartable [kaʀtabl] *m* ❶ SCOL Schultasche *f* ❷ CAN (*classeur à anneaux*) Ringordner *m*

carte [kaʀt] *f* ❶ GEO [Land]karte *f;* **~ en relief** Reliefkarte ❷ JEUX **~ à jouer** Spielkarte *f;* **jouer aux ~s** Karten spielen ❸ POST **~ postale** Ansichtskarte *f,* [Post]karte ❹ GASTR [Speise]karte *f* ❺ (*bristol*) **~ de visite** Visitenkarte *f* ❻ (*moyen de paiement*) **~ à mémoire/à puce** Magnet-/Chipkarte *f;* **~ bancaire/de crédit** Kreditkarte; **~ de téléphone** Telefonkarte ❼ (*document*) **~ d'électeur** Wahlschein *m;* **~ d'étudiant** Studentenausweis *m;* **~ [nationale] d'identité** Personalausweis *f;* **~ de séjour** Aufenthaltserlaubnis *f;* **~ grise** Kraftfahrzeugschein

cartel [kaʀtɛl] *m* Kartell *nt*

C

cartilage [kaʀtilaʒ] *m* Knorpel *m*

cartilagineux, -euse [kaʀtilaʒinø, -øz] *adj* (*viande*) knorp[e]lig

cartomancien, ne [kaʀtɔmɑ̃sjɛ̃, jɛn] *m, f* Kartenleger(in) *m(f)*

carton [kaʀtɔ̃] *m* ❶ (*matière*) Pappe *f* ❷ (*emballage*) Karton *m* ▶~ jaune/rouge gelbe/rote Karte

carton-pâte [kaʀtɔ̃pɑt] *m* Pappmaché *nt*

cartouche [kaʀtuʃ] *f* ❶ (*d'un fusil*) Patrone *f* ❷ ~ **de cigarettes** Stange *f* Zigaretten ❸ ~ **d'encre** Tintenpatrone *f*

cas [kɑ] *m* ❶ (*circonstance*) Fall *m*; ~ **difficile** schwierige Angelegenheit; ~ **d'urgence** Notfall; **dans ce** ~ in diesem Fall; **dans le** ~ **contraire** andernfalls; **en tout** ~ auf jeden Fall ❷ (*hypothèse*) **au** ~ **où** für den Fall, dass; **en** ~ **de** im Falle von; **en** ~ **d'absence** bei Abwesenheit; **en** ~ **de besoin** wenn nötig ❸ MED, JUR, LING Fall *m*

casanier, -ière [kazanje, -jɛʀ] *adj* (*personne*) häuslich

cascade [kaskad] *f* ❶ (*chute d'eau*) Wasserfall *m* ❷ CINE Stunt *m*

cascadeur, -euse [kaskadœʀ, -øz] *m, f* CINE Stuntman/-girl *m/f*

case [kɑz] *f* ❶ (*d'un formulaire, damier*) Feld *nt*; **avancer de huit ~s** acht Felder vorrücken; ~ **spéciale** Spezialfeld ❷ (*hutte*) Hütte *f*

caser [kɑze] <1> **I.** *vt* ❶ (*loger*) unterbringen ❷ (*marier*) unter die Haube bringen **II.** *vpr* **se** ~ ❶ (*se loger*) unterkommen ❷ (*se marier*) heiraten

caserne [kazɛʀn] *f* Kaserne *f*

cash [kaʃ] *adv fam* cash

casher [kaʃɛʀ] *adj inv* koscher

casier [kɑzje] *m* ❶ (*case*) Fach *nt* ❷ JUR ~ **judiciaire** Strafregister *nt*

casino [kazino] *m* [Spiel]kasino *nt*

casque [kask] *m* ❶ (*protection*) Helm *m*; (*d'un motocycliste*) Sturzhelm ❷ MUS Kopfhörer *m* ▶~ bleu Blauhelm *m*

casquer [kaske] <1> *vi fam* blechen

casquette [kaskɛt] *f* Schirmmütze *f*

cassant, e [kɑsɑ̃, ɑ̃t] *adj* bruchempfindlich

cassation [kɑsasjɔ̃] *f* (*d'un testament, d'un acte*) Ungültigkeitserklärung *f*

casse [kɑs] **I.** *f* ❶ (*dégât*) Schaden *m* ❷ (*bagarre*) **il va y avoir de la** ~ *fam* gleich wird es eine Schlägerei geben ❸ (*commerce du ferrailleur*) Schrottplatz *m* **II.** *m fam* Bruch *m*

cassé, e [kɑse] *adj* (*voix*) rau

casse-cou [kɑsku] *m inv fam* Draufgänger(in) *m(f)* **casse-croûte** [kɑskʀut] *m inv fam* Imbiss *m*, Zwischenmahlzeit *f* **casse-gueule** [kɑsgœl] *inv m fam* **c'est un vrai ~!** (*endroit glissant*) das ist die reinste Rutschbahn! **casse-noisettes** [kɑsnwazɛt] *m inv* Nussknacker *m* **casse-noix** [kɑsnwɑ] *m inv* Nussknacker *m* **casse-pieds** [kɑspje] *inv* **I.** *adj fam* ❶ (*importun*) nervig ❷ (*ennuyeux*) langweilig **II.** *mf fam* Nervensäge *f*

casser [kɑse] <1> **I.** *vt* ❶ (*objet*) zerbrechen; (*branche*) abbrechen; (*noix*) knacken; ~ **qc en deux** etw in zwei Teile brechen ❷ (*ambiance*) stören ❸ ECON ~ **les prix** die Preise radikal senken ❹ (*jugement*) aufheben ▶~ **les pieds à qn** *fam* jdm auf die Nerven gehen **II.** *vi* (*objet*) zerbrechen; (*branche*) abbrechen; (*fil*) [ab]reißen **III.** *vpr* ❶ (*se rompre*) **se** ~ zerbrechen; (*branche*) abbrechen; **se** ~ **en mille morceaux** in tausend Stücke zerspringen ❷ (*être fragile*) **se ~/ne pas se** ~ zerbrechlich/unzerbrechlich sein ❸ (*se briser*) **se** ~ **un bras** sich (*dat*) einen Arm brechen ❹ *fam* (*se fatiguer*) **se** ~ **la tête** sich den Kopf zerbrechen ❺ *fam* (*s'en aller*) abhauen

casserole [kasʀɔl] *f* [Stiel]kasserole *f*

casse-tête [kɑstɛt] *m inv* ~ **chinois** kniffliges Problem

cassette [kasɛt] *f* Kassette *f*; ~ **vidéo** Videokassette

casseur, -euse [kɑsœʀ, -øz] *m, f* Schrotthändler(in) *m(f)*

cassis [kasis] *m* schwarze Johannisbeere

cassoulet [kasulɛ] *m: weißer Bohneneintopf mit Würstchen und Fleisch aus Südwestfrankreich*

cassure [kɑsyʀ] *f* Bruch *m*

castagnettes [kastaɲɛt] *fpl* Kastagnetten *Pl*

caste [kast] *f* Kaste *f*

casting [kastiŋ] *m* CINE, THEAT Casting *nt*

castor [kastɔʀ] *m* Biber *m*

castration [kastʀasjɔ̃] *f* Kastration *f*

castrer [kastʀe] <1> *vt* kastrieren

cataclysme [kataklism] *m* [Natur]katastrophe *f*

catacombes [katakɔ̃b] *fpl* Katakomben *Pl*

catalogue [katalɔg] *m* Katalog *m*

cataloguer [katalɔge] <1> *vt* katalogisieren

catalyseur [katalizœʀ] *m* CHIM Katalysator *m*
catamaran [katamaʀɑ̃] *m* Katamaran *m*
catapulter [katapylte] <1> *vt a.* AVIAT katapultieren
cataracte [kataʀakt] *f* MED grauer Star
catastrophe [katastʀɔf] *f* Katastrophe *f;* **faire qc en ~** etw überstürzt tun; **atterrir en ~** notlanden
catastrophé, e [katastʀɔfe] *adj fam* entsetzt
catastrophique [katastʀɔfik] *adj* katastrophal
catch [katʃ] *m* Catchen *nt*
catéchisme [kateʃism] *m* Religionsunterricht *m*
catégorie [kategɔʀi] *f* ❶ (*groupe*) Kategorie *f;* **~ grammaticale** Wortart *f;* **~ socioprofessionnelle** Berufsstand *m;* **~ d'âge** Altersklasse *f* ❷ SPORT Klasse *f* ❸ (*qualité*) **de 1ère ~** (*produit alimentaire*) Güteklasse *f* 1; (*hôtel*) erster Klasse
catégorique [kategɔʀik] *adj* kategorisch
catégoriquement [kategɔʀikmɑ̃] *adv* kategorisch
cathédrale [katedʀal] *f* Kathedrale *f;* **~ de Cologne/de Strasbourg** Kölner Dom *m*/Straßburger Münster *nt*
catholicisme [katɔlisism] *m* Katholizismus *m*
catholique [katɔlik] **I.** *adj* REL katholisch **II.** *mf* Katholik(in) *m(f)*
catimini [katimini] ►**en ~** [klamm]heimlich
cauchemar [koʃmaʀ] *m a. fig* Alptraum *m;* **faire un ~** einen Alptraum haben
cauchemardesque [koʃmaʀdɛsk] *adj* alptraumhaft
causant, e [kozɑ̃, ɑ̃t] *adj* gesprächig
cause [koz] **I.** *f* ❶ (*raison*) Ursache *f*, Grund *m;* **fermé pour ~ de maladie** wegen Krankheit geschlossen ❷ JUR Fall *m* ❸ (*ensemble d'intérêts*) Sache *f;* **pour la bonne ~** für einen guten Zweck ►**mettre qn en ~** jdn beschuldigen **II.** *prép* **à ~ de** wegen (+ *gen*)
causer[1] [koze] <1> *vt* verursachen
causer[2] [koze] <1> *vt, vi* plaudern; **cause toujours!** *fam* red' du nur!
causette [kozɛt] *f* **faire la ~** *fam* einen [kleinen] Schwatz halten
caustique [kostik] *adj* CHIM ätzend
caution [kosjɔ̃] *f* ❶ (*garantie*) Bürgschaft *f;* **se porter ~ pour qn** für jdn bürgen ❷ (*somme*) Kaution *f*
cautionner [kosjɔne] <1> *vt* JUR (*personne*) bürgen für
cavaler [kavale] <1> *vi fam* (*courir*) Gas geben
cavalerie [kavalʀi] *f* MIL Kavallerie *f*
cavalier [kavalje] *m* ❶ MIL Kavallerist *m* ❷ JEUX Pferd *nt* ❸ (*titre de politesse*) Kavalier *m*
cavalier, -ière [kavalje, -jɛʀ] **I.** *adj péj* unverschämt **II.** *m, f* ❶ SPORT Reiter(in) *m(f)* ❷ (*au bal*) Tanzpartner(in) *m(f)*
cave [kav] *f* ❶ (*local souterrain*) Keller *m* ❷ (*provision de vins*) Weinkeller *m* ❸ *pl* **~s viticoles** Weinkellerei *f* ❹ (*cabaret*) Kellerbar *f*
caveau [kavo] <x> *m* (*tombeau*) Gruft *f*
caverne [kavɛʀn] *f* Höhle *f*
caviar [kavjaʀ] *m* GASTR Kaviar *m*
cavité [kavite] *f* (*caverne*) Höhle *f*
CB [sibi] *f abr de* **Citizen's band** CB-Funk *m*
CCP [sesepe] *m abr de* **compte chèques postal**
CD [sede] *m abr de* **Compact Disc** CD *f*
CDI [sedei] *m* ❶ *abr de* **centre de documentation et d'information** *Dokumentations- und Informationsstelle einer Schule* ❷ *abr de* **Compact Disc Interactive** CD-I *f*
CD-ROM [sedeʀɔm] *m abr de* **Compact Disc Read Only Memory** CD-ROM *f*
ce[1] [sə] < *devant en et formes de "être" commençant par une voyelle* **c'**, *devant a* **ç'**> *pron dém* ❶ (*pour désigner*) das; **ce sont de bons souvenirs** das sind schöne Erinnerungen ❷ (*dans une question*) **qui est-ce?, c'est qui?** *fam* wer ist das?; (*au téléphone*) wer ist da?; **qui est-ce qui/que** wer/wen; **qu'est-ce [que c'est]?, c'est quoi?** *fam* was ist das?; **qu'est-ce qui/que** was ❸ (*pour insister*) **c'est à elle de faire qc** (*c'est à son tour*) sie ist dran [etw zu tun]; (*c'est son rôle*) sie soll etw tun ❹ (*devant une relative*) **voilà tout ce que je sais** das ist alles, was ich weiß; **dis-moi ce dont tu as besoin** sag mir, was du brauchst ►**et ce** und zwar; **sur ce** daraufhin
ce[2] [sə] *adj dém* ❶ (*pour désigner*) diese(r, s); **~ vase/tableau/cet homme** diese Vase/dieses Bild/dieser Mann; *v.a.* **cette** ❷ (*intensif, péjoratif*) **~ garçon[-là]** der Junge [da]

❸ (*en opposition*) ~ **livre-ci ... ~ livre-là** dieses Buch hier ... jenes Buch dort ❹ (*matin, midi, après-midi, soir*) heute; ~ **jour-là** an jenem Tag; ~ **mois-ci** diesen/in diesem Monat

CE [seø] *f abr de* **Communauté européenne** HIST EG *f*

ceci [səsi] *pron dém* dieses [hier]; **à ~ près qu'il ment** außer, dass er lügt; *v.a.* **cela**

cécité [sesite] *f* Blindheit *f*

céder [sede] <5> **I.** *vt* ❶ (*abandonner au profit de qn*) überlassen ❷ (*vendre*) veräußern **II.** *vi* ❶ (*renoncer*) nachgeben ❷ (*capituler*) aufgeben ❸ (*succomber*) nachgeben ❹ (*se rompre*) nachgeben; (*chaise*) zusammenbrechen

cédérom [sedeʀɔm] *m* CD-ROM *f*

CEDEX [sedɛks] *m abr de* **courrier d'entreprise à distribution exceptionnelle** *Sammelpostamt für gesondert zugestellte Firmen- und Behördenpost*

cédille [sedij] *f* Cedille *f* (*kommaähnliches, diakritisches Zeichen unter einem c/C*)

cèdre [sɛdʀ] *m* Zeder *f*

CEE [seəə] *f abr de* **Communauté économique européenne** HIST EWG *f*

ceinture [sɛ̃tyʀ] *f* ❶ (*pour la taille*) Gürtel *m* ❷ (*partie d'un vêtement*) Bund *m;* (*d'une robe*) Taille *f* ❸ AUT, AVIAT [Sicherheits]gurt *m;* **attacher sa ~ de sécurité** sich anschnallen

ceinturer [sɛ̃tyʀe] <1> *vt* (*personne*) umklammern

ceinturon [sɛ̃tyʀɔ̃] *m* MIL Koppel *nt*

cela [s(ə)la] *pron dém* ❶ (*pour désigner*) das; **pour ~** deshalb; **après ~** danach ❷ (*pour renforcer*) **qui/quand/où ~?** wer [*o* wen]/wann/wo [*o* wohin] [sagst du/sagen Sie]?; **~ fait dix jours que j'attends** ich warte jetzt schon seit zehn Tagen ▸**et avec ~?** was darf es sonst noch sein?; **sans ~** ansonsten; *v.a.* **ça, ceci**

célébration [selebʀasjɔ̃] *f* Feier[lichkeiten *Pl*] *f*

célèbre [selɛbʀ] *adj* berühmt

célébrer [selebʀe] <5> *vt* ❶ (*fêter*) feiern ❷ (*exploit*) rühmen

célébrissime [selebʀisim] *adj* (*très célèbre*) hochberühmt

célébrité [selebʀite] *f* Berühmtheit *f*

céleri [sɛlʀi] *m* Sellerie *m o f*

céleri-rave [sɛlʀiʀav] <céleris-raves> *m* Sellerie[knolle *f*] *m o f*

céleste [selɛst] *adj* (*relatif au ciel*) **corps ~** Himmelskörper *m*

célibat [seliba] *m* Ehelosigkeit *f;* (*d'un prêtre*) Zölibat *nt o m*

célibataire [selibatɛʀ] **I.** *adj* ledig **II.** *mf* Junggeselle/-gesellin *m/f*

celle, celui [sɛl] <s> *pron dém* ❶ + *prép* **~ de Paul est plus jolie** der[jenige]/die[jenige]/das[jenige] von Paul ist schöner ❷ + *pron rel* **~ que tu as achetée est moins chère** der, den/das, das/die, die du gekauft hast, ist billiger

celle-ci, celui-ci [sɛlsi] <celles-ci> *pron dém* ❶ (*chose*) diese(r, s) [hier]; (*personne*) diese [hier] ❷ (*référence à un antécédent*) diese ❸ (*en opposition*) **~ est moins chère que celle-là** diese(r, s) ist billiger als jene(r, s); (*avec un geste*) diese(r, s) [hier] ist billiger als diese(r, s) [da] **celle-là, celui-là** [sɛlla] <celles-là> *pron dém* ❶ (*chose*) diese(r, s) [da]; (*personne*) diese [da] ❷ (*référence à un antécédent*) jene(r, s) ❸ (*en opposition*) *v.* **celle-ci**

celles, ceux [sɛl] *pl pron dém* ❶ + *prép* die[-jenigen] + *Präp;* **~ d'entre vous** diejenigen von Ihnen ❷ + *pron rel* die[jenigen]; *v.a.* **celle**

celles-ci, ceux-ci [sɛlsi] *pl pron dém* ❶ (*pour distinguer*) diese [hier] ❷ (*référence à un antécédent*) diese ❸ (*en opposition*) *v.* **celle-ci** **celles-là, ceux-là** [sɛlla] *pl pron dém* ❶ (*en désignant*) diese [da] ❷ (*référence à un antécédent*) jene ❸ (*en opposition*) diese da; *v.a.* **celle-ci**

cellier [selje] *m* Vorratsraum *m*

cellophane® [selɔfan] *f* Zellophan® *nt;* (*emballage*) Frischhaltefolie *f*

cellulaire [selylɛʀ] *m* CAN (*téléphone portable*) Handy *nt*

cellule [selyl] *f* Zelle *f*

cellulite [selylit] *f* MED Zellulitis *f*

cellulose [selyloz] *f* Zellulose *f*

celte [sɛlt] *adj* keltisch

Celte [sɛlt] *m, f* Kelte/Keltin *m/f*

celtique [sɛltik] **I.** *adj* keltisch **II.** *m* Keltisch *nt;* *v.* **allemand**

celui, celle [səlɥi] <ceux> *pron dém* der[jenige]/die[jenige]/das[jenige]; *v.a.* **celle**

celui-ci, celle-ci [səlɥisi] <ceux-ci> *pron dém* (*chose*) diese(r, s) [hier]; (*personne*) dieser [hier]; *v.a.* **celle-ci, celui-là** **celui-**

C

là, **celle-là** [səlɥila] <ceux-là> *pron dém* ❶ (*chose*) diese(r, s) [da]; (*personne*) dieser [da] ❷ (*référence à un antécédent*) jene(r, s) ❸ (*en opposition*) *v.* **celui-ci, celle-ci**

cendre [sɑ̃dʀ] *f* Asche *f*

cendré, e [sɑ̃dʀe] *adj* (*cheveux*) aschblond

cendrier [sɑ̃dʀije] *m* Aschenbecher *m*

Cendrillon [sɑ̃dʀijɔ̃] *f* Aschenputtel *nt*

censé, e [sɑ̃se] *adj* **être ~ faire qc** [eigentlich] etw tun wollen; **je te le dis, mais tu n'es pas ~ le savoir** ich sage es dir, aber eigentlich darfst du es gar nicht wissen

censeur [sɑ̃sœʀ] *m* ❶ MEDIA Kritiker(in) *m(f)* ❷ POL Zensor(in) *m(f)* ❸ SCOL *Beamter/Beamtin, der/die an Gymnasien für die Schulordnung zuständig ist*

censure [sɑ̃syʀ] *f* Zensur *f*

censurer [sɑ̃syʀe] <1> *vt* zensieren

cent [sɑ̃] **I.** *num* [ein]hundert; **cinq ~s euros** fünfhundert Euro ►**pour** ~ Prozent *nt;* **~ pour ~** hundertprozentig **II.** *m inv* Hundert *f; v.a.* **cinq, cinquante**

centaine [sɑ̃tɛn] *f* ❶ **une ~ de personnes** etwa hundert Personen; **des ~s de personnes** Hunderte *Pl* von Personen; **plusieurs ~s** mehrere Hundert; **par ~s** zu Hunderten ❷ (*cent unités*) Hunderter *m*

centenaire [sɑ̃tnɛʀ] **I.** *adj* hundertjährig; **être ~** hundert Jahre alt sein **II.** *mf* Hundertjährige(r) *f(m)* **III.** *m* (*d'une personne*) hundertster Geburtstag; (*d'un événement*) hundertster Jahrestag

centième [sɑ̃tjɛm] *adj antéposé* hundertste(r, s)

centigramme [sɑ̃tigʀam] *m* Zentigramm *nt*

centilitre [sɑ̃tilitʀ] *m* Zentiliter *m o nt*

centime [sɑ̃tim] *m* Centime *m;* **une pièce de 50 ~s** eine Fünfzigcentimemünze

centimètre [sɑ̃timɛtʀ] *m* Zentimeter *m o nt*

central [sɑ̃tʀal] *m* TELEC [Telefon]zentrale *f*

central, e [sɑ̃tʀal, o] <-aux> *adj* zentral; (*personnage*) Haupt-

centrale [sɑ̃tʀal] *f* ❶ ELEC Kraftwerk *nt;* **~ électrique** Elektrizitätswerk; **~ atomique/nucléaire** Atom-/Kernkraftwerk ❷ POL Arbeitnehmerorganisation *f* ❸ COM Zentrale *f*

Centrale [sɑ̃tʀal] *f* SCOL *Hochschule für die Ingenieurausbildung*

centralisation [sɑ̃tʀalizasjɔ̃] *f* ❶ (*de la politique*) Zentralisierung *f;* (*des secours*) zentrale Koordination; (*des renseignements*) zentrale Erfassung ❷ (*résultat*) Zentralisation *f*

centraliser [sɑ̃tʀalize] <1> *vt* zentralisieren

centre [sɑ̃tʀ] *m* ❶ (*d'un cercle*) Mittelpunkt *m;* (*d'une ville*) Zentrum *nt* ❷ POL Mitte; **~ gauche/droit** gemäßigte Linke/Rechte ❸ (*lieu d'activités, organisme*) Zentrum *nt;* **~ aéré** Ferien- und Freizeitzentrum; **~ commercial/culturel** Einkaufs-/Kulturzentrum; **~ d'achats** CAN (~ *commercial*) Einkaufszentrum; **~ d'appels** Call-Center *nt;* **~ équestre/sportif** Reit-/Sportzentrum; **~ hospitalier régional/universitaire** Landes/Universitätsklinik *f;* **~ de détention pour jeunes** Jugendstrafanstalt *f* ❹ (*joueur*) Mittelstürmer *m* ❺ (*point essentiel*) Mittelpunkt *m;* **~ d'intérêt** [Themen]-schwerpunkt

centrer [sɑ̃tʀe] <1> *vt* ❶ *a. fig* (*placer au centre*) zentrieren; **~ son discours sur un sujet** ein Thema in den Mittelpunkt seiner Rede stellen ❷ SPORT [zur Mitte] flanken

centre[-]ville [sɑ̃tʀəvil] <centres-villes> *m* Stadtzentrum *nt*

centrifuge [sɑ̃tʀifyʒ] *adj* zentrifugal; **force ~** Zentrifugalkraft *f*

centrifugeuse [sɑ̃tʀifyʒøz] *f* Zentrifuge *f*

centuple [sɑ̃typl] **I.** *adj* hundertfach **II.** *m a. fig* Hundertfache(s) *nt*

cep [sɛp] *m* Rebstock *m*

cépage [sepaʒ] *m* Rebsorte *f*

cèpe [sɛp] *m* Steinpilz *m,* Herrenpilz (A)

cependant [s(ə)pɑ̃dɑ̃] *adv* jedoch

céramique [seʀamik] *f* Keramik *f*

cerceau [sɛʀso] <x> *m* Reifen *m*

cercle [sɛʀkl] *m* ❶ (*forme géométrique, groupe*) Kreis *m* ❷ (*groupe sportif*) Club *m,* Klub *m* ►**~ vicieux** Teufelskreis *m*

cercueil [sɛʀkœj] *m* Sarg *m*

céréale [seʀeal] *f* ❶ AGR Getreide *nt;* **les ~s** das Getreide ❷ (*petit-déjeuner*) *Haferflocken, Cornflakes, Müsli etc.*

cérébral, e [seʀebʀal, o] <-aux> *adj* ❶ ANAT Gehirn- ❷ (*intellectuel*) geistig

cérémonial [seʀemɔnjal] <s> *m* Zeremoniell *nt*

cérémonie [seʀemɔni] *f* Zeremonie *f*

cerf [sɛʀ] *m* Hirsch *m*

cerfeuil [sɛʀfœj] *m* Kerbel *m*

cerf-volant [sɛʀvɔlɑ̃] <cerfs-volants> *m* Drachen *m*

cerise [s(ə)ʀiz] **I.** *f* Kirsche *f* **II.** *adj inv*

[rouge] ~ kirschrot

cerisier [s(ə)ʀizje] *m* Kirschbaum *m*

cerne [sɛʀn] *m* Ringe *Pl* unter den Augen

cerné, e [sɛʀne] *adj* **avoir les yeux ~s** Ringe *Pl* unter den Augen haben

cerner [sɛʀne] <1> *vt* ❶ *a. fig* (*entourer d'un trait*) umreißen ❷ (*ennemi*) umstellen ❸ (*problème*) erfassen

certain, e [sɛʀtɛ̃, ɛn] **I.** *adj* sicher; **être sûr et ~** hundertprozentig sicher sein; **un plaisir ~** ein sicheres Vergnügen **II.** *adj indéf* ❶ *pl, antéposé* (*quelques*) gewisse *Pl* ❷ (*bien déterminé*) **un ~ endroit** eine bestimmte Stelle **III.** *pron pl* manche *Pl,* gewisse *Pl* (*pej*)

certainement [sɛʀtɛnmɑ̃] *adv* ❶ (*selon toute apparence*) sicher[lich] ❷ (*sans aucun doute*) zweifellos

certes [sɛʀt] *adv* (*pour exprimer une réserve: en début de phrase*) zugegeben ...; (*au milieu de la phrase*) zwar; (*dans une négation*) bestimmt

certificat [sɛʀtifika] *m* ❶ (*attestation*) Bescheinigung *f;* **~ médical** ärztliches Attest; **~ de naissance** Geburtsurkunde *f;* **~ de scolarité** Schulbescheinigung ❷ (*diplôme*) Zeugnis *nt;* (*d'études universitaires*) Diplom *nt;* **délivrer un ~ à qn** jdm ein Zeugnis ausstellen

certifier [sɛʀtifje] <1> *vt* ❶ versichern ❷ JUR beglaubigen

certitude [sɛʀtityd] *f* Gewissheit *f*

cerveau [sɛʀvo] <x> *m* ❶ ANAT Gehirn *nt* ❷ (*esprit, organisateur*) Kopf *m* ❸ (*d'une organisation*) [Schalt]zentrale *f*

cervelas [sɛʀvəlɑ] *m* Zervelatwurst *f*

cervelet [sɛʀvəlɛ] *m* ANAT Kleinhirn *nt*

cervelle [sɛʀvɛl] *f* ❶ *fam* **ne rien avoir dans la ~** nichts im Kopf *m* haben ❷ GASTR Hirn *nt*

cervical, e [sɛʀvikal, o] <-aux> *adj* ANAT **vertèbres ~es** Halswirbel *Pl*

ces [se] *adj dém pl* ❶ (*pour désigner*) diese; **~ tableaux/dames** diese Bilder/Damen; *v.a.* **cette** ❷ *fam* (*intensif, péjoratif*) **il a de ~ idées!** er hat vielleicht Ideen! ❸ (*avec étonnement*) diese ❹ (*en opposition*) diese; **~ gens-ci ... ~ gens-là** die Leute hier ... die Leute dort ❺ (*temporel*) **~ nuits-ci** diese Nächte; **~ jours-ci** zur Zeit; **dans ~ années-là** in jenen Jahren

CES [seøɛs] *m* ❶ *abr de* **collège d'enseignement secondaire** ❷ *abr de* **contrat emploi-solidarité** ≈ ABM-Stelle *f*

césarienne [sezaʀjɛn] *f* MED Kaiserschnitt *m*

cessation [sesasjɔ̃] *f* Einstellen *nt*

cesser [sese] <1> **I.** *vt* einstellen; **faire ~ qc** etw beenden **II.** *vi* aufhören

cessez-le-feu [sesel(e)fø] *m inv* (*prolongé*) Waffenruhe *f;* (*momentané*) Waffenpause *f*

cession [sesjɔ̃] *f* Übertragung *f*

c'est-à-dire [sɛtadiʀ] *conj* ❶ (*à savoir*) das bedeutet [also] ❷ (*justification*) eigentlich ❸ (*rectification*) besser gesagt

cet [sɛt] *adj dém v.* **ce**

cétacé [setase] *m* Wal *m*

cette [sɛt] *adj dém* ❶ (*pour désigner*) diese(r, s); **~ chaise/dame** dieser Stuhl/diese Dame ❷ (*intensif, péjoratif*) **~ fille[-là]** das Mädchen [da] ❸ (*avec étonnement*) so ein(e) ❹ (*en opposition*) **~ version-ci ... ~ version-là** diese Fassung hier ... jene Fassung dort ❺ (*temporel*) **~ nuit** heute Nacht; **~ semaine** diese Woche

ceux, celles [sø] *pl pron dém* die[jenigen]; *v.a.* **celles**

ceux-ci, celles-ci [søsi] *pl pron dém* ❶ (*pour distinguer*) diese [hier] ❷ (*référence à un antécédent*) diese ❸ (*en opposition*) *v.* **celle-ci** **ceux-là, celles-là** [søla] *pl pron dém* ❶ *(en désignant)* diese da ❷ *(référence à un antécédent)* jene ❸ *(en opposition)* diese da; *v.a.* **ceux-ci, celles-ci**

Cévennes [sevɛn] *fpl* **les ~** die Cevennen

cf., Cf. [kɔ̃fɛʀ] *abr de* **confer** vgl.

CFC [seɛfse] *m abr de* **chlorofluorocarbone** FCKW *m*

ch [ʃəvo] *abr de* **cheval-vapeur** PS *f*

chacal [ʃakal] <s> *m* Schakal *m*

chacun, e [ʃakœ̃, ʃakyn] *pron* ❶ (*chose ou personne dans un ensemble défini*) jede(r, s) [Einzelne]; (*de deux personnes*) jede(r) von beiden; **~/~e de nous** jeder/jede [Einzelne] von uns; **~ [à] son tour** einer nach dem anderen ❷ (*toute personne*) jede(r)

chagrin [ʃagʀɛ̃] *m* Kummer *m*

chagriner [ʃagʀine] <1> *vt* **~ qn** jdm Kummer machen

chah [ʃa] *m v.* **schah**

chahut [ʃay] *m* Krach *m*

chahuter [ʃayte] <1> **I.** *vi* (*enfants*) herumtoben; (*faire du bruit*) Radau machen (*fam*) **II.** *vt* **~ un professeur** den Unterricht eines Lehrers stören

chaîne [ʃɛn] *f* ❶ Kette *f* ❷ IND [Fließ]band *nt* ❸ RADIO, TV (*émetteur*) Sender *m;* (*programme*) Programm *nt;* ~ **câblée** Kabelkanal *m* ❹ (*appareil stéréo*) Anlage *f*

chaînette [ʃɛnɛt] *f* Kettchen *nt*

chaînon [ʃɛnɔ̃] *m a. fig* [Ketten]glied *nt*

chair [ʃɛʀ] **I.** *f* Fleisch *nt* **II.** *adj inv* hautfarben

chaire [ʃɛʀ] *f* ❶ (*du prêtre*) Kanzel *f* ❷ UNIV Lehrstuhl *m*

chaise [ʃɛz] *f* Stuhl *m*

châle [ʃɑl] *m* [Schulter]tuch *nt*

chalet [ʃalɛ] *m* Chalet *nt* (CH)

chaleur [ʃalœʀ] *f* ❶ (*température élevée*) Wärme *f;* (*très élevée*) Hitze *f;* **vague de ~** Hitzewelle *f* ❷ ANAT Körperwärme *f* ❸ *fig* Wärme *f;* (*d'un accueil*) Herzlichkeit *f*

chaleureusement [ʃalœʀøzmɑ̃] *adv* warm

chaleureux, -euse [ʃalœʀø, -øz] *adj* warm; (*accueil*) herzlich

challenge [ʃalɑ̃nʒ, tʃalɛndʒ] *m* Pokalwettbewerb *m*

chalumeau [ʃalymo] <x> *m* (*pour souder*) Schweißbrenner *m*

chalutier [ʃalytje] *m* Fischkutter *m*

chamailler [ʃamɑje] <1> *vpr* **se ~** (*enfants*) sich zanken

chambouler [ʃɑ̃bule] <1> *vt fam* (*projets, programme*) über den Haufen werfen

chambre [ʃɑ̃bʀ] *f* ❶ (*pièce où l'on couche*) Schlafzimmer *nt;* ~ **individuelle/double** Einzel-/Doppelzimmer; ~ **d'amis** Gästezimmer ❷ POL, JUR Kammer *f* ❸ COM ~ **de commerce et d'industrie** Industrie- und Handelskammer *f* ❹ (*tuyau*) ~ **à air** Schlauch *m*

chambrer [ʃɑ̃bʀe] <1> *vt* ❶ (*tempérer*) auf Zimmertemperatur bringen ❷ *fam* (*se moquer de*) aufziehen

chameau [ʃamo] <x> *m* ❶ Kamel *nt* ❷ *fam* (*femme*) Biest *nt;* (*homme*) Schuft *m*

chamois [ʃamwa] *m* Gämse *f*

champ [ʃɑ̃] *m* ❶ (*de céréales, fleurs*) Feld *nt;* (*de pommes de terre, betteraves*) Acker *m* ❷ MIL ~ **de bataille** Schlachtfeld *nt;* ~ **de Mars** *früher: Exerzier- und Paradeplatz, heute: Park am Fuß des Eiffelturms in Paris*

champagne [ʃɑ̃paɲ] *m* Champagner *m*

champêtre [ʃɑ̃pɛtʀ] *adj* ländlich

champignon [ʃɑ̃piɲɔ̃] *m* Pilz *m*

champion, ne [ʃɑ̃pjɔ̃, -jɔn] **I.** *adj fam* **être ~** [einsame] Spitze sein **II.** *m, f* Meister(in) *m(f)*

championnat [ʃɑ̃pjɔna] *m* Meisterschaft *f*

chance [ʃɑ̃s] *f* ❶ (*bonne fortune*) Glück *nt;* **avoir de la ~** Glück haben; (*toujours*) ein Glückskind sein; **avoir de la ~ de faire qc** Glück haben, dass man etw tut; **la ~ a tourné** das Glück hat sich gewendet; **par ~** glücklicherweise; **bonne ~!** viel Glück! ❷ (*hasard*) Glück *nt;* **par ~** [rein] zufällig ❸ (*probabilité, possibilité de succès*) Chance *f;* **rater une ~** eine Gelegenheit verpassen

chanceler [ʃɑ̃s(ə)le] <3> *vi* schwanken

chancelier [ʃɑ̃səlje] *m* ❶ (*garde des Sceaux en France*) ≈ Justizminister(in) *m(f)* ❷ (*Premier ministre en Allemagne/Autriche*) [Bundes]kanzler(in) *m(f)*

chancellerie [ʃɑ̃sɛlʀi] *f* ❶ (*ministère de la Justice en France*) Justizministerium *nt* ❷ (*service du Premier ministre en Allemagne/Autriche*) [Bundes]kanzleramt *nt*

chanceux, -euse [ʃɑ̃sø, -øz] *adj* **être ~** Glück haben

Chandeleur [ʃɑ̃d(ə)lœʀ] *f* REL **la ~** [Mariä] Lichtmess

> Anlässlich dieses Feiertags, der am 2. Februar begangen wird, findet vielerorts in Frankreich ein traditionelles Crêpe-Essen im Familien- oder Freundeskreis statt.

chandelier [ʃɑ̃dəlje] *m* Kerzenständer *m*

chandelle [ʃɑ̃dɛl] *f* (*bougie*) Kerze *f* ▶**voir trente-six ~s** Sterne sehen (*fam*)

change [ʃɑ̃ʒ] *m* ❶ (*échange d'une monnaie*) [Geld]wechsel *m;* **bureau de ~** Wechselstube *f* ❷ (*taux du change*) [Wechsel]kurs *m*

changeant, e [ʃɑ̃ʒɑ̃, ɑ̃t] *adj* (*temps, humeur*) wechselhaft

changement [ʃɑ̃ʒmɑ̃] *m* ❶ (*modification*) Veränderung *f;* **avoir besoin de ~** Abwechslung brauchen; ~ **de gouvernement/direction** Regierungs-/Richtungswechsel *m;* ~ **d'adresse** Adressenänderung *f* ❷ AUT **il n'y a aucun ~** man muss kein einziges Mal umsteigen

changer [ʃɑ̃ʒe] <2a> **I.** *vt* ❶ (*personne, comportement*) verändern; (*date*) ändern; **ne ~ en rien qc** an etw (*dat*) nichts ändern ❷ (*déplacer*) ~ **qc de place** etw umstellen; ~ **qn de poste** jdn versetzen ❸ (*remplacer*) ~ **les draps** die Betten frisch beziehen ❹ (*échanger*) ~ **pour** [*o* **contre**] **qc** gegen etw [aus]tauschen ❺ FIN ~ **contre qc** in etw umtauschen **II.** *vi* ❶ (*se transformer*) sich verändern ❷ (*temps, personne*) sich ändern ❸ (*se modifier*) ~ **de qc** etw ändern ❹ (*substituer*) wechseln ❺ (*déménager*) ~ **d'adresse** umziehen ❻ AUT ~ **de vitesse** einen anderen Gang einlegen; ~ **à Paris** in Paris umsteigen; ~ **de train/bus à Berlin** in Berlin den Zug/Bus wechseln; ~ **de file** die [Fahr]spur wechseln ❼ (*faire un échange*) ~ **de place avec qn** [den Platz] mit jdm tauschen **III.** *vpr* **se** ~ sich umziehen

chanson [ʃɑ̃sɔ̃] *f* Lied *nt;* **la ~ française** das französische Chanson

chansonnette [ʃɑ̃sɔnɛt] *f* Liedchen *nt*

chansonnier [ʃɑ̃sɔnje] *m* Kabarettist(in) *m(f)*

chant [ʃɑ̃] *m* ❶ (*action de chanter, musique vocale*) Gesang *m* ❷ (*chanson*) ~ **populaire** Volkslied *nt;* ~ **de Noël** Weihnachtslied ❸ (*du coq*) Krähen *nt;* (*des oiseaux*) Zwitschern *nt*

chantage [ʃɑ̃taʒ] *m* Erpressung *f*

chanter [ʃɑ̃te] <1> **I.** *vi* ❶ (*produire des sons*) singen; (*coq*) krähen ❷ (*menacer*) **faire** ~ erpressen **II.** *vt* ❶ (*interpréter*) singen ❷ (*célébrer*) besingen

chanterelle [ʃɑ̃tʀɛl] *f* Pfifferling *m,* Eierschwamm *m* (A)

chanteur, -euse [ʃɑ̃tœʀ, -øz] *m, f* Sänger(in) *m(f)*

chantier [ʃɑ̃tje] *m* ❶ (*lieu*) Baustelle *f;* (*travaux*) Bauarbeiten *Pl;* **être en ~** im Bau sein ❷ *fam* (*désordre*) Durcheinander *nt*

chantilly [ʃɑ̃tiji] *f* geschlagene süße Sahne

chantonner [ʃɑ̃tɔne] <1> *vi* leise singen, summen

chanvre [ʃɑ̃vʀ] *m* Hanf *m*

chaos [kao] *m* Chaos *nt*

chaotique [kaɔtik] *adj* chaotisch

chape [ʃap] *f* (*de béton*) Estrich *m;* (*d'asphalte*) Asphaltdecke *f*

chapeau [ʃapo] <x> *m* Hut *m;* ~ **de sécurité** CAN (*casque*) Schutzhelm *m* ►~! *fam* Hut ab!

chapelet [ʃaplɛ] *m* ❶ REL (*objet*) Rosenkranz *m* ❷ (*prières*) Rosenkranz[gebete *Pl*] *m*

chapelle [ʃapɛl] *f* Kapelle *f*

chapelure [ʃaplyʀ] *f* Paniermehl *nt*

chapiteau [ʃapito] <x> *m* Zelt *nt*

chapitre [ʃapitʀ] *m* Kapitel *nt*

chaque [ʃak] *adj inv* ❶ (*qui est pris séparément*) jede(r, s); ~ **élève** jeder Schüler/jede Schülerin ❷ *fam* (*chacun*) je[weils]; **un peu de ~** ein bisschen von allem ❸ *abusif* (*tous/toutes les*) alle; ~ **été** jeden Sommer; ~ **fois** jedes Mal; **à ~ fois que ...** jedes Mal wenn ...

char [ʃaʀ] *m* ❶ MIL Panzer *m* ❷ (*voiture décorée*) Wagen *m*

charabia [ʃaʀabja] *m fam* Kauderwelsch *nt*

charade [ʃaʀad] *f* Scharade *f*

charbon [ʃaʀbɔ̃] *m* Kohle *f*

charcuter [ʃaʀkyte] <1> *vt péj fam* übel zurichten

charcuterie [ʃaʀkytʀi] *f* ❶ (*boutique*) Fleischerei *f,* Metzgerei *f* (SDEUTSCH) (*für Fleisch und Wurst vom Schwein*) ❷ (*spécialité*) Wurst[waren *Pl*] *f* (*aus Schweinefleisch*)

charcutier, -ière [ʃaʀkytje, -jɛʀ] *m, f* Fleischer(in) *m(f),* Metzger(in) *m(f)* (SDEUTSCH), Schlachter(in) *m(f)* (NDEUTSCH)

chardon [ʃaʀdɔ̃] *m* Distel *f*

charge [ʃaʀʒ] *f* ❶ (*fardeau*) Last *f;* (*d'un camion*) Ladung *f* ❷ (*responsabilité*) Belastung *f;* **avoir la ~ de qn/qc** für jdn/etw verantwortlich sein; **être à [la] ~ de qn** für jds Unterhalt aufkommen; **personnes à ~** unterhaltspflichtige Angehörige; **prendre qc en ~** etw übernehmen ❸ (*fonction*) Amt *nt* ❹ *souvent pl* (*obligations financières*) Kosten *Pl* ❺ JUR Anklagepunkt *m* ❻ MIL Angriff *m*

chargé, e [ʃaʀʒe] *adj* ❶ ~ **de qc** mit etw beladen; **voyageur très ~** Reisender *m* mit schwerem Gepäck ❷ (*programme*) voll; (*journée*) [gut] ausgefüllt; (*classe*) überfüllt ❸ (*responsable*) ~ **de qn/qc** zuständig für jdn/etw ❹ (*fusil*) geladen; (*batterie*) [auf]geladen

chargement [ʃaʀʒəmɑ̃] *m* ❶ (*action*) Beladen *nt;* (*d'une arme*) Laden *nt;* (*d'une marchandise*) Einladen *nt* ❷ (*marchandises*) Ladung *f* ❸ (*fret*) Fracht *f* ❹ INFORM Laden *nt*

charger [ʃaʀʒe] <2a> **I.** *vt* ❶ (*marchandise*) verladen; ~ **qn/qc de qc** jdn/etw mit etw beladen; ~ **sur/dans qc** auf etw (*akk*) [auf]laden/in etw (*akk*) [ein]laden ❷ (*attribuer une mission*) ~ **qn de qc** jdn mit etw beauftragen; **être chargé de qc** für etw verantwortlich sein ❸ (*attaquer*) angreifen ❹ TECH laden; ~ **un appareil photo** einen Film in einen Fotoapparat einlegen ❺ INFORM laden

II. *vi* (*attaquer*) zum Angriff übergehen **III.** *vpr* **se ~ de qn/qc** sich um jdn/etw kümmern; **se ~ de faire qc** es übernehmen etw zu tun

chargeur [ʃaʀʒœʀ] *m* ❶ (*docker*) Docker *m* ❷ (*d'une arme à feu*) Magazin *nt*

chariot [ʃaʀjo] *m* Wagen *m;* COM Einkaufswagen *m*

charismatique [kaʀismatik] *adj* charismatisch

charisme [kaʀism] *m* Charisma *nt*

charitable [ʃaʀitabl] *adj* wohltätig

charité [ʃaʀite] *f* ❶ (*amour du prochain*) Nächstenliebe *f* ❷ (*action*) Wohltätigkeit *f*

charlatan [ʃaʀlatɑ̃] *m* ❶ (*escroc*) Scharlatan *m* ❷ (*guérisseur*) Quacksalber *m*

Charlemagne [ʃaʀləmaɲ(ə)] *m* Karl der Große

charlotte [ʃaʀlɔt] *f* ❶ GASTR Charlotte *f* ❷ (*bonnet*) Duschhaube *f*

charmant, e [ʃaʀmɑ̃, ɑ̃t] *adj* ❶ (*agréable*) reizend ❷ (*ravissant*) charmant ❸ *antéposé iron* entzückend

charme [ʃaʀm] *m* ❶ (*d'une personne*) Charme *m;* (*d'un lieu*) Zauber *m;* **faire du ~ à qn** jdn zu bezirzen versuchen ❷ *souvent pl* (*beauté*) Reize *Pl* ❸ (*envoûtement*) Zauber *m*

charmer [ʃaʀme] <1> *vt* ❶ (*enchanter*) bezaubern ❷ (*envoûter*) verzaubern

charmeur, -euse [ʃaʀmœʀ, -øz] **I.** *adj* (*sourire, manières*) bezaubernd; (*air*) einschmeichelnd **II.** *m, f* Charmeur/Circe *m/f*

charnel, le [ʃaʀnɛl] *adj* ❶ (*corporel*) fleischlich ❷ (*sexuel*) körperlich

charnier [ʃaʀnje] *m* Massengrab *nt*

charnière [ʃaʀnjɛʀ] **I.** *f* Scharnier *nt* **II.** *adj* ❶ (*de transition*) Übergangs- ❷ (*décisif*) entscheidend

charnu, e [ʃaʀny] *adj* (*lèvre*) wulstig; (*fruit*) fleischig

charognard [ʃaʀɔɲaʀ] *m* ❶ (*animal*) Aasfresser *m* ❷ (*vautour*) [Aas]geier *m*

charogne [ʃaʀɔɲ] *f* Aas *nt*

charpente [ʃaʀpɑ̃t] *f* Gerüst *nt*

charpentier [ʃaʀpɑ̃tje] *m* Zimmermann *m*

charrette [ʃaʀɛt] *f* Karren *m*

charrier [ʃaʀje] <1> **I.** *vt* ❶ (*transporter*) **~ qc** etw fahren; (*rivière*) etw mit sich führen ❷ *fam* auf den Arm nehmen **II.** *vi fam* übertreiben

charrue [ʃaʀy] *f* Pflug *m*

charte [ʃaʀt] *f* Charta *f*

charter [ʃaʀtɛʀ] *m* ❶ (*vol*) Charter[flug *m*] *m* ❷ (*avion*) Chartermaschine *f*

chasse[1] [ʃas] *f* ❶ (*action*) Jagd *f* ❷ (*poursuite*) **prendre qn/qc en ~** jds Verfolgung/die Verfolgung einer S. (*gen*) aufnehmen ❸ (*lieu*) Jagdrevier *nt*

chasse[2] [ʃas] *f fam* (*chasse d'eau*) [Wasser-]spülung *f;* **tirer la ~** spülen

chassé-croisé [ʃasekʀwaze] <chassés-croisés> *m* Hin und Her *nt*

chasse-neige [ʃasnɛʒ] *m inv* Schneepflug *m*

chasser [ʃase] <1> **I.** *vi* (*aller à la chasse*) auf die Jagd gehen **II.** *vt* ❶ jagen ❷ (*faire partir*) **~ qn/qc de qc** jdn/etw aus etw vertreiben ❸ *fig* (*idées noires*) vertreiben

chasseur [ʃasœʀ] *m* ❶ Jäger *m* ❷ *fig* **~ de têtes** Headhunter *m*

chasseur, -euse [ʃasœʀ, -øz] *m, f* Jäger(in) *m(f)*

châssis [ʃɑsi] *m* TECH, AUT Chassis *nt*

chaste [ʃast] *adj a. antéposé* keusch

chasteté [ʃastəte] *f* Keuschheit *f*

chat[1] [ʃa] *m* Katze *f;* (*mâle*) Kater *m; v.a.* **chatte** ▶**il n'y a pas un ~ dans la rue** es ist keine Menschenseele auf der Straße

chat[2] [tʃat] *m* INFORM Chat *m*

châtaigne [ʃɑtɛɲ] *f* Esskastanie *f*

châtaignier [ʃɑteɲe] *m* Kastanie[nbaum *m*] *f*

châtain [ʃɑtɛ̃] *adj pas de forme féminine* [kastanien]braun

château [ʃɑto] <x> *m* ❶ (*palais*) Schloss *nt* ❷ (*forteresse*) **~** [**fort**] Burg *f* ❸ (*belle maison*) Herrensitz *m* ❹ (*fig*) **~ d'eau** Wasserturm *m*

châtelain, e [ʃɑt(ə)lɛ̃, ɛn] *m, f* HIST Schlossherr(in) *m(f)*

châtiment [ʃɑtimɑ̃] *m* Strafe *f*

chaton [ʃatɔ̃] *m a.* BOT Kätzchen *nt*

chatouiller [ʃatuje] <1> *vt* kitzeln

chatouilles [ʃatuj] *fpl* Kitzeln *nt;* **faire des ~ à qn** jdn kitzeln

chatouilleux, -euse [ʃatujø, -jøz] *adj* **être ~ de qc** an etw (*dat*) kitz[e]lig sein

chatoyant, e [ʃatwajɑ̃, ɑ̃t] *adj* schillernd

chatoyer [ʃatwaje] <6> *vi* schillern

châtrer [ʃɑtʀe] <1> *vt* kastrieren

chatte [ʃat] *f* Katze *f; v.a.* **chat**

chatter [tʃate] <1> *vi* INFORM chatten

chaud [ʃo] *m* (*chaleur*) Wärme *f;* (*chaleur extrême*) Hitze *f;* **il/elle a ~** ihm/ihr ist [es] warm/heiß; **il fait ~** es ist warm/heiß; **au ~** im Warmen; **garder qc au ~** etw warm halten

chaud, e [ʃo, ʃod] *adj* ❶ (*opp: froid*) warm; (*très chaud*) heiß; **vin ~** Glühwein *m;* **chocolat ~** heiße Schokolade ❷ *antéposé* (*discussion*) hitzig ❸ (*couleur, ton*) warm ❹ *fam* (*sensuel*) heiß

chaudement [ʃodmɑ̃] *adv* ❶ (*contre le froid*) warm ❷ (*recommander*) wärmstens

chaudière [ʃodjɛʀ] *f* Kessel *m*

chaudron [ʃodʀɔ̃] *m* [Koch]kessel *m*

chauffage [ʃofaʒ] *m* Heizung *f*

chauffagiste [ʃofaʒist] *mf* Heizungsmonteur(in) *m(f)*

chauffant, e [ʃofɑ̃, ɑ̃t] *adj* Heiz-; **brosse ~e** Lockenstab *m*

chauffard [ʃofaʀ] *m* Verkehrsrowdy *m*

chauffe-biberon [ʃofbibʀɔ̃] <chauffe-biberons> *m* Flaschenwärmer *m* **chauffe-eau** [ʃofo] *m inv* Durchlauferhitzer *m* **chauffe-plat** [ʃofpla] <chauffe-plats> *m* Warmhalteplatte *f*

chauffer [ʃofe] <1> **I.** *vi* ❶ (*devenir chaud*) warm werden; (*très chaud*) heiß werden; (*moteur*) warm laufen ❷ (*mettre du chauffage*) heizen **II.** *vt* ❶ (*personne*) wärmen; (*pièce*) erwärmen; (*maison*) heizen; (*eau*) heiß machen; **faire ~** [auf]wärmen; **faire ~ le four** den Backofen vorheizen ❷ TECH zum Glühen bringen ❸ (*mettre dans l'ambiance*) aufheizen **III.** *vpr* **se ~ au gaz/charbon** mit Gas/Kohle heizen

chauffeur [ʃofœʀ] *m* Fahrer(in) *m(f);* **~ de taxi** Taxifahrer

chaume [ʃom] *m* Stroh *nt*

chaumière [ʃomjɛʀ] *f* strohgedeckte Hütte

chaussée [ʃose] *f* Fahrbahn *f* ►**"~ déformée"** „Fahrbahnschäden" *Pl;* **~ glissante** Straßenglätte *f*

chausse-pied [ʃospje] <chausse-pieds> *m* Schuhlöffel *m*

chausser [ʃose] <1> **I.** *vt* ❶ (*skis*) anschnallen ❷ (*mettre une chaussure*) **~ un enfant** einem Kind Schuhe anziehen **II.** *vi* **~ du 38/42** Schuhgröße 38/42 haben **III.** *vpr* **se ~** [sich (*dat*)] Schuhe anziehen

chaussette [ʃosɛt] *f* ❶ (*socquette*) Socke *f;* **en ~s** in Socken ❷ (*mi-bas*) Kniestrumpf *m*

chausson [ʃosɔ̃] *m* ❶ (*chaussure*) Hausschuh *m;* **~ de danse** Ballettschuh ❷ GASTR **~ aux pommes** Apfeltasche *f*

chaussure [ʃosyʀ] *f* Schuh *m;* **~s à crampons** Spikes *Pl*

chauve [ʃov] **I.** *adj* kahl[köpfig]; **être ~** eine Glatze haben **II.** *m* Mann *m* mit einer Glatze

chauve-souris [ʃovsuʀi] <chauves-souris> *f* Fledermaus *f*

chauvin, e [ʃovɛ̃, in] *adj* chauvinistisch

chauvinisme [ʃovinism] *m* Chauvinismus *m*

chaux [ʃo] *f* Kalk *m*

chavirer [ʃaviʀe] <1> *vi* kentern

chef [ʃɛf] *m* ❶ (*responsable*) Chef(in) *m(f),* Vorgesetzte(r) *f(m);* (*d'une tribu*) Häuptling *m;* **rédacteur/ingénieur en ~** Chefredakteur(in) *m(f)*/-ingenieur(in) *m(f);* **~ d'État** Staatsoberhaupt *nt;* **~ d'entreprise** Firmenchef; **~ d'orchestre** Dirigent(in) *m(f)* ❷ (*meneur*) [An]führer(in) *m(f)* ❸ *fam* Ass *nt* ❹ MIL (*sergent-~*) Feldwebel *m* ❺ (*cuisinier*) Chefkoch/-köchin *m/f*

chef-d'œuvre [ʃɛdœvʀ] <chefs-d'œuvre> *m* Meisterwerk *nt* **chef-lieu** [ʃɛfljø] <chefs-lieux> *m* Hauptstadt *f,* Hauptort *m*

cheftaine [ʃɛftɛn] *f* Führerin *f*

cheik [ʃɛk] *m* Scheich *m*

chelem [ʃlɛm] *m* Schlemm *m*

chemin [ʃ(ə)mɛ̃] *m* ❶ (*voie*) Weg *m;* **demander son ~ à qn** jdn nach dem Weg fragen; **prendre le ~ de la gare** in Richtung Bahnhof gehen; **rebrousser ~** umkehren; **en ~** unterwegs; **se tromper de ~** (*à pied*) sich verlaufen; (*en voiture*) sich verfahren ❷ (*distance à parcourir*) Strecke *f* ❸ (*méthode, voie*) Weg *m* ►**le droit ~** der rechte Weg

chemin de fer [ʃ(ə)mɛ̃dəfɛʀ] <chemins de fer> *m* Eisenbahn *f*

cheminée [ʃ(ə)mine] *f* ❶ (*à l'extérieur*) Schornstein *m* ❷ (*dans une pièce*) [offener] Kamin

cheminement [ʃ(ə)minmɑ̃] *m* Dahinwandern *nt*

cheminer [ʃ(ə)mine] <1> *vi* ❶ seines Weges ziehen ❷ *fig* (*pensée*) sich entwickeln

cheminot [ʃ(ə)mino] *m* Eisenbahner *m*

chemise [ʃ(ə)miz] *f* ❶ (*vêtement*) Hemd *nt* ❷ (*dossier*) [Akten]mappe *f*

chemisette [ʃ(ə)mizɛt] *f* kurzärmeliges Hemd

chemisier [ʃ(ə)mizje] *m* Bluse *f*

chêne [ʃɛn] *m* Eiche *f*

chêne-liège [ʃɛnljɛʒ] <chênes-lièges> *m*

C

Korkeiche *f*

chenil [ʃ(ə)nil] *m* ❶ (*lieu de garde*) Hundeheim *nt* ❷ CH (*désordre*) Durcheinander *nt*

chenille [ʃ(ə)nij] *f* ❶ ZOOL Raupe *f* ❷ TECH Raupe[nkette *f*] *f*

cheptel [ʃɛptɛl] *m* Viehbestand *m*

chèque [ʃɛk] *m* Scheck *m;* ~ **bancaire/postal** Bank-/Postscheck; **faire un ~ de 100 euros à qn** jdm einen Scheck über 100 Euro ausstellen

chèque-restaurant [ʃɛkʀɛstɔʀɑ̃] <chèques-restaurant> *m* Essensgutschein *m* (*für bestimmte Restaurants*)

chéquier [ʃekje] *m* Scheckheft *nt*

cher [ʃɛʀ] *adv* ❶ (*opp: bon marché*) teuer; **acheter qc trop ~** für etw zu viel bezahlen; **coûter ~** teuer sein; **revenir ~ à qn** jdn viel kosten ❷ *fig* **coûter ~ à qn** jdn teuer zu stehen kommen; **payer ~ qc** sich (*dat*) etw teuer erkaufen

cher, chère [ʃɛʀ] **I.** *adj* ❶ (*coûteux*) teuer; **moins ~** billiger ❷ (*aimé*) lieb ❸ *antéposé* liebe(r, s); ~ **Monsieur** lieber Herr X; **chère Madame** liebe Frau X; **~s tous** Ihr Lieben **II.** *m, f appellatif* **mon ~/ma chère** mein Lieber/meine Liebe

chercher [ʃɛʀʃe] <1> **I.** *vt* ❶ (*personne, objet, compromis*) suchen ❷ (*ramener, rapporter*) **aller ~** [ab]holen; **envoyer un enfant ~ qn/qc** ein Kind jdn/etw holen schicken **II.** *vi* ❶ **~ à faire qc** versuchen etw zu tun; **~ à ce que** *+subj* bestrebt sein, dass ❷ (*fouiller*) **~ dans qc** in etw (*dat*) herumstöbern ❸ (*réfléchir*) nachdenken

chercheur, -euse [ʃɛʀʃœʀ, -øz] *m, f* Forscher(in) *m(f)*

chéri, e [ʃeʀi] **I.** *adj* geliebt **II.** *m, f* ❶ (*personne aimée*) Liebling *m*, Schatz *m* ❷ *péj* (*favori*) **le ~/la ~e de qn** jds Liebling *m*

chérir [ʃeʀiʀ] <8> *vt* (*aimer*) [zärtlich] lieben

chérot [ʃeʀo] *adj fam* **ça fait ~** das ist happig

chérubin [ʃeʀybɛ̃] *m* REL Cherub *m*

chétif, -ive [ʃetif, -iv] *adj* (*arbre*) kümmerlich; (*personne*) schmächtig

cheval [ʃ(ə)val, o] <-aux> *m* ❶ ZOOL Pferd *nt* ❷ SPORT **faire du/monter à ~** reiten; **promenade à ~** Ausritt *m* ❸ AUT **elle fait combien de chevaux, votre voiture?** wie viel PS hat Ihr Wagen? ❹ FIN ~ **fiscal** *Kfz-Steuereinheit*

chevalerie [ʃ(ə)valʀi] *f* Rittertum *nt*

chevalet [ʃ(ə)valɛ] *m* (*de peintre*) Staffelei *f;* (*d'un violon*) Steg *m*

chevalier [ʃ(ə)valje] *m* Ritter *m*

chevalière [ʃ(ə)valjɛʀ] *f* Siegelring *m*

chevalin, e [ʃ(ə)valɛ̃, in] *adj* Pferde-

cheval-vapeur [ʃ(ə)valvapœʀ] <chevaux-vapeur> *m* Pferdestärke *f*

chevauchée [ʃ(ə)voʃe] *f* Ausritt *m*

chevaucher [ʃ(ə)voʃe] <1> *vt* **~ qc** auf etw (*dat*) reiten

chevelu, e [ʃəvly] *adj* mit langen Haaren

chevelure [ʃəvlyʀ] *f* Haar *nt*

chevet [ʃ(ə)vɛ] *m* **table de ~** Nachttisch *m;* **être au ~ de qn** an jds Bett (*dat*) sitzen

cheveu [ʃ(ə)vø] <x> *m* [Kopf]haar *nt;* **avoir les ~x courts/longs** kurze/lange Haare haben ►**avoir un ~ sur la langue** lispeln

cheville [ʃ(ə)vij] *f* ❶ ANAT Knöchel *m* ❷ (*tige pour boucher*) Dübel *m*

chèvre [ʃɛvʀ] **I.** *f* Ziege *f* **II.** *m* (*fromage*) Ziegenkäse *m*

chevreau [ʃəvʀo] <x> *m* Zicklein *nt*

chèvrefeuille [ʃɛvʀəfœj] *m* Jelängerjelieber *nt*

chevreuil [ʃəvʀœj] *m* ❶ (*animal*) *a.* GASTR Reh *nt* ❷ (*mâle*) Rehbock *m*

chevron [ʃəvʀɔ̃] *m* ❶ (*poutre*) [Dach]sparren *m* ❷ (*galon*) Chevron *m* ❸ TYP Spitzklammer *f*

chevronné, e [ʃəvʀɔne] *adj* routiniert

chevrotine [ʃəvʀɔtin] *f* [Reh]posten *m*

chewing-gum [ʃwiŋgɔm] <chewing-gums> *m* Kaugummi *m o nt*

chez [ʃe] *prép* ❶ (*au logis de qn*) **~ qn** bei jdm [zu Hause]; **~ nous** bei uns; **je vais/rentre ~ moi** ich gehe nach Hause; **tu es/restes ~ toi** du bist/bleibst zu Hause; **je viens ~ toi** ich komme zu dir; **passer ~ qn** bei jdm vorbeigehen; **aller ~ le coiffeur** zum Frisör gehen ❷ (*dans le pays de qn*) **ils rentrent ~ eux, en Italie** sie kehren nach Italien zurück ❸ (*dans la personne*) **~ les Durand** in der Familie Durand; **~ Corneille** bei Corneille

chez-moi [ʃemwa] *m inv* eigene vier Wände

chez-soi [ʃeswa] *m inv* eigene vier Wände

chialer [ʃjale] <1> *vi fam* heulen

chiant, e [ʃjɑ̃, ʃjɑ̃t] *adj fam* stinklangweilig

chiasse [ʃjas] *f vulg* Dünnschiss *m*

chic [ʃik] **I.** *m sans pl* Schick *m* **II.** *adj inv* ❶ (*élégant*) schick; (*allure*) vornehm ❷ (*sélect*) vornehm ❸ *fam* **~ type** feiner Kerl ❹ *antéposé fam* (*agréable*) toll ►**bon ~ bon**

genre *iron* geschniegelt und gebügelt **III.** *interj fam* ~ [**alors**]! klasse!
chicane [ʃikan] *f* Streiterei *f*
chicaner [ʃikane] <1> *vi* ~ **sur qc** wegen etw streiten
chiche [ʃiʃ] **I.** *adj* **t'es pas ~ de le faire!** *fam* du traust dich doch nie es zu tun! **II.** *interj fam* **~!** (*pari accepté*) die Wette gilt!
chichi [ʃiʃi] *m gén pl* **en voilà des chichis!** das ist vielleicht ein Getue!
chicorée [ʃikɔʀe] *f* ❶ (*plante*) Endivie *f* ❷ (*café*) Kaffee-Ersatz *m*
chicot [ʃiko] *m* [Zahn]stumpf *m*
chien [ʃjɛ̃] *m* Hund *m;* ~ **de race** Rassehund; *v.a.* **chienne** ►**vie** __de__ ~ Hundeleben *nt* (*fam*)
chiendent [ʃjɛ̃dɑ̃] *m* Quecke *f*
chienlit [ʃjɑ̃li] *f* Chaos *nt*
chienne [ʃjɛn] *f* Hündin *f; v.a.* **chien**
chier [ʃje] <1a> *vt, vi vulg* scheißen, kacken
chiffon [ʃifɔ̃] *m* Lappen *m*
chiffonné, e [ʃifɔne] *adj* zerknittert; (*papier*) zerknüllt
chiffonner [ʃifɔne] <1> *vt* ❶ zerknittern; (*papier*) zerknüllen ❷ (*chagriner*) bedrücken
chiffonnier, -ière [ʃifɔnje, -jɛʀ] *m, f* ►**se** __battre__ **comme des ~s** sich heftig schlagen
chiffre [ʃifʀ] *m* ❶ Ziffer *f*, Zahl *f;* **à/de trois ~s** dreistellig ❷ (*montant*) Summe *f;* ~ **d'affaires** Umsatz *m* ❸ (*statistiques*) **les ~s** die Zahlen; **les ~s du chômage** die Arbeitslosenzahl ❹ (*d'un coffre-fort*) [Zahlen]kombination *f;* (*d'un message*) Kode *m*, Code *m*
chiffrer [ʃifʀe] <1> **I.** *vt* beziffern **II.** *vpr* **se ~ à qc** sich auf etw (*akk*) belaufen
chignole [ʃiɲɔl] *f* (*perceuse*) Handbohrmaschine *f*
chignon [ʃiɲɔ̃] *m* [Haar]knoten *m*
chiite [ʃiit] *adj* schiitisch
Chiite [ʃiit] *mf* Schiit/Schiitin *m/f*
Chili [ʃili] *m* **le** ~ Chile *nt*
chilien, ne [ʃiljɛ̃, jɛn] *adj* chilenisch; *v.a.* **allemand**
Chilien, ne [ʃiljɛ̃, jɛn] *m, f* Chilene/Chilenin *m/f*
chimère [ʃimɛːʀ(ə)] *f* Hirngespinst *nt*
chimie [ʃimi] *f* Chemie *f*
chimio [ʃimjo] *f fam abr de* **chimiothérapie**
chimiothérapie [ʃimjoteʀapi] *f* Chemotherapie *f*
chimique [ʃimik] *adj* chemisch
chimiste [ʃimist] *mf* Chemiker(in) *m(f)*
chimpanzé [ʃɛ̃pɑ̃ze] *m* Schimpanse *m*
chinchilla [ʃɛ̃ʃila] *m* Chinchilla *f o nt*
Chine [ʃin] *f* **la** ~ China *nt*
chiné, e [ʃine] *adj* meliert
chinois [ʃinwa] *m* ❶ (*langue*) Chinesisch *nt; v.a.* **allemand** ❷ GASTR trichterförmiges Sieb
chinois, e [ʃinwa, waz] *adj* chinesisch; *v.a.* **allemand**
Chinois, e [ʃinwa, waz] *m, f* Chinese/Chinesin *m/f*
chinoiser [ʃinwaze] <1> *vi* pingelig sein (*fam*)
chiot [ʃjo] *m* Welpe *m*
chiottes [ʃjɔt] *fpl fam* Klo *nt*
chiper [ʃipe] <1> *vt fam* klauen
chipie [ʃipi] *f* ❶ (*mégère*) zänkisches Weib; **vieille ~** alte Hexe (*fam*) ❷ (*petite fille*) Luder *nt*
chipoter [ʃipɔte] <1> *vi* ~ **sur qc** wegen etw nörgeln
chips [ʃips] *f gén pl* [Kartoffel]chip *m*
chique [ʃik] *f* Kautabak *m*
chiqué [ʃike] *m fam* Schau *f;* **c'est du ~** das ist reine Angabe
chiquer [ʃike] <1> *vi* Tabak kauen
chirurgical, e [ʃiʀyʀʒikal, o] <-aux> *adj* chirurgisch
chirurgie [ʃiʀyʀʒi] *f* Chirurgie *f*
chirurgien, ne [ʃiʀyʀʒjɛ̃, jɛn] *m, f* Chirurg(in) *m(f);* ~ **dentiste** Zahnarzt/-ärztin *m/f*
Chleuh [ʃlø] *mf péj fam* Boche *mf* (*abwertende Bezeichnung für Deutsche aus dem 2. Weltkrieg*)
chlinguer [ʃlɛ̃ge] <1> *vi v.* **schlinguer**
chlore [klɔʀ] *m* Chlor *nt*
chlorofluorocarbone [klɔʀoflyɔʀokaʀbɔn] *m* Fluorchlorkohlenwasserstoff *m*
chloroforme [klɔʀɔfɔʀm] *m* Chloroform *nt*
chlorophylle [klɔʀɔfil] *f* Chlorophyll *nt*
choc [ʃɔk] **I.** *m* ❶ Schock *m* ❷ (*coup*) Stoß *m* ❸ (*heurt*) Aufprall *m* ❹ (*collision*) Zusammenstoß *m* **II.** *app* **prix-~** Preisknüller *m* (*fam*)
chochotte [ʃɔʃɔt] **I.** *adj fam* (*snob*) **être ~** sich zieren (*pej*) **II.** *f fam* ►__faire__ **la** [*o* **sa**] ~ herumdrucksen
chocolat [ʃɔkɔla] **I.** *m* ❶ (*produit*) Schokolade *f;* **barre de ~** Schokoladenriegel *m;* **en ~** aus Schokolade; ~ **en poudre** Kakaopulver

nt ❷ (*boisson*) Kakao *m;* ~ **liégeois** *Schokoladeneis, Schokoladensoße mit Schlagsahne* ❸ (*friandise*) Praline *f* **II.** *adj inv* (*couleur*) schokoladenfarben

chocolaté, e [ʃɔkɔlate] *adj* **crème ~e** Schokoladencreme *f;* **barre ~e** Schokoriegel *m*

chocolatier, -ière [ʃɔkɔlatje, -jɛʀ] **I.** *adj* **industrie chocolatière** Schokoladenindustrie *f* **II.** *m, f* ❶ (*producteur*) Schokoladenfabrikant(in) *m(f)* ❷ (*commerçant*) Schokoladen[groß]händler(in) *m(f)*

chœur [kœʀ] *m* Chor *m*

choisi, e [ʃwazi] *adj* ❶ (*morceau*) ausgewählt ❷ (*langage*) gewählt

choisir [ʃwaziʀ] <8> **I.** *vi* ❶ ~ **entre qn et qn/qc et qc** zwischen jdm und jdm/etw und etw wählen ❷ (*trancher*) sich entscheiden **II.** *vt* ❶ [aus]wählen; (*métier*) wählen; ~ **qn/qc pour faire qc** jdn/etw wählen um etw zu tun; ~ **qn entre deux personnes** sich zwischen zwei Menschen für jdn entscheiden ❷ (*se décider à*) ~ **de faire qc** sich entscheiden etw zu tun ❸ (*élire*) wählen; (*désigner*) bestimmen

choix [ʃwa] *m* ❶ (*d'un ami, cadeau*) Wahl *f;* **faire un bon/mauvais ~** eine gute/schlechte Wahl treffen; **au ~** (*dessert*) nach Wahl ❷ (*décision*) **arrêter son ~ sur qc** sich für etw entscheiden ❸ (*variété*) Auswahl *f;* **au ~** zur Auswahl ❹ (*qualité*) **de ~** bester Qualität; **premier/second ~** erste/zweite Wahl

choléra [kɔleʀa] *m* Cholera *f*

cholestérol [kɔlɛsteʀɔl] *m* Cholesterin *nt*

chômage [ʃomaʒ] *m* Arbeitslosigkeit *f;* ~ **temporaire** zeitweilige Arbeitslosigkeit; **être au ~** arbeitslos sein; **toucher le ~** *fam* Arbeitslosengeld kriegen

chômer [ʃome] <1> *vi* ❶ (*être sans travail*) arbeitslos sein ❷ (*ne pas travailler*) nicht arbeiten

chômeur, -euse [ʃomœʀ, -øz] *m, f* Arbeitslose(r) *f(m)*

chope [ʃɔp] *f* Humpen *m*

choper [ʃɔpe] <1> *vt fam* (*attraper: grippe*) sich (*dat*) holen

choquant, e [ʃɔkɑ̃, ɑ̃t] *adj* schockierend

choquer [ʃɔke] <1> **I.** *vi* Aufsehen erregen **II.** *vt* ❶ (*scandaliser*) schockieren ❷ (*pudeur*) verletzen

choral [kɔʀal] <s> *m* Choral *m*

choral, e [kɔʀal] <-aux> *adj* Chor-

chorale [kɔʀal] *f* Chor *m*

chorégraphe [kɔʀegʀaf] *mf* Choreograph(in) *m(f)*

chorégraphie [kɔʀegʀafi] *f* Choreographie *f*

choriste [kɔʀist] *mf* Chormitglied *nt*

chose [ʃoz] **I.** *f* ❶ (*objet abstrait*) Sache *f;* (*objet matériel*) Ding *nt;* **chaque ~ en son temps** alles zu seiner Zeit; **c'est la moindre des ~s** das ist das wenigste ❷ (*ce dont il s'agit*) Sache *f;* **mettre les ~s au point** die Dinge auf den Punkt bringen ❸ (*paroles*) **j'ai deux/plusieurs ~s à vous dire** ich habe Ihnen Verschiedenes zu sagen; **parler de ~s et d'autres** von diesem und jenem reden ▸**pas grand-~** nicht viel **II.** *m fam* (*truc*) Dingsda *nt;* **monsieur Chose** Herr Dings[da]

chou [ʃu] <x> *m* ❶ (*légume*) Kohl *m;* ~ **de Bruxelles** Rosenkohl ❷ GASTR ~ **à la crème** Windbeutel *m*

chouchou, te [ʃuʃu, ut] *m, f fam* Herzchen *nt;* **~(te) de qn** jds Liebling *m*

choucroute [ʃukʀut] *f* Sauerkraut *nt*

chouette [ʃwɛt] **I.** *adj fam* klasse **II.** *f* (*oiseau*) Eule *f*

chou-fleur [ʃuflœʀ] <choux-fleurs> *m* Blumenkohl *m* **chou-rave** [ʃuʀav] <choux-raves> *m* Kohlrabi *m*

choyer [ʃwaje] <6> *vt* ~ **qn** für jdn liebevoll sorgen

chrétien, ne [kʀetjɛ̃, jɛn] **I.** *adj* christlich; **être ~** Christ sein **II.** *m, f* Christ(in) *m(f)*

chrétienté [kʀetjɛ̃te] *f* Christenheit *f*

christ [kʀist] *m* Christus[figur *f*] *m*

christianiser [kʀistjanize] <1> *vt* christianisieren

christianisme [kʀistjanism] *m* Christentum *nt*

chrome [kʀom] *m* Chrom *nt*

chromé, e [kʀome] *adj* verchromt

chromosome [kʀomozom] *m* Chromosom *nt*

chronique [kʀɔnik] **I.** *adj* ❶ (*maladie*) chronisch ❷ (*problème*) andauernd **II.** *f* ❶ LITTER Chronik *f* ❷ MEDIA Kolumne *f;* RADIO Kommentar *m*

chroniqueur, -euse [kʀɔnikœʀ, -øz] *m, f* ❶ LITTER Chronist(in) *m(f)* ❷ MEDIA ~ **financier/sportif** Wirtschafts-/Sportredakteur *m*

chronologie [kʀɔnɔlɔʒi] *f* Chronologie *f*

chronologique [kʀɔnɔlɔʒik] *adj* chronologisch

chronomètre [kʀɔnɔmɛtʀ] *m* Stoppuhr *f*
chronométrer [kʀɔnɔmetʀe] <5> *vt* stoppen
chrysalide [kʀizalid] *f* Puppe *f*
chrysanthème [kʀizɑ̃tɛm] *m* Chrysantheme *f*
CHU [seaʃy] *m abr de* **centre hospitalier universitaire**
chuchotement [ʃyʃɔtmɑ̃] *m* Flüstern *nt;* (*en cachette*) Tuscheln *nt*
chuchoter [ʃyʃɔte] <1> *vt, vi* flüstern
chut [ʃyt] *interj* pst
chute [ʃyt] *f* ❶ (*d'une personne*) Sturz *m;* (*des feuilles*) [Ab]fallen *nt;* ~ **des cheveux** Haarausfall *m;* **faire une ~ de 5 m** 5 m in die Tiefe stürzen ❷ (*d'un gouvernement, du dollar*) Sturz *m* ❸ GEO ~ **d'eau** Wasserfall *m* ❹ METEO ~ **de neige** Schneefall *m;* ~ **de température** Temperatursturz *m* ❺ (*d'une histoire*) Schluss *m*
chuter [ʃyte] <1> *vi* ❶ *fam* (*tomber*) stürzen ❷ *fam* (*candidat*) durchfallen ❸ (*baisser*) sinken
Chypre [ʃipʀ] *f* [**l'île de**] ~ Zypern *nt*
chypriote [ʃipʀijɔt] *adj v.* **cypriote**
ci [si] *adv* **comme ~ comme ça** *fam* so lala; **à cette heure-~** zu dieser Zeit; *v.a.* **ceci, celui**
ci-après [siapʀɛ] *adv* nachstehend
cibiste [sibist] *mf* CB-Funker(in) *m(f)*
cible [sibl] *f* ❶ Zielscheibe *f;* **atteindre la ~** das Ziel treffen ❷ COM, MEDIA Zielgruppe *f*
cibler [sible] <1> *vt* ~ **des personnes** Menschen gezielt ansprechen
ciboulette [sibulɛt] *f* Schnittlauch *m*
cicatrice [sikatʀis] *f* Narbe *f*
cicatrisation [sikatʀizasjɔ̃] *f* Vernarbung *f*
cicatriser [sikatʀize] <1> **I.** *vt* ❶ (*plaie*) vernarben lassen ❷ *fig* überwunden sein **II.** *vi, vpr* vernarben
ci-contre [sikɔ̃tʀ] *adv* nebenstehend **ci-dessous** [sid(ə)su] *adv* [weiter] unten **ci-dessus** [sid(ə)sy] *adv* [weiter] oben
cidre [sidʀ] *m* Cidre *m*
Cie *abr de* **compagnie** Co
ciel [sjɛl, sjø] <cieux> *m* Himmel *m* ►**au nom du ~!** um Himmels willen!
cierge [sjɛʀʒ] *m* Kerze *f*
cieux [sjø] *pl de* **ciel**
cigale [sigal] *f* Zikade *f*
cigare [sigaʀ] *m* Zigarre *f*
cigarette [sigaʀɛt] *f* Zigarette *f*
cigarillo [sigaʀijo] *m* Zigarillo *nt o m*
ci-gît [siʒi] hier ruht
cigogne [sigɔɲ] *f* Storch *m*
ci-inclus [siɛ̃kly] in der Anlage; **la copie ~e** die beiliegende Kopie **ci-joint** [siʒwɛ̃] anbei; **les documents ~s** die beiliegenden Dokumente
cil [sil] *m* Wimper *f*
cime [sim] *f* (*d'un arbre*) Wipfel *m;* (*d'une montagne*) Gipfel *m*
ciment [simɑ̃] *m* Zement *m*
cimenter [simɑ̃te] <1> *vt* ❶ zementieren ❷ *fig* festigen
cimetière [simtjɛʀ] *m* Friedhof *m*
ciné [sine] *m fam abr de* **cinéma**
cinéaste [sineast] *m* Filmemacher(in) *m(f)*
ciné-club [sineklœb] <ciné-clubs> *m* Filmclub *m*
cinéma [sinema] *m* Kino *nt;* **faire du ~** in der Filmbranche arbeiten ►**arrête ton ~** *fam* hör auf mit dem Theater
cinémascope® [sinemaskɔp] *m* Cinemascope® *nt*
cinémathèque [sinematɛk] *f* Filmarchiv *nt*
cinématographique [sinematɔgʀafik] *adj* Film-
cinéphile [sinefil] *mf* Kinofreund(in) *m(f)*
cinétique [sinetik] *adj* kinetisch
cinglé, e [sɛ̃gle] **I.** *adj fam* bekloppt **II.** *m, f fam* **quel ~/quelle ~e!** was für ein Spinner/eine blöde Ziege!
cingler [sɛ̃gle] <1> *vt* ❶ (*frapper*) ~ **le visage à qn** jdm ins Gesicht schlagen ❷ (*fouetter*) ins Gesicht peitschen
cinoche [sinɔʃ] *m fam* Kintopp *m*
cinq [sɛ̃k, *devant une consonne* sɛ̃] **I.** *num* ❶ fünf; **en ~ exemplaires** in fünffacher Ausfertigung; **dans ~ jours** heute in fünf Tagen; **faire qc un jour sur ~** alle fünf Tage etw tun; **un Français/foyer sur ~** jeder fünfte Franzose/Haushalt; **rentrer ~ par ~** [jeweils] zu fünft hineingehen; **à ~** zu fünft ❷ (*dans l'indication de l'âge, la durée*) **avoir/avoir bientôt ~ ans** fünf [Jahre alt] sein/werden; **à ~ ans** mit fünf [Jahren]; **personne/période de ~ ans** Fünfjährige(r)/Zeitraum von fünf Jahren ❸ (*dans l'indication de l'heure*) **il est ~ heures** es ist fünf [Uhr]; **il est dix heures ~/moins ~** es ist fünf [Minuten] nach/vor zehn; **toutes les ~ heures** alle fünf Stunden ❹ (*dans l'indication de la date*) **le ~ mars** der fünfte

C

März; **arriver le ~ mars** am fünften März kommen; **arriver le ~** am Fünften kommen; **le vendredi ~ mars** am Freitag, den fünften März; **Aix, le ~ mars** Aix, den fünften März **II.** *m inv* ❶ Fünf *f;* **compter de ~ en ~** in Fünferschritten zählen ❷ SCOL **avoir ~ sur dix/sur vingt** ≈ eine Vier/eine Sechs haben ▶**~ sur ~** einwandfrei **III.** *adv* (*dans une énumération*) fünftens; (*dans un ordre du jour*) Punkt fünf

cinquantaine [sɛ̃kɑ̃tɛn] *f* ❶ (*environ cinquante*) **une ~ de personnes/pages** etwa fünfzig Personen/Seiten ❷ (*âge approximatif*) **avoir la ~** [*o* **une ~ d'années**] ungefähr fünfzig [Jahre alt] sein; **approcher de la ~** auf die Fünfzig zugehen; **avoir dépassé la ~** über fünfzig [Jahre alt] sein

cinquante [sɛ̃kɑ̃t] **I.** *num* ❶ fünfzig; **à ~ à l'heure** mit fünfzig Stundenkilometern ❷ (*dans l'indication des époques*) **les années ~** die fünfziger Jahre **II.** *m inv* ❶ (*cardinal*) Fünfzig *f* ❷ (*taille de confection*) **faire du ~** ≈ Größe 48 tragen; *v.a.* **cinq**

cinquantenaire [sɛ̃kɑ̃tnɛʀ] *m* fünfzigjähriges Jubiläum

cinquantième [sɛ̃kɑ̃tjɛm] **I.** *adj antéposé* fünfzigste(r, s) **II.** *mf* **le/la ~** der/die/das Fünfzigste **III.** *m* (*fraction*) Fünfzigstel *nt; v.a.* **cinquième**

cinquième [sɛ̃kjɛm] **I.** *adj antéposé* fünfte(r, s); **la ~ page avant la fin** die fünftletzte Seite; **arriver ~, obtenir la ~ place** Fünfte(r) werden **II.** *mf* **le/la ~** der/die/das Fünfte; **être le ~ de la classe** der Fünftbeste [in] der Klasse sein **III.** *m* ❶ (*fraction*) Fünftel *nt* ❷ (*étage*) fünfter Stock ❸ (*arrondissement*) **habiter dans le ~** im fünften Arrondissement wohnen ❹ (*dans une charade*) fünfte Silbe **IV.** *f* ❶ (*vitesse*) fünfter Gang; **passer en ~** den fünften Gang einlegen ❷ SCOL ≈ siebte Klasse; **élève de ~** ≈ Siebtklässler(in) *m(f);* **professeur de ~** ≈ Lehrer(in) *m(f)* einer siebten Klasse

cinquièmement [sɛ̃kjɛmmɑ̃] *adv* fünftens

cintre [sɛ̃tʀ] *m* [Kleider]bügel *m*

cintré, e [sɛ̃tʀe] *adj* (*chemise, manteau*) tailliert

cirage [siʀaʒ] *m* Schuhcreme *f*

circoncis, e [siʀkɔ̃si, iz] *adj* beschnitten

circoncision [siʀkɔ̃sizjɔ̃] *f* Beschneidung *f*

circonférence [siʀkɔ̃feʀɑ̃s] *f* [Kreis]umfang *m*

circonscription [siʀkɔ̃skʀipsjɔ̃] *f* ❶ ADMIN [Verwaltungs]bezirk *m* ❷ POL Wahlkreis *m*

circonscrire [siʀkɔ̃skʀiʀ] <irr> *vt* (*délimiter*) abgrenzen

circonspect, e [siʀkɔ̃spɛ(kt), ɛkt] *adj* (*termes*) besonnen

circonspection [siʀkɔ̃spɛksjɔ̃] *f* Umsichtigkeit *f*

circonstance [siʀkɔ̃stɑ̃s] *f* ❶ *souvent pl* (*conditions*) Umstand *m;* **les ~s d'un accident** die Einzelheiten eines Unfalls ❷ (*occasion*) Gelegenheit *f*

circonstancié, e [siʀkɔ̃stɑ̃sje] *adj* ausführlich

circuit [siʀkɥi] *m* ❶ (*itinéraire touristique*) Rundfahrt *f* ❷ (*parcours*) Strecke *f* ❸ SPORT Rennstrecke *f* ❹ (*jeu*) Spielzeugautorennbahn *f* ❺ ELEC Stromkreis *m* ❻ ECON Kreislauf *m*

circulaire [siʀkylɛʀ] **I.** *adj* (*mouvement, scie*) Kreis- **II.** *f* Rundschreiben *nt*

circulation [siʀkylasjɔ̃] *f* ❶ (*trafic*) Verkehr *m;* **~ interdite** (*aux piétons*) kein Durchgang; (*aux voitures*) keine Durchfahrt ❷ ECON Umlauf *m* ❸ MED Blutkreislauf *m;* **bonne/mauvaise ~** gute/schlechte Durchblutung

circulatoire [siʀkylatwaʀ] *adj* **appareil ~** Kreislaufsystem *nt*

circuler [siʀkyle] <1> *vi* ❶ (*aller et venir*) herumgehen; **~ en voiture** mit dem Auto unterwegs sein ❷ (*passer de main en main*) in Umlauf sein ❸ (*couler*) fließen ❹ (*nouvelle*) kursieren

cire [siʀ] *f* Wachs *nt*

ciré [siʀe] *m* Ölzeug *nt*

cirer [siʀe] <1> *vt* (*chaussures, meuble*) polieren; (*parquet*) [wachsen und] bohnern ▶**j'en <u>ai</u> rien à ~, moi, de toutes tes histoires!** *fam* mit deinen Geschichten habe ich nichts am Hut

cirque [siʀk] *m* Zirkus *m*

cirrhose [siʀoz] *f* Zirrhose *f*

cisailler [sizaje] <1> *vt* ❶ (*couper*) [zer]schneiden ❷ (*élaguer*) [be]schneiden

cisailles [sizaj] *fpl* Schere *f*

ciseau [sizo] <x> *m* ❶ *pl* Schere *f;* **une paire de ~x** eine Schere ❷ (*outil*) Meißel *m*

ciseler [sizle] <4> *vt* ziselieren

citadelle [sitadɛl] *f* Festung *f*

citadin, e [sitadɛ̃, in] **I.** *adj* städtisch **II.** *m, f*

Städter(in) *m(f)*

citation [sitasjɔ̃] *f* ❶ (*extrait*) Zitat *nt* ❷ JUR [Vor]ladung *f*

cité [site] *f* ❶ (*ville*) Stadt *f* ❷ (*vieux quartier*) Altstadt *f* ❸ (*immeubles*) Siedlung *f*; ~ **universitaire** Studenten[wohn]heim *nt*

cité-dortoir [sitedɔʀtwaʀ] <cités-dortoirs> *f* Schlafstadt *f* (*fam*)

citer [site] <1> *vt* ❶ (*rapporter*) zitieren ❷ (*énumérer*) nennen; ~ **en exemple** als Beispiel nehmen ❸ JUR vorladen

citerne [sitɛʀn] *f* ❶ (*réservoir*) Tank *m* ❷ (*pour l'eau de pluie*) Zisterne *f*

citoyen, ne [sitwajɛ̃, jɛn] *m, f* [Staats]bürger(in) *m(f)*

citron [sitʀɔ̃] **I.** *m* Zitrone *f*; ~ **pressé** *frisch gepresster Zitronensaft mit Wasser* **II.** *adj inv* [**jaune**] ~ zitronengelb

citronnade [sitʀɔnad] *f* Zitronenwasser *nt*

citronnelle [sitʀɔnɛl] *f* Zitronenmelisse *f*

citronnier [sitʀɔnje] *m* Zitronenbaum *m*

citrouille [sitʀuj] *f* Kürbis *m*

civet [sivɛ] *m: in Wein geschmortes Wildragout*

civière [sivjɛʀ] *f* [Trag]bahre *f*

civil [sivil] *m* ❶ (*personne*) Zivilist *m* ❷ (*vie ~e*) **dans le** ~ im Zivilleben

civil, e [sivil] *adj* ❶ (*relatif au citoyen*) Zivil-; **guerre ~e** Bürgerkrieg *m* ❷ (*opp: religieux*) **mariage** ~ standesamtliche Trauung ❸ JUR bürgerlich; **responsabilité ~e** zivilrechtliche Haftung

civilisation [sivilizasjɔ̃] *f* ❶ (*culture*) Kultur *f* ❷ (*état*) Zivilisation *f*

civiliser [sivilize] <1> *vt* zivilisieren

civique [sivik] *adj* [staats]bürgerlich

civisme [sivism] *m* staatsbürgerliches Pflichtgefühl

clafoutis [klafuti] *m: Süßspeise, die aus einem Eierkuchenteig und Kirschen besteht*

clair [klɛʀ] **I.** *adv* ❶ (*distinctement*) klar ❷ (*sans ambiguïté*) deutlich **II.** *m* ~ **de lune** Mondschein

clair, e [klɛʀ] *adj* ❶ (*lumineux*) klar ❷ (*opp: foncé*) hell; (*bleu*) hell- ❸ (*peu consistant*) dünn ❹ (*intelligible, transparent*) klar; (*explication*) einleuchtend ❺ (*évident*) deutlich

claire [klɛʀ] *f* (*huître*) Auster *f* aus einem Austernpark

clairement [klɛʀmɑ̃] *adv* deutlich

clairière [klɛʀjɛʀ] *f* Lichtung *f*

clair-obscur [klɛʀɔpskyʀ] <clairs-obscurs> *m* ❶ ART Helldunkel *nt* ❷ (*lumière tamisée*) Halbdunkel *nt*

clairon [klɛʀɔ̃] *m* Bügelhorn *nt*

claironner [klɛʀɔne] <1> *vt iron, fig* ausposaunen

clairsemé, e [klɛʀsəme] *adj* ❶ (*dispersé*) vereinzelt ❷ (*peu dense*) spärlich

clairvoyance [klɛʀvwajɑ̃s] *f* Weitblick *m*

clairvoyant, e [klɛʀvwajɑ̃, jɑ̃t] *adj* weit blickend

clamer [klame] <1> *vt* hinausschreien

clan [klɑ̃] *m* ❶ *péj* Clique *f* ❷ HIST Klan *m*

clandestin, e [klɑ̃dɛstɛ̃, in] **I.** *adj* geheim; (*commerce*) Schwarz-; **passager** ~ blinder Passagier **II.** *m, f* illegaler Einwanderer/illegale Einwanderin

clandestinité [klɑ̃dɛstinite] *f* Heimlichkeit *f*

clapet [klapɛ] *m* ❶ TECH [Klappen]ventil *nt* ❷ *fam* (*bouche*) Klappe *f*

clapier [klapje] *m* Kaninchenstall *m*

clapoter [klapɔte] <1> *vi* plätschern

claquage [klakaʒ] *m* MED Muskel[faser]riss *m*

claque [klak] *f* (*tape: sur la joue*) Ohrfeige *f*; (*sur l'épaule*) Klaps *m* ▸**j'en ai ma/il en a sa** ~ *fam* mir/ihm reicht's

claqué, e [klake] *adj fam* fix und fertig

claquer [klake] <1> **I.** *vt* ❶ (*jeter violemment*) knallen ❷ *fam* (*dépenser*) verpulvern ❸ *fam* (*fatiguer*) [fix und] fertig machen **II.** *vi* ❶ (*drapeau*) schlagen; (*porte, volet*) [zu]schlagen; (*fouet*) knallen; ~ **des dents** mit den Zähnen klappern ❷ *fam* (*élastique*) reißen **III.** *vpr* MED *fam* **se** ~ **un muscle** sich (*dat*) einen Muskel[faser]riss zuziehen

claquettes [klakɛt] *fpl* Stepptanz *m*; **faire des** ~ steppen

clarification [klaʀifikasjɔ̃] *f* (*d'une question*) Klärung *f*

clarifier [klaʀifje] <1> **I.** *vt* ~ **un fait** Licht in eine Sache bringen **II.** *vpr* **se** ~ (*fait*) sich klären

clarinette [klaʀinɛt] *f* MUS Klarinette *f*

clarté [klaʀte] *f* ❶ (*d'une étoile*) Helligkeit *f*; (*d'une bougie*) Schein *m*; (*du ciel*) Helle *f* ❷ (*transparence*) Reinheit *f* ❸ (*éclat*) Frische *f* ❹ (*opp: confusion*) Klarheit *f*

classe [klɑs] *f* ❶ (*groupe*) Klasse *f*; **~s moyennes** Mittelstand *m*; ~ **ouvrière/dirigeante** Arbeiterklasse/Oberschicht *f*; ~ **d'âge** Altersklasse ❷ AUT **billet de première** ~ Fahrschein *m* erster Klasse ❸ *fam* (*élégance*) **être ~** Klasse sein ❹ SCOL (*niveau*) Klasse *f;* (*élèves*) [Schul]klasse; (*cours*) Unterricht *m;* (*salle*) Klasse[nzimmer *nt*]; **en ~** in der Klasse; **~ de cinquième/seconde** ≈ 8./11. Klasse; **~ de terminale** ≈ Abitur-/13. Klasse; **~ préparatoire** Vorbereitungsklasse [auf eine der „grandes écoles"]; **passer dans la ~ supérieure** versetzt werden; **être en ~** Unterricht haben ❺ (*séjour*) **~ verte** *Schullandheim mit Unterricht in Biologie* ❻ MIL **faire ses ~s** die Grundausbildung machen

classé, e [klase] *adj* ❶ (*protégé*) unter Denkmalschutz stehend ❷ (*réglé*) abgeschlossen ❸ (*de valeur*) klassifiziert

classement [klasmɑ̃] *m* ❶ (*rangement*) Einordnen *nt* ❷ (*d'un élève*) Einstufung *f;* (*d'un joueur*) Ranglistenplatz *m;* (*d'un hôtel*) Kategorie *f* ❸ (*place sur une liste*) Rangfolge *f* ❹ (*liste par ordre de mérite*) Wertung *f*

classer [klase] <1> **I.** *vt* ❶ (*ordonner*) ordnen; (*timbres*) sortieren ❷ (*ranger selon la performance*) einstufen ❸ (*régler*) abschließen ❹ (*monument*) unter Denkmalschutz stellen; (*site*) zum Landschaftsschutzgebiet erklären ❺ *péj* (*juger définitivement*) einordnen **II.** *vpr* **se ~ 1**[er] sich als 1. platzieren

classeur [klasœʀ] *m* [Akten]ordner *m*

classicisme [klasisism] *m* ART Klassik *f*

classification [klasifikasjɔ̃] *f* Klassifizierung *f*

classifier [klasifje] <1> *vt* klassifizieren

classique [klasik] **I.** *adj* ❶ ART klassisch ❷ (*habituel*) typisch; (*produit*) herkömmlich ❸ SCOL humanistisch **II.** *m* ❶ (*auteur, œuvre*) Klassiker *m* ❷ (*musique*) Klassik *f*

clause [kloz] *f* Klausel *f*

claustrophobe [klostʀɔfɔb] *adj* **être ~** unter Klaustrophobie leiden

claustrophobie [klostʀɔfɔbi] *f* Klaustrophobie *f*

clavecin [klavsɛ̃] *m* MUS Cembalo *nt*

clavicule [klavikyl] *f* ANAT Schlüsselbein *nt*

clavier [klavje] *m* Tastatur *f*

clé [kle] *f a.* MUS, TECH Schlüssel *m;* **~ de contact** Zündschlüssel; **fermer à ~** abschließen

clean [klin] *adj fam* ❶ (*propre*) proper ❷ (*bien*) schwer in Ordnung ❸ (*opp: speedé*) clean

clef [kle] *f v.* **clé**

clémence [klemɑ̃s] *f* Milde *f*

clément, e [klemɑ̃, ɑ̃t] *adj* mild

clémentine [klemɑ̃tin] *f* Klementine *f*

cleptomane [klɛptɔman] *mf* Kleptomane/Kleptomanin *m/f*

clerc [klɛʀ] *m* ❶ (*de notaire*) Schreiber *m* ❷ (*clergé*) Geistliche(r) *m*

clergé [klɛʀʒe] *m* Klerus *m*

clérical, e [kleʀikal, o] <-aux> *adj* geistlich

clic [klik] **I.** *interj* klick **II.** *m* Klick *m;* **~ sur la souris** Mausklick

clic-clac [klikklak] *m inv* Klappsofa *nt*

cliché [kliʃe] *m* ❶ Klischee *nt* ❷ (*photo*) Abzug *m*

client, e [klijɑ̃, jɑ̃t] *m, f* ❶ (*acheteur*) Kunde/Kundin *m/f* ❷ (*d'un restaurant*) Gast *m;* (*d'un avocat*) Klient(in) *m(f);* (*d'un médecin*) Patient(in) *m(f)* ❸ ECON Abnehmer(in) *m(f)*

clientèle [klijɑ̃tɛl] *f* Kundschaft *f;* (*d'un avocat*) Klientel *f;* (*d'un médecin*) Patienten *Pl;* (*d'un restaurant*) Gäste *Pl*

cligner [kliɲe] <1> *vt* **~ des yeux** blinzeln; **~ de l'œil** zwinkern

clignotant [kliɲɔtɑ̃] *m* AUT Blinker *m;* **mettre le/son ~** blinken

clignotant, e [kliɲɔtɑ̃, ɑ̃t] *adj* Blink-

clignoter [kliɲɔte] <1> *vi* blinken; (*lampe*) flackern

clim [klim] *f fam abr de* **climatisation** Klimaanlage *f*

climat [klima] *m* ❶ METEO Klima *nt* ❷ (*ambiance*) Atmosphäre *f*

climatique [klimatik] *adj* klimatisch

climatisation [klimatizasjɔ̃] *f* ❶ (*action*) Klimatisierung *f* ❷ (*dispositif*) Klimaanlage *f*

climatiser [klimatize] <1> *vt* klimatisieren

climatiseur [klimatizœʀ] *m* Klimaanlage *f*

clin d'œil [klɛ̃dœj] <clins d'œil> *m* Augenzwinkern *nt;* **faire un ~ [à qn]** [jdm zu]zwinkern ►**en un ~** im Nu

clinique [klinik] **I.** *adj* klinisch **II.** *f* [Privat]klinik *f*

clip [klip] *m* ❶ TV Clip *m* ❷ (*bijou*) Klipp *m*, Clip *m*

clique [klik] *f péj fam* Clique *f*

cliquer [klike] <1> *vi* INFORM klicken; **~ sur un symbole avec la souris** ein Symbol mit der Maus anklicken

cliqueter [klik(ə)te] <3> *vi* (*monnaie, clés*) klimpern; (*verre*) klirren

cliquetis [klik(ə)ti] *m* (*de la monnaie, clés*) Klimpern *nt;* (*de verres*) Klirren *nt*

clitoris [klitɔʀis] *m* ANAT Klitoris *f*

clivage [klivaʒ] *m* (*des groupes*) Spaltung *f*
cloaque [klɔak] *m* Kloake *f*
clochard, e [klɔʃaʀ, aʀd] *m, f* Stadtstreicher(in) *m(f)*
cloche[1] [klɔʃ] *f* Glocke *f*
cloche[2] [klɔʃ] **I.** *adj fam* dämlich **II.** *f fam* Dussel *m*
cloche-pied [klɔʃpje] **à ~** auf einem Bein
clocher[1] [klɔʃe] *m* Kirchturm *m*
clocher[2] [klɔʃe] <1> *vi fam* nicht stimmen
clochette [klɔʃɛt] *f* Glöckchen *nt*
clodo [klodo] *m fam abr de* **clochard**
cloison [klwazɔ̃] *f* [Zwischen]wand *f*
cloisonnement [klwazɔnmɑ̃] *m* (*séparation idéologique, sociale*) Abgrenzung *f*
cloisonner [klwazɔne] <1> *vt* durch Zwischenwände abtrennen
cloître [klwatʀ] *m* Kloster *nt*
cloîtrer [klwatʀe] <1> **I.** *vt fig* einsperren **II.** *vpr* **se ~ dans une maison** sich in einem Haus einschließen
clonage [klɔnaʒ] *m* Klonen *nt*
clone [klon] *m* BIO, INFORM Klon *m*
clope [klɔp] *f fam* Glimmstängel *m*
clopin-clopant [klɔpɛ̃klɔpɑ̃] *adv fam* humpelnd
cloque [klɔk] *f* Blase *f*
cloquer [klɔke] <1> *vi* Blasen bilden; (*peau*) Brandblasen bilden
clore [klɔʀ] <irr> *vt* schließen, [be]enden
clos, e [klo, kloz] *adj* ❶ geschlossen ❷ (*achevé*) erledigt
clôture [klotyʀ] *f* ❶ Zaun *m*; (*d'arbustes*) Hecke *f* ❷ (*d'un festival*) Ende *nt*; (*d'un débat*) Beendigung *f*
clôturer [klotyʀe] <1> *vt* ❶ (*entourer*) einfrieden ❷ (*finir*) beenden
clou [klu] *m* ❶ (*pointe*) Nagel *m* ❷ (*attraction*) Höhepunkt *m* ❸ *pl fam* (*passage*) Zebrastreifen *m* ❹ GASTR **~ de girofle** Gewürznelke *f* ▶**ne pas valoir un ~** *fam* keinen Pfifferling wert sein
clouer [klue] <1> *vt* ❶ annageln; (*planches*) zusammennageln; (*caisse*) vernageln ❷ *fam* **~ qn au lit** jdn ans Bett fesseln
clouté, e [klute] *adj* mit Nägeln beschlagen; **pneus ~s** Spikesreifen *Pl*
clown [klun] *m* Clown *m*
club [klœb] *m* ❶ Klub *m*; **~ de théâtre** Theater-AG *f*; **~ de volley** Volleyballverein *m* ❷ SPORT Golfschläger *m*
CMU [seɛmy] *f abr de* **couverture maladie universelle** *Krankenfürsorgekasse, die bei Menschen mit sehr geringem Einkommen sämtliche Kosten für die medizinische Versorgung übernimmt*
CNRS [seɛnɛʀɛs] *m abr de* **Centre national de la recherche scientifique** *nationales Forschungszentrum für Wissenschaft und Technik*
coaguler [kɔagyle] <1> *vi, vpr* gerinnen
coalition [kɔalisjɔ̃] *f* Bündnis *nt*, Koalition *f*
coasser [kɔase] <1> *vi* quaken
cobalt [kɔbalt] *m* CHIM Kobalt *nt*
cobaye [kɔbaj] *m* ❶ (*animal*) Meerschweinchen *nt* ❷ *fig* Versuchskaninchen *nt* (*fam*)
Coblence [kɔblɑ̃s] Koblenz *nt*
cobra [kɔbʀa] *m* Kobra *f*
coca[-cola]® [kɔkakɔla] *m* [Coca-]Cola® *f*
cocaïne [kɔkain] *f* Kokain *nt*
cocaïnomane [kɔkainɔman] *mf* Kokainsüchtige(r) *f(m)*
cocarde [kɔkaʀd] *f* Kokarde *f*
cocasse [kɔkas] *adj fam* drollig
coccinelle [kɔksinɛl] *f* ❶ ZOOL Marienkäfer *m* ❷ AUT Käfer *m*
coccyx [kɔksis] *m* Steißbein *nt*
coche [kɔʃ] *m* ▶**rater le ~** *fam* die Gelegenheit verpassen
cocher[1] [kɔʃe] <1> *vt* ankreuzen
cocher[2] [kɔʃe] *m* Kutscher *m*
cochon [kɔʃɔ̃] *m* ❶ (*animal*) Schwein *nt*; **~ d'Inde** Meerschweinchen *nt* ❷ GASTR Schweinefleisch *nt*
cochon, ne [kɔʃɔ̃, ɔn] **I.** *adj fam* ❶ (*sale*) schmuddelig ❷ (*obscène*) schweinisch; **histoires ~nes** Zoten *Pl* **II.** *m, f péj fam* ❶ (*personne sale*) Ferkel *nt* ❷ (*vicieux*) Schwein *nt*; **vieux ~** Lustmolch *m*
cochonner [kɔʃɔne] <1> *vt fam* ❶ (*bâcler*) hinpfuschen ❷ (*salir*) dreckig machen
cochonnerie [kɔʃɔnʀi] *f fam* ❶ (*nourriture*) Dreckszeug *nt* ❷ *souvent pl fam* (*obscénités*) Schweinereien *Pl*; (*saletés*) Dreck *m*
cochonnet [kɔʃɔnɛ] *m* ❶ ZOOL Ferkel *nt* ❷ (*aux boules*) Zielkugel *f*
cocker [kɔkɛʀ] *m* Cockerspaniel *m*
cockpit [kɔkpit] *m* Cockpit *nt*
cocktail [kɔktɛl] *m* ❶ (*boisson*) Cocktail *m*; **~ de bienvenue** Begrüßungscocktail ❷ (*réunion*) Cocktailparty *f* ❸ (*mélange*) Mischung *f*
coco [koko] *m péj* (*type*) Früchtchen *nt* (*fam*)

cocon [kɔkɔ̃] *m* Kokon *m*

cocorico [kɔkɔʀiko] *m* Kikeriki *nt*

cocoter [kɔkɔte] <1> *vi fam* stinken

cocotier [kɔkɔtje] *m* Kokospalme *f*

cocotte [kɔkɔt] *f* (*marmite*) Topf *m*

cocotte-minute® [kɔkɔtminyt] <cocottes-minute> *f* Schnellkochtopf *m*

cocu, e [kɔky] **I.** *adj fam* betrogen **II.** *m, f fam* betrogener Ehemann/betrogene Ehefrau

code [kɔd] *m* ❶ (*chiffrage*) Kode *m;* ~ **postal** Postleitzahl *f* ❷ (*permis*) theoretische Fahrprüfung ❸ (*feux*) Abblendlicht *nt* ❹ JUR Gesetzbuch *nt;* ~ **de la route** Straßenverkehrsordnung *f*

code-barres [kɔdbaʀ] <codes-barres> *m* Strichcode *m*

codécision [kodesizjɔ̃] *f* POL (*de l'Union européenne*) gemeinsamer Entschluss *m*

coder [kɔde] <1> *vt* verschlüsseln

codifier [kɔdifje] <1> *vt* kodifizieren

coefficient [kɔefisjɑ̃] *m* ❶ MATH, PHYS Koeffizient *m* ❷ (*facteur*) ~ **d'erreur** Fehlerquote *f;* ~ **annuel** CH Steuer(an)satz *m,* Steuerfuß *m* (CH)

coéquipier, -ière [koekipje, -jɛʀ] *m, f* Mannschaftskamerad(in) *m(f)*

cœur [kœʀ] *m* ❶ ANAT Herz *nt;* **mon** ~ **bat** mein Herz klopft ❷ (*d'un débat*) Kernpunkt *m* ►**avoir un** ~ **d'<u>or</u>/de <u>pierre</u>** ein Herz aus Gold/Stein haben; **faire qc de <u>bon</u>** ~ etw [von Herzen] gern tun; **qn a <u>mal</u> au** ~ jdm ist schlecht; **<u>par</u>** ~ (*apprendre, connaître*) auswendig; **<u>sans</u>** ~ herzlos

coexistence [kɔɛgzistɑ̃s] *f* Nebeneinanderbestehen *nt*

coexister [kɔegziste] <1> *vi* nebeneinander bestehen

coffre [kɔfʀ] *m* ❶ (*meuble*) Truhe *f;* ~ **à jouets** Spielzeugkiste *f* ❷ AUT Kofferraum *m*

coffre-fort [kɔfʀəfɔʀ] <coffres-forts> *m* Safe *m*

coffrer [kɔfʀe] <1> *vt fam* ins Kittchen bringen

coffret [kɔfʀɛ] *m* Schatulle *f*

cogiter [kɔʒite] <1> *vi iron* scharf nachdenken

cognac [kɔɲak] *m* Cognac *m*

cogner [kɔɲe] <1> **I.** *vt* ~ **qn/qc** an jdn/etw [an]stoßen **II.** *vi* zuschlagen; ~ **à/sur/contre qc** an/auf/gegen etw (*akk*) schlagen **III.** *vpr* **se** ~ **la tête contre qc** sich den Kopf an etw (*dat*) stoßen

cohabitation [koabitasjɔ̃] *f* POL Kohabitation *f*

cohabiter [koabite] <1> *vi* zusammen unter einem Dach leben; POL kohabitieren

cohérence [koeʀɑ̃s] *f* (*d'un propos*) Zusammenhang *m;* (*d'un raisonnement*) Kohärenz *f*

cohérent, e [koeʀɑ̃, ɑ̃t] *adj* kohärent; (*texte*) [logisch] zusammenhängend

cohésion [koezjɔ̃] *f* Zusammenhalt *m;* ~ **sociale** sozialer Zusammenhalt

cohorte [koɔʀt] *f* (*de touristes, fans*) Schar *f*

cohue [kɔy] *f* ❶ (*foule*) [Menschen]menge *f* ❷ (*bousculade*) Gedränge *nt*

coi, te [kwa, kwat] *adj* **rester** ~ völlig sprachlos sein

coiffe [kwaf] *f* [Trachten]haube *f*

coiffé, e [kwafe] *adj* frisiert

coiffer [kwafe] <1> *vt, vpr* [**se**] ~ [sich] frisieren

coiffeur, -euse [kwafœʀ, -øz] *m, f* Friseur(in) [*o* Friseuse] *m/f*

coiffeuse [kwaføz] *f* Frisierkommode *f*

coiffure [kwafyʀ] *f* Frisur *f*

coin [kwɛ̃] *m* Ecke *f;* **au** ~ **de la rue** an der [Straßen]ecke; ~ **cuisine/repas** Koch-/Essecke ►**ça t'en/vous en <u>bouche</u> un** ~! *fam* da staunste/staunt ihr[, was]?

coincé, e [kwɛ̃se] *adj fam* verklemmt

coincer [kwɛ̃se] <2> **I.** *vt* ❶ ~ **qc** (*personne*) etw einklemmen; (*grain de sable*) etw blockieren ❷ *fam* (*attraper*) schnappen ❸ *fam* (*coller*) in Verlegenheit bringen **II.** *vpr* **se** ~ **le doigt** sich (*dat*) den Finger einklemmen

coïncidence [kɔɛ̃sidɑ̃s] *f* Zufall *m*

coïncider [kɔɛ̃side] <1> *vi* ❶ (*être concomitant*) [zeitlich] zusammenfallen ❷ (*correspondre*) übereinstimmen

coin-coin [kwɛ̃kwɛ̃] *m inv* Quakquak *nt*

coing [kwɛ̃] *m* Quitte *f*

coït [kɔit] *m* Koitus *m*

coite [kwat] *adj v.* **coi**

coke [kɔk] *f fam abr de* **cocaïne** Koks *m*

col [kɔl] *m* ❶ (*d'un vêtement*) Kragen *m;* ~ **roulé** Rollkragen ❷ GEO [Gebirgs]pass *m* ❸ (*goulot*) Hals *m*

colchique [kɔlʃik] *m* BOT Herbstzeitlose *f*

coléoptère [kɔleɔptɛʀ] *m* ZOOL Käfer *m*

colère [kɔlɛʀ] *f* Wut *f;* **être/se mettre en** ~ **contre qn** auf jdn wütend sein/werden; **en** ~ aufgebracht

coléreux, -euse [kɔleʀø, -øz] *adj*, **colérique** [kɔleʀik] *adj* jähzornig
colibri [kɔlibʀi] *m* Kolibri *m*
colimaçon [kɔlimasɔ̃] *m* Schnecke *f*
colin [kɔlɛ̃] *m* Seehecht *m*
colin-maillard [kɔlɛ̃majaʀ] *m sans pl* **jouer à ~** Blindekuh spielen
colique [kɔlik] *f* ❶ (*diarrhée*) Durchfall *m* ❷ *gén pl* (*douleurs*) Kolik *f*
colis [kɔli] *m* Paket *nt*
collabo *mf fam abr de* **collaborateur**
collaborateur, -trice [ko(l)labɔʀatœʀ, -tʀis] *m, f* ❶ (*membre du personnel*) Mitarbeiter(in) *m(f)* ❷ (*pendant une guerre*) Kollaborateur(in) *m(f)*
collaboration [ko(l)labɔʀasjɔ̃] *f* Zusammenarbeit *f*
collaborer [ko(l)labɔʀe] <1> *vi* ❶ **~ avec qn** mit jdm zusammenarbeiten; **~ à qc** an etw (*dat*) mitarbeiten ❷ (*pendant une guerre*) kollaborieren
collage [kɔlaʒ] *m* (*d'une étiquette*) Aufkleben *nt;* (*d'une affiche*) Ankleben *nt*
collant [kɔlɑ̃] *m* Strumpfhose *f*
collant, e [kɔlɑ̃, ɑ̃t] *adj* ❶ (*moulant*) hauteng ❷ (*poisseux*) klebrig
collation [kɔlasjɔ̃] *f* Imbiss *m*
colle [kɔl] *f* ❶ (*matière*) Klebstoff *m* ❷ (*punition*) Nachsitzen *nt*
collecte [kɔlɛkt] *f* Sammlung *f*
collecter [kɔlɛkte] <1> *vt* sammeln
collecteur [kɔlɛktœʀ] *m* (*égout*) Hauptkanal *m*
collectif, -ive [kɔlɛktif, -iv] *adj* gemeinsam; (*travail*) Gemeinschafts-
collection [kɔlɛksjɔ̃] *f* ❶ (*réunion d'objets*) Sammlung *f;* **faire la ~ de qc** etw sammeln ❷ (*de livres*) Reihe *f* ❸ (*modèles*) Kollektion *f*
collectionner [kɔlɛksjɔne] <1> *vt* sammeln
collectionneur, -euse [kɔlɛksjɔnœʀ, -øz] *m, f* Sammler(in) *m(f)*
collectivité [kɔlɛktivite] *f* Gemeinschaft *f;* **~s locales** Gebietskörperschaften *Pl*
collector [kɔlɛktɔʀ] *m* Sammlerstück *nt;* **édition ~** Sammleredition *f*
collège [kɔlɛʒ] *m* SCOL **~ [d'enseignement secondaire]** ≈ Realschule *f;* **aller au ~** auf das Collège gehen; **Collège de France** *universitätsähnliche Lehranstalt, deren Vorlesungen von jedermann besucht werden können, an der jedoch keine Diplome vergeben werden*

Im Anschluss an die Grundschule, im Alter von elf Jahren, beginnt für alle französischen Schulkinder das **collège**. Es handelt sich hierbei um eine vierklassige Gesamtschule, in der ganztägig unterrichtet wird. Die Klassen, die die Schülerinnen und Schüler durchlaufen, heißen *sixième*, *cinquième*, *quatrième* und *troisième*. Das Abschlusszeugnis, mit dem man danach abgehen kann, ist das *brevet des collèges*.

collégien, ne [kɔleʒjɛ̃, jɛn] *m, f* ≈ Realschüler(in) *m(f)*
collègue [kɔ(l)lɛg] *mf* Kollege/Kollegin *m/f*
coller [kɔle] <1> **I.** *vt* ❶ kleben; (*timbre, étiquette*) aufkleben; (*affiche, papier peint*) ankleben; (*enveloppe*) zukleben ❷ *fam* **~ une baffe à qn** jdm eine kleben ❸ *fam* (*embarrasser par une question*) **~ qn** jdm eine kniffllige Frage stellen **II.** *vi* ❶ (*adhérer*) kleben; **qc qui colle** etw Klebriges ❷ (*mouler*) hauteng [sein] **III.** *vpr* **se ~ à qn** sich an jdn schmiegen
collet [kɔlɛ] *m* Schlinge *f*
collier [kɔlje] *m* Halskette *f;* (*d'un chien*) Halsband *nt*
collimateur [kɔlimatœʀ] *m* ▶**avoir dans le ~** im Visier haben
colline [kɔlin] *f* Hügel *m*
collision [kɔlizjɔ̃] *f* Zusammenstoß *m*
colloque [kɔ(l)lɔk] *m* Kolloquium *nt*
colmater [kɔlmate] <1> *vt* (*fuite*) abdichten; (*brèche*) schließen
colo [kɔlɔ] *f fam abr de* **colonie de vacances**
colocataire [kolɔkatɛʀ] *mf* Mitbewohner(in) *m(f)*
Cologne [kɔlɔɲ] Köln *nt*
colombage [kɔlɔ̃baʒ] *m* Fachwerk *nt;* **maison à ~** Fachwerkhaus *nt*
colombe [kɔlɔ̃b] *f* Taube *f*
Colombie [kɔlɔ̃bi] *f* **la ~** Kolumbien *nt*
colon [kɔlɔ̃] *m* Siedler *m*
côlon [kolɔ̃] *m* ANAT Grimmdarm *m*
colonel [kɔlɔnɛl] *m* Oberst *m*
colonial [kɔlɔnjal, jo] <-aux> *m* Kolonist *m*
colonialisme [kɔlɔnjalism] *m* Kolonialismus *m*
colonie [kɔlɔni] *f* ❶ (*territoire, communauté*) Kolonie *f* ❷ (*centre*) **~ de vacances** Ferien-

lager *nt*

colonisation [kɔlɔnizasjɔ̃] *f* Kolonisation *f*

coloniser [kɔlɔnize] <1> *vt* kolonisieren

colonnade [kɔlɔnad] *f* Säulengang *m*

colonne [kɔlɔn] *f* ❶ ARCHIT Säule *f* ❷ (*section*) Spalte *f* ❸ (*file*) Reihe *f* ❹ MIL Kolonne *f* ❺ ANAT ~ **vertébrale** Wirbelsäule *f*

colorant [kɔlɔʀɑ̃] *m* Farbstoff *m*

colorant, e [kɔlɔʀɑ̃, ɑ̃t] *adj* Färbe-

coloration [kɔlɔʀasjɔ̃] *f* ❶ (*teinte*) Farbe *f* ❷ (*nuance*) Färbung *f*

coloré, e [kɔlɔʀe] *adj* gefärbt

colorer [kɔlɔʀe] <1> *vt, vpr* [**se**] ~ [sich] färben

coloriage [kɔlɔʀjaʒ] *m* Ausmalen *nt*

colorier [kɔlɔʀje] <1> *vt* ausmalen

coloris [kɔlɔʀi] *m* ❶ (*teinte*) Farbgebung *f* ❷ (*couleur*) Farbe *f*

coloriser [kɔlɔʀize] <1> *vt* kolorieren

colossal, e [kɔlɔsal, o] <-aux> *adj* kolossal

colosse [kɔlɔs] *m* Koloss *m*

colportage [kɔlpɔʀtaʒ] *m* (*métier*) **le ~ de qc** das Hausieren mit etw

colporter [kɔlpɔʀte] <1> *vt péj* (*nouvelles*) [überall] herumerzählen

colporteur, -euse [kɔlpɔʀtœʀ, -øz] *m, f* Hausierer(in) *m(f)*

colza [kɔlza] *m* Raps *m*

coma [kɔma] *m* Koma *nt*

comateux, -euse [kɔmatø, -øz] *adj* komatös

combat [kɔ̃ba] *m* Kampf *m*

combatif, -ive [kɔ̃batif, -iv] *adj* kämpferisch

combattant, e [kɔ̃batɑ̃, ɑ̃t] *m, f* Kämpfer(in) *m(f)*; **ancien ~** Veteran *m*

combattre [kɔ̃batʀ] <irr> **I.** *vt* (*ennemi*) kämpfen gegen; (*incendie, maladie*) bekämpfen **II.** *vi* ~ **contre qn/qc/pour qc** gegen jdn/etw/für etw kämpfen **III.** *vpr* **se ~** sich bekämpfen

combien [kɔ̃bjɛ̃] **I.** *adv* (*quantité*) wie viel; (*nombre*) wie viele; ~ **de temps** wie lange; **depuis ~ de temps** seit wann; ~ **coûte cela?** wie viel kostet das?; **ça fait ~?** *fam* wie viel macht das?; **je vous dois ~?** was macht das?; ~ **de personnes/kilomètres** wie viele Personen/Kilometer; ~ **de fois** wie oft **II.** *m* **nous sommes le ~?** *fam* den Wievielten haben wir heute? **III.** *mf* **le ~?** der Wievielte?

combinaison [kɔ̃binɛzɔ̃] *f* ❶ (*association*) Kombination *f* ❷ (*sous-vêtement*) Unterrock *m* ❸ (*vêtement*) ~ **de plongée/ski** Taucher-/Skianzug *m*

combine [kɔ̃bin] *f fam* Dreh *m*

combiné [kɔ̃bine] *m* TELEC Hörer *m*

combiner [kɔ̃bine] <1> **I.** *vt* ❶ (*réunir*) kombinieren ❷ (*organiser*) aushecken **II.** *vpr* (*s'assembler*) **se ~ avec qc** sich mit etw kombinieren lassen

comble[1] [kɔ̃bl] *m* ❶ (*summum*) Gipfel *m* ❷ *souvent pl* (*grenier*) Dachboden *m*

comble[2] [kɔ̃bl] *adj* [brechend] voll

combler [kɔ̃ble] <1> *vt* ❶ (*boucher*) auffüllen ❷ (*retard*) aufholen; (*déficit*) ausgleichen; (*lacune*) schließen ❸ (*personne*) wunschlos glücklich machen; (*vœu*) erfüllen

combustible [kɔ̃bystibl] **I.** *adj* brennbar **II.** *m* Brennstoff *m*

combustion [kɔ̃bystjɔ̃] *f* Verbrennung *f*

comédie [kɔmedi] *f* ❶ CINE, THEAT Komödie *f*; ~ **musicale** Musical *nt* ❷ (*simulation*) Theater *nt*

comédien, ne [kɔmedjɛ̃, jɛn] *m, f* ❶ (*acteur*) Schauspieler(in) *m(f)* ❷ (*hypocrite*) Heuchler(in) *m(f)*

comestible [kɔmɛstibl] *adj* essbar

comète [kɔmɛt] *f* Komet *m*

coming-out [kɔmiŋaut] <coming-out[s]> *m* Coming-out *nt*; **faire son ~** sein Coming-out haben

comique [kɔmik] **I.** *adj* ❶ (*amusant*) komisch ❷ THEAT, CINE, LITTER Komödien- **II.** *m* Komiker(in) *m(f)*

comité [kɔmite] *m* Komitee *nt*; ~ **d'entreprise** ≈ Betriebsrat *m*

Comité des régions *m* Ausschuss *m* der Regionen

Comité économique et social *m* Wirtschafts- und Sozialausschuss *m*

commandant, e [kɔmɑ̃dɑ̃, ɑ̃t] *m, f* ❶ MIL Major(in) *m(f)* ❷ NAUT Kommandant(in) *m(f)*

commande [kɔmɑ̃d] *f* ❶ COM, ECON Bestellung *f*; **passer une ~** eine Bestellung aufgeben ❷ TECH ~ **à distance** Fernbedienung ❸ INFORM Befehl *m* ►**sur ~** (*vendre*) auf Bestellung; (*pleurer*) auf Kommando

commandement [kɔmɑ̃dmɑ̃] *m* ❶ Befehl *m* ❷ MIL Kommando *nt* ❸ REL Gebot *nt*

commander [kɔmɑ̃de] <1> **I.** *vt* ❶ (*passer commande*) ~ **qc à qn** etw bei jdm bestellen ❷ (*exercer son autorité*) kommandieren ❸ (*ordonner*) befehlen ❹ (*diriger*) leiten

❺ (*faire fonctionner*) in Gang setzen **II.** *vi* ❶ (*passer commande*) bestellen ❷ (*exercer son autorité*) befehlen

commanditaire [kɔmɑ̃ditɛʀ] *m* COM Kommanditist(in) *m(f)*

commanditer [kɔmɑ̃dite] <1> *vt* finanzieren

commando [kɔmɑ̃do] *m* Kommando *nt*

comme [kɔm] **I.** *conj* ❶ (*au moment où*) [gerade] als ❷ (*étant donné que*) da ❸ (*de même que*) wie auch ❹ (*exprimant une comparaison*) wie; **grand/petit ~ ça** so groß/klein; **~ si** als ob ❺ (*en tant que*) als; **~ plat principal** als Hauptgericht ❻ (*tel que*) wie ❼ (*quel genre de*) was für...?; **qu'est-ce que tu fais ~ sport?** was für Sport treibst du? **II.** *adv* ❶ (*exclamatif*) wie; **~ c'est gentil!** wie nett! ❷ (*manière*) wie; **savoir ~ ...** wissen wie (sehr) ...; **~ ça** so; **c'est ~ ça** so ist es nun mal; **il n'est pas ~ ça** so ist er nicht ▸**~ ci ~ ça** so lala (*fam*)

commémoration [kɔmemɔʀasjɔ̃] *f* Gedenkfeier *f;* **en ~ de qc** zum Gedenken an etw (*akk*)

commémorer [kɔmemɔʀe] <1> *vt* **~ qc** einer S. (*gen*) gedenken

commencement [kɔmɑ̃smɑ̃] *m* Anfang *m*

commencer [kɔmɑ̃se] <2> **I.** *vt* **~ qc** [mit] etw anfangen **II.** *vi* ❶ (*débuter*) anfangen ❷ (*faire en premier*) **~ par qc** mit etw anfangen; **~ par faire qc** erst einmal etw tun ▸**pour ~** zunächst

comment [kɔmɑ̃] *adv* ❶ (*de quelle façon*) wie; **~ ça va?** wie geht's dir?; **et toi, ~ tu t'appelles?** und du? Wie heißt du?; **~ est-ce que ça s'appelle en français?** wie heißt es auf Französisch? ❷ (*invitation à répéter*) **~?** wie bitte?

commentaire [kɔmɑ̃tɛʀ] *m* Kommentar *m*

commentateur, **-trice** [kɔmɑ̃tatœʀ, -tʀis] *m, f* Kommentator(in) *m(f)*

commenter [kɔmɑ̃te] <1> *vt* kommentieren

commérage [kɔmeʀaʒ] *m souvent pl* Gerede *nt kein Pl*

commerçant, **e** [kɔmɛʀsɑ̃, ɑ̃t] **I.** *adj* ❶ (*rue*) Geschäfts- ❷ (*habile*) geschäftstüchtig **II.** *m, f* (*personne*) Geschäftsmann/-frau *m/f,* Händler(in) *m(f)*

commerce [kɔmɛʀs] *m* ❶ (*activité*) Handel *m;* **~ électronique** E-Commerce *m* ❷ (*magasin*) Geschäft *nt;* **~ de détail/en gros** Einzel-/Großhandel *m*

commercial, **e** [kɔmɛʀsjal, jo] <-aux> **I.** *adj* Handels-; **centre ~** Einkaufszentrum *nt* **II.** *m, f* kaufmännische(r) Angestellte(r) *f(m)*

commercialisation [kɔmɛʀsjalizasjɔ̃] *f* Vermarktung *f*

commercialiser [kɔmɛʀsjalize] <1> *vt* vermarkten

commettre [kɔmɛtʀ] <irr> *vt* (*délit, faute*) begehen; (*attentat*) verüben

commis [kɔmi] *m* kleine(r) Angestellte(r) *f(m),* Gehilfe *m/*Gehilfin *f*

commissaire [kɔmisɛʀ] *mf* Kommissar(in) *m(f)*

commissaire-priseur, **-euse** [kɔmisɛʀpʀizœʀ, -øz] <commissaires-priseurs> *m, f* Auktionator(in) *m(f)*

commissariat [kɔmisaʀja] *m* Revier *nt,* Wache *f*

commission [kɔmisjɔ̃] *f* ❶ ADMIN Kommission *f* ❷ (*message*) Nachricht *f;* **faire une ~ à qn** jdm etwas ausrichten ❸ *pl* (*courses*) Einkäufe *Pl;* **faire les ~s** einkaufen ❹ COM Provision *f*

Commission européenne *f* Europäische Kommission

commissionnaire [kɔmisjɔnɛʀ] *m* (*coursier*) Bote *m/*Botin *f*

commode[1] [kɔmɔd] *adj* ❶ (*pratique*) praktisch ❷ *souvent négatif* (*facile*) einfach ❸ (*personne, caractère*) umgänglich

commode[2] [kɔmɔd] *f* Kommode *f*

commodité [kɔmɔdite] *f* Komfort *m*

commotion [komosjɔ̃] *f* ❶ (*traumatisme*) Erschütterung *f* ❷ (*émotion*) Schock *m*

commuer [kɔmɥe] <1> *vt* umwandeln

commun [kɔmœ̃] *m* ▸**hors du ~** außergewöhnlich; **en ~** zusammen; **faire qc en ~** etw gemeinsam tun

commun, **e** [kɔmœ̃, yn] *adj* ❶ (*comparable*) gemeinsam ❷ (*collectif*) Gemeinschafts- ❸ (*courant*) [weit] verbreitet; (*trivial*) gewöhnlich

communal, **e** [kɔmynal, o] <-aux> *adj* (*fonds*) kommunal; (*forêt*) Gemeinde-

communautaire [kɔmynotɛʀ] *adj* ❶ (*commun*) gemeinschaftlich ❷ (*de l'UE*) EU-; **la politique ~** die EU-Politik

communauté [kɔmynote] *f* ❶ (*groupe*) Gemeinschaft *f* ❷ REL [Kirchen]gemeinde *f*

Communauté économique européenne *f* Europäische Wirtschaftsgemeinschaft

Communauté européenne *f* Europäische Gemeinschaft

commune [kɔmyn] *f* Gemeinde *f*

communément [kɔmynemɑ̃] *adv* gemeinhin

communiant, e [kɔmynjɑ̃, jɑ̃t] *m, f* Kommunikant(in) *m(f)*

communicatif, -ive [kɔmynikatif, -iv] *adj* ❶ (*contagieux*) ansteckend ❷ (*expansif*) kommunikativ

communication [kɔmynikasjɔ̃] *f* ❶ (*message*) Mitteilung *f* ❷ TELEC (*jonction*) Verbindung *f;* (*conversation*) Gespräch *nt;* **être en ~ avec qn** mit jdm sprechen ❸ (*relation*) Verständigung *f* ❹ (*liaison*) **moyen de ~** Verkehrsmittel *nt*

communier [kɔmynje] <1> *vi* REL kommunizieren

communion [kɔmynjɔ̃] *f* REL Kommunion *f*

communiqué [kɔmynike] *m* Kommuniqué *nt;* **~ de presse** Pressemitteilung *f*

communiquer [kɔmynike] <1> **I.** *vt* ❶ **~ une demande à qn** jdm eine Bitte mitteilen ❷ (*transmettre*) **~ un dossier à qn** jdm eine Akte aushändigen **II.** *vi* ❶ **~ avec qn** mit jdm kommunizieren (*geh*) ❷ TELEC **~ avec qc** mit etw verbunden sein

communisme [kɔmynism] *m* Kommunismus *m*

communiste [kɔmynist] **I.** *adj* kommunistisch **II.** *mf* Kommunist(in) *m(f)*

commutateur [kɔmytatœʀ] *m* Schalter *m*

compact [kɔ̃pakt] *m* CD *f*

compact, e [kɔ̃pakt] *adj* kompakt

compagne [kɔ̃paɲ] *f* Lebensgefährtin *f*

compagnie [kɔ̃paɲi] *f* ❶ Gesellschaft *f* ❷ MIL Kompanie *f* ►**en ~ de qn** in jds Begleitung

compagnon [kɔ̃paɲɔ̃] *m* ❶ (*concubin*) Lebensgefährte *m* ❷ (*ouvrier*) [Handwerks]geselle *m*

comparable [kɔ̃paʀabl] *adj* vergleichbar

comparaison [kɔ̃paʀɛzɔ̃] *f* Vergleich *m;* **en ~ de/par ~ à** im Vergleich zu

comparaître [kɔ̃paʀɛtʀ] <irr> *vi* JUR erscheinen

comparatif [kɔ̃paʀatif] *m* GRAM Komparativ *m*

comparatif, -ive [kɔ̃paʀatif, -iv] *adj* Vergleichs-

comparativement [kɔ̃paʀativmɑ̃] *adv* vergleichsweise

comparé, e [kɔ̃paʀe] *adj* (*droit, grammaire*) vergleichend; **~ à** verglichen mit

comparer [kɔ̃paʀe] <1> **I.** *vt* **~ qn/qc à** [*o* **avec**] **qn/qc** jdn/etw mit jdm/etw vergleichen **II.** *vi* vergleichen **III.** *vpr* **se ~ à** [*o* **avec**] sich vergleichen mit

comparse [kɔ̃paʀs] *mf péj* Komparse /Komparsin *m*

compartiment [kɔ̃paʀtimɑ̃] *m* ❶ (*casier*) Fach *nt* ❷ AUT Abteil *nt*

comparution [kɔ̃paʀysjɔ̃] *f* Erscheinen *nt*

compas [kɔ̃pɑ] *m* ❶ MATH Zirkel *m* ❷ NAUT, AVIAT Kompass *m*

compassion [kɔ̃pasjɔ̃] *f soutenu* Mitgefühl *nt*

compatibilité [kɔ̃patibilite] *f* ❶ **~ entre qc et qc** Vereinbarkeit *f* von etw und etw ❷ INFORM, MED Kompatibilität *f*

compatible [kɔ̃patibl] *adj* ❶ (*conciliable*) vereinbar ❷ INFORM, MED kompatibel

compatir [kɔ̃patiʀ] <8> *vi soutenu* Anteil nehmen

compatissant, e [kɔ̃patisɑ̃, ɑ̃t] *adj* (*personne, parole*) mitfühlend

compatriote [kɔ̃patʀijɔt] *mf* Landsmann/ Landsmännin *m/f*

compensation [kɔ̃pɑ̃sasjɔ̃] *f* ❶ Gegenleistung *f;* **~ financière** Entschädigung *f* ❷ (*équilibre*) Ausgleich *m* ►**en ~** dafür

compenser [kɔ̃pɑ̃se] <1> *vt* kompensieren

compère [kɔ̃pɛʀ] *m* Kumpan *m*

compétence [kɔ̃petɑ̃s] *f* ❶ *a.* JUR Kompetenz *f* ❷ (*responsabilité*) Zuständigkeit *f*

compétent, e [kɔ̃petɑ̃, ɑ̃t] *adj* ❶ **être ~ en qc** kompetent in etw (*dat*) sein ❷ JUR zuständig

compétitif, -ive [kɔ̃petitif, -iv] *adj* wettbewerbsfähig

compétition [kɔ̃petisjɔ̃] *f* ❶ COM Konkurrenz *f* ❷ SPORT Wettkampf *m*

compétitivité [kɔ̃petitivite] *f* Wettbewerbsfähigkeit *f*

compil [kɔ̃pil] *f abr de* **compilation** Sampler *m*

compilateur [kɔ̃pilatœʀ] *m* INFORM Compiler *m*

compilation [kɔ̃pilasjɔ̃] *f* ❶ MUS Sampler *m* ❷ INFORM (*action*) Kompilieren *nt;* (*logiciels*) Programmpaket *nt*

compiler [kɔ̃pile] <1> *vt* INFORM kompilieren

complainte [kɔ̃plɛ̃t] *f* Klagelied *nt*

complaisance [kɔ̃plɛzɑ̃s] *f* ❶ *soutenu* (*obligeance*) Liebenswürdigkeit *f;* **par ~** aus Gefälligkeit *f* ❷ (*autosatisfaction*) Selbstgefälligkeit *f*
complaisant, **e** [kɔ̃plɛzɑ̃, ɑ̃t] *adj* gütig, hilfsbereit
complément [kɔ̃plemɑ̃] *m a.* LING Ergänzung *f;* **~ d'objet direct** direktes Objekt
complémentaire [kɔ̃plemɑ̃tɛʀ] *adj* ergänzend; (*renseignement*) zusätzlich
complet, **-ète** [kɔ̃plɛ, -ɛt] *adj* ❶ (*entier*) vollständig; (*pain*) Vollkorn-; **les œuvres complètes** die gesammelten Werke ❷ (*total*) völlig; **succès/échec ~** voller Erfolg/totaler Misserfolg ❸ (*achevé*) vollendet ❹ (*hôtel*) voll belegt; (*parking*) besetzt
complètement [kɔ̃plɛtmɑ̃] *adv* ❶ (*entièrement*) vollständig ❷ (*absolument*) völlig
compléter [kɔ̃plete] <5> *vt, vpr* [**se**] **~** [sich] ergänzen
complexe [kɔ̃plɛks] **I.** *adj* komplex **II.** *m* ECON, PSYCH Komplex *m*
complexé, **e** [kɔ̃plɛkse] *adj fam* voller Komplexe
complexer [kɔ̃plɛkse] <1> *vt* **~ qn** bei jdm Komplexe hervorrufen
complexité [kɔ̃plɛksite] *f* Komplexität *f*
complication [kɔ̃plikasjɔ̃] *f* ❶ (*difficulté*) Schwierigkeit *f* ❷ MED Komplikation *f*
complice [kɔ̃plis] **I.** *adj* verständnisinnig **II.** *mf* Komplize/Komplizin *m/f*
complicité [kɔ̃plisite] *f* ❶ (*participation*) Mittäterschaft *f* ❷ (*connivence*) [geheimes] Einverständnis
compliment [kɔ̃plimɑ̃] *m* ❶ (*éloge*) Kompliment *nt* ❷ (*félicitations*) Glückwunsch *m*
complimenter [kɔ̃plimɑ̃te] <1> *vt* ❶ (*congratuler*) **~ qn pour qc** jdn zu etw beglückwünschen ❷ (*faire l'éloge*) **~ qn pour qc** jdm für etw Komplimente machen
compliqué, **e** [kɔ̃plike] *adj* kompliziert; (*problème*) schwierig
compliquer [kɔ̃plike] <1> **I.** *vt* erschweren **II.** *vpr* **se ~** (*choses*) komplizierter werden; (*situation*) sich zuspitzen; (*maladie*) sich verschlimmern; **se ~ la vie** sich (*dat*) das Leben [unnötig] schwer machen
complot [kɔ̃plo] *m* Komplott *nt*
comploter [kɔ̃plɔte] <1> **I.** *vt* ausklügeln **II.** *vi* **~ contre qn** gegen jdn ein Komplott schmieden
comportement [kɔ̃pɔʀtəmɑ̃] *m* Verhalten *nt*
comporter [kɔ̃pɔʀte] <1> **I.** *vt* bestehen aus **II.** *vpr* **se ~** sich verhalten
composant [kɔ̃pozɑ̃] *m* Bestandteil *m*
composante [kɔ̃pozɑ̃t] *f* Komponente *f*
composé [kɔ̃poze] *m* CHIM Verbindung *f*
composer [kɔ̃poze] <1> **I.** *vt* ❶ (*constituer*) zusammenstellen ❷ (*plat*) kreieren; (*musique*) komponieren; (*texte*) verfassen ❸ (*former*) bilden **II.** *vi* MUS komponieren **III.** *vpr* **se ~ de qc** aus etw bestehen
composite [kɔ̃pozit] *adj* [bunt]gemischt, zusammengewürfelt
compositeur, **-trice** [kɔ̃pozitœʀ, -tʀis] *m, f* Komponist(in) *m(f)*
composition [kɔ̃pozisjɔ̃] *f* ❶ (*organisation*) Zusammenstellung *f* ❷ (*d'une musique*) Komponieren *nt;* (*d'un texte*) Schreiben *nt* ❸ (*œuvre*) Komposition *f*
compost [kɔ̃pɔst] *m* Kompost *m*
composter [kɔ̃pɔste] <1> *vt* entwerten
compote [kɔ̃pɔt] *f* Kompott *nt*
compréhensible [kɔ̃pʀeɑ̃sibl] *adj* verständlich
compréhensif, **-ive** [kɔ̃pʀeɑ̃sif, -iv] *adj* verständnisvoll
compréhension [kɔ̃pʀeɑ̃sjɔ̃] *f* ❶ (*clarté*) Verständlichkeit *f* ❷ (*tolérance*) Verständnis *nt*
comprendre [kɔ̃pʀɑ̃dʀ] <13> **I.** *vt* ❶ (*saisir, concevoir*) verstehen; **faire ~ qc à qn** (*expliquer*) jdm etw klarmachen; (*dire indirectement*) jdm etw zu verstehen geben ❷ (*s'apercevoir de*) **~ qc** sich (*dat*) über etw (*akk*) im Klaren sein ❸ (*comporter*) bestehen aus ❹ (*inclure*) **~ qn/qc** jdn/etw mit einschließen **II.** *vi* verstehen **III.** *vpr* **se ~** ❶ (*être compréhensible*) verständlich sein ❷ (*communiquer*) sich verständigen ❸ (*s'accorder: personnes*) sich [gut] verstehen
compresse [kɔ̃pʀɛs] *f* Kompresse *f*
compresseur [kɔ̃pʀesœʀ] *m* Kompressor *m*
compression [kɔ̃pʀesjɔ̃] *f* ❶ (*réduction*) Reduzierung *f* ❷ INFORM Komprimierung *f*
comprimé [kɔ̃pʀime] *m* Tablette *f*
comprimer [kɔ̃pʀime] <1> *vt* ❶ (*presser*) komprimieren ❷ (*réduire*) reduzieren ❸ INFORM komprimieren
compris, **e** [kɔ̃pʀi, iz] **I.** *part passé de* **comprendre II.** *adj* ❶ (*inclus*) inklusive; **être ~ dans le prix** im Preis inbegriffen sein ❷ (*situé*) **être ~ entre cinq et sept pourcent** zwischen fünf und sieben Pro-

zent liegen

compromettant, e [kɔ̃pʀɔmetɑ̃, ɑ̃t] *adj* kompromittierend

compromettre [kɔ̃pʀɔmɛtʀ] <irr> **I.** *vt* (*personne*) kompromittieren; (*réputation*) gefährden **II.** *vpr* **se ~ avec qn/dans qc** wegen jdm/einer S. ins Gerede kommen

compromis [kɔ̃pʀɔmi] *m* Kompromiss *m*

compromission [kɔ̃pʀɔmisjɔ̃] *f* Zugeständnis *nt*

comptabiliser [kɔ̃tabilize] <1> *vt* FIN [ver]buchen

comptabilité [kɔ̃tabilite] *f* ❶ (*comptes*) Buchführung *f* ❷ (*service*) Buchhaltung *f*

comptable [kɔ̃tabl] *mf* Buchhalter(in) *m(f)*

comptage [kɔ̃taʒ] *m* Zählung *f*

comptant [kɔ̃tɑ̃] *adv* (*payer*) bar

compte [kɔ̃t] *m* ❶ *sans pl* (*calcul*) Zählung *f;* (*des points*) [Aus]zählung; **~ à rebours** Countdown *m* ❷ *sans pl* (*résultat*) Ergebnis *nt;* **le ~ y est** *fam* es haut hin ❸ (*note*) Rechnung *f* ❹ (*écritures comptables*) Konto *nt;* **faire les ~s** Bilanz ziehen ❺ (*~ en banque*) Konto *nt;* **~ chèque/courant** Scheck-/Girokonto; **~ chèque postal/[d']épargne** ≈ Postgiro-/Sparkonto; **ouvrir/fermer un ~** ein Konto eröffnen/auflösen ►**en fin de ~** letzten Endes; **tout ~ fait** alles in allem; **se rendre ~ de qc** sich (*dat*) über etw (*akk*) im Klaren sein; **tenir ~ de qc** etw berücksichtigen; **à son ~** selbständig; **pour le ~ de qn/qc** in jds Auftrag/im Auftrag einer S.

compte-gouttes [kɔ̃tgut] *m inv* Pipette *f* ►**au ~** in Etappen

compter [kɔ̃te] <1> **I.** *vt* ❶ (*chiffrer*) zählen; (*totaliser*) zusammenzählen ❷ (*mesurer*) **~ son argent** mit seinem Geld geizen ❸ (*facturer*) berechnen ❹ (*prévoir*) **~ 200 g/10 euros par personne** 200 g/10 Euro pro Person rechnen ❺ (*prendre en compte*) berücksichtigen ❻ (*ranger parmi*) **~ qn/qc parmi ...** jdn/etw zu ... zählen ❼ (*dénombrer*) zählen ❽ (*avoir l'intention de*) **~ faire qc** beabsichtigen etw zu tun; (*espérer*) damit rechnen etw zu tun ❾ SCOL (*faute*) anrechnen **II.** *vi* ❶ (*énumérer*) zählen ❷ (*calculer*) rechnen; **~ sur ses doigts** an den Fingern abzählen ❸ (*être économe*) **dépenser sans ~** ausgeben ohne aufs Geld zu sehen ❹ (*s'appuyer*) **~ sur qn/qc** auf jdn/etw zählen ❺ (*avoir de l'importance*) zählen; **~ pour qn** jdm etwas bedeuten **III.** *vpr* **se ~** sich mitzählen

compte rendu [kɔ̃tʀɑ̃dy] *m* Bericht *m*

compteur [kɔ̃tœʀ] *m* ❶ Tachometer *m* ❷ (*~ d'électricité*) Zähler *m*

comptine [kɔ̃tin] *f* Abzählreim *m*

comptoir [kɔ̃twaʀ] *m* Theke *f*

compulser [kɔ̃pylse] <1> *vt* nachschlagen in (+ *dat*)

comte [kɔ̃t] *m* Graf *m*

comté [kɔ̃te] *m* Grafschaft *f*

comtesse [kɔ̃tɛs] *f* Gräfin *f*

con, ne [kɔ̃, kɔn] **I.** *adj parfois inv fam* bescheuert **II.** *m, f fam* (*homme*) [Voll]idiot *m;* (*femme*) blöde Ziege

conard [kɔnaʀ] *m fam v.* **connard**

conasse [kɔnas] *f fam v.* **connasse**

concasser [kɔ̃kɑse] <1> *vt* (*roche*) zerkleinern; (*épices*) zerstoßen; (*grain*) schroten

concave [kɔ̃kav] *adj* konkav

concéder [kɔ̃sede] <5> *vt* (*droit, privilège*) zugestehen, zubilligen

concentration [kɔ̃sɑ̃tʀasjɔ̃] *f* Konzentration *f*

concentré, e [kɔ̃sɑ̃tʀe] *adj* ❶ (*condensé*) konzentriert; **lait ~** Kondensmilch *f* ❷ (*attentif*) konzentriert

concentrer [kɔ̃sɑ̃tʀe] <1> **I.** *vt* konzentrieren **II.** *vpr* **se ~ sur qn/qc** sich auf jdn/etw konzentrieren

concept [kɔ̃sɛpt] *m* Konzept *nt*

conception [kɔ̃sɛpsjɔ̃] *f sans pl* ❶ BIO Empfängnis *f* ❷ (*élaboration*) Konzeption *f;* (*d'un produit*) Entwicklung *f* ❸ (*idée*) Auffassung *f*

concernant [kɔ̃sɛʀnɑ̃] *prép* bezüglich (+ *gen*)

concerner [kɔ̃sɛʀne] <1> *vt* betreffen; **en ce qui concerne qn/qc** was jdn/etw betrifft

concert [kɔ̃sɛʀ] *m* Konzert *nt*

concertation [kɔ̃sɛʀtasjɔ̃] *f* Abstimmung *f*

concerter [kɔ̃sɛʀte] <1> *vpr* **se ~ sur qc** sich hinsichtlich einer S. (*gen*) besprechen

concerto [kɔ̃sɛʀto] *m* Concerto *nt*

concession [kɔ̃sesjɔ̃] *f* ❶ (*compromis*) Zugeständnis *nt* ❷ COM Konzession *f*

concessionnaire [kɔ̃sesjɔnɛʀ] *mf* COM Vertragshändler(in) *m(f)*

concevable [kɔ̃s(ə)vabl] *adj* denkbar

concevoir [kɔ̃s(ə)vwaʀ] <12> *vt* ❶ *soutenu* (*engendrer*) zeugen ❷ (*se représenter*) begreifen ❸ (*élaborer*) konzipieren ❹ (*comprendre*) verstehen

concierge [kɔ̃sjɛʀʒ] *mf* Hausmeister(in) *m(f)*, Abwart/Abwärtin *m/f* (CH)

conciliant, e [kɔ̃siljɑ̃, jɑ̃t] *adj* (*personne*) entgegenkommend

conciliation [kɔ̃siljasjɔ̃] *f* Ausgleich *m*; **tentative de ~** Vermittlungsversuch *m*

concilier [kɔ̃silje] <1> *vt* [miteinander] in Einklang bringen

concis, e [kɔ̃si, iz] *adj* kurz und bündig

concision [kɔ̃sizjɔ̃] *f sans pl* Knappheit *f*

concitoyen, ne [kɔ̃sitwajɛ̃, jɛn] *m, f* Mitbürger(in) *m(f)*

conclu, e [kɔ̃kly] *part passé de* **conclure**

concluant, e [kɔ̃klyɑ̃, ɑ̃t] *adj* stichhaltig

conclure [kɔ̃klyʀ] <irr> **I.** *vt* ❶ (*marché, pacte*) [ab]schließen ❷ (*terminer*) beenden ❸ (*déduire*) ~ **qc de qc** etw aus etw schließen **II.** *vi* (*terminer*) zum Schluss kommen; **pour ~** um abzuschließen; ~ **par qc** mit etw schließen

conclusion [kɔ̃klyzjɔ̃] *f* ❶ (*d'un accord*) Abschluss *m*; (*d'un mariage*) Schließen *nt* ❷ (*fin*) Ende *nt*, Schluss *m*; **en ~** letzten Endes; **~, ...** Fazit ... ❸ (*d'une thèse*) [Schluss]folgerung *f*

concombre [kɔ̃kɔ̃bʀ] *m* Gurke *f*

concordance [kɔ̃kɔʀdɑ̃s] *f* ❶ (*accord*) Übereinstimmung *f* ❷ GRAM ~ **des temps** Zeitenfolge *f*

concorder [kɔ̃kɔʀde] <1> *vi* übereinstimmen

concourir [kɔ̃kuʀiʀ] <irr> *vi* (*être en compétition*) ~ **à qc** am Wettbewerb um etw teilnehmen

concours [kɔ̃kuʀ] *m* ❶ (*compétition*) Wettbewerb *m*; SPORT Wettkampf *m* ❷ (*jeu*) Preisausschreiben *nt* ❸ SCOL, UNIV Aufnahmeprüfung *f* ❹ (*aide*) Beitrag *m*

> Zahlreiche Auswahlverfahren für Studienplätze, Beamtenstellen sowie für Beförderungen finden in Frankreich in Form von **concours** statt. Dies sind einheitliche Prüfungen, bei denen eine von vornherein feststehende Zahl von Plätzen oder Posten vergeben wird. Die Auslese ist in der Regel sehr streng, besonders dann, wenn über die Zulassung zum Studium an den Elitehochschulen, den *grandes écoles*, entschieden wird.

concret, -ète [kɔ̃kʀɛ, -ɛt] *adj* konkret

concrètement [kɔ̃kʀɛtmɑ̃] *adv* konkret

concrétiser [kɔ̃kʀetize] <1> **I.** *vt* (*rêve, projet*) verwirklichen **II.** *vpr* **se ~** (*projet*) konkrete Formen annehmen; (*rêve*) wahr werden

conçu, e [kɔ̃sy] *part passé de* **concevoir**

concubin, e [kɔ̃kybɛ̃, in] *m, f* Lebensgefährte(in) *m(f)*

concubinage [kɔ̃kybinaʒ] *m* wilde Ehe

concurrence [kɔ̃kyʀɑ̃s] *f sans pl a.* COM Konkurrenz

concurrencer [kɔ̃kyʀɑ̃se] <2> *vt* ~ **qn/qc** mit jdm/etw konkurrieren

concurrent, e [kɔ̃kyʀɑ̃, ɑ̃t] **I.** *adj* konkurrierend **II.** *m, f* Konkurrent(in) *m(f)*

condamnable [kɔ̃dɑnabl] *adj* verwerflich

condamnation [kɔ̃dɑnasjɔ̃] *f sans pl* JUR *a. fig* Verurteilung *f*; (*peine*) Strafe *f*

condamné, e [kɔ̃dɑne] *m, f* Strafgefangene(r) *f(m)*; ~ **à mort** zum Tode Verurteilte(r) *f(m)*

condamner [kɔ̃dɑne] <1> *vt* ❶ JUR ~ **qn à 10 ans de prison** jdn zu 10 Jahren Haft verurteilen ❷ *fig* ~ **qn** jdm keine Chancen [mehr] geben ❸ (*obliger*) ~ **qn à faire qc** jdn dazu zwingen etw zu tun ❹ (*fenêtre, porte*) versperren

condensation [kɔ̃dɑ̃sasjɔ̃] *f sans pl* Kondensation *f*

condensé [kɔ̃dɑ̃se] *m* Kondensat *nt*

condenser [kɔ̃dɑ̃se] <1> *vt* kondensieren

condescendant, e [kɔ̃desɑ̃dɑ̃, ɑ̃t] *adj* herablassend

condiment [kɔ̃dimɑ̃] *m a. fig* würzige Zutat

condition [kɔ̃disjɔ̃] *f* ❶ (*exigence*) Bedingung *f*; **à ~ que** + *subj* unter der Bedingung, dass; **sans ~[s]** bedingungslos ❷ *pl* COM **~s de livraison** Lieferbedingungen *Pl* ❸ *sans pl* SOCIOL Situation *f* ❹ *sans pl* (*forme*) Kondition *f* ❺ *pl* (*cadre*) **~s de travail/vie** Arbeits-/Lebensbedingungen *Pl* ❻ *pl* (*circonstances*) Umstände *Pl*; **dans ces ~s** unter diesen Bedingungen ❼ (*rang social*) soziale Stellung

conditionnel [kɔ̃disjɔnɛl] *m* Konditional *m*; ~ **présent** Konditionalpräsens *nt*

conditionnelle [kɔ̃disjɔnɛl] *f* GRAM Konditionalsatz *m*

conditionnement [kɔ̃disjɔnmɑ̃] *m* Präsentation *f*, Aufmachung *f*

conditionner [kɔ̃disjɔne] <1> *vt* ❶ (*emballer*)

verpacken ❷ (*traiter*) haltbar machen
condoléances [kɔ̃dɔleɑ̃s] *fpl* [**toutes**] **mes ~!** mein Beileid!
conducteur, -trice [kɔ̃dyktœʀ, -tʀis] **I.** *adj* PHYS leitend **II.** *m, f* Fahrer(in) *m(f)*; **~ de TGV** TGV-Lokführer *m*
conduire [kɔ̃dɥiʀ] <irr> **I.** *vi* ❶ fahren ❷ (*aboutir*) führen **II.** *vt* ❶ AUT steuern ❷ (*emmener*) bringen ❸ (*guider, mener*) führen ❹ (*diriger*) leiten; (*pays*) führen **III.** *vpr* **se ~** sich benehmen
conduit [kɔ̃dɥi] *m* [Rohr]leitung *f*
conduit, e [kɔ̃dɥi, it] *part passé de* **conduire**
conduite [kɔ̃dɥit] *f* ❶ AUT **leçon de ~** Fahrstunde *f*; **~ accompagnée** *für Jugendliche ab 16 erlaubtes Fahren im Beisein eines erwachsenen Führerscheinbesitzers* ❷ (*comportement*) Benehmen *nt* ❸ (*tuyau*) Leitung *f*

Jugendliche ab 16 Jahren dürfen in Frankreich in Begleitung eines Erwachsenen mit einer Sondergenehmigung Auto fahren. Die so genannte **conduite accompagnée** erkennen andere Autofahrer an einem Aufkleber, auf dem ein kleines schwarzes Männchen am Steuer neben einem größeren zu sehen ist.

cône [kon] *m* Kegel *m*; **en** [**forme de**] **~** kegelförmig
confection [kɔ̃fɛksjɔ̃] *f* ❶ GASTR Zubereitung *f* ❷ *sans pl* (*prêt-à-porter*) Bekleidungsindustrie *f*
confectionner [kɔ̃fɛksjɔne] <1> *vt* ❶ GASTR zubereiten ❷ (*fabriquer*) anfertigen
confédération [kɔ̃fedeʀasjɔ̃] *f* POL Konföderation *f*, Staatenbund *m*
conférence [kɔ̃feʀɑ̃s] *f* ❶ (*exposé*) Vortrag *m* ❷ (*réunion*) *a.* POL Konferenz *f*; **être en ~** in einer Sitzung sein
conférencier, -ière [kɔ̃feʀɑ̃sje, -jɛʀ] *m, f* Vortragende(r) *f(m)*
confesser [kɔ̃fese] <1> **I.** *vt* (*péché*) beichten **II.** *vpr* **se ~ à qn** bei jdm beichten
confesseur [kɔ̃fesœʀ] *m* Beichtvater *m*
confession [kɔ̃fesjɔ̃] *f* ❶ (*religion*) Konfession *f* ❷ (*aveu*) Geständnis *nt*
confessionnal [kɔ̃fesjɔnal, o] <-aux> *m* Beichtstuhl *m*
confessionnel, le [kɔ̃fesjɔnɛl] *adj* konfessionell
confetti [kɔ̃feti] *m* Konfetti *nt*
confiance [kɔ̃fjɑ̃s] *f sans pl* Vertrauen *nt*
confiant, e [kɔ̃fjɑ̃, jɑ̃t] *adj* ❶ (*sans méfiance*) vertrauensselig; **~ en qn/qc** auf jdn/etw vertrauend ❷ (*sûr de soi*) selbstbewusst
confidence [kɔ̃fidɑ̃s] *f* vertrauliche Mitteilung
confident, e [kɔ̃fidɑ̃, ɑ̃t] *m, f* Vertraute(r) *f(m)*
confidentiel, le [kɔ̃fidɑ̃sjɛl] *adj* vertraulich
confier [kɔ̃fje] <1> **I.** *vt* anvertrauen; **~ une mission à qn** jdn mit einem Auftrag betrauen **II.** *vpr* **se ~** sich anvertrauen
configuration [kɔ̃figyʀasjɔ̃] *f* Beschaffenheit *f*
confiné, e [kɔ̃fine] *adj* (*reclus*) eingesperrt
confirmation [kɔ̃fiʀmasjɔ̃] *f* ❶ (*preuve, document*) Bestätigung *f* ❷ REL (*catholique*) Firmung *f*; (*protestante*) Konfirmation *f*
confirmer [kɔ̃fiʀme] <1> **I.** *vt* bestätigen **II.** *vpr* **se ~** sich bewahrheiten
confiserie [kɔ̃fizʀi] *f* (*sucrerie*) Süßigkeit *f*
confiseur, -euse [kɔ̃fizœʀ, -øz] *m, f* Süßwarenfabrikant(in) *m(f)*
confisquer [kɔ̃fiske] <1> *vt* **~ un objet** einen Gegenstand abnehmen; (*police*) einen Gegenstand beschlagnahmen
confit [kɔ̃fi] *m* **~ d'oie** Gänse-Confit *nt* (*im eigenen Fett gebratenes Fleisch*)
confit, e [kɔ̃fi, it] *adj* (*fruits*) kandiert
confiture [kɔ̃fityʀ] *f* Marmelade *f*
conflictuel, le [kɔ̃fliktɥɛl] *adj* (*pulsions, intérêts*) entgegengesetzt
conflit [kɔ̃fli] *m* Konflikt *m*; **~s sociaux** soziale Spannungen *Pl*
confluent [kɔ̃flyɑ̃] *m* Zusammenfluss *m*
confondre [kɔ̃fɔ̃dʀ] <14> *vt* durcheinanderbringen
conforme [kɔ̃fɔʀm] *adj* **certifié ~** [amtlich] beglaubigt; **être ~ à qc** mit etw übereinstimmen
conformément [kɔ̃fɔʀmemɑ̃] *adv* **~ aux termes de votre courrier du ...** *form* mit Bezug auf Ihr Schreiben vom ...
conformiste [kɔ̃fɔʀmist] *adj* angepasst
conformité [kɔ̃fɔʀmite] *f* Übereinstimmung *f*
confort [kɔ̃fɔʀ] *m* Komfort *m*
confortable [kɔ̃fɔʀtabl] *adj* bequem
confortablement [kɔ̃fɔʀtabləmɑ̃] *adv* bequem
confrère [kɔ̃fʀɛʀ] *m* Kollege *m*

confrérie [kɔ̃fʀeʀi] *f* Bruderschaft *f*

confrontation [kɔ̃fʀɔ̃tasjɔ̃] *f* Konfrontation *f*

confronter [kɔ̃fʀɔ̃te] <1> *vt* konfrontieren

confus, e [kɔ̃fy, yz] *adj* ❶ (*indistinct*) undeutlich ❷ (*embrouillé*) konfus ❸ (*embarrassé*) verwirrt

confusion [kɔ̃fyzjɔ̃] *f* ❶ *sans pl* (*embarras*) Verlegenheit *f* ❷ (*erreur*) Verwechslung *f* ❸ *sans pl* (*agitation*) Unruhe *f*

congé [kɔ̃ʒe] *m* ❶ Urlaub *m;* SCOL [Schul]ferien *Pl;* UNIV Semesterferien; **~s payés** bezahlter Urlaub; **être en ~ de maladie** krankgeschrieben sein ❷ (*salutation*) **prendre ~ de qn/qc** sich von jdm/etw verabschieden

congédier [kɔ̃ʒedje] <1> *vt* (*employé*) entlassen

congélateur [kɔ̃ʒelatœʀ] *m* Tiefkühltruhe *f*

congeler [kɔ̃ʒ(ə)le] <4> *vt* einfrieren; **être congelé** tiefgefroren sein

congénital, e [kɔ̃ʒenital, o] <-aux> *adj a. fig* angeboren

congère [kɔ̃ʒɛʀ] *m* Schneewehe *f*

congestion [kɔ̃ʒɛstjɔ̃] *f* MED Schlaganfall *m;* **~ cérébrale** [Ge]hirnschlag *m;* **~ pulmonaire** [leichte] Lungenentzündung

Congo [kɔ̃gɔ] *m* **le ~** der Kongo

congrégation [kɔ̃gʀegasjɔ̃] *f* Kongregation *f*

congrès [kɔ̃gʀɛ] *m* Kongress *m*

conifère [kɔnifɛʀ] *m* Nadelbaum *m*

conique [kɔnik] *adj* kegelförmig

conjoint, e [kɔ̃ʒwɛ̃, wɛ̃t] *m, f form* [Ehe]gatte/-gattin *m/f*

conjointement [kɔ̃ʒwɛ̃tmɑ̃] *adv* zusammen

conjonctif, -ive [kɔ̃ʒɔ̃ktif, -iv] *adj* (*tissu*) Binde-

conjonction [kɔ̃ʒɔ̃ksjɔ̃] *f* LING Konjunktion *f,* Bindewort *nt*

conjonctive [kɔ̃ʒɔ̃ktiv] *f* ANAT Bindehaut *f*

conjonctivite [kɔ̃ʒɔ̃ktivit] *f* Bindehautentzündung *f*

conjoncture [kɔ̃ʒɔ̃ktyʀ] *f* ❶ *sans pl* (*situation*) Bedingungen *Pl* ❷ *sans pl* ECON Konjunktur *f*

conjoncturel, le [kɔ̃ʒɔ̃ktyʀɛl] *adj* (*crise, cycle*) Konjunktur-

conjugaison [kɔ̃ʒygɛzɔ̃] *f* Konjugation *f*

conjugal, e [kɔ̃ʒygal, o] <-aux> *adj* ehelich; (*lit, vie*) Ehe-

conjuguer [kɔ̃ʒyge] <1> *vt* ❶ LING konjugieren ❷ (*unir*) vereinigen

conjurer [kɔ̃ʒyʀe] <1> *vt* ❶ (*éviter*) abwenden ❷ (*supplier*) beschwören

connaissance [kɔnɛsɑ̃s] *f* ❶ *sans pl* (*fait de connaître*) Kenntnis *f;* **prendre ~ de qc** etw zur Kenntnis nehmen; **pas à ma ~** nicht, dass ich wüsste ❷ *pl* (*choses apprises*) Kenntnisse *Pl* ❸ (*personne*) Bekannte(r) *f(m),* Bekanntschaft *f;* **faire la ~ de qn** die Bekanntschaft von jdm machen ❹ (*lucidité*) Bewusstsein *nt;* **sans ~** bewusstlos

connaisseur, -euse [kɔnɛsœʀ, -øz] **I.** *adj* Kenner- **II.** *m, f* Kenner(in) *m(f)*

connaître [kɔnɛtʀ] <irr> **I.** *vt* ❶ kennen; (*nom, adresse*) wissen; **comme je te connais, ...** wie ich dich kenne, ... ❷ (*comprendre*) **~ son métier** sein Handwerk verstehen ❸ (*rencontrer*) kennen lernen; **faire ~ qn à qn** jdn mit jdm bekannt machen ❹ (*éprouver*) erleben; **~ un succès fou** (*personne*) einen Riesenerfolg haben; (*film*) ein Riesenerfolg sein **II.** *vpr* ❶ **se ~** sich kennen ❷ (*être spécialiste*) **s'y ~** etwas davon verstehen; **s'y ~ en ordinateurs** sich [gut] mit Computern auskennen

connard [kɔnaʀ] *m fam* [Voll]idiot *m*

connasse [kɔnas] *f fam* blöde Ziege

connecter [kɔnɛkte] <1> **I.** *vt* anschließen an (+ *akk*); **~ des ordinateurs en réseau** Computer vernetzen **II.** *vpr* **se ~ au réseau/sur Internet** sich ins Netz/ins Internet einloggen

connerie [kɔnʀi] *f fam* ❶ *sans pl* (*stupidité*) Schwachsinn *m* ❷ (*acte*) Quatsch *m kein Pl*

connexion [kɔnɛksjɔ̃] *f a.* INFORM Verbindung *f*

connotation [kɔnɔtasjɔ̃] *f* Konnotation *f*

connu, e [kɔny] **I.** *part passé de* **connaître** **II.** *adj* bekannt

conquérant, e [kɔ̃keʀɑ̃, ɑ̃t] *m, f* Eroberer/Eroberin *m/f*

conquérir [kɔ̃keʀiʀ] <irr> *vt* erobern

conquête [kɔ̃kɛt] *f* Eroberung *f*

conquis, e [kɔ̃ki, iz] *part passé de* **conquérir**

consacré, e [kɔ̃sakʀe] *adj* ❶ (*église*) geweiht ❷ (*adéquat*) üblich

consacrer [kɔ̃sakʀe] <1> **I.** *vt* ❶ (*vie*) widmen ❷ REL weihen **II.** *vpr* **se ~ à qn/qc** sich jdm/einer S. widmen

consanguin, e [kɔ̃sɑ̃gɛ̃, in] *adj* (*mariage*) zwischen Blutsverwandten

consciemment [kɔ̃sjamɑ̃] *adj* bewusst

conscience [kɔ̃sjɑ̃s] *f* ❶ *sans pl* PSYCH Bewusstsein *nt;* **avoir/prendre ~ de qc** sich (*dat*) einer S. (*gen*) bewusst sein/werden ❷ *sans pl* (*sens moral*) **une bonne/mauvaise ~** ein gutes/schlechtes Gewissen

consciencieusement [kɔ̃sjɑ̃sjøzmɑ̃] *adv* gewissenhaft

consciencieux, -euse [kɔ̃sjɑ̃sjø, -jøz] *adj* gewissenhaft

conscient, e [kɔ̃sjɑ̃, jɑ̃t] *adj* ❶ (*informé*) bewusst; **être ~ de qc** sich (*dat*) einer S. (*gen*) bewusst sein ❷ (*lucide*) bei Bewusstsein

consécration [kɔ̃sekʀasjɔ̃] *f* (*d'une carrière*) Krönung *f*

consécutif, -ive [kɔ̃sekytif, -iv] *adj* ❶ (*à la file*) aufeinanderfolgend ❷ (*résultant de*) **~ à qc** durch eine S. hervorgerufen

conseil [kɔ̃sɛj] *m* ❶ (*recommandation*) Rat[schlag *m*] *m;* **demander ~ à qn** jdn um Rat fragen ❷ (*personne*) Berater(in) *m(f)* ❸ (*assemblée: privée*) Vorstand *m;* (*publique*) Verwaltungsrat *m;* **Conseil exécutif** CH Regierungsrat (CH); **Conseil fédéral** CH Bundesrat (CH); **~ général** *oberstes Exekutivorgan eines Departements*; **~ municipal/régional** Gemeinde-/Regionalrat; **Conseil national** CH Nationalrat (CH); **~ de l'Europe** Europarat; **~ de classe** Schulkonferenz *f*

conseiller [kɔ̃seje] <1> *vt* ❶ (*recommander*) raten; (*vin*) empfehlen ❷ (*guider*) **~ qn dans qc** jdn bei etw beraten

conseiller, -ère [kɔ̃seje, -ɛʀ] *m, f* Berater(in) *m(f)*

consensus [kɔ̃sɛ̃sys] *m* Konsens *m*

consentant, e [kɔ̃sɑ̃tɑ̃, ɑ̃t] *adj* **être ~** einverstanden sein

consentement [kɔ̃sɑ̃tmɑ̃] *m* Zustimmung *f*

consentir [kɔ̃sɑ̃tiʀ] <10> **I.** *vi* **~ à qc** einer S. (*dat*) zustimmen; **~ à faire qc/à ce que** + *subj* damit einverstanden sein etw zu tun/, dass **II.** *vt* gewähren

conséquence [kɔ̃sekɑ̃s] *f* Folge *f;* **avoir qc pour ~** etw zur Folge haben; **en ~** (*donc*) infolgedessen; (*conformément à cela*) [dem]entsprechend

conséquent, e [kɔ̃sekɑ̃, ɑ̃t] *adj* ❶ (*cohérent*) konsequent; **par ~** folglich ❷ *fam* (*considérable*) beachtlich

conservateur, -trice [kɔ̃sɛʀvatœʀ, -tʀis] **I.** *adj* ❶ POL konservativ ❷ GASTR **agent ~** Konservierungsstoff *m* **II.** *m, f* ❶ (*d'un musée*) Verwalter(in) *m(f)* ❷ POL Konservative(r) *f(m)*

conservation [kɔ̃sɛʀvasjɔ̃] *f* (*d'un monument*) Instandhaltung *f;* (*d'un aliment*) Aufbewahrung *f*

conservatisme [kɔ̃sɛʀvatism] *m* Konservatismus *m*

conservatoire [kɔ̃sɛʀvatwaʀ] *m* MUS Konservatorium *nt;* THEAT Schauspielschule *f*

conserve [kɔ̃sɛʀv] *f* Konserve *f;* **en ~** aus der Dose

conserver [kɔ̃sɛʀve] <1> **I.** *vt* ❶ (*papiers, aliments*) aufbewahren ❷ GASTR konservieren ❸ (*ne pas perdre*) behalten; (*tradition*) pflegen; (*habitude*) beibehalten **II.** *vpr* **se ~** sich halten

considérable [kɔ̃sideʀabl] *adj* beachtlich

considérablement [kɔ̃sideʀabləmɑ̃] *adv* beachtlich

considération [kɔ̃sideʀasjɔ̃] *f* ❶ *pl* (*raisonnement*) Überlegungen *Pl* ❷ (*estime*) Ansehen *nt* ❸ (*attention*) **prendre qn/qc en ~** jdn/etw berücksichtigen

considérer [kɔ̃sideʀe] <5> *vt* ❶ überdenken; (*détail*) bedenken ❷ (*contempler*) [eingehend] betrachten ❸ (*penser*) **~ que ...** finden, dass ...

consigne [kɔ̃siɲ] *f* ❶ *sans pl* AUT Gepäckaufbewahrung *f;* **~ automatique** Schließfach *nt* ❷ *sans pl* COM Pfand *nt* ❸ (*instructions*) Anweisungen *Pl,* Vorschriften *Pl*

consigné, e [kɔ̃siɲe] *adj* (*bouteille*) Pfand-

consigner [kɔ̃siɲe] <1> *vt* ❶ (*mettre à la consigne: bagages*) zur Aufbewahrung geben ❷ (*facturer*) **qc est consigné** auf etw (*akk*) wird Pfand erhoben

consistance [kɔ̃sistɑ̃s] *f* Konsistenz *f*

consistant, e [kɔ̃sistɑ̃, ɑ̃t] *adj* ❶ (*épais*) dickflüssig ❷ *fam* (*substantiel*) gehaltvoll ❸ (*argument*) stichhaltig

consister [kɔ̃siste] <1> *vi* ❶ (*se composer de*) **~ en qc** aus etw bestehen ❷ (*être*) **~ en qc** in etw (*dat*) bestehen; **~ à faire qc** darin bestehen etw zu tun

consœur [kɔ̃sœʀ] *f* Kollegin *f; v.a.* **confrère**

consolation [kɔ̃sɔlasjɔ̃] *f* Trost *m*

console [kɔ̃sɔl] *f a.* TECH Konsole *f*

consoler [kɔ̃sɔle] <1> *vt, vpr* [**se**] **~** [sich] trösten

consolider [kɔ̃sɔlide] <1> *vt* sichern; (*mur*) befestigen

consommable [kɔ̃sɔmabl] *adj* essbar

consommateur, **-trice** [kɔ̃sɔmatœʀ, -tʀis] *m, f* ❶ (*acheteur*) Verbraucher(in) *m(f)* ❷ (*client*) Gast *m*

consommation [kɔ̃sɔmasjɔ̃] *f* ❶ *sans pl* **~ de qc** Verbrauch *m* an etw (*dat*); ECON Konsum *m* an etw (*dat*) ❷ (*boisson*) Getränk *nt*

consommé [kɔ̃sɔme] *m* [Kraft]brühe *f*

consommer [kɔ̃sɔme] <1> **I.** *vi* ❶ (*boire*) etwas zu sich (*dat*) nehmen ❷ (*acheter*) konsumieren **II.** *vt* ❶ GASTR zu sich (*dat*) nehmen ❷ (*user*) verbrauchen **III.** *vpr* **qc se consomme chaud** etw wird warm gegessen; (*boisson*) etw wird warm getrunken; **à ~ avant le ...** mindestens haltbar bis ...

consonance [kɔ̃sɔnɑ̃s] *f* MUS Konsonanz *f*

consonne [kɔ̃sɔn] *f* Konsonant *m*

conspirateur, **-trice** [kɔ̃spiʀatœʀ, -tʀis] *m, f* Verschwörer(in) *m(f)*

conspiration [kɔ̃spiʀasjɔ̃] *f* Verschwörung *f*

conspirer [kɔ̃spiʀe] <1> *vi* konspirieren

constamment [kɔ̃stamɑ̃] *adv* ununterbrochen

constance [kɔ̃stɑ̃s] *f* Beständigkeit *f*

Constance [kɔ̃stɑ̃s] Konstanz *nt*

constant, **e** [kɔ̃stɑ̃, ɑ̃t] *adj* ❶ (*invariable*) konstant ❷ (*continuel*) ständig

constat [kɔ̃sta] *m* Protokoll *nt;* **~ à l'amiable** Unfallaufnahme *f* (*ohne die Polizei hinzuzuziehen*)

constatation [kɔ̃statasjɔ̃] *f* Feststellung *f*

constater [kɔ̃state] <1> *vt* feststellen

constellation [kɔ̃stelasjɔ̃] *f* ASTRO Sternbild *nt*

consternant, **e** [kɔ̃stɛʀnɑ̃, ɑ̃t] *adj* erschütternd

consternation [kɔ̃stɛʀnasjɔ̃] *f* Betroffenheit *f*

consterné, **e** [kɔ̃stɛʀne] *adj* bestürzt

consterner [kɔ̃stɛʀne] <1> *vt* betroffen machen

constipation [kɔ̃stipasjɔ̃] *f* Verstopfung *f*

constipé, **e** [kɔ̃stipe] *adj* ❶ MED verstopft ❷ *fam* verklemmt

constituant, **e** [kɔ̃stitɥɑ̃, ɑ̃t] *adj* ❶ POL verfassungsgebend ❷ (*constitutif*) **les éléments ~s de qc** die Bestandteile einer S. (*gen*)

constitué, **e** [kɔ̃stitɥe] *adj* ❶ (*composé*) **être ~ de qc** aus etw bestehen ❷ (*conformé*) **bien ~** gut entwickelt

constituer [kɔ̃stitɥe] <1> **I.** *vt* ❶ (*composer*) bilden ❷ (*gouvernement*) bilden; (*dossier*) anlegen ❸ (*représenter*) darstellen **II.** *vpr* JUR **se ~ témoin** als Zeuge auftreten

constitution [kɔ̃stitysjɔ̃] *f* ❶ POL Verfassung *f;* **la Constitution** die Frz. Verfassung ❷ *sans pl* (*d'un groupe*) Bildung *f;* (*d'un dossier*) Anlage *f* ❸ *sans pl* (*composition*) Zusammensetzung *f*

constitutionnel, **le** [kɔ̃stitysjɔnɛl] *adj* verfassungskonform

constructeur [kɔ̃stʀyktœʀ] *m* ❶ (*ingénieur*) Konstrukteur(in) *m(f)* ❷ (*firme*) Hersteller *m* ❸ (*bâtisseur*) Baumeister(in) *m(f)*

constructif, **-ive** [kɔ̃stʀyktif, -iv] *adj* konstruktiv

construction [kɔ̃stʀyksjɔ̃] *f* ❶ *sans pl* (*action*) Bau *m;* **la ~ de l'Europe** *fig* der Aufbau Europas ❷ (*édifice*) Bauwerk *nt,* Konstruktion *f*

construire [kɔ̃stʀɥiʀ] <irr> *vt* ❶ (*bâtir*) bauen ❷ (*fabriquer*) herstellen ❸ (*élaborer*) aufstellen

consul [kɔ̃syl] *m* Konsul(in) *m(f)*

consulat [kɔ̃syla] *m* Konsulat *nt*

consultant, **e** [kɔ̃syltɑ̃, ɑ̃t] **I.** *adj* beratend **II.** *m, f* Berater(in) *m(f)*

consultation [kɔ̃syltasjɔ̃] *f* ❶ *sans pl* (*d'un ouvrage*) Nachschlagen *nt* in (+ *dat*); (*d'un agenda, d'un horaire*) Nachsehen *nt* in (+ *dat*) ❷ (*séance*) Beratung *f;* (*médicale*) Sprechstunde *f* ❸ CH (*prise de position*) Stellungnahme *f,* Vernehmlassung *f* (CH)

consulter [kɔ̃sylte] <1> **I.** *vi* Sprechstunde haben **II.** *vt* ❶ (*demander avis*) zu Rate ziehen; (*médecin*) aufsuchen ❷ (*ouvrage*) nachschlagen in (+ *dat*); (*agenda*) nachsehen in (+ *dat*)

consumer [kɔ̃syme] <1> *vt, vpr* [**se**] ~ [sich] verbrennen

contact [kɔ̃takt] *m* ❶ *sans pl* (*toucher*) Kontakt *m,* Berührung *f;* **entrer/être en ~** (*choses*) in Berührung treten/stehen ❷ (*rapport*) Kontakt *m;* **au ~ de qn** im Umgang *m* mit jdm; **entrer en ~** Kontakt aufnehmen; **rester en ~** in Verbindung bleiben ❸ ELEC, AUT Kontakt *m;* **couper/mettre le ~** den Motor abstellen/anlassen

contacter [kɔ̃takte] <1> *vt* **~ qn/qc** sich mit jdm/etw in Verbindung setzen

contagieux, **-euse** [kɔ̃taʒjø, -jøz] *adj* ansteckend

contagion [kɔ̃taʒjɔ̃] *f* Ansteckung *f*

container [kɔ̃tɛnɛʀ] *m* Behälter *m*

contamination [kɔ̃taminasjɔ̃] *f* (*d'une personne*) Ansteckung *f*

contaminer [kɔ̃tamine] <1> *vt* (*milieu*) verseuchen; **~ qn** (*personne*) jdn anstecken; (*virus*) jdn infizieren

conte [kɔ̃t] *m* Märchen *nt*

contemplation [kɔ̃tɑ̃plasjɔ̃] *f sans pl* Betrachtung *f*

contempler [kɔ̃tɑ̃ple] <1> *vt, vpr* [**se**] **~** [sich] betrachten

contemporain, e [kɔ̃tɑ̃pɔʀɛ̃, ɛn] **I.** *adj* zeitgenössisch; (*français*) heutig **II.** *m, f* Zeitgenosse/-genossin *m/f*

contenance [kɔ̃t(ə)nɑ̃s] *f* ❶ (*d'un récipient*) Inhalt *m;* (*d'un réservoir*) Fassungsvermögen *nt* ❷ (*attitude*) Haltung *f*

contenant [kɔ̃t(ə)nɑ̃] *m* Behältnis *nt*

conteneur [kɔ̃t(ə)nœʀ] *m* Container *m*

contenir [kɔ̃t(ə)niʀ] <9> **I.** *vt* ❶ (*renfermer*) enthalten ❷ (*rire*) unterdrücken; (*foule*) in Schach halten **II.** *vpr* **se ~** sich beherrschen

content, e [kɔ̃tɑ̃, ɑ̃t] *adj* ❶ (*heureux*) **~ de qc** erfreut über etw (*akk*); **très ~** glücklich; **être ~ pour qn** sich für jdn freuen; **être ~ de faire qc/que** *+ subj* sich freuen etw zu tun/, dass ❷ (*satisfait*) **~ de qn/qc** zufrieden mit jdm/etw

contentement [kɔ̃tɑ̃tmɑ̃] *m sans pl* Zufriedenheit *f*

contenter [kɔ̃tɑ̃te] <1> **I.** *vt* (*personne*) zufriedenstellen **II.** *vpr* **se ~ de qc** sich mit etw zufriedengeben

contenu [kɔ̃t(ə)ny] *m* Inhalt *m*

contenu, e [kɔ̃t(ə)ny] *adj* unterdrückt

conter [kɔ̃te] <1> *vt* **ne pas s'en laisser ~** sich (*akk*) nichts vormachen lassen

contestable [kɔ̃tɛstabl] *adj* zweifelhaft; (*argument*) fraglich

contestataire [kɔ̃tɛstatɛʀ] **I.** *adj* oppositionell; (*mouvement*) Protest- **II.** *mf* Systemgegner(in) *m(f)*

contestation [kɔ̃tɛstasjɔ̃] *f* Einwand *m*

contester [kɔ̃tɛste] <1> **I.** *vi* widersprechen **II.** *vt* in Frage stellen

conteur, -euse [kɔ̃tœʀ, tøz] *m, f* Märchendichter(in) *m(f)*

contexte [kɔ̃tɛkst] *m a.* LING Kontext *m,* Zusammenhang *m*

continent [kɔ̃tinɑ̃] *m* ❶ GEO Kontinent *m* ❷ (*opp: île*) Festland *nt*

continental, e [kɔ̃tinɑ̃tal, o] <-aux> *adj* Kontinental-

contingences [kɔ̃tɛ̃ʒɑ̃s] *fpl* Belanglosigkeiten *Pl*

contingent [kɔ̃tɛ̃ʒɑ̃] *m* ❶ MIL [Truppen]kontingent *nt* ❷ (*part*) *a.* COM [An]teil *m*

continu [kɔ̃tiny] *m sans pl* **en ~** ohne Pause

continu, e [kɔ̃tiny] *adj* (*ligne*) durchgehend; (*effort, bruit*) kontinuierlich

continuation [kɔ̃tinɥasjɔ̃] *f* Weiterführung *f*

continuel, le [kɔ̃tinɥɛl] *adj* ständig

continuellement [kɔ̃tinɥɛlmɑ̃] *adv* ununterbrochen

continuer [kɔ̃tinɥe] <1> **I.** *vi* ❶ (*se poursuivre*) weitergehen ❷ (*poursuivre*) weitermachen; (*à pied*) weitergehen; (*en voiture*) weiterfahren ❸ (*persister*) weitermachen; **~ à faire qc** fortfahren etw zu tun **II.** *vt* ❶ fortsetzen; (*exposé*) fortfahren mit ❷ (*prolonger*) verlängern

continuité [kɔ̃tinɥite] *f* Kontinuität *f*

contorsionner [kɔ̃tɔʀsjɔne] <1> *vpr* **se ~** sich verrenken

contour [kɔ̃tuʀ] *m* Umrisse *Pl*

contourner [kɔ̃tuʀne] <1> *vt* ❶ **~ qc** (*route*) um etw herumführen; (*personne*) um etw herumgehen; (*en véhicule*) um etw herumfahren ❷ (*éluder*) umgehen

contraceptif [kɔ̃tʀasɛptif] *m* Verhütungsmittel *nt*

contraceptif, -ive [kɔ̃tʀasɛptif, -iv] *adj* empfängnisverhütend

contraception [kɔ̃tʀasɛpsjɔ̃] *f* [Empfängnis]verhütung *f*

contracté, e [kɔ̃tʀakte] *adj* (*tendu*) angespannt

contracter [kɔ̃tʀakte] <1> **I.** *vt* ANAT anspannen **II.** *vpr* **se ~** sich zusammenziehen (*visage*) sich verzerren

contraction [kɔ̃tʀaksjɔ̃] *f* ❶ (*action*) Zusammenziehen *nt* ❷ (*état*) Anspannung *f* ❸ *pl* (*lors d'un accouchement*) Wehen *Pl*

contractuel, le [kɔ̃tʀaktɥɛl] *m, f* (*agent*) Hilfspolizist/Politesse *m/f*

contradiction [kɔ̃tʀadiksjɔ̃] *f sans pl* Widerspruch *m*

contradictoire [kɔ̃tʀadiktwaʀ] *adj* widersprüchlich

contraignant, e [kɔ̃tʀɛɲɑ̃, ɑ̃t] *adj* zwingend; (*horaire*) streng [festgelegt]

contraindre [kɔ̃tʀɛ̃dʀ] <irr> *vt* **~ qn à qc** jdn zu etw zwingen

contraint, e [kɔ̃tʀɛ̃, ɛ̃t] *adj* gezwungen

contrainte [kɔ̃tʀɛ̃t] *f* Zwang *m*

contraire [kɔ̃tʀɛʀ] **I.** *adj* ❶ (*opposé*) entgegengesetzt; (*preuve*) Gegen- ❷ (*incompatible*) ~ **à l'usage** gegen die Gewohnheit ❸ (*défavorable*) ungünstig **II.** *m* Gegenteil *nt*; **bien** [*o* **tout**] **au** ~ ganz im Gegenteil

contrairement [kɔ̃tʀɛʀmɑ̃] *adv* ~ **à qn/qc** im Gegensatz zu jdm/entgegen etw

contralto [kɔ̃tʀalto] *m* Kontraalt *m*

contrariant, e [kɔ̃tʀaʀjɑ̃, jɑ̃t] *adj* ärgerlich

contrarier [kɔ̃tʀaʀje] <1> *vt* ❶ (*fâcher*) ärgern ❷ (*projets*) durchkreuzen

contrariété [kɔ̃tʀaʀjete] *f sans pl* Verärgerung *f*

contraste [kɔ̃tʀast] *m a.* TV Kontrast *m*

contraster [kɔ̃tʀaste] <1> *vi* ~ **avec qc** im Gegensatz zu etw stehen

contrat [kɔ̃tʀa] *m* Vertrag *m*; ~ **de travail** Arbeitsvertrag; **passer/conclure un ~ avec qn** mit jdm einen Vertrag [ab]schließen

contravention [kɔ̃tʀavɑ̃sjɔ̃] *f* ❶ (*procès-verbal*) Strafzettel *m* (*fam*) ❷ (*amende*) Geldstrafe *f*

contre [kɔ̃tʀ] **I.** *prép* ❶ (*proximité, contact: avec mouvement*) an (+ *akk*); (*sans mouvement*) an (+ *dat*); **venir tout ~ qn** sich [eng] an jdn schmiegen ❷ (*opposition, échange*) gegen ❸ (*proportion*) zu (+ *dat*), gegen; **ils se battaient à dix ~ un** sie waren zehn gegen einen **II.** *adv* (*opposition*) dagegen; **je n'ai rien ~** ich habe nichts dagegen; **par ~** dagegen

contre-attaque [kɔ̃tʀatak] *f* Gegenangriff *m*

contrebalancer [kɔ̃tʀəbalɑ̃se] <2> **I.** *vt* ausgleichen **II.** *vpr* **s'en ~** *fam* sich darüber lustig machen

contrebande [kɔ̃tʀəbɑ̃d] *f* ❶ (*activité*) Schmuggel *m* ❷ (*marchandise*) Schmuggelware *f*

contrebandier, -ière [kɔ̃tʀəbɑ̃dje, -jɛʀ] *m, f* Schmuggler(in) *m(f)*

contrebas [kɔ̃tʀəba] *adv* **en ~** unterhalb

contrebasse [kɔ̃tʀəbas] *f* Kontrabass *m*

contrecarrer [kɔ̃tʀəkaʀe] <1> *vt* vereiteln

contrecœur [kɔ̃tʀəkœʀ] *adv* **à ~** widerwillig

contrecoup [kɔ̃tʀəku] *m* Folge *f*

contre-courant [kɔ̃tʀəkuʀɑ̃] *m* **à ~** gegen den Strom

contredanse [kɔ̃tʀədɑ̃s] *f fam* ❶ (*procès-verbal*) Strafzettel *m* ❷ (*amende*) Geldstrafe *f*

contredire [kɔ̃tʀədiʀ] <irr> **I.** *vt* ~ **qn/qc** jdm/einer S. widersprechen **II.** *vpr* **se ~** sich (*dat*) widersprechen

contre-espionnage [kɔ̃tʀɛspjɔnaʒ] *m sans pl* [Spionage]abwehr *f* **contre-exemple** [kɔ̃tʀɛgzɑ̃pl] *m* Gegenbeispiel *nt* **contre-expertise** [kɔ̃tʀɛkspɛʀtiz] *f* Gegengutachten *nt*

contrefaçon [kɔ̃tʀəfasɔ̃] *f* Fälschung *f*

contrefaire [kɔ̃tʀəfɛʀ] <irr> *vt* fälschen

contrefait, e [kɔ̃tʀəfɛ, ɛt] *adj* (*imité*) gefälscht

contrefort [kɔ̃tʀəfɔʀ] *m* ARCHIT Strebepfeiler *m*

contre-indication [kɔ̃tʀɛ̃dikasjɔ̃] *f* Gegenanzeige *f* **contre-indiqué, e** [kɔ̃tʀɛ̃dike] *adj* ❶ MED **être ~** nicht geeignet sein ❷ (*déconseillé*) nicht ratsam **contre-jour** [kɔ̃tʀəʒuʀ] *m* Gegenlicht *nt*

contremaître, -esse [kɔ̃tʀəmɛtʀ, -ɛs] *m, f* Vorarbeiter(in) *m(f)*

contre-offensive [kɔ̃tʀɔfɑ̃siv] *f* Gegenangriff *m*

contrepartie [kɔ̃tʀəpaʀti] *f* **en ~** als Gegenleistung [*o* Entschädigung]; (*par contre*) andererseits

contre-pied [kɔ̃tʀəpje] *m sans pl* [genaues] Gegenteil **contre-plaqué** [kɔ̃tʀəplake] *m sans pl* Sperrholz *nt* **contre-plongée** [kɔ̃tʀəplɔ̃ʒe] *f* CINE, TV Aufnahme *f* von unten

contrepoids [kɔ̃tʀəpwa] *m* Gegengewicht *nt*

contrepoison [kɔ̃tʀəpwazɔ̃] *m* Gegengift *nt*

contre-productif, -ive [kɔ̃tʀəpʀɔdyktif, -iv] *adj* kontraproduktiv

contrer [kɔ̃tʀe] <1> *vt* ~ **qn/qc** jdm Kontra geben/etw durchkreuzen

contre-révolution [kɔ̃tʀəʀevɔlysjɔ̃] *f* Gegenrevolution *f*

contresens [kɔ̃tʀəsɑ̃s] *m* Fehlinterpretation *f*; (*dans une traduction*) Übersetzungsfehler *m*

contresigner [kɔ̃tʀəsiɲe] <1> *vt* gegenzeichnen

contretemps [kɔ̃tʀətɑ̃] *m* **j'ai eu un ~** mir ist etwas dazwischengekommen

contrevenir [kɔ̃tʀəv(ə)niʀ] <9> *vi* ~ **à qc** gegen etw verstoßen

contribuable [kɔ̃tʀibɥabl] *mf* Steuerzahler(in) *m(f)*

contribuer [kɔ̃tʀibɥe] <1> *vi* ~ **à qc** zu etw beitragen

contribution [kɔ̃tʀibysjɔ̃] *f* ❶ ~ **à qc** Beitrag *m* zu etw; **mettre qn à ~ pour qc** jds Dienste bei etw in Anspruch nehmen ❷ *pl* (*impôts*) Steuern *Pl*

contrit, e [kɔ̃tʀi] *adj* reuevoll

contrôle [kɔ̃tʀol] *m* ❶ (*des passeports*) Kontrolle *f;* (*de la caisse*) Prüfung *f;* (*douane*) Zoll *m;* ~ **d'identité** Ausweiskontrolle; ~ **technique** ≈ TÜV ❷ *sans pl* (*surveillance*) Aufsicht *f* ❸ SCOL Arbeit *f,* Test *m;* ~ **de géographie** Erdkundetest ❹ (*maîtrise*) **garder/perdre le ~ de qc** die Kontrolle über etw (*akk*) behalten/verlieren

In Frankreich muss ein Kraftfahrzeug alle zwei Jahre auf seine Fahrtüchtigkeit und seine Abgasemissionen hin überprüft werden. Dies geschieht im Rahmen der **contrôles techniques**. Wenn das Fahrzeug verkehrssicher ist und die Abgase der Norm entsprechen, bekommt man einen Aufkleber, der auf der Windschutzscheibe angebracht werden muss.

contrôler [kɔ̃tʀole] <1> **I.** *vt* ❶ kontrollieren; (*liste, affirmation*) überprüfen; (*comptes*) prüfen ❷ (*prix*) überwachen ❸ (*maîtriser*) unter Kontrolle haben **II.** *vpr* **se ~** sich beherrschen

contrôleur, -euse [kɔ̃tʀolœʀ, -øz] *m, f* AUT Kontrolleur(in) *m(f)*

contrordre [kɔ̃tʀɔʀdʀ] *m* Gegenbefehl *m*

controverse [kɔ̃tʀɔvɛʀs] *f* Kontroverse *f*

controversé, e [kɔ̃tʀɔvɛʀse] *adj* umstritten

contusion [kɔ̃tyzjɔ̃] *f* Prellung *f*

convaincant, e [kɔ̃vɛ̃kɑ̃, ɑ̃t] *adj* überzeugend

convaincre [kɔ̃vɛ̃kʀ] <irr> *vt* ❶ (*persuader*) überzeugen ❷ JUR überführen

convaincu, e [kɔ̃vɛ̃ky] *part passé de* **convaincre**

convalescence [kɔ̃valesɑ̃s] *f* Genesung *f*

convalescent, e [kɔ̃valesɑ̃, ɑ̃t] **I.** *m, f* Genesende(r) *f(m)* **II.** *adj* auf dem Wege der Besserung

convenable [kɔ̃vnabl] *adj* ❶ (*adéquat*) passend ❷ (*correct*) anständig ❸ (*salaire*) angemessen; (*vin*) ordentlich

convenablement [kɔ̃vnabləmɑ̃] *adv* ❶ (*habillé*) passend; (*être équipé*) entsprechend ❷ (*se tenir, s'habiller*) anständig ❸ (*de manière acceptable*) ordentlich

convenance [kɔ̃vnɑ̃s] *f pl* (*bon usage*) Anstand *m*

convenir¹ [kɔ̃vniʀ] <9> **I.** *vi* ❶ (*aller*) ~ **à qn** jdm passen; (*climat, nourriture*) jdm bekommen ❷ (*être approprié*) ~ **à qc** zu etw passen **II.** *vi impers* **il convient de** es ist angebracht; **comme il convient** wie es sich gehört

convenir² [kɔ̃vniʀ] <9> **I.** *vt, vi* ~ **de qc/que ...** etw zugeben/zugeben, dass ... **II.** *vt impers* **il est convenu que** + *subj* es ist abgemacht, dass; **comme convenu** wie vereinbart

convention [kɔ̃vɑ̃sjɔ̃] *f* ❶ (*accord*) Abkommen *nt* ❷ (*règle*) Konvention *f*

conventionné, e [kɔ̃vɑ̃sjɔne] *adj* (*établissement*) Vertrags-; (*médecin*) Kassen-

conventionnel, le [kɔ̃vɑ̃sjɔnɛl] *adj* konventionell

convenu, e [kɔ̃vny] **I.** *part passé de* **convenir II.** *adj* vereinbart

convergence [kɔ̃vɛʀʒɑ̃s] *f* ❶ (*des lignes*) Zusammenlaufen *nt;* (*des intérêts*) Übereinstimmung *f* ❷ (*UE*) Konvergenz *f*

convergent, e [kɔ̃vɛʀʒɑ̃, ʒɑ̃t] *adj* (*lignes, routes*) zusammenlaufend; (*points de vue, intérêts*) übereinstimmend

converger [kɔ̃vɛʀʒe] <2a> *vi* (*intérêts*) übereinstimmen; **les regards convergent sur** [*o* **vers**] **qn/qc** die Blicke richten sich auf jdn/etw

conversation [kɔ̃vɛʀsasjɔ̃] *f* Unterhaltung *f,* Gespräch *nt;* ~ **téléphonique** Telefongespräch; **changer de ~** vom Thema ablenken

conversion [kɔ̃vɛʀsjɔ̃] *f* ❶ REL Übertritt *m,* Konvertieren *nt* ❷ FIN Umtausch *m*

converti, e [kɔ̃vɛʀti] **I.** *adj* bekehrt **II.** *m, f* Konvertit(in) *m(f)*

convertible [kɔ̃vɛʀtibl] *adj* ~ **en qc** konvertierbar in etw (*akk*)

convertir [kɔ̃vɛʀtiʀ] <8> **I.** *vt* ❶ ~ **qn à une religion** jdn zu einer Religion bekehren ❷ (*transformer*) ~ **des dollars en euros** Dollar in Euro umrechnen ❸ INFORM konvertieren **II.** *vpr* (*adopter*) **se ~** konvertieren

convexe [kɔ̃vɛks] *adj* konvex

conviction [kɔ̃viksjɔ̃] *f* Überzeugung *f*

convier [kɔ̃vje] <1> *vt soutenu* **~ qn à un repas** jdn zu einem Essen laden

convive [kɔ̃viv] *mf gén pl* Gast *m*

convivial, e [kɔ̃vivjal, jo] < -aux> *adj* ① gesellig ② INFORM benutzerfreundlich

convocation [kɔ̃vɔkasjɔ̃] *f* ① (*action*) Einberufung *f* ② JUR Vorladung *f* ③ SCOL [schriftliche] Aufforderung [zu erscheinen]

convoi [kɔ̃vwa] *m* ① (*véhicules*) Konvoi *m;* **~ militaire** Militärkolonne *f* ② CHEMDFER Zug *m*

convoiter [kɔ̃vwate] <1> *vt* begehren

convoitise [kɔ̃vwatiz] *f* Begierde *f*

convoquer [kɔ̃vɔke] <1> *vt* ① bestellen; (*assemblée*) einberufen ② JUR vorladen

convoyer [kɔ̃vwaje] <6> *vt* **~ qc** den Transport von etw bewachen

convoyeur [kɔ̃vwajœʀ] *m* TECH Förderer *m*

convulser [kɔ̃vylse] <1> *vt* (*visage, traits*) verzerren

convulsif, -ive [kɔ̃vylsif, -iv] *adj* krampfhaft; (*toux*) krampfartig

convulsion [kɔ̃vylsjɔ̃] *f gén pl* MED Zuckung *f*

cool [kul] *adj inv fam* cool; **super ~** total cool; **c'est ~!** das sieht cool aus!

coopérant, e [kɔɔpeʀɑ̃, ɑ̃t] *m, f* Entwicklungshelfer(in) *m(f)*

coopératif, -ive [kɔ(ɔ)peʀatif, -iv] *adj* kooperativ

coopération [kɔɔpeʀasjɔ̃] *f a.* POL Kooperation *f,* Zusammenarbeit *f*

coopérative [kɔ(ɔ)peʀativ] *f* Genossenschaft *f*

coopérer [kɔɔpeʀe] <5> *vi* zusammenarbeiten; **~ à qc** bei etw mitwirken

coordinateur, -trice [kɔɔʀdinatœʀ, -tʀis] *m, f v.* **coordonnateur**

coordination [kɔɔʀdinasjɔ̃] *f sans pl* Koordination *f*

coordonnateur, -trice [kɔɔʀdɔnatœʀ, -tʀis] **I.** *adj* koordinierend; (*bureau*) Koordinations- **II.** *m, f* Koordinator(in) *m(f);* **être ~ de qc** etw koordinieren

coordonné, e [kɔɔʀdɔne] *adj* aufeinander abgestimmt

coordonnées [kɔɔʀdɔne] *f* ① *pl fam* **les ~ de qn** jds Adresse *f* und Telefonnummer *f* ② MATH Koordinate *f*

coordonner [kɔɔʀdɔne] <1> *vt* koordinieren

copain, copine [kɔpɛ̃, kɔpin] *m, f fam* Freund(in) *m(f),* Kamerad(in) *m(f);* **de vieux ~s** alte Kumpel *Pl;* **être très ~ avec qn** mit jdm eng befreundet sein; **petit ~/petite copine** [fester] Freund/[feste] Freundin

copeau [kɔpo] <x> *m* Span *m*

Copenhague [kɔpɛnag] Kopenhagen *nt*

copie [kɔpi] *f* ① (*double*) Kopie *f;* **~ de sécurité** [*o* **de sauvegarde**] INFORM Sicherheitskopie ② (*produit*) Imitation *f* ③ (*feuille double*) Doppelbogen *m* ④ (*devoir*) Arbeit *f*

copier [kɔpje] <1> **I.** *vt* ① (*transcrire*) abschreiben ② (*photocopier*) [foto]kopieren ③ (*imiter*) nachmachen **II.** *vi* SCOL **~ sur qn** bei jdm abschreiben

copieur [kɔpjœʀ] *m* Kopierer *m*

copieur, -euse [kɔpjœʀ, -jøz] *m, f* SCOL Abschreiber(in) *m(f)*

copieusement [kɔpjøzmɑ̃] *adv* reichlich

copieux, -euse [kɔpjø, -jøz] *adj* reichlich

copilote [kopilɔt] *mf* ① AVIAT Kopilot(in) *m(f)* ② AUT Beifahrer(in) *m(f)*

copinage [kɔpinaʒ] *m péj fam* Vetternwirtschaft *f*

copine [kɔpin] *f v.* **copain**

coproduction [kopʀɔdyksjɔ̃] *f* Koproduktion *f*

copropriétaire [kopʀɔpʀijetɛʀ] *mf* Miteigentümer(in) *m(f)*

copuler [kɔpyle] <1> *vi* (*animal*) kopulieren; (*personne*) Geschlechtsverkehr haben

copyright [kɔpiʀajt] *m inv* Urheberrecht *nt*

copyrighté, e [kɔpiʀajte] *adj* urheberrechtlich geschützt

coq [kɔk] *m a.* GASTR Hahn *m*

coq-à-l'âne [kɔkalɑn] *m inv* Gedankensprung *m*

coque [kɔk] *f* ① TECH Rumpf *m* ② ZOOL Herzmuschel *f*

coquelet [kɔklɛ] *m* Hähnchen *nt*

coquelicot [kɔkliko] *m* [Klatsch]mohn *m*

coqueluche [kɔklyʃ] *f* MED Keuchhusten *m*

coquet, te [kɔkɛ, ɛt] *adj* ① (*élégant*) **être ~** eitel sein ② (*charmant*) nett ③ *fam* (*important*) stolz

coquetier [kɔktje] *m* Eierbecher *m*

coquetterie [kɔkɛtʀi] *f* ① (*d'une personne*) Eitelkeit *f* ② (*désir de plaire*) Koketterie *f*

coquillage [kɔkijaʒ] *m* Muschel *f*

coquille [kɔkij] *f* ① ZOOL (*de l'escargot*) [Schnecken]haus *nt;* (*des mollusques*) Schale *f;* (*d'un œuf*) [Eier]schale; **~ Saint-Jacques** GASTR Jakobsmuschel ② TYP Druckfehler *m*

coquillettes [kɔkijɛt] *fpl* Hörnchen *Pl*

coquin, e [kɔkɛ̃, in] **I.** *adj* ❶ (*espiègle*) schelmisch ❷ (*grivois*) anzüglich **II.** *m, f* Frechdachs *m*

cor [kɔʀ] *m* Horn *nt*

corail [kɔʀaj, kɔʀo] <coraux> **I.** *m* Koralle *f* **II.** *app inv* korallenrot

Coran [kɔʀɑ̃] *m* **le** ~ der Koran

coranique [kɔʀanik] *adj* koranisch; (*loi a.*) des Koran; (*école*) Koran-

corbeau [kɔʀbo] <x> *m* Rabe *m*

corbeille [kɔʀbɛj] *f* Korb *m;* ~ **à papier/pain** Papier-/Brotkorb

corbillard [kɔʀbijaʀ] *m* Leichenwagen *m*

cordage [kɔʀdaʒ] *m* ❶ (*corde*) Tau *nt* ❷ NAUT Takelage *f*

corde [kɔʀd] *f* ❶ (*lien, câble*) Strick *m;* (*d'un alpiniste, d'une balançoire*) Seil *nt;* (*d'un bateau*) Leine *f;* ~ **à sauter** Springseil ❷ MUS Saite *f; pl* Streichinstrumente *Pl* ❸ SPORT (*d'une raquette*) Saite *f;* (*d'un arc*) Sehne *f* ❹ ANAT **~s vocales** Stimmbänder *Pl*

cordial, e [kɔʀdjal, jo] <-aux> *adj* herzlich

cordialement [kɔʀdjalmɑ̃] *adv* herzlich

cordialité [kɔʀdjalite] *f sans pl* Herzlichkeit *f*

cordillère [kɔʀdijɛʀ] *f* Gebirgskette *f;* ~ **des Andes** Andenkordilleren *Pl*

cordon [kɔʀdɔ̃] *m* Schnur *f*

cordon-bleu [kɔʀdɔ̃blø] <cordons-bleus> *m fam* fabelhafter Koch/fabelhafte Köchin *m/f*

cordonnier, -ière [kɔʀdɔnje, -jɛʀ] *m, f* Schuster(in) *m(f)*

Corée [kɔʀe] *f* **la** ~ Korea *nt;* **la** ~ **du Nord/du Sud** Nord-/Südkorea

coréen [kɔʀeɛ̃] *m* Koreanisch *nt; v.a.* **allemand**

coréen, ne [kɔʀeɛ̃, ɛn] *adj* koreanisch; *v.a.* **allemand**

Coréen, ne [kɔʀeɛ̃, ɛn] *m, f* Koreaner(in) *m(f)*

coriace [kɔʀjas] *adj* zäh

coriandre [kɔʀjɑ̃dʀ] *f* Koriander *m*

cormoran [kɔʀmɔʀɑ̃] *m* Kormoran *m*

corne [kɔʀn] *f* ZOOL Horn *nt*

cornée [kɔʀne] *f* ANAT Hornhaut *f* [des Auges]

corneille [kɔʀnɛj] *f* Krähe *f*

cornélien, ne [kɔʀneljɛ̃, jɛn] *adj* (*situation*) qualvoll; (*personnage*) wie bei Corneille; **la tragédie ~ne** die Corneillesche Tragödie

cornemuse [kɔʀnəmyz] *f* Dudelsack *m*

corner[1] [kɔʀne] <1> *vt* ~ **une page** die Ecke einer Seite umknicken

corner[2] [kɔʀnɛʀ] *m* SPORT Eckball *m*

cornet [kɔʀnɛ] *m* GASTR [Papier]tüte *f;* (*d'une glace*) Waffeltüte

corniche [kɔʀniʃ] *f* ❶ ARCHIT Sims *nt o m* ❷ (*escarpement*) [Fels]vorsprung *m* ❸ (*route*) *Straße an einer Steilküste, einem Steilhang*

cornichon [kɔʀniʃɔ̃] *m* Gürkchen *nt*

cornu, e [kɔʀny] *adj* gehörnt

corolle [kɔʀɔl] *f* Blütenkrone *f*

coron [kɔʀɔ̃] *m* Bergarbeitersiedlung *f*

coronaire [kɔʀɔnɛʀ] *adj* ANAT Herzkranz-

corporation [kɔʀpɔʀasjɔ̃] *f* ❶ (*association*) Körperschaft *f;* (*d'artisans*) Innung *f* ❷ HIST (*d'artisans*) Zunft *f;* (*de commerçants*) Gilde *f*

corporel, le [kɔʀpɔʀɛl] *adj* körperlich

corps [kɔʀ] *m* ❶ ANAT Körper *m* ❷ (*cadavre*) Leiche *f* ❸ (*défunt*) Leichnam *m* ❹ CHIM Substanz *f* ❺ (*groupe*) Körperschaft *f;* ~ **médical** Ärzteschaft *f*

corpulence [kɔʀpylɑ̃s] *f* **être de forte ~** korpulent sein

corpulent, e [kɔʀpylɑ̃, ɑ̃t] *adj* korpulent

corpus [kɔʀpys] *m* Korpus *nt*

correct, e [kɔʀɛkt] *adj* ❶ (*exact*) korrekt; **c'est ~** CAN (*ça va*) [das] ist/geht in Ordnung ❷ (*convenable*) korrekt ❸ *fam* (*acceptable*) annehmbar

correctement [kɔʀɛktəmɑ̃] *adv* richtig; (*se conduire, s'habiller*) korrekt

correcteur, -trice [kɔʀɛktœʀ, -tʀis] *m, f* SCOL, TYP Korrektor(in) *m(f)*

correction [kɔʀɛksjɔ̃] *f* ❶ (*action*) Korrektur *f,* Verbesserung *f* ❷ (*châtiment*) **recevoir une bonne ~** eine ordentliche Tracht Prügel *Pl* bekommen ❸ (*bienséance*) Korrektheit *f*

correctionnel, le [kɔʀɛksjɔnɛl] *adj* Straf-

correctionnelle [kɔʀɛksjɔnɛl] *f fam* **passer en ~** sich vor der Strafkammer verantworten müssen

corrélation [kɔʀelasjɔ̃] *f* [direkter] Zusammenhang

corres [kɔʀɛs] *mf fam abr de* **correspondant(e)**

correspondance [kɔʀɛspɔ̃dɑ̃s] *f* ❶ (*échange de lettres*) Briefwechsel *m* ❷ COM Schriftverkehr *m* ❸ AUT Anschluss *m;* **nous avons une ~ à Stuttgart** wir steigen in Stuttgart um

correspondancier, -ière [kɔʀɛspɔ̃dɑ̃sje, -jɛʀ] *m, f* Korrespondent(in) *m(f)*

correspondant, e [kɔʀɛspɔ̃dɑ̃, ɑ̃t] **I.** *adj* entsprechend **II.** *m, f* ① (*contact*) Briefpartner(in) *m(f);* (*d'un jeune*) Brieffreund(in) *m(f)* ② (*au téléphone*) Gesprächspartner *m* ③ COM [Geschäfts]partner *m* ④ MEDIA Korrespondent(in) *m(f)*

correspondre [kɔʀɛspɔ̃dʀ] <14> **I.** *vi* ① (*être en contact*) ~ **avec qn** mit jdm im Briefwechsel stehen; ~ **par fax/courrier électronique** per Fax/E-Mail korrespondieren ② AUT ~ **avec qc** Anschluss an etw (*akk*) haben ③ (*aller avec*) ~ **à qc** zu etw gehören ④ (*s'accorder avec, être l'équivalent de*) ~ **à qc** etw (*dat*) entsprechen **II.** *vpr* **se ~** sich entsprechen

corrida [kɔʀida] *f* Stierkampf *m*

corridor [kɔʀidɔʀ] *m* Korridor *m*

corrigé [kɔʀiʒe] *m* Lösung *f*

corriger [kɔʀiʒe] <2a> **I.** *vt* ① (*relever les fautes*) korrigieren ② (*supprimer les fautes*) verbessern ③ (*rectifier*) korrigieren; (*théorie, prévisions*) revidieren; (*mauvaise habitude*) abstellen ④ (*punir*) schlagen **II.** *vpr* **se ~** sich bessern

corroborer [kɔʀɔbɔʀe] <1> *vt* erhärten

corroder [kɔʀɔde] <1> *vt* (*oxyder*) angreifen

corrompre [kɔʀɔ̃pʀ] <irr> *vt* bestechen

corrompu, e [kɔʀɔ̃py] **I.** *part passé de* **corrompre II.** *adj* ① (*malhonnête*) korrupt ② (*perverti*) verdorben

corrosif, -ive [kɔʀozif, -iv] *adj* ① (*caustique*) korrosiv ② (*acerbe*) bissig

corrosion [kɔʀozjɔ̃] *f* Korrosion *f*

corruptible [kɔʀyptibl] *adj* bestechlich

corruption [kɔʀypsjɔ̃] *f* Korruption *f*

corsage [kɔʀsaʒ] *m* Bluse *f*

corsaire [kɔʀsɛʀ] *m* Freibeuter *m*

corse [kɔʀs] **I.** *adj* korsisch; *v.a.* **allemand II.** *m* Korsisch *nt; v.a.* **allemand**

Corse [kɔʀs] **I.** *f* **la ~** Korsika *nt* **II.** *mf* Korse/Korsin *m/f*

corsé, e [kɔʀse] *adj* ① (*épicé*) scharf [gewürzt]; (*vin*) vollmundig; (*café*) aromatisch ② (*compliqué*) knifflig

corser [kɔʀse] <1> **I.** *vt* (*mets*) würzen; (*situation*) komplizieren **II.** *vpr* **se ~** spannend werden

corset [kɔʀsɛ] *m* Korsett *nt*

cortège [kɔʀtɛʒ] *m* Zug *m;* REL Prozession *f*

cortex [kɔʀtɛks] *m* Rinde *f;* ~ **cérébral** Großhirn *nt*

cortisone [kɔʀtizɔn] *f* Kortison *nt*

C

corvée [kɔʀve] *f* ① (*obligation pénible*) lästige Pflicht ② CH (*travail non payé, fait de plein gré*) Fronarbeit *f* (CH)

cosaque [kɔzak] *m* Kosak *m*

cosinus [kɔsinys] *m* MATH Kosinus *m*

cosmétique [kɔsmetik] *adj* kosmetisch

cosmique [kɔsmik] *adj* kosmisch

cosmonaute [kɔsmɔnot] *mf* Kosmonaut(in) *m(f)*

cosmopolite [kɔsmɔpɔlit] *adj* kosmopolitisch

cosmos [kɔsmos] *m* Kosmos *m*

cosse [kɔs] *f* BOT Hülse *f*

cossu, e [kɔsy] *adj* wohlhabend

costaud, e [kɔsto, od] *adj fam* ① (*fort*) kräftig ② (*solide*) robust

costume [kɔstym] *m* ① (*complet*) [Herren]anzug *m* ② (*d'époque, de théâtre*) Kostüm *nt;* (*d'un pays*) Tracht *f*

costumer [kɔstyme] <1> *vpr* **se ~ en clown** sich als Clown verkleiden

costumier, -ière [kɔstymje, -jɛʀ] *m, f* ① (*loueur*) Kostümverleiher(in) *m(f)* ② (*fabricant*) Kostümschneider(in) *m(f)* ③ THEAT, CINE Gewandmeister(in) *m(f)*

cotation [kɔtasjɔ̃] *f* FIN [Börsen]notierung *f*

cote [kɔt] *f* ① FIN [Kurs]notierung *f* ② (*popularité*) Beliebtheit *f*

coté, e [kɔte] *adj* beliebt

côte [kot] *f* ① (*littoral*) Küste *f;* **la ~ atlantique** die Atlantikküste ② (*pente qui monte*) Steigung *f* ③ (*pente qui descend*) [Ab]hang *m* ④ ANAT Rippe *f* ⑤ GASTR Kotelett *nt;* ~ **de bœuf** T-Bone-Steak *nt* ►~ **à** ~ Seite *f* an Seite

côté [kote] **I.** *m* ① (*partie latérale*) Seite *f;* **des deux ~s de qc** auf beiden/beide Seiten einer S. (*gen*); **du ~ de ...** im Bereich von ... ② (*aspect*) Seite *f;* **par certains ~s** in mancher Hinsicht ③ (*direction*) Richtung *f; suivi d'un subst sans art* -seite; **de quel ~ allez-vous?** in welche Richtung gehen Sie? ④ (*parti*) Seite *f;* **du ~ de qn** auf jds Seite (*akk o dat*); **aux ~s de qn** an jds Seite (*dat*); **de mon ~** ich meinerseits ►**d'un ~ ..., de l'autre** [~] einerseits ..., andererseits; **laisser qn/qc de ~** jdn links liegen/etw beiseitelassen **II.** *adv* ❶ (*à proximité*) **à ~** (*chambre*) nebenan ❷ (*en comparaison*) **à ~** daneben ❸ (*en plus*) **à ~** nebenher ❹ (*voisin*) **les gens** [**d'**] **à ~** die Leute von nebenan **III.** *prép* ❶ (*à proximité de*) **à ~ de qn/qc** neben jdm/jdn/etw; **juste à ~ de qc** direkt neben etw (*akk o dat*) ❷ (*en comparaison de*) **à ~ de qn/qc** gemessen an jdm/etw ❸ (*hors de*) **à ~ de qc** neben etw (*akk o dat*)

coteau [kɔto] <x> *m* ❶ (*versant*) Hang *m* ❷ (*vignoble*) Weinberg *m*

Côte d'Azur [kotdazyʀ] *f* **la ~** die Côte d'Azur

Côte d'Ivoire [kotdivwaʀ] *f* **la ~** die Elfenbeinküste

côtelé, e [kot(ə)le] *adj* gerippt

côtelette [kotlɛt] *f* GASTR Kotelett *nt*

coter [kɔte] <1> *vt* ❶ FIN [an der Börse] notieren ❷ (*apprécier*) **la voiture est cotée à l'Argus** das Auto steht auf der Zeitwerttabelle

côtier, -ière [kotje, -jɛʀ] *adj* Küsten-

cotillons [kɔtijɔ̃] *mpl* Partyartikel *Pl* (*Konfetti, Papierschlangen, -hütchen etc*)

cotisant, e [kɔtizɑ̃, ɑ̃t] *m, f* Beitragszahler(in) *m(f)*; (*d'un club*) [zahlendes] Mitglied

cotisation [kɔtizasjɔ̃] *f* Beitrag *m*

cotiser [kɔtize] <1> **I.** *vi* **~ à qc** [seine] Beiträge zu etw entrichten **II.** *vpr* **se ~ pour faire qc** zusammenlegen um etw zu tun

coton [kɔtɔ̃] *m* ❶ Baumwolle *f* ❷ (*fil*) [Baumwoll]garn *nt* ❸ (*ouate*) Wattebausch *m*; **du ~** Watte *f*

cotonnade [kɔtɔnad] *f* Baumwollstoff *m*

coton-tige® [kɔtɔ̃tiʒ] <cotons-tiges> *m* Wattestäbchen *nt*

côtoyer [kotwaje] <6> **I.** *vt soutenu* **~ qn** mit jdm verkehren **II.** *vpr soutenu* **se ~** miteinander verkehren

cou [ku] *m* Hals *m*; **je fais ... cm de tour de ~** ich trage Kragengröße ...

couchage [kuʃaʒ] *m* Liegefläche *f*

couchant [kuʃɑ̃] **I.** *adj* **au soleil ~** bei Sonnenuntergang *m* **II.** *m* Westen *m*

couche [kuʃ] *f* ❶ *a.* GEO, METEO, SOCIOL Schicht *f* ❷ (*lange*) Windel *f* ❸ MED **fausse ~** Fehlgeburt *f*

couché, e [kuʃe] *adj* ❶ liegend; **être ~** liegen ❷ (*au lit*) **rester ~** im Bett bleiben

couche-culotte [kuʃkylɔt] <couches-culottes> *f* Windelhöschen *nt*

coucher [kuʃe] <1> **I.** *vi* ❶ schlafen; **~ à l'hôtel** im Hotel übernachten ❷ *fam* **~ avec qn** mit jdm schlafen **II.** *vt* ❶ (*mettre au lit*) ins Bett bringen ❷ legen; (*bouteille*) liegend lagern **III.** *vpr* **se ~** ❶ (*aller au lit*) ins Bett gehen ❷ (*s'allonger*) sich [hin]legen ❸ (*soleil*) untergehen **IV.** *m* **au ~ du soleil** bei Sonnenuntergang

couchette [kuʃɛt] *f* Liege[wagen]platz *m*

couci-couça [kusikusa] *adv fam* so lala

coucou [kuku] **I.** *m* ❶ (*oiseau*) Kuckuck *m* ❷ (*pendule*) Kuckucksuhr *f* ❸ *péj* (*vieil avion*) [alte] Mühle **II.** *interj* kuckuck

coude [kud] *m* ❶ ANAT Ell[en]bogen *m* ❷ (*courbure*) Biegung *f* ▶ **~ à ~** Seite an Seite

coudre [kudʀ] <irr> **I.** *vi* nähen **II.** *vt* ❶ (*assembler*) zusammennähen ❷ (*fixer*) **~ un bouton à qc** einen Knopf an etw (*akk*) annähen; **~ une pièce sur qc** ein Teil auf etw (*akk*) aufnähen

coudrier [kudʀije] *m* BOT Haselstrauch *m*

couenne [kwan] *f* Schwarte *f*

couette [kwɛt] *f* ❶ Federbett *nt* ❷ *gén pl* (*coiffure*) Rattenschwänzchen *nt* (*fam*)

couffin [kufɛ̃] *m* [Baby]tragekorb *m*

couillon, ne [kujɔ̃, jɔn] *m, f fam* Blödmann *m*

couillonner [kujɔne] <1> *vt fam* reinlegen

couiner [kwine] <1> *vi* (*rat, porc*) quieken; (*porte*) quietschen

coulant, e [kulɑ̃, ɑ̃t] *adj* ❶ *fam* kulant ❷ (*pâte*) flüssig; (*fromage*) so weich, dass er läuft

coulée [kule] *f* **~ de lave** Lavastrom *m*

couler [kule] <1> **I.** *vi* ❶ (*s'écouler*) fließen; (*fortement*) strömen ❷ (*préparer*) **faire ~ un bain à qn** jdm ein Bad einlassen ❸ (*robinet*) tropfen; (*récipient*) lecken; (*stylo*) auslaufen ❹ (*goutter*) laufen; (*œil*) tränen ❺ (*sombrer*) untergehen **II.** *vt* ❶ **~ du plomb dans un moule** Blei in eine Form gießen ❷ (*sombrer*) versenken

couleur [kulœʀ] *f* ❶ Farbe *f*; **d'une seule ~** einfarbig; **de plusieurs ~s** mehrfarbig ❷ (*linge*) Buntwäsche *f* ❸ POL [politische] Couleur *f*

couleuvre [kulœvʀ] *f* Natter *f*

coulis [kuli] *m* **~ de framboises** Himbeersoße *f*

coulissant, e [kulisɑ̃, ɑ̃t] *adj* Schiebe-

coulisse [kulis] *f souvent pl a.* THEAT Kulisse

f

coulisser [kulise] <1> *vi* [in einer Schiene] laufen

couloir [kulwaʀ] *m* ❶ *a.* CHEMDFER, AVIAT Gang *m,* Flur *m* ❷ GEO Schlucht *f* ❸ AUT ~ **aérien** Luftkorridor *m*

coup [ku] *m* ❶ (*agression*) Schlag *m;* **donner un ~ à qn** jdn schlagen; **~ de poing/de pied** Faustschlag/Fußtritt *m;* **~ de couteau** Messerstich *m* ❷ (*bruit*) Klopfen *nt;* **~ de sifflet** Pfiff *m* ❸ (*heurt*) Stoß *m* ❹ (*décharge*) ~ [**de feu**] Schuss *m* ❺ (*choc moral*) Schlag *m* ❻ (*action rapide*) **d'un ~ de crayon** mit wenigen schnellen [Bleistift]strichen *Pl;* **~ de fil** [*o* **téléphone**] Anruf *m* ❼ SPORT **le ~ droit** die Vorhand; **~ franc** Freistoß *m* ❽ JEUX Zug *m* ❾ (*manifestation brusque*) **~ de tonnerre** Donnerschlag *m;* **~ de foudre** Liebe *f* auf den ersten Blick; **~ de soleil** Sonnenbrand *m* ❿ (*action*) Coup *m;* **~ d'État** Staatsstreich *m;* **être sur un ~** gerade etwas aushecken ⓫ (*quantité bue*) Schluck *m;* **boire un ~** *fam* einen trinken ▶**prendre un ~ de froid** sich erkälten; **donner un ~ de main à qn** jdm zur Hand gehen; **jeter un ~ d'œil sur le feu** ein Auge auf das Feuer (*akk*) haben; **avoir un ~ de pompe** *fam* einen Durchhänger haben; **ça vaut le ~ de faire qc** es lohnt sich etw zu tun; **du même ~** gleichzeitig; **du premier ~** auf Anhieb; **d'un seul ~** auf ein Mal; **tout à ~** plötzlich; **après ~** im Nachhinein; **du ~** *fam* darum

coupable [kupabl] **I.** *adj* ❶ (*fautif*) schuldig ❷ (*condamnable*) verwerflich **II.** *mf* ❶ (*responsable*) Schuldige(r) *f(m)* ❷ (*malfaiteur*) Täter(in) *m(f)*

coupant, e [kupɑ̃, ɑ̃t] *adj* scharf

coup-de-poing [kudpwɛ̃] *adj inv* (*opération, politique*) knallhart

coupe [kup] *f* ❶ (*verre*) Trinkschale *f;* **une ~ de champagne** ein Glas *nt* Champagner ❷ (*récipient*) Schale *f* ❸ SPORT Pokal *m;* (*épreuve*) Pokal[wettbewerb *m*] *m;* **la ~ du monde de football** die Fußballweltmeisterschaft

coupe-circuit [kupsiʀkɥi] <coupe-circuits> *m* Sicherung *f* **coupe-faim** [kupfɛ̃] <coupe-faim[s]> *m* Appetitzügler *m* **coupe-feu** [kupfø] <coupe-feu[x]> **I.** *m* [Brand]schneise *f* **II.** *app inv* **porte ~** Brandschutztür *f*

coupelle [kupɛl] *f* Schälchen *nt*

coupe-ongle [kupɔ̃gl] <coupe-ongles> *m* Nagelknipser *m* **coupe-papier** [kuppapje] *m inv* Brieföffner *m*

couper [kupe] <1> **I.** *vi* ❶ (*être tranchant*) schneiden; **attention, ça coupe!** Achtung, das ist scharf! ❷ (*prendre un raccourci*) abkürzen ❸ (*interrompre*) unterbrechen ❹ TELEC **ne coupez pas!** bleiben Sie am Apparat! ❺ CINE **coupez!** Schnitt! ❻ JEUX abheben **II.** *vt* ❶ schneiden; (*tête, branche*) abschneiden; (*gorge*) durchschneiden; (*volaille*) aufschneiden; (*poisson*) zerlegen; (*arbre*) fällen ❷ (*isoler*) **être coupé de toute civilisation** von jeglicher Zivilisation abgeschnitten sein ❸ (*texte*) kürzen; (*film*) schneiden; (*passage*) herausnehmen ❹ (*ligne téléphonique*) unterbrechen; (*communication, relations*) abbrechen; **~ l'eau/l'électricité à qn** jdm das Wasser/den Strom abstellen; (*faim*) nehmen ❺ (*route*) versperren; **~ la respiration à qn** jdm den Atem nehmen ❻ (*diluer*) verdünnen ❼ JEUX abheben **III.** *vpr* ❶ **se ~** sich schneiden; **se ~ la main** sich (*akk o dat*) in die Hand schneiden ❷ (*trancher*) **se ~ les ongles** sich (*dat*) die Nägel schneiden; **se ~ du pain** sich (*dat*) Brot abschneiden

couperet [kupʀɛ] *m* Schlachtermesser *nt*

couperose [kupʀoz] *f* Kupferrose *f*

coupe-vent [kupvɑ̃] <coupe-vent[s]> *m* Windjacke *f*

couple [kupl] **I.** *m* [Liebes]paar *nt* **II.** *f* CAN *fam* **une ~ de qc** (*quelques*) ein paar etw

couplet [kuplɛ] *m* Strophe *f*

coupole [kupɔl] *f* Kuppel *f*

coupon [kupɔ̃] *m* ❶ COUT Stoffrest *m* ❷ (*bon*) Abschnitt *m*

coupon-réponse [kupɔ̃ʀepɔ̃s] <coupons-réponse> *m* Antwortkarte *f*

coupure [kupyʀ] *f* ❶ Schnittwunde *f* ❷ PRESSE **~ de presse** Zeitungsausschnitt *m* ❸ (*interruption*) **~ d'électricité** Unterbrechung *f* der Stromversorgung ❹ (*billet*) **petites ~s** kleine Scheine *Pl* ❺ (*changement*) Einschnitt *m*

cour [kuʀ] *f* ❶ (*d'un bâtiment*) Hof *m;* **~ de l'école** Schulhof ❷ JUR **la Cour suprême** der oberste Gerichtshof ▶**faire la ~ à qn** jdm den Hof machen

courage [kuʀaʒ] *m* ❶ Mut *m;* **bon ~!** nur Mut! ❷ (*ardeur*) **avec ~** eifrig

courageusement [kuʀaʒøzmɑ̃] *adv* tapfer
courageux, **-euse** [kuʀaʒø, -ʒøz] *adj* mutig; (*soldat, attitude*) tapfer
couramment [kuʀamɑ̃] *adv* ❶ (*parler*) fließend ❷ (*souvent*) häufig
courant [kuʀɑ̃] *m* ❶ ELEC Strom *m* ❷ (*cours d'eau*) Strömung *f* ❸ (*dans l'air*) Luftstrom *m;* ~ **d'air** [Luft]zug *m;* (*gênant*) Durchzug; **il y a un ~ d'air** es zieht ❹ (*mouvement*) Bewegung *f* ❺ (*cours*) **dans le ~ de la journée** im Laufe des Tages ►**être au ~ de qc** über etw (*akk*) auf dem Laufenden sein
courant, **e** [kuʀɑ̃, ɑ̃t] *adj* ❶ (*habituel*) üblich; (*dépenses*) laufend; (*usage*) geläufig ❷ (*année, affaires*) laufend
courbature [kuʀbatyʀ] *f souvent pl* Muskelkater *m kein Pl*
courbe [kuʀb] **I.** *adj* gebogen; (*ligne, trajectoire*) gekrümmt **II.** *f* GEO, FIN Kurve *f;* (*d'une route, d'un fleuve*) Biegung *f;* (*des reins*) Wölbung *f*
courbé, **e** [kuʀbe] *adj* krumm
courber [kuʀbe] <1> **I.** *vi* ~ **sous qc** (*personne*) den Rücken wegen etw krümmen; (*bois*) sich unter etw (*dat*) biegen **II.** *vt* ❶ (*plier*) biegen ❷ (*pencher*) ~ **le dos** den Rücken krümmen; ~ **la tête devant qn** sich jdm beugen **III.** *vpr* **se** ~ ❶ (*se baisser*) den Rücken krümmen; (*à cause de l'âge*) einen krummen Rücken haben ❷ (*ployer*) sich biegen
courbette [kuʀbɛt] *f* **faire des ~s à qn** vor jdm katzbuckeln
courbure [kuʀbyʀ] *f* (*des sourcils, du nez*) Bogen *m*
coureur [kuʀœʀ] *m* (*de jupons*) Schürzenjäger *m*
coureur, **-euse** [kuʀœʀ, -øz] *m, f* ❶ SPORT Läufer(in) *m(f)* ❷ AUT Fahrer(in) *m(f)*
courge [kuʀʒ] *f* Kürbis *m*
courgette [kuʀʒɛt] *f* Zucchini *f*
courir [kuʀiʀ] <irr> **I.** *vi* ❶ (*se mouvoir, se dépêcher*) laufen; (*plus vite*) rennen; ~ **partout** überall herumrennen; ~ **faire qc** schnell etw tun gehen ❷ (*se répandre*) umgehen; **faire ~ le bruit que ...** das Gerücht in Gang setzen, dass ... ❸ (*se diriger vers*) ~ **à la faillite** kurz vor dem Bankrott stehen **II.** *vt* ►~ **les filles** hinter den Mädchen her sein (*fam*)
couronne [kuʀɔn] *f* ❶ *a.* BOT, MED, FIN Krone *f* ❷ (*pour décorer*) Kranz *m*
couronné [kuʀɔne] *adj* preisgekrönt
couronnement [kuʀɔnmɑ̃] *m* Krönung *f*
couronner [kuʀɔne] <1> *vt* ❶ (*roi*) krönen ❷ (*récompenser*) auszeichnen
courriel [kuʀjɛl] *m* INFORM E-Mail *nt*
courrier [kuʀje] *m* Post *f;* INFORM ~ **électronique** E-Mail *nt*
courroie [kuʀwa] *f* Riemen *m*
cours [kuʀ] *m* ❶ (*déroulement*) Verlauf *m;* (*des saisons*) Ablauf; (*du temps*) Lauf; **au ~ de qc** im Laufe einer S. (*gen*) ❷ (*leçon*) Unterricht *m;* (*leçon privée*) Kurs *m;* UNIV Seminar *nt;* ~ **magistral** Vorlesung *f;* ~ **particulier** Privatunterricht; (*pour rattraper*) Nachhilfeunterricht; **faire ~ de qc à qn** jdn in etw (*dat*) unterrichten; **suivre un ~** einen Kurs besuchen; ~ **de maths** *fam* Mathe-Stunde *f* ❸ (*d'une monnaie*) Kurs *m* ❹ (*courant*) ~ **d'eau** Wasserlauf *m*
course [kuʀs] *f* ❶ (*action de courir*) Laufen *nt* ❷ (*épreuve*) Rennen *nt;* (*à pied*) Lauf *m;* **vélo de ~** Rennrad *nt;* **faire la ~ avec qn** mit jdm um die Wette laufen; ~ **à pied** Laufsport *m;* ~ **de vitesse** Sprint *m* ❸ (*déplacement*) ~ **en taxi** Taxifahrt *f* ❹ (*commission*) **les ~s** die Besorgungen *Pl*; **faire les** [*o* **ses**] **~s** Besorgungen machen
coursier, **-ière** [kuʀsje, -jɛʀ] *m, f* Laufbursche *m*
court, **e** [kuʀ, kuʀt] *adj* kurz
court[1] [kuʀ] *m* ~ **de tennis** Tennisplatz *m*
court[2] [kuʀ] *adv* kurz ►**être à ~ de qc** von etw nicht genug haben
court-bouillon [kuʀbujɔ̃] <courts-bouillons> *m* Brühe *f* **court-circuit** [kuʀsiʀkɥi] <courts-circuits> *m* Kurzschluss *m* **court-circuiter** [kuʀsiʀkɥite] <1> *vt* ELEC kurzschließen
courtier, **-ière** [kuʀtje, -jɛʀ] *m, f* Makler(in) *m(f)*
courtisan [kuʀtizɑ̃] *m* Höfling *m*
courtisane [kuʀtizan] *f* HIST, LITTER Kurtisane *f*
courtiser [kuʀtize] <1> *vt* ~ **qn** jdm den Hof machen
court-métrage [kuʀmetʀaʒ] <courts-métrages> *m* Kurzfilm *m*
courtois, **e** [kuʀtwa, waz] *adj* höflich
courtoisie [kuʀtwazi] *f* Höflichkeit *f*
couru, **e** [kuʀy] *part passé de* **courir**
couscous [kuskus] *m* Couscous *nt*

C

couscoussier [kuskusje] *m* Kuskustopf *m*
cousin, e [kuzɛ̃, in] *m, f* Cousin/Cousine [*o* Kusine] *m/f*
coussin [kusɛ̃] *m* ❶ Kissen *nt* ❷ BELG (*oreiller*) Kopfkissen *nt* ❸ (*partie rembourrée*) Polster *nt*
coussinet [kusinɛ] *m* kleines Kissen
cousu, e [kuzy] *part passé de* **coudre**
coût [ku] *m* Kosten *Pl;* (*d'une marchandise*) Preis *m*
coûtant [kutɑ̃] *adj* **prix ~** Selbstkostenpreis *m*
couteau [kuto] <x> *m* Messer *nt;* **~ de cuisine/suisse** Küchen-/Schweizermesser
coutellerie [kutɛlʀi] *f* Schneidwarenindustrie *f*
coûter [kute] <1> *vt* kosten; **ça coûte cher** das ist teuer
coûteux, -euse [kutø, -øz] *adj* kostspielig
coutume [kutym] *f* Brauch *m;* **c'est la ~** das ist so üblich
coutumier, -ière [kutymje, -jɛʀ] *adj* üblich, gewöhnlich
couture [kutyʀ] *f* ❶ (*action*) Nähen *nt* ❷ (*ouvrage*) Näharbeit *f* ❸ (*profession*) Konfektion[sindustrie *f*] *f;* **la haute ~** die Haute Couture ❹ (*suite de points*) Naht *f*
couturier [kutyʀje] *m* Modeschöpfer *m*
couturière [kutyʀjɛʀ] *f* Schneider[meister]in *f*
couvée [kuve] *f* (*œufs*) Gelege *nt;* (*poussins*) Brut *f*
couvent [kuvɑ̃] *m* Kloster *nt*
couver [kuve] <1> *vt* ❶ [aus]brüten ❷ (*materner*) umhegen
couvercle [kuvɛʀkl] *m* Deckel *m*
couvert [kuvɛʀ] *m* ❶ Besteck *nt;* **mettre le ~** den Tisch decken ❷ (*place*) Gedeck *nt*
couvert, e [kuvɛʀ, ɛʀt] **I.** *part passé de* **couvrir II.** *adj* ❶ (*habillé*) **être trop ~** zu warm angezogen sein ❷ (*protégé*) **être ~** (*par qc*) zugedeckt sein; (*par qn*) Rückendeckung bekommen ❸ (*assuré*) **être ~ par une assurance** bei einer Versicherung versichert sein ❹ (*opp: en plein air*) überdacht ❺ METEO (*ciel*) bedeckt; (*temps*) trüb ❻ (*recouvert*) **~ de poussière** mit Staub bedeckt; **~ de sang** voller Blut
couverture [kuvɛʀtyʀ] *f* ❶ (*d'un lit*) [Bett]decke *f* ❷ (*d'un cahier*) Umschlag *m;* (*d'un livre*) Deckel *m;* (*d'un magazine*) Titelblatt *nt*
couveuse [kuvøz] *f* (*incubateur*) **~ artificielle** (*pour œufs*) Brutapparat *m;* (*pour prématurés*) Brutkasten *m*
couvre-chef [kuvʀəʃɛf] <couvre-chefs> *m* Kopfbedeckung *f* **couvre-feu** [kuvʀəfø] <couvre-feux> *m* (*signal*) Alarm *m;* (*période*) Sperrstunde *f* **couvre-lit** [kuvʀəli] <couvre-lits> *m* Tagesdecke *f*
couvreur, -euse [kuvʀœʀ, -øz] *m, f* Dachdecker(in) *m(f)*
couvrir [kuvʀiʀ] <11> **I.** *vt* ❶ abdecken; (*récipient, personne*) zudecken; (*toit*) decken; (*livre*) einbinden ❷ (*recouvrir*) **~ qc** (*couverture, toile*) etw zudecken; **qc couvre qn** jd ist mit etw zugedeckt; **~ de qc** mit etw bedecken ❸ (*habiller*) **~ qn** jdn warm anziehen ❹ (*visage*) verdecken; (*son*) übertönen ❺ (*protéger*) **~ qn** hinter jdm stehen ❻ (*parcourir*) zurücklegen ❼ (*relater*) berichten über (+ *akk*) **II.** *vpr* **se ~** ❶ (*s'habiller*) sich anziehen ❷ (*se protéger*) sich absichern ❸ METEO (*ciel*) sich bewölken
covoiturage [kovwatyʀaʒ] *m* Fahrgemeinschaftssystem *nt*
cow-boy [kobɔj] <cow-boys> *m* Cowboy *m*
coyote [kɔjɔt] *m* Coyote *m*
crabe [kʀɑb] *m* Krabbe *f*
crac [kʀak] *interj* knack
crachat [kʀaʃa] *m* Spucke *f*
craché, e [kʀaʃe] *adj* ►**c'est lui tout ~** *fam* (*très ressemblant*) er/sie ist ihm wie aus dem Gesicht geschnitten; (*typique de qn*) das sieht ihm ähnlich
cracher [kʀaʃe] <1> **I.** *vi* (*expectorer*) [aus]spucken **II.** *vt* ❶ ausspucken; (*sang*) spucken; (*venin*) verspritzen ❷ (*fumée*) ausstoßen; (*lave*) speien
cracheur [kʀaʃœʀ, -øz] *m* **~ de feu** Feuerschlucker *m*
crachin [kʀaʃɛ̃] *m* Sprühregen *m*
crack[1] [kʀak] *m fam* Ass *nt*
crack[2] [kʀak] *m* (*drogue*) Crack *nt o m*
cracker [kʀakœʀ, kʀakɛʀ] *m* INFORM Hacker *m*
craie [kʀɛ] *f* Kreide *f*
craindre [kʀɛ̃dʀ] <irr> **I.** *vt* ❶ (*redouter*) fürchten ❷ (*pressentir*) [be]fürchten ❸ (*être sensible à*) **~ la chaleur** hitzeempfindlich sein **II.** *vi* **~ pour qn/qc** Angst um jdn/etw haben
craint, e [kʀɛ̃, ɛ̃t] *part passé de* **craindre**

crainte [kʀɛ̃t] *f* ❶ (*peur*) ~ **de qn/qc** Furcht *f* vor jdm/etw; **de ~ de qc** aus Furcht vor etw (*dat*) ❷ (*pressentiment*) Befürchtungen *Pl*

craintif, -ive [kʀɛ̃tif, -iv] *adj* ängstlich

cramer [kʀame] <1> *vi fam* (*maison*) abbrennen

cramoisi, e [kʀamwazi] *adj* purpurrot

crampe [kʀɑ̃p] *f* [Muskel]krampf *m*

crampon [kʀɑ̃pɔ̃] *m* SPORT Steigeisen *nt;* (*de foot*) Stollen *m*

cramponner [kʀɑ̃pɔne] <1> *vpr* **se ~ à qn/qc** sich an jdm/etw festklammern

cran¹ [kʀɑ̃] *m* ❶ **hausser/baisser qc d'un ~** etw [um] ein Loch höher/tiefer stellen ❷ (*trou*) Loch *nt*

cran² [kʀɑ̃] *m fam* **avoir du ~** Mumm haben

crâne [kʀɑn] *m* Schädel *m*

crâner [kʀɑne] <1> *vi fam* eine Schau abziehen

crâneur, -euse [kʀɑnœʀ, -øz] **I.** *adj* angeberisch (*fam*) **II.** *m, f* Angeber(in) *m(f)*

crânien, ne [kʀɑnjɛ̃, jɛn] *adj* Schädel-

crapaud [kʀapo] *m* Kröte *f*

crapule [kʀapyl] *f* Schuft *m*

crapuleux, -euse [kʀapylø, -øz] *adj* niederträchtig

craquant, e [kʀakɑ̃, ɑ̃t] *adj fam* toll

craqueler [kʀakle] <3> **I.** *vt* rissig werden lassen **II.** *vpr* **se ~** Risse bekommen

craquelure [kʀaklyʀ] *f* Riss *m*

craquer [kʀake] <1> *vi* ❶ (*bonbon*) krachen; (*parquet*) knarren; (*feuilles mortes*) rascheln; (*neige*) knirschen; (*bois*) knacken ❷ (*branche, glace*) brechen; (*vêtement*) reißen; (*aux coutures*) [auf]platzen ❸ (*personne*) zusammenbrechen; (*nerfs*) versagen ❹ (*s'attendrir*) schwachwerden ▸**plein à ~** zum Bersten voll

crash [kʀaʃ] <[e]s> *m* Absturz *m*

crasse [kʀas] *f* Dreck *m*

crasseux, -euse [kʀasø, -øz] *adj* schmutzig

cratère [kʀatɛʀ] *m* Krater *m*

cravache [kʀavaʃ] *f* [Reit]gerte *f*

cravacher [kʀavaʃe] <1> *vt* **~ un animal** einem Tier die Peitsche geben

cravate [kʀavat] *f* Krawatte *f*

crawl [kʀol] *m* Kraulen *nt*

crawler [kʀole] <1> *vi* kraulen; **dos crawlé** Rückenkraulen *nt*

crayon [kʀɛjɔ̃] *m* Bleistift *m;* **~ de couleur** Buntstift; **~ pour les yeux** Eyeliner *m*

crayonner [kʀɛjɔne] <1> *vt* [mit dem Bleistift] zu Papier bringen

créance [kʀeɑ̃s] *f* Forderung *f*, Schuld *f*

créancier, -ière [kʀeɑ̃sje, -jɛʀ] *m, f* FIN Gläubiger(in) *m(f)*

créateur, -trice [kʀeatœʀ, -tʀis] **I.** *adj* schöpferisch **II.** *m, f* Schöpfer(in) *m(f)*

Créateur [kʀeatœʀ] *m* REL **le ~** der Schöpfer

créatif, -ive [kʀeatif, -iv] *adj* schöpferisch

création [kʀeasjɔ̃] *f* ❶ *sans pl* REL **la Création** die Schöpfung ❷ ART Werk *nt;* (*d'un couturier*) Kreation *f* ❸ (*invention*) Herstellung *f* ❹ ECON **~ d'emploi** Schaffung *f* eines Arbeitsplatzes; **~ d'entreprise** Firmengründung *f*

créativité [kʀeativite] *f* Kreativität *f*

créature [kʀeatyʀ] *f* Lebewesen *nt*

crèche [kʀɛʃ] *f* ❶ REL Krippe *f* ❷ (*pouponnière*) Kinderkrippe *f*

crécher [kʀeʃe] <5> *vi fam* wohnen

crédibiliser [kʀedibilize] <1> *vt* glaubwürdig machen

crédibilité [kʀedibilite] *f* Glaubwürdigkeit *f*

crédible [kʀedibl] *adj* glaubwürdig

crédit [kʀedi] *m* ❶ (*paiement échelonné*) Ratenzahlung *f;* **acheter/vendre à ~** auf Raten *Pl* kaufen/verkaufen ❷ (*prêt*) Kredit *m* ❸ (*opp: débit*) Guthaben *nt*

créditer [kʀedite] <1> *vt* **~ un compte de 100 euros** einem Konto 100 Euro gutschreiben

créditeur, -trice [kʀeditœʀ, -tʀis] *m, f* Gläubiger(in) *m(f)*

credo [kʀedo] *m* REL Glaubensbekenntnis *nt*

crédule [kʀedyl] *adj* gutgläubig

crédulité [kʀedylite] *f* Gutgläubigkeit *f*

créer [kʀee] <1> *vt* (*besoins, emploi, œuvre*) schaffen; (*entreprise*) gründen; (*produit*) kreieren; (*monde*) erschaffen; (*problèmes*) bereiten

crémaillère [kʀemajɛʀ] *f* ▸**pendre la ~** eine Einweihungsparty geben

crématoire [kʀematwaʀ] *adj* **four ~** Krematorium *nt*

crème [kʀɛm] **I.** *adj inv* cremefarben **II.** ❶ (*produit laitier*) Rahm *m;* **~ chantilly** Schlagsahne *f* ❷ (*entremets*) Creme *f;* **~ glacée** Eiscreme ❸ (*liqueur*) **~ de cassis** Johannisbeerlikör *m* ❹ (*de soins*) Creme ❺ (*le meilleur*) gesellschaftliche Elite **III.** *m* Milchkaffee *m*

crémerie [kʀɛmʀi] *f* Milch-[und Käse]-geschäft *nt* ▸**changer de** ~ woanders hingehen

crémeux, -euse [kʀemø, -øz] *adj* cremig

crémier, -ière [kʀemje, -jɛʀ] *m, f* Milch-[und Käse]händler(in) *m(f)*

créneau [kʀeno] <x> *m* **faire un** ~ einparken

créole [kʀeɔl] **I.** *adj* kreolisch; *v.a.* **allemand II.** *m* Kreol *nt; v.a.* **allemand**

Créole [kʀeɔl] *mf* Kreole/Kreolin *m/f*

crêpe [kʀɛp] *f* GASTR Crêpe *f*, Pfannkuchen *m*

crêper [kʀepe] <1> *vt* ❶ TEXTIL kreppen ❷ (*cheveux*) toupieren

crêperie [kʀɛpʀi] *f* Crêperie *f*

crépi [kʀepi] *m* [Rau]putz *m*

crêpière [kʀepjɛʀ] *f* (*plaque*) Crêpeeisen *nt;* (*poêle*) Crêpepfanne *f*

crépiter [kʀepite] <1> *vi* (*feu*) knistern

crépon [kʀepɔ̃] *m* Krepon *m*

crépu, e [kʀepy] *adj* gekräuselt

crépuscule [kʀepyskyl] *m* Dämmerung *f*

cresson [kʀesɔ̃] *m* Kresse *f*

Crète [kʀɛt] *f* **la** ~ Kreta *nt*

crête [kʀɛt] *f* ❶ ZOOL Kamm *m* ❷ (*d'une montagne*) Grat *m*

crétin, e [kʀetɛ̃, in] *fam* **I.** *adj* blöd[e] **II.** *m, f* Depp *m*

creuser [kʀøze] <1> **I.** *vt* ❶ ausheben; (*sillon*) ziehen; (*tunnel*) bohren ❷ (*évider*) graben **II.** *vi* hungrig machen **III.** *vpr* **se** ~ einfallen; (*roche*) ausgehöhlt werden ▸**se** ~ **la tête** sich (*dat*) den Kopf zerbrechen

creuset [kʀøzɛ] *m* [Schmelz]tiegel *m*

creux [kʀø] *m* ❶ (*cavité*) Höhle *f*, Loch *nt;* **le** ~ **de la main** die hohle Hand ❷ *fam* **avoir un** ~ Kohldampf *m* haben

creux, -euse [kʀø, -øz] *adj* ❶ (*vide*) hohl; (*ventre, tête*) leer ❷ (*vain*) nichts sagend ❸ (*concave*) nach innen gewölbt ❹ (*rentré: visage*) eingefallen ❺ (*sans activité*) ruhig; **les heures creuses** die Zeiten außerhalb des Stoßbetrieb[e]s

crevaison [kʀəvɛzɔ̃] *f* Reifenpanne *f*

crevant, e [kʀəvɑ̃, ɑ̃t] *adj fam* mörderisch

crevasse [kʀəvas] *f* ❶ (*fissure*) Spalte *f* ❷ (*gerçure*) Riss *m*

crevassé, e [kʀəvase] *adj* (*mur, sol*) rissig

crevé, e [kʀəve] *adj fam* kaputt

crève [kʀɛv] *f fam* böse Erkältung

crever [kʀəve] <4> **I.** *vi* ❶ (*ballon*) platzen; (*sac*) aufplatzen ❷ AUT eine Reifenpanne haben ❸ (*être plein de*) ~ **de jalousie** vor Eifersucht (*dat*) platzen ❹ *fam* ~ **de froid/de faim** vor Kälte/Hunger umkommen; **une chaleur à** ~ eine mörderische Hitze **II.** *vt* (*ballon, pneu*) kaputtstechen **III.** *vpr fam* **se** ~ sich kaputtmachen

crevette [kʀəvɛt] *f* Garnele *f*

cri [kʀi] *m* Schrei *m*

criailler [kʀijɑje] <1> *vi* (*bébé*) plärren, schreien

criant, e [kʀijɑ̃, jɑ̃t] *adj* ❶ (*injustice*) himmelschreiend ❷ (*preuve*) offenkundig

criard, e [kʀijaʀ, jaʀd] *adj* ❶ (*voix*) keifend ❷ (*couleur*) grell

crible [kʀibl] *m* [grobes] Sieb ▸**passer qc au** ~ etw genau unter die Lupe nehmen (*fam*)

criblé, e [kʀible] *adj* ❶ (*percé*) ~ **de balles** von Kugeln durchsiebt ❷ (*couvert de*) ~ **de dettes** hochverschuldet

cribler [kʀible] <1> *vt* ~ **qn de balles** jdn mit Kugeln durchsieben; ~ **qc de trous** etw durchlöchern

cric [kʀik] *m* Winde *f*

cricket [kʀikɛt] *m* Kricket[spiel *nt*] *nt*

criée [kʀije] *f* **vente à la** ~ Versteigerung *f*

crier [kʀije] <1> **I.** *vi* ❶ (*hurler*) schreien ❷ *fam* (*se fâcher*) ~ **contre/après qn** jdn anschreien **II.** *vt* (*à voix forte*) rufen; ~ **qc à qn** jdm etw zurufen

crime [kʀim] *m* ❶ Mord *m* ❷ JUR ~ **contre qn/qc** Verbrechen *nt* gegen jdn/etw

criminalité [kʀiminalite] *f sans pl* Kriminalität *f*

criminel, le [kʀiminɛl] **I.** *adj* kriminell **II.** *m, f* Verbrecher(in) *m(f)*

crin [kʀɛ̃] *m sans pl* (*matière*) Rosshaar *nt*

crinière [kʀinjɛʀ] *f* Mähne *f*

crique [kʀik] *f* kleine Bucht

criquet [kʀikɛ] *m* Heuschrecke *f*

crise [kʀiz] *f* ❶ MED ~ **cardiaque** Herzanfall *m;* ~ **d'appendicite** Blinddarmentzündung *f;* **faire une** ~ **de nerfs** einen Nervenzusammenbruch bekommen ❷ ECON, POL, FIN Krise *f*

crispation [kʀispasjɔ̃] *f* Zucken *nt;* (*d'un muscle*) Krampf *m*

crispé, e [kʀispe] *adj* verkrampft

crisper [kʀispe] <1> **I.** *vt* (*visage*) verzerren **II.** *vpr* **se** ~ sich verkrampfen

crisser [kʀise] <1> *vi* (*pneus*) quietschen; (*freins*) kreischen

C

cristal [kʀistal, o] <-aux> *m* ❶ MINER [Quarz]kristall *m* ❷ (*verre*) Kristall *nt* ❸ *pl* (*cristallisation*) Kristalle *Pl*
cristallin [kʀistalɛ̃] *m* (*de l'œil*) Linse *f*
cristallisé [kʀistalize] *adj* kristallisiert; **sucre ~** [Kristall]zucker *m*
cristalliser [kʀistalize] <1> **I.** *vi* CHIM Kristalle *Pl* bilden **II.** *vt* CHIM auskristallisieren **III.** *vpr* CHIM **se ~** Kristalle bilden
critère [kʀitɛʀ] *m* Kriterium *nt*
critiquable [kʀitikabl] *adj* kritisierbar
critique [kʀitik] **I.** *adj* kritisch **II.** *f* Kritik *f* **III.** *mf* Kritiker(in) *m(f)*
critiquer [kʀitike] <1> *vt* ❶ (*condamner*) kritisieren ❷ (*juger*) rezensieren
croasser [kʀɔase] <1> *vi* krächzen
croc [kʀo] *m* Fangzahn *m*
croche [kʀɔʃ] *f* MUS Achtel *nt,* Achtelnote *f*
croche-pied [kʀɔʃpje] <croche-pieds> *m* **faire un ~ à qn** jdm ein Bein stellen
crochet [kʀɔʃɛ] *m* ❶ (*pour accrocher*) [Wand]haken *m* ❷ (*aiguille*) Häkelhaken *m* ❸ *pl* TYP eckige Klammern *Pl* ❹ (*détour*) einen Umweg machen
crocheter [kʀɔʃte] <4> *vt* (*porte, serrure*) mit dem Dietrich öffnen
crochu, e [kʀɔʃy] *adj* (*bec*) gekrümmt; (*doigts*) verkrümmt
croco [kʀɔko] *m fam abr de* **crocodile**
crocodile [kʀɔkɔdil] *m* Krokodil *nt*
crocus [kʀɔkys] *m* Krokus *m*
croire [kʀwaʀ] <irr> **I.** *vt* ❶ (*tenir pour vrai*) glauben; **faire ~ qc à qn** jdn etw (*akk*) glauben machen ❷ (*avoir confiance en qn*) **~ qn** jdm trauen; **~ qn, car il ne ment jamais** jdm glauben, denn er lügt niemals ❸ (*s'imaginer*) sich einbilden ❹ (*supposer*) **il faut ~ que ...** es ist anzunehmen, dass ... ❺ (*estimer*) **~ qn capable** jdn für fähig halten **II.** *vi* ❶ REL glauben; **~ en Dieu** an Gott (*akk*) glauben ❷ (*faire confiance à qn*) **~ en qn** an jdn glauben ❸ (*être convaincu de qc*) **~ à qc** an etw (*akk*) glauben; **~ en qc** in etw (*akk*) vertrauen **III.** *vpr* **se ~ intelligent** sich für intelligent halten
croisade [kʀwazad] *f* HIST Kreuzzug *m*
croisé, e [kʀwaze] *adj* ▸**mots ~s** Kreuzworträtsel *nt*
croisement [kʀwazmɑ̃] *m* Kreuzung *f*
croiser [kʀwaze] <1> **I.** *vt* ❶ (*bras*) verschränken; (*jambes*) übereinanderschlagen; (*mains*) falten ❷ (*route, regard*) kreuzen; (*véhicule*) begegnen ❸ (*passer à côté de*) **~ qn** jdm begegnen ❹ BIO, ZOOL kreuzen **II.** *vpr* **se ~** (*personnes*) sich treffen; (*regards*) sich begegnen
croiseur [kʀwazœʀ] *m* NAUT Kreuzer *m*
croisière [kʀwazjɛʀ] *f* Kreuzfahrt *f*
croisiériste [kʀwazjeʀist] *mf* Kreuzfahrtteilnehmer(in) *m(f)*
croissance [kʀwasɑ̃s] *f sans pl a.* ECON Wachstum *nt;* (*d'un enfant*) Entwicklung *f*
croissant [kʀwasɑ̃] *m* GASTR Croissant *nt,* Hörnchen *nt*
croissant, e [kʀwasɑ̃, ɑ̃t] *adj* wachsend; (*nombre*) steigend
croissanterie [kʀwasɑ̃tʀi] *f* Croissanterie *f*
croître [kʀwatʀ] <irr> *vi* ❶ (*grandir*) wachsen ❷ (*augmenter*) zunehmen
croix [kʀwa] *f* Kreuz *nt;* **mettre une ~** ankreuzen
Croix-Rouge [kʀwaʀuʒ] *f* **la ~** das Rote Kreuz
croquant, e [kʀɔkɑ̃, ɑ̃t] *adj* knusprig
croque-madame [kʀɔkmadam] *m inv: getoastetes Käse-Schinken-Sandwich mit Spiegelei* **croque-monsieur** [kʀɔkməsjø] *m inv: getoastetes Käse-Schinken-Sandwich* **croque-mort** [kʀɔkmɔʀ] <croque-morts> *m fam* Leichenbestatter *m*
croquer [kʀɔke] <1> **I.** *vt* ❶ (*biscuit*) knabbern; (*bonbons*) zerbeißen ❷ (*dessiner*) skizzieren **II.** *vi* **~ dans une pomme** [kräftig] in einen Apfel beißen
croquet [kʀɔkɛ] *m* SPORT Krocket *nt*
croquette [kʀɔkɛt] *f* Krokette *f*
croquis [kʀɔki] *m* Skizze *f*
cross [kʀɔs] *m* ❶ (*course à pied*) Geländelauf *m* ❷ (*course de moto*) Querfeldeinwettbewerb *m*
crosse [kʀɔs] *f* ❶ (*d'un fusil*) Kolben *m;* (*d'un revolver*) Griff *m* ❷ REL Bischofsstab *m* ❸ SPORT Schläger *m*
crotale [kʀɔtal] *m* Klapperschlange *f*
crotte [kʀɔt] *f* Kot *m* (*geh*); (*de chien*) Haufen *m* (*fam*); (*de cheval*) Pferdeapfel *m;* (*de nez*) Popel *m* (*fam*)
crotté, e [kʀɔte] *adj* schmutzig
crottin [kʀɔtɛ̃] *m* ❶ (*d'un âne*) Mist *m;* (*d'un cheval*) Pferdeapfel *m* ❷ (*fromage*) *kleiner runder Ziegenkäse*
crouler [kʀule] <1> *vi* ❶ (*s'écrouler*) einstürzen ❷ (*s'effondrer*) zusammenbrechen
croupe [kʀup] *f* (*d'un cheval*) Kruppe *f; fam*

(*d'une femme*) Hintern *m* ▶**monter en ~** hinten aufsitzen
croupier, -ière [kʀupje, -jɛʀ] *m, f* Croupier *m*
croupion [kʀupjɔ̃] *m* Sterz *m*
croupir [kʀupiʀ] <8> *vi* **~ en prison** im Gefängnis verfaulen
croustillant, e [kʀustijɑ̃, jɑ̃t] *adj* GASTR knusprig
croustille [kʀustij] *f* CAN [Kartoffel]chips *m*
croustiller [kʀustije] <1> *vi* knusprig sein
croûte [kʀut] *f* ❶ *sans pl* (*de pain, fromage*) Rinde *f* ❷ GASTR **pâté en ~** Blätterteigpastete *f* ❸ *sans pl* MED Schorf *m*; (*de sang*) Kruste *f* ❹ (*sédiment*) Belag *m* ❺ GEO **~ terrestre** Erdkruste *f* ▶**casser la ~** *fam* etw essen
croûton [kʀutɔ̃] *m* Croûton *m*
croyable [kʀwajabl] *adj* **c'est à peine ~** es ist kaum zu glauben
croyance [kʀwajɑ̃s] *f* **la ~ dans/en qc** der Glaube an/in etw (*akk*); **~ religieuse** Glaube *m*
croyant [kʀwajɑ̃] *part prés de* **croire**
croyant, e [kʀwajɑ̃, jɑ̃t] **I.** *adj* religiös **II.** *m, f* Gläubige(r) *f(m)*
CRS [seɛʀɛs] *m abr de* **compagnie républicaine de sécurité les ~** ≈ die Bereitschaftspolizei; (*policier*) Bereitschaftspolizist(in) *m(f)*
cru [kʀy] *m* ❶ (*terroir*) [Wein]anbaugebiet *nt* ❷ (*vin*) **un grand ~** ein großer Wein
cru, e [kʀy] **I.** *part passé de* **croire II.** *adj* ❶ (*aliments*) roh ❷ (*vif*) grell ❸ (*direct*) ungeschminkt
crû, e [kʀy] *part passé de* **croître**
cruauté [kʀyote] *f sans pl* Grausamkeit *f*
cruche [kʀyʃ] *f* Krug *m*
crucial, e [kʀysjal, jo] <-aux> *adj* entscheidend
crucifier [kʀysifje] <1> *vt* kreuzigen
crucifix [kʀysifi] *m* Kruzifix *nt*
crucifixion [kʀysifiksjɔ̃] *f* Kreuzigung *f*
cruciforme [kʀysifɔʀm] *adj* kreuzförmig; **tournevis ~** Kreuzschlitzschraubendreher *m*
cruciverbiste [kʀysivɛʀbist] *mf* Kreuzworträtselfan *m*
crudité [kʀydite] *f pl* GASTR [Gemüse]rohkost *f*; **assiette de ~s** ≈ Salatplatte *f*
crue [kʀy] *f* Hochwasser *nt*
cruel, le [kʀyɛl] *adj* ❶ (*méchant*) grausam ❷ (*sort*) grausam
cruellement [kʀyɛlmɑ̃] *adv* (*méchamment*) grausam
crus [kʀy] *passé simple de* **croire**
crûs [kʀy] *passé simple de* **croître**
crustacé [kʀystase] *m* Krustentier *nt*
cryptage [kʀiptaʒ] *m* INFORM Verschlüsselung *f*
crypte [kʀipt] *f* Krypta *f*
crypter [kʀipte] <1> *vt* verschlüsseln
cube [kyb] *m* ❶ **mètre ~** Kubikmeter *m* ❷ MATH Würfel *m* ❸ (*jouet*) Holzklötzchen *nt* ❹ MATH Kubikzahl *f*
cubique [kybik] *adj* würfelförmig
cubisme [kybism] *m* ART Kubismus *m*
cucu[l] [kyky] *adj inv fam* doof; (*personne*) einfältig; (*film*) kitschig
cueillette [kœjɛt] *f sans pl* Ernten *nt*; (*des fruits*) Pflücken *nt*; (*des champignons*) Sammeln *nt*
cueilli, e [kœji] *part passé de* **cueillir**
cueillir [kœjiʀ] <irr> *vt* (*fleurs*) pflücken; (*légumes*) ernten; (*champignons*) sammeln; (*raisins*) lesen
cui-cui [kɥikɥi] *interj* piep-piep
cuiller, cuillère [kɥijɛʀ] *f* Löffel *m*; **~ à café** [*o* **à thé** CAN] Teelöffel; **~ à soupe** [*o* **à table** CAN] Esslöffel
cuillerée, cuillérée [kɥijeʀe] *f* **~ à café/soupe** Tee-/Esslöffel *m*
cuir [kɥiʀ] *m sans pl* Leder *nt* ▶**~ chevelu** Kopfhaut *f*
cuirasse [kɥiʀas] *f* ❶ MIL Panzer[ung *f*] *m* ❷ HIST [Brust]harnisch *m* ▶**le défaut de la ~** die verwundbare Stelle
cuirassé [kɥiʀase] *m* Panzerkreuzer *m*
cuire [kɥiʀ] <irr> *vt, vi* kochen; (*à la vapeur*) garen; (*à la poêle*) frittieren; (*au four: viande*) braten; (*pain, gâteau*) backen
cuisant, e [kɥizɑ̃, ɑ̃t] *adj* (*déception*) bitter
cuisine [kɥizin] *f* ❶ (*pièce*) Küche *f*; (*meubles*) Einbauküche ❷ (*art culinaire*) Kochkunst *f*; (*nourriture*) Küche *f*; **livre de ~** Kochbuch *nt*; **faire la ~** kochen
cuisiner [kɥizine] <1> **I.** *vi* kochen **II.** *vt* ❶ kochen ❷ *fam* (*interroger*) **~ qn** jdn ausquetschen
cuisinier, -ière [kɥizinje, -jɛʀ] *m, f* Koch/Köchin *m/f*
cuisinière [kɥizinjɛʀ] *f* [Küchen]herd *m*
cuissardes [kɥisaʀd] *fpl* overknee Stiefel *Pl*
cuisse [kɥis] *f* ❶ ANAT Schenkel *m* ❷ GASTR (*de lièvre, volaille*) Keule *f*; (*de grenouille*)

Schenkel *m*

cuisson [kɥisɔ̃] *m* ❶ *sans pl* Kochen *nt;* (*d'un rôti*) Braten *nt;* (*du pain, gâteau*) Backen *nt* ❷ (*durée*) Koch-/Brat-/Backzeit *f*

cuissot [kɥiso] *m* Keule *f*

cuistot [kɥisto] *m fam* Koch *m*

cuit, e [kɥi, kɥit] **I.** *part passé de* **cuire II.** *adj* ❶ GASTR gar; (*légumes, jambon*) gekocht; (*steak*) gebraten; (*gâteau, pain*) gebacken; **ne pas être** [**assez**] ~ nicht gar/nicht durchgebraten/nicht durchgebacken sein; **être trop** ~ zerkocht/zu stark gebraten/zu stark gebacken sein ❷ TECH gebrannt; **terre ~e** Terrakotta *f*

cuite [kɥit] *f fam* Rausch *m;* **prendre une ~** sich (*dat*) einen antrinken

cuivre [kɥivʀ] *m* ❶ (*métal et ustensiles*) Kupfer *nt* ❷ *pl* MUS Blech[blas]instrumente *Pl*

cuivré, e [kɥivʀe] *adj* kupferfarben

cul [ky] *m sans pl fam* Hintern *m*

culasse [kylas] *f* ❶ (*d'un moteur*) Zylinderkopf *m* ❷ (*d'un fusil*) Verschluss *m*

culbute [kylbyt] *f* ❶ **faire une ~** einen Purzelbaum schlagen ❷ (*chute*) **faire des ~s dans l'escalier** kopfüber die Treppe hinunterfallen

culbuter [kylbyte] <1> **I.** *vi* (*tomber*) stürzen **II.** *vt* (*faire tomber*) umwerfen

cul-de-jatte [kydʒat] <culs-de-jatte> *mf* beinloser Krüppel **cul-de-sac** [kydsak] <culs-de-sac> *m* Sackgasse *f*

culinaire [kylinɛʀ] *adj* **art ~** Kochkunst *f*

culminant, e [kylminɑ̃, ɑ̃t] *adj fig* **point ~** Höhepunkt *m*

culminer [kylmine] <1> *vi* (*avoir une hauteur de*) **le pic culmine à 8000 m** der Berggipfel liegt bei 8000 m

culot [kylo] *m* ❶ (*d'une ampoule*) Sockel *m* ❷ *fam* (*assurance*) Frechheit *f;* **avoir du ~** unverschämt sein

culotte [kylɔt] *f* Unterhose *f*

culotté, e [kylɔte] *adj* dreist

culpabiliser [kylpabilize] <1> **I.** *vt* **~ qn** bei jdm Schuldgefühle wecken **II.** *vi* sich schuldig fühlen

culpabilité [kylpabilite] *f sans pl* Schuld *f*

culte [kylt] *m* ❶ *sans pl* (*vénération*) Kult *m* ❷ *sans pl* (*religion*) Religion *f* ❸ (*office protestant*) [Predigt]gottesdienst *m*

cultivable [kyltivabl] *adj* bebaubar

cultivateur, -trice [kyltivatœʀ, -tʀis] *m, f* Landwirt(in) *m(f)*

cultivé, e [kyltive] *adj* ❶ (*personne*) gebildet ❷ (*terre*) bebaut

cultiver [kyltive] <1> **I.** *vt* ❶ AGR anbauen ❷ (*mémoire*) trainieren; (*don*) fördern ❸ (*entretenir*) pflegen **II.** *vpr* **se ~ en faisant qc** sich bilden, indem man etw tut

culture [kyltyʀ] *f* ❶ *sans pl* Anbau *m;* **~ de la vigne** Weinbau ❷ *sans pl* (*d'un champ*) Bebauen *nt* ❸ *pl* (*terres cultivées*) Felder *Pl* ❹ BIO Kultur *f* ❺ *sans pl* (*savoir*) Bildung *f;* (*connaissances spécialisées*) Wissen *nt;* **~ générale** Allgemeinbildung; **ministre de la Culture** Kultusminister *m* ❻ (*civilisation*) Kultur *f*

culturel, le [kyltyʀɛl] *adj* Kultur-

culturisme [kyltyʀism] *m sans pl* Bodybuilding *nt*

cumin [kymɛ̃] *m* Kümmel *m*

cumul [kymyl] *m sans pl* Häufung *f*

cumuler [kymyle] <1> *vt* kumulieren

cumulus [kymylys] *m* (*nuage*) Haufenwolke *f*

curatif, -ive [kyʀatif, -iv] *adj* Heil-

cure [kyʀ] *f* Kur *f;* **~ de désintoxication** Entziehungskur; **~ thermale** Thermalkur

curé [kyʀe] *m* Pfarrer(in) *m(f)*

cure-dent [kyʀdɑ̃] <cure-dents> *m* Zahnstocher *m*

curer [kyʀe] <1> **I.** *vt* reinigen **II.** *vpr* **se ~ les ongles** sich (*dat*) die Nägel sauber machen

curieusement [kyʀjøzmɑ̃] *adv* merkwürdig

curieux [kyʀjø] *mpl* (*badauds*) Schaulustige(n) *Pl*

curieux, -euse [kyʀjø, -jøz] *adj* ❶ (*indiscret*) neugierig ❷ (*intéressé*) **être ~ d'apprendre qc** auf etw (*akk*) gespannt sein; **être ~ de savoir** wissen wollen ❸ (*étrange*) seltsam; **ce qui est ~, c'est que ...** das Seltsame [daran] ist, dass ...

curiosité [kyʀjozite] *f* ❶ *sans pl* Neugier[de] *f* ❷ (*site*) Sehenswürdigkeit *f* ❸ (*objet rare*) Rarität *f*

curiste [kyʀist] *mf* Kurgast *m*

curriculum [vitae] [kyʀikylɔm(vite)] *m inv* Lebenslauf *m*

curry [kyʀi] *m sans pl* Curry *nt o m*

curseur [kyʀsœʀ] *m* INFORM Cursor *m*

cursus [kyʀsys] *m* UNIV Studiengang *m*

customiser [kœstɔmize] <1> *vt* **~ qc** einer S. eine persönliche Note verleihen

cutané, e [kytane] *adj* **maladie ~e** Hautkrankheit *f*

cutter [kœtœʀ, kytɛʀ] *m* Cutter[-Messer *nt*] *m*

cuve [kyv] *f* (*fermée*) Tank *m;* (*ouverte*) Bottich *m;* ~ **à vin** Bütte *f*

cuvée [kyve] *f* Jahrgang *m*

cuver [kyve] <1> *vt fam* ~ **son vin** seinen Rausch ausschlafen

cuvette [kyvɛt] *f* ❶ (*récipient*) Waschschüssel *f* ❷ (*d'un évier*) Becken *nt* ❸ GEO Kessel *m*

CV [seve] *m* ❶ *abr de* **curriculum vitae** ❷ *abr de* **cheval fiscal**

cyanure [sjanyʀ] *m* Zyanid *nt*

cyberboutique [sibɛʀbutik] *f* Shopping Mall *f*

cybercafé [sibɛʀkafe] *m* Internetcafé *nt*

cybercriminalité [sibɛʀkʀiminalite] *f* Internetkriminalität *f*

cybernaute [sibɛʀnot] *mf* [Internet]surfer(in) *m(f)*

cybernétique [sibɛʀnetik] *f* Kybernetik *f*

cyberspace [sibɛʀspas] *m* Cyberspace *m*

cyclamen [siklamɛn] *m* Alpenveilchen *nt*

cycle [sikl] *m* ❶ BIO, MED Zyklus *m;* ~ **menstruel** Periode *f* ❷ ASTRO, ECON Kreislauf *m* ❸ SCOL **premier** ~ ≈ Unter- und Mittelstufe *f;* **deuxième** ~ ≈ Oberstufe; ~ **d'orientation** Orientierungsstufe (*8. und 9. Schuljahr als Orientierung für die Wahl des Abiturtyps*) ❹ UNIV **premier** ~ Grundstudium *nt;* **deuxième** ~ Hauptstudium; **troisième** ~ Doktorandenstudium

cyclique [siklik] *adj* zyklisch

cyclisme [siklism] *m sans pl* Radsport *m*

cycliste [siklist] **I.** *adj* Rad- **II.** *mf* Radfahrer(in) *m(f)*

cyclomoteur [siklomɔtœʀ] *m* Mofa *nt*

cyclone [siklon] *m* Zyklon *m*

cyclope [siklɔp] *m* Zyklop *m*

cygne [siɲ] *m* Schwan *m*

cylindre [silɛ̃dʀ] *m* ❶ (*rouleau*) Walze *f* ❷ MATH, AUT, TECH Zylinder *m*

cylindrée [silɛ̃dʀe] *f sans pl* (*volume*) Hubraum *m*

cylindrique [silɛ̃dʀik] *adj* zylindrisch

cymbale [sɛ̃bal] *f sans pl* MUS Becken *nt*

cynique [sinik] **I.** *adj* zynisch **II.** *mf* Zyniker(in) *m(f)*

cynisme [sinism] *m* Zynismus *m*

cyprès [sipʀɛ] *m* Zypresse *f*

cypriote [sipʀijɔt] *adj* zypriotisch

Cypriote [sipʀijɔt] *mf* Zypriot(in) *m(f)*

cystite [sistit] *f* Blasenentzündung *f*

Dd

D, d [de] *m inv* D *nt*, d *nt*

d' *v.* **de**

d'abord [dabɔʀ] *v.* **abord**

d'accord [dakɔʀ] *v.* **accord**

dactylo [daktilo] **I.** *mf abr de* **dactylographe** Schreibkraft *f;* **être** ~ als Schreibkraft arbeiten **II.** *f abr de* **dactylographie** **apprendre la** ~ Schreibmaschine *f* schreiben lernen; **cours de** ~ Schreibmaschinenkurs *m*

dactylographie [daktilɔgʀafi] *f sans pl* Maschinenschreiben *nt*

dactylographier [daktilɔgʀafje] <1> *vt* auf der [Schreib]maschine schreiben

dada[1] [dada] *m fam* **avoir un** ~ ein Steckenpferd haben

dada[2] [dada] *adj inv* ART, LITTER dadaistisch

dadais [dadɛ] *m* **grand** ~ Tollpatsch *m*

dahlia [dalja] *m* Dahlie *f*

daim [dɛ̃] *m* ❶ ZOOL Damwild *nt;* (*mâle*) Damhirsch *m* ❷ (*cuir*) Wildleder *nt*

dalle [dal] *f* [Stein]platte *f*

daltonien, ne [daltɔnjɛ̃, jɛn] *adj* farbenblind

dame [dam] *f* ❶ Dame *f*, Frau *f* ❷ JEUX **jouer aux** ~**s** Dame spielen; ~ **de trèfle** Kreuzdame

damer [dame] <1> *vt* (*terre*) fest stampfen

damier [damje] *m* JEUX Damebrett *nt*

damné, e [dɑne] **I.** *adj antéposé, fam* verdammt **II.** *m, f* Verdammte(r) *f(m)*

damner [dɑne] <1> *vt* verdammen

dandiner [dɑ̃dine] <1> *vpr* **se** ~ (*canard, personne*) watscheln

Danemark [danmaʀk] *m* **le** ~ Dänemark *nt*

danger [dɑ̃ʒe] *m* Gefahr *f;* **attention** ~**!** Vorsicht!; ~ **de mort!** Lebensgefahr!; **courir un** ~ sich in Gefahr begeben; **mettre qc en** ~ etw in Gefahr bringen

dangereusement [dɑ̃ʒʀøzmɑ̃] *adv* gefährlich

dangereux, -euse [dɑ̃ʒʀø, -øz] *adj* gefährlich

danois [danwa] *m* Dänisch *nt; v.a.* **allemand**

danois, e [danwa, waz] *adj* dänisch; *v.a.* **allemand**

Danois, e [danwa, waz] *m, f* Däne/Dänin *m/f*

dans [dɑ̃] *prép* ① (*local, sans changement de lieu*) in (+ *dat*); **jouer ~ la cour** im Hof spielen; **~ le grenier** auf dem Dachboden ② (*à travers*) durch (+ *akk*); **rentrer ~ un arbre** gegen einen Baum fahren ③ (*à l'intérieur de*) in (+ *dat*), innerhalb (+ *gen*); **porter qn ~ ses bras** jdn auf dem Arm tragen ④ (*contenant*) aus (+ *dat*); **boire ~ un verre** aus einem Glas trinken ⑤ (*futur*) in (+ *dat*); **~ combien de temps?** wann? ⑥ (*dans un délai de*) innerhalb von (+ *dat*), binnen (+ *dat*); **~ une heure** in einer Stunde ⑦ (*dans le courant de*) im Laufe (+ *gen*) ⑧ (*état, manière, cause*) in (+ *dat*); **~ ces conditions** unter diesen Bedingungen; **travailler ~ les ordinateurs** im Bereich Computer arbeiten

dansant, e [dɑ̃sɑ̃, ɑ̃t] *adj* **soirée ~e** Tanzabend *m*

danse [dɑ̃s] *f* Tanz *m*, Tanzen *nt;* **~ classique** Ballett *nt*

danser [dɑ̃se] <1> **I.** *vi* ① ART tanzen ② (*flammes, reflets*) flackern **II.** *vt* tanzen

danseur, -euse [dɑ̃sœʀ, -øz] *m, f* Tänzer(in) *m(f)*

Danube [danyb] *m* **le ~** die Donau

dard [daʀ] *m* Stachel *m*

dare-dare [daʀdaʀ] *adv fam* schnurstracks

dartre [daʀtʀ] *f* [Haut]flechte *f*

date [dat] *f* (*jour, événement*) Datum *nt;* **~ de naissance/de mariage** Geburts-/Hochzeitstag *m;* **à quelle ~?** wann?

dater [date] <1> **I.** *vt* datieren **II.** *vi* (*remonter à*) **cette décision date de quelques minutes** diese Entscheidung ist einige Minuten alt

datif [datif] *m* LING Dativ *m*

datte [dat] *f* Dattel *f*

dattier [datje] *m* Dattelpalme *f*

daube [dob] *f* GASTR Schmorbraten *m*

dauphin [dofɛ̃] *m* Delphin *m*

daurade [dɔʀad] *f* ZOOL Goldbrasse *f*

davantage [davɑ̃taʒ] *adv* ① (*plus*) mehr ② (*temporel*) länger

DDASS [das] *f abr de* **direction départementale d'action sanitaire et sociale** DDASS

de^{1} [də, dy, de] <d', de la, du, des> *prép* ① (*point de départ*) von [... aus]; **~ ... à ...** von ... bis ... ② (*origine*) aus; **venir ~ Paris/d'Angleterre** aus Paris/aus England stammen; **le vin d'Italie** italienischer Wein; **tu es d'où?** woher bist du?; **le train ~ Paris** (*provenance*) der Zug aus Paris; (*destination*) der Zug nach Paris ③ (*appartenance*) des, der, des (+ *gen*); **la femme d'Antoine** Antoines Frau ④ *sans art* (*matière*) aus ⑤ (*spécificité*) **roue ~ secours** Ersatzrad *nt* ⑥ (*partie*) *souvent non traduit* **la majorité des Français** die Mehrheit der Franzosen ⑦ *avec un contenant, âge, poids, temps* (*contenu*) **un sac ~ pommes de terre** ein Sack Kartoffeln; **combien ~ kilos?** wie viel Kilo?; **un billet ~ cent euros** ein Hundert-Euro-Schein; **une jeune fille ~ 20 ans** ein zwanzigjähriges Mädchen ⑧ (*identification*) **la Ville ~ Paris** die Stadt Paris ⑨ (*qualification*) von einem/einer; **cet idiot ~ Durand** dieser Dummkopf von Durand ⑩ (*parmi*) **le/la plus doué(e) ~ nous** der/die Begabteste von uns ⑪ (*qualité*) von (+ *dat*); **ce film est d'un ennui!** dieser Film ist vielleicht langweilig! (*fam*) ⑫ (*particule nobiliaire*) von; **le général ~ Gaulle** der General de Gaulle ⑬ *après un nom dérivé de verbe* (*compl de nom*) des, der, des; **la crainte ~ qn/qc** die Angst vor jdm/etw ⑭ + *compl d'un verbe* (*agent*) von (+ *dat*); **~ quoi ...?** von was ...?; **~ qui?** von wem? ⑮ (*cause*) **mourir ~ qc** an etw (*dat*) sterben ⑯ (*temporel*) **~ nuit** nachts; **ne rien faire ~ la journée** den ganzen Tag über nichts tun ⑰ (*manière*) mit; **~ mémoire** aus dem Gedächtnis ⑱ (*moyen*) mit; **faire signe ~ la main** [mit der Hand] winken ⑲ (*introduction d'un compl*) **c'est à toi ~ jouer** du bist dran

de^{2} [də, dy, de] <d', de la, du, des> *art partitif, non traduit* **du vin/~ la bière/des gâteaux** Wein/Bier/Kekse; **il ne boit pas ~ vin/d'eau** er trinkt keinen Wein/kein Wasser

dé^{1} [de] *m* (*jeu*) Würfel *m;* **jeter les/jouer aux ~s** würfeln

dé^{2} [de] *m* **~ à coudre** Fingerhut *m*

dealeur, -euse [dilœʀ, -øz] *m, f fam* Dealer(in) *m(f)*, Drogenhändler(in) *m(f)*

déambuler [deɑ̃byle] <1> *vi* auf und ab wandern

débâcle [debɑkl] *f* Zusammenbruch *m*

déballage [debalaʒ] *m* ❶ (*opp: emballage: d'un paquet*) Auspacken *nt* ❷ *fam* (*désordre*) Chaos *nt* ❸ *péj fam* (*divulgations*) Erguss *m*

déballer [debale] <1> *vt* auspacken

débander [debɑ̃de] <1> **I.** *vt* MED ~ **le bras à qn** jdm den Verband vom Arm nehmen **II.** *vi fam* schlaff werden

débarbouiller [debaʀbuje] <1> **I.** *vt* ~ **qn** jdm das Gesicht waschen **II.** *vpr* **se** ~ sich (*dat*) das Gesicht waschen

débarcadère [debaʀkadɛʀ] *m* Landungsbrücke *f*

débardeur [debaʀdœʀ] *m* (*t-shirt sans bras*) ärmelloses T-Shirt *m*

débarquement [debaʀkəmɑ̃] *m* ❶ (*des marchandises*) Ausladen *nt;* (*des voyageurs*) Aussteigen *nt* ❷ (*descente: des troupes*) Landung *f*

débarquer [debaʀke] <1> **I.** *vt* NAUT (*marchandises*) löschen; (*passagers*) an Land setzen **II.** *vi* ❶ (*opp: embarquer: passager*) mit dem Schiff ankommen; NAUT von Bord gehen; (*troupes*) landen ❷ *fam* ~ **chez qn** bei jdm aufkreuzen

débarras [debaʀɑ] *m* Abstellraum *m* ▸**bon ~!** den/die/das wären wir los!

débarrasser [debaʀɑse] <1> **I.** *vt* (*pièce*) ausräumen; (*grenier*) entrümpeln; (*table*) abdecken; ~ **qn de son manteau** jdm aus dem Mantel helfen **II.** *vpr* ❶ **se ~ de son manteau** seinen Mantel ablegen ❷ (*donner, vendre*) **se ~ de vieux livres** alte Bücher weggeben ❸ (*liquider*) **se ~ d'une affaire** sich einer Sache (*gen*) entledigen ❹ (*éloigner*) **se ~ de qn** sich (*dat*) jdn vom Hals schaffen

débat [deba] *m* ❶ Diskussion *f* ❷ *pl* POL Debatte *f*

débattre [debatʀ] <irr> **I.** *vt* ~ **qc** über etw (*akk*) diskutieren ▸**à** ~ auszuhandeln **II.** *vi* ~ **de qc** über etw (*akk*) verhandeln **III.** *vpr* **se** ~ um sich schlagen

débauche [deboʃ] *f* Ausschweifung *f*

débauché, e [deboʃe] *m, f* Wüstling *m*

débaucher [deboʃe] <1> **I.** *vt* (*licencier*) entlassen **II.** *vpr* **se** ~ ausschweifen

débile [debil] *adj* ❶ *fam* schwachsinnig ❷ (*atteint de débilité*) geistig behindert

débilité [debilite] *f fam* Schwachsinn *m*

débit [debi] *m* ❶ (*d'un tuyau, robinet*) Durchflussmenge *f;* (*d'une rivière*) Wasserführung *f* ❷ (*élocution*) Redefluss *m* ❸ FIN Soll *nt*

débiter [debite] <1> *vt* ❶ FIN ~ **un compte de 100 euros** ein Konto mit 100 Euro belasten ❷ (*vendre*) verkaufen ❸ *péj* (*banalités, sottises*) verzapfen ❹ (*produire*) ausstoßen ❺ (*bois, tissu*) zerschneiden

débiteur, -trice [debitœʀ, -tʀis] **I.** *m, f* Schuldner(in) *m(f)* **II.** *adj* (*compte*) Debet-

déblatérer [deblateʀe] <5> *vi fam* ~ **contre qn/qc** über jdn/etw vom Leder ziehen

déblayer [debleje] <7> *vt* (*débarrasser*) freimachen

déblocage [deblɔkaʒ] *m* ❶ ECON (*du crédit, des prix*) Freigabe *f* ❷ (*issue: de la situation*) Verbesserung *f;* (*d'une crise*) Überwindung *f*

débloquer [deblɔke] <1> **I.** *vt* ❶ TECH (*frein, vis*) lösen; (*écrou*) lockern; (*serrure*) entriegeln; (*porte*) wieder aufbekommen ❷ ECON (*crédit, marchandise*) freigeben **II.** *vi fam* überschnappen

déboguer [debɔge] <1> *vt* INFORM ~ **qc** einen Systemfehler in etw beheben

déboires [debwaʀ] *mpl* Enttäuschungen *Pl*

déboisement [debwazmɑ̃] *m* Abholzen *nt*

déboiser [debwaze] <1> *vt* abholzen

déboîter [debwate] <1> *vt* ❶ MED **sa chute lui a déboîté une épaule** er hat sich bei seinem Sturz die Schulter verrenkt ❷ (*démonter: porte*) aus den Angeln heben

débonnaire [debɔnɛʀ] *adj* gutmütig

débordant, e [debɔʀdɑ̃, ɑ̃t] *adj* (*activité*) rastlos; (*imagination*) blühend

débordé, e [debɔʀde] *adj* (*submergé*) überlastet

débordement [debɔʀdəmɑ̃] *m* ❶ (*d'un liquide*) Überlaufen *nt* ❷ (*flot*) ~ **de paroles** Wortschwall *m* ❸ *gén pl* (*désordres*) Ausschreitungen *Pl*

déborder [debɔʀde] <1> **I.** *vi* ❶ (*liquide*) überlaufen; (*lac, rivière*) über die Ufer treten; (*récipient*) überlaufen ❷ (*être plein de*) ~ **de joie** außer sich vor Freude sein **II.** *vt* (*être dépassé*) **être débordé par qn/qc** jds/einer S. nicht mehr Herr werden

débouché [debuʃe] *m* ❶ (*marché*) Absatzmarkt *m* ❷ *pl* (*perspectives*) Berufsaussichten *Pl* ❸ (*d'une rue*) [Ein]mündung *f*

D

déboucher [debuʃe] <1> **I.** *vt* ❶ (*nez*) freibekommen; (*lavabo*) frei machen ❷ (*ouvrir*) öffnen **II.** *vpr* **se ~** (*tuyau, lavabo, nez*) frei werden **III.** *vi* ❶ (*piéton*) hervorkommen; (*véhicule*) herausgefahren kommen ❷ (*aboutir*) **~ dans/sur une rue** (*personne*) auf eine Straße stoßen; (*voie*) in eine Straße [ein]münden ❸ (*aboutir à*) **~ sur qc** zu etw führen

déboucler [debukle] <1> *vt* (*ceinture*) aufschnallen

débouler [debule] <1> *vi fig fam* **~ chez qn** bei jdm hereingestolpert kommen

déboulonner [debulɔne] <1> *vt* abschrauben

débourser [debuʀse] <1> *vt* ausgeben

déboussoler [debusɔle] <1> *vt fam* verstören

debout [d(ə)bu] *inv* ❶ (*personne*) stehend; (*manger, voyager*) im Stehen; **être/rester ~** stehen/stehen bleiben; **se mettre ~** aufstehen; **poser/ranger qc ~** etw [aufrecht] hinstellen ❷ (*levé*) **être/rester ~** auf sein/aufbleiben ❸ (*opp: malade, fatigué*) **ne plus tenir ~** nicht mehr stehen können

déboutonner [debutɔne] <1> *vt* aufknöpfen

débraillé, e [debʀɑje] *adj* schlampig

débrancher [debʀɑ̃ʃe] <1> *vt* **~ une lampe** den Stecker einer Lampe herausziehen

débrayage [debʀɛjaʒ] *m* AUT Auskuppeln *nt*

débrayer [debʀeje] <7> *vi* AUT [aus]kuppeln

débridé, e [debʀide] *adj* ungezügelt

débris [debʀi] *m* ❶ *gén pl* (*fragment*) Scherbe *f* ❷ *pl* (*restes*) Überreste *Pl*

débrouillard, e [debʀujaʀ, jaʀd] *fam* **I.** *adj* gewitzt **II.** *m, f* Schlaukopf *m*

débrouiller [debʀuje] <1> **I.** *vt* (*affaire*) Klarheit bringen in (+ *akk*) **II.** *vpr fam* **se ~** zurechtkommen

débroussailler [debʀusɑje] <1> *vt* **~ un terrain** das Gestrüpp von einem Gelände entfernen

débusquer [debyske] <1> *vt* (*animal*) aufscheuchen

début [deby] *m* ❶ (*commencement*) Anfang *m*, Beginn *m;* **au ~ de qc** am Anfang/zu Beginn von etw ❷ *pl* **les ~s de qn dans/à qc** jds erste Schritte in/auf etw (*dat*)

débutant, e [debytɑ̃, ɑ̃t] **I.** *adj* unerfahren **II.** *m, f* Anfänger(in) *m(f)*

débuter [debyte] <1> **I.** *vi* anfangen; **~ au théâtre** beim Theater debütieren **II.** *vt* beginnen

déca [deka] *m fam abr de* **décaféiné** Koffeinfreie(r) *m*

décacheter [dekaʃte] <3> *vt* (*lettre*) öffnen

décade [dekad] *f* Dekade *f*

décadence [dekadɑ̃s] *f* (*d'une civilisation*) Niedergang *m;* (*des mœurs*) Verfall *m*

décadent, e [dekadɑ̃, ɑ̃t] *adj* (*art, civilisation*) untergehend; (*personne*) dekadent

décaféiné [dekafeine] *m* koffeinfreier Kaffee

décalage [dekalaʒ] *m* ❶ (*d'un horaire*) [zeitliche] Verschiebung ❷ (*écart temporel*) Zeitabstand *m* ❸ (*écart spatial*) Versetzung *f*

décalcomanie [dekalkɔmani] *f* Abziehbild *nt*

décalé, e [dekale] *adj* versetzt

décaler [dekale] <1> **I.** *vt* ❶ **~ qc d'un jour** etw um einen Tag verschieben ❷ (*meuble, appareil*) [ein bisschen] weiter schieben; (*titre, paragraphe*) versetzen **II.** *vpr* **se ~** sich einen Platz weiter setzen

décalquer [dekalke] <1> *vt* **~ qc sur qc** etw aus etw abpausen

décamper [dekɑ̃pe] <1> *vi fam* sich aus dem Staub machen

décan [dekɑ̃] *m* ASTRO Dekade *f*

décanter [dekɑ̃te] <1> *vt* (*liquide*) klären

décapant [dekapɑ̃] *m* Beizmittel *nt*

décapant, e [dekapɑ̃, ɑ̃t] *adj* ❶ (*produit*) Abbeiz- ❷ (*article, humour*) ätzend

décaper [dekape] <1> *vt* (*métal*) beizen; (*bois, meuble*) abbeizen

décapiter [dekapite] <1> *vt* köpfen

décapotable [dekapɔtabl] **I.** *adj* mit aufklappbarem Verdeck **II.** *f* Kabriolett *nt*

décapsuler [dekapsyle] <1> *vt* öffnen

décapsuleur [dekapsylœʀ] *m* Flaschenöffner *m*

décarcasser [dekaʀkase] <1> *vpr fam* **se ~ pour qn** sich für jdn abrackern

décathlon [dekatlɔ̃] *m* Zehnkampf *m*

décathlonien, ne [dekatlɔnjɛ̃, jɛn] *m, f* Zehnkämpfer(in) *m(f)*

décéder [desede] <5> *vi + être form* versterben; **~ de qc** an etw (*dat*) sterben

déceler [des(ə)le] <4> *vt* entdecken; (*cause, raison*) herausfinden

décembre [desɑ̃bʀ] *m* Dezember *m; v.a.* **août**

décence [desɑ̃s] *f* Anstand *m*
décennie [deseni] *f* Jahrzehnt *nt*
décent, e [desɑ̃, ɑ̃t] *adj* anständig
décentralisation [desɑ̃tʀalizasjɔ̃] *f* Dezentralisierung *f*
décentraliser [desɑ̃tʀalize] <1> *vt* dezentralisieren
déception [desɛpsjɔ̃] *f* Enttäuschung *f*
décerner [desɛʀne] <1> *vt* verleihen
décès [desɛ] *m form* Ableben *nt*
décevant, e [des(ə)vɑ̃, ɑ̃t] *adj* enttäuschend
décevoir [des(ə)vwaʀ] <12> *vt* enttäuschen; **qc déçoit qn** jd ist von etw enttäuscht
déchaîné, e [deʃene] *adj* (*passions*) hemmungslos; (*vent*) entfesselt; (*mer*) tosend; (*foule, enfant*) außer Rand und Band
déchaînement [deʃɛnmɑ̃] *m* (*de la tempête*) Wüten *nt;* (*de la haine, violence*) Ausbruch *m*
déchaîner [deʃene] <1> **I.** *vt* (*passions*) entfesseln **II.** *vpr* **se ~** toben; **se ~ contre qn/qc** gegen jdn/etw wüten
déchanter [deʃɑ̃te] <1> *vi fam* seine Illusionen aufgeben
décharge [deʃaʀʒ] *f* ❶ (*dépôt*) Mülldeponie *f*, Müllkippe *f* ❷ (*salve*) Schüsse *Pl* ❸ ELEC Schlag *m*
déchargement [deʃaʀʒəmɑ̃] *m* (*d'un camion*) Ausladen *nt;* (*d'un navire*) Löschen *nt*
décharger [deʃaʀʒe] <2a> **I.** *vt* ❶ (*voiture*) ausladen; (*bateau*) löschen ❷ (*soulager*) erleichtern ❸ JUR entlasten **II.** *vpr* ❶ **se ~ du travail sur qn** die Arbeit auf jdn abwälzen ❷ ELEC **se ~** sich entladen
décharné, e [deʃaʀne] *adj* (*visage*) abgezehrt
déchausser [deʃose] <1> **I.** *vt* (*skis*) abschnallen **II.** *vpr* **se ~** ❶ seine Schuhe ausziehen ❷ MED (*dent*) locker werden
déchéance [deʃeɑ̃s] *f* Verfall *m;* (*d'une civilisation*) Untergang *m*
déchets [deʃɛ] *mpl* (*restes, ordures*) Abfall *m*, Müll *m;* **~ biodégradables** Biomüll *m;* **~ nucléaires** Atommüll *m*
déchetterie [deʃɛtʀi] *f* Müllverwertungsanlage *f*
déchiffrer [deʃifʀe] <1> *vt* ❶ (*message, code*) entschlüsseln ❷ (*hiéroglyphes, texte*) entziffern
déchiqueté, e [deʃikte] *adj* (*feuille*) gezackt
déchiqueter [deʃikte] <3> *vt* zerfetzen
déchirant, e [deʃiʀɑ̃, ɑ̃t] *adj* (*spectacle, adieux*) herzzerreißend
déchiré, e [deʃiʀe] *adj* zerrissen
déchirement [deʃiʀmɑ̃] *m* ❶ (*souffrance*) großer Kummer ❷ (*divisions*) Zwietracht *f*
déchirer [deʃiʀe] <1> **I.** *vt* ❶ (*papier, tissu*) zerreißen; (*pantalon, enveloppe*) aufreißen; **~ qc en morceaux** etw in Stücke reißen ❷ (*faire souffrir*) **~ qn** jdm das Herz zerreißen ❸ (*parti, pays*) spalten **II.** *vpr* **se ~** ❶ (*sac*) [auf]reißen; (*vêtement*) einen Riss bekommen ❷ (*se quereller*) sich gegenseitig zerfleischen
déchirure [deʃiʀyʀ] *f a.* MED Riss *m*
déchu, e [deʃy] *adj* (*souverain*) gestürzt
décibel [desibɛl] *m* Dezibel *nt*
décidé, e [deside] *adj* (*air, personne*) entschlossen; (*ton*) bestimmt
décidément [desidemɑ̃] *adv* also wirklich
décider [deside] <1> **I.** *vt* ❶ beschließen; **~ de faire qc** beschließen etw zu tun ❷ (*persuader*) **~ qn à faire qc** jdn dazu bewegen etw zu tun **II.** *vi* **~ de qc** über etw (*akk*) entscheiden **III.** *vpr* **se ~** sich entscheiden; **se ~ à faire qc** sich dazu entschließen etw zu tun
décilitre [desilitʀ] *m* Deziliter *m*
décimal, e [desimal, o] <-aux> *adj* Dezimal-
décimer [desime] <1> *vt* dezimieren
décimètre [desimɛtʀ] *m* Dezimeter *m o nt*
décisif, -ive [desizif, -iv] *adj* (*moment, bataille*) entscheidend; (*argument*) ausschlaggebend
décision [desizjɔ̃] *f* ❶ Entscheidung *f;* **prendre une ~** einen Entschluss fassen ❷ (*choix fait par une assemblée*) Beschluss *m* ❸ (*choix fait par un tribunal*) Entscheid *m*
déclamer [deklame] <1> *vt* (*poème, vers*) vortragen
déclaration [deklaʀasjɔ̃] *f* ❶ (*discours*) [öffentliche] Erklärung; **faire une ~** eine Erklärung abgeben ❷ (*propos*) Aussage *f;* **~ des droits de l'homme et du citoyen** Erklärung der Menschen- und Bürgerrechte ❸ (*témoignage*) Aussage *f* ❹ (*aveu*) **~ d'amour** Liebeserklärung *f* ❺ ADMIN (*d'un décès*) Meldung *f;* (*d'une naissance*) Anzeige *f* ❻ (*formulaire*) Meldung *f*
déclaré, e [deklaʀe] *adj* erklärt
déclarer [deklaʀe] <1> **I.** *vt* ❶ **~ son**

D

amour à qn jdm seine Liebe erklären; **~ la guerre** den Krieg erklären ❷ ADMIN (*employé, marchandise*) anmelden; (*décès, naissance*) melden; **vous avez quelque chose à ~?** haben Sie etwas zu verzollen? **II.** *vpr* ❶ **se ~** (*incendie, orage*) ausbrechen; (*fièvre, maladie*) zum Ausbruch kommen ❷ (*se prononcer*) **se ~ pour/contre qn/qc** sich für/gegen jdn/etw aussprechen

déclenchement [deklɑ̃ʃmɑ̃] *m* Auslösen *nt*

déclencher [deklɑ̃ʃe] <1> **I.** *vt a.* TECH auslösen **II.** *vpr* **se ~** (*mécanisme*) in Gang kommen

déclencheur [deklɑ̃ʃœʀ] *m* Auslöser *m;* **~ à retardement** Selbstauslöser *m*

déclic [deklik] *m* ❶ (*mécanisme*) Auslöseknopf *m* ❷ (*bruit*) Klicken *nt*

déclin [deklɛ̃] *m* (*des forces physiques et mentales*) Nachlassen *nt;* (*du jour*) Abnehmen *nt;* (*d'une civilisation*) Niedergang *m*

déclinaison [deklinɛzɔ̃] *f* LING, ASTRO Deklination *f*

décliner [dekline] <1> **I.** *vt* ❶ (*refuser*) zurückweisen ❷ LING deklinieren **II.** *vi* (*jour*) sich neigen (*geh*) (*forces, prestige*) schwinden (*geh*)

décocher [dekɔʃe] <1> *vt* **~ un regard/une œillade** jdm einen Blick zuwerfen

décoction [dekɔksjɔ̃] *f* BIO Abkochung *f*

décodage [dekɔdaʒ] *m* (*d'une information, d'un message*) Dekodierung *f*

décoder [dekɔde] <1> *vt* dekodieren

décodeur [dekɔdœʀ] *m* Decoder *m*

décoiffer [dekwafe] <1> *vt* **~ qn** jds Haare durcheinanderbringen; **être tout décoiffé** ganz zerzaust sein

décoincer [dekwɛ̃se] <2> *vt* ❶ (*dégager: pied, doigt, tiroir*) herausziehen; (*porte*) aufziehen; (*pièce, jeton*) herausbekommen ❷ *fam* (*détendre: personne*) locker machen

décollage [dekɔlaʒ] *m* Start *m*

décollement [dekɔlmɑ̃] *m* Abgehen *nt;* (*d'un papier peint, d'une moquette*) Ablösen *nt*

décoller [dekɔle] <1> **I.** *vt* **~ un timbre de l'enveloppe** eine Briefmarke vom Umschlag ablösen **II.** *vi* ❶ AVIAT **~ de qc** von etw abfliegen; **nous décollons à 13 h** wir fliegen um 13 Uhr ab ❷ ECON (*pays*) einen wirtschaftlichen Aufschwung erleben; (*économie*) einen Aufschwung erleben ❸ *fam* **ne pas ~ de chez qn** bei jdm hängen bleiben **III.** *vpr* **se ~** (*carrelage, timbre*) sich lösen

décolleté [dekɔlte] *m* Dekolletee *nt*

décolleté, e [dekɔlte] *adj* ausgeschnitten

décolonisation [dekɔlɔnizasjɔ̃] *f* Dekolonisation *f*

décoloniser [dekɔlɔnize] <1> *vt* in die Unabhängigkeit entlassen

décolorant [dekɔlɔʀɑ̃] *m* Entfärber *m*

décolorant, e [dekɔlɔʀɑ̃, ɑ̃t] *adj* **produit ~** Entfärbungsmittel *nt*

décoloration [dekɔlɔʀasjɔ̃] *f* Entfärben *nt;* (*des cheveux*) Aufhellen *nt*

décoloré, e [dekɔlɔʀe] *adj* (*cheveux*) gebleicht; (*papier, affiches*) vergilbt

décolorer [dekɔlɔʀe] <1> **I.** *vt* (*tissu, vêtement*) entfärben; (*cheveux*) bleichen **II.** *vpr* ❶ **se ~** (*cheveux*) [aus]bleichen; (*étoffe*) (*au soleil*) ausbleichen; (*au lavage*) die Farbe verlieren ❷ (*enlever la couleur*) **se ~ les cheveux** sich (*dat*) die Haare aufhellen

décombres [dekɔ̃bʀ] *mpl a. fig* Trümmer *Pl*

décommander [dekɔmɑ̃de] <1> **I.** *vt* (*rendez-vous, réunion*) absagen; (*marchandise*) abbestellen; **~ qn** jdm absagen **II.** *vpr* **se ~** absagen

décomplexé, e [dekɔ̃plɛkse] *adj fam* ohne Hemmungen

décomposé, e [dekɔ̃poze] *adj* ❶ (*substance organique*) zersetzt ❷ (*visage, traits*) entstellt

décomposer [dekɔ̃poze] <1> **I.** *vt* ❶ CHIM, PHYS, MATH, LING zerlegen ❷ (*idée, problème*) analysieren ❸ (*détailler*) im Einzelnen zeigen **II.** *vpr* **se ~** (*substance organique*) sich zersetzen; (*cadavre*) verwesen; (*visage, traits*) sich verzerren

décomposition [dekɔ̃pozisjɔ̃] *f* (*putréfaction: d'une substance organique*) Zersetzung *f;* (*d'un cadavre*) Verwesung *f*

décompresser [dekɔ̃pʀese] <1> *vi fam* ausspannen

décomprimer [dekɔ̃pʀime] <1> *vt* TECH **~ de l'air** den Luftdruck vermindern

décompte [dekɔ̃t] *m* Abrechnung *f*

décompter [dekɔ̃te] <1> *vt* (*votes*) [aus]zählen

déconcentré, e [dekɔ̃sɑ̃tʀe] *adj* unkonzentriert

déconcentrer [dekɔ̃sɑ̃tʀe] <1> **I.** *vt* (*personne*) aus dem Konzept bringen **II.** *vpr* **se ~** sich aus dem Konzept bringen lassen

déconcertant, **e** [dekɔ̃sɛʀtɑ̃, ɑ̃t] *adj* verwirrend

déconcerter [dekɔ̃sɛʀte] <1> *vt* verwirren

déconfiture [dekɔ̃fityʀ] *f fam* (*faillite*) Pleite *f*

décongélation [dekɔ̃ʒelasjɔ̃] *f* Auftauen *nt*

décongeler [dekɔ̃ʒ(ə)le] <4> *vt, vi* auftauen

déconnecter [dekɔnɛkte] <1> **I.** *vt* ❶ ELEC unterbrechen ❷ INFORM ausloggen; (*serveur, réseau*) verlassen **II.** *vi fam* abschalten

déconner [dekɔne] <1> *vi fam* ❶ (*dire/faire des bêtises*) Mist reden/machen ❷ (*être détraqué*) ~ **complètement** [total] durchdrehen

déconseillé, **e** [dekɔ̃seje] *adj* nicht empfehlenswert; **il est ~ de faire qc** es ist nicht ratsam etw zu tun

déconseiller [dekɔ̃seje] <1> **I.** *vt* ~ **un livre à un ami** einem Freund von einem Buch abraten **II.** *vi* ~ **à un collègue de faire qc** einem Kollegen davon abraten etw zu tun

déconsidérer [dekɔ̃sideʀe] <5> **I.** *vt* in Misskredit bringen **II.** *vpr* **se ~ auprès de qn/aux yeux de qn** sich bei jdm/in jds Augen in Verruf bringen

décontaminer [dekɔ̃tamine] <1> *vt* (*lieu, personne*) dekontaminieren; INFORM (*disquettes*) von Viren befreien

décontenancer [dekɔ̃t(ə)nɑ̃se] <2> *vt* aus der Fassung bringen

décontracté, **e** [dekɔ̃tʀakte] *adj* entspannt; (*style, ton, air*) locker

décontracter [dekɔ̃tʀakte] <1> *vt, vpr* [**se**] ~ [sich] entspannen

décontraction [dekɔ̃tʀaksjɔ̃] *f* ❶ (*détente: du corps, d'une personne*) Entspannung *f* ❷ (*désinvolture*) Ungezwungenheit *f; péj* Lässigkeit *f*

décor [dekɔʀ] *m* ❶ Dekor *m o nt*, Ausstattung *f* ❷ THEAT Bühnenbild *nt*, Kulisse *f;* CINE Szenenaufbau *m* ❸ (*cadre*) Umgebung *f*

décorateur, **-trice** [dekɔʀatœʀ, -tʀis] *m, f* Dekorateur(in) *m(f);* ~ **d'intérieurs** Innenausstatter *m*

décoratif, **-ive** [dekɔʀatif, -iv] *adj* dekorativ

décoration [dekɔʀasjɔ̃] *f* ❶ Dekoration *f* ❷ (*art*) Innenarchitektur *f* ❸ (*distinction honorifique*) Auszeichnung *f*

décoré, **e** [dekɔʀe] *adj* ❶ (*lieu, plat*) verziert; (*vitrines*) dekoriert ❷ (*personne*) [mit einem Orden] ausgezeichnet

décorer [dekɔʀe] <1> *vt* ❶ (*plat*) garnieren; (*vitrine*) dekorieren ❷ (*agrémenter*) [ver]zieren ❸ (*personne*) auszeichnen

décortiquer [dekɔʀtike] <1> *vt* ❶ (*marrons, arbre*) schälen ❷ (*texte*) analysieren

découdre [dekudʀ] <irr> *vt* (*boutons*) abtrennen; (*ourlet*) auftrennen

découler [dekule] <1> *vi* ~ **de qc** von etw kommen

découpage [dekupaʒ] *m* ❶ [Zu]schneiden *nt* ❷ *souvent pl* (*images*) Ausschneidebilder *Pl* ❸ ADMIN, POL Einteilung *f*

découpe [dekup] *f* ❶ COUT Passe *f* ❷ TECH Zuschneiden *nt;* (*avec une scie*) Aussägen *nt*

découpé, **e** [dekupe] *adj* (*côte, relief*) zerklüftet; (*sommet, feuille*) gezackt

découper [dekupe] <1> *vt* ❶ (*gâteau, viande*) aufschneiden; (*volaille*) tranchieren ❷ (*tissu, moquette*) zuschneiden; ~ **un article dans qc** einen Artikel aus etw ausschneiden

découragé, **e** [dekuʀaʒe] *adj* entmutigt

décourageant, **e** [dekuʀaʒɑ̃, ʒɑ̃t] *adj* entmutigend

découragement [dekuʀaʒmɑ̃] *m* Mutlosigkeit *f*

décourager [dekuʀaʒe] <2a> **I.** *vt* ❶ (*démoraliser*) entmutigen ❷ (*dissuader*) ~ **qn de la création d'une entreprise** jdn davon abhalten eine Firma zu gründen **II.** *vpr* **se ~** den Mut verlieren

décousu, **e** [dekuzy] *adj* ❶ COUT aufgetrennt ❷ (*conversation, récit*) unzusammenhängend; (*idées*) wirr

découvert [dekuvɛʀ] *m* FIN Defizit *nt;* (*d'un compte*) Überziehung *f;* **être à ~** im Soll sein (*fam*)

découvert, **e** [dekuvɛʀ, ɛʀt] *adj* ❶ (*nu*) bloß ❷ (*lieu*) offen[liegend]

découverte [dekuvɛʀt] *f* Entdeckung *f*, Erkundung *f;* **être à la ~ de qc** etw entdecken; **partir à la ~ de qc** etw erkunden gehen

découvrir [dekuvʀiʀ] <11> **I.** *vt* ❶ entdecken ❷ (*enfant, malade*) aufdecken ❸ (*statue*) enthüllen ❹ (*ruines, objet*) ausgraben ❺ (*jambes, épaules*) zeigen **II.** *vpr* **se ~** ❶ (*enlever sa couverture*) sich aufdecken; (*enlever son chapeau*) den Hut abnehmen ❷ (*ciel*) sich aufhellen

décrépit, **e** [dekʀepi, it] *adj* (*personne*) al-

D

tersschwach

décrépitude [dekʀepityd] *f* (*d'un empire*) Niedergang *m*

décret [dekʀɛ] *m* [Rechts]verordnung *f*

décréter [dekʀete] <5> *vt* ❶ POL anordnen ❷ *fig* ~ **que …** bestimmen, dass …

décrire [dekʀiʀ] <irr> *vt* beschreiben; (*événement, situation*) schildern

décrisper [dekʀispe] <1> *vt* (*situation, affrontement*) entschärfen

décrocher [dekʀɔʃe] <1> **I.** *vt* ❶ (*rideaux, linge*) abnehmen; ~ **le téléphone** den [Telefon]hörer abnehmen ❷ *fam* (*obtenir*) kriegen **II.** *vi* (*au téléphone*) den [Telefon]hörer abnehmen

décroiser [dekʀwaze] <1> *vt* (*jambes*) nebeneinanderstellen; (*bras*) wieder fallen lassen; (*fils*) entwirren

décroissant, e [dekʀwasɑ̃, ɑ̃t] *adj* (*intensité*) abnehmend; **à vitesse ~e** mit herabgesetzter Geschwindigkeit

décroître [dekʀwatʀ] <irr> *vi + avoir o être* abnehmen; (*jours*) kürzer werden; (*vitesse*) abnehmen

décrue [dekʀy] *f* (*des eaux*) Sinken *nt*

décrypter [dekʀipte] <1> *vt* (*hiéroglyphe*) entziffern

déçu, e [desy] **I.** *part passé de* **décevoir II.** *adj* enttäuscht **III.** *m, f souvent pl* Enttäuschte(r) *f(m)*

déculotter [dekylɔte] <1> *vt* ❶ ~ **qn** jdm die Hosen ausziehen ❷ (*vider: pipe*) ausklopfen

déculpabiliser [dekylpabilize] <1> *vt* (*action, situation*) entschuldbar machen; ~ **qn** jdm das Schuldgefühl nehmen

dédaigner [dedeɲe] <1> *vt* ~ **qn** jdn verachten, auf jdn herabsehen

dédaigneux, -euse [dedɛɲø, -øz] *adj* (*comportement, personne*) herablassend; (*regard, air*) verächtlich

dédale [dedal(ə)] *m* (*de rues, chemins*) Gewirr *nt*

dedans [d(ə)dɑ̃] **I.** *adv + verbe de mouvement* hinein *+ verbe d'état* darin; (*dans un lieu*) innen; **de ~** (*venir*) von drinnen; **en ~** innen **II.** *m sans pl* **le ~ de qc** die Innenseite einer S. (*gen*)

dédicace [dedikas] *f* Widmung *f*

dédicacer [dedikase] <2> *vt* widmen

dédier [dedje] <1> *vt* widmen

dédommagement [dedɔmaʒmɑ̃] *m* Entschädigung *f*

dédommager [dedɔmaʒe] <2a> *vt* ~ **une victime de qc** ein Opfer für etw entschädigen

dédouanement [dedwanmɑ̃] *m* Verzollung *f*

dédouaner [dedwane] <1> *vt* (*marchandise*) verzollen

dédramatiser [dedʀamatize] <1> *vt, vi* entdramatisieren

déductible [dedyktibl] *adj* FIN **être ~ des impôts** von der Steuer absetzbar sein

déduction [dedyksjɔ̃] *f* ❶ COM Abzug *m;* FIN Absetzung *f;* ~ **d'impôt** Steuerabzug; **moins la ~ de 10%** abzüglich 10% ❷ (*conclusion*) Deduktion *f*

déduire [dedɥiʀ] <irr> *vt* ❶ (*acompte, frais*) abziehen ❷ (*conclure*) ableiten; ~ **de qc que …** aus etw folgern, dass …

déesse [deɛs] *f* Göttin *f*

défaillance [defajɑ̃s] *f* ❶ (*d'une personne*) Schwäche *f* ❷ (*d'un moteur, système*) Versagen *nt;* (*d'un appareil*) Defekt *m*

défaillant, e [defajɑ̃, jɑ̃t] *adj* ❶ (*insuffisant: forces*) geschwächt; (*mémoire*) nachlassend ❷ (*affaibli: personne*) geschwächt; (*voix*) zitternd; (*main*) unsicher

défaire [defɛʀ] <irr> **I.** *vt* ❶ aufmachen; (*nœud, corde*) lösen; (*chaussures, manteau*) ausziehen; (*skis, bretelles*) abmachen ❷ (*enlever ce qui est fait*) aufmachen; (*ourlet*) auftrennen; ~ **le lit** das Bett abziehen/aufdecken ❸ (*déballer*) auspacken **II.** *vpr* ❶ **se ~** (*paquet, ourlet*) aufgehen; (*nœud, lacets*) aufgehen; (*bouton*) abgehen; (*coiffure*) in Unordnung geraten ❷ (*se séparer*) **se ~ de qn/qc** jdn/etw loswerden

défait, e [defɛ, defɛt] *part passé de* **défaire**

défaite [defɛt] *f* Niederlage *f*

défaut [defo] *m* Fehler *m*

défavorable [defavɔʀabl] *adj* ❶ (*conditions, temps*) ungünstig ❷ (*opp: en faveur de*) **être ~ à un projet** einem Vorhaben ablehnend gegenüberstehen

défavorisé, e [defavɔʀize] *adj* benachteiligt; **un milieu ~** ein sozial schwaches Milieu

défavoriser [defavɔʀize] <1> *vt* ~ **Jean par rapport à Paul** Jean im Vergleich zu Paul benachteiligen

défection [defɛksjɔ̃] *f* (*d'un partisan, ami*) Abfall *m*

défectueux, **-euse** [defɛktɥø, -øz] *adj* defekt

défendable [defɑ̃dabl] *adj* MIL **être ~** verteidigt werden können

défendeur, **défenderesse** [defɑ̃dœʀ, defɑ̃dəʀɛs] *m, f* JUR Beklagte(r) *f(m)*

défendre[1] [defɑ̃dʀ] <14> **I.** *vt* verteidigen; **~ une cause** sich für eine Sache einsetzen **II.** *vpr* ❶ (*se protéger*) sich wehren ❷ (*se débrouiller*) **se ~ en qc** in etw (*dat*) zurechtkommen

défendre[2] [defɑ̃dʀ] <1> *vt* **~ que** + *subj* untersagen, dass

défendu, **e** [defɑ̃dy] **I.** *part passé de* **défendre II.** *adj* verboten

défenestrer [def(ə)nɛstʀe] <1> *vt* aus dem Fenster stürzen

défense[1] [defɑ̃s] *f* Verteidigung *f*; **légitime ~** Notwehr *f*; **prendre la ~ de qn/qc** jdn/etw verteidigen; **sans ~** ausgeliefert

défense[2] [defɑ̃s] *f* (*interdiction*) Verbot *nt*; **~ de fumer** Rauchen verboten

défense[3] [defɑ̃s] *f* (*d'un éléphant*) Stoßzahn *m*

défenseur [defɑ̃sœʀ] *mf* ❶ MIL, JUR, SPORT Verteidiger(in) *m(f)* ❷ (*partisan*) Anhänger(in) *m(f)*; (*d'un projet*) Befürworter(in) *m(f)*

défensif, **-ive** [defɑ̃sif, -iv] *adj* ❶ MIL Verteidigungs- ❷ *fig* (*attitude*) defensiv

défensive [defɑ̃siv] *f* Defensive *f*

déféquer [defeke] <5> *vi form* den Darm entleeren

déférer [defeʀe] <5> *vt* **~ qn à la justice** jdn vor Gericht (*akk*) bringen

déferlement [defɛʀləmɑ̃] *m* (*des vagues*) Brechen *nt*; (*de la mer*) Brandung *f*

déferler [defɛʀle] <1> *vi* (*vagues*) sich brechen; (*foule*) strömen

défi [defi] *m* Herausforderung *f*

déficience [defisjɑ̃s] *f* Schwäche *f*

déficient, **e** [defisjɑ̃, jɑ̃t] *adj* (*intelligence*) schwach ausgeprägt; (*raisonnement*) unterdurchschnittlich; (*forces, personne*) schwach

déficit [defisit] *m* ❶ FIN Fehlbetrag *m*; **~ de la balance des paiements** Zahlungsbilanzdefizit ❷ (*perte*) Verlust *m*; MED (*manque*) Mangel *m*

déficitaire [defisitɛʀ] *adj* (*budget, entreprise*) defizitär

défier [defje] <1> *vt* ❶ (*provoquer*) **~ qn aux échecs** jdn zu einer Partie Schach herausfordern ❷ (*parier*) **je te défie de faire ça** ich wette, dass du das nicht tun kannst ❸ (*braver*) **~ l'autorité** sich der Autorität (*dat*) widersetzen

défigurer [defigyʀe] <1> *vt* ❶ (*abîmer le visage de qn*) entstellen ❷ (*monument, paysage*) verunstalten

défilé [defile] *m* Umzug *m*; **~ de mode** Modenschau *f*; MIL [Militär]parade *f*; (*de gens*) Andrang *m*

défilement [defilmɑ̃] *m* Ablauf *m*; INFORM Scrollen *nt*

défiler [defile] <1> **I.** *vi* ❶ (*personnes*) vorbeimarschieren; (*cortège, manifestants*) vorbeiziehen; (*voitures*) vorbeifahren; (*souvenirs, images*) vorüberziehen; (*jours*) dahinziehen ❷ INFORM **faire ~ qc vers le haut/bas** etw nach oben/unten blättern **II.** *vpr fam* **se ~** sich drücken

défini, **e** [defini] *adj* ❶ (*déterminé: chose*) bestimmt; **bien/mal ~** (*mot, terme*) gut/schlecht definiert; (*douleur*) ganz bestimmt/undefinierbar ❷ GRAM (*article*) bestimmt

définir [definiʀ] <8> **I.** *vt* ❶ (*concept, terme*) definieren ❷ (*sensation*) genau beschreiben; (*position*) erläutern ❸ (*modalités, objectifs*) festlegen; (*politique*) bestimmen **II.** *vpr* **se ~ comme qn** sich selbst als jdn beschreiben

définitif, **-ive** [definitif, -iv] *adj* endgültig; (*refus, décision*) definitiv ►**en définitive** letzten Endes

définition [definisjɔ̃] *f* ❶ LING, MATH Definition *f*; **~ d'un mot** Begriffsbestimmung *f* ❷ TV **~ de l'image** Bildauflösung *f*

définitivement [definitivmɑ̃] *adv* endgültig; (*s'installer, quitter*) für immer

déflagration [deflagʀasjɔ̃] *f* Verpuffung *f*

déflation [deflasjɔ̃] *f* Deflation *f*

défonce [defɔ̃s] *f fam* Trip *m*

défoncé, **e** [defɔ̃se] *adj* ❶ (*détérioré*) beschädigt; (*canapé, sommier, matelas*) kaputt ❷ (*déformé: route, chaussée*) uneben ❸ *fam* (*sous l'effet de la drogue*) **être ~** auf dem Trip sein

défoncer [defɔ̃se] <2> **I.** *vt* eindrücken; (*porte, vitre*) einschlagen **II.** *vpr fam* **se ~** ❶ (*se droguer*) sich einen Trip reinziehen ❷ (*se donner du mal*) sich abschinden

déformant, **e** [defɔʀmɑ̃, ɑ̃t] *adj* **miroir ~**

D

Zerrspiegel *m*

déformation [defɔʀmasjɔ̃] *f* (*d'une pièce, d'un objet*) Verformung *f;* (*d'un nom*) Abänderung *f;* (*de pensées, faits*) Verzerrung *f*

déformer [defɔʀme] <1> **I.** *vt* ❶ verformen; (*chaussures*) austreten ❷ (*faits*) falsch darstellen; (*pensées*) falsch wiedergeben; ~ **la voix** die Stimme verzerren **II.** *vpr* **se** ~ (*chaussures*) sich verformen; (*vêtement*) die Form verlieren

défoulement [defulmɑ̃] *m* Abreagieren *nt*

défouler [defule] <1> *vpr* **se** ~ sich abreagieren; (*enfant, jeune*) sich austoben

défraîchi, e [defʀeʃi] *adj* (*couleur*) verblasst

défricher [defʀiʃe] <1> *vt* (*forêt*) roden

défriser [defʀize] <1> *vt* ❶ *fam* (*gêner*) fuchsen ❷ (*enlever la frisure*) entkrausen; (*temps, pluie*) glatt machen; ~ **qn** jds Frisur zerstören

défroisser [defʀwase] <1> *vt* glätten

dégagé, e [degaʒe] *adj* ❶ (*ciel*) wolkenlos; (*route, front*) frei ❷ (*allure, air*) lässig

dégagement [degaʒmɑ̃] *m* ❶ (*fait de déterrer*) Bergung *f;* (*fait de décoincer: d'un boulon, membre*) Herausziehen *nt;* (*d'une personne*) Bergung, Befreiung *f* ❷ (*déblaiement: d'une route, rue*) Räumung *f* ❸ (*émanation*) ~ **de gaz** Ausströmen *nt* von Gas; ~ **de chaleur** Wärmeabgabe *f*

dégager [degaʒe] <2a> **I.** *vt* ❶ (*personnes enfouies*) befreien ❷ (*bronches, nez*) freimachen; (*rue, couloir*) räumen ❸ (*odeur, parfum*) verströmen; (*gaz*) freisetzen ❹ (*idée*) herausarbeiten **II.** *vpr* ❶ **se** ~ (*passage, voie d'accès*) sich leeren; (*ciel*) sich aufhellen ❷ (*émaner*) **se** ~ **de qc** (*gaz, vapeur*) aus etw entweichen; (*odeur*) von etw ausgehen ❸ (*ressortir*) **se** ~ **de qc** (*idée*) sich in etw (*dat*) abzeichnen

dégainer [degene] <1> *vt, vi* ziehen

dégarni, e [degaʀni] *adj* **front** ~ Stirnglatze *f*

dégât [degɑ] *m pl* Schaden *m,* Schäden *Pl*

dégazage [degɑzaʒ] *m* Ablassen *nt* von Ölrückständen; ~ **sauvage** illegales Ablassen von Altöl

dégel [deʒɛl] *m* Tauwetter *nt*

dégeler [deʒ(ə)le] <4> **I.** *vt* ❶ auftauen ❷ (*crédits, dossier*) freigeben **II.** *vi* auftauen

dégénéré, e [deʒeneʀe] *adj* ❶ MED geistesgestört ❷ (*dénaturé: art, idéologie*) degeneriert

dégénérer [deʒeneʀe] <5> *vi* ❶ degenerieren ❷ (*se changer en*) ~ **en qc** in etw (*akk*) ausarten

dégivrer [deʒivʀe] <1> *vt* (*réfrigérateur*) abtauen; (*vitres*) enteisen

déglutir [deglytiʀ] <8> **I.** *vt* hinunterschlucken **II.** *vi* schlucken

dégonflé, e [degɔ̃fle] *adj* nicht aufgepumpt; (*pneu*) platt

dégonfler [degɔ̃fle] <1> **I.** *vt* (*enflure*) zum Abschwellen bringen; ~ **un ballon/pneu** die Luft aus einem Ball/Reifen [heraus]lassen **II.** *vpr* **se** ~ ❶ (*ballon, pneu*) [die] Luft verlieren; (*enflure*) abschwellen ❷ *fam* (*avoir peur*) Bammel kriegen; (*reculer*) kneifen **III.** *vi* (*enflure*) abschwellen

dégorger [degɔʀʒe] <2a> *vi* ❶ (*se déverser*) ~ **dans qc** (*égouts, rivière*) in etw (*akk*) fließen ❷ GASTR (*concombres, aubergines*) Wasser ziehen; (*poisson, viande*) wässern

dégouliner [deguline] <1> *vi* (*goutte à goutte*) [herab]tropfen; (*en filet*) laufen

dégourdi, e [deguʀdi] *adj* (*enfant*) aufgeweckt; (*adulte*) geschickt

dégourdir [deguʀdiʀ] <8> *vpr* **se** ~ sich auflockern; **se** ~ **les jambes** sich (*dat*) die Beine vertreten

dégoût [degu] *m* ❶ ~ **d'un aliment** Ekel *m* vor einem Nahrungsmittel; **avec** ~ angeekelt ❷ (*aversion*) ~ **pour qn/qc** Widerwillen *m* gegen jdn/etw ❸ (*lassitude*) Überdruss *m*

dégoûtant, e [degutɑ̃, ɑ̃t] **I.** *adj* ❶ (*nourriture, plat, odeur*) widerlich ❷ (*sale*) [ekelhaft] dreckig ❸ (*abject, ignoble: personne*) gemein ❹ (*grivois, licencieux: personne*) widerlich; (*histoire*) obszön **II.** *m, f fam* (*personne sale*) Ferkel *nt*

dégoûté, e [degute] *adj* angewidert

dégoûter [degute] <1> *vt* ❶ (*nourriture, odeur*) anekeln ❷ (*ôter l'envie de*) ~ **qn** es jdm verleiden

dégoutter [degute] <1> *vi* (*couler*) ~ **des marronniers** (*eau, sueur*) von den Kastanienbäumen [herab]tropfen

dégradant, e [degʀadɑ̃, ɑ̃t] *adj* erniedrigend

dégradation [degʀadasjɔ̃] *f* ❶ (*dégâts*) Beschädigung *f;* (*de l'environnement*) Zerstörung *f* ❷ (*détérioration*) Verschlechterung ❸ (*avilissement: d'une personne*) Erniedrigung *f* ❹ MIL Degradierung *f*

dégradé [degʀade] *m* ❶ (*de couleurs*) Abstufung *f* ❷ (*coupe de cheveux*) Stufenschnitt *m*

dégrader [degʀade] <1> **I.** *vt* ❶ (*édifice, route*) beschädigen ❷ (*faire un dégradé*) abstufen ❸ MIL degradieren **II.** *vpr* **se ~** ❶ (*s'avilir*) sich erniedrigen ❷ (*se détériorer: édifice*) verfallen; (*situation, temps*) sich verschlechtern

dégrafer [degʀafe] <1> **I.** *vt* aufmachen **II.** *vpr* **une robe se dégrafe** der Verschluss eines Kleides geht auf

dégraissage [degʀɛsaʒ] *m* (*d'un bouillon, d'une sauce*) Abschöpfen *nt* des Fettes

dégraissant [degʀɛsɑ̃] *m* (*solvant*) Fettlöser *m;* (*détachant*) Fleck[en]entferner *m*

dégraissant, e [degʀɛsɑ̃, ɑ̃t] *adj* (*solvant*) fettlösend; **produit ~** Fettlöser *m*

dégraisser [degʀese] <1> *vt* entfetten

degré[1] [dəgʀe] *m* ❶ *a.* MATH, MED, SOCIOL Grad *m* ❷ (*dans la hiérarchie*) Stufe *f* ❸ SCOL **l'enseignement du premier/second ~** das Grundschulwesen/das höhere Schulwesen

degré[2] [dəgʀe] *m* ❶ *a.* GEO, MATH Grad *m* ❷ (*d'un alcool*) [Volum]prozent *nt;* **~ en alcool** Alkoholgehalt *m*

dégriffé, e [degʀife] *adj* ohne Markenzeichen

dégringolade [degʀɛ̃gɔlad] *f fam* (*d'une monnaie*) Sturz *m;* (*des titres*) Fall *m*

dégringoler [degʀɛ̃gɔle] <1> **I.** *vi fam* ❶ (*actions, monnaie*) [stark] fallen ❷ (*tomber*) **~ de qc** von etw [he]runterpurzeln **II.** *vt fam* (*escalier*) [he]runtersausen

dégriser [degʀize] <1> *vt* (*désenivrer*) nüchtern machen

déguenillé, e [deg(ə)nije] *adj* zerlumpt

déguerpir [degɛʀpiʀ] <8> *vi* sich davonmachen

dégueulasse [degœlas] *adj fam* ❶ (*mains, pantalon*) [total] verdreckt ❷ (*personne, nourriture*) widerlich

déguisé, e [degize] *adj* verkleidet; (*pour le carnaval*) kostümiert

déguisement [degizmɑ̃] *m* ❶ Verkleidung *f* ❷ (*costume*) [Masken]kostüm *nt*

déguiser [degize] <1> **I.** *vt* ❶ verkleiden ❷ (*voix, écriture*) verstellen **II.** *vpr* **se ~ en qc** sich als etw verkleiden

dégustation [degystasjɔ̃] *f* Probe *f*

déguster [degyste] <1> *vt, vi* genießen

déhancher [deɑ̃ʃe] <1> *vpr* **se ~** die Hüften schwingen

dehors [dəɔʀ] **I.** *adv* ❶ (*à l'extérieur*) draußen ❷ (*pas chez soi*) außer Haus ▶**mettre qn ~** jdn hinauswerfen; **au ~** äußerlich; **de ~** von draußen; **rester en ~** sich heraushalten; **en ~ de** (*à l'extérieur de*) außerhalb; (*mis à part*) abgesehen von; **~!** raus! **II.** *m* **les bruits du ~** die Geräusche von draußen

déjà [deʒa] **I.** *adv* ❶ (*dès maintenant*) schon; **il était ~ parti** er war schon weg; **~?** schon? ❷ (*auparavant*) schon [einmal]; **à cette époque ~** damals schon ❸ (*intensif*) schon; **il est ~ assez paresseux!** der ist so schon faul genug! ❹ (*à la fin d'une question*) noch [gleich] **II.** *conj fam* **~ que ...** schon genug, dass ...

déjeuner [deʒœne] <1> **I.** *vi* ❶ (*à midi*) zu Mittag essen ❷ (*le matin*) frühstücken **II.** *m* Mittagessen *nt;* **au ~** zum Mittagessen

déjouer [deʒwe] <1> *vt* vereiteln

délabré, e [delɑbʀe] *adj* (*maison, mur*) verfallen; (*façade*) verwittert

délabrement [delɑbʀəmɑ̃] *m* (*d'une maison, d'un mur*) Verfall *m*

délabrer [delɑbʀe] <1> *vpr* (*se dégrader*) **se ~** (*maison, mur*) verfallen

délacer [delase] <2> *vt* aufschnüren

délai [delɛ] *m* ❶ Frist *f* ❷ (*sursis*) Aufschub *m* ▶**dans les ~s** termingerecht; **dans un ~ de** innerhalb von; **sans ~** unverzüglich

délaissé, e [delese] *adj* ❶ (*abandonné*) im Stich gelassen ❷ (*négligé*) vernachlässigt

délaisser [delese] <1> *vt* ❶ (*négliger*) vernachlässigen ❷ verlassen; (*enfant*) im Stich lassen; (*activité*) aufgeben

délasser [delɑse] <1> *vt, vpr* **[se] ~** [sich] entspannen

délateur, -trice [delatœʀ, -tʀis] *m, f* Denunziant(in) *m(f)*

délation [delasjɔ̃] *f* Denunziation *f*

délavé, e [delave] *adj* verwaschen

délaver [delave] <1> **I.** *vt* ❶ (*diluer: peinture, couleur*) verdünnen ❷ (*éclaircir: jean*) bleichen; (*inscription*) abwaschen **II.** *vpr* **se ~** (*peinture*) sich abwaschen; (*inscription*) verblassen

délayer [deleje] <7> *vt* **~ la farine/le plâtre dans qc** das Mehl/den Gips mit etw anrühren

délectation [delɛktasjɔ̃] *f* (*plaisir sensuel*) Genuss *m;* (*plaisir intellectuel*) Genugtuung *f*

délecter [delɛkte] <1> *vpr* **se ~ à qc** sich an etw (*dat*) ergötzen (*geh*)

délégation [delegasjɔ̃] *f* (*d'élus*) Abordnung *f;* **~ syndicale** Gewerkschaftsdelegation

délégué, e [delege] **I.** *adj* abgeordnet **II.** *m, f* (*d'une association, d'un parti*) Delegierte(r) *f(m),* Vertreter(in) *m(f)*

déléguer [delege] <5> *vt* **~ qn à un congrès** jdn zu einem Kongress entsenden

délestage [delɛstaʒ] *m* ELEC [kurzzeitige] Stromabschaltung

délester [delɛste] <1> *vt* ❶ ELEC **~ qc** [kurzzeitig] den Strom in etw (*dat*) abstellen ❷ AUT entlasten

délibération [deliberasjɔ̃] *f* ❶ (*de l'assemblée*) Debatte *f;* (*du jury*) Beratung *f* ❷ (*décision*) Beschluss *m* ❸ (*réflexion*) Überlegung *f*

délibéré [delibere] *m* Beratung *f*

délibérément [deliberemɑ̃] *adv* absichtlich

délibérer [delibere] <5> *vi* beraten

délicat, e [delika, at] *adj* ❶ (*peau, parfum*) zart; (*visage, traits*) fein; (*mets*) delikat ❷ (*geste*) behutsam ❸ (*fragile*) empfindlich; (*enfant*) zart; (*santé*) schwach ❹ (*question, situation*) heikel; (*opération*) schwierig ❺ (*raffiné, sensible: personne*) feinfühlig; (*odorat, oreilles*) empfindlich; (*palais*) fein ❻ (*plein de tact: personne*) taktvoll; (*geste*) aufmerksam

délicatement [delikatmɑ̃] *adv* fein

délicatesse [delikatɛs] *f* ❶ (*douceur*) Behutsamkeit *f* ❷ (*d'une opération, situation*) Schwierigkeit *f* ❸ (*raffinement*) Finesse *f* ❹ (*tact*) Feingefühl *nt;* **avec/sans ~** taktvoll/taktlos

délice [delis] *m* Genuss *m*

délicieux, -euse [delisjø, -jøz] *adj* köstlich

délictueux, -euse [deliktɥø, -øz] *adj* strafbar

délier [delje] <1a> *vt* losbinden; (*corde*) lösen

délimitation [delimitasjɔ̃] *f* Abgrenzung *f*

délimiter [delimite] <1> *vt a. fig* abgrenzen

délinquance [delɛ̃kɑ̃s] *f* Kriminalität *f;* **~ juvénile** Jugendkriminalität

délinquant, e [delɛ̃kɑ̃, ɑ̃t] *m, f* Straffällige(r) *f(m)*

délirant, e [delirɑ̃, ɑ̃t] *adj* (*histoire, idée*) [völlig] verrückt; (*enthousiasme, joie*) wahnsinnig

délire [delir] *m* ❶ (*divagation*) Delirium *nt;* (*dû à la fièvre*) [Fieber]wahn *m* ❷ (*exaltation*) **une foule en ~** eine tobende Menge

délirer [delire] <1> *vi* ❶ MED delirieren ❷ (*dérailler*) spinnen (*fam*)

délit [deli] *m* Straftat *f;* **~ informatique** Datenmissbrauch *m*

délivrance [delivrɑ̃s] *f* ❶ (*soulagement*) Erleichterung *f* ❷ (*libération*) Befreiung *f* ❸ ADMIN (*d'un passeport*) Ausstellung *f*

délivrer [delivre] <1> **I.** *vt* ❶ (*otage*) befreien ❷ ADMIN (*passeport*) ausstellen **II.** *vpr* **se ~ de ses liens** sich von seinen Fesseln befreien

délocaliser [delɔkalize] <1> *vt* auslagern

déloger [delɔʒe] <2a> *vt* ausquartieren

déloyal, e [delwajal, jo] <-aux> *adj* (*adversaire, attitude*) unfair; (*procédé*) unlauter

delta [dɛlta] *m* Delta *nt*

deltaplane® [dɛltaplan] *m* Drachen *m;* **faire du ~** Drachen fliegen

deltiste [dɛltist] *mf* Drachenflieger(in) *m(f)*

déluge [delyʒ] *m* Sturzregen *m*

démagogie [demagɔʒi] *f* Demagogie *f*

démagogique [demagɔʒik] *adj* demagogisch

démagogue [demagɔg] *mf* Demagoge *m*/Demagogin *f*

demain [dəmɛ̃] *adv* morgen; **~ soir** morgen Abend; **à ~!** bis morgen!

demande [d(ə)mɑ̃d] *f* ❶ Bitte *f;* **~ en mariage** Heiratsantrag *m* ❷ ADMIN Antrag *m;* **~ d'emploi** Stellengesuch *nt* ❸ ECON **~ en qc** Nachfrage *f* nach etw ❹ JUR **~ en qc** [Klage]antrag *m* auf etw (*akk*) ❺ (*formulaire*) [Antrags]formular *nt* ▶**à la ~** nach Bedarf; **sur** [**simple**] **~** auf Anfrage

demandé, e [d(ə)mɑ̃de] *adj* **être ~** gefragt sein

demander [d(ə)mɑ̃de] <1> **I.** *vt* ❶ **~ qc** um etw bitten; **~ conseil** um Rat fragen; **~ un renseignement à qn** jdn um eine Auskunft bitten; **~ pardon à qn** jdn um Verzeihung bitten; **~ à qn de faire qc** jdn [darum] bitten etw zu tun ❷ (*employé*) sprechen wollen; (*au téléphone: personne, poste*) verlangen ❸ (*s'enquérir de*) **~ le chemin/l'heure à qn** jdn nach dem Weg/der Uhrzeit fragen ❹ (*efforts, travail*) erfordern; (*soin, eau*) brauchen ❺ (*exiger*) **~ de l'obéissance à qn** von jdm Gehorsam verlangen; **~ la liberté** die Freiheit fordern; **~ un prix pour qc** einen Preis für etw verlangen ▶**qn ne demande qu'à faire qc** jd möchte [ja] gerne etw tun **II.** *vi* ~ **à qn si** jdn fragen, ob ▶ **il n'y a qu'à** ~ man braucht doch nur zu fragen **III.** *vpr* **se** ~ **ce que/comment** sich fragen, was/wie

demandeur, **-euse** [d(ə)mɑ̃dœʀ, -øz] *m, f* Antragsteller(in) *m(f)*; ~ **d'emploi** Arbeit[s]suchender *m*

démangeaison [demɑ̃ʒɛzɔ̃] *f gén pl* Juckreiz *m kein Pl*, Jucken *nt kein Pl*

démanger [demɑ̃ʒe] <2a> *vt, vi a. fig* jucken

démanteler [demɑ̃t(ə)le] <4> *vt* (*cartel, organisation*) zerschlagen

démaquillant [demakijɑ̃] *m* Make-up-Entferner *m*

démaquillant, **e** [demakijɑ̃, jɑ̃t] *adj* Reinigungs-

démaquiller [demakije] <1> **I.** *vt* abschminken **II.** *vpr* **se** ~ **le visage** sich (*dat*) das Gesicht abschminken

démarcation [demaʀkasjɔ̃] *f a. fig* Abgrenzung *f*

démarche [demaʀʃ] *f* ❶ (*allure*) Gang *m* ❷ (*d'une personne*) Methode *f*, Vorgehen *nt* ❸ (*intervention*) Schritt *m*; **faire des ~s** Schritte unternehmen

démarcher [demaʀʃe] <1> *vt* ~ **qn** bei jdm einen Vertreterbesuch machen; ~ **les gens par téléphone** Kunden per Telefon werben

démarqué, **e** [demaʀke] *adj* ❶ (*dégriffé*) ohne Markenzeichen ❷ (*soldé*) herabgesetzt

démarquer [demaʀke] <1> **I.** *vt* COM ~ **qc** (*dégriffer*) das Markenzeichen von etw entfernen; (*solder*) etw herabsetzen **II.** *vpr* **se** ~ SPORT sich freispielen

démarrage [demaʀaʒ] *m* ❶ AUT Anlassen *nt*, Starten *nt* ❷ (*départ*) Anfahren *nt* ❸ (*lancement*) Start *m* ❹ INFORM ~ **à chaud/à froid** Warm-/Kaltstart *m*

démarrer [demaʀe] <1> **I.** *vi* ❶ (*voiture*) anspringen; (*machine*) anlaufen; **faire ~ qc** etw anlassen ❷ (*partir*) anfahren ❸ (*campagne, exposition*) beginnen; (*industrie, économie*) in Schwung kommen **II.** *vt* ❶ (*mettre en marche*) anlassen ❷ *fam* starten; (*mouvement*) ins Leben rufen; (*processus*) in Gang setzen

démarreur [demaʀœʀ] *m* Anlasser *m*

démasquer [demaske] <1> **I.** *vt* (*voleur, traître*) entlarven **II.** *vpr* **se** ~ seine Maske fallen lassen

démêlé [demele] *m* Auseinandersetzung *f*

démêler [demele] <1> *vt* ❶ (*fil*) entwirren; (*cheveux*) auskämmen ❷ (*affaire*) aufklären

démembrer [demɑ̃bʀe] <1> *vt* (*pays, propriété*) zerstückeln

déménagement [demenaʒmɑ̃] *m* ❶ (*changement de domicile*) Umzug *m* ❷ (*fait de quitter le logement*) Auszug *m*

déménager [demenaʒe] <2a> **I.** *vi* ❶ (*changer de domicile*) umziehen; ~ **à Paris/rue de ...** nach Paris/in die ... Straße [um]ziehen ❷ (*quitter un logement*) ausziehen **II.** *vt* ❶ (*meubles*) [um]räumen ❷ (*maison, pièce*) ausräumen

déménageur [demenaʒœʀ] *m* Spediteur *m*

démence [demɑ̃s] *f* Wahnsinn *m*

démener [dem(ə)ne] <4> *vpr* **se** ~ ❶ (*se débattre*) um sich schlagen ❷ (*faire des efforts*) sich [große] Mühe geben

dément, **e** [demɑ̃, ɑ̃t] *m, f* Geisteskranke(r) *f(m)*

démenti [demɑ̃ti] *m* Dementi *nt*

démentir [demɑ̃tiʀ] <10> *vt* ❶ ~ **qn** jdm widersprechen ❷ (*nier*) dementieren

démesuré, **e** [deməzyʀe] *adj* maßlos

démesurément [deməzyʀemɑ̃] *adv* (*grand, long*) unverhältnismäßig

démettre [demɛtʀ] <irr> **I.** *vt* ~ **qn de ses fonctions** jdn seines Amtes entheben **II.** *vpr* **se** ~ **le bras** sich (*dat*) den Arm verrenken; **se** ~ **l'épaule** sich (*dat*) die Schulter auskugeln

demeurant [dəmœʀɑ̃] ▶**au** ~ alles in allem

demeure [d(ə)mœʀ] *f* Wohnsitz *m*

demeuré, **e** [dəmœʀe] **I.** *adj* [geistig] zurückgeblieben **II.** *m, f* Schwachsinnige(r) *f(m) fig* Schwachkopf *m*

demeurer [dəmœʀe] <1> *vi* ❶ + *avoir* (*habiter*) wohnen ❷ + *avoir* (*subsister*) weiterbestehen ❸ + *être* (*rester*) bleiben

demi [d(ə)mi] *m* ❶ (*fraction*) **un** ~ ein Halb ❷ (*bière*) Bier *nt*

demi, **e** [d(ə)mi] **I.** *m, f* (*moitié*) Hälfte *f* **II.** *adj* **une heure/deux heures et ~e** eineinhalb/zweieinhalb Stunden; **avoir quatre ans et** ~ viereinhalb [Jahre alt] sein

demi-bouteille [d(ə)mibutɛj] <demi-bouteilles> *f* halbe Flasche **demi-cercle** [d(ə)misɛʀkl] <demi-cercles> *m* Halbkreis *m* **demi-douzaine** [d(ə)miduzɛn] <demi-douzaines> *f* halbes Dutzend

D

demie [d(ə)mi] **I.** *adj v.* **demi II.** *f (heure)* **neuf heures et ~** halb neun; **partir à la ~** um halb gehen

demi-finale [d(ə)mifinal] <demi-finales> *f* Halbfinale *nt* **demi-finaliste** [d(ə)mifinalist] <demi-finalistes> *mf* Teilnehmer(in) *m(f)* am Halbfinale **demi-frère** [d(ə)mifʀɛʀ] <demi-frères> *m* Halbbruder *m* **demi-heure** [d(ə)mijœʀ] <demi-heures> *f* halbe Stunde **demi-jour** [d(ə)miʒuʀ] *m inv* Halbdunkel *nt* **demi-journée** [d(ə)miʒuʀne] <demi-journées> *f* halber Tag

démilitariser [demilitaʀize] <1> *vt* entmilitarisieren

demi-litre [d(ə)militʀ] <demi-litres> *m* ❶ (*contenu*) halber Liter ❷ (*contenant*) Halbliterflasche *f* **demi-mesure** [d(ə)mim(ə)zyʀ] <demi-mesures> *f* Halbheit *f* **demi-mot** [d(ə)mimo] <demi-mots> *m* **à ~** andeutungsweise

déminer [demine] <1> *vt* entminen

demi-pension [d(ə)mipɑ̃sjɔ̃] <demi-pensions> *f* ❶ (*hôtel*) Halbpension *f*; **en ~** mit Halbpension ❷ SCOL [Schul]kantine *f* **demi-pensionnaire** [d(ə)mipɑ̃sjɔnɛʀ] <demi-pensionnaires> *mf* Schüler, der/Schülerin, die in der [Schul]kantine isst

démis, e [demi, iz] *part passé de* **démettre**

demi-sœur [d(ə)misœʀ] <demi-sœurs> *f* Halbschwester *f*

démission [demisjɔ̃] *f* ❶ (*d'un ministre*) Rücktritt *m*; (*d'un salarié*) Kündigung *f* ❷ (*renoncement*) Kapitulation *f*

démissionnaire [demisjɔnɛʀ] *adj* zurückgetreten

démissionner [demisjɔne] <1> *vi* **~ d'une fonction** von einem Amt zurücktreten; **~ de son poste** seine Stelle kündigen

demi-tarif [d(ə)mitaʀif] <demi-tarifs> *m* halber Preis; **à ~** zum halben Preis **demi-tour** [d(ə)mituʀ] <demi-tours> *m* Kehrtwendung *f*; **faire ~** umkehren

démobiliser [demɔbilize] <1> *vt* MIL demobilisieren

démocrate [demɔkʀat] **I.** *adj* demokratisch **II.** *mf* Demokrat(in) *m(f)*

démocrate-chrétien, ne [demɔkʀatkʀetjɛ̃, jɛn] <démocrates-chrétiens> *adj* christlich-demokratisch

démocratie [demɔkʀasi] *f* Demokratie *f*

démocratique [demɔkʀatik] *adj* demokratisch

démocratisation [demɔkʀatizasjɔ̃] *f* Demokratisierung *f*

démocratiser [demɔkʀatize] <1> *vt* demokratisieren

démodé, e [demɔde] *adj* altmodisch; (*procédé, théorie*) überholt

démoder [demɔde] <1> *vpr* **se ~** aus der Mode kommen

démographie [demɔgʀafi] *f* Demographie *f*

démographique [demɔgʀafik] *adj* (*données, étude*) demographisch; (*croissance, poussée*) Bevölkerungs-

demoiselle [d(ə)mwazɛl] *f* (*jeune fille*) Fräulein *nt*; *iron* [junge] Dame

démolir [demɔliʀ] <8> *vt* abreißen; (*mur*) niederreißen; (*jouet, objet*) kaputtmachen

démolition [demɔlisjɔ̃] *f* (*d'une maison*) Abbruch *m*; (*d'un mur*) Niederreißen *nt*

démon [demɔ̃] *m* Teufel *m*

démoniaque [demɔnjak] *adj* dämonisch

démonstratif [demɔ̃stʀatif] *m* Demonstrativpronomen *nt*

démonstration [demɔ̃stʀasjɔ̃] *f* ❶ *a.* MATH Beweis *m* ❷ (*argumentation*) Beweisführung *f* ❸ (*présentation*) Demonstration *f*; COM (*d'un produit*) Vorführung *f*; **faire la ~ de qc** etw vorführen

démontable [demɔ̃tabl] *adj* zerlegbar

démontage [demɔ̃taʒ] *m* Zerlegen *nt*

démonté, e [demɔ̃te] *adj* (*mer*) aufgewühlt

démonter [demɔ̃te] <1> **I.** *vt* ❶ zerlegen; (*auvent, tente*) abbauen ❷ (*déconcerter*) aus der Fassung bringen **II.** *vpr* **se ~** ❶ (*appareil, meuble*) sich zerlegen lassen; (*accidentellement*) auseinanderfallen ❷ (*se troubler*) **sans se ~** ohne sich aus der Fassung bringen zu lassen

démontrer [demɔ̃tʀe] <1> *vt* **~ que ...** beweisen, dass ...

démoralisant, e [demɔʀalizɑ̃, ɑ̃t] *adj* deprimierend

démoraliser [demɔʀalize] <1> **I.** *vt, vi* entmutigen **II.** *vpr* **se ~** den Mut verlieren

démotiver [demɔtive] <1> *vt* **~ qn** jdm die Motivation nehmen

démouler [demule] <1> *vt* aus der Form nehmen

démuni, e [demyni] *adj* ❶ (*pauvre*) mittellos ❷ (*impuissant*) **~ devant qn/qc** hilflos jdm/etw gegenüber ❸ (*privé de*) **être ~ de qc** etw nicht besitzen

démystifier [demistifje] <1a> *vt* aufklären

dénaturer [denatyʀe] <1> *vt* (*goût, saveur*) verfälschen

dénicher [deniʃe] <1> *vt* ausfindig machen; (*bistrot, objet rare*) aufstöbern

dénigrer [denigʀe] <1> *vt* (*action, personne*) schlechtmachen

dénivellation [denivelasjɔ̃] *f* Höhenunterschied *m*

dénombrer [denɔ̃bʀe] <1> *vt* zählen

dénominateur [denɔminatœʀ] *m* MATH Nenner *m*

dénomination [denɔminasjɔ̃] *f* Bezeichnung *f*

dénommé, **e** [denɔme] *adj antéposé* **un ~ Durand** ein gewisser [Herr] Durand; **le ~ Durand** benannter Durand

dénommer [denɔme] <1> *vt* bezeichnen

dénoncer [denɔ̃se] <2> **I.** *vt* ❶ **~ un complice à qn** einen Komplizen an jdn verraten; **~ un opposant politique à qn** einen Oppositionellen bei jdm denunzieren; **~ qn à la police** jdn bei der Polizei anzeigen ❷ (*abus, injustice*) anprangern **II.** *vpr* **se ~ à la police** sich [der Polizei] stellen

dénonciateur, **-trice** [denɔ̃sjatœʀ, -tʀis] *m, f* ❶ (*délateur: d'une personne*) Denunziant(in) *m(f)* ❷ (*accusateur: d'une injustice*) Ankläger(in) *m(f)*

dénonciation [denɔ̃sjasjɔ̃] *f* Anzeige *f;* (*dans une dictature*) Denunzierung *f*

dénouement [denumɑ̃] *m* Ausgang *m;* (*de l'enquête*) Ergebnis *nt*

dénouer [denwe] <1> **I.** *vt* (*ficelle, lacets*) aufknoten; (*noeud*) aufbinden; (*intrigue, affaire*) lösen **II.** *vpr* **se ~** sich lösen

dénoyauter [denwajote] <1> *vt* entsteinen

denrée [dɑ̃ʀe] *f* Essware *f*

dense [dɑ̃s] *adj a.* PHYS dicht

densité [dɑ̃site] *f* Dichte *f*

dent [dɑ̃] *f* ❶ ANAT (*de l'homme, animal*) Zahn *m;* **~ de devant** Vorderzahn; **~ de lait** Milchzahn; **se laver les ~s** sich die Zähne putzen; **une brosse à ~s** eine Zahnbürste ❷ *fig* (*d'une fourchette*) Zinke *f;* (*d'un peigne, engrenage*) Zahn *m*

dentaire [dɑ̃tɛʀ] *adj* **plaque/prothèse ~** Zahnbelag *m*/Zahnersatz *m*

dental, **e** [dɑ̃tal, o] <-aux> *adj* dental

dentelé, **e** [dɑ̃t(ə)le] *adj* gezackt

dentelle [dɑ̃tɛl] *f* Spitze *f*

dentier [dɑ̃tje] *m* Gebiss *nt*

dentifrice [dɑ̃tifʀis] *m* Zahnpasta *f*

dentiste [dɑ̃tist] *mf* Zahnarzt/-ärztin *m/f*

dentition [dɑ̃tisjɔ̃] *f* Gebiss *nt*

dénucléarisé, **e** [denykleaʀize] *adj* atomwaffenfrei

dénudé, **e** [denyde] *adj* (*dos, épaules*) entblößt; (*montagne, arbre*) kahl; (*câble électrique*) abisoliert

dénuder [denyde] <1> *vt* entkleiden

dénué, **e** [denɥe] *adj* **être ~ de qc** einer S. (*gen*) entbehren

dénuement [denymɑ̃] *m* Elend *nt*

dénutrition [denytʀisjɔ̃] *f* Unterernährung *f*

déodorant [deɔdɔʀɑ̃] *m* Deodorant *nt*

dépannage [depanaʒ] *m* Reparatur *f;* **service de ~** Pannenhilfe *f*

dépanner [depane] <1> *vt* ❶ (*machine, voiture*) reparieren; **~ qn** jds Panne beheben; (*remorquer*) jdn abschleppen ❷ *fam* (*aider*) **~ qn** jdm aushelfen

dépanneur, **-euse** [depanœʀ, -øz] *m, f* Mechaniker(in) *m(f)*

dépanneuse [depanøz] *f* Abschleppwagen *m*

dépaqueter [depakte] <3> *vt* auspacken

dépareillé, **e** [depaʀeje] *adj* (*collection*) unvollständig

départ [depaʀ] *m* ❶ (*action de partir: d'une personne*) (*à pied*) Weggehen *nt;* (*en avion*) Abflug *m;* (*en voiture, bateau*) Abfahrt *f;* (*d'un train, bateau*) Abfahrt *f* ❷ SPORT Start *m;* **faux ~** Fehlstart ❸ (*démission*) Rücktritt *m;* (*licenciement*) Entlassung *f;* **~ à la retraite** Pensionierung *f* ❹ (*début, origine*) Beginn *m,* Anfang *m;* **de ~** (*idée*) anfänglich; (*point*) Ausgangs-; **au ~** zu Beginn ►**au ~ de Paris** ab Paris; **être sur le ~** im Aufbruch sein

départager [depaʀtaʒe] <2a> *vt* **~ les candidats** zwischen den Kandidaten entscheiden

département [depaʀtəmɑ̃] *m* ❶ ADMIN Departement *nt;* **~ d'outre-mer** Überseedepartement ❷ (*d'une entreprise*) Abteilung *f;* UNIV Fachbereich *m* ❸ ADMIN, POL CH Direktion *f* (CH)

> Ein französisches **département** ist eine Verwaltungseinheit, also ein Teil des Staatsgebiets mit eigenen Zuständigkeiten, z. B. im sozialen und medizinischen Bereich. In Frankreich gibt es 96 Departements und vier *départements d'outre-mer (DOM)*.

départemental, e [depaʀtəmɑ̃tal, o] <-aux> *adj* Departements-; **route ~e** ≈ Landstraße *f*

dépassé, e [depɑse] *adj* ❶ (*démodé*) überholt ❷ (*désorienté*) **être ~ par qc** bei etw nicht mehr mitkommen (*fam*)

dépassement [depɑsmɑ̃] *m* (*d'un véhicule*) Überholen *nt*

dépasser [depɑse] <1> **I.** *vt* ❶ (*doubler*) überholen ❷ (*aller plus loin que: à pied*) vorbeigehen an (+ *dat*); (*en véhicule*) vorbeifahren an (+ *dat*) ❸ (*outrepasser*) überschreiten ▸**ça me/le dépasse!** das ist mir/ihm zu hoch! (*fam*) **II.** *vi* ❶ (*doubler*) überholen ❷ (*bâtiment, tour*) hervorragen; (*vêtement*) hervorschauen **III.** *vpr* **se ~** sich selbst übertreffen

dépaysé, e [depeize] *adj* fremd

dépaysement [depeizmɑ̃] *m* ❶ (*désorientation*) Fremdheit *f;* (*changement*) Umstellung *f* ❷ (*changement salutaire*) [willkommene] Abwechslung

dépayser [depeize] <1> *vt* ❶ (*désorienter*) verwirren ❷ (*changer les idées*) ablenken

dépecer [depəse] <2> *vt* (*animal*) zerlegen

dépêche [depɛʃ] *f* Nachricht *f*

dépêcher [depeʃe] <1> *vpr* **se ~ de faire qc** sich beeilen etw zu tun

dépeindre [depɛ̃dʀ] <irr> *vt* schildern

dépendance [depɑ̃dɑ̃s] *f* Abhängigkeit *f*

dépendant, e [depɑ̃dɑ̃, ɑ̃t] *adj* abhängig

dépendre [depɑ̃dʀ] <14> *vi* ❶ (*être sous la dépendance de*) **~ de qn/qc** von jdm/etw abhängig sein ❷ (*faire partie de*) **~ de qc** (*terrain*) zu etw gehören ❸ (*relever de*) **~ de qn/qc** jdm/etw unterstehen ❹ (*être conditionné par*) **~ de qc/qn** von jdm/etw abhängen; **ça dépend** *fam* das kommt drauf an; **ça dépend du temps** das hängt vom Wetter ab

dépens [depɑ̃] *mpl* **aux ~ de qn/qc** auf jds Kosten (*akk*)/auf Kosten einer S. (*gen*)

dépense [depɑ̃s] *f* Ausgabe *f*

dépenser [depɑ̃se] <1> **I.** *vt* ❶ (*débourser*) ausgeben ❷ (*électricité, énergie*) verbrauchen ❸ (*user*) **~ son temps à faire qc** kostbare Zeit aufwenden um etw zu machen **II.** *vpr* **se ~** sich verausgaben; (*enfant*) sich austoben

dépensier, -ière [depɑ̃sje, -jɛʀ] *adj* verschwenderisch

dépérir [depeʀiʀ] <8> *vi* (*personne*) dahinvegetieren; (*animal*) eingehen

dépêtrer [depetʀe] <1> *vt fam* herausholen; **~ qn d'une situation** jdm aus der Klemme helfen

dépeuplement [depœpləmɑ̃] *m* **~ d'une région** Entvölkerung *f* einer Region

dépeupler [depœple] <1> **I.** *vt* (*pays, région*) entvölkern **II.** *vpr* **une ville se dépeuple** die Bevölkerung einer Stadt geht zurück

déphasé, e [defɑze] *adj fam* **être ~** neben sich (*dat*) stehen

dépilatoire [depilatwaʀ] *adj* **crème ~** Enthaarungscreme

dépistage [depistaʒ] *m* (*d'une maladie*) Erkennung *f;* **~ du cancer** Krebsvorsorge *f;* **test de ~ du Sida** Aidstest *m*

dépister [depiste] <1> *vt* (*personne, animal*) aufspüren

dépit [depi] *m* Ärger *m;* **par ~** aus Trotz ▸**en ~ du bon sens** gegen den gesunden Menschenverstand

déplacé, e [deplase] *adj* unpassend

déplacement [deplasmɑ̃] *m* ❶ (*d'un objet*) Umstellen *nt* ❷ (*voyage*) [Geschäfts]reise *f* ❸ (*mouvement*) Bewegung *f* ❹ (*mutation*) Versetzung *f*

déplacer [deplase] <2> **I.** *vt* ❶ (*objet*) an einen anderen Platz legen/stellen; (*meuble*) umstellen ❷ (*fonctionnaire*) versetzen ❸ (*population*) umsiedeln **II.** *vpr* **se ~** ❶ (*personne, animal*) sich fortbewegen; (*cyclone*) sich bewegen ❷ (*se décaler: en position debout*) zur Seite gehen; (*en position assise*) zur Seite rücken ❸ (*voyager*) reisen; **se ~ en avion/voiture** fliegen/mit dem Auto fahren

déplaire [deplɛʀ] <irr> *vi* **~ à qn** jdm missfallen

déplaisant, e [deplɛzɑ̃, ɑ̃t] *adj* unangenehm

dépliant [deplijɑ̃] *m* Faltprospekt *m*

déplier [deplije] <1> **I.** *vt* (*drap, vêtement*) auffalten; (*plan, journal*) auseinanderfalten **II.** *vpr* **se ~** sich öffnen

déploiement [deplwamɑ̃] *m* ❶ (*action de déployer: d'une aile*) Ausbreiten *nt;* (*d'un drapeau*) Hissen *nt* ❷ (*étalage: de richesses*) Zurschaustellen *nt* ❸ (*dépense*) **~ d'énergie** Aufwand *m* an Energie

déplorable [deplɔʀabl] *adj* (*effet, fin*) bedauerlich

déplorer [deplɔʀe] <1> *vt* ❶ (*regretter*) bedauern ② (*enregistrer*) **on déplore des victimes** Opfer sind zu beklagen (*geh*)

déployer [deplwaje] <7> **I.** *vt* ① (*ailes, carte*) ausbreiten ② (*énergie, ingéniosité*) einsetzen; (*étaler: charmes, richesses*) zur Schau stellen **II.** *vpr* **se ~** (*soldats, troupes*) ausschwärmen; (*cortège*) sich auseinanderziehen

déplumer [deplyme] <1> *vpr* **se ~** die Federn verlieren

dépoli, e [depɔli] *adj* matt

dépolluer [depɔlɥe] <1> *vt* (*lieu*) säubern; (*rivière, mer*) sanieren

dépopulation [depɔpylasjɔ̃] *f* Bevölkerungsrückgang *m*

déportation [depɔʀtasjɔ̃] *f* Deportation *f*

déporté, e [depɔʀte] *m, f* Deportierte(r) *f(m)*

déporter [depɔʀte] <1> **I.** *vt* ① HIST (*exiler*) deportieren; (*bannir*) verbannen ② (*voiture, vélo*) abdrängen **II.** *vpr* AUT **se ~** ausscheren

déposer [depoze] <1> **I.** *vt* ① (*poser*) stellen/legen; (*se débarrasser*) abstellen/ablegen ② (*personne*) absetzen; (*ordures*) abladen ③ (*bagages, carte de visite*) abgeben; (*lettre, document*) hinterlegen; (*paquet, colis*) abgeben ④ FIN (*argent*) einzahlen; (*chèque*) einreichen ⑤ (*brevet*) anmelden; (*marque déposée*) eintragen lassen; (*réclamation*) einreichen; **~ plainte** Anzeige erstatten **II.** *vi* (*témoigner*) aussagen **III.** *vpr* **se ~** (*lie, poussière*) sich absetzen

dépositaire [depozitɛʀ] *m* Verwahrer(in) *m(f)*; (*d'un secret*) Mitwisser(in) *m(f)*

déposition [depozisjɔ̃] *f* (*témoignage*) [Zeugen]aussage *f*

déposséder [depɔsede] <5> *vt* enteignen

dépossession [depɔsesjɔ̃] *f* Enteignung *f*

dépôt [depo] *m* ① (*d'une plainte*) Erheben *nt*; (*d'une marque déposée*) Eintragen *nt*; (*d'un brevet*) Anmeldung *f* ② FIN (*d'un chèque*) Einreichen *nt*; (*d'argent, d'espèces*) Einzahlung *f*; **~ de bilan** Konkursanmeldung *f* ③ (*d'objets précieux, d'un testament*) Hinterlegung *f* ④ (*sédiment*) Ablagerung *f* ⑤ (*d'autobus*) Depot *nt*; **~ d'ordures** Mülldeponie *f*, Kehrichtdeponie *f* (CH)

dépotoir [depɔtwaʀ] *m* Müllhalde *f*

dépouille [depuj] *f* ① (*peau: d'un animal à fourrure*) Fell *nt*; (*d'un serpent*) Haut *f* ② *form* (*corps*) **~ mortelle** sterbliche Überreste *Pl*

dépouillé, e [depuje] *adj* ① (*sobre*) karg; (*texte*) nüchtern ② (*exempt*) **être ~ de qc** ohne etw sein

dépouillement [depujmɑ̃] *m* (*d'un scrutin*) [Aus]zählen *nt*; (*du courrier*) Durchsehen *nt*

dépouiller [depuje] <1> *vt* ① (*scrutin*) [aus]zählen; (*courrier*) durchsehen ② (*dévaliser*) berauben

dépourvu, e [depuʀvy] *adj* **être ~ de qc** ohne etw sein

dépoussiérer [depusjeʀe] <5> *vt* abstauben

dépravation [depʀavasjɔ̃] *f* Verfall *m*

dépravé, e [depʀave] *adj* (*goût, personne*) verdorben

dépraver [depʀave] <1> *vt* (*goût, personne*) verderben

dépréciation [depʀesjasjɔ̃] *f* (*d'une marchandise*) Wertminderung *f*

déprédation [depʀedasjɔ̃] *f gén pl* Verwüstung *f*

dépressif, -ive [depʀesif, -iv] **I.** *adj* depressiv **II.** *m, f* Depressive(r) *f(m)*

dépression [depʀesjɔ̃] *f* ① PSYCH Depression *f* ② METEO Tief *nt* ③ ECON Konjunkturtief *nt*

déprimant, e [depʀimɑ̃, ɑ̃t] *adj* deprimierend

déprime [depʀim] *f fam* Katzenjammer *m*; **être en pleine ~** total am Ende sein

déprimé, e [depʀime] *adj* deprimiert

déprimer [depʀime] <1> **I.** *vt* deprimieren **II.** *vi fam* deprimiert sein

déprogrammer [depʀɔgʀame] <1> *vt* ① MEDIA aus dem Programm nehmen ② INFORM (*robot*) umprogrammieren

dépuceler [depys(ə)le] <3> *vt fam* entjungfern

depuis [dəpɥi] **I.** *prép* ① (*à partir de*) seit; **~ quelle date?** seit wann?; **~ Paris, ...** seit Paris ...; **~ ma fenêtre** von meinem Fenster aus; **~ mon plus jeune âge** seit meiner frühesten Kindheit; **~ que ...** seit[dem] ... ② (*durée, distance*) seit; **~ longtemps** seit langem; **~ peu** seit kurzem; **~ 10 minutes** (*être parti*) seit 10 Minuten; **~ cela** seitdem **II.** *adv* seither

députation [depytasjɔ̃] *f* Entsendung *f*

député, e [depyte] *m, f* Abgeordnete(r) *f(m)*

déraciner [deʀasine] <1> *vt* entwurzeln

déraillement [deʀɑjmɑ̃] *m* Entgleisung *f*

D

dérailler [deʀɑje] <1> *vi* ① (*train*) entgleisen ② *fam* (*déraisonner*) Unsinn reden; **il déraille complètement** der spinnt total

dérailleur [deʀɑjœʀ] *m* Kettenschaltung *f*

déraisonnable [deʀɛzɔnabl] *adj* unvernünftig

déraisonner [deʀɛzɔne] <1> *vi* faseln (*pej fam*)

dérangé, e [deʀɑ̃ʒe] *adj* ① *fam* (*fou*) verwirrt ② MED **être ~** eine Magenverstimmung haben; **avoir l'intestin ~** eine Darmbeschwerden haben ③ (*désordonné*) unaufgeräumt

dérangement [deʀɑ̃ʒmɑ̃] *m* ① (*gêne*) Störung *f* ② (*incident technique*) **être en ~** (*ligne*) gestört sein

déranger [deʀɑ̃ʒe] <2a> **I.** *vt* ① (*gêner*) stören ② in Unordnung bringen; (*objet, affaires*) durcheinanderbringen **II.** *vi* ① (*arriver mal à propos*) stören ② (*mettre mal à l'aise*) für Unbehagen sorgen **III.** *vpr* ① **je me suis dérangé pour rien** mein Gang war umsonst ② (*se déplacer*) **se ~ pour qn** sich (*dat*) wegen jdm Umstände machen

dérapage [deʀapaʒ] *m* AUT Schleudern *nt*

déraper [deʀape] <1> *vi* ① ausrutschen; (*voiture*) ins Schleudern geraten ② (*conversation*) abgleiten

déréglé, e [deʀegle] *adj* ① (*machine, mécanisme*) nicht in Ordnung ② (*vie*) ausschweifend

dérèglement [deʀɛgləmɑ̃] *m* (*de l'appétit, d'une machine*) Störung *f*

déréglementation [deʀɛgləmɑ̃tasjɔ̃] *f* Deregulierung *f*

déréglementer [deʀɛgləmɑ̃te] <1> *vt* deregulieren

dérégler [deʀegle] <5> **I.** *vt* (*machine*) verstellen; (*climat*) verändern **II.** *vpr* **se ~** (*machine*) sich verstellen

dérider [deʀide] <1> *vt* aufheitern

dérision [deʀizjɔ̃] *f* Spott *m*

dérivation [deʀivasjɔ̃] *f* (*d'un cours d'eau, d'une route*) Umleitung *f*

dérive [deʀiv] *f* (*d'un avion, bateau*) Abdrift *f;* GEO Verschiebung *f; fig* (*d'une politique*) Abdriften *nt;* (*d'une monnaie*) Abgleiten *nt;* (*de l'économie*) Abflauen *nt;* **être à la ~** (*bateau*) dahintreiben

dérivé [deʀive] *m* CHIM Derivat *nt*

dériver [deʀive] <1> **I.** *vt* umleiten **II.** *vi* ① LING **~ de qc** aus etw kommen ② (*barque*) abtreiben

dériveur [deʀivœʀ] *m* Sturmsegel *nt*

dermatologie [dɛʀmatɔlɔʒi] *f* Dermatologie *f*

dermatologue [dɛʀmatɔlɔg] *mf* Hautarzt/-ärztin *m/f*

dernier, -ière [dɛʀnje, -jɛʀ] **I.** *adj* ① *antéposé* (*ultime*) letzte(r, s); **le ~ étage** das oberste Stockwerk; **la dernière marche** (*la plus haute*) die oberste Stufe; (*la plus basse*) die unterste Stufe; **arriver ~** (*dans une course, une réunion*) als Letzter eintreffen; (*dans un classement*) Letzter sein; **être ~ en classe** der Schlechteste in der Klasse sein ② *antéposé* (*le plus récent: œuvre, temps, heure*) letzte(r, s); (*mode, nouvelle, édition*) neueste(r, s); (*événement*) jüngste(r, s); **ces ~s temps/jours** in letzter Zeit/in den letzten Tagen ③ *postposé* (*antérieur: an, mois, siècle*) letzte(r, s); **l'an ~ à cette époque** letztes Jahr um diese Zeit; **au siècle ~** im letzten Jahrhundert **II.** *m, f* **le/la ~(-ière)** (*dans le temps*) der/die/das Letzte; (*pour le mérite*) der/die/das Schlechteste; **son petit ~** ihr/sein Jüngster; **habiter au ~** ganz oben wohnen; **être le ~ des imbéciles** der Letzte sein; **en ~** als Letzte(r, s)

dernière [dɛʀnjɛʀ] *f* ① (*représentation*) **la ~** die Schlussvorstellung ② *fam* (*histoire, nouvelle*) **la ~** das Neueste

dernièrement [dɛʀnjɛʀmɑ̃] *adv* neulich

dernier-né, dernière-née [dɛʀnjene, dɛʀnjɛʀne] <derniers-nés> *m, f* Letztgeborene(r) *f(m)*

dérobé, e [deʀɔbe] *adj* (*escalier, porte*) Geheim-

dérober [deʀɔbe] <1> *vt* stehlen; (*secret*) entlocken; (*baiser*) rauben

dérogation [deʀɔgasjɔ̃] *f* Ausnahme *f;* **par ~** aufgrund einer Sonderregelung

déroger [deʀɔʒe] <2a> *vi* **~ à une loi** gegen ein Gesetz verstoßen

dérouiller [deʀuje] <1> **I.** *vt* (*ôter la rouille*) entrosten **II.** *vi fam* (*recevoir une correction*) etwas einstecken müssen **III.** *vpr* **se ~ les muscles** die Muskeln spielen lassen

déroulement [deʀulmɑ̃] *m* ① (*processus d'une cérémonie*) Verlauf *m;* (*suite des faits d'un crime*) Ablauf *m* ② (*d'un rouleau, tuyau*) Abrollen *nt;* (*d'une bobine, cassette*) Abspulen *nt*

dérouler [deʀule] <1> **I.** *vt* (*tuyau, rouleau*) abrollen; (*bobine, cassette*) abspulen **II.** *vpr* **se ~** ❶ (*vie, manifestation*) verlaufen; (*crime, événement*) sich abspielen; (*action, film*) spielen ❷ (*bobine, cassette*) sich abwickeln

déroutant, **e** [deʀutɑ̃, ɑ̃t] *adj* verwirrend

déroute [deʀut] *f* Flucht *f*

dérouter [deʀute] <1> *vt* ❶ umleiten ❷ verwirren; (*orateur, candidat*) aus dem Konzept bringen

derrière [dɛʀjɛʀ] **I.** *prép* (*sans mouvement*) hinter (+ *dat*); (*avec mouvement*) hinter (+ *akk*); **être ~ qn** hinter jdm sein; (*dans un classement*) hinter jdm kommen; (*dans une compétition*) hinter jdm liegen; (*soutenir qn*) hinter jdm stehen; (*suivre qn*) hinter jdm her sein; **avoir qn/qc ~ soi** jdn/etw hinter sich (*dat*) haben; **faire qc ~ qn** *fig* etw hinter jds Rücken (*dat*) tun; **laisser qn/qc ~ soi** (*abandonner*) jdn/etw zurücklassen; (*après la mort*) etw hinterlassen; **de ~ qc** hinter etw (*dat*) vor; **par ~** von hinten; **par ~ qc** hinter etw (*dat*) herum **II.** *adv* hinten; **de ~** von hinten; **là ~** da hinten; **marcher ~** am Ende gehen; **rester loin ~** weit zurückbleiben; **courir ~** hinterherlaufen **III.** *m* ❶ (*d'une maison*) Rückseite *f*; **la porte de ~** die Hintertür ❷ *fam* (*postérieur*) Hintern *m*

des[1] [de] **I.** *art déf pl contracté* **les pages ~ livres** die Seiten der Bücher; *v.a.* **de II.** *art partitif, non traduit* **je mange ~ épinards** ich esse Spinat

des[2] [de, də] < *devant adj* de> *art indéf pl, non traduit* **j'ai acheté ~ pommes et de beaux citrons** ich habe Äpfel und schöne Zitronen gekauft

dès [dɛ] *prép* (*à partir de*) bereits; **~ lors** (*à partir de ce moment-là*) seitdem; (*par conséquent*) infolgedessen; **~ maintenant** ab sofort; **~ que ...** sobald ...; **~ le matin ...** schon morgens ...; **~ mon retour je ferai ...** gleich nach meiner Rückkehr werde ich ...

désabusé, **e** [dezabyze] *adj* (*expression, geste*) enttäuscht

désaccord [dezakɔʀ] *m* ❶ (*mésentente*) Unstimmigkeit *f* ❷ (*divergence*) Uneinigkeit *f*; **être en ~ avec qn/qc sur qc** mit jdm/etw in etw (*dat*) nicht einig sein ❸ (*contradiction*) Diskrepanz *f*

désaccordé, **e** [dezakɔʀde] *adj* verstimmt

désaccorder [dezakɔʀde] <1> **I.** *vt* verstimmen **II.** *vpr* **se ~** sich verstimmen

désaffecté, **e** [dezafɛkte] *adj* (*église, école*) geschlossen

désaffection [dezafɛksjɔ̃] *f* Unbeliebtheit *f*

désagréable [dezagʀeabl] *adj* unangenehm

désagréger [dezagʀeʒe] <2a, 5> **I.** *vt* (*désintégrer*) zersetzen **II.** *vpr* **se ~** (*corps chimique*) zerfallen; (*roche*) verwittern; (*foule*) sich auflösen

désaltérant, **e** [dezalteʀɑ̃, ɑ̃t] *adj* durststillend

désaltérer [dezalteʀe] <5> **I.** *vt, vi* den Durst stillen **II.** *vpr* **se ~** seinen Durst stillen

désamorcer [dezamɔʀse] <2> *vt* (*arme*) sichern; (*bombe*) entschärfen

désapprobateur, **-trice** [dezapʀɔbatœʀ, -tʀis] *adj* missbilligend

désapprouver [dezapʀuve] <1> **I.** *vt* (*comportement*) missbilligen; (*projet*) ablehnen **II.** *vi* nicht einverstanden sein

désargenté, **e** [dezaʀʒɑ̃te] *adj fam* **être ~** pleite [*o* blank] sein

désarmant, **e** [dezaʀmɑ̃, ɑ̃t] *adj* entwaffnend

désarmement [dezaʀməmɑ̃] *m* Abrüstung *f*

désarmer [dezaʀme] <1> *vt* (*personne*) entwaffnen; (*pays, navire*) abrüsten

désarroi [dezaʀwa] *m* ❶ (*trouble*) Verwirrung *f* ❷ (*désespoir*) Verzweiflung *f*

désastre [dezastʀ] *m* ❶ Katastrophe *f* ❷ (*dégât*) Schaden *m*

désastreux, **-euse** [dezastʀø, -øz] *adj* ❶ verheerend ❷ (*nul*) miserabel

désavantage [dezavɑ̃taʒ] *m* Nachteil *m*; (*physique*) Handikap *nt*

désavantager [dezavɑ̃taʒe] <2a> *vt* benachteiligen

désavantageux, **-euse** [dezavɑ̃taʒø, -jøz] *adj* nachteilig

descendance [desɑ̃dɑ̃s] *f* Nachkommenschaft *f*

descendant, **e** [desɑ̃dɑ̃, ɑ̃t] **I.** *adj* (*chemin*) abschüssig **II.** *m, f* Nachkomme *m*

descendre [desɑ̃dʀ] <14> **I.** *vi* + *être* ❶ hinuntergehen; **~ en voiture/par l'ascenseur** mit dem Auto/mit dem Aufzug herunterfahren ❷ (*opp: grimper, escalader: vu d'en haut/d'en bas*) hinunterklettern/herunterklettern ❸ (*quitter, sortir*) aussteigen; ~ **du bateau** von Bord gehen; ~ **de la voiture/du train** aus dem Auto/dem Zug [aus]steigen ❹ (*voler*) tiefer fliegen; (*pour se poser, vu d'en haut/d'en bas: avion*) runtergehen (*fam*)/herunterkommen ❺ (*aller, se rendre*) ~ **en ville** in die Stadt gehen/fahren ❻ (*faire irruption*) ~ **dans un bar** (*police, justice*) in einer Bar eine Razzia machen ❼ (*loger*) ~ **à l'hôtel/chez qn** im Hotel/bei jdm absteigen ❽ (*être issu de*) ~ **de qn/d'une famille pauvre** von jdm abstammen/aus einer armen Familie stammen ❾ (*aller en pente*) ~ **en pente douce** (*route, chemin*) leicht abwärtsführen ❿ (*aller de haut en bas: ballon, voiture*) hinunterrollen; ~ **dans la plaine** (*rivière*) in die Ebene [hinunter]fließen; (*route*) in die Ebene [hinunter]führen ⓫ (*baisser: marée*) zurückgehen; (*niveau de l'eau, prix, taux*) sinken; (*baromètre, thermomètre*) fallen ⓬ (*atteindre*) ~ **à/jusqu'à** (*robe, cheveux*) bis zu etw gehen; (*puits, tunnel*) [bis] auf etw (*akk*) hinuntergehen **II.** *vt + avoir* ❶ (*se déplacer à pied: vu d'en haut/d'en bas*) hinuntergehen/herunterkommen ❷ (*se déplacer en véhicule: vu d'en haut/d'en bas*) hinunterfahren/herunterkommen ❸ (*porter en bas: vu d'en haut/d'en bas*) hinunterbringen/herunterbringen; ~ **qc à la cave** etw in den Keller bringen ❹ (*stores, rideaux*) herunterlassen

descente [desɑ̃t] *f* ❶ (*d'une pente*) (*à pied, en escalade*) Abstieg *m;* (*en voiture, à ski*) Abfahrt *f;* (*d'un fleuve*) Fahrt *f* stromabwärts ❷ AVIAT Landung *f* ❸ (*arrivée*) **à la ~ d'avion/de bateau** bei der Ankunft im Flughafen/Hafen ❹ (*action de descendre au fond de*) ~ **dans qc** Hinuntersteigen *nt* in etw (*akk*) ❺ (*attaque brusque*) **une ~ de police** eine Polizeikontrolle; **faire une ~ dans un bar** *fam* eine Razzia in einer Bar machen ❻ (*pente*) Gefälle *nt;* **dans la ~/les ~s** auf abfallender Strecke

descriptif [dɛskʀiptif] *m* Beschreibung *f*

description [dɛskʀipsjɔ̃] *f* Beschreibung *f*

désemparé, e [dezɑ̃paʀe] *adj* (*personne*) hilflos

désenchanté, e [dezɑ̃ʃɑ̃te] *adj* ernüchtert

désenfler [dezɑ̃fle] <1> **I.** *vt* zum Abschwellen bringen **II.** *vi, vpr* abschwellen

déséquilibre [dezekilibʀ] *m* ❶ (*des forces, valeurs*) Ungleichgewicht *nt;* (*d'une construction, d'une personne*) mangelndes Gleichgewicht; **être en ~** (*personne, objet*) wackelig sein ❷ PSYCH ~ **mental** psychische Störungen *Pl*

déséquilibré, e [dezekilibʀe] *adj* (*personne, balance*) unausgeglichen; PSYCH psychisch gestört

déséquilibrer [dezekilibʀe] <1> *vt* aus dem Gleichgewicht bringen

désert [dezɛʀ] *m* ❶ GEO Wüste *f* ❷ (*lieu dépeuplé*) Einöde *f,* Einschicht *f* (A)

désert, e [dezɛʀ, ɛʀt] *adj* ❶ (*pays, région*) unbewohnt; (*île, maison*) verlassen ❷ (*plage, rue*) menschenleer

déserter [dezɛʀte] <1> **I.** *vt* verlassen **II.** *vi* MIL desertieren

déserteur [dezɛʀtœʀ] *m* MIL Deserteur *m*

désertification [dezɛʀtifikasjɔ̃] *f* GEO Versteppung *f*

désertion [dezɛʀsjɔ̃] *f* MIL Fahnenflucht *f*

désertique [dezɛʀtik] *adj* (*climat, plante*) Wüsten-; (*région*) öde

désespérant, e [dezɛspeʀɑ̃, ɑ̃t] *adj* **être ~** (*notes, comportement*) zum Verzweifeln sein

désespéré, e [dezɛspeʀe] *adj* verzweifelt; (*cas*) hoffnungslos; (*situation*) ausweglos

désespérément [dezɛspeʀemɑ̃] *adv* (*appeler, lutter*) verzweifelt

désespérer [dezɛspeʀe] <5> **I.** *vi* verzweifeln; ~ **de qc** die Hoffnung auf etw (*akk*) aufgeben **II.** *vt* ❶ (*affliger*) verzweifeln lassen ❷ (*décourager*) zur Verzweiflung bringen

désespoir [dezɛspwaʀ] *m* ❶ (*perte ou absence d'espoir*) Hoffnungslosigkeit *f* ❷ (*détresse, désespérance*) Verzweiflung *f*

déshabillé [dezabije] *m* (*vêtement*) Negligé *nt*

déshabiller [dezabije] <1> *vt, vpr* [**se**] ~ [sich] ausziehen

déshabituer [dezabitɥe] <1> *vpr* **se ~ de qc** sich (*dat*) etw abgewöhnen

désherbant [dezɛʀbɑ̃] *m* Unkrautvertilgungsmittel *nt*

désherber [dezɛʀbe] <1> *vi* Unkraut jäten

déshérité, e [dezeʀite] *adj* enterbt

déshériter [dezeʀite] <1> *vt* JUR enterben

déshérités [dezeʀite] *mpl* **les ~** die Bedürftigen

déshonorant, e [dezɔnɔʀɑ̃, ɑ̃t] *ad*

(*conduite*) unehrenhaft; (*échec, accusation*) entehrend

déshonorer [dezɔnɔʀe] <1> **I.** *vt* (*famille*) Schande bringen über (+ *akk*); (*profession*) in Misskredit bringen; (*femme*) entehren **II.** *vpr* **se ~** seine Ehre verlieren

design [dezajn] *m* Design *nt*

désignation [deziɲasjɔ̃] *f* Bezeichnung *f*

designer [dizajnœʀ] *mf* Designer(in) *m(f)*

désigner [deziɲe] <1> *vt* ❶ (*montrer, indiquer*) **~ qn/qc** auf jdn/etw hinweisen; **~ qn/qc du doigt** mit dem Finger auf jdn/etw zeigen ❷ (*choisir*) **~ qn comme qc** jdn zu etw ernennen ❸ (*qualifier*) **être tout désigné pour qc** besonders geeignet sein für etw ❹ (*dénommer*) **~ qn par son nom** jdn beim Namen nennen

désillusion [dezi(l)lyzjɔ̃] *f* Enttäuschung *f*

désinfectant [dezɛ̃fɛktɑ̃] *m* Desinfektionsmittel *nt*

désinfectant, e [dezɛ̃fɛktɑ̃, ɑ̃t] *adj* desinfizierend

désinfecter [dezɛ̃fɛkte] <1> *vt* desinfizieren

désinfection [dezɛ̃fɛksjɔ̃] *f* Desinfektion *f*

désinflation [dezɛ̃flasjɔ̃] *f* Rückgang *m* der Inflation

désinformation [dezɛ̃fɔʀmasjɔ̃] *f* Desinformation *f*

désintégration [dezɛ̃tegʀasjɔ̃] *f* PHYS (*d'une matière*) Zerfall *m*

désintégrer [dezɛ̃tegʀe] <5> *vt, vpr* PHYS [**se**] **~** [sich] spalten

désintéressé, e [dezɛ̃teʀese] *adj* ❶ (*personne, attitude*) uneigennützig ❷ (*esprit, jugement*) unvoreingenommen

désintéresser [dezɛ̃teʀese] <1> *vpr* **se ~ de qn/qc** das Interesse an jdm/etw verlieren

désintérêt [dezɛ̃teʀɛ] *m* Desinteresse *nt*

désintoxication [dezɛ̃tɔksikasjɔ̃] *f* Entgiftung *f*

désintoxiquer [dezɛ̃tɔksike] <1> *vt* (*drogué, alcoolique*) entwöhnen; **se faire ~** sich einer Entziehungskur unterziehen

désinvolte [dezɛ̃vɔlt] *adj* (*mouvement, attitude*) ungezwungen

désinvolture [dezɛ̃vɔltyʀ] *f* Ungezwungenheit *f*

désir [deziʀ] *m* ❶ Wunsch *m*; **~ de qc** Wunsch nach etw ❷ (*appétit sexuel*) Verlangen *nt*

désirable [deziʀabl] *adj* ❶ (*qualités, attention*) wünschenswert ❷ (*personne*) begehrenswert

désirer [deziʀe] <1> *vt* ❶ wünschen; **je désire/désirerais un café** ich möchte [gerne] einen Kaffee [haben]; **désirer qc** [sich] etw wünschen/haben wollen ❷ (*convoiter*) begehren

désireux, -euse [deziʀø, -øz] *adj* **être ~ de qc** nach etw streben

désistement [dezistəmɑ̃] *m* POL Rücktritt *m*

désister [deziste] <1> *vpr* **se ~** POL zurücktreten

désobéir [dezɔbeiʀ] <8> *vi* **~ à qn** jdm nicht gehorchen; (*soldat*) jds Befehl verweigern; **~ à un ordre** sich einem Befehl widersetzen

désobéissance [dezɔbeisɑ̃s] *f* **~ à qn** Ungehorsam *m* gegenüber jdm; **~ à un ordre/une loi** Nichtbeachtung *f* eines Befehls/eines Gesetzes

désobéissant, e [dezɔbeisɑ̃, ɑ̃t] *adj* ungehorsam

désobligeant, e [dezɔbliʒɑ̃, ʒɑ̃t] *adj* (*attitude, propos*) unfreundlich

désodorisant [dezɔdɔʀizɑ̃] *m* De[s]odorant *nt*

désodorisant, e [dezɔdɔʀizɑ̃, ɑ̃t] *adj* desodorierend

désodoriser [dezɔdɔʀize] <1> *vt* **~ le couloir** den unangenehmen Geruch im Korridor beseitigen

désœuvré, e [dezœvʀe] *adj* untätig

désœuvrement [dezœvʀəmɑ̃] *m* Untätigkeit *f*

désolant, e [dezɔlɑ̃, ɑ̃t] *adj* (*spectacle, nouvelle*) traurig

désolation [dezɔlasjɔ̃] *f* Trostlosigkeit *f*

désolé, e [dezɔle] *adj* ❶ (*éploré*) untröstlich ❷ (*navré*) **je suis vraiment ~** es tut mir wirklich leid ❸ (*lieu, paysage*) trostlos

désoler [dezɔle] <1> *vt* traurig machen, betrüben

désolidariser [desɔlidaʀize] <1> *vpr* **se ~ de qn/qc** sich von jdm/etw distanzieren

désopilant, e [dezɔpilɑ̃, ɑ̃t] *adj* wahnsinnig lustig

désordonné, e [dezɔʀdɔne] *adj* ❶ (*sans ordre*) unordentlich ❷ (*esprit, personne*) chaotisch ❸ (*gestes, mouvements*) unkontrolliert

désordre [dezɔʀdʀ] *m* ❶ *sans pl* (*d'une per-*

sonne, d'un lieu) Unordnung *f* ❷ (*de l'esprit*) Durcheinander *nt* ❸ *gén pl* POL Unruhen *Pl*

désorganiser [dezɔʀganize] <1> *vt* (*service, projets*) durcheinanderbringen

désorienté, **e** [dezɔʀjɑ̃te] *adj* verwirrt

désorienter [dezɔʀjɑ̃te] <1> *vt* ❶ (*personne*) verwirren ❷ (*déconcerter*) verunsichern

désormais [dezɔʀmɛ] *adv* von nun an

désosser [dezɔse] <1> *vt* GASTR (*viande*) von den Knochen lösen

desquels, **desquelles** [dekɛl] *pron v.* **lequel**

dessaisir [desezir] <8> *vpr* **se ~ de qc** etw abgeben

dessaler [desale] <1> *vt* entsalzen

dessèchement [desɛʃmɑ̃] *m* (*de la peau, du sol*) Austrocknung *f*

dessécher [deseʃe] <1> **I.** *vt* (*terre, peau*) austrocknen; (*végétation*) verdörren lassen; (*plantes*) trocknen; (*fruits*) dörren **II.** *vpr* **se ~** (*bouche, lèvres*) trocken werden; (*terre, peau*) austrocknen; (*végétation*) verdörren

desserré, **e** [deseʀe] *adj* (*vis, lacet*) locker; (*ceinture, cravate*) gelockert; (*frein*) gelöst

desserrer [deseʀe] <1> **I.** *vt* ❶ (*dévisser*) lockern ❷ (*étau, cravate*) lockern; (*ceinture*) weiter machen; (*frein à main*) lösen ❸ (*poing*) öffnen **II.** *vpr* **se ~** (*vis, étau, nœud*) sich lockern; (*frein à main*) sich lösen; (*personnes*) auseinanderrücken; (*rangs*) sich auflösen

dessert [desɛʀ] *m* Nachtisch *m*, Dessert *nt*

desserte [desɛʀt] *f* ❶ (*meuble*) Serviertisch *m* ❷ AUT **~ de qc** [Verkehrs]verbindung *f* zu etw

desservir [desɛʀviʀ] <irr> *vt* ❶ (*table*) abräumen ❷ (*nuire à*) **~ qn/qc** jdm/einer S. schaden ❸ AUT **~ qc** (*bus, train*) etw anfahren; (*compagnie aérienne*) etw anfliegen

dessin [desɛ̃] *m* ❶ (*image*) Zeichnung *f*; **~[s] animé[s]** Zeichentrickfilm *m* ❷ (*activité*) Zeichnen *nt* ❸ (*motif*) Muster *nt*

dessinateur, **-trice** [desinatœʀ, -tʀis] *m, f* ❶ ART Zeichner(in) *m(f)* ❷ IND Designer(in) *m(f)*

dessiner [desine] <1> **I.** *vi* zeichnen **II.** *vt* ❶ ART zeichnen ❷ TECH (*plan d'une maison*) zeichnen; (*meuble, véhicule*) entwerfen ❸ (*contours, formes*) betonen

dessoûler [desule] <1> *vi* nüchtern werden

dessous [d(ə)su] **I.** *adv* (*sous: passer, regarder, être [placé]*) d[a]runter **II.** *prép* ❶ (*sous*) **en ~ de qc** unterhalb einer S. (*gen*) unter etw (*dat*); **d'en ~** *fam* (*voisin, appartement*) von unten; **habiter en ~ de chez qn** unter jdm wohnen ❷ (*plus bas que*) **en ~ de qc** unter einer S. (*dat*) **III.** *m* ❶ (*face inférieure, de ce qui est plus bas: d'une assiette, langue*) Unterseite *f*; (*des pieds, chaussures*) Sohle *f*; **le voisin/l'étage du ~** der Nachbar von unten/die untere Etage ❷ *pl* TEXTIL Dessous *Pl* ❸ *pl* (*d'une affaire, de la politique*) Hintergründe *Pl*

dessous-de-plat [d(ə)sud(ə)pla] *m inv* [Schüssel]untersetzer *m* **dessous-de-table** [d(ə)sud(ə)tabl] *m inv* Schmiergeld *nt*

dessus [d(ə)sy] **I.** *adv* (*sur qn/qc*) darauf; **mettre ~** darauf stellen/darauf legen; **elle lui a tapé/tiré ~** sie hat auf ihn eingeschlagen/geschossen **II.** *prép* **enlever de ~ qc** von etw herunternehmen **III.** *m* (*de la tête, du pied*) Oberseite *f*; **le voisin/l'étage du ~** der Nachbar von oben/die obere Etage ►**avoir le ~** überlegen sein

dessus-de-lit [d(ə)syd(ə)li] *m inv* Tagesdecke *f*

déstabilisation [destabilizasjɔ̃] *f* Destabilisierung *f*

déstabiliser [destabilize] <1> *vt* (*Etat, économie*) destabilisieren; (*personne*) verunsichern

destin [dɛstɛ̃] *m* Schicksal *nt*

destinataire [dɛstinatɛʀ] *mf* Empfänger(in) *m(f)*

destination [dɛstinasjɔ̃] *f* Ziel *nt*; (*d'une lettre*) Bestimmungsort *m*; **arriver à ~** am Ziel ankommen; **le train à ~ de Hambourg** der Zug nach Hamburg

destinée [dɛstine] *f* Schicksal *nt*

destiner [dɛstine] <1> **I.** *vt* ❶ **~ un poste à qn** eine Stelle für jdn vorsehen; **être destiné à qn** (*fortune, emploi, livre*) für jdn bestimmt sein; (*remarque, allusion*) sich an jdn richten ❷ (*prévoir un usage*) **~ un local à qc** ein Lokal für etw bestimmen **II.** *vpr* **se ~ à la politique** sich der Politik verschreiben

destituer [dɛstitɥe] <1> *vt* absetzen

destitution [dɛstitysjɔ̃] *f* Absetzung *f*; (*d'un fonctionnaire*) [Dienst]entlassung *f*; (*d'un mi *nistre*) Amtsenthebung *f*

déstresser [destʀese] <1> **I.** *vi fam* entstressen **II.** *vpr* **se ~** Stress abbauen

destructeur, -trice [dɛstʀyktœʀ, -tʀis] *adj* (*critique, idée*) destruktiv; (*action, feu, guerre*) zerstörerisch; (*fléau*) verheerend

destructif, -ive [dɛstʀyktif, -iv] *adj* destruktiv

destruction [dɛstʀyksjɔ̃] *f* (*d'un immeuble, d'un objet*) Zerstörung *f;* (*d'archives, de preuves*) Vernichtung *f*

déstructurer [destʀyktyʀe] <1> *vt* **~ qc** die Struktur einer S. (*gen*) auflösen

désuet, désuète [dezɥɛ, dezɥɛt] *adj* (*coutume, vêtement*) altmodisch

désuétude [dezɥetyd] *f* **tomber en ~** (*expression*) außer Gebrauch kommen

désuni, e [dezyni] *adj* zerstritten

désunion [dezynjɔ̃] *f* (*d'un parti, d'une famille*) Uneinigkeit *f*

désunir [dezyniʀ] <8> *vt* (*couple*) auseinanderbringen; (*famille, équipe*) entzweien

détachable [detaʃabl] *adj* (*partie, capuche*) abtrennbar; (*feuilles*) abreißbar

détachant [detaʃɑ̃] *m* Fleckentferner *m*

détaché, e [detaʃe] *adj* (*air, œil*) gleichgültig

détachement [detaʃmɑ̃] *m* Gleichgültigkeit *f*

détacher¹ [detaʃe] <1> **I.** *vt* ① (*prisonnier, chien*) losmachen; (*en enlevant un lien*) losbinden ② (*cheveux, nœud*) lösen ③ (*timbre*) ablösen; (*feuille*) abreißen ④ ADMIN **~ qn à Paris** jdn einstweilig nach Paris versetzen ⑤ (*lettres, notes*) voneinander absetzen **II.** *vpr* ① (*se libérer*) **se ~** sich befreien ② (*se séparer*) **se ~ de qc** (*bateau, satellite*) sich von etw trennen ③ (*se défaire*) **se ~** (*chaîne, lacet*) aufgehen ④ (*prendre ses distances*) **se ~ de qn** sich [gefühlsmäßig] von jdm lösen

détacher² [detaʃe] <1> *vt* **~ qc** etw reinigen

détail [detaj] <s> *m* ① (*d'une description, d'un récit*) Einzelheit *f,* Detail *nt;* **dans les moindres ~s** bis ins kleinste Detail ② *sans pl* (*des dépenses, d'un compte*) detaillierte Aufstellung

détaillant, e [detajɑ̃, jɑ̃t] *m, f* Einzelhändler(in) *m(f)*

détaillé, e [detaje] *adj* (*explications, récit*) ausführlich; (*plan*) detailliert

détailler [detaje] <1> *vt* ① COM (*articles*) einzeln verkaufen; (*marchandise*) in kleineren Mengen verkaufen ② (*plan, histoire*) ausführlich erörtern

détaler [detale] <1> *vi fam* sich aus dem Staub machen

détartrant [detaʀtʀɑ̃] *m* Entkalker *m*

détartrer [detaʀtʀe] <1> *vt* (*chaudière, conduit*) entkalken

détaxe [detaks] *f* Steuerermäßigung *f*

détecter [detɛkte] <1> *vt* (*objets cachés, personne*) aufspüren; (*fuite de gaz, mines*) ausfindig machen

détecteur [detɛktœʀ] *m* **~ de fumée** Rauchmelder *m*

détective [detɛktiv] *mf* Detektiv(in) *m(f)*

déteindre [detɛ̃dʀ] <irr> *vi* die Farbe verlieren; **~ sur qc** auf etw (*akk*) abfärben

détendre [detɑ̃dʀ] <14> **I.** *vt* (*arc, corde*) lockern; (*muscle, situation*) entspannen; (*atmosphère*) auflockern **II.** *vpr* **se ~** (*se relâcher: ressort*) sich lockern; (*arc, corde*) an Spannung verlieren; (*muscle, personne, situation*) sich entspannen; (*atmosphère*) sich auflockern

détendu, e [detɑ̃dy] *adj* entspannt

détenir [det(ə)niʀ] <9> *vt* ① (*objet, pouvoir*) besitzen; (*preuve, majorité*) verfügen über (+ *akk*); (*record, titre*) halten ② (*retenir prisonnier*) gefangen halten

détente [detɑ̃t] *f* Entspannung *f*

détenteur, -trice [detɑ̃tœʀ, -tʀis] *m, f* Besitzer(in) *m(f);* (*d'un compte, d'un brevet*) Inhaber(in) *m(f);* **~ du titre/du record** Titelträger *m*/Rekordhalter *m*

détention [detɑ̃sjɔ̃] *f* ① (*possession: d'un document, d'une somme*) Besitz *m* ② (*incarcération*) Haft *f*

détenu, e [det(ə)ny] *m, f* Häftling *m*

détergent [detɛʀʒɑ̃] *m* Reinigungsmittel *nt*

détérioration [deteʀjɔʀasjɔ̃] *f* (*d'un appareil, de marchandises*) Beschädigung *f;* (*des relations*) Verschlechterung *f*

détériorer [deteʀjɔʀe] <1> **I.** *vt* ① (*appareil, marchandise*) beschädigen ② (*climat social, relations*) verschlechtern **II.** *vpr* **se ~** ① (*appareil, marchandise*) Schaden nehmen ② (*temps, santé*) sich verschlechtern

déterminant, e [detɛʀminɑ̃, ɑ̃t] *adj* (*action, rôle, événement*) entscheidend; (*argument, raison*) ausschlaggebend

détermination [detɛʀminasjɔ̃] *f* ① (*fixation:*

D

d'une grandeur, d'une date) Bestimmung *f;* (*de l'heure, du lieu*) Festlegung *f;* (*de la cause, de l'origine*) Ermittlung *f* ❷ (*décision*) Entschluss *m* ❸ (*fermeté*) Entschlossenheit *f*

déterminé, e [detɛʀmine] *adj* ❶ (*idée, lieu, but*) bestimmt ❷ (*personne, air*) entschlossen

déterminer [detɛʀmine] <1> *vt* ❶ (*sens, inconnue*) bestimmen; (*cause*) ermitteln ❷ (*date, lieu*) festlegen

déterminisme [detɛʀminism] *m* Determinismus *m*

déterré, e [deteʀe] *m, f* ►**avoir une mine de ~** *fam* leichenblass aussehen

déterrer [deteʀe] <1> *vt* (*arbre, personne*) ausgraben; (*mine, obus*) freilegen

détestable [detɛstabl] *adj* (*personne, comportement*) abscheulich

détester [detɛste] <1> *vt* hassen; (*aliment*) [ganz und] gar nicht mögen

détonant, e [detɔnɑ̃, ɑ̃t] *adj* **gaz ~** Knallgas *nt*

détonateur [detɔnatœʀ] *m* Zündkapsel *f*

détonation [detɔnasjɔ̃] *f* (*d'une arme à feu*) Knall *m*

détoner [detɔne] <1> *vi* detonieren

détonner [detɔne] <1> *vi* (*couleurs*) nicht zusammenpassen

détour [detuʀ] *m* ❶ (*sinuosité*) Biegung *f* ❷ (*trajet plus long*) Umweg *m* ❸ (*biais*) Ausflucht *f*

détourné, e [detuʀne] *adj* ❶ (*faisant un détour*) **sentier ~** Umweg *m* ❷ (*indirect: reproche, allusion*) versteckt

détournement [detuʀnəmɑ̃] *m* ❶ **~ d'avion** Flugzeugentführung *f* ❷ (*vol*) Unterschlagung *f;* **~ de fonds** Unterschlagung *f* von Geldern; **~ de mineur** Verführung *f* Minderjähriger

détourner [detuʀne] <1> **I.** *vt* ❶ (*rivière, circulation*) umleiten; (*par la contrainte: avion*) entführen ❷ (*tête, visage, regard*) abwenden ❸ (*texte*) verfremden; **~ qn de sa route** jdn von seinem Weg abbringen ❹ (*distraire*) **~ qn de qc** jdn von etw ablenken ❺ (*somme, fonds*) unterschlagen **II.** *vpr* **se ~** sich abwenden

détracteur, -trice [detʀaktœʀ, -tʀis] *m, f* Gegner(in) *m(f)*

détraqué, e [detʀake] **I.** *adj* ❶ (*appareil, mécanisme*) gestört ❷ (*santé, estomac*) angegriffen **II.** *m, f fam* Verrückte(r) *f(m)*

détraquer [detʀake] <1> **I.** *vt* ❶ (*appareil*) kaputtmachen ❷ *fam* (*santé*) angreifen; (*estomac*) verderben **II.** *vpr fam* **se ~ l'estomac** sich (*dat*) den Magen verderben

détrempé, e [detʀɑ̃pe] *adj* (*sol, chemin*) aufgeweicht

détremper [detʀɑ̃pe] <1> *vt* (*couleur, mortier*) anrühren

détresse [detʀɛs] *f* ❶ Verzweiflung *f* ❷ (*situation difficile*) Not *f*

détriment [detʀimɑ̃] *m* **au ~ de qc** auf Kosten einer S. (*gen*)

détritus [detʀity(s)] *mpl* Abfall *m*

détroit [detʀwa] *m* Meerenge *f*

détromper [detʀɔ̃pe] <1> *vt* **~ qn** jdn über seinen Irrtum aufklären

détrôner [detʀone] <1> *vt* entthronen

détruire [detʀɥiʀ] <irr> *vt* ❶ zerstören ❷ (*armes, population*) vernichten; (*fig: personne, illusions*) zerstören; (*plans, espoirs*) zunichtemachen

dette [dɛt] *f* ❶ (*somme d'argent*) [Geld]schuld *f* ❷ (*devoir*) Schuld *f;* **avoir une ~ envers qn** in jds Schuld (*dat*) stehen (*geh*)

deuil [dœj] *m* ❶ (*affliction*) Trauer *f* ❷ (*décès*) Trauerfall *m*

deux [dø] **I.** *num* ❶ zwei; **tous les ~** alle beide; **à ~** zu zweit ❷ (*quelques*) **habiter à ~ pas d'ici** um die Ecke wohnen; **il ne faut que ~ minutes pour aller à la gare** [bis] zum Bahnhof sind es nur ein paar Minuten; **j'ai ~ mots à vous dire!** ich hätte [da] ein Wörtchen mit Ihnen zu reden! **II.** *m inv* (*cardinal*) Zwei *f*

deuxième [døzjɛm] **I.** *adj antéposé* zweite(r, s); **vingt-~** zweiundzwanzigste(r, s) **II.** *mf* **le/la ~** der/die/das Zweite **III.** *f* (*vitesse*) zweiter Gang; *v.a.* **cinquième**

deuxièmement [døzjɛmmɑ̃] *adv* zweitens

deux-pièces [døpjɛs] *m inv* ❶ (*appartement*) Zweizimmerwohnung *f* ❷ (*maillot de bain*) Bikini *m* **deux-points** [døpwɛ̃] *mpl inv* LING Doppelpunkt *m* **deux-roues** [døʀu] *m inv* Zweirad *nt* **deux-temps** [døtɑ̃] *m inv* Zweitakter *m*

deuzio [døzjo] *adv* zweitens

dévaler [devale] <1> *vi* (*vu d'en haut/vu d'en bas*) **~ de qc** (*personne*) etw hinunterrennen/herunterrennen; (*skieur*) etw hinuntersausen/heruntersausen

dévaliser [devalize] <1> *vt* (*personne*) ausplündern; (*banque*) ausrauben

dévalorisant, e [devalɔʀizɑ̃, -ɑ̃t] *adj* abwertend

dévalorisation [devalɔʀizasjɔ̃] *f* (*d'une monnaie*) Entwertung *f;* (*d'une voiture*) Wertminderung *f*

dévaloriser [devalɔʀize] <1> **I.** *vt* ❶ (*dévaluer*) entwerten ❷ (*mérite, talent*) abwerten; (*personne*) herabsetzen; **être dévalorisé** (*métier*) an Ansehen verloren haben **II.** *vpr* **se ~** ❶ (*monnaie, marchandise*) an Wert verlieren ❷ (*personne*) sich selbst herabsetzen

dévaluation [devalɥasjɔ̃] *f* FIN Abwertung *f*

dévaluer [devalɥe] <1> *vt* FIN abwerten

devancer [d(ə)vɑ̃se] <2> *vt* ❶ (*être le premier*) übertreffen ❷ (*précéder*) **~ qn** jdm zuvorkommen ❸ (*aller au devant de*) zuvorkommen (+ *dat*)

devant [d(ə)vɑ̃] **I.** *prép* ❶ (*en face de: être, se trouver, rester*) vor (+ *dat*); (*avec mouvement: aller, passer*) vor (+ *akk*); **passer ~ qn/qc** an jdm/etw vorbeigehen ❷ (*en avant de*) vor (+ *dat*); (*avec mouvement*) vor (+ *akk*); **passer ~ qn** vor jdn gehen ❸ (*face à, en présence de*) **~ qn** (*s'exprimer, pleurer*) vor jdm; **~ le danger** (*rester calme*) angesichts der Gefahr ►**avoir du temps ~ soi** [genug] Zeit haben **II.** *adv* ❶ (*en face*) davor ❷ (*en avant*) vorn[e]; (*avec mouvement*) nach vorn[e] **III.** *m* (*d'un vêtement*) Vorderteil *nt;* (*d'un objet*) Vorderseite *f*

devanture [d(ə)vɑ̃tyʀ] *f* **en ~** im Schaufenster

dévastateur, -trice [devastatœʀ, -tʀis] *adj* (*orage, effet*) verheerend; (*virus*) todbringend; (*passion*) zerstörerisch

dévastation [devastasjɔ̃] *f* Verwüstung *f*

dévaster [devaste] <1> *vt* (*pays, les terres*) verwüsten; (*récoltes*) vernichten

développé, e [dev(ə)lɔpe] *adj* entwickelt

développement [devlɔpmɑ̃] *m* ❶ BIO Entwicklung *f* ❷ ECON (*de l'industrie, d'une affaire*) Entwicklung *f;* (*de la production*) Steigerung *f;* **être en plein ~** (*économie, entreprise*) einen bedeutenden Aufschwung erleben; **pays en voie de ~** Entwicklungsland *nt* ❸ (*des connaissances*) Erweiterung *f;* (*d'une maladie*) Fortschreiten *nt* ❹ (*de l'intelligence*) Entwicklung *f;* (*d'une civilisation*) [Weiter]entwicklung *f* ❺ (*d'un thème, problème*) Erläuterung *f;* SCOL (*d'une dissertation*) Hauptteil *m* ❻ PHOT Entwickeln *nt*

développer [dev(ə)lɔpe] <1> **I.** *vt* ❶ entwickeln; (*créativité*) fördern; (*attention*) wecken; (*connaissances*) erweitern ❷ (*usine, secteur*) ausbauen ❸ (*technique, machine*) entwickeln ❹ (*thème*) ausführen; (*aspect, pensée*) darlegen ❺ PHOT **faire ~** entwickeln lassen **II.** *vpr* **se ~** ❶ *a.* ECON, TECH sich entwickeln ❷ (*échanges*) zunehmen; (*relations*) sich entwickeln

devenir [dəv(ə)niʀ] <9> *vi* + *être* **~ riche/ingénieur** reich/Ingenieur *m* werden

dévergondé, e [devɛʀgɔ̃de] *adj* (*personne*) schamlos

déverrouiller [deveʀuje] <1> *vt* (*arme à feu*) entsichern

déverser [devɛʀse] <1> **I.** *vt* ❶ (*liquide*) gießen ❷ (*sable, ordures*) [aus]schütten **II.** *vpr* **se ~ dans une rivière** sich in einen Fluss (*akk*) ergießen

dévêtir [devetiʀ] <irr> *vpr* **se ~** sich ausziehen

déviant, e [devjɑ̃, jɑ̃t] *adj* von der Norm abweichend

déviation [devjasjɔ̃] *f* Umleitung *f*

dévider [devide] <1> *vt* (*câble, pelote*) abwickeln

dévier [devje] <1> **I.** *vi* abweichen **II.** *vt* (*circulation*) umleiten; (*coup, balle*) ablenken; (*conversation*) in eine andere Richtung lenken

devin, devineresse [dəvɛ̃, dəvin(ə)ʀɛs] *m, f* Wahrsager(in) *m(f)*

deviner [d(ə)vine] <1> *vt* ❶ (*réponse, secret*) erraten ❷ (*sens, pensée*) [er]ahnen; (*intention*) durchschauen

devinette [d(ə)vinɛt] *f* Rätsel *nt*

devis [d(ə)vi] *m* Kostenvoranschlag *m*

dévisager [devizaʒe] <2a> *vt* anstarren

devise [d(ə)viz] *f* ❶ (*règle de conduite*) Motto *nt* ❷ (*monnaie*) Devisen *Pl*

dévisser [devise] <1> **I.** *vi* SPORT abstürzen **II.** *vt* (*écrou, couvercle*) abschrauben

dévoiler [devwale] <1> **I.** *vt* enthüllen; (*charmes, rondeurs*) entblößen **II.** *vpr* **se ~** (*mystère, fourberie*) offenkundig werden

devoir [d(ə)vwaʀ] <irr> **I.** *vt* ❶ (*argent*) schulden; **~ qc à qn** jdm etw schulden ❷ (*être redevable de*) **~ un succès à qn/qc** jdm/einer S. einen Erfolg verdanken **II.** *aux* ❶ **~ faire qc** etw tun müssen ❷ (*obligation exprimée par autrui*) sollen ❸ (*fatalité*)

D

müssen ❹ (*hypothèse*) müssen; **il doit se faire tard, non?** es wird wohl spät werden, oder? **III.** *m* ❶ (*obligation morale*) Pflicht *f* ❷ (*ce que l'on doit faire*) Aufgabe *f* ❸ SCOL (*~ surveillé*) [Klassen]arbeit *f*; **~ sur table** SCOL Klassenarbeit; UNIV Klausur *f*; (*~s à la maison*) *pl* Hausaufgabe *f*

dévorer [devɔʀe] <1> **I.** *vi* (*personne*) das Essen hinunterschlingen **II.** *vt* ❶ (*avaler*) **~ qc** (*personne*) etw verschlingen; (*animal*) etw fressen ❷ (*lire*) verschlingen ❸ (*tourmenter*) **~ qn** (*remords, peur*) jdn quälen

dévot, e [devo, ɔt] *adj* (*pieux*) fromm

dévotion [devosjɔ̃] *f* Frömmigkeit *f*

dévoué, e [devwe] *adj* ergeben

dévouement [devumɑ̃] *m* ❶ (*attachement*) Ergebenheit *f* ❷ (*action de se sacrifier*) **~ à qn/qc** Aufopferung *f* für jdn/etw

dévouer [devwe] <1> *vpr* **se ~** sich [auf]opfern

dextérité [dɛksteʀite] *f* ❶ (*adresse*) Geschicklichkeit *f*; (*des doigts*) Fingerfertigkeit *f* ❷ (*adresse d'esprit*) Gewandtheit *f*

dézipper [dezipe] <1> *vt* INFORM (*fichier*) entzippen

diabète [djabɛt] *m* Zuckerkrankheit *f*

diabétique [djabetik] **I.** *adj* zuckerkrank **II.** *mf* Diabetiker(in) *m(f)*

diable [djɑbl] *m* Teufel *m*

diablesse [djɑblɛs] *f* Teufelin *f*

diablotin [djablɔtɛ̃] *m* Teufelchen *nt*

diabolique [djabɔlik] *adj* diabolisch

diabolo [djabɔlo] *m* Diabolo *nt*

diacre [djakʀ] *m* Diakon *m*

diadème [djadɛm] *m* Diadem *nt*

diagnostic [djagnɔstik] *m a.* MED Diagnose *f*

diagnostiquer [djagnɔstike] <1> *vt* diagnostizieren (*geh*)

diagonale [djagɔnal] *f* Diagonale *f*

diagramme [djagʀam] *m* Diagramm *nt*

dialecte [djalɛkt] *m* Mundart *f*

dialogue [djalɔg] *m* Gespräch *nt*

dialoguer [djalɔge] <1> *vi* ❶ **~ avec qn** (*parler*) ein Gespräch mit jdm führen; (*négocier*) einen Dialog mit jdm führen ❷ INFORM **~ avec qc** im Dialog mit etw stehen

diamant [djamɑ̃] *m* Diamant *m*

diamantaire [djamɑ̃tɛʀ] *mf* ❶ (*tailleur*) Diamantschleifer(in) *m(f)* ❷ (*commerçant*) Diamantenhändler(in) *m(f)*

diamètre [djamɛtʀ] *m* Durchmesser *m*

diapason [djapazɔ̃] *m* (*instrument*) Stimmgabel *f*

diaphragme [djafʀagm] *m* ANAT Zwerchfell *nt*

diapo [djapo] *f abr de* **diapositive** Dia *nt*

diapositive [djapozitiv] *f* Dia[positiv] *nt*

diarrhée [djaʀe] *f* Durchfall *m*

diaspora [djaspɔʀa] *f* Diaspora *f*

dico [diko] *m abr de* **dictionnaire** *fam* Wörterbuch *nt*

dictateur, -trice [diktatœʀ, -tʀis] *m, f* Diktator(in) *m(f)*

dictatorial, e [diktatɔʀjal, jo] <-aux> *adj* diktatorisch

dictature [diktatyʀ] *f* ❶ POL Diktatur *f* ❷ (*autoritarisme*) Tyrannei *f*

dictée [dikte] *f a.* SCOL Diktat *nt*

dicter [dikte] <1> *vt* ❶ diktieren ❷ vorschreiben; (*volonté, vues*) aufzwingen

diction [diksjɔ̃] *f* Sprechweise *f*

dictionnaire [diksjɔnɛʀ] *m* Wörterbuch *nt*

dicton [diktɔ̃] *m* sprichwörtliche Redensart

didacticiel [didaktisjɛl] *m* INFORM Lernsoftware *f*

didactique [didaktik] *adj* didaktisch

dièse [djɛz] *m* Kreuz *nt*

diesel [djezɛl] *m* Diesel[motor] *m*

diète [djɛt] *f* Schonkost *f*

diététicien, ne [djetetisj ɛ̃, jɛn] *m, f* Ernährungsberater(in) *m(f)*

diététique [djetetik] **I.** *adj* Diät-; (*aliment*) diätetisch **II.** *f* Ernährungswissenschaft *f*

dieu [djø] <x> *m* ❶ Gott *m* ❷ *sans pl* **le bon Dieu** *fam* der liebe Gott ▸**Dieu merci!** Gott sei Dank!; **Dieu soit loué!** Oh Gott!; **Oh, mon Dieu!** Oh, mein Gott!

diffamateur, -trice [difamatœʀ, -tʀis] *adj* verleumderisch

diffamation [difamasjɔ̃] *f* Diffamierung *f*

diffamatoire [difamatwaʀ] *adj* diffamierend

diffamatrice [difamatʀis] *adj v.* **diffamateur**

diffamer [difame] <1> *vt* in Verruf (*akk*) bringen

différé [difeʀe] *m* TV Aufzeichnung *f*

différemment [difeʀamɑ̃] *adv* anders

différence [difeʀɑ̃s] *f* ❶ **~ avec qn/qc** Unterschied *m* zu jdm/etw; **à la ~ de qn/qc** im Unterschied zu jdm/etw ❷ (*écart*) Differenz *f*

différencier [difeʀɑ̃sje] <1> **I.** *vt* auseinanderhalten **II.** *vpr* **se ~ du copain par qc** sich vom Kumpel durch (*akk*)/in etw (*dat*) unterscheiden

différend [difeʀɑ̃] *m* Meinungsverschiedenheit *f*

différent, e [difeʀɑ̃, ɑ̃t] *adj* ❶ andere(r, s) *präd;* ~ **de** anders als ❷ *pl, antéposé* (*divers*) verschieden

différer [difeʀe] <5> **I.** *vi* ❶ (*être différent*) unterschiedlich sein ❷ (*avoir une opinion différente*) **deux personnes diffèrent sur qc** die Meinungen zweier Personen (*dat*) gehen in etw (*dat*) auseinander **II.** *vt* verschieben

difficile [difisil] *adj* ❶ schwierig ❷ (*moment*) schwer[wiegend]

difficilement [difisilmɑ̃] *adv* schwierig; (*péniblement*) schwer

difficulté [difikylte] *f sans pl* Schwierigkeit *f*

difforme [difɔʀm] *adj* missgestaltet; (*membre, arbre*) unförmig

diffraction [difʀaksjɔ̃] *f* Beugung *f*

diffus, e [dify, yz] *adj* (*lumière*) diffus; (*sentiments, souvenirs*) vage

diffuser [difyze] <1> **I.** *vt* ❶ (*lumière, bruit*) verbreiten ❷ MEDIA senden; (*concert, discours*) übertragen **II.** *vpr* **se ~** (*bruit, chaleur*) sich verbreiten

diffuseur, -euse [difyzœʀ, -øz] *m, f* (*de livres, d'un éditeur*) Vertreiber(in) *m(f);* (*d'une marque*) Vertriebshändler(in) *m(f)*

diffusion [difyzjɔ̃] *f* ❶ (*de la chaleur, lumière*) Verbreitung *f* ❷ MEDIA Ausstrahlung *f,* Sendung *f;* (*d'un concert, discours*) Übertragung *f*

digérer [diʒeʀe] <5> **I.** *vi* verdauen; **bien/mal ~** eine gute/schlechte Verdauung haben **II.** *vt* ❶ ANAT verdauen ❷ (*assimiler*) [geistig] verarbeiten ❸ *fam* (*affront*) schlucken

digeste [diʒɛst] *adj* bekömmlich

digestif [diʒɛstif] *m* Verdauungsschnaps *m*

digestion [diʒɛstjɔ̃] *f* Verdauung *f*

digital, e [diʒital, o] <-aux> *adj* Finger-

digitale [diʒital] *f* BOT Fingerhut *m*

digne [diɲ] *adj* ~ **de ce nom** dieses Namens würdig

dignement [diɲ(ə)mɑ̃] *adv* würdig

dignitaire [diɲitɛʀ] *mf* Würdenträger(in) *m(f)*

dignité [diɲite] *f* ❶ Würde *f* ❷ (*amour-propre*) Selbstachtung *f*

digue [dig] *f* Damm *m*

dilapider [dilapide] <1> *vt* vergeuden; (*fortune, patrimoine*) verschleudern

dilater [dilate] <1> *vpr* **se ~** (*métal, corps*) sich [aus]dehnen; (*pupille, cœur*) sich weiten

dilemme [dilɛm] *m* Dilemma *nt*

dilettante [dilɛtɑ̃t] *mf* Dilettant(in) *m(f)*

diluer [dilɥe] <1> **I.** *vt* ❶ ~ **avec de l'eau/dans de l'eau** mit Wasser verdünnen/in Wasser (*dat*) auflösen ❷ (*affaiblir*) verwässern **II.** *vpr* **se ~** sich auflösen

dimanche [dimɑ̃ʃ] *m* Sonntag *m;* ~ **de l'Avent/de Pâques/des Rameaux** Advents-/Oster-/Palmsonntag; **~, on part en vacances** am Sonntag fahren wir in Urlaub; **le ~** sonntags; **tous les ~s** jeden Sonntag; ~ **matin** [am] Sonntagmorgen; ~ **dans la nuit** Sonntagnacht

dimension [dimɑ̃sjɔ̃] *f* ❶ (*taille*) Größe *f* ❷ *pl* (*mesures*) Dimension[en *Pl*] *f;* **prendre les ~s de la table** den Tisch abmessen ❸ (*importance*) Dimension *f* ❹ (*aspect*) Tragweite *f*

diminué, e [diminɥe] *adj* **être très ~ mentalement/physiquement** psychisch/körperlich sehr geschwächt sein

diminuer [diminɥe] <1> **I.** *vi* nachlassen; (*bruit, vent*) schwächer werden; (*forces*) schwinden; (*nombre, brouillard*) zurückgehen; (*jours*) kürzer werden; **faire ~** reduzieren; **~ de longueur/de largeur/d'épaisseur** kürzer/schmaler/dünner werden **II.** *vt* ❶ verringern; (*impôts, prix*) senken; (*durée*) verkürzen; (*salaire, rideau*) kürzen ❷ (*autorité*) mindern; (*forces*) schwächen; (*souffrance*) lindern **III.** *vpr* **se ~** sich selbst erniedrigen

diminutif [diminytif] *m* Verkleinerungsform *f*

diminution [diminysjɔ̃] *f* ❶ (*des forces, des chances*) Schwinden *nt;* (*de l'autorité*) Abnahme *f;* (*du nombre*) Rückgang *m;* (*des impôts, prix*) Sinken *nt;* (*de la température*) Rückgang ❷ (*de la consommation*) Einschränkung *f;* (*des prix, impôts*) Senkung *f;* (*des salaires*) Kürzung *f*

dinde [dɛ̃d] *f* ZOOL Truthenne *f;* GASTR Pute *f*

dindon [dɛ̃dɔ̃] *m* Truthahn *m*

dindonneau [dɛ̃dɔno] <x> *m* junger Truthahn

dîner [dine] <1> **I.** *vi* zu Abend essen **II.** *m* Abendessen *nt;* **au ~** zum Abendessen

dînette [dinɛt] *f* Puppengeschirr *nt*

dingue [dɛ̃g] **I.** *adj fam* **être ~** übergeschnappt; **~ de qn/qc** verrückt nach jdm/auf etw (*akk*) **II.** *mf fam* ❶ Bekloppte(r) *f(m)* ❷ (*fan*) **~ du foot** Fußballfanatiker(in) *m(f)*

dinosaure [dinɔzɔʀ] *m a. fig* Dinosaurier *m*

diocèse [djɔsɛz] *m* Diözese *f*

diode [djɔd] *f* Diode *f*

dioxine [diɔksin, djɔksin] *f* Dioxin *nt*

diphtérie [difteʀi] *f* Diphtherie *f*

diphtongue [diftɔ̃g] *f* Diphthong *m*

diplomate [diplɔmat] **I.** *adj* diplomatisch **II.** *mf* Diplomat(in) *m(f)*

diplomatie [diplɔmasi] *f* Diplomatie *f*

diplomatique [diplɔmatik] *adj* diplomatisch

diplôme [diplom] *m* ❶ SCOL, UNIV Diplom *nt;* **~ de fin d'études** Abschlusszeugnis *nt;* **~ d'ingénieur/d'infirmière** Ingenieursdiplom/Abschluss *m* als Krankenschwester ❷ (*prix, titre*) Auszeichnung *f*

diplômé, e [diplome] **I.** *adj* mit einem Diplom/einer Abschlussprüfung versehen **II.** *m, f* **~ d'une université** Absolvent *m* einer Universität (*gen*)

dire [diʀ] <irr> **I.** *vt* ❶ (*exprimer*) sagen; (*peur*) ausdrücken; (*projets*) verraten; **~ qc** (*loi*) etw besagen; (*journal*) etw schreiben; (*test, sondage*) etw aussagen; **~ qc à qn** jdm etw sagen; **~ du bien/mal de qn/qc** über jdn/etw nur Gutes/Schlechtes sagen; **qu'est-ce que tu dis de ça?** was sagst du dazu?; **dis voir** sag mal; **dis donc, ...** sag mal, ...; **dis, comment tu t'appelles, toi?** sag, wie heißt denn du? ❷ (*prétendre*) sagen; **entendre ~ qc** [von etw] hören ❸ (*faire savoir*) ausrichten lassen ❹ (*ordonner*) **~ à qn de venir** jdm sagen, er soll kommen ❺ (*plaire*) **ça vous dit d'aller voir ce film?** habt ihr Lust den Film anzusehen? ❻ (*croire, penser*) **je veux ~ que qn a fait qc** ich meine, jd hat etw getan; **On dirait que...** Man könnte sagen, dass.../Es ist, als ob... ❼ (*reconnaître*) **il faut ~ que ...** man muss sagen, dass ... ❽ (*messe*) lesen; (*prière*) sprechen; (*poème*) aufsagen ❾ (*signifier*) **vouloir ~** bedeuten; (*mot*) heißen; **ce qui veut ~ que** was heißt, [dass] ❿ (*traduire*) **comment dit-on ... en allemand?** was heißt ... auf Deutsch?; **on dit** man sagt/so wird etwas ausgedrückt ⓫ (*évoquer*) bekannt vorkommen; **quelque chose me dit que ...** ich habe [irgendwie] das Gefühl, dass ... ▶**disons** sagen wir [mal]; **je ne te/vous le fais pas ~!** allerdings! **II.** *vpr* ❶ (*penser*) **se ~ que ...** sich (*dat*) sagen, dass ... ❷ (*se prétendre*) **se ~ médecin/malade** behaupten Arzt/krank zu sein ❸ (*l'un(e) à l'autre*) **se ~ qc** sich (*dat*) etw sagen ❹ (*s'employer*) **qc se dit en français** etw sagt man im Französischen ❺ (*être traduit*) heißen; **comment se dit ... en allemand?** was heißt ... auf Deutsch? **III.** *m gén pl* Gerede *nt;* (*d'un témoin*) Aussage *f*

direct [diʀɛkt] *m* ❶ MEDIA Livesendung *f;* **en ~** (*émission*) Direkt-; (*chanter*) live; (*retransmettre*) direkt; **être en ~** direkt übertragen werden ❷ CHEMDFER Direktverbindung *f*

direct, e [diʀɛkt] *adj* direkt; (*vente, accès*) Direkt-; (*héritier*) in direkter Linie; (*propos*) unmissverständlich

directement [diʀɛktəmɑ̃] *adv* direkt

directeur, -trice [diʀɛktœʀ, -tʀis] **I.** *adj* (*idée, ligne*) Leit-; (*roue*) Lenk- **II.** *m, f* Direktor(in) *m(f),* Leiter(in) *m(f);* (*d'un théâtre*) Intendant(in) *m(f);* (*d'une école primaire*) Rektor(in) *m(f),* Schulleiter(in) *m(f)*

directif, -ive [diʀɛktif, -iv] *adj* autoritär

direction [diʀɛksjɔ̃] *f* ❶ Richtung *f;* **prendre la ~ de Nancy** in Richtung Nancy gehen/fahren ❷ (*action*) Leitung *f;* (*d'un groupe, pays*) Führung *f* ❸ (*fonction*) Direktion *f,* Leitung *f* ❹ (*bureau*) Direktion[sabteilung *f*] *f* ❺ AUT Lenkung *f*

directive [diʀɛktiv] *f gén pl* Richtlinie *f*

directrice [diʀɛktʀis] *v.* **directeur**

dirigeable [diʀiʒabl] *m* Luftschiff *nt*

dirigeant, e [diʀiʒɑ̃, ʒɑ̃t] **I.** *adj* führend **II.** *m, f* führende Persönlichkeit; **les ~s** die Führung

diriger [diʀiʒe] <2a> **I.** *vi* die Leitung haben **II.** *vt* ❶ (*administration, entreprise*) leiten; (*personnes*) führen; (*musicien, orchestre*) dirigieren ❷ (*voiture*) lenken; (*avion, bateau*) steuern ❸ (*faire aller*) **~ vers qn/qc** auf jdn/etw richten **III.** *vpr* ❶ **se ~ vers qn/qc** (*personne*) auf jdn/etw zugehen; (*véhicule*) auf jdn/etw zufahren; *fig* sich auf jdn/eine S. zubewegen; **se ~ vers Marseille** (*avion, bateau*) Kurs *m* auf Marseille nehmen ❷ SCOL, UNIV **se ~ vers la médecine** die medizinische Laufbahn einschlagen

dis [di] *indic prés et passé simple de* **dire**

discal, e [diskal, o] <-aux> *adj* **hernie ~e** Bandscheibenvorfall *m*

discerner [disɛʀne] <1> *vt* ❶ (*percevoir*) wahrnehmen ❷ (*saisir*) erkennen ❸ (*différencier*) ~ **qc de qc** etw von etw unterscheiden

disciple [disipl] *m* ❶ (*élève*) Schüler(in) *m(f)* ❷ (*adepte*) Anhänger(in) *m(f)*

disciplinaire [disiplinɛʀ] *adj* disziplinarisch

discipline [disiplin] *f* ❶ *a.* SPORT Disziplin *f* ❷ (*matière*) Fach *nt*

discipliné, e [disipline] *adj* diszipliniert

discipliner [disipline] <1> *vt* (*faire obéir*) ~ **la classe** in der Klasse für Disziplin sorgen

disc-jockey [diskʒɔkɛ] <disc-jockeys> *m* Diskjockey *m*

disco [disko] *adj inv* **musique** ~ Diskomusik *f*

discographie [diskɔgʀafi] *f* Diskographie *f*

discontinu, e [diskɔ̃tiny] *adj* (*ligne*) gestrichelt; (*effort*) nicht kontinuierlich

discordant, e [diskɔʀdɑ̃, ɑ̃t] *adj* (*incompatible*) widersprüchlich; (*opinions*) unterschiedlich; (*caractères*) gegensätzlich; (*couleurs*) sich beißend; (*sons*) disharmonisch

discothèque [diskɔtɛk] *f* ❶ Diskothek *f* ❷ (*collection*) Schallplattensammlung *f*

discount [diskɔnt, diskaunt] *m* **faire du** ~ Discountgeschäfte machen

discours [diskuʀ] *m* ❶ Rede *f*; **faire un** ~ eine Rede halten ❷ (*bavardage*) Gerede *nt kein Pl* (*fam*)

discréditer [diskʀedite] <1> *vt* ~ **qn/qc auprès de qn** jdn/etw bei jdm in Misskredit bringen

discret [diskʀɛ, -ɛt] *adj* ❶ (*réservé*) diskret ❷ (*sobre*) dezent ❸ (*retiré*) ruhig

discrètement [diskʀɛtmɑ̃] *adv* (*avertir*) diskret; (*observer*) unauffällig

discrétion [diskʀesjɔ̃] *f* ❶ Diskretion *f* ❷ (*sobriété*) Dezenz *f*

discrimination [diskʀiminasjɔ̃] *f* Diskriminierung *f*

discriminatoire [diskʀiminatwaʀ] *adj* diskriminierend

disculper [diskylpe] <1> *vt, vpr* [**se**] ~ [sich] entlasten

discussion [diskysjɔ̃] *f* ❶ Gespräch *nt* ❷ (*d'un problème*) Besprechung *f*; ~ **sur qc** Diskussion *f* über etw (*akk*)

discutable [diskytabl] *adj* (*théories*) anfechtbar; (*goût*) zweifelhaft

discuté, e [diskyte] *adj* umstritten

discuter [diskyte] <1> **I.** *vt* ❶ diskutieren; ~ **un projet de loi** über einen Gesetzesentwurf beraten ❷ (*ordre, autorité*) in Frage stellen **II.** *vi* ❶ ~ **de qc avec qn** sich mit jdm über etw (*akk*) unterhalten; ~ **d'un problème** ein Problem diskutieren/besprechen ❷ (*négocier*) verhandeln **III.** *vpr* **ça se discute** darüber lässt sich streiten

disent [diz] *indic et subj prés de* **dire**

disgracieux, -euse [disgʀasjø, -jøz] *adj* (*démarche*) plump

disjoncter [disʒɔ̃kte] <1> *vi fam* ❶ ELEC **ça a disjoncté!** die Sicherung ist durchgebrannt! ❷ (*débloquer*) ausrasten

disjoncteur [disʒɔ̃ktœʀ] *m* Unterbrecher *m*

dislocation [dislɔkasjɔ̃] *f* Auseinanderfallen *nt*

disloquer [dislɔke] <1> **I.** *vt* auseinandernehmen **II.** *vpr* **se** ~ (*meuble, voiture*) in die Brüche gehen; (*famille*) auseinanderbrechen; (*manifestation, parti*) sich auflösen

disons [dizɔ̃] *indic prés et impératif de* **dire**

disparaître [dispaʀɛtʀ] <irr> *vi + avoir* ❶ verschwinden; (*trace*) sich verlieren; (*espoir*) schwinden ❷ (*mourir: personne*) versterben

disparate [dispaʀat] *adj* (*couleurs, garde-robe*) bunt zusammengewürfelt

disparité [dispaʀite] *f* (*d'une œuvre*) Vielschichtigkeit *f*

disparition [dispaʀisjɔ̃] *f* ❶ Verschwinden *nt*; (*du soleil, d'une culture*) Untergang *m* ❷ (*mort*) Versterben *nt*

disparu, e [dispaʀy] **I.** *part passé de* **disparaître** **II.** *adj* **être porté** ~ als vermisst gelten **III.** *m, f* ❶ Vermisste(r) *f(m)* ❷ (*défunt*) Verstorbene(r) *f(m)*

dispatcher [dispatʃe] <1> *vt* verteilen

dispensaire [dispɑ̃sɛʀ] *m: öffentliches Gesundheitsamt für Schutzimpfungen und Vorsorgeuntersuchungen*

dispense [dispɑ̃s] *f* Sondererlaubnis *f*; ~ **de qc** Befreiung *f* von etw

dispenser [dispɑ̃se] <1> **I.** *vt* ~ **qn de qc** jdn von etw befreien **II.** *vpr* **se** ~ **de qc** etw unterlassen

disperser [dispɛʀse] <1> **I.** *vt* ❶ (*éparpiller*) zerstreuen ❷ (*répartir*) verteilen **II.** *vpr* **se** ~ ❶ sich zerstreuen ❷ (*se déconcentrer*) sich verzetteln (*fam*)

dispersion [dispɛʀsjɔ̃] *f* Zerstreuen *nt*; (*de l'esprit*) Zerstreuung *f*

disponibilité [dispɔnibilite] *f sans pl* Verfüg-

D

barkeit *f*

disponible [dispɔnibl] *adj* verfügbar; (*article*) vorrätig; (*appartement, place*) frei

disposé, e [dispoze] *adj* **être ~ à faire qc** bereit sein etw zu tun

disposer [dispoze] <1> **I.** *vt* anordnen; (*joueurs, soldats*) aufstellen **II.** *vi* **~ de qc** über etw (*akk*) verfügen

dispositif [dispozitif] *m* ❶ (*mécanisme*) Vorrichtung *f* ❷ (*ensemble de mesures*) Reihe *f* von Maßnahmen

disposition [dispozisjɔ̃] *f* ❶ *sans pl* Anordnung *f;* (*d'un article, texte*) Gliederung *f* ❷ (*d'une loi, d'un contrat*) Bestimmung *f;* (*d'un testament*) Verfügung *f* ▶**avoir qc à sa ~** etw zu seiner Verfügung haben

disproportion [dispʀɔpɔʀsjɔ̃] *f* Missverhältnis *nt*

disproportionné, e [dispʀɔpɔʀsjɔne] *adj* (*corps*) schlecht proportioniert; (*réactions*) unangemessen

dispute [dispyt] *f* Streit *m*

disputer [dispyte] <1> **I.** *vt* ❶ *fam* (*gronder*) ausschimpfen ❷ (*contester*) **~ qc à qn** jdm etw streitig machen ❸ SPORT (*match*) austragen **II.** *vpr* ❶ (*se quereller*) **se ~ avec qn** sich mit jdm streiten ❷ (*lutter pour*) **se ~ qc** sich um etw streiten

disquaire [diskɛʀ] *m* Schallplattenhändler(in) *m(f)*

disqualification [diskalifikasjɔ̃] *f* Disqualifikation *f*

disqualifier [diskalifje] <1> *vt, vpr* [**se**] ~ [sich] disqualifizieren

disque [disk] *m* ❶ Scheibe *f* ❷ MUS [Schall]platte *f;* **~ compact** CD *f;* **mettre un ~** eine Platte auflegen ❸ SPORT Diskus *m* ❹ INFORM **~ dur** Festplatte *f;* **~ optique compact** CD-ROM *f*

disquette [diskɛt] *f* Diskette *f*

dissection [disɛksjɔ̃] *f* Sezieren *nt*

dissémination [diseminasjɔ̃] *f* Verstreuung *f*

disséminer [disemine] <1> **I.** *vt* verstreuen **II.** *vpr* **se ~** sich verteilen

dissension [disɑ̃sjɔ̃] *f* Meinungsverschiedenheit *f*

disséquer [diseke] <5> *vt* (*cadavre*) sezieren

dissertation [disɛʀtasjɔ̃] *f* Aufsatz *m*

disserter [disɛʀte] <1> *vi* **~ sur qc** sich über etw (*akk*) auslassen

dissidence [disidɑ̃s] *f* Spaltung *f*

dissident, e [disidɑ̃, ɑ̃t] *m, f* Dissident(in) *m(f)*

dissimulation [disimylasjɔ̃] *f* ❶ *sans pl* (*duplicité*) Heuchelei *f* ❷ (*action de cacher*) Verbergen *nt;* (*de bénéfices, revenus*) Unterschlagung *f*

dissimuler [disimyle] <1> **I.** *vt* ❶ verstecken; (*visage, difficultés*) verbergen ❷ (*masquer*) **~ ses sentiments à qn** seine Gefühle vor jdm verbergen ❸ (*taire*) **~ qc à qn/que** jdm etw verschweigen/jdm verschweigen, dass ❹ FIN unterschlagen **II.** *vpr* **se ~** sich verbergen

dissipation [disipasjɔ̃] *f* Disziplinlosigkeit *f;* (*du patrimoine*) Verschwendung *f;* (*de la brume*) Auflösung *f*

dissipé, e [disipe] *adj* undiszipliniert

dissiper [disipe] <1> **I.** *vt* ❶ (*faire disparaître*) vertreiben ❷ zerstreuen; (*soupçons, doutes*) ausräumen; (*illusions*) zerstören; (*malentendu*) aufklären ❸ SCOL ablenken **II.** *vpr* **se ~** (*brume*) sich auflösen; (*doutes, soupçons*) sich zerstreuen; SCOL sich leicht ablenken lassen

dissocier [disɔsje] <1> *vt* **~ qc de qc** etw getrennt von etw betrachten

dissolution [disɔlysjɔ̃] *f* ❶ Auflösung *f* ❷ (*liquide*) Lösung *f*

dissolvant [disɔlvɑ̃] *m* Lösungsmittel *nt*

dissonance [disɔnɑ̃s] *f* Dissonanz *f*

dissoudre [disudʀ] <irr> *vt, vpr* [**se**] ~ [sich] auflösen

dissuader [disɥade] <1> *vt* **~ qn de qc** (*par la persuasion*) jdn von etw abbringen; (*par la peur*) jdn von etw abschrecken

dissuasif, -ive [disɥazif, -iv] *adj* abschreckend

dissuasion [disɥazjɔ̃] *f* Abschreckung *f*

distance [distɑ̃s] *f* ❶ Entfernung *f;* **à quelle ~ est Cologne?** wie weit ist Köln entfernt?; **à une ~ de 500 m** 500 m weit [entfernt] ❷ MATH Abstand *m* ❸ SPORT Distanz *f*

distancer [distɑ̃se] <2> *vt* SPORT abhängen

distant, e [distɑ̃, ɑ̃t] *adj* ❶ (*personne, attitude*) distanziert ❷ (*éloigné*) entfernt

distendre [distɑ̃dʀ] <14> *vt* ausleiern; (*liens*) lockern

distillation [distilasjɔ̃] *f* Destillation *f;* (*d'un alcool*) Brennen *nt*

distiller [distile] <1> *vt* destillieren

distillerie [distilʀi] *f* Brennerei *f*

distinct, e [distɛ̃, ɛ̃kt] *adj* ❶ (*différent*) verschieden ❷ (*net*) deutlich
distinctement [distɛ̃ktəmɑ̃] *adv* deutlich
distinctif, -ive [distɛ̃ktif, -iv] *adj* charakteristisch
distinction [distɛ̃ksjɔ̃] *f* ❶ (*différenciation*) Unterscheidung *f* ❷ (*décoration, honneur*) Auszeichnung *f* ❸ (*élégance*) Vornehmheit *f*
distingué, e [distɛ̃ge] *adj* ❶ (*élégant*) vornehm ❷ (*éminent*) berühmt
distinguer [distɛ̃ge] <1> **I.** *vt* ❶ (*percevoir*) erkennen ❷ (*différencier*) unterscheiden ❸ (*honorer*) auszeichnen **II.** *vpr* ❶ **se ~ de qn/qc par qc** sich durch etw von jdm/etw unterscheiden ❷ (*s'illustrer*) **se ~ par qc** sich durch etw auszeichnen
distorsion [distɔʀsjɔ̃] *f* PHYS Verzerrung *f*
distraction [distʀaksjɔ̃] *f* ❶ (*étourderie*) Unachtsamkeit *f* ❷ *sans pl* (*dérivatif*) Abwechslung *f* ❸ *gén pl* (*passe-temps*) Zeitvertreib *m*
distraire [distʀɛʀ] <irr> **I.** *vt* ❶ (*délasser*) unterhalten ❷ (*déranger*) **~ qn de qc** jdn von etw ablenken **II.** *vpr* **se ~** sich amüsieren
distrait, e [distʀɛ, ɛt] **I.** *part passé de* **distraire II.** *adj* zerstreut
distrayant, e [distʀɛjɑ̃, jɑ̃t] *adj* unterhaltsam
distribuer [distʀibɥe] <1> *vt* ❶ **~ qc à qn** etw an jdn verteilen; **~ des coups/gifles** Schläge/Ohrfeigen austeilen ❷ COM vertreiben
distributeur [distʀibytœʀ] *m* Automat *m*; **~ de billets** Geldautomat
distributeur, -trice [distʀibytœʀ, -tʀis] *m, f* COM ❶ Vertreiber(in) *m(f)* ❷ (*entreprise*) Vertriebsgesellschaft *f* ❸ (*diffuseur*) Verkaufsstelle *f*
distribution [distʀibysjɔ̃] *f* ❶ Verteilung *f*; (*du courrier*) Zustellung *f*; (*des cartes*) Ausgeben *nt*; (*des tâches*) Zuteilung *f* ❷ FIN **~ des prix** Preisverteilung *f* ❸ COM Vertrieb *m*; **la ~ d'eau** die Wasserversorgung *f* ❹ CINE, THEAT [Rollen]besetzung *f*
district [distʀikt] *m* Bezirk *m*
dit [di] *indic prés de* **dire**
dit, e [di, dit] **I.** *part passé de* **dire II.** *adj* (*le Sage, le Bègue*) mit dem Beinamen; (*touristique, socialiste*) so genannt
dites [dit] *indic prés de* **dire**
diurne [djyʀn] *adj* (*animal*) tagaktiv
divagation [divagasjɔ̃] *f gén pl* wirres Gerede *nt kein Pl*
divaguer [divage] <1> *vi* (*malade*) phantasieren
divan [divɑ̃] *m* Diwan *m*
divergence [divɛʀʒɑ̃s] *f* Divergenz *f*
divergent, e [divɛʀʒɑ̃, ʒɑ̃t] *adj* voneinander abweichend
diverger [divɛʀʒe] <2a> *vi* ❶ (*s'écarter*) auseinandergehen ❷ (*s'opposer*) **~ de qc** von etw abweichen
divers, e [divɛʀ, ɛʀs] *adj* ❶ (*paysages, coutumes*) verschiedenartig; (*hypothèses, personnes*) verschieden ❷ (*mouvements, intérêts*) unterschiedlich ❸ *pl* (*plusieurs*) mehrere
diversement [divɛʀsəmɑ̃] *adv* unterschiedlich
diversification [divɛʀsifikasjɔ̃] *f* Diversifikation *f*
diversifier [divɛʀsifje] <1> *vt* diversifizieren
diversion [divɛʀsjɔ̃] *f a.* MIL Ablenkung *f*
diversité [divɛʀsite] *f* Verschiedenartigkeit *f*; (*multiplicité*) Vielfalt *f*
divertir [divɛʀtiʀ] <8> **I.** *vt* unterhalten **II.** *vpr* **se ~** sich amüsieren
divertissant, e [divɛʀtisɑ̃, ɑ̃t] *adj* unterhaltsam
divertissement [divɛʀtismɑ̃] *m sans pl* Unterhaltung *f*; (*passe-temps*) Beschäftigung *f*
dividende [dividɑ̃d] *m* Dividende *f*
divin, e [divɛ̃, in] *adj* ❶ REL göttlich ❷ (*beauté*) bezaubernd
divinement [divinmɑ̃] *adv* wundervoll
divinité [divinite] *f sans pl* Göttlichkeit *f*
diviser [divize] <1> **I.** *vt* ❶ [ein]teilen; **~ qc en qc** etw in etw (*akk*) teilen; **~ qc entre plusieurs personnes** etw unter mehreren Personen aufteilen; **divisé par** geteilt durch ❷ MATH dividieren ❸ (*désunir*) entzweien; (*groupe, population*) spalten **II.** *vpr* **se ~ en qc** (*cellule, route*) sich in etw (*akk*) teilen; (*parti*) sich in etw (*akk*) spalten
divisible [divizibl] *adj* **~ par qc** teilbar durch etw
division [divizjɔ̃] *f* ❶ **~ en qc** (*d'un pays*) Gliederung *f* in etw (*akk*) (*des tâches*) Verteilung *f* ❷ MATH Division *f*; **faire une ~** dividieren ❸ MIL Division *f* ❹ SPORT Liga *f*
divisionnaire [divizjɔnɛʀ] *adj* **commissaire ~** Oberkommissar(in) *m(f)*
divorce [divɔʀs] *m* [Ehe]scheidung *f*; **~ avec qn** Scheidung von jdm; **demander le ~** die Scheidung einreichen

D

divorcé, e [divɔʀse] *adj* ~ **de qn** von jdm geschieden

divorcer [divɔʀse] <2> *vi* ~ **de qn** sich von jdm scheiden lassen

divulgation [divylgasjɔ̃] *f* (*d'un secret*) Preisgabe *f*

divulguer [divylge] <1> *vt* verraten

dix [dis, *devant une voyelle* diz, *devant une consonne* di] **I.** *num* zehn ▸**répéter ~ fois la même chose** immer wieder dasselbe wiederholen **II.** *m inv* Zehn *f; v.a.* **cinq**

dix-huit [dizɥit, *devant une consonne* dizɥi] **I.** *num* achtzehn **II.** *m inv* Achtzehn *f; v.a.* **cinq** **dix-huitième** [dizɥitjɛm] <dix-huitièmes> **I.** *adj antéposé* achtzehnte(r, s) **II.** *mf* **le/la ~** der/die/das Achtzehnte **III.** *m* (*fraction*) Achtzehntel *nt; v.a.* **cinquième**

dixième [dizjɛm] **I.** *adj antéposé* zehnte(r, s) **II.** *mf* **le/la ~** der/die/das Zehnte **III.** *m* (*fraction*) Zehntel *nt; v.a.* **cinquième**

dix-neuf [diznœf] **I.** *num* neunzehn **II.** *m inv* Neunzehn *f; v.a.* **cinq** **dix-neuvième** [diznœvjɛm] <dix-neuvièmes> **I.** *adj antéposé* neunzehnte(r, s) **II.** *mf* **le/la ~** der/die/das Neunzehnte **III.** *m* (*fraction*) Neunzehntel *nt; v.a.* **cinquième** **dix-sept** [dissɛt] **I.** *num* siebzehn **II.** *m inv* Siebzehn *f; v.a.* **cinq** **dix-septième** [dissɛtjɛm] <dix-septièmes> **I.** *adj antéposé* siebzehnte(r, s) **II.** *mf* **le/la ~** der/die/das Siebzehnte **III.** *m* (*fraction*) Siebzehntel *nt; v.a.* **cinquième**

dizaine [dizɛn] *f* ❶ (*environ dix*) **une ~ de personnes/pages** etwa zehn Personen/Seiten; **quelques/plusieurs ~s de personnes** ein paar/mehrere Dutzend Personen ❷ (*âge approximatif*) **avoir une ~ d'années** ungefähr zehn [Jahre alt] sein

djembé [dʒœmbe] *m* MUS Djembe *f*

dl *abr de* **décilitre** dl

dm *abr de* **décimètre** dm

DM [dœtʃmaʀk] *abr de* **Deutsche Mark** DM

do [do] *m inv* C *nt*, c *nt*

docile [dɔsil] *adj* folgsam

docilement [dɔsilmɑ̃] *adv* (*se comporter*) folgsam

docker [dɔkɛʀ] *m* Hafenarbeiter *m*

docteur [dɔktœʀ] *mf* Doktor *m*

doctorat [dɔktɔʀa] *m* ~ **en** Doktorwürde *f* in (+ *dat*); **un doctorat** ein Doktortitel

doctrine [dɔktʀin] *f* Doktrin *f*

document [dɔkymɑ̃] *m* Dokument *nt; pl* Unterlagen *Pl*

documentaire [dɔkymɑ̃tɛʀ] **I.** *adj* dokumentarisch **II.** *m* Dokumentarfilm *m*

documentaliste [dɔkymɑ̃talist] *mf* Dokumentalist(in) *m(f)*

documentation [dɔkymɑ̃tasjɔ̃] *f* Dokumentation *f*, eine Materialsammlung

documenter [dɔkymɑ̃te] <1> **I.** *vt* informieren **II.** *vpr* **se ~** sich (*dat*) Informationsmaterial beschaffen

dodo [dodo] *m enfantin fam* **faire ~** heia machen; **le dodo** *fam* das Schlafen

dodu, e [dɔdy] *adj fam* gut genährt; (*bras, poule*) fleischig

dogmatique [dɔgmatik] *adj* dogmatisch

dogme [dɔgm] *m* Dogma *nt*

doigt [dwa] *m* ❶ ANAT Finger *m;* **compter sur ses ~s** mit den Fingern zählen; **lever le ~** sich melden ❷ (*mesure*) Fingerbreit *m* ▸**faire qc les ~s dans le nez** *fam* etw mit links machen

doigté [dwate] *m* Fingerspitzengefühl *nt*

dois [dwa] *indic prés de* **devoir**

doit [dwa] *indic prés de* **devoir**

doivent [dwav] *indic et subj prés de* **devoir**

dollar [dɔlaʀ] *m* Dollar *m*

dolmen [dɔlmɛn] *m* Dolmen *m*

D.O.M. [dɔm] *m abr de* **département d'outre-mer** überseeisches Departement

> Die **D.O.M.** sind frühere französische Kolonialgebiete in Übersee, die heute den Status von Departements haben. Sie werden – unter Berücksichtigung landesspezifischer Besonderheiten – wie alle anderen Departements verwaltet. Es gibt vier **D.O.M.**: Französisch-Guyana, die Antilleninseln Guadeloupe und Martinique sowie die im Indischen Ozean gelegene Insel La Réunion.

domaine [dɔmɛn] *m* ❶ (*terre*) Ländereien *Pl;* ~ **familial** Familienbesitz *m* ❷ (*sphère*) Gebiet *nt*, Bereich *m*, Branche *f* ❸ INFORM Domäne *f*

dôme [dom] *m* [Außen]kuppel *f*

domestique [dɔmɛstik] **I.** *adj* **animal ~** Haustier *nt* **II.** *mf* Hausangestellte(r) *f(m)*

domestiquer [dɔmɛstike] <1> *vt* (*énergie*

solaire, vent, marées) nutzbar machen

domicile [dɔmisil] *m* ❶ Wohnung *f* ❷ ADMIN Wohnsitz *m* ►**à** ~ (*livrer*) ins Haus; (*recevoir*) zu Hause

domiciliation [dɔmisiljasjɔ̃] *f* (*d'un chèque*) Zahlungsort *m*

domicilier [dɔmisilje] <1> *vt form* **être domicilié à Paris** seinen Wohnsitz in Paris haben

dominant, e [dɔminɑ̃, ɑ̃t] *adj* dominierend; (*opinion, vent*) vorherrschend; (*position, nation*) führend

dominateur, -trice [dɔminatœʀ, -tʀis] *adj* herrisch

domination [dɔminasjɔ̃] *f* Vormacht *f*

dominer [dɔmine] <1> **I.** *vt* ❶ (*être le maître de*) ~ **qn/qc** über jdn/etw herrschen ❷ (*contrôler*) zügeln; (*sujet*) beherrschen ❸ (*surpasser*) übertreffen ❹ (*surplomber*) überragen ❺ (*orateur, voix*) übertönen **II.** *vi* ❶ (*prédominer*) vorherrschen ❷ SPORT dominieren

dominical, e [dɔminikal, o] <-aux> *adj* **repos** ~ Sonntagsruhe *f kein Pl*

domino [dɔmino] *m* Dominostein *m*

dommage [dɔmaʒ] *m* ❶ (*préjudice*) Schaden *m*; ~**s matériels** Sachschaden *m*; ~ **et intérêts** Schaden[s]ersatz *m kein Pl* ❷ *pl* (*dégâts*) Schäden *Pl* ►**quel** ~**!** wie schade!

dompter [dɔ̃(p)te] <1> *vt* bändigen

dompteur, -euse [dɔ̃(p)tœʀ, -øz] *m, f* Dompteur/Dompteuse *m/f*

D.O.M.-T.O.M. [dɔmtɔm] *mpl abr de* **départements et territoires d'outre-mer** überseeische Departements und Gebiete

don [dɔ̃] *m* ❶ (*action*) Schenkung *f*; (*cadeau*) Geschenk *nt*; (*cadeau charitable*) Spende *f*; **faire un** ~ **à qn** jdm eine Spende zukommen lassen ❷ (*aptitude*) Begabung *f*

donateur, -trice [dɔnatœʀ, -tʀis] *m, f* Spender(in) *m(f)*

donation [dɔnasjɔ̃] *f* Schenkung *f*

donc [dɔ̃k] *conj* also; (*en interrogative*) denn; (*en impérative*) doch

donne [dɔn] *f* JEUX Geben *nt*

donné, e [dɔne] *adj* bestimmt ►**étant** ~ **qc** in Anbetracht einer S. (*gen*)

donnée [dɔne] *f gén pl* ❶ (*élément d'appréciation*) Angabe *f* ❷ SCOL ~**s du problème** Problemstellung *f* ❸ *pl* INFORM, ADMIN Daten *Pl*

donner [dɔne] <1> **I.** *vt* ❶ (*remettre*) geben ❷ (*offrir*) schenken ❸ (*communiquer*) ~ **le bonjour à qn** jdm Grüße ausrichten, jdn grüßen ❹ SCOL ~ **des devoirs à qn** jdm Hausaufgaben aufgeben ❺ (*causer*) ~ **faim/soif** hungrig/durstig machen; **qn/qc lui donne envie de faire qc** er/sie bekommt durch jdn/etw Lust etw zu tun ❻ (*attribuer*) ~ **qc à qn** jdm etw zuschreiben ❼ (*produire*) ~ **qc** (*arbre*) etw tragen; (*vigne*) etw geben ❽ (*faire passer pour*) ~ **qc pour certain** etw als sicher darstellen ❾ (*échanger*) ~ **qc pour qc** etw für etw [her]geben **II.** *vi* ~ **sur qc** (*pièce, fenêtre*) auf etw (*akk*) hingehen; (*porte*) zu etw hinführen **III.** *vpr* **se** ~ **à qn/qc** sich jdm/einer S. widmen

donneur, -euse [dɔnœʀ, -øz] *m, f a.* MED Spender(in) *m(f)*

dont [dɔ̃] *pron rel* ❶ *compl d'un subst* dessen/deren ❷ *compl d'un verbe* dessen/deren, wovon/woraus/womit/woran ❸ (*partie d'un tout*) von denen, darunter

dopage [dɔpaʒ] *m* Doping *nt*

dopant [dɔpɑ̃] *m* Dopingmittel *nt*

doper [dɔpe] <1> *vpr* **se** ~ Aufputschmittel nehmen; SPORT sich dopen

doré, e [dɔʀe] *adj* ❶ vergoldet ❷ (*blés, lumière*) golden; (*pain, gâteau*) goldbraun; (*peau*) gebräunt

dorénavant [dɔʀenavɑ̃] *adv* von jetzt an

dorer [dɔʀe] <1> **I.** *vt* ❶ (*recouvrir d'or*) vergolden ❷ (*peau*) bräunen **II.** *vi* GASTR knusprig braun werden **III.** *vpr* **se faire** ~ **au soleil** sich in der Sonne bräunen lassen

dorloter [dɔʀlɔte] <1> *vt* verwöhnen

dormant, e [dɔʀmɑ̃, ɑ̃t] *adj* **eau** ~**e** stehendes Gewässer

dormeur, -euse [dɔʀmœʀ, -øz] *m, f* ❶ Schläfer(in) *m(f)* ❷ (*qui dort beaucoup*) Langschläfer(in) *m(f)*

dormi [dɔʀmi] *part passé de* **dormir**

dormir [dɔʀmiʀ] <irr> *vi* ❶ (*sommeiller*) schlafen ❷ (*maison, nature*) ruhig sein

dorsal, e [dɔʀsal, o] <-aux> *adj* Rücken-

dortoir [dɔʀtwaʀ] *m* Schlafsaal *m*

dorure [dɔʀyʀ] *f* Vergoldung *f*

doryphore [dɔʀifɔʀ] *m* Kartoffelkäfer *m*

dos [do] *m* ❶ ANAT Rücken *m* ❷ *fig* (*d'une chaise*) Lehne *f*; (*d'un couteau, livre*) Rücken *m*; (*de la main*) Handrücken *m*; (*d'un papier écrit*) Rückseite *f* ►**faire qc dans le** ~ **de qn** etw hinter jds Rücken (*dat*) tun

D

dosage [dozaʒ] *m a. fig* Dosierung *f*

dos d'âne [dodɑn] *m inv* Bodenwelle *f*

dose [doz] *f* ❶ BIO Dosis *f* ❷ GASTR Menge *f*

doser [doze] <1> *vt* dosieren

doseur [dozœʀ] *m* Dosierhilfe *f*

dossard [dosaʀ] *m* Startnummer *f*

dossier [dosje] *m* ❶ (*appui pour le dos*) [Rücken]lehne *f* ❷ (*classeur*) [Akten]ordner *m* ❸ ADMIN Akte[n *Pl*] *f*; **~ de candidature** Bewerbungsunterlagen *Pl*

dot [dɔt] *f* Aussteuer *f*

dotation [dɔtasjɔ̃] *f* ❶ (*action*) **la ~ en qc** die Zuteilung von etw ❷ ADMIN finanzielle Ausstattung *f*

doté, e [dɔte] *adj* **être ~ de qc** (*machine*) mit etw ausgestattet sein; (*personne*) etw haben

doter [dɔte] <1> *vt* **~ qn** jdm eine Aussteuer mitgeben

douane [dwan] *f* ❶ (*administration*) Zoll[behörde *f*] *m* ❷ (*poste*) Zoll[stelle] *f* ❸ (*droit*) Zoll[gebühren *Pl*] *m*

douanier, -ière [dwanje, -jɛʀ] **I.** *adj* Zoll- **II.** *m, f* Zollbeamte(r)/-beamtin *m/f*

doublage [dublaʒ] *m* ❶ CINE Synchronisation *f* ❷ COUT (*d'un vêtement*) Füttern *nt*

double [dubl] **I.** *adj adv* doppelt **II.** *m* ❶ Doppelte(s) *nt* ❷ Kopie *f*; **un ~ de clé** ein Zweitschlüssel *m* ❸ (*exemplaire identique*) Dublette *f*; (*personne*) Doppelgänger(in) *m(f)*; **en ~** doppelt ❹ SPORT Doppel *nt*

doublé, e [duble] *adj* ❶ (*vêtement*) gefüttert ❷ (*acteur*) gedoubelt; (*film*) synchronisiert

doublement [dubləmɑ̃] *m* Verdoppelung *f*

doubler [duble] <1> **I.** *vt* ❶ (*multiplier par deux*) verdoppeln ❷ (*vêtement*) füttern ❸ MEDIA (*acteur*) doubeln; (*film*) synchronisieren ❹ (*véhicule*) überholen **II.** *vi* (*nombre, prix*) sich verdoppeln

doublure [dublyʀ] *f* ❶ COUT Futter *nt* ❷ CINE Double *nt*

douce [dus] *adj v.* **doux**

douceâtre [dusɑtʀ] *adj* süßlich

doucement [dusmɑ̃] *adv* ❶ (*avec précaution*) sacht[e]; (*sans bruit*) leise; (*avec délicatesse*) vorsichtig ❷ (*descendre, monter*) allmählich; (*appuyer*) mit Gefühl

douceur [dusœʀ] *f* ❶ (*d'une étoffe*) Geschmeidigkeit *f*; **en ~** sachte ❷ (*d'un caractère*) Sanftmut *f*; (*de la vie*) Annehmlichkeiten *Pl* ❸ *gén pl* (*friandises*) Süßigkeiten *Pl*

douche [duʃ] *f* Dusche *f*

doucher [duʃe] <1> **I.** *vt* [ab]duschen **II.** *vpr* **se ~** [sich] duschen

doudoune [dudun] *f* Daunenjacke *f*

doué, e [dwe] *adj* begabt

douille [duj] *f* TECH Tülle *f*

douillet, te [dujɛ, jɛt] *adj* ❶ (*sensible*) zimperlich; (*pleurnicheur*) wehleidig ❷ (*logis, nid, lit*) behaglich

douleur [dulœʀ] *f* Schmerz *m*

douloureuse [duluʀøz] *f fam* Rechnung *f*

douloureux, -euse [duluʀø, -øz] *adj* ❶ (*blessure, maladie*) schmerzhaft; (*partie du corps*) schmerzend ❷ (*souvenir, événement*) schmerzlich

doute [dut] *m* Zweifel *m* ▸**sans ~** sicherlich; **sans ~ que qn a fait qc** wahrscheinlich hat jd etw getan

douter [dute] <1> **I.** *vi* ❶ **~ de qc** an etw (*dat*) zweifeln; **~ que** + *subj* bezweifeln, dass ❷ (*se méfier*) **~ de qn/qc** jdm/etw misstrauen **II.** *vpr* **se ~ de qc** etw vermuten

douteux, -euse [dutø, -øz] *adj* ❶ (*issue, origine*) ungewiss; (*sens*) nicht eindeutig ❷ *péj* (*goût, mœurs*) zweifelhaft

doux, douce [du, dus] *adj* ❶ weich ❷ (*fruit, saveur*) süß; (*piment*) edelsüß; **les drogues douces** die leichten Drogen ❸ (*voix*) sanft ❹ (*odeur, vin*) lieblich ❺ (*climat, temps*) mild ❻ (*personne*) freundlich ❼ (*gestes*) ruhig; (*pente*) sanft; **à feu ~** auf kleiner Flamme ❽ (*vie, souvenir, visage*) angenehm

douzaine [duzɛn] *f* ❶ (*douze*) Dutzend *nt*; **à la ~** im Dutzend ❷ (*environ douze*) **une ~ de personnes** etwa zwölf Personen

douze [duz] **I.** *num* zwölf **II.** *m inv* Zwölf *f*; *v.a.* **cinq**

douzième [duzjɛm] **I.** *adj antéposé* zwölfte(r, s) **II.** *mf* **le/la ~** der/die/das Zwölfte **III.** *m* Zwölftel *nt*; *v.a.* **cinquième**

doyen, ne [dwajɛ̃, jɛn] *m, f* ❶ (*aîné*) Älteste(r) *f(m)* ❷ UNIV Dekan(in) *m(f)*

draconien, ne [dʀakɔnjɛ̃, jɛn] *adj* drakonisch

dragée [dʀaʒe] *f* Dragee *nt*

dragon [dʀagɔ̃] *m* Drache *m*

drag-queen [dʀagkwin] <drag-queens> *f* Drag-Queen *f*

drague [dʀag] *f* (*filet*) Schleppnetz *nt*

draguer [dʀage] <1> *vt* ❶ (*pêcher*) mit dem Schleppnetz fangen ❷ (*dégager*) ausbaggern ❸ *fam* anmachen, anbandeln (A)

dragueur [dʀagœʀ] *m* Baggerschiff *nt*

drainage [dʀɛnaʒ] *m a.* MED Dränage *f*

drainer [dʀene] <1> *vt a.* MED dränieren

dramatique [dʀamatik] *adj* ❶ THEAT **l'art ~** die Schauspielkunst; **le genre ~** das Drama ❷ (*histoire, récit*) dramatisch

dramatisation [dʀamatizasjɔ̃] *f* Dramatisierung *f*

dramatiser [dʀamatize] <1> *vt, vi* dramatisieren

dramaturge [dʀamatyʀʒ] *m* Bühnenautor(in) *m(f)*

drame [dʀam] *m* Drama *nt;* **tourner au ~** tragisch ausgehen

drap [dʀa] *m* Bettlaken *nt*

drapé [dʀape] *m* Faltenwurf *m*

drapeau [dʀapo] <x> *m* Fahne *f,* Flagge *f*

draper [dʀape] <1> **I.** *vt* ❶ **~ qc/qn de qc** etw/jdn mit etw umhüllen ❷ (*plisser*) drapieren **II.** *vpr* **se ~ dans une cape** sich in einen Umhang hüllen

drap-housse [dʀa] <draps-housses> *m* Spann[bett]laken *nt*

Dresde [dʀɛsd] Dresden *nt*

dressage [dʀesaʒ] *m* Dressur *f*

dresser [dʀese] <1> **I.** *vt* ❶ (*bilan, liste*) aufstellen; (*carte, plan*) zeichnen; (*procès-verbal*) ausstellen ❷ (*barrière, monument*) errichten; (*tente*) aufschlagen ❸ (*tête*) heben ❹ (*piège*) aufstellen; (*autel*) schmücken ❺ (*animal*) dressieren **II.** *vpr* ❶ (*se mettre droit*) sich aufrichten ❷ (*bâtiment, statue*) sich erheben ❸ (*mettre en opposition*) **se ~ contre qn/qc** sich gegen jdn/etw auflehnen

dresseur, -euse [dʀesœʀ, -øz] *m, f* Dresseur(in) *m(f)*

DRH [deɛʀaʃ] **I.** *f abr de* **direction des ressources humaines** HRM *nt* **II.** *mf abr de* **directeur(-trice) des ressources humaines** HR-Manager(in) *m(f)*

dribbler [dʀible] <1> *vt, vi* dribbeln; **~ qn** an jdm vorbeidribbeln

drogue [dʀɔg] *f a. fig* Droge *f,* Rauschgift *nt;* **~ douce/dure** weiche/harte Droge

drogué, e [dʀɔge] *m, f* Drogensüchtige(r) *f(m)*

droguer [dʀɔge] <1> *vpr* **se ~** Drogen/zu viele Medikamente nehmen

droguerie [dʀɔgʀi] *f* Drogerie *f*

droguiste [dʀɔgist] *mf* Drogist(in) *m(f)*

droit [dʀwa] **I.** *m* ❶ Recht[sanspruch *m*] *nt;* **~s civiques** Bürgerrechte *Pl;* **de quel ~** mit welchem Recht; **avoir ~ à qc** Recht auf etw (*akk*) haben; **avoir le ~ de faire qc** das Recht haben etw zu tun; **être en fin de ~s** keinen Anspruch auf Arbeitslosengeld mehr haben ❷ JUR Recht *nt;* (*études juridiques*) Rechtswissenschaft *f;* **~ civil** Zivilrecht; **~ public** öffentliches Recht ❸ *pl* (*taxe*) Gebühr *f* **II.** *adv* ❶ (*marcher, se tenir*) aufrecht ❷ (*rouler, marcher*) geradeaus ❸ (*mettre, poser*) gerade; (*tenir*) gerade ▸**tout ~** geradeaus

droit, e [dʀwa, dʀwat] *adj* ❶ (*opp: gauche*) rechte(r, s) ❷ gerade; **angle ~** rechter Winkel ❸ (*personne*) aufrichtig; (*chemin*) recht

droite [dʀwat] *f* ❶ MATH Gerade *f* ❷ POL Rechte *f;* **un parti de ~** eine rechte Partei ❸ (*côté droit*) Rechte *f,* rechte Seite; **à ~** [nach] rechts; **tourner à ~** rechts abbiegen; **de ~** auf der rechten Seite

droitier, -ière [dʀwatje, -jɛʀ] *m, f* Rechtshänder(in) *m(f)*

droiture [dʀwatyʀ] *f* Aufrichtigkeit *f*

drôle [dʀol] *adj* ❶ (*comique*) lustig ❷ *fam* (*bizarre*) komisch

drôlement [dʀolmɑ̃] *adv* ❶ (*bizarrement*) komisch ❷ *fam* (*rudement*) ganz schön

drôlerie [dʀolʀi] *f* Spaß *m*

dromadaire [dʀɔmadɛʀ] *m* Dromedar *nt*

dru, e [dʀy] *adj* dicht

druide [dʀɥid] *m* Druide *m*

du [dy] = **de le** *v.* **de**

dû [dy] <dus> *m* Schuld *f*

dû, due [dy] <dus> **I.** *part passé de* **devoir** **II.** *adj* ❶ (*que l'on doit*) schuldig ❷ (*imputable*) **être ~ à qc** von etw herrühren ❸ (*mérité*) **être ~ à qn** jdm zustehen

dualité [dɥalite] *f* Dualität *f*

dubitatif, -ive [dybitatif, -iv] *adj* zweifelnd

duc [dyk] *m* Herzog *m*

duché [dyʃe] *m* Herzogtum *nt*

duchesse [dyʃɛs] *f* Herzogin *f*

duel [dɥɛl] *m a. fig* Duell *nt*

dune [dyn] *f* Düne *f*

duo [dɥo, dyo] *m* MUS Duett *nt*

dupe [dyp] **I.** *f* Betrogene(r) *f(m)* **II.** *adj* **être ~ de qc** sich (*akk*) von etw täuschen lassen

duper [dype] <1> *vt* hinters Licht führen

duplex [duplɛks] *m* ARCHIT **appartement en ~** Maisonettewohnung *f*

duplicata [dyplikata] *m* Duplikat *nt*

duquel, de laquelle [dykɛl] <desquel(-le)s> = **de lequel** *v.* **lequel**

dur, e [dyʀ] **I.** *adj* ① (*ferme*) hart; (*viande*) zäh ② (*travail, obligation*) schwer; (*personne*) schwierig; (*temps, vie*) hart ③ (*climat*) extrem; (*combat, punition*) hart; (*lumière*) grell; **Dur, dur!** Das ist hart! ④ (*drogue*) hart ⑤ (*regard*) ernst; (*critique*) hart **II.** *adv* (*travailler*) hart **III.** *m, f* ▸**jouer les ~s** *fam* den starken Mann markieren

durable [dyʀabl] *adj* (*chose*) dauerhaft; (*souvenir*) bleibend; (*effet, influence*) nachhaltig

durablement [dyʀabləmɑ̃] *adv* auf Dauer

durant [dyʀɑ̃] *prép* (*au cours de*) während (+ *gen*); ~ **l'hiver** den Winter über

durcir [dyʀsiʀ] <8> **I.** *vt* ① *a. fig* hart machen; (*acier*) härten ② (*attitude, position*) verhärten **II.** *vi* (*aliment, pâte*) hart werden; (*colle, peinture*) aushärten **III.** *vpr* **se** ~ ① hart werden; (*colle*) aushärten ② (*devenir intransigeant*) sich verhärten

durcissement [dyʀsismɑ̃] *m* ① (*solidification*) Hartwerden *nt;* (*du ciment*) Abbinden *nt;* (*de la colle*) Aushärten *nt* ② (*raffermissement*) Verhärtung *f;* (*d'un conflit*) Verschärfung *f*

durée [dyʀe] *f* Dauer *f;* **un chômeur de longue** ~ ein Langzeitarbeitsloser *m*

durement [dyʀmɑ̃] *adv* hart

durer [dyʀe] <1> *vi* ① + *compl de temps* dauern ② (*personne*) sich halten; (*matériel, vêtement*) haltbar sein ▸**ça ne peut plus** ~ so kann das nicht weitergehen

dureté [dyʀte] *f* ① *a. fig* Härte *f* ② (*difficulté*) Schwierigkeit *f*

durillon [dyʀijɔ̃] *m* Schwiele *f*

dus [dy] *passé simple de* **devoir**

duvet [dyvɛ] *m* ① (*plume*) Daune *f* ② (*d'une personne, feuille*) Flaum *m* ③ (*sac de couchage*) [Daunen]schlafsack *m*

dynamique [dinamik] **I.** *adj* dynamisch **II.** *f* Dynamik *f*

dynamiser [dinamize] <1> *vt* mobilisieren

dynamisme [dinamism] *m* Dynamik *f*

dynamite [dinamit] *f* Dynamit *nt*

dynamiter [dinamite] <1> *vt a. fig* sprengen

dynamo [dinamo] *f* Dynamo *m*

dynastie [dinasti] *f a. fig* Dynastie *f*

dysfonctionnement [disfɔ̃ksjɔnmɑ̃] *m* Funktionsstörung *f*

dyslexie [dislɛksi] *f* Legasthenie *f*

dyslexique [dislɛksik] *adj* legasthenisch

Ee

E, e [ø, ə] *m inv* E *nt,* e *nt*

eau [o] <x> *f* ① Wasser *nt;* **un verre d'~** ein Glas Wasser; ~ **du robinet** Leitungswasser; ~ **minérale** Mineralwasser; ~ **de source** Quellwasser ② (*étendue de l'eau*) Gewässer *nt*

eau-de-vie [od(ə)vi] <eaux-de-vie> *f* Schnaps *m*

ébahi, e [ebai] *adj* verblüfft

ébahir [ebaiʀ] <8> *vt* verblüffen

ébats [eba] *mpl* (*des animaux, enfants*) Herumtollen *nt* ▸~ **amoureux** Liebesspiele *Pl*

ébauche [eboʃ] *f* (*d'une œuvre*) Entwurf *m;* (*d'un tableau*) Skizze *f;* (*d'un sourire*) Andeutung *f*

ébaucher [eboʃe] <1> *vt* (*œuvre*) entwerfen; (*peinture*) skizzieren

ébène [ebɛn] *f* Ebenholz *nt*

ébéniste [ebenist] *mf* Kunsttischler(in) *m(f)*

éberlué, e [ebɛʀlɥe] *adj fam* perplex

éblouir [ebluiʀ] <8> *vt* blenden

éblouissant, e [ebluisɑ̃, ɑ̃t] *adj* (*lumière*) grell

éblouissement [ebluismɑ̃] *m* Blendung *f*

éborgner [ebɔʀɲe] <1> *vt* ~ **qn** jdm ein Auge ausstechen

éboueur [ebuœʀ] *m* Müllmann *m* (*fam*)

ébouillanter [ebujɑ̃te] <1> *vpr* **s'~ qc** sich (*dat*) etw verbrühen

éboulement [ebulmɑ̃] *m* Einsturz *m*

éboulis [ebuli] *m* Geröll *nt kein Pl*

ébouriffant, e [ebuʀifɑ̃, ɑ̃t] *adj fam* (*nouvelle*) unglaublich

ébouriffé, e [ebuʀife] *adj* zerzaust

ébranler [ebʀɑ̃le] <1> **I.** *vt a. fig* erschüttern **II.** *vpr* **s'~** sich in Bewegung setzen

ébréché, e [ebʀeʃe] *adj* angeschlagen

ébriété [ebʀijete] *f form* Trunkenheit *f*

ébruiter [ebʀɥite] <1> *vt* ausplaudern

ébullition [ebylisjɔ̃] *f* ① (*d'un liquide*) [Auf]-kochen *nt;* **porter à** ~ zum Kochen bringen ② *fig* **en** ~ (*quartier, esprit*) in Aufruhr

écaille [ekaj] *f* ZOOL Schuppe *f*

écailler [ekaje] <1> *vt* (*poisson*) [ab]schuppen

écarlate [ekaʀlat] *adj* scharlachrot

écarquiller [ekaʀkije] <1> *vt* ~ **les yeux**

devant qc angesichts einer S. (*gen*) die Augen aufreißen

écart [ekaʀ] *m* ❶ (*distance*) Abstand *m* ❷ (*de prix*) Unterschied *m* ❸ (*mouvement brusque*) **faire un ~** zur Seite ausweichen ▶**mettre qn à l'~** jdn ausschließen

écarté, e [ekaʀte] *adj* ❶ (*lieu*) abgelegen ❷ (*bras*) weit offen; (*dents*) auseinanderstehend; (*jambes*) gespreizt

écarteler [ekaʀtəle] <4> *vt* HIST vierteilen

écartement [ekaʀtəmɑ̃] *m* Abstand *m*

écarter [ekaʀte] <1> **I.** *vt* ❶ (*objets*) zur Seite schieben; (*bras*) ausbreiten; (*jambes*) spreizen ❷ (*idée*) verwerfen; (*danger*) abwenden **II.** *vpr* ❶ (*se séparer*) **s'~** (*foule*) sich teilen ❷ (*s'éloigner*) **s'~ de qc** sich von etw entfernen

ecchymose [ekimoz] *f* Bluterguss *m*

ecclésiastique [eklezjastik] **I.** *adj* kirchlich; (*vie*) geistlich **II.** *m* Geistliche(r) *m*

écervelé, e [esɛʀvəle] *adj* gedankenlos

échafaud [eʃafo] *m* Schafott *nt*

échafaudage [eʃafodaʒ] *m* ❶ (*construction*) Gerüst *nt* ❷ (*empilement*) Stapel *m*

échafauder [eʃafode] <1> *vt* (*projets*) entwerfen

échalote [eʃalɔt] *f* Schalotte *f*

échancré, e [eʃɑ̃kʀe] *adj* ausgeschnitten

échancrure [eʃɑ̃kʀyʀ] *f* Ausschnitt *m*

échange [eʃɑ̃ʒ] *m* ❶ [Aus]tausch *m*; **faire un ~ avec qn** mit jdm tauschen ❷ *gén pl* ECON Handel *m*; **~s scolaires** Schüleraustausch

échanger [eʃɑ̃ʒe] <2a> *vt* (*adresses, idées*) austauschen; (*anneaux, regards*) wechseln; (*timbres*) tauschen; (*marchandise*) umtauschen

échangeur [eʃɑ̃ʒœʀ] *m* Kreuzung *f* (*auf mehreren Ebenen*)

échantillon [eʃɑ̃tijɔ̃] *m* COM [Waren]probe *f*, Muster *nt*

échantillonnage [eʃɑ̃tijɔnaʒ] *m* [repräsentativer] Querschnitt

échappatoire [eʃapatwaʀ] *f* (*subterfuge*) Ausflucht *f*; (*issue*) Ausweg *m*

échappée [eʃape] *f* SPORT Ausreißversuch *m*

échapper [eʃape] <1> **I.** *vi* ❶ (*s'enfuir*) entkommen; **~ à un danger** einer Gefahr (*dat*) entgehen ❷ (*se soustraire à*) **~ à qc** sich einer S. (*dat*) entziehen; **~ à la mort** dem Tod entrinnen ❸ (*être oublié*) **~ à qn** jdm entfallen sein ❹ (*ne pas être compris*) **le problème échappe à qn** jd versteht das Problem nicht ❺ (*glisser des mains*) **~ à qn** jdm entgleiten (*geh*); **laisser ~ qc** etw fallen lassen ❻ (*dire par inadvertance*) **~ à qn** (*gros mot, paroles*) jdm entfahren **II.** *vpr* ❶ (*s'évader*) **s'~ de qc** aus etw ausbrechen; (*souris*) aus etw entwischen ❷ (*sortir*) **s'~ de qc** (*fumée*) aus etw herausdringen; (*gaz*) aus etw entweichen

écharde [eʃaʀd] *f* [Holz]splitter *m*

écharpe [eʃaʀp] *f* ❶ (*vêtement*) Schal *m* ❷ (*bandage*) Schlinge *f*

échasse [eʃɑs] *f* ZOOL Strandreiter *m*

échassier [eʃasje] *m* Stelzvogel *m*

échauffement [eʃofmɑ̃] *m* ❶ (*de l'atmosphère, du sol*) Erwärmung *f* ❷ SPORT Aufwärmen *nt*

échauffer [eʃofe] <1> *vpr* **s'~** SPORT sich aufwärmen

échauffourée [eʃofuʀe] *f* Schlägerei *f*

échéance [eʃeɑ̃s] *f* ❶ (*date limite*) Fälligkeit *f* ❷ (*délai*) Fälligkeitsfrist *f* ❸ (*règlement*) fällige Zahlung

échéant, e [eʃeɑ̃, ɑ̃t] *adj* (*annuité*) fällig [werdend]; **le cas ~** gegebenenfalls

échec[1] [eʃɛk] *m* (*de négociations*) Scheitern *nt*; (*d'un spectacle*) Misserfolg *m*

échec[2] [eʃɛk] *m pl* Schach *nt*; **jeu d'~s** Schachspiel *nt* ▶[**être**] **~ et mat** schachmatt [sein]

échelle [eʃɛl] *f* ❶ (*escabeau*) Leiter *f* ❷ (*proportion, rapport*) Maßstab *m*; **à l'~ de 1:100 000** im Maßstab 1:100 000 (*eins zu hunderttausend*); **à l'~ nationale/communale** auf nationaler/kommunaler Ebene ❸ (*graduation*) Skala *f*

échelon [eʃlɔ̃] *m* ❶ (*barreau*) Sprosse *f* ❷ ADMIN Stufe *f*, Ebene *f*

échelonnement [eʃ(ə)lɔnmɑ̃] *m* MIL Staff[e]lung *f*

échelonner [eʃ(ə)lɔne] <1> *vt* ❶ (*paiements*) [gleichmäßig] verteilen ❷ (*salaires*) staffeln

échevelé, e [eʃəv(ə)le] *adj* (*personne*) zerzaust

échine [eʃin] *f* **~ dorsale** Rückgrat *nt*

échiquier [eʃikje] *m* Schachbrett *nt*

écho [eko] *m* ❶ Echo *nt* ❷ PRESSE Klatschspalte *f*

échographie [ekɔgʀafi] *f* Ultraschalluntersuchung *f*

échoppe [eʃɔp] *f* [Verkaufs]bude *f*

E

échouer [eʃwe] <1> **I.** *vi* scheitern; ~ **à l'examen** die Prüfung nicht bestehen **II.** *vt* **faire ~ qc** etw vereiteln
éclabousser [eklabuse] <1> *vt* bespritzen
éclaboussure [eklabusyʀ] *f* Spritzer *m*
éclair [eklɛʀ] *m* ① *a.* METEO, PHOT Blitz *m* ② GASTR Eclair *m* ▸**en un ~** blitzschnell
éclairage [eklɛʀaʒ] *m* Beleuchtung *f*
éclaircie [eklɛʀsi] *f* METEO [kurze] Aufheiterung
éclaircir [eklɛʀsiʀ] <8> **I.** *vt* ① (*rendre clair*) aufhellen ② (*élucider*) ~ **une affaire** Licht in eine Sache bringen **II.** *vpr* ① **s'~** (*temps*) aufklaren ② (*rendre plus distinct*) **s'~ la gorge** sich räuspern ③ (*devenir compréhensible*) **s'~** (*idée*) klarer werden; (*mystère*) sich aufklären
éclaircissement [eklɛʀsismɑ̃] *m* (*d'une situation*) Klärung *f;* (*d'un malentendu*) Beseitigung *f*
éclairé, e [ekleʀe] *adj* (*averti*) aufgeklärt; **agir en esprit ~** sich aufgeschlossen geben
éclairer [ekleʀe] <1> **I.** *vt* ① erhellen; ~ **qn** jdm leuchten ② (*texte*) erläutern; (*situation*) klären ③ (*instruire*) ~ **un collègue sur qn/qc** einen Kollegen über jdn/etw aufklären **II.** *vi* leuchten; **peu/beaucoup ~** wenig/viel Licht geben **III.** *vpr* **s'~ à l'électricité/au gaz** elektrisches Licht/Gaslicht haben
éclaireur, -euse [eklɛʀœʀ, -øz] *m, f* MIL Aufklärer(in) *m(f)*
éclat [ekla] *m* ① (*fragment*) Splitter *m* ② (*scandale*) Eklat *m* ③ (*d'un métal*) Glanz *m;* (*d'un diamant*) Feuer *nt* ▸**rire aux ~s** schallend lachen
éclatant, e [eklatɑ̃, ɑ̃t] *adj* ① (*beauté*) strahlend; (*santé*) blühend ② (*exemple*) eklatant; (*succès*) durchschlagend; (*victoire*) glänzend
éclatement [eklatmɑ̃] *m* Explosion *f*
éclater [eklate] <1> **I.** *vi* ① (*bombe*) explodieren ② (*pneu*) platzen ③ (*structure*) auseinanderbrechen; (*verre*) zerspringen ④ (*orage*) losbrechen ⑤ (*nouvelle*) wie eine Bombe einschlagen ⑥ (*cris, rires*) erschallen; ~ **de rire** in lautes Gelächter ausbrechen; (*coup de feu*) krachen ⑦ (*se manifester*) **faire ~ le scandale** einen Skandal auslösen; **laisser ~ sa colère** seiner Wut (*dat*) freien Lauf lassen **II.** *vpr fam* **s'~** sich prima amüsieren
éclectique [eklɛktik] *adj* eklektisch
éclectisme [eklɛktism] *m* Eklektizismus *m*
éclipse [eklips] *f* Finsternis *f*
éclipser [eklipse] <1> *vt* ASTRO verfinstern, verdunkeln
éclore [eklɔʀ] <irr> *vi* + *être* (*bourgeon*) aufbrechen; (*poussin*) ausschlüpfen
éclosion [eklozjɔ̃] *f* (*d'une couvée*) Ausschlüpfen *nt;* (*d'un bourgeon*) Aufbrechen *nt*
écluse [eklyz] *f* Schleuse *f*
éco [eko] *adj fam abr de* **économique**
écœurant, e [ekœʀɑ̃, ɑ̃t] *adj* widerlich ▸**en ~** CAN (*très, beaucoup*) sehr
écœurement [ekœʀmɑ̃] *m* ① (*nausée*) Übelkeit *f* ② (*dégoût*) Ekel *m*
écœurer [ekœʀe] <1> *vt, vi* anekeln
écolage [ekɔlaʒ] *m* CH (*frais de scolarité*) Schulgeld *nt*
école [ekɔl] *f* Schule *f;* ~ **cantonale** CH Kantonsschule (CH); ~ **maternelle** Kindergarten *m;* ~ **primaire** Grundschule; ~ **publique** öffentliche Schule; ~ **secondaire** höhere Schule; (*en Suisse*) Sekundarschule (CH); **aller à l'~** zur Schule gehen; **entrer à l'~** in die Schule kommen

Die französischen Kinder kommen mit sechs Jahren in die **école primaire**, die fünf Klassen hat *(cours préparatoire, cours élémentaire 1 und 2 sowie cours moyen 1 und 2).*
Mit elf Jahren wechseln die Kinder aufs *collège* über, das vier Jahre dauert. Erst danach gabelt sich der gemeinsame Bildungsweg. Die Jugendlichen können nach dem *collège* entweder die Schule verlassen oder die drei Klassen des *lycée* durchlaufen, um das *baccalauréat* abzulegen.

écolier, -ière [ekɔlje, -jɛʀ] *m, f* Schüler(in) *m(f)*
écolo [ekɔlo] *abr de* **écologiste, écologique**
écologie [ekɔlɔʒi] *f* Ökologie *f*
écologique [ekɔlɔʒik] *adj* (*solution*) umweltfreundlich; (*société*) umweltbewusst; **catastrophe ~** Umweltkatastrophe *f*
écologiste [ekɔlɔʒist] **I.** *m, f* ① (*ami de la nature*) Umweltschützer(in) *m(f)* ② POL Grüne(r) *f(m)* ③ (*spécialiste de l'écologie*) Ökologe/Ökologin *m/f* **II.** *adj* (*pratique, politique*) umweltbewusst; **politique/mouve-**

ment ~ Umweltpolitik *f*/-bewegung *f*; **parti** ~ grüne Partei

écologue [ekɔlɔg] *mf* Ökologe/Ökologin *m/f*

écomusée [ekɔmyse] *m: Museum, das die geographischen, sozialen und kulturellen Gegebenheiten einer menschlichen Gemeinschaft beschreibt*

économe [ekɔnɔm] *adj* sparsam

économie [ekɔnɔmi] *f* ❶ Wirtschaft *f*; **l'~ nationale** die Volkswirtschaft; ~ **libérale** freie Marktwirtschaft; ~ **de marché** [freie] Marktwirtschaft ❷ (*science*) Wirtschaftswissenschaften *Pl* ❸ (*gain*) Gewinn *m* ❹ *pl* (*épargne*) Ersparnisse *Pl*

économique [ekɔnɔmik] *adj* ❶ (*bon marché*) sparsam [im Verbrauch] ❷ (*qui a rapport à l'économie*) wirtschaftlich; **crise** ~ Wirtschaftskrise *f*

économiquement [ekɔnɔmikmɑ̃] *adv* sparsam

économiser [ekɔnɔmize] <1> *vt, vi* ❶ (*épargner*) sparen; ~ **sur qc** an etw (*dat*) sparen ❷ (*utiliser en moins*) einsparen

économiseur [ekɔnɔmizœʀ] *m* INFORM ~ **d'écran** Bildschirmschoner *m*

économiste [ekɔnɔmist] *mf* Wirtschaftsexperte *m*/-expertin *f*

écoper [ekɔpe] <1> *vt fam* (*coup*) abbekommen

écorce [ekɔʀs] *f* (*d'un arbre*) Rinde *f*

écorché, e [ekɔʀʃe] *m, f* ▸**être un ~ vif/une ~e vive** überempfindlich sein

écorcher [ekɔʀʃe] <1> **I.** *vt* ❶ **être écorché** aufgeschürft sein ❷ (*nom*) falsch aussprechen; (*vérité*) entstellen **II.** *vpr* **s'~** sich (*dat*) die Haut abschürfen; **s'~ qc** sich (*dat*) etw zerkratzen

écorchure [ekɔʀʃyʀ] *f* Hautabschürfung *f*

écorner [ekɔʀne] <1> *vt* ~ **un livre** Eselsohren in ein Buch (*akk*) machen

écossais [ekɔsɛ] *m* Schottisch *nt*; *v.a.* **allemand**

écossais, e [ekɔsɛ, ɛz] *adj* schottisch; **tissu** ~ Schotten *m*; *v.a.* **allemand**

Écossais, e [ekɔsɛ, ɛz] *m, f* Schotte/Schottin *m/f*

Écosse [ekɔs] *f* **l'~** Schottland *nt*

écosser [ekɔse] <1> *vt* aushülsen

écosystème [ekosistɛm] *m* Ökosystem *nt*

écotourisme [ekɔtuʀism] *m* Ökotourismus *m*

écoulement [ekulmɑ̃] *m* ❶ (*d'un liquide*) Ablaufen *nt* ❷ (*du temps*) Verrinnen *nt* (*geh*) ❸ COM (*des stocks*) Absatz *m*

écouler [ekule] <1> **I.** *vt* COM (*marchandises*) absetzen **II.** *vpr* **s'~** ❶ (*liquide*) ablaufen; **s'~ dans/de qc** in etw (*akk*)/aus etw fließen ❷ (*temps*) vergehen ❸ (*marchandises*) Absatz finden

écourter [ekuʀte] <1> *vt* ❶ kürzen ❷ (*séjour*) abkürzen

écoute [ekut] *f* ❶ RADIO, TV **avoir une grande ~** eine hohe Einschaltquote haben ❷ (*surveillance*) **~s téléphoniques** telefonische Überwachung ▸**être à l'~ de qn** für jdn da sein; **être à l'~ d'une radio** einen Sender hören; **rester à l'~** (*à la radio, au téléphone*) dranbleiben

écouter [ekute] <1> **I.** *vt* ❶ zuhören; ~ **les informations** Nachrichten hören ❷ (*tenir compte de, obéir*) ~ **qn/qc** auf jdn/etw hören **II.** *vi* zuhören **III.** *vpr* **aimer s'~ parler** sich [selbst] gern reden hören

écouteur [ekutœʀ] *m* ❶ (*du téléphone*) Hörer *m* ❷ *pl* (*casque*) Kopfhörer *m*

écoutille [ekutij] *f* NAUT Luke *f*

écran [ekʀɑ̃] *m* ❶ (*protection*) Schutz *m* ❷ TV Bildschirm *m*; [**petit**] ~ Fernsehen *nt* ❸ CINE Leinwand *f*; [**grand**] ~ Kino *nt*; **à l'~** im Kino ❹ (*moniteur*) Monitor *m*; (*d'ordinateur*) Bildschirm *m*

écrasant, e [ekʀɑzɑ̃, ɑ̃t] *adj* (*poids*) erdrückend; (*nombre*) überwältigend; (*défaite*) vernichtend

écrasé, e [ekʀɑze] *adj* (*nez*) breit

écraser [ekʀɑze] <1> **I.** *vt* ❶ zerdrücken; (*légumes*) pürieren; (*cigarette*) ausdrücken ❷ (*conducteur*) überfahren ❸ (*ennemi*) vernichten; (*équipe adverse*) haushoch schlagen **II.** *vpr* ❶ **s'~ contre un arbre** frontal gegen einen Baum prallen ❷ (*se crasher*) **s'~** abstürzen

écrémer [ekʀeme] <5> *vt* entrahmen

écrevisse [ekʀəvis] *f* [Fluss]krebs *m*

écrier [ekʀije] <1> *vpr* **s'~** schreien

écrin [ekʀɛ̃] *m* Schmuckkästchen *nt*

écrire [ekʀiʀ] <irr> **I.** *vt* schreiben; (*rédiger*) verfassen **II.** *vi* schreiben; ~ **à la main/machine/au stylo** mit der Hand/Maschine/dem Füller schreiben **III.** *vpr* **s'~** geschrieben werden

écrit [ekʀi] *m* ❶ (*document*) Schriftstück *nt* ❷ (*ouvrage*) Schrift *f* ❸ (*épreuve, examen*)

Schriftliche(s) *nt,* [Prüfungs]klausur *f;* **l'~** das Schriftliche ▶**par** ~ schriftlich

écrit, e [ekʀi, it] *part passé de* **écrire**

écriteau [ekʀito] <x> *m* [Hinweis]schild *nt*

écriture [ekʀityʀ] *f* ❶ [Hand]schrift *f* ❷ (*alphabet*) Schrift *f* ❸ (*style*) Schreibweise *f*

écrivain [ekʀivɛ̃] *m* Schriftsteller(in) *m(f)*

écrou [ekʀu] *m* [Schrauben]mutter *f*

écrouer [ekʀue] <1> *vt* inhaftieren

écroulement [ekʀulmɑ̃] *m* Zusammenbruch *m*

écrouler [ekʀule] <1> *vpr* **s'~** ❶ (*tomber*) einstürzen ❷ (*cours de la bourse*) zusammenbrechen ❸ (*empire*) zusammenbrechen; (*projet*) sich zerschlagen

écru, e [ekʀy] *adj* naturfarben

ECU [eky] *m* HIST *abr de* **European Currency Unit** Ecu *m o f*

écueil [ekœj] *m* Klippe *f*

écuelle [ekɥɛl] *f* Napf *m*

écume [ekym] *f* (*mousse*) Schaum *m;* (*des vagues*) Gischt *f*

écumer [ekyme] <1> *vt* ❶ (*enlever l'écume*) **~ qc** den Schaum von etw abschöpfen ❷ (*piller: région*) plündern

écumoire [ekymwaʀ] *f* Schaumlöffel *m*

écureuil [ekyʀœj] *m* Eichhörnchen *nt*

écurie [ekyʀi] *f* [Pferde]stall *m*

écuyer, -ère [ekɥije, -ɛʀ] *m, f* ❶ HIST [Schild]knappe *m* ❷ (*cavalier*) [guter] Reiter *m*/[gute] Reiterin *f*

édam [edam] *m* (*fromage*) Edamer *m*

édenté, e [edɑ̃te] *adj* zahnlos

EDF [ødeɛf] *f abr de* **Électricité de France** *Französische Elektrizitätsgesellschaft*

édicter [edikte] <1> *vt* verfügen

édifiant, e [edifjɑ̃, jɑ̃t] *adj* (*exemplaire*) beispielhaft

édification [edifikasjɔ̃] *f* Bau *m*

édifice [edifis] *m* Gebäude *nt*

édifier [edifje] <1> *vt* (*temple, palais*) errichten

Édimbourg [edɛ̃buʀ] Edinburg

édit [edi] *m* HIST, POL Edikt *nt*

éditer [edite] <1> *vt* herausgeben

éditeur [editœʀ] *m* INFORM Editor *m;* **~ de textes** Texteditor

éditeur, -trice [editœʀ, -tʀis] **I.** *adj* **maison éditrice** Verlag *m;* **la maison éditrice Klett** der Klett Verlag **II.** *m, f* Herausgeber(in) *m(f)*

édition [edisjɔ̃] *f* ❶ (*d'un disque*) Herausgabe *f;* (*d'un livre*) Veröffentlichung *f* ❷ (*livre*) Auflage *f;* **~ complète** Gesamtausgabe ❸ (*établissement*) **les ~s** der Verlag ❹ INFORM Edition *f*

éditique [editik] *m* INFORM Desktoppublishing *nt*

éditorial [editɔʀjal, jo] <-aux> *m* Leitartikel *m*

éditorialiste [editɔʀjalist] *mf* Leitartikler(in) *m(f)*

édredon [edʀədɔ̃] *m* Daunenbett *nt*

éducateur, -trice [edykatœʀ, -tʀis] *m, f* Erzieher(in) *m(f)*

éducatif, -ive [edykatif, -tiv] *adj* **jeu ~** Lernspiel *nt;* **système ~** Bildungssystem *nt*

éducation [edykasjɔ̃] *f* ❶ Erziehung *f;* **l'Éducation nationale** das Schul- und Hochschulwesen ❷ (*culture générale*) Bildung *f* ❸ (*enseignement*) **~ physique** Sport[unterricht *m*] *m*

édulcorant [edylkɔʀɑ̃] *m* Süßstoff *m*

édulcorer [edylkɔʀe] <1> *vt* süßen

éduquer [edyke] <1> *vt* erziehen

efface [efas] *f* CAN (*gomme*) Radiergummi *m*

effacé, e [efase] *adj* (*manière, personne*) zurückhaltend

effacement [efasmɑ̃] *m* ❶ (*d'une inscription*) [Aus]löschen *nt* ❷ (*suppression d'information*) Löschen *nt*

effacer [efase] <2> **I.** *vt* ❶ [aus]löschen; (*trace*) verwischen; (*tache*) entfernen; **~ qc avec une gomme** etw ausradieren ❷ (*tableau noir*) abwischen; (*disquette*) löschen ❸ (*faire oublier*) auslöschen; (*crainte*) zerstreuen **II.** *vpr* **s'~** ❶ (*s'estomper*) verblassen ❷ (*tache*) sich entfernen lassen

effaceur [efasœʀ] *m* Tintenkiller *m*

effarant, e [efaʀɑ̃, ɑ̃t] *adj* unerhört

effaré, e [efaʀe] *adj* (*personne*) verstört

effarer [efaʀe] <1> *vt* aus der Fassung bringen

effaroucher [efaʀuʃe] <1> *vt* (*animal*) aufschrecken, aufscheuchen; (*personne*) einschüchtern

effectif [efɛktif] *m* (*d'une armée, d'un parti*) Stärke *f;* (*d'une entreprise*) Belegschaft *f*

effectif, -ive [efɛktif, -iv] *adj* (*pouvoir*) tatsächlich; (*travail*) effektiv

effectivement [efɛktivmɑ̃] *adv* tatsächlich

effectuer [efɛktɥe] <1> **I.** *vt* ausführen; (*parcours*) zurücklegen; (*réforme*) durchführen **II.** *vpr* **s'~** (*mouvement*) ausgeführt werden; (*paiement*) erfolgen

effervescence [efɛʀvesɑ̃s] *f* Aufregung *f*

effervescent, e [efɛʀvesɑ̃, ɑ̃t] *adj* (*liquide*) sprudelnd

effet [efɛ] *m* ❶ Wirkung *f;* ~ **secondaire** Nebenwirkung; **être l'~ de qc** die Folge von etw sein ❷ (*impression*) Eindruck *m* ❸ (*phénomène*) Effekt *m;* ~**s spéciaux** Spezialeffekte *Pl;* ~ **de serre** Treibhauseffekt ►**en** ~ tatsächlich; (*pour confirmer le propos d'un tiers*) in der Tat

efficace [efikas] *adj* wirksam; (*personne*) kompetent

efficacement [efikasmɑ̃] *adv* effizient

efficacité [efikasite] *f* Wirksamkeit *f;* (*d'une machine*) Leistungsfähigkeit *f;* (*d'une personne*) Tüchtigkeit *f*

effigie [efiʒi] *f* Bildnis *nt*

effiler [efile] <1> *vt* ❶ (*effilocher*) ausfransen ❷ (*couper en amincissant: cheveux*) ausdünnen

effilocher [efilɔʃe] <1> *vt* zerfasern

effleurer [eflœʀe] <1> *vt* ❶ *a. fig* streifen ❷ (*passer par la tête*) ~ **qn** jdm in den Sinn kommen

effluve [eflyv] *m souvent pl* Wohlgeruch *m*

effondré, e [efɔ̃dʀe] *adj* (*personne*) völlig gebrochen

effondrement [efɔ̃dʀəmɑ̃] *m* ❶ Einsturz *m;* (*d'un sportif*) Zusammenbruch *m* ❷ (*des prix*) Sturz *m*

effondrer [efɔ̃dʀe] <1> *vpr* **s'~** ❶ (*s'écrouler*) einstürzen ❷ (*être anéanti*) zusammenbrechen ❸ (*cours de la bourse*) stürzen ❹ INFORM (*ordinateur*) abstürzen

efforcer [efɔʀse] <2> *vpr* **s'~ de faire qc** sich bemühen etw zu tun

effort [efɔʀ] *m* ❶ (*physique*) Anstrengung *f* ❷ (*intellectuel*) Bemühung *f*

effraction [efʀaksjɔ̃] *f* Einbruch *m*

effrayant, e [efʀɛjɑ̃, ɑ̃t] *adj* (*silence*) beängstigend

effrayer [efʀeje] <7> **I.** *vt* erschrecken **II.** *vpr* **s'~ de qc** über etw (*akk*) erschrecken

effréné, e [efʀene] *adj* wild

effriter [efʀite] <1> *vt* (*érosion*) bröck[e]lig machen

effronté, e [efʀɔ̃te] **I.** *adj* dreist **II.** *m, f* unverschämte Person

effronterie [efʀɔ̃tʀi] *f* Dreistigkeit *f;* **avec** ~ dreist

effroyable [efʀwajabl] *adj* entsetzlich

effusion [efyzjɔ̃] *f* Gefühlsausbruch *m;* ~ **de sang** Blutvergießen *nt*

égal, e [egal, o] <-aux> **I.** *adj* ❶ (*de même valeur*) gleich; **de prix** ~ gleich teuer ❷ (*sans variation*) **être d'humeur ~e** ausgeglichen sein **II.** *m, f* **la femme est l'~e de l'homme** die Frau ist dem Mann ebenbürtig

également [egalmɑ̃] *adv* ❶ (*pareillement*) gleich[ermaßen] ❷ (*aussi*) ebenfalls

égaler [egale] <1> *vt* ❶ MATH **deux plus deux égale[nt] quatre** zwei plus zwei ist vier ❷ (*être pareil*) ~ **qn/qc en beauté/grosseur** jdm/einer S. an Schönheit/Größe (*dat*) gleichkommen

égalisation [egalizasjɔ̃] *f* SPORT Ausgleich *m*

égaliser [egalize] <1> **I.** *vt* ausgleichen; (*revenus*) [einander] angleichen **II.** *vi* den Ausgleich erzielen

égalité [egalite] *f* ❶ Gleichheit *f;* ~ **des forces** Gleichgewicht *nt* der Kräfte; ~ **des chances** Chancengleichheit; ~ **des droits** Gleichberechtigung *f* ❷ MATH Kongruenz *f*

égard [egaʀ] *m pl* Achtung *f* ►**par** ~ **pour qn/qc** mit Rücksicht auf jdn/etw

égaré, e [egaʀe] *adj* verirrt

égarement [egaʀmɑ̃] *m* geistige Verwirrung

égarer [egaʀe] <1> **I.** *vt* ❶ (*induire en erreur*) in die Irre führen ❷ (*perdre*) verlegen **II.** *vpr* **s'~** (*se perdre*) sich verirren

égayer [egeje] <7> *vt* aufheitern

églantier [eglɑ̃tje] *m* Heckenrosenstrauch *m*

églantine [eglɑ̃tin] *f* Heckenrose *f*

églefin [egləfɛ̃] *m* Schellfisch *m*

église [egliz] *f* Kirche *f*

ego [ego] *m inv* Ego *nt*

égocentrique [egosɑ̃tʀik] *adj* egozentrisch

égocentrisme [egosɑ̃tʀism] *m* Egozentrik *f*

égoïsme [egɔism] *m* Egoismus *m*

égoïste [egɔist] **I.** *adj* egoistisch **II.** *mf* Egoist(in) *m(f)*

égorger [egɔʀʒe] <2a> *vt* ~ **qn/un animal avec qc** jdm die Kehle/einem Tier die Gurgel mit etw durchschneiden

égosiller [egozije] <1> *vpr* **s'~** sich heiser schreien

égout [egu] *m* [Abwasser]kanal *m;* **les ~s** die Kanalisation; **bouche d'~** Gully *m o nt*

égoutter [egute] <1> *vt, vpr* **[s']~** abtropfen

égouttoir [egutwaʀ] *m* ~ **à vaisselle** Ab-

tropfkorb *m*
égratigner [egʀatiɲe] <1> **I.** *vt* zerkratzen **II.** *vpr* **s'~ qc** sich (*dat*) etw aufschürfen
égratignure [egʀatiɲyʀ] *f* Kratzer *m*
égrener [egʀəne] <4> *vt* ❶ (*cosse*) enthülsen; (*épi*) entkörnen; (*grappe, raisin*) abbeeren; (*coton*) egrenieren ❷ (*chapelet*) herunterbeten
Égypte [eʒipt] *f* **l'~** Ägypten *nt*
égyptien [eʒipsjɛ̃] *m* Ägyptisch *nt;* **l'~ moderne** das Neuägyptische; *v.a.* **allemand**
égyptien, ne [eʒipsjɛ̃, jɛn] *adj* ägyptisch; *v.a.* **allemand**
Égyptien, ne [eʒipsjɛ̃, jɛn] *m, f* Ägypter(in) *m(f)*
eh [e, ɛ] *interj* he !; **~ oui!** tja!/In der Tat!; **~ bien ça par exemple!** na so was! (*fam*); **~ bien!** *fam* nun gut!; **Eh bien, ...** nun, ...
éhonté, e [eɔ̃te] *adj* schamlos
éjaculation [eʒakylasjɔ̃] *f* Samenerguss *m*
éjectable [eʒɛktabl] *adj* **siège ~** Schleudersitz *m*
éjecter [eʒɛkte] <1> *vt* ❶ (*machine*) auswerfen ❷ (*projeter*) **être éjecté de qc** aus etw [heraus]geschleudert werden
élaboration [elabɔʀasjɔ̃] *f* Ausarbeitung *f*
élaborer [elabɔʀe] <1> *vt* ausarbeiten
élaguer [elage] <1> *vt* (*arbre*) ausschneiden
élan [elɑ̃] *m* ❶ **prendre son ~** Schwung *m* holen ❷ (*accès*) **~ de tendresse** Anwandlung *f* von Zärtlichkeit
élancé, e [elɑ̃se] *adj* schlank
élancement [elɑ̃smɑ̃] *m* stechender Schmerz
élancer [elɑ̃se] <2> *vpr* ❶ **s'~ vers qn/qc** sich auf jdn/etw stürzen ❷ (*prendre son élan*) **s'~** Schwung holen
élargir [elaʀʒiʀ] <8> **I.** *vt* ❶ (*rendre plus large*) verbreitern ❷ (*jupe*) weiter machen ❸ (*horizon*) erweitern; (*débat*) ausdehnen **II.** *vpr* **s'~** (*fleuve*) breiter werden; (*horizon*) sich erweitern
élargissement [elaʀʒismɑ̃] *m* (*d'une route*) Verbreiterung *f;* (*de l'Union européenne*) Erweiterung *f*
élasticité [elastisite] *f* Elastizität *f;* (*de la peau*) Geschmeidigkeit *f*
élastique [elastik] **I.** *adj* elastisch **II.** *m a.* COUT Gummi[band *nt*] *nt*
électeur, -trice [elɛktœʀ, -tʀis] *m, f* Wähler(in) *m(f)*
élection [elɛksjɔ̃] *f* Wahl *f;* **~s européennes** Europawahlen *Pl;* **~ présidentielle** Präsidentenwahl
électoral, e [elɛktɔʀal, -o] <-aux> *adj* Wahl-
électorat [elɛktɔʀa] *m* Wählerschaft *f*
électricien, ne [elɛktʀisjɛ̃, jɛn] *m, f* Elektriker(in) *m(f)*
électricité [elɛktʀisite] *f* ❶ Strom *m* ❷ PHYS Elektrizität *f*
électrifier [elɛktʀifje] <1a> *vt* elektrifizieren
électrique [elɛktʀik] *adj* elektrisch
électriser [elɛktʀize] <1> *vt a. fig* elektrisieren
électrocardiogramme [elɛktʀokaʀdjɔgʀam] *m* Elektrokardiogramm *nt*
électrochoc [elɛktʀoʃɔk] *m* Elektroschock *m*
électrocuter [elɛktʀɔkyte] <1> *vpr* **s'~ avec qc** von etw einen tödlichen Stromstoß bekommen
électrocution [elɛktʀɔkysjɔ̃] *f* [tödlicher] elektrischer Schlag; **condamner qn par ~** jdn zum Tod auf dem elektrischen Stuhl verurteilen
électrode [elɛktʀɔd] *f* Elektrode *f*
électrogène [elɛktʀɔʒɛn] *adj* stromerzeugend
électromagnétique [elɛktʀomaɲetik] *adj* elektromagnetisch
électroménager [elɛktʀomenaʒe] **I.** *adj* **appareil ~** elektrisches Haushaltsgerät **II.** *m* elektrische Haushaltsgeräte *Pl*
électron [elɛktʀɔ̃] *m* Elektron *nt*
électronicien, ne [elɛktʀɔnisjɛ̃, jɛn] *m, f* Elektroniker(in) *m(f)*
électronique [elɛktʀɔnik] **I.** *adj* elektronisch **II.** *f* Elektronik *f*
élégamment [elegamɑ̃] *adv* (*s'habiller*) elegant
élégance [elegɑ̃s] *f sans pl* Eleganz *f*
élégant, e [elegɑ̃, ɑ̃t] *adj* elegant
élément [elemɑ̃] **I.** *m* ❶ (*composant*) Element *nt,* Bestandteil *m* ❷ (*mobilier*) Element *nt* ❸ (*d'un problème*) Element *nt* ❹ (*groupe dans une collectivité*) Teil *m* ❺ CHIM Element *nt* **II.** *mpl* ❶ (*principes de base*) Grundbegriffe *Pl* ❷ (*connaissance sommaires*) Grundkenntnisse *Pl* ❸ (*force naturelles*) Naturgewalten *Pl;* **les quatre ~s** die vier Elemente

élémentaire [elemɑ̃tɛʀ] *adj* elementar

éléphant [elefɑ̃] *m* Elefant *m*

éléphanteau [elefɑ̃to] <x> *m* Elefantenkalb *nt*

élevage [el(ə)vaʒ] *m* Zucht *f*

élévation [elevasjɔ̃] *f* ❶ (*accession*) Erhebung *f;* ~ **de qn à une dignité** jds Einsetzung *f* in ein Amt ❷ (*hausse*) Ansteigen *nt;* ~ **de la température** Temperaturanstieg *m*

élevé, e[1] [el(ə)ve] *adj* ❶ hohe(r, s) ❷ (*conversation, style*) gepflegt; (*opinion*) hoch

élevé, e[2] [el(ə)ve] *adj* **bien/mal** ~ gut/schlecht erzogen

élève [elɛv] *mf* Schüler(in) *m(f)*

élever[1] [el(ə)ve] <4> **I.** *vt* ❶ (*monument*) errichten ❷ (*porter vers le haut*) hochheben ❸ (*niveau, ton*) heben; (*voix*) erheben ❹ (*promouvoir*) ~ **qn à un rang** jdn in einen Rang erheben ❺ (*critique, doute*) äußern **II.** *vpr* ❶ **s'~ à 1000 euros** sich auf 1000 Euro (*akk*) belaufen ❷ (*mépriser*) **s'~ au-dessus des injures** sich über Beleidigungen hinwegsetzen ❸ (*s'opposer à*) **s'~ contre qc** sich gegen etw wenden

élever[2] [el(ə)ve] <4> *vt* aufziehen; (*éduquer*) erziehen

éleveur, -euse [el(ə)vœʀ, -øz] *m, f* [Vieh]-züchter(in) *m(f)*

éligible [eliʒibl] *adj* wählbar

élimination [eliminasjɔ̃] *f* Beseitigung *f;* (*d'un adversaire*) Ausschaltung *f;* (*des déchets*) Entsorgung *f*

éliminatoire [eliminatwaʀ] **I.** *adj* ❶ SCOL, UNIV (*note, faute*) zum Ausschluss führend ❷ SPORT **match** ~ Ausscheidungsspiel *nt* **II.** *f souvent pl* Ausscheidungs[wett]kämpfe *Pl*

éliminer [elimine] <1> **I.** *vt* ❶ (*erreurs*) beseitigen ❷ (*tuer*) eliminieren ❸ SCOL, UNIV **il a été éliminé à l'oral** er ist im Mündlichen durchgefallen ❹ SPORT ~ **qn de la course** jdn aus dem Rennen werfen; **être éliminé** ausscheiden ❺ (*possibilité*) ausschließen ❻ IND (*déchets*) entsorgen **II.** *vpr* **s'~ facilement** (*tache*) leicht zu entfernen sein

élire [eliʀ] <irr> *vt* wählen

élite [elit] *f* Elite *f*

élitiste [elitist] *adj* **école** ~ Eliteschule *f*

élixir [eliksiʀ] *m* Elixier *nt*

elle [ɛl] *pron pers* ❶ (*féminin*) sie ❷ *interrog, non traduit* **Sophie a-t-~ ses clés?** hat Sophie ihre Schlüssel? ❸ (*répétitif*) **la vache, ~ fait meuh** die Kuh macht muh ❹ *fam* (*pour renforcer*) **la mer, ~ aussi, est polluée** auch das Meer ist verschmutzt; **il veut l'aider, ~?** der möchte er helfen? ❺ *avec une prép* **avec/sans** ~ mit ihr/ohne sie ❻ *dans une comparaison* sie ❼ (*soi*) sich; *v.a.* **moi, lui**

elle-même [ɛlmɛm] *pron pers* sie selbst; *v.a.* **lui-même**

elles [ɛl] *pron pers* ❶ (*féminin pl*) sie ❷ *interrog, non traduit* **les filles, sont-~ là?** sind die Mädchen da? ❸ (*répétitif*) **regarde les fleurs comme ~ sont belles** sieh mal, wie schön die Blumen sind ❹ *fam* (*pour renforcer*) **~, ~ n'ont pas bu** die haben nicht getrunken ❺ *avec une prép* **avec/sans** ~ mit ihnen/ohne sie ❻ *dans une comparaison* sie ❼ (*soi*) sich; *v.a.* **moi, lui**

elles-mêmes [ɛlmɛm] *pron pers* sie selbst; *v.a.* **moi-même, nous-même**

ellipse [elips] *f* LING, GEOM Ellipse *f*

elliptique [eliptik] *adj* elliptisch

élocution [elɔkysjɔ̃] *f* Aussprache *f;* **avoir une ~ lente/rapide** langsam/schnell sprechen

éloge [elɔʒ] *m* Lob *nt*

élogieux, -euse [elɔʒjø, -jøz] *adj* lobend

éloigné, e [elwaɲe] *adj* ❶ (*dans l'espace*) fern ❷ (*avenir*) fern; (*passé*) weit zurückliegend ❸ (*parent*) entfernt

éloignement [elwaɲmɑ̃] *m* ❶ (*distance*) die Entfernung ❷ (*recul*) der [zeitliche] Abstand

éloigner [elwaɲe] <1> **I.** *vt* ❶ (*mettre à distance*) fern halten ❷ (*danger*) bannen **II.** *vpr* ❶ **s'~** sich entfernen ❷ (*s'écarter de*) **s'~ du sujet** vom Thema abkommen ❸ (*prendre ses distances par rapport à*) **s'~ de qn/qc** auf Distanz zu jdm/etw gehen

élongation [elɔ̃gasjɔ̃] *f* Zerrung *f*

élu, e [ely] **I.** *part passé de* **élire II.** *adj* gewählt **III.** *m, f* POL Abgeordnete(r) *f(m)*

élucider [elyside] <1> *vt* aufklären

éluder [elyde] <1> *vt* umgehen

Élysée [elize] *m* **l'~** der Elyseepalast

email, E-mail, e-mail [imel] *m* E-Mail *nt o f*

émail [emaj, emo] <-aux> *m* ❶ *sans pl* (*vernis*) Glasur *f* ❷ (*sur métal*) Email *nt*

émaillé, e [emaje] *adj* emailliert

émancipation [emɑ̃sipasjɔ̃] *f* Emanzipation *f*

émancipé, e [emɑ̃sipe] *adj* emanzipiert

émanciper [emɑ̃sipe] <1> *vpr* **s'~** sich

emanzipieren

émaner [emane] <1> *vi* ~ **de qn/qc** (*autorité, charme*) von jdm/etw ausgehen

emballage [ɑ̃balaʒ] *m* [Ver]packung *f*

emballant, e [ɑ̃balɑ̃, ɑ̃t] *adj fam* (*enthousiasmant*) toll

emballer [ɑ̃bale] <1> **I.** *vt* einpacken **II.** *vpr* **s'~** ❶ *fam* (*s'emporter*) sich aufregen ❷ (*animal*) durchgehen; (*moteur*) aufheulen

embarcadère [ɑ̃baʀkadɛʀ] *m* Anlegestelle *f*

embarcation [ɑ̃baʀkasjɔ̃] *f* Boot *nt*

embardée [ɑ̃baʀde] *f* AUT schnelles Ausweichen *nt*

embargo [ɑ̃baʀgo] *m* Embargo *nt*

embarquement [ɑ̃baʀkəmɑ̃] *m* ❶ (*des marchandises*) Verladen *nt* ❷ NAUT Einschiffen *nt*

embarquer [ɑ̃baʀke] <1> **I.** *vi* ❶ an Bord gehen ❷ CAN (*monter*) ~ **dans l'autobus/dans une voiture** in den Bus einsteigen/in einem Wagen steigen **II.** *vt* ❶ (*marchandises*) verladen ❷ (*passagers*) einsteigen lassen ❸ (*voler*) mitgehen lassen (*fam*) **III.** *vpr* (*s'engager*) **s'~ dans qc** sich auf etw (*akk*) einlassen

embarras [ɑ̃baʀa] *m* ❶ (*gêne*) Verlegenheit *f* ❷ (*tracas*) Unannehmlichkeit *f*

embarrassant, e [ɑ̃baʀasɑ̃, ɑ̃t] *adj* ❶ (*délicat*) unangenehm ❷ (*situation*) misslich

embarrassé, e [ɑ̃baʀase] *adj* verlegen

embarrasser [ɑ̃baʀase] <1> **I.** *vt* ❶ (*déconcerter*) in Verlegenheit bringen ❷ (*gêner dans ses mouvements*) behindern ❸ (*couloir*) versperren **II.** *vpr* (*s'encombrer*) **s'~ de qn/qc** sich mit jdm/etw belasten

embauche [ɑ̃boʃ] *f* ❶ (*recrutement*) Einstellung *f* ❷ (*travail*) Beschäftigung *f*; **offre d'~** Stellenangebot *nt*

embaucher [ɑ̃boʃe] <1> *vt, vi* einstellen

embellie [ɑ̃beli] *f* METEO Aufheiterung *f*

embellir [ɑ̃beliʀ] <8> **I.** *vi* schöner werden **II.** *vt* (*maison, ville*) verschönern; (*réalité*) beschönigen

embêtant, e [ɑ̃bɛtɑ̃, ɑ̃t] *adj fam* ❶ (*personne*) lästig ❷ (*fâcheux*) dumm

embêtement [ɑ̃bɛtmɑ̃] *m fam* Scherereien *Pl*

embêter [ɑ̃bete] <1> **I.** *vt fam* ❶ (*contrarier*) nerven ❷ (*casser les pieds*) anöden **II.** *vpr fam* (*s'ennuyer*) **s'~** sich [zu Tode] langweilen

emblée [ɑ̃ble] *adv* **d'~** auf Anhieb

emblème [ɑ̃blɛm] *m* Emblem *nt*

embobiner [ɑ̃bɔbine] <1> *vt fam* beschwatzen

emboîter [ɑ̃bwate] <1> *vt* zusammensetzen

embolie [ɑ̃bɔli] *f* Embolie *f*

embonpoint [ɑ̃bɔ̃pwɛ̃] *m* Leibesfülle *f*

embouchure [ɑ̃buʃyʀ] *f* GEO Mündung *f*

embourber [ɑ̃buʀbe] <1> *vpr* **s'~** im Schlamm stecken bleiben

embourgeoisement [ɑ̃buʀʒwazmɑ̃] *m* Verbürgerlichung *f*

embourgeoiser [ɑ̃buʀʒwaze] <1> *vpr* **s'~** verbürgerlichen

embout [ɑ̃bu] *m* (*d'un parapluie*) Spitze *f*

embouteillage [ɑ̃butɛjaʒ] *m* AUT [Verkehrs]stau *m*

emboutir [ɑ̃butiʀ] <8> *vt* AUT einbeulen

embranchement [ɑ̃bʀɑ̃ʃmɑ̃] *m* Abzweigung *f*

embrassades [ɑ̃bʀasad] *fpl* Küsse [und Umarmungen] *Pl*

embrasser [ɑ̃bʀase] <1> **I.** *vt* ❶ (*donner un baiser*) küssen ❷ (*saluer*) **je t'/vous embrasse** viele Grüße ❸ (*prendre dans les bras*) umarmen **II.** *vpr* **s'~** ❶ (*donner un baiser*) sich küssen ❷ (*prendre dans ses bras*) sich umarmen

embrayage [ɑ̃bʀɛjaʒ] *m* Kupplung *f*

embrayer [ɑ̃bʀeje] <7> *vi* ❶ AUT (*conducteur*) [an]kuppeln ❷ (*commencer à parler*) ~ **sur qn/qc** auf jdn/etw zu sprechen kommen

embrigader [ɑ̃bʀigade] <1> *vt péj* ~ **qn dans qc** jdn für etw rekrutieren

embrouille [ɑ̃bʀuj] *f* Verwirrspiel *nt*

embrouillé, e [ɑ̃bʀuje] *adj* verworren

embrouiller [ɑ̃bʀuje] <1> **I.** *vt* ❶ (*chose*) kompliziert machen ❷ (*personne*) verwirren **II.** *vpr* **s'~** durcheinandergeraten

embroussaillé, e [ɑ̃bʀusaje] *adj* (*terrain*) mit Gestrüpp zugewachsen; (*sourcils*) buschig

embruns [ɑ̃bʀœ̃] *mpl* Gischt *m o f*

embryon [ɑ̃bʀijɔ̃] *m* Embryo *m*

embûches [ɑ̃byʃ] *fpl* Fallstricke *Pl*

embuer [ɑ̃bɥe] <1> *vt* beschlagen

embuscade [ɑ̃byskad] *f* **dresser une ~ à qn** jdn in einen Hinterhalt locken

embusquer [ɑ̃byske] <1> *vt* **être embusqué** im Hinterhalt liegen

éméché, e [emeʃe] *adj fam* beschwipst
émeraude [emʀod] **I.** *adj inv* smaragdfarben **II.** *f* Smaragd *m*
émergence [emɛʀʒɑ̃s] *f* [plötzliches] Auftauchen
émerger [emɛʀʒe] <2a> *vi* ❶ **~ de qc** (*plongeur*) aus etw auftauchen ❷ *fam* (*se réveiller*) munter werden
émeri [emʀi] *m* **toile [d']~** Schleifpapier *nt*
émérite [emeʀit] *adj* (*professeur*) emeritiert
émerveillement [emɛʀvɛjmɑ̃] *m* Entzückung *f*
émerveiller [emɛʀveje] <1> **I.** *vt* entzücken **II.** *vpr* **s'~ de qc** in Entzückung über etw (*akk*) geraten
émetteur [emetœʀ] *m* MEDIA, LING Sender *m*
émetteur, -trice [emetœʀ, -tʀis] *adj* Sende-
émetteur-récepteur [emetœʀʀesɛptœʀ] <émetteurs-récepteurs> *m* kombiniertes Sende- und Empfangsgerät
émettre [emɛtʀ] <irr> **I.** *vi* MEDIA ausstrahlen **II.** *vt* ❶ (*son*) von sich geben; (*odeur*) verbreiten ❷ (*opinion*) äußern; (*hypothèse*) aufstellen ❸ FIN ausgeben
émeute [emøt] *f* Aufruhr *m*
émietter [emjete] <1> **I.** *vt* zerbröseln **II.** *vpr* **s'~** zerbröckeln
émigrant, e [emigʀɑ̃, ɑ̃t] *m, f* Auswanderer/Auswanderin *m/f*
émigration [emigʀasjɔ̃] *f* Auswanderung *f*
émigré, e [emigʀe] *m, f* Emigrant(in) *m(f)*
émigrer [emigʀe] <1> *vi* auswandern
émincer [emɛ̃se] <2> *vt* in dünne Scheiben schneiden
éminence [eminɑ̃s] *f* GEO Anhöhe *f*
éminent, e [eminɑ̃, ɑ̃t] *adj* hervorragend
émirat [emiʀa] *m* Emirat *nt*
émissaire [emisɛʀ] *m* Abgesandte(r) *f(m)* [mit geheimem Auftrag]
émission [emisjɔ̃] *f* ❶ MEDIA Sendung *f*; **~ radiophonique/télévisée** Radio-/Fernsehsendung *f* ❷ PHYS Emission *f* ❸ FIN Ausgabe *f*
emmagasiner [ɑ̃magazine] <1> *vt* [ein]lagern
emmêler [ɑ̃mele] <1> **I.** *vt* durcheinanderbringen **II.** *vpr* **s'~** sich verwickeln
emménagement [ɑ̃menaʒmɑ̃] *m* Einzug *m* [in eine Wohnung]
emménager [ɑ̃menaʒe] <2a> *vi* einziehen
emmener [ɑ̃m(ə)ne] <4> *vt* ❶ **~ qn au cinéma** jdn zum Kino bringen ❷ (*prendre avec soi*) mitnehmen
emmerdant, e [ɑ̃mɛʀdɑ̃, ɑ̃t] *adj fam* ❶ (*agaçant*) nervig ❷ (*ennuyeux*) stinklangweilig
emmerde [ɑ̃mɛʀd] *f fam* Mordsärger *m kein Pl*
emmerdement [ɑ̃mɛʀdəmɑ̃] *m fam* Schererei *f*
emmerder [ɑ̃mɛʀde] <1> **I.** *vt fam* ❶ (*énerver*) nerven ❷ (*contrarier*) **être emmerdé** in der Klemme sitzen ❸ (*barber*) ankotzen (*vulg*) **II.** *vpr fam* ❶ (*s'ennuyer*) **s'~** Däumchen drehen ❷ (*se démener*) **s'~ à faire qc** sich abrackern um etw zu tun
emmerdeur, -euse [ɑ̃mɛʀdœʀ, -øz] *m, f fam* ❶ (*raseur*) Langweiler(in) *m(f)* ❷ (*personne agaçante*) Nervensäge *f*
emmitoufler [ɑ̃mitufle] <1> *vpr* **s'~ dans qc** sich in etw (*akk*) einmummen
emmurer [ɑ̃myʀe] <1> *vt* einmauern
émoluments [emɔlymɑ̃] *mpl* ADMIN Bezüge *Pl*
émotif, -ive [emɔtif, -iv] *adj* (*personne*) feinfühlig; **choc ~** Schock *m*
émotion [emosjɔ̃] *f* ❶ (*surprise, chagrin*) Aufregung *f* ❷ (*sentiment*) Emotion *f* ▶**~s fortes** Nervenkitzel *m*
émotionnel, le [emosjɔnɛl] *adj* (*choc*) emotional; (*réaction a.*) gefühlsmäßig
émotivité [emotivite] *f* [starke] Erregbarkeit
émousser [emuse] <1> *vt* **être émoussé** stumpf sein
émoustiller [emustije] <1> *vt* aufheitern
émouvant, e [emuvɑ̃, ɑ̃t] *adj* bewegend
émouvoir [emuvwaʀ] <irr> **I.** *vt* bewegen **II.** *vpr* **s'~ de qc** sich über etw (*akk*) aufregen
empaillé, e [ɑ̃pɑje] *adj* ausgestopft
empaqueter [ɑ̃pak(ə)te] <3> *vt* einpacken
emparer [ɑ̃paʀe] <1> *vpr* **s'~ de qc** etw an sich (*akk*) reißen; **s'~ d'un objet** sich eines Gegenstands bemächtigen (*geh*)
empâter [ɑ̃pɑte] <1> *vt* **être empâté** (*langue*) schwer sein
empattement [ɑ̃patmɑ̃] *m* AUT Radstand *m*
empêché, e [ɑ̃peʃe] *adj* verhindert
empêchement [ɑ̃pɛʃmɑ̃] *m* **avoir un ~** verhindert sein
empêcher [ɑ̃peʃe] <1> **I.** *vt* ❶ (*faire obstacle à*) verhindern; **~ que** + *subj* verhindern, dass ❷ (*opp: permettre à*) **~ qn de faire qc**

E

jdn [daran] hindern etw zu tun ▶[il] **n'empêche que...** trotzdem/dennoch... **II.** *vpr* **ne** [**pas**] **pouvoir s'~ de faire qc** ganz einfach etw tun müssen

empereur [ɑ̃pʀœʀ] *m* Kaiser *m; v.a.* **impératrice**

empester [ɑ̃pɛste] <1> **I.** *vi* stinken **II.** *vt* ~ **qc** nach etw stinken

empêtrer [ɑ̃petʀe] <1> *vpr* **s'~ dans qc** sich in etw (*dat*) verfangen

empiècement [ɑ̃pjɛsmɑ̃] *m* COUT Einsatz *m*

empiéter [ɑ̃pjete] <5> *vi* ① (*terrain*) sich ausdehnen ② (*déborder dans le temps*) sich überschneiden

empiffrer [ɑ̃pifʀe] <1> *vpr fam* **s'~ de qc** sich (*dat*) mit etw den Bauch vollschlagen

empilement [ɑ̃pilmɑ̃] *m* [Auf]stapeln *nt*

empiler [ɑ̃pile] <1> **I.** *vt* [auf]stapeln **II.** *vpr* **s'~** sich stapeln

empire [ɑ̃piʀ] *m* Kaiserreich *nt*, Imperium *nt*

empirer [ɑ̃piʀe] <1> *vi* sich verschlimmern

empirique [ɑ̃piʀik] *adj* empirisch

emplacement [ɑ̃plasmɑ̃] *m* ① (*endroit*) Stelle *f* ② (*place*) Standort *m;* (*dans un parking*) Parkplatz *m;* (*sur un camping*) [Stell]platz *m*

emplettes [ɑ̃plɛt] *fpl* ▶**faire des ~** Einkäufe *Pl* machen

emploi [ɑ̃plwa] *m* ① (*poste*) (Arbeits-)Stelle *f*, Arbeitsplatz *m;* **un ~ d'informaticienne** eine Arbeitsstelle als Informatikerin; **~ à mi-temps/à temps partiel/à plein temps** Halbtags-/Teilzeit-/Ganztagsstelle *f* ② ECON **l'~** die Beschäftigung; **situation/politique de l'~** Beschäftigungslage *f*/-politik *f;* **être sans ~** arbeitslos sein ③ (*utilisation*) Gebrauch *m;* (*d'un appareil*) Bedienung *f;* (*d'une somme*) Verwendung *f* ④ LING Gebrauch *m* ▶**~ du temps** Terminkalender *m;* SCOL Stundenplan *m*

employé, e [ɑ̃plwaje] *m, f* Angestellte(r) *f(m)*

employer [ɑ̃plwaje] <6> **I.** *vt* ① (*faire travailler*) beschäftigen ② (*produit*) verwenden; (*force*) anwenden ③ LING gebrauchen **II.** *vpr* ① LING **s'~** gebraucht werden ② (*se consacrer*) **s'~ à faire qc** sich sehr bemühen etw zu tun

employeur, -euse [ɑ̃plwajœʀ, -jøz] *m, f* Arbeitgeber(in) *m(f)*

empocher [ɑ̃pɔʃe] <1> *vt* (*argent*) einstecken

empoignade [ɑ̃pwaɲad] *f* (*bagarre*) Auseinandersetzung *f*

empoigner [ɑ̃pwaɲe] <1> **I.** *vt* (*personne*) packen **II.** *vpr* **s'~** sich verprügeln

empoisonnant, e [ɑ̃pwazɔnɑ̃, ɑ̃t] *adj fam* sterbenslangweilig

empoisonnement [ɑ̃pwazɔnmɑ̃] *m* Vergiftung *f;* **~ dû à des champignons** Pilzvergiftung

empoisonner [ɑ̃pwazɔne] <1> **I.** *vt* ① (*intoxiquer*) vergiften ② (*vie*) schwermachen ③ (*air*) verpesten ④ *fam* (*embêter*) **~ qn avec qc** jdm mit etw auf den Wecker gehen **II.** *vpr* **s'~** sich vergiften

emporté, e [ɑ̃pɔʀte] *adj* leicht aufbrausend

emporter [ɑ̃pɔʀte] <1> **I.** *vt* ① (*prendre avec soi*) mitnehmen ② (*enlever*) wegbringen; (*blessé*) wegtragen ③ (*transporter*) **~ qn vers qc** jdn zu etw bringen ④ (*entraîner, arracher*) **~ qc** (*vent*) etw fortwehen; **~ qn** (*enthousiasme*) jdn mit [sich] reißen; (*récit, rêve*) jdn entführen ⑤ (*faire mourir*) dahinraffen (*geh*) **II.** *vpr* **s'~ contre qn/qc** sich über jdn/etw erregen

empoté, e [ɑ̃pɔte] *adj fam* ① (*maladroit*) tollpatschig ② (*lent*) lahm

empreint, e [ɑ̃pʀɛ̃, ɛ̃t] *adj* **~ de qc** von etw geprägt

empreinte [ɑ̃pʀɛ̃t] *f* ① (*trace*) Abdruck *m;* **~s digitales** Fingerabdrücke *Pl* ② (*marque durable*) Gepräge *nt* (*geh*)

empressé, e [ɑ̃pʀese] *adj* beflissen

empressement [ɑ̃pʀɛsmɑ̃] *m* Übereifer *m*

empresser [ɑ̃pʀese] <1> *vpr* **s'~ de faire qc** sich beeilen etw zu tun

emprise [ɑ̃pʀiz] *f* (*d'une personne*) [beherrschender] Einfluss; (*d'une drogue*) Macht *f;* **avoir agi sous l'~ de la colère/jalousie** im Zorn/aus Eifersucht gehandelt haben

emprisonnement [ɑ̃pʀizɔnmɑ̃] *m* Inhaftierung *f*

emprisonner [ɑ̃pʀizɔne] <1> *vt* inhaftieren

emprunt [ɑ̃pʀœ̃] *m* ① FIN (*somme*) Darlehen *nt;* (*auprès d'une banque*) Kredit *m* ② (*emprunt public*) Anleihe *f*

emprunté, e [ɑ̃pʀœ̃te] *adj* linkisch

emprunter [ɑ̃pʀœ̃te] <1> **I.** *vi* FIN ein Darlehen aufnehmen **II.** *vt* ① leihen; (*livre*) ausleihen; **je peux t'~ 100 euros/ta voiture?** kannst du mir 100 Euro/deinen Wagen leihen? ② (*passage souterrain*) benutzen

emprunteur, **-euse** [ɑ̃pʀœ̃tœʀ, -øz] *m, f* ❶ (*qui emprunte qc*) Entleiher(in) *m(f)* ❷ FIN Kreditnehmer(in) *m(f)*

ému, **e** [emy] *adj* bewegt

émulation [emylasjɔ̃] *f* ❶ Wetteifer *m* ❷ INFORM Emulation *f*

émuler [emyle] <1> *vt* INFORM emulieren

en [ɑ̃] **I.** *prép* ❶ (*lieu*) in (+ *dat*); ~ **ville** in der Stadt; **habiter ~ Meurthe et Moselle/Corse** im Departement Meurthe et Moselle/auf Korsika wohnen; ~ **Allemagne** in Deutschland; ~ **mer**/~ **bateau** auf See/auf dem Schiff; ~ **pleine mer** mitten im Meer/auf hoher See; **être ~ 5e** in der "5e" [Klassenstufe] sein; **elle se disait ~ elle-même que ...** sie dachte bei sich, dass ... ❷ (*direction*) in (+ *akk*); **aller ~ ville** in die Stadt fahren; **aller ~ Rhénanie** ins Rheinland gehen; **aller ~ Normandie/Iran** in die Normandie fahren/in den Iran fliegen; **aller ~ France/Corse** nach Frankreich/Korsika fahren; **passer ~ seconde** in die "seconde" versetzt werden ❸ (*date, moment*) ~ **[l'an] 2000** im Jahre 2000; ~ **été/automne/hiver** im Sommer/Herbst/Winter; ~ **avril 1999** im April 1999; ~ **dix minutes/deux jours/mois** innerhalb von zehn Minuten/zwei Tagen/Monaten; ~ **semaine** die Woche über; **de jour ~ jour** von Tag zu Tag ❹ (*manière d'être, de faire*) **être ~ bonne/mauvaise santé** bei guter/schlechter Gesundheit sein; **être/se mettre ~ colère** wütend sein/werden; **être ~ réunion/déplacement** in einer Sitzung/unterwegs sein; **être parti ~ voyage** auf Reisen sein; ~ **deuil** in Trauer; **des cerisiers ~ fleurs** blühende Kirschbäume; **une voiture ~ panne** ein Wagen mit einer Panne; **écouter ~ silence** schweigend zuhören; **peindre qc ~ blanc** etw weiß [an]streichen ❺ (*changer, convertir*) in (+ *akk*); (*se déguiser*) als ❻ (*en tant que*) als ❼ *gérondif* (*simultanéité*) beim + *Infin;* ~ **sortant** beim Hinausgehen ❽ *gérondif* (*condition*) wenn; ~ **travaillant beaucoup, tu réussiras** wenn du viel arbeitest, wirst du Erfolg haben ❾ *gérondif* (*concession*) obgleich ❿ *gérondif* (*manière*) ~ **chantant/courant** singend/im Laufschritt ⓫ (*état, forme*) ~ **morceaux** in Stücken; ~ **vrac** lose; **du café ~ grains/~ poudre** ungemahlener/gemahlener Kaffee; **deux boîtes ~ plus/~ trop** zwei Dosen mehr/zu viel; ~ **trois actes** in drei Akten ⓬ (*fait de*) **être ~ laine/bois** aus Wolle/Holz sein ⓭ (*moyen de transport*) mit + *Art;* ~ **train/voiture** mit dem Zug/Auto; ~ **vélo** *fam* mit dem Rad ⓮ (*partage, division*) in (+ *akk*); **je coupe le gâteau ~ six** ich schneide den Kuchen in sechs Stücke ⓯ (*pour indiquer le domaine*) in (+ *dat*); ~ **math/allemand** in Mathe/Deutsch; ~ **économie** im Bereich der Wirtschaft; **fort ~ math** gut in Mathe ⓰ *après certains verbes* **croire ~ qn** an jdn glauben; **avoir confiance ~ qn** Vertrauen zu jdm haben; **parler ~ son nom** in seinem/ihrem Namen sprechen ►**s'~ <u>aller</u>** weggehen/-fahren; ~ **<u>arrière</u>** nach hinten/rückwärts; ~ **<u>plus</u>, ...** außerdem ...; ~ **<u>plus</u>** zusätzlich; ~ **<u>plus</u> de...** über ... hinaus **II.** *pron* ❶ (*pour des indéfinis, des quantités*) davon; (*savoir*) darüber; **as-tu un stylo? — oui, j'~ ai un/non, je n'~ ai pas** hast du einen Kuli? — ja, ich habe einen/nein, ich habe keinen ❷ *tenant lieu de subst* **j'~ connais qui feraient mieux de ...** ich kenne welche, die besser daran täten, ... ❸ (*de là*) **j'~ viens** ich komme von dort ❹ (*de cela*) **on ~ parle** man spricht darüber; **j'~ ai besoin** ich brauche es; **je m'~ souviens** ich erinnere mich daran; **j'~ suis fier/sûr/content** ich bin stolz darauf/dessen sicher/damit zufrieden; **j'~ conclus que ...** ich schließe daraus, dass ... ❺ (*à cause de cela*) **elle ~ est malade** sie ist deshalb ganz krank; **j'~ suis malheureux** ich bin unglücklich darüber ❻ *annonce ou reprend un subst* **j'~ vends, des livres** ich verkaufe Bücher; **vous ~ avez, de la chance!** Sie haben ja wirklich [ein] Glück! ❼ *avec valeur de possessif* **ne jette pas cette rose, je voudrais ~ garder les pétales** wirf die Rose nicht weg, ich möchte die/ihre Blütenblätter aufheben

encadré [ɑ̃kadʀe] *m* Kasten *m*

encadrement [ɑ̃kadʀəmɑ̃] *m* ❶ Rahmen *m* ❷ (*prise en charge*) Betreuung *f*

encadrer [ɑ̃kadʀe] <1> *vt* ❶ [ein]rahmen ❷ (*entourer*) umranden ❸ (*s'occuper de*) betreuen

encaissement [ɑ̃kɛsmɑ̃] *m* Einkassieren *nt*

encaisser [ɑ̃kese] <1> **I.** *vi* ❶ kassieren ❷ *fam* (*savoir prendre des coups*) einiges einstecken können **II.** *vt* ❶ [ein]kassieren; (*chèque*) einlösen ❷ *fam* einstecken

encart [ɑ̃kaʀ] *m* Beilage *f*

en-cas [ɑ̃kɑ] *m inv* Imbiss *m*

encastrable [ɑ̃kastʀabl] *adj* zum Einbauen

encastrer [ɑ̃kastʀe] <1> **I.** *vt* **~ qc dans/sous qc** etw in etw (*akk*)/unter etw (*dat*) einbauen **II.** *vpr* **s'~ dans/sous qc** genau in/unter etw (*akk*) passen

encaustique [ɑ̃kostik] *f* [Bohner]wachs *nt*

encavage [ɑ̃kavaʒ] *m* CH (*mettre en cave des aliments*) Einkellern *nt*

enceinte[1] [ɑ̃sɛ̃t] *adj* schwanger; **être ~ de trois mois** im dritten Monat schwanger sein

enceinte[2] [ɑ̃sɛ̃t] *f* ❶ (*fortification, rempart*) Ringmauer *f* ❷ (*espace clos*) abgeschlossener Bereich; (*d'une ville, d'un tribunal*) Innenraum *m;* (*d'une foire, d'un parc naturel*) Gelände *nt* ❸ (*haut-parleur*) Lautsprecherbox *f*

encens [ɑ̃sɑ̃] *m* Weihrauch *m*

encenser [ɑ̃sɑ̃se] <1> *vt* weihräuchern

encercler [ɑ̃sɛʀkle] <1> *vt* einkreisen

enchaînement [ɑ̃ʃɛnmɑ̃] *m* ❶ **~ de circonstances** Verkettung *f* von Umständen; **~ des événements** Abfolge *f* der Ereignisse ❷ (*structure logique*) Herleitung *f* ❸ (*transition*) **~ entre qc et qc** Überleitung *f* von etw zu etw

enchaîner [ɑ̃ʃene] <1> **I.** *vt* ❶ **~ des personnes l'une à l'autre** Menschen aneinanderketten ❷ (*idées*) aneinanderreihen **II.** *vpr* ❶ **des personnes s'enchaînent à qc** Menschen ketten sich an etw (*akk*) an ❷ (*se succéder*) ineinander übergehen **III.** *vi* **~ sur qc** mit etw fortfahren

enchanté, e [ɑ̃ʃɑ̃te] *adj* ❶ (*ravi*) hocherfreut ❷ (*magique*) verzaubert ▶**~ de faire votre connaissance** es freut mich Ihre Bekanntschaft zu machen; **~!** sehr erfreut!

enchantement [ɑ̃ʃɑ̃tmɑ̃] *m* ❶ (*ravissement*) Entzücken *nt* ❷ (*sortilège*) Zauber *m*

enchanter [ɑ̃ʃɑ̃te] <1> *vt* ❶ (*ravir*) bezaubern ❷ (*ensorceler*) verzaubern

enchanteur, enchanteresse [ɑ̃ʃɑ̃tœʀ, ɑ̃ʃɑ̃t(ə)ʀɛs] *m, f* Zauberer *m*/Zauberin *f*

enchère [ɑ̃ʃɛʀ] *f gén pl* Gebot *nt;* **acheter aux ~s** ersteigern; **vendre aux ~s** versteigern

enchérir [ɑ̃ʃeʀiʀ] <8> *vi* **~ sur qn/qc** jdn/etw überbieten

enchevêtré, e [ɑ̃ʃ(ə)vetʀe] *adj* verschlungen; (*fils*) [ineinander] verwickelt

enchevêtrement [ɑ̃ʃ(ə)vɛtʀəmɑ̃] *m* wirres Durcheinander

enchevêtrer [ɑ̃ʃ(ə)vetʀe] <1> *vpr* **s'~** (*branches*) sich [ineinander] verschlingen; (*fils*) sich verwickeln

enclave [ɑ̃klav] *f* Enklave *f*

enclencher [ɑ̃klɑ̃ʃe] <1> **I.** *vt* ❶ TECH einrasten lassen; (*vitesse*) einlegen ❷ (*engager*) in Gang setzen **II.** *vpr* **s'~** (*levier de commande*) einrasten; (*mécanisme*) sich einschalten

enclin, e [ɑ̃klɛ̃, in] *adj* **être ~ à qc** zu etw neigen

enclos [ɑ̃klo] *m* eingefriedetes Grundstück

enclume [ɑ̃klym] *f* Amboss *m*

encoche [ɑ̃kɔʃ] *f* Kerbe *f*

encoder [ɑ̃kɔde] <1> *vt* [en]kodieren

encolure [ɑ̃kɔlyʀ] *f* ❶ (*d'un animal, d'une personne*) Hals *m* ❷ (*d'une robe*) [Hals]ausschnitt *m* ❸ (*tour de cou*) Kragenweite *f*

encombrant, e [ɑ̃kɔ̃bʀɑ̃, ɑ̃t] *adj* ❶ (*embarrassant*) sperrig ❷ (*importun*) lästig ❸ *iron* (*passé*) belastend

encombre [ɑ̃kɔ̃bʀ] ▶**sans ~** [ganz] problemlos

encombré, e [ɑ̃kɔ̃bʀe] *adj* ❶ versperrt; (*route*) verstopft ❷ (*pièce*) voll gestopft; (*table*) vollgestellt ❸ (*lignes téléphoniques*) überlastet

encombrement [ɑ̃kɔ̃bʀəmɑ̃] *m* ❶ (*d'une rue*) Verstopfung *f;* (*des lignes téléphoniques*) Überlastung *f* ❷ (*embouteillage*) Stau *m*

encombrer [ɑ̃kɔ̃bʀe] <1> **I.** *v*[*t*] ❶ verstopfen; (*passage*) versperren ❷ (*s'amonceler*) **des choses encombrent une table/pièce** ein Tisch/Zimmer ist voller Sachen ❸ (*surcharger*) überladen **II.** *vp*[*r*] **ne pas s'~ de qn/qc** sich nicht mit jdm/etw belasten

encontre [ɑ̃kɔ̃tʀ] ▶**aller à l'~ de qc** im Gegensatz zu etw stehen

encore [ɑ̃kɔʀ] **I.** *adv* ❶ (*continuation*) noch: **le chômage augmente ~** die Arbeitslosigkeit steigt noch weiter [an]; **en être ~ à q**[**c**] immer noch bei etw sein; **hier/ce matin ~** noch gestern/heute Morgen ❷ (*répétition*) noch ein[mal]; **voulez-vous ~ une tasse de thé?** wollen Sie noch eine Tasse Tee? **c'est ~ de ma faute** und ich bin wieder schuld; **c'est ~ moi!** ich bin's noch mal ❸ + *nég* **pas ~/~ pas** noch nicht; **ell**[**e**]

n'est ~ jamais partie sie ist noch nie weggewesen ❹ + *comp* ~ **mieux/moins/plus** noch besser/weniger/mehr; **il aime ~ mieux qc** ihm ist etw immer noch lieber ❺ (*renforcement*) **non seulement ..., mais ~** nicht nur ..., sondern auch [noch]; ~ **et toujours** immer wieder ❻ (*objection*) ~ **faut-il le savoir!** das muss man allerdings wissen! ❼ (*restriction*) **..., et ~!** ..., und [selbst] das noch nicht einmal!; **si ~ on avait son adresse!** wenn wir wenigstens seine/ihre Adresse hätten! ►**et puis quoi ~!** sonst fehlt dir nichts?(*iron fam*) **II.** *conj fam* ~ **que ...** obwohl ...

encourageant, e [ɑ̃kuʀaʒɑ̃, ɑ̃t] *adj* ermutigend

encouragement [ɑ̃kuʀaʒmɑ̃] *m* ❶ Ermutigung *f*, Aufmunterung *f* ❷ SCOL *Belobigung, die dazu ermuntert weiterhin gute und noch bessere Leistungen zu zeigen*

encourager [ɑ̃kuʀaʒe] <2a> *vt* ❶ (*élève*) ermuntern; ~ **qn d'un regard/geste** jdn mit einem Blick/einer Geste ermutigen; ~ **un sportif en criant** einen Sportler durch Zurufe anfeuern ❷ (*inciter à*) ~ **qn à qc** jdn zu etw ermuntern ❸ (*soutenir*) unterstützen

encourir [ɑ̃kuʀiʀ] <irr> *vt* ~ **un châtiment/une amende** mit Bestrafung/einer Geldstrafe rechnen müssen

encrasser [ɑ̃kʀase] <1> *vt, vpr* [**s'**]~ verschmutzen

encre [ɑ̃kʀ] *f* Tinte *f*

encrer [ɑ̃kʀe] <1> *vt* (*tampon*) [mit Tinte/Tusche] tränken

encrier [ɑ̃kʀije] *m* Tintenfass *nt*

encroûter [ɑ̃kʀute] <1> *vt* ❶ (*couvrir d'une croûte*) mit einer Kruste bedecken ❷ (*abêtir*) verknöchern lassen

enculé [ɑ̃kyle] *m vulg* Arschloch *nt*

enculer [ɑ̃kyle] <1> *vt vulg* in den Arsch ficken

encyclopédie [ɑ̃siklɔpedi] *f* Enzyklopädie *f*

encyclopédique [ɑ̃siklɔpedik] *adj* enzyklopädisch; (*esprit*) universal

endetté, e [ɑ̃dete] *adj* verschuldet

endettement [ɑ̃dɛtmɑ̃] *m* Verschuldung *f*

endetter [ɑ̃dete] <1> *vpr* **s'~** sich verschulden

endeuiller [ɑ̃dœje] <1> *vt* (*personne, famille*) in Trauer versetzen

endiablé, e [ɑ̃djable] *adj* (*danse*) wild; (*rythme*) rasend

endiguer [ɑ̃dige] <1> *vt a. fig* eindämmen

endimanché, e [ɑ̃dimɑ̃ʃe] *adj* sonntäglich gekleidet

endimancher [ɑ̃dimɑ̃ʃe] <1> *vpr* **s'~** sich sonntäglich kleiden

endive [ɑ̃div] *f* Chicorée *m o f*

endoctrinement [ɑ̃dɔktʀinmɑ̃] *m* Indoktrinierung

endoctriner [ɑ̃dɔktʀine] <1> *vt* indoktrinieren

endolori, e [ɑ̃dɔlɔʀi] *adj* schmerzend

endommager [ɑ̃dɔmaʒe] <2a> *vt* [be]schädigen

endormant, e [ɑ̃dɔʀmɑ̃, ɑ̃t] *adj* einschläfernd

endormi, e [ɑ̃dɔʀmi] **I.** *adj* ❶ **il est encore tout ~** er ist noch ganz verschlafen ❷ (*bras, jambe*) eingeschlafen ❸ *fam* (*personne*) lahm; (*esprit*) träge; (*regard*) verschlafen **II.** *m, f fam* Schlafmütze *f*

endormir [ɑ̃dɔʀmiʀ] <irr> **I.** *vt* ❶ ~ **qn** jdn zum [Ein]schlafen bringen; (*chaleur, bercement*) jdn schläfrig machen ❷ (*anesthésier*) betäuben ❸ (*ennuyer*) ~ **qn** einschläfernd auf jdn wirken ❹ (*douleur*) betäuben; (*soupçons*) zerstreuen; (*vigilance*) einschläfern ❺ (*tromper*) ~ **qn avec qc** jdn mit etw einlullen (*fam*) **II.** *vpr* **s'~** einschlafen

endosser [ɑ̃dose] <1> *vt* (*responsabilité*) übernehmen; **faire ~ qc à qn** jdm etw zuschieben

endroit[1] [ɑ̃dʀwa] *m* ❶ (*lieu*) Stelle *f*; **par ~s** stellenweise ❷ (*localité*) Ort *m*

endroit[2] [ɑ̃dʀwa] *m* (*d'un vêtement*) rechte Seite; (*d'un tapis, d'une étoffe*) Oberseite *f*; **être à l'~** (*vêtement*) richtig herum sein

enduire [ɑ̃dɥiʀ] <irr> **I.** *vt* ~ **de qc** mit etw bestreichen/einreiben/einlassen (SDEUTSCH, A); ~ **le papier peint de colle** Leim auf die Tapete auftragen **II.** *vpr* **s'~ de qc** sich mit etw einreiben

enduit [ɑ̃dɥi] *m* Spachtel[kitt *m*] *m*

endurance [ɑ̃dyʀɑ̃s] *f* Ausdauer *f*, Durchhaltevermögen *nt*

endurant, e [ɑ̃dyʀɑ̃, ɑ̃t] *adj* ausdauernd

endurci, e [ɑ̃dyʀsi] *adj* ❶ (*personne*) hartherzig ❷ (*célibataire*) eingefleischt

endurcir [ɑ̃dyʀsiʀ] <8> *vt, vpr* (*moralement*) [**s'**]~ verhärten

endurer [ɑ̃dyʀe] <1> *vt* ertragen

énergétique [enɛʀʒetik] *adj* Energie-

énergie [enɛʀʒi] *f* ① (*force*) Energie *f* ② IND ~ **atomique** [*o* **nucléaire**] Atomenergie [*o* Kernenergie] ~ **solaire** Sonnenenergie

énergique [enɛʀʒik] *adj* energisch

énergiquement [enɛʀʒikmɑ̃] *adv* energisch; (*frotter, secouer*) kräftig

énergisant, e [enɛʀʒizɑ̃, ɑ̃t] *adj* (*action*) belebend

énergumène [enɛʀgymɛn] *m fam* verrückter Kerl

énervant, e [enɛʀvɑ̃, ɑ̃t] *adj* nervtötend

énervé, e [enɛʀve] *adj* ① (*agacé*) gereizt ② (*excité*) aufgeregt ③ (*nerveux*) nervös

énervement [enɛʀvəmɑ̃] *m* ① (*agacement*) Gereiztheit *f* ② (*surexcitation*) Unruhe *f* ③ (*nervosité*) Nervosität *f*

énerver [enɛʀve] <1> **I.** *vt* ① (*agacer*) ~ **qn** jdm auf die Nerven gehen (*fam*) ② (*exciter*) ~ **qn** jdn unruhig machen **II.** *vpr* **s'~ après qn/qc** sich über jdn/etw aufregen

enfance [ɑ̃fɑ̃s] *f* Kindheit *f*; **dès la petite ~** von klein auf ▶**[re]tomber en ~** [wieder] kindisch werden

enfant [ɑ̃fɑ̃] *mf* ① Kind *nt*; ~ **trouvé** Findelkind ② (*fils ou fille de qn*) Kind *nt*; ~ **légitime/naturel/adoptif** eheliches/uneheliches Kind/Adoptivkind; ~ **unique** Einzelkind ▶~ **prodige** Wunderkind *nt*

enfantillage [ɑ̃fɑ̃tijaʒ] *m* Albernheit *f*

enfantin, e [ɑ̃fɑ̃tɛ̃, in] *adj* ① (*rires*) kindlich; **chanson ~e** Kinderlied *nt* ② (*simple*) kinderleicht

enfer [ɑ̃fɛʀ] *m* Hölle *f*; **c'est l'~** [*o* **un véritable ~**] das ist die Hölle [auf Erden] ▶**avoir un look d'~** *fam* irre toll aussehen; **bruit d'~** Höllenlärm *m*

enfermer [ɑ̃fɛʀme] <1> **I.** *vt* ① einschließen ② (*mettre en prison*) einsperren ▶**être enfermé dehors** *fam* ausgesperrt sein **II.** *vpr* **s'~** sich einschließen

enfiler [ɑ̃file] <1> *vt* ① (*aiguille*) einfädeln; (*perles*) auffädeln ② (*pull-over*) überziehen

enfin [ɑ̃fɛ̃] *adv* ① (*fin d'une attente*) endlich; **te voilà ~!** da bist du ja endlich! ② (*fin d'une énumération*) schließlich ③ (*pour corriger ou préciser*) genauer gesagt; **elle est jolie, ~, à mon sens** sie ist hübsch, jedenfalls meiner Meinung nach ④ (*pour clore la discussion*) **~, on verra bien** na ja, wir werden es ja sehen; **~, tu fais pour le mieux** du tust jedenfalls, was du kannst ⑤ (*marque l'irritation*) also wirklich!; **~, c'est quelque chose, quand même!** das ist doch wirklich allerhand! ▶~ **bref** kurz und gut; ~ **quoi** *fam* also wirklich

enflammé, e [ɑ̃flɑme] *adj* ① (*passionné*) leidenschaftlich; (*paroles a.*) glühend; (*nature a.*) feurig ② MED entzündet

enflammer [ɑ̃flɑme] <1> **I.** *vt* ① entzünden ② (*exalter*) entflammen; (*imagination*) anregen **II.** *vpr* **s'~** sich entzünden; (*personne*) in helle Begeisterung geraten

enflé, e [ɑ̃fle] *adj* MED [an]geschwollen

enfler [ɑ̃fle] <1> **I.** *vt* (*doigts, rivière*) anschwellen lassen **II.** *vi, vpr* anschwellen

enfoiré [ɑ̃fwaʀe] *m vulg* Arschloch *nt*

enfoncé, e [ɑ̃fɔ̃se] *adj* (*yeux*) tief liegend

enfoncement [ɑ̃fɔ̃smɑ̃] *m* (*d'une pièce*) Nische *f*; (*d'une falaise*) Vertiefung *f*

enfoncer [ɑ̃fɔ̃se] <2> **I.** *vt* ① (*clou*) hineinschlagen; (*punaise*) hineindrücken; (*couteau*) hineinstechen ② (*mettre*) ~ **ses mains dans qc** die/seine Hände tief in etw (*akk*) hineinstecken ③ *fam* (*laisser se perdre*) niedermachen **II.** *vi* ~ **dans qc** in etw (*dat*) einsinken **III.** *vpr* ① **s'~ dans la neige** im Schnee einsinken ② (*se planter*) **s'~ une aiguille dans le bras** sich (*dat*) eine Nadel in den Arm stechen ③ (*s'engager*) **s'~ dans l'obscurité** in die Dunkelheit eintauchen ④ (*s'installer au fond*) **s'~ dans un fauteuil** es sich (*dat*) in einem Sessel bequem machen ⑤ *fam* (*se perdre*) **s'~** sich reinreißen

enfoui, e [ɑ̃fwi] **I.** *part passé de* **enfouir** **II.** *adj* ~ **dans/sous qc** in/unter etw (*dat*) vergraben

enfouir [ɑ̃fwiʀ] <8> **I.** *vt* ① (*mettre en terre*) vergraben ② (*cacher*) verstecken **II.** *vpr* ① **s'~ sous ses couvertures** sich unter der Decke vergraben ② (*se réfugier*) **s'~ dans un trou/terrier** sich in einem Loch/seinem Bau verkriechen

enfourcher [ɑ̃fuʀʃe] <1> *vt* ~ **son cheval/vélo** sein Pferd besteigen/aufs Fahrrad steigen

enfourner [ɑ̃fuʀne] <1> *vt* ① in den [Back]ofen schieben ② *fam* (*ingurgiter*) in sich (*akk*) hineinschaufeln

enfreindre [ɑ̃fʀɛ̃dʀ] <irr> *vt* ~ **qc** gegen etw verstoßen

enfuir [ɑ̃fɥiʀ] <irr> *vpr* **s'~ quelque part** irgendwohin fliehen; **s'~ de qc** aus etw fliehen

enfumer [ɑ̃fyme] <1> *vt* ① (*emplir de fumée: pièce*) verräuchern ② (*incommoder par la fumée: personnes*) einräuchern

engagé, e [ɑ̃gaʒe] **I.** *adj* engagiert **II.** *m, f* MIL Freiwillige(r) *f(m)*

engageant, e [ɑ̃gaʒɑ̃, ɑ̃t] *adj* (*avenir, paroles*) verlockend; (*mine*) verführerisch

engagement [ɑ̃gaʒmɑ̃] *m* ① (*promesse*) Verpflichtung *f* ② (*embauche*) Anstellung *f* ③ MIL Verpflichtung *f* [zum Militärdienst] ④ THEAT, CINE, POL Engagement *nt* ⑤ SPORT Anspiel *nt* ⑥ (*inscription*) Anmeldung *f* ⑦ *gén pl* (*dépense*) Verbindlichkeit *f* ►**sans ~** unverbindlich

engager [ɑ̃gaʒe] <2a> **I.** *vt* ① (*mettre en jeu*) **~ qc** mit etw bürgen ② (*lier*) verpflichten ③ (*représentant*) anstellen; (*comédien*) engagieren ④ (*bataille, débat*) eröffnen **II.** *vpr* ① **s'~ à faire qc** sich [dazu] verpflichten etw zu tun ② MIL **s'~** sich [freiwillig] verpflichten ③ (*pénétrer*) **s'~ dans une rue** in eine Straße einbiegen ④ (*se lancer*) **s'~ dans qc** sich auf etw (*akk*) einlassen ⑤ (*prendre position*) **s'~ dans la lutte contre qc** sich im Kampf gegen etw engagieren ⑥ (*commencer*) **s'~** (*processus, négociation*) in Gang kommen

engelure [ɑ̃ʒlyʀ] *f* Frostbeule *f*

engendrer [ɑ̃ʒɑ̃dʀe] <1> *vt* zeugen

engin [ɑ̃ʒɛ̃] *m* ① *fam* Ding *nt* ② TECH [Bau]maschine *f*, Gerät *nt*

englober [ɑ̃glɔbe] <1> *vt* [mit] einbeziehen

engloutir [ɑ̃glutiʀ] <8> *vt* ① (*dévorer*) verschlingen ② (*dilapider*) verprassen ③ (*faire disparaître*) **~ qn/qc** jdn/etw versenken; (*vagues*) jdn/etw verschlingen

engluer [ɑ̃glye] <1> *vt* mit Leim bestreichen

engouement [ɑ̃gumɑ̃] *m* Schwärmerei *f*

engouffrer [ɑ̃gufʀe] <1> **I.** *vt fam* (*dévorer*) runterschlingen **II.** *vpr* **s'~ dans qc** (*personnes*) sich in etw (*akk*) stürzen

engourdi, e [ɑ̃guʀdi] *adj* ① (*doigts*) klamm ② (*de froid*) steif

engourdir [ɑ̃guʀdiʀ] <8> **I.** *vt* (*doigts, mains*) klamm werden lassen **II.** *vpr* **s'~** steif werden

engourdissement [ɑ̃guʀdismɑ̃] *m* Steifwerden *nt*, Gefühlloswerden *nt*

engrais [ɑ̃gʀɛ] *m* Dünger *m*

engraisser [ɑ̃gʀese] <1> *vt* (*rendre plus gras*) mästen

engrenage [ɑ̃gʀənaʒ] *m* Verkettung *f*

engueulade [ɑ̃gœlad] *f fam* Anpfiff *m*

engueuler [ɑ̃gœle] <1> **I.** *vt fam* anschnauzen **II.** *vpr fam* **s'~** sich anbrüllen

énième [ɛnjɛm] *adj* **pour la ~ fois** zum x-ten Mal

énigmatique [enigmatik] *adj* rätselhaft

énigme [enigm] *f* Rätsel *nt*

enivrant, e [ɑ̃nivʀɑ̃, ɑ̃t] *adj* berauschend; (*parfum*) betäubend

enivrer [ɑ̃nivʀe] <1> *vpr* **s'~** sich betrinken

enjambée [ɑ̃ʒɑ̃be] *f* großer Schritt

enjamber [ɑ̃ʒɑ̃be] <1> *vt* **~ un fossé** einen großen Schritt über einen Graben hinweg machen; **~ un mur** über eine Mauer hinwegsteigen

enjeu [ɑ̃ʒø] <x> *m* ① (*argent*) Einsatz *m* ② *fig* **être l'~ de qc** bei etw auf dem Spiel stehen

enjôler [ɑ̃ʒole] <1> *vt* **~ qn par qc** jdn mit etw umgarnen (*fam*)

enjôleur, -euse [ɑ̃ʒolœʀ, -øz] *adj* (*paroles*) [ein]schmeichelnd

enjoliver [ɑ̃ʒɔlive] <1> *vt* [ver]zieren

enjoliveur [ɑ̃ʒɔlivœʀ] *m* Radkappe *f*

enjoué, e [ɑ̃ʒwe] *adj* heiter

enlacer [ɑ̃lase] <2> **I.** *vt* umschlingen **II.** *vpr* **s'~** sich umarmen

enlaidir [ɑ̃lediʀ] <8> **I.** *vi* hässlich werden **II.** *vt* (*personne*) entstellen; (*paysage*) verunstalten

enlèvement [ɑ̃lɛvmɑ̃] *m* Entführung *f*

enlever [ɑ̃lve] <4> **I.** *vt* ① (*déplacer*) herunternehmen; **~ les draps d'un lit** ein Bett abziehen ② (*tache*) entfernen; (*mot*) streichen ③ (*ôter*) **~ l'envie/le goût à qn de faire qc** jdm die Lust nehmen etw zu tun ④ (*chapeau, montre, lunettes*) abnehmen; (*vêtement, chaussures*) ausziehen ⑤ (*kidnapper*) entführen **II.** *vpr* **s'~** ① (*tache*) herausgehen ② (*se détacher*) abgehen

enliser [ɑ̃lize] <1> *vpr* **s'~** ① (*s'enfoncer*) stecken bleiben ② (*stagner*) ins Stocken geraten

enneigé, e [ɑ̃neʒe] *adj* verschneit

enneigement [ɑ̃nɛʒmɑ̃] *m* Schneedecke *f*

ennemi, e [en(ə)mi] **I.** *adj* feindlich; (*frères*) verfeindet **II.** *m, f* Feind(in) *m(f)*

ennui [ɑ̃nɥi] *m* ① Lang[e]weile *f* ② *souvent pl* (*problème*) Unannehmlichkeit *f* ►**l'~, c'est que** das Dumme ist [nur], dass

ennuyé, e [ɑ̃nɥije] *adj* verärgert

ennuyer [ɑ̃nɥije] <6> **I.** *vt* ❶ (*lasser*) langweilen, fadisieren (A) ❷ (*être peu attrayant*) ~ **qn** jdm lästig sein ❸ (*être gênant*) **ça ennuie qn de devoir faire qc** es ist jdm unangenehm etw tun zu müssen ❹ (*irriter*) ~ **qn avec qc** jdm mit etw lästig sein ❺ (*déplaire*) stören **II.** *vpr* **s'~** sich langweilen, sich fadisieren (A)

ennuyeux, -euse [ɑ̃nɥijø, -jøz] *adj* ❶ langweilig; ~ **à mourir** todlangweilig ❷ (*contrariant*) ärgerlich

énoncé [enɔ̃se] *m* Wortlaut *m*

énoncer [enɔ̃se] <2> *vt* klar darlegen

énonciation [enɔ̃sjasjɔ̃] *f* LING Äußerung *f*

enorgueillir [ɑ̃nɔʀgœjiʀ] <8> *vpr* **s'~ de qc** stolz auf etw (*akk*) sein

énorme [enɔʀm] *adj* riesig

énormément [enɔʀmemɑ̃] *adv* sehr

énormité [enɔʀmite] *f* [ausgemachter] Unsinn *kein Pl*

enquête [ɑ̃kɛt] *f* ❶ COM, SOCIOL (*étude*) ~ **sur qc** Untersuchung *f* über etw ❷ (*sondage d'opinions*) [Meinungs]umfrage *f* ❸ ADMIN, JUR Untersuchung *f*; **ouvrir une ~** eine Untersuchung einleiten

enquêter [ɑ̃kete] <1> *vi* ADMIN, JUR ~ **sur qn** eine Untersuchung gegen jdn einleiten; **la police va ~ sur qc** die Polizei wird in einer S. (*dat*) ermitteln

enquêteur, -euse [ɑ̃kɛtœʀ, -øz] *m, f* Untersuchungsbeamte(r)/-beamtin *m/f*

enquiquinant, e [ɑ̃kikinɑ̃, ɑ̃t] *adj fam* nervig

enquiquiner [ɑ̃kikine] <1> **I.** *vt fam* (*importuner*) ~ **qn avec qc** jdn mit etw nerven **II.** *vpr fam* ❶ (*s'ennuyer*) **s'~** sich langweilen ❷ (*se donner du mal*) **s'~ avec qc** sich mit etw herumplagen

enquiquineur, -euse [ɑ̃kikinœʀ, -øz] *m, f fam* Nervensäge *f*

enraciner [ɑ̃ʀasine] <1> **I.** *vt* (*plante*) einpflanzen **II.** *vpr* **s'~** (*personne*) Wurzeln schlagen

enragé, e [ɑ̃ʀaʒe] **I.** *adj* tollwütig **II.** *m, f* Besessene(r) *f(m)*

enrager [ɑ̃ʀaʒe] <2a> *vi* rasend werden [vor Wut]

enrayer [ɑ̃ʀeje] <7> *vt* bremsen

enregistrement [ɑ̃ʀ(ə)ʒistʀəmɑ̃] *m* ❶ MEDIA Aufnahme *f*; (*d'une émission*) Aufzeichnung *f* ❷ INFORM (*action*) Speicherung *f* ❸ INFORM (*document*) Datensatz *m* ❹ AUT Abfertigung *f*

enregistrer [ɑ̃ʀ(ə)ʒistʀe] <1> **I.** *vt* ❶ MEDIA aufnehmen ❷ INFORM speichern ❸ (*mémoriser*) registrieren ❹ (*noter par écrit*) ~ **une déclaration** eine Aussage zu Protokoll nehmen; ~ **une commande** eine Bestellung aufnehmen ❺ AUT abfertigen; **faire ~ ses bagages** sein/das Gepäck aufgeben **II.** *v*[*pr*] ❶ MEDIA aufnehmen ❷ INFORM speichern

enregistreur [ɑ̃ʀ(ə)ʒistʀœʀ] *m* Schreiber *m*

enrhumer [ɑ̃ʀyme] <1> *vpr* **s'~** [einen] Schnupfen bekommen

enrichi, e [ɑ̃ʀiʃi] *adj* (*devenu riche*) neureich

enrichir [ɑ̃ʀiʃiʀ] <8> **I.** *vt* ❶ (*rendre riche*) reich/reicher machen ❷ (*augmenter*) ~ **une collection de nouveaux tableaux** eine Sammlung um neue Bilder erweitern **II.** *vpr* **s'~ de qc** ❶ (*devenir riche*) sich an etw (*dat*) bereichern ❷ (*s'améliorer*) durch etw bereichert werden ❸ (*augmenter*) um etw reicher werden

enrichissant, e [ɑ̃ʀiʃisɑ̃, ɑ̃t] *adj* bereichernd

enrichissement [ɑ̃ʀiʃismɑ̃] *m* Reich[er]werden *nt*

enrobé, e [ɑ̃ʀɔbe] *adj* ❶ GASTR ~ **de chocolat** mit Schokoladenüberzug ❷ *fam* (*personne*) gut gepolstert

enrober [ɑ̃ʀɔbe] <1> *vt* ~ **qc de qc** etw mi[t] etw überziehen

enrôlement [ɑ̃ʀolmɑ̃] *m* Anwerbung *f*

enrôler [ɑ̃ʀole] <1> *vt* ❶ ~ **qn dans qc** jd[n] zu etw einziehen ❷ MIL anwerben

enroué, e [ɑ̃ʀwe] *adj* heiser

enrouer [ɑ̃ʀwe] <1> *vt* heiser machen

enrouler [ɑ̃ʀule] <1> **I.** *vt* (*câble*) au[f]wickeln **II.** *vpr* **s'~ autour de/sur qc** sic[h] um/auf etw (*akk*) wickeln; **s'~ sur soi-même** sich einrollen

ensabler [ɑ̃sable] <1> *vpr* **s'~** (*bateau*) au[f] Sand laufen; (*véhicule*) im Sand stecke[n] bleiben

ensanglanté, e [ɑ̃sɑ̃glɑ̃te] *adj* blutver[-]schmiert

enseignant, e [ɑ̃sɛɲɑ̃, ɑ̃t] *m, f* Lehrer(in[)] *m(f)*

enseigne [ɑ̃sɛɲ] *f* [Aushänge]schild *nt*; ~ **lumineuse** [Neon]leuchtschild

enseignement [ɑ̃sɛɲ(ə)mɑ̃] *m* ❶ Unterricht *m*; ~ **élémentaire** Grundschulunterricht ❷ (*profession*) Lehrberuf *m* ❸ (*institution*) Unterrichtswesen *nt*; ~ **obli**[…]

gatoire Schulpflicht *f;* ~ **public** staatliches Schulwesen; ~ **secondaire** (*institution*) Sekundarbereich *m;* (*action*) weiterführender Unterricht *m;* ~ **supérieur** (*institution*) Hochschulwesen *nt;* (*action*) Hochschulunterricht *m* ❹ (*leçon*) Lehre *f*

enseigner [ɑ̃seɲe] <1> *vt* lehren; ~ **le français à qn** jdn in Französisch unterrichten

ensemble [ɑ̃sɑ̃bl] **I.** *adv* ❶ (*opp: seul*) zusammen; **travailler** ~ zusammenarbeiten; **tous** ~ alle zusammen ❷ (*en commun*) gemeinsam ❸ (*l'un avec l'autre*) miteinander ❹ (*en même temps*) zugleich ►**aller bien/mal** ~ gut/schlecht zusammenpassen; **aller** ~ zusammengehören **II.** *m* ❶ (*totalité*) Gesamtheit *f;* **l'**~ **du personnel/des questions** die gesamte Belegschaft/sämtliche Fragen ❷ (*unité*) [harmonische] Einheit; **former un** ~ **harmonieux** ein harmonisches Ganzes bilden ❸ (*groupement*) ~ **de lois** Gesetzespaket *nt* ❹ MATH Menge *f* ❺ (*vêtement*) MUS Ensemble *nt* ► **dans l'**~ im Großen und Ganzen

ensemencer [ɑ̃s(ə)mɑ̃se] <2> *vt* (*terre*) besäen

ensevelir [ɑ̃səvliʀ] <8> *vt* begraben

ensoleillé, e [ɑ̃sɔleje] *adj* sonnig

ensommeillé, e [ɑ̃sɔmeje] *adj* schläfrig

ensorceler [ɑ̃sɔʀsəle] <3> *vt* verzaubern

ensorcellement [ɑ̃sɔʀsɛlmɑ̃] *m* Zauber *m*

ensuite [ɑ̃sɥit] *adv* ❶ (*par la suite*) danach ❷ (*derrière en suivant*) dahinter; **d'accord, mais** ~**?** einverstanden, aber was dann? ❸ (*en plus*) außerdem

ensuivre [ɑ̃sɥivʀ] <irr, défec> *vpr* **s'**~ sich ergeben

entaille [ɑ̃taj] *f* ❶ (*encoche*) Kerbe *f* ❷ (*coupure*) [tiefe] Schnittwunde

entailler [ɑ̃taje] <1> *vt* einkerben

entame [ɑ̃tam] *f* (*de pain, jambon*) Anschnitt *m*

entamer [ɑ̃tame] <1> *vt* ❶ (*fromage*) anschneiden; (*bouteille*) aufmachen ❷ (*amorcer*) einleiten; (*négociations*) aufnehmen; (*poursuites*) anstellen

entartrer [ɑ̃taʀtʀe] <1> *vt* verkalken lassen

entassement [ɑ̃tasmɑ̃] *m* ❶ (*pile*) Durcheinander *nt* ❷ (*encombrement*) Zusammengedrängtsein *nt*

entasser [ɑ̃tase] <1> **I.** *vt* ❶ anhäufen; (*argent*) horten ❷ (*serrer*) zusammenpferchen **II.** *vpr* ❶ (*s'amonceler*) **s'**~ sich türmen ❷ (*se serrer*) **s'**~ **dans qc** sich in etw (*dat*) zusammendrängen

entendre [ɑ̃tɑ̃dʀ] <14> **I.** *vi* hören; **se faire** ~ sich (*dat*) Gehör verschaffen **II.** *vt* ❶ (*percevoir*) hören; ~ **qn parler/la pluie tomber** jdn reden/den Regen fallen hören; **je l'ai entendu dire** ich habe es gehört ❷ (*comprendre*) verstehen; **laisser** ~ **que ...** zu verstehen geben, dass ... ❸ (*vouloir*) ~ **faire qc** gedenken etw zu tun **III.** vpr ❶ **s'**~ **avec qn** sich mit jdm verstehen ❷ (*se mettre d'accord*) **s'**~ **sur qc** sich über etw (*akk*) verständigen; **s'**~ **pour faire qc** sich darauf einigen etw zu tun

entendu, e [ɑ̃tɑ̃dy] **I.** *part passé de* **entendre II.** *adj* abgemacht; **il est** [**bien**] ~ **que ...** es versteht sich von selbst, dass ... ►**bien** ~ selbstverständlich

entente [ɑ̃tɑ̃t] *f* ❶ (*amitié*) Einvernehmen *nt* ❷ (*fait de s'accorder*) Verständigung *f* ❸ (*accord*) Übereinkunft *f*

entériner [ɑ̃teʀine] <1> *vt* billigen

entérite [ɑ̃teʀit] *f* [Dünn]darmentzündung *f*

enterrement [ɑ̃tɛʀmɑ̃] *m* Beerdigung *f*

enterrer [ɑ̃teʀe] <1> *vt* ❶ (*inhumer*) beerdigen ❷ (*enfouir*) vergraben ❸ (*affaire*) begraben

entêtant, e [ɑ̃tɛtɑ̃, ɑ̃t] *adj* (*parfum*) schwer

en-tête [ɑ̃tɛt] <en-têtes> *f* [gedruckter] Briefkopf

entêté, e [ɑ̃tete] **I.** *adj* (*personne*) eigensinnig **II.** *m, f* eigensinniger Mensch

entêtement [ɑ̃tɛtmɑ̃] *m* Eigensinn[igkeit *f*] *m*

entêter [ɑ̃tete] <1> *vpr* **s'**~ **dans qc** sich auf etw (*akk*) versteifen; **s'**~ **à faire qc** sich darauf versteifen etw zu tun

enthousiasme [ɑ̃tuzjasm] *m* Begeisterung *f,* Enthusiasmus *m*

enthousiasmer [ɑ̃tuzjasme] <1> **I.** *vt* in Begeisterung versetzen **II.** *vpr* **s'**~ sich begeistern

enthousiaste [ɑ̃tuzjast] **I.** *adj* begeistert **II.** *mf* Enthusiast(in) *m(f)*

enticher [ɑ̃tiʃe] <1> *vpr* **s'**~ **de qn** für jdn schwärmen

entier [ɑ̃tje] *m* Ganze(s) *nt*

entier, -ière [ɑ̃tje, -jɛʀ] *adj* ❶ (*dans sa totalité*) ganz; **dans le monde** ~ auf der ganzen Welt ❷ (*absolu*) völlig; **ma confiance en lui est entière** er hat mein vollstes Vertrauen ❸ (*personne*) heil; (*objet*) ganz; (*col-*

lection) vollständig

entièrement [ɑ̃tjɛʀmɑ̃] *adv* völlig

entité [ɑ̃tite] *f* PHILOS Wesenheit *f*

entonner [ɑ̃tɔne] <1> *vt* anstimmen

entonnoir [ɑ̃tɔnwaʀ] *m* Trichter *m*

entorse [ɑ̃tɔʀs] *f* Verstauchung *f*

entortiller [ɑ̃tɔʀtije] <1> **I.** *vt* ❶ (*enrouler*) **~ qc autour de qc** etw um etw [herum]wickeln ❷ (*enjôler*) einwickeln (*fam*) **II.** *vpr* ❶ (*s'enrouler*) **s'~ autour de qc** sich um etw ranken ❷ (*s'envelopper*) **s'~ dans qc** sich in etw (*akk*) einwickeln

entourage [ɑ̃tuʀaʒ] *m* Umgebung *f*

entouré, e [ɑ̃tuʀe] *adj* ❶ (*admiré*) umschwärmt ❷ (*aidé*) umsorgt ❸ (*accompagné*) **être bien/mal ~** von den richtigen/nicht von den richtigen Leuten umgeben sein

entourer [ɑ̃tuʀe] <1> **I.** *vt* ❶ **~ qn/qc** jdn/etw umgeben; (*police*) jdn/etw umstellen; **la foule entoure le chanteur** die Menge umringt den Sänger; **être entouré d'arbres** von Bäumen umgeben sein ❷ (*mettre autour*) **~ un mot** ein Wort einkreisen ❸ *fig* **~ qc de mystère** etw mit einem Geheimnis umgeben ❹ (*soutenir*) **~ qn** jdm zur Seite stehen; **~ qn de soins** jdn liebevoll pflegen **II.** *vpr* **s'~ de bons amis** sich mit guten Freunden umgeben; **s'~ de garanties/précautions** sich nach allen Seiten absichern

entracte [ɑ̃tʀakt] *m* THEAT, CINE Pause *f*

entraide [ɑ̃tʀɛd] *f* [gegenseitige] Hilfe

entraider [ɑ̃tʀede] <1> *vpr* **s'~** sich [gegenseitig] helfen

entrailles [ɑ̃tʀaj] *fpl* Eingeweide *Pl*

entrain [ɑ̃tʀɛ̃] *m* Schwung *m*

entraînant, e [ɑ̃tʀɛnɑ̃, ɑ̃t] *adj* mitreißend

entraînement [ɑ̃tʀɛnmɑ̃] *m* ❶ Übung *f* ❷ SPORT Training *nt*

entraîner [ɑ̃tʀene] <1> **I.** *vt* ❶ (*emporter*) mit sich [fort]reißen ❷ (*emmener*) ziehen ❸ (*inciter*) **~ qn à qc** jdn zu etw verleiten; **~ qn à faire qc** jdn dazu verleiten etw zu tun ❹ (*causer*) zur Folge haben ❺ SPORT trainieren **II.** *vpr* **s'~ à qc/à faire qc** sich in etw (*dat*)/darin üben etw zu tun

entraîneur, -euse [ɑ̃tʀɛnœʀ, -øz] *m, f* Trainer(in) *m(f)*

entrapercevoir [ɑ̃tʀapɛʀsəvwaʀ] <12> *vt* [nur] flüchtig sehen

entrave [ɑ̃tʀav] *f* Hemmnis *nt*

entraver [ɑ̃tʀave] <1> *vt* **~ qn/qc dans qc** jdn/etw bei etw behindern

entre [ɑ̃tʀ] *prép* ❶ (*position dans l'intervalle*) zwischen (+ *dat*); **il était assis ~ les deux enfants** er saß zwischen den beiden Kindern ❷ (*mouvement vers l'intervalle*) zwischen (+ *akk*); **il s'assit ~ les deux enfants** er setzte sich zwischen die beiden Kinder ❸ (*parmi des choses*) zwischen (+ *dat*) ❹ (*parmi des personnes*) unter (+ *dat*), von (+ *dat*); **la plupart d'~ eux/elles** die meisten von ihnen; **~ autres** unter anderem; **~ hommes** unter Männern; **~ nous** unter uns [gesagt] ❺ (*à travers*) durch (+ *akk*) ❻ (*dans*) in (+ *akk*); **remettre son sort ~ les mains de son médecin** sein Schicksal in die Hände seines Arztes legen ❼ (*indiquant une relation*) zwischen (+ *dat*)

entrebâillement [ɑ̃tʀəbajmɑ̃] *m* Spalt *m*

entrebâiller [ɑ̃tʀəbaje] <1> *vt* einen Spalt[breit] öffnen

entrechoquer [ɑ̃tʀəʃɔke] <1> *vt* gegeneinanderschlagen

entrecouper [ɑ̃tʀəkupe] <1> *vt* **~ qc de qc** etw mit etw unterbrechen

entrecroiser [ɑ̃tʀəkʀwaze] <1> **I.** *vt* [miteinander] verflechten **II.** *vpr* **s'~** (*routes*) sich kreuzen

entre-déchirer [ɑ̃tʀədeʃiʀe] <1> *vpr* **s'~** (*animaux*) sich [gegenseitig] zerreißen

entre-deux-guerres [ɑ̃tʀədøgɛʀ] *m sans p* **l'~** die Zeit zwischen den beiden Weltkriegen **entre-deux-tours** [ɑ̃tʀədøtuʀ] *m in* POL *Zeit[raum] zwischen den beiden Wahlgängen einer Wahl*

entrée [ɑ̃tʀe] *f* ❶ (*d'une personne*) Eintreten *nt;* (*d'un acteur*) Auftritt *m;* (*d'un train*) Einfahrt *f;* **faire une ~ triomphale** einen triumphalen Einzug halten ❷ (*accès*) Eingang *m;* **~ principale/de service** Haupt-/Dienstboteneingang ❸ (*droit d'entrer*) Zutritt *m;* **~ interdite!** kein Zutritt!; **~ interdite à tout véhicule** Einfahrt verboten ❹ (*d'un appartement*) Diele *f;* (*d'un hôtel, immeuble*) Eingangshalle *f;* (*d'une maison*) Hausflur *m* ❺ (*billet*) Eintrittskarte *f;* **~ non payante** Freikarte *f* ❻ (*somme perçue*) Eintrittspreis *m* ❼ (*adhésion*) Beitritt *m* ❽ (*commencement*) **~ en matière** Einleitung *f* ❾ GASTR erster Gang; **en ~** als Vorspeise ❿ (*d'un dictionnaire*) Eintrag *m* ⓫ IN

FORM Eingabe *f*

entrefilet [ɑ̃tʀəfilɛ] *m* kurze [Zeitungs]notiz

entrejambe [ɑ̃tʀəʒɑ̃b] *m* Schritt *m*

entrelacer [ɑ̃tʀəlase] <2> *vpr* **s'~** sich [ineinander] verschlingen

entremêler [ɑ̃tʀəmele] <1> *vt fig* **~ qc de qc** etw in etw (*akk*) einstreuen

entremets [ɑ̃tʀəmɛ] *m* Süßspeise *f*

entremetteur, -euse [ɑ̃tʀəmetœʀ, -øz] *m, f péj* Kuppler(in) *m(f)*

entremettre [ɑ̃tʀəmɛtʀ] <irr> *vpr* **s'~ dans qc** vermittelnd in etw (*akk*) eingreifen

entremise [ɑ̃tʀəmiz] *f* Vermittlung *f*

entreposer [ɑ̃tʀəpoze] <1> *vt* (ein)lagern; (*meubles*) unterstellen; **~ qc en douane** etw unter Zollverschluss lagern

entrepôt [ɑ̃tʀəpo] *m* Lagerhalle *f*

entreprenant, e [ɑ̃tʀəpʀənɑ̃, ɑ̃t] *adj* ❶ (*dynamique*) unternehmungslustig ❷ (*galant*) galant

entreprendre [ɑ̃tʀəpʀɑ̃dʀ] <13> *vt* unternehmen; (*étude, travail*) in Angriff nehmen

entrepreneur, -euse [ɑ̃tʀəpʀənœʀ, -øz] *m, f* ❶ Unternehmer(in) *m(f)* ❷ TECH Bauunternehmer(in) *m(f)*

entreprise [ɑ̃tʀəpʀiz] *f* ❶ (*firme*) Unternehmen *nt,* Betrieb *m,* Firma *f;* **~ de construction** Baufirma; **~ de transports** Speditionsfirma ❷ (*opération*) Unternehmung *f*

entrer [ɑ̃tʀe] <1> **I.** *vi + être* ❶ (*pénétrer*) eintreten; (*vu de l'intérieur*) hereinkommen; (*vu de l'extérieur*) hineingehen; **défense d'~!** Eintritt verboten!; **faire ~ qn/un animal** jdn hereinbitten/ein Tier hereinholen; **laisser ~ qn/un animal** jdn/ein Tier herein-/hineinlassen ❷ (*pénétrer dans un lieu*) **~ dans qc** etw betreten; (*chien*) in etw (*akk*) [herein-]/[hinein]laufen; **le train entre en gare** der Zug fährt [in den Bahnhof] ein ❸ (*aborder*) **~ dans les détails** ins Detail gehen; **~ dans le vif du sujet** sofort zum Kern der Sache kommen ❹ *fam* (*heurter*) **~ dans qc** gegen etw laufen/fahren ❺ (*s'engager dans*) **~ dans un club** Mitglied eines Klubs werden; **~ dans un parti** einer Partei beitreten; **~ dans l'armée** zur Armee gehen; **~ dans la vie active** ins Erwerbsleben eintreten ❻ (*être admis*) **~ à l'hôpital/l'école/en sixième** ins Krankenhaus/in die Schule/die 1. Klasse des Gymnasiums kommen; **faire ~ qn dans une entreprise** jdm eine Stelle in einem Unternehmen verschaffen ❼ (*s'enfoncer*) **la clé n'entre pas dans le trou de la serrure** der Schlüssel passt nicht ins Schlüsselloch ❽ (*s'associer à*) **~ dans la discussion** sich an der Diskussion beteiligen ❾ (*faire partie de*) **~ dans la composition d'un produit** Bestandteil eines Produkts sein ❿ **~ en application** in Kraft treten; **~ en contact avec qn** mit jdm Kontakt aufnehmen; **~ en guerre** in den Krieg eintreten; **~ en scène** auftreten **II.** *vt + avoir* ❶ **~ qc dans qc** etw in etw (*akk*) hineinbringen ❷ INFORM eingeben

entre-temps [ɑ̃tʀətɑ̃] *adv* inzwischen

entretenir [ɑ̃tʀət(ə)niʀ] <9> **I.** *vt* ❶ in Stand halten; (*beauté, voiture*) pflegen ❷ (*faire vivre*) **~ qn** für jds Unterhalt aufkommen ❸ (*correspondance, relations*) unterhalten; (*doute, espoir*) hegen ❹ (*parler à*) **~ qn de qn/qc** jdm von jdm/etw erzählen **II.** *vpr* **s'~ avec qn de qn/qc** sich mit jdm über jdn/etw unterhalten

entretenu, e [ɑ̃tʀət(ə)ny] **I.** *part passé de* **entretenir II.** *adj* gepflegt

entretien [ɑ̃tʀətjɛ̃] *m* ❶ (*de la peau, d'un vêtement*) Pflege *f;* (*d'une maison*) Instandhaltung *f;* (*d'une machine*) Wartung *f* ❷ (*discussion en privé*) Gespräch *nt,* Unterhaltung *f*

entretuer [ɑ̃tʀətɥe] <1> *vpr* **s'~** sich gegenseitig umbringen

entrevoir [ɑ̃tʀəvwaʀ] <irr> *vt* ❶ (*voir: indistinctement*) undeutlich sehen; (*brièvement*) [nur] flüchtig sehen ❷ (*pressentir*) vorhersehen; **~ une amélioration** Anzeichen einer Besserung sehen

entrevue [ɑ̃tʀəvy] *f* Unterredung *f*

entrouvert, e [ɑ̃tʀuvɛʀ, ɛʀt] *adj* halb geöffnet

entrouvrir [ɑ̃tʀuvʀiʀ] <11> *vt, vpr* [**s'**]**~** [sich] ein wenig öffnen

entuber [ɑ̃tybe] <1> *vt fam* übers Ohr hauen

énumération [enymeʀasjɔ̃] *f* Aufzählung *f*

énumérer [enymeʀe] <5> *vt* aufzählen

envahir [ɑ̃vaiʀ] <8> *vt* ❶ MIL (*pays*) einfallen in (+ *akk*) ❷ (*se répandre*) **~ les rues** auf die Straßen strömen; **~ un terrain** (*mauvaises herbes*) ein Gelände überwuchern; (*eau*) ein Gelände überschwemmen ❸ (*doute, terreur*) überkommen

envahissant, e [ɑ̃vaisɑ̃, ɑ̃t] *adj* (*personne*)

E

aufdringlich

envahissement [ɑ̃vaismɑ̃] *m* ❶ MIL **l'~ de l'Europe par les Huns** der Einfall der Hunnen in Europa ❷ (*fait d'occuper, de proliférer*) Überhandnehmen *nt;* **l'~ du stade/magasin** der Ansturm auf das Stadion/den Laden

envahisseur, **-euse** [ɑ̃vaisœʀ, -øz] *m, f* MIL Angreifer(in) *m(f)*

enveloppe [ɑ̃vlɔp] *f* ❶ POST [Brief]umschlag *m;* **être sous ~** sich in einem [verschlossenen] [Brief]umschlag befinden ❷ (*protection*) [Schutz]hülle *f* ❸ FIN Gelder *Pl*

enveloppé, **e** [ɑ̃vlɔpe] *adj* rundlich

envelopper [ɑ̃vlɔpe] <1> **I.** *vt* (*verre*) einpacken; **~ un bébé dans une couverture** ein Baby in eine Decke einwickeln **II.** *vpr* **s'~ dans son manteau** sich in seinen Mantel hüllen

envenimé, **e** [ɑ̃v(ə)nime] *adj* (*propos*) böswillig

envenimer [ɑ̃v(ə)nime] <1> **I.** *vt* verschlimmern **II.** *vpr* **s'~** (*situation, conflit*) sich zuspitzen

envergure [ɑ̃vɛʀgyʀ] *f* ❶ (*dimension*) Spannweite *f* ❷ (*valeur, ampleur*) Tragweite *f;* **avoir de l'~** (*personne*) Format haben

envers [ɑ̃vɛʀ] **I.** *prép* **~ qn/qc** jdm/einer S. gegenüber **II.** *m* (*d'une feuille de papier*) Rückseite *f;* (*d'un vêtement*) linke Seite; (*d'une assiette*) Unterseite *f* ►**à l'~** (*dans le mauvais sens*) verkehrt herum; (*à rebours*) umgekehrt; (*de bas en haut*) auf dem Kopf; (*à reculons*) rückwärts; (*en désordre*) durcheinander

enviable [ɑ̃vjabl] *adj* beneidenswert

envie [ɑ̃vi] *f* ❶ Lust *f;* **avoir ~ de cacahuètes** Lust auf Erdnüsse haben; **avoir ~ de faire qc** Lust haben etw zu tun; **avoir ~ de faire pipi/d'aller au W.-C.** *fam* mal aufs Klo müssen; **~ de vomir** Brechreiz *m;* **mourir d'~ de faire qc** darauf brennen etw zu tun; **ça me donne ~ de partir en vacances** da bekomme ich Lust zu verreisen ❷ (*convoitise*) Begierde *f* ❸ (*péché capital*) Wollust *f* ❹ (*jalousie*) Neid *m*

envier [ɑ̃vje] <1> *vt* beneiden; **~ qn pour sa richesse/d'être riche** jdn um seinen Reichtum beneiden/jdn darum beneiden, dass er reich ist

envieux, **-euse** [ɑ̃vjø, -jøz] **I.** *adj* neidisch **II.** *m, f* Neider(in) *m(f)*

environ [ɑ̃viʀɔ̃] **I.** *adv* ungefähr **II.** *mpl* (*d'une ville*) Umgebung *f;* **aux ~s de 20 euros** an die 20 Euro

environnant, **e** [ɑ̃viʀɔnɑ̃, ɑ̃t] *adj* der Umgebung

environnement [ɑ̃viʀɔnmɑ̃] *m* ❶ (*milieu écologique*) Umwelt *f* ❷ (*environs*) Umgebung *f* ❸ (*milieu social*) Umfeld *nt*

environner [ɑ̃viʀɔne] <1> *vt* umgeben

envisager [ɑ̃vizaʒe] <2a> *vt* ❶ (*question, situation*) in Betracht ziehen; **~ l'avenir/la mort** der Zukunft/dem Tod entgegensehen ❷ (*projeter*) planen ❸ (*prévoir*) **~ que** + *subj* davon ausgehen, dass

envoi [ɑ̃vwa] *m* ❶ [Ab]schicken *nt;* (*d'une marchandise, commande*) Versand *m;* (*de vivres*) Sendung *f* ❷ (*colis, courrier*) Sendung *f;* **~ recommandé** Einschreiben *nt*

envol [ɑ̃vɔl] *m* Auffliegen *nt*

envolée [ɑ̃vɔle] *f* (*des oiseaux*) Auffliegen *nt*

envoler [ɑ̃vɔle] <1> *vpr* **s'~** ❶ (*quitter le sol*) wegfliegen; (*avion*) abfliegen ❷ (*monnaie, prix*) hochschnellen ❸ (*disparaître*) sich in Luft auflösen (*fam*)

envoûtement [ɑ̃vutmɑ̃] *m* Bann *m*

envoûter [ɑ̃vute] <1> *vt* in seinen Bann ziehen

envoyé, **e** [ɑ̃vwaje] **I.** *part passé de* **envoyer** **II.** *m, f* ❶ PRESSE Korrespondent(in) *m(f);* **~ spécial** Sonderberichterstatter *m,* (Sonder-)Korrespondent ❷ POL, REL Abgesandte(r) *f(m)*

envoyer [ɑ̃vwaje] <irr> *vt* ❶ (*démission*) einreichen; **~ un colis/une lettre à qn** jdm ein Paket/einen Brief schicken; **~ ses amitiés/félicitations à qn** jdm eine Gruß-/Glückwunschkarte schicken; **~ qn à la poste/chez qn** jdn zur Post/zu jdm schicken ❷ (*ballon*) werfen; (*avec le pied*) schießen; **~ un ballon à qn** (*avec la main/le pied*) jdm den Ball zuwerfen/zuschießen ►**~ tout promener** *fam* alles hinschmeißen

enzyme [ɑ̃zim] *m o f* Enzym *nt*

éolienne [eɔljɛn] *f* (*machine*) Windrad *nt*

épagneul, **e** [epaɲœl] *m, f* Spaniel *m*

épais, **se** [epɛ, ɛs] *adj* ❶ dick; **cette planche est ~se de 4 cm** dieses Brett ist 4 cm dick ❷ (*forêt, brouillard*) dicht ❸ (*liquide*) dickflüssig

épaisseur [epɛsœʀ] *f* ❶ (*dimension*) Stärke *f;* (*d'une couche, couverture*) Dicke *f;* (*de la neige*) Höhe *f;* **avoir une ~ de 7 cm** 7 cm

dick sein ❷ (*consistance: d'un liquide*) Dickflüssigkeit *f*
épaissir [epesiʀ] <8> **I.** *vi* (*liquide*) eindicken **II.** *vpr* **s'~** (*liquide, air*) dicker werden; (*forêt, brouillard*) dichter werden
épanoui, e [epanwi] *adj* ❶ (*fleur*) aufgeblüht; (*sourire, visage*) strahlend ❷ (*caractère, personne*) ausgeglichen
épanouir [epanwiʀ] <8> *vpr* **s'~** ❶ (*fleur*) aufblühen ❷ (*visage*) sich erhellen ❸ (*trouver le bonheur*) aufblühen ❹ (*beauté*) sich entfalten
épanouissement [epanwismɑ̃] *m* (*d'une personne*) Selbstverwirklichung *f*
épargnant, e [epaʀɲɑ̃, ɑ̃t] *m, f* Sparer(in) *m(f)*
épargne [epaʀɲ] *f* Sparen *nt*
épargne-logement [epaʀɲlɔʒmɑ̃] *f sans pl* Bausparen *nt*
épargner [epaʀɲe] <1> **I.** *vt* ❶ (*forces*) schonen ❷ (*éviter*) ~ **un discours à qn** jdn mit einer Rede verschonen ❸ (*laisser vivre*) verschonen **II.** *vpr* **s'~ qc** sich (*dat*) etw ersparen
éparpiller [epaʀpije] <1> **I.** *vt* (*personnes*) [überall] verteilen; (*miettes*) [überall] verstreuen **II.** *vpr* **s'~** (*foule*) sich zerstreuen
épars, e [epaʀ, aʀs] *adj* (*maisons*) vereinzelt; (*cheveux*) zerzaust
épatant, e [epatɑ̃, ɑ̃t] *adj fam* toll
épaté, e [epate] *adj fam* platt
épater [epate] <1> *vt fam* verblüffen
épaule [epol] *f* Schulter *f*; **hausser les ~s** mit den Schultern zucken
épauler [epole] <1> *vt* ❶ (*aider*) ~ **qn** jdm unter die Arme greifen ❷ (*arme*) anlegen
épaulette [epolɛt] *f* COUT Schulterpolster *nt*
épave [epav] *f* Wrack *nt*
épée [epe] *f* Schwert *nt*
épeler [ep(ə)le] <3> *vt, vi* buchstabieren
épépiner [epepine] <1> *vt* entkernen
éperdu, e [epɛʀdy] *adj* (*personne*) außer sich
éperon [ep(ə)ʀɔ̃] *m* Sporn *m*
éperonner [ep(ə)ʀɔne] <1> *vt* ~ **un cheval** einem Pferd die Sporen geben
épervier [epɛʀvje] *m* ZOOL Sperber *m*
éphémère [efemɛʀ] *adj* vergänglich
épi [epi] *m* (*de maïs*) Kolben *m*
épice [epis] *f* Gewürz *nt*
épicé, e [epise] *adj* ❶ GASTR gewürzt ❷ (*histoire*) pikant
épicéa [episea] *m* Fichte *f*
épicentre [episɑ̃tʀ] *m* Epizentrum *nt*
épicer [epise] <2> *vt* würzen
épicerie [episʀi] *f* Lebensmittelgeschäft *nt*; ~ **fine** Feinkostgeschäft *nt*
épicier, -ière [episje, -jɛʀ] *m, f* Lebensmittelhändler(in) *m(f)*
épicurien, ne [epikyʀjɛ̃, jɛn] *adj* epikureisch
épidémie [epidemi] *f* Seuche *f*
épiderme [epidɛʀm] *m* [Ober]haut *f*
épidermique [epidɛʀmik] *adj* Oberhaut-
épier [epje] <1> *vt* [heimlich] beobachten; ~ **qn** jdm nachspionieren
épilation [epilasjɔ̃] *f* Epilieren *nt*
épilepsie [epilɛpsi] *f* Epilepsie *f*
épileptique [epilɛptik] **I.** *adj* epileptisch **II.** *mf* Epileptiker(in) *m(f)*
épiler [epile] <1> *vt* enthaaren, epilieren
épilogue [epilɔg] *m* Epilog *m*; (*d'un roman*) Nachwort *nt*
épiloguer [epilɔge] <1> *vi* ~ **sur qc** sich lang und breit über etw (*akk*) auslassen
épinard [epinaʀ] *m* Spinat *m*
épine [epin] *f* (*d'un hérisson, cactus*) Stachel *m*; (*d'un buisson*) Dorn *m*
épineux [epinø] *m* Dornenstrauch *m*
épingle [epɛ̃gl] *f* [Steck]nadel *f*; ~ **à cheveux** Haarnadel; ~ **à nourrice** Sicherheitsnadel
épingler [epɛ̃gle] <1> *vt* ❶ ~ **des photos au mur** Fotos an die Wand pinnen (*fam*) ❷ *fam* (*attraper*) schnappen
Épiphanie [epifani] *f sans pl* **l'~** das Fest der Heiligen Drei Könige
épique [epik] *adj* (*poésie, style*) episch; **poème ~** Epos *nt*
épiscopal, e [episkɔpal, o] <-aux> *adj* bischöflich
épisode [epizɔd] *m* ❶ Episode *f* ❷ (*d'un film, feuilleton*) Folge *f* ▶**par ~s** zeitweise
épisodique [epizɔdik] *adj* gelegentlich
épisodiquement [epizɔdikmɑ̃] *adv* gelegentlich
épitaphe [epitaf] *f* Grabinschrift *f*
épithète [epitɛt] *f* GRAM Attribut *nt*
épître [epitʀ] *f* REL Apostelbrief *m*, Epistel *f*
éploré, e [eplɔʀe] *adj* ❶ (*en pleurs*) in Tränen aufgelöst ❷ (*triste*) untröstlich
épluchage [eplyʃaʒ] *m* (*des fruits, légumes*) Schälen *nt*
éplucher [eplyʃe] <1> *vt* ❶ (*fruits, légumes*) schälen ❷ *fig* (*comptes*) [genau] unter die

Lupe nehmen

épluchure [eplyʃyʀ] *f souvent pl* Schalen *Pl*

éponge [epɔ̃ʒ] *f* Schwamm *m* ▸**jeter** **l'~** das Handtuch werfen

éponger [epɔ̃ʒe] <2a> *vt* (*sol*) wischen; (*liquide*) aufwischen

épopée [epɔpe] *f* LITTER Epos *nt*

époque [epɔk] *f* Zeit *f*, Epoche *f*; **à l'~** damals; **à l'~ de qn/qc** zu jds Zeit/zur Zeit einer S. (*gen*); **à cette ~ de l'année** um diese Jahreszeit ▸**d'~** [stil]echt

époumoner [epumɔne] <1> *vpr* **s'~ à faire qc** sich (*dat*) die Lunge aus dem Hals schreien um etw zu tun

épouse [epuz] *f v.* **époux**

épouser [epuze] <1> *vt* ❶ heiraten ❷ (*idées, point de vue*) teilen; ~ **une cause** für eine Sache eintreten

épousseter [epuste] <3> *vt* abstauben

époustouflant, e [epustuflɑ̃, ɑ̃t] *adj fam* unglaublich

époustoufler [epustufle] <1> *vt fam* umhauen

épouvantable [epuvɑ̃tabl] *adj* schrecklich; (*temps*) scheußlich

épouvantail [epuvɑ̃taj] <s> *m a. fig* Vogelscheuche *f*

épouvante [epuvɑ̃t] *f* **film d'~** Horrorfilm *m*

épouvanter [epuvɑ̃te] <1> *vt* ❶ (*horrifier*) in Angst und Schrecken versetzen ❷ (*inquiéter*) ~ **qn** jdm Angst machen

époux, épouse [epu, epuz] *m, f form* Gatte/Gattin *m/f*; **les ~** die Eheleute; **Mme Dumas, épouse Meier** Frau Meier, geborene Dumas

épreuve [epʀœv] *f* ❶ (*test*) Prüfung *f*, Probe *f*; **mettre qn/qc à l'~/à rude ~** jdn/etw auf die Probe/auf eine harte Probe stellen ❷ (*examen, moment difficile*) Prüfung *f* ❸ SPORT Wettkampf *m* ❹ (*adversité, malheur*) harte Zeit ▸**~ de force** Kraftprobe *f* **être à l'~ du feu/de l'eau** feuer-/wasserfest sein; **à toute ~** bewährt

épris, e [epʀi, iz] *adj* ~ **de qn** in jdn verliebt, von jdm angetan

éprouvant, e [epʀuvɑ̃, ɑ̃t] *adj* anstrengend; (*chaleur*) drückend

éprouvé, e [epʀuve] *adj* ❶ (*pays, région*) hart getroffen; **être très ~** viel durchmachen ❷ (*confirmé*) bewährt

éprouver [epʀuve] <1> *vt* ❶ (*besoin, envie*) verspüren; (*sentiment*) haben; (*tendresse, douleur*) empfinden ❷ (*ébranler: physiquement, moralement*) mitnehmen; (*matériellement*) schwer treffen

éprouvette [epʀuvɛt] *f* Reagenzglas *nt*

épuisant, e [epɥizɑ̃, ɑ̃t] *adj* anstrengend

épuisé, e [epɥize] *adj* ❶ [völlig] erschöpft ❷ (*gisement*) [völlig] abgebaut; (*terre*) ausgelaugt; (*réserves*) aufgebraucht; (*stock, ressources*) erschöpft ❸ (*édition, livre*) vergriffen; (*article*) ausverkauft

épuisement [epɥizmɑ̃] *m* ❶ Erschöpfung *f* ❷ (*des réserves, ressources*) Erschöpfung *f* ❸ (*vente totale*) Ausverkauf *m*

épuiser [epɥize] <1> **I.** *vt* ❶ (*fatiguer*) strapazieren ❷ (*économies, réserves*) aufbrauchen; (*sujet*) erschöpfend behandeln; (*possibilités, ressources*) ausschöpfen ❸ (*stock, articles*) ausverkaufen **II.** *vpr* ❶ **s'~** (*réserves*) zu Ende gehen; (*source*) versiegen ❷ (*se fatiguer*) **s'~ à faire qc** sich abmühen etw zu tun

épuisette [epɥizɛt] *f* Kescher *m*

épuration [epyʀasjɔ̃] *f* CHIM Reinigung *f*

épurer [epyʀe] <1> *vt* reinigen

équateur [ekwatœʀ] *m* Äquator *m*

équation [ekwasjɔ̃] *f* MATH Gleichung *f*

équatorial, e [ekwatɔʀjal, jo] <-aux> *ad*[*j*] (*climat*) äquatorial; (*forêt, région*) Äquatorial-

équerre [ekɛʀ] *f* Geodreieck *nt*

équestre [ekɛstʀ] *adj* Reit-

équilatéral, e [ekɥilateʀal, o] <-aux> *ad*[*j*] (*triangle*) gleichseitig

équilibre [ekilibʀ] *m* ❶ Gleichgewicht *nt*; **en ~** im Gleichgewicht; **être en ~ sur le bord de la table** halb auf der Tischkante stehen; **mettre qc en ~** etw ausbalancieren ❷ PSYCH seelisches Gleichgewicht ❸ POL ECON Gleichgewicht *nt*

équilibré, e [ekilibʀe] *adj* ❶ (*balance*) austariert; (*chargement*) gleichmäßig verteilt; (*repas*) ausgewogen; (*budget*) ausgeglichen ❷ (*personne, esprit*) ausgeglichen

équilibrer [ekilibʀe] <1> **I.** *vt* ❶ (*balance*) austarieren; (*charge, pouvoirs*) gleichmäßig verteilen; (*budget*) ausgleichen; **bien ~ ses repas** sich sehr ausgewogen ernähren ❷ (*stabiliser*) ~ **qn/qc** jdm/einer S. Halt geben ❸ (*contrebalancer*) ausgleichen **II.** *vpr* **s'~** sich die Waage halten

équilibriste [ekilibʀist] *mf* Akrobat(in) *m(f)*

équinoxe [ekinɔks] *m* Tagundnachtgleiche *f*

équipage [ekipaʒ] *m* (*d'un avion, bateau*) Besatzung *f*

équipe [ekip] *f* ❶ SPORT Mannschaft *f;* **faire ~ avec qn** mit jdm in einer Mannschaft sein ❷ (*groupe*) Team *nt;* **l'~ de jour/nuit/du matin/soir** die Tages-/Nacht-/Früh-/Spätschicht; **en ~** im Team; SCOL in Gruppen

équipée [ekipe] *f* (*aventure*) [abenteuerliches] Unterfangen

équipement [ekipmɑ̃] *m* ❶ Ausrüstung *f;* (*d'un hôtel, hôpital*) Einrichtung *f;* (*d'une voiture*) Ausstattung *f* ❷ *souvent pl* (*installations*) Anlage *f;* **des ~s sportifs/collectifs** Sportanlagen/öffentliche Einrichtungen ❸ ADMIN **l'Equipement** [**du territoire**] ≈ die Landesplanungsbehörde

équiper [ekipe] <1> *vpr* **s'~ en qc** sich mit etw ausrüsten

équipier, -ière [ekipje, -jɛʀ] *m, f* [Mannschafts]kamerad(in) *m(f)*

équitable [ekitabl] *adj* gerecht

équitablement [ekitabləmɑ̃] *adv* gerecht

équitation [ekitasjɔ̃] *f* Reiten *nt;* **faire de l'~** reiten

équité [ekite] *f* (*d'un jugement, d'une loi*) Angemessenheit *f*

équivalence [ekivalɑ̃s] *f* ❶ Gleichwertigkeit *f* ❷ UNIV Äquivalenz *f;* **elle obtient une ~ pour qc** ihr wird etw anerkannt

équivalent [ekivalɑ̃] *m* Entsprechende(s) *nt;* (*d'un mot*) Entsprechung *f;* **sans ~** ohnegleichen

équivalent, e [ekivalɑ̃, ɑ̃t] *adj* (*part, forme*) gleich; (*diplôme*) gleichwertig; (*expression*) gleichbedeutend

équivaloir [ekivalwaʀ] <irr> *vi* **~ à qc** einer S. (*dat*) entsprechen

équivoque [ekivɔk] *adj* ❶ (*ambigu*) zweideutig ❷ (*louche*) zwielichtig

érable [eʀabl] *m* Ahorn *m*

éradication [eʀadikasjɔ̃] *f* Ausrotten *nt*

éradiquer [eʀadike] <1> *vt* ausrotten

érafler [eʀɑfle] <1> **I.** *vt* **~ qn/qc** jdn/etw zerkratzen; (*balle*) jdn/etw streifen; **être éraflé** (*genou*) aufgeschürft sein **II.** *vpr* **s'~ qc** sich (*dat*) etw zerkratzen; **s'~ le genou** sich (*dat*) das Knie aufschürfen

éraflure [eʀɑflyʀ] *f* Schramme *f*

ère [ɛʀ] *f* ❶ Zeitalter *nt,* Ära *f;* **~ industrielle** Industriezeitalter ❷ Zeitrechnung *f* ❸ GEO **~ tertiaire/quaternaire** Tertiär *nt/* Quartär *nt*

érection [eʀɛksjɔ̃] *f* Erektion *f*

éreintant, e [eʀɛ̃tɑ̃, ɑ̃t] *adj* aufreibend

éreinté, e [eʀɛ̃te] *adj* [völlig] erschöpft

érémiste [eʀemist] *mf* Sozialhilfeempfänger(in) *m(f)*

ergonomique [ɛʀgɔnɔmik] *adj* ergonomisch

ériger [eʀiʒe] <2a> *vt form* (*monument*) errichten

ermitage [ɛʀmitaʒ] *m* Einsiedelei *f*

ermite [ɛʀmit] *m* Eremit *m*

éroder [eʀɔde] <1> *vt* (*vent*) erodieren; (*pluie, eau*) auswaschen

érogène [eʀɔʒɛn] *adj* (*zone*) erogen

érosion [eʀɔzjɔ̃] *f* Erosion *f*

érotique [eʀɔtik] *adj* erotisch

érotisme [eʀɔtism] *m* Erotik *f*

errant, e [eʀɑ̃, ɑ̃t] *adj* umherirrend; **vie ~e** Nomadenleben *nt*

erratum [eʀatɔm, eʀata] <errata> *m* Druckfehler *m*

errer [eʀe] <1> *vi* umherirren; (*animal*) streunen(*pej*) umherirren

erreur [eʀœʀ] *f* ❶ (*faute*) Fehler *m* ❷ (*idée/opinion erronée*) Irrtum *m;* **~ d'ordinateur/de système** Computer-/Systemfehler; **~ d'appréciation/de jugement** Fehleinschätzung *f*/Fehlurteil *nt;* **raccrochez! c'est une ~** [**de numéro**] legen Sie auf! Sie haben sich verwählt; **~ judiciaire** Justizirrtum; **~ médicale** [ärztlicher] Kunstfehler; **il y a ~/n'y a pas d'~** hier liegt ein/kein Irrtum vor; **j'ai commis une ~** mir ist ein Fehler unterlaufen; **être dans l'~** im Irrtum sein; **faire ~** sich irren; **induire qn en ~** jdn irreführen; **par ~** aus Versehen; **sauf ~ de ma part** wenn ich mich nicht täusche ▶**l'~ est humaine** *prov* Irren ist menschlich (*prov*)

erroné, e [eʀɔne] *adj* irrig

ersatz [ɛʀsats] *m inv* **~ de café/savon** Kaffee-/Seifenersatz *m*

érudit, e [eʀydi, it] *adj* gelehrt

érudition [eʀydisjɔ̃] *f* Gelehrsamkeit *f*

éruption [eʀypsjɔ̃] *f* GEO Ausbruch *m*

es [ɛ] *indic prés de* **être**

escabeau [ɛskabo] <x> *m* [Tritt]leiter *f*

escadrille [ɛskadʀij] *f* MIL Staffel *f*

escadron [ɛskadʀɔ̃] *m* (*de cavalerie*) Schwadron *f;* (*de chasseurs, gendarmerie*)

E

Staffel *f*

escalade [ɛskalad] *f* ① Erklettern *nt;* **faire l'~ d'une montagne** auf einen Berg steigen ② (*sport*) Bergsteigen/Klettern *nt,* Klettersport *m;* **faire de l'~** klettern ③ (*surenchère*) [schneller] Anstieg; **au Pérou, c'est l'~ de la violence** in Peru eskaliert die Gewalt

escalader [ɛskalade] <1> *vt* ① (*montagne*) steigen auf (+ *akk*) ② (*grille, mur*) steigen über (+ *akk*)

escalator [ɛskalatɔʀ] *m* Rolltreppe *f*

escale [ɛskal] *f* ① NAUT Zwischenstopp *m* ② AVIAT Zwischenlandung *f*

escalier [ɛskalje] *m sing o pl* Treppe *f;* **~ roulant** Rolltreppe; **~ de service** Hintertreppe; **être dans l'~** im Treppenhaus sein; **tomber dans les ~s** die Treppe hinunter-/herunterfallen

escalope [ɛskalɔp] *f* Schnitzel *nt*

escamotable [ɛskamɔtabl] *adj* (*antenne*) einschiebbar

escamoter [ɛskamɔte] <1> *vt* (*train d'atterrissage*) einfahren; (*antenne*) einziehen

escapade [ɛskapad] *f* Eskapade *f*

escargot [ɛskaʀgo] *m* ① ZOOL, GASTR Schnecke *f* ② (*personne*) **rouler comme un ~** im Schneckentempo fahren (*fam*)

escarmouche [ɛskaʀmuʃ] *f* MIL Gefecht *nt*

escarpé, e [ɛskaʀpe] *adj* (*montagne*) steil [aufragend]

escarpin [ɛskaʀpɛ̃] *m* Pumps *m*

esclaffer [ɛsklafe] <1> *vpr* **s'~** schallend [los]lachen

esclavage [ɛsklavaʒ] *m* Sklaverei *f*

esclave [ɛsklav] **I.** *adj* versklavt; **~ de qn/qc** jdm/einer S. verfallen **II.** *mf* Sklave/Sklavin *m/f*

escompte [ɛskɔ̃t] *m* COM Skonto *nt o m*

escompter [ɛskɔ̃te] <1> *vt* FIN diskontieren

escorte [ɛskɔʀt] *f* Eskorte *f;* (*d'un prisonnier*) Wache *f*

escorter [ɛskɔʀte] <1> *vt* ① (*personne*) geleiten ② (*protéger*) eskortieren

escrime [ɛskʀim] *f* Fechten *nt*

escroc [ɛskʀo] *m* Betrüger(in) *m(f)*

escroquer [ɛskʀɔke] <1> *vt* **~ qn de mille euros** jdn um 1000 Euro betrügen

escroquerie [ɛskʀɔkʀi] *f* Betrug *m,* Schwindel *m*

ésotérique [ezɔteʀik] *adj* esoterisch

espace [ɛspas] **I.** *m* ① (*place*) Platz *m;* **~ vide** Zwischenraum *m;* **~ publicitaire** Werbefläche *f* ② (*zone*) Gebiet *nt fig* Raum *m;* **~ vert** Grünfläche *f* ③ (*cosmos*) Weltraum *m;* MATH Raum *m;* **~ aérien** Luftraum *m* ④ (*distance*) Abstand *m,* Zwischenraum *m* ⑤ (*durée*) **~ [de temps]** Zeitraum *m* ⑥ TYP, INFORM Leerstelle *f* **II.** *f* TYP Leerzeichen *nt*

espacement [ɛspasmɑ̃] *m* Abstand *m*

espacer [ɛspase] <2> **I.** *vt* (*élèves*) auseinandersetzen; **~ les lignes un peu plus** etwas mehr Abstand zwischen den Zeilen lassen **II.** *vpr* **s'~** seltener werden

espadon [ɛspadɔ̃] *m* ZOOL Schwertfisch *m*

espadrille [ɛspadʀij] *f* ① Espandrillo *m* ② CAN (*basket*) Turnschuh *m*

Espagne [ɛspaɲ] *f* **l'~** Spanien *nt*

espagnol [ɛspaɲɔl] *m* Spanisch *nt; v.a.* **allemand**

espagnol, e [ɛspaɲɔl] *adj* spanisch; *v.a.* **allemand**

Espagnol, e [ɛspaɲɔl] *m, f* Spanier(in) *m(f)*

espèce [ɛspɛs] *f* ① (*catégorie*) Art *f;* **~ animale/de rosiers** Tier-/Rosenart; **~ canine** Hunderasse *f;* **l'~ [humaine]** das Menschengeschlecht ② *souvent péj* (*sorte*) Art *f;* **c'est un(e) ~ de pot de chambre** das ist so eine Art Nachttopf (*fam*); **~ d'imbécile!** *fam* [du/Sie/so ein] Blödmann!/[du/Sie/so eine] blöde Kuh!; **de ton/cette/de la pire ~** *fam* von deiner/dieser/der schlimmsten Sorte ③ *pl* (*argent liquide*) Bargeld *nt;* **régler en ~s** bar bezahlen

espérance [ɛspeʀɑ̃s] *f* ① (*confiance*) Zuversicht *f* ② (*espoir*) Hoffnung *f;* **donner de grandes ~s** viel versprechend sein; **fonde de grandes ~s sur qn/qc** große Hoffnun gen auf jdn/etw setzen; **dans l'~ de faire qc/que** + *subj* in der Hoffnung etw zu tun/, dass ③ (*durée*) **~ de vie** Lebenserwartung *f*

espérer [ɛspeʀe] <5> **I.** *vt* ① (*souhaiter*) hoffen auf (+ *akk*); **je l'espère bien** da hoffe ich [doch] sehr; **nous espérons vous revoir bientôt** wir hoffen Sie bald wieder zu sehen; **j'espère n'avoir rien oublié** ich hoffe, ich habe nichts vergesse ② (*compter sur*) rechnen mit (+ *dat*), erwarten **II.** *vi* hoffen; **espérons!** hoffentlich!

espiègle [ɛspjɛgl] *adj* schelmisch

espièglerie [ɛspjɛgləʀi] *f* Schalk *m*

espion, ne [ɛspjɔ̃, jɔn] **I.** *m, f* Spion(in) *m(f)*

II. *app (satellite-, avion-)* Spionage-

espionnage [ɛspjɔnaʒ] *m* Spionage *f;* **les services d'~** der Spionagedienst; **~ industriel** Industriespionage; **d'~** *(film, roman)* Spionage-

espionner [ɛspjɔne] <1> *vt* ausspionieren; *(conversation)* [heimlich] belauschen; **~ qn** jdm nachspionieren

esplanade [ɛsplanad] *f* [großer, freier] [Vor]platz

espoir [ɛspwaʀ] *m* ❶ Hoffnung *f;* **sans ~** hoffnungslos; *(amour)* aussichtslos; **conserver l'~/ne pas perdre ~** die Hoffnung nicht aufgeben; **enlever tout ~ à qn** jdm jede Hoffnung nehmen; **tu as encore l'~ que...?** *+ subj* glaubst du wirklich noch, dass...?; **je garde l'~ qu'il viendra** ich gebe die Hoffnung nicht auf, dass er kommt; **dans l'~ de faire qc** in der Hoffnung etw zu tun ❷ *(personne, chose)* Hoffnung *f;* **les ~s de la boxe française** der Nachwuchs des französischen Boxsports

esprit [ɛspʀi] *m* ❶ *(pensée)* Geist *m,* Verstand *m;* **avoir l'~ clair/vif** einen klaren/regen Verstand haben; **avoir l'~ étroit/large** engstirnig/großzügig sein; **avoir l'~ libre/pratique** ein unabhängig denkender/praktischer Mensch sein ❷ *(tête)* **avoir qn/qc à l'~** jdn/etw im Sinn haben; **une idée me traverse l'~** eine Idee geht mir durch den Kopf; **une idée/un mot me vient à l'~** mir fällt [gerade] etw/ein Wort ein; **dans mon/son ~** meiner/seiner/ihrer Meinung nach; **avoir l'~ ailleurs** mit seinen Gedanken woanders sein ❸ *(humour)* Geist *m,* Witz *m;* **plein d'~** äußerst geistreich; **faire de l'~** witzig sein wollen ❹ *(personne)* **~ libre** Freidenker(in) *m(f)* ❺ *(humeur)* **les ~s** die Gemüter *Pl* ❻ *(caractère)* **avoir bon/mauvais ~** umgänglich/aufsässig sein ❼ *(intention, prédisposition)* Sinn *m;* **dans cet ~** in diesem Sinne; **l'~ français** die französische Wesensart; **avoir l'~ de compétition/de contradiction/d'équipe** Kampf-/Widerspruchs-/Mannschaftsgeist haben; **avoir l'~ de famille** Familiensinn haben; **avoir l'~ d'observation** eine gute Beobachtungsgabe haben; **l'~ de sacrifice** die Opferbereitschaft; **avoir l'~ d'entreprise** unternehmungslustig sein ▸**reprendre ses ~s** sich wieder fassen

esquimau, de [ɛskimo, -od] <x> *adj* Eskimo-; **le peuple ~** die Eskimos *Pl*

esquimau®[1] [ɛskimo] <x> *m* GASTR *Eis am Stiel mit Schokoladenüberzug*

esquimau[2] [ɛskimo] *m* Eskimoisch *nt; v.a.* **allemand**

Esquimau, de [ɛskimo, -od] *m, f* Eskimo/Eskimofrau *m/f*

esquinté, e [ɛskɛ̃te] *adj fam* kaputt

esquinter [ɛskɛ̃te] <1> **I.** *vt fam* ❶ *(chose)* kaputtmachen; *(personne)* vermöbeln; *(voiture)* ramponieren ❷ *(santé)* ruinieren **II.** *vpr fam* **s'~** *(chose)* kaputtgehen; *(personne)* sich kaputtmachen; **s'~ les yeux** sich *(dat)* die Augen verderben; **s'~ à faire qc** sich damit abplagen etw zu tun

esquisse [ɛskis] *f* ❶ ART, IND Skizze *f,* Entwurf *m;* **dessiner une ~ de qc** etw skizzieren ❷ *(d'un sourire)* Andeutung *f* ❸ *(présentation rapide)* Abriss *m,* Überblick *m*

esquisser [ɛskise] <1> **I.** *vt* ❶ *a.* ART skizzieren ❷ *(sourire)* andeuten **II.** *vpr* **s'~** *(silhouette, solution)* sich abzeichnen; **s'~ sur le visage de qn** *(sourire)* über jds Gesicht *(akk)* huschen

esquiver [ɛskive] <1> **I.** *vt* *(éviter)* [geschickt] ausweichen (+ *dat*) **II.** *vpr* **s'~** sich wegstehlen

essai [esɛ] *m* ❶ *gén pl (test)* Versuch *m;* *(d'un appareil, médicament)* Test *m;* **~s nucléaires** Atom[waffen]tests *Pl;* **faire l'~ de qc** etw ausprobieren; **à l'~** auf Probe; **mettre qn à l'~** jdn auf die Probe stellen ❷ *(tentative)* Versuch *m;* **ne pas en être à son premier ~** das nicht zum ersten Mal machen ❸ SPORT Versuch *m;* *(en sport automobile)* Trainingsrunde *f* ❹ LITTER Essay *m o nt*

essaim [esɛ̃] *m* Schwarm *m*

essaimer [eseme] <1> *vi* *(abeilles)* schwärmen

essayage [esɛjaʒ] *m* Anprobe *f*

essayer [eseje] <7> **I.** *vt* ❶ *(chaussures, vêtement)* [an]probieren; *(nourriture, méthode)* [aus]probieren; *(boucher, coiffeur)* ausprobieren; **~ un médicament sur qn/une souris** an jdm/einer Maus ein Medikament testen ❷ *(tenter)* **~ qc** es mit etw versuchen **II.** *vi* versuchen; **ça ne coûte rien d'~** Probieren kostet nichts

essence [esɑ̃s] *f* ❶ Benzin *nt;* **prendre de l'~** tanken ❷ *(nature profonde)* Wesentliche(s) *nt*

essentiel [esɑ̃sjɛl] *m* ❶ (*le plus important*) **l'~** das Wesentliche; **pour l'~** im Wesentlichen; **tu es en bonne santé? c'est l'~** du bist gesund? das ist die Hauptsache; **l'~ est que** + *subj* das Wichtigste ist, dass; **aller à l'~** zur Sache kommen ❷ (*la plus grande partie*) **l'~ de qc** das Gros einer S. (*gen*)

essentiel, le [esɑ̃sjɛl] *adj* ❶ wesentlich; (*changement*) grundlegend ❷ (*indispensable*) **être ~ à qc/pour faire qc** unentbehrlich für etw sein/unentbehrlich sein um etw zu tun ❸ PHILOS essenziell

essentiellement [esɑ̃sjɛlmɑ̃] *adv* im Wesentlichen

essieu [esjø] <x> *m* TECH, AUT [Rad]achse *f*

essor [esɔʀ] *m* Aufschwung *m*

essorage [esɔʀaʒ] *m* Schleudern *nt*

essorer [esɔʀe] <1> *vt, vi* schleudern

essoreuse [esɔʀøz] *f* (*à linge*) [Wäsche]-schleuder *f*

essouffler [esufle] <1> **I.** *vt* außer Atem bringen; **être complètement essoufflé** völlig außer Atem sein **II.** *vpr* **s'~ à faire qc** außer Atem kommen, wenn man etw tut; *fig* bei etw nicht mehr mithalten können

essuie-glace [esɥiglas] <essuie-glaces> *m* Scheibenwischer *m* **essuie-mains** [esɥimɛ̃] *m inv* Handtuch *nt* **essuie-tout** [esɥitu] *m inv* Küchentuch *nt*

essuyer [esɥije] <6> **I.** *vt* ❶ abtrocknen; (*larmes*) trocknen (*geh*) ❷ (*éponger*) wegwischen; (*de l'eau par terre*) aufwischen ❸ (*meubles*) abstauben; (*chaussures*) abputzen ❹ (*échec, perte*) erleiden; (*reproches, coups*) hinnehmen müssen; (*refus*) bekommen **II.** *vpr* ❶ (*se sécher*) **s'~** sich abtrocknen ❷ (*se nettoyer*) **s'~ les pieds** sich (*dat*) die Füße abputzen

est[1] [ɛ] *indic prés de* **être**

est[2] [ɛst] **I.** *m sans pl* **l'~** der Osten; **les régions de l'~** die Gebiete im Osten; **l'Europe de l'~** Osteuropa *nt;* **à l'~** (*vers le point cardinal*) nach Osten; (*dans/vers la région*) im/in den Osten; **à l'~ de qc** östlich von etw; **être exposé à l'~** nach Osten gehen; **dans l'~ de** im Osten von; **de l'~** aus dem Osten; **vent d'~** Ostwind *m;* **d'~ en ouest** von Ost[en] nach West[en]; **vers l'~** nach Osten **II.** *adj inv* Ost-; (*banlieue, longitude*) östlich

Est [ɛst] *m sans pl* **l'~** der Osten; **l'autoroute de l'~** die Autobahn nach Osten; **les régions de l'~** die Gebiete im Osten; **les gens de l'~** die Leute aus dem Osten; **l'Europe de l'~** Osteuropa *nt;* **les pays de l'~** die osteuropäischen Staaten; **le bloc de l'~** der Ostblock

est-allemand, e [ɛstalmɑ̃, ɑ̃d] *adj* ostdeutsch

est-ce que [ɛskə] *adv ne se traduit pas* **où ~ tu vas?** wohin gehst du?

esthète [ɛstɛt] *mf* Ästhet(in) *m(f)*

esthéticien, ne [ɛstetisjɛ̃, jɛn] *m, f* Kosmetiker(in) *m(f)*

esthétique [ɛstetik] **I.** *adj* ästhetisch **II.** *f* Ästhetik *f*

estimable [ɛstimabl] *adj* ❶ (*personne*) respektabel; (*travail*) lobenswert ❷ (*résultats*) anständig

estimatif, -ive [ɛstimatif, -iv] *adj* **devis ~** Kostenvoranschlag *m*

estimation [ɛstimasjɔ̃] *f* (*des dégâts*) Schätzung *f;* (*d'une somme*) Veranschlagung *f;* **une première ~ des résultats** eine erste Hochrechnung der Ergebnisse; **faire une ~ de qc** etw schätzen; **faire une ~ rapide de qc** etw kurz überschlagen

estime [ɛstim] *f* [Hoch]achtung *f;* **digne d'~** achtenswert; **l'~ de soi-même** die Selbstachtung; **avoir de l'~ pour qn** jdn schätzen

estimer [ɛstime] <1> **I.** *vt* ❶ (*dégâts*) schätzen; (*coûts, somme*) veranschlagen; (*résultat*) beurteilen; **être estimé à cent euros/vingt morts** auf hundert Euro/zwanzig Tote geschätzt werden ❷ (*considérer*) **~ qc inutile** etw für unnötig halten; **~ avoir le droit de donner son avis** glaube das Recht zu haben seine Meinung zu sagen; **ne pas ~ que** + *subj* nicht glauben, dass ❸ (*respecter*) **~ qn pour ses qualités humaines** jdn wegen seiner menschlichen Qualitäten achten; **être estimé de tous** von allen hoch geschätzt werden **II.** *vpr* **s'~ heureux d'avoir été sélectionné** sich glücklich schätzen ausgewählt worden zu sein

estival, e [ɛstival, o] <-aux> *adj* Sommer-

estivant, e [ɛstivɑ̃, ɑ̃t] *m, f* Sommerurlauber(in) *m(f)*

estomac [ɛstɔma] *m* Magen *m;* **avoir mal à l'~** Magenschmerzen haben ▸**peser su**

l'~ **à qn** jdm schwer im Magen liegen

estomaquer [ɛstɔmake] <1> *vt fam* verblüffen

estomper [ɛstɔ̃pe] <1> *vt* (*contours, dessin*) verwischen

Estonie [ɛstɔni] *f* l'~ Estland *nt*

estonien [ɛstɔnjɛ̃] *m* Estnisch *nt; v.a.* **allemand**

estonien, ne [ɛstɔnjɛ̃, jɛn] *adj* estnisch; *v.a.* **allemand**

Estonien, ne [ɛstɔnjɛ̃, jɛn] *m, f* Estländer(in) *m(f),* Este/Estin *m/f*

estrade [ɛstʀad] *f* Podium *nt;* (*à l'université*) Katheder *nt;* (*d'un orchestre*) Bühne *f*

estropié, e [ɛstʀɔpje] *adj* verkrüppelt

estropier [ɛstʀɔpje] <1a> *vt* zum Krüppel machen

estuaire [ɛstɥɛʀ] *m* Mündung *f*

estudiantin, e [ɛstydjɑ̃tɛ̃, in] *adj* studentisch

esturgeon [ɛstyʀʒɔ̃] *m* Stör *m*

et [e] *conj* ❶ und ❷ (*dans des indications d'heures*) nach; **à quatre heures ~ demie** um halb fünf ❸ (*aussi bien ... que*) ~ **son mari ~ son amant ...** sowohl ihr Mann als auch ihr Freund ... ❹ (*et qui plus est*) und zwar ▶~ **alors!** na und!

étable [etabl] *f* Stall *m*

établi, e [etabli] *adj* ❶ (*ordre*) allgemein gültig ❷ (*vérité, fait*) allgemein bekannt ❸ CH (*installé*) niedergelassen (CH)

établir [etabliʀ] <8> **I.** *vt* ❶ (*usine*) aufbauen; (*centre de vacances*) einrichten; (*quartier général*) aufschlagen ❷ (*liste*) zusammenstellen; (*emploi du temps*) ausarbeiten; (*prix*) festsetzen ❸ (*facture, chèque*) ausstellen; (*constat*) aufnehmen ❹ (*comparaison*) anstellen; (*rapport*) herstellen ❺ SPORT (*record*) aufstellen **II.** *vpr* **s'~** ❶ (*s'installer*) sich niederlassen; (*colonisateur*) sich ansiedeln ❷ (*professionnellement*) sich niederlassen; **s'~ à son compte** sich selb(st)ständig machen ❸ (*usage*) sich einbürgern; (*relations*) sich entwickeln; (*régime*) sich etablieren; **le silence s'établit/s'établit de nouveau** es wird still/es kehrt wieder Ruhe ein

établissement [etablismɑ̃] *m* (*institution*) Einrichtung *f,* Anstalt *f;* (*hôtel*) Haus *nt;* (*d'une banque, société*) Niederlassung *f;* **aux ~s Dupond** bei [der Firma] Dupond; ~ **scolaire** Lehranstalt *f;* ~ **d'enseignement secondaire** Schule *f* der Mittel- und Oberstufe

étage [etaʒ] *m* (*d'une maison*) Stock[werk *nt*] *m,* Etage *f;* **immeuble à trois/quatre ~s** drei-/vierstöckiges Haus; **à l'~** oben

étager [etaʒe] <2a> *vt* (*objets*) auftürmen

étagère [etaʒɛʀ] *f* ❶ (*tablette*) [Regal]brett *nt* ❷ (*meuble*) Regal *nt*

étain [etɛ̃] *m* Zinn *nt*

étais [etɛ] *imparf de* **être**

étal [etal] <s> *m* Marktstand *m*

étalage [etalaʒ] *m* COM Ausstellen/-legen *nt*

étalement [etalmɑ̃] *m* (*de papiers*) Ausbreiten *nt*

étaler [etale] <1> **I.** *vt* ❶ (*éparpiller*) ausbreiten ❷ (*exposer pour la vente*) auslegen ❸ (*peinture*) auftragen; (*gravier*) verteilen ❹ (*dans le temps*) verteilen; **être étalé dans le temps** (*réforme*) sich über einen bestimmten Zeitraum erstrecken ❺ (*connaissances*) prahlen mit; (*luxe*) zur Schau stellen **II.** *vpr* ❶ **bien/mal s'~** (*beurre*) sich gut/schlecht streichen lassen; (*peinture*) sich gut/schlecht verarbeiten lassen ❷ (*dans l'espace*) **s'~** (*plaine, ville*) sich ausbreiten/-dehnen ❸ (*s'afficher*) **s'~** (*inscription, nom*) prangen ❹ (*se vautrer*) **s'~** es sich (*dat*) bequem machen ❺ *fam* (*tomber*) **s'~** auf die Nase fallen ❻ **s'~ dans le temps** sich über einen bestimmten Zeitraum erstrecken

étalon [etalɔ̃] *m* Zuchthengst *m*

étalon-or [etalɔ̃ɔʀ] *m sans pl* Goldwährung *m*

étamine [etamin] *f* BOT Staubblatt *nt*

étanche [etɑ̃ʃ] *adj* wasserdicht

étanchéité [etɑ̃ʃeite] *f* **vérifier l'~ de qc** überprüfen, ob etw wasserdicht ist

étancher [etɑ̃ʃe] <1> *vt* (*sang*) stillen

étang [etɑ̃] *m* Teich *m*

étant [etɑ̃] *part prés de* **être**

étape [etap] *f* ❶ (*trajet*) Etappe *f* ❷ (*lieu d'arrêt*) Etappenziel *nt* ❸ (*période dans la vie*) Abschnitt *m* ❹ (*période dans une évolution*) Phase *f;* (*dans la résolution d'un problème*) Schritt *m;* ~ **de la vie** Lebensabschnitt *m;* **faire qc par ~s** etw schrittweise machen

état [eta] *m* ❶ Zustand *m;* (*des recherches*) Stand *m;* ~ **d'urgence** Notstand; **dans l'~ actuel des choses** beim gegenwärtigen Stand der Dinge; ~ **physique** körperliche Verfassung; ~ **de santé** Gesundheits-

E

zustand; **être en ~ de marche** (*voiture*) fahren; (*machine*) funktionieren; **être en ~ de faire qc** in der Lage sein etw zu tun ❷ (*des recettes, dépenses*) Verzeichnis *nt,* Aufstellung *f* ▶**~ d'esprit** Einstellung *f* **~ civil** Personenstand *m;* (*service*) Standesamt *nt,* ≈ Einwohnermeldeamt *nt*

État [eta] *m* POL Staat *m;* **~ de droit** Rechtsstaat; **~s membres de l'UE** EU-Mitgliedstaaten

état-major [etamaʒɔʀ] <états-majors> *m* MIL Generalstab *m*

états-unien, ne [etazynjɛ̃, jɛn] *adj* US-amerikanisch **États-Unien, ne** [etazynjɛ̃, jɛn] *m, f* US-Amerikaner(in) *m(f)* **États-Unis** [etazyni] *mpl* **les ~ d'Amérique** die Vereinigten Staaten von Amerika

étau [eto] <x> *m* Schraubstock *m*

étayer [eteje] <7> *vt* [ab]stützen

etc. [ɛtseteʀa] *abr de* **et cætera, et cetera** usw.

été[1] [ete] *m* Sommer *m; v.a.* **automne**

été[2] [ete] *part passé de* **être**

éteindre [etɛ̃dʀ] <irr> **I.** *vt* ❶ ausmachen; (*radio*) abstellen; (*chauffage*) abdrehen; (*four*) abschalten; (*bougie*) ausblasen; (*feu*) löschen; (*cigarette*) ausdrücken ❷ (*~ la lumière de*) **~ la pièce/l'escalier** im Zimmer/auf der Treppe das Licht ausmachen **II.** *vi* das Licht ausmachen **III.** *vpr* **s'~** ausgehen

éteint, e [etɛ̃, ɛ̃t] **I.** *part passé de* **éteindre** **II.** *adj* (*bougie, cigarette*) aus[gegangen]; (*volcan*) inaktiv

étendard [etɑ̃daʀ] *m* Standarte *f*

étendre [etɑ̃dʀ] <14> **I.** *vt* ❶ (*coucher*) hinlegen ❷ (*tapis*) ausrollen; **~ une couverture sur qn** eine Decke über jdm ausbreiten ❸ (*faire sécher*) aufhängen ❹ (*bras, jambes*) ausstrecken; (*ailes*) ausbreiten **II.** *vpr* ❶ (*se reposer*) **s'~** sich hinlegen; (*s'allonger*) sich ausstrecken ❷ (*s'appesantir*) **s'~ sur qc** sich über etw (*akk*) auslassen ❸ (*augmenter*) **s'~** (*épidémie, incendie*) um sich greifen; (*tache*) sich vergrößern; (*ville, pouvoir*) wachsen; (*connaissances, cercle*) sich erweitern

étendu, e [etɑ̃dy] **I.** *part passé de* **étendre** **II.** *adj* ❶ (*personne, jambes*) ausgestreckt; (*ailes*) ausgebreitet ❷ (*vaste*) ausgedehnt; (*plaine, vue*) weit; (*ville*) groß ❸ (*connaissances*) umfangreich; (*pouvoir*) weit reichend

étendue [etɑ̃dy] *f* ❶ (*d'un pays*) Ausdehnung *f* ❷ (*espace*) Weite *f,* Fläche *f;* **de vastes ~s de forêts** große Waldgebiete ❸ (*d'une catastrophe*) Ausmaß *nt;* **l'~ des connaissances de qn** jds umfassende Kenntnisse

éternel, le [etɛʀnɛl] *adj* ❶ (*qui dure longtemps*) ewig; (*regrets*) tief; (*recommencement*) ständig ❷ *antéposé* (*inévitable*) unvermeidlich ❸ *antéposé péj* (*sempiternel*) ewig

éternellement [etɛʀnɛlmɑ̃] *adv* ewig; (*depuis toujours*) schon immer; (*sans arrêt*) immer

éterniser [etɛʀnize] <1> *vpr* **s'~** ❶ (*traîner*) sich hinziehen ❷ *fam* (*s'attarder*) ewig bleiben; **s'~ sur un sujet** sich endlos über ein Thema auslassen

éternité [etɛʀnite] *f* Ewigkeit *f*

éternuement [etɛʀnymɑ̃] *m gén pl* Niesen *nt kein Pl*

éternuer [etɛʀnɥe] <1> *vi* niesen

êtes [ɛt] *indic prés de* **être**

étêter [etete] <1> *vt* (*arbre*) kappen

éther [etɛʀ] *m* Äther *m*

Éthiopie [etjɔpi] *f* **l'~** Äthiopien *nt*

éthiopien [etjɔpjɛ̃] *m* Äthiopisch *nt; v.a.* **allemand**

éthiopien, ne [etjɔpjɛ̃, jɛn] *adj* äthiopisch *v.a.* **allemand**

Éthiopien, ne [etjɔpjɛ̃, jɛn] *m, f* Äthiopier(in) *m(f)*

éthique [etik] *adj* ethisch

ethnie [ɛtni] *f* Volksstamm *m*

ethnique [ɛtnik] *adj* ethnisch

ethnologie [ɛtnɔlɔʒi] *f* Ethnologie *f*

ethnologue [ɛtnɔlɔg] *mf* Ethnologe *m*/Ethnologin *f*

éthylique [etilik] *adj* Alkohol-

éthylisme [etilism] *m* Alkoholismus *m*

étincelant, e [etɛ̃s(ə)lɑ̃, ɑ̃t] *adj* ❶ (*scintillant*) glitzernd ❷ (*couleurs*) leuchtend ❸ (*regard*) strahlend

étinceler [etɛ̃s(ə)le] <3> *vi* (*or, diamant*) funkeln; (*couteau, lame*) blitzen; (*étoile*) blinken

étincelle [etɛ̃sɛl] *f* Funke[n] *m* ▶**cela fait des ~s** *fam* es funkt

étiqueter [etikte] <3> *vt* etikettieren

étiquette [etikɛt] *f* ❶ (*marque*) Etikett *nt* (*sur un paquet*) Aufschrift *f* ❷ (*adhésif*) Au kleber *m;* (*de prix*) Preisschild *nt* ❸ (*protocole*) **l'~** die Etikette ❹ INFORM (*label*) Label *nt*

étirer [etiʀe] <1> *vpr* **s'~** ❶ (*s'allonger*) sich strecken ❷ (*textile*) sich dehnen

étoffe [etɔf] *f* Stoff *m*

étoffé, e [etɔfe] *adj* LITTER (*style*) reich, üppig

étoffer [etɔfe] <1> *vt* LITTER (*récit*) ausbauen, ausschmücken

étoile [etwal] *f* ❶ Stern *m;* **~ filante** Sternschnuppe *f;* **~ du berger** Abendstern ❷ (*d'un hôtel, général*) Stern *m;* **restaurant cinq ~s** Fünf-Sterne-Restaurant ▶**coucher à la belle ~** unter freiem Himmel schlafen

étoilé, e [etwale] *adj* (*nuit*) stern[en]klar

étole [etɔl] *f* Stola *f*

étonnant [etɔnɑ̃] *m* **l'~ est que** + *subj* das Erstaunliche daran ist, dass

étonnant, e [etɔnɑ̃, ɑ̃t] *adj* erstaunlich; **c'est ~, ...** das ist aber merkwürdig, ...; **ce n'est pas ~** das ist kein Wunder

étonné, e [etɔne] *adj* erstaunt

étonnement [etɔnmɑ̃] *m* Verwunderung *f,* Erstaunen *nt*

étonner [etɔne] <1> **I.** *vt* erstaunen **II.** *vpr* **s'~ de qc** sich über etw (*akk*) wundern; **s'~ que** + *subj* sich darüber wundern, dass

étouffant, e [etufɑ̃, ɑ̃t] *adj* (*chaleur*) drückend; (*air*) stickig

étouffé, e [etufe] *adj* (*personne*) erstickt; (*bruit, son*) gedämpft; (*rires*) unterdrückt

étouffement [etufmɑ̃] *m sans pl* Ersticken *nt*

étouffer [etufe] <1> **I.** *vt* ❶ ersticken; **cette chaleur m'étouffe** diese Hitze bringt mich um (*fam*) ❷ (*feu*) löschen ❸ (*bruit*) dämpfen ❹ (*sanglot*) ersticken ❺ (*scandale*) vertuschen; (*rumeur*) aus der Welt schaffen; (*opposition*) zum Schweigen bringen ❻ (*révolte*) niederschlagen **II.** *vi* ❶ (*mourir*) ersticken ❷ (*suffoquer*) keine Luft mehr bekommen; **on étouffe ici!** hier erstickt man ja! **III.** *vpr* **s'~** ersticken

étourderie [etuʀdəʀi] *f* ❶ *sans pl* (*caractère*) Unbesonnenheit *f* ❷ (*acte*) Leichtsinn *m*

étourdi, e [etuʀdi] **I.** *adj* leichtsinnig **II.** *m, f* leichtsinniger Mensch

étourdiment [etuʀdimɑ̃] *adv* gedankenlos

étourdir [etuʀdiʀ] <8> **I.** *vt* ❶ (*assommer*) betäuben ❷ (*abrutir*) **~ qn** (*mouvement*) jdn ganz schwind[e]lig machen; (*paroles*) jdn ganz benommen machen ❸ (*enivrer*) **~ qn** (*parfum*) jdn regelrecht betäuben; **le vin l'étourdit** der Wein steigt ihr/ihm zu Kopf **II.** *vpr* **s'~** sich betäuben

étourdissant, e [etuʀdisɑ̃, ɑ̃t] *adj* (*bruit*) [ohren]betäubend; (*succès*) überwältigend; (*personne*) umwerfend; (*rythme*) atemberaubend

étourdissement [etuʀdismɑ̃] *m* Schwindelgefühl *nt,* Schwindelanfall *m*

étourneau [etuʀno] <x> *m* ZOOL Star *m*

étrange [etʀɑ̃ʒ] *adj* seltsam

étrangement [etʀɑ̃ʒmɑ̃] *adv* seltsam

étranger [etʀɑ̃ʒe] *m* (*pays*) **l'~** das Ausland; **séjour à l'~** Auslandsaufenthalt *m*

étranger, -ère [etʀɑ̃ʒe, -ɛʀ] **I.** *adj* ❶ (*d'un autre pays*) ausländisch; (*politique*) Außen-; (*affaires*) auswärtig; (*travailleur*) Gast-; (*langue, corps*) Fremd- ❷ (*d'un autre groupe*) fremd; **être ~ à la famille** nicht zur Familie gehören ❸ (*non familier*) fremd; (*usage, notion*) unbekannt ❹ (*extérieur*) **être ~ à une affaire** in eine Affäre nicht verwickelt sein **II.** *m, f* ❶ (*d'un autre pays*) Ausländer(in) *m(f)* ❷ (*d'une autre région*) Fremde(r) *f(m)*

étrangeté [etʀɑ̃ʒte] *f sans pl* Seltsamkeit *f,* Eigenartigkeit *f*

étranglement [etʀɑ̃gləmɑ̃] *m* Erwürgen *nt,* Erdrosseln *nt*

étrangler [etʀɑ̃gle] <1> **I.** *vt* ❶ (*tuer*) erwürgen; **~ un animal** einem Tier den Hals umdrehen ❷ (*serrer le cou*) **~ qn** (*cravate*) jdm den Hals zuschnüren; (*émotion, fureur*) jdm die Kehle zuschnüren **II.** *vpr* **s'~ avec qc** ❶ (*mourir*) sich mit etw strangulieren ❷ (*en mangeant*) sich an etw (*dat*) verschlucken

être [ɛtʀ] <irr> **I.** *vi* ❶ (*pour qualifier*) sein ❷ (*pour indiquer la date, la période*) **quel jour sommes-nous?** was ist heute für ein Tag?; **on est le 2 mai/mercredi** es ist der 2. Mai/Mittwoch ❸ (*pour indiquer le lieu*) sein; **le stylo est là, sur le bureau** der Kuli liegt da, auf dem Schreibtisch; **le vase est là, sur la table** die Vase steht da, auf dem Tisch; **les clés sont là, dans la serrure** die Schlüssel stecken da, im Schloss; **les clés sont là, au crochet** die Schlüssel hängen da, am Haken ❹ (*appartenir*) **~ à qn** jdm gehören ❺ (*travailler*) **~ dans l'ensei-**

gnement/le textile im Bildungswesen/in der Textilindustrie beschäftigt sein ❻ (*pour indiquer l'activité en cour*) ~ **toujours à faire qc** ständig dabei sein etw zu tun ❼ (*pour exprimer une étape d'une évolution*) **où en es-tu de tes maths?** wie weit bist du mit deinen Matheaufgaben?; **en ~ à faire qc** gerade dabei sein etw zu tun; (*en arriver à*) so weit gekommen sein, dass man etw tut; **j'en suis à me demander si …** ich frage mich inzwischen, ob … ❽ (*attentif*) **ne pas ~ à ce qu'on fait** nicht [ganz] bei der Sache sein ❾ (*pour exprimer l'obligation*) ~ **à faire** erledigt werden müssen; **ce livre est à lire absolument** dieses Buch muss man unbedingt gelesen haben ❿ (*provenir*) ~ **de qn** (*enfant, œuvre*) von jdm sein; ~ **d'une région/famille** aus einer Region/einer Familie kommen ⓫ (*vêtu de*) ~ **en costume** einen Anzug tragen ⓬ *au passé* (*aller*) **avoir été faire/acheter qc** etw gemacht/gekauft haben ⓭ (*exister*) sein; **la voiture la plus économique qui soit** das sparsamste Auto, das es gibt ▸**n'y ~ pour rien** nichts damit zu tun haben; **ça y est** (*c'est fini*) so; (*je comprends*) ach so; (*je te l'avais dit*) siehst du; **ça y est, voilà qu'il pleut!** jetzt haben wir die Bescherung, es regnet!; **ça y est?** (*alors*) was ist?; **n'est-ce pas?** nicht wahr? **II.** *vi impers* ❶ **il est impossible/étonnant …** es ist unmöglich/erstaunlich, … ❷ (*pour indiquer l'heure*) **il est dix heures/midi/minuit** es ist zehn [Uhr]/zwölf Uhr mittags/Mitternacht **III.** *aux* ❶ (*comme auxiliaire du passé actif*) ~ **venu** gekommen sein; **s'~ rencontrés** sich getroffen haben ❷ (*comme auxiliaire du passif*) **le sol est lavé chaque jour** der Boden wird jeden Tag geputzt **IV.** *m* ❶ (*opp: chose*) ~ **vivant** Lebewesen *nt* ❷ (*opp: animal*) ~ **humain** Mensch *m*

étreindre [etʀɛ̃dʀ] <irr> *vt* (*ami*) umarmen; (*adversaire*) umklammern, packen

étreinte [etʀɛ̃t] *f* (*d'un ami*) Umarmung *f;* (*d'un adversaire*) Umklammerung *f*

étrennes [etʀɛn] *fpl* Neujahrsgeschenk *nt*

étrier [etʀije] *m* Steigbügel *m*

étriller [etʀije] <1> *vt* (*cheval*) striegeln

étriper [etʀipe] <1> *vt* ❶ (*vider*) ausnehmen ❷ *fam* (*personne*) verdreschen

étriqué, e [etʀike] *adj* (*vêtement*) zu eng

étroit, e [etʀwa, wat] *adj* ❶ (*opp: large*) schmal; (*chaussures*) eng; **qn est à l'~ dans un vêtement** jdm ist ein Kleidungsstück zu eng ❷ (*opp: lâche: lien*) eng ❸ (*surveillance*) streng

étroitement [etʀwatmɑ̃] *adv* (*serré*) eng

étroitesse [etʀwatɛs] *f* **l'~ de sa jupe la gênait** ihr enger Rock behinderte sie

étude [etyd] **I.** *f* ❶ (*apprentissage*) Lernen *nt,* Studieren *nt;* **l'~ des mathématiques** das Studium der Mathematik ❷ (*de la nature*) Studium *nt,* Erforschung *f;* (*d'un dossier*) Studium; (*d'un projet*) Prüfung *f,* Untersuchung *f;* ~ **d'une question** Beschäftigung *f* mit einer Frage; ~ **de marché** Marktstudie *f* ❸ (*ouvrage*) ~ **sur qc** Studie über etw (*akk*) ❹ (*d'un notaire*) Kanzlei *f,* Büro *nt* ❺ SCOL (*moment*) ≈ Hausaufgabenbetreuung *f* in der Schule **II.** *fpl* ❶ SCOL Schulbildung *f;* **~s primaires/secondaires** Grundschulbildung/Mittelstufen- und Oberstufenbildung; **faire des ~s** eine Schule besuchen ❷ UNIV Studium *nt;* **~s supérieures** Studium; **faire des ~s** studieren

In Frankeich sind **les études** nicht in Semester, sondern in Studienjahre eingeteilt. Ist man in einem Jahr gescheitert, kann man Nachholkurse belegen. Die Vorgabe der Studienzeit ist strenger und das System generell „verschulter". Dafür haben Studenten ihr Studium durchschnittlich mit 23 bis 24 Jahren abgeschlossen.

étudiant, e [etydjɑ̃, jɑ̃t] **I.** *adj* studentisch (*vie, révolte*) Studenten- **II.** *m, f* Student(in) *m(f)*

étudié, e [etydje] *adj* ❶ (*soigné*) **jeu d'un acteur très ~** gut einstudierte Rolle ❷ (*avantageux*) günstig

étudier [etydje] <1> **I.** *vt* ❶ (*leçon*) lernen; (*langue*) [er]lernen; (*cours*) nacharbeiten; (*rôle*) [ein]studieren; (*à l'université*) studieren; ~ **le piano/le violon** Klavier-/Geige spielen lernen ❷ (*faire des recherches*) untersuchen; (*nature*) beobachten; (*région*) erforschen ❸ (*en vue d'une décision, action*) studieren; (*dossier*) bearbeiten; (*plan*) prüfen; (*question*) sich befassen mit ❹ SCOL (*sujet*) sich beschäftigen mit; (*texte, auteur*) lesen ❺ (*personne*) studieren **II.** *vi* studieren

étui [etɥi] *m* Etui *nt*

étuve [etyv] *f* (*à désinfection*) Sterilisator *m*

étymologie [etimɔlɔʒi] *f* Etymologie *f*
étymologique [etimɔlɔʒik] *adj* etymologisch
eu, e [y] *part passé de* **avoir**
eucalyptus [økaliptys] *m* Eukalyptus *m*
euh [ø] *interj* ❶ *en tête d'un énoncé* hm ❷ *interrompant une énonciation* (*trou de mémoire*) äh; (*émotion, auto-correction*) ach
eunuque [ønyk] *m* Eunuch *m*
euphémisme [øfemism] *m* Euphemismus *m*
euphorie [øfɔʀi] *f* Euphorie *f*
euphorique [øfɔʀik] *adj* euphorisch
EUR *m abr de* **euro** EUR
eurasien, ne [øʀazjɛ̃, jɛn] *adj* eurasisch
Eurasien, ne [øʀazjɛ̃, jɛn] *m, f* Eurasier(in) *m(f)*
euro [øʀo] *m* Euro *m inv*
euro centime *m* Cent *m*
eurochèque [øʀoʃɛk] *m* Eurocheque *m*
eurocrate [øʀɔkʀat] *mf souvent péj* Eurokrat(in) *m(f)*
eurodéputé, e [øʀɔdepyte] *m, f* Europaabgeordnete(r) *f(m)*
eurodevise [øʀod(ə)viz] *f* Euro-Währung *f*
Europe [øʀɔp] *f* **l'~** Europa *nt;* **l'~ centrale/de l'Est/l'Ouest** Mittel-/Ost-/Westeuropa *nt;* **l'~ des Quinze** die 15 Mitgliedsländer der EU; **faire l'~** ein vereintes Europa schaffen
européanisation [øʀɔpeanizasjɔ̃] *f* Europäisierung *f*
européaniser [øʀɔpeanize] <1> **I.** *vt* europäisieren **II.** *vpr* **s'~** europäisiert werden
européen, ne [øʀɔpeɛ̃, ɛn] *adj* ❶ GEO (*continent*) europäisch; **les fleuves ~s** die Flüsse Europas ❷ POL, ECON europäisch; (*parlement, élections*) Europa-; **l'Union ~ne** die Europäische Union
Européen, ne [øʀɔpeɛ̃, ɛn] *m, f* Europäer(in) *m(f)*
européennes [øʀɔpeɛn] *fpl* (*élections*) **les ~** die Wahl zum Europaparlament
eurosignal [øʀosiɲal] *m* Notruf *m*
eus [y] *passé simple de* **avoir**
euthanasie [øtanazi] *f* Euthanasie *f*
eux [ø] *pron pers, pl masculin ou mixte* ❶ *fam* (*pour renforcer*) **~, ils n'ont pas bu** die haben nicht getrunken ❷ *avec une prép* **avec/sans ~** mit ihnen/ohne sie ❸ *dans une comparaison* sie ❹ (*soi*) sich; *v.a.* **lui**
eux-mêmes [ømɛm] *pron pers* sie selbst; *v.a.* **moi-même, nous-même**
évacuation [evakɥasjɔ̃] *f* ❶ (*des habitants*) Evakuierung *f;* (*des blessés*) Abtransport *m;* (*d'une salle de tribunal*) Räumung *f* ❷ (*action de quitter*) Räumung *f;* (*d'un bateau*) Verlassen *nt* ❸ (*écoulement*) Abfließen *nt;* **système d'~** Ablauf *m;* **l'~ des eaux usées se fait ...** das Abwasser wird ... geleitet ❹ CH (*action de vider*) **~ des ordures** Kehrichtabfuhr *f* (CH)
évacuer [evakɥe] <1> *vt* ❶ MIL (*ville*) räumen ❷ (*habitants*) evakuieren; (*blessés*) abtransportieren ❸ (*quitter*) räumen; (*bateau*) verlassen ❹ (*eaux usées*) ablassen
évadé, e [evade] *m, f* entflohener Häftling
évader [evade] <1> *vpr* ❶ **s'~ de qc** aus etw ausbrechen ❷ (*fuir*) **s'~ du réel** vor der Realität flüchten
évaluation [evalɥasjɔ̃] *f* ❶ (*des coûts*) Überschlag *m;* (*des risques*) Abschätzung *f;* (*des chances*) Einschätzung *f;* (*d'une fortune*) Schätzung *f* ❷ (*des dégâts*) Schätzung *f;* **~ des connaissances** SCOL Klassenarbeit *f*
évaluer [evalɥe] <1> *vt* (*poids*) schätzen; (*distance*) abschätzen; (*chances*) einschätzen
évangélique [evɑ̃ʒelik] *adj* evangelisch
évangéliste [evɑ̃ʒelist] *m* Evangelist *m*
évangile [evɑ̃ʒil] *m* (*texte, livre*) Evangelium *nt*
Évangile [evɑ̃ʒil] *m* **l'~** das Evangelium
évanoui, e [evanwi] *adj* ❶ (*personne*) ohnmächtig ❷ (*bonheur*) vergangen; (*rêve*) geplatzt
évanouir [evanwiʀ] <8> *vpr* ❶ (*perdre connaissance*) **s'~** ohnmächtig werden ❷ (*disparaître*) **s'~** (*image, fantôme*) [ver]schwinden; (*illusions*) schwinden; (*espoirs*) zerrinnen
évanouissement [evanwismɑ̃] *m* Ohnmacht[sanfall *m*] *f*
évaporation [evapɔʀasjɔ̃] *f* Verdampfung *f*
évaporer [evapɔʀe] <1> *vpr* **s'~** verdunsten
évasé, e [evɑze] *adj* (*jupe*) ausgestellt
évaser [evɑze] <1> *vt* (*trou*) vergrößern, erweitern
évasif, -ive [evazif, -iv] *adj* (*réponse*) ausweichend; (*geste*) vage; **devenir ~** ausweichen
évasion [evazjɔ̃] *f* **~ de qn de prison** jds Ausbruch *m* aus dem Gefängnis
évêché [eveʃe] *m* Bistum *nt*
éveil [evɛj] *m* ❶ (*état éveillé*) **tenir qn en ~**

jdn wach halten ❷ (*réveil*) ~ **des sens/d'un sentiment chez qn** Erwachen *nt* der Sinne bei jdm/eines Gefühls in jdm

éveillé, e [eveje] *adj* ❶ (*en état de veille*) wach ❷ (*alerte*) aufgeweckt; **esprit ~** heller Kopf

éveiller [eveje] <1> **I.** *vt* ❶ (*attention*) erregen; (*désir*) wachrufen; (*soupçons*) wecken ❷ (*intelligence*) fördern **II.** *vpr* **s'~ à l'amour** seine ersten Erfahrungen in der Liebe machen

événement, évènement [evɛnmɑ̃] *m* Ereignis *nt;* **les ~s de mai 1968** *die politischen Unruhen im Mai 1968* ►**elle est dépassée par les ~s** ihr wächst alles über den Kopf

éventail [evɑ̃taj] <s> *m* Fächer *m*

éventé, e [evɑ̃te] *adj* (*terrasse*) windig; (*vin*) schal, abgestanden

éventer [evɑ̃te] <1> *vt* (*secret*) lüften, aufdecken

éventrer [evɑ̃tʀe] <1> *vt* ❶ (*tuer*) ~ **qn/un animal** jdm/einem Tier den Bauch aufschlitzen ❷ (*sac*) aufreißen; (*matelas*) aufschlitzen

éventualité [evɑ̃tɥalite] *f* ❶ **dans l'~ d'une guerre** im Falle eines Krieges ❷ (*possibilité*) Eventualität *f,* Möglichkeit *f*

éventuel, le [evɑ̃tɥɛl] *adj* möglich; (*successeur a.*) potenziell

éventuellement [evɑ̃tɥɛlmɑ̃] *adv* eventuell

évêque [evɛk] *m* Bischof *m*

évertuer [evɛʀtɥe] <1> *vpr* **s'~ à faire qc** sich abquälen etw zu tun

éviction [eviksjɔ̃] *f* Ausschaltung *f*

évidemment [evidamɑ̃] *adv* ❶ (*en tête de phrase*) natürlich ❷ (*en réponse*) na klar (*fam*) ❸ (*comme on peut le voir*) offenbar

évidence [evidɑ̃s] *f* ❶ *sans pl* (*caractère*) Offensichtlichkeit *f,* Offenkundigkeit *f;* **de toute** [*o* **à l'**] ~ ganz offensichtlich ❷ (*fait*) klare Tatsache; **se rendre à l'~** sich den Tatsachen beugen ❸ (*vue*) **être bien en ~** (*objet*) gut sichtbar sein

évident, e [evidɑ̃, ɑ̃t] *adj* ❶ (*progrès*) klar [erkennbar]; (*signe*) eindeutig; (*bonne volonté*) unbestreitbar ❷ (*clair*) **c'est ~ pour qn** das ist jdm klar; **il est ~ que ...** es versteht sich von selbst, dass ... ❸ (*visible*) offensichtlich; **il est ~ que ...** es ist offensichtlich, dass ... ►**c'est pas ~!** *fam* das ist gar nicht so einfach!

évider [evide] <1> *vt* aushöhlen

évier [evje] *m* Spüle *f*

évincer [evɛ̃se] <2> *vt* JUR vertreiben

évitable [evitabl] *adj* vermeidbar

éviter [evite] <1> **I.** *vt* ❶ (*erreur*) vermeiden; (*endroit*) meiden; ~ **de faire qc** es vermeiden etw zu tun ❷ (*corvée*) sich entziehen (+ *dat*); ~ **de faire qc** sich davor hüten etw zu tun ❸ (*fuir*) ausweichen (+ *dat*); (*regard*) ~ **qn** jdn meiden; (*essayer de ne pas rencontrer*) jdm aus dem Weg gehen ❹ (*empêcher: personne*) vermeiden; ~ **qc** etw verhindern; ~ **que qn** [**ne**] + *subj* verhindern, dass jd ❺ (*obstacle, coup*) ausweichen (+ *dat*) ❻ (*épargner*) ~ **qc à qn** jdm etw ersparen **II.** *vpr* ❶ **s'~** sich meiden; (*essaye de ne pas se rencontrer*) sich aus dem Weg gehen ❷ (*ne pas avoir*) **s'~ des soucis** sich (*dat*) Sorgen ersparen

évocateur, -trice [evɔkatœʀ, -tʀis] *ad* (*style*) anschaulich

évocation [evɔkasjɔ̃] *f* (*de souvenirs*) Wachrufen *nt*

évolué, e [evɔlɥe] *adj* (*pays, société*) [hoch] entwickelt; (*idées, personne*) liberal

évoluer [evɔlɥe] <1> *vi* ❶ (*chose, monde*) sich entwickeln; (*goûts, situation*) sich ändern ❷ (*se transformer*) sich verändern; ~ **vers qc** sich zu etw hin entwickeln ❸ ME (*maladie*) fortschreiten

évolution [evɔlysjɔ̃] *f* ❶ (*d'une personne, d'u phénomène*) Entwicklung *f;* (*des goûts, comportements*) Veränderung *f,* Wandel *m;* (*des sciences*) [Weiter]entwicklung *f;* **l'~ des techniques** der technische Fortschritt ❷ ME (*d'une maladie*) Fortschreiten *nt;* (*d'une tumeur*) Ausbreiten *nt* ❸ BIO Evolution *f*

évoquer [evɔke] <1> *vt* ❶ (*personne*) erinnern an (+ *akk*); (*fait, enfance*) in Erinnerung rufen; (*souvenirs*) wachrufen ❷ (*décrire*) schildern ❸ (*problème*) erwähnen; (*question, sujet*) anschneiden

ex [ɛks] *mf fam* Ex *mf*

ex, ex. [ɛks] *m abr de* **exemple** Bsp.

exacerbé, e [ɛgzasɛʀbe] *adj* übersteigert

exacerber [ɛgzasɛʀbe] <1> *vt* (*jalousie*) anstacheln

exact, e [ɛgzakt] *adj* ❶ genau; (*description*) präzis[e]; (*définition, valeur*) exakt; (*mot*) treffend; (*calculs, réponse*) korrekt; **c'est ~ que ...** es ist richtig, dass ... ❷ (*personne*) pünktlich

exactement [ɛgzaktəmɑ̃] *adv* genau; **c'est ~ ce que ...** das ist haargenau das, was ... (*fam*)

exaction [ɛgzaksjɔ̃] *f pl* (*violences*) Ausschreitungen *Pl*

exactitude [ɛgzaktityd] *f* ❶ (*précision*) Korrektheit *f;* (*des mesures*) Genauigkeit *f* ❷ (*ponctualité*) Pünktlichkeit *f;* **avec ~** (*arriver*) pünktlich

ex æquo [ɛgzeko] **I.** *adj inv* **être ~ en qc** in etw gleich stehen; (*équipes*) die gleiche Punktzahl haben **II.** *adv* (*classer*) gleich; (*arriver*) gleichzeitig **III.** *mpl* Kandidaten *Pl*/Sportler *Pl* mit gleicher Punktzahl

exagération [ɛgzaʒeʀasjɔ̃] *f* Übertreibung *f*

exagéré, e [ɛgzaʒeʀe] *adj* übertrieben; (*prix*) überhöht; **être un peu ~** (*plaisanterie*) ein bisschen zu weit gehen

exagérer [ɛgzaʒeʀe] <5> **I.** *vt* (*attitude*) übertreiben; **il ne faut rien ~, n'exagérons rien** man soll nichts übertreiben **II.** *vi* ❶ (*amplifier en parlant*) übertreiben ❷ (*abuser*) es übertreiben

exaltant, e [ɛgzaltɑ̃, ɑ̃t] *adj* erhebend, begeisternd

exaltation [ɛgzaltasjɔ̃] *f* Begeisterung *f*

exalté, e [ɛgzalte] *adj* schwärmerisch; (*personne*) exaltiert

exalter [ɛgzalte] <1> *vt* (*faire vibrer: foule*) begeistern

examen [ɛgzamɛ̃] *m* ❶ (*des faits*) [Über]prüfung *f;* (*d'une proposition*) Prüfung; (*des empreintes digitales*) Untersuchung *f* ❷ MED, BIO Untersuchung *f* ❸ SCOL Prüfung *f;* UNIV [Abschluss]examen *nt;* **~ d'entrée** Aufnahmeprüfung ❹ JUR **mise en ~** *Festnahme mit gleichzeitiger Eröffnung eines Ermittlungsverfahrens*

examinateur, -trice [ɛgzaminatœʀ, -tʀis] *m, f* Prüfer(in) *m(f)*

examiner [ɛgzamine] <1> *vt* ❶ prüfen; (*faits, causes*) [über]prüfen; (*dossier*) einsehen; (*texte, ouvrage*) genau durchlesen; (*objet, patient*) untersuchen ❷ (*regarder attentivement*) mustern

exaspérant, e [ɛgzaspeʀɑ̃, ɑ̃t] *adj* nervenaufreibend

exaspération [ɛgzaspeʀasjɔ̃] *f* Verzweiflung *f*

exaspérer [ɛgzaspeʀe] <5> *vt* **~ qn avec qc** jdn mit etw zur Verzweiflung bringen

exaucer [ɛgzose] <2> *vt* ❶ (*Dieu*) erhören ❷ (*vœu*) erfüllen

excédant, e [ɛksedɑ̃, ɑ̃t] *adj* lästig

excédent [ɛksedɑ̃] *m* Überschuss *m;* **~ de bagages** Gepäckübergewicht *nt*

excédentaire [ɛksedɑ̃tɛʀ] *adj* überschüssig

excéder [ɛksede] <5> *vt* (*poids, durée*) überschreiten; (*moyens, forces*) übersteigen

excellence [ɛkselɑ̃s] *f* Vorzüglichkeit *f*

excellent, e [ɛkselɑ̃, ɑ̃t] *adj* hervorragend

exceller [ɛksele] <1> *vi* **~ en musique/dans son domaine** sich in der Musik/in seinem Bereich auszeichnen

excentré, e [ɛksɑ̃tʀe] *adj* (*région, quartier*) abgelegen

excentricité [ɛksɑ̃tʀisite] *f sans pl* Exzentrizität *f;* (*d'un vêtement*) Extravaganz *f*

excentrique [ɛksɑ̃tʀik] **I.** *adj* exzentrisch; (*tenue*) extravagant **II.** *mf* Exzentriker(in) *m(f)*

excepté [ɛksɛpte] *prép* außer (+ *dat*); **~ que/si** außer, dass; **avoir tout prévu, ~ ce cas** mit allem gerechnet haben, nur damit nicht

excepter [ɛksɛpte] <1> *vt* **~ qn de qc** jdn von etw ausnehmen

exception [ɛksɛpsjɔ̃] *f* Ausnahme *f;* **faire ~ à la règle** eine Ausnahme von der Regel bilden; **faire une ~ pour qn** bei jdm eine Ausnahme machen; **à l'~ de qn/qc** abgesehen von jdm/etw; **sauf ~** von Ausnahmen abgesehen

exceptionnel, le [ɛksɛpsjɔnɛl] *adj* ❶ außergewöhnlich; (*occasion*) einmalig ❷ (*prime, congé*) Sonder-; **mesures ~les** Sondermaßnahmen *Pl;* **à titre ~** ausnahmsweise

exceptionnellement [ɛksɛpsjɔnɛlmɑ̃] *adv* ❶ ausnahmsweise ❷ (*très*) außergewöhnlich

excès [ɛksɛ] *m* ❶ **~ de vitesse** Geschwindigkeitsüberschreitung *f* ❷ *pl* (*abus*) Exzesse *Pl* ❸ (*violences*) Ausschreitungen *Pl*

excessif, -ive [ɛksesif, -iv] *adj* übertrieben; (*prix*) überhöht

excessivement [ɛksesivmɑ̃] *adv* äußerst; (*manger*) unmäßig; **être ~ cher** überteuert sein

excision [ɛksizjɔ̃] *f* ❶ MED (*d'un cor, tissu*) Herausschneiden *nt* ❷ (*ablation rituelle*) **~ d'une fille** Beschneidung *f* eines Mädchens

excitant, e [ɛksitɑ̃, ɑ̃t] *adj* ❶ aufregend; (*livre, projet*) spannend ❷ (*café*) anregend; (*médicament*) stimulierend

excitation [ɛksitasjɔ̃] *f* Aufregung *f*

excité, e [ɛksite] **I.** *adj* aufgeregt **II.** *m, f*

Hitzkopf *m*

exciter [ɛksite] <1> **I.** *vt* ❶ (*désir, curiosité*) erregen; (*imagination*) anregen ❷ (*idée*) reizen ❸ (*troubler sexuellement*) erregen **II.** *vpr* **s'~ sur qc** ❶ (*s'énerver*) sich über etw (*akk*) aufregen ❷ *fam* (*s'acharner*) sich an etw (*dat*) festbeißen

exclamation [ɛksklamasjɔ̃] *f* Ausruf *m*

exclamer [ɛksklame] <1> *vpr* **s'~ de joie** freudig ausrufen

exclu, e [ɛkskly] **I.** *part passé de* **exclure** **II.** *adj* **il n'est pas ~ que** + *subj* es ist nicht ausgeschlossen, dass **III.** *m, f* **les ~s** die [von der Gesellschaft] Ausgeschlossenen

exclure [ɛksklyʀ] <irr> *vt* ❶ **~ qn d'un groupe** jdn aus einer Gruppe ausschließen; **~ qn de l'école** jdn von der Schule verweisen ❷ (*écarter*) ausschließen

exclusif, -ive [ɛksklyzif, -iv] *adj* ausschließlich; (*droit, privilège*) alleinig; **reportage ~** Exklusivbericht *m*

exclusion [ɛksklyzjɔ̃] *f* Ausschluss *m;* (*du lycée*) Verweis *m;* **~ sociale** soziale Ausgrenzung

exclusivement [ɛksklyzivmɑ̃] *adv* ❶ (*seulement*) ausschließlich ❷ (*uniquement*) nur

exclusivité [ɛksklyzivite] *f* (*d'une marque*) Alleinvertrieb *m;* (*d'un livre*) Exklusivrecht *nt;* **une ~ XY** (*produit*) ein geschütztes Produkt von XY; (*scoop*) eine Exklusivmeldung von XY ►**en** ~ ausschließlich

excommunier [ɛkskɔmynje] <1a> *vt* exkommunizieren

excréments [ɛkskʀemɑ̃] *mpl* Kot *m*

excroissance [ɛkskʀwasɑ̃s] *f* Wucherung *f*

excursion [ɛkskyʀsjɔ̃] *f* Ausflug *m,* Exkursion *f*

excusable [ɛkskyzabl] *adj* verzeihlich

excuse [ɛkskyz] *f* ❶ Entschuldigung *f* ❷ (*prétexte*) Ausrede *f;* **la belle ~!** schöne Ausrede!

excuser [ɛkskyze] <1> **I.** *vt* ❶ **excuse-moi/excusez-moi!** entschuldige/entschuldigen Sie [bitte]! ❷ (*personne*) in Schutz nehmen; (*conduite*) entschuldigen **II.** *vpr* **s'~ de qc** sich für etw entschuldigen ►**je m'excuse de vous déranger** entschuldigen Sie bitte die Störung

exécrable [ɛgzekʀabl] *adj* scheußlich

exécutant, e [ɛgzekytɑ̃, ɑ̃t] *m, f* (*agent*) Befehlsempfänger(in) *m(f)*

exécuter [ɛgzekyte] <1> *vt* ❶ *a.* INFORM (*effectuer*) ausführen; (*projet*) durchführen; (*travail*) erledigen; (*peine*) vollziehen ❷ (*tuer*) hinrichten ❸ (*assassiner*) umbringen

exécuteur, -trice [ɛgzekytœʀ, -tʀis] *m, f* Ausführende(r) *f(m)*

exécutif [ɛgzekytif] *m* Exekutive *f*

exécution [ɛgzekysjɔ̃] *f* ❶ Ausführung *f;* (*d'un travail*) Durchführung *f;* (*d'une commande*) Erledigung *f;* (*d'une peine*) Vollzug *m* ❷ (*mise à mort*) Hinrichtung *f*

exégèse [ɛgzeʒɛz] *f* Interpretation *f,* Auslegung *f*

exemplaire [ɛgzɑ̃plɛʀ] **I.** *adj* ❶ (*conduite, personne*) beispielhaft ❷ (*punition*) exemplarisch **II.** *m* ❶ (*d'un livre*) Exemplar *nt;* **en deux ~s** in zweifacher Ausfertigung ❷ (*spécimen*) Exemplar *nt*

exemple [ɛgzɑ̃pl] *m* ❶ (*modèle*) Beispiel *nt;* **donner l'~** mit gutem Beispiel vorangehen; **prendre ~ sur qn** sich (*dat*) an jdm ein Beispiel nehmen ❷ (*illustration*) Beispiel *nt;* **par ~** zum Beispiel

exempt, e [ɛgzɑ̃(pt), ɑ̃(p)t] *adj* ❶ (*dispensé, personne*) befreit ❷ (*dépourvu*) frei

exempter [ɛgzɑ̃(p)te] <1> *vt* (*personne*) befreien; (*réformer*) freistellen

exemption [ɛgzɑ̃psjɔ̃] *f* (*d'une charge*) Befreiung *f*

exercer [ɛgzɛʀse] <2> **I.** *vt* ❶ (*métier, pouvoir*) ausüben; (*fonction*) bekleiden ❷ (*entraîner*) schulen; (*oreille, mémoire*) trainieren **II.** *vi* tätig sein; (*médecin*) praktizieren **III.** *vpr* **s'~** üben; **s'~ à la trompette** Trompete üben

exercice [ɛgzɛʀsis] *m* ❶ SCOL, MUS, SPORT Übung *f* ❷ *sans pl* (*activité physique*) Bewegung *f;* **faire de l'~** sich (*dat*) Bewegung verschaffen ❸ (*d'un métier, du pouvoir*) Ausübung *f;* (*d'une fonction*) Bekleidung *f;* **dans l'~ de ses fonctions** in Ausübung seines Amtes ►**en** ~ im Dienst; POL amtierend

exergue [ɛgzɛʀg] *m* **en ~** als Inschrift

ex-femme [ɛksfam] <ex-femmes> *f* **ma ~** meine frühere Frau

exhaler [ɛgzale] <1> *vt* (*répandre*) ausströmen

exhaustif, -ive [ɛgzostif, -iv] *adj* erschöpfend

exhiber [ɛgzibe] <1> *vt* vorzeigen

exhibition [ɛgzibisjɔ̃] *f* (*d'un animal*) Vorführung *f;* (*d'un athlète*) Darbietung *f*

exhibitionnisme [ɛgzibisjɔnism] *m a. f*

Exhibitionismus *m*
exhibitionniste [ɛgzibisjɔnist] *mf* Exhibitionist(in) *m(f)*
exhortation [ɛgzɔʀtasjɔ̃] *f* [Er]mahnung *f*
exhumer [ɛgzyme] <1> *vt* (*corps*) exhumieren
exigeant, e [ɛgziʒɑ̃, ʒɑ̃t] *adj* anspruchsvoll
exigence [ɛgziʒɑ̃s] *f* ① (*caractère*) anspruchsvolles Wesen ② *pl* (*prétentions*) Ansprüche *Pl*
exiger [ɛgziʒe] <2a> *vt* ① verlangen; **~ trop de qn** jdn überfordern; **~ que** + *subj* verlangen, dass ② (*travail*) erfordern
exigible [ɛgziʒibl] *adj* (*impôt*) fällig
exigu, exiguë [ɛgzigy] *adj* (*logement*) winzig [klein]
exil [ɛgzil] *m* Exil *nt;* **condamner qn à l'~** jdn verbannen
exilé, e [ɛgzile] **I.** *adj* ① (*expatrié*) emigriert ② (*chassé*) ausgebürgert; (*banni*) verbannt ③ (*retiré*) zurückgezogen **II.** *m, f* ① (*expatrié*) Emigrant(in) *m(f)* ② (*banni*) Verbannte(r) *f(m);* **~ politique** politischer Flüchtling
exiler [ɛgzile] <1> **I.** *vt* verbannen **II.** *vpr* **s'~** ins Exil gehen
existant, e [ɛgzistɑ̃, ɑ̃t] *adj* bestehend
existence [ɛgzistɑ̃s] *f* ① (*vie*) Existenz *f;* (*mode de vie*) Lebensweise *f* ② (*d'une institution*) Bestehen *nt*
existentialisme [ɛgzistɑ̃sjalism] *m* Existenzialismus *m*
existentiel, le [ɛgzistɑ̃sjɛl] *adj* existenziell
exister [ɛgziste] <1> **I.** *vi* existieren; **ce mot existe** dieses Wort gibt es; **continuer d'~** fortbestehen **II.** *vi impers* **il existe qc** es gibt etw
ex-mari [ɛksmaʀi] <ex-maris> *m* **mon ~** mein früherer Mann
exode [ɛgzɔd] *m* [Massen]auswanderung *f;* **~ rural** Landflucht *f*
exonération [ɛgzɔneʀasjɔ̃] *f* **~ d'impôts** Steuerbefreiung *f*
exonérer [ɛgzɔneʀe] <5> *vt* FIN **être exonéré de la T.V.A.** nicht der Mehrwertsteuer unterliegen
exorbitant, e [ɛgzɔʀbitɑ̃, ɑ̃t] *adj* übertrieben
exorciser [ɛgzɔʀsize] <1> *vt* exorzieren
exotique [ɛgzɔtik] *adj* exotisch
exotisme [ɛgzɔtism] *m* Exotik *f*
expansif, -ive [ɛkspɑ̃sif, -iv] *adj* gesprächig
expansion [ɛkspɑ̃sjɔ̃] *f* ECON Expansion *f;* **~ économique** Wirtschaftswachstum *nt;* **secteur en pleine ~** Wachstumsbranche *f*
expatrié, e [ɛkspatʀije] *m, f* Emigrant(in) *m(f)*
expatrier [ɛkspatʀije] <1> **I.** *vt* (*personne*) ausbürgern **II.** *vpr* **s'~** auswandern
expédier [ɛkspedje] <1> *vt* [ab]schicken; **~ qc par bateau** etw verschiffen
expéditeur, -trice [ɛkspeditœʀ, -tʀis] *m, f* Absender(in) *m(f)*
expéditif, -ive [ɛkspeditif, -iv] *adj* schnell
expédition [ɛkspedisjɔ̃] *f* ① (*envoi*) Versand *m* ② (*mission*) Expedition *f;* SCI *a.* Forschungsreise *f*
expérience [ɛkspeʀjɑ̃s] *f* ① *sans pl* (*pratique*) Erfahrung *f;* **par ~** aus Erfahrung ② (*événement*) Erlebnis *nt* ③ (*essai*) Experiment *nt;* **~s sur les animaux** Tierversuche *Pl*
expérimental, e [ɛkspeʀimɑ̃tal, o] <-aux> *adj* (*données, science*) empirisch
expérimentation [ɛkspeʀimɑ̃tasjɔ̃] *f* Experimentieren *nt*
expérimenté, e [ɛkspeʀimɑ̃te] *adj* erfahren
expérimenter [ɛkspeʀimɑ̃te] <1> *vt* **~ un médicament sur qn/un animal** ein Medikament an jdm/einem Tier ausprobieren
expert, e [ɛkspɛʀ, ɛʀt] **I.** *adj* (*cuisinière, médecin*) erfahren; (*technicien*) fachkundig; **être ~ en qc** sich in etw (*dat*) auskennen **II.** *m, f* ① (*spécialiste*) Experte/Expertin *m/f* ② JUR (*pour évaluer un objet*) Sachverständige(r) *f(m);* (*pour évaluer des dommages*) Gutachter(in) *m(f)*
expert-comptable, experte-comptable [ɛkspɛʀkɔ̃tabl] <experts-comptables> *m, f* Buchprüfer(in) *m(f)*
expertise [ɛkspɛʀtiz] *f* Begutachtung *f* [durch einen Sachverständigen]; **~ judiciaire** gerichtliches Gutachten
expertiser [ɛkspɛʀtize] <1> *vt* ① (*étudier l'authenticité*) begutachten ② (*estimer*) schätzen
expier [ɛkspje] <1a> *vt* (*crime*) büßen für
expiration [ɛkspiʀasjɔ̃] *f* ① ANAT Ausatmen *nt* ② (*d'un délai, mandat*) Ablauf *m*
expirer [ɛkspiʀe] <1> **I.** *vt* ausatmen **II.** *vi* (*mandat, délai*) ablaufen
explicable [ɛksplikabl] *adj* erklärbar
explicatif, -ive [ɛksplikatif, -iv] *adj* **note explicative** Erläuterung *f;* **notice explicative** Gebrauchsanweisung *f*
explication [ɛksplikasjɔ̃] *f* ① (*indication*) Erklärung *f* ② (*commentaire, annotation*) Er-

E

läuterung *f;* ~ **de texte** Textinterpretation *f* ❸ (*discussion*) Aussprache *f* ❹ (*raison*) Begründung *f*

explicite [ɛksplisit] *adj* eindeutig, klar

explicitement [ɛksplisitmɑ̃] *adv* [klar und] deutlich

expliquer [ɛksplike] <1> **I.** *vt* ~ **qc à qn** jdm etw erklären; **tu lui as bien expliqué que ...?** du hast ihm doch gesagt, dass ...? **II.** *vpr* ❶ (*se faire comprendre*) **s'~** sich ausdrücken ❷ (*justifier*) **s'~ sur qc** sich für etw entschuldigen; **s'~ sur son choix** seine Wahl rechtfertigen ❸ (*rendre des comptes*) **s'~ devant le tribunal** sich vor Gericht verantworten ❹ (*avoir une discussion*) **s'~ avec qn sur qc** sich mit jdm über etw (*akk*) aussprechen ❺ (*comprendre*) **s'~ qc** sich (*dat*) etw erklären können

exploit [ɛksplwa] *m a. iron* Leistung *f*

exploitable [ɛksplwatabl] *adj* (*terre, domaine*) [landwirtschaftlich] nutzbar

exploitant, **e** [ɛksplwatɑ̃, ɑ̃t] *m, f* ~**(e) agricole** Landwirt(in) *m(f)*

exploitation [ɛksplwatasjɔ̃] *f* ❶ (*d'une ferme*) Bewirtschaftung *f;* (*de ressources naturelles*) Nutzung *f;* (*d'une mine*) Abbau *m* ❷ (*bien*) Betrieb *m* ❸ (*de données*) Auswertung *f* ❹ (*abus*) Ausbeutung *f*

exploiter [ɛksplwate] <1> *vt* ❶ (*terre*) bewirtschaften; (*ressources*) nutzen; (*mine*) ausbeuten ❷ (*utiliser: situation*) nutzen; (*idée*) verwerten ❸ (*abuser: personne*) ausbeuten; (*chose*) ausnutzen

exploiteur, **-euse** [ɛksplwatœʀ, -øz] *m, f* Ausbeuter(in) *m(f)*

explorateur [ɛksplɔʀatœʀ] *m* INFORM Explorer *m*

explorateur, **-trice** [ɛksplɔʀatœʀ, -tʀis] *m, f* Forscher(in) *m(f)*

exploration [ɛksplɔʀasjɔ̃] *f* ❶ Erforschung *f* ❷ INFORM Browsen *nt*

explorer [ɛksplɔʀe] <1> *vt* (*pays*) erforschen

exploser [ɛksploze] <1> *vi a. fig* explodieren

explosif [ɛksplozif] *m* Sprengstoff *m*

explosion [ɛksplozjɔ̃] *f* ❶ (*d'une bombe*) Explosion *f* ❷ (*manifestation soudaine*) ~ **de joie/colère** Freuden-/Wutausbruch *m;* ~ **démographique** Bevölkerungsexplosion *f*

exportable [ɛkspɔʀtabl] *adj* exportierbar

exportateur [ɛkspɔʀtatœʀ] *m* (*pays*) Exportland *nt*

exportateur, **-trice** [ɛkspɔʀtatœʀ, -tʀis] **I.** *adj* exportierend **II.** *m, f* (*personne*) Exporteur(in) *m(f)*

exportation [ɛkspɔʀtasjɔ̃] *f* ❶ (*action*) Export *m* ❷ *pl* (*biens*) Export *m* ❸ INFORM Übertragung *f*

exporter [ɛkspɔʀte] <1> *vt* ❶ exportieren ❷ INFORM ~ **des fichiers sur qc** Dateien auf etw (*akk*) transferieren

exposé [ɛkspoze] *m* ❶ Referat *nt;* **faire un ~ sur qc** ein Referat über etw (*akk*) halten ❷ (*description*) Darstellung *f*

exposer [ɛkspoze] <1> **I.** *vt* ❶ (*tableau*) ausstellen; (*marchandise*) auslegen ❷ (*décrire*) darlegen ❸ (*vie, honneur*) aufs Spiel setzen ❹ (*disposer*) ~ **qc au soleil** etw der Sonne (*dat*) aussetzen; **une pièce bien exposée** ein helles Zimmer **II.** *vpr* **s'~ à qc** sich einer Sache (*dat*) aussetzen

exposition [ɛkspozisjɔ̃] *f* ❶ (*de marchandises*) Ausstellen *nt* ❷ *a.* ART (*présentation, foire*) Ausstellung *f* ❸ (*orientation*) ~ **au sud** Ausrichtung *f* nach Süden ❹ (*action de soumettre à qc*) Aussetzen *nt;* PHOT Belichtung *f*

exprès [ɛkspʀɛ] *adv* ❶ absichtlich ❷ (*spécialement*) [**tout**] ~ eigens

express [ɛkspʀɛs] *adj inv* **café** ~ Espresso *m;* **train** ~ Schnellzug *m*

expressément [ɛkspʀesemɑ̃] *adv* ausdrücklich

expressif, **-ive** [ɛkspʀesif, -iv] *adj* ausdrucksvoll

expression [ɛkspʀesjɔ̃] *f* ❶ (*action*) Ausdruck *m;* **mode d'~** Ausdrucksweise ❷ (*mots*) ~ **familière/figée** umgangssprachlicher/feststehender Ausdruck ▸**veuillez agréer l'~ de mes sentiments distingués** mit freundlichen Grüßen

expressionnisme [ɛkspʀesjɔnism] *m* Expressionismus *m*

exprimer [ɛkspʀime] <1> **I.** *vt* (*pensée, sentiment*) ausdrücken; (*opinion, désir*) äußern **II.** *vpr* **s'~ en français** sich auf Französisch ausdrücken; **s'~ par gestes** sich durch Gesten verständlich machen

expropriation [ɛkspʀɔpʀijasjɔ̃] *f* Enteignung *f*

expulser [ɛkspylse] <1> *vt* (*étranger*) abschieben; (*élève, joueur*) verweisen; ~ **un locataire de son appartement** einen Mieter zur Räumung seiner Wohnung zwingen

expulsion [ɛkspylsjɔ̃] *f* (*d'un élève*) Verwe

sung *f* von der Schule; (*d'un étranger*) Abschiebung *f;* (*d'un locataire*) Zwangsräumung *f;* (*d'un joueur*) Platzverweis *m*

expurger [ɛkspyʀʒe] <2a> *vt* zensieren

exquis, e [ɛkski, iz] *adj* ausgezeichnet; (*goût, manières, parfum*) erlesen

extase [ɛkstɑz] *f* Ekstase *f*

extasier [ɛkstɑzje] *vpr* **s'~ sur qn/qc** über jdn/etw in Ekstase geraten

extatique [ɛkstatik] *adj* (*air*) verzückt

extenseur [ɛkstɑ̃sœʀ] *adj* **muscle ~** Streckmuskel

extensible [ɛkstɑ̃sibl] *adj* dehnbar

extensif, -ive [ɛkstɑ̃sif, -iv] *adj* (*culture*) extensiv

extension [ɛkstɑ̃sjɔ̃] *f* ❶ (*d'un ressort*) Dehnen *nt;* (*d'un bras*) Strecken *nt* ❷ (*d'une ville*) Ausdehnung *f;* (*d'un incendie, d'une épidémie*) Ausbreitung *f* ❸ INFORM **~ de mémoire** Speichererweiterung *f*

exténuant, e [ɛkstenɥɑ̃, ɑ̃t] *adj* anstrengend

exténuer [ɛkstenɥe] <1> *vt* erschöpfen

extérieur [ɛksteʀjœʀ] *m* ❶ (*monde extérieur*) Außenwelt *f* ❷ (*dehors*) Außenseite *f;* **à l'~ de** außerhalb (*gen*); **de l'~** von außen

extérieur, e [ɛksteʀjœʀ] *adj* ❶ äußere(r, s); (*activité*) außerhäuslich ❷ POL, COM Außen- ❸ (*visible*) äußerlich; **aspect ~** äußere Erscheinung

extérieurement [ɛksteʀjœʀmɑ̃] *adv* äußerlich

extérioriser [ɛksteʀjɔʀize] <1> *vpr* **s'~** sich äußern; (*personne*) aus sich herausgehen; (*colère, joie*) zum Ausdruck kommen

extermination [ɛkstɛʀminasjɔ̃] *f* Ausrottung *f*

exterminer [ɛkstɛʀmine] <1> *vt* ausrotten

externat [ɛkstɛʀna] *m* SCOL Externat *nt*

externe [ɛkstɛʀn] **I.** *adj* (*surface*) äußere(r, s) **II.** *mf* SCOL Externe(r) *f(m)*

extincteur [ɛkstɛ̃ktœʀ] *m* Feuerlöscher *m*

extinction [ɛkstɛ̃ksjɔ̃] *f* ❶ (*d'un incendie*) Löschen *nt* ❷ (*disparition*) Aussterben *nt* ❸ *fig* **~ de voix** völlige Heiserkeit

extirper [ɛkstiʀpe] <1> *vt* [völlig] entfernen

extorquer [ɛkstɔʀke] <1> *vt* **~ de l'argent à qn** von jdm Geld erpressen

extorsion [ɛkstɔʀsjɔ̃] *f* Erpressung *f*

extra [ɛkstʀa] **I.** *adj inv* ❶ (*qualité*) erstklassig ❷ *fam* (*formidable*) stark **II.** *m* **un ~** etwas Besonderes

extraction [ɛkstʀaksjɔ̃] *f* MINER (*du pétrole/charbon*) Förderung *f*

extrader [ɛkstʀade] <1> *vt* ausliefern

extradition [ɛkstʀadisjɔ̃] *f* Auslieferung *f*

extraire [ɛkstʀɛʀ] <irr> *vt* ❶ herausholen; (*charbon, pétrole*) fördern; (*dent*) ziehen ❷ (*séparer*) gewinnen; **~ le jus de qc** den Saft aus etw [her]auspressen

extrait [ɛkstʀɛ] *m* ❶ Auszug *m;* **~ de compte** Kontoauszug; **~ de naissance** Geburtsurkunde *f* ❷ (*concentré*) Extrakt *m o nt*

extrait, e [ɛkstʀɛ, ɛt] *part passé de* **extraire**

extralucide [ɛkstʀalysid] *adj* **voyante ~** Hellseherin *f*

extraordinaire [ɛkstʀaɔʀdinɛʀ] *adj* ❶ (*opp: ordinaire*) Sonder- ❷ (*insolite*) ungewöhnlich ❸ (*exceptionnel*) außergewöhnlich

extrapoler [ɛkstʀapɔle] <1> *vi* verallgemeinern

extraterrestre [ɛkstʀatɛʀɛstʀ] *mf* Außerirdische(r) *f(m)*

extravagance [ɛkstʀavagɑ̃s] *f* ❶ (*d'une personne*) exzentrisches Wesen; (*d'une conduite, d'un costume*) Extravaganz *f;* (*d'un projet*) Ausgefallenheit *f* ❷ (*action*) Verrücktheit *f* ❸ (*idée*) verrückte Idee

extravagant, e [ɛkstʀavagɑ̃, ɑ̃t] *adj* (*personne*) exzentrisch; (*robe, idée*) extravagant; (*prix*) überhöht

extrême [ɛkstʀɛm] **I.** *adj* ❶ (*au bout d'un espace, d'une durée*) äußerste(r, s) ❷ (*excessif*) extrem; **d'~ droite/gauche** rechts-/linksradikal **II.** *m* ❶ (*dernière limite*) Extrem *nt* ❷ *pl* (*opposé*) Extreme *Pl* ❸ POL **l'~ gauche/droite** die Links-/Rechtsextremisten *Pl*

extrêmement [ɛkstʀɛmmɑ̃] *adv* äußerst

Extrême-Orient [ɛkstʀɛmɔʀjɑ̃] *m* **l'~** der Ferne Osten

extrémisme [ɛkstʀemism] *m* Extremismus *m*

extrémiste [ɛkstʀemist] **I.** *adj* POL radikal **II.** *mf* Radikale(r) *f(m)*

extrémité [ɛkstʀemite] *f* ❶ (*bout*) äußerstes Ende ❷ *pl* (*mains, pieds*) Extremitäten *Pl*

exubérant, e [ɛgzybeʀɑ̃, ɑ̃t] *adj* (*personne*) überschwänglich

exutoire [ɛgzytwaʀ] *m* **~ à qc** Ventil *nt* für etw

eye-liner [ajlajnœʀ] <eye-liners> *m* Eyeliner *m* **eye-shadow** [ajʃɛdo] <eye-shadows> *m* Lidschatten *m*

E

Ff

F, f [ɛf] *m inv* F *nt,* f *nt*

F *hist abr de* **franc** F

fa [fa] *m inv* F *nt,* f *nt*

fable [fɑbl] *f* Fabel *f*

fabricant, e [fabʀikɑ̃, ɑ̃t] *m, f* Hersteller(in) *m(f); (propriétaire)* Fabrikant(in) *m(f)*

fabrication [fabʀikasjɔ̃] *f* Herstellung *f; (artisanale)* [handwerkliche] Anfertigung *f* ▸**de ma/sa** ~ selbst gemacht

fabrique [fabʀik] *f* Fabrik *f*

fabriquer [fabʀike] <1> **I.** *vt* ① herstellen ② *fam (faire)* **mais qu'est-ce que tu fabriques?** was machst du denn so lange? **II.** *vpr* **se ~ une table avec qc** sich *(dat)* aus etw einen Tisch bauen

fabulateur, -trice [fabylatœʀ, -tʀis] *m, f* Geschichtenerzähler(in) *m(f)*

fabulation [fabylasjɔ̃] *f* Erfinden *nt* von Geschichten

fabuler [fabyle] <1> *vi* Geschichten erfinden

fabuleusement [fabyløzmɑ̃] *adv* sagenhaft

fabuleux, -euse [fabylø, -øz] *adj* ① *(fantastique)* sagenhaft ② *fam (incroyable)* unglaublich

fac [fak] *f fam abr de* **faculté** Uni *f*

façade [fasad] *f a. fig* Fassade *f*

face [fas] *f* ① *(visage)* Gesicht *nt* ② *(côté)* Seite *f; (d'une monnaie)* Vorderseite *f;* **pile ou ~?** Kopf oder Zahl? ③ *(aspect)* Seite *f* ④ *(indiquant une orientation)* **de ~** von vorne; **être en ~ de qn** [direkt] vor jdm stehen; *(assis)* jdm gegenübersitzen; **être en ~ de qc** einer S. *(dat)* gegenüberliegen; **en ~ de qn/qc** gegenüber von jdm/etw; **le voisin d'en ~** der Nachbar von gegenüber ⑤ *(indiquant une circonstance)* **~ à qc** angesichts *(gen)* etw ▸**être/se trouver ~ à ~ avec qn/qc** jdm/einer S. gegenüberstehen

face-à-face [fasafas] *m inv* Streitgespräch *nt*

facétie [fasesi] *f* Scherz *m*

facétieux, -euse [fasesjø, -jøz] *adj* spaßig

facette [fasɛt] *f a. fig* Facette *f*

fâché, e [fɑʃe] *adj* verärgert; **être ~ avec qn** mit jdm zerstritten sein

fâcher [fɑʃe] <1> **I.** *vt (irriter)* verärgern **II.** *vpr* ① *(se mettre en colère)* **se ~** sich ärgern; **se ~ contre qn** mit jdm schimpfen ② *(se brouiller)* **se ~ avec qn** sich mit jdm überwerfen *(geh)*

fâcherie [fɑʃʀi] *f* Unstimmigkeit *f*

fâcheusement [fɑʃøzmɑ̃] *adv* unangenehm

fâcheux, -euse [fɑʃø, -øz] *adj (contretemps)* widrig; *(nouvelle)* unerfreulich

facho [faʃo] *adj fam abr de* **fasciste** faschistisch

facial, e [fasjal, jo] <-aux> *adj* Gesichts-

faciès [fasjɛs] *m (mine)* Gesicht[sausdruck *m*] *nt*

facile [fasil] **I.** *adj* leicht; **c'est plus ~ de faire qc** es ist leichter etw zu tun **II.** *adv fam* ① *(sans difficulté)* locker; **faire qc ~** etw mit links tun ② *(au moins)* gut und gerne

facilement [fasilmɑ̃] *adv* ① *(sans difficulté)* leicht ② *(au moins)* mindestens

facilité [fasilite] *f* ① *(opp: difficulté)* Leichtigkeit *f* ② *(aptitude)* **avoir des ~s** begabt sein ③ *sans pl péj* Bequemlichkeit *f* ④ *pl (occasion)* Gelegenheit *f* ⑤ *(possibilité)* Möglichkeit *f*

faciliter [fasilite] <1> *vt* erleichtern

façon [fasɔ̃] *f* ① *(manière)* **~ de faire qc** Art [und Weise] *f* etw zu tun; **~ d'agir** Handlungsweise *f* ② *pl (comportement)* Benehmen *nt;* **avoir des ~s de …** sich wie ein(e) … benehmen ▸**d'une ~ générale** im Allgemeinen; **de toute ~, …** auf jeden Fall; **à ma ~** auf meine Art; **faire qc de ~ à ce que** + *subj* etw tun, damit

façonner [fasɔne] <1> *vt* bearbeiten

fac-similé [faksimile] <fac-similés> *m* Faksimile *nt*

facteur [faktœʀ] *m a.* MATH Faktor *m*

facteur, -trice [faktœʀ, -tʀis] *m, f* POST Briefträger(in) *m(f)*

factice [faktis] *adj* falsch; *(fleur)* künstlich; *(sourire)* aufgesetzt

faction [faksjɔ̃] *f* aufrührerische Gruppe

factrice [faktʀis] *f v.* **facteur**

facturation [faktyʀasjɔ̃] *f* ① *(action)* Inrechnungstellung *f* ② *(service)* Rechnungsabteilung *f*

facture [faktyʀ] *f* Rechnung *f*

facturer [faktyʀe] <1> *vt* **~ qc à qn** *(établir une facture)* jdm eine Rechnung über etw ausstellen; *(faire payer)* jdm etw berechnen

facultatif, -ive [fakyltatif, -iv] *adj* fakultativ

matière facultative Wahlfach *nt*

faculté[1] [fakylte] *f* UNIV Fachbereich *m;* ~ **de droit** juristische Fakultät

faculté[2] [fakylte] *f* Fähigkeit *f;* ~**s intellectuelles** *pl* geistige Kräfte

fada [fada] **I.** *adj fam* verrückt **II.** *m, f fam* Spinner *m*

fadaise [fadɛz] *f gén pl* dummes Zeug *kein Pl*

fadasse [fadas] *adj fam a. fig* fade; (*couleur*) langweilig

fade [fad] *adj* **être** ~ nach nichts schmecken

fadeur [fadœʀ] *f* Geschmacklosigkeit *f*

fagot [fago] *m* Reisigbündel *nt*

fagoter [fagɔte] <1> *vt péj* unmöglich anziehen

faiblard, e [fɛblaʀ, aʀd] *adj péj fam* schwach

faible [fɛbl] **I.** *adj* ❶ (*sans force*) schwach; (*après une maladie*) geschwächt ❷ *antéposé* (*restreint*) gering; (*protestation, espoir*) schwach; **à une ~ majorité** mit knapper Mehrheit ❸ (*bête*) ~ **d'esprit** geistig Zurückgebliebene(r) *f(m)* **II.** *m, f* ❶ Schwache(r) *f(m)* ❷ (*personne sans volonté*) Schwächling *m* ❸ ECON **les économiquement ~s** die wirtschaftlich Schwachen **III.** *m sans pl* Schwäche *f;* **avoir un ~ pour qn/qc** ein Faible für jdn/etw haben

faiblement [fɛbləmɑ̃] *adv* ❶ (*mollement*) schwach ❷ (*légèrement*) leicht

faiblesse [fɛblɛs] *f* ❶ (*manque de force*) Schwäche *f;* (*après une maladie*) geschwächter Zustand; (*due à la constitution*) Schwächlichkeit *f;* **avoir une ~** einen Schwächeanfall bekommen ❷ (*manque de volonté*) Willensschwäche *f*

faiblir [febliʀ] <8> *vi* (*personne*) schwachwerden; (*cœur, lumière*) schwächer werden; (*espoir, force*) schwinden; (*résistance, vent*) nachlassen; (*revenu, rendement*) sinken; (*chances, écart*) sich verringern

faïence [fajɑ̃s] *f* Fayence *f*

faïencerie [fajɑ̃sʀi] *f* ❶ (*industrie*) Steingutindustrie *f* ❷ (*fabrique*) Steingutfabrik *f* ❸ (*vaisselle*) Steingut[geschirr *nt*] *nt*

faille[1] [faj] *subj prés de* **falloir**

faille[2] [faj] *f* ❶ GEO Verwerfung *f* ❷ (*crevasse*) Spalte *f* ❸ (*défaut*) Schwachstelle *f;* **détermination sans ~** unerbittliche Entschlossenheit

faillible [fajibl] *adj* fehlbar

faillir [fajiʀ] <irr> *vi* ❶ **il a failli acheter ce livre** er hätte das Buch beinahe gekauft ❷ (*manquer*) ~ **à son devoir** seine Pflicht verletzen

faillite [fajit] *f* Konkurs *m*

faim [fɛ̃] *f* ❶ Hunger *m;* ~ **de loup** Bärenhunger; **donner ~ à qn** jdn hungrig machen; **ne pas manger à sa ~** sich nicht satt essen ❷ (*famine*) Hungersnot *f* ❸ (*désir ardent*) **avoir ~ de qc** Verlangen *nt* nach etw haben

fainéant, e [fɛneɑ̃, ɑ̃t] **I.** *adj* faul **II.** *m, f* Faulenzer(in) *m(f)*

fainéanter [fɛneɑ̃te] <1> *vi* faulenzen

fainéantise [fɛneɑ̃tiz] *f* Faulheit *f*

faire [fɛʀ] <irr> **I.** *vt* ❶ (*objet, vêtement*) machen; (*maison, nid*) bauen; (*produit*) herstellen; (*gâteau*) backen; (*repas*) zubereiten; **le bébé fait ses dents** das Baby zahnt ❷ (*enfant*) bekommen ❸ (*évacuer*) ~ **ses besoins** seine Notdurft verrichten ❹ (*faute, cadeau*) machen; (*livre*) schreiben; (*conférence*) abhalten; (*discours*) halten; (*loi*) erlassen; ~ **un chèque à qn** jdm einen Scheck ausstellen; ~ **une promesse à qn** jdm ein Versprechen geben; ~ **la guerre contre qn** gegen jdn Krieg führen; ~ **la paix** Frieden schließen; ~ **l'amour à qn** mit jdm schlafen; ~ **la bise à qn** jdn mit Wangenkuss begrüßen; ~ **du bruit** Lärm machen; *fig* Aufsehen erregen; ~ **l'école buissonnière** die Schule schwänzen; ~ **étape** eine Pause machen [unterwegs]; ~ **grève** streiken; ~ **signe à qn** jdm zuwinken; ~ **sa toilette** sich waschen ❺ (*avoir une activité*) machen; (*tâche, travail*) erledigen; (*métier*) ausüben; (*service militaire*) ableisten; **je n'ai rien à ~** ich habe nichts zu tun; ~ **une bonne action** ein gutes Werk tun; ~ **du théâtre/jazz** Theater/Jazz spielen; ~ **du violon/du piano** Geige/Klavier spielen; ~ **de la politique** Politik betreiben; ~ **du sport** Sport treiben; ~ **de l'escalade** klettern; ~ **de la voile** segeln; ~ **du tennis** Tennis spielen; ~ **du vélo/canoë** Fahrrad/Kanu fahren; ~ **du cheval** reiten; ~ **du patin à roulettes** Rollschuh laufen; ~ **du skate/ski** Skateboard/Ski fahren; ~ **un petit jogging** etwas joggen; ~ **du camping** zelten/campen; ~ **de la couture/du tricot** nähen/stricken; ~ **des photos** Fotos machen/fotografieren; ~ **du cinéma** in der

F

Filmbranche arbeiten; **ne ~ que bavarder** nur schwatzen; **que faites-vous dans la vie?** was tun Sie beruflich? ⑥ (*étudier: école*) besuchen; **~ des études** studieren; **~ de la recherche** Forschung betreiben; **~ du français** Französisch lernen/haben ⑦ (*café*) machen; (*bagages*) packen; **~ la cuisine** kochen ⑧ (*argenterie, chaussures*) putzen; (*chambre, salle à manger*) aufräumen; (*lit*) machen; **~ le ménage** (*nettoyer*) putzen; (*mettre de l'ordre*) aufräumen; **~ la vaisselle** abspülen ⑨ (*mouvement, promenade*) machen; (*pansement*) anlegen; (*numéro de téléphone*) wählen; (*tournoi*) teilnehmen an (+ *dat*); **~ les courses** einkaufen; **~ la manche** *fam* betteln [gehen]; **~ le portrait de qn** jdn beschreiben; **~ bon voyage** eine gute Reise haben ⑩ MED *fam* **~ de la fièvre** Fieber haben ⑪ (*distance, trajet*) zurücklegen; (*pays*) bereisen; (*circuit*) machen; (*magasins*) abklappern (*fam*); (*à pied: rue*) abgehen; (*avec un véhicule: rue*) abfahren; **~ des zigzags/du stop** Zickzacklinien/per Anhalter fahren ⑫ COM (*produit*) führen ⑬ AGR (*cultiver*) anbauen ⑭ (*fixer un prix*) **ils/elles font combien?** wie viel kosten sie? ⑮ (*feindre, agir comme*) **~ le pitre** den Clown spielen; **~ l'idiot** Blödsinn machen; **il a fait comme s'il ne me voyait pas** er hat so getan, als ob er mich nicht sähe ⑯ (*tenir un rôle*) **~ le Père Noël** den Weihnachtsmann spielen ⑰ (*transformer*) **il a fait de lui une star** er hat aus ihm einen Star gemacht ⑱ (*causer*) **~ plaisir à qn** (*personne*) jdm Freude machen; **~ du bien/mal à qn** jdm gut tun/schaden; **ça ne fait rien** das macht nichts; **~ honte à qn** jdm ein schlechtes Gewissen einjagen; **qu'est-ce que ça peut bien te ~?** was geht dich das an? ⑲ (*servir de*) **la cuisine fait salle à manger** die Küche dient als Esszimmer ⑳ (*laisser quelque part*) **qu'ai-je bien pu ~ de mes lunettes?** wo habe ich nur meine Brille gelassen? ㉑ (*donner comme résultat*) machen; **deux et deux font quatre** zwei und zwei macht vier ㉒ (*dire*) machen; **~ comprendre qc à qn** jdm etw begreiflich machen ㉓ (*avoir pour conséquence*) **~ que ...** zur Folge haben, dass ... ㉔ (*être la cause de*) **~ chavirer un bateau** ein Boot zum Kentern bringen ㉕ (*inviter à*) **~ venir qn** jdn kommen lassen; **~ entrer qn** jdn reinlassen; **~ voir qc à qn** jdm etw herzeigen ㉖ (*charger de*) **~ réparer/changer qc par qn** etw von jdm reparieren/ändern lassen; **~ faire qc à qn** jdn etw tun lassen ㉗ (*forcer, inciter à*) **~ ouvrir qc** etw öffnen lassen; **~ payer qn** jdn zahlen lassen ㉘ (*pour remplacer un verbe déjà énoncé*) **qn le fait/l'a fait** jd tut es/hat es getan **II.** *vi* ① (*agir*) **~ vite** sich beeilen; **~ attention à qc** auf etw aufpassen; **~ de son mieux** sein Bestes tun; **tu peux mieux ~** du kannst das noch besser; **tu ferais mieux/bien de te taire** du bist besser/am besten still; **~ comme si de rien n'était** so tun, als ob nichts gewesen wäre ② *fam* **ce manteau me fera encore un hiver** der Mantel hält noch einen Winter ③ (*paraître*) **~ vieux/paysan** alt/wie ein Bauer aussehen ④ (*rendre*) **~ bon/mauvais effet** einen guten/schlechten Eindruck machen ⑤ (*mesurer, peser*) **~ 1,2 m de long/de large/de haut** 1,2 m lang/breit/hoch sein; **~ trois kilos** drei Kilo wiegen; **~ ... cm de tour de cou** Kragengröße ... tragen/haben; **~ 70 litres** 70 Liter fassen; **~ 8 euros** 8 Euro machen ⑥ (*être incontinent*) **~ dans la culotte** in die Hose machen ►**~ partie de qc** zu etw gehören; **~ la queue** *fam* anstehen; **~ manger qn** jdn füttern; **faites comme chez vous!** *iron* fühlen Sie sich [ganz] wie zu Hause!; **ne pas s'en ~** *fam* sich keine Sorgen machen; **se ~ mal** sich wehtun; **ça ne se fait pas** das gehört sich nicht **III.** *vi impers* ① METEO **il fait chaud** es ist warm; **il fait beau/mauvais** es ist schön[es Wetter]/schlechtes Wetter; **il fait dix degrés** es sind zehn Grad ② (*temps écoulé*) **cela fait bien huit ans** das ist gut acht Jahre her ③ (*pour indiquer l'âge*) **ça me fait 40 ans** *fam* ich bin 40 [Jahre alt] **IV.** *vpr* ① **se ~ une robe** sich (*dat*) ein Kleid machen; **se ~ 1500 euros par mois** *fam* 1500 Euro im Monat verdienen ② (*action réciproque*) **se ~ des politesses** Höflichkeiten austauschen ③ *fam* **je me le suis fait** (*avoir couché avec*) mit dem bin ich schon ins Bett gegangen; **je vais me le ~ celui-là!** (*le brutaliser*) den werde ich mir vornehmen! ④ (*se former*) **se ~** (*fromage, vin*) seinen vollen Geschmack entwickeln ⑤ (*devenir*) **se ~ vieux** alt werden; **se ~ curé** Priester werden 6 (*s'habituer à*) **se ~ à qc** sich an etw (+ *akk*) gewöhnen 7 (*être à la mode*) **se ~** (*look, vêtement*) Mode sein 8 (*arriver*) **se ~** stattfinden; (*film, livre*) zustande kommen 9 *impers* **comment ça se fait?** wie kommt das?; **il se fait tard** es wird spät 10 (*sens passif*) **se ~ opérer** operiert werden; **qn se fait voler qc** jdm wird etw gestohlen ▸ **t'en fais pas!** *fam* mach dir nichts draus!

faire-part [fɛʀpaʀ] *m inv* Anzeige *f*

fair-play [fɛʀplɛ] **I.** *m inv* Fairness *f* **II.** *adj inv* fair

faisabilité [fəzabilite] *f* Machbarkeit *f*

faisable [fəzabl] *adj* machbar

faisan, e [fəzɑ̃, an] *m, f* Fasan *m*

faisandé, e [fəzɑ̃de] *adj* mit Hautgout

faisceau [fɛso] <x> *m* **~ lumineux** Lichtkegel *m;* NAUT Leuchtfeuer *nt*

faiseur, -euse [fəzœʀ, -øz] *m, f péj* **~ de belles phrases** Schwätzer *m;* **~ de bons mots** Witzbold *m*

faisselle [fɛsɛl] *f* 1 (*passoire*) Abtropfsieb *nt* (*für die Molke des Quarks*) 2 (*fromage blanc*) Quark *m*

fait [fɛ] *m* 1 Tatsache *f;* **un ~ nouveau** ein neues Element 2 (*événement*) Ereignis *nt;* (*phénomène*) Phänomen *nt* 3 JUR **les ~s** (*action criminelle, délit*) die Tat; (*éléments constitutifs*) der Tatbestand; (*état des choses*) der Sachverhalt 4 (*conséquence*) **être le ~ de qc** die Folge von etw sein 5 RADIO, PRESSE **~ divers** [Lokal]nachricht *f,* vermischte Nachrichten *Pl;* (*à la radio, télé*) Meldung *f* ▸ **au ~** übrigens; **tout à ~** ganz/völlig; **du ~ que** da; **en ~** in Wirklichkeit

fait, e [fɛ, fɛt] **I.** *part passé de* **faire II.** *adj* 1 (*propre à*) **être ~ pour qc** für etw geeignet sein; **être ~ pour** *fam* das Zeug dazu haben 2 (*constitué*) **être bien ~** eine gute Figur haben 3 (*ongles*) lackiert; (*yeux*) geschminkt 4 (*fromage*) reif 5 *fam* (*pris*) **être ~** geliefert sein 6 (*tout prêt*) **expression toute ~e** feststehender Ausdruck ▸ **c'est bien ~ pour toi/lui** das geschieht dir/ihm recht; **vite ~ bien ~** ganz schnell

faîte [fɛt] *m* (*de l'arbre*) Wipfel *m;* (*d'une montagne*) Gipfel *m*

faitout, fait-tout [fɛtu] *m inv* [Koch]topf *m*

fakir [fakiʀ] *m* Fakir *m*

falaise [falɛz] *f* 1 (*paroi*) Felswand *f* 2 (*côte*) Steilküste *f* 3 (*rocher*) Felsen *m*

falbalas [falbala] *mpl péj* Firlefanz *m*

falloir [falwaʀ] <irr> *vi impers* 1 (*besoin*) **il faut qn/qc pour faire qc** man braucht jdn/etw um etw zu tun; **il me faudra du temps** ich werde Zeit brauchen 2 (*devoir*) **il faut faire qc** man muss etw tun; **que faut-il faire?** was sollen wir tun?; **il a bien fallu!** es musste sein!; **il faut que** + *subj* jd muss 3 (*être probablement*) **il faut être fou pour parler ainsi** man muss schon verrückt sein um so zu reden 4 (*se produire fatalement*) **j'ai fait ce qu'il fallait** ich habe [das] getan, was sein musste 5 (*faire absolument*) **il fallait me le dire** du hättest es mir sagen sollen ▸ **il le faut** es muss sein; **comme il faut** wie es sich gehört

falsification [falsifikasjɔ̃] *f* Fälschen *nt*

falsifier [falsifje] <1> *vt* fälschen

falzar [falzaʀ] *m fam* Hose *f*

famé, e [fame] *adj* **mal ~** verrufen

famélique [famelik] *adj* abgemagert

fameux, -euse [famø, -øz] *adj* 1 (*mets, vin*) köstlich; (*idée*) glänzend 2 (*célèbre*) berühmt ▸ **ne pas être ~** nicht gerade besonders sein

familial, e [familjal, jo] <-aux> *adj* (*atmosphère, milieu*) familiär; **vie ~e** Familienleben *nt*

familiariser [familjaʀize] <1> *vpr* **se ~ avec qc** sich mit etw vertraut machen; **se ~ avec qn** mit jdm vertraut werden

familiarité [familjaʀite] *f* 1 (*amitié*) Vertrautheit *f* 2 *pl péj* (*paroles*) Vertraulichkeiten *Pl;* (*comportement*) Zudringlichkeit *f*

familier [familje] *m* Stammgast *m*

familier, -ière [familje, -jɛʀ] *adj* 1 vertraut; (*problème, spectacle*) bekannt 2 (*comportement, tâche*) üblich 3 (*conduite, entretien*) ungezwungen; (*personne*) umgänglich 4 (*expression, style*) umgangssprachlich 5 *péj* (*cavalier*) **~ avec qn** allzu vertraulich gegenüber jdm 6 (*domestique*) **des animaux ~s** Haustiere *Pl*

familièrement [familjɛʀmɑ̃] *adv* 1 (*en langage courant*) umgangssprachlich 2 (*s'exprimer*) einfach; (*parler*) ungezwungen 3 (*amicalement*) ungezwungen 4 *péj* (*cavalièrement*) allzu vertraulich

famille [famij] *f* 1 Familie *f;* (*sens large*) Verwandtschaft *f;* **~ d'accueil** Gastfamilie; **avoir de la ~** (*parenté*) Verwandte haben; (*~ proche*) Angehörige haben; (*femme/mari et enfants*) Familie haben; **en ~** im [engsten]

Familienkreis ❷ *a.* BOT, ZOOL Familie *f*

famine [famin] *f* Hungersnot *f*

fan [fan] *mf* Fan *m*, Anhänger(in) *m(f)*

fana [fana] *abr de* **fanatique I.** *adj fam* **être ~ de qn/qc** nach jdm/auf etw (*akk*) verrückt sein **II.** *mf fam* Fan *m*; **~ d'ordinateur** Computerfreak *m*

fanatique [fanatik] **I.** *adj* fanatisch **II.** *mf* ❶ (*passionné*) begeisterter Anhänger/begeisterte Anhängerin **~ de football** Fußballfanatiker(in) *m(f)* ❷ (*militant*) Fanatiker(in) *m(f)*; **~ de qc** fanatischer Anhänger einer S. (*gen*)

fanatiser [fanatize] <1> *vt* fanatisch machen

fanatisme [fanatism] *m* Fanatismus *m*

fané, e [fane] *adj* (*fleur*) verwelkt; (*couleur*) verblasst; (*étoffe, beauté*) verblichen

faner [fane] <1> *vpr* **se ~** (*fleur*) verwelken; (*couleur*) verblassen

fanes [fan] *fpl* Kraut *nt*

fanfare [fɑ̃faʀ] *f* Blaskapelle *f*

fanfaron, ne [fɑ̃faʀɔ̃, ɔn] **I.** *adj* großtuerisch **II.** *m, f* Angeber(in) *m(f)*; **faire le ~** sich aufspielen

fanfaronnade [fɑ̃faʀɔnad] *f* Wichtigtuerei *f*

fanfaronner [fɑ̃faʀɔne] <1> *vi* sich aufspielen

fanfreluche [fɑ̃fʀəlyʃ] *f gén pl souvent péj* Firlefanz *m kein Pl* (*fam*)

fanion [fanjɔ̃] *m* (*d'un club*) Wimpel *m*; (*d'une voiture officielle*) Flagge *f*; (*de marquage*) Fähnchen *nt*

fantaisie [fɑ̃tezi] *f* ❶ (*caprice*) Laune *f* ❷ (*imagination*) Fantasie *f* ❸ (*originalité*) Einfallsreichtum *m*; **manquer de ~** (*vie*) eintönig sein ❹ (*original*) **bijoux ~** origineller Schmuck

fantaisiste [fɑ̃tezist] **I.** *adj* ❶ (*nouvelle, version*) frei erfunden; (*explication, hypothèse*) aus der Luft gegriffen ❷ (*peu fiable*) unzuverlässig **II.** *mf* Luftikus *m*

fantasme [fɑ̃tasm] *m* Wunschvorstellung *f*; **vivre dans ses ~s** in einer Traumwelt leben

fantasmer [fɑ̃tasme] <1> *vi* fantasieren

fantasque [fɑ̃task] *adj* launisch; (*bizarre*) seltsam

fantassin [fɑ̃tasɛ̃] *m* Infanterist *m*

fantastique [fɑ̃tastik] **I.** *adj* ❶ fantastisch; (*atmosphère*) unwirklich; (*événement, rêve*) irreal; **personnage ~** Fabelwesen *nt* ❷ *fam* (*formidable*) fantastisch; (*personne, réalisation*) großartig; (*richesse, progrès*) ungeheuer[lich] **II.** *m* Übernatürliche(s) *nt*

fantoche [fɑ̃tɔʃ] *m* ❶ (*tiré d'en bas*) Hampelmann *m* ❷ (*tiré d'en haut*) Marionette *f*

fantomatique [fɑ̃tɔmatik] *adj* gespenstisch

fantôme [fɑ̃tom] **I.** *m* ❶ (*spectre*) Gespenst *nt* ❷ (*illusion, souvenir*) Phantom *nt* **II.** *app* ❶ **train ~** Geisterbahn *f* ❷ (*sans réalité*) **société ~** Scheinfirma *f*

faon [fɑ̃] *m* [Reh]kitz *nt*; (*du cerf*) Hirschkalb *nt*

far [faʀ] *m* **~ breton** *Auflauf mit Backpflaumen*

faramineux, -euse [faʀaminø, -øz] *adj fam* wahnsinnig

farandole [faʀɑ̃dɔl] *f* Farandole *f* (*provenzalischer Volkstanz*)

farce[1] [faʀs] *f* ❶ (*tour*) Streich *m* ❷ (*plaisanterie*) Scherz *m* ❸ (*objet*) **~s et attrapes** Scherzartikel *Pl*

farce[2] [faʀs] *f* GASTR Füllung *f*

farceur, -euse [faʀsœʀ, -øz] *m, f* Spaßvogel *m*

farci, e [faʀsi] *adj* GASTR gefüllt

farcir [faʀsiʀ] <8> **I.** *vt* ❶ GASTR **~ qc de qc** etw mit etw füllen ❷ *péj* (*bourrer*) **~ qc de qc** etw mit etw voll stopfen (*fam*) **II.** *vpr péj fam* **se ~ qc** etw zu ertragen haben; **se ~ qn** jdn auf dem Hals haben

fard [faʀ] *m* Schminke *f*; **~ à joues** Rouge *nt*; **~ à paupières** Lidschatten *m* ►**piquer un ~** *fam* einen roten Kopf bekommen

fardeau [faʀdo] <x> *m* Last *f*

farder [faʀde] <1> *vt, vpr* [**se**] **~** [sich] schminken

farfelu, e [faʀfəly] **I.** *adj fam* verrückt **II.** *m, f fam* Spinner(in) *m(f)*

farfouiller [faʀfuje] <1> *vi fam* **~ dans qc** in etw (*dat*) herumstöbern

farine [faʀin] *f* Mehl *nt*

fariner [faʀine] <1> *vt* (*poisson*) in Mehl wälzen; (*plaque de four*) mit Mehl bestäuben

farineux [faʀinø] *m* stärkehaltiges Nahrungsmittel

farineux, -euse [faʀinø, -øz] *adj* mehlig

farniente [faʀnjɛnte, faʀnjɑ̃t] *m* Dolcefarniente *nt*

farouche [faʀuʃ] *adj* ❶ (*timide*) scheu ❷ (*haine*) wild

farouchement [faʀuʃmɑ̃] *adv* heftig

fart [faʀt] *m* [Ski]wachs *nt*

farter [faʀte] <1> *vt* wachsen

Far West [faʀwɛst] *m* **le ~** der Wilde Westen

fascicule [fasikyl] *m* ❶ (*livret*) Heft *nt* ❷ (*~ d'information*) Broschüre *f*

fascinant, e [fasinɑ̃, ɑ̃t] *adj* faszinierend

fascination [fasinasjɔ̃] *f* ❶ (*envoûtement*) Verzauberung *f* ❷ (*séduction*) Faszination *f*

fasciner [fasine] <1> *vt* ❶ (*hypnotiser*) in seinen Bann schlagen ❷ (*séduire*) faszinieren

fascisant, e [faʃizɑ̃, ɑ̃t] *adj* faschistoid

fascisme [faʃism] *m* Faschismus *m*

fasciste [faʃist] **I.** *adj* faschistisch **II.** *mf* Faschist(in) *m(f)*

fasse [fas] *subj prés de* **faire**

faste[1] [fast] *m* Prunk *m*

faste[2] [fast] *adj* **jour ~** Glückstag *m*

fast-food, fastfood [fastfud] <fast-foods> *m* Fastfood-Restaurant *nt*, Schnellimbissrestaurant *nt*

fastidieux, -euse [fastidjø, -jøz] *adj* eintönig

fastoche [fastɔʃ] *adj fam* total einfach

fastueux, -euse [fastyø, -øz] *adj* (*fête*) glanzvoll; (*vie*) luxuriös

fatal, e [fatal] *adj* ❶ verhängnisvoll; **être ~ à qn** jdm zum Verhängnis werden ❷ (*mortel*) tödlich ❸ (*inévitable*) unabwendbar ❹ (*marqué par le destin*) schicksalhaft

fatalement [fatalmɑ̃] *adv* zwangsläufig

fatalisme [fatalism] *m* Fatalismus *m*

fataliste [fatalist] **I.** *adj* fatalistisch **II.** *mf* Fatalist(in) *m(f)*

fatalité [fatalite] *f* ❶ (*destin hostile*) Schicksal *nt* ❷ (*inévitabilité*) Unabwendbarkeit *f*

fatidique [fatidik] *adj* schicksalhaft

fatigant, e [fatigɑ̃, ɑ̃t] *adj* ermüdend

fatigue [fatig] *f* ❶ (*d'une personne*) Müdigkeit *f*; (*des yeux*) Ermüdung *f* ❷ (*état d'épuisement*) Erschöpfung *f*

fatigué, e [fatige] *adj* müde

fatiguer [fatige] <1> **I.** *vt* **~ qn** ❶ (*travail, marche*) jdn anstrengen; (*personne*) jdn überanstrengen ❷ (*excéder*) jdm lästig sein ❸ (*ennuyer*) jdn langweilen **II.** *vpr* ❶ **se ~** (*personne*) sich überanstrengen; (*cœur*) ermüden ❷ (*se lasser*) **se ~ à faire qc** es Leid sein etw zu tun

fatma [fatma] *f: maghrebinische Hausangestellte*

fatras [fatʀɑ] *m* wirres Durcheinander

fatuité [fatɥite] *f* Überheblichkeit *f*

faubourg [fobuʀ] *m* Vorort *m*

fauche [foʃ] *f sans pl, fam* Diebstahl *m*

fauché, e [foʃe] *adj fam* pleite

faucher [foʃe] <1> *vt* ❶ (*couper*) mähen ❷ (*véhicule*) erfassen; (*mortellement*) überfahren ❸ *fam* (*voler*) klauen

faucheuse [foʃøz] *f* Mähmaschine *f*

faucille [fosij] *f* Sichel *f*

faucon [fokɔ̃] *m* ZOOL, POL Falke *m*

faudra [fodʀa] *fut de* **falloir**

faufiler [fofile] <1> *vpr* **se ~ dans un passage étroit** durch einen engen Durchgang schlüpfen; **se ~ parmi la foule** sich durch die Menge schlängeln

faune [fon] *f* ZOOL Fauna *f*

faussaire [fosɛʀ] *mf* Fälscher(in) *m(f)*

fausse [fos] *adj v.* **faux**

faussé, e [fose] *adj* verbogen; (*porte*) verzogen

fausser [fose] <1> *vt* (*altérer*) verfälschen; (*intentionnellement*) fälschen; (*réalité*) entstellen

faut [fo] *indic prés de* **falloir**

faute [fot] *f* ❶ *a.* SPORT Fehler *m*; **faire un sans ~** einen Volltreffer landen (*fam*); **sans ~** ganz sicher ❷ (*manquement à des lois, règles*) Vergehen *nt* ❸ (*responsabilité*) **c'est [de] la ~ de qn/qc** daran ist jd/etw schuld; **c'est [de] ma ~** das ist meine Schuld; **c'est la faute à qn** *fam* das ist die Schuld von jdm ❹ (*par manque de*) **~ de temps** aus Zeitmangel; **~ de preuves** aus Mangel an Beweisen; **~ de mieux** mangels Alternative ►**~ de quoi** sonst

fauteuil [fotœj] *m* Sessel *m*; **~ roulant** Rollstuhl *m*

fauteur [fotœʀ] *m* **~ de désordre/troubles** Unruhestifter *m*

fautif, -ive [fotif, -iv] **I.** *adj* schuldig; **être ~** schuld sein **II.** *m, f* Schuldige(r) *f(m)*

fauve [fov] **I.** *adj* ❶ (*couleur*) fahlgelb ❷ (*sauvage*) wild **II.** *m* ❶ (*couleur*) Fahlgelb *nt* ❷ (*animal*) Raubtier *nt*

fauvette [fovɛt] *f* Grasmücke *f*

faux, fausse [fo, fos] *adj* ❶ *antéposé* falsch; (*perle*) unecht; (*signature, tableau*) gefälscht; **fausse monnaie** Falschgeld *nt* ❷ *postposé* (*air, personne*) falsch; (*regard*) trügerisch

faux[1] [fo] *f* (*outil*) Sense *f*

faux[2] [fo] **I.** *m* ❶ Falsche(s) *nt* ❷ (*falsification, imitation*) Fälschung *f* **II.** *adv* falsch

faux-filet [fofilɛ] <faux-filets> *m* Lende[n-stück *nt*] *f* **faux-fuyant** [fofɥijɑ̃] <faux-fuyants> *m* Ausflucht *f* **faux-monnayeur** [fomɔnɛjœʀ] <faux-monnayeurs> *m* Falschmünzer(in) *m(f)* **faux-semblant** [fosɑ̃blɑ̃] <faux-semblants> *m* **user de ~s** sich verstellen **faux-sens** [fosɑ̃s] <faux-sens> *m* Fehlinterpretation *f*

faveur [favœʀ] *f* ① (*bienfait*) Gefallen *m;* **de ~** Sonder- ② (*bienveillance*) Gunst *f;* **en ma/ta ~** zu meinen/deinen Gunsten

favorable [favɔʀabl] *adj* günstig; **donner un avis ~** sich positiv äußern; **être ~ à qn/qc** jdn unterstützen/etw befürworten

favorablement [favɔʀabləmɑ̃] *adv* positiv

favori, te [favɔʀi, it] **I.** *adj* Lieblings- **II.** *m, f* ① (*préféré*) Liebling *m* ② SPORT Favorit(in) *m(f)*

favoris [favɔʀi] *mpl* Koteletten *Pl*

favoriser [favɔʀize] <1> *vt* ① begünstigen; (*ambition, commerce*) unterstützen; (*personne*) bevorzugen ② (*aider*) unterstützen

favorite [favɔʀit] *adj v.* **favori**

favoritisme [favɔʀitism] *m* POL Günstlingswirtschaft *f*

fax [faks] *m abr de* **téléfax** Fax *nt*

faxer [fakse] <1> *vt* faxen

fayot [fajo] *m fam* (*haricot*) grüne Bohne

FB *m abr de* **franc belge** *v.* **franc**

FC [ɛfse] *m abr de* **football club** FC *m*

fébrile [febʀil] *adj* fiebrig; (*agité*) fieberhaft

fébrilement [febʀilmɑ̃] *adv* hektisch

fébrilité [febʀilite] *f* Hektik *f*

fécal, e [fekal, o] <-aux> *adj* **les matières ~es** Fäkalien *Pl*

fécond, e [fekɔ̃, ɔ̃d] *adj* fruchtbar; (*esprit*) kreativ; (*idée*) zündend; (*écrivain, siècle*) produktiv; (*conversation, sujet*) ergiebig

fécondation [fekɔ̃dasjɔ̃] *f* Befruchtung *f;* **~ in vitro** In-vitro-Fertilisation *f*

féconder [fekɔ̃de] <1> *vt* befruchten

fécondité [fekɔ̃dite] *f* Fruchtbarkeit *f;* (*d'un artiste, écrivain*) Produktivität *f;* **taux de ~** Geburtenrate *f*

fécule [fekyl] *f* Stärke *f*

féculent [fekylɑ̃] *m* stärkehaltiges Nahrungsmittel

fédéral, e [fedeʀal, o] < -aux> *adj* ① (*régime*) bundesstaatlich; (*en Suisse*) eidgenössisch; **gouvernement ~** Bundesregierung *f* ② (*central*) **union ~e** Zentralverband *m*

Belgien ist eine konstitutionelle Monarchie mit einer föderativen Staatsform, d. h. es ist ein **État fédéral**, der sich aus den Gemeinschaften (eine flämische, eine französische und eine deutschsprachige) und den Regionen (Flandern, Wallonien, Brüssel) zusammensetzt.

fédéralisme [fedeʀalism] *m* Föderalismus *m*

fédéraliste [fedeʀalist] **I.** *adj* föderalistisch **II.** *mf* Föderalist(in) *m(f)*

fédérateur, -trice [fedeʀatœʀ, -tʀis] *adj* **thème ~** gemeinsames Thema; **jouer un rôle ~** eine vermittelnde Rolle spielen

fédération [fedeʀasjɔ̃] *f* ① Bündnis *nt;* **~ européenne** europäische Gemeinschaft ② (*associations*) Verband *m;* **~ syndicale** Gewerkschaftsbund

fédéré, e [fedeʀe] *adj* föderiert; (*au sein d'une association*) vereinigt

fédérer [fedeʀe] <5> *vt* vereinigen; (*États*) in einer Föderation zusammenschließen

fée [fe] *f* Fee *f*

feeling [filiŋ] *m* Gespür *nt*

féerie [fe(e)ʀi] *f* THEAT, CINE Märchenspiel *nt*

féerique [fe(e)ʀik] *adj* märchenhaft

feignant, e [fɛɲɑ̃, ɑ̃t] *v.* **fainéant**

feint, e [fɛ̃, fɛ̃t] *adj* gespielt; (*maladie*) vorgeschoben

feinte [fɛ̃t] *f* Täuschungsmanöver *nt*

feinter [fɛ̃te] <1> *vt* SPORT täuschen

fêlé, e [fele] *adj* ① gesprungen; (*bras, côte*) angebrochen ② *fam* **tu es complètement ~!** du bist ja völlig bekloppt!

fêler [fele] <1> *vpr* **se ~** einen Sprung/Sprünge bekommen; **se ~ qc** sich (*dat*) etw brechen

félicitations [felisitasjɔ̃] *fpl* Glückwünsche *Pl;* **avec les ~ du jury** summa cum laude

féliciter [felisite] <1> **I.** *vt* **~ qn de qc** jdm zu etw gratulieren; **~ qn de faire qc** jdn loben, dass er etw tut **II.** *vpr* **se ~ de qc** über etw (*akk*) froh sein

félin [felɛ̃] *m* Raubkatze *f*

félin, e [felɛ̃, in] *adj* (*race*) der Katzen; (*démarche, grâce*) katzenartig

fêlure [felyʀ] *f* Sprung *m*

femelle [fəmɛl] **I.** *adj* weiblich **II.** *f* ① ZOOL Weibchen *nt* ② *péj fam* Weibsbild *nt*

féminin [feminɛ̃] *m* LING Femininum *nt*

féminin, e [feminɛ̃, in] *adj* ① weiblich

❷ (*voix*) Frauen-; (*vêtements, mode*) Damen-; (*condition, revendication*) der Frauen

féminisation [feminizasjɔ̃] *f* ~ **de l'enseignement** (*action*) Steigerung *f* des Frauenanteils im Lehramt; (*résultat*) Zunahme *f* des Frauenanteils im Lehramt

féminiser [feminize] <1> **I.** *vt* ~ **une profession** Frauen Zugang zu einem Beruf verschaffen **II.** *vpr* **se** ~ ❶ (*se faire femme*) fraulicher werden ❷ (*comporter de plus en plus de femmes*) **un parti politique se féminise** der Frauenanteil in einer politischen Partei steigt

féminisme [feminism] *m* Feminismus *m*

féministe [feminist] **I.** *adj* feministisch; **mouvement** ~ Frauenbewegung *f* **II.** *mf* Feminist(in) *m(f)*

féminité [feminite] *f* Weiblichkeit *f*

femme [fam] *f* ❶ (*opp: homme*) Frau *f;* (*épouse*) [Ehe]frau *f;* **vêtements de ~s** Damenbekleidung *f;* **t'as vu la bonne ~ là-bas!** *fam* hast du die Tante dahinten gesehen! ❷ (*profession*) **une ~ médecin/politique** eine Ärztin/Politikerin; ~ **au foyer** Hausfrau; ~ **de ménage** Putzfrau, Bedienerin *f* (A); ~ **d'intérieur** tüchtige Hausfrau; ~ **d'État** Staatsfrau

femme-enfant [famɑ̃fɑ̃] <femmes-enfants> *f* Kindfrau *f*

femmelette [famlɛt] *f péj* Schwächling *m*

fémur [femyʀ] *m* Oberschenkelknochen *m*

fenaison [fənɛzɔ̃] *f* Heuernte *f*

fendiller [fɑ̃dije] <1> *vpr* **se** ~ rissig werden

fendre [fɑ̃dʀ] <14> **I.** *vt* (*bois*) spalten; (*fissurer: glace*) zum Springen bringen **II.** *vpr* ❶ **se** ~ (*mur, terre*) Risse bekommen; (*verre, glace*) Sprünge bekommen ❷ (*se blesser*) **se ~ la lèvre** sich (*dat*) die Lippe aufschlagen

fendu, e [fɑ̃dy] *adj* ❶ (*crâne*) gespalten; (*lèvre*) aufgeplatzt ❷ (*côte*) angebrochen; (*assiette, verre*) gesprungen ❸ (*jupe, veste*) geschlitzt

fenêtre [f(ə)nɛtʀ] *f* Fenster *nt*

fennec [fenɛk] *m* ZOOL Fennek *m*

fenouil [fənuj] *m* Fenchel *m*

fente [fɑ̃t] *f* ❶ (*d'un mur, rocher*) Spalt *m* ❷ (*interstice*) Schlitz *m*

féodal, e [feɔdal, o] <-aux> *adj* feudal

féodalité [feɔdalite] *f* HIST Feudalismus *m*

fer [fɛʀ] *m* ❶ (*métal, sels de ~*) Eisen *nt;* **en ~** [*o* **de**] aus Eisen ❷ (*pièce métallique*) ~ **à cheval** Hufeisen *nt* ❸ (*appareil*) ~ **à repasser** Bügeleisen *nt* ►**main/santé/volonté de** ~ eiserne Hand/Gesundheit/eiserner Wille

ferai [f(ə)ʀɛ] *fut de* **faire**

fer-blanc [fɛʀblɑ̃] <fers-blancs> *m* [Weiß]blech *nt*

férié, e [feʀje] *adj* **jour** ~ Feiertag *m*

fermage [fɛʀmaʒ] *m* Pacht *f*

ferme[1] [fɛʀm] **I.** *adj* fest; (*seins, peau*) straff; (*ton*) bestimmt; (*main*) ruhig; (*volonté*) unerschütterlich; **être ~ avec qn** jdm gegenüber bestimmt auftreten **II.** *adv* ❶ (*s'ennuyer*) fürchterlich ❷ (*discuter*) heftig

ferme[2] [fɛʀm] *f* ❶ (*bâtiment*) Bauernhaus *nt* ❷ (*exploitation*) Bauernhof *m*

ferme[3] [fɛʀm] ►**la ~!** *fam* halt/haltet die Klappe!

fermé, e [fɛʀme] *adj* ❶ (*opp: ouvert*) geschlossen; (*à clé*) verschlossen; (*col, route*) gesperrt ❷ (*société*) geschlossen; (*club, cercle*) exklusiv ❸ (*personne*) verschlossen

fermement [fɛʀməmɑ̃] *adv* fest

ferment [fɛʀmɑ̃] *m* BIO Gärstoff *m*

fermentation [fɛʀmɑ̃tasjɔ̃] *f* BIO Gärung *f*

fermenter [fɛʀmɑ̃te] <1> *vi* (*jus*) gären; (*pâte*) arbeiten

fermer [fɛʀme] <1> **I.** *vi* ❶ (*être, rester fermé*) schließen ❷ (*pouvoir être fermé*) **bien/mal** ~ (*boîte, porte*) gut/schlecht schließen **II.** *vt* ❶ (*opp: ouvrir: porte, yeux*) schließen; (*rideau*) zuziehen; (*tiroir*) zuschieben; (*livre*) zuklappen; ~ **une maison à clé** ein Haus abschließen ❷ (*boutonner*) zuknöpfen ❸ (*enveloppe*) zukleben ❹ (*robinet*) zudrehen ❺ (*passage, accès*) versperren; (*aéroport, frontière*) sperren ❻ (*clore*) **fermez la parenthèse!** Klammer zu! **III.** *vpr* **se** ~ ❶ (*se refermer: porte, yeux*) zufallen; (*plaie*) verheilen ❷ (*passif: boîte*) sich schließen lassen

fermeté [fɛʀməte] *f* ❶ (*consistance*) Festigkeit *f* ❷ (*autorité*) Bestimmtheit *f;* (*dans l'éducation de qn*) Strenge *f*

fermette [fɛʀmɛt] *f* kleines Bauernhaus

fermeture [fɛʀmətyʀ] *f* ❶ (*d'un sac, vêtement*) Verschluss *m;* ~ **automatique** automatischer Türschließer ❷ (*d'une porte, d'un magasin, guichet*) Schließen *nt;* (*d'une école, frontière*) Schließung *f;* (*d'une entreprise, d'un aéroport*) Stilllegung *f;* ~ **annuelle** Betriebsferien *Pl*

F

fermier, -ière [fɛʀmje, -jɛʀ] **I.** *adj* (*beurre*) Land-; (*poulet, canard*) vom Bauernhof **II.** *m, f* ❶ (*agriculteur*) Bauer/Bäuerin *m/f* ❷ (*locataire*) Pächter(in) *m(f)*

fermoir [fɛʀmwaʀ] *m* Verschluss *m*

féroce [feʀɔs] *adj* ❶ (*animal*) wild ❷ (*personne*) unbarmherzig; (*critique*) scharf; (*air, regard*) böse ❸ (*appétit, envie*) riesig

férocité [feʀɔsite] *f* ❶ (*d'un animal*) Grausamkeit *f;* (*d'une critique*) Schärfe *f* ❷ (*d'un combat*) Heftigkeit *f*

ferraille [fɛʀɑj] *f* Schrott *m;* **mettre une voiture à la ~** ein Auto verschrotten lassen

ferrailleur, -euse [fɛʀɑjœʀ, -jøz] *m, f* Schrotthändler(in) *m(f)*

ferré, e [feʀe] *adj* (*cheval*) beschlagen; (*bâton, soulier*) [mit Eisen] beschlagen

ferrer [feʀe] <1> *vt* (*cheval*) beschlagen; (*souliers*) mit Eisen beschlagen

ferreux, -euse [fɛʀø, -øz] *adj* eisenhaltig

ferronnerie [fɛʀɔnʀi] *f* Kunstschmiedearbeiten *Pl*

ferroviaire [fɛʀɔvjɛʀ] *adj* Eisenbahn-

ferrure [feʀyʀ] *f* (*d'un meuble, d'une porte*) [Eisen]beschlag *m*

ferry [feʀi] <-ies> *m abr de* **ferry-boat**

ferry-boat [feʀibot] <ferry-boats> *m* Fähre *f*

fertile [fɛʀtil] *adj a. fig* fruchtbar

fertilisation [fɛʀtilizasjɔ̃] *f* Fruchtbarmachung *f*

fertiliser [fɛʀtilize] <1> *vt* fruchtbar machen

fertilité [fɛʀtilite] *f* Fruchtbarkeit *f*

fervent, e [fɛʀvɑ̃, ɑ̃t] *adj* ❶ REL (*croyant*) fromm; (*disciple*) leidenschaftlich; (*prière*) inbrünstig ❷ (*supporter*) begeistert

ferveur [fɛʀvœʀ] *f a.* REL (*d'une personne*) Eifer *m;* (*d'une prière, foi*) Inbrunst *f*

fesse [fɛs] *f* Hinterbacke *f;* **les ~s** das Gesäß ►**avoir qn aux ~s** *fam* jdn auf dem Hals haben

fessée [fese] *f* **donner une ~ à qn** jdm eine Tracht Prügel geben

fessier [fesje] **I.** *adj* (*muscle*) Gesäß- **II.** *m iron fam* Hinterteil *nt*

festin [fɛstɛ̃] *m* Festessen *nt*

festival [fɛstival] <s> *m* Festspiele *Pl,* Festival *nt;* **le ~ de Cannes** das Filmfestival von Cannes

festivalier, -ière [fɛstivalje, -jɛʀ] *m, f* Festspielbesucher(in) *m(f)*

festivités [fɛstivite] *fpl* Festveranstaltungen *Pl*

festoyer [fɛstwaje] <6> *vi* schlemmen

fêtard, e [fɛtaʀ, aʀd] *m, f fam* Nachtschwärmer(in) *m(f)*

fête [fɛt] *f* ❶ (*religieuse, civile*) Fest *nt;* (*jour du prénom*) Namenstag *m;* **~ des Mères/Pères** Mutter-/Vatertag; **~ du travail** Tag der Arbeit ❷ *pl* (*congé*) Feiertage *Pl* ❸ (*kermesse*) **~ foraine** Jahrmarkt *m;* **~ de la bière à Munich** Münchner Oktoberfest ❹ (*réception*) Fest *nt,* Feier *f,* Fete *f;* (*entre amis*) Party *f;* **un jour de ~** ein Feiertag/Festtag *m*

> Als **fêtes** bezeichnet man im weiteren Sinn die Zeit zwischen Weihnachten und Neujahr, im engeren Sinn aber den 25. Dezember, den Weihnachtsfeiertag, und den 1. Januar, den Neujahrstag.

Fête-Dieu [fɛtdjø] <Fêtes-Dieu> *f* **la ~** Fronleichnam *m*

> Der 14. Juli ist die **fête nationale** zum Gedenken an die Französische Revolution im Jahr 1789. An diesem Feiertag sind die Städte mit Fahnen geschmückt, und in Paris findet auf den Champs-Elysées eine große Militärparade statt. Abends gibt es überall in Frankreich Feuerwerke.
> Belgiens Nationalfeiertag ist der 21. Juli und die Schweiz feiert am 1. August.

fêter [fete] <1> *vt* ❶ feiern ❷ (*faire fête à*) feierlich empfangen

fétiche [fetiʃ] *app* **objet ~** Talisman *m*

fétichisme [fetiʃism] *m* Fetischismus *m*

fétichiste [fetiʃist] **I.** *adj* fetischistisch **II.** *m, f* Fetischist(in) *m(f)*

fétide [fetid] *adj* übel riechend; (*odeur*) widerlich

feu [fø] <x> *m* ❶ (*source de chaleur*) Feuer *nt;* **~ de camp** Lagerfeuer ❷ (*incendie*) Feuer *nt;* **mettre le ~ à qc** etw anzünden ❸ *souvent pl* (*d'un véhicule*) Licht *nt* ❹ AUT **~ de signalisation** Verkehrsampel *f;* **passer au ~ rouge** bei Rot durchfahren; **le ~ est [au] rouge** die Ampel ist rot ❺ (*brûleur d'un réchaud*) **à ~ doux/vif** (*réchaud à gaz*) auf kleiner/starker Flamme; (*réchaud électrique*) bei schwacher/starker Hitze ❻ (*spectacle*) **~ d'artifice** Feuerwerk *nt*

▶~ **vert** grünes Licht; **y'a pas le ~** *fam* immer mit der Ruhe; **péter le ~** vor Energie sprühen; **n'y voir que du ~** nichts merken

feuillage [fœjaʒ] *m* Laub *nt*

feuille [fœj] *f* ❶ Blatt *nt;* (*d'aluminium, or*) Folie *f;* ~ **de papier** Blatt [Papier] *nt* ❷ (*formulaire*) ~ **de paie** Gehaltsabrechnung *f;* ~ **de soins** (ärztlicher) Behandlungsschein ❸ (*Excel*) [Arbeits]blatt *nt*

feuillet [fœjɛ] *m* Blatt *nt*

feuilleté [fœjte] *m* GASTR Blätterteiggebäck *nt*

feuilleté, e [fœjte] *adj* GASTR **pâte ~e** Blätterteig *m*

feuilleter [fœjte] <3> *vt* durchblättern

feuilleton [fœjtɔ̃] *m* ~ **télévisé** Fernsehserie *f*

feuillu [fœjy] *m* Laubbaum *m*

feuillu, e [fœjy] *adj* ❶ [dicht] belaubt ❷ (*opp: résineux*) Laub tragend

feutre [føtʀ] *m* ❶ (*stylo*) Filzstift *m* ❷ (*étoffe*) Filz *m*

feutré, e [føtʀe] *adj* (*fait de feutre*) verfilzt

feutrer [føtʀe] <1> *vi, vpr* [**se**] ~ verfilzen

fève [fɛv] *f* Saubohne *f*

février [fevʀije] *m* Februar *m; v.a.* **août**

FF [ɛfɛf] **I.** *m abr de* **franc français II.** *f abr de* **Fédération française** Französischer Verband

FFI [ɛfɛfi] *fpl* HIST *abr de* **Forces françaises de l'intérieur** *Widerstandstruppen der Gaullisten im Zweiten Weltkrieg*

fiabilité [fjabilite] *f* Zuverlässigkeit *f;* (*d'un dispositif*) Betriebssicherheit *f*

fiable [fjabl] *adj* zuverlässig; (*machine*) betriebssicher

fiacre [fjakʀ] *m* [Pferde]droschke *f*

fiançailles [fjɑ̃sɑj] *fpl* Verlobung *f*

fiancé, e [fjɑ̃se] **I.** *adj* verlobt **II.** *m, f* Verlobte(r) *f(m)*

fiancer [fjɑ̃se] <2> *vpr* **se ~ avec qn** sich mit jdm verloben

fiasco [fjasko] *m* Fiasko *nt;* **être un ~** ein Reinfall sein; (*pièce*) ein Flop sein

fibre [fibʀ] *f* Faser *f*

fibreux, -euse [fibʀø, -øz] *adj* faserig

ficelé, e [fis(ə)le] *adj fam* ▶**bien/mal ~** (*intrigue, travail*) gut/schlecht gemacht

ficeler [fis(ə)le] <3> *vt* (*paquet*) [ver]schnüren; (*rôti*) [mit einem Bindfaden] umwickeln

ficelle [fisɛl] *f* ❶ (*corde mince*) Schnur *f;* (*en cuisine*) Bindfaden *m* ❷ (*pain*) dünnes Baguette

fiche [fiʃ] *f* ❶ (*carte*) [Kartei]karte *f;* (*formulaire*) Blatt *nt;* ~ **d'état civil** Auszug *m* aus dem Personenstandsregister ❷ CH (*dossier*) Akte *f,* Fiche *f* (CH)

fiche-horaire [fiʃɔʀɛʀ] <fiches-horaires> *f* Fahrplanauszug *m*

ficher¹ [fiʃe] <1> **I.** *vt part passé: fichu, fam* ❶ (*faire*) treiben; **ne rien ~** keinen Finger krummmachen ❷ (*claque*) verpassen ▶~ **un coup à qn** jdm einen schweren Schlag versetzen; **je t'en fiche!** von wegen! **II.** *vpr part passé: fichu, fam* **qn se fiche de qn/qc** jd/etw ist jdm piepegal

ficher² [fiʃe] <1> *vt* (*inscrire*) registrieren

fichier [fiʃje] *m* ❶ Kartei *f* ❷ INFORM Datei *f*

fichier-texte [fiʃjetɛkst] <fichiers-textes> *m* INFORM Textdatei *f*

fichu [fiʃy] *m* Schal *m*

fichu, e [fiʃy] **I.** *part passé de* **ficher II.** *adj fam* ❶ *antéposé* (*caractère, métier*) mies; (*problème, question*) verflixt; (*idée*) [sau]blöd; **quel ~ temps!** so ein Sauwetter! ❷ (*en mauvais état*) **être ~** (*vêtement, appareil*) hin sein; **être mal ~** (*personne*) sich elend fühlen ❸ (*vacances, soirée*) im Eimer ❹ (*habillé*) zurechtgemacht ❺ (*capable*) **ne pas être ~ de faire qc** nicht imstande sein etw zu tun

fictif, -ive [fiktif, -iv] *adj* fiktiv

fiction [fiksjɔ̃] **I.** *f* ❶ (*imagination*) Fantasie *f* ❷ (*fait imaginé*) [freie] Erfindung; (*histoire*) frei erfundene Geschichte; **film de ~** frei erfundener Film **II.** *adj* ❶ (*futuriste*) futuristisch ❷ (*imaginaire*) rein fiktiv

fidèle [fidɛl] **I.** *adj* ❶ treu; **être ~ à ses habitudes** seinen Gewohnheiten treu sein ❷ (*récit*) wirklichkeitsgetreu; (*reproduction*) originalgetreu; (*traduction*) wortgetreu **II.** *mpl* REL Gläubige[n] *Pl* **III.** *mf* (*d'un homme politique*) Anhänger(in) *m(f);* (*d'un magasin*) Stammkunde/-kundin *m/f*

fidèlement [fidɛlmɑ̃] *adv* ❶ (*servir, obéir*) treu ❷ (*reproduire, décrire*) genau; (*traduire*) wortgetreu

fidéliser [fidelize] <1> *vt* als Stammkunden gewinnen

fidélité [fidelite] *f* ❶ (*dévouement*) ~ **à qn** Treue *f* zu jdm ❷ (*d'une copie, d'un portrait*) Genauigkeit *f*

fief [fjɛf] *m* POL Hochburg *f*

F

fieffé, e [fjefe] *adj antéposé fam* **être un ~ menteur** ein abgefeimter Lügner sein

fiel [fjɛl] *m* Boshaftigkeit *f*

fiente [fjɑ̃t] *f* Kot *m*

fier [fje] <1> *vpr* **se ~ à qn** sich auf jdn verlassen

fier, fière [fjɛʀ] *adj* **~ de qn/qc** stolz auf jdn/etw

fièrement [fjɛʀmɑ̃] *adv* stolz

fierté [fjɛʀte] *f* Stolz *m*

fiesta [fjɛsta] *f fam* Fete *f*

fièvre [fjɛvʀ] *f* ① MED Fieber *nt* ② (*vive agitation*) Hektik *f*

fiévreusement [fjevʀøzmɑ̃] *adv* fieberhaft

fiévreux, -euse [fjevʀø, -øz] *adj* ① MED fiebrig ② (*activité, excitation*) fieberhaft

figé, e [fiʒe] *adj* starr; LING (*expression*) fest

figer [fiʒe] <2a> **I.** *vt* **~ qn** (*surprise, terreur*) jdn erstarren lassen **II.** *vpr* **se ~** (*visage, sourire*) erstarren

fignoler [fiɲɔle] <1> *vt fam* ausfeilen

figue [fig] *f* Feige *f*

figuier [figje] *m* Feigenbaum *m*

figurant, e [figyʀɑ̃, ɑ̃t] *m, f* CINE, THEAT Statist(in) *m(f)*

figuratif, -ive [figyʀatif, -iv] *adj* ART gegenständlich

figuration [figyʀasjɔ̃] *f* CINE, THEAT **faire de la ~** als Statist(in) arbeiten

figure [figyʀ] *f* ① (*visage*) Gesicht *nt* ② (*personnage*) [große] Persönlichkeit ③ (*image*) Figur *f;* MATH grafische Darstellung ④ SPORT Figur *f;* **~s imposées/libres** Pflicht *f*/Kür *f* ▸**casser la ~ à qn** *fam* jdn verhauen; **se casser la ~** *fam* hinfliegen; (*d'en haut*) runterfliegen

figuré, e [figyʀe] *adj* (*sens*) übertragen; (*langage*) bilderreich

figurer [figyʀe] <1> **I.** *vi* ① THEAT, CINE als Statist auftreten ② (*être mentionné*) stehen **II.** *vpr* **se ~ qc** sich (*dat*) etw vorstellen

figurine [figyʀin] *f* Figürchen *nt*

fil [fil] *m* ① (*brin*) Faden *m;* (*de haricot*) Faser *f;* (*corde à linge*) [Wäsche]leine *f;* **~ de fer** Eisendraht *m;* (*personne maigre*) Bohnenstange *f* ② ELEC Leitung *f;* (*d'un téléphone*) Schnur *f* ▸**au ~ des ans** im Laufe der Jahre

filament [filamɑ̃] *m* ELEC Glühfaden *m*

filandreux, -euse [filɑ̃dʀø, -øz] *adj* (*viande*) sehnig, flachsig (A)

filasse [filas] *adj inv péj* (*cheveux*) strohig

filature [filatyʀ] *f* ① (*usine*) Spinnerei *f* ② (*action*) Spinnen *nt* ③ (*surveillance*) Beschattung *f;* **prendre qn en ~** jdn beschatten

file [fil] *f* ① (*colonne*) Reihe *f;* (*d'attente*) Schlange *f;* **se mettre à la ~** sich [hinten] anstellen ② (*voie de circulation*) [Fahr]spur *f;* **prendre la ~ de droite** sich rechts einordnen ▸**en ~ indienne** im Gänsemarsch

filer [file] <1> **I.** *vi* ① (*maille*) laufen; (*collant*) eine Laufmasche haben ② (*personne*) rennen; (*en voiture*) rasen; (*véhicule*) rasen; (*étoile*) vorbeiziehen; (*temps*) verfliegen ③ *fam* (*partir vite*) lossausen; (*se retirer*) sich verziehen **II.** *vt* ① (*tisser*) spinnen ② (*surveiller*) **~ qn** jdn beschatten ③ *fam* (*donner*) **~ de l'argent à qn** jdm Geld geben; **~ une claque à qn** jdm eine Ohrfeige verpassen

filet [filɛ] *m* ① (*réseau de maille*) Netz *nt* ② GASTR Filet *nt* ③ (*petite quantité*) **~ d'huile** Schuss *m* Öl; **~ d'eau** Wasserstrahl *m*

filetage [filtaʒ] *m* Gewinde *nt*

filial, e [filjal, jo] <-aux> *adj* (*amour*) kindlich

filiale [filjal] *f* Tochtergesellschaft *f*

filiation [filjasjɔ̃] *f* Abstammung *f*

filière [filjɛʀ] *f* ① (*suite de formalités*) Dienstweg *m* ② UNIV Studiengang *m* ③ (*de la drogue*) Ring *m*

filiforme [filifɔʀm] *adj* (*jambes, personne*) spindeldürr; (*antennes*) fadenförmig

filigrane [filigʀan] *m* (*d'un billet de banque*) Wasserzeichen *nt*

fille [fij] *f* ① (*opp: garçon*) Mädchen *nt,* Gitsch[e] *f* (A); **jeune ~** junges Mädchen ② (*opp: fils*) Tochter *f*

fillette [fijɛt] *f* kleines Mädchen

filleul, e [fijœl] *m, f* Patenkind *nt*

film [film] *m* Film *m;* **~ vidéo/d'action** Video-/Actionfilm; **~ plastique** Plastikfolie *f*

filmer [filme] <1> *vt, vi* filmen

filmographie [filmɔgʀafi] *f* Filmverzeichnis *nt*

filon [filɔ̃] *m* ① MINER Ader *f* ② *fam* (*travail*) lukrativer Job

filou [filu] *m fam* (*escroc*) Gauner *m;* (*coquin*) Schlingel *m*

filouter [filute] <1> *vt fam* übers Ohr hauen

fils [fis] *m* Sohn *m;* **Dupont ~** Dupont junior; **Alexandre Dumas ~** Alexandre Dumas der Jüngere ▸**de père en fils** von Generation zu Generation; **être bien le ~ de**

son père ganz der Vater sein
filtrage [filtʀaʒ] *m* Filtern *nt*
filtrant, e [filtʀɑ̃, ɑ̃t] *adj* Filter-
filtre [filtʀ] *m* Filter *m o nt*
filtrer [filtʀe] <1> *vt* filtern; (*informations*) genau überprüfen
fin [fɛ̃] *f* ❶ (*issue*) Ende *nt;* ~ **de série** Restposten *m;* ~ **de siècle** *adj inv* der Jahrhundertwende; **la** ~ **du monde** der Weltuntergang; **mettre** ~ **à qc** einer S. (*dat*) ein Ende setzen; **à la** ~ am Ende; **sans** ~ endlos ❷ (*mort*) Ende *nt* ❸ (*but*) **arriver à ses ~s** sein Ziel erreichen ►**en** ~ **de compte** letztlich; **arrondir ses ~s de mois** sein Gehalt aufbessern
fin, e [fɛ̃, fin] **I.** *adj* ❶ (*cheveux, sable*) fein; (*couche, étoffe, tranche*) dünn ❷ (*traits, visage*) fein; (*jambes, taille*) schlank ❸ (*mets*) erlesen; (*vin*) erstklassig; (*lingerie*) Fein- ❹ (*personne*) klug; (*dans ses remarques*) feinsinnig; (*dans ses actes*) geschickt; (*humour, nuance*) fein; (*esprit, observation*) scharfsinnig; (*remarque*) geistreich ❺ *antéposé* (*cuisinier, tireur*) ausgezeichnet; ~ **connaisseur** Spezialist *m* **II.** *adv* (*soûl*) völlig; (*prêt*) ganz
final, e [final] <s> *adj* endgültig; (*point, accord*) Schluss-; (*consonne, résultat*) End-
finale [final] <s> *f* Finale *nt*
finalement [finalmɑ̃] *adv* schließlich
finaliste [finalist] *mf* Finalist(in) *m(f)*
finalité [finalite] *f* PHILOS Zweckbestimmtheit *f*
finance [finɑ̃s] *f pl* Finanzen *Pl;* **les Finances** (*ministère*) das Finanzministerium
financement [finɑ̃smɑ̃] *m* Finanzierung *f*
financer [finɑ̃se] <2> *vt* finanzieren
financier [finɑ̃sje] *m* Finanzier *m*
financier, -ière [finɑ̃sje, -jɛʀ] *adj* (*problèmes*) finanziell; (*crise, politique*) Finanz-; **soucis ~s** Geldsorgen *Pl*
financièrement [finɑ̃sjɛʀmɑ̃] *adv* finanziell [gesehen]
finasser [finase] <1> *vi* mit Tricks arbeiten
finaud, e [fino, od] **I.** *adj* pfiffig **II.** *m, f* Pfiffikus *m*
fine [fin] *f* feiner Weinbrand
finement [finmɑ̃] *adv* ❶ (*brodé, ciselé*) [sehr] fein ❷ (*agir*) clever; (*manœuvrer, observer*) geschickt
finesse [finɛs] *f* ❶ Feinheit *f;* (*des mains, de la taille*) Zierlichkeit *f* ❷ (*d'une personne*) Scharfsinn *m;* (*d'une allusion*) Spitzfindigkeit *f*
fini [fini] *m* (*d'un produit*) sorgfältige Verarbeitung
fini, e [fini] *adj* ❶ **être** ~ zu Ende sein; (*travail, études*) beendet sein ❷ (*personne*) erledigt ❸ (*nombre*) endlich ❹ *péj* (*menteur, voleur*) ausgemacht ❺ (*cousu*) **bien/mal** ~ gut/schlecht gearbeitet
finir [finiʀ] <8> **I.** *vi* ❶ (*rue, propriété*) enden; (*vacances, spectacle*) zu Ende sein; (*contrat*) auslaufen; **bien/mal** ~ ein gutes/böses Ende nehmen; **n'en pas** ~ kein Ende nehmen ❷ (*terminer*) aufhören; **avoir fini** fertig sein; **je finirai par le plus important ...** zum Abschluss nun das Wichtigste ...; **en** ~ **avec qc** eine Lösung für etw finden ❸ SPORT ~ **à la quatrième place** auf Platz vier kommen ❹ (*en venir à*) ~ **par faire qc** schließlich etw tun ❺ (*se retrouver*) ~ **en prison** im Gefängnis enden **II.** *vt* ❶ beenden; (*devoirs*) fertig machen; ~ **de manger/de s'habiller** fertig essen/sich fertig anziehen; ~ **le mois** in diesem Monat mit dem Geld auskommen ❷ (*plat*) aufessen; (*assiette*) leer essen; (*bouteille, verre*) leer trinken (*fam*) ❸ (*passer la fin de*) ~ **ses jours à la campagne** den Rest seiner Tage auf dem Land verbringen ❹ (*dispute*) aufhören mit
finish [finiʃ] *m inv* SPORT Endspurt *m*
finition [finisjɔ̃] *f* (*action*) Fertigstellung *f;* TECH *gén pl* Feinarbeiten *Pl;* (*résultat*) Verarbeitung *f*
finlandais, e [fɛ̃lɑ̃dɛ, ɛz] *adj* finnisch
Finlandais, e [fɛ̃lɑ̃dɛ, ɛz] *m, f* Finne/Finnin *m/f*
Finlande [fɛ̃lɑ̃d] *f* **la** ~ Finnland *nt*
finnois [finwa] *m* Finnisch *nt; v.a.* **allemand**
finnois, e [finwa, waz] *adj* finnisch; *v.a.* **allemand**
Finnois, e [finwa, waz] *m, f* Finne/Finnin *m/f*
fiole [fjɔl] *f* Phiole *f*
fiord [fjɔʀd] *m* Fjord *m*
fioriture [fjɔʀityʀ] *f* Schnörkel *m*
firent [fiʀ] *passé simple de* **faire**
firmament [fiʀmamɑ̃] *m* Firmament *nt*
firme [fiʀm] *f* Firma *f*
fis [fi] *passé simple de* **faire**
fisc [fisk] *m* Fiskus *m*
fiscal, e [fiskal, o] <-aux> *adj* Steuer-

fiscalité [fiskalite] *f* Steuerwesen *nt*

fission [fisjɔ̃] *f* Spaltung *f*

fissure [fisyʀ] *f* Riss *m;* (*d'un vase*) Sprung *m*

fissurer [fisyʀe] <1> **I.** *vt* (*éclair*) Risse verursachen in (+ *dat*) **II.** *vpr* **se ~** rissig werden

fiston [fistɔ̃] *m fam* Sohnemann *m*

fit [fi] *passé simple de* **faire**

fîtes [fit] *passé simple de* **faire**

fixateur [fiksatœʀ] *m* PHOT Fixiermittel *nt*

fixation [fiksasjɔ̃] *f* ① (*obsession*) Fixierung *f;* **faire une ~ sur qn/qc** auf jdn/etw fixiert sein ② (*dispositif*) Befestigungsvorrichtung *f*

fixe [fiks] **I.** *adj* fest; (*point*) Fix-; (*idée*) fix; (*regard*) starr **II.** *m* festes Gehalt **III.** *interj* **~!** stillgestanden!

fixé, e [fikse] *adj* **ne pas encore être ~** noch nicht so recht wissen

fixement [fiksəmɑ̃] *adv* **regarder qn/qc ~** jdn/etw anstarren

fixer [fikse] <1> **I.** *vt* ① (*personne*) befestigen ② (*regarder*) **~ qn/qc** (*personne*) auf jdn/etw starren; (*regard*) auf jdn/etw starr gerichtet sein ③ (*arrêter*) **~ son attention sur qc** seine Aufmerksamkeit auf etw (*akk*) richten ④ (*règle, conditions*) festlegen; (*rendez-vous, délai*) ausmachen **II.** *vpr* ① **se ~ au mur** an der Wand befestigt werden ② (*s'établir*) **se ~ à Paris** sich in Paris niederlassen ③ (*se poser*) **se ~ sur qn/qc** (*attention*) sich auf jdn/etw richten; (*choix*) auf jdn/etw fallen ④ (*se définir*) **se ~ un but** sich (*dat*) ein Ziel setzen

fjord [fjɔʀd] *m v.* **fiord**

flac [flak] *interj* platsch

flacon [flakɔ̃] *m* Fläschchen *nt;* (*de parfum*) Flakon *m*

flagada [flagada] *adj inv, fam* **être ~** fix und fertig sein

flagellation [flaʒelasjɔ̃] *f* Geißelung *f*

flageller [flaʒele] <1> *vt, vpr* [**se**] **~** [sich] geißeln

flageoler [flaʒɔle] <1> *vi* (*jambes*) zittern

flageolet [flaʒɔlɛ] *m* MUS Flageolett *nt*

flagrant, e [flagʀɑ̃, ɑ̃t] *adj* offenkundig

flair [flɛʀ] *m* (*du chien*) Geruchssinn *m* ▶**avoir du ~** eine feine Nase haben

flairer [fleʀe] <1> *vt* (*pressentir*) wittern

flamand [flamɑ̃] *m* Flämisch *nt; v.a.* **allemand**

flamand, e [flamɑ̃, ɑ̃d] *adj* flämisch; *v.a.* **allemand**

Flamand, e [flamɑ̃, ɑ̃d] *m, f* Flame/Flämin *m/f*

flamant [flamɑ̃] *m* Flamingo *m*

flambé, e [flɑ̃be] *adj* GASTR flambiert

flambeau [flɑ̃bo] <x> *m* Fackel *f*

flambée [flɑ̃be] *f* ① (*feu*) [hell] loderndes Feuer *nt* ② (*du dollar*) plötzlicher Anstieg

flamber [flɑ̃be] <1> **I.** *vi* brennen; (*maison*) lichterloh brennen **II.** *vt* GASTR flambieren

flamboyant, e [flɑ̃bwajɑ̃, jɑ̃t] *adj* ① (*feu*) lodernd; (*couleur*) leuchtend; (*soleil*) glühend ② ART spätgotisch

flamboyer [flɑ̃bwaje] <6> *vi* [auf]lodern; (*soleil*) glühen; (*couleur*) leuchten

flamenco [flamɛnko] *m* Flamenco *m*

flamme [flam] *f* ① Flamme *f* ② *pl* (*brasier*) Feuer *nt;* **être en ~s** in Flammen stehen ③ (*des yeux*) Feuer *nt*

flammèche [flamɛʃ] *f* brennendes Teilchen

flan [flɑ̃] *m* GASTR (*préparé au four*) Flan *m;* (*crème*) Pudding *m*

flanc [flɑ̃] *m* Seite *f;* (*d'une montagne*) Hang *m*

flancher [flɑ̃ʃe] <1> *vi fam* (*personne*) kneifen; (*cœur, mémoire*) nicht mehr mitmachen

Flandre [flɑ̃dʀ] *f* **la ~/les ~s** Flandern *nt*

flanelle [flanɛl] *f* Flanell *m*

flâner [flɑne] <1> *vi* ① (*se promener*) bummeln ② (*musarder*) herumtrödeln

flânerie [flɑnʀi] *f* ① (*promenade*) Umherschlendern *nt* ② (*musardise*) Herumtrödeln *nt*

flâneur, -euse [flɑnœʀ, -øz] *m, f* Müßiggänger *m*

flanquer [flɑ̃ke] <1> *vt fam* ① (*chose*) schmeißen; **~ qn dehors** jdn rausschmeißen ② (*donner*) **~ une gifle à qn** jdm eine runterhauen

flapi, e [flapi] *adj fam* hundemüde

flaque [flak] *f* Pfütze *f;* (*de sang*) Lache *f*

flash [flaʃ] <es> *m* ① PHOT Blitz *m* ② RADIO TV **~ d'information** Kurznachrichten *P*[*l*] ③ CINE Flash *m*

flash-back [flaʃbak] *m inv* Rückblende *f*

flasher [flaʃe] <1> *vi fam* **~ sur qn/qc** sich auf den ersten Blick für jdn/etw begeistern

flasque [flask] *adj* schlaff

flatter [flate] <1> *vt* schmeicheln

flatterie [flatʀi] *f* Schmeichelei *f*

flatteur, -euse [flatœʀ, -øz] **I.** *adj* schmei

chelhaft **II.** *m, f* Schmeichler(in) *m(f)*

fléau [fleo] <x> *m* Plage *f*

flèche [flɛʃ] *f* ① *a.* MATH Pfeil *m* ② (*toit pointu*) [Turm]spitze *f* ▶**en** ~ blitzschnell

flécher [fleʃe] <5> *vt* mit Pfeilen markieren

fléchette [fleʃɛt] *f* ① (*petite flèche*) kleiner Pfeil ② *pl* (*jeu*) Darts *nt*

fléchir [fleʃiʀ] <8> **I.** *vt* (*bras, genoux*) beugen **II.** *vi* ① (*se plier*) sich beugen ② (*céder*) schwachwerden; (*volonté*) schwächer werden

fléchissement [fleʃismɑ̃] *m* (*du bras, de la jambe*) Beugen *nt;* (*de la poutre, planche*) Biegen *nt*

flegmatique [flɛgmatik] *adj* phlegmatisch

flegme [flɛgm] *m* ① (*placidité*) Gelassenheit *f* ② (*lourdeur*) Phlegma *nt*

flemmard, e [flemaʀ, aʀd] **I.** *adj fam* faul **II.** *m, f fam* Faulpelz *m*

flemme [flɛm] *f fam* **avoir la ~ de faire qc** zu faul sein etw zu tun

flétri, e [fletʀi] *adj* (*plante*) welk; (*fleur*) verwelkt

flétrir [fletʀiʀ] <8> *vpr* **se ~** (*plante, fleur*) verwelken; (*visage*) welk werden

flétrissement [fletʀismɑ̃] *m* BOT Welken *nt*

fleur [flœʀ] *f* ① Blume *f;* (*partie d'une plante*) Blüte *f;* **en ~[s]** blühend ② (*objet, motif, dessin décoratif*) Blume *f;* **à ~s** (*chapeau*) blumengeschmückt; (*tissu, papier*) geblümt ③ (*compliment*) **jeter des ~s à qn** *fam* jdm Komplimente machen ▶**~ bleue** sentimental

fleuret [flœʀɛ] *m* Florett *nt*

fleurette [flœʀɛt] ▶**conter ~ à une femme** *iron* in Gegenwart einer Frau Süßholz raspeln

fleuri, e [flœʀi] *adj* ① (*en fleurs*) blühend ② (*garni de fleurs*) blumengeschmückt; (*avec des motifs floraux*) geblümt ③ (*style*) blumenverziert

fleurir [flœʀiʀ] <8> **I.** *vi* blühen **II.** *vt* mit Blumen schmücken

fleuriste [flœʀist] *mf* Blumenhändler(in) *m(f)*

fleuron [flœʀɔ̃] *m* ART (*d'une couronne*) stilisierte Blume; (*de ferronnerie*) Eisenzacke *f* ▶**être le [plus beau] ~ d'une collection** das Schmuckstück einer Sammlung sein

fleuve [flœv] *m* Fluss *m;* (*très grand*) Strom *m*

flexibilité [flɛksibilite] *f* ① (*souplesse*) Biegsamkeit *f* ② (*adaptabilité*) Flexibilität *f*

flexible [flɛksibl] *adj* ① (*souple*) biegsam ② (*adaptable*) flexibel

flexion [flɛksjɔ̃] *f* Beugen *nt*

flibustier [flibystje] *m* Freibeuter(in) *m(f)*

flic [flik] *m fam* Bulle *m*

flicaille [flikɑj] *f péj fam* Bullen *Pl*

flic flac [floc] [flikflak(flɔk)] pitsch, patsch

flingue [flɛ̃g] *m fam* Knarre *f*

flinguer [flɛ̃ge] <1> **I.** *vt fam* abknallen **II.** *vpr fam* **se ~** sich (*dat*) eine Kugel in den Kopf jagen

flipper[1] [flipœʀ] *m* Flipper *m*

flipper[2] [flipe] <1> *vi fam* eine Mordsangst haben

flique [flik] *adj* **ça fait ~** *fam* das geht einem/mir/ihm/... auf den Zeiger

flirt [flœʀt] *m* Flirt *m*

flirter [flœʀte] <1> *vi* flirten

floc [flɔk] ▶**faire ~ [~]** (*caillou qui tombe dans l'eau*) plumps machen; (*bottes qui ont pris l'eau*) platsch machen

flocon [flɔkɔ̃] *m* Flocke *f;* **~s de maïs** GASTR Cornflakes *Pl*

floconneux, -euse [flɔkɔnø, øz] *adj* flockig

flonflons [flɔ̃flɔ̃] *mpl fam* Klänge *Pl*

flop [flɔp] **faire ~** platsch machen (*fam*)

flopée [flɔpe] *f fam* (*de gamins*) Haufen *m;* (*de badauds*) Menge *f;* (*de touristes*) Masse *f*

floraison [flɔʀɛzɔ̃] *f* Blüte[zeit *f*] *f*

floral, e [flɔʀal, o] <-aux> *adj* Blumen-

flore [flɔʀ] *f* Flora *f*

florilège [flɔʀilɛʒ] *m* Auswahl *f*

florin [flɔʀɛ̃] *m* Gulden *m*

florissait [flɔʀisɛ] *imparf de* **fleurir**

florissant, e [flɔʀisɑ̃, ɑ̃t] *adj* blühend

flot [flo] *m* ① Flut *f* ② *soutenu* (*de personnes*) Scharen *Pl* ▶**être à ~** (*bateau*) flott sein

flottaison [flɔtɛzɔ̃] *f* **ligne de ~** Wasserlinie *f*

flottant, e [flɔtɑ̃, ɑ̃t] *adj* ① (*glace, bois*) Treib- ② (*foulard, drapeaux*) flatternd; (*crinière*) wehend; (*chevelure*) fliegend ③ (*instable*) schwankend; (*monnaie*) fluktuierend

flotte[1] [flɔt] *f* MIL, ECON Flotte *f;* **~ aérienne** Luftflotte *f*

flotte[2] [flɔt] *f fam* Wasser *nt;* (*pluie*) Regen *m*

flottement [flɔtmɑ̃] *m* (*hésitation*) Schwanken *nt*

flotter [flɔte] <1> **I.** *vi* ① schwimmen;

(*brouillard*) hängen; (*parfum*) schweben ❷ (*onduler*) flattern ❸ (*hésiter*) zögern **II.** *vi impers, fam* (*pleuvoir*) schütten

flotteur [flɔtœʀ] *m* TECH Schwimmer *m*

flou [flu] **I.** *m* ❶ Verschwommenheit *f;* (*d'une pensée*) Unbestimmtheit *f* ❷ CINE, PHOT ~ **artistique** weiche Manier; *iron* gewollte Unklarheit **II.** *adv* verschwommen

flou, e [flu] *adj* ❶ verschwommen; (*photo*) unscharf ❷ (*pensée*) vage

flouer [flue] <1> *vt fam* reinlegen

fluctuation [flyktɥasjɔ̃] *f gén pl* Fluktuation *f;* (*de l'opinion*) Schwanken *nt kein Pl*

fluctuer [flyktɥe] <1> *vi* schwanken

fluet, te [flyɛ, ɛt] *adj* zart

fluide [flyid] **I.** *adj* flüssig **II.** *m* ❶ CHIM Flüssigkeit *f* ❷ (*force occulte*) Fluidum *nt*

fluidifier [flɥidifje] <1> *vt* verflüssigen

fluidité [flɥidite] *f* (*du sang*) Dünnflüssigkeit *f;* (*d'un style*) Flüssigkeit *f;* ~ **du trafic** Verkehrsfluss *m*

fluo [flyɔ] *adj sans pl abr de* **fluorescent**

fluor [flyɔʀ] *m* Fluor *nt*

fluoré, e [flyɔʀe] *adj* mit Fluor angereichert

fluorescence [flyɔʀesɑ̃s] *f* Fluoreszenz *f*

fluorescent, e [flyɔʀesɑ̃, ɑ̃t] *adj* leuchtend

flûte [flyt] **I.** *f* Flöte *f;* (*pain*) Stangenbrot *nt* **II.** *interj fam* verflixt

flûtiste [flytist] *mf* Flötist(in) *m(f)*

fluvial, e [flyvjal, jo] <-aux> *adj* Fluss-; (*port*) Binnen-; (*transport*) auf Binnenwasserstraßen

flux [fly] *m* ❶ Flut *f;* **le ~ et le reflux** (*marée*) Ebbe *f* und Flut *f;* (*alternance*) Auf *nt* und Ab *nt* ❷ MED ~ **de sang** Blutung *f* ❸ PHYS, ECON Fluss *m*

fluxion [flyksjɔ̃] *f* Entzündung *f*

FM [ɛfɛm] *f abr de* **Frequency Modulation** Frequenzmodulation *f*

FMI [ɛfɛmi] *m abr de* **Fonds monétaire international** IWF *m*

focal, e [fɔkal, o] <-aux> *adj* (*distance, plan*) Brenn-

focale [fɔkal] *f* Brennweite *f*

focaliser [fɔkalize] <1> *vt fig* (*attention*) richten

foehn [føn] *m* ❶ (*vent*) Föhn *m* ❷ CH (*sèche-cheveux*) Föhn *m*

fœtal, e [fetal, o] <-aux> *adj* des Fötus; (*position*) Embryonal-

fœtus [fetys] *m* Fötus *m*

fofolle [fɔfɔl] *adj v.* **foufou**

foi [fwa] *f* ❶ (*croyance*) ~ **en qn** Glaube[n] *m* an jdn; **avoir la ~** gläubig sein ❷ (*confiance*) **avoir ~ en qn/qc** *soutenu* Vertrauen *nt* zu jdm/in etw (*akk*) haben ▸**être de <u>bonne</u>/<u>mauvaise</u> ~** aufrichtig/unaufrichtig sein; **<u>avoir</u> la ~** mit Überzeugung bei der Sache sein; **<u>ma</u> ~** na ja; **<u>ma</u> ~ oui/non** aber ja/nein

foie [fwa] *m* Leber *f;* **avoir mal au ~** eine Magenverstimmung haben

foin [fwɛ̃] *m sans pl* Heu *nt;* (*herbe sur pied*) Wiesengras *nt*

foire [fwaʀ] *f* ❶ (*grand marché*) [Waren]markt *m* ❷ (*exposition commerciale*) [Waren]messe *f* ❸ (*fête foraine*) Jahrmarkt *m;* ~ **du Trône** *ein traditioneller Pariser Jahrmarkt* ❹ *fam* (*endroit bruyant*) Rummel *m* ▸**<u>faire</u> la ~** *fam* durchfeiern

foirer [fwaʀe] <1> *vi fam* (*rater*) schiefgehen

foireux, -euse [fwaʀø, -øz] *adj fam* feige

fois [fwa] *f* ❶ **une ~** einmal/ein Mal; **une ~ par an** einmal im Jahr; **les autres ~** sonst; [**à**] **chaque ~** jedesmal; **à chaque ~ que ...** jedes Mal wenn ...; **c'est la dernière ~** das ist das letzte Mal; **en plusieurs ~** in mehreren Etappen; **il était une ~ ...** es war einmal ...; **pour la première ~** zum ersten Mal; **pour une ~** ausnahmsweise; **trente-six ~** x-mal; **une dernière ~** ein letztes Mal ❷ *dans un comp* **deux ~ plus/moins vieux que qn/qc** doppelt/halb so alt wie jd/etw; **cinq ~ plus d'argent/de personnes** fünfmal so viel Geld/Personen ❸ (*comme multiplicateur*) **9 ~ 3 font 27** 9 mal 3 ist 27 ▸**plutôt <u>deux</u> ~ qu'une** herzlich gern[e]; **c'est <u>trois</u> ~ rien** das ist nicht der Rede wert; **un** [**seul**] **enfant/bateau <u>à</u> la ~** ein Kind/Schiff nach dem anderen; [**tout**] **<u>à</u> la ~** gleichzeitig; **<u>des</u> ~** *fam* ab und zu; **<u>une</u> ~ parti, ...** als er schließlich weg war, ...; **<u>une</u> ~ que ...** sobald ...

foison [fwazɔ̃] ▸**<u>à</u> ~** in Hülle und Fülle

foisonnement [fwazɔnmɑ̃] *m* Fülle *f*

foisonner [fwazɔne] <1> *vi* reichlich vorhanden sein

fol [fɔl] *adj v.* **fou**

folâtre [fɔlɑtʀ] *adj* ausgelassen

folâtrer [fɔlɑtʀe] <1> *vi* sich tummeln

folichon, ne [fɔliʃɔ̃, ɔn] *adj fam* **ne pas être ~** nicht gerade umwerfend sein

folie [fɔli] *f* ❶ (*démence*) Wahnsinn *m* ❷ (*dé*

raison) Verrücktheit *f* ❸ (*passion*) **avoir la ~ de qc** verrückt nach etw (*dat*) sein; **aimer qn/qc à la ~** jdn/etw wahnsinnig lieben ❹ (*conduite, paroles*) Torheit *f*

folio [fɔljo] *m* TYP ❶ (*feuillet*) Folio[blatt *nt*] *nt* ❷ (*numéro*) Seitenzahl *f*

folklo [fɔlklo] *adj inv, fam abr de* **folklorique**

folklore [fɔlklɔʀ] *m* Folklore *f*

folklorique [fɔlklɔʀik] *adj* folkloristisch

folle [fɔl] **I.** *adj v.* **fou II.** *f péj fam (homosexuel)* Tunte *f*

follement [fɔlmɑ̃] *adv* wahnsinnig (*fam*); (*amoureux*) unsterblich; (*comique*) irrsinnig

foncé, e [fɔ̃se] *adj* dunkel; (*bleu, rouge*) dunkel-

foncer [fɔ̃se] <2> **I.** *vt* dunkler machen **II.** *vi* ❶ (*se jeter sur*) losgehen ❷ *fam* (*aller très vite*) [los]wetzen ❸ (*devenir plus foncé*) dunkler werden

fonceur, -euse [fɔ̃sœʀ, -øz] *m, f* Draufgänger(in) *m(f)*

foncier, -ière [fɔ̃sje, -jɛʀ] *adj* Grund-; (*revenus*) aus Liegenschaften *Pl*

foncièrement [fɔ̃sjɛʀmɑ̃] *adv* von Grund auf

fonction [fɔ̃ksjɔ̃] *f* ❶ Funktion *f*; **qn a pour ~ de faire qc** jds Aufgabe ist es, etw zu tun; **faire ~ de qc** als etw dienen; **faire ~ de qn** jds Rolle übernehmen ❷ (*activité professionnelle*) Tätigkeit *f* ❸ (*charge*) Amt *nt* ❹ BIO, LING, MATH, TECH, INFORM Funktion *f* ❺ CHIM Wirkung *f* ►**la ~ publique** der öffentliche Dienst; **être ~ de qc** von etw abhängen; **en ~ de qc** einer S. (*dat*) entsprechend

fonctionnaire [fɔ̃ksjɔnɛʀ] *mf* Beamte(r)/Beamtin *m/f*

fonctionnalité [fɔ̃ksjɔnalite] *f* ❶ *sans pl* Funktionalität *f* ❷ *gén pl* INFORM Funktionen *Pl*

fonctionnariser [fɔ̃ksjɔnaʀize] <1> *vt* (*entreprise, personne*) in den Staatsdienst übernehmen

fonctionnel, le [fɔ̃ksjɔnɛl] *adj* funktionell; MED, MATH Funktions-

fonctionnement [fɔ̃ksjɔnmɑ̃] *m* Funktionieren *nt*

fonctionner [fɔ̃ksjɔne] <1> *vi* funktionieren; (*organe, administration*) arbeiten

fond [fɔ̃] *m* ❶ *a.* GASTR Boden *m*; (*de la mer*) Grund *m* ❷ (*d'une pièce, d'un couloir*) hinterer Teil; **au ~ de qc** in der Tiefe von etw; **au ~ du jardin** [ganz] am Ende des Gartens; **au ~ de la cour** hinten im Hof ❸ (*du cœur, de l'âme*) Innere(s) *nt*; **avoir un bon ~** einen guten Kern haben; **du ~ du cœur** von ganzem Herzen ❹ (*degré le plus bas*) **être au ~ de l'abîme** am Boden zerstört sein ❺ (*ce qui est essentiel: des choses*) Wesentliche(s) *nt*; (*d'un problème*) Kern *m* ❻ (*opp: forme*) Inhalt *m* ❼ (*de bouteille, verre*) Rest *m* ❽ (*sonore*) Hintergrund *m* ❾ SPORT **course de ~** Langstreckenlauf *m*; **ski de ~** [Ski]langlauf *m* ❿ (*base*) **~ de teint** Grundierung *f* ►**à ~** voll und ganz; (*nettoyer, remanier*) gründlich; (*respirer*) tief; (*connaître*) in- und auswendig; **à ~ la caisse** *fam* mit einem Affenzahn; **au ~, ...** *fam* im Grunde genommen ...; **de ~** Haupt-; (*article*) Leit-

fondamental, e [fɔ̃damɑ̃tal, o] <-aux> *adj* ❶ grundlegend; (*élément, loi*) Grund- ❷ (*essentiel*) wesentlich

fondamentalement [fɔ̃damɑ̃talmɑ̃] *adv* von Grund auf; (*modifier*) grundlegend; (*opposé*) grund-

fondamentaliste [fɔ̃damɑ̃talist] *mf* REL Fundamentalist(in) *m(f)*

fondant, e [fɔ̃dɑ̃, ɑ̃t] *adj* ❶ (*glace*) schmelzend ❷ (*poire*) saftig ❸ (*tendre*) zart

fondateur, -trice [fɔ̃datœʀ, -tʀis] *m, f* (*d'une usine, ville*) Gründer(in) *m(f)*

fondation [fɔ̃dasjɔ̃] *f* ❶ (*fait de fonder*) Gründung *f* ❷ (*établissement*) Stiftung *f* ❸ ARCHIT *pl* Fundament *nt*

fondé, e [fɔ̃de] *adj* **bien ~** (*crainte, critique*) berechtigt; (*opinion*) fundiert

fondement [fɔ̃dmɑ̃] *m* Grundlage *f*; **ne reposer sur aucun ~** völlig unbegründet sein

fonder [fɔ̃de] <1> **I.** *vt* ❶ gründen; (*dispensaire, institution*) ins Leben rufen ❷ (*faire reposer*) **~ une décision sur qc** eine Entscheidung mit etw begründen **II.** *vpr* **se ~ sur qc** (*personne*) sich auf etw (*akk*) berufen; (*raisonnement*) durch etw (*akk*) begründet sein

fonderie [fɔ̃dʀi] *f* [Metall]gießerei *f*

fondeur [fɔ̃dœʀ] *m* [Metall]gießer(in) *m(f)*

fondeur, -euse [fɔ̃dœʀ, -øz] *m, f* (*au ski*) Langläufer(in) *m(f)*

fondre [fɔ̃dʀ] <14> **I.** *vi* ❶ schmelzen ❷ (*se dissoudre*) **~ dans un liquide** zerfließen; **~ sous la langue** auf der Zunge zergehen

3 (*s'attendrir*) ~ **en larmes** in Tränen ausbrechen 4 (*diminuer rapidement: argent, muscles*) dahinschwinden; (*diminuer partiellement*) [zusammen]schrumpfen **II.** *vt* 1 schmelzen; (*bijoux, argenterie*) einschmelzen; (*beurre*) zerlassen 2 (*fabriquer*) gießen **III.** *vpr* **se ~ dans qc** 1 (*former un tout avec*) in etw (*dat*) aufgehen 2 (*disparaître*) in etw (*dat*) verschwinden

fonds [fɔ̃] *m* 1 (*commerce*) Geschäft *nt* 2 (*capital*) Vermögen *nt;* ~ **publics** [*o* **d'État**] öffentliche Gelder *Pl*

fondu, e [fɔ̃dy] **I.** *part passé de* **fondre II.** *adj* (*fromage*) Schmelz-; **neige ~e** Schneeregen *m;* (*au sol*) Pappschnee *m*

fondue [fɔ̃dy] *f* Fondue *nt;* ~ **savoyarde** Käsefondue

font [fɔ̃] *indic prés de* **faire**

fontaine [fɔ̃tɛn] *f* Brunnen *m* ►**pleurer comme une ~** *iron* wie ein Schlosshund heulen (*fam*)

fonte [fɔ̃t] *f* 1 Schmelzen *nt* 2 (*métal*) Gusseisen *nt*

fonts [fɔ̃] *mpl* ~ **baptismaux** Taufstein *m*

foot [fut] *m sans pl abr de* **football** Fußball *m*

football [futbol] *m sans pl* Fußball *m*

footballeur, -euse [futbolœʀ, -øz] *m, f* Fußballspieler(in) *m(f)*

footing [futiŋ] *m* Joggen *nt;* **faire du/son ~** joggen

for [fɔʀ] ►**en/dans mon/son ~ intérieur** in meinem/seinem/ihrem tiefsten Inneren

forage [fɔʀaʒ] *m* Bohrung *f*

forain, e [fɔʀɛ̃, ɛn] **I.** *adj* (*attraction, baraque*) Jahrmarkts-; **fête ~e** Jahrmarkt *m* **II.** *m, f* Schausteller(in) *m(f)*

forçat [fɔʀsa] *m* zur Zwangsarbeit verurteilter Sträfling

force [fɔʀs] *f* 1 *a.* PHYS Kraft *f* 2 (*niveau intellectuel*) Geistesgabe *f* 3 (*pouvoir*) Stärke *f;* **employer la ~** Gewalt anwenden 4 *gén pl* (*ensemble de personnes*) Kräfte *Pl* 5 MIL ~ **de frappe** *schlagwortartige Bezeichnung für die französische Atomstreitmacht;* **~s de l'ordre** Polizei *f;* **~[s] armée[s]** Streitkräfte *Pl* 6 (*d'un argument, préjugé*) Stärke *f* 7 (*principe d'action*) Kraft *f;* (*de la nature, du mal*) Kräfte *Pl* 8 (*d'un choc, coup*) Wucht *f;* (*du vent*) Stärke *f;* (*d'un désir, d'une passion*) Heftigkeit *f;* **avec un vent de ~ 7** bei Windstärke 7 9 (*d'un moteur*) Leistungskraft *f;* (*d'un médicament, poison*) Wirkungskraft *f* 10 (*d'un style, terme*) Ausdruckskraft *f* ►**à ~** mit der Zeit; **à ~ de pleurer** durch das viele Weinen; **faire qc de ~** etw unter Zwang tun

forcé, e [fɔʀse] **I.** *part passé de* **forcer II.** *adj* 1 (*bain, mariage*) unfreiwillig; (*travail*) Zwangs-; (*atterrissage*) Not- 2 (*rire, sourire*) gezwungen; (*amabilité, gaieté*) aufgesetzt

forcément [fɔʀsemɑ̃] *adv* zwangsläufig; **pas ~** nicht unbedingt; **~!** na klar! (*fam*)

forcené, e [fɔʀsəne] **I.** *adj* 1 (*très violent*) gewaltig 2 (*démesuré*) wahnsinnig **II.** *m, f* Verrückte(r) *f(m)*

forceps [fɔʀsɛps] *m sans pl* Geburtszange *f*

forcer [fɔʀse] <2> **I.** *vt* 1 (*obliger*) zwingen 2 (*tordre*) verbiegen 3 (*coffre, porte, serrure*) aufbrechen; (*barrage*) durchbrechen 4 (*admiration, estime*) hervorrufen; (*respect*) einflößen 5 (*voix*) heben; (*pas*) beschleunigen **II.** *vi* 1 sich überanstrengen 2 (*agir avec force*) **~ sur qc** etw mit Gewalt tun **III.** *vpr* **se ~ à faire qc** sich Mühe geben etw zu tun; **se ~ à qc** sich zu etw (*dat*) zwingen

forcing [fɔʀsiŋ] *m sans pl* 1 SPORT schneller Vorstoß 2 *fam* (*déploiement d'énergie*) Kraftakt *m;* **faire le ~ pour obtenir qc** nicht locker lassen, bis man etw erreicht; **faire qc au ~** etw unter Aufbietung aller Kräfte tun

forcir [fɔʀsiʀ] <8> *vi* (*grossir*) zunehmen

forer [fɔʀe] <1> *vt* bohren

forestier, -ière [fɔʀɛstje, -jɛʀ] **I.** *adj* Wald- **II.** *m, f* Förster(in) *m(f)*

foret [fɔʀɛ] *m* Bohrer *m*

forêt [fɔʀɛ] *f* Wald *m*

forêt-noire [fɔʀɛnwaʀ] <forêts-noires> *f* (*gâteau*) Schwarzwälder Kirschtorte *f*

Forêt-Noire [fɔʀɛnwaʀ] *f* GEO **la ~** der Schwarzwald

forfait [fɔʀfɛ] *m* 1 (*prix fixé*) Pauschale *f* 2 SPORT **le ~ de neige** die Schneepauschale ►**déclarer ~** aussteigen

forfaitaire [fɔʀfɛtɛʀ] *adj* (*indemnité*) pauschal festgesetzt; (*montant, prix*) Pauschal-

forge [fɔʀʒ] *f* (*fourneau*) Schmiedeofen *m*

forger [fɔʀʒe] <2a> *vt* 1 (*façonner*) schmieden 2 (*excuse, prétexte*) erfinden

forgeron [fɔʀʒəʀɔ̃] *m* Schmied *m*

formaliser [fɔʀmalize] <1> *vpr* **se ~ de qc** Anstoß an etw (*dat*) nehmen

formalisme [fɔʀmalism] *m péj* Überbetonung *f* der Form

formalité [fɔʀmalite] *f* ❶ ADMIN, JUR Formalität *f;* ~ **administrative** Verwaltungsformalität ❷ (*démarche de peu d'importance*) [reine] Formsache

format [fɔʀma] *m* Format *nt*

formatage [fɔʀmataʒ] *m* INFORM Formatierung *f*

formater [fɔʀmate] <1> *vt* INFORM formatieren

formateur, -trice [fɔʀmatœʀ, -tʀis] *m, f* Ausbilder(in) *m(f)*

formation [fɔʀmasjɔ̃] *f* ❶ (*d'une équipe*) Aufstellung *f* ❷ LING (*d'un mot*) Bildung *f* ❸ (*du monde*) Entstehung *f;* (*du capitalisme*) Entwicklung *f;* (*d'une couche*) Bildung *f;* (*d'un embryon*) Entwicklung ❹ (*apprentissage professionnel*) Ausbildung *f;* ~ **professionnelle** Berufsausbildung; ~ **continue** Weiterbildung *f* ❺ (*éducation morale et intellectuelle*) Bildung *f* ❻ (*groupe*) Gruppe *f;* (*dans le domaine politique*) Gruppierung *f*

forme [fɔʀm] *f* ❶ Form *f;* **en ~ de croix/de cœur** kreuz-/herzförmig; **sous la ~ de qn/qc** in jds Gestalt/in der Gestalt einer S. (*gen*); **sous toutes ses ~s** in all seinen/ihren Erscheinungsformen ❷ (*silhouette*) Gestalt *f* ❸ *pl* (*galbe du corps*) Rundungen *Pl* ❹ (*condition physique, intellectuelle*) Form *f,* Kondition *f* ❺ *pl* (*bienséance*) [Umgangs]formen *Pl* ❻ ART, LITTER, MUS [Ausdrucks]form *f* ❼ LING, JUR Form *f* ▸**prendre** ~ (*projet*) Gestalt annehmen

formel, le [fɔʀmɛl] *adj* ❶ (*déclaration, engagement*) ausdrücklich; (*refus*) entschieden; (*ordre*) strikt; (*preuve*) eindeutig; **être ~ sur qc** sich in Bezug auf etw (*akk*) klar ausdrücken ❷ (*de pure forme*) formell

formellement [fɔʀmɛlmɑ̃] *adv* ausdrücklich

former [fɔʀme] <1> **I.** *vt* ❶ (*façonner*) formen ❷ (*créer*) bilden; (*association, parti*) gründen; (*complot*) schmieden ❸ (*armée*) aufbauen ❹ (*projet*) entwerfen; (*vœu*) äußern ❺ (*produire, donner*) herausbilden ❻ (*personne*) ausbilden; (*caractère*) formen ❼ (*cercle*) bilden; (*boucle*) machen **II.** *vpr* **se ~** sich bilden

formica® [fɔʀmika] *m* ≈ Resopal® *nt*

formidable [fɔʀmidabl] *adj* ❶ *fam* (*film, type*) toll ❷ (*volonté*) ungeheuer; (*dépense*) gewaltig; **c'est ~!** das ist ja irre!

formidablement [fɔʀmidabləmɑ̃] *adv* unheimlich

formol [fɔʀmɔl] *m* Formalin® *nt*

formulaire [fɔʀmylɛʀ] *m* Formular *nt,* Drucksorte *f* (A)

formulation [fɔʀmylasjɔ̃] *f* Formulierung *f*

formule [fɔʀmyl] *f* ❶ Formulierung *f* ❷ (*paroles rituelles*) Formel *f;* ~ **de politesse** [Höflichkeits]floskel *f* ❸ (*choix, possibilité*) Angebot *nt;* ~ **à 10 euros** Menü *nt* zu 10 Euro ❹ (*façon de faire*) Methode *f* ❺ SCI, CHIM Formel *f* ❻ AUT, SPORT ~ **I** Formel I *f*

formuler [fɔʀmyle] <1> *vt* formulieren; (*requête*) abfassen

forniquer [fɔʀnike] <1> *vi* ~ **avec qn** mit jdm Unzucht treiben

forsythia [fɔʀsisja] *m* Forsythie *f*

fort [fɔʀ] **I.** *adv* ❶ (*frapper*) kräftig; (*parler, crier*) laut; (*sentir*) streng riechen; **le vent souffle ~** es weht ein starker Wind ❷ (*beaucoup*) **j'en doute ~** das möchte ich stark bezweifeln ❸ *fam* (*bien*) gut ▸**y aller ~** *fam* zu weit gehen **II.** *m* ❶ (*forteresse*) Fort *nt* ❷ (*spécialité*) **la cuisine, ce n'est pas mon ~** Kochen ist nicht gerade meine Stärke

fort, e [fɔʀ, fɔʀt] **I.** *adj* ❶ (*constitution, nature*) kräftig; (*personne, animal*) stark ❷ *postposé* (*homme, régime*) stark; (*monnaie*) hart ❸ *postposé* (*carton, fil, papier*) dick ❹ (*lumière*) hell; (*averse, battement*) heftig; **~e chaleur** [Affen]hitze *f* (*fam*) ❺ (*moutarde, sauce*) scharf ❻ (*désir, douleur, rhume*) stark; (*fièvre*) hoch ❼ (*doué*) gut ❽ (*terme*) hart; **dire qc haut et ~** etw laut und deutlich sagen ❾ (*chevilles, jambes*) kräftig; (*poitrine*) groß ❿ *postposé* (*courageux*) stark ⓫ (*somme, mortalité*) hoch; (*différence*) groß; (*baisse, hausse*) stark; **il y a de ~es chances pour que** + *subj* es bestehen gute Chancen, dass ▸**c'est un peu ~!** das gibt's doch nicht! **II.** *m, f* Starke(r) *f(m)*

fortement [fɔʀtəmɑ̃] *adv* ❶ fest; (*secouer*) kräftig ❷ (*vivement*) **insister ~ sur qc** nachdrücklich auf etw (*dat*) bestehen

forteresse [fɔʀtəʀɛs] *f* Festung *f*

fortiche [fɔʀtiʃ] *adj fam* **être ~ en math** in Mathe echt was loshaben

fortifiant [fɔʀtifjɑ̃] *m* (*remède*) Stärkungsmittel *nt*

fortifiant, e [fɔʀtifjɑ̃, jɑ̃t] *adj* (*remède*) stärkend; (*nourriture*) Kraft-

fortification [fɔʀtifikasjɔ̃] *f* Befestigungsanlage *f*

fortifier [fɔʀtifje] <1> *vt* ❶ (*rendre vigoureux*) kräftigen ❷ MIL befestigen

fortin [fɔʀtɛ̃] *m* kleines Fort

fortuit, e [fɔʀtɥi, it] *adj* zufällig

fortuitement [fɔʀtɥitmɑ̃] *adv* zufällig[erweise]

fortune [fɔʀtyn] *f* ❶ (*richesse*) Vermögen *nt;* **faire ~** reich werden ❷ *fam* (*grosse somme*) Vermögen *nt* ❸ (*chance*) Glück *nt* ▸**de ~** behelfsmäßig

fortuné, e [fɔʀtyne] *adj* wohlhabend

forum [fɔʀɔm] *m* ❶ (*débat*) *a.* HIST Forum *nt* ❷ (*place*) Platz *m* ❸ INFORM newsgroup; **~ de discussion sur Internet** Internetforum *nt*

fosse [fos] *f* ❶ (*cavité*) Grube *f;* GEO Graben *m* ❷ (*tombe*) Grab *nt;* (*charnier*) Massengrab *nt* ❸ ANAT **~s nasales** Nasen[neben]höhlen *Pl*

fossé [fose] *m* ❶ (*tranchée*) Graben *m* ❷ (*écart*) Kluft *f*

fossette [fosɛt] *f* Grübchen *nt*

fossile [fosil] **I.** *adj* GEO fossil **II.** *m* GEO Fossil *nt*

fossilisation [fosilizasjɔ̃] *f* Versteinerung *f*

fossiliser [fosilize] <1> *vt, vpr* GEO [**se**] **~** versteinern

fossoyeur [foswajœʀ] *m* Totengräber *m*

fou, fol, folle [fu, fɔl] **I.** *adj* ❶ (*dément*) verrückt; **devenir ~ furieux** einen Tobsuchtsanfall bekommen ❷ (*dérangé*) **être ~ à lier** völlig übergeschnappt sein (*fam*); **devenir ~** durchdrehen (*fam*) ❸ (*idiot*) **qn est/serait ~ de faire qc** jd ist/wäre verrückt, etw zu tun; **il faut être ~ pour faire cela** man muss ganz schön dumm sein, um das zu tun ❹ (*désir*) unbändig; (*idée, projet*) verrückt; (*amour*) wahnsinnig; **avoir le ~ rire** einen Lachkrampf bekommen ❺ (*éperdu*) **être ~ de qn** ganz verrückt nach jdm sein (*fam*); **être ~ de qc** ganz versessen auf etw (*akk*) sein (*fam*) ❻ (*courage, énergie, mal*) wahnsinnig (*fam*); **un monde ~** wahnsinnig viele Leute (*fam*) ❼ (*exubérant*) **être tout ~** außer Rand und Band sein (*fam*) ❽ (*cheveux, mèche*) widerspenstig **II.** *m, f* ❶ (*dément*) Wahnsinnige(r) *f(m);* MED Geistesgestörte(r) *f(m)* ❷ (*écervelé*) **vieux ~** närrischer Alter *m;* **travailler comme un ~** wie ein Irrer arbeiten ❸ (*personne exubérante*) **faire le ~** (*faire, dire des bêtises*) Blödsinn machen; (*se défouler*) sich austoben ❹ JEUX Läufer *m* ❺ (*bouffon*) Narr *m*

foudre [fudʀ] *f* Blitz *m* ▸**un coup de ~** Liebe auf den ersten Blick

foudroyant, e [fudʀwajɑ̃, jɑ̃t] *adj* (*succès*) durchschlagend; (*vitesse*) rasant; (*nouvelle*) umwerfend

foudroyer [fudʀwaje] <6> *vt* ❶ (*frapper par la foudre*) **être foudroyé** (*personne*) vom Blitz erschlagen werden; (*animal*) vom Blitz getroffen werden ❷ (*électrocuter*) **être foudroyé** einen elektrischen Schlag bekommen ❸ (*tuer*) tödlich treffen

fouet [fwɛ] *m* ❶ (*verge*) Peitsche *f* ❷ (*châtiment*) **donner le ~ à qn** jdn mit der Peitsche schlagen ❸ GASTR Schneebesen *m* ▸**de plein ~** mit voller Wucht

fouetter [fwete] <1> *vt* ❶ (*personne, animal*) mit der Peitsche schlagen ❷ GASTR schlagen

foufou, fofolle [fufu, fɔfɔl] *adj fam* **être un peu ~** (*personne*) leicht verrückt sein; (*chien*) ein bisschen verspielt sein

fougère [fuʒɛʀ] *f* BOT Farn *m*

fougue [fug] *f* Schwung *m*

fougueux, -euse [fugø, -øz] *adj* (*tempérament, personne*) aufbrausend; (*cheval*) feurig

fouille [fuj] *f* ❶ (*inspection*) Durchsuchung *f* ❷ *pl* ARCHEOL [Aus]grabungen *Pl*

fouillé, e [fuje] *adj* (*commentaire*) ausführlich; (*étude*) eingehend; (*travail*) gewissenhaft

fouille-merde [fujmɛʀd] <fouille-merdes> *mf fam* Schmierfink *m*

fouiller [fuje] <1> **I.** *vt* ❶ (*lieu, poches*) durchsuchen ❷ (*creuser*) **~ qc** (*animal*) in etw (*dat*) wühlen; (*archéologue*) in etw (*dat*) graben **II.** *vi* ❶ (*inspecter*) **~ dans qc** in etw (*dat*) herumwühlen ❷ (*creuser: animal*) wühlen; (*archéologue*) [Aus]grabungen machen

fouillis [fuji] *m* Unordnung *f*

fouine [fwin] *f* Steinmarder *m*

fouiner [fwine] <1> *vi fam* herumschnüffeln

fouineur, -euse [fwinœʀ, -øz] *m, f* Schnüffler(in) *m(f)*

foulard [fulaʀ] *m* ❶ (*fichu*) Kopftuch *nt* ❷ (*écharpe*) Halstuch *nt*

foule [ful] *f* ❶ (*multitude de personnes*)

[Menschen]menge *f;* **il y a/n'y a pas ~** es sind viele/wenige Leute da ❷ (*grand nombre*) **une ~ de gens** eine Menge Leute

foulée [fule] *f* SPORT Schritt *m;* (*d'un coureur*) Tritt *m;* **à grandes/petites ~s** mit großen/kleinen Schritten

fouler [fule] <1> *vpr* ❶ **se ~ la cheville** sich (*dat*) den Knöchel verstauchen ❷ *iron fam* (*se fatiguer*) **se ~** sich ins Zeug legen

foulure [fulyʀ] *f* MED Verstauchung *f*

four [fuʀ] *m* GASTR Backofen *m;* TECH Ofen *m;* **~ électrique/[à] micro-ondes** Elektro-/Mikrowellenherd *m*

fourbe [fuʀb] *adj* falsch

fourberie [fuʀbəʀi] *f* Hinterlist *f*

fourbi [fuʀbi] *m fam* Krempel *m*

fourbu, e [fuʀby] *adj* erschöpft

fourche [fuʀʃ] *f* ❶ (*outil*) Gabel *f* ❷ SPORT **~ de bicyclette** Radgabel *f*

fourcher [fuʀʃe] <1> *vi* (*cheveux*) sich [an den Spitzen] spalten

fourchette [fuʀʃɛt] *f* ❶ GASTR, JEUX Gabel *f* ❷ (*marge*) Spanne *f*

fourchu, e [fuʀʃy] *adj* **cheveux ~s** gespaltene Haarspitzen *Pl*

fourgon [fuʀgɔ̃] *m* ❶ CHEMDFER Güterwagen *m* ❷ (*voiture*) Kastenwagen *m;* **~ funéraire** Leichenwagen *m*

fourgonnette [fuʀgɔnɛt] *f* Lieferwagen *m*

fourguer [fuʀge] <1> *vt fam* **~ qc à qn** (*vendre*) etw an jdn verkloppen; (*refiler*) jdm etw andrehen

fourme [fuʀm] *f: französische Käsesorte*

fourmi [fuʀmi] *f* ZOOL Ameise *f* ▶**qn a des ~s dans les jambes** jdm sind die Beine eingeschlafen

fourmilier [fuʀmilje] *m* ZOOL Ameisenbär *m*

fourmilière [fuʀmiljɛʀ] *f* ❶ ZOOL Ameisenhaufen *m* ❷ (*foule grouillante*) geschäftiges Treiben

fourmillement [fuʀmijmɑ̃] *m* ❶ (*agitation*) Gewimmel *nt* ❷ (*picotement*) Kribbeln *nt;* **j'ai des ~s dans les bras** es kribbelt mir in den Armen

fourmiller [fuʀmije] <1> *vi* **les moustiques/fautes fourmillent** es wimmelt von Stechmücken/Fehlern

fournaise [fuʀnɛz] *f* Brutkasten *m* (*fam*)

fourneau [fuʀno] <x> *m* ❶ (*cuisinière*) [Küchen]herd *m* ❷ (*chaufferie*) Schmelzofen *m*

fournée [fuʀne] *f* **~ de pains** Schub *m* Brote

fourni, e [fuʀni] *adj* (*barbe*) dicht; (*sourcils*) buschig

fournil [fuʀni] *m* Backstube *f*

fournir [fuʀniʀ] <8> **I.** *vt* ❶ (*approvisionner*) **~ qn en qc** jdn mit etw beliefern ❷ (*prétexte*) liefern; (*renseignement*) erteilen; **~ qc à des réfugiés** Flüchtlinge mit etw versorgen ❸ (*alibi, preuve*) liefern; (*pièce d'identité*) vorzeigen ❹ (*produire*) hervorbringen; **~ un gros effort** sich sehr anstrengen **II.** *vpr* **se ~ en qc chez qn** bei jdm etw einkaufen

fournisseur, -euse [fuʀnisœʀ, -øz] *m, f* ❶ (*détaillant*) Händler(in) *m(f)* ❷ (*producteur*) Anbieter(in) *m(f)* ❸ (*livreur*) Lieferant(in) *m(f)*

fourniture [fuʀnityʀ] *f* ❶ (*livraison*) Lieferung *f* ❷ *pl* (*accessoires*) Ausstattung *f;* COUT Utensilien *Pl;* **~s scolaires** Schulbedarf *m;* **~ de bureau** Büromaterial *nt*

fourrage [fuʀaʒ] *m* [Vieh]futter *nt*

fourrager, -ère [fuʀaʒe, -ɛʀ] *adj* Futter-

fourre [fuʀ] *f* CH ❶ (*taie d'oreiller*) Kopfkissenbezug *m* ❷ (*housse d'édredon*) Bettbezug *m*

fourré [fuʀe] *m* Gestrüpp *nt*

fourré, e [fuʀe] *adj* ❶ COUT gefüttert ❷ GASTR gefüllt

fourreau [fuʀo] <x> *m* (*d'une épée*) Scheide *f;* (*d'un parapluie*) Hülle *f*

fourrer [fuʀe] <1> **I.** *vt* ❶ *fam* (*mettre*) **~ qc dans qc** etw in etw (*akk*) hineinstecken ❷ GASTR **~ qc au chocolat** etw mit Schokolade füllen **II.** *vpr fam* **être tout le temps fourré au café** wieder mal im Café rumhängen ▶**s'en ~ jusque-là** sich (*dat*) den Bauch vollschlagen (*fam*)

fourre-tout [fuʀtu] *m inv* (*sac*) Reisetasche *f*

fourreur, -euse [fuʀœʀ, -øz] *m, f* Kürschner(in) *m(f)*

fourrière [fuʀjɛʀ] *f* ❶ (*pour voitures*) Abstellplatz *m* für amtlich abgeschleppte Fahrzeuge ❷ (*pour animaux*) Tierheim *nt*

fourrure [fuʀyʀ] *f* Pelz *m*

fourvoyer [fuʀvwaje] <6> *vpr* **se ~ dans qc** sich in etw (*dat*) verirren

foutaise [futɛz] *f fam* Mist *m;* **quelle ~!** was für 'n Quatsch!

foutoir [futwaʀ] *m péj vulg* Saustall *m*

foutre [futʀ] <14> **I.** *vt fam* ❶ (*faire*) **ne rien ~** stinkfaul sein; **qu'est-ce que tu fous?** was treibst du [bloß]? ❷ (*donner*) ~

F

une baffe à qn jdm eine runterhauen; **fous-moi la paix!** lass mich in Ruhe! ❸ (*mettre*) stecken; **tout ~ par terre** alles auf den Boden schmeißen; *fig* alles vermasseln ▸**je n'en ai rien à ~!** das ist mir piepegal!; **qu'est-ce que ça peut me/te ~?** was geht mich/dich das an?; **je t'en fous!** von wegen! **II.** *vpr fam* ❶ **se ~ un coup de marteau sur les doigts** sich (*dat*) mit dem Hammer auf die Finger hauen ❷ (*se moquer*) **se ~ de qn** jdn auf die Schippe nehmen ❸ (*se désintéresser*) **se ~ de qn/qc** auf jdn/etw pfeifen; **qn se fout que** + *subj* es ist jdm völlig schnuppe, ob ▸ **va te faire ~!** mach dass du wegkommst!; **se ~ dedans** sich total verhauen

foutrement [futʀəmɑ̃] *adv fam* verdammt

foutu, e [futy] **I.** *part passé de* **foutre II.** *adj fam* ❶ (*chose*) kaputt; **être ~** (*chose*) im Eimer sein; (*personne*) erledigt sein; (*malade*) es nicht mehr lange machen ❷ *antéposé* (*maudit*) mies ❸ (*capable*) **ne pas être ~ de faire qc** es nicht hinkriegen, etw zu tun ▸**être mal ~** nicht auf dem Damm sein

foyer [fwaje] *m* ❶ (*famille*) [häusliches] Heim *nt;* **fonder un ~** eine Familie gründen ❷ (*résidence*) Heim *nt* ❸ (*salle de réunion*) Aufenthaltsraum *m;* THEAT Foyer *nt* ❹ (*cheminée*) Kamin *m;* (*d'un four, fourneau*) Feuerstelle *f* ❺ (*incendie*) Brand *m* ❻ MATH, PHYS, OPT Brennpunkt *m*

frac [fʀak] *m* Frack *m*

fracas [fʀaka] *m* Krach *m*

fracassant, e [fʀakasɑ̃, ɑ̃t] *adj* ohrenbetäubend

fracasser [fʀakase] <1> **I.** *vt* **~ qc à qn** jdm etw zertrümmern **II.** *vpr* **se ~** zerspringen

fraction [fʀaksjɔ̃] *f* ❶ MATH Bruch *m* ❷ (*d'un groupe, d'une somme*) Teil *m;* **une ~ de seconde** der Bruchteil einer Sekunde

fractionnel, le [fʀaksjɔnɛl] *adj* Spaltungs-

fractionnement [fʀaksjɔnmɑ̃] *m* Zersplitterung *f*

fractionner [fʀaksjɔne] <1> **I.** *vt* zerlegen **II.** *vpr* **se ~ en plusieurs groupes** sich in mehrere Gruppen aufspalten

fracture [fʀaktyʀ] *f* ❶ MED [Knochen]bruch *m;* **se faire une ~ du poignet** sich das Handgelenk brechen ❷ GEO Bruch *m* ❸ *fig* **~ sociale** das Auseinanderbrechen der Gesellschaft, die soziale Kluft

fracturer [fʀaktyʀe] <1> **I.** *vt* ❶ (*porte, voiture*) aufbrechen ❷ MED brechen **II.** *vpr* MED **se ~ le bras** sich (*dat*) den Arm brechen

fragile [fʀaʒil] *adj* ❶ (*cassant*) zerbrechlich ❷ (*personne, santé*) zart; (*organisme*) anfällig; (*estomac*) empfindlich; (*cœur*) schwach ❸ (*gloire, bonheur*) vergänglich; (*argument, preuve*) nicht stichhaltig; (*équilibre*) labil; (*hypothèse*) auf schwachen Füßen stehend; (*paix*) unsicher; (*économie*) instabil ❹ (*bâtiment*) baufällig

fragilisé, e [fʀaʒilize] *adj* (*santé*) angegriffen

fragiliser [fʀaʒilize] <1> *vt* schwächen

fragilité [fʀaʒilite] *f* ❶ (*facilité à se casser*) Zerbrechlichkeit *f* ❷ (*faiblesse*) Anfälligkeit *f;* (*d'un corps*) Schwäche *f;* (*d'une personne*) Zartheit *f*

fragment [fʀagmɑ̃] *m* (*débris*) Teil *nt;* (*d'os*) Splitter *m*

fragmentaire [fʀagmɑ̃tɛʀ] *adj* (*connaissance, exposé*) lückenhaft

fragmentation [fʀagmɑ̃tasjɔ̃] *f a.* BIO Teilung *f;* (*d'un problème*) Gliederung *f*

fragmenter [fʀagmɑ̃te] <1> *vt* **~ qc en qc** etw in etw (*akk*) aufteilen

fraîche [fʀɛʃ] **I.** *adj v.* **frais II.** *f* **à la ~** (*le matin*) in der Morgenfrische; (*le soir*) in der Abendkühle

fraîchement [fʀɛʃmɑ̃] *adv* frisch

fraîcheur [fʀɛʃœʀ] *f* ❶ Kühle *f;* **chercher la ~** Kühlung suchen ❷ (*d'un accueil*) Kühle *f* ❸ (*d'une fleur, d'un teint*) Frische *f;* (*d'une couleur*) Leuchtkraft *f* ❹ (*d'un produit alimentaire*) Frische *f*

fraîchir [fʀeʃiʀ] <8> *vi* (*air, temps*) sich abkühlen; (*vent*) auffrischen

frais [fʀɛ] **I.** *mpl* ❶ Kosten *Pl;* **~ de scolarité** Schulgeld *nt;* **faux ~** Nebenkosten; **tous ~ compris** einschließlich aller Unkosten ❷ COM, ECON **~ généraux** allgemeine Unkosten *Pl;* **~ de gestion** Verwaltungskosten **II.** *m* frische Luft; **mettre qc au ~** etw kalt stellen; **à conserver au ~** kühl lagern; **être au ~** (*personne*) im Kühlen sitzen; (*chose*) gut gekühlt sein

frais, fraîche [fʀɛ, fʀɛʃ] *adj* ❶ (*légèremen[t] froid*) kühl; **servir qc très ~** etw gut gekühlt servieren ❷ (*opp: avarié, sec, en conserve*) frisch ❸ (*peu cordial*) kühl ❹ (*teint, parfum*) frisch ❺ (*personne*) fi[t] ❻ (*récent*) frisch; **des nouvelles fraîches** neueste Nachrichten

fraise [fʀɛz] *f* ❶ Erdbeere *f;* **confiture de**

~[s] Erdbeermarmelade *f;* **glace à la ~** Erdbeereis *nt* ② *fam* (*figure*) Fresse *f*

fraiser [fʀeze] <1> *vt* TECH [aus]fräsen

fraiseuse [fʀɛzøz] *f* TECH Fräsmaschine *f*

fraisier [fʀezje] *m* Erdbeerpflanze *f*

framboise [fʀɑ̃bwaz] *f* ① (*fruit*) Himbeere *f* ② (*eau-de-vie*) Himbeergeist *m*

framboisier [fʀɑ̃bwazje] *m* Himbeerstrauch *m*

franc [fʀɑ̃] *m* **~ français** französischer Franc; **~ suisse/belge** Schweizer/belgischer Franken

franc, franche [fʀɑ̃, fʀɑ̃ʃ] *adj* ① (*personne, regard*) aufrichtig; (*rire, gaieté*) ungezwungen; **pour être ~** ehrlich gesagt; **être ~ avec qn** [ganz] offen mit jdm reden ② (*couleur*) rein; (*hostilité*) offen ③ *antéposé* (*véritable*) rein; (*succès*) klar ④ (*libre*) frei; **port ~** Freihafen *m*

franc, franque [fʀɑ̃, fʀɑ̃k] *adj* fränkisch; **la langue franque** das Fränkische

Franc, Franque [fʀɑ̃, fʀɑ̃k] *m, f* Franke/Fränkin *m/f*

français [fʀɑ̃sɛ] *m* ① Französisch *nt;* **le ~ familier** das umgangssprachliche Französisch; **le ~ standard** das Standardfranzösisch; *v.a.* **allemand** ② THEAT **le Français** *verkürzter Name für das Théâtre Français* (*Comédie Française*) *in Paris*

français, e [fʀɑ̃sɛ, ɛz] *adj* französisch; *v.a.* **allemand**

Français, e [fʀɑ̃sɛ, ɛz] *m, f* Franzose/Französin *m/f*

française [fʀɑ̃sɛz] *f* **à la ~** auf französische Art und Weise

France [fʀɑ̃s] *f* **la ~** Frankreich *nt*

Francfort [fʀɑ̃kfɔʀ] *m* Frankfurt *nt*

franche [fʀɑ̃ʃ] *adj v.* **franc**

franchement [fʀɑ̃ʃmɑ̃] *adv* ① (*sincèrement*) offen ② (*sans hésiter*) **entrer ~ dans le sujet** gleich zur Sache kommen ③ (*clairement*) klar ④ (*vraiment*) wirklich ►**~!** mal [ganz] ehrlich!; (*refus indigné*) also wirklich!

franchir [fʀɑ̃ʃiʀ] <8> *vt* ① **~ un obstacle** über ein Hindernis springen ② (*aller au-delà*) passieren; (*barrage*) durchbrechen; (*seuil*) überschreiten; **~ la ligne d'arrivée** durchs Ziel laufen ③ (*col*) überqueren

franchise [fʀɑ̃ʃiz] *f* ① (*sincérité*) Offenheit *f* ② (*des assurances*) Selbstbeteiligung *f* ③ (*exonération*) [Gebühren]freiheit *f*

franchissable [fʀɑ̃ʃisabl] *adj* (*obstacle*) überwindbar; **la limite est ~** die Grenze kann überschritten werden; **la rivière est ~** der Fluss kann überquert werden

franchissement [fʀɑ̃ʃismɑ̃] *m* (*de la barre*) Überspringen *nt;* (*d'une frontière*) Überschreiten *nt;* (*d'une rivière*) Überqueren *nt*

francilien, ne [fʀɑ̃siljɛ̃, jɛn] *adj* [aus] der Ile-de-France

franciscain, e [fʀɑ̃siskɛ̃, ɛn] **I.** *adj* franziskanisch **II.** *m, f* Franziskaner(in) *m(f)*

franciser [fʀɑ̃size] <1> *vt* franzö[si]sieren

franc-maçon, ne [fʀɑ̃masɔ̃, ɔn] <francs-maçons> *m, f* Freimaurer(in) *m(f)* **franc-maçonnerie** [fʀɑ̃masɔnʀi] <franc-maçonneries> *f* Freimaurerei *f*

franco [fʀɑ̃ko] *adv* ① COM [fracht]frei ② *fam* (*carrément*) ohne Umschweife

franco-allemand, e [fʀɑ̃koalmɑ̃, ɑ̃d] <franco-allemands> *adj* deutsch-französisch

francophile [fʀɑ̃kɔfil] **I.** *adj* frankophil **II.** *mf* Frankophile(r) *f(m)*

francophobe [fʀɑ̃kɔfɔb] **I.** *adj* frankreichfeindlich **II.** *mf* Franzosenhasser(in) *m(f)*

francophone [fʀɑ̃kɔfɔn] **I.** *adj* französischsprachig **II.** *mf* Frankophone(r) *f(m)*

francophonie [fʀɑ̃kɔfɔni] *f* Frankophonie *f,* Französisch sprechende Welt

> Als **francophonie** bezeichnet man die Gesamtheit aller französischsprachigen Länder. Diese Staaten befinden sich in Afrika, Amerika, Asien und Europa. Sie veranstalten regelmäßig Gipfeltreffen, um Fragen zu erörtern, die mit der Pflege und der Verbreitung der französischen Sprache zu tun haben.

franc-parler [fʀɑ̃paʀle] <francs-parlers> *m* **avoir son ~** kein Blatt vor den Mund nehmen **franc-tireur** [fʀɑ̃tiʀœʀ] <francs-tireurs> *m* MIL Freischärler(in) *m(f)*

frange [fʀɑ̃ʒ] *f* ① (*bordure*) Rand *m* ② (*mèche*) Pony *m*

frangin, e [fʀɑ̃ʒɛ̃, ʒin] *m, f fam* Bruderherz *nt,* Schwesterherz *nt*

frangipane [fʀɑ̃ʒipan] *f* GASTR Mandelcreme *f*

franglais [fʀɑ̃glɛ] *m* Franglais *nt mit Anglizismen durchsetztes Französisch*

franque [fʀɑ̃k] *adj v.* **franc**

Franque [fʀɑ̃k] *adj v.* **Franc**

franquette [fʀɑ̃kɛt] ►**à la** <u>**bonne**</u> ~ *fam* ganz einfach

franquisme [fʀɑ̃kism] *m* Franco-Regime *nt*

franquiste [fʀɑ̃kist] **I.** *adj* francofreundlich; **l'Espagne** ~ Spanien unter Franco **II.** *mf* Anhänger(in) *m(f)* Francos

frappant, e [fʀapɑ̃, ɑ̃t] *adj* (*contraste*) auffallend; (*ressemblance*) verblüffend

frappe [fʀap] *f* (*d'une monnaie*) Prägung *f*

frappé, e [fʀape] *adj* ❶ ~ **de stupeur** wie vor den Kopf geschlagen ❷ (*refroidi*) [eis]gekühlt; **café** ~ Kaffee Frappee *m*

frapper [fʀape] <1> **I.** *vt* ❶ ~ **qn au visage** jdn ins Gesicht schlagen; ~ **qn à la tête** (*pierre*) jdn am Kopf treffen; **la pluie frappe les vitres** der Regen klopft gegen die Scheiben ❷ (*saisir*) ~ **qn d'horreur** jdn in Schrecken (*akk*) versetzen; ~ **qn de stupeur** jdn bestürzen ❸ (*affliger*) ~ **qn** (*maladie*) jdn befallen; (*mesure, impôt*) jdn betreffen; (*sanction, malheur*) jdn treffen ❹ (*étonner*) **être frappé de qc** über etw verblüfft sein ❺ TECH (*médaille, monnaie*) prägen ❻ (*champagne, café*) kühlen **II.** *vi* ❶ (*donner des coups*) zuschlagen; ~ **à la porte** an die Tür klopfen ❷ (*taper*) ~ **dans ses mains** in die Hände klatschen

fraternel, le [fʀatɛʀnɛl] *adj* ❶ (*amour*) (*de frère*) brüderlich; (*de sœur*) Schwester- ❷ (*affectueux*) freundschaftlich; (*amitié*) innig

fraternellement [fʀatɛʀnɛlmɑ̃] *adv iron* brüderlich

fraternisation [fʀatɛʀnizasjɔ̃] *f* Verbrüderung *f*

fraterniser [fʀatɛʀnize] <1> *vi* Freundschaft schließen

fraternité [fʀatɛʀnite] *f* Brüderlichkeit *f*

fratricide [fʀatʀisid] **I.** *adj* brudermörderisch/schwestermörderisch *m;* **guerre** ~ Bruderkrieg *m* **II.** *m* (*meurtre d'un frère*) Brudermord *m;* (*meurtre d'une sœur*) Schwestermord *m*

fraude [fʀod] *f* Betrug *m;* ~ **fiscale** Steuerhinterziehung *f* ►<u>**en**</u> ~ auf betrügerische Weise; **passer qc en** ~ etw schmuggeln

frauder [fʀode] <1> *vt* betrügen; ~ **le fisc** Steuern hinterziehen

fraudeur, -euse [fʀodœʀ, -øz] *m, f* Betrüger(in) *m(f);* (*à la frontière*) Schmuggler(in) *m(f)*

frauduleusement [fʀodyløzmɑ̃] *adv* auf betrügerische Weise

frauduleux, -euse [fʀodylø, -øz] *adj* betrügerisch; (*concurrence, moyen*) unlauter; (*banquier*) unredlich; **trafic** ~ Schmuggel *m*

frayer [fʀeje] <7> **I.** *vt* ~ **à qn un passage dans la foule** jdm einen Weg durch die Menge bahnen **II.** *vpr* **se** ~ **un chemin** sich (*dat*) einen Weg bahnen

frayeur [fʀɛjœʀ] *f* Schreck[en] *m*

freak [fʀik] *m* Freak *m*

fredonner [fʀədɔne] <1> *vt* summen

free-lance [fʀilɑ̃s] <free-lances> **I.** *mf* Freiberufler(in) *m(f)* **II.** *adj inv* (*journaliste, styliste*) freiberuflich **free-party** [fʀipaʀti] <free-parties> *f* Open-Air-Rave *m*

freezer [fʀizœʀ] *m* Gefrierfach *nt*

frégate [fʀegat] *f* Fregatte *f*

frein [fʀɛ̃] *m* ❶ (*dispositif*) Bremse *f* ❷ (*limite*) **être/mettre un** ~ **à qc** etw bremsen

freinage [fʀɛnaʒ] *m* Bremsen *nt*

freiner [fʀene] <1> **I.** *vi* bremsen **II.** *vt* ❶ (*ralentir, entraver*) behindern ❷ (*personne, ambitions*) bremsen; (*hausse des prix, production*) drosseln

frelater [fʀəlate] <1> *vt* (*vin*) panschen

frêle [fʀɛl] *adj* schwach; **silhouette** ~ zierliche Gestalt

frelon [fʀəlɔ̃] *m* ZOOL Hornisse *f*

frémir [fʀemiʀ] <8> *vi* ❶ *soutenu* ~ **d'horreur** [vor Entsetzen (*dat*)] erschauern (*geh*); **faire** ~ **qn** (*récit*) jdn schaudern lassen (*geh*) (*criminel*) jdn in Angst und Schrecken versetzen (*geh*) ❷ (*eau*) sieden

frémissant, e [fʀemisɑ̃, ɑ̃t] *adj* (*voix*) zitternd; (*eau*) siedend

frémissement [fʀemismɑ̃] *m* ❶ *soutenu* Zittern *nt* ❷ (*de l'eau*) leichte Bewegung

french cancan [fʀɛnʃkɑ̃kɑ̃] <french cancans> *m* Cancan *m*

frêne [fʀɛn] *m* BOT Esche *f*

frénésie [fʀenezi] *f* Leidenschaft *f*

frénétique [fʀenetik] *adj* (*passion, agitation*) wild; (*applaudissements*) stürmisch; **enthousiasme** ~ wahrer Begeisterungssturm

frénétiquement [fʀenetikmɑ̃] *adv* stürmisch

fréquemment [fʀekamɑ̃] *adv* oft

fréquence [fʀekɑ̃s] *f* ❶ (*nombre*) Häufigkeit *f* ❷ PHYS Frequenz *f*

fréquent, e [fʀekɑ̃, ɑ̃t] *adj* häufig

fréquentable [fʀekɑ̃tabl] *adj* (*lieu, personne*) akzeptabel; **un type peu** ~ ein Typ dem man [lieber] aus dem Wege gehen sollte

fréquentation [fʀekɑ̃tasjɔ̃] *f* ❶ (*action*) häufiger Besuch ❷ *gén pl* (*relation*) Umgang *m*

fréquenté, e [fʀekɑ̃te] *adj* (*établissement, lieu*) viel besucht; (*promenade, rue*) belebt; **ce lieu est bien ~** (*qualitatif*) an diesem Ort verkehren anständige Leute; (*quantitatif*) dieser Ort ist gut besucht

fréquenter [fʀekɑ̃te] <1> **I.** *vt* ❶ (*bars, théâtres*) häufig besuchen ❷ (*avoir des relations avec*) **~ qn** mit jdm verkehren **II.** *vpr* **se ~** (*par amitié*) sich häufig sehen; (*par amour*) miteinander gehen (*fam*)

frère [fʀɛʀ] *m a.* REL Bruder *m*

frérot [fʀeʀo] *m fam* Brüderchen *nt*

fresque [fʀɛsk] *f* Fresko *nt*

fret [fʀɛ(t)] *m* NAUT, AVIAT ❶ (*prix*) Frachtkosten *Pl* ❷ (*chargement*) Ladung *f*

frétillant, e [fʀetijɑ̃, jɑ̃t] *adj* ❶ (*poisson*) zappelnd; (*queue*) wedelnd ❷ *fig* **être ~ d'impatience** vor Ungeduld (*dat*) ganz zappelig sein (*fam*); **être ~ de joie** vor Freude in die Luft springen

frétiller [fʀetije] <1> *vi* (*poisson*) zappeln; **~ de la queue** (*chien*) mit dem Schwanz wedeln

fretin [fʀətɛ̃] *m* junge Fische ▸**menu ~** *péj* kleine Fische (*fam*)

freudien, ne [fʀødjɛ̃, jɛn] *adj* freudianisch; **la doctrine ~ne** die Lehre Freuds

friable [fʀijabl] *adj* (*pâte*) mürbe; (*roche, sol*) bröckelig

friand [fʀijɑ̃] *m* ❶ (*pâté*) *kleine Blätterteigpastete* ❷ (*dessert*) *kleiner Kuchen mit Mandelpaste*

friand, e [fʀijɑ̃, jɑ̃d] *adj* **~ de chocolat** versessen auf Schokolade

friandise [fʀijɑ̃diz] *f* Süßigkeit *f*

Fribourg [fʀibuʀ] Freiburg *nt*

fric [fʀik] *m fam* Knete *f*

fricassée [fʀikase] *f* Frikassee *nt*

fric-frac [fʀikfʀak] *m inv, fam* Einbruch *m*

friche [fʀiʃ] *f* AGR Brachland *nt;* **être en ~** brachliegen

fricoter [fʀikɔte] <1> *vi iron fam* **~ avec qn** etwas mit jdm haben

friction [fʀiksjɔ̃] *f* ❶ Abreiben *nt;* **~ de cheveux** Kopfhautmassage *f* ❷ *gén pl* (*désaccord*) Reibereien *Pl* (*fam*)

frictionner [fʀiksjɔne] <1> *vt, vpr* [**se**] **~** [sich] abreiben

Fridolin [fʀidɔlɛ̃] *mf péj fam* Boche *mf* (*abwertende Bezeichnung für Deutsche aus dem 2. Weltkrieg*)

frigidaire® [fʀiʒidɛʀ] *m* Kühlschrank *m*

frigide [fʀiʒid] *adj* frigid[e]

frigidité [fʀiʒidite] *f* Frigidität *f*

frigo [fʀigo] *m fam abr de* **frigidaire**

frigorifier [fʀigɔʀifje] <1> *vt fam* **être frigorifié** völlig durchgefroren sein

frigorifique [fʀigɔʀifik] *adj* Kühl-

frileusement [fʀiløzmɑ̃] *adv* ❶ (*en raison du froid*) fröstelnd ❷ (*craintivement*) ängstlich

frileux, -euse [fʀilø, -øz] *adj* kälteempfindlich; (*personne*) verfroren

frilosité [fʀilozite] *f* ❶ (*sensibilité au froid*) Kälteempfindlichkeit *f* ❷ (*manque d'audace*) Zurückhaltung *f*

frime [fʀim] *f fam* ❶ (*bluff*) Theater *nt* ❷ (*vantardise*) Angeberei *f;* **pour la ~** zum Schein

frimer [fʀime] <1> *vi fam* ❶ (*fanfaronner*) eine Show abziehen ❷ (*se vanter*) angeben

frimeur, -euse [fʀimœʀ, -øz] *m, f fam* Angeber(in) *m(f)*

frimousse [fʀimus] *f fam* [Puppen]gesicht *nt*

fringale [fʀɛ̃gal] *f fam* Heißhunger *m*

fringant, e [fʀɛ̃gɑ̃, ɑ̃t] *adj* (*personne*) munter; (*personne âgée*) rüstig; (*cheval*) feurig

fringué, e [fʀɛ̃ge] *adj fam* ausstaffiert; **être bien ~** sich in Schale geworfen haben

fringuer [fʀɛ̃ge] <1> **I.** *vt fam* **être bien fringué** sich in Schale geworfen haben **II.** *vpr fam* **se ~** sich anziehen

fringues [fʀɛ̃g] *fpl fam* Klamotten *Pl*

fripe [fʀip] *f gén pl* Kleider *Pl* aus zweiter Hand

fripé, e [fʀipe] *adj* zerknittert

friper [fʀipe] <1> *vt* zerknittern

friperie [fʀipʀi] *f* Secondhandshop *m*

fripier, -ière [fʀipje, -jɛʀ] *m, f* Inhaber(in) *m(f)* eines Secondhandshops

fripon, ne [fʀipɔ̃, ɔn] **I.** *adj fam* (*air, visage*) spitzbübisch **II.** *m, f fam* (*malin*) Schelm(in) *m(f)*

fripouille [fʀipuj] *f fam* Spitzbube *m*

frire [fʀiʀ] <irr> **I.** *vt* [**faire**] **~ qc** (*dans une poêle*) etw braten; (*dans une friteuse*) etw frittieren **II.** *vi* [in schwimmendem Fett] braten

frisbee® [fʀizbi] *m* Frisbee® *nt*

frise [fʀiz] *f* ARCHIT Fries *m*

frisé, e [fʀize] *adj* (*cheveux*) kraus; **per-**

F

sonne ~e Mensch *m* mit lockigem Haar

Frisé [fʀize] *mf péj fam* Boche *mf* (*abwertende Bezeichnung für Deutsche aus dem 2. Weltkrieg*)

frisée [fʀize] *f* Friseesalat *m*

friser [fʀize] <1> **I.** *vt* ❶ (*cheveux*) in Locken legen ❷ (*frôler*) **~ le ridicule** (*situation, remarque*) ans Lächerliche grenzen; **~ la soixantaine** knapp sechzig sein **II.** *vi* (*cheveux*) sich kräuseln; **qn frise** (*naturellement*) jd hat Naturlocken **III.** *vpr* **se faire ~** sich (*dat*) Locken machen lassen

frisette [fʀizɛt] *f* Löckchen *nt*

frisotter [fʀizɔte] <1> *vi* (*cheveux*) kraus werden

frisquet, te [fʀiskɛ, ɛt] *adj fam* frisch

frisson [fʀisɔ̃] *m* Beben *nt;* **avoir des ~s** Schüttelfrost *m* haben ▶**le grand ~** [Nerven]kitzel *m*

frissonner [fʀisɔne] <1> *vi* **~ de désir/plaisir** vor Verlangen/Lust (*dat*) beben (*geh*); **~ de froid/peur** vor Kälte/Angst (*dat*) zittern

frit, e [fʀi, fʀit] *part passé de* **frire**

frite [fʀit] *f* **des ~s** Pommes frites *Pl*

friterie [fʀitʀi] *f* Pommesbude (*fam*)

friteuse [fʀitøz] *f* Fritteuse *f*

friture [fʀityʀ] *f* ❶ (*aliments*) frittierte Speise ❷ (*graisse*) Frittüre *f* (*heißes Fett zum Frittieren*) ❸ RADIO, TELEC **il y a de la ~ sur la ligne** es rauscht in der Leitung

Fritz [fʀits] *mf inv péj fam* Boche *mf* (*abwertende Bezeichnung für Deutsche aus dem 2. Weltkrieg*)

frivole [fʀivɔl] *adj* (*personne*) leichtfertig; (*occupation*) nutzlos; (*lecture*) seicht

frivolité [fʀivɔlite] *f* (*d'une personne*) Leichtfertigkeit *f;* (*d'une occupation*) Nutzlosigkeit *f*

froc [fʀɔk] *m fam* Hose *f* ▶**faire dans son ~** *fam* sich (*dat*) ins Hemd machen

froid [fʀwa] **I.** *m* ❶ Kälte *f;* **qn a ~** jdm ist kalt; **il fait ~** es ist kalt; **attraper ~** sich erkälten ❷ (*brouille*) Verstimmung *f;* **être en ~ avec qn** ein unterkühltes Verhältnis zu jdm haben ▶**~ de canard** *fam* Saukälte *f* **qn en a ~ dans le dos** jdm läuft es kalt den Rücken herunter **II.** *adv* **à ~** TECH kalt; (*sans préparation*) unvorbereitet

froid, e [fʀwa, fʀwad] *adj* ❶ (*opp: chaud*) kalt ❷ (*accueil, personne*) kühl

froidement [fʀwadmɑ̃] *adv* ❶ (*sans chaleur*) kühl; (*accueillir, recevoir*) frostig ❷ (*raisonner*) nüchtern; (*réagir*) gelassen ❸ (*avec insensibilité*) kaltblütig

froideur [fʀwadœʀ] *f* (*d'un comportement*) Kälte *f;* (*d'un accueil*) Frostigkeit *f*

froissable [fʀwasabl] *adj* **être ~** leicht knittern

froissement [fʀwasmɑ̃] *m* Rascheln *nt*

froisser [fʀwase] <1> **I.** *vt* ❶ (*tissu, papier*) zerknittern; (*tôles*) verbiegen ❷ (*personne*) kränken **II.** *vpr* ❶ (*se chiffonner*) **se ~** knittern ❷ (*se claquer*) **se ~ un muscle** sich (*dat*) eine Muskelzerrung zuziehen

frôlement [fʀolmɑ̃] *m* leichte Berührung

frôler [fʀole] <1> **I.** *vt* ❶ (*effleurer*) streifen; (*passer très près*) fast berühren ❷ (*passer très près*) **~ le ridicule** (*personne*) sich lächerlich machen; (*remarque, situation*) ans Lächerliche grenzen ❸ (*éviter de justesse*) **~ la mort** dem Tod mit knapper Not entgehen **II.** *vpr* **se ~** (*avec contact*) sich leicht berühren; (*sans contact*) haarscharf aneinander vorbeigehen

fromage [fʀɔmaʒ] *m* Käse *m;* **~ blanc** Quark *m*

fromager, -ère [fʀɔmaʒe, -ɛʀ] **I.** *adj* (*industrie, production*) Käse- **II.** *m, f* Käsehersteller(in) *m(f)*

fromagerie [fʀɔmaʒʀi] *f* ❶ (*industrie*) Käseindustrie *f* ❷ (*lieu de fabrication*) Käserei *f*

froment [fʀɔmɑ̃] *m* Weizen *m*

froncement [fʀɔ̃smɑ̃] *m* Hochziehen *nt*

froncer [fʀɔ̃se] <2> *vt* ❶ COUT raffen ❷ (*sourcils*) hochziehen; (*nez*) rümpfen

fronces [fʀɔ̃s] *fpl* Falte *f*

fronde [fʀɔ̃d] *f* Schleuder *f*

frondeur, -euse [fʀɔ̃dœʀ, -øz] *adj* widerspenstig; **avoir une mentalité frondeuse** oft und gerne widersprechen

front [fʀɔ̃] *m* ❶ ANAT Stirn *f* ❷ (*façade*) Front *f;* (*d'une montagne*) Vorderseite *f;* **~ de mer** Strandpromenade *f* ❸ POL, MIL, METEO Front *f;* **Front populaire** Volksfront *f*

frontal, e [fʀɔ̃tal, o] <-aux> *adj* Frontal-

frontalier, -ière [fʀɔ̃talje, -jɛʀ] **I.** *adj* Grenz- **II.** *m, f* Grenzbewohner(in) *m(f)*

frontière [fʀɔ̃tjɛʀ] *f* Grenze *f*

fronton [fʀɔ̃tɔ̃] *m* [Front]giebel *m*

frottement [fʀɔtmɑ̃] *m* ❶ (*contact*) Reiben *nt* ❷ *pl* (*frictions*) Reibereien *Pl*

frotter [fʀɔte] <1> **I.** *vi* **~ contre qc** an etw reiben (*dat*); (*porte*) über etw (*akk*) scheuern **II.** *vt* ❶ (*nettoyer*) sauber reiben; (*avec une brosse*) [aus]bürsten; (*partie du corps, plancher*) schrubben (*fam*); (*carreaux*) blank reiben; (*linge*) rubbeln ❷ (*frictionner: pour laver*) gründlich säubern; (*pour sécher*) trocken reiben; (*pour réchauffer*) warm reiben ❸ (*allumette*) anzünden; **~ qc contre/sur qc** etw an etw (*dat*) reiben **III.** *vpr* ❶ **se ~** (*se laver*) sich gründlich waschen; (*se sécher*) sich abfrottieren ❷ (*se gratter*) **se ~ les yeux** sich (*dat*) die Augen reiben ❸ (*entrer en conflit*) **se ~ à qn** sich mit jdm anlegen

frottis [fʀɔti] *m* Abstrich *m*

froufrou [fʀufʀu] *m pl* Rüschen *Pl*

froussard, **e** [fʀusaʀ, aʀd] **I.** *adj fam* ängstlich **II.** *m, f fam* Angsthase *m*

frousse [fʀus] *f fam* Schiss *m*

fructifier [fʀyktifje] <1> *vi* (*capital*) Gewinn bringen; **faire ~ qc** etw gewinnbringend anlegen

fructueux, **-euse** [fʀyktɥø, -øz] *adj* (*collaboration*) fruchtbar; (*lecture*) lohnend; (*recherches, travaux*) erfolgreich; (*commerce*) gewinnbringend

frugal, **e** [fʀygal, o] <-aux> *adj* karg

fruit [fʀɥi] *m* ❶ *pl* Obst *nt*, Obstsorte *f*; **jus de ~[s]** Fruchtsaft *m*; **~s rouges/confits** rote/kandierte Früchte ❷ BIO Frucht *f* ❸ (*crustacés*) **~s de mer** Meeresfrüchte *Pl* ❹ (*de l'expérience*) Ergebnis *nt*; (*d'un effort, du travail*) Früchte *Pl*; (*d'une union*) Frucht *f* ▶**~ défendu** verbotene Frucht

fruité, **e** [fʀɥite] *adj* fruchtig

fruitier, **-ière** [fʀɥitje, -jɛʀ] **I.** *adj* **arbre ~** Obstbaum *m* **II.** *m, f* Obst- und Gemüsehändler(in) *m(f)*

frusques [fʀysk] *fpl fam* Klamotten *Pl*

fruste [fʀyst] *adj* (*personne*) ungebildet; (*manières*) ungehobelt

frustrant, **e** [fʀystʀɑ̃, ɑ̃t] *adj* frustrierend

frustration [fʀystʀasjɔ̃] *f* Frustration *f*

frustré, **e** [fʀystʀe] *adj* frustriert

frustrer [fʀystʀe] <1> *vt a.* PSYCH frustrieren

FS [ɛfɛs] *m abr de* **franc suisse** sFr

fuchsia [fyʃja] **I.** *m* ❶ BOT Fuchsie *f* ❷ (*couleur*) Fuchsienrot *nt* **II.** *adj inv* pinkfarben

fuel [fjul] *m* Heizöl *nt*; **se chauffer au ~** mit Öl heizen

fugace [fygas] *adj* flüchtig

fugitif, **-ive** [fyʒitif, -iv] **I.** *adj* ❶ (*en fuite*) entflohen ❷ (*éphémère*) flüchtig **II.** *m, f* Flüchtige(r) *f(m)*

fugue [fyg] *f* ❶ (*d'un mineur*) Ausreißen *nt*; (*d'un adulte*) Verschwinden *nt*; **faire une ~** weglaufen; (*adulte*) eine Zeit lang verschwinden ❷ MUS Fuge *f*

fuguer [fyge] <1> *vi fam* ausreißen

fugueur, **-euse** [fygœʀ, -øz] **I.** *m, f* Ausreißer(in) *m(f)* **II.** *adj* **enfant ~** Ausreißer(in) *m(f)*

fuir [fɥiʀ] <irr> **I.** *vi* ❶ **~ d'un pays** aus einem Land fliehen ❷ (*détaler*) weglaufen; **~ devant qn/qc** vor jdm/etw fliehen; **faire ~ qn** jdn in die Flucht schlagen ❸ (*se dérober*) **~ devant qc** sich einer S. (*dat*) entziehen ❹ (*récipient*) undicht sein; (*robinet d'eau*) tropfen ❺ (*liquide*) auslaufen; (*gaz*) ausströmen **II.** *vt* (*danger*) flüchten vor (+ *dat*)

fuite [fɥit] *f* ❶ Flucht *f*; **prendre la ~** die Flucht ergreifen; (*chauffeur accidenté*) Fahrerflucht begehen; **être en ~** (*accusé*) flüchtig sein ❷ (*trou*) undichte Stelle; **avoir une ~** undicht sein ❸ (*perte*) **il y a une ~ d'eau** Wasser tritt aus; **il y a une ~ de gaz** Gas strömt aus; **il y a une ~** da läuft etwas aus ❹ (*d'une information*) Durchsickern *nt*

fulgurant, **e** [fylgyʀɑ̃, ɑ̃t] *adj* ❶ (*vitesse*) rasend; (*progrès*) rasend schnell ❷ (*douleur*) stechend

fulminer [fylmine] <1> *vi* fuchsteufelswild sein (*fam*)

fumant, **e** [fymɑ̃, ɑ̃t] *adj* ❶ (*qui dégage de la fumée*) qualmend ❷ (*qui dégage de la vapeur*) dampfend

fumé, **e** [fyme] *adj* ❶ GASTR geräuchert; (*saumon*) Räucher- ❷ (*verre, plastique*) rauchfarben; (*verres de lunettes*) getönt

fume-cigarette [fymsigaʀɛt] <fume-cigarettes> *m* Zigarettenspitze *f*

fumée [fyme] *f* ❶ Rauch *m*; (*nuage épais*) Qualm *m*; **~s industrielles** Industrieabgase *Pl*; **la ~ ne vous gêne pas?** stört es Sie, wenn ich rauche? ❷ (*vapeur: légère*) Dunst *m*; (*épaisse*) Dampf *m*

fumer [fyme] <1> **I.** *vi* ❶ rauchen ❷ (*dégager de la vapeur*) dampfen **II.** *vt* ❶ rauchen ❷ GASTR räuchern

fumet [fymɛ] *m* Duft *m*

fumeur, **-euse** [fymœʀ, -øz] **I.** *m, f* Raucher(in) *m(f)* **II.** *app* AUT **compartiment ~s** Raucherabteil *nt*; **zone ~/non-~** Raucherbereich *m*/Nichtraucherbereich

fumeux, **-euse** [fymø, -øz] *adj* (*théorie, explication, idées*) verworren
fumier [fymje] *m* ❶ [Stall]mist *m;* ~ **de cheval** Pferdemist ❷ *fam* (*salaud*) Mistkerl *m*
fumigation [fymigasjɔ̃] *f* MED Inhalation *f*
fumigène [fymiʒɛn] *adj* **appareil** ~ Raucherzeuger *m*
fumiste [fymist] *mf péj fam* (*plaisantin*) Nichtsnutz *m*
fumisterie [fymistəʀi] *f fam* (*farce*) Schau *f*
fumoir [fymwaʀ] *m* Rauchsalon *m*
funambule [fynɑ̃byl] *mf* Seiltänzer(in) *m(f)*
funboard [fœnbɔʀd] *m* ❶ (*planche à voile*) Funboard *nt* ❷ (*sport*) Funboard-Surfen *nt*
funèbre [fynɛbʀ] *adj* ❶ **marche** ~ Trauermarsch *m;* **oraison** ~ Grabrede *f* ❷ (*lugubre*) finster
funérailles [fyneʀaj] *fpl* Bestattung *f* (*geh*); ~**s nationales** Staatsbegräbnis *nt*
funéraire [fyneʀɛʀ] *adj* **monument** ~ Grabmal *nt*
funeste [fynɛst] *adj* (*jour*) unselig; (*suites, coup*) fatal; **être** ~ **à qn** jdm zum Verhängnis werden
funiculaire [fynikylɛʀ] *m* Seilbahn *f*
funk [fœnk] *adj inv* **musique** ~ Funk *m*
fur [fyʀ] ▸**au** ~ **et à mesure** nach und nach
furax [fyʀaks] *adj fam* wutschnaubend
furet [fyʀɛ] *m* Frettchen *nt*
fureter [fyʀ(ə)te] <4> *vi* [herum]schnüffeln (*fam*)
fureteur [fyʀ(ə)tœʀ] *m* CAN Browser *m*
fureur [fyʀœʀ] *f* Wut *f,* Zorn *m* ▸**faire** ~ (*chanson, mode*) Furore machen; (*danse, sport*) groß in Mode sein
furibond, **e** [fyʀibɔ̃, ɔ̃d] *adj* (*regard, ton*) wütend; (*personne*) wutentbrannt
furie [fyʀi] *f* ❶ (*violence*) Heftigkeit *f;* **en** ~ (*mer*) tosend ❷ *péj* (*femme déchaînée*) Furie *f*
furieusement [fyʀjøzmɑ̃] *adv* (*avec violence*) wütend
furieux, **-euse** [fyʀjø, -jøz] *adj* ❶ wütend ❷ *iron* (*envie*) unheimlich (*fam*)
furoncle [fyʀɔ̃kl] *m* Furunkel *m o nt*
furtif, **-ive** [fyʀtif, -iv] *adj* flüchtig; (*regard*) verstohlen
furtivement [fyʀtivmɑ̃] *adv* heimlich
fus [fy] *passé simple de* **être**
fusain [fyzɛ̃] *m* ❶ (*dessin*) Kohlezeichnung *f* ❷ (*crayon*) [Zeichen]kohle *f* ❸ BOT Pfaffenhütchen *nt*
fuseau [fyzo] <x> *m* ❶ (*instrument*) Spindel *f* ❷ (*pantalon*) Steghose *f* ❸ GEO ~ **horaire** Zeitzone *f*
fusée [fyze] *f* Rakete *f*
fuselage [fyz(ə)laʒ] *m* [Flugzeug]rumpf *m*
fuselé, **e** [fyz(ə)le] *adj* schlank
fuser [fyze] <1> *vi* (*étincelles*) sprühen; **des questions fusent** es hagelt Fragen
fusible [fyzibl] *m* Sicherung *f*
fusil [fyzi] *m* Gewehr *nt*
fusillade [fyzijad] *f* Schießerei *f*
fusiller [fyzije] <1> *vt* erschießen
fusil-mitrailleur [fyzimitʀajœʀ] <fusils-mitrailleurs> *m* Schnellfeuergewehr *nt*
fusion [fyzjɔ̃] *f* ❶ (*d'un métal*) Schmelzen *nt* ❷ ECON, POL (*de sociétés*) Fusion *f* ❸ INFORM (*de fichiers*) Vereinigen *nt*
fusionner [fyzjɔne] <1> **I.** *vi* (*sociétés*) fusionieren; (*partis, organisations*) sich vereinigen **II.** *vt* INFORM vereinigen
fût [fy] *m* Fass *nt*
futaie [fytɛ] *f* **haute** ~ [alter] Hochwald
futal [fytal] *m fam* Hose *f*
futé, **e** [fyte] **I.** *adj* clever **II.** *m, f* **petit** ~ Schlaumeier *m*
futile [fytil] *adj* ❶ (*choses*) belanglos; (*propos*) nichts sagend; (*conversation*) seicht; **pour une raison** ~ wegen einer Lappalie ❷ (*personne*) oberflächlich
futilité [fytilite] *f* ❶ *sans pl* (*d'une conversation*) Banalität *f* ❷ *pl* (*bagatelles*) Nichtigkeiten *Pl*
futur [fytyʀ] *m* Zukunft *f;* LING ~ **proche/simple** nahes/einfaches Futur
futur, **e** [fytyʀ] **I.** *adj* ❶ [zu]künftige(r, s) ❷ *antéposé* (*collaborateur, époux*) [zu]künftige(r, s); **une** ~**e maman** eine werdende Mutter **II.** *m, f fam* (*fiancé*) Zukünftige(r) *f(m)*
futuriste [fytyʀist] *adj* futuristisch
fuyais [fɥijɛ] *imparf de* **fuir**
fuyant [fɥijɑ̃] *part prés de* **fuir**
fuyant, **e** [fɥijɑ̃, ɑ̃t] *adj* (*regard*) unstet; (*front*) fliehend
fuyard, **e** [fɥijaʀ, aʀd] *m, f* Flüchtige(r) *f(m)*
fuyez [fɥije], **fuyons** [fɥijɔ̃] *indic prés et impératif de* **fuir**

Gg

G, g [ʒe] *m inv* G *nt*, g *nt*

gabardine [gabaʀdin] *f* Gabardine *m o f*

gabarit [gabaʀi] *m* Größe *f*; (*d'un véhicule*) Maße *Pl*; (*d'une personne*) *fam* Statur *f*

gabegie [gabʒi] *f* Misswirtschaft *f*

Gabon [gabɔ̃] *m* **le ~** Gabun *nt*

gabonais, e [gabɔnɛ, ɛz] *adj* gabunisch

Gabonais, e [gabɔnɛ, ɛz] *m, f* Gabuner(in) *m(f)*

gâcher [gɑʃe] <1> *vt* (*plaisir, vacances*) verderben; (*vie*) verpfuschen; (*temps, argent*) vergeuden

gâchette [gɑʃɛt] *f* Abzug *m*; **appuyer sur la ~** abdrücken

gâchis [gɑʃi] *m* (*gaspillage*) Vergeudung *f*

gadget [gadʒɛt] *m* ❶ (*bidule*) Spielerei *f* ❷ (*innovation*) neumodische Ideen *Pl*

gadoue [gadu] *f* Matsch *m*

gaffe[1] [gaf] *f fam* Schnitzer *m*; **faire une ~** einen Bock schießen

gaffe[2] [gaf] *f fam* ▸**faire ~** aufpassen

gaffer [gafe] <1> *vi fam* sich (*dat*) einen Schnitzer leisten; (*en parole*) ins Fettnäpfchen treten

gaffeur, -euse [gafœʀ, -øz] *fam* **I.** *adj* ungeschickt **II.** *m, f* Tollpatsch *m*

gag [gag] *m* Gag *m*

gaga [gaga] *adj fam* gaga

gage [gaʒ] *m* ❶ **~ de qc** (*garantie*) Garantie *f* für etw; (*témoignage*) Beweis *m* für etw ❷ (*dépôt*) Pfand *nt*; **mettre qc en ~** etw verpfänden; **sur ~** gegen Pfand ❸ JEUX Strafe *f* ❹ *pl* (*salaire*) Lohn *m*; (*d'un acteur*) Gage *f*

gageure [gaʒyʀ] *f* Ding *nt* der Unmöglichkeit

gagnant, e [gaɲɑ̃, ɑ̃t] **I.** *adj* (*carte, coup*) spielentscheidend; **billet ~** Gewinnlos *nt* **II.** *m, f* Sieger(in) *m(f)*; (*d'un jeu*) Gewinner(in) *m(f)*

gagne-pain [gaɲpɛ̃] *m inv* Broterwerb *m*

gagner [gaɲe] <1> **I.** *vi* ❶ **~ à qc** bei etw gewinnen; **on a gagné!** [wir haben] gewonnen! ❷ (*trouver un avantage*) **est-ce que j'y gagne?** bringt mir das [et]was? **II.** *vt* ❶ (*s'assurer: argent*) verdienen ❷ (*rapporter: argent, place, ami*) gewinnen; (*temps*) gutmachen ❸ (*lieu*) erreichen; **~ qc** (*incendie, épidémie*) auf etw (*akk*) übergreifen ❹ (*fatigue, peur*) überkommen ▸**c'est gagné!** *iron* Volltreffer!

gagneur, -euse [gaɲœʀ, -øz] *m, f* Gewinner(in) *m(f)*

gai, e [ge, gɛ] *adj* fröhlich; (*événement*) lustig

gaiement, gaîment [gemɑ̃, gɛmɑ̃,] *adv* fröhlich ▸**allons-y ~!** *iron* na, dann wollen wir mal! (*fam*)

gaieté, gaîté [gete] *f* Fröhlichkeit *f*, Heiterkeit *f*

gaillard [gajaʀ] *m* Kerl *m* (*fam*)

gaillard, e [gajaʀ, aʀd] *adj* rüstig

gain [gɛ̃] *m* ❶ (*profit*) Gewinn *m* ❷ (*économie*) Einsparung *f*; **~ de place** Platzgewinn *m*; **~ d'argent** Ersparnis *f*

gaine [gɛn] *f* ❶ (*ceinture*) Hüfthalter *m* ❷ (*étui*) Hülle *f*

gala [gala] *m* [Gala]empfang *m*; **~ de bienfaisance** Wohltätigkeitsveranstaltung *f*

galamment [galamɑ̃] *adv* galant

galant, e [galɑ̃, ɑ̃t] *adj* ❶ (*courtois*) zuvorkommend ❷ (*d'amour*) **rendez-vous ~** Rendezvous *nt*

galanterie [galɑ̃tʀi] *f* Höflichkeit *f*

galaxie [galaksi] *f* Galaxie *f*, Milchstraßensystem *nt*; **la Galaxie** die Galaxis

galbe [galb] *m* perfekte Rundung

galbé, e [galbe] *adj* **des jambes bien ~es** wohlgeformte Beine *Pl*

gale [gal] *f* (*chez les hommes*) Krätze *f*; (*chez les animaux*) Räude *f* ▸**ne pas avoir la ~** nicht beißen

galère [galɛʀ] *f* ❶ *fam* **c'est [la] ~** [das ist] echt ätzend; **quelle ~!** so eine Plackerei! ❷ HIST Galeere *f*

galérer [galeʀe] <5> *vi fam* (*chercher*) herumsuchen

galerie [galʀi] *f* ❶ (*souterrain*) Gang *m* ❷ COM **~ marchande** Einkaufspassage *f* ❸ ART Galerie *f* ❹ AUT Dachgepäckträger *m*

galérien [galeʀjɛ̃] *m* Galeerensklave *m*

galet [galɛ] *m* [Kiesel]stein

galette [galɛt] *f* ❶ GASTR Galette *f* ❷ (*objet en forme de ~*) **~ de pétrole** Ölplacken *m*

Die **galette des Rois** ist ein Blätterteigkuchen mit Marzipanfüllung, der traditionell am Dreikönigsfest gegessen wird. In ihn ist eine Bohne oder eine kleine Figur – *la fève* – eingebacken. Wer das Kuchenstück hat, in dem sie sich befindet, ist an diesem Tag „König“ oder „Königin“.

galeux, -euse [galø, -øz] *adj* räudig

galipette [galipɛt] *f fam* Purzelbaum *m*

gallicisme [ga(l)lisism] *m* Spracheigentümlichkeit *f* des Französischen

gallinacé [galinase] *m* Hühnervogel *m*

gallois [galwa] *m* Walisisch *nt; v.a.* **allemand**

gallois, e [galwa, waz] *adj* walisisch; *v.a.* **allemand**

Gallois, e [galwa, waz] *m, f* Waliser(in) *m(f)*

gallo-romain, e [ga(l)loʀɔmɛ̃, ɛn] <gallo-romains> *adj* galloromanisch

galoche [galɔʃ] *f* [Holz]pantine *f*

galon [galɔ̃] *m pl* MIL Tresse *f*

galop [galo] *m* **au ~** im Galopp

galopant, e [galɔpɑ̃, ɑ̃t] *adj* (*inflation*) galoppierend

galoper [galɔpe] <1> *vi* galoppieren

galopin [galɔpɛ̃] *m fam* Lausbub *m*

galvaniser [galvanize] <1> *vt* begeistern

galvaudé, e [galvode] *adj* abgedroschen

gambader [gɑ̃bade] <1> *vi* herumtollen; (*animal*) herumspringen

gambas [gɑ̃bas] *fpl* Gambas *Pl* (*große Garnelen*)

gamberger [gɑ̃bɛʀʒe] <2a> *vi fam* grübeln

gambette [gɑ̃bɛt] *f fam* Beinchen *nt*

gamelle [gamɛl] *f* Blechgeschirr *nt;* (*d'un ouvrier*) Henkelmann *m* (*fam*); (*d'un chien*) Napf *m* ▸**prendre une ~** *fam* hinfliegen

gamepad [gɛmpad] *m* Gamepad *nt*

gamin, e [gamɛ̃, in] **I.** *adj* kindisch **II.** *m, f fam* **un ~** ein Kind *nt;* **une ~e** ein Mädchen *nt*

gaminerie [gaminʀi] *f* Kinderei *f*

gamme [gam] *f* ❶ MUS Tonleiter *f* ❷ (*série*) Palette *f*

Gand [gɑ̃] Gent *nt*

gang [gɑ̃g] *m* Gang *f*

ganglion [gɑ̃glijɔ̃] *m* Lymphknoten *m*

gangrène [gɑ̃gʀɛn] *f* [Wund]brand *m*

gangster [gɑ̃gstɛʀ] *m* Gangster *m*

gant [gɑ̃] *m* Handschuh *m;* **~ de toilette** Waschlappen *nt* ▸**aller à qn comme un ~** (*vêtement*) jdm wie angegossen passen

garage [gaʀaʒ] *m* ❶ (*abri*) Garage *f* ❷ (*entreprise*) Reparaturwerkstatt *f*

garagiste [gaʀaʒist] *mf* Automechaniker(in) *m(f);* **chez le ~** in der Werkstatt

garant, e [gaʀɑ̃, ɑ̃t] *m, f* Bürge/Bürgin *m/f;* **se porter ~ de qc** für etw bürgen

garantie [gaʀɑ̃ti] *f* ❶ Garantie *f;* **qc est sous ~** auf etw (*akk*) ist Garantie ❷ (*gage, caution*) Sicherheit *f*

garantir [gaʀɑ̃tiʀ] <8> *vt* ❶ (*répondre de*) garantieren ❷ (*par contrat*) **~ qc à qn** jdm eine Garantie auf etw (*akk*) geben ❸ (*assurer*) gewährleisten ❹ *iron* **je te garantis que ...** du kannst sicher sein, dass ...

garce [gaʀs] *f péj fam* Luder *nt*

garçon [gaʀsɔ̃] *m* ❶ (*enfant*) Junge *m* ❷ (*jeune homme*) **être beau ~** ein hübscher Kerl sein ❸ (*fils*) Junge *m* (*fam*) ❹ (*serveur*) Kellner *m;* **~!** Herr Ober! ❺ (*employé subalterne*) **~ boucher** Metzgergehilfe *m* ▸**vieux ~** alter Junggeselle

garde[1] [gaʀd] *f* ❶ *sans pl* Bewachung *f;* **confier qn à la ~ de qn** jdn jdm anvertrauen ❷ JUR (*d'enfants*) Sorgerecht *f;* **~ à vue** Polizeigewahrsam *m* ❸ (*permanence: le week-end*) Wochenenddienst *m;* (*de nuit*) Nachtdienst *m;* **être de ~** (*médecin*) Notdienst haben; (*pharmacie*) Bereitschaftsdienst haben ❹ (*patrouille*) **~ républicaine** *Gendarmeriekorps in Paris zur Bewachung der Regierungsgebäude und zum Ehrendienst* ▸**être sur ses ~s** auf der Hut sein; **monter la ~** Wache halten

garde[2] [gaʀd] *m* ❶ (*d'une propriété*) Wächter *m,* Hüter *m;* **~ des Sceaux** Justizminister *m;* **~ du corps** Leibwächter ❷ (*sentinelle*) Wache *f*

garde-à-vous [gaʀdavu] *m inv* **~!** stillgestanden! **garde-barrière** [gaʀd(ə)baʀjɛʀ] <gardes-barrières> *mf* Bahnwärter(in) *m(f)* **garde-boue** [gaʀdəbu] *m inv* Schutzblech *nt* **garde-chasse** [gaʀdəʃas] <gardes-chasse[s]> *mf* Jagdaufseher(in) *m(f)* **garde-côte** [gaʀdəkot] <garde-côtes> *m* Wasser[schutz]polizeiboot *nt* **garde-fou** [gaʀdəfu] <garde-fous> *m* Geländer *nt* **garde-malade** [gaʀd(ə)malad] <gardes-malades> *mf* Krankenpfleger(in) *m(f)* **garde-manger** [gaʀd(ə)mɑ̃ʒe] *m inv* Vorratsschrank *m* **garde-meuble** [gaʀdəmœbl] <garde-meubles> *m* Möbellager *nt* **garde-pêche** [gaʀdəpɛʃ] <gardes-pêche> *mf* Fischereiaufseher(in) *m(f)*

garder [gaʀde] <1> **I.** *vt* ❶ bewachen; (*banque, bagages*) aufpassen auf (+ *akk*); (*maison, enfant, animal*) (be)hüten; (*personne âgée*) betreuen; **donner à ~** anvertrauen ❷ (*stocker*) aufbewahren; (*marchandises*) lagern ③ (*ne pas perdre*) behalten; (*espoir*) nicht aufgeben; (*séquelles*) zurückbehalten ④ (*réserver*) aufheben; (*place*) freihalten ⑤ (*distance*) wahren ⑥ (*manteau, montre*) anbehalten; (*chapeau, lunettes*) aufbehalten ⑦ (*secret*) für sich behalten ⑧ (*lit*) hüten **II.** *vpr* ① **se ~** (*aliment*) sich halten ② (*s'abstenir*) **se ~ de faire qc** sich hüten etw zu tun

garderie [gaʀdəʀi] *f* [Kinder]tagesstätte *f*

garde-robe [gaʀdəʀɔb] <garde-robes> *f* Garderobe *f*

gardien, ne [gaʀdjɛ̃, jɛn] *m, f* ① Wächter(in) *m(f); (d'un immeuble)* Hausmeister(in) *m(f); (d'un zoo)* Wärter(in) *m(f);* **~ de musée/prison** Museums-/Gefängniswärter; **~ de nuit** Nachtwärter ② (*défenseur*) Hüter(in) *m(f);* **~ de la paix** Polizist *m*

gardiennage [gaʀdjenaʒ] *m* Wachdienst *m*

gardienné, e [gaʀdjene] *adj* bewacht; **parc ~** bewachter Park

gardon [gaʀdɔ̃] *m* ▸**frais comme un ~** voll in Form

gare[1] [gaʀ] *f* Bahnhof *m;* **~ centrale** Hauptbahnhof; **~ routière** Busbahnhof

gare[2] [gaʀ] *interj* ▸**sans crier ~** ohne Vorwarnung

garer [gaʀe] <1> **I.** *vt* parken; **il est garé à 100 m** er parkt 100 m entfernt **II.** *vpr* **se ~** ① (*parquer*) parken ② (*se ranger*) ausweichen

gargantuesque [gaʀgɑ̃tɥɛsk] *adj* unersättlich

gargariser [gaʀgaʀize] <1> *vpr* **se ~** gurgeln

gargarisme [gaʀgaʀizm] *m* Gurgeln *nt*

gargote [gaʀgɔt] *f péj* mieses Restaurant

gargouille [gaʀguj] *f* Wasserspeier *m*

gargouillement [gaʀgujmɑ̃] *m* Gluckern *nt*

gargouiller [gaʀguje] <1> *vi* gluckern; (*estomac*) knurren

garnement [gaʀnəmɑ̃] *m* Bengel *m*

garni, e [gaʀni] *adj* GASTR mit Beilage

garnir [gaʀniʀ] <8> *vt* ① (*orner*) schmücken ② (*équiper*) **~ qc de qc** etw mit etw versehen ③ (*remplir*) **garnir de qc** mit etw füllen

garnison [gaʀnizɔ̃] *f* Garnison *f*

garniture [gaʀnityʀ] *f* ① GASTR Beilage *f* ② AUT Innenausstattung *f*

garrigue [gaʀig] *f* Garide *f*

garrot [gaʀo] *m* ① MED Druckverband *m* ② (*d'un cheval*) Widerrist *m*

gars [gɑ] *m fam* Kerl *m;* **salut les ~!** hallo, Jungs!

Gascogne [gaskɔɲ] *f* **la ~** die Gascogne

gascon [gaskɔ̃] *m* **le ~** das Gascognische

Gascon, ne [gaskɔ̃, ɔn] *m, f* Gascogner(in) *m(f)*

gas-oil, gasoil [gazwal] *m* Diesel *m*

gaspillage [gaspijaʒ] *m* Verschwendung *f*

gaspiller [gaspije] <1> *vt* verschwenden; (*temps*) vergeuden; (*fortune*) verschleudern

gastrique [gastʀik] *adj* **troubles ~s** Magenbeschwerden *Pl*

gastrite [gastʀit] *f* Gastritis *f*

gastroentérite [gastʀoɑ̃teʀit] *f* Magen-Darm-Entzündung *f*

gastronome [gastʀɔnɔm] *mf* Feinschmecker(in) *m(f)*

gastronomie [gastʀɔnɔmi] *f* Kochkunst *f*

gastronomique [gastʀɔnɔmik] *adj* (*restaurant*) Feinschmecker-; (*guide*) Gastronomie-

gâteau [gɑto] <x> *m* Kuchen *m;* (*individuel*) Gebäck *nt;* **~ sec** Keks *m;* **~ de riz** Reispudding *m;* **faire un ~ au chocolat/à la crème** einen Schokoladenkuchen/eine Cremetorte backen *f* ▸**c'est pas du ~!** *fam* das ist kein Zuckerschlecken

gâter [gɑte] <1> **I.** *vt* ① (*personne*) verwöhnen ② (*endommager*) **gâté** (*fruits, dent*) faul ▸**être gâté** Glück haben **II.** *vpr* **se ~** (*viande*) schlecht werden; (*fruits*) faulen; (*temps*) umschlagen; (*situation, choses*) sich verschlechtern

gâterie [gɑtʀi] *f* Süßigkeiten *Pl*

gâteux, -euse [gɑtø, -øz] *adj* ① *péj* (*sénile*) verkalkt ② (*fou de*) närrisch

gâtisme [gɑtism] *m* Verkalkung *f*

gauche [goʃ] **I.** *adj* ① (*opp: droit*) linke(r, s) ② (*maladroit*) ungeschickt **II.** *f* ① Linke *f,* linke Seite; **à ~** links; **à la ~ de qn** zu jds Linken; **sur la ~ de qc** auf der linken Seite einer Sache (*gen*); **de ~ à droite** von links nach rechts ② POL **la ~** die Linke; **idées de ~** linke Ansichten; **partis de ~** Linksparteien *Pl*

gauchement [goʃmɑ̃] *adv* auf ungeschickte Weise

gaucher, -ère [goʃe, -ɛʀ] **I.** *adj* linkshändig **II.** *m, f* Linkshänder(in) *m(f)*

gaucherie [goʃʀi] *f* Unbeholfenheit *f*

gauchisme [goʃism] *m* Linksextremismus *m*

gauchiste [goʃist] *mf* Linksextreme(r) *f(m)*
gaufre [gofʀ] *f* Waffel *f*
gaufrette [gofʀɛt] *f* [Eis]waffel *f*
gaufrier [gofʀije] *m* Waffeleisen *nt*
Gaule [gol] *f* **la ~** Gallien *nt*
gaullisme [golism] *m* Gaullismus *m*
gaulliste [golist] *mf* Gaullist(in) *m(f)*
gaulois, **e** [golwa, waz] *adj* gallisch; (*humour*) derb
Gaulois, **e** [golwa, waz] *m, f* Gallier(in) *m(f)*
gauloiserie [golwazʀi] *f* derber Witz
gaver [gave] <1> **I.** *vt* ❶ (*oie*) stopfen ❷ (*bourrer*) **~ qn de qc** jdn mit etw voll stopfen (*fam*) **II.** *vpr* **se ~ de qc** sich mit etw voll stopfen (*fam*)
gavroche [gavʀɔʃ] *m* [Pariser] Straßenjunge *m*
gay [gɛ] **I.** *adj inv* homosexuell **II.** *mpl* Schwule *Pl* (*fam*)
gaz [gɑz] *m* ❶ Gas *nt;* **~ toxique/naturel** Gift-/Erdgas; **~ lacrymogène** Tränengas; **~ d'échappement** Abgas ❷ *pl* **avoir des ~** Blähungen haben
gaze [gɑz] *f* ❶ (*tissu*) Gaze *f* ❷ (*pansement*) Mull *m*
gazelle [gazɛl] *f* Gazelle *f*
gazer [gɑze] <1> *vt* (*exterminer*) vergasen
gazeux, **-euse** [gɑzø, -øz] *adj* ❶ gasförmig ❷ (*qui contient du gaz*) **eau gazeuse** Mineralwasser *nt* mit Kohlensäure
gazinière [gɑzinjɛʀ] *f* Gasherd *m*
gazoduc [gɑzodyk] *m* Gasleitung *f*
gazole [gazɔl] *m* Diesel *m*
gazon [gɑzɔ̃] *m* Rasen *m*
gazouillement [gazujmɑ̃] *m* (*d'un oiseau*) Zwitschern *nt*
gazouiller [gazuje] <1> *vi* (*bébé*) lallen; (*oiseau*) zwitschern
geai [ʒɛ] *m* Häher *m*
géant [ʒeɑ̃] *m* COM Gigant *m*
géant, **e** [ʒeɑ̃, -ɑ̃t] **I.** *adj* riesig **II.** *m, f* Riese/Riesin *m/f*
geignard, **e** [ʒɛɲaʀ, aʀd] *adj péj fam* weinerlich; **enfant ~** Heulpeter *m*
geindre [ʒɛ̃dʀ] <irr> *vi* stöhnen
gel [ʒɛl] *m* ❶ METEO Frost *m* ❷ (*blocage*) Einfrieren *nt* ❸ (*crème*) Gel *nt*
gélatine [ʒelatin] *f* Gelatine *f*
gélatineux, **-euse** [ʒelatinø, -øz] *adj* gallertartig
gelé, **e** [ʒ(ə)le] *adj* ❶ (*rivière*) zugefroren; (*terre*) [hart]gefroren ❷ (*endommagé par le froid*) erfroren
gelée [ʒ(ə)le] *f* ❶ METEO Frost *m;* **~ blanche** Reif *m* ❷ GASTR Aspik *m*
geler [ʒ(ə)le] <4> **I.** *vt* ❶ METEO gefrieren lassen; (*bourgeons*) erfrieren lassen ❷ ECON einfrieren **II.** *vi* ❶ METEO gefrieren; (*rivière*) zufrieren; (*fleurs*) erfrieren ❷ (*avoir froid*) frieren; **on gèle ici!** hier erfriert man ja!; **gelé** eiskalt; (*personne*) durchgefroren ❸ *impers* **il gèle** es friert
gélule [ʒelyl] *f* Gelatinekapsel *f*
Gémeaux [ʒemo] *mpl* Zwillinge *Pl v.a.* **Balance**
gémir [ʒemiʀ] <8> *vi* stöhnen
gémissement [ʒemismɑ̃] *m* Stöhnen *nt*
gênant, **e** [ʒɛnɑ̃, ɑ̃t] *adj* störend; (*question, situation*) unangenehm
gencive [ʒɑ̃siv] *f* Zahnfleisch *nt*
gendarme [ʒɑ̃daʀm] *m* Polizist(in) *m(f)*, Gendarm *m*, (Militär)Polizist *m* (*in ländlichen Gebieten und kleinen Ortschaften*)
gendarmer [ʒɑ̃daʀme] <1> *vpr* **se ~ contre qn/qc** sich gegen jdn/etw zur Wehr setzen
gendarmerie [ʒɑ̃daʀməʀi] *f* Gendarmerie *f*

> Die **gendarmerie** gehört zu den französischen Streitkräften, erfüllt aber zum größten Teil polizeiliche Funktionen. Wenn man die Polizei braucht, wendet man sich in den größeren Städten an ein *commissariat de police*, in kleineren Orten oder auf dem Land dagegen an die **gendarmerie**. Sie ist in fast jedem Dorf vertreten.

gendre [ʒɑ̃dʀ] *m* Schwiegersohn *m*
gène [ʒɛn] *m* Gen *nt*
gêne [ʒɛn] *f* ❶ (*malaise*) Beschwerden *P[l]* ❷ (*trouble*) Befangenheit *f* ►**être sans ~** keine Hemmungen kennen
gêné, **e** [ʒene] *adj* (*personne, sourire*) verlegen; (*silence*) betreten
généalogie [ʒenealɔʒi] *f* Genealogie *f*
généalogique [ʒenealɔʒik] *adj* genealogisch
gêner [ʒene] <1> **I.** *vt* ❶ (*déranger*) stören ❷ (*entraver*) **~ les piétons** die Fußgänger behindern ❸ (*mettre mal à l'aise*) verlegen machen; **gêné** verlegen; (*silence*) betreten; **être gêné** sich genieren; **ça gêne qn de faire qc/que** + *subj* es ist jdm peinlich etw zu tun/dass **II.** *vpr* **ne pas se ~ pour dire**

qc etw [ganz] offen sagen

général [ʒeneʀal, o] <-aux> *m* General *m*

général, e [ʒeneʀal, o] <-aux> *adj* ❶ allgemein; **grève ~e** Generalstreik *m;* **le conseil ~** die Ratsversammlung des Departements; **en règle ~e** in der Regel ❷ (*directeur*) General-; (*quartier, assemblée*) Haupt- ►**en ~** im Allgemeinen; **d'une façon ~e** im Allgemeinen

générale [ʒeneʀal] *f* THEAT Generalprobe *f*

généralement [ʒeneʀalmɑ̃] *adv* ❶ (*habituellement*) im Allgemeinen ❷ (*opp: en détail*) allgemein

généralisation [ʒeneʀalizasjɔ̃] *f* Verallgemeinerung *f;* (*d'un conflit*) Ausweitung *f*

généraliser [ʒeneʀalize] <1> **I.** *vt* ❶ (*rendre général*) verallgemeinern ❷ (*méthode*) allgemein einführen; **un cancer généralisé** ein Krebs, der Metastasen gebildet hat **II.** *vpr* **se ~** (*procédé*) allgemein eingeführt werden

généraliste [ʒeneʀalist] *adj* **médecin ~** Arzt/Ärztin *m/f* für Allgemeinmedizin

généralité [ʒeneʀalite] *f gén pl* Allgemeine(s) *nt*

générateur, -trice [ʒeneʀatœʀ, -tʀis] *m, f* Generator *m*

génération [ʒeneʀasjɔ̃] *f* Generation *f*

générer [ʒeneʀe] <5> *vt* erzeugen; INFORM generieren

généreusement [ʒeneʀøzmɑ̃] *adv* ❶ (*avec libéralité*) großzügig ❷ (*avec abondance*) reichlich

généreux, -euse [ʒeneʀø, -øz] *adj* großzügig

générique [ʒeneʀik] **I.** *m* Vorspann *m;* (*à la fin*) Nachspann *m* **II.** *adj* (*terme*) Ober-

générosité [ʒeneʀozite] *f* Großzügigkeit *f,* Großmut *m*

genèse [ʒənɛz] *f* Entstehung *f;* (*d'une idée*) Aufkommen *nt*

Genèse [ʒənɛz] *f* REL **la ~** die Schöpfungsgeschichte

genêt [ʒənɛ] *m* Ginster *m*

généticien, ne [ʒenetisjɛ̃, jɛn] *m, f* Genetiker(in) *m(f)*

génétique [ʒenetik] **I.** *adj* genetisch; (*manipulation, recherche*) Gen-; **patrimoine ~** Erbgut *nt* **II.** *f* Genetik *f*

génétiquement [ʒenetikmɑ̃] *adv* genetisch

gêneur, -euse [ʒɛnœʀ, -øz] *m, f* Störenfried *m*

Genève [ʒ(ə)nɛv] Genf *nt;* **de ~** Genfer

génial, e [ʒenjal, jo] <-aux> *adj* ❶ genial ❷ *fam* (*formidable*) toll

génialement [ʒenjalmɑ̃] *adv* auf geniale Weise

génie [ʒeni] *m* ❶ Genie *nt* ❷ HIST Geist *m*

genièvre [ʒənjɛvʀ] *m* Wacholder *m*

génique [ʒenik] *adj* **thérapie ~** Gentherapie *f*

génisse [ʒenis] *f* Färse *f*

génital, e [ʒenital, o] <-aux> *adj* Geschlechts-

géniteur [ʒenitœʀ] *m* ZOOL (*animal mâle*) männliches Zuchttier

génitif [ʒenitif] *m* LING Genitiv *m*

génocidaire [ʒenɔsidɛʀ] **I.** *adj* Völkermord- **II.** *mf* Völkermörder(in) *m(f)*

génocide [ʒenɔsid] *m* Völkermord *m*

génoise [ʒenwaz] *f* Biskuit *nt o m*

génome [ʒenom] *m* Genom *nt*

génothèque [ʒenɔtɛk] *f* (*banque de génotypes*) Genbank *f*

genou [ʒ(ə)nu] <x> *m* Knie *nt;* **sur les ~x de qn** auf jds Schoß; **à ~x** auf Knien

genouillère [ʒənujɛʀ] *f* Knieschutz *m*

genre [ʒɑ̃ʀ] *m* ❶ (*sorte*) Art *f;* **elle n'est pas mon ~** sie ist nicht mein Typ (*fam*) ❷ ART Gattung *f* ❸ (*espèce*) **~ humain** Menschengeschlecht *nt* ❹ LING Genus *nt* ►**ce n'est pas son ~** das ist doch gar nicht seine Art!

gens [ʒɑ̃] *mfpl* Leute *Pl*

gentiane [ʒɑ̃sjan] *f* Enzian *m*

gentil, le [ʒɑ̃ti, ij] *adj* ❶ **~ avec qn** nett/freundlich zu jdm ❷ (*sage*) brav ►**c'est [bien] ~, mais ...** *fam* schön und gut, aber ...

gentilhomme [ʒɑ̃tijɔm, ʒɑ̃tizɔm] <gentilshommes> *m* Edelmann *m*

gentillesse [ʒɑ̃tijɛs] *f* (*qualité*) Freundlichkeit *f;* **avoir la ~ de faire qc** so nett sein etw zu tun

gentiment [ʒɑ̃timɑ̃] *adv* ❶ (*aimablement*) freundlich ❷ (*sagement*) ruhig

gentleman [dʒɛntləman] <s> *m* Gentleman *m*

géo [ʒeo] *f fam abr de* **géographie**

géographe [ʒeɔgʀaf] *mf* Geograph(in) *m(f)*

géographie [ʒeɔgʀafi] *f* Geographie *f,* Erdkunde *f*

géographique [ʒeɔgʀafik] *adj* geographisch; (*carte*) Land-

G

géologie [ʒeɔlɔʒi] *f* Geologie *f*
géologique [ʒeɔlɔʒik] *adj* geologisch
géologue [ʒeɔlɔg] *mf* Geologe/Geologin *m/f*
géomètre [ʒeɔmɛtʀ] *mf* Geometer *m*
géométrie [ʒeɔmetʀi] *f* Geometrie *f*
géométrique [ʒeɔmetʀik] *adj* geometrisch
géophysicien, ne [ʒeofizisjɛ̃, jɛn] *m, f* Geophysiker(in) *m(f)*
géophysique [ʒeofizik] *f* Geophysik *f*
géopolitique [ʒeopɔlitik] *f* Geopolitik *f*
géothermique [ʒeotɛʀmik] *adj* geothermisch
gérance [ʒeʀɑ̃s] *f* (*d'une entreprise*) Geschäftsführung *f;* (*d'une succursale*) Leitung *f;* (*d'un fonds de commerce*) Pacht *f;* **mettre/prendre en ~** verpachten/pachten
géranium [ʒeʀanjɔm] *m* Geranie *f*
gérant, e [ʒeʀɑ̃, ɑ̃t] *m, f* (*d'une entreprise*) Geschäftsführer(in) *m(f);* (*d'un capital, immeuble*) Verwalter(in) *m(f);* (*d'un fonds de commerce*) Betreiber(in) *m(f),* Inhaber(in) *m(f)*
gerbe [ʒɛʀb] *f* (*de blé*) Garbe *f;* (*de fleurs*) Strauß *m*
gercer [ʒɛʀse] <2> *vi* aufspringen
gerçure [ʒɛʀsyʀ] *f* **avoir des ~s aux mains** rissige Hände haben
gérer [ʒeʀe] <5> *vt* ❶ (*entreprise, succursale*) leiten; (*magasin*) führen; (*immeuble, capital*) verwalten ❷ INFORM verwalten ❸ (*crise*) in den Griff bekommen (*fam*); (*temps libre*) sinnvoll gestalten
gériatrie [ʒeʀjatʀi] *f* Altersheilkunde *f*
germain, e [ʒɛʀmɛ̃, ɛn] *adj* (*relatif à la Germanie*) germanisch
Germain, e [ʒɛʀmɛ̃, ɛn] *m, f* Germane/Germanin *m/f*
germanique [ʒɛʀmanik] *adj* ❶ (*teuton*) germanisch ❷ (*allemand*) deutsch; (*pays*) deutschsprachig
germanisme [ʒɛʀmanism] *m* Germanismus *m*
germaniste [ʒɛʀmanist] *mf* Germanist(in) *m(f)*
germanophile [ʒɛʀmanɔfil] *adj* deutschfreundlich
germanophobe [ʒɛʀmanɔfɔb] *adj* deutschfeindlich
germanophone [ʒɛʀmanɔfɔn] **I.** *adj* deutschsprachig; **être ~** Deutsch als Muttersprache haben **II.** *mf* Deutschsprachige(r) *f(m)*
germe [ʒɛʀm] *m* ❶ (*semence*) Keim *m* ❷ MED Krankheitserreger *m*
germer [ʒɛʀme] <1> *vi* keimen; (*idée*) aufkeimen
gérondif [ʒeʀɔ̃dif] *m* Gerundium *nt*
gérontologie [ʒeʀɔ̃tɔlɔʒi] *f* Altersforschung *f*
gésier [ʒezje] *m* [Muskel]magen *m*
gestation [ʒɛstasjɔ̃] *f* Trächtigkeit *f;* (*durée*) Tragezeit *f*
geste [ʒɛst] *m* ❶ Geste *f;* **~ de la main** Handbewegung *f* ❷ (*action*) **~ d'amour** Zeichen *nt* der Liebe
gesticuler [ʒɛstikyle] <1> *vi* gestikulieren
gestion [ʒɛstjɔ̃] *f* ❶ Verwaltung *f;* (*d'une entreprise*) Geschäftsführung *f;* **~ des entreprises** UNIV Betriebswirtschaft[slehre *f*] *f* ❷ INFORM Verwaltung *f*
gestionnaire [ʒɛstjɔnɛʀ] **I.** *mf* Geschäftsführer(in) *m(f)* **II.** *m* **~ de fichiers** Dateimanager *m*
gestuel, le [ʒɛstɥɛl] *adj* (*langage*) Gebärden-
gestuelle [ʒɛstɥɛl] *f* Gestik *f*
geyser [ʒɛzɛʀ] *m* Geysir *m*
ghetto [geto] *m* Getto *nt*
gibet [ʒibɛ] *m* Galgen *m*
gibier [ʒibje] *m* Wild *nt*
giboulée [ʒibule] *f* Schauer *m*
giclée [ʒikle] *f* Spritzer *m*
gicler [ʒikle] <1> *vi* spritzen
gicleur [ʒiklœʀ] *m* Vergaserdüse *f*
gifle [ʒifl] *f* Ohrfeige *f*
gifler [ʒifle] <1> *vt* ohrfeigen
gigantesque [ʒigɑ̃tɛsk] *adj* riesig
giga-octet [ʒigaɔktɛ] <giga-octets> *m* Gigabyte *nt*
GIGN [ʒeiʒeɛn] *m abr de* **Groupe d'intervention de la gendarmerie nationale** *Spezialeinheit zur Bekämpfung des Terrorismus*
gigolo [ʒigɔlo] *m péj* Gigolo *m*
gigot [ʒigo] *m* Keule *f,* Schlögel *m* (A)
gigoter [ʒigɔte] <1> *vi fam* herumzappeln (*bébé*) strampeln
gilet [ʒilɛ] *m* Weste *f;* (*lainage*) Strickjacke *f* **~ de sauvetage** Schwimmweste
gin [dʒin] *m* Gin *m*
gingembre [ʒɛ̃ʒɑ̃bʀ] *m* Ingwer *m*
gingivite [ʒɛ̃ʒivit] *f* Zahnfleischentzündung
girafe [ʒiʀaf] *f* Giraffe *f*
giratoire [ʒiʀatwaʀ] *adj* **sens ~** Kreisverkehr *m*

girlie [gœʀli] *adj inv* Girlie-
giroflée [ʒiʀɔfle] *f* Goldlack *m*
girolle [ʒiʀɔl] *f* Pfifferling *m*, Eierschwammerl *nt* (A)
girouette [ʒiʀwɛt] *f* ❶ Wetterhahn *m* ❷ *fam* (*personne*) unbeständiger Mensch
gisant [ʒizɑ̃] *m* ART liegende Figur
gisement [ʒizmɑ̃] *m* Vorkommen *nt*
gitan, **e** [ʒitɑ̃, an] *m, f* Zigeuner(in) *m(f)*
gîte [ʒit] *m* Unterkunft *f*; ~ **rural** Unterkunftsmöglichkeit *f* für Touristen
givrant, **e** [ʒivʀɑ̃, ɑ̃t] *adj* raureifbildend
givre [ʒivʀ] *m* [Rau]reif *m*
givré, **e** [ʒivʀe] *adj* ❶ bereift; (*fenêtre*) vereist ❷ *fam* (*fou*) **être** ~ einen Knall haben
glaçage [glasaʒ] *m* ❶ (*d'une photographie*) Glanztrocknen *nt* ❷ GASTR Glasur *f*
glace [glas] *f* ❶ *a.* GASTR Eis *nt*; ~ **au chocolat** Schokolade[n]eis ❷ (*miroir*) Spiegel *m* ❸ (*vitre*) [Glas]scheibe *f*
glacé, **e** [glase] *adj* ❶ (*très froid*) *a. fig* eiskalt; **servir** ~ eisgekühlt servieren ❷ (*fruit, marrons*) kandiert ❸ (*papier*) Glanz-
glacer [glase] <2> *vt* ❶ (*refroidir*) zu Eis erstarren lassen ❷ (*impressionner*) ~ **qn d'effroi** jdn vor Schreck (*dat*) erstarren lassen
glaciaire [glasjɛʀ] *adj* **période** ~ Eiszeit *f*; **érosion** ~ Gletschererosion *f*
glacial, **e** [glasjal] <s> *adj a. fig* eiskalt
glaciation [glasjasjɔ̃] *f* Glazial[zeit *f*] *nt*
glacier [glasje] *m* ❶ GEO Gletscher *m* ❷ (*métier*) Eiskonditor *m*
glacière [glasjɛʀ] *f* Kühlbox *f*
glaçon [glasɔ̃] *m* Eiswürfel *m*
gladiateur [gladjatœʀ] *m* Gladiator *m*
glaïeul [glajœl] *m* Gladiole *f*
glaise [glɛz] *f* Lehm *m*
glaive [glɛv] *m* Schwert *nt*
glam [glam] *adj inv fam* glamourös
glamoureux, **-euse** [glamuʀø, -øz] *adj* glamourös
gland [glɑ̃] *m* Eichel *f*
glande [glɑ̃d] *f* Drüse *f*
glander [glɑ̃de] <1> *vi fam* herumgammeln
glandeur, **-euse** [glɑ̃dœʀ, -øz] *m, f fam* Nichtstuer(in) *m(f)*
glaner [glane] <1> *vt* zusammentragen
glapir [glapiʀ] <8> *vi* (*chiot*) kläffen
glapissement [glapismɑ̃] *m* (*du renard*) Bellen *nt*
glas [gla] *m* **sonner le** ~ die Totenglocke läuten
glaucome [glokom] *m* MED grüner Star
glauque [glok] *adj* ❶ (*verdâtre*) graugrün ❷ (*lugubre*) düster
glissade [glisad] *f* (*action de glisser par jeu*) Schlittern *nt*
glissant, **e** [glisɑ̃, ɑ̃t] *adj* glatt
glisse [glis] *f* ❶ (*façon de glisser*) Gleiten *nt*; **les sports de** ~ die Gleitsportarten *Pl* ❷ CH (*luge*) Schlitten *m*
glissement [glismɑ̃] *m* ~ **de terrain** Erdrutsch *m*
glisser [glise] <1> **I.** *vi* ❶ (*être glissant*) rutschig sein ❷ (*se déplacer*) ~ **sur qc** über etw (*akk*) gleiten ❸ (*déraper*) rutschen ❹ (*échapper de*) **ça m'a glissé des mains** es ist mir aus den Händen gerutscht **II.** *vt* schieben; ~ **qc à qn** jdm etw zuschieben; (*dire*) jdm etw zuflüstern **III.** *vpr* **se** ~ schlüpfen; **se** ~ **dans la maison** sich ins Haus schleichen
glissière [glisjɛʀ] *f* ~ **de sécurité** Leitplanke *f*
global, **e** [glɔbal, o] <-aux> *adj* global; (*somme*) Gesamt-; **vue ~e** Überblick *m*
globalement [glɔbalmɑ̃] *adv* alles in Allem
globalisation [glɔbalizasjɔ̃] *f* Pauschalisierung *f*
globalité [glɔbalite] *f* Gesamtheit *f*
globe [glɔb] *m* ELEC Kugelleuchte *f*; GEO Globus *m*
globe-trotter [glɔbtʀɔtœʀ, -tʀɔtɛʀ] <globe-trotters> *mf* Globetrotter *m*
globule [glɔbyl] *m* Blutkörperchen *nt*
globuleux, **-euse** [glɔbylø, -øz] *adj* hervorstehend
gloire [glwaʀ] *f* Ruhm *m* ►**à la** ~ **de qn/qc** zu jds Ehre/um etw zu ehren
glorieux, **-euse** [glɔʀjø, -jøz] *adj* ruhmreich
glorification [glɔʀifikasjɔ̃] *f* Glorifizierung *f*
glorifier [glɔʀifje] <1> *vpr* **se** ~ **de qc** sich einer S. (*gen*) rühmen
gloriole [glɔʀjɔl] *f* Selbstgefälligkeit *f*
gloss [glɔs] *m* Lipgloss *nt*
glossaire [glɔsɛʀ] *m* Glossar *nt*
glotte [glɔt] *f* Stimmritze *f*
glouglou [gluglu] *m fam* **faire** ~ gluckern
gloussement [glusmɑ̃] *m* Glucken *nt*
glousser [gluse] <1> *vi* (*poule*) glucken *fam* (*personne*) glucksen
glouton, **ne** [glutɔ̃, ɔn] **I.** *adj* gefräßig **II.** *m, f* Vielfraß *m* (*fam*)

gloutonnerie [glutɔnʀi] *f* Gefräßigkeit *f*
glu [gly] *f* ❶ (*colle*) Leim *m* ❷ *fam* (*personne*) Klette *f*
gluant, e [glyɑ̃, ɑ̃t] *adj* klebrig
glucide [glysid] *m* Kohle[n]hydrat *nt*
glucose [glykoz] *m* Traubenzucker *m*
gluten [glytɛn] *m* Gluten *nt*
glycémie [glisemi] *f* Blutzucker *m*
glycérine [gliseʀin] *f* Glyzerin *nt*
glycine [glisin] *f* Glyzinie *f*
gnangnan [ɲɑ̃ɲɑ̃] *adj inv fam* **être ~** (*personne*) eine Tranfunzel sein
gnôle [ɲol] *f fam* Schnaps *m*
gnome [gnom] *m* Gnom *m*
gnon [ɲɔ̃] *m fam* Schlag *m*
go [go] ▸**tout de ~** *fam* mir nichts, dir nichts
Go *abr de* **giga-octet** GB *nt*
GO [ʒeo] *fpl abr de* **grandes ondes** LW *f*
gobelet [gɔblɛ] *m* Becher *m*
gober [gɔbe] <1> *vt* ❶ (*œuf*) ausschlürfen ❷ *fam* (*croire*) fressen
godasse [gɔdas] *f fam* Latschen *m*
godet [gɔdɛ] *m* Becher *m*
godille [gɔdij] *f* ❶ NAUT Wrickriemen *nt* ❷ SPORT (*petits virages*) Wedeln *nt*
godiller [gɔdije] <1> *vi* ❶ NAUT wricken ❷ SPORT (*faire de petits virages*) wedeln
goéland [gɔelɑ̃] *m* große Möwe
goélette [gɔelɛt] *f* Schoner *m*
gogo [gogo] ▸**à ~** *fam* in rauen Mengen
go-go dancer [gogodɛnsœʀ] *mf* Go-go-Tänzer(in) *m(f)*
gogol, e [gogɔl] *adj fam* bescheuert
goguenard, e [gɔg(ə)naʀ, aʀd] *adj* spöttisch
goinfre [gwɛ̃fʀ] **I.** *adj* verfressen (*fam*) **II.** *mf péj* Fresssack *m* (*fam*)
goinfrer [gwɛ̃fʀe] <1> *vpr péj fam* **se ~ de qc** sich (*dat*) den Bauch mit etw vollschlagen
goinfrerie [gwɛ̃fʀəʀi] *f péj* Gefräßigkeit *f*
goitre [gwatʀ] *m* Kropf *m*
golden [gɔldɛn] *f* Golden Delicious *m*
golf [gɔlf] *m* Golf[spiel *nt*] *nt*
golfe [gɔlf] *m* Golf *m*
golfeur, -euse [gɔlfœʀ, -øz] *m, f* Golfer(in) *m(f)*
gominer [gɔmine] <1> *vpr* **se ~** sich (*dat*) Pomade ins Haar schmieren
gommage [gɔmaʒ] *m* ❶ (*effacement*) Ausradieren *nt* ❷ (*nettoyage de la peau*) Peelen *nt*
gomme [gɔm] *f* Gummi *m o nt*
gommé, e [gɔme] *adj* gummiert
gommer [gɔme] <1> *vt* ausradieren
gond [gɔ̃] *m* [Tür]angel *f* ▸**sortir de ses ~s** außer sich geraten
gondole [gɔ̃dɔl] *f* Gondel *f*
gondoler [gɔ̃dɔle] <1> *vi* sich wellen; (*planche*) sich verziehen
gondolier, -ière [gɔ̃dɔlje, -jɛʀ] *m, f* Gondoliere *m*
gonflable [gɔ̃flabl] *adj* aufblasbar
gonflé, e [gɔ̃fle] *adj* ❶ (*rempli*) aufgeblasen; (*visage*) aufgedunsen; (*yeux*) verquollen ❷ *fam* (*culotté*) dreist
gonflement [gɔ̃fləmɑ̃] *m* (*d'un pneu*) Aufpumpen *nt;* (*d'un ballon*) Aufblasen *nt;* (*d'une plaie, d'un organe*) Schwellung *f*
gonfler [gɔ̃fle] <1> **I.** *vt* (*pneus*) aufpumpen; (*ballon*) aufblasen **II.** *vi* (*membre*) anschwellen; (*pâte*) aufgehen **III.** *vpr* **se ~** (*poitrine*) schwellen; (*ballon*) sich füllen
gonflette [gɔ̃flɛt] *f péj fam* Bodybuilding *nt*
gong [gɔ̃(g)] *m* Gong *m*
gonzesse [gɔ̃zɛs] *f péj fam* Tussi *f*
gore [gɔʀ] *adj inv* Horror-
goret [gɔʀɛ] *m* Ferkel *nt*
gorge [gɔʀʒ] *f* ❶ Hals *m*, Kehle *f* ❷ GEO Schlucht *f*
gorgé, e [gɔʀʒe] *adj* **fruits ~s de soleil** von der Sonne verwöhnte Früchte
gorgée [gɔʀʒe] *f* Schluck *m*
gorille [gɔʀij] *m* Gorilla *m*
gosier [gozje] *m* Kehle *f;* (*d'un oiseau*) Schlund *m*
gosse [gɔs] *mf fam* Kleine(r) *f(m);* **un ~** ein Bengel *m;* **une ~** eine Göre; **sale ~** Rotzbengel
gothique [gɔtik] **I.** *adj* gotisch **II.** *m* Gotik *f*
gouache [gwaʃ] *f* Temperafarbe *f*
gouailleur, -euse [gwajœʀ, -øz] *adj fam* spöttisch
gouda [guda] *m* Gouda *m*
goudron [gudʀɔ̃] *m* Teer *m;* (*pour les routes*) Asphalt *m*
goudronné, e [gudʀɔne] *adj* asphaltiert
gouffre [gufʀ] *m* Abgrund *m*
gouine [gwin] *f péj fam* Lesbe *f*
goujat [guʒa] *m* Rüpel *m*
goujaterie [guʒatʀi] *f* Rüpelhaftigkeit *f*
goujon [guʒɔ̃] *m* Gründling *m* ▸**taquiner le ~** *fam* angeln

goulache [gulaʃ] *m o f* Gulasch *m o nt*
goulet [gulɛ] *m* **~ d'étranglement** Engpass *m*
goulot [gulo] *m* Hals *m;* **boire au ~** aus der Flasche trinken
goulu, e [guly] *adj* gefräßig
goulûment [gulymɑ̃] *adv* gierig
goupiller [gupije] <1> *vt fam* aushecken; **bien ~ son coup** die Sache geschickt einfädeln
gourd, e [guʀ, guʀd] *adj* steifgefroren
gourde [guʀd] *f* Trinkflasche *f*
gourer [guʀe] <1> *vpr fam* **se ~ de qc** sich in etw (*dat*) vertun
gourmand, e [guʀmɑ̃, ɑ̃d] **I.** *adj* **être ~** ein Schlemmer *m* sein; (*de sucreries*) eine Naschkatze sein (*fam*) **II.** *m, f* Schlemmer(in) *m(f);* (*de sucreries*) Naschkatze *f* (*fam*)
gourmandise [guʀmɑ̃diz] *f* Schwelgerei *f;* (*défaut*) Gier[igkeit *f*] *f;* **manger par/avec ~** aus purer Lust/gierig essen
gourmet [guʀmɛ] *m* Gourmet *m*
gourmette [guʀmɛt] *f* Gliederarmband *nt*
gousse [gus] *f* Schote *f;* (*d'ail*) Zehe *f*
goût [gu] *m* Geschmack *m;* **être sans ~** nach nichts schmecken; **avoir un ~ de qc** nach einer S. (*dat*) schmecken; **prendre ~ à qc** Gefallen an etw (*dat*) finden; **avec ~** geschmackvoll; **être de mauvais ~** geschmacklos sein; **trouver qn/qc à son ~** jdn/etw nach seinem Geschmack finden
goûter [gute] <1> **I.** *vi* ❶ (*enfant*) [nachmittags] eine Kleinigkeit essen ❷ (*essayer*) **~ à qc** etw probieren **II.** *vt* probieren **III.** *m: kleine Zwischenmahlzeit für Kinder und Jugendliche am Spätnachmittag*
goutte [gut] *f* Tropfen *m;* **~ à ~** tröpfchenweise
goutte-à-goutte [gutagut] *m inv* Tropf *m*
goutter [gute] <1> *vi* tropfen
gouttière [gutjɛʀ] *f* Dachrinne *f*
gouvernable [guvɛʀnabl] *adj* regierbar
gouvernail [guvɛʀnaj] *m* Ruder *nt*
gouvernante [guvɛʀnɑ̃t] *f* ❶ (*bonne*) Haushälterin *f* ❷ (*préceptrice*) Gouvernante *f*
gouvernants [guvɛʀnɑ̃] *mpl* Entscheidungsträger *Pl*
gouverne [guvɛʀn] *f* **pour ta ~** zu deiner Orientierung
gouvernement [guvɛʀnəmɑ̃] *m* Regierung *f*
gouvernemental, e [guvɛʀnəmɑ̃tal, o] <-aux> *adj* (*parti, politique*) Regierungs-
gouverner [guvɛʀne] <1> *vi, vt* regieren
gouverneur [guvɛʀnœʀ] *m* Gouverneur *m*
goyave [gɔjav] *f* Gua[ja]ve *f*
GPL [ʒepeɛl] *m abr de* **gaz de pétrole liquéfié** Autogas *nt*
GR [ʒeɛʀ] *m abr de* **(sentier) de grande randonnée** *markierter Wanderweg*
grabuge [gʀabyʒ] *m fam* **faire du ~** Krach schlagen; **il y a du ~** es kracht
grâce [gʀɑs] *f* ❶ *sans pl* (*charme*) Anmut *f;* **avec ~** anmutig ❷ JUR Begnadigung *f* ►**~ à lui/elle** dank ihm/ihr; **~ à qc** dank einer S. (*dat o gen*)
gracier [gʀasje] <1> *vt* begnadigen
gracieusement [gʀasjøzmɑ̃] *adv* (*gratuitement*) unentgeltlich
gracieux, -euse [gʀasjø, -jøz] *adj* anmutig
gradation [gʀadasjɔ̃] *f* schrittweise Steigerung
grade [gʀad] *m* Dienstgrad *m;* UNIV Grad *m;* (*de capitaine*) Rang *m;* **monter en ~** befördert werden
gradé, e [gʀade] *m, f* unterer Dienstgrad
gradins [gʀadɛ̃] *mpl* Ränge *Pl*
graduation [gʀadɥasjɔ̃] *f* Gradeinteilung *f*
gradué, e [gʀadɥe] *adj* abgestuft
graduel, le [gʀadɥɛl] *adj* allmählich
graduellement [gʀadɥɛlmɑ̃] *adv* ❶ (*par degrés*) Schritt für Schritt ❷ (*peu à peu*) allmählich
graduer [gʀadɥe] <1> *vt* graduieren; **gradué** mit einer Skala
graffiti [gʀafiti] <[s]> *m* Graffiti *nt*
graillon [gʀɑjɔ̃] *m* Geruch *m* von Bratfett
grain [gʀɛ̃] *m* ❶ *sing o pl* Korn *nt;* **~ de beauté** Leberfleck *m* ❷ (*graine*) Körnchen *nt;* (*pour les poules*) Körner *Pl;* **~ de café** Kaffeebohne *f;* **~ de raisin** [Wein]traube *f;* **en ~s** (*café, poivre*) ungemahlen ❸ (*particule*) Korn *nt,* Körnchen *nt* ❹ *sans pl* (*petite quantité*) Spur *f* ►**avoir un ~** *fam* eine Meise haben
graine [gʀɛn] *f* Samen *m;* AGR Saatgut *nt*
graissage [gʀɛsaʒ] *m* Schmieren *nt*
graisse [gʀɛs] *f* Fett *nt;* TECH Schmierfett *nt*
graisser [gʀese] <1> *vt* TECH schmieren
graisseux, -euse [gʀɛsø, -øz] *adj* fettig
grammaire [gʀa(m)mɛʀ] *f* Grammatik *f*
grammatical, e [gʀamatikal, o] <-aux> *adj* grammatisch

G

grammaticalement [gʀamatikalmɑ̃] *adv* grammati[kali]sch

gramme [gʀam] *m* Gramm *nt*

grand, e [gʀɑ̃, ɑ̃d] **I.** *adj* ① groß; (*arbre*) hoch; (*jambe, avenue*) lang; (*format, entreprise*) Groß-; ~ **magasin** Kaufhaus *nt* ② (*buveur, fumeur*) stark; (*collectionneur*) eifrig ③ (*bruit, cri*) laut; (*coup*) gewaltig ④ (*vin*) besondere(r, s); (*homme*) bedeutend ⑤ (*respectable*) nobel; **la "~e Nation"** die „große Nation" (*Name für Frankreich*); **~es écoles** Elite-Hochschulen *Pl* ⑥ (*exagéré*) **employer de ~s mots** große Worte machen; **prendre de ~s airs** vornehm tun **II.** *adv* ~ **ouvert** ganz weit aufgemacht; **voir** ~ großzügig planen **III.** *m, f* ① Große(r) *f(m)* ② (*personne importante*) **un ~ du football** ein bedeutender Fußballspieler

> Die **grandes écoles** sind Hochschulen unterschiedlicher Fachrichtungen. Um an ihnen studieren zu können, muss man bereits ein zweijähriges Universitätsstudium oder einen ebenso langen Vorbereitungskurs *(les classes préparatoires)* vorweisen können. Außerdem muss man sich einem strengen Auswahlverfahren stellen. Die Absolventinnen und Absolventen dieser Hochschulen sind bei der Besetzung von Führungspositionen in Politik und Wirtschaft sehr gefragt.

grand-angle [gʀɑ̃tɑ̃gl] <grands-angles> *m* Weitwinkel *m* **grand-chose** [gʀɑ̃ʃoz] **pas** ~ nicht viel **grand-duc** [gʀɑ̃dyk] <grands-ducs> *m* Großherzog *m* **grand-duché** [gʀɑ̃dyʃe] <grands-duchés> *m* Großherzogtum *nt*

Grande-Bretagne [gʀɑ̃dbʀətaɲ] *f* **la** ~ Großbritannien *nt*

grandement [gʀɑ̃dmɑ̃] *adv* sehr; (*avoir raison*) völlig; **contribuer ~ à qc** einen großen Beitrag zu etw leisten

grandeur [gʀɑ̃dœʀ] *f* Größe *f*; **de quelle ~ est ...?** wie groß ist ...?; **de même** ~ gleich groß

grandiloquence [gʀɑ̃dilɔkɑ̃s] *f* hochtrabende Ausdrucksweise

grandiloquent, e [gʀɑ̃dilɔkɑ̃, ɑ̃t] *adj* schwülstig; (*personne*) hochtrabend redend

grandiose [gʀɑ̃djoz] *adj* großartig

grandir [gʀɑ̃diʀ] <8> **I.** *vi* (auf)wachsen; ~ **de dix centimètres** zehn Zentimeter wachsen **II.** *vt* (*personne*) größer machen; (*chose*) vergrößern **III.** *vpr* **se** ~ sich größer machen

grandissant, e [gʀɑ̃disɑ̃, ɑ̃t] *adj* wachsend

grand-mère [gʀɑ̃mɛʀ] <grand[s]-mères> *f* Großmutter *f* **grand-messe** [gʀɑ̃mɛs] <grand[s]-messes> *f* Hochamt *nt* **grand-oncle** [gʀɑ̃tɔ̃kl] <grands-oncles> *m* Großonkel *m* **grand-peine** [gʀɑ̃pɛn] ▸**avoir ~ à faire qc** Mühe haben etw zu tun; **à** ~ mit Mühe und Not **grand-père** [gʀɑ̃pɛʀ] <grands-pères> *m* Großvater *m* **grand-rue** [gʀɑ̃ʀy] <grand-rues> *f* Hauptstraße *f*

grands-parents [gʀɑ̃paʀɑ̃] *mpl* Großeltern *Pl*

grand-tante [gʀɑ̃tɑ̃t] <grands-tantes> *f* Großtante *f* **grand-voile** [gʀɑ̃vwal] <grand[s]-voiles> *f* Großsegel *nt*

grange [gʀɑ̃ʒ] *f* Scheune *f*

granit[e] [gʀanit] *m* Granit *m*

granitique [gʀanitik] *adj* Granit-

granulé [gʀanyle] *m* Granulat *nt*

granuleux, -euse [gʀanylø, -øz] *adj* körnig

graphe [gʀaf] *m* Graph *m*

graphie [gʀafi] *f* Schreibweise *f*

graphique [gʀafik] **I.** *adj* grafisch **II.** *m* Schaubild *nt*

graphisme [gʀafism] *m* ART Zeichenstil *m*

graphiste [gʀafist] *mf* Grafiker(in) *m(f)*

graphite [gʀafit] *m* Graphit *m*

graphologue [gʀafɔlɔg] *mf* Graphologe/Graphologin *m/f*

grappe [gʀap] *f* Traube *f*; ~ **de raisin** Weintraube

grappiller [gʀapije] <1> *vt* (*nouvelles*) aufschnappen (*fam*)

grappin [gʀapɛ̃] *m* ▸**mettre le ~ sur qn** *fam* jdn nicht aus den Klauen lassen

gras [gʀɑ] **I.** *m a.* GASTR Fett *nt* **II.** *adv* fett

gras, se [gʀɑ, gʀɑs] *adj* ① (*formé de graisse*) fett; **40 % de matières ~ses** 40 % Fett *nt* ② (*graisseux*) fettig; (*terre, boue*) lehmig ③ (*toux*) schleimig; **en [caractère]** ~ fett gedruckt ④ BOT (*plante*) Fett-

gras-double [gʀɑdubl] <gras-doubles> *m* Kutteln *Pl*

grassement [gʀɑsmɑ̃] *adv* (*payer*) reichlich

grassouillet, te [gʀasujɛ, jɛt] *adj fam* pummelig

gratifiant, e [gʀatifjɑ̃, jɑ̃t] *adj* (*travail*) befriedigend

gratification [gʀatifikasjɔ̃] *f* Gratifikation *f*
gratifier [gʀatifje] <1> *vt* ~ **qn d'une récompense** jdm eine Belohnung zuteilwerden lassen
gratin [gʀatɛ̃] *m* ❶ GASTR Gratin *nt* ❷ *sans pl, fam* (*haute société*) Crème *f* de la crème (*iron*)
gratiné, e [gʀatine] *adj* GASTR überbacken
gratinée [gʀatine] *f: mit Käse überbackene Zwiebelsuppe*
gratiner [gʀatine] <1> *vt* [**faire**] ~ **qc** etw überbacken
gratis [gʀatis] *adj adv fam* gratis
gratitude [gʀatityd] *f* Dankbarkeit *f*
gratte-ciel [gʀatsjɛl] *m inv* Wolkenkratzer *m*
grattement [gʀatmɑ̃] *m* Kratzen *nt*
gratte-papier [gʀatpapje] <gratte-papier[s]> *mf péj* schlecht bezahlter Kopist
gratter [gʀate] <1> **I.** *vi* ❶ (*racler*) kratzen ❷ (*récurer*) scheuern **II.** *vt* ❶ (*mur, table*) abkratzen; ~ **le dos à qn** jdn am Rücken kratzen ❷ (*démanger*) kratzen; ~ **qn** (*cicatrice*) jdn jucken; **ça me gratte à la jambe** mein Bein juckt **III.** *vpr* **se** ~ **qc** sich an etw (*dat*) kratzen; **se** ~ **jusqu'au sang** sich blutig kratzen
gratuit, e [gʀatɥi, ɥit] *adj* ❶ (*entrée*) frei; (*consultation*) kostenlos; (*supplément*) Gratis-; **à titre** ~ kostenlos ❷ (*accusation*) grundlos; (*acte*) unmotiviert
gratuité [gʀatɥite] *f* ❶ ~ **de l'enseignement** Schulgeldfreiheit *f* ❷ (*d'un acte*) Unmotiviertheit *f*
gratuitement [gʀatɥitmɑ̃] *adv* kostenlos; (*entrer, voyager*) ohne etwas zu bezahlen
gravats [gʀavɑ] *mpl* [Bau]schutt *m*
grave [gʀav] *adj* ❶ ernst; (*accident*) schwer; (*ennuis*) ernsthaft; (*faute*) schwerwiegend; (*nouvelles*) schlimm; **blessé** ~ Schwerverletzter *m;* **ce n'est pas** ~ das ist nicht schlimm ❷ LING **accent** ~ Accent *m* grave ❸ (*son, note, voix*) tief
gravement [gʀavmɑ̃] *adv* (*fortement*) schwer
graver [gʀave] <1> *vt* ❶ (ein)gravieren; ~ **qc sur/dans qc** etw in etw (*akk*) [ein]ritzen ❷ *fig* ~ **qc dans sa mémoire** sich (*dat*) etw fest einprägen
graveur [gʀavœʀ] *m* ~ **de CD** CD-Brenner *m*
graveur, -euse [gʀavœʀ, -øz] *m, f* ART Graveur(in) *m(f)*
gravier [gʀavje] *m* Kies *m*
gravillon [gʀavijɔ̃] *m* Splitt *m;* AUT Rollsplitt
gravir [gʀaviʀ] <8> *vt* klettern auf (+ *akk*)
gravitation [gʀavitasjɔ̃] *f* Gravitation *f*
gravité [gʀavite] *f* ❶ (*d'une situation*) Ernst *m;* (*d'une faute*) Schwere *f* ❷ PHYS Schwerkraft *f*
graviter [gʀavite] <1> *vi* ~ **autour de qc** um etw kreisen
gravure [gʀavyʀ] *f* ❶ *sans pl* (*technique*) Gravieren *nt;* (*à l'eau-forte*) Radieren *nt* ❷ (*œuvre*) Gravur *f;* (*sur cuivre*) Kupferstich *m;* (*sur bois*) Holzschnitt *m;* (*à l'eau-forte*) Radierung *f* ❸ (*reproduction*) Stich *m*
gré [gʀe] ▶**de mon/son <u>plein</u>** ~ aus freien Stücken; **<u>au</u>** ~ **de** je nach (+ *dat*)
grec [gʀɛk] *m* **le** ~ **ancien/moderne** Alt-/Neugriechisch *nt; v.a.* **allemand**
grec, grecque [gʀɛk] *adj* griechisch; *v.a.* **allemand**
Grec, Grecque [gʀɛk] *m, f* Grieche/Griechin *m/f*
Grèce [gʀɛs] *f* **la** ~ Griechenland *nt*
gréco-romain, e [gʀekoʀɔmɛ̃, ɛn] <gréco-romains> *adj* griechisch-römisch
grecque [gʀɛk] *f* (*ornement*) Mäander *m*
greffe [gʀɛf] *f* MED Transplantation *f*
greffer [gʀefe] <1> *vt* transplantieren
greffier, -ière [gʀefje, -jɛʀ] *m, f* Justizbeamter/-beamtin *m/f*
greffon [gʀefɔ̃] *m* BOT Pfropfreis *nt*
grégaire [gʀegɛʀ] *adj* **instinct** ~ Herdentrieb *m*
grégorien, ne [gʀegɔʀjɛ̃, jɛn] *adj* gregorianisch
grêle [gʀɛl] *f* Hagel *m*
grêlé, e [gʀele] *adj* pockennarbig
grêler [gʀele] <1> *vi impers* **il grêle** es hagelt
grêlon [gʀɛlɔ̃] *m* Hagelkorn *nt*
grelot [gʀəlo] *m* Glöckchen *nt*
grelotter [gʀəlɔte] <1> *vi* ~ **de qc** vor etw (*dat*) zittern
grenade [gʀənad] *f* ❶ MIL Granate *f* ❷ BOT Granatapfel *m*
grenadine [gʀənadin] *f* Grenadine *f*
grenat [gʀəna] *adj inv* granatfarben
grenier [gʀənje] *m* [Dach]boden *m*
grenouille [gʀənuj] *f* Frosch *m*
grenouillère [gʀənujɛʀ] *f* Strampelhose *f*
grès [gʀɛ] *m* (*roche*) Sandstein *m*
grésil [gʀezil] *m* Graupeln *Pl*

G

grésillement [gʀezijmɑ̃] *m* Rauschen *nt*
grésiller [gʀezije] <1> *vi* brutzeln
grève [gʀɛv] *f* Streik *m*; **appel à la ~** Streikaufruf *m*; **~ de la faim** Hungerstreik; **être en ~, faire ~** streiken; **se mettre en ~** in den Streik treten
grever [gʀəve] <4> *vt* **~ de qc** mit etw belasten
gréviste [gʀevist] *mf* Streikende(r) *f(m)*
gribouillage [gʀibujaʒ] *m* Gekritzel *nt*
gribouiller [gʀibuje] <1> *vt, vi* kritzeln
grief [gʀijɛf] *m* Klage[punkt *m*] *f*; **nourrir des ~s contre qn** einen Groll gegen jdn hegen
grièvement [gʀijɛvmɑ̃] *adv* schwer
griffe [gʀif] *f* ❶ Kralle *f* ❷ (*marque*) Markenzeichen *nt* ❸ (*signature*) Unterschrift *f*
griffé, e [gʀife] *adj* **vêtements ~s** Markenkleidung *f*
griffer [gʀife] <1> *vt* (*personne*) kratzen; (*visage, voiture*) zerkratzen
griffonner [gʀifɔne] <1> *vt, vi* kritzeln
griffure [gʀifyʀ] *f* Kratzer *m*
grignoter [gʀiɲɔte] <1> **I.** *vi* (*personne*) eine Kleinigkeit essen; (*animal*) knabbern **II.** *vt* ❶ **~ qc** (*personne*) etw knabbern; (*animal*) an etw (+ *dat*) nagen ❷ (*capital*) aufzehren
grigou [gʀigu] *m fam* Geizkragen *m*
gril [gʀil] *m* Grill *m*
grillade [gʀijad] *f* Gegrillte(s) *nt*; **faire des ~s** grillen
grillage [gʀijaʒ] *m* Gitter *nt*; (*clôture*) Drahtzaun *m*
grillager [gʀijaʒe] <2a> *vt* (*fenêtre*) vergittern
grille [gʀij] *f* ❶ (*clôture*) Drahtzaun *m* ❷ (*porte*) Gittertür *f* ❸ (*treillis*) Gitter *nt*; (*d'un four*) Rost *m* ❹ (*tableau*) Tabelle *f*; **~ d'horaires** Stundenplan *m*
grille-pain [gʀijpɛ̃] *m inv* Toaster *m*
griller [gʀije] <1> *vt* ❶ grillen; (*café, châtaignes*) rösten; (*pain*) toasten ❷ (*soleil, feu*) verbrennen ❸ ELEC **être grillé** durchgebrannt sein ❹ (*feu rouge*) überfahren
grillon [gʀijɔ̃] *m* Grille *f*
grimace [gʀimas] *f* Grimasse *f*; **faire la ~** das Gesicht verziehen; **faire des ~s** Grimassen schneiden
grimacer [gʀimase] <2> *vi* Grimassen schneiden; **~ de douleur** das Gesicht vor Schmerz (*dat*) verziehen
grimoire [gʀimwaʀ] *m* Zauberbuch *nt*
grimpant, e [gʀɛ̃pɑ̃, ɑ̃t] *adj* **rosier ~** Kletterrose *f*
grimper [gʀɛ̃pe] <1> **I.** *vi* ❶ **~ sur le toit/à l'arbre/à l'échelle** auf das Dach/den Baum/die Leiter klettern; **~ le long de qc** (*plante*) sich an etw (*dat*) emporranken ❷ (*monter*) **~ dans la montagne** (*route*) bergauf führen ❸ (*augmenter*) klettern **II.** *vt* (*escalier*) hinaufsteigen; (*côte*) hinaufklettern; (*à vélo, en voiture*) hinauffahren
grimpette [gʀɛ̃pɛt] *f fam* kurzer Aufstieg
grimpeur, -euse [gʀɛ̃pœʀ, -øz] *m, f* (*alpiniste*) Kletterer/Kletterin *m/f*
grinçant, e [gʀɛ̃sɑ̃, ɑ̃t] *adj* (*ton*) schrill; (*humour*) beißend
grincement [gʀɛ̃smɑ̃] *m* (*d'une roue, porte*) Quietschen *nt*
grincer [gʀɛ̃se] <2> *vi* quietschen; (*parquet*) knarren; (*craie*) kratzen ►**~ des dents** mit den Zähnen knirschen
grincheux, -euse [gʀɛ̃ʃø, -øz] **I.** *adj* (*enfants*) quengelig (*fam*); (*personne*) griesgrämig **II.** *m, f* Griesgram *m*
gringalet [gʀɛ̃galɛ] *m péj* mickriges Kerlchen (*fam*)
griotte [gʀijɔt] *f* Weichselkirsche *f*
grippal, e [gʀipal, o] <-aux> *adj* grippal
grippe [gʀip] *f* Grippe *f*; **~ intestinale** Darmgrippe
grippé, e [gʀipe] *adj* grippekrank
gripper [gʀipe] <1> *vi, vpr* [**se**] **~** klemmen; (*moteur*) sich festfressen
grippe-sou [gʀipsu] <grippe-sous> *m fam* Pfennigfuchser(in) *m(f)*
gris, e [gʀi, gʀiz] *adj* **a.** METEO grau; (*temps*) trüb
grisaille [gʀizɑj] *f* ❶ Eintönigkeit *f* ❷ (*du paysage*) Grau *nt*
grisant, e [gʀizɑ̃, ɑ̃t] *adj* berauschend
grisâtre [gʀizɑtʀ] *adj* gräulich
gris-bleu [gʀiblø] *adj inv* blaugrau
grisé [gʀize] *m* Schraffur *f*
griser [gʀize] <1> *vt, vi* berauschen; **~ [qn]** (*vin*) [jdn] betrunken machen; (*flatteries, succès*) [jdm] zu Kopf steigen
griserie [gʀizʀi] *f* Rausch *m*
grisonnant, e [gʀizɔnɑ̃, ɑ̃t] *adj* (*personne*) leicht ergraut; (*cheveux, tempes*) grau meliert
grisonner [gʀizɔne] <1> *vi* ergrauen
Grisons [gʀizɔ̃] *mpl* **les ~** Graubünden *nt*

grisou [gʀizu] *m* **coup de ~** Schlagwetterexplosion *f*
gris-vert [gʀivɛʀ] *adj inv* graugrün
grive [gʀiv] *f* Drossel *f*
grivois, e [gʀivwa, waz] *adj* schlüpfrig
grizzli, grizzly [gʀizli] *m* Grislibär *m*
grog [gʀɔg] *m* Grog *m*
groggy [gʀɔgi] *adj inv, fam* groggy
grogne [gʀɔɲ] *f* Murren *nt*
grognement [gʀɔɲmɑ̃] *m* (*du chien*) Knurren *nt;* (*du cochon*) Grunzen *nt;* (*de l'ours*) Brummen *nt;* (*d'une personne*) Murren *nt*
grogner [gʀɔɲe] <1> *vi* ❶ (*chien*) knurren; (*cochon*) grunzen; (*ours*) brummen ❷ (*ronchonner*) murren; (*enfant*) quengeln (*fam*); **~ après qn** über jdn maulen (*fam*)
grognon, ne [gʀɔɲɔ̃, ɔn] *adj* mürrisch; (*enfant*) quengelig
groin [gʀwɛ̃] *m* Schnauze *f*
grommeler [gʀɔmle] <3> *vi* murren
grondement [gʀɔ̃dmɑ̃] *m* (*du tonnerre*) Grollen *nt;* (*d'un moteur*) Dröhnen *nt;* (*d'un chien*) Knurren *nt*
gronder [gʀɔ̃de] <1> **I.** *vi* ❶ grollen; (*chien*) knurren ❷ (*révolte*) gären **II.** *vt* schimpfen mit
groom [gʀum] *m* Page *m*
gros [gʀo] **I.** *m* ❶ COM **de/en ~** Groß-; **prix de ~** Großhandelspreis *m* ❷ (*plus grande partie*) **le ~ du travail** der Großteil der Arbeit; **le ~ de la troupe** das Gros der Truppe ►**en ~** COM en gros; (*à peu près*) ungefähr; (*dans l'ensemble*) im Großen und Ganzen; (*schématiquement*) in groben Zügen **II.** *adv* ❶ (*beaucoup*) viel; (*jouer, parier*) mit hohem Einsatz ❷ (*écrire*) groß
gros, se [gʀo, gʀos] **I.** *adj* ❶ (*manteau, couverture*) dick; (*poitrine, lèvres*) voll; **~ comme le poing** faustgroß ❷ (*de taille supérieure*) groß; **en ~ caractères** in großen Buchstaben ❸ (*corpulent*) dick ❹ (*averse, fièvre*) stark; (*appétit*) groß; (*soupir*) schwer; (*voix*) laut; **~ses bises** viele Grüße/Küsse! ❺ (*faute, dépenses*) groß; (*dégâts, travaux*) schwer; **~ client** Großkunde *m* ❻ (*buveur, mangeur*) stark; (*fainéant*) groß; **~ malin** Schlaumeier *m* (*fam*) ❼ (*peu raffiné*) grob; (*plaisanterie a.*) derb; **~ rouge** billiger Rotwein ❽ (*travaux*) schwer ❾ (*mer*) bewegt **II.** *m, f* Dicke(r) *f(m)*
groseille [gʀozɛj] *f* Johannisbeere *f*
groseillier [gʀozeje] *m* Johannisbeerstrauch *m*
gros-porteur [gʀopɔʀtœʀ] <gros-porteurs> *adj* **avion ~** Großraumflugzeug *nt*
grossesse [gʀosɛs] *f* Schwangerschaft *f*
grosseur [gʀosœʀ] *f* Dicke *f;* (*d'un caillou*) Größe *f*
grossier, -ière [gʀosje, -jɛʀ] *adj* ❶ (*imparfait*) grob; (*réparation*) notdürftig; (*imitation*) schlecht; (*manières*) ungehobelt; (*personne*) unkultiviert; (*plaisanterie*) plump ❷ (*personne*) flegelhaft; **quel ~ personnage!** was für ein Flegel! ❸ *postposé* (*vulgaire*) derb
grossièrement [gʀosjɛʀmɑ̃] *adv* ❶ grob; (*emballer, réparer*) notdürftig; (*exécuter*) oberflächlich; (*imiter*) schlecht ❷ (*de façon impolie*) flegelhaft; (*répondre*) grob; (*insulter*) wüst
grossièreté [gʀosjɛʀte] *f sans pl* Grobheit *f*
grossir [gʀosiʀ] <8> **I.** *vi* (*personne, nombre*) zunehmen; (*ganglions, nuage, foule*) größer werden; (*fruit, tumeur*) wachsen; (*bruit*) lauter werden; **faire ~** (*sucre*) dick machen **II.** *vt* ❶ (*rendre plus gros*) dick machen; **~ qn/qc** (*loupe, microscope*) jdn/etw vergrößern ❷ (*foule, nombre de chômeurs*) anwachsen lassen; (*équipe*) verstärken ❸ (*événement, fait*) übertreiben
grossissant, e [gʀosisɑ̃, ɑ̃t] *adj* (*flot*) ansteigend
grossissement [gʀosismɑ̃] *m* ❶ (*d'une personne*) Gewichtszunahme *f;* (*d'une tumeur*) Größerwerden *nt* ❷ OPT Vergrößerung *f*
grossiste [gʀosist] *mf* Großhändler(in) *m(f)*
grosso modo [gʀosomɔdo] im Großen und Ganzen; (*expliquer, décrire*) in groben Zügen; (*calculer, estimer*) ungefähr
grotesque [gʀɔtɛsk] *adj* grotesk
grotte [gʀɔt] *f* Höhle *f;* (*artificielle, peu profonde*) Grotte *f*
grouillant, e [gʀujɑ̃, jɑ̃t] *adj* (*foule, masse*) wimmelnd
grouiller [gʀuje] <1> **I.** *vi* (*foule*) lebhaft durcheinanderlaufen **II.** *vpr fam* **se ~** schnell machen
groupe [gʀup] *m* ❶ Gruppe *f;* **par ~s de quatre** in Vierergruppen ❷ MUS Band *f;* **~ de rock** Rockgruppe *f* ❸ POL **~ parlementaire** ≈ Fraktion *f* ❹ ECON Konzern *m* ❺ MED **~ sanguin** Blutgruppe *f*
groupement [gʀupmɑ̃] *m* (*d'entreprises*) Zusammenschluss *m;* **~ syndical/professionnel** Gewerkschafts-/Berufsverband *m*

grouper [gʀupe] <1> **I.** *vt* ❶ (*personnes*) in Gruppen einteilen ❷ (*classer*) ordnen **II.** *vpr* **se ~ autour de qn** sich um jdn gruppieren
groupie [gʀupi] *mf* Groupie *nt*
groupuscule [gʀupyskyl] *m péj* Splittergruppe *f*
gruau [gʀyo] <x> *m* Grütze *f*
grue [gʀy] *f* TECH Kran *m*
gruger [gʀyʒe] <2a> *vt* betrügen
grumeau [gʀymo] <x> *m* Klümpchen *nt*
grumeleux, -euse [gʀym(ə)lø, -øz] *adj* GASTR klumpig
grunge [gʀœnʒ] **I.** *adj* grungig **II.** *mf* Grunger(in) *m(f)*
grungy *adj inv fam* **être ~** im Grunge-Look herumlaufen
grutier, -ière [gʀytje, -jɛʀ] *m, f* Kranführer(in) *m(f)*
gruyère [gʀyjɛʀ] *m* Greyerzer *m*
Guadeloupe [gwadlup] *f* **la ~** [die Insel] Guadeloupe
gué [ge] *m* Furt *f;* **traverser une rivière à ~** eine Furt durchqueren
guenilles [gənij] *fpl* Lumpen *Pl*
guenon [gənɔ̃] *f* Affenweibchen *nt; v.a.* **singe**
guépard [gepaʀ] *m* Gepard *m*
guêpe [gɛp] *f* Wespe *f*
guêpier [gepje] *m* Wespennest *nt* ►**se fourrer dans un ~** in Schwierigkeiten geraten
guère [gɛʀ] *adv* ❶ (*pas beaucoup*) **ne ~ manger** kaum essen; **ne plus ~ lire** kaum noch lesen; **n'être ~ poli** nicht besonders höflich sein; **ne ~ se soucier de qc** sich nicht sehr um etw sorgen ❷ (*pas souvent*) **ne faire plus ~ qc** etw nur noch selten tun
guéridon [geʀidɔ̃] *m* rundes[, einbeiniges] Tischchen
guérilla [geʀija] *f* Guerillakrieg *m*
guérir [geʀiʀ] <8> **I.** *vt* ❶ MED heilen; **~ qn d'une maladie** jdn von einer Krankheit heilen ❷ PSYCH **~ qn de sa timidité** jdn von seiner Schüchternheit befreien **II.** *vi* wieder gesund werden; (*plaie, blessure*) heilen; (*rhume*) weggehen **III.** *vpr* MED **se ~** sich erfolgreich behandeln lassen; (*tout seul*) sich kurieren
guérison [geʀizɔ̃] *f* Genesung *f;* (*d'une blessure*) Heilung *f*
guérissable [geʀisabl] *adj* (*maladie*) heilbar
guérisseur, -euse [geʀisœʀ, -øz] *m, f* Heilpraktiker(in) *m(f)*
guérite [geʀit] *f* MIL Schilderhäuschen *nt*
guerre [gɛʀ] *f* ❶ Krieg *m;* **~ civile** Bürgerkrieg; **la Première/Seconde Guerre mondiale** der Erste/Zweite Weltkrieg; **l'après-~** die Nachkriegszeit; **ministre de la ~** Kriegsminister *m;* **déclarer la ~** den Krieg erklären; **faire la ~ à qn/à un pays** gegen jdn/ein Land Krieg führen ❷ *fig* **faire la ~ à qc** etw bekämpfen ►**à la ~ comme à la ~** es gibt Schlimmeres
guerrier, -ière [gɛʀje, -jɛʀ] **I.** *adj* kriegerisch **II.** *m, f* Krieger(in) *m(f)*
guet [gɛ] ►**faire le ~** aufpassen
guet-apens [gɛtapɑ̃] *m inv* Hinterhalt *m*
guêtre [gɛtʀ] *f* Gamasche *f*
guetter [gete] <1> *vt* ❶ **~ une proie** einer Beute auflauern ❷ (*occasion, signal*) abwarten; **~ qn/qc** nach jdm/etw Ausschau halten
guetteur [getœʀ] *m* MIL Wach[t]posten *m*
gueulante [gœlɑ̃t] *f* ►**pousser une ~** *fam* eine Schimpfkanonade loslassen
gueule [gœl] *f* ❶ (*bouche d'un animal*) Maul *nt* ❷ *fam* (*figure*) Fresse *f* (*vulg*); **avoir une bonne/sale ~** nett/fies aussehen ❸ *fam* (*bouche humaine*) **avoir une grande ~** eine große Klappe haben; **être une grande ~** ein Großmaul sein; [**ferme**] **ta ~!** halt die Klappe! ►**avoir la ~ de bois** *fam* einen Kater haben; **casser la ~ à qn** *fam* jdm eins in die Fresse hauen (*vulg*); **se casser la ~** *fam* (*personne*) hinfliegen; **faire la ~ à qn** *fam* auf jdn sauer sein; **se fendre la ~** *fam* sich kaputtlachen
gueule-de-loup [gœldəlu] <gueules-de-loup> *f* BOT Löwenmäulchen *nt*
gueuler [gœle] <1> *vi, vt fam* (*crier*) brüllen
gueuleton [gœltɔ̃] *m fam* Fressgelage *nt*
gui [gi] *m* Mistel *f*
guichet [giʃɛ] *m* Schalter *m*
guichetier, -ière [giʃ(ə)tje, -jɛʀ] *m, f* Schalterbeamte(r) *m*/-beamtin *f*
guide [gid] **I.** *mf* Führer(in) *m(f)* **II.** *m* (*livre*) **~ touristique** Reiseführer
guider [gide] <1> *vt* führen
guidon [gidɔ̃] *m* Lenker *m*
guigne [giɲ] *f fam* Pech *nt*
guigner [giɲe] <1> *vt* **~ qn/qc** einen verstohlenen Blick auf jdn/etw werfen
guignol [giɲɔl] *m* Kasper *m*
guili [gili] *m* **faire des ~s à qn** *fam* [bei] jdm killekille machen

guili-guili [giligili] *inv* **faire ~ à qn** *fam* [bei] jdm killekille machen
guillemets [gijmɛ] *mpl* Anführungszeichen *Pl;* **entre ~** in Anführungszeichen
guilleret, te [gijʀɛ, ɛt] *adj* (*gai*) munter
guillotine [gijɔtin] *f* Guillotine *f,* Fallbeil *nt*
guillotiner [gijɔtine] <1> *vt* guillotinieren
guimauve [gimov] *f* ❶ [**pâte de**] ~ *den Marshmallows ähnelnde Süßigkeit aus Schaumzucker* ❷ BOT Eibisch *m*
guindé, e [gɛ̃de] *adj* steif
Guinée [gine] *f* **la ~** Guinea *nt*
guingois [gɛ̃gwa] ►**de ~** schief
guinguette [gɛ̃gɛt] *f* Heurige *m* (A) *Gartenwirtschaft und Tanzlokal außerhalb der Stadt*
guirlande [giʀlɑ̃d] *f* Girlande *f*
guise [giz] ►**à ma/sa ~** wie es mir/ihm/ihr passt; **en ~ de** als
guitare [gitaʀ] *f* Gitarre *f*
guitariste [gitaʀist] *mf* Gitarrist(in) *m(f)*
gus [gys] *m fam* Kerl *m*
gustatif, -ive [gystatif, -iv] *adj* Geschmacks-
guttural, e [gytyʀal, o] <-aux> *adj* guttural
Guyane [gɥijan] *f* **la ~** Guyana *nt*
gym [ʒim] *f fam abr de* **gymnastique**
gymnase [ʒimnɑz] *m* Turnhalle *f*
gymnaste [ʒimnast] *mf* Turner(in) *m(f)*
gymnastique [ʒimnastik] *f* (*sport*) Turnen *nt;* (*exercices*) Gymnastik *f;* (*discipline*) Kunstturnen *nt*
gynéco [ʒineko] *mf fam abr de* **gynécologue**
gynécologie [ʒinekɔlɔʒi] *f* Frauenheilkunde *f*
gynécologique [ʒinekɔlɔʒik] *adj* gynäkologisch
gynécologue [ʒinekɔlɔg] *mf* Frauenarzt/-ärztin *m/f*
gypse [ʒips] *m* Gips *m*
gyrophare [ʒiʀofaʀ] *m* Blaulicht *nt*

Hh

H, h [aʃ] *m inv* H *nt,* h *nt;* **le ~ muet** das stumme H
h *abr de* **heure**
ha [ˊa] *abr de* **hectare** ha

habile [abil] *adj* geschickt
habilement [abilmɑ̃] *adv* geschickt
habileté [abilte] *f* Geschicklichkeit *f;* (*dextérité*) Fingerfertigkeit *f*
habilitation [abilitasjɔ̃] *f* JUR Ermächtigung *f*
habiliter [abilite] <1> *vt* **~ qn à faire qc** jdn ermächtigen, etw zu tun
habillé, e [abije] *adj* **bien/mal ~** gut/schlecht gekleidet
habillement [abijmɑ̃] *m* Kleidung *f*
habiller [abije] <1> **I.** *vt* anziehen **II.** *vpr* ❶ **s'~** sich anziehen; **s'~ de qc** sich in etw kleiden ❷ (*se déguiser*) **s'~ en qc** sich als etw verkleiden
habilleur, -euse [abijœʀ, -jøz] *m, f* THEAT Garderobier/Garderobiere *m/f*
habit [abi] *m* ❶ *pl* Kleider *Pl* ❷ (*costume de fête*) Frack *m*
habitable [abitabl] *adj* bewohnbar
habitacle [abitakl] *m* ❶ AUT Fahrgastzelle *m* ❷ AVIAT Cockpit *nt*
habitant, e [abitɑ̃, ɑ̃t] *m, f* Einwohner(in) *m(f);* (*d'une maison, île*) Bewohner(in) *m(f)*
habitat [abita] *m* ❶ BOT Standort *m* ❷ ZOOL Lebensraum *m* ❸ GEO Siedlungsform *f*
habitation [abitasjɔ̃] *f* Behausung *f;* **~ à loyer modéré** Sozialwohnung *f;* (*immeuble*) Wohnblock *m* mit Sozialwohnungen
habiter [abite] <1> **I.** *vi* wohnen; **~ à la campagne/en ville/à Rennes** auf dem Land/in der Stadt/in Rennes wohnen; **~ dans un appartement/une maison** in einer Wohnung/einem Haus wohnen **II.** *vt* **~ qc** in etw wohnen; **~ [le] 17, rue Leblanc** in der Rue Leblanc [Nummer] 17 wohnen
habitude [abityd] *f* ❶ (*pratique*) Gewohnheit *f;* (*manie*) Angewohnheit *f;* **avoir l'~ de qc** an etw (*akk*) gewöhnt sein; **d'~** gewöhnlich ❷ (*coutume*) Brauch *m*
habitué, e [abitɥe] *m, f* (*d'un magasin*) Stammkunde/-kundin *m/f;* (*d'un café*) Stammgast *m*
habituel, le [abitɥɛl] *adj* üblich
habituellement [abitɥɛlmɑ̃] *adv* gewöhnlich
habituer [abitɥe] <1> **I.** *vt* ❶ **~ qn/un animal à qc** jdn/ein Tier an etw (*akk*) gewöhnen ❷ (*avoir l'habitude*) **être habitué à qc** an etw (*akk*) gewöhnt sein **II.** *vpr* **s'~ à qn/qc** sich an jdn/etw gewöhnen
hâbleur, -euse [ˊɑblœʀ, -øz] *m, f* Aufschneider(in) *m(f)*

hache [ˊaʃ] *f* Axt *f*
haché, e [ˊaʃe] *adj* Hack-
hacher [ˊaʃe] <1> *vt* (*fines herbes, légumes*) zerkleinern; (*viande*) durch [den Wolf] drehen
hachis [ˊaʃi] *m* Mett *nt*
hachisch [ˊaʃiʃ] *m v.* **haschich**
hachoir [ˊaʃwaʀ] *m* ❶ (*couteau*) Hackbeil *nt;* (*avec lame courbe*) Wiegemesser *nt* ❷ (*machine*) ~ **à viande** Fleischwolf *m*
hachurer [ˊaʃyʀe] <1> *vt* schraffieren
hachures [ˊaʃyʀ] *fpl* Schraffierung *f*
hacker [ˊakœʀ] *m* INFORM Hacker *m*
haddock [ˊadɔk] *m* geräucherter Schellfisch
hagard, e [ˊagaʀ, aʀd] *adj* verstört
haie [ˊɛ] *f* ❶ (*clôture*) Hecke *f* ❷ SPORT Hürde *f*
haillons [ˊɑjɔ̃] *mpl* Lumpen *Pl*
Hainaut [ˊɛno] *m* **le** ~ der Hennegau
haine [ˊɛn] *f* Hass *m;* **la ~ de qc** der Hass auf etw (*akk*)
haineusement [ˊɛnøzmɑ̃] *adv* (*regarder*) hasserfüllt
haineux, -euse [ˊɛnø, -øz] *adj* hasserfüllt
haï, e [ˊai] *part passé de* **haïr**
haïr [ˊaiʀ] <irr> *vt* hassen
haïssable [ˊaisabl] *adj* (*personne*) hassenswert; (*comportement*) verabscheuungswürdig; (*temps*) scheußlich
hâle [ˊɑl] *m* [Sonnen]bräune *f*
hâlé, e [ˊɑle] *adj* [sonnen]gebräunt
haleine [alɛn] *f* Atem *m;* **mauvaise ~** Mundgeruch *m*
hâler [ˊɑle] <1> *vt* bräunen
haletant, e [ˊal(ə)tɑ̃, ɑ̃t] *adj* (*personne, respiration*) keuchend; (*chien*) hechelnd
halètement [ˊalɛtmɑ̃] *m* (*d'une personne*) Keuchen *nt;* (*d'un chien*) Hecheln *nt*
haleter [ˊal(ə)te] <4> *vi* (*coureur*) keuchen; (*chien*) hecheln
hall [ˊol] *m* Halle *f;* (*entrée*) Eingangshalle
halle [ˊal] *f* Markthalle *f*
hallucinant, e [a(l)lysinɑ̃, ɑ̃t] *adj* (*ressemblance*) verblüffend; (*spectacle*) atemberaubend
hallucination [a(l)lysinasjɔ̃] *f* Sinnestäuschung *f;* MED Halluzination *f*
halluciné, e [a(l)lysine] *adj* ❶ (*drogué, fou*) an Halluzinationen leidend ❷ (*air*) irr
halluciner [a(l)lysine] <1> *vi* halluzinieren; **j'hallucine!** *fam* ich glaube, ich spinne!
halo [ˊalo] *m* ASTRO Hof *m*
halogène [alɔʒɛn] *m* Halogen *nt*
halte [ˊalt] **I.** *f* Halt *m;* (*repos*) Pause *f* **II.** *interj* **~!** halt!
haltère [altɛʀ] *m* Hantel *f*
haltérophile [alteʀɔfil] *mf* Gewichtheber(in) *m(f)*
haltérophilie [alteʀɔfili] *f* Gewichtheben *nt*
hamac [ˊamak] *m* Hängematte *f*
Hambourg [ˊɑ̃buʀ] Hamburg *nt*
hambourgeois, e [ˊɑ̃buʀʒwa, waz] *adj* hamburgisch
Hambourgeois, e [ˊɑ̃buʀʒwa, waz] *m, f* Hamburger(in) *m(f)*
hamburger [ˊɑ̃buʀgœʀ] *m* GASTR Hamburger *m*
hameau [ˊamo] <x> *m* Weiler *m*
hameçon [amsɔ̃] *m* Angelhaken *m*
hamster [ˊamstɛʀ] *m* Hamster *m*
han [ˊɑ̃] *interj* ah
hanche [ˊɑ̃ʃ] *f* Hüfte *f*
handball, hand-ball [ˊɑ̃dbal] *m* Handball *m*
handballeur, -euse [ˊɑ̃dbalœʀ, -øz] *m, f* Handballspieler(in) *m(f)*
handicap [(ˊ)ɑ̃dikap] *m* ❶ *a.* SPORT Handikap *nt* ❷ MED Behinderung *f*
handicapé, e [ˊɑ̃dikape] **I.** *adj* behindert **II.** *m, f* Behinderte(r) *f(m);* **~ physique** Körperbehinderte(r) *f(m)*
handicaper [ˊɑ̃dikape] <1> *vt* **~ qn/qc dans qc** für jdn/etw bei etw ein Handikap sein
hangar [ˊɑ̃gaʀ] *m* Schuppen; (*entrepôt*) Lagerhalle *f*
hanneton [ˊan(ə)tɔ̃] *m* Maikäfer *m*
Hanovre [ˊanɔvʀ] Hannover *nt*
hanséatique [ˊɑ̃seatik] *adj* hanseatisch
hanter [ɑ̃te] <1> *vt* **~ qc** (*fantôme*) in etw (*dat*) spuken; **~ qn** jdm keine Ruhe lassen
hantise [ˊɑ̃tiz] *f* **~ de qc** [panische] Angst vor etw (*dat*)
happer [ˊape] <1> *vt* ❶ **~ qn/qc** (*train, voiture*) jdn/etw erfassen ❷ (*attraper*) **~ qc** (*animal*) etw schnappen
happy end [ˊapiɛnd] <happy ends> *m o f* Happyend *nt*
hara-kiri [ˊaʀakiʀi] *m sans pl* Harakiri *nt*
harangue [ˊaʀɑ̃g] *f* (*discours solennel*) [feierliche] Rede
haranguer [ˊaʀɑ̃ge] <1> *vt* **~ qn** eine [feierliche] Ansprache an jdn halten
haras [ˊaʀɑ] *m* Gestüt *nt*

harassant, e [aʀasɑ̃, ɑ̃t] *adj* ermüdend; (*journée*) [sehr] anstrengend
harassé, e [ˊaʀase] *adj* erschöpft
harasser [ˊaʀase] <1> *vt* **être harassé(e) de travail** mit Arbeit überhäuft werden
harcèlement [ˊaʀsɛlmɑ̃] *m* Belästigung *f;* ~ **moral** Mobbing *nt*
harceler [ˊaʀsəle] <4> *vt* belästigen
harceleur, -euse [ˊaʀsəlœʀ, -øz] *m, f* Belästiger(in) *m(f)*
hardes [ˊaʀd] *fpl péj* Klamotten *Pl* (*fam*)
hardi, e [ˊaʀdi] *adj* (*audacieux: personne, réponse*) mutig; (*entreprise*) kühn
hardiesse [ˊaʀdjɛs] *f* (*audace*) Unerschrockenheit *f*
hard rock [aʀdʀɔk] *m* **le** ~ Hardrock *m*
hardware [ˊaʀdwɛʀ] *m* INFORM Hardware *f*
harem [ˊaʀɛm] *m* Harem *m*
hareng [ˊaʀɑ̃] *m* Hering *m*
hargne [ˊaʀɲ] *f* Gereiztheit *f*
hargneux, -euse [ˊaʀɲø, -øz] *adj* gereizt; (*chien*) bissig
haricot [ˊaʀiko] *m* Bohne *f*
harmonica [aʀmɔnika] *m* [Mund]harmonika *f*
harmonie [aʀmɔni] *f* Harmonie *f;* **être en ~ avec qc** gut zu etw passen; (*idées, opinion*) mit etw in Einklang stehen
harmonieusement [aʀmɔnjøzmɑ̃] *adv* harmonisch
harmonieux, -euse [aʀmɔnjø, -øz] *adj* harmonisch; (*instrument, voix*) wohlklingend
harmonique [aʀmɔnik] *adj* harmonisch
harmonisation [aʀmɔnizasjɔ̃] *f* ❶ (*des instruments*) Stimmen *nt* ❷ ECON Harmonisierung *f*
harmoniser [aʀmɔnize] <1> **I.** *vt* ❶ (*intérêts, idées*) miteinander in Einklang bringen; (*couleurs*) aufeinander abstimmen ❷ MUS harmonisieren **II.** *vpr* **s'~** [miteinander] harmonieren
harmonium [aʀmɔnjɔm] *m* MUS Harmonium *nt*
harnachement [ˊaʀnaʃmɑ̃] *m* ❶ (*harnais*) Geschirr *nt* ❷ *fam* (*accoutrement*) [schwere] Montur
harnacher [ˊaʀnaʃe] <1> *vt péj* **être harnaché de qc** mit etw ausstaffiert sein
harnais [ˊaʀnɛ] *m* (*d'un cheval*) Geschirr *nt*
harpe [ˊaʀp] *f* MUS Harfe *f*
harpie [ˊaʀpi] *f* ▸**vieille** ~ *péj* alter Drachen (*fam*)
harpiste [ˊaʀpist] *mf* Harfenspieler(in) *m(f)*
harpon [ˊaʀpɔ̃] *m* Harpune *f*
harponner [ˊaʀpɔne] <1> *vt* harpunieren
hasard [ˊazaʀ] *m* Zufall *m* ▸**à tout** ~ für alle Fälle; **essayer qc à tout ~** etw auf gut Glück versuchen; **au** ~ aufs Geratewohl; **comme par** ~ *iron* [ganz] zufällig; **par** ~ zufällig
hasarder [ˊazaʀde] <1> **I.** *vt* (*remarque, question*) wagen **II.** *vpr* ❶ **se ~ dans un quartier** sich in ein Viertel wagen ❷ (*se risquer à*) **se ~ à faire qc** es wagen, etw zu tun
hasardeux, -euse [ˊazaʀdø, -øz] *adj* gewagt
hasch [ˊaʃ] *m abr de* **haschich** *fam* Hasch *nt*
haschich, haschisch [ˊaʃiʃ] *m* Haschisch *nt o m*
hâte [ˊɑt] *f* Eile *f;* **avoir ~ de faire qc** es kaum erwarten können, etw zu tun
hâter [ˊɑte] <1> *vpr* **se ~** sich beeilen
hâtif, -ive [ˊɑtif, -iv] *adj* (*réponse*) übereilt; (*conclusion*) voreilig
hauban [ˊobɑ̃] *m* (*d'un pont*) Schrägseil *nt*
hausse [ˊos] *f* ❶ (*des prix, salaires*) Anhebung *f* ❷ (*processus*) Anstieg *m;* **être en ~** steigen
haussement [ˊosmɑ̃] *m* ~ **d'épaules** Achselzucken *nt*
hausser [ˊose] <1> *vt* ❶ ~ **le ton/la voix** den Ton/die Stimme heben ❷ (*sourcils*) heben
haut [ˊo] **I.** *m* ❶ Höhe *f;* **avoir un mètre de ~** einen Meter hoch sein; **être à un mètre de ~** sich in einem Meter Höhe befinden; **appeler du ~ de la tribune/du balcon** von der Tribüne/vom Balkon herunterrufen; **du ~ de ...** von ... herunter ❷ (*d'un pyjama*) Oberteil *nt;* **l'étagère du ~** das oberste Regalbrett; **les voisins du ~** die Nachbarn von oben ▸**des ~s et des bas** Höhen und Tiefen **II.** *adv* ❶ (*sauter, chanter*) hoch ❷ (*ci-dessus*) **voir plus ~** siehe oben ❸ (*dire, lire*) laut ❹ (*à un haut degré*) **fonctionnaire ~ placé** hoher Beamter ▸ **d'en ~** von oben; **en ~** (*sans mouvement*) oben; (*avec mouvement*) nach oben; **en ~ de** oben in/auf (+ *dat*)
haut, e [ˊo, ˊot] *adj* ❶ hoch; (*montagne, tension*) Hoch-; **le plus ~ étage** das oberste Stockwerk; **marée ~e** Flut *f;* **à voix ~e** laut ❷ (*supérieur*) obere(r, s); (*commandement*)

H

Ober-; **~e société** Oberschicht *f* ❸ LING **le ~ allemand** [das] Hochdeutsch

hautain, e [´otɛ̃, ɛn] *adj* herablassend; (*personne*) hochmütig

hautbois [´obwɑ] *m* Oboe *f*

haut-de-forme [´od(ə)fɔʀm] *m inv* Zylinder *m*

haute [´ot] *f fam* Hautevolee *f*

haute-fidélité [´otfidelite] *f sans pl* Highfidelity *f*

hautement [´otmɑ̃] *adv* äußerst

haute-technologie *f* Hightech *f o nt*, Hochtechnologie *f*

hauteur [´otœʀ] *f* ❶ Höhe *f*; **quelle est la ~ de ce mur?** wie hoch ist diese Mauer?; **la ~ est de 3 mètres** die Höhe beträgt 3 Meter ❷ SPORT **saut en ~** Hochsprung *m* ❸ (*même niveau*) **à la ~ du carrefour** in Höhe der Kreuzung ❹ (*colline*) Anhöhe *f*, Hügel *m* ▸**être à la ~ de qn/qc** jdm/einer S. gewachsen sein

haut-fond [´ofɔ̃] <hauts-fonds> *m* Untiefe *f* **haut-le-cœur** [´ol(ə)kœʀ] *m inv* Übelkeit *f* **haut-le-corps** [´ol(ə)kɔʀ] *m inv* **avoir un ~** hochfahren **haut-lieu** [´oljø] <hauts-lieux> *m* Hochburg *f* **haut-parleur** [´opaʀlœʀ] <haut-parleurs> *m* Lautsprecher *m*

havane [´avan] *m* Havanna *f*

Havane [´avan] *f* **la ~** Havanna *nt*

havre [´avʀ] *m* **~ de paix** Oase *f* des Friedens

hé [he] *interj* he

hebdo [ɛbdo] *m fam abr de* **hebdomadaire**

hebdomadaire [ɛbdɔmadɛʀ] **I.** *adj* wöchentlich; (*revue*) Wochen- **II.** *m* Wochenzeitschrift *f*

hébergement [ebɛʀʒəmɑ̃] *m* ❶ (*logement*) Unterkunft *f* ❷ INFORM Web-Hosting *nt*

héberger [ebɛʀʒe] <2a> *vt* unterbringen

hébergeur [ebɛʀʒœʀ] *m* INFORM Web-Hoster *m*

hébété, e [ebete] *adj* stumpfsinnig

hébétement [ebetmɑ̃] *m* Benommenheit *f*

hébraïque [ebʀaik] *adj* hebräisch

hébreu [ebʀø] <x> **I.** *adj féminin: israélite, juive* hebräisch; *v.a.* **allemand II.** *m* Hebräisch *nt; v.a.* **allemand**

Hébreux [ebʀø] *mpl* **les ~** die Hebräer

HEC [´aʃøse] *abr de* **[École des] hautes études commerciales** *Elitehochschule für Betriebswirtschaft*

hécatombe [ekatɔ̃b] *f* ❶ Blutbad *nt* ❷ *fig* verheerende Niederlage

hectare [ɛktaʀ] *m* Hektar *m o nt*

hectolitre [ɛktɔlitʀ] *m* Hektoliter *m*

hégémonie [eʒemɔni] *f* Hegemonie *f*

hein [´ɛ̃] *interj fam* ❶ (*comment*) hä? ❷ (*marque l'étonnement*) **~? qu'est-ce qui se passe?** nanu? was ist denn da los? ❸ (*renforcement de l'interrogation*) **tu veux bien, ~?** du willst doch, oder? (*fam*); **..., ~?** *fam* ..., nicht?/ja?/nicht wahr?

hélas [elɑs] *interj soutenu* leider

héler [´ele] <5> *vt* (*porteur*) [herbei]rufen; (*taxi*) herbeiwinken

hélice [elis] *f* TECH (*d'un avion*) Propeller *m;* (*d'un bateau*) Schraube *f*

hélicoptère [elikɔptɛʀ] *m* Hubschrauber *m*

héliomarin, e [eljomaʀɛ̃, in] *adj* (*cure*) auf der Heilkraft von Sonne und Seeluft basierend

héliport [elipɔʀ] *m* Hubschrauberlandeplatz *m*

héliporté, e [elipɔʀte] *adj* (*blessé, troupe*) per Hubschrauber befördert

hélium [eljɔm] *m* CHIM Helium *nt*

helvétique [ɛlvetik] *adj* schweizerisch; **la Confédération ~** die Schweizer Eidgenossenschaft

helvétisme [ɛlvetism] *m* Helvetismus *m*

hem [hɛm, ´ɛm] *interj* (*hé, holà*) he [da] (*fam*)

hématome [ematom] *m* MED Bluterguss *m*

hémicycle [emisikl] *m* (*d'un parlement*) Halbrund *nt;* (*de l'Assemblée nationale*) Plenarsaal *m*

hémiplégie [emipleʒi] *f* MED halbseitige Lähmung

hémiplégique [emipleʒik] **I.** *adj* MED halbseitig gelähmt **II.** *mf* MED halbseitig Gelähmte(r) *f(m)*

hémisphère [emisfɛʀ] *m* ❶ GEO [Erd]halbkugel *f* ❷ ANAT Gehirnhälfte *f*

hémisphérique [emisferik] *adj* halbkugelförmig

hémoglobine [emɔglɔbin] *f* Hämoglobin *nt*

hémophile [emɔfil] *m* Bluter *m*

hémophilie [emɔfili] *f* Bluterkrankheit *f*

hémorragie [emɔʀaʒi] *f* Blutung *f*

hémorroïde [emɔʀɔid] *f gén pl* Hämorrhoide *f*

henné [´ene] *m* Henna *f o nt*

hennir [´eniʀ] <8> *vi* wiehern

hennissement [ˊenismɑ̃] *m* Wiehern *nt*
hep [ˊɛp] *interj* hallo
hépatique [epatik] **I.** *adj* Leber-; **colique ~** Gallenkolik *f* **II.** *mf* MED Leberkranke(r) *f(m)*
hépatite [epatit] *f* **~ virale** infektiöse Leberentzündung *f*
heptagone [ɛptagɔn, ɛptagon] *m* Siebeneck *nt*
héraldique [eʀaldik] *adj* Wappen-
herbacé, e [ɛʀbase] *adj* krautig
herbage [ɛʀbaʒ] *m* Weide *f*
herbe [ɛʀb] *f* ❶ BOT Gras *nt;* **mauvaise ~** Unkraut *nt* ❷ MED, GASTR Kraut *nt;* **les ~s de Provence** die Kräuter der Provence
herbeux, -euse [ɛʀbø, -øz] *adj* grasbewachsen
herbicide [ɛʀbisid] *m* Unkrautbekämpfungsmittel *nt*
herbier [ɛʀbje] *m* Herbarium *nt*
herbivore [ɛʀbivɔʀ] **I.** *adj* Pflanzen fressend **II.** *m* Pflanzenfresser *m*
herboriser [ɛʀbɔʀize] <1> *vi* Pflanzen sammeln
herboriste [ɛʀbɔʀist] *mf* Kräuterhändler(in) *m(f)*
herboristerie [ɛʀbɔʀistəʀi] *f* [Heil]kräuterladen *m*
hercule [ɛʀkyl] *m* Kraftmensch *m*
Hercule [ɛʀkyl(ə)] *m* Herkules *m,* Herakles *m*
herculéen, ne [ɛʀkyleɛ̃, ɛn] *adj* Herkules-
héréditaire [eʀeditɛʀ] *adj* ❶ erblich; (*maladie*) Erb-; (*transmis*) ererbt ❷ (*biens*) Erb-; (*titre*) erblich
hérédité [eʀedite] *f* Vererbung *f;* (*patrimoine héréditaire*) Erbanlagen *Pl*
hérésie [eʀezi] *f a.* REL Ketzerei *f*
hérétique [eʀetik] **I.** *adj* ketzerisch **II.** *mf a.* REL Ketzer(in) *m(f)*
hérissé, e [ˊeʀise] *adj* gesträubt
hérisser [ˊeʀise] <1> **I.** *vt* (*poils, plumes*) sträuben; (*piquants*) aufrichten **II.** *vpr* ❶ (*se dresser*) **ses poils se hérissent** ihm/ihr sträuben sich die Haare ❷ (*dresser ses poils, plumes*) **se ~** (*chat*) sein Fell sträuben; (*oiseau*) sich aufplustern
hérisson [ˊeʀisɔ̃] *m* Igel *m*
héritage [eʀitaʒ] *m a. fig* Erbe *nt;* **laisser qc en ~ à qn** jdm etw vererben
hériter [eʀite] <1> *vt, vi* erben
héritier, -ière [eʀitje, -jɛʀ] *m, f* Erbe/Erbin *m/f*
hermaphrodite [ɛʀmafʀɔdit] *m* Zwitter *m*
hermétique [ɛʀmetik] *adj* hermetisch; (*à l'air*) luftdicht; (*à l'eau*) wasserdicht
hermétiquement [ɛʀmetikmɑ̃] *adv* hermetisch
hermine [ɛʀmin] *f* Hermelin *nt*
hernie [ˊɛʀni] *f* [Eingeweide]bruch *m*
héroïne[1] [eʀɔin] *f* Heroin *nt*
héroïne[2] [eʀɔin] *f v.* **héros**
héroïnomane [eʀɔinɔman] *mf* Heroinsüchtige(r) *f(m)*
héroïque [eʀɔik] *adj* heldenhaft
héroïsme [eʀɔism] *m* Heldenmut *m*
héron [ˊeʀɔ̃] *m* Reiher *m*
héros, héroïne [ˊeʀo, eʀɔin] *m, f* Held(in) *m(f);* (*d'un livre, film a.*) Hauptfigur *f*
herpès [ɛʀpɛs] *m* Herpes *m*
herse [ˊɛʀs] *f* Egge *f*
hertz [ɛʀts] *m* Hertz *nt*
hésitant, e [ezitɑ̃, ɑ̃t] *adj* zögernd
hésitation [ezitasjɔ̃] *f* Zögern *nt kein Pl*
hésiter [ezite] <1> *vi* **~ à faire qc** zögern, etw zu tun; (*en parlant*) stocken
Hesse [ˊɛs] *f* **la ~** Hessen *nt*
hétéro [eteʀo] *abr de* **hétérosexuel(le) I.** *adj fam* hetero **II.** *mf fam* Hetero *mf*
hétéroclite [eteʀɔklit] *adj* zusammengewürfelt; (*œuvre, bâtiment*) uneinheitlich
hétérogène [eteʀɔʒɛn] *adj* heterogen
hétérosexuel, le [eteʀosɛksɥɛl] **I.** *adj* heterosexuell **II.** *m, f* Heterosexuelle(r) *f(m)*
hêtre [ˊɛtʀ] *m* Buche *f*
heu [ˊø] *interj* ❶ (*pour ponctuer à l'oral*) äh ❷ (*embarras*) hm
heure [œʀ] *f* ❶ Stunde *f;* **une ~ et demie** anderthalb Stunden; **une demi-~** eine halbe Stunde; **une ~ de cours** eine Stunde Unterricht; **24 ~s sur 24** rund um die Uhr; **une ~ de retard** eine Stunde Verspätung ❷ (*indication chiffrée*) **à dix ~s du matin/du soir** um zehn Uhr morgens/abends; **à trois ~s** um drei [Uhr]; **il est trois ~s/trois ~s et demie** es ist drei [Uhr]/halb vier; **6 ~s moins 20** 20 vor 6 ❸ (*point précis du jour*) **il est quelle ~?** *fam* wie spät ist es?/wie viel Uhr ist es?; **vous avez l'~, s'il vous plaît?** können Sie mir bitte sagen, wie spät/wie viel Uhr es ist?; **regarder l'~** auf die Uhr schauen; **à quelle ~?** um wie viel Uhr?; **à la même ~** zur selben Zeit ❹ (*distance*) **être à deux ~s de qc** zwei Stunden von etw entfernt sein ❺ (*moment de la jour-*

H

née) ~ **de fermeture** COM Ladenschluss *m;* ~ **d'affluence** AUT Hauptverkehrszeit *f;* **à ~ fixe** zu einer bestimmten Zeit; **à toute ~** jederzeit; **à cette ~-ci** zu dieser Zeit; **à l'~ où** gerade als/zu der Zeit als; **en première ~** in der ersten Stunde; **c'est l'~ de faire qc** es ist Zeit, etw zu tun; **avant l'~** vorzeitig ⑥ (*moment dans le cours des événements*) **des ~s mémorables** denkwürdige Stunden; **l'~ est grave** die Lage ist ernst ▶**l'~ H** die Stunde X; **de bonne ~** (*tôt*) früh [am Morgen]; (*précocement*) frühzeitig; **être/ne pas être à l'~** (*personne*) pünktlich/unpünktlich sein; (*montre*) richtig/falsch gehen; **tout à l'~** (*il y a peu de temps*) [so]eben; (*dans peu de temps*) gleich; **à tout à l'~!** bis gleich!

heureusement [øʀøzmɑ̃] *adv* glücklicherweise

heureux, -euse [øʀø, -øz] **I.** *adj* glücklich; **être ~ de qc** sich über etw (*akk*) freuen; **être ~ au jeu** Glück im Spiel haben ▶**encore ~!** zum Glück! **II.** *m, f* **faire un ~** *fam* jemandem [eine] Freude machen

heurt [ˊœʀ] *m* Zusammenstoß *m*

heurté, e [ˊœʀte] *adj* (*tons*) nicht harmonierend

heurter [ˊœʀte] <1> **I.** *vt* ~ **qn** (*personne*) mit jdm zusammenstoßen; (*en voiture*) jdn anfahren; (*voiture*) jdn streifen; ~ **qc** (*personne*) gegen etw stoßen; (*en tombant*) auf etw (*akk*) aufschlagen; (*objet*) auf etw (*akk*) [auf]prallen; (*voiture*) gegen etw (*akk*) fahren **II.** *vpr* (*buter contre*) **se ~ à qc** auf etw (*akk*) stoßen

heurtoir [ˊœʀtwaʀ] *m* (*d'une porte*) Türklopfer *m*

hévéa [evea] *m* Kautschukbaum *m*

hexagonal, e [ɛgzagɔnal, o] <-aux> *adj* sechseckig

hexagone [ɛgzagon] *m* Sechseck *nt*

Hexagone [ɛgzagon] *m* **l'~** Frankreich *nt*

hexamètre [ɛgzamɛtʀ] *m* Hexameter *m*

hiatus [ˊjatys] *m* Hiatus *m*

hibernation [ibɛʀnasjɔ̃] *f* Winterschlaf *m*

hiberner [ibɛʀne] <1> *vi* Winterschlaf halten

hibou [ˊibu] <x> *m* Eule *f*

hic [ˊik] *m fam* Haken *m*

hideux, -euse [ˊidø, -øz] *adj* (*visage*) hässlich; (*monstre, être*) abscheulich

hier [jɛʀ] *adv* gestern

hiérarchie [jeʀaʀʃi] *f* Hierarchie *f*

hiérarchique [ˊjeʀaʀʃik] *adj* hierarchisch

hiéroglyphe [ˊjeʀɔglif] *m a. fig* Hieroglyphe *f*

hi-fi [ˊifi] **I.** *adj inv* Hi-Fi- **II.** *f sans pl* Hi-Fi *f*

high tech [ˊajtɛk] *f sans pl* Hightech *f o nt*

hilarant, e [ilaʀɑ̃, ɑ̃t] *adj* sehr komisch

hilare [ilaʀ] *adj* ausgelassen fröhlich; (*visage*) strahlend

hilarité [ilaʀite] *f* Heiterkeit *f*

hindi [ˊindi] *m* Hindi *nt; v.a.* **allemand**

hindou, e [ɛ̃du] *adj* hinduistisch

hindouisme [ɛ̃duism] *m* Hinduismus *m*

hip [ˊip] *interj* **~ ~ ~! hourra!** hipp, hipp, hurra!

hippie [ˊipi] <s> *mf* Hippie *m*

hippique [ipik] *adj* Pferde-; **concours ~** Reitturnier *nt*

hippisme [ipism] *m* Pferdesport *m*

hippocampe [ipɔkɑ̃p] *m* Seepferdchen *nt*

hippodrome [ipodʀom] *m* [Pferde]rennbahn *f*

hippopotame [ipɔpɔtam] *m* Nilpferd *nt*

hirondelle [iʀɔ̃dɛl] *f* Schwalbe *f*

hirsute [iʀsyt] *adj* zerzaust; (*barbe*) struppig

hispanique [ispanik] *adj* spanisch

hispano-américain, e [ispanoameʀikɛ̃, ɛn] <hispano-américains> *adj* hispanoamerikanisch

hispanophone [ispanɔfɔn] *adj* spanischsprechend

hisser [ˊise] <1> **I.** *vt* hissen **II.** *vpr* **se ~** sich hochziehen

histoire [istwaʀ] *f* ① Geschichte *f;* (*conte*) Märchen *nt;* (*blague*) Witz *m;* (*propos mensonger*) Lügengeschichte *f* ② *fam* (*complications*) Schwierigkeiten *Pl* ▶**~ de faire qc** *fam* einfach nur, um etw zu tun

historien, ne [istɔʀjɛ̃, jɛn] *m, f* Historiker(in) *m(f)*

historique [istɔʀik] **I.** *adj* historisch **II.** *m* Geschichte *f*

historiquement [istɔʀikmɑ̃] *adv* historisch

hitlérien, ne [itleʀjɛ̃, jɛn] *adj* Hitler-

hit-parade [ˊitpaʀad] <hit-parades> *m* MEDIA Hitparade *f*

HIV [ˊaʃive] *m abr de* **Human Immunodeficiency Virus** HIV *nt*

hiver [ivɛʀ] *m* Winter *m;* **station de sports d'~** Wintersportort *m; v.a.* **automne**

hivernal, e [ivɛʀnal, o] <-aux> *adj* winterlich

HLM [ˈaʃɛlɛm] *m o f inv abr de* **habitation à loyer modéré**

ho [ˈo] *interj* he [Sie/du]!

hobby [ˈɔbi] <hobbies> *m* Hobby *nt*

hochement [ˈɔʃmɑ̃] *m* ~ **de tête** (*pour approuver*) Kopfnicken *nt;* (*pour désapprouver*) Kopfschütteln *nt*

hocher [ˈɔʃe] <1> *vt* ~ **la tête** (*pour approuver*) [mit dem Kopf] nicken; (*pour désapprouver*) den Kopf schütteln

hochet [ˈɔʃɛ] *m* Rassel *f*

hockey [ˈɔkɛ] *m* Hockey *nt*

holà [ˈɔla] *interj* **~!** halt!

holding [ˈɔldiŋ] *m o f* Holding *f*

hold-up [ˈɔldœp] *m inv* Raubüberfall

hollandais [ˈɔllɑ̃dɛ] *m* Holländisch *nt; v.a.* **allemand**

hollandais, e [ˈɔllɑ̃dɛ, -ɛz] *adj* holländisch; *v.a.* **allemand**

Hollandais, e [ˈɔllɑ̃dɛ, -ɛz] *m, f* Holländer(in) *m(f)*

Hollande [ˈɔllɑ̃d] *f* **la ~** Holland *nt*

holocauste [olokost] *m* Holocaust *m*

hologramme [ɔlɔgʀam] *m* Hologramm *nt*

homard [ˈɔmaʀ] *m* Hummer *m*

home cinéma [ˈomsinema] *m* DVD-Heimkino *nt*

homéopathe [ɔmeɔpat] *mf* Homöopath(in) *m(f)*

homéopathie [ɔmeɔpati] *f* Homöopathie *f*

homéopathique [ɔmeɔpatik] *adj* homöopathisch

home-trainer [ˈomtʀɛnœʀ] <home-trainers> *m* Heimtrainer *m*

homicide [ɔmisid] *m* ~ **involontaire** fahrlässige Tötung; ~ **volontaire** Totschlag *m*

hommage [ɔmaʒ] *m* Hommage *f*

homme [ɔm] *m* ❶ Mann *m;* **jeune ~** junger Mann; **vêtements pour ~s** Herren[be]kleidung *f;* ~ **politique** Politiker *m;* ~ **d'État** Staatsmann; **entre ~s** unter Männern ❷ (*être humain*) Mensch *m*

homme-grenouille [ɔmgʀənuj] <hommes-grenouilles> *m* Froschmann *m* **homme-orchestre** [ɔmɔʀkɛstʀ] <hommes-orchestres> *m* Einmannorchester *nt* **homme-sandwich** [ɔmsɑ̃dwitʃ] <hommes-sandwichs> *m* Sandwichmann *m*

homo [omo] *fam abr de* **homosexuel(le) I.** *adj* homo **II.** *mf* Homo/Lesbe *m/f*

homogène [ɔmɔʒɛn] *adj* homogen

homogénéiser [ɔmɔʒeneize] <1> *vt* homogenisieren

homogénéité [ɔmɔʒeneite] *f* Homogenität *f*

homologue [ɔmɔlɔg] *adj* entsprechend

homologuer [ɔmɔlɔge] <1> *vt* ❶ (*prix*) genehmigen; (*record*) anerkennen ❷ (*siège-auto*) zulassen

homonyme [ɔmɔnim] *m* LING Homonym *nt*

homoparentalité [ɔmɔpaʀɑ̃talite] *f* homosexuelle Elternschaft *f*

homosexualité [ɔmɔsɛksɥalite] *f* Homosexualität *f*

homosexuel, le [ɔmɔsɛksɥɛl] **I.** *adj* homosexuell **II.** *m, f* Homosexuelle(r) *f(m)*

hongre [ˈɔ̃gʀ] *adj* (*cheval*) kastriert; **poulain ~** Fohlenwallach *m*

Hongrie [ˈɔ̃gʀi] *f* **la ~** Ungarn *nt*

hongrois [ˈɔ̃gʀwa] *m* Ungarisch *nt; v.a.* **allemand**

hongrois, e [ˈɔ̃gʀwa, waz] *adj* ungarisch; *v.a.* **allemand**

Hongrois, e [ˈɔ̃gʀwa, waz] *m, f* Ungar(in) *m(f)*

honnête [ɔnɛt] *adj* ❶ (*personne*) ehrlich; (*commerçant, entreprise*) korrekt ❷ (*franc*) aufrichtig ❸ (*résultat*) recht ordentlich; (*prix*) angemessen

honnêtement [ɔnɛtmɑ̃] *adv* (*gagner sa vie*) anständig; (*gérer une affaire*) auf ehrliche Weise

honnêteté [ɔnɛtte] *f* Ehrlichkeit *f*

honneur [ɔnœʀ] *m* Ehre *f;* **être tout à l'~ de qn** jdm ganz zur Ehre gereichen; **j'ai l'~ de solliciter un poste de …** *form* [hiermit] bewerbe ich mich um die Stelle als …; **j'ai l'~ de vous informer que …** *form* ich freue mich, Ihnen mitteilen zu können, dass … ►**en quel ~?** *iron* wozu?

honorabilité [ɔnɔʀabilite] *f* Ehrenhaftigkeit *f;* (*d'une personne*) Ehrbarkeit *f*

honorable [ɔnɔʀabl] *adj* ❶ ehrenhaft; (*personne*) ehrenwert; (*profession*) ehrbar ❷ (*résultat*) ganz gut; (*fortune*) ansehnlich

honorablement [ɔnɔʀabləmɑ̃] *adv* auf ehrenhafte Weise

honoraire [ɔnɔʀɛʀ] **I.** *adj* (*membre*) Ehren-; (*professeur*) emeritiert **II.** *mpl* Honorar *nt*

honorer [ɔnɔʀe] <1> *vt* ehren; ~ **qn** (*sentiments, conduite*) jdm Ehre machen

honorifique [ɔnɔʀifik] *adj* ehrenamtlich

honte [ˈɔ̃t] *f* ❶ Schande *f;* [**c'est**] **la ~!** *fam* so eine Blamage! ❷ *sans pl* (*sentiment d'hu-*

miliation) Scham *f;* **avoir ~ de qn/qc** sich für jdn/einer S. (*gen*) schämen ▶**faire ~ à qn** jdm ein schlechtes Gewissen machen

honteusement [´ɔ̃tøzmɑ̃] *adv* (*se conduire*) schändlich

honteux, -euse [´ɔ̃tø, -øz] *adj* **être ~ de qc** sich für etw schämen

hop [´ɔp] *interj* **~ [là]!** Hopp!

hôpital [ɔpital, o] <-aux> *m* Krankenhaus *nt*

hoquet [´ɔkɛ] *m* Schluckauf *m kein Pl*

hoqueter [´ɔkte] <3> *vi* den Schluckauf haben; (*sangloter*) schluchzen

horaire [ɔʀɛʀ] **I.** *adj* Stunden- **II.** *m* ❶ Zeitplan *m;* **~ mobile** gleitende Arbeitszeit ❷ (*des trains, bus*) Fahrplan *m;* (*des vols*) Flugplan *m;* (*des cours*) Stundenplan *m*

horde [´ɔʀd] *f* Horde *f*

horizon [ɔʀizɔ̃] *m* ❶ *sans pl* Horizont *m* ❷ (*étendue*) Aussicht *f* ❸ (*perspectives*) Horizont *m*

horizontal, e [ɔʀizɔ̃tal, o] <-aux> *adj* waag(e)recht

horizontale [ɔʀizɔ̃tal] *f* ❶ MATH Waag[e]-rechte *f* ❷ (*position*) **être à l'~** waagerecht sein/liegen

horizontalement [ɔʀizɔ̃talmɑ̃] *adv* waag[e]-recht

horloge [ɔʀlɔʒ] *f* Uhr *f*

horloger, -ère [ɔʀlɔʒe, -ɛʀ] *m, f* Uhrmacher(in) *m(f)*

horlogerie [ɔʀlɔʒʀi] *f* ❶ Uhrenindustrie *f;* (*commerce*) Uhrenhandel *m* ❷ (*magasin*) **~ bijouterie** Uhren- und Schmuckgeschäft *nt*

hormonal, e [ɔʀmɔnal, o] <-aux> *adj* hormonal

hormone [ɔʀmɔn] *f* Hormon *nt*

horodateur [ɔʀɔdatœʀ] *m* Parkscheinautomat *m*

horoscope [ɔʀɔskɔp] *m* Horoskop *nt*

horreur [ɔʀœʀ] *f* ❶ Entsetzen *nt,* Horror *m;* **film d'~** Horrorfilm *m* ❷ *pl* Abscheulichkeiten *Pl* ❸ (*aversion*) **avoir ~ de qn/qc** jdn/etw verabscheuen; (*détester*) jdn/etw nicht ausstehen können ❹ *fam* (*chose laide*) Scheußlichkeit *f;* **quelle ~!, l'~!** *fam* wie entsetzlich!; **c'est l'~!** es/das ist entsetzlich!

horrible [ɔʀibl] *adj* ❶ (*acte*) abscheulich; (*spectacle*) grauenhaft; (*accident, cris*) schrecklich ❷ (*repas*) scheußlich

horriblement [ɔʀibləmɑ̃] *adv* (*triste, cher, chaud*) furchtbar

horrifier [ɔʀifje] <1> *vt* entsetzen

horripiler [ɔʀipile] <1> *vt fam* fürchterlich nerven

hors [´ɔʀ] *prép* ❶ außer(halb); **~ de** außerhalb von; **habiter ~ de qc** außerhalb einer S. (*gen*) wohnen ❷ (*au-delà de*) **~ de portée** außer Reichweite ▶**~ de danger** außer Gefahr; **~ de prix** unerschwinglich; **être ~ de soi** außer sich sein

hors-bord [´ɔʀbɔʀ] *m inv* Außenborder *m* **hors-d'œuvre** [´ɔʀdœvʀ] *m inv* Vorspeise *f* **hors-jeu** [´ɔʀʒø] *m inv* Abseits *nt* **hors-la-loi** [´ɔʀlalwa] *m inv* Bandit *m*

hortensia [ɔʀtɑ̃sja] *m* Hortensie *f*

horticole [ɔʀtikɔl] *adj* Garten[bau]-

horticulteur, -trice [ɔʀtikyltœʀ, -tʀis] *m, f* Gärtner(in) *m(f)*

horticulture [ɔʀtikyltyʀ] *f* Gartenbau *m*

hospice [ɔspis] *m* Pflegeheim *nt*

hospitalier, -ière [ɔspitalje, -jɛʀ] *adj* ❶ Krankenhaus-; (*personnel*) Pflege- ❷ (*accueillant*) gastfreundlich

hospitalisation [ɔspitalizasjɔ̃] *f* Einweisung *f* ins Krankenhaus; (*séjour*) Krankenhausaufenthalt *m*

hospitaliser [ɔspitalize] <1> *vt* in ein Krankenhaus einweisen

hospitalité [ɔspitalite] *f* Gastfreundschaft *f*

hostie [ɔsti] *f* Hostie *f*

hostile [ɔstil] *adj* feindlich; (*attitude*) feindselig

hostilité [ɔstilite] *f* ❶ Feindseligkeit *f* ❷ *pl* MIL **les ~s** die Kampfhandlungen *Pl*

hosto [ɔsto] *m fam* Krankenhaus *nt*

hôte [ot] **I.** *mf* Gast *m* **II.** *m* INFORM Host *m*

hôte, -esse [ot, ɛs] *m, f soutenu* Gastgeber(in) *m(f)*

hôtel [ɔtɛl, otɛl] *m* ❶ Hotel *nt* ❷ (*riche demeure*) herrschaftliches Stadthaus ▶**~ Matignon** *Amtssitz des französischen Premierministers* **~ de ville** Rathaus *nt*

hôtelier, -ière [otəlje, ɔtəlje, -jɛʀ] **I.** *adj* Hotel- **II.** *m, f* Hotelbesitzer(in) *m(f)*

hôtellerie [otɛlʀi, ɔtɛlʀi] *f* Hotelgewerbe *nt*

hôtesse [otɛs] *f* ❶ *v.* **hôte** ❷ (*profession*) **~ d'accueil** (*dans une exposition*) Hostess *f;* **~ de l'air** Stewardess *f*

hot-line [´ɔtlajn] <hot-line[s]> *f* Hotline *f*

hotte [´ɔt] *f* ❶ **~ aspirante** [Dunst]abzugshaube *f* ❷ (*panier*) Kiepe *f*

hou [´u] *interj* ❶ (*pour faire honte*) pfui; (*pour conspuer*) buh ❷ (*pour faire peur*) hu ►**~, ~!** hallo!

houblon [´ublɔ̃] *m* Hopfen *m*

houe [´u] *f* Hacke *f*

houille [´uj] *f* Steinkohle *f*

houiller, -ère [´uje, -ɛʀ] *adj* Steinkohlen-

houle [´ul] *f* Seegang *m*

houlette [´ulɛt] ►**être sous la ~ de qn** unter jds Führung (*dat*) stehen

houleux, -euse [´ulø, -øz] *adj* (*mer*) bewegt; (*séance*) turbulent

houppe [´up] *f* Büschel *nt*

houppette [´upɛt] *f* Puderquaste *f*

hourra [´uʀa] **I.** *interj* hurra **II.** *m* Hurra *nt*

houspiller [´uspije] <1> *vt* ausschimpfen

housse [´us] *f* Hülle *f*; **~ de couette** Bettbezug *m*

houx [´u] *m* Stechpalme *f*

hovercraft [´ɔvœʀkʀaft] *m* Luftkissenfahrzeug *nt*

HS [aʃɛs] *abr de* **hors service** ►**être ~** *fam* groggy sein

hublot [´yblo] *m* (*d'un bateau*) Bullauge *nt*; (*d'un avion*) Fenster *nt*

huche [´yʃ] *f* Kasten *m*

hue [´y] *interj* hü!

huées [´ɥe] *fpl* Buhrufe *Pl*

huer [´ɥe] <1> *vt* auspfeifen

huguenot, e [´ygno, ɔt] *m, f* Hugenotte/Hugenottin *m/f*

huile [ɥil] *f* ❶ Öl *nt*; **~ d'olive/de tournesol** Oliven-/Sonnenblumenöl ❷ (*hydrocarbure*) Motoröl *nt*

huilé, e [ɥile] *adj* **bien ~** gut laufend

huiler [ɥile] <1> *vt* (*mécanisme*) ölen; (*moule*) einfetten

huileux, -euse [ɥilø, -øz] *adj péj* (*plat, surface*) ölig

huis [ɥi] ►**à ~ clos** hinter verschlossenen Türen

huissier [ɥisje] *m* Gerichtsvollzieher(in) *m(f)*, Exekutor(in) *m(f)* (A)

huit [´ɥit, *devant une consonne* ´ɥi] **I.** *num* acht **II.** *m inv* Acht *f* ►**le grand ~** die Achterbahn; *v.a.* **cinq**

huitaine [´ɥitɛn] *f* ❶ **une ~ de personnes/pages** etwa acht Personen/Seiten ❷ (*semaine*) **dans une ~** in etwa acht Tagen

huitante [´ɥitɑ̃t] *num* CH (*quatre-vingts*) achtzig; *v.a.* **cinq, cinquante**

huitantième [´ɥitɑ̃tjɛm] *num* CH (*quatre-vingtième*) achtzigste(r, s); *v.a.* **cinquième**

huitième [´ɥitjɛm] **I.** *adj antéposé* achte(r, s) **II.** *mf* **le/la ~** der/die/das Achte **III.** *m* ❶ (*fraction*) Achtel *nt* ❷ SPORT **~ de finale** Achtelfinale *nt*; *v.a.* **cinquième**

huitièmement [´ɥitjɛmmɑ̃] *adv* achtens

huître [ɥitʀ] *f* Auster *f*

hulotte [´ylɔt] *f* Waldkauz *m*

hululement [´ylylmɑ̃] *m* Schrei *m*

hululer [´ylyle] <1> *vi* (*oiseau de nuit*) schreien

hum [´œm] *interj* hm

humain, e [ymɛ̃, ɛn] *adj* menschlich; (*vie, dignité*) Menschen-; **les êtres ~s** die Menschen

humainement [ymɛnmɑ̃] *adv* menschenwürdig

humaniser [ymanize] <1> *vt* menschenwürdiger gestalten

humanisme [ymanism] *m* Humanismus *m*

humaniste [ymanist] *adj* humanistisch

humanitaire [ymanitɛʀ] *adj* humanitär

humanité [ymanite] *f* ❶ Menschheit *f* ❷ *sans pl* (*bonté*) Menschlichkeit *f*

humanoïde [ymanɔid] **I.** *adj* menschenähnlich **II.** *m* menschenähnliches Wesen

humble [œ̃bl] *adj* ❶ *postposé* (*personne*) unscheinbar ❷ *antéposé* (*pauvre, sans prétention*) einfach

humblement [œ̃bləmɑ̃] *adv* demütig

humecter [ymɛkte] <1> **I.** *vt* anfeuchten **II.** *vpr* **s'~ les lèvres** sich (*dat*) die Lippen befeuchten

humer [´yme] <1> *vt* (*air frais, odeur*) [tief] einatmen; (*plat*) riechen an (+ *dat*)

humérus [ymeʀys] *m* Oberarmknochen *m*

humeur [ymœʀ] *f* Laune *f*; **être de bonne/mauvaise ~** gut/schlecht gelaunt sein

humide [ymid] *adj* ❶ feucht ❷ METEO (*climat*) feucht; (*temps*) nass

humidificateur [ymidifikatœʀ] *m* Luftbefeuchter *m*

humidifier [ymidifje] <1> *vt* befeuchten

humidité [ymidite] *f* Feuchtigkeit *f*

humiliant, e [ymiljɑ̃, jɑ̃t] *adj* demütigend; (*échec*) schimpflich

humiliation [ymiljasjɔ̃] *f* ❶ *sans pl* (*état*) Demütigung *f* ❷ (*affront*) Kränkung *f*

humilier [ymilje] <1> **I.** *vt* demütigen **II.** *vpr* **s'~ devant qn** sich vor jdm erniedrigen

humilité [ymilite] *f* Demut *f*

humoriste [ymɔʀist] *mf* Humorist(in) *m(f)*

humoristique [ymɔʀistik] *adj* humoristisch
humour [ymuʀ] *m* Humor *m*
humus [ymys] *m* Humus *m*
huppe [ˈyp] *f* Haube *f*
huppé, e [ˈype] *adj fam* vornehm
hurlant, e [ˈyʀlɑ̃, ɑ̃t] *adj* schreiend
hurlement [ˈyʀləmɑ̃] *m* (*d'une personne*) Schrei *m;* (*de la foule*) Geschrei *nt;* (*des loups*) Heulen *nt*
hurler [ˈyʀle] <1> *vi* (*animal, vent*) heulen; (*personne*) schreien
hurluberlu, e [yʀlybɛʀly] *m, f fam* Luftikus *m*
hurrah [ˈuʀa] *interj v.* **hourra**
hussard [ˈysaʀ] *m* Husar *m*
hussarde [ˈysaʀd] ▶**à la** ~ ohne Rücksicht[nahme]
hutte [ˈyt] *f* Hütte *f*
hybride [ibʀid] *m* Hybride *m o f*
hydrant [idʀɑ̃] *m* CH (*borne d'incendie*) Überflurhydrant *m*
hydratant, e [idʀatɑ̃, ɑ̃t] *adj* Feuchtigkeits-
hydratation [idʀatasjɔ̃] *f* Hydratation *f*
hydrate [idʀat] *m* CHIM Hydrat *nt;* ~ **de calcium** Löschkalk *m*
hydrater [idʀate] <1> *vt* mit Feuchtigkeit versorgen
hydraulique [idʀolik] **I.** *adj* (*frein, machine*) hydraulisch **II.** *f sans pl* Hydraulik *f*
hydravion [idʀavjɔ̃] *m* Wasserflugzeug *nt*
hydrocarbure [idʀokaʀbyʀ] *m* Kohlenwasserstoff *m*
hydrocéphalie [idʀosefali] *f* MED Wasserkopf *m*
hydrocution [idʀɔkysjɔ̃] *f* Kaltwasserschock *m*
hydroélectrique, hydro-électrique [idʀoelɛktʀik] *adj* hydroelektrisch; **centrale** ~ Wasserkraftwerk *nt*
hydrogène [idʀɔʒɛn] *m* Wasserstoff *m*
hydroglisseur [idʀoglisœʀ] *m* Gleitboot *nt*
hydrophile [idʀɔfil] *adj* **coton** ~ Watte *f*
hyène [jɛn] *f* Hyäne *f*
hygiène [iʒjɛn] *f sans pl* Hygiene *f;* (*des cheveux, du bébé*) Pflege *f;* **les services d'**~ das Gesundheitsamt
hygiénique [iʒjenik] *adj* hygienisch; (*papier*) Toiletten-
hymen [imɛn] *m* ANAT Jungfernhäutchen *nt*
hymne [imn] *m* Hymne *f*
hyper [ipɛʀ] *m abr de* **hypermarché**
hyperactif, -ive [ipɛʀaktif, iv] *adj* hyperaktiv; **un enfant hyperactif** ein hyperaktives Kind
hyperbole [ipɛʀbɔl] *f* MATH, LITTER Hyperbel *f*
hyperglycémie [ipɛʀglisemi] *f* MED erhöhter Blutzuckergehalt
hyperlien [ipɛʀljɛ̃] *m* INFORM Hyperlink *m*
hypermarché [ipɛʀmaʀʃe] *m* großer Supermarkt
hypermétrope [ipɛʀmetʀɔp] *adj* weitsichtig
hypernerveux, -euse [ipɛʀnɛʀvø, -øz] *adj* übernervös
hypersensible [ipɛʀsɑ̃sibl] *adj* hypersensibel
hypertendu, e [ipɛʀtɑ̃dy] *adj fam* **être** ~ (*personne*) überreizt sein; (*ambiance*) sehr angespannt sein
hypertension [ipɛʀtɑ̃sjɔ̃] *f* erhöhter Blutdruck
hypertexte [ipɛʀtɛkst] *m* INFORM Hypertext *m*
hypertrophie [ipɛʀtʀɔfi] *f* übermäßige Vergrößerung
hypnose [ipnoz] *f* Hypnose *f*
hypnotique [ipnɔtik] *adj* hypnotisch
hypnotiser [ipnɔtize] <1> *vt a. fig* hypnotisieren
hypocalorique [ipokalɔʀik] *adj* kalorienarm
hypocondriaque [ipɔkɔ̃dʀijak] *adj péj* hypochondrisch
hypocrisie [ipɔkʀizi] *f* Heuchelei *f*
hypocrite [ipɔkʀit] **I.** *adj* heuchlerisch **II.** *m, f* Heuchler(in) *m(f)*
hypocritement [ipɔkʀitmɑ̃] *adv* heuchlerisch
hypoglycémie [ipoglisemi] *f* MED verminderter Blutzuckergehalt *m*
hypophyse [ipɔfiz] *f* Hirnanhangdrüse *f*
hypotension [ipotɑ̃sjɔ̃] *f* MED [zu] niedriger Blutdruck
hypoténuse [ipɔtenyz] *f* MATH Hypotenuse *f*
hypothécaire [ipɔtekɛʀ] *adj* hypothekarisch [gesichert]
hypothèque [ipɔtɛk] *f* Hypothek *f*
hypothéquer [ipɔteke] <5> *vt* mit einer Hypothek belasten
hypothermie [ipotɛʀmi] *f* Unterkühlung *f*
hypothèse [ipɔtɛz] *f* Hypothese *f*
hypothétique [ipɔtetik] *adj* hypothetisch
hystérie [isteʀi] *f* Hysterie *f*
hystérique [isteʀik] **I.** *adj* hysterisch **II.** *m, f* Hysteriker(in) *m(f)*

I

I, i [i] *m inv* I *nt,* i *nt*
ibérique [ibeʀik] *adj* iberisch
ibid. [ibid] *adv abr de* **ibidem** ibid.
ibidem [ibidɛm] *adv* ibidem
iceberg [ajsbɛʀg] *m* Eisberg *m*
ici [isi] *adv* ❶ hier; **c'est ~ que...** hier... ❷ (*de ce lieu*) **d'~** von hier; **les gens d'~** die Einheimischen; **par ~** hier [in der Gegend]; **d'~ à Paris/au musée** von hier [aus] bis Paris/zum Museum; **près/loin d'~** in der Nähe/weit von hier ❸ (*vers ce lieu*) hierher; **viens ~!** komm her!; **par ~** hier entlang ❹ (*temporel*) **jusqu'~** bis jetzt; **d'~ peu** bald; **d'~ là** bis dahin; **d'~ 2010/demain** bis 2010/morgen; **d'~ que** + *subj* bis
icône [ikon] *f* INFORM Icon *nt*
id. [id] *abr de* **idem** id.
idéal [ideal, o] <-aux> *m* ❶ Ideal *nt* ❷ *sans pl* **l'~ serait que** + *subj* das Beste wäre, wenn
idéal, e [ideal, o] <-aux> *adj* ideal; (*beauté*) vollkommen; (*vacances*) Traum-
déalement [idealmɑ̃] *adv* ideal
déaliser [idealize] <1> *vt* idealisieren
déalisme [idealism] *m* Idealismus *m*
déaliste [idealist] *mf* Idealist(in) *m(f)*
dée [ide] *f* ❶ Idee *f* ❷ (*opinion*) Meinung *f;* **~s politiques** politische Ansichten *Pl* ❸ (*pensée*) **~s noires** trübsinnige Gedanken *Pl;* **l'~ de qc/que qn est mort/qn ait pu faire ça** der Gedanke an etw (*akk*)/[daran], dass jd tot ist/jd dies hätte tun können; **à l'~ de qc** bei dem Gedanken an etw (*akk*); **se faire à l'~ que ...** sich an den Gedanken gewöhnen, dass ... ❹ (*concept, notion*) Idee *f;* **~ reçue** überkommene Vorstellung; **se faire une ~ de qc** sich (*dat*) eine Vorstellung von etw machen; **Aucune ~!** Keine Ahnung!; **tu n'as pas ~ de ce que ...** du kannst dir nicht vorstellen, was ... ❺ (*esprit*) **venir à l'~ de faire qc** in den Sinn kommen etw zu tun
dem [idɛm] *adv* (*de même*) dasselbe
dentification [idɑ̃tifikasjɔ̃] *f* Identifizierung *f*
dentifier [idɑ̃tifje] <1> **I.** *vt* identifizieren **II.** *vpr* **s'~ à qn/qc** sich mit jdm/etw identifizieren
identique [idɑ̃tik] *adj* identisch
identité [idɑ̃tite] *f* Identität *f;* **vérifier l'~ de qn** jds Personalien überprüfen
idéologie [ideɔlɔʒi] *f* Ideologie *f*
idéologique [ideɔlɔʒik] *adj* ideologisch
idiomatique [idjɔmatik] *adj* idiomatisch
idiome [idjom] *m* Idiom *nt*
idiot, e [idjo, idjɔt] **I.** *adj* dumm; **être complètement ~** ein Vollidiot sein (*fam*) **II.** *m, f* Idiot(in) *m(f);* **tu me prends pour un ~?** hältst du mich für blöd? (*fam*) ▶**faire l'~** Blödsinn machen
idiotie [idjɔsi] *f* Dummheit *f*
idole [idɔl] *f* Idol *nt*
idylle [idil] *f* Idylle *f*
idyllique [idilik] *adj* idyllisch
if [if] *m* Eibe *f*
ignoble [iɲɔbl] *adj* gemein
ignorance [iɲɔʀɑ̃s] *f* Unkenntnis *f*
ignorant, e [iɲɔʀɑ̃, ɑ̃t] **I.** *adj* unwissend **II.** *m, f* Ignorant(in) *m(f)*
ignoré, e [iɲɔʀe] *adj* unbekannt
ignorer [iɲɔʀe] <1> *vt* ❶ (*opp: savoir*) nicht kennen; **ne pas ~ qc** etw sehr wohl kennen ❷ (*négliger*) ignorieren
iguane [igwan] *m* Leguan *m*
il [il] *pron pers* ❶ (*masculin*) er ❷ *interrog, non traduit* **le courrier est-~ arrivé?** ist die Post schon da? ❸ (*répétitif*) **~ est beau, ce costume** der Anzug ist schön ❹ *impers* es; **~ est possible que** + *subj* es ist möglich, dass; **~ pleut** es regnet; **~ faut que je parte** ich muss gehen; **~ y a deux ans** vor zwei Jahren; *v.a.* **avoir**
île [il] *f* Insel *f*
Île-de-France [ildəfʀɑ̃s] *f* **l'~** die Ile-de-France
illégal, e [i(l)legal, o] <-aux> *adj* illegal
illégalement [i(l)legalmɑ̃] *adv* illegal
illégalité [i(l)legalite] *f* Illegalität *f*
illégitime [i(l)leʒitim] *adj* unrechtmäßig; (*enfant*) unehelich
illettré, e [i(l)letʀe] *adj* analphabetisch
illicite [i(l)lisit] *adj* unerlaubt
illico [i(l)liko] *adv fam* auf der Stelle
illimité, e [i(l)limite] *adj* unbegrenzt; (*pouvoirs*) uneingeschränkt; (*congé*) unbefristet
illisible [i(l)lizibl] *adj* (*écriture*) unleserlich
illogique [i(l)lɔʒik] *adj* unlogisch
illumination [i(l)lyminasjɔ̃] *f* Beleuchtung *f*
illuminé, e [i(l)lymine] *adj* festlich beleuchtet
illuminer [i(l)lymine] <1> **I.** *vt* **~ qn/qc**

I

(*personne*) jdn/etw beleuchten; (*lustre*) jdn/etw erleuchten; (*éclair*) jdn/etw erhellen **II.** *vpr* **à cette nouvelle, son visage s'est illuminé** bei der Nachricht strahlte er/sie übers ganze Gesicht

illusion [i(l)lyzjɔ̃] *f* Täuschung *f;* **donner l'~ de qc** die Illusion von etw vermitteln

illusionniste [i(l)lyzjɔnist] *mf* Zauberkünstler(in) *m(f)*

illusoire [i(l)lyzwaʀ] *adj* illusorisch

illustrateur, -trice [i(l)lystʀatœʀ, -tʀis] *m, f* Illustrator(in) *m(f)*

illustration [i(l)lystʀasjɔ̃] *f* Illustration *f*

illustre [i(l)lystʀ] *adj* berühmt

illustré [i(l)lystʀe] *m* Illustrierte *f*

illustrer [i(l)lystʀe] <1> *vt* **~ qc de qc** etw mit etw illustrieren

îlot [ilo] *m* ① kleine Insel ② (*groupe isolé*) Insel *f*

ils [il] *pron pers* ① (*pl masculin ou mixte*) sie ② *interrog, non traduit* **les enfants sont-~ là?** sind die Kinder da? ③ (*répétitif*) **regarde les paons comme ~ sont beaux** sieh mal, wie schön die Pfauen sind; *v.a.* **il**

image [imaʒ] *f* ① (*dessin*) Bild *nt;* **~ de marque** Image *nt* ② (*reflet*) Spiegelbild *nt* ③ *fig* Vorstellung *f* ▸**femme-~** Modellfrau *f* **à l'~ de qn/qc** so wie jd/etw

imagé, e [imaʒe] *adj* (*langage, style*) anschaulich

imaginable [imaʒinabl] *adj* vorstellbar

imaginaire [imaʒinɛʀ] **I.** *adj* unwirklich; (*crainte, maladie*) eingebildet; (*animal*) Fabel- **II.** *m* **l'~** das Imaginäre

imaginatif, -ive [imaʒinatif, -iv] *adj* fantasievoll

imagination [imaʒinasjɔ̃] *f* ① Vorstellung *f* ② (*invention*) Fantasie *f*

imaginer [imaʒine] <1> **I.** *vt* ① (*se représenter*) sich (*dat*) vorstellen ② (*croire, supposer*) glauben; **~ que ...** vermuten, dass ... ③ (*inventer*) sich (*dat*) ausdenken; **~ qc** etw erfinden **II.** *vpr* ① **s'~ qn/qc autrement** sich (*dat*) jdn/etw anders vorstellen ② (*se voir*) **s'~ dans vingt ans** sich [in Gedanken] in zwanzig Jahren sehen ③ (*croire faussement*) **s'~ qc** sich (*dat*) etw einbilden; **s'~ faire qc/que** sich (*dat*) einbilden, etw zu tun/dass

imbattable [ɛ̃batabl] *adj* unschlagbar; (*prix, record*) nicht zu unterbieten

imbécile [ɛ̃besil] **I.** *adj* sehr dumm **II.** *mf* Idiot(in) *m(f)*

imbécillité [ɛ̃besilite] *f* Dummheit *f*

imbiber [ɛ̃bibe] <1> *vt* [durch]tränken; **imbibé de sang** mit Blut getränkt

imbuvable [ɛ̃byvabl] *adj* nicht trinkbar

IME [iɛmø] *m abr de* **Institut monétaire européen** EWI *nt*

IMG [iɛmʒe] *f abr de* **interruption médicale de grossesse** medizinisch indizierter Schwangerschaftsabbruch *m*

imitateur, -trice [imitatœʀ, -tʀis] *m, f* Nachahmer(in) *m(f);* (*comédien*) Imitator(in) *m(f)*

imitation [imitasjɔ̃] *f* Imitation *f;* (*d'une signature*) Fälschung *f;* [**en**] **~** Imitat *nt*

imiter [imite] <1> *vt* ① nachahmen; (*signature*) fälschen ② (*prendre pour modèle*) **~ qn** jdm nacheifern

immaculé, e [imakyle] *adj* makellos

immangeable [ɛ̃mɑ̃ʒabl] *adj* ungenießbar

immanquablement [ɛ̃mɑ̃kabləmɑ̃] *adv* unvermeidbar

immatriculation [imatʀikylasjɔ̃] *f* (*d'un étudiant*) Immatrikulation *f;* (*d'une voiture*) Zulassung *f;* (*d'un commerçant*) Eintragung *f*

immatriculer [imatʀikyle] <1> *vt* eintragen; **faire ~ une voiture** ein Auto anmelden

immature [imatyʀ] *adj* unreif

immédiat [imedja] *m* ▸**dans l'~** im Augenblick

immédiat, e [imedja, jat] *adj* unmittelbar (*contact, voisin a.*) direkt; (*effet*) sofortig (*mesures*) Sofort-

immédiatement [imedjatmɑ̃] *adv* sofort

immense [i(m)mɑ̃s] *adj* ① (*mer*) unermesslich weit; (*espace, monde*) unermesslich groß ② (*énorme*) immens; (*mérite*) unglaublich; (*fortune, foule*) riesig; (*chagrin, gloire*) ungeheuer

immensément [i(m)mɑ̃semɑ̃] *adv* (*riche*) ungeheuer

immensité [i(m)mɑ̃site] *f* unermessliche Weite; (*de l'univers*) Unendlichkeit *f*

immergé, e [imɛʀʒe] *adj* unter Wasser liegend

immerger [imɛʀʒe] <2a> *vt* **~ un trésor/un corps dans qc** einen Schatz/einen Körper in etw (*dat*) versenken

immersion [imɛʀsjɔ̃] *f* Eintauchen *nt*

immettable [ɛ̃metabl] *adj* (*vêtement*) nicht tragbar

immeuble [imœbl] *m* [Wohn]haus *nt,* Gebäude *nt;* ~ **à usage locatif** Mietshaus
immigrant, e [imigʀɑ̃, ɑ̃t] *m, f* Einwanderer/Einwanderin *m/f*
immigration [imigʀasjɔ̃] *f* Einwanderung *f*
immigré, e [imigʀe] **I.** *adj* (*travailleur*) Gast- **II.** *m, f* Immigrant(in) *m(f)*
immigrer [imigʀe] <1> *vi* einwandern
imminent, e [iminɑ̃, ɑ̃t] *adj* **être** ~ unmittelbar bevorstehen; (*conflit, danger*) drohen
immobile [i(m)mɔbil] *adj* unbeweglich; (*personne*) reg[ungs]los
immobilier [imɔbilje] *m* **l'**~ das Immobiliengeschäft
immobilier, -ière [imɔbilje, -jɛʀ] *adj* Immobilien-; (*placement*) in Immobilien; (*crédit, saisie*) Immobiliar-; (*crise*) im Immobiliengeschäft; (*revenus*) aus Immobilien; **biens ~s** Immobilien *Pl*
immobilisation [imɔbilizasjɔ̃] *f* ① (*d'un véhicule*) Stehenbleiben *nt;* (*d'une machine*) Stillstehen *nt* ② MED Ruhigstellung *f*
immobiliser [imɔbilize] <1> **I.** *vt* ① (*camions*) anhalten ② MED (*membre*) ruhig stellen; ~ **qn** (*fracture, grippe*) jdn lahmlegen **II.** *vpr* **s'**~ stehen bleiben; (*voiture*) liegen bleiben
mmobilisme [imɔbilism] *m* Fortschrittsfeindlichkeit *f*
mmobilité [imɔbilite] *f* Reg[ungs]losigkeit *f*
mmodéré, e [imɔdeʀe] *adj* (*désir, usage*) unmäßig
mmonde [i(m)mɔ̃d] *adj* widerwärtig; (*crime, personne*) gemein; (*propos*) schmutzig
mmondices [i(m)mɔ̃dis] *fpl* Müll *m*
mmoral, e [i(m)mɔʀal, o] <-aux> *adj* unmoralisch; (*conduite*) unsittlich; (*personne*) sittenlos
mmoralité [i(m)mɔʀalite] *f* Unsittlichkeit *f;* (*d'une personne*) unsittliches Verhalten; (*d'une politique, société*) Unmoral *f*
mmortaliser [imɔʀtalize] <1> *vt* unsterblich machen
mmortalité [imɔʀtalite] *f* Unsterblichkeit *f*
nmortel, le [imɔʀtɛl] *adj* unsterblich
nmortelle [imɔʀtɛl] *f* BOT Strohblume *f*
mmunisation [imynizasjɔ̃] *f* Immunisierung *f*
nmuniser [imynize] <1> *vt a. fig* ~ **qn contre qc** jdn gegen etw immun machen
nmunitaire [imynitɛʀ] *adj* **système** ~ Immunsystem *nt*
immunité [imynite] *f* Immunität *f*
immunodéficience [imynodefisjɑ̃s] *f* Immunschwäche *f*
impact [ɛ̃pakt] *m* ① (*d'une balle*) Einschuss *m* ② (*influence*) Einfluss *m*
impair [ɛ̃pɛʀ] *m* (*gaffe*) Fauxpas *m*
impair, e [ɛ̃pɛʀ] *adj* ungerade
imparable [ɛ̃paʀabl] *adj* (*argument*) unwiderlegbar
impardonnable [ɛ̃paʀdɔnabl] *adj* (*erreur, faute*) unverzeihlich
imparfait [ɛ̃paʀfɛ] *m* Imperfekt *nt,* Imparfait *nt;* **à l'**~ im Imperfekt
impartial, e [ɛ̃paʀsjal, jo] <-aux> *adj* (*arbitre, juge*) unparteiisch
impartialité [ɛ̃paʀsjalite] *f* Unvoreingenommenheit *f*
impasse [ɛ̃pɑs] *f a. fig* Sackgasse *f;* **être dans l'**~ in einer Sackgasse stecken
impassible [ɛ̃pasibl] *adj* (*personne*) gefasst; (*visage*) unbewegt; **rester** ~ die Fassung bewahren
impatiemment [ɛ̃pasjamɑ̃] *adv* ungeduldig
impatience [ɛ̃pasjɑ̃s] *f* Ungeduld *f;* **avec** ~ ungeduldig
impatient, e [ɛ̃pasjɑ̃, jɑ̃t] *adj* ungeduldig; **être ~ de faire qc** darauf brennen, etw zu tun
impatienter [ɛ̃pasjɑ̃te] <1> **I.** *vt* ~ **qn avec** [*o* **par**] **qc** jdn mit etw ungeduldig machen **II.** *vpr* **s'**~ **de qc** wegen etw ungeduldig werden
impayé [ɛ̃peje] *m* ausstehende Zahlung
impeccable [ɛ̃pekabl] *adj* ① tadellos ② *fam* (*parfait*) ~**!** Spitze!
impensable [ɛ̃pɑ̃sabl] *adj* undenkbar
imper [ɛ̃pɛʀ] *m fam abr de* **imperméable**
impératif [ɛ̃peʀatif] *m* LING Imperativ *m*
impérativement [ɛ̃peʀativmɑ̃] *adv* unbedingt
impératrice [ɛ̃peʀatʀis] *f* Kaiserin *f; v.a.* **empereur**
imperceptible [ɛ̃pɛʀsɛptibl] *adj* nicht wahrnehmbar; (*bruit*) nicht hörbar
imperceptiblement [ɛ̃pɛʀsɛptibləmɑ̃] *adv* unmerklich
imperfection [ɛ̃pɛʀfɛksjɔ̃] *f sans pl* Unvollkommenheit *f*
impérial, e [ɛ̃peʀjal, jo] <-aux> *adj* kaiserlich
impérialisme [ɛ̃peʀjalism] *m* Imperialismus *m*

impérialiste [ɛ̃peʀjalist] *adj* imperialistisch
impérieusement [ɛ̃peʀjøzmɑ̃] *adv* dringend
impérieux, -euse [ɛ̃peʀjø, -jøz] *adj* herrisch
imperméabiliser [ɛ̃pɛʀmeabilize] <1> *vt* imprägnieren
imperméable [ɛ̃pɛʀmeabl] **I.** *adj* (*sol*) wasserundurchlässig; (*tissu, toile*) wasserdicht **II.** *m* Regenmantel *m*
impersonnel, le [ɛ̃pɛʀsɔnɛl] *adj* unpersönlich
impertinence [ɛ̃pɛʀtinɑ̃s] *f* Unverschämtheit *f*; **avec ~** unverschämt
impertinent, e [ɛ̃pɛʀtinɑ̃, ɑ̃t] *adj* unverschämt
imperturbable [ɛ̃pɛʀtyʀbabl] *adj* unerschütterlich
impétigo [ɛ̃petigo] *m* Eiterflechte *f*
impétueux, -euse [ɛ̃petɥø, -øz] *adj* stürmisch
impitoyable [ɛ̃pitwajabl] *adj* unerbittlich; (*personne, jugement*) unbarmherzig; (*critique*) schonungslos
impitoyablement [ɛ̃pitwajabləmɑ̃] *adv* mitleid[s]los
implacable [ɛ̃plakabl] *adj* (*ennemi, juge*) unerbittlich
implant [ɛ̃plɑ̃] *m* Implantat *nt*
implantation [ɛ̃plɑ̃tasjɔ̃] *f* Ansied[e]lung *f*
implanter [ɛ̃plɑ̃te] <1> **I.** *vt* ❶ (*industrie*) ansiedeln ❷ MED implantieren **II.** *vpr* **s'~** (*industrie*) sich ansiedeln
implémenter [ɛ̃plemɑ̃te] <1> *vt* INFORM implementieren
implication [ɛ̃plikasjɔ̃] *f* ❶ *gén pl* (*conséquence*) Folge *f* ❷ (*mise en cause*) **~ de qn dans qc** jds Verwicklung *f* in etw (*akk*)
implicite [ɛ̃plisit] *adj* implizit
implicitement [ɛ̃plisitmɑ̃] *adv* implizit
impliquer [ɛ̃plike] <1> *vt* ❶ (*signifier*) bedeuten ❷ (*mêler*) verwickeln ❸ (*avoir pour conséquence*) implizieren
implorer [ɛ̃plɔʀe] <1> *vt* **~ qc** um etw flehen
imploser [ɛ̃ploze] <1> *vi* implodieren
impoli, e [ɛ̃pɔli] *adj* unhöflich
impolitesse [ɛ̃pɔlitɛs] *f* Unhöflichkeit *f*
impondérable [ɛ̃pɔ̃deʀabl] *adj* (*événement*) unvorhersehbar
impopulaire [ɛ̃pɔpylɛʀ] *adj* unpopulär; (*personne*) unbeliebt
impopularité [ɛ̃pɔpylaʀite] *f* Unbeliebtheit *f*
import [ɛ̃pɔʀ] *m abr de* **importation** Import *m*
importance [ɛ̃pɔʀtɑ̃s] *f* Bedeutung *f*; (*d'une personne*) Einfluss *m*; **se donner de l'~** *péj* sich wichtigmachen; **sans ~** unwichtig
important [ɛ̃pɔʀtɑ̃] *m* Wichtige(s) *nt*
important, e [ɛ̃pɔʀtɑ̃, ɑ̃t] *adj* ❶ wichtig; (*personnage*) einflussreich; **quelque chose d'~** etwas Wichtiges ❷ (*gros*) beträchtlich; (*dégâts, retard*) erheblich; (*somme*) ansehnlich; **une quantité ~e** eine größere Menge
importateur, -trice [ɛ̃pɔʀtatœʀ, -tʀis] **I.** *adj* **un pays ~ de blé** ein Getreide importierendes Land **II.** *m, f* Importeur *m*
importation [ɛ̃pɔʀtasjɔ̃] *f* Import *m*
importer[1] [ɛ̃pɔʀte] <1> *vt* importieren; (*introduire*) einführen
importer[2] [ɛ̃pɔʀte] <1> *vi* **ce qui [m']importe, c'est ...** was [für mich] zählt, ist ...; **cela importe peu/beaucoup** das ist von geringer/großer Bedeutung; **peu importe [que** + *subj*] es spielt keine Rolle[, ob] ►**n'importe comment** irgendwie; **n'importe lequel/laquelle** irgendeiner/irgendeine; **n'importe où** irgendwo[hin]; **suivre qn n'importe où** jdm überallhin folgen; **n'importe quand** irgendwann; **vous pouvez venir n'importe quand** Sie können kommen, wann Sie wollen; **n'importe qui** irgendwer; **n'importe qui pourrait ...** jeder x-beliebige könnte ...; **n'importe quoi** irgendwas; **dire n'importe quoi** (*des bêtises*) Unsinn reden
import-export [ɛ̃pɔʀɛkspɔʀ] <imports-exports> *m* Import-Export *m*
imposable [ɛ̃pozabl] *adj* steuerpflichtig
imposant, e [ɛ̃pozɑ̃, ɑ̃t] *adj* ❶ (*majestueux*) imposant; (*stature*) stattlich ❷ (*considérable*) beachtlich
imposé, e [ɛ̃poze] *adj* vorgeschrieben
imposer [ɛ̃poze] <1> **I.** *vt* ❶ (*décision*) erfordern; (*repos*) verlangen; **~ qc à qn** etw von jdm erfordern ❷ (*faire accepter de force*) durchsetzen; (*date*) festsetzen; **~ qc à qn** jdm etw auferlegen ❸ FIN (*personne*) steuerlich veranlagen; (*revenu, marchandise*) besteuern **II.** *vpr* ❶ **s'~ à qn** (*prudence, repos*) zwingend geboten sein; (*solution*) sich jdm aufdrängen; **ça s'impose** das ist ein Muss ❷ (*se faire reconnaître*) **s'~** sich durchsetzen
imposition [ɛ̃pozisjɔ̃] *f* Besteuerung *f*

mpossibilité [ɛ̃pɔsibilite] *f* Unmöglichkeit *f*

mpossible [ɛ̃pɔsibl] **I.** *adj a. fig* unmöglich; **rendre la vie ~ à qn** jdm das Leben unerträglich machen **II.** *m* **tenter l'~** alles nur Mögliche versuchen; **faire l'~ pour qn/qc** das Menschenmögliche für jdn/etw tun

mposteur [ɛ̃pɔstœʀ] *m* Hochstapler(in) *m(f)*

mpôt [ɛ̃po] *m* Steuer *f;* **~ sur le revenu** Einkommensteuer; **~ sur les salaires** Lohnsteuer; **~ foncier** Grundsteuer; **~s locaux** Kommunalsteuern *Pl*

mpotent, e [ɛ̃pɔtɑ̃, ɑ̃t] **I.** *adj* bewegungsunfähig **II.** *m, f* [Körper]behinderte(r) *f(m)*

mpraticable [ɛ̃pʀatikabl] *adj* (*route, piste*) unbefahrbar

nprécis, e [ɛ̃pʀesi, iz] *adj* ungenau; (*souvenir, contour*) undeutlich

nprécision [ɛ̃pʀesizjɔ̃] *f* Ungenauigkeit *f*

nprégner [ɛ̃pʀeɲe] <5> **I.** *vt* (*bois, étoffe*) imprägnieren; **~ un tampon de qc** einen Wattebausch mit etw tränken; **une odeur imprègne une pièce** ein Duft erfüllt ein Zimmer **II.** *vpr* **s'~ d'eau** sich mit Wasser vollsaugen; **s'~ d'une odeur** einen Duft annehmen

nprenable [ɛ̃pʀənabl] *adj* (*forteresse, château*) uneinnehmbar

nprésario [ɛ̃pʀezaʀjo, ɛ̃pʀesaʀjo] <s> *m* [Theater-, Konzert]agent *m*

npression [ɛ̃pʀesjɔ̃] *f* Eindruck *m;* **avoir l'~ que .../de faire qc** den Eindruck haben, dass .../etw zu tun; **avoir l'~ de faire qc** den Eindruck haben etw zu tun ▶**une ~ de déjà-vu** ein Déjà-vu-Erlebnis *nt*

npressionnable [ɛ̃pʀesjɔnabl] *adj* empfindsam

npressionnant, e [ɛ̃pʀesjɔnɑ̃, ɑ̃t] *adj* ❶ (*imposant*) beeindruckend ❷ (*considérable*) beachtlich

npressionner [ɛ̃pʀesjɔne] <1> *vt* beeindrucken

npressionnisme [ɛ̃pʀesjɔnism] *m* Impressionismus *m*

npressionniste [ɛ̃pʀesjɔnist] **I.** *adj* impressionistisch **II.** *mf* Impressionist(in) *m(f)*

nprévisible [ɛ̃pʀevizibl] *adj* unvorhersehbar; (*personne*) unberechenbar

nprévu [ɛ̃pʀevy] *m* **l'~** das Unerwartete; **'aime l'~** ich liebe Überraschungen *Pl;* **en as d'~** falls etwas dazwischenkommt

nprévu, e [ɛ̃pʀevy] *adj* unvorhergesehen

imprimante [ɛ̃pʀimɑ̃t] *f* Drucker *m*

imprimé [ɛ̃pʀime] *m* Formular *nt*

imprimer [ɛ̃pʀime] <1> *vt* drucken; (*tissu*) bedrucken

imprimerie [ɛ̃pʀimʀi] *f* ❶ (*technique*) Buchdruck *m* ❷ (*établissement*) Druckerei *f*

imprimeur, -euse [ɛ̃pʀimœʀ, -øz] *m, f* Drucker(in) *m(f)*

improbable [ɛ̃pʀɔbabl] *adj* unwahrscheinlich

impromptu [ɛ̃pʀɔ̃pty] *m* MUS Impromptu *nt*

imprononçable [ɛ̃pʀɔnɔ̃sabl] *adj* unaussprechlich

improvisation [ɛ̃pʀɔvizasjɔ̃] *f* Improvisation *f*

improvisé, e [ɛ̃pʀɔvize] *adj* improvisiert; (*excursion*) spontan

improviser [ɛ̃pʀɔvize] <1> *vt, vi* improvisieren; (*discours*) aus dem Stegreif halten

improviste [ɛ̃pʀɔvist] ▶**à l'~** überraschend; **arriver à l'~** unangemeldet vorbeikommen

imprudence [ɛ̃pʀydɑ̃s] *f* Unvorsichtigkeit *f;* (*d'une personne, action a.*) Leichtsinn *m;* **par ~** fahrlässig

imprudent, e [ɛ̃pʀydɑ̃, ɑ̃t] *adj* unvorsichtig

impudent, e [ɛ̃pydɑ̃, ɑ̃t] *adj* unverschämt

impuissance [ɛ̃pɥisɑ̃s] *f* Machtlosigkeit *f;* (*sur le plan sexuel*) Impotenz *f*

impuissant [ɛ̃pɥisɑ̃] *m* Impotenter *m*

impuissant, e [ɛ̃pɥisɑ̃, ɑ̃t] *adj* machtlos; (*sexuellement*) impotent

impulsif, -ive [ɛ̃pylsif, -iv] *adj* impulsiv

impulsion [ɛ̃pylsjɔ̃] *f a.* TECH, ELEC Impuls *m*

impulsivement [ɛ̃pylsivmɑ̃] *adv* impulsiv

impulsivité [ɛ̃pylsivite] *f* Impulsivität *f*

impunément [ɛ̃pynemɑ̃] *adv* ungestraft

impuni, e [ɛ̃pyni] *adj* ungestraft

impunité [ɛ̃pynite] *f* Straffreiheit *f*

impur, e [ɛ̃pyʀ] *adj* unrein

impureté [ɛ̃pyʀte] *f* Verschmutzung *f*

in [in] *adj inv, fam* in

inabordable [inabɔʀdabl] *adj* unerschwinglich; (*loyer*) horrend

inacceptable [inaksɛptabl] *adj* nicht akzeptabel; (*projet, proposition*) unannehmbar

inaccessible [inaksesibl] *adj* ❶ (*hors d'atteinte*) unerreichbar; (*sommet*) nicht ersteigbar ❷ (*personne*) unnahbar ❸ (*trop cher*) unerschwinglich

inachevé, e [inaʃ(ə)ve] *adj* unfertig

inactif, -ive [inaktif, -iv] **I.** *adj* ❶ (*oisif*) untätig; (*au repos: personne*) nicht arbeitend

I

❷ (*inefficace*) unwirksam **II.** *m, f* Nichterwerbstätige(r) *f(m)*
inaction [inaksjɔ̃] *f* Untätigkeit *f*
inactivité [inaktivite] *f* Untätigkeit *f*
inadapté, e [inadapte] *adj* (*médicament*) unwirksam; ~ **à qc** ungeeignet für etw
inadmissible [inadmisibl] *adj* untragbar; **il est ~ que** + *subj* es ist skandalös, dass
inadvertance [inadvɛʀtɑ̃s] *f soutenu* **par ~** versehentlich
inaltérable [inalteʀabl] *adj* unveränderlich
inanimé, e [inanime] *adj* unbelebt
inaperçu, e [inapɛʀsy] *adj* ▶**passer** ~ unbemerkt bleiben
inapplicable [inaplikabl] *adj* ~ **à qc** nicht anwendbar auf etw (*akk*); **cette mesure est ~ à la réalité** diese Maßnahme ist in der Praxis nicht durchführbar
inapproprié, e [inapʀɔpʀije] *adj* ungeeignet
inapte [inapt] *adj* unfähig
inaptitude [inaptityd] *f* Unfähigkeit *f*
inattaquable [inatakabl] *adj* (*personne, point de vue*) unangreifbar; (*argument*) unwiderlegbar; (*jugement, thèse*) unanfechtbar
inattendu [inatɑ̃dy] *m* **l'~** das Unerwartete
inattendu, e [inatɑ̃dy] *adj* unerwartet
inattentif, -ive [inatɑ̃tif, -iv] *adj* unaufmerksam
inattention [inatɑ̃sjɔ̃] *f* Unaufmerksamkeit *f*; **faute d'~** Flüchtigkeitsfehler *m*
inaudible [inodibl] *adj* nicht hörbar
inaugural, e [inogyʀal, o] <-aux> *adj* (*cérémonie, discours*) Eröffnungs-
inauguration [inogyʀasjɔ̃] *f* (*d'une exposition*) feierliche Eröffnung; (*d'une statue, d'un monument*) Enthüllung *f*; (*d'une route, de locaux*) Einweihung *f*
inaugurer [inogyʀe] <1> *vt* (*exposition*) [feierlich] eröffnen; (*monument, plaque commémorative*) enthüllen; (*bâtiment, école, voiture*) einweihen; (*route*) [für den Verkehr] freigeben
inavouable [inavwabl] *adj* nicht hinnehmbar; (*mœurs*) unerhört; (*motifs*) unmoralisch
inavoué, e [inavwe] *adj* (*sentiment, amour*) uneingestanden; (*acte, crime*) nicht gestanden
inca [ɛ̃ka] *adj* **l'Empire ~** das Reich der Inkas
incalculable [ɛ̃kalkylabl] *adj* beträchtlich; (*nombre*) unermesslich groß
incandescence [ɛ̃kɑ̃desɑ̃s] *f* [Weiß]glühen *nt*
incandescent, e [ɛ̃kɑ̃desɑ̃, ɑ̃t] *adj* [weiß]glühend
incapable [ɛ̃kapabl] **I.** *adj* unfähig; **être ~ de faire qc** nicht fähig sein, etw zu tun **II.** *mf* unfähiger Mensch
incapacité [ɛ̃kapasite] *f* ❶ (*inaptitude*) Unfähigkeit *f*; **être dans l'~ de faire qc** nicht in der Lage sein, etw zu tun ❷ (*convalescence*) ~ **de travail** Arbeitsunfähigkeit *f*
incarcération [ɛ̃kaʀseʀasjɔ̃] *f* Inhaftierung
incarcérer [ɛ̃kaʀseʀe] <5> *vt* inhaftieren
incarnation [ɛ̃kaʀnasjɔ̃] *f* Inkarnation *f*
incarné, e [ɛ̃kaʀne] *adj* fleischgeworden
incarner [ɛ̃kaʀne] <1> *vt* verkörpern
Incas [ɛ̃ka] *mpl* **les ~** die Inkas
incassable [ɛ̃kasabl] *adj* unzerbrechlich
incendiaire [ɛ̃sɑ̃djɛʀ] *adj* ❶ **bombe ~** Brandbombe *f* ❷ (*article, discours*) aufwieglerisch
incendie [ɛ̃sɑ̃di] *m* Brand *m* ▶~ **criminel** Brandstiftung *f*
incendier [ɛ̃sɑ̃dje] <1> *vt* ❶ in Brand setzen ❷ *fam* (*engueuler*) anschnauzen
incertain, e [ɛ̃sɛʀtɛ̃, ɛn] *adj* ❶ (*opp: assuré*) unsicher; (*indécis*) unschlüssig ❷ (*douteux*) ungewiss; (*temps*) unbeständig; (*origine*) unbestimmt
incertitude [ɛ̃sɛʀtityd] *f* Ungewissheit (*d'une personne*) Unsicherheit *f*
incessant, e [ɛ̃sesɑ̃, ɑ̃t] *adj a. antéposé* unaufhörlich; (*réclamations, coups de fil*) ständig; (*bruit, pluie*) anhaltend; (*efforts*) stetig
inceste [ɛ̃sɛst] *m* Inzest *m*
incestueux, -euse [ɛ̃sɛstɥø, -øz] *adj* inzestuös
incidemment [ɛ̃sidamɑ̃] *adv* nebenbei
incident [ɛ̃sidɑ̃] *m* Zwischenfall *m*; ~ **technique** Betriebsstörung *f*; **sans ~** reibungslos ▶**l'~ est clos** der Fall ist erledigt
incinérateur [ɛ̃sineʀatœʀ] *m* Verbrennungsofen *m*
incinération [ɛ̃sineʀasjɔ̃] *f* Verbrennung *f*
incinérer [ɛ̃sineʀe] <5> *vt* (*cadavre*) einäschern
inciser [ɛ̃size] <1> *vt* (*abcès*) aufschneiden
incisif, -ive [ɛ̃sizif, -iv] *adj* bissig
incision [ɛ̃sizjɔ̃] *f a.* MED Einschnitt *m*
incitation [ɛ̃sitasjɔ̃] *f* Ansporn *m*
inciter [ɛ̃site] <1> *vt* ~ **qn à qc** jdn zu etw ermuntern; ~ **qn à l'achat** jdn zum Kauf

verführen
inclinable [ɛ̃klinabl] *adj* verstellbar
inclinaison [ɛ̃klinɛzɔ̃] *f* (*d'une pente, route*) Gefälle *nt;* (*d'un toit, mur*) Schräge *f*
incliné, e [ɛ̃kline] *adj* ❶ (*pente, terrain*) abschüssig; (*toit*) schräg ❷ (*penché*) schief; (*arbre, tête*) geneigt; ~ **vers qc** gegen etw geneigt
incliner [ɛ̃kline] <1> **I.** *vt* (*buste*) beugen; (*tête*) neigen; (*bouteille*) schräg halten **II.** *vpr* ❶ (*se courber*) **s'~** sich verneigen ❷ (*céder*) **s'~ devant qn/qc** sich jdm/einer S. beugen
inclure [ɛ̃klyʀ] <irr> *vt* ~ **qc dans qc** etw einer S. (*dat*) beifügen
inclus, e [ɛ̃kly, ɛ̃klyz] *adj* einschließlich (+ *gen*); **jusqu'au dix mars ~** bis einschließlich zehnten März
inclusion [ɛ̃klyzjɔ̃] *f* ~ **dans qc** Einbeziehung *f* in etw (*akk*)
incognito [ɛ̃kɔɲito] **I.** *adv* inkognito **II.** *m* **garder l'~** sein Inkognito *nt* wahren
incohérence [ɛ̃kɔeʀɑ̃s] *f* ❶ Zusammenhang[s]losigkeit *f* ❷ (*illogisme*) Ungereimtheit *f;* (*contradiction*) Widerspruch *m*
incohérent, e [ɛ̃kɔeʀɑ̃, ɑ̃t] *adj* ungereimt; (*texte, histoire*) unzusammenhängend; (*gestes*) unmotiviert
incollable [ɛ̃kɔlabl] *adj fam* (*imbattable*) unschlagbar
incolore [ɛ̃kɔlɔʀ] *adj* farblos
incomber [ɛ̃kɔ̃be] <1> *vi* ~ **à qn** jdm zufallen
incommensurable [ɛ̃kɔmɑ̃syʀabl] *adj* unermesslich
incomparable [ɛ̃kɔ̃paʀabl] *adj* unvergleichlich
incompatibilité [ɛ̃kɔ̃patibilite] *f* ❶ (*contrariété*) Unvereinbarkeit *f* ❷ (*des groupes sanguins*) Unverträglichkeit *f*
incompatible [ɛ̃kɔ̃patibl] *adj* unvereinbar; (*groupes sanguins*) unverträglich; ~ **avec qc** unvereinbar mit etw
incompétence [ɛ̃kɔ̃petɑ̃s] *f* Inkompetenz *f*
incompétent, e [ɛ̃kɔ̃petɑ̃, ɑ̃t] *adj* inkompetent
incomplet, -ète [ɛ̃kɔ̃plɛ, -ɛt] *adj* unvollständig; (*œuvre, travail*) unvollendet
incompréhensible [ɛ̃kɔ̃pʀeɑ̃sibl] *adj* ❶ (*déconcertant*) unverständlich; (*personne*) undurchschaubar ❷ (*impénétrable*) unbegreiflich; (*mystère*) rätselhaft
incompréhensif, -ive [ɛ̃kɔ̃pʀeɑ̃sif, -iv] *adj* verständnislos
incompréhension [ɛ̃kɔ̃pʀeɑ̃sjɔ̃] *f* Unverständnis *nt*
incompressible [ɛ̃kɔ̃pʀesibl] *adj* FIN, JUR nicht einschränkbar
incompris, e [ɛ̃kɔ̃pʀi, iz] *adj* nicht verstanden; (*œuvre d'art*) unverstanden; (*artiste, génie*) verkannt
inconcevable [ɛ̃kɔ̃svabl] *adj* ❶ (*inimaginable*) unvorstellbar ❷ (*incompréhensible*) unbegreiflich ❸ (*incroyable*) unglaublich
inconditionnel, le [ɛ̃kɔ̃disjɔnɛl] *adj* bedingungslos
inconditionnellement [ɛ̃kɔ̃disjɔnɛlmɑ̃] *adv* bedingungslos
inconfortable [ɛ̃kɔ̃fɔʀtabl] *adj* ❶ (*lit, siège*) unbequem ❷ (*situation*) misslich
inconnu [ɛ̃kɔny] *m* **l'~** das Unbekannte
inconnu, e [ɛ̃kɔny] **I.** *adj* ❶ (*ignoré*) unbekannt; **il est ~ ici** er ist hier nicht bekannt ❷ (*nouveau*) unbekannt; (*odeur, parfum*) ungewöhnlich **II.** *m, f* Unbekannte(r) *f(m);* **devant des ~s** vor Fremden
inconnue [ɛ̃kɔny] *f* MATH Unbekannte *f*
inconsciemment [ɛ̃kɔ̃sjamɑ̃] *adv* unbewusst
inconscience [ɛ̃kɔ̃sjɑ̃s] *f* ❶ (*légèreté*) Leichtsinn *m* ❷ (*irresponsabilité*) Leichtfertigkeit *f*
inconscient [ɛ̃kɔ̃sjɑ̃] *m* PSYCH Unbewusste(s) *nt*
inconscient, e [ɛ̃kɔ̃sjɑ̃, jɑ̃t] **I.** *adj* ❶ (*évanoui*) bewusstlos ❷ (*qui ne se rend pas compte*) leichtsinnig ❸ (*machinal, irréfléchi*) unbewusst **II.** *m, f* Leichtsinnige(r) *f(m)*
inconséquence [ɛ̃kɔ̃sekɑ̃s] *f* Inkonsequenz *f*
inconséquent, e [ɛ̃kɔ̃sekɑ̃, ɑ̃t] *adj* inkonsequent
inconsidéré, e [ɛ̃kɔ̃sideʀe] *adj* unbesonnen
inconsistant, e [ɛ̃kɔ̃sistɑ̃, ɑ̃t] *adj* (*argumentation*) nicht stichhaltig
inconsolable [ɛ̃kɔ̃sɔlabl] *adj* ~ **de qc** untröstlich über etw (*akk*)
inconstant, e [ɛ̃kɔ̃stɑ̃, ɑ̃t] *adj* wankelmütig
incontestable [ɛ̃kɔ̃tɛstabl] *adj* unbestreitbar; (*principe, droit*) unbestritten; (*fait, preuve*) nicht zu leugnen; **il est ~ que ...** es ist nicht zu leugnen, dass ...
incontestablement [ɛ̃kɔ̃tɛstabləmɑ̃] *adv* zweifellos

incontesté, e [ɛ̃kɔ̃tɛste] *adj* unbestritten; (*champion, leader*) unangefochten; (*personne*) allgemein anerkannt

incontinent, e [ɛ̃kɔ̃tinɑ̃, ɑ̃t] *adj* an Inkontinenz leidend

incontournable [ɛ̃kɔ̃tuʀnabl] *adj* unvermeidlich; (*fait, exigence*) unumgänglich; **qn/qc est ~** an jdm/etw kommt niemand vorbei

incontrôlable [ɛ̃kɔ̃tʀolabl] *adj* ❶ (*invérifiable*) nicht nachprüfbar ❷ (*irrépressible*) unkontrollierbar; (*envie, passion*) unbezwingbar; (*attirance*) unwiderstehlich; (*mouvement*) unwillkürlich ❸ (*ingouvernable*) unkontrollierbar

inconvenant, e [ɛ̃kɔ̃v(ə)nɑ̃, ɑ̃t] *adj* (*conduite, proposition*) unpassend

inconvénient [ɛ̃kɔ̃venjɑ̃] *m* ❶ (*opp: avantage*) Nachteil *m* ❷ *gén pl* (*conséquence fâcheuse*) unangenehme Folge ❸ (*obstacle*) **l'~, c'est que ...** das Problem ist, dass ...

incorporation [ɛ̃kɔʀpɔʀasjɔ̃] *f* (*annexion*) Eingliederung *f*

incorporé, e [ɛ̃kɔʀpɔʀe] *adj* TECH eingebaut

incorporer [ɛ̃kɔʀpɔʀe] <1> *vt* GASTR, TECH (*sucre*) beimengen; (*blancs battus en neige*) unterheben

incorrect, e [ɛ̃kɔʀɛkt] *adj* ❶ (*expression, style*) nicht richtig; (*montage*) fehlerhaft ❷ (*inconvenant*) unpassend; (*langage, ton*) unangemessen ❸ (*impoli*) ungehörig

incorrigible [ɛ̃kɔʀiʒibl] *adj a. antéposé* unverbesserlich

incorruptible [ɛ̃kɔʀyptibl] *adj* unbestechlich

incrédule [ɛ̃kʀedyl] *adj* ungläubig

increvable [ɛ̃kʀəvabl] *adj* ❶ *fam* (*personne*) nicht kleinzukriegen; (*appareil, voiture*) unverwüstlich ❷ (*pneu*) pannensicher

incriminer [ɛ̃kʀimine] <1> *vt* beschuldigen

incroyable [ɛ̃kʀwajabl] *adj a. antéposé* unglaublich

incroyablement [ɛ̃kʀwajabləmɑ̃] *adv* unglaublich

incrustation [ɛ̃kʀystasjɔ̃] *f* INFORM Pop-up-Menü *nt*

incruster [ɛ̃kʀyste] <1> **I.** *vt* ART **~ qc de diamants** etw mit Diamanten verzieren; **être incrusté de qc** mit etw eingelegt sein **II.** *vpr* ❶ *fam* (*s'installer à demeure*) **s'~** sich einnisten ❷ (*adhérer fortement*) **s'~** (*odeur*) sich festsetzen

incubation [ɛ̃kybasjɔ̃] *f* Bebrütung *f*

inculpation [ɛ̃kylpasjɔ̃] *f* JUR Anklagepunkt *m*

inculpé, e [ɛ̃kylpe] *m, f* JUR Angeklagte(r) *f(m)*

inculper [ɛ̃kylpe] <1> *vt* **~ qn de qc** gegen jdn Anklage wegen einer S. (*gen*) erheben

inculquer [ɛ̃kylke] <1> *vt* **~ qc à qn** jdm etw einprägen

inculte [ɛ̃kylt] *adj* brachliegend

incurable [ɛ̃kyʀabl] *adj* unheilbar

incurvé, e [ɛ̃kyʀve] *adj* gebogen

Inde [ɛ̃d] *f* **l'~** Indien *nt*

indécence [ɛ̃desɑ̃s] *f* Anstößigkeit *f*

indécent, e [ɛ̃desɑ̃, ɑ̃t] *adj* anstößig; (*personne*) schamlos

indéchiffrable [ɛ̃deʃifʀabl] *adj* nicht zu entziffern

indécis, e [ɛ̃desi, iz] *adj* ❶ (*hésitant*) unentschlossen ❷ (*douteux*) unentschieden

indécision [ɛ̃desizjɔ̃] *f* Unentschlossenheit *f*

indéfendable [ɛ̃defɑ̃dabl] *adj* nicht zu verteidigen

indéfini, e [ɛ̃defini] *adj* ❶ (*indéterminé*) unbestimmt ❷ (*espace, nombre*) unbegrenzt

indéfiniment [ɛ̃definimɑ̃] *adv* auf unbegrenzte Zeit

indéfinissable [ɛ̃definisabl] *adj* undefinierbar; (*émotion, malaise*) unerklärlich

indéformable [ɛ̃defɔʀmabl] *adj* formbeständig

indélébile [ɛ̃delebil] *adj* ❶ (*ineffaçable*) nicht zu entfernen; (*couleur*) waschecht ❷ (*souvenir*) unauslöschlich

indemne [ɛ̃dɛmn] *adj* unversehrt; **sortir ~ de l'accident** bei dem Unfall nicht verletzt werden

indemnisation [ɛ̃dɛmnizasjɔ̃] *f* Schaden[s]ersatz *m;* (*dédommagement versé par l'État*) Entschädigung *f*

indemniser [ɛ̃dɛmnize] <1> *vt* ❶ (*rembourser*) **~ qn de qc** jdm etw erstatten ❷ (*compenser*) **~ qn pour qc** jdm Schaden[s]ersatz für etw leisten; (*État*) jdn für etw entschädigen; (*assurances, assureur*) [jdm] den Schaden für etw zahlen

indemnité [ɛ̃dɛmnite] *f* ❶ (*réparation*) Schaden[s]ersatz *m;* (*payé par l'État*) Entschädigung *f;* (*forfait*) Abfindung *f* ❷ (*prime*) Zulage *f;* **~ de chômage/logement** Arbeitslosen-/Wohnungsgeld *nt;* (*d'un maire, conseiller régional*) Bezüge *Pl;* (*journalière*

Krankengeld *nt;* (*en cas de maternité*) Mutterschaftshilfe *f*

indépendamment [ɛ̃depɑ̃damɑ̃] *adv* ▸~ **de qc** (*outre*) zusätzlich zu etw; (*sans dépendre de*) unabhängig von etw

indépendance [ɛ̃depɑ̃dɑ̃s] *f* Unabhängigkeit *f*

indépendant, e [ɛ̃depɑ̃dɑ̃, ɑ̃t] *adj* ❶ (*libre*) unabhängig; (*qui se débrouille tout seul*) selb[st]ständig; (*qui est son propre maître*) eigenständig ❷ (*à son compte*) selb[st]ständig; (*artiste, architecte*) freischaffend; (*collaborateur, journaliste*) frei

indépendantiste [ɛ̃depɑ̃dɑ̃tist] *adj* POL separatistisch

indescriptible [ɛ̃dɛskʀiptibl] *adj a. antéposé* unbeschreiblich

indésirable [ɛ̃deziʀabl] *adj* unerwünscht

indestructible [ɛ̃dɛstʀyktibl] *adj* unzerstörbar; (*liaison, amour*) dauerhaft

indétermination [ɛ̃detɛʀminasjɔ̃] *f* Unentschlossenheit *f*

indéterminé, e [ɛ̃detɛʀmine] *adj* unbestimmt; (*date*) nicht festgesetzt

indétrônable [ɛ̃detʀonablə] *adj* unschlagbar

index [ɛ̃dɛks] *m* ❶ (*doigt*) Zeigefinger *m* ❷ (*table alphabétique*) Verzeichnis *nt*

indexation [ɛ̃dɛksasjɔ̃] *f* ECON, FIN Indexierung *f*

indexer [ɛ̃dɛkse] <1> *vt* ECON, FIN ~ **qc sur qc** etw an etw (*akk*) koppeln

indicateur, -trice [ɛ̃dikatœʀ, -tʀis] *adj* (*panneau*) Hinweis-

indicatif [ɛ̃dikatif] *m* ❶ TELEC Vorwahl[nummer *f*] *f;* **l'~ de la France** die Vorwahl von Frankreich ❷ LING Indikativ *m*

indicatif, -ive [ɛ̃dikatif, -iv] *adj* ❶ annähernd; **à titre ~** zur Kenntnisnahme ❷ LING **mode ~** Indikativ *m*

indication [ɛ̃dikasjɔ̃] *f* ❶ (*information*) Hinweis *m* ❷ (*prescription*) Anweisung *f*

indice [ɛ̃dis] *m* ❶ (*signe*) Anzeichen *nt;* (*constatation*) Indiz *nt* ❷ (*trace*) Spur *f* ❸ (*preuve*) Beweis *m;* JUR Indiz *nt* ❹ ECON, FIN Indexzahl *f;* ~ **des prix** Preisindex *m*

indien, ne [ɛ̃djɛ̃, jɛn] *adj* ❶ (*d'Inde*) indisch ❷ (*d'Amérique*) indianisch

Indien, ne [ɛ̃djɛ̃, jɛn] *m, f* ❶ (*habitant de l'Inde*) Inder(in) *m(f)* ❷ (*indigène d'Amérique*) Indianer(in) *m(f);* (*d'Amérique du Sud*) Indio/Indiofrau *m/f*

indifféremment [ɛ̃difeʀamɑ̃] *adv* in gleicher Weise

indifférence [ɛ̃difeʀɑ̃s] *f* ❶ (*insensibilité*) Gleichgültigkeit *f* ❷ (*apathie*) Desinteresse *nt* ❸ (*détachement*) Teilnahmslosigkeit *f*

indifférent, e [ɛ̃difeʀɑ̃, ɑ̃t] **I.** *adj* ❶ (*attitude, personne*) gleichgültig; **être ~ à qc** einer S. (*dat*) gleichgültig gegenüberstehen; **laisser qn ~** jdn unberührt lassen ❷ (*égal*) **être ~ à qn** jdm gleichgültig sein **II.** *m, f* Gleichgültige(r) *f(m)*

indigène [ɛ̃diʒɛn] *adj* ❶ einheimisch ❷ (*opp: blanc*) eingeboren

indigeste [ɛ̃diʒɛst] *adj* schwer verdaulich

indigestion [ɛ̃diʒɛstjɔ̃] *f* Magenverstimmung *f;* **avoir une ~ de qc** sich (*dat*) mit etw den Magen verdorben haben (*fam*)

indignation [ɛ̃diɲasjɔ̃] *f* Empörung *f*

indigne [ɛ̃diɲ] *adj* ❶ (*qui ne mérite pas*) **être ~ de qn/qc** jds/einer S. nicht würdig sein ❷ (*inconvenant*) **être ~ de qn** (*attitude, sentiment*) unter jds Würde (*dat*) sein ❸ (*odieux*) unwürdig

indigné, e [ɛ̃diɲe] *adj* ~ **de qc** entrüstet über etw (*akk*)

indigner [ɛ̃diɲe] <1> **I.** *vt* empören **II.** *vpr* **s'~ contre qn/contre** [*o* **de**] **qc** sich über jdn/etw empören; **s'~ de faire qc/**[**de ce**] **que** + *subj* sich darüber entrüsten, etw zu tun/dass

indigo [ɛ̃digo] *m* Indigo *m o nt*

indiqué, e [ɛ̃dike] *adj* ❶ (*conseillé*) ratsam ❷ (*adéquat*) geeignet ❸ (*fixé*) angegeben; (*date*) festgelegt

indiquer [ɛ̃dike] <1> *vt* ❶ (*désigner*) zeigen; ~ **qc** (*horloge*) etw anzeigen; ~ **qn/qc de la main** mit dem Finger auf jdn/etw deuten ❷ (*dire*) ~ **à qn qc** jdm etw angeben ❸ (*révéler*) ~ **qc/que** auf etw (*akk*) hinweisen/darauf hinweisen, dass ❹ (*marquer*) kennzeichnen

indirect, e [ɛ̃diʀɛkt] *adj* indirekt

indirectement [ɛ̃diʀɛktəmɑ̃] *adv* indirekt

indiscipliné, e [ɛ̃disipline] *adj* undiszipliniert

indiscret, -ète [ɛ̃diskʀɛ, -ɛt] **I.** *adj* ❶ (*yeux, personne*) neugierig ❷ (*bavard*) indiskret **II.** *m, f* Neugierige(r) *f(m)*

indiscrétion [ɛ̃diskʀesjɔ̃] *f* Indiskretion *f;* **commettre beaucoup d'~s** sehr indiskret sein

indiscutable [ɛ̃diskytabl] *adj* (*fait*) unum-

I

stößlich; (*succès, réalité*) unbestreitbar; (*témoignage*) hieb- und stichfest; **il est ~ que ...** es besteht kein Zweifel darüber, dass ...

indiscutablement [ɛ̃diskytabləmɑ̃] *adv* zweifellos

indispensable [ɛ̃dispɑ̃sabl] **I.** *adj* unbedingt notwendig; (*précautions*) unerlässlich; (*devoir*) unvermeidlich; (*objet, personne*) unentbehrlich; **il est ~ de faire qc/que qn fasse qc** man muss unbedingt etw tun/es muss unbedingt etw getan werden; **~ à qn/qc** für jdn unentbehrlich/für etw unerlässlich **II.** *m* **l'~** das Nötigste

indisponibilité [ɛ̃dispɔnibilite] *f* (*d'une personne*) mangelnde Verfügbarkeit

indisponible [ɛ̃dispɔnibl] *adj* nicht verfügbar

indisposé, e [ɛ̃dispoze] *adj* unpässlich

indisposition [ɛ̃dispozisjɔ̃] *f* Unpässlichkeit *f*

indissociable [ɛ̃disɔsjabl] *adj* untrennbar

indistinct, e [ɛ̃distɛ̃, ɛ̃kt] *adj* (*murmure, vision*) undeutlich; (*objet, voix*) nicht deutlich wahrnehmbar

indistinctement [ɛ̃distɛ̃ktəmɑ̃] *adv* (*prononcer, apercevoir*) undeutlich

individu [ɛ̃dividy] *m* Person *f,* Individuum *nt*

individualisation [ɛ̃dividɥalizasjɔ̃] *f* Individualisierung *f*

individualiser [ɛ̃dividɥalize] <1> *vt* (*particulariser*) voneinander unterscheiden

individualisme [ɛ̃dividɥalism] *m* Individualismus *m*

individualiste [ɛ̃dividɥalist] *mf* ❶ Individualist(in) *m(f)* ❷ *péj* Egozentriker(in) *m(f)*

individualité [ɛ̃dividɥalite] *f* ❶ (*personnalité*) Persönlichkeit *f* ❷ (*caractère*) Individualität *f*

individuel, le [ɛ̃dividɥɛl] *adj* persönlich; (*propriété*) Privat-; (*responsabilité, initiative*) eigen; (*épreuve, réclamation*) einzeln; (*cas*) Einzel-; **maison ~le** Einfamilienhaus *nt;* **sport ~** Einzelwettkampf *m*

individuellement [ɛ̃dividɥɛlmɑ̃] *adv* einzeln

indivisible [ɛ̃divizibl] *adj* unteilbar

Indochine [ɛ̃doʃin] *f* HIST **l'~** Indochina *nt*

indo-européen, ne [ɛ̃doœʀɔpeɛ̃, ɛn] *adj* indogermanisch

indolence [ɛ̃dɔlɑ̃s] *f* Trägheit *f*

indolent, e [ɛ̃dɔlɑ̃, ɑ̃t] *adj* träge; (*caractère*) phlegmatisch

indolore [ɛ̃dɔlɔʀ] *adj* schmerzlos; **être ~** nicht wehtun

indomptable [ɛ̃dɔ̃tabl] *adj* unzähmbar

Indonésie [ɛ̃donezi] *f* **l'~** Indonesien *nt*

indubitable [ɛ̃dybitabl] *adj* unzweifelhaft

indubitablement [ɛ̃dybitabləmɑ̃] *adv* ganz ohne Zweifel

induction [ɛ̃dyksjɔ̃] *f* Induktion *f*

induire [ɛ̃dɥiʀ] <irr> *vt* **~ qn à faire qc** jdn dazu treiben, etw zu tun

indulgence [ɛ̃dylʒɑ̃s] *f* Nachsicht *f*

indulgent, e [ɛ̃dylʒɑ̃, ʒɑ̃t] *adj* nachsichtig; **être ~ envers l'accusé** gegenüber dem Angeklagten Milde walten lassen

industrialisation [ɛ̃dystʀijalizasjɔ̃] *f* Industrialisierung *f*

industrialiser [ɛ̃dystʀijalize] <1> *vt* industrialisieren

industrie [ɛ̃dystʀi] *f* ❶ ECON Industrie *f* ❷ (*secteur spécialisé*) -industrie *f;* **~ cinématographique** Filmgewerbe *nt*

industriel, le [ɛ̃dystʀijɛl] **I.** *adj* industriell; (*activité, secteur*) Industrie-; **véhicule ~** Nutzfahrzeug *nt;* (*pain*) industriell hergestellt; **le design ~** das Industriedesign **II.** *m, f* Industrielle(r) *f(m)*

industriellement [ɛ̃dystʀijɛlmɑ̃] *adv* (*fabriqué*) industriell

inébranlable [inebʀɑ̃labl] *adj* unerschütterlich; (*résolution*) fest

inédit [inedi] *m* ❶ unveröffentlichtes Werk ❷ (*chose nouvelle*) Neuheit *f*

inédit, e [inedi, it] *adj* ❶ (*non publié*) unveröffentlicht ❷ (*nouveau*) ganz neu

ineffaçable [inefasabl] *adj* ❶ (*empreinte, trace, couleur*) nicht zu entfernen ❷ (*souvenir*) unvergesslich

inefficace [inefikas] *adj* unwirksam; (*démarche*) erfolglos; (*employé*) unfähig; (*machine*) nicht leistungsfähig

inefficacité [inefikasite] *f* Wirkungslosigkeit *f;* (*d'une démarche, d'un secours*) Erfolglosigkeit *f*

inégal, e [inegal, o] <-aux> *adj* ❶ (*différent*) ungleich ❷ (*changeant*) **être d'une humeur ~** unausgeglichen sein

inégalable [inegalabl] *adj* (*qualité*) unerreichbar

inégalé, e [inegale] *adj* unerreicht

inégalement [inegalmɑ̃] *adv* ungleich

inégalitaire [inegalitɛʀ] *adj* **une société ~**

eine Gesellschaft, die große soziale Unterschiede aufweist

inégalité [inegalite] *f* Ungleichheit *f;* (*des forces*) Missverhältnis *nt*

inéluctable [inelyktabl] *adj* unausweichlich

inéluctablement [inelyktabləmɑ̃] *adv* unausweichlich

ineptie [inɛpsi] *f* Dummheit *f*

inépuisable [inepɥizabl] *adj* unerschöpflich; (*source*) nie versiegend; (*terre*) dauerhaft fruchtbar

inerte [inɛʀt] *adj* (*corps*) leblos

inertie [inɛʀsi] *f a.* PHYS Trägheit *f*

inespéré, e [inɛspeʀe] *adj* ❶ (*secours, succès*) unverhofft ❷ (*profit*) unerwartet hoch; (*résultat*) unerwartet gut

inestimable [inɛstimabl] *adj* unschätzbar; (*objet*) von unschätzbarem Wert

inévitable [inevitabl] **I.** *adj* ❶ (*certain, fatal*) unvermeidlich; (*accident*) unabwendbar ❷ (*nécessaire*) unvermeidbar; (*opération*) unumgänglich; **il est ~ que** + *subj* es ist nicht zu vermeiden, dass ❸ *antéposé iron* (*habituel*) unvermeidlich **II.** *m* **l'~** das Unvermeidliche

inévitablement [inevitabləmɑ̃] *adv* zwangsläufig

inexact, e [inɛgzakt] *adj* ❶ (*calcul, résultat*) ungenau; (*théorie*) unrichtig ❷ (*traduction, récit*) ungenau; **non, c'est ~** nein, das stimmt nicht ❸ (*opp: ponctuel: personne*) unpünktlich

inexactitude [inɛgzaktityd] *f* ❶ (*caractère erroné*) Unrichtigkeit *f* ❷ (*manque de précision*) Ungenauigkeit *f*

inexcusable [inɛkskyzabl] *adj* unverzeihlich; (*personne*) nicht zu entschuldigen

inexistant, e [inɛgzistɑ̃, ɑ̃t] *adj* ❶ (*qui n'existe pas*) nicht vorhanden ❷ *péj* (*nul*) bedeutungslos; (*résultat*) gleich null; (*aide*) unnütz

inexorable [inɛgzɔʀabl] *adj* unerbittlich

inexorablement [inɛgzɔʀabləmɑ̃] *adv* unweigerlich

inexpérimenté, e [inɛkspeʀimɑ̃te] *adj* unerfahren

inexplicable [inɛksplikabl] *adj* unerklärlich

inexpliqué, e [inɛksplike] *adj* nicht geklärt; (*catastrophe, disparition*) nicht aufgeklärt

inexploité, e [inɛksplwate] *adj* (*gisement, richesses*) nicht ausgebeutet; (*talent*) ungenutzt

inexploré, e [inɛksplɔʀe] *adj* unerforscht

inexpressif, -ive [inɛkspʀesif, -iv] *adj* ausdruckslos

inexprimable [inɛkspʀimabl] *adj* unaussprechlich; (*émotion*) unbeschreiblich

in extremis [inɛkstʀemis] **I.** *adv* im letzten Augenblick **II.** *adj inv* (*sauvetage, succès*) in letzter Minute

inextricable [inɛkstʀikabl] *adj* (*affaire*) verzwickt

infaillibilité [ɛ̃fajibilite] *f* Unfehlbarkeit *f*

infaillible [ɛ̃fajibl] *adj* unfehlbar; (*instrument*) zuverlässig; (*signe*) untrüglich

infaisable [ɛ̃fəzabl] *adj* nicht machbar

infalsifiable [ɛ̃falsifjabl] *adj* fälschungssicher

infâme [ɛ̃fɑm] *adj a. antéposé* (*acte, conduite*) schändlich

infamie [ɛ̃fami] *f* Schande *f*

infanterie [ɛ̃fɑ̃tʀi] *f* MIL Infanterie *f*

infantile [ɛ̃fɑ̃til] *adj* kindisch

infantiliser [ɛ̃fɑ̃tilize] <1> *vt* verdummen

infarctus [ɛ̃faʀktys] *m* Infarkt *m*

infatigable [ɛ̃fatigabl] *adj* unermüdlich; (*amour, patience*) unendlich

infect, e [ɛ̃fɛkt] *adj* ❶ widerlich; (*nourriture*) ekelhaft ❷ *fam* (*ignoble*) gemein

infecter [ɛ̃fɛkte] <1> *vpr* **s'~** sich entzünden

infectieux, -euse [ɛ̃fɛksjø, -jøz] *adj* ansteckend

infection [ɛ̃fɛksjɔ̃] *f* Entzündung *f*

inférieur, e [ɛ̃feʀjœʀ] *adj* ❶ (*dans l'espace*) untere(r, s); (*lèvre, mâchoire*) Unter- ❷ (*en qualité*) niedriger; **être ~ à qn** jdm unterlegen sein; **être ~ à qc** hinter etw (*dat*) zurückbleiben; **se sentir ~** sich minderwertig fühlen ❸ (*en quantité*) geringer; **~ à qn/qc** geringer als jd/etw; **huit est ~ à dix** acht ist kleiner als zehn; **~ en qc** geringer an etw (*dat*)

infériorité [ɛ̃feʀjɔʀite] *f* ❶ (*moindre force*) Unterlegenheit *f* ❷ (*moindre valeur*) Minderwertigkeit *f*

infernal, e [ɛ̃fɛʀnal, o] <-aux> *adj* ❶ höllisch ❷ (*diabolique*) teuflisch

infester [ɛ̃fɛste] <1> *vt* heimsuchen

infidèle [ɛ̃fidɛl] *adj* ❶ (*perfide*) treulos; **être ~ à qn** jdm untreu sein ❷ (*inexact*) unzuverlässig; (*mémoire*) schlecht; (*narrateur, traduction*) ungenau ❸ REL ungläubig

infidélité [ɛ̃fidelite] *f* ❶ *sans pl* (*déloyauté*) Untreue *f;* (*d'un ami*) Treulosigkeit *f;* REL Unglaube *m* ❷ (*d'un conjoint*) Seitensprung *m*

I

infiltration [ɛ̃filtʀasjɔ̃] *f* (*d'un liquide*) Einsickern *nt*

infiltrer [ɛ̃filtʀe] <1> **I.** *vt* unterwandern **II.** *vpr* **s'~** eindringen

infime [ɛ̃fim] *adj* winzig [klein]

infini [ɛ̃fini] *m* (*immensité*) Unendlichkeit *f* ►**à l'~** endlos

infini, e [ɛ̃fini] *adj* (*distance, nombre*) unendlich [groß]; (*étendue, durée, longueur*) endlos; (*reconnaissance*) grenzenlos; (*richesses*) unermesslich

infiniment [ɛ̃finimɑ̃] *adv* ❶ (*sans borne*) unendlich; (*vaste*) grenzenlos; (*plus grand, plus petit*) [unendlich] viel ❷ (*extrêmement*) außerordentlich; (*regretter*) unendlich ❸ (*beaucoup de*) **~ de tendresse** unendlich viel Zärtlichkeit

infinité [ɛ̃finite] *f* ❶ Unendlichkeit *f* ❷ (*très grand nombre*) **une ~ de choses** eine Unmenge von Dingen

infinitésimal, e [ɛ̃finitezimal, o] <-aux> *adj* (*dose, quantité*) unendlich klein

infinitif [ɛ̃finitif] *m* Infinitiv *m*

infinitif, -ive [ɛ̃finitif, -iv] *adj* **proposition infinitive** Infinitivsatz *m;* **le mode ~** der Infinitiv

infirme [ɛ̃fiʀm] **I.** *adj* behindert **II.** *mf* Behinderte(r) *f(m)*

infirmerie [ɛ̃fiʀməʀi] *f* Krankenstation *f;* (*d'une école*) Krankenzimmer *nt*

infirmier, -ière [ɛ̃fiʀmje, -jɛʀ] *m, f* Krankenpfleger/-schwester *m/f;* **école d'infirmières** Krankenpflegeschule *f*

infirmité [ɛ̃fiʀmite] *f* Behinderung *f*

inflammable [ɛ̃flamabl] *adj* leicht entflammbar

inflammation [ɛ̃flamasjɔ̃] *f* MED Entzündung *f*

inflation [ɛ̃flasjɔ̃] *f* Inflation *f*

inflationniste [ɛ̃flasjɔnist] *adj* inflationistisch

infliger [ɛ̃fliʒe] <2a> *vt* ❶ **~ une amende à qn pour qc** gegen jdn wegen etw eine Geldbuße verhängen; **~ un châtiment à qn** jdn züchtigen ❷ (*faire subir*) zufügen; (*coups*) versetzen; (*politique*) auferlegen (*iron*)

influençable [ɛ̃flyɑ̃sabl] *adj* beeinflussbar

influence [ɛ̃flyɑ̃s] *f* ❶ (*effet*) Einfluss *m;* (*des mesures*) [Aus]wirkung *f;* (*d'un médicament*) Wirkung; **sous l'~ de la colère** im Zorn ❷ (*autorité*) Einfluss *m;* **avoir de l'~** einflussreich sein

influencer [ɛ̃flyɑ̃se] <2> *vt* **~ [qn]** [jdn] beeinflussen

influent, e [ɛ̃flyɑ̃, ɑ̃t] *adj* einflussreich

info [ɛ̃fo] *f fam abr de* **information** Meldung *f;* **les ~s** die Nachrichten

infographiste [ɛ̃fogʀafist] *mf* Computergrafiker(in) *m(f)*

infogroupe [ɛ̃fogʀup] *m* INFORM Newsgroup *f*

informateur, -trice [ɛ̃fɔʀmatœʀ, -tʀis] *m, f* Informant(in) *m(f)*

informaticien, ne [ɛ̃fɔʀmatisjɛ̃, jɛn] *m, f* Informatiker(in) *m(f)*

informatif, -ive [ɛ̃fɔʀmatif, -iv] *adj* informativ

information [ɛ̃fɔʀmasjɔ̃] *f* ❶ (*renseignement*) Information *f,* Auskunft *f;* **prendre des ~s sur qn/qc** Auskünfte über jdn/etw einholen; **une réunion d'~** eine Informationsveranstaltung ❷ *souvent pl* (*nouvelles*) Nachricht *f;* **les ~s routières** Hinweise für Autofahrer ❸ (*ensemble des médias*) Nachrichtenwesen *nt* ❹ *pl* INFORM, TECH Daten *P*

informatique [ɛ̃fɔʀmatik] **I.** *adj* **industrie ~** Computerindustrie *f;* **saisie ~** Datenerfassung *f* **II.** *f* Informatik *f,* EDV *f*

informatisation [ɛ̃fɔʀmatizasjɔ̃] *f* (*de l'information*) Computerisierung *f;* (*d'une entreprise*) Umstellung *f* auf EDV

informatisé, e [ɛ̃fɔʀmatize] *adj* **fichier ~** Datei *f;* **système ~** EDV-System; **communication ~e** Computerkommunikation *f*

informatiser [ɛ̃fɔʀmatize] <1> **I.** *vt* (*information, secteur*) computerisieren; (*gestion, entreprise*) auf EDV umstellen **II.** *vpr* **s'~** auf EDV umgestellt werden

informe [ɛ̃fɔʀm] *adj* formlos

informel, le [ɛ̃fɔʀmɛl] *adj* informell

informer [ɛ̃fɔʀme] <1> **I.** *vt, vi* informieren; **~ qn que ...** jdm mitteilen, dass ... **II.** *vpr* **s'~ de qc** sich über etw (*akk*) informieren; **s'~ sur qn** Erkundigungen über jdn einziehen; **s'~ si ...** fragen, ob ...

infos *fpl* **les ~** *fam* die Nachrichten

infraction [ɛ̃fʀaksjɔ̃] *f* Vergehen *nt;* **~ à la loi** Gesetzesverstoß *m*

infranchissable [ɛ̃fʀɑ̃ʃisabl] *adj* unüberwindlich

infrarouge [ɛ̃fʀaʀuʒ] *adj* infrarot

infrastructure [ɛ̃fʀastʀyktyʀ] *f* Infrastruktur

infréquentable [ɛ̃fʀekɑ̃tabl] *adj péj* (*personne*) geächtet

infroissable [ɛ̃fʀwasabl] *adj* knitterfrei
infructueux, **-euse** [ɛ̃fʀyktɥø, -øz] *adj* fruchtlos
infuser [ɛ̃fyze] <1> *vt* (*Tee*) ziehen lassen
infusion [ɛ̃fyzjɔ̃] *f* Kräutertee *m*
ingénierie [ɛ̃ʒeniʀi] *f* Projektplanung *f*
ingénieur [ɛ̃ʒenjœʀ] *mf* Ingenieur(in) *m(f)*
ingénieux, **-euse** [ɛ̃ʒenjø, -jøz] *adj* genial
ingéniosité [ɛ̃ʒenjozite] *f* Genialität *f*
ingénu [ɛ̃ʒeny] *m* Naivling *m*
ingérable [ɛ̃ʒeʀabl] *adj* (*situation*) unkontrollierbar
ingérence [ɛ̃ʒeʀɑ̃s] *f* Einmischung *f*
ingérer [ɛ̃ʒeʀe] <5> *vt* (*médicament*) einnehmen
ingouvernable [ɛ̃guvɛʀnabl] *adj* (*pays, peuple*) unregierbar; (*parlement*) mehrheitsunfähig
ingrat, **e** [ɛ̃gʀa, at] **I.** *adj* ❶ **~ envers qn** undankbar jdm gegenüber ❷ (*métier, sujet*) undankbar; (*vie*) mühevoll **II.** *m, f* undankbarer Mensch
ingratitude [ɛ̃gʀatityd] *f* Undank *m;* **faire preuve d'~** sich als undankbar erweisen
ingrédient [ɛ̃gʀedjɑ̃] *m* (*d'un mélange*) Bestandteil *m;* (*d'une recette*) Zutat *f*
inguérissable [ɛ̃geʀisabl] *adj* unheilbar
ingurgiter [ɛ̃gyʀʒite] <1> *vt* (*nourriture*) hinunterschlingen; (*boisson*) hinunterschütten
inhabitable [inabitabl] *adj* unbewohnbar
inhabité, **e** [inabite] *adj* unbewohnt
inhabituel, **le** [inabitɥɛl] *adj* ungewöhnlich
inhalateur [inalatœʀ] *m* Inhalationsapparat *m*
inhalation [inalasjɔ̃] *f* Einatmen *nt*
inhaler [inale] <1> *vt* einatmen
inhibition [inibisjɔ̃] *f* Hemmung *f*
inhospitalier, **-ière** [inɔspitalje, -jɛʀ] *adj* ungastlich; (*lieu*) unwirtlich; (*peuple*) wenig gastfreundlich
inhumain, **e** [inymɛ̃, ɛn] *adj* unmenschlich
inimaginable [inimaʒinabl] *adj* unvorstellbar
inimitable [inimitabl] *adj* unnachahmlich
inintéressant, **e** [inɛ̃teʀesɑ̃, ɑ̃t] *adj* uninteressant
ininterrompu, **e** [inɛ̃teʀɔ̃py] *adj* ununterbrochen; (*vacarme*) ständig; (*sommeil*) ungestört; (*spectacle*) ohne Unterbrechung
initial, **e** [inisjal, jo] <-aux> *adj* anfänglich; (*cause, état*) ursprünglich; (*choc, feuillets*) erste(r, s); (*position*) Ausgangs-; (*lettre*) Anfangs-
initiale [inisjal] *f* Anfangsbuchstabe *m;* **les ~s** Initialen *Pl*
initialement [inisjalmɑ̃] *adv* anfänglich
initialisation [inisjalizasjɔ̃] *f* INFORM Initialisierung *f*
initialiser [inisjalize] <1> *vt* initialisieren
initiation [inisjasjɔ̃] *f* **~ à qc** Einführung *f* in etw
initiatique [inisjatik] *adj* **être ~** der Einführung dienen
initiative [inisjativ] *f* ❶ (*idée première*) Einfall *m;* **de sa/leur propre ~** aus eigenem Antrieb; **prendre des ~s** die Initiative ergreifen ❷ (*trait de caractère*) Initiative *f;* **avoir de l'~** Unternehmungsgeist besitzen
initié, **e** [inisje] *adj* eingeweiht
initier [inisje] <1a> *vt* ❶ **~ qn à un art** jdn in eine Kunst einführen ❷ (*impulser*) in die Wege leiten
injecté, **e** [ɛ̃ʒɛkte] *adj* ►**~ de sang** (*yeux*) blutunterlaufen
injecter [ɛ̃ʒɛkte] <1> *vt* einspritzen
injection [ɛ̃ʒɛksjɔ̃] *f* (*d'un liquide*) Einspritzen *nt,* Injektion *f*
injure [ɛ̃ʒyʀ] *f* Beleidigung *f*
injurier [ɛ̃ʒyʀje] <1> **I.** *vt* beleidigen **II.** *vpr* **s'~** sich beschimpfen
injurieux, **-euse** [ɛ̃ʒyʀjø, -jøz] *adj* beleidigend
injuste [ɛ̃ʒyst] *adj* ungerecht
injustement [ɛ̃ʒystəmɑ̃] *adv* (*à tort*) zu Unrecht
injustice [ɛ̃ʒystis] *f* Ungerechtigkeit *f*
injustifié, **e** [ɛ̃ʒystifje] *adj* ungerechtfertigt
inlassablement [ɛ̃lɑsabləmɑ̃] *adv* unermüdlich
inné, **e** [i(n)ne] *adj* angeboren
innocemment [inɔsamɑ̃] *adv* in aller Unschuld; (*sans penser à mal*) unschuldig
innocence [inɔsɑ̃s] *f* Unschuld *f;* (*naïveté*) Arglosigkeit *f*
innocent, **e** [inɔsɑ̃, ɑ̃t] **I.** *adj* ❶ (*opp: coupable*) unschuldig ❷ (*anodin*) harmlos; (*jeux, plaisanterie*) unschuldig ❸ (*naïf: personne*) naiv **II.** *m, f* Unschuldige(r) *f(m)*
innocenter [inɔsɑ̃te] <1> *vt* **~ qn de vol** jdn vom Diebstahl entlasten
innombrable [i(n)nɔ̃bʀabl] *adj* unzählig
innovateur, **-trice** [inɔvatœʀ, -tʀis] **I.** *adj* (*méthode*) neu; (*politique*) der Erneuerung;

I

être ~ innovativ sein **II.** *m, f* Neuerer/Neuerin *m/f*

innovation [inɔvasjɔ̃] *f* Innovation *f*

innover [inɔve] <1> **I.** *vt* neu einführen **II.** *vi* ~ **en qc** Neuerungen in etw (*dat*) einführen

inoccupé, e [inɔkype] *adj* (*place*) frei; (*maison*) leer

inodore [inɔdɔʀ] *adj* geruchlos

inoffensif, -ive [inɔfɑ̃sif, -iv] *adj* harmlos; (*piqûre*) ungefährlich; (*remède*) unbedenklich

inondable [inɔ̃dabl] *adj* überschwemmungsgefährdet

inondation [inɔ̃dasjɔ̃] *f* Überschwemmung *f;* (*d'un fleuve*) Hochwasser *nt*

inonder [inɔ̃de] <1> *vt* ❶ (*couvrir d'eaux*) überschwemmen; **être inondé** (*personnes*) hochwassergeschädigt sein ❷ (*tremper*) ~ **qn/qc de qc** jdn/etw mit etw überschütten

inopiné, e [inɔpine] *adj* unerwartet

inopinément [inɔpinemɑ̃] *adv* unerwartet

inopportun, e [inɔpɔʀtœ̃, yn] *adj* (*demande*) ungelegen

inoubliable [inublijabl] *adj* unvergesslich

inouï, e [inwi] *adj* unerhört

inoxydable [inɔksidabl] *adj* rostfrei

inqualifiable [ɛ̃kalifjabl] *adj* unbeschreiblich

inquiet, -ète [ɛ̃kjɛ, -ɛt] *adj* ❶ (*anxieux*) beunruhigt; (*caractère, personne*) ängstlich; **ne sois pas** ~ mach dir keine Sorgen; **être** ~ **au sujet de qn/qc** wegen jdm/etw besorgt sein ❷ (*qui dénote l'appréhension*) ängstlich; (*regard, attente*) bang

inquiétant, e [ɛ̃kjetɑ̃, ɑ̃t] *adj* beunruhigend

inquiéter [ɛ̃kjete] <5> **I.** *vt* beunruhigen **II.** *vpr* ❶ (*s'alarmer*) **s'~** sich (*dat*) Sorgen machen ❷ (*se soucier de*) **s'~ de savoir si/qui** sich (*dat*) Gedanken darüber machen, ob/wer

inquiétude [ɛ̃kjetyd] *f* Beunruhigung *f kein Pl*

inquisiteur, -trice [ɛ̃kizitœʀ, -tʀis] *m, f péj a.* HIST, REL Inquisitor(in) *m(f)*

inquisition [ɛ̃kizisjɔ̃] *f péj a.* HIST, REL **l'Inquisition** die Inquisition

insalubre [ɛ̃salybʀ] *adj* (*climat*) ungesund; (*quartier*) heruntergekommen

insanité [ɛ̃sanite] *f* **dire des ~s** Unsinn von sich geben

insatiable [ɛ̃sasjabl] *adj* unersättlich; (*soif*) unstillbar; (*curiosité*) nicht zu befriedigen

insatisfaction [ɛ̃satisfaksjɔ̃] *f* ~ **devant qc** Unzufriedenheit *f* mit etw

insatisfait, e [ɛ̃satisfɛ, ɛt] **I.** *adj* ❶ ~ **de qn/qc** unzufrieden mit jdm/etw ❷ (*inassouvi*) unbefriedigt **II.** *m, f* **un(e) éternel(le)** ~ jd, der ewig unzufrieden ist

inscription [ɛ̃skʀipsjɔ̃] *f* ❶ (*texte*) Inschrift *f;* (*d'un poteau indicateur*) Aufschrift *f* ❷ (*immatriculation*) Anmeldung *f;* ~ **de qn à une école** jds Anmeldung an einer Schule; ~ **de qn à un club** jds Eintritt *m* in einen Club

inscrire [ɛ̃skʀiʀ] <irr> **I.** *vt* ❶ (*noter*) ~ **qc dans un carnet** [sich (*dat*)] etw in einem Heft aufschreiben; ~ **qc sur une enveloppe** etw auf einen Briefumschlag schreiben; **être inscrit dans** [*o* **sur**] **qc** in etw (*dat*) /auf etw (*dat*) stehen ❷ (*immatriculer*) ~ **qn à une école/dans un club** jdn an einer Schule/in einem Verein anmelden; ~ **qn sur une liste** jdn in eine Liste eintragen; (*pour prendre rendez-vous*) jdn auf einer Liste vormerken; **être inscrit à la faculté** an der Universität eingeschrieben sein **II.** *vpr* ❶ (*s'immatriculer*) **s'~ à une école** sich an einer Schule anmelden; **s'~ à une faculté** sich an einer Universität einschreiben; **s'~ sur une liste** sich in eine Liste eintragen ❷ (*s'insérer dans*) **s'~ dans le cadre de qc** (*décision, projet*) im Rahmen von etw geschehen ❸ (*apparaître*) **s'~ sur l'écran** auf dem Bildschirm erscheinen

inscrit, e [ɛ̃skʀi, it] **I.** *part passé de* **inscrire** **II.** *adj* (*candidat*) gemeldet; (*député*) zu einer Fraktion gehörig; (*électeur*) in die Wählerliste eingetragen **III.** *m, f* (*sur une liste électorale*) Wahlberechtigte(r) *f(m);* (*à une faculté*) [immatrikulierter] Student/[immatrikulierte] Studentin

insecte [ɛ̃sɛkt] *m* Insekt *nt*

insecticide [ɛ̃sɛktisid] *m* Insekten[vertilgungs]mittel *nt*

insécurité [ɛ̃sekyʀite] *f* Unsicherheit *f*

insémination [ɛ̃seminasjɔ̃] *f* Befruchtung *f*

insensé, e [ɛ̃sɑ̃se] *adj* absurd; (*acte*) unsinnig ▸**c'est** ~**!** das ist Unsinn!

insensibilité [ɛ̃sɑ̃sibilite] *f* Unempfindlichkeit *f*

insensible [ɛ̃sɑ̃sibl] *adj* ❶ (*physiquement*) **être** ~ (*personne*) nichts spüren; (*lèvre, membre*) gefühllos sein ❷ (*moralement*) gefühllos

nséparable [ɛ̃sepaʀabl] *adj* (*amis*) unzertrennlich

nsérer [ɛ̃seʀe] <5> **I.** *vt* einfügen **II.** *vpr* **s'~ dans qc** (*personne*) sich in etw (*akk*) integrieren

nsertion [ɛ̃sɛʀsjɔ̃] *f* Eingliederung *f;* **~ dans qc** Integration (*akk*) in etw

nsidieux, -euse [ɛ̃sidjø, -jøz] *adj* (*maladie*) heimtückisch

nsigne [ɛ̃siɲ] *m* Abzeichen *nt*

nsignifiance [ɛ̃siɲifjɑ̃s] *f* Bedeutungslosigkeit *f*

nsignifiant, e [ɛ̃siɲifjɑ̃, jɑ̃t] *adj* unbedeutend

ısinuation [ɛ̃sinɥasjɔ̃] *f* ❶ (*allusion*) Anspielung *f* ❷ (*accusation sournoise*) Unterstellung *f*

ısinuer [ɛ̃sinɥe] <1> **I.** *vt* (*laisser entendre*) andeuten; (*accuser*) unterstellen **II.** *vpr* ❶ (*pénétrer*) **s'~ dans qc** in etw (*akk*) [ein]dringen ❷ (*se glisser*) **s'~ dans qc** (*personne*) sich durch etw schlängeln

ısipide [ɛ̃sipid] *adj* geschmacklos

ısistance [ɛ̃sistɑ̃s] *f* Beharrlichkeit *f;* **avec ~** beharrlich

ısistant, e [ɛ̃sistɑ̃, ɑ̃t] *adj* dringend; (*ton*) drängend; (*regard*) eindringlich

ısister [ɛ̃siste] <1> *vi* ❶ (*s'obstiner*) nicht nachgeben; **n'insistez pas!** Hören Sie auf!; **~ pour faire qc** darauf bestehen, etw zu tun; **~ sur qc** auf etw bestehen ❷ (*persévérer*) durchhalten ❸ (*mettre l'accent sur*) **~ sur qc** etw betonen ▶**sans ~** ohne besonderen Nachdruck

ısolation [ɛ̃sɔlasjɔ̃] *f* Sonnenstich *m*

ısolence [ɛ̃sɔlɑ̃s] *f* ❶ (*impertinence*) Frechheit *f;* **avec ~** frech ❷ (*arrogance*) Unverschämtheit *f*

solent, e [ɛ̃sɔlɑ̃, ɑ̃t] **I.** *adj* ❶ (*impertinent*) frech ❷ (*provocant*) unverschämt **II.** *m, f* freche Person

solite [ɛ̃sɔlit] *adj* (*inhabituel*) ungewöhnlich

soluble [ɛ̃sɔlybl] *adj* ❶ (*produit*) unlöslich ❷ (*problème*) unlösbar

solvable [ɛ̃sɔlvabl] *adj* zahlungsunfähig

somniaque [ɛ̃sɔmnjak] *adj* **être ~** Schlafstörungen haben

somnie [ɛ̃sɔmni] *f* Schlaflosigkeit *f*

sondable [ɛ̃sɔ̃dabl] *adj* (*abîme*) bodenlos, unermesslich tief

sonore [ɛ̃sɔnɔʀ] *adj* schalldämmend

insonorisé, e [ɛ̃sɔnɔʀize] *adj* schalldicht

insonoriser [ɛ̃sɔnɔʀize] <1> *vt* schalldicht machen

insouciance [ɛ̃susjɑ̃s] *f* Sorglosigkeit *f*

insouciant, e [ɛ̃susjɑ̃, jɑ̃t] *adj* unbekümmert; (*vie*) sorglos

insoumis, e [ɛ̃sumi, iz] *adj* widerspenstig

insoupçonné, e [ɛ̃supsɔne] *adj* ungeahnt

insoutenable [ɛ̃sutnabl] *adj* unerträglich

inspecter [ɛ̃spɛkte] <1> *vt* ❶ (*fonctionnaire*) kontrollieren; **~ un professeur** den Unterricht eines Lehrers begutachten ❷ (*lieu*) inspizieren

inspecteur, -trice [ɛ̃spɛktœʀ, -tʀis] *m, f* Inspektor(in) *m(f);* **~ de police** Polizeiinspektor; **~ du travail** Gewerbeaufsichtsbeamte(r) *m;* **~ d'Académie** SCOL ≈ Schulamtsdirektor *m*

inspection [ɛ̃spɛksjɔ̃] *f* ❶ (*contrôle*) Kontrolle *f;* (*des lieux*) Inspizierung *f* ❷ (*visite d'un inspecteur*) Inspektion *f;* (*d'un professeur*) [Unterrichts]besuch *m* ❸ (*corps de fonctionnaires*) **~ des Finances** Finanzaufsichtsbehörde; **~ du Travail** Gewerbeaufsichtsamt *nt;* **~ académique** ≈ Oberschulamt *nt;* **~ générale** SCOL *oberste Schulaufsichtsbehörde*

inspiration [ɛ̃spiʀasjɔ̃] *f* ❶ (*intuition*) Eingebung *f* ❷ (*poétique*) Inspiration *f;* **avoir de l'~/manquer d'~** Ideen/keine Ideen haben ❸ (*opp: expiration*) Einatmen *nt;* **prendre une grande ~** tief einatmen ▶**d'~ orientale** orientalisch beeinflusst

inspiré, e [ɛ̃spiʀe] *adj* beeinflusst

inspirer [ɛ̃spiʀe] <1> **I.** *vt* ❶ ANAT einatmen ❷ (*susciter*) **~ de la confiance** (*personne*) Vertrauen einflößen ❸ (*suggérer*) **~ une idée à qn** jdn auf eine Idee bringen ❹ (*être à l'origine de*) veranlassen; (*décision*) anregen; (*œuvre*) inspirieren; (*personnage de roman*) als Vorbild dienen für ❺ (*rendre créatif*) inspirieren **II.** *vpr* **s'~ de qn/qc** sich von jdm/etw inspirieren lassen **III.** *vi* einatmen

instabilité [ɛ̃stabilite] *f* ❶ Unbeständigkeit *f;* PSYCH Labilität *f;* FIN Schwankungen *Pl* ❷ (*précarité*) Instabilität *f;* (*d'une situation*) Unsicherheit *f*

instable [ɛ̃stabl] *adj* ❶ (*inconstant*) wechselhaft; (*temps*) unbeständig; (*personne*) (*dans son comportement*) unbeständig; (*dans son psychisme*) labil ❷ (*régime politique*) instabil;

I

(*paix, situation*) unsicher; (*objet*) wackelig

installateur, -trice [ɛ̃stalatœʀ, -tʀis] *m, f* Installateur(in) *m(f)*

installation [ɛ̃stalasjɔ̃] *f* 1 Installation *f;* (*d'une machine*) Montage *f;* (*d'un campement, meuble*) Aufstellen *nt* 2 *gén pl* (*équipement*) Anlagen *Pl*

installé, e [ɛ̃stale] *adj* 1 **être bien ~** sich gemütlich eingerichtet haben 2 (*qui jouit d'une situation confortable*) **c'est un homme ~** er ist ein gemachter Mann; **être ~** sich etabliert haben

installer [ɛ̃stale] <1> **I.** *vt* 1 (*câbles, tuyaux*) installieren; (*téléphone*) anschließen; (*meuble*) aufstellen 2 (*caser, loger: chose*) hinstellen; (*personne*) [unter]bringen **II.** *vpr* 1 (*s'asseoir*) **s'~** sich setzen; (*commodément*) es sich (*dat*) bequem machen 2 (*se loger*) **s'~** sich einrichten; **s'~ chez qn** sich bei jdm einquartieren 3 (*s'établir*) **s'~** sich niederlassen; **s'~ à la campagne** aufs Land ziehen

instamment [ɛ̃stamɑ̃] *adv* inständig

instant [ɛ̃stɑ̃] *m* Augenblick *m,* Moment *m;* **à tout ~** ständig; **à l'~ [même]** (*juste avant*) [gerade] eben; (*juste après*) sofort; **dans un ~** gleich; **dès l'~ où ...** (*puisque*) da ...; (*dès que*) sobald ...; **en un ~** im Nu; **pour l'~** im Moment; **un ~!** einen Augenblick!

instantané, e [ɛ̃stɑ̃tane] *adj* 1 (*immédiat*) unmittelbar; (*mort*) augenblicklich; (*réponse*) prompt; **être ~** (*réponse*) prompt kommen; (*mort*) sofort eintreten 2 GASTR (*potage, soupe*) Instant-; (*café*) Pulver-

instantanément [ɛ̃stɑ̃tanemɑ̃] *adv* augenblicklich

instauration [ɛ̃stɔʀasjɔ̃] *f* Einführung *f;* (*d'un gouvernement*) Bildung *f;* (*d'un processus*) Einleitung *f*

instaurer [ɛ̃stɔʀe] <1> **I.** *vt* (*gouvernement*) bilden; (*mode*) kreieren; (*liens*) knüpfen; (*processus*) einleiten **II.** *vpr* **s'~** (*état d'esprit*) sich breit machen; (*doute*) sich einnisten

instigateur, -trice [ɛ̃stigatœʀ, -tʀis] *m, f* Initiator(in) *m(f);* (*d'un complot*) Anstifter(in) *m(f)*

instinct [ɛ̃stɛ̃] *m* Instinkt *m;* (*grégaire, sexuel*) -trieb *m;* **~ maternel** Mutterinstinkt; **d'~** instinktiv

instinctif, -ive [ɛ̃stɛ̃ktif, -iv] *adj* spontan

instinctivement [ɛ̃stɛ̃ktivmɑ̃] *adv* instinktiv

instituer [ɛ̃stitɥe] <1> *vt* (*organisation, ordre*) einführen

institut [ɛ̃stity] *m* Institut *nt;* **Institut de France** *die fünf französischen Akademien für Wissenschaft und Kunst;* **~ de beauté** Kosmetiksalon *m*

instituteur, -trice [ɛ̃stitytœʀ, -tʀis] *m,* Lehrer(in) *m(f);* **~ spécialisé** Sonderschullehrer

institution [ɛ̃stitysjɔ̃] *f* Einrichtung *f; a.* PO Institution *f*

institutionnaliser [ɛ̃stitysjɔnalize] <1> institutionalisieren

Institut monétaire européen *m* Europäisches Währungsinstitut

instructeur, -trice [ɛ̃stʀyktœʀ, -tʀis] *m, f* MIL Ausbilder(in) *m(f)*

instructif, -ive [ɛ̃stʀyktif, -iv] *adj* lehrreich

instruction [ɛ̃stʀyksjɔ̃] *f* 1 **~ civique** Gemeinschaftskunde *f* 2 *a.* MIL (*prescription*) Instruktion *f;* ADMIN Verordnung *f;* (*interne*) Dienstanweisung *f* 3 *gén pl* (*mode d'emploi*) Gebrauchsanweisung *f*

instruit, e [ɛ̃stʀɥi, it] *adj* gebildet

instrument [ɛ̃stʀymɑ̃] *m* 1 (*outil*) Werkzeug *nt* 2 MUS **~ [de musique]** [Musik]instrument *nt;* **jouer d'un ~** ein [Musik]instrument spielen 3 (*moyen*) Instrument *nt,* Mittel *nt*

insu [ɛ̃sy] ►**à l'~ de qn** (*en cachette*) ohne jds Wissen

insubmersible [ɛ̃sybmɛʀsibl] *adj* unsinkbar

insubordination [ɛ̃sybɔʀdinasjɔ̃] *f* Ungehorsam *m*

insuccès [ɛ̃syksɛ] *m* Misserfolg *m*

insuffisamment [ɛ̃syfizamɑ̃] *adv* unzureichend

insuffisance [ɛ̃syfizɑ̃s] *f* **~ de qc** Knappheit *f* an etw (*dat*)

insuffisant, e [ɛ̃syfizɑ̃, ɑ̃t] *adj* 1 (*en quantité*) ungenügend; (*moyens, personnel*) zu wenig; **être ~** nicht ausreichen 2 (*en qualité*) unzureichend; (*candidat, élève*) zu schwach; (*travail*) ungenügend

insuffler [ɛ̃syfle] <1> *vt* **~ de la peur/du courage à qn** jdm Angst/Mut (*akk*) einflößen

insulaire [ɛ̃sylɛʀ] *mf* Inselbewohner(in) *m(f)*

insuline [ɛ̃sylin] *f* Insulin *nt*

insultant, e [ɛ̃syltɑ̃, ɑ̃t] *adj* (*paroles, soupçon*) beleidigend; (*ton*) unverschämt

insulte [ɛ̃sylt] *f* Beleidigung *f*

insulter [ɛ̃sylte] <1> *vt* beleidigen

insupportable [ɛ̃sypɔʀtabl] *adj* ❶ (*intolérable*) unerträglich ❷ (*caractère*) unausstehlich

insurgé, **e** [ɛ̃syʀʒe] *m, f* Aufständische(r) *f(m)*

insurger [ɛ̃syʀʒe] <2a> *vpr* **s'~ contre qn/qc** sich gegen jdn/etw auflehnen

insurmontable [ɛ̃syʀmɔ̃tabl] *adj* unüberwindbar

insurrection [ɛ̃syʀɛksjɔ̃] *f* Aufstand *m*

insurrectionnel, **le** [ɛ̃syʀɛksjɔnɛl] *adj* (*force*) aufständisch

intact, **e** [ɛ̃takt] *adj* ❶ (*objet*) unversehrt; (*argent*) vollständig; (*produit*) einwandfrei; (*richesse*) unberührt ❷ (*honneur, réputation*) makellos

intarissable [ɛ̃taʀisabl] *adj* unerschöpflich; (*eau, puits*) nie versiegend

intégral, **e** [ɛ̃tegʀal, o] <-aux> *adj* vollständig

intégralement [ɛ̃tegʀalmɑ̃] *adv* vollständig

intégralité [ɛ̃tegʀalite] *f* Vollständigkeit *f*

intégration [ɛ̃tegʀasjɔ̃] *f* Integration *f*

intègre [ɛ̃tɛgʀ] *adj* (*vie*) ehrenhaft, unbescholten

intégrer [ɛ̃tegʀe] <5> *vpr* **s'~ à qc** (*personne, chose*) sich in etw (*akk*) integrieren

intégrisme [ɛ̃tegʀism] *m* Fundamentalismus *m*

intégriste [ɛ̃tegʀist] *adj* fundamentalistisch

intégrité [ɛ̃tegʀite] *f* (*d'une vie*) Ehrbarkeit *f*

ntellect [ɛ̃telɛkt] *m* Intellekt *m*

ntellectuel, **le** [ɛ̃telɛktɥɛl] **I.** *adj* intellektuell; (*fatigue, travail*) geistig; (*vie*) Geistes- **II.** *m, f* Intellektuelle(r) *f(m)*

ntellectuellement [ɛ̃telɛktɥɛlmɑ̃] *adv* intellektuell

ntelligemment [ɛ̃teliʒamɑ̃] *adv* intelligent

ntelligence [ɛ̃teliʒɑ̃s] *f* ❶ (*entendement*) Intelligenz *f* ❷ (*discernement*) Klugheit *f*

ntelligent, **e** [ɛ̃teliʒɑ̃, ʒɑ̃t] *adj* intelligent

ntelligible [ɛ̃teliʒibl] *adj* verständlich

ntempéries [ɛ̃tɑ̃peʀi] *fpl* schlechtes Wetter

ntempestif, **-ive** [ɛ̃tɑ̃pɛstif, -iv] *adj* (*allusion, gaieté*) unpassend

ntenable [ɛ̃t(ə)nabl] *adj* ❶ (*intolérable*) unerträglich ❷ (*classe*) aufsässig; (*enfant*) widerspenstig

ntendance [ɛ̃tɑ̃dɑ̃s] *f* Verwaltung *f*

ntendant, **e** [ɛ̃tɑ̃dɑ̃] *m* ❶ Verwaltungsdirektor(in) *m(f)* ❷ (*régisseur*) Verwalter(in) *m(f)*

intense [ɛ̃tɑ̃s] *adj* intensiv; (*joie, chaleur*) groß; (*douleur*) heftig; (*circulation*) dicht

intensément [ɛ̃tɑ̃semɑ̃] *adv* intensiv

intensif, **-ive** [ɛ̃tɑ̃sif, -iv] *adj* intensiv

intensification [ɛ̃tɑ̃sifikasjɔ̃] *f* Intensivierung *f*; (*d'une lutte*) Verstärkung *f*; (*de la production*) Steigerung *f*

intensifier [ɛ̃tɑ̃sifje] <1> **I.** *vt* intensivieren; (*efforts, production*) steigern **II.** *vpr* **s'~** an Intensität zunehmen; **le froid s'intensifie** es wird immer kälter

intensité [ɛ̃tɑ̃site] *f* Intensität *f*; **de faible/d'une grande ~** schwach/stark; (*lumière*) schwach/hell; **~ du courant** Stromstärke *f*

intenter [ɛ̃tɑ̃te] <1> *vt* JUR **~ un procès contre qn** einen Prozess gegen jdn anstrengen

intention [ɛ̃tɑ̃sjɔ̃] *f* Absicht *f*, Intention *f* (*geh*); **avoir l'~ de faire qc** vorhaben, etw zu tun ▶**à l'~ de qn** für jdn [gedacht]

intentionné, **e** [ɛ̃tɑ̃sjɔne] *adj* ▶**être bien/mal ~ à l'égard de qn** jdm wohlgesinnt/übel gesinnt sein

intentionnel, **le** [ɛ̃tɑ̃sjɔnɛl] *adj* absichtlich

intentionnellement [ɛ̃tɑ̃sjɔnɛlmɑ̃] *adv* absichtlich

interactif, **-ive** [ɛ̃tɛʀaktif, -iv] *adj* interaktiv

interaction [ɛ̃tɛʀaksjɔ̃] *f* Wechselwirkung *f*; INFORM Dialog *m*

interbancaire [ɛ̃tɛʀbɑ̃kɛʀ] *adj* Interbanken-

intercepter [ɛ̃tɛʀsɛpte] <1> *vt* (*objet, personne*) abfangen; (*message radio*) abhören; (*suspect*) stellen; (*véhicule*) anhalten

interchangeable [ɛ̃tɛʀʃɑ̃ʒabl] *adj* austauschbar

interclasse [ɛ̃tɛʀklɑs] *m* SCOL kleine Pause

interconnexion [ɛ̃tɛʀkɔnɛksjɔ̃] *f* Zusammenschaltung *f*

intercontinental, **e** [ɛ̃tɛʀkɔ̃tinɑ̃tal, o] <-aux> *adj* interkontinental

interdépendance [ɛ̃tɛʀdepɑ̃dɑ̃s] *f* (*des peuples, régions*) gegenseitige Abhängigkeit

interdiction [ɛ̃tɛʀdiksjɔ̃] *f* Verbot *nt*; **~ de stationner/de fumer** Parken *nt*/Rauchen *nt* verboten

interdire [ɛ̃tɛʀdiʀ] <irr> **I.** *vt* **~ à qn de faire qc** jdm verbieten, etw zu tun **II.** *vpr* **s'~ qc/de faire qc** sich (*dat*) etw verbieten/es sich (*dat*) verbieten, etw zu tun

interdisciplinaire [ɛ̃tɛʀdisiplinɛʀ] *adj* interdisziplinär

interdit [ɛ̃tɛʀdi] *m* Verbot *nt*

interdit, e [ɛ̃tɛʀdi, it] *adj* verboten; **chantier ~** Betreten der Baustelle verboten; **~ à qn** für jdn verboten; **~ aux moins de 16 ans** frei ab 16; **~ au public** kein Zutritt; **il est ~ à qn de faire qc** es ist jdm verboten, etw zu tun

intéressant, e [ɛ̃teʀesɑ̃, ɑ̃t] **I.** *adj* interessant; **il est ~ pour qn de faire qc** es lohnt sich für jdn, etw zu tun **II.** *m, f* **faire l'~** *péj* sich interessant machen

intéressé, e [ɛ̃teʀese] **I.** *adj* ❶ (*captivé*) interessiert ❷ (*concerné*) betroffen ❸ (*égoïste*) eigennützig **II.** *m, f* (*personne concernée*) Betroffene(r) *f(m)*; (*personne qui s'intéresse à qc*) Interessierte(r) *f(m)*

intéressement [ɛ̃teʀɛsmɑ̃] *m* Gewinnbeteiligung *f*

intéresser [ɛ̃teʀese] <1> **I.** *vt* ❶ interessieren; **être intéressé à faire qc** daran interessiert sein, etw zu tun; **rien ne l'intéresse** er/sie interessiert sich für nichts ❷ (*concerner: loi, mesure*) betreffen **II.** *vpr* **s'~ à qn/qc** sich für jdn/etw interessieren

intérêt [ɛ̃teʀɛ] *m* ❶ Interesse *nt;* **avec/sans ~** interessiert/ohne besonderes Interesse ❷ (*importance*) Bedeutung *f* ❸ (*d'un film, livre*) Reiz *m;* **sans** [**aucun**] **~** (*film, histoire*) [völlig] uninteressant; (*considérations, détail*) [völlig] belanglos ❹ *souvent pl* (*cause*) Interesse *nt;* **dans l'~ général** im Sinne des Allgemeinwohls; **défendre les ~s de qn** jds Interessen vertreten ❺ (*avantage*) **par ~** eigennützig; **ne pas voir l'~ de faire qc** nicht einsehen, was es bringen soll, etw zu tun (*fam*); **elle a** [**tout**] **~ à refuser** sie sollte [wirklich] ablehnen ❻ *souvent pl* (*rendement*) Zins *m;* **7 % d'~** 7 % Zinsen; **avec/sans ~**[**s**] verzinslich/zinslos ►[**il**] **y a ~!** *fam* (*et comment*) und ob!; (*ça vaut mieux*) das will ich hoffen!

interface [ɛ̃tɛʀfas] *f* INFORM Schnittstelle *f;* **~ graphique** grafische Benutzeroberfläche; **~ utilisateur** Benutzeroberfläche *f*

interférence [ɛ̃tɛʀfeʀɑ̃s] *f a.* PHYS Interferenz *f*

interférer [ɛ̃tɛʀfeʀe] <5> *vi* sich gegenseitig schaden; (*domaines*) sich überschneiden

intérieur [ɛ̃teʀjœʀ] *m* ❶ (*opp: extérieur*) Innere(s) *nt;* **à l'~** (*dedans*) innen; (*dans la maison*) drinnen; **à l'~ de** im Innern von/in; **à l'~ d'une noix** im Inneren einer Walnuss ❷ (*d'une maison, d'un magasin*) Inneneinrichtung *f* ❸ (*logement*) Zuhause *nt;* **femme d'~** tüchtige Hausfrau *f* ❹ (*ministère*) **à l'Intérieur** im Innenministerium *nt*

intérieur, e [ɛ̃teʀjœʀ] *adj* ❶ (*opp: extérieur*) Innen- ❷ (*affaires*) innere(r,s); (*politique*) Innen-; (*commerce, marché*) Binnen- ❸ (*sentiment, voix*) innere(r, s); (*monde, vie*) Innen-

intérieurement [ɛ̃teʀjœʀmɑ̃] *adv* ❶ (*au-dedans*) innen ❷ (*dans l'esprit*) innerlich

intérim [ɛ̃teʀim] *m* ❶ (*fonction*) Vertretung *f* ❷ (*travail temporaire*) **agence d'~** Zeitarbeitsagentur *f*

intérimaire [ɛ̃teʀimɛʀ] **I.** *adj* (*gouvernement*) Übergangs- **II.** *mf* Zeitarbeitnehmer(in) *m(f)*

interjection [ɛ̃tɛʀʒɛksjɔ̃] *f* Interjektion *f*

interligne [ɛ̃tɛʀliɲ] *m* Zeilenzwischenraum *m*

interlocuteur, -trice [ɛ̃tɛʀlɔkytœʀ, -tʀis] *m, f* Gesprächspartner(in) *m(f)*

interloqué, e [ɛ̃tɛʀlɔke] *adj* fassungslos

interloquer [ɛ̃tɛʀlɔke] <1> *vt* aus der Fassung bringen

intermède [ɛ̃tɛʀmɛd] *m* THEAT, MUS Einlage *f*

intermédiaire [ɛ̃tɛʀmedjɛʀ] **I.** *adj* Zwischen-; (*époque, solution*) Übergangs- **II.** *m* (*médiateur*) Vermittler(in) *m(f)* **III.** *m* **par l'~ de qn/qc** über jdn/etw

interminable [ɛ̃tɛʀminabl] *adj* endlos

intermittence [ɛ̃tɛʀmitɑ̃s] *f* **par ~** ab und zu

intermittent, e [ɛ̃tɛʀmitɑ̃, ɑ̃t] *m, f* **~** [**du spectacle**] *nicht fest angestellter Beschäftigter beim Theater*

intermittent, e [ɛ̃tɛʀmitɑ̃, ɑ̃t] *adj* zeitweilig aussetzend

internat [ɛ̃tɛʀna] *m* SCOL Internat *nt*

international, e [ɛ̃tɛʀnasjɔnal, o] <-aux> *adj* international; (*langue, politique*) Welt-; (*communication*) Auslands-

internationalement [ɛ̃tɛʀnasjɔnalmɑ̃] *adv* auf internationaler Ebene; (*connu*) international

internationalisation [ɛ̃tɛʀnasjɔnalizasjɔ̃] Internationalisierung *f*

internaute [ɛ̃tɛʀnot] **I.** *adj* Internet- **II.** *mf* Surfer(in) *m(f)*

interne [ɛ̃tɛʀn] **I.** *adj* (*partie*) Innen-; (*structure, hémorragie*) innere(r, s); (*problème, promotion*) intern **II.** *mf* ❶ SCOL Inte natsschüler(in) *m(f)* ❷ MED Assistenzarzt/-ärztin *m/f*

interné, e [ɛ̃tɛʀne] *adj* interniert

internement [ɛ̃tɛʀnəmɑ̃] *m* POL Internierung *f*

Internet [ɛ̃tɛʀnɛt] *m* Internet *nt;* **accéder à ~** ins Internet kommen

interpellation [ɛ̃tɛʀpelasjɔ̃] *f* (*arrestation*) vorläufige Festnahme (*zur Überprüfung der Personalien*)

interpeller [ɛ̃tɛʀpəle] <1> *vt* ❶ (*police*) zur Überprüfung der Personalien vorübergehend festnehmen ❷ (*apostropher*) **~ qn** jdm etwas zurufen; (*avec brusquerie*) jdn anfahren

interphone® [ɛ̃tɛʀfɔn] *m* Sprechanlage *f*

interposer [ɛ̃tɛʀpoze] <1> *vt* dazwischen stellen/setzen/legen

interprétariat [ɛ̃tɛʀpʀetaʀja] *m* Dolmetschen *nt*

interprétation [ɛ̃tɛʀpʀetasjɔ̃] *f* ❶ (*explication*) Interpretation *f;* **~ des rêves** Traumdeutung *f* ❷ (*action de traduire*) Dolmetschen *nt*

interprète [ɛ̃tɛʀpʀɛt] *mf* ❶ MUS Interpret(in) *m(f)* ❷ CINE, THEAT Darsteller(in) *m(f)* ❸ (*traducteur*) Dolmetscher(in) *m(f);* **faire l'~** dolmetschen ❹ (*porte-parole*) Fürsprecher(in) *m(f)*

interpréter [ɛ̃tɛʀpʀete] <5> *vt* ❶ MUS interpretieren; CINE, THEAT (*personnage*) darstellen; (*rôle*) spielen ❷ (*texte*) interpretieren; (*rêve*) deuten

interro *f* SCOL *fam* Test *m*

interrogateur, -trice [ɛ̃teʀɔgatœʀ, -tʀis] *adj* fragend

interrogatif [ɛ̃teʀɔgatif] *m* Fragewort *nt*

interrogation [ɛ̃teʀɔgasjɔ̃] *f* ❶ (*question*) Frage *f* ❷ SCOL Klassenarbeit *f* ❸ (*action de questionner*) Befragung *f,* Leistungsüberprüfung *f*

interrogatoire [ɛ̃teʀɔgatwaʀ] *m* Vernehmung *f*

interrogeable [ɛ̃teʀɔʒabl] *adj* **~ à distance** (*répondeur*) mit Fernabfrage

interroger [ɛ̃teʀɔʒe] <2a> **I.** *vt* ❶ (*questionner*) **~ qn sur un sujet** jdm Fragen über ein Thema stellen; (*pour un sondage*) jdn über ein Thema befragen; (*police*) jdn wegen eines Vorwurfs vernehmen; SCOL jdn über einen Stoff abfragen; (*par écrit*) jdn eine Arbeit über einen Stoff schreiben lassen ❷ (*banque de données, répondeur*) abfragen **II.** *vpr* **s'~** sich fragen; **s'~ sur qn/qc** sich (*dat*) Fragen über jdn/etw stellen

interrompre [ɛ̃teʀɔ̃pʀ] <irr> **I.** *vt* unterbrechen; (*grossesse*) abbrechen; **~ qn dans un discours** jdn bei einer Rede unterbrechen; **être interrompu** (*trafic*) zum Erliegen gekommen sein **II.** *vpr* **s'~** (*personne*) innehalten

interrupteur [ɛ̃teʀyptœʀ] *m* Schalter *m*

interruption [ɛ̃teʀypsjɔ̃] *f* (*arrêt définitif*) Abbruch *m;* (*arrêt provisoire*) Unterbrechung *f;* **~ [volontaire] de grossesse** Schwangerschaftsabbruch; **~ médicale de grossesse** medizinisch indizierter Schwangerschaftsabbruch; **sans ~** ununterbrochen

intersection [ɛ̃tɛʀsɛksjɔ̃] *f* (*de routes*) Kreuzung *f*

interstice [ɛ̃tɛʀstis] *m* Spalt *m*

intervalle [ɛ̃tɛʀval] *m* ❶ (*écart*) Abstand *m;* (*espace de temps*) Zeit[spanne] *f;* **à huit jours d'~** innerhalb von acht Tagen ❷ MUS Intervall *nt*

intervenant, e [ɛ̃tɛʀvənɑ̃, ɑ̃t] *m, f* (*participant*) Beteiligte(r) *f(m)*

intervenir [ɛ̃tɛʀvəniʀ] <9> *vi* ❶ (*entrer en action*) eingreifen; **~ dans une affaire** sich in eine Angelegenheit einmischen; **~ en faveur de qn auprès de qn** sich für jdn bei jdm einsetzen ❷ (*prendre la parole*) sich einschalten ❸ (*survenir: accord*) zustande kommen; (*fait*) eintreten

intervention [ɛ̃tɛʀvɑ̃sjɔ̃] *f* ❶ (*action*) Eingreifen; **~ armée** bewaffnete Intervention ❷ (*prise de parole*) Beitrag *m* ❸ MED Eingriff *m*

interview [ɛ̃tɛʀvju] *f* Interview *nt*

interviewer [ɛ̃tɛʀvjuve] <1> *vt* interviewen

intestin [ɛ̃tɛstɛ̃] *m* Darm *m*

intestinal, e [ɛ̃tɛstinal, o] <-aux> *adj* Darm-

intime [ɛ̃tim] *adj* ❶ intim; (*hygiène, toilette*) Intim-; (*vie*) Privat-; **journal ~** Tagebuch *nt* ❷ (*atmosphère, lieu*) gemütlich ❸ (*ami*) eng; (*rapports, relations*) intim; (*relation, union*) innig; (*cérémonie*) im engen Kreis

intimement [ɛ̃timmɑ̃] *adv* (*étroitement*) **des idées/personnes ~ liées** sehr eng miteinander verknüpfte Gedanken/miteinander befreundete Menschen

intimidation [ɛ̃timidasjɔ̃] *f* Einschüchterung *f*

I

intimider [ɛ̃timide] <1> *vt* einschüchtern

intimité [ɛ̃timite] *f* ❶ (*vie privée*) Privatleben *nt;* **dans l'~** privat ❷ (*relation étroite*) Vertrautheit *f*

intitulé [ɛ̃tityle] *m* (*d'un livre*) Titel *m;* (*d'un texte*) Überschrift *f*

intituler [ɛ̃tityle] <1> **I.** *vt* ~ **un livre "Mémoires"** einem Buch den Titel „Memoiren" geben **II.** *vpr* **s'~ "Mémoires"** den Titel „Memoiren" tragen

intolérable [ɛ̃tɔleʀabl] *adj* unerträglich

intolérance [ɛ̃tɔleʀɑ̃s] *f* Intoleranz *f*

intolérant, e [ɛ̃tɔleʀɑ̃, ɑ̃t] *adj* intolerant

intonation [ɛ̃tɔnasjɔ̃] *f souvent pl* Ton[fall *m*] *m*

intouchable [ɛ̃tuʃabl] **I.** *adj fig* unantastbar **II.** *mf* Unberührbare(r) *f(m)*

intox [ɛ̃tɔks] *f fam abr de* **intoxication** Fake *m o nt;* (*fausse information*) [gezielte] Fehlinformation *f;* **faire de l'~** manipulieren

intoxication [ɛ̃tɔksikasjɔ̃] *f* Vergiftung *f*

intoxiqué, e [ɛ̃tɔksike] *adj* **être ~ par un aliment** sich durch ein Nahrungsmittel vergiftet haben; **être ~ par la télé** fernsehsüchtig sein

intoxiquer [ɛ̃tɔksike] <1> *vt, vpr* [**s'**]~ [sich] vergiften

intraduisible [ɛ̃tʀadɥizibl] *adj* unübersetzbar

intraitable [ɛ̃tʀɛtabl] *adj* unnachgiebig

intra-muros [ɛ̃tʀamyʀos] *adv* (*habiter, se dérouler*) im Stadtzentrum

intramusculaire [ɛ̃tʀamyskylɛʀ] *adj* intramuskulär

intransigeant, e [ɛ̃tʀɑ̃ziʒɑ̃, ʒɑ̃t] *adj* (*attitude, personne*) unnachgiebig; (*adversaire*) unerbittlich; (*morale*) starr

intransitif, -ive [ɛ̃tʀɑ̃zitif, -iv] *adj* intransitiv

intransportable [ɛ̃tʀɑ̃spɔʀtabl] *adj* (*chose*) nicht transportabel; (*personne*) nicht transportfähig

intraveineux, -euse [ɛ̃tʀavɛnø, -øz] *adj* intravenös

intrépide [ɛ̃tʀepid] *adj* waghalsig

intrigant, e [ɛ̃tʀigɑ̃, ɑ̃t] *m, f* Intrigant(in) *m(f)*

intrigue [ɛ̃tʀig] *f* ❶ CINE, LITTER, THEAT Handlung *f* ❷ (*manœuvre*) Intrige *f*

intriguer [ɛ̃tʀige] <1> **I.** *vt* (*travailler qn*) beschäftigen; (*piquer la curiosité*) neugierig machen; **être intrigué** rätseln **II.** *vi* intrigieren

introductif, -ive [ɛ̃tʀɔdyktif, -iv] *adj* einleitend

introduction [ɛ̃tʀɔdyksjɔ̃] *f* ❶ Einleitung *f;* **en ~** einleitend ❷ (*d'un objet, de nourriture*) Einführen *nt* ❸ (*d'une réforme*) Einführung *f*

introduire [ɛ̃tʀɔdɥiʀ] <irr> **I.** *vt* ❶ ~ **qn dans une pièce** jdn in ein Zimmer führen; ~ **qn chez une famille** jdn bei einer Familie einführen; ~ **une clé dans qc** einen Schlüssel in etw (*akk*) stecken; ~ **une pièce de monnaie dans qc** ein Geldstück in etw (*akk*) werfen ❷ (*mode*) aufbringen **II.** *vpr* ❶ (*se faire admettre*) **s'~ dans un milieu** sich in einem Umfeld einführen ❷ (*s'infiltrer*) **s'~ dans une maison** in ein Haus eindringen; **s'~ dans qc** (*eau, fumée*) in etw (*akk*) dringen

intronisation [ɛ̃tʀɔnizasjɔ̃] *f* Inthronisation *f*

introniser [ɛ̃tʀɔnize] <1> *vt* inthronisieren

introuvable [ɛ̃tʀuvabl] *adj* unauffindbar

introverti, e [ɛ̃tʀɔvɛʀti] *adj* introvertiert

intrus, e [ɛ̃tʀy, yz] *m, f* Eindringling *m* ►**cherchez l'~** wer/was gehört nicht dazu?

intrusion [ɛ̃tʀyzjɔ̃] *f* (*dans une maison*) Eindringen *nt*

intuitif, -ive [ɛ̃tɥitif, -iv] *adj* intuitiv

intuition [ɛ̃tɥisjɔ̃] *f* Intuition *f*

intuitivement [ɛ̃tɥitivmɑ̃] *adv* intuitiv

inusable [inyzabl] *adj* unverwüstlich

inusité, e [inyzite] *adj* ungebräuchlich

inutile [inytil] *adj* nutzlos; (*parole, effort*) zwecklos; (*précaution, alarme*) überflüssig (*personne*) unnütz; **être ~ à qn** jdm nicht von Nutzen sein; **se sentir ~** sich (*dat*) überflüssig vorkommen; **il est/n'est pas ~ de faire qc/que** + *subj* es ist unnötig/es wäre angebracht, etw zu tun/dass; ~ **de te/vous dire que ...** ich brauche dir/Ihnen wohl nicht zu sagen, dass ...

inutilement [inytilmɑ̃] *adv* (*sans utilité*) unnötig; (*en vain*) vergeblich

inutilisable [inytilizabl] *adj* unbrauchbar (*dont on ne peut se servir*) nicht benutzbar

inutilisé, e [inytilize] *adj* unbenutzt

inutilité [inytilite] *f* Nutzlosigkeit *f*

invaincu, e [ɛ̃vɛ̃ky] *adj* (*sportif*) ungeschlagen; (*sommet*) unbezwungen

invalide [ɛ̃valid] **I.** *adj* invalid[e]; **personne ~** Invalide *mf* **II.** *mf* Invalide *mf*

invalidité [ɛ̃validite] *f* (*d'une personne*) Erwerbsunfähigkeit *f*

invariable [ɛ̃vaʀjabl] *adj* (*qui ne change pas*) unverändert; (*qu'on ne peut changer*) unveränderlich
invariablement [ɛ̃vaʀjabləmɑ̃] *adv* unweigerlich
invasion [ɛ̃vɑzjɔ̃] *f a. fig* Invasion *f*
invendable [ɛ̃vɑ̃dabl] *adj* unverkäuflich
invendu, e [ɛ̃vɑ̃dy] *adj* nicht verkauft
inventaire [ɛ̃vɑ̃tɛʀ] *m* Inventar *nt;* COM Inventur *f*
inventer [ɛ̃vɑ̃te] <1> *vt* erfinden
inventeur, -trice [ɛ̃vɑ̃tœʀ, -tʀis] *m, f* Erfinder(in) *m(f)*
inventif, -ive [ɛ̃vɑ̃tif, -iv] *adj* erfinderisch
invention [ɛ̃vɑ̃sjɔ̃] *f* ❶ Erfindung *f;* (*d'une technique opératoire*) Entwicklung *f;* **de mon/son ~** von mir/ihm erfunden ❷ (*imagination*) Einfallsreichtum *m*
invérifiable [ɛ̃veʀifjabl] *adj* nicht überprüfbar
inverse [ɛ̃vɛʀs] **I.** *adj* entgegengesetzt; (*phénomène*) gegenläufig **II.** *m* Gegenteil *nt;* **c'est l'~ qui est vrai** in Wahrheit ist es genau umgekehrt; **à l'~** hingegen; **à l'~ de qn/qc** im Gegensatz zu jdm/etw
inversement [ɛ̃vɛʀsəmɑ̃] *adv* hingegen; **et/ou ~** und/oder umgekehrt
inverser [ɛ̃vɛʀse] <1> **I.** *vt* (*mots, phrases*) umstellen; (*rôles*) tauschen; (*évolution, mouvement*) umkehren **II.** *vpr* **s'~** (*mouvement, tendance*) sich umkehren
inversion [ɛ̃vɛʀsjɔ̃] *f* Umkehrung *f*
invertébré [ɛ̃vɛʀtebʀe] *m* wirbelloses Tier
investir [ɛ̃vɛstiʀ] <8> **I.** *vt, vi a. fig* investieren **II.** *vpr* **s'~ dans qc** sich bei etw engagieren
investissement [ɛ̃vɛstismɑ̃] *m* Investition *f*
investisseur [ɛ̃vɛstisœʀ] *m* Investor(in) *m(f)*
invincible [ɛ̃vɛ̃sibl] *adj* unbesiegbar
inviolable [ɛ̃vjɔlabl] *adj* unantastbar
invisible [ɛ̃vizibl] *adj* unsichtbar; (*phénomène*) nicht wahrnehmbar
invitation [ɛ̃vitasjɔ̃] *f* Einladung *f;* **~ à une manifestation/au restaurant/à déjeuner** Einladung zu einer Demonstration/ins Restaurant/zum Mittagessen
invite [ɛ̃vit] *m* INFORM Eingabeaufforderung *f*
invité, e [ɛ̃vite] *m, f* Gast *m*
inviter [ɛ̃vite] <1> *vt* ❶ **~ qn à faire qc** jdn einladen etw zu tun; **~ qn à un anniversaire** jdn zu einem Geburtstag einladen; **~ qn à danser/à dîner** jdn zum Tanz auffordern/zum Abendessen einladen ❷ (*prier*) **~ qn à faire qc** jdn bitten, etw zu tun; (*avec insistance/autorité*) jdn auffordern, etw zu tun
in vitro [invitʀo] *adj adv inv* im Reagenzglas [durchgeführt]
invivable [ɛ̃vivabl] *adj* unerträglich
involontaire [ɛ̃vɔlɔ̃tɛʀ] *adj* (*spectateur, témoin*) unfreiwillig; (*erreur*) unbeabsichtigt; (*mouvement*) unwillkürlich
involontairement [ɛ̃vɔlɔ̃tɛʀmɑ̃] *adv* unabsichtlich
invraisemblable [ɛ̃vʀɛsɑ̃blabl] *adj* unglaubwürdig; (*incroyable*) unglaublich
invulnérable [ɛ̃vylneʀabl] *adj* unverwundbar
iode [jɔd] *m* Jod *nt*
iodé, e [jɔde] *adj* (*eau, air*) jodhaltig
irai [iʀɛ] *fut de* **aller**
Irak [iʀak] *m* **l'~** der Irak
irakien, ne [iʀakjɛ̃, jɛn] *adj* irakisch
Irakien, ne [iʀakjɛ̃, jɛn] *m, f* Iraker(in) *m(f)*
Iran [iʀɑ̃] *m* **l'~** der Iran
iranien, ne [iʀanjɛ̃, jɛn] *adj* iranisch
Iranien, ne [iʀanjɛ̃, jɛn] *m, f* Iraner(in) *m(f)*
Iraq [iʀak] *m v.* **Irak**
irascible [iʀasibl] *adj* jähzornig
iris [iʀis] *m* ANAT, BOT Iris *f*
irisé, e [iʀize] *adj* schillernd
irlandais, e [iʀlɑ̃dɛ, ɛz] *adj* irisch
Irlandais, e [iʀlɑ̃dɛ, ɛz] *m, f* Ire/Irin *m/f*
Irlande [iʀlɑ̃d] *f* **l'~** Irland *nt;* **l'~ du Nord** Nordirland
ironie [iʀɔni] *f* Ironie *f*
ironique [iʀɔnik] *adj* ironisch
ironiquement [iʀɔnikmɑ̃] *adv* ironisch
ironiser [iʀɔnize] <1> *vi* **~ sur qn/qc** über jdn/etw spötteln
irradiation [iʀadjasjɔ̃] *f* PHYS Bestrahlung *f*
irradier [iʀadje] <1a> *vi* (*lumière*) strahlen; (*douleur*) ausstrahlen
irrationnel [iʀasjɔnɛl] *m* **l'~** das Irrationale
irrationnel, le [iʀasjɔnɛl] *adj* irrational
irrattrapable [iʀatʀapabl] *adj* nicht wieder gutzumachen
irréalisable [iʀealizabl] *adj* nicht realisierbar
irréalisme [iʀealism] *m* mangelnde Wirklichkeitsnähe
irréaliste [iʀealist] *adj* unrealistisch
irréconciliable [iʀekɔ̃siljabl] *adj* unversöhnlich

I

irrécupérable [iʀekypeʀabl] *adj* **être ~** nicht mehr zu reparieren sein

irrécusable [iʀekyzabl] *adj* (*juge, témoin*) nicht ablehnbar; (*témoignage*) nicht anfechtbar; (*preuve*) unwiderlegbar

irréductible [iʀedyktibl] *adj* (*ennemi, personne*) unbezwingbar

irréel, le [iʀeɛl] *adj* irreal

irréfléchi, e [iʀefleʃi] *adj* unüberlegt; (*personne*) unbesonnen

irréfutable [iʀefytabl] *adj* unwiderlegbar

irrégularité [iʀegylaʀite] *f* ① (*inégalité*) Ungleichmäßigkeit *f;* (*des traits*) Unregelmäßigkeit *f; pl* (*d'une surface*) Unebenheit *f* ② (*d'un élève, d'une équipe*) schwankende Leistungen *Pl* ③ *gén pl* (*illégalité*) Unregelmäßigkeit *f;* (*d'une situation*) Regelwidrigkeit *f*

irrégulier, -ère [iʀegylje, -ɛʀ] *adj* ① unregelmäßig; (*écriture, vitesse*) ungleichmäßig; (*terrain*) uneben; (*effort, travail*) nicht regelmäßig; (*résultats*) schwankend ② (*illégal*) regelwidrig; (*procédure*) fehlerhaft; **des opérations irrégulières** Unregelmäßigkeiten *Pl*

irrémédiable [iʀemedjabl] *adj* (*erreur, défaut*) nicht wieder gutzumachen; (*situation*) hoffnungslos

irremplaçable [iʀɑ̃plasabl] *adj* unersetzbar

irréparable [iʀepaʀabl] **I.** *adj* (*objet, machine*) nicht mehr zu reparieren; (*dommage, erreur*) nicht wieder gutzumachen; (*perte*) unersetzbar **II.** *m* **l'~** das Schlimmste

irrépressible [iʀepʀesibl] *adj* unbändig

irréprochable [iʀepʀɔʃabl] *adj* einwandfrei; (*vie, mère*) mustergültig

irrésistible [iʀezistibl] *adj* ① (*impérieux*) unwiderstehlich; (*désir*) unbändig; (*passion*) unbezähmbar ② (*qui fait rire*) sehr lustig; **être ~** (*personne*) urkomisch sein

irrésolu, e [iʀezɔly] *adj* (*personne*) unentschlossen; (*problème*) ungelöst

irrespectueux, -euse [iʀɛspɛktɥø, -øz] *adj* respektlos; **~ envers qn** respektlos jdm gegenüber

irrespirable [iʀɛspiʀabl] *adj* unerträglich

irresponsable [iʀɛspɔ̃sabl] **I.** *adj* (*comportement*) unverantwortlich; (*personne*) verantwortungslos **II.** *mf* Verantwortungslose(r) *f(m)*

irréversible [iʀevɛʀsibl] *adj* nicht rückgängig zu machen

irrévocable [iʀevɔkabl] *adj* (*jugement*) unwiderruflich; (*décision*) endgültig

irrigation [iʀigasjɔ̃] *f* Bewässerung *f*

irriguer [iʀige] <1> *vt* AGR bewässern

irritabilité [iʀitabilite] *f* Reizbarkeit *f*

irritable [iʀitabl] *adj* reizbar

irritant, e [iʀitɑ̃, ɑ̃t] *adj* nervtötend

irritation [iʀitasjɔ̃] *f* ① (*énervement*) Gereiztheit *f* ② MED Reizung *f*

irrité, e [iʀite] *adj* gereizt

irriter [iʀite] <1> *vt* ① (*énerver*) **~ qn** jdm auf die Nerven gehen ② MED reizen

irruption [iʀypsjɔ̃] *f* **l'~ de qn dans un lieu** jds plötzliches Auftauchen an einem Ort; **faire ~** (*personne*) hereinstürmen; (*chose*) hereinbrechen

islam [islam] *m* **l'~** der Islam; **l'Islam** die islamische Welt

islamique [islamik] *adj* islamisch

islandais [islɑ̃dɛ] *m* Isländisch *nt; v.a.* **allemand**

islandais, e [islɑ̃dɛ, ɛz] *adj* isländisch; *v.a.* **allemand**

Islandais, e [islɑ̃dɛ, ɛz] *m, f* Isländer(in) *m(f)*

Islande [islɑ̃d] *f* **l'~** Island *nt*

isocèle [izɔsɛl] *adj* gleichschenklig

isolant [izɔlɑ̃] *m* Isoliermaterial *nt*

isolation [izɔlasjɔ̃] *f* Isolierung *f*

isolé, e [izɔle] *adj* ① (*endroit*) abgelegen; (*maison*) einsam gelegen ② (*personne*) isoliert; (*bâtiment*) frei stehend ③ (*unique*) einzeln; **cas ~** Einzelfall *m*

isolement [izɔlmɑ̃] *m* (*d'une personne*) Einsamkeit *f;* (*d'un lieu, d'une maison*) Abgeschiedenheit *f;* (*d'un détenu, malade*) Isolation *f*

isoler [izɔle] <1> **I.** *vt* ① isolieren; **être isolé du reste du monde** (*village*) von der restlichen Welt abgeschieden sein ② TECH, ELEC **~ qc de l'humidité** etw gegen Feuchtigkeit isolieren **II.** *vi* **~ de qc** (*matériau*) gegen etw isolieren **III.** *vpr* **s'~** sich absondern

isoloir [izɔlwaʀ] *m* Wahlkabine *f*

isotherme [izɔtɛʀm] *adj* **bouteille ~** Thermosflasche® *f;* **sac ~** Kühltasche *f*

Israël [isʀaɛl] *m* **l'~** Israel *nt*

israélien, ne [isʀaeljɛ̃, jɛn] *adj* israelisch

Israélien, ne [isʀaeljɛ̃, jɛn] *m, f* Israeli *mf*

israélite [isʀaelit] **I.** *adj* israelitisch **II.** *mf* Israelit(in) *m(f)*

issu, e [isy] *adj* **~ de qc** aus etw stammend

issue [isy] *f* ① (*sortie, fin*) Ausgang *m;* ~ **de secours** Notausgang; **voie sans** ~ Sackgasse *f* ② (*solution*) Ausweg *m;* **sans** ~ (*situation*) ausweglos

Italie [itali] *f* **l'**~ Italien *nt*

italien [italjɛ̃] *m* Italienisch *nt; v.a.* **allemand**

italien, ne [italjɛ̃, jɛn] *adj* italienisch; *v.a.* **allemand**

Italien, ne [italjɛ̃, jɛn] *m, f* Italiener(in) *m(f)*

italique [italik] *m* Kursivschrift *f;* **en** ~ kursiv

itinéraire [itineʀɛʀ] *m* ① (*parcours*) Route *f* ② *fig* Werdegang *m*

itinérant, e [itineʀɑ̃, ɑ̃t] *adj* Wander-; **théâtre** ~ Wanderbühne *f*

IUFM [iyɛfɛm] *m abr de* **institut universitaire de formation des maîtres** ≈ PH *f*

IUT [iyte] *m abr de* **institut universitaire de technologie** ≈ TH *f*

ivoire [ivwaʀ] *m* Elfenbein *nt*

voirien, ne [ivwaʀjɛ̃, jɛn] *adj* der Elfenbeinküste

voirien, ne [ivwaʀjɛ̃, jɛn] *m, f* Ivorer(in) *m(f)*

vre [ivʀ] *adj* betrunken

vresse [ivʀɛs] *f* **en état d'**~ in betrunkenem Zustand

vrogne [ivʀɔɲ] *mf* Säufer(in) *m(f)* (*pej*)

vrognerie [ivʀɔɲʀi] *f* Trunksucht *f*

J j

, j [ʒi] *m inv* J *nt,* j *nt*

[ʒ] *pron v.* **je**

acasser [ʒakase] <1> *vi* ① (*pie*) schreien ② *fam* (*parler*) schnattern

achère [ʒaʃɛʀ] *f* **être en** ~ brachliegen; **terre en** ~ Brachland *nt*

acinthe [ʒasɛ̃t] *f* Hyazinthe *f*

acter [ʒakte] <1> *vi fam* quasseln

ade [ʒad] *m* Jade *m o f*

adis [ʒadis] *adv* früher

aguar [ʒagwaʀ] *m* Jaguar *m*

aillir [ʒajiʀ] <8> *vi* ① (*eau*) emporschießen; (*sang*) spritzen; (*flammes*) emporschlagen ② (*personne*) plötzlich auftauchen

ais [ʒɛ] *m* MINER Gagat *m* ►**de** ~ tiefschwarz

jalon [ʒalɔ̃] *m* (*piquet*) Pflock *m*

jalonner [ʒalɔne] <1> *vt* ① (*terrain*) abstecken ② (*border*) ~ **qc** (*piquets*) etw markieren; (*arbustes*) etw säumen

jalousement [ʒaluzmɑ̃] *adv* ① (*avec envie*) neidisch ② (*avec soin*) sorgsam

jalouser [ʒaluze] <1> *vt* neidisch sein auf (+ *akk*)

jalousie [ʒaluzi] *f* Eifersucht *f;* (*envie*) Neid *m*

jaloux, -ouse [ʒalu, -uz] **I.** *adj* ① (*en amour, amitié*) ~ **de qn** eifersüchtig auf jdn ② (*envieux*) ~ **de qn/qc** neidisch auf jdn/etw **II.** *m, f* Eifersüchtige(r) *f(m);* (*envieux*) Neider(in) *m(f)*

jamaïcain, e, jamaïquain, e [ʒamaikɛ̃, ɛn] *adj* jamaikanisch

Jamaïquain, e [ʒamaikɛ̃, ɛn] *m, f* Jamaikaner(in) *m(f)*

Jamaïque [ʒamaik] *f* **la** ~ Jamaika *nt*

jamais [ʒamɛ] *adv* ① *avec construction négative* (*en aucun cas*) nie[mals]; **plus** ~ nie wieder ② (*seulement*) nur ③ *avec construction positive ou interrogative* (*un jour*) je[mals] ④ (*dans une comparaison*) **pire que** ~ schlimmer als je zuvor

jambe [ʒɑ̃b] *f* Bein *nt* ►**ça me fait une belle** ~! *iron fam* was nützt mir das schon?

jambière [ʒɑ̃bjɛʀ] *f* Beinschutz *m*

jambon [ʒɑ̃bɔ̃] *m* Schinken *m;* ~ **de Paris** gekochter Schinken; ~ **beurre** *Sandwich mit Butter und gekochtem Schinken*

jambonneau [ʒɑ̃bɔno] <x> *m* Eisbein *nt*

jante [ʒɑ̃t] *f* Felge *f*

janvier [ʒɑ̃vje] *m* Januar *m; v.a.* **août**

Japon [ʒapɔ̃] *m* **le** ~ Japan *nt*

japonais [ʒapɔnɛ] *m* Japanisch *nt; v.a.* **allemand**

japonais, e [ʒapɔnɛ, ɛz] *adj* japanisch; *v.a.* **allemand**

Japonais, e [ʒapɔnɛ, ɛz] *m, f* Japaner(in) *m(f)*

jappement [ʒapmɑ̃] *m* Kläffen *nt kein Pl*

japper [ʒape] <1> *vi* kläffen

jaquette [ʒakɛt] *f* ① (*d'un livre*) Umschlag *m* ② COUT Cut *m*

jardin [ʒaʀdɛ̃] *m* Garten *m;* ~ **public** Park *m* ►~ **secret** tiefste(s) Innere(s)

jardinage [ʒaʀdinaʒ] *m* Gartenarbeit *f*

jardiner [ʒaʀdine] <1> *vi* im Garten arbeiten

jardinet [ʒaʀdinɛ] *m* Gärtchen *nt*

jardinier, -ière [ʒaʀdinje, -jɛʀ] **I.** *adj* (*plante*) Garten- **II.** *m, f* Gärtner(in) *m(f)*

jardinière [ʒaʀdinjɛʀ] *f* Blumenkasten *m*

jargon [ʒaʀgɔ̃] *m péj* ❶ (*charabia*) Kauderwelsch *nt* ❷ (*langue technique*) Jargon *m*

jarre [ʒaʀ] *f* Tonkrug *m*

jarret [ʒaʀɛ] *m* Kniekehle *f*

jarretelle [ʒaʀtɛl] *f* Straps *m*

jarretière [ʒaʀtjɛʀ] *f* Strumpfband *nt*

jars [ʒaʀ] *m* Gänserich *m*

jaser [ʒaze] <1> *vi* klatschen

jauge [ʒoʒ] *f* ~ **d'essence** Benzinuhr *f;* ~ [**de niveau**] **d'huile** Ölstandanzeiger *m*

jauger [ʒoʒe] <2a> *vt* ❶ TECH messen ❷ (*apprécier*) einschätzen

jaunâtre [ʒonɑtʀ] *adj* gelblich

jaune [ʒon] **I.** *adj* gelb **II.** *m* ❶ (*couleur*) Gelb *nt;* ~ **pâle/foncé** Blass-/Dunkelgelb; ~ **paille** Strohgelb ❷ (*partie d'un œuf*) Eigelb *nt* **III.** *adv* ►**rire** ~ gezwungen lachen

jaunir [ʒoniʀ] <8> **I.** *vi* gelb werden; (*papier*) vergilben **II.** *vt* ~ **qc** (*lumière*) etw vergilben; (*nicotine*) etw gelb färben

jaunisse [ʒonis] *f* Gelbsucht *f*

jaunissement [ʒonismɑ̃] *m* Gelbwerden *nt*

java [ʒava] *f für den „bal musette\(typischer Tanz* ►**faire la** ~ *fam* einen draufmachen

javel [ʒavɛl] *f sans pl* Chlorbleiche *f*

javelliser [ʒavelize] <1> *vt* (*eau*) chloren

javelot [ʒavlo] *m* Speer *m*

jazz [dʒɑz] *m* Jazz *m*

jazzman [dʒɑzman] <s> *m* Jazzmusiker *m*

je [ʒə, ʒ] <j'> *pron pers* ich; **moi,** ~ **m'appelle Jean** ich heiße Jean

jean [dʒin] *m* ❶ (*tissu*) Jeansstoff *m* ❷ *sing o pl* (*pantalon*) Jeans *Pl*

je-m'en-foutisme [ʒ(ə)mɑ̃futism] *m sans pl fam* Wurstigkeit *f* **je-m'en-foutiste** [ʒ(ə)mɑ̃futist] *inv* **I.** *adj fam* **elle est plutôt** ~ ihr ist alles Wurscht **II.** *mf fam jd dem alles egal ist*

je-ne-sais-quoi [ʒən(ə)sɛkwa] *m inv* **un** ~ ein Ich-weiß-nicht-was *nt*

jérémiade [ʒeʀemjad] *f souvent pl, fam* Gejammer *nt kein Pl*

jerrican[e], jerrycan [(d)ʒeʀikan] *m* Benzinkanister *m*

jersey [ʒɛʀzɛ] *m* Jersey *m*

Jersey [ʒɛʀzɛ] **l'île de** ~ die Insel Jersey

jésuite [ʒezɥit] *m* Jesuit *m*

jet [ʒɛ] *m* ❶ (*d'un tuyau*) Düse *f;* ~ **d'eau** Fontäne *f* ❷ (*action*) Werfen *nt;* (*d'un filet*) Auswerfen; **d'un seul** ~ aus einem Guss ❸ (*résultat*) Wurf *m;* (*d'une bombe*) Abwurf

jetable [ʒ(ə)tabl] *adj* Wegwerf-

jeté [ʒ(ə)te] *m* ❶ (*action*) Werfen *nt* ❷ (*résultat*) Wurf *m*

jetée [ʒ(ə)te] *f* [Hafen]mole *f*

jeter [ʒ(ə)te] <3> **I.** *vt* ❶ (*lancer*) werfen ❷ (*projeter*) schleudern; ~ **les dés** würfeln ❸ (*donner: à qn*) zuwerfen; (*à un animal*) vorwerfen ❹ (*sonde*) auswerfen; (*bouée*) auslegen ❺ (*se débarrasser de*) wegwerfen; (*liquide*) weggießen; (*lest*) abwerfen ❻ *fam* (*employé*) feuern ❼ (*répandre*) ~ **le discrédit sur qn** jdn in Verruf bringen ►~ **un** [**coup d'**]**œil à qn** jdm einen Blick zuwerfen; (*pour surveiller*) ein Auge auf jdn haben **II.** *vpr* ❶ (*s'élancer*) **se** ~ sich stürzen; **se** ~ **en arrière** zurückspringen; **se** ~ **à genoux/à plat ventre** sich auf die Knie/flach hinwerfen; **se** ~ **au cou de qn** jdm um den Hals fallen; **se** ~ **à l'eau** sich ertränken ❷ (*déboucher*) **se** ~ **dans qc** in etw (*akk*) münden

jeton [ʒ(ə)tɔ̃] *m* ❶ JEUX Jeton *m;* (*à la roulette*) Chip *m* ❷ TELEC Telefonmünze ►**faux** ~ *fam* falscher Fuffziger; **avoir les** ~**s** *fam* Muffe haben

jeu [ʒø] <x> *m* ❶ Spiel *nt;* **terrain de** ~**x** Spielplatz *m;* SPORT Spielfeld *nt* ❷ (~ *d'argent*) ~ **de hasard** Glücksspiel *nt* ❸ (*série*) ~ **de clés** Satz *m* Schlüssel ❹ (*action facile*) **c'est un** ~ **d'enfant** das ist [doch] kinderleicht ►**les forces** [**mises**] **en** ~ die betroffenen Kräfte; **jouer franc** ~ mit offenen Karten spielen; **être vieux** ~ von gestern sein (*fam*); **mettre sa vie en** ~ sein Leben aufs Spiel setzen

jeu-concours [ʒøkɔ̃kuʀ] <jeux-concours> *m* Preisausschreiben *nt*

jeudi [ʒødi] *m* Donnerstag *m;* ~ **saint** Gründonnerstag; *v.a.* **dimanche**

jeun [ʒœ̃] ►**à** ~ nüchtern; **à prendre à** ~ auf nüchternen Magen einnehmen

jeune [ʒœn] **I.** *adj* ❶ (*opp: vieux*) jung; (*enfant*) klein; **ma** ~ **sœur** meine kleine Schwester ❷ (*inexpérimenté*) unerfahren ❸ *postposé* (*comme un jeune*) jugendlich; **faire** ~ jung aussehen ❹ *postposé* (*vin*) jung **II.** *mf* ❶ junger Mann/junge Frau *m/f* ❷ Jugendliche *mf*

jeûne [ʒøn] *m* Fasten *nt*

Der **Jeûne fédéral** ist der eidgenössische Dank-, Buß- und Bettag, der seit 1832 jeweils am dritten Sonntag im September begangen wird. Kinos und sonstige Vergnügungseinrichtungen haben an diesem Tag verkürzte Öffnungszeiten. Traditionell wird an diesem Tag Zwetschgentorte gegessen.

eûner [ʒøne] <1> *vi* fasten

eunesse [ʒœnɛs] *f* ❶ Jugend *f* ❷ (*d'un vin*) junges Alter

eunot, te [ʒœno, ɔt] **I.** *adj* reichlich jung **II.** *m, f fam* junges Bürschchen/junges Ding *m/f*

O [ʒio] *mpl abr de* **Jeux olympiques** Olympische Spiele *Pl*

oaillerie [ʒɔajʀi] *f* ❶ (*bijouterie*) Juweliergeschäft *nt* ❷ (*art, métier*) Juwelierhandwerk *nt*

oaillier, -ière [ʒɔaje, -jɛʀ] *m, f* Juwelier(in) *m(f)*

ob [dʒɔb] *m fam* Job *m*

obard, e [ʒɔbaʀ, aʀd] **I.** *adj* (*personne*) einfältig; (*air*) dämlich **II.** *m, f* Trottel *m*

ockey [ʒɔkɛ] *m* Jockei *m,* Jockey *m*

oconde [ʒɔkɔ̃:d(ə)] *f* **la ~** die Mona Lisa

ogger [(d)ʒɔge] <1> *vi* SPORT joggen

ggeur [(d)ʒɔgœʀ] *m* Sportschuh *m* mit dicker Sohle

ggeur, -euse [(d)ʒɔgœʀ] *m, f* Jogger(in) *m(f)*

gging [(d)ʒɔgiŋ] *m* ❶ (*footing*) Jogging *nt;* **faire du ~** joggen ❷ (*survêtement*) Jogginganzug *m*

ie [ʒwa] *f* ❶ (*bonheur*) Freude *f;* **être fou de ~** außer sich vor Freude sein; **pleurer de ~** vor Freude weinen ❷ *pl* (*plaisirs*) Freuden *Pl* (*geh*) ►**c'est pas la ~!** *fam* da gibt's nichts zu lachen!

indre [ʒwɛ̃dʀ] <irr> **I.** *vt* ❶ (*faire se toucher*) zusammenfügen; (*mains*) falten; **~ à qc** an etw (*akk*) fügen ❷ (*relier*) miteinander verbinden ❸ (*ajouter*) **~ qc à un dossier** einer Akte etw beifügen; **~ le geste à la parole** seinen Worten Taten folgen lassen ❹ (*personne*) erreichen **II.** *vpr* **se ~ à qn/qc** sich jdm/einer S. anschließen; **se ~ à une conversation** sich an einer Unterhaltung (*dat*) beteiligen

nt [ʒwɛ̃] *m* ❶ (*espace*) Fuge *f* ❷ (*d'un couvercle, d'un robinet*) Dichtung *f*

joint, e [ʒwɛ̃, ɛ̃t] **I.** *part passé de* **joindre II.** *adj* ❶ (*mains*) gefaltet; (*pieds*) geschlossen ❷ (*efforts*) gemeinsam; (*compte*) Gemeinschafts- ❸ (*ajouté*) beigefügt; **pièce ~e** Anlage *f*

jointure [ʒwɛ̃tyʀ] *f* ❶ ANAT Gelenk *nt* ❷ TECH Fuge *f*

joint-venture [dʒɔjntvɛntʃœʀ] <joint-ventures> *f* Joint-Venture *nt*

jojo [ʒoʒo] **I.** *m* ►**un affreux ~** ein ganz übler Bursche **II.** *adj inv, fam* **ne pas être ~** nicht gerade umwerfend sein

joli, e [ʒɔli] *adj* ❶ (*agréable*) hübsch; (*vêtement, chanson*) nett; (*voix*) angenehm; (*objet*) schön ❷ (*considérable*) beachtlich ❸ *iron* **c'est du ~!** das ist ja reizend! (*fam*)

joliment [ʒɔlimɑ̃] *adv* ❶ (*agréablement*) nett ❷ (*très*) ganz schön (*fam*)

jonc [ʒɔ̃] *m* Binse *f*

joncher [ʒɔ̃ʃe] <1> *vt* bedecken; (*lit*) verstreut liegen auf (+ *dat*)

jonction [ʒɔ̃ksjɔ̃] *f* (*de routes*) Einmündung *f;* (*de fleuves*) Zusammenfluss *m;* (*de voies ferrées*) Weiche *f*

jongler [ʒɔ̃gle] <1> *vi* jonglieren

jonglerie [ʒɔ̃gləʀi] *f péj* (*manœuvre*) Hokuspokus *m*

jongleur, -euse [ʒɔ̃glœʀ, -øz] *m, f* Jongleur(in) *m(f)*

jonque [ʒɔ̃k] *f* Dschunke *f*

jonquille [ʒɔ̃kij] *f* Osterglocke *f*

Jordanie [ʒɔʀdani] *f* **la ~** Jordanien *nt*

jordanien, ne [ʒɔʀdanjɛ̃, jɛn] *adj* jordanisch

Jordanien, ne [ʒɔʀdanjɛ̃, jɛn] *m, f* Jordanier(in) *m(f)*

jouable [ʒwabl] *adj* (*faisable*) machbar

joual [ʒwal] *m* Frankokanadisch *nt; v.a.* **allemand**

joual, e [ʒwal] <s> *adj* frankokanadisch; *v.a.* **allemand**

joue [ʒu] *f* Backe *f*

jouer [ʒwe] <1> **I.** *vi* ❶ spielen; **à toi/vous de ~!** du bist/ihr seid dran! ❷ *fig* **c'est pour ~** das sollte ein Scherz sein ❸ SPORT **~ au foot** Fußball spielen ❹ MUS **~ du piano** Klavier spielen ❺ THEAT, CINE spielen ❻ FIN **~ à la bourse** an der Börse spekulieren ❼ (*miser*) **~ sur qc** auf etw (*akk*) setzen ❽ (*risquer*) **~ avec sa santé** mit seiner Gesundheit spielen ►**bien joué!** gut so!; **~ serré** höllisch aufpassen **II.** *vt* ❶ JEUX (*carte*) [aus]spielen; (*pion*) ziehen [mit]; **je**

J

joue atout cœur Herz ist Trumpf ② *fig* (*revanche*) geben ③ (*miser*) setzen auf (+ *akk*) ④ (*sa tête*) riskieren; (*sa réputation*) aufs Spiel setzen ⑤ MUS [vor]spielen ⑥ THEAT, CINE (*pièce, rôle*) spielen ⑦ (*feindre*) ~ **la comédie** Theater spielen ▶ **rien n'est encore joué** noch ist nichts entschieden **III.** *vpr* **se** ~ (*avenir*) sich entscheiden

jouet [ʒwɛ] *m* Spielzeug *nt;* **des ~s** Spielsachen *Pl*

joueur, -euse [ʒwœʀ, -øz] **I.** *adj* (*animal, enfant*) verspielt **II.** *m, f* JEUX, SPORT Spieler(in) *m(f);* **être mauvais ~** ein schlechter Verlierer sein

joufflu, e [ʒufly] *adj* pausbäckig

joug [ʒu] *m* AGR Joch *nt*

jouir [ʒwiʀ] <8> *vi* ① ~ **de la vie** das Leben genießen ② (*disposer de*) ~ **de privilèges** Privilegien genießen; ~ **d'un bien** Inhaber *m* eines Gutes sein; ~ **d'une fortune** vermögend sein ③ (*sexuellement*) einen Orgasmus haben

jouissance [ʒwisɑ̃s] *f* ① (*plaisir*) Vergnügen *nt* ② (*usage*) Nutzung *f* ③ (*orgasme*) Orgasmus *m*

joujou [ʒuʒu] <x> *m enfantin* Spielzeug *nt*

jour [ʒuʀ] *m* ① (*24 heures*) Tag *m;* **par ~** täglich; **tous les ~s** jeden Tag ② (*opp: nuit*) Tag *m;* **être de ~** Tagdienst haben ③ (*opp: obscurité*) Tageslicht *nt;* **il fait ~** es ist hell ④ (*jour précis*) Tag *m;* **le ~ J** der Tag X; **les ~s de marché** an Markttagen; **plat du ~** Tagesessen; **goût du ~** Zeitgeist ⑤ (*période vague*) **à ce ~** bis heute; **un de ces ~s** demnächst; **de nos ~s** heutzutage; **l'autre ~** *fam* neulich; **un ~ ou l'autre** früher oder später ⑥ *pl, soutenu* (*vie*) **finir ses ~s à l'hospice** sein Leben im Altersheim beenden; **vieux ~s** Alter *nt* ⑦ (*interstice*) Spalte *f* ▶ **au grand ~** in aller Öffentlichkeit; **mettre qc à ~** etw auf den neuesten Stand bringen; **voir le ~** geboren werden

journal [ʒuʀnal, o] <-aux> *m* ① (*quotidien, bureaux*) Zeitung *f* ② (*hebdomadaire*) Zeitschrift *f* ③ (*mémoire*) ~ **intime** Tagebuch *nt;* ~ **de bord** NAUT Logbuch *nt* ④ MEDIA ~ **télévisé** [Fernseh]nachrichten *Pl*

journalier, -ière [ʒuʀnalje, -jɛʀ] *adj* täglich; (*salaire, gain*) Tages-

journalisme [ʒuʀnalism] *m* Journalismus *m*

journaliste [ʒuʀnalist] *mf* Journalist(in) *m(f)*

journalistique [ʒuʀnalistik] *adj* Zeitungs-, journalistisch

journée [ʒuʀne] *f* ① Tag *m;* **pendant la** ~ tagsüber ② (*temps de travail*) Arbeitstag *m;* ~ **de 8 heures** Achtstundentag *m*

journellement [ʒuʀnɛlmɑ̃] *adv* täglich

joute [ʒut] *f* ① SPORT ~ **nautique** Fischerstechen *nt* ② (*rivalité*) ~ **oratoire** Wortgefecht *nt*

jouvence [ʒuvɑ̃s] *f* **cure/eau de ~** Verjüngungskur *f*/-elixier *nt*

jovial, e [ʒɔvjal] <s> *adj* heiter

jovialement [ʒɔvjalmɑ̃] *adv* heiter; (*saluer*) freundlich

jovialité [ʒɔvjalite] *f* Heiterkeit *f*

joyau [ʒwajo] <x> *m* ① Juwel *nt* ② *f*[ig] Kleinod *nt*

joyeusement [ʒwajøzmɑ̃] *adv* fröhlich

joyeux, -euse [ʒwajø, -jøz] *adj* (*chant*) fröhlich; (*personne*) vergnügt; (*compagnie*) lustig; **joyeuse fête!** frohes Fest!; ~ **anniversaire!** herzlichen Glückwunsch zum Geburtstag!

joystick [ʒɔjstik] *m* Joystick *m*

JT [ʒite] *m fam abr de* **journal télévisé** [Fernseh]nachrichten *Pl*

jubilation [ʒybilasjɔ̃] *f* Jubel *m*

jubilé [ʒybile] *m* fünfzigjähriges [Dienst]jubiläum

jubiler [ʒybile] <1> *vi* sich unheimlich freuen (*fam*)

jucher [ʒyʃe] <1> **I.** *vt* ~ **sur qc** [hoch] oben auf etw (*akk*) stellen **II.** *vpr* **se ~ sur qc** sich [hoch] oben auf etw (*akk*) setzen

judaïque [ʒydaik] *adj* jüdisch; (*loi*) mosaisch

judaïsme [ʒydaism] *m* Judaismus *m*

judas [ʒyda] *m* ARCHIT Spion *m*

judiciaire [ʒydisjɛʀ] *adj* ① (*autorité*) Justiz-; (*police*) Kriminal- ② (*erreur*) Justiz-; (*casier*) Straf-

judicieusement [ʒydisjøzmɑ̃] *adv* sinnvoll; (*employer son temps*) sinnvoll; (*conseiller*) klug

judicieux, -euse [ʒydisjø, -jøz] *adj* klug; (*raisonnement*) stichhaltig

judo [ʒydo] *m* Judo *nt*

judoka [ʒydoka] *mf* Judoka *m*

juge [ʒyʒ] *m* Richter(in) *m(f);* **Madame le** ~ Frau Richterin; ~ **des enfants** Jugendrichter; ~ **de commune** CH (*dans le canton Valois*) Friedensrichter (CH); ~ **de paix** (*dans les cantons de Fribourg, Genève, Vaud*) Friedensrichter (CH) ▶ **je vous laisse**

~ ich überlasse es Ihnen
jugé [ʒyʒe] *m* ►**au** ~ nach Augenmaß; (*environ*) ungefähr
juge-arbitre [ʒyʒaʀbitʀ] <juges-arbitres> *m* Schiedsrichter(in) *m(f)*
jugement [ʒyʒmɑ̃] *m* ❶ *a.* JUR Urteil *nt;* **faire passer qn en** ~ jdn vor Gericht stellen ❷ (*discernement*) Urteilsvermögen *nt*
jugeote [ʒyʒɔt] *f fam* Grips *m*
juger [ʒyʒe] <2a> **I.** *vt* ❶ JUR ~ **qn pour vol** jdn wegen Diebstahls verurteilen; ~ **qn coupable** jdn für schuldig befinden ❷ (*arbitrer*) entscheiden ❸ (*livre, situation*) beurteilen **II.** *vi* ❶ JUR entscheiden ❷ (*estimer*) **à en** ~ **par qc** nach etw zu urteilen **III.** *vpr* **se** ~ **incapable** sich für unfähig halten
juif, -ive [ʒɥif, -iv] *adj* jüdisch; (*quartier*) Juden-
Juif, -ive [ʒɥif, -iv] *m, f* Jude/Jüdin *m/f*
juillet [ʒɥijɛ] *m* Juli *m; v.a.* **août**
juin [ʒɥɛ̃] *m* Juni *m; v.a.* **août**
jules [ʒyl] *m fam* (*amoureux*) Kerl *m*
julienne [ʒyljɛn] *f* Julienne[suppe *f*] *f*
jumeau, -elle [ʒymo, -ɛl] <x> **I.** *adj* Zwillings-; **des lits ~x** zwei Einzelbetten **II.** *m, f* Zwilling *m;* (*frère*) Zwillingsbruder *m;* (*sœur*) Zwillingsschwester *f*
jumelage [ʒymlaʒ] *m* Partnerschaft *f*
jumeler [ʒymle] <3> *vt* POL **être jumelées** Partnerstädte sein
jumelles [ʒymɛl] *fpl* OPT Fernglas *nt*
jument [ʒymɑ̃] *f* Stute *f*
jumping [dʒœmpiŋ] *m* Springreiten *nt*
jungle [ʒœ̃gl] *f* Dschungel *m*
junior [ʒynjɔʀ] **I.** *adj* (*catégorie*) Junioren- **II.** *mf* Junior(in) *m(f)*
junkie [dʒœnki] *mf fam* Junkie *m*
junte [ʒœ̃t] *f* Junta *f*
jupe [ʒyp] *f* Rock *m*
jupe-culotte [ʒypkylɔt] <jupes-culottes> *f* Hosenrock *m* **jupe-portefeuille** [ʒyppɔʀtəfœj] *f* Wickelrock *m*
jupette [ʒypɛt] *f* Röckchen *nt*
Jupiter [ʒypitɛʀ] *m* ASTRO, HIST Jupiter *m*
jupon [ʒypɔ̃] *m* Unterrock *m*
Jura [ʒyʀa] *m* **le** ~ der Jura
jurassien, ne [ʒyʀasjɛ̃, jɛn] *adj* Jura-; **montagne ~ne** Jura *m*
jurassique [ʒyʀasik] *adj* GEO **période** ~ Jura *m*
juré, e [ʒyʀe] **I.** *adj* (*ennemi*) erklärt **II.** *m, f* JUR Geschworene(r) *f(m)*
jurer [ʒyʀe] <1> **I.** *vt* ❶ ~ **à qn de faire qc/que** jdm schwören, etw zu tun/, dass ❷ (*se promettre*) ~ **de se venger** Rache schwören ❸ (*croire*) **j'aurais juré que ...** ich hätte geschworen, dass ... ►**je te [o vous] jure!** *fam* also ehrlich! **II.** *vi* ❶ (*pester*) ~ **contre qn/qc** über jdn/etw fluchen ❷ (*détonner*) ~ **avec qc** nicht zu etw passen ❸ (*affirmer*) ~ **de qc** etw beteuern **III.** *vpr* ❶ sich (*dat*) schwören ❷ (*décider*) **se** ~ **de faire qc** sich (*dat*) fest vornehmen, etw zu tun
juridique [ʒyʀidik] *adj* ❶ (*judiciaire*) gerichtlich ❷ (*qui a rapport au droit*) juristisch; (*statut*) rechtlich
juridiquement [ʒyʀidikmɑ̃] *adv* ❶ (*en justice*) gerichtlich ❷ (*légalement*) juristisch gesehen
jurisprudence [ʒyʀispʀydɑ̃s] *f* Rechtsprechung *f*
juriste [ʒyʀist] *mf* Jurist(in) *m(f)*
juron [ʒyʀɔ̃] *m* Fluch *m*
jury [ʒyʀi] *m* ❶ JUR Geschworene(n) *Pl* ❷ SPORT, ART Jury *f* ❸ SCOL, UNIV Prüfungskommission *f*
jus [ʒy] *m* ❶ Saft *m* ❷ *fam* (*café*) Kaffee *m*
jusqu'au-boutiste [ʒyskobutist] **I.** *adj* **qn est** ~ jd geht immer aufs Ganze (*fam*); **politique** ~ Durchhaltepolitik *f* **II.** *mf* Hardliner *m*
jusque [ʒysk] <jusqu'> **I.** *prép* ❶ (*limite de lieu*) bis; **jusqu'à 3000 m** bis auf 3000 m; **jusqu'aux genoux** bis zu den Knien; **jusqu'ici** bis hierher; **~-là** bis dorthin; **jusqu'où** bis wohin ❷ (*limite de temps*) bis; **jusqu'à maintenant** bis jetzt; **jusqu'à midi/au soir** bis Mittag/bis zum Abend; **jusqu'à quand?** bis wann?; **jusqu'alors** bis zu jenem Tag; **jusqu'au moment où** solange bis; **jusqu'en mai** bis Mai; **jusqu'ici** bis heute; **~-là** bis dahin ❸ (*y compris*) sogar; **tous jusqu'au dernier** alle ohne Ausnahme; ~ **dans** sogar im/in der ❹ (*au plus*) **jusqu'à dix personnes** bis zu zehn Personen ❺ (*limite*) **jusqu'à quel point** wie sehr; **~-là** so weit; **jusqu'où** wie weit; **il va jusqu'à prétendre que ...** er geht so weit zu behaupten, dass ... **II.** *conj* **jusqu'à ce que** + *subj* bis
justaucorps [ʒystokɔʀ] *m* SPORT Body[suit] *m*
juste [ʒyst] **I.** *adj* ❶ (*équitable*) gerecht;

J

(*condition*) fair; **ce n'est pas ~** es ist ungerecht ❷ *antéposé* (*fondé*) berechtigt ❸ (*vêtement*) zu kurz; (*trop étroit*) zu eng ❹ (*à peine suffisant*) knapp ❺ (*exact*) richtig; (*heure*) genau; **c'est ~!** das stimmt! ❻ (*pertinent*) treffend **II.** *m* REL Gerechte(r) *f(m)* **III.** *adv* ❶ (*avec exactitude*) richtig; (*viser, tirer*) genau; (*penser*) folgerichtig; (*raisonner*) treffend; **dire ~** Recht haben ❷ (*exactement*) [ganz] genau; **~ à côté** direkt daneben; **~ quand** gerade als ❸ (*seulement*) bloß ❹ (*mesurer*) knapp; **cela entre ~** das passt gerade noch hinein; **tout ~** gerade noch ▶**au ~** eigentlich

justement [ʒystəmɑ̃] *adv* ❶ (*à bon droit*) zu Recht ❷ (*exactement*) genau ❸ (*précisément*) gerade

justesse [ʒystɛs] *f* ❶ (*précision*) Genauigkeit *f*; (*d'une réponse, note*) Richtigkeit *f* ❷ (*pertinence*) Richtigkeit *f*; (*d'une expression*) Korrektheit *f*; (*d'une remarque*) Zutreffen *nt*; (*d'un raisonnement*) Stichhaltigkeit *f* ▶**de ~** ganz knapp

justice [ʒystis] *f* ❶ (*principe*) Gerechtigkeit *f* ❷ (*loi*) Gesetz *nt*; **rendre la ~** Recht sprechen; **obtenir ~** zu seinem Recht kommen ❸ (*juridiction*) Justiz *f*; **en ~** vor Gericht ▶**se faire ~** sich (*dat*) selbst Recht verschaffen

justiciable [ʒystisjabl] *adj* JUR justiziabel

justicier, **-ière** [ʒystisje, -jɛʀ] *m, f* Verfechter(in) *m(f)* der Gerechtigkeit

justifiable [ʒystifjabl] *adj* vertretbar

justificatif [ʒystifikatif] *m* (*preuve*) Beweis[stück *nt*] *m*; **~ d'identité** Ausweis *m*

justification [ʒystifikasjɔ̃] *f* ❶ (*d'un acte, d'une conduite*) Rechtfertigung *f* ❷ (*preuve*) Beweis *m*; (*d'un paiement*) Beleg *m*

justifier [ʒystifje] <1> **I.** *vt* ❶ rechtfertigen; (*point de vue*) bestätigen; (*affirmation*) beweisen ❷ TYP, INFORM **justifié à droite/gauche** rechts-/linksbündig **II.** *vpr* ❶ (*se disculper*) **se ~ de qc auprès de qn** sich wegen etw vor jdm rechtfertigen ❷ (*s'expliquer*) **se ~ par qc** durch etw zu rechtfertigen sein

jute [ʒyt] *m* Jute *f*

juteux, **-euse** [ʒytø, -øz] *adj* ❶ (*fruit*) saftig ❷ *fam* (*lucratif*) lukrativ

juvénile [ʒyvenil] *adj* jugendlich

juxtaposé, **e** [ʒykstapoze] *adj* nebeneinanderliegend; (*idées*) gegenübergestellt

juxtaposer [ʒykstapoze] <1> *vt* **~ qc à qc** etw an etw (*akk*) aneinanderreihen

juxtaposition [ʒykstapozisjɔ̃] *f* Aneinanderreihung *f*

Kk

K, k [kɑ] *m inv* K *nt*, k *nt*

kaki [kaki] **I.** *adj inv* k[h]akifarben **II.** *m sans pl* K[h]aki *nt*

kaléidoscope [kaleidɔskɔp] *m* Kaleidoskop *nt*

kangourou [kɑ̃guʀu] *m* Känguru *nt*

karaoké [kaʀaɔke] *m* Karaoke *nt*

karaté [kaʀate] *m* Karate *nt*

kart [kaʀt] *m* [Go-]Kart *m*

karting [kaʀtiŋ] *m* Gokartsport *m*

kascher [kaʃɛʀ] *adj* koscher

kayak [kajak] *m* Kajak *m o nt*

kébab [kebab] *m* Döner *m*

Kenya [kenja] *m* **le ~** Kenia *nt*

kényan, **e** [kenjɑ̃, an] *adj* kenianisch

Kényan, **e** [kenjɑ̃, an] *mf* Kenianer(in) *m(f)*

képi [kepi] *m* Käppi *nt*

kermesse [kɛʀmɛs] *f* ❶ Wohltätigkeitsbasar *m* ❷ BELG NORD (*fête patronale*) Kirmes *f*

kérosène [keʀozɛn] *m* Kerosin *nt*

ketchup [kɛtʃœp] *m* Ketschup *m o nt*

khôl [kol] *m* Kajal[stift *m*] *nt*

kidnapper [kidnape] <1> *vt* entführen

kidnappeur, **-euse** [kidnapœʀ, -øz] *m, f* Entführer(in) *m(f)*

kif-kif [kifkif] *m* ▶**c'est ~ [bourricot]** *fam* das ist Jacke wie Hose

kiki [kiki] *m fam* **serrer le ~ à qn** jdm die Gurgel zudrücken

kilo [kilo] *m abr de* **kilogramme** Kilo *nt*; **un ~ de fraises** ein Kilo Erdbeeren

kilogramme [kilɔgʀam] *m* Kilogramm *nt*

kilohertz [kiloɛʀts] *m* Kilohertz *nt*

kilométrage [kilɔmetʀaʒ] *m* Kilometerstand *m*

kilomètre [kilɔmɛtʀ] *m* Kilometer *m*; **140 ~s à l'heure** [*o* **~s-heure**] 140 Stundenkilometer; **~ carré** Quadratkilometer *m*

kilomètre-heure [kilɔmɛtʀœʀ] <kilomètres

heure> *m* Stundenkilometer *m*

kilo-octet [kilɔɔktɛ] <kilo-octets> *m* Kilobyte *nt*

kilotonne [kilotɔn] *f* Kilotonne *f*

kilowatt [kilowat] *m* Kilowatt *nt*

kilowattheure [kilowatœʀ] *m* Kilowattstunde *f*

kiné [kine] *mf fam abr de* **kinésithérapeute**

kinési [kinezi] *mf fam abr de* **kinésithérapeute** **kinésithérapeute** [kineziteʀapøt] *mf* Krankengymnast(in) *m(f)*

kiosque [kjɔsk] *m* Kiosk *m;* ~ **à journaux** Zeitungsstand *m*

kir® [kiʀ] *m* ~/~ **royal** Kir *m*/Kir royal

> Der **kir** ist ein beliebter Aperitif aus Weißwein und schwarzem Johannisbeerlikör. Der **kir royal** besteht aus Champagner und schwarzem Johannisbeerlikör.

kirsch [kiʀʃ] *m* Kirschwasser *nt*

kit [kit] *m* Bausatz *m*

kitchenette [kitʃənɛt] *f* Kochnische *f*

kit[s]ch [kitʃ] *adj inv* kitschig

kiwi [kiwi] *m* Kiwi *f*

klaxon® [klaksɔn] *m* Hupe *f*

klaxonner [klaksɔne] <1> *vi* hupen

kleenex® [klinɛks] *m* Tempo® *nt*

kleptomane [klɛptɔman] *adj* kleptomanisch

km *abr de* **kilomètre** km

Ko [kao] *m abr de* **kilo-octet** KB *nt*

K.-O. [kao] *adj inv, fam abr de* **knock-out** ❶ (*assommé*) benommen; **mettre qn** ~ SPORT jdn k. o. schlagen ❷ (*épuisé*) k. o.; **mettre qn** ~ jdn fix und fertig machen (*fam*)

koala [kɔala] *m* Koala *m*

kouglof [kuglɔf] *m* Gugelhopf *m*

Koweït [kɔwɛt] *m* **le** ~ Kuwait *nt*

koweïtien, ne [kɔwɛtjɛ̃, jɛn] *adj* kuwaitisch

Koweïtien, ne [kɔwɛtjɛ̃, jɛn] *m, f* Kuwaiter(in) *m(f)*

krach [kʀak] *m* FIN Börsenkrach *m*

kurde [kyʀd] **I.** *adj* kurdisch **II.** *m* Kurdisch *nt; v.a.* **allemand**

Kurde [kyʀd] *m, f* Kurde/Kurdin *m/f*

Kurdistan [kyʀdistɑ̃] *m* **le** ~ Kurdistan *nt*

Kuwait [kɔwɛt] *m v.* **Koweït**

kyrielle [kiʀjɛl] *f fam* **une** ~ **d'enfants** eine Schar Kinder

kyste [kist] *m* Zyste *f*

L

L, l [ɛl] *m inv* L *nt*, l *nt*

l *abr de* **litre** l

l' *art pron v.* **le, la**

la¹ [la] < *devant voyelle ou h muet* l'> **I.** *art déf* **la mouche/puce/poule** die Mücke/der Floh/das Huhn **II.** *pron pers, féminin* ❶ (*personne*) **il** ~ **voit** er sieht sie; **il l'aide** er hilft ihr; (*animal ou objet*) **où est ma montre/ceinture? Je ne** ~ **trouve pas!** wo ist meine Uhr/mein Gürtel? Ich finde sie/ihn nicht! ❷ *avec laisser* sie; **il** ~ **laisse conduire la voiture** er lässt sie das Auto fahren ❸ *avec un présentatif* sie; ~ **voici!** hier ist sie!

la² [la] *m inv* A *nt*, a *nt;* **donner le** ~ den Kammerton angeben

là¹ [la] *adv* ❶ (*avec déplacement à distance*) dorthin ❷ (*avec déplacement à proximité*) hierher; **passer par** ~ da entlang gehen/fahren; **de** ~ von dort [aus] ❸ (*sans déplacement à distance*) dort ❹ (*sans déplacement à proximité*) hier; (*à la maison*) da; [**quelque part**] **par** ~ hier irgendwo ❺ (*à ce moment-là*) da; **à partir de** ~ von da an; **jusque-**~ bis dahin; **à ce moment-**~ in diesem Augenblick ❻ (*en ce moment*) da ❼ (*alors*) also da ❽ (*dont il est question*) **cette histoire-**~ diese Geschichte [da] ►**les choses en sont** ~ so stehen die Dinge

là² [la] *interj* na

là-bas [labɑ] *adv* ❶ (*avec déplacement*) dorthin ❷ (*avec déplacement*) dort

label [labɛl] *m* Schutzmarke *f*

labo [labo], **laboratoire** [labɔʀatwaʀ] *m* (*salle*) Labor *nt;* ~ **d'analyses** diagnostisches Labor

laborantin, e [labɔʀɑ̃tɛ̃, in] *m, f* Laborant(in) *m(f)*

laborieux, -euse [labɔʀjø, -jøz] *adj* ❶ (*pénible*) mühsam; (*recherche*) langwierig ❷ (*classes, masses*) arbeitend

labour [labuʀ] *m* (*avec une charrue*) Pflügen *nt*

labourer [labuʀe] <1> *vt* AGR [um]pflügen

labrador [labʀadɔʀ] *m* Labrador[hund] *m*

labyrinthe [labiʀɛ̃t] *m* Labyrinth *nt*

lac [lak] *m* See *m*

lacer [lase] <2> *vt* [zu]binden

lacet [lasɛ] *m* ① Schnürsenkel *m* ② (*virage*) Serpentine *f;* (*d'une rivière*) Schleife *f*

lâche [lɑʃ] **I.** *adj* ① (*poltron*) feige ② (*corde*) locker **II.** *mf* Feigling *m*

lâchement [lɑʃmɑ̃] *adv* feige

lâcher [lɑʃe] <1> **I.** *vt* ① (*laisser aller*) loslassen; (*ballon*) fliegen lassen; (*bêtise, mot*) von sich geben ② *fam* (*abandonner*) aufgeben; ~ **qn/qc** jdn/etw fallen lassen **II.** *vi* versagen; (*corde*) nachgeben

lâcheté [lɑʃte] *f* Feigheit *f*

lacis [lasi] *m* Geflecht *nt*

laconique [lakɔnik] *adj* kurz und bündig

lacrymogène [lakʀimɔʒɛn] *adj* **gaz** ~ Tränengas *nt*

lacté, e [lakte] *adj* GASTR (*dessert, bouillie*) Milch-

lacune [lakyn] *f* Lücke *f*

là-dedans [lad(ə)dɑ̃] *adv* ① (*lieu*) da drin; **je ne reste pas** ~ ich bleibe nicht hier drin; **n'avoir rien à voir** ~ nichts damit zu tun haben ② (*direction*) da hinein **là-dessous** [lad(ə)su] *adv* darunter; *fig* dahinter **là-dessus** [lad(ə)sy] *adv* ① (*direction, ici*) hier hin-/herauf ② (*direction, là-bas*) dort hin-/herauf ③ (*lieu*) darauf ④ (*à ce sujet*) darüber; **compte** ~ verlass dich d[a]rauf ⑤ (*sur ce*) daraufhin

ladite [ladit] *adj antéposé v.* **ledit**

lagon [lagɔ̃] *m* Lagune *f*

lagune [lagyn] *f* Lagune *f*

là-haut [lao] *adv* ① (*au-dessus: direction*) dort hinauf; (*lieu*) dort oben ② (*dans le ciel*) dort oben

La Haye [la´ɛ] Den Haag

laïcité [laisite] *f* Trennung *f* von Kirche und Staat; (*de l'enseignement*) religiöse Neutralität

> In Frankreich herrscht seit 1905 das Prinzip der **laïcité**, also der gesetzlichen Trennung von Kirche und Staat. Dies bedeutet zum Beispiel, dass es keine Kirchensteuer gibt und dass in den staatlichen Schulen kein Religionsunterricht stattfindet.

laid, e [lɛ, lɛd] *adj* hässlich

laideron [lɛdʀɔ̃] *m* hässliches Mädchen

laideur [lɛdœʀ] *f* Hässlichkeit *f*

laie [lɛ] *f* Wildsau *f*

lainage [lɛnaʒ] *m* ① (*étoffe*) Wollstoff *m* ② (*vêtement*) Wollene(s) *nt*

laine [lɛn] *f* ① Wolle *f;* **gilet de** ~ Strickjacke *f* ② (*vêtement*) **une petite** ~ etwas Warmes ③ (~ *minérale*) ~ **de verre** Glaswolle *f*

laineux, -euse [lɛnø, -øz] *adj* wollig

laïque [laik] *adj* ① POL laizistisch ② REL Laien-

laisse [lɛs] *f* Leine *f*

laissé-pour-compte, laissée-pour-compte [lesepuʀkɔ̃t] <laissés-pour-compte> *m, f* Abgeschobene(r) *f(m)*

laisser [lese] <1> **I.** *vt* ① (*faire rester*) lassen; ~ **qn perplexe** jdn perplex machen; ~ **qn tranquille** jdn in Ruhe lassen ② (*choix*) lassen; (*parole*) überlassen ③ (*ne pas prendre*) [stehen] lassen; ~ **qc** etw zurücklassen/nicht mitnehmen ④ (*réserver*) ~ **qc à qn** etw für jdn übrig lassen ⑤ (*quitter*) **je te/vous laisse!** ich gehe jetzt! ⑥ (*traces, auréoles*) hinterlassen ⑦ (*message*) hinterlassen; (*voiture*) lassen; (*maison*) [über]lassen ⑧ (*léguer*) hinterlassen **II.** *aux* ~ **faire** tun lassen; ~ **qn faire qc** jdm gestatten etw zu tun ►~ <u>**faire**</u> die Dinge laufen lassen (*fam*); **se** ~ <u>**faire**</u> sich (*dat*) alles gefallen lassen (*fam*)

laisser-aller [leseale] *m inv* Nachlässigkeit *f* **laisser-faire** [lesefɛʀ] *m inv* Laisser-faire *nt*

lait [lɛ] *m* Milch *f;* ~ **en poudre** Milchpulver *nt;* ~ **longue conservation** haltbare Milch

laitage [lɛtaʒ] *m* Milchprodukt *nt*

laiterie [lɛtʀi] *f* Molkerei *f*

laiteux, -euse [lɛtø, -øz] *adj* milchig

laitier, -ière [letje, -jɛʀ] *m, f* Milchmann/-frau *m/f*

laiton [lɛtɔ̃] *m* Messing *nt*

laitue [lety] *f* Kopfsalat *m*

laïus [lajys] *m fam* Rede *f*

lama [lama] *m* Lama *nt*

lambeau [lɑ̃bo] <x> *m souvent pl* Fetzen *m*; **en** ~**x** in Fetzen

lambiner [lɑ̃bine] <1> *vi* [herum]trödeln

lambris [lɑ̃bʀi] *m* Täfelung *f*

lame [lam] *f* Klinge *f*

lamé [lame] *m* Lamé *m*

lamelle [lamɛl] *f* (*petite lame*) schmaler Streifen *m;* (*d'une jalousie*) Lamelle *f*

lamentable [lamɑ̃tabl] *adj* (*état, mine*) jämmerlich; (*ton, voix*) kläglich; (*résultats, travail*) dürftig; (*salaire*) kümmerlich

lamentablement [lamɑ̃tabləmɑ̃] *adv* jämmerlich

lamentation [lamɑ̃tasjɔ̃] *f gén pl* Jammern *nt kein Pl*
lamenter [lamɑ̃te] <1> *vpr* **se ~ sur qc** über etw (*akk*) jammern
laminer [lamine] <1> *vt* TECH walzen
lampadaire [lɑ̃padɛʀ] *m* ① Stehlampe *f* ② (*réverbère*) Laterne *f;* (*sur l'autoroute*) Straßenbeleuchtung *f*
lampe [lɑ̃p] *f* Lampe *f;* **~ de chevet** Nachttischlampe
lampion [lɑ̃pjɔ̃] *m* Lampion *m*
lance [lɑ̃s] *f* ① (*arme*) Lanze *f* ② (*tuyau*) Schlauch *m;* **~ d'incendie** Feuerspritze *f*
lancée [lɑ̃se] *f* Elan *m*
lance-flammes [lɑ̃sflam] *m inv* Flammenwerfer *m*
lancement [lɑ̃smɑ̃] *m* ① (*d'un satellite*) Start *m;* (*d'une fusée*) Abschuss *m* ② COM Herausbringen *nt* ③ INFORM [Programm]start *m*
lance-pierre [lɑ̃spjɛʀ] <lance-pierres> *m* Steinschleuder *f*
lancer [lɑ̃se] <2> **I.** *vt* ① (*projeter*) werfen; (*fusée*) abschießen; **~ qc** (*avion*) etw abwerfen; (*volcan*) etw ausstoßen; **~ qc à qn** jdm etw zuwerfen ② (*faire connaître*) herausbringen; (*acteur, chanteur*) bekannt machen; (*mode*) aufbringen ③ (*donner de l'élan*) in Schwung bringen; (*moteur, voiture*) anlassen; (*marque, produit*) auf den Markt bringen; (*entreprise*) ins Leben rufen ④ (*programme*) einführen; (*campagne*) einleiten; (*projet*) anlaufen lassen ⑤ (*nouvelle*) in Umlauf setzen; (*ultimatum*) stellen ⑥ (*accusation, menace*) aussprechen; **~ un appel à qn** einen Appell an jdn richten ⑦ INFORM starten **II.** *vpr* **se ~** ① (*se précipiter*) sich werfen; **se ~ à la poursuite de qn** sich an jds Verfolgung (*akk*) machen ② (*s'engager*) sich stürzen; **se ~ dans le cinéma** sein Glück im Filmgeschäft versuchen **III.** *m* SPORT Wurf *m;* (*du poids*) Stoß *m*
lanceur [lɑ̃sœʀ] *m* (*fusée*) Trägerrakete *f*
lancinant, e [lɑ̃sinɑ̃, ɑ̃t] *adj* stechend
land [lɑ̃d, lɛndœʀ] <Länder> *m* [Bundes]land *nt*
landau [lɑ̃do] <s> *m* Kinderwagen *m*
lande [lɑ̃d] *f* Heide *f*
Landes [lɑ̃d] *fpl* **les ~** die Landes (*Landschaft im Südwesten Frankreichs*)
langage [lɑ̃gaʒ] *m* Sprache *f;* **~ parlé** Umgangssprache; **~ des sourds-muets** Taubstummensprache; **~ de programmation** INFORM Programmiersprache
lange [lɑ̃ʒ] *m* Wickeltuch *nt*
langer [lɑ̃ʒe] <2a> *vt* wickeln
langoureux, -euse [lɑ̃guʀø, -øz] *adj* (*regard, air*) schmachtend
langouste [lɑ̃gust] *f* Languste *f*
langoustine [lɑ̃gustin] *f* Kaisergranat[hummer *m*] *m*
langue [lɑ̃g] *f* ① ANAT Zunge *f;* **tirer la ~ à qn** jdm die Zunge herausstrecken ② (*langage*) Sprache *f;* **~ étrangère/maternelle** Fremd-/Muttersprache; **~ officielle/d'enseignement** Amts-/Unterrichtssprache ►**~ de bois** Phrasendrescherei *f* (*fam*); **être mauvaise ~** ein Lästermaul sein (*fam*)
langue-de-chat [lɑ̃gdəʃa] <langues-de-chat> *f* Katzenzunge *f* (*Feingebäck*)
Languedoc [lɑ̃g(ə)dɔk] *m* **le ~** das Languedoc
languette [lɑ̃gɛt] *f* (*d'une chaussure*) Zunge *f;* (*d'une boîte*) Lasche *f*
languir [lɑ̃giʀ] <8> *vi* ① (*conversation*) stocken ② (*patienter*) **faire ~ qn** jdn schmachten lassen
lanière [lanjɛʀ] *f* Riemen *m*
lanterne [lɑ̃tɛʀn] *f* Laterne *f*
lapalissade [lapalisad] *f* Binsenweisheit *f*
laper [lape] <1> *vt* schlabbern (*fam*)
lapereau [lapʀo] <x> *m* junges Kaninchen
lapidaire [lapidɛʀ] *adj* lapidar
lapider [lapide] <1> *vt* steinigen
lapin [lapɛ̃] *m* ZOOL, GASTR Kaninchen *nt; v.a.* **lapine** ►**le coup du ~** das Schleudertrauma; **poser un ~ à qn** *fam* jdn versetzen
lapine [lapin] *f* weibliches Kaninchen; *v.a.* **lapin**
laps [laps] *m* **~ de temps** Zeit *f*
lapsus [lapsys] *m* Lapsus *m*
laquais [lakɛ] *m* Lakai *m*
laque [lak] *f* ① [Haar]spray *nt o m* ② (*peinture*) Lack[farbe *f*] *m*
laqué, e [lake] *adj* ① (*peint*) lackiert ② GASTR **canard ~** Pekingente *f*
laquelle [lakɛl] *pron v.* **lequel**
laquer [lake] <1> *vt* lackieren
larbin [laʀbɛ̃] *m péj fam* Lakai *m*
lard [laʀ] *m* Speck *m;* **~ gras** Bauchspeck ►**gros ~** Fettwanst *m* (*fam*)
lardon [laʀdɔ̃] *m* Speckwürfel *m*
large [laʀʒ] **I.** *adj* ① (*opp: étroit*) breit; (*cercle, vêtement*) weit; **être ~ d'épaules** breit-

L

schultrig sein; ~ **de 10 mètres** 10 Meter breit ❷ (*important*) breit; (*champ d'action, diffusion*) weit; (*mesure, succès*) groß ❸ (*acception, sens*) weit; (*idées*) großzügig; ~ **d'esprit** offen **II.** *adv* (*calculer, voir*) großzügig **III.** *m* ❶ (*haute mer*) offene See; **gagner le** ~ aufs offene Meer [hinaus]fahren ❷ (*largeur*) **de** ~ breit; **de 30 mètres de** ~ von 30 Meter(n) Breite ▸**prendre le** ~ *fam* sich aus dem Staub machen; **au** ~ **de la côte** vor der Küste

largement [laʀʒəmɑ̃] *adv* ❶ (*opp: étroitement*) weit ❷ (*amplement*) bei weitem; **avoir** ~ **le temps** reichlich Zeit haben; ~ **assez** weitaus genug

largesse [laʀʒɛs] *f pl* (*dons*) Zuwendungen *Pl*

largeur [laʀʒœʀ] *f* Breite *f*

larguer [laʀge] <1> *vt* ❶ NAUT losmachen ❷ AVIAT abwerfen; (*parachutistes, troupes*) absetzen ❸ *fam* ~ **un ami** mit einem Freund Schluss machen

larme [laʀm] *f* ❶ Träne *f*; **en ~s** in Tränen ❷ *fam* (*goutte*) Tropfen *m* ▸**fondre en ~s** in Tränen ausbrechen

larmoyant, e [laʀmwajɑ̃, jɑ̃t] *adj* (*ton, voix*) weinerlich

larmoyer [laʀmwaje] <6> *vi* (*œil*) tränen

larve [laʀv] *f* ❶ ZOOL Larve *f* ❷ (*personne déchue*) menschliches Wrack

laryngite [laʀɛ̃ʒit] *f* Kehlkopfentzündung *f*

larynx [laʀɛ̃ks] *m* Kehlkopf *m*

las, se [lɑ, lɑs] *adj* (*personne*) abgespannt

lasagne [lazaɲ] <[s]> *f* Lasagne *f*

lascif, -ive [lasif, -iv] *adj* lasziv

laser [lazɛʀ] **I.** *m* Laser *m* **II.** *app* Laser-; **platine** ~ Laserplatte *f*

lassant, e [lɑsɑ̃, ɑ̃t] *adj* ermüdend

lasser [lɑse] <1> **I.** *vt* ermüden **II.** *vpr* **se** ~ **de qc** einer S. (*gen*) überdrüssig werden; **se** ~ **de faire qc** es müde werden etw zu tun

lassitude [lɑsityd] *f* ❶ (*fatigue physique*) Mattigkeit *f* ❷ (*fatigue morale*) Überdruss *m*

lasso [laso] *m* Lasso *m o nt*

lasure [lazyʀ] *f* Lasur *f*

latent, e [latɑ̃, ɑ̃t] *adj* latent; (*conflit*) unterschwellig

latéral, e [lateʀal, o] <-aux> *adj* Seiten-

latex [latɛks] *m* Latex *m*

latin [latɛ̃] *m* Latein *nt*, das Lateinische; *v.a.* **allemand**

latin, e [latɛ̃, in] *adj* ❶ GEO, HIST, LING lateinisch; (*thème, version*) Latein-; (*civilisation, histoire*) römisch ❷ (*opp: anglo-saxon*) romanisch; (*tempérament*) südländisch ❸ REL römisch-katholisch

latino-américain, e [latinoameʀikɛ̃, ɛn] <latino-américains> *adj* lateinamerikanisch

Latino-américain, e [latinoameʀikɛ̃, ɛn] <Latino-américains> *m, f* Lateinamerikaner(in) *m(f)*

latitude [latityd] *f* GEO Breite *f*; (*degré*) Breitengrad *m*

latrines [latʀin] *fpl* Latrine *f*

latte [lat] *f* Latte *f*

lauréat, e [lɔʀea, at] *m, f* Preisträger(in) *m(f)*

laurier [lɔʀje] *m* ❶ BOT, GASTR Lorbeer *m* ❷ *pl* (*gloire*) Lorbeeren *Pl*

laurier-rose [lɔʀjeʀoz] <lauriers-roses> *m* Oleander *m*

lavable [lavabl] *adj* abwaschbar; ~ **en machine** waschmaschinenfest

lavabo [lavabo] *m* ❶ Waschbecken *nt* ❷ *p* (*toilettes*) Toilette *f*

lavage [lavaʒ] *m* Wäsche *f*

lavande [lavɑ̃d] *f* (*a. parfum*) Lavendel *m*

lave [lav] *f* Lava *f*

lave-glace [lavglas] <lave-glaces> *m* Scheibenwaschanlage *f* **lave-linge** [lavlɛ̃ʒ] *m inv* Waschmaschine *f*

laver [lave] <1> **I.** *vt* ❶ (*nettoyer*) waschen (*vaisselle*) spülen; (*mur*) abwaschen ❷ (*disculper*) ~ **qn d'un soupçon** jdn von einem Verdacht reinwaschen **II.** *vpr* ❶ (*se nettoyer*) **se** ~ sich waschen; **se** ~ **les dents** sich (*dat*) die Zähne putzen ❷ (*être lavable*) **se** ~ **à 90°** sich bis 90° waschen lassen

laverie [lavʀi] *f* ~ **automatique** Waschsalon *m*

lavette [lavɛt] *f* ❶ (*chiffon*) Spültuch *nt* ❷ *fam* (*personne*) Waschlappen *m*

laveur, -euse [lavœʀ, -øz] *m, f* ~**(-euse) de carreaux** Fensterputzer(in) *m(f)*; ~**(-euse) de voitures** Autowäscher(in) *m(f)*

laveuse [lavøz] *f* CAN (*lave-linge*) Waschmaschine *f*; ~ **de vaisselle** (*lave-vaisselle*) Geschirrspülmaschine *f*

lave-vaisselle [lavvɛsɛl] *m inv* Geschirrspülmaschine *f*

lavoir [lavwaʀ] *m* Waschhaus *nt*

laxatif [laksatif] *m* Abführmittel *nt*

laxatif, -ive [laksatif, -iv] *adj* abführend

laxisme [laksism] *m* Laxheit *f*

laxiste [laksist] *adj* lax
layette [lɛjɛt] *f* Babywäsche *f*
le [lə] < *devant voyelle ou h muet* l'> **I.** *art déf* **le chien/chat/cochon** der Hund/die Katze/das Schwein **II.** *pron pers, masculin* ❶ (*personne*) **elle ~ voit** sie sieht ihn; **elle l'aide** sie hilft ihm; (*animal ou objet*) **où est mon manteau/sac? Je ne ~ trouve pas!** wo ist mein Mantel/meine Tasche? Ich finde ihn/sie nicht! ❷ *avec laisser* ihn; **il ~ laisse conduire la voiture** er lässt ihn das Auto fahren ❸ (*valeur neutre*) **je ~ comprends** das verstehe ich; **je l'espère!** ich hoffe es! ❹ *avec un présentatif* er; **~ voici!** hier ist er!
é [le] *m* (*d'une étoffe, d'un papier peint*) Bahn *f*
eader [lidœʀ] *m* ❶ COM Marktführer *m* ❷ SPORT Spitzenreiter(in) *m(f)* ❸ (*chef*) Führer(in) *m(f)*
easing [liziŋ] *m* Leasing *nt*
èche [lɛʃ] *f fam* **faire de la ~ à qn** vor jdm kriechen
èchefrite [lɛʃfʀit] *f* Fettpfanne *f*
écher [leʃe] <5> **I.** *vt* (*cuillère, visage*) ablecken; (*bol, plat*) auslecken; (*lait*) auflecken; (*glace*) [sch]lecken **II.** *vpr* **se ~ qc** sich (*dat*) etw ablecken
èche-vitrine[s] [lɛʃvitʀin] *m sans pl* Schaufensterbummel *m*
eçon [l(ə)sɔ̃] *f* ❶ SCOL (*à apprendre*) Lektion *f* ❷ (*cours*) Stunde *f* ❸ (*morale*) Lehre *f*
ecteur [lɛktœʀ] *m* ❶ MEDIA Lesegerät *nt;* **~ de cassettes** Kassettenrecorder *m;* **~ de CD** CD-Player *m* ❷ INFORM Laufwerk *nt;* **~ optique** Scanner *m*
ecteur, -trice [lɛktœʀ, -tʀis] *m, f* ❶ (*liseur*) Leser(in) *m(f)* ❷ (*qui fait la lecture*) Vorleser(in) *m(f)* ❸ UNIV, SCOL Lektor(in) *m(f)*
ecture [lɛktyʀ] *f* ❶ (*action de lire*) Lesen *nt;* **aimer la ~** gern lesen ❷ (*action de lire à haute voix*) Vorlesen *nt* ❸ (*qc qui se lit*) Lektüre *f;* **mauvaises ~s** Schund[lektüre *f*] *m* ❹ MEDIA, INFORM Lesen *nt;* **~ optique** optische Zeichenerkennung
edit, ladite [lədi, ladit, ledi, ledit] <lesdit(e)s> *adj antéposé* der/die/das Genannte
égal, e [legal, o] <-aux> *adj* gesetzlich
également [legalmɑ̃] *adv* legal
égalisation [legalizasjɔ̃] *f* Legalisierung *f*
égaliser [legalize] <1> *vt* legalisieren
égalité [legalite] *f* Legalität *f*

légation [legasjɔ̃] *f* Gesandtschaft *f*
légendaire [leʒɑ̃dɛʀ] *adj* (*mythique: animal*) Fabel-; (*figure*) Sagen-; (*histoire*) legendär
légende [leʒɑ̃d] *f* ❶ (*mythe*) Sage *f;* **un personnage de ~** eine legendäre Gestalt ❷ (*d'un plan*) Legende *f;* (*d'une photo*) Unterschrift *f*
léger, -ère [leʒe, -ɛʀ] *adj* ❶ (*opp: lourd*) leicht; (*vêtement*) dünn ❷ (*de faible intensité*) leicht; (*peine*) mild; (*doute, soupçon*) leise; (*bruit*) schwach; (*couche de neige*) dünn; **les blessés ~s** die Leichtverletzten
légèrement [leʒɛʀmɑ̃] *adv* leicht; (*un peu*) etwas
légèreté [leʒɛʀte] *f* ❶ (*faible poids*) Leichtigkeit *f* ❷ (*insouciance*) Leichtfertigkeit *f* ❸ (*superficialité*) Oberflächlichkeit *f*
légiférer [leʒifeʀe] <5> *vi* Gesetze erlassen
Légion [leʒjɔ̃] *f* ❶ MIL **la ~ étrangère** die Fremdenlegion ❷ (*décoration*) **~ d'honneur** Ehrenlegion *f*

Die **Légion étrangère** wurde von Frankreich 1831 im Zuge der Kolonialisierung Algeriens eingerichtet. Die Söldnertruppe, in der eiserne Disziplin herrscht, kann von der Regierung schnell und ohne Zustimmung des Parlaments eingesetzt werden. Sie besteht zur Hälfte aus Nicht-Franzosen. Der Großteil der Fremdenlegion ist in Frankreich stationiert, der Rest in den Überseegebieten.

Napoleon Bonaparte stiftete im Jahre 1802 den nationalen Orden, **Légion d'honneur**, mit dem Zivilpersonen und Militärs auch heute noch für besondere Verdienste ausgezeichnet werden.

légionelle [leʒjɔnɛl] *f* BIO, MED Legionelle *f meist Pl*
légionellose [leʒjɔneloz] *f* MED Legionärskrankheit *f*
légionnaire [leʒjɔnɛʀ] *mf* (*membre de la Légion d'Honneur*) Mitglied *nt* der Ehrenlegion
législateur, -trice [leʒislatœʀ, -tʀis] *m, f* Gesetzgeber(in) *m(f)*
législatif, -ive [leʒislatif, -iv] *adj* gesetzgebend; **pouvoir ~** gesetzgebende Gewalt
législation [leʒislasjɔ̃] *f* Gesetzgebung *f;* **la**

L

~ **française** das französische Recht

législatives [leʒislativ] *fpl* Parlamentswahlen *Pl*

législatrice [leʒislatʀis] *f v.* **législateur**

législature [leʒislatyʀ] *f* Legislatur[periode *f*] *f*

légiste [leʒist] *mf* Jurist(in) *m(f)*

légitime [leʒitim] *adj* ① JUR rechtsgültig; (*enfant*) ehelich ② (*justifié*) berechtigt

légitimement [leʒitimmɑ̃] *adv* legitimerweise; JUR rechtmäßig

légitimer [leʒitime] <1> *vt* rechtfertigen; JUR legitimieren

légitimité [leʒitimite] *f* Rechtmäßigkeit *f*

legs [lɛ(g)] *m* JUR Vermächtnis *nt*

léguer [lege] <5> *vt* vermachen

légume [legym] *m* Gemüse *nt kein Pl;* **~s secs** Hülsenfrüchte *Pl*

légumier, -ière [legymje, -jɛʀ] *m, f* BELG (*marchand*) Gemüsehändler(in) *m(f)*

lendemain [lɑ̃dmɛ̃] *m* ① *sans pl* (*jour suivant*) **le ~** der/am nächste(n) Tag; **le ~ soir** am darauf folgenden Abend; **du jour au ~** von heute auf morgen ② (*temps qui suit*) **au ~ du mariage** kurz nach der Hochzeit

lent, e [lɑ̃, lɑ̃t] *adj* langsam

lente [lɑ̃t] *f* Nisse *f*

lentement [lɑ̃tmɑ̃] *adv* langsam ▶**~, mais sûrement** langsam, aber sicher

lenteur [lɑ̃tœʀ] *f* ① (*opp: rapidité*) Langsamkeit *f* ② *pl* (*atermoiements*) **les ~s de l'administration** der schwerfällige Verwaltungsapparat

lentille [lɑ̃tij] *f* ① BOT, OPT Linse *f* ② *pl* GASTR Linsen *Pl*

léopard [leɔpaʀ] *m* ① ZOOL Leopard *m* ② (*fourrure*) Leopardenfell *nt*

lepénisme [løpenism] *m: Ideologie des Front National und seines Gründers Le Pen*

lepéniste *mf* Anhänger(in) *m(f)* des Front National

lèpre [lɛpʀ] *f* Lepra *f*

lépreux, -euse [lepʀø, -øz] *m, f* Leprakranke(r) *f(m)*

lequel, laquelle [ləkɛl, lakɛl, lekɛl] <lesquels, lesquelles> **I.** *pron interrog* welcher/welche/welches; **regarde cette fille! — laquelle?** sieh nur dieses Mädchen! — welches?; **~/laquelle d'entre vous ...?** wer von euch ...? **II.** *pron rel* der/die/das; **la concierge, laquelle ...** die Hausmeisterin, die ...; **la personne à laquelle je pense** die Person, an die ich denke; **la situation dans laquelle il se trouve** die Situation, in der er sich befindet

les [le] **I.** *art déf* die **II.** *pron pers, pl* ① **elle ~ voit/suit** sie sieht sie/folgt ihnen; **ces sacs? Je ~ ai trouvés** diese Taschen? Ich habe sie gefunden ② *avec laisser* sie; **il ~ laisse conduire la voiture** er lässt sie das Auto fahren ③ *avec un présentatif* sie; **~ voici!** hier sind sie!

lesbien, ne [lɛzbjɛ̃, jɛn] *adj* lesbisch

lesbienne [lɛzbjɛn] *f* Lesbierin *f*

léser [leze] <5> *vt* benachteiligen

lésiner [lezine] <1> *vi* **~ sur qc** mit etw geizen

lésion [lezjɔ̃] *f* Verletzung *f*

lessivable [lesivabl] *adj* abwaschbar

lessive [lesiv] *f* ① Waschmittel *nt;* **~ en poudre** Waschpulver *nt* ② (*lavage*) Wäsche *f;* **faire la ~** waschen

lessiver [lesive] <1> *vt* (*pièce, sol*) schrubben; (*murs*) abwaschen

lest [lɛst] *m* Ballast *m*

leste [lɛst] *adj* ① (*vif*) behänd[e] (*geh*) ② (*grivois*) pikant

lester [lɛste] <1> *vt* Ballast laden, beschweren

léthargie [letaʀʒi] *f* Lethargie *f*

léthargique [letaʀʒik] *adj* lethargisch

letton [lɛtɔ̃] *m* Lettisch *nt; v.a.* **allemand**

letton, e [lɛtɔ̃, ɔn] *adj* lettisch; *v.a.* **allemand**

Letton, e [lɛtɔ̃, ɔn] *m, f* Lette/Lettin *m/f*

Lettonie [lɛtɔni] *f* **la ~** Lettland *nt*

lettre [lɛtʀ] *f* ① (*missive*) Brief *m;* **~ de candidature** Bewerbungsschreiben *nt;* **mettre une ~ à la poste** einen Brief aufgeben ② (*signe graphique*) Buchstabe *m;* **en ~s capitales** in Großbuchstaben ③ *pl* UNIV (*opp: sciences*) Geisteswissenschaften *Pl;* **professeur de ~s** Professor/Lehrer für frz. Literatur ④ *sans pl* **à la ~** aufs Wort [genau] ▶**en toutes ~s** ausgeschrieben; (*écrit noir sur blanc*) schwarz auf weiß

lettré, e [letʀe] *adj* gebildet

leucémie [løsemi] *f* MED Leukämie *f*

leur[1] [lœʀ] *pron pers, inv* ① **je ~ ai demandé s'ils/si elles venaient** ich habe sie gefragt, ob sie kommen; **tu ~ as donné à boire?** hast du ihnen [schon] zu trinken gegeben? ② *avec faire, laisser* sie; **il ~ laisse/fait conduire la voiture** er läs sie das Auto fahren ③ *avec être, devenir, sembler, soutenu v.* **me** ④ (*avec un sens possessif*) **le cœur ~ battait fort** ihre Herzen schlugen heftig

ur[2] [lœʀ] <leurs> **I.** *dét poss* ihr(e) *pl* ihre; **les enfants et ~ père/mère** die Kinder und ihr Vater/ihre Mutter; *v.a.* **ma, mon II.** *pron poss* ① **le/la ~** der/die/das ihre; **les ~s** die ihren; *v.a.* **mien** ② *pl* (*ceux de leur famille*) **les ~s** ihre Angehörigen; (*leurs partisans*) ihre Anhänger; *v.a.* **mien**

urre [lœʀ] *m* PECHE künstlicher Köder

urrer [lœʀe] <1> *vt* täuschen

urs [lœʀ] *v.* **leur**

vain [ləvɛ̃] *m* (*pour pain*) Sauerteig *m;* (*pour gâteau*) Vorteig *m*

vant [ləvɑ̃] *m* (*est*) Morgenland *nt*

vée [l(ə)ve] *f* Leerung *f*

ver [l(ə)ve] <4> **I.** *vt* ① (*soulever*) heben; (*store, rideau de théâtre*) hochziehen; **~ le bras** den Arm in die Höhe strecken; **~ les yeux vers qn** zu jdm aufblicken ② (*enfant*) aus dem Bett holen ③ (*faire cesser*) **être levé** (*séance*) geschlossen sein **II.** *vpr* **se ~** ① (*se mettre debout*) sich erheben; **se ~ de table** vom Tisch aufstehen ② (*sortir du lit*) aufstehen ③ (*lune, soleil*) aufgehen; (*jour, aube*) anbrechen ④ (*rideau*) aufgehen ⑤ (*mer*) unruhig werden; (*vent*) aufkommen ⑥ (*temps*) aufklaren; (*brouillard*) sich lichten **III.** *vi* ① (*pâte*) gehen ② (*pousser*) aufkeimen **IV.** *m* **au ~ du soleil** bei Sonnenaufgang; **~ du jour** Tagesanbruch *m*

ve-tard [lɛvtaʀ] *mf inv, fam* Langschläfer(in) *m(f)* **lève-tôt** [lɛvto] *mf inv, fam* Frühaufsteher(in) *m(f)*

vier [ləvje] *m* Hebel *m;* **~ de commande/de vitesse** Schalthebel

vre [lɛvʀ] *f* ① (*de la bouche*) Lippe *f* ② *pl* (*parties de la vulve*) Schamlippen *Pl*

vrier [levʀije] *m* Windhund *m*

vure [l(ə)vyʀ] *f a.* CHIM Hefe *f,* Germ *f* (A); **~ chimique** Backpulver *nt*

xical, e [lɛksikal] <-aux> *adj* lexikalisch

xicographie [lɛksikɔgʀafi] *f* Lexikographie

xique [lɛksik] *m* ① (*dictionnaire bilingue*) Wörterbuch *nt;* (*dictionnaire technique, spécialisé*) Lexikon *nt;* (*en fin d'ouvrage*) Glossar *nt* ② (*vocabulaire*) Wortschatz *m*

zard [lezaʀ] *m* Eidechse *f*

zarde [lezaʀd] *f* Riss *m*

lézarder[1] [lezaʀde] <1> *vi fam* Sonne tanken

lézarder[2] [lezaʀde] <1> *vt* **être lézardé** rissig sein

liaison [ljɛzɔ̃] *f* ① TELEC, MIL, AUT Verbindung *f;* **être en ~ avec qn** mit jdm verbunden sein; **mettre qn en ~ avec qn** jdn mit jdm in Verbindung setzen ② (*enchaînement*) Zusammenhang *m* ③ LING Liaison *f* ④ (*relation amoureuse*) Verhältnis *nt*

liane [ljan] *f* Liane *f*

liasse [ljas] *f* (*de documents*) Stoß *m;* (*de billets*) Bündel *nt*

Liban [libɑ̃] *m* **le ~** der Libanon

libanais [libanɛ] *m* Libanesisch *nt; v.a.* **allemand**

libanais, e [libanɛ, ɛz] *adj* libanesisch; *v.a.* **allemand**

Libanais, e [libanɛ, ɛz] *m, f* Libanese/Libanesin *m/f*

libellé [libele] *m* Wortlaut *m*

libeller [libele] <1> *vt* aufsetzen; (*chèque*) ausstellen

libellule [libelyl] *f* Libelle *f*

libéral, e [libeʀal, o] <-aux> **I.** *adj* ① ECON, POL liberal; **économie ~e** freie Marktwirtschaft ② (*activité*) freiberuflich; **professions ~es** selb[st]ständige Berufe ③ (*parent*) tolerant; (*éducation*) frei **II.** *m, f* POL Liberale(r) *f(m)*

libéralisation [libeʀalizasjɔ̃] *f* Liberalisierung *f*

libéraliser [libeʀalize] <1> *vt* liberalisieren

libéralisme [libeʀalism] *m* ECON, POL Liberalismus *m*

libérateur, -trice [libeʀatœʀ, -tʀis] **I.** *adj* befreiend **II.** *m, f* Befreier(in) *m(f)*

libération [libeʀasjɔ̃] *f* ① (*d'un détenu*) [Haft]entlassung *f;* (*d'un prisonnier politique*) Freilassung *f* ② *a. fig* (*délivrance*) Befreiung *f;* **la Libération** die Befreiung

> Die **Libération** ist die Befreiung Frankreichs von deutscher Besatzung am Ende des Zweiten Weltkrieges. Die Landung der Alliierten erfolgte am 6.6.1944 in der Normandie.

libéré, e [libeʀe] *adj* emanzipiert

libérer [libeʀe] <5> **I.** *vt* ① (*relâcher*) freilassen; (*condamné*) entlassen ② (*délivrer, rendre disponible*) befreien; (*chambre*) räumen ③ (*voie*) frei machen **II.** *vpr* **se ~** sich frei machen

liberté [libɛʀte] *f* ❶ *sans pl* (*opp: oppression, emprisonnement*) Freiheit *f;* **en ~** (*opp: en captivité*) in Freiheit; (*opp: en prison*) auf freiem Fuß; **en ~ provisoire/surveillée** vorläufig/auf Bewährung entlassen ❷ *sans pl* (*loisir*) freie Zeit ❸ (*droit, indépendance*) Freiheit *f;* **~s syndicales** gewerkschaftliche Rechte *Pl* ❹ *sans pl* (*absence de contrainte*) Ungezwungenheit *f;* **parler en toute ~** ganz offen sprechen ►**Liberté, Égalité, Fraternité** Freiheit, Gleichheit, Brüderlichkeit

libertin, e [libɛʀtɛ̃, in] *adj* ausschweifend

libertinage [libɛʀtinaʒ] *m* (*d'une personne*) ausschweifender Lebenswandel

libido [libido] *f* Libido *f*

libraire [libʀɛʀ] *mf* Buchhändler(in) *m(f)*

librairie [libʀeʀi] *f* Buchhandlung *f;* **en ~** im Buchhandel

librairie-papeterie [libʀɛʀipapɛtʀi] <librairies-papateries> *f* Buch- und Schreibwarenhandlung *f*

libre [libʀ] *adj* frei; (*propos, mœurs*) locker; (*esprit, tête*) klar

libre-échange [libʀeʃɑ̃ʒ] <libres-échanges> *m* Freihandel *m*

librement [libʀəmɑ̃] *adv* frei; **parler ~** offen reden

libre-service [libʀəsɛʀvis] <libres-services> *m* ❶ (*magasin, restaurant*) Selbstbedienungs- ❷ *sans pl* (*système de vente*) Selbstbedienung *f*

Libye [libi] *f* **la ~** Libyen *nt*

licence [lisɑ̃s] *f* ❶ UNIV Licence *f,* Lizentiat *nt* (CH) ❷ COM, JUR, SPORT Lizenz *f*

licencié, e [lisɑ̃sje] *adj* UNIV mit Licence; **être ~** die Licence haben

licenciement [lisɑ̃simɑ̃] *m* Entlassung *f;* **~ économique** konjunkturbedingte Entlassung

licencier [lisɑ̃sje] <1> *vt* entlassen

lichen [likɛn] *m* BOT Flechte *f*

licite [lisit] *adj* zulässig

licorne [likɔʀn] *f* Einhorn *nt*

licou [liku] *m* Halfter *m o nt*

lie [li] *f* (*dépôt*) [Boden]satz *m;* **~ de vin** Weinstein *m*

lié, e [lje] *adj* (*proche*) **être ~ avec qn** jdm nahestehen

Liechtenstein [liʃtɛnʃtajn] *m* **le ~** Liechtenstein *nt*

liechtensteinois, e [liʃtɛnʃtajnwa, waz] *a*… liechtensteinisch

Liechtensteinois, e [liʃtɛnʃtajnwa, waz] *n*… *f* Liechtensteiner(in) *m(f)*

lie-de-vin [lidvɛ̃] *adj inv* weinrot

liège [ljɛʒ] *m* Kork *m;* **bouchon de ~** Ko…ken *m*

Liège [ljɛʒ] Lüttich *nt*

lien [ljɛ̃] *m* ❶ (*attache*) Band *nt;* (*chaîne*) Fe…sel *f* ❷ (*rapport*) Verbindung *f;* **~ entr… deux choses** Zusammenhang zwische… zwei Dingen *m* ❸ (*ce qui unit*) **~ de p…renté** Verwandtschaftsverhältnis *nt* ❹ I… FORM Link *m*

lier [lje] <1> **I.** *vt* ❶ (*choses*) zusammenbi…den; **~ qn à qc** jdn an etw (*akk*) fesse… ❷ (*mettre en relation*) **être lié à qc** m… etw zusammenhängen ❸ (*unir*) **~ qn/qc … qn/qc** jdn/etw mit jdm/etw verbinden … *vpr* **se ~ avec qn** sich mit jdm anfreunde…

lierre [ljɛʀ] *m* Efeu *m*

lieu[1] [ljø] <x> *m* ❶ (*endroit*) Ort *m;* **~ … séjour/de naissance** Aufenthalts-/G…burtsort ❷ *pl* (*locaux*) Räumlichkeiten … (*endroit précis*) **sur les ~x de l'accide…** am Unfallort ❸ (*endroit particulier*) **en ha… ~** an höherer Stelle; **en ~ sûr** in Sicherh… ❹ (*dans une succession*) **en premier/s…cond/dernier ~** zuerst/anschließen… schließlich ❺ (*place*) **avoir ~** stattfinde… (*événement, accident*) sich ereignen; **au … de qc** [an]statt einer S. (*gen*); **au ~ de ce…** stattdessen ❻ (*raison*) **il n'y a pas ~ … s'inquiéter** es besteht kein Anlass z… Beunruhigung

lieu[2] [ljø] <s> *m* **~ noir** Seelachs *m*

lieu commun [ljøkɔmœ̃] <lie…communs> *m* Gemeinplatz *m*

lieue [ljø] *f* Meile *f*

lieutenant [ljøt(ə)nɑ̃] *m* Oberleutnant *m*

lièvre [ljɛvʀ] *m* [Feld]hase *m*

lifting [liftiŋ] *m* Facelifting *nt*

ligament [ligamɑ̃] *m* Band *nt*

light [lajt] *adj inv* light

ligne [liɲ] *f* ❶ *a.* MATH Linie *f* ❷ (*suite … mots*) Zeile *f;* **de huit ~s** achtzeilig; **à la …** neue Zeile!; **~ de commande** INFORM … fehlszeile ❸ *sans pl* (*silhouette*) Figur *f;* **g… der la ~** schlank bleiben ❹ (*point*) … **grandes ~s de l'ouvrage** die Leitgedank… des Werkes ❺ (*direction*) **~ droite** Gerac… ❻ (*voie*) **~ de conduite** Grundsätze

⑦ AUT Linie *f;* CHEMDFER Strecke *f;* ~ **de métro** (Metro-)Linie; ~ **maritime/aérienne** Schifffahrts-/Fluglinie ⑧ PECHE Angelschnur *f* ⑨ ELEC, TELEC Leitung *f;* **être en** ~ gerade telefonieren; **gardez la ~!** CAN (*ne quittez pas*) legen Sie nicht auf! ⑩ (*rangée*) Reihe *f* ►**entrer en** ~ **de compte** eine Rolle spielen; **en** ~ INFORM online; **hors** ~ überragend; INFORM offline

lignée [liɲe] *f* Nachkommenschaft *f*

lignite [liɲit] *m* [junge] Braunkohle *f*

ligoter [ligɔte] <1> *vt* fesseln

ligue [lig] *f* Liga *f*

liguer [lige] <1> *vpr* **se ~ contre qn** sich gegen jdn verschwören; POL sich gegen jdn verbünden

lilas [lilɑ] **I.** *adj inv* lila[farben] **II.** *m* Flieder *m*

lilliputien, ne [li(l)lipysjɛ̃, jɛn] *m, f* Liliputaner(in) *m(f)*

limace [limas] *f* Nacktschnecke *f*

limande [limɑ̃d] *f* Kliesche *f*

Limbourg [lɛ̃buːʀ] *m* **le** ~ [die Provinz] Limburg

lime [lim] *f* Feile *f;* ~ **à ongles** Nagelfeile *f*

limer [lime] <1> *vt* feilen

limitation [limitasjɔ̃] *f* Einschränkung *f;* ~ **de vitesse** Geschwindigkeitsbegrenzung *f*

limite [limit] **I.** *app* ① **âge** ~ Altersgrenze *f;* **cas** ~ Grenzfall *m;* **vitesse** ~ Höchstgeschwindigkeit *f* ② (*presque impossible*) fast unmöglich ③ *fam* (*pas terrible*) **être** ~ (*chose*) einen nicht vom Hocker hauen **II.** *f* ① (*d'une étendue*) Grenze *f;* (*d'un terrain*) Begrenzung[slinie *f*] *f;* (*d'une forêt, prairie*) Rand *m* ② (*dans le temps*) Frist *f* ③ (*borne*) Grenzen *Pl;* **sans ~s** (*ambition, vanité*) maßlos; (*pouvoir*) uneingeschränkt ►**à la** ~ na ja; **à la ~, je peux ...** im äußersten Fall kann ich ...

limité, e [limite] *adj* begrenzt; (*sens*) eng; **être un peu** ~ *fam* (*personne*) minderbemittelt sein

limiter [limite] <1> **I.** *vt* ① (*délimiter*) begrenzen ② (*restreindre*) einschränken; ~ **les dégâts** den Schaden begrenzen **II.** *vpr* (*se borner*) **se ~ à qc** sich auf etw (*akk*) beschränken

limitrophe [limitʀɔf] *adj* angrenzend

limoger [limɔʒe] <2a> *vt fam* kaltstellen

limon [limɔ̃] *m* (*terre*) Schlamm *m*

limonade [limɔnad] *f* Limonade *f,* Kracherl *nt* (SDEUTSCH, A)

limousine [limuzin] *f* Limousine *f*

limpide [lɛ̃pid] *adj* klar; (*regard*) offen

limpidité [lɛ̃pidite] *f* Klarheit *f;* (*de l'air*) Reinheit *f*

lin [lɛ̃] *m* ① BOT Flachs *m* ② TEXTIL Leinen *nt*

linceul [lɛ̃sœl] *m* Leichentuch *nt*

linéaire [lineɛʀ] *adj* linear

linge [lɛ̃ʒ] *m* ① *sans pl* (*vêtements*) Wäsche *f* ② (*morceau de tissu*) Tuch *nt* ►**blanc comme un** ~ kreidebleich

lingerie [lɛ̃ʒʀi] *f sans pl* Damenwäsche *f*

lingot [lɛ̃go] *m* (*d'or*) [Gold]barren *m;* (*de métal*) Block *m*

linguiste [lɛ̃gɥist] *mf* Linguist(in) *m(f)*

linguistique [lɛ̃gɥistik] **I.** *adj* Sprach- **II.** *f* Linguistik *f*

linoléum [linɔleɔm] *m* Linoleum *nt*

linteau [lɛ̃to] <x> *m* ARCHIT Sturz *m*

lion [ljɔ̃] *m* Löwe *m; v.a.* **lionne**

Lion [ljɔ̃] *m* Löwe *m; v.a.* **Balance**

lionceau [ljɔ̃so] <x> *m* Löwenjunge(s) *nt*

lionne [ljɔn] *f* Löwin *f; v.a.* **lion**

lipide [lipid] *m* Lipid *nt*

liposuccion [liposysjɔ̃] *f* Fettabsaugung *f*

liquéfier [likefje] <1> **I.** *vt* verflüssigen **II.** *vpr* **se** ~ (*gaz*) flüssig werden; (*solide*) schmelzen

liqueur [likœʀ] *f* Likör *m*

liquidation [likidasjɔ̃] *f* ① (*solde*) ~ **totale** Räumungsverkauf ② JUR Liquidation *f*

liquide [likid] **I.** *adj* ① (*fluide*) flüssig; **être trop** ~ (*sauce*) zu dünn sein ② (*disponible*) **argent** ~ Bargeld *nt* **II.** *m* ① (*fluide*) Flüssigkeit *f* ② *sans pl* (*argent*) Bargeld *nt;* **en** ~ in bar

liquider [likide] <1> *vt* ① COM (*marchandise*) ausverkaufen; (*stock*) räumen ② *fam* (*dossier*) sich (*dat*) vom Hals schaffen ③ *fam* (*tuer*) liquidieren ④ JUR (*société, compte*) auflösen

liquidité [likidite] *f* Liquidität *f*

lire[1] [liʀ] <irr> **I.** *vi* ① lesen; ~ **à haute voix** laut lesen ② (*deviner*) ~ **dans les pensées de qn** jds Gedanken lesen **II.** *vt* ① (*livre, auteur*) lesen ② (*déchiffrer*) lesen [können] ③ (*donner lecture*) verlesen ④ (*faire la lecture*) ~ **qc à qn** jdm etw [vor]lesen ⑤ (*deviner*) ~ **la joie dans les yeux de qn** Freude in jds Augen (*dat*) erkennen **III.** *vpr* ① **l'hébreu se lit de droite à gauche** das Hebräische wird von rechts nach links gelesen

L

❷ (*se deviner*) **la surprise se lisait sur son visage** man konnte ihm/ihr die Überraschung vom Gesicht ablesen

lire[2] [liʀ] *f* Lira *f*

lis[1] [lis] *m* Lilie *f*

lis[2] [li] *indic prés de* **lire**

lisais [lizɛ] *imparf de* **lire**

lisant [lizɑ̃] *part prés de* **lire**

Lisbonne [lisbɔn] Lissabon *nt*

liseron [lizʀɔ̃] *m* Winde *f*

lisez [lize] *indic prés et impératif de* **lire**

lisible [lizibl] *adj* gut lesbar

lisiblement [lizibləmɑ̃] *adv* **écrire ~** deutlich schreiben

lisière [lizjɛʀ] *f* ❶ COUT Webkante *f* ❷ (*limite*) Rand *m;* (*d'un champ*) Rain *m*

lisons [lizɔ̃] *indic prés et impératif de* **lire**

lisse [lis] *adj* glatt

lisser [lise] <1> *vt* glattstreichen; (*papier*) glätten

liste [list] *f* Liste *f;* **~ électorale/de mariage** Wähler-/Wunschliste ►**être sur [la] ~ rouge** nicht im Telefonbuch stehen

lister [liste] <1> *vt* INFORM ausdrucken

listing [listiŋ] *m* Liste *f;* (*document imprimé*) Ausdruck *m*

lit[1] [li] *m* ❶ Bett *nt;* **~ pour deux personnes** Doppelbett; **aller au ~** ins Bett gehen; **mettre qn au ~** jdn ins Bett bringen; **au ~!** [ab] ins Bett! ❷ (*d'une rivière*) Bett *nt;* **sortir de son ~** über die Ufer treten

lit[2] [li] *indic prés de* **lire**

litchi [litʃi] *m* Litschi *f*

literie [litʀi] *f* Bettrost *m* und Matratze *f*

litière [litjɛʀ] *f* Streu *f*

litige [litiʒ] *m* Streit *m*

litigieux, **-euse** [litiʒjø, -jøz] *adj* umstritten

litote [litɔt] *f* Litotes *f*

litre [litʀ] *m* ❶ Liter *m;* **un ~ d'eau/de lait** ein Liter Wasser/Milch ❷ (*bouteille*) Literflasche *f*

littéraire [liteʀɛʀ] **I.** *adj* ❶ literarisch; **genre ~** literarische Gattung ❷ (*opp: scientifique*) geisteswissenschaftlich; **avoir l'esprit ~** Sinn für Literatur haben **II.** *mf* ❶ (*opp: scientifique*) schöngeistiger Mensch ❷ (*étudiant, professeur*) Geisteswissenschaftler(in) *m(f)*

littéral, **e** [liteʀal, o] <-aux> *adj* (*traduction*) wortgetreu; (*sens*) eigentlich

littéralement [liteʀalmɑ̃] *adv* [wort]wörtlich

littérature [liteʀatyʀ] *f* Literatur *f*

littoral [litɔʀal, o] <-aux> *m* Küstengebiet *nt*

littoral, **e** [litɔʀal, o] <-aux> *adj* Küsten-

Lituanie [litɥani] *f* **la ~** Litauen *nt*

lituanien [litɥanjɛ̃] *m* Litauisch *nt; v.a.* **allemand**

lituanien, **ne** [litɥanjɛ̃, jɛn] *adj* litauisch; *v.a.* **allemand**

Lituanien, **ne** [litɥanjɛ̃, jɛn] *m, f* Litauer(in) *m(f)*

livide [livid] *adj* bleich

living [liviŋ] *m*, **living-room** [liviŋʀum] <living-rooms> *m* Wohnzimmer *nt*

livrable [livʀabl] *adj* lieferbar; **~ à domicile** wird [ins Haus] geliefert

livraison [livʀɛzɔ̃] *f* Lieferung *f*

livre[1] [livʀ] *m* Buch *nt;* **~ de poche/de cuisine** Taschen-/Kochbuch

livre[2] [livʀ] *f* ❶ *a.* GASTR Pfund *nt;* **~ sterling** Pfund *nt* Sterling ❷ CAN (*0,453 kg*) Pfund *nt*

livrer [livʀe] <1> **I.** *vt* ❶ (*commande*) liefern; (*client*) beliefern ❷ (*remettre*) **~ qn à la police** jdn der Polizei ausliefern ❸ (*dénoncer*) verraten **II.** *vpr* ❶ (*se rendre*) **se ~ à qn** sich jdm stellen ❷ (*se confier*) **se ~ à qn** sich jdm offenbaren ❸ (*se consacrer*) **se ~ à un sport** sich einer Sportart widmen

livret [livʀɛ] *m* (*registre*) Heft *nt;* **~ d'épargne/de famille** Spar-/Familienbuch *nt;* **~ scolaire** Zeugnis[heft] *nt*

livreur, **-euse** [livʀœʀ, -øz] *m, f* Lieferant(in) *m(f)*

lobe [lɔb] *m* Lappen *m;* **~ de l'oreille** Ohrläppchen *nt*

local [lɔkal, o] <-aux> *m* Raum *m;* **des locaux** (*salles*) Räumlichkeiten *Pl;* (*bureaux*) [Büro]räume *Pl*

local, **e** [lɔkal, o] <-aux> *adj* örtlich; (*anesthésie*) lokal; (*journal, page*) Lokal-; (*industrie*) ortsansässig; **heure ~e** Ortszeit

localement [lɔkalmɑ̃] *adv* (*par endroits*) stellenweise; (*à un endroit précis*) lokal

localisation [lɔkalizasjɔ̃] *f* Lokalisierung *f*

localiser [lɔkalize] <1> *vt* lokalisieren; (*avion, navire*) orten

localité [lɔkalite] *f* Ort *m*

locataire [lɔkatɛʀ] *mf* Mieter(in) *m(f);* **être ~** zur Miete wohnen

locatif [lɔkatif] *m* GRAM Lokativ *m*

location [lɔkasjɔ̃] *f* ❶ (*d'une habitation*) (*par le locataire*) Mieten *nt;* (*par le propriétaire*) Vermieten; (*d'une voiture*) Verleih *m;* **voi-**

ture de ~ Leihwagen *m* ❷ (*maison à louer*) **prendre une ~ pour les vacances** eine Unterkunft für die Ferien mieten

location-vente [lɔkasjɔ̃vɑ̃t] <locations-ventes> *f* Leasing *nt*

lock-out [lɔkaut] *m inv* Aussperrung *f*

locomotion [lɔkɔmosjɔ̃] *f* Fortbewegung *f*

locomotive [lɔkɔmɔtiv] *f* Lokomotive *f*

locuteur, -trice [lɔkytœʀ, -tʀis] *m, f* Sprecher(in) *m(f)*

locution [lɔkysjɔ̃] *f* [Rede]wendung *f*

logarithme [lɔgaʀitm] *m* Logarithmus *m*

loge [lɔʒ] *f a.* THEAT Loge *f;* (*d'un acteur*) Garderobe *f*

logement [lɔʒmɑ̃] *m* ❶ (*habitation*) Wohnung *f;* MIL Unterkunft *f* ❷ (*secteur*) **le ~** der Wohnungsmarkt

loger [lɔʒe] <2a> **I.** *vi* wohnen **II.** *vt* ❶ (*héberger*) unterbringen ❷ (*contenir*) **~ qn/qc** (*hôtel*) Platz für jdn/etw bieten **III.** *vpr* **se ~ chez un ami** bei einem Freund unterkommen

logeur, -euse [lɔʒœʀ, -ʒøz] *m, f* Vermieter(in) *m(f)*

loggia [lɔdʒja] *f* Loggia *f*

logiciel [lɔʒisjɛl] *m* Software *f;* **~ anti-virus** Antivirenprogramm *nt;* **~ de courrier électronique** Mailprogramm; **~ de traitement de texte** Textverarbeitungsprogramm

logique [lɔʒik] **I.** *adj* logisch **II.** *f* Logik *f*

logiquement [lɔʒikmɑ̃] *adv* ❶ (*normalement*) logischerweise ❷ (*rationnellement*) logisch

logistique [lɔʒistik] *f* Logistik *f*

logo[type] [lɔgɔ(tip)] *m* (*d'une entreprise*) Logo *nt;* (*d'un produit*) Warenzeichen *nt*

loi [lwa] *f a.* PHYS, MATH Gesetz *nt;* **faire la ~** befehlen

loin [lwɛ̃] *adv* ❶ (*distance*) **au ~** in der Ferne; **de ~** von weitem; **~ de** weit weg von; **c'est encore assez ~** das ist noch ziemlich weit; **plus ~** weiter ❷ *fig* weit; **il ira ~** er wird es weit bringen; **revenir de ~** gerade noch einmal davonkommen; **de ~** bei weitem; **~ de là** [ganz] im Gegenteil; **pas ~ de 10/de 1000** fast 10/1000 ❸ (*dans le temps: passé*) lange her; (*futur*) weit weg; **il n'est pas ~ de minuit** es ist fast Mitternacht

lointain, e [lwɛ̃tɛ̃, ɛn] *adj* ❶ (*pays, avenir*) fern; (*époque*) weit zurückliegend; (*souvenir*) alt ❷ (*indirect*) entfernt; (*rapport*) lose ❸ (*regard*) abwesend

loir [lwaʀ] *m* Siebenschläfer *m*

Loire [lwaʀ] *f* **la ~** die Loire

loisir [lwaziʀ] *m* ❶ *sing o pl* (*temps libre*) Freizeit *f kein Pl* ❷ (*passe-temps*) Freizeitbeschäftigung *f*

lombaire [lɔ̃bɛʀ] *f* Lendenwirbel *m*

londonien, ne [lɔ̃dɔnjɛ̃, jɛn] *adj* Londoner

Londonien, ne [lɔ̃dɔnjɛ̃, jɛn] *m, f* Londoner(in) *m(f)*

Londres [lɔ̃dʀ] London *nt*

long [lɔ̃] **I.** *adv* **qc en dit ~ sur qc** etw sagt viel über etw (*akk*); **en savoir ~ sur qc** gut Bescheid wissen über etw (*akk*) **II.** *m* **en ~** in der Länge; **de ~ en large** auf und ab; **en ~ et en large** lang und breit; **tout au ~ de sa vie** sein ganzes Leben lang; **avoir 2 km de ~** 2 km lang sein

long, longue [lɔ̃, lɔ̃g] *adj* ❶ *a. antéposé* (*dans l'espace*) lang; (*détour*) groß; **~ de 5 km** 5 km lang ❷ *antéposé* (*dans le temps*) lang; (*habitude*) alt; **ce sera ~** das wird lange dauern

long-courrier [lɔ̃kuʀje] <long-courriers> *m* Langstreckenflugzeug *nt*

longe [lɔ̃ʒ] *f* Leine *f*

longer [lɔ̃ʒe] <2a> *vt* ❶ (*border*) **~ qc** (*mur*) an etw (*dat*) entlanglaufen; (*sentier*) an etw (*dat*) entlangführen; (*rivière*) an etw (*dat*) entlangfließen ❷ (*se déplacer le long de*) **~ qc** (*bateau, véhicule*) an etw (*dat*) entlangfahren; (*personne*) (*à pied*) an etw (*dat*) entlanggehen; (*en voiture*) an etw (*dat*) entlangfahren

longévité [lɔ̃ʒevite] *f* Langlebigkeit *f;* (*durée de vie*) Lebensdauer *f*

longitude [lɔ̃ʒityd] *f* Länge *f*

longitudinal, e [lɔ̃ʒitydinal, o] <-aux> *adj* **axe ~** Längsachse *f*

longtemps [lɔ̃tɑ̃] *adv* lange; **il y a ~** das ist schon lange her; **il y a très ~, ...** vor langer Zeit ...; **il y a ~ que j'ai fini** ich bin schon lange fertig; **en avoir pour ~** lange brauchen; **aussi ~** so lange; **~ avant/après qc** lange [Zeit] vor etw (*dat*)/nach etw

longue [lɔ̃g] **I.** *adj v.* **long II.** *f* ▸**à la ~** auf [die] Dauer

longuement [lɔ̃gmɑ̃] *adv* lange; (*expliquer*) lang und breit; (*s'étendre sur un sujet*) ausführlich; (*étudier*) eingehend

longueur [lɔ̃gœʀ] *f* ❶ (*opp: largeur*) Länge *f;* **avoir une ~ de 10 cm, avoir 10 cm de ~**

eine Länge von 10 cm haben ❷ (*durée*) Länge *f*; **à ~ d'année** das ganze Jahr ❸ SPORT Länge *f*; **avoir une ~ d'avance sur qn** *fig* vor jdm in Führung liegen ❹ PHYS **~ d'onde** Wellenlänge *f*

longue-vue [lɔ̃gvy] <longues-vues> *f* Fernrohr *nt*

look [luk] *m* Look *m* ▸**avoir un ~ d'enfer** *fam* irre toll aussehen

looping [lupiŋ] *m* Looping *m o nt*

lopin [lɔpɛ̃] *m* **~ de terre** Stück *nt* Land

loquace [lɔkas] *adj* gesprächig

loque [lɔk] *f* ❶ (*vêtement*) Lumpen *m* ❷ *péj* (*personne*) Wrack *nt*

loquet [lɔkɛ] *m* Riegel *m*

lorgner [lɔʀɲe] <1> *vt* ❶ (*reluquer*) anstarren ❷ (*convoiter*) schielen nach

lorgnette [lɔʀɲɛt] *f* Opernglas *nt*

lorrain, **e** [lɔʀɛ̃, ɛn] *adj* lothringisch

Lorrain, **e** [lɔʀɛ̃, ɛn] *m, f* Lothringer(in) *m(f)*

Lorraine [lɔʀɛn] *f* **la ~** Lothringen *nt*

lors [lɔʀ] *adv* **~ de** bei; **~ d'un congrès** auf einem Kongress; **dès ~** seitdem; **dès ~ que ...** sobald ...

lorsque [lɔʀsk(ə)] <lorsqu'> *conj* **~ tu fais/feras qc** wenn du etw machst/machen wirst; **~ tu faisais/as fait** als du etw machtest/gemacht hast; **lorsqu'il fera beau, nous sortirons** wenn das Wetter schön ist, werden wir hinausgehen

losange [lɔzɑ̃ʒ] *m* Raute *f*

lot [lo] *m* ❶ Preis *m*; **gagner le gros ~** das große Los ziehen ❷ (*assortiment*) Stapel *m* ❸ INFORM **traitement par ~s** Stapelverarbeitung *f*

loterie [lɔtʀi] *f* Lotterie *f*; (*hasard*) Lotteriespiel *nt*

loti, **e** [lɔti] *adj* **être bien/mal ~** es gut/schlecht getroffen haben

lotion [losjɔ̃] *f* Lotion *f*

lotissement [lɔtismɑ̃] *m* Siedlung *f*

loto [lɔto] *m* ❶ (*jeu de société*) Lotto *nt* ❷ (*loterie*) **tirage du Loto** Ziehung der Lottozahlen; **jouer au Loto/Loto sportif** Lotto *nt*/Toto *nt* spielen

lotte [lɔt] *f* [Aal]quappe *f*

lotus [lɔtys] *m* Lotos *m*

louable[1] [lwabl] *adj* (*digne de louange*) lobenswert

louable[2] [lwabl] *adj* (*pièce, appartement*) zu vermieten

loubard, **e** [lubaʀ, aʀd] *m, f fam* Rowdy *m*

louche[1] [luʃ] *adj* zwielichtig; (*passé*) zweifelhaft; (*affaire, histoire*) dubios

louche[2] [luʃ] *f* Schöpflöffel *m*

loucher [luʃe] <1> *vi* ❶ MED schielen ❷ *fam* **~ sur qn** nach jdm schielen

louer[1] [lwe] <1> *vt* **~ qn de qc** jdn für etw loben

louer[2] [lwe] <1> **I.** *vt* ❶ (*donner en location*) vermieten ❷ (*prendre en location*) mieten ❸ (*emprunter*) ausleihen **II.** *vpr* **se ~** vermietet werden

loueur, **-euse** [lwœʀ, -øz] *m, f* **~ de chambres/voitures** Vermieter(in) *m(f)* von Zimmern/Autos

loufoque [lufɔk] *adj fam* verrückt

loup [lu] *m* ❶ (*mammifère*) Wolf *m* ❷ (*poisson*) **~ [de mer]** Barsch *m*; *v.a.* **louve** ❸ (*masque*) *schwarze Halbmaske* ▸**quand on parle du ~ on en voit la queue** wenn man vom Teufel spricht, dann kommt er

loupe [lup] *f* Lupe *f* ▸**examiner qc à la ~** etw genau unter die Lupe nehmen

louper [lupe] <1> **I.** *vt fam* ❶ (*examen*) verpatzen; **être loupé** (*soirée*) in die Hose gegangen sein; (*mayonnaise, gâteau*) nichts geworden sein ❷ (*manquer*) verpassen; (*cible*) verfehlen **II.** *vi fam* (*projet, tentative*) danebengehen; **ça n'a pas loupé** das musste ja so kommen

loup-garou [lugaʀu] <loups-garous> *m* Werwolf *m*

lourd, **e** [luʀ, luʀd] **I.** *adj* ❶ *a. antéposé* (*de grand poids*) schwer ❷ (*jambes, tête*) schwer ❸ *a. antéposé* (*chaleur*) drückend **il fait ~** es ist schwül ❹ *a. antéposé* (*impôts, dettes*) hoch; (*perte, faute*) schwer ❺ (*gauche*) schwerfällig; (*plaisanterie*) plump ❻ (*parfum, vin*) schwer; (*nourriture*) schwer verdaulich **II.** *adv* (*peser*) schwer

lourdaud, **e** [luʀdo, od] *m, f* Trampel *m o nt* (*fam*)

lourdement [luʀdəmɑ̃] *adv* schwer; (*se tromper*) gewaltig (*fam*); (*insister*) hartnäckig

lourdeur [luʀdœʀ] *f* ❶ **~s d'estomac** Magendrücken *nt* ❷ (*caractère massif*) Plumpheit *f*

loutre [lutʀ] *f* Otter *m*

Louvain [luvɛ̃] Löwen *nt*

louve [luv] *f* Wölfin *f*; *v.a.* **loup**

louveteau [luvto] <x> *m* ❶ ZOOL junger Wolf ❷ (*jeune scout*) Wölfling *m*

louvoyer [luvwaje] <6> *vi* (*tergiverser*) geschickt lavieren

lover [lɔve] <1> *vpr* **se ~** sich einrollen

loyal, e [lwajal, jo] <-aux> *adj* loyal; (*ami, services*) treu; (*adversaire, procédés*) fair

loyalement [lwajalmɑ̃] *adv* (*reconnaître*) offen

loyauté [lwajote] *f* Loyalität *f;* (*d'un adversaire*) Fairness *f*

loyer [lwaje] *m* Miete *f*

lu, e [ly] *part passé de* **lire**

lubie [lybi] *f* Marotte *f* (*fam*)

lubrifiant [lybʀifjɑ̃] *m* Schmiermittel *nt;* (*pour l'amour*) Gleitmittel *nt*

lubrification [lybʀifikasjɔ̃] *f* Schmieren *nt*

lubrifier [lybʀifje] <1a> *vt* schmieren

lubrique [lybʀik] *adj* (*propos, scène*) obszön

lucarne [lykaʀn] *f* Dachfenster *nt*

lucide [lysid] *adj* ① (*jugement*) scharfsinnig ② (*conscient*) **être ~** bei Bewusstsein sein

lucidité [lysidite] *f* klares Bewusstsein

luciole [lysjɔl] *f* Glühwürmchen *nt*

lucratif, -ive [lykʀatif, -iv] *adj* lukrativ

ludique [lydik] *adj* **activités ~s** Spielen *nt*

ludothèque [lydɔtɛk] *f* Spielothek *f*

luette [lɥɛt] *f* Zäpfchen *nt*

lueur [lɥœʀ] *f* ① (*faible clarté*) Schein *m kein Pl* (*des braises*) Glühen *nt kein Pl* ② (*de colère, joie*) Andeutung *f* ③ (*signe passager*) Funke[n] *m;* **une ~ d'espoir** ein Hoffnungsschimmer *m*

luge [lyʒ] *f* Schlitten *m*

lugubre [lygybʀ] *adj* düster; (*paysage*) trist; (*pensées*) trübsinnig

lui [lɥi] **I.** *pron pers* ① (*masculin ou féminin*) **je ~ ai demandé s'il/si elle venait** ich habe ihn/sie gefragt, ob er/sie kommt; **tu ~ as donné à boire?** hast du ihm/ihr [schon] zu trinken gegeben? ② *avec faire, laisser* **il ~ laisse/fait conduire la voiture** er lässt ihn/sie das Auto fahren ③ *avec être, devenir, sembler, soutenu* **cela ~ semble bon** das erscheint ihm/ihr gut; *v.a.* **me** ④ (*avec un sens possessif*) **le cœur ~ battait fort** sein/ihr Herz schlug heftig **II.** *pron pers, masculin* ① *fam* (*pour renforcer*) **~, il n'a pas bu** der hat nicht getrunken; **c'est ~ qui l'a dit** das hat der gesagt ② *avec une prép* **avec/sans ~** mit ihm/ohne ihn ③ *dans une comparaison* er; *v.a.* **moi** ④ (*soi*) sich; **il est fier de ~** er ist stolz auf sich

lui-même [lɥimɛm] *pron pers* ① (*lui en personne*) er selbst; **M. X? — ~!** Herr X? — Höchstpersönlich!; *v.a.* **moi-même** ② (*en soi*) selbst

luire [lɥiʀ] <irr> *vi* (*soleil*) scheinen; (*étoile, lune*) leuchten

luisant, e [lɥizɑ̃, ɑ̃t] *adj* glänzend

lumbago [lɔ̃bago] *m* Hexenschuss *m*

lumière [lymjɛʀ] *f* ① Licht *nt* ② *pl* (*connaissances*) Wissen *nt* ③ (*personne intelligente*) **être/ne pas être une ~** ein heller Kopf/keine Leuchte sein (*fam*)

luminaire [lyminɛʀ] *m* Leuchte *f*

lumineux, -euse [lyminø, -øz] *adj* ① leuchtend; (*enseigne*) Neon-; (*rayon*) Licht- ② (*pièce, appartement*) hell

luminosité [lyminozite] *f* ① (*du ciel, d'une couleur*) Leuchten *nt* ② (*d'une pièce*) Helligkeit *f*

lunaire [lynɛʀ] *adj* Mond-

lunatique [lynatik] *adj* launisch

lunch [lœntʃ] <[e]s> *m* Lunch *m*

lundi [lœ̃di] *m* Montag *m;* **~ de Pâques/Pentecôte** Oster-/Pfingstmontag; *v.a.* **dimanche**

lune [lyn] *f* Mond *m* ▶**demander la ~** Unmögliches verlangen

luné, e [lyne] *adj fam* **bien/mal ~** gut/schlecht gelaunt

lunette [lynɛt] *f* ① *pl* Brille *f,* Augengläser *Pl* (A); **mettre ses ~s** die Brille aufsetzen ② (*instrument*) Fernrohr *nt* ③ AUT **~ arrière** Heckscheibe *f* ④ (*des WC*) WC-Brille *f*

lurette [lyʀɛt] *f fam* **il y a belle ~ que ...** es ist schon ewig her, dass ...

lus [ly] *passé simple de* **lire**

lustre [lystʀ] *m* Kronleuchter *m*

lustré, e [lystʀe] *adj* glänzend

lustrer [lystʀe] <1> *vt* (*voiture*) polieren

luth [lyt] *m* Laute *f*

luthérien, ne [lyteʀjɛ̃, jɛn] *adj* lutherisch

luthier [lytje] *m* Geigenbauer(in) *m(f)*

lutin [lytɛ̃] *m* Kobold *m*

lutte [lyt] *f* ① (*combat*) Kampf *m;* **~ antidrogue** Rauschgiftbekämpfung *f* ② SPORT Ringkampf *m;* **faire de la ~** ringen; **~ suisse** [*o* **à la culotte**] CH Hosenlupf *m,* Schwinget *m* (CH)

lutter [lyte] <1> *vi* ① kämpfen; **~ contre le sommeil** gegen die Müdigkeit ankämpfen ② (*mener une action*) kämpfen; **~ contre qc** etw bekämpfen

lutteur, -euse [lytœʀ, -øz] *m, f* ① SPORT Ringkämpfer(in) *m(f)* ② (*battant*) Kämpfer(in) *m(f)*

luxation [lyksasjɔ̃] *f* MED Auskugelung *f*

luxe [lyks] *m* ① (*opp: nécessité*) Luxus *m;* **s'offrir le ~ de faire qc** es sich (*dat*) leisten, etw zu tun ② (*coûteux*) Luxus-

Luxembourg [lyksɑ̃buʀ] *m* ① **le ~** Luxemburg *nt* ② (*ville*) Luxemburg *nt* ③ (*à Paris*) **le** [**palais du**] **~** *Sitz des französischen Senats*

luxembourgeois, e [lyksɑ̃buʀʒwa, waz] *adj* luxemburgisch

Luxembourgeois, e [lyksɑ̃buʀʒwa, waz] *m, f* Luxemburger(in) *m(f)*

luxer [lykse] <1> *vpr* **se ~ l'épaule** sich die Schulter verrenken

luxueux, -euse [lyksɥø, -øz] *adj a. antéposé* luxuriös

luxuriant, e [lyksyʀjɑ̃, jɑ̃t] *adj* (*végétation*) üppig

luzerne [lyzɛʀn] *f* Luzerne *f*

lycée [lise] *m: Schule für die letzten 3 Jahre vor dem Abitur;* **~ technique** ≈ technische Fachoberschule; **aller au ~** ein lycée besuchen

lycéen, ne [liseɛ̃, ɛn] *m, f* Schüler(in) *m(f)* eines lycée

lymphatique [lɛ̃fatik] *adj* **système ~** Lymphsystem *nt*

lyncher [lɛ̃ʃe] <1> *vt* lynchen

lynx [lɛ̃ks] *m* Luchs *m*

lyophiliser [ljɔfilize] <1> *vt* gefriertrocknen; **café lyophilisé** Pulverkaffee *m*

lyre [liʀ] *f* Lyra *f*

lyrique [liʀik] *adj* LITTER lyrisch; (*roman, film*) stimmungsvoll

lyrisme [liʀism] *m* LITTER Lyrik *f*

lys [lis] *m v.* **lis**

Mm

M, m [ɛm] *m inv* M *nt*, m *nt*

m [ɛm] *abr de* **mètre** m

M. <MM.> *m abr de* **Monsieur**

m' *pron v.* **me**

ma [ma, me] <mes> *dét poss* mein(e); **~ fleur/chaise/maison** meine Blume/mein Stuhl/Haus; **~ Sœur** Schwester ►**~ pauvre!** Sie/du arme!

macabre [makɑbʀ] *adj* makaber

macadam [makadam] *m* Makadam *m o nt*

macaron [makaʀɔ̃] *m* GASTR Makrone *f*

macération [maseʀasjɔ̃] *f* GASTR Einlegen *nt*

macérer [maseʀe] <5> **I.** *vi* **~ dans qc** in etw (*dat*) eingelegt sein **II.** *vt* **faire ~** einlegen

mâcher [mɑʃe] <1> *vt* kauen

machette [maʃɛt] *f* Machete *f*

machin [maʃɛ̃] *m fam* Dings *nt;* (*untel*) **c'est Machin!** das ist der Dings!

machinalement [maʃinalmɑ̃] *adv* mechanisch

machination [maʃinasjɔ̃] *f* Intrige *f*

machine [maʃin] *f* Maschine *f;* **~ à coudre/à laver/à écrire** Näh-/Wasch-/Schreibmaschine; **~ à sous** Spielautomat *m*

Machine [maʃin] *f fam* Dings

machine-outil [maʃinuti] <machines-outils> *f* Werkzeugmaschine *f*

machinerie [maʃinʀi] *f* (*équipement*) Maschinen *Pl*

machiste [ma(t)ʃist] *adj* chauvinistisch

macho [matʃo] *m fam* Macho *m*

mâchoire [mɑʃwaʀ] *f* Kiefer *m*

mâchouiller [mɑʃuje] <1> *vt fam* herumkauen auf (+ *dat*)

maçon, ne [masɔ̃, ɔn] *m, f* Maurer(in) *m(f)*

maçonner [masɔne] <1> *vt* ① (*mur*) mauern ② (*portes, fenêtres*) zumauern

macramé [makʀame] *m* Makramee *nt*

Madagascar [madagaskaʀ] *f* Madagaskar *nt*

madame [madam, medam] <mesdames> *f* ① **bonjour ~, comment allez vous?** guten Tag, wie geht es Ihnen?; **bonjour Madame Larroque** guten Tag, Frau Larroque; **bonjour mesdames** guten Tag meine Damen ② (*profession*) **Madame le juge/la Présidente** Frau Richterin/Präsidentin ③ (*sur une enveloppe*) **Madame Dupont** An Frau Dupont ④ (*en-tête*) **Madame, ...** Sehr geehrte Frau + *Name*, ... **Chère Madame, ...** Liebe Frau + *Name* ...; (*dans une lettre officielle*) Sehr geehrte Frau + *Name*, ...

mademoiselle [mad(ə)mwazɛl, med(ə)mwazɛl] <mesdemoiselles>

① **bonjour ~, comment allez-vous?** guten Tag, wie geht es Ihnen?; **bonjour Mademoiselle Labiche** guten Tag, Frau Labiche; **bonjour mesdemoiselles** Guten Tag, meine Damen; **Mesdames, mesdemoiselles, messieurs!** Meine Damen und Herren! ② (*sur une enveloppe*) **Mademoiselle Aporé** An Frau Aporé ③ (*en-tête*) **Mademoiselle, ...** Sehr geehrte Frau + *Name*, ...; **Chère Mademoiselle, ...** Liebe Frau + *Name*, ...; (*dans une lettre officielle*) Sehr geehrte Frau + *Name*, ...; **Madame, Mademoiselle, Monsieur, ...** Sehr geehrte Damen und Herren, ...

Madrid [madʀid] Madrid *nt*

madrilène [madʀilɛn] *adj* **le climat ~** das Madrider Klima

magasin [magazɛ̃] *m* Geschäft *nt;* **grand ~** Kaufhaus *nt;* **tenir un ~** einen Laden haben

magazine [magazin] *m* ① PRESSE Zeitschrift *f* ② (*émission*) Magazin *nt*

Magdebourg [magdəbuːʀ] Magdeburg *nt*

mage [maʒ] **I.** *m* ASTRO Magier *m* **II.** *app* **les Rois ~s** die Heiligen Drei Könige

Maghreb [magʀɛb] *m* **le ~** der Maghreb

Mit **le Maghreb** werden die drei nordafrikanischen Länder Algerien, Marokko und Tunesien bezeichnet, die früher französische Kolonien waren und heute noch stark von der französischen Kultur durchdrungen sind. Aufgrund dieser Kolonialvergangenheit leben heute zahlreiche *maghrébins* in Frankreich.

maghrébin, e [magʀebɛ̃, in] *adj* nordafrikanisch

Maghrébin, e [magʀebɛ̃, in] *m, f* Nordafrikaner(in) *m(f)*

magicien, ne [maʒisjɛ̃, jɛn] *m, f* ① (*sorcier*) Zauberer/Zauberin *m/f* ② (*illusionniste*) Zauberkünstler(in) *m(f)*

magie [maʒi] *f* Magie *f*

magique [maʒik] *adj* ① (*surnaturel*) Zauber- ② (*merveilleux*) zauberhaft

magistralement [maʒistʀalmɑ̃] *adv* meisterhaft; (*se tromper, se planter*) gründlich

magner [maɲe] <1> *vpr fam* **se ~** sich beeilen

magnétique [maɲetik] *adj* magnetisch; (*bande*) Ton-

magnétisme [maɲetism] *m* PHYS Magnetismus *m*

magnéto [maɲeto] *m fam abr de* **magnétophone**

magnétophone [maɲetɔfɔn] *m* (*à cassettes*) Kassettenrecorder *m;* (*à bandes*) Tonbandgerät *nt*

magnétoscope [maɲetɔskɔp] *m* Videorecorder *m*

magnifique [maɲifik] *adj a. antéposé* wunderschön; (*temps*) herrlich; (*spectacle*) großartig

magnolia [maɲɔlja] *m* Magnolie *f*

magnum [magnɔm] *m* Magnum[flasche] *f*

magot [mago] *m fam* Zaster *m kein Pl;* **il a amassé un petit/joli ~** er hat eine kleine/hübsche Summe gespart

magouiller [maguje] <1> *vi fam* mauscheln

magrébin, e [magʀebɛ̃, in] *adj v.* **maghrébin**

Magrébin, e [magʀebɛ̃, in] *m, f v.* **Maghrébin**

magret [magʀɛ] *m* **~ de canard** Entenbrust *f*

mai [mɛ] *m* Mai *m*

maigre [mɛgʀ] *adj* ① (*opp: gros*) mager; (*jambe*) dünn; (*visage*) schmal ② GASTR mager; (*lard*) durchwachsen ③ *antéposé* (*faible*) dürftig; (*chance*) gering; (*profit*) bescheiden ④ *a. antéposé* (*récolte*) mager; (*repas*) karg

maigreur [mɛgʀœʀ] *f* Magerkeit *f*

maigrir [megʀiʀ] <8> *vi* abnehmen; **~ de cinq kilos** fünf Kilo abnehmen

mailing [meliŋ] *m* Mailing *nt*

maille [mɑj] *f* Masche *f*

maillon [mɑjɔ̃] *m* Glied *nt*

maillot [majo] *m* ① **~ [de bain]** (*de femme*) Badeanzug *m;* (*d'homme*) Badehose *f;* **~ de bain une pièce/deux pièces** Einteiler *m*/Bikini *m* ② SPORT Trikot *nt* ③ (*sous-vêtement*) Unterhemd *nt*

main [mɛ̃] *f* ① ANAT Hand *f;* **battre des ~s** in die Hände klatschen; **se donner la ~** Händchen halten; **prendre qn par la ~** jdn bei der Hand nehmen; **serrer la ~ à qn** jdm die Hand schütteln; **fait ~** handgearbeitet; **frein/sac à ~** Handbremse *f*/Handtasche *f;* **à deux ~s** mit beiden Händen; **haut les ~s!** Hände hoch! ② (*style: d'un artiste, maître*) meisterliche Kunst ③ JEUX Blatt *nt;* **avoir la ~** ausspielen ④ SPORT Hand[spiel *nt*] *f* ▶**donner un coup**

M

de ~ à qn jdm behilflich sein; **faire qc haut la ~** etw mit links machen (*fam*); **à ~s nues** mit bloßen Händen; **de première/seconde ~** aus erster/zweiter Hand; **se faire la ~** üben; **passer la ~** die Verantwortung aus der Hand geben

main-d'œuvre [mɛ̃dœvʀ] <mains-d'œuvre> *f* Arbeitskräfte *Pl*

maintenance [mɛ̃tnɑ̃s] *f* Wartung *f*

maintenant [mɛ̃t(ə)nɑ̃] *adv* ❶ (*en ce moment*) jetzt; **dès ~** ab sofort ❷ (*actuellement*) heute ❸ (*désormais*) von jetzt an

maintenir [mɛ̃t(ə)niʀ] <9> **I.** *vt* ❶ (*ordre, offre*) aufrechterhalten; (*tradition*) beibehalten; (*politique*) fortsetzen ❷ (*soutenir*) stützen ❸ (*affirmer*) **~ qc** an etw (*dat*) festhalten; **~ que ...** dabei bleiben, dass ... **II.** *vpr* **se ~** sich halten; (*santé, prix*) stabil bleiben

maintien [mɛ̃tjɛ̃] *m* ❶ (*conservation*) Aufrechterhaltung *f;* (*d'une décision*) Beibehaltung *f;* (*des libertés*) Wahrung *f;* (*des traditions*) Fortbestehen *nt* ❷ (*soutien*) Halt *m*

maire [mɛʀ] *m* Bürgermeister *m,* Ammann *m* (CH)

mairie [meʀi] *f* Rathaus *nt;* (*administration*) Stadtverwaltung *f*

mais [mɛ] **I.** *conj* ❶ (*pour opposer deux séquences qui ne s'excluent pas*) aber ❷ (*pour opposer deux séquences qui s'excluent*) sondern **II.** *adv* ❶ (*pourtant*) aber ❷ (*renforcement*) aber doch; **~ oui, bien sûr!** aber klar!; **~ si!** aber ja doch! ❸ (*impatience*) also; **~ encore** aber davon abgesehen ❹ *fam* **non ~, tu me prends pour ...** also hör mal, hältst du mich für ... **III.** *m* Aber *nt*

maison [mɛzɔ̃] **I.** *f* ❶ Haus *nt* ❷ (*entreprise*) Firma *f;* **~ mère** Stammhaus *nt;* **~ de couture** Modehaus *nt;* **~ de disques** Schallplattenfirma *f;* **~ d'édition** Verlag *m* ❸ (*bâtiment*) **~ d'arrêt** Gefängnis *nt;* **~ de repos** Sanatorium *nt;* **~ de retraite** Altersheim *nt* ▸**~ close** Freudenhaus *nt* **c'est gros comme une ~** das ist sonnenklar (*fam*) **II.** *app inv* (*pâté*) hausgemacht

Maison-Blanche [mɛzɔ̃blɑ̃ʃ] *f sans pl* **la ~** das Weiße Haus

maisonnette [mɛzɔnɛt] *f* Häuschen *nt*

maître [mɛtʀ] *m* Meister *m;* **coup de ~** Meisterleistung *f*

maître, -esse [mɛtʀ, -ɛs] **I.** *adj* ❶ **œuvre maîtresse** Hauptwerk *nt* ❷ (*qui peut disposer de*) **être ~ de qc** über etw bestimmen **II.** *m, f* ❶ (*chef*) Herr(in) *m(f);* **~ d'hôtel** Oberkellner *m;* **régner en ~** autoritär regieren ❷ (*patron*) Chef(in) *m(f);* **~ nageur** Bademeister(in) *m(f)* ❸ SCOL Lehrer(in) *m(f)* ❹ UNIV **~ de conférences** Dozent(in) *m(f)* ❺ (*d'un chien*) Herrchen *nt* (*fam*)/Frauchen *nt* (*fam*)

maître-autel [mɛtʀotɛl] <maîtres-autels> *m* Hauptaltar *m*

maître chanteur, -euse [mɛtʀəʃɑ̃tœʀ, -øz] *m, f* Erpresser(in) *m(f)*

maîtresse [mɛtʀɛs] *f* (*liaison*) Geliebte *f*

maîtrise [metʀiz] *f* ❶ (*contrôle*) Beherrschung *f* ❷ (*habileté*) Können *nt* ❸ (*sang froid*) **~ de soi** Selbstbeherrschung *f* ❹ UNIV Magisterprüfung *f* ❺ (*grade*) Magister *m*

maîtriser [metʀize] <1> **I.** *vt* ❶ (*situation*) meistern; (*incendie*) unter Kontrolle bringen; (*langue, sujet*) beherrschen ❷ (*forcené*) überwältigen; (*animal*) bändigen ❸ (*émotion, passion*) zügeln **II.** *vpr* **se ~** sich beherrschen

Majesté [maʒɛste] *f* **Votre ~** Eure Majestät

majeur [maʒœʀ] *m* Mittelfinger *m*

majeur, e [maʒœʀ] **I.** *adj* ❶ (*difficulté, intérêt*) sehr groß; (*événement*) wichtig ❷ (*le plus important*) wichtigste(r, s); (*défaut*) Haupt- ❸ *antéposé* **la ~e partie du temps** die meiste Zeit ❹ JUR volljährig ❺ MUS groß; **do/ré/mi/fa ~** C/D/E/F-Dur ▸**être ~ et vacciné** *fam* kein kleines Kind mehr sein **II.** *m, f* JUR Volljährige(r) *f(m)*

majoritairement [maʒɔʀitɛʀmɑ̃] *adv* mehrheitlich

majorité [maʒɔʀite] *f* ❶ (*des voix*) Mehrzahl *f;* (*des membres présents*) Mehrheit *f;* **en ~** überwiegend ❷ JUR Volljährigkeit *f*

majuscule [maʒyskyl] **I.** *adj* große(r, s); (*lettre*) Groß- **II.** *f* Großbuchstabe *m;* **en ~s** in Blockschrift

mal[1] [mal] **I.** *adv* ❶ (*opp: bien*) schlecht; (*respirer*) schwer; (*finir*) böse ❷ (*pas au bon moment*) ungünstig ❸ (*pas de la bonne façon*) **~ s'y prendre** sich ungeschickt anstellen ❹ (*répondre*) unverschämt ❺ (*comprendre, juger*) falsch; (*s'exprimer*) unklar ❻ (*de manière défavorable*) **être ~ vu** nicht gern gesehen sein ❼ (*en se vexant*) **elle a ~ pris ma remarque** sie hat meine Bemerkung in den falschen Hals gekriegt (*fam*) ▸**je m'en fiche pas ~** das ist mir ganz egal (*fam*) **II.** *adj inv* ❶ schlecht; **faire quelqu**

chose/ne rien faire de ~ etwas Böses/ nichts Böses tun ❷ (*pas à l'aise*) **être ~** sich nicht wohl fühlen

mal[2] [mal, mo] <maux> *m* ❶ *a.* REL **le ~** das Böse *kein Pl* ❷ *sans pl* (*action, parole, pensée mauvaise*) Schlechte(s) *nt kein Pl;* **faire du ~ à qn** jdm schaden; **dire du ~ de qn** schlecht über jdn sprechen; **il n'y a pas de ~ à qc** an etw (*dat*) ist doch nichts Schlimmes ❸ *sans pl* (*maladie, malaise*) Übel *nt;* **~ de mer** Seekrankheit *f* ❹ (*souffrance physique*) Schmerzen *Pl;* **il a ~ à la main** ihm tut die Hand weh; **avoir ~ à la tête** Kopfschmerzen haben; **avoir ~ à la jambe** Schmerzen im Bein haben; **[se] faire ~** [sich (*dat*)] wehtun ❺ (*souffrance morale*) **faire ~** wehtun; **~ du pays** Heimweh *nt;* **qn/qc me fait ~ au cœur** jd/etw tut mir leid ❻ *sans pl* (*peine*) Mühe *f;* **il a du ~ à supporter qc** er kann etw nur schwer ertragen ❼ *sans pl* (*dégât*) Schaden *m;* **le travail ne fait pas de ~ à qn** Arbeit kann jdm nichts schaden (*fam*) ▶**le ~ est <u>fait</u>** das Unglück ist geschehen

malabar [malabaʀ] *m fam* Muskelprotz *m*

malade [malad] **I.** *adj* ❶ krank; **tomber ~** krank werden; **être ~ du sida/cœur** aids-/herzkrank sein ❷ (*bouleversé*) **~ de jalousie** krank vor Eifersucht ❸ *fam* (*cinglé*) **être ~** spinnen **II.** *mf* ❶ Kranke(r) *f(m);* **grand ~** Schwerkranker; **~ mental** Geisteskranker ❷ (*patient*) Patient(in) *m(f)*

maladie [maladi] *f* ❶ Krankheit *f;* **être en ~** krankgeschrieben sein ❷ (*manie*) Manie *f* ▶**<u>faire</u> une ~ de qc** *fam* ein Drama aus etw machen

maladif, -ive [maladif, -iv] *adj* ❶ (*personne*) kränkelnd; (*air, pâleur*) kränklich ❷ (*besoin, peur*) krankhaft

maladresse [maladʀɛs] *f* ❶ (*gaucherie*) Ungeschicklichkeit *f;* (*d'un style*) Unbeholfenheit *f* ❷ (*bévue, gaffe*) Fauxpas *m*

maladroit, e [maladʀwa, wat] **I.** *adj* ❶ (*geste, personne*) ungeschickt; (*style*) unbeholfen ❷ (*parole, remarque*) unpassend **II.** *m, f* ❶ (*personne malhabile*) Tollpatsch *m* (*fam*) ❷ (*gaffeur*) Tölpel *m*

maladroitement [maladʀwatmɑ̃] *adv* (*gauchement*) ungeschickt; **s'exprimer ~** sich unbeholfen ausdrücken

malaise [malɛz] *m* ❶ MED Unwohlsein *nt;* **avoir un ~** ohnmächtig werden ❷ (*crise*) Unbehagen *nt;* **le ~ social** die sozialen Missstände *Pl*

malbouffe [malbuf] *f fam* Junk-Food *nt*

malchance [malʃɑ̃s] *f* Pech *nt*

malchanceux, -euse [malʃɑ̃sø, -øz] *adj* vom Pech verfolgt

mâle [mɑl] **I.** *adj* männlich **II.** *m* ❶ (*homme*) Mann *m* ❷ (*animal*) Männchen *nt*

malédiction [malediksjɔ̃] *f* ❶ (*fatalité*) Fluch *m* ❷ (*malheur*) Unheil *nt*

malencontreusement [malɑ̃kɔ̃tʀøzmɑ̃] *adv* unpassenderweise

malentendant, e [malɑ̃tɑ̃dɑ̃, ɑ̃t] *m, f* Schwerhörige(r) *f(m)*

malentendu [malɑ̃tɑ̃dy] *m* Missverständnis *nt*

malfaiteur, -trice [malfɛtœʀ, -tʀis] *m, f* Übeltäter(in) *m(f)*

malformation [malfɔʀmasjɔ̃] *f* Missbildung *f;* **~ du cœur** Herzfehler *m*

malgache [malgaʃ] **I.** *adj* madagassisch **II.** *m* Madagassisch *nt; v.a.* **allemand**

Malgache [malgaʃ] *mf* Madagasse/Madagassin *m/f*

malgré [malgʀe] *prép* ❶ (*en dépit de*) trotz (+ *dat o gen*); **~ tout** trotz allem ❷ (*contre le gré de*) **~ moi/elle/lui** gegen meinen/ihren/seinen Willen

malheur [malœʀ] *m* ❶ (*événement pénible*) Unglück *nt* ❷ *sans pl* (*malchance*) Unglück *nt;* **par ~** unglücklicherweise ❸ (*tort*) **avoir le ~ de faire qc** dummerweise etw tun ▶**[ne] <u>parle</u> pas de ~!** *fam* mal den Teufel nicht an die Wand!; **oiseau <u>de</u> ~** Unglücksbote *m*

malheureusement [maløʀøzmɑ̃] *adv* leider

malheureux, -euse [maløʀø, -øz] **I.** *adj* ❶ (*personne, air*) unglücklich ❷ *a. antéposé* (*regrettable, fâcheux*) unglücklich; (*incident, suites*) bedauerlich; (*parole*) ungeschickt **II.** *m, f* ❶ (*indigent*) Notleidende(r) *f(m)* ❷ (*infortuné*) Unglückselige(r) *f(m)*

malhonnête [malɔnɛt] *adj* unehrlich; *iron* unanständig

malhonnêteté [malɔnɛtte] *f* Unehrlichkeit *f*

Mali [mali] *m* **le ~** Mali *nt*

malice [malis] *f* ❶ (*espièglerie*) Schalkhaftigkeit *f* ❷ (*méchanceté*) Böswilligkeit *f*

malicieux, -euse [malisjø, -jøz] *adj* (*réponse*) schelmisch; (*regard, sourire*) verschmitzt; (*enfant, personne*) spitzbübisch

malin, **maligne** [malɛ̃, maliɲ] **I.** *adj* ❶ (*personne*) schlau; (*sourire*) verschmitzt; (*air*) pfiffig ❷ (*tumeur*) bösartig **II.** *m, f* Schlaukopf *m* (*fam*); **faire le ~** sich aufspielen
malle [mal] *f* Überseekoffer *m* ▶**se faire la ~** *fam* abhauen
malléable [maleabl] *adj* (*argile*) knetbar; (*métal*) weich
mallette [malɛt] *f* Aktenkoffer *m*
malmener [malməne] <4> *vt* ❶ (*rudoyer*) schlecht behandeln ❷ (*bousculer*) hart bedrängen
malnutrition [malnytʀisjɔ̃] *f* Unterernährung *f*
malpoli, **e** [malpɔli] *adj fam* unhöflich; (*enfant*) ungezogen
malsain, **e** [malsɛ̃, ɛn] *adj* krankhaft
malt [malt] *m* Malz *nt*
maltais [maltɛ] *m* Maltesisch *nt; v.a.* **allemand**
Malte [malt] *f* **l'île de ~** die Insel Malta
maltraiter [maltʀete] <1> *vt* misshandeln
malus [malys] *m* Malus *m*
maman [mamɑ̃] *f* ❶ Mutter *f;* **future ~** werdende Mutter ❷ (*appellation*) Mama *f*
mamie [mami] *f fam* Oma *f*
mammifère [mamifɛʀ] *mf* Säugetier *nt*
mammouth [mamut] *m* Mammut *nt*
mammy [mami] *f v.* **mamie**
mamours [mamuʀ] *mpl fam* (*câlins*) **faire des ~ à qn** mit jdm schmusen
manager [mana(d)ʒe] <2a> *vt* managen
manageur, **-euse** [manmadʒœʀ, -øz] *m, f* Manager(in) *m(f)*
manche[1] [mɑ̃ʃ] *f* ❶ (*d'un vêtement*) Ärmel *m* ❷ (*aux courses*) Runde *f;* (*au ski*) Durchlauf *m* ❸ JEUX Spiel *nt* ▶**faire la ~** betteln
manche[2] [mɑ̃ʃ] *m* (*d'un outil*) Griff *m;* (*d'un balai*) Stiel *m;* (*d'une guitare, d'un violon*) Hals *m*
Manche [mɑ̃ʃ] *f* **la ~** der Ärmelkanal
manchette [mɑ̃ʃɛt] *f* Manschette *f*
manchot [mɑ̃ʃo] *m* Pinguin *m*
manchot, **e** [mɑ̃ʃo, ɔt] **I.** *adj* einarmig **II.** *m, f* (*personne*) Einarmige(r) *f(m)*
mandarine [mɑ̃daʀin] *f* Mandarine *f*
mandat [mɑ̃da] *m* ❶ Auftrag *m;* JUR, POL Mandat *nt;* **~ d'arrêt** Haftbefehl *m* ❷ COM, FIN Postanweisung *f*
mandat-carte [mɑ̃dakaʀt] <mandats-cartes> *m* Postanweisung *f* **mandat-lettre** [mɑ̃dalɛtʀ] <mandats-lettres> *m: Postanweisung, die in einem Brief geschickt wird und auf der Post einzulösen ist*
manège [manɛʒ] *m* Karussell *nt;* (*agissements*) Hin und Her *nt*
manette [manɛt] *f* INFORM **~ de jeu** Joystick *m*
mangeable [mɑ̃ʒabl] *adj* essbar
manger [mɑ̃ʒe] <2a> **I.** *vt* ❶ **~ qc** (*personne*) etw essen; (*animal*) etw fressen ❷ (*capital, héritage*) vergeuden ❸ *fam* (*mots*) verschlucken **II.** *vi* (*personne*) essen; (*animal*) fressen; **donner à ~ à un bébé/aux vaches** ein Baby/die Kühe füttern **III.** *vpr* **se manger chaud** warm gegessen werden
mangeur, **-euse** [mɑ̃ʒœʀ, -ʒøz] *m, f* **gros ~** starker Esser *m*
mangue [mɑ̃g] *f* Mango *f*
maniabilité [manjabilite] *f* (*d'une machine*) leichte Bedienung; (*d'une voiture*) Wendigkeit *f;* (*d'un appareil*) leichte Handhabung; (*d'un outil*) Handlichkeit *f*
maniaque [manjak] **I.** *adj* pingelig (*fam*) pedantisch **II.** *mf* ❶ Pedant(in) *m(f);* **un ~ de l'ordre** ein Ordnungsfanatiker ❷ (*malade*) Irre(r) *f(m);* **~ sexuel** Triebtäter *m*
manie [mani] *f* Tick *m;* **~ de la propreté** Sauberkeitsfimmel *m* (*fam*)
maniement [manimɑ̃] *m* Handhabung *f;* (*d'un appareil*) Bedienung *f;* (*d'une voiture*) Lenken *nt*
manier [manje] <1> *vt* ❶ (*objet, outil*) handhaben; (*appareil*) bedienen ❷ (*manipuler, avoir entre les mains*) **~ qn/qc** mit jdm/etw umgehen ❸ (*langue*) beherrschen
maniéré, **e** [manjeʀe] *adj* gekünstelt; (*ton, personne*) affektiert
manière [manjɛʀ] *f* ❶ (*façon*) Art *f;* **~ de faire qc** Art und Weise etw zu tun; **~ d'agir/de s'exprimer** Handlungs-/Ausdrucksweise *f;* **à la ~ ...** nach ... Art; **à la ~ de qn/qc** wie jd/etw; **à ma/sa ~** auf meine/seine/ihre Weise; **de ~ brutale/rapide** auf brutale/schnelle Art und Weise; **d'une ~ générale** im Allgemeinen; **d'une ~ ou d'une autre** so oder so; **de toute ~** auf jeden Fall; **de ~ à faire qc** um etw zu tun; **de ~ [à ce] que** + *subj* so, dass; **de quelle ~?** wie denn? ❷ *pl* (*comportement*) Manieren *Pl;* **faire des ~s** sich zieren ❸ LING **adverbe/complément de ~** Adverbialbestimmung *f* der Art und Weise

►**employer la ~ forte** hart durchgreifen

manifestant, e [manifɛstɑ̃, ɑ̃t] *m, f* Demonstrant(in) *m(f)*

manifestation [manifɛstasjɔ̃] *f* ① POL Demonstration *f* ② (*événement*) Veranstaltung *f* ③ (*d'un sentiment*) Äußerung *f*; (*de joie, amitié*) Bekundung *f*

manifeste [manifɛst] **I.** *adj* offensichtlich **II.** *m* Manifest *nt*

manifestement [manifɛstəmɑ̃] *adv* ganz offensichtlich

manifester [manifɛste] <1> **I.** *vt* zum Ausdruck bringen **II.** *vi* demonstrieren **III.** *vpr* **se ~** ① (*se révéler*) sich äußern; (*crise*) auftreten ② (*se faire connaître*) sich melden; (*candidat*) sich vorstellen ③ (*s'exprimer*) sich äußern

manigance [manigɑ̃s] *f gén pl* Machenschaften *Pl*

manigancer [manigɑ̃se] <2> *vt* aushecken (*fam*)

manioc [manjɔk] *m* Maniok *m*

manipulation [manipylasjɔ̃] *f* ① (*d'une machine*) Bedienung *f*; (*d'un produit*) Umgehen *nt* mit (+ *dat*) ② *pl* (*expériences*) Versuche *Pl*; **les ~s génétiques** die Genmanipulation ③ *péj* (*de l'opinion*) Manipulation *f*

manipuler [manipyle] <1> *vt* ① (*outil*) handhaben ② *péj* (*fausser*) manipulieren; (*résultats*) fälschen ③ (*influencer*) manipulieren

manitou [manitu] *m* ① Manitu *m* ② *fig fam* **c'est lui, le grand ~ ici!** er ist hier der Häuptling! (*iron fam*)

manivelle [manivɛl] *f* Kurbel *f*

mannequin [mankɛ̃] *m* ① Mannequin *nt* ② (*pour le tailleur*) Schneiderpuppe *f*; (*pour la vitrine*) Schaufensterpuppe *f*

manœuvre [manœvʀ] **I.** *f* ① *a.* MIL Manöver *nt*; **fausse ~** Bedienungsfehler *m* ② *péj* Machenschaften *Pl* **II.** *m* Hilfsarbeiter(in) *m(f)*

manœuvrer [manœvʀe] <1> **I.** *vt* ① (*machine*) bedienen; (*outil*) handhaben ② (*véhicule*) steuern **II.** *vi* (*agir habilement*) geschickt vorgehen

manomètre [manɔmɛtʀ] *m* Manometer *m*

manouche [manuʃ] *mf fam* Zigeuner(in) *m(f)*

manquant, e [mɑ̃kɑ̃, ɑ̃t] *adj* ① (*pièce, somme*) fehlend ② (*article*) nicht vorrätig

manque [mɑ̃k] *m* ① Mangel *m*; **~ de sérieux** Mangel an Ernsthaftigkeit; **~ d'imagination** Fantasielosigkeit *f* ② MED **être en ~** Entzugserscheinungen haben

manqué, e [mɑ̃ke] *adj* (*occasion, rendez-vous*) verpasst; (*photo, roman*) misslungen

manquer [mɑ̃ke] <1> **I.** *vt* ① (*cible, but*) verfehlen ② (*se venger*) **ne pas ~ qn** jdm kein Pardon geben ③ (*film, réunion*) verpassen; (*école*) nicht gehen in (+ *akk*) **II.** *vi* ① (*être absent*) fehlen ② (*ne pas avoir assez de*) **qn/qc manque de qn/qc** jdm/einer S. fehlt jd/etw ③ (*regretter de ne pas avoir*) **mes enfants me manquent** ich vermisse die Kinder ④ (*attentat, tentative*) scheitern ⑤ (*ne pas respecter*) **~ à sa parole** sein/ihr Wort nicht halten ⑥ (*faillir*) **~ [de] faire qc** etw beinahe tun; **ne pas ~ de faire qc** etw auf jeden Fall tun ►**il ne manquait plus que ça** das hat gerade noch gefehlt **III.** *vpr* **se ~ de 5 minutes** sich um 5 Minuten verpassen

manteau [mɑ̃to] <x> *m* Mantel *m*

manucure [manykyʀ] *mf* Maniküre *f*

manuel [manɥɛl] *m* Lehrbuch *nt*; (*manuel d'utilisation*) Handbuch

manuel, le [manɥɛl] *adj* (*métier, profession*) handwerklich; (*activité, travail*) manuell

manu militari [manymilitaʀi] *adv* kurzerhand; (*par la force physique*) gewaltsam

manuscrit, e [manyskʀi, it] **I.** *adj* handschriftlich **II.** *m* Manuskript *nt*

manutention [manytɑ̃sjɔ̃] *f* Warenumschlag *m*

manutentionnaire [manytɑ̃sjɔnɛʀ] *mf* Lagerist(in) *m(f)*

maquerelle [makʀɛl] *f fam* Puffmutter *f*

maquette [makɛt] *f* Modell *nt*

maquillage [makijaʒ] *m* ① (*action*) Schminken *nt*; (*résultat, produits*) Make-up *nt*; THEAT Maske *f* ② (*d'une voiture*) Frisieren *nt*

maquiller [makije] <1> **I.** *vt* ① schminken ② (*falsifier*) fälschen; (*vérité*) verdrehen; (*faits*) entstellen; (*voiture*) frisieren **II.** *vpr* **se ~** sich schminken

maquilleur, -euse [makijœʀ, -jøz] *m, f* Maskenbildner(in) *m(f)*

marais [maʀɛ] *m* Sumpf *m*

marathon [maʀatɔ̃] *m* Marathon *m*

marathonien, ne [maʀatɔnjɛ̃, -jɛn] *m, f* Marathonläufer(in) *m(f)*

marbre [maʀbʀ] *m* Marmor *m*

marbrer [maʀbʀe] <1> *vt* marmorieren;

gâteau marbré Marmorkuchen *m*
marcel [maʀsɛl] *m* (*maillot de corps masculin*) Muscleshirt *nt*
marchand, e [maʀʃɑ̃, ɑ̃d] **I.** *adj* (*marine, navire*) Handels- **II.** *m, f* Händler(in) *m(f)*
marchandage [maʀʃɑ̃daʒ] *m* Handeln *nt*
marchander [maʀʃɑ̃de] <1> *vt, vi* ~ [**le prix**] [um den Preis] handeln
marchandise [maʀʃɑ̃diz] *f* Ware *f*
marche[1] [maʀʃ] *f* ❶ (*action*) Gehen *nt;* SPORT Lauf *m;* **se mettre en ~** sich auf den Weg machen ❷ (*allure*) Gang *m* ❸ MIL, POL, MUS Marsch *m;* **faire ~ sur qc** auf etw (*akk*) zumarschieren ❹ (*mouvement continu*) **en ~ arrière** rückwärts; **faire** [**une**] **~ arrière** AUT rückwärtsfahren ❺ (*d'une entreprise*) Gang *m;* **moteur en ~** laufender Motor; **mettre qc en ~** etw einschalten ▶**faire ~ arrière** einen Rückzieher machen
marche[2] [maʀʃ] *f* (*d'un escalier*) Stufe *f;* (*d'un véhicule*) Trittbrett *nt*
marché [maʀʃe] *m* ❶ Markt *m;* **~ couvert** Markthalle[n *Pl*] *f;* **~ aux puces** Flohmarkt ❷ (*contrat*) Vertrag *m;* **~ conclu!** abgemacht!; **le ~ unique** der Europäische Binnenmarkt ▶**bon ~** *inv* billig
marcher [maʀʃe] <1> *vi* ❶ gehen ❷ MIL **~ sur la ville/Paris** auf die Stadt/Paris zumarschieren ❸ (*poser le pied*) **~ sur/dans qc** auf/in etw (*akk*) treten ❹ (*fonctionner*) laufen; (*montre*) gehen; (*télé, machine*) an sein; **~ à l'électricité** mit Strom betrieben werden ❺ (*affaire, film*) laufen; (*études*) vorangehen; (*procédé*) funktionieren ❻ *fam* **faire ~ qn** jdn auf den Arm nehmen ❼ *fam* **ça marche!** o.k.!
mardi [maʀdi] *m* Dienstag *m;* **~ gras** Karnevalsdienstag; *v.a.* **dimanche**
mare [maʀ] *f* Tümpel *m;* **~ de sang** Blutlache *f*
marécage [maʀekaʒ] *m* Sumpf *m*
maréchal-ferrant [maʀeʃalfeʀɑ̃] <maréchaux-ferrants> *m* Hufschmied *m*
maréchaussée [maʀeʃose] *f hum* Gesetzeshüter *m*
marée [maʀe] *f* ❶ Ebbe *f* und Flut *f;* **à ~ basse/haute** bei Ebbe/Flut ❷ *fig* **~ humaine** Menschenflut *f* ▶**~ noire** Ölpest *f*
margarine [maʀgaʀin] *f* Margarine *f*
marge [maʀʒ] *f* ❶ (*d'une feuille*) Rand *m* ❷ (*délai*) Spielraum *m;* **~ d'erreur** zulässige Abweichung ❸ *fig* **vivre en ~ de la société** am Rande der Gesellschaft leben
marginal, e [maʀʒinal, o] <-aux> **I.** *adj* ❶ (*accessoire*) marginal; (*occupation, rôle*) Neben- ❷ (*en marge de la société*) am Rande der Gesellschaft; (*groupe*) Rand- **II.** *m, f* Außenseiter(in) *m(f)*
marginalité [maʀʒinalite] *f* Außenseitertum *nt*
marguerite [maʀgəʀit] *f* Margerite *f*
mari [maʀi] *m* [Ehe]mann *m*
mariage [maʀjaʒ] *m* ❶ (*institution*) Ehe *f;* (*union*) Heirat *f;* **~ blanc** Scheinehe; **demander qn en ~** um jds Hand anhalten ❷ (*cérémonie*) Hochzeit *f;* **~ civil/religieux** standesamtliche/kirchliche Trauung ❸ (*vie conjugale*) Ehe *f;* **fêter les 25/10 ans de ~** silberne Hochzeit/den 10. Hochzeitstag feiern
marié, e [maʀje] **I.** *adj* verheiratet **II.** *m, f* (*le jour du mariage*) Bräutigam/Braut *m/f;* **les ~s** das Brautpaar
marier [maʀje] <1> **I.** *vt* ❶ trauen; **~ qn avec qn** jdn mit jdm verheiraten ❷ CAN BELG NORD (*épouser*) heiraten **II.** *vpr* **se ~ avec qn** jdn heiraten
marin [maʀɛ̃] *m* (*matelot*) Seemann *m;* (*navigateur*) Seefahrer *m*
marin, e [maʀɛ̃, in] *adj* Meeres-; (*air, carte*) See-
marine [maʀin] **I.** *f* Marine *f* **II.** *adj gén inv* marineblau
mariner [maʀine] <1> **I.** *vt* marinieren **II.** *vi* GASTR in [der] Marinade ziehen
marinière [maʀinjɛʀ] **I.** *f* Matrosenbluse *f* **II.** *app inv* GASTR [**à la**] ~ nach Seemannsart (*mit Weißwein und Zwiebeln zubereitet*)
marionnette [maʀjɔnɛt] *f* Marionette *f*
maritime [maʀitim] *adj* ❶ (*du bord de mer*) maritim; (*région, ville*) Küsten- ❷ (*relatif au commerce*) See-; (*transport*) zur See; **compagnie ~** Schifffahrtsgesellschaft *f*
mark [maʀk] *m* Mark *f;* **le deutsche Mark** die deutsche Mark
marketing [maʀkɛtiŋ] *m* Marketing *nt*
marmelade [maʀməlad] *f* Marmelade *f*
marmonner [maʀmɔne] <1> **I.** *vt* murmeln **II.** *vi* vor sich (*akk*) hin murmeln
marmotte [maʀmɔt] *f* Murmeltier *nt*
Maroc [maʀɔk] *m* **le ~** Marokko *nt*
marocain, e [maʀɔkɛ̃, ɛn] *adj* marokkanisch
Marocain, e [maʀɔkɛ̃, ɛn] *m, f* Marokkaner(in) *m(f)*

marquant, e [maʀkɑ̃, ɑ̃t] *adj* (*fait, événement*) einschneidend; (*souvenir*) prägend
marque [maʀk] *f* ❶ (*trace*) Spur *f;* (*tache*) Fleck *m* ❷ (*repère*) Zeichen *nt;* SPORT Start *m;* **à vos ~s!** auf die Plätze! ❸ (*témoignage*) **~ de confiance** Vertrauensbeweis *m;* **~ de respect** Ehrenbezeugung *f* ❹ (*signe distinctif*) Kennzeichen *nt* ❺ COM Marke *f;* **~ déposée** Warenzeichen ❻ LING Merkmal *nt*
marqué, e [maʀke] *adj* ❶ (*traits du visage*) ausgeprägt; (*préférence, différence*) deutlich ❷ (*traumatisé*) vorbelastet
marquer [maʀke] <1> *vt* ❶ (*indiquer*) markieren; (*heure, degré*) anzeigen ❷ (*distinguer par un signe*) kennzeichnen; **~ d'un trait/d'une croix** anstreichen/ankreuzen ❸ (*laisser une trace sur*) Spuren hinterlassen auf (+ *dat*) ❹ (*étape, progrès*) signalisieren ❺ (*inscrire, noter*) notieren ❻ SPORT erzielen
marqueur [maʀkœʀ] *m* ❶ (*crayon*) Textmarker *m* ❷ (*marqueur fluorescent*) Leuchtstift *m*
marquise [maʀkiz] *f* (*auvent*) Markise *f*
marraine [maʀɛn] *f* Patin *f*
marrant, e [maʀɑ̃, ɑ̃t] *adj fam* witzig
marre [maʀ] *adv fam* ►**en avoir ~ de qn/qc** jdn/etw satthaben
marrer [maʀe] <1> *vpr* **se ~** *fam* sich totlachen
marron [maʀɔ̃] **I.** *m* Marone *f* **II.** *adj inv* [kastanien]braun
mars [maʀs] *m* ❶ März *m;* *v.a.* **août** ❷ ASTRO Mars *m*
marseillais, e [maʀsɛjɛ, jɛz] *adj* Marseiller
Marseillaise [maʀsɛjɛz] *f* **la ~** die Marseillaise

Die **Marseillaise** ist seit 1795 die französische Nationalhymne. Sie wurde 1792 von C.J. Rouget de Lisle als Kriegslied für die Rheinarmee geschrieben. Während der Revolution wurde sie von einem Freiwilligenbataillon aus Marseille gesungen, als es in Paris einmarschierte, um an einer Volkserhebung teilzunehmen. So erhielt sie ihren Namen.

marteau [maʀto] <x> *m* Hammer *m*
marteler [maʀtəle] <4> *vt* ❶ (*frapper*) hämmern ❷ (*scander*) skandieren
Martien, ne [maʀsjɛ̃, jɛn] *m, f* Marsbewohner(in) *m(f)*
Martiniquais, e [maʀtinikɛ, ɛz] *m, f* Einwohner(in) *m(f)* von Martinique
Martinique [maʀtinik] *f* **la ~** die Insel Martinique
martin-pêcheur [maʀtɛ̃pɛʃœʀ] <martins-pêcheurs> *m* Eisvogel *m*
martre [maʀtʀ] *f* ZOOL Marder *m*
martyr, e [maʀtiʀ] **I.** *adj* (*enfant*) misshandelt; (*peuple*) geschunden **II.** *m, f* Märtyrer(in) *m(f)*
martyre [maʀtiʀ] *m* REL Martyrium *nt*
martyriser [maʀtiʀize] <1> *vt* quälen
mascara [maskaʀa] *m* Wimperntusche *f*
mascotte [maskɔt] *f* Maskottchen *nt*
masculin [maskylɛ̃] *m* LING Maskulinum *nt*
masculin, e [maskylɛ̃, in] *adj* männlich
masculinité [maskylinite] *f* männliches Geschlecht
maso [mazo] *adj inv, fam abr de* **masochiste être ~** Maso sein
masochiste [mazɔʃist] **I.** *adj* masochistisch **II.** *mf* Masochist(in) *m(f)*
masque [mask] *m* Maske *f*
masqué, e [maske] *adj* maskiert; (*bal, soirée*) Masken-
masquer [maske] <1> **I.** *vt* verdecken; (*vérité*) verheimlichen **II.** *vpr* **se ~ le visage** sich (*dat*) eine Maske aufsetzen
massacre [masakʀ] *m* Massaker *nt;* (*travail mal fait*) Stümperei *f*
massacrer [masakʀe] <1> **I.** *vt* ❶ (*peuple*) niedermetzeln; (*animaux*) abschlachten ❷ *fig fam* (*personne*) fertigmachen ❸ *fam* (*détériorer*) verhunzen **II.** *vpr* **se faire ~** sich abschlachten lassen
massage [masaʒ] *m* Massage *f*
masse [mas] *f* ❶ Masse *f;* **les ~s populaires** die [Volks]masse[n] ❷ ECON **~ monétaire** Geldvolumen *nt;* **~ salariale** Lohn- und Gehaltsaufkommen *nt*
masser[1] [mase] <1> **I.** *vt* (*grouper*) versammeln **II.** *vpr* **se ~** sich zusammenscharen
masser[2] [mase] <1> *vt* massieren
masseur, -euse [masœʀ, -øz] *m, f* Masseur(in) *m(f)*
massif [masif] *m* ❶ BOT Beet *nt* ❷ GEO Bergmassiv *nt*
massif, -ive [masif, -iv] *adj* ❶ (*carrure*) massig; (*bâtiment, meuble*) wuchtig ❷ (*argent, bois*) massiv ❸ (*important*) massiv; (*manifestation*) Massen-; (*dose*) hoch

M

massivement [masivmɑ̃] *adv* massenweise; (*licencier*) in großer Zahl; **la population a ~ répondu oui au référendum** die Bevölkerung hat sich mit großer Mehrheit für das Referendum ausgesprochen

mass media [masmedja] *mpl* Massenmedien *Pl*

masturbation [mastyʀbasjɔ̃] *f* Selbstbefriedigung *f*

masturber [mastyʀbe] <1> **I.** *vt* masturbieren **II.** *vpr* **se ~** onanieren

mat [mat] *adj inv* JEUX matt

mat, e [mat] *adj* matt; (*peau, teint*) dunkel; (*bruit*) dumpf

mât [mɑ] *m* Mast *m*

match [matʃ] <[e]s> *m* Spiel *nt*; **~ de boxe** Boxkampf *m*; **~ nul** Unentschieden *nt*

matelas [matlɑ] *m* Matratze *f*; **~ pneumatique** Luftmatratze

matelot [matlo] *m* Matrose *m*

matelote [matlɔt] *f* GASTR *Fischragout in Weinsoße*

mater[1] [mate] <1> *vt* ① (*faire s'assagir*) zur Vernunft bringen ② (*réprimer, vaincre*) bezwingen

mater[2] [mate] <1> *vt fam* (*regarder*) anglotzen

matérialisation [mateʀjalizasjɔ̃] *f* Realisierung *f*

matérialiser [mateʀjalize] <1> **I.** *vt* realisieren; (*idée*) in die Tat umsetzen **II.** *vpr* **se ~** Gestalt annehmen

matérialiste [mateʀjalist] **I.** *adj* materialistisch **II.** *mf* Materialist(in) *m(f)*

matériau [mateʀjo] <x> *m* ① (*matière*) Material *nt* ② *sans pl fig* Stoff *m*

matériel [mateʀjɛl] *m* ① (*équipement*) Material *nt*; **~ de camping/de pêche** Camping-/Angelausrüstung *f* ② (*assortiment proposé dans un magasin*) **~ de bureau/sport** Bürobedarf *m*/Sportartikel *Pl* ③ INFORM Hardware *f*

matériel, le [mateʀjɛl] *adj* ① materiell; (*trace, preuve*) konkret; (*biens*) Sach- ② (*dégâts*) Sach-; (*problème*) technisch ③ (*ennui, conditions*) finanziell

maternel, le [matɛʀnɛl] *adj* ① (*de/pour la mère*) Mutter-; (*tendresse, instinct*) mütterlich ② (*du côté de la mère: grand-père*) mütterlicherseits; (*biens*) von mütterlicher Seite

maternelle [matɛʀnɛl] *f* ≈ Kindergarten *m*

> In Frankreich können Kinder ab dem Alter von zwei Jahren eine **maternelle** besuchen: einen Ganztagskindergarten mit Vorschulcharakter. Sie essen dort zu Mittag und haben Betten zur Verfügung, um einen Mittagsschlaf zu halten. In Vorbereitung auf die Grundschule werden sie spielerisch und ganz allmählich in das Lesen, Schreiben und Rechnen eingeführt.

materner [matɛʀne] <1> *vt péj* bemuttern

maternité [matɛʀnite] **I.** *f* ① (*bâtiment*) Entbindungsheim *nt* ② BIO Gebärfähigkeit *f* ③ (*condition de mère*) Mutterschaft *f* **II.** *app* Mutterschafts-

mathématicien, ne [matematisjɛ̃, jɛn] *m, f* Mathematiker(in) *m(f)*

mathématique [matematik] **I.** *adj* mathematisch **II.** *fpl* Mathematik *f*

math[s] [mat] *fpl fam abr de* **mathématique** Mathe *f*

matière [matjɛʀ] *f* ① Material *nt*; **~ synthétique/première** Kunst-/Rohstoff *m* ② PHILOS, PHYS Materie *f* ③ (*sujet, thème*) Material *nt*; (*d'une discussion*) Gegenstand *m*; **en ~ de qc** bezüglich einer S. (*gen*) ④ SCOL Fach *nt*

matin [matɛ̃] **I.** *m* Morgen *m*; (*matinée*) Vormittag *m*; **le ~** morgens; **du ~ au soir** von morgens bis abends; **ce ~** heute Morgen; **tous les ~s** jeden Morgen; **6/11 heures du ~** 6 Uhr morgens/11 Uhr vormittags ▸**un de ces quatre ~s** eines Tages **II.** *adv* **mardi ~** [am] Dienstagmorgen; **tous les lundis ~[s]** jeden Montagmorgen; **hier/demain ~** gestern/morgen früh; **~ et soir** morgens und abends

matinal, e [matinal, o] <-aux> *adj* ① morgendlich; (*rosée, toilette*) Morgen- ② (*qui se lève tôt*) **être ~** ein Frühaufsteher sein

matinée [matine] *f* (*matin*) Vormittag *m* ▸**faire la grasse ~** ausschlafen

maton, ne [matɔ̃, ɔn] *m, f fam* [Gefängnis]wärter(in) *m(f)*

matraquage [matʀakaʒ] *m* ① (*coups de matraque*) **le ~ des manifestants par la police** der Schlagstockeinsatz der Polizei gegen die Demonstranten ② MEDIA Dauerberieselung *f*

matriarcal, e [matʀijaʀkal, o] <-aux> *adj*

matriarchalisch

mature [matyʀ] *adj* (*psychiquement*) reif; (*sexuellement*) geschlechtsreif

mâture [mɑtyʀ] *f* Bemastung *f*

maturité [matyʀite] *f* ❶ BOT, BIO Reife *f* ❷ CH (*baccalauréat*) Abitur *nt*, Maturität *f* (CH)

maudit, e [modi, it] *adj* ❶ *antéposé* (*fichu*) verdammt ❷ *postposé* (*poète, écrivain*) verfemt; (*funeste*) verflucht; (*lieu a.*) unheilvoll

maure [mɔʀ] *adj* HIST maurisch

mauresque [mɔʀɛsk] *adj* maurisch

Mauritanie [mɔʀitani] *f* **la ~** Mauretanien *nt*

maussade [mosad] *adj* griesgrämig; (*ciel*) grau; (*humeur*) schlecht; (*temps, paysage*) trist

mauvais [movɛ] **I.** *adv* **il fait ~** es ist schlechtes Wetter; **sentir ~** nicht gut riechen **II.** *m* Schlechte(s) *nt*

mauvais, e [movɛ, ɛz] *adj* ❶ *antéposé* schlecht; (*action*) bös; **être ~ en qc** in etw (*dat*) schlecht sein; **être ~ pour la santé** ungesund sein; **faire un ~ rêve** schlecht träumen ❷ (*intention, regard*) böse ❸ (*mer*) stürmisch

mauve [mov] **I.** *adj* blasslila **II.** *m* Blasslila *nt*

max [maks] *m fam abr de* **maximum**

maxi [maksi] *adj inv* maximal

maximal, e [maksimal, o] <-aux> *adj* maximal; (*vitesse, peine*) Höchst-

maximum [maksimɔm] <s> **I.** *adj* maximal **II.** *m* Höchstmaß *nt;* JUR Höchststrafe *f;* **~ de qc** Maximum an etw (*dat*); **faire le ~** sein Möglichstes tun

Mayence [majɑ̃s] Mainz *nt*

mayonnaise [majɔnɛz] *f* Mayonnaise *f*

mazot [mazo] *m* CH *kleines ländliches Gebäude*

mazout [mazut] *m* [Heiz]öl *nt*

me [mə] < *devant voyelle ou h muet* **m'**> *pron pers* ❶ **il ~ voit/m'aime** er sieht/liebt mich; **il ~ suit** er folgt mir ❷ *avec faire, laisser* mich; **il ~ laisse/fait conduire** [**la voiture**] er lässt mich [das Auto] fahren ❸ *avec être, devenir, sembler, soutenu* **cela ~ semble bon** das erscheint mir gut; **le café m'est indispensable** ich kann nicht auf Kaffee verzichten ❹ *avec les verbes pronominaux* **je ~ nettoie** ich mache mich sauber; **je ~ nettoie les ongles** ich mache mir die Nägel sauber; **je ~ fais couper les cheveux** ich lasse mir die Haare schneiden ❺ (*avec un sens possessif*) **le cœur ~ battait fort** mein Herz schlug heftig ❻ *avec un présentatif* ich; **~ voici!** hier bin ich!

mec [mɛk] *m fam* Kerl *m*

mécanicien, ne [mekanisjɛ̃, jɛn] *m, f* Mechaniker(in) *m(f)*

mécanique [mekanik] **I.** *adj* mechanisch; (*jouet*) zum Aufziehen **II.** *f* Mechanik *f*

mécaniquement [mekanikmɑ̃] *adv* mechanisch

mécanisation [mekanizasjɔ̃] *f* Mechanisierung *f*

mécaniser [mekanize] <1> *vpr* **se ~** auf mechanischen Betrieb umstellen

mécanisme [mekanism] *m* Mechanismus *m*

méchamment [meʃamɑ̃] *adv* ❶ böse ❷ *fam* (*très*) unheimlich; (*amoché*) übel

méchanceté [meʃɑ̃ste] *f* ❶ *sans pl* Boshaftigkeit *f;* **avec ~** böse ❷ (*acte, parole*) Bosheit *f*

méchant, e [meʃɑ̃, ɑ̃t] **I.** *adj* ❶ (*opp: gentil*) böse; (*animal*) bösartig; **être ~ avec qn** gemein zu jdm sein ❷ *antéposé* (*sévère*) böse; (*soleil, mer*) gefährlich **II.** *m, f* Böse(r) *f(m)*

mèche [mɛʃ] *f* ❶ (*d'une bougie*) Docht *m* ❷ (*touffe*) **~ de cheveux** [Haar]strähne *f*
▶**vendre la ~** ein Geheimnis verraten

méconnaissable [mekɔnɛsabl] *adj* **être ~** nicht wiederzuerkennen sein

méconnaître [mekɔnɛtʀ] <irr> *vt soutenu* ❶ (*mésestimer*) verkennen ❷ (*faits, vérité*) nicht kennen

méconnu, e [mekɔny] *adj* verkannt

mécontent, e [mekɔ̃tɑ̃, ɑ̃t] **I.** *adj* **~ de qn/qc** unzufrieden mit jdm/etw **II.** *m, f* Nörgler(in) *m(f)*

médaille [medaj] *f* Medaille *f;* (*décoration*) Orden *m*

médaillé, e [medaje] **I.** *adj* ausgezeichnet **II.** *m, f* Träger(in) *m(f)* einer Medaille/eines Ordens; SPORT Medaillengewinner(in) *m(f)*

médecin [medsɛ̃] *m* Arzt/Ärztin *m/f;* **~ de famille** Hausarzt

médecine [medsin] *f* ❶ (*science*) Medizin *f* ❷ (*profession*) Arztberuf *m*

média [medja] *m* Medium *nt;* **les ~s** die Medien

médiateur, -trice [medjatœʀ, -tʀis] **I.** *adj* vermittelnd *m* **II.** *m, f* Vermittler(in) *m(f)*

M

médiathèque [medjatɛk] *f* Mediothek *f*
médiation [medjasjɔ̃] *f* Vermittlung *f*
médiatique [medjatik] *adj* (*image*) durch die Medien bestimmt; (*sport, événement*) medienwirksam; (*personne*) telegen
médiatisation [medjatizasjɔ̃] *f* Vermarktung *f* durch die Medien
médiatiser [medjatize] <1> *vt* in den Medien vermarkten; (*excessivement*) in den Medien aufbauschen
médiatrice [medjatʀis] *f* ❶ *v.* **médiateur** ❷ GEOM Mittelsenkrechte *f*
médical, e [medikal, o] <-aux> *adj* ärztlich
médicalisation [medikalizasjɔ̃] *f* ❶ (*action*) medizinische Ausstattung ❷ (*fait d'être médicalisé*) medizinische Betreuung
médicament [medikamɑ̃] *m* Medikament *nt*
médiocre [medjɔkʀ] **I.** *adj* ❶ (*salaire*) dürftig ❷ (*minable*) mittelmäßig; (*vers, film*) zweitklassig ❸ (*élève*) schwach **II.** *mf* Durchschnittsmensch *m* **III.** *m* Mittelmäßigkeit *f*
médiocrité [medjɔkʀite] *f* (*insuffisance en qualité*) Mittelmäßigkeit *f*; (*d'une vie*) Bedeutungslosigkeit *f*
méditation [meditasjɔ̃] *f* Nachsinnen *nt;* REL Meditation *f*
méditer [medite] <1> *vi* nachsinnen; REL meditieren
Méditerranée [mediteʀane] *f* **la** [**mer**] ~ das Mittelmeer
méditerranéen, ne [mediteʀaneɛ̃, ɛn] **I.** *adj* (*climat*) mediterran; (*caractère*) südländisch; (*région, côte*) Mittelmeer- **II.** *m, f* Südländer(in) *m(f)*
médium [medjɔm] *m* Medium *nt*
méduse [medyz] *f* Qualle *f*
meeting [mitiŋ] *m* ❶ POL Versammlung *f;* (*en plein air*) Kundgebung *f* ❷ SPORT Veranstaltung *f*
méfait [mefɛ] *m* ❶ (*faute*) Missetat *f* ❷ *gén pl* (*de l'alcool*) verheerende Folgen *Pl*
méfiance [mefjɑ̃s] *f* Misstrauen *nt*
méfiant, e [mefjɑ̃, jɑ̃t] *adj* misstrauisch
méfier [mefje] <1> *vpr* **se** ~ **de qn/qc** jdm/einer S. misstrauen; (*faire attention*) **se** ~ sich in Acht nehmen
méga [mega] *m fam abr de* **mégaoctet** INFORM Megabyte *nt*
mégalopole [megalɔpɔl] *f* Riesenstadt *f*
mégaoctet [megaɔktɛ] *m* INFORM Megabyte *nt*
mégaphone [megafɔn] *m* Megaphon *nt*
mégapole [megapɔl] *f v.* **mégalopole**
mégawatt [megawat] *m* Megawatt *nt*
meilleur [mɛjœʀ] **I.** *adv* **sentir** ~ besser riechen; **il fait** ~ es ist wärmer **II.** *m* **le** ~ das Beste ▶**pour le ~ et pour le pire** auf Gedeih und Verderb
meilleur, e [mɛjœʀ] **I.** *adj* ❶ *comp de abr de* **bon** besser ❷ *superl* **le ~/la ~e élève** der beste Schüler/die beste Schülerin **II.** *m, f* **le ~/la ~e de la classe** der/die Beste in der Klasse
mélancolie [melɑ̃kɔli] *f* Melancholie *f*
mélancolique [melɑ̃kɔlik] *adj* melancholisch
mélange [melɑ̃ʒ] *m* Mischung *f*
mélangé, e [melɑ̃ʒe] *adj* gemischt
mélanger [melɑ̃ʒe] <2a> **I.** *vt* ❶ (*mêler*) [ver]mischen ❷ (*mettre en désordre*) durcheinanderbringen ❸ (*confondre*) verwechseln **II.** *vpr* **se** ~ sich [ver]mischen
mêlé, e [mele] *adj* ❶ [miteinander] vermischt; (*couleurs, races*) Misch- ❷ (*impliqué*) **être ~ à une affaire** in einen Skandal verwickelt sein
mêlée [mele] *f* ❶ SPORT Gedränge *nt* ❷ (*conflit*) **se jeter dans la** ~ sich in den Kampf stürzen
mêler [mele] <1> **I.** *vt* ❶ (*mélanger*) [ver]mischen; (*voix*) vereinigen; (*ingrédients*) verrühren ❷ (*ajouter*) ~ **des détails pittoresques à un récit** in einen Bericht malerische Einzelheiten einflechten ❸ (*impliquer*) ~ **qn à qc** jdn in etw (*akk*) verwickeln **II.** *vpr* ❶ **se ~ à la foule** sich unter die Menge mischen ❷ *péj* (*s'occuper*) **se ~ de qc** sich in etw (*akk*) einmischen
mélisse [melis] *f* Melisse *f*
mélodie [melɔdi] *f* Melodie *f*
mélodieux, -euse [melɔdjø, -jøz] *adj* melodisch
melon [m(ə)lɔ̃] *m* Melone *f*
melting-pot [mɛltiŋpɔt] <melting-pots> *m* Schmelztiegel *m*
membre [mɑ̃bʀ] **I.** *m* ❶ ANAT Glied *nt;* **les ~s** die Gliedmaßen ❷ (*d'une association*) Mitglied *nt* **II.** *app* **État** ~ Mitgliedsstaat *m*
mémé [meme] *f fam* Oma *f*
même [mɛm] **I.** *adj* ❶ **habiter le ~ quartier** in demselben Viertel wohnen; **il porte la ~ cravate qu'hier** er trägt dieselbe Kra

watte wie gestern ② (*simultané*) **en ~ temps** zur gleichen Zeit ③ (*semblable*) gleich; **la ~ chose** das Gleiche ④ (*pour renforcer*) **c'est cela ~** genau so ist es ⑤ *avec un pron pers* **toi-~** du selbst; **nous-~s** wir selbst **II.** *pron indéf* **le/la ~** (*une chose identique*) der-/die-/dasselbe; (*une chose semblable*) der/die/das Gleiche **III.** *adv* ① (*de plus, jusqu'à*) [ja] sogar; **~ pas** nicht einmal; **~ si** selbst wenn ② (*précisément*) **ici ~** genau an dieser Stelle; **je le ferai aujourd'hui ~** ich werde das heute noch tun ▶**à ~ le sol** direkt auf der Erde; **vous de ~!** *soutenu* [danke,] ebenso!; **de ~ que qn** [eben]so wie jd; **tout de ~** dennoch

mémère [memɛʀ] *f fam* Oma *f*

mémoire[1] [memwaʀ] *f* ① Gedächtnis *nt* ② (*souvenir*) **~ de qn/qc** Erinnerung *f* an jdn/etw; **faire qc à la ~ de qn** etw zum Andenken an jdn tun ③ INFORM Speicher *m;* **~ vive** Arbeitsspeicher *m;* **mettre qc en ~** etw [ab]speichern

mémoire[2] [memwaʀ] *m* ① *pl* (*journal*) Memoiren *Pl* ② (*dissertation*) [wissenschaftliche] Arbeit

mémorable [memɔʀabl] *adj* unvergesslich

mémoriser [memɔʀize] <1> *vt* INFORM [ab]speichern

menaçant, e [mənasɑ̃, ɑ̃t] *adj* ① drohend; **geste ~** Drohgebärde *f* ② (*ciel, nuage*) bedrohlich; (*nuages*) Gewitter-

menace [mənas] *f* ① (*parole, geste*) Drohung *f;* **sous la ~ de qn/qc** unter jds Zwang (*dat*)/unter dem Zwang einer S. (*gen*) ② (*danger*) Bedrohung *f*

menacé, e [mənase] *adj* bedroht

menacer [mənase] <2> **I.** *vt* ① **~ qn d'une arme** jdm mit einer Waffe drohen ② (*faire des menaces de*) **~ qn de mort/de faire qc** jdm mit dem Tod drohen/jdm androhen, etw zu tun ③ (*constituer une menace pour*) bedrohen **II.** *vi* (*orage, famine*) drohen

ménage [menaʒ] *m* ① Haushalt *m;* **faire le ~** sauber machen *fam* (*réorganiser*) Ordnung schaffen ② (*vie commune*) **être/se mettre en ~ avec qn** mit jdm zusammenleben/-ziehen ③ (*couple*) Ehepaar *nt* ④ (*famille*) Haushalt *m*

ménager [menaʒe] <2a> **I.** *vt* ① (*forces*) schonen; (*paroles*) mäßigen ② (*personne*) (*pour raisons de santé*) schonen; (*par respect ou intérêt*) rücksichtsvoll behandeln **II.** *vpr* **se ~** sich schonen

ménager, -ère [menaʒe, -ɛʀ] *adj* (*appareils*) Haushalts-; (*ordures*) Haus-

ménagère [menaʒɛʀ] *f* ① (*femme*) Hausfrau *f* ② (*service de couverts*) Besteckgarnitur *f*

mendiant, e [mɑ̃djɑ̃, jɑ̃t] *m, f* Bettler(in) *m(f)*

mendier [mɑ̃dje] <1> **I.** *vi* betteln **II.** *vt* (*argent, pain*) betteln um

mener [məne] <4> **I.** *vt* ① (*amener*) bringen; **~ qn chez qn/à l'école** jdn zu jdm/zur Schule bringen ② (*diriger*) leiten; (*négociations, affaire*) führen **II.** *vi* ① **~ à qn/qc** zu jdm/etw führen ② SPORT führen; **~ [par] deux à zéro** [mit] zwei zu null führen

méninge [menɛ̃ʒ] *f* Hirnhaut *f* ▶**se creuser les ~s** *fam* sich (*dat*) das Hirn zermartern

menottes [mənɔt] *fpl* (*pour attacher*) Handschellen *Pl*

mensonge [mɑ̃sɔ̃ʒ] *m* Lüge *f*

mensonger, -ère [mɑ̃sɔ̃ʒe, -ɛʀ] *adj* erlogen

menstruel, le [mɑ̃stʀyɛl] *adj* (*cycle*) Menstruations-; **flux ~** Monatsblutung *f*

mensuel [mɑ̃sɥɛl] *m* Monats[zeit]schrift *f*

mensuel, le [mɑ̃sɥɛl] *adj* monatlich

mensuellement [mɑ̃sɥɛlmɑ̃] *adv* monatlich

mensurations [mɑ̃syʀasjɔ̃] *fpl* (*dimensions du corps*) Maße *Pl*

mental [mɑ̃tal] *m sans pl* geistige Verfassung

mental, e [mɑ̃tal, o] <-aux> *adj* geistig; (*calcul*) Kopf-

mentalement [mɑ̃talmɑ̃] *adv* im Kopf

mentalité [mɑ̃talite] *f* Mentalität *f*

menteur, -euse [mɑ̃tœʀ, -øz] *m, f* Lügner(in) *m(f)*

menthe [mɑ̃t] *f* Minze *f*

mention [mɑ̃sjɔ̃] *f* ① (*fait de signaler*) Erwähnung *f;* **faire ~ de qn/qc** jdn/etw erwähnen ② (*indication*) Vermerk *m* ③ SCOL, UNIV Auszeichnung *f;* **avec ~ bien** mit „gut"

mentionner [mɑ̃sjɔne] <1> *vt* erwähnen

mentir [mɑ̃tiʀ] <10> *vi* lügen; **~ à qn** jdn belügen ▶**il ment comme il respire** er lügt wie gedruckt

menton [mɑ̃tɔ̃] *m* Kinn *nt;* **double ~** Doppelkinn, Goder *m* (A)

menu [məny] *m* ① (*repas*) Menü *nt* ② (*carte: au restaurant*) Speisekarte *f;* (*à la cantine*) Speiseplan *m* ③ INFORM Menü *nt;*

M

~ **déroulant** Pulldown-Menü

menu, e [məny] **I.** *adj postposé* zierlich **II.** *adv* **haché/coupé** ~ fein gehackt/klein geschnitten

menuiserie [mənɥizʀi] *f* ❶ *sans pl* (*métier*) Tischlern *nt* ❷ (*atelier*) Tischlerei *f*

menuisier [mənɥizje] *m* Tischler(in) *m(f)*

mépris [mepʀi] *m* Verachtung *f*

méprise [mepʀiz] *f* Irrtum *m*

mépriser [mepʀize] <1> *vt* ❶ (*opp: estimer*) verachten ❷ (*opp: prendre en compte*) missachten

mer [mɛʀ] *f* ❶ (*étendue d'eau*) Meer *nt;* ~ **Égée** Ägäis *f;* ~ **du Nord** Nordsee ❷ (*littoral*) **passer ses vacances à la** ~ seine Ferien am Meer verbringen ❸ (*eau de* ~) Meer[wasser *nt*] *nt*

mercenaire [mɛʀsənɛʀ] *m, f* Söldner(in) *m(f)*

mercerie [mɛʀsəʀi] *f* ❶ (*magasin*) Kurzwarenhandlung *f* ❷ (*commerce*) Kurzwarenhandel *m* ❸ (*ensemble des marchandises*) Kurzwaren *Pl*

merci [mɛʀsi] **I.** *interj* ❶ (*pour remercier*) danke; ~ **bien** danke schön; (*négatif*) [nein,] vielen Dank; ~ **à vous pour tout** ich danke Ihnen/euch für alles ❷ (*pour exprimer l'indignation, la déception*) na danke **II.** *m* Dank *m* **III.** *f* **être à la** ~ **de qn/qc** jdm/einer S. ausgeliefert sein

mercredi [mɛʀkʀədi] *m* Mittwoch *m;* ~ **des Cendres** Aschermittwoch; *v.a.* **dimanche**

mercure [mɛʀkyʀ] *m* Quecksilber *nt*

Mercure [mɛʀkyʀ] *f* ASTRO, HIST Merkur *m*

merde [mɛʀd] **I.** *f* ❶ *vulg* Scheiße *f* ❷ *fam* (*saleté, personne, chose sans valeur*) Dreck *m;* **c'est de la ~, ce stylo** dieser Stift ist doch Scheiße ▶**foutre la** ~ *fam* ein Chaos veranstalten; **temps/boulot de** ~ *fam* Scheißwetter *nt*/Scheißarbeit *f* **II.** *interj fam* ❶ (*pour exprimer la colère*) ~ **alors!** [verdammte] Scheiße! ❷ (*pour exprimer la surprise*) verdammt

merder [mɛʀde] <1> *vi fam* (*personne*) Mist machen; (*chose*) schieflaufen

merdique [mɛʀdik] *adj fam* beschissen

mère [mɛʀ] **I.** *f* ❶ (*femme*) Mutter *f;* ~ **adoptive** Adoptivmutter; ~ **célibataire** allein erziehende Mutter ❷ (*animal*) Muttertier *nt* ❸ REL ~ **supérieure** Mutter Oberin **II.** *app* **maison** ~ ECON Muttergesellschaft *f*

merguez [mɛʀgɛz] *f: kleine, scharf gewürzte Bratwurst aus Lammfleisch*

méridien [meʀidjɛ̃] *m* Meridian *m*

meringue [məʀɛ̃g] *f* Baiser *nt*

mérinos [meʀinos] *m* (*laine*) Merino[wolle *f*] *m*

méritant, e [meʀitɑ̃, ɑ̃t] *adj* verdienstvoll

mérite [meʀit] *m* ❶ Verdienst *nt;* **avoir bien du** ~ Verdienste haben ❷ (*d'un appareil, d'une organisation*) Vorzug *m*

mériter [meʀite] <1> *vt* ❶ (*avoir droit à qc*) verdienen; ~ **mieux** Besseres verdienen ❷ (*valoir*) wert sein; **cela mérite réflexion** darüber sollte man nachdenken

merlu [mɛʀly] *m* Seehecht *m*

merveille [mɛʀvɛj] *f* Wunder *nt*

merveilleusement [mɛʀvɛjøzmɑ̃] *adv* wunderbar

merveilleux [mɛʀvɛjø] *m* **le** ~ das Wunderbare

merveilleux, -euse [mɛʀvɛjø, -jøz] *ad*[j] ❶ (*exceptionnel*) wunderbar; (*très beau*) wunderschön ❷ *postposé* (*monde, lampe*) Wunder-

mes [me] *dét poss v.* **ma, mon**

mésaventure [mezavɑ̃tyʀ] *f* Missgeschick *nt*

mesdames [medam] *fpl v.* **madame**

mesdemoiselles [medmwazɛl] *fpl v.* **mademoiselle**

mésestimer [mezɛstime] <1> *vt soutenu* unterschätzen

message [mesaʒ] *m* ❶ (*nouvelle*) Nachricht *f;* ~ **publicitaire** Werbespot *m* ❷ (*note écrite*) Zettel *m* ❸ INFORM, TELEC Meldung *f;* ~ **électronique** E-Mail *f;* ~ **d'erreur** Fehlermeldung

messager, -ère [mesaʒe, -ɛʀ] *m, f* Bote/Botin *m/f*

messagerie [mesaʒʀi] *f* Mailsystem *nt* (*électronique*) Post *f*

messe [mɛs] *f* Messe *f;* ~ **de minuit** Christmette *f*

messie [mesi] *m* Messias *m*

messieurs [mesjø] *mpl v.* **monsieur**

mesure [m(ə)zyʀ] *f* ❶ Maß *nt;* (*de la température*) Messwert *m;* (*d'une personne*) Maße *Pl;* **prendre les ~s d'une pièce** einen Raum ausmessen; **prendre les ~s de q**[n] bei jdm Maß nehmen ❷ (*limite*) Maß *n*[t]; **outre** ~ übermäßig ❸ (*disposition*) Maßnahme *f;* ~ **disciplinaire** Disziplinarstraf[e] *f;* **par** ~ **de sécurité** aus Sicherheitsgrün[den]

den ❹ MUS Takt *m;* **battre la ~** den Takt angeben ▶**à ~ que nous avancions, la forêt devenait plus épaisse** je weiter wir vordrangen, desto dichter wurde der Wald; **dans une certaine ~** in gewissem Maße; **qn est en ~ de faire qc** jd ist imstande, etw zu tun; **sur ~[s]** (*costume*) maßgeschneidert

mesuré, e [məzyʀe] *adj* (*personne*) besonnen

mesurer [məzyʀe] <1> **I.** *vi* messen; **~ 1 m 70 de haut** 1,70 m hoch sein; **combien mesures-tu?** wie groß bist du? **II.** *vt* ❶ messen; (*pièce*) ausmessen ❷ (*évaluer*) ermessen; (*conséquences, risque*) abschätzen ❸ (*paroles, propos*) mäßigen **III.** *vpr* **se ~ à qn** sich mit jdm messen

métal [metal, o] <-aux> *m* Metall *nt;* **~ précieux** Edelmetall

métallique [metalik] *adj* ❶ (*en métal*) Metall-; **fil ~** Draht *m* ❷ (*qui rappelle le métal*) metallisch

métallisé, e [metalize] *adj* **peinture ~e** Metalliclackierung *f*

métallo [metalo] *m fam abr de* **métallurgiste** Metaller *m*

métallurgie [metalyʀʒi] *f sans pl* Metallindustrie *f*

métamorphose [metamɔʀfoz] *f* Verwandlung *f*

métastase [metastɑz] *f* Metastase *f*

météo [meteo] *inv abr de* **météorologique, météorologie**

météorite [meteɔʀit] *m o f* Meteorit *m*

météorologie [meteɔʀɔlɔʒi] *f* ❶ SCI Meteorologie *f* ❷ (*organisme*) meteorologisches Institut

météorologique [meteɔʀɔlɔʒik] *adj* Wetter-; (*instrument, observations*) meteorologisch

méthadone [metadɔn] *f* Methadon *nt*

méthode [metɔd] *f* ❶ (*technique*) Methode *f* ❷ (*manuel: de piano, guitare*) -schule *f;* **~ de langue** Lehrbuch *nt*

méticuleusement [metikyløzmɑ̃] *adv* sorgfältig

méticuleux, -euse [metikylø, -øz] *adj* sorgfältig

métier [metje] *m* ❶ Beruf *m;* **apprendre/exercer un ~** einen Beruf erlernen/ausüben; **qu'est-ce que vous faites comme ~?** was machen Sie beruflich? ❷ TECH **~ [à tisser]** Webstuhl *m*

métis, se [metis] **I.** *adj* (*personne*) Mischlings-; (*population*) Misch- **II.** *m, f* Mischling *m* (*pej*)

métrage [metʀaʒ] *m* **court/long ~** Kurz-/Spielfilm *m*

mètre [mɛtʀ] *m* ❶ Meter *m o nt;* **~ cube/carré** Kubik-/Quadratmeter ❷ (*instrument*) Metermaß *nt*

métro [metʀo] *m* U-Bahn *f;* **en ~** mit der U-Bahn/Metro ❷ (*station*) U-Bahn-Station *f*

> Die Pariser **métro** ist eine der ältesten U-Bahnen Europas: Sie besteht seit 1900. Die meisten Linien verkehren von etwa 5 Uhr 30 morgens bis 0 Uhr 30 nachts. Es gibt inzwischen auch fahrerlose U-Bahn-Linien, so z. B. in Lyon, bei denen alles vollautomatisch gesteuert wird, vom Öffnen und Schließen der Türen bis zur Regelung der Geschwindigkeit.

metteur [metœʀ] *m* **~ en scène** Regisseur(in) *m(f)*

mettre [mɛtʀ] <irr> **I.** *vt* ❶ (*placer, poser*) tun; (*à plat, couché, horizontalement*) legen; (*debout, verticalement*) stellen; (*assis*) setzen ❷ (*déposer*) **~ au garage** (*véhicule*) in die Garage bringen; **~ à la fourrière** abschleppen; **~ à l'abri** in Sicherheit bringen ❸ (*jeter*) **~ à la poubelle** in den Mülleimer werfen ❹ (*beurre*) streichen; (*cirage*) auftragen ❺ (*introduire*) stecken ❻ (*conditionner*) **~ en bouteilles** (*vin*) in Flaschen füllen ❼ (*écrire*) schreiben; (*sur une liste*) setzen; (*note*) geben ❽ (*nommer*) **~ qn au service clients** jdn beim Kundendienst einsetzen ❾ (*inscrire*) **~ à l'école privée** auf eine Privatschule schicken ❿ (*vêtement, chaussures*) anziehen; (*chapeau, lunettes*) aufsetzen; (*lentilles de contact*) einsetzen; (*maquillage*) auftragen; (*bijou*) anlegen; (*bague, broche*) anstecken ⓫ (*heures, journées*) brauchen; **tu as mis le temps!** du hast dir aber Zeit gelassen! ⓬ (*investir: argent*) stecken (*fam*) ⓭ (*placer dans une situation*) **~ qn à l'aise** dafür sorgen, dass jd sich wohl fühlt; **~ qn au régime** jdn auf Diät setzen ⓮ (*transformer*) **~ au pluriel** in den Plural setzen ⓯ (*faire fonctionner*) einschalten ⓰ (*régler*) **~ à l'heure** (*montre*) stellen ⓱ (*rideaux*) aufhängen; (*moquette, électri-*

M

cité) verlegen ⑱ (*faire*) ~ **à cuire/à chauffer/à bouillir** aufsetzen ⑲ (*envoyer*) ~ **dans les buts** ins Tor schießen ⑳ (*admettre*) **mettons/mettez que** + *subj* angenommen, dass ▶~ **à jour** INFORM aktualisieren **II.** *vpr* ❶ **se ~ debout/assis** aufstehen/sich [hin]setzen; **se ~ à genoux** sich hinknien ❷ (*placer sur soi*) **se ~ de la crème sur la figure** sich (*dat*) das Gesicht eincremen; **se ~ les doigts dans le nez** in der Nase bohren ❸ (*porter*) **se ~ en pantalon** eine Hose anziehen; **se ~ du parfum** sich parfümieren ❹ (*commencer à*) **se ~ au travail** sich an die Arbeit machen ❺ (*pour exprimer le changement d'état*) **se ~ en colère** wütend werden; **se ~ en route** sich auf den Weg machen ❻ *fam* **se ~ avec qn** (*constituer une équipe*) sich mit jdm zusammentun; (*vivre avec*) mit jdm zusammenziehen

meuble [mœbl] *m* Möbel *nt;* (*de rangement*) Schrank *m*

meublé [mœble] *m* (*chambre*) möbliertes Zimmer; (*appartement*) möblierte Wohnung

meubler [mœble] <1> **I.** *vt* ❶ (*garnir de meubles*) einrichten ❷ (*conversation*) in Gang halten **II.** *vpr* **se** ~ sich einrichten

meuf [mœf] *f fam* Tussi *f*

meuh [mø] *interj* muh

meunière [mønjɛʀ] *f* Müllerin *f*

meure [mœʀ] *subj prés de* **mourir**

meurent [mœʀ], **meurs** [mœʀ], **meurt** [mœʀ] *indic prés de* **mourir**

meurtre [mœʀtʀ] *m* Mord *m*

meurtrier, -ière [mœʀtʀije, -ijɛʀ] **I.** *adj* mörderisch; (*accident, coup*) tödlich; (*carrefour, route*) lebensgefährlich **II.** *m, f* Mörder(in) *m(f)*

meurtrir [mœʀtʀiʀ] <8> *vt* ❶ (*contusionner*) zerquetschen; **il avait le dos meurtri par les coups** sein Rücken war von den Schlägen zerschunden ❷ (*fruits, légumes*) beschädigen ❸ (*blesser moralement*) tief verletzen

meurtrissure [mœʀtʀisyʀ] *f* ❶ (*marque*) Bluterguss *m* ❷ (*tache sur des fruits, légumes*) Fleck *m,* Druckstelle *f*

Meuse [møz] *f* **la** ~ die Maas

mexicain, e [mɛksikɛ̃, ɛn] *adj* mexikanisch

Mexicain, e [mɛksikɛ̃, ɛn] *m, f* Mexikaner(in) *m(f)*

Mexique [mɛksik] *m* **le** ~ Mexiko *nt*

MF [ɛmɛf] *mpl abr de* **millions de francs** Mio F

mi [mi] *m inv* E *nt,* e *nt*

miam-miam [mjammjam] *interj fam* lecker, lecker

mi-août [miut] *f sans pl* **à la** ~ Mitte August

miauler [mjole] <1> *vi* miauen

mi-avril [miavʀil] *f sans pl* **à la** ~ Mitte April

mi-bas [mibɑ] <mi-bas> *m* Kniestrumpf *m* **mi-chemin** [miʃmɛ̃] **à** ~ auf halbem Weg **mi-clos, e** [miklo, kloz] *adj* halb geschlossen

micmac [mikmak] *m fam* ❶ (*manigance*) Machenschaften *Pl;* **cette affaire de pots-de-vin est un sacré** ~ diese Bestechungsgeldaffäre ist eine entsetzliche Mauschelei ❷ *sans pl* (*affaire embrouillée*) Wirrwarr *nt*

micro [mikʀo] *abr de* **microphone, micro-ordinateur, micro-informatique**

microbe [mikʀɔb] *m* Mikrobe *f*

microbien, ne [mikʀɔbjɛ̃, jɛn] *adj* mikrobiell

microclimat [mikʀoklima] *m* Mikroklima *nt*

microfibre [mikʀofibʀ] *f* Mikrofaser *f*

micro-informatique [mikʀoɛ̃fɔʀmatik] *f sans pl* Mikroinformatik *f* **micro-onde** [mikʀoɔ̃d] <micro-ondes> *f* **four à ~s** Mikrowellenherd *m* **micro-ondes** [mikʀoɔ̃d] *m inv* (*four*) Mikrowelle *f* **micro-ordinateur** [mikʀoɔʀdinatœʀ] <micro-ordinateurs> *m* PC *m*

microphone [mikʀɔfɔn] *m* Mikrofon *nt*

microscope [mikʀɔskɔp] *m* Mikroskop *nt*

mi-décembre [midesɑ̃bʀ] *f sans pl* **à la** ~ Mitte Dezember

midi [midi] *m* ❶ *inv, sans art ni autre dé* (*heure*) zwölf [Uhr]; **à** ~ um zwölf; (*entre ~ et deux*) über Mittag; **entre ~ et deux** in der Mittagszeit; **mardi/demain** ~ Dienstagmittag/morgen Mittag ❷ (*moment du déjeuner*) Mittag *m* ❸ (*sud*) Süden *m*

Midi [midi] *m* **le** ~ Südfrankreich *nt*

mie [mi] *f sans pl* Brotkrume *f*

miel [mjɛl] *m* Honig *m*

mien, ne [mjɛ̃, mjɛn] *pron poss* ❶ **le ~/la ~ne** der/die/das Meine; **les ~s** die Meinen; **ce n'est pas votre valise, c'est la ~ne** es ist nicht Ihr Koffer, es ist der Meine; **cette maison est la ~ne** dies ist mein Haus ❷ *pl* (*ceux de ma famille*) **les ~s** meine Angehörigen; (*mes partisans*) meine Anhänger ▶**j'y mets du** ~ ich tue, was ich kann

miette [mjɛt] *f* ① (*de pain, gâteau*) Krümel *m* ② (*petit fragment*) **en ~s** (*verre, porcelaine*) in tausend Stücke

mieux [mjø] **I.** *adv comp de* **bien** besser; **qn va ~** jdm geht es besser; **on ferait ~ de réfléchir avant de parler** man sollte lieber erst denken, dann reden; **c'est ~ que rien** [das ist] besser als nichts; **elle le sait ~ que personne** sie weiß es selbst am besten; **aimer ~ faire qc** etw lieber tun; **de ~ en ~** immer besser; **tant ~ pour qn!** umso besser für jdn! ▸**il vaut ~ que** + *subj* es ist besser, wenn **II.** *adv superl de* **bien** ① + *verbe* **c'est lui qui travaille le ~** er arbeitet am besten ② + *adj* **il est le ~ disposé à nous écouter** er wird uns am ehesten anhören; **un exemple des ~ choisis** ein besonders gut gewähltes Beispiel ③ *en loc verbale* **le ~ serait de ne rien dire** es wäre das Beste, nichts zu sagen ④ *en loc adverbiale* **il travaille de son ~** er arbeitet so gut er kann ⑤ *en loc prépositionnelle* **au ~ des vos intérêts** in Ihrem Interesse **III.** *adj comp de* **bien** ① (*en meilleure santé*) **il la trouve ~** er findet, sie sieht [wieder] besser aus ② (*plus agréable d'apparence*) **elle est ~ les cheveux courts** kurze Haare stehen ihr besser ③ (*plus à l'aise*) **vous serez ~ dans le fauteuil** im Sessel sitzen Sie bequemer ④ (*préférable*) **c'est ~ ainsi** es ist besser so **IV.** *adj superl de* **bien c'est avec les cheveux courts qu'elle est le ~** kurze Haare stehen ihr am besten **V.** *m* ① (*une chose meilleure*) **trouver ~** etwas Besseres finden ② (*amélioration*) **un léger ~** eine leichte Besserung

mi-février [mifevʀije] *f sans pl* **à la ~** Mitte Februar

mignon, ne [miɲɔ̃, ɔn] *adj* niedlich; (*gentil*) lieb

migraine [migʀɛn] *f* Migräne *f*

migrant, e [migʀɑ̃, ɑ̃t] **I.** *adj* **travailleur ~** Immigrant *m;* **population ~e** wandernde Bevölkerung **II.** *m, f* Immigrant(in) *m(f)*

migrateur, -trice [migʀatœʀ, -tʀis] *adj* (*oiseau*) Zug-

migration [migʀasjɔ̃] *f* Wanderung *f;* (*des oiseaux*) Migration *f*

mi-hauteur [miˊotœʀ] **à ~** auf halber Höhe

mi-janvier [miʒɑ̃vje] *f sans pl* **à la ~** Mitte Januar

mijaurée [miʒɔʀe] *f* eingebildete Pute (*fam*); **faire la ~** sich zieren

mijoter [miʒɔte] <1> **I.** *vt* ① (*faire cuire lentement*) auf kleiner Flamme kochen ② *fam* (*manigancer*) ausbrüten (*fam*); **~ qc contre qn** etw gegen jdn im Schilde führen **II.** *vi* (*cuire lentement*) köcheln

mi-juillet [miʒɥijɛ] *f sans pl* **à la ~** Mitte Juli

mi-juin [miʒɥɛ̃] *f sans pl* **à la ~** Mitte Juni

mil [mil] *num* tausend; **en [l'an] ~ neuf cent soixante-trois** neunzehnhundertdreiundsechzig

Milan [milɑ̃] Mailand *nt*

milice [milis] *f* Miliz *f*

milieu [miljø] <x> *m* ① *sans pl* (*dans l'espace*) Mitte *f;* **le ~ de la rue/pièce** die Mitte der Straße/des Zimmers; **en plein ~ de la rue** mitten auf der Straße; **le bouton du ~** der mittlere Knopf ② *sans pl* (*dans le temps*) Mitte *f;* **au ~ de la nuit/de l'après-midi/du film** mitten in der Nacht/am Nachmittag/im Film ③ *sans pl* (*moyen terme*) Mittelweg *m* ④ (*environnement*) Umwelt *f* ⑤ BIO, SOCIOL Milieu *nt* ⑥ SPORT **~ de terrain** Mittelfeldspieler(in) *m(f)*

militaire [militɛʀ] **I.** *adj* Militär-; (*opération, discipline*) militärisch; **service ~** Wehrdienst *m* **II.** *mf* Soldat(in) *m(f); pl* Militär *nt;* **~ de carrière** Berufssoldat

militant, e [militɑ̃, ɑ̃t] *m, f* aktives Mitglied

militariser [militaʀize] <1> *vpr* **se ~** ein Heer aufbauen

militer [milite] <1> *vi* ① (*être militant*) aktiv sein ② (*lutter*) kämpfen

mille[1] [mil] **I.** *num* ① [ein]tausend; **deux/trois ~** zwei-/dreitausend; **~ un** tausend[und]eins; **billet de ~ marks** HIST Tausendmarkschein *m* ② (*dans l'indication de l'ordre*) **page ~** Seite tausend ③ *antéposé* (*nombreux*) tausend **II.** *m inv* ① (*cardinal*) Tausend *f* ② (*cible*) Zentrum *nt* ▸**des ~ et des cents** *fam* ein Vermögen *nt; v.a.* **cinq, cinquante**

mille[2] [mil] *m* **~ [marin]** Seemeile *f*

millénaire [milenɛʀ] **I.** *adj* tausendjährig **II.** *m* ① Jahrtausend *nt* ② *sans pl* (*cérémonie*) Tausendjahrfeier *f*

millénium [milenjɔm] *m* Millennium *nt*

millésimé, e [milezime] *adj* (*vin*) Jahrgangs-; **une bouteille de Bordeaux ~e** eine Flasche Bordeaux Jahrgangswein

milliard [miljaʀ] *m* Milliarde *f;* **des ~s de**

M

personnes/choses Milliarden *Pl* von Menschen/Dingen

milliardaire [miljaʀdɛʀ] *mf* Milliardär(in) *m(f)*

millième [miljɛm] **I.** *adj antéposé* tausendste(r, s) **II.** *mf* **le/la** ~ der/die/das Tausendste **III.** *m* Tausendstel *nt; v.a.* **cinquième**

millier [mil] *m* **un/deux ~(s) de personnes/choses** um die tausend/zweitausend Menschen/Dinge; **des ~s de** Tausende *Pl* von; **par ~s** zu Tausenden

millilitre [mililitʀ] *m* Milliliter *m*

millimétré, e [milimetʀe] *adj* **papier ~** Millimeterpapier *nt*

millimètre [milimɛtʀ] *m* Millimeter *m o nt*

million [miljɔ̃] *m* **un/deux ~(s) de personnes/choses** eine/zwei Million(en) Menschen/Dinge; **des ~s de** Millionen *Pl* von; *v.a.* **cinq, cinquante**

millionième [miljɔnjɛm] **I.** *adj antéposé* millionste(r, s) **II.** *mf* **le/la** ~ der/die/das Millionste **III.** *m* (*fraction*) Millionstel *nt; v.a.* **cinquième**

millionnaire [miljɔnɛʀ] *mf* Millionär(in) *m(f)*

mi-long, mi-longue [milɔ̃, milɔ̃g] <mi-longs> *adj* halb lang **mi-mai** [mimɛ] *f sans pl* **à la ~** Mitte Mai **mi-mars** [mimaʀs] *f sans pl* **à la ~** Mitte März

mime [mim] **I.** *mf* Pantomime/Pantomimin *m/f* **II.** *m sans pl* (*activité*) Pantomime *f*

mimer [mime] <1> *vt* mimen

mimosa [mimoza] *m* Mimose *f*

minable [minabl] **I.** *adj* erbärmlich **II.** *mf* Niete *f* (*fam*)

mince [mɛ̃s] **I.** *adj* ❶ (*fin*) dünn ❷ (*élancé*) schlank ❸ (*modeste*) gering; (*preuve, résultat*) dürftig **II.** *adv* dünn **III.** *interj* ~ **[alors]!** *fam* verflixt [noch mal]!

minceur [mɛ̃sœʀ] *f sans pl* Dünnheit *f;* (*d'une personne*) Schlankheit *f*

mincir [mɛ̃siʀ] <8> *vi* dünner werden

mine[1] [min] *f* ❶ *sans pl* Miene *f;* **avoir bonne/mauvaise ~** gut/schlecht aussehen ❷ *sans pl* (*allure*) Aussehen *nt* ▶ **~ de rien** *fam* ganz unauffällig

mine[2] [min] *f* Mine *f;* (*de charbon a.*) Zeche *f*

mine[3] [min] *f* (*d'un crayon*) Mine *f*

mine[4] [min] *f* MIL Mine *f*

miner [mine] <1> *vt* ❶ MIL verminen ❷ (*ronger*) aushöhlen ❸ (*affaiblir*) zermürben

minerai [minʀɛ] *m* Erz *nt*

minéral [mineʀal, o] <-aux> *m* Mineral *nt*

minéral, e [mineʀal, o] <-aux> *adj* Mineral-

minerve [minɛʀv(ə)] *f* MED Zervikalstütze *f*

mineur [minœʀ] *m* Bergmann *m*

mineur, e [minœʀ] **I.** *adj* ❶ JUR minderjährig ❷ (*peu important*) unwichtig; (*œuvre, artiste*) unbedeutend ❸ MUS **do/ré/mi/fa ~** c/d/e/f-Moll *nt* **II.** *m, f* JUR Minderjährige(r) *f(m)*

mini [mini] *adj inv, fam* Mini-

miniature [minjatyʀ] **I.** *f* Miniatur *f;* **en ~** im Kleinformat **II.** *app* **voiture ~** Modellauto *nt*

minichaîne [miniʃɛn] *f* Kompakt[stereo]anlage *f*

minigolf [minigɔlf] *m* Minigolf *nt;* (*terrain*) Minigolfanlage *f*

minijupe [miniʒyp] *f* Minirock *m*

minimal, e [minimal, o] <-aux> *adj* minimal

minime [minim] *adj* unbedeutend; (*dégâts, dépenses*) gering

mini-message [minimesaʒ] *m* SMS *f*

minimiser [minimize] <1> *vt* herunterspielen

minimum [minimɔm] <s> **I.** *adj* Mindest-; (*température*) Tiefst- **II.** *m sans pl* Minimum *nt;* **un ~ de risques** ein minimales Risiko; **~ vital** Existenzminimum *nt*

ministère [ministɛʀ] *m* Ministerium *nt;* **~ du Travail** Arbeitsministerium; **~ de l'Intérieur/des Affaires étrangères** Innen-/Außenministerium

ministre [ministʀ] *mf* POL Minister(in) *m(f);* **Premier ~** Premierminister; **~ d'Etat** Staatsminister

> Der französische **Premier ministre** ist Regierungschef und leitet die Regierungsgeschäfte. Er regiert für eine Legislaturperiode von fünf Jahren und ist zum Beispiel befugt, in Bereichen, die nicht gesetzlich geregelt sind, Verordnungen zu erlassen. An der Bildung der Regierung wirkt er mit, indem er dem Präsidenten Minister zur Ernennung oder Absetzung vorschlagen kann.

minitel® [minitɛl] *m* Btx-Terminal *m*

minorer [minɔʀe] <1> *vt* ❶ (*bénéfices*) herabsetzen, mindern ❷ (*diminuer l'importance*) unterbewerten

minoritaire [minɔʀitɛʀ] *adj* Minderheits-; **groupe ~** Minderheitengruppe *f;* **être ~s** in der Minderheit sein

minorité [minɔʀite] *f* ❶ Minderheit *f* ❷ *sans pl* **nous sommes une ~ de filles** wir Mädchen sind in der Minderheit ❸ JUR Minderjährigkeit *f*

mi-novembre [minɔvɑ̃bʀ] *f sans pl* **à la ~** Mitte November

minuit [minɥi] *m sans pl ni dét* Mitternacht *f;* **à ~ et demi** nachts um halb eins

minuscule [minyskyl] **I.** *adj* ❶ (*très petit*) winzig [klein] ❷ (*en écriture*) klein; (*lettres*) Klein- **II.** *f* Kleinbuchstabe *m*

minute [minyt] *f* Minute *f;* **d'une ~ à l'autre** jeden Moment; **de dernière ~** (*information*) allerneuste(r,s); (*modification*) kurzfristig; **je vous demande une ~ d'attention** ich bitte Sie einen Augenblick um Ihre Aufmerksamkeit

minuter [minyte] <1> *vt* (*organiser*) timen

minuteur [minytœʀ] *m* Schaltuhr *f*

minutie [minysi] *f sans pl* (*précision*) Genauigkeit *f;* (*soin*) Sorgfalt *f*

minutieusement [minysjøzmɑ̃] *adv* (*avec soin*) sorgfältig

minutieux, -euse [minysjø, -jøz] *adj* genau; (*personne, examen a.*) gründlich

mi-octobre [miɔktɔbʀ] *f sans pl* **à la ~** Mitte Oktober

miracle [miʀɑkl] **I.** *m* Wunder *nt;* **par ~** wie durch ein Wunder **II.** *app inv* Wunder-

miraculé, e [miʀakyle] *m, f* **c'est un ~** (*d'une maladie*) er ist durch ein Wunder geheilt; (*d'un accident*) er hat wie durch ein Wunder überlebt

miraculeusement [miʀakyløzmɑ̃] *adv* wie durch ein Wunder

miraculeux, -euse [miʀakylø, -øz] *adj* wunderbar

mirage [miʀaʒ] *m* Fata Morgana *f*

miroir [miʀwaʀ] *m* Spiegel *m*

mis, e [mi, miz] *part passé de* **mettre**

mise [miz] *f* ❶ JEUX Einsatz *m* ❷ (*fait de mettre*) **~ à jour** Aktualisierung *f;* INFORM Update *nt;* **~ en circulation** (*d'une monnaie*) Ausgabe *f;* **~ en garde** Warnung *f;* **~ en marche** Inbetriebnahme *f;* **~ en page[s]** Layout *nt;* **~ en scène** CINE Regie *f;* THEAT *a.* Inszenierung *f*

mi-septembre [misɛptɑ̃bʀ] *f sans pl* **à la ~** Mitte September

miser [mize] <1> *vt, vi* setzen

misérable [mizeʀabl] *adj* ❶ (*personne, famille*) sehr arm; (*logement, aspect*) armselig ❷ (*pitoyable*) erbärmlich ❸ *antéposé* (*malheureux*) armselig

misérablement [mizeʀabləmɑ̃] *adv* (*dans la pauvreté*) erbärmlich

misère [mizɛʀ] *f* ❶ (*détresse*) Elend *nt kein Pl* Not *f* ❷ *gén pl* (*souffrances*) Leiden *nt kein Pl;* **faire des ~s à qn** *fam* jdn ärgern ▸**salaire de ~** kümmerliches Gehalt

miséricordieux, -euse [mizeʀikɔʀdjø, -jøz] *adj* REL barmherzig

misogynie [mizɔʒini] *f* Frauenfeindlichkeit *f*

missile [misil] *m* Rakete *f*

mission [misjɔ̃] *f* ❶ (*tâche*) Aufgabe *f;* (*culturelle, dangereuse*) Mission *f;* (*officielle*) Auftrag *m;* MIL, AVIAT Einsatz *m* ❷ (*délégation*) Delegation *f* ❸ (*vocation*) Mission *f*

missionnaire [misjɔnɛʀ] *mf* Missionar(in) *m(f)*

mit [mi] *passé simple de* **mettre**

mite [mit] *f* Motte *f*

mi-temps [mitɑ̃] **I.** *f inv* SPORT Halbzeit *f* **II.** *m inv* (*travail*) Halbtagsstelle *f;* **travailler à ~** halbtags arbeiten

mîtes [mit] *passé simple de* **mettre**

miteux, -euse [mitø, -øz] *adj* (*immeuble, lieu*) heruntergekommen; (*personne*) armselig; (*habit, meuble*) schäbig

mitigé, e [mitiʒe] *adj* (*réaction*) zwiespältig; (*impression*) unterschiedlich; (*sentiments*) gemischt

mitrailler [mitʀɑje] <1> *vt* (*tirer*) beschießen

mitraillette [mitʀɑjɛt] *f* Maschinenpistole *f*

mi-voix [mivwa] ▸**à ~** leise

mixage [miksaʒ] *m* Tonmischung *f*

mixer [mikse] <1> *vt* ❶ GASTR mixen ❷ MEDIA mischen

mixeur [miksœʀ] *m* GASTR Mixer *m*

mixité [miksite] *f* Mischung *f* der Geschlechter; **la ~ de l'enseignement** die Koedukation

mixte [mikst] *adj* ❶ (*chorale, classe*) gemischt ❷ (*mariage, végétation*) Misch-; (*commission, salade*) gemischt

mixture [mikstyʀ] *f* Mixtur *f péj* (*boisson*) Gebräu *nt*

MJC [ɛmʒise] *f abr de* **maison des jeunes**

M

et de la culture

Mlle [madmwazɛl] <s> *f abr de* **Mademoiselle** Frl.

MM. [mesjø] *mpl abr de* **Messieurs** die Herren

Mme [madam] <s> *f abr de* **Madame** Fr.

Mo [ɛmo] *m abr de* **mégaoctet** MB *nt*

mob [mɔb] *f fam abr de* **mobylette**

mobile [mɔbil] **I.** *adj* beweglich; (*forces de police*) mobil; (*population*) nicht sesshaft **II.** *m* ① **le ~ de qc** das Motiv für etw ② ART Mobile *nt*

mobilier [mɔbilje] *m* Einrichtung *f*

mobilisation [mɔbilizasjɔ̃] *f* Mobilisierung *f;* MIL Mobilmachung *f*

mobiliser [mɔbilize] <1> **I.** *vt* mobilisieren; MIL (*réservistes*) einziehen **II.** *vpr* **se ~** aktiv werden

mobilité [mɔbilite] *f* Beweglichkeit *f;* (*de la population*) Mobilität *f*

mobylette® [mɔbilɛt] *f* Mofa *nt*

moche [mɔʃ] *adj fam* ① (*laid*) hässlich ② (*regrettable*) scheußlich

mocheté [mɔʃte] *f fam* ① (*laideur*) Hässlichkeit *f* ② (*personne laide*) Vogelscheuche *f*

modalité [mɔdalite] *fpl* (*procédure*) Modalitäten *Pl*

mode¹ [mɔd] *f* Mode *f;* **à la ~** [in] Mode

mode² [mɔd] *m* ① **~ d'emploi** Gebrauchsanweisung *f;* **~ d'expression/de production** Ausdrucks-/Produktionsweise *f;* **~ de paiement** Zahlungsart *f* ② LING Modus *m*

modèle [mɔdɛl] **I.** *m* ① (*référence*) Vorbild *nt;* **prendre ~ sur qn** sich an jdm ein Beispiel nehmen ② TYP Vorlage *f* ③ COUT, ART Modell *nt* ④ (*maquette*) Modell *nt;* **~ réduit** Miniaturmodell **II.** *adj* (*exemplaire*) vorbildlich; (*usine*) Muster-

modeler [mɔd(ə)le] <4> *vt* (*poterie*) modellieren; (*pâte*) formen

modélisme [mɔdelism] *m* Modellbau *m*

modération [mɔdeʀasjɔ̃] *f* Mäßigung *f;* **avec ~** in Maßen

modéré, e [mɔdeʀe] *adj* (*vent, enthousiasme*) mäßig; (*opinion, prix*) gemäßigt; (*personne*) maßvoll

modérément [mɔdeʀemɑ̃] *adv* maßvoll

modérer [mɔdeʀe] <5> *vt* (*dépenses*) bremsen; (*colère*) dämpfen

moderne [mɔdɛʀn] *adj* modern; (*pays*) fortschrittlich; (*idée*) neuartig

modernisation [mɔdɛʀnizasjɔ̃] *f* Modernisierung *f*

moderniser [mɔdɛʀnize] <1> **I.** *vt* modernisieren **II.** *vpr* **se ~** modern umgestaltet werden

modernisme [mɔdɛʀnism] *m* Modernismus *m*

modernité [mɔdɛʀnite] *f* Modernität *f;* (*d'une pensée*) Neuartigkeit *f*

modeste [mɔdɛst] *adj* bescheiden; (*maison*) einfach

modestement [mɔdɛstəmɑ̃] *adv* in aller Bescheidenheit; (*vivre*) bescheiden

modestie [mɔdɛsti] *f* Bescheidenheit *f*

modifiable [mɔdifjabl] *adj* veränderbar; (*conduite, personne*) beeinflussbar; **le texte reste ~** der Text kann noch verändert werden

modification [mɔdifikasjɔ̃] *f* Änderung *f*

modifier [mɔdifje] <1> *vt* ändern

modique [mɔdik] *adj* niedrig

modulation [mɔdylasjɔ̃] *f* Modulation *f*

modus vivendi [mɔdysvivɛ̃di] *m inv* Modus vivendi *m* (*geh*)

moelle [mwal] *f* Mark *nt;* **~ épinière** Rückenmark

moelleux, -euse [mwɛlø, -øz] *adj* weich; (*tapis*) flauschig; (*vin*) vollmundig

mœurs [mœʀ(s)] *fpl* ① (*coutumes*) Sitten und Bräuche *Pl* ② (*règles morales*) Moral *f;* (*austères, dissolues*) Sitten *Pl*

mohair [mɔɛʀ] **I.** *m* Mohair *m* **II.** *app inv* Mohair-

moi [mwa] **I.** *pron pers* ① *fam* (*pour renforcer*) **~, je n'ai pas bu** ich habe nicht getrunken; **c'est ~ qui l'ai dit** ich habe das gesagt; **il veut m'aider, ~?** mir möchte er helfen? ② *avec un verbe à l'impératif* **regarde-~** sieh mich an; **donne-~ ça!** gib es mir! ③ *avec une prép* **avec/sans ~** mit mir/ohne mich; **à ~ seul(e)** ich allein; **la maison est à ~** das Haus gehört mit; **c'est à ~ de décider** ich muss entscheiden ④ *dans une comparaison* ich; **tu es comme ~** du bist wie ich; **plus fort que ~** stärker als ich ⑤ (*emphatique*) **c'est ~!** (*me voilà*) hier bin ich!; (*je suis le responsable*) ich [bin es]! **et ~[, alors]?** *fam* [ja,] und ich? ►**à ~!** Hilfe **II.** *m* PHILOS, PSYCH Ich *nt*

moignon [mwaɲɔ̃] *m* Stummel *m;* (*d'une jambe, dent*) Stumpf *m*

moi-même [mwamɛm] *pron pers* ① **~ n'en savais rien** ich [selbst] wusste nichts da von; **je suis venu de ~** ich bin von selbst gekommen ② (*moi aussi*) **j'étais ~ furieux** ich war ebenfalls sehr wütend

moindre [mwɛ̃dʀ] *adj antéposé* (*bruit*) geringste(r, s); (*mal, inconvénient*) kleinere(r, s); **ce serait la ~ des choses** es wäre doch das Mindeste

moine [mwan] *m* Mönch *m*

moineau [mwano] <x> *m* ZOOL Sperling *m,* Spatz *m*

moins [mwɛ̃] **I.** *adv* ① weniger; **rouler ~ vite** langsamer fahren; **~ beau [que]** nicht so schön [wie]; **~ cher** günstiger; **les enfants de ~ de 13 ans** Kinder unter 13 Jahren; **à ~ de 3,6%** unter 3,6%; **~ ... ~ ...** je weniger ..., desto weniger ...; **~ ..., plus ...** je weniger ..., desto mehr ... ② *superl* **le ~** am wenigsten; **le ~ doué** der am wenigsten begabte ▸**en ~ de deux** *fam* in null Komma nichts; **à ~ que** + *subj*/**de faire qc** es sei denn, jd tut etw; **au ~** (*au minimum*) mindestens *fam* (*je parie*) wetten, dass; (*j'espère*) hoffentlich; **[tout] au/du ~** wenigstens; **de ~ en ~** weniger; **il a un an de ~ que moi** er ist ein Jahr jünger als ich; **de ~ en ~** immer weniger; **~ que rien** weniger als nichts **II.** *prép* ① (*soustraction*) minus ② (*heure*) vor; **midi ~ le quart** Viertel vor zwölf ③ (*température*) minus; **il fait ~ 3** es hat 3 Grad minus **III.** *m* ① (*minimum*) Mindeste(s) *nt* ② (*signe*) Minuszeichen *nt*

mois [mwa] *m* Monat *m;* **au ~** monatlich; **au ~ de janvier/d'août** im Januar/August; **être dans son deuxième ~** (*femme*) im zweiten Monat sein; **le cinq du/de ce ~** der Fünfte des/dieses Monats

moisi [mwazi] *m* Schimmel *m*

moisi, e [mwazi] *adj* verschimmelt

moisir [mwaziʀ] <8> *vi* ① schimmeln ② *fam* (*personne*) herumhängen

moisissure [mwazisyʀ] *f* Schimmel *m*

moisson [mwasɔ̃] *f* Ernte *f*

moissonneuse-batteuse [mwasɔnøzbatøz] <moissonneuses-batteuses> *f* Mähdrescher *m*

moite [mwat] *adj* feucht

moiteur [mwatœʀ] *f* Feuchtigkeit *f*

moitié [mwatje] *f* Hälfte *f;* **la ~ du temps/de l'année** die halbe Zeit/das halbe Jahr; **~ moins/plus** halb so viel/um die Hälfte mehr; **à ~** halb; **à ~ prix** zum halben Preis; **de ~** um die Hälfte; **~ ... ~ ...** halb ... halb ...

mol [mɔl] *adj v.* **mou**

molaire [mɔlɛʀ] *f* Backenzahn *m*

mole [mɔl] *f* CHIM Mol *nt*

molécule [mɔlekyl] *f* Molekül *nt*

mollard [mɔlaʀ] *m fam* Spucke *f*

mollasson, ne [mɔlasɔ̃, ɔn] *adj fam* tranig

molle [mɔl] *adj v.* **mou**

mollet [mɔlɛ] *m* Wade *f*

mollusque [mɔlysk] *m* Weichtier *nt*

môme [mom] *mf fam* Fratz *m*

moment [mɔmɑ̃] *m* ① Moment *m,* Augenblick *m;* **un [long] ~** eine [ganze] Weile; **à ce ~-là** in dem Moment; **à quel ~?** wann?; **à tout ~** jederzeit; **au ~ de** als; **dans un ~** gleich; **à partir du ~ où** sobald; **du ~ que ...** da ja ...; **d'un ~ à l'autre** jeden Moment; **en ce ~, pour le ~** im Moment; **par ~s** ab und zu; **un ~!** [einen] Moment!; **au bon ~** zum richtigen Zeitpunkt; **le ~ présent** der Augenblick ② (*occasion*) Gelegenheit *f;* **le bon/mauvais ~** der richtige/ein ungünstiger Zeitpunkt; **à un ~ donné** plötzlich; **c'est le ~ ou jamais** jetzt oder nie; **c'est le ~ de** es ist an der Zeit; **ce n'est pas le ~** es ist nicht der richtige Zeitpunkt

momentané, e [mɔmɑ̃tane] *adj* (*arrêt*) von kurzer Dauer

momentanément [mɔmɑ̃tanemɑ̃] *adv* zur Zeit

momie [mɔmi] *f* Mumie *f*

mon [mɔ̃, me] <mes> *dét poss* mein(e); **~ vase/classeur/tableau** meine Vase/mein Ordner/Bild; **~ Dieu!** mein Gott!; **à ~ avis** meiner Meinung nach ▸**~ amour/chéri** Geliebte(r)/Liebling; **~ œil!** Holzauge sei wachsam!; **~ pauvre!** Sie/du armer!

Monaco [mɔnako] Monaco *nt,* Monako *nt*

monarchie [mɔnaʀʃi] *f* Monarchie *f;* **~ constitutionnelle** konstitutionelle Monarchie

Belgien ist eine **monarchie parlementaire** mit dem König als Staatsoberhaupt. Er ernennt und entlässt die föderalen Minister und Staatssekretäre und übt gemeinsam mit der Kammer und dem Senat die gesetzgebende Gewalt aus.

monarque [mɔnaʀk] *m* Monarch(in) *m(f);* **~ absolu** Alleinherrscher(in) *m(f)*

monastère [mɔnastɛʀ] *m* Kloster *nt*

mondain, **e** [mɔ̃dɛ̃, ɛn] *adj* (*vie*) mondän; (*soirée, dîner*) Gesellschafts-; (*obligations, réunion*) gesellschaftlich

mondaine [mɔ̃dɛn] *f fam* (*police*) die Sitte[npolizei]

mondanité [mɔ̃danite] *fpl* Mondänität *f*

monde [mɔ̃d] *m* ❶ (*univers*) Welt *f* ❷ (*groupe social*) Kreise *Pl;* ~ **rural** Landbevölkerung *f;* ~ **du travail/des affaires** Arbeits-/Geschäftswelt ❸ (*foule*) Menschenmenge *f;* **beaucoup de** ~ viele Leute; **un** ~ **fou** eine riesige Menge ❹ (*société*) **tout le** ~ **en parle** jeder spricht davon ▸**mettre qn au** ~ jdn zur Welt bringen; **pour rien au** ~ um nichts auf der Welt

mondial, **e** [mɔ̃djal, jo] <-aux> *adj* weltweit; (*économie, politique*) Welt-

mondial [mɔ̃djal] *m* SPORT Weltmeisterschaft *f*

mondialement [mɔ̃djalmɑ̃] *adv* weltweit

mondialisation [mɔ̃djalizasjɔ̃] *f* Globalisierung *f*

monégasque [mɔnegask] *adj* monegassisch

Monégasque [mɔnegask] *mf* Monegasse/Monegassin *m/f*

monétaire [mɔnetɛʀ] *adj* (*marché, politique*) Geld-; (*union, unité*) Währungs-

mongol [mɔ̃gɔl] *m* Mongolisch *nt; v.a.* **allemand**

mongol, **e** [mɔ̃gɔl] *adj* mongolisch; *v.a.* **allemand**

Mongol, **e** [mɔ̃gɔl] *m, f* Mongole/Mongolin *m/f*

Mongolie [mɔ̃gɔli] *f* **la** ~ die Mongolei

mongolien, **ne** [mɔ̃gɔljɛ̃, jɛn] **I.** *adj* mongoloid **II.** *m, f* Mongoloide(r) *f(m)*

mongolisme [mɔ̃gɔlism] *m* MED Mongolismus *m*

moniteur [mɔnitœʀ] *m* Monitor *m*

moniteur, **-trice** [mɔnitœʀ, -tʀis] *m, f* **~(-trice) de colonies** Betreuer(in) *m(f);* **~(-trice) d'auto-école** Fahrlehrer(in) *m(f)*

monitorat [mɔnitɔʀa] *m* ❶ (*formation*) Ausbildung *f* zum [Ferien]betreuer/zur [Ferien]betreuerin ❷ (*fonction*) [Ferien]betreuung *f*

monnaie [mɔnɛ] *f* ❶ ECON, FIN Geld *nt;* ~ **électronique** FIN E-Cash *m* ❷ (*devise*) Währung *f;* ~ **unique** einheitliche Währung ❸ (*petites pièces*) Kleingeld *nt;* **de la** ~ **de 20 euros** 20 Euro [in] klein ❹ (*argent rendu*) Wechselgeld *nt* ❺ (*pièce*) Münze *f*

monnayable [mɔnɛjabl] *adj* (*vendable*) in Geld umsetzbar; **ne pas être** ~ (*ne pas être à vendre*) nicht zu verkaufen sein

mono [mɔnɔ] *mf fam abr de* **moniteur, monitrice**

monogame [mɔnogam] *adj* monogam

monologue [mɔnɔlɔg] *m* Monolog *m*

mononucléose [mɔnonykleoz] *f* MED Pfeiffersches Drüsenfieber

monoparental, **e** [monopaʀɑ̃tal, o] <-aux> *adj* (*famille*) mit nur einem Elternteil

monoparentalité [monopaʀɑ̃talite] *f* Alleinerziehung *f*

monophasé [mɔnofɑze] *m* Einphasen-Wechselstrom *m*

monoplace [mɔnoplas] **I.** *adj* einsitzig **II.** *m* AUT, AVIAT Einsitzer *m*

monopole [mɔnɔpɔl] *m* ❶ ECON Monopol *nt* ❷ (*exclusivité*) **le** ~ **de qc** das ausschließliche Recht auf etw (*akk*)

monopoliser [mɔnɔpɔlize] <1> *vt* ❶ ECON monopolisieren ❷ (*accaparer*) in Beschlag nehmen

monospace [mɔnɔspas] *m* Großraumlimousine *f*, Van *m*

monotone [mɔnɔtɔn] *adj* monoton; (*style, vie*) eintönig

monotonie [mɔnɔtɔni] *f* Monotonie *f;* (*de la vie, du style*) Eintönigkeit *f*

Mons [mɔ̃:s] Bergen *nt*

monsieur [məsjø, mesjø] <messieurs> *m* ❶ **bonjour ~, comment allez-vous?** guten Tag, wie geht es Ihnen?; **bonjour Monsieur Dupond** guten Tag, Herr Dupond; **bonjour messieurs** guten Tag, meine Herren; **messieurs dames** meine Damen und Herren; **Monsieur le Professeur Dupont** [Herr] Professor Dupont ❷ (*sur une enveloppe*) **Monsieur Pujol** An Herrn Pujol ❸ (*en-tête*) **Monsieur, ...** Sehr geehrter Herr + *Name*, ...; **Cher Monsieur, ...** Lieber Herr + *Name*, ...; (*dans une lettre officielle*) Sehr geehrter Herr + *Name*, ... ❹ (*un homme*) **un** ~ ein Herr *m*

monstre [mɔ̃stʀ] **I.** *m* ❶ (*animal fantastique*) Ungeheuer *nt* ❷ (*personne: laide*) Missgestalt *f;* (*moralement abjecte*) Ekel *nt* ❸ BIO, ZOOL Missgeburt *f* **II.** *adj fam* wahnsinnig (*travail*) wahnsinnig viel

monstrueusement [mɔ̃stʀyøzmɑ̃] *adv* ❶ *antéposé* (*prodigieusement*) unheimlich ❷ (*ignoblement*) widerwärtig

monstrueux, **-euse** [mɔ̃stʀyø, -øz] *ad*

❶ (*difforme*) missgestaltet ❷ (*colossal*) riesig ❸ (*ignoble*) ungeheuer[lich]; (*crime*) abscheulich; (*méchanceté*) unerhört

monstruosité [mɔ̃stʀyozite] *f* (*d'un crime*) Abscheulichkeit *f;* (*d'un acte, de paroles*) Ungeheuerlichkeit *f;* (*d'une guerre*) Gräuel *Pl*

mont [mɔ̃] *m* Berg *m;* **le ~ Blanc** der Montblanc

montage [mɔ̃taʒ] *m* Montage *f;* (*d'un film*) Schnitt *m*

montagnard, e [mɔ̃taɲaʀ, aʀd] *m, f* Bergbewohner(in) *m(f)*

montagne [mɔ̃taɲ] *f* ❶ (*mont*) Berg *m;* (*région*) Gebirge *nt;* **habiter la ~** im Gebirge wohnen ❷ (*grande quantité*) Berge *Pl* ▶**gros comme une ~** *fam* klar wie Kloßbrühe; **~s russes** Achterbahn *f*

montagneux, -euse [mɔ̃taɲø, -øz] *adj* Berg-

montant [mɔ̃tɑ̃] *m* ❶ Betrag *m* ❷ (*d'un lit, d'une porte*) Pfosten *m*

montant, e [mɔ̃tɑ̃, ɑ̃t] *adj* (*chemin*) ansteigend; **marée ~e** Flut *f*

monte [mɔ̃t] *f* (*manière de monter un cheval*) Reitweise *f*

monté, e [mɔ̃te] *adj* (*à cheval*) beritten; **la police ~e** die berittene Polizei ▶**être bien/mal ~ en qc** gut/schlecht versorgt mit etw sein; **être ~ contre qn** nicht gut auf jdn zu sprechen sein

montée [mɔ̃te] *f* ❶ (*des eaux*) Ansteigen *nt;* **la ~ des prix** der Preisanstieg ❷ (*côte, pente*) Steigung *f* ❸ (*action de monter*) Aufstieg *m;* (*d'un ascenseur*) Hinauffahren *nt;* (*d'un téléférique*) Bergfahrt *f*

monter [mɔ̃te] <1> **I.** *vi* ❶ + *être* (*grimper*) hinaufsteigen; (*vu d'en haut*) heraufsteigen; **~ sur une échelle** eine Leiter besteigen; **~ dans sa chambre** in sein Zimmer gehen; **~ par l'ascenseur** mit dem Aufzug hochfahren; **~ jusqu'à qc** (*eau, robe*) bis [zu] etw reichen; **~ à 200 km/h** es auf 200 km/h bringen; **~ à 1000 m d'altitude** auf 1000 m aufsteigen ❷ (*chevaucher*) **~ à cheval** reiten ❸ + *être* (*prendre place dans*) einsteigen in (+ *akk*) ❹ + *être* (*avion, flammes*) aufsteigen; (*route, chemin*) ansteigen ❺ + *avoir o être* (*baromètre, mer*) steigen; (*lait*) überkochen; (*impatience, bruits*) wachsen ❻ + *avoir o être* (*actions, pression*) steigen ❼ + *être* (*ton, voix*) höher werden ❽ + *avoir o être* (*faire une ascension sociale*) aufsteigen **II.** *vt* + *avoir* ❶ (*personne*) hinaufsteigen; (*vu d'en haut*) heraufsteigen; (*échelle*) steigen auf (+ *akk*) (*appareil*) hinaufführen; (*vu d'en haut*) heraufführen ❷ (*vu d'en bas: courrier*) hinaufbringen; (*valise*) hochtragen; (*vu d'en haut: courrier*) heraufbringen; (*valise*) herauftragen ❸ GASTR schlagen ❹ (*prix*) anheben; **~ le son** lauter drehen ❺ (*affaire*) in die Wege leiten; (*association*) gründen; (*spectacle*) inszenieren; (*complot*) schmieden ❻ (*échafaudage, tente*) aufstellen; (*mur*) hochziehen; (*pneu*) montieren **III.** *vpr* **se ~ à 1000 euros** sich auf 1000 Euro (*akk*) belaufen

monteur, -euse [mɔ̃tœʀ, -øz] *m, f* CINE Cutter(in) *m(f)*

montgolfière [mɔ̃gɔlfjɛʀ] *f* Heißluftballon *m*

montre [mɔ̃tʀ] *f* Uhr *f*

montréalais, e [mɔ̃ʀealɛ, ɛz] *adj* aus Montreal

Montréalais, e [mɔ̃ʀealɛ, ɛz] *m, f* Einwohner(in) *m(f)* von Montreal

montre-bracelet [mɔ̃tʀəbʀaslɛ] <montres-bracelets> *f* Armbanduhr *f*

montrer [mɔ̃tʀe] <1> **I.** *vt* ❶ (*présenter*) zeigen ❷ (*direction*) anzeigen; **~ la sortie** auf den Ausgang zeigen **II.** *vpr* **se ~** sich zeigen

montreur, -euse [mɔ̃tʀœʀ, -øz] *m, f* **~ de marionnettes** Puppenspieler; **~ d'ours** Bärenführer

monture [mɔ̃tyʀ] *f* ❶ (*animal*) Reittier *nt* ❷ OPT Gestell *nt*

monument [mɔnymɑ̃] *m* ❶ (*mémorial*) Denkmal *nt* ❷ (*édifice*) Monument *nt;* **être classé ~ historique** unter Denkmalschutz stehen

monumental, e [mɔnymɑ̃tal, o] <-aux> *adj* ❶ (*imposant*) gewaltig ❷ *fam* (*erreur*) gewaltig

moquer [mɔke] <1> *vpr* ❶ (*ridiculiser*) **se ~ de qn/qc** sich über jdn/etw lustig machen ❷ (*dédaigner*) **il se moque de faire qc** es macht ihm nichts aus etw zu tun; **je m'en moque [pas mal]** das ist mir [völlig] egal (*fam*) ❸ (*tromper*) **se ~ de qn** jdn zum Narren halten

moquerie [mɔkʀi] *f* Spott *m;* **les ~s** Gespött *nt*

moquette [mɔkɛt] *f* Teppichboden *m*

moqueur, -euse [mɔkœʀ, -øz] *adj* (*air*)

M

spöttisch

moral, e [mɔʀal, o] <-aux> *adj* ❶ moralisch ❷ (*relatif à l'esprit*) seelisch; (*force*) innere(r, s)

moral [mɔʀal, o] <-aux> *m* ❶ (*état psychologique*) Stimmung *f*, Moral *f* ❷ (*vie psychique*) Geisteszustand *m* ►**avoir le ~** zuversichtlich sein; **ne pas avoir le ~** niedergeschlagen sein

morale [mɔʀal] *f* ❶ Moral *f* ❷ (*éthique*) Morallehre *f* ►**faire la ~ à qn** jdm eine Moralpredigt halten

moralisateur, -trice [mɔʀalizatœʀ, -tʀis] *adj* (*enseignement, influence*) moralisch; (*histoire*) erbaulich; (*personne, ton*) moralisierend

moraliser [mɔʀalize] <1> *vi* moralisieren

moraliste [mɔʀalist] *adj* (*personne*) moralisierend; (*attitude*) moralistisch

moralité [mɔʀalite] *f* moralischer Wert; (*leçon*) Moral *f*

morbide [mɔʀbid] *adj* (*goût, littérature*) morbid; (*imagination*) krankhaft

morceau [mɔʀso] <x> *m* ❶ Stück *nt*; **sucre en ~x** Würfelzucker *m* ❷ ART Stück *nt* ►**manger un ~** einen Happen essen

morceler [mɔʀsəle] <3> *vt* zerstückeln; (*terrain, héritage*) aufteilen

mordant, e [mɔʀdɑ̃, ɑ̃t] *adj* (*personne, trait d'esprit*) bissig; (*ton, voix*) schneidend

mordre [mɔʀdʀ] <14> **I.** *vi* ❶ beißen ❷ (*se laisser prendre*) **~ à l'appât** (*poisson*) anbeißen; *fig* sich ködern lassen **II.** *vt* beißen; **~ qn à la jambe** jdm/jdn ins Bein beißen **III.** *vpr* **se ~ la langue** sich (*dat*) auf die Zunge beißen

mordu, e [mɔʀdy] **I.** *part passé de* **mordre** **II.** *adj* **être ~** über beide Ohren verliebt sein **III.** *m, f fam* **~ de musique** Musikfan *m*

morfondre [mɔʀfɔ̃dʀ] <14> *vpr* **se ~** vor Langeweile vergehen

morgue [mɔʀg] *f* ❶ (*institut médico-légal*) Leichenschauhaus *nt* ❷ (*salle d'hôpital*) Leichenkammer *f*

morne [mɔʀn] *adj* trübselig

morose [mɔʀoz] *adj* verdrießlich

morosité [mɔʀozite] *f* Verdrossenheit *f*

morphinomane [mɔʀfinɔman] **I.** *adj* morphiumsüchtig **II.** *mf* Morphiumsüchtige(r) *f(m)*

morphologie [mɔʀfɔlɔʒi] *f* Morphologie *f*

morpion [mɔʀpjɔ̃] *m fam* Filzlaus *f*

morse[1] [mɔʀs] *m* Walross *nt*

morse[2] [mɔʀs] *adj* **l'alphabet ~** das Morsealphabet

morsure [mɔʀsyʀ] *f* ❶ (*action*) Biss *m* ❷ (*plaie*) Bisswunde *f*

mort, e [mɔʀ, mɔʀt] **I.** *part passé de* **mourir** **II.** *adj* ❶ (*personne, arbre*) tot; (*feuilles*) welk; (*feu*) erloschen ❷ *fam* **~ [de fatigue]** todmüde ❸ (*avec un fort sentiment de*) **être ~ de peur** vor Angst sterben ❹ (*langue*) tot ❺ (*hors d'usage: piles*) leer; **être ~** (*moteur*) ausgedient haben **III.** *m, f* ❶ (*défunt*) Tote(r) *f(m)* ❷ (*dépouille*) Leiche *f*

mort [mɔʀ] *f* ❶ Tod *m* ❷ (*destruction*) Untergang *m* ►**se donner la ~** sich umbringen; **frapper qn à ~** jdn totschlagen

mortalité [mɔʀtalite] *f* Sterblichkeit *f*

mort-aux-rats [mɔʀoʀa] *f inv* Rattengift *nt*

mortel, le [mɔʀtɛl] **I.** *adj* ❶ (*sujet à la mort*) sterblich ❷ (*causant la mort*) tödlich ❸ (*froid, chaleur*) mörderisch; (*ennemi*) Tod- ❹ *fam* (*ennuyeux*) sterbenslangweilig **II.** *m, f souvent pl* Sterbliche(r) *f(m)*

mortellement [mɔʀtɛlmɑ̃] *adv a. fig* tödlich

mort-né, e [mɔʀne] <mort-nés> *adj* (*enfant*) tot geboren

morue [mɔʀy] *f* **~ fraîche** Kabeljau *m*

morve [mɔʀv] *f* Nasenschleim *m*

morveux, -euse [mɔʀvø, -øz] *m, f péj fam* Rotznase *f*

mosaïque [mɔzaik] *f* Mosaik *nt*

Moscou [mɔsku] Moskau

moscovite [mɔskɔvit] *adj* Moskauer

Moscovite [mɔskɔvit] *mf* Moskauer(in) *m(f)*

Moselle [mozɛl] *f* **la ~** die Mosel

mosquée [mɔske] *f* Moschee *f*

mot [mo] *m* ❶ LING Wort *nt*; **~ étranger** Fremdwort; **~ composé** zusammengesetztes Wort ❷ (*message*) **un ~** ein paar Zeilen *Pl*; **laisser un ~ à qn** jdm eine Nachricht hinterlassen ❸ INFORM **~ de passe** Passwort *nt* ❹ JEUX **~s croisés/fléchés** *pl* Kreuzworträtsel *nt* ►**en deux ~s** mit wenigen Worten; **avoir son ~ à dire** ein Wörtchen mitzureden haben; **se donner le ~** sich absprechen; **~ à ~** wortwörtlich; **en un ~ [comme en cent]** mit einem Wort

motard, e [mɔtaʀ] *m, f fam* ❶ (*motocycliste*) Motorradfahrer(in) *m(f)* ❷ (*policier*) motorisierter Polizist/motorisierte Polizistin

mot-clé [mokle] <mots-clés> *m* Schlüsselwort *nt*; (*dans un dictionnaire*) Stichwort *nt*

moteur [mɔtœʀ] **I.** *m* ❶ TECH Motor *m* ❷ (*cause*) **être le ~ de qc** (*personne*) die treibende Kraft für etw sein **II.** *app* **frein ~** Motorbremse *f*

moteur, -trice [mɔtœʀ, -tʀis] *adj* (*force, roue*) Antriebs-

motif [mɔtif] *m* ❶ (*raison*) [Beweg]grund *m* ❷ (*ornement*) Motiv *nt*

motivant, e [mɔtivɑ̃, ɑ̃t] *adj* motivierend

motivation [mɔtivasjɔ̃] *f* Motivation *f*; **lettre de ~** Bewerbungsschreiben *nt*

motivé, e [mɔtive] *adj* (*stimulé: personne*) motiviert

motiver [mɔtive] <1> *vt* ❶ (*justifier*) begründen ❷ (*stimuler*) motivieren

moto [moto] *f abr de* **motocyclette** Motorrad *nt*

motocross, moto-cross [motokʀɔs] *m inv* Moto-Cross *nt*

motocycliste [motosiklist] *mf* Motorradfahrer(in) *m(f)*

motoriser [motoʀize] <1> *vt* motorisieren

motrice [mɔtʀis] **I.** *adj v.* **moteur II.** *f* Triebwagen *m*

motus [mɔtys] ►**~ et bouche cousue!** Mund halten und nichts verraten!

mou [mu] *m fam* Weichling *m*

mou, mol, molle [mu, mɔl] *adj* ❶ (*opp: dur*) weich ❷ (*flasque, faible*) schlaff

mouchard, e [muʃaʀ, aʀd] *m, f* ❶ Petzer/Petze *m/f* (*fam*) ❷ *péj* (*indicateur de police*) Spitzel *m*

moucharder [muʃaʀde] <1> **I.** *vi fam* petzen **II.** *vt fam* verpetzen

mouche [muʃ] *f* Fliege *f*

moucher [muʃe] <1> *vpr* **se ~ [le nez]** sich (*dat*) die Nase putzen

mouchoir [muʃwaʀ] *m* Taschentuch *nt*

moudre [mudʀ] <irr> *vt* mahlen

moue [mu] *f* schiefes Gesicht

mouette [mwɛt] *f* Möwe *f*

mouillé, e [muje] *adj* nass

mouiller [muje] <1> **I.** *vt* ❶ (*humecter*) nass machen ❷ (*tremper*) durchnässen ❸ NAUT (*ancre*) auswerfen **II.** *vpr* ❶ (*passer sous l'eau*) **se ~** nass werden ❷ (*se tremper*) **se ~** sich nass machen ❸ *fam* (*se compromettre*) **se ~ dans qc** sich in etw (*akk*) hineinziehen lassen

mouillette [mujɛt] *f: Brotschnittchen zum Eintunken*

moulage [mulaʒ] *m* ❶ (*action de mouler*) Gießen *nt* ❷ (*empreinte, objet*) Abguss *m*

moulant, e [mulɑ̃, ɑ̃t] *adj* eng anliegend

moule[1] [mul] *m* Form *f*

moule[2] [mul] *f* Miesmuschel *f*

mouler [mule] <1> *vt* ❶ (*fabriquer*) formen ❷ (*coller à*) **des vêtements qui moulent le corps** eng anliegende Kleidungsstücke

moulin [mulɛ̃] *m* Mühle *f* ►**être un ~ à paroles** *fam* reden wie ein Wasserfall

mouliner [muline] <1> *vt* GASTR passieren

moulu, e [muly] **I.** *part passé de* **moudre II.** *adj* (*en poudre*) gemahlen

moulure [mulyʀ] *f* Zierleiste *f*

moumoute [mumut] *f fam* falsches Haarteil

mourant, e [muʀɑ̃, ɑ̃t] **I.** *adj* **être ~** im Sterben liegen **II.** *m, f* Sterbende(r) *f(m)*

mourir [muʀiʀ] <irr> *vi + être* ❶ (*cesser d'exister*) **~ de qc** (*personne, animal*) an etw (*dat*) sterben; **~ de faim** verhungern; **~ de soif** verdursten; **~ de froid** erfrieren; **~ dans un accident de voiture** bei einem Autounfall ums Leben kommen ❷ (*venir de ~*) **être mort** tot sein ❸ (*tuer*) **faire ~** töten ❹ (*feu*) erlöschen ►**c'est à ~ de rire** das ist zum Totlachen; **s'ennuyer à ~** sich tödlich langweilen

mouroir [muʀwaʀ] *m péj* Sterbeheim *nt*

mousquetaire [muskətɛʀ] *m* Musketier *m*

moussant, e [musɑ̃, ɑ̃t] *adj* Schaum-

mousse[1] [mus] *f* ❶ (*écume*) Schaum *m* ❷ BOT Moos *nt* ❸ GASTR Mousse *f* ❹ (*matière*) Schaumstoff *m*

mousse[2] [mus] *m* Schiffsjunge *m*

mousseline [muslin] **I.** *f* Musselin *m* **II.** *app inv* **pommes ~** schaumiges Kartoffelpüree

mousser [muse] <1> *vi* ❶ schäumen ❷ *fam* **se faire ~ auprès de qn** sich bei jdm in ein günstiges Licht setzen

mousseux [musø] *m* Schaumwein *m*

mousson [musɔ̃] *f* Monsun *m*

moustache [mustaʃ] *f* (*d'un homme*) Schnurrbart *m*; (*du chat*) Schnurrhaare *Pl*

moustachu, e [mustaʃy] *adj* schnurrbärtig

moustachu [mustaʃy] *m* Mann *m* mit Schnurrbart

moustiquaire [mustikɛʀ] *f* Moskitonetz *nt*

moustique [mustik] *m* Stechmücke *f*; (*sous les tropiques*) Moskito *m*

moutarde [mutaʀd] *f* Senf *m*

mouton [mutɔ̃] *m* ❶ *a. fig* Schaf *nt* ❷ (*viande*) Hammel *m* ❸ (*poussière*) Staubflocke *f* ►**revenons à nos ~s** kommen wir wieder zur Sache

mouvance [muvɑ̃s] *f* ❶ Einflussbereich *m* ❷ (*mouvement idéologique*) Bewegung *f*

mouvement [muvmɑ̃] *m* ❶ (*action*) Bewegung *f* ❷ (*impulsion*) Regung *f;* ~ **de colère** Wutausbruch *m* ❸ (*animation*) Treiben *nt* ❹ MUS Tempo *nt;* (*partie de l'œuvre*) Satz *m*

mouvementé, e [muvmɑ̃te] *adj* stürmisch; (*vie*) bewegt

moyen [mwajɛ̃] *m* ❶ (*procédé*) Mittel *nt;* **par tous les ~s** mit allen Mitteln ❷ (*solution*) Weg *m;* **au ~ de qc** mit Hilfe einer S. (*gen*) ❸ *pl* (*capacités*) Fähigkeiten ❹ *pl* (*ressources financières*) Mittel *Pl;* **avoir les ~s** *fam* es sich (*dat*) leisten können ❺ *souvent pl* (*instruments*) **~s publicitaires** Werbemittel *Pl;* ~ **de transport/contrôle** Transport-/Kontrollmittel *nt* ▶**pas ~!** nichts zu machen!

moyen, ne [mwajɛ̃, jɛn] *adj* ❶ (*intermédiaire*) mittlere(r, s); (*classe, ondes*) Mittel-; **à ~ terme** mittelfristig; *v.a.* **moyenne** ❷ (*ni bon, ni mauvais*) mittelmäßig ❸ (*en proportion*) durchschnittlich ❹ (*du type courant*) Durchschnitts-

Moyen Âge, Moyen-Âge [mwajɛnɑʒ] *m* Mittelalter *nt*

moyenâgeux, -euse [mwajɛnɑʒø, -jøz] *adj a. péj* mittelalterlich

moyen-courrier [mwajɛ̃kuʀje] <moyen-courriers> *m* Mittelstreckenflugzeug *nt*

moyennant [mwajɛnɑ̃] *prép* ~ **1000 euros** für 1000 Euro

moyenne [mwajɛn] *f* ❶ MATH Mittel *nt;* ~ **d'âge** Durchschnittsalter *nt;* **en ~** durchschnittlich ❷ *a.* SCOL Durchschnitt *m;* **avoir la ~ en qc** in etw (*dat*) eine durchschnittliche Note haben

Moyen-Orient [mwajɛnɔʀjɑ̃] *m* **le ~** der Mittlere Osten

mue [my] *f* ❶ ZOOL (*de l'oiseau*) Mauser *f;* (*du serpent*) Häutung *f;* (*d'un mammifère*) [Sich]haaren *nt* ❷ ANAT Stimmbruch *m*

muer [mɥe] <1> *vi* ❶ ZOOL (*oiseau*) sich mausern; (*serpent*) sich häuten; (*mammifère*) [sich] haaren ❷ (*garçon*) im Stimmbruch sein

muesli [mysli] *m* Müsli *nt*

muet, te [mɥɛ, mɥɛt] **I.** *adj* stumm; ~ **de surprise** sprachlos vor Überraschung **II.** *m, f* Stumme(r) *f(m)*

muguet [mygɛ] *m* Maiglöckchen *nt*

> Am 1. Mai werden überall in den Straßen Maiglöckchensträuße verkauft. Man verschenkt die **brins de muguet** als Zeichen der Zuneigung und als Glücksbringer.

mulâtre, mulâtresse [mylɑtʀ, mylɑtʀɛs] *m, f* Mulatte/Mulattin *m/f*

mule[1] [myl] *f* Mauleselin *f* ▶**être têtu comme une ~** störrisch wie ein Esel sein (*fam*)

mule[2] [myl] *f* (*pantoufle*) Pantoffel *m*

mulet [mylɛ] *m* Maulesel *m*

mulot [mylo] *m* Feldmaus *f*

multicolore [myltikɔlɔʀ] *adj* bunt

multiculturel, le [myltikyltyʀɛl] *adj* multikulturell

multifonction [myltifɔ̃ksjɔ̃] *adj inv* multifunktionell

multilingue [myltilɛ̃g] *adj* mehrsprachig

multimédia [myltimedja] *adj* INFORM multimedial

multinationale [myltinasjɔnal] *f* multinationaler Konzern

multiple [myltipl] **I.** *adj* ❶ (*nombreux*) vielfach; (*prise*) Mehrfach- ❷ (*aspects, raisons*) vielfältig; (*cas*) verschiedenartig **II.** *m* **être le ~ de qc** das Vielfache von etw sein

multiplexe [myltiplɛks] *m* Gebäudekomplex *m* mit mehreren Sälen

multiplication [myltiplikasjɔ̃] *f* Multiplikation *f*

multiplicité [myltiplisite] *f* Vielfalt *f*

multiplier [myltiplije] <1> **I.** *vt* ❶ MATH ~ **sept par trois** sieben mit drei multiplizieren ❷ (*augmenter le nombre de*) vervielfachen; (*efforts*) steigern; (*attaques*) wiederholen **II.** *vpr* **se ~** sich vermehren

multiprogrammation [myltipʀɔgʀamasjɔ̃] *f* INFORM Multitasking *nt*

multiracial, e [myltiʀasjal, jo] <-aux> *ad*[j] gemischtrassig

multitude [myltityd] *f* Vielzahl *f*

Munich [mynik] München

munichois, e [mynikwa, waz] *adj* Münchner

Munichois, e [mynikwa, waz] *m, f* Münchner(in) *m(f)*

municipal, e [mynisipal, o] <-aux> *a*[dj] ❶ (*communal*) Gemeinde-; (*élections*) Kommunal-; **conseil ~** Stadtrat *m,* Gemeinderat *m* ❷ (*de la ville*) Stadt-

municipalité [mynisipalite] *f* ❶ (*administration*) Stadtverwaltung *f* ❷ (*commune*) Gemeinde *f*
munir [myniʀ] <8> *vpr* **se ~ de qc** etw mitnehmen
munitions [mynisjɔ̃] *fpl* Munition *f*
muqueuse [mykøz] *f* Schleimhaut *f*
mur [myʀ] *m* Mauer *f;* (*d'une pièce*) Wand *f* ▸**franchir le ~ du son** die Schallmauer durchbrechen
mûr, e [myʀ] *adj* reif; (*projet*) ausgereift
muraille [myʀɑj] *f* [dicke] Mauer
mural, e [myʀal, o] <-aux> *adj* Wand-
mûre [myʀ] *f* Brombeere *f*
mûrement [myʀmɑ̃] *adv* reiflich
murer [myʀe] <1> **I.** *vt* zumauern; **être muré dans le silence** in Schweigen (*akk*) gehüllt sein **II.** *vpr* **se ~ chez soi** sich von der Außenwelt abschließen
muret [myʀɛ] *m* Mäuerchen *nt*
mûrir [myʀiʀ] <8> *vi* reif werden; (*projet*) heranreifen
murmure [myʀmyʀ] *m* Murmeln *nt;* (*de protestations*) Murren *nt*
murmurer [myʀmyʀe] <1> **I.** *vi* ❶ (*chuchoter*) murmeln ❷ (*protester*) murren **II.** *vt* murmeln; **~ qc à qn** jdm etw zuflüstern
muscle [myskl] *m* Muskel *m*
musclé, e [myskle] *adj* ❶ (*athlétique*) muskulös ❷ *fig fam* (*gouvernement, discours*) stark; (*politique*) energisch
muscler [myskle] <1> *vt* **~ qn** jds Muskeln stärken
musculaire [myskylɛʀ] *adj* Muskel-
musculation [myskylasjɔ̃] *f* Bodybuilding *nt*
musculature [myskylatyʀ] *f* Muskulatur *f*
muse [myz] *f* Muse *f*
museau [myzo] <x> *m* Maul *nt;* (*du chien*) Schnauze *f*
musée [myze] *m* Museum *nt*
museler [myzle] <3> *vt* ❶ **~ un animal** einem Tier einen Maulkorb umbinden ❷ *fig* mundtot machen
muselière [myzəljɛʀ] *f* Maulkorb *m*
musical, e [myzikal, o] <-aux> *adj* (*études, film*) Musik-; (*soirée*) musikalisch; **comédie ~e** Musical *nt*
music-hall [myzikol] <music-halls> *m* Varietee *nt;* (*établissement*) Varieteetheater *nt*
musicien, ne [myzisjɛ̃, jɛn] **I.** *adj* musikalisch **II.** *m, f* Musiker(in) *m(f);* (*amateur*) Musikant(in) *m(f)*
musique [myzik] *f* Musik *f* ▸**connaître la ~** *fam* im Bilde sein
musqué, e [myske] *adj* (*odeur, parfum*) Moschus-
must® [mœst] *m fam* Muss *nt*
musulman, e [myzylmɑ̃, an] *adj* (*monde*) moslemisch; **être ~** Moslem sein
Musulman, e [myzylmɑ̃, an] *m, f* Moslem/Moslime *m/f,* Mohammedaner(in) *m(f)*
mutant, e [mytɑ̃, ɑ̃t] **I.** *adj* BIO mutierend **II.** *m, f* ❶ ZOOL, BOT Mutante *f* ❷ LITTER Mutant(in) *m(f)*
muter [myte] <1> *vt* ADMIN versetzen
mutilation [mytilasjɔ̃] *f a. fig* Verstümmelung *f*
mutilé, e [mytile] *m, f* **~ de guerre** Kriegsbeschädigter *m*
mutiler [mytile] <1> *vt a. fig* verstümmeln
mutin, e [mytɛ̃, in] *m, f* Meuterer/Meuterin *m/f*
mutinerie [mytinʀi] *f* Meuterei *f*
mutisme [mytism] *m* Schweigen *nt*
mutuel, le [mytɥɛl] *adj* gegenseitig
mutuelle [mytɥɛl] *f* Versicherung[sverein *m*] *f* auf Gegenseitigkeit; **~ des étudiants** studentische Krankenversicherung
mutuellement [mytɥɛlmɑ̃] *adv* gegenseitig
mycose [mikoz] *f* Pilzkrankheit *f*
mygale [migal] *f* Vogelspinne *f*
myopathie [mjopati] *f* Muskelerkrankung *f*
myope [mjɔp] *adj* kurzsichtig
myosotis [mjɔzɔtis] *m* Vergissmeinnicht *nt*
myrtille [miʀtij] *f* Heidelbeere *f*
mystère [mistɛʀ] *m* ❶ (*secret*) Geheimnis *nt* ❷ (*énigme*) Rätsel *nt*
mystérieusement [misteʀjøzmɑ̃] *adv* unerklärlicherweise
mystérieux [misteʀjø] *m* **le ~** das Geheimnisvolle
mystérieux, -euse [misteʀjø, -jøz] *adj* geheimnisvoll
mystifier [mistifje] <1> *vt* täuschen
mystique [mistik] *adj* ❶ (*religieux*) mystisch ❷ (*exalté, fervent*) schwärmerisch
mythe [mit] *m* Mythos *m*
mythique [mitik] *adj* mythisch; (*imaginaire*) erdichtet
mythologie [mitɔlɔʒi] *f* Mythologie *f*
mythomane [mitɔman] **I.** *adj* krankhaft verlogen **II.** *mf* krankhafter Lügner/krankhafte Lügnerin

Nn

N, n [ɛn] **I.** *m inv* N *nt*, n *nt* **II.** *f* **la N 7** ≈ die B 7 **III.** *adj* x
n' *v.* **ne**
na [na] *interj enfantin* ätsch
nabot, e [nabo, ɔt] *m, f* Zwerg(in) *m(f)*
nacre [nakʀ] *f* Perlmutt *nt*
nacré, e [nakʀe] *adj* perlmuttschimmernd
nage [naʒ] *f* Schwimmen *nt* ▶**à la ~** schwimmend; **en ~** schweißgebadet
nageoire [naʒwaʀ] *f* Flosse *f*
nager [naʒe] <2a> **I.** *vi* ❶ *a. fig (personne, aliment)* schwimmen ❷ *fam* **~ dans un vêtement** in einem Kleidungsstück ertrinken **II.** *vt* **~ la brasse** Brust schwimmen; **~ le crawl** kraulen
nageur, -euse [naʒœʀ, -ʒøz] *m, f* Schwimmer(in) *m(f)*
naguère [nagɛʀ] *adv soutenu* einst
naïf, naïve [naif, naiv] *adj* naiv
nain, e [nɛ̃, nɛn] *m, f* Zwerg(in) *m(f)*; **~ de jardin** Gartenzwerg
naissance [nɛsɑ̃s] *f* ❶ Geburt *f*; **à la ~** bei der Geburt ❷ *(apparition)* Entstehung *f* ▶**Allemand de ~** gebürtiger Deutscher
naître [nɛtʀ] <irr> *vi + être* ❶ geboren werden ❷ *(crainte, désir, soupçon)* entstehen; *(idée)* geboren werden; *(difficulté)* auftreten
naïve [naiv] *adj v.* **naïf**
naïvement [naivmɑ̃] *adv* naiv
naïveté [naivte] *f* Naivität *f*
nana [nana] *f fam* Tussi *f*
nanti, e [nɑ̃ti] **I.** *adj* vermögend **II.** *m, f* Reiche(r) *f(m)*
naphtaline [naftalin] *f* Naphthalin *nt*
napoléon [napɔleɔ̃] *m* Napoleondor *m*
nappage [napaʒ] *m (action)* Glasieren *nt*; *(résultat)* Glasur *f*
nappe [nap] *f* ❶ *(linge)* Tischtuch *nt* ❷ *(vaste étendue)* **~ de pétrole** Ölteppich *m*; **~ de brouillard** Nebelbank *f*
napper [nape] <1> *vt* **~ de chocolat** mit Schokolade glasieren
naquis [naki] *passé simple de* **naître**
narcisse [naʀsis] *m* Narzisse *f*
narcissique [naʀsisik] *adj* narzisstisch
narcissisme [naʀsisism] *m* Narzissmus *m*
narcodollars [naʀkodɔlaʀ] *mpl* Drogendollars *Pl*
narcose [naʀkoz] *f* Narkose *f*
narguer [naʀge] <1> *vt* verspotten; *(agacer)* ärgern
narine [naʀin] *f* Nasenloch *nt*
narquois, e [naʀkwa, waz] *adj* spöttisch
narrateur, -trice [naʀatœʀ, -tʀis] *m, f* Erzähler(in) *m(f)*
narratif, -ive [naʀatif, -iv] *adj* erzählend; **style/art ~** Erzählstil *m*/-kunst *f*
narration [naʀasjɔ̃] *f* Erzählung *f*
nasal, e [nazal, o] <-aux> *adj* nasal
nasale [nazal] *f* Nasal *m*
nase [nɑz] *adj fam* kaputt
naseau [nazo] <x> *m* Nüster *f*
natal, e [natal] <s> *adj* Geburts-; **pays ~** Heimat *f*
natalité [natalite] *f* Geburtenziffer *f*
natation [natasjɔ̃] *f* Schwimmen *nt*
natel [natɛl] *m* CH ❶ *(téléphone portable)* Handy *nt*, Natel *nt* (CH) ❷ *(téléphonie portable)* Mobilfunknetz *nt*, Natel *nt* (CH)
natif, -ive [natif, -iv] **I.** *adj* **~ de Toulouse** gebürtiger Toulouser **II.** *m, f* Einheimische(r) *f(m)*; **les ~s du cancer** die Krebsgeborenen
nation [nasjɔ̃] *f* Nation *f*; **les Nations unies** die Vereinten Nationen
national, e [nasjɔnal, o] <-aux> *adj* ❶ *(de l'État)* national; **fête ~e** Nationalfeiertag *m* ❷ *(opp: local, régional)* national; *(entreprise)* staatlich; *(assemblée, route)* National-
Nationale [nasjɔnal] *f (route)* **la ~ 7/10** ≈ die Bundesstraße 7/10
nationalisation [nasjɔnalizasjɔ̃] *f* Verstaatlichung *f*
nationaliser [nasjɔnalize] <1> *vt* verstaatlichen
nationalisme [nasjɔnalism] *m* Nationalismus *m*
nationaliste [nasjɔnalist] **I.** *adj* nationalistisch **II.** *mf* Nationalist(in) *m(f)*
nationalité [nasjɔnalite] *f* Staatsangehörigkeit *f*
national-socialisme [nasjɔnalsɔsjalism] *m sans pl* Nationalsozialismus *m* **national-socialiste** [nasjɔnalsɔsjalist] <nationaux-socialistes> **I.** *adj* nationalsozialistisch **II.** *m, f* Nationalsozialist(in) *m(f)*
natte [nat] *f* Zopf *m*
naturalisation [natyʀalizasjɔ̃] *f* Einbürge-

rung *f*

naturalisé, e [natyʀalize] *adj* eingebürgert

naturaliser [natyʀalize] <1> *vt* ~ **qn** [**français**] jdn [als Franzose] einbürgern; **se faire** ~ sich einbürgern lassen

naturaliste [natyʀalist] *mf* Naturforscher(in) *m(f)*

nature [natyʀ] **I.** *f* ❶ (*environnement*) Natur *f* ❷ (*caractère*) Wesen *nt;* ~ **humaine** Natur *f* des Menschen ❸ ART ~ **morte** Stillleben *nt* ▶**de**[*o* **par**] ~ von Natur [aus]; **en** ~ in Naturalien **II.** *adj inv* ❶ (*café, thé*) ohne alles; (*yaourt*) Natur- ❷ *fam* (*simple*) natürlich

naturel [natyʀɛl] *m* ❶ (*caractère*) Wesen *nt* ❷ (*spontanéité*) Natürlichkeit *f* ▶**être d'un** ~ **timide** ein schüchternes Wesen haben

naturel, le [natyʀɛl] *adj* natürlich; (*père*) leiblich; (*gaz*) Erd-; (*produit*) Natur-

naturellement [natyʀɛlmɑ̃] *adv* ❶ (*bien entendu*) selbstverständlich ❷ (*opp: artificiellement*) auf natürliche Weise ❸ (*de façon innée*) von Natur aus ❹ (*aisément*) ganz einfach

naturisme [natyʀism] *m* Freikörperkultur *f*

naturiste [natyʀist] **I.** *adj* (*plage*) FKK- **II.** *mf* FKKler(in) *m(f)* (*fam*)

naufrage [nofʀaʒ] *m* Untergang *m* ▶**faire** ~ Schiffbruch erleiden

naufragé, e [nofʀaʒe] *m, f* Schiffbrüchige(r) *f(m)*

nausée [noze] *f* Übelkeit *f;* (*dégoût*) Ekel *m;* **j'ai la** ~ [*o* **des** ~**s**] mir ist schlecht ▶**qn/qc donne la** ~ **à qn** von jdm/etw wird jdm [ganz] schlecht

nautique [notik] *adj* Wasser-

naval, e [naval] <s> *adj* **forces** ~**es** Seestreitkräfte *Pl;* **chantier** ~ [Schiffs]werft *f*

navet [navɛ] *m* ❶ BOT weiße Rübe ❷ *péj fam* Schund[film *m*] *m*

navette [navɛt] *f* ❶ AUT Pendelbus *m*/-schiff *nt* ❷ (*va-et-vient*) **faire la** ~ pendeln ❸ AVIAT ~ **spatiale** Raumfähre *f*

navetteur, -euse [navetœʀ, -øz] *m, f* BELG Pendler(in) *m(f)*

navigant, e [navigɑ̃, ɑ̃t] *adj* AVIAT (*personnel*) Flug-; NAUT Schiffs-

navigateur [navigatœʀ] *m* INFORM ~ **Web** Browser *m*

navigateur, -trice [navigatœʀ, -tʀis] *m, f* Seefahrer(in) *m(f)*

navigation [navigasjɔ̃] *f* NAUT Schifffahrt *f;* AVIAT Navigation *f*

naviguer [navige] <1> *vi* ❶ AVIAT fliegen; NAUT fahren ❷ INFORM surfen

navire [naviʀ] *m* Schiff *nt;* ~ **poubelle** Rostschüssel *f* (*fam*)

navrant, e [navʀɑ̃, ɑ̃t] *adj* **c'est** ~**!** es ist zum Verzweifeln!

navré, e [navʀe] *adj* **être** ~ **de qc** etw [zutiefst] bedauern

navrer [navʀe] <1> *vt* bestürzen; (*contrarier*) zur Verzweiflung bringen; **ce malentendu me navre** ich bedauere dieses Missverständnis zutiefst

naze [nɑz] *adj v.* **nase**

nazi, e [nazi] *abr de* **national-socialiste I.** *adj* Nazi- **II.** *m, f* Nazi *m*

nazisme [nazism] *m abr de* **national-socialisme** Nazismus *m*

NB [ɛnbe] *abr de* **nota bene** N.B.

NDLR [ɛndeɛlɛʀ] *abr de* **note de la rédaction** Anm. d. Red.

ne [nə] < *devant voyelle ou h muet* n'> *adv* ❶ (*avec autre mot négatif*) **il** ~ **mange pas le midi** er isst nicht zu Mittag; **elle n'a guère d'argent** sie hat kaum Geld; **je** ~ **fume plus** ich rauche nicht mehr; **je** ~ **me promène jamais** ich gehe nie spazieren; **je** ~ **vois personne** ich sehe niemand[en]; **personne** ~ **vient** niemand kommt; **je** ~ **vois rien** ich sehe nichts; **rien** ~ **va plus** nichts geht mehr; **il n'a ni frère ni sœur** er hat weder Bruder noch Schwester; **tu n'as aucune chance** du hast keine Chance ❷ *sans autre mot négatif, soutenu* nicht; **je n'ose le dire** ich wage nicht, es zu sagen ❸ (*seulement*) **je** ~ **vois que cette solution** ich sehe nur diese Lösung; **il n'y a pas que vous qui le dites** Sie sind nicht der Einzige, der das sagt

né, e [ne] **I.** *part passé de* **naître II.** *adj souvent écrit avec un trait d'union* (*de naissance*) geboren

néant [neɑ̃] **I.** *m* Nichts *nt* **II.** *pron* **signes particuliers:** ~ besondere Kennzeichen: keine

nécessaire [nesesɛʀ] **I.** *adj* nötig; (*condition*) notwendig; **si** ~ falls nötig **II.** *m* ❶ **le** ~ das Nötige ❷ (*étui*) ~ **à ongles** Nagelnecessaire *nt*

nécessairement [nesesɛʀmɑ̃] *adv* unbedingt

nécessité [nesesite] *f* Notwendigkeit *f* ▶**de première** ~ unentbehrlich

N

nécessiter [nesesite] <1> *vt* erfordern
nec plus ultra [nɛkplysyltʀa] *m inv* Nonplusultra *nt*
nécrologie [nekʀɔlɔʒi] *f* ❶ (*rubrique*) Todesanzeigen *Pl* ❷ (*notice*) Nachruf *m*
nécrologique [nekʀɔlɔʒik] *adj* Todes-
nécrose [nekʀoz] *f* Nekrose *f* Fachspr.
nectar [nɛktaʀ] *m* Nektar *m*
nectarine [nɛktaʀin] *f* Nektarine *f*
néerlandais [neɛʀlɑ̃dɛ] *m* Niederländisch *nt*; *v.a.* **allemand**
néerlandais, e [neɛʀlɑ̃dɛ, ɛz] *adj* niederländisch; *v.a.* **allemand**
Néerlandais, e [neɛʀlɑ̃dɛ, ɛz] *m, f* Niederländer(in) *m(f)*
nef [nɛf] *f* [Kirchen]schiff *nt*
néfaste [nefast] *adj* unheilvoll; **être ~** schaden
néflier [neflije] *m* Mispel[baum *m*] *f*
négatif [negatif] *m* Negativ *nt*
négatif, -ive [negatif, -iv] *adj* negativ; (*phrase*) negiert
négation [negasjɔ̃] *f* Negation *f*
négative [negativ] *f* ►**répondre par la ~** verneinen; (*refuser*) ablehnen
négativement [negativmɑ̃] *adv* negativ; **répondre ~** verneinen
négligé, e [negliʒe] *adj* nachlässig; (*tenue*) ungepflegt
négligeable [negliʒabl] *adj* unbedeutend; (*élément, facteur*) unwesentlich; (*détail*) belanglos
négligemment [negliʒamɑ̃] *adv* ❶ (*nonchalamment*) lässig ❷ (*sans soin*) nachlässig
négligence [negliʒɑ̃s] *f sans pl* Nachlässigkeit *f*
négligent, e [negliʒɑ̃, ʒɑ̃t] *adj* nachlässig
négliger [negliʒe] <2a> **I.** *vt* (*santé, tenue, ami*) vernachlässigen; (*détail, fait*) außer Acht lassen **II.** *vpr* **se ~** sich vernachlässigen
négoce [negɔs] *m soutenu* Handel *m*; **faire du ~ avec qn** mit jdm handeln
négociant, e [negɔsjɑ̃, jɑ̃t] *m, f* Händler(in) *m(f)*
négociation [negɔsjasjɔ̃] *f gén pl* Verhandlung *f*
négocier [negɔsje] <1> **I.** *vi* verhandeln **II.** *vt* ❶ (*discuter*) verhandeln über (+ *akk*) ❷ (*obtenir après discussion*) aushandeln ❸ AUT (*virage*) nehmen
nègre, négresse [nɛgʀ, negʀɛs] *m, f péj* Neger(in) *m(f)*
négro [negʀo] *m péj fam* Nigger *m*
neige [nɛʒ] *f* ❶ METEO Schnee *m* ❷ GASTR **battre les blancs en ~** das Eiweiß zu Schnee schlagen
neiger [neʒe] <2a> *vi impers* **il neige** es schneit
néné [nene] *m fam* Titte *f*
nénette [nenɛt] *f fam* Tussi *f* ►**se casser la ~** *fam* (*faire des efforts*) sich (*dat*) einen abrechen
nénuphar [nenyfaʀ] *m* Seerose *f*
néo-arriviste [neɔaʀivist] *mf* [typische(r)] Vertreter(in) *m(f)* der Start-up-Generation
néologisme [neɔlɔʒism] *m* Neologismus *m*
néon [neɔ̃] *m* ❶ CHIM Neon *nt* ❷ (*tube*) Neonröhre *f*
néonatal, e [neonatal] <s> *adj* neonatal; **mortalité ~e** Neugeborenensterblichkeit *f*
néonazi, e [neonazi] **I.** *adj* neonazistisch **II.** *m, f* Neonazi *mf*
néphrétique [nefʀetik] *adj* **coliques ~s** Nierenkoliken *Pl*
Neptune [nɛptyn] *f* ASTRO Neptun *m*
nerf [nɛʀ] *m* ❶ ANAT, MED Nerv *m* ❷ *pl* PSYCH Nerven *Pl*; **être sur les ~s** *fam* unruhig sein ►**taper sur les ~s à qn** *fam* jdm auf die Nerven gehen
nerveusement [nɛʀvøzmɑ̃] *adv* ❶ nervös ❷ (*avec vigueur*) **démarrer ~** spritzig anfahren
nerveux, -euse [nɛʀvø, -øz] **I.** *adj* ❶ (*spasme, troubles*) nervös ❷ (*irritable*) nervös; (*animal, personne*) unruhig ❸ (*émotif*) empfindlich ❹ (*animal, personne*) dynamisch; (*style*) ausdrucksvoll; (*moteur, voiture*) spritzig **II.** *m, f* nervöser Mensch
nervosité [nɛʀvozite] *f* Nervosität *f*
n'est-ce-pas [nɛspɑ] *adv* ❶ (*invitation à acquiescer*) **~?** oder? ❷ (*renforcement*) nicht [wahr]
net, te [nɛt] **I.** *adj* ❶ *postposé* (*propre*) sauber ❷ *postposé* (*précis*) klar ❸ *a. antéposé* (*évident*) klar; (*amélioration, tendance*) spürbar ❹ *postposé* (*distinct*) klar; (*contours, image*) scharf; (*souvenir*) deutlich ❺ *fam* (*opp: cinglé*) klar [im Kopf] ❻ *postposé* (*salaire*) Netto-; **~ d'impôt** steuerfrei **II.** *adv* ❶ (*se casser*) glatt; (*s'arrêter*) abrupt ❷ (*dire, refuser*) klar und deutlich ❸ COM netto
Net [nɛt] *m* **le ~** das Netz
netiquette [netikɛt] *f* INFORM Netiquette *f*

nettement [nɛtmɑ̃] *adv* ① (*sans ambiguïté*) unmissverständlich ② (*distinctement*) deutlich; (*se détacher*) scharf; (*se souvenir*) genau ③ (*largement*) eindeutig; ~ **moins/plus** deutlich weniger/mehr

netteté [nɛtte] *f* Klarheit *f;* (*des contours, d'une image*) Schärfe *f*

nettoyage [netwajaʒ] *m* ① Reinigen *nt,* Reinigung *f;* (*d'une pièce*) Putzen *nt;* ~ **à sec** chemische Reinigung ② MIL, POL Säuberung *f*

nettoyer [netwaje] <6> *vt* putzen; (*plaie, tapis*) reinigen

neuf, neuve [nœf, nœv] *adj* neu ▶**quelque chose/rien de** ~ etwas/nichts Neues

neuf[1] [nœf] **I.** *num* neun **II.** *m inv* Neun *f; v.a.* **cinq**

neuf[2] [nœf] *m* Neue(s) *nt* ▶**il y a du** ~ es gibt etwas Neues

neurasthénie [nøʀasteni] *f* Nervenschwäche *f;* **faire de la** ~ Depressionen haben

neurasthénique [nøʀastenik] *adj* depressiv

neurochirurgie [nøʀoʃiʀyʀʒi] *f* Neurochirurgie *f*

neurochirurgien, ne [nøʀoʃiʀyʀʒjɛ̃, jɛn] *m, f* Neurochirurg(in) *m(f)*

neuroleptique [nøʀɔlɛptik] *m* Neuroleptikum *nt*

neurologie [nøʀɔlɔʒi] *f* Nervenheilkunde *f*

neurologique [nøʀɔlɔʒik] *adj* neurologisch

neurologue [nøʀɔlɔg] *mf* Neurologe/Neurologin *m/f*

neurone [nøʀon] *m a.* INFORM Neuron *nt*

neuropsychiatre [nøʀopsikjatʀ] *mf* Neuropsychiater(in) *m(f)*

neutraliser [nøtʀalize] <1> *vt* (*ennemi, gang*) unschädlich machen

neutraliste [nøtʀalist] **I.** *adj* neutralistisch **II.** *mf* Verfechter(in) *m(f)* des Neutralismus

neutralité [nøtʀalite] *f* Neutralität *f*

neutre [nøtʀ] **I.** *adj* ① *a.* POL, CHIM, ELEC neutral ② (*qui ne choque pas*) neutral; (*couleur, personne*) unauffällig; (*style*) farblos ③ LING sächlich; **être du genre** ~ ein Neutrum sein **II.** *m* LING Neutrum *nt*

neuvième [nœvjɛm] **I.** *adj antéposé* neunte(r, s) **II.** *mf* **le/la** ~ der/die/das Neunte **III.** *m* (*fraction*) Neuntel *nt; v.a.* **cinquième**

neveu [n(ə)vø] <x> *m* Neffe *m*

névralgie [nevʀalʒi] *f* Neuralgie *f*

névralgique [nevʀalʒik] *adj* MED neuralgisch; **centre** ~ Nervenzentrum *nt*

névrite [nevʀit] *f* Nervenentzündung *f*

névrose [nevʀoz] *f* Neurose *f*

névrosé, e [nevʀoze] *m, f* Neurotiker(in) *m(f)*

new-look [njuluk] **I.** *adj inv* (*politique, style*) neuartig **II.** *m inv* Newlook *m*

newton [njutɔn] *m* Newton *nt*

newtonien, ne [njutɔnjɛ̃, jɛn] *adj* newtonsche(r, s)

nez [ne] *m* Nase *f;* **saigner du** ~ Nasenbluten haben ▶**fourrer son ~ dans qc** *fam* seine Nase in etw (*akk*) stecken; ~ **à** ~ Auge in Auge; **raccrocher au ~ de qn** einfach auflegen (*fam*); **sous le ~ de qn** *fam* vor jds Nase (*dat*)

NF [ɛnɛf] *f abr de* **norme française** französische Norm

ni [ni] *conj* ① *après une autre nég* **il ne sait pas dessiner ~ peindre** er kann weder zeichnen noch malen; **il n'a rien vu ~ personne** er hat nichts und niemand gesehen; **rien de fin ~ de distingué** weder etwas Feines noch etwas Vornehmes ② (*alternative négative*) ~ **l'un ~ l'autre** keiner von beiden; ~ **plus ~ moins** nicht mehr und nicht weniger

niais, e [njɛ, njɛz] *adj* albern

niaisement [njɛzmɑ̃] *adv* dümmlich

niaiserie [njɛzʀi] *f* Unsinn *m kein Pl*

Nice [nis] Nizza *nt*

niche [niʃ] *f* ① (*abri*) [Hunde]hütte *f* ② (*alcôve*) Nische *f*

nicher [niʃe] <1> **I.** *vi* nisten **II.** *vpr* **se** ~ sich einnisten

nichon [niʃɔ̃] *m fam* Titte *f*

nickel [nikɛl] **I.** *m* Nickel *nt* **II.** *adj inv, fam* blitzblank

nicotine [nikɔtin] *f* Nikotin *nt*

nid [ni] *m* Nest *nt*

nid-d'abeilles [nidabɛj] <nids-d'abeilles> *m* COUT Waffelmuster *nt* **nid-de-poule** [nidpul] <nids-de-poule> *m* Schlagloch *nt*

nièce [njɛs] *f* Nichte *f*

nième [ɛnjɛm] *adj v.* **énième**

nier [nje] <1> *vt* leugnen; (*refuser l'idée de*) verleugnen

Niger [niʒɛʀ] *m* **le** ~ Niger *nt*

Nigeria [niʒeʀja] *m* **le** ~ Nigeria *nt*

nigérian, e [niʒeʀjɑ̃, jan] *adj* nigerianisch

Nigérian, e [niʒeʀjɑ̃, jan] *m, f* Nigerianer(in) *m(f)*

N

nigérien, **ne** [niʒeʀjɛ̃, jɛn] *adj* nigrisch
Nigérien, **ne** [niʒeʀjɛ̃, jɛn] *m, f* Nigrer(in) *m(f)*
night-club [najtklœb] <night-clubs> *m* Nachtklub *m*
Nil [nil] *m* **le ~** der Nil
n'importe [nɛ̃pɔʀt] *v.* **importer**
niôle [ɲol] *f v.* **gnôle**
nippes [nip] *fpl fam* Klamotten *Pl*
nippon, **-on[n]e** [nipɔ̃, -ɔn] *adj* japanisch
Nippon, **-on[n]e** [nipɔ̃, -ɔn] *m, f* Japaner(in) *m(f)*
niquer [nike] <1> *vt vulg* ficken
nirvana [niʀvana] *m* Nirwana *nt*
nitouche [nituʃ] *f* ▸**sainte ~** Unschuldsengel *m*
nitrate [nitʀat] *m* Nitrat *nt*
niveau [nivo] <x> *m* ❶ (*hauteur*) Höhe *f;* (*d'essence, huile*) -stand *m;* (*des devises, de la production*) Stand *m* ❷ (*degré*) Niveau *nt;* **~ de vie** Lebensstandard *m* ▸**au plus haut ~** auf höchster Ebene
niveler [nivle] <3> *vt* nivellieren
noble [nɔbl] **I.** *adj* adlig **II.** *mf* Adlige(r) *f(m)*
noblement [nɔbləmɑ̃] *adv* (*dignement*) stolz
noblesse [nɔblɛs] *f* Adel *m;* (*dignité*) Würde *f*
noce [nɔs] *f a. pl* Hochzeit *f*
noceur, **-euse** [nɔsœʀ, -øz] *m, f* Genussmensch *m*
nocif, **-ive** [nɔsif, -iv] *adj* schädlich
nocturne [nɔktyʀn] **I.** *adj* nächtlich; **vente ~** CH Abendverkauf *m* (CH) **II.** *f* **en ~** am Abend
nodule [nɔdyl] *m* MED Knötchen *nt*
Noël [nɔɛl] *m* Weihnachten *nt;* **joyeux ~** fröhliche Weihnachten

> Für die Franzosen ist **Noël** am 25. Dezember. An diesem Tag findet gleich nach dem Frühstück die Bescherung statt. Die Erwachsenen beschenken sich im Anschluss daran beim Aperitif vor dem Mittagessen. Am Vorabend, dem 24., gehen viele Familien um Mitternacht in die Christmette. Einen zweiten Weihnachtsfeiertag gibt es in Frankreich nicht.

nœud [nø] *m* Knoten *m;* **~ papillon** Fliege *f;* (*ornement*) Schleife *f*
noie [nwa] *indic et subj prés de* **noyer**
noierai [nwaʀe] *fut de* **noyer**
noir [nwaʀ] *m* ❶ (*couleur*) Schwarz *nt;* **~ et blanc** schwarzweiß ❷ (*obscurité*) **dans le ~** im Dunkeln ▸**~ sur blanc** schwarz auf weiß; **broyer du ~** Trübsal blasen (*fam*); **au ~** schwarz
noir, **e** [nwaʀ] *adj* ❶ (*opp: blanc*) schwarz ❷ (*propre à la race*) der Schwarzen; **l'Afrique ~e** Schwarzafrika *nt* ❸ (*obscur*) finster ❹ (*idées*) düster; (*humour, film*) schwarz ❺ (*marché*) Schwarz-
Noir, **e** [nwaʀ] *m, f* Schwarze(r) *f(m)*
noirceur [nwaʀsœʀ] *f* ❶ (*perfidie*) Niedertracht *f;* (*de l'âme*) Schwärze *f;* (*d'un crime, forfait*) Ruchlosigkeit *f* ❷ (*caractère sinistre*) schwarze Natur
noircir [nwaʀsiʀ] <8> **I.** *vt* ❶ (*salir*) schwarz machen ❷ (*cahier, feuille*) voll schreiben **II.** *vpr* **se ~** (*façade*) schwarz werden; (*ciel*) sich verdunkeln
noire [nwaʀ] **I.** *adj v.* **noir II.** *f* MUS Viertelnote *f*
noise [nwaz] *f* ▸**chercher des ~s à qn** Streit mit jdm suchen
noisetier [nwaztje] *m* Haselstrauch *m*
noisette [nwazɛt] **I.** *f* ❶ (*fruit*) Haselnuss *f* ❷ GASTR Flocke *f* **II.** *adj inv* haselnussbraun
noix [nwa] *f a.* GASTR Nuss *f;* **une ~ de beurre** ein walnussgroßes Stück Butter ▸**à la ~** *fam* wertlos
nom [nɔ̃] *m* ❶ (*dénomination*) Name *m;* **~ patronymique** Familienname; **~ commun/propre** Gattungs-/Eigenname; **quel est le ~ de ...?** wie heißt ...? ❷ LING Substantiv *nt* ▸**~ de Dieu [de ~ de Dieu]!** (*de surprise*) ach du lieber Gott!; (*de colère*) verdammt noch mal!
nomade [nɔmad] **I.** *adj* Nomaden- **II.** *m, f* Nomade/Nomadin *m/f*
no man's land [nomanslɑ̃d] *m inv* Niemandsland *nt*
nombre [nɔ̃bʀ] *m* ❶ *a.* MATH Zahl *f;* **en grand ~** zahlreich ❷ LING Numerus *m*
nombreux, **-euse** [nɔ̃bʀø, -øz] *adj* zahlreich; (*foule, famille*) groß
nombril [nɔ̃bʀil] *m* Nabel *m*
nombrilisme [nɔ̃bʀilism] *m fam* Nabelschau *f*
nomenclature [nɔmɑ̃klatyʀ] *f* Stichwortliste *f*
nominal, **e** [nɔminal, o] <-aux> *adj* Nominal-; (*emploi*) substantivisch
nominatif [nɔminatif] *m* LING Nominativ *m*
nomination [nɔminasjɔ̃] *f* Ernennung *f*

nommer [nɔme] <1> *vt* ❶ (*personne*) nennen; (*chose*) benennen ❷ (*citer*) nennen ❸ (*désigner*) ernennen; ~ **qn à un poste** jdn auf einen Posten berufen

non [nɔ̃] **I.** *adv* ❶ (*réponse*) nein; **je pense que** ~ ich glaube nicht; **moi** ~**, mais** ich nicht, aber; **ah** ~**!** oh nein!; **ça** ~**!** das kommt nicht in Frage! ❷ (*opposition*) nicht; **moi** ~ **plus** ich auch nicht; **il n'en est pas question** ~ **plus** das kommt eben sowenig in Frage; ~ **seulement ..., mais** [**encore**] nicht nur ..., sondern [auch] ❸ *fam* (*sens interrogatif*) **vous venez,** ~**?** Sie kommen doch, oder?; ~**, pas possible!** ehrlich? (*fam*) ❹ (*sens exclamatif*) ~**, mais dis donc!** *fam* was fällt dir denn ein! ❺ (*qui n'est pas*) ~ **négligeable** beträchtlich; ~ **polluant** umweltfreundlich **II.** *m inv* Nein *nt;* **48% de** ~ 48% Neinstimmen

non-agression [nɔnagʀesjɔ̃] <non-agressions> *f* **pacte de** ~ Nichtangriffspakt *m*

nonante [nɔnɑ̃t] *num* BELG CH (*quatre-vingt-dix*) neunzig; *v.a.* **cinq, cinquante**

nonantième [nɔnɑ̃tjɛm] *num* BELG CH (*quatre-vingt-dixième*) neunzigste(r, s); *v.a.* **cinquième**

non-assistance [nɔnasistɑ̃s] <non-assistances> *f* ▶ ~ **à personne en danger** unterlassene Hilfeleistung **non-croyant, e** [nɔ̃kʀwajɑ̃, jɑ̃t] <non-croyants> **I.** *adj* nichtgläubig **II.** *m, f* Nichtgläubige(r) *f(m)* **non-dit** [nɔ̃di] <non-dits> *m* Unausgesprochene *nt* **non-événement** [nɔnevɛnmɑ̃] <non-événements> *m* Nicht-Ereignis *nt* **non-fumeur, -euse** [nɔ̃fymœʀ, -øz] <non-fumeurs> *m, f* Nichtraucher(in) *m(f)* **non-inscrit, e** [nɔnɛ̃skʀi, it] <non-inscrits> *adj* **être** ~ fraktionslos sein **non-lieu** [nɔ̃ljø] <non-lieux> *m* Einstellung *f* des Verfahrens

nonne [nɔn] *f* Nonne *f*

non-paiement [nɔ̃pɛmɑ̃] <non-paiements> *m* Nichtbegleichung *f* **non-respect** [nɔ̃ʀɛspɛ] <non-respects> *m* Nichtbeachtung *f;* ~ **de la loi** Übertretung *f* des Gesetzes **non-sens** [nɔ̃sɑ̃s] *m inv* Unsinn *m* **non-stop** [nɔnstɔp] *adj inv* Nonstop- **non-violence** [nɔ̃vjɔlɑ̃s] <non-violences> *f* Gewaltfreiheit *f* **non-violent, e** [nɔ̃vjɔlɑ̃, ɑ̃t] <non-violents> **I.** *adj* gewaltfrei **II.** *m, f* Gegner(in) *m(f)* der Gewalt **non-voyant, e** [nɔ̃vwajɑ̃, jɑ̃t] <non-voyants> *m, f* Blinde(r) *f(m)*

nord [nɔʀ] **I.** *m sans pl* **le** ~ der Norden; *v.a.* **est** ▶ **perdre le** ~ den Kopf verlieren **II.** *adj inv* Nord-; (*partie, banlieue*) nördlich

Nord [nɔʀ] **I.** *m sans pl* **le** ~ der Norden; *v.a.* **Est II.** *adj inv* (*hémisphère*) nördlich; (*pôle*) Nord-

nord-africain, e [nɔʀafʀikɛ̃, ɛn] <nord-africains> *adj* nordafrikanisch **Nord-Africain, e** [nɔʀafʀikɛ̃, ɛn] <Nord-Africains> *m, f* Nordafrikaner(in) *m(f)*

nord-coréen, ne [nɔʀkɔʀeɛ̃, ɛn] <nord-coréens> *adj* nordkoreanisch **Nord-Coréen, ne** [nɔʀkɔʀeɛ̃, ɛn] <Nord-Coréens> *m, f* Nordkoreaner(in) *m(f)*

nord-est [nɔʀɛst] *m inv* Nordosten *m*

Nord-Est [nɔʀɛst] *m inv* Nordosten *m*

nordique [nɔʀdik] *adj* nordisch

Nordique [nɔʀdik] *mf* Nordländer(in) *m(f)*

nord-ouest [nɔʀwɛst] *m inv* Nordwesten *m* **Nord-Ouest** [nɔʀwɛst] *m inv* Nordwesten *m* **Nord-Sud** [nɔʀsyd] *adj inv* Nord-Süd-

normal, e [nɔʀmal, o] <-aux> *adj* normal

normale [nɔʀmal] *f* Normalfall *m;* **au-dessus de la** ~ überdurchschnittlich

normalement [nɔʀmalmɑ̃] *adv* normalerweise

normaliser [nɔʀmalize] <1> *vpr* **se** ~ sich normalisieren

normalité [nɔʀmalite] *f* Normalität *f*

normand, e [nɔʀmɑ̃, ɑ̃d] *adj* der Normandie

Normand, e [nɔʀmɑ̃, ɑ̃d] *m, f* GEO Bewohner(in) *m(f)* der Normandie

Normandie [nɔʀmɑ̃di] *f* **la** ~ die Normandie

Normands [nɔʀmɑ̃] *mpl* HIST **les** ~ die Normannen

normatif, -ive [nɔʀmatif, -iv] *adj* normativ

norme [nɔʀm] *f* Norm *f*

Norvège [nɔʀvɛʒ] *f* **la** ~ Norwegen *nt*

norvégien [nɔʀveʒjɛ̃] *m* Norwegisch *nt; v.a.* **allemand**

norvégien, ne [nɔʀveʒjɛ̃, jɛn] *adj* norwegisch; *v.a.* **allemand**

Norvégien, ne [nɔʀveʒjɛ̃, jɛn] *m, f* Norweger(in) *m(f)*

nos [no] *dét poss v.* **notre**

nostalgie [nɔstalʒi] *f* **avoir la** ~ **de qc** sich nach etw sehnen

nostalgique [nɔstalʒik] *adj* nostalgisch

nota [bene] [nɔta(bene)] *m inv* Anmerkung *f*

notable [nɔtabl] *mf* angesehene Persönlichkeit

notablement [nɔtabləmɑ̃] *adv* erheblich
notaire [nɔtɛʀ] *m* Notar(in) *m(f)*
notamment [nɔtamɑ̃] *adv* vor allem
note [nɔt] *f* ❶ SCOL, MUS Note *f* ❷ (*communication*) Notiz *f* ❸ (*facture*) Rechnung *f* ❹ (*annotation*) Anmerkung *f;* (*en bas de page*) Fußnote *f* ❺ *pl* (*compte rendu, support écrit*) Notizen *Pl*

In den französischen Schulen benutzt man entweder die alphabetische Benotung von A bis E oder die geläufigere Bewertungsskala von 1 bis 10, bzw. 1 bis 20, in der 10 bzw. 20 die beste **note** ist.

noter [nɔte] <1> *vt* ❶ (*inscrire*) [sich (*dat*)] aufschreiben ❷ (*remarquer*) feststellen ❸ ADMIN, SCOL benoten
notice [nɔtis] *f* Gebrauchsanweisung *f*
notion [nosjɔ̃] *f* ❶ (*idée*) Begriff *m* ❷ (*conscience*) **la ~ du temps** das Zeitgefühl ❸ *pl* (*connaissances*) **avoir des ~s de qc** Ahnung *f* von etw haben
notoirement [nɔtwaʀmɑ̃] *adv* (*manifestement*) offenkundig; (*incontestablement*) notorisch; (*connu, reconnu*) allgemein
notoriété [nɔtɔʀjete] *f* ❶ (*renommée*) Bekanntheitsgrad *m* ❷ (*caractère connu*) Bekanntheit *f*
notre [nɔtʀ, no] <nos> *dét poss* unser *m o nt,* uns[e]re *f;* **comment va ~ petit malade?** *iron fam* wie geht es denn uns[e]rem kleinen Patienten?; *v.a.* **ma, mon**
nôtre [notʀ] *pron poss* ❶ **le/la ~** der/die/das Uns[e]re; **les ~s** die Uns[e]ren; *v.a.* **mien** ❷ *pl* (*ceux de notre famille*) **les ~s** unsere Angehörigen; (*nos partisans*) uns[e]re Anhänger; **il est des ~s** er gehört zu uns; *v.a.* **mien ▸à la [bonne] ~!** *fam* auf unser Wohl!
Notre-Dame [nɔtʀədam] *f inv* Notre-Dame *f*
nouba [nuba] *f fam* Sause *f;* **faire la ~ toute la nuit** die ganze Nacht durchfeiern
nouer [nwe] <1> **I.** *vt* ❶ (*faire un nœud avec*) binden ❷ (*alliance, amitié*) schließen; (*contact, relation*) knüpfen **II.** *vpr* LITTER, THEAT **se ~** (*intrigue*) sich schürzen(*fig*) (*geh*)
nougat [nuga] *m* türkischer Honig
nougatine [nugatin] *f* Krokant *m*
nouille [nuj] *f* ❶ GASTR Nudel *f* ❷ *fam* (*empoté*) Tranfunzel *f*
nounou [nunu] *f enfantin* Tagesmutter *f*
nounours [nunuʀs] *m enfantin* Teddy[bär *m*] *m*
nourrice [nuʀis] *f* Tagesmutter *f*
nourrir [nuʀiʀ] <8> **I.** *vt* ❶ (*personne*) ernähren; (*animal*) füttern; **~ au biberon** mit der Flasche füttern; **~ au sein** stillen; **bien/mal nourri** gut/schlecht genährt ❷ (*faire vivre*) ernähren **▸être nourri et logé** freie Kost und Logis haben **II.** *vi* nahrhaft sein **III.** *vpr* **se ~** sich ernähren
nourrisson [nuʀisɔ̃] *m* Säugling *m*
nourriture [nuʀityʀ] *f* Nahrung *f;* (*pour animaux*) Futter *nt*
nous [nu] **I.** *pron pers* ❶ *sujet* wir; **~ autres** wir ❷ *compl d'objet direct et indirect* uns; **il ~ aime** er liebt uns; **il ~ demande le chemin** er fragt uns nach dem Weg; **il ~ laisse/fait conduire [la voiture]** er lässt uns [das Auto] fahren ❸ *avec être, devenir, sembler, soutenu* uns ❹ *avec un présentati[f]* wir; **~ voici!** hier sind wir! ❺ *avec les ver[bes] pronominaux* **nous ~ nettoyons [les ongles]** wir machen uns [die Nägel] sauber ❻ *fam* (*pour renforcer*) **~, ~ n'avons pas [o on n'a pas** *fam*] **bu** wir haben nicht getrunken; **c'est ~ qui l'avons dit** wir haben das gesagt; **il veut ~ aider, ~?** uns möchte er helfen?; *v.a.* **me** ❼ *avec une prép* **avec/sans ~** mit/ohne uns; **à ~ deux** wir beide ❽ *dans une comparaison* wir; *v.a.* **moi** ❾ (*je*) **~, Roi de France** Wir, König von Frankreich ❿ *fam* (*signe d'intérêt*) **comment allons-~?** wie geht's uns denn? **II.** *m* Wir *nt*
nous-même [numɛm] <nous-mêmes> *pron pers* ❶ (*nous en personne*) **~s n'en savions rien** wir [selbst] wussten nichts davon; **nous sommes venu(e)s de ~s** wir sind von uns aus gekommen ❷ (*nous aussi*) ebenfalls; *v.a.* **moi-même**
nouveau [nuvo] <x> *m* **du ~** etwas Neues **▸à [o de] ~** erneut
nouveau, nouvel, nouvelle [nuvo, nuvɛl nuvɛl] <x> **I.** *adj* ❶ (*récent*) neu; **rien de ~** nichts Neues ❷ *antéposé* (*répété*) neu **une nouvelle fois** erneut ❸ *antéposé* **les ~x venus** die Neuankömmlinge **II.** *m, f* Neue(r) *f(m)*
nouveau-né, e [nuvone] <nouveau-nés> *m, f* Neugeborene(s) *nt*
nouveauté [nuvote] *f* Neuheit *f; pl* MEDIA Neuerscheinungen *Pl;* **une ~** etwas Neues

nouvel, le [nuvɛl] *adj v.* **nouveau**

nouvelle [nuvɛl] *f* ① (*événement*) Neuigkeit *f;* (*information*) Nachricht *f* ② *pl* **donner de ses ~s** etwas von sich hören lassen ③ *pl* MEDIA Nachrichten *Pl* ▶**tu m'en diras des ~s** du wirst begeistert sein; **il aura de mes ~s!** er bekommt es mit mir zu tun! (*fam*) *v.a.* **nouveau**

Nouvelle-Calédonie [nuvɛlkaledɔni] *f* **la ~** Neukaledonien *nt* **Nouvelle-Zélande** [nuvɛlzelɑ̃d] *f* **la ~** Neuseeland *nt*

novembre [nɔvɑ̃bʀ] *m* November *m; v.a.* **août**

novice [nɔvis] **I.** *adj* unerfahren **II.** *mf* Anfänger(in) *m(f)*

noyau [nwajo] <x> *m* Kern *m*

noyer¹ [nwaje] *m* Nussbaum *m*

noyer² [nwaje] <6> **I.** *vt* ① (*tuer*) ertränken ② (*inonder*) überschwemmen ③ AUT absaufen lassen (*fam*) **II.** *vpr* **se ~** ertrinken

nu [ny] *m* ART Akt *m*

nu, e [ny] *adj* nackt; **pieds ~s** barfuß

nuage [nɥaʒ] *m* Wolke *f;* **~ de fumée** Rauchwolke *f;* **un ~ de lait** ein paar Tropfen Milch ▶**être dans les ~s** über den Wolken schweben

nuageux, -euse [nɥaʒø, -ʒøz] *adj* (*ciel*) bewölkt

nuance [nɥɑ̃s] *f* ① (*couleur: gamme*) [Farb]schattierung *f;* (*gradation*) Farbabstufung *f;* (*détail*) Feinheit *f* ② (*légère différence*) kleiner Unterschied

nuancé, e [nɥɑ̃se] *adj* differenziert; (*chant, style*) nuanciert

nuancier [nɥɑ̃sje] *m* Farbmusterpalette *f*

nucléaire [nykleɛʀ] **I.** *adj* Atom- **II.** *m* Atomenergie *f*

nudisme [nydism] *m* Freikörperkultur *f,* FKK *kein Art*

nudiste [nydist] *mf* Nudist(in) *m(f)*

nue [ny] *f* ▶**tomber des ~s** aus allen Wolken fallen

nuée [nɥe] *f* Schwarm *m*

nui [nɥi] *part passé de* **nuire**

nuire [nɥiʀ] <irr> *vi* schaden

nuisance [nɥizɑ̃s] *f* Umweltbeeinträchtigung *f*

nuisible [nɥizibl] *adj* schädlich; **animaux/insectes ~s** Schädlinge *Pl;* **être ~ à qc** einer S. (*dat*) schaden

nuit [nɥi] *f* ① Nacht *f;* **~ et jour** Tag und Nacht; **bonne ~!** gute Nacht!; **[dans] la ~** nachts; **la ~ tombe** die Nacht bricht herein; **il fait/commence à faire ~** es ist/wird dunkel ② (*nuitée*) Übernachtung *f* ③ (*temps d'activité*) **équipe de ~** Nachtschicht *f;* **être de ~** Nachtdienst haben ▶**~ blanche** schlaflose Nacht

nul, le [nyl] **I.** *adj* ① (*discours, film*) miserabel; **être ~ en qc** in etw (*dat*) eine Niete sein ② *fam* **c'est ~ d'avoir fait qc** es war idiotisch, dies zu tun ③ SPORT **match ~** Unentschieden *nt* ④ (*risque, différence*) minimal **II.** *pron indéf* **~ ne** *soutenu* (*personne*) niemand; (*aucun*) keiner **III.** *m, f* Niete *f*

nullement [nylmɑ̃] *adv* keinesfalls

nullissime [nylisim] *adj* (*très nul*) äußerst miserabel

nullité [nylite] *f* ① *a.* JUR Nichtigkeit *f* ② (*incompétence*) Unfähigkeit *f*

numérique [nymeʀik] *adj* zahlenmäßig; **en données ~s** in Zahlen ausgedrückt; INFORM, TELEC digital

numériquement [nymeʀikmɑ̃] *adv* zahlenmäßig

numérisé [nymeʀize] *adj* INFORM digitalisiert

numériser [nymeʀize] <1> *vt* INFORM digitalisieren

numéro [nymeʀo] *m a.* PRESSE Nummer *f;* **le ~ de la rue/de téléphone** die Haus-/Telefonnummer; **le ~ gagnant/de la page** die Gewinn-/Seitenzahl; **faire un ~** eine Nummer wählen

numérotation [nymeʀɔtasjɔ̃] *f* **~ à 10 chiffres** 10-stelliges Nummernsystem

numéroter [nymeʀɔte] <1> *vt* nummerieren

numerus clausus [nymeʀysklozys] *m inv* Numerus clausus *m*

nu-pieds [nypje] *adj inv* barfuß

nuque [nyk] *f* Nacken *m*

Nuremberg [nyʀɑ̃bɛʀ] Nürnberg *nt*

nurse [nœʀs] *f* Kindermädchen *nt*

nu-tête [nytɛt] *adj inv* ohne Kopfbedeckung

nutritif, -ive [nytʀitif, -iv] *adj* nahrhaft; **besoins ~s** Nahrungsbedarf *m*

nutrition [nytʀisjɔ̃] *f* Ernährung *f*

nutritionniste [nytʀisjɔnist] *mf* Ernährungswissenschaftler(in) *m(f)*

nylon® [nilɔ̃] *m* Nylon® *nt*

nymphéa [nɛ̃fea] *m* weiße Seerose

nymphette [nɛ̃fɛt] *f* flotte Biene (*fam*)

nymphomane [nɛ̃fɔman] **I.** *adj* nymphoman **II.** *f* Nymphomanin *f*

nymphomanie [nɛ̃fɔmani] *f* Nymphomanie *f*

N

O o

O, o [o] *m inv* O *nt,* o *nt*

ô [o] *interj* oh

oasis [ɔazis] *f* Oase *f*

obéir [ɔbeiʀ] <8> *vi* gehorchen; ~ **à un ordre** einen Befehl befolgen

obéissance [ɔbeisɑ̃s] *f* ~ **à qn/qc** Gehorsam *m* jdm/einer S. gegenüber

obèse [ɔbɛz] **I.** *adj* fettleibig **II.** *mf* Fettleibige(r) *f(m)*

obésité [ɔbezite] *f* Fettleibigkeit *f*

objecter [ɔbʒɛkte] <1> *vt* ~ **qc à qn** jdm etw entgegenhalten

objecteur [ɔbʒɛktœʀ] *m* ~ **de conscience** Wehrdienstverweigerer *m*

objectif [ɔbʒɛktif] *m* ① (*but*) Ziel *nt* ② OPT, PHYS, PHOT Objektiv *nt*

objectif, -ive [ɔbʒɛktif, -iv] *adj* objektiv

objection [ɔbʒɛksjɔ̃] *f* Einwand *m*

objectivement [ɔbʒɛktivmɑ̃] *adv* objektiv

objectivité [ɔbʒɛktivite] *f* Objektivität *f*

objet [ɔbʒɛ] *m* ① (*chose*) Gegenstand *m;* ~ **d'art** Kunstobjekt *nt* ② (*but*) Zweck *m* ③ LING Objekt *nt* ►~**s trouvés** Fundbüro *nt*

obligation [ɔbligasjɔ̃] *f* ① (*nécessité*) Verpflichtung *f;* **être dans l'~ de faire qc** gezwungen sein, etw zu tun ② *pl* (*devoirs*) Verpflichtungen *Pl;* (*devoirs civiques, scolaires*) Pflichten *Pl* ③ FIN Obligation *f*

obligatoire [ɔbligatwaʀ] *adj* obligatorisch; **présence** ~ Anwesenheitspflicht *f*

obligatoirement [ɔbligatwaʀmɑ̃] *adv* unbedingt

obligé, e [ɔbliʒe] *adj* (*nécessaire*) zwangsläufig; (*inévitable*) unvermeidlich

obligeamment [ɔbliʒamɑ̃] *adv* liebenswürdigerweise; (*avec obligeance*) liebenswürdig

obligeance [ɔbliʒɑ̃s] *f* **avoir l'~ de faire qc** so freundlich sein, etw zu tun

obliger [ɔbliʒe] <2a> *vt* ① ~ **qn à faire qc** jdn zwingen, etw zu tun ② (*contraindre moralement*) verpflichten

oblique [ɔblik] *adj* schräg

obliquer [ɔblike] <1> *vi* abbiegen

oblitérer [ɔbliteʀe] <5> *vt* POST [ab]stempeln

oblong, oblongue [ɔblɔ̃, -ɔ̃g] *adj* länglich

obnubiler [ɔbnybile] <1> *vt* verfolgen; **être obnubilé par qc** von etw besessen sein

obole [ɔbɔl] *f* Obolus *m*

obscène [ɔpsɛn] *adj* obszön

obscénité [ɔpsenite] *f* Obszönität *f*

obscur, e [ɔpskyʀ] *adj* ① (*sombre*) dunkel ② (*raison, affaire*) undurchsichtig

obscurcir [ɔpskyʀsiʀ] <8> **I.** *vt* verdunkeln **II.** *vpr* **s'~** (*ciel*) sich verdunkeln

obscurcissement [ɔpskyʀsismɑ̃] *m* (*du ciel*) Verdunkelung *f;* (*de la vue*) Trübung *f*

obscurément [ɔpskyʀemɑ̃] *adv* undeutlich; (*deviner, sentir*) dunkel

obscurité [ɔpskyʀite] *f* Dunkel[heit *f*] *nt*

obsédant, e [ɔpsedɑ̃, ɑ̃t] *adj* einen verfolgend; **idée ~e** Zwangsvorstellung *f;* **musique ~e** Ohrwurm *m*

obsédé, e [ɔpsede] *m, f* Sexbesessene(r) *f(m)*

obséder [ɔpsede] <5> *vt* verfolgen; ~ **qn** (*souci, remords*) jdm keine Ruhe lassen; **être obsédé par qc** von etw besessen sein

obsèques [ɔpsɛk] *fpl* Bestattung *f,* Abdankung *f* (CH)

obséquieux, -euse [ɔpsekjø, -jøz] *adj* unterwürfig

observable [ɔpsɛʀvabl] *adj* **être** ~ zu beobachten sein

observateur, -trice [ɔpsɛʀvatœʀ, -tʀis] **I.** *adj* aufmerksam **II.** *m, f* Beobachter(in) *m(f)*

observation [ɔpsɛʀvasjɔ̃] *f* ① (*examen, surveillance*) Beobachtung *f* ② (*remarque*) Bemerkung *f*

observatoire [ɔpsɛʀvatwaʀ] *m* Observatorium *nt*

observer [ɔpsɛʀve] <1> **I.** *vt* ① beobachten; ~ **qn faire qc** beobachten, wie jd etw tut ② (*remarquer*) bemerken; **faire ~ qc à qn** jdn auf etw (*akk*) hinweisen ③ (*respecter*) ~ **une règle** sich an eine Regel halten **II.** *vpr* **s'~** ① (*se surveiller*) sich zusammennehmen ② (*s'épier*) sich beobachten

obsession [ɔpsesjɔ̃] *f* Besessenheit *f*

obsessionnel, le [ɔpsesjɔnɛl] *adj* zwanghaft; (*idée*) Zwangs-

obstacle [ɔpstakl] *m a.* SPORT Hindernis *nt;* **faire ~ à qn/qc** sich jdm/einer S. in den Weg stellen

obstétricien, ne [ɔpstetʀisjɛ̃, jɛn] *m, f* Geburtshelfer(in) *m(f)*

obstination [ɔpstinasjɔ̃] *f* Eigensinn *m*

obstiné, e [ɔpstine] *adj* eigensinnig

obstinément [ɔpstinemɑ̃] *adv* (*avec entêtement*) stur

obstiner [ɔpstine] <1> *vpr* **s'~** stur bleiben; **s'~ dans qc** auf etw (*dat*) beharren

obtenir [ɔptəniʀ] <9> *vt* ❶ (*recevoir*) erhalten; (*avantage*) erzielen; **~ de qn que** + *subj* bei jdm erreichen, dass ❷ (*parvenir à*) erzielen; (*majorité, total*) erhalten

obtention [ɔptɑ̃sjɔ̃] *f* Erhalten *nt*

obtus, e [ɔpty, yz] *adj* ❶ (*borné*) beschränkt ❷ (*angle*) stumpf

obus [ɔby] *m* Granate *f*

occasion [ɔkazjɔ̃] *f* ❶ Gelegenheit *f*; **c'est l'~ ou jamais** jetzt oder nie; **être l'~ de qc** die Gelegenheit zu etw sein ❷ COM günstige Gelegenheit; **voiture d'~** Gebrauchtwagen *m* ▶**à l'~** bei Gelegenheit; **à l'~ de qc** anlässlich einer S. (*gen*)

occasionnel, le [ɔkazjɔnɛl] *adj* gelegentlich; (*travail*) Gelegenheits-

occasionner [ɔkazjɔne] <1> *vt* verursachen

occident [ɔksidɑ̃] *m* ❶ POL **l'Occident** der Westen ❷ (*opp: orient*) Abendland *nt*

occidental, e [ɔksidɑ̃tal, o] <-aux> *adj* ❶ GEO, POL westlich; (*côte, puissances*) West- ❷ (*opp: oriental*) abendländisch

Occidental, e [ɔksidɑ̃tal, o] <-aux> *m, f* ❶ (*opp: Oriental*) Abendländer(in) *m(f)* ❷ POL Westeuropäer(in) *m(f)*

occidentaliser [ɔksidɑ̃talize] <1> **I.** *vt* **~ qn/qc** jdn in die westliche Kultur eingliedern/etw der westlichen Kultur anpassen **II.** *vpr* **s'~** sich der westlichen Kultur anpassen

occire [ɔksiʀ] <irr> *vt hum* **~ qn** jdm den Garaus machen

occitan [ɔksitɑ̃] *m* Okzitanisch *nt*; *v.a.* **allemand**

occulte [ɔkylt] *adj* okkult; (*secret*) verborgen

occupant, e [ɔkypɑ̃, ɑ̃t] *m, f* ❶ MIL **l'~** die Besatzung[smacht] ❷ (*d'une chambre*) Bewohner(in) *m(f)*; (*d'une voiture*) Insasse/Insassin *m/f*

occupation [ɔkypasjɔ̃] *f* ❶ Beschäftigung *f* ❷ MIL, HIST Besetzung *f*; **l'Occupation** die Besatzung[szeit] (*Frankreichs durch die Deutschen*)

occupé, e [ɔkype] *adj* ❶ (*personne*) beschäftigt; (*place, toilettes*) besetzt; **être ~ à qc** mit etw beschäftigt sein ❷ MIL, POL besetzt

occuper [ɔkype] <1> **I.** *vt* ❶ (*place*) einnehmen; (*temps, loisirs*) in Anspruch nehmen ❷ (*appartement*) wohnen in (+ *dat*) ❸ (*employer*) **~ qn à qc** jdn mit etw beschäftigen ❹ MIL, POL besetzen **II.** *vpr* ❶ **s'~ de politique** sich mit Politik beschäftigen ❷ (*prendre en charge*) **s'~ de qn** sich um jdn kümmern

océan [ɔseɑ̃] *m* Ozean *m*, Weltmeer *nt*; **l'~ Atlantique** der Atlantische Ozean

océanique [ɔseanik] *adj* ozeanisch

océanologie [ɔseanɔlɔʒi] *f* Meeresforschung *f*

océanologue [ɔseanɔlɔg] *mf* Meeresforscher(in) *m(f)*

ocre [ɔkʀ] **I.** *f* Ocker *m o nt* **II.** *adj inv* ocker

octane [ɔktan] *m* Oktan *nt*

octante [ɔktɑ̃t] *num* BELG CH (*quatre-vingts*) achtzig; *v.a.* **cinq, cinquante**

octet [ɔktɛ] *m* Byte *nt*

octobre [ɔktɔbʀ] *m* Oktober *m*; *v.a.* **août**

octogénaire [ɔktɔʒenɛʀ] *adj* achtzigjährig

octroi [ɔktʀwa] *m* **l'~ de qc** die Bewilligung einer S. (*gen*)

octroyer [ɔktʀwaje] <6> **I.** *vt* bewilligen **II.** *vpr* **s'~ qc** sich etw (*akk*) gönnen

oculaire [ɔkylɛʀ] *adj* ❶ ANAT Seh- ❷ (*témoin*) Augen-

oculiste [ɔkylist] *mf* Augenarzt/-ärztin *m/f*

odeur [ɔdœʀ] *f* Geruch *m*; **il y a une ~ de brûlé** hier riecht es verbrannt

odieusement [ɔdjøzmɑ̃] *adv* schändlich

odieux, -euse [ɔdjø, -jøz] *adj* schändlich; (*caractère*) widerlich; (*personne*) unausstehlich

odorat [ɔdɔʀa] *m* Geruch[ssinn *m*] *m*

œil [œj, jø] <yeux> *m* ❶ ANAT Auge *nt*; **lever/baisser les yeux** den Blick heben/senken ❷ (*regard*) Blick *m* ❸ (*regard rapide*) **jeter un coup d'~ au journal/à l'heure** einen kurzen Blick in die Zeitung/auf die Uhr werfen ❹ (*jugement*) **d'un ~ critique** mit kritischem Blick ❺ (*judas*) Spion *m* ▶**avoir un ~ au beurre noir** ein blaues Auge haben; **coûter les yeux de la tête** ein Vermögen kosten; **à l'~ nu** mit bloßem Auge; **ouvrir l'~** aufpassen; **cela saute aux yeux** das sieht man auf den ersten Blick; **tourner de l'~** *fam* umkippen; **à l'~** *fam* umsonst; **aux yeux de qn** in jds Augen (*dat*) **mon ~!** *fam* wers glaubt wird selig!

œillade [œjad] *f* **jeter des ~s à qn** jdm

schöne Augen machen

œillère [œjɛʀ] *f* Scheuklappe *f*

œillet[1] [œjɛ] *m* BOT Nelke *f*

œillet[2] [œjɛ] *m* COUT Öse *f*

œnologue [enɔlɔg] *mf* Weinbauspezialist(in) *m(f)*

œsophage [ezɔfaʒ] *m* Speiseröhre *f*

œuf [œf] *m* Ei *nt;* **~s de poisson** Rogen *m;* **~ sur le** [*o* **au**] **plat** Spiegelei *nt;* **~ de Pâques** Osterei ▶**va te faire cuire un ~!** *fam* rutsch mir doch den Buckel runter!

œuvre [œvʀ] **I.** *f* ❶ ART, LITTER, TECH Werk *nt;* **les ~s complètes d'un auteur** das Gesamtwerk eines Autors ❷ (*organisation caritative*) **~ de bienfaisance** Wohltätigkeitsverein *m* ▶**mettre en ~** in Bewegung setzen **II.** *m* **le gros ~** Rohbau *m*

off [ɔf] *adj inv* ❶ CINE, TV (*personne, voix*) im Off ❷ (*festival*) alternativ

offense [ɔfɑ̃s] *f* (*affront*) Beleidigung *f*

offenser [ɔfɑ̃se] <1> *vt* beleidigen

offenseur [ɔfɑ̃sœʀ] *m* Beleidiger *m*

offensif, -ive [ɔfɑ̃sif, -iv] *adj* offensiv; (*armes, guerre*) Offensiv-

offensive [ɔfɑ̃siv] *f* Offensive *f;* **passer à l'~** zum Angriff übergehen

office [ɔfis] *m* ❶ Amt *nt;* **~ du tourisme** Fremdenverkehrsamt; **~ franco-allemand pour la jeunesse** Deutsch-Französisches Jugendwerk; **Office de la prévoyance** CH Fürsorgeamt (CH) ❷ REL Gottesdienst *m* ▶**d'~** (*par voie d'autorité*) von Amts wegen; (*sans demander*) einfach so

officiant [ɔfisjɑ̃] **I.** *m* Zelebrant *m* **II.** *adj* zelebrierend

officiel, le [ɔfisjɛl] **I.** *adj* offiziell; (*langue, sceau*) Amts-; (*cachet, voiture*) Dienst-; (*visite*) Staats- **II.** *m, f* Person *f* des öffentlichen Lebens

officiellement [ɔfisjɛlmɑ̃] *adv* offiziell

officier [ɔfisje] *m* MIL Offizier(in) *m(f)*

officieusement [ɔfisjøzmɑ̃] *adv* halbamtlich

officieux, -euse [ɔfisjø, -jøz] *adj* halbamtlich

offrande [ɔfʀɑ̃d] *f* REL Opfer *nt*

offrant [ɔfʀɑ̃] *m* **le plus ~** der/die Meistbietende

offre [ɔfʀ] *f* Angebot *nt;* **~ d'emplois** Stellenangebot

offrir [ɔfʀiʀ] <11> **I.** *vt* ❶ (*faire un cadeau*) schenken ❷ (*proposer*) **~ à qn de faire qc** jdm anbieten etw zu tun; **je vous offre 20 euros pour le vase** ich biete Ihnen 20 Euro für die Vase ❸ (*avantages*) bieten **II.** *vpr* **s'~ des vacances** sich (*dat*) Ferien gönnen

offshore [ɔfʃɔʀ] **I.** *adj inv* Offshore- **II.** *m* Offshorebohrung *f*

offusquer [ɔfyske] <1> **I.** *vt* ärgern **II.** *vpr* **s'~ de qc** an etw (*dat*) Anstoß nehmen

ogive [ɔʒiv] *f* ❶ MIL Sprengkopf *m* ❷ ARCHIT Spitzbogen *m*

ogre, -esse [ɔgʀ, -ɛs] *m, f* Menschen fressendes Ungeheuer

oh [o] *interj* oh

ohé [oe] *interj* he[da] (*fam*)

oie [wa] *f* ZOOL Gans *f*

oignon [ɔɲɔ̃] *m* Zwiebel *f* ▶**occupe-toi de tes ~s!** *fam* kümmer dich um deinen eigenen Kram!

oindre [wɛ̃dʀ] <irr> *vt* REL salben

oiseau [wazo] <x> *m* ❶ ZOOL Vogel *m* ❷ *pé*[…] komischer Kauz ▶**200 kilomètres à vo**[…] **d'~** 200 km Luftlinie

oiseux, -euse [wazø, -øz] *adj* müßig

oisif, -ive [wazif, -iv] **I.** *adj* müßig **II.** *m,* […] Müßiggänger(in) *m(f)*

oisillon [wazijɔ̃] *m* Jungvogel *m*

oisiveté [wazivte] *f* Müßiggang *m*

olé [ɔle] *interj* olé

olive [ɔliv] **I.** *f* (*noire, verte*) Olive *f;* (*huile*[…]) Oliven- **II.** *adj inv* oliv[grün]

olivier [ɔlivje] *m* ❶ (*arbre*) Ölbaum *m* ❷ (*bois*) Olivenholz *nt*

OLP [oɛlpe] *f abr de* **Organisation de libération de la Palestine** PLO *f*

olympiade [ɔlɛ̃pjad] *f* Olympiade *f*

olympien, ne [ɔlɛ̃pjɛ̃, jɛn] *adj* (*air, regard*[…] *calme*) majestätisch (*geh*); (*dieu*) olympisch

olympique [ɔlɛ̃pik] *adj* olympisch; (*stade*[…]) Olympia-

ombilical, e [ɔ̃bilikal, o] <-aux> *adj* (*co*[…]*don*) Nabel-

ombrage [ɔ̃bʀaʒ] *m* Schatten *m*

ombragé, e [ɔ̃bʀaʒe] *adj* schattig

ombrager [ɔ̃bʀaʒe] <2a> *vt* Schatten spen[…]den

ombrageux, -euse [ɔ̃bʀaʒø, -ʒøz] *adj* (*su*[…]*ceptible: caractère*) schwierig; (*personne*) empfindlich

ombre [ɔ̃bʀ] *f* ❶ Schatten *m;* **à l'~** im Scha[…]ten ❷ (*soupçon*) **il n'y a pas l'~ d'u**[…] **doute** es gibt nicht den leisesten Zweif[…] ❸ (*maquillage*) **~ à paupières** Lidschatte[…] *m* ▶**faire de l'~ à qn** jdm Schatten spe[…]

den; *fig* jdn in den Schatten stellen

ombrelle [ɔ̃bʀɛl] *f* Sonnenschirm *m*

omelette [ɔmlɛt] *f* Omelett *nt*

omission [ɔmisjɔ̃] *f* ❶ (*fait d'omettre qc: d'un mot, détail*) Auslassen *nt;* (*fait d'omettre de faire qc*) Unterlassen *nt* ❷ (*chose omise*) Auslassung *f*

omnibus [ɔmnibys] **I.** *m* CHEMDFER Nahverkehrszug *m* **II.** *app* (*train*) Nahverkehrs-

omnipotent, e [ɔmnipɔtɑ̃, ɑ̃t] *adj* allmächtig

omniprésent, e [ɔmnipʀezɑ̃, ɑ̃t] *adj* allgegenwärtig

omniscient, e [ɔmnisjɑ̃, jɑ̃t] *adj* allwissend

omnisports [ɔmnispɔʀ] *adj inv* (*club, salle*) Sport-

omnivore [ɔmnivɔʀ] *adj* allesfressend

omoplate [ɔmɔplat] *f* Schulterblatt *nt*

on [ɔ̃] *pron pers* ❶ (*tout le monde*) man ❷ (*quelqu'un*) man; **~ vous demande au téléphone** Sie werden am Telefon verlangt; **j'attends qu'~** [*o* **que l'~**] **apporte le dessert** ich warte auf das Dessert ❸ *fam* (*nous*) wir; **~ s'en va!** wir gehen!

onagre[1] [ɔnagʀ] *m* ZOOL, HIST Onager *m*

onagre[2] [ɔnagʀ] *f* BOT Nachtkerze *f*

onanisme [ɔnanism] *m* Onanie *f*

oncle [ɔ̃kl] *m* Onkel *m*

onctueux, -euse [ɔ̃ktɥø, -øz] *adj* sämig

onctuosité [ɔ̃ktɥozite] *f* (*d'un potage, d'une sauce*) sämige Konsistenz; (*d'une crème*) sahnige Konsistenz

onde [ɔ̃d] *f* Welle *f;* **passer sur les ~s** im Radio kommen *nt*

ondée [ɔ̃de] *f* Schauer *m*

on-dit [ɔ̃di] *m inv* Gerücht *nt*

ondulant, e [ɔ̃dylɑ̃, ɑ̃t] *adj* (*démarche*) wiegend; (*surface*) wogend

ondulation [ɔ̃dylasjɔ̃] *f* ❶ (*du blé, des vagues*) Wogen *nt* ❷ (*ligne sinueuse*) **les ~s du terrain** die hügelige Beschaffenheit des Geländes ❸ (*des cheveux*) Wellen *Pl*

ondulé, e [ɔ̃dyle] *adj* (*cheveux, surface*) gewellt; (*route*) uneben; (*carton, tôle*) Well-

onduler [ɔ̃dyle] <1> *vi* ❶ (*blé, vague*) wogen ❷ (*route*) sich schlängeln; (*cheveux*) sich wellen

one man show [wanmanʃo] *m inv* One-man-Show *f,* Einmannshow *f*

onéreux, -euse [ɔneʀø, -øz] *adj* kostspielig; (*loyer, marchandise*) teuer

ongle [ɔ̃gl] *m* Nagel *m*

onglée [ɔ̃gle] *f* **avoir l'~** klamme Finger haben

onglet [ɔ̃glɛ] *m* ❶ (*encoche*) Daumenindex *m* ❷ (*d'un canif, d'une règle*) Kerbe *f*

ont [ɔ̃] *indic prés de* **avoir**

ONU [ony] *f abr de* **Organisation des Nations unies** UNO *f*

onyx [ɔniks] *m* Onyx *m*

onze [ɔ̃z] **I.** *num* elf **II.** *m inv* Elf *f; v.a.* **cinq**

onzième [ɔ̃zjɛm] **I.** *adj antéposé* elfte(r, s) **II.** *mf* **le/la ~** der/die/das Elfte **III.** *m* Elftel *nt; v.a.* **cinquième**

opale [ɔpal] *f* Opal *m*

opaline [ɔpalin] *f* Opalglas *nt*

opaque [ɔpak] *adj* undurchsichtig; (*verre*) Milch-

opéra [ɔpeʀa] *m* Oper *f*

opérable [ɔpeʀabl] *adj* operabel

opéra-comique [ɔpeʀakɔmik] <opéras-comiques> *m* komische Oper

opérant, e [ɔpeʀɑ̃, ɑ̃t] *adj* wirksam

opérateur [ɔpeʀatœʀ] *m* INFORM, MATH Operator *m*

opérateur, -trice [ɔpeʀatœʀ, -tʀis] *m, f* ❶ TECH, TELEC Techniker(in) *m(f);* **~ de téléphonie numérique mobile** Mobilfunkanbieter *m* ❷ (*standardiste*) Telefonist(in) *m(f)* ❸ CINE, TV Kameramann/-frau *m/f*

opération [ɔpeʀasjɔ̃] *f* ❶ *a.* MED, MATH, MIL Operation *f* ❷ (*action organisée*) Aktion *f* ❸ (*transaction*) Geschäft *nt*

opérationnel, le [ɔpeʀasjɔnɛl] *adj* (*personne, avion*) einsatzfähig; (*entreprise, machine*) betriebsbereit

opératoire [ɔpeʀatwaʀ] *adj* MED (*bloc*) Operations-; (*choc*) postoperativ

opéré, e [ɔpeʀe] *m, f* Operierte(r) *f(m)*

opérer [ɔpeʀe] <5> **I.** *vt* ❶ MED **~ qn de qc** jdn an etw (*dat*) operieren ❷ (*changement, redressement*) bewirken **II.** *vi* ❶ (*charme, médicament*) wirken; (*méthode, procédé*) greifen ❷ (*procéder*) vorgehen

opérette [ɔpeʀɛt] *f* MUS Operette *f*

ophtalmo [ɔftalmɔ] *m abr de* **ophtalmologiste, ophtalmologue**

ophtalmologiste [ɔftalmɔlɔʒist] *mf,* **ophtalmologue** [ɔftalmɔlɔg] *mf* Augenarzt/-ärztin *m/f*

opiner [ɔpine] <1> *vi* **~ de la tête** mit dem Kopf zustimmend nicken

opiniâtre [ɔpinjɑtʀ] *adj* (*travail, efforts*) unermüdlich; (*personne, caractère*) eigensin-

O

nig

opiniâtreté [ɔpinjɑtʀəte] *f* Hartnäckigkeit *f*

opinion [ɔpinjɔ̃] *f* ❶ (*avis*) Meinung *f;* **avoir une ~ sur un sujet** zu einem Thema eine Meinung haben; **se faire une ~** sich eine Meinung bilden ❷ (*jugement collectif*) **l'~ [publique]** die öffentliche Meinung

opium [ɔpjɔm] *m* Opium *nt*

opportun, e [ɔpɔʀtœ̃, yn] *adj* angebracht; **au moment ~** im geeigneten Augenblick

opportunément [ɔpɔʀtynemɑ̃] *adv* im richtigen Augenblick

opportuniste [ɔpɔʀtynist] *mf* Opportunist(in) *m(f)*

opportunité [ɔpɔʀtynite] *f* ❶ (*bien-fondé*) Zweckmäßigkeit *f* ❷ (*occasion*) günstige Gelegenheit

opposant, e [ɔpozɑ̃, ɑ̃t] *m, f* Gegner(in) *m(f)*

opposé [ɔpoze] *m* Gegenteil *nt* ►**à l'~** in der anderen/in die andere Richtung; **à l'~ de qn/qc** im Gegensatz zu jdm/etw

opposé, e [ɔpoze] *adj* ❶ (*côté*) gegenüberliegend; (*sens, direction*) entgegengesetzt (*dat*) ❷ (*parti*) Gegen-; (*avis, intérêt*) entgegengesetzt; (*caractère, goût*) grundverschieden ❸ (*hostile*) **être ~ à qc** gegen etw sein

opposer [ɔpoze] <1> **I.** *vt* ❶ (*comparer*) **~ qn/qc à qn/qc** jdn/etw mit jdm/etw vergleichen ❷ SPORT **ce match oppose l'équipe X à [o et] l'équipe Y** in diesem Spiel trifft die Mannschaft X auf die Mannschaft Y ❸ (*répondre par*) **~ un refus à qn** jdm eine Absage erteilen **II.** *vpr* ❶ (*faire obstacle*) **s'~ à qn/qc** gegen jdn/etw sein ❷ (*faire contraste*) **s'~** gänzlich verschieden sein

opposition [ɔpozisjɔ̃] *f* ❶ (*résistance*) **~ à qc** Widerstand *m* gegen etw ❷ (*des opinions, caractères*) Gegensätzlichkeit *f* ❸ POL Opposition *f* ►**en ~** im Widerspruch

oppressant, e [ɔpʀesɑ̃, ɑ̃t] *adj* (*angoissant*) beklemmend

oppresser [ɔpʀese] <1> *vt* (*chaleur, temps*) die Luft zum Atmen nehmen

oppresseur, -euse [ɔpʀesœʀ] *m, f* Unterdrücker(in) *m(f)*

oppression [ɔpʀesjɔ̃] *f* ❶ (*tyrannie*) Unterdrückung *f* ❷ (*angoisse*) Beklemmung *f* ❸ (*suffocation*) Atembeklemmung *f*

opprimé, e [ɔpʀime] *m, f* Unterdrückte(r) *f(m)*

opprimer [ɔpʀime] <1> *vt* unterdrücken

opter [ɔpte] <1> *vi* **~ pour qc** sich für etw entscheiden

opticien, ne [ɔptisjɛ̃, jɛn] *m, f* Optiker(in) *m(f)*

optimal, e [ɔptimal, o] <-aux> *adj* optimal

optimiste [ɔptimist] **I.** *adj* optimistisch **II.** *mf* Optimist(in) *m(f)*

option [ɔpsjɔ̃] *f* ❶ (*choix*) Wahl *f;* SCOL Wahlfach *nt* ❷ AUT Sonderausstattung *f*

optique [ɔptik] **I.** *adj* (*nerf*) Seh-; (*verre*) optisch **II.** *f* ❶ (*science*) Optik *f* ❷ (*point de vue*) **vu sous cette ~** so gesehen

opulence [ɔpylɑ̃s] *f* Überfluss *m*

opulent, e [ɔpylɑ̃, ɑ̃t] *adj* ❶ (*personne, pays*) sehr reich ❷ (*poitrine*) üppig

or[1] [ɔʀ] **I.** *m* Gold *nt;* **d'~/en ~** golden/aus Gold ►**affaire en ~** *fam* glänzendes Geschäft **II.** *app inv* ❶ (*couleur*) golden ❷ FIN (*étalon, valeur*) Gold-

or[2] [ɔʀ] *conj* nun

orage [ɔʀaʒ] *m* Gewitter *nt* ►**il y a de l'~ dans l'air** *fam* es herrscht dicke Luft

orageux, -euse [ɔʀaʒø, -øz] *adj* ❶ METEO gewittrig; (*nuage*) Gewitter- ❷ (*discussion*) hitzig

oraison [ɔʀɛzɔ̃] *f* REL ❶ (*lecture*) Kirchengebet *nt;* **~ funèbre** Grabrede *f* ❷ (*méditation*) stilles Gebet

oral [ɔʀal, o] <-aux> *m* Mündliche(s) *nt*

oral, e [ɔʀal, o] <-aux> *adj* ❶ (*opp: écrit*) mündlich ❷ (*buccal*) **prendre par voie ~e** oral einnehmen

oralement [ɔʀalmɑ̃] *adv* mündlich

orange [ɔʀɑ̃ʒ] **I.** *f* Orange *f*, Apfelsine *f;* **~ sanguine** Blutorange **II.** *m* (*couleur*) Orange *nt* **III.** *adj inv* orange[farben]

orangé, e [ɔʀɑ̃ʒe] *adj* orange *inv*

orangeade [ɔʀɑ̃ʒad] *f* Orangenlimonade *f*

oranger [ɔʀɑ̃ʒe] *m* Orangenbaum *m*

orangerie [ɔʀɑ̃ʒʀi] *f* Orangerie *f*

orang-outan[g] [ɔʀɑ̃utɑ̃] <orangs-outan[g]s> *m* Orang-Utan *m*

orateur, -trice [ɔʀatœʀ, -tʀis] *m, f* Redner(in) *m(f)*

orbite [ɔʀbit] *f* ❶ ANAT Augenhöhle ❷ ASTRO Umlaufbahn *f*

orchestral, e [ɔʀkɛstʀal, o] <-aux> *adj* Orchester-

orchestre [ɔʀkɛstʀ] *m* ❶ MUS Orchester *nt* ❷ THEAT, CINE Platz *m* im Parkett

orchestrer [ɔʀkɛstʀe] <1> *vt* ❶ MUS orchestrieren ❷ (*campagne de presse, de publicité*) inszenieren; (*manifestation*) organisieren
orchidée [ɔʀkide] *f* Orchidee *f*
ordinaire [ɔʀdinɛʀ] **I.** *adj* ❶ (*fait*) alltäglich; (*réaction, geste*) üblich ❷ (*produit, vin*) einfach ❸ *péj* (*médiocre*) gewöhnlich **II.** *m* Alltägliche *nt;* **ça change de l'~** das ist mal etwas anderes; **d'~** normalerweise
ordinairement [ɔʀdinɛʀmɑ̃] *adv* gewöhnlich
ordinal, e [ɔʀdinal, o] <-aux> *adj* Ordnungs-
ordinateur [ɔʀdinatœʀ] *m* Computer *m;* **~ personnel** PC *m;* **~ portable** Laptop *m;* **assisté par ~** computerunterstützt; **travailler sur ~** am Computer arbeiten
ordinogramme [ɔʀdinɔgʀam] *m* Flussdiagramm *nt*
ordonnance [ɔʀdɔnɑ̃s] *f* ❶ MED Rezept *nt* ❷ JUR Anordnung *f*
ordonné, e [ɔʀdɔne] *adj* ordentlich
ordonner [ɔʀdɔne] <1> *vt* ❶ *a.* MATH ordnen ❷ (*commander*) befehlen; MED verordnen; **~ que** + *subj* anordnen, dass
ordre[1] [ɔʀdʀ] *m* ❶ (*d'une pièce, personne*) Ordnung *f;* **avoir de l'~** Ordnung haben; **mettre en ~** aufräumen ❷ (*classement*) Reihenfolge *f;* **par ~ alphabétique** in alphabetischer Reihenfolge ❸ (*genre*) **d'~ politique** politischer Art ❹ (*stabilité*) **faire régner l'~** für Ordnung sorgen ❺ (*des architectes*) Verband *m;* (*des avocats, des médecins*) Kammer *f* ❻ (*congrégation*) Orden *m* ▸**de l'~ de** in der Größenordnung von; **en ~** in Ordnung
ordre[2] [ɔʀdʀ] *m* Befehl *m;* **donner l'~ à qn de faire qc** jdm den Befehl erteilen etw zu tun; **être sous les ~s de qn** jdm unterstellt sein ▸**~ du jour** Tagesordnung *f*, Agenda *f* (CH); **être à l'~ du jour** auf der Tagesordnung stehen
ordure [ɔʀdyʀ] *f* ❶ *pl* (*détritus*) Müll *m* ❷ *fam* (*personne*) Mistvieh *nt*
ordurier, -ière [ɔʀdyʀje, -jɛʀ] *adj* vulgär; (*propos, chanson*) derb
oreille [ɔʀɛj] *f* ❶ ANAT Ohr *nt* ❷ (*ouïe*) **avoir l'~ fine** (*entendre bien*) gute Ohren haben; (*percevoir les nuances*) ein feines Gehör haben ▸**dur d'~** schwerhörig; **prêter l'~** gut zuhören; **se faire tirer l'~** sich lange bitten lassen
oreiller [ɔʀeje] *m* [Kopf]kissen *nt*
oreillette [ɔʀɛjɛt] *f* ANAT Vorhof *m*
oreillons [ɔʀɛjɔ̃] *mpl* Mumps *m o f*
orfèvre [ɔʀfɛvʀ] *mf* Goldschmied(in) *m(f)*
orfèvrerie [ɔʀfɛvʀəʀi] *f* ❶ (*travail*) Goldschmiedehandwerk *nt* ❷ (*art*) Goldschmiedekunst *f* ❸ (*objet*) Goldschmiedearbeit *f*
organe [ɔʀgan] *m a.* ANAT Organ *nt*
organigramme [ɔʀganigʀam] *m* ❶ ADMIN Organigramm *nt* ❷ INFORM Flussdiagramm *nt*
organique [ɔʀganik] *adj* organisch
organisateur [ɔʀganizatœʀ] *m* INFORM Organizer *m*
organisateur, -trice [ɔʀganizatœʀ, -tʀis] *m, f* Organisator(in) *m(f);* (*d'une manifestation*) Veranstalter(in) *m(f)*
organisation [ɔʀganizasjɔ̃] *f* Organisation *f;* (*du temps*) Einteilung *f*
organisé, e [ɔʀganize] *adj* organisiert; (*méthodique*) methodisch
organiser [ɔʀganize] <1> **I.** *vt* organisieren; (*voyage, fête*) veranstalten; (*temps, travail*) einteilen; (*loisirs, vie*) planen **II.** *vpr* **s'~** sich (*dat*) seine Zeit/Arbeit einteilen
organisme [ɔʀganism] *m* ❶ BIO Organismus *m;* (*corps*) Körper *m* ❷ ADMIN Einrichtung *f*
organiste [ɔʀganist] *mf* Organist(in) *m(f)*
orgasme [ɔʀgasm] *m* Orgasmus *m*
orge [ɔʀʒ] *f* Gerste *f*
orgeat [ɔʀʒa] *m* [**sirop d'**]**~** *mit Mandelmilch zubereiteter Sirup*
orgie [ɔʀʒi] *f* Orgie *f*
orgue [ɔʀg] *m* Orgel *f;* **~ électronique** Keyboard *nt*
orgueil [ɔʀgœj] *m* ❶ (*fierté*) Stolz *m* ❷ (*prétention*) Hochmut *m*
orgueilleux, -euse [ɔʀgøjø, -jøz] *adj* ❶ (*fier*) stolz ❷ (*prétentieux*) hochmütig
Orient [ɔʀjɑ̃] *m* **l'~** der Orient
orientable [ɔʀjɑ̃tabl] *adj* verstellbar; (*antenne, bras*) beweglich
oriental, e [ɔʀjɑ̃tal, o] <-aux> *adj* ❶ (*situé à l'est*) östlich; (*côte, frontière*) Ost- ❷ (*relatif à l'Orient*) orientalisch
Oriental, e [ɔʀjɑ̃tal, o] <-aux> *m, f* Orientale/Orientalin *m/f*
orientation [ɔʀjɑ̃tasjɔ̃] *f* ❶ (*d'une maison*) Ausrichtung *f;* (*du soleil*) Stand *m* ❷ (*d'un parti politique*) Kurs *m kein Pl*
orienté, e [ɔʀjɑ̃te] *adj* tendenziös

orienter [ɔʀjɑ̃te] <1> **I.** *vt* ❶ **être orienté au nord** (*maison*) nach Norden ausgerichtet sein ❷ (*guider*) ~ **vers qc** (*activité, conversation*) auf etw (*akk*) lenken ❸ PSYCH, SCOL beraten **II.** *vpr* (*a. fig*) **s'~** sich orientieren

orienteur, -euse [ɔʀjɑ̃tœʀ, -øz] *m, f* Schul- und Berufsberater(in) *m(f)*

orifice [ɔʀifis] *m* Öffnung *f;* (*d'une canalisation*) Mündung *f*

origan [ɔʀigɑ̃] *m* Oregano *m*

originaire [ɔʀiʒinɛʀ] *adj* **être ~ de ...** aus ... kommen

originairement [ɔʀiʒinɛʀmɑ̃] *adv* ursprünglich

original [ɔʀiʒinal, o] <-aux> *m* Original *nt*

original, e [ɔʀiʒinal, o] <-aux> **I.** *adj* ❶ (*premier, authentique*) Original- ❷ (*inédit*) originell; (*personnel*) eigenständig; (*idée*) eigen **II.** *m, f* Original *nt*

originalité [ɔʀiʒinalite] *f* origineller Zug; (*d'une personne, œuvre*) Besonderheit *f*

origine [ɔʀiʒin] *f* ❶ Ursprung *m;* **à l'~** ursprünglich ❷ (*cause*) Ursache *f;* **quelle est l'~ de ...?** woher kommt ...? ❸ (*ascendance*) Herkunft *f kein Pl* ❹ (*provenance*) Herkunft *f;* (*d'un produit*) Ursprung *m* ►**être à l'~ de qc** (*personne*) etw in die Wege geleitet haben; **d'~** im Originalzustand; **elle est d'~ française** sie ist gebürtige Französin

originel, le [ɔʀiʒinɛl] *adj* ursprünglich

originellement [ɔʀiʒinɛlmɑ̃] *adv* ursprünglich

ORL [oɛʀɛl] *mf abr de* **oto-rhino-laryngologiste** HNO-Arzt/-Ärztin *m/f*

orme [ɔʀm] *m* Ulme *f*

ornement [ɔʀnəmɑ̃] *m* ❶ (*chose décorative*) Schmuck *m* ❷ (*décoration*) Verzierung *f*

ornemental, e [ɔʀnəmɑ̃tal, o] <-aux> *adj* (*style*) dekorativ; (*plante, motif*) Zier-

ornementation [ɔʀnəmɑ̃tasjɔ̃] *f* Verzierung *f*

ornementer [ɔʀnəmɑ̃te] <1> *vt* schmücken

orner [ɔʀne] <1> *vt* schmücken

ornière [ɔʀnjɛʀ] *f* Spurrille *f*

orpailleur, -euse [ɔʀpajœʀ, -jøz] *m, f* Goldwäscher(in) *m(f)*

orphelin, e [ɔʀfəlɛ̃, in] **I.** *adj* Waisen-; ~ **de père/mère** vaterlos/mutterlos **II.** *m, f* Waise *f*

orphelinat [ɔʀfəlina] *m* Waisenhaus *nt*

orteil [ɔʀtɛj] *m* Zehe *f*

orthodontiste [ɔʀtodɔ̃tist] *mf* Kieferorthopäde/Kieferorthopädin *m/f*

orthographe [ɔʀtɔgʀaf] *f* ❶ Rechtschreibung *f;* (*d'un mot*) Schreibweise *f;* **réforme de l'~** Rechtschreibreform *f* ❷ (*maîtrise de la graphie*) Rechtschreibkenntnisse *Pl;* **les fautes d'~** Rechtschreibfehler

orthographier [ɔʀtɔgʀafje] <1> *vt* [richtig] schreiben

orthographique [ɔʀtɔgʀafik] *adj* Rechtschreib-

orthopédique [ɔʀtɔpedik] *adj* orthopädisch

orthopédiste [ɔʀtɔpedist] *mf* Orthopäde/Orthopädin *m/f*

orthophoniste [ɔʀtɔfɔnist] *mf* Logopäde/Logopädin *m/f*

ortie [ɔʀti] *f* Brennnessel *f*

orvet [ɔʀvɛ] *m* Blindschleiche *f*

os [ɔs, o] <os> *m* Knochen *m;* **en ~** beinern ►**il y a un ~** *fam* die Sache hat einen Haken

OS [oɛs] *mf abr de* **ouvrier spécialisé**

oscar [ɔskaʀ] *m* **~ de qc** Oscar *m* für etw

oscarisé, e [ɔskaʀize] *adj* (*acteur, réalisateur*) oscarprämiert

oscillation [ɔsilasjɔ̃] *f* Schwankung *f*

osciller [ɔsile] <1> *vi* ❶ (*balancer*) schwingen; (*personne*) schwanken ❷ (*hésiter*) schwanken

osé, e [oze] *adj* ❶ (*téméraire*) kühn; (*démarche, expédition*) waghalsig ❷ (*choquant*) gewagt

oseille [ozɛj] *f* ❶ BOT Sauerampfer *m* ❷ *fam* (*argent*) Knete *f*

oser [oze] <1> **I.** *vt* wagen **II.** *vi* es wagen

osier [ozje] *m* Weidenrute *f;* **panier en ~** Weidenkorb *m;* **meubles en ~** Korbmöbe[l] *Pl*

Oslo [ɔslo] Oslo *nt*

osselet [ɔslɛ] *m pl* JEUX *Geschicklichkeitsspie[l] mit [Plastik]knöchelchen*

ossements [ɔsmɑ̃] *mpl* Gebeine *Pl*

osseux, -euse [ɔsø, -øz] *adj* ❶ (*relatif au[x] os*) Knochen- ❷ (*corps, main*) knochig

ossuaire [ɔsɥɛʀ] *m* Beinhaus *nt*

ostensible [ɔstɑ̃sibl] *adj* offensichtlich

ostensiblement [ɔstɑ̃sibləmɑ̃] *adv* deutlic[h] sichtbar; (*manifester*) offensichtlich

ostentation [ɔstɑ̃tasjɔ̃] *f* Zurschaustellung

ostentatoire [ɔstɑ̃tatwaʀ] *adj* betont auffällig

ostéopathe [ɔsteɔpat] *mf* Chiropraktiker(in) *m(f)*
ostréiculteur, **-trice** [ɔstʀeikyltœʀ, -tʀis] *m, f* Austernzüchter(in) *m(f)*
otage [ɔtaʒ] *m* Geisel *f*
otarie [ɔtaʀi] *f* Ohrenrobbe *f*
ôter [ote] <1> **I.** *vt* ❶ (*retirer*) entfernen; (*vêtement, gants*) ausziehen; (*chapeau, pansement*) abnehmen ❷ (*prendre: objet*) wegnehmen; (*envie, illusion*) nehmen **II.** *vpr* **s'~** weggehen
otite [ɔtit] *f* Ohr[en]entzündung *f*
oto-rhino [ɔtɔʀino] <oto-rhinos> *mf abr de* **oto-rhino-laryngologiste** HNO-Arzt/-Ärztin *m/f*
oto-rhino-laryngologiste [ɔtɔʀinolaʀɛ̃gɔlɔʒist] <oto-rhino-laryngologistes> *mf* Hals-Nasen-Ohren-Arzt/-Ärztin *m/f*
ou [u] *conj* ❶ (*alternative*) oder; **~ ... ~ ...** entweder ... oder ...; **c'est l'un ~ l'autre** entweder, oder ❷ (*sinon*) **~** [**alors**] oder ❸ (*en d'autres termes*) oder [auch]
où [u] **I.** *pron* ❶ (*spatial sans déplacement*) wo; (*dans lequel*) in dem/der; (*sur lequel*) auf dem/der; **là ~** da, wo ❷ (*spatial avec déplacement*) wohin; (*dans lequel*) in den/die/das; (*sur lequel*) auf den/die/das; **d'~** woher; (*duquel*) aus dem/der; **d'~ il était, il ne voyait rien** von seinem Platz aus konnte er nichts sehen; **jusqu'~** bis wohin; (*jusqu'auquel*) bis zu dem/der; **par ~** durch den/die/das; **le chemin par ~ nous sommes passés** der Weg, den wir genommen haben ❸ (*temporel*) als (*fam*); (*jour, matin, soir*) an dem; (*moment, année, siècle*) in dem ❹ (*abstrait*) **dans l'état ~ tu es** in deinem Zustand; **dans l'obligation ~ j'étais de partir** da ich [derart] gezwungen war zu gehen **II.** *adv interrog* ❶ (*spatial sans déplacement*) wo; **~ s'arrêter?** wo muss man aufhören? ❷ (*spatial avec déplacement*) wohin; **~ aller?** wohin soll ich/sie gehen?; **d'~ êtes-vous?** woher sind Sie?; **jusqu'~** bis wo[hin]; *a. fig* wie weit; **par ~** wie ❸ (*abstrait*) **~ en étais-je?** wo war ich [stehen geblieben]?; **~ voulez-vous en venir?** worauf wollen Sie hinaus? **III.** *adv indéf* ❶ (*là où*) wo; (*aller*) wohin; **par ~ que vous passiez** auf welchem Weg Sie es auch [immer] versuchen ❷ (*de là*) **d'~ que** + *subj* woher auch immer; **d'~ l'on peut conclure que ...** woraus man schließen kann, dass ...
ouah [wa] *interj* ❶ (*cri du chien*) wau ❷ (*exprime l'admiration ou la joie*) **~!** o ja!
ouais [ˈwɛ] *adv fam* ❶ (*oui*) mhm ❷ (*sceptique*) soso ❸ (*hourra!*) **~!** juhu!
ouate [wat] *f* Watte *f*
ouaté, **e** [wate] *adj* (*bruit, pas*) gedämpft; (*atmosphère*) behaglich
ouater [wate] <1> *vt* wattieren
oubli [ubli] *m* Vergessen *nt*; (*étourderie*) Versäumnis *nt*
oublier [ublije] <1> **I.** *vt* vergessen; (*mot, virgule*) auslassen ▸**se faire ~** sich zurückhalten **II.** *vi* vergessen **III.** *vpr* **qn/qc s'oublie** man vergisst jdn/etw
oubliette [ublijɛt] *f* (*cachot*) Verlies *nt*
ouèbe [wɛb] *m fam* Internet *nt*
ouest [wɛst] **I.** *m sans pl* **l'~** der Westen; *v.a.* **est II.** *adj inv* West-; (*banlieue, longitude*) westlich
Ouest [wɛst] *m sans pl* **l'~** der Westen; *v.a.* **Est**
ouest-allemand, **e** [wɛstalmɑ̃, ɑ̃d] <ouest-allemands> *adj* westdeutsch
ouest-nord-ouest [wɛstnɔʀwɛst] *m sans pl* Westnordwesten *m* **ouest-sud-ouest** [wɛstsydwɛst] *m sans pl* Westsüdwesten *m*
ouf [ˈuf] *interj* uff
oui [ˈwi] **I.** *adv* ❶ (*opp: non*) ja; **~ ou non?** ja oder nein?; **répondre par ~ ou par non** mit einem klaren Ja oder Nein antworten ❷ (*intensif*) ja [,wirklich]; **ah ~,** [**alors**]**!** oh ja [, das kann man wohl sagen]!; **hé ~!** leider ja!; **~ ou merde?** *fam* oder was ist?; **alors, tu arrives, ~?** *fam* kommst du jetzt endlich?; **que ~!** *fam* na klar! ❸ (*substitut d'une proposition*) **croire/penser que ~** schon glauben/denken; **craindre/dire que ~** es befürchten/sagen; **je dirais que ~** ich würde [schon] ja sagen **II.** *m inv* ❶ (*approbation*) Ja *nt*; **~ à qn/qc** Ja zu jdm/etw ❷ (*suffrage*) Jastimme *f* ▸**pour un ~** [**ou**] **pour un non** wegen nichts und wieder nichts
ouï-dire [ˈwidiʀ] *m inv* Gerücht *nt*
ouïe [wi] *f* ❶ (*audition*) Gehör *nt* ❷ ZOOL Kieme *f*
ouille [ˈuj] *interj* au[a]
ouistiti [ˈwistiti] *m* ZOOL Pinseläffchen *nt*
ouragan [uʀagɑ̃] *m* Orkan *m*
ourler [uʀle] <1> *vt* [ein]säumen

ourlet [uʀlɛ] *m* Saum *m*

ours [uʀs] *m* ❶ ZOOL Bär *m;* ~ **polaire** Eisbär; *v.a.* **ourse** ❷ (*jouet d'enfant*) **un ~ en peluche** ein Plüschbär ❸ *fam* (*misanthrope*) Brummbär *m*

ourse [uʀs] *f* Bärin *f; v.a.* **ours** ▶**la Grande/Petite Ourse** der Große/Kleine Bär

oursin [uʀsɛ̃] *m* Seeigel *m*

ourson [uʀsɔ̃] *m* Bärenjunge(s) *nt*

oust[e] [ˈust] *interj fam* (*pour chasser qn*) weg mit dir/euch!; (*pour presser qn*) hopp[, hopp]

outil [uti] *m* ❶ Werkzeug *nt;* (*de navigation*) Instrument *nt;* **l'~ de travail** das Werkzeug ❷ INFORM Tool *nt;* ~ **de recherche** Suchmaschine *f*

outiller [utije] <1> *vt* (*atelier*) ausstatten

outrage [utʀaʒ] *m* Beleidigung *f;* ~ **à magistrat** JUR Missachtung *f* [der Würde] des Gerichts

outrager [utʀaʒe] <2a> *vt* beleidigen

outrance [utʀɑ̃s] *f* Übertreibung *f*

outrancier, -ière [utʀɑ̃sje, -jɛʀ] *adj* übertrieben

outre[1] [utʀ] *f* Schlauch *m*

outre[2] [utʀ] **I.** *prép* (*en plus de*) außer **II.** *adv* **en ~** außerdem

outré, e [utʀe] *adj* (*personne*) empört

outre-Atlantique [utʀatlɑ̃tik] *adv* auf der anderen/die andere Seite des Atlantiks **outre-Manche** [utʀəmɑ̃ʃ] *adv* auf der anderen/die andere Seite des [Ärmel]kanals

outremer [utʀəmɛʀ] **I.** *m* (*bleu*) Ultramarin[blau] *nt* **II.** *adj inv* ultramarin[blau]

outre-mer [utʀəmɛʀ] *adv* in Übersee

outrepasser [utʀəpɑse] <1> *vt* überschreiten

outre-Rhin [utʀəʀɛ̃] *adv* in/nach Deutschland **outre-tombe** [utʀətɔ̃b] *adv* im Jenseits; **d'~** aus dem Jenseits

ouvert, e [uvɛʀ, ɛʀt] **I.** *part passé de* **ouvrir** **II.** *adj* ❶ offen; (*fenêtre, robinet, valise, magasin*) geöffnet; **être ~** (*porte*) auf sein; (*magasin, boulanger*) geöffnet haben; (*centre commercial*) offen sein ❷ (*commencé*) **être ~** (*foire, enquête, pêche*) eröffnet sein; (*chasse*) offen sein ❸ (*éveillé*) aufgeschlossen; **être ~ à qn/qc** offen für jdn/etw sein

ouvertement [uvɛʀtəmɑ̃] *adv* offen [und ehrlich]; (*publiquement*) öffentlich

ouverture [uvɛʀtyʀ] *f* ❶ (*d'une porte*) Öffnen *nt* ❷ (*d'une frontière, d'un magasin*) Öffnung *f;* **jours/heures d'~** Öffnungstage/-zeiten; (*d'une banque*) Geschäftszeiten ❸ (*commencement, inauguration*) Eröffnung *f;* (*d'une route*) Freigabe *f* ❹ *pl* (*de négociations, paix*) -angebot *nt* ❺ MUS Ouvertüre *f* ❻ INFORM ~ **d'une session** Login *nt*

ouvrable [uvʀabl] *adj* (*jour*) Werk-

ouvrage [uvʀaʒ] *m* ❶ (*travail*) Arbeit *f;* COUT [Hand]arbeit ❷ (*livre*) ~ **d'histoire** Werk *nt* über Geschichte

ouvragé, e [uvʀaʒe] *adj* kunstvoll gearbeitet

ouvré, e [uvʀe] *adj* (*jour*) Arbeits-

ouvre-boîte [uvʀəbwat] <ouvre-boîtes> *m* Dosenöffner *m* **ouvre-bouteille** [uvʀ(ə)butɛj] <ouvre-bouteilles> *m* Flaschenöffner *m*

ouvreur, -euse [uvʀœʀ, øz] *m, f* CINE, THEAT Platzanweiser(in) *m(f)*

ouvrier, -ière [uvʀije, -ijɛʀ] **I.** *adj* (*classe, mouvement, syndicat*) Arbeiter-; (*conflit, législation*) Arbeits-; (*condition*) der Arbeiter; (*militant*) der Arbeiterbewegung **II.** *m, f* Arbeiter(in) *m(f);* ~ **d'usine** Fabrikarbeiter; ~ **qualifié** Facharbeiter

ouvrière [uvʀijɛʀ] *f* (*abeille, termite, fourmi*) Arbeiterin *f*

ouvrir [uvʀiʀ] <11> **I.** *vt* ❶ (*opp: fermer*) öffnen; (*à clé*) aufschließen; (*livre, yeux*) aufschlagen; ~ **grand ses oreilles** die Ohren weit aufsperren ❷ *fam* (*robinet, gaz*) öffnen ❸ (*écarter, déployer*) öffnen; (*bras*) ausbreiten; (*parapluie*) aufspannen; (*rideaux*) aufziehen ❹ (*frayer*) ~ **un passage à qn/qc** jdm/einer S. eine Passage freimachen ❺ (*rendre accessible*) ~ **une frontière à qn** eine Grenze für jdn öffnen; ~ **à qn les portes de qc** jdm zu etw Zutritt verschaffen; ~ **des perspectives à qn** jdm [neue] Perspektiven eröffnen ❻ (*fonder, créer*) eröffnen ❼ (*commencer*) eröffnen; (*dialogue*) in Gang bringen ❽ SPORT (*piste, slalom*) eröffnen; ~ **la marque** den ersten Treffer erzielen ❾ (*marche, procession*) eröffnen ❿ (*abcès, ventre*) öffnen; (*brèche*) schlagen; (*route*) bauen ⓫ (*jambe, ventre*) aufreißen; (*crâne*) ein Loch schlagen in (+ *akk*) ⓬ FIN ~ **un compte à qn** ein Konto für jdn eröffnen ⓭ JUR (*enquête, information*) eröffnen ▶**l'~** *fam* die Klappe aufmachen **II.** *v* ❶ (*donner sur*) ~ **sur qc** auf etw (*akk*) gehen; (*porte*) auf etw (*akk*) führen ❷ (*être *accessible au public*) ~ **le lundi** montags geöffnet sein; (*cinéma, théâtre*) montags Vorstellung haben; ~ **à 15 h** (*magasin*) um 15 Uhr öffnen; (*cinéma, théâtre*) um 15 Uhr Einlass haben **III.** *vpr* ❶ (*opp: se fermer*) **s'~** sich öffnen; (*parapluie, vêtement*) aufgehen; **mal s'~** schwer aufgehen ❷ (*devenir accessible à*) **s'~ à l'extérieur** sich [nach außen] öffnen; **s'~ au monde** beginnen die Welt wahrzunehmen ❸ (*se blesser*) **s'~ les veines** sich (*dat*) die Adern aufschneiden; **s'~ le crâne** sich (*dat*) den Kopf aufschlagen

ovale [ɔval] **I.** *adj* oval **II.** *m* Oval *nt*

ovation [ɔvasjɔ̃] *f* stürmischer Beifall *kein Pl*

ovationner [ɔvasjɔne] <1> *vt* ~ **qn** jdm zujubeln

overdose [ɔvœʀdoz] *f* Überdosis *f kein Pl*

ovin, e [ɔvɛ̃, in] *adj* (*race*) der Schafe

OVNI [ɔvni] *m abr de* **objet volant non identifié** UFO *nt*

ovuler [ɔvyle] <1> *vi* einen Eisprung haben

oxyde [ɔksid] *m* Oxid *nt*

oxyder [ɔkside] <1> *vt, vpr* [**s'**]~ oxidieren

oxygéné, e [ɔksiʒene] *adj* **eau ~e** Wasserstoffperoxid *nt*

oxygène [ɔksiʒɛn] *m* ❶ CHIM Sauerstoff *m* ❷ (*air pur*) frische Luft

oxygéner [ɔksiʒene] <5> *vpr* **s'~** frische Luft tanken

ozone [ozon, ɔzɔn] *f* Ozon *nt*

Pp

P, p [pe] *m inv* P *nt*, p *nt*

pacemaker [pɛsmɛkœʀ] *m* [Herz]schrittmacher *m*

pacifique [pasifik] *adj* friedlich

Pacifique [pasifik] *m* **le ~** der Pazifik

pacifiquement [pasifikmɑ̃] *adv* friedlich

pacifiste [pasifist] **I.** *adj* pazifistisch; (*manifestation, marche*) Friedens- **II.** *mf* Pazifist(in) *m(f)*

pack [pak] *m* Großpackung *f*

packaging [paka(d)ʒiŋ] *m* [Verkaufs]verpackung *f*

pacotille [pakɔtij] *f* Ramsch *m*; **de ~** unecht

PACS [paks] *m abr de* **Pacte Civil de Solidarité** *[zivilrechtlich geregelte] eheähnliche Lebensgemeinschaft*

pacser [pakse] <1> *vi* einen PACS abschließen

pacte [pakt] *m* Pakt *m*; ~ **d'alliance** Bündnisabkommen *nt*; **le ~ de Varsovie** der Warschauer Pakt

pactole [paktɔl] *m* Sümmchen *nt* (*fam*); ~ **du loto** Hauptgewinn *m* im Lotto

pagaie [pagɛ] *f* Paddel *nt*

pagaïe, pagaille [pagaj] *f fam* Durcheinander *nt* ▶**mettre la ~ dans qc** in etw (*dat*) ein Chaos anrichten; **en ~** unaufgeräumt

page [paʒ] *f* ❶ (*feuillet*) Seite *f*; (*deux côtés*) Blatt *nt*; [**en**] ~ **20** [auf] Seite 20; ~ **de publicité** TV, RADIO Werbespot *m*; PRESSE Reklameseite ❷ INFORM ~ **personnelle/d'accueil** Homepage *f*; ~ **de codes** Codepage *f*; ~ **Web** Webseite; **accéder à une ~** auf eine Seite zugreifen; **visiter une ~** eine Seite laden; **bas/haut de ~** Seitenende *nt*/-anfang *m*; **pied de ~** Fußzeile *f* ▶**première ~** Titelseite *f* **tourner la ~** (*pour finir*) einen Schlussstrich ziehen; (*pour recommencer*) ein neues Kapitel aufschlagen

paie[1] [pɛ] *f* Lohn *m*; (*d'un employé*) Gehalt *nt*

paie[2] [pɛ] *indic et subj prés de* **payer**

paiement [pɛmɑ̃] *m* Bezahlung *f*; (*d'une amende, des impôts*) Zahlung *f*; (*d'une dette*) Rückzahlung *f*

paierai [pɛʀɛ] *fut de* **payer**

paillasson [pajasɔ̃] *m* Fußmatte *f*

paille [pɑj] *f* ❶ (*chaume*) Stroh *nt* ❷ (*tiges tressées*) Geflecht *nt* ❸ (*pour boire*) Strohhalm *m* ▶**tirer à la courte ~** [mit Streichhölzern] knobeln

pain [pɛ̃] *m* Brot *nt*; ~ **au chocolat** Schoko-Croissant *m* ▶**avoir du ~ sur la planche** *fam* viel um die Ohren haben; **gagner son ~ à la sueur de son front** *soutenu* sein Brot im Schweiße seines Angesichts verdienen; **petit ~** Brötchen *nt*, Gebäck *nt* (A)

pair [pɛʀ] *m* ▶**aller de ~ avec qc** mit etw einhergehen; **jeune fille/jeune homme au ~** Aupairmädchen *nt*/-junge *m* **hors ~** unvergleichlich

pair, e [pɛʀ] *adj* (*nombre, côté*) gerade

paire [pɛʀ] *f* Paar *nt*; (*de claques, gifles*) ein paar; **une ~ de ciseaux/lunettes** eine

P

Schere/Brille ▶**c'est une autre ~ de manches** *fam* das sind zwei Paar Stiefel; **les deux font la ~** *fam* die zwei haben sich gesucht und gefunden

paisible [pezibl] *adj* ruhig

paisiblement [pezibləmɑ̃] *adv* in aller Ruhe

paix [pɛ] *f* ❶ (*opp: guerre*) Frieden *m;* (*traité*) Friedensvertrag *m;* **des manifestations en faveur de la ~** Friedensdemonstrationen *Pl* ❷ (*tranquillité*) Ruhe *f* ▶**faire la ~ avec qn** mit jdm Frieden schließen; (*avec un ami*) sich mit jdm versöhnen

Pakistan [pakistɑ̃] *m* **le ~** Pakistan *nt*

pakistanais [pakistanɛ] *m* Pakistanisch *nt; v.a.* **allemand**

pakistanais, e [pakistanɛ, ɛz] *adj* pakistanisch; *v.a.* **allemand**

Pakistanais, e [pakistanɛ, ɛz] *m, f* Pakistaner(in) *m(f)*, Pakistani *mf*

palais[1] [palɛ] *m* Palast *m;* **~ des Papes** Papstpalast; **~ des sports** Sporthalle *f;* **Palais fédéral** CH Bundeshaus *nt* (CH); **~ de l'Elysée** *Amtssitz des französischen Staatspräsidenten*

palais[2] [palɛ] *m* ANAT Gaumen *m*

Palatinat [palatina] *m* **le ~** die Pfalz

pâle [pɑl] *adj* blass

Palestine [palɛstin] *f* **la ~** Palästina *nt*

palestinien, ne [palɛstinjɛ̃, jɛn] *adj* palästinensisch

Palestinien, ne [palɛstinjɛ̃, jɛn] *m, f* Palästinenser(in) *m(f)*

palette [palɛt] *f* ❶ Palette *f* ❷ CAN (*raquette*) **~ de ping-pong** Tischtennisschläger *m*

palier [palje] *m* Treppenabsatz *m;* **habiter sur le même ~** auf derselben Etage wohnen

pâlir [pɑliʀ] <8> *vi* blass werden; **~ d'envie** vor Neid (*dat*) erblassen

palissade [palisad] *f* Bretterzaun *m*

palmarès [palmaʀɛs] *m* ❶ (*liste des lauréats*) Liste *f* der Preisträger ❷ (*ensemble des succès: d'un sportif*) Liste *f* der Siege; (*d'un romancier, cinéaste, acteur*) Liste der Erfolge

palpitant, e [palpitɑ̃, ɑ̃t] *adj* spannend

pampa [pɑ̃pa] *f* Pampa *f*

pamplemousse [pɑ̃pləmus] *m* Grapefruit *f*

pan [pɑ̃] *m* ❶ (*d'un vêtement*) Zipfel *m* ❷ (*partie: de mur*) Stück *nt*

panaché, e [panaʃe] *m* Panaschee *nt*

pancarte [pɑ̃kaʀt] *f* Schild *nt;* (*publicitaire*) Plakat *nt*

panda [pɑ̃da] *m* Panda *m*

panel [panɛl] *m* ❶ SOCIOL Panel *nt* ❷ (*commission*) Gremium *nt*

panier [panje] *m a.* SPORT Korb *m;* **~ à provisions** Einkaufskorb; **~ à salade** Salatschleuder *f;* **~ de cerises** Korb [voll] Kirschen *m* ▶**lui, c'est un vrai ~ percé!** er ist ein echter Verschwender!

panière [panjɛʀ] *f* großer Korb (*mit zwei Henkeln*)

panier-repas [panjeʀəpa] <paniers-repas> *m* Lunchpaket *nt*

panique [panik] *f* Panik *f;* **être pris de ~** in Panik geraten; **pas de ~!** nur keine Panik!

paniquer [panike] <1> **I.** *vt fam* in Panik versetzen **II.** *vi fam* in Panik geraten

panne [pan] *f* Panne *f;* (*de courant*) -ausfall *m;* (*de moteur*) -schaden *m;* **être [tombé] en ~** (*automobiliste, voiture*) eine Panne haben; (*moteur, machine*) defekt sein

panneau [pano] <x> *m* Schild *nt;* **~ de signalisation** Verkehrsschild ▶**tomber dans le ~** sich hereinlegen lassen (*fam*)

panorama [panɔʀama] *m* Panorama *nt*

panoramique [panɔʀamik] *adj* (*restaurant*) Panorama-; **écran ~** Breitwand *f*

panosse [panɔs] *f* CH (*serpillière*) Scheuertuch *nt*

pansement [pɑ̃smɑ̃] *m* Verband *m;* **~ adhésif** Heftpflaster *nt;* **faire un ~ à qn** jdm einen Verband anlegen

pantacourt [pɑ̃takuʀ] *m* Caprihose *f*

pantalon [pɑ̃talɔ̃] *m* Hose *f*

panthéisme [pɑ̃teism] *m* Pantheismus *m*

panthéon [pɑ̃teɔ̃] *m* ❶ HIST **le Panthéon** das Pantheon ❷ (*monument*) Pantheon *nt*

panthère [pɑ̃tɛʀ] *f* Panther *m*

pantin [pɑ̃tɛ̃] *m* Hampelmann *m*

pantomime [pɑ̃tɔmim] *f* Pantomime *f*

pantouflard, e [pɑ̃tuflaʀ, aʀd] *m, f fam* Stubenhocker(in) *m(f)*

pantoufle [pɑ̃tufl] *f* Pantoffel *m*

paon [pɑ̃] *m* Pfau *m* ▶**fier comme un ~** eitel wie ein Pfau

papa [papa] *m* Papa *m*

papauté [papote] *f* Papstwürde *f*

pape [pap] *m* Papst *m*

papelard [paplaʀ] *m fam* (*feuille*) Wisch *m*

paperasse [papʀas] *f péj* Papierkram *m*

paperasserie [papʀasʀi] *f péj* Berge *Pl* von Papier

papeterie [papɛtʀi] *f* ❶ (*magasin*) Schreibwarengeschäft *nt* ❷ (*usine*) Papierfabrik *f*

papi [papi] *m fam v.* **papy**

papier [papje] *m* ❶ *sans pl* (*matière*) Papier *nt;* **feuille/bout** [*o* **morceau**] **de ~** Blatt *nt*/Stück *nt* Papier; **~ peint** Tapete *f* ❷ *sans pl* (*feuille de métal*) **~ [d']aluminium** Aluminiumfolie ❸ *pl* (*document*) Unterlagen *Pl;* (*~s d'identité*) Papiere *Pl* ▶**être dans les petits ~s de qn** bei jdm gut angeschrieben sein

papier-filtre [papjefiltʀ] <papiers-filtres> *m* Filterpapier *nt*

papillon [papijɔ̃] *m* ❶ Schmetterling *m;* **~ de nuit** Nachtfalter *m* ❷ SPORT **[nage] ~** Delphinschwimmen *nt,* Delfinschwimmen *nt*

papillonner [papijɔne] <1> *vi* herumflattern (*fam*)

papillote [papijɔt] *f* GASTR **en ~** (*dans un papier [huilé]*) in [gefettetem] Papier gebacken; (*dans une feuille d'aluminium*) in [Alu]folie gebraten

papilloter [papijɔte] <1> *vi* blinzeln

papoter [papɔte] <1> *vi* schwatzen

paprika [papʀika] *m* Paprika *m*

papy [papi] *m fam* Opa *m*

papy-boom <papy-booms>, **papy-boum** [papibum] <papy-boums> *m fam* (*forte augmentation du nombre des personnes âgées*) Rentnerschwemme *f* (*pej*)

paquebot [pakbo] *m* Passagierschiff *nt*

pâquerette [pɑkʀɛt] *f* Gänseblümchen *nt*

Pâques [pɑk] **I.** *m* Ostern *nt o Pl;* **lundi/vacances de ~** Ostermontag *m*/-ferien *Pl* ▶**à ~ ou à la Trinité** *iron* am Nimmerleinstag **II.** *fpl* Ostern *Pl;* **joyeuses ~!** frohe Ostern!

> In der Vorstellung der französischen Kinder reisen an Ostern die Kirchenglocken im Himmel zum Papst nach Rom und lassen auf ihrem Weg Schokoladeneier, Schokoladenglocken und andere Leckereien auf die Erde fallen.

paquet [pakɛ] *m* ❶ *a.* INFORM Paket *nt;* (*de café*) Päckchen *nt;* (*de cigarettes*) Schachtel *f* ❷ *fam* (*de billets, de linge*) Bündel *nt* ▶**mettre le ~** *fam* (*déployer tous ses efforts*) alles d[a]ransetzen

paquet-cadeau [pakɛkado] <paquets-cadeaux> *m* Geschenkverpackung *f;* **faire un ~** als Geschenk einpacken

par [paʀ] *prép* ❶ (*grâce à l'action de*) von; **tout faire ~ soi-même** alles selbst machen ❷ (*au moyen de*) durch; **~ tous les moyens** mit allen Mitteln; **~ chèque/carte [bancaire]** mit Scheck/[Kredit]karte ❸ *gén sans art* (*cause, motif*) aus ❹ (*à travers, via*) **regarder ~ la fenêtre** aus dem Fenster schauen; **passer ~ ici** hier vorbeikommen ❺ (*localisation*) **habiter ~ ici/là** hier/dort in der Gegend wohnen ❻ (*distribution, mesure*) pro; **un ~ un** einzeln; **~ moments** zeitweise; **~ milliers** zu tausenden ❼ (*durant, pendant*) **~ temps de pluie** bei Regen[wetter]; **~ les temps qui courent** in der heutigen Zeit ▶**~ contre** dagegen

parabole [paʀabɔl] *f* ❶ REL Gleichnis *nt* ❷ MATH Parabel *f* ❸ (*antenne*) Parabolantenne *f*

parabolique [paʀabɔlik] *adj* (*antenne*) Parabol-

parachute [paʀaʃyt] *m* Fallschirm *m;* **sauter en ~** mit dem Fallschirm springen

parachutisme [paʀaʃytism] *m* Fallschirmspringen *nt*

parachutiste [paʀaʃytist] *mf* ❶ MIL Fallschirmjäger(in) *m(f)* ❷ SPORT Fallschirmspringer(in) *m(f)*

parade [paʀad] *f* Parade *f*

paradis [paʀadi] *m* Paradies *nt* ▶**tu ne l'emporteras pas au ~** das wirst du mir [noch] büßen

paradisiaque [paʀadizjak] *adj* paradiesisch

paradoxal, e [paʀadɔksal, o] <-aux> *adj* paradox

paradoxalement [paʀadɔksalmɑ̃] *adv* paradoxerweise

paradoxe [paʀadɔks] *m* Paradox *nt*

parages [paʀaʒ] *mpl* **dans les ~** in der Nähe

paragraphe [paʀagʀaf] *m* Absatz *m*

paraître [paʀɛtʀ] <irr> **I.** *vi* ❶ (*sembler*) **cela me paraît être une erreur** das scheint mir ein Irrtum zu sein; **~ faire qc** anscheinend etw tun ❷ (*apparaître: personne*) sich zeigen; (*journal, livre*) erscheinen; **faire ~** veröffentlichen **II.** *vi impers* **il paraît que ...** (*le bruit court*) wie man hört ...; (*soi-disant*) angeblich ...; **il paraît que oui!** anscheinend ja!

parallèle [paʀalɛl] **I.** *adj* parallel; (*activité*) Neben- **II.** *f* MATH Parallele *f* **III.** *m* ❶ GEO

Breitenkreis *m;* **le 38e** ~ der 38. Breitengrad ❷ (*comparaison*) **faire un ~ avec qc/entre deux choses** eine Parallele zu etw/zwischen zwei Dingen ziehen

parallèlement [paʀalɛlmɑ̃] *adv* gleichzeitig

paralysant, e [paʀalizɑ̃, ɑ̃t] *adj* lähmend; (*attitude*) hemmend

paralysé, e [paʀalize] **I.** *adj* gelähmt; **être ~ des jambes** an den Beinen gelähmt sein **II.** *m, f* Gelähmte(r) *f(m)*

paralyser [paʀalize] <1> *vt* ❶ (*empêcher d'agir*) lähmen ❷ (*entraver: trafic, activité, économie*) lahmlegen ❸ MED paralysieren

paralysie [paʀalizi] *f* ❶ MED Lähmung *f* ❷ (*arrêt complet*) Erliegen *nt*

paramètre [paʀamɛtʀ] *m* ❶ MATH Parameter *m* ❷ (*élément important*) Element *nt* ❸ *pl* INFORM Einstellungen *Pl*

parano, paranoïaque [paʀanɔjak] **I.** *adj* paranoisch **II.** *mf* Geistesgestörte(r) *f(m)*

paranoïa [paʀanɔja] *f* Verfolgungswahn *m*

paranormal [paʀanɔʀmal] *m* **le ~** das Übersinnliche

parapente [paʀapɑ̃t] *m* ❶ (*parachute*) Gleitschirm *m* ❷ (*sport*) Gleitschirmfliegen *nt*

parapet [paʀapɛ] *m* Brüstung *f*

parapluie [paʀaplɥi] *m* Regenschirm *m*

parascolaire [paʀaskɔlɛʀ] *adj* außerschulisch

parasite [paʀazit] **I.** *adj* schmarotzend **II.** *m a. fig* Schmarotzer *m* ❷ *pl* RADIO, TV Störgeräusche *Pl*

parasiter [paʀazite] <1> *vt* ❶ BIO **~ qn/qc** (*champignon, insecte, ver*) als Parasit auf [*o* in] jdm/etw leben ❷ *fig* **~ qn/qc** auf jds Kosten (*akk*)/auf Kosten einer S. (*gen*) leben ❸ RADIO, TV stören

parasol [paʀasɔl] *m* Sonnenschirm *m*

paratonnerre [paʀatɔnɛʀ] *m* Blitzableiter *m*

paravent [paʀavɑ̃] *m* Wandschirm *m*

parc [paʀk] *m* ❶ Park *m;* **~ d'attractions** Vergnügungspark; **~ naturel** Naturschutzgebiet *nt;* **~ national** Nationalpark *m;* **~ des expositions** Messegelände *nt* ❷ (*pour bébé*) Laufstall *m* ❸ (*parking*) **~ relais** Park-and-Ride *nt*

parcelle [paʀsɛl] *f* (*terrain*) Parzelle *f*

parce que [paʀskə] *conj + indic* ❶ (*car*) weil; **~!** darum! ❷ *fam* (*sinon*) sonst

par-ci [paʀsi] **~, par-là** hier und da

parcmètre [paʀkmɛtʀ] *m* Parkuhr *f*

parcourir [paʀkuʀiʀ] <irr> *vt* ❶ (*trajet, distance*) zurücklegen ❷ (*ville*) durchlaufen; (*région, pays*) bereisen ❸ (*journal, lettre*) überfliegen

parcours [paʀkuʀ] *m a.* SPORT Strecke *f;* (*équitation*) Parcours *m;* **~ du combattant** *fig* Hindernislauf *m*

par-delà [paʀdəla] *prép* (*de l'autre côté*) jenseits (+ *gen*), hinter (+ *dat*); **~ les problèmes** über die Probleme hinaus **par-derrière** [paʀdɛʀjɛʀ] *adv* ❶ (*attaquer, emboutir*) von hinten ❷ (*dans le dos de qn*) hinten; *fig* (*raconter, critiquer*) hintenherum (*fam*) **par-dessous** [paʀdəsu] **I.** *prép* (*avec mouvement*) unter (+ *akk*); (*sans mouvement*) unter (+ *dat*) **II.** *adv* darunter **par-dessus** [paʀdəsy] **I.** *prép* (*avec mouvement*) über (+ *akk*); (*sans mouvement*) über (+ *dat*) **II.** *adv* darüber

pardessus [paʀdəsy] *m* Überzieher *m*

pardon [paʀdɔ̃] *m* Verzeihen *nt;* REL Vergebung *f;* **demander ~ à qn** jdn um Verzeihung bitten ▸**mille ~[s]!** ich bitte tausendmal um Verzeihung!; **~?** wie bitte?

pardonnable [paʀdɔnabl] *adj* verzeihlich

pardonner [paʀdɔne] <1> **I.** *vt* verzeihen ▸**pardonne-moi/pardonnez-moi** verzeih mir/verzeihen Sie mir/verzeiht mir **II.** *vi* ❶ (*être fatal*) **ne pas ~** verhängnisvoll sein ❷ (*absoudre*) **~ à qn** jdm verzeihen

paré, e [paʀe] *adj* gewappnet

pare-brise [paʀbʀiz] *m inv* Windschutzscheibe *f* **pare-chocs** [paʀʃɔk] *m inv* **~ arrière/avant** hintere/vordere Stoßstange *f*

pareil, le [paʀɛj] **I.** *adj* ❶ (*identique*) gleich; **~ que** [genau]so wie ❷ (*tel*) solche(r, s) **II.** *m, f* ▸**c'est du ~ au même** *fam* das ist Jacke wie Hose; **rendre la ~le à qn** es jdm mit gleicher Münze heimzahlen; **sans ~** ohnegleichen **III.** *adv fam* gleich

pareillement [paʀɛjmɑ̃] *adv* ❶ (*également*) ebenso ❷ (*de la même façon*) gleich

parent [paʀɑ̃] *m gén pl* Eltern *Pl;* **un des deux ~s** ein Elternteil *m*

parent, e [paʀɑ̃, ɑ̃t] *m, f* Verwandte(r) *f(m)*

parenté [paʀɑ̃te] *f* Verwandtschaft *f* (*dat*)

parenthèse [paʀɑ̃tɛz] *f* ❶ TYP Klammer ❷ (*digression*) Exkurs *m;* **soit dit entre ~** nebenbei bemerkt ▸**mettre qc entre ~** TYP etw in Klammern setzen

parer [paʀe] <1> *vt* (*attaque, coup*) abwehren

ren

pare-soleil [paʀsɔlɛj] *m inv* Sonnenblende *f*

paresse [paʀɛs] *f* Faulheit *f*

paresser [paʀese] <1> *vi* faulenzen

paresseusement [paʀesøzmɑ̃] *adv* ❶ (*avec paresse*) faul ❷ (*avec lenteur: avancer*) schwerfällig

paresseux, -euse [paʀesø, -øz] **I.** *adj* (*personne*) faul **II.** *m, f* Faulenzer(in) *m(f)*

parfait [paʀfɛ] *m* ❶ LING Perfekt *nt* ❷ GASTR Parfait *nt;* ~ **au café** Mokkaparfait

parfait, e [paʀfɛ, ɛt] *adj* ❶ perfekt; (*condition, exemple*) ideal; (*discrétion, harmonie*) vollkommen; (*amour, beauté*) vollendet; (*accord*) völlig ❷ *antéposé* (*gentleman*) vollendet; (*idiot, crapule*) ausgemacht

parfaitement [paʀfɛtmɑ̃] *adv* ❶ (*parler une langue*) perfekt; (*savoir, comprendre*) [ganz] genau ❷ (*tout à fait*) völlig ❸ (*oui, bien sûr*) [aber] natürlich

parfois [paʀfwa] *adv* manchmal

parfum [paʀfœ̃] *m* ❶ (*substance*) Parfum *nt,* Parfüm *nt* ❷ (*odeur*) Duft *m* ❸ GASTR Geschmack *m;* **je voudrais une glace - quel ~?** ich möchte ein Eis - welche Sorte? ▸**être au** ~ *fam* im Bilde sein; **mettre qn au** ~ *fam* jdn aufklären

parfumer [paʀfyme] <1> **I.** *vt* ❶ (*embaumer*) **qc parfume la cuisine** die Küche duftet nach etw ❷ (*imprégner de parfum*) parfümieren **II.** *vpr* **se** ~ sich parfümieren

parfumerie [paʀfymʀi] *f* Parfümerie *f*

parfumeur, -euse [paʀfymœʀ, -øz] *m, f* ❶ (*fabricant*) Parfümeur *m* ❷ (*propriétaire d'une parfumerie*) Parfümerieinhaber(in) *m(f)*

pari [paʀi] *m* Wette *f;* **faire un** ~ wetten

parier [paʀje] <1> **I.** *vt* ~ **qc à qn** mit jdm um etw wetten; ~ **qc sur qn/un animal/qc** etw auf jdn/ein Tier/etw setzen; **tu paries que j'y arrive!** wetten, dass ich es schaffe! **II.** *vi* wetten; ~ **sur qn/un animal/qc** auf jdn/ein Tier/etw setzen; ~ **aux courses** Rennwetten abschließen

Paris [paʀi] *m* Paris *nt*

paris-brest [paʀibʀɛst] <paris-brest[s]> *m: Cremegebäck*

parisianisme [paʀizjanism] *m* ❶ (*façon de parler*) [typischer] Pariser Ausdruck ❷ (*habitude*) [typische] pariserische [An]gewohnheit

parisien, ne [paʀizjɛ̃, jɛn] *adj* Pariser; **la vie ~ne** das Pariser Leben, das Leben in Paris

Parisien, ne [paʀizjɛ̃, jɛn] *m, f* Pariser(in) *m(f)*

parka [paʀka] *m o f* Parka *m*

parking [paʀkiŋ] *m* Parkplatz *m;* ~ **souterrain** Tiefgarage *f*

parlant, e [paʀlɑ̃, ɑ̃t] *adj* (*cinéma*) Ton-; **horloge ~e** Zeitansage *f*

Parlement [paʀləmɑ̃] *m* Parlament *nt*

parlementaire [paʀləmɑ̃tɛʀ] **I.** *adj* parlamentarisch; (*débat, commission*) Parlaments-; **indemnité(s) ~(s)** Diäten *Pl* **II.** *mf* (*député*) Parlamentarier(in) *m(f);* ~ **européen** Abgeordneter des Europäischen Parlaments

parlementer [paʀləmɑ̃te] <1> *vi* verhandeln

parler [paʀle] <1> **I.** *vi* ❶ sprechen; ~ **haut/du nez** laut/durch die Nase sprechen; ~ **avec les mains** mit den Händen reden; ~ **par gestes** sich mit Gesten verständigen ❷ (*discuter*) ~ **de qn/qc avec qn** mit jdm über jdn/etw sprechen; (*longuement*) sich mit jdm über jdn/etw unterhalten; ~ **de la pluie et du beau temps/de choses et d'autres** über Gott und die Welt (*fam*)/über dies und das reden ❸ (*entretenir*) ~ **de qn/qc à qn** (*dans un but précis*) mit jdm über jdn/etw sprechen; (*raconter*) jdm von jdm/etw erzählen ❹ (*adresser la parole*) ~ **à qn** jdn ansprechen ❺ (*avoir pour sujet*) ~ **de qn/qc** (*film, livre*) von jdm/etw handeln; (*article, journal*) über jdn/etw berichten; (*brièvement*) jdn/etw erwähnen ▸**faire** ~ **de soi** von sich reden machen; **sans** ~ **de qn/qc** ganz zu schweigen von jdm/etw; **humainement parlant** vom menschlichen Standpunkt aus [betrachtet] **II.** *vt* ❶ (*langue*) sprechen ❷ (*aborder un sujet*) ~ **politique** über Politik (*akk*) reden **III.** *vpr* **se** ~ ❶ (*être employé: langue*) gesprochen werden ❷ (*s'entretenir*) miteinander sprechen; **se** ~ **à soi-même** Selbstgespräche führen **IV.** *m* ❶ (*manière*) Sprache *f* ❷ (*langue régionale*) Mundart *f*

parmi [paʀmi] *prép* ❶ (*entre*) unter (+ *dat*), von; **compter qn ~ ses amis** jdn zu seinen Freunden zählen ❷ (*dans: sans mouvement*) [mitten] unter (+ *dat*); (*avec mouvement*) [mitten] durch

parodie [paʀɔdi] *f* **être une ~ de qc** eine Parodie auf etw (*akk*) sein

paroisse [paRwas] *f* Pfarrgemeinde *f*
paroissien, ne [paRwasjɛ̃, jɛn] *m, f* Gemeinde[mit]glied *nt*
parole [paRɔl] *f* ❶ *souvent pl* (*mot*) Wort *nt* ❷ (*promesse*) ~ **d'honneur** Ehrenwort *nt;* **de** ~ (*femme, homme*) zuverlässig; **croire qn sur** ~ jdm aufs Wort glauben ❸ *sans pl* (*faculté de parler*) Sprache *f* ❹ *sans pl* (*fait de parler*) **prendre la** ~ das Wort ergreifen; **couper la** ~ **à qn** jdn unterbrechen; **donner la** ~ **à qn** jdm das Wort erteilen; **ne plus adresser la** ~ **à qn** mit jdm nicht mehr reden ❺ *pl* MUS Text *m* ▶**ma** ~**!** (*je le jure!*) ich schwörs!; (*exprimant l'étonnement*) das gibt's doch nicht!
parpaing [paRpɛ̃] *m* ARCHIT Leichtbaustein *m*
parquet [paRkɛ] *m* Parkett[boden *m*] *nt*
parrain [paRɛ̃] *m* ❶ REL Patenonkel *m,* Göd *m* (A) ❷ *fig* Pate *m*
parrainage [paRɛnaʒ] *m* (*soutien*) Schirmherrschaft *f;* (*financier*) Förderung *f*
parrainer [paRene] <1> *vt* ❶ (*apporter son soutien*) ~ **qc** für etw die Schirmherrschaft übernehmen ❷ (*introduire*) ~ **qn** für jdn bürgen
parsemer [paRsəme] <4> *vt* **parsemé de qc** mit etw übersät
part [paR] *f* ❶ Teil *m;* ~ **de gâteau** Stück *nt* Kuchen ❷ (*participation*) ~ **dans qc** Anteil *m* an etw (*dat*); **prendre** ~ **à qc** sich an etw (+ *dat*) beteiligen ▶**faire la** ~ **des choses** allen Faktoren Rechnung tragen; **autre** ~ *fam* anderswo; **d'une** ~**..., d'autre** ~ **...** einerseits ..., andererseits ...; **d'autre** ~ außerdem; **de** ~ **et d'autre de qn/qc** auf beiden Seiten einer Person/einer S. (*gen*) **citoyen à** ~ **entière** Vollbürger *m* **un Français à** ~ **entière** ein Franzose mit allen Rechten und Pflichten; **nulle** ~ nirgendwo; **faire** ~ **de qc à qn** jdm etw mitteilen; **prendre qn à** ~ jdn beiseite nehmen; **ranger à** ~ getrennt einsortieren; **mettre qc à** ~ etw beiseitelegen; **à** ~ **ça** *fam* abgesehen davon; **à** ~ **que** *fam* abgesehen davon, dass; **de ma/sa** ~**/de la** ~ **de qn** in meinem/seinem/ihrem Auftrag/in jds Auftrag (*dat*); **donner à qn le bonjour de la** ~ **de qn** jdn von jdm grüßen; **pour ma/sa** ~ was mich/ihn/sie betrifft
partage [paRtaʒ] *m* Aufteilung *f*
partager [paRtaʒe] <2a> **I.** *vt* ❶ teilen; ~ **qc en qc** (*gâteau*) etw in etw (*akk*) teilen; (*pièce, terrain*) etw in etw aufteilen; ~ **qc entre des personnes/qc et qc** etw unter Menschen/zwischen etw und etw (*dat*) aufteilen ❷ (*hésiter*) **être partagé entre qc et qc** zwischen etw und etw (*dat*) hin- und hergerissen sein **II.** *vpr* (*se répartir*) **se** ~ **qc** etw unter sich (*dat*) aufteilen
partagiciel [paRtaʒisjɛl] *m* CAN Shareware *f*
partance [paRtɑ̃s] **en** ~ (*avion*) abflugbereit; (*train, bateau*) abfahrbereit; **le train en** ~ **pour Paris** der Zug nach Paris
partant, e [paRtɑ̃, ɑ̃t] **I.** *adj fam* **être** ~ **pour qc** bei etw mitmachen; **je suis** ~**!** ich bin dabei! **II.** *m, f* SPORT Teilnehmer(in) *m(f);* **non** ~**(e)** Nichtstarter(in) *m(f)*
partenaire [paRtənɛR] *mf* Partner(in) *m(f)*
partenariat [paRtənaRja] *m* **en** ~ in Zusammenarbeit (*dat*)
parti [paRti] *m* ❶ POL Partei *f;* **voter pour un** ~ eine Partei wählen ❷ (*camp*) **prendre le** ~ **de qn** sich jds Meinung (*dat*) anschließen ▶~ **pris** Voreingenommenheit *f* **prendre** ~ **pour/contre qn** für/gegen jdn Partei ergreifen; **prendre le** ~ **de faire qc** sich entschließen etw zu tun; **tirer** ~ **de qc** Nutzen aus etw ziehen
parti, e [paRti] *part passé de* **partir**
partial, e [paRsjal, jo] <-aux> *adj* parteiisch; (*juge*) befangen
participant, e [paRtisipɑ̃, ɑ̃t] *m, f* Teilnehmer(in) *m(f)*
participatif, -ive [paRtisipatif, -iv] *adj* ECON (*prêt, titre*) Partizipations-
participation [paRtisipasjɔ̃] *f* Beteiligung *f*
participe [paRtisip] *m* Partizip *nt*
participer [paRtisipe] <1> *vi* ~ **à qc** an etw (+ *dat*) teilnehmen; ECON sich an etw (+ *dat*) beteiligen
particularité [paRtikylaRite] *f* Besonderheit *f;* **qn/qc a la** ~ **de** das Besondere an jdm/etw ist, dass
particulier [paRtikylje] *m* Privatperson *f* **vente aux** ~**s** Verkauf *m* [auch] an privat
particulier, -ière [paRtikylje, -jɛR] *adj* ❶ (*aspect, exemple*) bestimmt; (*trait*) typisch; **"signes** ~**s [néant]"** „[keine] besondere[n] Kennzeichen" ❷ (*spécial*) besondere(r, s); (*cas*) Sonder- ❸ (*privé*) Privat-; **cours** ~ Nachhilfestunden *Pl* ▶**en** ~ (*en privé*) unter vier Augen; (*notamment*) besonders
particulièrement [paRtikyljɛRmɑ̃] *adv* be

sonders

partie [paʀti] *f* ❶ (*part*) Teil *m;* **la majeure ~ du temps** die meiste Zeit; **en ~** teilweise; **en grande ~** zum größten Teil; **faire ~ de qc** zu etw gehören ❷ *pl, fam* (*~s sexuelles masculines*) Weichteile *Pl* ❸ JEUX, SPORT Spiel *nt;* **~ de tennis** Partie *f* Tennis ▸**faire ~ des meubles** [schon] zum Inventar gehören; **être de la ~** (*participer*) mit von der Partie sein; (*s'y connaître*) vom Fach sein

partir [paʀtiʀ] <10> *vi + être* ❶ (*s'en aller*) [weg]gehen; (*automobiliste, voiture, train*) abfahren; (*avion*) abfliegen; (*lettre*) hinausgehen; **~ en courant** losrennen; **~ en ville/pour** [*o* **à**] **Paris** in die Stadt/nach Paris fahren; **~ à la campagne/dans le Midi** aufs Land/in den Süden fahren; **~ en vacances** in die Ferien reisen; **~ en voyage** verreisen; **~ à la recherche de qn/qc** sich auf die Suche nach jdm/etw machen ❷ (*après un séjour*) abreisen ❸ (*s'en aller pour s'y installer*) **~ pour** [*o* **à**] **Paris** nach Paris ziehen ❹ (*démarrer: coureur, fusée*) starten; (*moteur*) anspringen; (*coup de feu*) losgehen; **c'est parti!** *fam* es geht los! ❺ (*disparaître*) weggehen; (*odeur, tache*) herausgehen ❻ (*commencer*) **~ d'un principe** von einem Prinzip ausgehen; **partir de Berlin** von Berlin abfahren ▸**à ~ de** (*dans l'espace*) von ... an; (*dans le temps*) ab; (*sur la base de*) aus

partisan, e [paʀtizɑ̃, an] **I.** *adj* (*favorable à*) **être ~ de qc** etw befürworten **II.** *m, f* Befürworter(in) *m(f);* (*d'une personne*) Anhänger(in) *m(f)*

partitif, -ive [paʀtitif, -iv] *adj* (*article*) Teilungs-

partition [paʀtisjɔ̃] *f* ❶ MUS Partitur *f* ❷ INFORM Partition *f*

partout [paʀtu] *adv* ❶ überall; **un peu ~** da und dort ❷ SPORT [**être à**] **trois ~** drei zu drei [stehen]

paru, e [paʀy] *part passé de* **paraître**

parure [paʀyʀ] *f* (*bijoux*) Schmuck *m*

parution [paʀysjɔ̃] *f* Erscheinen *nt*

parvenir [paʀvəniʀ] <9> *vi + être* ❶ (*atteindre*) gelangen; **~ à une maison/au sommet** zu einem Haus/auf den Gipfel gelangen ❷ (*arriver*) **~ à qn** (*colis, lettre*) jdn erreichen; **faire ~ une lettre à qn** jdm ein Schreiben zukommen lassen ❸ (*réussir à obtenir*) **~ à la gloire** zu Ruhm gelangen; **~ à convaincre qn** jdn überzeugen können

pas[1] [pɑ] *m* ❶ (*enjambée*) Schritt *m;* **au ~ de course** im Laufschritt ❷ *pl* (*trace*) Fußstapfen *Pl;* **revenir sur ses ~** umkehren ❸ (*allure: d'un cheval*) Schritt *m;* (*d'une personne*) Gang *m;* **marcher au ~** im Gleichschritt marschieren ❹ GEO **le ~ de Calais** die Straße von Dover ❺ (*entrée*) **~ de la porte** Türschwelle *f;* **sur le ~ de la porte** in der Tür ▸**faire les cent ~** auf und ab gehen; **à deux ~** ganz in der Nähe; **faux ~** *a. fig* Fehltritt *m* **se sortir d'un mauvais ~** den Kopf aus der Schlinge ziehen; **~ à ~** Schritt für Schritt

pas[2] [pɑ] *adv* ❶ (*négation*) **ne ~ croire** nicht glauben; [**ne**] **~ de ...** kein(e) ...; **il ne fait ~ son âge** er sieht jünger aus als er ist; **j'ai ~ le temps** *fam* ich habe keine Zeit; [**ne**] **~ assez/beaucoup ...** nicht genug/viel ... ❷ *sans verbe* **~ bête!** gar nicht [so] dumm!; **~ encore** noch nicht; **~ du tout** überhaupt nicht; **~ que je sache** nicht, dass ich wüsste; **~ toi?** du nicht? ❸ *avec un adj* nicht; **~ ordinaire** ungewöhnliche

pascal [paskal] <s> *m* INFORM PASCAL *nt*

pas-de-porte [pɑdpɔʀt] *m inv* COM *Abstandszahlung an den Vormieter eines Geschäftslokals*

passable [pɑsabl] *adj* SCOL ausreichend

passage [pɑsaʒ] *m* ❶ (*venue*) Vorbeikommen *nt;* **~ interdit** Durchfahrt verboten; **personne de ~** Durchreisende(r) *f(m)* ❷ (*court séjour*) [kurzer] Aufenthalt ❸ (*avancement*) **~ d'un élève en sixième** Versetzung *f* eines Schülers in die 6. Klasse; **~ au grade de capitaine** Beförderung *f* zum Hauptmann ❹ (*transformation*) Übergang *m* ❺ (*voie: pour piétons*) Weg *m;* (*pour véhicules*) Durchfahrt *f;* **~ clouté** Zebrastreifen *m;* **~ à niveau** Bahnübergang *m* ❻ (*petite rue couverte*) Passage *f* ❼ (*fragment*) Passage *f;* **~ de la Bible** Bibelstelle *f* ▸**céder le ~ à qn/qc** jdm/einer S. die Vorfahrt lassen; **au ~** (*en chemin*) im Vorbeigehen; (*soit dit en passant*) nebenbei

passager, -ère [pɑsaʒe, -ɛʀ] **I.** *adj* vorübergehend; (*bonheur*) vergänglich; (*pluies*) gelegentlich **II.** *m, f* (*d'un navire*) Passagier *m;* (*d'un avion*) Fluggast *m;* (*d'un train*) Fahrgast *m;* (*d'une voiture*) Insasse/Insassin *m/f;* **~(-ère) avant** Beifahrer(in) *m(f)*

P

passant [pasɑ̃] *m* (*d'une ceinture*) Schlaufe *f*

passant, e [pasɑ̃, ɑ̃t] *m, f* Passant(in) *m(f)*

passe [pɑs] *f* Pass *m* ►**être dans une mauvaise ~** eine schwere Zeit durchleben

passé, e [pɑse] *adj* ① (*siècle*) letzte(r, s) ② (*révolu*) vergangen; (*angoisse*) früher ③ (*plus de*) **il est midi ~** es ist schon Mittag vorbei ④ (*couleur*) verblasst

passé [pɑse] **I.** *m* Vergangenheit *f;* **~ simple** Passé simple *nt;* **~ composé** Perfekt *nt;* **tout ça c'est du ~** *fam* all das ist Schnee von gestern **II.** *prép* **~ minuit** nach Mitternacht

passementerie [pɑsmɑ̃tʀi] *f* Posamenterie *f*

passe-plat [pɑspla] <passe-plats> *m* Durchreiche *f*

passeport [pɑspɔʀ] *m* [Reise]pass *m*

passer [pɑse] <1> **I.** *vi + avoir o être* ① (*se déplacer*) vorbeigehen; (*véhicule, automobiliste*) vorbeifahren; **laisser ~** vorbeilassen; **~ chez qn** bei jdm vorbeikommen ② AUT fahren; **le bus va bientôt ~** der Bus wird gleich kommen ③ (*avoir un certain trajet*) **~ au bord de qc** (*train/route*) an etw (*dat*) vorbeifahren/-führen; **~ dans une ville** (*automobiliste, voiture*) durch eine Stadt fahren; (*rivière*) durch eine Stadt fließen; **~ devant qn/qc** an jdm/etw vorbeigehen; **~ entre deux maisons** (*personne/route*) zwischen zwei Häusern durchgehen/verlaufen; **~ par Francfort** (*automobiliste*) über Frankfurt fahren; (*avion/route*) über Frankfurt fliegen/führen; **~ par la porte** durch die Tür gehen; **~ sous/sur qc** unter etw (*dat*)/über etw (*akk*) gehen/fahren ④ (*réussir à franchir: personne, animal, véhicule*) durchkommen; (*objet, meuble*) durchpassen ⑤ (*filtrer, s'infiltrer par: café*) durchlaufen; (*eau, lumière*) durchdringen ⑥ (*se trouver*) **où est passée ta sœur/la clé?** wo ist deine Schwester geblieben/der Schlüssel hingekommen? ⑦ (*changer*) **~ d'une pièce à l'autre** von einem Zimmer in den anderen [hinüber]gehen; **~ en seconde** AUT in den zweiten Gang schalten; **passer au rouge** auf Rot schalten ⑧ (*moments difficiles*) durchmachen ⑨ (*utiliser comme intermédiaire*) **~ par qn** sich an jdn wenden ⑩ (*avoir son tour, être présenté*) drankommen; **faire ~ qn avant/après les autres** jdn vor/nach den anderen drannehmen (*fam*); **~ à la radio/télé** im Radio/Fernsehen kommen; **le film passe au Rex** der Film läuft im Rex ⑪ (*être accepté*) **~ en sixième** in die 6. Klasse versetzt werden; **bien/mal ~** (*plaisanterie*) gut/schlecht ankommen ⑫ (*ne pas tenir compte de, oublier*) **~ sur les détails** über die Einzelheiten hinwegsehen; **passons!** sei(')s drum! ⑬ JEUX passen ⑭ (*s'écouler: temps*) vergehen; **on ne voyait pas le temps ~** die Zeit verging im Nu ⑮ (*disparaître*) vergehen; (*colère*) verfliegen; (*mode, chagrin*) vorübergehen; (*pluie, orage*) nachlassen; (*couleur*) verblassen; **ça te passera** das wird dir schon vergehen ⑯ (*devenir*) **~ capitaine/directeur** zum Hauptmann befördert/zum Direktor ernannt werden ⑰ **~ pour qc** (*être pris pour*) für etw gehalten werden; (*avoir la réputation de*) als etw gelten; **faire ~ qn pour qc** jdn als etw ausgeben ►**~ outre à qc** sich über etw (*akk*) hinwegsetzen; **ça passe ou ça casse!** *fam* alles oder nichts! **II.** *vt + avoir* ① (*donner*) geben ② (*prêter*) leihen ③ SPORT **~ la balle à qn** an jdn abspielen ④ (*au téléphone*) **~ qn à qn** jdn mit jdm verbinden ⑤ (*examen*) machen; **~ son bac** das Abitur machen ⑥ (*vivre, occuper*) **~ ses vacances à Rome** seine Ferien in Rom verbringen ⑦ (*film, diapositives*) zeigen; (*disque*) spielen; (*cassette*) abspielen ⑧ (*rivière, montagne*) überqueren; (*seuil*) überschreiten; (*obstacle*) überwinden; (*en sautant*) überspringen; (*tunnel, écluse*) durchfahren; (*mur du son*) durchbrechen; (*frontière*) passieren ⑨ (*faire mouvoir*) **~ le chiffon sur l'étagère** auf dem Regal etwas Staub wischen ⑩ (*étaler*) **~ sur qc** (*couche de peinture*) auf etw (*akk*) auftragen ⑪ (*rincer*) **~ sous le robinet** kurz abspülen ⑫ GASTR (*sauce, soupe*) [durch]passieren; (*thé*) durch ein Sieb gießen ⑬ (*calmer*) **~ sa colère sur qn/qc** seine Wut an jdm/etw auslassen ⑭ (*oublier*) auslassen ⑮ (*permettre*) **~ tous ses caprices à qn** jdm alle Launen durchgehen lassen ⑯ (*vêtement*) überziehen ⑰ AUT (*vitesse*) einlegen ⑱ (*marché, contrat*) abschließen; (*accord*) treffen **III.** *vpr* ① (*avoir lieu*) **se ~** geschehen; **qu'est-il passé?** was ist passiert?; **que se passe-t-il?** was ist denn los? ② (*se dérouler*) **se ~** (*journée*) vergehen; (*action, histoire*) sich abspielen; (*fête, manifestation*) stattfinden; (*accident*) sich ereignen; **si tout se passe bien** wenn alles gut geht ❸ (*se débrouiller sans*) **se ~ de qn/qc** ohne jdn/etw auskommen; **se ~ de faire qc** darauf verzichten etw zu tun ❹ (*se mettre*) **se ~ de la crème sur le visage** sich (*dat*) das Gesicht eincremen; **se ~ la main sur le front** sich (*dat*) mit der Hand über die Stirn streichen ▶ **ça ne se passera pas comme ça!** *fam* so geht das ja nun nicht!

passerelle [pasʀɛl] *f* ❶ (*pont*) Steg *m* ❷ AVIAT, NAUT Gangway *f;* (*pont supérieur*) Brücke *f*

passe-temps [pastɑ̃] *m inv* Zeitvertreib *m*

passif [pasif] *m* LING Passiv *nt*

passif, -ive [pasif, -iv] *adj* ❶ (*apathique*) passiv ❷ (*qui n'agit pas*) untätig ❸ LING (*forme*) Passiv-

passion [pasjɔ̃] *f* Leidenschaft *f;* **~ du sport** Sportbegeisterung *f*

passionnant, e [pasjɔnɑ̃, ɑ̃t] *adj* faszinierend

passionné, e [pasjɔne] **I.** *adj* leidenschaftlich; **être ~ de qc** ein großer Liebhaber einer S. (*gen*) sein **II.** *m, f* **~ de cinéma** großer Kinofan

passionnément [pasjɔnemɑ̃] *adv* leidenschaftlich

passionner [pasjɔne] <1> **I.** *vt* **~ qn** (*personne*) jdn faszinieren; (*lecture, spectacle*) jdn fesseln **II.** *vpr* **se ~ pour qc** sich für etw begeistern

passivement [pasivmɑ̃] *adv* passiv; (*assister*) tatenlos

passivité [pasivite] *f* Passivität *f*

passoire [paswaʀ] *f* Sieb *nt*

pastel [pastɛl] **I.** *m* ❶ (*crayon*) Pastellstift *m* ❷ ART Pastell[bild] *nt* **II.** *app inv* (*couleur*) Pastell-

pastèque [pastɛk] *f* Wassermelone *f*

pasteur [pastœʀ] *m* [evangelischer] Pfarrer

pastille [pastij] *f* ❶ (*bonbon*) Bonbon *m o nt* ❷ AUT **~ verte** ≈ G-KAT-Plakette *f* ❸ INFORM Auswahlknopf *m*

> Neue schadstoffarme Kraftfahrzeuge werden mit einem amtlichen grünen Aufkleber, der **pastille verte**, kenntlich gemacht. An Tagen mit Smogalarm, wenn der Verkehr durch diverse Maßnahmen eingeschränkt wird, berechtigt dieses Zeichen zum Fahren.

pastis [pastis] *m* Pastis *m*

patate [patat] *f* ❶ *fam* Kartoffel *f;* **~ douce** Süßkartoffel *f;* **~s frites** CAN Pommes frites *Pl* ❷ *fam* (*imbécile*) Pflaume *f*

pataud, e [pato, od] **I.** *adj* (*air, démarche*) plump; (*personne*) ungeschickt **II.** *m, f* Tollpatsch *m*

pataugeoire [patoʒwaʀ] *f* Planschbecken *nt*

patauger [patoʒe] <2a> *vi* ❶ (*marcher*) waten ❷ (*ne pas suivre: élève*) nicht [mehr] mitkommen (*fam*) ❸ (*s'empêtrer*) sich [vergeblich] abstrampeln (*fam*)

patchwork [patʃwœʀk] *m* ❶ COUT Patchwork *nt* ❷ *fig* [buntes] Durcheinander

pâte [pɑt] *f* ❶ GASTR Teig *m;* **fromage à ~ molle/dure** Weich-/Hartkäse *m;* **les ~s** die Nudeln *Pl* ❷ (*substance molle*) Paste *f;* **~ à modeler** Knetmasse *f*

pâté [pɑte] *m* ❶ GASTR Pastete *f* ❷ (*tache d'encre*) Tintenklecks *m* ❸ (*ensemble*) **~ de maisons** Häuserblock *m*

pâtée [pɑte] *f* (*du chien, chat*) Futter *nt*

paternaliste [patɛʀnalist] *adj* paternalistisch

paternel, le [patɛʀnɛl] *adj* väterlich; **grands-parents ~s** Großeltern väterlicherseits

paternité [patɛʀnite] *f* Vaterschaft *f*

pâteux, -euse [pɑtø, -øz] *adj* zähflüssig; (*sauce*) dickflüssig

patiemment [pasjamɑ̃] *adv* geduldig

patience [pasjɑ̃s] *f* Geduld *f*

patient, e [pasjɑ̃, jɑ̃t] **I.** *adj* geduldig; **être ~** Geduld haben **II.** *m, f* MED Patient(in) *m(f)*

patienter [pasjɑ̃te] <1> *vi* warten

patin [patɛ̃] *m* **faire du ~ à glace/à roulettes** Schlittschuh *m*/Rollschuh *m* laufen; **~s en ligne** Inlineskates *Pl* ▶ **rouler un ~ à qn** *fam* jdm einen Zungenkuss geben

patinage [patinaʒ] *m* **~ artistique** Eiskunstlauf *m*

patineur, -euse [patinœʀ, -øz] *m, f* Schlittschuhläufer(in) *m(f);* **~ à roulettes** Rollschuhläufer; **~(-euse) en ligne** Inlineskater(in) *m(f)*

patinoire [patinwaʀ] *f* ❶ (*piste de patinage*) Eisbahn *f* ❷ (*endroit glissant*) Rutschbahn *f* (*fam*)

patio [patjo, pasjo] *m* Patio *m*

pâtisserie [pɑtisʀi] *f* ❶ (*magasin*) Konditorei *f* ❷ (*métier*) Konditorhandwerk *nt* ❸ (*gâ-

P

teaux) Gebäck *nt kein Pl* ❹ (*préparation de gâteaux*) Backen *nt*

pâtissier, -ière [pɑtisje, -jɛʀ] *m, f* Konditor(in) *m(f)*

patois [patwa] *m* [lokale] Mundart

patrie [patʀi] *f* Heimat *f;* **mourir pour la ~** für das Vaterland sterben

patrimoine [patʀimwan] *m* ❶ (*biens de famille*) Vermögen *nt* ❷ (*bien commun*) Erbe *nt* ❸ BIO **~ génétique** Erbgut *nt*

patriote [patʀijɔt] **I.** *adj* patriotisch; **être ~** ein Patriot sein **II.** *mf* Patriot(in) *m(f)*

patriotique [patʀijɔtik] *adj* patriotisch

patriotisme [patʀijɔtism] *m* Patriotismus *m*

patron, -onne [patʀɔ̃, ɔn] *m, f* ❶ Chef(in) *m(f); fam* Boss *m;* (*d'un restaurant, café, hôtel*) Wirt(in) *m(f)* ❷ (*le patronat*) **les ~s** die Arbeitgeber ❸ REL Schutzpatron(in) *m(f)*

patronage [patʀɔnaʒ] *m* Schirmherrschaft *f*

patronat [patʀɔna] *m* Arbeitgeberschaft *f*

patrouille [patʀuj] *f* Patrouille *f;* **~ [de police]** [Polizei]streife *f*

patrouiller [patʀuje] <1> *vi* patrouillieren; (*policier*) Streife fahren

patte [pat] *f* ❶ (*d'un animal*) Bein *nt* ❷ (*extrémité: d'un chien, chat*) Pfote *f;* (*d'un lion*) Pranke *f;* (*d'un ours*) Tatze *f* ❸ *fam* Bein *nt;* (*main*) Pfote *f* ❹ CH (*chiffon*) Lappen *m* ►**pantalon à ~s d'éléphant** Hose *f* mit Schlag; **bas les ~s!** *fam* Pfoten weg!; **à quatre ~s** *fam* auf allen vieren

pattemouille [patmuj] *f* Bügeltuch *nt*

pâturage [pɑtyʀaʒ] *m* Weide *f*

paume [pom] *f* ❶ **~ [de la main]** Handteller *m* ❷ SPORT **jeu de ~** Paumespiel *nt*

paumé, e [pome] **I.** *adj fam* (*lieu, village*) gottverlassen; **être ~** (*personne*) nicht mehr wissen, wo man ist; *fig* völlig neben der Kappe sein **II.** *m, f fam* **c'est un ~** er ist total von der Rolle

paumer [pome] <1> **I.** *vt fam* verbummeln **II.** *vpr fam* **se ~** (*à pied*) sich verlaufen; (*en voiture*) sich verfahren

paupière [popjɛʀ] *f* [Augen]lid *nt*

paupiette [popjɛt] *f* **~ de veau** Kalbsroulade *f*

pause [poz] *f* Pause *f;* MUS ganze Pause

pause-café [pozkafe] <pauses-café> *f fam* Kaffeepause *f*

pauvre [povʀ] **I.** *adj* ❶ arm; (*mobilier, vêtement*) ärmlich; (*végétation*) spärlich; **~ en graisse** (*nourriture*) fettarm ❷ *antéposé* (*argument, sourire*) schwach; (*excuse*) fadenscheinig; (*salaire*) kümmerlich **II.** *mf* Arme(r) *f(m)*

pauvreté [povʀəte] *f* Armut *f;* (*du sol*) Kargheit *f;* (*du style*) Farblosigkeit *f;* (*d'une habitation, du mobilier*) Armseligkeit *f*

pavé [pave] *m* ❶ (*bloc, dalle*) Pflasterstein *m* ❷ (*revêtement*) [Straßen]pflaster *nt* ❸ *péj fam* (*livre*) [dicker] Wälzer ❹ (*morceau de viande*) **~ de bœuf** *großes Rinder[filet]steak* ❺ INFORM **~ numérique** Ziffernblock *m*

pavillon [pavijɔ̃] *m* ❶ (*maison particulière*) [kleineres] Einfamilienhaus; (*dans un jardin*) Pavillon *m* ❷ NAUT Flagge *f*

pavoiser [pavwaze] <1> *vi fam* sich mit stolzgeschwellter Brust zeigen

payable [pɛjabl] *adj* zahlbar; **~ en espèces** [in] bar zu zahlen

payant, e [pɛjɑ̃, ɑ̃t] *adj* ❶ (*parking, stationnement*) gebührenpflichtig; **l'entrée est ~e** es muss Eintritt bezahlt werden; **c'est ~** das kostet Eintritt ❷ (*entreprise*) rentabel; (*coup*) Gewinn bringend

paye [pɛj] *f v.* **paie**

payer [peje] <7> **I.** *vt* ❶ bezahlen; (*intérêt, loyer*) zahlen ❷ (*service, maison*) bezahlen für; **faire ~ qc à qn trente euros** jdm dreißig Euro für etw berechnen ❸ (*récompenser*) belohnen; **qn est bien/mal payé de qc** etw wird jdm gut/schlecht gelohnt ❹ (*offrir*) **~ un livre à qn** jdm ein Buch kaufen; **~ un coup à qn** *fam* jdm einen ausgeben ❺ (*expier*) **~ qc de qc** etw mit etw bezahlen müssen; **tu me le paieras!** das sollst du mir büßen! **II.** *vi* ❶ zahlen ❷ (*être rentable*) sich lohnen; (*politique, tactique*) sich bezahlt machen ❸ (*expier*) **~ pour qn/qc** für jdn/etw büßen müssen **III.** *vpr* **se ~** ❶ *fam* (*s'offrir*) **se ~ qc** sich (*dat*) etw leisten ❷ *fam* (*se prendre*) **se ~ un arbre** gegen einen Baum knallen ►**se ~ la tête de qn** *fam* jdn veräppeln

pays [pei] *m* ❶ Land *nt;* **~ natal** Heimatland; **~ membres de l'UE** EU-Länder; **~ de Galles** Wales; **~ en voie de développement** Entwicklungsland ❷ *sans pl* (*région natale*) Heimat *f;* **les gens du ~** die Einheimischen *Pl;* **être du ~** aus der Gegend sein; **saucisson de ~** Bauernwurst ❸ *sans pl* (*patrie*) Vaterland *nt* ❹ *sans pl* (*terre d'élection*) **le ~ du vin** das Land des Weins ❺ GEO **plat ~** Flachland *nt;* **voir du**

~ etwas von der Welt sehen ⑥ (*village*) Ort *m*

paysage [peizaʒ] *m* ① Landschaft *f* ② *fig* ~ **audiovisuel** Fernsehlandschaft

paysagiste [peizaʒist] **I.** *mf* ① HORT Landschaftsgärtner(in) *m(f)* ② ART Landschaftsmaler(in) *m(f)* **II.** *app* **architecte** ~ Gartenarchitekt(in) *m(f)*

paysan, ne [peizɑ̃, an] **I.** *adj* (*vie*) ländlich; (*problème, revendications*) der Bauern; **le monde** ~ die Bauernschaft **II.** *m, f* ① Bauer/Bäuerin [*o* Bauersfrau] *m/f* ② *péj* **quel ~!** was für ein ungehobelter Kerl!

Pays-Bas [peibɑ] *mpl* **les** ~ die Niederlande

PC [pese] *m* ① *abr de* **personal computer** PC *m;* ~ **de poche** Taschencomputer *m* ② *abr de* **Parti communiste** KP *f*

PDG [pedeʒe] *m fam abr de* **président-directeur général**

péage [peaʒ] *m* ① (*lieu*) Gebührenzahlstelle *f;* (*sur autoroutes*) Mautstelle *f* ② (*taxe*) Benutzungsgebühr *f;* (*sur autoroutes*) Autobahngebühr *f;* **à** ~ gebührenpflichtig

In Frankreich ist die Benutzung der Autobahn gebührenpflichtig. Die Autobahnen sind in Teilstrecken untergliedert und mit **péages**, Zahlstellen, versehen. Die Gebühr hängt davon ab, wie viele Teilstrecken man befährt und wie häufig man sie benutzt.

peau [po] <x> *f* ① Haut *f* ② *pl* **~x mortes** Hornhaut ③ (*cuir*) Leder *nt* ④ (*d'une pomme, orange*) Schale *f* ▸**coûter la ~ des fesses** *fam* ein Heidengeld kosten; **n'avoir que la ~ sur les os** nur noch Haut und Knochen sein; **avoir la ~ dure** *fam* ein dickes Fell haben; **vieille** ~ *péj fam* alte Schachtel; **j'aurai ta ~!** *fam* dir dreh ich den Hals um!; **défendre sa** ~ um sein Leben kämpfen; **faire la ~ à qn** *fam* jdn kaltmachen; **risquer sa ~ [pour qn/qc]** *fam* Kopf und Kragen [für jdn/etw] riskieren; **y laisser sa** ~ *fam* dran glauben müssen; **tenir à sa** ~ *fam* a[n seine]m Leben hängen

péché [peʃe] *m* Sünde *f*

pêche[1] [pɛʃ] *f* Pfirsich *m* ▸**avoir la ~** *fam* topfit sein

pêche[2] [pɛʃ] *f sans pl* ① (*profession*) Fischerei *f;* ~ **au thon** Thunfischfang *m* ② (*loisir*) Fischen *nt;* (*à la ligne*) Angeln *nt;* **aller à la** ~ angeln gehen ③ (*période*) Fangzeit *f;* **la ~ est ouverte** die Angelsaison ist eröffnet; (*en mer*) die Fangzeit hat begonnen ④ (*prises*) Fang *m*

pêcher[1] [peʃe] <1> **I.** *vi* fischen; (*avec une canne*) angeln **II.** *vt* ① (*être pêcheur de*) fischen ② (*poissons, crustacés*) fangen ③ *fam* (*idée, histoire*) ausgraben; (*costume, vieux meuble*) aufstöbern

pêcher[2] [peʃe] *m* Pfirsichbaum *m*

pécheur, -eresse [peʃœʀ, -ʀɛs] *m, f* Sünder(in) *m(f)*

pêcheur, -euse [pɛʃœʀ, -øz] *m, f* (*professionnel*) Fischer(in) *m(f);* (*amateur*) Angler(in) *m(f)*

pectine [pɛktin] *f* Pektin *nt*

pédagogie [pedagɔʒi] *f* ① (*science*) Pädagogik *f* ② (*méthode d'enseignement*) Lehrmethode *f* ③ *sans pl* (*qualité*) pädagogisches Geschick

pédagogique [pedagɔʒik] *adj* pädagogisch; (*méthode*) Erziehungs-

pédagogue [pedagɔg] **I.** *mf* Pädagoge/Pädagogin *m/f* **II.** *adj* pädagogisch

pédale [pedal] *f* ① *a.* MUS Pedal *nt;* (*d'une poubelle*) Fußhebel *m* ② *péj fam* (*homosexuel*) Schwuchtel *f* ▸**perdre les ~s** *fam* ins Schleudern kommen

pédalier [pedalje] *m* ① (*d'une bicyclette*) Kettenantrieb *m* (*Kettenblatt und Tretlager*) ② MUS Pedalklaviatur *f*

pédalo® [pedalo] *m* Tretboot *nt*

pédant, e [pedɑ̃, ɑ̃t] **I.** *adj péj* besserwisserisch **II.** *m, f péj* Besserwisser(in) *m(f)*

pédé [pede] *m péj fam abr de* **pédéraste** Homo *m*

pédéraste [pedeʀast] *m* Homosexuelle(r) *m*

pédestre [pedɛstʀ] *adj* **randonnée** ~ Wanderung *f*

peeling [piliŋ] *m* Peeling *nt*

peigne [pɛɲ] *m* Kamm *m;* **se donner un coup de** ~ sich mal schnell durchkämmen (*fam*) ▸**passer qc au ~ fin** etw genau unter die Lupe nehmen (*fam*)

peigner [peɲe] <1> **I.** *vt* kämmen **II.** *vpr* **se** ~ sich kämmen

peignoir [pɛɲwaʀ] *m* Bademantel *m*

peinard, e [pɛnaʀ, aʀd] *adj fam* ruhig; (*boulot, vie*) bequem

peindre [pɛ̃dʀ] <irr> **I.** *vi* ~ **au pinceau** mit

dem Pinsel malen **II.** *vt* ❶ [an]streichen; (*carrosserie*) spritzen ❷ ART malen

peine [pɛn] **I.** *f* ❶ (*chagrin, douleur*) Kummer *m;* **avoir de la ~** traurig sein; **faire de la ~ à qn** jdn verletzen ❷ JUR Strafe *f;* **~ de mort** Todesstrafe ❸ (*effort, difficulté*) Mühe *f;* **avoir de la ~ à faire qc** [große] Mühe haben etw zu tun; **croire sans ~ qc** etw ohne weiteres glauben; **ne vous donnez pas cette ~** machen Sie sich (*dat*) keine Umstände; **avec ~** mühsam; **sans ~** mühelos ►**c'est bien la ~ de faire qc** *iron* das lohnt sich vielleicht etw zu tun (*fam*); **sous ~ de ...** um zu vermeiden, dass ... **II.** *adv* **à ~** kaum; (*tout au plus*) noch nicht einmal; (*finir, partir*) gerade erst

peiner [pene] <1> **I.** *vi* **~ à/pour faire qc** Mühe haben etw zu tun; **~ sur un problème** sich mit einem Problem [herum]plagen **II.** *vt* ❶ (*nouvelle, refus*) traurig machen ❷ (*décevoir*) enttäuschen

peint, e [pɛ̃, pɛ̃t] *part passé de* **peindre**

peintre [pɛ̃tʀ] *m* Maler(in) *m(f);* **~ en bâtiment** Anstreicher(in) *m(f)*

peinture [pɛ̃tyʀ] *f* ❶ (*couleur*) Farbe *f* ❷ (*couche*) Anstrich *m;* **~ fraîche!** frisch gestrichen! ❸ ART (*technique, genre*) Malerei *f;* (*toile*) Gemälde *nt*

péjoratif, -ive [peʒɔʀatif, -iv] *adj* pejorativ

péjorativement [peʒɔʀativmɑ̃] *adv* pejorativ

pelage [pəlaʒ] *m* Fell *nt*

pelé, e [pəle] *adj* kahl

pêle-mêle [pɛlmɛl] *adv* [kunterbunt] durcheinander

peler [pəle] <4> **I.** *vi* ❶ (*peau, nez*) sich schälen ❷ *fam* (*avoir froid*) sich (*dat*) einen abfrieren **II.** *vt* (*éplucher*) schälen

pèlerin [pɛlʀɛ̃] *m* REL Pilger(in) *m(f)*

pèlerinage [pɛlʀinaʒ] *m* REL Wallfahrt *f;* **lieu de ~** Wallfahrtsort *m*

pélican [pelikɑ̃] *m* Pelikan *m*

pelle [pɛl] *f* Schaufel *f;* **~ à tarte** Tortenheber *m* ►**à la ~** *fam* haufenweise; **rouler une ~ à qn** *fam* mit jdm knutschen

pelletée [pɛlte] *f* **une ~ de sable** eine Schaufel [voll] Sand

pelleteuse [pɛltøz] *f* [Löffel]bagger *m*

pellicule [pelikyl] *f* ❶ PHOT, CINE Film *m* ❷ (*mince couche*) **une ~ de poussière** eine Staubschicht ❸ *pl* (*peau morte*) Schuppen *Pl*

pelote [p(ə)lɔt] *f* ❶ COUT Knäuel *nt* ❷ SPORT **~ [basque]** Pelota[spiel *nt*] *f*

pelouse [p(ə)luz] *f* Rasen *m*

peluche [p(ə)lyʃ] *f* ❶ (*jouet*) Plüschtier *nt;* **ours en ~** Teddybär *m* ❷ (*poil*) Fussel *f o m*

pelucher [p(ə)lyʃe] <1> *vi* fusseln

pénal, e [penal, o] <-aux> *adj* Straf-; (*responsabilité*) strafrechtlich

pénaliser [penalize] <1> *vt* ❶ *a.* SPORT bestrafen ❷ (*désavantager: origine, religion*) benachteiligen

pénalité [penalite] *f* ❶ (*peine*) Strafgebühr *f* ❷ SPORT **coup de pied de ~** Strafstoß *m*

penaud, e [pəno, od] *adj* (*honteux*) beschämt; (*déçu*) enttäuscht

penchant [pɑ̃ʃɑ̃] *m* **avoir un ~ à qc** zu etw neigen

pencher [pɑ̃ʃe] <1> **I.** *vi* ❶ (*perdre l'équilibre: moto, pile de livres*) sich [zur Seite] neigen; (*arbre*) sich biegen; (*bateau*) Schlagseite haben ❷ (*ne pas être droit*) **être penché** (*mur, tour*) schief sein; (*tableau*) schief hängen ❸ (*se courber vers*) **être penché sur qn/qc** sich über jdn/etw beugen ❹ (*se prononcer pour*) **~ pour qc** einer S. (*dat*) zuneigen **II.** *vt* (*bouteille, carafe*) schräg halten; (*table, chaise*) kippen; (*tête*, (*en avant, sur qc*) beugen; (*sur le côté*) [zur Seite] neigen; (*en arrière*) zurücklegen **III.** *vpr* ❶ (*baisser*) **se ~** sich bücken; **se ~ par la fenêtre** sich zum Fenster hinauslehnen ❷ (*examiner*) **se ~ sur un problème** sich mit einem Problem befassen

pendant [pɑ̃dɑ̃] **I.** *prép* während (+ *gen*); **~ ce temps** währenddessen; **~ longtemps** lange Zeit hindurch; **~ la journée** tagsüber; **~ trois jours** drei Tage [lang]; **~ le mois de janvier** im Laufe des Januar[s] **II.** *conj* **~ que ...** (*tandis que*) während ...; (*aussi longtemps que*) solange ... ►**~ que tu y es** *iron* wenn du schon mal dabei bist; **~ que j'y pense ...** da fällt mir gerade ein ...

pendentif [pɑ̃dɑ̃tif] *m* [Schmuck]anhänger *m*

penderie [pɑ̃dʀi] *f* (*placard*) Wandschrank *m;* (*armoire*) Kleiderschrank *m*

pendouiller [pɑ̃duje] <1> *vi fam* [herum]baumeln

pendre [pɑ̃dʀ] <14> **I.** *vi* + *être* **~ à qc** an etw (*dat*) hängen; **~ de qc** von etw herunterhängen **II.** *vt* ❶ (*accrocher*) aufhängen ❷ (*mettre à mort*) hängen; **~ qn à qc** jd an etw (*dat*) aufhängen **III.** *vpr* ① (*s'accrocher*) **se ~ à qc** sich an etw (*akk*) hängen ② (*se suicider*) **se ~** sich erhängen

pendu, e [pɑ̃dy] **I.** *part passé de* **pendre II.** *adj fam* (*agrippé*) **être ~ aux lèvres de qn/au téléphone** an jds Lippen (*dat*)/an der Strippe hängen **III.** *m, f* ① Gehängte(r) *f(m)* ② JEUX **jouer au ~** Galgenraten *nt* spielen

pendule [pɑ̃dyl] **I.** *f* Uhr *f;* (*pour la cuisine*) Küchenuhr; (*murale*) Wanduhr ▸**remettre les ~s à l'heure** die/eine Sache richtigstellen **II.** *m* (*d'un sourcier, radiesthésiste*) [siderisches] Pendel

pénétrant, e [penetʀɑ̃, ɑ̃t] *adj* ① durchdringend ② (*odeur*) penetrant(*pej*)

pénétrer [penetʀe] <5> **I.** *vi* (*personne*) hineingehen; (*vent, odeur, cambrioleur*) eindringen; (*soleil*) hereinscheinen; (*liquide, crème*) einziehen **II.** *vt* durchdringen

pénible [penibl] *adj* ① (*travail, voyage*) anstrengend; (*tâche*) schwierig ② (*circonstance, événement*) traurig; (*heure*) schwer ③ *fam* (*personne*) unerträglich; **elle est ~** sie kann einen nerven

péniblement [peniblәmɑ̃] *adv* ① (*difficilement*) mühsam ② (*tout juste*) [nur] knapp

pénis [penis] *m* Penis *m*

pense-bête [pɑ̃sbɛt] <pense-bêtes> *m* Gedächtnisstütze *f;* (*petite feuille*) [Notiz]zettel *m;* (*signe*) Merkzeichen *nt*

pensée [pɑ̃se] *f* ① (*idée*) Gedanke *m* ② *sans pl* (*opinion*) Meinung *f* ③ *sans pl* PHILOS Denken *nt;* (*façon de pensée*) Denkweise *f* ④ (*esprit*) Geist *m*

penser [pɑ̃se] <1> **I.** *vi* ① **~ à qn/qc** an jdn/etw denken; **faire ~ à qn/qc** an jdn/etw erinnern ② (*réfléchir*) **~ à qc** über etw (*akk*) nachdenken ▸**je pense bien!** *fam* und ob!; **laisser à ~ que** darauf schließen lassen, dass; **mais j'y pense ...** da fällt mir ein ...; **tu n'y penses pas!** *fam* das ist doch wohl nicht dein Ernst!; **tu penses!** *fam* und ob! **II.** *vt* ① (*avoir comme opinion*) denken; **~ qc de qn/qc** etw von jdm/etw halten; **c'est bien ce que je pensais** das habe ich mir [doch] gedacht ② (*croire*) glauben; **je pense que oui/que non** ich denke ja/ich glaube nicht; **vous pensez bien que ...** *fam* Sie können sich (*dat*) wohl denken, dass ... ③ (*avoir l'intention de*) **~ faire qc** vorhaben etw zu tun

penseur, -euse [pɑ̃sœʀ, -øz] *m, f* Denker(in) *m(f)*

pensif, -ive [pɑ̃sif, -iv] *adj* nachdenklich

pension [pɑ̃sjɔ̃] *f* ① (*allocation*) Rente *f;* **~ alimentaire** (*en cas de divorce*) Unterhaltszahlung *f;* (*à un enfant naturel*) Alimente *Pl* ② (*internat*) Internat *nt* ③ (*hôtel, hébergement*) Pension *f;* **~ complète** Vollpension *f*

pensionnaire [pɑ̃sjɔnɛʀ] *mf* ① SCOL Internatsschüler(in) *m(f)* ② (*dans un hôtel, une famille*) Pensionsgast *m*

pensivement [pɑ̃sivmɑ̃] *adv* nachdenklich

pente [pɑ̃t] *f* (*d'une route, d'un terrain*) Gefälle *nt;* (*d'un toit*) Schräge *f;* (*d'une montagne*) [Ab]hang *m;* **monter la ~** (*à pied/en voiture*) den Hang hinaufklettern/hinauffahren; **être en ~** (*descendre/monter*) abfallen/ansteigen ▸**qn/qc est sur une mauvaise ~** mit jdm/etw geht es bergab

Pentecôte [pɑ̃tkot] *f* Pfingsten *nt*

pénurie [penyʀi] *f* Knappheit *f;* **~ de logements** Wohnungsnot *f*

people [pipœl] *inv* **I.** *adj* Boulevard-, Regenbogen-; **presse/magazine ~** Boulevardpresse/Boulevardblatt **II.** *m* VIP *m o f,* berühmte Persönlichkeit *f*

pépé [pepe] *m fam* Opa *m*

pépin [pepɛ̃] *m* ① (*d'un fruit*) Kern *m* ② *fam* (*ennui*) Schererei *f meist Pl*

pépiniériste [pepinjeʀist] *mf* Baumschulgärtner(in) *m(f)*

perçant, e [pɛʀsɑ̃, ɑ̃t] *adj* (*regard*) stechend; (*cri*) gellend; (*voix*) schrill

perce-oreille [pɛʀsɔʀɛj] <perce-oreilles> *m* ZOOL Ohrwurm *m*

perceptible [pɛʀsɛptibl] *adj* wahrnehmbar

perception [pɛʀsɛpsjɔ̃] *f* Wahrnehmung *f;* **~ des couleurs** Farbensinn *m*

percer [pɛʀse] <2> **I.** *vi* ① (*dent*) durchkommen ② (*devenir célèbre*) den Durchbruch schaffen **II.** *vt* ① (*trou*) bohren; **être percé** (*vêtement, sac*) ein Loch/Löcher haben ② (*tonneau*) anzapfen; (*mur, rocher, tôle*) durchbohren; (*abcès, ampoule*) aufstechen; (*oreille, tympan*) durchstechen

perceuse [pɛʀsøz] *f* Bohrmaschine *f*

percevoir [pɛʀsәvwaʀ] <12> *vt* (*entendre, apercevoir*) wahrnehmen

perche[1] [pɛʀʃ] *f* ZOOL Barsch *m*

perche[2] [pɛʀʃ] *f* ① Stange *f;* (*pour saut à la ~*) Stab *m* ② SPORT **[le saut à] la ~** der Stabhochsprung

percher [pɛʀʃe] <1> **I.** *vi* **être perché sur**

P

qc (*animal*) auf etw (*dat*) sitzen; (*personne*) auf etw (*dat*) hocken **II.** *vt fam* (*mettre*) ~ **qc sur qc** etw ganz weit oben auf etw (*akk*) stellen/legen **III.** *vpr* **se** ~ **sur qc** sich auf etw (*akk*) setzen

percheron [pɛʀʃəʀɔ̃] *m* Kaltblut[pferd *nt*] *nt* (*aus dem Perche*)

percuter [pɛʀkyte] <1> *vt* ~ **qc** auf etw (*akk*) prallen; ~ **qn** jdn anfahren

perdant, **e** [pɛʀdɑ̃, ɑ̃t] **I.** *adj* **numéro** ~ Niete *f;* **cheval** ~ Verlierer *m;* **être** ~ schlecht wegkommen **II.** *m, f* Verlierer(in) *m(f)*

perdre [pɛʀdʀ] <14> **I.** *vi* verlieren **II.** *vt* ❶ verlieren; (*page, enfant*) nicht mehr finden; ~ **son chemin** sich verlaufen ❷ (*réputation, estime*) einbüßen; ([*mauvaise*] *habitude*) ablegen; **n'avoir rien à** ~ **dans qc** bei etw nichts zu verlieren haben ❸ (*se voir privé d'une partie de soi*) ~ **la vue/l'ouïe** blind/taub werden ❹ (*gaspiller*) **faire** ~ **du temps à qn** jdn Zeit kosten ►**tu ne perds rien pour attendre!** so leicht kommst du mir nicht davon! **III.** *vpr* ❶ (*s'égarer*) **se** ~ (*à pied/en voiture*) sich verirren/verfahren; **se** ~ **en route** (*colis, lettre*) unterwegs verloren gehen ❷ (*s'attarder à*) **se** ~ **dans des explications** sich in Erklärungen (*dat*) ergehen ❸ (*disparaître*) **se** ~ (*tradition*) in Vergessenheit geraten; (*métier*) aussterben

perdrix [pɛʀdʀi] *f* Feldhuhn *nt*

perdu, **e** [pɛʀdy] **I.** *part passé de* **perdre** **II.** *adj* ❶ verloren ❷ (*objet*) verloren gegangen; (*chien*) streunend ❸ (*gaspillé*) **de** ~ (*temps*) vergeudet; (*place*) ungenutzt ❹ (*de loisir*) **à mes heures ~es** in meiner freien Zeit ❺ (*pays, endroit*) entlegen

père [pɛʀ] *m* ❶ Vater *m;* **Durand** ~ Durand senior; **de** ~ **en fils** von Generation zu Generation ❷ *fam* (*monsieur*) **le** ~ **Dupont** Vater Dupont ❸ REL Pater *m;* **Notre Père** Vaterunser *nt* ►~ **Noël** Weihnachtsmann *m*

perfection [pɛʀfɛksjɔ̃] *f sans pl* Perfektion *f;* **à la** ~ vollendet

perfectionné, **e** [pɛʀfɛksjɔne] *adj* **très** ~ hochentwickelt

perfectionnement [pɛʀfɛksjɔnmɑ̃] *m* Verbesserung *f;* **stage de** ~ Fortbildungslehrgang *m*

perfectionner [pɛʀfɛksjɔne] <1> **I.** *vt* verbessern; (*style, langue*) vervollkommnen **II.** *vpr* **se** ~ sich verbessern; **se** ~ **dans/en qc** (*personne*) sich in etw (*dat*) weiterbilden

perfectionniste [pɛʀfɛksjɔnist] **I.** *mf* Perfektionist(in) *m(f)* **II.** *adj* perfektionistisch

perforatrice [pɛʀfɔʀatʀis] *f* INFORM Lochkartenstanzer *m*

perforer [pɛʀfɔʀe] <1> *vt* lochen; (*percer de plusieurs trous*) durchlöchern

perforeuse [pɛʀfɔʀøz] *f* Locher *m*

performance [pɛʀfɔʀmɑ̃s] *f a.* SPORT Leistung *f;* **~s** (*d'une machine, voiture*) Leistung[sfähigkeit *f*] *f*

performant, **e** [pɛʀfɔʀmɑ̃, ɑ̃t] *adj* leistungsfähig; (*compétitif*) wettbewerbsfähig

péridurale [peʀidyʀal] *f* Periduralanästhesie *f*

périgourdin, **e** [peʀiguʀdɛ̃, in] *adj* aus dem Périgord

périmé, **e** [peʀime] *adj* (*carte, passeport*) abgelaufen; (*billet*) verfallen

périmer [peʀime] <1> *vpr* **se** ~ (*carte, passeport, visa*) ablaufen; (*billet*) verfallen

périnée [peʀine] *m* ANAT Damm *m*

période [peʀjɔd] *f* ❶ (*époque*) Zeit *f* ❷ (*espace de temps*) Zeit[raum *m*] *f;* ~ **électorale** Wahlkampf *m;* ~ **de double circulation/de transition** (*concernant l'euro*) Doppelwährungs-/Übergangsphase *f*

périodique [peʀjɔdik] **I.** *adj* **être** ~ regelmäßig wiederkehren; PRESSE periodisch erscheinend **II.** *m* PRESSE Zeitschrift *f*

périodiquement [peʀjɔdikmɑ̃] *adv* in regelmäßigen Abständen

péripatéticienne [peʀipatetisjɛn] *f hum* Prostituierte *f*

péripétie [peʀipesi] *f* unvorhergesehene Ereignis

périphérie [peʀifeʀi] *f* (*banlieue*) Stadtrand *m*

périphérique [peʀifeʀik] **I.** *adj* (*quartier*) am Stadtrand **II.** *m* ❶ (*intérieur, extérieur*) Ring *m;* **le** ~ **de Paris** die Ringautobahn um Paris ❷ INFORM Peripheriegerät *nt;* ~ **so**[…] Soundkarte *f*

périssable [peʀisabl] *adj* leicht verderblich

péritoine [peʀitwan] *m* Bauchfell *nt*

perle [pɛʀl] *f* Perle *f*

permanence [pɛʀmanɑ̃s] *f* ❶ ADMIN, ME[…] Bereitschaftsdienst *m;* **assurer la** ~/**êtr**[**e**] **de** ~ Bereitschaftsdienst haben ❷ (*d'un pa*[*r*]*ti, syndicat*) Geschäftsstelle *f;* (*d'un commi*[*s*]*sariat*) Dienststelle *f* ►**en** ~ ständig; (*siége*[…]) ununterbrochen; (*surveiller*) rund um di[…]

Uhr

permanent, e [pɛʀmanɑ̃, ɑ̃t] *adj* ständig; (*caractère, phénomène*) beständig; (*tension, troubles*) anhaltend; (*emploi*) fest; (*exposition*) Dauer-

permanente [pɛʀmanɑ̃t] *f* Dauerwelle *f*

permettre [pɛʀmɛtʀ] <irr> **I.** *vt impers* (*être autorisé*) **il est permis à qn de faire qc** es ist jdm gestattet etw zu tun **II.** *vt* **~ à qn de faire qc** (*autoriser*) jdm erlauben etw zu tun; (*donner droit à*) jdn dazu berechtigen etw zu tun; **~ que** + *subj* erlauben, dass; **si le temps le permet** wenn es das Wetter zulässt ▸**vous permettez?** gestatten Sie?; **vous permettez que ...?** + *subj* hätten Sie etwas dagegen, wenn ...?; **permettez!/tu permets!** [na] erlauben Sie mal!/[na] erlaube mal! (*fam*) **III.** *vpr* ❶ (*s'accorder*) **se ~ une fantaisie** sich (*dat*) etwas Besonderes gönnen ❷ (*oser*) **se ~** sich (*dat*) erlauben

permis [pɛʀmi] *m* ❶ (*~ de conduire*) Führerschein *m* ❷ (*licence*) **~ de pêche** Angelschein *m*; **~ de construire** Baugenehmigung *f* ❸ (*autorisation*) **~ de séjour** Aufenthaltserlaubnis *f*; **~ d'établissement** CH Niederlassungsbewilligung *f* (CH)

permis, e [pɛʀmi, z] *part passé de* **permettre**

permission [pɛʀmisjɔ̃] *f* ❶ *sans pl* **~ de faire qc** Erlaubnis *f* etw zu tun ❷ MIL Urlaub *m*

Pérou [peʀu] *m* **le ~** Peru *nt*

perpendiculaire [pɛʀpɑ̃dikylɛʀ] *adj* **être ~ à qc** rechtwinklig zu etw stehen; MATH senkrecht zu etw stehen; **la rue ~ à cette rue** die Querstraße zu dieser Straße

perpendiculairement [pɛʀpɑ̃dikylɛʀmɑ̃] *adv* **~ à qc** im rechten Winkel [*o* senkrecht] zu etw

perpétuel, le [pɛʀpetɥɛl] *adj* dauernd; (*murmure, lamentations*) fortwährend

perpétuellement [pɛʀpetɥɛlmɑ̃] *adv* ❶ (*constamment*) ständig, dauernd ❷ (*éternellement*) unaufhörlich

perpétuer [pɛʀpetɥe] <1> **I.** *vt* (*tradition*) aufrechterhalten; (*nom*) weitergeben; (*souvenir*) wachhalten **II.** *vpr* **se ~** (*abus, injustices*) sich fortsetzen; (*tradition*) lebendig bleiben; (*espèce*) sich erhalten

perpétuité [pɛʀpetɥite] *f* **à ~** lebenslang; (*condamnation*) lebenslänglich

perplexe [pɛʀplɛks] *adj* ratlos

perroquet [pɛʀɔkɛ] *m* Papagei *m*

perruche [pɛʀyʃ] *f* ZOOL Sittich *m*

perruque [pɛʀyk] *f* Perücke *f*

persan [pɛʀsɑ̃] *m* Persisch *nt*; *v.a.* **allemand**

persan, e [pɛʀsɑ̃, an] *adj* persisch; (*tapis, chat*) Perser-; *v.a.* **allemand**

Persan, e [pɛʀsɑ̃, an] *m, f* Perser(in) *m(f)*

perse [pɛʀs] **I.** *adj* HIST persisch; *v.a.* **allemand II.** *m* HIST Persisch *nt*; *v.a.* **allemand**

Perse [pɛʀs] **I.** *m, f* HIST Perser(in) *m(f)* **II.** *f* **la ~** Persien *nt*

persécuter [pɛʀsekyte] <1> *vt* verfolgen

persécution [pɛʀsekysjɔ̃] *f* Verfolgung *f*

persévérance [pɛʀseveʀɑ̃s] *f* Beharrlichkeit *f*

persévérant, e [pɛʀseveʀɑ̃, ɑ̃t] *adj* beharrlich

persévérer [pɛʀseveʀe] <5> *vi* nicht aufgeben; **~ dans ses efforts** in seinen Bemühungen nicht nachlassen

persienne [pɛʀsjɛn] *f* Fensterladen *m*

persifleur, -euse [pɛʀsiflœʀ, -øz] *m, f* Spötter(in) *m(f)*

persil [pɛʀsi] *m* Petersilie *f*

persillé, e [pɛʀsije] *adj* mit Petersilie; (*fromage*) mit Blauschimmel; (*viande*) durchwachsen

persister [pɛʀsiste] <1> *vi* **~ dans qc** auf etw (*dat*) bestehen; **~ à faire qc** etw weiterhin tun ▸**qn persiste et signe** jd bleibt dabei

perso [pɛʀsɔ] *adj inv fam* persönlich

personnage [pɛʀsɔnaʒ] *m* ❶ ART, LITTER Figur *f*, Person *f*; CINE *a.* Rolle *f* ❷ (*personnalité*) Persönlichkeit *f* ❸ (*individu*) **un grossier ~** ein ungehobelter Kerl

personnalisation [pɛʀsɔnalizasjɔ̃] *f* Personalisierung *f*

personnalisé, e [pɛʀsɔnalize] *adj* personalisiert; (*accessoire, vêtement*) individuell entworfen; (*service*) individuell

personnaliser [pɛʀsɔnalize] <1> *vt* (*adapter*) individuell gestalten

personnalité [pɛʀsɔnalite] *f* Persönlichkeit *f*; **avoir de la ~** eine ausgeprägte Persönlichkeit sein

personne[1] [pɛʀsɔn] *f* ❶ *a.* LING Person *f*; **dix ~s** 10 Leute; **les ~s âgées** die Senioren; **la ~ qui/les ~s qui** derjenige, der/diejenigen, die ❷ (*être humain*) Mensch *m*

P

►~ à charge Unterhaltsberechtigte(r) *f(m)* **grande** ~ Erwachsene(r) *f(m)* **en** ~ [höchst]-persönlich

personne[2] [pɛʀsɔn] *pron indéf* ❶ (*opp: quelqu'un*) niemand; **il n'y a** ~ es ist niemand da ❷ (*quelqu'un*) jemand

personnel, le [pɛʀsɔnɛl] **I.** *adj* ❶ (*individuel*) persönlich; (*objets*) des persönlichen Gebrauchs; (*biens, fortune*) Privat-; (*style, idées*) eigenwillig; **à titre** ~ persönlich ❷ LING persönlich; (*forme*) bestimmt; (*pronom*) Personal-; **mode** ~ *Bezeichnung für Indikativ, Konditional, Konjunktiv und Imperativ* **II.** *m* Personal *nt;* (*d'une entreprise*) Belegschaft *f;* ~ **enseignant** Lehrkörper *m*

personnellement [pɛʀsɔnɛlmɑ̃] *adv* persönlich

perspective [pɛʀspɛktiv] *f* ❶ MATH, ART Perspektive *f* ❷ (*éventualité, horizon*) ~ **de qc** Aussicht *f* auf etw (*akk*) ❸ (*panorama*) Ausblick *m* ►**en** ~ (*en vue*) in Aussicht; MATH, ART perspektivisch

perspicace [pɛʀspikas] *adj* (*sagace*) scharfsinnig

perspicacité [pɛʀspikasite] *f* Scharfsinnigkeit *f*

persuader [pɛʀsɥade] <1> **I.** *vt* ~ **qn de qc** jdn von etw überzeugen; ~ **qn de faire qc** (*intellectuellement/sentimentalement*) jdn [davon] überzeugen/jdn überreden etw zu tun; ~ **qn que ...** jdn davon überzeugen, dass ... **II.** *vpr* **se** ~ **de qc** von etw überzeugt sein; **se** ~ **que ...** sich (*dat*) einreden, dass ...

persuasif, -ive [pɛʀsɥazif, -iv] *adj* überzeugend

perte [pɛʀt] *f* ❶ Verlust *m;* (*de facultés physiques*) Nachlassen *nt;* ~ **de temps/d'argent** Zeit-/Geldverschwendung *f* ❷ *pl* (*morts*) Verluste *Pl* ►**à** ~ **de vue** (*très loin*) so weit das Auge reicht; (*interminablement*) endlos; **à** ~ mit Verlust

pertinence [pɛʀtinɑ̃s] *f* Zutreffen *nt;* (*d'un argument, raisonnement*) Stichhaltigkeit *f*

pertinent, e [pɛʀtinɑ̃, ɑ̃t] *adj* treffend

perturbant, e [pɛʀtyʀbɑ̃, ɑ̃t] *adj* (*situation*) belastend

perturbation [pɛʀtyʀbasjɔ̃] *f* Störung *f*

perturbé, e [pɛʀtyʀbe] *adj* (*personne*) verstört; (*service*) durcheinandergebracht; **un trafic** ~ eine Verkehrsbehinderung

perturber [pɛʀtyʀbe] <1> *vt* durcheinanderbringen

pervers, e [pɛʀvɛʀ, ɛʀs] **I.** *adj* pervers **II.** *m, f* perverser Mensch

pesant, e [pəzɑ̃, ɑ̃t] *adj* schwer; (*atmosphère, silence*) bedrückend

pèse-bébé [pɛzbebe] <pèse-bébé[s]> *m* Säuglingswaage *f*

peser [pəze] <4> **I.** *vt* ❶ (*mesurer le poids*) wiegen; (*marchandises, ingrédients*) abwiegen ❷ (*estimer*) abwägen **II.** *vi* ❶ schwer sein; **ne rien** ~ nicht viel wiegen; ~ **lourd/100 Kilo** viel/100 Kilo wiegen ❷ (*exercer une pression*) ~ **sur qc** auf etw (*akk*) drücken ❸ (*accabler*) ~ **sur qn** auf jdm lasten **III.** *vpr* **se** ~ sich wiegen

peseta [pezeta] *f* HIST (*monnaie*) Peseta *f*

pessimiste [pesimist] **I.** *adj* pessimistisch **II.** *m, f* Pessimist(in) *m(f)*

peste [pɛst] *f* ❶ MED Pest *f* ❷ *fig* Plage *f*

pester [pɛste] <1> *vi* schimpfen; ~ **contre qn/qc** auf jdn/etw schimpfen

pétanque [petɑ̃k] *f* Boulespiel *nt*

pétant, e [petɑ̃, ɑ̃t] *adj fam* **huit heures ~es** Punkt acht [Uhr]

pétard [petaʀ] *m* ❶ (*explosif*) Knallkörper *m* ❷ *fam* (*cigarette de haschich*) Joint *m* ❸ *fam* (*postérieur*) Hinterteil *nt*

pet-de-nonne [pɛdnɔn] <pets-de-nonne> *m: kleiner, in Schmalz gebackener Krapfen*

péter [pete] <5> **I.** *vi fam* ❶ (*faire un pet*) furzen ❷ (*éclater*) platzen; (*verre, assiette*) [zer]springen **II.** *vt fam* **j'ai pété la couture de mon pantalon** mir ist die Hosennaht geplatzt

pète-sec [pɛtsɛk] *adj inv, fam* schroff; (*air*) autoritär

pétillant, e [petijɑ̃, jɑ̃t] *adj* ❶ (*vin*) perlend; **eau ~e** Sprudel *m* ❷ (*brillant*) glitzernd

pétiller [petije] <1> *vi* (*faire des bulles*) sprudeln; (*champagne*) perlen; **boisson qui pétille** Getränk *nt* mit Kohlensäure

petiot, e [pətjo, jɔt] **I.** *adj fam* [ganz] klein **II.** *m, f fam* Kleine(r) *f(m)*

petit, e [p(ə)ti, it] **I.** *adj* ❶ klein; **au ~ jour** bei Tagesanbruch ❷ (*minute*) kurz; (*heure, kilo, mètre*) knapp ❸ (*jeune*) ~ **chat** Kätzchen *nt* ❹ (*terme affectueux*) ~ **copain** [*ou* **ami**] Freund *m* ❺ (*miniature*) **~es voitures** Spielzeugautos *Pl* ❻ (*vin, année, cru*) einfach; (*santé*) schwach ►**se faire tout ~** sich ganz klein machen **II.** *m, f* ❶ (*enfant*) Kle ne(r) *f(m)* ② ZOOL Junge(s) *nt* ▶ **mon** ~ (*gentiment*) mein Kleiner; (*méchamment*) mein Guter **III.** *adv* **voir** ~ [zu] knapp rechnen ▶ ~ **à** ~ allmählich; **en** ~ im Kleinen

petit-bourgeois, petite-bourgeoise [p(ə)tiburʒwa, p(ə)titburʒwaz] <petits-bourgeois> **I.** *adj péj* spießig **II.** *m, f péj* Spießer(in) *m(f)* **petit-déj** [p(ə)tideʒ] *m fam v.* **petit-déjeuner** **petit-déjeuner** [p(ə)tideʒœne] <petits-déjeuners> *m* Frühstück *nt* **petite-fille** [p(ə)titfij] <petites-filles> *f* Enkelin *f* **petite-nièce** [p(ə)titnjɛs] <petites-nièces> *f* Großnichte *f* **petit-fils** [p(ə)tifis] <petits-fils> *m* Enkel *m* **petit-four** [p(ə)tifuʀ] <petits-fours> *m: exquisites Kleingebäck*

pétition [petisjɔ̃] *f* Petition *f*

petit-neveu [p(ə)tin(ə)vø] <petits-neveux> *m* Großneffe *m* **petits-enfants** [p(ə)tizɑ̃fɑ̃] *mpl* Enkel[kinder] *Pl* **petit-suisse** [p(ə)tisɥis] <petits-suisses> *m: kleiner runder sahniger Frischkäse*

pétrifié, e [petʀifje] *adj* (*médusé*) wie versteinert

pétrin [petʀɛ̃] *m fam* **être dans le** ~ in der Patsche sitzen

pétrir [petʀiʀ] <8> *vt* kneten

pétrochimique [petʀoʃimik] *adj* petrochemisch

pétrole [petʀɔl] *m* [Erd]öl *nt*

pétrolier [petʀɔlje] *m* [Öl]tanker *m*

pétrolier, -ière [petʀɔlje, -jɛʀ] *adj* [Erd]öl-

peu [pø] **I.** *adv* (*opp: beaucoup, très*) wenig *avec un adj ou un adv* nicht sehr; ~ **avant/après** kurz davor/darauf; **sous** ~ in Kürze; **depuis** ~ seit kurzem; ~ **de temps** wenig Zeit; ~ **de jours** ein paar Tage; **en** ~ **de temps** in kurzer Zeit ▶~ **à** ~ nach und nach; **à** ~ **près** ungefähr; **de** ~ [nur] knapp **II.** *pron indéf* ① (*peu de personnes*) wenige ② (*peu de choses*) wenig; ~ **importe** das ist nicht so wichtig **III.** *m* **le** ~ **de personnes/choses** die paar Menschen/Dinge; **le** ~ **que** ... das bisschen, das ...; **un** ~ **de beurre/bonne volonté** ein wenig Butter/guten Willen; **un** ~ **de monde** ein paar Leute ▶ **un** ~ **partout** fast überall; **pour un** ~ beinahe; **pour si** ~ wegen so einer Kleinigkeit; **pour** ~ **que qn fasse qc** wenn jd auch nur etw tut; **attends un** ~ **que je t'attrape** *fam* warte nur, bis ich dich kriege; **un** ~ **que j'ai raison!** und ob ich Recht habe!

peuchère [pøʃɛʀ] *interj* MIDI du liebe Zeit

peuple [pœpl] *m* Volk *nt;* **le** ~ **palestinien** die Palästinenser ▶**se moquer du** ~ *fam* die Leute für dumm verkaufen wollen

peuplé, e [pœple] *adj* [dicht] bevölkert

peuplier [pøplije] *m* Pappel *f*

peur [pœʀ] *f* ~ **de qn/qc** Angst *f* vor jdm/etw; **avoir** ~ **de faire qc** Angst davor haben etw zu tun; **avoir** ~ **pour qn** Angst um jdn haben; **avoir** ~ **que** + *subj* Angst haben, dass; **faire** ~ **à qn** jdm Angst machen ▶**j'ai bien** ~ **que** ich befürchte sehr, dass; **à faire** ~ furchtbar; **prendre** ~ Angst bekommen; **de** ~ vor Angst; **de** [*o* **par**] ~ **des critiques** aus Angst vor Kritik; **de** ~ **de faire qc/que** + *subj* aus Angst davor[,] etw zu tun/dass

peureux, -euse [pœʀø, -øz] **I.** *adj* ängstlich **II.** *m, f* Angsthase *m* (*fam*)

peut [pø] *indic prés de* **pouvoir**

peut-être [pøtɛtʀ] *adv* ① (*éventuellement*) vielleicht; ~ **que ...** es kann sein, dass ...; ~ **bien** kann gut sein ② (*environ*) ungefähr ③ (*marque de doute*) mag ja sein

peuvent [pœv], **peux** [pø] *indic prés de* **pouvoir**

pfennig [pfenig] *m* Pfennig *m*

pH [peaʃ] *m abr de* **potentiel d'Hydrogène** *inv* pH-Wert *m*

phacochère [fakɔʃɛʀ] *m* ZOOL Warzenschwein *nt*

phallique [falik] *adj* Phallus-, phallisch

phare [faʀ] *m* ① (*projecteur*) Scheinwerfer *m;* **se mettre en ~s** das Fernlicht einschalten ② (*tour*) Leuchtturm *m*

pharmacie [faʀmasi] *f* ① (*boutique*) Apotheke *f;* ~ **de garde** Notdienstapotheke ② (*science*) Pharmazie *f*

pharmacien, ne [faʀmasjɛ̃, jɛn] *m, f* Apotheker(in) *m(f)*

phase [fɑz] *f* Phase *f;* (*d'une maladie*) Stadium *nt*

phénicien, ne [fenisjɛ̃, jɛn] *adj* phönizisch

phénicien [fenisjɛ̃] *m* Phönizisch *nt; v.a.* **allemand**

phénomène [fenɔmɛn] *m* ① Phänomen *nt* ② *fam* (*individu*) komischer Kauz

philatélie [filateli] *f* ① (*science*) Philatelie *f* ② (*hobby*) Briefmarkensammeln *nt*

philatéliste [filatelist] *mf* Briefmarkensammler(in) *m(f)*

P

Philippines [filipin] *fpl* **les** ~ die Philippinen
philo [filo] *f fam abr de* **philosophie**
philosophe [filɔzɔf] **I.** *mf* Philosoph(in) *m(f)* **II.** *adj* weise
philosopher [filɔzɔfe] <1> *vi* philosophieren
philosophie [filɔzɔfi] *f* ❶ Philosophie *f* ❷ (*sagesse*) Weisheit *f*
philosophique [filɔzɔfik] *adj* philosophisch
philtre [filtʀ] *m* Liebestrank *m*
phocéen, ne [fɔseɛ̃, ɛn] *adj* **cité ~ne** Marseille *nt;* **l'équipe ~ne** die Marseiller Mannschaft
phonétique [fɔnetik] **I.** *f* ❶ Phonetik *f* ❷ (*transcription*) Lautschrift *f* **II.** *adj* phonetisch; (*écriture*) Laut-
phonétiquement [fɔnetikmɑ̃] *adv* phonetisch
phonographe [fɔnɔgʀaf] *m* Phonograph *m*
phoque [fɔk] *m* Seehund *m*
phosphorer [fɔsfɔʀe] <1> *vi fam* arbeiten bis jdm der Kopf raucht; ~ **sur une question** über einer Frage brüten
photo [fɔto] *f abr de* **photographie** ❶ (*cliché*) Foto *nt;* **faire une ~ de famille** ein Familienfoto machen; ~ **d'identité** Passfoto; **prendre qn/qc en ~** ein Foto von jdm/etw machen ❷ (*art*) Fotografie *f;* **faire de la ~** fotografieren ▶**tu veux ma ~?** *fam* was glotzt du mich so an?
photocopie [fɔtɔkɔpi] *f* Fotokopie *f*
photocopier [fɔtɔkɔpje] <1> *vt* [foto]kopieren
photocopieur [fɔtɔkɔpjœʀ] *m,* **photocopieuse** [fɔtɔkɔpjøz] *f* [Foto]kopierer *m*
photographe [fɔtɔgʀaf] *mf* Fotograf(in) *m(f)*
photographie [fɔtɔgʀafi] *f* Fotografie *f,* Photographie *f*
photographier [fɔtɔgʀafje] <1> *vt* fotografieren
phrase [fʀɑz] *f* Satz *m;* ~ **affirmative/négative** bejahter/verneinter Satz ▶~ **toute faite** Redewendung *f*
physicien, ne [fizisjɛ̃, jɛn] *m, f* Physiker(in) *m(f)*
physiologiquement [fizjɔlɔʒikmɑ̃] *adv* physiologisch [gesehen]
physionomiste [fizjɔnɔmist] **I.** *adj* **être ~** ein gutes Personengedächtnis haben **II.** *mf* Mensch *m,* der ein gutes Personengedächtnis hat
physique [fizik] **I.** *adj* ❶ physisch; (*effort, fatigue*) körperlich; (*culture*) Körper-; **éducation ~** Turnen *nt* ❷ PHYS physikalisch; **sciences ~s** [die] Physik und [die] Chemie **II.** *m* (*aspect extérieur*) Äußere(s) *nt;* **avoir un beau ~** gut aussehen ▶**il a le ~ de l'emploi** man sieht ihm seinen Beruf an **III.** *f* Physik *f*
physiquement [fizikmɑ̃] *adv* körperlich; **être très bien ~** gut aussehen
piaillement [pjajmɑ̃] *m* (*d'un oiseau*) Gepiep[s]e *nt;* (*d'un enfant*) Geplärr[e] *nt*
piailler [pjaje] <1> *vi* kreischen
pianiste [pjanist] *mf* Pianist(in) *m(f)*
piano [pjano] **I.** *m* Klavier *nt;* **jouer du ~** Klavier spielen **II.** *adv* leise
pianoter [pjanɔte] <1> *vi* ~ **sur l'ordinateur** am Rechner herumtippen
piaule [pjol] *f fam* Bude *f*
PIB [peibe] *m abr de* **produit intérieur brut** B.I.P. *nt*
pic [pik] *m* Bergspitze *f* ▶**tomber à ~** wie gerufen kommen; **à ~** steil
pickpocket [pikpɔkɛt] *m* Taschendieb *m*
picoler [pikɔle] <1> *vi fam* bechern
picorer [pikɔʀe] <1> *vt, vi* ~ [**qc**] (*animal*) [etw] picken; (*personne*) [etw] knabbern
picoter [pikɔte] <1> *vt* (*yeux*) brennen in (+ *dat*); **les herbes picotent les mollets** die Gräser kitzeln an den Waden
picotin [pikɔtɛ̃] *m* **un ~ d'avoine** eine Haferration
pie [pi] *f* ❶ ZOOL Elster *f* ❷ *fam* (*femme*) Quasselstrippe *f*
pièce [pjɛs] *f* ❶ Stück *nt;* (*d'un puzzle, appareil*) Teil *nt;* ~ **de théâtre** Theaterstück ❷ (*document*) ~ **d'identité** [Personal]ausweis *m* ❸ (*salle*) Zimmer *nt;* **un deux-~s** eine Zweizimmerwohnung ❹ (*monnaie*) ~ [**de monnaie**] Geldstück *nt;* ~ **de deux euros** Zweieurostück; ~**s** [**en**] **euro** Euro-Münzen *Pl* ❺ COUT Flicken *m* ▶**à la ~** stückweise; ~ **de rechange** Ersatzteil *nt* ~ **détachée** Einzelteil *nt* **être inventé de toutes ~s** von Anfang bis Ende erfunden sein
piécette [pjesɛt] *f* kleines Geldstück
pied [pje] *m* ❶ Fuß *m;* **à ~** zu Fuß; **au ~!** bei Fuß! ❷ (*support*) Bein *nt* ❸ (*d'un lit*) Fußende *nt;* **au ~ de qc** unter etw; **au ~ d'une colline** am Fuß eines Hügels ❹ (*plant*) ~ **de salade** Salatpflanze ▶**avoir les ~s sur terre** mit beiden Beinen

[fest] auf der Erde stehen; **des ~s à la tête** von Kopf bis Fuß; **se lever du ~ gauche** mit dem linken Fuß zuerst aufstehen; **~s nus** barfuß; **avoir ~** Boden unter den Füßen haben; **casser les ~s à qn** *fam* jdm auf die Nerven gehen; **être sur ~** wieder auf den Beinen sein; **se jeter aux ~s de qn** sich jdm zu Füßen werfen

pied-de-biche [pjedbiʃ] <pieds-de-biche> *m* ❶ (*outil*) Nagelzieher *m* ❷ COUT Nähfuß *m* **pied-noir** [pjenwaʀ] <pieds-noirs> **I.** *mf fam* Algerienfranzose/-französin *m/f* **II.** *adj* der Algerienfranzosen

piégé, e [pjeʒe] *adj* (*colis*) Sprengstoff-; **voiture ~e** Autobombe *f*

piège [pjɛʒ] *m* Falle *f;* **prendre qn au ~** jdn in eine Falle locken; **tendre un ~ à qn** jdm eine Falle stellen; **tomber dans le ~** in die Falle gehen ▶**qc/c'est un ~ à cons** *fam* bei etw/dabei kann man ganz schön reinfallen

piéger [pjeʒe] <2a, 5> *vt* ❶ (*animal*) mit der Falle fangen ❷ (*personne*) in die Falle locken; **se faire ~ par qn** jdm in die Falle gehen

pierre [pjɛʀ] *f* Stein *m* ▶**faire d'une ~ deux coups** zwei Fliegen mit einer Klappe schlagen (*fam*)

Pierre [pjɛːʀ(ə)] *m* Peter *m*

piétiner [pjetine] <1> **I.** *vi* (*avancer péniblement*) kaum von der Stelle kommen; (*négociations, travail*) keine Fortschritte machen; **~ d'impatience/sur place** ungeduldig von einem Bein aufs andere/auf der Stelle treten **II.** *vt* (*fleurs*) zertrampeln; **~ qc de rage** auf etw (*dat*) herumtrampeln

piéton, ne[1] [pjetɔ̃, ɔn] *m, f* Fußgänger(in) *m(f)*

piéton, ne[2] [pjetɔ̃, ɔn] *adj*, **piétonnier, -ière** [pjetɔnje, -jɛʀ] *adj* **zone/rue piétonnière** Fußgängerzone *f*

pieusement [pjøzmɑ̃] *adv* ❶ (*avec respect*) ehrfürchtig ❷ REL fromm

pigeon [piʒɔ̃] *m* ❶ Taube *f;* **~ voyageur** Brieftaube ❷ *fam* (*dupe*) **être le ~ dans l'affaire** der/die Gelackmeierte sein

pigeonnant, e [piʒɔnɑ̃, ɑ̃t] *adj* (*poitrine*) üppig; **soutien-gorge ~** *tief ausgeschnittener Form-BH*

pigeonner [piʒɔne] <1> *vt fam* rupfen; **se faire ~ par qn** sich von jdm anschmieren lassen

piger [piʒe] <2a> *vt, vi fam* kapieren

pigiste [piʒist] *mf* freier Journalist *m*/freie Journalistin *f*

pilaf [pilaf] *app* **riz ~** Pilaw *m*

pile[1] [pil] *f* ❶ (*tas*) Stapel *m* ❷ ELEC Batterie *f;* **fonctionner à ~s** mit [einer] Batterie laufen

pile[2] [pil] *adv* (*avec précision: arriver, [s']arrêter*) ganz pünktlich; (*brusquement: [s']arrêter*) jäh; (*au bon moment: arriver*) gerade richtig; **ça tombe ~!** das trifft sich gut!; **à 10 heures ~** Punkt 10 Uhr ▶**~ poil** *fam* exakt

pile[3] [pil] *f* **le côté ~** die [Münz]vorderseite; **~ ou face?** Kopf oder Zahl?

piler [pile] <1> **I.** *vt* zerstoßen **II.** *vi fam* voll auf die Bremse latschen; (*voiture*) mit quietschenden Bremsen halten

pilier [pilje] *m* ARCHIT Pfeiler *m*

piller [pije] <1> *vt* (*mettre à sac*) [aus]plündern

pilleur, -euse [pijœʀ, -jøz] *m, f* Plünderer/Plünderin *m/f*

pilote [pilɔt] **I.** *mf* ❶ AVIAT Pilot(in) *m(f);* **~ de ligne** Pilot einer Verkehrsmaschine ❷ AUT [Renn]fahrer(in) *m(f)* ❸ NAUT Lotse/Lotsin *m/f* **II.** *m* ❶ (*dispositif*) **~ automatique** Autopilot *m* ❷ INFORM Treiber *m*

piloter [pilɔte] <1> *vt* ❶ (*avion*) steuern; (*navire*) lotsen; (*voiture*) lenken ❷ INFORM steuern

pilule [pilyl] *f* Pille *f;* **la ~** die [Antibaby]pille (*fam*)

piment [pimɑ̃] *m* GASTR Peperoni *f*

pimenter [pimɑ̃te] <1> *vt* GASTR scharf würzen

pinailler [pinɑje] <1> *vi fam* auf Kleinigkeiten herumreiten

pince [pɛ̃s] *f* ❶ TECH Zange *f* ❷ ZOOL Schere *f* ❸ COUT Abnäher *m;* **pantalon à ~s** Bundfaltenhose *f* ❹ (*épingle*) **~ à linge** Wäscheklammer *f* ❺ (*instrument d'épilation*) **~ à épiler** Pinzette *f*

pincé, e [pɛ̃se] *adj* (*hautain*) selbstgefällig; (*sourire*) gezwungen

pinceau [pɛ̃so] <x> *m* Pinsel *m* ▶**se mélanger les ~x** *fam* alles durcheinanderbringen

pincée [pɛ̃se] *f* Prise *f*

pincer [pɛ̃se] <2> **I.** *vt* ❶ (*faire mal*) **~ qn** (*personne*) jdn kneifen; (*crabe, écrevisse*) jdn zwicken; **~ la joue à qn** jdn in die Backe kneifen ❷ (*lèvres*) aufeinanderpressen

P

❸ *fam* (*arrêter*) schnappen **II.** *vpr* ❶ (*se serrer la peau*) **se ~** sich zwicken; **se ~ le doigt** (*se blesser*) sich (*dat*) den Finger quetschen ❷ (*boucher*) **se ~ le nez** sich die Nase zuhalten **III.** *vi* ▶**pince-moi, je rêve!** zwick' mich, ich glaub', ich träum'!

pincette [pɛ̃sɛt] *f* Pinzette *f* ▶**ne pas être à prendre avec des ~s** *fam* mit Vorsicht zu genießen sein

ping-pong [piŋpɔ̃g] *m inv* Tischtennis *nt*

pinotte [pinɔt] *f* CAN *fam* (*cacahuète*) Erdnuss *f*

pin's [pins] *m inv* Anstecker *m*, Pin *m*

pinson [pɛ̃sɔ̃] *m* Buchfink *m*

pin up [pinœp] *f inv* Pin-up-girl *nt*

pion [pjɔ̃] *m* JEUX Stein *m*

pion, ne [pjɔ̃, pjɔn] *m, f fam* SCOL Aufpasser(in) *m(f)*

pionnier, -ière [pjɔnje, -jɛʀ] *m, f* Pionier(in) *m(f)*

pipe [pip] *f* Pfeife *f*

pipelette [piplɛt] *f fam* Tratsche *f* (*pej*)

pipette [pipɛt] *f* Pipette *f*

pipi [pipi] *m enfantin fam* Pipi *nt*

piquant [pikɑ̃] *m* (*épine*) Stachel *m*; (*d'un rosier*) Dorn *m*

piquant, e [pikɑ̃, ɑ̃t] *adj* ❶ (*goût, sauce*) pikant ❷ (*bise, froid*) schneidend

pique [pik] *m* JEUX Pik *nt*

pique-nique [piknik] <pique-niques> *m* Picknick *nt* **pique-niquer** [piknike] <1> *vi* [ein] Picknick machen **pique-niqueur, -euse** [piknikœʀ, -øz] <pique-niqueurs> *m, f* jemand, der ein Picknick macht

piquer [pike] <1> **I.** *vt* ❶ (*faire une piqûre*) **~ qn** (*personne, guêpe*) jdn stechen; (*serpent, puce*) jdn beißen ❷ (*animal*) einschläfern ❸ (*olive, insecte de collection*) aufspießen ❹ (*enfoncer par le bout*) **~ une aiguille dans qc** eine Nadel in etw (*akk*) stechen ❺ (*picoter*) pik[s]en (*fam*); **~ la langue/les yeux** auf der Zunge/in den Augen brennen ❻ *fam* (*colère, crise*) kriegen; **~ un cent mètres** einen Spurt einlegen; **~ une tête** einen Kopfsprung machen ❼ *fam* (*voler*) klauen **II.** *vi* ❶ (*faire une piqûre: moustique, aiguille*) stechen; (*serpent, puce*) beißen ❷ (*descendre*) **~ sur qc** auf etw (*akk*) niederstürzen ❸ (*irriter un sens: ortie*) brennen; (*moutarde, radis*) scharf sein; (*barbe, pull*) kratzen **III.** *vpr* ❶ (*se blesser*) **se ~ avec une aiguille/à un rosier** sich mit einer Nadel/an einem Rosenstock stechen; **se ~ avec des orties** sich [an Brennnesseln (*dat*)] verbrennen ❷ (*se faire une injection*) **se ~** sich spritzen; (*drogué*) spritzen (*fam*); **se ~ à qc** sich (*dat*) etw spritzen; (*drogué*) etw spritzen (*fam*)

piquet [pikɛ] *m* (*pieu*) Pflock *m*; (*de tente*) Hering *m* ▶**~ de grève** Streikposten *m*

piqûre [pikyʀ] *f* ❶ (*blessure*) Stich *m* ❷ MED Spritze *f*; **faire une ~ à qn** jdm eine Spritze geben

piranha [piʀana] *m* Piranha *m*

pirate [piʀat] **I.** *adj* (*bateau, radio*) Piraten-; **enregistrement ~** Raubkopie *f* **II.** *m* ❶ NAUT Seeräuber *m* ❷ AVIAT **~ de l'air** Luftpirat(in) *m(f)*

pirater [piʀate] <1> *vt* **~ qc** eine Raubkopie von etw machen

pire [piʀ] **I.** *adj comp, superl de* **mauvais** ❶ *comp* (*plus mauvais*) schlimmer; **rien de ~ que ...** nichts Schlimmeres als ...; **~ que ça** noch schlimmer; **de ~ en ~** immer schlimmer ❷ *superl* (*le plus mauvais*) **le ~ élève** der schlechteste Schüler **II.** *m* **le ~** das Schlimmste; **le ~ de tout, c'est que ...** das Allerschlimmste [daran] ist, dass ...; **au ~** schlimmstenfalls

pirouette [piʀwɛt] *f* (*culbute*) Pirouette *f*

pis¹ [pi] *m* Euter *nt*

pis² [pi] *adv* **tant ~!** [na,] dann sollte es wohl nicht sein!; **tant ~ pour lui/elle** Pech für ihn/sie

piscine [pisin] *f* Schwimmbad *nt*; (*privée*) Swimmingpool *m*; **~ couverte/en plein air** Hallen-/Freibad

pissenlit [pisɑ̃li] *m* Löwenzahn *m*

pisser [pise] <1> *vi fam* pinkeln

pisseux, -euse [pisø, -øz] *adj fam* verpinkelt

pissotière [pisɔtjɛʀ] *f fam* Pinkelbude *f*

pistache [pistaʃ] **I.** *f* Pistazie *f* **II.** *adj inv* lindgrün

piste [pist] *f* ❶ *a.* MEDIA Spur *f*; (*d'un animal*) Fährte *f*; **brouiller les ~s** die Spuren verwischen; **être sur la ~ de qn/d'un animal** jdm/einem Tier auf der Spur sein ❷ (*indice*) Hinweis *m* ❸ (*voie*) **~ d'atterrissage/de décollage** Lande-/Startbahn; **~ cyclable/cavalière** Rad-/Reitweg ❹ SPORT [Renn]bahn *f*; (*pour la danse*) Tanzfläche *f*; (*au cirque*) Manege *f* ❺ (*chemin: à la montagne*) Pfad *m*; (*dans le désert, au ski*) Piste *f*

~ **de ski de fond** [Langlauf]loipe *f* ▸**entrer en** ~ in Aktion treten

pisteur, -euse [pistœʀ, -øz] *m, f* Pistenwart *m*

pistolet [pistɔlɛ] *m* ❶ (*arme*) Pistole *f* ❷ (*pulvérisateur*) Spritzpistole *f* ❸ BELG (*petit pain*) *längliches Milchbrötchen*

piston [pistɔ̃] *m fam* (*favoritisme*) Vitamin *nt* B

pistonner [pistɔne] <1> *vt fam* ~ **qn** für jdn seine Beziehungen spielen lassen; **se faire** ~ **par qn** von jds Beziehungen profitieren

pistou [pistu] *m* **soupe au** ~ *Gemüsesuppe mit Basilikum und Knoblauch*

piteux, -euse [pitø, -øz] *adj* erbärmlich; (*résultat*) kläglich

pithiviers [pitivje] *m: mit Marzipan gefüllter Blätterteigkuchen*

pitié [pitje] *f* (*compassion*) Mitleid *nt;* **par** ~ aus Mitleid; **sans** ~ erbarmungslos; **être sans** ~ kein Mitleid haben; **avoir** ~ **de qn** mit jdm Mitleid haben; **faire** ~ **à qn** jds Mitleid erwecken; *péj* jdm direkt leid tun

piton [pitɔ̃] *m* ❶ (*crochet*) Haken *m* ❷ GEO Bergspitze *f* ❸ CAN (*bouton*) [Dreh]knopf *m* ❹ CAN (*touche: d'un ordinateur, téléphone*) Taste *f*

pitonnage [pitɔnaʒ] *m* CAN *fam* (*zapping*) Zappen *nt*

pitoyable [pitwajabl] *adj* ❶ (*aspect, état*) Mitleid erregend; (*personne*) bemitleidenswert ❷ (*piteux*) erbärmlich

pitre [pitʀ] *m* Hanswurst *m* (*iron*)

pitrerie [pitʀəʀi] *f souvent pl* Albernheiten *Pl*

pittoresque [pitɔʀɛsk] *adj* (*paysage, quartier*) malerisch

pivoter [pivɔte] <1> *vi* ~ **sur qc** sich um etw drehen; **faire** ~ **qc** etw kreisen lassen

pixel [piksɛl] *m* Pixel *nt*

pizza [pidza] *f* Pizza *f*

pizzeria [pidzeʀja] *f* Pizzeria *f*

placard [plakaʀ] *m* Einbauschrank *m;* ~ **à balais** Besenkammer *f*

placarder [plakaʀde] <1> *vt* anschlagen

place [plas] *f* ❶ Platz *m;* **à la** ~ **de qc** an Stelle einer S. (*gen*); ~ **assise/debout** Sitz-/Stehplatz; ~ **de stationnement** [einzelner] Parkplatz; **sur** ~ vor Ort; **être à sa** ~ an seinem Platz sein; **se mettre à la** ~ **de qn** sich in jds Lage (*akk*) versetzen; **y a-t-il encore une** ~ [**de**] **libre?** ist noch ein Platz frei? ❷ (*endroit quelconque*) Stelle *f;* **être/rester cloué sur** ~ wie angewurzelt dastehen/stehen bleiben; **ne pas tenir en** ~ nicht stillsitzen können; **tenir/prendre de la** ~ [viel] Platz einnehmen ❸ (*billet*) Karte *f* ❹ (*emploi*) Stelle *f* ▸**faire** ~ **à qn/qc** jdm/einer S. weichen; **remettre qn à sa** ~ jdn in seine Schranken weisen

placé, e [plase] *adj* ❶ (*situé*) **être bien/mal** ~ (*objet*) einen günstigen/ungünstigen Standort haben; (*terrain*) eine gute/schlechte Lage haben; (*spectateurs*) einen guten/schlechten Platz haben; **c'est de la fierté mal** ~**e!** Stolz ist hier [wirklich] fehl am Platz!; **tu es mal** ~ **pour me faire des reproches!** du hast kein Recht mir Vorwürfe zu machen! ❷ SPORT platziert ❸ (*dans une situation*) **être haut** ~ in hoher Stellung sein

placer [plase] <2> **I.** *vt* ❶ (*mettre*) ~ **qc sur qc** (*verticalement/à plat*) etw auf etw (*akk*) stellen/legen ❷ (*sentinelle*) aufstellen; ~ **les spectateurs/les invités** den Zuschauern die Plätze anweisen/den Gästen ihren Platz zuweisen; ~ **un enfant dans une famille d'accueil** ein Kind bei einer Pflegefamilie unterbringen ❸ (*anecdote, remarque*) anbringen; **ne pas pouvoir** ~ **un mot** nicht zu Wort kommen ❹ (*argent, capitaux*) anlegen **II.** *vpr* **se** ~ (*s'installer*) irgendwo Platz nehmen; (*debout*) sich irgendwohin stellen

plafond [plafɔ̃] *m* ❶ Decke *f* ❷ FIN Höchstbetrag *m* ▸**sauter au** ~ *fam* [bis] an die Decke springen

plage [plaʒ] *f* ❶ Strand *m;* **sur la** ~ am Strand; **aller à la** ~ an den Strand gehen ❷ AUT ~ **arrière** Heckablage *f*

plagiste [plaʒist] *mf* Strandpächter(in) *m(f)*

plaie [plɛ] *f* ❶ (*blessure*) Wunde *f* ❷ *fam* (*personne*) Plagegeist *m*

plaindre [plɛ̃dʀ] <irr> **I.** *vt* (*personne*) bedauern; **je te plains** du tust mir leid; **être/ne pas être à** ~ zu bedauern sein/sich nicht beklagen können **II.** *vpr* ❶ (*se lamenter*) **se** ~ **de qc** über etw (*akk*) klagen; **se** ~ **tout le temps** immer am Jammern sein ❷ (*protester*) **se** ~ **à qn** sich bei jdm beklagen

plaine [plɛn] *f* Ebene *f*

plain-pied [plɛ̃pje] *m sans pl* (*au même niveau*) **être de** ~ ebenerdig liegen

plainte [plɛ̃t] *f* ❶ *a.* JUR Klage *f;* **les** ~**s** das Wehgeschrei; **porter** ~ **contre qn auprès**

P

du tribunal pour qc wegen etw (*gen*) bei Gericht gegen jdn Klage erheben ② (*récrimination*) Beschwerde *f*

plaire [plɛʀ] <irr> **I.** *vi* ① ~ **à qn** jdm gefallen; (*idée, projet*) jdm zusagen ② (*être bien accueilli: chose*) Anklang finden **II.** *vi impers* **il plaît à qn de faire qc** es gefällt jdm etw zu tun; **comme il te plaira** wie du möchtest ▸**s'il te/vous plaît** bitte **III.** *vpr* ① (*se sentir à l'aise*) **se ~ avec qn** gern mit jdm zusammen sein; **se plaire au Canada** sich in Kanada wohl fühlen ② (*s'apprécier*) **se ~** (*personnes*) sich mögen

plaisanter [plɛzɑ̃te] <1> *vi* scherzen; **je ne plaisante pas!** ich meine es ernst!; **~ sur qc** Witze über etw (*akk*) machen; **ne pas ~ sur la discipline** keinen Spaß verstehen, was Disziplin anbelangt; **tu plaisantes!** das soll wohl ein Witz sein!

plaisanterie [plɛzɑ̃tʀi] *f* ① (*blague*) Scherz *m;* **mauvaise ~** übler Scherz; **aimer la ~** gerne Witze machen ② (*farce*) Streich *m* ▸**les ~s les plus courtes sont les meilleures** man soll das Spiel nicht übertreiben

plaisir [pleziʀ] *m* ① Vergnügen *nt;* **~ de faire qc** Freude etw zu tun; **pour le ~** aus Vergnügen; **qn prend un malin ~ à faire qc** es macht jdm einen Heidenspaß etw zu tun (*fam*); **faire ~ à qn** jdm Freude machen; **maintenant fais-moi le ~ de te taire!** jetzt tu mir den [einen] Gefallen und sei still! ② *pl* (*sentiment agréable*) Lustgefühl *nt;* **les ~s de la table** die Tafelfreuden ▸**faire durer le ~** kein Ende finden; **au ~!** *fam* [ich hoffe,] bis bald!; **avec [grand] ~** mit [größtem] Vergnügen

plan [plɑ̃] *m* ① (*projet, représentation graphique*) Plan *m;* **j'ai un ~ d'enfer!** *fam* ich hab' was ganz Tolles vor! ② (*canevas: d'une dissertation*) Gliederung *f;* (*d'un livre*) Entwurf *m* ③ MEDIA Aufnahme *f;* (*cadrage*) Einstellung *f;* **au premier/à l'arrière-~** im Vorder-/Hintergrund ④ (*niveau*) **sur le ~ national** auf nationaler Ebene; **passer au second ~** in den Hintergrund rücken; **sur le ~ moral** moralisch gesehen; **sur le ~ de qc** in Bezug auf etw (*akk*); **placer qn/qc sur le même ~** jdn/etw auf die gleiche Stufe stellen ⑤ (*surface*) **~ d'eau** Wasserfläche *f* ▸**laisser qn en ~** *fam* jdn hängen lassen

planche [plɑ̃ʃ] *f* Brett *nt;* **~ à repasser** Bügelbrett; **les ~s** THEAT die Bühnenbretter *Pl;* **~ à roulettes** Skateboard *nt;* **~ à voile** (*objet*) Surfbrett; (*sport*) Windsurfing *nt*

plancher [plɑ̃ʃe] *m* Fußboden *m* ▸**débarrasser le ~** *fam* 'ne Fliege machen

plancton [plɑ̃ktɔ̃] *m* Plankton *nt*

planer [plane] <1> *vi* ① (*voler: oiseau*) schweben; (*avion*) gleiten ② (*peser*) **~ sur qn/qc** (*danger*) jdm/einer S. drohen; (*soupçons*) auf jdm/etw lasten ③ *fam* (*rêver*) in höheren Regionen schweben; (*être sous effet euphorisant*) [total] weg[getreten] sein; (*sous l'effet d'une drogue*) high sein

planétarium [planetaʀjɔm] *m* Planetarium *nt*

planète [planɛt] *f* Planet *m;* **la ~ Terre** die Erde

planification [planifikasjɔ̃] *f* Planung *f*

planifier [planifje] <1> *vt* einen Plan aufstellen für

planisphère [planisfɛʀ] *m* Weltkarte *f*

planning [planiŋ] *m* ① (*calendrier*) Terminkalender *m* ② (*planification*) Terminplanung *f*

planque [plɑ̃k] *f fam* ① (*cachette*) Versteck *nt* ② (*travail tranquille*) ruhiger Job

planqué, e [plɑ̃ke] *m, f péj fam* Drückeberger(in) *m(f)*

planquer [plɑ̃ke] <1> *vt, vpr fam* **[se] ~** [sich] in Sicherheit bringen

plantaire [plɑ̃tɛʀ] *adj* an der Fußsohle **voûte ~** Fußwölbung *f*

plantation [plɑ̃tasjɔ̃] *f* ① (*exploitation agricole*) Plantage *f* ② (*action*) [An]pflanzen *nt*

plante [plɑ̃t] *f* Pflanze *f*

planté, e [plɑ̃te] *adj* (*debout et immobile*) **être/rester ~ là** wie angewurzelt dastehen/stehen bleiben

planter [plɑ̃te] <1> **I.** *vt* ① (*arbre, fleurs*) pflanzen; (*salade, tomates*) setzen ② (*enfoncer*) einschlagen; **~ un clou dans le mur** einen Nagel in die Wand schlagen ③ (*tente*) aufschlagen ④ *fam* (*abandonner*) **~ qn là** jdn sitzen lassen **II.** *vpr* **se ~** *fam* ① (*avoir un accident*) einen Unfall bauen ② INFORM (*ordinateur*) abstürzen ③ (*se poster*) **se ~ devant qn** sich vor jdm aufpflanzen ④ (*se tromper*) **se ~ dans qc** sich bei etw vertun; **se ~ à un examen** bei einer Prüfung danebenhauen

plaque [plak] *f* ① Platte *f;* (*d'une porte, rue*) Schild *nt;* (*d'un policier*) Dienstmarke *f;*

minéralogique Nummernschild *nt;* ~ **électrique/de cuisson** Elektro-/Kochplatte ❷ (*couche*) ~ **de verglas** vereiste Stelle ❸ MED (*tache*) Fleck *m* ❹ GEO Scholle *f* ▶**être à côté de la** ~ *fam* daneben liegen

Die französischen **plaques minéralogiques** weisen nicht auf den Zulassungsort hin, sondern nur auf das Departement, in dem er sich befindet. Die letzten beiden Ziffern des Nummernschilds stimmen mit den ersten beiden Ziffern der Postleitzahlen des Departements überein. So fangen zum Beispiel alle Postleitzahlen des Departements Yvelines mit 78 an, und eine **plaque minéralogique** aus dieser Gegend könnte folgendermaßen aussehen:
6785 MN 78.

plaqué [plake] *m* (*bois*) Furnier *nt;* (*métal*) Dublee *nt;* **en** ~ **or/argent** vergoldet/versilbert

plaquer [plake] <1> *vt* ❶ *fam* (*conjoint*) sitzen lassen; **tout** ~ alles hinschmeißen ❷ (*cheveux*) glatt streichen ❸ (*serrer contre*) ~ **qn contre le mur** jdn gegen die Mauer drücken ❹ SPORT fassen

plastique [plastik] I. *m* Kunststoff *m,* Plastik *nt;* **sous** ~ in Plastik verpackt II. *adj inv* **bouteille/emballage** ~ Plastikflasche/-verpackung

plat [pla] *m* ❶ (*récipient creux*) Schüssel *f;* (*récipient plat*) Schale *f* ❷ (*contenu*) **un** ~ **de lentilles** eine Schüssel [voll] Linsen (*gen*) ❸ (*mets*) Gericht *nt;* (*élément d'un repas*) Gang *m;* ~ **principal/de résistance** Hauptgericht, Hauptspeise *f* (A); **de bons petits** ~**s** kleine leckere Gerichte *Pl* ▶**faire tout un** ~ **de qc** *fam* viel Wind um etw machen

plat, e [pla, plat] *adj* flach; (*surface, terrain*) eben; (*mer*) glatt; **mettre/poser qc à** ~ etw flach hinlegen; **faire de** ~**es excuses** unterwürfig um Verzeihung bitten ▶**être à** ~ (*pneu*) platt sein; (*batterie*) leer sein; (*personne*) *fam* völlig ausgepumpt sein

platane [platan] *m* Platane *f*

plateau [plato] <x> *m* ❶ (*support*) Tablett *nt* ❷ GASTR ~ **de fruits de mer/de fromages** Platte *f* mit Meeresfrüchten/mit Käse ❸ (*partie plate*) ~ **d'une balance** Waagschale *f* ❹ GEO [Hoch]plateau *nt* ❺ MEDIA Drehplatz *m;* (*invités*) [Star]aufgebot *nt*

plateau-repas [platoʀ(ə)pa] <plateaux-repas> *m: auf einem Tablett serviertes vollständiges Menü*

platement [platmɑ̃] *adv* (*écrire, s'exprimer*) farblos; (*s'excuser*) unterwürfig

platiné, e [platine] *adj* platinblond; **une blonde** ~**e** eine Platinblonde

plâtre [plɑtʀ] *m* Gips *m;* **avoir un bras dans le** ~ einen Arm in Gips haben

plâtrer [plɑtʀe] <1> *vt* vergipsen; (*trou, fissure*) zugipsen; (*bras*) eingipsen; **être plâtré** (*personne*) in Gips liegen

plâtrier, -ière [plɑtʀije, -jɛʀ] *m, f* Gipser(in) *m(f)*

plausible [plozibl] *adj* plausibel

play-back [plɛbak] *m inv* Playback *nt* **play-boy** [plɛbɔj] <play-boys> *m* Playboy *m*

plein [plɛ̃] I. *adv* ❶ *fam* (*beaucoup*) ~ **d'argent** unheimlich viel Geld ❷ (*exactement*) **en** ~ **devant/sur/dans qc** genau vor/auf/in etw (*akk*) ▶**mignon/gentil tout** ~ *fam* unheimlich niedlich/nett II. *prép* **de l'argent** ~ **les poches** die Taschen voller Geld III. *m* Tankfüllung *f;* **faire le** ~ voll tanken; **le** ~**, s'il vous plaît!** bitte voll tanken!

plein, e [plɛ̃, plɛn] *adj* ❶ voll; (*journée*) ausgefüllt; **un panier** ~ **de champignons** ein Korb voller Pilze; **être** ~ **de bonne volonté** voll des guten Willens sein; ~ **de vie** lebenslustig; ~ **de risques/d'idées/d'esprit** risiko-/ideen-/geistreich; ~ **à craquer** brechend voll (*fam*) ❷ (*sans réserve*) **à** ~**e gorge** aus vollem Hals; **à** ~**es mains** mit vollen Händen ❸ (*au maximum de*) **à** ~ **régime** auf Hochtouren ❹ (*au plus fort de, au milieu de*) mitten in (*dat*); **en** ~**e nuit** mitten in der Nacht; **en** ~ **jour** am helllichten Tag; **en** ~ **soleil** in der prallen Sonne; **en** ~**e obscurité** in völliger Dunkelheit; **en** ~**e lumière** im [vollen] Licht; **en** ~**e rue** auf offener Straße; **en** ~ **vol** in vollem Flug; **être en** ~ **boum** einen ungeheuren Boom erleben ❺ (*trait*) durchgezogen; (*bois, porte*) massiv ❻ (*femelle*) trächtig ❼ *antéposé* (*succès, confiance*) voll; **avoir** ~**e conscience de qc** sich (*dat*) über etw (*akk*) voll und ganz im Klaren sein

pleinement [plɛnmɑ̃] *adv* voll [und ganz]

pleurer [plœʀe] <1> I. *vi* ❶ (*personne*) weinen; (*œil*) tränen; **faire** ~ **qn** jdn zum Wei-

P

nen bringen; ~ **de rage** vor Wut (*dat*) weinen; ~ **de rire** Tränen lachen ❷ (*se lamenter*) ~ **sur qn/qc** jdn bedauern/etw beklagen ❸ (*réclamer*) herumjammern (*fam*); ~ **après qc** *fam* nach etw jammern **II.** *vt* (*personne*) trauern um

pleurnicheur, -euse [plœʀniʃœʀ, -øz] *m, f fam* ❶ (*qui pleure*) Heulpeter *m*, Heulsuse *f* ❷ (*qui se lamente*) Nörgelfritze *m*

pleuvoir [pløvwaʀ] <irr> **I.** *vi impers* **il pleut de grosses gouttes** es regnet heftig **II.** *vi* (*s'abattre*) **les coups/mauvaises nouvelles pleuvent** es hagelt Schläge/schlechte Nachrichten

pli [pli] *m* Falte *f*; (*du papier*) Kniff *m*; [**faux**] ~ Knitter[falte *f*] *m*; **faire le ~ d'un pantalon** eine Bügelfalte in eine Hose bügeln; **faire des ~s** (*vêtement*) Falten werfen ►**ça ne fait pas un ~** *fam* das ist [tod]sicher

pliant, e [plijɑ̃, jɑ̃t] *adj* (*lit, table*) Klapp-; **mètre ~** Zollstock *m*

plier [plije] <1> **I.** *vt* ❶ (*papier, tissu*) [zusammen]falten; (*linge, tente*) zusammenlegen; **un papier plié en quatre** ein zweimal gefaltetes Papier ❷ (*refermer*) zusammenklappen; (*journal, carte routière*) zusammenfalten; (*éventail*) schließen ❸ (*bras, jambe*) beugen ❹ (*courber*) biegen; **être plié de douleur** sich vor Schmerzen (*dat*) krümmen **II.** *vi* ❶ (*se courber*) ~ **sous qc** sich unter etw (*dat*) biegen ❷ (*céder*) nachgeben; ~ **devant l'autorité du chef** sich der Autorität des Chefs beugen **III.** *vpr* ❶ (*être pliant*) **se ~** zusammenklappbar sein ❷ (*se soumettre*) **se ~ à la volonté de qn** sich jds Willen beugen; **se ~ à la discipline** sich der Disziplin unterwerfen

plisser [plise] <1> *vt* ❶ (*couvrir de faux plis*) zerknittern ❷ (*front*) runzeln; (*yeux*) zusammenkneifen

pliure [plijyʀ] *f* (*du bras, genou*) Beuge *f*; (*d'un ourlet*) Kante *f*; (*d'un papier*) Kniff *m*

plomb [plɔ̃] *m* ❶ (*métal*) Blei *nt*; **lourd comme du ~** bleischwer ❷ (*fusible*) Sicherung *f* ❸ CHASSE Schrotkugel *f* ❹ PECHE Bleikugel *f* ►**avoir du ~ dans la tête** vernünftig sein; **un soleil de ~** drückende Hitze

plombier [plɔ̃bje] *m* Installateur(in) *m(f)*

plongé, e [plɔ̃ʒe] **I.** *part passé de* **plonger** **II.** *adj* ❶ (*absorbé*) **être ~ dans qc** in etw (*akk*) versunken sein; **être ~ dans un livre/ses pensées** in ein Buch/seine Gedanken vertieft sein ❷ (*entouré*) **être ~ dans l'obscurité** in Dunkelheit (*akk*) gehüllt sein

plongeant, e [plɔ̃ʒɑ̃, ʒɑ̃t] *adj* (*décolleté*) tief; **une vue ~e sur qc** ein weiter Ausblick auf etw (*akk*)

plongée [plɔ̃ʒe] *f* ❶ (*action*) Tauchgang *m* ❷ SPORT ~ **sous-marine** Sporttauchen *nt*; **faire de la ~** Sporttaucher *m* sein

plongeoir [plɔ̃ʒwaʀ] *m* Sprungbrett *nt*

plongeon [plɔ̃ʒɔ̃] *m* Kopfsprung *m*; SPORT Hechtsprung *m*

plonger [plɔ̃ʒe] <2a> **I.** *vi* ❶ (*s'immerger*) tauchen ❷ (*faire un plongeon: personne*) einen Kopfsprung machen; (*oiseau*) tauchen; (*voiture*) stürzen **II.** *vpr* **se ~ dans un projet** sich in ein Projekt stürzen

plongeur, -euse [plɔ̃ʒœʀ, -ʒøz] *m, f* ❶ SPORT Springer(in) *m(f)* ❷ GASTR Tellerwäscher(in) *m(f)*

plouc [pluk] **I.** *mf péj fam* Stoffel *m* **II.** *adj péj fam* doof

plu[1] [ply] *part passé de* **plaire**

plu[2] [ply] *part passé de* **pleuvoir**

pluie [plɥi] *f* ❶ METEO Regen *m*; **des ~s** Niederschläge *Pl*; **saison des ~s** Regenzeit *f*; **sous la ~** im Regen ❷ *sans pl* ~ **d'étincelles** Funkenregen *m*; ~ **de pierres/bombes** Stein-/Bombenhagel *m* ►**ne pas être né de la dernière ~** nicht von gestern sein (*fam*)

plume [plym] *f* Feder *f*

plumer [plyme] <1> *vt* (*animal*) rupfen; (*personne*) ausnehmen (*fam*)

plupart [plypaʀ] *f sans pl* **la ~ [des élèves]** die meisten [Schüler]; **la ~ d'entre eux/elles** die meisten von ihnen; **la ~ du temps** meistens ►**pour la ~** größtenteils

pluriel [plyʀjɛl] *m* Plural *m*; **mettre au ~** (*mot*) in den Plural setzen

plus[1] [ply] *adv* ❶ (*opp: encore*) **il n'est ~ très jeune** er ist nicht mehr ganz jung; **il ne l'a ~ jamais vu** er hat ihn niemals mehr gesehen; **il ne pleut ~ du tout** es regnet überhaupt nicht mehr; **il ne neige presque ~** es schneit kaum noch; **il n'y a ~ personne** es ist niemand mehr da; **nous n'avons ~ rien à manger** wir haben nichts mehr zu essen; **il ne dit ~ un mot** er sagt kein [einziges] Wort mehr; **ils n'ont ~ d'argent** sie haben kein Geld mehr ❷ (*seulement encore*) **on n'attend ~ que toi** w warten nur noch auf dich; **il ne manquait ~ que ça** das hat gerade noch gefehlt ③ (*pas plus que*) **moi non ~** ich auch nicht

plus[2] [ply(s)] **I.** *adv* ① (*davantage*) **être ~ vieux que lui** älter als er sein; **deux fois ~ âgé qu'elle** doppelt so alt wie sie; **~ tard/tôt/près/lentement qu'hier** später/früher/näher/langsamer als gestern ② (*dans une comparaison*) **je lis ~ que toi** ich lese mehr als du; **ce tissu me plaît ~ que l'autre** dieser Stoff gefällt mir besser als der andere ③ (*très*) **il est ~ qu'intelligent** er ist mehr als intelligent; **elle est ~ que contente** sie ist überglücklich ▶**~ que jamais** mehr denn je; **~ ou moins** mehr oder weniger; **ni ~ ni moins** nicht mehr und nicht weniger; **on ne peut ~** äußerst **II.** *adv emploi superl* **le ~ rapide/important** der schnellste/wichtigste; **le ~ intelligent des élèves** der Intelligenteste unter den Schülern; **le ~ vite/souvent** am schnellsten/häufigsten; **le ~ tard possible** so spät wie möglich; **c'est François qui lit le ~** François liest am meisten; **le ~ d'argent/de pages** das meiste Geld/die meisten Seiten; **le ~ possible de choses/personnes** so viel/so viele Dinge/Personen wie möglich ▶ **au ~ tôt/vite** möglichst früh/schnell; [**tout**] **au ~** [aller]höchstens

plus[3] [plys, ply] *adv* mehr; **pas ~** mehr nicht; **~ d'une heure/de 40 ans** über eine Stunde/40 Jahre; **les enfants de ~ de 12 ans** Kinder über 12 Jahre; **il est ~ de minuit** es ist schon nach Mitternacht; **~ qu'il n'en faut** mehr als nötig; **~ de la moitié** mehr als die Hälfte; **~..., ~...** je mehr..., desto mehr...; **~...,** [**et**] **moins...** je mehr..., desto weniger... ▶[**et**] **de ~** [und] außerdem; **une assiette de ~** ein zusätzlicher Teller; **une fois de ~** ein weiteres Mal; **boire de ~ en ~** immer mehr trinken; **de ~ en ~ beau/vite** immer schöner/schneller; **en ~** dazu; **en ~ de qc** zusätzlich zu etw; **sans ~** mehr nicht

plus[4] [plys] **I.** *conj* ① (*et*) plus; **2 ~ 2 font 4** 2 plus 2 gibt 4 ② (*quantité positive*) **~ quatre degrés** 4 Grad plus **II.** *m* ① MATH Plus *nt* ② (*avantage*) Vorteil *m*

plus[5] [ply] *passé simple de* **plaire**

plusieurs [plyzjœʀ] **I.** *adj antéposé, pl* **à ~ reprises** mehrmals; **~ fois** mehrere Male **II.** *pron pl* einige ▶**à ~** zu mehreren

plus-que-parfait [plyskəpaʀfɛ] <plus-que-parfaits> *m* Plusquamperfekt *nt*

plut [ply] *passé simple de* **pleuvoir**

plutonium [plytɔnjɔm] *m* Plutonium *nt*

plutôt [plyto] *adv* ① (*de préférence*) **prendre ~ l'avion que le bateau** eher das Flugzeug als das Schiff nehmen ② (*au lieu de*) **~ que de parler, il vaudrait mieux que vous écoutiez** anstatt zu reden solltet ihr besser zuhören ③ (*mieux*) **~ mourir que** [**de**] **fuir** lieber sterben als fliehen ④ (*et pas vraiment*) **être paresseux ~ que sot** eher faul als dumm sein ⑤ (*assez*) **être ~ gentil** eigentlich nett sein; **~ mal/lentement** eher schlecht/langsam ⑥ *fam* (*très*) unheimlich ⑦ (*plus exactement*) **ou ~** oder besser gesagt

PMU [peɛmy] *m abr de* **Pari mutuel urbain** Pferdewettbüro *nt*

PNB [peɛnbe] *m abr de* **produit national brut**

pneu [pnø] *m* Reifen *m;* **avoir un ~ crevé** eine Reifenpanne haben

pneumatique [pnømatik] *adj* (*matelas*) Luft-; **canot ~** Schlauchboot *nt*

p.o. *abr de* **pour ordre** i.A.

poche[1] [pɔʃ] *f* ① (*cavité, sac*) Tasche *f;* **~ de thé** CAN (*sachet de thé*) Teebeutel *m* ② ANAT **avoir des ~s sous les yeux** Tränensäcke unter den Augen haben ▶**connaître qn/qc comme sa ~** jdn in- und auswendig/etw wie seine Westentasche kennen; **se remplir les ~s** sich bereichern; **lampe de ~** Taschenlampe *f*

poche[2] [pɔʃ] *m fam* Taschenbuch *nt*

pochette [pɔʃɛt] *f* ① (*de disque*) Hülle *f* ② (*mouchoir de veste*) Einstecktuch *nt*

pochette-surprise [pɔʃɛtsyʀpʀiz] <pochettes-surprises> *f* Wundertüte *f*

podologue [pɔdɔlɔg] *mf* Fußspezialist(in) *m(f)*

poêle[1] [pwal] *f* GASTR [Brat]pfanne *f*

poêle[2] [pwal] *m* Ofen *m*

poème [pɔɛm] *m* Gedicht *nt*

poésie [pɔezi] *f* Gedicht *nt*

poète [pɔɛt] *m* Dichter(in) *m(f)*

poétique [pɔetik] *adj* poetisch; (*image, paysage*) stimmungsvoll; (*vision des choses*) verklärt

poétiquement [pɔetikmɑ̃] *adv* poetisch

poids [pwɑ] *m* ① Gewicht *nt;* **quel ~ faites-vous?** wie viel wiegen Sie?; **acheter**

P

au ~ nach Gewicht kaufen; **perdre/prendre du** ~ ab-/zunehmen ❷ (*charge pénible*) Last *f* ❸ *sans pl* (*influence*) Einfluss *m;* **peser de tout son** ~ seinen ganzen Einfluss geltend machen ❹ AUT ~ **lourd** Lastwagen *m* ▸**faire le** ~ das nötige Format haben; **faire le** ~ **devant qn/qc** jdm/etw gewachsen sein

poignard [pwaɲaʀ] *m* Dolch *m*

poignarder [pwaɲaʀde] <1> *vt* erdolchen

poigne [pwaɲ] *f* Kraft *f* [in den Händen] ▸**homme à** ~ energischer Mann

poignée [pwaɲe] *f* ❶ (*manche*) Griff *m;* (*d'une épée*) Schaft *m;* (*dans le bus, la baignoire*) Haltegriff ❷ (*quantité*) **une** ~ **de riz** eine Hand voll Reis ❸ INFORM Joystick *m* ▸~ **de main** Händedruck *m*

poignet [pwaɲɛ] *m* Handgelenk *nt*

poil [pwal] *m* ❶ ANAT [Körper]haar *nt;* **les ~s de la barbe** das Barthaar; **il n'a pas de ~s** er ist nicht behaart ❷ ZOOL Fell *nt;* **à** ~ **ras/long** kurz-/langhaarig; **perdre ses ~s** haaren ❸ *fam* (*un petit peu*) **un** ~ **de gentillesse** ein Funken Höflichkeit ▸**être de bon/mauvais** ~ *fam* gut/schlecht gelaunt sein; **à** ~ *fam* (*nu*) nackt; **se mettre à** ~ sich [nackt] ausziehen; **au** ~**!** *fam* super!

poil-de-carotte [pwaldəkaʀɔt] *adj inv fam* leuchtend rot; **un enfant** ~ ein Rotschopf *m*

poilu, e [pwaly] *adj* behaart

poing [pwɛ̃] *m* Faust *f* ▸**mettre son** ~ **dans la figure à qn** *fam* jdm eine vor den Latz knallen; **dormir à ~s fermés** tief [und fest] schlafen

point [pwɛ̃] *m* ❶ Punkt *m;* **~s de suspension** Auslassungspunkte *Pl;* ~ **d'exclamation/d'interrogation** Ausrufe-/Fragezeichen *nt* ❷ (*lieu*) ~ **de départ** Ausgangspunkt; ~ **de repère/d'intersection** Orientierungs-/Schnittpunkt; ~ **de vente** Verkaufsstelle *f* ❸ GEO **les quatre ~s cardinaux** die vier Himmelsrichtungen ▸~ **de vue** Aussicht[spunkt *m*] *f;* (*opinion*) Ansicht *f;* **d'un certain** ~ **de vue** in gewisser Weise; **de ce** ~ **de vue** so gesehen; **du** ~ **de vue de qc** was etw anbelangt; **au** ~ **de vue scientifique** aus wissenschaftlicher Sicht; **c'est un bon/mauvais** ~ **pour qn/qc** das spricht für/gegen jdn/etw; ~ **commun** Gemeinsamkeit *f* ~ **faible/fort** Schwachpunkt *m*/Stärke *f* **mal en** ~ (*personne*) schlecht beieinander; (*voiture, objet*) in einem schlechten Zustand; **être toujours au même** ~ unverändert sein; ~ **noir** (*comédon*) Mitesser *m* **à [un] tel** ~ **que** derart, dass; **un ~, c'est tout** Schluss, Aus; **être au** ~ (*procédé, voiture*) ausgereift sein; **être sur le** ~ **de faire qc** im Begriff sein etw zu tun; **faire le** ~ **[de la situation]** Bilanz ziehen; **mettre au** ~ (*régler*) einstellen; (*préparer dans les détails*) ausarbeiten; **à** ~ (*viande*) medium; **comment a-t-il pu en arriver à ce** ~**[-là]?** wie konnte es so weit mit ihm kommen?

pointe [pwɛ̃t] *f* ❶ Spitze *f* ❷ (*clou*) Drahtstift *m* ❸ (*de danse*) **faire des ~s** (*ballerine*) auf der Spitze tanzen ❹ (*petite quantité de*) **une** ~ **de cannelle** eine Messerspitze Zimt; **une** ~ **d'ironie** ein Hauch *m* von Ironie; **une** ~ **d'accent** ein leichter Akzent ❺ CAN (*part*) Stück *nt* ▸**faire des ~s [de vitesse] de [*o* à] 200/230 km/heure** 200/230 km/h Spitze fahren (*fam*); **[être] à la** ~ **de qc** an der Spitze einer S. (*gen*) [stehen]; **vitesse de** ~ Spitzengeschwindigkeit *f* **heures de** ~ Hauptverkehrszeit **de[*o* en]** ~ führend; **technologie de** ~ Spitzentechnologie; **marcher sur la** ~ **des pieds** auf Zehenspitzen gehen; (*prudemment*) behutsam vorgehen; **se mettre sur la** ~ **des pieds** sich auf die Zehenspitzen stellen

pointer [pwɛ̃te] <1> **I.** *vi* ❶ IND **[aller]** ~ (*ouvrier, employé*) die Stechuhr betätigen (*chômeur*) stempeln gehen (*fam*) ❷ (*au jeu de boules*) die Setzkugel anspielen ❸ INFORM ~ **sur une icône** mit der Maus au ein Icon zeigen **II.** *vt* (*diriger vers*) ~ **q sur/vers qn/qc** etw auf/gegen jdn/etw richten; ~ **son/le doigt sur qn** mit den Finger auf jdn zeigen **III.** *vpr fam* **se** ~ au kreuzen

pointeur [pwɛ̃tœʀ] *m* INFORM ~ **de la sou ris** Mauszeiger *m*

pointillé [pwɛ̃tije] *m* punktierte Linie; **e** ~**[s]** gestrichelt [dargestellt]

pointilleux, -euse [pwɛ̃tijø, -jøz] *adj* über genau; **être** ~ **sur qc** es mit etw sehr gena nehmen

pointu, e [pwɛ̃ty] *adj* ❶ (*acéré*) spitz ❷ (*gr le et aigu*) schrill ❸ (*analyse*) tief schürfen

pointure [pwɛ̃tyʀ] *f* Größe *f;* **quelle est vo tre ~?** welche Größe haben Sie?

point-virgule [pwɛ̃viʀgyl] <point

virgules> *m* Strichpunkt *m*
poire [pwaʀ] *f* Birne *f*
poireau [pwaʀo] <x> *m* Lauch *m*
poirier [pwaʀje] *m* Birnbaum *m*
pois [pwa] *m* Erbse *f;* ~ **chiche** Kichererbse; **petit** ~ Erbse ▸**à** ~ getüpfelt
poison [pwazɔ̃] *m* Gift *nt*
poisse [pwas] *f* Pech *nt;* **porter la ~ à qn** *fam* jdm Unglück bringen
poisseux, -euse [pwasø, -øz] *adj* klebrig
poisson [pwasɔ̃] *m* Fisch *m* ▸**se sentir comme un ~ dans l'eau** in seinem Element sein; **engueuler qn comme du ~ pourri** *fam* jdn zur Schnecke machen; ~ **d'avril** Aprilscherz *m* ~ **d'avril!** April, April!; **faire à qn un ~ d'avril** jdn in den April schicken
poisson-chat [pwasɔ̃ʃa] <poissons-chats> *m* Wels *m*
poissonnerie [pwasɔnʀi] *f* Fischgeschäft *nt*
poissonnier, -ière [pwasɔnje, -jɛʀ] *m, f* Fischhändler(in) *m(f)*
Poissons [pwasɔn] *m* Fisch *m; v.a.* **Balance**
Poitou [pwatu] *m* **le** ~ das Poitou
poitrine [pwatʀin] *f* ❶ Brust *f* ❷ (*seins*) Busen *m*
poivre [pwavʀ] *m sans pl* Pfeffer *m*
poivré, e [pwavʀe] *adj* ❶ (*épicé*) gepfeffert ❷ (*parfum, menthe*) herb
poivrer [pwavʀe] <1> *vt, vi* pfeffern
poivrier [pwavʀije] *m* (*récipient*) Pfefferstreuer *m*
poivrière [pwavʀijɛʀ] *f* Pfefferstreuer *m*
poivron [pwavʀɔ̃] *m* Paprika[schote *f*] *m*
pokémonomaniaque [pɔkemɔnɔmanjak] *mf* Pokemon-Freak *m*
poker [pɔkɛʀ] *m* Poker[spiel *nt*] *nt*
polaire [pɔlɛʀ] *adj* (*cercle*) Polar-; (*ours*) Eis-
polder [pɔldɛʀ] *m* Polder *m*
pôle [pol] *m* Pol *m;* ~ **Nord/Sud** Nord-/Südpol
polenta [pɔlɛnta] *f* Polenta *f*
pole position [polpozisjɔ̃] *f inv* SPORT Pole-position *f inv*
poli, e [pɔli] *adj* höflich
police[1] [pɔlis] *f sans pl* Polizei *f kein Pl;* ~ **judiciaire/nationale** Kriminal-/Staatspolizei; ~ **secours** Notruf *m* ▸**faire la ~** für Ordnung sorgen
police[2] [pɔlis] *f* ❶ ~ **d'assurance** Versicherungspolice *f* ❷ INFORM ~ **de caractères** Font *m*
policier, -ière [pɔlisje, -jɛʀ] **I.** *adj* (*chien, état*) Polizei-; (*roman, film*) Kriminal-; **femme ~** Polizistin *f* **II.** *m, f* Polizist(in) *m(f)*
poliment [pɔlimɑ̃] *adv* höflich
politesse [pɔlitɛs] *f sans pl* Höflichkeit *f;* (*règles*) Anstandsregeln *Pl*
politicien, ne [pɔlitisjɛ̃, jɛn] *m, f* Politiker(in) *m(f)*
politique [pɔlitik] **I.** *adj* politisch; (*droits*) staatsbürgerlich *f* **II.** *f* Politik *f;* ~ **économique/extérieure/intérieure/sociale** Wirtschafts-/Außen-/Innen-/Sozialpolitik; ~ **de droite/gauche** rechts-/linksorientierte Politik; **faire de la ~** (*être militant*) politisch engagiert sein; (*être intéressé*) sich für Politik interessieren **III.** *mf* (*gouvernant*) Politiker(in) *m(f)*
politiquement [pɔlitikmɑ̃] *adv* politisch
polka [pɔlka] *f* Polka *f*
polluant, e [pɔlɥɑ̃, ɑ̃t] *adj* umweltverschmutzend; (*produit chimique*) umweltschädlich; **non ~** umweltfreundlich
polluer [pɔlɥe] <1> **I.** *vt* verschmutzen **II.** *vi* die Umwelt verschmutzen
pollution [pɔlysjɔ̃] *f* Umweltverschmutzung *f*
polo [pɔlo] *m* ❶ (*chemise*) Polohemd *nt* ❷ SPORT Polo *nt*
Pologne [pɔlɔɲ] *f* **la** ~ Polen *nt*
polonais [pɔlɔnɛ] *m* Polnisch *nt; v.a.* **allemand**
polonais, e [pɔlɔnɛ, ɛz] *adj* polnisch; *v.a.* **allemand**
Polonais, e [pɔlɔnɛ, ɛz] *m, f* Pole/Polin *m/f*
polonaise [pɔlɔnɛz] *f* MUS Polonaise *f*
polyamide [pɔliamid] *m* Polyamid *nt*
polyclinique [pɔliklinik] *f* Poliklinik *f*
Polynésie française [pɔlinezifʀɑ̃sɛz] *f* **la** ~ die französischen Südseeinseln
polyphonique [pɔlifɔnik] *adj* polyphon
pommade [pɔmad] *f* Salbe *f*
pomme [pɔm] *f* ❶ (*fruit*) Apfel *m* ❷ (*pomme de terre*) **~s dauphines** Kroketten *Pl* ❸ BOT ~ **de pin** Tannenzapfen *m* ❹ ANAT ~ **d'Adam** Adamsapfel ▸**tomber dans les ~s** umkippen; **pour ma/ta ~** *fam* für mich/dich
pomme de terre [pɔmdətɛʀ] <pommes de terre> *f* Kartoffel *f*
pommier [pɔmje] *m* Apfelbaum *m*
pompe [pɔ̃p] *f* ❶ (*machine*) Pumpe *f;* ~ à

P

essence Zapfsäule *f* ❷ *fam* (*chaussure*) Treter *m* ❸ SPORT *fam* Liegestütz *m* ▶**coup de ~** *fam* Durchhänger *m* **être à côté de ses ~s** *fam* völlig daneben sein

pomper [pɔ̃pe] <1> *vi* ❶ (*puiser*) pumpen ❷ SCOL *fam* **~ sur qn** von jdm abschreiben

pompeusement [pɔ̃pøzmɑ̃] *adv* hochtrabend

pompier [pɔ̃pje] *m* Feuerwehrmann *m* ▶**fumer comme un ~** wie ein Schlot rauchen (*fam*)

pompiste [pɔ̃pist] *mf* Tankwart *m*

poncer [pɔ̃se] <2> *vt* [ab]schleifen

ponceuse [pɔ̃søz] *f* Schleifmaschine *f*

poncho [pɔ̃(t)ʃo] *m* Poncho *m*

poncif [pɔ̃sif] *m* Gemeinplatz *m*

ponctualité [pɔ̃ktɥalite] *f* Pünktlichkeit *f*

ponctuation [pɔ̃ktɥasjɔ̃] *f* Zeichensetzung *f;* **signes de ~** Satzzeichen *Pl*

ponctuel, le [pɔ̃ktɥɛl] *adj* ❶ (*exact*) pünktlich ❷ (*momentané*) punktuell

ponctuellement [pɔ̃ktɥɛlmɑ̃] *adv* ❶ (*à l'heure*) pünktlich ❷ (*momentanément*) punktuell

pondre [pɔ̃dʀ] <14> *vt, vi* legen

poney [pɔnɛ] *m* Pony *nt*

pont [pɔ̃] *m* ❶ ARCHIT Brücke *f* ❷ (*vacances*) verlängertes Wochenende ❸ NAUT Deck *nt* ▶**couper les ~s avec qn/qc** den Kontakt zu jdm/etw abbrechen

pontifier [pɔ̃tifje] <1a> *vi* dozieren (*pej fam*)

pop [pɔp] *adj inv* (*groupe, musique*) Pop-

pop-corn [pɔpkɔʀn] *m inv* Popcorn *nt*

populaire [pɔpylɛʀ] *adj* ❶ (*république*) Volks-; (*roman*) volkstümlich; **bal ~** öffentliche Tanzveranstaltung ❷ (*quartier*) Arbeiter-; **classes ~s** untere Volksschichten ❸ (*qui plaît*) populär

popularité [pɔpylaʀite] *f* Popularität *f*

population [pɔpylasjɔ̃] *f* Bevölkerung *f;* (*d'une ville*) Einwohner *Pl*

porc [pɔʀ] *m* ❶ *a. péj* Schwein *nt* ❷ (*viande*) Schweinefleisch *nt*

porcelaine [pɔʀsəlɛn] *f* ❶ (*matière*) Porzellan *nt* ❷ (*vaisselle*) Porzellangeschirr *nt*

porcelet [pɔʀsəlɛ] *m* Ferkel *nt*

porche [pɔʀʃ] *m* [Portal]vorbau *m*

porcherie [pɔʀʃəʀi] *f* ❶ (*bâtiment*) Schweinestall *m* ❷ (*lieu très sale*) Saustall *m* (*fam*)

porno [pɔʀno] **I.** *adj fam abr de* **pornographique** (*film, roman*) Porno- **II.** *m fam abr de* **pornographie** Pornografie *f*

pornographie [pɔʀnɔgʀafi] *f* Pornografie *f*

pornographique [pɔʀnɔgʀafik] *adj* pornografisch; **revue ~** Pornoheft *nt*

port¹ [pɔʀ] *m* ❶ Hafen *m;* **~ de pêche** Fischereihafen ❷ INFORM Port *m*

port² [pɔʀ] *m* ❶ (*d'un vêtement, casque, objet*) Tragen *nt;* **~ obligatoire de la ceinture de sécurité** Anschnallpflicht *f* ❷ COM Transportkosten *Pl;* (*d'une lettre*) Porto *nt;* **~ dû/payé** unfrankiert/frankiert

portable [pɔʀtabl] **I.** *adj* tragbar **II.** *m* ❶ TELEC Handy *m* ❷ INFORM Laptop *m*

portail [pɔʀtaj] <s> *m a.* INFORM Portal *nt*

portant, e [pɔʀtɑ̃, ɑ̃t] *adj* ▶**bien ~** gesund

portatif, -ive [pɔʀtatif, -iv] *adj* tragbar

porte [pɔʀt] *f* ❶ (*ouverture, panneau mobile*) Tür *f;* (*plus grand*) Tor *nt;* **~ battante** Flügeltür; **~ de devant/derrière** Vorder-/Hintertür; **à deux ~s** (*voiture*) zweitürig; **~ de secours** Notausgang *m;* **~ de service** Lieferanteneingang; **~ d'embarquement** Flugsteig *m;* **à la ~** vor der Tür; **il y a qn à la ~** es ist jd an der Tür; **de ~ en ~** von Haus zu Haus; **forcer la ~** die Tür aufbrechen ❷ (*d'un château, d'une ville*) Tor *nt;* **~ de Clignancourt** Porte *f* de Clignancourt ▶**être aimable comme une ~ de prison** sehr unfreundlich sein; **[journée] ~s ouvertes** Tag *m* der offenen Tür; **écouter aux ~s** an der Tür lauschen; **fermer/ouvrir sa ~ à qn** jdm sein Haus verbieten/öffnen; **frapper à la ~ de qn** bei jdm anklopfen (*fam*); **foutre qn à la ~** *fam* jdn rausschmeißen; **prendre la ~** [weg]gehen; **à la ~!** hinaus!; **ce n'est pas la ~ à côté!** das ist ganz schön weit! (*fam*)

porte-à-faux [pɔʀtafo] ▶**en ~** (*mur, roche*) überhängend; *fig* (*personne*) in einer heiklen Lage **porte-à-porte** [pɔʀtapɔʀt] *m inv* Hausieren *nt;* **faire du ~** (*quêteur*) von Haus zu Haus gehen; (*marchand ambulant*) hausieren **porte-bagages** [pɔʀtbagaʒ] *m inv* Gepäckträger *m* **porte-bonheur** [pɔʀtbɔnœʀ] *m inv* Glücksbringer *m* **porte-clés** [pɔʀtəkle] *m inv* (*anneau*) Schlüsselring *m;* (*anneau avec breloque*) Schlüsselanhänger *m;* (*étui*) Schlüsseletui *nt* **porte-documents** [pɔʀtdɔkymɑ̃] *m inv* Aktentasche *f*

portée [pɔʀte] *f* ❶ (*distance*) Reichweite *f;* **~ de la main** griffbereit; **à la ~ de qn** in j[…]

Reichweite ❷ (*effet: d'un acte, d'un événement*) Tragweite *f;* (*d'un argument*) Schlagkraft *f;* (*de paroles*) Wirkung *f* ❸ MUS Notensystem *nt* ❹ ZOOL Wurf *m* ❺ (*niveau, accessibilité*) **être à la ~ de qn** (*livre, discours*) für jdn verständlich sein; (*voyage, achat*) für jdn erschwinglich sein

porte-fenêtre [pɔʀtfənɛtʀ] <portes-fenêtres> *f* Fenstertür *f*

portefeuille [pɔʀtəfœj] *m* Brieftasche *f*

portemanteau [pɔʀtmɑ̃to] <x> *m* Garderobe *f;* (*mobile*) Garderobenständer *m;* (*crochets au mur*) Kleiderhaken *m*

porte-monnaie [pɔʀtmɔnɛ] *m inv* Geldbeutel *m* **porte-parapluies** [pɔʀtpaʀaplɥi] *m inv* Schirmständer *m* **porte-parole** [pɔʀtpaʀɔl] *m inv* (*personne*) Sprecher(in) *m(f)*

porter [pɔʀte] <1> **I.** *vt* ❶ tragen ❷ *a. fig* (*apporter*) bringen; (*lettre, colis*) austragen; (*attention*) schenken; **la nuit porte conseil** guter Rat kommt über Nacht ❸ (*diriger*) ~ **sur qn/qc** (*regard*) auf jdn/etw richten; **qn porte son choix sur qc** jds Wahl fällt auf etw (*akk*) ❹ (*nom, titre*) führen ❺ (*inscrire*) **être porté disparu** als vermisst gemeldet sein **II.** *vi* ❶ (*avoir pour objet*) ~ **sur qc** (*action, effort*) sich auf etw (*akk*) konzentrieren; (*discours*) sich um etw drehen; (*revendications, divergences*) etw betreffen; (*question, critique*) sich auf etw (*akk*) beziehen ❷ (*faire effet: conseil, critique*) wirken; (*coup*) sitzen (*fam*) ❸ (*avoir une certaine portée: voix*) gut tragen ❹ (*reposer sur*) ~ **sur qc** (*accent*) auf etw (*dat*) liegen **III.** *vpr* ❶ (*aller*) **qn se porte bien/mal/comme un charme** jdm geht es gut/schlecht/blendend ❷ (*être porté*) **se ~** (*vêtements*) getragen werden

porteur, -euse [pɔʀtœʀ, -øz] *m, f* Gepäckträger(in) *m(f)*

portier, -ière [pɔʀtje, -jɛʀ] *m, f* Portier/Portiersfrau *m/f*

portière [pɔʀtjɛʀ] *f* CHEMDFER, AUT Tür *f*

portion [pɔʀsjɔ̃] *f* GASTR Portion *f*

portoricain, ne [pɔʀtɔʀikɛ̃, -ɛn] *adj* puertoricanisch

Portoricain, ne [pɔʀtɔʀikɛ̃, -ɛn] *m, f* Puerto-Ricaner(in) *m(f)*

portrait [pɔʀtʀɛ] *m* Porträt *nt;* ~ **fidèle** lebensnahes Abbild; **faire le ~ de qn** (*peindre*) jdn porträtieren; (*faire une photo*) eine Porträtaufnahme von jdm machen ▸**être tout le ~ de qn** jdm wie aus dem Gesicht geschnitten sein

portrait-robot [pɔʀtʀɛʀɔbo] <portraits-robots> *m* Phantombild *nt*

portugais [pɔʀtygɛ] *m* Portugiesisch *nt; v.a.* **allemand**

portugais, e [pɔʀtygɛ, ɛz] *adj* portugiesisch; *v.a.* **allemand**

Portugais, e [pɔʀtygɛ, ɛz] *m, f* Portugiese/Portugiesin *m/f*

portugaise [pɔʀtygɛz] *f* portugiesische Auster

Portugal [pɔʀtygal] *m* **le ~** Portugal *nt*

pose [poz] *f* (*attitude*) [Körper]haltung *f;* ART, PHOT Pose *f*

posément [pozemɑ̃] *adv* (*agir*) [wohl]überlegt; (*parler*) ruhig

poser [poze] <1> **I.** *vt* ❶ (*livre, main*) [hin]legen; (*échelle, bagages*) [hin]stellen; (*pieds*) [hin]setzen; ~ **par terre** auf den Boden stellen ❷ (*équation, principe*) aufstellen; (*opération*) [hin]schreiben ❸ (*devinette*) aufgeben; (*question, condition*) stellen ❹ (*moquette*) verlegen; (*rideau, serrure*) anbringen; (*tapisserie*) ankleben **II.** *vi* ~ **pour qn/qc** jdm/für etw Modell sitzen **III.** *vpr* ❶ (*exister*) **se ~** (*question*) sich stellen; (*difficulté, problème*) auftauchen ❷ (*cesser de voler*) **se ~ sur qc** (*insecte, oiseau*) sich auf etw (*akk*) setzen; (*avion*) auf etw (*dat*) landen ❸ (*se fixer*) **se ~ sur qc** (*regard, yeux*) sich auf etw (*akk*) richten

positif, -ive [pozitif, -iv] *adj* positiv

position [pozisjɔ̃] *f* ❶ Lage *f;* (*d'un objet*) Platz *m;* (*d'une personne*) Position *f;* **être en première/dernière ~** in erster/letzter Position liegen; (*dans une course*) auf dem ersten/letzten Platz liegen; **arriver en première/dernière ~** (*coureur*) als Erster/Letzter durchs Ziel gehen; (*candidat*) an erster/letzter Stelle liegen ❷ (*posture: d'une personne*) Stellung *f;* (*en danse*) Position *f;* (*du corps*) Haltung *f*

positionnement [pozisjɔnmɑ̃] *m* Positionierung *f*

positionner [pozisjɔne] <1> **I.** *vt* ❶ COM, TECH positionieren ❷ (*situer*) lokalisieren **II.** *vpr* **se ~** (*personne*) sich plazieren; (*produit*) sich positionieren

positivement [pozitivmɑ̃] *adv* positiv

posologie [pozɔlɔʒi] *f* Dosierung *f*

possédant, e [pɔsedɑ̃, ɑ̃t] **I.** *adj* (*classe*) besitzend **II.** *m, f gén pl* Besitzende(r) *f(m)*

posséder [pɔsede] <5> *vt* ❶ (*avoir*) besitzen ❷ (*expérience, talent*) verfügen über (+ *akk*); (*mémoire, réflexes*) haben ❸ *fam* (*rouler*) hereinlegen

possessif [pɔsesif] *m* Possessiv[pronomen *nt*] *nt*

possessif, -ive [pɔsesif, -iv] *adj* ❶ (*dominateur*) besitzergreifend ❷ LING possessiv

possession [pɔsesjɔ̃] *f* Besitz *m;* **avoir qc en sa ~** etw besitzen; **être en ~ de qc** im Besitz einer S. (*gen*) sein (*form*)

possibilité [pɔsibilite] *f* Möglichkeit *f*

possible [pɔsibl] **I.** *adj* möglich; (*projet*) durchführbar; **il est ~ que** + *subj* es ist möglich, dass; **le moins/plus ~** so wenig/so viel wie möglich; **le plus gros ~** der/das größtmögliche; **autant que ~** soweit das möglich ist; **autant d'argent que ~** möglichst viel Geld **II.** *m* Mögliche(s) *nt;* **faire [tout] son ~ pour que** + *subj* sein Möglichstes tun damit

postal, e [pɔstal, o] <-aux> *adj* (*carte, code*) Post-

postcommunisme [pɔstkɔmynism] *m* Postkommunismus *m*

poste[1] [pɔst] *f* Post *f;* **mettre à la ~** zur Post bringen

poste[2] [pɔst] *m* ❶ (*emploi*) Stelle *f;* (*dans une hiérarchie*) Stellung *f;* **~ de directeur** Direktorposten; **être en ~ à Berlin/au ministère** in Berlin/im Ministerium arbeiten ❷ (*lieu de travail*) [Arbeits]stelle *f* ❸ (*appareil*) Gerät *nt;* **~ de radio/de télévision** Radio-/Fernsehapparat *m* ❹ (*lieu*) **~ de douane/de contrôle** Zoll-/Kontrollstelle *f;* **~ d'incendie** Feuerlöschanlage *f;* **~ de police** [Polizei]wache *f;* **~ de secours** Erste-Hilfe-Posten; (*en montagne*) Bergwacht *f* ❺ MIL Posten *m* ❻ TELEC Apparat *m;* **~ téléphonique** Telefonanschluss *m* ❼ INFORM **~ de travail** Workstation *f;* (*Windows 95/NT*) Arbeitsplatz *f*

poster[1] [pɔste] <1> *vt* einwerfen

poster[2] [pɔstɛʀ] *m* Poster *nt*

postérieurement [pɔsteʀjœʀmɑ̃] *adv* später; **~ à qc** nach etw

postillon [pɔstijɔ̃] *m* Spucke *f* (*fam*)

postmoderne [pɔstmɔdɛʀn] *adj* postmodern

post mortem [pɔstmɔʀtɛm] *adj inv* (*mariage*) nach dem Tod eines der Partner erfolgend

postnatal, e [pɔstnatal] <s> *adj* postnatal, nach der Geburt [erfolgend]

postsynchronisation [pɔstsɛ̃kʀɔnizasjɔ̃] *f* Nachsynchronisierung *f*

pot [po] *m* ❶ (*en terre*) Topf *m;* (*en verre*) Glas *nt;* (*en métal*) Dose *f;* (*en plastique*) Becher *m;* **~ de peinture/colle** Topf Farbe/Leim; **~ de crème** Dose Creme; **petit ~ [pour bébé]** Gläschen *nt* [Babynahrung]; **mettre en ~** (*plantes*) eintopfen ❷ *fam* (*chance*) **c'est pas de ~!** Pech [gehabt]!; **avoir du ~/ne pas avoir de ~** *fam* Schwein/Pech haben ❸ *fam* (*consommation*) Drink *m;* (*réception*) Umtrunk *m;* (*d'adieu*) Ausstand *m;* **payer un ~ à qn** jdm einen ausgeben; **prendre un ~** zusammen einen trinken ▸**~ de colle** *fam* Klette *f* **~ catalytique** Auspuff *m* mit eingebautem Kat[alysator]; **~ d'échappement** Auspuff *m* **sourd comme un ~** stocktaub (*fam*)

potable [pɔtabl] *adj* trinkbar; (*eau*) Trink-; **eau non ~!** kein Trinkwasser!

potage [pɔtaʒ] *m* Suppe *f*

potager [pɔtaʒe] *m* Gemüsegarten *m*

potager, -ère [pɔtaʒe, -ɛʀ] *adj* Gemüse-

pote [pɔt] *m fam* Kumpel *m*

poteau [pɔto] <x> *m a.* SPORT Pfosten *m;* **~ électrique** Leitungsmast *m*

potelé, e [pɔtle] *adj* mollig; (*bras*) fleischig

potentiel [pɔtɑ̃sjɛl] *m* Potenzial *nt*

potentiel, le [pɔtɑ̃sjɛl] *adj* potenziell

potentiellement [pɔtɑ̃sjɛlmɑ̃] *adv* potenziell; (*dangereux*) möglicherweise

poterie [pɔtʀi] *f* ❶ (*objet*) Töpferware ❷ (*activité*) Töpferei *f*

potiche [pɔtiʃ] *f* ❶ große Porzellanvase ❷ *péj* Galionsfigur *f*

potier, -ière [pɔtje, -jɛʀ] *m, f* Töpfer(in) *m(f)*

potion [posjɔ̃] *f* **~ magique** Zaubertrank *m*

potiron [pɔtiʀɔ̃] *m* Kürbis *m*

pou [pu] <x> *m* Laus *f* ▸**chercher des ~x à qn** Streit mit jdm suchen; **laid comme un ~** *fam* hässlich wie die Nacht

pouah [pwa] *interj* igitt

poubelle [pubɛl] *f* (*dans la cuisine*) Mülleimer *m,* Mistkübel *m* (A) (*devant la porte*) Mülltonne *f*

pouce [pus] *m* ❶ (*doigt*) Daumen *m* ❷ (*mesure*) Zoll *m* ▸**donner un coup de ~ à qc** bei etw ein bisschen nachhelfen; **se tour**

ner les ~s *fam* Däumchen drehen

poudre [pudʀ] *f* ❶ (*fines particules*) Pulver *nt* ❷ (*produit cosmétique*) [Gesichts]puder *m* ▶**ne pas avoir inventé la ~** *fam* das Pulver [auch] nicht [gerade] erfunden haben

poudrerie [pudʀəʀi] *f* CAN (*tourbillons de neige*) Schneegestöber *nt*

poudrier [pudʀije] *m* Puderdose *f*

pouffer [pufe] <1> *vi* **pouffer [de rire]** in Lachen ausbrechen

poulailler [pulɑje] *m* Hühnerstall *m*

poulain [pulɛ̃] *m* Fohlen *nt*

poule [pul] *f* ❶ (*femelle du coq*) Henne *f* ❷ (*poulet*) Huhn *nt* ▶**~ mouillée** Angsthase *m* (*fam*)

poulet [pulɛ] *m* ❶ ZOOL Huhn *nt* ❷ GASTR Hähnchen *nt*; **~ rôti** Brathähnchen

pouliche [puliʃ] *f* Stut[en]fohlen *nt*

poumon [pumɔ̃] *m* Lunge *f*; **les ~s** die Lunge; **à pleins ~s** aus voller Lunge; (*respirer*) ganz tief

poupée [pupe] *f* Puppe *f*

pour [puʀ] **I.** *prép* ❶ für ❷ (*envers*) **~ qn** (*amour*) zu jdm; (*respect*) vor jdm ❸ (*contre*) **~ la toux/le rhume** gegen Husten/Schnupfen ❹ (*jusqu'à, pendant*) **~ le moment** im Augenblick; **j'en ai ~ une heure!** ich brauche eine Stunde! ❺ (*à l'occasion de*) zu; **~ Noël** zu Weihnachten ❻ (*à cause de*) wegen; **~ le plaisir de qn** zu jds Freude; **c'est ~ ton bien** das geschieht zu deinem Besten; **remercier qn ~ avoir fait qc** jdm danken, weil er etw getan hat ❼ (*comme*) als; **prendre ~ femme** zur Frau nehmen; **j'ai ~ principe de faire** es ist mein Prinzip etw zu tun; **avoir ~ effet** zur Folge haben ❽ (*pour ce qui est de*) **~ autant que je sache** soviel ich weiß ❾ (*dans le but de*) **~ faire qc** um etw zu tun; **~ que** + *subj* damit **II.** *m* **le ~ et le contre** das Für und [das] Wider; **il y a du ~ et du contre** es gibt Argumente dafür und dagegen

pourboire [puʀbwaʀ] *m* Trinkgeld *nt*

pourcentage [puʀsɑ̃ʒ] *m* ❶ *a.* COM **~ sur qc** [prozentualer] Anteil an etw (*dat*); **~ de bénéfices** Gewinnanteil; **le ~ des naissances** die Geburtenrate; **travailler au ~** auf Provisionsbasis arbeiten ❷ (*proportion pour cent*) Prozentsatz *m*

pourchasser [puʀʃase] <1> *vt* verfolgen

pourpre [puʀpʀ] **I.** *adj* purpurrot **II.** *m* (*couleur*) Purpur *m*

pourquoi [puʀkwa] **I.** *conj* warum ▶**c'est ~** deshalb; **c'est ~?** *fam* was kann ich für Sie tun? **II.** *adv* warum; **voilà ~** deshalb; **~ pas?** warum nicht? **III.** *m inv* **le ~ de qc** der Grund einer S. (*gen*); **le ~ et le comment** das Warum und Weshalb

pourri [puʀi] *m péj* (*homme corrompu*) Dreckskerl *m*

pourri, e [puʀi] *adj* ❶ (*fruit, œuf*) faul; (*poisson, viande*) verdorben; (*cadavre*) verwest; (*arbre, planche*) morsch; (*feuilles*) verfault ❷ (*infect*) mies (*fam*); (*saison, temps*) verregnet; **quel temps ~!** was für ein Mistwetter! (*fam*) ❸ (*personne, société*) korrupt

pourrir [puʀiʀ] <8> **I.** *vi* ❶ (*se putréfier: œuf*) faul werden; (*fruit*) verfaulen; (*viande, poisson*) schlecht werden; (*cadavre*) verwesen; (*arbre, planche*) [ver]modern ❷ *fam* **~ en prison** im Gefängnis verkümmern **II.** *vt* (*aliment*) verderben; (*bois, végétaux*) verfaulen lassen; (*fruit*) faulen lassen

poursuivant, e [puʀsɥivɑ̃, ɑ̃t] *m, f* ❶ Verfolger(in) *m(f)* ❷ JUR Kläger(in) *m(f)*

poursuivre [puʀsɥivʀ] <irr> **I.** *vt* ❶ (*personne, but*) verfolgen ❷ (*harceler*) **~ qn** (*personne*) jdn bedrängen; (*remords*) jdn quälen ❸ (*idéal*) streben nach ❹ (*continuer*) fortsetzen; (*combat, enquête*) weiterführen; **~ son récit** in seinem Bericht fortfahren **II.** *vi* ❶ (*continuer*) fortfahren ❷ (*persévérer*) weitermachen **III.** *vpr* **se ~** andauern; (*enquête, grève*) weitergeführt werden

pourtant [puʀtɑ̃] *adv* ❶ (*marque l'opposition, le regret*) dennoch; **cette fois ~, ...** diesmal jedoch ... ❷ (*marque l'étonnement*) [aber] doch

pourvoyeur [puʀvwajœʀ] *m* MIL Munitionskanonier *m*

pourvu [puʀvy] *conj* ❶ (*souhait*) wenn ... nur; **~ que** + *subj* wenn ❷ (*condition*) **pourvu que** + *subj* vorausgesetzt, dass

poussé, e [puse] *adj* (*étude, enquête*) ausführlich

pousser [puse] <1> **I.** *vt* ❶ (*déplacer*) schieben; (*voiture*) [an]schieben; (*meuble*) rücken ❷ (*pour ouvrir/fermer: porte, fenêtre*) auf-/zumachen; (*en claquant*) aufstoßen/zuschlagen ❸ (*bousculer*) stoßen; **~ du coude** mit dem Ellbogen anstoßen ❹ (*entraîner: courant, vent*) treiben ❺ (*candidat, élève, cheval*) antreiben; (*moteur, machine*) hoch drehen ❻ (*inciter à*) **~ qn à**

P

faire qc jdn dazu bringen etw zu tun; (*envie, intérêt, ambition*) jdn dazu treiben etw zu tun ⑦ (*diriger*) ~ **qn vers qc/qn** jdn zu etw drängen/zu jdm hindrängen ⑧ (*cri, soupir*) ausstoßen; ~ **des cris de joie** in Freudengeschrei ausbrechen; ~ **des gémissements** stöhnen ⑨ (*exagérer*) ~ **qc à l'extrême** etw [bis] zum Äußersten treiben ⑩ (*approfondir*) ~ **plus loin** (*études*) weiter vertiefen ⑪ (*cultiver*) **faire** ~ (*salade*) [an]-pflanzen; (*fleurs*) ziehen ⑫ (*grandir*) **se laisser** ~ (*cheveux*) sich (*dat*) wachsen lassen **II.** *vi* ① (*croître*) wachsen ② (*faire un effort pour accoucher*) pressen ③ (*exercer une poussée*) drängen ④ *fam* (*exagérer*) übertreiben **III.** *vpr* **se** ~ ① (*s'écarter*) Platz machen; **pousse-toi [un peu]!** rutsch mal [ein Stück] [zur Seite]! ② (*se bousculer*) sich drängen

poussette [pusɛt] *f* (*voiture d'enfant*) [Kinder]sportwagen *m*

poussière [pusjɛʀ] *f* Staub *m;* **faire la** ~ Staub wischen; **avoir une** ~ **dans l'œil** ein Staubkorn im Auge haben ▸**réduire qn/qc en** ~ aus jdm/etw Kleinholz machen (*fam*); **500 euros et des ~s** *fam* 500 Euro und ein paar Zerquetschte

poussiéreux, -euse [pusjeʀø, -øz] *adj* staubig; (*chambre, livres*) verstaubt

poussin [pusɛ̃] *m* ZOOL Küken *nt*

poussoir [puswaʀ] *m* (*d'une montre, sonnette*) Knopf *m*

poutre [putʀ] *f* ① (*de bois*) Balken *m* ② SPORT Schwebebalken *m*

pouvoir[1] [puvwaʀ] <irr> **I.** *aux* ① (*être autorisé*) dürfen ② (*être capable de*) können; **ne pas** ~ **s'empêcher de tousser** ständig husten müssen ③ (*éventualité*) **quel âge peut-il bien avoir?** wie alt er wohl sein mag? ④ (*suggestion*) **tu aurais pu nous le dire plus tôt!** das hättest du uns früher sagen können! **II.** *aux impers* **cela peut arriver** das kann vorkommen **III.** *vt* **ne rien** ~ **[faire] pour qn** nichts für jdn tun können ▸**n'en plus** ~ **de qc** nicht mehr können vor etw (*dat*) **qn n'y peut rien** (*ne peut y porter remède*) jd kann nichts dagegen tun; (*n'est pas responsable*) jd kann nichts dafür; **qu'est-ce que cela peut te faire?** was geht dich das an?; **ne rien** ~ **[y] faire** nichts [daran] ändern können **IV.** *vpr impers* **cela se peut/pourrait** das kann/könnte sein; **il se pourrait que** + *subj* es könnte sein, dass

pouvoir[2] [puvwaʀ] *m* ① POL [regierende] Macht; **le parti au** ~ die regierende Partei; **être au** ~ an der Macht sein ② (*autorité*) ~ **sur qn** Macht *f* über jdn ③ (*influence*) Einfluss *m* [auf jdn] ④ POL, JUR (*organes de décision*) [Staats]gewalt *f;* ~ **exécutif** Exekutive *f;* ~ **législatif** Legislative *f;* ~ **judiciaire** richterliche Gewalt; **~s publics** Staatsorgane *Pl* ⑤ ECON ~ **d'achat** Kaufkraft *f*

Prague [pʀag] Prag *nt*

prairie [pʀeʀi] *f* Wiese *f*

praline [pʀaline] *f* ~ **grillée** gebrannte Mandel

pratique [pʀatik] **I.** *adj* praktisch **II.** *f* ① (*opp: théorie*) Praxis *f;* **mettre en** ~ in die Praxis umsetzen ② (*expérience*) [praktische] Erfahrung ③ (*procédé*) Praktik *f* ④ (*coutume*) Gepflogenheit *f*

pratiquement [pʀatikmɑ̃] *adv* (*presque*) praktisch (*fam*)

pratiquer [pʀatike] <1> **I.** *vt* ① (*métier*) ausüben; (*religion, méthode*) praktizieren; (*politique, sport*) betreiben ② (*prix*) verlangen **II.** *vi* ① MED praktizieren ② REL in die Kirche gehen

pré [pʀe] *m* Wiese *f*

préado [pʀeado] *m, f fam abr de* **préadolescent**

préadolescence [pʀeadɔlesɑ̃s] *f* Vorpubertät *f*

préadolescent, e [pʀeadɔlesɑ̃, ɑ̃t] *m, f* Teeny *m*

préalable [pʀealabl] *adj* (*entretien*) vorhergehend; (*avis, accord*) vorherig; **question** ~ Vorfrage *f;* **je voudrais votre accord/avis** ~ ich hätte gerne vorher Ihre Zustimmung/Meinung

préau [pʀeo] <x> *m* (*d'une école*) überdachter Pausenhof

précaution [pʀekosjɔ̃] *f* ① (*disposition*) Vorsichtsmaßnahme *f* ② (*prudence*) Vorsicht *f;* **avec/sans** ~ vorsichtig/unvorsichtig; **par** ~ vorsichtshalber

précédent, e [pʀesedɑ̃, ɑ̃t] *adj* vorhergehend; (*année*) vorige(r, s); **le jour** ~ am Vortag *m*

précéder [pʀesede] <5> *vt* ① ~ **qc** (*dans le temps*) einer S. (*dat*) vorangehen; (*dans l'espace*) sich vor einer S. (*dat*) befinden; **l'article précède le nom** der Artikel steht vor dem Nomen ② (*devancer*) ~ **qn** jdm voran gehen; (*en voiture*) vor jdm [her]fahren

préchauffer [pʀeʃofe] <1> *vt* (*four*) vorheizen

prêcher [pʀeʃe] <1> *vi* ① REL predigen ② *iron* Moralpredigten halten

précieusement [pʀesjøzmɑ̃] *adv* sorgsam

précieux, -euse [pʀesjø, -jøz] *adj* wertvoll; (*temps*) kostbar; (*métal, pierre*) Edel-; **objet** ~ Wertgegenstand *m*

précipice [pʀesipis] *m* Abgrund *m*

précipitamment [pʀesipitamɑ̃] *adv* (*partir, s'enfuir*) überstürzt

précipitation [pʀesipitasjɔ̃] *f* ① (*hâte*) Hast *f;* (*d'un départ*) Überstürztheit *f* ② *pl* METEO Niederschläge *Pl*

précipité, e [pʀesipite] *adj* (*fuite, départ*) überstürzt; (*décision*) übereilt; (*personne*) voreilig

précipiter [pʀesipite] <1> **I.** *vt* ① (*jeter*) ~ **qn dans l'escalier** jdn die Treppe hinunterstoßen ② (*pas*) beschleunigen **II.** *vpr* **se** ~ (*s'accélérer*) sich beschleunigen

précis, e [pʀesi, iz] *adj* genau; (*diagnostic*) exakt; (*demande, ordre, idée*) klar; (*geste, style*) präzise; (*bruit, contours*) deutlich; **à 10 heures ~es** um Punkt 10 Uhr

précisément [pʀesizemɑ̃] *adv* ① (*au moment même*) gerade ② (*exactement*) genau; **plus** ~ genauer gesagt

préciser [pʀesize] <1> **I.** *vt* (*point, fait*) genau[er] erklären; (*intention, idée*) klar[er] ausdrücken; (*date, lieu*) genau angeben; ~ **que** klarstellen dass **II.** *vpr* **se** ~ sich klarer abzeichnen; (*menace*) deutlicher werden; (*idée, situation*) klarer werden

précision [pʀesizjɔ̃] *f* ① (*justesse*) Genauigkeit *f;* (*d'un geste, instrument*) Präzision *f;* **avec** ~ genau ② (*des contours, d'un trait*) Deutlichkeit *f* ③ *souvent pl* (*détail*) [genauere] Angabe

précité, e [pʀesite] *adj* oben erwähnt

précuit, e [pʀekɥi, kɥit] *adj* vorgekocht

prédécesseur [pʀedesesœʀ] *m* Vorgänger(in) *m(f)*

prédécoupé, e [pʀedekupe] *adj* (*planche*) [schon] zugeschnitten; (*viande*) [schon] vorgeschnitten

prédestiné, e [pʀedɛstine] *adj* vor[her]bestimmt; ~ **à qc** für etw prädestiniert

prédéterminer [pʀedetɛʀmine] <1> *vt* [vorher]bestimmen

prédication [pʀedikasjɔ̃] *f* ① REL Predigen *nt;* **la ~ de l'Évangile** die Verkündigung des Evangeliums ② REL Predigt *f*

prédiction [pʀediksjɔ̃] *f* Voraussage *f*

prédire [pʀediʀ] <irr> *vt* vorhersagen

préface [pʀefas] *f* Vorwort *nt*

préfecture [pʀefɛktyʀ] *f* Präfektur *f*

préféré, e [pʀefeʀe] **I.** *adj* (*ami*) beste(r, s); (*chanteur*) Lieblings- **II.** *m, f* Liebling *m*

préférence [pʀefeʀɑ̃s] *f* Vorliebe *f* ▸**de** ~ vorzugsweise

préférer [pʀefeʀe] <5> *vt* (*aimer mieux*) ~ **qn à qn** jdn lieber mögen als jdn; ~ **qc à qc** etw einer S. (*dat*) vorziehen; ~ **le champagne** Champagner bevorzugen; ~ **la ville à la campagne** lieber in der Stadt als auf dem Land leben; **je préfère que** + *subj* mir ist es lieber, wenn; **je te préfère avec les cheveux courts** mir gefällst du mit kurzen Haaren besser; **si tu préfères ...** wenn es dir lieber ist ...

préfet [pʀefɛ] *m* ① (*fonctionnaire*) Präfekt *m* ② BELG Schulleiter *m*

> Ein **préfet** repräsentiert die Regierung innerhalb eines Departements und somit alle staatlichen Behörden. Ihm unterstehen Polizei und Gendarmerie und er ist für die Amtshandlungen des Bürgermeisters und die Beschlüsse der Gemeinden gegenüber der Regierung verantwortlich. Die Präfekten wurden ursprünglich von Napoleon eingeführt.

préfète [pʀefɛt] *f* ① (*femme du préfet*) **Madame la** ~ die Präfektin ② BELG Schulleiterin *f*

préfixe [pʀefiks] *m* Präfix *nt,* Vorsilbe *f*

préhistoire [pʀeistwaʀ] *f* Vorgeschichte *f*

préhistorique [pʀeistɔʀik] *adj* HIST vorgeschichtlich

préjugé [pʀeʒyʒe] *m* Vorurteil *nt*

préjuger [pʀeʒyʒe] <2a> *vt, vi* ~ **[d'] une réaction**/**[d'] une conduite** eine Reaktion/ein Verhalten vorhersehen; **ne rien laisser ~ de la décision prise** keinen Hinweis auf die Entscheidung geben

prélavage [pʀelavaʒ] *m* Vorwäsche *f*

prélever [pʀel(ə)ve] <4> *vt* (*somme, pourcentage*) einbehalten; (*taxe*) abziehen; (*organe, tissu*) entnehmen; (*sang*) abnehmen; ~ **sur le compte** (*argent*) vom Konto abheben

P

prématurément [prematyrəmɑ̃] *adv* vorzeitig; (*décider*) verfrüht

premier [prəmje] *m* ① (*aîné*) Erste(r, s) *f(m, nt)*, erstes Kind ② (*jour*) Erste(r) *m*; **le ~ du mois/de l'an** am Monatsersten/Neujahrstag ►**en** ~ (*avant les autres*) als Erste(r, s); (*pour commencer*) zunächst; *v.a.* **cinquième**

premier, -ière [prəmje, -jɛr] **I.** *adj* ① *antéposé* (*opp: dernier*) erste(r, s); (*page*) Titel-; **~ venu** erste(r, s); **en ~ lieu** zuerst; **dans les ~s temps** anfangs ② (*besoins, rudiments*) Grund-; (*vocation*) eigentlich; (*objectif, rôle*) Haupt-; (*qualité*) wichtigste(r, s) **II.** *mf* **le/la ~(-ière)** der/die/das Erste; *v.a.* **cinquième**

première [prəmjɛr] *f* ① (*vitesse*) erster Gang ② SCOL ≈ elfte Klasse ③ (*manifestation sans précédent*) erstmaliges Ereignis; **~ mondiale** Weltereignis *nt* ④ THEAT, CINE Premiere *f* ⑤ AUT erste Klasse; *v.a.* **cinquième**

premièrement [prəmjɛrmɑ̃] *adv* erstens

prémisse [premis] *f* Voraussetzung *f*

prenant, e [prənɑ̃, ɑ̃t] *adj* (*film, livre*) fesselnd; (*travail, activité*) Zeit raubend

prendre [prɑ̃dr] <13> **I.** *vt + avoir* ① nehmen ② (*saisir*) **~ qn par le bras** jdn am Arm fassen; **~ qn par la main** jdn bei der Hand nehmen ③ (*absorber*) [zu sich] nehmen; (*boisson, café*) trinken; (*sandwich*) essen; (*médicament*) einnehmen ④ (*aller chercher*) abholen ⑤ (*manteau, parapluie*) [mit]nehmen ⑥ (*relais*) übernehmen; **~ à qn** (*place, ballon*) jdm wegnehmen ⑦ (*gibier*) erlegen; (*poisson, mouches*) fangen; (*forteresse, ville*) einnehmen; **se faire ~** gefasst werden; **être pris dans qc** in etw (*dat*) gefangen sein ⑧ (*surprendre*) **~ qn sur le fait** jdn auf frischer Tat ertappen; **on ne m'y prendra plus!** das passiert mir nicht noch einmal! ⑨ (*commande, gouvernail*) übernehmen; (*direction*) einschlagen; **~ l'autoroute** [über die] Autobahn fahren ⑩ (*acheter*) kaufen; **~ de l'essence** tanken ⑪ (*embaucher*) **~ comme cuisinier** als Koch einstellen ⑫ PHOT **~ qn en photo** ein Foto von jdm machen ⑬ (*notes*) machen; **~ des nouvelles de qn** sich nach jdm erkundigen ⑭ (*décision, précautions*) treffen; (*air innocent*) aufsetzen; (*mesure, pouvoir*) ergreifen; (*ton menaçant*) anschlagen; **~ la forme de qc** die Form einer S. (*gen*) annehmen ⑮ (*amant, maîtresse*) sich (*dat*) nehmen ⑯ (*couleur, goût de rance*) annehmen; **~ du ventre** einen Bauch bekommen ⑰ MED **~ froid** sich erkälten; **être pris d'un malaise** sich [plötzlich] unwohl fühlen ⑱ (*durer*) dauern ⑲ (*prélever: commission*) verlangen ⑳ *fam* (*averse, coup*) abkriegen; **~ la balle en pleine figure** den Ball voll ins Gesicht kriegen ㉑ (*réagir à*) **~ bien/mal la chose** die Sache gut aufnehmen/übel nehmen ㉒ (*considérer comme*) **~ pour qc** für etw halten; **~ qn pour qn** jdn mit jdm verwechseln ㉓ (*assaillir: colère, envie*) packen ㉔ LING (*s'écrire*) **ce mot prend deux s** dieses Wort schreibt man mit zwei s ►**c'est à ~ ou à laisser** entweder oder; **~ qc sur soi** etw auf sich nehmen; **qu'est-ce qui te prend?** was ist denn mit dir los? **II.** *vi* ① (*réussir*) **avec moi, ça ne prend pas!** *fam* das zieht bei mir nicht ② *+ avoir* (*s'enflammer: feu*) angehen ③ *+ avoir o être* (*durcir: ciment, mayonnaise*) fest werden ④ *+ avoir* (*se diriger*) **~ à gauche** (*personne*) [nach] links abbiegen; (*chemin*) nach links führen ⑤ *+ avoir* (*faire payer*) **~ beaucoup** viel verlangen **III.** *vpr* ① (*s'accrocher*) **se ~ dans qc** sich in etw (*dat*) verfangen ② (*procéder*) **s'y ~ bien/mal avec qn** gut/schlecht mit jdm umgehen; **s'y ~ bien/mal avec qc** sich bei etw geschickt/ungeschickt anstellen; **s'y ~ à trois reprises** drei Anläufe unternehmen ③ (*en vouloir*) **s'en ~ à qn/qc** jdn/etw dafür verantwortlich machen ④ (*s'attaquer*) **s'en ~ à qn/qc** jdn/etw angreifen ⑤ (*être pris*) **se ~** (*médicament*) [ein]genommen werden ⑥ (*se tenir*) **se ~ par le bras** sich unterhaken

prénom [prenɔ̃] *m* Vorname *m*

préoccupation [preɔkypasjɔ̃] *f* (*souci*) Sorge *f*

préoccupé, e [preɔkype] *adj* besorgt; [**par qc**] [um etw] besorgt

préoccuper [preɔkype] <1> **I.** *vt* **~ qn** jdm Sorge bereiten; (*avenir, situation*) jdn beunruhigen **II.** *vpr* **se ~ de qn/qc** sich um jdn/etw sorgen

préparatifs [preparatif] *mpl* Vorbereitungen *Pl*

préparation [preparasjɔ̃] *f* ① Vorbereitung *f*; (*d'un discours, plan*) Ausarbeitung *f*; (*d'* *repas, poisson*) Zubereitung *f;* (*d'un médicament*) Herstellung *f* ❷ CHIM, MED Präparat *nt*

préparatoire [pʀepaʀatwaʀ] *adj* **cours ~** ≈ 1. Klasse Grundschule; **classe ~** Vorbereitungsklasse *f* [auf eine der „grandes écoles"]

préparer [pʀepaʀe] <1> **I.** *vt* ❶ vorbereiten ❷ (*thé, café*) zubereiten; (*médicament, pommade*) herstellen; **plat préparé** Fertiggericht *nt* ❸ (*affaires, valise*) [zusammen]packen; (*chambre, voiture*) herrichten; (*gibier, poisson*) zurechtmachen ❹ (*roman, thèse*) arbeiten an (+ *dat*); (*bac, concours*) sich vorbereiten auf (+ *akk*) ❺ (*rhume, grippe*) ausbrüten (*fam*); **que nous prépare-t-il?** was führt er im Schilde? **II.** *vpr* ❶ (*pour sortir*) **se ~** sich fertig machen ❷ (*apprendre, s'entraîner*) **se ~ à qc** sich auf etw (*akk*) vorbereiten ❸ (*être sur le point de*) **se ~ à faire qc** sich anschicken etw zu tun (*geh*) ❹ (*approcher*) **se ~** (*événement*) in der Luft liegen; (*orage*) im Anzug sein; (*grandes choses, tragédie*) sich abzeichnen ❺ (*devoir être préparé*) **se ~** (*examen, plan, voyage*) vorbereitet werden

préposition [pʀepozisjɔ̃] *f* Präposition *f*

près [pʀɛ] **I.** *adv* ❶ (*à une petite distance*) nah[e] ❷ (*dans peu de temps*) nahe; **être ~** (*événement, départ*) bevorstehen ▶**qn n'en est pas/plus à qc ~** jdm kommt es auf etw (*akk*) nicht/nicht mehr an; **à qc ~ à la minute ~** auf die Minute genau; **au centime ~** bis auf den letzten Cent; **à une exception ~** bis auf eine Ausnahme; **à peu [de choses] ~** beinahe; (*ressembler*) ziemlich; **à peu ~ vide/calme** fast [ganz] leer/einigermaßen ruhig; **à cela ~ que** abgesehen davon, dass; **de ~** (*voir, regarder*) aus der Nähe; (*frôler, approcher*) nahe; (*suivre*) dicht; (*examiner, surveiller, y garder*) genau; (*se suivre*) kurz hintereinander **II.** *prép* ❶ (*à côté de*) **~ de qn/d'un lieu** in jds Nähe (*dat*)/in der Nähe eines Ortes; **~ de Paris/Cologne** bei Paris/Köln; **habiter ~ de chez qn** nicht weit von jdm wohnen ❷ (*à peu de temps de*) **être ~ du but** nahe am Ziel sein; **être ~ de la retraite** kurz vor der Pensionierung stehen ❸ (*presque*) **~ de** fast ▶ **ne pas être ~ de faire qc** etw bestimmt nicht mehr tun

présence [pʀezɑ̃s] *f* ❶ (*d'une personne*) Anwesenheit *f;* (*d'une chose*) Vorhandensein *nt;* **en ~ de qn** in jds Anwesenheit (*dat*) ❷ (*personnalité*) Ausstrahlungskraft *f*

présent [pʀezɑ̃] *m* ❶ (*opp: passé*) Gegenwart *f* ❷ LING Präsens *nt* ▶**à ~** jetzt; **à ~ que** jetzt, wo; **dès à ~** ab sofort; **jusqu'à ~** bis jetzt

présent, e [pʀezɑ̃, ɑ̃t] **I.** *adj* ❶ (*opp: absent: personne*) anwesend; **les personnes ~es** die Anwesenden ❷ (*qui existe*) **avoir qc ~ à l'esprit** etw im Kopf haben ❸ (*actuel: circonstances, état*) gegenwärtig; (*temps*) heutig **II.** *m, f* (*personne*) Anwesende(r) *f(m)*

présentable [pʀezɑ̃tabl] *adj* **être ~** (*tenue, coiffure*) sich sehen lassen können; (*personne*) vorzeigbar sein (*fam*)

présentateur, -trice [pʀezɑ̃tatœʀ, -tʀis] *m, f* (*du journal télévisé*) [Nachrichten]-sprecher(in) *m(f);* (*d'un programme*) Ansager(in) *m(f);* (*d'une émission*) Moderator(in) *m(f)*

présentation [pʀezɑ̃tasjɔ̃] *f* ❶ (*action de faire connaître: d'une collection, de tableaux*) Vorführung *f;* (*d'un film, invité*) Vorstellung *f;* (*d'un bilan, du budget*) Vorlage *f;* (*d'un problème, d'une idée*) Präsentation *f* ❷ RADIO, TV (*d'une émission*) Moderation *f;* (*d'un programme*) Ansage *f* ❸ (*action de montrer: d'une pièce d'identité*) Vorzeigen *nt* ❹ (*aspect extérieur: d'une personne*) [äußere] Erscheinung; (*d'un devoir, texte*) [äußere] Form; (*d'un produit*) Aufmachung *f* ❺ (*fait d'introduire qn*) **les ~s** das Vorstellen

présenter [pʀezɑ̃te] <1> **I.** *vt* ❶ vorstellen ❷ (*émission*) moderieren; (*programme*) ansagen ❸ (*décrire*) **~ qn/qc comme qn/qc** jdn/etw als jdn/etw darstellen ❹ (*billet, carte d'identité*) vorzeigen; (*document*) vorlegen ❺ (*condoléances, félicitations*) aussprechen; **~ ses excuses à qn** jdn um Entschuldigung bitten ❻ (*donner une apparence*) präsentieren; **c'est bien présenté** das ist gut dargeboten ❼ (*offrir*) bieten; (*plat, rafraîchissement*) reichen; (*fauteuil*) anbieten ❽ (*devis, dossier*) vorlegen; (*addition, facture*) präsentieren **II.** *vpr* ❶ (*décliner son identité*) **se ~ à qn** sich jdm vorstellen ❷ (*se rendre*) **se ~ chez qn** bei jdm erscheinen ❸ (*être candidat*) **se ~ à un examen** an einer Prüfung teilnehmen; **se ~ pour un emploi** sich um eine Stelle bewerben ❹ (*surgir: occasion, spectacle*) sich bie-

P

ten ❺ (*avoir un certain aspect*) **se ~ sous forme de cachets** es als Tabletten geben

présentoir [pʀezɑ̃twaʀ] *m* Verkaufsständer *m*

préservatif [pʀezɛʀvatif] *m* (*condom*) Kondom *nt*

présidence [pʀezidɑ̃s] *f* Präsidentschaft *f*

président, e [pʀezidɑ̃, ɑ̃t] *m, f* ❶ (*d'une assemblée, d'un tribunal*) Präsident(in) *m(f)*; (*d'une association, d'un comité*) Vorsitzende(r) *f(m)* ❷ (*chef de l'État*) **le Président de la République française** der französische Staatspräsident ❸ CH (*maire dans les cantons de Valais et de Neuchâtel*) Ammann *m* (CH)

> Der **Président de la République** ist das Staatsoberhaupt Frankreichs und wird vom Volk per Direktwahl für eine Amtszeit von fünf Jahren *(le quinquennat)* nach dem Mehrheitswahlrecht gewählt. Präsident und Regierung müssen nicht aus dem gleichen politischen Lager stammen. Die Befugnisse des Staatspräsidenten sind mit denen des Bundeskanzlers vergleichbar.

président-directeur général [pʀezidɑ̃ diʀɛktœʀʒeneʀal, o] <présidents-directeurs généraux> *m* Generaldirektor(in) *m(f)*

présidentiable [pʀezidɑ̃sjabl] **I.** *adj* **être ~** [ein] möglicher Präsidentschaftskandidat sein **II.** *mf* [möglicher] Präsidentschaftskandidat/[mögliche] Präsidentschaftskandidatin

présidentiel, le [pʀezidɑ̃sjɛl] *adj* (*élections*) Präsidentschafts-

présidentielle [pʀezidɑ̃sjɛl] *f gén pl* Präsidentschaftswahl[en *Pl*] *f*

presque [pʀɛsk] *adv* fast; **c'est ~ sûr** das ist so gut wie sicher; **n'entendre ~ pas** kaum hören

presqu'île [pʀɛskil] *f* Halbinsel *f*

press-book [pʀɛsbuk] <press-books> *m* (*documents reliés*) Präsentationsmappe *f*

presse [pʀɛs] *f* Presse *f*; **~ écrite** Printmedien *Pl*; **~ sportive** Sportzeitschriften *Pl*

pressé, e[1] [pʀese] *adj* (*pas*) eilig; **être ~ d'arriver** es eilig haben anzukommen

pressé, e[2] [pʀese] *adj* (*citron*) [frisch] gepresst

pressentiment [pʀesɑ̃timɑ̃] *m* Vorahnung *f*; **avoir le ~ que ...** das Gefühl haben, dass ...

presse-papiers [pʀɛspapje] *m inv* INFORM Zwischenablage *f* **presse-purée** [pʀɛspyʀe] *m inv* Kartoffelpresse *f*

presser[1] [pʀese] <1> **I.** *vt* (*pas*) beschleunigen **II.** *vi* (*temps*) drängen; (*affaire*) eilen ▸**ça presse!** *fam* das/es ist dringend **III.** *vpr* **se ~ de faire qc** sich beeilen etw zu tun

presser[2] [pʀese] <1> **I.** *vt* ❶ (*fruit*) auspressen; (*pis d'une vache, raisin*) pressen ❷ (*serrer*) drücken **II.** *vpr* (*se bousculer*) **se ~ vers la sortie** zum Ausgang drängen

pression [pʀɛsjɔ̃] *f* ❶ Druck *m* ❷ (*bouton*) Druckknopf *m* ❸ (*bière*) vom Fass ▸**être sous ~** unter Druck stehen; **mettre la ~ sur qn** (*exiger de qn des performances immédiates*) jdn unter [Leistungs]druck setzen

pressurisation [pʀesyʀizasjɔ̃] *f* Druckausgleich *m*

prestidigitation [pʀɛstidiʒitasjɔ̃] *f* Zauberei *f*; **tour de ~** Zauberkunststück *nt*

prestige [pʀɛstiʒ] *m* Ansehen *nt*

prestigieux, -euse [pʀɛstiʒjø, -jøz] *adj* (*lieu, événement*) glanzvoll; (*carrière*) glänzend; (*métier, école*) [hoch]angesehen; (*artiste, scientifique*) renommiert

présumé, e [pʀezyme] *adj* (*auteur*) mutmaßlich; **être ~ coupable/innocent** für schuldig/unschuldig gehalten werden

présupposé [pʀesypoze] *m* (*d'un article, d'une doctrine*) Voraussetzung *f*

présure [pʀezyʀ] *f* Lab *nt*

prêt [pʀɛ] *m* (*crédit*) Darlehen *nt*; (*prêt public*) Anleihe *f*

prêt, e [pʀɛ, pʀɛt] *adj* ❶ (*préparé*) fertig; **tout est ~** alles ist vorbereitet ❷ (*disposé*) **~ à faire qc** bereit etw zu tun

prêt-à-porter [pʀɛtapɔʀte] *m sans pl* Konfektionskleidung *f*

prétendre [pʀetɑ̃dʀ] <14> *vt* behaupten

prétendument [pʀetɑ̃dymɑ̃] *adv* angeblich

prétentieusement [pʀetɑ̃sjøzmɑ̃] *adv* auf überhebliche Weise

prétentieux, -euse [pʀetɑ̃sjø, -jøz] **I.** *adj* (*personne, ton*) überheblich **II.** *m, f* eingebildeter Mensch; (*femme*) eingebildete Person

prétention [pʀetɑ̃sjɔ̃] *f* ❶ *sans pl* (*vanité*) Überheblichkeit *f*; **sans ~** einfach; **avoir ~ de faire qc** sich (*dat*) einbilden etw tun zu können ❷ *gén pl* (*ce à quoi on prétend*) Anspruch *m*

prêter [pʀete] <1> **I.** *vt* ❶ (*livre, voiture*) ausleihen; (*argent*) leihen ❷ (*attribuer*) **~ une intention à qn** jdm eine Absicht unterstellen **II.** *vi* ❶ (*donner matière à*) **~ à équivoque** missverständlich sein; **~ à rire** lachhaft sein ❷ (*consentir un prêt*) **~ à 8%** zu 8% Zinsen [ver]leihen **III.** *vpr* ❶ (*consentir*) **se ~ à un jeu** bei einem Spiel mitmachen ❷ (*être adapté à*) **se ~ à qc** sich für etw eignen

prétexte [pʀetɛkst] *m* Vorwand *m;* (*excuse*) Ausrede *f;* **prendre qc comme ~** etw zum Vorwand nehmen; **sous aucun ~** unter keinen Umständen

prétexter [pʀetɛkste] <1> *vt* zum Vorwand nehmen

prêtre [pʀɛtʀ] *m* REL Priester *m*

prêtre-ouvrier [pʀɛtʀuvʀije] <prêtres-ouvriers> *m* Arbeiterpriester *m*

preuve [pʀœv] *f* ❶ Beweis *m;* **fournir la ~ de qc** den Beweis für etw erbringen ❷ MATH **~ par neuf** Neunerprobe *f* ▶**faire ~ de bonne volonté/courage** guten Willen/Mut zeigen

prévenir [pʀev(ə)niʀ] <9> **I.** *vt* ❶ (*aviser*) benachrichtigen ❷ (*avertir*) warnen **II.** *vi* Bescheid sagen

préventif, -ive [pʀevɑ̃tif, -iv] *adj* vorbeugend; (*médecine*) Präventiv-

prévention [pʀevɑ̃sjɔ̃] *f* (*médicale*) Vorsorge *f;* **~ de la délinquance** Vorbeugung *f* gegen die Kriminalität; **la Prévention routière** die Straßenverkehrswacht

prévenu, e [pʀev(ə)ny] *m, f* JUR Beschuldigte(r) *f(m)*

prévisible [pʀevizibl] *adj* vorhersehbar

prévision [pʀevizjɔ̃] *f* ❶ (*d'un événement, phénomène*) Vorhersehen *nt;* **~s météorologiques** Wettervorhersage *f* ❷ *pl* ECON, FIN Prognosen *Pl;* **~s budgétaires** Haushaltsvoranschlag *m*

prévisionnel, le [pʀevizjɔnɛl] *adj* (*mesures*) vorausschauend; (*coûts*) veranschlagt; (*étude, analyse*) prognostisch

prévoir [pʀevwaʀ] <irr> *vt* ❶ (*anticiper l'avenir*) vorhersehen; **moins cher que prévu** billiger als erwartet ❷ (*envisager*) vorsehen; (*casse-croûte, couvertures*) [vor]sorgen für; **tout ~** an alles denken

prier [pʀije] <1> **I.** *vt* ❶ REL **~ Dieu/les saints** zu Gott/den Heiligen beten ❷ (*inviter, solliciter*) **~ qn de faire qc** jdn bitten etw zu tun ▶**je vous prie d'agréer mes sincères salutations/sentiments les meilleurs** mit freundlichen Grüßen; **je t'en/vous en prie** (*fais/faites donc*) bitte sehr; (*s'il te/vous plaît*) bitte; (*il n'y a pas de quoi*) keine Ursache! **II.** *vi* REL beten

prière [pʀijɛʀ] *f* ❶ REL Gebet *nt;* **faire sa ~** beten ❷ (*demande*) Bitte *f*

primaire [pʀimɛʀ] **I.** *adj* (*école*) Grund- **II.** *m* SCOL Grundschule *f*

primauté [pʀimote] *f* (*supériorité*) **~ de qc sur qc** Vorrang *m* einer S. (*gen*) vor etw (*dat*)

prime [pʀim] *f* ❶ (*allocation*) Prämie *f;* (*en complément du salaire*) Zulage *f;* (*subvention payée par l'État*) Beihilfe *f;* **~ de fin d'année** Weihnachtsgeld *nt* ❷ (*somme à payer*) **~ d'assurance** Versicherungsprämie *f* ▶**en ~** als Zugabe; (*par-dessus le marché*) noch dazu

primer [pʀime] <1> *vt* prämi[i]eren; **primé** (*film*) preisgekrönt

primevère [pʀimvɛʀ] *f* Primel *f*

primo-infection [pʀimoɛ̃fɛksjɔ̃] <primo-infections> *f* Erstinfektion *f*

prince, -esse [pʀɛ̃s, -ɛs] *m, f* Fürst(in) *m(f);* (*fils/fille ou femme de roi*) Prinz/Prinzessin *m/f;* **~ charmant** Märchenprinz ▶**être bon ~** großmütig sein

principal [pʀɛ̃sipal] *m* (*l'important*) **le ~** das Wichtigste; **le ~, c'est que** + *subj* Hauptsache ist, dass

principal, e [pʀɛ̃sipal, o] <-aux> **I.** *adj* wichtigste(r, s); (*raison, rôle, proposition*) Haupt- **II.** *m, f* SCOL Schuldirektor(in) *m(f)*

principale [pʀɛ̃sipal] *f* LING Hauptsatz *m*

principalement [pʀɛ̃sipalmɑ̃] *adv* hauptsächlich

principauté [pʀɛ̃sipote] *f* Fürstentum *nt*

principe [pʀɛ̃sip] *m* Prinzip *nt;* (*règle de conduite a.*) Grundsatz *m* ▶**en ~** im Prinzip; **par ~** aus Prinzip; **pour le ~** um des Prinzips willen

printanier, -ière [pʀɛ̃tanje, -jɛʀ] *adj* (*soleil*) Frühlings-

printemps [pʀɛ̃tɑ̃] *m* Frühling *m; v.a.* **automne**

prioritaire [pʀijɔʀitɛʀ] **I.** *adj* vorrangig; **être ~** Priorität haben; (*véhicule, route*) Vorfahrt haben **II.** *mf* (*personne*) Bevorrechtigte(r) *f(m)*

priorité [pʀijɔʀite] *f* ❶ Priorität *f;* **en ~** als

P

Erstes ❷ AUT Vorfahrt *f;* **avoir la ~** Vorfahrt haben; **il y a ~ à droite** hier gilt rechts vor links

pris [pʀi] *passé simple de* **prendre**

pris, e [pʀi, pʀiz] **I.** *part passé de* **prendre** **II.** *adj* (*occupé*) **être ~** (*place*) besetzt sein; (*emploi du temps complet*) [völlig] verplant sein; (*personne*) beschäftigt sein; **avoir les mains ~es** keine Hand frei haben

prise [pʀiz] *f* ❶ (*action de prendre avec les mains*) Griff *m* ❷ (*poignée, objet que l'on peut empoigner*) Halt *m;* **lâcher ~** loslassen; *fig* nachgeben ❸ PECHE Fang *m;* CHASSE Beute *f* ❹ ELEC **~ de courant** Steckdose *f* ❺ CINE Aufnahme *f* ❻ (*de tabac*) Prise *f* ❼ MED **~ de sang** Blutabnahme *f* ❽ (*action d'assumer*) **~ en charge** Übernahme *f*

prison [pʀizɔ̃] *f* Gefängnis *nt*

prisonnier, -ière [pʀizɔnje, -jɛʀ] **I.** *adj* **être ~** eingesperrt sein; (*soldat*) in Gefangenschaft sein **II.** *m, f* Gefangene(r) *f(m);* **faire ~** gefangen nehmen

privatif, -ive [pʀivatif, -iv] *adj* JUR ausschließend; **jardin ~** Garten *m* [nur] zur Privatnutzung

privé [pʀive] *m* ❶ (*vie privée*) Privatleben *nt;* **dans le/en ~** privat ❷ IND (*secteur privé*) Privatwirtschaft *f*

privé, e [pʀive] *adj* (*opp: public*) privat; (*école, secteur*) Privat-

priver [pʀive] <1> **I.** *vt* ❶ (*refuser à*) entziehen; **~ qn de ses droits civiques** jdm seine Staatsbürgerrechte aberkennen; **~ qn de liberté** jdn seiner Freiheit (*gen*) berauben ❷ (*faire perdre à*) **~ qn de tous ses moyens** jdn handlungsunfähig machen; **qn/qc est privé de qc** jdm/einer S. fehlt etw ❸ (*frustrer*) **~ qn de qc** jdn um etw bringen **II.** *vpr* ❶ (*se restreindre*) **se ~ pour qn** sich für jdn einschränken ❷ (*renoncer*) **se ~ de qc** auf etw (*akk*) verzichten ▶**ne pas se ~ de faire qc** es sich (*dat*) nicht nehmen lassen etw zu tun

privilège [pʀivilɛʒ] *m* Privileg *nt*

privilégié, e [pʀivileʒje] **I.** *adj* (*personne, lieu*) privilegiert; (*situation*) [besonders] günstig; (*relations*) besonders gut **II.** *m, f* Privilegierte(r) *f(m)*

privilégier [pʀivileʒje] <1> *vt* (*personne*) privilegieren; **~ qc** einer S. (*dat*) den Vorzug geben

prix [pʀi] *m* ❶ Preis *m;* **~ du pain** Brotpreis; **~ d'ami** Freundschaftspreis; **à bas/moitié ~** billig/zum halben Preis; **hors de ~** unerschwinglich; **à aucun/tout ~** um keinen/jeden Preis; **ne pas avoir de ~** von unschätzbarem Wert sein ❷ (*distinction*) Auszeichnung *f;* **~ Nobel** Nobelpreisträger ▶**y mettre le ~** weder Kosten noch Mühen scheuen

pro [pʀo] *mf fam abr de* **professionnel** Profi *m*

probabilité [pʀɔbabilite] *f* Wahrscheinlichkeit *f;* **selon toute ~** höchstwahrscheinlich

probable [pʀɔbabl] *adj* **il est ~ qu'il gagnera** wahrscheinlich wird er gewinnen

probablement [pʀɔbabləmɑ̃] *adv* wahrscheinlich

problématique [pʀɔblematik] **I.** *adj* problematisch **II.** *f* Problemstellung *f*

problème [pʀɔblɛm] *m* ❶ Problem *nt;* (*moral, philosophique*) Frage *f;* **enfant à ~s** *fam* Problemkind *nt;* **poser un ~ à qn** für jdn ein Problem darstellen; **les ~s de circulation/stationnement** die Verkehrs-/Parkprobleme ❷ SCOL Aufgabe *f*

procédé [pʀɔsede] *m* (*méthode*) Verfahren *nt*

procéder [pʀɔsede] <5> *vi* (*agir*) verfahren; **~ par ordre** der Reihe nach vorgehen

procédurier, -ière [pʀɔsedyʀje, -jɛʀ] *adj* (*personne*) pedantisch; (*formalités*) haarspalterisch

procès [pʀɔsɛ] *m* Prozess *m;* **être en ~ avec qn** gegen jdn prozessieren

prochain [pʀɔʃɛ̃] *m* Nächste(r) *m*

prochain, e [pʀɔʃɛ̃, ɛn] *adj* ❶ nächste(r, s); **la ~e fois** nächstes Mal ❷ *postposé* (*arrivée, départ*) baldig; (*avenir*) nahe

prochaine [pʀɔʃɛn] *f fam* ❶ (*station*) die nächste Haltestelle ❷ (*fois*) **à la ~!** bis zum nächsten Mal!

prochainement [pʀɔʃɛnmɑ̃] *adv* demnächst; **très ~** in Kürze

proche [pʀɔʃ] **I.** *adj* ❶ nah[e]; (*départ*) nah[e] bevorstehend; **la ville la plus ~** die nächste Stadt; **être ~ de qc** nah[e] an etw (*dat*) sein ❷ (*sens*) verwandt; **être ~ de qc** (*langue, attitude*) einer S. (*dat*) ähnlich sein **II.** *mf* ❶ (*ami intime*) Vertraute(r) *f(m)* ❷ *mpl* (*parents*) **les ~s de qn** jds Angehörige *Pl*

Proche-Orient [pʀɔʃɔʀjɑ̃] *m* **le ~** der Nahe Osten

proclamer [pʀɔklame] <1> **I.** *vt* ❶ (*vérité*) verkünden; (*innocence*) beteuern ❷ (*république*) ausrufen; ~ **qn empereur** jdn zum Kaiser ausrufen **II.** *vpr* (*se déclarer*) **se ~ indépendant** sich für unabhängig erklären

procurer [pʀɔkyʀe] <1> **I.** *vt* ~ **qc à qn** jdm zu etw verhelfen **II.** *vpr* (*obtenir*) **se ~ qc** sich (*dat*) etw verschaffen

prodige [pʀɔdiʒ] *m* ❶ Wunder *nt* ❷ (*génie*) Genie *nt;* **enfant ~** Wunderkind *nt*

prodigieusement [pʀɔdiʒjøzmɑ̃] *adv* (*beau, difficile*) ungemein; (*doué, intéressant*) sehr; (*agacer, s'ennuyer*) über alle Maßen

prodigue [pʀɔdig] *adj* (*dépensier*) verschwenderisch

producteur, -trice [pʀɔdyktœʀ, -tʀis] **I.** *adj* COM erzeugend; ~ **de blé** Getreide anbauend; ~ **de pétrole** Erdöl produzierend **II.** *m, f* ❶ *a.* CINE, RADIO, TV Produzent(in) *m(f)* ❷ AGR Erzeuger(in) *m(f)*

productif, -ive [pʀɔdyktif, -iv] *adj* produktiv; FIN gewinnbringend

production [pʀɔdyksjɔ̃] *f* ❶ Produktion *f* ❷ (*fabrication*) Herstellung *f;* ~ **d'énergie** Energieerzeugung ❸ AGR Anbau *m* ❹ (*quantité produite*) Produktionsmenge *f;* (*d'énergie*) erzeugte Menge; (*de pétrole*) Fördermenge *f;* AGR Erzeugnisse *Pl*

productivité [pʀɔdyktivite] *f* Produktivität *f*

produire [pʀɔdɥiʀ] <irr> **I.** *vt* ❶ (*matières premières*) produzieren; (*voitures*) herstellen; (*électricité*) erzeugen ❷ AGR, GEO ~ **qc** (*cultivateur*) etw erzeugen; (*pays, région*) etw hervorbringen; (*arbre*) etw tragen **II.** *vi* FIN Gewinn abwerfen **III.** *vpr* **se ~** ❶ (*survenir*) sich ereignen; (*changement, silence*) eintreten ❷ (*se montrer sur scène*) auftreten

produit [pʀɔdɥi] *m* ❶ Produkt *nt* ❷ CHIM, BIO Mittel *nt;* ~ **de beauté** Schönheitsmittel ❸ ECON ~ **brut** Bruttoertrag; ~ **net** Nettoerlös; ~ **intérieur brut** Bruttoinlandsprodukt *nt;* ~ **national brut** Bruttosozialprodukt *nt*

pro-européen, ne [pʀoøʀɔpeɛ̃, ɛn] *m, f* Europabefürworter(in) *m(f)*

prof [pʀɔf] *mf fam abr de* **professeur** **professeur** [pʀɔfesœʀ] *mf* ❶ SCOL Lehrer(in) *m(f);* ~ **d'allemand** Deutschlehrer; ~ **des écoles** Grundschullehrer ❷ UNIV (*avec chaire*) Professor(in) *m(f);* (*sans chaire*) Dozent(in) *m(f)*

profession [pʀɔfesjɔ̃] *f* Beruf *m;* **exercer la ~ de qc** von Beruf etw sein

professionnalisme [pʀɔfesjɔnalism] *m* ❶ (*opp: amateurisme*) Professionalismus *m* ❷ (*compétence*) Professionalität *f*

professionnel, le [pʀɔfesjɔnɛl] **I.** *adj* ❶ beruflich; (*vie, secret*) Berufs-; **lycée ~** ≈ Fachoberschule *f* ❷ (*écrivain, journaliste*) berufsmäßig; (*menteur*) ausgemacht ❸ (*compétent*) fachkundig **II.** *m, f* ❶ (*homme de métier*) Fachmann/-frau *m/f* ❷ (*personne compétente*) Sachkundige(r) *f(m)*

professionnelle [pʀɔfesjɔnɛl] *f fam* (*prostituée*) Prostituierte *f*

professionnellement [pʀɔfesjɔnɛlmɑ̃] *adv* beruflich

profil [pʀɔfil] *m* ❶ Profil *nt;* **de ~** im Profil; (*d'une personne*) Silhouette *f* ❷ INFORM ~ **utilisateur** Benutzerprofil *nt*

profilage [pʀɔfilaʒ] *m* (*technique policière*) Täterprofilerstellung *f*

profit [pʀɔfi] *m* ❶ COM, FIN Profit *m* ❷ (*avantage*) Gewinn *m;* **au ~ de qn/qc** zugunsten einer Person/S. (*gen*)

profiter [pʀɔfite] <1> *vi* ~ **d'une situation** von einer Situation profitieren; ~ **d'une occasion** eine Gelegenheit ausnützen

profiterole [pʀɔfitʀɔl] *f: kleiner mit Eis oder Vanillecreme gefüllter Windbeutel*

profiteur, -euse [pʀɔfitœʀ, -øz] *m, f péj* Profitmacher(in) *m(f)*

profond, e [pʀɔfɔ̃, ɔ̃d] **I.** *adj* ❶ tief ❷ (*intérêt*) stark; (*regard*) intensiv ❸ *postposé* (*cause*) tiefere(r, s); (*signification*) tiefer liegend; (*tendance*) unterschwellig; **la France ~e** *das traditionelle Frankreich* **II.** *adv* tief

profondément [pʀɔfɔ̃demɑ̃] *adv* ❶ tief ❷ (*influencer, ressentir*) stark; (*réfléchir, se tromper*) gründlich; (*aimer*) innig; (*souhaiter*) sehnlichst ❸ *antéposé* (*vexé*) schwer; (*convaincu*) felsenfest

profondeur [pʀɔfɔ̃dœʀ] *f* ❶ Tiefe *f;* **50 m de ~** 50 Meter tief ❷ (*d'un regard*) Intensität *f* ►**en ~** gründlich; (*réforme*) tief greifend

programmable [pʀɔgʀamabl] *adj* ❶ INFORM programmierbar ❷ TECH vorprogrammierbar

programmation [pʀɔgʀamasjɔ̃] *f* ❶ CINE, RADIO, TV Programmgestaltung *f* ❷ TECH, INFORM Programmierung *f*

P

programme [pʀɔgʀam] *m* ❶ Programm *nt* ❷ SCOL Lehrstoff *m;* UNIV Studienplan *m* ▶**tout un ~** ein weites Feld

programmer [pʀɔgʀame] <1> *vt* ❶ MEDIA, CINE ins Programm nehmen; THEAT auf den Spielplan setzen; **être programmé** (*émission*) auf dem Programm stehen; **être programmé à dix heures** auf zehn Uhr angesetzt sein ❷ (*journée, vacances*) vorausplanen ❸ (*calculatrice*) [vor]programmieren; (*machine*) einstellen

progrès [pʀɔgʀɛ] *m* Fortschritt *m; pl* SCOL Fortschritte *Pl* ▶**on n'arrête pas le ~** *fam* nobel geht die Welt zugrunde

progresser [pʀɔgʀese] <1> *vi* ❶ (*s'améliorer*) Fortschritte machen ❷ (*augmenter*) steigen ❸ (*s'étendre*) sich verbreiten ❹ (*avancer*) vorankommen; (*armée*) vorrücken

progressif, -ive [pʀɔgʀesif, -iv] *adj* (*évolution*) allmählich; (*développement*) schrittweise

progression [pʀɔgʀɛsjɔ̃] *f* ❶ (*d'une épidémie, d'un incendie*) Sichausbreiten *nt;* (*d'une maladie*) Fortschreiten *nt* ❷ (*d'un explorateur, véhicule*) Vorankommen *nt;* (*d'une armée*) Vordringen *nt* ❸ MATH Reihe *f*

progressivement [pʀɔgʀesivmɑ̃] *adv* nach und nach; (*procéder*) schrittweise

progressivité [pʀɔgʀesivite] *f* ❶ (*d'un changement, d'une évolution*) langsames Fortschreiten ❷ FIN Progression *f*

prohibé, e [pʀɔibe] *adj* [gesetzlich] verboten

proie [pʀwɑ] *f* ❶ (*opp: prédateur*) Beute *f;* **oiseau de ~** Raubvogel *m* ❷ (*victime*) Opfer *nt*

projet [pʀɔʒɛ] *m* ❶ (*intention*) Plan *m;* **~ de film** Filmprojekt *nt* ❷ (*ébauche*) Entwurf *m*

projeter [pʀɔʒ(ə)te] <3> *vt* ❶ (*faire un projet*) planen ❷ (*éjecter*) herausschleudern

prolétaire [pʀɔletɛʀ] **I.** *adj* proletarisch **II.** *mf* Proletarier(in) *m(f)*

prolétariat [pʀɔletaʀja] *m* Proletariat *nt*

prolongation [pʀɔlɔ̃gasjɔ̃] *f* Verlängerung *f*

prolongé, e [pʀɔlɔ̃ʒe] *adj* (*arrêt, week-end*) verlängert; (*effort*) anhaltend

prolonger [pʀɔlɔ̃ʒe] <2a> **I.** *vt* verlängern **II.** *vpr* **se ~** (*durer: effet, séance*) andauern; (*débat*) sich in die Länge ziehen

promenade [pʀɔm(ə)nad] *f* ❶ (*balade: à pied*) Spaziergang *m;* (*en bateau/voiture*) Boots-/Spazierfahrt *f;* (*à cheval*) Ausritt *m;* **~ à/en vélo** Fahrradtour *f* ❷ (*lieu où l'on se promène*) Promenade *f*

promener [pʀɔm(ə)ne] <4> **I.** *vt* (*accompagner*) **~ qn/un animal** mit jdm/einem Tier spazieren gehen **II.** *vpr* (*faire une promenade*) [**aller**] **se ~** (*animal*) herumlaufen; (*personne*) (*à pied*) spazieren gehen; (*à cheval*) ausreiten; (*en bateau*) eine Bootsfahrt machen; **se ~ en voiture** [mit dem Auto] spazieren fahren; **se ~ à vélo** eine [kleine] Fahrradtour machen

promeneur, -euse [pʀɔm(ə)nœʀ, -øz] *m, f* Spaziergänger(in) *m(f)*

promesse [pʀɔmɛs] *f* Versprechen *nt* ▶**~ en l'air** leere Versprechungen *Pl*

prometteur, -euse [pʀɔmɛtœʀ, -øz] *adj* (*acteur, débuts*) viel versprechend

promettre [pʀɔmɛtʀ] <irr> **I.** *vt* ❶ (*s'engager à*) versprechen; **~ le secret à qn** jdm versprechen nichts zu verraten ❷ (*assurer*) versichern; **ça je te le promets!** da schwöre ich dir! ▶**c'est promis juré** *fam* das ist hoch und heilig versprochen **II.** *vi* ❶ (*faire une promesse*) sein Versprechen geben ❷ (*être prometteur*) zu Hoffnungen Anlass geben ▶ **ça promet!** *iron* das fängt ja gut an! **III.** *vpr* (*prendre la résolution de*) **se ~ de faire qc** sich (*dat*) fest vornehmen etw zu tun

promis, e [pʀɔmi, iz] *adj* **être ~ à qn/qc** für jdn/etw bestimmt sein

promotion [pʀɔmosjɔ̃] *f* ❶ (*avancement*) Beförderung *f* ❷ SCOL *Jahrgang einer Hochschule* ❸ (*produit en réclame*) Sonderangebot *nt*

pronom [pʀɔnɔ̃] *m* Pronomen *nt*

pronominal, e [pʀɔnɔminal, o] <-aux> *adj* pronominal; (*verbe*) reflexiv

prononcer [pʀɔnɔ̃se] <2> **I.** ❶ aussprechen ❷ (*parole*) äußern **II.** *vpr* **se ~** ❶ (*être articulé: mot, nom*) ausgesprochen werden ❷ (*prendre position*) sich aussprechen ❸ (*formuler son point de vue*) **se ~ sur qc** zu etw Stellung nehmen

pronostic [pʀɔnɔstik] *m* Prognose *f*

propagande [pʀɔpagɑ̃d] *f* Propaganda *f*

propagation [pʀɔpagasjɔ̃] *f* ❶ (*extension*) Ausbreitung *f* ❷ (*d'une idée, nouvelle*) Verbreitung *f*

propager [pʀɔpaʒe] <2a> **I.** *vt* (*idée, nouvelle*) verbreiten **II.** *vpr* **se ~** ❶ (*épidém*…

incendie) sich ausbreiten ❷ (*idée, nouvelle*) sich verbreiten

propice [pʀɔpis] *adj* günstig

proportion [pʀɔpɔʀsjɔ̃] *f* ❶ (*rapport*) [Größen]verhältnis *nt*; **être hors de ~ avec qc** in keinem Verhältnis zu etw stehen ❷ *pl* Proportionen *Pl*; (*d'une recette*) Mengenangaben *Pl*; (*importance*) Ausmaße *Pl*

proportionnel, **le** [pʀɔpɔʀsjɔnɛl] *adj* proportional

proportionnelle [pʀɔpɔʀsjɔnɛl] *f* POL **la ~** das Verhältniswahlrecht

proportionnellement [pʀɔpɔʀsjɔnɛlmɑ̃] *adv* verhältnismäßig

propos [pʀɔpo] *m gén pl* Worte *Pl* ▸**à ce ~** dazu; **à quel ~?** weswegen?; **à ~** übrigens; **à ~ de qc** etw betreffend

proposer [pʀɔpoze] <1> **I.** *vt* ❶ (*soumettre*) vorschlagen; (*décret, loi*) beantragen ❷ (*marchandise, récompense*) anbieten; (*prix, spectacle*) bieten **II.** *vpr* (*offrir ses services*) **se ~ à qn comme chauffeur** sich jdm als Chauffeur anbieten

proposition [pʀɔpozisjɔ̃] *f* ❶ (*offre*) Vorschlag *m*; **~ de loi** Gesetzesvorlage *f* ❷ *pl* (*avances*) Annäherungsversuche *Pl* ❸ LING Satz *m*

propre[1] [pʀɔpʀ] **I.** *adj* ❶ sauber ❷ (*non polluant*) umweltfreundlich **II.** *m* ▸**c'est du ~!** *fam* sauber!; **mettre qc au ~** etw ins Reine schreiben

propre[2] [pʀɔpʀ] **I.** *adj* ❶ *antéposé* (*à soi*) *a.* FIN eigen ❷ *postposé* (*mot, terme*) treffend; (*sens*) eigentlich; **le sens ~ d'un mot** der wörtliche Sinn eines Wortes **II.** *m* (*particularité*) charakteristisches Kennzeichen; (*de l'homme*) Wesensmerkmal *nt*

proprement [pʀɔpʀəmɑ̃] *adv* (*avec soin*) sauber; (*manger*) anständig

propret, **te** [pʀɔpʀɛ, ɛt] *adj* (*maison, chambre*) schmuck; (*personne*) adrett

propreté [pʀɔpʀəte] *f* ❶ Sauberkeit *f* ❷ ECOL Umweltfreundlichkeit *f*

propriétaire [pʀɔpʀijetɛʀ] *mf* ❶ (*possesseur*) Eigentümer(in) *m(f)*, Besitzer(in) *m(f)*; (*d'un animal, d'une voiture*) Halter(in) *m(f)* ❷ (*opp: locataire*) Hauswirt(in) *m(f)*; (*bailleur*) Vermieter(in) *m(f)*

propriété [pʀɔpʀijete] *f* ❶ (*domaine, immeuble*) [privates] Anwesen; **~ [foncière]** Grundbesitz *m* ❷ (*chose possédée*) Eigentum *nt* ❸ (*qualité propre*) Eigenschaft *f*

prospecteur, **-trice** [pʀɔspɛktœʀ, -tʀis] *m, f* COM Kundenwerber(in) *m(f)*

prospectif, **-ive** [pʀɔspɛktif, -iv] *adj* ❶ (*prévisionnel*) vorausschauend; **une étude prospective du marché** eine Trendanalyse ❷ (*orienté vers l'avenir*) zukunftsorientiert

prospectus [pʀɔspɛktys] *m* Prospekt *m*

prostitué, **e** [pʀɔstitɥe] *m, f* Prostituierte(r) *f(m)*

prostitution [pʀɔstitysjɔ̃] *f* Prostitution *f*

protecteur, **-trice** [pʀɔtɛktœʀ, -tʀis] **I.** *adj* (*attitude, personne*) [be]schützend **II.** *m, f* (*défenseur*) Beschützer(in) *m(f)*

protection [pʀɔtɛksjɔ̃] *f* ❶ (*défense*) Schutz *m* ❷ (*élément protecteur*) Schutzvorrichtung *f* ▸**~ sociale** soziales Netz; **mesures de ~** Schutzmaßnahmen *Pl*

protégé, **e** [pʀɔteʒe] **I.** *adj* (*site, territoire*) geschützt; (*passage*) vorfahrtsberechtigt **II.** *m, f* (*favori*) Günstling *m* (*pej*)

protège-cahier [pʀɔtɛʒkaje] <protège-cahiers> *m* [Schutz]umschlag *m*

protéger [pʀɔteʒe] <2a, 5> **I.** *vt* (*défendre*) schützen **II.** *vpr* **se ~ contre qn/qc** sich vor jdm/etw schützen

protège-slip [pʀɔtɛʒslip] <protège-slips> *m* Slipeinlage *f*

protestant, **e** [pʀɔtɛstɑ̃, ɑ̃t] **I.** *adj* protestantisch; (*en Allemagne*) evangelisch **II.** *m, f* Protestant(in) *m(f)*; (*en Allemagne*) Evangelische(r) *f(m)*

protestation [pʀɔtɛstasjɔ̃] *f* (*plainte*) Protestaktion *f*

protester [pʀɔtɛste] <1> *vi* protestieren

protide [pʀɔtid] *m* Proteid *nt*

protocole [pʀɔtɔkɔl] *m* Protokoll *nt*; **faire un ~** ein Protokoll erstellen

prototype [pʀɔtɔtip] *m* Prototyp *m*

prout [pʀut] *m fam* Pup[s] *m*; **faire [un] ~** pupsen

prouver [pʀuve] <1> *vt* beweisen; (*reconnaissance*) erweisen; **il est prouvé que ...** es ist erwiesen, dass ...; **il n'est pas prouvé que** + *subj* es gibt keinen Beweis dafür, dass

provenance [pʀɔv(ə)nɑ̃s] *f* Herkunft *f* ▸**être en ~ de ...** aus ... kommen

provençal [pʀɔvɑ̃sal, o] <-aux> *m* Provenzalisch *nt*; *v.a.* **allemand**

provençal, **e** [pʀɔvɑ̃sal, o] <-aux> *adj* provenzalisch; *v.a.* **allemand**

Provençal, **e** [pʀɔvɑ̃sal, o] <-aux> *m, f*

Provenzale/Provenzalin *m/f*

provençale [pʀɔvɑ̃sal] *f* GASTR ▸**à la ~** auf provenzalische Art

Provence [pʀɔvɑ̃s] *f* **la ~** die Provence

proverbe [pʀɔvɛʀb] *m* Sprichwort *nt;* **comme dit le ~** wie es im Sprichwort [so schön] heißt

province [pʀɔvɛ̃s] *f* Provinz *f* ▸**la Belle Province** *Bezeichnung für die Provinz Quebec*

> In Belgien gibt es zehn **provinces**. Sie sind mit den französischen Departements vergleichbar. Sie sind autonom, aber unterliegen trotzdem dem Föderalstaat, den Gemeinschaften und den Regionen.

provincial, e [pʀɔvɛ̃sjal, jo] <-aux> **I.** *adj* ① (*opp: parisien: air, manières*) provinziell; (*rythme*) der Provinz; (*vie*) in der Provinz ② CAN (*opp: fédéral: mesures, décision*) auf der Provinzebene **II.** *m, f* Provinzbewohner(in) *m(f)*

proviseur [pʀɔvizœʀ] *mf* Schulleiter(in) *m(f)* (*in Gymnasien*)

provision [pʀɔvizjɔ̃] *f* ① *pl* (*vivres*) [Essens]vorräte *Pl;* (*pour une excursion*) Proviant *m* ② (*réserve*) **~ d'eau** Wasservorrat *m*

provisionnel, le [pʀɔvizjɔnɛl] *adj* **tiers ~** *Steuervorauszahlung*

provisoire [pʀɔvizwaʀ] *adj* provisorisch; (*solution, mesure*) vorläufig; (*bonheur, liaison*) vorübergehend

provisoirement [pʀɔvizwaʀmɑ̃] *adv* vorübergehend

provoc *abr de* **provocation**

provocant, e [pʀɔvɔkɑ̃, ɑ̃t] *adj* provozierend

provocateur, -trice [pʀɔvɔkatœʀ, -tʀis] **I.** *adj* provokatorisch **II.** *m, f* Aufwiegler(in) *m(f)*

provocation [pʀɔvɔkasjɔ̃] *f* (*défi*) Herausforderung *f;* **être de la ~** provozieren

provoquer [pʀɔvɔke] <1> *vt* ① (*causer*) verursachen; (*changement*) bewirken; (*colère, gaieté*) erregen; (*mort, accident*) herbeiführen ② (*énerver*) reizen; (*défier*) herausfordern ③ (*aguicher*) aufreizen

prudemment [pʀydamɑ̃] *adv* vorsichtig

prudence [pʀydɑ̃s] *f* Vorsicht *f*

prudent, e [pʀydɑ̃, ɑ̃t] *adj* vorsichtig

prune [pʀyn] *f* Pflaume *f* ▸**pour des ~s** *fam* für nichts [und wieder nichts]

pruneau [pʀyno] <x> *m* Backpflaume *f*

prunier [pʀynje] *m* Pflaumenbaum *m*

Prusse [pʀys] *f* HIST **la ~** Preußen *nt;* **la ~ Orientale** Ostpreußen

prussien, ne [pʀysjɛ̃, jɛn] *adj* preußisch

Prussien, ne [pʀysjɛ̃, jɛn] *m, f* HIST Preuße/Preußin *m/f*

prussienne [pʀysjɛn] *f* ▸**à la ~** preußisch

PS [peɛs] *m* ① *abr de* **Parti socialiste** *Sozialistische Partei Frankreichs* ② *abr de* **post-scriptum** PS *nt*

pseudonyme [psødɔnim] *m* Pseudonym *nt*

psy [psi] *mf fam abr de* **psychanalyste, psychiatre, psychologue** *Bezeichnung für Berufe, die sich mit Psychologie beschäftigen*

psychiatre [psikjatʀ] *mf* Psychiater(in) *m(f)*

psychiatrique [psikjatʀik] *adj* (*hôpital*) psychiatrisch; (*troubles*) psychisch

psychique [psiʃik] *adj* seelisch

psychologie [psikɔlɔʒi] *f* Psychologie *f*

psychologique [psikɔlɔʒik] *adj* psychologisch; (*problème, état*) psychisch

psychologiquement [psikɔlɔʒikmɑ̃] *adv* psychologisch [gesehen]

psychologue [psikɔlɔg] **I.** *adj* psychologisch begabt **II.** *mf* Psychologe/Psychologin *m/f*

psychophonie [psikofɔni] *f* Gesangstherapie *f*

PTT [petete] *mpl abr de* **Postes, Télégraphes, Téléphones** Post- und Fernmeldewesen *nt*

pu [py] *part passé de* **pouvoir**

pub[1] [pyb] *f fam abr de* **publicité**

pub[2] [pœb] *m* (*bar*) Pub *m o nt*

puberté [pybɛʀte] *f* Pubertät *f*

public [pyblik] *m* ① (*assistance*) Publikum *nt* ② (*tous*) Allgemeinheit *f;* **en ~** (*en présence de personnes*) in der Öffentlichkeit; (*devant un auditoire*) öffentlich; (*devant tout le monde*) in aller Öffentlichkeit

public, -ique [pyblik] *adj* ① öffentlich; **sur la voie publique** in der Öffentlichkeit ② (*de l'État*) staatlich

publication [pyblikasjɔ̃] *f* Veröffentlichung *f*

publiciste [pyblisist] *mf* Werbefachmann/-frau *m/f*

publicitaire [pyblisitɛʀ] *adj* Werbe-

publicité [pyblisite] *f* ① MEDIA (*dans la presse*) Anzeige *f;* (*à la radio, télé*) Werbespot *m* ② *sans pl* (*réclame, métier*) Werbung *f kein Pl*

publier [pyblije] <1> *vt* ❶ ~ **qc** etw veröffentlichen; (*éditeur*) etw herausgeben ❷ (*nouvelle*) bekannt geben; (*communiqué*) herausgeben

publiquement [pyblikmɑ̃] *adv* öffentlich

puce [pys] *f* ❶ ZOOL Floh *m;* **le marché aux ~s** der Flohmarkt ❷ INFORM Chip *m* ▸**secouer les ~s à qn** *fam* (*réprimander*) jdm den Kopf waschen

pucelage [pys(ə)laʒ] *m fam* Unschuld *f*

puceron [pys(ə)ʀɔ̃] *m* Blattlaus *f*

pudding [pudiŋ] *m* Plumpudding *m*

pudeur [pydœʀ] *f* (*décence*) Scham[haftigkeit] *f*

pudique [pydik] *adj* (*décent*) schamhaft; (*geste*) züchtig

pudiquement [pydikmɑ̃] *adv* ❶ (*par euphémisme*) verhüllend ❷ (*chastement*) schamhaft

puer [pɥe] <1> **I.** *vi péj* stinken; **il pue des pieds** *fam* seine Füße stinken **II.** *vt* ❶ *péj* (*empester*) ~ **le renfermé** muffig riechen ❷ *péj, fam* (*porter l'empreinte de*) ~ **le fric** nach Geld stinken

puéricultrice [pɥeʀikyltʀis] *f* ❶ (*s'occupant des nouveau-nés*) Säuglingsschwester *f* ❷ (*s'occupant des tout-petits*) Kinderkrankenschwester *f*

puis[1] [pɥi] *adv* dann; **et ~ après** [*o* **quoi**]**?** *fam* na und?; **et ~ quoi encore!?** *fam* ja, was denn noch [alles]!?; **et ~** (*en outre*) und dann [noch]; (*en fin de compte*) und überhaupt

puis[2] [pɥi] *indic prés de* **pouvoir**

puisque [pɥisk(ə)] <puisqu'> *conj* da [ja]; **puisqu'il le faut!** wenn's denn sein muss!

puissance [pɥisɑ̃s] *f* ❶ *sans pl* (*force*) Kraft *f;* (*du vent*) Stärke *f;* (*d'un moteur*) Leistung[sfähigkeit] *f* ❷ *sans pl* (*État, pouvoir*) Macht *f* ❸ *pl* (*forces*) Kräfte *Pl* ❹ MATH **dix ~ deux** zehn hoch zwei

puissant, e [pɥisɑ̃, ɑ̃t] *adj* ❶ stark ❷ POL, ECON mächtig; (*armée*) schlagkräftig ❸ (*très efficace*) wirksam; (*moteur*) leistungsfähig

puisse [pɥis] *subj prés de* **pouvoir**

puits [pɥi] *m* ❶ (*pour l'eau*) Brunnen *m* ❷ (*d'une mine*) Schacht *m;* ~ **de pétrole** [Erd]ölbohrloch *nt*

pull [pyl] *m abr de* **pull-over** *fam* Pulli *m*

pull-over [pylɔvɛʀ] <pull-overs> *m* Pullover *m*

pulpeux, -euse [pylpø, -øz] *adj* (*lèvres*) voll

punaise [pynɛz] *f* ❶ ZOOL Wanze *f* ❷ (*petit clou*) Reißzwecke *f*

punch [pœnʃ] *m inv* (*dynamisme*) Elan *m;* **avoir du ~** *fam* Schwung haben

punir [pyniʀ] <8> *vt* bestrafen

punition [pynisjɔ̃] *f* ❶ (*peine*) Strafe *f* ❷ SCOL Strafarbeit *f* ❸ (*action de punir*) Bestrafung *f*

punk [pœ̃k] **I.** *adj inv* Punk-; (*lunettes, bijoux*) punkig **II.** *mf* (*personne*) Punk[er]/Punkerin *m/f*

pupitre [pypitʀ] *m* ❶ INFORM Steuerpult *nt* ❷ MUS (*d'un musicien, choriste*) Notenständer *m;* (*d'un chef d'orchestre*) [Dirigenten]pult; (*d'un piano*) Notenablage *f* ❸ (*meuble à plan incliné*) Pult *nt*

pur, e [pyʀ] *adj* rein; (*air, eau, regard, profil*) klar; (*jeune fille*) unschuldig; (*intentions*) lauter (*geh*)

purée [pyʀe] *f* Püree *nt*

purement [pyʀmɑ̃] *adv* rein; ~ **et simplement** [schlicht und] einfach

pureté [pyʀte] *f* Reinheit *f;* (*du regard, de l'air, eau*) Klarheit *f;* (*d'un visage*) Makellosigkeit *f;* (*de l'enfance*) Unschuld *f;* ~ **de la race** Reinrassigkeit *f*

purger [pyʀʒe] <2a> *vt* ❶ (*radiateur*) entlüften; (*huile*) ablassen ❷ JUR (*peine*) verbüßen

purificateur [pyʀifikatœʀ] *m* Reinigungsgerät *nt;* ~ **d'air** Luftreiniger *m*

purifier [pyʀifje] <1> *vt* (*air, atmosphère*) reinigen; (*eau*) klären

purin [pyʀɛ̃] *m* Jauche *f*

pur-sang [pyʀsɑ̃] <pur[s]-sang[s]> *m* Vollblut[pferd] *nt*

pus[1] [py] *m* Eiter *m*

pus[2] [py] *passé simple de* **pouvoir**

pute [pyt] *f péj vulg* Nutte *f*

putois [pytwa] *m* Iltis *m*

putsch [putʃ] *m* Putsch *m*

puzzle [pœzl] *m* Puzzle *nt*

P.V.C. [pevese] *m inv abr de* **Polyvinylchloride** PVC *nt*

pyjama [piʒama] *m* Schlafanzug *m,* Pyjama *m*

pyramide [piʀamid] *f* Pyramide *f*

Pyrénées [piʀene] *fpl* **les ~** die Pyrenäen

P

Qq

Q, q [ky] *m inv* Q *nt,* q *nt*
QCM [kyseɛm] *m abr de* **questionnaire à choix multiple**
QI [kyi] *m abr de* **quotient intellectuel** IQ *m*
qu' [k] *v.* **que**
quadrangulaire [k(w)adʀɑ̃gylɛʀ] *adj* viereckig
quadriller [kadʀije] <1> *vt* ① (*procéder à une opération militaire, policière*) ~ **qc** in etw (*dat*) ein flächendeckendes Netz von Kontrollpunkten errichten ② (*tracer des lignes*) ~ **qc** etw in Quadrate einteilen
quadruplés, -ées [k(w)adʀyple] *mpl, fpl* Vierlinge *Pl*
quai [ke] *m* ① (*d'une gare*) Bahnsteig *m* ② (*pour accoster*) Kai *m* ③ (*voie publique*) Uferstraße *f*
qualificatif [kalifikatif] *m* Bezeichnung *f*
qualificatif, -ive [kalifikatif, -iv] *adj* **adjectif** ~ Adjektiv *nt*
qualification [kalifikasjɔ̃] *f* Qualifikation *f*
qualifié, e [kalifje] *adj* qualifiziert
qualifier [kalifje] <1> *vpr* **se** ~ sich qualifizieren
qualitatif, -ive [kalitatif, -iv] *adj* qualitativ
qualitativement [kalitativmɑ̃] *adv* qualitativ, in Bezug auf die Qualität
qualité [kalite] *f* Qualität *f;* (*d'une personne*) gute Eigenschaft *f;* **de première** ~ erstklassig
quand [kɑ̃] **I.** *adv* wann **II.** *conj* ① (*temporel: événement unique du passé ou du présent*) als; (*événement répétitif, événement unique du futur*) wenn ② *fam* (*le moment où, le fait que*) wenn ③ (*exclamatif*) ~ **je pense que ...!** wenn ich daran denke, dass ...! ►~ **même** (*malgré cela*) trotzdem *fam* (*tout de même*) doch
quant [kɑ̃t] *prép* ~ **à qn/qc** was jdn/etw betrifft; ~ **à moi** ich für mein[en] Teil
quantifier [kɑ̃tifje] <1a> *vt* ① (*chiffrer*) in Zahlen (*akk*) fassen ② PHYS quanteln
quantitatif, -ive [kɑ̃titatif, -iv] *adj* quantitativ
quantitativement [kɑ̃titativmɑ̃] *adv* quantitativ
quantité [kɑ̃tite] *f* Menge *f;* [**une**] ~ **de personnes/choses** eine Menge Menschen/Dinge; **en** ~ unzählig
quarantaine [kaʀɑ̃tɛn] *f* ① **une** ~ **de personnes/pages** etwa vierzig Personen/Seiten ② (*âge approximatif*) **avoir la** ~ etwa vierzig [Jahre alt] sein ③ MED Quarantäne *f* ►**être en** ~ unter Quarantäne stehen; *v.a.* **cinquantaine**
quarante [kaʀɑ̃t] **I.** *num* vierzig; ~ **et un** einundvierzig **II.** *m inv* ① (*cardinal*) Vierzig *f* ② (*taille de confection*) **faire du** ~ ≈ Größe 38 tragen ►**les Quarante** die [vierzig Mitglieder der] Académie française; *v.a.* **cinq, cinquante**
quarantième [kaʀɑ̃tjɛm] **I.** *adj antépos* vierzigste(r, s) **II.** *mf* **le/la** ~ der/die/das Vierzigste **III.** *m* (*fraction*) Vierzigstel *nt v.a.* **cinquième**
quart [kaʀ] *m* ① Viertel *nt;* **trois ~s** drei Viertel; ~ **d'heure/de finale** Viertelstunde *f*/-finale *nt;* **3 heures et/un** ~ Viertel nach drei; **4 heures moins le** ~ Viertel vor vier ② (*partie appréciable*) Großteil *m;* **les trois ~s de qc** der Großteil einer S.; **les trois ~s du temps** die meiste Zeit ►**au** ~ **de tour** sofort
quarté [k(w)aʀte] *m* Rennquartett *nt* (*bei Pferdewetten*)
quartier [kaʀtje] *m* ① Viertel *nt;* **le Quartier latin** das Quartier Latin; **les gens du** ~ die Leute aus der Nachbarschaft ② C. (*banlieue*) ~ **périphérique** Vorstadtviertel *nt,* Außenquartier *nt* (CH) ►**avoir** ~ **libre** ausgehen dürfen
quart-monde [kaʀmɔ̃d] <quarts-mondes> *m* ① (*pauvreté*) **le** ~ die neue Armut ② (*pays les plus pauvres*) die Vierte Welt
quasi [kazi] *adv* fast; ~ **mort** halbtot
quatorze [katɔʀz] **I.** *num* vierzehn **II.** *m inv* Vierzehn *f; v.a.* **cinq**
quatorzième [katɔʀzjɛm] **I.** *adj antépos* vierzehnte(r, s) **II.** *mf* **le/la** ~ der/die/das Vierzehnte **III.** *m* (*fraction*) Vierzehntel *nt v.a.* **cinquième**
quatre [katʀ(ə)] **I.** *num* vier ►**manger comme** ~ für zwei essen; **un de ces [matins]** *fam* demnächst **II.** *m inv* Vier *f; v.a.* **cinq**
quatre-heures [katʀœʀ] *m inv, fam* süße Nachmittagsmahlzeit für Kinder **quatre-quarts** [kat(ʀə)kaʀ] *m inv:* Butterkuchen

rechteckiger Form **quatre-quatre** [katkatʀə] *m o f inv* AUT Auto *nt* mit Vierradantrieb **quatre-vingt** [katʀəvɛ̃] <quatre-vingts> **I.** *num* **~s** achtzig; **~ mille** achtzigtausend **II.** *m* **~s** Achtzig *f; v.a.* **cinq, cinquante** **quatre-vingt-dix** [katʀəvɛ̃dis] **I.** *num* neunzig **II.** *m inv* Neunzig *f; v.a.* **cinq, cinquante** **quatre-vingt-dixième** [katʀəvɛ̃dizjɛm] <quatre-vingt-dixièmes> **I.** *adj antéposé* neunzigste(r, s) **II.** *mf* **le/la ~** der/die/das Neunzigste **III.** *m* (*fraction*) Neunzigstel *nt; v.a.* **cinquième** **quatre-vingtième** [katʀəvɛ̃tjɛm] <quatre-vingtièmes> **I.** *adj antéposé* achtzigste(r, s) **II.** *mf* **le/la ~** der/die/das Achtzigste **III.** *m* (*fraction*) Achtzigstel *nt; v.a.* **cinquième** **quatre-vingt-onze** [katʀəvɛ̃ɔ̃z] **I.** *num* einundneunzig **II.** *m inv* Einundneunzig *f; v.a.* **cinq, cinquante** **quatre-vingt-un, -une** [katʀəvɛ̃œ̃, -yn] **I.** *num* einundachtzig **II.** *m inv* Einundachtzig *f; v.a.* **cinq, cinquante** **quatre-vingt-unième** [katʀəvɛ̃ynjɛm] **I.** *adj antéposé* einundachtzigste(r, s) **II.** *mf* **le/la ~** der/die/das Einundachtzigste **III.** *m* (*fraction*) Einundachtzigstel *nt; v.a.* **cinquième**

uatrième [katʀijɛm] **I.** *adj antéposé* vierte(r, s) **II.** *mf* **le/la ~** der/die/das Vierte **III.** *f* SCOL ≈ achte Klasse; *v.a.* **cinquième**

uatrièmement [katʀijɛmmɑ̃] *adv* viertens

ue [kə] <qu'> **I.** *conj* ① (*introduit une complétive*) dass; **je ne crois pas que** + *subj* ich glaube nicht, dass ② (*dans des formules de présentation*) **peut-être ~** vielleicht ③ (*dans des questions*) **qu'est-ce ~ c'est?** was ist das?; **qu'est-ce que c'est ~ ça?** *fam* was ist denn das?; **quand/où est-ce ~ tu pars?** wann/wohin gehst du? ④ (*reprend une conjonction de subordination*) **si tu as le temps et qu'il fait beau** wenn du Zeit hast und es schön ist ⑤ (*introduit une proposition de temps*) **ça fait trois ours qu'il est là** er ist seit drei Tagen da ⑥ (*introduit une proposition de but*) damit ⑦ (*pour comparer*) **plus/moins/autre ... ~** mehr/weniger/anders ... als; [**tout**] **aussi .. ~** [genau]so ... wie; **autant de ... ~** genauso viel(e) ... wie; **tel ~** [genau] so, wie ⑧ (*seulement*) nur; **ne... ~** nur; **n'arriver que demain** erst morgen ankommen; **la vérité, rien ~ la vérité** die Wahrheit, nichts als die Wahrheit **II.** *adv* (*comme*) wie; [**qu'est-ce**] **~ c'est beau!** wie schön das ist! **III.** *pron rel* ① (*compl direct: se rapportant à un subst au sing*) den/die/das; (*se rapportant à un substantif au pluriel*) die; **ce ~** (*en fonction de sujet*) [das,] was; (*en fonction d'objet direct*) was; **chose ~** was; **quoi ~ tu dises** was du auch sagst ② (*après une indication de temps*) **un jour qu'il faisait beau** eines Tages, als das Wetter schön war; **toutes les fois ~ ...** jedes Mal, wenn ...; **le temps ~ la police arrive, ...** bis die Polizei [endlich] kommt, ... **IV.** *pron interrog* was ...?; **qu'est-ce ~ ...?** was ...?; **ce ~** was ►**qu'est-ce qui vous prend?** was ist denn in Sie/euch gefahren?

Québec [kebɛk] *m* ① (*ville*) Quebec *nt* ② (*province*) **le ~** Quebec *nt*

Die Provinz **Québec** mit ihrer gleichnamigen Hauptstadt ist die östlichste und größte Provinz Kanadas. Montréal im Süden der Provinz ist Kanadas zweitgrößte Metropole. Der Anteil der Frankokanadier, also der Bevölkerung mit französischer Muttersprache, ist in **Québec**, gemessen am Rest des Landes, mit Abstand am höchsten.

quel, le [kɛl] **I.** *adj* ① (*dans une question*) welche(r, s); **~ temps fait-il?** wie ist das Wetter?; **~le heure est-il?** wie viel Uhr ist es?; **~ que soit son choix** ganz gleich, was er/sie wählt; **~les que soient les conséquences, ...** was für Folgen das auch immer haben wird, ... ② (*exclamation*) was für ein(e); **~ dommage!** wie schade! **II.** *pron* welche(r, s); **de nous deux, ~ est le plus grand?** wer ist der größere von uns beiden?

quelconque [kɛlkɔ̃k] *adj* ① (*n'importe quel*) **un ... ~** irgendein ... ② (*ordinaire*) mittelmäßig

quelque [kɛlk] **I.** *adj indéf, antéposé* ① *pl* (*plusieurs*) einige ② *pl* (*petit nombre*) **les ~s fois où ...** die wenigen Male, die ... **II.** *adv* ►**~ peu** ein wenig; **et ~**[**s**] *fam* **10 kg et ~s** etwas mehr als 10 kg

quelque chose [kɛlkəʃoz] *pron* etwas; **~ de beau** etwas Schönes; **c'est déjà ~!** das ist doch immerhin etwas ►**apporter un petit ~ à qn** *fam* jdm eine Kleinigkeit mitbringen; **c'est ~** [**tout de même**]**!** *fam* das ist [doch] allerhand!; **~ comme** etwa

Q

quelquefois [kɛlkəfwa] *adv* manchmal

quelque part [kɛlkpaʀ] *adv* **voir/lire ~** irgendwo sehen/lesen; **aller/jeter ~** irgendwohin gehen/werfen

quelques-uns, -unes [kɛlkəzœ̃, -yn] *pron indéf* einige; (*seulement une minorité*) einige wenige

quelqu'un [kɛlkœ̃] *pron indéf* jemand; **~ d'autre** jemand anders

qu'en-dira-t-on [kɑ̃diʀatɔ̃] *m inv* **se moquer du ~** auf das Gerede der Leute pfeifen

qu'est-ce que [kɛskə] *pron interrog* was

qu'est-ce qui [kɛski] *pron interrog* was

question [kɛstjɔ̃] *f* Frage *f;* **poser une ~ à qn** jdm eine Frage stellen; **[re]mettre qc en ~** etw infrage stellen; **ce n'est pas la ~** darum geht es [hier/jetzt] nicht ▸**il est ~ de qn/qc** (*il s'agit de*) es geht um jdn/etw; (*on parle de*) es ist die Rede von jdm/etw; **hors de ~** das kommt überhaupt nicht infrage; **pas ~!** *fam* [das] kommt nicht in die Tüte!; **~ qc, ...** *fam* in puncto etw, ...

questionnaire [kɛstjɔnɛʀ] *m* Fragebogen *m;* **~ à choix multiple** Multiple-Choice-Fragebogen

questionner [kɛstjɔne] <1> *vt* **~ qn sur qc** (*jury*) jdm zu etw Fragen stellen; (*police*) jdn zu etw befragen

question-piège [kɛstjɔ̃pjɛʒ] <questions-pièges> *f* ❶ (*apparemment facile*) Fußangel *f* ❷ (*pour nuire*) Fangfrage *f*

quête [kɛt] *f* [Geld]sammlung *f*

quetsche [kwɛtʃ] *f* Zwetsche *f,* Zwetschge *f* (CH)

queue [kø] *f* ❶ *a. fam* Schwanz *m* ❷ (*d'une casserole, poêle*) *a.* BOT Stiel *m;* (*d'un train*) Zugende *nt;* **~ de billard** Queue *f* ❸ (*file de personnes*) **faire la ~** Schlange *f* stehen ▸**n'avoir ni ~ ni tête** weder Hand noch Fuß haben

queue-de-pie [kød(ə)pi] <queues-de-pie> *f* Frack *m*

qui [ki] **I.** *pron rel* ❶ (*comme sujet: se rapportant à un substantif au singulier*) der/die/das; (*se rapportant à un substantif au pluriel*) die; **toi ~ sais tout** du weißt doch alles; **le voilà ~ arrive** da kommt er ja; **j'en connais ~ ...** ich kenne Leute, die ...; **c'est lui/elle qui a fait cette bêtise** er/sie hat diesen Blödsinn gemacht; **ce ~ ...** (*servant de sujet*) [das,] was ...; (*se rapportant à une phrase principale*) ..., was ... ❷ (*comme compl: remplace une personne* **la dame à côté de ~ tu es assis/tu t'as sois** die Dame, neben der du sitzt/nebe die du dich setzt; **l'ami dans la maiso de ~ ...** der Freund, in dessen Haus ...; **l dame à ~ c'est arrivé** die Dame, der da passiert ist ❸ (*celui qui*) wer ▸**c'est à criera le plus fort** jeder will am lauteste schreien; **~ que tu sois** ganz gleich, we du bist **II.** *pron interrog* ❶ (*qu'est-ce que*) **...?** wer ...?; **~ ça?** wer? ❷ (*question portar sur la personne compl direct*) **~ ...?** wen wem ...?; **~ as-tu vu?** wen hast du gese hen?; **~ croyez-vous?** wem glauben Sie ❸ (*question portant sur la personne com indirect*) **à/avec/pour/chez ~ ...?** wem mit wem/für wen/bei wem ...? ❹ (*marq du sujet, personne ou chose*) **qui est-ce ...?** wer ...?; **qu'est-ce ~ ...?** was ...?

quiche [kiʃ] *f* **~ [lorraine]** Quiche Lorraine

quiconque [kikɔ̃k] **I.** *pron rel* jeder, der **II.** *pron indéf* **je le sais mieux que ~** ic weiß es selbst am besten

qui est-ce que [kiɛskə] *pron interrog* (*que tion portant sur une personne en positic compl*) **~ ...?** wen/wem ...?; **avec/pa pour ~ ...?** mit wem/durch wen/für we ...?

qui est-ce qui [kiɛski] *pron interrog* (*que tion portant sur une personne en position s jet*) **~ ...?** wer ...?

quille [kij] *f* Kegel *m;* **jouer aux ~s** kegeln

quincaillerie [kɛ̃kɑjʀi] *f* ❶ (*magasin d'a cles de ménage*) Haushaltswarengeschäft ❷ (*magasin de petit outillage*) Eisenware handlung *f*

quinquennal, e [kɛ̃kenal, o] <-aux> *a* fünfjährlich

quinquennat [kɛ̃kena] *m* fünfjährige Reg rungszeit

quinte [kɛ̃t] *f* **~ de toux** Hustenanfall *m*

quinté [kɛ̃te] *m* Rennquintett *nt*

quinzaine [kɛ̃zɛn] *f* ❶ (*environ quinze*) **u ~ de personnes/pages** etwa fünfze Personen/Seiten ❷ (*deux semaines*) **rev nir dans une ~ [de jours]** in zwei Woch wiederkommen; **la première ~ de janvi** die erste Januarhälfte

quinze [kɛ̃z] **I.** *num* fünfzehn; **tous les jours** alle vierzehn Tage **II.** *m inv* Fünfze *f; v.a.* **cinq**

quinzième [kɛ̃zjɛm] **I.** *adj antéposé* fü

zehnte(r, s) **II.** *mf* **le/la ~** der/die/das Fünfzehnte **III.** *m* (*fraction*) Fünfzehntel *nt; v.a.* **cinquième**

quitte [kit] *adj* ❶ (*sans dettes*) **être ~** quitt [miteinander] sein (*fam*) ❷ (*au risque de*) **~ à faire qc** auch auf die Gefahr hin, dass man/jd etw tut

quitter [kite] <1> *vt* ❶ verlassen; **ne quittez pas** TELEC bleiben Sie am Apparat; **~ Paris** aus Paris wegziehen; **quitter la route** (*véhicule*) von der Straße abkommen ❷ INFORM (*programme*) beenden

quiz [kwiz] *m* Quiz[sendung *f*] *nt*

quoi [kwa] **I.** *pron rel* ❶ (*annexe d'une phrase principale complète*) **..., ce à ~ il ne s'attendait pas** ..., womit er nicht rechnete; **..., ce en ~ elle se trompait** ..., worin sie sich täuschte ❷ (*dans une question indirecte*) **elle ne comprend pas ce à ~ on fait allusion** sie versteht nicht, worauf angespielt wird; **ce sur ~ je veux que nous discutions** das, worüber ich mit Ihnen/euch sprechen möchte ❸ (*comme pronom relatif*) **à/de ~ ...** woran/worüber ...; **voilà de ~ je voulais te parler** [gerade] darüber wollte ich mit dir sprechen; **voilà à ~ je pensais** [gerade] daran dachte ich ❹ (*cela*) **..., après ~ ...** ..., [und] danach ... ❺ (*ce qui est nécessaire pour*) **de ~ faire qc** etwas um etw zu tun; **elle n'a pas de ~ vivre** sie hat nicht genug zum Leben; **il est très fâché — il y a de ~!** er ist sehr böse — dazu hat er allen Grund!; **il n'y a pas de ~ rire** da gibt es nichts zu lachen ▶**il n'y a pas de ~!** keine Ursache!; **~ que ce soit** irgendetwas; **~ qu'il en soit** wie dem auch sei; **~ que** ganz gleich, was **II.** *pron interrog* ❶ + *prép* **à ~ penses-tu?** woran denkst du?; **dites-nous à ~ cela sert** sagt uns, wozu das gut ist; **cette chaise est en ~?** *fam* woraus ist dieser Stuhl?; **par ~ commençons-nous?** womit fangen wir an? ❷ *fam* (*qu'est-ce que*) was; **c'est ~, ce truc?** was ist denn das da [für ein Ding]?; **tu sais ~?** weißt du was?; **~ encore?** was ist denn jetzt schon wieder?; **tu es idiot, ou ~?** *fam* bist du dumm oder was? ❸ (*qu'est-ce qu'il y a de ...?*) **~ de neuf?** was gibt's Neues?; **~ de plus facile/beau que ...?** was gibt es Einfacheres/Schöneres als ...? ❹ *fam* (*comment?*) was? **III.** *interj* ❶ (*marque la surprise: comment!*) **~!** was! ❷ *fam* (*en somme*) **..., ~!** eben ...!

quoique [kwak(ə)] *conj* obwohl

quota [k(w)ɔta] *m* Quote *f*

quotidien [kɔtidjɛ̃] *m* ❶ (*journal*) Tageszeitung *f* ❷ (*vie quotidienne*) Alltag *m*

quotidien, ne [kɔtidjɛ̃, jɛn] *adj* ❶ (*journalier*) täglich ❷ (*banal: tâches*) banal

quotidiennement [kɔtidjɛnmɑ̃] *adv* täglich

quotient [kɔsjɑ̃] *m* Quotient *m*

Rr

R, r [ɛʀ] *m inv* R *nt*, r *nt*; **rouler les r** das R rollen

rab [ʀab] *m fam* **il y a du ~** es ist noch etwas übrig

rabâcher [ʀabɑʃe] <1> *vt* **~ qc à qn** jdm ständig etw sagen

rabaisser [ʀabese] <1> *vt* herabsetzen

rabane [ʀaban] *f* [Raphia]bastgeflecht *nt*

rabat-joie [ʀabaʒwa] *mf inv* Spielverderber(in) *m(f)*

rabbin [ʀabɛ̃] *m* Rabbiner *m*

rabot [ʀabo] *m* Hobel *m*

raboter [ʀabɔte] <1> *vt* (*planche*) abhobeln

rabougri, e [ʀabugʀi] *adj* (*personne*) alt und gebückt

rabrouer [ʀabʀue] <1> *vt* anfahren

racaille [ʀakɑj] *f* Abschaum *m kein Pl* (*pej*)

raccard [ʀakaʀ] *m* CH (*grange à blé*) Weizenscheune *f*

raccommoder [ʀakɔmɔde] <1> **I.** *vt* (*chaussettes*) flicken **II.** *vpr fam* **se ~** sich versöhnen

raccompagner [ʀakɔ̃paɲe] <1> *vt* begleiten

raccourci [ʀakuʀsi] *m* ❶ (*chemin*) Abkürzung *f* ❷ INFORM **~ clavier** Shortcut *m*

raccourcir [ʀakuʀsiʀ] <8> **I.** *vt* kürzen **II.** *vi* kürzer werden

raccrocher [ʀakʀɔʃe] <1> **I.** *vi* ❶ TELEC auflegen ❷ SPORT *fam* aufhören **II.** *vpr* **se ~ à qn/qc** sich an jdn/etw klammern

race [ʀas] *f* ❶ Rasse *f* ❷ (*sorte*) Spezies *f*

racheter [ʀaʃte] <4> **I.** *vt* ❶ (*acheter en plus*) nachkaufen ❷ (*acheter d'autrui*) ab-

R

kaufen **II.** *vpr* **se ~** es wieder gutmachen

rachitique [ʀaʃitik] *adj* ❶ MED rachitisch ❷ (*chétif*) schwächlich

rachitisme [ʀaʃitism] *m* Rachitis *f*

racine [ʀasin] *f* ❶ BOT Wurzel *f* ❷ (*cause*) Ursache *f* ►**prendre ~** Wurzeln schlagen

racisme [ʀasism] *m* Rassismus *m*

raciste [ʀasist] **I.** *adj* rassistisch **II.** *mf* Rassist(in) *m(f)*

racket [ʀakɛt] *m* Schutzgelderpressung *f*

racketter [ʀakete] <1> *vt* **~ qn** Schutzgelder von jdm erpressen

racketteur, -euse [ʀakɛtœʀ, -øz] *m, f* Erpresser(in) *m(f)*

raclée [ʀɑkle] *f fam* ❶ (*volée de coups*) Tracht *f* Prügel ❷ (*défaite*) Schlappe *f*

racler [ʀɑkle] <1> **I.** *vt* (*casserole*) scheuern; (*boue, croûte*) abkratzen **II.** *vpr* **se ~ la gorge** sich räuspern

raclette [ʀɑklɛt] *f* Raclette *f o nt;* (*fromage*) Raclettekäse *m*

racoler [ʀakɔle] <1> *vt* **~ qn** jdn werben; (*prostituée*) jdn ansprechen

racontar [ʀakɔ̃taʀ] *m gén pl, fam* Tratsch *m kein Pl*

raconter [ʀakɔ̃te] <1> *vt* erzählen

radar [ʀadaʀ] *m* Radar[gerät *nt*] *m o nt*

radiateur [ʀadjatœʀ] *m* ❶ (*de chauffage central*) Heizkörper *m* ❷ AUT Kühler *m*

radical [ʀadikal, o] <-aux> *m* LING Stamm *m*

radical, e [ʀadikal, o] <-aux> *adj* radikal; (*refus*) grundsätzlich

radicalement [ʀadikalmɑ̃] *adv* ❶ (*entièrement*) radikal ❷ (*absolument*) vollkommen

radicaliser [ʀadikalize] <1> *vt* (*position*) verhärten; (*opinion, théorie*) radikalisieren

radier [ʀadje] <1> *vt* streichen; **~ qn de l'ordre des médecins** jdn aus der Ärztekammer ausschließen

radieux, -euse [ʀadjø, -jøz] *adj* strahlend

radin, e [ʀadɛ̃, in] **I.** *adj fam* knauserig **II.** *m, f fam* Geizkragen *m*

radiner [ʀadine] <1> *vpr fam* **se ~** auftauchen; **allez, radine-toi!** komm endlich!

radinerie [ʀadinʀi] *f fam* Knauserigkeit *f*

radio [ʀadjo] *f* ❶ Radio *nt;* **allumer/éteindre la ~** das Radio ein-/ausschalten ❷ (*radiodiffusion*) Rundfunk *m;* **passer à la ~** im Radio kommen ❸ (*station*) Sender *m* ❹ MED Röntgenaufnahme *f*

radioactif, -ive [ʀadjoaktif, -iv] *adj* radioaktiv

radioactivité [ʀadjoaktivite] *f* Radioaktivität *f*

radioamateur, -trice [ʀadjoamatœʀ, -tʀis] *m, f* Funkamateur(in) *m(f)*

radiographie [ʀadjɔgʀafi] *f* MED Röntgenaufnahme *f*

radiologue [ʀadjɔlɔg] *mf* Radiologe/Radiologin *m/f*

radiophonique [ʀadjɔfɔnik] *adj* **pièce ~** Hörspiel *nt*

radio-réveil [ʀadjoʀevɛj] <radios-réveils> *m* Radiowecker *m* **radio-taxi** [ʀadjotaksi] <radio-taxis> *m* Funktaxi *nt*

radiotélévisé, e [ʀadjotelevize] *adj* **message ~ du chef de l'État** Rundfunk- und Fernsehansprache des Staatschefs

radis [ʀadi] *m* Radieschen *nt;* (*grand ~*) Rettich *m*

radius [ʀadjys] *m* ANAT Speiche *f*

radoter [ʀadɔte] <1> *vi* sich wiederholen

radoucir [ʀadusiʀ] <8> *vpr* **se ~** ❶ (*personne*) sich besänftigen ❷ (*temps*) sich bessern

rafale [ʀafal] *f* **~ de vent** Windstoß *m*

raffermir [ʀafɛʀmiʀ] <8> *vpr* **se ~** (*voix*) fester werden; (*peau, tissu*) straffer werden; (*muscles*) kräftiger werden

raffinage [ʀafinaʒ] *m* Raffinieren *nt*

raffiné, e [ʀafine] *adj* ❶ (*délicat*) edel ❷ (*personne*) subtil; (*coup*) raffiniert

raffiner [ʀafine] <1> *vt* ❶ (*pétrole, sucre*) raffinieren ❷ (*goût*) verfeinern

raffinerie [ʀafinʀi] *f* Raffinerie *f*

raffoler [ʀafɔle] <1> *vi* **~ de qc** in etw vernarrt sein

raffut [ʀafy] *m fam* Radau *m*

rafistolage [ʀafistɔlaʒ] *m fam* ❶ (*bricolage*) Zusammenflicken *nt* ❷ *fig* Notbehelf *m*

rafistoler [ʀafistɔle] <1> *vt fam* zusammenflicken

rafle [ʀafl] *f* Razzia *f*

rafler [ʀafle] <1> *vt fam* mitgehen lassen

rafraîchir [ʀafʀeʃiʀ] <8> *vpr* **se ~** ❶ METEO (*air, temps*) abkühlen ❷ (*boire*) sich erfrischen ❸ (*se laver*) sich abkühlen ❹ (*arranger sa toilette*) sich frisch machen

rafraîchissement [ʀafʀeʃismɑ̃] ❶ (*boisson*) Erfrischung *f* ❷ INFORM **cycle de ~ de la mémoire** Refreshzyklus *m*

raft [ʀaft] *m* Schlauchboot *nt* (*für Wildwasserfahrten*)

rafting [ʀaftiŋ] *m* Rafting *nt*

ragaillardir [ʀagajaʀdiʀ] <8> *vt* (*boisson*) stärken

rage [ʀaʒ] *f* ❶ (*colère*) Wut *f* ❷ MED Tollwut *f*

rageant, e [ʀaʒɑ̃, ɑ̃t] *adj* **c'est ~** *fam* das ist ärgerlich

rageusement [ʀaʒøzmɑ̃] *adv* wutentbrannt

ragondin [ʀagɔ̃dɛ̃] *m* ❶ (*animal*) Biberratte *f* ❷ (*fourrure*) Nutria *m*

ragot [ʀago] *m fam* Klatsch *m kein Pl*

ragoût [ʀagu] *m* Ragout *nt*

raid [ʀɛd] *m* MIL Überfall *m;* **~ aérien** Luftangriff

raide [ʀɛd] **I.** *adj* ❶ (*corps, membre*) steif; (*cheveux*) glatt ❷ (*escalier, pente*) steil ❸ *fam* (*alcool*) stark **II.** *adv* (*en pente*) steil ▶**tomber ~ mort** plötzlich tot umfallen

raie[1] [ʀɛ] *f* (*ligne*) Streifen *m*

raie[2] [ʀɛ] *indic et subj prés de* **rayer**

raierai [ʀɛʀɛ] *fut de* **rayer**

raifort [ʀɛfɔʀ] *m* Meerrettich *m*

rail [ʀɑj] *m* Schiene *f*

raisin [ʀɛzɛ̃] *m* Traube *f;* **~s secs** Rosinen *Pl*

raison [ʀɛzɔ̃] *f* ❶ (*motif*) Grund *m;* **avoir ses ~s** seine Gründe haben ❷ (*sagesse*) Vernunft *f;* **~ qn à la raison** jdn zur Vernunft bringen ❸ (*facultés intellectuelles*) Verstand *m;* **avoir toute sa ~** bei [klarem] Verstand sein ▶**à tort ou à ~** zu Recht oder zu Unrecht; **avoir ~** Recht haben; **donner ~ à qn** jdm Recht geben; **entendre ~** Vernunft annehmen; **se faire une ~** sich damit abfinden; **pour quelle ~** weshalb

raisonnable [ʀɛzɔnabl] *adj* vernünftig

raisonnement [ʀɛzɔnmɑ̃] *m* (*argumentation*) Schlussfolgerung *f*

raisonner [ʀɛzɔne] <1> *vi* (*ramener à la raison*) zur Vernunft bringen

rajeunir [ʀaʒœniʀ] <8> **I.** *vt* verjüngen **II.** *vi* ❶ (*se sentir plus jeune*) sich jünger fühlen ❷ (*sembler plus jeune*) jünger scheinen

rajout [ʀaʒu] *m* Ergänzung *f*

rajouter [ʀaʒute] <1> *vt* ❶ **~ qc à qc** etw zu etw hinzufügen ❷ (*sel, sucre*) hinzugeben ▶**en ~** *fam* übertreiben

rajuster [ʀaʒyste] <1> *vt* (*vêtement, lunettes*) zurechtrücken

râlant [ʀɑlɑ̃] *adj* **c'est ~** *fam* das ist ärgerlich

ralenti [ʀalɑ̃ti] *m* ❶ CINE, TV Zeitlupe *f;* **au ~** in Zeitlupe ❷ AUT Leerlauf *m*

ralentir [ʀalɑ̃tiʀ] <8> **I.** *vt* verlangsamen; (*zèle, activité*) bremsen **II.** *vi* (*marcheur, véhicule*) abbremsen; (*croissance, production*) zurückgehen **III.** *vpr* **se ~** sich verlangsamen

ralentissement [ʀalɑ̃tismɑ̃] *m* Verlangsamung *f*

râler [ʀɑle] <1> *vi* (*grogner*) motzen; **faire ~ qn** jdn ärgern

râleur, -euse [ʀɑlœʀ, -øz] **I.** *adj fam* motzig **II.** *m, f fam* Meckerer *m*/Meckerziege *f,* Motzer(in) *m(f)*

rallonge [ʀalɔ̃ʒ] *f* ❶ (*d'une table*) Ausziehplatte *f* ❷ ELEC Verlängerungskabel *nt*

rallonger [ʀalɔ̃ʒe] <2a> *vt* verlängern

rallumer [ʀalyme] <1> *vt* (*cigarette, feu*) wieder anzünden; (*lampe, lumière*) wieder anmachen

rallye [ʀali] *m* Rallye *f*

RAM [ʀam] *f abr de* **Random Access Memory** RAM *m*

ramadan [ʀamadɑ̃] *m* Ramadan *m*

ramasser [ʀamɑse] <1> **I.** *vt* ❶ (*champignons, coquillages*) sammeln; (*ordures, copies*) einsammeln; (*argent*) zusammentragen ❷ (*chose tombée par terre*) aufheben ❸ *fam* (*embarquer*) festnehmen **II.** *vpr* **se ~** *fam* (*tomber*) hinpurzeln

ramener [ʀamne] <4> **I.** *vt* ❶ zurückbringen ❷ (*amener avec soi*) mitbringen ▶**la ~** *fam* angeben **II.** *vpr fam* (*arriver*) **se ~** aufkreuzen

rameur [ʀamœʀ] *m* Rudergerät *nt*

rameuter [ʀamøte] <1> *vt* (*rassembler*) **~ les militants** die aktiven Mitglieder wieder zusammenholen

rami [ʀami] *m* Rommee *nt*

rancard [ʀɑ̃kaʀ] *m fam* Treff *m*

rance [ʀɑ̃s] *adj* ranzig

ranch [ʀɑ̃tʃ] <[e]s> *m* Ranch *f*

rançon [ʀɑ̃sɔ̃] *f* ❶ (*rachat*) Lösegeld *nt* ❷ (*prix*) **la ~ de la gloire** der Preis des Ruhms

rancune [ʀɑ̃kyn] *f* **garder ~ à qn de qc** jdm etw nachtragen ▶**sans ~!** nichts für ungut!

rancunier, -ière [ʀɑ̃kynje, -jɛʀ] *adj* nachtragend

randonnée [ʀɑ̃dɔne] *f* **~ à pied/skis/bicyclette** Wanderung *f*/Ski-/Radtour *f*

rang [ʀɑ̃] *m* ❶ Reihe *f;* **en ~ par deux** in Zweierreihen; **mettez-vous en ~** stellt euch in einer Reihe auf ❷ (*dans un classement*) Platz *m* ❸ (*condition*) Rang *m*

R

rangée [Rɑ̃ʒe] *f* Reihe *f*
ranger [Rɑ̃ʒe] <2a> **I.** *vt* aufräumen; (*dossiers, fiches*) ordnen **II.** *vpr* **se ~** ❶ (*s'écarter: piéton*) beiseitegehen; (*véhicule*) den Platz freimachen ❷ (*se mettre en rang*) sich aufstellen ❸ (*devenir plus sérieux: personnes*) solide werden
ranimer [Ranime] <1> *vt* (*personne évanouie*) wieder beleben
rap [Rap] *m* Rap *m*
rapace [Rapas] **I.** *adj* (*cupide*) habgierig **II.** *m* ZOOL Raubvogel *m*
rapatrié, e [RapatRije] *m, f* Repatriierte(r) *f(m)*
rapatrier [RapatRije] <1> *vt* (*personne*) [zurück]bringen
râpé, e [Rɑpe] *adj* GASTR gerieben ▶**c'est** ~ *fam* das ist geplatzt
râper [Rɑpe] <1> *vt* reiben
rapiat, e [Rapja, jat] **I.** *adj fam* knauserig **II.** *m, f fam* Knauser(in) *m(f)*
rapide [Rapid] **I.** *adj* schnell; (*progrès, réponse*) rasch; (*geste, personne*) flink; (*examen*) flüchtig **II.** *m* (*train*) Schnellzug *m*
rapidement [Rapidmɑ̃] *adv* schnell; (*lire*) flüchtig
rapidité [Rapidite] *f* Schnelligkeit *f*
rapiécer [Rapjese] <2, 5> *vt* flicken
rappel [Rapɛl] *m* ❶ (*souvenir*) **~ de qc** Erinnerung *f* an etw (*akk*) ❷ (*avertissement: d'un paiement*) Mahnung *f;* **~ à l'ordre** Verweis *m* ❸ (*panneau de signalisation*) Wiederholungsschild *nt* ❹ THEAT *Herausrufen vor den Vorhang*; **avoir trois ~s** drei Vorhänge bekommen
rappeler [Rap(ə)le] <3> **I.** *vt* ❶ (*remémorer: souvenir*) wachrufen; **~ qn/qc à qn** jdn an jdn/etw erinnern; **~ à qn que ...** jdn daran erinnern, dass ... ❷ *a.* TELEC zurückrufen; (*acteurs, comédiens*) vor den Vorhang rufen **II.** *vpr* **se ~ qn/qc** sich an jdn/etw erinnern
rapper [Rape] <1> *vt, vi* MUS rappen
rappeur, -euse [RapœR, øz] *m, f* Rapper(in) *m(f)*
rappliquer [Raplike] <1> *vi fam* auftauchen
rapport [RapɔR] *m* ❶ (*lien*) Zusammenhang *m;* **~ de cause à effet** Kausalzusammenhang *m;* **~ qualité-prix** Preis-Leistungs-Verhältnis *nt* ❷ (*relations*) Beziehungen *Pl;* **les ~s franco-allemands** die deutsch-französischen Beziehungen ❸ *pl* (*relations sexuelles*) Geschlechtsverkehr *m* ❹ (*compte rendu*) Bericht *m;* **faire un ~** Bericht erstatten ▶**sous tous les ~s** in jeder Hinsicht; **par ~ à qn/qc** (*par comparaison*) im Vergleich zu jdm/etw; (*proportionnellement*) im Verhältnis zu jdm/etw
rapporté, e [RapɔRte] *adj* **une pièce ~e** *fig fam* ein(e) Angeheiratete(r) *f(m)*
rapporter [RapɔRte] <1> **I.** *vt* ❶ (*rendre*) zurückbringen; (*ramener*) mitbringen ❷ (*être profitable: métier, travail*) jdm etw einbringen ❸ *péj* (*répéter*) petzen **II.** *vpr* **se ~ à qc** sich auf etw (*akk*) beziehen
rapprocher [RapRɔʃe] <1> **I.** *vt* ❶ (*objets*) [näher] zusammenrücken; **~ qc de qc/qn** etw an etw (*akk*)/zu jdm näher rücken ❷ (*idées, thèses*) annähern **II.** *vpr* ❶ (*approcher*) **se ~ de qn/qc** sich jdm/einer S nähern; **rapproche-toi de moi!** komm näher [zu mir]! ❷ (*sympathiser*) **se ~** sich näher kommen
raquer [Rake] <1> *vi fam* blechen
raquette [Rakɛt] *f* ❶ SPORT Schläger *m* ❷ (*semelle pour la neige*) Schneeschuh *m*
rare [RɑR] *adj* ❶ selten ❷ (*exceptionnel*) außergewöhnlich ▶**se faire ~** sich nur selten sehen lassen
rarement [RɑRmɑ̃] *adv* selten
rascasse [Raskas] *f* Drachenkopf *m*
raser [Rɑze] <1> **I.** *vt* ❶ (*tondre*) rasieren; (*cheveux, tête*) kahl scheren; **rasé de près** glatt rasiert ❷ (*passer très près*) **~ qc** (*mur*) dicht an etw (*dat*) entlanggehen; (*sol*) dicht über etw (*dat*) fliegen ❸ (*bâtiment*) dem Erdboden gleichmachen ❹ *fam* (*ennuyer*) anöden **II.** *vpr* **se ~** sich rasieren; **se ~ qc** sich (*dat*) etw rasieren
ras-le-bol [Rɑl(ə)bɔl] *m inv fam* **en avoir ~** die Nase voll haben; **~!** mir reicht's!
rasoir [RɑzwaR] *m* Rasierapparat *m* ▶**comme un ~** wie ein Rasiermesser *nt*
rassembler [Rasɑ̃ble] <1> **I.** *vt* (*documents, objets épars*) zusammentragen; (*forces, idées*) sammeln; **~ des personnes** (*personne*) um sich versammeln **II.** *vpr* **se ~** (*badauds, foule*) zusammenströmen; (*participants*) sich versammeln
rassembleur, -euse [Rasɑ̃blœR, -øz] **I.** *adj* einigend **II.** *m, f* Einiger(in) *m(f)*
rasseoir [RaswaR] <irr> *vpr* **se ~** sich wieder setzen
rassir [RasiR] <8> **I.** *vi* (*pain, pâtisserie*) tr

cken werden **II.** *vpr* **se ~** trocken werden

rassis, rassie [ʀasi] *adj* alt

rassurant, e [ʀasyʀɑ̃, ɑ̃t] *adj* zuversichtlich; (*nouvelle*) beruhigend; **c'est ~!** das ist ja ermutigend!

rassurer [ʀasyʀe] <1> **I.** *vt* beruhigen; **ne pas être rassuré** beunruhigt sein **II.** *vpr* **se ~** sich beruhigen; **rassurez-vous!** seien Sie unbesorgt!

rasta [ʀasta] **I.** *adj fam* Rasta- **II.** *m fam* Rasta *mf*

rat [ʀa] *m* Ratte *f*

ratatiné, e [ʀatatine] *adj* verschrumpelt (*fam*)

ratatiner [ʀatatine] <1> *vt* (*rabougrir: fruit, personne*) [zusammen]schrumpfen lassen; **être ratatiné(e)** verschrumpelt sein (*fam*)

rate [ʀat] *f* ANAT Milz *f*

raté, e [ʀate] *m, f* Versager(in) *m(f)*

rater [ʀate] <1> **I.** *vt* ❶ (*cible*) verfehlen; (*occasion, train*) verpassen ❷ (*examen*) nicht schaffen; (*travail, vie*) verpfuschen (*fam*); **être raté** missglückt sein; (*photos*) nichts geworden sein ▶**ne pas ~ qn** sich (*dat*) jdn vorknöpfen **II.** *vi* (*affaire, projet*) misslingen **III.** *vpr* ❶ *fam* (*mal se suicider*) **qn se rate** jds Selbstmordversuch missglückt ❷ (*ne pas se voir*) **se ~** sich verpassen

ratifier [ʀatifje] <1> *vt* ratifizieren

ration [ʀasjɔ̃] *f* Ration *f*

rationaliser [ʀasjɔnalize] <1> *vt* rationalisieren

rationalité [ʀasjɔnalite] *f* Rationalität *f*

rationnellement [ʀasjɔnɛlmɑ̃] *adv* rational

rationner [ʀasjɔne] <1> *vt* rationieren

raton [ʀatɔ̃] *m* ZOOL **~ laveur** Waschbär *m*

ratonnade [ʀatɔnad] *f* Ausschreitungen *Pl* (*gegen Minderheiten*)

RATP [ɛʀatepe] *f abr de* **Régie autonome des transports parisiens** *öffentlicher Pariser Verkehrsbetrieb*

rattacher [ʀataʃe] <1> *vt* ❶ (*renouer*) wieder anbinden; (*lacet*) wieder [zu]binden; (*ceinture, jupe*) wieder zumachen ❷ (*annexer*) **~ qc à qc** (*territoire*) ewt an etw (*akk*) angliedern

rattraper [ʀatʀape] <1> **I.** *vt* ❶ (*rejoindre*) einholen ❷ (*temps perdu, retard*) wettmachen; (*sommeil*) nachholen; (*heures d'absence*) nacharbeiten ❸ (*retenir*) auffangen; **~ qn par le bras** jdn am Arm fest halten **II.** *vpr* ❶ (*se raccrocher*) **se ~ à qc** sich an etw (*dat*) fest halten ❷ (*compenser*) **se ~** das Versäumte nachholen

rature [ʀatyʀ] *f* Streichung *f*

raturer [ʀatyʀe] <1> *vt* [durch]streichen

rauque [ʀok] *adj* (*voix*) rau

ravage [ʀavaʒ] *m* ❶ (*dégâts*) Schäden *Pl* ❷ *pl* (*de l'alcool, de la drogue*) schädliche Auswirkungen *Pl* ▶**faire des ~s** verheerende Schäden anrichten

ravagé, e [ʀavaʒe] *adj fam* übergeschnappt

ravager [ʀavaʒe] <2a> *vt* verwüsten

ravaler [ʀavale] <1> *vt* (*larmes, colère*) unterdrücken

rave[1] [ʀav] *f* Rübe *f*

rave[2] [ʀɛv] *f* MUS Rave *m*

raveur, -euse [ʀɛvœʀ, -øz] *m, f* Raver(in) *m(f)*

ravi, e [ʀavi] *adj* **avoir l'air ~** strahlen; **être ~ de faire qc** erfreut sein etw zu tun

ravigoter [ʀavigɔte] <1> *vt fam* [wieder] auf die Beine (*akk*) bringen

ravin [ʀavɛ̃] *m* [Fels]schlucht *f*

ravir [ʀaviʀ] <8> *vt* begeistern; **ta visite me ravit** ich freue mich sehr über deinen Besuch

raviser [ʀavize] <1> *vpr* **se ~** seine Meinung ändern

ravissant, e [ʀavisɑ̃, ɑ̃t] *adj* bezaubernd

ravisseur, -euse [ʀavisœʀ, -øz] *m, f* Entführer(in) *m(f)*

ravitaillement [ʀavitajmɑ̃] *m* ❶ (*approvisionnement*) Versorgen *nt* mit Lebensmitteln; **~ en qc** Versorgung *f* mit etw ❷ (*provisions*) Verpflegung *f*

ravitailler [ʀavitaje] <1> **I.** *vt* **~ en qc** mit etw versorgen **II.** *vpr* **se ~ en qc** sich mit etw eindecken

ravoir [ʀavwaʀ] <irr, défec> *vt toujours à l'infin* ❶ (*récupérer*) zurückbekommen, zurückhaben ❷ *fam* (*casserole, vêtement*) wieder sauber kriegen

rayé, e [ʀeje] *adj* ❶ gestreift ❷ (*disque, vitre*) zerkratzt

rayer [ʀeje] <7> *vt* ❶ (*disque, vitre*) zerkratzen ❷ (*mot, nom*) durchstreichen; **~ de la liste** von der Liste streichen

rayon [ʀɛjɔ̃] *m* ❶ (*faisceau*) Strahl *m* ❷ *pl* (*radiations*) Strahlen *Pl* ❸ (*d'une armoire*) Fach *nt* ❹ COM Abteilung *f* ❺ (*distance*) Umkreis *m* ❻ (*d'une roue*) Speiche *f* ▶**~ de soleil** Sonnenschein *m* **c'est mon ~** ich

R

kenne mich da aus

rayonner [ʀɛjɔne] <1> *vi* ~ **de joie** vor Freude strahlen

raz-de-marée [ʀɑdəmaʀe] *m inv* Flutwelle *f*

razzia [ʀa(d)zja] *f* Razzia *f*

RDA [ɛʀdeɑ] *f* HIST *abr de* **République démocratique allemande** DDR *f*

ré [ʀe] *m inv* D *nt,* d *nt*

réabonnement [ʀeabɔnmɑ̃] *m* Abonnement[s]verlängerung *f*

réac [ʀeak] *abr de* **réactionnaire I.** *adj fam* verstaubt (*pej*); POL reaktionär **II.** *mf* POL *fam* Reaktionär(in) *m(f)*

réacteur [ʀeaktœʀ] *m* PHYS Reaktor *m*

réaction [ʀeaksjɔ̃] *f* ~ **à qc** Reaktion *f* auf etw (*akk*)

réactiver [ʀeaktive] <1> *vt* (*feu*) wieder anfachen; MED (*maladie, sérum*) reaktivieren

réactualiser [ʀeaktɥalize] <1> *vt* aktualisieren; (*conflit*) wieder aufleben lassen

réadaptation [ʀeadaptasjɔ̃] *f* Wiedereingliederung *f;* (*d'un handicapé*) Rehabilitation *f*

réadapter [ʀeadapte] <1> *vpr* (*se réaccoutumer*) **se** ~ **à qc** sich wieder in etw (*akk*) eingliedern; ~ **à l'école** sich wieder an die Schule gewöhnen

réafficher [ʀeafiʃe] <1> *vt* INFORM wieder einblenden

réaffirmer [ʀeafiʀme] <1> *vt* (*intention, volonté*) bekräftigen

réagir [ʀeaʒiʀ] <8> *vi* ❶ (*répondre spontanément*) ~ **à qc** auf etw (*akk*) reagieren ❷ (*s'opposer à*) ~ **contre qc** sich gegen etw (*akk*) wehren

réajustement [ʀeaʒystemɑ̃] *m* (*des salaires, prix*) Angleichung *f*

réajuster [ʀeaʒyste] <1> *vt v.* **rajuster**

réalisable [ʀealizabl] *adj* realisierbar

réalisateur, -trice [ʀealizatœʀ, -tʀis] *m, f* CINE, TV Regisseur(in) *m(f)*

réalisation [ʀealizasjɔ̃] *f* ❶ (*exécution*) Verwirklichung *f* ❷ CINE, RADIO, TV Regie *f*

réaliser [ʀealize] <1> **I.** *vt* ❶ (*projet, rêve*) verwirklichen; (*exploit*) vollbringen; (*désir*) erfüllen ❷ (*travail*) ausführen; (*plan, maquette*) ausarbeiten ❸ (*se rendre compte de*) sich über etw (*akk*) bewusst werden **II.** *vpr* **se** ~ (*ambition, projet*) Wirklichkeit werden; (*rêve*) wahr werden; (*vœu*) in Erfüllung gehen

réalisme [ʀealism] *m* Realismus *m*

réaliste [ʀealist] *adj* realistisch

réalité [ʀealite] *f* ❶ (*réel*) Wirklichkeit *f* ❷ (*chose réelle*) Tatsache *f* ►**en** ~ in Wirklichkeit *f*

réaménagement [ʀeamenaʒmɑ̃] *m* (*d'un site*) Neugestaltung *f*

réaménager [ʀeamenaʒe] <2a> *vt* (*site*) neu gestalten; ~ **le centre de la ville en zone piétonne** die Innenstadt zu einer Fußgängerzone umgestalten

réanimation [ʀeanimasjɔ̃] *f* Wiederbelebung *f;* **service de** ~ Intensivstation *f*

réanimer [ʀeanime] <1> *vt* wieder beleben

réapparaître [ʀeapaʀɛtʀ] <irr> *vi + avoir o être* wieder auftauchen

réapprendre [ʀeapʀɑ̃dʀ] <13> *vt* (*leçon, poésie*) noch einmal lernen; ~ **à marcher** wieder gehen lernen

réapprovisionner [ʀeapʀɔvizjɔne] <1> *vpr* **se** ~ **en qc** sich wieder mit etw eindecken; **se** ~ **en essence/fuel** sich wieder Benzin/Öl nachliefern lassen

réassortir [ʀeasɔʀtiʀ] <8> *vt* [wieder] ergänzen

réassurance [ʀeasyʀɑ̃s] *f* Rückversicherung *f*

rebaptiser [ʀ(ə)batize] <1> *vt* umbenennen

rébarbatif, -ive [ʀebaʀbatif, -iv] *adj* (*air*) abweisend; (*tâche*) undankbar

rebelote [ʀəbəlɔt] *interj fam* wie könnt's auch anders sein

rebiffer [ʀ(ə)bife] <1> *vpr fam* **se** ~ aufmucken

rebiquer [ʀ(ə)bike] <1> *vi fam* in die Höhe stehen

reblochon [ʀəblɔʃɔ̃] *m: milder Weichkäse aus Savoyen*

rebond [ʀ(ə)bɔ̃] *m* Aufprall *m;* **faux** ~ Abspringen *nt* [des Balls]

rebondir [ʀ(ə)bɔ̃diʀ] <8> *vi* ~ **contre qc** (*balle, ballon*) von etw (*dat*) abprallen

rebondissement [ʀ(ə)bɔ̃dismɑ̃] *m* Wiederaufleben *nt;* **nouveau** ~ **dans l'affaire X** Neues *nt* im Fall X!

reboucher [ʀ(ə)buʃe] <1> *vt* (*récipient*) wieder zumachen

rebours [ʀ(ə)buʀ] **à** ~ rückwärts; **compte** ~ Count-down *m*

reboutonner [ʀ(ə)butɔne] <1> **I.** *vt* wieder zuknöpfen **II.** *vpr* **se** ~ sich wieder zuknöpfen

fen

rébus [ʀebys] *m* Bilderrätsel *nt*

recaler [ʀ(ə)kale] <1> *vt* SCOL *fam* **se faire ~ au bac** durchs Abi rasseln

récapitulatif [ʀekapitylatif] *m* Auszug *m*

récapituler [ʀekapityle] <1> *vt* noch einmal kurz zusammenfassen

recel [ʀəsɛl] *m* Hehlerei *f*

récemment [ʀesamɑ̃] *adv* vor kurzem

recensement [ʀ(ə)sɑ̃smɑ̃] *m* Volkszählung *f*

récent, e [ʀesɑ̃, ɑ̃t] *adj* (*événement, passé*) jüngste(r, s); **être ~** neu sein

recentrer [ʀ(ə)sɑ̃tʀe] <1> *vt* ① POL neu ausrichten ② TECH neu zentrieren

récepteur [ʀesɛptœʀ] *m* ① RADIO Empfänger *m* ② TELEC **~ [téléphonique]** [Telefon]-hörer *m* ③ (*transformateur*) Energieumwandler *m*

récepteur, -trice [ʀesɛptœʀ, -tʀis] *adj* **antenne réceptrice** Empfangsantenne *f;* **appareil ~** Energieumwandler *m;* **poste ~** Empfänger *m*

réception [ʀesɛpsjɔ̃] *f* Empfang *m;* (*d'une entreprise*) Empfangsbüro *nt;* (*hall d'accueil*) [Empfangs]halle *f*

réceptionner [ʀesɛpsjɔne] <1> *vt* in Empfang (*akk*) nehmen

réceptionniste [ʀesɛpsjɔnist] *mf* Empfangschef/-dame *m/f*

réceptrice [ʀesɛptʀis] *adj v.* **récepteur**

récession [ʀesesjɔ̃] *f* Rezession *f*

recette [ʀ(ə)sɛt] *f* ① GASTR Rezept *nt* ② (*secret, truc*) Patentrezept *nt* ③ COM Einnahmen *Pl*

receveur, -euse [ʀəs(ə)vœʀ, -øz] *m, f* MED Empfänger(in) *m(f)*

recevoir [ʀəs(ə)vwaʀ] <12> **I.** *vt* ① erhalten ② (*obtenir, percevoir*) bekommen; (*compliment*) ernten ③ (*éducation*) genießen; **être reçu à un examen** eine Prüfung bestehen ④ *a.* RADIO, TV empfangen; **~ qn à dîner** jdn zum Abendessen zu Gast haben ⑤ (*coup, projectile*) abbekommen; **elle a reçu le ballon sur la tête** der Ball hat sie am Kopf getroffen ⑥ (*avis, conseil*) annehmen; **être bien/mal reçu** gut/schlecht aufgenommen werden; **recevez, cher Monsieur/chère Madame, l'expression de mes sentiments distingués/mes sincères salutations** *form* mit vorzüglicher Hochachtung/mit freundlichen Grüßen ⑦ (*contenir*) **pouvoir ~ des personnes** (*salle*) Menschen aufnehmen können; (*hôtel*) Menschen unterbringen können **II.** *vi* SPORT (*jouer sur son terrain*) Gastgeber sein

rechange [ʀ(ə)ʃɑ̃ʒ] *m* ►**pièce de ~** Ersatzteil *nt* **pantalon/chaussures de ~** Hose *f*/Schuhe *Pl* zum Wechseln

recharge [ʀ(ə)ʃaʀʒ] *f* Nachfüllpatrone *f;* (*d'un produit d'entretien*) Nachfüllpackung *f;* (*d'un stylo à bille*) Ersatzmine *f*

rechargeable [ʀ(ə)ʃaʀʒabl] *adj* (*briquet*) nachfüllbar; **stylo ~** Patronenfüllhalter *m;* **briquet/rasoir non ~** Einwegfeuerzeug *nt*/-rasierer *m*

recharger [ʀ(ə)ʃaʀʒe] <2a> *vt* (*arme*) nachladen; (*briquet*) nachfüllen; (*accumulateurs, batterie*) wieder [auf]laden

réchaud [ʀeʃo] *m* Kocher *m*

réchauffé [ʀeʃofe] *m* Aufgewärmte(s) *nt;* **ça doit être du ~** das ist sicher [nur] aufgewärmt

réchauffé, e [ʀeʃofe] *adj péj* aufgewärmt (*fam*)

réchauffement [ʀeʃofmɑ̃] *m* Erwärmung *f*

réchauffer [ʀeʃofe] <1> **I.** *vt* ① GASTR aufwärmen ② (*corps, membres*) wärmen **II.** *vpr* **se ~** (*personne*) sich wärmen; (*eau, planète*) sich erwärmen; (*temps, température*) wärmer werden

recherche [ʀ(ə)ʃɛʀʃ] *f* ① Suche *f;* **être à la ~ de qn/qc** auf der Suche nach jdm/etw sein ② *gén pl* (*enquête*) Nachforschung *f;* **faire des ~s sur qc** Nachforschungen über etw (*akk*) anstellen ③ *sans pl* MED, UNIV Forschung *f*

recherché, e [ʀ(ə)ʃɛʀʃe] *adj* ① begehrt; (*produit*) gefragt ② (*expression, style*) gewählt; (*plaisir*) erlesen

rechercher [ʀ(ə)ʃɛʀʃe] <1> *vt* **~ qn/qc** nach jdm/etw suchen

rechigner [ʀ(ə)ʃiɲe] <1> *vi* **~ à faire un travail** sich gegen eine Aufgabe sträuben; **en rechignant** widerwillig

rechute [ʀ(ə)ʃyt] *f* MED Rückfall *m*

rechuter [ʀ(ə)ʃyte] <1> *vi* ① (*récidiver*) rückfällig werden ② MED einen Rückfall haben

récidive [ʀesidiv] *f* JUR Rückfall *m*

récidiver [ʀesidive] <1> *vi* JUR rückfällig werden

récidiviste [ʀesidivist] *mf* JUR Wieder-

R

holungstäter(in) *m(f)*

récipient [ʀesipjɑ̃] *m* Gefäß *nt;* (*pour cuisiner*) Schüssel *f*

réciproque [ʀesipʀɔk] **I.** *adj* wechselseitig **II.** *f* Gleiche(s) *nt*

réciproquement [ʀesipʀɔkmɑ̃] *adv* gegenseitig; **et ~** und umgekehrt

récit [ʀesi] *m* Bericht *m;* (*narration*) Erzählung *f;* **~ d'aventures** Abenteuergeschichte *f*

récital [ʀesital] <s> *m* Konzert *nt*

récitation [ʀesitasjɔ̃] *f* SCOL Aufsagen *nt* von Gedichten; (*poème*) Gedicht *nt*

réciter [ʀesite] <1> *vt* (*leçon, poème*) aufsagen

réclamation [ʀeklamasjɔ̃] *f* ❶ (*plainte*) Beschwerde *f;* COM Reklamation *f* ❷ (*service*) **les ~s** für Reklamationen zuständige Stelle; TELEC Störungsstelle *f*

réclame [ʀeklam] *f* Reklame *f* ►**en ~** im [Sonder]angebot *nt*

réclamer [ʀeklame] <1> **I.** *vt* ❶ (*aide, argent*) erbitten; (*silence, parole*) bitten um ❷ (*exiger, revendiquer*) **~ qc à qn** von jdm etw fordern; **~ qn** nach jdm verlangen ❸ (*soin, temps*) erfordern **II.** *vi* sich beschweren

reclasser [ʀ(ə)klase] <1> *vt* (*remettre en ordre*) neu ordnen

réclusion [ʀeklyzjɔ̃] *f* JUR Freiheitsstrafe *f*

recoiffer [ʀ(ə)kwafe] <1> *vpr* **se ~** sich noch einmal kämmen

recoin [ʀəkwɛ̃] *m* Winkel *m*

recoller [ʀ(ə)kɔle] <1> *vt* ❶ (*coller à nouveau: enveloppe*) wieder zukleben; (*étiquette, timbre*) wieder aufkleben ❷ (*raccommoder: morceaux, vase cassé*) wieder zusammenkleben

récoltant, e [ʀekɔltɑ̃, ɑ̃t] *m, f* Winzer(in) *m(f)*

récolte [ʀekɔlt] *f* Ernte *f*

récolter [ʀekɔlte] <1> *vt a. fig* ernten; (*argent*) sammeln; (*contraventions, ennuis*) bekommen

recommandable [ʀ(ə)kɔmɑ̃dabl] *adj* empfehlenswert

recommandation [ʀ(ə)kɔmɑ̃dasjɔ̃] *f* ❶ (*appui*) Empfehlung *f* ❷ (*conseil*) Rat *m*

recommandé [ʀ(ə)kɔmɑ̃de] *m* POST Einschreiben *nt*

recommander [ʀ(ə)kɔmɑ̃de] <1> *vt* ❶ (*conseiller*) empfehlen; **~ à qn de faire qc** jdm raten etw zu tun; **il est recommandé de faire qc** es ist ratsam, etw zu tun ❷ (*lettre, paquet*) per Einschreiben schicken

recommencer [ʀ(ə)kɔmɑ̃se] <2> **I.** *vt* ❶ (*reprendre*) wieder anfangen; **~ un récit depuis le début** noch einmal von vorn erzählen ❷ (*travail*) noch einmal neu beginnen; (*erreur, expérience*) noch einmal machen; **ne recommence jamais ça!** mach das [ja] nie wieder! **II.** *vi* ❶ (*reprendre*) wieder anfangen ❷ (*essayer de nouveau*) es noch einmal versuchen; (*refaire un travail, un devoir*) noch einmal anfangen ❸ (*se remettre à*) **~ à marcher** wieder gehen

récompense [ʀekɔ̃pɑ̃s] *f* **~ de qc** Dank *m* für etw; (*matérielle*) Belohnung *f* für etw; SCOL, SPORT Preis *m* für etw

récompenser [ʀekɔ̃pɑ̃se] <1> *vt* (*personne*) belohnen

recomposer [ʀ(ə)kɔ̃poze] <1> *vt* (*numéro de téléphone*) noch einmal wählen

recomposition [ʀ(ə)kɔ̃pozisjɔ̃] *f* ❶ (*reconstitution*) [Wieder]zusammensetzen *nt* ❷ POL Umstrukturierung *f;* (*d'une majorité*) neue Zusammensetzung

recompter [ʀ(ə)kɔ̃te] <1> *vt, vi* (*monnaie*) [noch einmal] nachzählen; (*opération*) [noch einmal] nachrechnen

réconcilier [ʀekɔ̃silje] <1> **I.** *vt* (*personnes*) [miteinander] versöhnen **II.** *vpr* **se ~** (*personnes*) sich [miteinander] versöhnen; **se ~ avec qn/qc** sich mit jdm/etw aussöhnen

reconductible [ʀ(ə)kɔ̃dyktibl] *adj* (*contrat*) verlängerbar, erneuerbar

reconduire [ʀ(ə)kɔ̃dɥiʀ] <irr> *vt* (*raccompagner*) zurückbringen; (*chez soi*) heimbringen; ADMIN (*à la frontière*) zurückführen

réconfort [ʀekɔ̃fɔʀ] *m* ❶ (*soutien*) Halt *m* kein *Pl* (*fig*) ❷ (*consolation*) Trost *m*

réconfortant, e [ʀekɔ̃fɔʀtɑ̃, ɑ̃t] *adj* (*rassurant*) aufmunternd; (*événement*) ermutigend; (*consolant*) tröstlich; (*stimulant*) ermunternd

réconforter [ʀekɔ̃fɔʀte] <1> *vt* **~ qn par qc** (*consoler*) jdn mit etw trösten; (*rassurer*) jdn durch etw ermutigen; (*stimuler*) jdn mit etw aufmuntern

reconnaissance [ʀ(ə)kɔnɛsɑ̃s] *f* ❶ (*gratitude*) Dankbarkeit *f* ❷ (*d'un pays, terrain*) Erkundung *f* ❸ INFORM **~ optique de caractères** automatische Schriftenerkennung

~ **vocale** Spracherkennung *f*

reconnaissant, **e** [ʀ(ə)kɔnɛsɑ̃, ɑ̃t] *adj* dankbar

reconnaître [ʀ(ə)kɔnɛtʀ] <irr> **I.** *vt* ① (*identifier*) erkennen; ~ **qn à son style** (*se rappeler*) jdn an seinem Stil wieder erkennen ② (*innocence, qualité, droit*) anerkennen; (*erreur, faute*) eingestehen ③ (*bienfait*) zu schätzen wissen **II.** *vpr* ① (*se retrouver*) **se ~ dans qn/qc** sich in jdm/etw wieder erkennen ② (*être reconnaissable*) **se ~ à qc** an etw (*dat*) zu erkennen sein

reconnu, **e** [ʀəkɔny] **I.** *part passé de* **reconnaître** **II.** *adj* (*chef, fait*) anerkannt

reconsidérer [ʀ(ə)kɔ̃sideʀe] <5> *vt* noch einmal überdenken

reconstituer [ʀ(ə)kɔ̃stitɥe] <1> *vt* rekonstruieren; (*scène, bataille*) nachstellen; (*généalogie*) erstellen

reconstitution [ʀ(ə)kɔ̃stitysjɔ̃] *f* Rekonstruktion *f*

reconstruction [ʀ(ə)kɔ̃stʀyksjɔ̃] *f* Wiederaufbau *m*

reconstruire [ʀ(ə)kɔ̃stʀɥiʀ] <irr> *vt* wieder aufbauen

reconversion [ʀ(ə)kɔ̃vɛʀsjɔ̃] *f* **suivre un stage de ~ en informatique** an einer Umschulungsmaßnahme in Informatik teilnehmen

reconvertir [ʀ(ə)kɔ̃vɛʀtiʀ] <8> **I.** *vt* (*adapter*) ~ **qc en qc** etw zu etw umrüsten; **être reconverti en qc** in etw (*akk*) umgewandelt werden **II.** *vpr* **se ~ dans/en qc** auf etw (*akk*) umschulen

recopier [ʀ(ə)kɔpje] <1> *vt* ① (*transcrire*) abschreiben ② (*mettre au propre*) ins Reine schreiben ③ INFORM kopieren

record [ʀ(ə)kɔʀ] **I.** *m* Rekord *m* **II.** *app inv* **en un temps ~** in Rekordzeit

recordman [ʀ(ə)kɔʀdman] <s> *m* Rekordhalter *m*

recordwoman [ʀ(ə)kɔʀdwuman] <s> *f* Rekordhalterin *f*

recoucher [ʀ(ə)kuʃe] <1> **I.** *vt* wieder ins Bett bringen **II.** *vpr* **se ~** sich wieder hinlegen

recoudre [ʀ(ə)kudʀ] <irr> *vt* ① COUT wieder annähen ② MED nähen; (*opéré*) wieder zunähen

recouper [ʀ(ə)kupe] <1> **I.** *vt* ~ **un morceau** noch ein Stück abschneiden **II.** *vpr* **se ~** (*coïncider*) [miteinander] übereinstimmen

recourbé, **e** [ʀ(ə)kuʀbe] *adj* (*bec*) krumm; **nez ~** Hakennase *f*

recours [ʀ(ə)kuʀ] *m* ① (*utilisation*) ~ **à qc** Zurückgreifen *nt* auf etw (*akk*); **avoir ~ à qn** sich an jdn wenden; **avoir ~ à la violence** Gewalt anwenden ② (*ressource*) Ausweg *m;* (*personne*) Rettung *f;* **en dernier ~** als letzter Ausweg

recouvrir [ʀ(ə)kuvʀiʀ] <11> *vt* ① (*fauteuil*) beziehen; ~ **qc** (*neige, givre*) etw bedecken; **recouvert de buée/crépi** beschlagen/verputzt ② (*couvrir à nouveau*) ~ **un enfant de qc** (*personne*) ein Kind mit etw wieder zudecken

recracher [ʀ(ə)kʀaʃe] <1> *vt* (*expulser*) [wieder] ausspucken

récré [ʀekʀe] *f fam abr de* **récréation**

récréation [ʀekʀeasjɔ̃] *f* SCOL Pause *f*

recréer [ʀ(ə)kʀee] <1> *vt* neu erschaffen; (*reconstruire*) rekonstruieren, wieder entstehen lassen

récrire [ʀekʀiʀ] <irr> *vt* neu schreiben; ~ **une lettre à qn** jdm einen Brief zurückschreiben

recroqueviller [ʀ(ə)kʀɔk(ə)vije] <1> *vpr* **se ~** (*fleur*) welken; (*personne*) sich zusammenkauern

recrudescence [ʀ(ə)kʀydesɑ̃s] *f* Zunahme *f*

recruter [ʀ(ə)kʀyte] <1> *vt* ① MIL einziehen ② (*employés, travailleurs*) anwerben

recta [ʀɛkta] *adv* prompt

rectal, **e** [ʀɛktal, o] <-aux> *adj* rektal

rectangle [ʀɛktɑ̃gl] **I.** *m* Rechteck *nt* **II.** *adj* (*triangle*) rechtwinklig

rectangulaire [ʀɛktɑ̃gylɛʀ] *adj* rechteckig

rectificatif [ʀɛktifikatif] *m* Richtigstellung *f*

rectificatif, **-ive** [ʀɛktifikatif, -iv] *adj* **note rectificative** Berichtigung *f*

rectification [ʀɛktifikasjɔ̃] *f* (*d'un texte, d'une erreur*) Korrektur *f;* (*d'une déclaration*) Richtigstellung *f*

rectifier [ʀɛktifje] <1> *vt* ① (*corriger*) berichtigen ② (*position*) korrigieren

rectiligne [ʀɛktiliɲ] *adj* gerade

recto [ʀɛkto] *m* [Blatt]vorderseite *f;* **au ~** auf der [Blatt]vorderseite; ~ **verso** beidseitig

rectorat [ʀɛktɔʀa] *m* ① (*fonction*) ≈ Leitung *f* eines Oberschulamts (*Leitung eines Schulaufsichtsbezirks*) ② (*bureaux*) Behörde *f* der Schulverwaltung

reçu [R(ə)sy] *m* Quittung *f*

reçu, e [R(ə)sy] **I.** *part passé de* **recevoir II.** *adj* ❶ (*couramment admis*) [allgemein] üblich; **idée ~e** Vorurteil *nt* ❷ (*candidat, élève*) erfolgreich

recueil [Rəkœj] *m* (*ensemble*) Sammlung *f;* (*livre*) Sammelband *m*

recueillement [R(ə)kœjmɑ̃] *m* Besinnung *f;* (*religieux*) Andacht *f*

recueillir [R(ə)kœjiR] <irr> **I.** *vt* ❶ (*documents, signatures*) sammeln; (*suffrages*) erhalten ❷ (*accueillir*) aufnehmen ❸ (*témoignage, déposition*) aufnehmen **II.** *vpr* **se ~ sur la tombe d'un ami** eines Freundes an dessen Grab gedenken

recuire [R(ə)kɥiR] <irr> *vt* noch kochen lassen; (*dans une casserole*) noch einmal aufkochen; (*dans une poêle*) [noch] länger braten; (*au four*) noch einmal in den Ofen stellen; (*gâteau*) [noch] länger backen

recul [R(ə)kyl] *m* (*dans le temps*) Abstand *m;* (*dans l'espace*) Entfernung *f;* **avec le ~** im Nachhinein

reculer [R(ə)kyle] <1> **I.** *vi* ❶ (*opp: avancer: véhicule*) rückwärtsfahren; (*involontairement*) zurückrollen; **~ devant qn/qc** vor jdm/etw zurückweichen; **~ de deux pas** zwei Schritte zurücktreten ❷ (*renoncer*) klein beigeben; **ne plus pouvoir ~** nicht mehr zurück können; **faire ~ qn** jdn abschrecken ❸ (*diminuer: chômage, influence*) zurückgehen ▸**~ pour mieux <u>sauter</u>** aufgeschoben ist nicht aufgehoben **II.** *vt* (*meuble*) zurückschieben; (*mur*) versetzen; (*frontière*) [nach hinten] verschieben; (*véhicule*) zurückfahren; (*rendez-vous*) verschieben; (*décision, échéance*) aufschieben **III.** *vpr* **se ~** zurücktreten; **recule-toi!** geh aus dem Weg!

reculons [R(ə)kylɔ̃] ▸**<u>à</u> ~** rückwärts

récupérable [RekypeRabl] *adj* (*réutilisable: objets*) wiederverwertbar; (*heure, congé*) (*à rattraper*) nachzuholen[d]; (*à compenser*) auszugleichen[d]; **ces heures supplémentaires sont ~s sous forme de congé** diese Überstunden können durch Urlaub ausgeglichen werden

récupération [RekypeRasjɔ̃] *f* ❶ (*des biens*) Wiedererlangung *f;* (*des forces*) Wiederherstellung *f* ❷ (*de la chaleur*) Rückgewinnung *f;* (*des chiffons, du verre*) Wiederverwertung *f;* (*collecte*) Sammeln *nt;* **~ des vieux papiers** Altpapiersammlung *f* ❸ (*recouvrement*) Nachholen *nt;* (*des heures supplémentaires*) (*sous forme de congés*) Ausgleichen *nt*

récupérer [RekypeRe] <5> **I.** *vi* sich erholen **II.** *vt* ❶ (*reprendre: argent, biens*) wiederbekommen ❷ *fam* (*personne*) abholen; (*stylo prêté*) wiederhaben ❸ (*journée de travail*) nachholen; (*sous forme de congés*) ausgleichen (*fam*)

recyclable [R(ə)siklabl] *adj* ECOL wiederverwertbar

recyclage [R(ə)siklaʒ] *m* ECOL Wiederverwertung *f;* (*de l'eau*) Wiederaufbereitung *f*

recycler [R(ə)sikle] <1> **I.** *vt* ECOL (*déchets, verre*) recyceln; (*eau*) wieder aufbereiten; **papier recyclé** Umweltschutzpapier *nt* **II.** *vpr* (*se reconvertir*) **se ~ dans qc** auf etw (*akk*) umschulen; (*par une formation permanente*) sich in etw (*dat*) weiterbilden; (*entreprise*) auf etw (*akk*) umstellen

rédacteur, -trice [RedaktœR, -tRis] *m, f* Redakteur(in) *m(f)*

rédaction [Redaksjɔ̃] *f* ❶ *a.* PRESSE Redaktion *f* ❷ SCOL Aufsatz *m*

redécouvrir [R(ə)dekuvRiR] <11> *vt* wiederentdecken

redéfinir [R(ə)definiR] <8> *vt* neu definieren

redémarrer [R(ə)demaRe] <1> *vi* ❶ (*repartir*) wieder losfahren ❷ *fig* (*entreprise*) wieder in Schwung kommen; (*production, machines*) wieder anlaufen

redéploiement [R(ə)deplwamɑ̃] *m* (*d'une économie, politique*) Umstrukturierung (*des personnes, postes*) Umschichtung (*des troupes*) [Um]verlegung *f*

redéployer [R(ə)deplwaje] <6> **I.** *vt* (*industrie, économie*) umstrukturieren **II.** *vpr* **se** (*secteur économique*) umstrukturiert werden

redescendre [R(ə)desɑ̃dR] <14> **I.** + *avoir* ❶ (*vu d'en haut*) wieder hinuntergehen; (*escalier, échelle*) wieder hinuntersteigen; (*en courant: escalier*) [wieder] hinunterrennen; (*en escaladant: échelle*) [wieder] hinunterklettern; (*vu d'en bas*) wieder herunterkommen; (*escalier, échelle*) [wieder] heruntersteigen; (*en courant: escalier*) wieder herunterrennen; (*en escaladant: échelle*) [wieder] herunterklettern ❷ (*porter vers le bas*) [wieder] herunterholen **II.**

+ être (*baromètre, fièvre*) wieder fallen; (*marée*) zurückgehen; ~ **de l'échelle** wieder von der Leiter [herunter]steigen

redevenir [ʀ(ə)dəv(ə)niʀ] <9> *vi* wieder werden

rédhibitoire [ʀedibitwaʀ] *adj* grundlegend

rediffuser [ʀ(ə)difyze] <1> *vt* noch einmal senden

rediffusion [ʀ(ə)difyzjɔ̃] *f* Wiederholung *f*

redire [ʀ(ə)diʀ] <irr> *vt* (*histoire*) noch einmal erzählen; (*rapporter*) weitererzählen

redistribuer [ʀ(ə)distʀibɥe] <1> *vt* ~ **qc à qn** etw an jdn verteilen

redite [ʀ(ə)dit] *f* [unnötige] Wiederholung

redonner [ʀ(ə)dɔne] <1> *vt* ❶ wieder geben; (*nom*) noch einmal sagen; (*appétit, courage*) wieder machen; ~ **des forces** kräftigen ❷ (*resservir*) noch einmal servieren; ~ **à boire à qn** jdm noch [etwas] zu trinken geben

redormir [ʀ(ə)dɔʀmiʀ] <irr> *vi* noch einmal [ein]schlafen

redoubler [ʀ(ə)duble] <1> **I.** *vt* ❶ SCOL wiederholen ❷ (*effort*) verdoppeln **II.** *vi* sitzen bleiben (*fam*)

redresser [ʀ(ə)dʀese] <1> **I.** *vt* ❶ (*buste, corps*) strecken; (*tête*) heben ❷ (*économie*) [wieder] ankurbeln; (*finances*) sanieren ❸ (*voiture*) geradeaus lenken **II.** *vpr* **se ~** ❶ (*se tenir très droit*) sich aufrichten; (*de nouveau*) sich wieder aufrichten; **redresse-toi!** halt dich gerade! ❷ (*se relever: finances, situation*) sich wieder erholen; (*économie*) wieder anlaufen

éduction [ʀedyksjɔ̃] *f* ❶ Verringerung *f;* (*de la durée*) Verkürzung *f;* (*du personnel*) Abbau *m;* (*d'impôts*) Ermäßigung *f* ❷ (*rabais*) ~ **de 5% sur qc** Nachlass (*akk*) von 5% auf etw *m;* ~**s jeunes** Ermäßigungen *Pl* für Jugendliche

éduire [ʀedɥiʀ] <irr> **I.** *vt* ❶ (*diminuer*) reduzieren; (*salaire, texte*) kürzen; (*temps de travail, peine*) verkürzen; (*personnel*) abbauen; (*activité, responsabilités*) einschränken ❷ (*transformer*) ~ **qc en bouillie** aus etw Brei machen ❸ GASTR einkochen **II.** *vpr* **se ~ à qc** sich auf etw (*akk*) beschränken; (*montant*) sich auf etw (*akk*) belaufen

éduit, e [ʀedɥi, it] *adj* ❶ (*échelle, modèle*) verkleinert ❷ (*tarif*) ermäßigt

éechelonnement [ʀeeʃ(ə)lɔnmɑ̃] *m* ~ **[de la dette]** Umschuldung *f*

réécrire [ʀeekʀiʀ] <irr> *vt v.* **récrire**

rééditer [ʀeedite] <1> *vt* ❶ neu herausgeben ❷ *fig fam* wieder machen

réédition [ʀeedisjɔ̃] *f a. fig* Neuauflage *f;* ~ **revue et corrigée** überarbeitete und korrigierte Auflage

réel [ʀeɛl] *m* Realität *f*

réel, le [ʀeɛl] *adj* (*véritable*) real; (*besoin*) tatsächlich; (*cause*) wahr

réellement [ʀeɛlmɑ̃] *adv* wirklich

réembaucher [ʀeɑ̃boʃe] <1> *vt* wieder einstellen

réemploi [ʀeɑ̃plwa] *m* (*d'un ouvrier*) Wiedereinstellung *f;* (*d'un produit*) Wiederverwendung *f;* (*d'une somme*) Reinvestition *f*

réemployer [ʀeɑ̃plwaje] <6> *vt* (*ouvrier, employé*) wieder einstellen; (*produit*) wieder verwenden; (*argent*) reinvestieren

réengager [ʀeɑ̃gaʒe] <2a> *vt* wieder einstellen

réessayer [ʀeeseje] <7> *vt* noch einmal versuchen; (*vêtement*) noch einmal anprobieren

refaire [ʀ(ə)fɛʀ] <irr> *vt* ❶ (*plat, fautes*) wieder machen; (*lit*) machen; (*nœud*) noch einmal binden ❷ (*sport*) wieder treiben; (*parcours*) noch einmal abgehen; **si c'était à ~** wenn ich noch einmal von vorn anfangen könnte ❸ (*toit*) neu decken; (*chambre*) renovieren; ~ **la peinture de qc** etw neu streichen; **se faire ~ le nez** sich (*dat*) die Nase richten lassen

réfectoire [ʀefɛktwaʀ] *m* (*d'une école, d'un hôpital*) Speisesaal *m*

référence [ʀefeʀɑ̃s] *f* ❶ (*renvoi*) Bezug *m;* (*d'un texte*) Verweis *m;* (*d'une citation*) Quellenangabe *f;* ADMIN, COM [Akten]zeichen *nt;* **faire ~ à qn/qc** sich auf jdn/etw beziehen ❷ *iron* **ne pas être une ~** nicht gerade eine Empfehlung sein (*fam*)

référendum [ʀefeʀɑ̃dɔm] *m* Volksabstimmung *f*

refermer [ʀ(ə)fɛʀme] <1> **I.** *vt* [wieder] schließen; (*porte*) [wieder] zumachen **II.** *vpr* **se ~** sich [wieder] schließen

refiler [ʀ(ə)file] <1> *vt fam* (*objet sans valeur*) andrehen; ~ **la grippe à qn** jdn mit ihrer/seiner Grippe anstecken

réfléchi, e [ʀefleʃi] *adj* ❶ (*action*) durchdacht ❷ (*verbe*) reflexiv

réfléchir [ʀefleʃiʀ] <8> *vi* ❶ (*penser*) nachdenken; **donner à ~** (*chose*) zu denken geben ❷ (*cogiter*) ~ **à qc** über etw (*dat*) brüten ▶**tout bien réfléchi** bei genauerer Überlegung

réflecteur [ʀeflɛktœʀ] *m* Reflektor *m*

reflet [ʀ(ə)flɛ] *m* (*d'une personne, d'une époque*) Spiegelbild *nt*

refléter <5> [ʀ(ə)flete] **I.** *vt* widerspiegeln **II.** *vpr* (*se réfléchir*) **se ~ dans l'eau** sich im Wasser spiegeln

reflex [ʀeflɛks] **I.** *adj* **appareil ~** Spiegelreflexkamera *f* **II.** *m* Spiegelreflexkamera *f*

réflexe [ʀeflɛks] *m* Reflex *m;* **avoir eu un bon ~** gut reagiert haben; **manquer de ~s** kein gutes Reaktionsvermögen haben; **avoir le ~ de faire qc** etw reflexartig tun

réflexion [ʀeflɛksjɔ̃] *f* ❶ (*analyse*) Betrachtung *f;* **après mûre ~** nach reiflicher Überlegung ❷ (*remarque désobligeante*) [spitze] Bemerkung ▶**~ faite** (*tout bien considéré*) eigentlich

réforme [ʀefɔʀm] *f* ❶ Reform *f* ❷ HIST **la Réforme** die Kirchenreform

réformé, e [ʀefɔʀme] *adj* MIL [wehrdienst]-untauglich

reformer [ʀ(ə)fɔʀme] <1> **I.** *vt* wiederherstellen; (*armée*) formieren; (*équipe*) wieder aufstellen **II.** *vpr* **se ~** (*nuages*) sich wieder bilden; (*alliance, groupe*) wieder zustande kommen

réformer [ʀefɔʀme] <1> *vt* (*modifier*) reformieren

réformisme [ʀefɔʀmism] *m* Reformismus *m*

réformiste [ʀefɔʀmist] **I.** *adj* reformistisch **II.** *mf* Reformist(in) *m(f)*

refoulé, e [ʀ(ə)fule] **I.** *adj* (*pulsion*) verdrängt; (*personne*) verklemmt **II.** *m, f fam* Verklemmte(r) *f(m)*

refouler [ʀ(ə)fule] <1> *vt* ❶ (*envahisseur*) zurückschlagen ❷ (*réprimer*) unterdrücken; (*souvenir*) verdrängen; (*larmes*) zurückhalten

refrain [ʀ(ə)fʀɛ̃] *m* ❶ MUS Refrain *m* ❷ (*rengaine*) Lied *nt*

réfrigérateur [ʀefʀiʒeʀatœʀ] *m* Kühlschrank *m,* Eiskasten *m* (A)

refroidir [ʀ(ə)fʀwadiʀ] <8> **I.** *vt* ❶ (*rafraîchir*) **qc refroidit le jus** der Saft wird durch etw kalt ❷ (*décourager*) **~ qn** jdm einen Dämpfer versetzen **II.** *vi* (*devenir plus froid: moteur, aliment*) [sich] abkühlen; (*devenir trop froid*) kalt werden

refuge [ʀ(ə)fyʒ] *m* ❶ Zuflucht *f;* **trouver ~ chez qn** bei jdm Zuflucht finden; **chercher ~ dans la drogue** zu Drogen Zuflucht nehmen ❷ SPORT Schutzhütte *f*

réfugié, e [ʀefyʒje] *m, f* Flüchtling *m*

réfugier [ʀefyʒje] <1> *vpr* **se ~ chez qn** sich zu jdm flüchten

refus [ʀ(ə)fy] *m* (*résistance*) Weigerung *f;* **~ par qn de l'ésotérisme** jds Ablehnung der Esoterik (*gen*); **~ de priorité** Missachtung *f* der Vorfahrt; **ce n'est pas de ~** *fam* da sage ich nicht nein

refuser [ʀ(ə)fyze] <1> **I.** *vt* ❶ ablehnen ❷ (*objet, permission*) nicht geben; (*entrée, accès*) verwehren; (*priorité*) nehmen **II.** *v* ablehnen **III.** *vpr* ❶ (*se priver de*) **ne rien se ~** *iron* sich was gönnen ❷ (*être décliné*) **ça ne se refuse pas** dazu kann man doch nicht nein sagen

réfuter [ʀefyte] <1> *vt* widerlegen

régal [ʀegal] *m* Genuss *m*

régaler [ʀegale] <1> *vpr* ❶ (*savourer*) **qn se régale de qc** etw schmeckt einem ❷ (*éprouver un grand plaisir*) **se ~ en faisant qc** es genießen etw zu tun

regard [ʀ(ə)gaʀ] *m* Blick *m;* **fusiller qn du ~** jdn mit Blicken töten

regarder [ʀ(ə)gaʀde] <1> **I.** *vt* ❶ ansehen; **~ la mer pendant des heures** stundenlang aufs Meer schauen; **il la regarde faire** er sieht ihr zu ❷ (*observer*) beobachten; (*mécanisme, film*) sich (*dat*) ansehen ❸ (*consulter rapidement*) überfliegen; (*numéro, mot*) nachsehen; **~ sa montre** au die Uhr sehen ❹ (*considérer: situation*) betrachten; **~ qc en face** einer S. (*dat*) ins Auge sehen ❺ (*concerner*) **ça ne te regarde pas** das geht dich nichts an ▶**regardez-moi ça!** *fam* hat man so etwas scho gesehen! **II.** *vi* (*s'appliquer à voir*) zusehen; **bien ~** gut hinsehen; **~ dans un livre** i einem Buch nachsehen **III.** *vpr* ❶ (*se contempler*) **se ~ dans qc** sich in etw (*dat* betrachten ❷ (*se mesurer du regard*) **se ~** (*personnes*) sich ansehen ▶ **tu [ne] t'e [pas] regardé!** *fam* sieh dich doch erst ma selbst an!

régénérer [ʀeʒeneʀe] <5> **I.** *vt* ❶ (*chair, tissu*) neu bilden; **~ ses forces** wieder z Kräften kommen ❷ TECH (*catalyseur, matériau*) regenerieren **II.** *vpr* **se ~** sich regenerieren

reggae [ʀege] *m* Reggae *m*

régie [ʀeʒi] *f* ❶ CINE, THEAT, TV Aufnahmeleitung *f* ❷ TV, RADIO (*local*) Regieraum *m*

régime [ʀeʒim] *m* ❶ POL System *nt;* ~ **constitutionnel** Verfassung[sordnung *f*] *f* ❷ MED Diät *f;* **se mettre/être au** ~ eine Diät machen; **mettre qn au** ~ jdn auf Diät setzen

régiment [ʀeʒimɑ̃] *m* ❶ MIL Regiment *nt* ❷ (*quantité*) Unmenge *f*

région [ʀeʒjɔ̃] *f* ❶ (*contrée*) Gegend *f;* ~ **agricole** landwirtschaftliche Region; ~ **parisienne** Einzugsgebiet von Paris ❷ ADMIN Region *f*

régional, e [ʀeʒjɔnal, o] <-aux> *adj* regional

régionaliste [ʀeʒjɔnalist] **I.** *adj* regionalistisch **II.** *mf* Regionalist(in) *m(f)*

régisseur, -euse [ʀeʒisœʀ, -øz] *m, f* ❶ CINE, TV Aufnahmeleiter(in) *m(f)* ❷ THEAT Inspizient(in) *m(f)*

registre [ʀəʒistʀ] *m* ❶ (*livre*) Schreibheft *nt;* ~ **d'état civil** Personenstandsregister *nt;* ~ **d'hôtel** Gästebuch *nt* ❷ INFORM, MUS Register *nt;* **changer de** ~ einen anderen Ton anschlagen

règle [ʀɛgl] *f* ❶ *a.* JEUX Regel *f;* **être en** ~ in Ordnung sein; **en** ~ **générale** in der Regel ❷ (*instrument*) Lineal *nt* ❸ *pl* ANAT Regel *f*

règlement [ʀɛgləmɑ̃] *m* ❶ (*discipline*) Vorschriften *Pl;* ~ **intérieur** (*d'une entreprise/organisation/école*) Betriebs-/Geschäfts-/Schulordnung *f* ❷ (*différend*) ~ **de compte**[**s**] Abrechnung *f;* (*acte de vengeance*) Vergeltungsakt *m* ❸ (*paiement*) Zahlung *f*

réglementer [ʀɛgləmɑ̃te] <1> *vt* gesetzlich regeln

régler [ʀegle] <5> **I.** *vt* ❶ (*résoudre*) regeln; (*problème, question*) klären; (*conflit, différend*) beilegen; **c'est une affaire réglée** die Sache ist erledigt ❷ (*payer*) bezahlen ❸ (*réguler*) einstellen; (*circulation*) regeln; (*montre*) stellen ❹ (*fixer: modalités, programme*) festlegen **II.** *vi* zahlen **III.** *vpr* ❶ (*se résoudre*) **se** ~ (*affaire, question*) sich regeln lassen ❷ (*être mis au point*) **se** ~ sich einstellen lassen

règles [ʀɛgl] *fpl* Periode *f*

réglisse [ʀeglis] **I.** *f* (*plante*) Süßholz *nt* **II.** *m o f* (*bonbon*) Lakritzebonbon *nt;* (*bâton*) Lakritze *f*

réglo [ʀeglo] *adj inv fam* korrekt; **c'est un type** ~**!** der Typ ist o.k.

régner [ʀeɲe] <5> *vi* ~ **sur qc** über etw (*akk*) regieren

regonfler [ʀ(ə)gɔ̃fle] <1> *vt* ❶ (*ballon, chambre à air*) wieder aufpumpen; (*avec la bouche*) wieder aufblasen; ~ **un pneu** im Reifen Luft nachfüllen ❷ *fam* **être regonflé** [**à bloc**] (*personne*) wieder in besserer Stimmung sein

régresser [ʀegʀese] <1> *vi* zurückgehen

regret [ʀ(ə)gʀɛ] *m* ❶ (*nostalgie*) **le**[**s**] ~[**s**] **de qc** die Sehnsucht nach etw; ~**s éternels** in tiefer Trauer ❷ (*contrariété*) Bedauern *nt;* **avoir le** ~ **de faire qc** [es] bedauern etw zu tun; **ne pas avoir de** ~**s** nichts bereuen; **qn est au** ~ **de faire qc** jd bedauert etw tun zu müssen; **tous mes** ~**s** es tut mir wirklich leid ►**à** ~ (*partir*) ungern; (*accepter*) widerstrebend; **allez, sans** ~**!** nichts für ungut!

regrettable [ʀ(ə)gʀetabl] *adj* bedauerlich

regretter [ʀ(ə)gʀete] <1> **I.** *vt* ❶ (*se repentir de*) bereuen ❷ (*attitude, décision*) bedauern; ~ **sa jeunesse** seiner Jugend (*dat*) nachtrauern **II.** *vi* **je regrette** ich bedaure

regrouper [ʀ(ə)gʀupe] <1> **I.** *vt* (*mettre ensemble*) zusammenlegen; (*personnes*) vereinen **II.** *vpr* **se** ~ **autour de qn** sich um jdn herum aufstellen; (*dans un but commun*) sich jdm anschließen

régulariser [ʀegylaʀize] <1> *vt* (*acte administratif*) regeln; (*situation [de couple]*) legalisieren

réguler [ʀegyle] <1> *vt* regulieren

régulier, -ière [ʀegylje, -jɛʀ] *adj* ❶ *a.* LING regelmäßig; (*vie, habitudes*) geregelt ❷ (*effort*) kontinuierlich; (*résultats, vitesse*) gleich bleibend ❸ (*avion, train, ligne*) [fahr]-planmäßig; **vol** ~ Linienflug *m* ❹ (*légal*) vorschriftsmäßig

régulièrement [ʀegyljɛʀmɑ̃] *adv* (*périodiquement*) regelmäßig

réhabilitation [ʀeabilitasjɔ̃] *f* ❶ (*remise en honneur*) Rehabilitierung *f* ❷ (*réinsertion*) Wiedereingliederung *f* in die Gesellschaft

réhabiliter [ʀeabilite] <1> *vt a.* JUR rehabilitieren

réhabituer [ʀeabitɥe] <1> **I.** *vt* ~ **un enfant à qn/qc** (*personne*) ein Kind wieder an jdn/etw gewöhnen; ~ **un élève à faire qc** einen Schüler wieder daran gewöhnen etw zu tun **II.** *vpr* **se** ~ **à qn/qc** sich wieder an jdn/etw gewöhnen

R

réimposer [ʀeɛ̃poze] <1> *vt* neu veranlagen

rein [ʀɛ̃] *m* ❶ Niere *f* ❷ *pl* (*bas du dos*) Kreuz *nt*

réincarnation [ʀeɛ̃kaʀnasjɔ̃] *f* Wiedergeburt *f*

réincarner [ʀeɛ̃kaʀne] <1> *vpr* REL **se ~ dans qc** (*âme*) in etw (*dat*) wiedergeboren werden

reine [ʀɛn] *f* ❶ Königin *f* ❷ JEUX Dame *f*

reinette [ʀɛnɛt] *f* Renette *f*

réinitialiser [ʀeinisjalize] <1> *vt* INFORM neu starten

réinscription [ʀeɛ̃skʀipsjɔ̃] *f* Wiedereinschreibung *f;* (*chaque semestre*) Rückmeldung *f*

réinscrire [ʀeɛ̃skʀiʀ] <irr> **I.** *vt* (*mettre à nouveau sur une liste*) [**faire**] **~ qn/qc sur une liste** jdn/etw wieder auf eine Liste setzen; [**faire**] **~ qn dans une nouvelle école** jdn in einer neuen Schule anmelden **II.** *vpr* **se** [**faire**] **~ sur une liste** sich wieder auf eine Liste setzen lassen; **se** [**faire**] **~ à l'université** sich wieder an der Universität einschreiben; (*chaque semestre*) sich [an der Universität] zurückmelden

réinsertion [ʀeɛ̃sɛʀsjɔ̃] *f* (*d'un délinquant*) Wiedereingliederung *f*

réintégrer [ʀeɛ̃tegʀe] <5> *vt* ❶ (*revenir dans*) **~ une place/sa cellule** an einen Platz/in seine Zelle zurückkehren ❷ (*rétablir*) **~ qn dans la société** jdn wieder in die Gesellschaft eingliedern

réinventer [ʀeɛ̃vɑ̃te] <1> *vt* (*monde*) wieder neu erfinden; (*solidarité, relations*) wieder neu entdecken

réinvestir [ʀeɛ̃vɛstiʀ] <8> *vt* FIN **~ de l'argent dans qc** wieder Geld in etw (*akk*) investieren

réitérer [ʀeiteʀe] <5> *vt* wiederholen

rejeter [ʀəʒ(ə)te] <3> *vt* ❶ zurückweisen; (*personne*) verstoßen; (*exclure d'un groupe*) ausschließen ❷ (*nourriture*) wieder ausspucken; (*épaves*) spülen ❸ (*se décharger de*) **~ sur qn** (*responsabilité*) auf jdn abwälzen; (*faute*) jdm zuschieben ❹ (*tête*) zurückwerfen

rejoindre [ʀ(ə)ʒwɛ̃dʀ] <irr> **I.** *vt* (*personne*) (*rencontrer*) treffen; (*rattraper*) einholen; **vas-y, je te rejoins** geh schon [voraus], ich komme nach **II.** *vpr* **se ~** ❶ (*se recouper: idées, points de vue*) übereinstimmen ❷ (*se réunir: personnes*) sich treffen; (*choses*) zusammenlaufen

réjouir [ʀeʒwiʀ] <8> *vpr* **se ~ de faire qc** sich [darüber] freuen etw zu tun; (*à l'avance*) sich darauf freuen etw zu tun; **se ~ à l'idée de ...** sich bei dem Gedanken freuen, dass ...

relâche [ʀəlɑʃ] *f* **sans ~** unermüdlich; (*travailler, harceler*) pausenlos

relâcher [ʀ(ə)lɑʃe] <1> *vt* ❶ (*desserrer*) lockern; (*muscles*) entspannen ❷ (*libérer*) freilassen ❸ (*objet, proie*) loslassen

relais [ʀ(ə)lɛ] *m* Staffel *f* ▸**prendre le ~ de qn/qc** jdn/etw ablösen

relancer [ʀ(ə)lɑ̃se] <2> *vt* ❶ (*donner un nouvel essor à*) wieder aufnehmen; (*idée, mouvement*) wieder aufleben lassen; (*économie, production*) wieder ankurbeln ❷ *fam* (*harceler*) bedrängen; (*client, débiteur*) mahnen

relatif [ʀ(ə)latif] *m* LING Relativpronomen *nt*

relatif, -ive [ʀ(ə)latif, -iv] *adj* ❶ (*opp: absolu*) relativ ❷ (*en liaison avec*) **être ~ à qn/qc** sich auf jdn/etw beziehen ❸ *postposé* LING Relativ-

relation [ʀ(ə)lasjɔ̃] *f* ❶ (*rapport*) Beziehung *f,* Verhältnis *nt* ❷ *pl* (*rapport entre personnes*) Beziehungen *Pl* ❸ (*lien logique*) Zusammenhang *m* ❹ (*personne de connaissance*) Bekannte(r) *f(m)* ▸**~s publiques** Public Relations *Pl;* **en ~** in Verbindung

relationnel, le [ʀ(ə)lasjɔnɛl] *adj* PSYCH relational; **problèmes ~s** Kontaktschwierigkeiten *Pl*

relative [ʀ(ə)lativ] *f* LING Relativsatz *m*

relativement [ʀ(ə)lativmɑ̃] *adv* relativ

relativiser [ʀ(ə)lativize] <1> *vt* relativieren

relativité [ʀ(ə)lativite] *f* Relativität *f*

relaxant, e [ʀ(ə)laksɑ̃, ɑ̃t] *adj* entspannend

relaxer [ʀ(ə)lakse] <1> *vpr* **se ~** sich entspannen

relayer [ʀ(ə)leje] <7> **I.** *vt* (*remplacer*) ablösen; **se faire ~ par qn/qc** (*personne*) sich von jdm/etw ablösen lassen **II.** *vpr* **se ~ pour faire qc** sich abwechseln um etw zu tun

relayeur, -euse [ʀ(ə)lɛjœʀ, -jøz] *m, f* Staffelläufer(in) *m(f)*

relecture [ʀ(ə)lɛktyʀ] *f* nochmaliges Lesen; TYP Korrekturlesen *nt*

relent [ʀ(ə)lɑ̃] *m* übler Geruch *m*

relevé [ʀəl(ə)ve] *m* (*de compte*) Auszug *m*

~ **d'identité bancaire** *Bescheinigung mit der Bankverbindung*

relevé, e [ʀəl(ə)ve] *adj* GASTR gut gewürzt

relève [ʀ(ə)lɛv] *f* Ablösung *f;* **prendre la ~** (*assurer la succession*) die Nachfolge antreten

relever [ʀəl(ə)ve] <4> **I.** *vt* ❶ (*blessé, objet tombé*) aufheben; (*chaise*) wieder aufstellen; **~ qn** jdm hochhelfen ❷ (*siège*) höher stellen; (*strapontin*) hochklappen; (*store*) hochziehen; (*cheveux*) hochstecken ❸ (*adresse, renseignement*) notieren; (*compteur*) ablesen **II.** *vi* (*dépendre de*) **~ de la compétence de qn** in jds Zuständigkeit fallen; **~ du miracle** das reinste Wunder sein **III.** *vpr* **se ~** (*se remettre debout*) [wieder] aufstehen

relief [ʀəljɛf] *m* Relief *nt;* **en ~** (*carte*) Relief-; (*caractères*) in Relief [gedruckt] ►**mettre qc en ~** etw hervorheben

relier [ʀəlje] <1> *vt* ❶ (*personnes, choses*) [miteinander] verbinden; **~ qc à qc** (*appareil*) etw an etw (*akk*) anschließen ❷ LING (*préposition*) zueinander in Beziehung setzen ❸ (*livre*) binden

religieuse [ʀ(ə)liʒjøz] *f* ❶ REL Ordensschwester *f* ❷ GASTR *Windbeutel, der mit Schokoladenguss überzogen ist oder in der Schweiz ist es die braune Kruste, die der Fonduekäse am Boden des Caquelons bildet*

religieux [ʀ(ə)liʒjø] *m* Ordensgeistliche(r) *m*

religieux, -euse [ʀ(ə)liʒjø, -jøz] *adj* religiös; (*cérémonie, mariage*) kirchlich; (*musique, chant*) Kirchen-; (*ordre*) geistlich

religion [ʀ(ə)liʒjɔ̃] *f* ❶ (*ensemble de croyances*) Religion *f* ❷ (*culte*) Glaube *m*

relire [ʀ(ə)liʀ] <irr> *vt* noch einmal lesen; (*pour corriger ou bien comprendre*) noch einmal durchlesen

reloger [ʀ(ə)lɔʒe] <2a> *vt* **~ qn** jdm eine neue Unterkunft besorgen

relooker [ʀ(ə)luke] <1> *vt fam* neu stylen

remâcher [ʀ(ə)mɑʃe] <1> *vt* ❶ (*ressasser*) [immer wieder] nachgrübeln über (+ *akk*) ❷ ZOOL wiederkäuen

remake [ʀimɛk] *m* Neuverfilmung *f*

remaquiller [ʀ(ə)makije] <1> *vt, vpr* [**se**] **~** [sich] [neu] schminken

remarcher [ʀ(ə)maʀʃe] <1> *vi* wieder gehen

remarier [ʀ(ə)maʀje] <1> *vpr* **se ~ avec qn** jdn wieder heiraten

remarquable [ʀ(ə)maʀkabl] *adj* bemerkenswert

remarquablement [ʀ(ə)maʀkabləmɑ̃] *adv* (*beau, intelligent*) außerordentlich; (*jouer, se porter, réussir*) hervorragend

remarque [ʀ(ə)maʀk] *f* Bemerkung *f;* (*commentaire*) Anmerkung *f*

remarquer [ʀ(ə)maʀke] <1> **I.** *vt* bemerken; **faire ~ qc à qn** jdn auf etw (*akk*) hinweisen; **se faire ~** *péj* auffallen; **sans se faire ~** unauffällig; **remarque, il a essayé** er hat es immerhin versucht **II.** *vpr* **se ~** auffallen

remastériser [ʀəmasteʀize] <1> *vt* (*disque*) digital neu aufnehmen

remballer [ʀɑ̃bale] <1> *vt* ❶ (*opp: déballer*) wieder einpacken ❷ *fam* (*garder pour soi*) für sich behalten

rembarrer [ʀɑ̃bɑʀe] <1> *vt fam* **~ qn** jdm eine Abfuhr erteilen

rembobiner [ʀɑ̃bɔbine] <1> **I.** *vt* (*bande magnétique, film*) zurückspulen; (*fil*) wieder aufwickeln **II.** *vi* zurückspulen

rembourrer [ʀɑ̃buʀe] <1> *vt* [aus]polstern

remboursement [ʀɑ̃buʀsəmɑ̃] *m* Rückzahlung *f;* (*des frais*) [Rück]erstattung *f;* **contre ~** gegen Nachnahme

rembourser [ʀɑ̃buʀse] <1> *vt* [zurück]erstatten; **~ une dette à qn** jdm seine Schulden zurückzahlen; **ce médicament n'est pas remboursé** die Kosten für dieses Medikament werden nicht [zurück]erstattet; **je te rembourserai demain!** ich gebe dir das Geld morgen zurück!

remède [ʀ(ə)mɛd] *m* [Heil]mittel *nt;* (*d'un problème*) Lösung *f*

remédier [ʀ(ə)medje] <1> *vi* **~ à qc** einer Sache (*dat*) Abhilfe schaffen

remerciement [ʀ(ə)mɛʀsimɑ̃] *m* Dank *m;* **des remerciements** Dankesbezeigungen *Pl;* **avec tous mes/nos remerciements** mit bestem Dank (*form*)

remercier [ʀ(ə)mɛʀsje] <1> *vt* (*dire merci à*) **~ qn de qc** jdm für etw danken; **~ qn de faire qc** jdm [dafür] danken, dass er/sie etw tut

remettre [ʀ(ə)mɛtʀ] <irr> **I.** *vt* ❶ (*replacer*) wieder zurückstellen; **~ debout** wieder hinstellen ❷ (*rétablir*) **~ à l'heure** (*montre*) [richtig] stellen; **~ qn en liberté** jdn freilassen ❸ (*donner*) [über]geben; (*récompense, prix*) überreichen; (*démission*) einreichen

❹ (*ingrédient*) noch dazugeben; ~ **de l'huile dans le moteur** Öl in den Motor nachfüllen; ~ **du sel dans les légumes** das Gemüse nachsalzen ❺ (*ajourner*) ~ **à la semaine prochaine** (*décision*) auf die nächste Woche verschieben ❻ (*vêtement*) wieder anziehen; (*chapeau*) wieder aufsetzen ▶~ **ça** *fam* wieder damit anfangen **II.** *vpr* ❶ (*recouvrer la santé*) **se ~** sich erholen ❷ (*recommencer*) **se ~ au travail** sich wieder an die Arbeit machen; **se ~ à faire qc** wieder anfangen etw zu tun; **il se remet à pleuvoir** es fängt wieder an zu regnen ❸ (*se replacer*) **se ~ debout** wieder aufstehen ❹ (*se réconcilier*) **ils se sont remis ensemble** sie sind wieder zusammen

remise [ʀ(ə)miz] *f* ❶ Übergabe *f;* (*d'une lettre, d'un paquet*) Zustellung *f;* (*en mains propre*) Aushändigung *f* ❷ (*grâce*) ~ **de peine** Straferlass ❸ (*rabais*) Nachlass *m* ❹ (*local*) Schuppen *m* ▶~ **en état** [Wieder]instandsetzung *f* ~ **en forme** Fitnesstraining *nt* ▶ ~ **en marche** Wieder-in-Gang-setzen *nt*

remix [ʀəmiks] *m* Remix *m*

remmener [ʀɑ̃m(ə)ne] <4> *vt* zurückbringen

remonte-pente [ʀ(ə)mɔ̃tpɑ̃t] <remonte-pentes> *m* Schlepplift *m*

remonter [ʀ(ə)mɔ̃te] <1> **I.** *vi* ❶ + *être* (*monter à nouveau*) ~ **dans une chambre/de la cuisine** wieder in ein Zimmer hinaufgehen/wieder von der Küche heraufkommen; ~ **à Paris** wieder nach Paris zurückfahren (*fam*); ~ **en bateau/à la nage** stromaufwärts fahren/schwimmen; ~ **sur l'échelle** wieder auf die Leiter [hinauf]steigen; ~ **sur scène** wieder zur Bühne zurückkehren ❷ + *être* (*reprendre place*) ~ **à bicyclette** wieder Fahrrad fahren; ~ **en voiture** wieder ins Auto steigen; ~ **à bord** [wieder] an Bord gehen ❸ + *avoir* (*s'élever de nouveau*) [wieder] ansteigen ❹ + *avoir* (*s'améliorer*) ~ **dans l'estime de qn** in jds Ansehen steigen ❺ + *être* (*glisser vers le haut: jupe, vêtement*) hochrutschen; (*col*) hochstehen ❻ + *avoir* (*dater de*) ~ **au mois dernier/à l'année dernière** (*événement, fait*) auf letzten Monat/letztes Jahr zurückgehen; **cet incident remonte à quelques jours** dieser Zwischenfall liegt einige Tage zurück **II.** *vt* + *avoir* ❶ (*parcourir: à pieds*) wieder hinaufgehen; (*dans un véhicule*) hinauffahren; (*à la nage: fleuve, rivière*) hinaufschwimmen ❷ (*col*) hochschlagen; (*chaussettes, pantalon*) hochziehen; (*bas du pantalon, manches*) hochkrempeln; (*mur*) höher ziehen; SCOL (*note*) anheben ❸ (*rapporter du bas*) ~ **une bouteille de la cave** aus dem Keller eine Flasche heraufbringen ❹ (*mécanisme, montre*) aufziehen; **être remonté contre qn** (*fâché*) wütend auf jdn sein; ~ **le moral de qn** jdm wieder Mut machen ❺ (*robinet*) wieder anbringen; (*roue*) wieder aufmontieren

remords [ʀ(ə)mɔʀ] *m* Schuldgefühl *nt;* **avoir des ~** ein schlechtes Gewissen haben

remorque [ʀ(ə)mɔʀk] *f* (*d'un véhicule*) Anhänger *m*

remorquer [ʀ(ə)mɔʀke] <1> *vt* (*voiture*) abschleppen

rempart [ʀɑ̃paʀ] *m* MIL [Schutz]wall *m;* (*d'une ville*) Stadtmauer *f*

rempiler [ʀɑ̃pile] <1> **I.** *vt* wieder aufstapeln **II.** *vi fam* sich weiter verpflichten; ~ **pour trois ans** um drei Jahre verlängern

remplaçant, e [ʀɑ̃plasɑ̃, ɑ̃t] *m, f* ❶ MED, SCOL Vertretung *f* ❷ SPORT Ersatzspieler(in) *m(f)*

remplacement [ʀɑ̃plasmɑ̃] *m* (*intérim*) Vertretung *f*

remplacer [ʀɑ̃plase] <2> *vt* ❶ ersetzen ❷ (*personne*) (*relayer*) ablösen; (*temporairement*) vertreten

rempli, e [ʀɑ̃pli] *adj* voll; ~ **de personnes** voller Menschen; **tasse ~e de thé** Tasse voll Tee

remplir [ʀɑ̃pliʀ] <8> **I.** *vt* ❶ (*rendre plein*) ~ **de qc** mit etw füllen; (*valise*) mit etw vollpacken ❷ (*journée, formulaire, chèque*) ausfüllen ❸ (*page*) voll schreiben ❹ (*mission, contrat*) erfüllen **II.** *vpr* **se ~ de personnes/liquide** sich mit Menschen/Flüssigkeit füllen

remplumer [ʀɑ̃plyme] <1> *vpr fam* **se ~** (*grossir*) wieder zunehmen

remporter [ʀɑ̃pɔʀte] <1> *vt* ❶ (*reprendre*) wieder mitnehmen ❷ (*gagner*) davontragen (*geh*); (*championnat, prix*) gewinnen

rempoter [ʀɑ̃pɔte] <1> *vt* umtopfen

remuer [ʀəmɥe] <1> **I.** *vi* sich bewegen **II.** *vt* ❶ bewegen; ~ **la queue** mit dem Schwanz wedeln ❷ (*sauce, mayonnaise*) rühren; (*café*) umrühren; (*salade*) mischen

❸ (*émouvoir*) ergreifen **III.** *vpr* **se ~** (*faire des efforts*) sich bemühen

renaissance [R(ə)nɛsɑ̃s] *f* ❶ Wiedergeburt *f* ❷ HIST, ART **la Renaissance** die Renaissance

renard [R(ə)naR] *m* Fuchs *m*

rencontre [Rɑ̃kɔ̃tR] *f* ❶ (*fait de se rencontrer*) Begegnung *f;* **~ secrète** geheimes Treffen ❷ (*entrevue*) Zusammenkunft *f;* (*réunion*) Treffen *nt* ❸ SPORT Spiel *nt* ▶**aller/venir à la ~ de qn** jdm entgegengehen/-kommen; **faire la ~ de qn** jdn kennen lernen

rencontrer [Rɑ̃kɔ̃tRe] <1> **I.** *vt* ❶ (*croiser*) **~ qn** jdm begegnen ❷ (*avoir une entrevue*) **~ qn** sich mit jdm treffen ❸ (*faire la connaissance de*) kennen lernen ❹ SPORT **~ qn** auf jdn treffen ❺ (*être confronté à*) **~ qc** auf etw (*akk*) stoßen **II.** *vpr* **se ~** ❶ (*se croiser*) sich begegnen ❷ (*avoir une entrevue*) sich treffen ❸ (*faire connaissance*) sich kennen lernen

rendez-vous [Rɑ̃devu] *m inv* ❶ (*rencontre officielle*) **avoir ~** einen Termin haben; **donner ~ à qn/prendre ~ avec qn** mit jdm einen Termin ausmachen; **prendre ~** sich einen Termin geben lassen; **sur ~** nach Vereinbarung ❷ (*rencontre avec un ami*) Verabredung *f;* **avoir ~** verabredet sein; **donner ~ à qn** sich mit jdm verabreden; **~ à 8 heures/à la gare** wir treffen uns um 8 Uhr/am Bahnhof ❸ (*rencontre entre amoureux*) Rendezvous *nt* ❹ (*lieu de rencontre*) Treffpunkt *m*

rendre [Rɑ̃dR] <14> **I.** *vt* ❶ zurückgeben ❷ (*devoir*) abgeben; (*invitation, salut*) erwidern; **~ la monnaie sur 20 euros** auf 20 Euro herausgeben ❸ (*liberté*) wiederschenken; (*jugement, verdict*) fällen ❹ (*faire devenir*) **~ plus facile** leichter machen; **~ triste/joyeux** traurig/fröhlich stimmen; **~ public** veröffentlichen ❺ (*vomir*) erbrechen **II.** *vi* (*vomir*) sich übergeben **III.** *vpr* ❶ (*capituler*) **se ~** sich ergeben ❷ (*aller*) **se ~ chez qn/à son travail** zu jdm/zur Arbeit gehen

rendu, e [Rɑ̃dy] *part passé de* **rendre**

rêne [Rɛn] *f souvent pl* Zügel *m*

renfermé [Rɑ̃fɛRme] *m* **sentir le ~** muffig riechen

renfermé, e [Rɑ̃fɛRme] *adj* verschlossen

renfermer [Rɑ̃fɛRme] <1> **I.** *vt* enthalten **II.** *vpr* **se ~ sur soi-même** sich in sich (*akk*) zurückziehen

renforcement [Rɑ̃fɔRsəmɑ̃] *m* Verstärkung *f;* (*de la paix*) Festigung *f*

renforcer [Rɑ̃fɔRse] <2> **I.** *vt* ❶ (*consolider, intensifier*) verstärken ❷ (*affermir: paix, position*) festigen **II.** *vpr* **se ~** (*s'affermir*) sich festigen; (*popularité*) wachsen

renfort [Rɑ̃fɔR] *m* ❶ *souvent pl* (*personnes*) Verstärkung *f* ❷ AUT **~ latéral** [**de sécurité**] Seitenaufprallschutz *m*

renier [Rənje] <1> *vt* verleugnen; (*idée, passé*) leugnen

renifler [R(ə)nifle] <1> **I.** *vi* schnüffeln **II.** *vt* (*sentir*) **~ qc** etw riechen; (*animal*) etw wittern

renne [Rɛn] *m* Ren[tier *nt*] *nt*

renommée [R(ə)nɔme] *f* ❶ *sans pl* (*célébrité*) Renommee *nt* ❷ (*réputation*) Ruf *m*

renoncer [R(ə)nɔ̃se] <2> *vi* **~ à qc** auf etw (*akk*) verzichten

renouer [Rənwe] <1> *vi* **~ avec qn** mit jdm wieder Verbindung aufnehmen

renouveler [R(ə)nuv(ə)le] <3> **I.** *vt* ❶ (*remplacer*) erneuern; (*parlement*) neu wählen ❷ (*répéter*) **~ une offre à qn** jdm gegenüber ein Angebot wiederholen; **~ sa candidature** sich noch einmal bewerben ❸ (*bail, passeport*) verlängern **II.** *vpr* **se ~** ❶ (*être remplacé*) ausgewechselt werden; (*peau, cellule*) sich erneuern ❷ (*se reproduire*) sich wiederholen ❸ (*innover*) sich weiterentwickeln

rénovateur, -trice [RenɔvatœR, -tRis] **I.** *adj* reformerisch **II.** *m, f* Reformer(in) *m(f)*

rénover [Renɔve] <1> *vt* ❶ renovieren; (*quartier*) sanieren ❷ (*moderniser*) modernisieren

renseignement [Rɑ̃sɛɲmɑ̃] *m* ❶ Auskunft *f;* **les ~s** TELEC die Auskunft ❷ MIL Geheimdienst *m;* **les ~s généraux** *französischer Geheimdienst*

renseigner [Rɑ̃seɲe] <1> **I.** *vt* informieren **II.** *vpr* **se ~ sur qn/qc** sich über jdn/etw informieren

rentabilité [Rɑ̃tabilite] *f* Rentabilität *f*

rentrée [Rɑ̃tRe] *f* ❶ SCOL Schuljahresbeginn *m;* **le jour de la ~** der erste/am ersten Schultag; **aujourd'hui, c'est la ~** [**des classes**] heute fängt die Schule wieder an ❷ UNIV Semesterbeginn *m* ❸ (*après les vacances d'été*) **à la ~** nach der Sommerpause ❹ (*come-back*) Comeback *nt* ❺ (*somme d'argent*) Eingang *m;* **~s d'argent** Geldeingänge *Pl*

R

Während der zweimonatigen Sommerferien kommt in Frankreich das öffentliche Leben stärker zum Erliegen, als es etwa in Deutschland während der Sommerpause der Fall ist. **La rentrée** bezeichnet den Wiederbeginn nicht nur der Schule und des Universitätsbetriebs, sondern überhaupt des öffentlichen und kulturellen Lebens.

rentrer [ʀɑ̃tʀe] <1> **I.** *vi + être* ❶ (*retourner chez soi*) nach Hause gehen; **comment rentres-tu?** wie kommst du nach Hause?; ~ **au pays natal** in seine Heimat zurückkehren ❷ (*revenir chez soi*) nach Hause kommen; ~ **de l'école** von der Schule nach Hause kommen; **elle est déjà rentrée?** ist sie schon zu Hause? ❸ (*entrer à nouveau*) zurückgehen ❹ (*entrer: voleur, eau*) eindringen; **faire ~ qn** jdn eintreten lassen; ~ **dans un café** in ein Café gehen ❺ (*s'insérer*) ~ **dans une valise** in einen Koffer hineinpassen; ~ **les uns dans les autres** (*tubes*) sich ineinander stecken lassen ❻ (*devenir membre*) ~ **dans la police** zur Polizei gehen; ~ **dans une entreprise** bei einer Firma anfangen; **faire ~ qn dans une entreprise** jdm zu einer Stelle in einem Unternehmen verhelfen ❼ (*commencer à étudier*) ~ **en fac** an der Uni anfangen ❽ (*percuter*) ~ **dans qc** gegen etw prallen; (*conducteur*) gegen etw fahren ❾ (*recouvrer*) ~ **dans ses frais** seine Unkosten decken **II.** *vt + avoir* ❶ (*ramener à l'intérieur*) hineinbringen; (*foin*) einbringen; (*tête, ventre*) einziehen; ~ **sa chemise dans le pantalon** sein Hemd in die Hose stecken; ~ **la voiture au garage** den Wagen in die Garage fahren ❷ (*enfoncer*) ~ **la clé dans la serrure** den Schlüssel in das Schloss stecken **III.** *vpr* **se** ~ **dedans** zusammenstoßen

renversant, **e** [ʀɑ̃vɛʀsɑ̃, ɑ̃t] *adj fam* umwerfend

renverse [ʀɑ̃vɛʀs] *f* **tomber à la** ~ hintenüber fallen

renversé, **e** [ʀɑ̃vɛʀse] *adj* ❶ (*stupéfait*) verblüfft ❷ (*à l'envers*) umgekehrt; **être** ~ auf dem Kopf stehen

renversement [ʀɑ̃vɛʀsəmɑ̃] *m* ❶ (*changement complet*) Verkehrung *f* ins Gegenteil; (*de tendance*) Umschwung *m* ❷ POL Sturz *m;* (*par un coup d'État*) Umsturz *m*

renverser [ʀɑ̃vɛʀse] <1> *vt* ❶ (*faire tomber*) ~ **qn/qc** jdn/etw umstoßen; (*voiture, vélo*) jdn/etw umfahren ❷ (*répandre*) verschütten ❸ POL stürzen; (*ordre établi*) umstürzen ❹ (*corps, tête*) nach hinten beugen ❺ (*retourner*) umdrehen; (*situation*) ins Gegenteil verkehren ❻ *fam* (*étonner*) umhauen

renvoi [ʀɑ̃vwa] *m* ❶ (*licenciement*) Entlassung *f* ❷ SCOL, UNIV Verweisung *f* ❸ (*indication*) ~ **à qc** Verweis *m* auf etw (*akk*) ❹ (*rot*) Aufstoßen *nt;* **avoir des ~s** aufstoßen müssen

renvoyer [ʀɑ̃vwaje] <6> *vt* ❶ (*envoyer à nouveau*) noch einmal schicken ❷ SPORT zurückspielen ❸ (*ascenseur*) zurückschicken ❹ (*licencier*) entlassen ❺ SCOL, UNIV verweisen ❻ (*ajourner*) ~ **à plus tard** auf später vertagen

réoccuper [ʀeɔkype] <1> *vt* erneut besetzen

réorganisation [ʀeɔʀganizasjɔ̃] *f* Reorganisation *f*

réorganiser [ʀeɔʀganize] <1> **I.** *vt* umorganisieren **II.** *vpr* **se** ~ sich neu organisieren

réorientation [ʀeɔʀjɑ̃tasjɔ̃] *f* Neuorientierung *f*

réorienter [ʀeɔʀjɑ̃te] <1> **I.** *vt* ❶ (*changer d'orientation*) neu ausrichten ❷ SCOL ~ **les élèves vers la littérature** die Schüler verstärkt in Literatur unterrichten **II.** *vpr* **se** ~ **vers une branche** die Branche wechseln

réouverture [ʀeuvɛʀtyʀ] *f* Wiedereröffnung *f*

repaire [ʀ(ə)pɛʀ] *m* ❶ (*d'un renard*) Bau *m*; (*d'un ours*) Höhle *f* ❷ (*refuge*) Schlupfwinkel *m*

répandre [ʀepɑ̃dʀ] <14> **I.** *vt* ❶ (*liquide*) schütten; ~ **qc par terre/sur la table** etw auf den Boden/Tisch streuen ❷ (*odeur nouvelle*) verbreiten **II.** *vpr* **se** ~ ❶ (*s'écouler*) sich ergießen ❷ (*se disperser*) sich verteilen ❸ (*se dégager, se propager*) sich verbreiten; (*doctrine, mode*) sich durchsetzen; (*information*) verbreitet werden; (*épidémie*) sich ausbreiten

répandu, **e** [ʀepɑ̃dy] **I.** *part passé de* **répandre II.** *adj* ❶ (*épars*) ~ **sur qc** auf etw (*dat*) verstreut ❷ (*courant*) [weit] verbreitet

réparable [ʀepaʀabl] *adj* (*panne, objet*) reparabel; (*faute, perte*) wieder gutzumachen

être ~ (*réveil*) repariert werden können; (*erreur*) wieder gutzumachen sein

reparaître [ʀ(ə)paʀɛtʀ] <irr> *vi* ① + *avoir* (*se montrer de nouveau*) wieder auftauchen; (*soleil, lune*) wieder hervorkommen ② + *avoir o être* PRESSE (*journal, livre*) wieder erscheinen

réparateur, -trice [ʀepaʀatœʀ, -tʀis] **I.** *adj* erquickend (*geh*) **II.** *m, f* Techniker(in) *m(f)*

réparation [ʀepaʀasjɔ̃] *f* ① *sans pl* (*remise en état*) Reparatur *f;* (*d'une maison*) Instandsetzung *f;* (*d'une route*) Ausbesserung *f;* (*d'une fuite*) Abdichten *nt* ② (*dédommagement*) Entschädigung *f*

réparer [ʀepaʀe] <1> *vt* ① (*remettre en état*) reparieren; (*maison*) instandsetzen; (*route*) ausbessern; (*dégât*) beheben; (*fuite*) abdichten ② (*rattraper*) wieder gutmachen

reparler [ʀ(ə)paʀle] <1> **I.** *vi* **~ de qn/qc** auf jdn/etw zurückkommen; **~ à qn** wieder mit jdm sprechen ►**on en reparlera** *fam* darüber unterhalten wir uns später nochmal **II.** *vpr* **se ~** wieder miteinander sprechen

repartie, répartie [ʀepaʀti] *f* **avoir de la ~** schlagfertig sein

repartir [ʀ(ə)paʀtiʀ] <10> *vi* + *être* ① (*se remettre à avancer: voyageur*) wieder aufbrechen; (*véhicule*) weiterfahren ② (*s'en retourner*) wieder zurückkehren; **vous voulez déjà ~?** Sie wollen schon wieder gehen? ③ (*fonctionner à nouveau: moteur*) wieder anspringen; (*chauffage, machine*) wieder gehen; (*discussion, dispute*) wieder anfangen; (*affaire*) wieder in Gang kommen

répartir [ʀepaʀtiʀ] <10> **I.** *vt* (*bénéfice*) aufteilen; **~ en groupes** in Gruppen (*akk*) einteilen; **~ qc sur qc** etw auf etw (*akk*) verteilen **II.** *vpr* ① (*se partager*) **se ~ des personnes/qc** Menschen/etw unter sich aufteilen ② (*être partagé*) **se ~** verteilt werden; **le travail se répartit comme suit** die Arbeit wird folgendermaßen aufgeteilt ③ (*se diviser*) **se ~ en groupes** sich in Gruppen [auf]teilen

répartition [ʀepaʀtisjɔ̃] *f* ① (*partage*) Verteilung *f* ② (*division*) **~ en groupes** Einteilung in Gruppen (*akk*) ③ (*disposition: des troupes*) Aufstellung *f* ④ (*étalement: d'une crème, lotion*) Auftragen *nt* ⑤ (*localisation: de pièces, salles*) Anordnung *f*

repas [ʀ(ə)pɑ] *m* ① Essen *nt;* **faire un bon ~** gut essen ② (*fait de manger*) Mahlzeit *f;* **~ d'enterrement** CH Leichenmahl *nt,* Traueressen *nt* (CH)

repasser¹ [ʀ(ə)pɑse] <1> *vt, vi* bügeln

repasser² [ʀ(ə)pɑse] <1> **I.** *vi* + *être* ① (*revenir*) noch einmal vorbeikommen ② (*passer à nouveau: film*) noch einmal laufen ③ (*revoir le travail de*) **~ derrière qn** jds Arbeit überprüfen **II.** *vt* + *avoir* ① (*franchir de nouveau*) von neuem überqueren ② (*examen*) wiederholen ③ (*plat, outil*) noch einmal reichen; **je te repasse maman** ich gebe dir Mutti wieder; **~ une couche de peinture sur qc** etw noch einmal streichen

repasseuse [ʀ(ə)pɑsøz] *f* ① (*femme*) Büglerin *f* ② (*machine*) Mangel *f*

repêchage [ʀ(ə)peʃaʒ] *m* SCOL, UNIV Durchkommenlassen *nt;* (*examen*) Nachprüfung *f*

repêcher [ʀ(ə)peʃe] <1> *vt* ① (*retirer de l'eau*) bergen ② SCOL, UNIV *fam* durchkommen lassen; (*par examen complémentaire*) nachprüfen

repenser [ʀ(ə)pɑ̃se] <1> *vi* **~ à qc** etw überdenken; **je vais y ~** ich werde es mir noch überlegen

repenti, e [ʀ(ə)pɑ̃ti] *adj* (*buveur, fumeur*) ehemalig; (*malfaiteur, terroriste*) reuig

repentir [ʀ(ə)pɑ̃tiʀ] **I.** *m* Reue *f* **II.** <10> *vpr* **se ~ de qc/d'avoir fait qc** etw bereuen/bereuen etw getan zu haben

repérage [ʀ(ə)peʀaʒ] *m* ① (*localisation*) Orten *nt* ② CINE Location *f;* **faire des ~s** auf Drehortsuche sein

répercussion [ʀepɛʀkysjɔ̃] *f* (*effet*) Auswirkung *f;* ECON, FIN Abwälzung *f*

répercuter [ʀepɛʀkyte] <1> **I.** *vt* (*réfléchir*) zurückwerfen **II.** *vpr* ① (*être réfléchi*) **se ~** widerhallen ② (*se transmettre à*) **se ~ sur qc** sich auf etw (*dat*) niederschlagen

repère [ʀ(ə)pɛʀ] *m* (*signe*) Orientierungspunkt *m;* (*trait*) Markierungsstrich *m;* **tracer des ~s sur qc** etw markieren

repérer [ʀ(ə)peʀe] <5> **I.** *vt fam* (*découvrir*) ausfindig machen; **se faire ~** sich verraten **II.** *vpr fam* **se ~ dans qc** sich in etw (*dat*) zurechtfinden

répertoire [ʀepɛʀtwaʀ] *m* ① *a.* INFORM Verzeichnis *nt* ② (*carnet*) Register *nt* ③ *a. fam* THEAT Repertoire *nt*

répertorier [ʀepɛʀtɔʀje] <1> *vt* ① (*inscrire*

R

dans un répertoire) in ein Verzeichnis aufnehmen ❷ (*classer*) ~ **des personnes/choses** ein Verzeichnis von Personen/Dingen aufstellen

répéter [ʀepete] <5> **I.** *vt* ❶ wiederholen; **répète après moi: ...** sprich mir nach: ...; ~ **à qn de faire qc** jdm noch einmal sagen, dass er etw tun soll ❷ (*rapporter*) weitererzählen ❸ (*mémoriser*) lernen ❹ THEAT, MUS proben **II.** *vi* ❶ (*redire*) wiederholen; **répète un peu!** sag das noch mal! (*fam*) ❷ THEAT proben **III.** *vpr* ❶ **se** ~ sich wiederholen ❷ (*se redire la même chose*) **se** ~ **qc/que** sich (*dat*) etw vorsagen/sich immer wieder sagen, dass

répétitif, -ive [ʀepetitif, -iv] *adj* sich ständig wiederholend; (*travail*) monoton

répétition [ʀepetisjɔ̃] *f* ❶ Wiederholung *f* ❷ THEAT, MUS Probe *f* ▸**faire des angines à** ~ *fam* eine Angina nach der anderen haben

repeupler [ʀ(ə)pœple] <1> *vt* ❶ (*peupler à nouveau*) neu besiedeln ❷ (*regarnir: forêt*) aufforsten; ~ **qc d'animaux** etw wieder mit Tieren besetzen

repiquage [ʀ(ə)pikaʒ] *m* ❶ BOT Pikieren *nt* ❷ MEDIA Überspielen *nt*

repiquer [ʀ(ə)pike] <1> *vt* ❶ BOT pikieren ❷ MEDIA überspielen

répit [ʀepi] *m* Pause *f*; **sans** ~ pausenlos

replacement [ʀ(ə)plasmɑ̃] *m* Vermittlung *f* einer neuen Stelle

replacer [ʀ(ə)plase] <2> *vt* (*remettre à sa place*) zurückstellen/-legen

replanter [ʀ(ə)plɑ̃te] <1> *vt* ❶ (*repiquer*) umsetzen ❷ (*repeupler de végétaux*) neu bepflanzen

replat [ʀəpla] *m* Abflachung *f*

replâtrage [ʀ(ə)plɑtʀaʒ] *m* TECH Erneuerung *f* des Gipsverputzes

replâtrer [ʀ(ə)plɑtʀe] <1> *vt* ~ **qc** den Gipsverputz einer S. (*gen*) erneuern

replet, -ète [ʀəplɛ, -ɛt] *adj* wohlgenährt; (*visage*) voll

repli [ʀəpli] *m* ❶ *pl* (*ondulations: d'un drapeau*) Falten *Pl* ❷ (*retraite*) Rückzug *m* ❸ (*isolement*) ~ **sur soi-même** Abkapselung *f*

repliable [ʀ(ə)plijabl] *adj* ausklappbar

replier [ʀ(ə)plije] <1> **I.** *vt* ❶ (*journal, carte*) wieder zusammenfalten; (*nappe, étoffe*) wieder zusammenlegen; (*mètre rigide*) zusammenklappen; (*lame*) wieder einklappen ❷ (*jambes, pattes*) anwinkeln; (*ailes*) wieder anlegen ❸ MIL zurückziehen **II.** *vpr* ❶ (*faire retraite*) **se** ~ sich zurückziehen ❷ (*se renfermer*) **se** ~ **sur soi-même** sich abkapseln

réplique [ʀeplik] *f* ❶ *a.* THEAT Antwort ❷ (*objection*) ~ **à qc** Einwand *m* gegen etw ❸ ART Nachbildung *f*

répliquer [ʀeplike] <1> *vi* ❶ (*répondre*) erwidern ❷ (*protester*) protestieren

replonger [ʀ(ə)plɔ̃ʒe] <2a> **I.** *vi* (*faire un plongeon*) noch einmal springen **II.** *vt* (*précipiter à nouveau*) ~ **les gens/la région dans la misère** die Menschen/Region erneut ins Elend (*akk*) stürzen **III.** *vpr* **se** ~ **dans qc** sich wieder in etw (*akk*) vertiefen

répondant [ʀepɔ̃dɑ̃] *m* **avoir du** ~ (*de la repartie*) schlagfertig sein

répondant, e [ʀepɔ̃dɑ̃, ɑ̃t] *m, f* (*garant*) Bürge/Bürgin *m/f*

répondeur [ʀepɔ̃dœʀ] *m* Anrufbeantworter *m*

répondeur-enregistreur [ʀepɔ̃dœʀɑ̃ʀəʒistʀœʀ] <répondeurs-enregistreurs> *m: Anrufbeantworter mit Aufzeichnungsteil*

répondre [ʀepɔ̃dʀ] <14> **I.** *vi* ❶ (*donner une réponse*) ~ **à une question** [**par qc**] auf eine Frage [mit etw] antworten; ~ **à une lettre** einen Brief beantworten; **ne pas** ~ **au téléphone** nicht abnehmen ❷ (*être impertinent*) ~ **à qn** jdm freche Antworten geben **II.** *vt* antworten; ~ **oui** ja sagen

réponse [ʀepɔ̃s] *f* ~ **à qc** Antwort *f* auf etw (*akk*)

reportage [ʀ(ə)pɔʀtaʒ] *m* Reportage *f*

reporter[1] [ʀ(ə)pɔʀtɛʀ] *mf* Reporter(in) *m(f)*

reporter[2] [ʀ(ə)pɔʀte] <1> **I.** *vt* (*date*) verschieben **II.** *vpr* **se** ~ **à qc** sich auf etw (*akk*) beziehen

repos [ʀ(ə)po] *m* ❶ (*détente*) Ruhe *f*; **prendre un peu de** ~ sich (*dat*) ein wenig Ruhe gönnen ❷ (*congé*) **prendre un jour de** ~ einen Tag frei nehmen ▸**pas de tout** ~ anstrengend

reposer[1] [ʀ(ə)poze] <1> **I.** *vt* ❶ (*poser à nouveau*) zurückstellen ❷ (*question*) noch einmal stellen **II.** *vi* (*être fondé sur*) ~ **sur qc** sich auf etw (*akk*) stützen

reposer[2] [ʀ(ə)poze] <1> **I.** *vt* (*délasser*) entspannen **II.** *vpr* (*se délasser*) **se** ~ sich au ruhen

repositionner [ʀ(ə)pɔzisjɔne] <1> **I.** *vt* (*satellite*) wieder in die Umlaufbahn bringen; (*produit*) wieder platzieren **II.** *vpr* **se ~** sich wieder platzieren

repousse [ʀ(ə)pus] *f* Nachwachsen *nt*

repousser[1] [ʀ(ə)puse] <1> *vt* ① (*attaque, agresseur*) abwehren; (*ennemi, foule*) zurückdrängen ② (*aide, arguments*) zurückweisen; (*demande*) abschlagen ③ (*remettre à sa place: meuble*) wieder zurückschieben ④ (*différer*) verschieben

repousser[2] [ʀ(ə)puse] *vi* (*croître de nouveau*) nachwachsen; **laisser ~ sa barbe** seinen Bart wieder wachsen lassen

reprendre [ʀ(ə)pʀɑ̃dʀ] <13> **I.** *vt* ① (*employé*) wieder einstellen; (*objet prêté*) zurücknehmen; (*place*) wieder einnehmen; (*objet déposé*) wieder abholen; (*territoire, ville*) zurückerobern ② (*contact, habitudes, travail*) wieder aufnehmen; (*courage*) wieder schöpfen; (*nom de jeune fille*) wieder annehmen; **~ confiance** wieder zuversichtlicher sein; **~ conscience** wieder zu sich kommen ③ (*fonds de commerce, entreprise*) übernehmen ④ (*promenade*) fortsetzen; (*fonction*) wieder ausüben; **~ la route** weiterfahren ⑤ (*recommencer*) **~ la lecture/le récit de qc** etw noch einmal lesen/berichten; **tout ~ à zéro** alles noch einmal von vorn anfangen ⑥ (*corriger: élève, travail*) verbessern; (*article, chapitre*) überarbeiten ⑦ COUT ändern ⑧ (*viande, gâteau*) noch nehmen ⑨ (*idée, suggestion*) aufgreifen ▸**on ne m'y reprendra plus** das passiert mir nicht noch einmal **II.** *vi* ① (*se revivifier: affaires*) wieder besser gehen; (*vie*) wieder seinen Gang gehen ② (*recommencer: douleurs, pluie*) wieder einsetzen; (*bruit, guerre*) von neuem beginnen; (*classe, cours*) wieder beginnen; (*conversation*) wieder aufgenommen werden ③ (*enchaîner*) fortfahren ④ (*répéter*) **je reprends: ...** ich wiederhole: ... **III.** *vpr* (*se ressaisir*) **se ~** sich (*akk*) wieder fangen

représentant, e [ʀ(ə)pʀezɑ̃tɑ̃, ɑ̃t] *m, f* Vertreter(in) *m(f)*; **~(e) en qc** COM Vertreter(in) *m(f)* für etw

représentation [ʀ(ə)pʀezɑ̃tasjɔ̃] *f* ① (*description*) Darstellung *f* ② THEAT Aufführung *f*

représenter [ʀ(ə)pʀezɑ̃te] <1> **I.** *vt* ① (*décrire*) darstellen ② (*progrès, travail*) sein; (*menace, danger*) darstellen; (*autorité*) verkörpern ③ JUR, POL, COM vertreten **II.** *vpr* ① (*s'imaginer*) **se ~** sich (*dat*) vorstellen ② (*survenir à nouveau*) **se ~ à qn** (*occasion, possibilité*) sich jdm noch einmal bieten

répressif, -ive [ʀepʀesif, -iv] *adj* einschränkend, beschränkend; (*loi, mesure*) Straf-

répression [ʀepʀesjɔ̃] *f* ① JUR strafrechtliche Verfolgung ② (*d'une insurrection, révolte*) Niederschlagung *f*

réprimander [ʀepʀimɑ̃de] <1> *vt* zurechtweisen

réprimer [ʀepʀime] <1> *vt* ① (*retenir*) unterdrücken; (*larmes*) zurückhalten ② POL (*révolte*) niederschlagen

reprisage [ʀ(ə)pʀizaʒ] *m* Stopfen *nt*

repris de justice [ʀ(ə)pʀid(ə)ʒystis] *m inv* Vorbestrafte(r) *f(m)*

reproche [ʀ(ə)pʀɔʃ] *m* Vorwurf *m*

reprocher [ʀ(ə)pʀɔʃe] <1> **I.** *vt* (*faire grief de*) vorwerfen **II.** *vpr* **se ~ qc** sich (*dat*) Vorwürfe wegen etw machen

reproduction [ʀ(ə)pʀɔdyksjɔ̃] *f* (*copie*) Reproduktion *f*

reproduire [ʀ(ə)pʀɔdɥiʀ] <irr> *vpr* **se ~** (*se répéter*) sich wiederholen

reprographie [ʀ(ə)pʀɔgʀafi] *f* Reprographie *f*

républicain, e [ʀepyblikɛ̃, ɛn] *adj* republikanisch

république [ʀepyblik] *f* Republik *f*; **République démocratique allemande** Deutsche Demokratische Republik; **République fédérale d'Allemagne** Bundesrepublik Deutschland; **République française** Französische Republik ▸**on est en ~** wir leben in einem freien Land

> Die erste französische Republik wurde im Zuge der französischen Revolution am 21. September 1792 gegründet. Seit 1958 erlebt Frankreich bereits seine fünfte Republik. Die Revolutionsfigur der *Marianne*, eine Frauenbüste mit phrygischer Kopfbedeckung, gilt als Symbol für die **république**.

répudiation [ʀepydjasjɔ̃] *f* (*d'une chose*) Ausschlagung *f*; (*d'une personne*) Verstoßen *nt*

répugnant, e [ʀepyɲɑ̃, ɑ̃t] *adj* widerlich

réputation [ʀepytasjɔ̃] *f* Ruf *m*

réputé, e [ʀepyte] *adj* (*connu*) bekannt

requérir [ʀəkeʀiʀ] <irr> *vt* ① (*nécessiter*) erfordern ② (*solliciter*) ~ **l'aide de qn** jds Hilfe erbitten

requête [ʀəkɛt] *f* INFORM Abfrage *f*

requin [ʀəkɛ̃] *m* ZOOL Hai[fisch *m*] *m*

requinquer [ʀ(ə)kɛ̃ke] <1> **I.** *vt fam* aufmöbeln; **être requinqué** wieder in Form sein **II.** *vpr fam* **se ~** sich erholen

réquisitionner [ʀekizisjɔne] <1> *vt* (*biens*) beschlagnahmen; (*hommes*) dienstverpflichten

RER [ɛʀøɛʀ] *m abr de* **réseau express régional** *S-Bahn-Netz in Paris und Umgebung*

rescapé, e [ʀɛskape] *m, f* Überlebende(r) *f(m)*

réseau [ʀezo] <x> *m a.* INFORM Netz *nt;* **le ~ Internet** das Internet

réservation [ʀezɛʀvasjɔ̃] *f* Reservierung *f*

réserve [ʀezɛʀv] *f* ① (*provision*) Vorrat *m* ② (*lieu protégé*) ~ **botanique/naturelle/ornithologique** Pflanzen-/Natur-/Vogelschutzgebiet *nt;* ~ **indienne** Indianerreservat *nt*

réservé, e [ʀezɛʀve] *adj* ① (*discret*) zurückhaltend ② (*limité à certains*) ~ **aux handicapés/autobus** nur für Behinderte/Busse

réserver [ʀezɛʀve] <1> **I.** *vt* ① (*place*) freihalten ② (*retenir*) reservieren; (*voyage*) buchen **II.** *vpr* (*se ménager*) **se ~ pour le dessert** sich (*dat*) seinen Appetit für den Nachtisch aufheben

résidant, e [ʀezidɑ̃, ɑ̃t] *m, f* (*d'un immeuble*) Bewohner(in) *m(f);* (*d'une ville, d'un pays*) Einwohner(in) *m(f)*

résidence [ʀezidɑ̃s] *f* ① (*domicile*) Wohnsitz *m* ② (*pour les vacances: appartement*) Ferienwohnung *f;* (*maison*) Ferienhaus *nt* ③ (*immeuble*) Wohnanlage *f;* ~ **universitaire** Studentenwohnheim *nt*

résident, e [ʀezidɑ̃, ɑ̃t] *m, f* (*étranger*) *in einem Gastland ansässiger Ausländer/ansässige Ausländerin;* **les ~s allemands en France** die in Frankreich ansässigen Deutschen

résider [ʀezide] <1> *vi* (*habiter*) wohnen; **les étrangers qui résident en France** die in Frankreich ansässigen Ausländer

résigner [ʀeziɲe] <1> *vpr* **se ~** resignieren; **se ~ à faire qc** sich damit abfinden etw zu tun

résilier [ʀezilje] <1> *vt* kündigen

résiné [ʀezine] *m* (*vin*) geharzter Wein

résineux [ʀezinø] *m* Nadelbaum *m;* **forêt de ~** Nadelwald *m*

résistance [ʀezistɑ̃s] *f* (*opposition*) Widerstand *m;* **la Résistance** HIST die Resistance

résistant, e [ʀezistɑ̃, ɑ̃t] **I.** *adj* (*robuste: couleur, matériau*) haltbar; (*personne, plante*) robust; **l'acier est plus ~ que le fer** Stahl ist härter als Eisen **II.** *m, f* HIST Widerstandskämpfer(in) *m(f)*

résister [ʀeziste] <1> *vi* ① (*s'opposer*) ~ **à qn** sich gegen jdn wehren; ~ **à un désir/une passion/tentation** einem Verlangen/einer Leidenschaft/Versuchung widerstehen ② (*supporter*) **qc résiste à qc** etw hält einer S. (*dat*) stand

résolu, e [ʀezɔly] **I.** *part passé de* **résoudre** **II.** *adj* (*air, personne*) entschlossen; (*ton*) bestimmt

résolution [ʀezɔlysjɔ̃] *f* ① (*décision*) Beschluss *m;* **prendre de bonnes ~s** gute Vorsätze fassen ② INFORM Auflösung *f*

résonance [ʀezɔnɑ̃s] *f* ① (*répercussion*) Resonanz *f* ② (*connotation*) Anklang *m*

résonner [ʀezɔne] <1> *vi* hallen

résoudre [ʀezudʀ] <irr> **I.** *vt* (*conflit, problème*) lösen **II.** *vpr* (*se décider*) **se ~ à qc** sich zu etw entschließen

respect [ʀɛspɛ] *m* ~ **de qn/qc** Respekt *m* vor jdm/etw; **manquer de ~ à qn** sich jdm gegenüber respektlos benehmen; **par ~ pour qn/qc** aus Achtung vor jdm/etw

respectabilité [ʀɛspɛktabilite] *f* Ehrenhaftigkeit *f*

respecter [ʀɛspɛkte] <1> *vt* ① (*avoir des égards pour*) achten; **se faire ~** sich (*dat*) Respekt verschaffen ② (*forme, tradition*) wahren; (*loi, normes*) einhalten; (*ordre, priorité*) beachten

respectivement [ʀɛspɛktivmɑ̃] *adv* jeweils

respectueusement [ʀɛspɛktɥøzmɑ̃] *adv* mit Respekt

respiration [ʀɛspiʀasjɔ̃] *f* Atmung *f;* **couper la ~ à qn** jdm den Atem verschlagen; **retenir sa ~** den Atem anhalten

respirer [ʀɛspiʀe] <1> *vi* ① (*inspirer*) atmen; **respirez fort!** tief einatmen! ② (*se détendre*) Luft holen ③ (*être rassuré*) aufatmen

responsabiliser [ʀɛspɔ̃sabilize] <1> *vt* ~ **qn** jds Verantwortungsbewusstsein wecken

responsabilité [ʀɛspɔ̃sabilite] *f* ① (*culp

bilité) Verantwortung *f* 2 JUR Haftung *f;* ~ **civile** Haftpflicht *f;* (*assurance*) Haftpflichtversicherung *f* 3 (*charge de responsable*) **avoir/prendre des ~s** Verantwortung tragen/übernehmen; **avoir la ~ de qn/qc** die Verantwortung für jdn/etw haben

responsable [ʀɛspɔ̃sabl] **I.** *adj* 1 (*coupable, chargé de*) **être ~ de qc** für etw verantwortlich sein 2 (*civilement, pénalement*) haftbar 3 (*personne*) verantwortungsbewusst **II.** *mf* 1 (*auteur*) Verantwortliche(r) *f(m)* 2 (*personne compétente*) Verantwortliche(r) *f(m);* (*d'une organisation, entreprise*) Führungskraft *f;* ~ **technique** technischer Leiter/technische Leiterin

ressaisir [ʀ(ə)seziʀ] <8> *vpr* **se ~** sich wieder fangen

ressasser [ʀ(ə)sase] <1> *vt* bis zum Überdruss wiederholen

ressemblance [ʀ(ə)sɑ̃blɑ̃s] *f* Ähnlichkeit *f;* **avoir une ~ avec qc** einer S. (*dat*) sehr ähnlich sein

ressembler [ʀ(ə)sɑ̃ble] <1> **I.** *vi a. fam* **~ à qn** jdm ähnlich sehen; **~ à qc** einer S. (*dat*) gleichen; **ça te ressemble de faire qc** das sieht dir ähnlich etw zu tun ▸**à quoi il ressemble, ton nouveau copain?** und wie ist dein neuer Freund? **II.** *vpr* (*être semblables physiquement*) sich ähnlich sehen

ressentir [ʀ(ə)sɑ̃tiʀ] <10> *vt* empfinden; (*coup*) spüren

resserrer [ʀ(ə)seʀe] <1> **I.** *vt* (*boulon, vis*) nachziehen; (*nœud*) fest ziehen; (*ceinture*) enger schnallen **II.** *vpr* **se ~** enger werden; (*personnes, groupe*) zusammenrücken; (*cercle d'amis*) schrumpfen

resservir [ʀ(ə)sɛʀviʀ] <irr> **I.** *vt* 1 (*offrir à nouveau au restaurant*) noch servieren 2 (*offrir à nouveau chez soi, des amis*) noch geben 3 *péj* (*radoter*) noch einmal auftischen **II.** *vi* (*revenir en usage*) noch einmal Verwendung finden; **ces emballages me resserviront** ich werde diese Verpackungen weiter verwenden **III.** *vpr* 1 (*reprendre*) **se ~ en/de qc** noch etw nehmen 2 (*réutiliser*) **se ~ de qc** etw wieder benützen

ressortir [ʀ(ə)sɔʀtiʀ] <10> **I.** *vi + être* 1 (*sortir à nouveau: personne*) noch einmal weggehen 2 (*contraster*) **~ sur qc** (*couleur, qualité*) sich von etw abheben; (*détail*) von etw hervortreten; **faire ~ qc** (*mettre en relief: personne*) hervorheben; (*chose*) zur Geltung bringen 3 *fam* (*renouer*) **~ avec qn** wieder mit jdm gehen (*fam*) **II.** *vt + avoir* 1 (*remettre d'actualité: projet*) wieder hervorholen; (*modèle*) wieder herausbringen 2 (*remettre dehors: meubles de jardin*) wieder raustellen; **peux-tu ~ l'agenda?** kannst du den Terminkalender noch einmal herausholen?

ressortissant, e [ʀ(ə)sɔʀtisɑ̃, ɑ̃t] *m, f* Staatsangehörige(r) *f(m)*

ressouder [ʀ(ə)sude] <1> **I.** *vt* 1 TECH nachschweißen; (*choses*) zusammenschweißen 2 (*braser*) nachlöten; (*choses*) neu verlöten 3 (*amitié, amour*) wieder festigen **II.** *vpr* **se ~** 1 MED wieder zusammenwachsen 2 *fig* sich wieder festigen

ressource [ʀ(ə)suʀs] *f pl* (*moyens*) Mittel *Pl;* (*de l'État*) Einnahmequellen *Pl;* **~s naturelles** Bodenschätze *Pl;* **~s personnelles** Eigenkapital *nt;* **sans ~s** mittellos

ressourcer [ʀ(ə)suʀse] <2> *vpr* **se ~** 1 (*revenir aux sources*) sich besinnen 2 (*puiser de nouvelles forces*) neue Kraft schöpfen

ressuscité, e [ʀesysite] *m, f* 1 REL **le Ressuscité** der Auferstandene 2 *fig* **vous êtes un vrai ~!** Sie sind ja wieder auferstanden!

ressusciter [ʀesysite] <1> **I.** *vi + être* REL **être ressuscité** auferstanden sein **II.** *vt + avoir* REL zum Leben erwecken

restant [ʀɛstɑ̃, ɑ̃t] *m* Rest *m*

restau [ʀɛsto] *m fam abr de* **restaurant** *v.* **resto**

restaurant [ʀɛstɔʀɑ̃] *m* Restaurant *nt;* **aller au ~** essen gehen; **~ universitaire** Mensa *f;* **~ du cœur** *Essen für Obdachlose [in den Wintermonaten]*

R

restauration [ʀɛstɔʀasjɔ̃] *f* 1 ARCHIT, ART Restaurierung *f* 2 (*hôtellerie*) Gastronomie *f;* **~ rapide** Fastfood-Gastronomie *f* 3 INFORM Wiederherstellung *f*

restaurer [ʀɛstɔʀe] <1> *vt* 1 (*remettre en état*) restaurieren 2 (*rétablir*) wiederherstellen

reste [ʀɛst] *m* Rest *m;* **tout le ~** alles Übrige ▸**du ~** im Übrigen; **pour le ~** im Übrigen

rester [ʀɛste] <1> **I.** *vi + être* 1 bleiben; **~ sans parler/manger** nicht sprechen/nicht essen; **~ debout/assis toute la journée** den ganzen Tag stehen/sitzen; **~ immobile** stillhalten 2 (*ne pas se libérer de*) **~ sur un échec** sich von einem Misserfolg lähmen lassen ▸**en ~ là** es dabei [bewenden] lassen; **y** ~ umkommen **II.** *vi impers* + *être* ❶ (*être toujours là*) **il reste du vin** es ist noch Wein übrig; **il n'est rien resté** es ist nichts übrig [geblieben]; **il ne me reste** [**plus**] **que toi** ich habe nur noch dich ❷ (*ne pas être encore fait*) **je sais ce qu'il me reste à faire** ich weiß, was ich zu tun habe; **reste à savoir si ...** [es] bleibt abzuwarten, ob ...

resto [Rɛsto] *m fam abr de* **restaurant**

restreint, **e** [RɛstRɛ̃, ɛ̃t] *adj* (*vocabulaire*) beschränkt; (*moyens, nombre*) gering; (*autorité, choix*) eingeschränkt

restriction [RɛstRiksjɔ̃] *f* Einschränkung *f;* (*des dépenses*) Beschränkung *f;* **faire des ~s** Vorbehalte haben; **sans** [**faire de**] ~[**s**] ohne Vorbehalte

restructuration [RəstRyktyRasjɔ̃] *f* (*de l'économie, d'une entreprise*) Umstrukturierung *f;* (*d'un parti*) Neuordnung *f*

restructurer [RəstRyktyRe] <1> *vt* (*entreprise, économie*) umstrukturieren; (*parti*) neuordnen

résultat [Rezylta] *m* Ergebnis *nt;* SCOL Leistung *f;* **n'obtenir aucun** ~ nichts erreichen ►**sans** ~ ohne Erfolg

résumé [Rezyme] *m* Zusammenfassung *f,* Resümee *nt* (*geh*) ►**en** ~ (*en bref*) zusammenfassend; (*somme toute*) alles in Allem

résumer [Rezyme] <1> *vt* ~ **qc** [**en une page**] etw [auf einer Seite] zusammenfassen

résurrection [RezyRɛksjɔ̃] *f* Auferstehung *f;* **la Résurrection** die Auferstehung

rétablir [RetabliR] <8> **I.** *vt a.* MED wiederherstellen; (*contact, liaison*) wieder aufnehmen; ~ **la vérité** der Wahrheit zu ihrem Recht verhelfen **II.** *vpr* **se** ~ ❶ (*guérir*) sich erholen ❷ (*revenir: calme, silence*) wieder einkehren

rétablissement [Retablismɑ̃] *m* Wiederherstellung *f;* **bon ~!** gute Besserung!

retaper [R(ə)tape] <1> **I.** *vt* ❶ (*maison*) renovieren; (*voiture*) überholen; (*lit*) zurechtziehen ❷ *fam* (*malade*) wieder auf die Beine bringen **II.** *vpr fam* **se** ~ sich erholen

retard [R(ə)taR] *m* ❶ (*arrivée tardive*) Verspätung *f;* **arriver en** ~ zu spät kommen; **avoir du ~/deux minutes de** ~ (*personne*) zu spät/zwei Minuten zu spät kommen; (*moyen de transport*) Verspätung/zwei Minuten Verspätung haben; **être en ~ de dix minutes** (*personne*) zehn Minuten zu spät kommen; (*moyen de transport*) zehn Minuten Verspätung haben ❷ (*réalisation tardive*) **avoir du ~ dans un travail/paiement** mit einer Arbeit im Rückstand/einer Zahlung im Verzug sein; **être en ~ d'un mois pour** [**payer**] **le loyer** mit [der Zahlung] der Miete einen Monat im Verzug sein ❸ (*développement plus lent*) Rückständigkeit *f;* SCOL Rückstand *m;* **présenter un ~ de langage** in seiner Sprachentwicklung zurück sein

retardé, **e** [R(ə)taRde] *fam* **I.** *adj* (*enfant*) zurückgeblieben; (*élève*) schwach **II.** *m,* *f* **~(e) mental(e)** Zurückgebliebene(r) *f(m)*

retarder [R(ə)taRde] <1> **I.** *vt* aufhalten; ~ **l'arrivée de qn** jds Ankunft hinauszögern; **qc retarde le départ du train** durch etw verzögert sich die Abfahrt des Zuges; ~ **qn dans son travail** jdn von seiner Arbeit abhalten **II.** *vi* (*être en retard*) ~ **d'une heure** (*montre, horloge*) eine Stunde nachgehen

retendre [R(ə)tɑ̃dR] <14> *vt* ❶ (*raidir à nouveau*) wieder anziehen; (*câble, chaîne*) wieder spannen; (*lien*) fest ziehen ❷ MUS (*corde*) nachspannen ❸ (*filet de pêche*) wieder auswerfen ❹ (*présenter à nouveau*) ~ **la main à qn** jdm wieder die Hand reichen

retenir [R(ə)təniR] <9> **I.** *vt* ❶ [fest] halten; (*foule, personne*) zurückhalten; **je ne sais pas ce qui me retient de le gifler** ich weiß nicht, was mich davon abhält ihn zu ohrfeigen ❷ (*garder*) **je ne te retiens pas plus longtemps** ich will dich nicht länger aufhalten; ~ **qn prisonnier/en otage** jdn gefangen halten/jdn als Geisel fest halten ❸ (*requérir*) ~ **l'attention** Aufmerksamkeit erfordern ❹ (*réserver*) reservieren ❺ (*se souvenir de*) [im Gedächtnis] behalten ❻ (*réprimer*) unterdrücken; (*souffle*) anhalten ❼ (*candidature*) annehmen ❽ (*prélever*) ~ **sur le salaire** (*montant/impôts*) vom Lohn abziehen/einbehalten ►**je te/la retiens** *fam* das vergesse ich dir/ihr nicht so schnell! **II.** *vpr* **se** ~ sich beherrschen

retentissant, **e** [R(ə)tɑ̃tisɑ̃, ɑ̃t] *a*
❶ durchdringend; (*claque*) schallend ❷ (*fr cassant*) Aufsehen erregend; (*scandale, succès*) Riesen-; (*déclaration, discours*) spektakulär

retentissement [R(ə)tɑ̃tismɑ̃] *m* Wirkung *f;* **avoir un grand** ~ großes Aufsehen erregen

réticence [ʀetisɑ̃s] *f* Vorbehalt *m;* **avec ~** widerstrebend; (*accepter*) unter Vorbehalt[en]

réticent, e [ʀetisɑ̃, ɑ̃t] *adj* **être ~** Vorbehalte haben

retiré, e [ʀ(ə)tiʀe] *adj* (*lieu*) entlegen

retirer [ʀ(ə)tiʀe] <1> **I.** *vt* ❶ (*vêtement, montre*) ablegen; (*housses*) abziehen; (*lunettes*) absetzen; **~ qc du commerce** etw aus dem Handel zurückziehen; **~ à qn** (*jouet*) jdm wegnehmen; (*permis*) jdm abnehmen ❷ (*faire sortir*) herausnehmen; **~ la clé de la serrure** den Schlüssel abziehen; **~ qn de l'école** jdn von der Schule nehmen; **~ qn des décombres** jdn aus den Trümmern bergen ❸ (*argent*) holen; **~ de l'argent à la banque** Geld von der Bank abheben ❹ (*main, troupes, accusation, candidature*) zurückziehen ❺ (*obtenir*) **~ de qc** (*bénéfice, avantages*) aus etw ziehen ❻ (*tirer de nouveau*) **~ un coup de feu** noch einen Schuss abgeben ❼ (*faire un second tirage*) **faire ~ une photo** neue Abzüge von einem Foto machen lassen **II.** *vi* noch einmal schießen **III.** *vpr* (*partir*) **se ~** sich zurückziehen; (*mer*) zurückgehen

retombée [ʀ(ə)tɔ̃be] *f pl* (*répercussions*) Auswirkungen *Pl;* **les ~s médiatiques de qc** das Medienecho einer S. (*gen*)

retomber [ʀ(ə)tɔ̃be] <1> *vi* + *être* ❶ (*tomber à nouveau*) wieder hinfallen; **~ dans l'oubli/la drogue** wieder in Vergessenheit/an Drogen geraten ❷ (*tomber après s'être élevé: chat*) aufkommen; (*capot*) wieder zufallen; (*fusée*) abstürzen ❸ (*baisser: curiosité, enthousiasme*) nachlassen; (*fièvre, cote de popularité*) fallen; **~ au niveau d'il y a trois ans** (*consommation*) auf den Stand von vor drei Jahren zurückgehen ❹ (*redevenir*) **~ amoureux** sich wieder verlieben; **~ malade/enceinte** wieder krank/schwanger werden ❺ METEO (*brouillard*) wieder aufkommen; **la pluie/la neige retombe** es regnet/schneit wieder ❻ (*échoir à*) **~ sur qn** auf jdn zurückfallen; **faire ~ la faute sur qn** die Schuld auf jdn schieben ❼ (*revenir, rencontrer*) **~ au même endroit** [zufällig] wieder an denselben Ort geraten; **~ sur qn** jdn [zufällig] wieder treffen

retouche [ʀ(ə)tuʃ] *f* (*d'un vêtement*) Änderung *f*

retoucher [ʀ(ə)tuʃe] <1> **I.** *vt* ❶ (*vêtement*) [ab]ändern ❷ (*être remboursé*) **~ mille euros** tausend Euro zurückbekommen **II.** *vi* ❶ (*toucher de nouveau*) **~ à qc** etw noch einmal anfassen ❷ (*regoûter à*) **~ à l'alcool** wieder [Alkohol] trinken

retour [ʀ(ə)tuʀ] **I.** *m* ❶ (*opp: départ*) Rückkehr *f;* (*à la maison*) Heimkehr *f;* (*chemin*) Rückweg *m;* (*à la maison*) Heimweg *m;* (*voyage*) Rückreise *f;* (*à la maison*) Heimreise *f;* **au ~** auf dem Rückweg; (*en voiture*) auf der Rückfahrt; (*en avion*) auf dem Rückflug; (*à l'arrivée*) bei der Rückkehr; **au ~ du service militaire** nach Beendigung des Militärdienstes; **de ~ à la maison** wieder zurück zu Hause; **être de ~** [wieder] zurück sein ❷ (*à un état antérieur*) **~ à la nature** Rückkehr *f* zur Natur; (*slogan*) zurück zur Natur; **~ au calme** Beruhigung *f* [der Lage]; **~ en arrière** Rückblende *f* ❸ (*réapparition*) **~ du froid** erneuter Kälteeinbruch; **~ en force** Comeback *nt* ❹ AUT einfache Fahrkarte für die Rückfahrt; (*avion*) Flugschein *m* für den Rückflug; **un aller et ~ pour Paris** eine Rückfahrkarte/ein Hin- und Rückflug *m* nach Paris ▶**par ~ du <u>courrier</u>** postwendend; **~ à l'<u>expéditeur</u>!** zurück an Absender! **II.** *app* **match ~** Rückspiel *nt*

retourner [ʀ(ə)tuʀne] <1> **I.** *vt* + *avoir* ❶ (*mettre dans l'autre sens*) umdrehen; (*vêtement*) [auf] links drehen; (*matelas, viande*) wenden; (*caisse, tableau*) auf den Kopf stellen; JEUX aufdecken ❷ (*situation*) umkehren ❸ (*lettre*) zurückschicken; (*marchandise*) zurückgehen lassen; **~ un compliment à qn** jdm ein Kompliment zurückgeben ❹ *fam* (*maison, pièce*) auf den Kopf stellen; (*personne*) erschüttern; **le film m'a retourné** der Film hat mich aufgewühlt **II.** *vi* + *être* ❶ (*revenir*) zurückkehren; (*en bus, voiture, train*) zurückfahren; (*en avion*) zurückfliegen; **~ sur ses pas** kehrtmachen; **~ chez soi** nach Hause gehen ❷ (*aller de nouveau*) **~ à la montagne/chez qn** wieder ins Gebirge/zu jdm gehen; (*en bus, voiture, train*) wieder ins Gebirge/zu jdm fahren; (*en avion*) wieder ins Gebirge/zu jdm fliegen ❸ (*se remettre à*) **~ à son travail** wieder an die Arbeit gehen; (*après une maladie, des vacances*) die Arbeit wieder aufnehmen **III.** *vpr* + *être* ❶ (*se tourner dans un autre sens*) **se ~** (*personne*) sich umdrehen; (*voi-*

R

ture) sich überschlagen; (*barque*) kentern ② (*tourner la tête*) **se ~** sich umschauen; **se ~ sur qn** sich nach jdm umdrehen; **se ~ vers qn/qc** sich zu jdm/etw drehen ③ (*prendre parti, un nouveau cours*) **se ~ en faveur de/contre qn** (*personne*) sich hinter/gegen jdn stellen; (*situation*) sich zu jds Gunsten/Ungunsten kehren; (*acte, action*) sich zu jds Gunsten/Ungunsten auswirken

retrait [ʀ(ə)tʀɛ] *m* ① (*d'argent*) Abheben *nt;* (*des bagages, d'un billet*) Abholen *nt;* (*d'une candidature*) Zurückziehen *nt* ② (*d'une autorisation*) Aufhebung *f;* **~ du permis [de conduire]** Führerscheinentzug *m*

retraite [ʀ(ə)tʀɛt] *f* ① (*cessation du travail*) [Eintritt in den] Ruhestand *m;* (*des fonctionnaires, militaires*) Pensionierung *f;* **être à la ~** im Ruhestand sein; (*ouvrier, employé*) in Rente sein; (*fonctionnaire, militaire*) pensioniert sein; **partir à la ~, prendre sa ~** in den Ruhestand gehen; (*ouvrier, employé*) in Rente gehen; (*fonctionnaire, militaire*) in Pension gehen; (*artisans, professions libérales*) sich zur Ruhe setzen ② (*pension*) Altersruhegeld *nt* (*form*); (*des ouvriers, employés*) [Alters]rente *f;* (*des fonctionnaires, militaires*) Pension *f;* **~ complémentaire** (*assurance*) Zusatzrentenversicherung *f;* (*pension*) Zusatzrente *f*

retraité, e [ʀ(ə)tʀete] **I.** *adj* im Ruhestand; (*ouvrier, employé*) in Rente; (*fonctionnaire, militaire*) pensioniert **II.** *m, f* Ruheständler(in) *m(f);* (*ouvrier, employé*) Rentner(in) *m(f);* (*fonctionnaire, militaire*) Pensionär(in) *m(f)*

retraitement [ʀ(ə)tʀɛtmɑ̃] *m* (*des combustibles nucléaires*) Wiederaufbereitung *f;* (*des déchets*) Wiederverwertung *f;* **centre/usine de ~ [des déchets nucléaires]** Wiederaufbereitungsanlage *f;* **~ des vieux papiers** Altpapierrecycling *nt*

retransmettre [ʀ(ə)tʀɑ̃smɛtʀ] <irr> *vt* übertragen

retransmission [ʀ(ə)tʀɑ̃smisjɔ̃] *f* Übertragung *f*

retravailler [ʀ(ə)tʀavaje] <1> **I.** *vi* (*reprendre le travail*) wieder arbeiten **II.** *vt* überarbeiten; (*discours, texte*) umarbeiten; (*matière, minerai*) neu bearbeiten; (*question*) [noch einmal] überdenken

rétrécir [ʀetʀesiʀ] <8> **I.** *vt* (*rendre plus étroit*) verengen; (*bague, vêtement*) enger machen **II.** *vi, vpr* **le pull a rétréci au lavage** der Pulli ist beim Waschen eingegangen

rétro [ʀetʀo] *abr de* **rétrograde I.** *adj inv* (*démodé*) nostalgisch; (*mode*) Retro- (*kann den Stil der 20er bis 70er Jahre bezeichnen*) **II.** *adv* nostalgisch (*kann im Stil der 20er bis 70er Jahre sein*)

rétroactivement [ʀetʀoaktivmɑ̃] *adv* rückwirkend

rétrocession [ʀetʀosesjɔ̃] *f* Rückgabe *f;* (*des biens patrimoniaux*) Rückübertragung *f*

rétrograder [ʀetʀogʀade] <1> *vi* AUT **~ en seconde** in den Zweiten zurückschalten

rétroprojecteur [ʀetʀopʀɔʒɛktœʀ] *m* Overheadprojektor *m*

rétrospectif, -ive [ʀetʀɔspɛktif, -iv] *adj* rückblickend

rétrospective [ʀetʀɔspɛktiv] *f* Retrospektive *f*

retrousser [ʀ(ə)tʀuse] <1> *vt* (*manche, bas de pantalon*) umkrempeln

retrouvailles [ʀ(ə)tʀuvɑj] *fpl* Wiedersehen *nt*

retrouver [ʀ(ə)tʀuve] <1> **I.** *vt* ① wiederfinden ② (*fonction*) wiedererhalten; (*place*) wiederbekommen; (*travail*) finden ③ (*rejoindre*) **~ qn** jdn treffen; **je vous retrouve dans un quart d'heure** ich komme in einer Viertelstunde nach ④ (*recouvrer*) **~ la santé** wieder zu Kräften kommen; **avoir retrouvé le sommeil** wieder schlafen können **II.** *vpr* ① (*se réunir*) **se ~** (*personnes*) sich [wieder] treffen; **se ~ au bistro** sich in der Kneipe treffen ② (*se présenter de nouveau*) **se ~** (*occasion*) sich wieder bieten ③ (*être de nouveau*) **se ~ dans la même situation** sich wieder in der gleichen Situation befinden; **se ~ seul** wieder allein dastehen ④ (*voir clair*) **s'y ~** sich zurechtfinden; **je n'arrive pas à m'y ~** ich komme damit nicht zurecht ▶**comme on se retrouve!** so sieht man sich wieder!

rétroviseur [ʀetʀɔvizœʀ] *m* Rückspiegel *m*

réunification [ʀeynifikasjɔ̃] *f* POL Wiedervereinigung *f*

réunifier [ʀeynifje] <1> *vt* wieder zusammenführen; (*nations, États*) wieder vereinigen; **l'Allemagne réunifiée** das wiedervereinigte Deutschland

réunion [ʀeynjɔ̃] *f* (*séance*) Zusammenkunft

f; (*d'un comité, d'une commission*) Sitzung *f;* (*conférence*) Besprechung *f;* SCOL Konferenz; (*rassemblement politique/public*) Versammlung *f;* ~ **de famille** Familientreffen; ~ **de parents d'élèves** Elternabend *m;* ~ **d'information** Informationsveranstaltung; **être en** ~ in einer Besprechung sein

Réunion [Reynjɔ̃] *f* [**l'île de**] **la** ~ die Insel Réunion

réunir [ReyniR] <8> **I.** *vt* ❶ (*mettre ensemble*) sammeln; (*personnes*) versammeln ❷ (*cumuler*) ~ **toutes les conditions exigées** alle erforderlichen Bedingungen erfüllen **II.** *vpr* **se** ~ (*personnes*) sich treffen

réussi, e [Reysi] *adj* gelungen; (*examen*) bestanden ▶**c'est** ~! *iron* [das war ein] Volltreffer!

réussir [ReysiR] <8> **I.** *vi* ❶ (*aboutir à un résultat: chose*) gelingen; ~ **bien/mal** Erfolg/keinen Erfolg haben ❷ (*parvenir au succès*) ~ **dans la vie/dans les affaires** im Leben/im Geschäftsleben erfolgreich sein; ~ **à l'examen** die Prüfung bestehen; **tout lui réussit** ihm/ihr gelingt alles ❸ (*être capable de*) **il réussit à faire qc** es gelingt ihm etw zu tun; *iron* er bringt es fertig etw zu tun **II.** *vt* ❶ (*bien exécuter*) **il réussit qc** ihm gelingt etw ❷ (*épreuve, examen*) bestehen

réussite [Reysit] *f* Erfolg *m;* (~ *sociale*) Aufstieg *m;* ~ **d'une tentative** Gelingen *nt* eines Versuchs

réutiliser [Reytilize] <1> *vt* wieder benutzen; (*à d'autres fins*) [weiter] benutzen

revaloir [R(ə)valwaR] <irr> *vt* **je te revaudrai ça** (*en bien*) dafür werde ich mich [bei dir] erkenntlich zeigen; (*en mal*) das zahle ich dir heim

revaloriser [R(ə)valɔRize] <1> *vt* aufwerten

revanchard, e [R(ə)vɑ̃ʃaR, aRd] *m, f* rachsüchtiger Mensch

revanche [R(ə)vɑ̃ʃ] *f* Revanche *f;* **prendre sa** ~ sich [dafür] rächen; SPORT Revanche nehmen ▶**en** ~ (*par contre*) dagegen; (*en contrepartie*) dafür

rêve [Rɛv] *m* Traum *m;* **mauvais** ~ Alptraum; **faire un** ~ einen Traum haben; **fais de beaux** ~**s!** träum was Schönes!; **de** ~ Traum-; **la femme de mes** ~**s** meine Traumfrau ▶**c'est le** ~ *fam* das ist traumhaft

rêvé, e [Reve] *adj* ideal; (*solution*) Ideal-

réveil [Revɛj] *m* ❶ Wecker *m;* **mettre le** ~ **à 6 heures** den Wecker auf 6 Uhr stellen ❷ (*retour à la réalité*) Erwachen *nt*

réveiller [Reveje] <1> **I.** *vt* ❶ (*sortir du sommeil*) [auf]wecken; **être** [**bien**] **réveillé** [ganz] wach sein ❷ (*ramener à la réalité*) wachrütteln **II.** *vpr* **se** ~ ❶ (*sortir du sommeil*) aufwachen ❷ (*se raviver*) wieder kommen; (*douleur*) wieder auftreten; (*appétit*) sich einstellen; (*souvenir*) wach werden; (*volcan*) wieder aktiv werden

réveillon [Revɛjɔ̃] *m* (*nuit de Noël/du nouvel an*) Heiligabend *m*/Silvester[nacht *f*] *nt o m;* (*fête*) Weihnachtsfeier *f*/Silvesterparty *f;* (*repas*) Weihnachts-/Silvesteressen *nt*

réveillonner [Revɛjɔne] <1> *vi* (*fêter Noël/le nouvel an*) Weihnachten/Silvester feiern

révéler [Revele] <5> *vt* (*divulguer*) aufdecken; (*faits*) aufzeigen; ~ **qc** (*enquête, journal*) etw ans Licht bringen

revendiquer [R(ə)vɑ̃dike] <1> *vt* ❶ (*droit, augmentation de salaire*) fordern ❷ (*assumer*) **l'attentat a été revendiqué par la Maffia/n'a pas été revendiqué** die Mafia/niemand hat sich zu dem Anschlag bekannt

revendre [R(ə)vɑ̃dR] <14> *vt* verkaufen

revenir [R(ə)vəniR] <9> *vi* + *être* ❶ zurückkommen; ~ **en avion/en voiture/à pied** zurückfliegen/-fahren/-laufen; ~ **dans un instant** gleich wieder da sein ❷ (*venir de nouveau: personne, printemps*) wiederkommen ❸ (*reprendre*) ~ **à/sur qc** auf etw (*akk*) zurückkommen; ~ **sur une affaire** eine Affäre wieder aufgreifen; ~ **sur une décision** eine Entscheidung rückgängig machen ❹ (*se présenter à nouveau à l'esprit*) ~ **à qn** jdm wieder einfallen ❺ (*équivaloir à*) ~ **à 100 euros à qn** jdn 100 Euro kosten; ~ **cher** teuer kommen; **cela revient au même** das läuft aufs Gleiche hinaus; **cela revient à dire que ...** das heißt so viel wie dass .. ❻ GASTR **faire** ~ (*lard*) anbraten; (*oignons, légumes*) andünsten ▶**ne pas en** ~ **de qc** *fam* etw gar nicht fassen können; ~ **de loin** noch einmal davongekommen sein

revente [R(ə)vɑ̃t] *f* Weiterverkauf *m*

revenu [R(ə)vəny] *m* Einkommen *nt;* ~ **minimum d'insertion** *Übergangsgeld zur Eingliederung in das Berufsleben, entspricht etwa dem Sozialhilfesatz*

R

rêver [ʀeve] <1> *vi* ① ~ **de qn/qc** von jdm/etw träumen ② (*divaguer*) **te prêter de l'argent? tu rêves!** dir Geld leihen? du träumst wohl!

révérencieux, -euse [ʀeveʀɑ̃sjø, -jøz] *adj soutenu* ehrfürchtig; **être ~ envers qn** jdm gegenüber Respekt zeigen

réversion [ʀevɛʀsjɔ̃] *f* Übertragung *f;* **pension de ~** Hinterbliebenenrente *f*

revigorer [ʀ(ə)vigɔʀe] <1> **I.** *vt* ① (*ragaillardir: air frais, boisson*) wieder munter machen; (*discours, promesse*) wieder aufheitern; (*repas*) stärken ② (*ranimer: entreprise, structures*) wieder Leben bringen in (+ *akk*); (*idée, doctrine*) wieder neu beleben **II.** *vi* wieder munter machen

réviser [ʀevize] <1> **I.** *vt* SCOL wiederholen **II.** *vi* SCOL den Stoff wiederholen

révision [ʀevizjɔ̃] *f* ① (*d'un jugement*) Revision *f* ② *pl* SCOL Wiederholung *f*

révisionnisme [ʀevizjɔnism] *m* Revisionismus *m*

révisionniste I. [ʀevizjɔnist] *adj* (*thèse, doctrine*) revisionistisch **II.** *mf* Revisionist(in) *m(f)*

revitalisant, e [ʀ(ə)vitalizɑ̃, ɑ̃t] *adj* **crème ~e** Aufbaucreme *f;* **shampooing ~** Revitalisierungsshampoo *nt*

revitaliser [ʀ(ə)vitalize] <1> *vt* (*organisme*) wieder kräftigen; (*alliance, union*) wieder beleben; (*région*) wirtschaftlich wieder beleben; (*cheveux*) revitalisieren

revivre [ʀ(ə)vivʀ] <irr> **I.** *vi* (*être revigoré*) wieder aufleben **II.** *vt* (*vivre à nouveau*) noch einmal erleben(*fig*)

révocation [ʀevɔkasjɔ̃] *f* (*annulation*) Widerrufung *f*

revoilà [ʀ(ə)vwala] *prép fam* **me ~** da bin ich wieder; **~ Nadine!** da ist Nadine schon wieder!

revoir [ʀ(ə)vwaʀ] <irr> **I.** *vt* ① (*voir à nouveau*) wieder sehen; **au ~** auf Wiedersehen ② (*regarder de nouveau*) sich (*dat*) noch einmal ansehen ③ (*se souvenir*) vor sich (*dat*) sehen **II.** *vpr* **se ~** ① (*se retrouver*) sich wieder sehen ② (*se souvenir de soi*) sich noch sehen

révolte [ʀevɔlt] *f* Revolte *f*

révolter [ʀevɔlte] <1> **I.** *vt* **~ qn** (*individu*) jdn aufbringen; (*crime, injustice*) jdn empören **II.** *vpr* **se ~ contre qn/qc** ① (*s'insurger*) sich gegen jdn/etw auflehnen ② (*s'indigner*) sich über jdn/etw empören

révolution [ʀevɔlysjɔ̃] *f* (*changement*) Revolution *f*

Révolution [ʀevɔlysjɔ̃] *f* HIST **la ~** die Französische Revolution

révolutionnaire [ʀevɔlysjɔnɛʀ] **I.** *adj* revolutionär **II.** *mf* Revolutionär(in) *m(f)*

revolver [ʀevɔlvɛʀ] *m* Revolver *m*

revouloir [ʀ(ə)vulwaʀ] <irr> *vt fam* noch wollen

revue [ʀ(ə)vy] *f* (*magazine*) Zeitschrift *f*

révulser [ʀevylse] <1> **I.** *vt* zutiefst erschüttern **II.** *vpr* (*visage*) sich verzerren; **ses yeux se révulsent** er/sie verdreht die Augen

rez-de-chaussée [ʀed(ə)ʃose] *m inv* Erdgeschoss *nt*

RFA [ɛʀɛfɑ] *f abr de* **République fédérale d'Allemagne** BRD *f*

rhabiller [ʀabije] <1> *vpr* **se ~** sich wieder anziehen

Rhénanie [ʀenani] *f* **la ~** das Rheinland

Rhénanie-du-Nord-Westphalie [ʀenanidynɔʀvɛstfali] *f* **la ~** Nordrhein-Westfalen *nt* **Rhénanie-Palatinat** [ʀenanipalatina] *f* **la ~** Rheinland-Pfalz *nt*

rhésus [ʀezys] *m* MED Rhesusfaktor *m*

Rhin [ʀɛ̃] *m* **le ~** der Rhein

rhinocéros [ʀinɔseʀɔs] *m* Nashorn *nt*

rhinopharyngite [ʀinofaʀɛ̃ʒit] *f* Entzündung *f* der Nasen- und Rachenschleimhaut

Rhône [ʀon] *m* **le ~** die Rhone

rhubarbe [ʀybaʀb] *f* Rhabarber *m*

rhum [ʀɔm] *m* Rum *m*

rhumatologue [ʀymatɔlɔg] *mf* Rheumatologe /Rheumatologin *m/f*

rhume [ʀym] *m* ① (*coup de froid*) Erkältung *f;* **attraper un ~** sich erkälten ② (*rhinite*) Schnupfen *m;* **~ des foins** Heuschnupfen *m*

ri [ʀi] *part passé de* **rire**

riais [ʀ(i)jɛ] *imparf de* **rire**

riant, e [ʀ(i)jɑ̃, jɑ̃t] *part prés de* **rire**

ricaner [ʀikane] <1> *vi* ① (*avec mépris*) hämisch lachen ② (*bêtement*) albern kichern

riche [ʀiʃ] **I.** *adj* reich; **~ en calories** kalorienreich **II.** *mf* Reiche(r) *f(m)*

richesse [ʀiʃɛs] *f* ① (*fortune*) Reichtum *m* ② *pl* (*ressources*) Reichtümer *Pl;* (*d'un musée*) Schätze *Pl*

ricocher [ʀikɔʃe] <1> *vi* **~ sur qc** (*caillou, pierre*) springen auf etw (*dat*)

ride [ʀid] *f* (*pli*) Falte *f*

ridé, e [ʀide] *adj* (*personne*) voller Falten; (*visage*) faltig

rideau [ʀido] <x> *m* ① Vorhang *m* ② HIST **le ~ de fer** der eiserne Vorhang

ridicule [ʀidikyl] **I.** *adj* lächerlich **II.** *m* Lächerlichkeit *f;* **le ~ de cette situation** das Lächerliche an dieser Situation; **couvrir qn/se couvrir de ~** jdn/sich lächerlich machen

ridiculiser [ʀidikylize] <1> *vt, vpr* [**se**] ~ [sich] lächerlich machen

ridule [ʀidyl] *f* Fältchen *nt*

rie [ʀi] *subj prés de* **rire**

rien [ʀjɛ̃] **I.** *pron indéf* ① (*aucune chose*) nichts; **c'est ça ou ~** entweder das oder nichts; **ça ne vaut ~** das ist nichts wert; **~ d'autre** nichts weiter; **~ de nouveau/mieux** nichts Neues/Besseres; **il n'y a plus ~** es ist nichts mehr da ② (*seulement*) **~ que la chambre coûte 400F** das Zimmer allein kostet schon 400F ③ (*quelque chose*) etwas; **rester sans ~ faire** untätig bleiben ▸**ce n'est ~** es ist nicht schlimm; **comme si de ~ n'était** als ob nichts gewesen wäre; **n'être pour ~ dans qc** mit etw nichts zu tun zu haben; **de ~!** keine Ursache!; **~ du tout** überhaupt nichts **II.** *m* ① (*très peu de chose*) Kleinigkeit *f* ② (*un petit peu*) ein wenig; **un ~ de cognac** ein Schuss *m* Cognac ▸ **en un ~ de temps** im Nu

rient [ʀi] *indic prés de* **rire**

riez [ʀ(i)je] *indic prés et impératif de* **rire**

rifle [ʀifl] *m: Gewehr mit gezogenem Lauf*

rigolade [ʀigɔlad] *f fam* Spaß *m* ▸**c'est de la ~** (*c'est facile*) das ist ein Kinderspiel; **prendre à la ~** als Spaß auffassen

rigolard, e [ʀigɔlaʀ, aʀd] *m, f fam* Spaßvogel *m*

rigoler [ʀigɔle] <1> *vi fam* ① (*rire*) lachen; **faire ~ qn** jdn zum Lachen bringen ② (*s'amuser*) Spaß haben; **pour ~** zum Spaß; **je [ne] rigole pas!** ich mache keine Witze! ▸**tu me fais ~!** *iron* du machst mir vielleicht Spaß!

rigolo, te [ʀigɔlo, ɔt] **I.** *adj fam* lustig **II.** *m, f fam* (*homme amusant*) lustiger Kerl

rigoureusement [ʀiguʀøzmɑ̃] *adv* streng; (*appliquer*) strikt

rigoureux, -euse [ʀiguʀø, -øz] *adj* ① streng ② (*exact, précis*) peinlich genau; (*analyse*) gründlich; (*raisonnement*) stichhaltig; (*style*) streng und einfach

rigueur [ʀigœʀ] *f* ① Strenge *f;* **avec ~** strikt ② (*précision*) peinliche Genauigkeit; (*d'une analyse*) Gründlichkeit *f;* (*d'un raisonnement*) Stichhaltigkeit *f;* (*d'un style*) Strenge *f* und Einfachheit *f* ▸**à la ~** (*tout au plus*) allenfalls; (*si besoin est*) notfalls

rime [ʀim] *f* Reim *m*

rimer [ʀime] <1> *vi* **~ avec qc** sich mit etw reimen ▸**ne ~ à rien** keinen Sinn machen

rince-doigts [ʀɛ̃sdwa] *m inv* Fingerschale *f*

rincer [ʀɛ̃se] <2> **I.** *vt* abspülen **II.** *vpr* **se ~ la bouche** sich (*dat*) den Mund ausspülen

ringard, e [ʀɛ̃gaʀ, aʀd] *fam* **I.** *adj* altmodisch **II.** *m, f* Opa *m*

rions [ʀ(i)jɔ̃] *indic prés et impératif de* **rire**

ripou [ʀipu] <s> *fam* **I.** *adj* korrupt **II.** *m* korrupter Beamter

rire [ʀiʀ] <irr> **I.** *vi* ① (*opp: pleurer*) lachen; **faire ~ qn** jdn zum Lachen bringen; **laisse(z)-moi ~!** *iron* dass ich nicht lache! ② (*se moquer*) **~ de qn/qc** über jdn/etw lachen ③ (*s'amuser*) Spaß haben ④ (*plaisanter*) Spaß machen; **tu veux ~!** das ist doch nicht dein Ernst! ▸**sans ~?** echt? (*fam*) **II.** *m* ① (*action de rire*) Lachen *nt* ② (*hilarité*) Gelächter *nt;* **fou ~** Lachkrampf *m*

ris [ʀi] *indic prés et passé simple de* **rire**

risée [ʀize] *f* **être la ~ du quartier** das Gespött des ganzen Viertels sein

risque [ʀisk] *m* Risiko *nt;* **au ~ de déplaire** auf die Gefahr hin, Missfallen zu erregen; **courir un ~** ein Risiko eingehen; **les ~s du métier** *fam* Berufsrisiko *nt* ▸**à mes/ses ~s et périls** auf eigenes Risiko

risqué, e [ʀiske] *adj* (*hasardeux*) riskant

risquer [ʀiske] <1> *vt* ① (*mettre en danger*) aufs Spiel setzen ② (*s'exposer à*) **~ la prison** Gefahr laufen, ins Gefängnis zu kommen; **qn ne risque rien** jdm kann nichts passieren ③ (*tenter, hasarder*) riskieren ▸**ça ne risque pas de m'arriver** das kann mir nicht passieren

rissoler [ʀisɔle] <1> *vt* (*beignets*) goldbraun backen; (*pommes de terre*) goldbraun braten; **pommes rissolées** Bratkartoffeln *Pl*

ristourne [ʀistuʀn] *f* Rabatt *m*

rit [ʀi] *indic prés de* **rire**

rital, e [ʀital] <s> *m péj fam* Spaghettifresser *m*

rituel [ʀitɥɛl] *m* Ritual *nt*

rituel, le [ʀitɥɛl] *adj* (*coutumier*) gewohnheitsmäßig; REL, SOCIOL rituell

rituellement [ʀitɥɛlmɑ̃] *adv* ❶ (*invariablement*) wie gewohnt ❷ REL nach dem Ritus

rivage [ʀivaʒ] *m* Küste *f*

rival, e [ʀival, o] <-aux> *m, f* ❶ (*concurrent*) Rivale/Rivalin *m/f* ❷ (*autre prétendant*) Nebenbuhler(in) *m(f)*

rivaliser [ʀivalize] <1> *vi* (*soutenir la comparaison*) ~ **avec qn** sich mit jdm messen; ~ **avec qc** sich mit etw messen können

rive [ʀiv] *f* Ufer *nt*

Riviera [ʀivjɛʀa] *f* **la** ~ die Riviera

rivière [ʀivjɛʀ] *f* Fluss *m*

riz [ʀi] *m* Reis *m*

RMI [ɛʀɛmi] *m abr de* **revenu minimum d'insertion**

RMIste, RMiste [ɛʀɛmist] *mf v.* **érémiste**

RN [ɛʀɛn] *f abr de* **route nationale**

RNIS [ɛʀɛniɛs] *m abr de* **réseau de numérique à intégration de service** ≈ ISDN *nt*

roast-beef [ʀoːstbiːf] *m v.* **rosbif**

robe [ʀɔb] *f* (*vêtement*) Kleid *nt*

robe de chambre [ʀɔb də ʃɑ̃bʀ] *f* Morgenrock *m*

robinet [ʀɔbinɛ] *m* Hahn *m*

robot [ʀɔbo] *m* ❶ Roboter *m* ❷ (*appareil ménager*) Küchenmaschine *f*

robotique [ʀɔbɔtik] *f* Robotertechnik *f*

robotiser [ʀɔbɔtize] <1> *vt* automatisieren

robuste [ʀɔbyst] *adj* robust; (*appétit*) gesund

roc [ʀɔk] *m* ❶ (*pierre*) Fels *m* ❷ (*personne*) Fels *m* in der Brandung ▸**solide comme un** ~ kerngesund

rocade [ʀɔkad] *f* Umgehungsstraße *f*

roche [ʀɔʃ] *f* Gestein *nt*

rocher [ʀɔʃe] *m* Felsen *m*

Rocheuses [ʀɔʃøz] *f pl* **les** ~ die Rocky Mountains

rock [ʀɔk] *adj* **concert de** ~ Rockkonzert *nt*

rock[-and-roll] [ʀɔk[ɛnʀɔl]] *m inv* Rock [and Roll] *m*

rocker, -euse [ʀɔkœʀ, øz] *m, f* ❶ (*musicien*) Rockmusiker(in) *m(f)* ❷ *fam* (*jeune*) Rocker/Rockerbraut *m/f*

rococo [ʀɔkɔko] **I.** *adj* Rokoko- **II.** *m* Rokoko *nt*

rodéo [ʀɔdeo] *m* Rodeo *m o nt*

roder [ʀɔde] <1> *vt* ❶ (*moteur*) einfahren ❷ (*méthode*) ausarbeiten

rôder [ʀode] <1> *vi* (*errer de façon suspecte*) ~ **dans les parages** sich in der Gegend herumtreiben

rogatoire [ʀɔgatwaʀ] *adj* **commission** ~ Rechtshilfeersuchen *nt*

rogner [ʀɔɲe] <1> **I.** *vt* (*page, pièce, plaque*) beschneiden **II.** *vi* ~ **sur qc** an etw (*dat*) sparen

rognon [ʀɔɲɔ̃] *m* GASTR Niere *f*

roi [ʀwa] *m* König *m;* ~ **du pétrole** Erdölmagnat *m;* **le** ~ **des imbéciles** ein absoluter Dummkopf (*fam*) ▸**galette des Rois** Dreikönigskuchen *m*

Roi-Soleil [sɔlɛj] *m inv* **le** ~ der Sonnenkönig

rôle [ʀol] *m* Rolle *f;* **le premier** ~ die Hauptrolle ▸**avoir le beau** ~ gut dastehen

roller [ʀɔlœʀ] *m* ❶ [**paire de**] ~**s** ein Paar Rollerblades, Inlineskates ❷ (*sport*) **faire du** ~ Rollerblades fahren, inlineskaten

roller, -euse [ʀɔlœʀ, øz] *m, f* (*patineur*) Inlineskater(in) *m(f)*

roller [skates] [ʀɔlœʀskɛt] *mpl* Rollerskates *Pl*

rollmops [ʀɔlmɔps] *m* Rollmops *m*

ROM [ʀɔm] *f inv abr de* **Read Only Memory** ROM *m*

romain, e [ʀɔmɛ̃, ɛn] *adj a.* TYP römisch

Romain, e [ʀɔmɛ̃, ɛn] *m, f* Römer(in) *m(f)*

roman [ʀɔmɑ̃] *m* ❶ LITTER Roman *m;* ~ **épistolaire/policier** Brief-/Kriminalroman ❷ ARCHIT, ART Romanik *f*

roman, e [ʀɔmɑ̃, an] *adj* ARCHIT, ART romanisch

romanche [ʀɔmɑ̃ʃ] **I.** *adj* **langue** ~ Romantsch *nt; v.a.* **allemand II.** *m* Romantsch *nt; v.a.* **allemand**

romancier, -ière [ʀɔmɑ̃sje, -jɛʀ] *m, f* Romanschriftsteller(in) *m(f)*

romand, e [ʀɔmɑ̃, ɑ̃d] *adj* **la Suisse** ~**e** die französische Schweiz

Romand, e [ʀɔmɑ̃, ɑ̃d] *m, f* Bewohner(in) *m(f)* der französischen Schweiz, Welschschweizer(in) *m(f)* (CH)

romanesque [ʀɔmanɛsk] *m* **le** ~ das Romantische

romantique [ʀɔmɑ̃tik] **I.** *adj* romantisch **II.** *mf* Romantiker(in) *m(f)*

romarin [ʀɔmaʀɛ̃] *m* Rosmarin *m*

Rome [ʀɔm] Rom *nt*

rompre [ʀɔ̃pʀ] <irr> **I.** *vt* (*fiançailles*) lösen; (*pourparlers, relations*) abbrechen **II.** *vi* (*se séparer*) Schluss machen (*fam*)

rompu, e [ʀɔ̃py] *part passé de* **rompre**

ronce [ʀɔ̃s] *f* Dornenranken *Pl*

ronchon, ne [ʀɔ̃ʃɔ̃, ɔn] **I.** *adj fam* miesepet[e]rig **II.** *m, f fam* (*homme*) Meckerfritze *m;* (*femme*) Meckerliese *f*

rond [ʀɔ̃] **I.** *m* ❶ (*cercle*) Kreis *m* ❷ (*trace ronde*) Ring *m* ❸ *fam* (*argent*) **ne pas avoir un ~** keine Knete haben **II.** *adv fam* **ne pas tourner ~** (*personne*) spinnen

rond, e [ʀɔ̃, ʀɔ̃d] *adj* ❶ rund ❷ (*personne*) rundlich ❸ *fam* (*ivre*) blau

rondelet, te [ʀɔ̃dlɛ, ɛt] *adj* ❶ (*personne*) mollig ❷ (*somme*) ansehnlich

rondelle [ʀɔ̃dɛl] *f* GASTR Scheibe *f;* **en ~s** in Scheiben

rondouillard, e [ʀɔ̃dujaʀ, aʀd] *adj fam* (*grassouillet*) pummelig

rond-point [ʀɔ̃pwɛ̃] <ronds-points> *m* Kreisverkehr *m*

ronfler [ʀɔ̃fle] <1> *vi* (*personne*) schnarchen

ronger [ʀɔ̃ʒe] <2a> **I.** *vt* (*grignoter*) nagen an (+ *dat*) **II.** *vpr* **se ~ les ongles** an den Nägeln kauen

ronron [ʀɔ̃ʀɔ̃] *m* (*du chat*) Schnurren *nt;* (*d'un moteur*) *fam* Surren *nt*

ronronner [ʀɔ̃ʀɔne] <1> *vi* (*chat*) schnurren

roquefort [ʀɔkfɔʀ] *m* Roquefort *m*

rosâtre [ʀozɑtʀ] *adj* schmutzigrosa

rosbif [ʀɔzbif] *m* GASTR Roastbeef *nt,* Beiried *f* (A)

rose[1] [ʀoz] *f* Rose *f* ▸**envoyer qn sur les ~s** *fam* jdn abblitzen lassen

rose[2] [ʀoz] **I.** *adj* ❶ rosa; (*joue, teint*) rosig ❷ (*messagerie*) Erotik-; **téléphone ~** Telefonsex *m* **II.** *m* Rosa *nt;* **~ bonbon** Babyrosa ▸**voir la vie en ~** das Leben durch die rosarote Brille sehen

rosé [ʀoze] *m* (*vin*) Rosé[wein *m*] *m*

rosé, e [ʀoze] *adj* rosé

roseau [ʀozo] <x> *m* Schilf[rohr *nt*] *nt*

rosée [ʀoze] *f* Tau *m*

rossignol [ʀɔsiɲɔl] *m* ZOOL Nachtigall *f*

rotation [ʀɔtasjɔ̃] *f* ❶ (*mouvement*) Drehung *f* ❷ (*série périodique d'opérations*) **~ du personnel** Personalwechsel *m*

roter [ʀɔte] <1> *vi fam* rülpsen

rôti [ʀoti] *m* Braten *m*

rôtir [ʀotiʀ] <8> **I.** *vt* GASTR braten **II.** *vi* GASTR garen; **faire ~ qc** etw braten

rotor [ʀɔtɔʀ] *m* Rotor *m*

rotule [ʀɔtyl] *f* Kniescheibe *f* ▸**être sur les ~s** *fam* fix und fertig sein

roturier, -ière [ʀɔtyʀje, -jɛʀ] **I.** *adj* HIST bürgerlich **II.** *m, f* HIST Bürgerliche(r) *f(m)*

rouble [ʀubl] *m* Rubel *m*

roucoulades [ʀukulad] *fpl* (*du pigeon, de la tourterelle*) Gurren *nt*

roucouler [ʀukule] <1> *vi* ❶ ZOOL gurren ❷ *iron* (*amoureux*) turteln

roue [ʀu] *f* ❶ Rad *nt;* **~ de secours** AUT Reserverad *nt* ❷ (*supplice*) Rädern *nt* ▸**la cinquième ~ du carrosse** das fünfte Rad am Wagen

rouelle [ʀwɛl] *f* Beinscheibe *f*

rouge [ʀuʒ] **I.** *adj* ❶ rot; (*poisson*) Gold-; (*vin*) Rot- ❷ (*incandescent*) rot glühend ❸ (*délicat*) **journée classée ~ pour le trafic routier** Tag *m* mit hohem Verkehrsaufkommen **II.** *m* ❶ (*couleur*) Rot *nt;* **le feu est au ~** die Ampel ist rot ❷ *fam* (*vin*) Rote(r) *m;* **un verre de ~** ein Glas Rotwein ❸ (*fard*) Rouge *nt;* **~ à lèvres** Lippenstift *m* **III.** *adv* ▸**voir ~** rot sehen

rougeaud, e [ʀuʒo, od] *m, f* **un gros ~** ein rotgesichtiger Dicker (*fam*)

rougeoiement [ʀuʒwamɑ̃] *m* (*d'un incendie*) roter Schein; **le ~ du ciel au couchant** das Abendrot

rougeole [ʀuʒɔl] *f* Masern *Pl*

rougir [ʀuʒiʀ] <8> *vi* ❶ rot werden ❷ (*avoir honte*) **~ de qn** sich für jdn schämen; **faire ~ qn** jdm die Röte in die Wangen treiben

rouille [ʀuj] **I.** *f* (*corrosion*) Rost *m* **II.** *adj inv* rostbraun

rouillé, e [ʀuje] *adj* ❶ rostig ❷ (*personne*) steif

rouiller [ʀuje] <1> *vi* [ver]rosten

roulant, e [ʀulɑ̃, ɑ̃t] *adj* (*personnel*) fahrend; **fauteuil ~** Rollstuhl *m;* **escalier ~** Rolltreppe *f;* **tapis ~** Förderband *nt*

roulé, e [ʀule] *adj* **col ~** Rollkragen *m* ▸**bien ~** *fam* gut gebaut

rouler [ʀule] <1> **I.** *vt* ❶ (*faire avancer*) rollen; (*brouette, poussette*) fahren ❷ (*enrouler*) aufrollen; (*parapluie, crêpe*) zusammenrollen; (*cigarette*) drehen; **~ qc dans la farine** etw in Mehl wälzen ❸ *fam* (*tromper*) übers Ohr hauen; **se faire ~ par qn** von jdm übers Ohr gehauen werden ❹ (*faire tourner une partie du corps: épaules*) kreisen mit; (*hanches*) sich wiegen in (*dat*) **II.** *vi* ❶ (*se déplacer sur roues: véhicule, objet*) fahren ❷ (*tourner sur soi*) rollen; **~ sous la table** (*personne*) unterm Tisch landen ▸**ça**

R

roule *fam* alles paletti **III.** *vpr* (*se vautrer*) **se ~** sich rollen

roulette [ʀulɛt] *f* ❶ (*petite roue*) Rolle *f;* **patins à ~s** Rollschuhe *Pl* ❷ (*jeu*) Roulett(e) *nt* ▸**marcher comme sur des ~s** *fam* wie geschmiert laufen

roumain [ʀumɛ̃] *m* Rumänisch *nt; v.a.* **allemand**

roumain, e [ʀumɛ̃, ɛn] *adj* rumänisch; *v.a.* **allemand**

Roumain, e [ʀumɛ̃, ɛn] *m, f* Rumäne/Rumänin *m/f*

Roumanie [ʀumani] *f* **la ~** Rumänien *nt*

roupiller [ʀupije] <1> *vi fam* pennen

roupillon [ʀupijɔ̃] *m fam* Nickerchen *nt*

rouquin, e [ʀukɛ̃, in] **I.** *adj* rothaarig **II.** *m, f* Rothaarige(r) *f(m)*

rousse [ʀus] *adj v.* **roux**

roussi [ʀusi] *m* ▸**sentir le ~** (*sentir le brûlé*) angebrannt riechen; (*être suspect*) nicht [ganz] koscher sein (*fam*)

routard, e [ʀutaʀ, aʀd] *m, f* Rucksacktourist(in) *m(f)*

route [ʀut] *f* ❶ (*voie*) Straße *f;* **~ nationale/départementale** ≈ Bundes-/Landstraße ❷ (*voyage*) Fahrt *f;* **trois heures de ~** drei Stunden Fahrzeit; **être en ~ pour Paris** nach Paris unterwegs sein ❸ (*itinéraire, chemin*) Weg *m;* NAUT, AVIAT Route *f;* **feuille de ~** MIL, POL (*marche à suivre*) Marschplan *m;* **être sur la bonne ~** auf dem richtigen Weg sein ▸**faire de la ~** viel herumreisen; **mettre qc en ~** etw in Gang setzen; **en ~!** auf geht's! (*fam*)

routeur [ʀutœʀ] *m* INFORM Router *m*

routier, -ière [ʀutje, -jɛʀ] **I.** *adj* (*relatif à la route*) Straßen-; **prévention routière** Verkehrserziehung *f* **II.** *m, f* (*camionneur*) Fernfahrer(in) *m(f)*

routine [ʀutin] *f* ❶ Routine *f* ❷ INFORM Routineprogramm *nt*

rouvrir [ʀuvʀiʀ] <11> **I.** *vt, vi* wieder aufmachen **II.** *vpr* **se ~** (*porte*) wieder aufgehen; (*blessure, plaie*) wieder aufplatzen; (*débat*) wieder in Gang kommen

roux [ʀu] *m* ❶ (*couleur*) Rot *nt* ❷ GASTR Mehlschwitze, Einbrenn *f* (A)

roux, rousse [ʀu, ʀus] **I.** *adj* rot; (*personne*) rothaarig; (*pelage*) rotbraun *f* **II.** *m, f* (*personne*) Rothaarige(r) *f(m)*

royalement [ʀwajalmɑ̃] *adv* ❶ fürstlich ❷ *fam* **je m'en moque ~** das ist mir völlig wurst

royalties [ʀwajalti] *fpl* ❶ (*pour un brevet, une licence*) Lizenzgebühr *f* ❷ (*pour une chanson, une adaptation*) Tantiemen *Pl*

royaume [ʀwajom] *m* Königreich *nt*

Royaume-Uni [ʀwajomyni] *m* **le ~** das Vereinigte Königreich

RTT [ɛʀtete] *f abr de* **réduction du temps de travail** Arbeitszeitverkürzung *f;* **être en ~** Überstunden abbauen (*in Form zusätzlicher Urlaubstage*)

ruban [ʀybɑ̃] *m* Band *nt;* **~ magnétique** INFORM Magnetband

rubis [ʀybi] *m* (*pierre précieuse*) Rubin *m*

rubrique [ʀybʀik] *f* Rubrik *f;* **~ littéraire/sportive** Literatur-/Sportteil *m*

ruche [ʀyʃ] *f* Bienenstock *m*

rude [ʀyd] *adj* ❶ (*pénible*) hart; (*montée*) steil ❷ (*peau, surface, personne, climat*) rau; (*étoffe, manières*) derb ❸ *antéposé* (*gaillard*) handfest

rudement [ʀydmɑ̃] *adv fam* verdammt

rudimentaire [ʀydimɑ̃tɛʀ] *adj* rudimentär; (*installation*) einfach

rue [ʀy] *f* Straße *f;* **~ à sens unique** Einbahnstraße; **dans la ~** auf der Straße; **traîner dans les ~s** sich auf der Straße herumtreiben

ruelle [ʀɥɛl] *f* Gässchen *nt*

rugby [ʀygbi] *m* Rugby *nt*

rugbyman [ʀygbiman] <s> *m* Rugbyspiele *m*

rugueux, -euse [ʀygø, -øz] *adj* rau

Ruhr [ʀuʀ] *f* ❶ (*région*) **la ~** das Ruhrgebie ❷ (*rivière*) **la ~** die Ruhr

ruine [ʀɥin] *f* ❶ *pl* (*décombres*) Trümmer ❷ (*édifice délabré*) Ruine *f;* **en ~** in Trümmern; **tomber en ~** zerfallen ❸ (*personne*) hinfälliger Mensch ❹ (*perte de biens*) wirtschaftlicher Ruin

ruiner [ʀɥine] <1> **I.** *vt* ruinieren; **ça [ne] va pas te ~** *fam* das wird dich [schon] nich umbringen **II.** *vpr* **se ~ pour qn** sich wege jdm in den Ruin stürzen

ruisseau [ʀɥiso] <x> *m* Bach *m*

rumeur [ʀymœʀ] *f* (*bruit qui court*) Gerüch *nt;* **faire courir une ~** ein Gerücht in Un lauf bringen

ruminer [ʀymine] <1> **I.** *vt* ❶ (*ressasse*) brüten über (+ *dat*) ❷ ZOOL wiederkäue **II.** *vi* wiederkäuen

rupin, e [ʀypɛ̃, in] **I.** *adj fam* (*personne*) b

tucht; (*appartement*) nobel; (*quartier*) Nobel- **II.** *m, f fam* Steinreiche(r) *f(m)*

rupture [ʀyptyʀ] *f* ❶ (*cassure*) Bruch *m* ❷ (*déchirure: d'une corde*) Reißen *nt;* (*d'un tendon, d'une veine*) Riss *m* ❸ (*séparation*) Trennung *f*

ruse [ʀyz] *f* (*subterfuge*) List *f*

rusé, e [ʀyze] **I.** *adj* listig **II.** *m, f* raffinierte Person

ruser [ʀyze] <1> *vi* List anwenden

russe [ʀys] **I.** *adj* russisch; *v.a.* **allemand** **II.** *m* Russisch *nt; v.a.* **allemand**

Russe [ʀys] *mf* Russe/Russin *m/f*

Russie [ʀysi] *f* **la** ~ Russland *nt*

rustique [ʀystik] *adj* (*meuble*) rustikal

rustre [ʀystʀ] *adj* ungehobelt

rythme [ʀitm] *m* ❶ Rhythmus *m* ❷ (*allure, cadence*) Tempo *nt*

rythmé [ʀitme] *adj* rhythmisch

S s

S, s [ɛs] *m inv* S *nt*, s *nt*

s *f inv abr de* **seconde** Sek.

s' *v.* **se, si**

sa [sa, se] <ses> *dét poss* ❶ sein(e)/ihr(e); *v.a.* **ma** ❷ *avec un titre, form* **Sa Majesté** Seine/Ihre Majestät

sabayon [sabajɔ̃] *m* Zaba[gl]ione *f*

sabbat [saba] *m* REL Sabbat *m*

sabbatique [sabatik] *adj* (*année, semestre*) Forschungs-; **congé** ~ Beurlaubung *f*

sablage [sɑblaʒ] *m* Sandstreuen *nt*

sable [sɑbl] **I.** *m* Sand *m;* **~s mouvants** Treibsand *m* **II.** *adj inv* sandfarben

sablé [sɑble] *m* GASTR Sandgebäck *nt*

sablé, e [sɑble] *adj* GASTR (*pâte*) Mürbe-

sabler [sɑble] <1> *vt* ❶ (*couvrir de sable*) mit Sand bestreuen ❷ *fig* ~ **le champagne** die Champagnerkorken knallen lassen

sableuse [sɑbløz] *f* (*appareil pour couvrir de sable*) Sandstreuwagen *m*

sabot [sabo] *m* ❶ (*chaussure*) Holzschuh *m;* (*de ville*) Clog *m* ❷ ZOOL Huf *m* ❸ (*pour les véhicules*) Parkkralle *f*

sabotage [sabɔtaʒ] *m* Sabotage *f*

saboter [sabɔte] <1> *vt* ❶ sabotieren; (*machine*) zerstören ❷ (*bâcler*) schludern bei

saboteur, -euse [sabɔtœʀ, -øz] *m, f* Saboteur(in) *m(f)*

sabrer [sɑbʀe] <1> *vt* ❶ (*biffer*) streichen ❷ (*raccourcir*) kürzen ❸ (*ouvrir*) ~ **le champagne** einer/der Champagnerflasche den Hals brechen

sac[1] [sak] *m* ❶ (*contenant*) Sack *m;* (*en plastique, papier*) Tüte *f;* ~ **congélation** Gefrierbeutel *m* ❷ (*bagage*) Tasche *f;* ~ **à main/d'écolier** Hand-/Schultasche; ~ **à dos/de couchage** Ruck-/Schlafsack *m* ❸ (*contenu*) **un ~ de pommes de terre** ein Sack *m* Kartoffeln; ~ **à malice**[s] Zauberkiste *f* ❹ *fam* (*dix francs ou mille anciens francs*) *1000 alte franz. Franc* ►**mettre dans le même** ~ in einen Topf werfen; **vider son** ~ *fam* auspacken

sac[2] [sak] *m* **mettre à** ~ plündern

saccade [sakad] *f* Ruck *m;* **par ~s** stoßweise

saccadé, e [sakade] *adj* (*respiration, rire*) stoßweise

saccager [sakaʒe] <2a> *vt* (*dévaster*) verwüsten; (*récolte*) vernichten

sacerdoce [sasɛʀdɔs] *m* ❶ REL Priesteramt *nt* ❷ (*vocation*) heiliges Amt

sachant [saʃɑ̃] *part prés de* **savoir**

sache [saʃ] *subj prés de* **savoir**

sachet [saʃɛ] *m* Tüte *f*

sacoche [sakɔʃ] *f* Umhängetasche *f;* ~ **de cycliste** [Fahrrad]satteltasche *f*

sac-poubelle [sakpubɛl] <sacs-poubelles> *m* Müllbeutel *m*

sacquer [sake] <1> *vt fam* ❶ (*renvoyer*) feuern ❷ (*noter sévèrement*) schlecht benoten ❸ (*détester*) **ne pas pouvoir ~ qn** jdn nicht riechen können

sacraliser [sakʀalize] <1> *vt* ❶ (*rendre sacral*) als heilig verehren ❷ (*accorder de la valeur à*) ~ **qc** einer Sache (*dat*) einen hohen Wert beimessen

sacre [sakʀ] *m* ❶ (*d'un souverain, évêque*) Inthronisation *f* ❷ (*du printemps*) Krönung *f*

sacré, e [sakʀe] *adj* heilig; (*art, édifice*) sakral; (*musique*) geistlich; (*droits*) unantastbar ❷ *antéposé, fam* (*satané*) verdammt; (*farceur, gaillard*) irrsinnig; **avoir un ~ talent** ein Wahnsinnstalent haben

sacrebleu [sakʀəblø] *interj* Donnerwetter

Sacré-Cœur [sakʀekœʀ] *m sans pl* Sacré-

Cœur *f*

sacrement [sakʀəmɑ̃] *m* Sakrament *nt;* **derniers ~s** Sterbesakramente *Pl*

sacrément [sakʀemɑ̃] *adv fam* wahnsinnig

sacrer [sakʀe] <1> *vt* inthronisieren

sacrifice [sakʀifis] *m* ❶ (*privation*) Opfer *nt;* **faire un ~** ein Opfer bringen ❷ *sans pl* (*renoncement*) Aufgabe *f;* **sens du ~** Opfergeist *m;* **faire le ~ de qc pour qc** etw für etw opfern ❸ REL (*immolation*) Opferung *f*

sacrifié, e [sakʀifje] *m, f* Opfer *nt*

sacrifier [sakʀifje] <1> **I.** *vt* opfern **II.** *vpr* **se ~ pour qn** sich für jdn aufopfern

sacro-saint, e [sakʀosɛ̃, sɛ̃t] <sacro-saints> *adj iron* sakrosankt

sadique [sadik] **I.** *adj* sadistisch **II.** *mf* Sadist(in) *m(f)*

sado [sado] **I.** *adj fam* Sado- **II.** *m, f fam* Sado/Sado-Frau *m/f*

sadomaso [sadomazo] *adj inv, fam* Sadomaso-; **être ~** sadomasochistisch sein

sadomasochiste [sadomazɔʃist] **I.** *adj* sadomasochistisch **II.** *mf* Sadomasochist(in) *m(f)*

safari [safaʀi] *m* Safari *f*

safari-photo [safaʀifɔto] <safaris-photos> *m* Fotosafari *f*

safran [safʀɑ̃] **I.** *m* ❶ Safran *m* ❷ (*couleur*) Safrangelb *nt* **II.** *adj inv* safrangelb

saga [saga] *f* ❶ (*histoire familiale*) Familiensaga *f* ❷ (*légende*) Saga *f*

sagacité [sagasite] *f* Scharfsinn *m*

sagaie [sagɛ] *f* Lanze *f*

sage [saʒ] **I.** *adj* ❶ (*conseil, personne*) weise; (*décision*) klug ❷ (*écolier, enfant*) brav ❸ (*jeune fille*) sittsam (*geh*) **II.** *m* Weise(r) *f(m)*

sage-femme [saʒfam] <sages-femmes> *f* Hebamme *f*

sagement [saʒmɑ̃] *adv* ❶ (*raisonnablement*) klug ❷ (*docilement*) artig

sagesse [saʒɛs] *f* Weisheit *f;* **agir avec ~** klug handeln

Sagittaire [saʒitɛʀ] *m* Schütze *m; v.a.* **Balance**

sagouin, e [sagwɛ̃, in] *m, f fam* (*personne malpropre*) Schwein *nt*

Sahara [saaʀa] *m* **le ~** die Sahara

saharien, ne [saaʀjɛ̃, jɛn] *adj* aus der Sahara; (*oasis*) in der Sahara; (*température*) tropisch

saharienne [saaʀjɛn] *f* Safari-Jacke *f*

Sahel [saɛl] *m* **le ~** die Sahelzone

saignant, e [sɛɲɑ̃, ɑ̃t] *adj* GASTR englisch

saignement [sɛɲmɑ̃] *m* Blutung *f;* **~s de nez** Nasenbluten *nt*

saigner [seɲe] <1> **I.** *vi* bluten; **~ du nez** aus der Nase bluten **II.** *vt* (*animal*) abstechen; **~ qn** jdm die Gurgel durchschneiden **III.** *vpr* **se ~ pour qn** für jdn bluten müssen (*fig*)

saillant [sajɑ̃] *m* (*d'un bastion*) Vorsprung *m;* (*d'une frontière*) Ausbuchtung *f*

sain, e [sɛ̃, sɛn] *adj* ❶ gesund ❷ (*fruit, viande*) einwandfrei ❸ (*affaire, gestion*) seriös ❹ (*lectures, idées*) vernünftig ▶**~ et sauf** gesund und wohlbehalten

saindoux [sɛ̃du] *m* Schweineschmalz *nt*

saint, e [sɛ̃, sɛ̃t] **I.** *adj* heilig; **la Sainte Vierge** die Heilige Jungfrau **II.** *m, f* Heilige(r) *f(m);* **~ des saints** Allerheiligste(s) *nt*

Saint-Barthélemy [sɛ̃baʀtelemi] *f sans pl* **la ~** die Bartholomäusnacht **saint-bernard** [sɛ̃bɛʀnaʀ] <saint-bernard[s]> *m* ❶ (*chien*) Bernhardiner *m* ❷ (*âme secourable*) Samariter *m* **saint-cyrien, ne** [sɛ̃siʀjɛ̃, jɛn] <saint-cyriens> *m, f: Schüler der Elite-Militärschule Saint-Cyr* **Sainte-Catherine** [sɛ̃tkatʀin] *f sans pl* ▶**elle coiffe ~** sie ist fünfundzwanzig Jahre alt und ledig **Saint-Esprit** [sɛ̃tɛspʀi] *m sans pl* **le ~** der Heilige Geist **saint-frusquin** [sɛ̃fʀyskɛ̃] *m inv, fam* Krempel *m* **saint-glinglin** [sɛ̃glɛ̃glɛ̃] *f fam sans pl* ▶**à la ~** am Sankt-Nimmerleins-Tag **saint-honoré** [sɛ̃tɔnɔʀe] *m inv: mit Sahne oder Pudding gefüllter Brandteigkuchen* **Saint-Jean** [sɛ̃ʒɑ̃] *f sans pl* **la ~** das Johannisfest **Saint-Jean-Baptiste** [sɛ̃ʒɑ̃batist] *f sans pl* **la ~** *Nationalfeiertag der Frankokanadier am 24. Juni*

Das Fest **la Saint-Jean-Baptiste** wird am 24. Juni mit großen Freudenfeuern begangen: Hohe Scheiterhaufen werden errichtet und entzündet, und die Menschen tanzen singend um das Feuer. Dieser Feiertag ist für die Identität der Frankokanadier viel wichtiger als der kanadische Nationalfeiertag *Confederation Day*, der am 1. Juli gefeiert wird.

Saint-Nicolas [sɛ̃nikɔla] *f sans pl* **la ~** der Nikolaustag **Saint-Père** [sɛ̃pɛʀ] <Saints

Pères> *m* Heiliger Vater **Saint-Pierre** [sɛ̃pjɛʀ] *m sans pl* Sankt Petrus *m* **Saint-Siège** [sɛ̃sjɛʒ] *m sans pl* Heiliger Stuhl **Saint-Sylvestre** [sɛ̃silvɛstʀ] *f sans pl* Silvester *m o nt*

sais [sɛ] *indic prés de* **savoir**

saisie [sezi] *f* ❶ JUR Pfändung *f*, Exekution *f* (A) ❷ INFORM Erfassen *nt;* ~ **de l'écran** Screenshot *m*

saisir [seziʀ] <8> **I.** *vt* ❶ (*prendre*) packen ❷ (*chance*) wahrnehmen; (*occasion*) ergreifen; (*prétexte*) zum Anlass nehmen ❸ (*comprendre*) begreifen ❹ (*impressionner*) ~ **qn** (*beauté*) jdn bezaubern; (*ressemblance, changement*) jdn verblüffen ❺ (*viande*) anbraten ❻ JUR beschlagnahmen; ~ **un tribunal d'une affaire** mit einer Sache vor Gericht gehen ❼ INFORM erfassen **II.** *vi fam* durchblicken **III.** *vpr* **se** ~ **de qc** zu etw greifen

saisissant, e [sezisɑ̃, ɑ̃t] *adj* (*différence*) erstaunlich

saison [sɛzɔ̃] *f* ❶ (*division de l'année*) Jahreszeit *f;* **fruits de** ~ Früchte der Saison; ~ **des amours** Paarungszeit *f* ❷ SPORT, TOUR Saison *f;* **faire la** ~ während der Saison arbeiten

saisonnier, -ière [sɛzɔnje, -jɛʀ] **I.** *adj* ❶ (*propre à la saison*) jahreszeitlich ❷ (*limité à la saison*) saisonal **II.** *m, f* Saisonarbeiter(in) *m(f)*

sait [sɛ] *indic prés de* **savoir**

salade [salad] *f* ❶ Salat *m;* ~ **de tomates/fruits** Tomaten-/Obstsalat ❷ *pl, fam* (*mensonges*) Geschichten *Pl*

saladier [saladje] *m* Salatschüssel *f*

salage [salaʒ] *m* (*contre le verglas*) **le** ~ **des routes** das Salzstreuen [auf den Straßen]

salaire [salɛʀ] *m* Gehalt *nt;* (*d'un ouvrier*) Lohn *m;* ~ **minimum interprofessionnel de croissance** tariflich festgelegter Mindestlohn; ~ **de misère** Hungerlohn

salami [salami] *m* Salami *f*

salarial, e [salaʀjal, jo] <-aux> *adj* (*politique*) Lohn-

salarié, e [salaʀje] *m, f* Arbeitnehmer(in) *m(f)*

salaud [salo] **I.** *adj fam* hundsgemein **II.** *m fam* Dreckskerl *m*

sale [sal] **I.** *adj* ❶ (*opp: propre*) schmutzig ❷ *antéposé, fam* (*vilain, louche*) übel; (*type, temps*) mies; (*coup*) hart; **avoir une** ~ **gueule** fies aussehen **II.** *m fam* **être au** ~ in der Schmutzwäsche sein

salé [sale] **I.** *m* **petit** ~ gepökeltes Schweinefleisch **II.** *adv* salzig

salé, e [sale] *adj* ❶ (*beurre, cacahuètes*) gesalzen; (*eau*) Salz-; **trop** ~ (*plat*) versalzen ❷ *fam* (*addition*) gesalzen

salement [salmɑ̃] *adv* ❶ (*manger*) unmanierlich; (*travailler*) schludrig (*fam*); (*gagner*) auf unsaubere Weise ❷ *fam* (*très*) ganz schön

saler [sale] <1> **I.** *vi* ❶ GASTR salzen ❷ TECH Salz streuen **II.** *vt* ❶ GASTR salzen ❷ TECH (*route*) streuen

saleté [salte] *f* ❶ Dreck *m* ❷ *fam* (*crapule: homme*) Dreckskerl *m;* (*femme*) Miststück *nt kein Pl* ❸ (*obscénité*) Unanständigkeit *f* ▸~ **d'ordinateur/de Maurice!** *fam* dieser verdammte Computer/Maurice!

salir [saliʀ] <8> **I.** *vt* schmutzig machen; (*complètement*) verschmutzen **II.** *vpr* **se** ~ ❶ (*se souiller*) sich schmutzig machen; **se** ~ **les mains** sich (*dat*) die Hände schmutzig machen ❷ (*devenir sale*) schmutzig werden

salive [saliv] *f* Speichel *m* ▸**ravaler sa** ~ schlucken

saliver [salive] <1> *vi* (*baver*) Speichel produzieren

salle [sal] *f* ❶ (*pièce*) Saal *m;* ~ **à manger/de bains/de classe** Ess-/Bade-/Klassenzimmer *nt;* ~ **de séjour** Wohnzimmer *nt;* ~ **polyvalente/des fêtes** Mehrzweck-/Festhalle *f;* ~ **d'étude** Hausaufgabenraum *m;* **sport en** ~ Hallensport ❷ (*cinéma*) Kino *nt;* ~**s obscures** Kinos *Pl* ❸ (*spectateurs*) Publikum *nt;* **toute la** ~ der ganze Saal ▸**faire** ~ **comble** die Säle füllen

salmonelle [salmɔnɛl] *f* Salmonelle *f*

salmonellose [salmɔneloz] *f* Salmonellose *f*

salon [salɔ̃] *m* ❶ (*salle de séjour*) Wohnzimmer *nt* ❷ (*mobilier*) ~ **de jardin** Gartenmöbel *Pl* ❸ (*exposition*) Messe *f* ❹ (*commerce*) ~ **de coiffure** Friseursalon *m;* ~ **de thé** Teestube *f*

salopard [salɔpaʀ] *m fam* Dreckskerl *m*

salope [salɔp] *f vulg* (*débauchée*) Nutte *f;* (*garce*) Miststück *nt*

saloper [salɔpe] <1> *vt fam* ❶ (*bâcler*) hinschludern ❷ (*salir*) versauen

saloperie [salɔpʀi] *f fam* ❶ (*objet sans valeur*) Ramsch *m kein Pl* ❷ (*saletés*) *gén pl* Sauerei *f* ❸ (*mauvaise nourriture*) Fraß *m*

S

kein *Pl* ❹ (*méchanceté*) Gemeinheit *f* ►**c'est de la ~** das taugt nichts; **~ de bagnole** Scheißkiste *f*

salopette [salɔpɛt] *f* Latzhose *f*

salsa [salsa] *f* Salsa *m*

salsifis [salsifi] *m* GASTR Schwarzwurzel *f*

salubre [salybʀ] *adj* gesund

salubrité [salybʀite] *f* ❶ (*du climat*) gesundheitsfördernde Wirkung; (*de l'air*) Reinheit *f*; (*d'un logement*) gesundheitliche Zuträglichkeit ❷ (*hygiène*) Hygiene *f*; **~ publique** öffentliches Gesundheitswesen

saluer [salɥe] <1> **I.** *vt* ❶ (*dire bonjour*) grüßen; **~ qn de la main** jdm zuwinken ❷ (*dire au revoir*) **~ qn** sich von jdm verabschieden ❸ (*rendre hommage*) würdigen ❹ (*accueillir*) begrüßen ❺ MIL **~ un supérieur** vor einem Vorgesetzten salutieren **II.** *vi* ❶ THEAT sich verbeugen ❷ MIL salutieren

salut[1] [saly] **I.** *m* ❶ (*salutation*) Gruß *m*; **faire un ~ de la main** winken ❷ MIL **~ aux supérieurs** Salutieren *nt* vor den Vorgesetzten **II.** *interj* ❶ *fam* (*bonjour*) **~!** hallo! ❷ *fam* (*au revoir*) **~!** tschüs!

salut[2] [saly] *m* ❶ (*sauvegarde*) Rettung *f* ❷ REL Heil *nt*

salutaire [salytɛʀ] *adj* heilsam; (*décision*) richtig

salutations [salytasjɔ̃] *fpl form* Grüße *Pl*; **nous vous prions d'agréer, Madame/Monsieur, nos ~s distinguées** mit freundlichen Grüßen

Salzbourg [saltsbuʀ] Salzburg *nt*

samba [sɑ̃mba] *f* Samba *f*

samedi [samdi] *m* Samstag *m*; *v.a.* **dimanche**

samouraï [samuʀaj] *m* Samurai *m*

SAMU [samy] *m abr de* **Service d'aide médicale d'urgence** ärztlicher Bereitschaftsdienst; (*médecin*) Notarzt/-ärztin *m/f*

sanction [sɑ̃ksjɔ̃] *f* Strafe *f*; SCOL Strafarbeit *f*; POL Sanktion *f*

sanctionner [sɑ̃ksjɔne] <1> *vt* (*punir*) bestrafen

sandwich [sɑ̃dwitʃ] <[e]s> *m* Sandwich *nt*; **~ au jambon** Schinkensandwich

sandwicherie [sɑ̃dwi(t)ʃʀi] *f* Sandwichbude *f*

sang [sɑ̃] *m* Blut *nt*; **donner son ~** Blut spenden; **être en ~** bluten ►**avoir le ~ chaud** hitziges Blut haben; **se faire du mauvais ~** sich (*dat*) Sorgen machen; **avoir qc dans le ~** etw im Blut haben

sang-froid [sɑ̃fʀwa] *m sans pl* (*maîtrise de soi*) Beherrschung *f*; **garder son ~** einen kühlen Kopf bewahren

sanglant, e [sɑ̃glɑ̃, ɑ̃t] *adj* ❶ (*saignant*) blutig ❷ (*violent*) hart; (*rencontre, match*) hitzig

sanglier [sɑ̃glije] *m* Wildschwein *nt*

sangloter [sɑ̃glɔte] <1> *vi* schluchzen

sangria [sɑ̃gʀija] *f* Sangria *f*

sangsue [sɑ̃sy] *f* ZOOL Blutegel *m*

sanguin, e [sɑ̃gɛ̃, in] *adj* ANAT **plasma ~** Blutplasma *nt*

sanguine [sɑ̃gin] *f* (*orange*) Blutorange *f*

sanitaire [sanitɛʀ] **I.** *adj* sanitär; (*mesure*) gesundheitspolizeilich; **les services ~s** der Wirtschaftskontrolldienst **II.** *m gén pl* Sanitäranlagen *Pl*

sans [sɑ̃] **I.** *prép* ohne; **~ scrupules/manches** skrupel-/ärmellos; **~ arrêt** ununterbrochen; **partir ~ faire qc/~ que** + *subj* gehen ohne etw zu tun/ohne dass ►**~ plus** das ist aber auch alles; **~ quoi** sonst **II.** *adv fam* ohne

sans-abri [sɑ̃zabʀi] *m inv* Obdachlose(r) *f(m)*

sanscrit [sɑ̃skʀi] *m* Sanskrit *nt*; *v.a.* **allemand**

sans-culotte [sɑ̃kylɔt] <sans-culottes> *m* Sansculotte *m* **sans-emploi** [sɑ̃zɑ̃plwa] *m inv* Arbeitslose(r) *f(m)* **sans-faute** [sɑ̃fot] *m inv* hervorragende Leistung; SPORT fehlerfreier Durchgang **sans-fil** [sɑ̃fil] *m inv* Funktelefon *nt* **sans-gêne** [sɑ̃ʒɛn] **I.** *adj inv* ungeniert **II.** *m sans pl* (*désinvolture*) Ungeniertheit *f* **III.** *mf inv* (*personne désinvolte*) unverfrorene Person

sanskrit [sɑ̃skʀi] *v.* **sanscrit**

sans-le-sou [sɑ̃lsu] *mf inv, fam* armer Schlucker **sans-logis** [sɑ̃lɔʒi] *mf inv, soutenu* Obdachlose(r) *f(m)* **sans-papiers** [sɑ̃papje] *mf inv: Ausländer, die sich illegal in Frankreich aufhalten*

santé [sɑ̃te] *f* ❶ (*opp: malade*) Gesundheit *f*; **être bon pour la ~** gesund sein; **être en bonne/mauvaise ~** es geht einem gesundheitlich gut/schlecht ❷ ADMIN **le ministre de la Santé** der Gesundheitsminister; **les services de ~** das Gesundheitsamt; (*armée*) der Sanitätsdienst ►**y laisser sa ~** *fam* dabei seine Gesundheit ruinieren; **se refaire une ~** *fam* mal wieder ausspannen

à la ~ de qn auf jds Wohl (*akk*); **à ta ~!** auf dein Wohl!

santiag [sɑ̃tjag] *f fam* Cowboystiefel *m*

santon [sɑ̃tɔ̃] *m* Krippenfigur *f*

saoudien, ne [saudjɛ̃, jɛn] *adj* saudi-arabisch; *v.a.* **allemand**

Saoudien, ne [saudjɛ̃, jɛn] *m, f* Saudi-Araber(in) *m(f)*

saoul, e [su, sul] *adj v.* **soûl**

saouler [sule] <1> *vt v.* **soûler**

saper [sape] <1> *vpr fam* **se ~** sich in Schale werfen; **être bien sapé** rausgeputzt sein

sapeur-pompier [sapœʀpɔ̃pje] <sapeurs-pompiers> *m* Feuerwehrmann *m;* **femme ~** Feuerwehrfrau *f;* **les ~s** die Feuerwehr, die Brandwache (CH)

saphir [safiʀ] *adj inv* saphirblau

sapin [sapɛ̃] **I.** *m* Tanne *f;* **~ de Noël** Weihnachtsbaum *m* **II.** *app inv* dunkelgrün

saquer [sake] <1> *vt v.* **sacquer**

sarbacane [saʀbakan] *f* Blasrohr *nt*

sarcasme [saʀkasm] *m* Sarkasmus *m;* (*remarque*) sarkastische Bemerkung

sarcastique [saʀkastik] *adj* sarkastisch

Sardaigne [saʀdɛɲə] *f* **la ~** Sardinien *nt*

sardine [saʀdin] *f* Sardine *f*

sardinerie [saʀdinʀi] *f* Sardinenkonservenfabrik *f*

SARL [ɛsɑɛʀɛl] *f abr de* **société à responsabilité limitée** GmbH *f*

sarment [saʀmɑ̃] *m* Weinrebe *f*

sarrasin [saʀazɛ̃] *m* Buchweizen *m*

Sarre [saʀ] *f* ❶ (*région*) **la ~** Saarland *nt* ❷ (*rivière*) Saar *f*

Sarrebruck [saʀbʀyk] Saarbrücken *nt*

sas [sɑs] *m* (*pièce intermédiaire*) Schleuse *f*

satané, e [satane] *adj antéposé* ❶ (*maudit*) verflucht (*fam*) ❷ (*sacré*) **~ farceur!** du Teufelskerl! *m* (*fam*)

satanique [satanik] *adj a.* REL satanisch; (*ruse*) teuflisch

sataniste [satanist] **I.** *adj* satanistisch **II.** *mf* Satanist(in) *m(f)*

satellite [satelit] *m* ❶ AVIAT Satellit *m* ❷ ASTRO Trabant *m* ❸ POL Satellitenstaat *m*

satin [satɛ̃] *m* Satin *m*

satiné, e [satine] *adj* seidig glänzend; (*peinture*) seidenmatt

satire [satiʀ] *f* Satire *f;* **faire la ~ de qn/qc** (*pièce, texte*) eine Satire auf jdn/etw sein; (*auteur*) über jdn/etw spotten

satisfaction [satisfaksjɔ̃] *f* ❶ (*raison d'être satisfait*) Befriedigung *f* ❷ *sans pl* (*joie*) Zufriedenheit *f* ▶**qn/qc donne** [**toute**] **~ à une personne** ein Mensch ist mit jdm/etw [sehr] zufrieden; **donner ~ à qn** jdn zufriedenstellen

satisfaire [satisfɛʀ] <irr> **I.** *vt* (*faim, soif*) stillen; **~ qn** jdn befriedigen; (*personne*) jdn zufriedenstellen **II.** *vi* **~ à une obligation** einer Verpflichtung nachkommen

satisfait, e [satisfɛ, ɛt] *adj* **~ de qn/qc** mit jdm/etw zufrieden

saturer [satyʀe] <1> *vt* ❶ (*soûler*) **mes élèves me saturent avec leurs questions** ich habe die Fragen meiner Schüler satt (*fam*) ❷ (*plus que rassasier*) **être saturé de publicité** mit Werbung übersättigt sein ❸ (*surcharger*) verstopfen; **être saturé** (*standard*) besetzt sein; (*marché*) gesättigt sein

Saturne [satyʀn] *f* Saturn *m*

sauce [sos] *f* Soße *f;* **~ vinaigrette** Vinaigrette *f* ▶**mettre qc à toutes les ~s** *fam* etw in allen Variationen servieren

saucée [sose] *f fam* Guss *m*

saucer [sose] <2> *vt* ❶ (*essuyer*) austunken ❷ *fam* (*tremper*) **se faire ~** klatschnass werden

sauciflard [sosiflaʀ] *m fam v.* **saucisson**

saucisse [sosis] *f* GASTR Würstchen *nt*

saucisson [sosisɔ̃] *m: luftgetrocknete Salami;* **~ sec** Hartwurst *f*

sauf [sof] *prép* ❶ (*à l'exception de*) bis auf (+ *akk*); **~ quand/si** außer wenn; **~ que ...** abgesehen davon, dass ... ❷ (*à moins de*) abgesehen von; **~ erreur de ma part** wenn ich mich nicht irre

saugrenu, e [sogʀəny] *adj* albern; (*idée*) hirnrissig (*fam*)

saumon [somɔ̃] **I.** *m* Lachs *m* **II.** *adj inv* lachsfarben

saumoné, e [somɔne] *adj* **truite ~e** Lachsforelle *f*

saumure [somyʀ] *f* Salzlake *f*

sauna [sona] *m* Sauna *f*

saupoudrer [sopudʀe] <1> *vt* GASTR **~ de sucre** mit Zucker bestreuen; **~ de farine** mit Mehl bestäuben

saurai [sɔʀɛ] *fut de* **savoir**

saut [so] *m a.* INFORM Sprung *m;* **~ périlleux** Salto *m;* **~ à la perche/en longueur** Stabhoch-/Weitsprung *m;* **~ en parachute** Fallschirm[ab]sprung ▶**faire le ~** den Schritt

S

wagen; **faire un ~ chez qn** *fam* auf einen Sprung bei jdm vorbeischauen

saute [sot] *f* **~ d'humeur/de température** plötzlicher Stimmungs-/Temperaturumschwung

sauté [sote] *m* **~ de veau** Kalbsragout *nt*

saute-mouton [sotmutɔ̃] *m inv* Bockspringen *nt*

sauter [sote] <1> **I.** *vi* ❶ springen; (*sautiller*) [herum]hüpfen; (*~ vers le haut*) hochspringen; **~ à la corde/du lit** Seil/aus dem Bett springen; **~ en parachute** mit dem Fallschirm abspringen ❷ (*se précipiter*) **~ sur l'occasion** die Gelegenheit beim Schopf packen ❸ (*jaillir: bouchon*) knallen; (*bouton, chaîne*) abspringen ❹ (*exploser*) in die Luft fliegen (*fam*) (*bombe*) hochgehen (*fam*); **faire ~ qn/qc** jdn/etw in die Luft sprengen ❺ ELEC (*fusibles, plombs*) durchbrennen ❻ *fam* (*ne pas avoir lieu: classe, cours*) ausfallen ❼ GASTR **faire ~ qc** etw braten; **des pommes de terre sautées** Bratkartoffeln *Pl* ❽ (*clignoter: image*) flackern **II.** *vt* ❶ (*franchir*) **~ qc** über etw springen (*akk*) ❷ (*omettre*) überspringen ❸ *fam* (*avoir des relations sexuelles*) bumsen

sauterelle [sotʀɛl] *f* Heuschrecke *f*

sauteur, -euse [sotœʀ, -øz] *m, f* SPORT Springer(in) *m(f)*

sauteuse [sotøz] *f* GASTR Bratpfanne *f*

sautiller [sotije] <1> *vi* hüpfen

sauvage [sovaʒ] **I.** *adj* ❶ wild ❷ (*plante*) wild wachsend; (*lieu, pays*) unberührt **II.** *mf* ❶ (*indigène*) Wilde(r) *f(m)* ❷ (*brute*) Rohling *m*

sauvagement [sovaʒmɑ̃] *adv* auf bestialische Weise

sauvageon, ne [sovaʒɔ̃, ɔn] *m, f* jugendliche(r) Randalierer(in) *m(f)*

sauvegarde [sovgaʀd] *f* ❶ (*protection*) Schutz *m*; **~ de l'emploi** Sicherung *f* der Arbeitsplätze ❷ INFORM Sicherheitskopie *f*; **faire la ~ d'un fichier** eine Sicherungskopie einer Datei erstellen

sauvegarder [sovgaʀde] <1> *vt* ❶ (*indépendance, liberté*) sich (*dat*) bewahren; (*droits*) wahren; (*biens, patrimoine*) schützen ❷ INFORM sichern

sauve-qui-peut [sovkipø] *m inv* Panik *f*

sauver [sove] <1> **I.** *vt* ❶ (*porter secours*) **~ qn/qc de qc** jdn/etw vor etw (*dat*) retten; **~ la vie à qn** jdm das Leben retten ❷ (*sauvegarder*) **~ de la faillite** (*entreprise*) vor dem Konkurs bewahren ❸ INFORM (*fichiers*) sichern **II.** *vi* retten ▶**sauve qui peut!** rette sich wer kann! **III.** *vpr* **se ~** ❶ (*s'enfuir*) flüchten ❷ *fam* (*s'en aller*) sich auf die Socken machen ❸ (*déborder*) überkochen

sauvetage [sov(ə)taʒ] *m* Rettung *f*; (*de naufragés*) Bergung *f*

sauveteur, -euse [sov(ə)tœʀ, -øz] *m, f* Retter(in) *m(f)*

sauvette [sovɛt] *f* **à la ~** *fam* auf die Schnelle

sauveur, sauveuse [sovœʀ, -øz] *m, f* Retter(in) *m(f)*

savant, e [savɑ̃, ɑ̃t] **I.** *adj* ❶ (*érudit*) gelehrt ❷ *péj* kompliziert ❸ (*habile*) geschickt ❹ (*dressé*) dressiert **II.** *m, f* ❶ (*lettré*) Gelehrte(r) *f(m)* ❷ (*scientifique*) Wissenschaftler(in) *m(f)*

savate [savat] *f* Hauslatschen *m* (*fam*); (*chaussure*) Treter *m* (*fam*); **en ~s** *fam* in Pantoffeln

saveur [savœʀ] *f* Geschmack *m*

Savoie [savwa] *f* **la ~** Savoyen *nt*

savoir [savwaʀ] <irr> **I.** *vt* ❶ wissen; **faire ~ à qn que ...** jdm Bescheid sagen, dass ... ❷ (*leçon, rôle*) können; (*détails*) kennen ❸ (*être capable de*) **~ attendre/dire non** warten/nein sagen können ❹ BELG (*pouvoir*) **ne pas ~ venir à l'heure** nicht pünktlich sein können ▶**~ y faire** *fam* wissen, wie man's macht; **qn ne sait plus où se mettre** *fam* jd würde sich am liebsten in ein Mauseloch verkriechen; **ne rien vouloir ~** davon nichts wissen wollen; **à ~** nämlich; **en ~ quelque chose** ein Lied davon singen können (*fam*); **n'en rien ~** keine Ahnung haben **II.** *vi* wissen ▶ **pas que je sache** nicht dass ich wüsste **III.** *vpr* ❶ (*être connu*) **se ~** bekannt sein ❷ (*avoir conscience*) **se ~ malade** wissen, dass man krank ist ▶ **tout se sait** nichts bleibt verborgen **IV.** *m* Wissen *nt*

savoir-faire [savwaʀfɛʀ] *m inv* Know-how *nt*

savoir-vivre [savwaʀvivʀ] *m inv* Benehmen *nt*

savon [savɔ̃] *m* ❶ (*savonnette*) Seife *f*; **~ de Marseille** Kernseife ❷ *fam* (*réprimande*) Rüffel *m*

savonner [savɔne] <1> **I.** *vt* einseifen **II.** *vpr* **se ~** sich einseifen

savonnette [savɔnɛt] *f* Toilettenseife *f*

savourer [savuʀe] <1> **I.** *vt* (*mets, boisson*) genießen; (*triomphe, vengeance*) auskosten **II.** *vi* genießen

savoureux, -euse [savuʀø, -øz] *adj* köstlich

saxe [saks] *m* Meiß[e]ner Porzellan *nt*

Saxe [saks] *f* **la** ~ Sachsen *nt*

Saxe-Anhalt [saksanalt] *f* Sachsen-Anhalt *nt*

saxo [sakso] **I.** *m* Saxophon *nt* **II.** *mf* Saxophonist(in) *m(f)*

saxon [saksɔ̃] *m* Sächsisch *nt; v.a.* **allemand**

saxon, ne [saksɔ̃, ɔn] *adj* sächsisch; *v.a.* **allemand**

Saxon, ne [saksɔ̃, ɔn] *m, f* Sachse/Sächsin *m/f*

saxophone [saksɔfɔn] *m* Saxophon *nt*

saxophoniste [saksɔfɔnist] *mf* Saxophonist(in) *m(f)*

saynète [sɛnɛt] *f* Sketch *m*

scabreux, -euse [skabʀø, -øz] *adj* (*histoire*) schlüpfrig; (*allusion*) anzüglich

scalp [skalp] *m* Skalp *m*

scampi [skɑ̃pi] *mpl* Scampi *Pl*

scandale [skɑ̃dal] *m* ❶ (*éclat*) Skandal *m* ❷ (*indignation*) Empörung *f* ❸ (*tapage*) Lärm *m* ▶**faire** ~ Staub aufwirbeln

scandaleusement [skɑ̃daløzmɑ̃] *adv* ❶ (*honteusement*) skandalös ❷ (*outrageusement*) unerhört; (*exagéré, sous-estimé*) maßlos

scandaleux, -euse [skɑ̃dalø, -øz] *adj* (*honteux*) skandalös; (*prix, propos*) unverschämt; (*vie*) skandalumwittert

scandaliser [skɑ̃dalize] <1> *vt* schockieren; **être scandalisé que** + *subj* empört darüber sein, dass

scander [skɑ̃de] <1> *vt* (*slogans*) im Sprechchor rufen

scandinave [skɑ̃dinav] *adj* skandinavisch

Scandinave [skɑ̃dinav] *mf* Skandinavier(in) *m(f)*

Scandinavie [skɑ̃dinavi] *f* **la** ~ Skandinavien *nt*

scanner [skane] <1> *vt* scannen

scanner [skanɛʀ] *m*, **scanneur** [skanœʀ] *m* Scanner *m*

scarification [skaʀifikasjɔ̃] *f* ❶ AGR (*d'une écorce*) Einritzen *nt;* (*du gazon*) Vertikutieren *nt* ❷ MED Hautritzung *f*

scarole [skaʀɔl] *f* Endivie *f*

scatologique [skatɔlɔʒik] *adj* skatologisch

sceau [so] <x> *m* Siegel *nt*

sceller [sele] <1> *vt* ❶ TECH (*crochet, couronne dentaire*) einzementieren; (*pierre*) einmauern; (*barreaux*) einlassen; (*dalle*) kleben ❷ (*authentifier par un sceau*) siegeln ❸ (*fermer hermétiquement*) versiegeln

scellés [sele] *mpl* Amtssiegel *Pl;* **sous** ~ unter Verschluss

scénario [senaʀjo] <s> *m* CINE Drehbuch *nt*

scénariste [senaʀist] *mf* Drehbuchautor(in) *m(f)*

scène [sɛn] *f* ❶ *a.* THEAT Szene *f;* ~ **d'amour** Liebesszene; ~ **de ménage** Ehekrach *m* ❷ THEAT (*estrade*) Bühne *f;* (*décor*) Bühnenbild *nt;* **entrer en** ~ auftreten; **mettre en** ~ inszenieren ❸ (*d'un crime, drame*) Schauplatz *m*

scénique [senik] *adj* **indications ~s** Bühnenanweisungen

sceptique [sɛptik] **I.** *adj* skeptisch **II.** *mf* Skeptiker(in) *m(f)*

schah [ʃa] *m* Schah *m*

schéma [ʃema] *m* Schema *nt;* ~ **de montage** Montageplan *m*

schématique [ʃematik] *adj a. péj* schematisch

schématiquement [ʃematikmɑ̃] *adv* in groben Zügen

schématisation [ʃematizasjɔ̃] *f* Schematismus *m*

schématiser [ʃematize] <1> *vt* schematisch darstellen

schilling [ʃiliŋ] *m* Schilling *m*

schizophrène [skizɔfʀɛn] **I.** *adj* schizophren **II.** *mf* Schizophrene(r) *f(m)*

schizophrénie [skizɔfʀeni] *f* Schizophrenie *f*

Schleswig-Holstein [ʃlɛsvigɔlʃtajn] *m* **le** ~ Schleswig-Holstein *nt*

Schleu, e [ʃlø] *v.* **Chleuh**

schlinguer [ʃlɛ̃ge] <1> *vi fam* müffeln

schmolitz [ʃmɔlits] *m* CH **faire** ~ Brüderschaft trinken

schnaps [ʃnaps] *m* Schnaps *m*

schuss [ʃus] *m* **descendre tout** ~ *fam* Schuss fahren

scie [si] *f* Säge *f*

sciemment [sjamɑ̃] *adv* absichtlich

science [sjɑ̃s] *f* ❶ Wissenschaft *f* ❷ SCOL **les ~s** die Naturwissenschaften *Pl* ❸ (*érudition*) Wissen *nt*

science-fiction [sjɑ̃sfiksjɔ̃] *f inv* Science-fiction *f*

scientifique [sjɑ̃tifik] **I.** *adj* wissenschaftlich **II.** *mf* ❶ (*savant*) Wissenschaftler(in) *m(f)* ❷ (*élève*) Naturwissenschaftler(in) *m(f)*

scientifiquement [sjɑ̃tifikmɑ̃] *adv* wissenschaftlich

scientologie [sjɑ̃tɔlɔʒi] *f* Scientology *f;* **Église de ~** Scientology-Kirche *f*

scier [sje] <1> *vt* ❶ (*couper*) sägen; (*arbres*) absägen ❷ *fam* (*estomaquer*) umhauen

scinder [sɛ̃de] <1> **I.** *vt* (*parti*) spalten **II.** *vpr* **se ~ en qc** (*parti*) sich in etw (*akk*) spalten

scintiller [sɛ̃tije] <1> *vi* funkeln

scission [sisjɔ̃] *f* Spaltung *f*

sclérose [skleʀoz] *f* ❶ MED Sklerose *f* ❷ *fig* (*des institutions*) Verknöcherung *f;* (*d'une personne*) Verkalkung *f*

scléroser [skleʀoze] <1> *vpr* **se ~** ❶ MED sich verhärten ❷ (*se figer*) unbeweglich werden

scolaire [skɔlɛʀ] *adj* Schul-; (*résultats*) schulisch; **année ~** Schuljahr *nt*

scolariser [skɔlaʀize] <1> *vt* ❶ (*admettre dans une école*) einschulen ❷ (*doter d'écoles*) **~ un pays/une région** in einem Land/in einem Gebiet Schulen einrichten

scolarité [skɔlaʀite] *f* Schulbesuch *m;* **~ obligatoire** Schulpflicht *f*

scoliose [skɔljoz] *f* Skoliose *f*

scoop [skup] *m* Knüller *m* (*fam*)

scooter [skutœʀ] *m* Motorroller *m;* **~ des mers** Jetski *m;* **~ des neiges** Motorschlitten *m*

score [skɔʀ] *m* SPORT Spielergebnis *nt;* (*en cours de partie*) Spielstand *m;* POL Ergebnis

scorpion [skɔʀpjɔ̃] *m* ZOOL Skorpion *m*

Scorpion [skɔʀpjɔ̃] *m* Skorpion *m; v.a.* **Balance**

scotch® [skɔtʃ] *m sans pl* (*adhésif*) Tesafilm® *m*

scotcher [skɔtʃe] <1> *vt* ❶ (*coller*) [mit Tesafilm] kleben ❷ *fig fam* **être/rester scotché devant la télé** vor dem Fernseher kleben/kleben bleiben

scout, e [skut] **I.** *adj* Pfadfinder-; (*fraternité*) der Pfadfinder **II.** *m, f* Pfadfinder(in) *m(f)*

scratcher [skʀatʃe] <1> *vi fam* scratchen

script [skʀipt] *m* ❶ CINE Drehbuch *nt;* THEAT Regiebuch *nt* ❷ (*écriture*) Druckschrift *f* ❸ (*retranscription*) Skript *nt*

scrupule [skʀypyl] *m souvent pl* (*hésitation*) Skrupel *m;* **avoir des ~s à faire qc** Hemmungen haben etw zu tun

scrupuleusement [skʀypyløzmɑ̃] *adv* peinlich genau

scruter [skʀyte] <1> *vt* (*horizon*) mit den Augen absuchen

scrutin [skʀytɛ̃] *m* Wahl *f;* **~ majoritaire** Mehrheitswahl

sculpter [skylte] <1> **I.** *vt* formen; (*bois*) schnitzen; (*meuble, objet en bois*) mit Schnitzereien verzieren; (*marbre, pierre*) behauen; **~ qc dans du marbre** etw in Marmor hauen **II.** *vi* sich als Bildhauer betätigen

sculpteur, -euse [skyltœʀ, -øz] *m, f* Bildhauer(in) *m(f);* **~ sur bois** Holzschnitzer(in) *m(f)*

sculpture [skyltyʀ] *f* ❶ (*statue*) Skulptur *f* ❷ (*art*) Bildhauerei *f;* **~ sur pierre** Meißeln *nt;* **~ sur bois** Holzschnitzerei *f*

SDF [ɛsdeɛf] *m, f abr de* **sans domicile fixe** Obdachlose(r) *f(m)*

SDN [ɛsdeɛn] *f abr de* **Société des Nations**

se [sə] < *devant voyelle ou h muet* **s'**> *pron pers* ❶ sich; **il/elle ~ voit dans le miroir** er/sie sieht sich im Spiegel; **il/elle ~ demande s'il/si elle a raison** er/sie fragt sich, ob er/sie Recht hat ❷ (*l'un l'autre*) sich; **ils/elles ~ suivent/font confiance** sie folgen/vertrauen einander ❸ *avec les verbes pronominaux* sich; *v.a.* **me**

séance [seɑ̃s] *f* ❶ CINE Vorstellung *f* ❷ (*période, réunion*) Sitzung *f;* **~ de tir** Schießübung *f;* **~ de spiritisme** Séance *f*

seau [so] <x> *m* Eimer *m;* **un ~ d'eau** ein Eimer Wasser; **~ à glace** Eiskübel *m*

SEBC [ɛsøbese] *m abr de* **Système européen de banques centrales** ESZB *nt*

sec [sɛk] **I.** *adv* (*démarrer*) ruckartig; (*frapper, boire*) kräftig ▸**aussi ~** *fam* sofort; (*répondre*) wie aus der Pistole geschossen **II.** *m* **être à ~** ausgetrocknet sein; (*sans argent*) blank sein (*fam*); **mettre au ~** ins Trockene bringen

sec, sèche [sɛk, sɛʃ] *adj* ❶ trocken ❷ (*figue*) getrocknet; **légumes ~s** Hülsenfrüchte *Pl;* **fruits ~s** Dörrobst *nt;* **raisins ~s** Rosinen *Pl* ❸ (*bras*) dürr; (*cheveu*) spröde ❹ (*bruit, rire*) kurz und heftig; (*coup*) rasch ❺ (*ton, refus*) schroff; (*réponse, merci*) knapp ❻ (*whisky, gin*) pur

sèche-cheveux [sɛʃʃəvø] *m inv* Föhn *m*

sèche-linge [sɛʃlɛ̃ʒ] *m inv* Wäschetrockner *m* **sèche-mains** [sɛʃmɛ̃] *m inv* Händetrockner *m*
sèchement [sɛʃmɑ̃] *adv* (*refuser, répondre*) schroff
sécher [seʃe] <5> **I.** *vt* ❶ (*rendre sec*) trocknen; (*en essuyant: personne, mains*) abtrocknen ❷ *fam* (*ne pas assister à*) schwänzen **II.** *vi* ❶ trocknen ❷ (*bois*) trocken werden; (*plante, terre*) austrocknen; (*fleur, fruits*) vertrocknen ❸ *fam* (*ne pas savoir*) passen müssen **III.** *vpr* **se ~** sich abtrocknen; (*au soleil*) sich trocknen; **se ~ les mains** sich (*dat*) die Hände abtrocknen; **se ~ les cheveux** [**avec un séchoir**] sich (*dat*) die Haare föhnen
sécheresse [sɛʃʀɛs] *f* Trockenheit *f*
sécheuse [seʃøz] *f* CAN (*sèche-linge*) Wäschetrockner *m*
séchoir [seʃwaʀ] *m* ❶ Wäscheständer *m* ❷ (*sèche-cheveux*) Föhn *m*
second [s(ə)gɔ̃] *m* (*dans une charade*) zweite Silbe; *v.a.* **cinquième**
second, e [s(ə)gɔ̃, ɔ̃d] **I.** *adj antéposé* zweite(r, s) **II.** *m, f* **le/la ~(e)** der/die/das Zweite; *v.a.* **cinquième**
secondaire [s(ə)gɔ̃dɛʀ] **I.** *adj* ❶ (*action, rôle, effets*) Neben-; (*secteur*) sekundär ❷ SCOL **l'enseignement ~** der Unterricht an weiterführenden Schulen **II.** *m* SCOL **le ~** die weiterführende Schule; (*au lycée*) die Gymnasialstufe
seconde [s(ə)gɔ̃d] *f* ❶ *a.* MATH, MUS Sekunde *f* ❷ (*temps très court*) Augenblick *m*; **une ~, j'arrive!** Sekunde, ich komme! ❸ SCOL ≈ zehnte Klasse ❹ AUT zweite Klasse
seconder [s(ə)gɔ̃de] <1> *vt* **~ qn dans qc** jdm bei einer S. zur Hand gehen
secouer [s(ə)kwe] <1> **I.** *vt* ❶ schütteln; (*nappe, tapis*) ausschütteln ❷ (*réveiller: personne*) wachrütteln ❸ (*ballotter: explosion, bombardement*) erschüttern; (*autobus, avion*) (*personne*) durchrütteln; (*arbre, embarcation*) hin und her schütteln ❹ (*traumatiser*) erschüttern **II.** *vpr fam* **se ~** (*réagir*) sich aufraffen
secourable [s(ə)kuʀabl] *adj* hilfreich; **tendre une main ~ à qn** jdm seine Hilfe anbieten
secourir [s(ə)kuʀiʀ] <irr> *vt* **~ qn** jdm Hilfe leisten
secourisme [s(ə)kuʀism] *m* erste Hilfe; **faire du ~** beim Rettungsdienst arbeiten
secouriste [s(ə)kuʀist] *mf* Sanitäter(in) *m(f)*
secours [s(ə)kuʀ] *m* ❶ (*sauvetage*) erste Hilfe; (*organisme*) Rettungsdienst *m*; (*en montagne*) Bergwacht *f*; **les ~** die Rettungsmannschaft ❷ (*aide*) Hilfe *f*; **porter ~ à qn** jdm Hilfe leisten; **au ~!** [zu] Hilfe!; **sortie de ~** Notausgang *m* ❸ (*subvention*) Unterstützung *f*
secousse [s(ə)kus] *f* (*choc*) Stoß *m*
secret [səkʀɛ] *m* ❶ Geheimnis *nt* ❷ *sans pl* (*confidentialité*) Verschwiegenheit *f*; **~ médical** ärztliche Schweigepflicht; **garder le ~ sur qc** etw geheim halten ▶**l'astrologie n'a plus de ~ pour elle** sie weiß alles über die Astrologie; **en ~** im Geheimen
secret, -ète [səkʀɛ, -ɛt] *adj* (*agent, service, code*) Geheim-; **garder qc ~** etw geheim halten
secrétaire [s(ə)kʀetɛʀ] **I.** *mf* Sekretär(in) *m(f)*; **~ médical** Sprechstundenhilfe *f*; **~ de direction** Chefsekretär; **~ général des Nations Unies** UNO-Generalsekretär **II.** *m* Sekretär *m*
secrétariat [s(ə)kʀetaʀja] *m* ❶ Sekretariat *nt* ❷ (*fonction officielle*) Amt *nt* des Sekretärs
secrètement [səkʀɛtmɑ̃] *adv* (*agir, informer*) heimlich; (*espérer*) insgeheim
secte [sɛkt] *f* Sekte *f*
secteur [sɛktœʀ] *m* ❶ (*domaine*) Bereich *m*; (*primaire, secondaire, tertiaire*) Sektor *m* ❷ (*quartier*) Bezirk *m*; (*coin*) Gegend *f* ❸ ELEC Netz *nt*
section [sɛksjɔ̃] *f* ❶ ADMIN, POL Abschnitt *m*; AUT Zone *f* ❷ (*branche*) JUR Abteilung *f*; SCOL Fachrichtung *f* ❸ (*groupe*) Gruppe *f*; MIL Zug *m* ❹ MED Durchtrennung *f*
sectionnement [sɛksjɔnmɑ̃] *m* Durchtrennung *f*
sectionner [sɛksjɔne] <1> *vt* (*artère, fil*) durchtrennen; **il a eu trois doigts sectionnés** ihm wurden drei Finger abgetrennt
sectoriel, le [sɛktɔʀjɛl] *adj* nach Sektoren
sectorisation [sɛktɔʀizasjɔ̃] *f* Aufteilung *f* [in Bezirke]; (*d'un projet, de revendications*) Aufspaltung *f*
sécu [seky] *f abr de* **Sécurité sociale**
séculaire [sekylɛʀ] *adj* jahrhundertealt
sécularisation [sekylaʀizasjɔ̃] *f* Säkularisierung *f*
secundo [səgɔ̃do] *adv* zweitens

S

sécuriser [sekyʀize] <1> *vt* ~ **qn** jdm ein Gefühl der Sicherheit geben; **ne pas se sentir très sécurisé** sich nicht sehr sicher fühlen

sécurité [sekyʀite] *f* ❶ Sicherheit *f;* **conseils de** ~ Sicherheitshinweise *Pl;* **en** ~ (*se sentir*) sicher ❷ POL, ECON ~ **de l'emploi** sicherer Arbeitsplatz; ~ **civile** Zivilschutz *m;* ~ **routière** Sicherheit *f* auf den Straßen; **Sécurité sociale** *staatliche Sozial- und Krankenversicherung*

sédatif [sedatif] *m* Beruhigungsmittel *nt;* (*qui calme la douleur*) schmerzstillendes Mittel

sédentaire [sedɑ̃tɛʀ] *adj* sesshaft; (*profession, travail*) ortsgebunden

sédentarité [sedɑ̃taʀite] *f* Sesshaftigkeit *f*

séducteur, -trice [sedyktœʀ, -tʀis] *m, f* Verführer(in) *m(f)*

séduction [sedyksjɔ̃] *f* (*pouvoir de séduire*) verführerischer Charme

séduire [sedɥiʀ] <irr> *vt* ❶ (*tenter*) verführen ❷ (*plaire à*) ~ **qn** jdn überzeugen; (*pièce*) jdn begeistern

séduisant, e [sedɥizɑ̃, ɑ̃t] *adj* verführerisch; (*personne*) anziehend; (*projet, proposition*) verlockend

segmenter [sɛgmɑ̃te] <1> *vt* aufteilen

ségrégation [segʀegasjɔ̃] *f* Trennung *f*

ségrégationniste [segʀegasjɔnist] **I.** *adj* segregationistisch (*geh*); (*politique, problème*) der Rassentrennung; (*idée, article, journal*) rassistisch **II.** *mf* Befürworter(in) *m(f)* der Rassentrennung

seigle [sɛgl] *m* Roggen *m*

sein [sɛ̃] *m* ANAT Brust *f*

Seine [sɛn] *f* **la** ~ die Seine

seize [sɛz] **I.** *num* sechzehn **II.** *m inv* Sechzehn *f; v.a.* **cinq**

seizième [sɛzjɛm] **I.** *adj antéposé* sechzehnte(r, s) **II.** *mf* **le/la** ~ der/die/das Sechzehnte **III.** *m* ❶ (*fraction*) Sechzehntel *nt* ❷ SPORT ~ **de finale** Ausscheidungsrunde *f* zum Achtelfinale; *v.a.* **cinquième**

séjour [seʒuʀ] *m* ❶ Aufenthalt *m* ❷ (*salon*) Esszimmer *nt*

séjourner [seʒuʀne] <1> *vi* sich aufhalten

sel [sɛl] *m* ❶ Salz *nt;* **gros** ~ grobes Salz ❷ (*piquant: d'une histoire*) Witz *m*

sélectif, -ive [selɛktif, -iv] *adj* selektiv

sélection [selɛksjɔ̃] *f* ❶ (*fait de choisir*) Auswahl *f* ❷ (*choix avec règles et critères*) Auswahlverfahren *nt;* **critères de** ~ Auswahlkriterien *Pl* ❸ ZOOL, BIO Selektion *f*

sélectionné, e [selɛksjɔne] *m, f* SPORT Auswahlspieler(in) *m(f)*

sélectionner [selɛksjɔne] <1> *vt* ❶ auswählen; (*joueur*) aufstellen ❷ INFORM anklicken

sélectionneur, -euse [selɛksjɔnœʀ, -øz] *m, f* Eignungsprüfer(in) *m(f);* SPORT ≈ Bundestrainer(in) *m(f)* (*der/die die Mannschaftsaufstellung vornimmt*)

sélénium [selenjɔm] *m* CHIM Selen *nt*

self [sɛlf] *m fam* Selbstbedienungsrestaurant *nt*

self-control [sɛlfkɔ̃tʀol] <self-controls> *m* Selbstbeherrschung *f*

self-service [sɛlfsɛʀvis] <self-services> *m* Selbstbedienung *f;* (*magasin*) Selbstbedienungsladen *m;* (*restaurant*) Selbstbedienungsrestaurant *nt*

selle [sɛl] *f* ❶ (*siège*) Sattel *m* ❷ GASTR Rücken *m* ❸ (*matières fécales*) **~s** Stuhl[gang *m*] *m*

sellerie [sɛlʀi] *f* ❶ (*profession*) Sattlerei *f* ❷ (*selles, harnais*) Sattelzeug *nt* ❸ (*lieu*) Sattelraum *m*

sellette [sɛlɛt] *f* **mettre qn sur la** ~ jdn auf die Anklagebank bringen

selon [s(ə)lɔ̃] *prép* ❶ (*conformément à*) gemäß (*dat*) ❷ (*en fonction de*) je nach; ~ **leur âge** nach Alter ❸ (*d'après*) ~ **qc** etw (*dat*) zufolge; ~ **moi** meines Erachtens

semaine [s(ə)mɛn] *f* ❶ Woche *f;* **la** ~ **de trente-cinq heures** die Fünfunddreißigstundenwoche; **en** ~ unter der Woche ❷ REL ~ **sainte** Karwoche *f*

sémantique [semɑ̃tik] **I.** *adj* semantisch; **champ** ~ Wortfeld *nt* **II.** *f* Semantik *f*

semblable [sɑ̃blabl] **I.** *adj* ❶ (*pareil*) solche(r, s); (*objets, personnes*) gleich; **rien de** ~ nichts Derartiges ❷ (*ressemblant*) ähnlich **II.** *mf* ❶ (*prochain*) Mitmensch *m* ❷ (*congénère*) **mon/ton/son** ~ meines-/deines-/seines-/ihresgleichen

semblant [sɑ̃blɑ̃] *m* **un** ~ **de vérité** ein Hauch von Wahrheit ►**faire** ~ **de dormir** so tun, als würde man schlafen; **faire juste** ~ nur so tun [als ob]

sembler [sɑ̃ble] <1> **I.** *vi* ~ **préoccupé** besorgt zu sein scheinen **II.** *vi impers* ❶ (*paraître*) **il semble que** + *indic o subj* es sieht ganz so aus, als; **il semblerait que** + *subj* allem Anschein nach ❷ (*avoir l'impressio *de*) **il me semble bien vous avoir déjà rencontré** ich habe das Gefühl, Ihnen schon einmal begegnet zu sein ❸ (*paraître*) **il me semble, à ce qu'il me semble** [wie] mir scheint

semelle [s(ə)mɛl] *f* Sohle *f;* (*intérieure*) Einlage *f* ▸**être de la** [**vraie**] **~** (*bifteck, escalope*) zäh wie Leder sein; **ne pas lâcher qn d'une ~** jdm auf Schritt und Tritt folgen

semer [s(ə)me] <4> **I.** *vi* säen **II.** *vt* ❶ (*graines*) [aus]säen ❷ (*discorde, zizanie*) säen; (*terreur, panique*) verbreiten ❸ (*truffer*) **être semé de difficultés** voller Schwierigkeiten sein ❹ (*se débarrasser de*) abhängen (*fam*)

semestre [s(ə)mɛstʀ] *m* Halbjahr *nt;* UNIV Semester *nt*

semestriel, le [s(ə)mɛstʀijɛl] *adj* (*assemblée*) halbjährlich; (*bulletin*) Halbjahres-; (*revue*) halbjährlich erscheinend

séminaire [seminɛʀ] *m* Seminar *nt*

sémite [semit] *adj* semitisch

semoule [s(ə)mul] **I.** *f* Grieß *m* **II.** *app* (*sucre*) Streu-

sempiternel, le [sɑ̃pitɛʀnɛl] *adj antéposé* ewig

sénat [sena] *m* Senat *m;* **le Sénat** der Senat

> Der **Sénat** ist die zweite Kammer des französischen Parlaments. Sein Sitz ist das *Palais du Luxembourg* in Paris. Er setzt sich aus 341 Senatoren zusammen, die für sechs Jahre in indirekter Wahl bestimmt werden. Ein neues Gesetz kann nur mit Zustimmung der beiden Kammern – der *Assemblée nationale* und des **Sénat** – verabschiedet werden. Der **Sénat** vertritt die Interessen der Gebietskörperschaften und wacht über die Verfassung.

sénateur [senatœʀ] *m* Senator(in) *m(f)*

sénatoriales [senatɔʀjal] *fpl* Senatswahlen *Pl*

Sénégal [senegal] *m* **le ~** der Senegal

sénégalais, e [senegalɛ, ɛz] *adj* senegalesisch; *v.a.* **allemand**

Sénégalais, e [senegalɛ, ɛz] *m, f* Senegalese/Senegalesin *m/f*

sénile [senil] *adj* altersschwach

senior [senjɔʀ] **I.** *adj* (*équipe*) Senioren- **II.** *mf* ❶ (*sportif plus âgé*) Senior(in) *m(f)* ❷ (*vieillard*) **les ~s** die älteren Herrschaften

sens¹ [sɑ̃s] *m* (*signification*) Sinn *m;* **au ~ large/figuré** im weiteren/übertragenen Sinn

sens² [sɑ̃s] *m* ❶ (*direction*) Richtung *f;* **dans le ~ contraire** andersherum; **dans le ~ de la longueur** der Länge nach; **dans le ~ des aiguilles d'une montre** im Uhrzeigersinn; **en ~ inverse** umgekehrt; **en ~ inverse** (*rouler*) in die entgegengesetzte Richtung ❷ (*idée*) Sinn *m;* **aller dans le même ~** dasselbe Ziel verfolgen; **aller dans le bon ~** (*personne*) auf dem richtigen Weg sein ❸ AUT **~ giratoire** Kreisverkehr *m;* **~ interdit** Einbahnstraße *f;* (*panneau*) Durchfahrtsverbot *nt* ▸**en ce ~ que ...** insofern als ...; **en un** [**certain**] **~** in gewissem Sinn

sens³ [sɑ̃s] *m* ❶ ANAT Sinn *m* ❷ (*aptitude*) **~ pratique/de l'humour** Sinn für das Praktische/für Humor ❸ (*sagesse, raison*) **bon ~, ~ commun** gesunder Menschenverstand ▸**à mon ~** meines Erachtens

sensas[s] [sɑ̃sas] *adj inv, fam abr de* **sensationnel**

sensation [sɑ̃sasjɔ̃] *f* Empfindung *f;* (*impression*) Gefühl *nt* ▸**~s fortes** Nervenkitzel *m*

sensationnel, le [sɑ̃sasjɔnɛl] *adj* ❶ (*extraordinaire*) sensationell ❷ *fam* (*super*) sagenhaft

sensé, e [sɑ̃se] *adj* vernünftig

sensibilisation [sɑ̃sibilizasjɔ̃] *f* **~ à qc** Sensibilisierung *f* für etw

sensibiliser [sɑ̃sibilize] <1> *vt* **~ qn à qc** jdn für etw sensibilisieren; **être sensibilisé à qc** für etw empfänglich sein

sensibilité [sɑ̃sibilite] *f* Sensibilität *f;* **être d'une extrême ~** äußerst empfindlich sein

sensible [sɑ̃sibl] *adj* ❶ (*émotif*) sensibel; **~ aux attentions** empfänglich für Aufmerksamkeiten ❷ (*fragile*) empfindlich ❸ (*perceptible*) spürbar; (*goût, odeur*) deutlich ❹ (*odorat, ouïe*) fein ❺ (*délicat*) heikel; **point ~** wunder Punkt

sensiblement [sɑ̃sibləmɑ̃] *adv* deutlich

sensoriel, le [sɑ̃sɔʀjɛl] *adj* (*organe, nerf*) Sinnes-

sensualité [sɑ̃sɥalite] *f* Sinnlichkeit *f*

sensuel, le [sɑ̃sɥɛl] *adj* sinnlich

sentence [sɑ̃tɑ̃s] *f* JUR Urteil *nt*

sentencieux, -euse [sɑ̃tɑ̃sjø, -jøz] *adj* (*langage, style, ton*) sentenziös (*geh*); (*personne*) schulmeisterlich

senti, e [sɑ̃ti] *adj* **un discours bien ~** treffende Worte; **vérité bien ~e** bittere Wahrheit

sentier [sɑ̃tje] *m* [Fuß]weg *m*

sentiment [sɑ̃timɑ̃] *m* ❶ Gefühl *nt* ❷ *pl* (*formule de politesse*) **veuillez agréer l'assurance de mes ~s distingués** mit freundlichen Grüßen ▸**prendre qn par les ~s** jdn von der Gefühlsseite her anpacken

sentimental, e [sɑ̃timɑ̃tal, o] <-aux> **I.** *adj* ❶ (*nature, personne*) gefühlsbetont ❷ (*problème, vie*) Liebes- ❸ (*réaction, valeur*) gefühlsmäßig ❹ *péj* sentimental; (*film*) schnulzig **II.** *m, f* Gefühlsmensch *m*

sentimentalisme [sɑ̃timɑ̃talism] *m* Gefühlsduselei *f*

sentir [sɑ̃tiʀ] <10> **I.** *vt* ❶ (*humer*) riechen ❷ (*avoir une odeur*) **~ la fumée** nach Rauch riechen; **ça sent le brûlé** es riecht verbrannt ❸ (*ressentir, pressentir*) spüren; **ça sent la neige** es sieht nach Schnee aus ❹ (*rendre sensible*) **faire ~ à qn que ...** jdn merken lassen, dass ... ▸**ne pas pouvoir ~ qn** jdn nicht ausstehen können **II.** *vi* ❶ (*avoir une odeur*) riechen; **~ bon** gut riechen ❷ (*puer*) stinken; **il sent des pieds** er hat Schweißfüße **III.** *vpr* ❶ (*se trouver*) **se ~ fatigué** sich müde fühlen ❷ (*être perceptible*) **se ~** (*amélioration, changement*) zu spüren sein; **se faire ~** (*conséquences*) seine Wirkung zeigen; (*effet*) spürbar sein ▸ **se ~ mal** (*s'évanouir*) ohnmächtig werden *fam* (*déménager*) eine Meise haben; **ne pas pouvoir se ~** sich nicht ausstehen können

séparation [sepaʀasjɔ̃] *f* ❶ Trennung *f;* (*de convives, manifestants*) Auseinandergehen *nt* ❷ (*cloison*) [**mur de**] **~** Trennwand *f*

séparé, e [sepaʀe] *adj* getrennt; (*étude*) gesondert; (*pièce*) separat

séparément [sepaʀemɑ̃] *adv* (*examiner*) einzeln; (*vivre*) getrennt

séparer [sepaʀe] <1> **I.** *vt* ❶ trennen ❷ (*problèmes*) auseinanderhalten **II.** *vpr* **se ~** ❶ sich trennen ❷ (*branche*) sich gabeln; (*route*) abzweigen

sept [sɛt] **I.** *num* sieben **II.** *m inv* Sieben *f; v.a.* **cinq**

septante [sɛptɑ̃t] *num* BELG CH (*soixante-dix*) siebzig; *v.a.* **cinq, cinquante**

septantième [sɛ̃ptɑ̃tjɛm] *adj* BELG CH (*soixante-dixième*) siebzigste(r, s); *v.a.* **cinquième**

septembre [sɛptɑ̃bʀ] *m* September *m; v.a.* **août**

septennat [sɛptena] *m* siebenjährige Amtszeit

septième [sɛtjɛm] **I.** *adj antéposé* sieb[en]te(r, s) **II.** *mf* **le/la ~** der/die/das Sieb[en]te **III.** *m* (*fraction*) Sieb[en]tel *nt; v.a.* **cinquième**

septièmement [sɛtjɛmmɑ̃] *adv* sieb[en]tens

septuagénaire [sɛptɥaʒenɛʀ] **I.** *adj* siebzigjährig **II.** *mf* Siebzigjährige(r) *f(m)*

séquelle [sekɛl] *f* Folge[erscheinung *f*] *f*

séquence [sekɑ̃s] *f* CINE, TV, LING Sequenz *f;* INFORM Folge *f*

séquentiel, le [sekɑ̃sjɛl] *adj* INFORM fortlaufend

séquestration [sekɛstʀasjɔ̃] *f* (*de biens*) Beschlagnahmung *f;* **~ de personne** Freiheitsberaubung *f;* **~ d'enfant** Kindesraub *m*

séquestrer [sekɛstʀe] <1> *vt* (*personne*) einsperren; (*otage*) gefangen halten

sera [səʀa], **serai** [səʀɛ], **seras** [səʀa] *fut de* **être**

serbe [sɛʀb] **I.** *adj* serbisch; *v.a.* **allemand** **II.** *m* Serbisch *nt; v.a.* **allemand**

Serbe [sɛʀb] *mf* Serbe/Serbin *m/f*

Serbie [sɛʀbi] *f* **la ~** Serbien *nt*

serbo-croate [sɛʀbokʀɔat] <serbo-croates> **I.** *adj* serbokroatisch; *v.a.* **allemand** **II.** *m* Serbokroatisch *nt; v.a.* **allemand**

serein, e [səʀɛ̃, ɛn] *adj* heiter

sereinement [səʀɛnmɑ̃] *adv* mit Ruhe

sérénité [seʀenite] *f* Heiterkeit *f;* **en toute ~** mit aller Ruhe

serez [səʀe] *fut de* **être**

sergent-chef [sɛʀʒɑ̃ʃɛf] <sergents-chefs> *m* Stabsunteroffizier *m*

série [seʀi] *f a.* CINE, TV Serie; (*de casseroles*) Satz *m;* (*de volumes, questions*) Reihe *f* ▸**en ~** serienweise; **tueur en ~** Serienmörder *m*

sérieusement [seʀjøzmɑ̃] *adv* ❶ (*croire, penser*) im Ernst ❷ (*agir, travailler*) ernsthaft ❸ (*gravement*) ernstlich; (*touché, blessé*) schwer

sérieux [seʀjø] *m* ❶ Ernst *m;* **garder son ~** ernst bleiben ❷ (*conscience: d'une personne*) Gewissenhaftigkeit *f;* (*d'un employé*) Zuverlässigkeit *f* ▸**prendre au ~** ernst nehmen; **se prendre au ~** sich wichtig nehmen

sérieux, -euse [seʀjø, -jøz] *adj* ❶ erns

② (*digne de confiance*) seriös; (*employé*) zuverlässig; (*promesse*) ernst gemeint ③ (*élève, apprenti, travail*) ernsthaft ④ (*problème*) ernst zu nehmend ⑤ *a. antéposé* (*fort: différence, somme*) gewaltig; (*raison*) gewichtig ⑥ (*sage*) anständig

seriner [s(ə)ʀine] <1> *vt fam* (*rabâcher*) ~ **qc à un enfant** einem Kind etw wieder und wieder sagen

seringue [s(ə)ʀɛ̃g] *f* Spritze *f*

serment [sɛʀmɑ̃] *m* Schwur *m;* ~ **d'Hippocrate** hippokratischer Eid; **prêter** ~ einen Eid ablegen

séropo [seʀopo] *mf fam abr de* **séropositif**

séropositif, **-ive** [seʀopozitif, -iv] **I.** *adj* seropositiv; (*en parlant du sida*) HIV-positiv **II.** *m, f* Seropositive(r) *f(m);* (*atteint du sida*) HIV-Positive(r) *f(m)*

serpent [sɛʀpɑ̃] *m* Schlange *f*

serpentin [sɛʀpɑ̃tɛ̃] *m* Luftschlange *f*

serpillière [sɛʀpijɛʀ] *f* Scheuertuch *nt;* **passer la** ~ feucht [auf]wischen

serpolet [sɛʀpɔlɛ] *m* Feldthymian *m*

serre [sɛʀ] *f* AGR Gewächshaus *nt;* (*chauffée*) Treibhaus *nt*

serré [seʀe] *adv* ① **jouer** ~ vorsichtig spielen; *fig* taktieren ② (*écrire*) eng

serré, **e** [seʀe] *adj* ① (*café, alcool*) stark ② (*forêt, foule*) dicht; **en rangs ~s** in dichten Reihen ③ (*débat, discussion*) heiß; (*combat*) hart; (*course*) Kopf-an-Kopf-

serre-joint [sɛʀʒwɛ̃] <serre-joints> *m* [Schraub]zwinge *f*

serrer [seʀe] <1> **I.** *vt* ① (*tenir en exerçant une pression*) umklammern; ~ **la main de qn** jdm die Hand schütteln; ~ **qn/qc dans ses bras/contre soi** jdn/etw an sich (*akk*) drücken ② (*dents, mâchoires*) zusammenbeißen; (*lèvres*) zusammenpressen; (*poings*) ballen ③ (*ceinture*) enger schnallen; (*nœud*) fest ziehen ④ (*se tenir près de*) ~ **qn/qc** sich dicht an jdn/etw halten; ~ **qn/qc contre un mur** jdn/etw gegen eine Mauer drängen ⑤ (*invités*) zusammenrücken lassen; **être serrés** (*personnes*) eng nebeneinandersitzen/-stehen/...; (*objets*) dicht gedrängt stehen/liegen/... ⑥ (*budget*) kürzen; (*dépenses*) einschränken **II.** *vi* ~ **à droite/à gauche** sich rechts/links halten **III.** *vpr* **se** ~ ① (*se rapprocher: personnes*) enger zusammenrücken; **se** ~ **contre qn** sich [eng] an jdn schmiegen ② (*se contracter*) **sa gorge se serre** seine/ihre Kehle ist wie zugeschnürt

serrure [seʀyʀ] *f* Schloss *nt*

serrurier, **-ière** [seʀyʀje, -jɛʀ] *m, f* Schlosser(in) *m(f)*

serveur [sɛʀvœʀ] *m* Server *m;* ~ **de courrier** Mail Server

serveur, **-euse** [sɛʀvœʀ, -øz] *m, f* (*employé*) Bedienung *f,* Kellner(in) *m(f)*

servi, **e** [sɛʀvi] *part passé de* **servir**

serviable [sɛʀvjabl] *adj* hilfsbereit

service [sɛʀvis] *m* ① (*au restaurant, bar*) Bedienung *f;* (*à l'hôtel, dans un magasin*) Service *m* ② (*organisme officiel*) ~ **administratif** (*d'État*) Behörde *f;* (*d'une commune*) Dienststelle *f;* ~ **du feu** CH Feuerwehr *f,* Brandwache *f* (CH); ~ **d'ordre** Ordnungsdienst *m;* **le** ~ **public** der öffentliche Dienst; **les ~s sociaux** die sozialen Einrichtungen; **~s secrets** Geheimdienst *m* ③ (*département*) *a* MED Abteilung *f;* ~ **après-vente/[de] dépannage** Kunden-/Reparaturdienst *m;* ~ **de cardiologie** Kardiologie *f* ④ (*militaire, civil*) -dienst *m* ⑤ (*activité professionnelle*) Dienst *m;* **être de** ~ Dienst haben ⑥ ECON (*prestations*) Dienstleistung *f* ⑦ (*action de servir*) Dienst *m* ⑧ (*faveur*) Gefallen *m;* **rendre** ~ **à qn** jdm behilflich sein ⑨ (*assortiment pour la table*) Service *nt;* ~ **à fondue/raclette** Fondue-/Racletteset *nt* ⑩ SPORT (*au tennis*) Aufschlag *m;* (*au volleyball*) Aufgabe *f;* (*jeu où on sert au tennis*) Aufschlagspiel *nt* ⑪ REL ~ [**religieux**] Gottesdienst *m* ▸**à ton/votre ~!** gern geschehen!; **en** ~ in Betrieb; **hors** ~ außer Betrieb

serviette [sɛʀvjɛt] *f* ① (*pour la toilette*) Handtuch *nt;* ~ **de bain** Badetuch; ~ **hygiénique** [Damen]binde *f* ② (~ *de table*) Serviette *f* ③ (*attaché-case*) Aktentasche *f*

servir [sɛʀviʀ] <irr> **I.** *vt* ① (*boisson, repas*) servieren ② (*client*) bedienen; **on vous sert, Madame/Monsieur?** werden Sie schon bedient?; **qu'est-ce que je vous sers?** was darf es sein? **II.** *vi* ① (*être utile: voiture, outil*) von Nutzen sein; (*conseil, explication*) nützlich sein; ~ **à qn à la réparation/à faire la cuisine** jdm zur Reparatur dienen/dazu dienen zu kochen; **rien ne sert de t'énerver** es bringt nichts, wenn du dich aufregst (*fam*) ② (*tenir lieu de*) ~ **de guide à qn** für jdn den Fremdenführer machen; **ça te servira de leçon!** das wird

S

dir eine Lehre sein! ❸ SPORT (*au tennis*) aufschlagen; (*au volley-ball*) aufgeben **III.** *vpr* ❶ (*utiliser*) **se ~ de qn** jdn benutzen; **se ~ de ses relations** seine Beziehungen spielen lassen ❷ (*prendre soi-même qc*) **se ~** sich bedienen ❸ (*être servi*) **ce vin se sert frais** dieser Wein wird kühl serviert

serviteur [sɛʀvitœʀ] *m* (*domestique*) Diener *m*

ses [se] *dét poss v.* **sa, son**

sésame [sezam] *m* ❶ BOT Sesam *m* ❷ (*passe-partout*) Zauberformel *f* ▶**Sésame, ouvre-toi** Sesam, öffne dich

session [sesjɔ̃] *f* ❶ Sitzung *f;* **~ d'examens** Prüfungsphase *f* ❷ INFORM Sitzung *f;* **ouvrir/clore une ~** sich ein-/ausloggen

set [sɛt] *m* ❶ SPORT Satz *m* ❷ (*service de table, nécessaire*) Set *nt*

seuil [sœj] *m* ❶ (*pas de la porte*) [Tür]-schwelle *f* ❷ (*limite*) Grenze *f*

seul, e [sœl] **I.** *adj* ❶ (*sans compagnie*) allein; **~ à ~** unter vier Augen; **parler tout ~** Selbstgespräche führen ❷ *antéposé* (*unique*) einzig ❸ (*uniquement*) nur; **lui ~ est** [*o* **il est ~**] **capable de le faire** er allein ist dazu fähig; **~ le résultat importe** nur das Ergebnis zählt **II.** *m, f* **le/la ~[e]** der/die Einzige

seulement [sœlmɑ̃] *adv* ❶ (*pas davantage*) nur ❷ (*opp: déjà*) erst ▶**non ~ ..., mais [encore]** ... nicht nur ..., sondern auch [noch]; **si ~** wenn nur

sève [sɛv] *f* BOT Saft *m*

sévère [sevɛʀ] *adj* ❶ (*rigoureux*) streng; (*critique, jugement*) hart; (*concurrence*) scharf; (*lutte*) unerbittlich ❷ (*pertes*) schwer; (*échec*) schlimm

sévèrement [sevɛʀmɑ̃] *adv* (*éduquer, punir*) streng; (*critiquer*) scharf

sévérité [seveʀite] *f* Strenge *f;* (*d'une critique*) Härte *f*

sévices [sevis] *mpl* Misshandlung *f;* **exercer des ~ sur qn** jdn misshandeln

sèvres [sɛvʀ] *m* Sèvresporzellan *nt*

sexagénaire [sɛksaʒenɛʀ] **I.** *adj* (*personne*) in den Sechzigern; **être ~** über sechzig Jahre alt sein **II.** *mf* Sechzigjährige(r) *f(m)*

sex-appeal [sɛksapil] <sex-appeals> *m* Sexappeal *m*

sexe [sɛks] *m* ❶ (*catégorie*) Geschlecht *nt* ❷ *fam* (*sexualité*) Sex *m* ❸ (*organe*) Geschlechtsorgan *nt*

sex-shop [sɛksʃɔp] <sex-shops> *m* Sexshop *m*

sex-symbol [sɛkssɛ̃bɔl] <sex-symbols> *m* Sexsymbol *nt*

sexualité [sɛksɥalite] *f a.* BIO Sexualität *f*

sexué, e [sɛksɥe] *adj* (*être, reproduction*) geschlechtlich

sexuel, le [sɛksɥɛl] *adj* ❶ (*relatif à la sexualité*) sexuell; (*éducation*) Sexual-; (*tourisme*) Sex- (*fam*) ❷ (*relatif au sexe*) Geschlechts-

sexuellement [sɛksɥɛlmɑ̃] *adv* sexuell

sexy [sɛksi] *adj inv, fam* sexy

shah [ʃa] *m* Schah *m*

shaker [ʃɛkœʀ] *m* Shaker *m*

shampo[o]ing [ʃɑ̃pwɛ̃] *m* Shampoo *nt;* **faire un ~ à qn** jdm die Haare waschen

shérif [ʃeʀif] *m* Sheriff *m*

sherry [ʃeʀi] *m* Sherry *m*

shetland [ʃɛtlɑ̃d] *m* Shetland *m*

shooter [ʃute] <1> **I.** *vi* SPORT schießen **II.** *vpr fam* **se ~ à qc** (*se droguer*) etw fixen

short [ʃɔʀt] *m* Shorts *Pl*

shorty [ʃɔʀti] *m* Boxershorts *Pl* (*für Frauen*)

si[1] [si] < *devant voyelle ou h muet* **s'**> **I.** *con*[j] ❶ (*condition, hypothèse*) wenn; **si j'étais riche, ...** wenn ich reich wäre ...; **si j'avais su!** wenn ich das gewusst hätte! ❷ (*opposition*) auch wenn ..., so ... [doch]; **si toi tu es mécontent, moi, je ne le suis pas!** auch wenn du unzufrieden bist, ich bin es nicht! ❸ (*désir, regret*) wenn ... nur; **ah si je les tenais!** wenn ich sie nur zu fassen bekäme! ▶**si ce n'est ...** wenn nicht [sogar] ...; **si ce n'est qn/qc** außer jdm/etw; **si c'est ça** *fam* ja dann **II.** *m inv* (*hypothèse*) Wenn *nt;* **avec des si, on mettrait Paris en bouteille** wenn das Wörtchen „wenn" nicht wär', wär' mein Vater Millionär

si[2] [si] *adv* ❶ (*dénégation*) doch; **mais si!** [aber ja] doch! ❷ (*tellement*) so ❸ (*aussi*) **si ... que** so ... wie; **il n'est pas si intelligent qu'il le paraît** er ist nicht so klug wie er aussieht ▶**si bien que** so ..., dass **[oh] que si!** [o] doch!

si[3] [si] *adv* (*interrogation indirecte*) ob

si[4] [si] *m inv* MUS H *nt,* h *nt*

siamois [sjamwa] *m* (*chat*) Siamkatze *f*

siamois, es [sjamwa, waz] *mpl, fpl* (*jumeaux*) **des ~s** siamesische Zwillinge *Pl*

Sibérie [sibeʀi] *f* **la ~** Sibirien *nt*

sibérien, ne [sibeʀjɛ̃, jɛn] *adj* sibirisch

Sibérien, ne [sibeʀjɛ̃, jɛn] *m, f* Sibir[i]er(in) *m(f)*

sibyllin, **e** [sibilɛ̃, in] *adj* (*comportement*) rätselhaft; (*ouvrage*) unverständlich

sic [sik] *adv* sic

SICAV [sikav] *f abr de* **Société d'Investissement à Capital Variable** (*titre*) Investmentfondsanteil *m*

Sicile [sisil] *f* **la ~** Sizilien *nt*

sicilien [sisiljɛ̃] *m* Sizilianisch *nt; v.a.* **allemand**

sicilien, **ne** [sisiljɛ̃, jɛn] *adj* sizilianisch

Sicilien, **ne** [sisiljɛ̃, jɛn] *m, f* Sizilianer(in) *m(f)*

sida [sida] *m* **le ~** Aids *nt*

side-car [sidkaʀ] <side-cars> *m* (*motocyclette plus side-car*) Motorrad *nt* mit Beiwagen

sidérant, **e** [sideʀɑ̃, ɑ̃t] *adj* verblüffend

sidérer [sideʀe] <5> *vt fam* verblüffen

sidérurgie [sideʀyʀʒi] *f* Eisen- und Stahlindustrie *f*

sidérurgique [sideʀyʀʒik] *adj* Eisen- und Stahl-; **usine ~** Stahlwerk *nt*

sidérurgiste [sideʀyʀʒist] *mf* Hüttenarbeiter(in) *m(f)*

sidologue [sidɔlɔg] *mf* Aids-Spezialist(in) *m(f)*

siècle [sjɛkl] *m* ❶ (*période de cent ans*) Jahrhundert *nt;* **au III**[e] **~ avant J.C.** im 3. Jahrhundert v. Chr. ❷ (*période remarquable*) **le Siècle des Lumières** das Zeitalter der Aufklärung ❸ (*période très longue*) Ewigkeit *f* (*fam*) ▶**du ~** *fam* Jahrhundert-

siège [sjɛʒ] *m* ❶ *a.* POL Sitz *m;* **~ pour enfant** AUT Kindersitz ❷ (*action d'assiéger*) Belagerung *f*

siéger [sjeʒe] <2a, 5> *vi* ❶ (*députés, procureur*) sitzen ❷ (*tenir séance*) tagen

sien, **ne** [sjɛ̃, sjɛn] *pron poss* ❶ **le ~/la ~ne** der/die/das Seine/Ihre; **les ~s** die Seinen/Ihren; *v.a.* **mien** ❷ *pl* (*ceux de sa famille*) **les ~s** seine/ihre Angehörigen; (*ses partisans*) seine/ihre Anhänger ▶**faire des ~nes** *fam* (*personne*) Unfug machen; **y mettre du ~** tun, was man kann

sierra [sjeʀa] *f* Sierra *f*

sieste [sjɛst] *f* Mittagsschlaf *m*

siester [sjɛste] <1> *vi fam* Siesta machen

sifflement [sifləmɑ̃] *m* Pfeifen *nt;* (*du serpent, de la vapeur*) Zischen *nt*

siffler [sifle] <1> **I.** *vi* pfeifen; (*gaz, serpent*) zischen; **~ aux oreilles de qn** an jds Ohr (*dat*) vorbeipfeifen **II.** *vt* ❶ pfeifen; **~ la fin du match** das Spiel abpfeifen ❷ (*copain, chien*) pfeifen nach (*dat*); **~ une fille** hinter einer jungen Frau herpfeifen ❸ (*huer*) auspfeifen ❹ *fam* (*verre*) hinunterstürzen

sifflet [siflɛ] *m* ❶ (*instrument*) Pfeife *f;* **coup de ~** Pfiff *m* ❷ *pl* (*huées*) Pfiffe *Pl*

siffloter [siflɔte] <1> *vt, vi* [vor sich hin] pfeifen

sigle [sigl] *m* Abkürzung *f*

signal [siɲal, o] <-aux> *m* ❶ Signal *nt;* (*signe convenu*) Zeichen *nt;* **~ d'alarme** Alarmsignal; CHEMDFER Notbremse *f;* **~ de détresse** Notsignal *nt* ❷ INFORM Signal *nt;* **~ de sollicitation** Eingabeaufforderung *f*

signalement [siɲalmɑ̃] *m* Beschreibung *f*

signaler [siɲale] <1> *vt* ❶ (*fait nouveau, perte, vol*) melden; **~ une erreur à qn** jdn auf einen Fehler hinweisen ❷ (*marquer par un signal: direction*) weisen ▶**rien à ~** keine besonderen Vorkommnisse; MED ohne Befund

signalisation [siɲalizasjɔ̃] *f* (*d'un aéroport, port*) (*par lumière*) Befeuerung *f;* (*au sol*) Pistenmarkierung *f;* (*d'une route*) (*par panneaux*) Beschilderung *f;* (*au sol*) Fahrbahnmarkierung *f;* (*par feu*) Ampelanlage[n *Pl*] *f;* **feu de ~** Ampel *f*

signataire [siɲatɛʀ] **I.** *adj* (*État, pays*) Signatar- **II.** *mf* Unterzeichner(in) *m(f)*

signature [siɲatyʀ] *f* ❶ (*d'une personne*) Unterschrift *f* ❷ (*action*) Unterzeichnung *f*

signe [siɲ] *m* ❶ (*geste, symbole*) Zeichen *nt;* **~ de la main** [Hand]zeichen *nt;* **~ de la tête** Kopfbewegung *f;* **~ de tête affirmatif/négatif** Nicken *nt*/Kopfschütteln *nt;* **~ de bienvenue** Willkommensgeste *f;* **faire ~ à qn** (*pour signaler qc*) jdm zuwinken; (*pour contacter qn*) sich bei jdm melden; **faire ~ de la tête à qn** jdm zunicken; **faire ~ que oui/non** (*de la tête*) zustimmend nicken/den Kopf schütteln; (*d'un geste*) ein Zeichen der Zustimmung/Ablehnung machen; **faire le ~ de la croix** sich bekreuzigen ❷ (*indice*) Anzeichen *nt;* MED Symptom *nt* ❸ (*trait distinctif*) Merkmal *nt* ❹ ASTRO Sternzeichen *nt* ▶**c'est bon/mauvais ~** das ist ein gutes/schlechtes Zeichen

signer [siɲe] <1> *vt* ❶ unterschreiben; (*pétition, traité*) unterzeichnen; (*tableau*) signieren ❷ (*œuvre, pièce*) verfassen; **être signé de qn** von jdm stammen ▶**être signé** *fam* jds Stempel tragen

signet [siɲɛ] *m* INFORM Bookmark *f*
significatif, -ive [siɲifikatif, -iv] *adj* (*date, décision, fait*) bedeutsam; (*geste, silence, sourire*) vielsagend; **être ~ de qc** etw erkennen lassen
signification [siɲifikasjɔ̃] *f* (*sens*) Bedeutung *f*
signifier [siɲifje] <1> *vt* (*avoir pour sens*) bedeuten ▸**qu'est-ce que ça signifie?** was soll denn das?
silence [silɑ̃s] *m* ❶ *sans pl* (*absence de bruit*) Stille *f;* (*calme*) Ruhe *f;* **~ de mort** Totenstille; **travailler en ~** arbeiten, ohne Lärm zu machen ❷ (*absence de paroles, d'information*) Schweigen *nt;* **garder le ~ sur qc** über etw (*akk*) Stillschweigen bewahren; **réduire qn au ~** jdn zum Schweigen bringen
silencieusement [silɑ̃sjøzmɑ̃] *adv* (*sans bruit*) lautlos
silencieux [silɑ̃sjø] *m* Schalldämpfer *m*
silencieux, -euse [silɑ̃sjø, -jøz] *adj* ❶ still ❷ (*opp: bruyant*) leise; **majorité silencieuse** schweigende Mehrheit; **rester ~** schweigen
silhouette [silwɛt] *f* ❶ (*d'une personne*) Silhouette *f* ❷ (*figure indistincte*) Umriss *m*
silice [silis] *f* Kieselerde *f*
siliceux, -euse [silisø, -øz] *adj* Kiesel-; (*terrain*) kieselsäurehaltig
silicium [silisjɔm] *m* Silizium *nt*
silicone [silikon] *m* Silikon *nt*
silicose [silikoz] *f* [Quarz]staublunge *f*
sillonner [sijɔne] <1> *vt* (*traverser*) **~ une ville** (*personnes, touristes*) kreuz und quer durch eine Stadt gehen/fahren; (*canaux, routes*) eine Stadt durchziehen; **~ le ciel** (*avions*) am Himmel ihre Bahnen ziehen; (*éclairs*) den Himmel durchzucken
similaire [similɛʀ] *adj* vergleichbar; (*goûts*) sehr ähnlich
simili [simili] *m* Imitation *f;* **en ~** unecht
similicuir [similikɥiʀ] *m* Kunstleder *nt*
similitude [similityd] *f* (*analogie*) Ähnlichkeit *f*
simple [sɛ̃pl] **I.** *adj* ❶ einfach; **rien de plus ~ à réaliser!** nichts leichter als das!; **le plus ~, c'est ...** am einfachsten ist es, ... ❷ (*personne, revenus*) bescheiden; (*cérémonie*) schlicht ❸ (*rien d'autre que*) **~ formalité** reine Formalität; **un ~ coup de téléphone aurait suffi** ein [kurzer] Anruf hätte genügt ❹ (*naïf*) einfältig ▸**c'est [bien] ~** *fam* das ist ganz einfach; **écoute, c'est ~, si tu ...** jetzt hör' mir mal gut zu: wenn du ...; **c'est bien ~, il ne m'écoute jamais!** er hört mir einfach nie zu! **II.** *m* ❶ SPORT Einzel *nt;* **un ~ dames/messieurs** ein Damen-/Herreneinzel ❷ (*personne naïve*) **~ d'esprit** geistig Behinderte(r) *f(m)*
simplement [sɛ̃pləmɑ̃] *adv* ❶ (*s'exprimer*) einfach; (*se vêtir*) schlicht; (*recevoir*) ungezwungen ❷ (*seulement*) [einfach] nur
simplicité [sɛ̃plisite] *f* ❶ (*opp: complexité*) Einfachheit *f* ❷ (*naturel*) Schlichtheit *f;* **parler avec ~** sich einfach [und verständlich] ausdrücken; **recevoir qn en toute ~** jdn empfangen ohne große Umstände zu machen
simplificateur, -trice [sɛ̃plifikatœʀ, -tʀis] *adj* [zu] stark vereinfachend
simplification [sɛ̃plifikasjɔ̃] *f* Vereinfachung *f*
simplifier [sɛ̃plifje] <1> **I.** *vt* vereinfachen; (*tâche, travail*) leichter machen **II.** *vpr* **se ~ la vie** sich (*dat*) das Leben erleichtern
simplisme [sɛ̃plism] *m* übermäßige Vereinfachung; **faire preuve de ~** die Dinge simplifizieren (*geh*)
simplissime [sɛ̃plisim] *adj* (*très simple*) kinderleicht
simpliste [sɛ̃plist] *adj* einseitig
simulation [simylasjɔ̃] *f* ❶ TECH Simulation *f* ❷ (*action de simuler un sentiment*) Heuchelei *f;* (*une maladie*) Simulieren *nt*
simuler [simyle] <1> *vt* ❶ (*feindre*) vortäuschen; (*sentiment*) heucheln ❷ TECH simulieren
simultané, e [simyltane] *adj* gleichzeitig
simultanéité [simyltaneite] *f* Gleichzeitigkeit *f*
simultanément [simyltanemɑ̃] *adv* gleichzeitig
sincère [sɛ̃sɛʀ] *adj* aufrichtig; (*aveu*) offen; (*ami, repentir*) echt; (*explication, réponse*) ehrlich; **veuillez agréer mes plus ~s salutations** mit [den] besten Grüßen
sincèrement [sɛ̃sɛʀmɑ̃] *adv* (*avouer*) offen; (*regretter*) aufrichtig
sincérité [sɛ̃seʀite] *f* (*d'une personne, d'un sentiment*) Aufrichtigkeit *f;* (*d'une explication, réponse*) Ehrlichkeit *f;* **en toute ~** ehrlich gesagt
Singapour [sɛ̃gapuʀ] Singapur *nt*

singe [sɛ̃ʒ] *m* ❶ ZOOL Affe *m; v.a.* **guenon** ❷ *fam (personne qui imite)* Kasper *m;* **faire le ~** herumkaspern

singerie [sɛ̃ʒʀi] *f pl, fam (grimaces)* Grimassen *Pl; (pitreries)* Albereien *Pl*

singulariser [sɛ̃gylaʀize] <1> *vpr* **se ~ par qc** durch etw auffallen

singularité [sɛ̃gylaʀite] *f sans pl (originalité)* Originalität *f*

singulier [sɛ̃gylje] *m* Singular *m*

singulier, -ière [sɛ̃gylje, -jɛʀ] *adj (bizarre)* sonderbar; *(étonnant)* erstaunlich

singulièrement [sɛ̃gyljɛʀmɑ̃] *adv* ❶ *(étrangement)* eigenartig ❷ *(fortement)* außerordentlich

sinistre [sinistʀ] **I.** *adj* ❶ *(lugubre)* trostlos ❷ *(inquiétant)* unheilvoll ❸ *(nouvelle, spectacle)* schrecklich **II.** *m (catastrophe)* Katastrophe *f*

sinistré, e [sinistʀe] **I.** *adj (bâtiment)* zerstört; **personnes ~es à la suite des inondations** Opfer *Pl* der Überschwemmungskatastrophe; **zone/région ~e** Katastrophengebiet *nt* **II.** *m, f* [Katastrophen]opfer *nt*

sinistrose [sinistʀoz] *f* Pessimismus *m*

sinologue [sinɔlɔg] *mf* Sinologe/Sinologin *m/f*

sinon [sinɔ̃] *conj* ❶ *(dans le cas contraire)* sonst ❷ *(si ce n'est)* **que faire ~ attendre?** was können wir anderes tun als warten?

sinus [sinys] *m* ANAT [Nasen]nebenhöhle *f*

sinusite [sinyzit] *f* Nebenhöhlenentzündung *f*

siphonné, e [sifɔne] *adj fam* **être ~** spinnen

siphonner [sifɔne] <1> *vt (transvaser le contenu)* absaugen; *(vider un contenant)* leeren

sirène [siʀɛn] *f* ❶ *(signal)* Sirene *f* ❷ *(femme poisson)* Meerjungfrau *f*

sirop [siʀo] *m* ❶ *(solution sucrée concentrée)* Sirup *m* ❷ *(boisson diluée)* Saft *m (mit Wasser verdünnter Sirup)* ❸ MED Sirup *m;* **~ contre la toux** Hustensaft

siroter [siʀɔte] <1> *vt fam* [langsam und mit Genuss] trinken

sismique [sismik] *adj* **secousse ~** Erdstoß *m*

site [sit] *m* ❶ *(paysage)* Landschaft *f; (région)* Gegend *f;* **~ naturel** Naturschönheit *f;* **~ touristique** Sehenswürdigkeit *f* ❷ *(lieu d'activité)* Standort *m;* **~ archéologique/de production** Ausgrabungs-/Produktionsstätte *f* ❸ INFORM **~ Web** Web-Site *f;* **s'offrir un ~ sur Internet** [sich] eine Website einrichten

sitôt [sito] **I.** *adv* ►**pas de ~** so bald nicht **II.** *conj* **~ entré, ...** sobald er eingetreten war, ... ► **~ dit, ~ fait** gesagt, getan

situation [sitɥasjɔ̃] *f* ❶ Lage *f;* **~ de famille** Familienstand *m;* **la ~ sociale de qn** jds soziale Verhältnisse ❷ *(emploi)* [An]stellung *f;* **avoir une belle ~** eine gute Stellung haben

situé, e [sitɥe] *adj* gelegen; **être ~ au sud** *(quartier, région/maison)* im Süden liegen/stehen; **bien/mal ~** günstig/ungünstig gelegen

situer [sitɥe] <1> **I.** *vt* ❶ *(dans l'espace par la pensée)* **~ son film à Paris** seinen Film in Paris spielen lassen; *(dans le temps)* **~ qc en l'an ...** etw um ... ansiedeln ❷ *fam (personne)* einordnen **II.** *vpr* ❶ *(dans l'espace, à un certain niveau)* liegen; **l'action de ce roman se situe à Paris** dieser Roman spielt in Paris ❷ *(dans le temps)* **se ~ en l'an ...** im Jahr ... stattfinden

six [sis, *devant une voyelle* siz, *devant une consonne* si] **I.** *num* sechs **II.** *m inv* Sechs *f; v.a.* **cinq**

sixième [sizjɛm] **I.** *adj antéposé* sechste(r, s) **II.** *mf* **le/la ~** der/die/das Sechste **III.** *m (fraction)* Sechstel *nt* **IV.** *f* SCOL ≈ sechste Klasse; *v.a.* **cinquième**

skate [skɛt] *m fam abr de* **skate-board**

skate-board [skɛtbɔʀd] <skate-boards> *m* Skateboard *nt;* **faire du ~** Skateboard fahren

sketch [skɛtʃ] <[e]s> *m* Sketch *m*

ski [ski] *m* ❶ *(objet)* Ski *m* ❷ *(sport)* Skilauf[en *nt*] *m,* Skifahren *nt;* **~ de fond** [Ski]langlauf; **~ de piste** Abfahrt[slauf *m*] *f;* **~ hors piste** Tourenskilauf[en]; **faire du ~** Ski fahren; **chaussures de ~** Skistiefel *Pl;* **station de ~** Wintersportort *m*

skiable [skjabl] *adj (domaine, piste)* Ski-

skier [skje] <1> *vi* Ski fahren

skieur, -euse [skjœʀ, -jøz] *m, f* Skifahrer(in) *m(f)*

skin[head] [skin(ɛd)] *m* Skin[head *m*] *m*

slalom [slalɔm] *m* Slalom *m;* **faire du ~** *(en marchant)* im Zickzack gehen; *(en conduisant)* Slalom fahren; **en ~** im Slalom

slalomer [slalɔme] <1> *vi (en marchant)* im Zickzack gehen; *(en conduisant, en roulant, en skis)* Slalom fahren

S

slalomeur, **-euse** [slalɔmœʀ, -øz] *m, f* Slalomfahrer(in) *m(f)*
slash [slaʃ] *m* TYP Slash *m*
slave [slav] *adj* slawisch
Slave [slav] *mf* Slawe/Slawin *m/f*
slip [slip] *m* Slip *m;* ~ [**de bain**] Badehose *f*
slogan [slɔgɑ̃] *m* Slogan *m;* (*politique*) Schlagwort *nt*
slovaque [slɔvak] **I.** *adj* slowakisch; *v.a.* **allemand** **II.** *m* Slowakisch *nt; v.a.* **allemand**
Slovaque [slɔvak] *mf* Slowake/Slowakin *m/f*
Slovaquie [slɔvaki] *f* **la** ~ die Slowakei
slovène [slɔvɛn] **I.** *adj* slowenisch; *v.a.* **allemand** **II.** *m* Slowenisch *nt; v.a.* **allemand**
Slovène [slɔvɛn] *mf* Slowene/Slowenin *m/f*
Slovénie [slɔveni] *f* **la** ~ Slowenien *nt*
slow [slo] *m* Slowfox *m*
smala [smala] *f hum fam* Sippe *f;* **avec toute sa** ~ mit Kind und Kegel
smash [sma(t)ʃ] *m* Schmetterball *m*
smasher [sma(t)ʃe] <1> *vt, vi* schmettern
SME [ɛsɛmø] *m abr de* **Système monétaire européen** EWS *nt*
S.M.I.C. [smik] *m abr de* **salaire minimum interprofessionnel de croissance** tariflich festgelegter Mindestlohn

> Der seit 1970 bestehende **S.M.I.C.** wurde mit dem Ziel geschaffen, die Kaufkraft benachteiligter Arbeitnehmer aufrechtzuerhalten. Es handelt sich um einen festgelegten, aber dynamischen Bruttostundenlohn, den kein Arbeitgeber bei der Entlohnung volljähriger Arbeitnehmer unterschreiten darf. Dieser Mindestlohn wird jährlich erhöht, und zwar um einen Betrag, der mindestens 50% der durchschnittlichen Lohn- und Gehaltserhöhungen im Land betragen muss.

smicard, **e** [smikaʀ, aʀd] *m, f fam* Mindestlohnempfänger(in) *m(f)*
smurf [smœʀf] *m* Breakdance *m*
snack [snak] *m,* **snack-bar** [snakbaʀ] <snack-bars> *m* Schnellimbiss *m*
SNCF [ɛsɛnseɛf] *f abr de* **Société nationale des chemins de fer français** *französische Eisenbahngesellschaft*
snob [snɔb] **I.** *adj* versnobt (*pej*) **II.** *mf* Snob *m* (*pej*)
snober [snɔbe] <1> *vt* (*personne*) von oben herab behandeln; (*invitation*) sich (*dat*) zu gut sein für; (*repas*) verschmähen
snowboard [snobɔʀd] *m* Snowboard *m*
soap [sop] *m fam abr de* **soap-opéra**
soap-opéra [sopɔpeʀa] <soap-opéras> *m* Soap *f*
sobrement [sɔbʀəmɑ̃] *adv* ❶ (*boire, manger*) mäßig ❷ (*s'habiller*) schlicht
sociable [sɔsjabl] *adj* (*aimable*) gesellig
social [sɔsjal] *m* ❶ (*questions sociales*) sozialer Bereich ❷ (*politique*) Sozialpolitik *f*
social, **e** [sɔsjal, jo] <-aux> *adj* sozial; (*aide, logement, partenaires*) Sozial-; (*vie, convention*) gesellschaftlich; (*insecte*) staatenbildend
social-démocrate, **sociale-démocrate** [sɔsjaldemɔkʀat, sɔsjodemɔkʀat] <sociaux-démocrates> **I.** *adj* sozialdemokratisch **II.** *m, f* Sozialdemokrat(in) *m(f)* **social-démocratie** [sɔsjaldemɔkʀasi] <social-démocraties> *f* Sozialdemokratie *f*
socialement [sɔsjalmɑ̃] *adv* sozial
socialisation [sɔsjalizasjɔ̃] *f* ❶ POL Sozialisierung *f* ❷ PSYCH Sozialisation *f*
socialiser [sɔsjalize] <1> *vt* POL, PSYCH sozialisieren
socialisme [sɔsjalism] *m* Sozialismus *m*
socialiste [sɔsjalist] **I.** *adj* sozialistisch **II.** *m,* Sozialist(in) *m(f)*
socialo [sɔsjalo] *mf fam abr de* **socialiste** Sozi *mf*
socialo-communiste [sɔsjalokɔmynist] <socialo-communistes> *adj* sozialistisch kommunistisch
sociétaire [sɔsjetɛʀ] *mf* Mitglied *nt;* (*membre d'une société*) Gesellschafter(in) *m(f)*
société [sɔsjete] *f* ❶ *a.* ECON (*communauté*) Gesellschaft *f;* ~ **à responsabilité limitée** Gesellschaft mit beschränkter Haftung; ~ **anonyme** Aktiengesellschaft; **vivre en** ~ (*fourmis*) in Staaten leben ❷ (*ensemble de personnes*) Gruppe *f;* **la haute** ~ die Highsociety ❸ POL **Société des Nations** Völkerbund *m*
socioculturel, **le** [sɔsjokyltyʀɛl] *adj* soziokulturell
socioéconomique [sɔsjoekɔnɔmik] <socioéconomiques> *adj* sozioökonomisch **socioéducatif**, **-ive** [sɔsjoedykatif, iv] <socioéducatifs> *adj* sozialpädagogisch
sociolinguistique [sɔsjolɛ̃gɥistik] **I.** *f* Soziolinguistik *f* **II.** *adj* soziolinguistisch

sociologie [sɔsjɔlɔʒi] *f* Soziologie *f*

sociologique [sɔsjɔlɔʒik] *adj* soziologisch

sociologiquement [sɔsjɔlɔʒikmɑ̃] *adv* soziologisch

sociologue [sɔsjɔlɔg] *mf* Soziologe/Soziologin *m/f*

sociopolitique [sɔsjopɔlitik] *adj* sozialpolitisch

socioprofessionnel, le [sɔsjopʀɔfesjɔnɛl] <socioprofessionnels> **I.** *adj* (*activité*) beruflich und gesellschaftlich; (*enquête*) das berufliche und soziale Umfeld betreffend; **catégorie ~le** Berufsgruppe *f* **II.** *m, f* (*responsable*) Vertreter(in) *m(f)* beruflicher und sozialer Gruppen

socquette [sɔkɛt] *f* Socke *f;* (*pour femmes, enfants*) Söckchen *nt*

soda [sɔda] *m* (*boisson aromatisée*) Limonade *f,* Kracherl *nt* (A) (*fam*)

sodomie [sɔdɔmi] *f* Analverkehr *m*

sodomiser [sɔdɔmize] <1> *vt* **~ qn** mit jdm anal koitieren

sœur [sœʀ] *f* ❶ (*opp: frère*) Schwester *f* ❷ (*objet semblable*) Gegenstück *nt* ❸ REL [Ordens]schwester *f;* **bonne ~** *fam* fromme Schwester ▸**et ta ~[, elle bat le beurre]?** *fam* kümmere dich um deinen eigenen Mist!

sœurette [sœʀɛt] *f* Schwesterchen *nt*

sofa [sɔfa] *m* Sofa *nt*

SOFRES [sɔfʀɛs] *f abr de* **Société française d'enquêtes par sondages** *kommerzielles Meinungsforschungsinstitut in Frankreich*

software [sɔftwɛʀ] *m* Software *f*

soi [swa] **I.** *pron pers avec une prép* sich (*dat o akk*); **chez ~** [bei sich (*dat*)] zu Hause; **malgré ~** (*à contrecœur*) gegen seinen Willen; (*par hasard*) unabsichtlich ▸**avoir qc sur ~** etw bei sich haben; **en ~** an sich; **un genre en ~** eine Gattung für sich **II.** *m* Selbst *nt;* **la conscience du ~** das Ich-Bewusstsein

soi-disant [swadizɑ̃] **I.** *adj inv, antéposé* sogenannt **II.** *adv* angeblich; **~ qu'il serait en vacances** *fam* anscheinend ist er auf Urlaub

soie [swa] *f* ❶ (*tissu*) Seide *f* ❷ (*poils*) Borste *f*

soif [swaf] *f* ❶ (*besoin de boire*) Durst *m;* **avoir ~** Durst haben; **donner ~ à qn** jdn durstig machen ❷ (*désir*) **~ de vengeance** Rachsucht *f* ▸**mourir de ~** verdursten

soignant, e [swaɲɑ̃, ɑ̃t] *adj* (*personnel*) Pflege-

soigner [swaɲe] <1> **I.** *vt* ❶ (*traiter: rhume*) auskurieren; **~ qn** (*médecin*) jdn behandeln; (*infirmier*) jdn pflegen; **se faire ~** sich behandeln lassen ❷ (*personne*) sich kümmern um; (*animal*) versorgen; (*mains, chevelure, plante*) pflegen; (*style, tenue*) achten auf (+ *akk*); **être soigné** (*travail*) sorgfältig gemacht sein ▸**va te faire ~!** *fam* du hast sie wohl nicht alle! **II.** *vpr* ❶ (*essayer de se guérir*) **se ~** sich pflegen; **se ~ tout seul** sich selbst kurieren ❷ *iron* (*avoir soin de soi*) **se ~** es sich (*dat*) gut gehen lassen ❸ (*pouvoir être soigné*) **se ~** (*maladie*) behandelt werden können ▸ **ça se soigne!** *fam* du hast/der hat sie wohl nicht alle!

soigneusement [swaɲøzmɑ̃] *adv* (*travailler*) gewissenhaft; (*installer*) sorgfältig; (*ranger*) ordentlich; (*éviter*) peinlich

soigneux, -euse [swaɲø, -øz] *adj* (*appliqué*) sorgfältig; (*ordonné*) ordentlich; **être ~ dans son travail** gewissenhaft arbeiten

soi-même [swamɛm] *pron pers* selbst; **le respect de ~** die Selbstachtung

soin [swɛ̃] *m* ❶ *sans pl* (*application*) Sorgfalt *f;* **avec ~** sorgfältig ❷ *pl* MED Behandlung *f;* **donner des ~s à qn** jdn pflegen ❸ *pl* (*hygiène*) **~s du visage/corps** Gesichts-/Körperpflege *f* ❹ *sans pl* (*responsabilité*) **laisser à qn le ~ de faire qc** es jdm überlassen etw zu tun ❺ *pl* (*attention*) Zuwendung *f*

soir [swaʀ] **I.** *m* Abend *m;* **le ~ tombe** es wird Abend; **pour le repas de ce ~** heute zum Abendessen; **8 heures du ~** 8 Uhr abends; **le ~** abends; **un [beau] ~** eines [schönen] Abends; **l'autre ~** neulich Abend ▸**du ~ au matin** die ganze Nacht [über] **II.** *adv* abends; **hier ~** gestern Abend; **mardi ~** [am] Dienstagabend

soirée [swaʀe] *f* ❶ (*fin du jour*) Abend *m;* **en ~** abends; **demain en ~** morgen Abend; **en fin de ~** am späten Abend; **dans la ~** im Laufe des Abends ❷ (*fête*) [Abend]gesellschaft *f;* **~ dansante/costumée** Tanzabend *m*/Kostümfest *nt;* **tenue de ~** Abendkleidung *f* ❸ THEAT, CINE Abendvorstellung *f*

sois [swa] *subj prés de* **être**

soit **I.** [swat] *adv* (*d'accord*) einverstanden; **eh bien ~!** also gut! **II.** [swa] *conj* ❶ (*alternative*) **~ ..., ~ ...** [entweder] ... oder ... ❷ (*c'est-à-dire*) das heißt

S

soixantaine [swasɑ̃tɛn] *f* ❶ (*environ soixante*) **une ~ de personnes/pages** etwa sechzig Personen/Seiten ❷ (*âge approximatif*) **avoir la ~** [*o* **une ~ d'années**] ungefähr sechzig [Jahre alt] sein; **approcher de la ~** auf die Sechzig zugehen; **avoir** [**largement**] **dépassé la ~** [weit] über sechzig sein

soixante [swasɑ̃t] **I.** *num* sechzig; **~ et un** einundsechzig; **~ et onze** einundsiebzig **II.** *m inv* Sechzig *f*; *v.a.* **cinq, cinquante**

soixante-dix [swasɑ̃tdis] **I.** *num* siebzig **II.** *m inv* Siebzig *f*; *v.a.* **cinq, cinquante**

soixante-dixième [swasɑ̃tdizjɛm] <soixante-dixièmes> **I.** *adj antéposé* siebzigste(r, s) **II.** *mf* **le/la ~** der/die/das Siebzigste **III.** *m* (*fraction*) Siebzigstel *nt*; *v.a.* **cinquième**

soixante-huitard, e [swasɑ̃tɥitaʀ, -aʀd] <soixante-huitards> *m, f* Achtundsechziger(in) *m(f)*

soixantième [swasɑ̃tjɛm] **I.** *adj antéposé* sechzigste(r, s) **II.** *mf* **le/la ~** der/die/das Sechzigste **III.** *m* (*fraction*) Sechzigstel *nt*; *v.a.* **cinquième**

soja [sɔʒa] *m* Soja[bohne *f*] *f*

sol[1] [sɔl] *m* Boden *m*; (*plancher*) [Fuß]boden; GEO [Erd]boden; **être allongé sur le ~** auf dem Boden liegen; **personnel au ~** AVIAT Bodenpersonal *nt*

sol[2] [sɔl] *m inv* MUS G *nt*, g *nt*

solaire [sɔlɛʀ] *adj* (*système, huile*) Sonnen-; **centrale ~** Solarkraftwerk *nt*

soldat [sɔlda] *m* MIL Soldat *m*; **se faire ~** [**de métier**] Berufssoldat werden

soldate [sɔldat] *f fam* Soldatin *f*

solde[1] [sɔld] *m* ❶ *pl* (*marchandises*) Sonderangebot[e *Pl*] *nt*; (*braderie*) Ausverkauf *m*; **~s d'été/d'hiver** Sommer-/Winterschlussverkauf; **en ~** im Sonderangebot ❷ FIN (*reliquat*) Restbetrag *m*; **~ débiteur/créditeur** Passiv-/Aktivsaldo

solde[2] [sɔld] *f* (*d'un soldat*) Sold *m*; (*d'un matelot*) Heuer *f*

solder [sɔlde] <1> **I.** *vt* ❶ COM herabsetzen; **~ qc à un client** einem Kunden etw billiger verkaufen; **~ tout son stock** einen Räumungsverkauf machen ❷ FIN (*dette*) begleichen; (*compte*) abschließen **II.** *vpr* **se ~ par un échec/succès** mit einem Misserfolg/Erfolg enden

soldeur, -euse [sɔldœʀ, -øz] *m, f* Discounter(in) *m(f)*

soleil [sɔlɛj] *m* Sonne *f*; **le Soleil** die Sonne; **~ couchant/levant** Sonnenuntergang/-aufgang *m*; **se mettre au ~** sich in die Sonne legen; **déteindre au ~** in der Sonne bleichen; **il fait ~** die Sonne scheint; **prendre le ~** Sonne abbekommen

solennel, le [sɔlanɛl] *adj* ❶ (*cérémonie, obsèques, promesse*) feierlich ❷ *péj* (*affecté*) gekünstelt

solennellement [sɔlanɛlmɑ̃] *adv* ❶ (*avec éclat*) in feierlichem Rahmen ❷ (*avec gravité: jurer*) feierlich; (*promettre*) hoch und heilig; (*s'exprimer*) gewählt

solennité [sɔlanite] *f* ❶ (*d'un événement, d'une cérémonie*) Feierlichkeit *f*; (*d'un lieu*) Würde ❷ *péj* übertriebene Förmlichkeit

solidaire [sɔlidɛʀ] *adj* (*lié*) solidarisch; **être ~ de qn** hinter jdm stehen

solidariser [sɔlidaʀize] <1> *vpr* **se ~** sich zusammenschließen; **se ~ avec qn** sich mit jdm solidarisch erklären

solidarité [sɔlidaʀite] *f* Solidarität *f*; **la ~ entre les collègues** die Solidarität unter den Kollegen

solide [sɔlid] **I.** *adj* ❶ (*opp: liquide*) fest; (*corps*) Fest- ❷ (*construction, outil*) stabil; (*matériau*) haltbar; (*personne, santé*) robust ❸ (*connaissances*) fundiert; (*amitié*) unerschütterlich; (*position*) gesichert ❹ (*robuste*) kräftig ❺ *antéposé, fam* (*fortune, coup de poing*) ordentlich; (*appétit*) gesund **II.** *m* ❶ MATH, PHYS [geometrischer] Körper ❷ *fam* (*chose sûre, résistante*) **c'est du ~!** das is[t] was Solides!

solidement [sɔlidmɑ̃] *adv* ❶ (*fixer*) gut (*construire*) solide ❷ (*s'établir, s'installer*) fest; (*structurer*) schlüssig

solidité [sɔlidite] *f* ❶ (*d'une machine*) Robustheit *f*; (*d'un meuble*) Stabilität *f*; (*d'un tissu, vêtement*) Strapazierfähigkeit *f*; (*d'un nœud*) Festigkeit *f* ❷ (*d'une position*) Sicherheit *f*; (*d'un argument*) Stichhaltigkeit *f*

solitaire [sɔlitɛʀ] **I.** *adj* einsam; (*vie*) zurückgezogen; (*caractère*) einzelgängerisch **II.** *m* Einzelgänger(in) *m(f)*; (*ermite*) Einsiedler(in) *m(f)* ►**en ~** allein[e] **III.** *m* ❶ (*diamant*) Solitär *m* ❷ (*jeu*) Solitär[spiel *nt*] *m*

solitude [sɔlityd] *f* ❶ (*isolement*) Einsamkeit *f* ❷ (*tranquillité*) Alleinsein *nt* ❸ (*lieu solitaire*) Abgeschiedenheit *f*

solliciter [sɔlisite] <1> *vt form* (*demander*

~ **une autorisation de qn** jdn um eine Genehmigung ersuchen; ~ **de qn une audience** von jdm eine Audienz erbitten; ~ **un emploi** sich auf eine Stelle bewerben

solstice [sɔlstis] *m* Sonnenwende *f;* ~ **d'été/d'hiver** Sommer-/Wintersonnenwende

solubilité [sɔlybilite] *f* Löslichkeit *f;* **la ~ d'une substance dans l'eau** die Wasserlöslichkeit einer Substanz (*gen*)

soluble [sɔlybl] *adj* (*substance, café*) löslich; ~ **dans l'eau** wasserlöslich

solution [sɔlysjɔ̃] *f a.* CHIM, MED Lösung *f;* ~ **à un problème** Lösung für ein Problem; ~ **miracle** Patentrezept *nt;* ~ **médicamenteuse** flüssiges Medikament ►~ **finale** HIST, POL Endlösung *f*

solvable [sɔlvabl] *adj* (*client, pays*) zahlungsfähig; (*débiteur*) kreditwürdig; **non ~** (*client, pays*) zahlungsunfähig; (*débiteur*) nicht kreditwürdig

sombre [sɔ̃bʀ] *adj* ① dunkel ② (*avenir, tableau, roman*) düster; (*pensée*) trübe; (*visage*) bedrückt; (*caractère, personne*) trübsinnig ③ *antéposé fam* (*histoire*) finster; (*bizarre*) konfus

sombrer [sɔ̃bʀe] <1> *vi* ① (*faire naufrage*) untergehen ② (*se perdre: personne*) den Boden unter den Füßen verlieren; ~ **dans la folie/l'alcool** dem Wahnsinn/dem Alkohol verfallen

sommaire [sɔmɛʀ] **I.** *adj* ① (*analyse, réponse*) kurz[gefasst]; (*examen*) flüchtig ② (*exécution*) standrechtlich **II.** *m* (*table des matières*) Inhaltsverzeichnis *nt*

sommairement [sɔmɛʀmɑ̃] *adv* (*brièvement*) kurz

somme[1] [sɔm] *f* Summe *f;* **faire la ~ de qc** etw zusammenrechnen ►**en ~** ~ **toute** alles in Allem

somme[2] [sɔm] *m* (*sieste*) Schläfchen *nt;* **piquer un ~** *fam* ein Nickerchen machen

sommeil [sɔmɛj] *m* Schlaf *m;* **avoir ~** müde sein; **tomber de ~** zum Umfallen müde sein; **être réveillé en plein ~** mitten aus dem Schlaf gerissen werden

sommeiller [sɔmeje] <1> *vi* im Halbschlaf liegen

sommes [sɔm] *indic prés de* **être**

sommet [sɔmɛ] *m* ① (*d'une montagne*) Gipfel *m;* (*d'une tour, hiérarchie*) Spitze *f;* (*d'une pente, vague*) Kamm *m;* (*d'un arbre*) Wipfel *m;* ~ **d'un toit** Dachfirst *m;* **sur les ~s** in den Bergen ② (*apogée*) Höhepunkt *m;* **être au ~ de la gloire** am Gipfel des Ruhms angelangt sein ③ POL Gipfel[treffen *nt*] *m*

somnambule [sɔmnɑ̃byl] **I.** *adj* mondsüchtig **II.** *mf* Schlafwandler

somnifère [sɔmnifɛʀ] *m* Schlafmittel *nt;* (*cachet, pilule*) Schlaftablette *f*

somnoler [sɔmnɔle] <1> *vi* (*dormir à moitié*) halb schlafen

somptueusement [sɔ̃ptɥøzmɑ̃] *adv* verschwenderisch

somptueux, **-euse** [sɔ̃ptɥø, -øz] *adj* (*vêtement*) luxuriös; (*résidence*) prunkvoll; (*repas*) feudal; (*cadeau*) großzügig

son[1] [sɔ̃] **I.** *m* Ton *m;* (*d'une voix, d'un instrument, appareil*) Klang *m;* (*bruit*) Lautstärke *f;* (*ondes*) Schall *m;* LING Laut *m* **II.** *app* [**spectacle**] ~ **et lumière** Licht-Ton-Inszenierung *f* (*an historischen Bauwerken*)

son[2] [sɔ̃, se] <ses> *dét poss* ① sein(e)/ihr(e); ~ **vase** seine/ihre Vase; *v.a.* **mon** ② *après un indéfini* sein; **à chacun ~ dû** jedem das Seine; **c'est chacun ~ tour** immer der Reihe nach ③ *avec un titre, form* **Son Altesse Royale** Seine/Ihre Königliche Hoheit

sondage [sɔ̃daʒ] *m* (*enquête*) ~ [**d'opinion**] [Meinungs]umfrage *f*

sonde [sɔ̃d] *f* MED Sonde *f;* (*cathéter*) Katheter *m*

sondé, **e** [sɔ̃de] *m, f* Befragte(r) *f(m)*

sonder [sɔ̃de] <1> *vt* (*personnes*) befragen; (*insidieusement*) ausfragen; (*intentions, sentiments*) erforschen; ~ **l'opinion** Meinungsumfragen machen

sondeur [sɔ̃dœʀ] *m* ① NAUT Peilgerät *nt* ② TECH Sondiergerät *nt;* ~ **à ultrasons** Ultraschallecholot *nt*

songer [sɔ̃ʒe] <2a> *vi* (*penser*) ~ **à qn/qc** an jdn/etw denken; (*réfléchir*) über jdn/etw nachdenken

songeur, **-euse** [sɔ̃ʒœʀ, -ʒøz] *adj* nachdenklich

sonnant, **e** [sɔnɑ̃, ɑ̃t] *adj* **à minuit ~/à 4 heures ~es** Punkt Mitternacht/4 Uhr

sonné, **e** [sɔne] *adj* ① *fam* (*cinglé*) bescheuert ② *fam* (*groggy*) groggy ③ (*annoncé par la cloche*) **il est 4 heures ~es** es schlägt 4 Uhr

sonner [sɔne] <1> **I.** *vt* ① (*cloche*) läuten;

(*clairon*) blasen; ~ **trois coups** dreimal klingeln [*o* läuten (A)] ❷ (*appeler*) ~ **qn** [nach] jdm klingeln [*o* läuten (A)] ❸ *fam* (*étourdir, secouer*) ~ **qn** jdn fertigmachen; (*coup, nouvelle*) jdn umhauen; **être sonné** groggy sein ▸**on** [**ne**] **t'a** __**pas**__ **sonné** *fam* du hast hier gar nichts zu melden **II.** *vi* ❶ (*produire un son: cloche*) läuten; (*réveil, téléphone*) klingeln, läuten (A) (*angélus, trompette*) ertönen ❷ (*produire un effet*) ~ **bien** (*proposition*) gut klingen; ~ **faux** (*aveux*) unaufrichtig klingen ❸ (*être annoncé: fin*) gekommen sein; **midi/minuit sonne** es schlägt Mittag/Mitternacht; **la récréation sonne** es klingelt [*o* läutet (A)] zur Pause ❹ (*s'annoncer*) klingeln, läuten (A) ❺ (*tinter: monnaie, clé*) klimpern; (*marteau*) klingen

sonnerie [sɔnʀi] *f* ❶ (*appel sonore*) Läuten *nt;* (*d'un téléphone*) Klingeln *nt,* Läuten (A) ❷ (*mécanisme: d'un réveil*) Läutwerk *nt*

sonnette [sɔnɛt] *f* (*d'une porte d'entrée*) Klingel *f* ▸__**tirer**__ **la ~ d'alarme** Alarm schlagen

sono [sɔno] *f fam abr de* **sonorisation** ❶ (*équipement*) Verstärkeranlage *f* ❷ (*équipe*) Tontechniker *Pl*

sonore [sɔnɔʀ] *adj* ❶ (*voix*) klangvoll; (*gifle, rire*) schallend; (*baiser*) schmatzend; (*signal*) akustisch ❷ (*relatif au son*) **onde ~** Schallwelle *f;* **bande/film ~** Tonband *nt/*-film *m;* **fond ~** Geräuschkulisse *f* ❸ (*lieu, voûte*) hallend ❹ (*consonne*) stimmhaft

sont [sɔ̃] *indic prés de* **être**

sophistiqué, e [sɔfistike] *adj* ❶ (*perfectionné*) hochentwickelt; (*fonctionnel*) durchdacht ❷ (*complexe*) kompliziert ❸ (*beauté*) künstlich; (*manières*) gekünstelt; (*tenue*) aufwendig

sophistiquer [sɔfistike] <1> *vt* (*perfectionner*) perfektionieren

soprano [sɔpʀano] <s> *m* (*voix*) Sopran[stimme *f*] *m*

sorbet [sɔʀbɛ] *m* Sorbet[t] *m o nt*

sorcier, -ière [sɔʀsje, -jɛʀ] *m, f* Hexe *f;* (*homme*) Hexer *m*

sordide [sɔʀdid] *adj* ❶ (*quartier, ruelle*) heruntergekommen ❷ (*avarice, égoïsme*) schnöde

sort [sɔʀ] *m* ❶ (*destinée*) Schicksal *nt* ❷ (*hasard*) Zufall *m;* **tirer au ~** auslosen

sortable [sɔʀtabl] *adj fam* vorzeigbar; **il n'est pas ~** er kann sich nirgends sehen lassen

sortant, e [sɔʀtɑ̃, ɑ̃t] *adj* ❶ (*député, ministre*) scheidend *attr* ❷ (*tiré au sort*) durch das Los bestimmt; **les numéros ~s** die Gewinnzahlen

sorte [sɔʀt] *f* Art *f,* Sorte *f;* **toutes ~s de personnes/choses** alle möglichen Menschen/Dinge; **des disques de toutes ~s** Schallplatten aller Art ▸**en** __**quelque**__ **~** in gewisser Weise; __**faire**__ **en ~ que** + *subj* es so einrichten, dass; __**de**__ **la ~** auf diese Art und Weise

sortie [sɔʀti] *f* ❶ (*action de sortir: d'une personne*) Herauskommen *nt;* (*action de quitter: d'une personne*) Hinausgehen *nt;* **~ de prison** Entlassung *f* aus dem Gefängnis; **la ~ de piste** AUT das Abkommen von der Fahrbahn ❷ (*promenade*) Spaziergang *m;* (*en voiture, à bicyclette*) Spazierfahrt *f;* (*excursion*) Ausflug *m;* SCOL Exkursion *f;* **être de ~** (*personne*) ausgehen ❸ (*lieu par où l'on sort: d'un bâtiment*) Ausgang *m;* (*d'une autoroute, d'un garage*) Ausfahrt *f;* (*d'une localité*) Ortsausgang *m;* (*grande route*) Ausfallstraße *f* ❹ (*panneau*) **~ de camions** (*devant une usine*) Werksausfahrt; (*devant un chantier*) Baustellenausfahrt; **~ d'école** [Vorsicht] Schulkinder!; **~ de garage** Ausfahrt freihalten! ❺ (*fin: d'un spectacle, d'une saison*) Ende *nt;* **~ de l'école/des bureaux** Schul-/Büroschluss *m;* **à la ~ [du magasin/du bureau]** nach der Arbeit ❻ (*parution: d'une publication, d'un disque*) Erscheinen *nt;* (*d'un film*) Anlaufen *nt;* (*d'un nouveau modèle, véhicule*) Markteinführung *f* ❼ SPORT (*d'un ballon*) Aus *nt;* (*d'un gardien*) Herauslaufen *nt;* **~ [de but]** Torlinie *f* ❽ (*exportation: de capitaux, devises*) Abfluss *m* ❾ INFORM (*output*) Ausgabe *f;* (*édition*) **~ [sur imprimante]** Ausdruck *m*

sortir [sɔʀtiʀ] <10> **I.** *vi* + *être* ❶ (*partir*) hinausgehen; (*venir*) herauskommen; **faire ~** (*personne*) hinausschicken; (*animal*) hinausjagen; **laisser ~ qn** jdn [weg]gehen lassen ❷ (*quitter*) **~ du magasin** aus dem Geschäft gehen; (*venir*) aus dem Geschäft kommen; **elle vient justement de ~ d'ici** sie ist gerade weggegangen; **à quelle heure sors-tu du bureau?** um wie viel Uhr verlässt du das Büro?; **~ de prison** aus dem Gefängnis kommen; **en sortant**

du théâtre beim Verlassen des Theaters; ~ **du garage** (*voiture*) aus der Garage fahren; ~ **de la piste/route** von der Fahrbahn/Straße abkommen ❸ (*quitter son domicile*) weggehen; ~ **de chez soi** aus dem Haus gehen; **laisser** ~ (*enfant, animal*) hinauslassen ❹ (*se divertir*) ausgehen; ~ **en boîte/en ville** in die Disko/in die Stadt gehen ❺ *fam* (*avoir une relation amoureuse avec*) ~ **avec qn** mit jdm gehen ❻ (*en terminer avec*) ~ **d'une période difficile** eine schwierige Zeit hinter sich (*dat*) haben; **ne pas être encore sorti d'embarras** noch nicht aus dem Schneider sein (*fam*) ❼ (*être tel après un événement*) ~ **indemne d'un accident** einen Unfall unverletzt überstehen; ~ **vainqueur/vaincu d'un concours** als Sieger/Verlierer aus einem Wettbewerb hervorgehen ❽ (*faire saillie*) ~ **de qc** aus etw (*dat*) vorstehen; (*en haut*) aus etw (*dat*) herausragen; (*en bas*) unter etw (*dat*) hervorschauen ❾ COM (*capitaux, devises*) abfließen ❿ (*s'écarter*) ~ **du sujet/de la question** vom Thema/von der Frage abkommen ⓫ SPORT ins Aus gehen; ~ **en touche** ins Seitenaus gehen; **être sorti** im Aus sein ⓬ (*être issu de*) ~ **de qc** aus etw (*dat*) kommen; ~ **de l'école de musique** die Musikschule besucht haben ⓭ (*apparaître: bourgeons, plante*) sprießen; (*dent*) durchkommen ⓮ (*paraître: livre, disque*) erscheinen; (*film*) anlaufen; (*nouveau modèle, voiture*) auf den Markt kommen ⓯ JEUX (*numéro*) fallen; (*couleur*) ausgespielt werden ▸[**mais**] **d'où tu sors?** *fam* wo lebst du denn? **II.** *vt + avoir* ❶ (*mener dehors*) ausführen; (*porter dehors*) hinausbringen; **ça vous sortira** so kommen Sie auch mal raus (*fam*) ❷ (*expulser*) hinauswerfen ❸ (*libérer*) ~ **qn d'une situation difficile** jdn aus einer schwierigen Lage befreien ❹ (*retirer d'un lieu*) herausholen; (*d'un sac/d'une valise*) herausnehmen; **ne pas arriver à ~ qc** etw nicht herausbekommen; ~ **du garage** (*voiture*) aus der Garage fahren ❺ COM (*marchandises*) ausführen; (*en fraude*) schmuggeln ❻ (*nouveau modèle, véhicule, livre*) herausbringen ❼ *fam* (*âneries, sottises*) von sich geben; ~ **des âneries à qn** jdm dummes Zeug auftischen ❽ *fam* (*éliminer*) aus dem Rennen werfen; **se faire ~ par qn** gegen jdn ausscheiden **III.** *vpr + être* ❶ (*se tirer*) **se ~ d'une situation** aus einer Situation herauskommen ❷ (*réussir*) **s'en ~** klarkommen (*fam*); (*échapper à un danger, un ennui*) noch einmal davonkommen (*fam*); (*survivre*) durchkommen (*fam*)

S.O.S. [ɛsoɛs] *m* ❶ (*appel*) SOS *nt* ❷ (*organisation*) ~ **médecins** medizinischer Not[fall]dienst; ~ **dépannage** Pannenhilfe *f;* ~ **Racisme** *franz. Organisation gegen Rassismus* ▸**lancer un** ~ SOS funken; *fig fam* einen Hilferuf loslassen

sottement [sɔtmɑ̃] *adv* dummerweise

sou [su] *m pl, fam* Kröten *Pl;* **ça en fait des ~s!** *fam* das ist ein ganzer Haufen Geld! ▸**ne pas avoir un ~ en poche** *fam* keinen Pfennig [Geld] in der Tasche haben

souci [susi] *m* ❶ *souvent pl* (*inquiétude*) Sorge *f;* **se faire du ~ pour qn/qc** sich (*dat*) Sorgen um jdn/wegen etw machen ❷ (*préoccupation*) Anliegen *nt*

soucier [susje] <1> *vpr* **se ~ de qn/qc** sich um jdn/etw kümmern

soucieux, -euse [susjø, -jøz] *adj* (*personne, air, ton*) besorgt; **être ~ de qn/de l'avenir** sich um jdn/um die Zukunft sorgen

soucoupe [sukup] *f* Untertasse *f*

soudain, e [sudɛ̃, ɛn] **I.** *adj* (*événement, geste*) unerwartet; (*sentiment*) jäh **II.** *adv* plötzlich

soudainement [sudɛnmɑ̃] *adv* plötzlich

souffle [sufl] *m* ❶ (*expiration*) Atemzug *m;* (*respiration*) Atmen *nt;* (*capacité pulmonaire*) Atmung *f;* ~ **au cœur** Herzgeräusche *Pl;* **manquer de** ~ atemlos sein ❷ (*déplacement d'air: d'une explosion*) Druckwelle *f;* (*d'un ventilateur*) Luftzug *m;* ~ **du vent** Wind[hauch *m*] *m;* **il n'y a pas un ~ [d'air]** es regt sich kein Lüftchen ❸ (*inspiration: d'un artiste*) Schöpferkraft *f;* (*d'une œuvre*) Inspiration *f* ▸**avoir du ~** Kondition haben; **couper le ~ à qn** jdm die Sprache verschlagen; **reprendre son ~** (*respirer*) Luft holen; (*se calmer*) tief durchatmen

soufflé [sufle] *m* GASTR Auflauf *m*

souffler [sufle] <1> **I.** *vi* ❶ METEO (*vent*) wehen; **ça souffle** es ist windig ❷ (*insuffler de l'air*) ~ **sur/dans qc** auf/in etw (*akk*) blasen ❸ (*haleter*) keuchen ❹ (*se reposer*) verschnaufen ❺ (*prendre du recul*) **laisser ~ qn** jdm [noch] etwas Zeit lassen **II.** *vt* ❶ (*éteindre*) ausblasen ❷ (*déplacer en soufflant*) ~ **qc** etw [weg]pusten; (*vent*) etw

S

wegwehen ❸ (*détruire*) zerstören ❹ (*dire discrètement*) ~ **qc à l'oreille de qn** jdm etw ins Ohr flüstern; THEAT jdm etw soufflieren; SCOL jdm etw vorsagen ❺ *fam* (*stupéfier*) umhauen ❻ TECH ~ **le verre** Glas *nt* blasen

souffrance [sufʀɑ̃s] *f* ❶ (*douleur*) Schmerz *m* ❷ (*fait de souffrir*) Leiden *nt*

souffre-douleur [sufʀədulœʀ] *m inv* Prügelknabe *m*

souffrir [sufʀiʀ] <11> *vi* ❶ leiden; **faire ~ qn** jdm wehtun; (*rendre malheureux: personne*) jdn unglücklich machen; (*échec, séparation*) jdn schmerzen ❷ (*avoir mal quelque part*) ~ **de l'estomac/des reins** Magen-/Nierenschmerzen haben ❸ (*avoir mal à cause de*) ~ **du froid/de la chaleur** unter der Kälte/Hitze leiden; ~ **de la faim/de la soif** Hunger/Durst leiden ❹ *fam* (*avoir des difficultés*) **il a souffert pour avoir l'examen** es war nicht einfach für ihn die Prüfung zu bestehen

soufisme [sufism] *m* Sufismus *m*

soufre [sufʀ] *m* Schwefel *m*

souhait [swɛ] *m* ❶ (*désir*) Wunsch *m;* **exprimer le ~ de faire qc** den Wunsch äußern etw zu tun ❷ (*très, très bien*) **joli à ~** bildhübsch ▸**à tes/vos ~s!** Gesundheit!

souhaiter [swete] <1> *vt* ❶ (*désirer*) ~ **qc** sich (*dat*) etw wünschen; ~ **que** + *subj* hoffen, dass; **nous souhaitons manger** wir möchten essen; **je souhaiterais t'aider davantage** ich würde dir gern[e] noch mehr helfen ❷ (*espérer pour quelqu'un*) ~ **bonne nuit/beaucoup de bonheur** jdm gute Nacht/viel Glück wünschen; ~ **bien des choses pour la nouvelle année à qn** jdm alles Gute für das neue Jahr wünschen; ~ **un joyeux anniversaire à qn** jdm alles Gute zum Geburtstag wünschen

soul [sul] *f* **la musique** ~ Soulmusik *f*

soûl, e [su, sul] *adj fam* (*ivre*) blau

soulagement [sulaʒmɑ̃] *m* Erleichterung *f*

soulager [sulaʒe] <2a> **I.** *vt* ~ **qn** ❶ *a. fig* jdn entlasten; (*nouvelle, aveu*) jdn erleichtern ❷ (*calmer la douleur*) jds Schmerzen lindern **II.** *vpr* ❶ (*se défouler*) **se ~ en faisant qc** sich (*dat*) Erleichterung verschaffen, indem man etw tut ❷ *fam* (*satisfaire un besoin naturel*) **se ~** sich erleichtern

soûler [sule] <1> **I.** *vt* ❶ (*enivrer*) ~ **qn au whisky** jdn mit Whiskey betrunken machen; **ça soûle!** das macht blau! (*fam*) ❷ (*tourner la tête*) [ganz] benommen machen (*fam*) **II.** *vpr* **se ~** sich betrinken

soulever [sul(ə)ve] <4> *vt* ❶ (*poids*) [hoch]heben ❷ (*relever légèrement*) anheben ❸ (*problème, question*) aufwerfen

souligner [suliɲe] <1> *vt* ❶ (*phrase, importance*) unterstreichen ❷ (*accentuer*) betonen

soumettre [sumɛtʀ] <irr> **I.** *vt* ❶ (*faire subir*) ~ **qn à des tests** jdn [einer Reihe von] Untersuchungen unterwerfen; ~ **qn à une épreuve** jdm eine Prüfung auferlegen ❷ (*présenter*) ~ **une idée à qn** jdm einen Vorschlag unterbreiten **II.** *vpr* ❶ (*obéir*) **se ~** sich unterwerfen; **se ~ à la loi** sich einem Gesetz fügen ❷ (*se plier à, suivre*) **se ~ à un entraînement spécial** sich einer speziellen Behandlung unterziehen

soumis, e [sumi, iz] *part passé de* **soumettre**

soupçon [supsɔ̃] *m* ❶ (*suspicion*) Verdacht *m kein Pl;* **de graves ~s** ein schwerer Verdacht ❷ (*très petite quantité*) **un ~ de sel/poivre** eine Spur Salz/Pfeffer; **un ~ d'ironie** ein Hauch von Ironie

soupçonner [supsɔne] <1> *vt* ~ **qn de vol** jdn des Diebstahls verdächtigen

soupe [sup] *f* ❶ (*potage*) Suppe *f;* **assiette/cuillère à ~** Suppenteller *m*/-löffel *m* ❷ (*neige fondue*) Schneematsch *m* ▸**être trempé comme une ~** *fam* klatschnass sein

soupir [supiʀ] *m* Seufzer *m;* **pousser un ~ de soulagement** [erleichtert] aufatmen

soupirant [supiʀɑ̃] *m hum* Verehrer *m*

soupirer [supiʀe] <1> *vi* seufzen

souple [supl] *adj* ❶ (*opp: rigide*) biegsam (*lentilles de contact*) weich; (*cuir*) geschmeidig ❷ (*personne*) gelenkig ❸ (*adaptable*) flexibel

souplesse [suplɛs] *f* (*adaptabilité*) Flexibilität *f;* (*d'une personne*) Anpassungsfähigkeit

source [suʀs] **I.** *f* ❶ *a.* PHYS Quelle *f;* **eau de ~** Quellwasser *nt* ❷ (*naissance d'un cours d'eau*) Quelle *f,* Ursprung *m;* **prendre sa ~ en Suisse** in der Schweiz entspringen ❸ *f* (*origine de l'information*) **de ~ sûre** aus sicherer Quelle **II.** *app* INFORM **langage/programme ~** Programmiersprache *f*

sourd, e [suʀ, suʀd] **I.** *adj* ❶ (*qui n'entend pas*) taub; (*qui n'entend pas bien*) schwer hörig ❷ (*bruit*) dumpf **II.** *m, f* (*personne qui n'entend pas*) Gehörlose(r) *f(m)*; (*qui n'entend pas bien*) Schwerhörige(r) *f(m)*

sourd-muet, **sourde-muette** [suʀmɥɛ, suʀd(ə)mɥɛt] <sourds-muets> *m, f* Taubstumme(r) *f(m)*

souriant, **e** [suʀjɑ̃, jɑ̃t] *adj* freundlich

sourire [suʀiʀ] **I.** *m* Lächeln *nt*; **faire un ~ à qn** jdn anlächeln; **avoir le ~** *fam* gut gelaunt sein; **garder le ~** freundlich bleiben **II.** <irr> *vi* lächeln; **~ à qn** jdn anlächeln

souris [suʀi] *f a.* INFORM Maus *f*

sournoisement [suʀnwazmɑ̃] *adv* ❶ (*observer*) lauernd ❷ (*insidieusement*) heimtückisch

sous [su] *prép* ❶ (*spatial: avec direction*) unter (+ *akk*); (*sans direction*) unter (+ *dat*) ❷ (*temporel*) **~ huitaine** innerhalb einer Woche (*gen*); **~ peu** binnen kurzem ❸ (*manière, cause*) unter (+ *dat*) ❹ (*dépendance*) unter (+ *dat*); **~ les ordres de qn** unter jdm ❺ METEO in (+ *dat*); **~ la pluie** im Regen ❻ MED **être ~ perfusion** am Tropf hängen; **être ~ antibiotiques** mit Antibiotika behandelt werden

sous-développé, **e** [sudev(ə)lɔpe] <sous-développés> *adj* unterentwickelt; **pays ~** Entwicklungsland *nt* **sous-développement** [sudev(ə)lɔpmɑ̃] <sous-développements> *m* Unterentwicklung *f* **sous-directeur**, **-trice** [sudiʀɛktœʀ, -tʀis] <sous-directeurs> *m, f* stellvertretender Direktor/stellvertretende Direktorin **sous-entendre** [suzɑ̃tɑ̃dʀ] <14> *vt* (*dire implicitement*) zu verstehen geben **sous-entendu**, **e** [suzɑ̃tɑ̃dy] <sous-entendus> *m* Anspielung *f* **sous-estimer** [suzɛstime] <1> *vt* unterschätzen **sous-évaluer** [suzevalɥe] <1> *vt* **~ qc** den Wert einer S. unterbewerten **sous-marin** [sumaʀɛ̃] <sous-marins> *m* U-Boot *nt* **sous-préfecture** [supʀefɛktyʀ] <sous-préfectures> *f* (*chef-lieu d'arrondissement*) Sitz *m* einer Unterpräfektur, ≈ Kreisstadt *f* **sous-préfet** [supʀefɛ] <sous-préfets> *m* Unterpräfekt(in) *m(f)*, ≈ Landrat/Landrätin *m/f* **sous-pull** [supyl] <sous-pulls> *m* Unterziehpullover *m* **sous-sol** [susɔl] <sous-sols> *m* (*dans un immeuble*) Untergeschoss *nt* **sous-tasse** [sutɑs] <sous-tasses> *f* Untertasse *f* **sous-titrer** [sutitʀe] <1> *vt* untertiteln

soustraire [sustʀɛʀ] <irr> **I.** *vi* subtrahieren **II.** *vpr* **se ~ à une obligation** sich (*akk*) einer Verpflichtung entziehen

sous-traiter [sutʀete] <1> *vt* ❶ (*donner en sous-traitance*) an Subunternehmer *Pl* vergeben ❷ (*agir comme sous-traitant*) als Subunternehmer ausführen

soutenance [sut(ə)nɑ̃s] *f* Disputation *f*

soutenir [sut(ə)niʀ] <9> *vt* ❶ (*porter*) halten; **~ qc** (*colonne, poutre*) etw tragen ❷ (*étayer, maintenir droit*) abstützen ❸ (*maintenir debout, en bonne position*) stützen ❹ (*aider financièrement, moralement*) unterstützen; **~ qn dans le malheur** jdm im Unglück eine Hilfe sein ❺ (*empêcher de faiblir*) stärken; (*monnaie*) stützen; (*intérêt*) wach halten ❻ (*prendre parti pour*) verteidigen; (*cause*) sich einsetzen für; **~ qn** zu jdm halten; **~ un gouvernement** zu einer Regierung stehen ❼ (*affirmer*) **~ que ...** behaupten, dass ...

soutenu, **e** [sut(ə)ny] **I.** *part passé de* **soutenir** **II.** *adj* ❶ (*attention, effort*) beständig ❷ (*style, langue*) gehoben

souterrain [sutɛʀɛ̃] *m* unterirdischer Gang

souterrain, **e** [sutɛʀɛ̃, ɛn] *adj* unterirdisch; **passage ~** Unterführung *f*

soutien [sutjɛ̃] *m* ❶ (*aide*) Unterstützung *f*; **apporter son ~ à qn** jdn unterstützen ❷ SCOL Nachhilfe *f*

soutien-gorge [sutjɛ̃gɔʀʒ] <soutiens-gorge[s]> *m* Büstenhalter *m*

soutirer [sutiʀe] <1> *vt* **~ de l'argent à qn** jdm Geld abluchsen (*fam*)

souvenir[1] [suv(ə)niʀ] <9> *vpr* **se ~ de qn/qc** sich an jdn/etw erinnern

souvenir[2] [suv(ə)niʀ] *m* ❶ **le ~ de qn/qc** die Erinnerung an jdn/etw; **garder un bon/mauvais ~ de qn/qc** jdn/etw in guter/schlechter Erinnerung behalten; **en ~ de qn/qc** zum Andenken an jdn/etw ❷ (*objet touristique*) Andenken *nt*

souvent [suvɑ̃] *adv* oft; **le plus ~** meistens

souverainement [suv(ə)ʀɛnmɑ̃] *adv* souverän

souveraineté [suv(ə)ʀɛnte] *f* Souveränität *f*

souverainisme [suv(ə)ʀenism] *m* POL ❶ CAN Souveränismus *m* ❷ (*en France*) Souveränismus *m* (*politisches Konzept, das die nationalstaatliche Souveränität Frankreichs befürwortet und die Globalisierung und europäische Integration ablehnt*)

S

soviétique [sɔvjetik] *adj* sowjetisch; **l'Union** ~ die Sowjetunion
Soviétique [sɔvjetik] *mf* Sowjetrusse/-russin *m/f;* **les ~s** die Sowjets
soyeux, -euse [swajø, -jøz] *adj* ❶ (*doux*) seidenweich ❷ (*brillant*) seidig
SPA [ɛspea] *f abr de* **Société protectrice des animaux** *französischer Tierschutzverein*
spacieux, -euse [spasjø, -jøz] *adj* geräumig
spaghettis [spageti] *mpl* Spaghetti *Pl*
sparadrap [spaʀadʀa] *m* [Heft]pflaster *nt*
spasmophilie [spasmɔfili] *f* Spasmophilie *f* Fachspr.
spatial, e [spasjal, jo] <-aux> *adj* räumlich; **voyage** ~ [Welt]raumfahrt *f*
spatiotemporel, le [spasjotɑ̃pɔʀɛl] *adj* raumzeitlich
spatule [spatyl] *f* ❶ (*ustensile*) Spachtel *m;* (*en cuisine*) Pfannenwender *m;* (*d'un médecin*) Spatel *m* ❷ (*d'un ski*) Spitze *f*
spécial, e [spesjal, jo] <-aux> *adj* ❶ (*opp: général*) spezielle(r, s); **équipement** ~ Spezialausrüstung *f;* **autorisation ~e** Sondergenehmigung *f;* **rien de** ~ nichts Besonderes ❷ (*bizarre*) eigenartig
spécialement [spesjalmɑ̃] *adv* ❶ (*en particulier*) [ganz] besonders ❷ (*tout exprès*) extra ❸ *fam* (*pas vraiment*) nicht besonders
spécialisation [spesjalizasjɔ̃] *f* Spezialisierung *f*
spécialisé, e [spesjalize] *adj* spezialisiert; **être ~ dans qc** auf etw (*akk*) spezialisiert sein
spécialiser [spesjalize] <1> *vpr* **se ~ dans** [*o* **en**] **qc** sich (*akk*) auf etw (*akk*) spezialisieren
spécialiste [spesjalist] *mf* ❶ (*expert*) Spezialist(in) *m(f)* ❷ (*technicien*) Fachmann/-frau *m/f* ❸ MED Facharzt/-ärztin *m/f*
spécialité [spesjalite] *f* ❶ SCI, TECH Spezialgebiet *f* ❷ (*produit caractéristique*) Spezialität *f*
spécification [spesifikasjɔ̃] *f* Spezifizierung *f*
spécificité [spesifisite] *f* spezifische Besonderheit
spécifier [spesifje] <1> *vt* ~ **qc** etw genau angeben; (*loi*) etw genau festlegen
spécifique [spesifik] *adj* spezifisch
spécifiquement [spesifikmɑ̃] *adv* spezifisch
spécimen [spesimɛn] *m* (*exemplaire*) Exemplar *nt;* (*publicitaire*) Probeexemplar
spectacle [spɛktakl] *m* ❶ (*ce qui s'offre au regard*) Anblick *m;* ~ **de la nature** Naturschauspiel *nt* ❷ THEAT, MEDIA Vorstellung *f;* ~ **dramatique/chorégraphique** Bühnenstück *nt*/Ballett *nt* ❸ (*show-business*) **le monde du** ~ das Showgeschäft
spectaculaire [spɛktakylɛʀ] *adj* spektakulär
spectateur, -trice [spɛktatœʀ, -tʀis] *m, f* ❶ THEAT, SPORT Zuschauer(in) *m(f)* ❷ (*observateur*) Beobachter(in) *m(f)*
spéculatif, -ive [spekylatif, -iv] *adj* spekulativ; (*gain*) Spekulations-
spéculation [spekylasjɔ̃] *f* Spekulation *f*
spéculer [spekyle] <1> *vi* FIN, COM ~ **sur qc** mit etw spekulieren
speech [spitʃ] *m* Rede *f*
spéléologie [speleɔlɔʒi] *f* ❶ (*science*) Höhlenkunde *f* ❷ (*loisirs*) Erkundung *f* von Höhlen
spermatozoïde [spɛʀmatɔzɔid] *m* Spermium *nt*
sperme [spɛʀm] *m* Sperma *nt*
spermicide [spɛʀmisid] *adj* samenabtötend
sphère [sfɛʀ] *f* ❶ SCI Kugel *f* ❷ (*domaine*) Bereich *m*
spirale [spiʀal] *f a. fig* Spirale *f*
spiritualité [spiʀitɥalite] *f* ❶ REL Spiritualität *f* (*geh*) ❷ PHILOS Geistigkeit *f*
spirituel, le [spiʀitɥɛl] *adj* ❶ (*plein d'esprit*) geistreich ❷ REL geistlich ❸ (*qui se rapporte à l'esprit*) geistig
spirituellement [spiʀitɥɛlmɑ̃] *adv* (*avec esprit*) geistreich
spleen [splin] *m* Schwermut *m*
splendeur [splɑ̃dœʀ] *f a. iron* Pracht *f kein Pl*
splendide [splɑ̃did] *adj* prächtig
sponsor [spɔ̃sɔʀ] *m* Sponsor(in) *m(f)*
sponsoriser [spɔ̃sɔʀize] <1> *vt* sponsern
spontané, e [spɔ̃tane] *adj* spontan
spontanéité [spɔ̃taneite] *f* Spontaneität *f*
spontanément [spɔ̃tanemɑ̃] *adv* ❶ (*sans réfléchir*) spontan ❷ (*librement*) freiwillig
sport [spɔʀ] **I.** *adj inv* (*coupe*) sportlich **II.** *m* ❶ (*activité sportive*) Sport *m;* ~ **de compétition** Leistungssport; **faire du** ~ Sport treiben ❷ (*forme d'activité sportive*) Sportart *f;* **~s d'hiver** Wintersportarten *Pl;* (*séjour*) Winterurlaub *m*
sportif, -ive [spɔʀtif, -iv] **I.** *adj* ❶ (*allure, démarche, personne*) sportlich ❷ (*de compétition*) **pratiquer la danse sportive** das Tan

zen als Sport betreiben ❸ (*de sport*) **pages sportives** (*d'un journal*) Sportteil *m* **II.** *m, f* Sportler(in) *m(f)*

spot [spɔt] *m* ❶ (*lampe*) Spot *m;* (*projecteur*) Scheinwerfer *m* ❷ (*publicitaire*) -spot

spray [spʀɛ] *m* ❶ (*pulvérisation*) Spray *m o nt* ❷ (*atomiseur*) Spraydose *f*

sprint [spʀint] *m* Sprint *m;* ~ **final** Endspurt *m*

sprinteur, -euse [spʀintœʀ, -øz] *m, f* Sprinter(in) *m(f);* (*en athlétisme*) Kurzstreckenläufer(in) *m(f)*

squale [skwal] *m* Hai[fisch *m*] *m*

square [skwaʀ] *m* [kleine] Grünanlage (*inmitten eines Platzes*)

squash [skwaʃ] *m* Squash *nt*

squatter [skwate] <1> *vt* besetzen

squelette [skəlɛt] *m* ❶ ANAT, ARCHIT Skelett *nt* ❷ *fam* (*personne très maigre*) Klappergestell *nt*

squelettique [skəletik] *adj* (*très maigre*) spindeldürr

Sri Lanka [sʀilɑ̃ka] *m* **le** ~ Sri Lanka *nt*

SS [ɛsɛs] *m abr de* **Schutzstaffel** SS *f*

stabiliser [stabilize] <1> **I.** *vt* ❶ stabilisieren ❷ (*accotement, terrain*) befestigen **II.** *vpr* **se** ~ (*monnaie, maladie*) sich stabilisieren

stabilité [stabilite] *f* ECON, POL Stabilität *f*

stable [stabl] *adj* ❶ stabil; (*terrain*) befestigt ❷ (*durable*) dauerhaft ❸ (*temps*) beständig

stade [stad] *m* ❶ SPORT Stadion *nt* ❷ (*phase*) Stadium *nt*

stage [staʒ] *m* ❶ (*en entreprise*) Praktikum *nt;* (*en rédaction*) Volontariat *nt* ❷ (*séminaire*) Kurs *m* ❸ (*période avant la titularisation*) ≈ Referendariat *nt*

stagiaire [staʒjɛʀ] *mf* (*en entreprise*) Praktikant(in) *m(f);* (*en rédaction*) Volontär(in) *m(f)*

stagner [stagne] <1> *vi* ❶ (*eau*) stehen ❷ ECON stagnieren

stalactite [stalaktit] *f* [hängender] Tropfstein *m*

stalagmite [stalagmit] *f* [stehender] Tropfstein *m*

stalinisme [stalinism] *m* Stalinismus *m*

stand [stɑ̃d] *m* ❶ (*dans une exposition*) [Messe]stand *m* ❷ (*dans une fête*) Bude *f*

standard[1] [stɑ̃daʀ] *m* TELEC [Telefon]zentrale *f*

standard[2] [stɑ̃daʀ] *adj inv* ❶ (*normalisé*) genormt; (*modèle, pièce*) Serien- ❷ (*dépourvu d'originalité*) [allgemein] üblich; IND standardisiert; (*voiture*) mit Standardausrüstung ❸ LING **langue** ~ Hochsprache *f*

standardiser [stɑ̃daʀdize] <1> *vt* standardisieren

standardiste [stɑ̃daʀdist] *mf* Telefonist(in) *m(f)*

staphylocoque [stafilɔkɔk] *m* Staphylokokkus *m* Fachspr.

star [staʀ] *f* Star *m*

starting-block [staʀtiŋblɔk] <starting-blocks> *m* Startblock *m*

station [stasjɔ̃] *f* ❶ AUT Station *f,* Haltestelle *f;* ~ **de taxis** Taxistand *m* ❷ MEDIA (*émetteur*) Sender *m* ❸ TECH Station *f;* ~ **d'épuration** Kläranlage *f;* ~ **[d']essence** Tankstelle *f* ❹ TOUR ~ **balnéaire/de sports d'hiver** Bade-/Wintersportort *m;* ~ **thermale** Thermalkurort *m*

stationnaire [stasjɔnɛʀ] *adj* unverändert

stationnement [stasjɔnmɑ̃] *m* Parken *nt;* **ticket/disque de** ~ Parkschein *m*/-scheibe *f;* **panneau de** ~ **interdit** Halteverbotsschild *nt*

stationner [stasjɔne] <1> *vi* (*être garé*) parken; **interdiction de** ~ Parkverbot *nt*

station-service [stasjɔ̃sɛʀvis] <stations-service[s]> *f* Tankstelle *f*

statisticien, ne [statistisjɛ̃, jɛn] *m, f* Statistiker(in) *m(f)*

statistique [statistik] **I.** *adj* statistisch **II.** *f* Statistik *f;* **les ~s** die Statistik

statistiquement [statistikmɑ̃] *adv* statistisch

statue [staty] *f* Statue *f*

statu quo [statykwo] *m inv* Status quo *m*

statut [staty] *m* ❶ *a.* ADMIN Status *m* ❷ *pl* JUR (*d'une association, société*) Satzung *f*

steak [stɛk] *m* Steak *nt*

stèle [stɛl] *f* Stele *f*

sténo [steno] **I.** *mf abr de* **sténographe** Stenograf[*o* Stenograph](in) *m(f)* **II.** *mf abr de* **sténodactylo** Stenotypist(in) *m(f)* **III.** *f abr de* **sténographie** Steno *f* (*fam*)

sténodactylo [stenodaktilo] *mf* Stenotypist(in) *m(f)*

sténodactylographie [stenodaktilɔgʀafi] *f* Stenotypieren *nt*

sténographie [stenɔgʀafi] *f* Stenografie *f*

stéréophonie [steʀeɔfɔni] *f* Stereofonie *f*

stéréotype [steʀeɔtip] *m* Stereotyp *nt*

stérile [steʀil] *adj* ❶ BIO, AGR unfruchtbar ❷ (*sans microbes*) steril ❸ (*efforts*) vergeblich

stérilet [steʀilɛ] *m* Spirale *f* (*fam*)

stérilisateur [steʀilizatœʀ] *m* Sterilisator *m*

stériliser [steʀilize] <1> *vt* sterilisieren

stérilité [steʀilite] *f* ❶ BIO, AGR *a. fig* Unfruchtbarkeit *f* ❷ (*absence de microbes*) Keimfreiheit *f*

steward [stiwaʀt] *m* Steward *m*

stick [stik] *m* Stift *m*

stimulant [stimylɑ̃] *m* ❶ (*médicament*) anregendes Mittel ❷ (*incitation*) Ansporn *m*

stimulant, **e** [stimylɑ̃, ɑ̃t] *adj* ❶ (*fortifiant*) anregend ❷ (*qui ouvre l'esprit*) anregend ❸ (*encourageant*) aufmunternd

stimulateur [stimylatœʀ] *m* ~ **cardiaque** Herzschrittmacher *m*

stimuler [stimyle] <1> *vt* ❶ (*activer, augmenter*) anregen ❷ (*encourager*) anspornen

stock [stɔk] *m* ❶ COM Lager *nt;* **en ~** auf Lager ❷ (*réserve*) Vorrat *m* ❸ (*grande quantité*) **garde ce stylo, j'en ai tout un ~** *fam* behalte den Stift, ich habe jede Menge davon

stocker [stɔke] <1> *vt* ❶ (*mettre en réserve*) [ein]lagern ❷ INFORM **~ sur une disquette** auf einer Diskette [ab]speichern

Stockholm [stɔk´ɔlm] Stockholm *nt*

stoïquement [stɔikmɑ̃] *adv* unerschütterlich

stomatologie [stɔmatɔlɔʒi] *f* Stomatologie *f*

stop [stɔp] **I.** *interj* ❶ (*halte*) stopp ❷ (*dans un télégramme*) stop **II.** *m* ❶ (*panneau*) Stoppschild *nt;* (*feu*) Haltesignal *nt* ❷ AUT (*feu arrière*) Bremslicht *nt* ❸ (*auto-stop*) **faire du ~** *fam* trampen

stopper [stɔpe] <1> **I.** *vi* stehen bleiben **II.** *vt* stoppen

store [stɔʀ] *m* (*rideau à enrouler*) Rollo *nt;* (*de magasin*) Rollladen *m*

Strasbourg [stʀasbuʀ] Straßburg *nt*

strass [stʀas] *m* Strass *m*

stratagème [stʀataʒɛm] *m* List *f*

stratégie [stʀateʒi] *f* Strategie *f*

stratégique [stʀateʒik] *adj* strategisch; (*position*) strategisch wichtig

stratifié [stʀatifje] *m* Schicht[press]stoff *m*

stress [stʀɛs] *m* Stress *m kein Pl*

stressant, **e** [stʀesɑ̃, ɑ̃t] *adj* stressig (*fam*)

stresser [stʀese] <1> **I.** *vt* stressen (*fam*); **être stressé** im Stress sein (*fam*) **II.** *vi* (*personne*) sich stressen

stretching [stʀɛtʃiŋ] *m* Stretching *nt*

strict, **e** [stʀikt] *adj* ❶ streng; **au sens ~** im engeren Sinne; **être très ~ sur le règlement** es sehr genau mit den Bestimmungen nehmen ❷ *antéposé* (*minimum*) absolut; **le ~ nécessaire** das Allernötigste; **la ~e vérité** die reine Wahrheit ❸ (*vêtement, tenue*) streng geschnitten

strictement [stʀiktəmɑ̃] *adv* strikt; **~ interdit** streng verboten; **~ parlant** genau genommen

string [stʀiŋ] *m* String-Tanga *m*

strip-tease [stʀiptiz] <strip-teases> *m* (*spectacle*) Striptease *m;* **faire un ~** strippen

strip-teaseur, **-euse** [stʀiptizœʀ, -øz] <strip-teaseurs> *m, f* Stripteasetänzer(in) *m(f)*

strophe [stʀɔf] *f* Strophe *f*

structure [stʀyktyʀ] *f* ❶ (*organisation*) Struktur *f* ❷ (*lieu, service social*) **~ d'accueil** soziale Einrichtung

structurer [stʀyktyʀe] <1> **I.** *vt* strukturieren; (*exposé, ouvrage*) gliedern **II.** *vpr* **se ~** sich organisieren

studio [stydjo] *m* Studio *nt*

stupéfaction [stypefaksjɔ̃] *f* Verblüffung *f*

stupéfait, **e** [stypefɛ, ɛt] *adj* verblüfft

stupéfiant, **e** [stypefjɑ̃, jɑ̃t] **I.** *adj* verblüffend **II.** *m* Betäubungsmittel *nt*

stupéfié, **e** [stypefje] *adj* (*très étonné*) verblüfft

stupéfier [stypefje] <1> *vt* verblüffen

stupeur [stypœʀ] *f* Verblüffung *f*

stupide [stypid] *adj* dumm; (*vie, travail*) stumpfsinnig

stupidement [stypidmɑ̃] *adv* ❶ (*se conduire*) dumm; (*rire*) dummerweise; **répondre ~** eine dumme Antwort geben ❷ (*absurdement*) sinnlos

stupidité [stypidite] *f* Dummheit *f*

style [stil] *m* ❶ Stil *m* ❷ LING (*discours*) Rede *f* ❸ (*genre*) Art *f;* **arriver en retard, c'est bien dans son ~!** zu spät zu kommen ist typisch für ihn!

stylisme [stilism] *m* Design *nt*

styliste [stilist] *mf* Stilist(in) *m(f);* IND Designer(in) *m(f)*

stylistique [stilistik] **I.** *adj* stilistisch **II.** *f* Stilistik *f*

stylo [stilo] *m* Füller *m;* **~ [à] plume** Füllfederhalter *m;* **~ [à] bille** Kugelschreiber *m*

stylo-feutre [stilofœtʀ] <stylos-feutres> *m* Filzstift *m*
su [sy] *part passé de* **savoir**
suavité [sɥavite] *f* (*d'une odeur, musique*) Lieblichkeit *f;* (*des manières, de la voix*) Sanftheit *f*
subconscient [sybkɔ̃sjɑ̃] *m* Unterbewusstsein *nt*
subdiviser [sybdivize] <1> *vt* (*diviser encore*) ~ **une échelle en qc** eine Skala [weiter] in etw (*akk*) unterteilen
subdivision [sybdivizjɔ̃] *f* erneute Unterteilung
subir [sybiʀ] <8> *vt* ❶ (*être victime de*) erleiden ❷ (*endurer*) erdulden; (*événements*) über sich ergehen lassen; (*conséquences*) auf sich nehmen ❸ (*être soumis à*) ~ **une opération/un interrogatoire** operiert/vernommen werden ❹ (*modification*) erfahren
subitement [sybitmɑ̃] *adv* [ganz] plötzlich
subjectif, -ive [sybʒɛktif, -iv] *adj* subjektiv
subjectivité [sybʒɛktivite] *f* Subjektivität *f*
subjonctif [sybʒɔ̃ktif] *m* LING *französische Möglichkeitsform*
subjuguer [sybʒyge] <1> *vt* in seinen Bann ziehen
sublime [syblim] *adj* (*admirable*) überwältigend
submerger [sybmɛʀʒe] <2a> *vt* ❶ (*digue, rives*) unter Wasser (*akk*) setzen; (*plaine, terres*) überschwemmen; **être submergé** unter Wasser stehen ❷ (*envahir*) **être submergé de travail** mit Arbeit überhäuft sein
submersible [sybmɛʀsibl] *adj* (*navire, sous-marin*) tauchfähig; **terre** ~ Überschwemmungsland *nt*
subordonné, e [sybɔʀdɔne] **I.** *m, f* Untergebene(r) *f(m)* **II.** *adj* (*proposition*) untergeordnet
subordonnée [sybɔʀdɔne] *f* Nebensatz *m*
subornation [sybɔʀnasjɔ̃] *f* Bestechung *f*
subsidiaire [sybzidjɛʀ] *adj* zusätzlich
subsister [sybziste] <1> *vi* ❶ (*survivre*) [über]leben ❷ (*doute, erreur*) weiter bestehen
substance [sypstɑ̃s] *f* ❶ (*matière*) Substanz *f* ❷ (*d'un article, livre*) wesentlicher Inhalt
substantif [sypstɑ̃tif] *m* Substantiv *nt*
substituer [sypstitɥe] <1> **I.** *vt* ~ **qc à qc** (*volontairement*) etw durch etw ersetzen; (*involontairement*) etw mit etw vertauschen **II.** *vpr* **se** ~ **à qn** sich an jds Stelle *f* (*akk*) setzen
substitut [sypstity] *m* ❶ (*remplacement*) Ersatz *m;* **être le** ~ **de qn/qc** jdn/etw ersetzen ❷ JUR ~ **du procureur** Staatsanwalt/-anwältin *m/f*
substitution [sypstitysjɔ̃] *f* (*volontaire*) Austauschen *nt;* (*involontaire*) Vertauschen *nt*
subterfuge [syptɛʀfyʒ] *m* Ausflucht *f*
subtil, e [syptil] *adj* (*personne*) scharfsinnig; (*raisonnement*) feinsinnig; (*nuance, parfum*) fein
subtilement [syptilmɑ̃] *adv* (*raisonner*) feinsinnig; (*exprimer*) nuanciert
subtiliser [syptilize] <1> *vt* stehlen
subtilité [syptilite] *f soutenu* (*finesse*) Subtilität *f;* (*d'une analyse*) Nuanciertheit *f;* (*d'une langue*) Feinheit *f*
subtropical, e [sybtʀɔpikal, o] <-aux> *adj* subtropisch
subvenir [sybvəniʀ] <9> *vi* ~ **à qc** für etw aufkommen
subvention [sybvɑ̃sjɔ̃] *f* Subvention *f*
subventionner [sybvɑ̃sjɔne] <1> *vt* subventionieren
succéder [syksede] <5> **I.** *vi* ~ **à qc** auf etw (*akk*) folgen; ~ **à qn** jds Nachfolge *f* antreten **II.** *vpr* **se** ~ einander folgen
succès [syksɛ] *m* ❶ Erfolg *m;* **avoir du** ~ **auprès de qn/en qc** bei jdm/etw Erfolg haben; **à** ~ Erfolgs- ❷ SPORT, MIL Sieg *m*
successeur [syksesœʀ] *mf* Nachfolger(in) *m(f)*
successif, -ive [syksesif, -iv] *adj* (*époques, générations*) aufeinanderfolgend
succession [syksesjɔ̃] *f* ❶ (*transmission du pouvoir*) Nachfolge *f;* **prendre la** ~ **de qn/qc** die Nachfolge einer Person/S. (*gen*) antreten ❷ (*héritage*) Erbschaft *f,* Verlassenschaft *f* (A)
successivement [syksesivmɑ̃] *adv* nacheinander
succinctement [syksɛ̃tmɑ̃] *adv* kurz [und bündig]
succion [sy(k)sjɔ̃] *f* Saugen *nt;* (*d'une plaie, blessure*) Aussaugen *nt*
succomber [sykɔ̃be] <1> *vi* sterben; ~ **à qc** *a. fig* einer S. (*dat*) erliegen
succulent, e [sykylɑ̃, ɑ̃t] *adj* köstlich
succursale [sykyʀsal] *f* Filiale *f*
sucer [syse] <2> *vt* ❶ (*sang, citron*) aussaugen ❷ (*lécher: bonbon*) lutschen; (*crayon,*

S

pouce) lutschen an (+ *dat*) ❸ *vulg* (*faire une fellation*) ~ **qn** jdm einen blasen

sucette [sysɛt] *f* Lutscher *m*

sucre [sykʀ] *m* Zucker *m;* (*morceau*) Stück *nt* Zucker; ~ **en morceaux/poudre** Würfel-/Puderzucker

sucré, **e** [sykʀe] *adj* süß; (*par addition de sucre*) gesüßt

sucrer [sykʀe] <1> **I.** *vt* ❶ (*mettre du sucre*) zuckern ❷ *fam* (*supprimer*) streichen **II.** *vi* (*rendre sucré*) süßen

sucrerie [sykʀəʀi] *f* Süßigkeit *f*

sucrette® [sykʀɛt] *f* Süßstofftablette *f*

sud [syd] **I.** *m sans pl* **le** ~ der Süden; *v.a.* **est II.** *adj inv* Süd-; (*partie, banlieue*) südlich

Sud [syd] **I.** *m sans pl* **le** ~ der Süden; *v.a.* **Est II.** *adj inv* (*hémisphère*) südlich; (*pôle*) Süd-

sud-africain, **e** [sydafʀikɛ̃, ɛn] <sud-africains> *adj* südafrikanisch **Sud-Africain**, **e** [sydafʀikɛ̃, ɛn] <Sud-Africains> *m, f* Südafrikaner(in) *m(f)* **sud-américain**, **e** [sydameʀikɛ̃, ɛn] <sud-américains> *adj* südamerikanisch **Sud-Américain**, **e** [sydameʀikɛ̃, ɛn] <Sud-Américains> *m, f* Südamerikaner(in) *m(f)* **sud-coréen**, **ne** [sydkɔʀeɛ̃, ɛn] <sud-coréens> *adj* südkoreanisch **Sud-Coréen**, **ne** [sydkɔʀeɛ̃, ɛn] <Sud-Coréens> *m, f* Südkoreaner(in) *m(f)* **sud-est** [sydɛst] **I.** *m inv* Südosten *m* **II.** *adj inv* südöstlich; (*vent*) Südost- **sud-ouest** [sydwɛst] **I.** *m inv* Südwesten *m;* (*vent*) Südwest- **II.** *adj inv* südwestlich **sud-vietnamien**, **ne** [sydvjɛtnamjɛ̃, jɛn] <sud-vietnamiens> *adj* HIST südvietnamesisch **Sud-Vietnamien**, **ne** [sydvjɛtnamjɛ̃, jɛn] <Sud-Vietnamiens> *m, f* HIST Südvietnamese/-vietnamesin *m/f*

Suède [sɥɛd] *f* **la** ~ Schweden *nt*

suédois [sɥedwa] *m* Schwedisch *nt; v.a.* **allemand**

suédois, **e** [sɥedwa, waz] *adj* schwedisch; *v.a.* **allemand**

Suédois, **e** [sɥedwa, waz] *m, f* Schwede/Schwedin *m/f*

suée [sɥe] *f fam* Schweißausbruch *m*

suer [sɥe] <1> *vi* schwitzen

sueur [sɥœʀ] *f* Schweiß *m;* **des ~s** Schweißausbrüche *Pl;* **en** ~ schweißnass ▸**qn a des ~s froides** jdm bricht der kalte Schweiß aus

suffi [syfi] *part passé de* **suffire**

suffire [syfiʀ] <irr> **I.** *vi* genügen; ~ **aux besoins** für die Bedürfnisse aufkommen **II.** *vi impers* (*être suffisant*) **il suffit d'une fois** einmal reicht; **il suffit que vous soyez là pour qu'il se calme** um ihn zu beruhigen genügt es, wenn Sie da sind; **ça suffit [comme ça]!** *fam* jetzt reicht's!

suffisamment [syfizamɑ̃] *adv* ~ **grand** groß genug; ~ **de temps/livres** genügend Zeit/Bücher

suffisant, **e** [syfizɑ̃, ɑ̃t] *adj* (*nombre, techniques*) ausreichend; (*place*) genügend *inv*

suffixe [syfiks] *m* Nachsilbe *f,* Suffix *nt*

suffoquer [syfɔke] <1> *vi* (*perdre le souffle*) ersticken

suffrage [syfʀaʒ] *m* ❶ (*voix*) [Wahl]stimme *f;* ~ **universel** allgemeines Wahlrecht ❷ *p*… (*approbation*) Zustimmung *f*

suggérer [sygʒeʀe] <5> *vt* ❶ (*proposer*) vorschlagen ❷ (*inspirer*) ~ **une solution à qn** jdn auf eine Lösung bringen

suggestion [sygʒɛstjɔ̃] *f* Vorschlag *m*

suicidaire [sɥisidɛʀ] *adj* selbstmörderisch

suicide [sɥisid] *m* Selbstmord *m*

suicider [sɥiside] <1> *vpr* **se** ~ Selbstmord begehen

suis [sɥi] *indic prés de* **être**

suisse [sɥis] **I.** *adj* Schweizer *attr* (*peuple*) schweizerisch; ~ **romand** welsch [schweizerisch] **II.** *m* (*garde*) Schweizer Gardist *m;* (*bedeau*) Küster *m* ▸**petit** ~ GASTR *Rahmquark in kleinen Portionen*

Suisse [sɥis] **I.** *f* **la** ~ die Schweiz **II.** *m* Schweizer(in) *m(f);* **c'est un ~ allemand/romand** er ist Deutsch-/Französischschweizer[*o* Welschschweizer (CH)]

Suissesse [sɥisɛs] *f* Schweizerin *f;* ~ **romande** Welschschweizerin *f*

suite [sɥit] *f* ❶ (*ce qui vient après: d'une lettre, d'un roman*) Rest *m;* (*d'une affaire*) Nachspiel *nt* ❷ (*succession: d'événements, de nombres*) [Ab]folge *f;* (*d'objets, de personnes*) Reihe *f* ❸ (*conséquence*) Folge ❹ (*nouvel épisode*) Fortsetzung *f,* Folge ❺ (*cohérence*) Zusammenhang *m* ❻ (*appartement*) Suite *f* ❼ INFORM ~ **bureautique** Office-Paket *nt* ▸**tout de** ~ sofort; **tout de ~ après** gleich danach; **donner ~ à qc** auf etw (*akk*) reagieren; **faire ~ à qc** auf etw (*akk*) folgen; **prendre la ~ de qn/qc** jdn/etw ablösen; ~ **à qc** Bezug *m* nehmend auf etw (*akk*) **à la ~ [l'un de l'autre]** nach…

einander; **à la ~ de qc** nach etw; **et ainsi de ~** und so weiter; **par la ~** später

suivant [sɥivɑ̃] *prép* ❶ (*conformément à*) gemäß (+ *dat*); (*en fonction de*) je nach (+ *dat*) ❷ (*le long de*) entlang (+ *dat*)

suivant, e [sɥivɑ̃, ɑ̃t] **I.** *adj* ❶ (*qui vient ensuite*) nächste(r, s) ❷ (*ci-après*) folgende(r, s) **II.** *m, f* Nächste(r) *f(m)*; **au ~!** der Nächste!

suiveur, -euse [sɥivœʀ, -øz] *m, f* SPORT Begleiter(in) *m(f)*

suivi [sɥivi] *m* (*d'une affaire*) Weiterverfolgung *f*; (*médical*) Betreuung *f*

suivi, e [sɥivi] **I.** *part passé de* **suivre** **II.** *adj* (*continu*) regelmäßig; (*effort*) kontinuierlich

suivre [sɥivʀ] <irr> **I.** *vt* ❶ **~ qn/qc** jdm/etw folgen; (*mode*) gehen mit; **faire ~ qn** jdn beschatten lassen ❷ (*venir ensuite*) **l'hiver suit l'automne** auf den Herbst folgt der Winter ❸ (*classe, cours*) besuchen ❹ (*élève, malade*) beobachten; (*actualité, compétition*) verfolgen ▶**à ~** Fortsetzung *f* folgt **II.** *vi* ❶ (*venir après*) folgen ❷ (*réexpédier*) **faire ~ qc** etw nachsenden lassen ❸ (*être attentif*) aufpassen; (*assimiler*) mitkommen **III.** *vi impers* **comme suit** wie folgt **IV.** *vpr* **se ~** ❶ (*se succéder*) aufeinanderfolgen ❷ (*être cohérent*) einen Zusammenhang haben

sujet [syʒɛ] *m* ❶ (*thème*) Thema *nt* ❷ (*cause*) Grund *m* ❸ (*individu*) Mensch *m* ❹ LING, PHILOS Subjekt *nt* ▶**c'est à quel ~?** *fam* worum geht's?; **à ce ~** diesbezüglich; **au ~ de qn/qc** bezüglich einer Person/S. (*gen*) was jdn/etw betrifft

sujet, te [syʒɛ, ɛt] *adj* **être ~ à qc** für etw anfällig sein

sulfurisé, e [sylfyʀize] *adj* mit Schwefelsäure *f* behandelt; **papier ~** Pergamentpapier *nt*

sultan [syltɑ̃] *m* Sultan *m*

sultanat [syltana] *m* Sultanat *nt*

summum [sɔ(m)mɔm] *m* ❶ (*apogée*) Höhepunkt *m* ❷ *iron* (*comble*) Gipfel *m*

super[1] [sypɛʀ] *m abr de* **supercarburant** Super *nt*; **~ sans plomb** Super bleifrei

super[2] [sypɛʀ] *adj inv, fam* super

superbe [sypɛʀb] *adj* (*corps, paysage*) wunderschön; (*temps*) herrlich; **elle a une mine ~** sie sieht blendend aus

superbement [sypɛʀbəmɑ̃] *adv* großartig

superchampion, ne [sypɛʀʃɑ̃pjɔ̃, jɔn] *m, f* Spitzensportler(in) *m(f)*

superficie [sypɛʀfisi] *f* Fläche *f*

superficiel, le [sypɛʀfisjɛl] *adj* oberflächlich

superficiellement [sypɛʀfisjɛlmɑ̃] *adv* oberflächlich

superflu [sypɛʀfly] *m* Überflüssige(s) *nt*

superflu, e [sypɛʀfly] *adj* überflüssig

superforme [sypɛʀfɔʀm] *f fam* Höchstform *f*

supérieur [sypeʀjœʀ] *m* Hochschulwesen *nt*

supérieur, e [sypeʀjœʀ] **I.** *adj* ❶ (*plus haut dans l'espace*) obere(r, s); (*lèvre, mâchoire*) Ober- ❷ (*plus élevé dans la hiérarchie*) höhere(r, s); (*animal, plante*) höher entwickelt; (*cadre*) leitend; **enseignement ~** Hochschulwesen *nt* ❸ (*de grande qualité*) hervorragend; (*produit*) erstklassig ❹ (*qui dépasse*) **être ~ à qn par qc** jdm in Bezug auf etw (*akk*) überlegen sein; **~ en nombre/par la qualité** zahlenmäßig größer/qualitativ besser; **être ~ à la moyenne** über dem Durchschnitt *m* liegen **II.** *m, f* Vorgesetzte(r) *f(m)*; REL Superior(in) *m(f)*

supériorité [sypeʀjɔʀite] *f* **~ sur qn/qc** Überlegenheit *f* jdm/etw gegenüber

superlatif [sypɛʀlatif] *m* Superlativ *m*

supermarché [sypɛʀmaʀʃe] *m* Supermarkt *m*

superposé, e [sypɛʀpoze] *adj* **lits ~s** Etagenbett *nt*

superposer [sypɛʀpoze] <1> *vt* ❶ (*faire chevaucher*) übereinanderlegen ❷ (*empiler*) auftürmen

superproduction [sypɛʀpʀɔdyksjɔ̃] *f* Monumentalfilm *m*

supersonique [sypɛʀsɔnik] *m* Überschallflugzeug *nt*

superstitieux, -euse [sypɛʀstisjø, -jøz] *adj* abergläubisch

superstition [sypɛʀstisjɔ̃] *f* Aberglaube(n) *m*

superviser [sypɛʀvize] <1> *vt* überprüfen; (*travail*) beaufsichtigen

superviseur [sypɛʀvizœʀ] *m* INFORM Kontrollprogramm *nt*

supervision [sypɛʀvizjɔ̃] *f* Überprüfung *f*; (*d'un travail*) Beaufsichtigung *f*

supplément [syplemɑ̃] *m* ❶ (*surplus*) zusätzliche Menge; **en ~** zusätzlich ❷ PRESSE Beilage *f* ❸ (*somme d'argent à payer*) Aufpreis *m*; CHEMDFER Zuschlag *m*

supplémentaire [syplemɑ̃tɛʀ] *adj* zusätz-

S

lich; (*édition, train*) Sonder-; **heure ~** Überstunde *f*

supplice [syplis] *m* Qual *f*

supplicié, e [syplisje] *m, f* [zu Tode] Gefolterte(r) *f(m)*

supplier [syplije] <1> *vt* **~ qn de faire qc** jdn inständig bitten etw zu tun

support [sypɔʀ] *m* ❶ (*soutien*) Stütze *f;* (*d'un meuble, d'une statue*) Sockel *m* ❷ INFORM **~ d'information** Datenträger *m*

supportable [sypɔʀtabl] *adj* erträglich

supporter [sypɔʀte] <1> **I.** *vt* ❶ (*psychiquement*) ertragen; (*malheur*) hinnehmen; (*mauvais traitement*) sich (*dat*) gefallen lassen; **ne pas ~ que** + *subj* es nicht ausstehen können, wenn; **je ne peux pas le ~** ich kann ihn nicht ausstehen ❷ (*alcool, chaleur*) vertragen; (*douleur*) aushalten ❸ SPORT (*encourager*) anfeuern **II.** *vpr* **se ~** miteinander auskommen

supposé, e [sypoze] *adj* mutmaßlich

supposer [sypoze] <1> *vt* ❶ (*imaginer*) annehmen; **supposons qu'il revienne** nehmen wir [einmal] an, er käme zurück ❷ (*impliquer*) voraussetzen

supposition [sypozisjɔ̃] *f* Vermutung *f*

supprimer [sypʀime] <1> **I.** *vt* ❶ (*avantage*) streichen; (*permis*) entziehen; (*libertés, peine de mort*) abschaffen; **~ le sucre** auf Zucker (*akk*) verzichten ❷ (*tuer*) beseitigen **II.** *vpr* **se ~** sich umbringen

supraconducteur [sypʀakɔ̃dyktœʀ] *m* Supraleiter *m*

suprématie [sypʀemasi] *f* Überlegenheit *f*

suprême [sypʀɛm] *adj* (*bonheur, degré*) höchste(r, s); (*cour, instance*) oberste(r, s); (*pouvoir*) größte(r, s)

suprêmement [sypʀɛmmɑ̃] *adv* äußerst

sur [syʀ] *prép* ❶ (*spatial*) **~ qn/qc** (*vers*) auf jdn/etw; (*au-dessus de*) über jdn/etw; (*non directionnel*) auf jdm/etw; (*au-dessus de*) über jdm/etw ❷ (*temporel*) **~ le coup** (*immédiatement*) auf der Stelle; (*au début*) im ersten Augenblick ❸ (*successif*) **coup ~ coup** Schlag auf Schlag (*akk*) ❹ (*causal*) **~ sa recommandation** auf seine/ihre Empfehlung hin; **~ présentation d'une pièce d'identité** gegen Vorlage eines Ausweises ❺ (*modal*) **ne me parle pas ~ ce ton!** sprich nicht in diesem Ton mit mir!; **~ mesure** nach Maß ❻ (*au sujet de*) **~ qn/qc** über jdn/etw ❼ (*proportionnalité, notation, dimension*) **neuf fois ~ dix** neun von zehn Mal; **un enfant ~ deux** jedes zweite Kind; **faire 5 mètres ~ 4** 5 mal 4 Meter groß sein

sûr, e [syʀ] *adj* ❶ sicher; **~ de qn/qc** jds/einer S. sicher; **j'en suis ~** ich bin [mir] dessen sicher; **être ~ de faire qc/que** sicher sein etw zu tun/, dass ❷ (*digne de confiance*) zuverlässig; (*temps*) beständig ►**bien ~** sicherlich; **bien ~ que oui/non** *fam* aber sicher/sicherlich nicht; **être ~ et certain** absolut sicher sein; **c'est ~** *fam* na klar

suractivité [syʀaktivite] *f* Überaktivität *f*

suralimentation [syʀalimɑ̃tasjɔ̃] *f* Überernährung *f*

surbooking [syʀbukiŋ] *m* Überbuchung *f*

surcharge [syʀʃaʀʒ] *f* ❶ (*excès de charge*) Überladung *f* ❷ (*surcroît*) **~ des programmes scolaires** Überlastung *f* der Lehrpläne

surcharger [syʀʃaʀʒe] <2a> *vt* ❶ (*charger à l'excès*) überladen ❷ (*submerger*) **être surchargé de travail** in Arbeit (*dat*) ersticken

surchauffer [syʀʃofe] <1> *vt* überheizen

surclasser [syʀklɑse] <1> *vt* (*dominer*) **~ qn** jdm [weit] überlegen sein

surconsommation [syʀkɔ̃sɔmasjɔ̃] *f* übermäßiger Konsum

surdimensionné, e [syʀdimɑ̃sjɔne] *adj* überdimensional

surdité [syʀdite] *f* (*totale*) Taubheit *f;* (*partielle*) Schwerhörigkeit *f*

surdoué, e [syʀdwe] **I.** *adj* hoch begabt **II.** *m, f* Hochbegabte(r) *f(m)*

sureffectif [syʀefɛktif] *m* Überbesetzung *f* **classe en ~** Klasse mit zu vielen Schülern

sûrement [syʀmɑ̃] *adv* sicher[lich]

surenchérir [syʀɑ̃ʃeʀiʀ] <8> *vi* mehr bieten; (*en rajouter*) auftrumpfen; **~ sur qn/qc** jdn/etw überbieten

surendetté, e [syʀɑ̃dete] *adj* überschuldet

surendettement [syʀɑ̃dɛtmɑ̃] *m* Überschuldung *f*

sûreté [syʀte] *f* Sicherheit *f;* **en ~** in Sicherheit

surévaluer [syʀevalɥe] <1> *vt* (*personne*) überschätzen; (*immeuble, nombre*) zu hoch schätzen

surf [sœʀf] *m* ❶ *a.* INFORM Surfen *nt;* (*sur neige*) Snowboard fahren *nt;* **faire du ~** surfen; (*sur la neige*) Snowboard *nt* fahren ❷ (*planche: pour l'eau*) Surfbrett *nt;* (*pou* *la neige*) Snowboard *nt*

surface [syʀfas] *f* ❶ (*aire*) Fläche *f;* (*d'un appartement*) [Wohn]fläche; MATH Flächeninhalt *m* ❷ (*couche superficielle, apparence*) Oberfläche *f;* **à la ~** auf der/die Oberfläche ▸**grande ~** Supermarkt *m*

surfer [sœʀfe] <1> *vi a.* INFORM surfen; **~ sur le Web** im Web surfen

surfeur, -euse [sœʀfœʀ, -øz] *m, f* ❶ *a.* INFORM Surfer(in) *m(f)* ❷ (*sur la neige*) Snowboardfahrer(in) *m(f)*

surfiler [syʀfile] <1> *vt* versäubern

surfin, e [syʀfɛ̃, in] *adj* extrafein

surfing [sœʀfiŋ] *m* INFORM Surfen *nt;* **faire du ~ sur le Net** im Internet surfen

surgelé, e [syʀʒəle] *adj* tiefgekühlt

surgelés [syʀʒəle] *mpl* Tiefkühlkost *f*

surgénérateur [syʀʒeneʀatœʀ] *m* schneller Brüter

surgir [syʀʒiʀ] <8> *vi* auftauchen

surhomme [syʀɔm] *m* Übermensch *m*

surhumain, e [syʀymɛ̃, ɛn] *adj* übermenschlich

sur-le-champ [syʀləʃɑ̃] *adv* auf der Stelle

surligner [syʀliɲe] <1> *vt* INFORM markieren

surligneur [syʀliɲœʀ] *m* Textmarker *m*

surmédiatisation [syʀmedjatizasjɔ̃] *f* übermäßige Medienvermarktung *f*

surmener [syʀməne] <4> **I.** *vt* überbeanspruchen **II.** *vpr* **se ~** sich übernehmen

surmonter [syʀmɔ̃te] <1> *vt* überwinden

surnaturel, le [syʀnatyʀɛl] *adj* übernatürlich; REL überirdisch

surnom [syʀnɔ̃] *m* Spitzname *m*

surnombre [syʀnɔ̃bʀ] *m* Überzahl *f*

surnommer [syʀnɔme] <1> *vt* **~ qn Junior** jdm den Spitznamen Junior geben

suroffre [syʀɔfʀ] *f* COM höheres Angebot

surpasser [syʀpɑse] <1> *vpr* **se ~** sich selbst übertreffen

surpayer [syʀpeje] <1> *vt* (*personne*) überbezahlen

surpeuplé, e [syʀpœple] *adj* (*pays*) über[be]völkert

surplace [syʀplas] *m* **faire du ~** auf der Stelle treten

surplomber [syʀplɔ̃be] <1> *vt* **~ qc** (*étage*) in etw (*akk*) hineinragen

surplus [syʀply] *m* (*d'une somme*) Rest *m;* (*d'une récolte*) Überschuss *m*

surpopulation [syʀpɔpylasjɔ̃] *f* Über[be]völkerung *f*

surprenant, e [syʀpʀənɑ̃, ɑ̃t] *adj* überraschend; (*progrès*) erstaunlich

surprendre [syʀpʀɑ̃dʀ] <13> **I.** *vt* ❶ (*étonner*) überraschen ❷ (*prendre sur le fait*) **~ qn à faire qc** jdn dabei überraschen, wie er etw tut ❸ (*conversation*) mitanhören; (*sourire*) herauslesen ❹ (*prendre au dépourvu*) **~ qn dans son bureau** jdn in seinem Büro überfallen ❺ (*prendre à l'improviste*) **la pluie nous a surpris** wir wurden vom Regen überrascht **II.** *vpr* **se ~ à faire qc** sich dabei ertappen, wie man etw tut

surpris, e [syʀpʀi, iz] *part passé de* **surprendre**

surprise [syʀpʀiz] *f* Überraschung *f;* **faire la ~ à qn** jdn überraschen; **avec/par ~** überrascht/überraschend

surproduction [syʀpʀɔdyksjɔ̃] *f* Überproduktion *f*

surréaliste [syʀʀealist] **I.** *adj* ❶ ART, LITTER surrealistisch ❷ *fam* (*extravagant*) irre **II.** *mf* Surrealist(in) *m(f)*

sursaut [syʀso] *m* ❶ (*haut-le-corps*) Zusammenzucken *nt;* **se réveiller en ~** aus dem Schlaf hochfahren ❷ (*de colère*) Ausbruch *m;* (*d'énergie*) Schub *m*

sursauter [syʀsote] <1> *vi* zusammenzucken; (*de peur*) aufschrecken; **faire ~ qn** (*personne*) jdn aufschrecken

sursis [syʀsi] *m* ❶ (*délai*) Fristverlängerung *f;* (*pour payer*) Aufschub *m* ❷ JUR Bewährung *f*

surtaxe [syʀtaks] *f* (*pour une lettre mal affranchie*) Nachporto *nt;* (*pour un envoi exprès*) Zuschlag[sporto *nt*] *m*

surtout [syʀtu] *adv* ❶ (*avant tout*) vor allem ❷ *fam* (*d'autant plus*) **j'ai peur de lui, ~ qu'il est fort** ich habe Angst vor ihm, besonders, wo er doch so stark ist ▸**~ pas** auf keinen Fall

surveillance [syʀvɛjɑ̃s] *f* (*contrôle*) Aufsicht *f;* (*des travaux, de la police*) Überwachung *f*

surveillant, e [syʀvɛjɑ̃, jɑ̃t] *m, f* Aufsicht[sperson *f*] *f;* (*de prison*) Wärter(in) *m(f);* (*de magasin*) Detektiv(in) *m(f)*

surveillé, e [syʀveje] *adj* ❶ SCOL (*étude*) unter Aufsicht ❷ JUR (*liberté*) mit Bewährungsaufsicht

surveiller [syʀveje] <1> *vt* ❶ (*enfant, élève*) beaufsichtigen; (*malade*) Wache halten bei; **~ un examen** bei einer Prüfung die Aufsicht führen ❷ (*suivre l'évolution*) über-

S

wachen; (*éducation des enfants*) wachen über (+ *akk*); (*comportement*) beobachten ❸ (*garder*) aufpassen auf (+ *akk*) ❹ (*assurer la protection de*) bewachen

survêt [syʀvɛt] *m fam abr de* **survêtement**

survêtement [syʀvɛtmɑ̃] *m* SPORT Trainingsanzug *m*

survie [syʀvi] *f* Überleben *nt;* REL Leben *nt* nach dem Tod[e]

survivant, e [syʀvivɑ̃, ɑ̃t] **I.** *adj* überlebend **II.** *m, f* Überlebende(r) *f(m)*

survivre [syʀvivʀ] <irr> *vi* ~ **à qn/qc** jdn/etw überleben

survoler [syʀvɔle] <1> *vt a. fig* überfliegen; (*question*) flüchtig streifen

susceptibilité [sysɛptibilite] *f* Empfindlichkeit *f*

susceptible [sysɛptibl] *adj* ❶ (*ombrageux*) empfindlich ❷ (*en mesure de*) **être ~ de faire qc** imstande sein etw zu tun

susciter [sysite] <1> *vt* hervorrufen; (*querelle*) verursachen; (*jalousie*) erregen; (*troubles*) stiften

susnommé, e [sysnɔme] *adj form* oben genannt

suspect, e [syspɛ, ɛkt] **I.** *adj* verdächtig **II.** *m, f* Verdächtige(r) *f(m)*

suspecter [syspɛkte] <1> *vt* ~ **qn de qc** jdn einer S. (*gen*) verdächtigen

suspendre [syspɑ̃dʀ] <14> *vt* ❶ (*accrocher*) aufhängen; ~ **à qc** an etw (*akk*) hängen ❷ (*séance, réunion*) aussetzen; (*paiement*) vorübergehend einstellen ❸ (*fonctionnaire*) suspendieren; (*joueur*) sperren

suspens [syspɑ̃] ▸**projet en** ~ Projekt in der Schwebe; **dossier en** ~ nicht geschlossene Akte

suspense [syspɛns] *m* Spannung *f;* **à ~** spannend

suspicieux, -euse [syspisјø, -јøz] *adj* misstrauisch

suspicion [syspisјɔ̃] *f* Verdacht *m*

svelte [svɛlt] *adj* schlank

SVP [ɛsvepe] *abr de* **s'il vous plaît**

sweat-shirt [switʃœʀt] <sweat-shirts> *m* Sweatshirt *nt*

swing [swiŋ] *m* ❶ MUS Swing *m* ❷ SPORT Schwinger *m*

syllabe [sil(l)ab] *f* Silbe *f*

symbiose [sɛ̃bjoz] *f* Symbiose *f*

symbole [sɛ̃bɔl] *m* Symbol *nt*

symbolique [sɛ̃bɔlik] **I.** *adj* symbolisch **II.** *f* Symbolik *f*

symboliquement [sɛ̃bɔlikmɑ̃] *adv* symbolisch

symboliser [sɛ̃bɔlize] <1> *vt* ❶ (*matérialiser par un symbole*) versinnbildlichen ❷ (*être le symbole de*) symbolisieren

symétrie [simetʀi] *f* Symmetrie *f*

symétrique [simetʀik] *adj* ~ **de qc** symmetrisch zu etw

symétriquement [simetʀikmɑ̃] *adv* symmetrisch

sympa [sɛ̃pa] *adj fam abr de* **sympathique**

sympathie [sɛ̃pati] *f* ❶ (*inclination*) Sympathie *f* ❷ (*affinité*) Zuneigung *f*

sympathique [sɛ̃patik] *adj* ❶ (*personne*) sympathisch ❷ *fam* (*charmant*) freundlich; (*ambiance*) angenehm; (*plat*) lecker

sympathiser [sɛ̃patize] <1> *vi* sympathisieren

symphonie [sɛ̃fɔni] *f* Sinfonie *f*

symphonique [sɛ̃fɔnik] *adj* (*orchestre*) Sinfonie-

symptôme [sɛ̃ptom] *m* Symptom *nt*

synagogue [sinagɔg] *f* Synagoge *f*

synchronisation [sɛ̃kʀɔnizasјɔ̃] *f* Synchronisation *f*

synchroniser [sɛ̃kʀɔnize] <1> *vt* synchronisieren

syncope [sɛ̃kɔp] *f* Ohnmacht *f;* **avoir une ~** ohnmächtig werden

syndical, e [sɛ̃dikal, o] <-aux> *adj* Gewerkschafts-; (*action*) gewerkschaftlich

syndicat [sɛ̃dika] *m* ❶ (~ *de salariés*) Gewerkschaft *f* ❷ (*pour les touristes*) ~ **d'initiative** Fremdenverkehrsamt *nt*

synergie [sinɛʀʒi] *f* Synergie *f*

synonyme [sinɔnim] **I.** *adj* synonym; **être ~ de qc** ein Synonym *nt* für etw sein **II.** *m* Synonym *nt*

syntaxe [sɛ̃taks] *f* Syntax *f*

syntaxique [sɛ̃taksik] *adj* syntaktisch

synthèse [sɛ̃tɛz] *f* Synthese *f;* **faire la ~ de qc** einen Gesamtüberblick über etw (*akk*) geben ▸**produit de ~** Syntheseprodukt *nt*

synthétique [sɛ̃tetik] *adj* (*matériau*) synthetisch; (*fibres, caoutchouc*) Kunst-

synthétiseur [sɛ̃tetizœʀ] *m* Synthesizer *m*

systématique [sistematik] *adj* systematisch

systématiquement [sistematikmɑ̃] *adv* systematisch

système [sistɛm] *m* ❶ System *nt* ❷ (*de fermeture*) Vorrichtung *f* ❸ *fam* (*combine*

Taktik *f* ④ INFORM ~ **informatique/d'exploitation** Betriebssystem *nt;* ~ **de gestion de base de données** Datenbankverwaltungssystem *nt;* ~ **expert** Expertensystem *nt* ⑤ AUT ~ **de guidage** Navigationssystem *nt*

Système européen de banques centrales *m* Europäisches System der Zentralbanken

Système monétaire européen *m* Europäisches Währungssystem

Tt

T, t [te] *m inv* T *nt,* t *nt;* **en t** T-förmig

t *f abr de* **tonne** t

t' *pron v.* **te, tu**

ta [ta, te] <tes> *dét poss* dein(e); *v.a.* **ma**

tabac [taba] *m* ① Tabak *m* ② *fam* (*magasin*) Laden *m* für Tabakwaren ▶**faire un** ~ *fam* einen Bombenerfolg haben

tabagisme [tabaʒism] *m* übermäßiger Tabakkonsum

tabernacle [tabɛʀnakl] *interj* CAN *fam* verdammt [noch mal]

tablar[d] [tablaʀ] *m* CH (*étagère*) Regal *nt*

table [tabl] *f* ① (*meuble*) Tisch *m;* **mettre la** ~ den Tisch decken; **être à** ~ bei Tisch sitzen; **à** ~**!** zu Tisch! ② (*tablée*) Tafel *f* ③ (*nourriture*) Essen *nt* ④ (*tableau*) ~ **des matières** Inhaltsverzeichnis *nt* ▶~ **ronde** (*conférence*) Gespräch *nt* am runden Tisch; **se mettre à** ~ (*aller manger*) sich zu Tisch setzen *fam* (*avouer sa faute*) auspacken

tableau [tablo] <x> *m* ① Bild *nt;* (*peinture*) Gemälde *nt* ② SCOL [Schul]tafel *f;* ~ **noir** [Wand]tafel *f* ③ (*panneau*) schwarzes Brett; ~ **de bord** (*d'une voiture*) Armaturenbrett *nt* ④ (*présentation graphique*) *a.* INFORM Tabelle *f*

tabler [table] <1> *vi* ~ **sur qc** mit etw rechnen

tablette [tablɛt] *f* ① (*plaquette*) Lutschtablette *f;* ~ **de chocolat** Tafel *f* Schokolade ② (*planchette: d'un lavabo*) [Ablage]platte *f* ③ CAN (*bloc de papier à lettres*) Schreibblock *m*

tableur [tablœʀ] *m* INFORM Tabellenkalkulationsprogramm *nt*

tablier [tablije] *m* Schürze *f;* (*d'un écolier*) Kittel *m*

tabou [tabu] *m* Tabu *nt*

tabou, e [tabu] *adj* (*sujet, mot*) Tabu-; (*lieu*) mit einem Tabu belegt

taboulé [tabule] *m: Salat aus Weizengrieß und Gemüse*

tabouret [tabuʀɛ] *m* Hocker *m,* Stockerl *nt* (A)

tac [tak] *m* ▶**répondre du** ~ **au** ~ wie aus der Pistole geschossen kontern (*fam*)

tache [taʃ] *f* Fleck *m;* (*de couleur, peinture*) Klecks *m;* ~ **de rousseur** Sommersprosse *f*

tâche [tɑʃ] *f* ① (*besogne*) Arbeit *f* ② (*mission*) Aufgabe *f*

tacher [taʃe] <1> **I.** *vi* Flecken *Pl* machen **II.** *vt* beflecken **III.** *vpr* **se** ~ (*tissu*) Flecken *Pl* bekommen; (*personne*) sich schmutzig machen

tâcher [tɑʃe] <1> *vi* (*s'efforcer*) ~ **de faire qc** versuchen etw zu tun

tacheter [taʃte] <3> *vt* sprenkeln

tachycardie [takikaʀdi] *f* Herzjagen *nt*

tachymètre [takimɛtʀ] *m* Tachometer *m o nt*

tacite [tasit] *adj* stillschweigend

tacitement [tasitmɑ̃] *adv* stillschweigend

taciturne [tasityʀn] *adj* ① (*silencieux*) schweigsam ② (*morose*) wortkarg

tacon [takɔ̃] *m* CH Flicken *m*

tacot [tako] *m fam* AUT alte Kiste

tact [takt] *m* Takt *m*

tacticien, ne [taktisjɛ̃, jɛn] *m, f* Taktiker(in) *m(f)*

tactile [taktil] *adj* Tast-; (*écran*) zum Berühren

tactique [taktik] *f* Taktik *f*

taffe [taf] *f fam* Zug *m;* **tu me donnes une** ~**?** lässt du mich mal ziehen?

taffetas [tafta] *m* Taft *m*

tag [tag] *m* ① INFORM Tag *m* ② (*graffiti*) Graffiti *Pl*

tagliatelles [taljatɛl] *fpl* Tagliatelle *Pl*

tagueur, -euse [tagœʀ, -øz] *m, f* Sprüher(in) *m(f)*

taie [tɛ] *f* (*d'un oreiller*) Bezug *m*

taïga [taiga] *f* Taiga *f*

taïkonaute [tajkɔnot] *m* ASTRO Taikonaut *m*

taille[1] [tɑj] *f* ① Größe *f;* **quelle** ~ **faites-**

T

vous? welche Größe haben Sie? ❷ (*partie du corps, d'un vêtement*) Taille *f* ▸**ne pas <u>être</u> à sa ~** (*vêtement*) nicht seine/ihre Größe sein

taille² [taj] *f* ❶ (*sculpture: d'un diamant*) Schleifen *nt;* (*d'une pierre*) Behauen *nt* ❷ BOT [Be]schneiden *nt*

taillé, e [taje] *adj* (*bâti*) **~ en qc** geformt wie etw

taille-crayon [tajkʀɛjɔ̃] <taille-crayon[s]> *m* Blei[stift]anspitzer *m*

tailler [taje] <1> **I.** *vt* ❶ (*arbre*) zurückschneiden; (*crayon*) [an]spitzen; (*ongles*) [sich (*dat*)] schneiden; (*pierre*) [be]hauen; (*diamant*) schleifen ❷ (*robe*) [zu]schneiden **II.** *vpr* (*se couper*) **se ~ la barbe** sich (*dat*) den Bart stutzen

tailleur [tajœʀ] *m* ❶ (*couturier*) Schneider *m* ❷ (*tenue*) Kostüm *nt* ▸**être <u>assis</u> en ~** im Schneidersitz sitzen

tailleur, -euse [tajœʀ, -jøz] *m, f* (*de diamants*) Schleifer *m;* **~ de pierre** Steinmetz *m*

tailleur-pantalon [tajœʀpɑ̃talɔ̃] <tailleurs-pantalons> *m* Hosenanzug *m*

tain [tɛ̃] *m* **glace sans ~** Spionspiegel *m*

taire [tɛʀ] <irr> **I.** *vpr* **se ~** schweigen **II.** *vt* verschweigen; (*raison*) nicht nennen **III.** *vi* **faire ~ qn** dafür sorgen, dass jd ruhig ist

Taiwan [tajwan] *m* Taiwan *nt*

talent [talɑ̃] *m* Talent *nt,* Begabung *f;* **avoir du ~** begabt sein

talentueux, -euse [talɑ̃tɥø, -øz] *adj* talentiert

talkie-walkie [tokiwolki] <talkies-walkies> *m* Walkie-Talkie *nt*

talon [talɔ̃] *m* ❶ ANAT Ferse *f* ❷ (*de chaussure*) Absatz *m;* (*de chaussette*) Hacken *m;* **~ aiguille** Pfennigabsatz *m* ❸ (*bout*) Ende *nt;* (*d'un jambon*) letztes Stück ❹ (*partie non détachable d'une feuille de carnet*) Durchschrift *f* ❺ JEUX Talon *m*

talonner [talɔne] <1> *vt* **~ qn** jdm auf den Fersen sein

talquer [talke] <1> *vt* mit Talk einreiben

talus [taly] *m* Böschung *f*

TAM [teaɛm] *f abr de* **toile d'araignée mondiale** WWW *nt*

tambour [tɑ̃buʀ] *m* Trommel *f*

tambourin [tɑ̃buʀɛ̃] *m* Tamburin *nt*

tambouriner [tɑ̃buʀine] <1> *vi* **~ à/sur qc** an etw (*akk*) trommeln

tambour-major [tɑ̃buʀmaʒɔʀ] <tambours-majors> *m* Tambourmajor *m*

tamis [tami] *m* ❶ (*crible*) Sieb *nt* ❷ SPORT Saitenbespannung *f*

Tamise [tamiz] *f* **la ~** die Themse

tamiser [tamize] <1> *vt* ❶ (*passer au tamis*) [durch]sieben ❷ (*lumière*) dämpfen

tampon [tɑ̃pɔ̃] **I.** *m* ❶ (*en coton*) Bausch *m* ❷ (*périodique*) Tampon *m* ❸ (*à récurer*) Topfkratzer *m* ❹ (*pansement*) Tupfer *m* ❺ (*cachet*) Stempel *m* **II.** *app inv* Puffer-

tamponner [tɑ̃pɔne] <1> **I.** *vt* ❶ (*essuyer*) abtupfen; (*plaie*) säubern ❷ (*timbrer*) [ab]stempeln **II.** *vpr* (*se heurter*) **se ~** zusammenstoßen

tamponneur, -euse [tɑ̃pɔnœʀ, -øz] *adj* **auto tamponneuse** Autoskooter *m*

tam-tam [tamtam] <tam-tams> *m* MU[S] afrikanische Trommel

tandem [tɑ̃dɛm] *m* ❶ (*cycle*) Tandem *n[t]* ❷ (*duo*) Gespann *nt*

tandis que [tɑ̃dikə] *conj + indic* währen[d] [hingegen]

tanga [tɑ̃ga] *m* Tanga *m*

tangent, e [tɑ̃ʒɑ̃, ʒɑ̃t] *adj* ❶ (*très juste*) knapp; **élève ~** Schüler, der noch um Haaresbreite versetzt worden ist ❷ GEOM tangential

tangente [tɑ̃ʒɑ̃t] *f* MATH Tangente *f*

tangible [tɑ̃ʒibl] *adj* greifbar; (*preuve*) hand[]fest

tanguer [tɑ̃ge] <1> *vi* NAUT stampfen

tanière [tanjɛʀ] *f* (*d'un animal*) Unterschlu[pf] *m*

tanin [tanɛ̃] *m* Tannin *nt*

tank [tɑ̃k] *m* (*réservoir*) Tank *m*

tanner [tane] <1> *vt* ❶ (*préparer des peau[x]*) gerben ❷ *fam* (*personne*) nerven

tannerie [tanʀi] *f* ❶ (*opérations*) [Loh]gerbung *f* ❷ (*établissement*) [Loh]gerberei

tanneur, -euse [tanœʀ, -øz] *m, f* [Loh]gerber(in) *m(f)*

tannin [tanɛ̃] *m v.* **tanin**

tant [tɑ̃] *adv* ❶ (*tellement: aimer, vouloir*) [so] sehr; (*manger, travailler*) so viel ❷ (*une te[lle] quantité*) **~ de choses** so viele Dinge; **~ d[e] fois** so oft ❸ (*autant*) **~ qu'il peut** so viel [er] kann; **ne pas en demander ~** gar nic[ht] umso viel bitten ❹ (*aussi longtemps que*) [~] **que** solange; **~ que j'y suis** wenn i[ch] schon [mal] dabei bin ▸**vous m'en <u>dir</u>[ez] ~!** *fam* nein, so was!; **~ qu'à <u>faire</u>** *f[am]* wenn es schon sein muss; **en ~ que** [in der Eigenschaft] als

tante [tɑ̃t] *f* ❶ (*parente*) Tante *f* ❷ *vulg* (*homosexuel*) Tunte *f*

tantième [tɑ̃tjɛm] **I.** *adj* soundsovielte(r, s) **II.** *m* Tantieme *f*

tantôt [tɑ̃to] *adv* ❶ (*en alternance*) **~... ~...** mal..., mal... ❷ BELG (*tout à l'heure*) später

taoïsme [taoism] *m* Taoismus *m*

taon [tɑ̃] *m* ZOOL Bremse *f*

tapage [tapaʒ] *m* ❶ (*vacarme*) Krach *m* ❷ (*publicité*) Wirbel *m*

tapageur, -euse [tapaʒœʀ, -ʒøz] *adj* (*liaison, vie*) skandalös; (*publicité*) marktschreierisch

tape [tap] *f* Klaps *m*

tape-à-l'œil [tapalœj] **I.** *adj inv* (*toilette*) auffällig **II.** *m inv* Kitsch *m*

taper [tape] <1> **I.** *vi* ❶ (*donner des coups*) klopfen; **~ sur qn** jdn schlagen; **~ dans le ballon** gegen den Ball treten ❷ *fam* (*soleil*) knallen **II.** *vt* ❶ (*tapis*) klopfen; **~ qn/un animal** jdn/ein Tier schlagen; (*amicalement*) jdm/einem Tier einen Klaps geben ❷ (*cogner*) **~ le pied contre qc** den Fuß gegen etw schlagen ❸ (*frapper*) **~ trois coups à la porte** dreimal an die Tür klopfen; **~ la table du poing** mit der Faust auf den Tisch hauen ❹ (*dactylographier*) tippen ❺ INFORM (*texte, code, 3615*) eingeben **III.** *vpr* **c'est à se ~ la tête contre les murs!** das ist zum Auswachsen! (*fam*)

tapette [tapɛt] *f* ❶ (*ustensile: pour les tapis*) Teppichklopfer *m;* (*pour les mouches*) Fliegenklatsche *f* ❷ (*piège*) Falle *f*

tapir [tapiʀ] <8> *vpr* **se ~ sous qc** sich unter etw (*dat*) verkriechen

tapis [tapi] *m* ❶ Teppich *m* ❷ (*textile protecteur*) Matte *f* ❸ JEUX Tuch *nt* ❹ INFORM **~ de souris** Mauspad *nt* ►**~ roulant** Laufband *nt;* NAUT Rollsteg *m;* (*pour bagages*) Gepäckband *nt*

tapisser [tapise] <1> *vt* ❶ (*mur, pièce*) tapezieren; (*fauteuil*) beziehen ❷ (*recouvrir: lierre, mousse*) bedecken

tapisserie [tapisʀi] *f* ❶ (*revêtement*) Tapete *f* ❷ (*pose du papier peint*) Tapezieren *nt* ❸ ART (*activité*) Teppichweben *nt;* (*tapis*) Wandteppich *m*

tapotement [tapɔtmɑ̃] *m* (*des doigts*) Trommeln *nt*

tapoter [tapɔte] <1> *vt* (*joues*) tätscheln

taquin, e [takɛ̃, in] *adj* schelmisch

taquiner [takine] <1> *vt* necken

taquinerie [takinʀi] *f* Neckerei *f*

tarabiscoté, e [taʀabiskɔte] *adj* überladen

tarabuster [taʀabyste] <1> *vt* ❶ (*importuner*) drängen ❷ (*causer de l'inquiétude*) **~ qn** (*choses*) jdm keine Ruhe lassen

tarama [taʀama] *m* Taramas *m*

tard [taʀ] **I.** *adv* spät; **au plus ~** spätestens; **pas plus ~ que ...** erst ... **II.** *m* **sur le ~** spät

tarder [taʀde] <1> *vi* ❶ (*traîner*) **~ à faire qc** zögern etw zu tun; **sans ~** umgehend ❷ (*se faire attendre*) auf sich warten lassen; **tu ne vas pas ~ à t'endormir** du wirst gleich einschlafen

tardif, -ive [taʀdif, -iv] *adj* spät

tardivement [taʀdivmɑ̃] *adv* spät

tare [taʀ] *f* Makel *m*

taré, e [taʀe] *m, f* ❶ *fam* (*idiot*) Verrückte(r) *f(m)* ❷ MED geistig Behinderte(r) *f(m)*

tari, e [taʀi] *adj* (*rivière*) ausgetrocknet; (*source, imagination*) versiegt; (*ressources*) erschöpft

tarif [taʀif] *m* (*barème*) Tarif *m;* (*d'une réparation*) Preis *m*

tarifer [taʀife] <1> *vt* **~ la marchandise** den Preis der Ware festlegen

tarification [taʀifikasjɔ̃] *f* COM Preis-/Gebührenfestsetzung *f*

tarir [taʀiʀ] <8> **I.** *vi* (*cesser de couler*) versiegen (*geh*) **II.** *vt* (*mare, fleuve*) austrocknen; (*puits, source*) versiegen lassen (*geh*) **III.** *vpr* **se ~** (*s'assécher*) versiegen

tartare [taʀtaʀ] *adj* ❶ HIST **les populations ~s** die Tartarenvölker ❷ GASTR **steak ~** Tartarsteak *nt*

tarte [taʀt] **I.** *f* ❶ GASTR Kuchen *m;* **~ aux cerises/prunes** Kirschkuchen/Pflaumenkuchen ❷ *fam* (*gifle*) Schelle *f* **II.** *adj fam* doof

tartine [taʀtin] *f* ❶ GASTR **~ [beurrée]** [Butter]brot *nt;* **~ grillée** Toast *m* ❷ *péj fam* (*long développement*) **écrire des ~s** einen ganzen Roman schreiben

tartiner [taʀtine] <1> *vt* GASTR bestreichen

tartre [taʀtʀ] *m* Kesselstein *m;* (*des dents*) Zahnstein *m*

tartuf[f]e [taʀtyf] **I.** *m* Heuchler(in) *m(f)* **II.** *adj* scheinheilig

tas [tɑ] *m* Haufen *m;* **un ~ de choses/personnes** *fam* eine Menge Dinge/Menschen

T

tasse [tɑs] *f* Tasse *f;* ~ **de café** Tasse Kaffee ►**ce n'est pas ma ~ de thé** *fam* das ist nichts für mich

tassé, e [tɑse] *adj* **bien ~** (*café, pastis*) stark

tassement [tɑsmɑ̃] *m* ❶ (*des sédiments, neiges*) Sichsetzen *nt;* (*de terrain*) Absacken *nt* ❷ (*des vertèbres*) Zusammensacken *nt*

tasser [tɑse] <1> **I.** *vt* (*comprimer*) zusammendrücken; (*paille, foin*) zusammenpressen; (*terre*) fest stampfen; (*en tapant: neige, sable*) fest klopfen **II.** *vpr* **se ~** ❶ (*s'affaisser*) in sich (*akk*) zusammensinken; (*terrain, neige*) sich setzen ❷ *fam* (*ennui, querelle*) sich legen

tâter [tɑte] <1> **I.** *vt* ❶ (*palper*) befühlen; (*pouls*) fühlen ❷ (*terrain*) sondieren (*geh*) **II.** *vi* (*faire l'expérience*) ~ **de qc** die Erfahrung einer S. (*gen*) machen **III.** *vpr* **se ~** *fam* (*hésiter*) noch überlegen

tatillon, ne [tatijɔ̃, jɔn] *adj* pedantisch (*pej*)

tâtonnement [tɑtɔnmɑ̃] *m* (*essai hésitant*) Versuch *m*

tâtonner [tɑtɔne] <1> *vi* ❶ (*chercher en hésitant*) ausprobieren ❷ (*se déplacer sans voir*) sich vorantasten

tâtons [tɑtɔ̃] *mpl* **à ~** tastend

tatouage [tatwaʒ] *m* ❶ (*action*) Tätowieren *nt* ❷ (*dessin*) Tätowierung *f*

tatouer [tatwe] <1> *vt* tätowieren

tatoueur, -euse [tatwœʀ, -øz] *m, f* Tätowierer(in) *m(f)*

taudis [todi] *m* Elendsbehausung *f*

taupe [top] *f* ZOOL Maulwurf *m*

taupinière [topinjɛʀ] *f* Maulwurfshügel *m*

taureau [tɔʀo] <x> *m* Stier *m*

Taureau [tɔʀo] <x> *m* Stier *m; v.a.* **Balance**

tauromachie [tɔʀɔmaʃi] *f* Stierkampf *m*

taux [to] *m* ❶ (*pourcentage administrativement fixé*) Satz *m* ❷ (*mesure statistique*) Quote *f;* ~ **de change** Wechselkurs *m;* ~ **de mortalité** Sterblichkeitsziffer *f;* ~ **de natalité** Geburtenrate *f* ❸ MED ~ **de cholestérol** Cholesterinspiegel *m*

taverne [tavɛʀn] *f* ❶ (*gargote*) Wirtshaus *nt* ❷ HIST Herberge *f*

tavernier, -ière [tavɛʀnje, -jɛʀ] *m, f* Wirt(in) *m(f)*

taxable [taksabl] *adj* ❶ (*imposable*) abgabenpflichtig ❷ (*à la douane*) zollpflichtig

taxation [taksasjɔ̃] *f* (*des marchandises*) Besteuerung *f*

taxe [taks] *f* (*impôt*) Steuer *f;* ~ **professionnelle** Gewerbesteuer; ~ **à la valeur ajoutée** Mehrwertsteuer *f;* **toutes ~s comprises** Steuer und Abgaben inbegriffen; **hors ~s** Steuer nicht inbegriffen; (*sans T.V.A.*) ohne Mehrwertsteuer

taxer [takse] <1> *vt* ❶ (*imposer*) besteuern ❷ (*marchandise, produit*) den Preis festsetzen für

taxi [taksi] *m* Taxi *nt*

taxidermiste [taksidɛʀmist] *mf* Tierpräparator(in) *m(f)*

tchador [tʃadɔʀ] *m* Schador *m*

tchao [tʃao] *interj fam* tschau

tchatche [tʃatʃ] *f* **avoir de la ~** *fam* ein Quasselstrippe sein

tchatcher [tʃatʃe] <1> *vi fam* quatschen

tchécoslovaque [tʃekɔslɔvak] *adj* HIST tschechoslowakisch

Tchécoslovaque [tʃekɔslɔvak] *mf* HIST Tschechoslowake/Tschechoslowakin *m/f*

Tchécoslovaquie [tʃekɔslɔvaki] *f* HIST Tschechoslowakei *f*

tchèque [tʃɛk] **I.** *adj* tschechisch; *v.a.* **allemand II.** *m* Tschechisch *nt; v.a.* **allemand**

Tchèque [tʃɛk] *mf* Tscheche/Tschechin *m/f*

tchétchène [tʃetʃɛn] **I.** *adj* tschetschenisch **II.** *m* Tschetschenisch *nt; v.a.* **allemand**

Tchétchène [tʃetʃɛn] *mf* Tschetschene/Tschetschenin *m/f*

te [tə] < *devant voyelle ou h muet* **t'**> *pron pers* dich/dir; *v.a.* **me**

té [te] *m* (*règle*) Reißschiene *f*

technicien, ne [tɛknisjɛ̃, jɛn] *m, f* ❶ (*professionnel qualifié*) Techniker(in) *m(f)* ❷ (*expert*) Fachmann/-frau *m/f*

technicité [tɛknisite] *f* hohe Spezialisierthe[it]

technico-commercial, e [tɛknikokɔmɛʀsjal] <technico-commerciaux> **I.** *adj* kaufmännisch-technisch **II.** *m, f* COM kaufmännisch-technische(r) Angestellte(r) *f(m)*

technique [tɛknik] **I.** *adj* technisch; (*ouvrage, terme*) Fach-; **lycée ~** Fachoberschule **II.** *m* SCOL Fachschulwesen *nt* **III.** *f* Techn[ik] *f*

techniquement [tɛknikmɑ̃] *adv* technisch

techno [tɛknɔ] **I.** *adj* (*musique*) Techno- **II.** Techno *m o nt*

technologie [tɛknɔlɔʒi] *f* Technologie *f*

technologique [tɛknɔlɔʒik] *adj* technologisch

technopôle [tɛknɔpol] *m: Stadtteil, in de[m]*

ausschließlich Forschungs- und Hochschultechnologieunternehmen sitzen

teenager [tinɛdʒœʀ] *mf* Teenager *m*

tee-shirt [tiʃœʀt] <tee-shirts> *m* T-Shirt *nt*

téflon® [teflɔ̃] *m* Teflon® *nt*

teigneux, **-euse** [tɛɲø, -øz] **I.** *adj fam* verbissen **II.** *m, f fam* Fiesling *m*

teindre [tɛ̃dʀ] <irr> **I.** *vt* färben **II.** *vpr* (*~ les cheveux*) **se ~** sich (*dat*) die Haare färben

teint [tɛ̃] *m* Teint *m*

teint, **e** [tɛ̃, tɛ̃t] *part passé de* **teindre**

teinte [tɛ̃t] *f* (*couleur*) Farbe *f*

teinter [tɛ̃te] <1> **I.** *vt* (*colorer*) tönen **II.** *vpr* (*se colorer*) **se ~ de rose** sich rosa färben

teinture [tɛ̃tyʀ] *f* ❶ (*colorant*) Färbemittel *nt* ❷ MED **~ d'iode** Jodtinktur *f* ❸ (*fait de teindre*) Färben *nt*

teinturier, **-ière** [tɛ̃tyʀje, -jɛʀ] *m, f* ❶ (*commerçant*) **porter qc chez le ~** etw zur Reinigung bringen ❷ (*artisan*) Färber(in) *m(f)*

tel, **le** [tɛl] **I.** *adj indéf* ❶ (*semblable, si fort/grand*) **un ~/une ~le ...** solch ein(e) ...; **de ~(s) ...** solche ... ❷ (*ainsi*) **~le n'est pas mon intention** das ist nicht meine Absicht; **~ père, ~ fils** wie der Vater, so der Sohn ❸ (*comme*) **~ que qn/qc** wie jd/etw; **un homme ~ que lui** ein Mann wie er ❹ (*un certain*) **~ jour et à ~le heure** an dem und dem Tag und um die und die Zeit ▸**il n'y a rien de ~** es gibt nichts Besseres **II.** *pron indéf* **si ~ ou ~ te dit ...** wenn dir dieser oder jener sagt, ...

télé [tele] *f fam abr de* **télévision la ~ poubelle** TV-Schrott, Trash-TV

téléachat [teleaʃa] *m* Teleshopping *nt*

télécarte® [telekaʀt] *f* Telefonkarte *f*

télécharger [teleʃaʀʒe] *vt* **~ qc vers l'aval** etw herunterladen

Télécom [telekɔm] **France ~** *französische Telefongesellschaft, entspricht der deutschen Telekom*

télécommande [telekɔmɑ̃d] *f* (*boîtier*) Fernsteuerung *f;* (*d'une télé, d'un magnétoscope*) Fernbedienung *f*

télécommander [telekɔmɑ̃de] <1> *vt* ❶ TECH mit Fernbedienung steuern ❷ (*organiser à distance*) [aus der Ferne] lenken

télécommunication [telekɔmynikasjɔ̃] *f gén pl* (*technique*) Fernmeldetechnik *f*

télécoms [telekɔm] *fpl fam abr de* **télécommunications**

téléconférence [telekɔ̃ferɑ̃s] *f* Videokonferenz *f,* Konferenzschaltung *f*

télécopie [telekɔpi] *f* Fax *nt*

télécopieur [telekɔpjœʀ] *m* Faxgerät *nt*

téléenquêteur, **-trice** [teleɑ̃kɛtœʀ, -tʀis] *m, f* Telefonbefrager(in) *m(f)*

téléenseignement [teleɑ̃sɛɲəmɑ̃] *m* Fernstudium *nt*

téléfax [telefaks] *m* Telefax *nt*

téléfilm [telefilm] *m* Fernsehfilm *m*

télégramme [telegʀam] *m* Telegramm *nt*

télégraphe [telegʀaf] *m* Telegraf *m*

télégraphie [telegʀafi] *f* Telegrafie *f*

télégraphier [telegʀafje] <1> *vt* telegrafieren; NAUT funken

télégraphique [telegʀafik] *adj* telegrafisch; (*style*) Telegramm-

téléguider [telegide] <1> *vt* (*diriger à distance*) durch Fernlenkung steuern

téléinformatique [teleɛ̃fɔʀmatik] *f* Datenfernverarbeitung *f*

télématique [telematik] *f* Datenfernübertragung *f*

téléobjectif [teleɔbʒɛktif] *m* Teleobjektiv *nt*

télépaiement [telepɛmɑ̃] *m* elektronische Zahlungsweise

télépendulaire [telepɑ̃dylɛʀ] *m* Telearbeit *f*

téléphérique [teleferik] *m* Seilbahn *f*

téléphone [telefɔn] *m* Telefon *nt;* **~ arabe** *iron* Buschtrommel *f;* **~ visuel** Bildtelefon; **avoir qn au ~** mit jdm telefonieren; **être au ~** telefonieren

téléphoner [telefɔne] <1> **I.** *vi* telefonieren; **~ à qn** jdn anrufen **II.** *vpr* **se ~** sich anrufen

téléphonie [telefɔni] *f* **~ (numérique) mobile** (digitaler) Mobilfunk *m*

téléphonique [telefɔnik] *adj* telefonisch

télé-réalité [teleʀealite] *f* Reality-TV *nt*

téléreportage [teleʀ(ə)pɔʀtaʒ] *m* Fernsehreportage *f*

télescopage [teleskɔpaʒ] *m* Kollision *f*

télescope [teleskɔp] *m* Teleskop *nt*

télescoper [telɛskɔpe] <1> *vpr* **se ~** (*se percuter*) aufeinander prallen

télescopique [telɛskɔpik] *adj* ❶ ASTRO teleskopisch ❷ TECH ausziehbar

télésiège [telesjɛʒ] *m* Sessellift *m*

téléski [teleski] *m* Schlepplift *m*

téléspectateur, **-trice** [telespɛktatœʀ, -tʀis] *m, f* Fernsehzuschauer(in) *m(f)*

télésurveillance [telesyʀvɛjɑ̃s] *f* Fernüber-

T

wachung *f*
Télétel® [teletɛl] *m* Bildschirmtext® *m*
télétexte [teletɛkst] *m* Videotext *m*
téléthon [teletɔ̃] *m* ≈ Spendenmarathon *m* (*interaktive TV-Sendung, die Spenden sammelt*)
télétransmission [teletʀɑ̃smisjɔ̃] *f* Fernübertragung *f*
télétravail [teletʀavaj] *m* Telearbeit *f*
téléviser [televize] <1> *vt* im Fernsehen übertragen
téléviseur [televizœʀ] *m* Fernseher *m*
télévision [televizjɔ̃] *f* ❶ Fernsehen *nt;* ~ **à péage** Pay-TV *nt;* **regarder la** ~ fernsehen ❷ (*récepteur*) Fernseher *m*
télévisuel, le [televizɥɛl] *adj* Fernseh-
télex [telɛks] *m* ❶ (*appareil*) Fernschreiber *m* ❷ (*message*) Telex *nt*
tellement [tɛlmɑ̃] *adv* ❶ (*si*) so; **ce serait** ~ **mieux** das wäre weitaus besser ❷ (*tant*) [so] sehr ❸ (*beaucoup*) **pas/plus** ~ *fam* (*venir*) nicht oft/nicht mehr oft; (*boire, manger, travailler*) nicht so viel/nicht mehr so viel; (*aimer*) nicht sehr/nicht mehr sehr ❹ *fam* (*tant de*) **avoir** ~ **d'amis/de courage** so viele Freunde/so viel Mut haben ❺ (*parce que*) so; **on le comprend à peine** ~ **il parle vite** man versteht ihn kaum, so schnell spricht er
téméraire [temeʀɛʀ] *adj* gewagt
témérité [temeʀite] *f* Kühnheit *f*
témoignage [temwaɲaʒ] *m* ❶ JUR [Zeugen]aussage *f* ❷ (*manifestation*) Beweis *m*
témoigner [temwaɲe] <1> *vi* ❶ JUR berichten; (*déposer*) aussagen ❷ (*attester, jurer*) ~ **de qc** etw bezeugen; (*démontrer*) etw beweisen ❸ (*manifester: choses*) von etw zeugen
témoin [temwɛ̃] **I.** *m* ❶ Zeuge/Zeugin *m/f* ❷ (*à un mariage*) Trauzeuge/-zeugin *m/f* ❸ (*voyant lumineux*) Kontrollleuchte *f* **II.** *app* **lampe** ~ Kontrolllampe *f*
tempe [tɑ̃p] *f* Schläfe *f*
tempérament [tɑ̃peʀamɑ̃] *m* ❶ (*caractère*) Natur *f* ❷ (*forte personnalité*) Temperament *nt*
température [tɑ̃peʀatyʀ] *f* ❶ Temperatur *f* ❷ (*fièvre*) Fieber *nt;* **prendre sa** ~ Fieber messen
tempéré, e [tɑ̃peʀe] *adj* gemäßigt
tempérer [tɑ̃peʀe] <5> *vt* ❶ METEO mildern ❷ (*modérer*) bremsen; (*ardeur, enthousiasme*) zügeln
tempête [tɑ̃pɛt] *f* METEO Unwetter *nt,* Sturm *m;* ~ **de neige** Schneesturm
tempêter [tɑ̃pete] <1> *vi* ~ **contre qn/qc** gegen jdn/etw wettern
temple [tɑ̃pl] *m* ❶ ART, HIST Tempel *m* ❷ REL (*protestant*) Kirche *f*
tempo [tɛmpo] <s> *m a.* MUS Tempo *nt*
temporaire [tɑ̃pɔʀɛʀ] *adj* ❶ (*intérimaire*) befristet; (*travail*) Zeit-; **à titre** ~ vorübergehend ❷ (*passager*) momentan
temporairement [tɑ̃pɔʀɛʀmɑ̃] *adv* vorübergehend
temporel [tɑ̃pɔʀɛl] *m* Zeitliche *nt*
temporel, le [tɑ̃pɔʀɛl] *adj* ❶ LING temporal ❷ (*opp: spatial*) zeitlich ❸ (*opp: éternel*) vergänglich
temporiser [tɑ̃pɔʀize] <1> *vi* abwarten
temps[1] [tɑ̃] *m* ❶ Zeit *f;* **passer tout son** ~ **à faire qc** seine ganze Zeit damit verbringen, etw zu tun; **avoir/ne pas avoir le** ~ **de faire qc** Zeit haben/keine Zeit haben etw zu tun; **avoir tout son** ~ viel Zeit haben; ~ **libre** Freizeit ❷ (*moment*) Zeitpunkt *m* ❸ *pl* (*époque*) Zeiten *Pl* ❹ (*période*) Zeitalter *nt* ❺ TECH, MUS Takt *m;* **moteur à deux** ~ Zweitaktmotor *m* ▸**ces derniers** ~ in letzter Zeit; ~ **mort** Leerlauf *m;* SPORT Auszeit *f* **dans un premier** ~ zunächst; **tout le** ~ ständig; **il y a un** ~ **pour tout** alles zu seiner Zeit; **il était** ~**!** es war allerhöchste Zeit!; **mettre du** ~ **à faire qc** lang brauchen um etw zu tun; **passer le** ~ die Zeit totschlagen; **à** ~ rechtzeitig; **dans le** ~ früher; **de** ~ **en** ~ von Zeit zu Zeit; **depuis le** ~ seither; **depuis le** ~ **que ...** es ist schon ewig her, dass ...; **depuis ce** ~**-là** seitdem; **en même** ~ gleichzeitig; **en** ~ **de crise/guerre/paix** in Krisen-/Kriegs-/Friedenszeiten *Pl;* **en** ~ **normal** normalerweise; **en peu de** ~ in kurzer Zeit; **au** ~ **pour moi!** *fam* ich habe mich geirrt!; **ces** ~**-ci** in letzter Zeit
temps[2] [tɑ̃] *m* Wetter *nt;* **il fait beau/mauvais** ~ das Wetter ist schön/schlecht; **quel** ~ **fait-il?** wie ist das Wetter? ▸**par tous les** ~ bei Wind und Wetter
tenable [t(ə)nabl] *adj* **ne pas être** ~ unerträglich sein
tenace [tənas] *adj* hartnäckig; (*haine*) erbittert
ténacité [tenasite] *f* Hartnäckigkeit *f*

tenailler [tənaje] <1> *vt* (*faim*) quälen

tenailles [t(ə)naj] *fpl* [Beiß]zange *f*

tenant, **e** [tənɑ̃, ɑ̃t] *m, f* **la ~e du titre** die Titelverteidigerin

tendance [tɑ̃dɑ̃s] *f* ❶ PSYCH Neigung *f* ❷ (*propension*) **~ à la rêverie** Hang *m* zur Träumerei ❸ (*opinion*) Gesinnung *f* ❹ (*orientation*) Trend *m*

tendancieusement [tɑ̃dɑ̃sjøzmɑ̃] *adv* voreingenommen

tendeur [tɑ̃dœʀ] *m* [Gummi]spanner *m*

tendinite [tɑ̃dinit] *f* Sehnenentzündung *f*

tendon [tɑ̃dɔ̃] *m* Sehne *f*

tendre[1] [tɑ̃dʀ] <14> **I.** *vt* ❶ (*raidir*) spannen ❷ (*bras*) ausstrecken; (*cou*) recken; (*joue*) hinhalten; (*main*) entgegenstrecken ▶**~ la main à qn** jdm die Hand reichen **II.** *vpr* **se ~** (*se raidir*) sich spannen; (*relations*) angespannt werden **III.** *vi* ❶ (*aboutir à*) **~ à faire qc** letztlich etw tun ❷ (*viser à*) **~ à qc** auf etw (*akk*) abzielen

tendre[2] [tɑ̃dʀ] *adj* ❶ zart ❷ (*opp: dur*) weich ❸ (*affectueux*) zärtlich

tendrement [tɑ̃dʀəmɑ̃] *adv* liebevoll; (*aimer*) innig[lich]

tendresse [tɑ̃dʀɛs] *f sans pl* (*affection*) [zärtliche] Liebe

tendreté [tɑ̃dʀəte] *f* Zartheit *f*

ténèbres [tenɛbʀ] *fpl* REL Finsternis *f*

ténébreux [tenebʀø] *m iron* **beau ~** *schöner dunkler Jüngling, der an einen spanischen Helden erinnert*

ténébreux, **-euse** [tenebʀø, -øz] *adj soutenu* dunkel

teneur [tənœʀ] *f* ❶ (*contenu exact*) Wortlaut *m* ❷ (*proportion*) Gehalt *m*

tenir [t(ə)niʀ] <9> **I.** *vt* ❶ halten ❷ (*article, magasin, maison*) führen ❸ (*rôle*) spielen ❹ (*avoir reçu*) **~ de qn** (*information*) von jdm haben ❺ (*largeur, place*) einnehmen ❻ (*être contraint*) **être tenu à qc/de faire qc** an etw (*akk*) gebunden sein/etw tun müssen ▶**~ lieu de qc** die Stelle von etw einnehmen **II.** *vi* ❶ (*être attaché*) **~ à qn** an jdm hängen ❷ (*vouloir absolument*) **~ à faire qc/à ce que** + *subj* Wert darauf legen etw zu tun/, dass ❸ (*être fixé*) halten ❹ (*être cohérent: raisonnement, théorie*) haltbar sein; (*argument*) stichhaltig sein ❺ (*être contenu dans*) **~ dans une voiture** in einem Auto Platz haben ❻ (*se résumer*) **~ en un mot** in einem Wort zusammenfassen ❼ (*durer*) [sich] halten ❽ (*ressembler à*) **~ de qn/qc** jdm/einer S. ähneln ▶ **~ bon** durchhalten; **tiens/tenez!** hier!; **tiens! il pleut** schau [mal]! es regnet **III.** *vpr* ❶ (*se prendre*) **se ~ par la main** Hand in Hand gehen ❷ (*s'accrocher*) **se ~ à qc** sich an etw (*dat*) fest halten ❸ (*rester, demeurer*) **se ~ debout/assis/couché** stehen/sitzen/liegen ❹ (*se comporter*) **se ~** sich benehmen ❺ (*avoir lieu*) **se ~** (*réunion, conférence*) stattfinden ❻ (*être cohérent*) **se ~** (*événements, faits*) stimmig sein ❼ (*se limiter à*) **s'en ~ à qc** es bei etw bewenden lassen ❽ (*respecter*) **se ~ à qc** sich an etw (*akk*) halten **IV.** *vi impers* (*dépendre de*) **ça tient à qn/qc** das hängt von jdm/etw ab

tennis [tenis] **I.** *m* SPORT Tennis *nt;* **jouer au ~** Tennis spielen; **~ de table** Tischtennis *nt* **II.** *mpl* (*chaussures*) Turnschuhe *Pl*

tennis-elbow [tenisɛlbo] <tennis-elbows> *m* Tennisarm *m*

tennisman [tenisman] <s> *m* Tennisspieler *m*

ténor [tenɔʀ] *m* (*soliste*) Tenor *m*

tension [tɑ̃sjɔ̃] *f* ❶ Spannung *f* ❷ MED Blutdruck *m*

tentacule [tɑ̃takyl] *m* ZOOL Tentakel *m o nt*

tentation [tɑ̃tasjɔ̃] *f* Versuchung *f*

tentative [tɑ̃tativ] *f* Versuch *m;* **~ de meurtre** versuchter Mord

tente [tɑ̃t] *f* Zelt *nt*

tenter [tɑ̃te] <1> *vt* ❶ (*allécher*) reizen ❷ (*essayer*) versuchen

tenu, **e** [t(ə)ny] *part passé de* **tenir**

ténu, **e** [teny] *adj* fein

tenue [t(ə)ny] *f* ❶ (*comportement*) Verhalten *nt;* (*d'un élève*) Betragen *nt* ❷ (*vêtements*) Kleidung *f* ❸ MIL Uniform *f* ❹ (*gestion: d'un compte*) Führung *f* ❺ AUT **~ de route** Straßenlage *f*

tequila [tekila] *f* Tequila *m*

ter [tɛʀ] *adv* **habiter au 12 ~** in [Nummer] 12/3 wohnen

tergiversations [tɛʀʒivɛʀsasjɔ̃] *fpl* ❶ (*hésitation*) Zaudern *nt* ❷ (*faux-fuyants*) Ausflüchte *Pl*

tergiverser [tɛʀʒivɛʀse] <1> *vi* ❶ (*user de faux-fuyants*) Ausflüchte machen ❷ (*hésiter*) zaudern

terme[1] [tɛʀm] *m* ❶ (*fin: d'un stage, voyage*) Ende *nt;* (*d'un travail*) Abschluss *m* ❷ (*date limite*) Frist *f;* **à court/moyen/long ~**

kurz-/mittel-/langfristig ③ (*date de l'accouchement*) Geburtstermin *m* ④ (*échéance*) Zahlungstermin *m*

terme² [tɛʀm] *m* ① (*mot*) Ausdruck *m* ② TECH Fachausdruck ③ LING Terminus *m;* **en d'autres ~s** mit anderen Worten ④ LING, MATH Element *nt;* (*d'une phrase, équation*) Term *m* ⑤ *pl* (*formule: d'un contrat, d'une loi*) Wortlaut *m* ▸**être en bons/mauvais ~s avec qn** ein gutes/gespanntes Verhältnis zu jdm haben

terminaison [tɛʀminɛzɔ̃] *f* Endung *f*

terminal [tɛʀminal, o] <-aux> *m* Terminal *nt*

terminal, e [tɛʀminal, o] <-aux> *adj* (*formule*) Schluss-; (*phase*) End-

terminale [tɛʀminal] *f* SCOL ≈ dreizehnte Klasse

Das Abschlussjahr des Gymnasiums heißt in Frankreich **terminale**, in Belgien *rhétorique*. Die Schüler dieses Jahres heißen in Belgien entsprechend *les rhétos*.

terminer [tɛʀmine] <1> **I.** *vt* beenden; (*devoirs, travail*) erledigen; (*œuvre*) fertig stellen; (*démonstration, explication*) zu Ende führen; (*études*) abschließen; (*plat, salade*) aufessen; (*assiette*) leer essen; (*boisson, verre, bouteille*) austrinken **II.** *vi* ~ **de lire qc** etw zu Ende lesen; **en ~ avec qc** etw beenden; **pour ~, ...** zum Abschluss ... **III.** *vpr* **se ~** (*année, vacances*) zu Ende gehen; **se ~ bien/mal** (*histoire*) gut/schlecht ausgehen

terminologie [tɛʀminɔlɔʒi] *f* Terminologie *f*

terminus [tɛʀminys] *m* Endstation *f*

terne [tɛʀn] *adj* ① (*cheveux*) stumpf; (*œil, regard*) trüb; (*couleur*) matt ② (*conversation*) eintönig; (*personne*) unscheinbar

terni, e [tɛʀni] *adj* (*couleur*) verblichen; (*coloris*) blass; (*métal, chandelier*) angelaufen

ternir [tɛʀniʀ] <8> *vt* ① (*couleur*) verblassen lassen ② (*honneur*) beflecken

terrain [teʀɛ̃] *m* ① (*parcelle*) Grundstück *nt;* ~ **de camping/jeu** Campingplatz *m*/Spielfeld *nt* ② (*sol*) ~ **plat/accidenté/vague** ebenes/unebenes/unbebautes Gelände ③ (*domaine*) Gebiet *nt;* ~ **d'entente** Verständigungsbasis *f* ④ MIL Gelände *nt* ▸**connaître le ~** sich auskennen

terrarium [teʀaʀjɔm] *m* Terrarium *nt*

terrasse [teʀas] *f* Terrasse *f*

terrasser [teʀase] <1> *vt* ① (*vaincre*) vernichtend schlagen ② (*accabler: mauvaise nouvelle*) [völlig] niederschmettern ③ (*tuer*) **être terrassé par un infarctus** einem Infarkt erliegen

terre [tɛʀ] *f* ① *sans pl* (*planète*) **la Terre** die Erde ② *sans pl a.* GEO Erde *f* ③ (*sol*) Boden *m;* **par ~** (*avec mouvement*) auf den Boden; (*sans mouvement*) auf dem Boden; **cultiver la ~** das Land bewirtschaften ④ *gén pl* (*propriété*) Grundbesitz *m kein Pl* ⑤ (*continent, contrée, pays*) Land *nt;* ~ **ferme** Festland ⑥ *sans pl* (*argile*) Ton *m;* ~ **cuite** Terrakotta ▸**revenir sur ~** *fam* auf den Boden der Tatsachen zurückkehren; **être par ~** (*projet, plan*) gescheitert sein; (*entreprise*) bankrott sein

terre à terre [tɛʀatɛʀ] *adj inv* (*personne*) nüchtern; (*préoccupations*) alltäglich

terrer [teʀe] <1> *vpr* **se ~** ① (*se cacher: animal*) sich verkriechen; (*soldat*) in Deckung gehen ② (*vivre reclus*) sich zurückziehen

terrestre [teʀɛstʀ] *adj* ① (*croûte, surface*) Erd- ② (*espèce*) auf der Erde lebend; (*vie*) auf der Erde ③ (*moyens de transport*) zu Lande ④ (*plaisirs*) irdisch

terreur [teʀœʀ] *f* ① (*peur violente*) Entsetzen *nt* ② (*terrorisme*) Terror *m;* **la Terreur** die Schreckensherrschaft

terreux, -euse [teʀø, -øz] *adj* (*chaussure, salade*) voller Erde

terrible [teʀibl] **I.** *adj* ① schrecklich; (*crime*) entsetzlich; (*catastrophe, chef, enfant*) furchtbar ② *fam* (*super*) toll **II.** *adv fam* echt stark

terriblement [teʀibləmɑ̃] *adv* schrecklich

terrien, ne [teʀjɛ̃, jɛn] **I.** *adj* (*propriétaire*) Grund- **II.** *m, f* (*habitant de la Terre*) Erdbewohner(in) *m(f)*

terrifiant, e [teʀifjɑ̃, jɑ̃t] *adj* Furcht erregend; (*nouvelle*) erschreckend

terrifier [teʀifje] <1> *vt* in Angst und Schrecken versetzen

territoire [teʀitwaʀ] *m* (*d'un animal*) Revier *nt;* (*d'un pays, d'une nation*) Territorium *nt;* (*d'une ville*) Gebiet *nt;* ~ **d'outre-mer** überseeisches Gebiet

territorial, e [teʀitɔʀjal, jo] <-aux> *adj* territorial

terroir [teʀwaʀ] *m* Gegend *f;* **vin/accent du ~** Landwein *m*/regionaler Akzent

terroriser [teʀɔʀize] <1> *vt* ① (*faire tr*

peur) ~ **qn** jdm große Angst machen ❷ (*opprimer*) terrorisieren
terrorisme [tɛʀɔʀism] *m* Terrorismus *m*
terroriste [tɛʀɔʀist] **I.** *adj* terroristisch; **acte/attentat** ~ Terroranschlag *m* **II.** *mf* Terrorist(in) *m(f)*
tertiaire [tɛʀsjɛʀ] **I.** *adj* (*emploi*) im Dienstleistungsgewerbe; (*activité*) des Dienstleistungsbereichs **II.** *m* **le** ~ der Dienstleistungssektor
tertio [tɛʀsjo] *adv* drittens
tes [te] *dét poss v.* **ta, ton**
test [tɛst] *m* Test *m*; ~ **de dépistage du sida** [*o* **de séropositivité**] Aidstest *m*
testament [tɛstamɑ̃] *m a.* REL Testament *nt*
testamentaire [tɛstamɑ̃tɛʀ] *adj* (*héritier*) testamentarisch
tester [tɛste] <1> *vt* testen; (*élève, candidat*) prüfen
testeur [tɛstœʀ] *m* (*appareil*) Testgerät *nt*
testeur, -euse [tɛstœʀ, -øz] *m, f* Tester(in) *m(f)*
tétaniser [tetanize] <1> *vpr* (*muscle, membre*) verkrampfen
tétanos [tetanos] *m* MED Tetanus *m*
tête [tɛt] *f* ❶ Kopf *m* ❷ (*mine, figure*) **avoir une bonne** ~ *fam* nett aussehen; **avoir une sale** ~ *fam* (*avoir mauvaise mine*) mies aussehen; (*être antipathique*) unsympathisch wirken ❸ (*personne*) ~ **en l'air** *fam* Schussel *m*; ~ **de mule** [*o* **cochon**] *fam* Dickschädel *m*; ~ **de Turc** Prügelknabe *m* ❹ (*première place*) Spitze *f*; (*les premiers*) Spitzengruppe *f*; **wagon de** ~ vorderster Wagen; **à la** ~ **de qc** an der Spitze einer S. (*gen*) ❺ (*d'un chapitre, d'une liste*) Anfang *m* ❻ (*d'un lit*) Kopfende *nt* ❼ TECH ~ **de lecture** Tonkopf *m* ❽ INFORM ~ **de lecture-écriture** Schreib-Lesekopf *m* ❾ SPORT Kopfball *m* ▶**avoir la** ~ **dure** eigensinnig sein; **avoir la grosse** ~ *fam* die Nase hoch tragen; **faire qc à** ~ **reposée** etw in aller Ruhe tun; **en avoir par-dessus la** ~ *fam* die Nase voll haben; **se casser la** ~ sich (*dat*) den Kopf zerbrechen; **faire la** ~ **à qn** *fam* mit jdm schmollen; **se mettre dans la** ~ **que ...** (*imaginer*) sich einreden, dass ...; **se payer la** ~ **de qn** *fam* jdn auf den Arm nehmen; **avoir quelque chose derrière la** ~ etwas im Schilde führen
tête-à-queue [tɛtakø] *m inv* **faire un** ~ (*voiture*) sich um die eigene Achse drehen
tête-à-tête [tɛtatɛt] *m inv* (*entretien*) Gespräch *nt* unter vier Augen
tête-de-nègre [tɛtdənɛgʀ] **I.** *adj inv* dunkelbraun **II.** *f* Schokokuss *m*
tétée [tete] *f* Saugen *nt*
téter [tete] <5> *vt, vi* saugen [an (+ *dat*)]
tétine [tetin] *f* ❶ (*biberon*) Sauger *m* ❷ (*sucette pour calmer*) Schnuller *m*
téton [tetɔ̃] *m fam* (*sein*) Brust *f*
tétraplégie [tetʀapleʒi] *f* Lähmung *f* aller vier Gliedmaßen
tétraplégique [tetʀapleʒik] **I.** *adj* (*personne*) an Armen und Beinen gelähmt **II.** *mf* an Armen und Beinen Gelähmte(r) *f(m)*
têtu, e [tety] *adj* starrköpfig
teuf [tœf] *f fam* Party *f*
teufeur, -euse [tœfœʀ, øz] *m, f fam* Partygänger(in) *m(f)*
teuf-teuf [tœftœf] <teufs-teufs> *m enfantin fam* Töfftöff *nt*
teuton, ne [tøtɔ̃, ɔn] *adj* teutonisch
texte [tɛkst] *m* Text *m*
textile [tɛkstil] **I.** *adj* (*matière*) Faser-; (*industrie*) Textil- **II.** *m* ❶ (*matière*) Faserstoff *m* ❷ (*industrie*) Textilindustrie *f*
texto [tɛksto] *m* SMS *f*
textuel, le [tɛkstɥɛl] *adj* wörtlich
textuellement [tɛkstɥɛlmɑ̃] *adv* wörtlich; (*répéter*) Wort für Wort
texture [tɛkstyʀ] *f* (*du sol*) Beschaffenheit *f*; (*d'une crème, huile*) Konsistenz *f*
TF1 [teɛfœ̃] *f abr de* **Télévision Française 1ère chaîne** *erstes Programm des französischen Fernsehens*
TGV [teʒeve] *m abr de* **train à grande vitesse** ≈ ICE *m*
thaï [taj] *m* ❶ (*groupe de langues*) Thaisprachen *Pl* ❷ (*langue officielle de Thaïlande*) Thai *nt*; *v.a.* **allemand**
thaï, e [taj] *adj* (*langues*) Thai-; *v.a.* **allemand**
Thaï, e [taj] *m, f* Thai *mf*
thaïlandais, e [tajlɑ̃dɛ, ɛz] *adj* thailändisch
Thaïlandais, e [tajlɑ̃dɛ, ɛz] *m, f* Thailänder(in) *m(f)*
Thaïlande [tajlɑ̃d] *f* **la** ~ Thailand *nt*
thé [te] *m* Tee
théâtral, e [teɑtʀal, o] <-aux> *adj* theatralisch
théâtralement [teɑtʀalmɑ̃] *adv fig* theatralisch
théâtre [teɑtʀ] *m* ❶ Theater *nt*; **école de** ~

T

Schauspielschule *f* ❷ (*œuvres*) Dramen *Pl* ❸ (*lieu: des combats*) Schauplatz *m*

théière [tejɛʀ] *f* Teekanne *f*

théine [tein] *f* Thein *nt*

thématique [tematik] **I.** *adj* thematisch **II.** *f* Thematik *f*

thème [tɛm] *m* ❶ *a.* MUS Thema *nt* ❷ SCOL Übersetzung *f* in die Fremdsprache ❸ ASTRO ~ **astral** [Geburts]horoskop *nt*

théorème [teɔʀɛm] *m* Lehrsatz *m*

théoricien, ne [teɔʀisjɛ̃, jɛn] *m, f* Theoretiker(in) *m(f)*

théorie [teɔʀi] *f* Theorie *f*; **en** ~ in der Theorie

théorique [teɔʀik] *adj* theoretisch

théoriquement [teɔʀikmɑ̃] *adv* theoretisch

théoriser [teɔʀize] <1> **I.** *vt* eine Theorie aufstellen zu **II.** *vi* ~ **sur qn/qc** über jdn/etw Theorien aufstellen

thérapeute [teʀapøt] *mf* Therapeut(in) *m(f)*

thérapeutique [teʀapøtik] *adj* therapeutisch

thérapie [teʀapi] *f* (*traitement*) Therapie *f*

thermes [tɛʀm] *mpl* ❶ (*dans une station thermale*) Thermalbad *nt* ❷ HIST Thermen *Pl*

thermique [tɛʀmik] *adj* (*énergie*) thermisch

thermoactif, -ive [tɛʀmoaktif, -iv] *adj* atmungsaktiv **thermodynamique** [tɛʀmodinamik] **I.** *adj* thermodynamisch **II.** *f* Thermodynamik *f*

thermoélectrique [tɛʀmoelɛktʀik] *adj* thermoelektrisch

thermomètre [tɛʀmɔmɛtʀ] *m* Thermometer *nt*

thermonucléaire [tɛʀmonykleɛʀ] *adj* thermonuklear

thermos® [tɛʀmos] *m o f* Thermosflasche® *f*

thermostat [tɛʀmɔsta] *m* Thermostat *m*

thésard, e [tezaʀ, aʀd] *m, f fam* Doktorand(in) *m(f)*

thésaurus [tezɔʀys] *m* Thesaurus *m*

thèse [tɛz] *f* ❶ These *f* ❷ UNIV ~ **de troisième cycle** Doktorarbeit *f*; (*thèse de doctorat d'État*) Habilitationsschrift *f*

thon [tɔ̃] *m* Thunfisch *m*

thonier [tɔnje] *m* Schiff *nt* für den Thunfischfang

thoracique [tɔʀasik] *adj* **cage** ~ Brustkorb *m*

thorax [tɔʀaks] *m* (*d'un homme*) Brustkorb *m*; (*d'un insecte*) Thorax

thriller [sʀilœʀ] *m* Thriller *m*

thrombose [tʀɔ̃boz] *f* Thrombose *f*

Thurgovie [tyʀgovi] *f* **la** ~ der Thurgau

Thuringe [tyʀɛ̃ʒ] *f* **la** ~ Thüringen *nt*

thuya [tyja] *m* Thuja *f*

thym [tɛ̃] *m* Thymian *m*

thyroïde [tiʀɔid] *f* Schilddrüse *f*

thyroïdien, ne [tiʀɔidjɛ̃, jɛn] *adj* (*hormone, hyperfonctionnement*) Schilddrüsen-

tibia [tibja] *m* Schienbein *nt*

tic [tik] *m* Tick *m*

ticket [tikɛ] *m* (*de bus, métro*) Fahrkarte (*de match, manège*) [Eintritts]karte; (*numéro d'attente*) Nummer *f*; ~ **de caisse** Kassenzettel *m* ▶**avoir le ~ avec qn** *fam* bei jdm gut ankommen

ticket-restaurant [tikɛ-ʀɛstɔʀɑ̃] *m* Essensmarke *f*

tic-tac [tiktak] *m inv* Ticken *nt*

tiède [tjɛd] *adj* ❶ lauwarm; (*lit, gâteau*) [noch] warm ❷ (*soutien*) lau

tiédeur [tjedœʀ] *f* (*de l'air*) Milde *f*; (*de l'eau*) Wärme *f*

tiédir [tjediʀ] <8> *vi* (*refroidir*) abkühlen

tien, ne [tjɛ̃, tjɛn] *pron poss* ❶ **le ~/la ~ne** der/die/das deine; **les ~s** die deinen; *v.* **mien** ❷ *pl* (*ceux de ta famille*) **les ~s** deine Angehörigen; (*tes partisans*) deine Anhänger ▶**à la ~ne[, Étienne]!** *fam* prost!; **tu pourrais y mettre du ~!** auch du könntest mithelfen!

tiendrai [tjɛ̃dʀɛ] *fut de* **tenir**

tienne [tjɛn] *subj prés de* **tenir**

tiennent [tjɛn] *indic prés et subj prés de* **tenir**

tiens, tient [tjɛ̃] *indic prés de* **tenir**

tierce [tjɛʀs] **I.** *adj v.* **tiers II.** *f* JEUX Folge von drei Karten einer Farbe

tiercé [tjɛʀse] *m* ❶ SPORT Dreierwette *f* [beim Pferdetoto] ❷ (*série de trois éléments arrivant en tête*) **le ~ gagnant de qc** die drei Bestplatzierten einer Sache (*gen*)

tiers [tjɛʀ] *m* ❶ (*fraction*) Drittel *nt* ❷ (*tierce personne*) Dritter *m*

tiers, tierce [tjɛʀ, tjɛʀs] *adj* dritte(r, s)

tiers-monde [tjɛʀmɔ̃d] *m sans pl* **le** ~ die Dritte Welt **tiers-mondiste** [tjɛʀmɔ̃dist] <tiers-mondistes> **I.** *adj* (*actions*) zur Unterstützung der Dritten Welt **II.** *mf* Interessenvertreter(in) *m(f)* der Dritten Welt

tige [tiʒ] *f* ❶ (*d'une fleur, feuille*) Stiel Stängel *m*; (*d'une céréale, graminée*) Halm *m* ❷ (*de métal*) Stange *f*

tignasse [tiɲas] *f fam* Wuschelkopf *m*

tigre [tigʀ] *m* Tiger *m fig* Bestie *f*

tigré, e [tigʀe] *adj* getigert

tigresse [tigʀɛs] *f* Tigerin *f fig* Furie

tilleul [tijœl] *m* ① BOT Linde *f* ② (*infusion*) Lindenblütentee *m*

tilt [tilt] *m* ▶**ça a** **fait** ~ **dans ma tête** der Groschen ist bei mir gefallen (*fam*)

timbale [tɛ̃bal] *f* ① (*gobelet*) Trinkbecher *m* [aus Metall] ② MUS [Kessel]pauke *f*

timbre[1] [tɛ̃bʀ] *m* ① POST Briefmarke *f* ② (*cachet, instrument*) Stempel *m* ③ (*fiscal*) -marke *f* ④ MED Pflaster *nt*

timbre[2] [tɛ̃bʀ] *m* (*qualité du son*) Klang *m*

timbré, e[1] [tɛ̃bʀe] *adj* POST frankiert

timbré, e[2] [tɛ̃bʀe] *adj fam* (*un peu fou*) übergeschnappt

timbre-amende [tɛ̃bʀamɑ̃d] <timbres-amendes> *m* Strafgebührenmarke *f* **timbre-poste** [tɛ̃bʀəpɔst] <timbres-poste> *m* Briefmarke *f*

imbrer [tɛ̃bʀe] <1> *vt* (*affranchir*) frankieren

imide [timid] *adj* schüchtern; (*réponse, critique*) zaghaft

imidement [timidmɑ̃] *adv* schüchtern

imidité [timidite] *f* (*d'une personne*) Schüchternheit *f*; (*d'une démarche*) Zaghaftigkeit *f*

iming [tajmiŋ] *m* Timing *nt*

imonier [timɔnje] *m* NAUT Steuermann *m*

imoré, e [timɔʀe] *adj péj* [über]ängstlich

ins [tɛ̃] *passé simple de* **tenir**

intamarre [tɛ̃tamaʀ] *m* Getöse *nt*

inter [tɛ̃te] <1> *vi* (*cloche*) läuten; (*grelot, clochette*) klingeln

intouin [tɛ̃twɛ̃] *m fam* ① (*vacarme*) Radau *m* ② (*souci, tracas*) Sorge *f*

ique [tik] *f* Zecke *f*

iquer [tike] <1> *vi fam* das Gesicht verziehen

r [tiʀ] *m* ① MIL Schießen *nt;* (*série de projectiles*) Feuer *nt* ② (*projectile tiré*) *a.* SPORT Schuss *m;* ~ **au but** Torschuss *m;* (*penalty*) Elfmeterschuss

rade [tiʀad] *f* ① THEAT Monolog *m* ② *péj* Wortschwall *m kein Pl*

rage [tiʀaʒ] *m* ① (*de la loterie, du loto*) Ziehung *f* ② (*d'un livre, ouvrage*) Druck *m;* (*ensemble des exemplaires*) Auflage *f* ③ PHOT Abziehen *nt* ④ (*arrivée d'air*) Zug *m*

raillement [tiʀajmɑ̃] *m gén pl* (*sensation douloureuse*) ziehende Schmerzen *Pl*

tirailler [tiʀɑje] <1> *vt* **être tiraillé entre deux choses** zwischen zwei Sachen hin- und hergerissen sein

tirailleur [tiʀɑjœʀ] *m* Einzelschütze *m*

tirant [tiʀɑ̃] *m* NAUT ~ **d'eau** Tiefgang *m*

tiré, e [tiʀe] *adj* (*traits*) abgespannt

tire-au-flanc [tiʀoflɑ̃] *m inv* Drückeberger *m* (*fam*) **tire-bouchon** [tiʀbuʃɔ̃] <tire-bouchons> *m* Korkenzieher *m*, Stoppelzieher *m* (A) **tire-bouchonner** [tiʀbuʃɔne] <1> *vi* (*chaussettes, pantalon*) Falten werfen **tire-d'aile** [tiʀdɛl] **à** ~ flügelschlagend **tire-fesses** [tiʀfɛs] *m inv, fam* Schlepplift *m* **tire-lait** [tiʀlɛ] *m inv* Milchpumpe *f* **tire-larigot** [tiʀlaʀigo] **à** ~ *fam* reichlich

tirelire [tiʀliʀ] *f* Sparbüchse *f*

tirer [tiʀe] <1> **I.** *vt* ① ziehen ② (*jupe, collant*) (*vers le bas/haut*) herunter/hoch ziehen; (*pour lisser*) glatt ziehen; (*corde, toile*) spannen ③ (*éloigner*) wegziehen ④ (*porte*) zuziehen; (*tiroir, rideau*) aufziehen ⑤ (*balle*) abfeuern; (*coup de fusil, revolver*) abgeben ⑥ (*perdrix, lièvre*) [ab]schießen ⑦ (*faire sortir*) ~ **qn du lit** jdn aus dem Bett holen; ~ **d'un roman** (*passage*) [aus] einem Roman entnehmen ⑧ (*film, négatif, photo*) abziehen ⑨ ART, TYP (*ouvrage, lithographie*) drucken ⑩ (*vin*) [auf Flaschen] abziehen ▶**on ne peut** **rien** ~ **de qn** aus jdm ist nichts herauszubekommen **II.** *vi* ① (*exercer une traction*) ~ **sur les rênes de son cheval** seinem Pferd die Zügel anziehen ② (*aspirer*) ~ **sur sa cigarette** an seiner Zigarette ziehen ③ (*gêner: peau, cicatrice*) spannen ④ CHASSE, MIL (*personne*) schießen ⑤ SPORT (*au football*) schießen; (*au basket*) werfen ⑥ (*avoir une certaine ressemblance avec*) ~ **sur qc** (*couleur*) in etw (*akk*) spielen; ~ **sur qn** BELG NORD nach jdm schlagen ⑦ TYP ~ **à 2000 exemplaires** eine Auflage von 2000 Exemplaren haben ⑧ (*avoir du tirage*) ~ **bien/mal** (*cheminée, poêle*) gut/schlecht ziehen **III.** *vpr* ① *fam* (*s'en aller*) **se** ~ sich verdrücken ② (*se sortir*) **se** ~ **d'affaire** sich aus der Affäre ziehen ③ (*se blesser*) **se** ~ **une balle dans la tête** sich (*dat*) eine Kugel in den Kopf schießen

tiret [tiʀɛ] *m* Gedankenstrich *m;* (*division*) Trennungsstrich

tireur, -euse [tiʀœʀ, -øz] *m, f a.* MIL Schütze/Schützin *m/f*

tireuse [tiʀøz] *f* PHOT Kopiergerät *nt*

T

tiroir [tiʀwaʀ] *m* Schublade *f*
tiroir-caisse [tiʀwaʀkɛs] <tiroirs-caisses> *m* Geldschublade *f* der Registrierkasse
tisane [tizan] *f* [Kräuter]tee *m*
tisanière [tizanjɛʀ] *f* Aufgussgefäß *nt*
tison [tizɔ̃] *m* glimmendes Stück Holz
tisser [tise] <1> *vt* ❶ (*tapis*) weben; (*laine*) verweben ❷ (*araignée*) spinnen
tisserand, e [tisʀɑ̃, ɑ̃d] *m, f* Weber(in) *m(f)*
tissu [tisy] *m* ❶ TEXTIL Stoff *m;* ~ **éponge** Frottee *m o nt* ❷ (*enchevêtrement: d'intrigues*) Netz *nt* ❸ BIO [Zell]gewebe *nt*
titanesque [titanɛsk] *adj* (*travail*) gewaltig; (*œuvre*) gigantisch
titiller [titije] <1> *vt* ❶ (*chatouiller*) kitzeln ❷ *fam* (*asticoter*) **l'envie de tout raconter la titille** es juckt sie alles zu erzählen
titre [titʀ] *m* ❶ Titel *m* ❷ (*d'un chapitre, article de journal*) Überschrift *f* ❸ (*justificatif*) Bescheinigung *f;* ~ **de transport** Fahrausweis *m* ❹ FIN Wertpapier *nt* ►**à juste** ~ mit [vollem] Recht; **à ce** ~ in dieser Eigenschaft
titre-phare [titʀfaʀ] <titres-phares> *m* (*d'un album*) Erfolgstitel *m*
titrer [titʀe] <1> *vt* ~ **qc sur qc** (*journal*) mit einer Schlagzeile über etw (*akk*) aufmachen
titubant, e [titybɑ̃, ɑ̃t] *adj* (*démarche*) schwankend; (*ivrogne*) torkelnd
tituber [titybe] <1> *vi* ~ **d'ivresse** vor Trunkenheit (*dat*) torkeln
titulaire [titylɛʀ] **I.** *adj* ❶ (*professeur, instituteur*) verbeamtet ❷ (*détenteur*) ~ **d'un poste** ein Amt bekleidend; ~ **d'un permis** eine Erlaubnis besitzend **II.** *mf* ❶ ADMIN Beamte(r)/Beamtin *m/f* ❷ (*détenteur: d'un permis*) Besitzer(in) *m(f);* (*d'un poste*) Inhaber(in) *m(f)*
titulariser [titylaʀize] <1> *vt* (*fonctionnaire*) verbeamten; (*professeur d'université*) ernennen zu
TNT [teɛnte] *m abr de* **trinitrotoluène** TNT *nt*
toast [tost] *m* ❶ (*pain grillé*) Toast *m* ❷ (*allocution*) Trinkspruch *m*
toaster [toste] <1> *vt* toasten
toboggan [tɔbɔgɑ̃] *m* Rutschbahn *f*
toc [tɔk] *m fam* (*imitation*) **du** ~ Ramsch *m;* **en** ~ unecht
Togo [tɔgo] *m* **le** ~ Togo *nt*
tohu-bohu [tɔybɔy] *m inv, fam* Tohuwabohu *nt*
toi [twa] *pron pers* ❶ *fam* (*pour renforcer*) du; **il veut t'aider,** ~**?** dir möchte er helfen? ❷ *avec un verbe à l'impératif* **regarde-**~ sieh dich an; **imagine-toi ...** stell dir vor ...; **lave-**~ **les mains** wasch dir die Hände ❸ *avec une prép* **avec/sans** ~ mit dir/ohne dich ❹ *dans une comparaison* du ❺ (*emphatique*) **c'est** ~**?** bist du's?; **si j'étais** ~ wenn ich du wäre; *v.a.* **moi**
toile [twal] *f* ❶ (*tissu*) Stoff *m;* ~ **cirée** Wachstuch *nt* ❷ ART Gemälde *nt* ❸ INFORM ~ [**d'araignée mondiale**] [World Wide Web *nt* ►~ **d'araignée** Spinnennetz *nt;* (*poussière*) Spinnwebe *f*
Toile [twal] *f* **la** ~ das Web
toilettage [twaletaʒ] *m* Pflege *f;* **salon de** ~ Hunde- und Katzensalon *m*
toilette [twalɛt] *f* ❶ (*soins corporels*) Waschen *nt;* **faire sa** ~ (*personne*) sich waschen; (*animal*) sich putzen ❷ (*vêtements*) Kleidung *f* ❸ *pl* (*W.-C.*) Toilette *f;* **aller aux** ~**s** auf die Toilette gehen
toiletter [twalete] <1> *vt* (*chat*) pflegen; (*chien*) trimmen
toi-même [twamɛm] *pron pers* du selbst; *v.a.* **moi-même**
toiser [twaze] <1> *vt* verächtlich anschauen
toison [twazɔ̃] *f* (*pelage*) Schaffell *nt*
toit [twa] *m* ❶ Dach *nt* ❷ (*maison*) Bleibe *f*
toiture [twatyʀ] *f* Bedachung *f*
tôle [tol] *f* Blech *nt*
tolérable [tɔleʀabl] *adj* zumutbar; (*douleur*) erträglich
tolérance [tɔleʀɑ̃s] *f* Toleranz *f*
tolérant, e [tɔleʀɑ̃, ɑ̃t] *adj* tolerant
tolérer [tɔleʀe] <5> *vt* ertragen; (*douleur*) aushalten; (*infraction, retard, comportement*) dulden
tollé [tɔle] *m* Aufschrei *m* der Empörung
T.O.M. [tɔm] *mpl abr de* **territoire d'outre-mer** überseeisches Gebiet

Die **T.O.M.** sind frühere französische Kolonialgebiete in Übersee, die heute nicht vollständig unabhängig sind, aber relativ autonom verwaltet werden. Es gibt vier **T.O.M.**: die pazifischen Inselgruppen Wallis-et-Futuna, Französisch-Polynesien und Neukaledonien sowie die im Indischen Ozean gelegenen *Terres australes et antarctiques*. Die **T.O.M.** wurden 1946 gegründet.

tomate [tɔmat] *f* Tomate *f*, Paradeiser *m* (A)
tombal, e [tɔ̃bal] <s> *adj* Grab-
tombant, e [tɔ̃bɑ̃, ɑ̃t] *adj* (*épaules*) hängend
tombe [tɔ̃b] *f* Grab *nt*
tombeau [tɔ̃bo] <x> *m* Grabmal *nt*
tombée [tɔ̃be] *f* ~ **de la nuit** [*o* **du jour**] Einbruch *m* der Dunkelheit
tomber [tɔ̃be] <1> *vi* + *être* ❶ fallen ❷ (*chuter: personne*) [hin]fallen; (*animal*) stürzen; ~ [**par terre**] (*chaise*) umfallen; (*arbre, pile d'objets*) umstürzen; (*échafaudage*) einstürzen; (*branches, casseroles*) herunterfallen ❸ (*être affaibli*) ~ **de fatigue** vor Erschöpfung (*dat*) umfallen ❹ (*se détacher: cheveux, dent*) ausfallen ❺ (*arriver: nouvelle*) eintreffen; ~ **sur qn** jdn treffen; **qc tombe un lundi** etw fällt auf [einen] Montag (*akk*) ❻ (*descendre: nuit, soir*) hereinbrechen; (*foudre*) einschlagen ❼ (*être vaincu: dictateur, gouvernement*) gestürzt werden; (*record*) gebrochen werden ❽ (*baisser: vent*) sich legen; (*colère, enthousiasme*) nachlassen ❾ (*disparaître, échouer: obstacle*) beseitigt sein/werden; (*plan, projet*) fallen gelassen werden; ~ **dans l'oubli** in Vergessenheit (*akk*) geraten ❿ *fam* (*se retrouver*) ~ **enceinte** schwanger werden; ~ **d'accord** sich einig werden ⓫ (*rencontrer par hasard*) ~ **sur qc** auf etw (*akk*) stoßen; ~ **sur qn** jdn [zufällig] treffen ⓬ (*abandonner*) **laisser ~ un projet/une activité** ein Projekt fallen lassen/eine Tätigkeit sein lassen ▶**bien/mal** ~ gelegen/ungelegen kommen; **ça tombe bien/mal** das trifft sich gut/schlecht
ome [tɔm] *m* Band *m*
om[m]e [tɔm] *f: Käsesorte aus Savoyen*
on¹ [tɔ̃] *m* ❶ *a.* MUS Ton *m;* **d'un** [*o* **sur un**] ~ **convaincu** in einem überzeugten Ton ❷ (*couleur*) Farbton *m*
on² [tɔ̃, te] <tes> *dét poss* dein(e); *v.a.* **mon**
ɔnalité [tɔnalite] *f* ❶ TELEC Freizeichen *nt* ❷ *a.* LING (*d'une voix*) Klang *m*
ɔndeuse [tɔ̃døz] *f* ❶ (*pour les cheveux, la barbe*) Haar-/Bartschneider *m* ❷ (*pour le jardin*) ~ [**à gazon**] Rasenmäher *m*
ɔndre [tɔ̃dʀ] <14> *vt* scheren; (*gazon*) mähen
ɔndu, e [tɔ̃dy] *part passé de* **tondre**
ɔng [tɔ̃g] *f* Sandale *f* mit Zehenriemchen
ɔnifiant [tɔnifjɑ̃] *m* Tonikum *nt*
tonifier [tɔnifje] <1> *vt* (*cheveux, peau*) kräftigen; (*organisme, personne*) stärken
tonique [tɔnik] **I.** *adj* ❶ (*froid*) belebend; (*boisson*) tonisch ❷ (*syllabe, voyelle*) betont **II.** *m* MED Tonikum *nt*
tonitruant, e [tɔnitʀyɑ̃, ɑ̃t] *adj* lautstark; (*voix*) durchdringend
tonne [tɔn] *f* Tonne *f*
tonneau [tɔno] <x> *m* ❶ (*récipient*) Fass *nt* ❷ (*accident de voiture*) Überschlag *m*
tonnelier, -ière [tɔnəlje, -jɛʀ] *m, f* Böttcher(in) *m(f)*
tonnelle [tɔnɛl] *f* [Garten]laube *f*
tonner [tɔne] <1> *vi impers* **il tonne** es donnert
tonnerre [tɔnɛʀ] *m* ❶ METEO Donner *m* ❷ (*manifestation bruyante*) ~ **de protestations** Proteststurm *m* ▶**du** ~ *fam* super
tonsure [tɔ̃syʀ] *f* REL Tonsur *f*
tonte [tɔ̃t] *f* (*action*) Scheren *nt*
tonus [tɔnys] *m* (*dynamisme*) Tatkraft *f*
top [tɔp] **I.** *adj inv, antéposé* ~ **model** Topmodel *nt* **II.** *m fam* (*niveau maximum*) **le** ~ das Beste
topo [tɔpo] *m fam* ❶ (*exposé oral*) Kurzvortrag *m* ❷ (*exposé écrit*) kurze Darstellung ❸ *péj* (*répétition ennuyeuse*) Sermon *m*
topologie [tɔpɔlɔʒi] *f* Topologie *f*
topométrie [tɔpɔmetʀi] *f* [Erd]vermessung *f*
toponyme [tɔpɔnim] *m* Ortsname *m*
toponymie [tɔpɔnimi] *f* Ortsnamenkunde *f*
toque [tɔk] *f* (*d'un juge*) Toque *f;* (*d'un cuisinier*) Mütze *f*
toqué, e [tɔke] **I.** *adj fam* (*cinglé*) bekloppt **II.** *m, f fam* Bekloppte(r) *f(m)*
torche [tɔʀʃ] *f* ❶ (*flambeau*) Fackel *f* ❷ (*lampe électrique*) Taschenlampe *f*
torchis [tɔʀʃi] *m* Strohlehm *m*
torchon [tɔʀʃɔ̃] *m* ❶ (*tissu*) Tuch *nt* ❷ *fam* (*journal*) Käseblatt *nt*
tordant, e [tɔʀdɑ̃, ɑ̃t] *adj fam* (*drôle*) zum Brüllen
tord-boyaux [tɔʀbwajo] *m inv, fam* Fusel *m*
tordre [tɔʀdʀ] <14> **I.** *vt* ❶ (*linge*) [aus]wringen ❷ (*plier*) verbiegen; **être tordu** (*jambe, nez*) krumm sein **II.** *vpr* ❶ (*faire des contorsions*) **se ~ de douleur** sich vor Schmerz (*dat*) verziehen; **se ~ de rire** sich vor Lachen biegen (*fam*) ❷ (*se luxer*) **se ~ un membre** sich (*dat*) ein Glied verrenken
tordu, e [tɔʀdy] **I.** *part passé de* **tordre** **II.** *adj fam* (*esprit*) verschroben; (*raisonne-*

T

ment) seltsam

toréador [tɔreadɔʀ] *m* Stierkämpfer *m*

tornade [tɔʀnad] *f* Tornado *m*

torpeur [tɔʀpœʀ] *f* Erstarrung *f*

torpille [tɔʀpij] *f* MIL Torpedo *m*

torpiller [tɔʀpije] <1> *vt* MIL torpedieren

torpilleur [tɔʀpijœʀ] *m* Torpedoboot *nt*

torréfier [tɔʀefje] <1> *vt* rösten

torrent [tɔʀɑ̃] *m* ❶ (*cours d'eau*) Gebirgsbach *m* ❷ (*de larmes*) Strom *m;* ~ **de boue** Schlammmasse *f*

torrentiel, le [tɔʀɑ̃sjɛl] *adj* (*pluies*) Sturz-

torride [tɔʀid] *adj* heiß; (*chaleur*) brütend

torsade [tɔʀsad] *f* (*motif*) Zopfmuster *nt*

torsader [tɔʀsade] <1> *vt* (*brins, cheveux*) flechten

torse [tɔʀs] *m* ❶ (*poitrine*) Oberkörper *m* ❷ ART Torso *m*

torsion [tɔʀsjɔ̃] *f* (*déformation: de la bouche, des traits*) Verzerren *nt*

tort [tɔʀ] *m* ❶ (*erreur*) Fehler *m* ❷ (*préjudice*) Nachteil *m;* (*moral*) Unrecht *nt;* **avoir ~ de faire qc** etw zu Unrecht tun ▶**à ~ et à travers** unüberlegt

torticolis [tɔʀtikɔli] *m* steifer Hals

tortillard [tɔʀtijaʀ] *m fam* Bummelzug *m*

tortillement [tɔʀtijmɑ̃] *m* Verrenkung *f;* (*des fesses, hanches*) Wackeln *nt*

tortiller [tɔʀtije] <1> **I.** *vt* (*cheveux*) zwirbeln **II.** *vi* ~ **des hanches** mit der Hüfte wackeln **III.** *vpr* **se ~** (*se tourner sur soi-même: personne*) herumzappeln; (*animal*) sich winden

tortionnaire [tɔʀsjɔnɛʀ] *mf* Folterknecht *m*

tortue [tɔʀty] *f* Schildkröte *f*

tortueux, -euse [tɔʀtɥø, -øz] *adj* (*chemin*) verschlungen; (*ruelle*) verwinkelt

torture [tɔʀtyʀ] *f* ❶ (*supplice*) Folter *f* ❷ (*souffrance*) Qual *f*

torturer [tɔʀtyʀe] <1> **I.** *vt* ❶ (*personne*) foltern; (*animal*) quälen ❷ (*remords*) plagen **II.** *vpr* **se ~** grübeln

tôt [to] *adv* früh; **le plus ~ possible** so bald wie möglich ▶**~ ou tard** früher oder später

total [tɔtal, o] <-aux> *m* Gesamtbetrag *m* ▶**faire le ~ de qc** die Bilanz aus etw ziehen; **au ~** (*en tout*) insgesamt; (*somme toute*) alles in Allem

total, e [tɔtal, o] <-aux> *adj* total; (*désespoir, ruine*) völlig; (*somme*) Gesamt-

totalement [tɔtalmɑ̃] *adv* völlig

totaliser [tɔtalize] <1> *vt* (*points, voix*) kommen auf (+ *akk*); (*habitants*) zählen

totalitaire [tɔtalitɛʀ] *adj* totalitär

totalité [tɔtalite] *f* Gesamtheit *f*

totem [tɔtɛm] *m* ❶ (*symbole*) Totem *n* ❷ (*statue*) Totempfahl *m*

toucan [tukɑ̃] *m* Tukan *m*

touchant, e [tuʃɑ̃, ɑ̃t] *adj* rührend; (*histoire*) bewegend

touche [tuʃ] *f* ❶ INFORM, MUS Taste *f* ❷ PECH Anbiss *m;* **qn a une ~** bei jdm beißt ei Fisch an ❸ (*en escrime*) Treffer *m* ❹ (*a football, rugby*) Seitenlinie *f;* (*sortie du ba lon*) Aus *nt* ▶**faire une ~** *fam* eine Erobe rung machen; **sur la ~** *fam* (*à l'écart*) im ins Abseits

touche-à-tout [tuʃatu] *mf inv, far* ❶ (*enfant*) *Kind, das alles anfasst* ❷ (*person ne aux activités multiples*) Hansdampf in al len Gassen *m*

toucher [tuʃe] <1> **I.** *vt* ❶ berühre ❷ (*frapper, atteindre*) treffen; (*plafond*) rei chen bis an (+ *akk*); ~ **qc** an etw (*akk*) gren zen ❸ (*concerner*) ~ **qn** jdn betreffen; (*hi toire, affaire*) jdn angehen ❹ (*émouvoir*) **qn** (*drame, scène*) jdn berühren ❺ (*argen* bekommen; (*pension*) beziehen ❻ (*por côte*) erreichen **II.** *vi* ❶ (*porter la main su* ~ **à qn/qc** jdn anrühren/etw anfassen; ~ **ses économies** an sein Erspartes gehe ❷ (*modifier*) ~ **au règlement** die Regel antasten ❸ (*être proche de*) ~ **à sa fin** de Ende zugehen **III.** *vpr* **se ~** (*personnes*) sic berühren; (*immeubles, localités*) aneinande grenzen **IV.** *m* ❶ (*sens*) Tastsinn *m* ❷ (*in pression*) Beschaffenheit *f* ❸ MUS Anschla *m* ▶**au ~** beim Berühren

touffe [tuf] *f* Büschel *nt*

touffu, e [tufy] *adj* dicht; (*sourcils*) buschig

toujours [tuʒuʀ] *adv* ❶ immer ❷ (*encor* immer noch ❸ (*malgré tout*) dennoch ▶**q peut ~ faire qc** jd kann etw tun, so viel will; **depuis ~** seit eh und je

toupet [tupɛ] *m fam* (*culot*) Frechheit *f*

tour[1] [tuʀ] *f* ❶ Turm *m;* ~ **de contrôle** T wer *m* ❷ (*immeuble*) Hochhaus *nt*

tour[2] [tuʀ] *m* ❶ (*circonférence*) Umfang (*des yeux*) Ränder *Pl;* ~ **de hanches/pc trine** Hüftweite *f*/Brustumfang ❷ (*brève e cursion*) Tour *f;* **faire un ~** eine Runde m chen; ~ **de France** SPORT Tour *f* de Fran ❸ (*succession alternée*) **c'est au ~ de c de faire qc** jd ist an der Reihe etw zu t

❹ (*rotation*) Umdrehung *f* ❺ (*duperie*) Streich *m* ❻ (*exercice habile*) Kunststück *nt;* ~ **de magie** Zaubertrick *m* ❼ POL Wahlgang *m* ▶**à ~ de rôle** abwechselnd

tourbière [tuʀbjɛʀ] *f* [Torf]moor *nt*

tourbillon [tuʀbijɔ̃] *m* ❶ (*vent*) Wirbelsturm *m* ❷ (*masse d'eau*) Strudel *m*

tourbillonnant, e [tuʀbijɔnɑ̃, ɑ̃t] *adj* (*vent*) Wirbel-; (*eau*) strudelnd; (*feuilles, fumée*) wirbelnd

tourbillonnement [tuʀbijɔnmɑ̃] *m* Wirbel *m*

tourbillonner [tuʀbijɔne] <1> *vi* (*feuilles*) [herum]wirbeln; (*eaux*) strudeln; (*fumée, poussière*) aufwirbeln

tourisme [tuʀism] *m* Tourismus *m;* **office de ~** Fremdenverkehrsamt *nt*

touriste [tuʀist] *mf* Tourist(in) *m(f)*

touristique [tuʀistik] *adj* touristisch; (*attrait*) für Touristen; (*billet, menu, renseignement*) Touristen-; (*région*) Ferien-

tourmente [tuʀmɑ̃t] *f soutenu* (*tempête*) Unwetter *nt*

tourmenté, e [tuʀmɑ̃te] *adj* gequält; (*vie*) bewegt

tourmenter [tuʀmɑ̃te] <1> **I.** *vt* ~ **qn** jdn quälen; (*remords, scrupules*) jdn plagen **II.** *vpr* **se ~** sich (*dat*) Sorgen machen

tournage [tuʀnaʒ] *m* CINE ~ **d'un film** Dreharbeiten *Pl* für einen Film

tournant [tuʀnɑ̃] *m* ❶ (*virage*) Kurve *f* ❷ (*d'une carrière, vie*) Wendepunkt *m*

tournant, e [tuʀnɑ̃, ɑ̃t] *adj* (*plaque*) Dreh-

tourné, e [tuʀne] *adj* (*aigri*) schlecht geworden; (*sauce, vin*) umgekippt; (*lait*) sauer geworden

tourne-disque [tuʀnədisk] <tourne-disques> *m* Plattenspieler *m*

tournée [tuʀne] *f* ❶ (*circuit*) Tour *f;* (*d'un artiste*) Tournee *f* ❷ *fam* (*au café*) Runde *f*

tourner [tuʀne] <1> **I.** *vt* ❶ drehen ❷ (*clé*) herumdrehen; (*page*) umblättern; (*feuille*) umdrehen ❸ (*remuer*) umrühren ❹ (*tête*) wegdrehen; (*dos*) zuwenden ❺ (*formuler*) formulieren; ~ **en ridicule** lächerlich machen **II.** *vi* ❶ sich drehen; ~ **en rond** im Kreis herumlaufen; ~ **autour de qc** sich um etw (*akk*) drehen; (*prix, nombre*) [ungefähr] bei etw liegen ❷ (*fonctionner*) laufen ❸ (*bifurquer*) abbiegen ❹ (*s'inverser*) umschlagen; (*vent*) drehen; **la chance a tourné** das Blatt hat sich gewendet ❺ (*évoluer*) ~ **à/en qc** sich zu etw entwickeln; (*événement*) als etw enden ❻ (*devenir aigre: crème, lait*) sauer werden; (*vin, sauce*) umkippen ❼ CINE [Filme] drehen ▶~ **bien/mal** (*personne*) sich positiv entwickeln/auf die schiefe Bahn geraten; (*chose*) gut/schlecht ausgehen **III.** *vpr* **se ~ vers qn/qc** sich jdm/etw zuwenden; (*changer de position*) sich zu jdm/etw drehen

tournesol [tuʀnəsɔl] *m* Sonnenblume *f*

tourneur, -euse [tuʀnœʀ, -øz] *m, f* Dreher(in) *m(f);* (*sur bois*) Drechsler(in) *m(f)*

tournevis [tuʀnəvis] *m* Schraubenzieher *m*

tourniquet [tuʀnikɛ] *m* (*barrière*) Drehkreuz *nt*

tournis [tuʀni] *m fam* Drehwurm *m*

tournoi [tuʀnwa] *m* Turnier *nt*

tournoiement [tuʀnwamɑ̃] *m* Kreisen *nt;* (*des feuilles*) Herumwirbeln *nt*

tournoyer [tuʀnwaje] <6> *vi* sich [im Kreis] drehen; (*feuilles*) herumwirbeln

tournure [tuʀnyʀ] *f a.* LING Wendung *f;* (*idiomatique*) Redewendung

tour-opérateur [tuʀɔpeʀatœʀ] <tour-opérateurs> *m* Reiseveranstalter *m*

tourtereau [tuʀtəʀo] <x> *m pl iron* (*amoureux*) Turteltäubchen *Pl*

tourterelle [tuʀtəʀɛl] *f* Turteltaube *f*

tourtière [tuʀtjɛʀ] *f* (*moule à tarte*) runde Pastetenform

tous [tu, tus] *v.* **tout**

Toussaint [tusɛ̃] *f* **la ~** Allerheiligen *nt*

> Auch in Frankreich ist **la Toussaint** ein Feiertag. Man besucht die Friedhöfe und gedenkt der Verstorbenen. Die Gräber werden mit Blumen, häufig Chrysanthemen, geschmückt.

tousser [tuse] <1> *vi* husten; (*pour avertir*) hüsteln

toussotement [tusɔtmɑ̃] *m* [leichter] Husten; (*pour avertir, de gêne*) Hüsteln *nt*

toussoter [tusɔte] <1> *vi* leicht husten; (*pour avertir*) hüsteln

tout, e [tu, tut, tus/tu, tut] <tous, toutes> *adj indéf* ❶ *sans pl* (*entier*) ~ **le temps/l'argent** die ganze Zeit/das ganze Geld; ~ **le monde** jeder[mann]; **il a plu ~e la journée** es hat den ganzen Tag geregnet; **de ~ son poids** mit seinem ganzen Gewicht; ~ **ce bruit** dieser ganze Lärm; **nous avons ~**

T

notre temps wir können uns Zeit lassen ❷ *sans pl* (*complet*) ~ **Londres** ganz London; **à ~ prix** um jeden Preis; **à ~e vitesse** in aller Eile; **c'est ~ l'effet que ça te fait** mehr fällt dir dazu nicht ein? ❸ *sans pl* (*quel qu'il soit*) ~ **homme** jeder [Mensch]; **de ~e manière** auf jeden Fall ❹ *pl* (*l'ensemble des*) **~es les places** alle Plätze; **tous les jours** jeden Tag; **dans tous les cas** in jedem Fall ❺ *pl* (*chaque*) **tous les deux jours** jeden zweiten Tag ❻ *pl* (*ensemble*) **de ~es sortes** aller Art; **nous avons fait tous les cinq ce voyage** wir fünf haben diese Reise gemacht

tout [tu] **I.** *adv* ❶ ganz; ~ **près de** ganz nahe bei; **le ~ premier/dernier** der Allererste/-letzte ❷ *inv* (*en même temps*) ~ **en faisant qc** während jd etw tut; (*quoique*) obwohl jd etw tut ▶~ **à/d'un coup** plötzlich; ~ **à fait** ganz; **c'est ~ à fait possible** das ist sehr gut möglich; ~ **de suite** sofort; ~ **de même** trotz alledem **II.** *m* ❶ (*totalité*) Gesamtheit *f* ❷ (*ensemble*) **le ~** das Ganze ▶ [**pas**] **du ~!** [ganz und] gar nicht!; **pas du ~ de pain** überhaupt kein Brot

tout, e [tu, tut, tus/tu, tut] <tous, toutes> *pron indéf* ❶ *sans pl* (*opp: rien*) alles ❷ *pl* (*opp: personne/aucun*) alle; **pour tous** für jedermann ❸ *sans pl* (*l'ensemble des choses*) ~ **ce qui bouge** alles, was sich bewegt ▶**et c[e n]'est pas ~!** und das ist [noch] nicht alles!; ~ **est bien qui finit bien** *prov* Ende gut, alles gut (*prov*) ~ **ou rien** alles oder nichts; **en ~** (*au total*) im Ganzen; (*dans toute chose*) in allem; **en ~ et pour ~** alles in allem

tout-à-l'égout [tutalegu] *m sans pl* Abwasseranschluss *m*

toutefois [tutfwa] *adv* jedoch

tout-petit [tup(ə)ti] <tout-petits> *m* Kleinkind *nt* **tout-puissant, toute-puissante** [tupɥisɑ̃, tutpɥisɑ̃t] <tout-puissants> *adj* allmächtig **tout-sécuritaire** [tusekyʀitɛʀ] *m sans pl* **politique du ~** Politik *f* der öffentlichen Sicherheit **tout-terrain** [tuteʀɛ̃] <tout-terrains> **I.** *adj* Gelände-; **vélo ~** Mountainbike *nt* **II.** *m* (*véhicule*) Geländewagen *m* **tout-venant** [tuv(ə)nɑ̃] *m inv* **le ~** (*gens banals*) jeder x-Beliebige; (*choses courantes*) nichts Besonderes

toux [tu] *f* Husten *m*

toxicité [tɔksisite] *f* Giftigkeit *f*

toxico [tɔksikɔ] *mf abr de* **toxicomane**

toxicologique [tɔksikɔlɔʒik] *adj* toxikologisch

toxicologue [tɔksikɔlɔg] *mf* Toxikologe/Toxikologin *m/f*

toxicomane [tɔksikɔman] *mf* [Drogen]-süchtige(r) *f(m)*

toxicomanie [tɔksikɔmani] *f* Drogensucht *f*

toxique [tɔksik] *adj* giftig; (*gaz*) Gift-

trac [tʀak] *m fam* **avoir le ~** Lampenfieber *nt* haben

tracas [tʀaka] *m* Sorgen *Pl*

tracasser [tʀakase] <1> **I.** *vt* ~ **qn** jdm Sorgen bereiten; (*administration*) jdn schikanieren **II.** *vpr* **se ~ pour qn/qc** sich (*dat*) um jdn/etw Sorgen machen

tracasserie [tʀakasʀi] *f gén pl* Scherereien *Pl* (*fam*)

trace [tʀas] *f* ❶ Spur *f*; (*d'un animal*) Fährte ❷ (*cicatrice*) Narbe *f* ▶**suivre qn à la ~** jdn auf den Fersen sein

tracé [tʀase] *m* (*du réseau routier/ferroviaire*) Streckenführung *f*

tracer [tʀase] <2> *vt* ❶ (*dessiner*) zeichnen; (*ligne*) ziehen ❷ (*piste*) bahnen; (*route*) anlegen

traceur [tʀasœʀ] *m* INFORM Plotter *m*

trachée-artère [tʀaʃeaʀtɛʀ] <trachées-artères> *f* Luftröhre *f*

trachéite [tʀakeit] *f* Luftröhrenentzündung *f*

trachéotomie [tʀakeɔtɔmi] *f* Luftröhrenschnitt *m*

tract [tʀakt] *m* Flugblatt *nt*

tracter [tʀakte] <1> *vt* schleppen

tracteur [tʀaktœʀ] *m* Traktor *m*

traction [tʀaksjɔ̃] *f* AUT, CHEMDFER Antrieb

tradition [tʀadisjɔ̃] *f* (*coutume*) Tradition ▶**de ~** traditionell

traditionnel, le [tʀadisjɔnɛl] *adj* traditionel

traditionnellement [tʀadisjɔnɛlmɑ̃] *ad* traditionsgemäß

traducteur [tʀadyktœʀ] *m* INFORM ~ **de poche** Sprachcomputer *m*

traducteur, -trice [tʀadyktœʀ, -tʀis] *m,* Übersetzer(in) *m(f)*

traduction [tʀadyksjɔ̃] *f* Übersetzung *f*; ~ **simultanée** Simultandolmetschen *nt*

traduire [tʀadɥiʀ] <irr> **I.** *vt* ❶ (*dans un autre langue*) ~ **Goethe de l'allemand en français** Goethe vom Deutschen ins Fra zösische übersetzen ❷ (*exprimer*) ~ **un sentiment** (*chose*) der Ausdruck eines Gefühls sein ❸ JUR ~ **en justice** dem Gericht überstellen **II.** *vpr* (*s'exprimer*) **se** ~ **par qc** (*chose*) sich in etw (*dat*) ausdrücken

traduisible [tʀadɥizibl] *adj* übersetzbar

traduit, **e** [tʀadɥi, ɥit] *part passé de* **traduire**

trafic [tʀafik] *m* ❶ (*circulation*) Verkehr *m* ❷ *péj* (*commerce*) Schwarzhandel *m;* ~ **de drogue** Drogenhandel *m* ❸ *fam* (*activité suspecte*) Machenschaften *Pl*

traficoter [tʀafikɔte] <1> *vt v.* **trafiquer**

trafiquant, **e** [tʀafikɑ̃, ɑ̃t] *m, f* Schieber(in) *m(f);* **~(e) de drogue** Dealer(in) *m(f)*

trafiquer [tʀafike] <1> *vt fam* ❶ (*comptes, moteur*) frisieren; (*produit*) verfälschen ❷ (*bricoler*) herumbasteln an (*dat*) ❸ (*manigancer*) aushecken

tragédie [tʀaʒedi] *f* Tragödie *f*

tragédien, **ne** [tʀaʒedjɛ̃, jɛn] *m, f* Tragödiendarsteller(in) *m(f)*

tragique [tʀaʒik] **I.** *adj* tragisch; (*auteur*) Tragödien- **II.** *m sans pl* (*gravité*) Tragik *f*

tragiquement [tʀaʒikmɑ̃] *adv* tragisch; (*mourir*) auf tragische [Art und] Weise

trahir [tʀaiʀ] <8> **I.** *vt* ❶ verraten ❷ (*confiance*) missbrauchen ❸ (*lâcher: sens*) täuschen **II.** *vpr* **se** ~ **par qc** sich durch etw (*akk*) verraten

trahison [tʀaizɔ̃] *f* (*traîtrise*) Verrat *m kein Pl*

train [tʀɛ̃] *m* ❶ CHEMDFER Zug *m;* **le** ~ **en direction/venant de Lyon** der Zug nach/aus Lyon; **prendre le** ~ mit dem Zug fahren ❷ (*allure*) Tempo *nt;* ~ **de vie** Lebensstandard *m* ❸ AVIAT ~ **d'atterrissage** Fahrwerk *nt* ❹ AUT Achse *f* ▸**un** ~ **peut en cacher un autre** der erste Eindruck kann täuschen; **être en** ~ **de faire qc** gerade etw tun

traînant, **e** [tʀɛnɑ̃, ɑ̃t] *adj* (*lent*) schleppend; (*démarche*) schlurfend

traînard, **e** [tʀɛnaʀ, aʀd] *m, f fam* Trödelfritze/Trödelliese *m/f*

traîne [tʀɛn] *f* Schleppe *f* ▸**à la** ~ zu spät

traîneau [tʀɛno] <x> *m* Schlitten *m*

traînée [tʀene] *f* Spur *f;* (*d'une étoile filante*) Schweif *m*

traîner [tʀene] <1> **I.** *vt* ❶ schleppen ❷ (*jambe*) nachziehen ❸ (*être encombré de*) mitschleppen (*fam*); ~ **avec soi** mit sich herumschleppen (*fam*) **II.** *vi* ❶ (*lambiner*) trödeln; (*maladie, procès*) sich [hin]ziehen ❷ (*vadrouiller*) herumhängen ❸ (*être en désordre*) herumliegen ❹ (*pendre à terre*) schleifen **III.** *vpr* (*se déplacer difficilement*) **se** ~ sich dahinschleppen

training [tʀeniŋ] *m* (*entraînement*) [Fitness]training *nt*

train-train [tʀɛ̃tʀɛ̃] *m sans pl, fam* [Alltags]trott *m*

traire [tʀɛʀ] <irr, défec> *vt* melken

trait [tʀɛ] *m* ❶ (*ligne*) Strich *m* ❷ (*caractéristique*) Grundzug *m;* (*dominant*) Merkmal *nt* ❸ *gén pl* (*lignes du visage*) Züge *Pl* ❹ LING ~ **d'union** Bindestrich *m* ▸**tirer un** ~ **sur qc** (*renoncer*) etw aufgeben; (*mettre un terme*) einen Schlussstrich unter etw (*akk*) ziehen; **d'un** ~ in einem Zug

trait, **e** [tʀɛ, tʀɛt] *part passé de* **traire**

traitant, **e** [tʀɛtɑ̃, ɑ̃t] *adj* (*shampoing*) Pflege-; (*médecin*) behandelnd

traite [tʀɛt] *f* ❶ (*achat à crédit*) ~ **de qc** Rate *f* für etw ❷ AGR (*des vaches*) Melken *nt* ❸ (*trafic*) Handel *m*

traité [tʀete] *m* ❶ POL Vertrag *m;* ~ **de Maastricht** Maastrichtabkommen *nt;* ~ **de Versailles** Versailler Vertrag *m* ❷ (*ouvrage*) Abhandlung *f*

traitement [tʀɛtmɑ̃] *m* ❶ *a.* MED Behandlung *f;* (*du chômage, d'un problème*) Handhabung *f* ❷ TECH Behandeln *nt;* (*de l'eau, de déchets radioactifs*) [Wieder]aufbereitung *f* ❸ INFORM ~ **multitâche** Multitasking *nt;* ~ **de l'information** [*o* **des données**] Datenverarbeitung *f;* ~ **de texte** Textverarbeitung *f*

traiter [tʀete] <1> **I.** *vt* ❶ *a.* MED behandeln ❷ (*affaire, question*) erledigen; (*dossier*) bearbeiten ❸ (*déchets, eaux*) [wieder]aufbereiten; **non traité** (*orange*) ungespritzt ❹ (*qualifier*) ~ **qn de fou** jdn einen Spinner nennen ❺ INFORM (*données, texte*) verarbeiten **II.** *vi* ❶ (*avoir pour sujet*) ~ **de qc** sich mit etw befassen ❷ (*négocier*) verhandeln

traître, **-esse** [tʀɛtʀ, -ɛs] **I.** *adj* ❶ (*qui trahit*) verräterisch ❷ (*sournois*) tückisch; (*escalier, virage*) gefährlich **II.** *m, f* Verräter(in) *m(f)* ▸**en** ~ hinterrücks

traîtrise [tʀetʀiz] *f* Verrat *m*

trajectoire [tʀaʒɛktwaʀ] *f* (*d'un véhicule*) Kurs *m;* (*d'un projectile*) Flugbahn *f;* (*d'une planète*) Umlaufbahn *f*

trajet [tʀaʒɛ] *m* Strecke *f*

T

tram [tʀam] *m fam abr de* **tramway**

trame [tʀam] *f* ❶ TEXTIL Schuss[faden *m*] *m* ❷ (*d'une histoire*) Gerüst *nt*

tramer [tʀame] <1> **I.** *vt* (*complot*) schmieden **II.** *vpr* **se ~** im Gange sein

tramontane [tʀamɔ̃tan] *f* Tramontana *f*

trampoline [tʀɑ̃pɔlin] *m* Trampolin *nt*

tramway [tʀamwɛ] *m* Straßenbahn *f*

tranchant [tʀɑ̃ʃɑ̃] *m* (*côté coupant*) Schneide *f*

tranchant, e [tʀɑ̃ʃɑ̃, ɑ̃t] *adj* scharf

tranche [tʀɑ̃ʃ] *f* ❶ (*portion*) Scheibe *f* ❷ (*subdivision*) **~ d'âge** Altersstufe *f;* **~ de vie** Lebensabschnitt *m*

tranché, e [tʀɑ̃ʃe] *adj* klar

tranchée [tʀɑ̃ʃe] *f* Graben *m*

trancher [tʀɑ̃ʃe] <1> **I.** *vt* (*couper*) durchschneiden **II.** *vi* (*décider*) eine Entscheidung treffen

tranquille [tʀɑ̃kil] *adj* ❶ ruhig; (*eau*) still; (*endroit*) friedlich; **être ~** seine/ihre Ruhe haben; **laisser ~** in Ruhe lassen ❷ (*rassuré*) beruhigt ❸ *iron fam* (*certain*) **là, je suis ~** da kann man Gift drauf nehmen ►**se <u>tenir</u> ~** stillhalten

tranquillement [tʀɑ̃kilmɑ̃] *adv* in [aller] Ruhe

tranquillisant [tʀɑ̃kilizɑ̃] *m* Beruhigungsmittel *nt*

tranquilliser [tʀɑ̃kilize] <1> **I.** *vt* beruhigen **II.** *vpr* **se ~** sich beruhigen

tranquillité [tʀɑ̃kilite] *f* Ruhe *f* ►**<u>en</u> toute ~** ungestört

transaction [tʀɑ̃zaksjɔ̃] *f* Geschäft *nt;* (*boursière*) Transaktion *f*

transactionnel, le [tʀɑ̃zaksjɔnɛl] *adj* JUR Vergleichs-

transalpin, e [tʀɑ̃zalpɛ̃, in] *adj* ❶ (*italien*) italienisch ❷ HIST, GEO transalpin[isch]

transat, transatlantique [tʀɑ̃zatlɑ̃tik] **I.** *m* ❶ (*paquebot*) Ozeandampfer *m* ❷ (*chaise*) Liegestuhl *m* **II.** *f* [Trans]atlantikregatta *f*

transbordement [tʀɑ̃sbɔʀdəmɑ̃] *m* (*d'une cargaison*) Umschlagen *nt;* (*de passagers*) Umsteigen *nt;* NAUT Umschiffen *nt*

transborder [tʀɑ̃sbɔʀde] <1> *vt* (*marchandises*) umschlagen; (*personnes*) umschiffen

transbordeur [tʀɑ̃sbɔʀdœʀ] **I.** *adj* **navire ~** Fähre *f* **II.** *m* (*car-ferry*) Autofähre *f*

transcendance [tʀɑ̃sɑ̃dɑ̃s] *f* Transzendenz *f*

transcendantal, e [tʀɑ̃sɑ̃dɑ̃tal, o] <-aux> *adj* transzendental

transcender [tʀɑ̃sɑ̃de] <1> **I.** *vt* (*dépasser*) **~ qc** die Grenzen einer S. (*gen*) überschreiten **II.** *vpr* **se ~** über sich selbst hinauswachsen

transcription [tʀɑ̃skʀipsjɔ̃] *f* **~ phonétique** Lautschrift *f*

transcrire [tʀɑ̃skʀiʀ] <irr> *vt* LING transkribieren

transe [tʀɑ̃s] *f* ❶ *pl* (*affres*) Ängste *Pl* ❷ (*éta[t] second*) Trance *f*

transept [tʀɑ̃sɛpt] *m* Querschiff *nt*

transférable [tʀɑ̃sfeʀabl] *adj* ❶ (*transpor[table]*) transportfähig ❷ FIN transferabel; (*propriété, valeur*) übertragbar

transférer [tʀɑ̃sfeʀe] <5> *vt* verlegen; (*dépouille, cendres*) überführen; (*fonctionnaire*) versetzen

transfert [tʀɑ̃sfɛʀ] *m* ❶ (*déplacement*) Verlegung *f;* (*de cendres*) Überführung *f;* (*de fonctionnaire*) Versetzung *f;* **~ d'appel** [automatische] Rufumleitung ❷ SPORT Transfe[r] *m* ❸ PSYCH, INFORM Übertragung *f*

transfiguration [tʀɑ̃sfigyʀasjɔ̃] *f* Verwandlung *f*

transfigurer [tʀɑ̃sfigyʀe] <1> *vt* völlig verwandeln; (*visage, réalité*) verklären

transfo [tʀɑ̃sfo] *m fam abr de* **transformateur** Trafo *m*

transformable [tʀɑ̃sfɔʀmabl] *adj* **être ~ e[n] qc** sich in etw (*akk*) verwandeln lassen

transformateur [tʀɑ̃sfɔʀmatœʀ] *m* ELE[C] Transformator *m*

transformation [tʀɑ̃sfɔʀmasjɔ̃] *f* Veränderung *f;* (*d'une maison*) Umbau *m kein P[l];* (*de matières premières*) Verarbeitung *f ke[in] Pl;* **~ en qc** Verwandlung *f* in etw (*akk*)

transformer [tʀɑ̃sfɔʀme] <1> **I.** *vt* ❶ (*modifier*) verwandeln; (*entreprise*) umstrukturieren; (*matière première*) verarbeiten; **en qc** (*pièce*) in etw (*akk*) umgestalte[n] ❷ MATH umformen **II.** *vpr* **se ~** sich ve[r]ändern; **se ~ en glace** zu Eis werden

transfuge [tʀɑ̃sfyʒ] *mf* Überläufer(in) *m(f)*

transfusé, e [tʀɑ̃sfyze] *m, f* Empfänger(i[n]) *m(f)* einer [Blut]transfusion

transfuser [tʀɑ̃sfyze] <1> *vt* (*sang*) übertragen; **~ qn** jdm Blut übertragen

transfusion [tʀɑ̃sfyzjɔ̃] *f* [Blut]transfusion *[f]*

transgresser [tʀɑ̃sgʀese] <1> *vt* (*loi*) übertreten

transgression [tʀɑ̃sgʀesjɔ̃] *f* **~ d'une i[…]**

terdiction Verstoß *m* gegen ein Verbot

transhumer [tʀɑ̃zyme] <1> *vi* (*animal*) das Weidegebiet wechseln

transiger [tʀɑ̃ziʒe] <2a> *vi* einen Kompromiss schließen; ~ **sur qc** in etw (*dat*) nachgeben

transistor [tʀɑ̃zistɔʀ] *m* ① RADIO Transistorradio *nt* ② ELEC Transistor *m*

transit [tʀɑ̃zit] *m* ① COM Transit *m* ② ANAT Verdauung *f* ▸**en** ~ Transit-

transitaire [tʀɑ̃zitɛʀ] *adj* Transit-

transiter [tʀɑ̃zite] <1> *vi* ~ **par qc** durch etw reisen; (*en avion*) über etw (*akk*) fliegen

transitif, -ive [tʀɑ̃zitif, -iv] *adj* transitiv

transition [tʀɑ̃zisjɔ̃] *f* ~ **de qc à qc** Übergang *m* von etw zu etw ▸**de** ~ Übergangs-

transitivité [tʀɑ̃zitivite] *f* Transitivität *f*

transitoire [tʀɑ̃zitwaʀ] *adj* vorübergehend

translation [tʀɑ̃slasjɔ̃] *f* GEOM Parallelverschiebung *f*

translucide [tʀɑ̃slysid] *adj* durchscheinend

transmanche [tʀɑ̃smɑ̃ʃ] *adj* **trafic** ~ Verkehr *m* über den Ärmelkanal

ransmetteur [tʀɑ̃smetœʀ] *m* Sender *m*

ransmettre [tʀɑ̃smɛtʀ] <irr> **I.** *vt* ① (*léguer*) weitergeben ② (*message*) übermitteln; (*ordre*) weiterleiten ③ BIO, MED ~ **qc à qn** (*maladie*) jdn mit etw anstecken ④ SCI, RADIO, TELEC, TV ~ **qc** etw übertragen; (*corps conducteur*) etw leiten **II.** *vpr* **se** ~ (*maladie*) übertragen werden

ransmissible [tʀɑ̃smisibl] *adj* MED ansteckend

ransmission [tʀɑ̃smisjɔ̃] *f* ① Übertragung *f*; (*d'une information*) Weiterleitung *f* ② (*passation*) Weitergabe *f*

ransmutation [tʀɑ̃smytasjɔ̃] *f* PHYS, CHIM Umwandlung *f*

ransparaître [tʀɑ̃spaʀɛtʀ] <irr> *vi* durchscheinen

ransparence [tʀɑ̃spaʀɑ̃s] *f* Transparenz *f*; (*de l'eau*) Klarheit *f*

ransparent [tʀɑ̃spaʀɑ̃] *m* [Transparent]folie *f*

ransparent, e [tʀɑ̃spaʀɑ̃, ɑ̃t] *adj* ① (*opp: opaque*) durchsichtig; (*air, eau*) klar; **papier** ~ Pauspapier *nt* ② (*évident*) offensichtlich; (*allusion*) deutlich

anspercer [tʀɑ̃spɛʀse] <2> *vt* ~ **qc** etw durchbohren; (*balle*) etw durchschlagen; ~ **qn** (*froid*) jdn durchdringen

anspiration [tʀɑ̃spiʀasjɔ̃] *f* ① (*processus*) Schwitzen *nt* ② (*sueur*) Schweiß *m*

transpirer [tʀɑ̃spiʀe] <1> *vi* schwitzen

transplant [tʀɑ̃splɑ̃] *m* Transplantat *nt*

transplantation [tʀɑ̃splɑ̃tasjɔ̃] *f* ① BIO, MED Transplantation *f* ② AGR Umpflanzen *nt* ③ (*déplacement*) Verpflanzung *f*

transplanté, e [tʀɑ̃splɑ̃te] *m, f* Organempfänger(in) *m(f)*

transplanter [tʀɑ̃splɑ̃te] <1> *vt* ① BIO, MED transplantieren ② AGR umpflanzen

transport [tʀɑ̃spɔʀ] *m* ① (*acheminement*) Transport *m*; (*de bagages, voyageurs*) Beförderung *f* ② *pl* AUT **les** ~**s** das Verkehrswesen ▸**entreprise de** ~ Spedition *f* **moyens de** ~ Verkehrsmittel *Pl*; ~**s en commun** öffentliche Verkehrsmittel *Pl*

transportable [tʀɑ̃spɔʀtabl] *adj* (*blessé*) transportfähig

transporter [tʀɑ̃spɔʀte] <1> *vt* transportieren; (*voyageur*) befördern

transporteur [tʀɑ̃spɔʀtœʀ] *m* (*entreprise*) Transportunternehmen *nt*

transposable [tʀɑ̃spozabl] *adj* übertragbar

transposer [tʀɑ̃spoze] <1> *vt* übertragen

transposition [tʀɑ̃spozisjɔ̃] *f* Übertragung *f*

transsexuel, le [tʀɑ̃(s)sɛksɥɛl] **I.** *adj* transsexuell **II.** *m, f* Transsexuelle(r) *f(m)*

transvaser [tʀɑ̃svɑze] <1> *vt* umfüllen

transversal, e [tʀɑ̃svɛʀsal, o] <-aux> *adj* quer verlaufend; (*rue*) Quer-

transversale [tʀɑ̃svɛʀsal] *f* ① (*itinéraire*) Querverbindung *f* ② (*route*) Querstraße *f*

transversalement [tʀɑ̃svɛʀsalmɑ̃] *adv* quer

trapèze [tʀapɛz] *m* Trapez *nt*

trapéziste [tʀapezist] *mf* Trapezkünstler(in) *m(f)*

trapézoïdal, e [tʀapezɔidal, o] <-aux> *adj* trapezförmig

trappe [tʀap] *f* ① (*ouverture*) Klappe *f*; (*dans le plancher*) Falltür *f* ② (*piège*) Falle *f*

trappeur [tʀapœʀ] *m* Trapper *m*

trapu, e [tʀapy] *adj* gedrungen

traque [tʀak] *f* (*d'un fugitif*) Verfolgung *f*

traquenard [tʀaknaʀ] *m* (*a. fig*) Falle *f*

traquer [tʀake] <1> *vt* verfolgen

trash [tʀaʃ] *adj inv fam* trashing

traumatique [tʀomatik] *adj* traumatisch

traumatisant, e [tʀomatizɑ̃, ɑ̃t] *adj* schockierend; **une expérience** ~**e** ein traumatisches Erlebnis

traumatiser [tʀomatize] <1> *vt* ① (*choquer*) ~ **qn** jdm einen Schock versetzen;

(*échec, culpabilité*) für jdn zu einem Trauma werden; **être traumatisé par qc** durch etw einen Schock erleiden ❷ MED ~ **qn** bei jdm ein Trauma hinterlassen

traumatisme [tʀomatism] *m* Trauma *nt*

traumatologie [tʀomatɔlɔʒi] *f* ❶ (*science*) Unfallmedizin *f* ❷ (*service*) Unfallstation *f*

traumatologiste [tʀomatɔlɔʒist] *mf* Unfallarzt/-ärztin *m/f;* (*chirurgien*) Unfallchirurg(in) *m(f)*

travail [tʀavaj, o] <-aux> *m* ❶ Arbeit *f;* **se mettre au** ~ sich an die Arbeit machen; ~ **à la chaîne** Fließbandarbeit *f;* ~ **à temps partiel** Teilzeitarbeit *f;* ~ **d'utilité collective** (*emploi*) ABM-Stelle *f* ❷ *pl* (*ensemble de tâches*) **travaux ménagers** Hausarbeit; **travaux d'urbanisme** städtebauliche Maßnahmen *Pl;* **travaux publics** Bauarbeiten *Pl* der öffentlichen Hand; **travaux!** Bauarbeiten! ❸ (*résultat*) Werk *nt* ❹ (*façonnage*) Bearbeitung *f* ▶**se tuer au** ~ sich totarbeiten (*fam*)

travailler [tʀavaje] <1> **I.** *vi* ❶ arbeiten; ~ **à son compte** selbstständig sein; ~ **à qc** an etw (*dat*) arbeiten ❷ (*s'exercer: sportif*) trainieren ❸ (*cidre, vin*) gären **II.** *vt* ❶ bearbeiten; (*pâte*) [durch]kneten; (*style*) feilen an (+ *dat*); **travaillé à la main** handgearbeitet ❷ (*s'entraîner à*) üben ❸ (*tourmenter*) ~ **qn** jdm zu schaffen machen

travailleur, -euse [tʀavajœʀ, -jøz] **I.** *adj* fleißig **II.** *m, f* ❶ (*salarié*) Arbeiter(in) *m(f);* ~ **immigré** Gastarbeiter ❷ (*personne laborieuse*) fleißiger Mensch

travailliste [tʀavajist] **I.** *adj* POL **parti** ~ Labour Party *f* **II.** *mf* Mitglied *nt* der Labour Party

travelling [tʀavliŋ] *m* CINE Kamerafahrt *f*

travelo [tʀavlo] *m fam* Tunte *f* (*pej*)

travers [tʀavɛʀ] *m* Schwäche *f* ▶**prendre qc de** ~ etw in den falschen Hals bekommen (*fam*); **à** ~ **qc au** ~ **de qc** (*en traversant*) durch etw hindurch; (*par l'intermédiaire de*) durch etw; **à** ~ **les siècles** über Jahrhunderte [hinweg]; **à** ~ **le monde** überall in der Welt; **de** ~ (*en biais*) schief; (*mal*) verkehrt; **en** ~ quer

traversée [tʀavɛʀse] *f* **la** ~ **de l'Atlantique** die Überquerung des Atlantiks

traverser [tʀavɛʀse] <1> *vt* ❶ (*franchir*) überqueren; (*à pied*) gehen über (+ *akk*); (*en voiture, à vélo*) fahren über (+ *akk*); (*à la nage*) durchschwimmen; **faire** ~ **qn** jdn über die Straße führen ❷ (*se situer en travers de*) ~ **qc** (*route*) etw durchqueren; (*fleuve*) durch etw fließen ❸ (*transpercer*) ~ **qc** durch etw dringen; (*clou*) sich in etw (*akk*) bohren ❹ (*subir*) durchmachen ❺ (*se manifester dans*) ~ **l'esprit** durch den Kopf schießen

traversier [tʀavɛʀsje] *m* CAN (*bac*) Fähre *f*

traversin [tʀavɛʀsɛ̃] *m: lange, mit Federn gefüllte Kopfkissenrolle*

travesti [tʀavɛsti] *m* (*homosexuel*) Transvestit *m*

travesti, e [tʀavɛsti] *adj* verkleidet

travestir [tʀavɛstiʀ] <8> *vt* ❶ (*falsifier*) verfälschen ❷ (*déguiser*) ~ **qn en fée** jdn als Fee verkleiden

travestissement [tʀavɛstismɑ̃] *m* (*déguisement*) Verkleidung *f*

trayeuse [tʀɛjøz] *f* (*machine*) Melkmaschine *f*

trébuchant, e [tʀebyʃɑ̃, ɑ̃t] *adj* ❶ (*chancelant*) schwankend; (*ivrogne*) torkelnd ❷ (*voix*) stockend; (*diction*) holprig

trébucher [tʀebyʃe] <1> *vi* ~ **sur qc** über etw (*akk*) stolpern; **faire** ~ **qn** jdm ein Bein stellen

trèfle [tʀɛfl] *m* ❶ BOT Klee *m* ❷ JEUX Kreuz *nt*

treille [tʀɛj] *f* (*tonnelle*) Weinlaube *f*

treize [tʀɛz] **I.** *num* dreizehn **II.** *m inv* Dreizehn *f; v.a.* **cinq**

treizième [tʀɛzjɛm] **I.** *adj antéposé* dreizehnte(r, s) **II.** *mf* **le/la** ~ der/die/das Dreizehnte **III.** *m* (*fraction*) Dreizehntel *nt; v.a.* **cinquième**

trekking [tʀekiŋ] *m* SPORT Trekking *nt*

tréma [tʀema] **I.** *m* Trema *nt* **II.** *app* **e/i/u** ~ e/i/u [mit] Trema; **a/o/u** ~ (*en allemand*) ä/ö/ü

tremblant, e [tʀɑ̃blɑ̃, ɑ̃t] *adj* zitternd

tremblement [tʀɑ̃bləmɑ̃] *m* Zittern *nt;* ~ **de terre** Erdbeben *nt;* **des** ~**s** Erschütterungen *Pl*

trembler [tʀɑ̃ble] <1> *vi* ❶ zittern; (*terre*) beben; (*flamme*) flackern; ~ **de colère** vor Wut beben ❷ (*avoir peur*) erschauern; **faire** ~ **qn** jdm Angst [und Bange] machen

trembloter [tʀɑ̃blɔte] <1> *vi* [leicht] zittern

trémousser [tʀemuse] <1> *vpr* **se** ~ (*danseur*) sich verrenken; (*enfant*) zappeln

trempe [tʀɑ̃p] *f fam* (*correction*) Dresche *f*

trempé, e [tʀɑ̃pe] *adj* ❶ (*mouillé*) durchnässt ❷ TECH (*acier*) gehärtet; **en verre ~** aus Sicherheitsglas
tremper [tʀɑ̃pe] <1> **I.** *vt* ❶ (*mouiller*) durchnässen; (*sol*) durchtränken ❷ (*plonger*) ~ **dans qc** (*croissant*) in etw tunken (*akk*) ❸ (*acier*) härten **II.** *vi* ❶ (*rester immergé*) **laisser ~ des légumes secs** Hülsenfrüchte quellen lassen ❷ (*participer à*) ~ **dans qc** in etw (*akk*) verwickelt sein
tremplin [tʀɑ̃plɛ̃] *m* Sprungbrett *nt*
trench-coat [tʀɛnʃkot] <trench-coats> *m* Trenchcoat *m*
trentaine [tʀɑ̃tɛn] *f* ❶ (*environ trente*) **une ~ de personnes/pages** etwa dreißig Personen/Seiten ❷ (*âge approximatif*) **avoir la ~** ungefähr dreißig [Jahre alt] sein; **approcher de la ~** auf die Dreißig zugehen
trente [tʀɑ̃t] **I.** *num* dreißig **II.** *m inv* Dreißig *f*; *v.a.* **cinq, cinquante**
trentenaire [tʀɑ̃tnɛʀ] *adj* dreißigjährig
trente-six [tʀɑ̃tsis] **I.** *num* ❶ (*chiffre*) sechsunddreißig; *v.a.* **cinq** ❷ *fam* (*une grande quantité*) x **II.** *m inv* Sechsunddreißig *f* ▶**tous les ~ du mois** *fam* alle Jubeljahre [mal]; *v.a.* **cinq**
trentième [tʀɑ̃tjɛm] **I.** *adj antéposé* dreißigste(r, s) **II.** *mf* **le/la ~** der/die/das Dreißigste **III.** *m* (*fraction*) Dreißigstel *nt*; *v.a.* **cinquième**
trépidant, e [tʀepidɑ̃, ɑ̃t] *adj* pulsierend
trépider [tʀepide] <1> *vi* vibrieren; (*machine*) dröhnen
trépied [tʀepje] *m* (*support*) Dreibein *nt*; (*d'un appareil photo*) Stativ *nt*
trépignement [tʀepiɲmɑ̃] *m* Trampeln *nt*; (*de colère*) Aufstampfen *nt*
trépigner [tʀepiɲe] <1> *vi* von einem Fuß auf den anderen treten
très [tʀɛ] *adv* sehr; **avoir ~ faim/peur** großen Hunger/große Angst haben; **faire ~ attention** gut aufpassen
trésor [tʀezɔʀ] *m* ❶ (*richesse enfouie*) Schatz *m* ❷ *pl* (*richesses*) Schätze *Pl* ❸ ADMIN, FIN **Trésor [public]** (*moyens financiers*) Staatskasse *f*; (*l'État*) öffentliche Hand; (*administration*) Finanzverwaltung *f*; (*bureau*) Finanzamt *nt*
trésorerie [tʀezɔʀʀi] *f* ❶ (*budget*) Finanzen *Pl* ❷ (*gestion*) Haushaltsführung *f*; (*d'une entreprise*) [betriebliches] Rechnungswesen
trésorier, -ière [tʀezɔʀje, -jɛʀ] *m, f* Kassenführer(in) *m(f)*; (*d'une association, d'un club*) Kassenwart *m*; (*d'un parti, syndicat*) Schatzmeister(in) *m(f)*
tressaillir [tʀesajiʀ] <irr> *vi* zusammenzucken
tressauter [tʀesote] <1> *vi* ❶ (*être secoué: personne*) hin- und hergeworfen werden; (*dans un véhicule*) durchgerüttelt werden ❷ (*sursauter*) zusammenzucken; (*dans son sommeil, dans ses pensées*) hochschrecken
tresse [tʀɛs] *f* Zopf *m*
tresser [tʀese] <1> *vt* flechten
tréteau [tʀeto] <x> *m* (*support*) Bock *m*
treuil [tʀœj] *m* Winde *f*
trêve [tʀɛv] *f* ❶ (*répit*) Ruhepause *f* ❷ (*arrêt des hostilités*) Waffenruhe *f* ▶~ **de plaisanteries!** Spaß beiseite!
Trèves [tʀɛv] Trier *nt*
tri [tʀi] *m* ❶ (*choix*) [Aus]sortieren *nt*; ~ **des déchets** Mülltrennung *f* ❷ POST Sortieren *nt* ❸ INFORM **effectuer un ~ croissant/décroissant** aufsteigend/absteigend sortieren
trial [tʀijal] *m* ❶ (*moto*) Moto-Cross-Rad *nt* ❷ (*course*) Moto-Cross[-Rennen *nt*] *nt*
triangle [tʀijɑ̃gl] *m* ❶ MATH Dreieck *nt* ❷ AUT ~ **de présignalisation** Warndreieck *nt* ❸ MUS Triangel *m*
triangulaire [tʀijɑ̃gylɛʀ] *adj* dreieckig; (*prisme, pyramide*) dreiseitig
triathlon [tʀi(j)atlɔ̃] *m* Triathlon *m*
triathlonien, ne [tʀi(j)atlɔnjɛ̃, jɛn] *m, f* Triathlet(in) *m(f)*
tribal, e [tʀibal, o] <-aux> *adj* Stammes-
tribord [tʀibɔʀ] *m* Steuerbord *nt kein Pl*
tribu [tʀiby] *f* ❶ SOCIOL Stamm *m* ❷ *iron* (*grande famille*) Sippe *f*
tribunal [tʀibynal, o] <-aux> *m* Gericht *nt*; ~ **fédéral** CH (*cour suprême de la Suisse*) Bundesgericht
tribune [tʀibyn] *f* ❶ Tribüne *f* ❷ (*dans un journal*) Kolumne *f*
tribut [tʀiby] *m* Tribut *m*
tributaire [tʀibytɛʀ] *adj* ~ **de qn/qc** abhängig von jdm/etw
tricentenaire [tʀisɑ̃tnɛʀ] **I.** *adj* dreihundertjährig **II.** *m* ❶ (*d'une personne*) dreihundertster Geburtstag; (*d'un événement*) dreihundertster Jahrestag ❷ (*cérémonie*) Dreihundertjahrfeier *f*
tricher [tʀiʃe] <1> *vi* (*frauder*) betrügen; ~ **aux cartes/à l'examen** beim Kartenspiel/in der Prüfung mogeln (*fam*)

T

tricherie [tʀiʃʀi] *f* Betrügerei *f;* (*au jeu, à l'examen*) Schummeln *nt* (*fam*)

tricheur, **-euse** [tʀiʃœʀ, -øz] *m, f* Betrüger(in) *m(f); (au jeu, à l'examen)* Schummler(in) *m(f);* (*aux cartes*) Falschspieler(in) *m(f)*

tricolore [tʀikɔlɔʀ] **I.** *adj* ❶ (*bleu, blanc, rouge*) blauweißrot ❷ (*de trois couleurs*) dreifarbig **II.** *mpl* SPORT **les ~s** die französische Nationalmannschaft

tricot [tʀiko] *m* ❶ (*gilet tricoté*) Strickweste *f* ❷ (*action*) Stricken *nt*

tricoter [tʀikɔte] <1> *vt, vi* stricken; **aiguille à ~** Stricknadel *f*

tricycle [tʀisikl] *m* Dreirad *nt*

trident [tʀidɑ̃] *m* ❶ PECHE dreizackiger Fischspeer ❷ HIST Dreizack *m*

tridimensionnel, **le** [tʀidimɑ̃sjɔnɛl] *adj* dreidimensional

triennal, **e** [tʀijenal, o] <-aux> *adj* ❶ (*qui dure trois ans*) dreijährig ❷ (*qui a lieu tous les trois ans*) alle drei Jahre stattfindend

trier [tʀije] <1> *vt* ❶ (*sélectionner*) auswählen; (*fruits, habits*) aussortieren ❷ (*classer*) sortieren

trieur [tʀijœʀ] *m* (*machine*) MINER Sortiermaschine *f;* AGR Trieur *m*

trieur, **-euse** [tʀijœʀ, jøz] *m, f* (*personne*) Sortierer(in) *m(f)*

trigonométrique [tʀigɔnɔmetʀik] *adj* trigonometrisch

trilatéral, **e** [tʀilateʀal, o] <-aux> *adj* ECON, POL trilateral

trilingue [tʀilɛ̃g] *adj* dreisprachig

trimbal[l]er [tʀɛ̃bale] <1> *vt fam* herumschleppen; (*en voiture*) herumkutschieren; (*bagages*) schleppen

trimer [tʀime] <1> *vi* schuften (*fam*)

trimestre [tʀimɛstʀ] *m* (*période de trois mois*) Quartal *nt;* SCOL Trimester *nt*

trimestriel, **le** [tʀimɛstʀijɛl] *adj* (*paiement*) vierteljährlich; (*publication*) vierteljährlich erscheinend

trimestriellement [tʀimɛstʀijɛlmɑ̃] *adv* vierteljährlich

tringle [tʀɛ̃gl] *f* Stange *f*

Trinité [tʀinite] *f* **la** [**Sainte**] **~** die Dreifaltigkeit

trinquer [tʀɛ̃ke] <1> *vi* **~ à la santé de qn** auf jdn anstoßen

trio [tʀijo] *m a.* MUS Trio *nt*

triomphal, **e** [tʀijɔ̃fal, o] <-aux> *adj* triumphal

triomphalement [tʀijɔ̃falmɑ̃] *adv* triumphierend; (*accueillir*) jubelnd

triomphateur, **-trice** [tʀijɔ̃fatœʀ, -tʀis] **I.** *adj* (*air*) triumphierend; (*nation, parti*) siegreich **II.** *m, f* Sieger(in) *m(f)*

triomphe [tʀijɔ̃f] *m* Triumph *m*

triompher [tʀijɔ̃fe] <1> *vi* ❶ triumphieren; (*personne*) siegen; (*vérité*) ans Licht kommen ❷ (*faire un triomphe*) einen [großen] Triumph feiern

trip [tʀip] *m fam* Trip *m*

tripartite [tʀipaʀtit] *adj* dreiseitige(r, s); **gouvernement ~** Dreiparteienregierung *f*

tripes [tʀip] *fpl* ❶ GASTR Kaldaunen *Pl* ❷ *fam* (*boyau de l'homme*) Eingeweide *Pl;* (*ventre*) Bauch *m*

triphasé, **e** [tʀifɑze] *adj* **courant ~** Drehstrom *m*

triple [tʀipl] **I.** *adj* dreifach **II.** *m* **le ~** das Dreifache

triplé [tʀiple] *m* SPORT dreifacher Sieg; (*trois victoires de suite*) Hattrick *m*

triplés, **-ées** [tʀiple] *mpl, fpl* Drillinge *Pl*

triplement [tʀipləmɑ̃] **I.** *adv* ❶ (*trois fois*) dreifach ❷ (*tout à fait*) hundertprozentig (*vrai*) absolut **II.** *m* (*multiplication*) Verdreifachung *f*

tripler [tʀiple] <1> **I.** *vt* verdreifachen **II.** *vi* sich verdreifachen

triplés, **-ées** [tʀiple] *mpl, fpl* Drillinge *Pl*

triporteur [tʀipɔʀtœʀ] *m* Lieferdreirad *nt*

tripoter [tʀipɔte] <1> **I.** *vt* ❶ (*objets*) herumspielen mit (*fam*); (*fruits*) begrapschen (*fam*); (*bouton*) herumfummeln an (+ *Dat*) (*fam*) ❷ (*peloter*) betatschen (*fam*) **II.** *vpr* (*triturer*) **se ~ la barbe** an seinem Bart herumzwirbeln

trique [tʀik] *f* Knüppel *m*

trisomie [tʀizɔmi] *f* Trisomie *f*

triste [tʀist] *adj* ❶ traurig ❷ *a. antéposé* (*pensée*) trübselig; (*paysage, couleur*) trist ❸ *antéposé* (*événements, destin*) tragisch (*affaire*) unerfreulich; (*mine, résultats*) kläglich

tristement [tʀistəmɑ̃] *adv* traurig; (*parler, raconter*) betrübt

tristesse [tʀistɛs] *f* Traurigkeit *f*

tristounet, **te** [tʀistunɛ, ɛt] *adj fam* traurig (*temps*) trist

trithérapie [tʀiteʀapi] *f* MED (*contre le sida*) Kombitherapie *f*

triton [tʀitɔ̃] *m* ZOOL [Wasser]molch *m*
triturer [tʀityʀe] <1> *vt* ❶ (*broyer*) zerkleinern; (*aliments*) zerkauen ❷ (*veste*) knautschen (*fam*); (*mouchoir*) knüllen (*fam*); (*crayon*) herumkauen auf (+ *dat*) (*fam*)
trivial, e [tʀivjal, jo] <-aux> *adj* (*vulgaire*) ordinär
trivialement [tʀivjalmɑ̃] *adv* ordinär
trivialité [tʀivjalite] *f* (*vulgarité*) Primitivität *f*
troc [tʀɔk] *m* Tauschhandel *m*
troglodyte [tʀɔglɔdit] *m* ❶ (*personne*) Höhlenmensch *m* ❷ ZOOL Zaunkönig *m*
troglodytique [tʀɔglɔditik] *adj* **habitations ~s** Höhlenwohnungen *Pl*
trognon [tʀɔɲɔ̃] *m* Kerngehäuse *nt;* (*de chou*) Strunk *m*
trois [tʀwɑ] **I.** *num* drei ►**en ~ mots** mit zwei, drei Worten **II.** *m inv* Drei *f; v.a.* **cinq**
trois-étoiles [tʀwɑzetwal] **I.** *adj inv* mit drei Sternen **II.** *m inv* Dreisternehotel *nt*
trois-huit [tʀwɑɥit] *mpl inv* **faire les ~** in drei Schichten arbeiten
troisième [tʀwɑzjɛm] **I.** *adj antéposé* dritte(r, s); **le ~ âge** (*personnes âgées*) die Senioren **II.** *mf* **le/la ~** der/die/das Dritte **III.** *f* SCOL ≈ neunte Klasse; *v.a.* **cinquième**
troisièmement [tʀwɑzjɛmmɑ̃] *adv* drittens
trois-mâts [tʀwɑmɑ] *m inv* Dreimaster *m*
trois-pièces [tʀwɑpjɛs] *m inv* ❶ ARCHIT Dreizimmerwohnung *f* ❷ COUT **costume ~** dreiteiliger Anzug
trolleybus [tʀɔlɛbys] *m* Trolleybus *m*
trombe [tʀɔ̃b] *f* (*forte averse*) Wolkenbruch *m* ►**en ~** *fam* wie ein Wirbelwind *m*
trombone [tʀɔ̃bɔn] **I.** *m* ❶ MUS Posaune *f* ❷ (*attache*) Büroklammer *f* **II.** *mf* Posaunist(in) *m(f)*
trompe [tʀɔ̃p] *f* ❶ MUS Horn *nt* ❷ ZOOL Rüssel *m;* (*d'un insecte*) Saugrüssel ❸ ANAT *souvent pl* Eileiter *m*
trompe-l'œil [tʀɔ̃plœj] *m inv* ART Trompe-l'œil *m*
tromper [tʀɔ̃pe] <1> **I.** *vt* ❶ (*duper*) täuschen; **~ qn sur qc** jdn mit etw betrügen ❷ (*être infidèle à*) **~ qn avec qn** jdn mit jdm betrügen ❸ (*faim, soif*) lindern **II.** *vi* täuschen **III.** *vpr* **se ~** sich irren; **se ~ dans son calcul** sich verrechnen; **se ~ de direction** die falsche Richtung nehmen; (*en voiture*) sich verfahren; **se ~ de numéro** [**de téléphone**] sich verwählen
tromperie [tʀɔ̃pʀi] *f* Betrug *m kein Pl*
trompette [tʀɔ̃pɛt] **I.** *f* Trompete *f* ►**nez en ~** Stupsnase *f* **II.** *m* MUS Trompeter(in) *m(f)*
trompettiste [tʀɔ̃petist] *mf* Trompeter(in) *m(f)*
trompeur, -euse [tʀɔ̃pœʀ, -øz] *adj* trügerisch; (*résultats*) irreführend; (*ressemblance*) täuschend; (*discours*) lügnerisch
tronc [tʀɔ̃] *m* ❶ BOT Stamm *m* ❷ ANAT Rumpf *m* ❸ ARCHIT (*d'une colonne*) Schaft *m* ❹ SCOL **~ commun** (*cycle commun*) *Unter- und Mittelstufe einer Gesamtschule* (*partie de programme commune*) Pflichtfächer *Pl;* UNIV Pflichtkurse *Pl*
tronçon [tʀɔ̃sɔ̃] *m* ❶ (*partie*) Teil *m;* (*d'une voie ferrée, route*) Teilstrecke *f* ❷ (*morceau coupé*) Stück *nt;* (*d'une colonne*) Trommel *f*
tronçonner [tʀɔ̃sɔne] <1> *vt* zerteilen; (*scier*) zersägen
tronçonneuse [tʀɔ̃sɔnøz] *f* Motorsäge *f*
trône [tʀon] *m* Thron *m*
trôner [tʀone] <1> *vi* thronen; (*photo*) prangen
tronquer [tʀɔ̃ke] <1> *vt* (*détail*) auslassen; (*texte, citation*) verstümmeln
trop [tʀo] *adv* ❶ (*de façon excessive: grand, cher*) zu; (*manger, faire*) zu viel; (*insister, négliger*) zu sehr ❷ (*en quantité excessive*) **~ de temps/travail** zu viel Zeit *f*/Arbeit *f* ❸ (*pas tellement*) **ne pas ~ aimer** nicht besonders mögen; **ne pas ~ savoir** nicht genau wissen; **je n'ai pas ~ envie** ich habe keine große Lust ►**c'est ~!** (*il ne fallait pas*) das wäre doch nicht nötig gewesen!; (*c'est la meilleure*) das gibt's doch nicht!
trophée [tʀɔfe] *m* Trophäe *f*
tropical, e [tʀɔpikal, o] <-aux> *adj* tropisch
tropique [tʀɔpik] *m* ❶ GEO Wendekreis *m* ❷ (*région tropicale*) **les ~s** die Tropen
trop-perçu [tʀopɛʀsy] <trop-perçus> *m* ❶ ADMIN zu viel erhobener Betrag ❷ COM Überschuss *m* **trop-plein** [tʀoplɛ̃] <trop-pleins> *m* ❶ TECH (*tuyau d'évacuation*) Überlauf[rohr *nt*] *m* ❷ (*surplus*) Überfülle *f* ❸ (*excès*) **~ d'amour/d'énergie** Übermaß *nt* an Liebe/Energie
troquer [tʀɔke] <1> *vt* tauschen
troquet [tʀɔkɛ] *m fam* Kneipe *f*
trot [tʀo] *m* (*allure*) Trab *m*
trotte [tʀɔt] *f fam* Stück *nt* [Weg]
trotter [tʀɔte] <1> *vi* (*cheval*) traben; (*personne*) *fam* trotten
trotteur, -euse [tʀɔtœʀ, -øz] *m, f* (*cheval*)

Traber *m*

trotteuse [tRɔtøz] *f* Sekundenzeiger *m*

trottiner [tRɔtine] <1> *vi* trappeln; (*enfant*) trippeln

trottinette [tRɔtinɛt] *f* Roller *m*

trottoir [tRɔtwaR] *m* Bürgersteig *m*

trou [tRu] *m* ❶ Loch *nt;* (*d'une aiguille*) Öhr *nt;* ~ **de la serrure** Schlüsselloch ❷ (*moment de libre*) freier Augenblick ❸ (*vide*) ~ **de mémoire** Black-out *m o nt* ►**rester dans son** ~ *fam* zu Hause herumhocken

troublant, e [tRublɑ̃, ɑ̃t] *adj* ❶ (*déconcertant*) irritierend ❷ (*inquiétant*) beunruhigend ❸ (*étrange*) merkwürdig ❹ (*excitant*) aufregend

trouble[1] [tRubl] **I.** *adj* ❶ (*image, vue*) verschwommen; (*liquide*) trüb ❷ (*période*) zwiespältig **II.** *adv* (*voir*) unscharf

trouble[2] [tRubl] *m* ❶ *pl* MED Beschwerden *Pl* (*psychiques*) Störungen *Pl* ❷ *pl* (*politiques, sociaux*) Unruhen *Pl* ❸ (*désarroi*) Aufregung *f* ❹ (*agitation*) Durcheinander *nt*

trouble-fête [tRubləfɛt] <trouble-fêtes> *mf* Spielverderber(in) *m(f)*

troubler [tRuble] <1> **I.** *vt* ❶ stören ❷ (*perturber*) beunruhigen ❸ (*émouvoir*) verwirren ❹ (*digestion, facultés mentales*) beeinträchtigen ❺ (*atmosphère, ciel*) verdüstern; (*eau*) trüben **II.** *vpr* **se** ~ (*devenir trouble*) sich trüben; (*mémoire*) nachlassen

troué, e [tRue] *adj* durchlöchert

trouée [tRue] *f* Loch *nt;* (*d'une forêt*) Schneise *f*

trouer [tRue] <1> *vt* ❶ (*faire un trou*) ein Loch machen ❷ (*faire plusieurs trous*) ~ **qc** etw zerlöchern; (*balles*) etw durchlöchern

trouille [tRuj] *f fam* Angst *f*

troupe [tRup] *f* Truppe *f*

troupeau [tRupo] <x> *m* Herde *f*

trousse [tRus] *f* Beutel *m;* ~ **d'écolier** [Feder]mäppchen *nt;* ~ **de toilette** Kulturbeutel *m* ►**être aux ~s de qn** jdm auf den Fersen sein

trousseau [tRuso] <x> *m* ❶ (*clés*) Schlüsselbund *m o nt* ❷ (*vêtements*) Kleidung *f kein Pl* (*d'une mariée*) Aussteuer *f*

trouvaille [tRuvaj] *f* [glücklicher] Fund

trouver [tRuve] <1> **I.** *vt* ❶ (*découvrir*) finden; (*information*) bekommen; (*capitaux*) aufbringen ❷ (*avoir le sentiment*) ~ **étrange que** + *subj* es merkwürdig finden, dass ❸ (*voir*) **aller** ~ **qn** jdn besuchen gehen **II.** *vpr* ❶ (*être situé*) **se** ~ sich befinden ❷ (*être*) **se** ~ **bloqué** blockiert sein **III.** *vpr impers* (*par hasard*) **il se trouve que je suis libre** zufällig habe ich gerade Zeit ►**si ça se trouve, il va pleuvoir** *fam* es kann gut sein, dass es regnen wird

truand [tRyɑ̃] *m* Gauner(in) *m(f)*

truander [tRyɑ̃de] <1> *vt fam* reinlegen

truc [tRyk] *m* ❶ *fam* (*chose*) Ding *nt* ❷ *fam* (*personne*) Dings *mf* ❸ *fam* (*combine*) Trick *m* ►**c'est mon** ~ *fam* das ist meine Sache; **c'est pas mon** ~ *fam* das ist nicht mein Fall

trucage [tRykaʒ] *m* ❶ (*falsification*) Verfälschung *f;* (*des élections*) Fälschung *f* ❷ CINE, PHOT Trickaufnahme *f*

trucider [tRyside] <1> *vt fam* umbringen

truculence [tRykylɑ̃s] *f* Urwüchsigkeit *f*

truculent, e [tRykylɑ̃, ɑ̃t] *adj* urwüchsig

truelle [tRyɛl] *f* Kelle *f*

truffe [tRyf] *f* ❶ BOT, GASTR Trüffel *f* ❷ (*museau*) Schnauze *f*

truffer [tRyfe] <1> *vt* ❶ GASTR trüffeln ❷ *fig* ~ **de qc** mit etw spicken

truie [tRɥi] *f* Sau *f*

truite [tRɥit] *f* Forelle *f*

truquage [tRykaʒ] *m v.* **trucage**

truquer [tRyke] <1> *vt* fälschen

trust [tRœst] *m* ECON Trust *m*

tsar [tsaR] *m* Zar *m*

tsarine [tsaRin] *f* Zarin *f*

tsariste [tsaRist] *adj* zaristisch

t-shirt [tiʃœRt] *m abr de* **tee-shirt** T-shirt *nt*

tsigane [tsigan] **I.** *adj* Zigeuner- **II.** *mf* Zigeuner(in) *m(f)*

tsvp *abr de* **tournez s'il vous plaît** b.w.

TTC [tetese] *abr de* **toutes taxes comprises** inkl. MwSt.

tu [ty] < *fam, devant voyelle et h muet* t' > **I.** *pron pers* ~ **es grand** du bist groß **II.** ... **dire** ~ **à qn** du zu jdm sagen

tu, e [ty] *part passé de* **taire**

tuba [tyba] *m* ❶ MUS Tuba *f* ❷ SPORT Schnorchel *m*

tube[1] [tyb] *m* ❶ (*tuyau*) Rohr *nt;* (*petit*) Röhrchen *nt* ❷ ELEC Röhre *f* ❸ (*emballage presser*) Tube *f* ❹ ANAT ~ **digestif** Verdauungstrakt *m*

tube[2] [tyb] *m fam* (*chanson*) Hit *m*

tubercule [tybɛRkyl] *m* BOT [Wurzel]knolle *f*

tuberculeux, -euse [tybɛRkylø, -øz] **I.** *adj* (*personne*) tuberkulosekrank **II.** *m, f* MED Tuberkulosekranke(r) *f(m)*

tuberculose [tybɛʀkyloz] *f* Tuberkulose *f*
TUC [tyk] *m abr de* **travail d'utilité collective**
tué, e [tɥe] *m, f* Todesopfer *nt*
tuer [tɥe] <1> **I.** *vt* ① töten; (*gibier*) erlegen; **se faire ~** umkommen ② (*environnement*) zerstören; (*insectes*) vernichten **II.** *vi* (*animal, personne*) töten; (*poison, arme*) tödlich sein **III.** *vpr* ① **se ~** umkommen; (*se donner la mort*) sich umbringen ② (*se fatiguer*) **se ~ à qc** sich mit etw abmühen
tuerie [tyʀi] *f* Gemetzel *nt*
tue-tête [tytɛt] **à ~** lauthals
tueur, -euse [tɥœʀ, -øz] *m, f* Mörder(in) *m(f)*
tuile [tɥil] *f* ① (*d'un toit*) [Dach]ziegel *m* ② *fam* (*événement fâcheux*) unangenehme Überraschung ③ GASTR Teegebäck *nt*
tuilerie [tɥilʀi] *f* Ziegelei *f*
tulipe [tylip] *f* Tulpe *f*
tuméfié, e [tymefje] *adj* geschwollen
tumeur [tymœʀ] *f* Tumor *m*
tumulte [tymylt] *m* (*d'une foule*) Tumult *m;* (*de la rue*) (*agitation*) Treiben *nt;* (*bruit*) Lärm *m*
tumultueux, -euse [tymyltɥø, -øz] *adj* ① (*agité*) stürmisch; (*discussion*) hitzig ② (*bruyant*) lärmend
tuner [tynœʀ] *m* Tuner *m*
tunique [tynik] *f* (*vêtement ample*) Tunika *f*
Tunisie [tynizi] *f* **la ~** Tunesien *nt*
tunisien, ne [tynizjɛ̃, jɛn] *adj* tunesisch
Tunisien, ne [tynizjɛ̃, jɛn] *m, f* Tunesier(in) *m(f)*
tunnel [tynɛl] *m* ① (*galerie*) Tunnel *m* ② (*période difficile*) Durststrecke *f*
turbine [tyʀbin] *f* Turbine *f*
turbo¹ [tyʀbo] *adj inv* mit Turbomotor
turbo², turbocompresseur [tyʀbokɔ̃pʀesœʀ] *m* Turbokompressor *m* (*als Verdichter arbeitende Turbomaschine in einem Abgasturbolader*)
turbulence [tyʀbylɑ̃s] *f* Turbulenz *f*
turbulent, e [tyʀbylɑ̃, ɑ̃t] *adj* (*agité*) wild
turc [tyʀk] *m* Türkisch *nt; v.a.* **allemand**
turc, turque [tyʀk] *adj* türkisch; *v.a.* **allemand**
Turc, Turque [tyʀk] *m, f* Türke/Türkin *m/f*
turf [tœʀf] *m* Pferderennsport *m*
turfiste [tœʀfist] *mf* jd, der/die bei Pferderennen wettet
turque [tyʀk] *v.* **turc** ►**W.-C. à la ~** Stehklo[sett] *nt*
Turquie [tyʀki] *f* **la ~** Türkei *f*
turquoise [tyʀkwaz] **I.** *f* (*pierre*) Türkis *m* **II.** *adj inv* türkis[farben]
tus [ty] *passé simple de* **taire**
tutélaire [tytelɛʀ] *adj* JUR schützend; (*service*) Aufsicht führend
tutelle [tytɛl] *f* ① (*d'un mineur*) Vormundschaft *f;* **sous ~** unter Aufsicht ② *péj* Bevormundung *f*
tuteur [tytœʀ] *m* (*support*) Stütze *f*
tuteur, -trice [tytœʀ, -tʀis] *m, f* ① (*d'un mineur*) Vormund *m* ② SCOL, UNIV Tutor(in) *m(f)*
tutoiement [tytwamɑ̃] *m* Duzen *nt*
tutorat [tytɔʀa] *m* Tutorium *nt*
tutoyer [tytwaje] <6> *vt, vpr* [**se**] **~** [sich] duzen
tutu [tyty] *m* Tutu *nt*
tuyau [tɥijo] <x> *m* ① (*tube rigide*) Rohr *nt;* (*tube souple*) Schlauch *m;* (*d'une cheminée*) Schacht *m* ② *fam* (*conseil*) Tipp *m*
tuyauterie [tɥijotʀi] *f* Leitungsnetz *nt*
TV [teve] *f abr de* **télévision**
TVA [tevea] *f abr de* **taxe à la valeur ajoutée** MwSt. *f*
tweed [twid] *m* Tweed *m*
tympan [tɛ̃pɑ̃] *m* ANAT Trommelfell *nt*
type [tip] **I.** *m* ① *a. fam* Typ *m* ② (*genre*) Art *f;* (*asiatique, humain*) Typus *m* **II.** *app inv* typisch
typé, e [tipe] *adj* typisch
typhoïde [tifɔid] **I.** *adj* **fièvre ~** Typhusfieber *nt* **II.** *f* Typhus *m*
typhon [tifɔ̃] *m* Taifun *m*
typhus [tifys] *m* Typhus *m*
typique [tipik] *adj* **~ de qn/qc** typisch für jdn/etw
typiquement [tipikmɑ̃] *adv* typisch
typographe [tipɔgʀaf] *mf* [Schrift]setzer(in) *m(f)*
typographie [tipɔgʀafi] *f* Typografie *f*
typographique [tipɔgʀafik] *adj* typografisch
typologie [tipɔlɔʒi] *f* Typologie *f*
tyran [tiʀɑ̃] *m* Tyrann *m*
tyrannie [tiʀani] *f* Tyrannei *f;* (*d'un régime*) Gewaltherrschaft *f*
tyrannique [tiʀanik] *adj* (*pouvoir*) tyrannisch
tyranniser [tiʀanize] <1> *vt* tyrannisieren
tyrolien, ne [tiʀɔljɛ̃, jɛn] *adj* tirol[er]isch;

(*chant, population*) Tiroler *inv;* **danse ~ne** Schuhplattler *m*

Tyrolien, ne [tiʀɔljɛ̃, jɛn] *m, f* Tiroler(in) *m(f)*

tyrolienne [tiʀɔljɛn] *f* MUS Jodler *m*

tzar [tsaʀ] *m v.* **tsar**

tzarine [tsaʀin] *f v.* **tsarine**

tzigane [tsigan] *adj v.* **tsigane**

Uu

U, u [y] *m inv* U *nt,* u *nt;* **en u** in U-Form

UCT [ysete] *f abr de* **Unité Centrale de Traitement** CPU *f*

UDF [ydeɛf] *f abr de* **Union pour la démocratie française** *liberal-konservative Parteienkonföderation Frankreichs*

UEFA [yefa] *f abr de* **Union of European Football Associations** UEFA *f*

UEM [yøɛm] *f abr de* **Union économique et monétaire** WWU *f*

UIT [yite] *f abr de* **Union internationale des télécommunications** IFU *f*

Ukraine [ykʀɛn] *f* **l'~** die Ukraine

ukrainien [ykʀɛnjɛ̃] *m* Ukrainisch *nt; v.a.* **allemand**

ukrainien, ne [ykʀɛnjɛ̃, jɛn] *adj* ukrainisch; *v.a.* **allemand**

Ukrainien, ne [ykʀɛnjɛ̃, jɛn] *m, f* Ukrainer(in) *m(f)*

ulcère [ylsɛʀ] *m* Geschwür *nt*

ulcérer [ylseʀe] <5> *vt* tief kränken

ULM [yɛlɛm] *m abr de* **ultra-léger motorisé** Ultraleichtflugzeug *nt*

ultérieur, e [ylteʀjœʀ] *adj* spätere(r, s)

ultérieurement [ylteʀjœʀmɑ̃] *adv* später

ultime [yltim] *adj a. antéposé* [aller]-letzte(r, s)

ultra [yltʀa] *mf* (*extrémiste de droite/gauche*) Ultrarechte(r)/-linke(r) *f(m)*

ultraconfidentiel, le [yltʀakɔ̃fidɑ̃sjɛl] *adj fam* streng vertraulich

ultraconservateur, -trice [yltʀakɔ̃sɛʀvatœʀ, -tʀis] *adj fam* extrem konservativ

ultraléger, -ère [yltʀaleʒe, -ɛʀ] *adj* extraleicht

ultramoderne [yltʀamɔdɛʀn] *adj* hochmodern

ultrarapide [yltʀaʀapid] *adj fam* superschnell

ultrasensible [yltʀasɑ̃sibl] *adj fam* hoch empfindlich

ultrason [yltʀasɔ̃] *m* Ultraschall *m*

ultraviolet [yltʀavjɔlɛ] *m* **les ~s** ultraviolette Strahlen

ultraviolet, te [yltʀavjɔlɛ, ɛt] *adj* ultraviolett

UME [yɛmø] *f abr de* **Union monétaire européenne** EWU *f*

un [œ̃] **I.** *m inv* Eins *f* **II.** *adv* erstens; **~, ..., deux, ...** erstens ..., und zweitens ...; *v.a.* **cinq**

un, une [œ̃, yn] **I.** *art indéf* ❶ (*un certain*) ein(e); **avec ~ grand courage** mit großer Tapferkeit; **ce n'est pas ~ Picasso!** das ist kein Picasso! ❷ (*intensif*) **il y a ~ [de ces] bruit** ein derartiger Lärm; **ce type est d'~ culot!** der Kerl ist vielleicht frech! **II.** *pron* ❶ (*chose/personne parmi d'autres*) ein(e); **en connaître ~ qui ...** jemanden kennen, der ...; **~ de ces jours, ...** eines schönen Tages ... ❷ (*chose/personne opposée à une autre*) **les ~s et les autres** die einen und die anderen; **ils sont assis en face l'~ de l'autre** sie sitzen einander gegenüber; **ils sont aussi menteurs l'~ que l'autre** sie lügen alle beide; **s'injurier l'~ l'autre** sich gegenseitig beschimpfen ▸**l'~ dans l'autre** alles in allem; **l'~[e] ou l'autre** [entweder] der/die/das eine oder der/die/das andere; **~[e] par ~[e]** einer/eine/eines nach dem/der/dem anderen **III.** *num* ❶ ein(e) ❷ (*non divisible*) einzig; **Dieu est ~** es gibt nur einen Gott ▸ **ne faire qu'~** ein Herz und eine Seele sein; **ne faire ni ~e ni deux** nicht lange überlegen; **c'était moins ~e!** *fam* das war haarscharf!; *v.a.* **cinq**

unanime [ynanim] *adj* (*consentement*) einhellig; (*avis*) übereinstimmend; (*vote*) einstimmig

unanimement [ynanimmɑ̃] *adv* (*approuver*) einhellig; (*décider*) einstimmig

unanimité [ynanimite] *f* Übereinstimmung *f;* (*des suffrages*) Einstimmigkeit *f* ▸**à l'~** einstimmig

une [yn] **I.** *v.* **un II.** *f* PRESSE **la ~** die Titelseite

uni, e [yni] *adj* ❶ (*unicolore*) einfarbig ❷ (*en union*) vereint; **les Etats Unis d'Amé**

rique die Vereinigten Staaten von Amerika

unicolore [ynikɔlɔʀ] *adj* einfarbig

unième [ynjɛm] *adj* **vingt et ~** einundzwanzigste(r, s)

unificateur, -trice [ynifikatœʀ, -tʀis] *adj* (*principe*) einigend; (*mouvement*) Sammel-

unification [ynifikasjɔ̃] *f* Vereinigung *f*

unifier [ynifje] <1> *vt* ❶ (*unir*) vereinen; (*partis*) zusammenschließen ❷ (*programmes*) vereinheitlichen

uniforme [ynifɔʀm] **I.** *adj* ❶ (*pareil*) gleich[artig]; (*mouvement*) gleichförmig ❷ (*standardisé*) vereinheitlicht **II.** *m* Uniform *f*

uniformisation [ynifɔʀmizasjɔ̃] *f* (*du mode de vie*) Angleichung *f;* (*des tarifs*) Vereinheitlichung *f*

uniformiser [ynifɔʀmize] <1> *vt* (*programmes*) vereinheitlichen

uniformité [ynifɔʀmite] *f* (*monotonie*) Eintönigkeit *f*

unijambiste [yniʒɑ̃bist] **I.** *adj* einbeinig **II.** *mf* Einbeinige(r) *f(m)*

unilatéral, e [ynilateʀal, o] <-aux> *adj* einseitig

unilatéralement [ynilateʀalmɑ̃] *adv* im Alleingang, einseitig

unilingue [ynilɛ̃g] *adj* einsprachig

union [ynjɔ̃] *f* ❶ (*alliance*) Vereinigung *f;* (*de partis*) Zusammenschluss *m* ❷ (*vie commune*) Lebensgemeinschaft *f* ❸ (*association*) Verband *m;* (*syndicale*) Bund *m*

Union économique [ynjɔ̃ ekɔnɔmik] *f* Wirtschaftsunion *f*

Union européenne [ynjɔ̃ øʀɔpeɛn] *f* Europäische Union

Union monétaire [ynjɔ̃ mɔnetɛʀ] *f* Währungsunion *f*

Union Soviétique [ynjɔ̃ sɔvjetik] *f* HIST Sowjetunion *f*

unique [ynik] *adj* ❶ (*seul*) einzig; (*monnaie*) einheitlich; (*prix*) Einheits-; (*enfant*) Einzel-; **sens ~** Einbahnstraße *f* ❷ (*exceptionnel*) einzigartig

uniquement [ynikmɑ̃] *adv* nur

unir [yniʀ] <8> **I.** *vt* ❶ (*associer*) verein[ig]en ❷ (*combiner*) verbinden mit **II.** *vpr* (*s'associer*) **s'~** sich vereinigen

unisexe [ynisɛks] *adj* für Mann und Frau

unisson [ynisɔ̃] *m* **à l'~** einstimmig

unitaire [ynitɛʀ] *adj* ❶ (*revendications*) einheitlich; (*mouvement*) geschlossen ❷ (*production*) auf ein Produkt beschränkt

unité [ynite] *f* ❶ Einheit *f;* **à l'~** (*prix*) Einzel- ❷ INFORM, TECH **~ de stockage** Speicher[einheit *f*] *m;* **~ de bande magnétique/disque** Band-/Diskettenlaufwerk *nt;* **~ de sortie** Ausgabegerät *nt*

univers [ynivɛʀ] *m* ❶ ASTRO Universum *nt* ❷ (*milieu*) Welt *f*

universaliser [ynivɛʀsalize] <1> **I.** *vt* verallgemeinern **II.** *vpr* **s'~** sich verbreiten

universalité [ynivɛʀsalite] *f* Universalität *f;* (*d'une idée*) Allgemeingültigkeit *f*

universel, le [ynivɛʀsɛl] *adj* ❶ (*mondial*) weltweit; (*exposition*) Welt- ❷ (*opp: particulier*) allgemein; (*proposition*) allgemein verbindlich ❸ (*remède*) universell

universellement [ynivɛʀsɛlmɑ̃] *adv* ❶ allgemein ❷ (*mondialement*) weltweit

universitaire [ynivɛʀsitɛʀ] **I.** *adj* universitär; (*titre*) akademisch; (*diplôme*) Hochschul-; **restaurant ~** Mensa *f* **II.** *mf* Hochschullehrer(in) *m(f)*

université [ynivɛʀsite] *f* Universität *f;* **~ d'été** Sommerkurs *m;* **~ populaire** Volkshochschule *f*

uploader [œplode] <1> *vt* INFORM hochladen

uranium [yʀanjɔm] *m* Uran *nt*

Uranus [yʀanys] *f* Uranus *m*

urbain, e [yʀbɛ̃, ɛn] *adj* Stadt-

urbanisation [yʀbanizasjɔ̃] *f* ❶ (*d'une région, d'un pays*) Urbanisierung *f* ❷ (*d'une zone*) städtische Bebauung

urbanisme [yʀbanism] *m* Städtebau *m*

urbaniste [yʀbanist] *mf* Stadtplaner(in) *m(f)*

urée [yʀe] *f* Harnstoff *m*

urgence [yʀʒɑ̃s] *f* ❶ (*caractère urgent*) Dringlichkeit *f;* **il y a ~** es eilt; **d'~** unverzüglich ❷ (*cas urgent*) dringende Angelegenheit; MED Notfall *m;* **les ~s** Notfallaufnahme *f*

urgent, e [yʀʒɑ̃, ʒɑ̃t] *adj* (*cas*) dringend; (*affaire*) dringlich; **~!** eilt!

urinaire [yʀinɛʀ] *adj* (*maladie*) der Harnwege

urine [yʀin] *f* Urin *m*

uriner [yʀine] <1> *vi* urinieren

urne [yʀn] *f* ❶ POL (*boîte*) [Wahl]urne *f* ❷ (*vase funéraire*) [Grab]urne *f*

URSS [yɛʀɛsɛs] *f* HIST *abr de* **Union des républiques socialistes soviétiques** UdSSR *f*

urticaire [yʀtikɛʀ] *f* [allergischer] Hautaus-

U

schlag

us [ys] *mpl* ~ **et coutumes** Sitten und Bräuche *Pl*

US [yɛs] *f abr de* **Union sportive** SV *m*

usage [yzaʒ] *m* ❶ (*utilisation*) Gebrauch *m;* (*d'un appareil*) Benutzen *nt;* **à l'~ de qn/qc** für jdn/etw; **hors d'~** außer Betrieb ❷ JUR ~ **de faux** Verwendung *f* gefälschter Urkunden *m* ❸ (*consommation*) Verbrauch *m* ❹ (*faculté*) **l'~ de la parole** die Sprache ❺ (*coutume*) Brauch *m*

usagé, **e** [yzaʒe] *adj* abgenutzt

usager, **-ère** [yzaʒe, -ɛʀ] *m, f* Benutzer(in) *m(f);* (*du gaz*) Verbraucher(in) *m(f);* **~(-ère) de la route** Verkehrsteilnehmer(in) *m(f)*

usant, **e** [yzɑ̃, ɑ̃t] *adj* anstrengend

usé, **e** [yze] *adj* (*détérioré*) abgenutzt; (*semelles*) abgelaufen

user [yze] <1> **I.** *vt* ❶ (*détériorer*) abnutzen ❷ (*santé*) ruinieren; ~ **qn** jdm zusetzen ❸ (*consommer*) verbrauchen **II.** *vpr* **s'~** sich abnutzen

usine [yzin] *f* Fabrik *f;* ~ **d'automobiles** Automobilwerk *nt*

ustensile [ystɑ̃sil] *m* Gerät *nt*

usuel, **le** [yzɥɛl] *adj* gebräuchlich; (*emploi*) allgemein üblich; (*mot*) gängig; (*objet*) weit verbreitet

usure [yzyʀ] *f* (*détérioration*) Abnutzung *f* ►**avoir qn à l'~** *fam* jdn herumkriegen

usurier, **-ière** [yzyʀje, -jɛʀ] *m, f* Wucherer/Wucherin *m/f*

usurper [yzyʀpe] <1> *vt* widerrechtlich etw an sich (*akk*) reißen

ut [yt] *m inv* MUS C *nt,* c *nt*

utérus [yteʀys] *m* Gebärmutter *f*

utile [ytil] **I.** *adj* nützlich; (*action*) sinnvoll **II.** *m* Nützliche(s) *nt*

utilement [ytilmɑ̃] *adv* nützlich; (*employer*) nutzbringend

utilisable [ytilizabl] *adj* brauchbar; **ce n'est plus** ~ das ist nicht mehr zu gebrauchen

utilisation [ytilizasjɔ̃] *f* (*d'un produit*) Verwendung *f*

utiliser [ytilize] <1> *vt* ❶ benutzen; (*huile*) verwenden; (*moyen*) anwenden; (*mot*) gebrauchen ❷ (*exploiter: personne*) ausnutzen; (*restes*) verwerten

utilitaire [ytilitɛʀ] *m* ❶ INFORM Utility *nt* ❷ AUT Nutzfahrzeug *nt*

utilité [ytilite] *f* (*caractère utile*) Nützlichkeit *f*

UV [yve] **I.** *mpl abr de* **ultraviolets** UV-Strahlen *Pl* **II.** *f abr de* **unité de valeur** UNIV Schein *m*

V v

V, **v** [ve] *m inv* V *nt,* v *nt* ❷ (*forme*) **décolleté en V** V-Ausschnitt *m*

va [va] *indic prés de* **aller**

vacances [vakɑ̃s] *fpl* ❶ SCOL, UNIV Ferien *Pl* ~ **scolaires** Schulferien; **être en ~** Ferien haben; **bonnes ~!** schöne Ferien! ❷ (*congé*) Urlaub *m kein Pl*

In Frankreich beginnen die **vacances scolaires** nicht in allen Regionen gleichzeitig, sondern zonenweise jeweils um eine Woche versetzt. Man unterscheidet die drei Zonen A, B und C, die Frankreich streifenartig von Norden nach Süden unterteilen.

vacancier, **-ière** [vakɑ̃sje, -jɛʀ] *m, f* Urlauber(in) *m(f)*

vacant, **e** [vakɑ̃, ɑ̃t] *adj* unbesetzt

vacarme [vakaʀm] *m* Lärm *m*

vacation [vakasjɔ̃] *f* ❶ (*rémunération*) Honorar *nt* ❷ (*remplacement*) Vertretung *f*

vaccin [vaksɛ̃] *m* Impfstoff *m*

vaccination [vaksinasjɔ̃] *f* Impfung *f*

vacciner [vaksine] <1> *vt* MED impfen

vache [vaʃ] **I.** *f* ZOOL Kuh *f* ►**la ~!** *fam* Donnerwetter! **II.** *adj fam* (*méchant*) gemein

vachement [vaʃmɑ̃] *adv fam* echt

vacher, **-ère** [vaʃe, -ɛʀ] *m, f* Kuhhirt(in) *m(f)*

vacherie [vaʃʀi] *f fam* Gemeinheit *f*

vacherin [vaʃʀɛ̃] *m* ❶ (*fromage*) *Weichkäse aus dem französischen Jura* ❷ (*dessert*) *eisgekühltes Baisergebäck mit Crème fraîche*

vachette [vaʃɛt] *f* ❶ ZOOL kleine Kuh ❷ (*cuir*) Vachetteleder *nt*

vacillant, **e** [vasijɑ̃, jɑ̃t] *adj* schwankend; (*lumière*) flackernd

vaciller [vasije] <1> *vi* (*personne*) taumeln; (*poteau*) wackeln; (*lumière*) flackern

vadrouille [vadʀuj] *f* **être en ~** *fam* auf Achse sein

va-et-vient [vaevjɛ̃] *m inv* ❶ Hin und Her *nt* ❷ ELEC Wechselschalter *m*
vagabond, e [vagabɔ̃, ɔ̃d] **I.** *adj* (*vie*) Vagabunden- **II.** *m, f* Landstreicher(in) *m(f)*
vagabonder [vagabɔ̃de] <1> *vi* (*errer*) umherziehen
vagin [vaʒɛ̃] *m* Scheide *f*
vaginal, e [vaʒinal, o] <-aux> *adj* vaginal
vague[1] [vag] **I.** *adj* ❶ *a. antéposé* (*indistinct*) undeutlich ❷ *antéposé* (*lointain*) entfernt **II.** *m* (*imprécision*) Unklarheit *f*; **dans le ~** im Unklaren
vague[2] [vag] *f* ❶ Welle *f* ❷ (*afflux*) Zustrom *m*
vaguement [vagmɑ̃] *adv* (*opp: précisément*) ungefähr
vaillance [vajɑ̃s] *f* Beherztheit *f*
vaillant, e [vajɑ̃, ɑ̃t] *adj* beherzt
vaille [vaj] *subj prés de* **valoir**
vain, e [vɛ̃, vɛn] *adj* vergeblich ►**en** ~ vergeblich
vaincre [vɛ̃kʀ] <irr> **I.** *vi soutenu* siegen **II.** *vt soutenu* MIL besiegen
vaincu, e [vɛ̃ky] **I.** *part passé de* **vaincre** **II.** *adj* besiegt; **s'avouer ~** sich geschlagen geben **III.** *m, f* Verlierer(in) *m(f)*
vainement [vɛnmɑ̃] *adv* vergeblich
vainqueur [vɛ̃kœʀ] **I.** *adj* siegreich **II.** *mf* Sieger(in) *m(f)*
vairon [vɛʀɔ̃] *adj* **yeux ~s** verschieden[farbig]e Augen
vais [vɛ] *indic prés de* **aller**
vaisseau[1] [vɛso] <x> *m* ANAT Gefäß *nt*
vaisseau[2] [vɛso] <x> *m* AVIAT **~ spatial** Raumschiff *nt*
vaisselier [vɛsəlje] *m* Geschirrschrank *m*
vaisselle [vɛsɛl] *f* Geschirr *nt*; **faire la ~** das Geschirr spülen
val [val, vo] <vaux> *m dans les noms de lieux* Tal *nt*
valable [valabl] *adj* gültig
valablement [valabləmɑ̃] *adv* ❶ (*légitimement*) rechtmäßig ❷ (*convenablement*) zufriedenstellend
valais [valɛ] *m* **le ~** das Wallis
valdinguer [valdɛ̃ge] <1> *vi fam* **~ contre qc** gegen etw knallen
valence [valɑ̃s] *f* CHIM Wertigkeit *f*
valériane [valeʀjan] *f* Baldrian *m*
valet [valɛ] *m* ❶ (*domestique*) [Haus]diener *m* ❷ JEUX Bube *m*
valeur [valœʀ] *f* ❶ Wert *m*; **de ~** wertvoll ❷ (*importance*) Bedeutung *f*; **mettre en ~** zur Geltung bringen
validation [validasjɔ̃] *f* INFORM Bestätigung *f*
valide [valid] *adj* ❶ (*personne*) gesund ❷ (*valable*) gültig
valider [valide] <1> *vt* ❶ AUT entwerten ❷ INFORM bestätigen
validité [validite] *f* Gültigkeit *f*
valise [valiz] *f* [Reise]koffer *m*
vallée [vale] *f* Tal *nt*
vallon [valɔ̃] *m* kleines Tal
vallonné, e [valɔne] *adj* hügelig
valoir [valwaʀ] <irr> **I.** *vi* ❶ (*coûter*) kosten ❷ (*mettre en avant*) **faire ~ un argument** ein Argument geltend machen **II.** *vt* ❶ (*avoir de la valeur*) taugen; **ne pas ~ grand-chose** nicht viel wert sein ❷ JEUX zählen ❸ (*mériter*) lohnen ❹ (*avoir pour conséquence*) **~ qc à qn** jdm etw einbringen; **qu'est-ce qui me vaut l'honneur?** was verschafft mir die Ehre? **III.** *vpr* **se ~** ❶ COM gleich viel kosten ❷ (*être comparable: personnes, choses*) [ver]gleich[bar] sein
valorisant, e [valɔʀizɑ̃, ɑ̃t] *adj* dem Ansehen förderlich
valorisation [valɔʀizasjɔ̃] *f* (*d'une région*) Aufwertung *f*; (*des déchets*) [Wieder]verwertung *f*
valoriser [valɔʀize] <1> *vt* ECON aufwerten
valse [vals] *f* Walzer *m*
valser [valse] <1> *vi* einen Walzer tanzen
valve [valv] *f* ❶ TECH Ventil *nt* ❷ ZOOL [Muschel]schale *f*
valvule [valvyl] *f* Klappe *f*
vamp [vɑ̃p] *f* Vamp *m*
vamper [vɑ̃pe] <1> *vt* (*fam*) anmachen
vampire [vɑ̃piʀ] *m* Vampir *m*
vampiriser [vɑ̃piʀize] *vt fam* **~ qn** jdn hörig machen
van [vɑ̃] *m* Pferdetransporter *m*
vandale [vɑ̃dal] *mf* Vandale/Vandalin *m/f*
vanille [vanij] *f* Vanille *f*
vanillé, e [vanije] *adj* (*crème, sucre*) Vanille-
vanité [vanite] *f* Eitelkeit *f*
vaniteux, -euse [vanitø, -øz] *adj* eingebildet
vanne [van] *f* ❶ (*d'une écluse*) Schleusentor *nt* ❷ *fam* (*plaisanterie*) **lancer des ~s à qn** über jdn witzeln
vanné, e [vane] *adj fam* (*personne*) kaputt
vannerie [vanʀi] *f* ❶ (*fabrication*) Korbma-

cherei *f* ❷ (*objets*) Korbware *f*
vannier [vanje] *m* Korbmacher(in) *m(f)*
vantard, e [vɑ̃taʀ, aʀd] **I.** *adj* prahlerisch **II.** *m, f* Prahler(in) *m(f)*
vantardise [vɑ̃taʀdiz] *f* Prahlerei *f*
vanter [vɑ̃te] <1> **I.** *vt* [in den höchsten Tönen] loben **II.** *vpr* **se ~** prahlen; **se ~ de qc** sich einer S. (*gen*) rühmen
va-nu-pieds [vanypje] *mf inv* Landstreicher(in) *m(f)*
vapes [vap] *fpl* ▸**être dans les ~** *fam* benebelt sein
vapeur [vapœʀ] *f* ❶ **~ d'eau** Wasserdampf *m;* **machine à ~** Dampfmaschine *f* ❷ *pl* (*émanation*) Dämpfe *Pl*
vaporeux, -euse [vapɔʀø, -øz] *adj* duftig
vaporisateur [vapɔʀizatœʀ] *m* Zerstäuber *m*
vaporisation [vapɔʀizasjɔ̃] *f* (*d'un parfum*) Zerstäuben *nt;* (*d'une plante*) Besprühen *nt*
vaporiser [vapɔʀize] <1> *vt* (*parfum*) zerstäuben; (*plante*) besprühen
vaquer [vake] <1> *vi* **~ à ses occupations** seiner Beschäftigung nachgehen
varappe [vaʀap] *f* **faire de la ~** klettern
varech [vaʀɛk] *m* [See]tang *m*
vareuse [vaʀøz] *f* (*blouse*) Matrosenjacke
variable [vaʀjabl] *adj* ❶ variabel ❷ METEO veränderlich
variante [vaʀjɑ̃t] *f* Variante *f*
variateur [vaʀjatœʀ] *m* **~ de lumière** Dimmer *m*
variation [vaʀjasjɔ̃] *f* ❶ Veränderung *f* ❷ MUS Variation *f*
varice [vaʀis] *f souvent pl* Krampfader *f*
varicelle [vaʀisɛl] *f* Windpocken *Pl*
varié, e [vaʀje] *adj* ❶ abwechslungsreich ❷ (*arguments*) unterschiedlich
varier [vaʀje] <1> **I.** *vi* ❶ (*évoluer*) sich [ver]ändern ❷ (*être différent*) unterschiedlich sein **II.** *vt* (*changer*) wechseln
variété [vaʀjete] *f* ❶ (*diversité*) Vielfalt *f* ❷ (*changement*) Abwechslung *f* ❸ ZOOL, BOT [Ab]art *f* ❹ THEAT *pl* Varietee[theater *nt*] *nt* ❺ MEDIA *pl* [bunte] Unterhaltungssendung
variole [vaʀjɔl] *f* Pocken *Pl*
variolique [vaʀjɔlik] *adj* Pocken-
Varsovie [vaʀsɔvi] Warschau *nt*
vas [va] *indic prés de* **aller**
vasculaire [vaskylɛʀ] *adj* ANAT, MED Gefäß-; **troubles ~s** Durchblutungsstörungen *Pl*
vase¹ [vɑz] *m* (*récipient*) Vase *f*
vase² [vɑz] *f* Schlamm *m*
vaseline [vazlin] *f* Vaseline *f*
vaseux, -euse [vɑzø, -øz] *adj* ❶ (*boueux*) schlammig ❷ *fam* (*confus*) verworren; **être ~** (*personne*) daneben sein
vasistas [vazistɑs] *m* ARCHIT Oberlicht *nt*
vasque [vask] *f* niedriges Wasserbecken
vassal, e [vasal, o] <-aux> *m, f* HIST Vasall(in) *m(f)*
vaste [vast] *adj antéposé* ❶ (*immense*) weit (*appartement*) geräumig ❷ (*organisation*) mächtig
Vatican [vatikan] *m* **le ~** der Vatikan
vaudeville [vodvil] *m* Vaudeville *nt*
vaudevillesque [vodvilɛsk] *adj* (*situation*) grotesk
vaudou [vodu] *m inv* Wodu[kult *m*] *m*
vaudrai [vodʀɛ] *fut de* **valoir**
vau-l'eau [volo] *adv* ▸**aller à ~** Schiffbruch erleiden
vaurien, ne [voʀjɛ̃, jɛn] *m, f* Taugenichts *m* (*pej*)
vaut [vo] *indic prés de* **valoir**
vautour [votuʀ] *m* ZOOL Geier *m*
vautrer [votʀe] <1> *vpr* **se ~ dans un fauteuil** sich in einen Sessel lümmeln (*fam*)
vaux [vo] *indic prés de* **valoir**
va-vite [vavit] *adv fam* ▸**à la ~** auf di[e] Schnelle
veau [vo] <x> *m* ❶ ZOOL Kalb *nt* ❷ GAST Kalbfleisch *nt*
vecteur [vɛktœʀ] *m* MATH Vektor *m*
vectoriel, le [vɛktɔʀjɛl] *adj* vektoriell
vécu [veky] *m* **le ~** das Erlebte
vécu, e [veky] *part passé de* **vivre**
vécus [veky] *passé simple de* **vivre**
vedette [vədɛt] *f* ❶ (*rôle principal*) Hauptdarsteller(in) *m(f)* ❷ (*personnage conn*[*u*]) Star *m*
végétal, e [veʒetal, o] <-aux> *adj* pflanzlich
végétarien, ne [veʒetaʀjɛ̃, jɛn] **I.** *adj* vegetarisch **II.** *m, f* Vegetarier(in) *m(f)*
végétatif, -ive [veʒetatif, -iv] *adj* vegetativ
végétation [veʒetasjɔ̃] *f* ❶ BOT Vegetation ❷ *pl* MED Polypen *Pl*
végéter [veʒete] <5> *vi* (*plante*) kümmern; (*personne*) dahinvegetieren
véhémence [veemɑ̃s] *f* Heftigkeit *f*
véhément, e [veemɑ̃, ɑ̃t] *adj* heftig
véhiculaire [veikylɛʀ] *adj* **langue ~** Ve

kehrssprache *f*

véhicule [veikyl] *m* AUT Fahrzeug *nt*

véhiculer [veikyle] <1> *vt* ① AUT transportieren ② (*maladie*) übertragen; (*savoir*) vermitteln

veille [vɛj] *f* ① (*jour précédent*) Vortag *m;* **la ~ au soir** am Vorabend ② (*fait de ne pas dormir*) Wachsein *nt*

veillée [veje] *f* ① (*soirée*) abendliche Zusammenkunft ② (*action de veiller*) Wache *f*

veiller [veje] <1> **I.** *vi* ① (*faire attention à*) **~ à qc** auf etw (*akk*) achten ② (*surveiller*) Wache halten; **~ sur qn/qc** auf jdn/etw aufpassen ③ (*ne pas dormir*) wach sein **II.** *vt* **~ qn** bei jdm Wache halten

veilleur [vɛjœʀ] *m* **~ de nuit** Nachtwächter *m*

veilleuse [vɛjøz] *f* ① (*petite lampe*) Nachtlicht *nt* ② *pl* (*feu de position*) Standlicht *nt* ③ (*flamme*) Zündflamme *f*

veinard, e [vɛnaʀ, aʀd] *m, f fam* Glückspilz *m*

veine [vɛn] *f* ① ANAT Vene *f* ② *fam* (*chance*) Dusel *nt* ③ (*veinure*) Maserung *f*

veiné, e [vene] *adj* (*peau, marbre*) geädert; (*bois*) gemasert

veineux, -euse [vɛnø, -øz] *adj* venös

velcro® [vɛlkʀo] *m* Klettverschluss *m*

véliplanchiste [veliplɑ̃ʃist] *mf* [Wind]surfer(in) *m(f)*

velléitaire [veleitɛʀ] *adj* willensschwach

velléité [veleite] *f soutenu* Anwandlung *f*

vélo [velo] *m* ① (*bicyclette*) [Fahr]rad *nt;* **à** [*o* **en** *fam*] **~** mit dem [Fahr]rad ② (*activité*) Rad fahren *nt*

vélocité [velɔsite] *f* Geschwindigkeit *f*

vélodrome [velodʀom] *m* Radrennbahn *f*

vélomoteur [velomɔtœʀ] *m* Moped *nt*

véloski [veloski] *m* Skibob *m*

velours [v(ə)luʀ] *m* Samt *m*

velouté [vəlute] *m* (*d'une peau*) samtige Beschaffenheit; (*d'un vin*) Milde *f;* (*d'un potage*) Sämigkeit *f*

velouté, e [vəlute] *adj* ① (*peau*) samtweich; (*teint*) samtig ② GASTR sämig

velu, e [vəly] *adj* behaart

venaison [vənɛzɔ̃] *f* Wild[bret *nt*] *nt*

vénal, e [venal, o] <-aux> *adj péj* bestechlich

venant [vənɑ̃] ►**à tout ~** dem ersten Besten

vendable [vɑ̃dabl] *adj* verkäuflich

vendange [vɑ̃dɑ̃ʒ] *f souvent pl* Weinlese *f*

vendanger [vɑ̃dɑ̃ʒe] <2a> **I.** *vi* Trauben lesen **II.** *vt* (*vigne*) abernten

vendangeur, -euse [vɑ̃dɑ̃ʒœʀ, -ʒøz] *m, f* Weinleser(in) *m(f)*

Vendée [vɑ̃de] *f* **la ~** die Vendée

vendetta [vɑ̃deta, vɑ̃dɛtta] *f* Blutrache *f*

vendeur, -euse [vɑ̃dœʀ, -øz] *m, f* Verkäufer(in) *m(f)*

vendre [vɑ̃dʀ] <14> **I.** *vi* COM verkaufen; **faire ~** den Absatz fördern **II.** *vt* ① *a. péj* verkaufen; **~ aux enchères** versteigern ② *fam* (*trahir*) verpfeifen **III.** *vpr* **se ~ bien/mal** sich gut/schlecht verkaufen

vendredi [vɑ̃dʀədi] *m* Freitag *m;* (*saint*) Kar-; *v.a.* **dimanche**

vendu, e [vɑ̃dy] **I.** *part passé de* **vendre** **II.** *adj* (*corrompu*) gekauft

vénéneux, -euse [venenø, -øz] *adj* giftig

vénérable [veneʀabl] *adj* ehrwürdig

vénération [veneʀasjɔ̃] *f* Verehrung *f*

vénérer [veneʀe] <5> *vt* verehren

vénérien, ne [veneʀjɛ̃, jɛn] *adj* **maladie ~ne** Geschlechtskrankheit *f*

Venezuela [venezɥɛla] *m* **le ~** Venezuela *nt*

vengeance [vɑ̃ʒɑ̃s] *f* Rache *f*

venger [vɑ̃ʒe] <2a> **I.** *vt* rächen **II.** *vpr* **se ~ de qn/qc** sich an jdm/für etw rächen

vengeur, -geresse [vɑ̃ʒœʀ, -ʒ(ə)ʀɛs] *adj* rachsüchtig (*geh*)

venimeux, -euse [vənimø, -øz] *adj* giftig

venin [vənɛ̃] *m* Gift *nt*

venir [v(ə)niʀ] <9> **I.** *vi + être* ① kommen; **faire ~ qn** jdn rufen; **laisser ~** [erst mal] abwarten; **alors, ça vient?** *fam* na wird's bald?; **l'idée m'est venue de faire qc** mir kam die Idee etw zu machen ② (*parvenir*) **~ jusqu'à qn/qc** bis zu jdm/etw dringen ③ (*se situer dans un ordre*) **à ~** folgend; (*temps*) zukünftig ④ (*s'étendre*) **~ jusqu'à qc** bis an etw (*akk*) reichen ⑤ (*provenir*) **~ de qc** von etw kommen; **~ d'Angleterre** aus England stammen; **~ de qn** (*mobilier*) von jdm sein ⑥ (*aboutir à*) **où veut-il en ~?** worauf will er hinaus? **II.** *aux + être* ① (*se déplacer*) kommen ② (*avoir juste fini*) **je viens** [**juste/à peine**] **d'avoir fini** ich habe gerade aufgehört ③ (*être conduit à*) **s'il venait à passer par là** wenn er hier vorbeikommen sollte **III.** *vi impers + être* **il viendra un temps où** es wird eine Zeit kommen, wo

Venise [vəniz] Venedig

V

vénitien [venisjɛ̃] *m* Venezianisch *nt; v.a.* **allemand**
vénitien, ne [venisjɛ̃, jɛn] *adj* venezianisch; *v.a.* **allemand**
Vénitien, ne [venisjɛ̃, jɛn] *m, f* Venezianer(in) *m(f)*
vent [vɑ̃] *m* Wind *m;* **il y a du ~** es ist windig ▶**quel bon ~ vous amène?** *iron* was führt Sie hierher?
vente [vɑ̃t] *f* ❶ Verkauf *m;* **~ au détail** Einzelhandel *m;* **~ aux enchères** Versteigerung *f;* **~ par correspondance** Versandhandel; **mettre en ~** auf den Markt bringen ❷ (*service*) Vertrieb *m*
venté, e [vɑ̃te] *adj* windig
venter [vɑ̃te] <1> *vi impers* **il vente** es ist windig
venteux, -euse [vɑ̃tø, -øz] *adj* windig
ventilateur [vɑ̃tilatœʀ] *m* Ventilator *m*
ventilation [vɑ̃tilasjɔ̃] *f* [Be]lüftung *f*
ventiler [vɑ̃tile] <1> *vt* (*pièce*) [be]lüften
ventouse [vɑ̃tuz] *f* ❶ (*dispositif*) Saugfuß *m* ❷ ZOOL Saugnapf *m*
ventral, e [vɑ̃tʀal, o] <-aux> *adj* Bauch-
ventre [vɑ̃tʀ] *m* Bauch *m;* **avoir mal au ~** Bauchschmerzen *Pl* haben
ventrée [vɑ̃tʀe] *f fam* **s'en mettre une ~** ordentlich zulangen
ventricule [vɑ̃tʀikyl] *m* Kammer *f*
ventriloque [vɑ̃tʀilɔk] *mf* Bauchredner(in) *m(f)*
ventru, e [vɑ̃tʀy] *adj* (*personne*) dickbäuchig
venu, e [v(ə)ny] **I.** *part passé de* **venir II.** *adj* **bien/mal ~** angebracht/unangebracht **III.** *m, f* **nouveau ~** Neuankömmling *m*
venue [v(ə)ny] *f* Kommen *nt*
vêpres [vɛpʀ] *fpl* REL Vesper *f*
ver [vɛʀ] *m* Wurm *m;* **~ solitaire/de terre** Band-/Regenwurm; **~ luisant** Leuchtkäfer *m;* **~ à soie** Seidenraupe *f*
véracité [veʀasite] *f* Wahrhaftigkeit *f*
verbal, e [vɛʀbal, o] <-aux> *adj* mündlich
verbalement [vɛʀbalmɑ̃] *adv* mündlich
verbaliser [vɛʀbalize] <1> *vt* **~ qn** jdm einen Strafzettel verpassen
verbe [vɛʀb] *m* LING Verb *nt*
verdâtre [vɛʀdɑtʀ] *adj* grünlich
verdeur [vɛʀdœʀ] *f* (*acidité*) Säure *f;* (*d'un vin*) Herbheit *f*
verdict [vɛʀdikt] *m* Urteil *nt*
verdir [vɛʀdiʀ] <8> *vi* (*nature*) grünen
verdure [vɛʀdyʀ] *f* (*végétation*) Grün *nt*
véreux, -euse [veʀø, -øz] *adj* ❶ (*fruit*) wurmig ❷ (*personne*) zwielichtig
verge [vɛʀʒ] *f* ❶ ANAT [männliches] Glied ❷ (*baguette*) Stock *m*
verger [vɛʀʒe] *m* Obstgarten *m*
vergeture [vɛʀʒətyʀ] *f* Schwangerschaftsstreifen *m*
verglacé, e [vɛʀglase] *adj* vereist
verglas [vɛʀglɑ] *m* Glatteis *nt*
vergogne [vɛʀgɔɲ] *f* **sans ~** schamlos
véridique [veʀidik] *adj* (*histoire*) wahr
vérifiable [veʀifjabl] *adj* nachprüfbar
vérificateur [veʀifikatœʀ] *m* INFORM **~ orthographique** Rechtschreibkontrolle *f*
vérification [veʀifikasjɔ̃] *f* Überprüfung *f*
vérifier [veʀifje] <1> **I.** *vt* überprüfen **II.** *vp*[…] **se ~** (*soupçon*) sich bestätigen
vérin [veʀɛ̃] *m* TECH Winde *f*
véritable [veʀitabl] *adj* ❶ (*réel*) wirklich *att*[…] ❷ *antéposé* (*vrai*) richtig *attr* ❸ *postpos*[…] (*cuir, perles*) echt
véritablement [veʀitabləmɑ̃] *adv* wirklich
vérité [veʀite] *f* ❶ Wahrheit *f* ❷ *sans pl* (*réa*[…]*lisme*) Wirklichkeitstreue *f* ▶**en ~** eigent[…]lich
verlan [vɛʀlɑ̃] *m: Art Geheimsprache, in de*[…] *die Silben gewisser Wörter in umgekehrte*[…] *Reihenfolge gesprochen werden*
vermeil [vɛʀmɛj] *m* vergoldetes Silber
vermeil, le [vɛʀmɛj] *adj* [leuchtend] rot
vermicelle [vɛʀmisɛl] *m* Fadennudel *f*
vermifuge [vɛʀmifyʒ] *adj* **remède ~** Wurmmittel *nt*
vermillon [vɛʀmijɔ̃] **I.** *adj inv* zinnoberr[…] **II.** *m* Zinnoberrot *nt*
vermine [vɛʀmin] *f* ❶ *sans pl* (*parasites*) Un[…]geziefer *nt* ❷ *sans pl* (*racaille*) Gesindel […] (*pej*)
vermisseau [vɛʀmiso] <x> *m* Würmche[…] *nt*
vermoulu, e [vɛʀmuly] *adj* wurmstichig
vermout[h] [vɛʀmut] *m* Wermut[wein *m*] […]
vernir [vɛʀniʀ] <8> **I.** *vt* (*bois*) lackiere[…] (*peinture*) firnissen **II.** *vpr* **se ~ les ongle**[…] sich (*dat*) die Nägel lackieren
vernis [vɛʀni] *m* ❶ (*laque*) Firnis *m;* **~ à on**[…]**gles** Nagellack *m* ❷ (*façade*) Fassade *f* (*fig*[…]
vernissage [vɛʀnisaʒ] *m* ❶ (*action*) Lacki[…]ren *nt* ❷ (*inauguration*) Vernissage *f* (*geh*)
vérole [veʀɔl] *f fam* Syphilis *f*
vérolé, e [veʀɔle] *adj* INFORM fehlerhaft

véronique [veʀɔnik] *f* Ehrenpreis *m*
verrai [vɛʀɛ] *fut de* **voir**
verrat [vɛʀa] *m* Zuchteber *m*
verre [vɛʀ] *m* Glas *nt;* **deux ~s de vin** zwei Glas Wein; **prendre un ~** ein Gläschen trinken (*fam*); **~ de contact** Kontaktlinse *f*
verrée [veʀe] *f* CH (*vin d'honneur*) Empfang *m*
verrerie [vɛʀʀi] *f* (*fabrique*) Glashütte *f*
verrier [vɛʀje] *m* Glasbläser *m*
verrière [vɛʀjɛʀ] *f* (*toit*) Glasdach *nt*
verrou [veʀu] *m* (*loquet*) Riegel *m*
verrouiller [veʀuje] <1> *vt* ❶ (*fermer*) verriegeln ❷ (*disquette*) durch Kode sperren
verrue [veʀy] *f* MED Warze *f*
vers[1] [vɛʀ] *prép* ❶ (*en direction de*) **~ qn/qc** auf jdn/etw zu; **~ le sud/haut/la gauche** nach Süden/oben/links ❷ (*aux environs de: lieu*) bei; (*temps*) gegen
vers[2] [vɛʀ] *m* Vers *m;* **en ~** in Versform
versant [vɛʀsɑ̃] *m* (*pente*) Hang *m;* (*d'un toit*) Schräge *f;* **~ nord** (*d'une montagne*) Nordwand *f*
versatile [vɛʀsatil] *adj* (*personne*) unbeständig
verse [vɛʀs] *f* **il pleut à ~** es gießt in Strömen
Verseau [vɛʀso] <x> *m* Wassermann *m; v.a.* **Balance**
versement [vɛʀsəmɑ̃] *m* Zahlung *f*
verser [vɛʀse] <1> *vt* ❶ (*faire couler*) **~ de l'eau à qn** jdm Wasser eingießen ❷ (*payer*) **~ à qn/sur un compte** (*somme*) jdm zahlen/auf ein Konto einzahlen ❸ (*ajouter*) **~ qc au dossier** etw zu den Akten legen
verset [vɛʀsɛ] *m* (*de la Bible, du Coran*) Vers *m*
verseur, -euse [vɛʀsœʀ, -øz] *adj* **bec ~** Tülle *f*
versificateur, -trice [vɛʀsifikatœʀ, -tʀis] *m, f* ❶ (*poète*) Dichter(in) *m(f)* ❷ *péj* Versemacher(in) *m(f)* (*pej*)
versifier [vɛʀsifje] <1> *vt* in Verse setzen
version [vɛʀsjɔ̃] *f* ❶ Version *f;* MUS, THEAT, *cine* A. Fassung *f;* **en ~ originale sous-titrée** in Originalfassung mit Untertiteln ❷ SCOL Übersetzung *f* aus der Fremdsprache
verso [vɛʀso] *m* Rückseite *f*
versus [vɛʀsys] *prép* versus
vert [vɛʀ] *m* Grün *nt*
vert, e [vɛʀ, vɛʀt] **I.** *adj* ❶ grün ❷ (*légumes*) frisch; (*vin*) sauer ❸ (*blême*) **~ de peur/jalousie** blass vor Angst/Neid (*dat*) **II.** *m, f* (*écologiste*) Grüne(r) *f(m)*
vertébral, e [vɛʀtebʀal, o] <-aux> *adj* **colonne ~e** Wirbelsäule *f*
vertébré [vɛʀtebʀe] *m* Wirbeltier *nt*
vertèbre [vɛʀtɛbʀ] *f* Wirbel *m*
vertement [vɛʀtəmɑ̃] *adv* (*répliquer*) schroff; (*réprimander*) scharf
vertical, e [vɛʀtikal, o] <-aux> *adj* senkrecht
verticale [vɛʀtikal] *f* Senkrechte *f*
verticalement [vɛʀtikalmɑ̃] *adv* senkrecht, vertikal
vertige [vɛʀtiʒ] *m* ❶ *sans pl* (*peur du vide*) Schwindel[gefühl *nt*] *m* ❷ (*malaise*) Schwindelanfall *m;* **il a le ~** ihm wird schwind[e]lig; **donner le ~ à qn** jdn schwind[e]lig machen; (*hauteur*) Schwindel erregend sein
vertigineux, -euse [vɛʀtiʒinø, -øz] *adj* Schwindel erregend
vertu [vɛʀty] *f* ❶ (*qualité*) Tugend *f* ❷ (*effet bénéfique*) [positive] Wirkung ►**en ~ de** kraft (+ *gen*)
vertueusement [vɛʀtɥøzmɑ̃] *adv* tugendhaft
vertueux, -euse [vɛʀtɥø, -øz] *adj* tugendhaft
verve [vɛʀv] *f* Witz *m*
verveine [vɛʀvɛn] *f* Eisenkraut *nt*
vésicule [vezikyl] *f* **~ [biliaire]** Gallenblase *f*
vessie [vesi] *f* [Harn]blase *f*
veste [vɛst] *f* ❶ Jacke *f* ❷ (*gilet*) Strickjacke *f*
vestiaire [vɛstjɛʀ] *m* Garderobe *f*
vestibule [vɛstibyl] *m* Flur *m*
vestige [vɛstiʒ] *m souvent pl* [Über]rest *m*
vestimentaire [vɛstimɑ̃tɛʀ] *adj* (*dépenses*) für Kleidung
veston [vɛstɔ̃] *m* Sakko *m o nt*
vêtement [vɛtmɑ̃] *m* Kleidungsstück *nt;* **des ~s** Kleidung *f*
vétéran, e [veteʀɑ̃, an] *m, f* ❶ MIL Veteran *m* ❷ (*personne expérimentée*) [alter] Routinier
vétérinaire [veteʀinɛʀ] *mf* Tierarzt/-ärztin *m/f*
vétille [vetij] *f* Lappalie *f*
vêtir [vetiʀ] <irr> *vpr soutenu* **se ~** sich ankleiden; **se ~ de qc** sich in etw (*akk*) kleiden
veto [veto] *m inv* Veto *nt*
vêtu, e [vety] **I.** *part passé de* **vêtir II.** *adj*

V

bekleidet [mit]
veuf, veuve [vœf, vœv] **I.** *adj* verwitwet **II.** *m, f* Witwer/Witwe *m/f*
veuille [vœj] *subj prés de* **vouloir**
veulent [vœl] *indic prés de* **vouloir**
veut [vœ] *indic prés de* **vouloir**
veuve [vœv] *v.* **veuf**
veux [vœ] *indic prés de* **vouloir**
vexation [vɛksasjɔ̃] *f* Demütigung *f*
vexer [vɛkse] <1> **I.** *vt* kränken **II.** *vpr* **se ~** gekränkt sein
via [vja] *prép* über (+ *akk*)
viabiliser [vjabilize] <1> *vt* (*terrain*) erschließen
viabilité [vjabilite] *f* (*aptitude à vivre*) Lebensfähigkeit *f*
viable [vjabl] *adj* lebensfähig
viaduc [vjadyk] *m* Viadukt *m o nt*
viager [vjaʒe] *m* Leibrente *f*
viager, -ère [vjaʒe, -ɛʀ] *adj* auf Lebenszeit
viande [vjɑ̃d] *f* Fleisch *nt*
viander [vjɑ̃de] <1> *vpr fam* **se ~** einen Unfall bauen
viatique [vjatik] *m* ❶ (*équipement de voyage*) [Marsch]gepäck *nt* ❷ REL letzte Kommunion
vibrant, e [vibʀɑ̃, ɑ̃t] *adj* leidenschaftlich
vibration [vibʀasjɔ̃] *f* (*d'un moteur*) Vibrieren *nt*
vibrato [vibʀato] *m* Vibrato *nt*
vibratoire [vibʀatwaʀ] *adj* **mouvement ~** Schwingung *f*
vibrer [vibʀe] <1> *vi* (*moteur*) vibrieren
vibromasseur [vibʀomasœʀ] *m* (*objet érotique*) Vibrator *m*
vicaire [vikɛʀ] *m* Kaplan *m*
vice [vis] *m* (*anomalie*) Mangel *m*
vice-consul [viskɔ̃syl] <vice-consuls> *m* Vizekonsul *m*
vicelard, e [vislaʀ, aʀd] *fam adj* (*vicieux*) lüstern
vice-présidence [vispʀezidɑ̃s] <vice-présidences> *f* Vizepräsidentschaft *f*
vice-président, e [vispʀezidɑ̃, ɑ̃t] <vice-présidents> *m, f* Vizepräsident(in) *m(f)*
vice-roi, vice-reine [visʀwa, visʀɛn] <vice-rois> *m* Vizekönig(in) *m(f)*
vice versa [vis(e)vɛʀsa] *adv* **et ~** und umgekehrt
vichy [viʃi] **I.** *m* (*tissu*) Vichy[stoff *m*] *m* **II.** *f* Mineralwasser *nt*
vicieux, -euse [visjø, -jøz] **I.** *adj* ❶ (*obsédé sexuel*) lüstern (*geh*) ❷ *fam* (*vache, tordu*) gemein ❸ (*cheval*) heimtückisch **II.** *m, f* ❶ (*cochon*) Perverse(r) *f(m)* ❷ *fam* (*tordu: homme*) Fiesling *m;* (*femme*) fiese Person
vicinal [visinal, o] <-aux> *adj* **chemin ~** Gemeindeweg *m*
vicomte, -esse [vikɔ̃t, -ɛs] *m, f* Vicomte/Vicomtesse *m/f*
victime [viktim] *f* Opfer *nt;* (*mort*) [Todes]opfer *nt;* **être [la] ~ de qc** [das] Opfer einer S. sein
victimiser [viktimize] <1> *vt* **~ qn** jdn zum Opfer machen
victoire [viktwaʀ] *f* Sieg *m*
victorieux, -euse [viktɔʀjø, -jøz] *adj* (*vainqueur*) siegreich
victuailles [viktɥɑj] *fpl* Lebensmittel *Pl*
vidange [vidɑ̃ʒ] *f* TECH [Ent]leerung *f;* AUT Ölwechsel *m*
vidanger [vidɑ̃ʒe] <2a> *vt* AUT **faire ~ une voiture** bei einem Auto einen Ölwechsel machen lassen
vidangeur [vidɑ̃ʒœʀ] *m* Fäkaliengrubenentleerer(in) *m(f)*
vide [vid] **I.** *adj* ❶ (*opp: plein*) leer ❷ (*discussion*) sinnlos; **~ de qc** ohne etw **II.** *m* ❶ *sans pl* (*abîme*) Abgrund *m* ❷ PHYS luftleerer Raum; **emballé sous ~** Vakuum verpackt ❸ (*espace vide*) Lücke *f* ❹ (*néant*) Leere *f*
vidéo [video] **I.** *f* (*film*) Video *nt* **II.** *adj inv* (*caméra, cassette, film, jeu*) Video-
vidéoclip [videoklip] *m* Videoclip *m*
vidéoconférence [videokɔ̃feʀɑ̃s] *f* Videokonferenz *f*
vidéophone [videofɔn] *m* Bildtelefon *nt*
vide-ordures [vidɔʀdyʀ] *m inv* Müllschlucker *m*
vidéotex® [videotɛks] *m* Videotext *m;* (*interactif*) Bildschirmtext *m*
vidéothèque [videotɛk] *f* Videothek *f*
vidéotransmission [videotʀɑ̃smisjɔ̃] Übertragung *f* auf [eine] Videowand
vider [vide] <1> **I.** *vt* ❶ leeren ❷ (*substance liquide*) ausgießen; (*substance solide*) ausschütten ❸ (*appartement*) ausräumen (*fam* ❹ *fam* (*expulser*) rausschmeißen ❺ *fam* (*fatiguer*) **être vidé** total geschafft sein ❻ GASTR ausnehmen **II.** *vpr* **se ~** (*bouteille*) auslaufen; (*ville*) sich leeren
videur, -euse [vidœʀ, -øz] *m, f* Rausschmeißer(in) *m(f)* (*fam*)
vie [vi] *f* ❶ (*existence*) Leben *nt* ❷ (*façon d*

vivre) Lebensweise *f;* ~ **active** Berufsleben; **c'est la ~!** so ist das Leben! ❸ (*biographie*) Lebensgeschichte *f* ▸**gagner sa ~** seinen Lebensunterhalt verdienen; **refaire sa ~** ein neues Leben anfangen; **à ~** auf Lebenszeit

vieil [vjɛj] *adj v.* **vieux**

vieillard [vjɛjaʀ] *m* Greis *m*

vieille [vjɛj] *v.* **vieux**

vieillerie [vjɛjʀi] *f* **~s** alter Trödel (*fam*); (*vêtements*) alte Klamotten *Pl* (*fam*)

vieillesse [vjɛjɛs] *f* ❶ (*opp: jeunesse*) Alter *nt* ❷ *sans pl* (*personnes âgées*) **la ~** die Alten *Pl*

vieillir [vjɛjiʀ] <8> **I.** *vi* ❶ (*prendre de l'âge: personne*) alt werden; (*chose*) altern; (*fromage, vin*) reifen ❷ (*se démoder*) an Aktualität verlieren **II.** *vt* (*faire paraître plus vieux*) älter machen

vieillissement [vjɛjismɑ̃] *m* (*d'une personne*) Älterwerden *nt;* (*d'une population*) Überalterung *f*

vieillot, te [vjɛjo, jɔt] *adj* altmodisch

vielle [vjɛl] *f* [Dreh]leier *f*

viendrai [vjɛ̃dʀɛ] *fut de* **venir**

vienne [vjɛn] *subj prés de* **venir**

Vienne [vjɛn] Wien *nt*

viennent [vjɛn] *indic prés de* **venir**

viennois, e [vjɛnwa, waz] *adj* Wiener *inv*

Viennois, e [vjɛnwa, waz] *m, f* Wiener(in) *m(f)*

viennoiserie [vjɛnwazʀi] *f* Feingebäck *nt*

viens, vient [vjɛ̃] *indic prés de* **venir**

vierge [vjɛʀʒ] *adj* ❶ (*non défloré*) unschuldig; (*fille*) unberührt ❷ (*disquette, page*) leer; (*film*) unbelichtet ❸ (*inexploré*) unberührt; **la forêt ~** der Urwald ❹ (*pur: laine*) rein

Vierge [vjɛʀʒ] *f* ❶ REL **la ~ Marie** die Jungfrau Maria ❷ ASTRO Jungfrau *f; v.a.* **Balance**

Viêt-nam, Vietnam [vjɛtnam] *m* **le ~** Vietnam *nt*

vietnamien [vjɛtnamjɛ̃] *m* Vietnamesisch *nt; v.a.* **allemand**

vietnamien, ne [vjɛtnamjɛ̃, jɛn] *adj* vietnamesisch; *v.a.* **allemand**

Vietnamien, ne [vjɛtnamjɛ̃, jɛn] *m, f* Vietnamese/Vietnamesin *m/f*

vieux [vjø] *adv* alt

vieux, vieil, vieille [vjø, vjɛj] **I.** *adj antéposé* ❶ alt; **être ~ d'un mois** einen Monat sein ❷ *péj fam* (*con, schnock*) fies ▸**vivre ~** ein hohes Alter erreichen **II.** *m, f* ❶ (*vieille personne*) Alte(r) *f(m)* ❷ *fam* (*mère/père*) Alte(r) *f(m);* **mes ~** meine Alten ▸ **mon [petit] ~!/ma [petite] vieille!** *fam* mein Lieber!/meine Liebe!

vif [vif] *m* ▸**le ~ du sujet** der Kern der Sache

vif, vive [vif, viv] *adj* ❶ (*personne*) lebhaft ❷ (*rapide*) schnell; **avoir l'esprit ~** aufgeweckt sein ❸ (*douleur*) heftig; (*froid*) schneidend; (*couleur*) kräftig; (*lumière*) hell ❹ (*vivant*) lebend

vigie [viʒi] *f* NAUT Ausguck[posten *m*] *m*

vigilance [viʒilɑ̃s] *f* Wachsamkeit *f*

vigile [viʒil] *mf* Wächter(in) *m(f)*

vigne [viɲ] *f* ❶ BOT Wein *m;* **pied de ~** Rebstock *m* ❷ (*vignoble*) Weinberg *m* ❸ *sans pl* (*viticulture*) Weinbau *m*

vigneron, ne [viɲ(ə)ʀɔ̃, ɔn] *m, f* Winzer(in) *m(f),* Weinhauer(in) *m(f)* (A)

vignette [viɲɛt] *f* Kontrollmarke *f;* (*d'une automobile*) Kfz-Steuermarke *f*

vignoble [viɲɔbl] *m* ❶ (*terrain*) Weinberg *m* ❷ *sans pl* (*ensemble de ~s*) Weinbaugebiet *nt*

vigogne [vigɔɲ] *f* Vikunja *nt*

vigoureusement [viguʀøzmɑ̃] *adv* (*avec force*) kräftig; (*avec détermination*) energisch

vigoureux, -euse [viguʀø, -øz] *adj* ❶ (*fort*) kräftig ❷ (*ferme*) kraftvoll ❸ (*énergique*) energisch

vigueur [vigœʀ] *f* (*d'une personne*) Vitalität *f* ▸**en ~** in Kraft

Viking [vikiŋ] *m* Wikinger *m*

vilain [vilɛ̃] *m* (*grabuge*) **il va y avoir du ~** das wird Ärger geben

vilain, e [vilɛ̃, ɛn] *adj souvent antéposé* ❶ (*laid*) hässlich ❷ (*mot*) unanständig; (*coup*) gemein; **jouer un ~ tour à qn** jdm übel mitspielen ❸ (*inquiétant*) schlimm ❹ (*temps*) schlecht

vilebrequin [vilbʀəkɛ̃] *m* AUT Kurbelwelle *f*

villa [villa] *f* Villa *f*

village [vilaʒ] *m* Dorf *nt*

villageois, e [vilaʒwa, waz] *m, f* Dorfbewohner(in) *m(f)*

village-vacances [vilaʒvakɑ̃s] <villages-vacances> *m* Feriendorf *nt*

ville [vil] *f* ❶ Stadt *f;* **~ jumelée** Partnerstadt *f;* **vieille ~** Altstadt *f* ❷ (*municipalité*) Stadtverwaltung *f*] *f* ▸**en ~** in der/die Stadt

villégiature [vi(l)leʒjatyʀ] *f* Ferien *Pl*
ville-satellite [vilsatelit] <villes-satellites> *f* Satellitenstadt *f*
vin [vɛ̃] *m* Wein *m;* ~ **de pays** Landwein ▶**cuver son** ~ *fam* seinen Rausch ausschlafen
vinaigre [vinɛgʀ] *m* Essig *m*
vinaigrer [vinegʀe] <1> *vt* mit Essig abschmecken
vinaigrette [vinɛgʀɛt] *f* Vinaigrette *f*
vinasse [vinas] *f fam* billiger Wein
vindicatif, -ive [vɛ̃dikatif, -iv] *adj* rachsüchtig
vingt [vɛ̃] **I.** *num* ❶ (*cardinal*) zwanzig ❷ (*dans l'indication des époques*) **les années** ~ die zwanziger Jahre **II.** *m inv* Zwanzig *f; v.a.* **cinq**
vingtaine [vɛ̃tɛn] *f* ❶ (*environ vingt*) **une** ~ **de personnes/pages** etwa zwanzig Personen/Seiten ❷ (*âge approximatif*) **avoir la** ~ [*o* **une** ~ **d'années**] ungefähr zwanzig [Jahre alt] sein
vingt-et-un [vɛ̃teœ̃] **I.** *num* einundzwanzig **II.** *m inv* Einundzwanzig *f; v.a.* **cinq**
vingtième [vɛ̃tjɛm] **I.** *adj antéposé* zwanzigste(r, s) **II.** *mf* **le/la** ~ der/die/das Zwanzigste **III.** *m* ❶ (*fraction*) Zwanzigstel *nt* ❷ (*siècle*) zwanzigstes Jahrhundert; *v.a.* **cinquième**
vinicole [vinikɔl] *adj* (*région*) Weinbau-
vinifier [vinifje] <1> *vt, vi* keltern
vînmes [vɛ̃m], **vinrent** [vɛ̃ʀ], **vins** [vɛ̃], **vint** [vɛ̃], **vîntes** [vɛ̃t] *passé simple de* **venir**
vinyle [vinil] *m* Vinyl *nt*
viol [vjɔl] *m* Vergewaltigung *f*
violateur, -trice [vjɔlatœʀ, -tʀis] *m, f* (*d'un secret*) Verräter(in) *m(f);* (*d'un lieu sacré*) Schänder(in) *m(f)*
violation [vjɔlasjɔ̃] *f* ❶ JUR ~ **de domicile** Hausfriedensbruch *m* ❷ (*profanation*) Schändung *f*
viole [vjɔl] *f* Viola *f*
violemment [vjɔlamɑ̃] *adv* heftig
violence [vjɔlɑ̃s] *f* ❶ (*brutalité*) Gewalt *f* ❷ (*acte*) Gewalttätigkeit *f* ❸ (*virulence*) Heftigkeit *f*
violent, e [vjɔlɑ̃, ɑ̃t] *adj* ❶ (*personne*) gewalttätig; (*mort*) gewaltsam; (*acte*) Gewalt- ❷ (*intense*) heftig ❸ (*désir*) stark
violenter [vjɔlɑ̃te] <1> *vt* ~ **qn** jdm Gewalt antun
violer [vjɔle] <1> *vt* ❶ (*personne*) vergewaltigen ❷ (*loi, frontière*) verletzen; (*secret*) verraten; (*lieu sacré*) schänden
violet, te [vjɔlɛ, ɛt] *adj* violett
violette [vjɔlɛt] *f* BOT Veilchen *nt*
violeur, -euse [vjɔlœʀ, -øz] *m, f* Vergewaltiger(in) *m(f)*
violon [vjɔlɔ̃] *m* Violine *f,* Geige *f*
violoncelle [vjɔlɔ̃sɛl] *m* [Violon]cello *nt*
violoncelliste [vjɔlɔ̃selist] *mf* Cellist(in) *m(f)*
violoneux [vjɔlɔnø] *m* HIST Dorffiedler(in) *m(f)*
violoniste [vjɔlɔnist] *mf* Geiger(in) *m(f)*
VIP [veipe] *m inv abr de* **Very Important Person** *fam* VIP *m*
vipère [vipɛʀ] *f* ❶ ZOOL Viper *f* ❷ (*personne*) [Gift]schlange *f*
virage [viʀaʒ] *m* (*tournant*) Kurve *f*
viral, e [viʀal, o] <-aux> *adj* Virus-
virée [viʀe] *f fam* Spritztour *f*
virement [viʀmɑ̃] *m* FIN Überweisung *f*
virer [viʀe] <1> **I.** *vi* (*véhicule*) abbiegen; (*temps*) umschlagen **II.** *vt* ❶ FIN (*somme*) überweisen ❷ *fam* (*renvoyer*) feuern; (*se débarrasser de*) rausschmeißen
virevolter [viʀvɔlte] <1> *vi* eine plötzliche Drehung vollführen
virginal, e [viʀʒinal, o] <-aux> *adj soutenu* jungfräulich
virginité [viʀʒinite] *f* Jungfräulichkeit *f*
virgule [viʀgyl] *f* Komma *nt*
viril, e [viʀil] *adj* (*mâle*) männlich
viriliser [viʀilize] <1> *vt* ❶ (*opp: féminiser*) männlicher machen ❷ MED ~ **qn** jds Potenz steigern
virilité [viʀilite] *f* ❶ ANAT Potenz *f* ❷ (*caractère viril*) Männlichkeit *f*
virtuel, le [viʀtɥɛl] *adj a.* INFORM virtuell
virtuellement [viʀtɥɛlmɑ̃] *adv* (*pratiquement*) so gut wie
virtuose [viʀtɥoz] *mf* Virtuose/Virtuosin *m/f*
virtuosité [viʀtɥozite] *f* (*d'un musicien*) Virtuosität *f*
virulence [viʀylɑ̃s] *f* (*véhémence*) Heftigkeit
virulent, e [viʀylɑ̃, ɑ̃t] *adj* ❶ (*véhément*) heftig ❷ (*microbe*) virulent; (*poison*) stark
virus [viʀys] *m* Virus *m o nt*
vis[1] [vis] *f* Schraube *f*
vis[2] [vi] *indic prés de* **vivre**
vis[3] [vi] *passé simple de* **voir**
visa [viza] *m* Visum *nt;* ~ **d'entrée/de sortie** Einreise-/Ausreisevisum

visage [vizaʒ] *m* ① (*figure*) Gesicht *nt* ② (*mine*) Miene *f*

visagiste® [vizaʒist] *mf* Visagist(in) *m(f)*

vis-à-vis [vizavi] **I.** *prép* ① (*en face de*) ~ **de l'église** gegenüber der Kirche ② (*envers*) ~ **de qn/qc** jdm/einer S. gegenüber ③ (*comparé à*) ~ **de qn/qc** im Vergleich zu jdm/etw **II.** *adv* **être/se trouver** ~ einander gegenüber stehen **III.** *m inv* (*personne, immeuble*) Gegenüber *nt*

viscéral, e [viseʀal, o] <-aux> *adj* (*peur*) tiefsitzend

viscère [visɛʀ] *f* inneres Organ; **les ~s** die Eingeweide *Pl*

viscosité [viskozite] *f* ① (*de la peau*) Klebrigkeit *f* ② PHYS (*d'un liquide*) Zähflüssigkeit *f*

visée [vize] *f pl* **~s sur qc** Streben *nt* nach etw

viser[1] [vize] <1> **I.** *vi* ① (*avec une arme*) zielen ② (*avoir pour but*) ~ **haut** hoch hinaus wollen **II.** *vt* ① (*cible*) zielen auf (+ *akk*) ② (*ambitionner*) anstreben ③ (*concerner*) ~ **qn/qc** (*remarque*) jdm/etw gelten; (*mesure*) jdn/etw betreffen

viser[2] [vize] <1> *vt* (*document*) beglaubigen; (*passeport*) mit einem Sichtvermerk versehen

viseur [vizœʀ] *m* Visier *nt*

visibilité [vizibilite] *f* AUT Sichtverhältnisse *Pl*

visible [vizibl] *adj* ① (*qui peut être vu*) sichtbar ② (*évident*) merklich

visiblement [viziblәmɑ̃] *adv* [offen]sichtlich

visière [vizjɛʀ] *f* Mützenschirm *m;* (*d'une casquette*) Schild *m*

visioconférence [vizjokɔ̃feʀɑ̃s] *f* Videokonferenz *f*

vision [vizjɔ̃] *f* ① (*faculté*) Sehvermögen *nt* ② (*perception avec appareil*) Sicht *f* ③ (*action de voir qc*) Anblick *m* ④ (*conception*) [An]sicht *f;* ~ **du monde** Weltanschauung *f* ⑤ (*apparition*) Vision *f*

visionnaire [vizjɔnɛʀ] *mf a.* REL Visionär(in) *m(f)*

visionner [vizjɔne] <1> *vt* sich (*dat*) ansehen

visionneuse [vizjɔnøz] *f* ① (*appareil*) Bildbetrachter *m* ② INFORM Viewer *m*

visite [vizit] *f* ① (*action de visiter*) Besuch *m;* (*d'un musée*) Besichtigung *f;* ~ **guidée** Führung *f;* **rendre ~ à qn** jdn besuchen; **en ~** zu Besuch ② (*d'un médecin*) Hausbesuch *m;* ~ **médicale** ärztliche Untersuchung

visiter [vizite] <1> **I.** *vt* ① (*explorer*) besichtigen ② COM, MED, REL ~ **qn** bei jdm einen Hausbesuch machen ③ INFORM laden **II.** *vi* eine Besichtigung machen

visiteur, -euse [vizitœʀ, -øz] *m, f* Besucher(in) *m(f)*

vison [vizɔ̃] *m* Nerz[mantel *m*] *m*

visqueux, -euse [viskø, -øz] *adj* (*liquide*) zähflüssig; (*peau*) klebrig

visser [vise] <1> **I.** *vt* (*couvercle*) zuschrauben **II.** *vi* schrauben

visualisation [vizɥalizasjɔ̃] *f* INFORM Anzeige *f;* ~ **de la page** Seitenansicht *f*

visualiser [vizɥalize] <1> *vt* ~ **qc** etw bildlich darstellen; (*écran*) etw anzeigen

visuel [vizɥɛl] *m* INFORM Display *nt*

visuel, le [vizɥɛl] *adj* (*mémoire*) visuell; (*panneau*) anschaulich

visuellement [vizɥɛlmɑ̃] *adv* ① (*quant à la vue*) optisch ② (*de visu*) mit eigenen Augen

vit[1] [vi] *indic prés de* **vivre**

vit[2] [vi], **vîtes** [vit] *passé simple de* **voir**

vital, e [vital, o] <-aux> *adj* (*fonction*) lebenswichtig; (*besoin*) vital

vitalité [vitalite] *f* (*énergie*) Vitalität *f*

vitamine [vitamin] *f* Vitamin *nt*

vitaminé, e [vitamine] *adj* vitaminhaltig

vite [vit] *adv* schnell; **au plus ~** so schnell wie möglich

vitesse [vitɛs] *f* ① (*rapidité*) Geschwindigkeit *f* ② (*promptitude*) Schnelligkeit *f* ③ AUT Gang *m;* **changer de ~** schalten ▸**prendre qn de ~** jdn überrunden; **à toute ~** (*à vive allure*) mit hoher Geschwindigkeit; (*rapidement*) in aller Eile; **en [quatrième] ~** *fam* in aller Eile

> Auf Frankreichs Autobahnen beträgt die **vitesse maximale** 130 km/h, auf Stadtautobahnen 110, auf der Landstraße 90 und in Ortschaften 50 km/h.

viticole [vitikɔl] *adj* (*production*) Wein-

viticulteur, -trice [vitikyltœʀ, -tʀis] *m, f* Winzer(in) *m(f)*

viticulture [vitikyltyʀ] *f* Weinbau *m*

vitrage [vitʀaʒ] *m* Verglasung *f*

vitrail [vitʀaj, o] <-aux> *m* buntes [Kirchen]fenster *nt*

V

vitre [vitʀ] *f* (*carreau*) [Fenster]scheibe *f*
vitré, e [vitʀe] *adj* verglast
vitrer [vitʀe] <1> *vt* verglasen
vitrerie [vitʀəʀi] *f* ❶ (*activité*) Glaserei *f* ❷ (*marchandise*) Glaserartikel *m*
vitreux, -euse [vitʀø, -øz] *adj* (*yeux*) glasig
vitrier [vitʀije] *m* Glaser(in) *m(f)*
vitrification [vitʀifikasjɔ̃] *f* (*d'un émail, d'une substance*) Verschmelzung *f* zu Glas; (*d'un parquet*) Versiegelung *f*
vitrifier [vitʀifje] <1> *vt* (*parquet*) versiegeln
vitrine [vitʀin] *f* ❶ (*étalage*) Schaufenster *nt* ❷ (*armoire vitrée*) Vitrine *f*
vitriol [vitʀijɔl] *m fig* **critique au ~** ätzende Kritik
vitrioler [vitʀijɔle] <1> *vt* **~ qn** jdm Säure ins Gesicht schütten
vitrocéramique [vitʀoseʀamik] *f* Glaskeramik *f*
vitupérer [vitypeʀe] <5> *vi* **~ contre qn** auf jdn schimpfen
vivable [vivabl] *adj* (*personne*) angenehm; (*monde*) lebenswert
vivace [vivas] *adj* ❶ (*plante*) mehrjährig ❷ (*haine*) tief sitzend
vivacité [vivasite] *f* ❶ (*promptitude*) Lebhaftigkeit *f;* **~ d'esprit** schnelle Auffassungsgabe *f* ❷ (*d'un langage*) Heftigkeit *f* ❸ (*d'une couleur*) Leuchtkraft *f*
vivant [vivɑ̃] *m* (*personne en vie*) Lebende(r) *f(m);* **bon ~** Genießer(in) *m(f)* ▶**du ~ de qn** zu jds Lebzeiten *Pl*
vivant, e [vivɑ̃, ɑ̃t] *adj* ❶ (*en vie*) lebend; **être ~** Lebewesen *nt;* **être encore ~** noch am Leben sein ❷ (*expressif*) lebendig ❸ (*en usage*) gebräuchlich
vivarium [vivaʀjɔm] *m* Vivarium *nt*
vivat [viva] *m gén pl* Hochruf *m*
vive [viv] **I.** *interj* **~ la mariée/la liberté!** es lebe die Braut/Freiheit! **II.** *adj v.* **vif**
vivement [vivmɑ̃] **I.** *adv* ❶ (*regretter*) zutiefst ❷ (*parler*) barsch **II.** *interj* **~ les vacances!** wenn nur schon Ferien wären!
vivier [vivje] *m* (*bac*) Frischwasserbehälter *m*
vivifier [vivifje] <1> *vt* (*stimuler*) beleben; (*personne, plante*) kräftigen
vivipare [vivipaʀ] *adj* lebend gebärend
vivisection [vivisɛksjɔ̃] *f* Vivisektion *f*
vivoter [vivɔte] <1> *vi fam* dahin vegetieren; (*avec des petits moyens*) sich durchschlagen
vivre [vivʀ] <irr> **I.** *vi* leben; **~ bien** ein gutes Leben führen; **~ de son salaire/ses rentes** von seinem Gehalt/seiner Rente leben **II.** *vt* (*moment, événement*) erleben; (*vie*) leben **III.** *mpl* Verpflegung *f* ▶**couper les ~s à qn** jdm den Unterhalt streichen
vivres [vivʀ] *mpl* Verpflegung *f* ▶**couper les ~ à qn** jdm den Unterhalt streichen
vizir [viziʀ] *m* Wesir *m*
vlan [vlɑ̃] *interj fam* peng
VO [veo] *f abr de* **version originale**
vocabulaire [vɔkabylɛʀ] *m* ❶ (*terminologie*) Vokabular *nt* ❷ (*d'une langue*) Wortschatz *m*
vocal, e [vɔkal, o] <-aux> *adj* (*corde, technique*) Stimm-; (*musique*) Vokal-
vocalique [vɔkalik] *adj* vokalisch
vocalisation [vɔkalizasjɔ̃] *f* Vokalisation *f*
vocalise [vɔkaliz] *f* Stimmübung *f*
vocaliser [vɔkalize] <1> *vi, vt* vokalisieren
vocatif [vɔkatif] *m* Vokativ *m*
vocation [vɔkasjɔ̃] *f* Berufung *f;* **avoir la ~** berufen sein
vocifération [vɔsifeʀasjɔ̃] *f souvent pl* Geschrei *nt kein Pl*
vociférer [vɔsifeʀe] <5> **I.** *vi* schreien **II.** *vt* (*ordre*) brüllen
vocodeur [vɔkɔdœʀ] *m* INFORM Spracherkennungs-PC *m*
vodka [vɔdka] *f* Wodka *m*
vœu [vø] <x> *m* ❶ (*désir*) Wunsch *m;* **faire un ~** sich (*dat*) etwas wünschen ❷ *pl* (*souhaits*) [Glück]wunsch *m* ❸ REL Gelübde *nt*
vogue [vɔg] *f* Beliebtheit *f;* **en ~** in Mode
voici [vwasi] **I.** *adv* hier; **~ mon père et voilà ma mère** hier mein Vater und da meine Mutter **II.** *interj soutenu* ❶ (*réponse*) hier! ❷ (*présentation*) bitte [sehr]!
voie [vwa] *f* ❶ Weg *m* ❷ (*d'une route*) [Fahr]spur *f;* **~ d'accès** Zufahrtstraße; **sans issue** Sackgasse *f;* **~ d'eau** NAUT Leck *nt* ❸ CHEMDFER **~ [ferrée]** [Bahn]gleis ❹ ANAT **~s respiratoires** Atemwege ❺ ASTRO **~ lactée** Milchstraße *f*
voilà [vwala] **I.** *adv* ❶ (*opp: voici*) da; **voici ma maison, et ~ le jardin** hier mein Haus und da der Garten ❷ (*pour désigner*) **~ mes amis** das sind meine Freunde; **~ pourquoi/où ...** deshalb also/dort[hin] also ... **et ~ tout** und das ist alles; **en ~ une histoire!** das ist vielleicht eine Geschichte! **me ~/te ~** hier bin ich/da bist du ❸ *expressif* **~ que la pluie se met à tomber** jet

fängt es an zu regnen; **et le ~ qui recommence** jetzt fängt er schon wieder an (*fam*); **en ~ assez!** jetzt aber genug! ▸**~ ce que c'est de faire une bêtise** *fam* das hat man davon, wenn man eine Dummheit macht; **en veux-tu, en ~** *fam* mehr als genug; **nous y ~** das ist es also **II.** *interj* ❶ (*réponse*) hier! ❷ (*présentation*) bitte [sehr]! ❸ (*naturellement*) **et ~!** natürlich!

voilage [vwalaʒ] *m* Store *m*

voile¹ [vwal] *m* ❶ *a.* PHOT Schleier *m* ❷ (*tissu fin, pour cacher*) Tuch *nt* ❸ MED Schatten *m*

voile² [vwal] *f* ❶ NAUT Segel *nt* ❷ SPORT **la ~** [das] Segeln; **faire de la ~** segeln

voilé, e¹ [vwale] *adj* (*femme*) verschleiert

voilé, e² [vwale] *adj* (*déformé*) verzogen; **être ~** (*roue*) eine Acht haben

voiler¹ [vwale] <1> **I.** *vpr* **se ~** ❶ (*se dissimuler*) sich verschleiern ❷ (*perdre sa clarté: ciel*) sich bedecken **II.** *vt* (*cacher*) verhüllen

voiler² [vwale] <1> *vpr* **se ~** (*roue*) sich verbiegen

voilette [vwalɛt] *f* [Hut]schleier *m*

voilier [vwalje] *m* Segelboot *nt*, Segeljacht *f*

voilure [vwalyʀ] *f* ❶ NAUT Segelfläche *f* ❷ AVIAT Tragfläche *f*

voir [vwaʀ] <irr> **I.** *vt* ❶ sehen ❷ (*montrer*) **fais-moi donc ~!** lass mich doch mal sehen! ❸ (*personne*) zusammenkommen mit; **aller/venir ~ qn** jdn besuchen; **~ page 6** siehe Seite 6 ❹ (*connaître: drame, guerre*) erleben ❺ (*problème*) sehen; **faire ~ à qn qu'il se trompe** (*personne*) jdm klarmachen, dass er sich irrt; (*expérience*) jdm zeigen, dass er sich irrt ❻ (*se représenter*) **~ qc/qn sous un autre jour** etw/jdn ganz anders sehen; **~ ça [d'ici]!** *fam* sich (*dat*) etw lebhaft vorstellen können ▸**je voudrais bien t'y/vous y ~** *fam* du hast/Sie haben gut reden; **on aura tout vu!** *fam* das ist nicht zu fassen!; **avoir quelque chose/n'avoir rien à ~ dans cette histoire** etwas/nichts mit dieser Geschichte zu tun haben; **~ venir** abwarten **II.** *vi* ❶ sehen ❷ (*prévoir*) **~ grand/petit** großzügig/knapp kalkulieren ❸ (*veiller*) **il faut ~ à ce que** + *subj* man sollte darauf achten, dass ❹ *fam* (*donc*) **essaie/regarde ~!** probier/sieh mal! ▸ **à toi de ~** du musst es wissen; **pour ~** zum Ausprobieren; **vois-tu** weißt du **III.** *vpr* ❶ (*être visible*) **se ~ bien** deutlich zu sehen sein ❷ (*se rencontrer*) **se ~** sich sehen ❸ (*se produire*) **se ~** (*phénomène*) sich ereignen; **ça ne s'est jamais vu** das hat es [ja] noch nie gegeben ❹ (*se trouver*) **se ~ contraint de faire qc** sich gezwungen sehen etw zu tun ❺ (*constater*) **se ~ mourir** spüren, dass man stirbt ❻ (*s'imaginer*) **se ~ faire qc** sich (*dat*) vorstellen können etw zu tun

voire [vwaʀ] *adv* **~ [même]** ja sogar

voirie [vwaʀi] *f* ❶ (*service administratif*) Straßenbauamt *nt* ❷ (*enlèvement des ordures*) Müllabfuhr *f*

voisin, e [vwazɛ̃, in] **I.** *adj* ❶ (*maison*) Nachbar-; (*rue*) benachbart; (*pièce*) Neben-; **être ~ de qc** an etw (*akk*) angrenzen ❷ (*sens*) ähnlich; (*espèce animale*) verwandt **II.** *m, f* Nachbar(in) *m(f)*; **passe à ton ~!** weitergeben!

voisinage [vwazinaʒ] *m* ❶ (*voisins*) Nachbarschaft *f* ❷ (*environs*) Umgebung *f*

voisiner [vwazine] <1> *vi* **~ avec qn/qc** sich neben jdm/etw befinden

voiture [vwatyʀ] *f* Auto *nt*; *a.* CHEMDFER Wagen *m*; **~ de course/d'occasion** Renn-/Gebrauchtwagen

voiture-balai [vwatyʀbalɛ] <voitures-balais> *f* SPORT Begleitfahrzeug *nt* **voiture-bar** [vwatyʀbaʀ] <voitures-bars> *f* CHEMDFER Büfettwagen *m* **voiture-lit** [vwatyʀli] <voitures-lits> *f* Schlafwagen *m* **voiture-restaurant** [vwatyʀʀɛstɔʀɑ̃] <voitures-restaurants> *f* Speisewagen *m*

voix [vwɑ] *f* ❶ *a.* MUS Stimme *f*; **à une/deux ~** ein-/zweistimmig ❷ (*suffrage*) [Wähler]stimme *f* ❸ LING Form *f*; **~ passive** Passiv *nt* ▸**de vive ~** mündlich

vol¹ [vɔl] *m* *a.* ZOOL Flug *m*; **~ libre** SPORT Drachenfliegen *nt* ▸**à ~ d'oiseau** in der Luftlinie; **en ~ plané** im Gleitflug

vol² [vɔl] *m* (*larcin*) Diebstahl *m*; **~ à main armée** bewaffneter Raubüberfall; **~ avec effraction** Einbruchsdiebstahl

volaille [vɔlaj] *f* Geflügel[fleisch *nt*] *nt*

volailler, -ère [vɔlaje, -ɛʀ] *m, f* Geflügelhändler(in) *m(f)*

volant [vɔlɑ̃] *m* ❶ AUT Lenkrad *nt*; **être au ~** am Steuer sitzen; **prendre le ~** sich ans Steuer setzen ❷ (*d'un rideau*) Volant *m* ❸ SPORT Federball *m*

volant, e [vɔlɑ̃, ɑ̃t] *adj* ❶ (*soucoupe*) fliegend ❷ (*feuille*) lose; (*personnel*) mobil;

V

douane ~e Zollstreife *f*

volatil, e [vɔlatil] *adj* ❶ CHIM flüchtig ❷ INFORM **mémoire ~e** Arbeitsspeicher *m*

volatile [vɔlatil] *m* Geflügel *nt*

volatilisation [vɔlatilizasjɔ̃] *f* ❶ CHIM Verdunstung *f* ❷ (*disparition*) spurloses Verschwinden

volatiliser [vɔlatilize] <1> *vpr* **se ~** ❶ CHIM verdunsten ❷ (*disparaître*) spurlos verschwinden

volatilité [vɔlatilite] *f* Flüchtigkeit *f*

vol-au-vent [vɔlovɑ̃] *m inv* Blätterteigpastete *f*

volcan [vɔlkɑ̃] *m* Vulkan *m*

volcanique [vɔlkanik] *adj* vulkanisch

volcanologue [vɔlkanɔlɔg] *mf* Vulkanologe/Vulkanologin *m/f*

volée [vɔle] *f* ❶ (*groupe*) **une ~ de moineaux** ein Schwarm *m* Spatzen ❷ (*décharge*) **une ~ de projectiles** ein Kugelhagel *m* ❸ (*raclée*) Schläge *Pl*

voler[1] [vɔle] <1> *vi* ❶ (*se mouvoir dans l'air*) fliegen ❷ (*courir*) eilen

voler[2] [vɔle] <1> **I.** *vt* ❶ (*dérober*) stehlen ❷ (*tromper*) **~ qn sur qc** jdn in Bezug auf etw (*akk*) betrügen ▶**tu ne l'as pas volé** *fam* das geschieht dir recht **II.** *vi* stehlen

volet [vɔlɛ] *m* ❶ (*persienne*) [Fenster]laden *m* ❷ (*feuillet: d'une pièce administrative*) [Falt]blatt *nt;* (*panneau: d'un triptyque*) Flügel *m* ❸ (*partie: d'un plan*) Teil *m*

voleter [vɔlte] <4> *vi* (*voltiger*) flattern

voleur, -euse [vɔlœʀ, -øz] **I.** *adj* (*qui dérobe*) diebisch **II.** *m, f* Dieb(in) *m(f)* ▶**au ~!** haltet den Dieb!; **partir comme un ~** sich [wie ein Dieb] davonschleichen

volière [vɔljɛʀ] *f* Voliere *f*

volley[-ball] [vɔlɛ(bal)] *m sans pl* Volleyball *m*

volleyer [vɔleje] <1> *vi* Volleyball spielen

volleyeur, -euse [vɔlɛjœʀ, -jøz] *m, f* (*joueur de volley*) Volleyballspieler(in) *m(f)*

volontaire [vɔlɔ̃tɛʀ] **I.** *adj* ❶ (*voulu*) beabsichtigt; **incendie ~** Brandstiftung *f* ❷ (*non contraint*) freiwillig ❸ (*décidé*) energisch **II.** *mf a.* MIL Freiwillige(r) *f(m)*

volontairement [vɔlɔ̃tɛʀmɑ̃] *adv* ❶ (*exprès*) absichtlich ❷ (*de son plein gré*) freiwillig

volontariat [vɔlɔ̃taʀja] *m* ❶ (*bénévolat*) Freiwilligkeit *f* ❷ MIL freiwilliger Dienst

volontariste [vɔlɔ̃taʀist] **I.** *adj* voluntaristisch **II.** *mf* PHILOS Voluntarist(in) *m(f)*

volonté [vɔlɔ̃te] *f* ❶ (*détermination*) Wille *m* ❷ (*désir*) Wunsch *m* ❸ (*énergie*) Willensstärke *f* ▶**à ~** nach Belieben

volontiers [vɔlɔ̃tje] *adv* ❶ (*avec plaisir*) gern[e] ❷ (*souvent*) gern

volt [vɔlt] *m* Volt *nt*

voltage [vɔltaʒ] *m* ELEC Spannung *f*

volte-face [vɔltəfas] *f inv* Kehrtwendung *f*

voltige [vɔltiʒ] *f* ❶ (*au cirque*) **numéro de haute ~** Trapeznummer *f* ❷ AVIAT Kunstfliegen *nt*

voltiger [vɔltiʒe] <2a> *vi* (*voler çà et là*) hin und herfliegen

voltigeur, -euse [vɔltiʒœʀ, -øz] *m,* ❶ (*acrobate au trapèze*) Trapezkünstler(in) *m(f)* ❷ (*acrobate sur un cheval*) Voltigierer(in) *m(f)*

voltmètre [vɔltmɛtʀ] *m* Spannungsmesser *m*

volubile [vɔlybil] *adj* redselig

volubilité [vɔlybilite] *f* Redseligkeit *f*

volume [vɔlym] *m* ❶ *a.* SCI Volumen *nt* ❷ COM [Gesamt]menge *f;* (*des investissements*) Umfang *m* ❸ (*tome*) Band *m* ❹ (*objet*) Körper *m*

volumétrique [vɔlymetʀik] *adj* volumetrisch; **analyse ~** Maßanalyse *f;* **compteur ~** Volumenzähler *m*

volumineux, -euse [vɔlyminø, -øz] *adj* (*dossier*) umfangreich; (*paquet*) voluminös

volumique [vɔlymik] *adj* **masse ~** Dichte *f*

volupté [vɔlypte] *f* ❶ (*plaisir sensuel*) Genuss *m* ❷ (*plaisir sexuel*) Wollust *f* (*geh.*) ❸ (*plaisir intellectuel*) Wonne *f*

voluptueusement [vɔlyptɥøzmɑ̃] *adv* genüsslich

voluptueux, -euse [vɔlyptɥø, -øz] *adj* sinnlich

volute [vɔlyt] *f* (*spirale*) Windung *f*

vomi [vɔmi] *m fam* Erbrochene *nt*

vomir [vɔmiʀ] <8> **I.** *vt* (*régurgiter*) [er]brechen, speiben (A) **II.** *vi* sich übergeben

vomissement [vɔmismɑ̃] *m* (*action*) Erbrechen *nt*

vomissure [vɔmisyʀ] *f souvent pl* Erbrochene *nt*

vomitif [vɔmitif] *m* MED Brechmittel *nt*

vont [vɔ̃] *indic prés de* **aller**

vorace [vɔʀas] *adj* (*animal, personne*) gefräßig

voracement [vɔʀasmɑ̃] *adv* gierig

voracité [vɔʀasite] *f* Gier *f*

vos [vo] *dét poss v.* **votre**

Vosges [voʒ] *fpl* **les ~** die Vogesen *Pl*

votant, e [vɔtɑ̃, ɑ̃t] *m, f* ❶ (*participant au vote*) Wähler(in) *m(f)* ❷ (*électeur*) Stimmberechtigte(r) *f(m)*

votation [vɔtasjɔ̃] *f* CH **~ populaire** Volksabstimmung *f*

vote [vɔt] *m* (*suffrage*) Abstimmung *f;* POL Wahl *f;* **~ de confiance** Vertrauensvotum *nt*

voter [vɔte] <1> **I.** *vi* wählen; **~ contre/pour qn/qc** gegen/für jdn/etw stimmen; **~ à main levée** durch Handzeichen abstimmen **II.** *vt* (*crédits*) bewilligen; (*loi*) verabschieden

votre [vɔtʀ] <vos> *dét poss* ❶ (*à une/plusieurs personne(s) vouvoyée(s)*) Ihr(e); **~ chaise** Ihr Stuhl; (*à plusieurs personnes tutoyées*) euer/eu[e]re **~ maison** euer Haus; **à ~ avis** eu[e]rer Meinung nach; *v.a.* **ma, mon** ❷ *avec un titre, form* **Votre Majesté** Eu[e]re Majestät

vôtre [votʀ] *pron poss* ❶ **le/la ~** (*à une/plusieurs personne(s) vouvoyée(s)*) der/die/das Ihre/ihre; (*à plusieurs personnes tutoyées*) der/die/das Eu[e]re/eu[e]re; *v.a.* **mien** ❷ *pl* (*ceux de votre famille*) **les ~s** Ihre/eure Angehörigen; (*vos partisans*) Ihre/eu[e]re Anhänger; **il est des ~s?** gehört er zu Ihnen/euch?; *v.a.* **mien** ▶**à la [bonne] ~!** *fam* auf Ihr/euer Wohl!

vouer [vwe] <1> **I.** *vt* ❶ (*condamner*) verdammen; **être voué à l'échec** zum Scheitern verurteilt sein ❷ (*temps*) widmen ❸ (*ressentir*) **~ de la haine à qn** Hass gegen jdn hegen **II.** *vpr* **se ~ à qn/qc** sich jdm/einer Sache widmen

vouloir [vulwaʀ] <irr> **I.** *vt* ❶ (*exiger*) wollen; **~ qc de qn** etw von jdm verlangen ❷ (*souhaiter*) **il veut/voudrait ce gâteau** er will/möchte diesen Kuchen; **il voudrait être médecin** er wäre gerne Arzt ❸ (*consentir à*) **veux-tu/voulez-vous** [*o* **veuillez**][*o* **voudriez-vous**] **prendre place** (*poli*) würdest du/würden Sie bitte Platz nehmen; (*impératif*) nimm/nehmen Sie bitte Platz ❹ (*attendre: décision, réponse*) erwarten ❺ (*faire en sorte*) **le hasard a voulu que** + *subj* der Zufall wollte es, dass ▶**bien ~ que** + *subj* einverstanden sein, dass; **il l'a voulu!** er hat es [ja] so gewollt! **II.** *vi* ❶ wollen ❷ (*avoir des griefs envers*) **en ~ à un qn de qc** jdm wegen etw böse sein ❸ (*avoir des visées sur*) **en ~ à qc/qn** es auf etw/jdn abgesehen haben ▶ **[moi,] je veux bien** (*volontiers*) [oh ja,] gerne; (*concession douteuse*) [na ja,] von mir aus; **en ~** *fam* ehrgeizig sein **III.** *vpr* **s'en ~ de qc** sich Vorwürfe wegen etw machen

voulu, e [vuly] **I.** *part passé de* **vouloir II.** *adj* ❶ (*effet*) gewünscht; (*moment*) richtig; **en temps ~** rechtzeitig ❷ (*délibéré*) absichtlich; **c'est ~** *fam* das ist gewollt

vous [vu] **I.** *pron pers, 2. pers. pl* ❶ *sujet* ihr; **~ autres** ihr ❷ *compl d'objet direct et indirect* euch ❸ *avec être, devenir, sembler, soutenu* euch ❹ (*avec un sens possessif*) **le cœur ~ battait fort** eure Herzen schlugen heftig ❺ *avec un présentatif* ihr; **~ voici!** hier seid ihr!; *v.a.* **me** ❻ *avec les verbes pronominaux* **vous ~ nettoyez [les ongles]** ihr macht euch [die Nägel] sauber ❼ *fam* (*pour renforcer*) **il veut ~ aider, ~?** euch möchte er helfen? ❽ *avec une prép* **avec/sans ~** mit/ohne euch; **à ~ deux** ihr beide ❾ *dans une comparaison* ihr; *v.a.* **moi II.** *pron pers, forme de politesse* ❶ Sie ❷ *compl d'objet direct et indirect* **je ~ aime** ich liebe Sie; **il ~ explique le chemin** er erklärt Ihnen den Weg; **il ~ laisse/fait conduire [la voiture]** er lässt Sie [das] Auto fahren ❸ *avec être, devenir, sembler, soutenu* Ihnen ❹ (*avec un sens possessif*) **le cœur ~ battait fort** Ihr Herz schlug heftig ❺ *avec un présentatif* Sie; **~ voici!** hier sind Sie!; *v.a.* **me** ❻ *avec les verbes pronominaux* **vous ~ nettoyez [les ongles]** Sie machen sich [die Nägel] sauber ❼ *fam* (*pour renforcer*) **il veut ~ aider, ~?** Ihnen möchte er helfen? ❽ *avec une prép* **avec/sans ~** mit Ihnen/ohne Sie; **à ~ deux** Sie beide; **de ~ à moi** unter uns ❾ *dans une comparaison* Sie; *v.a.* **nous III.** *pron* ❶ (*on*) man; **~ ne pouvez même pas dormir** man kann nicht einmal schlafen ❷ (*[à] quelqu'un*) **des choses qui ~ gâchent la vie** Dinge, die einem das Leben schwer machen **IV.** *m* **dire ~ à qn** Sie zu jdm sagen

vous-même [vumɛm] <vous-mêmes> **I.** *pron pers, 2. pers. pl* ❶ (*toi et toi en personne*) **~s n'en saviez rien** ihr selbst wusstet nichts davon ❷ (*toi et toi aussi*) ebenfalls; *v.a.* **nous-même II.** *pron pers, forme de politesse* ❶ (*toi de politesse en personne*)

V

vous êtes venu(e) de ~ Sie sind von sich aus gekommen ② (*toi de politesse aussi*) ebenfalls; *v.a.* **moi-même**

voussure [vusyʀ] *f* Wölbung *f;* **~ de la fenêtre** Fensterbogen *m*

voûte [vut] *f* ARCHIT Gewölbe

voûter [vute] <1> **I.** *vt* ARCHIT **être voûté** gewölbt sein **II.** *vpr* **se ~** sich krümmen

vouvoiement [vuvwamɑ̃] *m* Siezen *nt*

vouvoyer [vuvwaje] <6> *vt, vpr* [**se**] **~** [sich] siezen

voyage [vwajaʒ] *m* ① (*le fait de voyager*) Reise *f* ② (*trajet*) Fahrt *f*

voyager [vwajaʒe] <2a> *vi* (*aller en voyage*) reisen

voyageur, -euse [vwajaʒœʀ, -ʒøz] *m, f* ① (*personne qui voyage*) Reisende(r) *f(m)* ② (*dans un avion/sur un bateau*) Fluggast *m*/Passagier *m* ③ COM **~ de commerce, ~ représentant placier** Handelsreisende(r) *f(m)*

voyagiste [vwajaʒist] *m* Reiseveranstalter *m*

voyais [vwajɛ] *imparf de* **voir**

voyance [vwajɑ̃s] *f* (*occultisme*) Hellsehen *nt*

voyant [vwajɑ̃] *m* Kontrolllampe *f*

voyant, e [vwajɑ̃, jɑ̃t] **I.** *part prés de* **voir II.** *adj* (*qui se remarque*) auffallend **III.** *m, f* ① (*devin*) Hellseher(in) *m(f)* ② (*opp: aveugle*) Sehende(r) *f(m)*

voyelle [vwajɛl] *f* Vokal *m*

voyeur, -euse [vwajœʀ, -jøz] *m, f* Voyeur *m*

voyeurisme [vwajœʀism] *m* (*perversion*) Voyeurismus *m*

voyez [vwaje], **voyons** [vwajɔ̃] *indic prés et impératif de* **voir**

voyou [vwaju] *m* ① (*délinquant*) Gauner *m* ② (*garnement*) Schlingel *m*

vrac [vʀak] *m* **en ~** lose

vrai [vʀɛ] **I.** *m* **le ~** das Wahre; **être dans le ~** Recht haben; **il y a du ~** da ist etwas Wahres daran ▸**à ~ dire** offen gestanden; **pour de ~** *fam* im Ernst **II.** *adv* **dire ~** die Wahrheit sagen; **faire ~** echt aussehen

vrai, e [vʀɛ] *adj* ① (*véridique*) wahr; (*événement*) tatsächlich ② *antéposé* (*authentique, digne de ce nom*) echt; (*cause, délice*) wahr; (*nom*) richtig ▸**pas ~?** *fam* oder?; **~!/?** wirklich!/?

vrai-faux, vraie-fausse [vʀɛfo, vʀɛfos] <vrais-faux> *adj iron* nachgemacht; **il s'est acheté de vraies-fausses lunettes Christian Dior** er hat sich ein Imitat einer Christian-Dior-Brille gekauft

vraiment [vʀɛmɑ̃] *adv* wirklich

vraisemblable [vʀɛsɑ̃blabl] *adj* ① (*plausible*) einleuchtend ② (*probable*) wahrscheinlich

vraisemblablement [vʀɛsɑ̃blabləmɑ̃] *adv* wahrscheinlich

vraisemblance [vʀɛsɑ̃blɑ̃s] *f* ① (*crédibilité*) Glaubwürdigkeit *f* ② (*probabilité*) Wahrscheinlichkeit *f*

vrille [vʀij] *f* ① TECH Nagelbohrer *m* ② AVIAT Schraube *f*

vrillé, e [vʀije] *adj* ① BOT mit Ranken ② (*tordu*) verdreht

vriller [vʀije] <1> **I.** *vi* (*avion*) trudeln; (*cordon, fil*) sich verdrehen **II.** *vt a. fig* (*percer*) [durch]bohren

vrombir [vʀɔ̃biʀ] <8> *vi* brummen

VRP [veɛʀpe] *mf abr de* **voyageur représentant placier**

vs *prép abr de* **versus** vs.

VTT [vetete] *m abr de* **vélo tout-terrain** ① (*vélo*) M.T.B. *nt* ② (*sport*) Mountainbike-Fahren *nt*

vu [vy] **I.** *prép* in Anbetracht (+ *gen*) **II.** *conj* **~ que...** da... **III.** *m* **c'est du déjà/jamais ~** das ist nichts Neues/völlig neu **IV.** *adv* **ni ~ ni connu** ohne dass jd etw bemerkt **V.** *adj* (*compris*) alles klar

vu, e [vy] **I.** *part passé de* **voir II.** *adj* ① (*d'accord*) in Ordnung ② (*observé*) **la remarque est bien/mal ~e** die Bemerkung ist [zu]treffend/unzutreffend ③ (*apprécié*) **être bien/mal ~ de qn** von jdm gern/nicht gern gesehen sein ▸**c'est tout ~!** *fam* Schluss jetzt!

vue [vy] *f* ① (*sens*) Sehvermögen *nt;* **bonne ~** gute Augen *Pl* ② (*regard*) Blick *m;* **perdre qn/qc de ~** jdn/etw aus den Augen verlieren ③ (*panorama*) Aussicht *f* ④ (*spectacle: d'une personne, du sang*) Anblick *m* ⑤ (*photo, peinture*) Ansicht *f;* **~ d'ensemble** *fig* Überblick *m* ⑥ (*conception*) **les ~s de qn** jds Ansichten *Pl* ⑦ (*visées*) **avoir qn/qc en ~** jdn/etw im Auge haben ▸**à ~ de nez** *fam* über den Daumen gepeilt; **à ~ d'œil** merklich; **garder à ~** unter Aufsicht stellen; **à la ~ de qn** (*en voyant qn*) bei jds Anblick; (*sous le regard de qn*) vor jds Augen; **en ~** (*visible*) im Blickfeld; (*tout pro-*

che) in Sicht; (*envié*) begehrt; (*célèbre*) sehr bekannt; **en** ~ **de** [**faire**] **qc** im Hinblick auf etw

vulgaire [vylgɛʀ] *adj* ❶ (*grossier*) vulgär ❷ *antéposé* (*quelconque*) gewöhnlich ❸ *postposé* (*populaire*) volkstümlich

vulgairement [vylgɛʀmɑ̃] *adv* ❶ (*grossièrement*) vulgär ❷ (*couramment: dire*) für gewöhnlich

vulgarisation [vylgaʀizasjɔ̃] *f* allgemeine Verbreitung; (*de la science*) Popularisierung *f* (*geh*)

vulgariser [vylgaʀize] <1> *vt* allgemein zugänglich machen

vulgarité [vylgaʀite] *f* ❶ (*d'un langage*) vulgärer Stil; (*d'une personne*) vulgäre Art ❷ (*parole vulgaire*) vulgärer Ausdruck

vulnérabilité [vylneʀabilite] *f* Verletzbarkeit *f*

vulnérable [vylneʀabl] *adj* verletzbar

vulve [vylv] *f* **la** ~ die äußeren Geschlechtsorgane *Pl* [der Frau]

W w

W, w [dubləve] *m inv* W *nt*, w *nt*

wagon [vagɔ̃] *m* CHEMDFER Wagen *m*, Waggon *m*

wagon-citerne [vagɔ̃sitɛʀn] <wagons-citernes> *m* Tankwagen *m* **wagon-lit** [vagɔ̃li] <wagons-lits> *m* Schlafwagen *m* **wagon-restaurant** [vagɔ̃ʀɛstɔʀɑ̃] <wagons-restaurants> *m* Speisewagen *m*

Wallis-et-Futuna [walisefytyna] *französisches Territorium auf den Fidschiinseln*

wallon [walɔ̃] *m* Wallonisch *nt*; *v.a.* **allemand**

wallon, ne [walɔ̃, ɔn] *adj* wallonisch; *v.a.* **allemand**

Wallon, ne [walɔ̃, ɔn] *m, f* Wallone/Wallonin *m/f*

Wallonie [walɔni] *f* **la** ~ Wallonien *nt*

waouh [wau] *interj* (*ouah*) wau

WAP [wap] *m abr de* **Wireless Application Protocol** WAP *nt*

warning [waʀniŋ] *m* Warnblinkanlage *f*

Waterloo [watɛʀlo] *m* (*ville belge*) Waterloo *nt*

water-polo [watɛʀpɔlo] <water-polos> *m* Wasserball *m*

waterproof [watɛʀpʀuf] *adj inv* wasserfest

wattheure [watœʀ] *m* Wattstunde *f*

W.-C. [vese] *mpl abr de* **water-closet(s)** WC *nt*

Web, WEB [vɛb] *m* **le** ~ das Web

webcam [wɛbkam] *f* INFORM Webcam *f*

Webmane [vɛbman] *mf* Internetfreak *mf*

webmaster [wɛbmastɛʀ], **webmestre** [wɛbmɛstʀ] *m* Webmaster *m*

webnaute [vɛbnot] *mf* [Internet]surfer(in) *m(f)*

webzine [wɛbzin] *m* Internetzeitschrift *f*, Webmagazin *nt*

week-end [wikɛnd] <week-ends> *m* Wochenende *nt*

welsch, e [vɛlʃ] *adj* CH *iron* welsch[schweizerisch]

Welsch, e [vɛlʃ] *m, f* CH *iron* Welschschweizer(in) *m(f)*

western [wɛstɛʀn] *m* Western *m*

Westphalie [vɛsfali] *f* **la** ~ Westfalen *nt*

white-spirit [wajtspiʀit] *m inv* Terpentinersatz *m*

wisigoth, e [vizigo, ɔt] *adj* HIST westgotisch; **le peuple** ~ die Westgoten

Wisigoth, e [vizigo, ɔt] *m, f* HIST Westgote/Westgotin *m/f*

World Wide Web *m* World Wide Web *nt*

Wurtemberg [vyʀtɛ̃bɛʀ] *m* **le** ~ Württemberg *nt*

Wurtzbourg [vyʀtsbuʀ] Würzburg *nt*

WWW *v.* **World Wide Web**

X x

X, x [iks] *m inv* ❶ X *nt*, x *nt* ❷ *fam* (*plusieurs*) **x fois** x-mal ❸ (*Untel*) [Herr/Frau] X; **X ou Y** irgendeiner; **contre X** gegen unbekannt ❹ CINE **film X** nicht jugendfreier Film

xénophobe [gzenɔfɔb] **I.** *adj* ausländerfeindlich **II.** *mf* ausländerfeindliche Person

xylophone [ksilɔfɔn] *m* Xylophon *nt*

Y y

Y, y [igʀɛk] *m inv* Y *nt*, y *nt*
y [i] **I.** *adv* dort **II.** *pron pers* (*à/sur cela*) **s'y entendre** sich damit auskennen; **ne pas y tenir** keinen Wert darauf legen
yacht [jɔt] *m* Jacht *f*
yacht-club [jɔtklœb] <yacht-clubs> *m* Jachtklub *m*
yachting [jɔtiŋ] *m* Segelsport *m*
yaourt [jauʀt] *m* Joghurt *m o nt*
Yémen [jemɛn] *m* **le** ~ Jemen *m*
yeux [jø] *mpl v.* **œil**
yiddish [jidiʃ] **I.** *adj inv* jiddisch; *v.a.* **allemand II.** *m* Jiddisch *nt; v.a.* **allemand**
yog[h]ourt [jɔgurt] *m v.* **yaourt**
yougoslave [jugɔslav] *adj* jugoslawisch
Yougoslave [jugɔslav] *mf* Jugoslawe/Jugoslawin *m/f*
Yougoslavie [jugɔslavi] *f* **République fédérale de** ~ Bundesrepublik *f* Jugoslawien
youpi, youppie [jupi] *interj* hurra
yuppie [jupi] *mf* Yuppie *mf*

Z z

Z, z [zɛd] *m inv* Z *nt*, z *nt*
Zaïre [zaiʀ] *m* HIST **le** ~ Zaire *nt*
Zambie [zɑ̃bi] *f* **la** ~ Sambia *nt*
zapper [zape] <1> *vi* zappen
zapping [zapiŋ] *m* Zappen *nt*
zèbre [zɛbʀ] *m* ZOOL Zebra *nt*
zébrure [zebʀyʀ] *f* ❶ (*rayure*) Streifen *Pl* ❷ (*marques sur la peau*) Striemen *Pl*
zélé, e [zele] *adj* eifrig
zèle [zɛl] *m* Eifer *m;* **faire du** ~ *péj* übereifrig sein
zen [zɛn] **I.** *adj inv* **le bouddhisme** ~ der Zenbuddhismus; **être** ~ *fam* [total] relaxed sein **II.** *m* Zen *nt*
zénith [zenit] *m* Zenit *m*
ZEP [zɛp] *f abr de* **zone d'éducation prioritaire** *sozial problematisches Gebiet, das gezielte [Schul]bildungsmaßnahmen erfordert*
zéro [zeʀo] **I.** *num* ❶ *antéposé* (*aucun*) null ❷ *fam* (*nul*) **qn/qc est** ~ jd/etw ist eine Null **II.** *m* ❶ *inv* (*nombre*) Null *f* ❷ METEO, PHYS *a. fig* Nullpunkt *m* ❸ (*rien*) Nichts *nt;* **compter pour** ~ *fam* nicht[s] zählen ❹ (*personne incapable*) Null *f* (*fig*)
zeste [zɛst] *m* (*écorce*) ~ **de citron râpé** geriebene Zitronenschale
zézayer [zezeje] <7> *vi* lispeln, zuzeln (A)
zieuter [zjøte] <1> *vt fam* anglotzen
zigoto [zigɔto] *m fam* Typ[e *f*] *m*
zigouiller [ziguje] <1> *vt fam* (*tuer*) ~ **qn** jdn in Stücke schneiden
zigzag [zigzag] *m* Zickzack[linie *f*] *m*
zigzaguer [zigzage] <1> *vi* zickzacken; (*à pied/en véhicule*) im Zickzack gehen/fahren; (*route*) im Zickzack verlaufen
Zimbabwe [zimbabwe] *m* **le** ~ Simbabwe *nt*
zinc [zɛ̃g] *m* ❶ (*métal*) Zink *nt* ❷ *fam* (*comptoir*) Theke *f*
zinzin [zɛ̃zɛ̃] **I.** *adj fam* plemplem **II.** *m fam* Ding *nt*
zip®[1] [zip] *m* Reißverschluss *m*
zip[2] [zip] *m* INFORM Zip-Programm *nt*
zipper [zipe] <1> *vt* INFORM (*fichier*) zippen
zizi [zizi] *m enfantin fam* Schniedel *m*
zodiacal, e [zɔdjakal, o] <-aux> *adj* **signe** ~ Sternzeichen *nt*
zodiaque [zɔdjak] *m* Tierkreis *m*
zonard, e [zonaʀ, aʀd] *m, f péj fam* (*marginal*) Asoziale(r) *f(m)*
zone [zon] *f* ❶ Zone *f* ❷ METEO ~ **de dépression** Tiefdruckgebiet *nt* ❸ FIN ~ **monétaire** Geldwirtschaftszone *f* ❹ ECON ~ **euro** Euro-Währungsgebiet *nt* ❺ INFORM ~ **de dialogue** Dialogbox *f* ❻ POL **la** ~ **libre** die freie Zone
zoner [zone] <1> *vi fam in den sozial problematischen Randbezirken leben*
zoo [z(o)o] *m* Zoo *m*
zoologique [zɔɔlɔʒik] *adj* zoologisch; **parc** ~ Tierpark *m*
zoophile [zɔɔfil] **I.** *adj* ❶ (*qui aime les animaux*) [übertrieben] tierlieb ❷ (*qui pratique la zoophilie*) sodomitisch **II.** *mf* ❶ (*qui aime les animaux*) Tierliebhaber(in) *m(f)* ❷ (*qui pratique la zoophilie*) Sodomit(in) *m(f)*
zou [zu] *interj fam* hopp [hopp]
zozoter [zɔzɔte] <1> *vi fam* lispeln

ZUP [zyp] *f abr de* **zone à urbaniser en priorité** *Gebiet mit vorrangigen städtebaulichen Entwicklungsmaßnahmen*

Zurich [zyʀik] Zürich

zut [zyt] *interj fam* verdammt

Anhang I

Appendice I

Privatkorrespondenz
Correspondance personnelle

A l'office du tourisme: demande de documentation

M. et Mme Norbert Petit
5, rue du Dr Chaussier
21000 Dijon

Comité Départemental
du Tourisme du Finistère
11, rue Théodore-Le-Hars
29104 Quimper cedex

Dijon, le 2 février 2006

Messieurs,

Je désire passer mes vacances avec ma famille dans la région de Quimper en juillet.

C'est pourquoi je vous serais reconnaissant de bien vouloir m'envoyer une documentation sur les sites touristiques et les hôtels de cette région.

D'avance, je vous remercie de votre réponse.

Je vous prie de croire, Messieurs, à ma considération distinguée.

Petit

Je désire passer mes vacances…	*Ich möchte meinen Urlaub … verbringen*
envoyer une documentation	*Prospekte zuschicken*

An das Verkehrsamt: Anforderung von Prospekten

P. Unger
Schneiderstr. 6
28717 Bremen

An das
Verkehrsamt
Postfach 66 38 92
82211 Herrsching

Bremen, den 2.2.2006

Sehr geehrte Damen und Herren,

wir möchten in diesem Sommer unseren Urlaub am Ammersee verbringen und bitten Sie um Zusendung eines Hotelverzeichnisses und weiterer Informationsmaterialien.

Für Ihre Bemühungen danken wir Ihnen im Voraus.

Mit freundlichen Grüßen

Peter Unger

Wir bitten um Zusendung von …	*Nous vous prions de nous faire parvenir…*
Für Ihre Bemühungen danken wir Ihnen im Voraus.	*Nous vous en remercions par avance.*

Réserver une chambre d'hôtel

Monsieur,

Je vous remercie de votre dépliant me donnant tous les détails sur les conditions de séjour dans votre hôtel.

Je vous prie de réserver pour ma femme, moi-même et nos deux filles deux chambres avec douche et W. C., l'une à deux lits, l'autre à un grand lit, en demi-pension, du 2 au 15 juillet compris.

D'avance je vous remercie de votre confirmation.

Veuillez recevoir, Monsieur, l'assurance de mes sentiments distingués.

Petit

votre dépliant me donnant tous les détails	*Ihr Faltblatt, das mich über alle Einzelheiten informiert*
Je vous prie de réserver…	*Ich bitte Sie, … zu reservieren.*

Ein Hotelzimmer reservieren

Sehr geehrte Frau Malo,

vielen Dank für Ihren freundlichen Brief vom 17. Juni sowie den Prospekt, der uns einen Einblick in Ihr Haus gegeben hat. Alle Clubmitglieder waren begeistert.

Entsprechend Ihrer Preisliste bitten wir Sie um die Reservierung von:

4 Doppelzimmern mit Dusche und WC,
4 Einzelzimmern mit Dusche und WC.

Wir gehen davon aus, dass sich die Preise jeweils auf die Übernachtung mit Frühstück beziehen.

Wir werden voraussichtlich am 2. Oktober gegen 14 Uhr eintreffen. Beiliegend schicken wir Ihnen die genaue Teilnehmerliste.

Wir freuen uns auf unseren Aufenthalt und danken Ihnen für Ihre Mühe.

Mit freundlichen Grüßen

Monika Ottke

… hat uns einen Einblick in Ihr Haus gegeben	*… nous a donné un aperçu de votre hôtel*
Wir werden voraussichtlich am … eintreffen	*Nous pensons arriver le…*

Demander des renseignements pour une location de vacances

Monsieur,

L'office du tourisme m'a envoyé la liste et le descriptif des gîtes ruraux de votre ville et ses environs.

L'appartement meublé que vous proposez m'intéresse particulièrement. Je souhaiterais le louer pour une période d'un mois à compter du premier juillet. Mais j'aimerais, avant de me décider, quelques renseignements supplémentaires.

Pourriez-vous me préciser si les charges (gaz, électricité et autres taxes) sont comprises dans le prix de la location; et quel serait le montant des arrhes à verser ? Est-ce que la literie est fournie ? Et enfin, est-ce que les animaux sont admis ?

Dans l'attente de votre réponse, je vous prie de recevoir, Monsieur, l'assurance de mes sincères salutations.

Petit

la liste et le descriptif des gîtes ruraux	*die Liste und die Beschreibung der Ferienhäuser und -wohnungen*
pour une période d'un mois à compter du premier juillet	*für einen Monat ab dem ersten Juli*
Pourriez-vous me préciser si…	*Könnten Sie mir mitteilen, ob …*
le prix de la location	*der Mietpreis*
le montant des arrhes à verser	*die Höhe der zu leistenden Anzahlung*
la literie est fournie	*die Bettwäsche wird zur Verfügung gestellt*

Auskünfte über eine Ferienwohnung einholen

Sehr geehrte Frau Schober,

das Informationsmaterial des Fremdenverkehrsbüros mit der Beschreibung der Ferienunterkünfte in Ihrer Region hat uns auf die von Ihnen vermieteten Ferienwohnungen aufmerksam gemacht.

Wir würden gerne die Wohnung für fünf Personen ab dem 15. Juli für drei Wochen mieten, haben aber zuvor noch einige Fragen.

Besteht die Möglichkeit in der Woche anzureisen und die Wohnung für 21 Tage von Mittwoch bis Dienstag zu nehmen? Können Sie uns bitte mitteilen, ob die Endreinigung im Preis inbegriffen ist und ob bzw. in welcher Höhe Sie vor der Anreise eine Anzahlung wünschen? Wird Bettwäsche zur Verfügung gestellt? Und ist Hundehaltung – wir haben einen Dackel – in der Wohnung erlaubt?

Mit freundlichen Grüßen

B. und H. Göckritz

das Informationsmaterial des Fremdenverkehrsbüros	*les informations que nous a envoyées l'office du tourisme*
die von Ihnen vermieteten Ferienwohnungen	*l'appartement que vous louez*
Besteht die Möglichkeit in der Woche anzureisen?	*Pouvons-nous arriver en milieu de semaine ?*
Ist die Endreinigung im Preis inbegriffen?	*Est-ce que le nettoyage en fin de séjour est compris dans le prix ?*
Ist Hundehaltung erlaubt?	*Est-ce que les chiens sont admis ?*

Réserver une location de vacances

Monsieur,

Je vous remercie de votre prompte réponse.

Ayant pris connaissance des renseignements complémentaires que vous avez eu l'amabilité de me communiquer, je vous confirme ma décision de louer votre appartement du premier au trente juillet inclus.

Ci-joint vous trouverez un chèque de 200 euros, à valoir comme arrhes. Le solde, c'est-à-dire 1 000 euros, vous en sera réglé le jour de notre arrivée, le premier juillet.

Dans l'attente de votre réponse, je vous prie de recevoir, Monsieur, l'assurance de mes sincères salutations.

Petit

P.S. : Vous voudrez bien nous préciser où prendre les clés de l'appartement, le jour de notre arrivée.

… que vous avez eu l'amabilité de nous communiquer	*… die Sie uns freundlicherweise mitgeteilt haben*
je vous confirme ma décision de louer	*ich bestätige meine Entscheidung … zu mieten*
à valoir comme arrhes	*als Anzahlung*
Le solde vous en sera réglé…	*Der Restbetrag wird … bezahlt.*
Vous voudrez bien nous préciser où…	*Würden Sie uns bitte genau angeben, wo …*

Eine Ferienwohnung mieten

Sehr geehrte Frau Schober,

herzlichen Dank für Ihre rasche Antwort.

Wir sind mit Ihren Konditionen einverstanden und bestätigen hiermit, Ihre Ferienwohnung Nr. 3 für fünf Personen vom 15. Juli bis zum 4. August einschließlich zu mieten.

Die Vorauszahlung in Höhe von 200,– Euro haben wir heute auf das von Ihnen angegebene Konto überwiesen, die restliche Miete in Höhe von 1000,– Euro erhalten Sie wie abgesprochen an unserem Abreisetag.

Wir freuen uns auf den Urlaub bei Ihnen.

Mit freundlichen Grüßen

B. und H. Göckritz

P.S.: Könnten Sie uns bitte rechtzeitig Bescheid geben, wo und bis wann wir am Anreisetag unsere Schlüssel abholen können?

vom 15. Juli bis zum 4. August einschließlich	*du 15 juillet au 4 août inclus*
die restliche Miete erhalten Sie wie abgesprochen an unserem Abreisetag	*le solde vous sera réglé comme convenu le jour de notre départ*

Carte de vacances

Chère Elisabeth, Cher Pascal,
Un très grand bonjour de la Martinique où depuis une semaine nous profitons du soleil et du sable chaud à l'ombre des cocotiers et des gommiers. Nous avons déjà goûté à toutes les spécialités culinaires. Et que dire du merveilleux rhum martiniquais ?! Bref, des vacances de rêve, même si l'hôtel est, certes confortable, mais très bruyant. Nous espérons que vous allez bien tous les deux et que vous ne souffrez pas trop des grands froids du nord de la métropole.
Grosses bises.

Monique et François

M. et Mme Canevet
23, rue Gilbert
75000 Paris

Et que dire de… ?	*Was soll man über … sagen?*
vous ne souffrez pas trop des grands froids…	*Ihr leidet nicht zu sehr unter der Kälte …*

Urlaubsgrüße

Hallo Marion,

viele Grüße aus Italien! Wir sind jetzt schon seit einer Woche in Rom und noch immer total fasziniert von der Stadt. In ihr pulsiert das Leben, und auf den Straßen ist immer was los – selbst noch um 2 Uhr nachts. Tina und ich erholen uns prächtig und sind auch schon schön braun geworden. Das Nachtleben genießen wir in vollen Zügen. Wir gehen jeden Abend tanzen und lassen uns von dem Charme der Römer verzaubern. Schade, dass du nicht hier bist. Alles weitere in einer Woche. Bis dann.

Schönste Grüße

Deine Manuela

Marion Baumgartner
Mainstr. 15
76199 Karlsruhe

Wir erholen uns prächtig.	*Nous nous reposons à merveille.*
Alles weitere in einer Woche.	*La suite des événements dans une semaine.*

Carte d'anniversaire

Cher Daniel,

26 juillet : une année de plus... Mais peu importe, tu es et resteras toujours jeune.

Nous te souhaitons de tout cœur un très joyeux anniversaire.

Si nous n'habitions pas aussi loin, nous t'aurions apporté nous-mêmes notre petit cadeau : la poste s'en chargera. Nous espérons qu'il arrivera à temps. Encore une fois : bon anniversaire (arrose-le bien !)

Nous t'embrassons affectueusement.

Sophie et Michel

Nous te souhaitons de tout cœur un très joyeux anniversaire.	*Von ganzem Herzen wünschen wir dir alles Gute zum Geburtstag*
la poste s'en chargera	*die Post wird es übernehmen*
arrose-le bien !	*begieß ihn richtig!/lass die Korken knallen*

Geburtstagskarte

Liebe Frau Neumann,

zu Ihrem 60. Geburtstag senden wir Ihnen die herzlichsten Glückwünsche.

Als Ihre Nachbarn wissen wir, dass Sie allen gegenüber stets freundlich und aufgeschlossen sind und sich Ihre Jugend bis zum heutigen Tag innerlich bewahrt haben. Trotz aller Feten, die wir gefeiert haben, haben Sie sich nie beschwert und immer ein freundliches Wort für uns übrig gehabt.

An Ihrem Ehrentag wünschen wir Ihnen nun viel Freude, viele, viele Geschenke und ein harmonisches Fest im Familienkreis, so wie Sie es sich gewünscht haben. Für Ihr weiteres Leben wünschen wir Ihnen außerdem Gesundheit, Glück und Lebensfreude.

Nochmals alles Liebe wünschen

die Müllers von nebenan

Vœux de fin d'année (à de bons amis)

Chère Chantal, Cher Robert,

Un très grand merci de vos vœux de fin d'année.

A mon tour, je vous souhaite un très joyeux Noël et une excellente année 2006, en espérant qu'elle vous apporte toutes les joies et les satisfactions que vous attendez.

A très bientôt à Paris ou en Allemagne.

Bises

Marie et Edouard

Je vous souhaite un très joyeux Noël et une excellente année.

Ich wünsche euch fröhliche Weihnachten und ein sehr gutes neues Jahr.

Weihnachts- und Neujahrswünsche (an gute Freunde)

Lieber Dieter, liebe Marion,

wir hoffen, dass der Weihnachtsstress euch noch nicht ganz aufgefressen hat. Wir haben soweit alles erledigt: Geschenke für Kinder und Verwandte, Planung des Weihnachtsmenüs und alles, was sonst noch dazu gehört.

Wir möchten es nicht versäumen, euch die allerbesten Weihnachtsgrüße zu schicken. Wir hoffen, dass ihr genügend Zeit findet, euch von der Hektik des Alltags zu erholen. Und denkt daran, euch noch ein bisschen Kraft und gute Laune für unsere Silvesterfete aufzuheben. Wir freuen uns sehr darauf, mit guten Freunden in das neue Jahr zu feiern.

Bis dahin wünschen wir euch und eurer Familie ein frohes Fest!

Cordula und Peter

Vœux de fin d'année (à des connaissances)

MADAME PREVOST-PREUX

Avocat au barreau de Cambrai

vous présente, ainsi qu'à votre famille, ses vœux de bonne et heureuse année.

Amicalement vôtre

Prevost-Preux

Weihnachts- und Neujahrswünsche (an Bekannte)

Ein frohes Weihnachtsfest
und
ein glückliches Neues Jahr 2006
wünschen Ihnen

Herr und Frau Mayer

Répondre à un faire-part de décès

M. et Mme Thibaut

ont appris avec émotion la perte cruelle qui vous frappe et vous présentent leurs très sincères condoléances.

Thibaut

leurs très sincères condoléances — *ihr herzliches Beileid*

Kondolenzkarte

Mit Trauer haben meine Frau und ich von dem schmerzlichen Verlust in Ihrer Familie erfahren und möchten Ihnen unser herzliches Beileid aussprechen.

G. Schreiber

Faire-part de mariage

M. et Mme Lempereur
et M. et Mme Lesur

ont le plaisir de vous faire part du mariage de leurs enfants,

Isabelle et Victor.

Ils vous prient d'assister à la bénédiction nuptiale qui leur sera donnée le samedi 11 mars 2006 à 11 heures en l'église Sainte-Catherine à Lille.

Heiratsanzeige

Siegrid Teich und Nils Hörenz

Wir trauen uns!

… und gehen künftig gemeinsam durchs Leben.

Die kirchliche Trauung erfolgt am 22. April 2006 um 14 Uhr in der Kreuzkirche, Berlin/Kreuzberg.

Invitation à un mariage (à des connaissances)

M. et Mme Lempereur
et M. et Mme Lesur

recevront à l'issue de la cérémonie religieuse

au Manoir Le Vent, Lille

R.S.V.P.

à l'issue de la cérémonie religieuse	*(unmittelbar) nach dem Gottesdienst*
R.S.V.P. (Répondez, s'il vous plaît)	*um Antwort wird gebeten*

Einladung zur Hochzeitsfeier (an Bekannte)

Wir laden Sie/euch herzlich
zu unserer Hochzeitsfeier ein,
die im Anschluss an die kirchliche Trauung
am 22. April 2006 im Alten Zollhaus/Berlin stattfindet.

Wir bitten alle unsere Gäste bis Anfang April verbindlich zu antworten.

Mit herzlichen Grüßen

Siegrid Teich und Nils Hörenz

im Anschluss an die kirchliche Trauung	*à l'issue du mariage religieux*
bis Anfang April verbindlich zu antworten	*donner une réponse ferme d'ici début avril*

Invitation à un mariage (à de bons amis)

Chère Marie-Claire, Cher Jean,

Je prends ma plus belle plume pour vous annoncer la grande nouvelle : Isabelle se marie ! Mais vous avez sûrement déjà lu le petit carton joint à cette lettre.

Nous espérons de tout cœur que vous nous ferez le plaisir d'assister à ce mariage. Nous serions tellement heureux de vous avoir parmi nous. Ce sera l'occasion de nous revoir et de faire la fête ensemble. Nous comptons sur votre présence.

Quant à l'hébergement, ne vous inquiétez pas ! Tout sera prêt.

En attendant le plaisir de vous revoir, nous vous envoyons nos sincères amitiés.

Thérèse et Bernard Lempereur

… que vous nous ferez le plaisir d'assister à ce mariage	*… dass ihr uns die Freude macht an dieser Hochzeit teilzunehmen*
Ce sera l'occasion de nous revoir.	*Das gibt uns die Gelegenheit uns wieder zu sehen.*
Nous comptons sur votre présence.	*Wir rechnen mit eurer Anwesenheit.*

Einladung zur Hochzeitsfeier (an gute Freunde)

Liebe Susanne, lieber Jens,

wir heiraten am 22. April und laden euch ganz herzlich zu unserer Hochzeitsfeier ein.

Im Anschluss an die kirchliche Trauung gibt es im ‚Alten Zollhaus' Kaffee und Kuchen. Nach einem Spaziergang am Wasser folgt das abendliche Hochzeitsmenü.

Für die Unterbringung unserer Gäste ist selbstverständlich gesorgt!

Wir freuen uns schon darauf, euch bald auf unserer eigenen Hochzeit wieder zu sehen.

Mit herzlichen Grüßen

Siegrid und Nils

Accepter une invitation à un mariage

Chère Christine, Cher Christian

Nous avons été très touchés de votre gentille invitation à l'occasion du mariage de votre fille Isabelle, que nous acceptons bien entendu avec le plus grand plaisir. Nous serons heureux de pouvoir complimenter le jeune couple.

Nous vous remercions d'avoir pensé à nous et nous réjouissons déjà de vous revoir après tous ces mois de silence. Mais comme vous le savez, nos occupations professionnelles nous accaparent énormément et les semaines passent si vite !

En espérant que toute la famille se porte bien, nous vous disons à très bientôt.

Amicalement à vous.

Marie-Claire et Jean

P.S. : Peut-être pourriez-vous nous suggérer un cadeau de mariage qui serait susceptible de plaire aux jeunes époux. Merci d'avance.

… que nous acceptons avec le plus grand plaisir	*…, die wir mit größtem Vergnügen annehmen*
après tous ces mois de silence	*nach all diesen Monaten, in denen wir uns nicht gemeldet haben*
nos occupations professionnelles nous accaparent énormément	*unsere Arbeit nimmt uns völlig in Anspruch*
suggérer un cadeau de mariage qui serait susceptible de plaire à…	*ein Hochzeitsgeschenk vorschlagen, das … gefallen könnte*

Die Einladung zu einer Hochzeitsfeier annehmen

Liebe Christine, lieber Christian,

wir haben uns sehr über eure liebe Einladung zur Hochzeit eurer Tochter Isabelle gefreut. Wir nehmen natürlich dankend an und freuen uns schon darauf dem jungen Paar alles Gute zu wünschen.

Es ist schön, dass ihr an uns gedacht habt. Wir sind schon sehr gespannt auf ein Wiedersehen mit euch nach all den Monaten, in denen wir nichts voneinander gehört haben. Aber, ihr wisst ja, das Berufsleben nimmt uns sehr in Anspruch und die Zeit vergeht so schnell!

Wir hoffen es geht euch allen gut!

Bis ganz bald!

Herzliche Grüße senden euch

Maria und Johannes

PS. Habt ihr eine Idee für ein schönes Hochzeitsgeschenk?
Bitte teilt sie uns mit. Vielen Dank im Voraus.

Invitation

Chers amis,

Depuis un mois nous sommes installés dans notre nouvelle maison à Saint-Benin, un petit village très pittoresque du nord de la France.

Nous serions très heureux de vous y accueillir pour le week-end de la Pentecôte. Le samedi soir nous pendrons la crémaillère avec tous nos amis. Nous aimerions que vous soyez de la partie.

Ci-joint un plan pour ne pas vous perdre.

En espérant une réponse positive de votre part, nous vous adressons toutes nos amitiés.

Elisabeth et Pascal

Nous aimerions que vous soyez de la partie.	*Wir würden uns freuen, wenn ihr dabei sein würdet.*
Ci-joint un plan pour ne pas vous perdre.	*Anbei ein Plan, damit ihr den Weg findet.*

Einladung zu einem Besuch

Liebe Freunde,

wir wohnen nun seit einem Monat in unserem neuen Haus in Saint-Benin, einem kleinen, malerischen Dorf im Norden Frankreichs.

Wir möchten euch ganz herzlich für das Pfingstwochenende in unser neues Haus einladen. Am Samstagabend geben wir eine Einweihungsparty für all unsere Freunde. Wir würden uns sehr freuen, wenn ihr auch dabei sein könntet.

Wir senden euch anbei eine Wegbeschreibung.

Über eure Zusage würden wir uns sehr freuen.

Liebe Grüße

Elisabeth und Pascal

Accepter une invitation

Chers amis,

C'est évidemment avec un très grand plaisir que nous acceptons votre gentille invitation. Nous nous faisons une joie de vous revoir.

Nous arriverons donc le vendredi soir et repartirons le lundi matin.

Merci pour le plan.

Nous profitons de cette courte réponse pour vous féliciter de votre nouvelle demeure.

Nos sincères amitiés.

Annie et Bernd

Nous nous faisons une joie de vous revoir. — *Es wird uns eine Freude sein euch wiederzusehen.*

Eine Einladung annehmen

Liebe Freunde,

herzlichen Dank für eure nette Einladung, die wir sehr gerne annehmen. Wir freuen uns sehr darauf, euch wiederzusehen.

Wir kommen am Freitagabend bei euch an und fahren am Montagmorgen wieder nach Hause.

Für die Wegbeschreibung bedanken wir uns.
Darüber hinaus möchten wir die Gelegenheit nutzen, euch zu eurem neuen Heim zu beglückwünschen.

Liebe Grüße

Annie und Bernd

Refuser une invitation

Chers amis,

Votre aimable invitation nous a beaucoup touchés et nous vous en remercions vivement.

Malheureusement, nous avons déjà pris des engagements familiaux qui ne nous permettent pas de nous libérer ce week-end-là. Dommage !

Nous aurions été très heureux de vous revoir, mais peut-être qu'une autre occasion de nous réunir se présentera bientôt.

Recevez, Chers amis, notre meilleur souvenir.

Anne et Bernard

Nous avons déjà pris des engagements familiaux.

Wir haben bereits familiäre Verpflichtungen

Eine Einladung ablehnen

Liebe Siegrid, lieber Nils,

herzlichen Dank für eure nette Einladung, über die wir uns sehr gefreut haben. Sehr gerne würden wir eure Hochzeit gemeinsam mit euch feiern, doch gerade an diesem Wochenende wird der 90. Geburtstag von Susannes Großmutter mit einem großen Familienfest gefeiert, für das wir schon vor Monaten zugesagt haben.

Am 22. April können wir also nur aus der Ferne auf euch anstoßen. Auf jeden Fall kommen wir in diesem Sommer nach Berlin, so dass wir uns bald nach eurer Hochzeit wieder sehen werden. Dann können wir zumindest die Fotos ansehen.

Fürs Erste wünschen wir euch eine schöne Feier!

Mit unseren besten Wünschen für eure Zukunft

Susanne und Jens

Remerciements pour un cadeau de mariage

Chers amis,

Comment vous remercier pour le superbe cadeau que vous avez eu la gentillesse de nous faire à l'occasion de notre mariage ?

Nous avons été très touchés par votre geste. Vous nous avez vraiment gâtés.

Merci encore, Chers amis, et croyez à notre sincère amitié.

Isabelle et Victor

le superbe cadeau que vous avez eu la gentillesse de nous faire	*das wunderbare Geschenk, das ihr uns freundlicherweise gemacht habt*
Vous nous avez vraiment gâtés.	*Ihr habt uns wirklich verwöhnt.*

Sich für ein Hochzeitsgeschenk bedanken

Liebe Frau Clemens, lieber Herr Clemens,

ganz herzlich möchten wir uns bei Ihnen für das schöne Hochzeitsgeschenk bedanken, das Sie uns gemacht haben. Sie haben uns damit eine sehr große Freude bereitet.

Als kleinen Dank und zur Erinnerung an die Feier senden wir Ihnen dieses Hochzeitsfoto zu.

Mit herzlichen Grüßen

Siegrid Teich und Nils Hörenz

Sie haben uns damit eine sehr große Freude bereitet. — *Nous avons été très touchés.*

Als kleinen Dank — *En remerciement*

Remerciements pour un cadeau d'anniversaire

Chère Sophie, Cher Michel,

Votre cadeau est bien arrivé le bon jour et à la bonne heure.

Mille mercis. Vraiment c'est trop. Vous me mettez presque dans l'embarras. Vous saviez que rien ne me ferait plus plaisir et vous ne perdez pas une occasion de me prouver votre affection qui est, comme vous le savez, réciproque.

Encore une fois merci et à très bientôt.

Je vous embrasse bien fort.

Daniel

Vous me mettez presque dans l'embarras. *Ihr bringt mich fast in Verlegenheit*

Sich für ein Geburtstagsgeschenk bedanken

Düsseldorf, den 5.3.2006

Liebe Carla,

herzlichen Dank für dein Geburtstagsgeschenk, über das ich mich sehr gefreut habe. Du hast meinen Geschmack genau getroffen. Die Vase macht sich phantastisch in meiner neuen Wohnung. Ich hoffe, du kommst mich bald einmal besuchen.

Bis dahin grüße ich dich herzlich!

Deine Christiane

Du hast meinen Geschmack genau getroffen.	*Tu as su exactement deviner mon goût.*
… macht sich phantastisch in meiner neuen Wohnung.	*… fait beaucoup d'effet dans mon nouvel appartement.*

Remerciements après un séjour

Chère Madame, Cher Monsieur,

Nous voulons vous remercier bien sincèrement de nous avoir si gentiment et si chaleureusement reçus.

Nous n'oublierons jamais tous les merveilleux moments passés en votre compagnie. Grâce à toutes les excursions que vous avez eu la gentillesse d'organiser pour nous, nous avons pu découvrir pour la première fois votre ville, votre région et une autre manière de vivre.

Veuillez dire à vos voisins, Monsieur et Madame Lebeau, que nous gardons un excellent souvenir de toutes les parties de boules faites ensemble.

Nous vous remercions encore pour tout et espérons avoir bientôt le plaisir de vous faire visiter, à notre tour, notre pays.

Nous vous prions de recevoir, Chère Madame, Cher Monsieur, nos salutations amicales.

Hans Dottweiler

de nous avoir si gentiment et si chaleureusement reçus	*dass Sie uns so nett und warmherzig aufgenommen haben*
les merveilleux moments passés en votre compagnie	*die wunderbare Zeit, die wir bei Ihnen verbracht haben*
nous gardons un excellent souvenir de…	*wir erinnern uns sehr gern an …*

Liebe Familie Roth,

wir möchten Ihnen ganz herzlich für Ihre Gastfreundschaft danken.

Wir werden uns noch lange an die schöne Zeit erinnern, die wir mit Ihnen verbringen durften.

Auf den vielen Ausflügen, die Sie für uns organisiert haben, konnten wir die Stadt und die Region, in der Sie leben, erstmals kennen lernen. Darüber hinaus sind wir mit einer anderen Lebensart vertraut geworden.

Bitte richten Sie Ihren Nachbarn Herrn und Frau Lebeau aus, dass wir die gemeinsamen Boule-Partien in bester Erinnerung behalten werden.

Wir danken Ihnen nochmals für alles und würden uns freuen, wenn wir Ihnen nun im Gegenzug unser Land zeigen dürften.

Herzliche Grüße

Jean François

Korrespondenzbezogene Wendungen
Formules courantes dans la correspondance

DIE ANREDE – L'APPEL

Sie schreiben ...	Vous écrivez ...
... einem guten Bekannten oder Freunden Mon cher Louis, Ma chère Caroline, Bien chers tous,	**... à une bonne connaissance ou à des amis** Liebe Anja! Lieber Roland! Hallo Michael! Ihr Lieben alle!
... einer Person oder mehreren Personen, die Sie gut bzw. sehr gut kennen Cher collègue, Chère collègue, Chers collègues, Chers amis, Chère Chantal,	**... à une ou plusieurs personnes que vous connaissez (très) bien** Liebe Frau Krämpf! Liebe Kollegen
... einer Person, die Sie persönlich kennen oder mit der Sie oft zu tun haben Madame, Monsieur, Chère Madame, Cher Monsieur,	**... à une personne que vous connaissez personnellement ou avec qui vous avez des relations commerciales régulières** Sehr geehrte Frau Kahnt, Sehr geehrter Herr Koch,
... einer Firma bzw. einer Person, von der Sie weder Namen noch Geschlecht kennen Madame, Monsieur, Messieurs, Mesdames, Messieurs,	**... à une société ou à une personne dont vous ne connaissez ni le nom ni le sexe** Sehr geehrte Damen und Herren,
... einer Person, deren Titel oder Berufsbezeichnung bekannt ist Madame la Présidente, Monsieur le Président, Madame la Directrice, Monsieur le Directeur, Maître, *(an einen Rechtsanwalt)* Docteur, *(an einen Arzt)* Monsieur le Chef du Personnel, *(an einen Personalleiter)*	**... à une personne dont vous connaissez le titre** Sehr geehrter Herr Dr. Müller, Sehr geehrte Frau Professor (Schmidt)

DIE GRUSSFORMEL – LA FORMULE DE POLITESSE

Sehr privat:	**Très amical:**
Affectueuses pensées.	Mach's gut!
Affectueusement.	
Bons baisers.	Bis bald!
Grosses bises.	Viele Grüße
Je t'embrasse bien fort [*o* de tout cœur].	Herzlichst

Privat:	**Amical:**
Soyez assuré(e) de ma sincère amitié.	Herzliche Grüße
Sincèrement à toi.	
(Avec) Toutes mes amitiés.	
Amicalement.	
Bien à vous.	
Avec mon amical souvenir.	
Je t'adresse mes amicales pensées.	

Freundlich und für kurze Briefe:	**Amical et pour de courts messages:**
Sincères salutations.	Herzliche Grüße
Veuillez croire en [*o* à] nos meilleurs sentiments.	
Salutations distinguées.	
Amicalement vôtre.	
Bien cordialement.	
Bien [*o* très] sincèrement.	

Formell, aber freundlich:	**Formel mais amical:**
Nous vous prions de croire, …, à l'assurance de nos sentiments distingués. *(die Anrede muss zwischen zwei Kommas wiederholt werden.)*	Mit besten Grüßen
Nous vous prions d'agréer, …, l'expression de nos sentiments distingués. *(eine Frau sollte vermeiden, einem Mann „sentiments" zu schreiben!)*	Mit freundlichen Grüßen

Nous vous prions d'agréer [*o* de recevoir], …, nos salutations distinguées.	Mit freundlichem Gruß
Veuillez agréer, …, nos salutations distinguées. *(Diese beiden letzten Grußformeln werden am häufigsten benutzt.)*	
Agréez, …, nos salutations distinguées. *(Diese Grußformel ist wegen des Imperativs ziemlich trocken!)*	

Sehr respektvoll:	**Très respectueux:**
Je vous prie d'agréer, …, l'assurance de ma respectueuse considération.	Hochachtungsvoll
Nous vous prions de croire, …, à l'expression de nos sentiments respectueux [*o* les plus dévoués].	
Je vous prie d'agréer, …, les assurances de ma haute [*o* respectueuse] considération.	
Veuillez accepter [*o* Je vous prie d'agréer], Madame, l'expression de mes respectueux hommages [*o* l'hommage de mon respect]. *(nur von einem Mann an eine Frau)*	

An Kunden – à des clients:
Nous vous présentons [*o* adressons], …, nos salutations les plus empressées [*o* dévouées]. Nous vous prions de croire, …, à l'assurance de nos sentiments dévoués. Veuillez agréer, …, l'expression de mon sincère dévouement.

Für Fax-/E-Mail-Korrespondenz – pour un fax ou un courrier électronique:
Sentiments dévoués. Meilleures salutations. Salutations distinguées. Salutations.

Nützliche Redewendungen | Expressions utiles

Uhrzeit | Heure

Uhrzeit	Heure
Wie viel Uhr ist es?	Quelle heure est-il ?
Können Sie mir bitte sagen, wie spät es ist?	Vous avez l'heure, s'il vous plaît ?
Es ist genau ein Uhr.	Il est exactement une heure.
Es ist (fast) …	Il est (environ)…
drei Uhr.	trois heures.
fünf nach drei.	trois heures cinq.
Viertel nach drei [*o* viertel vier].	trois heures et quart.
fünf vor halb vier.	trois heures vingt-cinq.
halb vier.	trois heures et demie.
fünf nach halb vier.	quatre heures moins vingt-cinq.
Viertel vor vier [*o* drei viertel vier].	quatre heures moins le quart.
zwölf Uhr Mittag/nachts.	midi/minuit.
Es ist schon nach vier.	Il est déjà quatre heures passées.
Komm (so) zwischen vier und fünf Uhr.	Viens entre quatre et cinq heures.

Begrüßung, Vorstellung, Verabschiedung | Salutations, présentations, prendre congé

Begrüßung, Vorstellung, Verabschiedung	Salutations, présentations, prendre congé
Guten Morgen! Guten Tag! Grüß Gott! (SDEUTSCH)	Bonjour !
Guten Abend! Hallo! Grüß dich!	Bonsoir ! Salut !
Mein Name ist Becker.	Je m'appelle Becker.
Wie geht es Ihnen/dir?	Comment allez-vous/vas-tu ?
Wie geht's?	(Comment) ça va ?
Danke, gut. Und Ihnen/dir?	Bien, merci. Et vous-même/toi ?
Auf Wiedersehen!	Au revoir !
Tschüss!	Salut ! [*o* Tchao !]
Bis morgen!	À demain !
Bis später!	À plus tard !
Viel Vergnügen!/Viel Spaß!	Amusez-vous/Amuse-toi bien !
Gute Nacht!	Bonne nuit !
Grüßen Sie/Grüß(e) Frau Maier von mir.	Donnez/Donne bien le bonjour à Mme Maier de ma part.

Verabredung	Rendez-vous
Darf ich Sie/dich zum Essen einladen?	Est-ce que je peux vous/t'inviter à manger ?
Haben Sie/Hast du für morgen schon etwas vor?	Vous avez/Tu as des projets pour demain ?
Wann treffen wir uns?	On se voit à quelle heure ?
Darf ich Sie/dich abholen?	Je peux passer vous/te prendre, si vous voulez/tu veux.
Treffen wir uns um neun Uhr vor dem Kino.	On se retrouve à neuf heures devant le cinéma.

Bitte und Dank	Demandes et remerciements
Ja, bitte.	Oui, je veux bien.
Nein, danke.	Non, merci.
Danke, sehr gern!	Merci, bien volontiers !
Danke, gleichfalls!	Merci, vous de même [*o* vous aussi] !
Könnten Sie mir bitte helfen?	Pourriez-vous m'aider, s'il vous plaît ?
Bitte sehr [*o* Gern geschehen]!	Je vous en prie [*o* De rien] !
Vielen Dank!	Merci beaucoup !
Das ist doch nicht der Rede wert.	Il n'y a pas de quoi.

Entschuldigung, Bedauern	Excuses, regret
Entschuldigung!	Excusez-moi/Excuse-moi !
Ich muss mich entschuldigen.	Je vous/te dois des excuses.
Es [*o* Das] tut mir sehr leid.	Je suis vraiment navré(e) [*o* désolé(e)].
Es war nicht so gemeint.	Ce n'est pas ce que j'ai voulu dire.
Schade!	Dommage !
Das ist traurig.	C'est bien triste.

Glückwünsche zu verschiedenen Anlässen	Vœux et félicitations
Herzlichen Glückwunsch!	Toutes mes félicitations !
Viel Erfolg! Viel Glück!	Bonne chance !
Gute Besserung!	Je vous/te souhaite un prompt rétablissement !
Schöne Ferien!	Bonnes vacances !
Frohe Ostern!	Joyeuses Pâques !
Frohe Weihnachten und ein gutes neues Jahr!	Joyeux Noël et bonne année !
Alles Gute zum Geburtstag!	Bon [*o* Joyeux] anniversaire !
Meine besten Wünsche zum Geburtstag!	Tous mes meilleurs vœux pour votre/ton anniversaire !
Ich drücke dir die Daumen.	Je croise les doigts pour toi.

Nach dem Weg fragen	Demander son chemin
Entschuldigung, wie komme ich bitte nach Magdeburg/zum Eiffelturm?	Pardon, Madame/Mademoiselle/Monsieur, pour aller à Magdeburg/à la Tour Eiffel, s'il vous plaît ?
Können Sie mir sagen, wie ich zum Eiffelturm komme?	Pourriez-vous m'indiquer le chemin pour aller à la Tour Eiffel ?
Immer geradeaus bis zu … *+dat.*	Vous allez tout droit jusqu'à…
Dann bei der Ampel rechts abbiegen.	Ensuite, vous tournez à droite, au feu.
Folgen Sie den Schildern.	Vous suivez les panneaux.
Sie können es nicht verfehlen.	Vous ne pouvez pas vous tromper.
Welcher Bus fährt nach … *+dat*?	Quel bus faut-il prendre pour aller à… ?
Ist dies der richtige Bus nach … *+dat*?	C'est bien le bus pour… ?
Wie weit ist das?	C'est à combien de kilomètres d'ici ?
Sie sind hier falsch.	Vous n'êtes pas sur la bonne route.
Sie müssen zurückfahren bis zu … *+dat.*	Il faut retourner à…

Im Restaurant	Au restaurant
Ich möchte einen Tisch für vier Personen reservieren.	Je voudrais retenir une table pour quatre personnes.
Einen Tisch für zwei Personen, bitte.	Je voudrais une table pour deux personnes, s'il vous plaît.
Ist dieser Tisch/Platz noch frei?	Est-ce que cette table/place est libre ?
Ich nehme …	Je prendrai…
Könnten wir noch etwas Brot bekommen?	Est-ce que vous pourriez nous apporter encore un peu de pain, s'il vous plaît ?
Bezahlen, bitte.	L'addition, s'il vous plaît.
Bitte alles zusammen.	Je paie le tout.
Getrennte Rechnungen, bitte.	Vous faites des notes séparées, s'il vous plaît.

Einkaufen	Faire des courses
Wo finde ich …?	Où est-ce qu'on peut acheter… ?
Können Sie mir ein Feinkost-/Lebensmittelgeschäft empfehlen?	Vous pourriez m'indiquer un magasin d'épicerie fine/d'alimentation ?
Werden Sie schon bedient?	On vous sert ?
Danke, ich sehe mich nur um.	Je regarde, merci.
Was darf es sein?	Vous désirez ?
Geben Sie mir bitte …	Donnez-moi…, s'il vous plaît.
Ich möchte …	Je voudrais…
Darf es sonst noch etwas sein?	Et avec ça ?
Nehmen Sie Kreditkarten?	Vous acceptez les cartes de crédit ?
Können Sie es mir einpacken?	Vous pourriez me l'emballer ?

Auf der Bank / A la banque

Auf der Bank	A la banque
Ich möchte 100 Dollar in Euro wechseln.	Je voudrais changer 100 dollars en euros.
Ich möchte diesen Reisescheck einlösen.	Je voudrais encaisser ce chèque de voyage.
Auf welchen Betrag kann ich den Scheck maximal ausstellen?	Quelle est la somme maximale que je peux retirer ?
Ich möchte 1000 Euro von meinem Konto abheben.	Je voudrais retirer 1000 euros de mon compte.
Darf ich bitte Ihren Ausweis sehen?	Vous avez une pièce d'identité, s'il vous plaît ?
Ihre Unterschrift, bitte.	Votre signature, s'il vous plaît.

Auf der Post / A la poste

Auf der Post	A la poste
Wo ist der nächste Briefkasten/das nächste Postamt?	Où se trouve la boîte à lettres la plus proche ? / le bureau de poste le plus proche ?
Was kostet ein Brief nach Deutschland?	Quel est le tarif d'affranchissement des lettres pour l'Allemagne ?
Drei Briefmarken zu 2 Euro, bitte.	Trois timbres à deux euros, s'il vous plaît.
Ich möchte ein Telegramm aufgeben.	Je voudrais envoyer un télégramme.
Ich möchte eine Telefonkarte.	Je voudrais une Télécarte, s'il vous plaît.
Kann ich von hier aus ein Fax nach Stuttgart schicken?	Est-ce que je peux envoyer un fax à Stuttgart d'ici ?

Telefonieren / Téléphoner

Telefonieren	Téléphoner
Wo ist die nächste Telefonzelle?	Où est la cabine téléphonique la plus proche ?
Wie ist die Vorwahl von Frankreich?	Quel est l'indicatif de la France ?
Ich möchte ein R-Gespräch anmelden.	Je voudrais un numéro en PCV.
Hallo, mit wem spreche ich?	Allô ? Qui est à l'appareil ?
Kann ich bitte Frau Wagner sprechen?	Est-ce que je pourrais parler à Mme Wagner, s'il vous plaît ?
Ich verbinde.	Je vous le/la passe.
Bleiben Sie bitte am Apparat.	Ne quittez pas.
Tut mir leid, sie ist nicht da.	Je suis désolé(e), elle n'est pas là.
Möchten Sie eine Nachricht hinterlassen?	Vous voulez laisser un message ?
Ich rufe später noch mal an.	Je rappellerai.
Kein Anschluss unter dieser Nummer.	Il n'y a pas d'abonné au numéro que vous avez demandé.

Aa

A, a [aː] <-, -> *nt* A *m*/a *m* ▶**das A und [das] O einer S.** (*gen*) l'essentiel *m* de qc; **von A bis Z** *fam* de A à Z

à [a] *präp* + *nom* **à ein Liter/drei Euro** à un litre/trois euros

Ä, ä [ɛː] <-, -> *nt* A *m*/a *m* tréma

Aachen ['aːxən] <-s> *nt* Aix-la-Chapelle

Aal [aːl] <-[e]s, -e> *m* anguille *f*

aalen *vr fam* **sich in der Sonne ~** se prélasser au soleil

aalglatt *adj* glissant(e) comme une anguille

Aargau ['aːɐ̯gau̯] <-s> *m* **der ~** l'Argovie *f*

Aas [aːs] <-es, -e> *nt* ❶ charogne *f* ❷ <Äser> *fam* (*Schimpfwort*) salaud *m*/salope *f*

Aasgeier <-s, -> *m* vautour *m*

ab [ap] **I.** *präp* + *dat* ❶ (*räumlich*) **~ hier** à partir d'ici; **der Zug fährt ~ Hamburg** le train part de Hambourg ❷ (*zeitlich*) **~ nächster Woche** à partir de la semaine prochaine; **~ sofort** dès maintenant ❸ COM **der Preis ~ Werk** le prix au départ usine **II.** *adv* ❶ **Berlin ~ 14.15 Uhr** départ de Berlin [à] 14h15 ❷ *fam* (*abgelöst*) **ein Knopf ist ~** j'ai perdu un bouton ▶**~ und zu** de temps en temps

ab|ändern *vt* (*Text*) remanier; (*Gesetzentwurf*) amender

Abänderung *f* (*eines Textes*) modification *f*; (*eines Urteils*) réformation *f*

abartig **I.** *adj fam* déviant(e) **II.** *adv* de manière anormale

Abbau <-s> *m* ❶ (*eines Gerüsts*) démontage *m* ❷ MIN exploitation *f* ❸ CHEM filtrage *m* ❹ (*von Arbeitskräften*) réduction *f*; (*von Leistungen*) suppression *f*

abbaubar *adj* CHEM, ÖKOL décomposable; **biologisch ~** biodégradable

ab|bauen **I.** *vt* ❶ (*Gerüst*) démonter ❷ MIN **Kohle ~** exploiter du charbon ❸ (*Arbeitsstellen*) supprimer ❹ CHEM **etw ~** filtrer qc **II.** *vi fam* connaître une baisse de régime

ab|beißen *irr* **I.** *vt* **etw ~** couper qc avec les dents **II.** *vi* mordre

ab|beizen *vt* (*Tür*) décaper

ab|bekommen* *vt irr fam* ❶ recevoir; **jeder bekommt etwas ab** tout le monde en aura ❷ (*Kratzer*) récolter; **etwas ~** (*Auto*) être esquinté ❸ (*loslösen können*) enlever

ab|bestellen* *vt* (*Ware*) décommander; (*Hotelzimmer*) annuler la réservation de

ab|bezahlen* *vt* (*Schulden*) achever de payer; **etw ~** payer qc à crédit

ab|biegen *vi irr* + *sein* **nach links/rechts ~** tourner à gauche/à droite

Abbild *nt* ❶ *a. fig* (*Bild*) image *f* ❷ (*Plastik*) représentation *f*

ab|bilden *vt* représenter

Abbildung <-, -en> *f* ❶ illustration *f*; (*einer Person*) représentation *f* ❷ MATH projection *f*

ab|binden *irr* **I.** *vt* ❶ (*Krawatte*) dénouer ❷ (*Arm*) mettre un garrot à; (*Arterie*) ligaturer **II.** *vi* (*Beton*) prendre

ab|blasen *vt irr fam* annuler

ab|blättern *vi* + *sein* **von etw ~** (*Farbe*) s'écailler de qc

ab|blenden **I.** *vi* CINE couper **II.** *vt* **die Scheinwerfer ~** se mettre en code[s]

Abblendlicht *nt* codes *mpl*

ab|blitzen *vi* + *sein fam* **jdn ~ lassen** envoyer balader qn

ab|blocken *fam* **I.** *vt* **jdn/etw ~** faire barrage à qn/qc **II.** *vi* refuser la discussion

ab|brechen *irr* **I.** *vt* + *haben* ❶ (*Ast*) casser; (*Blüte*) cueillir; **ein Stück von etw ~** couper un morceau de qc ❷ (*Lager*) lever; (*Zelt*) démonter ❸ (*Beziehungen*) rompre ❹ INFORM annuler **II.** *vi* ❶ + *sein* (*kaputtgehen*) se casser ❷ (*Verhandlungen*) s'interrompre

ab|bremsen **I.** *vt* (*Fahrzeug*) réduire la vitesse de **II.** *vi* (*Person*) ralentir sa vitesse

ab|brennen *irr* **I.** *vt* + *haben* (*Sträucher*) brûler; (*Feuerwerk*) tirer; (*Dorf*) incendier **II.** *vi* + *sein* (*Kerze*) se consumer; (*Dorf*) être détruit par un incendie ▶**abgebrannt sein** *fam* être à sec

ab|bringen *vt irr* **jdn vom Weg/vom Thema ~** détourner qn du chemin/du sujet; **jdn davon ~ etw zu tun** dissuader qn de faire qc; **sich von einer Meinung nicht ~ lassen** ne pas vouloir se défaire d'une opinion

ab|bröckeln *vi* + *sein* **von etw ~** s'effriter de qc

Abbruch *m* ❶ (*Abriss*) démolition *f* ❷ (*von Beziehungen*) rupture *f*; (*einer Reise*) arrêt *m* ❸ MED interruption *f*

abbruchreif *adj* ❶ (*baufällig*) bon(ne) pour la démolition ❷ CH (*schrottreif*) bon(ne) pour la casse

ab|buchen *vt* prélever

Abbuchung *f* prélèvement *m*

ab|bürsten **I.** *vt* (*reinigen*) brosser **II.** *vr* **sich ~** brosser ses vêtements
ab|büßen *vt* (*Strafe*) purger; (*Schuld*) expier
Abc [a(:)be(:)'tse:] <-, -> *nt* alphabet *m*
ABC-Waffen *Pl* MIL armes *fpl* ABC
ab|danken *vi* (*Minister*) démissionner; (*Herrscher*) abdiquer
Abdankung <-, -en> *f* (*eines Ministers*) démission *f*; (*eines Herrschers*) abdication *f*
ab|decken *vt* ❶ (*Tisch*) débarrasser; **das Dach ~** (*Person*) démonter la toiture; (*Sturm*) arracher les tuiles du toit ❷ (*bedecken*) recouvrir ❸ FIN **etw mit etw ~** couvrir qc par qc
ab|dichten *vt* (*Ritzen*) colmater; (*Rohr*) étancher; **~ gegen** isoler contre
ab|drehen **I.** *vt + haben* ❶ (*Gas*) fermer; (*Licht*) éteindre ❷ CINE tourner **II.** *vi + haben o sein* (*Schiff, Flugzeug*) changer de cap
ab|driften *vi + sein* dériver
Abdruck[1] <-drücke> *m* empreinte *f*
Abdruck[2] <-drucke> *m* ❶ (*Veröffentlichung*) parution *f* ❷ *kein Pl* (*das Nachdrucken*) reproduction *f*
ab|drucken *vt* faire paraître; **abgedruckt werden** (*Artikel*) paraître
ab|drücken **I.** *vt* MED comprimer **II.** *vi* tirer
ab|ebben *vi + sein* (*Wut*) passer; (*Lärm*) diminuer
abend[ALT] *adv s.* **Abend**
Abend ['a:bənt] <-s, -e> *m* (*Tageszeit*) soir *m*; **jeden ~** tous les soirs; **am ~** (*heute ~*) ce soir; (*jeden ~*) le soir; **heute/gestern/morgen ~** ce/hier/demain soir; **am frühen/späten ~** tôt/tard dans la soirée; **am ~ des 13.** le 13 au soir; **~ für ~** soir après soir; **eines schönen ~s** un beau soir; **gegen ~** vers le soir; **es wird ~** le soir tombe; **es ist ~** il fait nuit; **zu ~ essen** *geh* dîner; **guten ~!** bonsoir!
Abendbrot *nt: repas froid du soir;* **~ essen** dîner [froid]

La plupart des Allemands prennent le soir un **Abendbrot** en guise de dîner. En général, c'est un repas froid pris dans une ambiance assez décontractée. Il est composé de pain, d'un assortiment de charcuterie, d'un plateau de fromages et éventuellement d'un plat chaud, surtout lorsque le repas de midi a lui-même été froid.

Abenddämmerung *f* crépuscule *m* **Abendessen** *nt* dîner *m*
abendfüllend *adj* qui occupe toute la soirée
Abendkasse *f* caisse *f* **Abendkleid** *nt* robe du soir **Abendland** *nt kein Pl geh* **das ~** l'Occident *m*
abendländisch ['a:bəntlɛndɪʃ] *adj* occidental(e)
Abendmahl *nt kein Pl* REL **das ~** la sainte Cène **Abendrot** *nt* coucher *m* de soleil
abends ['a:bənts] *adv* (*heute Abend*) ce soir (*jeden Abend*) le soir
Abendschule *f* cours *mpl* du soir **Abendvorstellung** *f* séance *f* du soir
Abenteuer ['a:bəntɔyɐ] <-s, -> *nt a. f* aventure *f*
abenteuerlich *adj* ❶ (*Reise*) riche en aventures; (*Leben*) aventureux(-euse); **ein ~es Erlebnis** une aventure ❷ (*Geschichte*) rocambolesque
Abenteuerlust *f* attrait *m* de l'aventure
Abenteuer(in) ['a:bəntɔyrɐ] <-s, -> *m(f)* aventurier(-ière) *m(f)*
aber ['a:bɐ] *konj* ❶ (*jedoch*) mais; **~ dennoch, ...** et pourtant ... ❷ (*wirklich*) **das ist ~ nett von Ihnen** ça, c'est sympa [de votre part]; **~ selbstverständlich!** mais bien sûr!; **oder ~** ou bien [alors] ❸ (*o*... voyons; **~, ~!** [voyons,] voyons!
Aberglaube[n] *m* superstition *f*
abergläubisch ['a:bɐglɔybɪʃ] *adj* superstitieux(-euse)
ab|erkennen* *vt irr* **jdm einen Titel ~** retirer un titre à qn; **jdm ein Recht ~** priver qn d'un droit
Aberkennung <-, -en> *f* (*eines Titels*) dépossession *f*; (*eines Rechts*) privation *f*
abermals ['a:bɐma:ls] *adv* une nouvelle fois
ab|ernten *vt* récolter; **die Obstbäume ~** récolter les fruits des arbres
abertausend *num geh* des milliers [et des milliers]
abfahrbereit *s.* **abfahrtbereit**
ab|fahren *irr* **I.** *vi + sein* ❶ partir ❷ SPORT descendre [à skis] ❸ *fam* (*beeindruckt sein*) **auf jdn/etw ~** craquer pour qn/qc **II.** *vt + haben o sein* (*Strecke*) inspecter; **ein Land ~** parcourir un pays [de long en large] **III.** *vr + haben* **sich ~** (*Reifen*) s'user
Abfahrt *f* ❶ (*eines Zugs*) départ *m* ❷ (*Autobahnabfahrt*) sortie *f* ❸ SPORT descente *f*
abfahrtbereit *adj* prêt(e) à partir

A

bfahrtslauf *m* descente *f* **Abfahrtszeit** *f* heure *f* de départ

bfall <-[e]s, Abfälle> *m* ❶ déchets *mpl;* (*Müll*) ordures *fpl* ❷ *kein Pl* POL sécession *f* ❸ REL apostasie *f*

bfallbeseitigung *f* collecte *f* et traitement des déchets **Abfalleimer** *m* poubelle *f*

b|fallen *vi irr + sein* ❶ (*herunterfallen*) **von etw ~** tomber de qc ❷ (*abtrünnig sein: Gläubiger*) apostasier; (*Gruppierung*) faire sécession ❸ (*schwinden*) **von jdm ~** (*Scheu*) disparaître de qn ❹ (*sich neigen*) **gegen etw ~** (*Gelände, Hang*) descendre vers qc; **~d** en pente

bfallhaufen *m* tas *m* d'ordures

bfällig I. *adj* dédaigneux(-euse) **II.** *adv* avec dédain

bfallprodukt *nt* ❶ CHEM résidu *m* ❷ (*Nebenprodukt*) sous-produit *m* **Abfallverwertung** *f* recyclage *m* [des déchets]

b|fangen *vt irr* ❶ (*aufhalten*) intercepter ❷ (*abwehren*) amortir

b|färben *vi a. fig* déteindre

b|fassen *vt* rédiger

b|federn I. *vt + haben* ❶ (*Sprung, Stoß*) amortir; (*Wagen*) améliorer la suspension de ❷ (*Verlust*) freiner **II.** *vi + haben o sein* SPORT (*hochfedern*) prendre de l'élan; (*zurückfedern*) se recevoir [au sol]

b|fertigen *vt* ❶ (*versandfertig machen*) enregistrer ❷ (*be- und entladen*) s'occuper du fret de ❸ (*Passagier*) servir; **jdn am Zoll ~** contrôler qn à la douane ❹ (*behandeln*) **jdn barsch/kurz ~** expédier qn durement/rapidement

bfertigung *f* ❶ (*eines Kunden*) service *m;* (*von Reisenden*) contrôle *m;* (*von Paketen*) expédition *f* ❷ (*~sstelle*) enregistrement *m* ❸ A (*Abfindung*) dédommagement *m*

bfertigungsschalter *m* guichet *m* d'enregistrement

b|feuern *vt* (*Schuss*) tirer

b|finden *irr* **I.** *vt* **jdn großzügig ~** dédommager qn généreusement **II.** *vr* **sich mit jdm/etw ~** s'accommoder de qn/qc

bfindung <-, -en> *f* dédommagement *m*

b|flachen I. *vi + sein* (*Niveau*) baisser; (*Diskussion*) s'effriter **II.** *vt + haben* (*Wall*) niveler

b|flauen ['apflaʊən] *vi + sein* ❶ (*Wind*) faiblir; **~d** faible ❷ (*Interesse*) retomber

b|fliegen *vi irr + sein* (*Passagier*) partir; (*Flugzeug*) décoller; **nach München ~** s'envoler pour Munich; **von Hamburg ~** décoller de Hambourg

ab|fließen *vi irr + sein* ❶ s'écouler ❷ (*sich entleeren*) se vider ❸ FIN **ins Ausland ~** fuir à l'étranger

Abflug *m* (*eines Passagiers*) départ *m* [en avion]; (*eines Flugzeugs*) décollage *m*

abflugbereit *adj* **~ sein** (*Passagier*) être prêt à s'envoler; (*Flugzeug*) être prêt au décollage

Abflughalle *f* salle *f* d'embarquement

Abfluss[RR] *m* ❶ *kein Pl* (*das Abfließen*) écoulement *m; fig* (*von Kapital*) fuite *f* ❷ (*~rohr*) [conduit *m* d']écoulement *m*

Abflussreiniger[RR] *m* déboucheur *m* **Abflussrohr**[RR] *nt* collecteur *m*

Abfrage *f* INFORM requête *f*

ab|fragen *vt* ❶ **jdn etw ~** interroger qn sur qc ❷ INFORM consulter

Abfuhr ['apfu:ɐ] <-, -en> *f* ❶ *kein Pl form* (*Abtransport*) ramassage *m* ❷ (*Zurückweisung*) **jdm eine ~ erteilen** opposer une fin de non-recevoir à qn

ab|führen I. *vt* ❶ (*Person*) emmener; **~!** emmenez-le/emmenez-la! ❷ (*bezahlen*) **etw an jdn/etw ~** verser qc à qn/qc **II.** *vi* MED être laxatif

Abführmittel *nt* laxatif *m*

ab|füllen *vt* ❶ (*abziehen*) tirer; **etw in Flaschen ~** mettre qc en bouteilles ❷ *fam* (*betrunken machen*) soûler la gueule à

Abgabe *f* ❶ *meist Pl* taxe *f;* **jährliche ~n** impôts *mpl* ❷ *kein Pl* (*des Balls*) passe *f* ❸ *kein Pl* (*Verkauf*) vente *f* ❹ *kein Pl* (*Abstrahlung*) rayonnement *m* ❺ *kein Pl* (*das Abliefern*) dépôt *m* ❻ *kein Pl* (*eines Urteils*) délivrance *f*

abgabenfrei *adj* exonéré(e) d'impôts **abgabenpflichtig** *adj* assujetti(e) à l'impôt

Abgabetermin *m* date *f* limite de remise

Abgang <-gänge> *m* ❶ **sich für einen vorzeitigen ~ von der Schule entscheiden** se décider à quitter l'école prématurément ❷ *kein Pl* (*Ausscheiden aus einem Amt*) départ *m* ❸ *kein Pl* THEAT sortie *f* ❹ *kein Pl* (*Absendung*) expédition *f* ❺ A (*Fehlbetrag*) débit *m*

Abgänger(in) <-s, -> *m(f) form* élève *mf* qui quitte l'école

Abgangszeugnis *nt* certificat *m* de fin de scolarité

Abgas *nt meist Pl* gaz *mpl* d'échappement

abgasarm *adj* (*Auto*) propre; ~ **sein** polluer peu **abgasfrei** I. *adj* non polluant(e); ~ **sein** ne pas produire de gaz d'échappement II. *adv* sans polluer **Abgassonderuntersuchung** *f* contrôle *m* antipollution

Depuis le premier juin 1969, tous les véhicules sont régulièrement soumis à un contrôle antipollution. Les véhicules équipés d'un pot catalytique à régulation électronique doivent passer au **Abgassonderuntersuchung** tous les deux ans et les autres, non-équipés, tous les ans. Lors de ce contrôle, on mesure les émissions polluantes du véhicule. Les normes antipollution sont fixées au niveau européen.

ab|geben *irr* I. *vt* 1 **etw an jdn ~** (*verschenken*) donner qc à qn; (*verkaufen*) céder qc à qn 2 (*hinterlegen*) **etw bei jdm ~** déposer qc chez qn 3 (*Meinung*) donner; **eine Stellungnahme zu etw ~** émettre une opinion à propos de qc 4 POL donner; **die abgegebenen Stimmen** les suffrages *mpl* [exprimés] 5 (*einreichen*) rendre 6 (*Auftrag*) laisser 7 (*abfeuern*) **einen Schuss auf jdn/etw ~** tirer sur qn/qc 8 (*Wärme*) émettre 9 (*Ball*) passer; **Punkte/den Platz an jdn ~** céder des points/la place à qn II. *vr* 1 **sich nicht mit Kleinigkeiten ~** ne pas perdre son temps avec des babioles 2 *pej* (*sich einlassen*) **sich mit jdm ~** fréquenter qn

abgedroschen *adj pej fam* rebattu(e)

abgegriffen *adj* (*abgenutzt*) abîmé(e)

abgehackt I. *adj* (*Sprechweise*) haché(e) II. *adv* ~ **sprechen** avoir un débit haché

abgehärtet *adj* **gegen Schnupfen ~ sein** être résistant aux rhumes

ab|gehen *irr* I. *vi + sein* 1 **von etw ~** (*Farbe*) partir de qc; (*Knopf*) se détacher de qc 2 (*abgezogen werden*) **davon gehen fünf Prozent ab** il faut en déduire cinq pour cent 3 (*abzweigen*) **von etw ~** (*Straße, Weg*) quitter qc 4 (*Abstand nehmen*) **von einer Forderung ~** renoncer à une revendication 5 (*Zug*) partir; (*Schiff*) appareiller 6 *fam* (*fehlen*) **jdm geht etw ab** qn manque de qc 7 (*fortgehen*) **von der Schule ~** quitter l'école 8 MED être expulsé 9 (*verlaufen*) **ohne Komplikationen ~** se passer sans complications 10 *fam* (*passi[eren]*) se passer II. *vt + sein* 1 (*absuchen*) **die Straße ~** repasser dans la rue 2 (*in A[u]genschein nehmen*) **eine Strecke ~** parco[u]rir un itinéraire

abgehetzt *adj* stressé(e)

abgehoben *adj* 1 (*Sprache*) abstrait(e) (*Vorstellung*) irréaliste 2 (*weltfremd*) co[u]pé(e) du réel

abgekartet ['apgəkartət] *adj fam* goupillé(e) à l'avance

abgelegen *adj* isolé(e)

ab|gelten *vt irr* (*Ansprüche*) acquitter

abgeneigt *adj* **jdm nicht ~ sein** ne pas êt[re] mal disposé envers qn; **nicht ~ sein et[was] zu tun** avoir bien envie de faire qc

Abgeordnete(r) *f(m) dekl wie adj* député(e) *m(f)*

Abgesandte(r) *f(m) dekl wie adj geh* ém[is]saire *m;* POL ambassadeur(-drice) *m(f)*

abgeschieden ['apgəʃiːdən] *geh adj, a[dv]* loin de tout

Abgeschiedenheit <-> *f* isolement *m*

abgeschlossen *adj attr* (*Wohnung*) ind[é]pendant(e); (*Grundstück*) clos(e)

abgeschmackt ['apgəʃmakt] *adj* de ma[u]vais goût

abgesehen *adv* ~ **von ihm/dieser Fra[ge]** [mis] à part lui/cette question; ~ **davo[n], dass ...** mis à part [le fait] que ...

abgespannt *adj* fatigué(e)

abgestanden ['apgəʃtandən] *adj* (*Bi[er]*) éventé(e); (*Wasser*) pas frais(fraîche); (*Lu[ft]*) vicié(e)

abgestumpft *adj* (*Person*) endurci(e); (*G[e]wissen*) émoussé(e)

ab|gewinnen* *vt irr* (*mögen*) **einer S.** (*d*[at]) **etwas/nichts ~** apprécier qc/ne trou[ver] aucun plaisir à qc

ab|gewöhnen* *vt* **jdm etw ~** faire perdre à qn; **sich** (*dat*) **etw ~** arrêter de faire qc

ab|gleiten *vi irr + sein geh* (*abrutschen*) g[lis]ser

Abgott *m,* **-göttin** *f* idole *f*

abgöttisch ['apgœtɪʃ] I. *adj* idolâtre (*s*[outenu]) II. *adv* jusqu'à l'idolâtrie; **jdn ~ [lie]ben** idolâtrer qn

ab|grenzen I. *vt* délimiter II. *vr* **sich geg[en] jdn/etw ~** se démarquer de qn/qc

Abgrenzung <-, -en> *f* 1 *kein Pl* délim[ita]tion *f;* (*eines Grundstücks*) clôture *f* 2 (*von Begriffen*) définition *f* 3 (*das Abgrenzen*) ...

marcation *f*

Abgrund *m a. fig* abîme *m*

abgrundtief *adj* très profond(e)

ab|gucken **I.** *vt fam* **eine Lösung von jdm ~** pomper une solution sur qn **II.** *vi* **bei jdm ~** (*Schüler*) copier sur qn

AbgussRR *m* KUNST moulage *m*

ab|hacken *vt* **einen Baum/Ast ~** abattre un arbre/couper une branche [à la hache]; **sich** (*dat*) **etw ~** se trancher qc

ab|haken *vt* ❶ cocher ❷ (*Affäre*) tirer un trait sur; (*Sache*) classer

ab|halten *vt irr* ❶ (*Wahlen*) organiser ❷ (*Kälte*) protéger de ❸ (*hindern*) **jdn davon ~ etw zu tun** empêcher qn de faire qc; **sich von etw ~ lassen** se laisser dissuader par qc

ab|handeln *vt* (*Thema*) traiter

abhanden|kommen [ap'handən-] *vi* disparaître

Abhandlung *f* étude *f*

Abhang *m* versant *m*

ab|hängen[1] *vi irr* ❶ + *haben* **von jdm/etw ~** dépendre de qn/qc ❷ + *sein* (*Fleisch*) rassir

ab|hängen[2] *vt* + *haben* ❶ (*abkuppeln*) **etw von etw ~** décrocher qc de qc ❷ *fam* (*hinter sich lassen*) **jdn/etw ~** semer qn/qc

abhängig *adj* ❶ **von etw ~ sein** dépendre de qc ❷ *euph* (*süchtig*) dépendant(e)

Abhängige(r) *f(m) dekl wie adj* personne *f* dépendante; (*Süchtiger*) toxicomane *mf*

Abhängigkeit <-, -en> *f* ❶ *kein Pl* **in ~ von einer S. erfolgen** avoir lieu en relation étroite avec qc ❷ (*Angewiesensein*) **~ von jdm** dépendance *f* à l'égard de qn; **ihre gegenseitige ~** leur interdépendance ❸ *euph* (*Sucht*) dépendance *f*

ab|härten **I.** *vt, vi* [**jdn**] **gegen etw ~** endurcir [qn] à qc **II.** *vr* **sich gegen Kälte ~** s'endurcir au froid

ab|hauen[1] <hieb ab, abgehauen> *vt* **einen Baum ~** abattre un arbre [à la hache]

ab|hauen[2] <haute ab, abgehauen> *vi* + *sein fam* (*fortgehen*) se casser

ab|heben *irr* **I.** *vi* ❶ **von etw ~** (*Flugzeug*) décoller de qc ❷ (*Hörer*) décrocher ❸ SPIEL couper ❹ *fam* (*spinnen*) déconner **II.** *vt irr* ❶ **Geld vom Konto ~** retirer de l'argent de son compte ❷ (*Karte*) tirer ❸ (*Masche*) rabattre **III.** *vr* ❶ **sich von jdm/etw ~** se distinguer de qn/qc ❷ (*sich abzeichnen*) **sich vom Himmel ~** (*Silhouette*) se détacher du ciel

ab|heften *vt* (*Papiere*) archiver

ab|heilen *vi* (*Wunde*) guérir

ab|helfen *vi irr* **einem Missstand ~** remédier à un inconvénient

Abhilfe *f* remède *m*; **~ schaffen** trouver le remède qui s'impose

ab|hobeln *vt* raboter

ab|holen *vt* ❶ (*hingehen und mitnehmen*) aller chercher; (*kommen und mitnehmen*) venir chercher; **jdn/etw ~ lassen** faire chercher qn/qc ❷ *euph* (*verhaften*) emmener

Abholmarkt *m* libre-service *m* **Abholpreis** *m* prix *m* à emporter

ab|holzen *vt* (*Bäume*) abattre; (*Gebiet*) déboiser

Abhöranlage *f* table *f* d'écoute

ab|horchen *vt* MED ausculter

ab|hören *vt* ❶ (*Gespräch*) écouter; **von jdm abgehört werden** être mis sur écoute par qn ❷ (*Schüler*) interroger ❸ MED ausculter

abhörsicher *adj* antiécoute *inv*

Abi ['abi] <-s, -s> *nt fam Abk von* **Abitur** ≈ bac *m*

Abitur [abi'tuːɐ̯] <-s, -e> *nt* ≈ baccalauréat *m*

> L'**Abitur** est le diplôme obtenu quand on réussit les examens de la dernière année du *Gymnasium*. C'est l'équivalent du baccalauréat en France qui sanctionne 12 ans de scolarité au lieu de 13 pour l'**Abitur** en Allemagne. On parle aussi de *Hochschulreife* mais les élèves préfèrent utiliser l'abréviation *Abi*.

Abiturient(in) [abituri̯'ɛnt] <-en, -en> *m(f)* bachelier(-ière) *m(f)*

Abiturzeugnis *nt* [diplôme *m* du] baccalauréat *m*

ab|kapseln *vr* **sich ~** ❶ (*sich isolieren*) s'isoler du monde; **sich von jdm/etw ~** s'isoler de qn/qc ❷ MED s'enkyster

ab|kassieren* **I.** *vt* ❶ **jdn/etw ~** (*Bedienung*) encaisser qn/qc ❷ *fam* (*einnehmen*) empocher **II.** *vi* ❶ (*abrechnen*) **bei jdm ~** (*Bedienung*) encaisser l'addition de qn ❷ *fam* (*finanziell profitieren*) palper

ab|kaufen *vt* ❶ **jdm etw ~** acheter qc à qn ❷ *fam* (*glauben*) **ich kaufe dir das nicht ab!** tu me feras pas gober ça!

ab|kehren *geh* **I.** *vt* (*Blick*) détourner **II.** *vr* **sich von etw** ~ se détourner de qc

ab|klappern *vt fam* ratisser; **alle Läden nach etw** ~ faire tous les magasins pour trouver qc

Abklatsch <-[e]s, -e> *m pej* pâle imitation *f*

ab|klingen *vi irr + sein* ❶ **etw klingt ab** [l'intensité de] qc diminue ❷ (*Wut*) [re]tomber; (*Erkältung*) guérir; (*Fieber*) baisser

ab|knallen *vt pej fam* descendre

ab|knicken **I.** *vt + haben* (*Blume*) [plier et] casser; (*Papier*) plier **II.** *vi + sein* ❶ (*Blume*) [plier et] casser ❷ (*abzweigen*) bifurquer; **von etw** ~ (*Straße*) quitter qc

ab|knöpfen *vt* ❶ **etw von etw** ~ déboutonner qc de qc ❷ *fam* (*abverlangen*) **jdm etw** ~ taxer qc à qn

ab|knutschen *vt pej fam* (*küssen*) **jdn** ~ rouler une pelle à qn; **sich** ~ se rouler des pelles

ab|kochen *vt* (*Wasser*) faire bouillir

ab|kommandieren* *vt* **jdn ins Gebirge** ~ détacher qn à la montagne

ab|kommen *vi irr + sein* ❶ (*abweichen*) **vom Weg** ~ dévier du chemin ❷ (*aufgeben*) **von einer Gewohnheit** ~ perdre une habitude ❸ (*abschweifen*) perdre le fil; **vom Thema** ~ s'écarter d'un sujet

Abkommen <-s, -> *nt* accord *m*

abkömmlich ['apkœmlɪç] *adj* ~ **sein** être disponible

Abkömmling ['apkœmlɪŋ] <-s, -e> *m geh* descendant *m*

ab|können *vt irr fam* (*leiden können*) **jdn nicht** ~ ne pas pouvoir blairer qn; **etw nicht** ~ ne pas supporter qc

ab|kratzen **I.** *vt + haben* (*Tapete*) gratter **II.** *vi + sein vulg* (*sterben*) crever

ab|kriegen *s.* **abbekommen**

ab|kühlen **I.** *vi + sein* ❶ refroidir ❷ (*an Intensität verlieren*) se refroidir **II.** *vt + haben* (*kalt stellen*) **etw** ~ mettre qc au frais **III.** *vr + haben* **es kühlt [sich] ab** ça se rafraîchit; **sich** ~ (*Beziehungen*) se refroidir

Abkühlung *f* ❶ METEO rafraîchissement *m* ❷ (*Erfrischung*) **sich** (*dat*) **eine leichte** ~ **verschaffen** se rafraîchir un peu

ab|kürzen **I.** *vt* ❶ **ein Wort** ~ écrire un mot en abrégé ❷ (*verkürzen*) **etw um etw** ~ écourter qc de qc **II.** *vi* (*einen kürzeren Weg nehmen*) prendre un raccourci

Abkürzung *f* (*eines Worts*) abréviation *f;* (*eines Wegs*) raccourci *m*

ab|laden *vt irr* ❶ (*Passagiere, Schutt*) déposer; (*Anhänger*) décharger ❷ *fam* (*Schuld*) décharger

Ablage *f* ❶ (*Archiv*) archives *fpl* ❷ *kein Pl* (*das Ablegen*) archivage *m;* **die** ~ **machen** archiver ❸ (*~korb*) corbeille *f* à courrier

ab|lagern **I.** *vt + haben* ❶ GEO déposer ❷ (*Müll*) entreposer **II.** *vr + haben* **sich auf/in etw** (*dat*) ~ (*Kalk*) se déposer sur/dans qc

Ablagerung *f* ❶ *kein Pl* (*von Holz*) séchage *m* ❷ (*Sedimentbildung*) sédiment *m*

Ablass[RR] <-es, -lässe>, **Ablaß**[ALT] ['aplas, Pl 'aplɛsə] <-sses, -lässe> *m* REL indulgence

ab|lassen *irr* **I.** *vt* (*Teich*) vidanger; **Wasser/Luft aus etw** ~ vider l'eau/enlever l'air de qc **II.** *vi* ❶ *geh* (*abgehen*) **von etw** ~ renoncer à qc ❷ (*in Ruhe lassen*) **von jdm** ~ laisser qn tranquille

Ablauf *m* ❶ déroulement *m* ❷ (*einer Frist*) expiration *f;* **nach** ~ **von drei Tagen** passé le délai de trois jours ❸ LITER action *f*

ab|laufen **I.** *vi irr + sein* ❶ (*abfließen*) **aus etw** ~ s'écouler de qc ❷ (*Ausweis*) expirer; **abgelaufen** périmé(e) ❸ (*Frist*) expirer; (*Zeit*) s'achever; (*Vertrag*) arriver à échéance ❹ (*vonstattengehen*) **gut/friedlich** ~ (*Demonstration*) se dérouler bien/sans heurts **II.** *vt irr* ❶ + *haben* [**sich** (*dat*)] **die Absätze/Sohlen** ~ user ses talons/semelles ❷ + *haben o sein* (*abgehen*) **eine Strecke** ~ parcourir un trajet [à pied]

ab|lecken *vt* lécher

ab|legen **I.** *vt* ❶ déposer; (*Akten*) ranger; (*Hut, Mantel*) retirer; (*Scheu*) se départir de; (*Gewohnheit*) se défaire de; (*Prüfung*) passer; (*Geständnis*) faire; (*Eid*) prêter; **die Beichte** ~ se confesser ❷ SPIEL écarter ❸ (*Eier*) pondre; (*Laich*) déposer **II.** ❶ (*Schiff*) lever l'ancre; **vom Hafen** ~ quitter le port ❷ *geh* (*den Mantel ausziehen*) se débarrasser

Ableger <-s, -> *m* BOT bouture *f*

ab|lehnen **I.** *vt* ❶ (*Bewerber*) refuser; (*Angebot*) rejeter; (*Benehmen*) désapprouver ❷ (*sich weigern*) **es** ~ **etw zu tun** refuser de faire qc **II.** *vi* refuser

ablehnend **I.** *adj* (*Antwort, Haltung*) négatif(-ive); (*Einstellung*) de refus **II.** *adv* (*sich äußern*) négativement

Ablehnung <-, -en> *f* ❶ *kein Pl* (*eines B

werbers) refus *m;* (*eines Angebots*) rejet *m* ❷ (*Schreiben*) refus *m* ❸ (*Missbilligung*) réprobation *f*

ab|leisten *vt form* effectuer

ab|leiten **I.** *vt* ❶ (*Bach*) détourner; (*Gase*) évacuer; (*Anspruch*) déduire ❷ (*Formel*) déduire; (*Funktion*) dériver ❸ LING dériver **II.** *vr* **sich aus/von etw ~** (*Anspruch*) découler de qc; (*Vorrecht*) provenir de qc; LING dériver de qc

b|lenken **I.** *vt* (*zerstreuen*) distraire **II.** *vi* ❶ (*ausweichen*) dévier; **vom Thema ~** détourner la conversation ❷ (*der Zerstreuung dienen*) changer les idées **III.** *vr* **sich mit Sport ~** se changer les idées en faisant du sport

blenkung *f* ❶ (*Zerstreuung*) distraction *f* ❷ (*Störung*) diversion *f* ❸ PHYS diffraction *f*

blenkungsmanöver *nt* manœuvre *f* de diversion

b|lesen *irr* **I.** *vt* ❶ (*Zählerstand*) relever; (*Messgerät*) consulter ❷ (*vorlesen*) **etw vom Blatt ~** lire qc sur le papier ❸ (*erkennen*) **etw an bestimmten Vorkommnissen ~** déduire qc de certains incidents **II.** *vi* (*vorlesen*) lire son texte; **vom Blatt ~** lire sa feuille

b|liefern *vt* (*Ware*) livrer; (*Schlüssel*) remettre; (*Diplomarbeit*) rendre

b|lösen **I.** *vt* (*Kollegen*) relayer; (*Wachposten*) relever; (*Politiker*) remplacer; (*Etikett*) décoller; (*Lack*) enlever; (*Hypothek*) purger **II.** *vr* ❶ **sich beim Fahren ~** se relayer pour conduire ❷ (*abgehen*) **sich ~** (*Etikett*) s'enlever; (*Lack*) s'écailler; (*Netzhaut*) se décoller

blösung *f* ❶ (*Auswechslung: eines Mitarbeiters*) relève *f* ❷ (*Ersatzmann*) remplaçant(e) *m(f)*

BM [aːbeːˈʔɛm] <-> *f Abk von* **Arbeitsbeschaffungsmaßnahme** mesure *f* d'aide l'emploi

|machen *vt* ❶ **etw mit jdm ~** convenir e qc avec qn; **abgemacht!** d'accord! ❷ *fam* (*entfernen*) **etw von etw ~** enlever c de qc

machung <-, -en> *f* accord *m*

|magern *vi + sein* maigrir

marsch *m* départ *m*

|melden **I.** *vt* (*Schüler*) retirer; (*Telefon*) demander la résiliation de **II.** *vr* ❶ (*seinen Umzug anzeigen*) **sich ~** faire une déclaration de changement de domicile ❷ (*sein Fortgehen melden*) **sich bei jdm ~** demander une autorisation de sortie à qn; MIL prendre congé de qn

Abmeldung *f* ❶ (*eines Telefons*) résiliation *f;* (*eines Autos*) déclaration *f* de non-utilisation ❷ (*Anzeige des Umzugs*) déclaration *f* de changement de domicile

ab|messen *vt irr* mesurer

ab|nabeln **I.** *vt* (*Neugeborenes*) couper le cordon ombilical de **II.** *vr fig* **sich ~** couper le cordon [ombilical]

ab|nagen *vt* ronger

Abnäher <-s, -> *m* pince *f*

Abnahme [ˈapnaːmə] <-, -n> *f* ❶ (*des Umsatzes*) baisse *f;* (*des Gewichts*) perte *f;* **~ des Interesses** baisse d'intérêt ❷ (*Kauf*) achat *m* ❸ (*eines Neubaus*) réception *f;* (*eines Fahrzeugs*) contrôle *m* technique ❹ (*das Herunternehmen*) décrochage *m*

ab|nehmen *irr* **I.** *vi* ❶ perdre du poids; **an den Hüften ~** maigrir des hanches ❷ (*Anzahl*) baisser; (*Interesse*) décliner ❸ TELEC décrocher **II.** *vt* ❶ (*Wäsche, Bild, Hörer*) décrocher; (*Ware*) prendre livraison de ❷ (*wegnehmen*) **jdm etw ~** retirer qc à qn ❸ (*tragen helfen*) **jdm die Tasche ~** débarrasser qn de son sac ❹ (*übernehmen*) **jdm Arbeit/Sorgen ~** soulager qn du travail/des soucis ❺ *fam* (*rauben*) **jdm viel Geld ~** piquer beaucoup d'argent à qn ❻ SPIEL piocher ❼ *fam* (*glauben*) gober ❽ (*begutachten*) réceptionner; **sein Auto vom TÜV ~ lassen** soumettre sa voiture au contrôle technique

Abnehmer(in) <-s, -> *m(f)* acheteur(-euse) *m(f);* **~ finden** trouver preneur

Abneigung *f* aversion *f*

abnorm [apˈnɔrm] **I.** *adj* anormal(e) **II.** *adv* ❶ MED de façon anormale ❷ (*überdurchschnittlich*) anormalement

abnormal [ˈapnɔrmaːl] A, CH *s.* **abnorm**

ab|nutzen **I.** *vt* user **II.** *vr* **sich ~** (*Reifen*) s'user; (*Möbel*) s'abîmer; (*Worte*) finir par être usé; (*Drohung*) finir par tomber à plat

Abnutzung *f* usure *f*

Abo [ˈabo] <-s, -s> *nt fam,* **Abonnement** [abɔnəˈmãː] <-s, -s> *nt* abonnement *m*

Abonnent(in) [abɔˈnɛnt] <-en, -en> *m(f)* abonné(e) *m(f)*

abonnieren* [abɔˈniːrən] *vt* (*Zeitung*) s'abonner à; (*Konzerte*) prendre un abonnement à

Abordnung *f* délégation *f*

Abort [a'bɔrt] <-s, -e> *m* (*Fehlgeburt*) fausse couche *f;* (*Schwangerschaftsabbruch*) avortement *m*

Abpfiff *m* coup *m* de sifflet final

ab|prallen *vi + sein* **von etw/an etw** (*dat*) ~ (*Ball*) rebondir sur qc; (*Geschoss*) ricocher sur qc; **an jdm** ~ (*Beleidigung*) glisser sur qn

ab|pumpen *vt* **Wasser aus etw** ~ pomper de l'eau de qc

ab|putzen *vt* nettoyer

ab|quälen *vr* **sich mit einer Arbeit** ~ s'acharner sur un travail; **sich** (*dat*) **ein Lächeln** ~ se forcer pour/à sourire

ab|rackern *vr fam* **sich** ~ se crever

ab|raten *vi irr* **jdm von etw** ~ déconseiller qc à qn

ab|räumen *vt* (*Tisch*) débarrasser

ab|reagieren* **I.** *vt* (*Aggressionen*) défouler; **seine Wut an jdm** ~ passer sa rage sur qn **II.** *vr fam* **sich** ~ se défouler

ab|rechnen *vi* ❶ (*das Gehalt berechnen*) faire les comptes ❷ (*die Zeche berechnen*) encaisser; **beim Abrechnen** en faisant la caisse ❸ (*zur Rechenschaft ziehen*) **mit jdm** ~ régler ses comptes avec qn

Abrechnung *f* ❶ (*Schlussrechnung*) comptes *mpl* ❷ (*Aufstellung*) facture *f* détaillée ❸ (*von Steuern*) déduction *f* ❹ (*Rache*) règlement *m* de comptes

Abrede *f* ▶**etw in ~ stellen** *form* contester qc

Abreise *f* départ *m*

ab|reisen *vi + sein* partir en voyage; **ich reise ab** je m'en vais; (*Hotelgast*) je quitte la chambre

ab|reißen *irr* **I.** *vt + haben* ❶ **etw von der Wand** ~ arracher qc du mur ❷ (*Gebäude*) raser **II.** *vi + sein* (*Seil*) se casser; (*Kontakt*) s'interrompre

ab|richten *vt* dresser

ab|riegeln *vt* (*Straße*) boucler

Abriss[RR] *m* ❶ (*eines Gebäudes*) démolition *f* ❷ (*Übersicht*) abrégé *m*

Abruf *m* ❶ FIN (*einer Summe*) retrait *m* ❷ INFORM (*von Daten*) consultation *f* ▶**auf ~ bereitstehen** être à disposition

ab|rufen *vt irr* (*Waren*) prendre livraison de; (*Kredit*) retirer; (*Daten*) consulter

ab|runden *vt* (*Kanten*) arrondir; (*Geschmack*) parfaire; **eine Zahl nach unten** ~ arrondir un chiffre au chiffre inférieur

abrupt [ap'rʊpt] *adj* brusque

ab|rüsten *vi* réduire les armements

Abrüstung *f kein Pl* désarmement *m*

ABS [a:be:'ʔɛs] <-> *nt Abk von* **Antiblockiersystem** A.B.S. *m*

Absage ['apza:gə] *f* réponse *f* négative

ab|sagen **I.** *vt* (*Teilnahme*) décommander; (*Spiel*) annuler **II.** *vi* **jdm** ~ se décommander auprès de qn

ab|sägen *vt* (*Ast*) scier ▶**jdn** ~ *fam* faire sauter qn

ab|sahnen *fam* **I.** *vt* **etw** ~ se mettre qc dans les poches **II.** *vi* **bei jdm** ~ s'en ficher plein les poches sur le dos de qn

Absatz *m* ❶ (*Schuhabsatz*) talon *m* ❷ (*Abschnitt*) paragraphe *m* ❸ (*Treppenabsatz*) palier *m* [de repos] ❹ (*Verkauf*) ventes *fpl* **reißenden ~ finden** se vendre comme des petits pains ▶**auf dem ~ kehrt machen** tourner les talons

Absatzflaute *f* marasme *m* des ventes **Absatzgebiet** *nt* secteur *m* commercial **Absatzmarkt** *m* débouché *m*

ab|saugen *vt* ❶ aspirer ❷ (*Staub saugen, Teppich*) passer l'aspirateur sur

ab|schaffen *vt* (*Zoll, Strafe*) supprimer; (*Gesetz*) abroger; (*Privileg*) abolir

ab|schalten **I.** *vt* (*Fernseher*) éteindre; (*Strom*) couper; (*Motor*) arrêter **II.** *vi fam* (*Person*) décrocher **III.** *vr* **sich** ~ (*Maschine, Strom*) se couper

ab|schätzen *vt* (*Kosten*) évaluer; (*Reaktion*) prévoir

abschätzig *adj* (*Bemerkung*) désobligeant(e); (*Blick*) méprisant(e)

ab|schauen *vt* A *fam* **etw von jdm** ~ copier qc sur qn

Abschaum *m kein Pl pej* rebut *m*

Abscheu <-[e]s> *m* dégoût *m*

abscheulich [ap'ʃɔylɪç] *adj* ❶ (*entsetzlich*) abominable ❷ *fam* (*Schmerzen*) atroce; (*Kälte*) épouvantable

ab|schicken *vt* (*Brief*) expédier; (*Kurier*) envoyer

Abschiebehaft *f* maintien *m* administratif

ab|schieben *vt irr + haben* ❶ (*ausweisen*) expulser ❷ (*abwälzen*) **die Schuld auf jdn** ~ faire endosser la culpabilité à qn

Abschiebung *f* reconduite *f* à la frontière

Abschied ['apʃi:t] <-[e]s, -e> *m* adieu

souvent pl; **von jdm ~ nehmen** faire ses adieux à qn

Abschiedsbrief *m* lettre *f* d'adieu[x]

ab|schießen *vt irr* ❶ MIL, JAGD abattre ❷ (*Pfeil*) tirer; (*Rakete*) lancer ❸ *fam* (*erschießen*) descendre

ab|schirmen *vt* ❶ (*schützen*) **jdn von jdm/etw ~** isoler qn de qn/qc ❷ (*Lampe*) tamiser [la lumière de]

ab|schlachten I. *vt* massacrer **II.** *vr* **sich [gegenseitig] ~** se massacrer

Abschlag *m* ❶ (*Preisnachlass*) réduction *f,* rabais *m* ❷ (*Vorschuss*) **ein ~ auf etw** (*akk*) un acompte sur qc ❸ SPORT remise *f* en jeu

ab|schlagen *vt irr* ❶ (*Henkel*) casser; (*Ecke*) ébrécher; (*Baum*) abattre ❷ (*Einladung*) décliner; **jdm eine Bitte ~** repousser une demande à qn ❸ SPORT **den Ball ~** remettre le ballon en jeu

abschlägig ['apʃlɛːgɪç] *adj* négatif(-ive); **jdn/etw ~ bescheiden** *form* donner une réponse négative à qn/rejeter qc

Abschlag[s]zahlung *f* acompte *m*

ab|schleifen *irr vt* ❶ (*entfernen*) **etw ~** éliminer qc par ponçage ❷ (*Oberfläche*) poncer

Abschleppdienst *m* service *m* de dépannage

ab|schleppen *vt* ❶ (*Fahrzeug*) remorquer ❷ *fam* (*mitnehmen*) **jdn/etw ~** embarquer qn/qc

Abschleppseil *nt* câble *m* de remorquage

ab|schließen *irr* **I.** *vt* ❶ (*zuschließen*) **etw ~** fermer qc à clé ❷ (*Schule*) achever ❸ (*Geschäft*) conclure; (*Vertrag*) passer; (*Versicherung*) souscrire ❹ (*Rede*) conclure; (*Konferenz*) clôturer; (*Geschäftsjahr*) clore **II.** *vi* ❶ (*zuschließen*) fermer à clé ❷ (*Vertrag schließen*) **mit jdm ~** (*Kunde*) faire affaire avec qn ❸ FIN, COM **mit Gewinn/Verlust ~** se solder par des gains/pertes ❹ *fig* **mit der Vergangenheit ~** tirer un trait sur le passé

abschließend I. *adj* (*Bemerkung*) final(e) **II.** *adv* (*bemerken*) en conclusion

Abschluss[RR] *m* ❶ *kein Pl* (*Ende*) conclusion *f;* (*eines Geschäftsjahrs*) clôture *f;* **etw zum ~ bringen** conclure qc ❷ (*~prüfung*) diplôme *m* [de fin d'études]; (*Hauptschulabschluss*) certificat *m* de fin d'études ❸ (*eines Geschäfts*) conclusion *f;* (*eines Vertrags*) souscription *f* ❹ (*Geschäft*) marché *m* ❺ FIN bilan *m* ▶**der krönende ~** le Clou

Abschlussklasse[RR] *f* [classe *f* de] terminale *f* **Abschlussprüfung**[RR] *f* examen *m* de fin d'études **Abschlusszeugnis**[RR] *nt* diplôme *m* de fin d'études

ab|schmecken *vt* (*Gericht*) vérifier l'assaisonnement de; **etw mit Gewürzen ~** assaisonner qc avec des épices

ab|schminken I. *vr* **sich ~** se démaquiller **II.** *vt* (*Gesicht*) démaquiller ▶**sich** (*dat*) **etw ~ können** *fam* pouvoir faire une croix sur qc

ab|schnallen I. *vi fam* (*fassungslos sein*) être scié **II.** *vt* [**sich** (*dat*)] **den Rucksack/die Skier ~** décrocher son sac à dos/enlever ses skis

ab|schneiden *irr* **I.** *vt* couper; **jdm das Wort ~** couper la parole à qn **II.** *vi fam* **bei etw gut/schlecht ~** s'en tirer bien/mal avec qc

Abschnitt *m* ❶ (*eines Textes*) paragraphe *m;* (*eines Formulars*) partie *f* ❷ (*einer Bestellkarte*) coupon *m;* (*einer Eintrittskarte*) partie *f* détachable ❸ (*Zeitabschnitt*) période *f* ❹ (*eines Gebäudes*) partie *f;* (*einer Autobahn*) tronçon *m;* (*einer Strecke*) étape *f*

ab|schotten ['apʃɔtən] **I.** *vr* **sich ~** s'isoler; **abgeschottet leben** mener une vie recluse **II.** *vt* NAUT cloisonner

ab|schrauben *vt* dévisser

ab|schrecken I. *vt* ❶ faire peur à; **jdn von etw ~** dissuader qn de qc; **sich nicht ~ lassen** ne pas se laisser intimider ❷ (*Eier*) refroidir **II.** *vi* (*Waffen*) être dissuasif

abschreckend I. *adj* (*Beispiel*) dissuasif(-ive); (*Eindruck*) défavorable **II.** *adv* **~ wirken** (*Strafe*) avoir un effet dissuasif

Abschreckung <-, -en> *f* ❶ MIL dissuasion *f* ❷ (*das Fernhalten*) **der ~ dienen** servir d'intimidation

ab|schreiben *irr* **I.** *vt* ❶ recopier ❷ (*plagiieren*) **etw bei jdm/aus etw ~** copier qc sur qn/dans qc ❸ (*Betrag*) déduire ▶**ich hatte ihn schon abgeschrieben** j'en avais [déjà] fait mon deuil; **bei jdm abgeschrieben sein** *fam* être mort et enterré pour qn **II.** *vi* (*plagiieren*) **von jdm/etw ~** copier sur qn/qc

Abschreibung *f* FIN déduction *f*

Abschrift *f* duplicata *m*

ab|schürfen *vr* **sich** (*dat*) **die Haut ~**

s'écorcher la peau

Abschuss[RR] *m* ❶ (*eines Geschützes*) tir *m;* (*einer Rakete*) lancement *m* ❷ (*eines Flugkörpers*) destruction *f* ▶**zum ~ freigeben** JAGD autoriser le tir de; *fig fam* lâcher la meute sur

abschüssig ['apʃʏsɪç] *adj* (*Straße*) escarpé(e); (*Hang*) abrupt(e)

ab|schütteln *vt* (*Verfolger*) semer; (*Ärger*) évacuer; **die Krümel von etw ~** secouer les miettes de qc

ab|schwächen I. *vt* (*Wirkung*) atténuer; (*Formulierung*) édulcorer; (*Aufprall*) amortir **II.** *vr* **sich ~** (*Lärm*) s'atténuer

ab|schweifen *vi + sein* faire une digression; **vom Thema ~** s'écarter du sujet

ab|schwellen *vi irr + sein* (*Entzündung*) désenfler; (*Lärm*) faiblir

ab|segnen *vt fam* donner sa bénédiction à

absehbar *adj* prévisible; **es ist ~, dass** on peut s'attendre à ce que + *subj*

ab|sehen *irr* **I.** *vt* **etw ~ können** pouvoir prévoir qc ▶**es auf jdn abgesehen haben** (*jdn schikanieren wollen*) avoir qn dans le collimateur; (*an jdm interessiert sein*) avoir jeté son dévolu sur qn; **es auf etw** (*akk*) **abgesehen haben** en vouloir à qc **II.** *vi* **von einer Strafe ~** renoncer à une peine

ab|seilen *vr* **sich ~** ❶ (*sich hinunterlassen*) descendre avec une corde; (*Bergsteiger*) descendre en rappel ❷ *fam* (*verschwinden*) reprendre ses billes

ab|sein[ALT] *s.* **ab II.2.**

abseits ['apzaɪts] **I.** *adv* à l'écart **II.** *präp + gen* **~ des Dorfs liegen** être à l'écart du village

Abseits <-, -> *nt* SPORT hors-jeu *m*

abseits|stehen *vi* SPORT être hors-jeu

ab|senden *vt irr o reg* expédier

Absender(in) <-s, -> *m(f)* expéditeur(-trice) *m(f)*

ab|setzen I. *vt* ❶ (*Mitfahrer*) déposer; (*Trinkgefäß*) poser; (*Hut*) enlever ❷ (*des Amtes entheben*) destituer ❸ COM écouler ❹ FIN **etw von der Steuer ~** déduire qc des impôts ❺ (*Veranstaltung*) annuler ❻ (*Medikament*) arrêter ❼ (*Flöte*) lever **II.** *vr* ❶ *a.* CHEM, GEO **sich ~** se déposer ❷ *fam* (*verschwinden*) **sich ~** se tirer ❸ (*sich unterscheiden*) **sich von jdn/etw ~** trancher sur qn/qc

Absetzung <-, -en> *f* (*einer Fernsehsendung*) déprogrammation *f*

ab|sichern I. *vr* **sich ~** prendre des précautions; **sich gegen etw ~** se prémunir contre qc **II.** *vt* ❶ (*garantieren*) garantir ❷ (*sicher machen*) **einen Raum durch etw ~** protéger une pièce au moyen de qc

Absicht <-, -en> *f* ❶ intention *f* ❷ (*Mutwillen*) **etw mit ~ tun** faire qc exprès; **das war keine ~** ce n'était pas intentionnel

absichtlich *adj* intentionnel(le)

ab|sinken *vi irr + sein* ❶ (*Leistung*) baisser; (*Boden*) s'affaisser ❷ (*Schiff*) sombrer [au fond de la mer]

ab|sitzen *irr* **I.** *vt + haben* (*Zeit*) laisser passer; (*Haftstrafe*) purger **II.** *vi + sein* (*Reiter*) mettre pied à terre

absolut [apzo'luːt] **I.** *adj* ❶ (*Verbot, Ruhe*) absolu(e); (*Ablehnung*) catégorique ❷ *fam* (*völlig*) total(e) **II.** *adv fam* (*unverständlich*) absolument

Absolution [apzolu'tsi̯oːn] <-, -en> *f* REL **jdm die ~ erteilen** donner l'absolution à qn

Absolutismus [apzolu'tɪsmʊs] <-> *m* absolutisme *m*

Absolvent(in) [apzɔl'vɛnt] <-en, -en> *m(f)* (*Universitätsabsolvent*) diplômé(e) *m(f)*

absolvieren* [apzɔl'viːrən] *vt* (*Ausbildung*) effectuer; (*Prüfung*) passer; (*Wehrdienst*) accomplir

absonderlich *adj, adv* bizarre

ab|sondern I. *vt* ❶ (*isolieren*) isoler ❷ (*ausscheiden*) sécréter **II.** *vr* **sich von jdm ~** s'isoler de qn

absorbieren* [apzɔr'biːrən] *vt a. fig* absorber

Abspann <-[e]s, -e> *m* CINE, TV générique *m*

ab|speichern *vt* INFORM **etw auf der Festplatte ~** sauvegarder qc sur le disque dur

ab|speisen *vt* éconduire gentiment

abspenstig ['apʃpɛnstɪç] *adj* **jdm jdn/etw ~ machen** détourner qn/qc de qn

ab|sperren *vt* ❶ (*versperren*) barrer ❷ (*Gas*) couper

Absperrung *f* ❶ *kein Pl* (*das Absperren*) barrage *m* ❷ (*Sperre*) barrage *m;* (*Absperrgitter*) barrière *f*

ab|spielen I. *vr* **sich ~** (*Szene*) se dérouler **II.** *vt* (*CD, Ball*) passer

Absprache *f* accord *m;* **nach ~** après accord

ab|sprechen *irr* **I.** *vt* ❶ (*Plan*) convenir de; (*Aussagen*) s'entendre sur; **wir haben abgesprochen, dass ...** nous avons convenu

A

que ... ❷ (*Recht*) dénier **II.** *vr* **sich ~** (*eine Vereinbarung treffen*) se concerter

ab|springen *vi irr + sein* ❶ SPORT sauter ❷ (*sich lösen*) **von etw ~** (*Farbe*) s'écailler de qc

Absprung *m* ❶ (*~stelle*) saut *m* ❷ (*Abgang vom Gerät*) sortie *f* ❸ *fam* (*Ausstieg*) **den ~ schaffen** sauter le pas

ab|stammen *vi kein PP* **von jdm ~** descendre de qn

Abstammung <-, -en> *f* origine *f*

Abstand *m* ❶ écart *m;* **~ halten** (*im Straßenverkehr*) garder les distances ❷ (*zeitliche Distanz*) intervalle *m* ❸ (*innere Distanz*) recul *m* ▸**von etw ~ nehmen** *form* renoncer à qc; **mit ~** de loin

ab|stauben I. *vt* ❶ (*Möbel*) dépoussiérer ❷ *fam* (*sich aneignen*) **etw von/bei jdm ~** resquiller qc à qn **II.** *vi* faire la poussière

ab|stechen *vi irr* **von jdm/etw ~** se distinguer de qn/qc

Abstecher <-s, -> *m* (*Ausflug*) virée *f* (*fam*); (*Umweg*) crochet *m*

ab|stecken *vt* ❶ (*Grundstück*) jalonner ❷ (*Saum*) épingler

ab|stehen *vi irr* (*Haare*) être hérissé; (*Ohren*) être décollé

ab|steigen *vi irr + sein* ❶ (*Bergsteiger*) descendre; **vom Fahrrad/Pferd ~** descendre de vélo/de cheval ❷ *fam* (*sich einquartieren*) **in einer kleinen Pension ~** descendre dans une petite pension ❸ (*sich verschlechtern*) **in die zweite Liga ~** descendre en deuxième division; **sozial ~** régresser socialement

ab|stellen *vt* ❶ (*hinstellen*) **etw bei jdm ~** déposer qc chez qn ❷ (*Wagen*) garer ❸ (*Computer*) débrancher; (*Motor*) arrêter; (*Gas*) couper

Abstellgleis *nt* voie *f* de garage **Abstellraum** *m* débarras *m*

ab|stempeln *vt* ❶ (*Brief*) tamponner ❷ *pej* (*abwerten*) **jdn als Wichtigtuer ~** cataloguer qn comme frimeur

ab|sterben *vi irr + sein* ❶ mourir ❷ (*gefühllos werden: Arm*) s'engourdir

Abstieg ['apʃtiːk] <-[e]s, -e> *m* ❶ descente *f* ❷ (*Verlust der sozialen Stellung*) déchéance *f* ❸ SPORT descente *f*

ab|stimmen I. *vi* voter; **über etw** (*akk*) **~ lassen** soumettre qc au vote **II.** *vt* (*Termine*) coordonner **III.** *vr* **sich mit jdm ~** se mettre d'accord avec qn

Abstimmung *f* (*Stimmabgabe*) vote *m,* scrutin *m;* **in geheimer ~** à bulletin secret

abstinent [apsti'nɛnt] *adj* abstinent(e)

Abstinenz [apsti'nɛnts] <-> *f* abstinence *f*

Abstinenzler(in) <-s, -> *m(f)* *pej* non-buveur(-euse) *m(f)*

ab|stoßen *irr* **I.** *vt* ❶ (*Transplantat*) rejeter ❷ (*anwidern*) dégoûter ❸ (*Ecke*) écorner ❹ (*Wertpapiere*) vendre ❺ (*Wasser*) être imperméable à ❻ (*wegstoßen*) **das Boot vom Ufer ~** éloigner le bateau de la rive **II.** *vr* (*sich wegbewegen*) **sich ~** s'élancer

abstoßend *adj* répugnant(e)

abstrahieren* [apstra'hiːrən] *vi* abstraire

abstrakt [ap'strakt] *adj* abstrait(e)

ab|streifen *vt* (*Ring*) retirer; (*Handschuhe*) ôter

ab|streiten *vt irr* ❶ (*Tat*) nier; (*Beteiligung*) dénier ❷ (*absprechen*) contester; **das kann man nicht ~** il faut bien le reconnaître

Abstrich *m* ❶ *meist Pl* réduction *f;* **erhebliche ~e an etw** (*dat*) des coupes *fpl* sombres dans qc ❷ *Pl* (*Einschränkung*) **~e machen [müssen]** (*ideell*) [devoir] en rabattre; (*finanziell*) [devoir] se restreindre ❸ MED frottis *m*

ab|stufen *vt* ❶ (*Gehälter*) échelonner; (*Mitarbeiter*) rétrograder; (*Tarif*) réduire; (*Farbtöne*) dégrader ❷ (*terrassieren*) étager

Abstufung <-, -en> *f* ❶ *kein Pl* (*eines Mitarbeiters*) rétrogradation *f;* (*eines Tarifs*) réduction *f* ❷ (*Staffelung*) barème *m* ❸ (*Nuance*) dégradé *m*

ab|stumpfen I. *vt + haben* (*Person*) abrutir; (*Gewissen*) émousser **II.** *vi* ❶ *+ sein* (*Person*) s'abrutir; (*Gewissen*) s'émousser ❷ *+ haben* (*~d wirken*) être abrutissant

Absturz *m* ❶ (*eines Flugzeugs*) écrasement *m;* (*eines Bergsteigers*) chute *f* ❷ (*Computers*) plantage *m* (*fam*)

ab|stürzen *vi + sein* ❶ (*Flugzeug*) s'écraser; (*Bergsteiger*) dévisser ❷ (*Computer*) se bloquer

ab|stützen I. *vt* (*Decke*) étayer **II.** *vr* **sich mit etw/an etw** (*dat*) **~** s'appuyer sur qc/à qc

ab|suchen *vt* (*Gegend*) ratisser

absurd [ap'zʊrt] *adj* absurde

Absurdität [apzʊrdi'tɛːt] <-, -en> *f* absurdité *f*

Abszess[RR] [aps'tsɛs] <-es, -e>, **Abszeß**[ALT]

<-sses, -sse> *m* abcès *m*

Abt [apt, *Pl:* ɛptə] <-[e]s, Äbte> *m* abbé *m*

ab|tasten *vt* ❶ *a.* MED palper ❷ (*durchsuchen*) fouiller ❸ INFORM **etw ~** (*Scanner*) lire qc par balayage

ab|tauen **I.** *vt + haben* (*Kühlschrank*) dégivrer **II.** *vi + sein* (*Eis*) fondre

Abtei [ap'tai] <-, -en> *f* abbaye *f*

Abteil [ap'tail] *nt* compartiment *m*

ab|teilen *vt* (*Raum*) délimiter

Abteilung [ap'tailʊŋ] *f* ❶ (*einer Firma, eines Krankenhauses*) service *m;* (*eines Geschäfts*) rayon *m* ❷ MIL détachement *m*

Abteilungsleiter(in) *m(f)* (*einer Firma*) chef *mf* de service; (*eines Geschäfts*) chef de rayon

ab|tippen *vt fam* taper

Äbtissin [ɛp'tɪsɪn] <-, -nen> *f* abbesse *f*

ab|tragen *vt irr* ❶ (*Kleidung*) user ❷ *geh* (*Schulden*) s'acquitter de ❸ *geh* (*Geschirr*) enlever ❹ (*Gelände*) niveler; (*Boden*) déblayer; (*Mauer*) démolir ❺ GEO éroder

abträglich ['aptrɛːklɪç] *adj* (*Bemerkung*) préjudiciable

ab|transportieren* *vt* ❶ (*Bauschutt*) transporter; (*Müll*) enlever ❷ (*Gefangene*) transférer

ab|treiben *irr* **I.** *vt + haben* ❶ MED **ein Kind ~ lassen** se faire avorter d'un enfant ❷ (*Ballon*) déporter; (*Schwimmer*) entraîner ❸ (*Vieh*) faire redescendre **II.** *vi* ❶ *+ haben* MED ~ [**lassen**] [se faire] avorter ❷ *+ sein* (*Boot, Ballon*) dériver

Abtreibung <-, -en> *f* avortement *m*

Abtreibungspille *f fam* pilule *f* abortive

ab|trennen *vt* ❶ (*abreißen*) **etw von etw ~** détacher qc de qc ❷ (*abmachen*) **die Ärmel von etw ~** découdre les manches de qc ❸ (*Raum*) délimiter ❹ (*abschneiden*) couper

ab|treten *irr* **I.** *vt + haben* ❶ JUR céder ❷ *fam* (*überlassen*) refiler ❸ (*Schnee*) secouer; (*Schmutz*) gratter **II.** *vi + sein* ❶ (*abgehen*) **von der Bühne ~** sortir de scène ❷ *fam* (*sterben*) claquer ❸ MIL rompre les rangs

ab|trocknen **I.** *vt* essuyer **II.** *vi* essuyer [la vaisselle] **III.** *vr* **sich ~** s'essuyer

ab|tropfen *vi + sein* [s']égoutter

abtrünnig ['aptrʏnɪç] *adj* (*Ketzer*) renégat(e); (*Provinz*) dissident(e)

ab|tupfen *vt* ❶ (*Blut*) éponger; (*Tränen*) essuyer ❷ (*Gesicht*) essuyer; (*Wunde*) nettoyer

ab|verlangen* *vt* **jdm etw ~** exiger qc de qn

ab|wägen ['apvɛːgən] *vt irr* (*Vorteile*) peser; (*Angebot*) examiner avec soin

ab|wählen *vt* (*Person*) blackbouler; (*Schulfach*) abandonner

ab|wälzen *vt* (*Verantwortung*) se décharger de; (*Kosten*) répercuter; **die Schuld/Arbeit auf jdn ~** rejeter la faute/se décharger de la corvée sur qn

ab|wandeln *vt* (*Melodie*) modifier

ab|wandern *vi + sein* ❶ (*wegziehen*) déménager ❷ *fig fam* (*Kapital*) fuir

Abwart(in) ['apvart] <-s, -e> *m(f)* CH gardien(ne) *m(f)* d'un/de l'immeuble

ab|warten *vt, vi* (*Ergebnis*) attendre; **er kann es nicht ~ sie anzurufen** il est impatient de lui téléphoner

abwärts ['apvɛrts] *adv* en bas; **weiter ~** plus bas

Abwärtstrend *m* tendance *f* à la baisse

Abwasch ['apvaʃ] <-[e]s> *m fam* **den ~ machen** faire la vaisselle

abwaschbar *adj* lavable

ab|waschen *irr* **I.** *vt* ❶ (*säubern*) laver ❷ (*entfernen*) enlever **II.** *vi* faire la vaisselle

Abwasser <-wässer> *nt* eaux *fpl* usées

Abwasseraufbereitung *f* traitement *m* des eaux usées **Abwasserreinigung** *f* épuration *f* des eaux usées

ab|wechseln *vr* (*im Wechsel handeln*) **sich mit jdm ~** alterner avec qn; **sich beim Kochen ~** se relayer pour faire la cuisine

abwechselnd *adv* (*einer nach dem anderen*) à tour de rôle; (*eins nach dem anderen*) tour à tour

Abwechslung <-, -en> *f* (*Zerstreuung*) distraction *f;* (*Veränderung*) changement *m;* **zur ~** pour changer

abwechslungsreich *adj* varié(e)

Abweg *m meist Pl* **auf ~e geraten** sortir du droit chemin

abwegig ['apveːgɪç] *adj* aberrant(e)

Abwehr ['apveːɐ̯] *f* ❶ SPORT défense *f* ❷ MIL riposte *f* ❸ (*Spionageabwehr*) contre-espionnage *m* ❹ MED (*das Abwehren*) défense *f;* (*Abwehrsystem*) défenses *fpl* ❺ (*Ablehnung*) résistance *f*

ab|wehren **I.** *vt* ❶ *a.* MIL repousser ❷ (*Stoß*) repousser; (*Angriff*) stopper ❸ (*Schlag*) parer ❹ (*Gefahr*) écarter; (*Auswirkungen*) enrayer **II.** *vi* (*ablehnen*) refuser

bwehrkräfte *Pl* MED défenses *fpl* [immunitaires]

b|weichen *vi irr + sein* ① **von etw ~** s'écarter de qc; **voneinander ~** diverger; **~d** (*Meinung*) différent(e) ② (*abkommen*) **vom Kurs ~** dévier de sa route

bweichung <-, -en> *f* ① (*Unterschiedlichkeit*) divergence *f* ② (*Kursabweichung*) déviation *f* ③ TECH écart *m*

b|weisen *vt irr* ① (*wegschicken*) renvoyer ② (*Bitte*) rejeter; (*Bewerber*) refuser

bweisend *adj* rebutant(e)

b|wenden *irr o reg* **I.** *vr geh* **sich ~** se détourner; **sich von jdm ~** tourner le dos à qn **II.** *vt* ① (*Folgen*) éviter; (*Unheil*) détourner; (*Gefahr*) écarter ② *geh* (*Blick*) détourner

b|werben *vt irr* (*Mitarbeiter*) débaucher; (*Kunden*) racoler

b|werfen *vt irr* ① (*Ballast*) lâcher; (*Hilfsgüter*) parachuter; (*Flugblätter*) lancer; (*Bomben*) larguer; **jdn ~** (*Reittier*) désarçonner qn ② (*Gewinn*) rapporter ③ *geh* (*Joch*) secouer; (*Fesseln*) briser

b|werten *vt* FIN dévaluer

bwertung *f* (*einer Währung*) dévaluation *f*

bwesend ['apve:zənt] *adj* absent(e)

bwesenheit <-, -en> *f* (*opp: Anwesenheit*) absence *f*

b|wickeln *vt* ① (*Verband*) défaire; **etw von einer Rolle ~** dérouler qc d'un rouleau ② (*Auftrag*) exécuter; (*Geschäft*) réaliser

b|wiegen *vt irr* peser

b|wimmeln *vt fam* (*Vertreter*) envoyer balader

b|winken *vi* faire un geste de dénégation ▸**bis zum Abwinken** *fam* à faire crier grâce

b|wischen *vt* essuyer

bwurf *m* ① (*von Ballast*) lâchage *m;* (*von Bomben*) largage *m* ② SPORT dégagement *m* [à la main]

b|würgen *vt fam* (*Motor*) caler; (*Diskussion*) couper court à; (*Forderung*) étouffer

b|zahlen *vt* ① (*Kredit*) rembourser ② (*in Raten bezahlen*) **etw ~** payer qc à tempérament

b|zählen *vt, vi* compter

bzahlung *f* (*eines Kredits*) remboursement *m*

bzeichen *nt* insigne *m*

b|zeichnen **I.** *vt* ① (*abmalen*) reproduire ② (*signieren*) signer **II.** *vr* **sich ~** (*erkennbar werden*) se profiler; (*durchscheinen*) se dessiner

ab|ziehen *irr* **I.** *vi* ① + *sein* MIL se retirer ② + *sein fam* (*weggehen*) décamper ③ + *sein* (*Rauch*) se dissiper; (*Gewitter*) s'éloigner **II.** *vt* + *haben* ① (*Steuern*) retenir; (*Betrag*) déduire ② (*subtrahieren*) retrancher ③ (*entnehmen*) retirer ④ (*entfernen*) **das Bett ~** retirer les draps [du lit]; **einem Tier das Fell ~** dépouiller un animal ⑤ (*Wein*) tirer; **Wein auf Flaschen ~** mettre du vin en bouteilles ⑥ (*Text*) tirer

ab|zocken *vt fam* arnaquer

Abzug *m* ① (*von Sozialabgaben*) retenue *f;* (*eines Rabatts*) déduction *f* ② (*Vervielfältigung*) copie *f* ③ (*Bilderabzug*) épreuve *f* ④ *kein Pl* MIL retrait *m* ⑤ (*von Kapital*) retrait *m* ⑥ (*eines Kamins*) tirage *m;* (*~söffnung*) conduit *m* de fumée ⑦ (*einer Schusswaffe*) détente *f*

abzüglich ['aptsy:klɪç] *präp* + *gen* déduction faite de

ab|zweigen **I.** *vi* + *sein* **von etw ~** (*Weg, Gleis*) bifurquer de qc; **an etw** (*dat*)/**von etw ~** (*Kabel*) partir de qc **II.** *vt* + *haben fam* **hundert Euro von etw ~** prélever cent euros sur qc

Abzweigung <-, -en> *f* (*eines Wegs*) embranchement *m;* (*eines Kabels*) branchement *m*

ach [ax] *interj* ① (*Ausruf der Verärgerung*) ah; **~ was!** allons donc! ② (*Ausruf der Überraschung*) ah; **~ nein!** *fam* allons bon!; **~ so!** (*nun gut*) bon, bon!; (*aha*) ah bon!

Ach <-s, -[s]> *nt* ▸**mit ~ und Krach** *fam* de justesse

Achse ['aksə] <-, -n> *f* ① (*eines Fahrzeugs*) essieu *m* ② PHYS, MATH axe *m* ▸**auf ~ sein** *fam* être [toujours] sur les chemins

Achsel ['aksl] <-, -n> *f* ① (*~höhle*) aisselle *f* ② (*Schulter*) épaule *f;* **mit den ~n zucken** hausser les épaules

Achselhöhle *f* aisselle *f*

Achsenbruch *m* rupture *f* d'essieu

acht[1] [axt] *num* huit; **~ [Jahre alt] sein** avoir huit ans; **mit ~ [Jahren]** à huit ans; **es ist ~ [Uhr]** il est huit heures; **um/gegen ~ [Uhr]** à/vers huit heures; **kurz vor ~** peu avant huit heures; **es ist schon kurz nach ~** il est déjà huit heures passées; **alle ~ Stunden** toutes les huit heures; **heute/[am]**

Montag in ~ Tagen dans huit jours/lundi en huit; **es steht ~ zu drei** le score est de huit à trois

acht[2] *adv* **zu ~ sein** être huit; **etw zu ~ tun** faire qc à huit

Acht[1] [axt] <-, -en> *f* ① (*Zahl, Spielkarte*) huit *m* ② *kein Pl* (*U-Bahn-, Buslinie*) huit *m*

Acht[2] <-> *f* **~ geben** faire attention; **außer ~ lassen** ne pas tenir compte de; **nicht außer ~ lassen** ne pas négliger; **sich in ~ nehmen** se tenir sur ses gardes; **sich vor jdm/etw in ~ nehmen** se méfier de qn/qc

achte(r, s) *adj* ① huitième; **jeder ~ Franzose** un Français sur huit ② (*bei Datumsangaben*) **der ~ März** le huit mars; **am ~n März** le huit mars; **am Freitag, den ~n März** le vendredi huit mars; **Bonn, den ~n März** Bonn, le huit mars

Achte(r) *f(m) dekl wie adj* ① **als ~r/~** en huitième position; **jeder ~** une personne sur huit ② (*bei Datumsangabe*) **der ~/am ~n** le huit ③ (*als Namenszusatz*) **Karl der ~** Charles VIII

Achteck *nt* octogone *m*

achteckig *adj* octogonal(e)

achteinhalb *num* **~ Meter** huit mètres et demi

achtel *adj* **ein ~ Gramm** un huitième de gramme

Achtel <-s, -> *nt* ① *a.* MATH huitième *m* ② (*~liter*) ballon *m* ③ (*achtel Pfund*) **ein ~ Butter** une demi-plaquette de beurre

Achtelfinale *nt* huitième *m* de finale **Achtelnote** *f* croche *f*

achten **I.** *vt* ① (*wertschätzen*) estimer ② (*Gesetze*) respecter **II.** *vi* ① (*aufpassen*) **auf jdn/etw ~** surveiller qn/qc ② (*be~*) **auf jdn/etw ~** faire attention à qn/qc ③ (*sehen auf*) **darauf ~ etw zu tun** veiller à faire qc

achtens *adv* huitièmement

achtenswert *adj* (*Person*) respectable; (*Leistung*) méritoire

Achterbahn *f* grand huit *m*

achterlei *adj inv* **~ Sorten Brot** huit sortes de pain; **in ~ Größen** en huit tailles

achtfach **I.** *adj* octuple; **eine ~e Vergrößerung** un agrandissement huit fois plus grand; **die ~e Menge nehmen** prendre huit fois cette quantité; **in ~er Ausfertigung** en huit exemplaires **II.** *adv* (*falten*) huit fois; (*ausfertigen*) en huit exemplaires

Achtfache(s) *nt dekl wie adj* octuple *m;* **da[s] ~ verdienen** gagner huit fois plus; **um da[s] ~** de huit fois; **um das ~ höher** huit fo[is] plus élevé

achthundert ['axt'hʊndɐt] *num* huit cents

achtlos **I.** *adj* inattentif(-ive); **~ sein** ne pa[s] faire attention **II.** *adv* sans faire attention

Achtlosigkeit <-> *f* inattention *f*

achtmal *adv* huit fois; **~ so viel** huit fo[is] plus; **~ so viele ...** huit fois plus de ...

achtsam **I.** *adj geh* précautionneux(-eus[e]) **II.** *adv geh* soigneusement

Achtstundentag [axt'ʃtʊndəntaːk] *m* jou[r]née *f* de huit heures **achtstündig** *adj* a[t] de huit heures **achttausend** *num* hu[it] mille **Achtundsechziger(in)** <-s, -> *m* soixante-huitard(e) *m(f)* (*fam*)

Achtung ['axtʊŋ] <-> *f* ① (*Wertschätzun[g]*) respect *m;* **sich** (*dat*) **~ bei jdm verscha[f]fen** imposer le respect à qn ② (*Vorsicht*) [~] attention!; **~, fertig, los!** attention! prêt[s] partez! ▸**alle ~!** chapeau bas!

achtzehn *num* dix-huit; *s. a.* **acht**[1] **ach[t]zehnte(r, s)** *adj* dix-huitième; *s. a.* **ac[h]te(r, s)** **achtzeilig** *adj* (*Gedicht*) de hu[it] vers; (*Text*) de huit lignes

achtzig ['axtsɪç] *num* quatre-vingts, huitan[te] (CH), octante (BELG); **~ [Jahre alt] se[in]** avoir quatre-vingts ans; **mit ~ [Jahren]** quatre-vingts ans; **mit ~ Stundenki[lo]metern** à quatre-vingts kilomètres à l'heu[re] ▸**jdn mit etw auf ~ bringen** *fam* mett[re] qn en pétard avec qc; **auf ~ sein** *fam* êt[re] en pétard

achtziger *adj inv* **die ~ Jahre** les années [~] quatre-vingts; **der ~ Jahrgang** (*Wein*) la c[u]vée quatre-vingts; *fig* (*Menschen*) la prom[o]tion quatre-vingts

achtzigste(r, s) *adj* quatre-vingtième; **j[dm] zum ~n Geburtstag gratulieren** félici[ter] qn pour son quatre-vingtième anniversair[e]

ächzen ['ɛçtsən] *vi* ① **vor Schmerzen/A[n]strengung ~** gémir de douleur/sous l'eff[ort] ② (*knarren*) grincer

Acker ['akɐ, *Pl:* 'ɛkɐ] <-s, Äcker> *m* cha[mp] *m*

Ackerbau *m kein Pl* agriculture *f* **Ackerla[nd]** *nt kein Pl* terre *f* arable

ackern *vi fam* bosser

Acryl [a'kryːl] <-s> *nt* CHEM acrylique *m*

Action ['ækʃən] <-> *f fam* (*Handlung*) act[ion]

f; (*Stimmung*) animation *f*
Actionfilm *m* film *m* d'action
ADAC [aːdeːʔaːˈtseː] <-> *m Abk von* **Allgemeiner Deutscher Automobil-Club** *club automobile allemand*
Adamsapfel *m fam* pomme *f* d'Adam
Adapter [aˈdaptɐ] <-s, -> *m* TECH adaptateur *m*
adäquat [adɛˈkvaːt] *adj* (*Honorar*) convenable; (*Übersetzung*) juste; (*Verhalten*) adéquat(e)
addieren* [aˈdiːrən] *vt* (*Zahlen*) additionner
Addition [adiˈtsi̯oːn] <-, -en> *f* addition *f*
ade [aˈdeː] *interj* au revoir
Adel [ˈaːdəl] <-s> *m* noblesse *f*; **von ~ sein** être noble
adelig *adj s.* **adlig**
adeln *vt* anoblir
Ader [ˈaːdɐ] <-, -n> *f* 1 ANAT veine *f* 2 MIN filon *m* 3 ELEC fil *m* 4 BOT nervure *f* ▶**eine künstlerische ~ haben** avoir un don pour l'art
Adjektiv [ˈatjɛktiːf] <-s, -e> *nt* adjectif *m*
adjektivisch [ˈatjɛktiːvɪʃ] *adj* adjectival(e)
Adler [ˈaːdlɐ] <-s, -> *m* aigle *m*
Adlerauge *nt* œil *m* d'aigle ▶**~n haben** avoir un regard d'aigle
adlig *adj* noble **Adlige(r)** *f(m) dekl wie adj* noble *mf*
administrativ [atminɪstraˈtiːf] *adj* administratif(-ive)
Admiral(in) [atmiˈraːl] <-s, -e> *m(f)* MIL amiral *m*
adoptieren* [adɔpˈtiːrən] *vt* adopter
Adoption [adɔpˈtsi̯oːn] <-, -en> *f* adoption *f*
Adoptiveltern *Pl* parents *mpl* adoptifs
Adoptivkind *nt* [enfant *m*] adopté *m*
Adrenalin [adrenaˈliːn] <-s> *nt* adrénaline *f*
Adressat(in) [adrɛˈsaːt] <-en, -en> *m(f) geh* destinataire *mf*
Adressbuch[RR] *nt* 1 (*amtliches Verzeichnis*) annuaire *m* 2 (*Notizbuch*) carnet *m* d'adresses
Adresse [aˈdrɛsə] <-, -n> *f* 1 *a.* INFORM adresse *f* 2 (*Firma*) **die ersten ~n** les meilleures maisons *fpl* ▶**bei jdm mit etw an der falschen ~ sein** *fam* se tromper d'adresse pour qc en s'adressant à qn
adressieren* [adrɛˈsiːrən] *vt* mettre l'adresse sur; **etw an jdn/etw ~** adresser qc à qn/qc
Advent [atˈvɛnt] <-s, -e> *m* avent *m*

L'**Advent** commence quatre dimanches avant les fêtes de Noël. C'est une période riche en traditions : on fait des *Plätzchen*, les enfants ouvrent chaque jour une petite fenêtre de leur calendrier de l'avent, on fait une couronne de l'avent et on se retrouve entre amis, un verre de vin chaud à la main, au marché de Noël.

Adventskalender *m* calendrier *m* de l'avent
Adventskranz *m* couronne *f* de l'avent

On peut acheter ou faire soi-même une **Adventskranz**. On la décore avec quatre bougies (représentant chacune un dimanche de l'avent), avec des petits noeuds, des petites boules et des figurines. On allume une bougie le premier dimanche, deux bougies le deuxième dimanche, trois bougies le troisième dimanche. Les quatres bougies ne sont allumées que le dernier dimanche de l'avent.

Adverb [atˈvɛrp] <-s, -ien> *nt* adverbe *m*
adverbial [atvɛrˈbi̯aːl] *adj* adverbial(e)
Advokat(in) [atvoˈkaːt] <-en, -en> *m(f)* A, CH avocat(e) *m(f)*
Aerobic [ɛˈroːbɪk] <-s> *nt* aérobic *f*
Aerodynamik [aerodyˈnaːmɪk] *f* 1 PHYS aérodynamique *f* 2 AUT aérodynamisme *m*
Affäre [aˈfɛːrə] <-, -n> *f* 1 (*Angelegenheit*) affaire *f* 2 (*Liebesabenteuer*) aventure *f* ▶**sich mit etw aus der ~ ziehen** *fam* se dépatouiller en faisant qc
Affe [ˈafə] <-n, -n> *m* 1 singe *m* 2 *fam* (*unangenehmer Mensch*) conard *m*
Affekt [aˈfɛkt] <-[e]s, -e> *m* JUR [im]pulsion *f*; **etw im ~ tun** faire qc sous le coup d'une émotion
affektiert [afɛkˈtiːɐt] *pej* **I.** *adj* (*Person*) maniéré(e); (*Benehmen, Stil*) affecté(e) **II.** *adv* avec affectation
affenartig *adj* simiesque
Affenhitze *f fam* chaleur *f* à crever
Affiche [ˈafiʃ] <-, -n> *f* CH affiche *f*
affig *pej fam* **I.** *adj* (*Benehmen*) chichiteux(-euse) **II.** *adv* **sich ~ anstellen** faire des simagrées
Afghane [afˈgaːnə] <-n, -n> *m*, **Afghanin** *f* Afghan(e) *m(f)*
afghanisch [afˈgaːnɪʃ] **I.** *adj* afghan(e)

II. *adv* ~ **miteinander sprechen** discuter en afghan

Afghanisch [af'ga:nɪʃ] <-[s]> *nt kein art* afghan *m; s. a.* **Deutsch**

Afghanistan [af'ga:nɪsta:n] <-s> *nt* l'Afghanistan *m*

Afrika ['a:frika] <-s> *nt* l'Afrique *f*

Afrikaner(in) [afri'ka:nɐ] <-s, -> *m(f)* Africain(e) *m(f)*

afrikanisch *adj* africain(e)

After ['aftɐ] <-s, -> *m* anus *m*

Aftershave[RR] [a:ftɐ'ʃeɪv] <-[s], -s>, **Aftershave**[ALT] *nt* après-rasage *m*

AG [a:'ge:] <-, -s> *f Abk von* **Aktiengesellschaft** S.A. *f*

Ägäis [ɛ'gɛ:ɪs] <-> *f* **die** ~ la mer Égée

Agent(in) [a'gɛnt] <-en, -en> *m(f)* agent *m*

Agentur [agɛn'tu:ɐ̯] <-, -en> *f* COM, MEDIA agence *f*

Aggregat [agre'ga:t] <-[e]s, -e> *nt* TECH organe *m;* (*Stromaggregat*) groupe *m* électrogène

Aggression [agrɛ'si̯o:n] <-, -en> *f* ❶ PSYCH agressivité *f pas de pl* ❷ MIL agression *f*

aggressiv [agrɛ'si:f] *adj* ❶ agressif(-ive) ❷ CHEM corrosif(-ive)

Aggressivität [agrɛsivi'tɛ:t] <-, -en> *f* agressivité *f*

Agitator [agi'ta:to:ɐ̯] <-s, -toren> *m,* **Agitatorin** *f* agitateur(-trice) *m(f)*

Agrarerzeugnis *nt* produit *m* agricole **Agrarreform** *f* réforme *f* agraire **Agrarwissenschaft** *f* agronomie *f*

Ägypten [ɛ'gʏptən] <-s> *nt* l'Égypte *f*

Ägypter(in) <-s, -> *m(f)* Égyptien(ne) *m(f)*

ägyptisch *adj* égyptien(ne)

Ägyptisch *nt* l'égyptien *m*

ah [a:] *interj* ah

äh [ɛ:] *interj* (*Pausenfüller*) euh

aha [a'ha(:)] *interj* ❶ (*ach so*) ha [ha] ❷ (*sieh da*) tiens [tiens]

Aha-Erlebnis *nt* déclic *m*

Ahn [a:n] <-[e]s, -en> *m geh* ancêtre *m;* **unsere ~en** nos aïeux *mpl*

ahnden ['a:ndən] *vt form* (*Verstoß*) sanctionner; (*Verbrechen*) punir

ähneln ['ɛ:nəln] **I.** *vi* ressembler; **jdm/einer S.** ~ ressembler à qn/qc **II.** *vr* **sich** (*dat*) ~ *geh* se ressembler

ahnen ['a:nən] *vt* (*Ereignis*) se douter de; (*Gefahr*) pressentir; **nichts ~d** pris au dépourvu; (*handeln*) sans se douter de rien; **das konnte ich doch nicht ~!** je ne pouvais pas le deviner!

ähnlich ['ɛ:nlɪç] **I.** *adj* semblable; **jdm ~ sehen** ressembler à qn **II.** *adv* de la même façon **▶das sieht ihm/ihr [ganz] ~!** *fam* c'est bien de lui/d'elle! **III.** *präp + dat* comme

Ähnlichkeit <-, -en> *f* (*Aussehen*) ressemblance *f*

Ahnung <-, -en> *f* ❶ (*Vorgefühl*) pressentiment *m* ❷ (*Vermutung*) présomption *f;* **er hatte keine ~, dass** il ne s'est pas douté que *+ subj;* **keine ~!** *fam* aucune idée! ❸ *fam* (*Wissen*) **~/keine ~ von EDV haben** s'y connaître/ne rien y connaître en informatique

ahnungslos I. *adj* ❶ (*arglos*) inconscient(e) [du danger]; ~ **sein** ne se douter de rien ❷ (*unwissend*) ~ **sein** être ignorant **II.** *adv* (*arglos*) sans se douter de rien

ahoi [a'hɔy] *interj* ohé

Ahorn ['a:hɔrn] <-s, -e> *m* érable *m*

Ähre ['ɛ:rə] <-, -n> *f* (*Blütenstand*) épi *m*

Aids [ɜɪds] <-> *nt* sida *m*

Aidshilfe *f* association *f* antisida **aidsinfiziert** *adj* séropositif(-ive) **aidskrank** *adj* malade du sida **Aidskranke(r)** *f(m)* *dekl wie adj* sidéen(ne) *m(f)* **Aidstest** *m* test *m* de dépistage du sida **Aidsvirus** *nt* virus *m* du sida

Airbag ['ɛ:ɐbɛk] <-s, -s> *m* airbag® *m*

Airbus ['ɛ:ɐ̯bʊs] *m* airbus® *m*

Akademie [akade'mi:] <-, -en> *f* ≈ institut *m* universitaire de technologie; (*Kunstakademie*) école *f* des beaux-arts

Akademiker(in) [aka'de:mikɐ] <-s, -> *m(f)* diplômé(e) *m(f)* de l'enseignement supérieur

akademisch *adj* universitaire

akklimatisieren* [aklimati'zi:rən] *vr* **sich** ~ s'acclimater

Akkord [a'kɔrt] <-[e]s, -e> *m* ❶ MUS accord *m* ❷ IND **im ~ arbeiten** travailler aux pièces

Akkordarbeit *f* travail *m* à la tâche

Akkordeon [a'kɔrdeɔn] <-s, -s> *nt* accordéon *m*

Akku ['aku] <-s, -s> *m fam* accu *m*

Akkusativ ['akuzati:f] <-s, -e> *m* accusatif *m*

Akkusativobjekt *nt* complément *m* à l'accusatif

Akne ['a:knə] <-, -n> *f* acné *f*

akribisch [a'kriːbɪʃ] *adj geh* méticuleux(-euse)
Akrobat(in) [akro'baːt] <-en, -en> *m(f)* acrobate *mf*
akrobatisch *adj* acrobatique
Akt¹ [akt] <-[e]s, -e> *m* ❶ KUNST nu *m* ❷ *(Handlung) a.* THEAT acte *m* ❸ *form (Geschlechtsakt)* acte *m* sexuel
Akt² <-[e]s, -en> *m A s.* **Akte**
Akte ['aktə] <-, -n> *f* dossier *m* ►**etw zu den ~n legen** *(ablegen)* classer qc; *(als erledigt betrachten)* classer qc [définitivement]
Aktenkoffer *m* mallette *f* **aktenkundig** *adj* **~ sein** *(Vorfall)* être consigné **Aktenordner** *m* classeur *m* **Aktenschrank** *m* classeur *m* **Aktentasche** *f* serviette *f*
Aktie ['aktsi̯ə] <-, -n> *f* action *f*
Aktiengesellschaft *f* société anonyme *f*
Aktienkurs *m* cours *m*
Aktion [ak'tsioːn] <-, -en> *f* ❶ *a.* MIL action *f;* **in ~ treten** *(Person)* passer à l'action; *(Plan, Vorschrift)* entrer en vigueur ❷ *(Verkaufsmaßnahme)* promotion *f*
Aktionär(in) [aktsi̯o'nɛːɐ̯] <-s, -e> *m(f)* actionnaire *mf*
aktiv [ak'tiːf] *adj* ❶ *(rührig)* actif(-ive) ❷ *(berufstätig)* en activité
aktivieren* [akti'viːrən] *vt* ❶ *(mobilisieren)* stimuler ❷ MED activer ❸ *(auslösen)* déclencher
Aktivität [aktvi'tɛːt] <-, -en> *f* activité *f*
Aktmalerei *f* peinture *f* de nus
aktualisieren* *vt* ❶ [ré]actualiser ❷ INFORM mettre à jour
Aktualität [aktu̯ali'tɛːt] <-, -en> *f* actualité *f*
Aktuar(in) [aktu̯'aːɐ̯] <-s, -e> *m(f)* CH secrétaire *mf*
aktuell [ak'tu̯ɛl] *adj* actuel(le); *(Buch)* d'actualité
Akupunktur [akupʊŋk'tuːɐ̯] <-, -en> *f* acupuncture *f*
Akustik [a'kʊstɪk] <-> *f* acoustique *f*
akustisch I. *adj* acoustique; *(Frage)* d'acoustique **II.** *adv (schlecht)* du point de vue de l'acoustique
akut [a'kuːt] *adj* ❶ MED aigu(ë) ❷ *(Problem)* urgent(e); *(Mangel)* aigu(ë)
AKW [aːkaː'veː] <-s, -s> *nt Abk von* **Atomkraftwerk** centrale *f* nucléaire
Akzent [ak'tsɛnt] <-[e]s, -e> *m* accent *m*
akzentfrei *adj, adv* sans accent
akzeptabel [aktsɛp'taːbəl] *adj* acceptable
Akzeptanz [aktsɛp'tants] <-> *f* **~ einer S.** *(gen)* admission *f* de qc; **die ~ dieses Produkts** l'acceptation de ce produit
akzeptieren* [aktsɛp'tiːrən] *vt, vi* accepter
Alarm [a'larm] <-[e]s, -e> *m* ❶ *(Warnsignal)* alarme *f* ❷ MIL alerte *f* ►**~ schlagen** donner l'alarme; *(warnen)* tirer la sonnette d'alarme
Alarmanlage *f* système *m* d'alarme
alarmieren* [alar'miːrən] *vt* ❶ *(Feuerwehr)* alerter ❷ *(beunruhigen)* **jdn ~** alarmer qn
alarmierend *adj* alarmant(e)
Alarmsignal *nt* signal *m* d'alarme
Alaska [a'laska] <-s> *nt* l'Alaska *m*
Alb <-> *f* **die Schwäbische ~** le Jura souabe
Albaner(in) [al'baːnɐ] <-s, -> *m(f)* Albanais(e) *m(f)*
Albanien [al'baːniən] <-s> *nt* l'Albanie *f*
albanisch I. *adj* albanais(e) **II.** *adv* **~ miteinander sprechen** discuter en albanais
Albanisch <-[s]> *nt kein art* albanais *m; s. a.* **Deutsch**
Alben *Pl von* **Album**
albern¹ ['albɐn] **I.** *adj* un peu niais(e) **II.** *adv (sich benehmen)* de façon puérile
albern² *vi* bêtifier
Albino [al'biːno] <-s, -s> *m* albinos *mf*
AlbtraumRR *s.* **Alptraum**
Album ['albʊm, *Pl:* 'albən] <-s, Alben> *nt* album *m*
Alchimie [alçi'miː] <-> *f* alchimie *f*
Alge ['algə] <-, -n> *f* algue *f*
Algebra ['algebra] <-> *f* algèbre *f*
Algerien [al'geːriən] <-s> *nt* l'Algérie *f*
Algerier(in) <-s, -> *m(f)* Algérien(ne) *m(f)*
algerisch *adj* algérien(ne)
Alibi ['aːlibi] <-s, -s> *nt* alibi *m*
Alimente [ali'mɛntə] *Pl* pension *f* alimentaire
Alkohol ['alkohoːl] <-s, -e> *m* alcool *m*
alkoholabhängig *adj* alcoolique **Alkoholeinfluss**RR *m form* effet *m* de l'alcool **alkoholfrei** *adj* sans alcool **Alkoholgehalt** *m (eines Getränks)* teneur *f* en alcool; *(des Bluts)* alcoolémie *f* **alkoholhaltig** *adj* alcoolisé(e)
Alkoholiker(in) [alko'hoːlikɐ] <-s, -> *m(f)* alcoolique *mf*
alkoholisch *adj* ❶ *(Getränk)* alcoolisé(e) ❷ CHEM à base d'alcool
AlkoholmissbrauchRR *m* abus *m* d'alcool **Alkoholtest** *m* alcootest® *m*

Alkoholvergiftung *f* intoxication *f* par l'alcool

all [al] *pron indef* ~ **die Arbeit** tout le travail

All [al] <-s> *nt* cosmos *m*

alle ['alə] *adj fam* **die Seife ist ~** il n'y a plus de savon

alle(r, s) ['alə, -lɐ, -ləs] *pron indef* 1 *attr* (*der/die/das gesamte ...*) **ich wünsche dir ~s Gute** je te souhaite bien des choses; **das ~s** tout ça 2 (*die gesamten ...*) **~ beide** tous/toutes les deux 3 (*~ Leute*) **bitte ~s aussteigen!** tout le monde descend! 4 *fam* (*im Einzelnen und insgesamt*) **wer war ~s da?** qui donc était là? 5 (*regelmäßig jeder/jede ...*) **~ zwei Stunden** toutes les deux heures ▶**hast du sie noch ~?** *fam* tu es sonné?; **~s in ~m** (*zusammengerechnet*) en tout; (*insgesamt betrachtet*) tout compte fait

Allee [a'le:] <-, -n> *f* allée *f*

allein I. *adj* 1 **~ sein** être seul; **etw ~ entscheiden** décider qc en son nom propre; **~ stehend** (*ledig*) célibataire; **~ erziehend sein** être parent unique 2 (*isoliert, ohne Hilfe*) [tout(e)] seul(e) II. *adv* 1 (*bereits*) rien que 2 (*ausschließlich*) uniquement 3 (*selbständig*) **etw von ~ tun** faire qc de soi-même; **das läuft von ~** ça roule tout seul

alleine *s.* **allein**

Alleinerbe *m*, **-erbin** *f* unique héritier(-ière) *m(f)* **alleinerziehend** *s.* **allein I.1. Alleinerziehende(r)** *f(m) dekl wie adj* parent *m* unique **Alleingang** <-gänge> *m* initiative *f* individuelle; SPORT action *f* isolée; **etw im ~ tun** faire qc en solitaire **Alleinherrschaft** *f* (*einer Person*) autocratie *f*

alleinige(r, s) *adj* **der ~e Erbe** l'unique héritier; **die ~e Vertretung einer S.** (*gen*) **haben** être le représentant exclusif/la représentante exclusive de qc

Alleinsein *nt* solitude *f* **alleinstehend** *s.* **allein I.1. Alleinunterhalter(in)** *m(f) a. fig* artiste *mf*

allemal *adv fam* 1 (*ohne Schwierigkeit*) à tous les coups; **~!** sans problème! 2 (*in jedem Falle*) de toute façon

allenfalls *adv* 1 (*höchstens*) tout au plus 2 (*bestenfalls*) au mieux

allerbeste(r, s) *adj* **der/die/das ~ ...** le meilleur/la meilleure ... **allerdings** *adv* (*jedoch*) toutefois; (*in der Tat*) en effet; (*gewiss*) **~!** et comment! **allerfrühestens** *ad*[v] au plus tôt

Allergie [alɛr'gi:] <-, -n> *f* allergie *f*; **eine ~ gegen etw haben** avoir une allergie à qc

Allergietest *m* test *m* d'allergie

Allergiker(in) <-s, -> *m(f)* personne *f* allergique

allergisch *adj* allergique; **gegen jdn/etw ~ sein** être allergique à qn/qc

allerhand *adj inv fam* (*erzählen*) pas mal d[e] choses; (*transportieren*) un paquet; **~ Süßigkeiten** un tas de sucreries ▶**das ist [ja] ~!** (*das ist unverschämt*) c'est un peu fort[!] (*das ist erstaunlich*) eh ben dis donc!

Allerheiligen <-> *nt* la Toussaint

allerlei *adj inv* **~ Spielzeug** toutes sortes d[e] jouets; **~ erzählen** raconter toutes sorte[s] de choses

allerletzte(r, s) *adj* 1 (*letzte, neueste*) **der/die/das ~ ...** le tout dernier/la toute de[r]nière ... 2 *fam* (*geschmacklos*) **das/er i[st] das Allerletzte!** c'est/il est pire que tou[t]

allerneu[e]ste(r, s) *adj* **auf dem ~n Stan[d] sein** être absolument à jour

Allerseelen ['alɐ'ze:lən] <-> *nt* [**an**] ~ [l]e jour des Morts

allerseits ['alɐ'zaits] *adv* **guten Morgen ~** bonjour tout le monde!

allesamt ['alə'zamt] *adv fam* tous/toutes

Allesfresser ['alləsfrɛsɐ] <-s, -> *m* omnivo[re] *m* **Alleskleber** *m* colle *f* universelle

allgegenwärtig ['alge:gənvɛrtɪç] *adj* g[eh] omniprésent(e)

allgemein ['algə'main] I. *adj* 1 général(e) **im Allgemeinen** en général 2 (*Wahlrech[t]*) universel(le); (*Wehrpflicht*) obligatoire II. *a[dv]* 1 (*formulieren*) de façon générale; **~ bilde[nd]** (*Schule*) d'enseignement général 2 (*gült[ig]*) généralement; (*verbreitet*) communément; **~ gültige Aussage** déclaration *f* universelle; **[es] ist ~ bekannt, dass ...** tout le monde s[ait] que ... 3 (*für alle*) **~ zugänglich** (*Informat[io]nen*) accessible au public; **~ verständlich** [ac]cessible à tous; (*darstellen, sich ausdrücke[n]*) de manière intelligible **allgemeinbildend** **allgemein II.1. Allgemeinbildung** *f kein* culture *f* générale **allgemeingültig** *s.* **a[ll]gemein II.2.**

Allgemeinheit <-> *f kein Pl* (*Öffentlichke[it]*) collectivité *f*; **der ~** (*dat*) **zugänglich** (*E[in]richtung*) ouvert au public; (*Daten*) acc[es]sible au public

A

Allgemeinmedizin *f* médecine *f* générale
allgemeinverständlich *s.* **allgemein II.3.**
Allgemeinwohl *nt* intérêt *m* général
Allheilmittel [al'hailmɪtəl] *nt* panacée *f*
Alligator [ali'ga:to:ɐ̯] <-s, -toren> *m* alligator *m*
alliiert *adj* allié(e)
Alliierte(r) *f(m)* *dekl wie adj* **die ~n** HIST les Alliés *mpl*
alljährlich ['al'jɛ:ɐ̯lɪç] **I.** *adj attr* annuel(le) **II.** *adv* tous les ans
Allmacht *f kein Pl* toute-puissance *f*
allmächtig [al'mɛçtɪç] *adj* tout(e)-puissant(e)
allmählich [al'mɛ:lɪç] **I.** *adj attr* progressif(-ive) **II.** *adv* **es wird ~ Zeit, dass** il sera bientôt temps que + *subj*
Allradantrieb ['alra:tʔantri:p] *m* quatre roues *fpl* motrices
allseits *adv* partout; (*bekannt*) de tous; (*informiert*) sur tout
Alltag ['alta:k] *m* ❶ quotidien *m* ❷ (*Werktag*) jour *m* ouvrable
alltäglich [al'tɛ:klɪç] *adj* ❶ *attr* quotidien(ne) ❷ (*gewöhnlich*) ordinaire; **~ sein** (*Situation*) être habituel
Alltagskleidung *f* tenue *f* de tous les jours
allzu ['altsu:] *adv* bien trop; **~ früh/lang[e]** bien trop tôt/long(longue); **~ sehr** que trop; **~ viel** trop (*fam*); **etw ~ gern tun** adorer faire qc; **etw nicht ~ gern mögen** ne pas raffoler de qc
allzufrüh^ALT *s.* **allzu** **allzugern**^ALT *s.* **allzu** **allzulang[e]**^ALT *s.* **allzu** **allzusehr**^ALT *s.* **allzu** **allzuviel**^ALT *s.* **allzu**
Alm [alm] <-, -en> *f* alpage *m*
Almosen ['almo:zən] <-s, -> *nt* aumône *f*; (*geringer Betrag*) misère *f*
Alpen ['alpən] *Pl* **die ~** les Alpes *fpl*
Alpenveilchen *nt* cyclamen *m* **Alpenvorland** *nt* **das ~** les Préalpes *fpl*
Alphabet [alfa'be:t] <-[e]s, -e> *nt* alphabet *m*
alphabetisch **I.** *adj* alphabétique **II.** *adv* par ordre alphabétique
alphabetisieren* *vt* (*unterrichten*) alphabétiser
alphanumerisch [alfanu'me:rɪʃ] *adj* alphanumérique
alpin [al'pi:n] *adj* alpin(e)
Alpinist(in) [alpi'nɪst] <-en, -en> *m(f)* alpiniste *mf*
Alptraum ['alptraum, *Pl:* 'alptrɔymə] *m* cauchemar *m*
als [als] *konj* ❶ (*zeitlich*) quand; (*zu der Zeit, da*) alors que; **damals, ~ ...** à l'époque où ...; **gerade, ~ ...** au moment précis où ... ❷ (*vergleichend*) **größer ~ ...** plus grand(e) que ... ❸ (*gleichsam*) **er sah aus, ~ ob er schliefe** il avait l'air de dormir; **es sieht aus, ~ würde es bald schneien** on dirait qu'il va bientôt neiger ❹ (*ausschließend*) **es ist zu spät, ~ dass** il est trop tard pour que + *subj* ❺ (*zur Bezeichnung einer Eigenschaft*) **~ Lehrer** en tant que professeur; **schon ~ Kind hatte er ...** déjà enfant, il avait ...; **noch ~ alte Frau ...** devenue une vieille femme, ...; **~ Beweis** comme preuve
also ['alzo] **I.** *adv* ❶ (*tatsächlich*) donc; **das ist ~ dein letztes Wort?** bon alors, c'est ton dernier mot? ❷ (*nun ja*) eh bien; **~ wie ich schon sagte** bon, comme je l'ai déjà dit **II.** *interj* [ainsi] donc; **~ so was!** non mais ça alors!; **na ~!** ah quand même!; **~ gut** bon d'accord
Alsterwasser ['alstɐvasɐ] *nt* panaché *m*
alt [alt] <älter, älteste> *adj* ❶ **zwanzig Jahre ~ sein** avoir vingt ans; **wie ~ bist du?** quel âge as-tu?; **mein älterer Bruder** mon frère aîné ❷ (*betagt*) vieux(vieille); **ein ~er Mann** un vieil homme; **~ werden** vieillir ❸ (*Gegenstand*) vieux(vieille) *antéposé*; **~es Brot** du pain rassis ❹ *attr* (*ehemalig*) **mein ~er Kollege** mon ancien collègue ❺ *attr* (*unverändert*) **der/die Alte sein** être le/la même; **alles bleibt beim Alten** les choses ne changent pas ►**Alt und Jung** jeunes et vieux; **~ aussehen** *fam* avoir bonne mine; **hier werde ich nicht ~** *fam* je ne vais pas m'encroûter ici
Alt [alt] <-s, -e> *m* MUS [contr]alto *m*
Altar [al'ta:ɐ, *Pl:* al'tɛ:rə] <-s, Altäre> *m* autel *m*
altbacken ['altbakən] *adj* ❶ (*Brot*) rassis(rassie) ❷ (*Person*) vieux jeu *inv*; (*Ansichten*) dépassé(e) **Altbau** <-bauten> *m* (*Gebäude*) construction *f* ancienne **Altbauwohnung** *f* logement *m* ancien **altbewährt** *adj* (*Verbindung*) de longue date; (*Tradition*) bien établi(e); (*Mittel*) qui a fait ses preuves **Altbier** *nt: bière maltée à haute fermentation* **altdeutsch** *adj* rustique
Alte(r) *f(m)* *dekl wie adj* ❶ *fam* vieux *m/*

vieille *f* ❷ *pej fam* (*Ehemann/-frau*) bonhomme *m*/bonne femme *f*; (*Vater/Mutter*) vieux *m*/vieille *f*

Altenheim *s.* **Altersheim** **Altenpflege** *f* assistance *f* aux personnes âgées **Altenpfleger(in)** *m(f)* infirmier(-ière) *m(f)* en gériatrie

Alter ['altɐ] <-s, -> *nt* ❶ (*Lebensalter*) âge *m*; **im ~ von fünfzig Jahren** à l'âge de cinquante ans; **ein Mann mittleren ~s** un homme entre deux âges; **sie ist in meinem ~** elle a mon âge ❷ (*Bejahrtheit*) vieillesse *f*; **im ~** devenu(e) vieux(vieille)

älter *adj* ❶ *Komp von* **alt** ❷ (*Person*) âgé(e)

altern *vi + sein* vieillir

alternativ [altɛrna'ti:f] **I.** *adj* alternatif(-ive) **II.** *adv* (*leben*) de façon alternative

Alternative [altɛrna'ti:və] <-, -n> *f* alternative *f*

Alternative(r) *f(m) dekl wie adj* (*Umweltschützer*) écolo *mf* (*fam*); POL alternatif (-ive) *m(f)*

altersbedingt *adj* dû(due) à l'âge; **~ sein** être lié à l'âge **Alterserscheinung** *f* signe *m* de vieillesse **Altersgrenze** *f* ❶ âge *m* limite ❷ (*für die Rente*) âge *m* de la retraite **Altersgruppe** *f* tranche *f* d'âge **Altersheim** *nt* maison *f* de retraite **Altersruhegeld** *nt form* [pension *f* de] retraite *f* **altersschwach** *adj* ❶ (*Person, Tier*) diminué(e) [par l'âge] ❷ *fam* (*Auto, Gerät*) foutu(e); (*Möbel*) bien malade **Altersschwäche** *f kein Pl* décrépitude *f* **Altersstufe** *f* (*Altersgruppe*) tranche *f* d'âge **Altersunterschied** *m* différence *f* d'âge **Altersversicherung** *f* assurance *f* vieillesse **Altersversorgung** *f* (*Rente*) prestations *fpl* vieillesse; (*Vorsorge*) retraite *f* complémentaire

Altertum ['altɐtu:m] <-s> *nt* Antiquité *f*

altertümlich ['altɐty:mlɪç] *adj* passé(e) de mode; (*Brauchtum*) [très] ancien(ne); (*Begriff*) archaïque

älteste(r, s) *Superl von* **alt**

Älteste(r) *f(m) dekl wie adj* plus âgé(e) *m(f)*; (*bei Geschwistern*) aîné(e) *m(f)*; (*in einer Gruppe*) doyen(ne) *m(f)* [d'âge]

Altglas *nt* verre *m* usagé **Altglascontainer** *m* container *m* à verre **altgriechisch** *adj* (*Literatur, Text*) en grec ancien; (*Grammatik*) du grec ancien **althochdeutsch** ['altho:xdɔytʃ] *adj* (*Literatur, Text*) en ancien haut allemand **Altkleidersammlung** *f* collecte *f* de vieux vêtements

altklug *adj* (*Kind*) précoce; (*Bemerkung*) d'une maturité précoce

Altlast *f meist Pl* ÖKOL déchet *m* toxique

Altmetall *nt* vieux métaux *mpl* **altmodisch** *adj* (*Kleidung*) démodé(e); (*Einrichtung*) vieillot(te); (*Ansicht*) dépassé(e) **Altöl** *nt* huile *f* usagée **Altpapier** *nt* vieux papiers *mpl* **Altpapiercontainer** *m* container *m* pour les vieux papiers **Altpapiersammlung** *f* collecte *f* de vieux papiers **Altstadt** *f* vieille ville *f* **Altstimme** *f* voix *f* d'alto

Alt-Taste *f* INFORM touche *f* Option

Altweibersommer [alt'vaibɐzɔmɐ] *m* (*Nachsommer*) été *m* indien

Alufolie *f fam* papier *m* [d']alu

Aluminium [alu'mi:ni̯ʊm] <-s> *nt* aluminium *m*

Aluminiumfolie *f* feuille *f* d'aluminium (*Haushaltsfolie*) papier *m* d'aluminium

Alzheimer ['altshaimɐ] <-s> *m* MED *fam* maladie *f* d'Alzheimer

am = **an dem** ❶ (*zur Bildung des Superlativs*) **~ schnellsten rennen** courir le plus vite; **das ist ~ besten** c'est ce qu'il y a de mieux ❷ *fam* (*beim*) **~ Arbeiten sein** être en train de travailler; *s. a.* **an**

Amalgam [amal'ga:m] <-s, -e> *nt* amalgame *m*

Amateur(in) [ama'tø:ɐ] <-s, -e> *m(f)* amateur(-trice) *m(f)*

ambivalent [ambiva'lɛnt] *adj geh* ambivalent(e); (*Gefühle, Beziehung*) ambigu(ë)

Amboss[RR] ['ambɔs] <-es, -e>, **Amboß**[ALT] <-sses, -sse> *m* enclume *f*

ambulant [ambu'lant] **I.** *adj* ambulatoire (*Patient*) en consultation externe; (*Kosten*) sans hospitalisation **II.** *adv* (*behandeln*) en ambulatoire

Ameise ['a:maizə] <-, -n> *f* fourmi *f*

Ameisenbär *m* fourmilier *m* **Ameisenhaufen** *m* fourmilière *f*

amen ['a:mɛn] *interj* amen

Amerika [a'me:rika] <-s> *nt* l'Amérique *f*

Amerikaner [ameri'ka:nɐ] <-s, -> *m* ❶ Américain *m* ❷ GASTR ≈ palet *m* glacé

Amerikanerin <-, -nen> *f* Américaine *f*

amerikanisch *adj* américain(e)

Amethyst [ame'tʏst] <-s, -e> *m* améthyste

Aminosäure [a'mi:nozɔyrə] *f* CHEM acide aminé

Ammann ['aman] <-männer> *m* CH ❶ (*Landammann*) président *m* du canton

(*Gemeindeammann*) maire *m* ❷ JUR (*Vollstreckungsbeamter*) huissier *m*

Amme ['amə] <-, -n> *f* nourrice *f*

Ammoniak [amo'ni̯ak] <-s> *nt* CHEM ammoniac *m*

Amnestie [amnɛs'tiː] <-, -n> *f* amnistie *f*

amnestieren* [amnɛs'tiːrən] *vt* amnistier

Amöbe [a'møːbə] <-, -n> *f* BIO amibe *f*

Amok ['aːmɔk] <-s> *m* ~ **laufen** être pris de folie furieuse

amoralisch ['amoraːlɪʃ] *adj* amoral(e)

amortisieren* [amɔrti'ziːrən] **I.** *vt* amortir **II.** *vr* **sich** ~ être amorti

Ampel ['ampəl] <-, -n> *f* feu *m*

Ampere [am'peːɐ] <-[s], -> *nt* PHYS ampère *m*

Amphibie [am'fiːbiə] <-, -n> *f* ZOOL amphibien *m*

Amphitheater *nt* amphithéâtre *m*

Ampulle [am'pʊlə] <-, -n> *f* ampoule *f*

Amputation [amputa'tsi̯oːn] <-, -en> *f* amputation *f*

amputieren* [ampu'tiːrən] **I.** *vt* **jdm etw** ~ amputer qc à qn **II.** *vi* amputer

Amsel ['amzəl] <-, -n> *f* merle *m*

Amt [amt, *Pl:* 'ɛmtɐ] <-[e]s, Ämter> *nt* ❶ (*Behörde*) administration *f*; **das Auswärtige** ~ *le ministère des Affaires étrangères allemand* ❷ (*Abteilung einer Behörde*) service *m* [administratif] ❸ (*Stellung*) fonction *f*; [**noch**] **im** ~ **sein** être [encore] en fonction; **kraft meines ~es** en vertu des pouvoirs qui me sont conférés; **von ~s wegen** à titre officiel ❹ (*offizielle Aufgabe*) charge *f* ►**seines ~es walten** *geh* remplir son office

amtieren* [am'tiːrən] *vi* être en fonction; **~d** en fonction

amtlich *adj* (*Dokument*) officiel(le)

Amtsantritt *m* entrée *f* en fonctions **Amtseid** *m* serment *m* professionnel **Amtsenthebung** *f*, **Amtsentsetzung** <-, -en> *f* A, CH destitution *f* **Amtsgeheimnis** *nt* ❶ *kein Pl* (*Schweigepflicht*) devoir *m* de réserve ❷ (*vertrauliche Mitteilung*) secret *m* professionnel **Amtsgericht** *nt* tribunal *m* d'instance **Amtsmissbrauch**[RR] *m* abus *m* de pouvoir **Amtsrichter(in)** *m(f)* juge *m* d'instance **Amtsweg** *m* voie *f* hiérarchique **Amtszeit** *f* mandat *m*

amüsant [amy'zant] **I.** *adj* (*lustig*) amusant(e); (*unterhaltsam*) divertissant(e) **II.** *adv* de façon divertissante

amüsieren* [amy'ziːrən] **I.** *vr* **sich mit jdm** ~ s'amuser avec qn; **sich über jdn/etw** ~ trouver qn/qc amusant(e) **II.** *vt* amuser

Amüsierviertel *nt* quartier *m* chaud

an [an] **I.** *präp* + *dat* ❶ (*direkt bei*) ~ **der Tür** près de la porte; ~ **der Wand** contre le mur; **am Fluss** sur le fleuve; **Frankfurt am Main** Francfort-sur-le-Main; ~ **dieser Stelle** à cet endroit; **Tür ~ Tür** porte à porte; **Haus ~ Haus wohnen** habiter l'un à côté de l'autre; **am Tisch sitzen** être [assis] à la table; **am Computer arbeiten** travailler sur ordinateur ❷ (*in Berührung mit*) ~ **der Wand stehen** (*Person*) être adossé au mur; (*Gegenstand*) être contre le mur; **jdn ~ der Hand nehmen** prendre qn par la main ❸ (*auf, in*) ~ **der Universität** à l'université ❹ (*zur Zeit von*) **am Morgen** le matin; ~ **Weihnachten** à Noël ❺ (*verbunden mit*) **das Schöne ~ jdm/etw** ce qu'il y a de beau chez qn/dans qc **II.** *präp* + *akk* **~s Telefon gehen** répondre au téléphone; **bis ~ mein Lebensende** jusqu'à la fin de ma vie ►~ [**und für**] **sich** en soi **III.** *adv* ❶ (*ungefähr*) ~ **die zwanzig Personen** dans les vingt personnes ❷ (*Ankunftszeit*) **Köln ~ 16 Uhr 15** arrivée à Cologne 16 h 15 ❸ *fam* (*eingeschaltet*) ~ **sein** (*Elektrogerät*) être allumé; (*Strom*) être ouvert; **Licht ~!** allume/allumez! ❹ (*ab*) **von jetzt ~** à partir de maintenant

Anabolikum <-s, -ka> *nt* anabolisant *m*

anal [a'naːl] **I.** *adj* anal(e) **II.** *adv* (*messen, einführen*) par voie rectale

analog [ana'loːk] **I.** *adj* ❶ ~ **zu etw** analogue à qc ❷ INFORM analogique **II.** *adv* ❶ ~ **zu etw** par analogie avec qc ❷ INFORM analogiquement

Analogie [analo'giː] <-, -n> *f* analogie *f*

Analphabet(in) ['anʔalfabeːt] <-en, -en> *m(f)* a. *pej* analphabète *mf*

Analyse [ana'lyːzə] <-, -n> *f* analyse *f*

analysieren* [analy'ziːrən] *vt* analyser

analytisch [ana'lyːtɪʃ] **I.** *adj* (*Denken*) analytique; (*Fähigkeit*) d'analyse **II.** *adv* de façon analytique

Ananas ['ananas] <-, -> *f* ananas *m*

Anarchie [anar'çiː] <-, -n> *f* anarchie *f*

Anarchist(in) [anar'çɪst] <-en, -en> *m(f)* anarchiste *mf*

anarchistisch *adj* (*Person, Partei*) anarchiste

Anatomie [anato'miː] <-> *f kein Pl* anatomie

an|baggern ['anbagɐn] *vt fam* draguer qn (*fam*)

an|bahnen **I.** *vt* (*Gespräche*) amorcer **II.** *vr* **sich ~** (*Freundschaft*) s'amorcer; (*Unheil*) se préparer

Anbau <-bauten> *m* ❶ bâtiment *m* annexe; (*freistehend*) annexe *f* ❷ *kein Pl* (*das Anpflanzen*) culture *f*

an|bauen **I.** *vt* ❶ (*anpflanzen*) cultiver ❷ (*bauen*) ajouter **II.** *vi* [s']agrandir

Anbaufläche *f* terre *f* cultivable

an|behalten* *vt irr* **etw ~** garder qc [sur soi]

anbei [an'bai] *adv form* ci-joint(e)

an|beißen *vi irr* ❶ (*Fisch*) mordre ❷ *fam* (*Interesse haben*) mordre à l'hameçon ▸**zum Anbeißen** *fam* à croquer

an|belangen* ['anbəlaŋən] *vt geh* concerner

an|beten *vt* adorer

Anbetracht ['anbətraxt] ▸**in ~ dessen, dass ...** compte tenu du fait que ...

an|biedern ['anbiːdɐn] *vr pej* **sich bei jdm ~** fayoter auprès de qn (*fam*)

an|bieten *irr* **I.** *vt* ❶ (*verkaufen*) proposer ❷ (*zur Auswahl vorschlagen*) **jdm etw ~** offrir qc à qn **II.** *vr* **sich ~ etw zu tun** (*Person*) [se] proposer de faire qc; **sich [geradezu] ~** (*Lösung*) s'imposer [de toute évidence]; (*Ort*) faire [parfaitement] l'affaire

Anbieter(in) *m(f)* (*einer Ware*) fournisseur (-euse) *m(f)*; (*einer Dienstleistung*) prestataire *mf*

an|binden *vt irr* (*festbinden*) **jdn/etw an etw** (*akk o dat*) **~** attacher qn/qc à qc

Anblick *m* ❶ (*Bild*) spectacle *m* ❷ *kein Pl* (*das Erblicken*) vue *f*

an|braten *vt irr* faire revenir

an|brechen *irr* **I.** *vi + sein* (*Tag*) se lever; (*Nacht*) tomber; (*Jahreszeit*) commencer **II.** *vt + haben* (*Packung*) entamer; **angebrochen werden/sein** (*Knochen, Stuhlbein*) se fêler/être fêlé

an|brennen *vi irr + sein* brûler; (*anhängen*) attacher; **angebrannt riechen/schmecken** sentir le brûlé/avoir un goût de brûlé

an|bringen *vt irr* ❶ (*Regal*) poser; (*Telefon*) installer; **etw an etw** (*dat*) **~** fixer qc à qc ❷ (*Bemerkung*) émettre; **etw als Argument ~** présenter qc comme argument

Anbruch *m kein Pl geh* (*einer Epoche*) commencement *m*; **bei ~ des Tags** au lever du jour; **bei ~ der Nacht** à la tombée de la nuit

an|brüllen *vt* **jdn ~** (*Person*) gueuler après qn (*fam*)

Andacht ['andaxt] <-, -en> *f* ❶ REL prière ❷ (*Kontemplation*) **in ~ versunken sein** être plongé dans la méditation

andächtig ['andɛçtɪç] **I.** *adj* (*Stille*) recueilli(e); (*Blick*) admiratif(-ive) **II.** *adv* (*beten*) avec recueillement

an|dauern *vi* persister; (*Gespräche*) se poursuivre

andauernd *adj* ❶ qui persiste; (*Gespräche, Schießereien*) qui se poursuit ❷ (*ständig*) continuel(le)

Andenken <-s, -> *nt* ❶ (*Gegenstand*) **~ an jdn/etw** souvenir *m* de qn/qc ❷ *kein Pl* (*Erinnerung*) **im ~ an jdn/etw** en souvenir de qn/qc

andere(r, s) ['andərə, -rɐ, -rəs] *pron ind* ❶ **ein ~r** un autre; **etwas/nichts ~** quelque chose/rien d'autre ❷ (*zusätzlich*) **ich habe [noch] ~** j'en ai [encore] d'autre ▸**alles ~ als zufrieden sein** être tout sau[f] content; **unter ~m/~n** entre autres; **un[d] ~s** et cætera

andererseits *adv* d'un autre côté

andermal *adv* ▸**ein ~** une autre fois

ändern ['ɛndɐn] **I.** *vt* (*Umstände*) change[r]; (*Namen, Richtung*) changer de; (*Daten*) m[o]difier; (*Kleidungsstück*) retoucher **II.** *vr* **sic[h] ~** changer

andernfalls *adv* sinon

anders ['andɐs] *adj, adv* ❶ (*verschieden*) di[f]féremment; **~ denkend** (*Bürger*) diss[i]dent(e); (*Kritiker*) non-conformiste; [**~**] **schmecken** avoir un autre goût; **[ganz] [~] aussehen** avoir une [tout] autre allure; [**e**]**sich ~ überlegen** changer d'avis; **es geh[t] nicht ~** il n'y a pas moyen de faire autreme[nt] ❷ (*sonst*) sinon; **jemand ~** quelqu'u[n] d'autre ▸**nicht ~ können** *fam* ne pas po[u]voir faire autrement; **jdm wird ganz ~** [q]se sent mal

andersartig *adj* différent(e)

andersdenkend *s.* **anders 1.**

andersgläubig *adj* de confession différente

andersherum *adv* ❶ (*in die andere Richtung*) da[ns] l'autre sens ❷ (*hereinfahren*) en sens i[n]verse

anderswo *adv* ailleurs

anderthalb ['andɐt'halp] *num* un(e) demi(e)

Änderung <-, -en> *f* ❶ (*eines Entwurfs*) m[o]dification *f*; (*eines Gesetzes*) amendement ❷ (*Schneiderarbeit*) retouche *f*

A

Änderungsschneider(in) *m(f)* retoucheur (-euse) *m(f)* **Änderungsvorschlag** *m* proposition *f* de modification; (*für ein Gesetz*) proposition *f* d'amendement

anderweitig ['andɐvaitɪç] **I.** *adj attr* autre **II.** *adv* (*beschäftigt*) par ailleurs; (*informiert*) ailleurs

an|deuten *vt* 1 (*Angelegenheit*) évoquer; (*Thema*) esquisser 2 (*zu verstehen geben*) **jdm ~, dass ...** laisser entendre à qn que ...

Andeutung *f* 1 (*Hinweis*) allusion *f*; **eine ~ über jdn/etw machen** faire une insinuation à propos de qn/qc 2 (*Spur*) soupçon *m* 3 (*eines Lächelns*) ébauche *f*

andeutungsweise *adv* 1 (*indirekt*) à mots couverts 2 (*rudimentär*) très vaguement

Andorra [an'dɔra] <-s> *nt* l'Andorre *f*

Andorraner(in) <-s, -> *m(f)* Andorran(e) *m(f)*

andorranisch *adj* andorran(e)

Andrang *m kein Pl* affluence *f*; (*von Wassermassen*) afflux *m*

an|drehen *vt* 1 (*Gas*) ouvrir; (*Licht, Heizung*) allumer; (*Schraube*) serrer 2 *fam* (*verkaufen*) **jdm etw ~** refiler qc à qn

an|drohen *vt* **jdm etw ~** menacer qn de qc

an|eignen *vr* **sich** (*dat*) **etw ~** s'approprier qc; **sich** (*dat*) **Kenntnisse ~** acquérir des connaissances

aneinander [anʔai'nandɐ] *adv* l'un à l'autre **~ hängen** *fig* être attachés l'un à l'autre

aneinander|geraten* *vi* **mit jdm ~** s'empoigner avec qn **aneinander|hängen** *vi* (*Girlanden*) être attachés l'un à l'autre **aneinander|reihen** **I.** *vt* (*räumlich*) **Perlen auf einer Schnur ~** enfiler des perles sur un fil **II.** *vr* (*zeitlich*) **sich ~** se succéder

Anekdote [anɛk'do:tə] <-, -n> *f* anecdote *f*

an|ekeln *vt* dégoûter

anerkannt ['anʔɛɐkant] *adj* (*Tatsache*) reconnu(e); (*Experte*) agréé(e); (*Diplom*) reconnu(e); (*Prüfung*) validé(e); (*Schule*) habilité(e); **staatlich ~** reconnu(e) par l'État

an|erkennen* *vt irr* 1 (*würdigen*) reconnaître 2 (*Meinung*) accepter; **~, dass ...** reconnaître que ...

anerkennend **I.** *adj* approbateur(-trice) **II.** *adv* en signe d'approbation

Anerkennung *f* 1 (*Würdigung*) reconnaissance *f* 2 (*lobende Zustimmung*) approbation *f*; **jds ~ finden** (*Leistung*) recevoir les faveurs de qn

an|fachen ['anfaxən] *vt a. fig geh* attiser

an|fahren *irr* **I.** *vi + sein* (*losfahren*) démarrer **II.** *vt + haben* 1 (*Person, Auto*) accrocher 2 (*Ware*) livrer 3 (*Hafen*) mettre le cap sur 4 (*schelten*) houspiller

Anfahrt *f* (*Strecke, Zeit*) trajet *m*

Anfall *m* 1 (*Herz-, Asthmaanfall*) crise *f*; (*Schwächeanfall*) malaise *m*; (*Ohnmachtsanfall*) syncope *f* 2 (*Wutanfall*) accès *m*

an|fallen *irr* **I.** *vt + haben* (*angreifen*) attaquer **II.** *vi + sein* (*Kosten*) être dû; (*Müll*) être produit; **die ~de Arbeit** le travail à effectuer

anfällig ['anfɛlɪç] *adj* (*Person*) de santé fragile; **für etw ~ sein/werden** être/devenir réceptif à qc

Anfang ['anfaŋ, *Pl:* 'anfɛŋə] <-[e]s, Anfänge> *m* 1 (*Beginn*) début *m*, commencement *m*; **den ~ machen** prendre l'initiative; **einen neuen ~ machen** prendre un nouveau départ; **am ~** au début; **von ~ an** dès le départ; **~ September** début septembre; **~ des Jahres** au début de l'année; **~ vierzig sein** avoir la quarantaine; **von ~ bis Ende** du début [jusqu']à la fin 2 (*des Lebens*) commencement *m*

an|fangen *irr* **I.** *vt* 1 (*Arbeit*) commencer; **~ mit** commencer par 2 *fam* (*Packung*) entamer 3 (*angehen*) **etw richtig/anders ~** s'y prendre bien/autrement avec qc **II.** *vi* (*Veranstaltung*) commencer; **mit seinem Vortrag ~** commencer sa conférence

Anfänger(in) ['anfɛŋɐ] <-s, -> *m(f)* débutant(e) *m(f)*

anfänglich ['anfɛŋlɪç] *adj attr* (*Übelkeit*) initial(e)

anfangs ['anfaŋs] **I.** *adv* au début **II.** *präp + gen* CH **~ des Monats** en début de mois; **~ des Jahres** au début de l'année

Anfangsbuchstabe *m* [lettre *f*] initiale *f* **Anfangszeit** *f* premiers temps *mpl*

an|fassen **I.** *vt* 1 (*berühren*) toucher; **jdn grob ~** empoigner qn sans ménagement 2 (*ergreifen*) **die Flasche am Hals ~** prendre la bouteille par le goulot 3 (*Problem*) aborder 4 (*behandeln*) traiter ▶**zum Anfassen** *fam* (*verständlich*) accessible [à tous]; (*volksnah*) proche des gens **II.** *vi* 1 (*berühren*) toucher 2 (*helfen*) [**mit**] **~** filer un coup de main (*fam*) **III.** *vr* (*sich bei der Hand nehmen*) **sich ~** se donner la main

anfechtbar ['anfɛçtbaːɐ] *adj* contestable; JUR attaquable

an|fechten *vt irr* ❶ (*Aussage, These*) contester ❷ (*Vertrag*) contester la validité de; (*Urteil*) faire appel de

an|fertigen *vt* (*Kleidungsstück*) confectionner; (*Möbelstück*) fabriquer; (*Protokoll*) dresser

an|feuchten *vt* humecter

an|feuern *vt* ❶ (*anspornen*) encourager ❷ (*Ofen*) allumer

an|flehen *vt* supplier

an|fliegen *irr* **I.** *vt + haben* **eine Stadt ~** (*sich nähern*) approcher d'une ville; (*eine Flugverbindung unterhalten*) desservir une ville **II.** *vi + sein* **angeflogen kommen** (*Vogel*) arriver; (*Geschoss*) fuser

Anflug *m* ❶ AVIAT approche *f;* **beim ~ auf Rom** à la descente sur Rome ❷ (*Spur*) **der ~ eines Lächelns** l'ébauche *f* d'un sourire

an|fordern *vt* demander

Anforderung *f* ❶ *kein Pl* (*das Anfordern*) demande *f* ❷ *meist Pl* (*Anspruch*) exigences *fpl;* [**große**] **~en an jdn stellen** être [très] exigeant avec qn

Anfrage *f* ❶ demande *f* [de renseignement]; **auf ~** sur demande ❷ INFORM demande *f*

an|fragen *vi* demander; (*Auskunft erfragen*) se renseigner

an|freunden *vr* ❶ **sich mit jdm ~** se lier d'amitié avec qn ❷ (*sich gewöhnen an*) **sich mit jdm/etw ~** se faire à qn/qc

an|fühlen I. *vt* toucher **II.** *vr* **sich weich/rau ~** être doux/rêche [au toucher]

an|führen *vt* ❶ (*Truppe*) commander ❷ (*Grund*) donner; (*Beweise*) fournir; (*Zitat*) mentionner

Anführer(in) *m(f)* ❶ (*einer Truppe*) commandant *m;* (*einer Bande*) chef *mf* ❷ *pej* (*Rädelsführer*) meneur(-euse) *m(f)*

Anführungszeichen *nt meist Pl* guillemets *mpl*

Angabe <-, -n> *f* ❶ *meist Pl* (*Aussage*) déclaration *f;* **~n über etw** (*akk*)/**zu etw machen** donner des indications à propos de qc/sur qc; **~n zur Person** renseignements *mpl* sur l'identité ❷ SPORT service *m* ❸ *kein Pl fam* (*Prahlerei*) frime *f*

an|geben *irr* **I.** *vt* (*Grund, Namen*) donner; (*Preis*) indiquer **II.** *vi* ❶ (*prahlen*) frimer (*fam*) ❷ SPORT servir

Angeber(in) <-s, -> *m(f)* frimeur(-euse) *m(f)* (*fam*)

Angeberei [angeːbəˈrai] <-> *f fam kein P*[l] (*das Prahlen*) frime *f*

angeblich ['angeːplɪç] **I.** *adj* prétendu(e) **II.** *adv* soi-disant

angeboren *adj* ❶ (*Behinderung*) congénital(e) ❷ *fam* (*chronisch*) inné(e)

Angebot <-[e]s, -e> *nt* ❶ offre *f;* (*Warenangebot*) choix *m;* **~ und Nachfrage** l'offre et la demande ❷ (*Sonderangebot*) promotion *f*

angebracht ['angəbraxt] *adj* ❶ (*sinnvoll*) opportun(e) ❷ (*angemessen*) **für jdn/etw ~ sein** être approprié pour qn/qc

an|gehen *irr* **I.** *vi + sein* ❶ (*Licht*) s'allumer; (*Elektrogerät*) se mettre en route; (*Feuer*) prendre ❷ (*vorgehen*) **gegen jdn ~** agir contre qn; **gegen den Drogenhandel ~** s'attaquer au trafic de drogue ❸ (*vertretbar sein*) être possible; **es geht nicht an, dass ...** il est inacceptable que ... **II.** *vt* ❶ + *haben o sein* (*Problem*) s'attaquer à; (*Verhandlungen*) entamer ❷ + *sein* (*Hindernis*) aborder ❸ + *haben* (*attackieren*) attaquer ❹ + *haben* (*betreffen*) concerner; **das geht dich nichts an!** ça ne te regarde pas!; **was mich angeht, ...** pour ma part, ...

angehend *adj* futur(e)

an|gehören* *vi* **einer Partei ~** être membre d'un parti; **einer Gruppe ~** faire partie d'un groupe; **der Vergangenheit ~** appartenir au passé

Angehörige(r) *f(m) dekl wie adj* ❶ (*Familienangehöriger*) [proche] parent(e) *m(f);* **alle meine ~n** toute ma famille ❷ (*Mitglied*) membre *m*

Angeklagte(r) *f(m) dekl wie adj* accusé(e) *m(f)*

Angel ['aŋəl] <-, -n> *f* canne *f* à pêche; (*Türangel, Fensterangel*) gond *m*

Angelegenheit *f* affaire *f;* **das ist seine/ihre ~** cela lui incombe

angelernt *adj* ❶ (*Arbeiter*) spécialisé(e) ❷ (*Wissen*) approximatif(-ive)

Angelhaken *m* hameçon *m*

angeln ['aŋəln] **I.** *vi* pêcher; **~ gehen** aller à la pêche **II.** *vt* ❶ pêcher ❷ *fam* (*ergattern*) **sich** (*dat*) **einen Millionär ~** mettre le grappin sur un millionnaire

Angelrute *f* canne *f* à pêche

angemessen I. *adj* (*Preis*) raisonnable; (*Honorar*) adapté(e); (*Kleidung*) approprié(e)

A

(*Verhalten*) convenable **II.** *adv* (*würdigen*) à sa/leur juste valeur; (*bezahlen*) en conséquence; (*sich verhalten*) convenablement

angenehm ['angəne:m] **I.** *adj* agréable; [**sehr**] **~!** enchanté(e)! **II.** *adv* **~ riechen** sentir bon; **~ überrascht sein** être agréablement surpris

angenommen ['angənɔmən] *PP von* **annehmen**

angepasst[RR] ['angəpast], **angepaßt**[ALT] **I.** *adj* conformiste **II.** *adv* (*sich verhalten*) selon la norme

angeregt ['angəre:kt] **I.** *adj* (*Atmosphäre, Diskussion*) animé(e) **II.** *adv* de façon animée

angeschlagen *adj fam* (*Person*) mal fichu(e); (*Gesundheit*) chancelant(e)

angesehen *adj* (*Person*) estimé(e); (*Firma*) de renom

Angesicht <-[e]s, -er> *nt geh* face *f* ▸**im ~ des Todes** devant la mort

angesichts *präp + gen* face à; **~ der Tatsache, dass ...** du fait que ...

angespannt ['angəʃpant] **I.** *adj* tendu(e) **II.** *adv* [très] attentivement

Angestellte(r) *f(m) dekl wie adj* employé(e) *m(f)*

angetrunken *adj* un peu gris(e)

angewandt ['angəvant] *adj attr* (*Wissenschaft*) appliqué(e)

angewiesen ['angəvi:zən] *adj* **auf jdn/etw ~ sein** dépendre de qn/qc; **sie sind auf jeden Euro ~** ils en sont à compter chaque euro

an|gewöhnen* **I.** *vt* **jdm etw ~** habituer qn à qc **II.** *vr* **sich** (*dat*) **etw ~** prendre l'habitude de faire qc

Angewohnheit *f* habitude *f*

Angina [aŋ'gi:na] <-, Anginen> *f* angine *f*

Angler(in) ['aŋlɐ] <-s, -> *m(f)* pêcheur (-euse) *m(f)* à la ligne

an|gliedern *vt* **etw einem Staat ~** annexer qc à un État; **etw einem Konzern ~** rattacher qc à un groupe

anglikanisch [aŋgli'ka:nɪʃ] *adj* anglican(e)

Anglistik [aŋ'glɪstɪk] <-> *f* lettres *fpl* et civilisation anglaises

an|glotzen *vt fam* **jdn ~** regarder qn avec des yeux ronds

angreifbar *adj* (*Person*) critiquable; (*Theorie*) contestable

an|greifen *irr* **I.** *vt* ① **jdn/etw ~** attaquer qn/qc ② (*schädigen*) **etw ~** attaquer qc ③ (*beeinträchtigen*) **jdn ~** (*Nachricht*) affecter qn; (*Stress*) altérer la santé de qn **II.** *vi* attaquer

Angreifer(in) <-s, -> *m(f)* ① MIL assaillant(e) *m(f)* ② *meist Pl* SPORT attaquant(e) *m(f)*

an|grenzen *vi* **an etw** (*akk*) **~** (*Land*) être limitrophe de qc; (*Fluss, See*) être en bordure de qc

Angriff *m* ① MIL, SPORT offensive *f* ② (*Kritik*) attaque *f* ▸**etw in ~ nehmen** s'attaquer à qc

Angriffsfläche *f* cible *f* **angriffslustig** *adj* (*Journalist*) combatif(-ive); SPORT offensif(-ive)

angst ▸**jdm wird ~** [**und bange**] qn prend peur

Angst [aŋst, *Pl:* 'ɛŋstə] <-, Ängste> *f* ① peur *f*; **vor jdm/etw ~ haben** avoir peur de qn/qc; **um jdn/etw ~ haben** avoir peur pour qn/qc; **~ bekommen** prendre peur; **keine ~!** *fam* pas de panique! ② PSYCH angoisse *f*

Angsthase *m fam* trouillard(e) *m(f)*

ängstigen ['ɛŋstɪgən] **I.** *vt* **jdn ~** (*in Furcht versetzen*) faire peur à qn; (*in Sorge versetzen*) inquiéter qn **II.** *vr* ① (*sich fürchten*) **sich vor jdm/etw ~** avoir peur de qn/qc ② (*sich sorgen*) **sich um jdn/wegen etw ~** s'inquiéter pour qn/de qc

ängstlich ['ɛŋstlɪç] **I.** *adj* ① (*Person, Blick*) craintif(-ive) ② (*besorgt*) **~ werden/sein** s'inquiéter/être inquiet **II.** *adv* (*hüten, verbergen*) jalousement

Angstschweiß *m* sueur *f* d'angoisse

an|gucken *vt fam* regarder

an|haben *vt irr* ① *fam* (*angezogen haben*) porter; **nichts ~** être tout nu ② *fam* (*angeschaltet haben*) **den Fernseher ~** avoir la télé allumée ③ (*zuleide tun*) **jdm etwas ~ können** pouvoir faire du mal à qn; (*Konkurrent*) pouvoir nuire à qn

an|halten *irr* **I.** *vi* ① s'arrêter ② (*Wetter*) continuer; (*Beschwerden*) persister; (*Lärm*) durer ③ (*werben*) **um die Hand der Tochter ~** demander la main de la fille **II.** *vt* ① (*Person, Fahrzeug*) stopper; (*Luft*) retenir ② (*anleiten*) **jdn zu Ordnung ~** éduquer qn à être ordonné

anhaltend *adj* (*Hitze*) persistant(e); (*Lärm*) continuel(le)

Anhalter(in) *m(f)* auto-stoppeur(-euse) *m(f)*;

per ~ fahren faire de l'auto-stop
Anhaltspunkt *m* indice *m*
anhand [an'hant] *präp* + *gen* à l'aide de
Anhang <-[e]s, Anhänge> *m* appendice *m*
an|hängen *vt* ① (*Schild*) accrocher ② (*Wohnwagen*) atteler ③ (*Bemerkung*) ajouter ④ *fam* (*anlasten*) **jdm einen Diebstahl ~** coller un vol sur le dos de qn
Anhänger <-s, -> *m* (*Wagen*) remorque *f;* (*Schmuckstück*) pendentif *m*
Anhänger(in) <-s, -> *m(f)* ① SPORT supporter *mf* ② (*Gefolgsmann*) partisan(e) *m(f)*
anhänglich ['anhɛŋlɪç] *adj* (*Kind*) très attaché(e); (*Haustier*) attaché(e)
Anhänglichkeit <-> *f* (*eines Kindes*) attachement *m;* (*eines Haustiers*) fidélité *f*
an|häufen **I.** *vt* (*Geld*) amasser; (*Müll*) entasser **II.** *vr* **sich ~** s'accumuler
an|heben *vt irr* ① (*Möbelstück*) soulever; (*Glas*) lever ② (*Abgaben*) augmenter; (*Freigrenze*) élargir
anheim|fallen *vi geh* **dem Staat ~** (*Vermögen, Erbschaft*) tomber en déshérence
anheim|stellen *vi geh* **es jdm ~ etw zu tun** laisser qn libre de faire qc
Anhieb ['anhi:p] ▶**auf ~** *fam* d'emblée
an|himmeln ['anhɪməln] *vt fam* **jdn ~** (*verehren*) adorer qn; (*schwärmerisch ansehen*) dévorer qn des yeux
Anhöhe *f* hauteur *f*
an|hören **I.** *vt* ① (*bewusst hören*) écouter ② (*mithören*) entendre **II.** *vr* **sich heiser ~** (*Person*) avoir la voix enrouée; **sich gut ~** (*Anlage*) avoir un bon son
Anhörung <-, -en> *f* audition *f*
animalisch [ani'ma:lɪʃ] *adj pej* animal(e)
Animateur(in) [anima'tø:ɐ] <-s, -e> *m(f)* animateur(-trice) *m(f)*
animieren* [ani'mi:rən] **I.** *vt* **jdn zu etw ~** inciter qn à [faire] qc **II.** *vi* stimuler
Anis [a'ni:s] <-[es], -e> *m* ① (*Pflanze, Gewürz*) anis *m* ② (*Schnaps*) anisette *f*
Ankauf *m* achat *m;* (*eines Grundstücks*) acquisition *f;* **An- und Verkauf** vente *f* et achat
an|kaufen *vt* acheter
Anker ['aŋkɐ] <-s, -> *m* ancre *f;* **den ~ werfen/lichten** jeter/lever l'ancre
ankern *vi* ① (*den Anker werfen*) jeter l'ancre ② (*vor Anker liegen*) mouiller
Ankerplatz *m* mouillage *m*
an|ketten *vt* ① (*Fahrrad*) attacher ② (*Sträfling*) enchaîner
Anklage *f* ① JUR (*Tatvorwurf*) inculpation *f;* (*~vertreter*) accusation *f;* **gegen jdn ~ wegen etw erheben** engager des poursuites contre qn pour qc; **wegen etw unter ~ stehen** faire l'objet de poursuites pour qc ② (*Vorwurf, Klage*) accusation *f*
Anklagebank <-bänke> *f* banc *m* des accusés
an|klagen **I.** *vt* ① JUR inculper ② (*Missstände*) dénoncer ③ (*beschuldigen*) accuser **II.** *vi* (*Person*) accuser; (*Rede*) être une accusation
anklagend **I.** *adj* accusateur(-trice) **II.** *adv* (*ansehen*) d'un air accusateur
Ankläger(in) *m(f)* accusateur(-trice) *m(f)*
Anklang *m kein Pl* (*Zustimmung*) accueil *m* favorable, écho *m* [favorable]; **bei jdm ~ finden** (*Person*) avoir du succès auprès de qn; (*Plan*) être bien accueilli par qn
an|kleben *vt* + *haben* coller
Ankleidekabine *f* (*eines Geschäfts*) cabine *f* d'essayage
an|kleiden **I.** *vt geh* vêtir **II.** *vr geh* **sich ~** s'habiller
Ankleideraum *m* vestiaire *m*
an|klicken *vt* INFORM cliquer sur
an|klopfen *vi* frapper
an|knipsen *vt fam* allumer
an|knüpfen **I.** *vt* (*Schnur*) attacher; (*Beziehung*) nouer **II.** *vi* **an alte Zeiten ~** renouer avec le passé
an|kommen *irr* **I.** *vi* + *sein* ① arriver ② *fam* (*Anklang finden*) **bei jdm ~** (*Idee*) être bien accueilli par qn; (*Mode*) avoir du succès auprès de qn ③ (*sich behaupten*) **gegen jdn ~ [können]** [arriver à] s'imposer face à qn **II.** *vi unpers* + *sein* **es kommt darauf an, dass** il importe que + *subj* ▶**es darauf ~ lassen** *fam* risquer le coup; **es auf etw** (*akk*) **~ lassen** *fam* se laisser embarquer dans qc
an|kotzen *vt fam* (*anwidern*) faire gerber
an|kreiden *vt* **jdm etw ~** reprocher qc à qn
an|kreuzen *vt* cocher
an|kündigen *vt, vr* **sich ~** [s']annoncer
Ankündigung *f* ① *kein Pl* annonce *f* ② (*einer Katastrophe*) signe *m* avant-coureur
Ankunft ['ankʊnft] <-, Ankünfte> *f* arrivée *f;* **bei ~ des Zuges** lors de l'entrée [d

train] en gare

n|kurbeln *vt* (*Wirtschaft*) relancer; **den Motor ~** mettre le moteur en marche

n|lächeln *vt* sourire à

n|lachen *vt* regarder en riant; **jdn ~** regarder qn en riant

nlage <-, -n> *f* ❶ (*Produktionsgebäude*) complexe *m* ❷ *kein Pl* (*eines Stausees*) construction *f;* (*eines Parks*) aménagement *m* ❸ (*Einrichtung*) **sanitäre ~n** installations sanitaires ❹ (*Briefbeilage*) annexe *f;* **als ~** en annexe ❺ *meist Pl* (*Veranlagung*) [pré]dispositions *fpl*

nlass[RR] ['anlas, *Pl:* 'anlɛsə] <-es, Anlässe>, **Anlaß**[ALT] <-sses, Anlässe> *m* ❶ (*Grund*) raison *f* ❷ (*Gelegenheit*) occasion *f;* **beim geringsten ~** pour un oui ou pour un non; **aus gegebenem ~** puisque l'occasion en est/était/... donnée; **ein festlicher ~ sein** être l'occasion de festivités

n|lassen *vt irr* ❶ (*Auto*) [faire] démarrer ❷ *fam* (*Schuhe*) garder ❸ *fam* (*Motor*) laisser tourner; (*Kerze*) laisser brûler

nlasser <-s, -> *m* démarreur *m*

nlässlich[RR] ['anlɛslɪç], **anläßlich**[ALT] *präp + gen* à l'occasion de

nlauf *m* ❶ SPORT élan *m* ❷ (*Versuch*) essai *m*

n|laufen *irr* **I.** *vi + sein* ❶ (*Verhandlungen*) commencer; (*Film*) sortir ❷ (*Anlauf nehmen*) prendre de l'élan ❸ (*Brille*) s'embuer ❹ (*Metall*) s'oxyder **II.** *vt + haben* (*Hafen*) faire escale dans

nlaufstelle *f* lieu *m* d'accueil

n|legen **I.** *vt* ❶ (*Garten*) aménager; (*Vorratslager*) constituer ❷ (*Akte*) constituer; (*Liste*) établir ❸ FIN placer ❹ (*ausgeben*) mettre ❺ (*beabsichtigen*) **es auf einen Streit ~** chercher une dispute ❻ (*Leiter*) mettre ❼ (*Lineal*) appliquer ❽ *geh* (*Schmuck*) mettre **II.** *vi* **im Hafen ~** faire escale dans le port **III.** *vr* **sich mit jdm ~** entrer en conflit avec qn

nlegeplatz *m* embarcadère *m,* débarcadère *m*

n|lehnen **I.** *vt* **etw an etw** (*akk*) **~** poser qc contre qc; **das Fenster ~** laisser la fenêtre entrouverte **II.** *vr* **sich an jdn/etw ~** s'appuyer contre qn/qc; (*sich orientieren*) s'inspirer de qn/qc

nlehnung <-, -en> *f* (*Orientierung*) **in ~ an jdn/etw** en référence à qn/qc

Anleihe <-, -n> *f* emprunt *m*

an|leiten *vt* (*unterweisen*) instruire

Anleitung *f* directives *fpl*

an|lernen *vt* (*einarbeiten*) former

an|liefern *vt* **etw ~** livrer qc à domicile

Anlieferung *f* livraison *f* [à domicile]

Anliegen <-s, -> *nt* (*Bitte*) demande *f*

anliegend *adj* (*Schreiben*) ci-joint(e); (*Grundstück*) attenant(e); **ein eng ~es Kleid** une robe moulante

Anlieger(in) <-s, -> *m(f)* riverain(e) *m(f);* **~ frei!** accès réservé aux riverains!

an|locken *vt* (*Käufer*) attirer; (*Tier*) appâter

an|lügen *vt irr* mentir à

Anm. *Abk von* **Anmerkung**

an|machen *vt* ❶ (*anstellen*) allumer ❷ (*Salat*) assaisonner ❸ *fam* (*befestigen*) fixer ❹ *fam* (*flirten*) **jdn ~** draguer qn ❺ *fam* (*rüde ansprechen*) **jdn ~** prendre qn à partie

an|malen **I.** *vt* (*bemalen*) peindre **II.** *vr pej fam* **sich ~** se peinturlurer

an|maßen ['anma:sən] *vr* **sich** (*dat*) **etw ~** se permettre qc

anmaßend *adj* prétentieux(-euse)

Anmeldeformular *nt* formulaire *m* d'inscription **Anmeldegebühr** *f* frais *mpl* d'inscription

an|melden **I.** *vt* ❶ (*Gast*) annoncer ❷ (*vormerken lassen*) inscrire ❸ (*Wohnsitz*) déclarer ❹ (*Radio*) déclarer; (*Patent*) déposer ❺ (*Anspruch*) faire valoir; (*Bedenken*) exprimer **II.** *vr* ❶ (*ankündigen*) **sich ~** annoncer sa venue ❷ (*sich eintragen lassen*) **sich zu einem Kurs ~** s'inscrire à un cours ❸ (*einen Termin vereinbaren*) **sich ~** prendre rendez-vous ❹ (*sich polizeilich melden*) **sich in Stuttgart ~** déclarer son domicile à Stuttgart

Anmeldung *f* ❶ *kein Pl* (*eines Besuchs*) annonce *f* ❷ (*Terminvereinbarung*) rendez-vous *m* ❸ (*Einschreibung*) inscription *f* ❹ (*eines Einwohners*) enregistrement *m;* (*eines Radiogeräts*) déclaration *f;* (*eines Patents*) dépôt *m*

an|merken *vt* ❶ (*ansehen*) **sich** (*dat*) **den Ärger ~ lassen** laisser transparaître sa colère ❷ (*äußern*) **etwas ~** faire une remarque

Anmerkung <-, -en> *f* commentaire *m*

Anmut ['anmu:t] <-> *f geh* grâce *f*

anmutig *adj geh* (*Person*) gracieux(-euse); (*Gemälde*) charmant(e)

an|nähen *vt* **eine Tasche an etw** (*akk o dat*) ~ coudre une poche à qc; **einen Knopf wieder** ~ recoudre un bouton
an|nähern **I.** *vr* **sich** [**einander**] ~ se rapprocher **II.** *vt* rapprocher
annähernd *adj* approximatif(-ive)
Annäherung <-, -en> *f* rapprochement *m*
Annäherungsversuch *m* tentative *f* de rapprochement; **~e machen** faire des avances
Annahme ['anna:mə] <-, -n> *f* ❶ (*Vermutung*) supposition *f;* **in der ~, dass** en supposant que; **der ~** (*gen*) **sein, dass ...** supposer que ... ❷ *kein Pl* (*eines Angebots*) acceptation *f* ❸ *kein Pl* (*eines Gesetzes*) adoption *f*
annehmbar *adj* ❶ (*akzeptabel*) acceptable ❷ (*Preis*) convenable; (*Geschmack*) correct(e)
an|nehmen *irr* **I.** *vt* ❶ (*Angebot*) accepter; (*Herausforderung*) relever; (*Gesetz, Staatsangehörigkeit*) adopter; (*Angewohnheit*) prendre ❷ (*meinen*) supposer; **~, dass ...** supposer que ...; **du nimmst doch nicht etwa an, dass ...** tu n'imagines quand même pas que ... ❸ (*Anmeldung*) accepter ❹ (*Aussehen*) prendre **II.** *vr* **sich einer Angelegenheit** (*gen*) ~ se charger d'une affaire
Annehmlichkeit <-, -en> *f* ❶ (*Bequemlichkeit*) commodité *f* ❷ (*Vorteil*) avantage *m*
annektieren* [anɛk'ti:rən] *vt* annexer
Annonce [a'nõ:sə] <-, -n> *f* [petite] annonce *f*
annoncieren* [anõ'si:rən] *vt, vi* [**etw**] ~ mettre une annonce/des annonces [pour qc]
annullieren* [anʊ'li:rən] *vt* annuler
an|öden ['anʔø:dən] *vt fam* barber
anomal ['anoma:l] *adj* anormal(e)
Anomalie [anoma'li:] <-, -n> *f* anomalie *f*
anonym [ano'ny:m] *adj* anonyme
Anonymität [anonymi'tɛ:t] <-> *f* anonymat *m*
Anorak ['anorak] <-s, -s> *m* anorak *m*
an|ordnen *vt* ❶ (*Maßnahme*) décréter; (*Überstunden*) imposer ❷ (*ordnen*) classer
Anordnung <-, -en> *f* (*einer Behörde*) disposition *f;* (*eines Vorgesetzten*) ordre *m*
anorganisch ['anɔrga:nɪʃ] *adj* inorganique
anormal ['anɔrma:l] *s.* **anomal**
an|packen **I.** *vt fam* ❶ (*anfassen*) empoigner ❷ (*Aufgabe*) se mettre à **II.** *vi fam* [**mit**] ~ filer un coup de main
an|passen **I.** *vt* ❶ (*passend machen*) **etw einer S.** (*dat*) ~ adapter qc à qc; (*Handwerker*) ajuster qc à qc ❷ (*anmessen, anprobieren*) **jdm etw** ~ essayer qc à qn **II.** *vr* **sich jdm** ~ s'adapter à qn; **sich einer S.** (*dat*) ~ (*Preise*) évoluer en fonction de qc
Anpassung <-, -en> *f* (*Abstimmung*) adaptation *f;* (*Neufestsetzung*) réajustement *m*
anpassungsfähig *adj* capable de s'adapter
Anpassungsfähigkeit *f* adaptabilité *f*
Anpfiff *m* ❶ SPORT **der** ~ le coup d'envoi ❷ *fam* (*Zurechtweisung*) engueulade *f*
an|pflanzen *vt* (*Blumen*) planter; (*Nutzpflanzen*) cultiver
an|pirschen *vr* **sich** ~ ❶ (*Jäger*) s'approcher [sans bruit] ❷ *fam* (*sich nähern*) s'approcher en douce
an|prangern ['anpraŋɐn] *vt* vilipender
an|preisen *vt irr* vanter
Anprobe *f* essayage *m*
an|probieren* *vt, vi* essayer
an|pumpen *vt fam* **jdn um zehn Euro** ~ taper dix euros à qn
an|quatschen *vt fam* tenir la jambe à; **von jdm angequatscht werden** se faire tenir la jambe par qn
an|rechnen *vt* ❶ (*Anzahlung*) déduire; (*Gebrauchtwagen*) faire la reprise de ❷ (*berechnen*) **jdm etw** ~ facturer qc à qn ❸ (*würdigen*) **jdm/sich etw als Verdienst** ~ mettre qc à l'actif de qn/s'attribuer le mérite de qc
Anrecht *nt* ~ **auf etw** (*akk*) droit *m* à qc
Anrede *f* titre *m*
an|reden *vt* s'adresser à; **jdn mit einem Titel** ~ appeler qn par un titre; **jdn mit „du"** ~ dire "tu" à qn
an|regen *vt* ❶ (*ermuntern*) stimuler; **jdn zu etw** ~ inciter qn à qc ❷ *geh* (*vorschlagen*) **etw zu tun** suggérer de faire qc ❸ (*Appetit*) ouvrir
anregend *adj* stimulant(e); (*sexuell stimulierend*) excitant(e)
Anregung *f* ❶ (*Vorschlag*) suggestion ❷ (*Impuls*) impulsion *f* ❸ *kein Pl* BIO stimulation *f*
Anreise *f* ❶ (*Anfahrt*) voyage *m* ❷ (*Ankunft*) arrivée *f*
an|reisen *vi + sein* voyager; (*eintreffen*) arriver
Anreiz *m* invite *f;* **~e bieten etw zu tun**

donner des motifs *mpl* pour faire qc
an|rempeln ['anrɛmpəln] *vt* bousculer
Anrichte ['anrɪçtə] <-, -n> *f* buffet *m*
an|richten *vt* ❶ (*Essen*) présenter ❷ (*Schaden*) causer
anrüchig ['anrʏçɪç] *adj* ❶ (*Lokal*) mal famé(e); (*Geschäft*) louche ❷ (*Abbildung*) indécent(e)
Anruf *m* ❶ coup *m* de téléphone ❷ MIL sommation *f*
Anrufbeantworter <-s, -> *m* répondeur *m* [téléphonique]
an|rufen *irr* **I.** *vt* ❶ TELEC **jdn ~** téléphoner à qn ❷ JUR **eine höhere Instanz ~** en appeler à une plus haute instance **II.** *vi* **bei jdm/für jdn ~** appeler chez/pour qn
Anrufer(in) <-s, -> *m(f)* correspondant(e) *m(f)*
an|rühren *vt* ❶ (*berühren*) **jdn/etw ~** toucher qn/à qc ❷ *geh* (*innerlich bewegen*) toucher ❸ (*Teig*) préparer
ans [ans] = **an das** *s.* **an**
Ansage ['anza:gə] *f* (*der Nachrichten*) présentation *f;* (*des Programms*) annonce *f*
an|sagen I. *vt* (*Nachrichten*) présenter; (*Programm*) annoncer **II.** *vr* (*sich ankündigen*) **sich ~** s'annoncer **III.** *vi* RADIO, TV présenter
Ansager(in) <-s, -> *m(f)* (*Conférencier*) animateur(-trice) *m(f)*
an|sammeln I. *vt* (*Dinge*) amasser; (*Vermögen*) accumuler **II.** *vr* **sich ~** (*Personen*) se rassembler; (*Gegenstände*) s'entasser
Ansammlung *f* ❶ (*von Gegenständen*) amoncellement *m;* (*von Hass, Wut*) accumulation *f* ❷ (*Menschenmenge*) foule *f*
ansässig ['anzɛsɪç] *adj form* domicilié(e)
Ansatz *m* ❶ (*der Haare*) base *f* ❷ (*Anzeichen*) signe *m* ❸ (*Beginn*) **im ~ richtig/falsch sein** être juste dans les grandes lignes/faux dès le départ ❹ (*von Kalk*) dépôt *m;* (*von Rost*) couche *f*
Ansatzpunkt *m* point *m* de départ *pas de pl*
ansatzweise *adv* dans les grandes lignes
an|schaffen I. *vt* (*kaufen*) [**sich** (*dat*)] **etw ~** [s']acheter qc **II.** *vi fam* **für jdn ~ gehen** faire le tapin pour qn
Anschaffung <-, -en> *f* achat *m*
an|schalten *vt* (*Anlage*) mettre en marche; (*Strom*) allumer
an|schauen *vt* regarder
anschaulich *adj* (*Vortrag*) clair(e); (*Beispiel*) parlant(e)
Anschaulichkeit <-> *f* (*einer Beschreibung*) clarté *f;* (*eines Beispiels*) caractère *f* explicite
Anschein *m* apparence *f;* **es hat den ~, als ob ...** on dirait que ▶**allem ~ nach** selon toute apparence
anscheinend *adv* apparemment
Anschlag *m* ❶ (*Attentat*) attentat *m* ❷ (*Bekanntmachung*) avis *m;* (*Plakat*) affiche *f* ❸ (*geschriebenes Zeichen*) **250 Anschläge in der Minute schreiben** taper 250 signes à la minute ❹ (*eines Pianisten*) toucher *m* ❺ (*eines Pedals*) seuil *m* de résistance; **bis zum ~** à fond ❻ (*schussbereite Stellung*) **das Gewehr im ~ haben** tenir braqué(e) le fusil
an|schlagen *irr* **I.** *vt + haben* ❶ (*Plakat*) apposer; (*Brett*) fixer ❷ (*Akkord*) jouer; (*Taste*) frapper ❸ (*Teller*) ébrécher ❹ (*Ton*) prendre **II.** *vi + haben* (*wirken*) **bei jdm ~** (*Therapie*) agir chez qn
an|schleichen *vr irr* **sich an jdn/etw ~** s'approcher tout doucement de qn/qc
an|schließen *irr* **I.** *vt* ❶ (*Elektrogerät*) brancher; **etw ~** raccorder qc ❷ (*befestigen*) **das Fahrrad am Geländer ~** attacher le vélo à la rampe **II.** *vr* ❶ (*mitgehen*) **sich jdm ~** se joindre à qn; **sich einer Partei** (*dat*) **~** s'engager dans un parti ❷ (*beipflichten*) **sich jdm/einer Theorie ~** se rallier à qn/une théorie ❸ (*folgen*) **sich an die Preisverleihung ~** succéder à la remise des prix **III.** *vi* **an etw** (*akk*) **~** succéder à qc
anschließend I. *adj* qui suit/suivait/... [immédiatement] **II.** *adv* ensuite
Anschluss[RR] *m* ❶ (*Telefonanschluss*) branchement *m* [téléphonique] ❷ (*Telefonverbindung*) **kein ~ unter dieser Nummer!** le numéro que vous avez demandé n'est plus en service actuellement! ❸ *kein Pl* (*eines Computers*) connexion *f* ❹ (*~zug*) **~ an einen Zug/nach Marseille haben** avoir une correspondance avec un train/pour Marseille ❺ *kein Pl* (*Kontakt*) contacts *mpl;* **~ finden** nouer des contacts
an|schmiegen ['anʃmi:gən] *vr* (*sich anlehnen*) **sich an jdn/etw ~** se blottir contre qn/qc
anschmiegsam *adj* (*Person*) câlin(e); (*Material*) souple
an|schnallen *vt* attacher; **sich ~** attacher sa ceinture [de sécurité]
an|schnauzen *vt fam* engueuler

an|schneiden *vt irr* (*Brot*) entamer
an|schreien *vt irr* **jdn wegen etw ~** crier après qn à cause de qc
Anschrift *f* adresse *f*
Anschuldigung <-, -en> *f* accusation *f*
an|schwärzen *vt fam* ❶ (*schlechtmachen*) **jdn bei jdm ~** débiner qn auprès de qn ❷ (*denunzieren*) **jdn wegen etw ~** balancer qn à cause de qc
an|schwellen *vi irr + sein* (*Arm*) enfler
an|sehen *vt irr* ❶ regarder; **jdn böse ~** regarder qn d'un air méchant; **sich** (*dat*) **etw ~** (*Zuschauer sein*) voir qc; (*Fernsehzuschauer sein*) regarder qc; (*besichtigen*) visiter qc ❷ (*halten für*) **jdn als seinen Freund ~** considérer qn comme son ami ❸ (*anmerken*) **jdm die Erleichterung ~** pouvoir lire le soulagement sur le visage de qn
Ansehen <-s> *nt* (*Reputation*) réputation *f*; **bei jdm großes ~ genießen** jouir d'une grande estime auprès de qn
ansehnlich *adj* ❶ (*Erbschaft*) important(e); (*Leistung*) beau(belle) ❷ (*Person, Gebäude*) beau(belle) *antéposé*
an|sein[ALT] *s.* **an III.3.**
an|setzen I. *vt* ❶ (*anfügen*) **ein Verlängerungsstück an etw** (*akk o dat*) **~** ajouter un raccord à qc ❷ (*Werkzeug*) placer; **das Glas [zum Trinken] ~** porter le verre à sa bouche ❸ (*veranschlagen*) estimer; **die Kosten zu niedrig ~** sous-estimer les coûts ❹ (*Termin*) fixer ❺ (*bilden*) **Grünspan/Rost ~** se couvrir de vert-de-gris/de rouille ❻ (*Bowle*) préparer **II.** *vi* ❶ (*beginnen*) **zum Sprechen/Trinken ~** s'apprêter à parler/boire ❷ (*dick machen*) **bei jdm ~** (*Essen*) faire grossir qn
Ansicht <-, -en> *f* ❶ (*Meinung*) avis *m*; **der ~ sein, dass ...** être d'avis que ...; **nach ~ ihrer Eltern** selon ses parents; **meiner/seiner ~ nach** à mon/son avis ❷ (*Abbildung*) vue *f* ❸ *kein Pl* (*das Prüfen*) examen *m*; **zur ~** pour examen
Ansichtskarte *f* carte *f* postale **Ansichtssache** *f* **[reine] ~ sein** être une question de point de vue
an|siedeln ['anziːdəln] **I.** *vt* (*Volk*) installer; (*Tierart*) introduire; (*Industrie*) implanter **II.** *vr* **sich ~** (*Personen*) se fixer; (*Industrie*) s'implanter
Ansiedlung *f* colonie *f*
ansonsten *adv fam* (*im Übrigen*) pour le reste; (*sonst*) à part ça; (*andernfalls*) sinon
an|spannen *vt* ❶ (*Muskel*) bander; (*Nerven*) crisper ❷ (*Pferd*) atteler
Anspannung *f* tension *f*
an|spielen I. *vi* ❶ **mit einer Bemerkung auf jdn/etw ~** faire allusion par une remarque à qn/qc ❷ SPORT donner le coup d'envoi **II.** *vt* (*Spieler*) passer le ballon à
Anspielung <-, -en> *f* allusion *f*
an|spitzen *vt* (*Bleistift*) tailler
Ansporn <-[e]s> *m* motivation *f*
an|spornen *vt* ❶ (*ermuntern*) motiver ❷ (*Pferd*) éperonner
Ansprache *f* allocution *f*
ansprechbar *adj* (*nicht beschäftigt*) disponible; (*Kranker*) lucide
an|sprechen *irr* **I.** *vt* ❶ adresser la parole à; **wie soll ich Sie ~?** comment dois-je vous appeler?; **jdn auf etw** (*akk*) **~** parler à qn de qc ❷ (*Thema*) aborder ❸ (*beeindrucken*) **jdn ~** (*Person*) impressionner qn; (*Kunstwerk*) interpeller qn; (*gefallen*) plaire à qn **II.** *vi* ❶ **auf etw** (*akk*) **~** (*Patient*) réagir à qc ❷ (*Bremse*) répondre
Ansprechpartner(in) *m(f)* interlocuteur(-trice) *m(f)*
an|springen *vi irr + sein* **[schwer] ~** (*Fahrzeug*) démarrer [difficilement]
Anspruch *m* ❶ (*Anrecht*) droit *m*; **~ auf etw** (*akk*) **haben** avoir droit à qc; **~ auf etw** (*akk*) **erheben** (*Person*) revendiquer qc ❷ (*Gebrauch*) **ein Angebot in ~ nehmen** profiter d'une offre; **ein Recht in ~ nehmen** faire valoir un droit ❸ *Pl* (*Anforderung*) exigences *fpl* ▶**jdn in ~ nehmen** accaparer qn
anspruchslos *adj* ❶ (*Person, Pflanze*) peu exigeant(e) ❷ (*trivial*) sans prétention
anspruchsvoll *adj* ❶ (*Person*) exigeant(e) ❷ (*niveauvoll*) ambitieux(-euse)
an|stacheln ['anʃtaxəln] *vt* aiguillonner; **jdn [dazu] ~ etw zu tun** inciter qn à faire qc
Anstalt ['anʃtalt] <-, -en> *f* ❶ (*Heilanstalt*) établissement *m* spécialisé (*euph*) ❷ *ge* (*Einrichtung*) établissement *m*; (*Privateinrichtung*) institution *f*
Anstalten *Pl* préparatifs *mpl*; **keine ~ machen aufzubrechen** ne pas sembler disposé(e) à partir
Anstand *m* courtoisie *f*; **keinen ~ haben** n'avoir aucun sens des convenances
anständig ['anʃtɛndɪç] **I.** *adj* ❶ (*Person*) d

cent(e); (*Verhalten*) honorable ❷ *fam* (*akzeptabel*) bon(ne) *antéposé* **II.** *adv fam* (*bezahlen, essen*) correctement

n|starren *vt* regarder fixement

nstatt [an'ʃtat] **I.** *präp* + *gen* ~ **der Eltern** à la place des parents; ~ **eines Briefs** au lieu d'une lettre **II.** *konj* ~ **zu antworten** au lieu de répondre

n|stauen *vr* **sich** ~ (*Wasser, Hass*) s'accumuler

n|stecken I. *vt* ❶ (*Orden*) épingler ❷ (*Papier*) faire brûler; (*Gebäude*) incendier; **sich** (*dat*) **eine Zigarette** ~ s'allumer une cigarette ❸ (*infizieren*) contaminer; **jdn mit etw** ~ passer qc à qn ❹ *fig* **jdn mit seiner Begeisterung** ~ communiquer son enthousiasme à qn **II.** *vr* **sich bei jdm** ~ être contaminé par qn

nsteckend *adj* contagieux(-euse)

nsteckung <-, -en> *f* contamination *f*

nsteckungsgefahr *f* risque *m* de contagion

n|stehen *vi irr* + *haben o sein* **nach etw** ~ faire la queue pour qc

n|steigen *vi irr* + *sein* ❶ (*sich erhöhen*) grimper ❷ (*Weg*) monter

nstelle [an'ʃtɛlə] *präp* + *gen* ~ **eines Menschen** à la place d'un homme

n|stellen I. *vt* ❶ (*Licht*) allumer; (*Wasser*) mettre; (*Gas*) ouvrir; (*Klingel*) brancher; **eine Maschine** ~ mettre une machine en route ❷ (*beschäftigen*) **jdn als Drucker** ~ embaucher qn comme imprimeur ❸ *form* (*durchführen*) **Nachforschungen** ~ procéder à des recherches ❹ *fam* (*anrichten*) **Blödsinn/Unfug** ~ faire des conneries/bêtises; **was hast du da wieder angestellt?** qu'est-ce que t'as encore fabriqué? **II.** *vr* ❶ **sich** ~ faire la queue ❷ *fam* (*sich verhalten*) **sich geschickt** ~ s'y prendre bien

nstellung *f* emploi *m*

n|steuern *vt* ❶ **etw** ~ (*Schiff*) mettre le cap sur qc ❷ (*Fortschritt*) viser; (*Zweck*) poursuivre

nstieg ['anʃtiːk] <-[e]s, -e> *m* ❶ *kein Pl* (*der Kosten*) hausse *f*; (*einer Straße*) pente *f* ❷ (*Aufstieg*) **der** ~ **zum Gipfel** l'ascension du sommet

n|stiften *vt* (*Komplott*) fomenter; **jdn** [**dazu**] ~ **Unfug zu machen** inciter qn à faire des bêtises

nstifter(in) *m(f)* instigateur(-trice) *m(f)*

Anstiftung *f* incitation *f*; ~ **zu einer Straftat** incitation à un délit

an|stimmen *vt* (*Lied*) entonner

Anstoß *m* ❶ (*Ansporn*) impulsion *f* ❷ *geh* (*Ärgernis*) **bei jdm** ~ **erregen** scandaliser qn; **an etw** (*dat*) ~ **nehmen** être choqué par qc ❸ SPORT coup *m* d'envoi

an|stoßen *irr* **I.** *vi* ❶ + *sein* se cogner ❷ + *haben* (*prosten*) **auf jdn/etw** ~ trinquer à la santé de qn/à qc **II.** *vt* + *haben* ❶ (*berühren*) **jdn mit dem Fuß** ~ pousser qn du pied ❷ (*Kugel*) frapper ❸ (*in Gang setzen*) déclencher

anstößig ['anʃtøːsɪç] *adj* choquant(e)

an|strahlen *vt* (*anleuchten*) illuminer

an|streben *vt* aspirer à; (*Stelle*) ambitionner

an|streichen *vt irr* ❶ **etw rot** ~ peindre qc en rouge ❷ (*markieren*) marquer

Anstreicher(in) <-s, -> *m(f)* peintre *mf*

an|strengen ['anʃtrɛŋən] **I.** *vr* **sich** ~ se fatiguer; **sich in der Schule** ~ se donner de peine à l'école **II.** *vt* ❶ (*strapazieren*) fatiguer ❷ (*Kräfte*) concentrer ❸ (*Prozess*) intenter

anstrengend *adj* fatigant(e)

Anstrengung <-, -en> *f* ❶ (*Kraftaufwand*) dépense *f* physique ❷ (*Bemühung*) effort *m*

Anstrich *m* ❶ *kein Pl* (*eines Gebäudes*) peinture *f* ❷ (*Farbüberzug*) couche *f* [de peinture] ❸ *kein Pl* (*Note*) **ein künstlerischer** ~ une touche artistique

Ansturm *m* ~ **auf die Geschäfte** ruée *f* sur les magasins

Antarktis [ant'ʔarktɪs] <-> *f* **die** ~ l'Antarctique *m*

antarktisch *adj* antarctique

an|tasten *vt* (*Würde*) porter atteinte à

Anteil *m* ❶ (*Teil*) ~ **an etw** (*dat*) part *f* de qc ❷ (*Kapitalbeteiligung*) ~ **an etw** (*dat*) participation *f* dans qc ❸ (*~nahme*) **an etw** (*dat*) ~ **nehmen** prendre part à qc

anteilig *adj* proportionnel(le)

Anteilnahme ['antailnaːmə] <-> *f* (*Beileid*) condoléances *fpl*; (*Interesse*) intérêt *m*

Antenne [an'tɛnə] <-, -n> *f* antenne *f*

Anthologie [antolo'giː] <-, -n> *f* anthologie *f*

Antialkoholiker(in) [antiʔalko'hoːlikɐ] *m(f)* antialcoolique *mf* **antiautoritär** *adj* antiautoritaire **Antibabypille** [anti'beːbipɪlə] *f* *fam* pilule *f* **Antibiotikum** [antibi'oːtikʊm] <-s, -biotika> *nt* antibiotique *m*

Antifaschismus [antifa'ʃɪsmʊs] *m* antifascisme *m*

antik [an'tiːk] *adj* antique; (*als Antiquität anzusehen*) ancien(ne)

Antike <-> *f* Antiquité *f*

antiklerikal [antikleri'kaːl] *adj* anticlérical(e)

Antikörper ['antikœrpɐ] *m* anticorps *m*

Antilope [anti'loːpə] <-, -n> *f* antilope *f*

Antipathie [antipa'tiː] <-, -n> *f* ~ **gegen jdn** antipathie *f* envers qn

Antiquariat [antikvari'aːt] <-[e]s, -e> *nt* librairie *f* d'occasion

antiquarisch [anti'kvaːrɪʃ] *adj, adv* d'occasion

Antiquität [antikvi'tɛːt] <-, -en> *f* antiquité *f*

Antisemit(in) *m(f)* antisémite *mf* **antisemitisch** *adj* antisémite **Antisemitismus** <-> *m* antisémitisme *m* **antiseptisch** *adj* antiseptique **Antivirenprogramm** *nt* INFORM antivirus *m*

an|törnen ['antœrnən] *vt fam* **jdn** ~ (*Musik*) faire vibrer qn; (*Droge*) speeder qn

Antrag ['antraːk, *Pl:* 'antrɛːgə] <-[e]s, Anträge> *m* ❶ demande *f;* **einen ~ auf etw** (*akk*) **stellen** faire une demande de qc ❷ (*~sformular*) [formulaire *m* de] demande *f* ❸ JUR requête *f* ❹ POL motion *f*

Antragsteller(in) ['antraːkʃtɛlɐ] <-s, -> *m(f)* *form* demandeur(-euse) *m(f);* JUR requérant(e) *m(f)*

an|treffen *vt irr* **jdn zu Hause** ~ rencontrer qn à la maison; **jdn beim Essen** ~ trouver qn en train de manger

an|treiben *vt irr + haben* ❶ (*Person, Tier*) faire avancer; (*Mitarbeiter*) pousser; **jdn zur Eile** ~ presser qn ❷ **etw ans Ufer** ~ rejeter qc sur le rivage ❸ (*veranlassen*) **jdn ~ etw zu tun** (*Sehnsucht*) pousser qn à faire qc

an|treten *irr* **I.** *vt + haben* ❶ **eine Reise** ~ partir en voyage; **eine Strafe** ~ commencer à purger une peine ❷ (*Stellung*) prendre; (*Erbe*) entrer en possession de; **sein Amt** ~ prendre ses fonctions **II.** *vi + sein* ❶ (*Soldaten*) se rassembler ❷ (*erscheinen*) **gegen jdn** ~ (*Sportler*) affronter qn

Antrieb [an'triːp] *m* ❶ (*~skraft*) **elektrischer** ~ propulsion *f* électrique ❷ (*Impuls*) motivation *f;* **etw aus eigenem ~ tun** faire qc de sa propre initiative

Antriebskraft *f* force *f* motrice

Antritt *m kein Pl* ❶ (*Beginn*) début *m* ❷ (*eines Amtes*) prise *f* en charge; (*einer Erb schaft*) entrée *f* en possession

an|tun *vt irr* **jdm ein Leid** ~ faire du mal à qn; **sich** (*dat*) **etwas** ~ *euph* attenter à ses jours ▸**das hat es ihm/ihr angetan** cela l'a séduit(e)

Antwort ['antvɔrt] <-, -en> *f* ~ **auf etw** (*akk*) réponse *f* à qc; **um ~ wird gebeten** répondez s'il vous plaît! ▸**nie um eine ~ verlegen sein** ne jamais être à court de réponses

antworten **I.** *vi* **jdm** ~ répondre à qn; **jdm auf seinen Brief** ~ répondre à la lettre de qn; **mit einem Lächeln** ~ répondre par un sourire **II.** *vt* ~**, dass ...** répondre que ...

Antwortschreiben *nt form* [lettre-]réponse

an|vertrauen* **I.** *vt* confier **II.** *vr* **sich jdm** ~ se confier à qn

an|wachsen *vi irr + sein* ❶ (*Wurzeln schlagen*) prendre racine ❷ (*Bevölkerung*) augmenter; (*Lärm*) s'intensifier

Anwalt ['anvalt, *Pl:* 'anvɛltə] <-[e]s, Anwälte> *m*, **Anwältin** *f* avocat(e) *m(f)*

Anwaltschaft <-, -en> *f* (*Gesamtheit der Anwälte*) ordre *m* des avocats

Anwaltskanzlei *f* ❶ (*Anwaltssozietät*) cabinet *m* d'avocats ❷ (*Büro*) étude *f*

Anwandlung *f* lubie *f;* **eine ~ von etw** un [soudain] accès de qc

Anwärter(in) *m(f)* ❶ (*Kandidat*) candidat(e) *m(f)* ❷ SPORT favori(te) *m(f)*

an|weisen *vt irr* **jdn ~ etw zu tun** donner des instructions à qn pour qu'il fasse qc

Anweisung *f* instruction *f;* **auf ~ der Geschäftsleitung** sur ordre de la direction

anwendbar *adj* applicable

an|wenden *vt reg o irr* (*Technologie*) employer; (*Programm*) se servir de; (*Regel*) appliquer

Anwender(in) <-s, -> *m(f)* INFORM utilisateur(-trice) *m(f)*

Anwendung *f* ❶ *kein Pl* (*der Gebrauch*) utilisation *f;* (*einer Regel*) application *f;* ~ **von Gewalt** recours *m* à la force ❷ INFORM application *f*

an|werben *vt irr a.* MIL recruter

anwesend ['anveːzənt] *adj* présent(e)

Anwesende(r) *f(m) dekl wie adj* personne présente

Anwesenheit <-> *f* **in seiner/ihrer** ~ en présence

Anwesenheitsliste *f* feuille *f* de présence

an|widern ['anviːdɐn] *vt* dégoûter
Anwohner(in) <-s, -> *m(f)* riverain(e) *m(f)*
Anzahl *f kein Pl* nombre *m*
an|zahlen *vt* (*Auto*) verser un acompte sur le prix de
Anzahlung *f* acompte *m*
an|zapfen *vt* **ein Fass ~** mettre un tonneau en perce
Anzeichen *nt* ❶ (*Indiz*) signe *m* ❷ MED symptôme *m*
Anzeige <-, -n> *f* ❶ JUR plainte *f;* **~ erstatten** porter plainte; **~ gegen unbekannt** plainte *f* contre X ❷ (*Inserat*) annonce *f* ❸ (*einer Heirat*) faire-part *m* ❹ *kein Pl* (*eines Messwerts*) indication *f;* (*des Spielstands*) affichage *m*
an|zeigen *vt* ❶ JUR (*Straftat*) signaler; **jdn wegen etw ~** porter plainte contre qn pour qc ❷ (*Messwert*) indiquer; (*Richtung*) signaler
Anzeigetafel *f* panneau *m* d'affichage; SPORT tableau *m* d'affichage
an|zetteln *vt* (*Verschwörung*) fomenter; (*Streit*) déclencher
an|ziehen *irr* **I.** *vt* ❶ (*Kleid*) mettre; **sich/jdm etw ~** mettre qc/mettre qc à qn ❷ (*Schlinge*) tirer ❸ (*Handbremse*) serrer ❹ (*Bein*) ramener ❺ (*Besucher*) attirer **II.** *vr* ❶ **sich ~** s'habiller ❷ (*sich attraktiv finden*) **sich [gegenseitig] ~** se sentir attiré(e)s l'un vers l'autre
nziehend *adj* (*Äußeres*) attirant(e); (*Werbung*) attrayant(e)
nziehungskraft *f* ❶ (*Attraktivität*) attrait *m* ❷ PHYS attraction *f*
nzug *m* ❶ costume *m* ❷ (*Hosenanzug*) tailleur-pantalon *m* ▸**im ~ sein** (*Gewitter*) se préparer; (*Gefahr*) être imminent
nzüglich ['antsyːklɪç] *adj* ❶ (*Bemerkung*) désobligeant(e) ❷ (*Witz*) scabreux(-euse); (*Geste*) obscène
n|zünden *vt* ❶ allumer ❷ (*Gebäude*) incendier
nzünder *m* (*für Gasherde*) allume-gaz *m;* (*für Kohle*) allume-feu *m*
n|zweifeln *vt* **etw ~** douter de qc
part [a'part] *adj* (*Kleid, Einrichtung*) qui a du cachet; **~ aussehen** avoir de la classe
partheid [a'paːɐthait] <-> *f* apartheid *m*
partment [a'partmənt] <-s, -s> *nt* studio *m*
athisch [a'paːtɪʃ] *adj* apathique

Aperitif [aperi'tiːf] <-s, -s> *m* apéritif *m*
Apfel ['apfəl, *Pl:* 'ɛpfəl] <-s, Äpfel> *m* pomme *f*
Apfelbaum *m* pommier *m* **Apfelkuchen** *m* tarte *f* aux pommes **Apfelmus** *nt* compote *f* de pommes **Apfelsaft** *m* jus *m* de pommes
Apfelsine [apfəl'ziːnə] <-, -n> *f* orange *f*
Apfelstrudel *m: sorte de chausson aux pommes avec des morceaux de pommes à l'intérieur, servi avec une crème à la vanille* **Apfelwein** *m* ≈ cidre *m*
Apostel [a'pɔstəl] <-s, -> *m* REL *a. fig geh* apôtre *m*
Apostroph [apo'stroːf] <-s, -e> *m* apostrophe *f*
Apotheke [apo'teːkə] <-, -n> *f* pharmacie *f*
apothekenpflichtig *adj* vendu(e) uniquement en pharmacie
Apotheker(in) <-s, -> *m(f)* pharmacien(ne) *m(f)*
Apparat [apa'raːt] <-[e]s, -e> *m* appareil *m;* (*Fernsehapparat*) poste *m;* (*Telefon*) appareil *m;* **bleiben Sie am ~!** ne quittez pas!
Apparatur [apara'tuːɐ] <-, -en> *f* appareillage *m*
Appartement [apartə'mãː] <-s, -s o CH -e> *nt* ❶ *s.* **Apartment** ❷ (*Hotelsuite*) suite *f*
Appell [a'pɛl] <-s, -e> *m* ❶ (*Aufruf*) **~ an die Vernunft** appel *m* à la raison ❷ MIL appel *m*
appellieren* [apɛ'liːrən] *vi* **an jdn ~ etw zu tun** exhorter qn à faire qc; **an etw** (*akk*) **~** en appeler à qc
Appetit [ape'tiːt] <-[e]s> *m* appétit *m;* **~ auf etw** (*akk*) **haben** avoir envie de qc; **jdm den ~ verderben** couper l'appétit à qn; **guten ~!** bon appétit!
appetitanregend *adj* (*Speise*) appétissant(e)
appetitlich *adj* (*Speise, Aussehen*) appétissant(e)
Appetitlosigkeit <-> *f* manque *m* d'appétit
Appetitzügler <-s, -> *m* coupe-faim *m*
applaudieren* [aplau'diːrən] *vi* **jdm ~** applaudir qn
Applaus [a'plaus] <-es> *m* applaudissements *mpl*
Aprikose [apri'koːzə] <-, -n> *f* abricot *m*
April [a'prɪl] <-[s], -e> *m* avril *m;* **im ~** en avril; **ab [dem] ersten ~** à partir du premier avril; **sie ist am 10. ~ 1963 geboren** elle est née le 10 avril 1963; **es ist ~**

c'est le mois d'avril; **Berlin, den 9. ~ 2004** Berlin, le 9 avril 2004; **Freitag, den 6. ~ 2004** vendredi 6 avril 2004 ▸**jdn in den ~ schicken** faire un poisson d'avril à qn

Aprilscherz *m* poisson *m* d'avril **Aprilwetter** *nt* giboulées *fpl* de mars

apropos [apro'poː] *adv geh* au fait

Aquaplaning [akva'plaːnɪŋ] <-s> *nt* aquaplaning *m*

Aquarell [akva'rɛl] <-s, -e> *nt* aquarelle *f*

Aquarium [a'kvaːri̯ʊm] <-s, -rien> *nt* aquarium *m*

Äquator [ɛ'kvaːtoːɐ] <-s, -toren> *m* équateur *m*

äquivalent [ɛkviva'lɛnt] *adj geh* équivalent(e)

Ar [aːɐ] <-s, -e> *nt o m* are *m*

Ära ['ɛːra] <-, Ären> *f geh* ère *f*

Araber(in) ['arabɐ] <-s, -> *m(f)* Arabe *mf*

arabisch **I.** *adj* arabe; (*Klima, Wüste*) d'Arabie **II.** *adv* **~ miteinander sprechen** discuter en arabe

Arabisch <-[s]> *nt kein art* arabe *m; s. a.* **Deutsch**

Arbeit ['arbait] <-, -en> *f* ① (*Tätigkeit*) travail *m;* **sich an die ~ machen** se mettre au travail ② (*~splatz*) travail *m;* **~ haben** avoir du travail; **ohne ~ sein** être sans travail; **~ suchend** à la recherche d'un emploi ③ (*Werk*) travail *m,* ouvrage *m* ④ (*Klassenarbeit*) contrôle *m;* (*Hausarbeit*) devoir *m* ⑤ *kein Pl* (*Mühe*) travail *m;* **jdm ~/viel ~ machen** donner du travail/beaucoup de travail à qn

arbeiten **I.** *vi* (*(berufs)tätig sein*) travailler; **an etw** (*dat*) **~** travailler à qc **II.** *vr* (*sich vorwärts bewegen*) **sich durch das Gestein ~** se frayer un chemin dans la roche; **sich durch die Akten ~** venir à bout des dossiers

Arbeiter(in) <-s, -> *m(f)* (*Industriearbeiter*) ouvrier(-ière) *m(f);* **ungelernter ~** manœuvre *m*

Arbeiterbewegung *f* mouvement *m* ouvrier **Arbeiterviertel** *nt* quartier *m* ouvrier **Arbeiterwohlfahrt** *f: association comparable à une mutualité ouvrière*

Arbeitgeber(in) <-s, -> *m(f)* employeur(-euse) *m(f)*

Arbeitnehmer(in) *m(f)* salarié(e) *m(f)*

Arbeitsamt *nt* agence *f* pour l'emploi **Arbeitsaufwand** *m* somme *f* de travail; **der ~ für die Reparatur** le temps de travail nécessaire à la réparation **Arbeitsbedingungen** *Pl* conditions *fpl* de travail **Arbeitsbeschaffungsmaßnahme** *f* mesure *f* d'aide à l'emploi **Arbeitserlaubnis** *f* ① (*Recht*) autorisation *f* de travail ② (*Bescheinigung*) carte *f* de travail **arbeitsfähig** *adj* (*Person*) apte au travail **Arbeitsgemeinschaft** *f* groupe *m* d'études **Arbeitsgericht** *nt* ≈ conseil *m* des prud'hommes (*constitué par des juges professionnels en Allemagne*) **arbeitsintensiv** *adj* qui exige un travail intensif **Arbeitsklima** *nt* ambiance *f* de travail **Arbeitskollege** *m,* **-kollegin** *f* collègue *mf* de travail **Arbeitskraft** *f* ① *kein Pl* (*Leistungskraft*) puissance *f* de travail ② (*Mitarbeiter*) travailleur(-euse) *m(f)* **Arbeitslager** *nt* camp *m* de travail **Arbeitsleben** *nt kein Pl* vie *f* professionnelle

arbeitslos *adj* au chômage; **~ werden/sein** se retrouver/être au chômage

Arbeitslose(r) *f(m) dekl wie adj* chômeur(-euse) *m(f)*

Arbeitslosengeld *nt* allocation *f* [de] chômage (*accordée pendant les 18 premiers mois de chômage*) **Arbeitslosenhilfe** *f: allocation [de] chômage accordée aux chômeurs de longue durée dans le besoin* **Arbeitslosenquote** *f* taux *m* de chômage **Arbeitslosenversicherung** *f* assurance *f* chômage **Arbeitslosenzahl** *f* nombre *m* des chômeurs

Arbeitslosigkeit <-> *f* chômage *m*

Arbeitsmarkt *m* marché *m* de l'emploi **Arbeitsmoral** *f* conscience *f* professionnelle **Arbeitsplatz** *m* ① (*Platz*) poste *m* de travail ② (*Stelle*) emploi *m* **Arbeitsrecht** *nt* droit *m* du travail **arbeitsscheu** *adj pej* réfractaire au travail **Arbeitsspeicher** *m* INFORM mémoire *f* vive **Arbeitsstelle** *f* (*Anstellung*) emploi *m;* (*Arbeitsort*) lieu *m* de travail **Arbeitssuche** *f* recherche *f* d'un emploi **Arbeitstag** *m* ① journée *f* de travail ② (*Werktag*) jour *m* ouvrable **Arbeitsteilung** *f* répartition *f* du travail **arbeitsuchend**[ALT] *adj s.* **Arbeit 2.** **arbeitsunfähig** *adj* en incapacité de travail **Arbeitsunfähigkeit** *f* incapacité *f* de travail **Arbeitsunfall** *m* accident *m* du travail **Arbeitsverhältnis** *nt* contrat *m* de travail **Arbeitsvermittlung** *f* ① (*das Vermitteln*) recrutement *m* ② (*Abteilung im Arbeitsam* agence *f* pour l'emploi ③ (*private Agentur*) bureau *m* de placement **Arbeitsvertrag** *m* contrat *m* de travail **Arbeitsweise** *f* ① (*Vorgehensweise*) méthode *f* de travail ② (*eines Geräts*) mode *m* de fonctionnement **Arbeitszeit** *f* temps *m* de travail; **gleitende ~** horaire *m* flexible **Arbeitszeitverkürzung** *f* réduction *f* du temps de travail **Arbeitszeugnis** *nt* certificat *m* de travail **Arbeitszimmer** *nt* bureau *m*

rchaisch [ar'ça:ɪʃ] *adj* archaïque

rchäologe [arçɛo'lo:gə] <-n, -n> *m,* **Archäologin** *f* archéologue *mf*

rchäologie [arçɛolo'gi:] <-> *f* archéologie *f*

rchäologisch [arçɛo'lo:gɪʃ] *adj* archéologique

rche ['arçə] <-, -n> *f* arche *f;* **die ~ Noah** l'Arche de Noé

rchitekt(in) [arçi'tɛkt] <-en, -en> *m(f)* architecte *mf*

rchitektur [arçitɛk'tu:ɐ̯] <-, -en> *f* architecture *f*

rchiv [ar'çi:f] <-s, -e> *nt* archives *fpl*

rchivieren* *vt* archiver

RD [a:ʔɛɐ'de:] <-> *f Abk von* **Arbeitsgemeinschaft der Rundfunkanstalten Deutschlands** *première chaîne publique de radio et de télévision allemande*

ren *Pl von* **Ära**

rena [a're:na] <-, Arenen> *f* ① (*eines Stadions*) terrain *m* ② (*Stierkampfarena*) arène *f* ③ (*Zirkusarena*) piste *f*

rg [ark] <ärger, ärgste> *adj* ① grave; (*Schicksal*) cruel(le); (*Enttäuschung*) grand(e) *antéposé;* **unser ärgster Feind** notre pire ennemi ② *attr fam* (*Freude*) grand(e) *antéposé* ▸**im Argen liegen** *geh* être en mauvaise posture

rgentinien [argɛn'ti:niən] <-s> *nt* l'Argentine *f*

rger ['ɛrgɐ] <-s> *m* ① (*Unmut*) colère *f* ② (*Unannehmlichkeiten*) ennuis *mpl;* **mit dm ~ haben** avoir des ennuis avec qn

gerlich *adj* (*Blick*) irrité(e); (*Angelegenheit*) ennuyeux(-euse)

gern ['ɛrgɐn] **I.** *vt* ① **jdn ~** énerver qn; **es rgert mich, dass** cela m'énerve que *subj* ② (*mutwillig reizen, necken*) agacer **I.** *vr* **sich über jdn/etw ~** se mettre en colère contre qn/à cause de qc

gernis <-ses, -se> *nt* [objet *m* de] scandale

Argument [argu'mɛnt] <-[e]s, -e> *nt* argument *m*

argumentieren* [argumɛn'ti:rən] *vi* **mit etw ~** argumenter de qc

Argwohn ['arkvo:n] <-s> *m geh* suspicion *f*

argwöhnisch *geh adj* soupçonneux(-euse)

Arie ['a:riə] <-, -n> *f* aria *f;* (*Opernarie*) air *m* d'opéra

Aristokrat(in) [arɪsto'kra:t] <-en, -en> *m(f)* aristocrate *mf*

Aristokratie [arɪstokra'ti:] <-, -n> *f* aristocratie *f*

aristokratisch *adj* aristocratique

Arithmetik [arɪt'me:tɪk] <-> *f* arithmétique *f*

Arkade [ar'ka:də] <-, -n> *f* arcade *f*

Arktis ['arktɪs] <-> *f* **die ~** l'Arctique *m*

arktisch *adj* ① GEO arctique ② *fig* (*Temperaturen*) polaire

arm [arm] <ärmer, ärmste> *adj* ① pauvre; **jdn ~ machen** ruiner qn ② (*Person*) pauvre *antéposé* ▸**Arm und Reich** pauvres *mpl* et riches *mpl*

Arm [arm] <-[e]s, -e> *m* ① bras *m;* **~ in ~** bras dessus, bras dessous; **ein Kind im ~ halten** tenir un enfant dans ses bras; **jdn in den ~ nehmen** prendre qn dans ses bras ② *kein Pl* (*Machtinstrument*) bras *m;* **der ~ des Gesetzes** *geh* le bras de la justice ③ (*Flussarm*) bras *m* ④ (*eines Krans*) bras *m;* (*eines Leuchters*) branche *f*

Armatur [arma'tu:ɐ̯] <-, -en> *f meist Pl* ① (*im Auto*) commande *f;* (*im Flugzeug*) instrument *m* de bord ② (*Badarmatur*) **die ~en** la robinetterie

Armaturenbrett *nt* tableau *m* de bord

Armband <-bänder> *nt* bracelet *m* **Armbanduhr** *f* montre-bracelet *f* **Armbinde** *f* ① (*eines Blinden*) brassard *m* ② (*Armschlinge*) écharpe *f*

Arme(r) *f(m) dekl wie adj* ① (*mittelloser Mensch*) pauvre(-esse) *m(f)* ② (*bedauernswerter Mensch*) **du ~r!** mon pauvre [petit]!

Armee [ar'me:] <-, -n> *f* MIL armée *f*

Ärmel ['ɛrməl] <-s, -> *m* manche *f*

Ärmelkanal *m* **der ~** la Manche

ärmellos *adj* sans manches

Armenien [ar'me:niən] <-s> *nt* l'Arménie *f*

armenisch **I.** *adj* arménien(ne) **II.** *adv* **~ miteinander sprechen** discuter en arménien

Armenisch <-[s]> *nt kein art* arménien *m;* *s. a.* **Deutsch**

Armenviertel *nt* quartier *m* pauvre

Armlehne *f* accoudoir *m* **Armleuchter** *m* ❶ (*Leuchter*) candélabre *m* ❷ *pej fam* (*Dummkopf*) andouille *f*

ärmlich ['ɛrmlɪç] *adj* (*Verhältnisse*) misérable; (*Essen*) maigre *antéposé*

Armreif *m* bracelet *m*

armselig ['armseːlɪç] *adj* ❶ (*sehr arm*) miteux(-euse) ❷ (*dürftig*) maigre *antéposé* ❸ (*Ausrede*) minable; (*Summe*) misérable

Armut ['armuːt] <-> *f* (*Bedürftigkeit*) pauvreté *f*; **geistige ~** pauvreté *f* intellectuelle

Armutsgrenze *f* seuil *m* de pauvreté

Aroma [a'roːma] <-s, Aromen> *nt* arôme *m*

aromatisch [aro'maːtɪʃ] *adj* ❶ (*Duft*) aromatique ❷ (*wohlschmeckend*) savoureux(-euse)

aromatisieren* *vt* aromatiser

arrangieren* [arɑ̃'ʒiːrən] **I.** *vt* organiser; (*gestalten*) arranger **II.** *vr* **sich mit jdm ~** s'arranger avec qn

Arrest [a'rɛst] <-[e]s, -e> *m* ❶ (*Freiheitsentzug*) détention *f* ❷ (*Schularrest*) consigne *f* ❸ MIL arrêts *mpl*

arrogant [aro'gant] *adj* arrogant(e)

Arroganz <-> *f* arrogance *f*

Arsch [arʃ, *Pl:* 'ɛrʃə] <-[e]s, Ärsche> *m vulg* ❶ (*Gesäß*) cul *m* (*fam*) ❷ (*blöder Mensch*) conard *m* ▸**leck mich** [**doch**] **am ~!** va te faire foutre!

Arschloch *nt vulg* trou *m* du cul

Arsen [ar'zeːn] <-s> *nt* CHEM arsenic *m*

Arsenal [arze'naːl] <-s, -e> *nt* (*Waffenlager*) arsenal *m*

Art. *Abk von* **Artikel** art.

Art [aːɐt] <-, -en> *f* ❶ (*Spezies*) espèce *f*; (*Sorte*) genre *m*; **jede ~ von Gewalt ablehnen** refuser toute forme de violence ❷ (*Weise*) façon *f*; **auf diese ~ und Weise** de cette façon ❸ *kein Pl* (*Wesensart*) nature *f* ❹ *kein Pl* (*Benehmen*) manières *fpl*

Artenschutz *m* protection *f* des espèces **Artenvielfalt** *f* variété *f* des espèces

Arterie [ar'teːriə] <-, -n> *f* ANAT artère *f*

Arterienverkalkung *f* MED artériosclérose *f*

artgerecht *adj* (*Tierhaltung*) qui respecte les besoins des animaux

Arthrose <-, -n> *f* arthrose *f*

artig ['artɪç] *adj* (*Kind*) sage

Artikel [ar'tiːkəl] <-s, -> *m* article *m*

artikulieren* [artiku'liːrən] **I.** *vt* articuler **II.** *vr geh* **sich in etw** (*dat*) **~** s'exprimer dans qc

Artillerie [artɪlə'riː] <-> *f* artillerie *f*

Artischocke [arti'ʃɔkə] <-, -n> *f* artichaut *m*

Artist(in) [ar'tɪst] <-en, -en> *m(f)* ❶ (*Zirkusartist*) artiste *mf* de cirque; (*Zirkusakrobat*) acrobate *mf* ❷ (*Könner*) artiste *mf*

Arznei [aːɐts'naɪ] <-, -en> *f*, **Arzneimittel** *n* médicament *m*

Arzt [aːɐtst, *Pl:* 'ɛːɐtstə] <-es, Ärzte> *m*, **Ärztin** *f* médecin *mf*, docteur *mf*; **zum ~ gehen** aller chez le médecin

Arztbesuch *m* visite *f* du médecin

Ärztekammer *f* conseil *m* de l'ordre des médecins

Ärzteschaft <-> *f* corps *m* médical

Arzthelfer(in) *m(f)* auxiliaire *mf* médical(e)

ärztlich ['ɛːɐtstlɪç] **I.** *adj* (*Attest*) médical(e) **II.** *adv* **sich ~ behandeln lassen** suivre un traitement médical

Arztpraxis *f* cabinet *m* médical

As[ALT] <-ses, -se> *s.* **Ass**

Asbest [as'bɛst] <-[e]s, -e> *m* amiante *m*

aschblond *adj* blond cendré *inv*

Asche ['aʃə] <-, -n> *f* cendre *f souvent pl*

Aschenbecher *m* cendrier *m* **Aschenputtel** <-s> *nt* Cendrillon *f*

Aschermittwoch [aʃɐ'mɪtvɔx] *m* mercredi *m* des Cendres

ASCII-Code ['askikoːt] *m* INFORM code ASCII

Asiat(in) [a'ziaːt] <-en, -en> *m(f)* Asiatique *mf*

asiatisch *adj* asiatique

Asien ['aːziən] <-s> *nt* l'Asie *f*

Askese [as'keːzə] <-> *f* ascèse *f*

asketisch *adj* ascétique

asozial ['azotsiaːl] *adj* asocial(e)

Aspekt [as'pɛkt] <-[e]s, -e> *m* aspect *m*

Asphalt [as'falt] <-[e]s, -e> *m* asphalte *m* bitume *m*

asphaltieren* [asfal'tiːrən] *vt* asphalter

Aspik <-s, -e> *m o A nt* aspic *m*

aß [aːs] *Imp von* **essen**

Ass[RR] [as] <-es, -e> *nt* (*Spielkarte, fähiger Mensch*) as *m*

Assimilation [asimila'tsi̯oːn] <-, -en> *f* assimilation *f*

assimilieren* [asimi'liːrən] *vt a.* BIO assimiler

Assistent(in) [asɪs'tɛnt] <-en, -en> *m(f)* assistant(e) *m(f)*

Assistenz <-> *f geh* (*Mithilfe*) concours *m*

Assistenzarzt *m*, **-ärztin** *f* ≈ interne *mf* c

hôpitaux

assistieren* [asɪs'ti:rən] *vi* **jdm bei etw ~** assister qn dans qc

Assoziation [asotsia'tsio:n] <-, -en> *f geh* association *f*

Ast [ast, *Pl:* 'ɛstə] <-[e]s, Äste> *m* branche *f*

Aster ['astɐ] <-, -n> *f* aster *m*

Ästhetik [ɛs'te:tɪk] <-, -en> *f* ❶ (*Wissenschaft*) esthétique *f* ❷ *kein Pl* (*Schönheit*) caractère *m* esthétique

ästhetisch *adj* esthétique

Asthma ['astma] <-s> *nt* asthme *m*

Asthmatiker(in) [ast'ma:tikɐ] <-s, -> *m(f)* asthmatique *mf*

asthmatisch *adj* (*Beschwerden*) asthmatique; (*Anfall*) d'asthme

Astloch *nt* trou *m* laissé par un nœud

Astrologe [astro'lo:gə] <-n, -n> *m*, **Astrologin** *f* astrologue *mf*

Astrologie [astrolo'gi:] <-> *f* astrologie *f*

astrologisch [astro'lo:gɪʃ] *adj* (*Zeitschrift*) d'astrologie; (*Gutachten*) astrologique

Astronaut(in) [astro'naut] <-en, -en> *m(f)* astronaute *mf*

Astronom(in) [astro'no:m] <-en, -en> *m(f)* astronome *mf*

Astronomie [astrono'mi] <-> *f* astronomie *f*

astronomisch *adj* (*Instrument*) astronomique; (*Werk*) d'astronomie; (*Kenntnisse*) en astronomie

Asyl [a'zy:l] <-s, -e> *nt* ❶ *Pl selten* asile *m*; **jdm ~ gewähren** (*Staat*) accorder le droit d'asile à qn; (*Privatperson*) offrir un asile à qn ❷ (*Obdachlosenheim*) asile *m* de nuit [pour les sans-abri]

Asylant(in) *m(f)* demandeur(-euse) *m(f)* d'asile

Asylantenwohnheim *nt* foyer *m* pour les demandeurs d'asile

Asylantrag *m* demande *f* d'asile **Asylbewerber(in)** *m(f)* demandeur(-euse) *m(f)* d'asile **Asylrecht** *nt* (*Recht auf Asyl*) droit *m* d'asile

asymmetrisch ['azʏme:trɪʃ] *adj* asymétrique

At [ɛt] INFORM ar[r]obas *m*

Atelier [ate'lie:] <-s, -s> *nt* ❶ (*Künstlerwerkstatt*) atelier *m* ❷ (*Filmatelier*) studio *m* [de production]

Atem ['a:təm] <-s> *m* ❶ (*~luft*) souffle *m*; **außer ~ sein** être hors d'haleine ❷ (*~geruch*) haleine *f* ❸ (*das Atmen*) respiration *f* ▸**den ~ anhalten** retenir sa respiration; (*sehr gespannt sein*) retenir son souffle; **jdn in ~ halten** (*jdn auf Trab halten*) tenir qn en mouvement; **das verschlägt einem [glatt] den ~!** c'est à en avoir le souffle coupé!

atemberaubend *adj* (*Schönheit*) vertigineux(-euse)

atemlos *adj* ❶ (*außer Atem*) essoufflé(e) ❷ (*Stille*) absolu(e)

Atemnot *f* crise *f* d'étouffements **Atempause** *f* pause *f* pour respirer **Atemwege** *Pl* voies *fpl* respiratoires **Atemzug** *m* inspiration *f* ▸**im selben ~** en même temps

Atheismus [ate'ɪsmʊs] <-> *m* athéisme *m*

Atheist(in) [ate'ɪst] <-en, -en> *m(f)* athée *mf*

atheistisch [ate'ɪstɪʃ] *adj* athée

Athen [a'te:n] <-s> *nt* Athènes

Äther ['ɛ:tɐ] <-s> *m* CHEM éther *m*

ätherisch [ɛ'te:rɪʃ] *adj* CHEM (*Öl*) essentiel(le)

Äthiopien [ɛti'opiən] <-s> *nt* l'Éthiopie *f*

äthiopisch *adj* éthiopien(ne)

Athlet(in) [at'le:t] <-en, -en> *m(f)* athlète *mf*

athletisch *adj* (*Körperbau*) athlétique

Atlanten *Pl von* **Atlas**

Atlantik [at'lantɪk] <-s> *m* **der ~** l'Atlantique *m*

atlantisch *adj* atlantique

Atlas ['atlas, *Pl:* 'at'lantən] <-, Atlanten> *m* atlas *m*

atmen ['a:tmən] *vt, vi* respirer

Atmosphäre [atmo'sfɛ:rə] <-, -n> *f* atmosphère *f*

atmosphärisch *adj* atmosphérique

Atmung <-> *f* respiration *f*

Atoll [a'tɔl] <-s, -e> *nt* atoll *m*

Atom [a'to:m] <-s, -e> *nt* atome *m*

Atomangriff *m* attaque *f* nucléaire

atomar [ato'ma:ɐ] *adj* ❶ PHYS atomique ❷ MIL nucléaire

Atombombe *f* bombe *f* atomique **Atomenergie** *f* énergie *f* nucléaire **Atomexplosion** *f* explosion *f* nucléaire **Atomkern** *m* noyau *m* [de l'atome] **Atomkraft** *f kein Pl* énergie *f* nucléaire **Atomkraftwerk** *nt* centrale *f* nucléaire **Atommüll** *m* déchets *mpl* nucléaires **Atomphysik** *f* physique *f* nucléaire **Atomreaktor** *m* réacteur *m* nucléaire **Atomtest** *m* essai *m* nucléaire **Atomwaffe** *f* arme *f* nucléaire **atomwaffenfrei** *adj* (*Zone*) dénucléarisé(e) **Atomzeitalter**

nt kein Pl **das** ~ l'ère *f* atomique

ätsch [ɛːtʃ] *interj fam* bien fait

Attacke [a'takə] <-, -n> *f* ❶ *a. fig* attaque *f* ❷ MIL charge *f* de cavalerie

Attentat ['atəntaːt] <-[e]s, -e> *nt* attentat *m*

Attentäter(in) [atəntɛːtɐ] *m(f)* auteur *m* de l'attentat

Attest [a'tɛst] <-[e]s, -e> *nt* certificat *m*

Attraktion [atrak'tsi̯oːn] <-, -en> *f* ❶ *kein Pl* (*Anziehungskraft*) attrait *m* ❷ (*Glanznummer*) attraction *f*

attraktiv [atrak'tiːf] *adj* ❶ (*Person*) séduisant(e) ❷ (*Stadt*) attrayant(e); (*Angebot*) intéressant(e)

Attraktivität [atraktivi'tɛːt] <-> *f* ❶ (*einer Person*) pouvoir *m* de séduction ❷ (*einer Stadt*) caractère *m* attrayant; (*eines Angebots*) caractère intéressant

Attrappe [a'trapə] <-, -n> *f* ❶ objet *m* factice ❷ (*gemalte optische Täuschung*) trompe-l'œil *m*

Attribut [atri'buːt] <-[e]s, -e> *nt* LING épithète *f*

ätzen ['ɛtsən] *vi* corroder

ätzend *adj* ❶ CHEM corrosif(-ive) ❷ (*Geruch*) délétère

au [au̯] *interj* ❶ (*Ausruf des Schmerzes*) aïe ❷ (*Ausruf der Freude*) ~ **ja/klasse!** *fam* ouah super!

Aubergine [obɛr'ʒiːnə] <-, -n> *f* aubergine *f*

auch [au̯x] *adv* ❶ (*ebenfalls*) aussi ❷ (*sogar*) même; ~ **wenn** même si ❸ (*verstärkend*) effectivement; **wozu [denn] ~?** de toute façon, à quoi bon? ❹ (*immer*) **wie dem ~ sei** quoi qu'il en soit

Audienz [au̯'di̯ɛnts] <-, -en> *f* audience *f*

audiovisuell [au̯di̯ovi'zu̯ɛl] *adj* audiovisuel(le)

auf [au̯f] **I.** *präp + dat* ❶ sur; ~ **dem Boden** par terre; ~ **der Straße** dans la rue; ~ **dem Land** à la campagne; **auf Korsika** en Corse ❷ (*in, bei*) à; ~ **der Post** à la poste; ~ **einem Sparkonto** sur un compte [d']épargne ❸ (*während*) pendant; ~ **dem Weg** en chemin; ~ **der Feier** à la fête ❹ (*für*) ~ **einen Tee bleiben** rester le temps de boire un thé **II.** *präp + akk* ❶ sur; ~ **den Boden** par terre; ~ **die Straße gehen** sortir dans la rue; **~s Land fahren** aller à la campagne ❷ (*zu*) à; ~ **die Post** à la poste ❸ (*bei Zeitangaben*) ~ **einen Dienstag fallen** tomber un mardi; **etw ~ die nächste Woche verschieben** repousser qc à la semaine prochaine ❹ (*bei Maß- und Mengenangaben*) à; ~ **die Sekunde genau** à la seconde près ❺ (*pro*) pour; **fünf Liter ~ hundert Kilometer verbrauchen** consommer cinq litres aux cent [kilomètres] ❻ (*aufgrund, infolge*) sur; ~ **Wunsch** sur la demande ❼ (*mittels*) ~ **diese Art** de cette manière ❽ (*in Trinksprüchen*) ~ **dein Wohl!** à la tienne! ❾ (*mit Superlativen*) **jdn ~ das herzlichste begrüßen** saluer qn de la manière la plus cordiale **III.** *adv* ❶ (*los*) ~ **geht's!** on y va!; ~ **nach Kalifornien!** en route pour la Californie! ❷ *fam* (*setz ~*) **Helm ~!** mets ton casque! ❸ *fam* (*offen*) ~ **sein** être ouvert; **Mund ~!** ouvre/ouvrez la bouche! ❹ *fam* (*aufgestanden*) ~ **sein** être debout ❺ (*nach oben*) ~ **und ab fahren** monter et descendre ►~ **und davon sein** avoir filé **IV.** *konj geh* ~ **dass** souhaitons que + *subj*

auf|arbeiten *vt* ❶ (*Akten*) traiter ❷ (*Literatur*) exploiter ❸ (*Vergangenheit*) assumer

auf|atmen *vi* ❶ respirer profondément ❷ (*erleichtert sein*) respirer

auf|bahren *vt* (*Sarg*) exposer

Aufbau <-> *m kein Pl* ❶ (*eines Regals*) montage *m*; (*einer Stereoanlage*) installation ❷ (*Wiederaufbau*) ~ **Ost** reconstruction de l'Est ❸ (*eines Unternehmens*) mise *f* sur pied ❹ (*von Kontakten*) établissement *m* ❺ (*eines Unternehmens*) organisation *f*; (*eines Geräts*) agencement *m*; (*eines Romans*) composition *f*; (*eines Atoms*) structure *f*

auf|bauen **I.** *vt* ❶ (*Regal*) monter; (*Stereoanlage*) installer ❷ (*errichten*) **wieder ~** (*Land*) reconstruire ❸ (*Unternehmen*) mettre sur pied; **sich** (*dat*) **eine Existenz ~** organiser sa vie ❹ (*Kontakt*) établir ❺ (*basieren*) **etw auf der Vermutung ~, dass ...** fonder qc en supposant que ... ❻ (*Spannung*) établir ❼ PHYS, CHEM **symmetrisch aufgebaut sein** avoir une structure symétrique **II.** *vi* **auf etw** (*dat*) ~ se fonder sur qc **III.** *vr* ❶ *fam* (*sich postieren*) se planter ❷ INFORM **sich ~** (*Homepage*) s'afficher

auf|bäumen *vr* **sich ~** se cabrer

auf|begehren* *vi geh* se soulever

auf|behalten* *vt irr* (*Hut*) garder

auf|bereiten* *vt* ÖKOL traiter; **wieder ~** retraiter

Aufbereitung <-, -en> *f* ❶ (*von Wasser*) traitement *m* ❷ (*von Brennelementen*) retrai[tement]

ment *m*

auf|bessern *vt* (*Gehalt*) augmenter; (*Taschengeld*) arrondir

auf|bewahren* *vt* garder

Aufbewahrung <-, -en> *f* ❶ dépôt; **jdm etw zur ~ geben** confier la garde de qc à qn ❷ (*Gepäckaufbewahrung*) consigne *f*

auf|bieten *vt irr* mobiliser

auf|binden *vt irr* (*Krawatte*) défaire; (*Schuh*) délacer

auf|blähen **I.** *vt* (*Darm*) ballonner **II.** *vr* **sich ~** (*Ballon*) [se] gonfler; (*Darm*) ballonner

aufblasbar *adj* gonflable

auf|blasen *irr* **I.** *vt* gonfler **II.** *vr* ❶ **sich ~** se gonfler ❷ *pej fam* (*sich wichtigmachen*) **sich ~** se rengorger

auf|bleiben *vi irr + sein fam* ❶ (*geöffnet bleiben*) rester ouvert(e) ❷ (*nicht zu Bett gehen*) rester debout

auf|blühen *vi + sein* ❶ s'épanouir ❷ (*Kultur*) fleurir

auf|brauchen *vt* (*Vorräte*) épuiser; (*Packung*) finir

auf|brausen *vi + sein* ❶ (*Beifall*) éclater ❷ (*Person*) monter comme une soupe au lait

aufbrausend *adj* (*Person*) soupe au lait *inv*

auf|brechen *irr* **I.** *vt + haben* forcer **II.** *vi + sein* ❶ s'ouvrir ❷ (*sich auf den Weg machen*) partir

auf|bringen *vt irr* ❶ (*Summe*) réunir; (*Miete*) régler ❷ (*Geduld*) trouver ❸ (*erzürnen*) **jdn ~** monter [la tête à] qn

Aufbruch *m kein Pl* départ *m*

auf|bürden *vt geh* **jdm eine Arbeit ~** accabler qn d'un travail

auf|decken *vt* découvrir

auf|drängen **I.** *vt* **jdm etw ~** forcer qn à prendre qc **II.** *vr* **sich jdm ~** (*Person*) imposer sa présence à qn; (*Verdacht*) s'imposer à [l'esprit de] qn

auf|drehen **I.** *vt* ❶ (*Hahn*) ouvrir ❷ *fam* (*lauter stellen*) **das Radio voll ~** mettre la radio à plein[s] tube[s] **II.** *vi fam* (*Person*) s'éclater

aufdringlich *adj* ❶ (*Person*) envahissant(e) ❷ (*Parfüm*) pénétrant(e)

Aufdringlichkeit <-, -en> *f* (*einer Person*) caractère *m* importun

aufeinander [aʊfʔaɪˈnandɐ] *adv* ❶ (*räumlich*) l'un(e) sur l'autre/les un(e)s sur les autres ❷ (*gegenseitig*) **~ angewiesen sein** (*Personen*) être tributaires l'un de l'autre/les uns des autres

aufeinander|folgen *vi* se succéder **aufeinander|stoßen** *vi* (*Truppen*) s'affronter

Aufenthalt [ˈaʊfʔɛnthalt] <-[e]s, -e> *m* ❶ séjour *m* ❷ EISENBAHN arrêt *m*

Aufenthaltserlaubnis *f* permis *m* de séjour **Aufenthaltsort** *m* lieu *m* de résidence **Aufenthaltsraum** *m* salle *f* de détente

auf|erlegen* *vt geh* **jdm eine Prüfung/Strafe ~** imposer un examen/infliger une punition à qn

auf|erstehen* *vi irr + sein* ressusciter

Auferstehung <-, -en> *f* résurrection *f*

auf|essen *irr* **I.** *vt* terminer **II.** *vi* finir son assiette

auf|fädeln *vt* enfiler

auf|fahren *irr* **I.** *vi + sein* ❶ **auf eine Rampe ~** monter sur une rampe ❷ (*kollidieren mit*) emboutir ❸ (*näher heranfahren*) talonner ❹ (*hochschrecken*) sursauter **II.** *vt + haben* ❶ **Geschütze ~** mettre des pièces d'artillerie en batterie ❷ *fam* (*Speisen*) sortir

Auffahrt *f* ❶ *kein Pl* (*das Hinauffahren*) montée *f* ❷ (*Zufahrt*) accès *m*

Auffahrunfall *m* carambolage *m*

auf|fallen *vi irr + sein* ❶ (*Person*) ne pas passer inaperçu(e); (*Sache*) se remarquer; **jdm ~** (*Person*) attirer l'attention de qn; (*Sache*) frapper qn ❷ (*auf angenehme/unangenehme Weise bemerkt werden: Person*) se distinguer/se faire remarquer; **angenehm/unangenehm ~** produire une impression agréable/désagréable

auffallend **I.** *adj* (*Kleidungsstück*) voyant(e); (*Ähnlichkeit*) frappant(e); (*Intelligenz*) remarquable **II.** *adv* (*ruhig*) étonnamment

auffällig **I.** *adj* (*Farbe*) voyant(e) **II.** *adv* (*nervös*) visiblement; (*sich verhalten*) étrangement

auf|fangen *vt irr* ❶ (*Ball*) attraper ❷ (*Regenwasser*) recueillir ❸ (*Gesprächsfetzen*) saisir [au vol] ❹ (*Verluste*) compenser ❺ (*Aufprall*) amortir

auf|fassen *vt* concevoir; **etw anders ~** comprendre qc autrement

Auffassung *f* (*Vorstellung*) conception *f*; (*Meinung*) avis *m*

Auffassungsgabe *f kein Pl* intelligence *f*

auf|fordern *vt* ❶ prier ❷ (*zum Tanz bitten*) **jdn ~** inviter qn [à danser]

Aufforderung *f* ❶ (*Bitte*) demande *f* pressante; (*Bitte um einen Tanz*) invitation *f* ❷ (*der Polizei*) ordre *m*

auf|forsten ['aʊ̯ffɔrstən] *vt* boiser

auf|frischen **I.** *vt* + *haben* ❶ (*Kenntnisse*) rafraîchir ❷ (*Anstrich*) ravaler ❸ (*Impfung*) faire le rappel de ❹ (*Vorrat*) renouveler **II.** *vi unpers* + *sein* **es frischt auf** ça se rafraîchit

auf|führen **I.** *vt* ❶ (*Theaterstück*) représenter; (*Oper*) jouer ❷ (*Zeugen*) produire; (*Fakten*) énumérer **II.** *vr* **sich gut/schlecht ~** bien/mal se comporter

Aufführung *f* représentation *f*

auf|füllen *vt* ❶ (*Tank*) remplir ❷ (*nachfüllen*) **Öl ~** remettre de l'huile

Aufgabe <-, -n> *f* ❶ tâche *f* ❷ (*Pflicht*) devoir *m* ❸ (*Auftrag*) mission *f* ❹ SCHULE exercice *m* ❺ (*eines Gerätes*) fonction *f* ❻ *kein Pl* (*von Gepäck*) dépôt *m;* (*eines Pakets*) expédition *f* ❼ *kein Pl* (*Verzicht*) renoncement *m* ❽ *kein Pl a.* SPORT abandon *m* ❾ *kein Pl* (*Kapitulation*) reddition *f*

auf|gabeln *vt fam* (*Person*) dégoter

Aufgabenheft *nt* cahier *m* d'exercices

Aufgang <-gänge> *m* ❶ (*der Sonne*) lever *m* ❷ (*Treppe*) escalier *m;* (*Treppenhaus*) cage *f* d'escalier

auf|geben *irr* **I.** *vt* ❶ (*Studium*) abandonner; (*Freunde, Wohnort*) quitter; **gib's auf!** *fam* laisse tomber! ❷ (*auftragen*) **jdm Hausaufgaben ~** donner des devoirs à qn ❸ (*zu lösen geben*) **jdm ein Rätsel ~** poser une énigme à qn ❹ (*Gepäck*) faire enregistrer; (*Paket*) poster; (*Annonce*) [faire] passer **II.** *vi* abandonner

Aufgebot *nt* ❶ (*große Menge*) multitude *f* ❷ (*Heiratsankündigung*) publication *f* des bans

aufgebracht **I.** *adj* en colère **II.** *adv* sous l'emprise de la colère

aufgedunsen *adj* bouffi(e)

auf|gehen *vi irr* + *sein* ❶ (*Sonne*) se lever ❷ (*Tür*) s'ouvrir ❸ (*Knoten*) se défaire ❹ (*Rechnung*) tomber juste; (*Planung*) se réaliser ❺ (*klar werden*) commencer à comprendre ❻ (*Erfüllung finden*) **in etw** (*dat*) **~** s'investir dans qc ❼ (*Saat*) lever

aufgehoben *adj* **bei jdm gut/schlecht ~ sein** être en de bonnes/mauvaises mains chez qn

aufgekratzt *adj fam* excité(e)

aufgelegt *adj* **gut/schlecht ~ sein** être de bonne/mauvaise humeur

aufgeregt *adj* (*Person*) excité(e); (*nervös*) énervé(e)

aufgeschlossen *adj* (*Person*) ouvert(e)

aufgesetzt **I.** *adj* (*Lächeln, Fröhlichkeit*) forcé(e) **II.** *adv* **~ wirken** faire l'effet d'être forcé

aufgeweckt *adj* vif(vive); (*Kind*) éveillé(e)

auf|gießen *vt irr* (*aufbrühen*) **[den] Kaffee/Tee ~** verser de l'eau sur le café/thé

auf|gliedern *vr* **sich in etw** (*akk*) **~** se décomposer en qc

auf|greifen *vt irr* ❶ (*Vorschlag*) saisir; (*Fall*) s'emparer de; **eine Idee wieder ~** reprendre une idée ❷ (*Täter*) arrêter

aufgrund [aʊ̯f'grʊnt] *präp* + *gen* en raison de; **~ zahlreicher Beschwerden** suite à de nombreuses plaintes

auf|haben *irr fam* **I.** *vt* ❶ (*Geschäft*) ouvrir ❷ (*Hut*) avoir [mis] ❸ (*Hausaufgaben*) avoir **II.** *vi* (*Geschäft*) être ouvert

auf|halsen *fam* **I.** *vt* coller; **jdm eine Arbeit ~** coller un travail à qn **II.** *vr* **sich** (*dat*) **etw ~** se coltiner qc

auf|halten *irr* **I.** *vt* ❶ *a. fig* (*Person*) retenir (*Fahrzeug*) arrêter ❷ *fam* (*Hand*) tendre **II.** *vr* ❶ séjourner; **sich im Garten ~** se trouver dans le jardin ❷ (*verweilen*) **sich bei einem Punkt ~** s'attarder sur un point ❸ *fam* (*sich weiterhin befassen*) **sich mit jdm ~** passer du temps avec qn

auf|hängen **I.** *vt* ❶ (*Bild, Mantel*) [sus]pendre; (*Wäsche*) pendre ❷ (*erhängen*) pendre **II.** *vr* **sich ~** se pendre

Aufhänger <-s, -> *m* ❶ COUT bride *f* ❷ *fam* point *m* de départ

auf|heben *vt irr* ❶ ramasser ❷ (*aufbewahren*) garder ❸ (*Gesetz*) abroger

Aufheben ▶**viel/nicht viel ~[s] machen** *geh* faire/ne pas faire toute une histoire

Aufhebung <-, -en> *f* ❶ (*eines Gesetzes*) abrogation *f;* (*eines Urteils*) invalidation ❷ (*Beendigung*) levée *f*

auf|heitern **I.** *vt* (*Person*) dérider; (*Stimmung*) détendre **II.** *vr* **sich ~** ❶ (*Gesicht*) s'éclairer ❷ METEO se dégager

auf|heizen **I.** *vt* (*Stimmung*) [é]chauffer; (*Atmosphäre*) réchauffer **II.** *vr* **sich ~** s'enfiévrer

auf|hellen **I.** *vt* (*Haare*) éclaircir **II.** *vr* **sich** (*Gesicht*) s'éclairer; (*Wetter*) s'éclaircir

auf|hetzen *vt* exciter

auf|heulen *vi* ❶ (*Person, Tier*) pousser u

A

hurlement ❷ (*laut tönen: Sirene*) se mettre à mugir; (*Motor*) s'emballer

auf|holen I. *vt* rattraper II. *vi* rattraper son retard

auf|horchen *vi* dresser l'oreille

auf|hören *vi* arrêter

auf|kaufen *vt* (*Sammlung*) accaparer; (*Immobilien*) acheter en grande quantité

auf|klappen *vt + haben* (*Deckel*) soulever; (*Buch*) ouvrir; (*Liegestuhl*) déplier

auf|klaren ['aufkla:rən] *vi* se dégager

auf|klären I. *vt* ❶ **ein Verbrechen ~** tirer un crime au clair ❷ (*Missverständnis*) expliquer ❸ (*informieren*) **jdn ~** mettre qn au courant ❹ (*über Sexuelles unterrichten*) **jdn ~** faire l'éducation sexuelle de qn; **aufgeklärt sein** avoir reçu une éducation sexuelle ❺ MIL reconnaître II. *vr* **sich ~** (*Rätsel, Himmel*) s'éclaircir; (*Missverständnis*) s'expliquer

Aufklärung *f* ❶ (*Aufdeckung*) élucidation *f* ❷ (*Klärung*) explication *f* ❸ (*Information*) éclaircissements *mpl* ❹ (*sexuelle ~*) éducation *f* sexuelle ❺ MIL reconnaissance *f* ❻ *kein Pl* PHILOS **die ~** les lumières *fpl*

auf|kleben *vt* coller

Aufkleber *m* autocollant *m*

auf|knöpfen *vt* (*Bluse*) déboutonner; (*Knopf*) défaire

auf|knoten *vt* (*Schnürsenkel, Tuch*) dénouer; (*Knoten*) défaire

auf|kochen *vt + haben* **die Milch ~** porter le lait à ébullition

auf|kommen *vi irr + sein* ❶ (*finanzieren*) **für jdn ~** subvenir aux besoins de qn; **für die Kosten ~** prendre les coûts en charge ❷ (*Zweifel*) se faire jour; (*Gerücht*) commencer à circuler ❸ (*Wind*) se lever ❹ (*landen*) **hart/weich auf dem Boden ~** (*Person*) se recevoir rudement/en douceur au sol

Aufkommen <-s, -> *nt* ❶ (*Gesamtmenge*) **~ an Steuern** produit *m* des impôts ❷ *kein Pl* (*das Entstehen*) apparition *f*

auf|kreuzen *vi + sein fam* (*erscheinen*) se pointer

auf|laden *irr* I. *vt* ❶ **etw auf etw** (*akk*) **~** charger qc sur qc ❷ *fam* (*aufbürden*) **jdm die ganze Arbeit ~** mettre tout le travail sur le dos de qn ❸ (*Batterie*) [re]charger II. *vr* **sich ~** (*Batterie*) se charger d'électricité

Auflage <-, -n> *f* ❶ (*Ausgabe*) édition *f* ❷ (*~nhöhe*) tirage *m* ❸ (*Verpflichtung*) condition *f*; **jdm eine ~/~n machen** imposer un cahier des charges à qn

auf|lassen *vt irr* ❶ *fam* laisser ouvert(e) ❷ *fam* (*Hut*) garder

auf|lauern *vi* guetter

Auflauf *m* ❶ (*Speise*) soufflé *m* ❷ (*Menschenauflauf*) attroupement *m*

auf|leben *vi + sein* ❶ s'animer ❷ (*Erinnerungen*) se ranimer

auf|lecken *vt* lécher

auf|legen I. *vt* ❶ (*Schallplatte*) mettre; (*Hörer*) reposer ❷ (*Buch*) éditer II. *vi* (*Person*) raccrocher

auf|lehnen *vr* **sich ~** se rebeller

auf|lesen *vt irr* ❶ ramasser ❷ *pej fam* (*Person*) dégoter

auf|leuchten *vi + haben o sein* (*Augen, Sterne*) se mettre à briller; (*Licht*) s'allumer

auf|listen *vt* faire la liste de

auf|lockern I. *vt* ❶ (*Muskulatur*) détendre ❷ (*Stimmung*) détendre II. *vr* **sich ~** ❶ SPORT se détendre ❷ METEO se dissiper

Auflockerung *f* ❶ (*der Muskeln*) assouplissement *m* ❷ (*ansprechendere Gestaltung*) **zur ~ des Unterrichts** pour rendre le cours plus attrayant

auf|lösen I. *vt* ❶ dissoudre ❷ (*Versammlung*) disperser; (*Konto*) fermer ❸ MATH, MUS résoudre II. *vr* **sich ~** se décomposer; (*Pulver, Tablette*) se dissoudre; (*Nebel*) se dissiper

Auflösung *f* ❶ *kein Pl* dissolution *f* ❷ (*Bildauflösung*) définition *f*; INFORM résolution *f*

auf|machen I. *vt* ❶ *fam* ouvrir; (*Mantel, Schnürsenkel*) défaire ❷ (*Firma*) monter II. *vi* ouvrir III. *vr* (*aufbrechen*) **sich ~** partir

Aufmachung <-, -en> *f* (*einer Person*) tenue *f*; (*einer Titelseite*) présentation *f*

auf|marschieren* *vi + sein* MIL se déployer

aufmerksam *adj* ❶ attentif(-ive); **~ machen** faire remarquer ❷ (*zuvorkommend*) attentionné(e)

Aufmerksamkeit <-, -en> *f* attention *f*

auf|möbeln *vt fam* ❶ **etw [wieder] ~** retaper qc ❷ (*Person*) requinquer

auf|mucken *vi fam* râler

auf|muntern *vt* ❶ **jdn ~** (*Person*) remonter qn; (*Kaffee*) ragaillardir qn ❷ (*ermutigen*) encourager

aufmunternd I. *adj* (*Lächeln, Zurufe*) d'encouragement II. *adv* **jdm ~ zulächeln** sourire à qn pour l'encourager

aufmüpfig *adj fam* (*Schüler*) récalcitrant(e)
Aufnahme <-, -n> *f* ❶ *kein Pl* (*Empfang*) accueil *m;* (*von Gästen*) réception *f* ❷ *kein Pl* (*das Aufnehmen*) admission *f* ❸ *kein Pl* (*einer Tätigkeit*) début *m* ❹ *kein Pl* (*von Nahrung*) prise *f* ❺ PHOT photo[graphie] *f* ❻ (*Videoaufnahme*) enregistrement *m*
aufnahmefähig *adj* réceptif(-ive) **Aufnahmegebühr** *f* droits *mpl* d'admission **Aufnahmeprüfung** *f* concours *m* d'entrée
auf|nehmen *vt irr* ❶ accueillir ❷ (*beherbergen*) héberger ❸ (*Nachricht, Nahrung*) prendre ❹ (*zulassen*) **jdn ~** (*Internat*) admettre qn ❺ (*Tätigkeit*) entamer ❻ (*fotografieren*) **jdn/etw ~** prendre qn/qc en photo; (*filmen*) filmer qn/qc ❼ (*auf Video festhalten*) enregistrer ❽ (*geistig verarbeiten*) enregistrer
auf|opfern *vr* **sich ~** se sacrifier; **sich für jdn/etw ~** se sacrifier pour qn/qc
auf|passen *vi* ❶ faire attention ❷ (*beaufsichtigen*) surveiller; **auf einen Hund ~** garder un chien
Aufpasser(in) <-s, -> *m(f) pej* surveillant(e) *m(f);* SCHULE pion(ne) *m(f)* (*fam*)
auf|picken *vt* (*Futter*) picorer
auf|platzen *vi + sein* (*Frucht*) éclater; (*Naht*) craquer; (*Wunde*) s'ouvrir
Aufprall <-[e]s, -e> *m* choc *m*
auf|prallen *vi + sein* s'écraser
Aufpreis *m* supplément *m*
auf|pumpen *vt* gonfler
auf|putschen *vt* doper
Aufputschmittel *nt* dopant *m*
auf|raffen *vr* ❶ se soulever ❷ (*sich entschließen*) [parvenir à] se décider
auf|rappeln *vr fam* ❶ (*sich aufraffen*) **sich [wieder] ~** se ramasser; (*zu Kräften kommen*) se retaper ❷ (*sich entschließen*) **sich endlich ~ etw zu tun** se décider enfin à faire qc
auf|räumen *vt, vi* ranger
aufrecht ['aufrɛçt] *adj* (*Gang*) en position verticale; (*Körperhaltung*) le dos droit
aufrecht|erhalten* *vt irr* (*Kontakt*) maintenir; (*Behauptung*) persister dans **Aufrechterhaltung** *f* (*des Kontakts*) maintien *m*
auf|regen *vt, vr* **[sich] ~** [s']énerver
aufregend *adj* passionnant(e); **wie ~!** *fam* comme c'est palpitant!
Aufregung *f* ❶ excitation *f* ❷ (*Durcheinander*) agitation *f*
auf|reißen *irr* **I.** *vt + haben* ❶ ouvrir; (*Umschlag*) déchirer ❷ (*Kleid*) déchirer; (*Haut*) égratigner ❸ *fam* (*kennen lernen*) lever **II.** *vi + sein* (*Wolkendecke*) se déchirer
aufreizend *adj* excitant(e)
auf|richten **I.** *vt* ❶ relever ❷ (*Zelt*) monter **II.** *vr* **sich ~** se redresser
aufrichtig *adj* sincère
Aufrichtigkeit <-> *f* sincérité *f*
auf|rollen **I.** *vt* ❶ (*Teppich*) rouler; (*Kabel*) enrouler ❷ (*Poster*) dérouler ❸ (*erneut aufgreifen*) **wieder ~** (*Fall*) rouvrir **II.** *vr* **sich ~** se rembobiner
auf|rücken *vi + sein* ❶ (*weiterrücken*) se pousser ❷ (*aufsteigen*) monter en grade
Aufruf *m a.* INFORM appel *m*
auf|rufen *irr* **I.** *vt* ❶ **jdn ~ etw zu tun** appeler qn à faire qc ❷ (*Teilnehmer*) faire l'appel de ❸ (*Passagier*) appeler; (*Schüler*) désigner ❹ (*Flug*) annoncer ❺ INFORM appeler **II.** *vi* **zum Streik ~** appeler à la grève
Aufruhr ['aufruːɐ̯] <-[e]s, -e> *m* émeute *f*
aufrührerisch *adj attr* ❶ (*Bevölkerung*) rebelle; (*Stimmung*) insurrectionnel(le) ❷ (*Flugblatt*) séditieux(-euse)
auf|runden *vt* arrondir
auf|rüsten **I.** *vi* s'armer **II.** *vt* ❶ (*Land*) armer ❷ INFORM augmenter la capacité de
Aufrüstung *f* ❶ armement *m* ❷ (*eines Rechners*) augmentation *f* de la capacité
auf|rütteln *vt* ❶ **jdn aus dem Schlaf ~** tirer qn du sommeil ❷ (*Gewissen*) réveiller; **jdn ~** provoquer un choc chez qn
aufs [aufs] = **auf das** ❶ *fam s.* **auf** ❷ *bei Superl* **~ Äußerste** à l'extrême
auf|sagen *vt* réciter
auf|sammeln *vt* ramasser
aufsässig ['aufzɛsɪç] *adj* récalcitrant(e)
Aufsatz *m* ❶ (*Schulaufsatz*) rédaction *f;* (*in der Oberstufe*) dissertation *f* ❷ (*Essay*) essai *m*
auf|saugen *vt reg o irr* (*Flüssigkeit*) éponger; (*Tintenklecks*) absorber; (*Staub*) aspirer
auf|scheuchen *vt* (*Reh, Vogel*) effaroucher
auf|schieben *vt irr* ❶ ouvrir ❷ (*Riegel*) tirer ❸ (*verschieben*) **etw auf den nächsten Tag ~** remettre qc au lendemain
Aufschlag *m* ❶ (*Aufprall*) impact *m* ❷ SPORT service *m* ❸ (*Aufpreis*) majoration *f*
auf|schlagen *irr* **I.** *vi* ❶ + *sein* (*auftreffen*) s'écraser ❷ + *haben* SPORT servir **II.** *vt + haben* ❶ (*Buch, Augen*) ouvrir ❷ (*Zelt*) monter

❸ (*Lager*) installer ❹ (*zusätzlich berechnen*) majorer le prix
auf|schließen *vt, vi irr* ouvrir
auf|schlitzen *vt* ❶ (*beschädigen*) taillader ❷ (*verletzen*) éventrer
Aufschluss[RR] *m* donner des éclaircissements
auf|schlüsseln *vt* ❶ (*Kosten*) établir un calcul détaillé de ❷ (*analysieren*) analyser
aufschlussreich[RR] *adj* instructif(-ive); (*Information*) révélateur(-trice)
auf|schnappen *vt fam* (*mitbekommen*) saisir au vol
auf|schneiden *irr* **I.** *vt* ❶ (*Kuchen*) découper ❷ (*Knoten*) couper ❸ (*Geschwür*) inciser **II.** *vi fam* (*prahlen*) frimer
Aufschneider(in) *m(f) fam* frimeur(-euse) *m(f)*
Aufschnitt *m kein Pl* (*Wurstaufschnitt*) charcuterie *f* en tranches
auf|schnüren *vt* (*Paket, Schnürsenkel*) défaire; (*Schuh*) délacer
auf|schrauben *vt* (*Marmeladenglas*) ouvrir; (*Deckel*) dévisser
auf|schrecken <schreckte auf, aufgeschreckt> *vi + sein* sursauter; (*aus dem Schlaf*) se réveiller en sursaut
Aufschrei *m* cri *m* strident
auf|schreiben *vt irr* noter
auf|schreien *vi irr* pousser un cri
Aufschrift *f* inscription *f*
Aufschub *m* ❶ report *m* ❷ FIN délai *m*
auf|schütten *vt* (*aufhäufen: Sand*) déverser
auf|schwatzen *vt fam* fourguer; **jdm etw ~** fourguer qc à qn; **sich** (*dat*) **etw von jdm ~ lassen** se faire refiler qc par qn
Aufschwung *m* ❶ élan *m* ❷ ÖKON essor *m* ❸ SPORT rétablissement *m*
auf|sehen *vi irr* lever les yeux; (*bewundern*) vénérer
Aufsehen *nt* remue-ménage *m*; **~ erregen** faire sensation
Aufseher(in) <-s, -> *m(f)* gardien(ne) *m(f)*
auf|sein[ALT] *s.* **auf III.3., III.4.**
auf|setzen I. *vt* ❶ (*Brille*) mettre ❷ (*Fuß*) poser ❸ (*Schreiben*) rédiger **II.** *vr* **sich ~** se redresser **III.** *vi* se poser
Aufsicht <-, -en> *f* ❶ *kein Pl* (*Überwachung*) surveillance *f* ❷ (*Person*) personne *f* de surveillance
Aufsichtsrat *m* conseil *m* de surveillance
auf|sitzen *vi irr + sein* ❶ (*Reiter*) monter en selle ❷ *fam* (*hereinfallen*) **jdm ~** se faire avoir par qn
auf|spannen *vt* ❶ (*Netz*) tendre ❷ (*Schirm, Trockenständer*) ouvrir
auf|sparen *vt* (*Kräfte*) économiser; **etwas Käse ~** mettre un peu de fromage de côté
auf|spielen *vr fam* **sich ~** faire de l'esbroufe
auf|spießen *vt* piquer
auf|springen *vi irr + sein* ❶ (*hochspringen*) bondir ❷ (*auf etw springen*) sauter ❸ (*sich öffnen*) s'ouvrir d'un seul coup
auf|spüren *vt* **jdn/ein Tier ~** (*Person*) dépister qn/un animal; (*Tier*) flairer qn/un animal
auf|stacheln *vt* **jdn zum Widerstand ~** exciter qn à la résistance; **jdn gegen jdn ~** monter qn contre qn
Aufstand *m* soulèvement *m*, insurrection *f*
auf|stehen *vi irr + sein* se lever
auf|steigen *vi irr + sein* ❶ s'élever; (*Rauch*) monter ❷ (*besteigen*) monter; **zum Gipfel ~** grimper jusqu'au sommet ❸ (*befördert werden*) monter en grade ❹ SPORT monter
auf|stellen I. *vt* ❶ (*Gerät*) installer; (*Denkmal*) ériger; (*Falle*) poser ❷ (*Behauptung*) poser; (*Vermutung*) avancer ❸ (*Theorie*) échafauder ❹ (*Liste*) dresser; (*Rechnung*) établir ❺ (*Wachposten*) poster ❻ (*Kandidaten*) désigner; (*Spieler*) sélectionner ❼ (*Rekord*) établir **II.** *vr* **sich ~** se placer
Aufstellung *f kein Pl* ❶ (*eines Geräts*) installation *f*; (*eines Denkmals*) érection *f* ❷ (*einer Behauptung*) formulation *f* ❸ (*einer Theorie*) élaboration *f* ❹ (*einer Liste*) établissement *m* ❺ (*einer Wache*) mise *f* en place; (*einer Truppe*) levée *f* ❻ (*eines Kandidaten*) désignation *f*; (*eines Spielers*) sélection *f*; (*einer Mannschaft*) composition *f* ❼ (*eines Rekords*) établissement *m*
Aufstieg ['aufʃtiːk] <-[e]s, -e> *m* ascension *f*; **der berufliche ~** la promotion professionnelle; **der ~ in die Bundesliga** ≈ la montée en première division
auf|stöbern *vt* ❶ dénicher ❷ JAGD débusquer
auf|stocken *vt* ❶ augmenter ❷ ARCHIT surélever
auf|stoßen *irr* **I.** *vi* ❶ *+ haben* (*rülpsen*) avoir un renvoi; (*Baby*) faire son rot ❷ *+ sein fam* (*auffallen*) **jdm ~** frapper qn **II.** *vt + haben* (*öffnen*) ouvrir
auf|stützen I. *vt* (*Arme*) s'appuyer sur **II.** *vr* **sich auf etw** (*akk*) **~** s'appuyer sur qc

auf|suchen *vt geh* ❶ (*Arzt*) aller consulter ❷ (*sich begeben*) aller

Auftakt *m* ❶ ouverture *f;* **der ~ zu etw** le début de qc ❷ MUS anacrouse *f*

auf|tanken I. *vt* (*Wagen*) faire le plein de II. *vi* ❶ (*volltanken*) faire le plein ❷ *fam* (*sich erholen*) se requinquer

auf|tauchen *vi + sein* ❶ (*U-Boot*) remonter à la surface ❷ (*Beweisstück*) apparaître

auf|tauen I. *vi + sein* ❶ (*Tiefkühlkost*) décongeler; (*Erdreich*) dégeler ❷ *fig* (*Person*) se dégeler II. *vt + haben* (*Tiefkühlkost*) décongeler; (*Autoschloss*) dégeler

auf|teilen *vt* ❶ diviser ❷ (*verteilen*) répartir

Aufteilung *f* (*Einteilung*) division *f*

Auftrag ['au̯ftra:k, *Pl:* 'au̯ftrɛ:gə] <-[e]s, Aufträge> *m* ❶ (*Bestellung von Produkten*) commande *f;* (*Bestellung von Leistungen*) contrat *m* ❷ (*Anweisung*) ordre *m* ❸ *kein Pl geh* (*Mission*) mission *f*

auf|tragen *irr* I. *vt* ❶ appliquer ❷ *form* (*beauftragen*) charger II. *vi* ▶**dick** ~ *pej fam* en rajouter

Auftraggeber(in) *m(f)* mandant(e) *m(f);* (*eines Autors*) commanditaire *mf*

auf|treiben *vt irr + haben fam* dégoter

auf|trennen *vt* (*Naht*) défaire; (*Saum*) découdre

auf|treten *irr* I. *vi + sein* ❶ (*den Fuß aufsetzen*) poser le pied; **leise ~** ne pas faire de bruit en marchant ❷ (*Schwierigkeiten*) apparaître; (*Verzögerungen*) survenir ❸ (*erscheinen*) comparaître ❹ THEAT se produire; (*auftauchen*) entrer en scène ❺ (*sich benehmen*) **arrogant/bescheiden ~** se montrer arrogant(e)/modeste ❻ (*handeln*) intervenir II. *vt + haben* (*Tür*) enfoncer

Auftreten <-s> *nt* ❶ (*Benehmen*) comportement *m,* conduite *f* ❷ (*einer Krankheit*) apparition *f*

Auftrieb *m* ❶ *kein Pl* PHYS poussée *f* verticale ❷ *kein Pl* (*frischer Schwung*) impulsion *f*

Auftritt *m* ❶ apparition *f* ❷ THEAT entrée *f* en scène

auf|trumpfen *vi* (*sich großtun*) parader

auf|türmen I. *vt* empiler II. *vr geh* **sich ~** (*Probleme*) s'accumuler

auf|wachen *vi + sein* se réveiller

auf|wachsen *vi irr + sein* grandir

Aufwand ['au̯fvant] <-[e]s> *m kein Pl* ❶ investissement *m;* (*finanziell*) dépense *f;* **der zeitliche ~** le temps investi ❷ (*Luxus*) faste *m*

aufwändig[RR] *adj* ❶ (*teuer*) coûteux(-euse) ❷ (*Verfahren*) de longue haleine

auf|wärmen I. *vt* ❶ réchauffer ❷ *fam* (*zur Sprache bringen*) **etw [wieder] ~** remettre qc sur le tapis II. *vr* **sich ~** se réchauffer; (*Sportler*) s'échauffer

aufwärts ['au̯fvɛrts] *adv* ❶ (*nach oben*) vers le haut; **der Weg führt ~** le chemin monte ❷ (*ab*) à partir ❸ (*besser*) **es geht ~** la situation s'améliore

auf|wecken *vt* réveiller

auf|weichen I. *vt + haben* ❶ (*Boden*) détremper ❷ (*Brot*) ramollir II. *vi + sein* (*Boden, Erde*) se ramollir

auf|weisen *vt irr* ❶ (*haben*) présenter; **Kenntnisse aufzuweisen haben** avoir des connaissances à son actif ❷ (*Fehler*) comporter

auf|wenden *vt reg o irr* (*Energie*) déployer; (*Zeit*) consacrer; (*Material*) engager

aufwendig *s.* **aufwändig**

auf|werfen *vt irr* soulever

auf|werten *vt* ❶ ÖKON réévaluer ❷ *fig* (*Ansehen*) rehausser

Aufwertung *f* ❶ ÖKON réévaluation *f* ❷ *fig* (*des Ansehens*) renforcement *m;* (*einer Rolle*) revalorisation *f*

auf|wickeln *vt* (*Garn*) enrouler

auf|wiegeln ['au̯fvi:gəln] *vt* exciter; **Menschen gegeneinander ~** monter les gens les uns contre les autres

Aufwind *m* ❶ *kein Pl* reprise *f* ❷ METEO courant *m* ascendant

auf|wirbeln I. *vi + sein* s'envoler en tourbillonnant II. *vt + haben* (*Staub*) soulever des tourbillons de

auf|wischen I. *vt* (*Wasser*) essuyer; (*Fußboden*) passer la serpillière sur II. *vi* passer la serpillière

auf|zählen *vt* énumérer

Aufzählung *f* énumération *f*

auf|zeichnen *vt* ❶ (*Sendung*) enregistrer ❷ (*aufmalen*) **etw ~** dessiner qc; (*Skizze, Lageplan, Bauplan*) faire un croquis de qc

Aufzeichnung *f* ❶ (*einer Sendung*) enregistrement *m* ❷ *meist Pl* (*Notizen*) notes *fpl*

auf|zeigen *vt* démontrer

auf|ziehen *irr* I. *vt + haben* ❶ (*Vorhang*) ouvrir; (*Schleife*) défaire ❷ (*Schublade*) tirer ❸ (*Saite*) monter ❹ (*Uhr*) remonter ❺ (*Kind*) élever ❻ *fam* (*verspotten*) charrier ❼ (*Fes organiser **II.** *vi + sein* (*Gewitter*) s'approcher

Aufzucht *f kein Pl* élevage *m*

Aufzug *m* ① ascenseur *m* ② *kein Pl* (*eines Gewitters*) arrivée *f*

auf|zwingen *vt, vr irr* [**sich**] ~ [s']imposer

Augapfel *m* globe *m* oculaire

Auge ['aʊ̯gə] <-s, -n> *nt* ① *a.* BOT œil *m;* **grüne/braune ~n haben** avoir les yeux verts/marron ② (*Sehfähigkeit*) vue *f* ③ (*Punkt beim Würfeln*) point *m* ▶**mit einem blauen ~ davonkommen** *fam* s'en tirer à bon compte; **so weit das ~ reicht** à perte de vue; **ins ~ fassen** (*Projekt*) avoir en vue; (*Möglichkeit*) envisager; **~n zu und durch!** *fam* foncer tête baissée!

ugenarzt *m,* **-ärztin** *f* oculiste *mf* **Augenblick** *m* instant *m,* moment *m;* **im ~** pour le moment

ugenblicklich *adj* ① (*sofortig*) instantané(e) ② (*derzeitig*) actuel(le) ③ (*Besserung*) momentané(e); (*Modeerscheinung*) passager(-ère)

ugenbraue *f* sourcil *m* **Augenfarbe** *f* couleur *f* des yeux/d'yeux **Augengläser** *Pl* A *fam* lunettes *fpl* **Augenhöhe** *f* **in ~** au niveau des yeux **Augenhöhle** *f* orbite *f* **Augenlicht** *nt kein Pl geh* vue *f* **Augenlid** *nt* paupière *f* **Augenringe** *Pl* cernes *mpl*

ugenscheinlich **I.** *adj* évident(e) **II.** *adv* manifestement

ugentropfen *Pl* gouttes *fpl* pour les yeux **Augenweide** *f* régal *m* pour les yeux **Augenwinkel** *m* coin *m* de l'œil **Augenzeuge** *m,* **-zeugin** *f* témoin *m* oculaire **Augenzwinkern** <-s> *nt* clignement *m* d'œil

ugust [aʊ̯'gʊst] <-[e]s, -e> *m* août *m; s. a.* **April**

uktion [aʊ̯k'tsi̯oːn] <-, -en> *f* vente *f* aux enchères

uktionator [aʊ̯ktsi̯o'naːtoːɐ̯] <-s, -toren> *m,* **Auktionatorin** *f* commissaire-priseur(-euse) *m(f)*

ula ['aʊ̯la] <-, Aulen> *f* salle *f* des fêtes

upairmädchen[RR], **Au-pair-Mädchen** o'pɛːr'mɛːtçən] *nt* [jeune] fille *f* au pair

ura ['aʊ̯ra] <-> *f geh* aura *f*

us [aʊ̯s] **I.** *präp + dat* ① (*räumlich*) de; **~ dem Fenster sehen** regarder par la fenêtre; **Zigaretten ~ dem Automaten ziehen** prendre des cigarettes au distributeur; **~ der Flasche trinken** boire à la bouteille ② (*zur Angabe der Ursache*) par ③ (*zur Angabe der Herkunft*) de ④ (*zur Angabe der Beschaffenheit*) en **II.** *adv fam* ① (*beendet*) fini(e) ② (*nicht an*) éteint(e); (*Motor*) arrêté(e) ③ SPORT hors jeu ④ (*~gerichtet*) **auf etw** (*akk*) **~ sein** ne viser que qc ⑤ (*~gegangen*) **~ sein** être sorti

Aus <-> *nt* ① SPORT sortie *f;* **ins ~ gehen** (*Ball*) sortir ② (*Ende*) fin *f*

aus|arbeiten *vt* élaborer

aus|arten *vi + sein* **in einen Streit ~** dégénérer en dispute

aus|atmen *vt, vi* expirer

aus|baden *vt fam* **das musst du alleine ~** c'est à toi seul de payer les pots cassés

aus|baggern *vt* (*Graben*) creuser

Ausbau *m kein Pl* ① ARCHIT aménagement *m* ② (*eines Geräteteils*) démontage *m* ③ (*von Beziehungen*) renforcement *m;* (*einer Freundschaft*) consolidation *f*

aus|bauen *vt* ① (*baulich erweitern*) aménager ② (*herausmontieren*) démonter ③ (*Kontakte*) renforcer; (*Markt*) consolider

ausbaufähig *adj* ① *fam* (*Idee*) perfectible ② (*Absatz, Markt*) qui peut être consolidé; (*Beziehung*) qui peut être renforcé

aus|bessern *vt* (*Kleidungsstück*) raccommoder; (*Dach*) réparer

aus|beulen **I.** *vt* (*Kleidungsstück*) déformer **II.** *vr* **sich ~** se déformer

Ausbeute *f* ① MIN rendement *m* ② (*Gewinn*) gain *m*

aus|beuten *vt a.* MIN exploiter

Ausbeuter(in) <-s, -> *m(f)* *pej* exploiteur(-euse) *m(f)*

Ausbeutung <-, -en> *f a.* MIN exploitation *f*

aus|bezahlen* *vt* (*Geld*) verser; (*Person*) payer

aus|bilden **I.** *vt* ① (*Azubi*) former; (*Nachwuchssportler*) entraîner ② (*entwickeln*) développer **II.** *vr* (*sich schulen*) **sich ~** se former

Ausbilder(in) <-s, -> *m(f)* (*in einem Betrieb*) formateur(-trice) *m(f)*

Ausbildung *f* formation *f*

Ausbildungsplatz *m* place *f* d'apprenti

aus|blenden **I.** *vt* ① (*Szene*) couper ② (*ausklingen lassen*) éteindre en fondu **II.** *vr* **wir müssen uns leider ~** nous sommes malheureusement obligés de rendre l'antenne

Ausblick *m* ① (*Aussicht*) vue *f* ② (*Zukunftsvision*) perspective *f*

aus|brechen *vi irr + sein* ① **aus dem Ge-**

fängnis ~ s'évader de prison; **aus dem Käfig** ~ s'échapper de la cage ❷ *fig* **aus einer Beziehung** ~ rompre avec une relation ❸ (*Vulkan*) entrer en éruption ❹ (*Krieg*) éclater; (*Hass*) se déchaîner; (*Seuche*) se déclarer ❺ (*verfallen in*) **in Jubel** ~ laisser éclater sa joie; **in Tränen** ~ fondre en larmes

aus|breiten **I.** *vt* ❶ (*hinlegen*) étaler ❷ (*Flügel*) déployer; (*Arme*) ouvrir ❸ (*darlegen*) exposer **II.** *vr* **sich** ~ ❶ s'étendre ❷ (*Feuer*) se propager

Ausbreitung <-, -en> *f* (*eines Feuers, einer Seuche*) propagation *f;* (*eines Kriegs*) extension *f*

Ausbruch *m* ❶ (*das Ausbrechen*) évasion *f* ❷ MIL percée *f* ❸ (*Beginn*) déclenchement *m* ❹ (*Eruption*) éruption *f* ❺ (*Entladung*) explosion *f*

aus|brüten *vt* ❶ (*Vogel*) couver ❷ *fam* (*aushecken*) mijoter

aus|bürgern ['aʊsbʏrgɐn] *vt* **jdn** ~ déclarer qn déchu(e) de sa nationalité

Ausbürgerung <-, -en> *f* déchéance *f* de la nationalité

Ausdauer *f kein Pl* persévérance *f;* (*körperlich*) endurance *f*

ausdauernd *adj* (*Mitarbeiter*) persévérant(e); (*Bemühungen*) constant(e); (*Sportler*) résistant(e)

aus|dehnen **I.** *vr* ❶ **sich** ~ (*Ballonhülle*) se gonfler; (*Gas*) se dilater; **ausgedehnt** (*Fläche*) étendu(e) ❷ (*sich ausbreiten*) **sich** ~ (*Seuche*) s'étendre ❸ (*dauern*) **sich** ~ (*Wartezeit*) se prolonger; **ausgedehnt** (*Spaziergang*) prolongé(e) **II.** *vt* ❶ (*verlängern*) prolonger ❷ (*erweitern*) étendre

Ausdehnung *f* ❶ (*eines Aufenthalts*) prolongation *f* ❷ (*eines Kriegs*) extension *f;* (*eines Brands*) propagation *f* ❸ (*Fläche*) étendue *f*

aus|denken *vt irr* **sich** (*dat*) **eine Ausrede** ~ inventer une excuse; **sich** (*dat*) **einen Plan** ~ imaginer un plan

Ausdruck[1] <-drücke> *m* ❶ expression *f* ❷ *kein Pl* (*Bekundung*) **zum ~ kommen** s'exprimer; **als ~ meiner Dankbarkeit** en témoignage de ma gratitude

Ausdruck[2] <-drucke> *m* imprimé *m*

aus|drucken *vt* (*Statistik*) lister; (*Text*) imprimer

aus|drücken **I.** *vt* ❶ (*bekunden, formulieren*) exprimer ❷ (*Orange*) presser; (*Pickel*) percer ❸ (*Zigarette*) écraser **II.** *vr* ❶ (*formulieren*) **sich** ~ s'exprimer ❷ (*sich widerspie geln*) s'exprimer

ausdrücklich ['aʊsdrʏklɪç] **I.** *adj attr* exprès(-esse) **II.** *adv* expressément

ausdruckslos *adj* inexpressif(-ive)

ausdrucksvoll *adj* expressif(-ive)

Ausdrucksweise *f* façon *f* de s'exprimer

auseinander [aʊsʔaiˈnandɐ] *adv* ❶ (*zeitlich entfernt*) **drei Jahre ~ sein** (*Personen*) avoir trois ans de différence ❷ *fam* (*getrennt*) ~ **sein** (*Paar*) être séparés

auseinander|brechen **I.** *vt* rompre **II.** *v* (*Möbelstück, Familie*) se disloquer

auseinander|gehen *vi* (*Beziehung*) se brise (*Ansichten*) diverger

auseinander|halten *vt* distinguer

auseinander|liegen *vi* **weit** ~ (*räumlich entfernt*) être loin les uns des autres; (*zeitlich entfernt*) (*Ereignisse*) être éloignés

auseinander|nehmen *vt* démonter

auseinander|schreiben *vt* écrire séparément

auseinander|setzen **I.** *vt* **jdm etw** ~ expliquer qc à qn **II.** *vr* **sich mit jdm/etw** ~ s pencher sur qn/qc

Auseinandersetzung <-, -en> *f* ❶ (*Streit*) explication *f* ❷ (*Beschäftigung*) prise *f* en compt

auseinander|treiben **I.** *vt* (*Menge*) disperser **II.** *vi* (*Wolken*) se disperser

auserlesen *adj* de choix

aus|fahren *irr* **I.** *vt* + *haben* ❶ (*Waren*) livre ❷ (*Antenne*) sortir **II.** *vi* + *sein* (*Antenne*) sortir

Ausfahrt *f* sortie *f;* ~ **freihalten!** sortie d voitures!

Ausfall *m* ❶ (*Fehlbetrag*) déficit *m;* (*Verlus* perte *f* ❷ (*Versagen*) défaillance *f;* (*eines C gans*) arrêt *m* ❸ *kein Pl* (*das Nichtstattfi den*) annulation *f* ❹ *kein Pl* (*von Mitarb tern*) absence *f*

aus|fallen *vi irr* + *sein* ❶ (*Haare*) tomber; **il fallen die Haare aus** elle perd ses chevеu ❷ (*nicht stattfinden*) être supprimé; ~ **lassen** (*Unterrichtsstunde*) faire sauter ❸ (*Apparat*) tomber en panne; (*Atmung*) s'arrêt ❹ (*Verdienst*) disparaître ❺ (*Person*) ma quer; (*Maschine*) lâcher ❻ (*beschaffen sei* **groß/klein/eng** ~ tailler grand/peti étroit; **gut/schlecht** ~ être bon/mauvais

ausfallend *adj* offensant(e); ~ **werden** faire insultant(e)

Ausfallstraße *f* voie *f* de dégagement

aus|feilen *vt fig* (*Rede*) peaufiner (*fam*)

A

Ausfertigung *f form* ❶ *kein Pl* (*eines Dokuments*) établissement *m* ❷ (*Abschrift*) exemplaire *m*

ausfindig *adj* ~ **machen** trouver

aus|fliegen *irr vi + sein* s'envoler

aus|flippen ['ausflɪpən] *vi + sein fam* ❶ (*wütend werden*) piquer sa crise ❷ (*sich freuen*) ne plus se sentir ❸ (*durchdrehen*) débloquer

Ausflucht ['ausflʊxt] <-flüchte> *f* faux-fuyant *m*

Ausflug *m* excursion *f;* (*Wanderung*) randonnée *f*

Ausfluss[RR] *m* ❶ écoulement *m* ❷ *kein Pl* MED pertes *fpl* [blanches]

aus|fragen *vt* **jdn** ~ interroger qn en détail

aus|fransen *vi + sein* s'effilocher

Ausfuhr <-> *f kein Pl* exportation *f*

ausführbar *adj* réalisable

aus|führen *vt* ❶ (*Befehl*) exécuter; (*Auftrag*) remplir; (*Plan*) réaliser; (*Operation*) faire ❷ (*exportieren*) exporter ❸ (*erläutern*) exposer ❹ (*spazieren führen*) sortir

ausführlich ['ausfy:ɐ̯lɪç] **I.** *adj* détaillé(e) **II.** *adv* en détail

Ausführlichkeit <-> *f* présentation *f* détaillée; **in aller** ~ dans les moindres détails

Ausführung *f* ❶ *kein Pl* exécution *f;* (*einer Anweisung*) application *f;* (*eines Entwurfs*) réalisation *f* ❷ (*Modell*) modèle *m;* **einfache** ~ version *f* ordinaire ❸ *meist Pl* (*Darlegung*) exposé *m*

aus|füllen *vt* ❶ (*Antrag*) remplir ❷ (*befriedigen*) **jdn** ~ (*Beschäftigung*) satisfaire qn

Ausgabe *f* ❶ *kein Pl* distribution *f;* (*von Fahrkarten*) délivrance *f* ❷ *kein Pl* FIN émission *f* ❸ INFORM édition *f* ❹ (*Essensausgabe*) comptoir *m* ❺ (*Edition*) édition *f;* (*Version*) version *f* ❻ *Pl* (*Kosten*) dépenses *fpl*

Ausgang <-gänge> *m* ❶ sortie *f* ❷ AVIAT porte *f* ❸ (*Ausgeherlaubnis*) ~ **haben** pouvoir sortir ❹ *kein Pl* (*Ende*) fin *f* ❺ *kein Pl* (*Ergebnis*) issue *f*

Ausgangspunkt *m* point *m* de départ

aus|geben *irr* **I.** *vt* ❶ distribuer ❷ (*Ausweise*) délivrer; (*Karten*) donner ❸ INFORM **etw** ~ (*Drucker*) sortir qc ❹ FIN émettre ❺ (*Geld*) dépenser ❻ *fam* (*spendieren*) **eine Runde** ~ payer une tournée **II.** *vr* **sich als Arzt** ~ se faire passer pour un médecin

ausgebucht *adj* complet(-ète)

ausgefallen *adj* (*Person*) original(e); (*Hobby*) peu ordinaire

ausgeglichen *adj* pondéré(e)

Ausgeglichenheit <-> *f* pondération *f*

aus|gehen *vi irr + sein* ❶ (*aus dem Haus gehen*) sortir ❷ (*Haare*) tomber; **ihm gehen die Haare aus** il perd ses cheveux ❸ (*zugrunde legen*) **von einem geringen Umsatz** ~ escompter un chiffre d'affaire modeste; **davon ~, dass …** partir du principe que … ❹ (*herrühren*) **von jdm** ~ (*Vorschlag*) être de qn ❺ (*seinen Ursprung haben*) **von etw** ~ (*Straße*) partir de qc; (*Strahlung*) se dégager de qc ❻ (*Feuer*) s'éteindre ❼ (*enden*) **gut/schlecht** ~ bien/mal se terminer ❽ (*Vorräte*) s'épuiser

ausgehungert *adj* ❶ *fam* (*sehr hungrig*) affamé(e); ~ **sein** avoir les crocs ❷ (*ausgezehrt*) famélique

ausgelassen **I.** *adj* (*Kind*) turbulent(e); (*Stimmung*) débridé(e) **II.** *adv* avec entrain

Ausgelassenheit <-> *f* exubérance *f;* (*von Kindern*) turbulence *f*

ausgemacht *adj* ❶ **es ist ~, dass …** il est convenu que … ❷ *attr fam* (*Witzbold*) sacré(e) *antéposé;* (*Lügner*) fieffé(e) *antéposé*

ausgemergelt *adj* décharné(e)

ausgenommen *präp + akk* à l'exception de

ausgepowert [-pauɐt] *adj fam* (*Person*) vidé(e)

ausgeprägt *adj* ❶ prononcé(e); (*Stolz*) grand(e) ❷ (*Gesichtszüge*) accusé(e); (*Kinn*) proéminent(e)

ausgerechnet ['ausgə(')rɛçnət] *adv* ~ **jetzt** juste maintenant; ~ **mir muss das passieren!** c'est justement à moi que ça arrive!

ausgeschlafen **I.** *PP von* **ausschlafen** **II.** *adj* bien reposé(e)

ausgeschlossen **I.** *PP von* **ausschließen** **II.** *adj* **völlig ~!** c'est absolument hors de question!

ausgeschnitten *adj* décolleté(e)

ausgesprochen *adj* ❶ extrême; (*Ähnlichkeit*) grand(e) ❷ (*ausgeprägt*) prononcé(e); **du hast wirklich ~es Pech!** tu n'as vraiment pas de chance!

ausgestorben *adj* ❶ disparu(e) ❷ (*verlassen*) désert(e)

ausgesucht *adj* choisi(e); (*Wein*) fin(e)

ausgewachsen *adj* ❶ (*Tier*) adulte ❷ *fam* (*Blödsinn*) achevé(e); (*Skandal*) parfait(e)

ausgewählt *adj* ❶ choisi(e) ❷ (*erlesen*) sélectionné(e); (*Kreise*) d'élite; (*Weine*) fin(e)

ausgewogen *adj* équilibré(e); (*Programm*)

bien réparti(e)

ausgezeichnet ['au̯sgə(')tsai̯çnət] *adj* excellent(e)

ausgiebig ['au̯sgiːbɪç] **I.** *adj* (*Mahlzeit*) copieux(-euse); (*Mittagsschlaf*) réparateur(-trice); (*Bericht*) détaillé(e) **II.** *adv* (*schlafen*) bien; (*berichten*) par le menu; (*gebrauchen*) abondamment

aus|gießen *vt irr* ❶ (*Kaffee*) jeter ❷ (*Krug*) vider

Ausgleich <-[e]s, -e> *m* ❶ compensation *f* ❷ *kein Pl* SPORT égalisation *f* ❸ FIN remboursement *m*

aus|gleichen *irr* **I.** *vt* ❶ compenser ❷ (*Konto*) balancer; (*Schulden*) rembourser; (*Rechnung*) régler ❸ (*Konflikte*) régler **II.** *vi* SPORT égaliser **III.** *vr* **sich ~** être compensé

aus|graben *vt irr* (*Leiche*) exhumer; (*Pflanzen*) déterrer; (*Altertümer*) mettre à jour

Ausgrabung *f* ❶ exhumation *f* ❷ ARCHÄOL fouilles *fpl*

aus|grenzen *vt* exclure

Ausguss[RR] *m* évier *m*

aus|halten *irr* **I.** *vt* ❶ supporter; **das ist ja nicht auszuhalten!** c'est insupportable! ❷ *pej fam* (*unterhalten*) entretenir **II.** *vi* tenir

aus|handeln *vt* négocier

aus|händigen ['au̯shɛndɪgən] *vt* remettre

Aushang *m* affiche *f*

aus|hängen **I.** *vt* ❶ (*Nachricht*) afficher ❷ (*Tür*) décrocher; (*Haken*) faire sauter **II.** *vi irr* (*Ankündigung*) être affiché

Aushängeschild *nt* ❶ (*Reklametafel*) enseigne *f* ❷ (*Renommierstück*) figure *f* de proue

aus|harren *vi* persévérer

aus|heben *vt irr* ❶ (*Erde*) déblayer; (*Grab*) creuser ❷ (*Bande*) débusquer; (*Schlupfwinkel*) neutraliser

aus|hecken *vt fam* manigancer

aus|helfen *vi irr* donner un coup de main; **jdm mit etw ~** dépanner qn en lui prêtant qc

aus|heulen *vr fam* **sich bei jdm ~** aller pleurer chez qn

Aushilfe *f* ❶ (*Hilfe*) intérim *m* ❷ (*Hilfskraft*) intérimaire *mf*

aus|höhlen *vt* (*Kürbis*) évider; (*Ufer*) éroder

aus|holen *vi* ❶ (*Boxer*) lever la main; (*Tennisspieler*) prendre son élan; **mit dem Hammer ~** brandir le marteau ❷ (*ausschweifen*) **weit ~** (*Redner*) se perdre dans les détails

aus|horchen *vt fam* cuisiner

aus|kennen *vr irr* **sich ~** s'y connaître; **sich in Paris ~** bien connaître Paris; **sich mit Kindern ~** savoir s'y prendre avec les enfants

aus|kippen *vt fam* vider

aus|klammern *vt* mettre entre parenthèses

Ausklang *m geh kein Pl* fin *f*

aus|kleiden **I.** *vt* (*beziehen*) recouvrir **II.** *vr geh* **sich ~** se dévêtir

aus|klingen *vi irr + sein geh* (*Tag*) décliner; **mit einem Lied ~ lassen** terminer en chantant

aus|klügeln *vt fam* (*System*) goupiller; **ausgeklügelt** ingénieux

aus|kommen *vi irr + sein* ❶ (*zurechtkommen*) **mit dem Geld ~** s'en sortir avec l'argent; **ohne Auto ~** pouvoir se passer de voiture ❷ (*sich vertragen*) **mit jdm ~** s'entendre

Auskommen <-s> *nt* ressources *fpl*

aus|kosten *vt* savourer; (*Leben*) profiter de

aus|kundschaften *vt* (*Weg*) reconnaître; (*Lage*) explorer

Auskunft ['au̯skʊnft] <-, -künfte> *f* ❶ (*Information*) renseignement *m* ❷ (*~sschalter*) information *f* ❸ (*Telefonauskunft*) renseignements *mpl*

aus|kurieren* **I.** *vt fam* **etw ~** soigner qc jusqu'à complète guérison **II.** *vr fam* **sich ~** bien se soigner

aus|lachen *vt* se moquer de

aus|laden *vt irr* ❶ décharger ❷ (*Gast*) décommander

Auslage *f* ❶ vitrine *f* ❷ (*ausgestellte Ware*) choix *m* ❸ *meist Pl* FIN frais *mpl*

aus|lagern *vt* (*verlagern*) transférer; (*Produktion*) délocaliser

Ausland *nt kein Pl* étranger *m*

Ausländer(in) ['au̯slɛndɐ] <-s, -> *m(f)* étranger(-ère) *m(f)*

ausländerfeindlich *adj* xénophobe **Ausländerfeindlichkeit** *f* xénophobie *f*

ausländisch *adj attr* (*Erzeugnisse*) étranger(-ère); (*Pflanze*) exotique

Auslandsaufenthalt *m* séjour *m* à l'étranger **Auslandsreise** *f* voyage *m* à l'étranger

aus|lassen *irr* **I.** *vt* ❶ omettre; (*Satz*) oublier ❷ (*Gelegenheit*) laisser passer ❸ (*abreagieren*) **seine Wut an jdm ~** passer sa colère sur qn ❹ *fam* (*Radio*) ne pas allumer **II.** ... **sich über jdn/etw ~** se prononcer s...

qn/qc

Auslassung <-> *f kein Pl* (*das Weglassen*) omission *f*

Auslassungspunkte *Pl* points *mpl* de suspension

Auslauf *m kein Pl* espace *m* [pour se dépenser]

aus|laufen *vi irr + sein* ❶ (*Flüssigkeit*) [s'é]couler; (*Behälter*) fuir ❷ NAUT appareiller ❸ (*Modell*) être en fin de série ❹ (*Vertrag*) expirer

Ausläufer <-s, -> *m* ❶ METEO prolongement *m* ❷ *meist Pl* GEO contreforts *mpl*

aus|leben I. *vr* **sich ~** ❶ (*das Leben auskosten*) profiter de la vie ❷ (*Phantasie*) s'exprimer **II.** *vt geh* (*Neigungen*) objectiver

aus|lecken *vt* lécher

aus|legen *vt* ❶ (*Waren*) étaler ❷ (*Köder*) placer ❸ (*bedecken*) **mit Stoff ~** revêtir de tissu ❹ (*deuten*) **richtig/falsch ~** interpréter bien/mal ❺ (*vorstrecken*) avancer

aus|leiern I. *vi + sein* se détendre **II.** *vr + haben* **sich ~** se détendre **III.** *vt + haben* (*Gummizug*) détendre

Ausleihe <-, -n> *f* ❶ *kein Pl* (*das Ausleihen*) prêt *m* ❷ (*Schalter*) guichet *m* de prêt

aus|leihen *vt irr* **jdm etw ~** prêter qc à qn; **sich** (*dat*) **etw bei/von jdm ~** emprunter qc à qn

Auslese <-, -n> *f* ❶ élite *f* ❷ (*Wein*) grand cru *m* ❸ *kein Pl* (*Auswahl*) sélection *f*

aus|liefern *vt* ❶ (*Waren*) livrer ❷ (*überstellen*) **jdn an ein Land ~** extrader qn dans un pays ❸ (*preisgeben*) **jdm/einer S. ausgeliefert sein** être livré à qn/qc

Auslieferung *f* ❶ (*Lieferung*) livraison *f* ❷ (*Überstellung*) extradition *f*

aus|liegen *vi irr* être étalé; (*Prospekte*) être à disposition

aus|löffeln *vt* **die Suppe ~** manger la soupe [à la cuillère] ►**etw ~ müssen** *fam* trinquer pour qc

aus|löschen *vt* ❶ (*Feuer*) éteindre ❷ (*Erinnerung*) effacer

aus|losen *vt, vi* **jdn/etw ~** tirer qn/qc au sort

aus|lösen *vt* déclencher

Auslöser <-s, -> *m* ❶ PHOT déclencheur *m* ❷ (*Anlass*) motif *m;* PSYCH déclencheur *m*

Auslösung *f* déclenchement *m*

aus|machen *vt* ❶ *fam* éteindre ❷ (*Gestalt*) apercevoir ❸ (*Termin*) fixer; **etw mit jdm ~** convenir de qc avec qn ❹ (*klären*) régler ❺ (*darstellen*) **den Zauber einer Landschaft ~** faire le charme d'un paysage ❻ *fam* (*Wirkung haben*) **etwas/viel/nichts ~** faire de l'effet/beaucoup d'effet/ne faire aucun effet ❼ (*stören*) **jdm etwas ~** déranger qn

aus|malen I. *vr* **sich** (*dat*) **etw ~** s'imaginer qc **II.** *vt* (*kolorieren*) colorier

Ausmaß *nt* ❶ (*Ausdehnung*) étendue *f;* (*Größe*) dimensions *fpl* ❷ (*Umfang*) ampleur *f*

aus|messen *vt irr* mesurer

aus|misten *vt* ❶ (*Stall*) nettoyer ❷ *fam* (*ausräumen: Schrank*) faire le tri dans

aus|mustern *vt* ❶ (*Maschine*) éliminer ❷ MIL réformer

Ausnahme ['aʊsnaːmə] <-, -n> *f* exception *f*

Ausnahmefall *m* cas *m* d'exception **Ausnahmezustand** *m* état *m* d'urgence

ausnahmslos *adj, adv* sans exception

ausnahmsweise *adv* exceptionnellement

aus|nehmen *vt irr* ❶ (*Geflügel*) vider ❷ (*ausschließen*) excepter ❸ *fam* (*beim Glücksspiel*) plumer; (*bei einem Handel*) arnaquer

aus|nutzen *vt* ❶ exploiter ❷ (*sich zunutze machen*) profiter de

aus|nützen *bes.* A *s.* **ausnutzen**

aus|packen I. *vt* (*Koffer*) défaire; (*Geschenk*) ouvrir; (*Ware*) déballer **II.** *vi fam* (*gestehen*) se mettre à table

aus|pfeifen *vt irr* siffler

aus|plaudern *vt* rapporter

aus|plündern *vt* (*Person*) dévaliser; (*Ortschaft, Laden*) piller

aus|posaunen* *vt fam* **etw ~** crier qc sur les toits

aus|pressen *vt* presser

aus|probieren* *vt* essayer; **~, ob/wie ...** faire un essai pour voir si/comment ...

Auspuff <-[e]s, -e> *m* pot *m* d'échappement

aus|pusten *vt fam* souffler

aus|quartieren* *vt* déloger

aus|radieren* *vt* gommer

aus|rangieren* *vt fam* **etw ~** mettre qc au rancart

aus|rasten *vi + sein fam* (*durchdrehen*) craquer

aus|rauben *vt* dévaliser

aus|räumen *vt* ❶ (*Schrank*) vider ❷ (*Missverständnis*) régler; (*Zweifel*) balayer

aus|rechnen *vt* ❶ (*Gewicht*) calculer ❷ (*Mathematikaufgabe*) résoudre ❸ (*vermuten*)

sich (*dat*) **Chancen** ~ compter sur ses chances
Ausrede *f* prétexte *m;* **faule** ~ *fam* faux prétexte
aus|reden I. *vi* finir de parler; **jdn** ~ **lassen** laisser qn terminer II. *vt* **jdm etw** ~ dissuader qn de [faire] qc
aus|reichen *vi* suffire
ausreichend *adj* ❶ suffisant(e) ❷ (*Schulnote*) ≈ passable; (*in Frankreich*) neuf/dix sur vingt
Ausreise *f* sortie *f* [du territoire]
Ausreisegenehmigung *f* autorisation *f* de sortie du territoire, visa *m*
aus|reisen *vi* + *sein* quitter le territoire
aus|reißen *irr* I. *vt* + *haben* arracher II. *vi* + *sein fam* (*davonlaufen*) se sauver
Ausreißer(in) <-s, -> *m(f)* ❶ (*Person, Tier*) fugueur(-euse) *m(f)* ❷ *fam* (*Ausnahme*) exception *f*
aus|reiten *irr vi* + *sein* sortir à cheval
aus|renken *vt* **sich** (*dat*) **den Arm** ~ se déboîter le bras
aus|richten I. *vt* ❶ (*Gruß*) transmettre; **jdm** ~, **dass ...** dire à qn que ... ❷ (*bewirken*) obtenir ❸ (*einstellen*) orienter ❹ (*konzipieren*) adapter ❺ (*veranstalten*) organiser II. *vr* **sich an etw** (*dat*) ~ se ranger à qc
Ausrichtung *f kein Pl* ❶ (*Einstellung: einer Antenne*) orientation *f;* (*eines Teleskops*) mise *f* au point ❷ (*Veranstaltung: einer Hochzeit*) organisation *f*
Ausritt *m* sortie *f* à cheval
aus|rollen *vt* + *haben* ❶ dérouler ❷ (*Teig*) étendre
aus|rotten *vt* (*Volk*) exterminer; (*Schädlinge, Ideen*) éliminer
Ausrottung <-, -en> *f* extermination *f*
aus|rücken *vi* + *sein* (*Truppen*) se mettre en marche; (*Feuerwehr*) sortir
Ausruf *m* exclamation *f*
aus|rufen *vt irr* ❶ (*laut rufen*) s'exclamer ❷ (*Haltestelle*) annoncer ❸ (*über Lautsprecher suchen*) **jdn** ~ [**lassen**] [faire] appeler qn ❹ (*Streik*) proclamer
Ausrufezeichen *nt* point *m* d'exclamation
aus|ruhen I. *vi, vr* [**sich**] ~ se reposer II. *vt* (*Füße*) reposer
aus|rüsten *vt* (*Armee, Schiff*) armer; (*Fahrzeug*) équiper
Ausrüstung *f* équipement *m;* (*einer Armee*) armement *m*
aus|rutschen *vi* + *sein* glisser
Aussaat *f* ❶ *kein Pl* (*das Säen*) semis *mpl;* (*des Getreides*) semailles *fpl* ❷ (*Saat*) semence *f*
Aussage *f* ❶ déclaration *f;* (*Zeugenaussage*) déposition *f* ❷ (*eines Romans*) message *m*
aus|sagen I. *vt* ❶ JUR déclarer ❷ (*deutlich machen*) **viel/wenig** ~ (*Foto*) en dire long/peu II. *vi* JUR (*Angeklagter*) déposer; (*Zeuge*) témoigner
aussätzig ['aυszɛtsɪç] *adj* lépreux(-euse)
aus|saugen *vt* ❶ (*leer saugen*) sucer ❷ (*ausbeuten*) **jdn/etw** ~ saigner qn/qc à blanc
aus|schalten *vt* ❶ éteindre; (*Strom*) couper ❷ (*Gegner*) éliminer
Ausschank ['aυsʃaŋk, *Pl:* 'aυsʃɛŋkə] <-[e]s, -schänke> *m kein Pl* service *m*
Ausschau <-> *f* **nach jdm/etw** ~ **halten** regarder pour trouver qn/qc
aus|scheiden *irr* I. *vi* + *sein* ❶ **aus seinem Amt** ~ quitter ses fonctions; **aus einem Wettkampf** ~ se retirer d'une compétition ❷ (*Plan*) ne pas être retenu; (*Kandidat*) être éliminé II. *vt* + *haben* (*Giftstoffe*) éliminer
aus|schenken *vt* (*verkaufen*) servir; **Wein an jdn** ~ servir du vin à qn
aus|scheren *vi* + *sein* (*abschwenken*) déboîter
aus|schimpfen *vt* gronder
aus|schlafen *irr* I. *vi, vr* [**sich**] ~ dormir tout son soûl II. *vt* **seinen Rausch** ~ cuver son vin/sa bière (*fam*)
Ausschlag *m* ❶ (*einer Kompassnadel*) déviation *f* ❷ MED éruption *f* [cutanée] ▶**bei etw den** ~ **geben** être déterminant pour/dans qc
aus|schlagen *irr* I. *vt* + *haben* ❶ **jdm einen Zahn** ~ casser une dent à qn ❷ (*Angebot*) décliner II. *vi* ❶ + *haben* (*Pferd*) ruer ❷ + *haben o sein* (*Kompassnadel*) osciller (*Wünschelrute*) vibrer
ausschlaggebend *adj* déterminant(e) (*Stimme*) prépondérant(e)
aus|schließen *vt irr* exclure
ausschließlich I. *adj attr* (*Vertretung*) exclusif(-ive) II. *präp* + *gen* sauf
Ausschluss[RR] *m* exclusion *f;* **unter** ~ **der Öffentlichkeit** à huis clos
aus|schmücken *vt* enjoliver
aus|schneiden *vt irr* découper
Ausschnitt *m* ❶ (*Zeitungsausschnitt*) coupure *f* [de presse] ❷ MATH secteur *m* ❸ (*D*

kolleté) décolleté *m* ④ (*kleiner Auszug*) détail *m*
aus|schöpfen *vt* ① (*Flüssigkeit*) vider ② (*Befugnisse*) user de; (*Möglichkeiten*) exploiter à fond; (*Reserven*) épuiser
aus|schreiben *vt irr* ① (*Wort*) écrire en toutes lettres ② (*Rechnung*) établir; (*Scheck*) libeller; (*Rezept*) rédiger ③ (*Wahlen*) annoncer; **eine Stelle** ~ mettre un poste au concours
Ausschreibung <-, -en> *f* mise *f* en adjudication; (*einer Stelle*) mise au concours
Ausschreitung <-, -en> *f meist Pl* acte *m* de violence
Ausschuss[RR] *m* ① comité *m*, commission *f* ② *kein Pl* (*Fehlproduktion*) rebut *m*
aus|schütteln *vt* secouer
aus|schütten *vt* ① vider ② (*Hormon*) sécréter ③ FIN verser
ausschweifend *adj* (*Fantasie*) débordant(e); (*Leben*) de débauche
Ausschweifung <-, -en> *f* excès *mpl*
aus|sehen *vi irr* ① **gut/schlecht** ~ avoir bonne/mauvaise mine; **wie sieht ein Leguan aus?** à quoi ressemble un iguane?; **gut ~d** beau (belle) ② (*den Anschein haben*) **sie sieht [ganz so] aus, als ...** on dirait qu'elle ...
Aussehen <-s, -> *nt* aspect *m*; **jdn nach dem ~ beurteilen** juger qn sur les apparences
aus|sein[ALT] *s.* **aus II.**
außen ['ausən] *adv* à l'extérieur; **von** ~ de l'extérieur; **nach ~ aufgehen** (*Tür*) s'ouvrir sur l'extérieur
Außenbezirk *m* quartier *m* périphérique
aus|senden *vt irr geh* ① (*Boten*) envoyer ② (*Signal*) émettre
Außendienst *m* visites *fpl* à la clientèle **Außenhandel** *m* commerce *m* extérieur **Außenminister(in)** *m(f)* ministre *mf* des Affaires étrangères **Außenministerium** *nt* ministère *m* des Affaires étrangères **Außenpolitik** *f* politique *f* extérieure **außenpolitisch** I. *adj* (*Debatte*) concernant la politique extérieure; (*Kurs*) de la politique extérieure II. *adv* en politique extérieure **Außenseite** *f* (*eines Kleidungsstücks*) endroit *m*; (*eines Gebäudes*) façade *f* extérieure **Außenseiter(in)** <-s, -> *m(f)* marginal(e) *m(f)*; SPORT outsider *m* **Außenspiegel** *m* rétroviseur *m* extérieur **Außenstehende(r)** *f(m)* *dekl wie adj* personne *f* extérieure **Außenwelt** *f* monde *m* extérieur
außer ['ausɐ] I. *präp* + *dat* ① (*ausgenommen*) **alle ~ dir** tous sauf toi; **~ den Kindern habe ich niemanden gesehen** à part les enfants, je n'ai vu personne; **man hörte nichts ~ ihrem Atem** on n'entendait rien que sa respiration ② (*außerhalb*) **~ Sicht sein** être hors de vue ▶**~ sich** (*dat*) **sein** être hors de soi II. *präp* + *akk* **etw ~ [jeden] Zweifel stellen** mettre qc hors de doute ▶ **~ sich geraten** sortir de ses gonds III. *konj* **~ dass ...** si ce n'est que ...; **~ [wenn]** sauf si
außerdem ['ausɐdeːm] *adv* en plus
äußere(r, s) *adj* ① externe; (*Planet*) supérieur(e) ② (*Anlass*) apparent(e)
Äußere(s) *nt dekl wie adj* apparence *f*
außerehelich I. *adj* (*Geschlechtsverkehr*) extraconjugal(e); (*Kind*) illégitime II. *adv* hors mariage
außergewöhnlich ['ausɐgəˈvøːnlɪç] I. *adj* exceptionnel(le) II. *adv* particulièrement
außerhalb ['ausɐhalp] I. *adv* à l'extérieur; **~ wohnen** habiter en dehors II. *präp* + *gen* en dehors de; **~ der Stadt** à la périphérie de la ville
außerirdisch *adj* extraterrestre
äußerlich ['ɔysɐlɪç] *adj* ① extérieur(e); (*Verletzung*) externe ② (*oberflächlich*) superficiel(le); **[rein] ~ betrachtet** au premier abord
Äußerlichkeit <-, -en> *f* ① (*äußere Form*) superficialité *f* ② (*Unwesentliches*) détails *mpl* superficiels
äußern ['ɔysɐn] I. *vt* (*Meinung*) exprimer; (*Kritik*) émettre II. *vr* ① **sich zu etw ~** se prononcer sur qc; (*seine Meinung sagen*) donner son avis sur qc ② (*in Erscheinung treten*) **sich ~** (*Krankheit*) se manifester
außerordentlich ['ausɐˈʔɔrdəntlɪç] I. *adj* exceptionnel(le) II. *adv* extrêmement **außerorts** *adv* A, CH hors agglomération
äußerst ['ɔysɐst] *adv* extrêmement
äußerste(r, s) *adj* ① **der ~ Punkt** le point le plus éloigné; **am ~n Ende des Tisches** à l'extrémité de la table ② (*Zugeständnis*) dernier(-ière); **mit ~r Kraft** de toutes ses/mes/... forces
Äußerste(s) *nt dekl wie adj* **auf das ~ gefasst sein** s'attendre au pire; **bis zum ~n gehen** aller jusqu'au bout

Äußerung <-, -en> *f* (*Bemerkung*) observation *f;* (*Aussage*) propos *mpl*

aus|setzen **I.** *vt* ❶ (*Haustier*) abandonner ❷ (*preisgeben*) **jdn/etw einer Gefahr** (*dat*) exposer qn/qc à un danger; **heftigen Vorwürfen ausgesetzt sein** faire l'objet de reproches virulents ❸ (*Belohnung*) offrir; (*Summe*) accorder ❹ (*Verhandlung*) suspendre; (*Rückzahlung*) cesser ❺ JUR surseoir ❻ (*bemängeln*) **an jdm/etw etwas auszusetzen haben** avoir quelque chose à redire à qn/qc **II.** *vr* **sich einer Gefahr** (*dat*) **~** s'exposer à un danger **III.** *vi* ❶ (*pausieren*) faire une pause; **eine Runde ~** passer son tour ❷ (*Atmung*) s'arrêter; (*Motor*) caler

Aussicht *f* ❶ (*Blick*) vue *f* ❷ (*Chance*) chance *f*

aussichtslos *adj* vain(e); **~ sein** être impossible

Aussichtslosigkeit <-> *f* caractère *m* désespéré

Aussichtspunkt *m* point *m* de vue **aussichtsreich** *adj* prometteur(-euse) **Aussichtsturm** *m* belvédère *m*

aus|siedeln *vt* expatrier

Aussiedler(in) <-s, -> *m(f)* émigrant(e) *m(f)*

aus|söhnen ['aʊszøːnən] *vr* **sich ~** se réconcilier

Aussöhnung <-, -en> *f* réconciliation *f*

aus|sortieren* *vt* trier

aus|spannen *vi* se détendre

aus|sperren **I.** *vt* ❶ **jdn ~** enfermer qn dehors ❷ (*von der Arbeit ausschließen*) lock-outer **II.** *vr* **sich ~** s'enfermer dehors (*en laissant les clés à l'intérieur*)

Aussperrung <-, -en> *f* lock-out *m*

aus|spielen **I.** *vt* ❶ (*Trumpf*) jouer ❷ (*manipulativ einsetzen*) **jdn gegen jdn ~** se servir de qn contre qn **II.** *vi* (*eine Karte ablegen*) jouer une carte

aus|spionieren* *vt* espionner

Aussprache *f* ❶ *kein Pl* (*Artikulation*) prononciation *f* ❷ (*Unterredung*) explication *f*

aus|sprechen *irr* **I.** *vt* ❶ (*Laut*) *a.* JUR prononcer ❷ (*Satz*) dire; (*Meinung*) exprimer; (*Warnung*) donner ❸ (*Bedauern*) exprimer **II.** *vr* ❶ (*offen sprechen*) **sich mit jdm über etw** (*akk*) **~** s'expliquer à propos de qc avec qn ❷ (*Stellung beziehen*) **sich für/gegen jdn/etw ~** se prononcer pour/contre qn/qc **III.** *vi* finir

aus|spucken *vt, vi* cracher

aus|spülen *vt* **sich** (*dat*) **den Mund ~** se rincer la bouche

Ausstand *m* ❶ (*Streik*) grève *f* ❷ A, CH (*Abschiedsfeier*) retrait *m;* **seinen ~ geben** fêter son départ

aus|statten ['aʊsʃtatən] *vt* ❶ (*Raum*) installer ❷ (*ausrüsten*) équiper

Ausstattung <-, -en> *f* ❶ équipement *m* ❷ (*Einrichtung*) agencement *m*

aus|stechen *vt irr* ❶ (*Auge*) crever ❷ (*übertreffen*) supplanter

aus|stehen *irr* **I.** *vt* (*Qualen*) supporter ►**jdn/etw nicht ~ können** *fam* ne pas pouvoir supporter qn/qc **II.** *vi* ❶ (*Stellungnahme*) être attendu ❷ COM, FIN être dû

aus|steigen *vi irr + sein* descendre

Aussteiger(in) <-s, -> *m(f)* (*sich von der Gesellschaft Abwendender*) marginal(e) *m(f)*

aus|stellen **I.** *vt* ❶ (*Waren*) exposer ❷ (*Rechnung*) établir; (*Bescheinigung*) délivrer; (*Scheck*) émettre ❸ *fam* (*Radio*) éteindre; (*Kaffeemaschine*) arrêter **II.** *vi* (*Künstler*) exposer

Aussteller(in) <-s, -> *m(f)* ❶ exposant(e) *m(f)* ❷ (*eines Schecks*) tireur(-euse) *m(f)* ❸ (*ausstellende Behörde*) bureau *m* de délivrance

Ausstellung <-, -en> *f* ❶ exposition *f* ❷ *kein Pl* (*einer Rechnung*) établissement *m;* (*einer Urkunde*) délivrance *f;* (*eines Schecks*) émission *f*

Ausstellungskatalog *m* catalogue *m* [de l'exposition] **Ausstellungsstück** *nt* modèle *m* d'exposition

aus|sterben *vi irr + sein* (*Familie*) s'éteindre; (*Tierart, Pflanzenart*) disparaître

Aussteuer <-, -n> *f* trousseau *m*

Ausstieg <-[e]s, -e> *m* ❶ *kein Pl* (*das Aussteigen*) descente *f* ❷ (*Ausgang*) sortie *f* ❸ *kein Pl* (*das Aufgeben*) **der ~ aus der Atomenergie** la sortie du nucléaire

aus|stopfen *vt* ❶ (*Tier*) empailler ❷ (*Kissen*) bourrer

aus|stoßen *vt irr* ❶ (*Laut*) pousser; (*Drohung*) proférer ❷ (*Staub*) rejeter ❸ (*aus einer Organisation*) exclure; (*aus einer Gemeinschaft*) rejeter

aus|strahlen **I.** *vt + haben* ❶ (*senden*) diffuser ❷ (*Ruhe*) exprimer; (*Unruhe*) répandre **II.** *vi + sein* ❶ (*Wärme*) se diffuser; (*Licht*) jaillir ❷ (*übergehen*) **auf jdn/etw ~** gagner qn/qc

A

Ausstrahlung *f* ❶ rayonnement *m* ❷ (*das Senden*) diffusion *f*

aus|strecken I. *vt* (*Arm*) tendre; (*Fühler*) sortir II. *vr* **sich ~** s'étirer

aus|streuen *vt* répandre

aus|strömen I. *vt + haben* ❶ (*Duft*) exhaler; (*Kälte*) dégager ❷ (*Ruhe*) répandre II. *vi + sein* ❶ (*Wasser*) s'écouler; (*Gas*) s'échapper ❷ (*Duft*) émaner ❸ (*Hitze*) se dégager

aus|suchen *vt* choisir

Austausch *m* échange *m*

austauschbar *adj* ❶ (*Teil*) remplaçable; (*Begriffe*) interchangeable ❷ (*nicht unverwechselbar*) ~ **sein** (*Person*) être permutable

aus|tauschen I. *vt* ❶ (*Spieler*) remplacer; (*Motor*) échanger ❷ (*Erfahrungen*) échanger II. *vr* **sich über jdn/etw ~** parler de qn/qc

Austauschschüler(in) *m(f)* élève *mf* qui participe à un échange scolaire

aus|teilen *vt* ❶ distribuer ❷ (*Schläge*) donner; (*Sakrament*) administrer

Auster ['aʊstɐ] <-, -n> *f* huître *f*

aus|toben *vr* **sich ~** (*Kind*) se défouler; (*Erwachsener*) mener une vie de bâton de chaise

aus|tragen *vt irr* ❶ (*Post*) distribuer ❷ (*Konflikt*) régler; (*Wettkampf*) disputer

Australien [aʊs'traːliən] <-s> *nt* l'Australie *f*

Australier(in) <-s, -> *m(f)* Australien(ne) *m(f)*

australisch *adj* australien(ne)

aus|treiben *vt irr* (*Launen*) faire passer

aus|treten *irr* I. *vi + sein* ❶ (*Flüssigkeit*) s'écouler; (*Gas*) s'échapper ❷ *nur Infin fam* (*zur Toilette gehen*) aller quelque part ❸ (*ausscheiden*) quitter; **aus der Kirche ~** se détourner de l'Église II. *vt + haben* ❶ (*auslöschen*) **das Feuer ~** éteindre le feu avec les pieds ❷ (*Schuhe*) élargir

aus|trinken *irr* I. *vt* (*Getränk*) finir; (*Glas*) vider II. *vi* vider son verre

Austritt *m* ❶ *kein Pl* (*von Wasser*) fuite *f;* (*von Gas*) émission *f;* (*von Blut*) écoulement *m* ❷ (*das Ausscheiden*) démission *f*

aus|trocknen I. *vt + haben* ❶ (*Sumpf*) assécher ❷ (*Haut*) dessécher II. *vi + sein* (*Wasserlauf*) tarir; (*Haut*) se déshydrater; (*Brot*) se dessécher

aus|üben *vt* exercer

Ausübung *f* exercice *m*

Ausverkauf *m* soldes *mpl*

ausverkauft *adj* (*Artikel*) épuisé(e); (*Konzert*) complet(-ète)

Auswahl *f* choix *m*

aus|wählen I. *vt* choisir II. *vi* choisir

Auswahlmenü *nt* INFORM barre *f* de sélection

Auswanderer *m*, **Auswanderin** *f* émigrant(e) *m(f)*

aus|wandern *vi + sein* émigrer

Auswanderung *f* émigration *f*

auswärtig ['aʊsvɛrtɪç] *adj attr* ❶ étranger(-ère) ❷ (*Kunde*) [qui vient] de l'extérieur ❸ (*Angelegenheiten*) extérieur(e); (*Vertretung*) étranger(-ère)

auswärts ['aʊsvɛrts] *adv* à l'extérieur

Auswärtsspiel *nt* match *m* à l'extérieur

auswechselbar *adj* (*Begriff*) interchangeable; (*Element*) remplaçable

aus|wechseln *vt* (*Spieler*) remplacer; (*Zündkerzen*) changer

Auswechs[e]lung <-, -en> *f* (*einer Person*) remplacement *m;* (*eines Teils*) changement *m*

Ausweg *m* issue *f*

ausweglos *adj* (*Lage*) sans issue; (*Situation*) désespéré(e)

Ausweglosigkeit <-> *f* désespoir *m*

aus|weichen *vi irr + sein* ❶ éviter ❷ *fig* **~de Antworten geben** répondre évasivement ❸ (*als Alternative wählen*) se rabattre

aus|weinen *vr* **sich bei jdm ~** soulager son cœur auprès de qn

Ausweis ['aʊsvais] <-es, -e> *m* carte *f;* (*Personalausweis*) carte *f* d'identité

aus|weisen *irr* I. *vt* (*des Landes verweisen*) expulser II. *vr* **sich ~** justifier son identité

Ausweiskontrolle *f* contrôle *m* d'identité

Ausweisung *f* (*Abschiebung*) expulsion *f*

aus|weiten I. *vt* ❶ (*weiter machen*) élargir ❷ (*Kontakte, Handel*) développer II. *vr* (*sich ausdehnen*) **sich zu etw ~** (*Konflikt*) dégénérer en qc

Ausweitung <-, -en> *f* (*eines Konflikts*) extension *f*

auswendig *adv* **etw ~ lernen/können** apprendre/savoir qc par cœur

aus|werfen *vt irr* ❶ (*Anker, Netz*) jeter ❷ (*Lava, Asche*) cracher ❸ INFORM (*Informationen*) sortir ❹ (*Dividende*) allouer

aus|werten *vt* (*Zeitungen*) éplucher; (*Statistiken*) dépouiller

Auswertung *f* (*von Zeitungen*) épluchage *m;* (*einer Statistik*) dépouillement *m*

aus|wirken *vr* **sich negativ/positiv auf etw** (*akk*) ~ avoir des répercussions négatives/positives sur qc

Auswirkung *f* répercussion *f souvent pl*

aus|wringen ['aʊsvrɪŋən] *vt irr* tordre

Auswuchs <-es, Auswüchse> *m* ❶ MED excroissance *f* ❷ (*Missstand*) excès *m*

Auswurf *m* ❶ MED expectoration *f* ❷ *kein Pl* (*das Auswerfen: von Lava*) projection *f*

aus|zahlen *vt* ❶ (*Gehalt*) verser ❷ (*Gläubiger*) désintéresser; (*Kompagnon*) rembourser

Auszahlung *f* ❶ (*eines Gehalts*) versement *m;* (*eines Erbteils*) paiement *m;* **die ~ der Löhne** la paie ❷ (*einer Person*) remboursement *m*

aus|zeichnen **I.** *vt* ❶ (*Ware*) étiqueter ❷ (*ehren*) décerner ❸ (*Person*) distinguer **II.** *vr* **sich durch etw ~** se distinguer par qc

Auszeichnung *f* ❶ *kein Pl* (*eines Artikels*) étiquetage *m* ❷ *kein Pl* (*das Ehren*) distinction *f* honorifique ❸ (*Orden*) décoration *f* ❹ (*Preis*) prix *m*

ausziehbar *adj* (*Antenne*) télescopique; (*Tisch*) à rallonges

aus|ziehen *irr* **I.** *vt + haben* ❶ (*Person*) déshabiller ❷ (*Kleidungsstück*) enlever ❸ (*Tisch*) [r]allonger; (*Antenne*) [é]tirer **II.** *vi + sein* (*Wohnung aufgeben*) déménager **III.** *vr + haben* **sich ~** se déshabiller

Auszubildende(r) <-n, -n> *f(m) dekl wie adj* apprenti(e) *m(f)*

Auszug <-[e]s, Auszüge> *m* ❶ (*Umzug*) déménagement *m* ❷ (*Auswanderung*) procession *f;* **der ~ aus Ägypten** l'Exode *m* [des Hébreux] ❸ (*eines Textes*) extrait *m* ❹ (*Kontoauszug*) relevé *m*

auszugsweise *adv* par extraits

autark [aʊ'tark] *adj* (*Land*) qui vit en autarcie; (*Wirtschaft*) autosuffisant(e)

authentisch [aʊ'tɛntɪʃ] *adj* authentique

Auto ['aʊto] <-s, -s> *nt* voiture *f;* **~ fahren** conduire; (*mitfahren*) aller en voiture; **mit dem ~ fahren** prendre la voiture

Autobahn *f* autoroute *f* **Autobahnausfahrt** *f* sortie *f* d'autoroute **Autobahngebühr** *f* péage *m* **Autobahnkreuz** *nt* échangeur *m* **Autobahnraststätte** *f* restoroute® *m*

Autobiografie[RR] [aʊtobiogra'fiː], **Autobiographie** *f* autobiographie *f*

Autobombe *f* voiture *f* piégée

Autodidakt(in) [aʊtodi'dakt] <-en, -en> *m(f)* autodidacte *mf*

autodidaktisch *adj* autodidacte

Autofahrer(in) *m(f)* automobiliste *mf* **Autofahrt** *f* trajet *m* en voiture

autogen [aʊto'geːn] *adj* autogène

Autogramm [aʊto'gram] <-s, -e> *nt* autographe *m*

Automat [aʊto'maːt] <-en, -en> *m* distributeur *m* [automatique]; (*Musikautomat*) juke-box *m;* (*Spielautomat*) machine *f* à sous

Automatik [aʊto'maːtɪk] <-, -en> *f* ❶ (*Steuerungsautomatik*) automatisme *m* ❷ (*~getriebe*) embrayage *m* automatique

automatisch [aʊto'maːtɪʃ] *adj* automatique

automatisieren* [aʊtomati'ziːrən] *vt* automatiser

Automechaniker(in) *m(f)* mécanicien(ne) *m(f)* [-auto]

autonom [aʊto'noːm] *adj* autonome

Autonome(r) *f(m) dekl wie adj* autonomiste *mf*

Autonomie [aʊtono'miː] <-, -n> *f* autonomie *f*

Autonummer *f* numéro *m* d'immatriculation

Autopilot *m* TECH pilotage *m* automatique

Autopsie [aʊtɔ'psiː] <-, -n> *f* autopsie *f*

Autor ['aʊtoːɐ] <-s, -toren> *m,* **Autorin** *f* auteur *m*

Autoradio *nt* autoradio *m* **Autoreifen** *m* pneu *m* [de voiture] **Autorennen** *nt* course *f* automobile

autoritär [aʊtori'tɛːɐ] *adj* autoritaire

Autorität [aʊtori'tɛːt] <-, -en> *f* autorité *f*

Autoschlüssel *m* clé *f* de voiture **Autoskooter** ['aʊtoskuːtɐ] <-s, -> *m* auto *f* tamponneuse **Autotelefon** *nt* radiotéléphone *m* **Autotür** *f* portière *f* **Autounfall** *m* accident *m* de voiture **Autoverleih** *m* agence de location de voitures **Autowerkstatt** garage *m*

autsch [aʊtʃ] *interj fam* aïe

auwei[a] *interj* oh là là

Avantgarde [avɑ̃'gardə] <-, -n> *f geh* avant-garde *f*

Avocado [avo'kaːdo] <-, -s> *f* avocat *m*

Axt [akst, *Pl:* 'ɛkstə] <-, Äxte> *f* hache *f*

Azteke [aʦ'teːkə] <-n, -n> *m,* **Aztekin** *f* Aztèque *mf*

Azubi [a'tsuːbi] <-s, -s> *m,* <-, -s> *f fam* Abk von **Auszubildende(r)** apprenti(e) *m(f)*

Bb

B, b [beː] <-, -> *nt* (*Buchstabe*) B *m*/b *m*
Baby ['beːbi] <-s, -s> *nt* bébé *m*
Babyjahr *nt fam* congé *m* parental d'éducation **babysitten** ['beːbizɪtən] *vi nur Infin* faire du baby-sitting **Babysitter(in)** ['beːbizɪtɐ] <-s, -> *m(f)* baby-sitter *mf*
Bach [bax, *Pl:* 'bɛçə] <-[e]s, Bäche> *m* ruisseau *m;* (*Gebirgsbach*) torrent *m*
Backblech *nt* plaque *f* de four
backbord[s] *adv* NAUT à bâbord
Backe ['bakə] <-, -n> *f* ❶ (*Wange*) joue *f* ❷ *fam* (*Pobacke*) fesse *f* ❸ TECH mâchoire *f*
backen ['bakən] <backt, backte, gebacken> **I.** *vt* (*Kuchen*) faire; **selbst gebacken** fait(e) maison **II.** *vi* cuire
Backenknochen *m* pommette *f* **Backenzahn** *m* molaire *f*
Bäcker ['bɛkɐ] <-s, -> *m* ❶ boulanger *m* ❷ (*Bäckerei*) **zum ~ gehen** aller à la boulangerie; **beim ~** chez le boulanger
Bäckerei [bɛkə'rai] <-, -en> *f* boulangerie *f*
Bäckerin <-, -nen> *f* boulangère *f*
Backform *f* moule *m* à gâteau **Backofen** *m* four *m* **Backpflaume** *f* pruneau *m* **Backpulver** *nt* levure *f* chimique
Backspace-Taste ['bækspeɪstastə] *f* INFORM touche *f* Retour arrière
Backstein *m* brique *f* **Backstube** *f* fournil *m*
Backup [bɛk'ʔap] *nt* INFORM copie *f* de sauvegarde
Bad [baːt, *Pl:* 'bɛːdɐ] <-[e]s, Bäder> *nt* ❶ *a.* CHEM bain *m* ❷ (*das Schwimmen*) baignade *f* ❸ (*Badezimmer*) salle *f* de bains ❹ (*Schwimmbad*) piscine *f* ❺ (*Kurort*) station *f* thermale
Badeanzug *m* maillot *m* de bain [une pièce]
Badehose *f* maillot *m* de bain **Badekappe** *f* bonnet *m* de bain **Bademantel** *m* peignoir *m* **Bademeister(in)** *m(f)* maître-nageur *m*
baden ['baːdən] **I.** *vi* ❶ prendre un bain ❷ (*schwimmen*) se baigner **II.** *vt* (*Kind*) donner un bain à
Baden-Württemberg <-s> *nt* le Bade-Wurtemberg
Badewanne *f* baignoire *f* **Badezimmer** *nt* salle *f* de bains
Badminton ['bætmɪntən] <-> *nt* badminton *m*
baff [baf] *adj fam* ▶ **~ sein** en être baba
BAföG ['baːføːk] <-> *nt Abk von* **Bundesausbildungsförderungsgesetz** *fam* (*Stipendium*) ≈ bourse *f* d'études (*en partie à titre de prêt*)
Bagatelle [baga'tɛlə] <-, -n> *f* bagatelle *f*
Bagger ['bagɐ] <-s, -> *m* excavatrice *f*
baggern *vt, vi* creuser
Baggersee *m* lac *m* artificiel
Bahn [baːn] <-, -en> *f* ❶ (*Eisenbahn*) train *m;* **mit der ~** par le train; **per ~** par voie ferrée ❷ (*Verkehrsnetz, Verwaltung der Eisenbahn*) chemins *mpl* de fer ❸ (*Straßenbahn*) tram *m* ❹ SPORT piste *f;* (*eines Schwimmbeckens*) couloir *m* ❺ (*einer Rakete*) trajectoire *f;* (*eines Himmelskörpers*) orbite *f* ❻ (*Stoffbahn*) lé *m;* (*Tapetenbahn*) panneau *m* ❼ (*Fahrbahn*) voie *f* ▶ **~ frei!** cédez le passage!; **aus der ~!** barrez-vous! (*fam*)
Bahnbeamte(r) *m dekl wie adj,* **-beamtin** *f* employé(e) *m(f)* des chemins de fer
Bahndamm *m* remblai *m*
bahnen ['baːnən] *vt* **sich** (*dat*) **einen Weg ~** (*Person*) se frayer un chemin; (*Fluss*) se creuser un passage
Bahnfahrt *f* voyage *m* en train **Bahngleis** *nt* voie *f* ferrée **Bahnhof** *m* gare *f* **Bahnlinie** *f* ligne *f* de chemin de fer **Bahnschranke** *f,* **Bahnschranken** *m* A barrière *f* de passage à niveau **Bahnsteig** *m* quai *m* de gare **Bahnübergang** *m* **beschrankter/unbeschrankter ~** passage *m* à niveau muni de barrières/sans barrières **Bahnwärter(in)** *m(f)* garde-barrière *mf*
Bahre ['baːrə] <-, -n> *f* (*Krankenbahre*) civière *f;* (*Totenbahre*) catafalque *m*
Baiser [bɛ'zeː] <-s, -s> *nt* GASTR meringue *f*
Baisse ['bɛːsə] <-, -n> *f* FIN baisse *f*
Bakterie [bak'teːri̯ə] <-, -n> *f meist Pl* bactérie *f*
bakteriell [bakte'ri̯ɛl] **I.** *adj* bactérien(ne) **II.** *adv* par des bactéries
bakteriologisch [bakteri̯o'loːgɪʃ] *adj* bactériologique
Balance [ba'lãːsə] <-, -n> *f* équilibre *m*
balancieren* [balã'siːrən] **I.** *vt + haben* tenir en équilibre **II.** *vi + sein* (*sich bewegen*) se tenir en équilibre

bald [balt] <eher, am ehesten> **I.** *adv* ❶ (*in Kürze*) bientôt; **so ~ wie möglich** le plus tôt possible; **nicht so ~** pas de si tôt; **bis ~!** à bientôt! ❷ (*schnell*) vite; **~ darauf** peu après ❸ (*fast*) presque; **~ wäre ich hingefallen** j'ai failli tomber ❹ *fam* (*endlich*) enfin **II.** *konj geh* **~ regnet es** il va pleuvoir sous peu

baldig ['baldɪç] *adj attr* (*Antwort*) rapide; (*Besuch*) prochain(e); (*Genesung*) prompt(e)

baldmöglichst *adj form* dans les plus brefs délais

Baldrian ['baldriaːn] <-s, -e> *m* valériane *f*

Balg[1] [balk, *Pl:* 'bɛlgə] <-[e]s, Bälge> *m* ❶ soufflet *m* ❷ (*Tierhaut*) peau *f*

Balg[2] [balk, *Pl:* 'bɛlgɐ] <-[e]s, Bälger> *m o nt pej fam* (*Kind*) mioche *m*

balgen ['balgən] *vr* **sich um etw ~** se chamailler pour qc

Balgerei [balgə'rai] <-, -en> *f* bagarre *f*

Balkan ['balkaːn] <-s> *m* **der ~** les Balkans *mpl;* (*das Gebirge*) le [mont] Balkan; **auf dem ~** dans les Balkans

Balken ['balkən] <-s, -> *m* ❶ (*Holzbalken*) poutre *f* ❷ (*Stützbalken*) pilier *m* ❸ (*Schwebebalken*) poutre *f* ❹ TYP barre *f*

Balkon [bal'kɔŋ] <-s, -s> *m* balcon *m*

Ball [bal, *Pl:* 'bɛlə] <-[e]s, Bälle> *m* ❶ balle *f;* (*in der Größe eines Fußballs*) ballon *m;* **~ spielen** jouer à la balle/au ballon ❷ (*runder Gegenstand*) boule *f* ❸ (*Tanzfest*) bal *m*

Ballade [ba'laːdə] <-, -n> *f* ballade *f*

Ballast [ba'last] <-[e]s, -e> *m* ❶ lest *m* ❷ (*Unnützes*) poids *m* mort ❸ (*lästiger Mensch*) charge *f*

Ballaststoffe *Pl* fibres *fpl* [alimentaires]

ballen ['balən] **I.** *vt* **die Faust ~** serrer le poing **II.** *vr* **sich ~** (*Verkehr*) se concentrer; (*Probleme*) s'accumuler

Ballen ['balən] <-s, -> *m* ❶ (*Packen*) balle *f;* (*klein*) ballot *m* ❷ ANAT éminence *f;* (*Teil der Pfote*) coussinet *m*

Ballerina [balə'riːna] <-, Ballerinen> *f* ballerine *f*

ballern ['balɐn] *fam* **I.** *vi* (*Knallkörper zünden*) faire du boucan avec des pétards **II.** *vt* ▶**jdm eine ~** en mettre une à qn

Ballett [ba'lɛt] <-[e]s, -e> *nt* ballet *m*

Balletttänzer[RR]**(in)** *m(f)* danseur(-euse) *m(f)*

Ballon [ba'lɔŋ] <-s, -s> *m* ballon *m*

Ballsaal *m* salle *f* de bal

Ballspiel *nt* jeu *m* de ballon

Ballung [ba'lʊŋ] <-, -en> *f* concentration *f*

Ballungsgebiet *nt* région *f* à forte concentration urbaine

Balsam ['balzaːm] <-s, Balsame> *m* baume *m*

Baltikum ['baltikʊm] <-s> *nt* **das ~** les pays *mpl* baltes

baltisch *adj* balte

Balz [balts] <-> *f* ❶ parade *f* nuptiale ❷ (*~zeit*) pariade *f*

balzen *vi* ❶ (*Vogel*) effectuer une parade nuptiale ❷ *hum* (*Mann*) se pavaner

Bambus ['bambʊs] <-[ses], -se> *m* bambou *m*

banal [ba'naːl] *adj* banal(e)

banalisieren* *vt geh* banaliser

Banalität [banali'tɛːt] <-, -en> *f* banalité *f*

Banane [ba'naːnə] <-, -n> *f* banane *f*

Banause [ba'nauzə] <-n, -n> *m pej* **du ~!** espèce d'ignare!

band [bant] *Imp von* **binden**

Band[1] [bant, *Pl:* 'bɛndɐ] <-[e]s, Bänder> *n*[t] ❶ ruban *m* ❷ (*Tonband*) bande *f* [magnétique] ❸ (*Fließband*) chaîne *f;* (*Förderband*) tapis *m* ❹ *meist Pl* ANAT ligament *m* ▶**am laufenden ~** *fam* sans arrêt; (*produzieren*) en série

Band[2] [bant, *Pl:* 'bɛndə] <-[e]s, Bände> *m* LITER volume *m*

Band[3] [bænt] <-, -s> *f* MUS groupe *m*

Bandage [ban'daːʒə] <-, -n> *f* bandage *m*

bandagieren* [banda'ʒiːrən] *vt* bander

Bandbreite *f* (*von Gehältern*) échelle *f;* (*von Meinungen*) éventail *m;* (*von Wechselkursen*) marge *f* de fluctuation

Bande[1] ['bandə] <-, -n> *f* ❶ (*Verbrecherbande*) gang *m* ❷ *fam* (*Kinder*) bande *f*

Bande[2] <-, -n> *f* SPORT bande *f*

Bändel[RR] *m* lacet *m*

Bänderriss[RR] *m* MED déchirure *f* des ligaments **Bänderzerrung** *f* claquage *m*

bändigen ['bɛndɪgən] *vt* ❶ dompter ❷ (*Kind*) en venir à bout avec

Bandit(in) [ban'diːt] <-en, -en> *m(f)* band[it] *m*

Bandmaß *nt* mètre *m* souple; (*aus Metall*) mètre à ruban **Bandscheibe** *f* disque [intervertébral] **Bandwurm** *m* ver *m* solitaire

Bange ['baŋə] *f* [**nur**] **keine ~!** *fam* pas de panique!

bangen ['baŋən] *vi geh* trembler; **jdm ban**[gt]

[**es**] **vor etw** qn s'inquiète pour qc
Bank[1] [baŋk, *Pl:* 'bɛŋkə] <-, Bänke> *f* ① banc *m* ② (*Werkbank*) établi *m*
Bank[2] <-, -en> *f* (*Geldinstitut*) banque *f*
Bankautomat *m* distributeur *m* automatique de billets
Bankett [baŋ'kɛt] <-[e]s, -e> *nt* banquet *m*
Bankgeheimnis *nt* secret *m* bancaire **Bankguthaben** *nt* avoir *m* en banque
Bankier [baŋ'ki̯eː] <-s, -s> *m* banquier *m*
Bankkaufmann *m*, **-kauffrau** *f* employé(e) *m(f)* de banque diplômé(e) **Bankkonto** *nt* compte *m* en banque **Bankleitzahl** *f* code *m* banque **Banknote** *f* billet *m* [de banque] **Bankraub** *m* hold-up *m* **Bankräuber(in)** *m(f)* cambrioleur(-euse) *m(f)* de banque
bankrott [baŋ'krɔt] *adj* en faillite
Bankrott [baŋk'rɔt] <-[e]s, -e> *m* faillite *f;* ~ **gehen** faire faillite
Banküberfall *m* hold-up *m* **Bankverbindung** *f* coordonnées *fpl* bancaires
Bann [ban] <-[e]s> *m* ① *geh* (*Einfluss*) envoûtement *m* ② HIST bannissement *m;* REL anathème *m* ▸**jdn in seinen ~ ziehen** fasciner qn
bannen ['banən] *vt* ① *geh* (*Zuschauer*) fasciner ② (*Gefahr*) conjurer ③ (*exkommunizieren*) anathématiser
Banner ['banɐ] <-s, -> *nt* étendard *m*
bar [baːɐ̯] **I.** *adj* ① en liquide; **in ~** en espèces ② (*Zufall*) pur(e) **II.** *adv* ~ **zahlen** payer en espèces
Bar [baːɐ̯] <-, -s> *f* ① (*Nachtlokal*) boîte *f* de nuit ② (*Theke*) bar *m*
Bär [bɛːɐ] <-en, -en> *m* ours *m*
Baracke [ba'rakə] <-, -n> *f* baraque *f*
Barbar(in) <-en, -en> *m(f)* barbare *mf* ▸**sich wie die ~en benehmen** se comporter comme des sauvages
Barbarei [barba'rai̯] <-, -en> *f* barbarie *f*
barbarisch **I.** *adj a.* HIST barbare **II.** *adv* sauvagement
Bärenhunger *m* faim *f* de loup
Barett [ba'rɛt] <-[e]s, -e> *nt* ① MIL béret *m* ② UNIV, JUR toque *f* ③ REL barrette *f*
barfuß *adj* ~ **gehen** marcher pieds nus
barg [bark] *Imp von* **bergen**
Bargeld *nt* argent *m* liquide
bargeldlos *adj* **der ~e Zahlungsverkehr** la transaction par virement
Barhocker *m* tabouret *m* de bar
Bärin *f* ourse *f*
Bariton ['baːritɔn] <-s, -e> *m* baryton *m*
Barium ['baːri̯ʊm] <-s> *nt* CHEM baryum *m*
Barkeeper ['baːɐ̯kiːpɐ] <-s, -> *m* barman *m*
barmherzig [barm'hɛrtsɪç] *adj* charitable; (*Gott*) miséricordieux(-euse)
Barmherzigkeit <-> *f* charité *f;* (*Gottes*) miséricorde *f*
barock [ba'rɔk] *adj* baroque
Barock <-[s]> *nt o m* baroque *m*
Barometer [baro'meːtɐ] <-s, -> *nt a. fig* baromètre *m*
Baron(in) [ba'roːn] <-s, -e> *m(f)* baron(ne) *m(f)*
Baroness[RR] <-, -en> *f* baronne *f*
Barren ['barən] <-s, -> *m* ① barres *fpl* parallèles ② (*Goldbarren*) lingot *m*
Barriere [ba'ri̯eːrə] <-, -n> *f* ① barrière *f* ② PSYCH blocage *m*
Barrikade [bari'kaːdə] <-, -n> *f* barricade *f*
barsch [barʃ] **I.** *adj* brusque **II.** *adv* brutalement
Barsch [baːɐ̯ʃ] <-[e]s, -e> *m* perche *f*
barst [barst] *Imp von* **bersten**
Bart [baːɐ̯t, *Pl:* 'bɛːɐ̯tə] <-[e]s, Bärte> *m* ① (*Vollbart*) barbe *f;* (*Schnurrbart*) moustache *f;* (*Kinnbart*) bouc *m* ② (*Tasthaare*) moustaches *fpl* ③ (*Teil eines Schlüssels*) panneton *m*
bärtig ['bɛːɐtɪç] *adj* barbu(e)
Bartwisch *m* A balayette *f*
Barzahlung *f* paiement *m* en espèces
Basar [ba'zaːɐ̯] <-s, -e> *m* ① (*Markt*) bazar *m* ② (*Wohltätigkeitsbasar*) vente *f* de charité
Base ['baːzə] <-, -n> *f* CHEM base *f*
Baseball ['beɪsbɔːl] <-s> *m* base-ball *m*
Basel ['baːzəl] <-s> *nt* Bâle
Basen *Pl von* **Basis, Base**
basieren* [ba'ziːrən] *vi* **auf einer S.** ~ s'appuyer sur qc
Basilika [ba'ziːlika] <-, Basiliken> *f* basilique *f*
Basilikum [ba'ziːlikʊm] <-s> *nt* basilic *m*
Basis ['baːzɪs] <-, Basen> *f* base *f*
basisch ['baːzɪʃ] CHEM *adj* basique
Basisdemokratie *f* démocratie *f* directe
Baske ['baskə] <-n, -n> *m*, **Baskin** *f* Basque *mf*
Baskenland *nt* **das** ~ le Pays basque **Baskenmütze** *f* béret *m* basque
Basketball *m* basket[-ball] *m*
baskisch ['baskɪʃ] *adj* basque
Bass[RR] [bas, *Pl:* 'bɛsə] <-es, Bässe>, **Baß**[ALT]

<-sses, Bässe> *m* ❶ MUS basse *f* ❷ RADIO, TV basses *fpl*

Bassin [ba'sɛ̃:] <-s, -s> *nt* ❶ (*Schwimmbecken*) bassin *m* ❷ (*Behälter*) citerne *f*

Bassist(in) <-en, -en> *m(f)* ❶ (*Sänger*) basse *f* ❷ (*Streicher*) [contre]bassiste *mf*

Bassschlüssel[RR] *m* clé *f* de fa **Bassstimme**[RR] *f* [voix *f* de] basse *f*

Bast [bast] <-[e]s, -e> *m* raphia *m*

basta ['basta] *interj fam* basta

Bastard ['bastart] <-[e]s, -e> *m* ❶ *pej fam* (*Schimpfwort*) fils *m* de pute ❷ HIST bâtard(e) *m(f)* ❸ BOT hybride *m*

basteln ['bastəln] *vt, vi* bricoler

Bastion [bas'ti̯o:n] <-, -en> *f* bastion *m*

Bastler(in) ['bastlɐ] <-s, -> *m(f)* bricoleur (-euse) *m(f)*

bat [ba:t] *Imp von* **bitten**

Bataillon [batal'jo:n] <-s, -e> *nt* bataillon *m*

Batik ['ba:tɪk] <-, -en> *f* batik *m*

Batterie [batə'ri:] <-, -n> *f* ❶ pile *f*; (*Autobatterie*) batterie *f* ❷ (*Mischbatterie*) mélangeur *m*

Bau[1] [bau̯] <-[e]s, -ten> *m* ❶ *kein Pl* (*das Bauen*) construction *f* ❷ (*Gebäude*) bâtiment *m* ❸ (*~werk*) édifice *m* ❹ *kein Pl fam* (*~stelle*) chantier *m* ❺ *kein Pl fam* (*Arrestzelle*) trou *m*

Bau[2] <-[e]s, -e> *m* (*Fuchsbau*) terrier *m*

Bauarbeiten *Pl* travaux *mpl* **Bauarbeiter(in)** *m(f)* ouvrier(-ière) *m(f)* du bâtiment

Bauch [bau̯x, *Pl:* 'bɔy̯çə] <-[e]s, Bäuche> *m* ❶ ventre *m* ❷ *fig* (*eines Schiffs*) coque *f*; (*eines Flugzeugs*) soute *f* ▶**aus dem** ~ [**heraus**] instinctivement

Bauchfell *nt* ANAT péritoine *m* **Bauchhöhle** *f* cavité *f* abdominale

bauchig ['bau̯xɪç] *adj* bombé(e)

Bauchnabel *m* nombril *m* **Bauchredner(in)** *m(f)* ventriloque *mf* **Bauchschmerzen** *Pl* mal *m* au ventre **Bauchspeicheldrüse** *f* ANAT pancréas *m* **Bauchweh** *s.* **Bauchschmerzen**

bauen ['bau̯ən] **I.** *vt* ❶ (*Gebäude*) construire; (*Nest*) faire ❷ (*Möbel*) fabriquer; (*Maschine*) construire ❸ *fam* (*Unfall*) provoquer **II.** *vi* ❶ (*ein Haus* ~) [faire] construire ❷ (*vertrauen*) **auf jdn/etw** ~ compter sur qn/qc

Bauer[1] ['bau̯ɐ] <-n, -n> *m* ❶ paysan *m*; (*Landwirt*) agriculteur *m* ❷ *pej fam* plouc *m* ❸ SPIEL pion *m*

Bauer[2] <-s, -> *nt o m* (*Vogelkäfig*) cage *f*

Bäuerchen <-s, -> *nt Kinderspr.* [**ein**] ~ **machen** faire son rot (*fam*)

Bäuerin ['bɔy̯ərɪn] *f* paysanne *f*; (*Landwirtin*) agricultrice *f*

bäuerlich ['bɔy̯ɐlɪç] *adj* (*ländlich*) agricole

Bauernhaus *nt* ferme *f* **Bauernhof** *m* ferme *f*

baufällig *adj* délabré(e)

Baufirma *f* entreprise *f* de construction **Baugenehmigung** *f* permis *m* de construire **Baugerüst** *nt* échafaudage *m* **Baugewerbe** *nt* [industrie *f* du] bâtiment *m* **Bauherr(in)** *m(f)* maître *m* d'ouvrage **Baujahr** *nt* (*eines Gebäudes*) année *f* de construction; (*eines Autos*) année *f* de fabrication **Baukasten** *m* jeu *m* de construction **Bauklotz** *m* pièce *f* de jeu de construction **Bauland** *nt* terrain *m* constructible **Baulärm** *m kein pl* bruit *m* de[s] travaux [de construction] **Bauleiter(in)** *m(f)* chef *m* de chantier

baulich *adj* **~e Veränderungen vornehmen** faire des transformations

Baum [bau̯m, *Pl:* 'bɔy̯mə] <-[e]s, Bäume> *m* ❶ arbre *m* ❷ *fam* (*Weihnachtsbaum*) sapin *m*

Baumeister(in) *m(f)* ❶ HIST maître *m* d'œuvre ❷ *geh* (*Architekt*) architecte *mf*

baumeln ['bau̯məln] *vi fam* pendouiller

Baumkrone *f* cime *f* de l'arbre **Baumnuss**[RR] *f* CH noix *f* **Baumschule** *f* pépinière *f* **Baumstamm** *m* tronc *m* d'arbre **Baumsterben** *nt* dépérissement *m* des arbres **Baumstruktur** *f* structure *f* arborescente **Baumwolle** *f* coton *m*

Bausatz *m* kit *m*

Bausch [bau̯ʃ] <-es, -e> *m* tampon *m*

bauschig *adj* bouffant(e)

Bauschutt *m* gravats *mpl* **Bausparkasse** caisse *f* d'épargne-logement **Bausparvertrag** *m* plan *m* d'épargne-logement **Baustein** *m* ❶ (*Stein*) pierre *f* de construction ❷ INFORM **elektronischer** ~ composant *m* électronique ❸ (*Bestandteil*) élément *m* constitutif **Baustelle** *f* chantier *m*

Bauten *Pl von* **Bau**[1]

Bauunternehmen *nt* entreprise *f* de bâtiment **Bauvorhaben** *nt* projet *m* de construction **Bauwerk** *nt* construction *f*

Bayer(in) ['baj̯ɐ] <-n, -n> *m(f)* Bavarois(e) *m(f)*

bayerisch ['baiərɪʃ] *adj* bavarois(e)
Bayern ['ba̯iɐn] <-s> *nt* la Bavière
bayrisch ['bairɪʃ] *s.* **bayerisch**
Bazillus [ba'tsɪlʊs] <-, Bazillen> *m* bacille *m*
Bd., **Bde.** *Abk von* **Band, Bände**
beabsichtigen* [bə'ʔapzɪçtɪgən] *vt* ① envisager; **wie beabsichtigt** comme prévu ② (*bezwecken*) **das war beabsichtigt** c'était voulu
beachten* *vt* ① (*Ratschlag*) suivre; (*Vorfahrt*) respecter ② (*berücksichtigen*) tenir compte de ③ (*mit Aufmerksamkeit bedenken*) faire attention à
beachtenswert *adj* remarquable
beachtlich *adj* ① considérable; (*Leistung*) remarquable ② (*Stellung*) important(e)
Beachtung <-> *f* ① (*einer Anleitung*) observation *f;* (*einer Vorschrift*) respect *m* ② (*Aufmerksamkeit*) ~ **schenken** prêter attention
Beamte(r) [bə'ʔamtə] *m dekl wie adj*, **Beamtin** *f* fonctionnaire *mf;* (~ *in öffentlichen Ämtern*) employé(e) *m(f)*
beamtet *adj* fonctionnarisé(e); (*Lehrer*) titulaire
beängstigend *adj* inquiétant(e)
beanspruchen* [bə'ʔanʃprʊxən] *vt* ① (*Schadenersatz*) demander ② (*Zeit*) prendre ③ (*Kraft*) accaparer
Beanspruchung <-, -en> *f* ① (*eines Territoriums*) revendication *f;* (*eines Schadenersatzes*) réclamation *f* ② (*Inanspruchnahme*) sollicitation *f*
beanstanden* *vt* critiquer
Beanstandung <-, -en> *f* critique *f;* (*von Waren*) réclamation *f*
beantragen* *vt* ① demander ② JUR requérir ③ POL proposer
beantworten* [bə'ʔantvɔrtən] *vt* répondre à
bearbeiten* *vt* ① (*Antrag*) s'occuper de ② (*Material*) travailler ③ (*behandeln*) traiter ④ (*Manuskript*) remanier; (*Musikstück*) arranger; (*Buch*) adapter
Bearbeitung <-, -en> *f* ① (*eines Werkstoffs*) travail *m* ② (*eines Antrags*) traitement *m* ③ (*die Überarbeitung*) remaniement *m;* MUS arrangement *m;* CINE, THEAT adaptation *f* ④ (*eines Buchs*) nouvelle édition *f*
beatmen* *vt* (*Mund zu Mund*) faire du bouche-à-bouche; (*künstlich*) pratiquer la respiration artificielle
beaufsichtigen* [bə'ʔa̯ufzɪçtɪgən] *vt* surveiller
beauftragen* *vt* charger
bebauen* *vt* ① construire ② (*Acker*) cultiver
Bebauung <-, -en> *f* ① (*das Bebauen*) aménagement *m* ② (*Bauten*) construction *f* ③ (*das Anbauen*) culture *f*
beben ['beːbən] *vi* trembler
Beben ['beːbən] <-s, -> *nt* tremblement *m*
Becher ['bɛçɐ] <-s, -> *m* gobelet *m;* (*Plastik-, Pappbecher*) verre *m*
bechern ['bɛçɐn] *vi hum fam* picoler
Becken ['bɛkən] <-s, -> *nt* ① bassin *m* ② (*Spülbecken*) bac *m* [à évier]; (*Waschbecken*) lavabo *m* ③ *meist Pl* MUS cymbales *fpl*
bedacht [bə'daxt] **I.** *adj* ① (*überlegt*) réfléchi(e) ② (*besorgt*) soucieux(-euse); **darauf ~ sein, dass** accorder une grande importance à ce que + *subj* **II.** *adv* avec circonspection
Bedacht ▶**mit** ~ *geh* (*vorsichtig*) avec circonspection; (*absichtlich*) volontairement
bedächtig [bə'dɛçtɪç] **I.** *adj* ① (*gemessen*) posé(e) ② (*besonnen*) réfléchi(e) **II.** *adv* ① (*gemessen*) posément ② (*vorsichtig*) avec circonspection
bedanken* *vr* **sich** ~ dire merci; **sich bei jdm für etw** ~ remercier qn de qc
Bedarf [bə'darf] <-[e]s> *m* besoins *mpl*
bedauerlich [bə'da̯uɐlɪç] *adj* regrettable
bedauerlicherweise [bə'da̯uɐlɪçɐ'va̯izə] *adv* malheureusement
bedauern* [bə'da̯uɐn] *vt* ① regretter ② (*bemitleiden*) plaindre
Bedauern <-s> *nt* ① regret *m* ② (*Mitgefühl*) sympathie *f*
bedauernswert *adj*, **bedauernswürdig** *adj geh* malheureux(-euse) *antéposé;* ~ **sein** être à plaindre
bedecken* **I.** *vt* ① (*zudecken*) recouvrir ② (*überhäufen*) couvrir **II.** *vr* **sich mit etw** ~ se couvrir de qc
bedeckt *adj* couvert(e)
bedenken* *vt irr* ① penser à ② (*Maßnahmen*) réfléchir à; **jdm zu ~ geben, dass ...** faire remarquer à qn que ...
Bedenken <-s, -> *nt* ① *Pl* doutes *fpl;* ~ **haben** émettre des réserves ② *kein Pl* (*das Überlegen*) réflexion *f*
bedenklich *adj* ① (*Methoden*) douteux(-euse) ② (*Gesundheitszustand*) critique ③ (*Miene*) préoccupé(e)
Bedenkzeit *f* délai *m* de réflexion

B

bedeuten* *vt* ❶ (*ausdrücken*) signifier; (*meinen*) vouloir dire; (*versinnbildlichen*) symboliser ❷ (*ankündigen*) présager ❸ (*gelten*) **Geld bedeutet mir viel** j'attache beaucoup d'importance à l'argent

bedeutend **I.** *adj* important(e); (*Leistung*) remarquable; (*Erfolg*) considérable **II.** *adv* (*beträchtlich*) nettement

bedeutsam *adj* ❶ important(e); (*Fortschritt*) considérable ❷ (*viel sagend*) significatif(-ive)

Bedeutung <-, -en> *f* ❶ (*Sinn*) sens *m* ❷ (*Wichtigkeit*) importance *f;* (*Geltung*) valeur *f*

bedeutungslos *adj* insignifiant(e)

Bedeutungslosigkeit <-> *f* insignifiance *f*

bedienen* **I.** *vt* ❶ servir; **werden Sie schon bedient?** on s'occupe de vous? ❷ (*umsorgen*) **sich von jdm ~ lassen** se faire servir par qn ❸ (*Telefon*) se servir de; (*Computer*) faire fonctionner; (*Maschine*) faire marcher ❹ SPIEL fournir à **II.** *vi* ❶ servir ❷ SPIEL fournir **III.** *vr* **sich ~** se servir; **~ Sie sich!** servez-vous!

Bedienung <-, -en> *f* ❶ *kein Pl* utilisation *f;* (*einer Schaltzentrale*) fonctionnement *m* ❷ *kein Pl* (*eines Kunden*) service *m* ❸ (*Kellner*) garçon *m;* (*Kellnerin*) serveuse *f;* **~!** garçon/Mademoiselle!

Bedienungsanleitung *f* mode *m* d'emploi

Bedienungsfehler *m* erreur *f* de manipulation

bedingen* [bəˈdɪŋən] *vt* ❶ (*verursachen*) provoquer; **durch etw bedingt sein** être dû à qc ❷ (*verlangen*) nécessiter

bedingt **I.** *adv* (*eingeschränkt*) partiellement **II.** *adj* conditionnel(le)

Bedingung <-, -en> *f* condition *f*

bedingungslos **I.** *adj* sans condition **II.** *adv* inconditionnellement

bedrängen* *vt* ❶ harceler; **jdn ~ etw zu tun** presser qn de faire qc ❷ SPORT pousser ❸ (*belasten*) tourmenter

Bedrängnis <-, -se> *f geh* détresse *f*

bedrohen* *vt* menacer

bedrohlich **I.** *adj* menaçant(e) **II.** *adv* de façon menaçante

Bedrohung *f* menace *f*

bedrucken* *vt* imprimer

bedrücken* *vt* tourmenter

bedrückend *adj* (*Nachricht*) déprimant(e); (*Schweigen*) oppressant(e)

bedrückt **I.** *adj* (*Person*) abattu(e); (*Schweigen*) pesant(e) **II.** *adv* (*schweigen*) lugubrement

bedürfen <bedarf, bedurfte, bedurft> *vi geh* avoir besoin de

Bedürfnis <-ses, -se> *nt* besoin *m*

bedürftig *adj* (*Person*) dans le besoin

Beefsteak [ˈbiːfsteːk] *nt* ❶ (*Steak*) bifteck *m* ❷ (*Frikadelle*) steak *m* haché

beeiden* *vt* affirmer sous serment

beeilen* *vr* **sich ~** se dépêcher

beeindrucken* *vt* impressionner

beeindruckend *adj* impressionnant(e)

beeinflussbar[RR], **beeinflußbar**[ALT] *adj* influençable

beeinflussen* [bəˈʔaɪnflʊsən] *vt* influencer

beeinträchtigen* [bəˈʔaɪntrɛçtɪgən] *vt* nuire à; (*Freiheit*) restreindre

Beeinträchtigung <-, -en> *f* (*einer Beziehung*) dégradation *f;* (*der Qualität*) détérioration *f;* (*der Arbeit*) perturbation *f;* (*der Bewegungsfreiheit*) restriction *f*

beenden* *vt* (*Gespräch*) mettre fin à; (*Studium*) terminer; (*Krieg*) cesser; (*Programm*) quitter

Beendigung <-> *f* fin *f*

beengen* [bəˈɛŋən] *vt* **jdn ~** oppresser qn; (*Kleidungsstück*) serrer qn

beengt **I.** *adj* étroit(e) **II.** *adv* (*wohnen*) à l'étroit

beerben* *vt* hériter

beerdigen* [bəˈʔeːɐ̯dɪgən] *vt* enterrer

Beerdigung <-, -en> *f* enterrement *m*

Beerdigungsinstitut *nt* [entreprise *f* de] pompes *fpl* funèbres

Beere [ˈbeːrə] <-, -n> *f* baie *f;* (*Weinbeere*) grain *m*

Beet [beːt] <-[e]s, -e> *nt* plate-bande *f*

befähigen* [bəˈfɛːɪgən] *vt* **jdn zu etw ~** rendre qn capable de qc

Befähigung <-> *f* (*Können*) compétence *f;* (*naturgegebene Eignung*) aptitude *f;* (*Qualifikation*) qualification *f*

befahl [bəˈfaːl] *Imp von* **befehlen**

befahrbar *adj* (*Straße*) praticable; (*Wasserweg*) navigable

befahren* *vt irr* (*Straße*) emprunter; (*Seeweg*) naviguer sur

befallen*[1] *vt irr* ❶ contaminer; **eine Pflanze ~** (*Schädlinge*) infester une plante ❷ (*Fieber*) être pris de

befallen[2] *adj* (*Organ*) contaminé(e); (*Pflanze*) infesté(e)

befangen *adj* ❶ inhibé(e) ❷ (*parteiisch*) partial(e)

Befangenheit <-> *f* ❶ (*Gehemmtheit*) inhibitions *fpl* ❷ (*Parteilichkeit*) partialité *f*

befassen* *vr* **sich mit jdm/etw** ~ s'occuper de qn/qc

Befehl [bəˈfeːl] <-[e]s, -e> *m* ❶ ordre *m* ❷ (*~sgewalt*) commandement *m* ❸ INFORM instruction *f* ▶**auf** ~ MIL selon les ordres

befehlen <befiehlt, befahl, befohlen> *vt* **~, dass** ordonner que + *subj*

Befehlshaber(in) [bəˈfeːlshaːbɐ] <-s, -> *m(f)* commandant(e) *m(f)* **Befehlszeile** *f* INFORM ligne *f* de commande

befestigen* [bəˈfɛstɪgən] *vt* ❶ fixer ❷ (*Fahrbahn*) stabiliser; (*Deich*) consolider ❸ MIL fortifier

Befestigung <-, -en> *f* ❶ fixation *f* ❷ MIL fortification *f* ❸ (*einer Fahrbahn*) stabilisation *f*

Befestigungsanlage *f* fortifications *fpl*

befeuchten* *vt* humidifier

befiehlt [bəˈfiːlt] *3. Pers Präs von* **befehlen**

befinden* *irr* **I.** *vr* (*sich aufhalten*) être **II.** *vt form* **etw für angemessen** ~ considérer qc comme convenable **III.** *vi geh* **über jdn/etw** ~ se prononcer sur qn/qc

Befinden <-s> *nt* ❶ état *m* ❷ *geh* (*Meinung*) position *f*

beflecken* *vt* ❶ tacher ❷ *geh* (*Ehre*) salir

beflissen [bəˈflɪsən] **I.** *adj* (*Schüler*) appliqué(e); (*Mitarbeiter*) zélé(e); (*Diener*) empressé(e) **II.** *adv* avec empressement

befohlen [bəˈfoːlən] *PP von* **befehlen**

befolgen* *vt* suivre; (*Vorschrift*) respecter; (*Befehl*) exécuter

befördern* *vt* ❶ transporter; (*Briefe*) acheminer; **etw** ~ **lassen** expédier qc ❷ (*aufrücken lassen*) **jdn** ~ promouvoir qn; **befördert werden** avoir de l'avancement

Beförderung *f* ❶ transport *m;* (*von Postsendungen*) acheminement *m* ❷ (*eines Mitarbeiters*) promotion *f;* (*eines Beamten*) avancement *m*

befragen* *vt* ❶ interroger; (*Zeugen*) entendre; **jdn nach seiner Meinung** ~ demander son avis à qn ❷ (*um Rat fragen*) consulter

Befragung <-, -en> *f* ❶ interrogation *f* ❷ (*Umfrage*) sondage *m*

befreien* **I.** *vt* ❶ libérer ❷ (*freistellen*) dispenser ❸ (*entlasten*) soulager ❹ (*reinigen*) débarrasser **II.** *vr* **sich** ~ ❶ (*entkommen*) s'évader ❷ (*Volk*) se libérer

befreiend **I.** *adj* (*Lachen*) libérateur(-trice) **II.** *adv* ~ **wirken** soulager

Befreier(in) <-s, -> *m(f)* libérateur(-trice) *m(f)*

befreit **I.** *adj* (*Person*) soulagé(e); (*Lächeln*) de soulagement **II.** *adv* de soulagement

Befreiung <-, -en> *f* ❶ libération *f* ❷ (*Freistellung*) dispense *f* ❸ (*Erlösung*) soulagement *m*

befremden* [bəˈfrɛmdən] **I.** *vt* déconcerter **II.** *vi* paraître insolite

befremdlich *adj geh* déconcertant(e)

befreunden* [bəˈfrɔɪndən] *vr* **sich mit jdm** ~ se lier d'amitié avec qn

befreundet *adj* (*Person*) ami(e); (*Staat*) allié(e)

befriedigen* [bəˈfriːdɪgən] **I.** *vt* satisfaire **II.** *vi* (*Lösung*) être satisfaisant **III.** *vr* **sich [selbst]** ~ se masturber

befriedigend *adj a.* SCHULE satisfaisant(e)

befriedigt **I.** *adj* satisfait(e); (*sexuell erfüllt*) comblé(e) sur le plan sexuel **II.** *adv* avec satisfaction

Befriedigung <-> *f* satisfaction *f*

befristen* *vt* (*Projekt*) fixer un délai pour; **etw auf ein Jahr** ~ limiter qc à un an

befristet **I.** *adj* temporaire **II.** *adv* ~ **gelten** avoir une durée de validité déterminée

befruchten* *vt* féconder; **jdn künstlich** ~ inséminer qn artificiellement

Befruchtung <-, -en> *f* fécondation *f;* **künstliche** ~ insémination *f* artificielle

Befugnis [bəˈfuːknɪs] <-, -se> *f form* habilitation *f*

befugt [bəˈfuːkt] *adj form* ~ **sein etw zu tun** avoir autorité pour faire qc

befühlen* *vt* tâter

Befund <-[e]s, -e> *m* **ärztlicher** ~ résultat *m* de l'analyse médicale

befürchten* *vt* craindre

Befürchtung <-, -en> *f* craintes *fpl*

befürworten* [bəˈfyːɐvɔrtən] *vt* appuyer; **~, dass** préconiser que + *subj*

Befürworter(in) <-s, -> *m(f)* (*einer Haltung, eines Vorgehens*) partisan(e) *m(f);* (*einer Idee*) avocat(e) *m(f)*

begabt [bəˈgaːpt] *adj* doué(e); **hoch** ~ surdoué(e)

Begabung [bəˈgaːbʊŋ] <-, -en> *f* ❶ (*Talent*) don *m* ❷ (*Mensch*) talent *m*

begann [bə'gan] *Imp von* **beginnen**

begeben* *vr irr geh* ① (*gehen, fahren*) se rendre; **sich ins Haus ~** entrer dans la maison ② *fig* **sich in eine schwierige Lage ~** se mettre dans une situation difficile; **sich in Gefahr ~** s'exposer au danger; **sich in Behandlung ~** aller se faire soigner

Begebenheit <-, -en> *f geh* événement *m*

begegnen* [bə'ge:gnən] **I.** *vi + sein* ① rencontrer ② *geh* (*entgegentreten*) accueillir ③ (*widerfahren*) arriver **II.** *vr* **sich** (*dat*) **~** se rencontrer

Begegnung <-, -en> *f* ① *a.* SPORT rencontre *f* ② (*das Kennenlernen*) contact *m*

begehbar *adj* praticable à pied

begehen* *vt irr* ① (*Tat*) commettre; (*Dummheit*) faire ② *geh* (*feiern*) célébrer ③ (*Weg*) passer sur

begehren* [bə'ge:rən] *vt geh* désirer

Begehren <-s, -> *nt geh* désir *m*

begehrenswert *adj* (*Person*) désirable; (*Gegenstand*) tentant(e)

begehrt *adj* (*Person*) courtisé(e); (*Stellung*) convoité(e)

begeistern* [bə'gaistɐn] **I.** *vt* enthousiasmer; **jdn für seine Ziele ~** rallier qn à ses visées **II.** *vr* **sich ~** s'enthousiasmer

begeistert **I.** *adj* ① enthousiaste; **~ sein** être enthousiasmé ② (*leidenschaftlich*) passionné(e) **II.** *adv* avec enthousiasme

Begeisterung <-> *f* enthousiasme *m*

Begierde [bə'gi:ɐ̯də] <-, -n> *f geh* ① **~ nach Macht** soif *f* de pouvoir ② (*sexuelles Verlangen*) concupiscence *f*

begierig *adj* ① avide ② (*voll sexuellem Verlangen*) concupiscent(e) (*iron*)

begießen* *vt irr* arroser

Beginn [bə'gɪn] <-[e]s> *m* (*zeitlich*) commencement *m;* (*räumlich*) début

beginnen <begann, begonnen> **I.** *vi* commencer; (*wieder ~*) recommencer **II.** *vt* (*anfangen*) commencer

beglaubigen* [bə'glaubɪgən] *vt* (*Unterschrift*) légaliser; (*Testament*) authentifier; **eine Kopie ~ lassen** faire certifier une copie conforme

Beglaubigung <-, -en> *f* (*einer Kopie*) attestation *f* de conformité; (*einer Unterschrift*) légalisation *f;* (*eines Testaments*) authentification *f*

begleichen* *vt irr* régler

begleiten* *vt a.* MUS accompagner

Begleiter(in) <-s, -> *m(f)* accompagnateur(-trice) *m(f)*

Begleitumstände *Pl* circonstances *fpl* concomitantes

Begleitung <-, -en> *f* ① *kein Pl* (*das Begleiten*) compagnie *f* ② *kein Pl* (*Gesellschaft*) **in ~** accompagné(e) ③ *kein Pl* (*Begleiter*) accompagnateur(-trice) *m(f)* ④ MUS accompagnement *m* [musical]

beglückwünschen* *vt* féliciter

begnadigen* [bə'gna:dɪgən] *vt* gracier

Begnadigung <-, -en> *f* grâce *f*

begnügen* [bə'gny:gən] *vr* **sich mit etw ~** se contenter de qc

Begonie [-niə] <-, -n> *f* bégonia *m*

begonnen [bə'gɔnən] *PP von* **beginnen**

begraben* *vt irr* ① enterrer ② (*verschütten*) ensevelir

Begräbnis [bə'grɛ:pnɪs] <-ses, -se> *nt* enterrement *m*

begradigen* [bə'gra:dɪgən] *vt* rectifier

begreifen* *irr* **I.** *vt, vi* (*verstehen*) comprendre **II.** *vr* **sich als Künstler ~** se considérer comme artiste

begreiflich *adj* compréhensible

begrenzen* *vt* ① (*die Grenze bilden*) [dé]limiter ② (*beschränken*) limiter

begrenzt **I.** *adj* limité(e); (*Rahmen*) étroit(e) **II.** *adv* de façon limitée

Begrenzung <-, -en> *f* ① *kein Pl* (*das Begrenzen*) délimitation *f;* (*Geschwindigkeit*) limitation *f* ② (*Grenze*) limite *f*

Begriff <-[e]s, -e> *m* ① (*Wort*) terme *m;* (*Inhalt*) notion *f* ② (*Vorstellung*) conception *f;* **sich** (*dat*) **einen ~ von etw machen** se faire une idée de qc ③ (*Inbegriff*) symbole *m*

begriffen *adj form* **im Gehen ~ sein** être sur le point de partir

begriffsstutzig *adj* borné(e); **~ sein** avoir du mal à comprendre

begründen* *vt* ① justifier ② (*Geschäft*) fonder; (*Ruhm*) créer

begründet *adj* fondé(e) ►**in etw** (*dat*) **~ sein** s'expliquer par qc

Begründung *f* ① justification *f* ② (*Urteilsbegründung*) exposé *m* des motifs

begrüßen* *vt* saluer

begrüßenswert *adj* (*Vorschlag*) qui mérite d'être salué; **es ist ~, dass** je me félicite/nous nous félicitons de ce que + *subj*

Begrüßung <-, -en> *f* souhaits *mpl* de bienvenue

B

En Allemagne, il est inhabituel de se faire la bise pour se dire bonjour ou au revoir. **Zur Begrüßung** on se serre la main même si l'on se connaît bien. Parfois, les plus jeunes préfèrent se saluer, c'est-à-dire *sich grüßen* en se frappant la paume de la main mutuellement.

begünstigen* [bəˈgʏnstɪgən] *vt* favoriser; JUR prêter assistance à
begutachten* *vt* ❶ (*Schaden*) expertiser ❷ *fam* (*ansehen*) examiner
behaart [bəˈhaːɐ̯t] *adj* poilu(e)
behäbig [bəˈhɛːbɪç] *adj* (*Person*) flegmatique; (*Bewegung*) posé(e)
behagen* [bəˈhaːgən] *vi* **jdm** ~ plaire à qn
Behagen <-s> *nt* plaisir *m*
behaglich [bəˈhaːklɪç] *adj* agréable
Behaglichkeit <-> *f* confort *m*
behalten* *vt irr* ❶ garder ❷ (*nicht vergessen*) retenir
Behälter [bəˈhɛltɐ] <-s, -> *m* récipient *m*; (*groß*) réservoir *m*
behandeln* *vt* ❶ *a. fig* traiter; **jdn/etw schlecht** ~ maltraiter qn/qc ❷ (*pflegen*) **etw mit Wachs** ~ entretenir qc avec de la cire
Behandlung <-, -en> *f* ❶ traitement *m* ❷ (*einer Verletzung*) soins *mpl* [médicaux] ❸ (*Pflege*) entretien *m* ❹ (*Abhandlung*) **bei der ~ dieser Frage** en traitant cette question
beharren* [bəˈharən] *vi* **auf seiner Meinung** ~ ne pas démordre de son opinion
beharrlich I. *adj* (*Person*) persévérant(e); (*Schweigen*) obstiné(e) II. *adv* avec ténacité; (*schweigen*) obstinément
behaupten* [bəˈhaʊ̯ptən] I. *vt* ❶ prétendre ❷ (*Vorsprung*) maintenir II. *vr* **sich gegen jdn/etw** ~ s'imposer face à qn/qc
Behauptung <-, -en> *f* ❶ (*Äußerung*) affirmation *f* ❷ (*Verteidigung*) maintien *m*
Behausung <-, -en> *f hum geh* logis *m*
beheben* *vt irr* ❶ (*Fehler*) réparer; (*Störung*) remédier à ❷ A (*Geldbetrag*) retirer
beheizen* *vt* chauffer
behelfen* *vr irr* ❶ **sich mit etw** ~ se contenter provisoirement de qc ❷ (*auskommen*) **sich** ~ se débrouiller
behelfsmäßig *adj* provisoire; (*improvisiert*) de fortune
behelligen* [bəˈhɛlɪgən] *vt* importuner (*soutenu*)
beherbergen* [bəˈhɛrbɛrgən] *vt* héberger
beherrschen* I. *vt* ❶ (*können*) maîtriser ❷ (*herrschen über*) dominer II. *vr* **sich** ~ se dominer
beherrscht *adj* contrôlé(e)
Beherrschung <-> *f* ❶ (*einer Sprache*) maîtrise *f*; (*eines Handwerks*) connaissance *f* ❷ (*Kontrolle*) maîtrise *f* de soi ❸ (*das Herrschen*) domination *f*
beherzigen* [bəˈhɛrtsɪgən] *vt* (*Rat*) suivre
beherzt [bəˈhɛrtst] I. *adj* courageux(-euse) II. *adv* résolument
behilflich [bəˈhɪlflɪç] *adj* **jdm ~ sein** aider qn
behindern* *vt* **jdn** ~ (*Person, Kleid*) gêner qn; (*Verletzung*) handicaper qn; **schwer behindert** lourdement handicapé(e)
Behinderte(r) *f(m) dekl wie adj* **geistig/körperlich** ~ handicapé(e) *m(f)* mental(e)/physique
behindertengerecht *adj* adapté(e) aux handicapés
Behinderung <-, -en> *f* ❶ **geistige/körperliche** ~ handicap *m* mental/physique ❷ *kein Pl* gêne *f*; ~ **des Straßenverkehrs** entrave *f* à la circulation
Behörde [bəˈhøːɐ̯də] <-, -n> *f* ❶ service *m* [administratif] ❷ (*Gebäude*) bâtiment *m* public
behördlich [bəˈhøːɐ̯tlɪç] *adj* officiel(le)
behüten* *vt* veiller sur
behütet I. *adj* protégé(e) II. *adv* à l'abri du monde
behutsam [bəˈhuːtzaːm] I. *adj* précautionneux(-euse) II. *adv* avec précaution
Behutsamkeit <-> *f* précaution *f*
bei [baɪ̯] *präp + dat* ❶ (*räumlich*) ~ **jdm** chez qn; (*in der Nähe von jdm*) auprès de qn; **~m Bäcker** chez le boulanger ❷ (*mit*) **etw ~ sich haben** avoir qc sur soi ❸ (*zur Angabe eines Tätigkeitsbereichs*) ~ **der Post arbeiten** travailler à la poste ❹ (*an*) **jdn ~ der Hand fassen** prendre qn par la main ❺ (*während*) ~ **der Vorführung** pendant la présentation; ~ **seiner Ankunft** à son arrivée ❻ (*zur Angabe der Umstände*) ~ **Kerzenlicht** aux chandelles; ~ **einer Flasche Wein** en buvant une bouteille de vin; ~ **vierzig Grad** par quarante degrés ❼ (*im Fall von*) ~ **Gefahr** en cas de danger

❽ (*zur Angabe der Herkunft, Urheberschaft*) **der Fehler lag ~ ihr** l'erreur venait d'elle ❾ (*zur Angabe annähernder Größen*) **der Preis liegt ~ hundert Euro** le prix est d'environ cent euros ❿ (*trotz*) **~ all seinen Bemühungen** malgré tous ses efforts ⓫ (*in Schwurformeln*) **~ meiner Ehre** sur mon honneur; **ich schwöre ~ Gott** je jure devant Dieu

bei|behalten* *vt irr* garder

bei|bringen *vt irr* ❶ (*lehren*) apprendre; (*zu verstehen geben*) faire comprendre ❷ (*Wunde*) faire

Beichte ['bajçtə] <-, -n> *f* confession *f*

beichten **I.** *vt a. fig, iron fam* (*gestehen*) confesser **II.** *vi* se confesser

Beichtgeheimnis *nt* secret *m* de la confession **Beichtstuhl** *m* confessionnal *m* **Beichtvater** *m* confesseur *m*

beide ['bajdə] *pron, adj* ❶ **die ~n Frauen** les deux femmes; **euch ~n** vous deux ❷ (*zwei Dinge*) **~s** les deux [choses]; **eins von ~n!** c'est l'un ou [c'est] l'autre! ❸ SPORT **fünfzehn ~** quinze partout

beiderlei ['bajdɐ'laɪ] *adj inv, attr* **Kinder ~ Geschlechts** des enfants des deux sexes

beiderseitig ['bajdɐzaɪtɪç] *adj* réciproque

beiderseits ['bajdɐzaɪts] **I.** *adv* ❶ (*auf beiden Seiten*) des deux côtés ❷ (*gegenseitig*) chacun(e) de son côté **II.** *präp + gen* **~ des Rheins** des deux côtés du Rhin

beidseitig ['bajtzaɪtɪç] **I.** *adj* (*Beschichtung*) des deux côtés; (*Lähmung*) bilatéral(e) **II.** *adv* des deux côtés; **~ gelähmt sein** avoir une paralysie bilatérale

beidseits CH *s.* **beiderseits II.**

beieinander [bajʔaɪ'nandɐ] *adv* l'un(e) près de l'autre/les un(e)s près des autres; **~ sein** être réunis

Beifahrer(in) *m(f)* passager(-ère) *m(f)* avant

Beifahrersitz *m* siège *m* du passager avant

Beifall <-[e]s> *m* ❶ applaudissements *mpl* ❷ (*Zustimmung*) approbation *f*

beifällig ['bajfɛlɪç] **I.** *adj* approbateur(-trice) **II.** *adv* (*nicken*) d'un air approbateur

bei|fügen *vt* ❶ joindre ❷ (*Bemerkung*) ajouter

beige [beːʃ] *adj inv* beige

bei|geben *vt irr* ajouter

Beigeschmack *m* ❶ petit goût *m* ❷ *fig* connotation *f*

Beihilfe *f* ❶ (*finanzielle Unterstützung*) aide *f* financière ❷ JUR complicité *f*

Beil [bajl] <-[e]s, -e> *nt* hache *f*

Beilage *f* ❶ GASTR garniture *f* ❷ (*Publikation*) supplément *m* ❸ A, CH (*Anlage*) annexe *f*

beiläufig ['bajlɔyfɪç] **I.** *adj* incident(e) **II.** *adv* ❶ (*nebenbei*) incidemment ❷ A (*ungefähr*) à peu près

bei|legen *vt* ❶ joindre ❷ (*schlichten*) régler

Beileid *nt kein Pl* condoléances *fpl* ▶**[mein] herzliches ~!** [mes] sincères condoléances!

bei|liegen *vi irr* **einer S.** (*dat*) **~** être joint à qc

beiliegend **I.** *adj* joint(e) **II.** *adv* **~ übersenden wir Ihnen ...** veuillez trouver ci-joint ...

beim [bajm] = **bei dem** *s.* **bei**

bei|messen *vt irr* **einer S.** (*dat*) **Bedeutung ~** accorder de l'importance à qc

Bein [bajn] <-[e]s, -e> *nt* ❶ (*einer Person*) jambe *f;* (*eines Tiers*) patte *f* ❷ (*Tisch-, Stuhlbein*) pied *m* ❸ (*Hosenbein*) jambe *f* ▶**auf eigenen ~en stehen** voler de ses propres ailes; **jdm ein ~ stellen** faire un croche-pied à qn; (*hereinlegen*) mettre des bâtons dans les roues à qn (*fam*)

beinah[e] *adv* presque; **~ hätte es einen Unfall gegeben** il a failli y avoir un accident

Beinbruch *m* fracture *f* de la jambe

beinhalten* [bə'ʔɪnhaltən] *vt* ❶ comporter ❷ (*bedeuten*) signifier

bei|pflichten *vi* **jdm/einer S. ~** approuver qn/qc

Beirat ['bajraːt, *Pl:* 'baɪrɛːtə] *m* conseil *m* consultatif

beirren* [bə'ʔɪrən] *vt* **sich nicht ~ lassen** ne pas se laisser troubler

beisammen [baj'zamən] *adv* ❶ l'un(e) près de l'autre/les un(e)s près des autres; **~ sein** être réunis ❷ *fig* **körperlich/geistig gut ~ sein** être très alerte/avoir toute sa tête

beisammen|haben *vt irr fam* avoir [réuni] ▶**[sie] nicht alle ~** *fam* débloquer **beisammen|sein**[ALT] *s.* **beisammen** **Beisammensein** *nt* réunion *f*

Beischlaf *m form* coït *m*

Beisein ▶**im ~** en présence; **ohne sein ~** en son absence

beiseite [baj'zaɪtə] *adv* ❶ (*räumlich*) **geh bitte etwas ~!** écarte-toi un peu, s'il te plaît! **jdn/etw ~ schieben** pousser qn/qc de côté ❷ *fig* **etw ~ lassen** laisser qc de côté

bei|setzen *vt geh* inhumer
Beisetzung <-, -en> *f geh* inhumation *f*
Beispiel *nt* exemple *m*
beispielhaft **I.** *adj* ❶ (*vorbildlich*) modèle ❷ (*veranschaulichend*) exemplaire **II.** *adv* de manière exemplaire
beispiellos *adj* ❶ (*einzigartig gut*) unique ❷ (*einzigartig schlecht*) sans précédent
beispielsweise *adv* par exemple
beißen ['bajsən] <biss, gebissen> **I.** *vt* mordre **II.** *vi* ❶ mordre ❷ (*brennen*) brûler; **in den Augen** ~ irriter les yeux **III.** *vr* ❶ **sich** (*akk o dat*) **auf die Zunge** ~ se mordre la langue ❷ (*nicht harmonieren*) **diese Farben** ~ **sich** ces couleurs jurent entre elles
beißend *adj* ❶ (*Geruch*) âcre ❷ *fig* (*Ironie*) caustique
Beistand *m kein Pl* soutien *m;* (*eines Priesters*) assistance *f*
bei|stehen *vi irr* assister
bei|steuern *vt* (*Summe*) verser; (*Teil*) apporter
Beistrich *m bes.* A virgule *f*
Beitrag ['bajtra:k, *Pl:* 'baɪtrɛ:gə] <-[e]s, Beiträge> *m* ❶ (*Mitgliedsbeitrag*) cotisation *f;* (*Versicherungsbeitrag*) prime *f* ❷ (*Artikel*) article *m* ❸ (*Radiobeitrag*) sujet *m* ❹ (*Mitwirkung*) **einen ~ zu etw leisten** apporter sa contribution à qc
bei|tragen *vi, vr irr* contribuer
bei|treten *vi irr + sein* adhérer
Beitritt *m* adhésion *f;* **seinen ~ erklären** s'inscrire
bei|wohnen *vi form* assister
Beize ['bajtsə] <-, -n> *f* ❶ teinture *f* ❷ GASTR marinade *f*
beizeiten [baj'tsaɪtən] *adv* (*rechtzeitig*) à temps; (*früh*) assez tôt
beizen ['bajtsən] *vt* ❶ teinter ❷ GASTR [faire] mariner
bejahen* [bə'ja:ən] *vt* ❶ (*Frage*) répondre par l'affirmative à ❷ (*gutheißen*) approuver
bekämpfen* **I.** *vt* ❶ combattre ❷ (*Krankheit*) lutter contre **II.** *vr* **sich [gegenseitig]** ~ se combattre [mutuellement]
Bekämpfung <-, -en> *f* lutte *f*
bekannt [bə'kant] *adj* ❶ (*berühmt*) ~ **werden** accéder à la notoriété; ~ **für etw sein** être connu pour qc; **wohl** ~ bien connu(e) ❷ (*nicht unbekannt*) connu(e); **das ist doch allgemein** ~ tout le monde sait cela ❸ (*nicht fremd*) **jdm ~ sein** être connu à qn; **jdn mit jdm ~ machen** présenter qn à qn; **mit jdm ~ sein** connaître qn ❹ (*öffentlich*) ~ **geben** (*Wahlergebnis*) proclamer; ~ **machen** (*Aufruf*) publier; (*Information*) révéler
Bekannte(r) *f(m) dekl wie adj* connaissance *f;* (*Freund*) ami(e) *m(f)*
Bekanntenkreis *m* relations *fpl*
bekannt|geben *s.* **bekannt 4.**
Bekanntheit <-> *f* notoriété *f*
Bekanntheitsgrad *m* degré *m* de notoriété
bekanntlich *adv* comme chacun sait
bekannt|machen *s.* **bekannt 4.**
Bekanntmachung <-, -en> *f* ❶ publication *f* ❷ (*Anschlag*) avis *m*
Bekanntschaft <-, -en> *f* connaissance *f;* **jds ~ machen** faire la connaissance de qn
bekehren* *vt* **jdn/sich zu etw** ~ convertir qn/se convertir à qc
Bekehrung <-, -en> *f* conversion *f*
bekennen* *irr* **I.** *vt* ❶ reconnaître ❷ REL confesser **II.** *vr* ❶ **sich zu jdm** ~ se prononcer pour qn; **sich schuldig** ~ s'avouer coupable ❷ (*sich zeigen als*) ~**der Christ sein** être chrétien déclaré
Bekenntnis [bə'kɛntnɪs] *nt* ❶ (*Eingeständnis*) aveu *m* ❷ (*das Eintreten*) ~ **zu etw** profession *f* de foi en faveur de qc ❸ REL confession *f*
beklagen* **I.** *vt* déplorer **II.** *vr* **sich** ~ se plaindre
beklagenswert *adj* regrettable
bekleiden* *geh* **I.** *vt* (*Posten*) occuper; (*Amt*) exercer **II.** *vr* **sich** ~ se vêtir
bekleidet *adj* vêtu(e); **mit etw ~ sein** être vêtu de qc
Bekleidung *f* ❶ vêtements *mpl* ❷ *kein Pl form* (*eines Amtes*) exercice *m*
beklemmend **I.** *adj* ❶ (*Enge*) oppressant(e) ❷ (*Schweigen*) angoissant(e) **II.** *adv* ~ **wirken** (*Zimmer*) avoir quelque chose d'oppressant
Beklemmung <-, -en> *f* oppression *f;* ~**en bekommen** être pris d'angoisses
Beklommenheit <-> *f* angoisse *f*
bekloppt [bə'klɔpt] *s.* **bescheuert**
bekommen* *irr* **I.** *vt + haben* ❶ recevoir; (*Anschluss*) obtenir; **soeben ~ wir die Nachricht, dass ...** nous venons d'apprendre que ...; **was ~ Sie für die Fahrt?** combien vous dois-je pour la course? ❷ *fig* **etw zu tun ~** aller avoir de quoi faire; **sie**

hat ihren Wunsch erfüllt ~ elle a eu ce qu'elle a souhaité ③ (*Ärger*) avoir ④ (*Krankheit*) attraper; (*Schlaganfall*) avoir ⑤ (*Angst*) avoir; **Risse** ~ se fissurer; **Flecken** ~ se tacher ⑥ (*zur Welt bringen*) **sie hat gestern ein Mädchen** ~ elle a eu une fille hier ⑦ (*erwarten*) **sie** ~ **Nachwuchs** ils attendent une naissance ⑧ (*Zug*) avoir (*fam*) ⑨ (*behandelt werden mit*) devoir prendre ⑩ (*wünschen*) **was** ~ **Sie bitte?** qu'est-ce que vous désirez?; **ich bekomme ein Brötchen** pour moi, ce sera un petit pain ⑪ (*bewegen können*) **etw nach oben/unten** ~ arriver à monter/descendre qc **II.** *vi* + *sein* **das Essen ist ihr gut/nicht** ~ elle a bien/n'a pas supporté le repas

bekömmlich [bəˈkœmlɪç] *adj* digeste

bekräftigen* *vt* confirmer

Bekräftigung <-, -en> *f* confirmation *f*

bekreuzigen* *vr* **sich** ~ se signer

bekümmert *adj* préoccupé(e); (*traurig*) affligé(e)

bekunden* [bəˈkʊndən] *vt* **sein Interesse/seine Abneigung** ~ manifester son intérêt/sa réprobation

belächeln* *vt* sourire de

beladen* *irr* **I.** *vt* (*Wagen*) charger **II.** *vr* **sich mit etw** ~ transporter qc; *fig* prendre qc sur soi

Belag [bəˈlaːk, *Pl:* bəˈlɛːgə] <-[e]s, Beläge> *m* ① garniture *f* ② (*Zahnbelag*) plaque *f* dentaire ③ (*Schicht*) dépôt *m*

belagern* [bəˈlaːgɐn] *vt a. fig fam* assiéger

Belagerung <-, -en> *f* MIL siège *m*

Belang [bəˈlaŋ] <-[e]s, -e> *m* ① *Pl* affaires *fpl* ② (*Bedeutung*) **ohne/von** ~ **sein** être sans importance/avoir de l'importance

belangen* *vt* JUR **jdn wegen etw** ~ poursuivre qn [en justice] pour qc

belanglos *adj* insignifiant(e)

belassen* *vt irr* laisser; **es bei etw** ~ s'en tenir à qc

belastbar *adj* ① **eine bis zu zwanzig Tonnen ~e Brücke** un pont pouvant porter une charge allant jusqu'à vingt tonnes ② (*beanspruchbar*) ~ **sein** être performant

Belastbarkeit <-, -en> *f* ① (*einer Brücke*) charge *f* admissible; (*eines Aufzugs*) poids *m* autorisé ② *fig* possibilités *fpl* ③ ÖKOL **die** ~ **der Atmosphäre ist überschritten** les limites de la pollution atmosphérique sont dépassées ④ FIN capacité *f* fiscale

belasten* **I.** *vt* ① (*beschweren*) charger ② (*Person*) exiger trop de; **jdn mit Arbeit** ~ accabler qn de travail ③ (*bedrücken*) encombrer; **etw belastet ihn** qc pèse sur lui ④ ÖKOL polluer; **stark belastet sein** être très pollué ⑤ MED solliciter ⑥ JUR charger ⑦ FIN débiter **II.** *vr* ① (*sich aufbürden*) **sich mit etw** ~ s'encombrer de qc ② JUR **sich [selbst]** ~ se charger soi-même

belästigen* [bəˈlɛstɪgən] *vt* **jdn** ~ (*Person*) incommoder qn; (*Lärm*) gêner qn; **jdn sexuell** ~ harceler qn sexuellement

Belästigung <-, -en> *f* harcèlement *m*

Belastung [bəˈlastʊŋ] <-, -en> *f* ① (*schweres Gewicht*) charge *f* ② (*einer Person*) charges *fpl*; (*Last*) corvée *f* ③ (*Bürde*) poids *m* ④ ÖKOL pollution *f*; **eine** ~ **der Umwelt darstellen** représenter une nuisance pour l'environnement ⑤ (*Beanspruchung*) **eine** ~ **für die Nerven sein** mettre les nerfs à l'épreuve ⑥ JUR charges *fpl* ⑦ (*eines Steuerzahlers*) charge *f*; (*eines Kontos*) débit *m* ⑧ *Pl* (*Ausgaben*) dépenses *fpl*

belauern* *vt* épier

belaufen* *vr irr* **sich auf hundert Euro** (*akk*) ~ se monter à cent euros

beleben* **I.** *vt* ① (*Person*) ragaillardir; (*Kreislauf*) activer ② (*Unterhaltung*) animer; **etw neu** ~ ranimer qc ③ (*Konjunktur*) stimuler; **etw neu** ~ relancer qc **II.** *vr* ① **sich [wieder]** ~ (*Konjunktur*) connaître une reprise ② (*sich bevölkern*) **sich** ~ (*Straßen*) s'animer **III.** *vi* stimuler

belebend *adj* (*anregend*) stimulant(e)

belebt *adj* ① (*bevölkert*) animé(e) ② (*lebendig*) vivant(e)

Beleg [bəˈleːk] <-[e]s, -e> *m* ① (*Kassenbon*) ticket *m* de caisse; (*Quittung*) quittance *f* ② (*Nachweis*) justificatif *m*; (*Unterlage*) document *m* ③ (*Quellennachweis*) référence *f*

belegen* *vt* ① GASTR **mit etw** ~ garnir de qc ② (*Abstammung*) prouver; (*Behauptung*) justifier ③ (*bestrafen*) **jdn mit einem Bußgeld** ~ frapper qn d'une amende ④ (*Kurs*) suivre ⑤ (*innehaben*) occuper

Belegschaft <-, -en> *f* effectif *m*

belegt *adj* (*Zunge*) chargé(e); (*Mandeln*) blanc (blanche); (*Stimme*) enroué(e)

belehren* *vt* ① *pej* faire la leçon à ② (*informieren*) informer; JUR renseigner ③ **sich** ~ **lassen** accepter d'entendre raison

B

Belehrung <-, -en> *f* ❶ *pej* conseil *m* ❷ (*eines Angeklagten*) information *f*
beleibt [bəˈlaipt] *adj geh* corpulent(e)
beleidigen* [bəˈlaidɪgən] *vt* offenser; **~d** offensant(e)
beleidigt *adj* offensé(e); **~ sein** être vexé
Beleidigung <-, -en> *f* injure *f*
belesen *adj* cultivé(e)
beleuchten* *vt* ❶ (*erhellen*) éclairer ❷ (*festlich*) illuminer ❸ *geh* (*Problem*) examiner
Beleuchtung <-, -en> *f* ❶ éclairage *m* ❷ (*Festbeleuchtung*) illumination *f*
Belgien [ˈbɛlgiən] <-s> *nt* la Belgique
Belgier(in) [ˈbɛlgiɐ] <-s, -> *m(f)* Belge *mf*
belgisch *adj* belge
Belgrad [ˈbɛlgraːt] <-s> *nt* Belgrade
belichten* *vt* exposer
Belichtung <-, -en> *f* exposition *f*
Belichtungsmesser <-s, -> *m* posemètre *m*
Belieben <-s> *nt* **ganz nach ~** tout à sa/ma/... guise
beliebig **I.** *adj* quelconque **II.** *adv* à volonté; **~ viele Versuche machen** faire autant d'essais que l'on veut; **~ lange/oft** aussi longtemps/souvent que l'on veut
beliebt *adj* apprécié(e); **sich ~ machen** se faire bien voir
Beliebtheit <-> *f* popularité *f;* (*eines Films*) audience *f;* (*eines Orts*) renommée *f*
beliefern *vt* fournir
bellen [ˈbɛlən] *vi* aboyer
belohnen* *vt* récompenser
Belohnung <-, -en> *f* récompense *f*
Belüftung *f* ❶ *kein Pl* (*das Belüften*) aération *f* ❷ (*Anlage*) ventilation *f*
belügen* *irr* **I.** *vt* mentir à **II.** *vr* **sich [selbst] ~** se faire des illusions
belustigen* [bəˈlʊstɪgən] **I.** *vt* amuser **II.** *vr geh* **sich über jdn/etw ~** s'amuser de qn/qc
bemächtigen* [bəˈmɛçtɪgən] *vr geh* **sich jds/einer S.** (*gen*) **~** s'emparer de qn/qc
bemalen* *vt* peindre
bemängeln* [bəˈmɛŋəln] *vt* **~, dass** se plaindre [de ce] que + *subj*
bemannt [bəˈmant] *adj* habité(e)
bemerkbar *adj* perceptible; **sich ~ machen** se manifester
bemerken* *vt* ❶ (*wahrnehmen*) remarquer ❷ (*äußern*) faire une remarque
bemerkenswert *adj* remarquable
Bemerkung <-, -en> *f* remarque *f*
bemitleiden* [bəˈmɪtlaidən] **I.** *vt* prendre en pitié **II.** *vr* **sich [selbst] ~** se lamenter sur son [propre] sort
bemitleidenswert *adj* pitoyable
bemühen* [bəˈmyːən] *vr* ❶ (*sich Mühe geben*) **sich ~** faire des efforts; **bitte ~ Sie sich nicht!** je vous en prie, ne vous dérangez pas! ❷ (*sich kümmern*) **sich um jdn ~** être aux petits soins avec qn; **sich um eine Stelle ~** s'efforcer d'obtenir un poste
bemüht *adj* (*Mitarbeiter*) sérieux(-euse); (*Schüler*) appliqué(e); **um Gerechtigkeit ~ sein** s'efforcer d'être juste
Bemühung <-, -en> *f* ❶ effort *m* ❷ *Pl* (*eines Arztes*) soins *mpl;* (*eines Anwalts*) services *mpl*
bemuttern* [bəˈmʊtɐn] *vt* materner
benachbart [bəˈnaxbaːɐt] *adj* voisin(e)
benachrichtigen* [bəˈnaːxrɪçtɪgən] *vt* informer
Benachrichtigung <-, -en> *f* notification *f*
benachteiligen* [bəˈnaːxtailɪgən] *vt* ❶ désavantager ❷ (*behindern*) handicaper
Benachteiligung <-, -en> *f* ❶ *kein Pl* (*das Benachteiligen*) **die ständige ~ von Minderheiten** le fait que les minorités sont constamment défavorisées ❷ (*Nachteil*) handicap *m*
Bendel[ALT] *s.* **Bändel**
benehmen* *vr irr* se tenir
Benehmen <-s> *nt* comportement *m*
beneiden* [bəˈnaidən] *vt* **jdn um etw ~** envier qc à qn
beneidenswert *adj* enviable
Beneluxländer [beneˈlʊkslɛndɐ] *Pl* **die ~** le Benelux
benennen* *vt irr* ❶ nommer ❷ (*nennen*) désigner
Bengel [ˈbɛŋəl] <-s, -[s]> *m* ❶ (*frecher Junge*) garnement *m* ❷ *fam* (*netter Junge*) gamin *m*
benommen [bəˈnɔmən] *adj* (*vom Schlaf, durch Drogen*) abruti(e); (*durch einen Schlag*) sonné(e); (*durch einen Schock*) étourdi(e)
benoten* *vt* noter
benötigen* [bəˈnøːtɪgən] *vt* avoir besoin de
Benotung <-, -en> *f* (*Note*) note *f*
benutzbar *adj* (*Gegenstand*) utilisable
benutzen* *vt* ❶ utiliser; (*Literatur*) consulter; **nach dem Benutzen** après usage ❷ (*Bus*) prendre ❸ (*Person*) se servir de

Benutzer(in) <-s, -> *m(f)* (*einer Software*) utilisateur(-trice) *m(f)*; (*eines Verkehrsmittels*) usager(-ère) *m(f)*
benutzerfreundlich *adj* (*Gerät*) pratique; (*Computer*) convivial(e) **Benutzeroberfläche** *f* INFORM interface *f* utilisateur
Benutzung *f kein Pl* usage *m*; (*eines Zimmers*) utilisation *f*; (*eines Nachschlagewerks*) consultation *f*
Benutzungsgebühr *f* taxe *f* d'utilisation
Benzin [bɛn'tsiːn] <-s, -e> *nt* essence *f*
Benzinkanister *m* bidon *m* d'essence **Benzinverbrauch** *m* consommation *f* d'essence
Benzol [bɛn'tsoːl] <-s, -e> *nt* CHEM benzène *m*
beobachten* [bə'ʔoːbaxtən] *vt* ❶ observer ❷ (*observieren*) surveiller
Beobachter(in) <-s, -> *m(f)* observateur (-trice) *m(f)*
Beobachtung <-, -en> *f* ❶ observation *f* ❷ (*Kontrolle*) surveillance *f*
bepacken* **I.** *vt* charger **II.** *vr* **sich mit etw ~** se charger de qc
bepflanzen* *vt* (*Beet*) planter
Bepflanzung *f* (*die Pflanzen*) plantations *fpl*
bequem [bə'kveːm] *adj* ❶ confortable; **es sich** (*dat*) **~ machen** se mettre à l'aise ❷ (*mühelos*) commode ❸ (*leicht zu bedienen*) pratique ❹ *pej* (*Person*) paresseux(-euse)
Bequemlichkeit <-> *f* ❶ confort *m* ❷ (*Trägheit*) paresse *f*
beraten* *irr* **I.** *vt* ❶ (*informieren*) conseiller ❷ (*besprechen*) délibérer sur **II.** *vr* **sich über jdn/etw ~** débattre de qn/qc; **sich mit jdm über jdn/etw ~** se concerter avec qn au sujet de qn/qc
Berater(in) <-s, -> *m(f)* conseiller(-ère) *m(f)*; COM, FIN, JUR conseil *m*
Beratung <-, -en> *f* ❶ *kein Pl* (*Besprechung*) délibération *f* ❷ (*eines Patienten*) consultation *f*
berauben* *vt* dévaliser; **jdn einer S.** (*gen*) **~** dépouiller qn de qc
berauschen* *geh* **I.** *vt* enivrer **II.** *vr* ❶ (*sich betrinken*) s'enivrer ❷ (*in Ekstase geraten*) se délecter
berauschend **I.** *adj* (*Droge*) euphorisant(e); (*Getränk, Wirkung*) grisant(e) **II.** *adv* **~ wirken** avoir un effet euphorisant
Berber <-s, -> *m* ❶ Berbère *m* ❷ *fam* (*Obdachloser*) clodo *m* ❸ (*Teppich*) tapis *m* berbère
berechenbar [bə'rɛçənbaːɐ̯] *adj* ❶ (*Kosten, Projekt*) évaluable ❷ (*Person*) dont on peut prévoir les réactions; (*Politik*) prévisible
berechnen* *vt* ❶ calculer ❷ (*in Rechnung stellen*) facturer ❸ (*veranschlagen*) prévoir
berechnend *adj pej* calculateur(-trice)
Berechnung *f a. pej* calcul *m*
berechtigen* [bə'rɛçtɪgən] *vt* **berechtigt sein etw zu tun** avoir le droit de faire qc; **sich zu etw berechtigt fühlen** se sentir autorisé(e) à faire qc
berechtigt *adj* légitime
Berechtigung <-, -en> *f* ❶ autorisation *f* ❷ (*einer Forderung*) légitimité *f*
bereden* **I.** *vt* ❶ discuter ❷ (*überreden*) convaincre **II.** *vr* **sich ~** se concerter; **sich mit jdm ~** discuter avec qn
Beredsamkeit <-> *f geh* éloquence *f*
beredt [bə'reːt] *adj geh* ❶ expressif(-ive) ❷ (*redegewandt*) éloquent(e)
Bereich [bə'raiç] <-[e]s, -e> *m* ❶ (*Gebiet*) zone *f* ❷ (*Verantwortungsbereich*) domaine *m*
bereichern* [bə'raiçɐn] *vt, vr* [**sich**] ~ [s']enrichir
Bereicherung <-, -en> *f* enrichissement *m*
bereinigen* *vt* régler
bereisen* *vt* parcourir
bereit [bə'rait] *adj* ❶ prêt(e) ❷ (*willens*) disposé(e)
bereiten* *vt* ❶ (*Freude*) causer; (*Kopfschmerzen*) donner ❷ (*Überraschung*) réserve[r] ❸ *geh* (*zu~*) préparer
bereit|halten **I.** *vt irr* ❶ (*Ausweis*) préparer (*Gerät*) tenir prêt(e) ❷ (*Überraschung*) réserver **II.** *vr* **sich ~** se tenir prêt(e)
bereit|legen *vt* préparer
bereit|liegen *vi irr* être prêt; **für jdn ~** être [à] la disposition de qn
bereit|machen *vr* **sich ~** se préparer
bereits [bə'raits] *adv* déjà
Bereitschaft <-, -en> *f* ❶ *kein Pl* bonne vo[-]lonté *f* ❷ *kein Pl* (*~sdienst*) service *m* d[e] garde; **~ haben** être de [service de] gard[e] ❸ (*Alarmbereitschaft*) **in ~ sein** être e[n] alerte ❹ (*Einheit der Polizei*) unité *f* de ga[rde] des mobiles
Bereitschaftsarzt *m*, **-ärztin** *f* médecin *m* de garde **Bereitschaftsdienst** *m* service [*m*] de garde
bereit|stehen *vi irr* être prêt
bereit|stellen *vt* préparer; **etw für jdn**

B

mettre qc à la disposition de qn
bereitwillig I. *adj* empressé(e) II. *adv* avec empressement
bereuen* [bəˈrɔyən] *vt* se repentir de
Berg [bɛrk] <-[e]s, -e> *m* ❶ montagne *f;* (*Hügel*) colline *f* ❷ *Pl* (*Gebirge*) montagne *f;* **in die ~e fahren** aller à la montagne ❸ (*große Menge*) **~e von Zeitschriften** des monceaux de revues
bergab [bɛrkˈʔap] *adv* en descente; **~ gehen** descendre **bergan** *s.* **bergauf**
Bergarbeiter(in) *m(f)* mineur *m*
bergauf [bɛrkˈʔauf] *adv* en montant; **~ gehen** grimper
Bergbau *m kein Pl* industrie *f* minière; **im ~ arbeiten** travailler à la mine **Bergbewohner(in)** *m(f)* montagnard(e) *m(f)*
bergen [ˈbɛrgən] <birgt, barg, geborgen> *vt* ❶ sauver; (*Ertrunkenen*) remonter; (*Schiffswrack*) renflouer ❷ (*Unfallopfer*) dégager ❸ (*mit sich bringen*) **Vorteile** [**in sich**] **~** présenter des avantages
Berggipfel *m* sommet *m* **Berghütte** *f* refuge *m*
bergig *adj* montagneux(-euse)
Bergkette *f* chaîne *f* de montagnes **Bergland** *nt* région *f* montagneuse **Bergmann** <-leute> *m* mineur *m* **Bergpredigt** *f* Sermon *m* sur la Montagne **Bergspitze** *f* pic *m* **bergsteigen** *vi irr, nur Infin und PP + haben o sein* faire de l'alpinisme; **das Bergsteigen** l'alpinisme *m* **Bergsteiger(in)** <-s, -> *m(f)* alpiniste *mf*
Bergung [ˈbɛrgʊŋ] <-, -en> *f* sauvetage *m;* (*eines Schiffswracks*) renflouement *m;* (*einer Ladung*) récupération *f*
Bergwacht [ˈbɛrkvaxt] *f* secours *m* en montagne **Bergwand** *f* paroi *f* rocheuse **Bergwanderung** *f* randonnée *f* en montagne **Bergwerk** *nt* mine *f*
Bericht [bəˈrɪçt] <-[e]s, -e> *m* ❶ **ein ausführlicher ~** un compte rendu détaillé ❷ (*Report*) **schriftlicher ~** rapport *m* écrit
berichten* I. *vi* ❶ [**aus aller Welt**] **~** (*Journalist*) envoyer des reportages [du monde entier]; **das Fernsehen berichtet über das Tagesgeschehen** la télévision nous informe sur les faits du jour; **wie uns soeben berichtet wird** comme on nous le communique à l'instant ❷ (*mitteilen*) informer II. *vt* raconter
Berichterstatter(in) [bəˈrɪçtʔɛɐʃtatɐ] <-s, -> *m(f)* correspondant(e) *m(f)* **Berichterstattung** *f* ❶ (*Nachrichteninformation*) reportage *m* ❷ POL consultation *f*
berichtigen* [bəˈrɪçtɪgən] *vt a.* JUR corriger
Berichtigung <-, -en> *f* ❶ correction *f* ❷ JUR rectification *f*
berieseln* *vt* (*bewässern*) arroser
beritten [bəˈrɪtən] *adj* à cheval
Berlin [bɛrˈliːn] <-s> *nt* Berlin
Berliner[1] <-s, -> *m* ❶ Berlinois *m* ❷ (*Gebäck*) beignet *m*
Berliner[2] *adj attr* berlinois(e)
Berlinerin <-, -nen> *f* Berlinoise *f*
Bermudas [bɛrˈmuːdas] *Pl* ❶ GEO **die ~** les Bermudes *fpl* ❷ (*Hosen*) bermuda *m*
Bern [bɛrn] <-s> *nt* Berne
Berner(in) <-s, -> *m(f)* Bernois(e) *m(f)*
Bernstein *m kein Pl* ambre *m* jaune
bersten [ˈbɛrstən] <birst, barst, geborsten> *vi + sein geh* ❶ (*Vase*) se fendre; (*Erde*) exploser; (*Reifen*) crever ❷ *fig* crever de
berüchtigt [bəˈrʏçtɪçt] *adj* (*Person*) tristement célèbre; (*Gegend*) mal famé(e)
berücksichtigen* [bəˈrʏkzɪçtɪgən] *vt* ❶ tenir compte de ❷ (*wohlwollend prüfen*) prendre en considération
Berücksichtigung <-> *f* prise *f* en considération; **unter ~ seines Alters** compte tenu de son âge
Beruf [bəˈruːf] <-[e]s, -e> *m* profession *f;* (*Handwerksberuf*) métier *m*
berufen[1] *adj* ❶ (*kompetent*) compétent(e) ❷ (*auserwählt*) **sich für etw ~ fühlen** se sentir une vocation pour qc
berufen*[2] *irr* I. *vt* **jdn in ein Amt ~** nommer qn à une fonction II. *vr* **sich auf jdn/etw ~** se référer à qn/qc
beruflich *adj* professionnel(le)
Berufsausbildung *f* formation *f* professionnelle **Berufsaussichten** *Pl* débouchés *mpl* **Berufsberater(in)** *m(f)* conseiller(-ère) *m(f)* d'orientation **Berufsberatung** *f* orientation *f* professionnelle **Berufserfahrung** *f* expérience *f* professionnelle **Berufskrankheit** *f* maladie *f* professionnelle **Berufsleben** *nt* vie *f* professionnelle; **im ~ stehen** exercer une activité professionnelle
berufsmäßig I. *adj* professionnel(le) II. *adv* professionnellement
Berufsrisiko *nt* risques *mpl* du métier **Berufsschule** *f* centre *m* de formation [professionnelle]

Tous les apprentis en Allemagne doivent aller une à deux fois par semaine à la **Berufsschule**. On y enseigne des matières d'enseignement général ainsi que des matières de formation professionnelle. C'est globalement l'équivalent, en France, du C.F.A. (centre de formation des apprentis).

Berufssoldat(in) *m(f)* soldat(e) *m(f)* de métier **berufstätig** *adj* actif(-ive); **~ sein** travailler **Berufstätige(r)** *f(m) dekl wie adj* personne *f* active **Berufsverkehr** *m* circulation *f* aux heures de pointe

Berufung [bəˈruːfʊŋ] <-, -en> *f* ❶ JUR appel *m;* (*in Frankreich*) cassation *f* ❷ (*Angebot für ein Amt*) nomination *f* ❸ (*innere Bestimmung*) vocation *f* ❹ (*Bezugnahme*) **unter ~ auf jdn/etw** en se référant à qn/qc

beruhen* *vi* **auf etw** (*dat*) **~** (*Angelegenheit*) reposer sur qc; (*Brauch*) remonter à qc ▶**etw auf sich** (*dat*) **~ lassen** ne pas donner suite à qc

beruhigen* [bəˈruːɪgən] **I.** *vt* ❶ **jdn ~** (*Medikament*) calmer qn; (*Nachricht*) rassurer qn ❷ (*Bedenken zerstreuen*) rassurer; (*trösten*) calmer ❸ (*Verkehr*) réduire **II.** *vr* **sich ~** se calmer

beruhigend I. *adj* ❶ (*Gewissheit, Nachricht*) rassurant(e); (*Musik*) apaisant(e) ❷ MED (*Medikament*) calmant(e) **II.** *adv* de façon rassurante; **~ wirken** (*Medikament*) avoir un effet calmant

Beruhigung <-> *f* ❶ (*das Beruhigen*) **zur ~ der Nerven** pour calmer les nerfs ❷ (*das Beruhigtsein*) apaisement *m* ❸ (*Versicherung*) **zu deiner ~ ...** pour te rassurer, ...

Beruhigungsmittel *nt* calmant *m*

berühmt [bəˈryːmt] *adj* célèbre

Berühmtheit <-, -en> *f* célébrité *f*

berühren* **I.** *vt* ❶ toucher ❷ (*kurz erwähnen*) évoquer **II.** *vr* **sich ~** se toucher

Berührung <-, -en> *f* ❶ contact *m;* (*leicht*) effleurement *m* ❷ (*eines Themas*) évocation *f*

Berührungsangst *f meist Pl* peur des contacts **Berührungspunkt** *m* point *m* commun; MATH point *m* de contact

besagen* *vt* **~, dass ...** vouloir dire que ...; **was besagt das schon?** qu'est-ce que ça prouve?

besänftigen* [bəˈzɛnftɪgən] *vt* calmer

Besatzung <-, -en> *f* (*eines Panzers*) équipage *m;* (*einer Festung*) garnison *f*

Besatzungsmacht *f* occupant *m* **Besatzungszone** *f* zone *f* d'occupation

besaufen* *vr irr fam* **sich ~** se soûler la gueule

Besäufnis [bəˈzɔyfnɪs] <-ses, -se> *nt fam* beuverie *f*

beschädigen* *vt* abîmer; (*Fahrzeug*) endommager

Beschädigung <-, -en> *f* ❶ *kein Pl* (*das Beschädigen*) endommagement *m* ❷ (*beschädigte Stelle*) dégâts *mpl*

beschaffen*¹ *vt* procurer

beschaffen² *adj form* **so ~ sein, dass** être tel que

Beschaffenheit <-> *f* texture *f*

beschäftigen* [bəˈʃɛftɪgən] **I.** *vr* **sich mit jdm ~** s'occuper de qn; **sich mit etw ~** s'intéresser à qc **II.** *vt* ❶ **jdn mit etw ~** occuper qn à qc ❷ (*interessieren*) **jdn ~** (*Frage*) préoccuper qn ❸ (*an-, einstellen*) employer

beschäftigt *adj* ❶ **mit jdm/etw ~ sein** être occupé avec qn/à qc; **viel ~** très occupé(e) ❷ (*angestellt*) **als Sekretärin/bei einer Bank ~ sein** travailler comme secrétaire/dans une banque

Beschäftigung <-, -en> *f* ❶ occupation ❷ *kein Pl* (*geistige Tätigkeit*) **~ mit etw** étude *f* de qc ❸ *kein Pl* (*~sverhältnis*) emploi *m*

beschämen* *vt* faire honte à

beschämend I. *adj* ❶ humiliant(e) ❷ (*schändlich*) honteux(-euse) **II.** *adv* de honte

beschämt *adj* (*Person*) honteux(-euse)

beschatten* *vt* **jdn ~** prendre qn en filature; **jdn ~ lassen** faire suivre qn

Beschattung <-, -en> *f* (*Überwachung*) filature *f*

Bescheid [bəˈʃait] <-[e]s, -e> *m* ❶ ADMIN réponse *f;* **positiver ~** confirmation *f;* **negativer ~** réponse *f* négative ❷ (*Nachricht*) information *f;* **jdm ~ geben** informer qn

bescheiden¹ [bəˈʃaidən] **I.** *adj* modeste **II.** *adv* ❶ modestement ❷ *euph fam* (*miserabel*) **ihm geht es ~** il est mal foutu

bescheiden*² *vt irr form* (*Antrag*) statuer sur; **etw positiv/abschlägig ~** accepter/rejeter qc

Bescheidenheit <-> *f* ❶ (*einer Person*) m…

destie *f* ❷ (*eines Lebensstils*) simplicité *f* ❸ (*eines Gehalts*) modicité *f*; (*einer Leistung*) médiocrité *f*

bescheinigen* [bəˈʃainɪgən] *vt* **den Empfang einer S.** (*gen*) ~ accuser réception de qc; **jdm etw** ~ faire un certificat de qc à qn

Bescheinigung <-, -en> *f* ❶ *kein Pl* attestation *f* ❷ (*Dokument*) certificat *m*

bescheißen* *irr fam* **I.** *vt* **jdn** ~ entuber qn **II.** *vi* **bei etw** ~ tricher à qc

beschenken* *vt* faire un cadeau/des cadeaux

bescheren* [bəˈʃeːrən] *vt* ❶ **jdm etw** ~ offrir qc à qn pour Noël; **jdn mit etw** ~ faire cadeau de qc à qn pour Noël ❷ (*zuteilwerden lassen*) **jdm etw** ~ accorder qc à qn

Bescherung <-, -en> *f* distribution *f* des cadeaux de Noël

bescheuert [bəˈʃɔyɐt] *fam* **I.** *adj* ❶ (*blöd*) débile ❷ (*Gefühl, Situation*) emmerdant(e); (*Wetter*) dégueulasse **II.** *adv* **sich** ~ **anstellen** faire le con; ~ **aussehen** avoir l'air débile

beschießen* *vt irr* ❶ **jdn/etw** ~ (*Geschütze*) mitrailler qn/qc; (*Flugzeug*) bombarder qn/qc ❷ PHYS bombarder

Beschilderung <-, -en> *f* signalisation *f*

beschimpfen* *vt* insulter

Beschimpfung <-, -en> *f* ❶ *kein Pl* (*das Beschimpfen*) injure *f* ❷ (*Schimpfworte*) insultes *fpl*

beschissen [bəˈʃɪsən] *fam* **I.** *adj* (*Situation, Gefühl*) emmerdant(e); (*Wetter, Bezahlung*) dégueulasse **II.** *adv* **sich** ~ **fühlen** être mal foutu; **ihm geht es** ~ il est dans la merde (*vulg*)

Beschlag <-[e]s, Beschläge> *m* ferrure *f* ▸**jdn/etw in** ~ **nehmen** monopoliser qn/qc

beschlagen*[1] *irr* **I.** *vt + haben* (*Pferd*) ferrer **II.** *vi + sein* (*anlaufen*) se couvrir de buée

beschlagen[2] *adj* **in etw** (*dat*) ~ **sein** être ferré en qc (*fig*)

beschlagnahmen* *vt* ❶ JUR saisir ❷ *iron* (*in Anspruch nehmen*) **jdn** ~ accaparer qn

beschleunigen* [bəˈʃlɔynɪgən] **I.** *vt, vi* accélérer; **seine Schritte** ~ presser le pas **II.** *vr* **sich** ~ s'accélérer

Beschleunigung <-, -en> *f* accélération *f*

beschließen* *vt irr* ❶ décider ❷ (*Gesetz*) adopter ❸ *geh* (*beenden*) terminer

Beschluss[RR] <-es, Beschlüsse>, **Beschluß**[ALT] <-sses, Beschlüsse> *m* ❶ décision *f*; **einen** ~ **fassen** prendre une décision ❷ JUR (*eines Gerichts*) arrêt *m*; **auf** ~ **des Gerichts** par décret du tribunal

beschmieren* **I.** *vt* ❶ barbouiller ❷ (*bestreichen*) tartiner **II.** *vr* **sich** ~ se tacher

beschmutzen* *vt a. fig* salir

beschneiden* *vt irr* ❶ (*Baum*) tailler; (*Flügel*) rogner ❷ (*Jungen*) circoncire; (*Mädchen*) exciser ❸ (*beschränken*) réduire; (*Rechte*) amputer

Beschneidung <-, -en> *f* ❶ (*von Bäumen*) taille *f*; (*der Flügel*) rognage *m* ❷ (*eines Jungen*) circoncision *f*; (*eines Mädchens*) excision *f* ❸ (*Beschränkung*) réduction *f*; (*von Rechten*) amputation *f*

beschnüffeln* *vt, vr* [**sich**] ~ [se] renifler

beschönigen* [bəˈʃøːnɪgən] *vt* (*Vorfall*) embellir; **~d** (*Darstellung*) édulcoré(e)

beschränken* [bəˈʃrɛŋkən] **I.** *vt* limiter **II.** *vr* **sich auf etw** (*akk*) ~ se limiter à qc; **sich darauf** ~ **etw zu tun** se contenter de faire qc

beschränkt *adj* ❶ (*eingeschränkt*) limité(e); **räumlich** ~ **sein** être à l'étroit ❷ *pej* (*geistig*) limité(e) (*fam*); (*engstirnig*) borné(e)

Beschränkung <-, -en> *f* limitation *f*

beschreiben* *vt irr* ❶ décrire ❷ (*Heft*) remplir ❸ (*Kreis*) décrire

Beschreibung *f* ❶ description *f*; (*eines Täters*) signalement *m* ❷ *fam* (*Gebrauchsanweisung*) notice *f*

beschriften* [bəˈʃrɪftən] *vt* (*Umschlag*) mettre une adresse sur; (*Marmeladenglas*) étiqueter

Beschriftung <-, -en> *f* inscription *f*

beschuldigen* [bəˈʃʊldɪgən] *vt* accuser de; JUR inculper de

Beschuldigte(r) *f(m) dekl wie adj* accusé(e) *m(f)*

Beschuldigung <-, -en> *f* accusation *f*

Beschuss[RR], **Beschuß**[ALT] *m* ❶ tir *m*; (*mit automatischen Waffen*) mitraillage *m* ❷ PHYS (*Neutronenbeschuss*) bombardement *m*

beschützen* *vt* protéger

Beschützer(in) <-s, -> *m(f)* protecteur (-trice) *m(f)*

beschwatzen* *vt fam* (*überreden*) baratiner

Beschwerde [bəˈʃveːɐ̯də] <-, -n> *f* ❶ plainte *f* ❷ JUR recours *m* ❸ *Pl* MED douleurs *fpl*

beschweren* [bəˈʃveːrən] **I.** *vr* **sich über jdn/etw** ~ se plaindre de qn/qc **II.** *vt* **die**

B

Briefe mit etw ~ poser qc sur les lettres

beschwerlich *adj* pénible

beschwichtigen* [bəˈʃvɪçtɪgən] *vt* calmer; (*Gewissen*) soulager

beschwingt [bəˈʃvɪŋt] *adj* (*Person*) plein(e) d'entrain; (*Musik*) entraînant(e); (*Gang*) léger(-ère)

beschwipst *adj fam* éméché(e)

beschwören* *vt irr* ❶ (*beeiden*) **~, dass ...** jurer que ... ❷ (*anflehen*) **jdn ~ etw zu tun** supplier qn de faire qc ❸ (*Dämon*) conjurer

beseitigen* [bəˈzaitɪgən] *vt* ❶ (*Spuren*) faire disparaître; (*Schmutz*) enlever; (*Zweifel*) dissiper ❷ *euph* (*umbringen*) supprimer

Beseitigung <-> *f* ❶ (*von Spuren*) élimination *f;* (*eines Zweifels*) dissipation *f* ❷ *euph* (*Tötung*) suppression *f*

Besen [ˈbeːzən] <-s, -> *m* balai *m*

besessen [bəˈzɛsən] *adj* ❶ obsédé(e) ❷ REL possédé(e)

Besessenheit <-> *f* ❶ obsession *f* ❷ REL possession *f*

besetzen* *vt* ❶ (*Platz*) réserver ❷ (*widerrechtlich beziehen*) occuper; (*Haus*) squatter ❸ (*Amt*) pourvoir; (*Rolle*) distribuer ❹ (*verzieren*) garnir

besetzt *adj* ❶ occupé(e) ❷ (*Saal*) comble; (*Theater*) plein(e) à craquer ❸ (*bezogen*) occupé(e); **ein ~es Haus** un squat

Besetzung <-, -en> *f* ❶ (*eines Postens*) attribution *f* ❷ (*einer Rolle*) distribution *f* ❸ (*Mannschaftskonstellation*) formation *f* ❹ *a.* MIL occupation *f;* (*eines Hauses*) squat *m*

besichtigen* [bəˈzɪçtɪgən] *vt* visiter

Besichtigung <-, -en> *f* visite *f*

besiedeln* [bəˈziːdəln] *vt* ❶ (*Volk, Pflanzenart*) peupler ❷ (*kolonisieren*) coloniser

besiegeln* *vt* ❶ (*bestärken*) sceller; (*Versprechen*) confirmer ❷ (*Schicksal*) sceller; (*Scheitern*) sanctionner

besiegen* *vt* vaincre; (*Mannschaft*) battre

Besiegte(r) *f(m) dekl wie adj* vaincu(e) *m(f)*

besinnen* *vr irr* ❶ (*überlegen*) **sich ~** réfléchir ❷ (*sich erinnern*) **sich ~** se souvenir

Besinnung <-> *f* ❶ connaissance *f;* **bei/ohne ~ sein** être conscient/sans connaissance ❷ (*Reflexion*) recueillement *m*

besinnungslos *adj* sans connaissance

Besitz <-es> *m* ❶ (*Eigentum*) biens *mpl;* (*Grundbesitz*) propriété *f;* (*landwirtschaftlicher ~*) terres *fpl* ❷ (*das Besitzen*) possession *f*

besitzen* *vt irr* posséder

Besitzer(in) <-s, -> *m(f)* propriétaire *mf*

besoffen [bəˈzɔfən] *adj fam* bourré(e)

besohlen* [bəˈzoːlən] *vt* mettre une semelle à

Besoldung <-, -en> *f* ❶ rétribution *f* ❷ (*Gehalt*) traitement *m*

besondere(r, s) [bəˈzɔndərə, -rɐ, -rəs] *adj* ❶ particulier(-ière); (*Umstand*) spécial(e); (*Freude*) tout(e) particulier(-ière); (*Schönheit*) exceptionnel(le) ❷ (*Raum*) à part; (*Weinkarte*) séparé(e)

Besondere(s) *nt dekl wie adj* **etwas/nichts ~s** quelque chose/rien de spécial ▸**im ~n** en particulier

Besonderheit <-, -en> *f* particularité *f*

besonders [bəˈzɔndɐs] *adv* ❶ particulièrement; **nicht ~ warm/teuer** pas tellement chaud(e)/cher(chère); **nicht ~ viel** pas vraiment beaucoup ❷ (*vor allem*) surtout; **~ du müsstest das wissen** toi le premier/la première tu devrais savoir ça

besonnen [bəˈzɔnən] **I.** *adj* réfléchi(e); (*Art*) posé(e) **II.** *adv* avec circonspection; **sich ~ verhalten** garder son sang-froid

Besonnenheit <-> *f* circonspection *f*

besorgen* *vt* ❶ procurer ❷ (*kaufen*) acheter ❸ (*Arbeit*) effectuer; (*Auftrag*) se charger de

Besorgnis [bəˈzɔrknɪs] <-, -se> *f* inquiétude *f;* **~ erregend sein** être inquiétant

besorgniserregend *s.* **Besorgnis**

besorgt [bəˈzɔrkt] *adj* inquiet(-ète); **um etw ~ sein** être très soucieux de qc

Besorgung <-, -en> *f* ❶ course *f* ❷ *kein Pl* (*das Kaufen*) achat *m*

bespitzeln* *vt* espionner

besprechen* *irr* **I.** *vt* ❶ discuter; **wie besprochen** comme convenu ❷ (*rezensieren*) faire la critique de ❸ MEDIA enregistrer **II.** *vr* **sich ~** se concerter; **sich mit jdm ~** s'entretenir avec qn

Besprechung <-, -en> *f* ❶ (*Konferenz*) réunion *f;* (*Unterredung*) entretien *m* ❷ (*Rezension*) critique *f* ❸ *kein Pl* (*das Besprechen*) discussion *f*

bespritzen* **I.** *vt* ❶ (*befeuchten*) asperger ❷ (*beschmutzen*) éclabousser **II.** *vr* **sich ~** ❶ s'asperger ❷ (*sich beschmutzen*) s'éclabousser

besprühen* *vt* ❶ vaporiser ❷ (*Wand*) bomber

besser [ˈbɛsɐ] **I.** *adj Komp von* **gut** ❶ (*vo*

höherer Qualität) meilleur(e); **das Wetter wird ~** le temps s'améliore ② (*von höherer Qualifikation*) **~ sein** (*höher befähigt*) être meilleur; (*~ geeignet*) être mieux ③ (*vernünftiger*) **es ist ~, wenn** il vaut mieux que + *subj;* **es ist ~ zuerst das hier zu machen** c'est mieux de commencer par faire ceci ④ (*Kreise*) supérieur(e) **II.** *adv Komp von* **gut, wohl** (*schwimmen*) mieux; **dieser Käse schmeckt ~ als der andere** ce fromage est meilleur que l'autre; **ich kann das ~!** je sais mieux le faire! ►**~ gehen jdm/etw geht es besser** qn/qc va mieux; **immer alles ~ wissen [wollen]** se croire plus malin(-igne) que tout le monde; **um so ~!** *fam* tant mieux!

besser|gehen *s.* **besser II.**

bessern I. *vr* **sich ~** s'améliorer **II.** *vt* (*Person*) corriger

Besserung <-> *f* ① amélioration *f* ② (*Gesundung*) **gute ~!** bon rétablissement!

Besserwisser(in) <-s, -> *m(f) pej* pédant(e) *m(f)*

Bestand [bəˈʃtant, *Pl:* bəˈʃtɛndə] <-[e]s, Bestände> *m* ① *kein Pl* persistance *f;* (*einer Regierung*) stabilité *f;* **~ haben** être durable ② (*Menge*) stock *m;* **~ an Bäumen** peuplement *m* [forestier]; **den ~ aufnehmen** faire l'inventaire ③ *kein Pl* A (*das Bestehen*) existence *f*

beständig *adj* ① (*Verhalten*) constant(e); (*Wetter*) stable ② (*Freundschaft*) durable ③ (*widerstandsfähig*) résistant(e) ④ *attr* (*ständig*) continuel(le); (*Regen*) ininterrompu(e)

Beständigkeit <-> *f* ① (*des Wetters*) stabilité *f* ② (*Dauerhaftigkeit*) constance *f* ③ (*Widerstandsfähigkeit*) résistance *f*

Bestandsaufnahme *f* ① inventaire *m* ② *fig* bilan *m*

Bestandteil *m* composant *m;* (*Einzelteil*) élément *m*

bestärken* *vt* appuyer; **jdn in seinem Entschluss ~** conforter qn dans sa décision

bestätigen* [bəˈʃtɛːtɪgən] *vt* ① (*Person*) renforcer la certitude de; (*Theorie*) confirmer ② (*Anwesenheit*) attester; (*Bestellung*) confirmer; (*Eingabe*) valider; **hiermit wird bestätigt, dass** par la présente, nous certifions que

Bestätigung <-, -en> *f* ① *a.* JUR confirmation *f* ② *kein Pl* (*der Anwesenheit*) attestation *f;* (*eines Auftrags*) confirmation *f;* (*einer Eingabe*) validation *f* ③ (*der Teilnahme*) attestation *f;* (*eines Auftrags*) confirmation *f*

bestatten* [bəˈʃtatən] *vt geh* inhumer

Bestattung <-, -en> *f geh* inhumation *f,* obsèques *fpl*

bestäuben* [bəˈʃtɔybən] *vt* ① féconder ② GASTR saupoudrer

Bestäubung <-, -en> *f* pollinisation *f*

bestaunen* *vt* admirer

beste(r, s) [ˈbɛstə, -tɐ, -təs] **I.** *adj Superl von* **gut** ① *attr* meilleur(e) ② (*am ~n qualifiziert*) **der/die Beste** le meilleur/la meilleure ►**der/die/das erste Beste** le premier venu/la première venue; **zu seinem/ihrem Besten** pour son bien **II.** *adv* **er/sie singt am ~n** c'est lui/elle qui chante le mieux; **es wäre [wohl] am ~n, wenn** le mieux serait que + *subj*

bestechen* *irr* **I.** *vt* ① soudoyer ② (*für sich einnehmen*) séduire **II.** *vi* (*Person*) fasciner; (*Gemälde*) séduire

bestechlich *adj* vénal(e)

Bestechung <-, -en> *f* corruption *f;* (*eines Zeugen*) subornation *f*

Besteck <-[e]s, -e> *nt* ① couverts *mpl* ② MED instruments *mpl*

bestehen* *irr* **I.** *vt* ① (*Prüfung*) réussir ② (*durchstehen*) surmonter **II.** *vi* ① (*gegeben sein*) **es besteht die Möglichkeit, dass** il se peut que + *subj* ② (*Brauch*) exister; **~ bleiben** demeurer ③ (*sich zusammensetzen*) se composer ④ (*zum Inhalt haben*) consister ⑤ (*standhalten*) **vor jdm/etw ~ können** pouvoir affronter qn/qc ⑥ (*insistieren*) **auf etw** (*dat*) **~** tenir à qc

Bestehen <-s> *nt* ① (*Vorhandensein*) existence *f* ② (*Beharren*) insistance *f* ③ (*erfolgreiches Absolvieren*) **~ einer Prüfung** réussite *f* à un examen

bestehen|bleiben[ALT] *s.* **bestehen II.2.**

bestehlen* *vt irr* voler

besteigen* *vt irr* ① monter à; (*Berg*) escalader ② (*Pferd*) monter sur ③ (*Bus, Auto*) monter dans; (*Fahrrad*) monter sur

bestellen* *vt* ① (*kaufen wollen*) commander ② (*Hotelzimmer*) réserver ③ (*ausrichten*) transmettre ④ (*Mitarbeiter*) faire venir; (*Taxi*) appeler

Bestellschein *m* bon *m* de commande

Bestellung <-, -en> *f* ① commande *f* ② (*Reservierung*) réservation *f* ③ (*eines Ackers*) culture *f* ④ (*eines Gutachters*) désignation *f*

bestens *adv* ❶ très bien; (*sich bewähren*) parfaitement ❷ (*danken*) cordialement

besteuern* *vt* (*Person, Firma*) imposer; (*Tabak*) taxer

Besteuerung <-, -en> *f* (*von Einkünften*) imposition *f;* (*von Gütern*) taxation *f*

bestialisch [bɛsˈti̯aːlɪʃ] **I.** *adj* ❶ sauvage ❷ *fam* (*Gestank*) infect(e) **II.** *adv fam* (*wehtun*) vachement

besticken* *vt* broder

Bestie [ˈbɛsti̯ə] <-, -n> *f* ❶ (*Tier*) bête *f* féroce ❷ *pej* (*Mensch*) monstre *m*

bestimmen* **I.** *vt* ❶ (*Preis, Ort*) fixer; (*Grenze*) déterminer ❷ (*entscheiden*) décider ❸ (*Landschaft*) caractériser ❹ (*Konjunktur*) déterminer ❺ (*Tier, Pflanze*) identifier; (*Alter*) déterminer ❻ (*Nachfolger*) désigner; (*Erbteil*) destiner **II.** *vi* ❶ (*befehlen*) décider ❷ (*verfügen*) **über jdn/etw ~** disposer de qn/qc

bestimmt **I.** *adj* ❶ (*Buch*) précis(e) ❷ (*Summe*) fixé(e); **am ~en Tag/Ort** au jour/lieu dit; **zur ~en Stunde** à l'heure dite ❸ LING défini(e) ❹ (*Person*) décidé(e); (*Ton*) ferme ❺ (*Kreise*) certain(e) **II.** *adv* ❶ (*sicher*) certainement; **~ wissen, dass** être sûr que ❷ (*entschieden*) catégoriquement

Bestimmtheit <-> *f* détermination *f;* (*eines Tons*) fermeté *f*

Bestimmung <-, -en> *f* ❶ (*Vorschrift*) règlement *m;* (*vertraglich*) clause *f* ❷ *kein Pl* (*Zweck*) destination *f* ❸ (*Schicksal*) destinée *f* ❹ (*Festlegung*) fixation *f* ❺ (*eines Fundes*) identification *f;* (*des Alters*) détermination *f* ❻ (*Definition*) définition *f*

Bestimmungsort *m* [lieu *m* de] destination *f*

bestrafen* *vt* ❶ punir; (*Sportler*) pénaliser ❷ JUR condamner

Bestrafung <-, -en> *f* punition *f;* (*eines Sportlers*) pénalisation *f*

bestrahlen* *vt* MED **jdn ~** traiter qn aux rayons X

Bestrahlung *f* MED radiothérapie *f*

Bestreben *nt* **im ~ etw zu tun** soucieux (-euse) de faire qc

bestrebt *adj* **~ sein etw zu tun** s'efforcer de faire qc

bestreichen* *vt irr* enduire; (*mit Butter*) beurrer; (*mit Marmelade*) tartiner

bestreiken* *vt* (*Firma*) faire grève dans; **der Betrieb wird bestreikt** l'entreprise est en grève; **bestreikt** en grève

bestreiten* *vt irr* ❶ contester; **~ etw zu tun** nier faire qc ❷ (*Kosten*) payer; (*Studium*) financer ❸ (*Veranstaltung*) assurer

bestreuen* *vt* saupoudrer

Bestseller [ˈbɛstzɛlɐ] <-s, -> *m* best-seller *m*

bestürzt [bəˈʃtʏrʦt] **I.** *adj* bouleversé(e); (*Miene*) consterné(e) **II.** *adv* avec consternation

Bestürzung <-> *f* consternation *f*

Besuch [bəˈzuːx] <-[e]s, -e> *m* ❶ visite *f;* **einen ~ bei jdm machen** aller voir qn ❷ (*Frequentieren*) fréquentation *f* ❸ (*Besucher*) visiteur *m;* (*Gast*) invité(e) *m(f)*

besuchen* *vt* ❶ aller voir ❷ (*Patienten*) visiter ❸ (*Theater*) aller à; (*Museum*) visiter; (*Kurs*) suivre

Besucher(in) <-s, -> *m(f)* ❶ visiteur(-euse) *m(f);* (*Gast*) invité(e) *m(f)* ❷ (*einer Veranstaltung*) visiteur(-euse) *m(f)* ❸ (*Zuschauer*) spectateur(-trice) *m(f);* (*Zuhörer*) auditeur (-trice) *m(f)* ❹ (*Teilnehmer*) participant(e) *m(f)*

Besuchszeit *f* heures *fpl* de visite

betagt [bəˈtaːkt] *adj geh* âgé(e)

betasten* *vt* palper; (*Frucht*) tâter

betätigen* [bəˈtɛːtɪgən] **I.** *vt* actionner; (*Pedal*) appuyer sur; (*Knopf*) tourner; (*Wasserspülung*) tirer **II.** *vr* (*aktiv sein*) **sich politisch ~** faire de la politique

Betätigung <-, -en> *f* (*Tätigkeit*) activité *f*

Betätigungsfeld *nt* domaine *m*

betäuben* [bəˈtɔybən] *vt* ❶ MED endormi[r] ❷ (*unterdrücken*) **seinen Kummer mit Alkohol ~** noyer son chagrin dans l'alcoo[l] ►**[wie] betäubt sein** (*Person*) être [comme] assommé

betäubend *adj* (*Lärm*) assourdissant(e) (*Duft*) entêtant(e)

Betäubung <-, -en> *f* ❶ MED anesthésie ❷ (*Benommenheit*) étourdissement *m*

Betäubungsmittel *nt* anesthésique *m*

Bete [ˈbeːtə] <-, -n> *f* **Rote ~** betterave rouge

beteiligen* [bəˈtai̯lɪgən] **I.** *vt* **jdn am Gewinn ~** attribuer une part du bénéfice qn; **jdn an einer Firma ~** faire participe[r] qn aux bénéfices d'une entreprise **II.** [*vr*] **sich ~** (*dat*) participer

beteiligt *adj* ❶ **an etw** (*dat*) **~ sein** (*teilnehmen, mitwirken*) être associé à qc; (*verwickelt sein*) être impliqué dans qc ❷ FIN COM **an einer Firma ~ sein** avoir une pa[rt] dans une entreprise

Beteiligte(r) *f(m) dekl wie adj* participant(e) *m(f);* (*Betroffener*) personne *f* concernée

Beteiligung <-, -en> *f* ① *kein Pl* (*Teilnahme*) **~ an etw** (*dat*) participation *f* à qc ② FIN, COM **~ an etw** (*dat*) participation *f* dans qc

beten ['be:tən] **I.** *vi* **zu Gott ~** prier Dieu; **für jdn ~** prier pour qn **II.** *vt* (*Vaterunser*) dire

beteuern* [bə'tɔyɐn] *vt* assurer

Beton [be'tɔŋ] <-s> *m* béton *m*

betonen* [bə'to:nən] *vt* ① LING accentuer ② (*zur Geltung bringen*) souligner ③ (*nachdrücklich erwähnen*) insister sur

betonieren* [beto'ni:rən] *vt* bétonner

betont [bə'to:nt] **I.** *adj* (*Höflichkeit*) marqué(e); (*Eleganz*) prononcé(e); (*Gleichgültigkeit*) ostensible **II.** *adv* ostensiblement

Betonung <-, -en> *f* ① LING accentuation *f* ② *kein Pl* (*das Hervorheben*) mise *f* en valeur ③ *kein Pl* (*nachdrückliche Erwähnung*) **die ~ einer S.** (*gen*) l'accent *m* mis sur qc ④ *kein Pl* (*Nachdruck*) insistance *f*

betr. *Abk von* **betreffend, betreffs**

Betr. *Abk von* **Betreff**

Betracht [bə'traxt] <-[e]s> *m* ▶**in ~/nicht in ~ kommen** entrer/ne pas entrer en ligne de compte; **etw außer ~ lassen** ne pas prendre qc en considération; **in ~ ziehen, dass** envisager que + *subj*

betrachten* **I.** *vt* ① contempler; (*Foto*) regarder; (*Gegenstand*) examiner ② (*untersuchen*) **genau betrachtet** tout bien considéré ③ (*halten für*) **jdn als Freund ~** considérer qn comme un ami **II.** *vr* ① (*sich anschauen*) **sich ~** se contempler ② (*sich halten für*) **sich als jds Freund ~** se considérer comme l'ami de qn

Betrachter(in) <-s, -> *m(f)* contemplateur(-trice) *m(f);* (*eines Geschehens*) observateur(-trice) *m(f)*

beträchtlich [bə'trɛçtlɪç] **I.** *adj* considérable **II.** *adv* considérablement; (*höher, niedriger*) nettement

Betrachtung <-, -en> *f* ① *kein Pl* contemplation *f;* (*eines Gegenstands*) observation *f* ② (*Analyse*) étude *f*

Betrag [bə'tra:k, *Pl:* bə'trɛ:gə] <-[e]s, Beträge> *m* (*Rechnungsbetrag*) montant *m;* (*Geldbetrag*) somme *f;* **~ dankend erhalten** pour acquit

betragen* *irr* **I.** *vi* (*Euro, Prozent*) s'élever à; (*Meter, Tonnen*) représenter **II.** *vr* **sich ~** se conduire

Betragen <-s> *nt* conduite *f*

Betreff [bə'trɛf] <-[e]s, -e> *m form* objet *m*

betreffen* *vt irr* concerner; **was mich/dich betrifft** quant à moi/toi

betreffend *adj attr* ① (*besagt*) **die ~e Zeitung** le journal en question ② (*zuständig*) **die ~e Kollegin** la collègue compétente ③ (*bezüglich*) **den Vertrag ~** concernant le contrat

betreffs *präp + gen form* **~ Ihres Angebots** concernant votre offre

betreiben* *vt irr* ① (*Gewerbe*) exercer; (*Forschung*) effectuer; (*Politik*) pratiquer ② (*Firma*) tenir; (*Kraftwerk*) exploiter ③ (*Stilllegung*) travailler à; (*Untersuchung*) mener ④ TECH **mit Batterien betrieben werden** fonctionner à pile

Betreiber(in) <-s, -> *m(f)* exploitant(e) *m(f);* (*eines Geschäfts*) gérant(e) *m(f)*

betreten*¹ *vt irr* ① (*Gebäude*) entrer dans; (*Podium*) monter sur; (*Bühne*) entrer en ② (*Teppich*) marcher sur ③ *fig* **gefährliches Terrain ~** aborder un sujet dangereux

betreten² *adj* (*Person*) gêné(e); (*Schweigen*) embarrassé(e)

betreuen* [bə'trɔyən] *vt* (*Kind, Patienten*) prendre en charge; (*Kunden, Tier*) s'occuper de; (*Abteilung*) être responsable de

Betreuer(in) <-s, -> *m(f)* (*einer Reisegruppe*) responsable *mf;* (*einer Mannschaft*) dirigeant(e) *m(f);* **medizinischer ~** soigneur *m*

Betreuung <-> *f* ① (*das Betreuen*) prise *f* en charge ② (*Betreuer: von Pflegebedürftigen*) aide-soignant(e) *m(f);* (*einer Mannschaft*) encadrement *m*

Betrieb [bə'tri:p] <-[e]s, -e> *m* ① (*Industriebetrieb*) entreprise *f* ② (*Belegschaft*) personnel *m* ③ *kein Pl* (*~samkeit*) activité *f* ④ (*Ablauf*) activité *f;* (*einer Maschine*) fonctionnement *m;* **etw in ~ setzen** mettre qc en marche; **in/außer ~ sein** être en/hors service

betrieblich *adj attr* ① (*zur Firma gehörend*) de l'entreprise; (*Leistungen*) d'entreprise ② (*firmenintern*) interne à l'entreprise

Betriebsausflug *m* sortie *f* d'entreprise

betriebsbereit *adj* prêt(e) à fonctionner

Betriebsferien *Pl* fermeture *f* annuelle

Betriebskosten *Pl* frais *mpl* d'exploitation; (*eines Kraftfahrzeugs*) frais fixes

Betriebsrat *m,* **-rätin** *f* délégué(e) *m(f)* du personnel **Betriebsstörung** *f* panne *f* **Betriebssystem** *nt* système *m* d'exploitation **Betriebsunfall** *m* accident *m* du travail **Betriebswirt(in)** *m(f)* diplômé(e) *m(f)* en gestion d'entreprise

betrinken* *vr irr* **sich mit etw ~** se soûler à qc

betroffen [bə'trɔfən] **I.** *adj* ❶ (*beteiligt*) **von etw ~ sein** être concerné par qc ❷ (*bestürzt*) consterné(e) **II.** *adv* avec consternation

Betroffene(r) *f(m) dekl wie adj* personne *f* concernée

Betroffenheit <-> *f* consternation *f*

betrüben* *vt* **jdn ~** (*Person*) faire de la peine à qn; (*Verhalten*) désoler qn

betrübt *adj* désolé(e)

Betrug [bə'tru:k, *Pl:* bə'try:gə] <-[e]s> *m* ❶ (*Straftat*) escroquerie *f* ❷ (*Schwindel*) duperie *f*

betrügen* [bə'try:gən] *irr* **I.** *vt* ❶ (*finanziell hintergehen*) frauder ❷ (*beschwindeln*) duper ❸ (*untreu sein*) **jdn mit jdm ~** tromper qn avec qn **II.** *vr* **sich [selbst] ~** s'abuser

Betrüger(in) <-s, -> *m(f)* fraudeur(-euse) *m(f)*; (*beim Spielen*) tricheur(-euse) *m(f)*

Betrügerei <-, -en> *f pej* ❶ (*finanzieller Betrug*) escroquerie *f* ❷ (*Schwindel*) duperie *f* ❸ *meist Pl* (*Seitensprung*) infidélités *fpl*

betrügerisch *adj pej* frauduleux(-euse)

betrunken [bə'trʊŋkən] *adj* ivre

Bett [bɛt] <-[e]s, -en> *nt* ❶ lit *m;* **französisches ~** grand lit; **ins ~ gehen** aller se coucher ❷ (*~decke*) couverture *f;* (*Daunenbett*) couette *f* ❸ (*Flussbett*) lit *m* ▸**mit jdm ins ~ gehen** *euph* coucher avec qn

Bettbezug *m* housse *f* de couette **Bettdecke** *f* couverture *f;* (*Daunendecke*) couette *f*

Bettelei [bɛtə'lai] <-, -en> *f pej* mendicité *f*

betteln *vi* mendier

betten *vt* coucher

Bettgestell *nt* bois *m* de lit

bettlägerig ['bɛtlɛ:gərɪç] *adj* (*momentan*) alité(e); (*dauernd*) grabataire

Bettlaken *nt* drap *m* **Bettlektüre** *f* livre *m* de chevet

Bettler(in) ['bɛtlɐ] <-s, -> *m(f)* mendiant(e) *m(f)*

Bettnässer(in) <-s, -> *m(f)* incontinent(e) *m(f)* **Bettruhe** *f* repos *m* **Betttuch**[RR] <-tücher> *nt* drap *m* **Bettwäsche** *f* parure *f* de lit

betucht [bə'tu:xt] *adj fam* rupin(e); **~/nicht ~ sein** rouler/ne pas rouler sur l'or

beugen ['bɔygən] **I.** *vt* ❶ pencher; (*Knie*) fléchir ❷ (*Verb*) conjuguer; (*Adjektiv, Substantiv*) décliner **II.** *vr* **sich ~** ❶ (*sich neigen*) se pencher ❷ (*sich unterwerfen*) s'incliner

Beule ['bɔylə] <-, -n> *f* bosse *f*

beunruhigen* [bə'ʔʊnru:ɪgən] *vt, vr* **[sich] ~** [s']inquiéter

beunruhigt *adj* inquiet(-ète)

beurkunden* *vt* authentifier

beurlauben* *vt* ❶ donner un congé à; MIL donner une permission à ❷ (*vom Dienst suspendieren*) **beurlaubt sein** être suspendu ❸ UNIV **sich ~ lassen** se mettre en disponibilité

beurteilen* *vt* (*Person*) juger; (*Wertgegenstand*) estimer

Beurteilung <-, -en> *f* ❶ *kein Pl* jugement *m* ❷ (*einer Aufführung*) critique *f;* (*eines Wertgegenstands*) estimation *f* ❸ (*schriftliches Urteil*) appréciation *f*

Beute ['bɔytə] <-> *f* ❶ (*eines Jägers*) prise *f;* (*eines Tiers*) proie *f* ❷ (*Diebesbeute*) butin *m*

Beutel ['bɔytəl] <-s, -> *m* ❶ sac *m* ❷ ZOOL poche *f*

Beuteltier *nt* marsupial *m*

bevölkern* [bə'fœlkɐn] *vt* ❶ (*Gebiet*) peupler ❷ (*beleben*) remplir

bevölkert *adj* ❶ (*besiedelt*) peuplé(e) ❷ (*belebt*) fréquenté(e)

Bevölkerung <-, -en> *f* population *f*

Bevölkerungsdichte *f* densité *f* de population **Bevölkerungsexplosion** *f* explosion *f* démographique

bevollmächtigen* [bə'fɔlmɛçtɪgən] *vt* **jdn ~ etw zu tun** donner pouvoir à qn de faire qc

Bevollmächtigte(r) *f(m) dekl wie adj* fondé(e) *m(f)* de pouvoir; POL mandataire *mf*

bevor [bə'fo:ɐ̯] *konj* ❶ (*ehe*) avant que + *subj;* **~ ich abreise, möchte ich gerne ...** avant de partir en voyage, je voudrais ... ❷ (*solange*) **~ du nicht aufräumst, darfst du nicht gehen** tu ne partiras pas tant que tu n'auras pas rangé

bevormunden* [bə'fo:ɐ̯mʊndən] *vt* **jdn ~** tenir qn en tutelle

Bevormundung <-, -en> *f* tutelle *f*

bevor|stehen *vi irr* ❶ (*zu erwarten haben*) **jdm ~** attendre qn ❷ (*in Kürze eintreten*) **etw steht bevor** on est à la veille de qc
bevorstehend *adj* imminent(e)
bevorzugen* [bəˈfoːɐ̯tsuːgən] *vt* ❶ (*begünstigen*) favoriser ❷ (*lieber mögen*) préférer
bevorzugt **I.** *adj* ❶ privilégié(e) ❷ (*beliebt*) préféré(e) **II.** *adv* (*bedienen, behandeln*) avec des égards particuliers; (*zustellen*) en priorité
Bevorzugung <-, -en> *f* préférence *f*
bewachen* *vt* ❶ (*beaufsichtigen*) surveiller ❷ (*Spieler*) marquer; (*Tor*) garder
bewachsen* [bəˈvaksən] **I.** *vt irr* recouvrir **II.** *adj* **mit Moos ~** recouvert de mousse
Bewachung <-, -en> *f* ❶ *kein Pl* surveillance *f* ❷ (*Wachmannschaft*) garde *f*
bewaffnen* [bəˈvafnən] *vt* **jdn/sich mit etw ~** armer qn/s'armer de qc
Bewaffnung <-, -en> *f* armement *m*
bewahren* [bəˈvaːrən] *vt* ❶ (*schützen*) préserver ❷ (*Ehre*) préserver; (*Geheimnis*) garder
bewähren* [bəˈvɛːrən] *vr* **sich ~** faire ses preuves
bewahrheiten* [bəˈvaːɐ̯haitən] *vr* **sich ~** se vérifier
Bewährung <-, -en> *f* JUR sursis *m*
bewältigen* [bəˈvɛltɪgən] *vt* ❶ venir à bout de ❷ (*Vergangenheit*) assumer
bewandert [bəˈvandɐt] *adj* **~ sein** être expert
bewässern* [bəˈvɛsɐn] *vt* arroser; (*Feld*) irriguer
Bewässerung <-, -en> *f* arrosage *m*; (*eines Feldes*) irrigation *f*
bewegen*[1] [bəˈveːgən] **I.** *vt* ❶ déplacer ❷ (*beschäftigen*) **jdn ~** (*Vorstellung*) occuper l'esprit de qn; (*Erlebnis*) remuer qn ❸ (*bewirken*) **viel/wenig ~** faire bouger beaucoup/peu de choses **II.** *vr* ❶ **sich ~** bouger ❷ (*verkehren*) **sich frei/um die Sonne ~** se déplacer librement/autour du soleil
bewegen[2] <bewog, bewogen> *vt* **jdn ~** amener qn; **sich ~ lassen etw zu tun** se laisser convaincre de faire qc
beweglich [bəˈveːklɪç] *adj* ❶ mobile ❷ (*geistig ~*) **~ sein** être vif
bewegt [bəˈveːkt] *adj* ❶ (*Oberfläche*) agité(e) ❷ (*erlebnisreich*) mouvementé(e) ❸ (*innerlich gerührt*) **von etw ~ sein** être touché par qc
Bewegung <-, -en> *f* ❶ *a.* POL, KUNST mouvement *m*; (*Geste*) geste *m*; (*Fortbewegung*) déplacement *m* ❷ (*körperliche Betätigung*) exercice *m* ❸ (*Ergriffenheit*) émotion *f* ❹ (*Änderung*) changement *m*
Bewegungsablauf *m* enchaînement *m* des mouvements **bewegungslos** *adj, adv* immobile
beweinen* *vt* (*Verstorbenen*) pleurer; (*Tod*) déplorer
Beweis [bəˈvais] <-es, -e> *m* preuve *f* ▸**etw unter ~ stellen** prouver qc
beweisen* *irr* **I.** *vt* prouver **II.** *vr* **sich ~** faire ses preuves
Beweisführung *f* exposé *m* des preuves **beweiskräftig** *adj* probant(e) **Beweismaterial** *nt* pièces *fpl* à conviction
bewenden *vt* **es bei etw ~ lassen** s'en tenir à qc; **es dabei ~ lassen etw zu tun** se contenter de faire qc
bewerben* *irr* **I.** *vr* **sich ~** (*akk*) poser sa candidature **II.** *vt* (*Produkt*) promouvoir
Bewerber(in) <-s, -> *m(f)* candidat(e) *m(f)*
Bewerbung <-, -en> *f* ❶ **~ um eine Stelle** candidature *f* à un emploi ❷ (*Werbemaßnahmen*) promotion *f*
Bewerbungsgespräch *nt* entretien *m* [d'embauche] **Bewerbungsschreiben** *nt* lettre *f* de candidature **Bewerbungsunterlagen** *Pl* dossier *m* de candidature
bewerfen* *irr vt* bombarder
bewerkstelligen* [bəˈvɛrkʃtɛlɪgən] *vt* réussir
bewerten* *vt* ❶ (*benoten*) évaluer ❷ (*schätzen*) estimer
Bewertung *f* ❶ (*Benotung*) évaluation *f* ❷ (*Schätzung*) estimation *f*
bewilligen* [bəˈvɪlɪgən] *vt* (*Geldmittel*) approuver; (*Antrag*) accorder
Bewilligung <-, -en> *f* ❶ *kein Pl* (*einer Stelle*) approbation *f*; (*von Geldmitteln*) octroi *m*; (*von Krediten*) accord *m* ❷ (*schriftliche Genehmigung*) autorisation *f*
bewirken* *vt* ❶ (*verursachen*) provoquer ❷ (*erreichen*) obtenir
bewirten* [bəˈvɪrtən] *vt* régaler; (*im Restaurant*) restaurer
bewirtschaften* *vt* exploiter
Bewirtung <-, -en> *f* ❶ (*Bedienung*) service *m* ❷ (*Speisen und Getränke*) boire *m* et manger
bewog [bəˈvoːk] *Imp von* **bewegen[2]**
bewogen [bəˈvoːgən] *PP von* **bewegen[2]**

bewohnbar *adj* habitable
bewohnen* *vt* habiter
Bewohner(in) <-s, -> *m(f)* habitant(e) *m(f)*
bewölken* [bə'vœlkən] *vr* **sich ~** (*Himmel*) se couvrir
bewölkt *adj* nuageux(-euse)
Bewölkung <-, -en> *f* nuages *mpl*
Bewunderer <-s, -> *m*, **Bewunderin** *f* admirateur(-trice) *m(f)*
bewundern* *vt* admirer
bewundernswert *adj geh* admirable
Bewunderung <-, -en> *f* admiration *f*
bewusst[RR] [bə'vʊst], **bewußt**[ALT] **I.** *adj* ❶ *attr* (*vorsätzlich*) délibéré(e) ❷ *attr* (*Handlung*) réfléchi(e) ❸ *attr* (*Nichtraucher*) convaincu(e) ❹ PSYCH conscient(e) ❺ *attr* (*besagt*) fameux(-euse) *antéposé* **II.** *adv* ❶ (*leben*) de façon équilibrée ❷ (*vorsätzlich*) délibérément ❸ (*klar*) **sich** (*dat*) **etw ~ machen** prendre conscience de qc
bewusstlos[RR], **bewußtlos**[ALT] *adj* (*Person*) inconscient(e); (*Zustand*) d'inconscience; **~ werden** perdre connaissance
Bewusstlosigkeit[RR], **Bewußtlosigkeit**[ALT] <-, -en> *f* inconscience *f*; (*kurzfristig*) évanouissement *m*
bewusst|machen *s.* **bewusst II.3.**
Bewusstsein[RR], **Bewußtsein**[ALT] <-s> *nt* ❶ conscience *f* ❷ PHILOS, PSYCH conscient *m*
bezahlen* *vt, vi* payer
bezahlt *adj* payé(e) ▶**sich für jdn ~ machen** être payant pour qn
Bezahlung *f* ❶ *kein Pl* paiement *m* ❷ (*Entlohnung*) rémunération *f*; (*Lohn, Gehalt*) paie *f*
bezaubern* **I.** *vt* (*Person*) charmer **II.** *vi* avoir du charme
bezaubernd *adj* ❶ (*Person, Klang*) charmant(e); (*Gegenstand, Schönheit*) ravissant(e) ❷ *iron* (*wenig erfreulich*) charmant(e) *antéposé*
bezeichnen* **I.** *vt* ❶ (*bedeuten*) désigner ❷ (*kennzeichnen*) indiquer ❸ (*benennen*) qualifier **II.** *vr* **sich als liberal ~** se qualifier de libéral(e)
bezeichnend *adj* typique
Bezeichnung *f* ❶ (*Beschreibung*) désignation *f* ❷ (*Kennzeichnung*) indication *f*
bezeugen* [bə'tsɔygən] *vt* **~, dass ...** (*Person*) certifier que ...; (*Verhalten*) attester que ...; **etw unter Eid ~** témoigner qc sous serment
beziehen* *irr* **I.** *vt* ❶ (*Polster*) recouvrir; **die Betten frisch ~** changer les draps ❷ (*Wohnung*) emménager dans; (*Standpunkt*) prendre ❸ COM recevoir ❹ FIN percevoir CH (*Steuern*) percevoir ❺ *fam* (*Ohrfeige*) [se] prendre ❻ (*in Beziehung setzen*) **etw auf jdn/etw ~** rapporter qc à qn/qc **II.** *vr* ❶ **sich ~** (*Himmel*) se couvrir ❷ (*betreffen*) **sich auf jdn/etw ~** (*Bemerkung*) se rapporter à qn/qc ❸ (*sich berufen*) **sich auf jdn/etw ~** se référer à qn/qc
Bezieher(in) <-s, -> *m(f)* ❶ FIN bénéficiaire *mf*; (*von Sozialleistungen*) prestataire *mf* ❷ (*Abonnent*) abonné(e) *m(f)* ❸ COM (*einer Ware*) acheteur(-euse) *m(f)*
Beziehung <-, -en> *f* ❶ (*Verbindung*) rapport *m* ❷ *meist Pl* (*nützliche Bekanntschaften*) relation *f souvent pl* ❸ (*Verhältnis*) relation *f* ❹ (*Hinsicht*) **in mancher/jeder ~ Recht haben** avoir raison à bien des égards/à tous [les] égards
beziehungsweise *konj* (*oder auch*) ou bien; (*oder vielmehr*) ou plutôt; (*respektive*) respectivement
beziffern* [bə'tsɪfɐn] **I.** *vt* (*Schaden, Verlust*) chiffrer; (*Anzahl*) estimer **II.** *vr* **sich auf tausend Euro ~** (*Schaden, Verlust*) se chiffrer à mille euros
Bezirk [bə'tsɪrk] <-[e]s, -e> *m* ❶ (*Gebiet*) région *f* ❷ COM secteur *m* ❸ (*Verwaltungsbezirk*) district *m* administratif A, CH district ❹ (*Stadtbezirk*) ≈ arrondissement *m*
bezug *s.* **Bezug**
Bezug [bə'tsuːk, *Pl:* bə'tsyːgə] <-[e]s, Bezüge> *m* ❶ (*Bettbezug*) housse *f*; (*Kissenbezug*) taie *f* ❷ (*~sstoff*) revêtement *m* ❸ COM achat *m*; (*von Zeitschriften*) abonnement *m* ❹ (*von Einkommen*) perception *f* ❺ *Pl* (*eines Verwaltungsangestellten*) émoluments *mpl*, (*eines Abgeordneten*) indemnités *fpl* ❻ (*Beziehung*) **~ zu etw** rapport *m* à qc ❼ CH (*eines Hauses*) emménagement *m* ▶**auf etw** (*akk*) **~ nehmen** faire référence à qc; **~ nehmend auf etw** (*akk*) en référence à qc; **in ~ auf etw** concernant qc
bezüglich [bə'tsyːklɪç] **I.** *präp + gen* **~ Ihres Angebots** *form* concernant votre offre **II.** *adj* relatif(-ive)
bezugsfertig *adj* habitable
bezwecken* [bə'tsvɛkən] *vt* ❶ servir à ❷ (*beabsichtigen*) rechercher; **etw ~** (*Maßnahme*) viser qc

B

bezweifeln* *vt* **etw** ~ mettre qc en doute; ~, **dass** douter que + *subj*

bezwingen* *irr* **I.** *vt* ❶ vaincre ❷ (*Festung*) prendre ❸ (*Wut*) maîtriser **II.** *vr* **sich** ~ se maîtriser

BH [be'ha:] <-[s], -[s]> *m fam Abk von* **Büstenhalter** soutif *m*

Biathlon ['bi:atlɔn] <-s, -s> *nt* biathlon *m*

Bibel ['bi:bəl] <-, -n> *f* bible *f*

Biber ['bi:bɐ] <-s, -> *m* castor *m*

Bibliografie[RR], **Bibliographie** [bibliogra'fi:] <-, -n> *f* bibliographie *f*

Bibliothek [biblio'te:k] <-, -en> *f* bibliothèque *f*

Bibliothekar(in) [bibliote'ka:ɐ̯] <-s, -e> *m(f)* bibliothécaire *mf*

biblisch ['bi:blɪʃ] *adj* biblique

Bidet [bi'de:] <-s, -s> *nt* bidet *m*

bieder ['bi:dɐ] *adj* ❶ (*brav*) bien sage ❷ *pej* (*einfältig*) simplet(te)

biegen ['bi:gən] <bog, gebogen> **I.** *vt* + *haben* ❶ tordre; (*Zweig*) plier; **auseinander** ~ écarter ❷ A (*Adjektiv, Substantiv*) décliner; (*Verb*) conjuguer ▶**auf Biegen und Brechen** *fam* envers et contre tout **II.** *vi* + *sein* **nach rechts/links** ~ tourner à droite/gauche **III.** *vr* + *haben* ❶ **sich nach vorne/rechts** ~ se pencher en avant/à droite ❷ (*sich verziehen*) **sich** ~ se tordre; (*Regalbrett*) ployer

biegsam *adj* souple

Biegsamkeit <-> *f* souplesse *f*

Biegung <-, -en> *f* ❶ (*einer Straße*) tournant *m*; (*eines Flusses*) courbe *f* ❷ (*einer Wirbelsäule*) courbure *f* ❸ LING A flexion *f*

Biene ['bi:nə] <-, -n> *f* abeille *f*

Bienenhonig *m* miel *m* d'abeilles **Bienenkönigin** *f* reine *f* des abeilles **Bienenschwarm** *m* essaim *m* [d'abeilles] **Bienenstich** *m* ❶ (*Stich*) piqûre *f* d'abeille ❷ GASTR amandine *f* (*gâteau aux amandes*) **Bienenstock** *m* ruche *f* [en bois] **Bienenwachs** *nt* cire *f* d'abeille

Bier [bi:ɐ̯] <-[e]s, -e> *nt* bière *f*

Bierbauch *m fam* abdo[minaux] *mpl* Kronenbourg® **Bierbrauerei** *f* brasserie *f* **Bierdeckel** *m* sous-bock *m* **Biergarten** *m* brasserie *f* en plein air

Le **Biergarten** est né en Bavière. C'est là - ainsi que dans le reste du sud de l'Allemagne - qu'il existe encore sous sa forme la plus ancestrale et la plus typique. Il s'agit d'une brasserie aménagée en plein air avec des bancs et des tables très simples, en bois. Plus on va vers le nord de l'Allemagne, plus les **Biergärten** ressemblent à de simples terrasses de restaurant. En principe, ils sont ouverts du premier mai à la fin du mois de septembre.

Bierglas *nt* verre *m* à bière **Bierzelt** *nt* chapiteau *m* (*grande tente où est installée une brasserie*)

Les grandes fêtes populaires allemandes, les *Volksfeste*, très nombreuses dès le printemps, sont généralement organisées en plein air sous des **Bierzelte**. Ce sont de grandes tentes sous lesquelles tout est organisé pour boire et manger des spécialités allemandes. Sur une estrade, une fanfare ou un groupe joue de la musique, les gens dansent et chantent des chansons populaires. La boisson la plus servie sous cette **Bierzelt** est la bière, bien entendu, d'où le nom de cette construction.

Biest [bi:st] <-[e]s, -er> *nt pej fam* ❶ (*Insekt*) bestiole *f* ❷ (*Mensch*) teigne *f*

bieten ['bi:tən] <bot, geboten> **I.** *vt* offrir **II.** *vi* ❶ SPIEL annoncer ❷ (*ein Angebot machen*) enchérir **III.** *vr* ❶ **sich** ~ (*Chance*) se présenter ❷ (*sich darbieten*) **sich jdm** ~ (*Anblick*) s'offrir à qn

Bigamie [biga'mi:] <-, -n> *f* bigamie *f*

bigott *adj* bigot(e)

Bikini [bi'ki:ni] <-s, -s> *m* deux-pièces *m*

Bilanz [bi'lants] <-, -en> *f* bilan *m* ▶~ **ziehen** faire le bilan

bilateral ['bi(:)latera:l] *adj* bilatéral(e)

Bild [bɪlt] <-[e]s, -er> *nt* ❶ (*Gemälde*) tableau *m*; (*Zeichnung*) dessin *m* ❷ (*Foto*) photo *f* ❸ TV, CINE image *f* ❹ (*Spiegelbild*) image *f* ❺ (*Anblick*) spectacle *m*; (*Aussehen*) aspect *m* ❻ (*Vorstellung*) image *f* ▶**jetzt bin ich im ~e** maintenant je suis au courant

Bildband <-bände> *m* livre *m* illustré

bilden ['bɪldən] **I.** *vt* ❶ former ❷ (*Höhepunkt*) constituer ❸ KUNST modeler **II.** *vr* **sich** ~ ❶ (*entstehen*) se former ❷ (*sich Bildung verschaffen*) se cultiver **III.** *vi* former

Bilderbuch *nt* livre *m* d'images **Bilderrahmen** *m* cadre *m*
Bildfläche *f* écran *m*
bildhaft *adj* imagé(e)
Bildhauer(in) <-s, -> *m(f)* sculpteur(-euse) *m(f)* **Bildhauerei** <-> *f* sculpture *f* **bildhübsch** *adj* ravissant(e)
Bildnis ['bɪltnɪs] <-ses, -se> *nt geh* (*auf Münzen*) effigie *f*
Bildschirm *m* écran *m* **Bildschirmarbeit** *f* travail *m* sur écran **Bildschirmschoner** *m* INFORM économiseur *m* d'écran **Bildschirmtext** *m* ≈ minitel® *m*
bildschön *s.* **bildhübsch**
Bildstörung *f* perturbation *f* de l'image; (*Bildausfall*) panne *f* d'image **Bildtelefon** *nt* visiophone *m*
Bildung ['bɪldʊŋ] <-> *f kein Pl* ❶ culture *f*; (*Erziehung*) formation *f* ❷ *a.* BOT (*das Hervorbringen*) formation *f* ❸ (*von Vermögen*) constitution *f*; (*einer Theorie*) formation *f*
Bildungslücke *f* lacune *f* **Bildungspolitik** *f* politique *f* éducative **Bildungsreise** *f* voyage *m* éducatif **Bildungsurlaub** *m* congé-formation *m* **Bildungsweg** *m* formation *f*; **auf dem zweiten ~** en formation parallèle
Billard ['bɪljart] <-s, -e *o* A -s> *nt* billard *m*
Billett [bɪl'jɛt] <-[e]s, -e> *nt* ❶ A (*Brief*) lettre *f* ❷ CH (*Fahrkarte*) billet *m*
Billiarde [bɪ'li̯ardə] <-, -n> *f* mille billions *mpl*
billig ['bɪlɪç] *adj* bon marché; **~ einkaufen** acheter à bon prix; **jdm etw ~/~er verkaufen** vendre qc à qn à prix réduit/moins cher; **diese Äpfel sind ~er** ces pommes sont meilleur marché
billigen ['bɪlɪgən] *vt* approuver
Billigung <-, -en> *f* approbation *f*
Billion [bɪ'ljoːn] <-, -en> *f* billion *m*
bimmeln *vi fam* carillonner
Bimsstein ['bɪmsʃtai̯n] *m* ❶ pierre *f* ponce ❷ (*Baustein*) béton *m* ponce
bin [bɪn] *1. Pers Präs von* **sein**[1]
binär [bi'nɛːɐ̯] *adj* binaire
Binärcode *m* code *m* binaire **Binärdatei** *f* binaire *m* **Binärdaten** *Pl* données *fpl* binaires
Binde ['bɪndə] <-, -n> *f* ❶ MED bande *f*; (*Schlinge*) écharpe *f* ❷ (*Monatsbinde*) serviette *f* hygiénique ❸ (*Armbinde*) brassard *m* ❹ (*Augenbinde*) bandeau *m*
Bindegewebe *nt* tissu *m* conjonctif **Bindeglied** *nt* lien *m* **Bindehaut** *f* conjonctive *f* **Bindemittel** *nt* agglutinant *m*; TECH liant *m*
binden <band, gebunden> **I.** *vt* ❶ (*zusammen~*) (*durch Bündeln*) lier; (*durch Knoten*) nouer ❷ (*Strauß*) fabriquer ❸ (*verpflichten*) **jdn ~** lier qn ❹ CHEM fixer ❺ GASTR, TECH épaissir ❻ FIN **Kapital ~** immobiliser des capitaux ❼ (*Buch*) relier **II.** *vi* (*eine Gefühlsbindung schaffen*) lier **III.** *vr* ❶ (*eine Beziehung eingehen*) **sich an jdn ~** se lier avec qn ❷ (*sich verpflichten*) **sich ~** s'engager
bindend *adj* **für jdn ~ sein** engager qn
Bindestrich *m* trait *m* d'union **Bindewort** <-wörter> *nt* conjonction *f*
Bindfaden *m* ficelle *f*
Bindung <-, -en> *f* ❶ (*Verbundenheit*) attachement *m* ❷ (*Verpflichtung*) engagement *m* ❸ (*Beziehung*) liaison *f* ❹ SPORT fixation *f* ❺ TEXTIL armure *f* ❻ CHEM liaison *f* ❼ PHYS combinaison *f*
binnen ['bɪnən] *präp + dat o gen* **~ einem Jahr** dans un délai d'un an
Binnengewässer *nt* eaux *fpl* continentales **Binnenhafen** *m* port *m* fluvial **Binnenmarkt** *m* marché *m* intérieur **Binnenmeer** *nt* mer *f* intérieure **Binnenschifffahrt**[RR] *f* navigation *f* fluviale
Binse ['bɪnzə] <-, -n> *f* jonc *m*
Binsenweisheit *f* truisme *m*
Biochemie [bioçe'miː] *f* biochimie *f*
biodynamisch [biody'naːmɪʃ] *adj* biologique
Biograf[RR]**(in)** [bio'graːf] <-en, -en> *m(f)* biographe *mf*
Biografie[RR] [biografiː] <-, -n> *f* ❶ (*Buch*) biographie *f* ❷ (*Lebenslauf*) curriculum *m* [vitae]
biografisch[RR] [bio'graːfɪʃ] *adj* biographique
Biographie *s.* **Biografie**
Bioladen *m fam* magasin *m* bio
Biologe [bio'loːgə] <-n, -n> *m*, **Biologin** *f* biologiste *mf*
Biologie [biolo'giː] <-> *f* biologie *f*
biologisch [bio'loːgɪʃ] **I.** *adj* biologique **II.** *adv* biologiquement; **~ abbaubar** biodégradable
Biopsie [-'psiːən] <-, -n> *f* biopsie *f*
Biorhythmus ['biːorʏtmʊs] *m* biorythme *m*
Biosphäre [bio'sfɛːrə] *f* biosphère *f* **Biotechnik** *f* biotechnique *f*
Biotop [bio'toːp] <-s, -e> *nt* biotope *m*
Birke ['bɪrkə] <-, -n> *f* bouleau *m*

Birnbaum *m* poirier *m*
Birne ['bɪrnə] <-, -n> *f* ❶ (*Frucht*) poire *f* ❷ (*Glühbirne*) ampoule *f* ❸ *fam* (*Kopf*) caboche *f*
bis [bɪs] **I.** *präp + akk* ❶ (*zeitlich*) jusqu'à; (*nicht später als*) d'ici; **vom ersten ~ dritten März** du premier au trois mars ❷ (*räumlich*) **~ Frankfurt fahren** aller jusqu'à Francfort **II.** *präp mit adv o pron* ❶ (*zeitlich*) **~ jetzt** jusqu'à maintenant; **~ dahin** d'ici là; **er hat ~ jetzt noch nicht angerufen** il n'a pas encore appelé; **~ bald!** à bientôt!; **~ dann!** à tout à l'heure! ❷ (*räumlich*) **~ hierhin** jusqu'ici; **von oben ~ unten** de haut en bas ❸ (*einschließlich*) **alles ~ auf den letzten Krümel aufessen** manger tout jusqu'à la dernière miette ❹ (*mit Ausnahme von*) **alle ~ auf Robert** tous sauf Robert **III.** *adv* **~ zum Herbst muss es fertig sein** ça doit être fini d'ici l'automne; **ich bin ~ gegen acht Uhr noch da** je serai encore là jusque vers huit heures; **~ zum 17. Lebensjahr** jusqu'à l'âge de 17 ans **IV.** *konj* ❶ (*ungefähr*) **zwei ~ drei Stunden** entre deux et trois heures ❷ (*so lange, ~*) jusqu'à ce que + *subj*
Bisam ['biːzam] <-s, -e *o* -s> *m* (*~pelz*) rat *m* musqué
Bischof ['bɪʃɔf] <-s, Bischöfe> *m*, **Bischöfin** *f* évêque *m*
bischöflich ['bɪʃœflɪç] *adj* épiscopal(e)
Bischofssitz *m* évêché *m* **Bischofsstab** *m* crosse *f*
bisexuell [bizɛ'ksu̯ɛl] *adj* bisexuel(le)
bisher [bɪs'heːɐ̯] *adv* jusqu'à présent
bisherig *adj attr* **die ~e Personalchefin** (*gegenwärtig/ehemalig*) la chef du personnel actuelle/en poste jusqu'ici; **sein ~es Verhalten** le comportement qu'il a eu jusqu'à présent
Biskuit [bɪs'kviːt] <-[e]s, -s> *nt o m* génoise *f*
bislang [bɪs'laŋ] *s.* **bisher**
Bison ['biːzɔn] <-s, -s> *m* bison *m*
biss[RR] [bɪs], **biß**[ALT] *Imp von* **beißen**
Biss[RR] [bɪs] <-es, -e>, **Biß**[ALT] <-sses, -sse> *m* ❶ (*das Beißen*) **mit einem ~** d'un coup de dent ❷ (*~wunde*) morsure *f*
bisschen[RR], **bißchen**[ALT] ['bɪsçən] **I.** *pron indef, inv* **ein ~ Milch** un peu de lait; **kein ~ Geduld haben** ne pas avoir du tout de patience; **ein ~ wenig** pas assez; **kein ~ schlechter** pas pire **II.** *nt kleingeschrieben* **das ~, das** le peu qui/que
Bissen ['bɪsən] <-s, -> *m* ❶ (*Happen*) morceau *m* ❷ (*Mundvoll*) bouchée *f*
bissig **I.** *adj* ❶ **~er Hund!** chien méchant! ❷ (*sarkastisch*) virulent(e); (*Ton*) mordant(e) **II.** *adv* (*antworten*) d'une manière mordante; (*reagieren*) avec virulence
Bisswunde[RR] *f* morsure *f*
Bistum ['bɪstuːm, *Pl:* 'bɪstyːmɐ] <-s, -tümer> *nt* évêché *m*
bisweilen [bɪs'vai̯lən] *adv geh* de temps à autre
Bit [bɪt] <-[s], -[s]> *nt* bit *m*
bitte ['bɪtə] *adv* ❶ s'il vous plaît; (*wenn man den Gesprächspartner duzt*) s'il te plaît ❷ (*Höflichkeitsformel in Antworten*) **~ [schön]!** je vous en prie!/je t'en prie! ❸ (*in ironischen Antworten*) **na ~!** ah, vous voyez [bien]!/ah, tu vois [bien]! ❹ (*Höflichkeitsformel in Nachfragen*) **[wie] ~?** pardon?
Bitte <-, -n> *f* demande *f*; **ich habe eine ~ an Sie** je veux vous demander une faveur
bitten <bat, gebeten> **I.** *vt* ❶ **jdn um etw ~** demander qc à qn; **jdn ~ etw zu tun** prier qn de faire qc; **darf ich Sie um das Brot ~?** pourriez-vous me passer le pain, s'il vous plaît? ❷ (*einladen*) **jdn zum Abendessen ~** inviter qn à dîner ❸ (*bestellen*) **jdn zu sich ~** demander à voir qn **II.** *vi* ❶ **darf ich ~?** (*beim Tanzen*) puis-je me permettre?; **es wird gebeten nicht zu rauchen** *form* (*als Schildinschrift*) prière de ne pas fumer ❷ (*flehen*) supplier ❸ (*herein~*) **ich lasse ~!** faites entrer! ►**wenn ich ~ darf!** (*auffordernd*) si possible!; (*befehlend*) je vous prie!
Bitten <-s> *nt* supplications *fpl*
bitter **I.** *adj* amer(-ère) **II.** *adv* ❶ **~ schmecken** avoir un goût amer ❷ (*lachen*) avec amertume ❸ (*bereuen*) amèrement
bitterböse ['bɪtɐ'bøːzə] **I.** *adj* (*Person*) très fâché(e); (*Brief*) très méchant(e); (*Blick*) mauvais(e) **II.** *adv* (*antworten*) sur un ton méchant
bitterernst ['bɪtɐ'ʔɛrnst] **I.** *adj* (*Person*) très sérieux(-euse); (*Lage*) très grave **II.** *adv* **es ~ meinen** être tout ce qu'il y a de plus sérieux
Bitterkeit <-> *f a. fig* amertume *f*
Biwak ['biːvak] <-s, -s> *nt* bivouac *m*
bizarr [bi'tsar] *adj* bizarre

Bizeps <-es, -e> *m* biceps *m*
Blackout, **Black-out**[RR] ['blɛkʔaut] <-s, -s> *m* (*Bewusstseinstrübung*) perte *f* de conscience momentanée; (*in einer Prüfung*) trou *m* [noir]
blähen ['blɛːən] **I.** *vt* gonfler **II.** *vr* **sich ~** se gonfler **III.** *vi* (*Hülsenfrüchte*) ballonner
Blähung <-, -en> *f meist Pl* ballonnement *m*
blamabel [bla'maːbəl] *adj geh* honteux (-euse)
Blamage [bla'maːʒə] <-, -n> *f geh* honte *f*
blamieren* [bla'miːrən] **I.** *vt* ridiculiser **II.** *vr* **sich ~** se couvrir de ridicule
blank [blaŋk] *adj* ❶ (*glänzend*) brillant(e); (*sauber*) étincelant(e) [de propreté]; (*abgescheuert*) lustré(e) ❷ (*rein*) pur(e) ❸ (*bloß*) nu(e)
Blank [blæŋk] *nt* TYP, INFORM blanc *m*
Blankoscheck *m* chèque *m* en blanc
Blase ['blaːzə] <-, -n> *f* ❶ ANAT vessie *f* ❷ MED ampoule *f*; (*Brandblase*) cloque *f* ❸ (*Luft-, Sprechblase*) bulle *f*
Blasebalg <-[e]s, -bälge> *m* soufflet *m*
blasen ['blaːzən] <bläst, blies, geblasen> **I.** *vi* souffler **II.** *vt* ❶ **den Staub vom Buch ~** souffler sur la poussière du livre ❷ (*Melodie*) jouer; (*Trompete*) jouer de ❸ *vulg* (*fellationieren*) **jdm einen ~** tailler une pipe à qn
Blasenentzündung *f* MED cystite *f*
Bläser(in) ['blɛːzɐ] <-s, -> *m(f)* joueur(-euse) *m(f)* d'instrument à vent; **die ~ und die Streicher** les cuivres *mpl* et les cordes
blasiert [bla'ziːɐt] **I.** *adj pej geh* hautain(e) **II.** *adv* (*sich benehmen*) de manière snob
Blasinstrument *nt* instrument *m* à vent **Blaskapelle** *f* fanfare *f* **Blasmusik** *f* musique *f* de fanfare
Blasphemie [-'miːən] <-, -n> *f geh* blasphème *m*
blass[RR] [blas], **blaß**[ALT] *adj* ❶ pâle ❷ (*Erinnerung*) vague ❸ (*Ausdruck*) fade
Blässe ['blɛsə] <-, -n> *f* ❶ pâleur *f* ❷ (*nichtssagende Art*) fadeur *f*
Blatt [blat, *Pl:* 'blɛtɐ] <-[e]s, Blätter> *nt* ❶ (*einer Pflanze*) feuille *f* ❷ (*~ Papier*) feuille *f* ❸ (*Seite*) page *f* ❹ (*Grafik*) feuillet *m* ❺ (*Zeitung*) journal *m* ❻ (*eines Ruders*) pale *f* ❼ SPIEL jeu *m* ❽ (*Schulter*) épaule *f*
blättern ['blɛtɐn] **I.** *vi* ❶ **in etw** (*dat*) **~** feuilleter qc; (*suchend*) chercher dans qc ❷ INFORM dérouler; **nach oben/unten ~** faire défiler vers le haut/le bas **II.** *vt* **etw auf den Tisch ~** aligner qc sur la table
Blätterteig *m* pâte *f* feuilletée
Blattgold *nt* feuille *f* d'or **Blattlaus** *f* puceron *m* **Blattpflanze** *f* plante *f* verte
blau [blau] *adj* ❶ bleu(e) ❷ *fam* (*betrunken*) **~ sein** être soûl
Blau <-s, - *o fam* -s> *nt* bleu *m*
blauäugig *adj* ❶ (*mit blauen Augen*) aux yeux bleus ❷ (*naiv*) naïf(-ïve)
Blaubeere *f* myrtille *f*
blaugrau *adj* gris bleu *inv*
Blauhelm *m* casque *m* bleu **Blaukraut** *nt* A chou *m* rouge
bläulich ['blɔylɪç] *adj* bleuté(e)
Blaulicht *nt* gyrophare *m* **Blaumeise** *f* mésange *f* bleue **Blausäure** *f* CHEM acide *m* prussique **Blauwal** *m* [grande] baleine *f* bleue
Blazer ['bleːzɐ] <-s, -> *m* blazer *m*
Blech [blɛç] <-[e]s, -e> *nt* ❶ *kein Pl* tôle *f*; (*Weißblech*) fer-blanc *m* ❷ (*Stück ~*) [morceau *m* de] tôle *f* ❸ *kein Pl fam* (*Unsinn*) bêtises *fpl*
Blechblasinstrument *nt* cuivre *m*
Blechdose *f* boîte *f* en fer-blanc
blechen *fam* **I.** *vt* raquer **II.** *vi* casquer
blechern *adj* ❶ *attr* en tôle; (*aus Weißblech*) en fer-blanc ❷ (*Geräusch*) creux(-euse); (*Klang*) métallique
Blechinstrument *s.* **Blechblasinstrument**
Blechschaden *m* dégâts *mpl* matériels [de tôle]
Blei [blai] <-[e]s, -e> *nt* ❶ *kein Pl* (*Metall*) plomb *m* ❷ (*Lot*) fil *m* à plomb ❸ (*Kugeln*) plomb *m*
Bleibe ['blaibə] <-, -n> *f* demeure *f*; (*vorübergehend*) abri *m*; **eine/keine ~ haben** avoir un logement/être sans logis
bleiben ['blaibən] <blieb, geblieben> **I** *vi + sein* ❶ (*verweilen*) rester; **wo bleibst du so lange?** mais qu'est-ce que tu fais [encore]? ❷ (*weiterhin sein*) **gleich ~** rester stable; **es soll regnerisch ~** les pluies doivent persister ❸ (*zurück~*) **liegen ~** (*Gegenstände*) rester là ❹ (*übrig ~*) **drei Fehler sind stehen geblieben** on a oublié trois fautes ❺ (*festsitzen*) **hängen ~** rester accroché(e) ❻ (*nicht vorankommen*) **liegen ~** (*Fahrzeug*) rester immobilisé(e); **stehen ~** (*Person*) s'arrêter; (*Fahr*

zeug) s'immobiliser ❼ (*hingeraten*) **wo ist meine Brille geblieben?** où sont passées mes lunettes? ❽ *fam* (*unterkommen*) **wo sollen die Leute alle ~?** où vont-ils tous crécher? ❾ (*verharren*) **es bleibt bei meiner Entscheidung** je maintiens ma décision ❿ (*übrig* ~) rester; **mir bleibt keine andere Wahl** je n'ai pas le choix ▸**das bleibt unter uns** cela reste entre nous **II.** *vi unpers* **es bleibt zu hoffen, dass ...** il ne reste qu'à espérer que ...

bleibend *adj* ❶ (*beständig*) permanent(e) ❷ (*unveränderlich*) **gleich ~** constant

bleich [blaiç] *adj* blême; (*Haut*) pâle

bleichen <bleichte, gebleicht> **I.** *vt + haben* blanchir; (*Haare*) éclaircir **II.** *vi + sein* **diese Tapeten ~ schnell** ces papiers [peints] perdent vite leurs couleurs

bleiern *adj* ❶ *attr* (*aus Blei*) en plomb ❷ (*bleifarben*) plombé(e) ❸ (*schwer lastend*) accablant(e)

bleifrei *adj* sans plomb **bleihaltig** *adj* plombifère; (*Benzin*) contenant du plomb **bleischwer** ['blai'ʃveːɐ̯] *adj* de plomb **Bleistift** *m* crayon *m* [à papier] **Bleistiftspitzer** *m* taille-crayon *m*

Blende ['blɛndə] <-, -n> *f* ❶ PHOT diaphragme *m* ❷ (*Lichtschutz*) écran *m* ❸ (*blinder Bogen*) arcade *f* aveugle; (*blinde Tür*) fausse porte *f* ❹ (*Stoffblende*) garniture *f*

blenden ['blɛndən] **I.** *vt* ❶ éblouir ❷ (*täuschen*) abuser ❸ (*blind machen*) aveugler **II.** *vi* ❶ (*Sonne*) éblouir ❷ (*hinters Licht führen*) chercher à impressionner

blendend *adj* excellent(e)

Blick [blɪk] <-[e]s, -e> *m* ❶ (*das Schauen*) regard *m;* (*flüchtig*) coup *m* d'œil ❷ (*Augen*) **den ~ heben/senken** lever/baisser les yeux ❸ *kein Pl* (*Augenausdruck*) regard *m* ❹ *kein Pl* (*Ausblick*) vue *f* ❺ *kein Pl* (*Urteilskraft*) coup *m* d'œil ❻ (*Hinsicht*) **mit ~ auf die kommenden Wahlen** eu égard aux prochaines élections ▸**auf den ersten ~** (*sofort*) du premier coup d'œil; (*beim ersten flüchtigen Hinsehen*) à première vue; **auf den zweiten ~** en [y] regardant de plus près; **auf einen ~, mit einem ~** d'un [seul] coup d'œil

blicken **I.** *vi* regarder **II.** *vt* **sich ~ lassen** se montrer

Blickfeld *nt* champ *m* de vision **Blickwinkel** *m* angle *m;* **aus diesem ~** sous cet angle

blieb [bliːp] *Imp von* **bleiben**

blies [bliːs] *Imp von* **blasen**

blind [blɪnt] **I.** *adj* ❶ aveugle ❷ (*Fenster*) mat(e) ❸ (*ohne Ausgang*) en cul-de-sac ❹ (*ohne Sicht*) sans visibilité **II.** *adv* ❶ (*wahllos*) au hasard ❷ (*unkritisch*) aveuglément

Blinddarm *m* ANAT appendice *m* **Blinddarmentzündung** *f* appendicite *f*

Blinde(r) *f(m) dekl wie adj* aveugle *mf*

Blindekuh *kein art* ~ [**spielen**] [jouer à] colin-maillard *m*

Blindenhund *m* chien *m* d'aveugle **Blindenschrift** *f* [écriture *f*] braille *m*

Blindheit <-> *f kein Pl* cécité *f*

blindlings ['blɪntlɪŋs] *adv* aveuglément

Blindschleiche ['blɪntʃlaiçə] <-, -n> *f* orvet *m*

blinken ['blɪŋkən] **I.** *vi* ❶ (*Edelstein*) scintiller ❷ (*blitzen*) **vor Sauberkeit ~** étinceler ❸ (*Zeichen geben*) clignoter **II.** *vt* **SOS ~** émettre des signaux de S.O.S.

Blinker <-s, -> *m* ❶ AUT clignotant *m* ❷ (*Angelköder*) cuillère *f*

Blinklicht *nt* ❶ (*Signal*) feu *m* clignotant ❷ *fam* (*Blinkleuchte*) clignotant *m*

blinzeln ['blɪntsəln] *vi* cligner des yeux; (*zwinkern*) faire un clin d'œil

Blitz [blɪts] <-es, -e> *m* ❶ éclair *m;* (*~schlag*) foudre *f* ❷ (*das Aufblitzen*) éclair *m* ❸ PHOT flash *m*

Blitzableiter <-s, -> *m* paratonnerre *m* **blitzartig** **I.** *adj* d'une rapidité foudroyante **II.** *adv* en un éclair

blitzblank *adj fam* nickel *inv*

blitzen **I.** *vi unpers* **es blitzt** il y a des éclairs **II.** *vi* (*strahlen*) étinceler **III.** *vt fam* **geblitzt werden** (*Autofahrer*) se faire prendre par un radar

Blitzlicht *nt* flash *m* **blitzschnell** *s.* **blitzartig**

Block[1] [blɔk, *Pl:* 'blœkə] <-[e]s, Blöcke> *m* bloc *m;* (*aus Schokolade*) plaque *f*

Block[2] <-[e]s, Blöcke> *m* ❶ (*Häuserblock*) pâté *m* de maisons; (*großes Mietshaus*) bloc *m* ❷ (*Schreibblock*) bloc *m;* (*Notizblock*) bloc-notes *m;* (*Fahrkartenblock*) carnet *m* ❸ POL bloc *m* ❹ (*Kernreaktorblock*) réacteur *m*

Blockade [blɔ'kaːdə] <-, -n> *f* blocus *m*

Blockflöte *f* flûte *f* à bec **Blockhaus** *nt* ca-

B

bane *f* en rondins
blockieren* [blɔ'kiːrən] **I.** *vt* bloquer; (*Stromzufuhr*) couper **II.** *vi* (*Bremsen*) [se] bloquer
Blocksatz *m* composition *f* en carré **Blockschrift** *f* caractères *mpl* d'imprimerie
blöd[e] *fam* **I.** *adj* ❶ (*dumm*) idiot(e) ❷ (*Situation*) embêtant(e); **zu ~!** c'est con! **II.** *adv* comme un idiot/une idiote; (*gucken*) bêtement; (*sich verhalten*) comme un manche
Blödheit <-, -en> *f fam* connerie *f*
Blödmann <-männer> *m fam* imbécile *m* **Blödsinn** *m kein Pl pej fam* bêtise *f* **blödsinnig** *adj pej fam* (*Idee*) stupide
blöken ['bløːkən] *vi* bêler
blond [blɔnt] *adj* blond(e)
blondieren* [blɔn'diːrən] *vt* **die Haare ~** teindre les cheveux en blond
Blondine [blɔn'diːnə] <-, -n> *f* blonde *f*
bloß [bloːs] **I.** *adj* ❶ nu(e) ❷ *attr* (*alleinig*) pur(e) **II.** *adv fam* ❶ (*nur*) seulement ❷ (*eine Frage/Aufforderung verstärkend*) **was hat sie ~?** qu'est-ce qui lui prend?; **hör ~ auf damit!** arrête donc!
Blöße ['bløːsə] <-, -n> *f geh* nudité *f*
bloß|stellen **I.** *vt* **jdn ~** ridiculiser qn **II.** *vr* **sich ~** se couvrir de ridicule
Blouson [blu'zõː] <-[s], -s> *m o nt* blouson *m*
blubbern *vi fam* gargouiller
Bluejeans ['bluːdʒiːns] *Pl* blue-jean *m*
Blues [bluːs] <-, -> *m* (*Musik*) blues *m;* (*Tanz*) slow *m*
bluffen ['blœfən] *vt, vi fam* bluffer
blühen ['blyːən] *vi* ❶ (*Pflanze*) fleurir; (*Garten*) être en fleurs ❷ (*florieren*) être florissant
blühend *adj* ❶ en fleur[s] ❷ (*Gesundheit*) florissant(e) ❸ (*florierend*) florissant(e)
Blume ['bluːmə] <-, -n> *f* ❶ fleur *f* ❷ (*des Weins*) bouquet *m* ❸ (*Bierschaum*) mousse *f*
Blumenbeet *nt* parterre *m* [de fleurs] **Blumenhändler(in)** *m(f)* fleuriste *mf* **Blumenkasten** *m* jardinière *f* [de fleurs] **Blumenkohl** *m* chou-fleur *m* **Blumenstrauß** <-sträuße> *m* bouquet *m* [de fleurs] **Blumentopf** *m* (*Topf*) pot *m* de fleurs **Blumenvase** *f* vase *m*
Bluse ['bluːzə] <-, -n> *f* (*mit Kragen*) chemisier *m;* (*Hemdbluse*) chemise *f*
Blut [bluːt] <-[e]s> *nt* sang *m*
blutarm *adj* anémié(e) **Blutbad** *nt* bain *m* de sang; **ein ~ anrichten** faire un carnage **Blutbahn** *f* circuit *m* sanguin **Blutbild** *nt* formule *f* sanguine **Blutdruck** *m* tension *f* [artérielle]; **zu hohen/niedrigen ~ haben** faire de l'hypertension/l'hypotension
Blüte ['blyːtə] <-, -n> *f* ❶ fleur *f* ❷ *kein Pl* (*das Blühen*) floraison *f* ❸ *fam* (*falsche Banknote*) faux billet *m* ❹ *kein Pl geh* (*Höhepunkt*) apogée *m*
Blutegel ['bluːtʔeːgəl] *m* sangsue *f*
bluten *vi* saigner
Bluter <-s, -> *m* hémophile *m*
Bluterguss[RR] ['bluːtʔɛɐgʊs] *m* hématome *m*
Bluterkrankheit *f* hémophilie *f*
Blütezeit *f* ❶ floraison *f* ❷ (*einer Kultur*) prospérité *f*
Blutfleck *m* tache *f* de sang **Blutgefäß** *nt* vaisseau *m* sanguin **Blutgerinnung** *f* coagulation *f* **Blutgruppe** *f* groupe *m* sanguin **Bluthochdruck** *m* hypertension *f*
blutig *adj* ❶ (*Nase*) en sang ❷ (*Wäschestück*) taché(e) de sang ❸ GASTR saignant(e) ❹ (*Schlacht*) sanglant(e)
Blutkonserve *f* poche *f* de sang (*destinée à la transfusion*) **Blutkörperchen** *nt* globule *m* **Blutkreislauf** *m* circulation *f* sanguine **Blutplasma** *nt* plasma *m* sanguin **Blutprobe** *f* prise *f* de sang **Blutrache** *f* vendetta **blutrünstig** *adj* sanguinaire **Blutspende** don *m* du sang **Blutspender(in)** *m(f)* donneur(-euse) *m(f)* de sang
blutsverwandt *adj* consanguin(e)
Bluttransfusion *f* transfusion *f* sanguine
Blutung <-, -en> *f* ❶ saignement *m* ❷ (*Monatsblutung*) règles *fpl*
Blutuntersuchung *f* analyse *f* de sang **Blutvergießen** <-s> *nt geh* effusion de sang *souvent pl* **Blutvergiftung** empoisonnement *m* du sang **Blutwurst** boudin *m* [noir] **Blutzuckerwert** *m* MED glycémie *f*
BLZ *Abk von* **Bankleitzahl** code *m* banque
Bö [bøː] <-, -en> *f* rafale *f*
Boa ['boːa] <-, -s> *f* ZOOL, COUT boa *m*
Bob [bɔp] <-s, -s> *m* bob[sleigh] *m*
Bock [bɔk, *Pl:* 'bœkə] <-[e]s, Böcke> *m* ❶ (*Schafbock*) bélier *m;* (*Ziegenbock*) bouc *m;* (*Rehbock*) chevreuil *m;* (*Rammler*) bouquin *m* ❷ (*Untergestell*) tréteau *m* ❸ (*Sportgerät*) cheval *m* d'arçons ❹ *fam* (*Lust*) **~/keinen ~ haben etw zu tun** avoir/n

pas avoir envie de faire qc ❺ *fam* (*Schimpfwort*) **so ein sturer ~!** quelle tête de mule! ❻ (*Kutschbock*) siège *m* du cocher

bocken *vi fam* (*Person*) faire la tête; (*Tier*) refuser d'avancer

bockig *adj* (*Kind*) entêté(e); (*Erwachsener*) récalcitrant(e); (*Tier*) rétif(-ive)

Bockshorn ►**sich von jdm ins ~ jagen lassen** *fam* se laisser intimider par qn

Bockspringen *nt* saut *m* au cheval d'arçons **Bockwurst** *f* saucisse *f* (*réchauffée à l'eau bouillante*)

Boden ['bo:dən, *Pl:* 'bø:dən] <-s, Böden> *m* ❶ (*Erde*) sol *m*; **zu ~ fallen/sinken** (*Person*) s'effondrer ❷ (*Acker*) sol *m*; (*Erdreich*) terre *f* ❸ *kein Pl* (*Grund und ~*) terrain *m* ❹ (*Territorium*) sol *m* ❺ (*Fußboden*) sol *m* ❻ (*Teppichboden*) moquette *f* ❼ (*Dachboden*) grenier *m* ❽ (*eines Behälters*) fond *m*; (*einer Flasche*) cul *m* ❾ (*Tortenboden*) fond *m* de tarte ❿ (*Grundlage*) base *f* ►**an ~ gewinnen/verlieren** gagner/perdre du terrain

Bodenfrost *m* gelée *f* au sol

bodenlos *adj* ❶ *fam* inouï(e) ❷ (*Abgrund*) sans fond

Bodenpersonal *nt* AVIAT personnel *m* au sol **Bodenschätze** *Pl* richesses *fpl* minières

Bodensee *m* **der ~** le lac de Constance

Bodenturnen *nt* gymnastique *f* au sol

Body ['bɔdi] <-s, -s> *m* body *m*

Bodybuilding ['bɔdibɪldɪŋ] <-s> *nt* bodybuilding *m*

bog [bo:k] *Imp von* **biegen**

Bogen ['bo:gən, *Pl:* 'bø:gən] <-s, -> *m* ❶ *a.* MATH (*~linie*) arc *m*; **einen ~ machen** (*Straße, Fluss*) faire un coude ❷ (*Papierbogen*) feuille *f* ❸ (*Schusswaffe*) arc *m* ❹ MUS archet *m*; (*Haltebogen*) [signe *m* de] liaison *f* ❺ ARCHIT arc *m* ❻ (*Brückenbogen*) arche *f*

Bogengang <-gänge> *m* arcades *fpl* **Bogenschießen** *nt* tir *m* à l'arc **Bogenschütze** *m*, **-schützin** *f* archer *m*/archère *f*; SPORT tireur *m*/tireuse *f* à l'arc

Böhmen ['bø:mən] <-s> *nt* la Bohême

böhmisch *adj* bohémien(ne)

Bohne ['bo:nə] <-, -n> *f* ❶ haricot *m* ❷ (*Kaffeebohne*) grain *m* [de café]

Bohnenkaffee *m* café *m*; (*ungemahlen*) café *m* en grains **Bohnenstange** *f* ❶ rame *f* ❷ *hum fam* (*großer Mensch*) grande perche *f*

bohnern **I.** *vt* cirer **II.** *vi* passer la cireuse

Bohnerwachs *nt* encaustique *f*

bohren ['bo:rən] **I.** *vt* ❶ creuser ❷ TECH percer ❸ (*hineinstoßen*) enfoncer **II.** *vi* ❶ (*stochern*) **in der Nase ~** se mettre les doigts dans le nez ❷ (*Zahnarzt*) passer la roulette ❸ MIN creuser ❹ *fam* (*fragen*) revenir à la charge ❺ (*quälend nagen*) **in jdm ~** (*Zweifel*) ronger qn **III.** *vr* **sich in die Erde ~** (*Speer*) se planter dans le sol

Bohrer <-s, -> *m* ❶ (*Bohrmaschine*) perceuse *f*; (*Bohreinsatz*) mèche *f* ❷ (*Handbohrer*) chignole *f* ❸ (*Zahnarztbohrer*) fraise *f*

Bohrinsel *f* plate-forme *f* de forage **Bohrmaschine** *f* perceuse *f* [électrique] **Bohrturm** *m* derrick *m*

Bohrung <-, -en> *f* ❶ *kein Pl* (*das Bohren*) **eine ~ nach Erdöl** un forage pour trouver du pétrole ❷ (*Bohrloch*) forage *m*

böig ['bø:ɪç] *adj* (*Wetter*) venteux(-euse); **~er Wind** vent *m* en rafales

Boiler ['bɔylɐ] <-s, -> *m* chauffe-eau *m*

Boje ['bo:jə] <-, -n> *f* balise *f*

Bolivien [bo'li:vi̯ən] <-s> *nt* la Bolivie

Bollwerk ['bɔlvɛrk] *nt geh* bastion *m*

Bolzen ['bɔltsən] <-s, -> *m* ❶ TECH boulon *m* ❷ (*Geschoss*) flèche *f*

bombardieren* [bɔmbar'di:rən] *vt* ❶ bombarder; (*mit Granaten*) pilonner ❷ (*überschütten*) **jdn mit Fragen ~** assaillir qn de questions

bombastisch [bɔm'bastɪʃ] *pej adj* ❶ (*schwülstig*) ronflant(e); (*Sprache*) ampoulé(e) ❷ (*pompös*) pompeux(-euse)

Bombe ['bɔmbə] <-, -n> *f* ❶ MIL bombe *f* ❷ (*Geldbombe*) sacoche *f* ►**wie eine ~ einschlagen** faire l'effet d'une bombe

Bombenangriff *m* bombardement *m* **Bombenanschlag** *m* attentat *m* à la bombe **Bombendrohung** *f* alerte *f* à la bombe **Bombenerfolg** *m fam* succès *m* fou **bombensicher** *adj* ❶ (*Bunker*) anti-bombe ❷ *fam* (*Tipp*) absolument sûr(e)

Bomber <-s, -> *m fam* bombardier *m*

Bon [bɔŋ] <-s, -s> *m* ❶ ticket *m* de caisse ❷ (*Gutschein*) bon *m*

Bonbon [bɔŋ'bɔŋ] <-s, -s> *nt o m* bonbon *m*

Bonus ['bo:nʊs] <-, -> *m* ❶ bonus *m* ❷ (*Punktgutschrift*) bonification *f* ❸ (*Vorteil*) bonus *m*

Boom [bu:m] <-s, -s> *m* boom *m*

boomen ['bu:mən] *vi* connaître un boom

Boot [bo:t] <-[e]s, -e> *nt* bateau *m*; (*Ruderboot*) barque *f*; (*Segelboot*) voilier *m*; **~ fah-**

B

ren faire du bateau ▸**wir sitzen alle in einem ~** nous sommes tous logés/toutes logées à la même enseigne

Bootsfahrt *f* promenade *f* en bateau **Bootshaus** *nt* hangar *m* à bateaux **Bootsverleih** *m* location *f* de bateaux

Bord[1] [bɔrt] <-[e]s> *m* **an ~ gehen/kommen** monter à bord; **über ~ gehen** passer par-dessus bord ▸**etw über ~ werfen** jeter qc par-dessus bord; *fig* mettre qc au panier

Bord[2] <-[e]s, -e> *nt* (*Wandbrett*) tablette *f*

Bordell [bɔr'dɛl] <-s, -e> *nt* maison *f* close

Bordkarte *f* carte *f* d'embarquement **Bordstein** *m* bordure *f* de trottoir

borgen ['bɔrgən] **I.** *vr* **sich** (*dat*) **etw von jdm ~** emprunter qc à qn **II.** *vt* **jdm etw ~** prêter qc à qn

Borke ['bɔrkə] <-, -n> *f* BOT écorce *f*

borniert [bɔr'niːɐ̯t] *adj pej* borné(e)

Börse ['bœrzə] <-, -n> *f* Bourse *f*

Börsenbericht *m* bulletin *m* de la Bourse **Börsenkrach** *m* krach *m* boursier **Börsenkurs** *m* cours *m* de la Bourse **Börsenspekulation** *f* spéculation *f* boursière

Borste ['bɔrstə] <-, -n> *f* ❶ poil *m;* (*fein*) soie *f* ❷ (*Schweineborste*) soie *f*

Borte ['bɔrtə] <-, -n> *f* galon *m*

bösartig ['bøːsʔaːɐ̯tɪç] *adj* ❶ méchant(e) ❷ MED malin(-igne)

Böschung ['bœʃʊŋ] <-, -en> *f* (*einer Straße*) talus *m;* (*eines Flusses*) berge *f*

böse ['bøːzə] **I.** *adj* ❶ (*Person*) méchant(e); (*Absicht*) mauvais(e) *antéposé* ❷ *fam* (*unartig*) vilain(e) ❸ *attr* (*Sache*) sale *antéposé;* (*Folgen*) fâcheux(-euse) ❹ (*Gesicht*) fâché(e); **sei** [**mir**] **nicht ~, aber ...** ne m'en veux pas, mais ... ❺ *fam* (*schlimm*) méchant(e) *antéposé* **II.** *adv* ❶ (*übelwollend*) méchamment; **ich habe es nicht ~ gemeint!** je n'ai pas pensé à mal! ❷ (*schlimm*) **das/es sieht ~ für ihn aus** ça se présente mal pour lui

Bösewicht <-[e]s, -e *o* -er> *m hum fam* **na, du kleiner ~!** espèce de petit galopin!

boshaft ['boːshaft] *adj* méchant(e)

Bosheit ['boːshaɪ̯t] <-, -en> *f* méchanceté *f*

Bosnien ['bɔsniən] <-s> *nt* la Bosnie

Bosnien-Herzegowina ['bɔsniənhɛrtse'goːvina] <-s> *nt* la Bosnie-Herzégovine

Bosnier(in) ['bɔsniɐ] <-s, -> *m(f)* Bosniaque *mf*

bosnisch *adj* bosniaque

Boss[RR] [bɔs] <-es, -e>, **Boß**[ALT] <-sses, -sse> *m fam* boss *m*

böswillig **I.** *adj* ❶ (*Bemerkung*) méchant(e); (*Plan*) malveillant(e) ❷ JUR délictueux(-euse) **II.** *adv* avec malveillance; **~ handeln** agir dans une mauvaise intention

Böswilligkeit <-> *f* malveillance *f*

bot [boːt] *Imp von* **bieten**

Botanik [bo'taːnɪk] <-> *f* botanique *f*

botanisch **I.** *adj* botanique **II.** *adv* (*betrachten*) du point de vue botanique

Bote ['boːtə] <-n, -n> *m,* **Botin** *f* ❶ messager(-ère) *m(f)* ❷ (*Laufbursche*) coursier(-ière) *m(f);* (*einer Firma*) commissionnaire *mf*

Botengang <-gänge> *m* course *f*

Botschaft ['boːtʃaft] <-, -en> *f* ❶ (*Gesandtschaft*) ambassade *f* ❷ (*Aussage*) message *m*

Botschafter(in) <-s, -> *m(f)* ambassadeur(-drice) *m(f)*

Bottich ['bɔtɪç] <-[e]s, -e> *m* baquet *m*

Bouillon [bʊl'jɔŋ] <-, -s> *f* bouillon *m* gras

Boulevard [bulə'vaːɐ̯] <-s, -s> *m* boulevard *m*

Boulevardpresse *f pej* presse *f* à sensation

Bowle ['boːlə] <-, -n> *f: boisson alcoolisée à base de vin ou de champagne à laquelle on ajoute du sucre et des fruits*

Bowling ['boːlɪŋ] <-s, -s> *nt* bowling *m*

Box [bɔks] <-, -en> *f* ❶ (*Pferdebox*) box *m* ❷ (*Montageplatz für Rennwagen*) stand *m* ❸ (*Behälter*) mallette *f* ❹ (*Lautsprecherbox*) enceinte *f*

boxen ['bɔksən] **I.** *vi* boxer **II.** *vt* ❶ (*schlagen*) donner des coups de poing à ❷ SPORT *fam* boxer

Boxen <-s> *nt* boxe *f*

Boxer(in) <-s, -> *m(f)* boxeur(-euse) *m(f)*

Boxershorts *Pl* boxer-short *m*

Boxhandschuh *m* gant *m* de boxe **Boxkampf** *m* ❶ match *m* de boxe ❷ *kein P.* (*Boxsport*) boxe *f*

Boykott [bɔy'kɔt] <-[e]s, -e> *m* boycott[age] *m*

boykottieren* [bɔykɔ'tiːrən] *vt* boycotter

brach [braːx] *Imp von* **brechen**

Brachland *nt* friche *f* **brach\|liegen** *vi irr a. fig* (*generell*) être en friche; (*vorübergehend*) être en jachère

brachte ['braxtə] *Imp von* **bringen**

Branche ['brãːʃə] <-, -n> *f* branche *f*

Branchenbuch *nt s.* **Branchenverzeichnis**

Branchenverzeichnis *nt* annuaire *m* professionnel

Brand [brant, *Pl:* 'brɛndə] <-[e]s, Brände> *m* ❶ incendie *m*; **etw in ~ stecken** mettre le feu à qc; **in ~ geraten** prendre feu ❷ *fam* (*Durst*) pépie *f*

Brandanschlag *m* incendie *m* criminel

branden ['brandən] *vi* déferler

Brandenburg ['brandənbʊrk] <-s> *nt* le Brandebourg

brandmarken *vt* dénoncer

brandneu ['brant'nɔy] *adj fam* (*Computer, Auto*) flambant neuf(neuve); **~ sein** (*CD, Buch, Film*) venir de sortir

Brandschaden *m* dégâts *mpl* causés par le feu **Brandstifter(in)** *m(f)* incendiaire *mf* **Brandstiftung** *f* incendie *m* criminel

Brandung <-, -en> *f* déferlement *m* des vagues

Brandwunde *f* brûlure *f*

brannte ['brantə] *Imp von* **brennen**

Branntwein ['brantvain] *m* eau-de-vie *f*

Brasilien [bra'ziːliən] <-s> *nt* le Brésil

Bratapfel *m* pomme *f* [cuite] au four

braten ['braːtən] <brät, briet, gebraten> **I.** *vt* faire cuire **II.** *vi* (*gar werden*) cuire

Braten <-s, -> *m* rôti *m*

Brathähnchen *nt*, **Brathendl** ['braːthɛndl] <-s, -[n]> *nt* A poulet *m* rôti **Brathering** *m* hareng *m* frit puis mariné **Bratkartoffeln** *Pl* pommes *fpl* de terre sautées **Bratpfanne** *f* poêle *f* [à frire]

Bratsche ['braːtʃə] <-, -n> *f* alto *m*

Bratwurst *f* ❶ (*gebratene Wurst*) saucisse *f* grillée ❷ (*Wurst zum Braten*) saucisse *f* à griller

Brauch [braux, *Pl:* 'brɔyçə] <-[e]s, Bräuche> *m* coutume *f*

brauchbar *adj* ❶ (*geeignet*) adéquat(e) ❷ (*verwendbar*) utilisable ❸ (*gut*) valable

brauchen ['brauxən] **I.** *vt* ❶ (*nötig haben*) **jdn/etw ~** avoir besoin de qn/qc ❷ (*aufwenden müssen*) **eine Stunde ~ um etw zu tun** mettre une heure pour faire qc; **wie lange ~ Sie noch?** il vous faut encore combien de temps? **II.** *aux modal* **du brauchst nur anzurufen** tu dois juste téléphoner; **Sie ~ es gar nicht erst zu versuchen** ce n'est pas la peine d'essayer

Braue ['brauə] *f* sourcil *m*

brauen ['brauən] *vt* ❶ (*Bier*) brasser ❷ *fam* (*zubereiten*) concocter

Brauerei [brauə'rai] <-, -en> *f* ❶ (*Betrieb*) brasserie *f* ❷ *kein Pl* (*das Brauen*) brassage *m*

braun [braun] *adj* ❶ (*Haar*) brun(e); (*Augen, Pullover*) marron *inv* ❷ (*Hautfarbe*) mat(te) ❸ (*sonnengebräunt*) ~ [**gebrannt**] bronzé(e)

Braunbär *m* ours *m* brun

Bräune ['brɔynə] <-> *f* couleur *f* brune; (*Sonnenbräune*) bronzage *m*

bräunen **I.** *vt* ❶ **jdn/die Haut ~** faire bronzer qn/brunir la peau ❷ GASTR faire revenir **II.** *vi* ❶ bronzer ❷ GASTR dorer **III.** *vr* **sich ~** (*Person*) se [faire] bronzer; (*Haut*) brunir

Braunkohle *f* lignite *m*

bräunlich *adj* brunâtre

brausen ['brauzən] *vi* ❶ + *haben* mugir ❷ + *sein fam* (*rasen*) foncer

Braut [braut, *Pl:* 'brɔytə] <-, Bräute> *f* mariée *f*

Bräutigam ['brɔytɪgam] <-s, -e> *m* marié *m*

Brautjungfer *f* demoiselle *f* d'honneur **Brautkleid** *nt* robe *f* de mariée **Brautpaar** *nt* [jeunes] mariés *mpl*

brav [braːf] *adj* sage; (*Haustier*) brave *antéposé*

bravo ['braːvo] *interj* bravo

Bravour [bra'vuːɐ̯] <-> *f geh* **etw mit ~ tun** (*meisterhaft*) faire qc avec brio

BRD [beːʔɛr'deː] <-> *f Abk von* **Bundesrepublik Deutschland die ~** la R.F.A.

brechen ['brɛçən] <bricht, brach, gebrochen> **I.** *vt* + *haben* ❶ (*Knochen*) casser ❷ (*Eis*) briser; ❸ (*heraus~*) arracher ❹ (*abbauen*) extraire ❺ (*Schwur*) rompre ❻ (*Rekord*) battre ❼ (*Widerstand*) briser; (*Willen*) détruire ❽ *geh* (*Blume*) cueillir ❾ (*Licht*) réfracter; (*Wellen*) briser ❿ (*erbrechen*) vomir **II.** *vi* ❶ + *sein* (*Achse, Ast*) [se] casser; **auseinander ~** (*Möbelstück, Familie*) se disloquer ❷ + *sein* (*brüchig sein: Leder*) se fendre; (*Teppich*) se couper ❸ + *sein* **durch die Wolken ~** (*Sonne*) faire une percée à travers les nuages ❹ + *haben* (*den Kontakt, die Gewohnheit beenden*) **mit jdm/etw ~** rompre avec qn/qc ❺ + *haben* (*sich erbrechen*) vomir **III.** *vr* + *haben* **sich an etw ~** (*Wellen*) se briser contre qc; (*Licht*) se réfracter sur qc; (*Schall*) se répercuter sur qc

Brechmittel *nt* MED vomitif *m* **Brechreiz** *m* nausée *f*

B

Brechung <-, -en> *f* (*des Lichts*) réfraction *f;* (*des Schalls*) répercussion *f*

Brei [braj] <-[e]s, -e> *m* ❶ (*Speise*) bouillie *f;* (*Püree*) purée *f* ❷ (*dickflüssige Masse*) pâte *f*

breiig *adj* visqueux(-euse)

breit [brajt] **I.** *adj* ❶ (*opp: schmal*) large; (*Schrift*) étendu(e); (*Nase*) plat; **drei Meter ~ sein** avoir trois mètres de large; **etw ~er machen** élargir qc ❷ (*~schultrig*) large [d'épaules] ❸ (*Publikum*) vaste; (*Zustimmung*) large *antéposé* **II.** *adv* ❶ **etw ~ drücken** aplatir qc ❷ (*kräftig*) **~ gebaut sein** être carré d'épaules ❸ (*ungeniert*) **~ grinsen** arborer un large sourire ❹ (*~beinig*) **sich ~ hinsetzen** s'étendre ❺ (*viel Raum einnehmend*) **sich ~ machen** (*Person*) prendre beaucoup de place; (*Stimmung*) monter; (*Ansicht*) se répandre

breitbeinig *adj, adv* les jambes écartées

Breite <-, -n> *f* ❶ largeur *f* ❷ (*Ausgedehntheit*) étendue *f* ❸ GEO latitude *f*

Breitengrad *m* GEO degré *m* de latitude

breit|machen *s.* **breit II.5.**

breit|schlagen *vt irr fam* **sich von jdm ~ lassen** se laisser baratiner par qn

breitschult[e]rig *adj* large d'épaules

breit|treten *irr fam* (*Thema*) s'appesantir sur; (*Details*) étaler

Bremen ['bre:mən] <-s> *nt* Brême

Bremse ['brɛmzə] <-, -n> *f* ❶ AUT frein *m* ❷ ZOOL taon *m*

bremsen ['brɛmzən] *vi* freiner

Bremslicht *nt* [feu *m* de] stop *m* **Bremspedal** *nt* pédale *f* de frein **Bremsspur** *f* trace *f* de freins **Bremsweg** *m* distance *f* de freinage

brennbar *adj* combustible

Brennelement *nt* PHYS élément *m* combustible

brennen ['brɛnən] <brannte, gebrannt> **I.** *vi* ❶ (*in Flammen stehen*) brûler ❷ (*angezündet sein*) brûler; (*Zigarette*) être allumé ❸ (*sich entzünden*) **nicht ~** ne pas s'allumer; (*Streichholz, Kohle*) ne pas s'enflammer ❹ (*angeschaltet sein*) être allumé ❺ (*schmerzen*) brûler; **auf der Haut ~** piquer la peau ❻ (*inständig sinnen*) **auf Rache** (*akk*) **~** avoir soif de vengeance ❼ (*ungeduldig sein*) **darauf ~ etw zu tun** brûler de faire qc **II.** *vi unpers* **es brennt!** au feu! **III.** *vt* ❶ (*Mandeln*) griller; (*Kaffee*) torréfier ❷ (*Schnaps*) distiller ❸ (*Ton*) cuire **IV.** *vr* **sich an etw** (*dat*) **~** se brûler à qc

brennend **I.** *adj* ❶ (*Hitze*) torride; (*Durst*) ardent(e) ❷ (*Frage*) brûlant(e); (*Interesse*) vif(vive) *antéposé* **II.** *adv fam* (*interessiert*) vivement

Brenner ['brɛnɐ] <-s, -> *m* TECH brûleur *m*

Brennerei [brɛnə'raj] <-, -en> *f* distillerie *f*

Brennessel[ALT] *s.* **Brennnessel**

Brennholz *nt* bois *m* de chauffage **Brennnessel**[RR] *f* ortie *f* **Brennpunkt** *m* ❶ OPT foyer *m* ❷ MATH focale *f* ❸ (*der Ereignisse*) centre *m* **Brennstoff** *m* combustible *m* **Brennweite** *f* OPT distance *f* focale

brenzlig ['brɛntslɪç] *adj fam* (*Situation*) critique; **das ist/wird mir zu ~** ça sent le roussi

Bretagne [bre'tanjə] <-> *f* **die ~** la Bretagne

Bretone [bre'to:nə] <-n, -n> *m,* **Bretonin** *f* Breton(ne) *m(f)*

bretonisch [bre'to:nɪʃ] **I.** *adj* breton(ne) **II.** *adv* **~ miteinander sprechen** discuter en breton

Brett [brɛt] <-[e]s, -er> *nt* ❶ (*Planke*) planche *f* ❷ (*Regalbrett*) étagère *f* ❸ (*Holzplatte*) planche *f;* (*klein*) planchette *f* ❹ (*Sprungbrett*) plongeoir *m* ❺ (*Spielbrett*) plateau *m* [de jeu]; (*Schachbrett*) échiquier *m;* (*Damebrett*) damier *m* ►**das schwarze ~** le tableau d'affichage

Bretterzaun *m* palissade *f*

Brettspiel *nt* jeu *m* de table

Brezel ['bre:tsəl] <-, -n> *f* bretzel *m*

On fabrique cette spécialité souabe avec une pâte blanche qui devient moelleuse à la cuisson. On obtient la coloration brune en plongeant le bretzel avant la cuisson dans de la saumure. Les **Brezeln** sont ensuite saupoudrés de sel et sont vendus natures ou beurrés dans les boulangeries ou dans les petits stands à **Brezel** dans la rue.

Bridge [brɪdʒ] <-> *nt* bridge *m*

Brief [bri:f] <-[e]s, -e> *m* ❶ lettre *f* ❷ (*Versendungsart*) **etw als ~ schicken** envoyer qc comme lettre ❸ REL épître *f*

Briefbeschwerer <-s, -> *m* presse-papiers *m* **Briefbogen** *m* feuille *f* de papier à lettres **Briefbombe** *f* lettre *f* piégée **Brieffreund(in)** *m(f)* correspondant(e) *m(f)* **Briefgeheimnis** *nt* secret *m* posta

Briefkasten *m* boîte *f* aux lettres **Briefkopf** *m* en-tête *m* [de lettre]
brieflich *adj, adv* par écrit
Briefmarke *f* timbre[-poste] *m* **Briefmarkensammlung** *f* collection *f* de timbres **Brieföffner** *m* coupe-papier *m* **Briefpapier** *nt* papier *m* à lettres **Brieftasche** *f* portefeuille *m* **Brieftaube** *f* pigeon *m* voyageur **Briefträger(in)** *m(f)* facteur(-trice) *m(f)* **Briefumschlag** *m* enveloppe *f* **Briefwaage** *f* pèse-lettres *m* **Briefwahl** *f* vote *m* par correspondance **Briefwechsel** *m* correspondance *f*
briet [bri:t] *Imp von* **braten**
Brigade [bri'ga:də] <-, -n> *f* brigade *f*
Brikett [bri'kɛt] <-s, -s> *nt* briquette *f*
brillant [brɪl'jant] *adj* brillant(e)
Brillant [brɪl'jant] <-en, -en> *m* brillant *m*
Brille ['brɪlə] <-, -n> *f* lunettes *fpl*
Brillenetui [-ɛtvi:] *nt* étui *m* à lunettes
bringen ['brɪŋən] <brachte, gebracht> *vt* ① apporter ② (*servieren*) servir ③ (*weg~*) [ap]porter ④ (*Nachricht*) apporter ⑤ (*befördern*) amener; (*Fahrer*) conduire ⑥ (*begleiten*) **jdn nach Hause ~** ramener qn à la maison; **jdn zur Tür ~** [r]accompagner qn à la porte ⑦ (*darbieten*) **etw ~** (*Theater*) présenter qc; (*Kino*) passer qc; (*Schauspieler*) jouer qc; (*Fernsehen*) diffuser qc ⑧ (*veröffentlichen*) publier ⑨ (*Regen*) apporter; (*Ernte*) donner ⑩ (*versetzen*) **jdn vor Gericht ~** mener qn devant le tribunal ⑪ (*rauben*) **du wirst mich noch um den Verstand ~** tu me feras perdre la tête ⑫ (*Gespräch*) amener ⑬ (*Geld*) rapporter ⑭ (*bewegen*) **jdn dazu ~ etw zu tun** amener qn à faire qc ⑮ (*bewerkstelligen*) **etw durcheinander ~** déranger qc ⑯ (*Erfolg haben*) **es zu etwas ~** arriver à quelque chose ⑰ (*sich aneignen*) **etw an sich** (*akk*) **~** s'approprier qc ⑱ (*bewältigen*) **etw hinter sich** (*akk*) **~** en finir avec qc ⑲ (*zur Folge haben*) **etw mit sich ~** avoir qc pour conséquence ⑳ (*fertig~*) **es nicht über sich** (*akk*) **~ etw zu tun** ne pas pouvoir se résoudre à faire qc ▶**das bringt nichts** *fam* c'est pas la peine
brisant [bri'zant] *adj* ① *geh* (*heikel*) brûlant(e) ② (*Sprengstoff*) explosif(-ive)
Brise ['bri:zə] <-, -n> *f* brise *f*
Brite ['brɪtə] <-n, -n> *m*, **Britin** *f* Britannique *mf*
britisch *adj* britannique
bröckelig *adj* friable; **~ werden** s'effriter
Brocken ['brɔkən] <-s, -> *m* ① (*Erdbrocken*) motte *f* ② (*Steinbrocken*) bloc *m* [de pierre] ③ *Pl fig* **ein paar ~ Französisch** quelques bribes *fpl* de français
brodeln ['bro:dəln] *vi* bouillonner
Brokat [bro'ka:t] <-[e]s, -e> *m* brocart *m*
Brokkoli ['brɔkoli] *Pl* brocoli *m*
Brom [bro:m] <-s> *nt* CHEM brome *m*
Brombeere ['brɔmbe:rə] *f* ① (*Frucht*) mûre *f* ② (*Strauch*) ronce *f*
Bronchie ['brɔnçi̯ə] <-, -n> *f meist Pl* bronche *f*
Bronchitis [brɔn'çi:tɪs] <-, -tiden> *f* bronchite *f*
Bronze ['brõ:sə] <-, -n> *f* bronze *m*
Bronzemedaille ['brõ:səmedaljə] *f* médaille *f* de bronze
Bronzezeit *f* âge *m* du bronze
Brosche ['brɔʃə] <-, -n> *f* broche *f*
Broschüre [brɔ'ʃy:rə] <-, -n> *f* brochure *f*
Brot [bro:t] <-[e]s, -e> *nt* pain *m;* **belegtes ~** sandwich *m*
Brötchen ['brø:tçən] <-s, -> *nt* petit pain *m*
Brotkorb *m* corbeille *f* à pain
brotlos *adj* sans emploi
Browsen [braʊzən] <-s> *nt* exploration *f*
Browser ['braʊzɐ] *m* explorateur *m;* (*für das Internet*) navigateur *m* Web
Bruch [brʊx, *Pl:* 'brʏçə] <-[e]s, Brüche> *m* ① rupture *f* ② (*Knochenbruch*) fracture *f* ③ *fig* (*einer Entwicklung*) cassure *f* ④ MATH fraction *f* ⑤ *kein Pl* (*zerbrochene Ware*) débris *mpl*
brüchig ['brʏçɪç] *adj* ① (*Gestein*) friable; (*Leder*) cassant(e) ② (*Stimme*) cassé(e) ③ (*hinfällig*) fragile
Bruchlandung *f* atterrissage *m* forcé **Bruchrechnen** *nt*, **Bruchrechnung** *f* calcul *m* de fractions **Bruchstück** *nt* ① morceau *m* ② (*eines Lieds*) fragment *m;* (*einer Rede*) bribes *fpl* **Bruchteil** *m* fraction *f* **Bruchzahl** *f* nombre *m* fractionnaire
Brücke ['brʏkə] <-, -n> *f* ① *a. fig* pont *m* ② NAUT passerelle *f* ③ (*Zahnersatz*) bridge *m* ④ (*Teppich*) carpette *f* ⑤ SPORT pont *m*
Bruder ['bru:dɐ, *Pl:* 'bry:dɐ] <-s, Brüder> *m* frère *m*
brüderlich *adj* fraternel(le)
Brüderschaft <-, -en> *f* **mit jdm ~ trinken** trinquer avec qn (*pour marquer le début du tutoiement*)

Brühe ['bryːə] <-, -n> *f* ❶ bouillon *m;* **eine kräftige ~** un consommé ❷ *pej fam* (*Schmutzwasser*) eau *f* cradingue
brüllen ['brylən] *vi* ❶ (*Person*) crier ❷ (*Affe*) hurler; (*Raubtier*) rugir; (*Vieh*) mugir
brummen ['brʊmən] **I.** *vi* ❶ (*Insekt*) bourdonner; (*Bär*) grogner; (*Motor*) ronfler; (*Triebwerk*) vrombir ❷ (*singen*) chanter d'une voix caverneuse **II.** *vt* (*Antwort*) grommeler
brünett [bry'nɛt] *adj* brun(e)
Brunnen ['brʊnən] <-s, -> *m* ❶ (*Ziehbrunnen*) puits *m* ❷ (*Zierbrunnen*) fontaine *f*
brünstig ['brʏnstɪç] *adj* (*Tier*) en rut
brüsk [brʏsk] **I.** *adj* brutal(e) **II.** *adv* (*sich abwenden*) brusquement; (*sagen*) brutalement
brüskieren* [brʏs'kiːrən] *vt* brusquer
Brüssel ['brʏsəl] <-s> *nt* Bruxelles
Brust [brʊst, *Pl:* 'brʏstə] <-, Brüste> *f* ❶ (*~kasten*) thorax *m* ❷ (*weibliche ~*) sein *m;* (*Büste*) poitrine *f* ❸ GASTR poitrine *f;* (*von Geflügel*) blanc *m*
Brustbein *nt* ANAT sternum *m*
brüsten ['brʏstən] *vr* **sich ~** se vanter
Brustfell *nt* ANAT plèvre *f*
Brustkorb *m* cage *f* thoracique **Brustkrebs** *m* cancer *m* du sein **Brustschwimmen** *nt* brasse *f*
Brüstung ['brʏstʊŋ] <-, -en> *f* balustrade *f*
Brustwarze *f* mamelon *m*
Brut [bruːt] <-, -en> *f* ❶ *kein Pl* (*das Brüten*) couvaison *f* ❷ (*von Vögeln*) couvée *f*
brutal [bru'taːl] *adj* brutal(e)
Brutalität [brutali'tɛːt] <-, -en> *f* brutalité *f*
brüten ['bryːtən] *vi* couver
Brutkasten *m* MED couveuse *f* **Brutstätte** *f* nid *m*
brutto ['brʊto] *adv* brut
Bruttoeinkommen *nt* revenu *m* brut **Bruttogehalt** *nt* salaire *m* brut **Bruttoinlandsprodukt** *nt* produit *m* intérieur brut **Bruttolohn** *m* salaire *m* brut **Bruttosozialprodukt** *nt* produit *m* national brut
brutzeln ['brʊtsəln] **I.** *vi* cuire **II.** *vt fam* **sich etw ~** [se] faire cuire qc
BSE [beːʔɛs'eː] <-> *f Abk von* **bovine spongiforme Enzephalopathie** encéphalopathie *f* spongiforme bovine
Btx [beːteː'ʔɪks] *Abk von* **Bildschirmtext** ≈ minitel® *m*
Bub [buːp] <-en, -en> *m* A, CH gamin *m*
Bube <-n, -n> *m* SPIEL valet *m*
Buch [buːx, *Pl:* 'byːçɐ] <-[e]s, Bücher> *nt* livre *m*
Buchbinder(in) <-s, -> *m(f)* relieur(-euse) *m(f)* **Buchdruck** *m kein Pl* typographie *f*
Buche ['buːxə] <-, -n> *f* hêtre *m*
buchen ['buːxən] *vt* (*vorbestellen*) réserver; (*Reise*) s'inscrire à
Bücherbrett *nt* tablette *f*
Bücherei [byːçə'rai] <-, -en> *f* bibliothèque *f*
Bücherregal *nt* étagères *fpl*
Buchfink *m* pinson *m* **Buchführung** *f* comptabilité *f* **Buchhalter(in)** *m(f)* comptable *mf* **Buchhaltung** *f* comptabilité *f* **Buchhandel** *m* (*Handel*) commerce *m* du livre; **im ~ erhältlich** disponible en librairie **Buchhändler(in)** *m(f)* libraire *mf* **Buchhandlung** *f* librairie *f* **Buchmesse** *f* salon *m* du livre **Buchprüfer(in)** *m(f)* expert-comptable *m*
Buchse ['bʊksə] <-, -n> *f* ❶ ELEC douille *f* ❷ TECH manchon *m*
Büchse ['bʏksə] <-, -n> *f* ❶ boîte *f* ❷ (*Sammelbüchse*) tronc *m*
Büchsenöffner *m* ouvre-boîte *m*
Buchstabe ['buːxʃtaːbə] <-n[s], -n> *m* lettre *f;* (*Druckbuchstabe*) caractère *m* [d'imprimerie]
buchstabieren* [buːxʃta'biːrən] *vt* épeler
buchstäblich ['buːxʃtɛːplɪç] *adv* littéralement
Buchstütze *f* serre-livres *m*
Bucht [bʊxt] <-, -en> *f* baie *f*
Buchung <-, -en> *f* ❶ réservation *f* ❷ (*Verbuchung*) écriture *f*
Buchweizen *m* sarrasin *m*
Buckel ['bʊkəl] <-s, -> *m* bosse *f*
buckelig *s.* **bucklig**
bücken ['bʏkən] *vr* **sich ~** se pencher
bucklig *adj fam* ❶ bossu(e) ❷ (*uneben*) bosselé(e)
Budapest <-s> *nt* Budapest
buddeln ['bʊdəln] *fam* **I.** *vi* faire un trou/des trous **II.** *vt* (*Loch*) creuser
Buddhismus [bʊ'dɪsmʊs] <-> *m* bouddhisme *m*
Buddhist(in) [bʊ'dɪst] <-en, -en> *m(f)* bouddhiste *mf*
buddhistisch [bʊ'dɪstɪʃ] **I.** *adj* bouddhiste **II.** *adv* selon le rite bouddhiste
Bude ['buːdə] <-, -n> *f* ❶ cabane *f* ❷ (*Kiosk*) stand *m*

Budget [bʏ'dʒeː] <-s, -s> *nt* budget *m*
Büfett [by'feː] <-[e]s, -e> *nt* buffet *m*
Büffel ['bʏfəl] <-s, -> *m* buffle *m*
büffeln *vt, vi fam* bûcher
Buffet [bʏ'feː] <-s, -s> *nt*, **Büffet** [bʏ'feː] <-s, -s> *nt* CH (*Bahnhofsgaststätte*) buffet *m*
Bug [buːk] <-[e]s, -e> *m* ❶ NAUT proue *f*; AVIAT nez *m* ❷ <Büge> GASTR épaule *f*
Bügel ['byːgəl] <-s, -> *m* ❶ cintre *m* ❷ (*Brillenbügel*) branche *f* ❸ (*Steigbügel*) étrier *m*
Bügelbrett *nt* table *f* à repasser **Bügeleisen** *nt* fer *m* à repasser **Bügelfalte** *f* pli *m* [de pantalon] **bügelfrei** *adj* infroissable
bügeln ['byːgəln] *vt, vi* repasser
buh [buː] *interj* [h]ou
buhen *vi fam* pousser des huées de mécontentement
buhlen ['buːlən] *vi pej geh* **um etw ~** chercher à s'attirer qc
Bühne ['byːnə] <-, -n> *f* ❶ scène *f* ❷ (*Tribüne*) estrade *f* ❸ (*Hebebühne*) pont *m* élévateur
Bühnenbild *nt* décors *mpl* **Bühnenbildner(in)** ['byːnənbɪltnɐ] <-s, -> *m(f)* scénographe *mf* **bühnenreif** *adj* ❶ (*Stück*) prêt [à être représenté] ❷ *iron* (*Auftritt, Szene*) théâtral(e)
Bukarest ['buːkarɛst] <-s> *nt* Bucarest
Bukett <-s, -s *o* -e> *nt* (*Strauß, Duft*) bouquet *m*
Bulgare <-n, -n> *m*, **Bulgarin** *f* Bulgare *mf*
Bulgarien [bʊl'gaːri̯ən] <-s> *nt* la Bulgarie
bulgarisch [bʊl'gaːrɪʃ] **I.** *adj* bulgare **II.** *adv* **~ miteinander sprechen** discuter en bulgare
Bullauge *nt* hublot *m*
Bulldozer ['bʊldoːzɐ] <-s, -> *m* bulldozer *m*
Bulle ['bʊlə] <-n, -n> *m* ❶ (*Rind*) taureau *m* ❷ (*männliches Tier*) mâle *m* ❸ *pej* (*Polizist*) flic *m* (*fam*)
Bulletin [bʏl'tɛ̃ː] <-s, -s> *nt* communiqué *m*
Bumerang ['buːməraŋ] <-s, -s> *m* boomerang *m*
Bummel <-s, -> *m* balade *f*
bummeln *vi* ❶ + *sein* se balader ❷ + *haben fam* (*trödeln*) traînasser
Bummelzug *m fam* tortillard *m*
bumsen ['bʊmzən] **I.** *vi unpers* + *haben fam* **es bumst** ça fait boum **II.** *vi* ❶ + *haben fam* (*schlagen*) tambouriner ❷ + *sein* (*prallen*) **auf/gegen etw ~** rentrer dans qc ❸ + *haben vulg* (*koitieren*) baiser (*fam*) **III.** *vt* + *haben vulg* **jdn ~** baiser qn (*fam*)

Bund[1] [bʊnt, *Pl:* 'bʏndə] <-[e]s, Bünde> *m* ❶ association *f* ❷ (*Konföderation*) fédération *f* ❸ (*Bündnis*) alliance *f* ❹ POL **[der] ~ und [die] Länder** le Bund et les Länder ❺ *fam* (*Bundeswehr*) **der ~** l'armée [allemande] ❻ (*Rockbund*) ceinture *f* ❼ MUS touche *f* ▸**mit jdm im ~e sein** être le/la complice de qn
Bund[2] <-[e]s, -e> *nt* botte *f*
Bündel ['bʏndəl] <-s, -> *nt* ❶ (*Wäsche*) paquet *m*; (*Banknoten*) liasse *f*; (*Stroh*) botte *f* ❷ (*große Menge*) tas *m*
bündeln *vt* ❶ (*Altpapier*) faire un paquet; (*Banknoten*) faire une liasse avec; (*Stroh*) faire une botte avec ❷ OPT focaliser
Bundesbahn *f* **die Deutsche ~** HIST les chemins *mpl* de fer allemands; **die Österreichischen/Schweizerischen ~en** les chemins de fer autrichiens/suisses **Bundesbank** *f* **die [Deutsche] ~** la banque fédérale [allemande] **Bundesbürger(in)** *m(f)* citoyen(ne) *m(f)* de la République fédérale d'Allemagne **Bundesgebiet** *nt* territoire *m* fédéral **Bundesgericht** *nt* CH Tribunal *m* fédéral [suprême] **Bundeshauptstadt** *f* capitale *f* fédérale **Bundeskanzler(in)** *m(f)* chancelier *m* fédéral CH chancelier *m* de la Confédération

En Allemagne, le **Bundeskanzler** est élu par le parlement fédéral et ensuite nommé par le président de la République fédérale. Il est le chef du gouvernement. En Autriche, le parti ayant le plus de représentants au Conseil national propose un candidat pour la fonction de chancelier que le président de la République fédérale nomme par la suite. Il est le président du gouvernement et dirige la chancellerie fédérale. En Suisse, le chancelier de la Confédération dirige la chancellerie qui est placée sous la tutelle du président de la Confédération.

Bundesland *nt* Land *m*

La République fédérale d'Allemagne est constituée, depuis la réunification, de 16 **Bundesländer** et l'Autriche de 9 **Länder**. Il y a une capitale par Land où se trouve le siège du gouvernement du Land.

Bundesliga *f* SPORT ≈ première division *f* **Bundesminister(in)** *m(f)* ministre *mf* fédéral **Bundespost** *f* **die Deutsche ~** HIST la poste fédérale allemande; **die Österreichische ~** la poste fédérale autrichienne **Bundespräsident(in)** *m(f)* président(e) *m(f)* de la République fédérale CH président(e) *m(f)* de la Confédération

Le **Bundespräsident** est en Allemagne et en Autriche le chef de l'État. Il exerce principalement des fonctions représentatives. En Suisse, en revanche, il fait partie du gouvernement qui est composé de sept personnes et que l'on appelle le Conseil fédéral. Celui-ci élit tous les ans un **Bundespräsident** parmi ses membres. Toutefois, il n'a qu'une fonction représentative.

Bundesrat *m a.* A, CH Conseil *m* fédéral

En Allemagne, les membres des gouvernements des Länder forment le **Bundesrat**. Le nombre de députés dépend de la taille du Land. Le **Bundesrat** joue un rôle au niveau législatif. En Autriche, le **Bundesrat** est une partie du parlement. Le nombre d'habitants des *Länder* décide de la représentation de ces derniers au **Bundesrat**. En revanche, en Suisse, le **Bundesrat** est en fait le gouvernement. Il est constitué de sept membres élus pour quatre ans dont le président n'est autre que le président de la Confédération.

Bundesregierung *f* gouvernement *m* fédéral **Bundesrepublik** *f* **die ~** [**Deutschland**] la République fédérale [d'Allemagne] **Bundesstaat** *m* ❶ (*Staatenbund*) État *m* fédéral ❷ (*Gliedstaat*) État *m* fédéré **Bundesstraße** *f* ≈ route *f* nationale **Bundestag** *m* Bundestag *m*

Les membres de la représentation nationale de la République fédérale d'Allemagne sont élus pour quatre ans lors d'élections libres à bulletins secrets. Le **Bundestag** élit le chancelier, discute et adopte les projets de lois.

Bundestagswahl *f* élections *fpl* au Bundestag **Bundesverfassungsgericht** *nt* tribunal *m* constitutionnel suprême **Bundeswehr** ['bʊndəsveːɐ̯] *f* armée *f* fédérale **bundesweit** *adj, adv* dans l'ensemble du territoire fédéral

bündig ['bʏndɪç] **I.** *adj* ❶ concis(e) ❷ (*auf gleicher Ebene*) plan(e) **II.** *adv* de manière concise

Bündnis ['bʏntnɪs] <-ses, -se> *nt* alliance *f*

Bungalow ['bʊŋgalo] <-s, -s> *m* bungalow *m*

Bunker ['bʊnkɐ] <-s, -> *m* bunker *m*

bunt [bʊnt] **I.** *adj* ❶ de toutes les couleurs; **sehr ~ sein** être très coloré ❷ (*ungeordnet*) disparate ❸ (*Auswahl*) varié(e) **II.** *adv* ❶ de toutes les couleurs ❷ (*abwechslungsreich*) varié(e) ▶**jdm wird es zu ~** *fam* qn en a marre

Buntspecht *m* pic *m* épeiche **Buntstift** *m* crayon *m* de couleur **Buntwäsche** *f* linge *m* de couleur

Bürde ['bʏrdə] <-, -n> *f geh* fardeau *m*

Burenwurst ['buːrenvʊrst] *f* A saucisse *f* (*réchauffée à l'eau bouillante*)

Burg [bʊrk] <-, -en> *f* château *m* fort

Bürge ['bʏrgə] <-n, -n> *m,* **Bürgin** *f* JUR garant(e) *m(f)*, caution *f*

bürgen *vi* ❶ JUR se porter garant ❷ (*Qualität ver~*) garantir

Bürger(in) ['bʏrgɐ] <-s, -> *m(f)* citoyen(ne) *m(f)*

Bürgerinitiative *f* comité *m* de défense **Bürgerkrieg** *m* guerre *f* civile

bürgerlich *adj* ❶ *attr* (*Recht*) civil(e) ❷ (*dem Bürgertum entsprechend*) bourgeois(e)

Bürgermeister(in) *m(f)* maire *m* **Bürgerrecht** *nt meist Pl* droit *m* civique **Bürgerrechtler(in)** ['bʏrgɐrɛçtlɐ] <-s, -> *m(f)* défenseur *m* des droits du citoyen **Bürgersteig** <-[e]s, -e> *m* trottoir *m* **Bürgertum** <-[e]s> *nt* bourgeoisie *f*

Bürgschaft ['bʏrkʃaft] <-, -en> *f* caution *f*; **~ leisten** se porter garant

Burgund [bʊr'gʊnt] <-[s]> *nt* la Bourgogne

Burgunder <-s, -> *m* (*Wein*) bourgogne *m*

burlesk [bʊr'lɛsk] *adj* burlesque

Büro [by'roː] <-s, -s> *nt* bureau *m*

Büroangestellte(r) *f(m) dekl wie adj* employé(e) *m(f)* de bureau **Büroarbeit** *f* travail *m* de bureau **Bürobedarf** *m* fournitures *fpl* de bureau **Büroklammer** *f* trom

bone *m*
Bürokrat(in) [byro'kraːt] <-en, -en> *m(f) pej* bureaucrate *mf* **Bürokratie** <-, -n> *f* bureaucratie *f* **bürokratisch I.** *adj* bureaucratique **II.** *adv* de façon bureaucratique
Bursche ['bʊrʃə] <-n, -n> *m* 1 (*Halbwüchsiger*) jeune *m* 2 *fam* (*Kerl*) **ein [ganz] übler ~** un sale type 3 *fam* (*Exemplar*) engin *m*
burschikos [bʊrʃi'koːs] *adj* sans façons; (*Benehmen*) décontracté(e) (*fam*)
Bürste ['bʏrstə] <-, -n> *f* brosse *f*
bürsten *vt* brosser
Bus [bʊs] <-ses, -se> *m* 1 bus *m*; (*Reisebus*) car *m* 2 INFORM bus *m*
Busbahnhof *m* gare *f* routière
Busch [bʊʃ, *Pl:* 'bʏʃə] <-[e]s, Büsche> *m* 1 buisson *m* 2 (*Buschwald*) brousse *f*
Büschel ['bʏʃəl] <-s, -> *nt* touffe *f*
buschig I. *adj* touffu(e); (*Augenbrauen*) en broussaille **II.** *adv* (*wachsen*) en buisson
Busen ['buːzən] <-s, -> *m* poitrine *f*
Busfahrer(in) *m(f)* conducteur *m*/conductrice *f* de bus **Bushaltestelle** *f* arrêt *m* de bus **Buslinie** *f* ligne *f* de bus
Bussard ['bʊsart] <-s, -e> *m* buse *f*
Buße ['buːsə] <-, -n> *f* 1 *kein Pl* REL pénitence *f* 2 (*Schadenersatz*) amende *f*
büßen ['byːsən] **I.** *vt* 1 payer; **er hat seinen Leichtsinn mit dem Leben gebüßt** son inconscience lui a coûté la vie 2 CH (*mit einer Geldbuße belegen*) frapper **II.** *vi* payer; **für etw ~** subir les conséquences de qc
Bußgeld *nt* amende *f*
Büste ['bʏstə] <-, -n> *f a.* KUNST buste
Büstenhalter *m* soutien-gorge *m*
Butt [bʊt] <-[e]s, -e> *m* turbot *m*
Butter ['bʊtɐ] <-> *f* beurre *m*
Butterbrot *nt* tartine *f* [de beurre] **Butterdose** *f* beurrier *m* **Buttermilch** *f* petit-lait *m*
Button ['bat(ə)n] <-s, -s> *m* badge *m*
b.w. *Abk von* **bitte wenden** T.S.V.P.
BWL [beːveː'ʔɛl] *Abk von* **Betriebswirtschaftslehre** sciences *fpl* éco
Byte [bait] <-s, -s> *nt* octet *m*
byzantinisch *adj* byzantin(e)
bzw. *Abk von* **beziehungsweise**

C c

C, c [tseː] <-, -> *nt* 1 (*Buchstabe*) C *m*/c *m* 2 MUS do *m*
ca. *Abk von* **circa** env.
CAD [tseːʔaː'deː] <-> *nt Abk von* **computer-aided design** C.A.O. *f*
Café [ka'feː] <-s, -s> *nt* ≈ salon *m* de thé
Cafeteria [kafetə'riːa] <-, -s> *f* cafétéria *f*
Callboy ['kɔːlbɔy] <-s, -s> *m* call-boy *m* **Callgirl** <-s, -s> *nt* call-girl *f*
CAM [tseːʔaː'ɛm] <-> *nt Abk von* **computer-aided manufacturing** fabrication *f* assistée par ordinateur
Camcorder ['kɛmkɔrdɐ] <-s, -> *m* caméscope *m*
Camembert ['kaməmbɛːɐ] <-s, -s> *m* camembert *m*
campen ['kɛmpən] *vi* faire du camping
Camping ['kɛmpɪŋ] <-s> *nt* camping *m*
Campingplatz *m* terrain *m* de camping
Campus ['kampʊs] <-, -> *m* campus *m*
Cannabis ['kanabɪs] <-> *m* cannabis *m*
CapsLock-Taste ['kæpslɔkt'astə] *f* touche *f* verrouillage majuscule
Caravan ['karavan] <-s, -s> *m* (*Wohnwagen*) caravane *f*
Cartoon [kaɐ'tuːn] <-s, -s> *m o nt* dessin *m* [humoristique]
CB-Funk [tseː'beːfʊŋk] *m* C.B. *f*
CD [tseː'deː] <-, -s> *f Abk von* Compact Disc C.D. *m*, compact *m*
CD-Brenner [tseː'deːbrɛnɐ] <-s, -> *m* graveur *m* de CD **CD-Player** <-s, -> *m* lecteur *m* laser **CD-ROM** <-, -s> *f* CD-ROM *m* **CD-ROM-Laufwerk** *nt* lecteur *m* de CD-ROM **CD-Spieler** *m s.* **CD-Player**
CDU [tseːdeː'ʔuː] <-> *f Abk von* **Christlich-Demokratische Union** *parti chrétien-démocrate d'Allemagne*
Cellist(in) [tʃɛ'lɪst] <-en, -en> *m(f)* violoncelliste *mf*
Cello ['tʃɛlo] <-s, -s> *nt* violoncelle *m*
Celsius ['tsɛlziʊs] *kein Art, unv* Celsius
Cembalo ['tʃɛmbalo] <-s, -s> *nt* clavecin *m*
Cent ['sɛnt] *m* cent *m*
Chamäleon [ka'mɛːleɔn] <-s, -s> *nt* caméléon *m*
Champagner [ʃam'panjɐ] <-s, -> *m* cham-

pagne *m*

Champignon ['ʃampɪnjɔŋ] <-s, -s> *m* champignon *m* de Paris

Champion ['tʃɛmpi̯ən] <-s, -s> *m* champion(ne) *m(f)*

Chance ['ʃãːs(ə)] <-, -n> *f* ❶ chance *f* ❷ (*Torchance*) occasion *f*

Chancengleichheit *f kein Pl* égalité *f* des chances **chancenlos** *adj* malchanceux (-euse); ~ **sein** n'avoir aucune chance

Chaos ['kaːɔs] <-> *nt* chaos *m*

chaotisch **I.** *adj* (*Person*) bordélique (*fam*); (*Durcheinander*) chaotique (*fam*) **II.** *adv* **bei den Nachbarn geht es ~ zu** c'est le bordel chez les voisins (*fam*)

Charakter [ka'raktɐ] <-s, -tere> *m* ❶ (*Wesen*) caractère *m* ❷ (*Mensch*) personnalité *f* ❸ *Pl* (*Gestalt*) caractère *m*

charakterisieren* *vt* ❶ (*schildern*) décrire ❷ (*kennzeichnen*) caractériser

Charakteristik <-, -en> *f* ❶ (*Schilderung*) portrait *m* ❷ TECH caractéristique *f*

charakteristisch *adj* caractéristique

charakterlos *adj* sans caractère; (*Verhalten*) méprisable

charmant [ʃar'mant] *adj* charmant(e)

Charme [ʃarm] <-s> *m* charme *m*

Charmeur [ʃar'møːɐ̯] <-s, -e> *m* charmeur *m*

Charta ['karta] <-, -s> *f* charte *f*

Charterflug ['tʃartɐfluːk] *m* [vol *m*] charter *m* **Chartermaschine** *f* [avion *m*] charter *m*

chartern *vt* affréter

Charts [tʃaːts] *Pl* hit-parade *m*

Chassis [ʃa'siː, 'ʃasiː] <-, -> *nt* châssis *m*

chatten ['tʃætən] *vi fam* INFORM chatter

Chauffeur(in) [ʃɔ'føːɐ̯] <-s, -e> *m(f)* chauffeur *m*

Chauvi ['ʃoːvi] <-s, -s> *m fam* macho *m*

Chauvinismus <-> *m pej* ❶ POL chauvinisme *m* ❷ (*männlicher* ~) machisme *m*

Chauvinist <-en, -en> *m pej* ❶ POL chauvin(e) *m(f)* ❷ (*Sexist*) machiste *m*

chauvinistisch [ʃovi'nɪstɪʃ] *adj pej* (*sexistisch*) machiste

checken ['tʃɛkən] *vt* ❶ vérifier ❷ *fam* (*begreifen*) piger ❸ (*Mitspieler*) contrer

Check-in ['tʃɛk'in] <-s, -s> *m* enregistrement *m*

Checkliste *f* ❶ liste *f* ❷ (*Passagierliste*) liste *f* des passagers ❸ AVIAT liste *f* de vérification

Chef ['ʃɛf] <-s, -s> *m* patron *m*

Chefarzt *m*, **-ärztin** *f* médecin-chef *mf*

Chefin <-, -nen> *f* patronne *f*

Chefredakteur(in) ['ʃɛfredaktøːɐ] *m(f)* rédacteur(-trice) *m(f)* en chef **Chefsekretär(in)** *m(f)* secrétaire *mf* de direction

Chemie [çe'miː] <-> *f* chimie *f*

Chemiefaser *f* fibre *f* synthétique

Chemikalie [çemi'kaːli̯ə] <-, -n> *f meist Pl* produit *m* chimique

Chemiker(in) ['çeːmikɐ] <-s, -> *m(f)* chimiste *mf*

chemisch ['çeːmɪʃ] **I.** *adj* chimique; (*Labor*) de chimie **II.** *adv* ~ **behandelt sein** avoir subi un traitement chimique

Chemotherapie *f* chimiothérapie *f*

Chicorée [ʃiko're:] <-> *f*, <-s> *m* endive *f*

Chiffre ['ʃɪfrə] <-, -n> *f* ❶ (*einer Annonce*) numéro *m* [d'identification] ❷ (*Zeichen*) code *m* secret

Chile ['tʃiːle] <-s> *nt* le Chili

Chili ['tʃiːli] <-s> *m* ❶ (*Schote*) piment *m* fort ❷ (*Soße*) chili *m*

China ['çiːna] <-s> *nt* la Chine

Chinese [çi'neːzə] <-n, -n> *m*, **Chinesin** *f* Chinois(e) *m(f)*

chinesisch [çi'neːzɪʃ] **I.** *adj* chinois(e) **II.** *adv* ~ **miteinander sprechen** discuter en chinois

Chinesisch <-[s]> *nt kein art* chinois *m*; *s. a.* **Deutsch**

Chinin [çi'niːn] <-s> *nt* quinine *f*

Chip [tʃɪp] <-s, -s> *m* ❶ INFORM puce *f* ❷ *meist Pl* (*Kartoffelchip*) chips *f* ❸ (*runde Spielmarke*) jeton *m*; (*rechteckige Spielmarke*) plaque *f*

Chirurg(in) [çi'rʊrk] <-en, -en> *m(f)* chirurgien(ne) *m(f)*

Chirurgie <-, -n> *f* chirurgie *f*

chirurgisch [çi'rʊrgɪʃ] *adj* chirurgical(e)

Chlor [kloːɐ] <-s> *nt* chlore *m*

chlorig ['kloːrɪç] *adj* chloré(e)

Chloroform [kloɐo-] <-s> *nt* chloroforme *m*

Chlorophyll <-s> *nt* chlorophylle *f*

Choke [tʃoːk] <-s, -s> *m* starter *m*

Cholera ['koːlera] <-> *f* choléra *m*

cholerisch [ko'leːrɪʃ] *adj* colérique

Cholesterin [çolɛste'riːn] <-s> *nt* cholestérol *m*

Chor [koːɐ̯, *Pl:* 'køːrə] <-[e]s, Chöre> *m* chorale *f*; (*in der Kirche*) chœur *m*; (*Opernchor*) chœurs *mpl*

Choral [ko'raːl, *Pl:* ko'rɛːlə] <-s, Choräle> *m*

choral *m*
Choreograf[RR](in) [koreo'gra:f] <-en, -en> *m(f)* chorégraphe *mf*
Choreografie[RR], **Choreographie** [koreogra'fi:, -'fi:ən] <-, -n> *f* chorégraphie *f*
Chr. J.C. *Abk von* **Christus, Christi**
Christ(in) ['krɪst] <-en, -en> *m(f)* chrétien(ne) *m(f)*
Christdemokrat(in) *m(f)* chrétien(ne)-démocrate *m(f)*
Christentum ['krɪstntu:m] <-[e]s> *nt* christianisme *m*
Christi *gen von* **Christus**
Christin *s.* **Christ**
Christkind *nt* enfant *m* Jésus
christlich **I.** *adj* chrétien(ne) **II.** *adv* dans la foi chrétienne
Christmette ['krɪst-] *f* messe *f* de minuit
Christus ['krɪstʊs] <Christi> *m* REL le Christ; KUNST christ *m*
Chrom [kro:m] <-s> *nt* CHEM chrome *m*
Chromosom [kromo'zo:m] <-s, -en> *nt* chromosome *m*
Chronik ['kro:nɪk] <-, -en> *f* chronique *f*
chronisch ['kro:nɪʃ] *adj, adv* chronique
Chronist(in) [kro'nɪst] <-en, -en> *m(f)* chroniqueur(-euse) *m(f)*
Chronologie [kronolo'gi:] <-, -n> *f* chronologie *f*
chronologisch [krono'lo:gɪʃ] *adj, adv* chronologique
Chrysantheme [kryzan'te:mə] <-, -n> *f* chrysanthème *m*
circa ['tsɪrka] *adv* environ
City ['sɪti] <-, -s> *f* centre-ville *m*
clean [kli:n] *adj fam* ~ **sein** (*Person*) être clean
Clementine [klemɛn'ti:nə] *f* clémentine *f*
clever ['klɛvɐ] *adj fam* futé(e)
Clinch [klɪntʃ] <-[e]s> *m* ❶ SPORT corps à corps *m* ❷ *fam* (*Auseinandersetzung*) partie *f* de bras de fer
Clip <-s, -s> *m* ❶ (*Videoclip*) clip *m* [vidéo] ❷ (*Ohrclip*) clip *m*
Clique ['klɪkə] <-, -n> *f* ❶ (*Freundeskreis*) bande *f* ❷ *pej* clique *f*
Clou [klu:] <-s, -s> *m* (*Glanzpunkt*) clou *m*
Clown(in) [klaʊn] <-s, -s> *m(f)* clown *m*
Club [klʊp] <-s, -s> *m* club *m*
cm *Abk von* **Zentimeter** cm
Co. *Abk von* **Kompagnon, Kompanie** Co
Coach [koʊtʃ] <-[s], -s> *m* entraîneur *m*
Cockpit ['kɔkpɪt] <-s, -s> *nt* cockpit *m*
Cocktail ['kɔkteɪl] <-s, -s> *m* cocktail *m*
Code [ko:t] *m* code *m*
Cognac® ['kɔnjak] <-s, -s> *m* cognac *m*
Comeback, **Come-back[RR]** [kam'bɛk] <-[s], -s> *nt* come-back *m*
Comicheft ['kɔmɪk'hɛft] *nt* bande *f* dessinée
Compactdisc[RR], **Compact Disc** [kɔm'pakt'disk] <- -, - -s> *f* disque *m* compact; *s. a.* **CD**
Compiler [kɔm'pailɐ] <-s, -> *m* compilateur *m*
Computer [kɔm'pju:tɐ] <-s, -> *m* ordinateur *m*
Computerarbeitsplatz *m* poste *m* de travail informatisé **Computerfreak** [kɔm'pju:tɐfri:k] *m fam* mordu(e) *m(f)* d'ordinateur **computergestützt** *adj, adv* assisté(e) par ordinateur **Computergrafik[RR]** *f* graphique *m* sur ordinateur
computerisieren* [kɔmpjutəri'zi:rən] *vt* informatiser
computerlesbar *adj* lisible informatiquement **Computerspiel** *nt* ❶ jeu *m* vidéo ❷ *meist Pl* (*Spielesoftware*) ludiciel *m* **Computertomographie** *f* scanographie *f*
Container [kɔn'te:nɐ] <-s, -> *m* ❶ conteneur *m* ❷ (*Müllcontainer*) benne *f* [à ordures]
Controlling [kɔn'tro:lɪŋ] <-s> *nt* contrôle *m* de gestion
cool [ku:l] *adj fam* cool
Copilot(in) ['ko:pilo:t] *m(f)* copilote *mf*
Copyright ['kɔpirait] <-s, -s> *nt* copyright *m*
Cord [kɔrt] <-s> *m* velours *m* [côtelé]
Cornflakes[RR] ['kɔ:nfleɪks] *Pl* corn-flakes *mpl*
Cortison [kɔrti'zo:n] <-s, -e> *nt* MED cortisone *f*
Couch [kautʃ] <-, -es> *f o* CH *m* canapé *m*
Count-down[RR] ['kaunt'daun] <-s, -s> *m o nt* compte *m* à rebours
Coup [ku:] <-s, -s> *m* coup *m*
Coupon [ku'põ:] <-s, -s> *m* ❶ (*Antwortschein*) coupon-réponse *m* ❷ FIN coupon *m* [d'action]
Cousin [ku'zɛ̃:] <-s, -s> *m* cousin *m*
Cousine [ku'zi:nə] <-, -n> *f* cousine *f*
Cowboy ['kaubɔy] <-s, -s> *m* cow-boy *m*
Creme [kre:m] <-, -s> *f* crème *f*
cremig ['kre:mɪç] **I.** *adj* crémeux(-euse) **II.** *adv* (*rühren*) jusqu'à consistance crémeuse

Crew [kruː] <-, -s> *f* ❶ équipage *m* ❷ (*Arbeitsgruppe*) équipe *f*
Croissant [kroa'sõː] <-[s], -s> *nt* croissant *m*
Croupier [kru'pi̯eː] <-s, -s> *m* croupier *m*
CSU [tseːʔɛs'ʔuː] <-> *f Abk von* **Christlich-Soziale Union** *aile bavaroise du parti chrétien-démocrate*
Curry ['kœri] <-s, -s> *m o nt* curry *m*
Currywurst *f: saucisse grillée au curry*
Cursor ['kœːzɐ] <-s, -> *m* curseur *m*
Cutter(in) ['katɐ] <-s, -> *m(f)* monteur (-euse) *m(f)*
C-Waffe ['tseː'vafə] *f* arme *f* chimique
Cyberspace ['sa͜ibɐspɛɪs] *m* cyberespace *m*

D d

D, d [deː] <-, -> *nt* ❶ D *m*/d *m* ❷ MUS ré *m*
da [daː] **I.** *adv* ❶ (*dort*) là; ~ **ist ein Bach** voilà un ruisseau; ~ **drüben** là-bas; **dieses Haus** ~ cette maison-là ❷ (*hier*) ~**!** tiens/tenez!; ~ **hast du dein Buch!** voilà ton livre!; **wo ist denn nur meine Brille? — Da!** où sont passées mes lunettes? — Les voilà! ❸ *fam* (*anwesend*) ~ **sein** être là ❹ (*gekommen*) **war der Postbote schon ~?** le facteur est passé? ❺ (*verfügbar*) **für jdn ~ sein** être là pour qn ❻ *fam* (*geistig anwesend*) **nur halb ~ sein** avoir la tête ailleurs ❼ (*in diesem Augenblick*) [juste] à ce moment ❽ (*daraufhin*) alors ❾ *fam* (*in diesem Fall*) **was gibt's denn ~ zu lachen?** il n'y a pas de quoi rire!; **und ~ wunderst du dich noch?** et ça t'étonne? ▸~ **und dort** ici et là **II.** *konj* ❶ (*weil*) comme ❷ *geh* (*als, wenn*) où
dabei [da'ba͜i] *adv* ❶ (*daneben*) avec; (*in der Nähe*) à côté ❷ (*währenddessen*) en même temps; (*bei dieser Gelegenheit*) à cette occasion ❸ (*im Begriff*) [**gerade**] ~ **sein etw zu tun** être en train de faire qc ❹ (*in diesem Zusammenhang*) **ein wenig Angst war schon** [**mit**] ~ ce n'était pas sans une certaine crainte; **ich habe ~ nicht viel gelernt** je n'y ai pas appris grand-chose; **es kommt nichts ~ heraus** il n'en sortira rien ❺ (*bei einer Unternehmung*) ~ **sein** participer; **ich war ~** j'y étais; **ich bin** [**mit**] ~ je suis partant(e) ❻ (*obgleich*) et pourtant ❼ (*wie es vereinbart ist*) **wir sollten es ~ belassen** nous devrions en rester là; **es bleibt ~, dass ihr morgen alle mitkommt** c'est toujours d'accord, vous venez tous demain; **..., und ~ bleibt es!** ..., un point, c'est tout! ▸**nichts ~ finden** ne pas voir ce qu'il y a de mal; **was ist schon ~?** qu'est-ce que ça peut faire?
dabei|bleiben *vi irr + sein* rester
dabei|haben *vt irr* **jdn ~** avoir qn avec soi; **etw ~** avoir qc sur soi
dabei|sein[ALT] *s.* **dabei 3., 4., 5.,** ▸
da|bleiben *vi irr + sein* rester
Dach [dax, *Pl:* 'dɛçɐ] <-[e]s, Dächer> *nt* toit *m* ▸**kein ~ über dem Kopf haben** *fam* être sans abri **Dachboden** *m* grenier *m* **Dachdecker(in)** <-s, -> *m(f)* couvreur *m* **Dachfenster** *nt* fenêtre *f* mansardée **Dachgepäckträger** *m* galerie *f* **Dachgeschoss**[RR] *nt* étage *m* mansardé **Dachkammer** *f* mansarde *f* **Dachrinne** *f* gouttière *f*
Dachs [daks] <-es, -e> *m* blaireau *m*
dachte ['daxtə] *Imp von* **denken**
Dackel ['dakəl] <-s, -> *m* teckel *m*
dadurch [da'dʊrç] *adv* ❶ (*da hindurch*) par-là ❷ (*aus diesem Grund*) de ce fait; (*auf diese Weise*) de cette façon; ~**, dass ...** du fait que ...
dafür [da'fyːɐ̯] *adv* ❶ (*für das*) pour cela; **was wohl der Grund ~ sein mag?** quelle peut bien en être la raison? ❷ (*deswegen*) pour ça; **ich bezahle Sie nicht ~, dass** je ne vous paie pas pour que + *subj* ❸ (*als Gegenleistung*) en échange ❹ (*andererseits*) en revanche ❺ (*im Hinblick darauf*) ~**, dass du angeblich nichts weißt** pour quelqu'un qui prétend ne rien savoir ❻ (*für das*) **ich kann nichts ~, dass ...** je n'y peux rien, moi, si ... ❼ (*befürwortend*) ~ **sein** être pour; **ich bin ~, dass** je suis d'avis que + *subj*
dafür|können[ALT] *s.* **dafür 6.**
dagegen [da'geːgən] **I.** *adv* ❶ (*örtlich*) là contre ❷ (*gegen das, gegen dieses*) contre cela; ~ **sein, dass** être contre le fait que + *subj;* **haben Sie etwas ~, wenn ich rauche?** ça vous dérange si je fume?; **sollen**

wir ausgehen? — Ich hätte nichts ~! on sort? — Je veux bien!; **ich kann nichts ~ machen** je n'y peux rien ❸ (*im Vergleich dazu*) en comparaison **II.** *konj* en revanche

dagegen|halten *vt irr* ❶ (*einwenden*) **etwas ~** [y] opposer quelque chose; **~, dass ...** [y] objecter que ... ❷ (*vergleichend hinhalten*) **etw ~** mettre qc à côté

daheim [da'haim] *adv* A, CH ❶ (*in Bezug auf die Wohnung*) chez moi/soi/... ❷ (*in Bezug auf den Wohnort*) **wie jetzt wohl das Wetter ~ sein mag?** quel temps peut-il bien faire chez nous? ❸ (*in Bezug auf die Heimat*) **von ~ fortgehen** quitter son pays natal; **in Augsburg ~ sein** être d'Augsbourg

daher [da'heːɐ̯] *adv* ❶ (*von dort*) de là; **ich komme gerade ~** j'en viens ❷ (*aus diesem Grund*) c'est pourquoi; **... ~ war sie verärgert** ... de là son énervement

daher|reden **I.** *vi* parler sans réfléchir **II.** *vt* **etw ~** dire qc sans réfléchir

dahin [da'hɪn] **I.** *adv* ❶ (*an diesen Ort*) y; **ich will nicht ~** je ne veux pas y aller ❷ (*in dem Sinne*) **~ gehend** en ce sens; **sie haben sich ~ gehend geeinigt, dass** ils se sont mis d'accord pour que + *subj;* **all unsere Bestrebungen gehen ~, dass** tous nos efforts tendent à ce que + *subj* ▶**es kommt noch ~, dass** on va en arriver à ce que + *subj* **bis ~** (*solange*) d'ici là; (*inzwischen*) entre-temps **II.** *adj* **~ sein** être irréparable; **all meine Hoffnungen sind ~** tous mes espoirs se sont évanouis

dahin|gehen *vi irr + sein geh* ❶ passer ❷ *euph* (*sterben*) disparaître

dahingestellt *adj* ▶**das bleibt ~** la question reste posée

dahinten [da'hɪntən] *adv* là-bas

dahinter [da'hɪntɐ] *adv* ❶ (*räumlich*) [là] derrière ❷ (*zeitlich*) après ❸ *fig fam* **~ kommen, warum ...** arriver à comprendre pourquoi ...; **da steckt dein Bruder ~** derrière tout ça, il y a ton frère; **da steckt [doch] was ~!** ça cache quelque chose!; (*das sind leere Versprechungen*) c'est du vent!; **voll ~ stehen** apporter pleinement son soutien

dahinter|kommenALT (*entdecken*) *s.* **dahinter 3.** **dahinter|stecken**ALT *s.* **dahinter 3.**

Dahlie ['daːliə] <-, -n> *f* dahlia *m*

da|lassen *vt irr* ❶ **jdn ~** laisser qn; **etw ~** laisser qc là ❷ (*überlassen*) **jdm etw ~** laisser qc à qn

da|liegen *vi irr* (*liegen: Person*) être étendu là; (*Gegenstand*) être là; **bewegungslos ~** gésir inanimé

damalig ['daːmaːlɪç] *adj attr* d'alors

damals ['daːmaːls] *adv* à l'époque; **seit ~** depuis lors; **von ~** de l'époque

Dame ['daːmə] <-, -n> *f* ❶ (*Frau*) dame *f;* **die ~ des Hauses** la maîtresse de maison; **meine sehr verehrten ~n und Herren!** *form* Mesdames et Messieurs! ❷ *Pl* SPORT dames *fpl* ❸ *kein Pl* (*Spiel*) jeu *m* de dames ❹ (*Schach, Karten*) dame *f*

Damebrett *nt* damier *m*

Damenbinde *f* serviette *f* périodique **Damenwahl** *f* quart *m* d'heure américain

Damhirsch ['damhɪrʃ] *m* daim *m*

damisch ['daːmɪʃ] *fam* **I.** *adj* A ❶ (*dämlich*) idiot(e) ❷ (*schwindlig*) **jdn ~ machen** donner le tournis à qn **II.** *adv* A (*sehr*) drôlement

damit [da'mɪt] **I.** *adv* ❶ (*mit diesem Gegenstand*) avec; **was soll ich ~?** que veux-tu/voulez-vous que j'en fasse? ❷ (*mit dieser Angelegenheit*) **nichts ~ zu tun haben** n'avoir rien à voir là-dedans; **~ fing alles an** c'est ainsi que tout a commencé; **~ ist noch bis Oktober Zeit** ça peut attendre octobre; **musst du denn immer wieder ~ anfangen?** est-il vraiment nécessaire de revenir sans arrêt là-dessus? ❸ (*mit diesem Verhalten*) **~ hatte ich nicht gerechnet** je ne m'y attendais pas; **was willst du ~ sagen?** qu'entends-tu par là?; **sind Sie ~ einverstanden?** vous êtes d'accord? ❹ (*in Befehlen*) **weg ~!** enlève-moi ça!; **Schluss ~!** ça suffit! ❺ (*somit*) ainsi **II.** *konj* pour que + *subj;* **halt dich fest, ~ du nicht fällst!** tiens-toi bien pour ne pas tomber!

dämlich ['dɛːmlɪç] *pej fam* **I.** *adj* ❶ stupide; **dieser ~e Kerl** cet imbécile ❷ (*ungeschickt*) **zu ~!** c'est trop bête! **II.** *adv* **sich ~ anstellen** s'y prendre comme un manche (*fam*)

Damm [dam, *Pl:* 'dɛmə] <-[e]s, Dämme> *m* ❶ (*Staudamm*) barrage *m;* (*Deich*) digue *f* ❷ (*Schutzwall*) digue *f*

dämmen *vt* (*Schall*) amortir; (*Rohr, Wand*) isoler

dämmerig ['dɛmərɪç] *adj* ❶ **es ist ~** il commence à faire nuit ❷ (*Licht*) faible *antéposé*

Dämmerlicht *nt* ❶ (*Halbdunkel*) pénombre *f* ❷ (*nach Sonnenuntergang*) crépuscule *m*

dämmern ['dɛmɐn] **I.** *vi* ❶ *geh* (*Tag*) se lever; (*Abend*) tomber ❷ *fam* (*klar werden*) **so langsam dämmert es mir, was er meinte** je commence à piger ce qu'il a voulu dire **II.** *vi unpers* **es dämmert** (*morgens*) il commence à faire jour; (*abends*) la nuit tombe

Dämmerung ['dɛmərʊŋ] <-, -en> *f* ❶ (*Abenddämmerung*) crépuscule *m* ❷ (*Morgendämmerung*) aube *f*

Dämon ['dɛːmɔn] <-s, Dämonen> *m* démon *m*

dämonisch [dɛ'moːnɪʃ] *adj* démoniaque

Dampf [dampf] <-[e]s, Dämpfe> *m* ❶ (*Wasserdampf*) vapeur *f* ❷ *Pl* CHEM émanation *f*

Dampfbügeleisen *nt* fer *m* [à] vapeur

dampfen ['dampfən] *vi* + *haben* (*Schüssel*) fumer; (*Badezimmer*) être plein de vapeur

dämpfen ['dɛmpfən] *vt* ❶ (*Geräusch*) étouffer; (*Stimme*) baisser; **gedämpft** (*Licht*) tamisé(e) ❷ (*Stoß*) amortir ❸ (*Begeisterung*) tempérer ❹ (*mit Dampf glätten*) repasser à la vapeur ❺ GASTR **etw** ~ cuire qc à l'étuvée

Dampfer ['dampfɐ] <-s, -> *m* bateau *m* à vapeur

Dampfmaschine *f* machine à vapeur *f*

Dämpfung <-, -en> *f* (*der Inflation*) ralentissement *m*

Dampfwalze *f* rouleau *m* compresseur

danach [da'naːx] *adv* ❶ (*zeitlich, örtlich*) après ❷ (*zielgerichtet*) **das Kind sah den Ball und wollte ~ greifen** l'enfant a aperçu le ballon et a voulu l'attraper ❸ (*demnach*) **es liegen Zeugenaussagen vor; ~ war er in der fraglichen Zeit dort** il y a des témoignages, selon lesquels il était à cet endroit pendant le laps de temps en question ❹ (*hiernach*) **ich sehne mich so ~** j'en aurais tellement envie; **bitte richten Sie sich ~!** veuillez vous y conformer! ❺ *fam* (*zumute*) **ein Spaziergang? Irgendwie ist mir ~!** une promenade? J'en ai bien envie!; *s. a.* **nach**

Däne ['dɛːnə] <-n, -n> *m*, **Dänin** *f* Danois(e) *m(f)*

daneben [da'neːbən] *adv* ❶ (*legen, stellen*) à côté; **rechts ~** à sa/leur/... droite; **links ~** à sa/leur/... gauche ❷ (*verglichen damit*) à côté ❸ (*außerdem*) et en plus

daneben|benehmen* *vr irr fam* **sich ~** se comporter mal

daneben|gehen *vi irr* + *sein* ❶ (*Schuss*) manquer son but ❷ *fig fam* foirer

Dänemark ['dɛːnəmark] <-s> *nt* le Danemark

dänisch **I.** *adj* danois(e) **II.** *adv* **~ miteinander sprechen** discuter en danois

Dänisch <-[s]> *nt kein art* danois *m*; *s. a.* **Deutsch**

dank [daŋk] *präp* + *gen o dat* grâce à

Dank <-[e]s> *m* ❶ remerciement *m*; **vielen ~** merci beaucoup ❷ *iron* (*Undank*) **das ist der ~ dafür** voilà le remerciement ❸ (*~barkeit*) gratitude *f*

dankbar **I.** *adj* ❶ reconnaissant(e) ❷ (*Aufgabe*) gratifiant(e) ❸ (*Zuhörer*) facile **II.** *adv* avec gratitude; **jdn ~ anlächeln** adresser un sourire reconnaissant à qn

Dankbarkeit <-> *f* gratitude *f*

danke *adv* merci; **~ schön** merci bien; **jdm für etw ~ sagen** dire merci à qn pour qc

danken **I.** *vi* **jdm für seine Hilfe/sein Geschenk ~** remercier qn de son aide/pour son cadeau; **nichts zu ~!** de rien! **II.** *vt* **jdm etw ~** dire merci à qn pour qc

dann [dan] *adv* ❶ (*danach*) ensuite; **noch drei Tage, ~ habe ich Geburtstag** encore trois jours et c'est mon anniversaire ❷ (*irgendwann später*) un peu plus tard ❸ (*zu dem Zeitpunkt*) **~, wenn** au moment où ❹ (*unter diesen Umständen*) alors; **ich fahre nur ~, wenn du mitkommst** je ne partirai qu'à condition que tu m'accompagnes ❺ (*sonst*) **wenn nicht du, wer ~?** si ce n'est pas toi, qui est-ce? ❻ (*außerdem*) **erst zu spät kommen und ~ auch noch stören** non seulement il arrive en retard, mais en plus il dérange tout le monde ►**~ und wann** de temps en temps

daran *adv* ❶ (*örtlich: befestigen*) y; (*vorbeigehen*) à côté ❷ (*zeitlich*) ensuite ❸ (*an dieser Sache*) **erinnerst du dich noch ~?** tu t'en souviens?; **~ denken** y penser; **bist du ~ interessiert?** ça t'intéresse?; *s. a.* **an**

daran|machen *vr fam* **sich ~** s'y mettre; **sich ~ etw zu tun** se mettre à faire qc

daran|setzen **I.** *vt* **alles ~ etw zu tun** mettre tout en œuvre pour faire qc **II.** *vr* **sich ~** s'y mettre

darauf *adv* ❶ (*örtlich*) dessus ❷ (*danach*) puis; **bald ~** peu après; **~ folgend** suivant(e); **am ~ folgenden Tag** le lendemain; **einen Monat ~** un mois après ❸ (*auf einen Bezugspunkt zurückführend*) **~ basieren** se fonder là dessus; **sich ~ beziehen** s'y référer; **sich ~ stützen, dass ...** s'appuyer sur le fait que ... ❹ (*als Reaktion*) là-dessus ❺ (*auf eine Sache*) y; **sich ~ vorbereiten** s'y préparer; **sich ~ verlassen** compter dessus; *s. a.* **auf**

darauffolgendALT *s.* **darauf 2.**

daraufhin [daːrauf'hɪn] *adv* ❶ (*infolgedessen*) dans la suite ❷ (*im Hinblick darauf*) **etw ~ untersuchen, ob ...** inspecter qc pour voir si ...

daraus *adv* ❶ (*aus diesem Material*) en ❷ (*aus diesem Gefäß*) **~ kann man essen** on peut manger dedans ❸ (*aus dieser Sache*) **~ ergibt sich ...** il en résulte ...

dar|bieten ['daːɐ̯biːtən] *irr* **I.** *vt geh* ❶ (*Schauspiel*) présenter; (*Gedicht*) dire ❷ (*Speisen*) offrir; (*Hand*) tendre **II.** *vr* **sich jdm ~** (*Anblick, Gelegenheit*) se présenter à qn

Darbietung <-, -en> *f* représentation *f*

darin *adv* ❶ (*in dem/der*) à l'intérieur ❷ (*in dieser Hinsicht*) **sie stimmen ~ überein, dass ...** ils/elles sont d'accord sur le fait que ...

dar|legen ['daːɐ̯leːgən] *vt* exposer

Darlegung <-, -en> *f* exposé *m*

Darlehen ['daːɐ̯leːən] <-s, -> *nt* **ein ~ gewähren** consentir un prêt; **ein ~ von ... aufnehmen** faire un emprunt de ...

Darm [darm, *Pl:* 'dɛrmə] <-[e]s, Därme> *m* ANAT intestin *m*

Darmgrippe *f* grippe *f* intestinale **Darminfektion** *f* entérite *f*

dar|stellen ['daːɐ̯ʃtɛlən] **I.** *vt* ❶ représenter ❷ (*verkörpern*) interpréter ❸ (*Fortschritt*) constituer **II.** *vr* ❶ **sich als schwierig ~** s'avérer difficile ❷ (*sich ausgeben als*) **er stellt sich immer als großzügig dar** il raconte toujours qu'il est généreux

Darsteller(in) <-s, -> *m(f)* interprète *mf*

Darstellung <-> *f kein Pl* ❶ représentation *f* ❷ (*einer Rolle*) interprétation *f*

darüber *adv* ❶ (*legen, gehen*) dessus; (*liegen*) par-dessus ❷ (*höher, weiter oben*) au-dessus; **~ liegen** se situer au-dessus; **er lag mit seinem Angebot noch ~** il proposait davantage ❸ (*über ... hinweg*) par-dessus ❹ (*mehr*) **die Teilnehmer waren 50 Jahre alt und ~** les participants avaient 50 ans et plus ❺ (*währenddessen*) pendant ce temps; **sie hatte gelesen und war ~ eingeschlafen** elle s'était endormie en lisant ❻ (*über diese/dieser Angelegenheit*) à ce sujet; **~ reden** en parler; **~ nachdenken** y réfléchir; **~ stehen** être au-dessus de ça ▶**~ hinweg sein** (*über den Ärger*) avoir dépassé ce stade; (*über einen Verlust*) en avoir fait son deuil; **~ hinaus** au delà; *s. a.* **über**

darum *adv* ❶ (*deshalb*) c'est pourquoi; **warum? — ~!** pourquoi? — Parce que! ❷ (*örtlich*) **~ [herum]** tout autour; *s. a.* **um** ❸ (*um diese Angelegenheit*) **jdn ~ bitten etw zu tun** demander à qn de faire qc

darunter *adv* ❶ (*unter diesem/diesen Gegenstand*) en dessous; **~ hervorsehen** (*Person*) apparaître; (*Gegenstand*) dépasser; **seine Unterschrift ~ setzen** y apposer sa signature ❷ (*unter dieser Etage*) en dessous ❸ (*unter dieser/diese Grenze*) **~ liegen** (*Werte*) être inférieur ❹ (*mitten unter diesen*) parmi eux/elles; **einige Länder der EU, ~ Dänemark, Frankreich, ...** quelques pays de l'Union européenne, dont le Danemark, la France, ... ❺ (*unter dieser Angelegenheit*) **~ leiden** en souffrir; **was verstehst du denn ~?** qu'est-ce que tu entends par là? ❻ (*dazwischen*) **etw ~ mischen** y mélanger qc ▶**~ fallen** (*zu einer Kategorie gehören*) en faire partie; (*davon betroffen sein*) être concerné; *s. a.* **unter**

das[1] [das] *art def, Neutrum, nom und akk Sing* le/la; **~ kleine Mädchen** la petite fille; **~ Arbeiten** le travail; **~ Schöne** le beau

das[2] **I.** *pron dem, Neutrum, nom und akk Sing* **~ Kind da** cet enfant-là; **was ist denn ~ da?** qu'est-ce que c'est que ça? **II.** *pron rel, Neutrum, nom Sing* qui **III.** *pron rel, Neutrum, akk Sing* que

da|seinALT *s.* **da I.3, I.4., I.5., I.6.**

Dasein <-s> *nt* ❶ *a.* PHILOS existence *f* ❷ (*Anwesenheit*) présence *f*

da|sitzen *vi irr* être là; **untätig ~** rester assis sans rien faire

dasjenige *pron dem* **~ Baby, das ...** ce bébé qui ...

dassRR, **daß**ALT [das] *konj* ❶ que + *indic o subj;* **schade, ~ du schon gehen musst** dommage que tu sois obligé(e) de partir; **ich bin dagegen, ~** je ne suis pas d'accord que + *subj* ❷ (*zur Angabe der Folge*) que; **er hupte so laut, ~ alle wach wurden** il a klaxonné si fort que tous se sont réveillés ❸ (*als Einleitung einer Aufforderung*) **und ~ du pünktlich zurückkommst!** et tâche de rentrer à l'heure!

dasselbe *pron dem, nom und akk Sing* le/la même

da|stehen *vi irr* ❶ être là; **ratlos ~** rester là perplexe ❷ (*erscheinen*) **allein ~** se retrouver seul(e); **als Lügner ~** faire figure de menteur

Datei [da'tai] <-, -n> *f* fichier *m*

Dateiname *m* nom *m* de fichier

Daten[1] ['da:tən] *Pl von* **Datum**

Daten[2] *Pl* ❶ (*Angaben*) données *fpl* ❷ TECH informations *fpl*

Datenaustausch *m* échange *m* de données **Datenautobahn** *f* autoroute *f* de l'information **Datenbank** <-banken> *f* banque *f* de données **Datenbestand** *m* stock *m* de données **Datenerfassung** *f* saisie *f* de données **Datenfernübertragung** *f* télétransmission *f* **Datenfernverarbeitung** *f* télétraitement *m* **Datenmissbrauch[RR]** *m* utilisation *f* abusive de données **Datenschutz** *m* protection *f* des données **Datenschützer(in)** <-s, -> *m(f)* *fam* contrôleur(-euse) *m(f)* de l'utilisation des données informatiques **Datensicherung** *f* sauvegarde *f* des données **Datenträger** *m* support *m* de données **Datentypist(in)** ['da:təntypɪst] <-en, -en> *m(f)* opérateur(-trice) *m(f)* de saisie **Datenverarbeitung** *f* traitement *m* des données

datieren* [da'ti:rən] **I.** *vt* dater; **etw auf den 5. Mai ~** dater qc du 5 mai **II.** *vi* ❶ (*stammen*) **aus der Steinzeit ~** dater de l'âge de pierre ❷ (*mit Datum versehen sein*) **vom 30. April ~** être daté du 30 avril ❸ (*bestehen*) **seit letzten Sommer ~** (*Freundschaft*) dater de l'été dernier

Dativ ['da:ti:f] <-s, -e> *m* datif *m*

Dativobjekt *nt* complément *m* au datif

Dattel ['datəl] <-, -n> *f* datte *f*

Datum ['da:tʊm] <-s, Daten> *nt* date *f*; **was für ein ~ haben wir heute?** quel jour sommes-nous aujourd'hui?

Dauer ['daʊɐ] <-> *f* durée *f* ▶**von ~ sein** durer; **auf die ~** à la longue; **auf ~** pour une durée illimitée

Dauerauftrag *m* FIN virement *m* permanent; **per ~** par virement permanent

dauerhaft *adj* ❶ (*Material*) résistant(e) ❷ (*Bündnis*) durable; (*Einrichtung*) permanent(e)

Dauerkarte *f* carte *f* d'abonnement **Dauerlauf** *m* jogging *m*

dauern ['daʊɐn] *vi* ❶ (*an~*) durer ❷ (*Zeit benötigen*) **es dauerte lange, bis er den Weg gefunden hatte** il a mis longtemps à trouver le chemin

dauernd **I.** *adj* (*Ausstellung*) permanent(e); (*Wohnsitz*) fixe; (*Ärger*) continuel(le) **II.** *adv* ❶ (*für immer*) définitivement ❷ (*immer wieder*) sans arrêt

Dauerwelle *f* permanente *f* **Dauerzustand** *m* **ein ~ werden** devenir la règle

Daumen ['daʊmən] <-s, -> *m* pouce *m* ▶**jdm die ~n drücken** croiser les doigts pour porter chance à qn

Daune ['daʊnə] <-, -n> *f* plumule *f*; **~n** du duvet

Daunendecke *f* couette *f* en duvet

davon [da'fɔn] *adv* ❶ **nicht weit ~** un peu plus loin ❷ (*von diesem*) **~ essen** en manger; **das ist nicht alles, sondern nur ein Teil ~** ce n'est pas tout mais seulement une partie ❸ (*von dieser Sache*) **sich kaum ~ unterscheiden** ne s'en distinguer que par un petit détail ❹ (*dadurch*) **~ wird man dick** ça fait grossir; **~ stirbst du nicht!** tu n'en mourras pas! ❺ (*mittels dieser Sache*) **ich lebe doch ~!** j'en vis! ❻ (*hinsichtlich dieser Sache*) **was halten Sie ~?** qu'en pensez-vous?; **wissen Sie etwas ~?** vous êtes au courant? ▶**ich habe nichts ~!** je n'en ai que faire!; **was hast du denn ~?** qu'est-ce que tu y gagnes?; **das kommt ~!** voilà ce qui arrive!

davon|jagen **I.** *vt + haben* chasser **II.** *vi + sein* (*Person*) s'enfuir; (*Auto*) s'éloigner à toute allure **davon|kommen** *vi irr + sein* **mit einer Geldstrafe ~** s'en sortir avec une amende **davon|laufen** *vi irr + sein* ❶ se sauver; (*von zu Hause fortlaufen*) fuguer ❷ (*hinter sich lassen*) **jdm ~** distancer qn **davon|machen** *vr* **sich ~** *fam* se casser **davon|tragen** *vt irr* ❶ emporter ❷ (*Sieg*) remporter ❸ (*Schaden*) subir

davor[1] [da'fo:ɐ̯] *adv* ❶ (*räumlich*) devant ❷ (*zeitlich*) avant ❸ (*in Bezug auf eine Sache*) **jdn ~ warnen etw zu tun** avertir qn de ne pas faire qc; *s. a.* **vor**

davor[2] *adv* ❶ (*räumlich*) **dort ist das Rat-**

haus, und ~ befindet sich ... la mairie est là-bas, et juste devant se trouve ... ❷ (*zeitlich*) **ich muss zur Post gehen und ~ noch zum Bäcker** il faut que j'aille à la poste et avant chez le boulanger ❸ (*vor dieser Person, Sache*) **~ fürchtet er sich** c'est ça qu'il craint

dazu[1] [da'tsuː] *adv* ❶ (*gleichzeitig*) **sie singt, und ~ spielt sie Harfe** elle chante tout en jouant de la harpe ❷ (*außerdem*) par-dessus le marché ❸ (*zu dem Gegenstand*) **dies ist die Tischdecke, und dies sind die Servietten ~** voici la nappe, et voici les serviettes qui vont avec ❹ (*zu der Konsequenz*) **das führte ~, dass ...** ça a eu pour résultat que ... ❺ (*zu der Sache*) **ich würde gern etwas ~ sagen** je voudrais dire quelques mots à ce propos; **was meinst du ~?** qu'en penses-tu?

dazu[2] *adv* ❶ (*zu dieser Sache*) **wozu gehört dieses Teil? — Dazu!** avec quoi va cette pièce? — Avec ça! ❷ (*zu dieser Konsequenz*) **wie konnte es nur ~ kommen?** comment a-t-on pu en arriver là? ❸ (*dafür*) **~ ist er zu unerfahren** pour ça, il n'a pas assez d'expérience

dazu|gehören* *vi* ❶ (*Freund*) être à sa place; (*Zubehör*) aller avec ❷ (*erforderlich sein*) **es gehört schon einiges dazu, das zu tun** il faut une certaine dose de courage pour oser faire ça

dazu|kommen *vi irr + sein* ❶ arriver en plus ❷ (*hinzugefügt werden*) venir s'ajouter; **kommt noch etwas dazu?** et avec ceci?

dazu|lernen *vt* apprendre

dazwischen [da'tsvɪʃən] *adv* ❶ (*zwischen zwei Dingen*) entre les deux; (*zwischen mehreren Dingen*) y ❷ (*in der Zwischenzeit*) entre-temps

dazwischen|kommen *vi irr + sein* ❶ (*räumlich*) **mit dem Finger ~** s'y coincer le doigt ❷ (*zeitlich*) **wenn nichts dazwischenkommt, ...** sauf imprévu, ... **dazwischen|reden** *vi* couper la parole; **jdm ~** couper la parole à qn

DB [deː'beː] <-> *f Abk von* **Deutsche Bahn** *société des chemins de fer allemands*

DDR [deːdeː'ʔɛr] <-> *f Abk von* **Deutsche Demokratische Republik** HIST **die ~** la R.D.A.; **die ehemalige ~** l'ex-R.D.A.

Deal ['diːl] <-s, -s> *m fam* deal *m*

dealen ['diːlən] *vi fam* **mit etw ~** dealer qc

Dealer(in) ['diːlɐ] <-s, -> *m(f) fam* dealeur (-euse) *m(f)*

Debatte [de'batə] <-, -n> *f* débat *m*

Debüt [de'byː] <-s, -s> *nt* débuts *mpl*

Deck [dɛk] <-[e]s, -s> *nt* (*Schiffsdeck*) pont *m*

Decke ['dɛkə] <-, -n> *f* ❶ (*Zimmerdecke*) plafond *m* ❷ (*Wolldecke*) couverture *f* ❸ (*Bettdecke*) couette *f* ▸**an die ~ gehen** *fam* exploser

Deckel ['dɛkəl] <-s, -> *m* couvercle *m*

decken ['dɛkən] **I.** *vt* ❶ couvrir; (*Tisch*) mettre ❷ SPORT marquer **II.** *vr* **sich ~** ❶ (*Aussagen*) se recouper ❷ MATH coïncider

Deckmantel *m* prétexte *m* **Deckname** *m* pseudonyme *m*

Deckung ['dɛkʊŋ] <-, -en> *f* ❶ (*Verteidigung*) défense *f* ❷ MIL abri *m* ❸ (*eines Schecks*) provision *f*; **zur ~ der Schulden** pour couvrir les dettes

Decoder [di'kɔʊdɐ] <-s, -> *m* décodeur *m*

decodieren* *vt* décoder

defekt [de'fɛkt] *adj* défectueux(-euse)

Defekt <-[e]s, -e> *m* TECH panne *f*; **einen ~ haben** avoir un problème

defensiv [defɛn'ziːf] *adj* défensif(-ive)

Defensive [defɛn'ziːvə] <-, -n> *f* MIL défensive *f*; SPORT défense *f*

definieren* [defi'niːrən] *vt* définir

Definition [defini'tsi̯oːn] <-, -en> *f* définition *f*

definitiv [defini'tiːf] **I.** *adj* précis(e) **II.** *adv* définitivement

Defizit ['deːfitsɪt] <-s, -e> *nt* FIN, COM déficit *m*

deftig ['dɛftɪç] *adj* ❶ (*Mahlzeit*) consistant(e) ❷ (*Witz*) cru(e)

Degen ['deːgən] <-s, -> *m* épée *f*

degeneriert *adj* dégénéré(e)

degradieren* [degra'diːrən] *vt* **jdn ~** dégrader qn

dehnbar ['deːnbaːɐ̯] *adj a. fig* élastique

dehnen ['deːnən] *vt* (*Gummizug*) détendre; (*Glieder*) étirer; (*Wörter*) allonger

Dehnung <-, -en> *f* (*das Ausdehnen*) tension *f*

Deich [dai̯ç] <-[e]s, -e> *m* digue *f*

Deichsel ['dai̯ksəl] <-, -n> *f* timon *m*

dein [dai̯n] *pron poss* ❶ **~ Bruder** ton frère; **~e Freundin** ta copine; **~e Eltern** tes parents; **dieses Buch ist ~[e]s** ce livre est à toi ❷ *substantivisch* **der/die/das Deine** le

D

tien/la tienne; **du hast das Deine bekommen** tu as eu ta part

deinerseits ['daɪnɐ'zaɪts] *adv* ❶ (*du wiederum*) de ton côté ❷ (*was dich betrifft*) pour ta part

deinesgleichen ['daɪnəs'glaɪçən] *pron inv* ❶ *pej* (*Menschen deines Schlags*) **du und ~** toi et tes semblables *mpl* ❷ (*Menschen wie du*) **du verkehrst nur mit ~** tu ne fréquentes que les gens de ta sorte

deinetwegen ['daɪnət'veːgən] *adv* ❶ (*wegen dir*) à cause de toi ❷ (*dir zuliebe*) pour toi ❸ (*wenn es nach dir ginge*) s'il ne tient qu'à toi

dekadent [deka'dɛnt] *adj* décadent(e)

Dekadenz [deka'dɛnts] <-> *f* décadence *f*

Dekan(in) [de'kaːn] <-s, -e> *m(f)* doyen(ne) *m(f)*

deklarieren* [dekla'riːrən] *vt* déclarer

Deklination [deklina'tsi̯oːn] <-, -en> *f* LING déclinaison *f*

deklinieren* [dekli'niːrən] *vt* LING décliner

dekodieren* *s.* **decodieren**

Dekolletee[RR] [dekɔl'teː] <-s, -s> *nt* décolleté *m*

Dekor [de'koːɐ] <-s, -s *o* -e> *m o nt* (*Muster*) motif *m*

Dekorateur(in) [dekora'tøːɐ̯] <-s, -e> *m(f)* décorateur(-trice) *m(f)*

Dekoration [dekora'tsi̯oːn] <-, -en> *f* ❶ *kein Pl* décoration *f* ❷ THEAT décors *mpl*

dekorativ [dekora'tiːf] *adj* décoratif(-ive)

dekorieren* [deko'riːrən] *vt* décorer

Dekret [de'kreːt] <-[e]s, -e> *nt* décret *m*

Delegation [delega'tsi̯oːn] <-, -en> *f* délégation *f*

delegieren* [dele'giːrən] *vt* déléguer; **etw an jdn ~** déléguer qc à qn

Delegierte(r) *f(m) dekl wie adj* délégué(e) *m(f)*

Delfin[RR] [dɛl'fiːn] *s.* **Delphin**

delikat [deli'kaːt] *adj* ❶ délicieux(-euse) ❷ (*heikel*) délicat(e) ❸ *geh* (*empfindlich*) sensible

Delikatesse [delika'tɛsə] <-, -n> *f* mets *m* de choix

Delikt [de'lɪkt] <-[e]s, -e> *nt* délit *m*

Delirium [de'liːriʊm] <-s, -rien> *nt* délire *m*

Delphin [dɛl'fiːn] <-s, -e> *m* dauphin *m*

Delta ['dɛlta] <-s, -s> *nt* delta *m*

dem[1] [deːm] **I.** *art def, maskulin, dat Sing von* **der**[1], **I.** ❶ **von ~ Nachbarn sprechen** parler du voisin; **sie folgte ~ Mann** elle suivit l'homme; **er gab ~ Großvater den Brief** il donna la lettre à son grand-père ❷ *fam* (*in Verbindung mit Eigennamen*) **ich werde es ~ Frank sagen** je le dirai à Frank **II.** *art def, Neutrum, dat Sing von* **das**[1]: **von ~ Kind sprechen** parler de l'enfant; **an ~ Fenster klopfen** frapper à la fenêtre; **die Frau auf ~ Foto** la femme sur la photo

dem[2] **I.** *pron dem, maskulin, dat Sing von* **der**[2], **I.** ce/cette **II.** *pron dem, Neutrum, dat Sing von* **das**[2] ce/cette **III.** *pron rel, maskulin, dat Sing von* **der**[2], **I.** à qui **IV.** *pron rel, Neutrum, dat Sing von* **das**[2], **II.** à qui

Demagoge [dema'goːgə] <-n, -n> *m*, **Demagogin** *f pej* démagogue *mf*

demagogisch [dema'goːgɪʃ] *pej* **I.** *adj* démagogique **II.** *adv* avec démagogie

Dementi [de'mɛnti] <-s, -s> *nt* démenti *m*

dementieren* [demɛn'tiːrən] **I.** *vt* démentir **II.** *vi* donner un démenti

dementsprechend ['deːmʔɛnt'ʃprɛçənt] *adj* (*Anordnung*) en conséquence; (*Bemerkung*) dans ce sens

demgegenüber ['deːmgeːgən'ʔyːbɐ] *adv* en revanche

demnach ['de(ː)mnaːx] *adv* ❶ (*danach*) il ressort que ... ❷ (*folglich*) en conséquence

demnächst ['deːm'nɛːçst] *adv* prochainement

Demo ['deːmo] <-, -s> *f fam Abk von* **Demonstration** manif *f*

Demokrat(in) [demo'kraːt] <-en, -en> *m(f)* démocrate *mf*

Demokratie [demokra'tiː] <-, -n> *f* démocratie *f*

demokratisch *adj* démocratique

demokratisieren* *vt* démocratiser

demolieren* [demo'liːrən] *vt* démolir

Demonstrant(in) [demɔn'strant] <-en, -en> *m(f)* manifestant(e) *m(f)*

Demonstration [demɔnstra'tsi̯oːn] <-, -en> *f* ❶ manifestation *f* ❷ (*Veranschaulichung*) démonstration *f*

demonstrativ [demɔnstra'tiːf] *adj* ostensible

Demonstrativpronomen *nt* (*adjektivisches/substantivisches Pronomen*) adjectif *m*/pronom *m* démonstratif

demonstrieren* [demɔn'striːrən] **I.** *vi* manifester **II.** *vt* ❶ (*bekunden*) manifester ❷ (*veranschaulichen*) démontrer

demontieren* [demɔn'tiːrən] *vt* (*Fabrik*) démanteler

demoralisieren* [demorali'zi:rən] *vt* ❶ démoraliser ❷ (*Bevölkerung*) avilir
demselben *pron dem, dat Sing von* **derselbe/dasselbe** au même; ~ **Mann helfen** aider le même homme
Demut ['de:mu:t] <-> *f* humilité *f*; **in** ~ humblement
demütig ['de:my:tiç] *adj* humble
demütigen *vt* humilier
Demütigung <-, -en> *f* humiliation *f*
demzufolge ['de(:)mtsu'fɔlgə] *adv* ❶ il en ressort que ... ❷ (*folglich*) donc
den[1] [de:n] **I.** *art def, maskulin, akk Sing von* **der**[1] le/la; **sie begrüßt** ~ **Nachbarn** elle salue le voisin; ~ **Salat essen** manger la salade **II.** *art def, dat Pl von* **der**[1], **die**[1], **das**[1] aux; **mit** ~ **Freundinnen sprechen** parler avec les copines; **von** ~ **Kollegen sprechen** parler des collègues; **sie folgte** ~ **Leuten** elle suivit les gens
den[2] **I.** *pron dem, maskulin, akk Sing von* **der**[2], **I.** ce/cette **II.** *pron rel, akk Sing von* **der**[2], **II.** que
denen [de:nən] **I.** *pron dem, dat Pl von* **der**[2], **I., die**[2], **I., das**[2], **I.** à ceux **II.** *pron rel, dat Pl von* **die**[2] à qui
Denkanstoß *m* piste *f* de réflexion
denkbar *adj* concevable; **es ist durchaus ~, dass** il n'est pas impensable que + *subj*
denken ['dɛnkən] <dachte, gedacht> **I.** *vi* ❶ penser ❷ (*meinen*) penser que ... ❸ (*urteilen*) **inzwischen denke ich anders** j'ai changé d'avis ❹ (*sich vorstellen*) **denk nur, Eva heiratet!** imagine, Eva se marie! ►**ich denke nicht daran!** je n'en ai pas la moindre intention!; **jdm zu ~ geben** donner à réfléchir à qn; **wo denkst du hin!** qu'est-ce que tu crois! **II.** *vt* ❶ **nur das Schlechteste von jdm** ~ penser tout mal possible de qn ❷ (*ahnen*) **das habe ich mir fast gedacht** j'en étais à peu près sûr(e) ❸ (*sich vorstellen*) **sich** (*dat*) **etw** ~ s'imaginer qc; **ich habe mir das so gedacht: ...** je vois les choses comme ça: ... ❹ (*beabsichtigen*) **sich** (*dat*) **nichts Böses** ~ ne pas penser à mal
Denken <-s> *nt* pensée *f*
Denker(in) <-s, -> *m(f)* penseur(-euse) *m(f)*
Denkfehler *m* erreur *f* de raisonnement
Denkmal <-s, Denkmäler> *nt* monument *m*
Denkmalschutz *m* protection *f* des monuments historiques
Denkzettel *m* **jdm einen ~ verpassen** *fam* flanquer une bonne leçon à qn
denn [dɛn] **I.** *konj* ❶ car ❷ (*vorausgesetzt*) **es sei ~,** à moins que + *subj* **II.** *adv* donc; **he, was soll das ~?** holà, qu'est-ce qui se passe?; **wo ~ sonst?** où d'autre?
dennoch ['dɛnɔx] *adv* malgré tout; **und** ~ et pourtant
denselben **I.** *pron dem, akk von* **derselbe** le/la même; **für ~ Sänger schwärmen** raffoler du même chanteur **II.** *pron dem, dat von* **dieselben** aux mêmes
Denunziant(in) [denʊn'tsi̯ant] <-en, -en> *m(f) pej* délateur(-trice) *m(f)*
denunzieren* [denʊn'tsi:rən] *vt pej* **jdn bei jdm** ~ dénoncer qn à qn
Deo ['de:o], **Deodorant** ['de:odo'rant] <-s, -s> *nt* déodorant *m*
Deoroller *m* déodorant *m* à bille **Deospray** *nt o m* déodorant *m*
Departement [departə'mã:] <-s, -s> *nt* département *m*
deplatziert[RR] [depla'tsi:ɐ̯t] incongru(e)
Deponie [depo'ni:] <-, -n> *f* décharge *f*
deponieren* [depo'ni:rən] *vt* **etw bei der Bank** ~ mettre qc en dépôt à la banque
deportieren* *vt* déporter
Depot [de'po:] <-s, -s> *nt* ❶ entrepôt *m* ❷ FIN coffre-fort *m* ❸ AUT dépôt *m* ❹ CH (*Flaschenpfand*) consigne *f*
Depp [dɛp] <-en *o* -s>, -e[n]> *m bes.* A, CH *fam* andouille *f*
Depression [deprɛ'si̯o:n] <-, -en> *f* dépression *f*
depressiv *adj* dépressif(-ive)
deprimieren* [depri'mi:rən] *vt* déprimer
der[1] [de:ɐ̯] **I.** *art def, maskulin, nom Sing* le/la; ~ **Nachbar** le voisin; ~ **Salat** la salade **II.** *art def, feminin, gen Sing von* **die**[1], **I.** de la/du **III.** *art def, feminin, dat Sing von* **die**[1], **I.** à la/au; **mit ~ Nachbarin sprechen** parler avec la voisine; **sie folgte ~ Frau/Menge** elle suivit la femme/foule **IV.** *art def, gen Pl von* **die**[1], **II.** des; **das Ende ~ Ferien** la fin des vacances
der[2] **I.** *pron dem, maskulin, nom Sing* ce/cette; ~ **Mann da** cet homme-là; **beißt ~?** est-ce qu'il mord? **II.** *pron rel, maskulin, nom Sing* qui **III.** *pron dem, feminin, gen Sing von* **die**[2], **I.** de cette/de ce **IV.** *pron dem, feminin, dat Sing von* **die**[2], **I.** à cette/à ce; **glaub ~ bloß nicht!** ne la crois surtout pas, celle-là! **V.** *pron dem, gen Pl von*

die[1], II. de ces VI. *pron rel, feminin, dat Sing von* **die[2], III.** à qui; **die Kälte, unter ~ sie leiden** le froid dont ils souffrent

derart ['deːɐ̯'ʔaːɐ̯t] *adv* **~ reizen, dass ...** provoquer à tel point que ...; **es ist ~ heiß, dass ...** il fait tellement chaud que ...

derb [dɛrp] **I.** *adj* ❶ (*Manieren*) grossier(-ère) ❷ (*Stoff*) solide **II.** *adv* ❶ (*anfahren*) brutalement ❷ (*sich ausdrücken*) grossièrement

deren ['deːrən] **I.** *pron dem, gen Sing von* **die[2], II.: seine Mutter, seine Schwester und ~ Hund** sa mère, sa sœur et le chien de cette dernière **II.** *pron dem, gen Pl von* **die[2], III.: ein Ehepaar mit seinen Freunden und ~ Kindern** un couple avec ses amis et les enfants de ces derniers **III.** *pron rel, gen Sing von* **die[2], III.** dont; **die Frau, ~ Namen ich vergessen habe** la femme dont j'ai oublié le nom; **die Freundin, mit ~ Hilfe ich eine Wohnung gefunden habe** l'amie avec l'aide de qui j'ai trouvé un logement **IV.** *pron rel, gen Pl von* **die[2], V.** dont

derer ['deːrɐ] *pron dem, gen Pl von* **die[2], II.** de ceux

dergleichen ['deːɐ̯'glaiçən] *pron dem, inv* ce genre de choses; **und ~ mehr** et cetera

derjenige *pron dem, maskulin, nom Sing* ce/cette; **~, der das gesagt hat** celui qui a dit cela ▸**das ist ~, welcher!** *fam* c'est lui notre homme!

dermaßen ['deːɐ̯'maːsən] *s.* **derart**

derselbe *pron dem, nom Sing* le/la même

derzeitig *adj attr* actuel(le)

des [dɛs] **I.** *art def, maskulin o Neutrum, Gen Sing von* **der[1], I., das I.** du/de la **II.** *pron dem, maskulin o Neutrum, gen Sing von* **der[2], I., das II.** de ce/de cette

Desaster [de'zastɐ] <-s, -> *nt* désastre *m*

Deserteur(in) [dezɛr'tøːɐ̯] <-s, -e> *m(f)* déserteur *m*

desertieren* [dezɛr'tiːrən] *vi + sein* déserter

desgleichen ['dɛs'glaiçən] *adv* également

deshalb ['dɛs'halp] *adv* **~ ist das nicht möglich** c'est la raison pour laquelle cela n'est pas possible

Design [di'zain] <-s, -s> *nt* design *m*

Designer(in) [di'zainɐ] <-s, -> *m(f)* designer *mf;* (*Modeschöpfer*) styliste *mf*

Desinfektion [dezɪnfɛk'tsioːn] <-, -en> *f* désinfection *f*

Desinfektionsmittel *nt* désinfectant *m*

desinfizieren* [dezɪnfi'tsiːrən] *vt* désinfecter

Desinteresse ['dɛsʔɪntərɛsə] *nt* **~ an etw** manque *m* d'intérêt pour qc

Desktop ['dɛsktɔp] <-s, -s> *m* ordinateur *m* de table

Desktop-Publishing[RR] ['dɛsktɔppablɪʃɪŋ] <-> *nt* publication *f* assistée par ordinateur

desorientiert ['dɛsʔoriɛntiːɐ̯t] *adj* désorienté(e)

desselben *pron dem,* du même/de la même

dessen ['dɛsən] **I.** *pron dem,* **mein Onkel und ~ Haus** mon oncle et la maison de ce dernier **II.** *pron rel,* dont; **der Freund, mit ~ Hilfe ich das Auto repariert habe** l'ami avec l'aide de qui j'ai réparé la voiture

Dessert [dɛ'sɛːɐ̯] <-s, -s> *nt* dessert *m*

Dessous [dɛ'suː] <-, -> *nt meist Pl* dessous *mpl*

destillieren* [dɛstɪ'liːrən] *vt* distiller

desto ['dɛsto] *konj* **je eher du dich daranmachst, ~ schneller bist du fertig** plus vite tu t'y mettras, plus vite tu auras terminé

destruktiv [destrʊk'tiːf] *adj* négatif(-ive)

deswegen ['dɛs'veːgən] *s.* **deshalb**

Detail [de'tai] <-s, -s> *nt* détail *m*

detailliert [deta'jiːɐ̯t] **I.** *adj* détaillé(e) **II.** *adv* en détail

Detektiv(in) [detɛk'tiːf] <-s, -e> *m(f)* détective *m*

Detonation [detona'tsioːn] <-, -en> *f* détonation *f*

detonieren* [deto'niːrən] *vi + sein* exploser

deuten ['dɔytən] **I.** *vt* (*Traum, Text*) interpréter **II.** *vi* (*hinweisen*) **auf etw ~** faire penser à qc

deutlich ['dɔytlɪç] **I.** *adj* ❶ (*Konturen*) net(te); (*Aussprache*) distinct(e); (*Skizze*) clair(e); (*Schrift*) lisible ❷ (*eindeutig*) clair(e) **II.** *adv* ❶ distinctement; (*schreiben*) lisiblement ❷ (*sagen*) clairement; (*merken*) sans le moindre doute

Deutlichkeit <-, -en> *f* clarté

deutsch [dɔytʃ] **I.** *adj* allemand(e) **II.** *adv* **~ miteinander sprechen** discuter en allemand

Deutsch <-[s]> *nt kein art* allemand *m;* **~ lernen/verstehen** apprendre/comprendre l'allemand; **~ können** savoir parler l'allemand; **~ sprechen** parler allemand; **sich auf ~ unterhalten** discuter en allemand; **gut in ~ sein** être bon en allemand ▸**auf gut ~** *fam* en bon français

Deutsche(r) *f(m) dekl wie adj* Allemand(e) *m(f)*

deutsch-französisch *adj* **ein ~es Wörterbuch** un dictionnaire allemand-français; **die ~e Freundschaft** l'amitié franco-allemande

Deutschland *nt* l'Allemagne *f;* **in ~** en Allemagne **deutschsprachig** *adj* (*Bevölkerung, Gebiet*) germanophone; (*Literatur*) en langue allemande

Deutung <-, -en> *f* interprétation *f*

Devise [de'viːzə] <-, -n> *f* devise *f*

Devisen [de'viːzən] *Pl* devises *fpl*

Devisenhandel *m* marché *m* des changes

Dezember [de'tsɛmbɐ] <-s, -> *m* décembre *m; s. a.* **April**

dezent [de'tsɛnt] **I.** *adj* discret(-ète) **II.** *adv* discrètement; (*gekleidet*) avec discrétion

Dezibel ['deːtsibɛl] <-s, -> *nt* décibel *m*

dezimal [detsi'maːl] *adj* décimal(e)

Dezimalsystem *nt* système *m* décimal

d.h. *Abk von* **das heißt** c.-à-d.

Dia ['diːa] <-s, -s> *nt* diapo *f* (*fam*)

Diabetes [dia'beːtɛs] <-> *m* diabète *m*

Diabetiker(in) [dia'beːtikɐ] <-s, -> *m(f)* diabétique *mf*

Diagnose [dia'gnoːzə] <-, -n> *f* diagnostic *m*

diagnostizieren* [diagnɔsti'tsiːrən] *vt* diagnostiquer

diagonal [diago'naːl] *adj* diagonal(e)

Diagonale <-, -n> *f* diagonale *f*

Diagramm [dia'gram] <-s, -e> *nt* diagramme *m*

Diakonie <-> *f* diaconat *m*

Dialekt [dia'lɛkt] <-[e]s, -e> *m* dialecte *m*

> En Allemagne, en Autriche et en Suisse, chaque région, voire chaque ville, possède son propre **Dialekt**. Certains dialectes sont tellement différents les uns des autres que les habitants d'un même pays ont parfois du mal à se comprendre entre eux. Voici quelques dialectes existant en Allemagne : *Berlinerisch*, *Plattdeutsch*, *Sächsisch*, *Fränkisch*, *Bairisch*, *Alemannisch* et *Schwäbisch*.

Dialog [dia'loːk] <-[e]s, -e> *m* dialogue *m*

Diamant [dia'mant] <-en, -en> *m* diamant *m*

Diapositiv [diapozi'tiːf] *nt* diapositive *f* **Diaprojektor** *m* projecteur *m* de diapositives

Diät [di'ɛːt] <-, -en> *f* régime *m* alimentaire

Diäten *Pl* indemnité *f* parlementaire

dich [dɪç] **I.** *pron pers, akk von* **du: ich habe ~ gesehen** je t'ai vu(e); **ohne ~** sans toi **II.** *pron refl* **du hast ~ verändert** tu as changé; **du darfst ~ nicht wundern, wenn ...** ne t'étonne pas si ...

dicht [dɪçt] **I.** *adj* ❶ épais(se); (*Verkehr*) dense ❷ (*Nebel*) épais(se) ❸ (*Fenster*) hermétique; (*Vorhänge*) épais(se) ❹ (*Gewebe*) serré(e) ▶**nicht ganz ~ sein** *fam* déconner **II.** *adv* ❶ **~ beieinanderstehen** être près les uns des autres; **~ hinter jdm stehen** être juste derrière qn ❷ (*unmittelbar*) **~ bevorstehen** être imminent ❸ (*stark*) **~ bewölkt sein** être très nuageux ❹ (*schließen*) hermétiquement; (*weben*) serré

Dichte <-, -n> *f a.* PHYS densité *f;* (*eines Waldes*) épaisseur *f*

dichten ['dɪçtən] **I.** *vt* composer **II.** *vi* faire de la poésie

Dichter(in) <-s, -> *m(f)* poète *m*/poétesse *f*

dichterisch *adj* poétique

Dichtung <-, -en> *f* ❶ (*Dichtkunst*) poésie *f* ❷ TECH joint *m*

dick [dɪk] **I.** *adj* ❶ gros(se) *antéposé* ❷ (*stark*) **ein zwei Zentimeter ~es Brett** une planche de deux centimètres d'épaisseur ❸ (*Nebel*) épais(se); (*Milch*) caillé(e) ❹ *fam* (*Freundschaft*) grand(e) *antéposé* ▶**mit jdm durch ~ und dünn gehen** suivre qn jusqu'en enfer **II.** *adv* ❶ **sich ~ anziehen** bien se couvrir ❷ (*unterstreichen*) en gros ❸ (*reichlich*) **etw ~ auftragen** étaler une grosse couche de qc ❹ *fam* (*sehr gut*) **~ befreundet sein** être comme cul et chemise ▶ **~ auftragen** *pej fam* en rajouter

Dickdarm *m* gros intestin *m*

Dicke <-, -n> *f* grosseur *f;* (*einer Schicht*) épaisseur *f*

dickflüssig *adj* visqueux(-euse); (*Sauce*) épais(se)

Dickicht ['dɪkɪçt] <-[e]s, -e> *nt* fourré *m*

Dickkopf *m fam* ❶ entêtement *m* ❷ (*Mensch*) tête *f* de mule

dickköpfig ['dɪkkœpfɪç] *adj fam* têtu(e)

Didaktik [di'daktɪk] <-, -en> *f* didactique *f*

didaktisch *adj* didactique

die[1] [diː] **I.** *art def, feminin, nom und akk Sing* le/la; **~ Großmutter anrufen** téléphoner à la grand-mère **II.** *art def, nom und akk Pl von* **der**[1], **die**[1] **I.**, **das**[1] les

die[2] **I.** *pron dem, feminin, nom und akk Sing*

ce/cette; ~ **weiß das doch nicht!** celle-là, elle ne le sait pas! **II.** *pron dem, nom und akk Pl von* **der**[2],**I.**, **die**[2], **I.**, **das**[2], **I.** ces; ~ **wissen das doch nicht!** ils ne la savent pas, eux! **III.** *pron rel, feminin, nom Sing* qui **IV.** *pron rel, feminin, akk Sing* que **V.** *pron rel, nom Pl* qui **VI.** *pron rel, akk Pl* que **VII.** *pron dem o rel, feminin, nom Sing* celle qui

Dieb(in) [diːp] <-[e]s, -e> *m(f)* voleur(-euse) *m(f)*; **haltet den ~!** au voleur!

diebisch *adj* (*Freude*) furtif(-ive)

Diebstahl <-[e]s, Diebstähle> *m* vol *m*

diejenige *pron dem, feminin, nom und akk Sing* cette

diejenigen *pron dem, nom und akk Pl von* **derjenige, diejenige, dasjenige:** ~ **Schüler, die teilnehmen wollen** ceux parmi les élèves qui souhaitent participer; **eine Überraschung für ~n unter Ihnen, die ...** une surprise pour ceux d'entre vous qui ...; **für meine Schuhe und ~ meiner Kinder** pour mes chaussures à moi et celles de mes enfants

Diele ['diːlə] <-, -n> *f* vestibule *m*

dienen ['diːnən] *vi* ❶ servir; **wozu soll das alles ~?** ça sert à quoi, tout ça? ❷ (*helfen*) **womit kann ich ~?** en quoi puis-je être utile? ❸ (*verwendet werden*) **jdm als Brieföffner ~** servir de coupe-papier à qn

Diener(in) <-, -> *m(f)* serviteur *m*, servante *f*

Dienst [diːnst] <-[e]s, -e> *m* ❶ service *m*; **jdn vom ~ befreien** donner un congé à qn; **außer ~** (*in der Freizeit*) en congé; (*im Ruhestand*) en retraite; **öffentlicher ~** fonction *f* publique ❷ *meist Pl* (*Unterstützung, Gefallen*) services *mpl*; **jdm einen ~ erweisen** rendre service à qn

Dienstag ['diːnstaːk] *m* mardi *m*; **am ~** (*dienstags*) le mardi; (*kommenden ~*) mardi prochain; (*letzten ~*) mardi dernier; ~ **vormittags/abends/nachts** le mardi matin/soir/dans la nuit; **jeden ~** tous les mardis; [**am**] **letzten ~** mardi dernier; **am nächsten ~** mardi prochain; **an einem ~** un mardi; **hast du diesen ~ Zeit?** tu as le temps mardi?; **heute ist ~, der 31. Mai** aujourd'hui nous sommes le mardi 31 mai

Dienstagabend *m* mardi *m* soir **Dienstagmorgen** *m* mardi *m* matin

dienstags *adv* le mardi

Dienstanweisung *f* instructions *fpl* [de service] **Dienstgeheimnis** *nt* secret *m* professionnel **Dienstgrad** *m* (*Rangstufe*) grade *m* **Dienstleistung** *f Pl* COM prestations *fpl* de service **Dienstleistungsgewerbe** *m* secteur *m* tertiaire

dienstlich I. *adj* (*Schreiben*) officiel(le) **II.** *adv* (*verreisen*) à titre professionnel

Dienstmädchen *nt* bonne *f* **Dienstplan** *m* tableau *m* de service **Dienstreise** *f* déplacement *m* professionnel **Dienstschluss**[RR] *m* fermeture *f* **Dienststelle** *f* bureau *m* **Dienstvorschrift** *f* règlement *m* [intérieur]; MIL consigne *f* **Dienstwagen** *m* voiture *f* de fonction

dies [diːs] *pron dem, inv* ❶ (*das hier*) ~ **ist meine Tante** voici ma tante; ~ **ist der Freund, der bei uns wohnt** c'est l'ami qui habite chez nous; ~ **alles gehört mir** tout ça est à moi ❷ (*dieses*) ce/cette ▶**über ~ und das sprechen** parler de choses et d'autres

diesbezüglich *adj, adv form* à ce sujet (*soutenu*)

diese(r, s) ['diːzə, -zɐ, -zəs] *pron dem* ce/cette; **in ~n Jahren** ces années-là ▶**~s und jenes** différentes choses *fpl*

Diesel ['diːzəl] <-s> *nt fam* gasoil *m*

dieselbe *pron dem, nom und akk Sing von* **derselbe** le/la même

dieselben *pron dem, nom und akk Pl von* **derselbe, dieselbe, dasselbe** les mêmes

Dieselmotor *m* [moteur *m*] diesel *m*

dieser, **dieses** *s.* **diese(r, s)**

diesig ['diːzɪç] *adj* brumeux(-euse)

diesjährig *adj attr* de cette année **diesmal** *adv* cette fois-ci

diesseits ['diːszaits] *präp + gen* ~ **des Flusses** de ce côté-ci du fleuve

Dietrich ['diːtrɪç] <-s, -e> *m* rossignol *m*

Differential[ALT] [dɪfərɛn'tsi̯aːl] *s.* **Differenzial**

Differenz [dɪfə'rɛnts] <-, -en> *f* ❶ différence *f* ❷ *meist Pl* (*Meinungsverschiedenheit*) différend *m*

Differenzial[RR] [dɪfərɛn'tsi̯aːl] <-s, -e> *nt* MATH différentielle *f*

differenzieren* [dɪfərɛn'tsiːrən] *geh* **I.** *vi* différencier; **zwischen zwei Phänomenen ~** faire la distinction entre deux phénomènes **II.** *vt* (*Behauptung*) nuancer

digital [digi'taːl] **I.** *adj* (*Anzeige*) numérique; (*Technik*) digital(e); (*Kassette*) audionumérique **II.** *adv* ~ **erfolgen** s'effectuer par numérisation

digitalisieren* *vt* ❶ (*Daten, Anzeige*) numériser ❷ (*digital darstellen*) digitaliser
Digitalkamera *f* appareil *m* photo numérique
Diktat [dɪk'ta:t] <-[e]s, -e> *nt* ❶ dictée *f* ❷ (*Zwang*) diktat *m*
Diktator [dɪk'ta:to:ɐ̯] <-s, -toren> *m*, **Diktatorin** *f pej* dictateur(-trice) *m(f)*
diktatorisch [dɪkta'to:rɪʃ] *pej* **I.** *adj* dictatorial(e) **II.** *adv* en dictateur
Diktatur [dɪkta'tu:ɐ̯] <-, -en> *f pej* dictature *f*
diktieren* [dɪk'ti:rən] *vt* dicter
Diktiergerät *nt* dictaphone *m*
Dilemma [di'lɛma] <-s, -s> *nt geh* dilemme *m*
Dilettant(in) [dilɛ'tant] <-en, -en> *m(f)* dilettante *mf*
Dill [dɪl] <-[e]s, -e> *m* aneth *m*
Dimension [dimɛn'zi̯o:n] <-, -en> *f* dimension *f*
Ding [dɪŋ] <-[e]s, -e> *nt* ❶ (*Sache*) machin *m*; **persönliche ~e** des affaires *fpl* personnelles ❷ *Pl* (*Angelegenheit*) **so, wie die ~e liegen** au point où en sont les choses ▶**das ist ein ~ der Unmöglichkeit** cela relève de l'impossible; **über den ~en stehen** être au-dessus de ça
dingfest *adj* **jdn ~ machen** arrêter qn
Dingsbums [dɪŋsbʊms] <-> *nt fam* truc *m*
Dinosaurier [dino'zau̯riɐ̯] *m* dinosaure *m*
Diode [di'o:də] <-, -n> *f* diode *f*
Diphtherie [dɪfte'ri:] <-, -n> *f* MED diphtérie *f*
Diplom [di'plo:m] <-s, -e> *nt* diplôme *m*
Diplomarbeit *f* mémoire *m*
Diplomat(in) [diplo'ma:t] <-en, -en> *m(f)* diplomate *mf*
Diplomatie [diploma'ti:] <-> *f* diplomatie *f*
diplomatisch *adj* diplomatique
Diplomingenieur(in) *m(f)* ingénieur *mf* diplômé(e)
dir [di:ɐ̯] **I.** *pron pers, dat von* **du: das wird ~ gut tun** ça te fera du bien; **gehört das Fahrrad ~?** c'est à toi, ce vélo?; **geht es ~ heute besser?** tu vas mieux aujourd'hui? **II.** *pron refl* **stell ~ vor, es klappt!** figure-toi, ça marche!; **was hast du ~ dabei gedacht?** qu'est-ce que tu avais en tête?
direkt [di'rɛkt] **I.** *adj* direct(e) **II.** *adv* directement; (*fragen*) sans détour
Direktbank *f* banque *f* directe
Direktion [dirɛk'tsi̯o:n] <-, -en> *f* ❶ direction *f* ❷ CH (*Ressort*) ministère *m* cantonal
Direktor [di'rɛkto:ɐ̯] <-s, -toren> *m*, **Direktorin** *f* directeur(-trice) *m(f)*
Direktübertragung *f* retransmission *f* en direct **Direktverbindung** *f* liaison *f* directe **Direktzugriff** *m* accès *m* direct
Dirigent(in) [diri'gɛnt] <-en, -en> *m(f)* chef *mf* d'orchestre
dirigieren* [diri'gi:rən] *vt* (*Orchester*) diriger
Dirne ['dɪrnə] <-, -n> *f* prostituée *f*
Disco ['dɪsko] <-, -s> *f fam Abk von* **Diskothek** boîte *f*
Diskette [dɪs'kɛtə] <-, -n> *f* disquette *f*
Diskettenlaufwerk *nt* lecteur *m* de disquettes
Disko ['dɪsko] <-, -s> *f fam* boîte *f*
Diskont [dɪs'kɔnt] <-s, -e> *m* ❶ escompte *m* ❷ *s.* **Diskontsatz**
Diskontsatz *m* taux *m* d'escompte
Diskothek [dɪsko'te:k] <-, -en> *f* discothèque *f*
Diskrepanz [dɪskre'pants] <-, -en> *f* décalage *m*
diskret [dɪs'kre:t] *geh* **I.** *adj* (*Person*) discret(-ète) **II.** *adv* avec discrétion
Diskretion [dɪskre'tsi̯o:n] <-> *f* discrétion *f*
diskriminieren* [dɪskrimi'ni:rən] *vt geh* discriminer
diskriminierend *adj geh* discriminatoire
Diskriminierung <-, -en> *f geh* discrimination *f*
Diskus ['dɪskʊs] <-, Disken> *m* disque *m*
Diskussion [dɪskʊ'si̯o:n] <-, -en> *f* débat *m*; **zur ~ stehen** être à l'ordre du jour; **das steht nicht zur ~** là n'est pas la question
diskutieren* [dɪsku'ti:rən] *vi* **über etw** (*akk*) **~** discuter de qc
Display [dɪs'plɛɪ] <-s, -s> *nt* écran *m* de visualisation
disponieren* [dɪspo'ni:rən] *vi geh* disposer
Disposition [dɪspozi'tsi̯o:n] <-, -en> *f geh* disposition
Disqualifikation [dɪskvalifika'tsi̯o:n] <-, -en> *f* disqualification *f*
disqualifizieren* [dɪskvalifi'tsi:rən] *vt* disqualifier
Dissertation [dɪsɛrta'tsi̯o:n] <-, -en> *f* thèse *f* [de troisième cycle]
Dissident(in) [dɪsi'dɛnt] <-en, -en> *m(f)* dissident(e) *m(f)*
Distanz [dɪs'tants] <-, -en> *f a. fig* distance *f*
distanzieren* [dɪstan'tsi:rən] *vr* **sich von**

D

jdm ~ prendre ses distances par rapport à qn

distanziert *geh* **I.** *adj* distant(e) **II.** *adv* (*sich verhalten*) de façon distante

Distel ['dɪstəl] <-, -n> *f* chardon *m*

Disziplin [dɪstsi'pliːn] <-, -en> *f* discipline *f*

disziplinarisch [dɪstsipli'naːrɪʃ] *adj* disciplinaire

diszipliniert [dɪstsipli'niːɐ̯t] *geh adj* discipliné(e)

disziplinlos *adj* indiscipliné(e)

divers [di'vɛrs] *adj attr geh* **~e Fragen** diverses questions; **Diverses besprechen** discuter de diverses choses

Dividende [divi'dɛndə] <-, -n> *f* dividende *m*

dividieren* [divi'diːrən] *vt, vi* diviser; **eine Zahl durch drei ~** diviser un nombre par trois

Division [divi'zi̯oːn] <-, -en> *f* MATH, MIL division *f*

DM HIST *Abk von* **Deutsche Mark** DM

D-Netz ['deːnɛts] *nt* réseau *m* de radiotéléphone à couverture européenne

DNS [deːʔɛn'ʔɛs] <-> *f Abk von* **Desoxyribonukleinsäure** A.D.N. *m*

doch [dɔx] **I.** *konj* mais **II.** *adv* ❶ (*dennoch*) quand même; **kommen Sie ~ morgen wieder** revenez donc demain ❷ (*wirklich*) tout de même ❸ (*Widerspruch ausdrückend*) si ❹ (*hoffentlich*) **du hast dich ~ bei ihr bedankt?** j'espère bien que tu l'as remerciée? ❺ (*zweifellos*) **du weißt ~, wie das ist** tu sais bien comment c'est; **Sie kennen sich hier ~ aus** vous connaissez certainement l'endroit

Docht [dɔxt] <-[e]s, -e> *m* mèche *f*

Dock [dɔk] <-s, -s> *nt* dock *m*

Dogma ['dɔgma] <-s, Dogmen> *nt* dogme *m*

dogmatisch [dɔg'maːtɪʃ] *adj pej* dogmatique

Doktor ['dɔktoːɐ̯] <-s, -toren> *m,* **Doktorin** *f* ❶ (*Arzt*) docteur *mf;* **guten Tag, Frau/Herr ~!** bonjour, docteur! ❷ (*akademischer Grad*) ~ **der Philosophie** docteur ès lettres

Doktorand(in) [dɔkto'rant] <-en, -en> *m(f)* doctorant(e) *m(f)*

Doktorarbeit *f* thèse *f* [de troisième cycle]

Doktrin [dɔk'triːn] <-, -en> *f* ❶ (*Programm*) principe *m* ❷ *geh* (*Lehre*) doctrine *f*

Dokument [doku'mɛnt] <-[e]s, -e> *nt* ❶ (*Schriftstück*) document *m* ❷ (*Zeugnis*) témoignage *m*

Dokumentarfilm [dokumɛn'taːɐ̯fɪlm] *m* [film *m*] documentaire *m*

dokumentarisch [dokumɛn'taːrɪʃ] **I.** *adj* documentaire **II.** *adv* (*beweisen*) par des documents; **etw ~ belegen** documenter qc

Dokumentation [dokumɛnta'tsi̯oːn] <-, -en> *f* (*Nachweissammlung*) dossier *m*

dokumentieren* [dokumɛn'tiːrən] *vt* **etw ~** (*Person*) manifester qc; (*Schriftstück*) témoigner de qc

Dolch [dɔlç] <-[e]s, -e> *m* poignard *m*

doll *fam adj* ❶ (*schlimm*) méchant(e) *antéposé* ❷ (*großartig*) super ❸ (*unerhört*) dingue

Dollar ['dɔlar] <-[s], -s> *m* dollar *m*

dolmetschen ['dɔlmɛtʃən] **I.** *vi* **für jdn ~** servir d'interprète à qn **II.** *vt* (*Gespräch*) traduire

Dolmetscher(in) <-s, -> *m(f)* interprète *mf*

Dom [doːm] <-[e]s, -e> *m* cathédrale *f*

Domäne [do'mɛːnə] <-, -n> *f* domaine *m*

dominant [domi'nant] *adj* ❶ dominateur (-trice) ❷ BIO dominant(e)

dominieren* **I.** *vi* (*überwiegen*) prédominer **II.** *vt* dominer

Domino ['doːmino] <-s, -s> *nt* SPIEL dominos *mpl*

Dompfaff ['doːmpfaf] <-en, -en> *m* bouvreuil *m*

Dompteur(in) [dɔmp'tøːɐ̯] <-s, -e> *m(f)* dompteur(-euse) *m(f)*

Donau ['doːnau̯] <-> *f* **die ~** le Danube

Döner <-s, -s> *m* kebab *m*

Donner ['dɔnɐ] <-s, -> *m* tonnerre *m*

donnern **I.** *vi unpers + haben* **es donnert** il tonne **II.** *vi + sein fam* ❶ **auf das Dach ~** s'abattre à grand fracas sur le toit ❷ (*sich bewegen*) **durch den Bahnhof ~** traverser la gare dans un bruit fracassant **III.** *vt + haben fam* **etw gegen die Wand ~** claquer qc contre le mur

Donnerschlag *m* coup *m* de tonnerre

Donnerstag *m* jeudi *m; s. a.* **Dienstag**

Donnerstagabend *m* jeudi *m* soir **Donnerstagmorgen** *m* jeudi *m* matin

donnerstags *adv* le jeudi

Donnerwetter *nt fam* tempête *f* ▶ **~!** *fam* chapeau!

doof [doːf] <döfer, döfste> *adj fam* ❶ (*unsinnig*) débile; (*geistig beschränkt*) **~ sein**

être un crétin/une crétine 2 (*ärgerlich*) **eine ~e Sache** une affaire à la con
Doping ['dɔpɪŋ] <-s, -s> *nt* dopage *m*
Dopingkontrolle ['do:piŋkɔn'trɔlə] *f* contrôle *m* antidopage
Doppel ['dɔpəl] <-s, -> *nt a.* SPORT double *m*
Doppelbett *nt* lit *m* à deux places
Doppelgänger(in) ['dɔpəlgɛŋɐ] <-s, -> *m(f)* sosie *m* **Doppelkinn** *nt* double menton *m* **doppelklicken** < *PP* doppelgeklickt, *Infin* doppelzuklicken> *vi* cliquer deux fois **Doppelmoral** ['dɔpəlmora:l] *f* double morale *f* **Doppelname** *m* (*Nachname*) nom *m* [de famille] composé; (*Vorname*) prénom *m* composé **Doppelpunkt** *m* deux-points *mpl*
doppelt I. *adj* **das ~e Gehalt** le double salaire; **die ~e Menge** deux fois la quantité II. *adv* 1 **~ so groß wie ...** deux fois plus grand que ... 2 (*zählen*) doublement ▸**~ und dreifach** plutôt deux fois qu'une
Doppelzimmer *nt* chambre *f* double
Dorf [dɔrf, *Pl:* 'dœrfɐ] <-[e]s, Dörfer> *nt* village *m;* **er ist vom ~** il est de la campagne
Dorfbewohner(in) *m(f)* villageois(e) *m(f)*
Dorfschaft <-, -en> *f* CH petite commune *f*
Dorn [dɔrn] <-[e]s, -en> *m* 1 (*Stachel*) épine *f* 2 <Dorne> (*einer Gürtelschnalle*) ardillon *m* ▸**jdm ein ~ im Auge sein** (*Person*) hérisser qn; (*Sache*) être une insulte permanente pour qn
dornig *adj* épineux(-euse)
Dornröschen [dɔrn'rø:sçən] *nt* la Belle au bois dormant
dörren ['dœrən] I. *vt* + *haben* **etw ~** (*Person*) sécher qc; (*Sonne*) dessécher qc II. *vi* + *sein* (*Obst, Fisch*) sécher
Dörrobst *nt* fruits *mpl* secs
Dorsch [dɔrʃ] <-[e]s, -e> *m* morue *f*
dort [dɔrt] *adv* là-bas; **~ oben** là-haut; **~ unten** là en bas; **von ~** de là; **jdn ~ behalten** garder qn sur place; **ich komme gerade von ~** j'en reviens juste
dorther ['dɔrt'he:ɐ̯] *adv* **ich komme doch gerade ~!** mais je viens juste d'en revenir! **dorthin** *adv* **~ gehen** aller là-bas; **bis ~** jusque là-bas; **wie komme ich ~?** comment je peux y aller?
dortig *adj attr* (*Einrichtungen*) sur place; (*Gepflogenheiten*) de là-bas
Dose ['do:zə] <-, -n> *f* boîte *f*
dösen ['dø:zən] *vi fam* somnoler
Dosenmilch *f* lait *m* en boîte **Dosenöffner** *m* ouvre-boîte *m*
dosieren* [do'zi:rən] *vt* **etw [sparsam] ~** doser qc [avec parcimonie]
Dosierung <-, -en> *f* 1 (*Dosis*) dose *f* 2 *kein Pl* (*das Dosieren*) dosage *m*
Dosis ['do:zɪs] <-, Dosen> *f* dose *f*
Dotter ['dɔtɐ] <-s, -> *m o nt* jaune *m* d'œuf
Double ['du:bl] <-s, -s> *nt* doublure *f*
down [daʊn] *adj fam* **~ sein** être à plat
downloaden ['daʊnlɔʊdən] *vt* (*Text*) télécharger
Dozent(in) [do'tsɛnt] <-en, -en> *m(f)* maître *m* de conférences; **~ für Linguistik sein** être chargé de cours de linguistique
Dr. *Abk von* **Doktor** Dr
Drache ['draxə] <-n, -n> *m* HIST dragon *m*
Drachen ['draxən] <-s, -> *m* 1 (*Spielzeug*) cerf-volant *m* 2 (*Flugdrachen*) deltaplane® *m* 3 *pej fam* (*zänkische Frau*) dragon *m*
Drachenfliegen *nt* deltaplane® *m*
Dragee, Dragée [dra'ʒe:] <-s, -s> *nt* dragée *f*
Draht [dra:t, *Pl:* 'drɛ:tə] <-[e]s, Drähte> *m* fil *m* métallique ▸**der heiße ~** le téléphone rouge
Drahtbürste *f* brosse *f* métallique **Drahtseil** *nt* câble *m* métallique **Drahtseilbahn** *f* (*Schwebebahn*) téléphérique *m;* (*Schienenbahn*) funiculaire *m* **Drahtzieher(in)** <-s, -> *m(f)* instigateur(-trice) *m(f);* **er soll der ~ sein** on dit qu'il tire les ficelles
drall [dral] *adj* (*Busen*) plantureux(-euse); (*Arme, Beine*) bien en chair
Drama ['dra:ma] <-s, Dramen> *nt* drame *m*
Dramatik <-> *f* intensité *f* dramatique; (*Dichtkunst*) dramaturgie *f*
dramatisch *adj* dramatique
dramatisieren* [dramati'zi:rən] *vt, vi* dramatiser
dran [dran] *adv fam* ▸**früh/spät ~ sein** être en avance/en retard; **gut ~ sein** *fam* être bien loti; **er ist ~** c'est à lui; *s. a.* **daran**
dran|bleiben ['dranblaibən] *vi irr* + *sein fam* (*Anrufer*) ne pas quitter
Drang [draŋ, *Pl:* 'drɛŋə] <-[e]s, Dränge> *m* **sein/ihr ~ nach Anerkennung** son besoin d'approbation; **der ~ nach Osten** la poussée vers l'Est
drängeln ['drɛŋəln] I. *vi* (*Wartende*) pousser II. *vt* **jdn ~** harceler qn; **das Drängeln** le harcèlement III. *vr* **sich an der Kasse ~**

D

jouer des coudes à la caisse

drängen ['drɛŋən] **I.** *vi* ① **zum Ausgang ~** pousser vers la sortie; **in den Bus ~** se bousculer pour entrer dans le bus ② (*fordern*) **zum Aufbruch ~** vouloir hâter le départ; **auf eine Antwort ~** insister pour obtenir une réponse ③ (*eilig sein*) **die Zeit drängt** le temps presse **II.** *vt* ① **jdn zur Seite ~** pousser qn sur le côté ② (*auffordern*) **jdn ~ etw zu tun** presser qn de faire qc **III.** *vr* **sich zum Eingang ~** se bousculer vers l'entrée; **sich durch die Menge ~** se frayer un chemin dans la foule

dran|kommen *vi irr + sein fam* ① (*erreichen*) **an etw** (*akk*) **~** arriver à attraper qc ② (*an die Reihe kommen*) **du kommst dran** c'est ton tour ③ (*aufgerufen werden*) se faire interroger ④ (*durchgenommen werden*) être traité

drastisch ['drastɪʃ] **I.** *adj* ① draconien(ne) ② (*überdeutlich*) radical(e) **II.** *adv* ① de façon draconienne ② (*überdeutlich*) **um es ~ auszudrücken** pour le dire tout à fait clairement

drauf [draʊf] *adv fam* dessus ▶**gut ~ sein** *fam* avoir la pêche

Draufgänger(in) ['draʊfgɛŋɐ] <-s, -> *m(f)* fonceur(-euse) *m(f)* (*fam*) **drauf|haben** *vt irr fam* ① (*kennen*) **etwas ~** être calé; **nichts ~** être un nullard/une nullarde; **seinen Text ~** connaître son texte sur le bout du doigt ② (*fahren*) **ein hohes Tempo ~** tracer **drauflos|reden** *vi fam* se mettre à causer à tort et à travers

draußen ['draʊsən] *adv* ① dehors; **nach ~** dehors; **von ~** de dehors ② (*nicht im Hafen*) en mer

drechseln ['drɛksəln] **I.** *vt* **etw ~** façonner qc au tour **II.** *vi* travailler au tour

Dreck [drɛk] <-[e]s> *m* ① *fam* (*Schlamm*) gadoue *f;* (*Schmutz*) saloperie *f;* **~ machen** faire des cochonneries ② *pej fam* (*Schund*) merde *f* ▶**~ am Stecken haben** *fam* traîner une casserole

dreckig **I.** *adj* ① sale; **sich ~ machen** se salir ② *fam* (*gemein*) sale *antéposé* **II.** *adv fam* ① **~ lachen** avoir un sale rire ② (*miserabel*) **es geht ihr ~** elle est mal foutue

Dreh [dre:] <-s, -s *o* -e> *m fam* truc *m* ▶[**so**] **um den ~** *fam* à quelque chose près

Drehbuch *nt* scénario *m* **Drehbuchautor(in)** *m(f)* scénariste *mf*

drehen ['dre:ən] **I.** *vt* ① (*Hand*) bouger; (*Schlüssel*) tourner ② (*Zigarette*) rouler; (*Pillen*) faire ③ CINE tourner ④ (*stellen*) **die Musik leiser ~** baisser le son; **die Heizung höher ~** monter le chauffage ⑤ *fam* (*hinkriegen*) goupiller **II.** *vi* ① **an einem Knopf ~** tourner un bouton ② (*um~: Fahrer*) faire demi-tour; (*Wind*) tourner ③ (*Filmaufnahmen machen*) tourner **III.** *vr* ① (*rotieren*) **sich ~** tourner ② (*sich um~*) **sich nach rechts/links ~** se tourner à droite/gauche ▶**mir dreht sich alles** j'ai la tête qui tourne

Drehkreuz *nt* tourniquet *m* **Drehorgel** *f* orgue *m* de Barbarie **Drehtür** *f* porte *f* à tambour

Drehung <-, -en> *f* rotation *f;* (*Kreis*) tour *m*

Drehwurm ▶**einen ~ kriegen** *fam* attraper le tournis

drei [draɪ] *num* trois; *s. a.* **acht**[1]

Drei <-, -en> *f* ① trois *m* ② (*Schulnote*) *note située entre onze et treize sur vingt* *s. a.* **Acht**[1]

dreidimensional ['draɪdimɛnzi̯ona:l] **I.** *adj* tridimensionnel(le); (*Raum*) à trois dimensions **II.** *adv* (*darstellen*) en trois dimensions

Dreieck *nt* triangle *m* **dreieckig** *adj* triangulaire

dreierlei *adj inv* **~ Sorten Brot** trois sortes de pain; *s. a.* **achterlei**

dreifach **I.** *adj* triple; **die ~e Menge nehmen** en prendre trois fois plus **II.** *adv* (*falten*) trois fois; *s. a.* **achtfach** **Dreifaltigkeit** <-> *f* REL Trinité *f* **dreifarbig** *adj* tricolore **dreihundert** *num* trois cents **dreimal** *adv* trois fois ▶**~ darfst du raten!** *fam* je te le donne en mille!; *s. a.* **achtmal** **Dreirad** *nt* ① (*Spielzeug*) tricycle *m* ② (*Lieferfahrzeug*) triporteur *m* **Dreisatz** *m kein Pl* règle *f* de trois

dreißig ['draɪsɪç] *num* trente; *s. a.* **achtzig**

Dreißig <-, -en> *f* trente *m*

dreißigjährig *adj attr* de trente ans; *s. a.* **achtzigjährig**

dreist [draɪst] *adj* impudent(e); **immer ~er werden** avoir de plus en plus d'aplomb

dreistellig *adj* (*Betrag*) à trois chiffres; (*Zahl*) de trois chiffres

Dreistigkeit <-, -en> *f* (*einer Person, eines Verhaltens*) impudence *f*

dreitausend ['draɪ'taʊzənt] *num* trois mille **dreiviertel**ALT ['draɪ'fɪrtl] *s.* **viertel**

Dreiviertelstunde *f* trois quarts *mpl* d'heure **Dreivierteltakt** [-'fɪrtl] *m* mesure *f* à trois temps **Dreizack** ['draitsak] <-s, -e> *m* trident *m* **dreizehn** *num* treize; *s. a.* **acht**[1] ▸**jetzt schlägt's ~** *fam* alors là, c'est le bouquet!

dreschen ['drɛʃən] <drischt, drosch, gedroschen> *vt* ❶ (*Getreide*) battre ❷ *fam* (*prügeln*) **jdn windelweich ~** flanquer une bonne dérouillée à qn

Dresden ['dre:sdən] <-s> *nt* Dresde

dressieren* [drɛ'si:rən] *vt* dresser

Dressur [drɛ'su:ɐ̯] <-, -en> *f* dressage *m*

Drill [drɪl] <-[e]s> *m* MIL mise *f* au pas

drillen *vt* MIL **jdn ~** mettre qn au pas

Drilling ['drɪlɪŋ] <-s, -e> *m* triplé *m*; **~e bekommen** avoir des triplés *mpl*

drin [drɪn] *adv fam* ❶ **in der Vase ist noch Wasser ~** il y a encore de l'eau dans le vase; *s. a.* **darin** ❷ (*möglich*) **~ sein** pouvoir se faire

dringen ['drɪŋən] <drang, gedrungen> *vi* ❶ + *sein* **durch etw ~** (*Person, Tier*) pénétrer dans qc; (*Speer, Regen*) traverser qc; (*Licht*) percer qc; **in etw** (*akk*) **~** (*Geschoss*) traverser qc ❷ + *sein* (*vor~*) **an die Öffentlichkeit ~** (*Nachricht*) être connu du grand public ❸ + *sein geh* (*einwirken*) **in jdn ~ etw zu tun** presser qn de faire qc ❹ + *haben* (*fordern*) **auf etw** (*akk*) **~** exiger qc; **darauf ~, dass** insister que + *subj*

dringend **I.** *adj* (*Anruf*) urgent(e); (*Operation*) d'urgence; (*Warnung*) pressant(e) **II.** *adv* (*benötigen*) de toute urgence; (*operieren*) d'urgence; (*warnen, bitten*) avec insistance; (*erforderlich*) absolument

dringlich *s.* **dringend**

Dringlichkeit <-> *f* urgence *f*

Drink [drɪnk] <-s, -s> *m* (*mit Alkohol*) drink *m*

drinnen ['drɪnən] *adv* à l'intérieur

dritte(r, s) *adj* ❶ troisième ❷ (*bei Datumsangaben*) **der ~ März** le trois mars; *s. a.* **achte(r, s)**

drittel *adj* troisième; *s. a.* **achtel**

drittens *adv* troisièmement

Dritte-Welt-Laden ['drɪtə'vɛltla:dən] *m* magasin *m* de produits du tiers-monde

DRK [de:ʔɛr'ka:] <-> *nt Abk von* **Deutsches Rotes Kreuz** Croix-Rouge *f* allemande

droben ['dro:bən] *adv geh* là-haut

Droge ['dro:gə] <-, -n> *f* drogue *f*

drogenabhängig *adj* toxicomane **Drogenberatungsstelle** *f* association *f* d'aide pour les drogués **Drogenhandel** *m* trafic *m* de drogue **drogensüchtig** *s.* **drogenabhängig** **Drogenszene** *f* milieu *m* de la drogue **Drogentote(r)** *f(m) dekl wie adj* mort(e) *m(f)* par overdose

Drogerie [drogə'ri:] <-, -n> *f* droguerie-herboristerie *f*

drohen ['dro:ən] *vi* ❶ menacer ❷ (*im Begriff sein*) **einzustürzen ~** menacer de s'écrouler

drohend *adj* (*Blick*) menaçant(e); (*Gefahr*) imminent(e)

Drohne <-, -n> *f* ZOOL faux bourdon *m*

dröhnen ['drø:nən] **I.** *vi* ❶ (*Stimme*) résonner; (*Donner*) gronder ❷ (*Wand*) résonner **II.** *vr* **sich voll ~** *fam* (*sich betrinken*) se bourrer; (*Drogen nehmen*) se défoncer

Drohung ['dro:ʊŋ] <-, -en> *f* menace *f*

drollig ['drɔlɪç] *adj* ❶ drôle ❷ (*niedlich*) mignon(ne)

Dromedar ['dro:meda:ɐ̯] <-s, -e> *nt* dromadaire *m*

Drossel ['drɔsəl] <-, -n> *f* grive *f*

drosseln ['drɔsəln] *vt* (*Heizung, Tempo*) réduire

drüben ['dry:bən] *adv* en face

drüber ['dry:bɐ] *adv s.* **darüber**

Druck[1] [drʊk, *Pl:* 'drʏkə] <-[e]s, Drücke> *m* ❶ pression *f* ❷ (*in der Brust*) oppression *f*; (*im Magen*) lourdeur *f* ❸ *kein Pl* (*das Drücken*) **mit einem ~ auf diese Taste** par simple pression sur cette touche ❹ *kein Pl* (*Zwang*) contrainte *f*; **unter ~ stehen** être sous pression; (*in Zeitnot sein*) être pressé par le temps

Druck[2] <-[e]s, -e> *m* ❶ *kein Pl* impression *f*; **etw in ~ geben** faire imprimer qc ❷ (*gedrucktes Werk*) imprimé *m*

Druckbuchstabe *m* caractère *m* d'imprimerie

Drückeberger(in) ['drʏkəbɛrgɐ] <-s, -> *m(f) pej fam* (*Faulenzer*) tire-au-cul *m*

drucken ['drʊkən] *vt, vi* imprimer

drücken ['drʏkən] **I.** *vt* ❶ (*Knopf*) appuyer sur ❷ (*pressen*) **jdn an sich** (*akk*) **~** étreindre qn ❸ (*schieben*) **etw nach vorne ~** pousser qc en avant; **den Hut in die Stirn ~** enfoncer le chapeau jusqu'aux oreilles ❹ (*schmerzen*) **jdn ~** (*Schuhe*) serrer qn;

D

(*Rucksack*) peser sur qn ❺ (*Leistung*) faire baisser ❻ (*be~*) **jdn ~** (*Schulden*) oppresser qn **II.** *vi* ❶ (*Brille*) serrer; **im Magen ~** peser sur l'estomac ❷ (*pressen*) **auf einen Knopf ~** appuyer sur un bouton; [**bitte**] **~!** Poussez [S.V.P.]! ❸ (*Verantwortung*) être oppressant ❹ *fam* (*Rauschgift spritzen*) se shooter **III.** *vr* ❶ **sich an die Wand ~** se plaquer contre le mur; **sich in eine Ecke ~** se blottir dans un coin ❷ *fam* (*sich entziehen*) **sich ~** se défiler

drückend *adj* ❶ (*Last*) lourd(e); (*Verantwortung*) accablant(e) ❷ (*schwül*) lourd(e)

Drucker <-s, -> *m* TECH imprimante *f*

Drucker(in) <-s, -> *m(f)* imprimeur(-euse) *m(f)*

Druckerei [drʊkəˈraj] <-, -en> *f* imprimerie *f*

Druckerschwärze *f* encre *f* d'imprimerie **Druckertreiber** *m* driver *m*

Druckfehler *m* faute *f* d'impression

Druckknopf *m* bouton-pression *m* **Druckluft** *f kein Pl* air *m* comprimé **Druckmesser** <-s, -> *m* manomètre *m* **Druckmittel** *nt* moyen *m* de pression

druckreif *adj* prêt(e) à imprimer **Drucksache** *f* imprimé *m* **Druckschrift** *f* ❶ [écriture *f* en] lettres *fpl* d'imprimerie ❷ MEDIA imprimé *m*

Druckwelle [ˈdrʊkvɛlə] *f* onde *f* de choc

drum [drʊm] *adv fam* ❶ (*um den, die, das*) **~ herum** tout autour ❷ (*deswegen*) **~ sagt er nichts** c'est pour ça qu'il ne dit rien ►**sei's ~!** soit!; *s. a.* **darum**

Drüse [ˈdryːzə] <-, -n> *f* glande *f*

Dschungel [ˈdʒʊŋəl] <-s, -> *m* jungle *f*

dt. *adj, adv Abk von* **deutsch** alld.

DTP [deːteːˈpeː] <-> *nt Abk von* **Desktop publishing** P.A.O. *f*

Dtzd. *Abk von* **Dutzend**

du [duː] *pron pers, 2. Pers, Sing* ❶ tu; **wenn ich ~ wäre** si j'étais toi ❷ (*als Anrede*) toi; **zu jdm ~ sagen** dire tu à qn ►**mit jdm per ~ sein** tutoyer qn

Du <-[s]> *nt* **sie hat ihm das ~ angeboten** elle lui a proposé de la tutoyer ►**mit jdm auf ~ und ~ stehen** être à tu et toi avec qn (*fam*)

Dübel [ˈdyːbəl] <-s, -> *m* cheville *f*

ducken [ˈdʊkən] *vr* ❶ **sich vor etw** (*dat*) **~** se baisser pour éviter qc ❷ *pej* (*unterwürfig sein*) **sich ~** plier l'échine

Dudelsack [ˈduːdəlzak] *m* cornemuse *f*

Duell [duˈɛl] <-s, -e> *nt* duel *m*

Duett [duˈɛt] <-[e]s, -e> *nt* duo *m*

Duft [dʊft, *Pl:* ˈdʏftə] <-[e]s, Düfte> *m* (*von Blumen*) parfum *m;* (*eines Essens, Parfüms*) arôme *m;* (*eines Bratens*) fumet *m*

duften I. *vi* sentir bon; **nach Harz ~** sentir la résine **II.** *vi unpers* **es duftet** ça sent bon; **es duftet nach Veilchen** ça sent la violette

duftend *adj attr* odorant(e)

dulden [ˈdʊldən] *vt* tolérer

duldsam [dʊltzaːm] *adj* **einer S. gegenüber ~ sein** être tolérant face à qc

dumm [dʊm] <dümmer, dümmste> **I.** *adj* ❶ bête ❷ (*albern*) stupide; **~es Zeug reden** dire des bêtises ❸ *fam* (*Geschichte*) sale *antéposé* **II.** *adv* **sich ~ anstellen** faire l'idiot(e) ►**jdn für ~ verkaufen** *fam* prendre qn pour une andouille

dummerweise [ˈdʊmɐvajzə] *adv* (*unklugerweise*) bêtement

Dummheit <-, -en> *f* bêtise *f*

Dummkopf *m pej fam* andouille *f;* **sei kein ~!** ne fais pas le con!

dumpf [dʊmpf] **I.** *adj* ❶ sourd(e); (*Ton*) grave ❷ (*Luft*) moite; (*Geruch*) de renfermé ❸ (*Ahnung*) vague; (*Schmerz*) diffus(e) **II.** *adv* ❶ (*klingen*) sourdement; (*aufprallen*) avec un son sourd ❷ (*starren*) d'un air stupide

Düne [ˈdyːnə] <-, -n> *f* dune *f*

Dung [dʊŋ] <-[e]s> *m* fumier *m*

Düngemittel *nt* engrais *m*

düngen [ˈdʏŋən] **I.** *vt* (*Acker*) mettre de l'engrais dans **II.** *vi* ❶ mettre de l'engrais ❷ (*düngende Wirkung haben*) **schlecht ~** être un mauvais engrais

Dünger <-s, -> *m* engrais *m*

dunkel [ˈdʊŋkəl] *adj* ❶ sombre; **im Dunkeln** dans l'obscurité ❷ (*Kleidung*) sombre; (*Haare*) foncé(e) ❸ (*Klang*) grave ❹ (*Erinnerung*) confus(e); (*Verdacht*) vague *antéposé* ❺ *pej* (*Vergangenheit*) obscur(e); (*Geschäfte*) louche ►**jdn im Dunkeln lassen** laisser qn dans le vague

dunkelhaarig [ˈdʊŋkəlhaːrɪç] *adj* brun(e)

Dunkelheit <-> *f* obscurité *f*

Dunkelkammer *f* chambre *f* noire

dünn [dʏn] **I.** *adj* ❶ mince; (*mager*) maigre; **~er werden** maigrir ❷ (*Brei*) liquide; (*Kaffee*) léger(-ère); (*Suppe*) clair(e) ❸ (*Stoff*) fin(e) ④ (*Haarwuchs*) clairsemé(e) **II.** *adv* ~ **besiedelt sein** être peu peuplé ▸~ **gesät sein** ne pas courir les rues

Dünndarm *m* ANAT intestin *m* grêle

Dunst [dʊnst, *Pl:* 'dʏnstə] <-[e]s, Dünste> *m* ① brume *f* ② (*Dampf*) vapeur *f* ▸**keinen blassen ~ von etw haben** *fam* y connaître que dalle à qc

dünsten ['dʏnstən] *vt* **etw ~** faire cuire qc à la vapeur

dunstig ['dʊnstɪç] *adj* ① brumeux(-euse) ② (*Kneipe*) enfumé(e)

Duplikat [dupli'ka:t] <-[e]s, -e> *nt* double *m;* ADMIN duplicata *m*

Dur [du:ɐ̯] <-> *nt* mode *m* majeur

durch [dʊrç] **I.** *präp* + *akk* ① (*hindurch*) ~ **das Fenster** par la fenêtre; ~ **die Stadt bummeln** faire un tour en ville; ~ **den Fluss waten** passer une rivière à gué; **quer ~ das Tal gehen** traverser la vallée; ~ **sein** (*Zug*) être passé ② (*mit Hilfe*) **etw ~ einen Boten bekannt geben** faire savoir qc par un messager ③ (*aufgrund*) ~ **Zufall** par hasard; ~ **Fragen** à force de demander ④ (*dank*) ~ **jdn** grâce à qn ⑤ (*während*) **das ganze Jahr ~ arbeiten** travailler pendant toute l'année ⑥ MATH **vier geteilt ~ zwei** quatre divisé par deux **II.** *adv* ① *fam* (*vorbei*) **es ist Mittag ~** il est midi passé(e) ② *fam* (*fertig*) **mit etw ~ sein** (*Buch*) avoir fini [de lire] qc ③ *fam* (*kaputt*) ~ **sein** (*Sohlen*) être nase ④ *fam* (*genehmigt*) ~ **sein** (*Gesetz*) être passé; (*Antrag*) être accordé ⑤ *fam* (*gar*) ~ **sein** être bien cuit ⑥ *fam* (*reif*) ~ **sein** (*Käse*) être bien fait ▸~ **und ~ ehrlich sein** être on ne peut plus intègre

durch|arbeiten I. *vt* **ein Buch ~** étudier un livre à fond **II.** *vi* travailler sans interruption **III.** *vr* ① **sich durch die Post ~** venir à bout du courrier ② (*sich durchkämpfen*) **sich durch ein Dickicht ~** se frayer un passage à travers le fourré

durch|atmen *vi* respirer profondément

durchaus [dʊrç'ʔaʊ̯s] *adv* ① absolument ② (*völlig*) tout à fait ③ (*überhaupt*) ~ **nicht schlecht sein** être loin d'être mauvais

durch|blättern *vt,* **durchblättern*** *vt* feuilleter

Durchblick *m* ① (*Ausblick*) vue *f* ② *fam* (*Überblick*) **keinen ~ haben** n'y piger rien

durch|blicken *vi* ① **durch etw ~** regarder à travers qc ② *fam* (*den Überblick haben*) **ich blicke da nicht mehr durch** j'y pige plus rien ③ (*erkennbar werden*) **etw ~ lassen** laisser paraître qc; ~ **lassen, dass ...** laisser entendre que ...

Durchblutung [dʊrç'blu:tʊŋ] *f* circulation *f* sanguine

durchbohren* ['dʊrçbo:rən] *vt* ① transpercer ② *fig* **jdn mit Blicken ~** fusiller qn du regard

durch|brechen[1] ['dʊrçbrɛçən] *irr* **I.** *vt* + *haben* **etw ~** casser qc en deux **II.** *vi* + *sein* ① (*Brett*) se casser ② (*Zahn*) percer

durchbrechen*[2] *vt irr* ① enfoncer ② (*Schallmauer*) franchir; (*Blockade*) forcer

durch|brennen *vi irr* + *sein* ① (*Glühbirne*) griller; (*Sicherung*) sauter; (*Lampe*) brûler ② *fam* (*davonlaufen*) **jdm ~** (*Kind*) fuguer [de chez qn]; **mit jdm ~** (*Ehepartner*) se barrer avec qn

durch|bringen *vt irr* ① (*Gesetz*) réussir à faire passer ② (*mit Unterhalt versorgen*) **jdn ~** subvenir aux besoins de qn ③ (*Vermögen*) dilapider

Durchbruch *m* ① *a.* MIL percée *f* ② *kein Pl* (*eines Zahnes*) percée *f;* **zum ~ kommen** (*Eifersucht*) se faire jour

durchdacht *adj* **wohl ~** mûrement réfléchi(e)

durch|drehen I. *vi* ① + *haben* (*Räder*) tourner dans le vide ② + *haben o sein fam* (*die Nerven verlieren*) disjoncter **II.** *vt* + *haben* (*Gemüse*) mouliner; (*Fleisch*) hacher

durch|dringen[1] ['dʊrçdrɪŋən] *vi irr* + *sein* passer à travers

durchdringen*[2] [dʊrç'drɪŋən] *vt irr* (*Material*) passer à travers; (*Dunkelheit*) percer

durchdringend ['dʊrçdrɪŋənt] *adj* (*Kälte*) mordant(e); (*Schmerz*) aigu(ë); (*Schrei, Blick*) perçant(e); (*Geruch*) pénétrant(e)

durcheinander [dʊrçʔaɪ̯'nandɐ] **I.** *adj fam* ① (*unordentlich*) ~ **sein** (*Wohnung*) être en pagaille; (*Karteikarten*) être tout mélangé ② (*verwirrt*) ~ **sein** être tourneboulé **II.** *adv* **viel ~ essen** manger beaucoup et n'importe comment

Durcheinander <-s> *nt* ① désordre *m* ② (*Wirrwarr*) confusion *f*

durch|fahren *vi irr* + *sein* ① **durch etw ~** passer par qc ② (*nicht anhalten*) **bei Rot ~** passer au [feu] rouge; **bis Frankfurt ~** (*Zug*) ne pas s'arrêter avant Francfort

Durchfahrt *f* ① passage *m;* ~ **bitte freihal-**

D

ten! ne pas stationner!; ~ **verboten!** passage interdit! ❷ *kein Pl* (*Transit*) **auf der ~ sein** être en transit

Durchfall *m* diarrhée *f*

durch|fallen *vi irr + sein* ❶ **durch ein Loch ~** passer à travers un trou ❷ *fam* (*nicht bestehen*) **bei etw ~** se faire étendre à qc

durch|feiern ['dʊrçfaiɐn] *vt, vi fam* faire la java

durch|fragen *vr* **sich ~** finir par trouver [à force de poser des questions]

durchführbar *adj* réalisable

durch|führen I. *vt* ❶ (*Messung*) faire; **einen Plan ~** mettre un plan à exécution ❷ (*hindurchführen*) **jdn durch etw ~** (*Führer*) guider qn à travers qc ❸ (*durchleiten*) faire passer **II.** *vi* (*verlaufen*) **durch etw ~** traverser qc

Durchführung *f* (*eines Projekts*) mise *f* en œuvre

Durchgang *m* ❶ passage *m;* **kein ~!** passage interdit! ❷ (*Phase*) tour *m*

durchgängig I. *adj* général(e) **II.** *adv* (*ablehnen*) à l'unanimité

Durchgangsstraße *f* grand axe *m*

durch|geben *vt irr* communiquer

durchgefroren *adj* [complètement] gelé(e)

durch|gehen *irr* **I.** *vi + sein* ❶ (*Person*) avancer; **durch den Zoll ~** passer la douane ❷ *fam* (*durchpassen*) **unter der Tür ~** passer sous la porte ❸ (*Flug*) être direct ❹ *fam* (*ohne Unterbrechung andauern*) être non-stop ❺ (*durchdringen*) **durch etw ~** (*Strahlung*) traverser qc ❻ (*Antrag*) être adopté ❼ (*Pferd*) s'emballer [et s'enfuir]; **seine Nerven gingen ihm durch** ses nerfs le lâchèrent **II.** *vt + sein* (*Text*) revoir

durchgehend I. *adj* ❶ (*Öffnungszeiten*) sans interruption ❷ (*Zug*) direct(e) **II.** *adv* (*ständig*) en permanence

durch|greifen *vi irr* ❶ (*eingreifen*) prendre des mesures énergiques; **hart ~** sévir ❷ (*hindurchfassen*) **durch etw ~** passer la main à travers qc

durch|halten *irr* **I.** *vt* ❶ (*ertragen*) supporter ❷ (*Streik*) poursuivre ❸ (*Tempo*) tenir; (*Strecke*) aller jusqu'au bout de ❹ (*Beanspruchung*) résister à **II.** *vi* (*standhalten*) tenir bon

Durchhaltevermögen ['dʊrçhaltəfɛɐmøːgən] *nt* endurance *f*

durch|hängen *vi irr + haben o sein* ❶ (*Seil*) être lâche ❷ *fam* (*abgespannt sein*) être à plat; (*deprimiert sein*) avoir le blues

durch|kämmen[1] ['dʊrçkɛmən] *vt* peigner

durchkämmen*[2] [dʊrç'kɛmən] *vt* (*durchsuchen*) **etw ~** passer qc au peigne fin

durch|kommen *vi irr + sein* ❶ (*durchfahren*) passer; **durch ein Dorf ~** traverser un village ❷ (*passieren*) pouvoir passer ❸ (*Erfolg haben*) **bei jdm mit etw ~** avoir du succès avec qc auprès de qn ❹ (*Prüfung bestehen*) réussir ❺ *fam* (*überleben*) s'en tirer

durchkreuzen*[1] [dʊrçkrɔytsən] *vt geh* (*Pläne*) contrarier

durch|kreuzen[2] [dʊrç'krɔytsən] *vt* (*durchstreichen*) barrer

Durchlauf *m* INFORM exécution *f*

durch|laufen[1] ['dʊrçlaufən] *irr* **I.** *vi + sein* passer **II.** *vt + haben* (*Sohlen*) user

durchlaufen*[2] [dʊrç'laufən] *vt irr* ❶ (*Gebiet*) traverser ❷ SPORT (*Strecke*) parcourir ❸ (*Ausbildung*) faire; (*Phase*) traverser; **die Schule ~** effectuer sa scolarité

durchleben* *vt* ❶ (*Zeit*) vivre ❷ (*Angst*) passer par

durch|lesen *vt irr* **etw ~** (*dat*) lire qc; (*bis zum Ende*) lire qc en entier; **das Durchlesen** la lecture

durchleuchten* ['dʊrçlɔyçtən] *vt* MED radiographier

durch|machen I. *vt* ❶ (*Krankheit*) avoir; (*schwere Zeiten*) traverser; (*Unangenehmes*) vivre ❷ (*Phase*) passer par **II.** *vi fam* ❶ (*durchfeiern*) faire la bringue jusqu'au petit matin ❷ (*durcharbeiten*) travailler en non-stop

Durchmesser <-s, -> *m* diamètre *m*

durchnässen* *vt* tremper

durch|nehmen *vt irr* faire

durch|nummerieren*RR *vt* numéroter

durchqueren* [dʊrç'kveːrən] *vt* traverser

Durchreise *f* ❶ (*das Durchreisen*) la traversée ❷ (*Durchfahrt*) **auf der ~ sein** être de passage

durch|ringen *vr irr* **sich dazu ~ etw zu tun** se résoudre à faire qc

durch|rosten *vi + sein* rouiller [complètement]

durchs [dʊrçs] = *fam Abk von* **durch das** s. **durch**

Durchsage ['dʊrçzaːgə] *f* communiqué *m* (*Verkehrsdurchsage*) point *m* sur la circulation routière

durch|sagen *vt* ① communiquer ② (*Parole*) transmettre; **nach hinten ~!** faites passer derrière!
durchschauen*¹ [dʊrç'ʃauən] *vt* (*Intrige*) voir clair dans; (*Absichten*) deviner
durch|schauen² *s.* **durchsehen**
Durchschlag ['dʊrçʃla:k] *m* (*Kopie*) copie *f*
durchschlagend *adj* (*Erfolg*) éclatant(e); (*Argument*) décisif(-ive)
durch|schneiden ['dʊrçʃnaidən] *vt irr* couper
Durchschnitt ['dʊrçʃnɪt] *m* (*Mittelwert*) moyenne *f;* **unter dem ~** en dessous de la moyenne
durchschnittlich I. *adj* moyen(ne) **II.** *adv* ① (*im Durchschnitt*) en moyenne ② (*mäßig*) moyennement
Durchschnittsalter *nt* âge *m* moyen
Durchschrift *f* double *m*
durch|schütteln *vt* secouer
durch|schwitzen *vt* tremper de sueur; **etw ~** tremper qc de sueur
durch|sehen *irr* **I.** *vt* ① vérifier; **etw auf Fehler** (*akk*) **~** relire qc pour corriger ② (*durchblättern*) feuilleter **II.** *vi* (*hindurchsehen*) **durch etw ~** regarder à travers qc
durch|setzen ['dʊrçzɛtsən] **I.** *vt* ① (*erzwingen*) imposer ② (*Plan*) imposer; (*Forderung*) faire aboutir ③ (*bewilligt bekommen*) **etw bei jdm ~** faire accepter qc par qn; **bei jdm ~, dass** obtenir de qn que + *subj* **II.** *vr* ① (*sich Geltung verschaffen*) **sich gegen jdn ~** s'imposer face à qn ② (*sich verbreiten*) **sich ~** (*Idee*) s'imposer
durch|setzen¹ ['dʊrçzɛtsən] **I.** *vt* ① imposer; (*Forderung*) faire aboutir ② (*bewilligt bekommen*) **etw bei jdm ~** faire accepter qc par qn; **bei jdm ~, dass** obtenir de qn que + *subj* **II.** *vr* ① (*sich Geltung verschaffen*) **sich gegen jdn ~** s'imposer face à qn ② (*sich verbreiten*) **sich ~** (*Idee*) s'imposer
durchsetzen*² [dʊrç'zɛtsən] *vt* (*infiltrieren*) **eine Organisation mit etw ~** noyauter une organisation avec qc
Durchsetzungsvermögen ['dʊrçzɛtsʊŋsfɛɐmø:gən] *nt* capacité *f* de s'imposer
Durchsicht *f* examen *m;* **bei ~ der Rechnungen** en vérifiant les factures
durchsichtig *adj* ① transparent(e) ② (*offensichtlich*) évident(e)
durch|sickern *vi + sein* ① (*bekannt werden*) **zu jdm ~** filtrer jusqu'à qn; **es ist durchgesickert, dass ...** on a divulgué que ... ② (*durchdringen*) **durch etw ~** (*Flüssigkeit*) s'infiltrer à travers qc
durchstöbern* [dʊrç'ʃtø:bɐn] *vt fam* **einen Schrank ~** farfouiller dans une armoire
durch|streichen *vt irr* rayer
durchstreifen* [dʊrç'ʃtraifən] *vt geh* (*Gegend*) parcourir
durchsuchen* ['dʊrçzu:xən] *vt* (*Person, Wohnung*) fouiller; (*Gegend*) explorer
Durchsuchung [dʊrç'zu:xʊŋ] <-, -en> *f* ① fouille *f* ② (*durch die Polizei: einer Wohnung*) perquisition *f;* (*einer Gegend*) exploration *f*
durch|trennen *vt,* **durchtrennen*** *vt* sectionner
durchtrieben [dʊrç'tri:bən] *adj pej* rusé(e)
durchwachsen [dʊrç'vaksən] *adj* ① (*Speck*) maigre ② *hum fam* (*mittelmäßig*) **~ sein** être couci-couça
Durchwahl ['dʊrçva:l] *f* ① ligne *f* directe ② *fam* (*~nummer*) numéro *m* de poste
durch|wühlen¹ [dʊrç'vy:lən] **I.** *vt* fouiller **II.** *vr* ① **sich durch etw ~** venir à bout de qc ② (*durch Wühlen gelangen*) **sich ~** (*dat*) (*Maulwurf*) se creuser un passage
durchwühlen*² ['dʊrçvy:lən] *vt* ① (*Schrank, Zimmer*) retourner ② (*aufwühlen*) **die Erde ~** fouiller la terre
durch|zählen *vt, vi* compter
Durchzug *m* ① *kein Pl* courant *m* d'air ② (*das Durchziehen*) passage *m*
dürfen¹ ['dʏrfən] <darf, durfte, dürfen> *aux modal* ① **etw tun ~** pouvoir faire qc; (*Erlaubnis haben*) avoir le droit de faire qc ② (*Anlass haben, können*) **ich darf annehmen, dass ...** je peux supposer que ...; **wir ~ uns nicht beklagen** on n'a pas à se plaindre ③ (*sollen, müssen*) **wir ~ den Bus nicht verpassen** il ne faut pas que nous rations notre bus; **das hätte er nicht tun ~** il n'aurait pas dû faire ça; **es darf nicht sein, dass** il est inadmissible que + *subj* ④ (*in Höflichkeitsformeln*) **darf ich noch ein Stück Kuchen haben?** puis-je avoir encore un morceau de gâteau?; **was darf es denn sein?** vous désirez? ⑤ (*zum Ausdruck der Wahrscheinlichkeit*) **es dürfte genügen, wenn ...** cela devrait suffire si ...; **es dürfte wohl das Beste sein, wenn** le mieux serait de + *infin*

D

dürfen[2] <darf, durfte, gedurft> **I.** *vi* pouvoir; (*Erlaubnis haben*) avoir la permission; **darf ich? — Ja, du darfst** je peux? — Oui, tu peux **II.** *vt* **er darf alles** il peut faire tout ce qu'il veut; **darf sie das wirklich?** elle a vraiment la permission?

dürftig ['dʏrftɪç] **I.** *adj* ❶ (*Essen*) frugal(e); (*Unterkunft*) rudimentaire ❷ (*Ergebnis*) piètre *antéposé* ❸ (*Vegetation*) clairsemé(e) **II.** *adv* (*beleuchtet*) faiblement; (*bekleidet*) misérablement

dürr [dʏr] *adj* ❶ (*Ast*) mort(e); (*Boden*) sec (sèche) ❷ *pej* (*dünn*) maigre

Dürre ['dʏrə] <-, -n> *f* sécheresse *f*

Durst [dʊrst] <-[e]s> *m* soif *f*; **~ auf etw** (*akk*) **haben** avoir envie de boire qc

durstig *adj* (*Person*) assoiffé(e); **jdn ~ machen** donner soif à qn

durststillend *adj* désaltérant(e) **Durststrecke** *f* période *f* difficile

Dusche ['dʊʃə] <-, -n> *f* douche *f*

duschen **I.** *vi, vr* [**sich**] ~ se doucher **II.** *vt* doucher

Duschgel *nt* gel *m* douche

Düse ['dy:zə] <-, -n> *f a.* AVIAT tuyère *f*

Dusel ['du:zəl] <-s> *m* (*Glück*) **~ haben** *fam* avoir du pot

düsen ['dy:zən] *vi + sein fam* (*fliegen, fahren*) filer; (*schnell gehen*) foncer

Düsenflugzeug *nt* avion *m* à réaction

Dussel ['dʊsəl] <-s, -> *m fam* andouille *f*

düster ['dy:stɐ] *adj* ❶ (*finster*) sombre ❷ (*bedrückend*) sombre *antéposé;* (*Gestalten*) sinistre

Dutzend ['dʊtsənt] <-s, -e> *nt* ❶ douzaine *f* ❷ *Pl fam* (*jede Menge*) douzaines *fpl*

dutzendmal *adv fam* des dizaines de fois

duzen ['du:tsən] *vt, vr* [**sich**] ~ [se] tutoyer

DV [de:'fau] <-> *f Abk von* **Datenverarbeitung** informatique *f*

DVD *f Abk von* **digital videodisc** DVD *m*

DVD-Player [-pleɪɐ] <-s, -> *m* lecteur *m* DVD

Dynamik [dy'na:mɪk] <-> *f* ❶ dynamique *f* ❷ (*einer Person*) dynamisme *m*

dynamisch **I.** *adj* ❶ (*Entwicklung*) dynamique ❷ (*Rente*) indexé(e) **II.** *adv* avec dynamisme

Dynamit [dyna'mi:t] <-s> *nt a. fig* dynamite *f*

Dynamo [dy'na:mo] <-s, -s> *m* dynamo *f*

Dynastie [dynas'ti:] <-, -n> *f* dynastie *f*

D-Zug ['de:tsu:k] *m* express *m*

Ee

E, e [e:] <-, -> *nt* ❶ E *m*/e *m* ❷ MUS mi *m*

Ebbe ['ɛbə] <-, -n> *f* marée *f* basse; **~ und Flut** le flux et le reflux

eben[1] ['e:bən] **I.** *adj* plat(e) **II.** *adv* (*verlaufen*) sur le plat

eben[2] *adv* ❶ (*gerade*) **was hast du ~ gesagt?** qu'est-ce que tu viens de dire?; **dein Bruder war ~ noch hier/da** ton frère était encore ici/là à l'instant ❷ (*nämlich*) justement; [**na**] **~!** [alors,] tu vois/vous voyez! ❸ (*nun einmal*) tout simplement; **es ist ~ so** c'est comme ça ❹ (*gerade noch*) (*mengenmäßig*) [tout] juste; (*zeitlich*) de justesse

Ebenbild *nt* [**ganz**] **sein/dein ~** [tout] son/ton portrait

ebenbürtig *adj* (*Gegner, Partner*) de même valeur

ebenda ['e:bən'da:] *adv* (*genau dort*) là-même; (*in Verweisen*) ibidem

Ebene ['e:bənə] <-, -n> *f* ❶ plaine *f* ❷ MATH, PHYS plan *m* ❸ (*Stufe*) échelon *m*, niveau *m*

ebenerdig *adj* de plain-pied

ebenfalls *adv* aussi; **ich ~** moi aussi; **ich war ~ nicht eingeladen** moi non plus, je n'étais pas invité(e); **danke, ~!** merci, pareillement!

ebenso ['e:bənzo:] *adv* ❶ **~ gern/gut** tou[t] aussi bien; **~ sehr/viel** tout autant ❷ (*desgleichen*) également

ebensogut[ALT] *s.* **ebenso 1.** **ebensosehr**[ALT] *s.* **ebenso 1.** **ebensoviel**[ALT] *s.* **ebenso 1.**

Eber ['e:bɐ] <-s, -> *m* verrat *m;* (*wilder ~*) sanglier *m*

E-Business ['i:'bɪznɪs] <-> *f kein P[l]* e-commerce *m*

EC [e:'tse:] <-s, -s> *m* ❶ *Abk von* **Eurocity** [**Zug**] Eurocity *m* ❷ *Abk von* **Euroschec[k]** eurochèque *m*

Echo ['ɛço] <-s, -s> *nt* écho *m*

Echolot *nt* sonde *f* acoustique

Echse ['ɛksə] <-, -n> *f* saurien *m*

echt [ɛçt] **I.** *adj* ❶ véritable; (*Haar*) natu[rel](le); (*Unterschrift*) authentiqu[e] ❷ (*Schmerz*) vrai(e) **II.** *adv* ❶ typiqu[ement] ❷ (*rein*) **~ Gold/Silber** de l'or/l'argent vé[ritable] ❸ *fam* (*wirklich*) vraiment

Echtheit <-> *f* (*echte Beschaffenheit*) authen[ticité]

ticité *f;* (*Aufrichtigkeit*) sincérité *f*

Eck [ɛk] <-[e]s, -e> *nt* ① A (*Ecke*) coin *m* ② (*Ecke des Tores*) coin *m*

Eckball *m* corner *m*

Ecke ['ɛkə] <-, -n> *f* ① coin *m;* MATH angle *m* ② (*Straßenecke*) coin *m;* **gleich um die ~** juste au coin ③ SPORT corner *m*

eckig *adj* ① (*Tisch*) carré(e); (*Skulptur*) anguleux(-euse) ② (*ungelenk*) raide

Eckzahn *m* canine *f*

ECOFIN ['ekofi:n] *m Abk von* **Rat der Wirtschafts- und Finanzminister** ECOFIN *m*

Ecu [e'ky:] <-[s], -[s]> *m,* <-, -> *f Abk von* **European currency unit** écu *m*

edel ['e:dəl] **I.** *adj* ① *geh* noble ② (*Hölzer*) précieux(-euse); (*Wein*) noble ③ (*Pferd*) de race **II.** *adv* (*handeln*) noblement; (*verarbeitet*) élégamment

Edelgas *nt* gaz *m* rare **Edelmann** <-leute> *m* gentilhomme *m* **Edelmetall** *nt* métal *m* précieux **Edelmut** *m kein Pl geh* noblesse *f* d'âme **Edelstahl** *m* acier *m* affiné **Edelstein** *m* pierre *f* précieuse **Edeltanne** *f* sapin *m* argenté **Edelweiß** <-[es], -e> *nt* edelweiss *m*

Edikt [e'dɪkt] <-[e]s, -e> *nt* édit *m*

Edition [edi'tsi̯o:n] <-, -en> *f* ① (*Ausgabe*) édition *f* ② (*Verlag*) maison *f* d'édition

Editor ['e:dito:ɐ̯] <-s, -toren> *m* INFORM éditeur *m* [de textes]

EDV [e:de:'fau] <-> *f kein Pl Abk von* **elektronische Datenverarbeitung** informatique *f*

EDV-Anlage *f* installation *f* informatique

Efeu ['e:fɔy] <-s> *m* lierre *m*

Effekt [ɛ'fɛkt] <-[e]s, -e> *m* effet *m*

effektiv [ɛfɛk'ti:f] *adj* ① (*Maßnahme*) efficace ② (*Verbesserung*) effectif(-ive); (*Zinsen*) réel(le)

effektvoll [ɛ'fɛktfɔl] *adj* qui fait de l'effet

effizient [ɛfi'tsi̯ɛnt] **I.** *adj geh* performant(e) **II.** *adv geh* avec efficience

Efta ['ɛfta] <-> *f Abk von* **European Free Trade Association** A.E.L.E. *f*

EG [e:'ge:] <-> *f* ① *Abk von* **Europäische Gemeinschaft** C.E. *f* ② *Abk von* **Eingetragene Genossenschaft** coopérative *f* inscrite au registre

egal [e'ga:l] **I.** *adj fam* **jdm ~ sein** ne pas avoir d'importance pour qn; **~, was** quoi que + *subj;* **~, wie/wo/warum ...** peu importe comment/où/pourquoi ...; **das ist mir ~** ça m'est égal **II.** *adv fam* (*gleich*) pareillement

Egge <-, -n> *f* herse *f*

Egoismus [ego'ɪsmʊs] <-, -ismen> *m* égoïsme *m*

Egoist(in) <-en, -en> *m(f)* égoïste *mf*

egoistisch *adj* égoïste

ehe ['e:ə] *konj* (*bevor*) avant que [ne] + *subj;* **sie verabschiedet sich, ~ sie fährt** elle dit au revoir avant de partir

Ehe ['e:ə] <-, -n> *f* mariage *m;* **~ ohne Trauschein** union *f* libre

eheähnlich *adj* **in einer ~en Gemeinschaft leben** vivre maritalement **Ehebett** *nt* lit *m* conjugal **Ehebruch** *m* adultère *m* **Ehefrau** *f* femme *f* **Ehekrach** *m fam* scène *f* de ménage **Eheleute** *Pl form* conjoints *mpl*

ehelich **I.** *adj* conjugal(e); (*Kind*) légitime; (*Rechte*) matrimonial(e) **II.** *adv* **ein ~ geborenes Kind** un enfant légitime

ehelos *adv* (*bleiben*) célibataire; (*leben*) dans le célibat

ehemalig ['e:əma:lɪç] *adj attr* ancien(ne) *antéposé*

ehemals *adv form* jadis (*soutenu*)

Ehemann <-männer> *m* mari *m* **Ehepaar** *nt* couple *m* **Ehepartner(in)** *m(f)* conjoint(e) *m(f)*

eher ['e:ɐ] *adv* ① (*kommen*) plus tôt; **je ~, desto besser** plus tôt ce sera, mieux ce sera ② (*wahrscheinlicher*) plutôt; **das ist ~ möglich** c'est plus probable

Ehering *m* alliance *f* **Ehescheidung** *f* divorce *m* **Eheschließung** *f* mariage *m*

ehrbar ['e:ɐ̯ba:ɐ] *adj* respectable

Ehre ['e:rə] <-, -n> *f* honneur *m;* **zu ~n kommen** être à l'honneur; **jdm zu ~n** en l'honneur de qn; **in ~n halten** (*Andenken*) respecter; **wir geben uns** (*dat*) **die ~, ...** *form* nous avons l'honneur de ...; **jdm die letzte ~ erweisen** *geh* rendre les derniers honneurs à qn **▶mit wem habe ich die ~?** *iron form* à qui ai-je l'honneur?

ehren *vt* ① **jdn durch/mit etw ~** honorer qn de qc; **hoch geehrt** très honoré(e) *antéposé* ② (*Ehre machen*) honorer

Ehrenamt *nt* fonction *f* honorifique **ehrenamtlich** *adj* (*Tätigkeit*) bénévole **Ehrenbürger(in)** *m(f)* citoyen(ne) *m(f)* d'honneur **Ehrendoktor** *m* docteur *m* honoris causa **Ehrengast** *m* invité(e) *m(f)* d'honneur

E

ehrenhaft *adj* honorable

Ehrenrettung *f* réhabilitation *f;* **zu seiner/ihrer ~** pour sa réhabilitation **Ehrensache** *f* affaire *f* d'honneur **Ehrenurkunde** *f* diplôme *m* d'honneur **ehrenvoll** *adj* (*Aufgabe*) honorable **ehrenwert** *s.* **ehrbar Ehrenwort** <-worte> *nt* parole *f* d'honneur; **sein ~ brechen** manquer à sa parole; **sein ~ halten** tenir parole

Ehrfurcht *f* respect *m*

ehrfürchtig **I.** *adj* respectueux(-euse) **II.** *adv* avec respect

ehrfurchtsvoll **I.** *adj* respectueux(-euse) **II.** *adv* avec respect

Ehrgeiz *m* ambition *f*

ehrgeizig *adj* ambitieux(-euse)

ehrlich **I.** *adj* ❶ sincère; (*Absicht*) honnête ❷ (*Mitarbeiter*) honnête **II.** *adv* ❶ honnêtement ❷ (*aufrichtig*) **~ gesagt, ...** franchement ... ❸ *fam* (*wirklich*) **ich kann nichts dafür, ~!** je n'y peux rien, vraiment!

Ehrlichkeit <-> *f* ❶ sincérité *f* ❷ (*Verlässlichkeit*) honnêteté *f*

Ehrung ['eːrʊŋ] <-, -en> *f* distinction *f*

ehrwürdig *adj* ❶ vénérable ❷ REL révérend(e)

Ei [ai̯] <-[e]s, -er> *nt* œuf *m*

Eiche ['ai̯çə] <-, -n> *f* chêne *m*

Eichel ['ai̯çəl] <-, -n> *f* BOT, ANAT gland *m*

Eichhörnchen *nt* écureuil *m*

Eid [ai̯t] <-[e]s, -e> *m* JUR serment *m;* **einen ~ auf jdn/etw leisten** prêter serment sur qn/qc; **unter ~ stehen** être assermenté

Eidechse ['ai̯dɛksə] *f* lézard *m*

eidesstattlich *adj* (*Erklärung*) sur l'honneur

Eidgenosse *m,* **-genossin** *f* citoyen(ne) *m(f)* helvétique **Eidgenossenschaft** *f* **die Schweizerische ~** la Confédération helvétique **eidgenössisch** *adj* helvétique; (*im Gegensatz zu kantonal*) confédéral(e)

Eidotter ['ai̯dɔtɐ] *m o nt* jaune *m* d'œuf

Eierbecher *m* coquetier *m* **Eierkuchen** *m* ≈ crêpe *f*

eiern *vi fam* (*Rad*) être voilé; (*Schallplatte*) être gondolé

Eierschale *f* coquille *f* d'œuf **Eierstock** *m* ANAT ovaire *m*

Eifer ['ai̯fɐ] <-s> *m* zèle *m;* **mit ~ bei der Sache sein** se donner à fond

Eifersucht *f kein Pl* jalousie *f* **eifersüchtig** *adj* jaloux(-ouse)

Eiffelturm ['ai̯fəltʊrm] *m* tour *f* Eiffel

eifrig ['ai̯frɪç] **I.** *adj* (*Schüler*) studieux(-euse); (*Bemühen*) empressé(e); (*Suche*) intensif(-ive) **II.** *adv* (*lernen*) avec assiduité; **~ bemüht sein etw zu tun** s'efforcer avec zèle de faire qc

Eigelb <-s> *nt* jaune *m* d'œuf

eigen ['ai̯gən] *adj* ❶ propre *antéposé* ❷ (*Meinung*) personnel(le) ❸ (*Eingang*) particulier(-ière)

Eigenart *f* (*einer Person*) particularité *f;* (*einer Landschaft*) caractère *m* particulier **eigenartig** **I.** *adj* particulier(-ière) **II.** *adv* (*sich benehmen*) bizarrement **Eigenbedarf** *m* besoins *mpl* personnels **Eigenbrötler(in)** <-s, -> *m(f)* original(e) *m(f)* **Eigendynamik** *f* dynamique *f* interne **eigenhändig** **I.** *adj* **Ihre ~e Unterschrift** votre propre signature **II.** *adv* moi-même/lui-même/... **Eigenheim** *nt* maison *f* individuelle **Eigeninitiative** *f* initiative *f* individuelle; **in ~** de sa/leur/... propre initiative **Eigenkapital** *nt* (*einer Person*) apport *m* personnel; (*einer Firma*) capital *m* propre **Eigenname** *m* nom *m* propre **Eigennutz** <-es> *m* intérêt *m* personnel **eigennützig** **I.** *adj* intéressé(e) **II.** *adv* par intérêt [personnel]

eigens *adv* spécialement

Eigenschaft <-, -en> *f* (*Charaktereigenschaft*) trait *m* de caractère; **gute und schlechte ~en** des qualités et des défauts

eigensinnig *adj* obstiné(e) **eigenständig** ['ai̯gənʃtɛndɪç] **I.** *adj* autonome **II.** *adv* de façon autonome

eigentlich ['ai̯gəntlɪç] **I.** *adj* ❶ véritable; (*Wert*) réel(le) ❷ (*ursprünglich*) d'origine **II.** *adv* ❶ en principe ❷ (*überhaupt*) au juste ❸ (*wirklich*) en fait

Eigentor *nt* but *m* contre son camp

Eigentum <-s> *nt* propriété *f;* (*Besitzgüter*) biens *mpl*

Eigentümer(in) ['ai̯gənty:mɐ] <-s, -> *m(f)* propriétaire *mf*

eigentümlich ['ai̯gənty:mlɪç] **I.** *adj* ❶ particulier(-ière); (*Verhalten*) singulier(-ière) ❷ (*übel*) drôle **II.** *adv* (*sich verhalten*) bizarrement

Eigentumswohnung *f* appartement *m* en copropriété

eigenwillig *adj* ❶ obstiné(e) ❷ (*unkonventionell*) original(e)

eignen ['ai̯gnən] *vr* **sich für eine bestimmte Arbeit ~** être apte à faire un certain tra vail; **sich als Illustration ~** pouvoir servir d'illustration

Eignung <-> *f* aptitude *f*

Eignungstest *m* examen *m* d'aptitude

Eilbrief *m* lettre *f* [par] exprès; **als ~** en exprès

Eile ['ai̯lə] <-> *f* hâte *f;* **in ~ sein** être pressé; **jdn zur ~ antreiben** inciter qn à se dépêcher [davantage]; **nur keine ~!** doucement!

Eileiter *m* (*bei Menschen*) trompe *f* de Fallope

eilen ['ai̯lən] **I.** *vi* ① + *sein* **nach Hause ~** se dépêcher de rentrer; **durch die Straßen ~** courir dans les rues ② + *sein fig* **von Erfolg zu Erfolg ~** accumuler les succès ③ + *haben* (*Angelegenheit*) être urgent; **Eilt!** urgent! **II.** *vi unpers* + *haben* **es eilt** c'est urgent

eilig **I.** *adj* urgent(e); **es mit etw ~ haben** être pressé de faire qc **II.** *adv* rapidement

Eilzustellung *f* distribution *f* exprès

Eimer ['ai̯mɐ] <-s, -> *m* seau *m*

ein [ai̯n] *adv* **auf „~" drücken** appuyer sur "marche" ▶**weder ~ noch aus wissen, weder aus noch ~ wissen** ne plus savoir quoi faire

ein, eine, ein **I.** *num* un/une; **es ist ~ Uhr** il est une heure; **~e Stunde/~en Tag dauern** durer une heure/une journée; **~ Pfund/Kilo wiegen** peser une livre/un kilo; *s. a.* **eins** ▶**mein Ein und Alles** tout ce que j'ai de plus cher; **das ist doch ~ und dasselbe** c'est du pareil au même (*fam*)*;* **~ und derselbe/dieselbe** une seule et même personne **II.** *art indef* ① un/une; **~ Buch/Tisch** un livre/une table; **~e Tür** une porte; **so ~e Frechheit!** quelle insolence!; *s. a.* **eine(r, s)** ② (*jeder*) **~ Wal ist ein Säugetier** les baleines sont des mammifères

Einakter <-s, -> *m* pièce *f* en un acte

einander [ai̯'nandɐ] *pron geh* se/nous/vous; **wir respektieren ~** nous nous respectons mutuellement

ein|arbeiten **I.** *vr* **sich ~** (*am Arbeitsplatz*) s'adapter **II.** *vt* former; **jdn in etw** (*akk*) **~** initier qn à qc

einarmig **I.** *adj* (*Person*) manchot(e) **II.** *adv* avec un [seul] bras

ein|äschern ['ai̯nʔɛʃɐn] *vt* incinérer

ein|atmen **I.** *vt* respirer; (*Gas*) inhaler **II.** *vi* inspirer

einäugig ['ai̯nʔɔygɪç] *adj* borgne

Einbahnstraße *f* [rue *f* à] sens *m* unique

ein|balsamieren* ['ai̯nbalzamiːrən] **I.** *vt* embaumer **II.** *vr hum fam* **sich mit etw ~** s'enduire le corps de qc

Einband <-bände> *m* reliure *f*

einbändig ['ai̯nbɛndɪç] *adj* en un volume

Einbau <-bauten> *m meist Pl* équipement *m*

ein|bauen *vt* ① (*Möbel*) installer; (*Motor*) poser ② (*Hinweis*) insérer; (*Theorie*) intégrer

Einbauküche *f* cuisine *f* intégrée **Einbauschrank** *m* placard *m*

ein|behalten* *vt irr* retenir

ein|berufen* *vt irr* ① convoquer ② MIL incorporer

Einberufung *f* ① *kein Pl* convocation *f;* MIL incorporation *f* ② (*~sbescheid*) avis *m* d'incorporation

Einbettzimmer *nt* chambre *f* à un lit

ein|beziehen* *vt irr* ① impliquer; (*mitwirken lassen*) associer ② (*berücksichtigen*) prendre en compte

ein|biegen *vi irr* + *sein* **in eine Straße ~** tourner dans une rue

ein|bilden *vr* ① (*phantasieren*) s'imaginer ② (*stolz sein*) être fier; **was bildest du dir eigentlich ein?** *fam* pour qui tu te prends?

Einbildung *f kein Pl* ① (*Phantasie*) imagination *f* ② (*Arroganz*) prétention *f*

ein|blenden **I.** *vt* TV, CINE insérer; RADIO intercaler **II.** *vr* TV, RADIO **sich in etw** (*akk*) **~** passer l'antenne à qc

Einblick *m* aperçu *m;* **~ in etw** (*akk*) **gewinnen** pouvoir se faire une idée de qc

ein|brechen *irr* **I.** *vi* ① + *haben o sein* cambrioler ② + *sein* (*einsinken*) **auf dem Eis ~** passer au travers de la glace **II.** *vt* + *haben* (*Tür*) enfoncer

Einbrecher(in) *m(f)* cambrioleur(-euse) *m(f)*

ein|bringen *irr* **I.** *vt* ① rapporter ② (*Kapital*) apporter ③ (*Ernte*) rentrer **II.** *vr* **sich bei etw/in etw** (*akk*) **~** s'investir dans qc

ein|brocken *fam vt* **jdm etwas [Schönes] ~** mettre qn dans le pétrin

Einbruch *m* ① cambriolage *m* ② *kein Pl* (*des Kurses*) chute *f* ③ (*Verluste*) échec *m* ④ (*des Winters*) irruption *f*

ein|bürgern **I.** *vt* ① ADMIN naturaliser ② (*Fremdwort*) importer **II.** *vr* ① **sich ~** (*Fremdwort*) s'implanter ② (*üblich werden*) **das hat sich so eingebürgert** c'est devenu

E

une habitude
Einbuße *f* perte *f*
ein|büßen **I.** *vt* **sein Leben ~** perdre la vie **II.** *vi* **an Ansehen ~** perdre de son crédit
ein|checken ['aɪntʃɛkən] **I.** *vi* ❶ (*Fluggast*) se faire enregistrer; **nach dem Einchecken** après l'enregistrement ❷ (*absteigen*) **im Hotel ~** descendre dans l'hôtel; (*sich anmelden*) se présenter à l'hôtel **II.** *vt* (*Fluggast*) enregistrer; (*Geschäft*) faire enregistrer
ein|cremen **I.** *vt* **er cremt ihr den Rücken ein** il lui met de la crème sur le dos **II.** *vr* **sich** (*dat*) **das Gesicht ~** se mettre de la crème sur le visage
ein|dämmen ['aɪndɛmən] *vt a. fig* endiguer; (*Seuche*) enrayer; (*Brand*) circonscrire
ein|decken *vr* **sich ~** s'approvisionner
eindeutig ['aɪndɔytɪç] **I.** *adj* ❶ clair(e) ❷ (*Beweis*) indiscutable **II.** *adv* manifestement; **ganz ~** de toute évidence
Eindeutigkeit <-> *f* (*Unzweifelhaftigkeit*) netteté *f*, évidence *f*; (*eines Beweises*) caractère *m* indiscutable
ein|dicken *vt + haben* (*Soße*) épaissir
ein|dringen *vi irr + sein* ❶ (*Einbrecher*) s'introduire; (*Wasser*) pénétrer ❷ (*sich einarbeiten*) **in die Materie ~** étudier plus à fond le sujet
eindringlich **I.** *adj* pressant(e); (*Rede*) suppliant(e) **II.** *adv* avec insistance
Eindringling <-s, -e> *m* intrus(e) *m(f)*
Eindruck <-drücke> *m* ❶ impression *f* ❷ (*Wirkung*) **unter dem ~ einer S.** (*gen*) **stehen** être sous le coup de qc ❸ (*Abdruck*) empreinte *f*
ein|drücken **I.** *vt* (*beschädigen*) **etw ~** (*Person, Wassermassen*) enfoncer qc; (*Sturm, Explosion*) défoncer qc **II.** *vr* **sich in etw** (*akk*) **~** (*Tischbeine, Reifen*) laisser des marques sur qc
eindrücklich *adj, adv* CH *s.* **eindrucksvoll**
eindrucksvoll **I.** *adj* impressionnant(e) **II.** *adv* de façon saisissante
eine(r, s) *pron indef* ❶ (*jemand*) quelqu'un; **~s der Kinder** un des enfants; *s. a.* **ein** ❷ *fam* (*man*) **und das soll ~r glauben?** laisse-moi rire! ❸ (*eine Sache*) **~s** [*o* **eins**] **gefällt mir nicht an ihm** il y a une chose qui me déplaît en lui; *s. a.* **eins**
ein|ebnen *vt* aplanir
eineiig ['aɪnʔaɪɪç] *adj* **~e Zwillinge** de vrais jumeaux
eineinhalb *num* un(e) ... et demi(e); *s. a.* **achteinhalb**
eineinhalbmal *adv* une fois et demie; *s. a.* **achtmal**
einem *pron indef, dat von* **man: solch ein Entschluss fällt ~ schwer** on a du mal à prendre une telle décision
einen ['aɪnən] *pron indef, akk von* **man: das freut ~** on s'en réjouit; **er grüßt ~ nie** il ne vous dit jamais bonjour
ein|engen *vt* ❶ (*beschränken*) **jdn in etw** (*dat*) **~** restreindre qn dans qc ❷ (*beengen*) serrer
einer *pron s.* **eine(r, s)**
Einer <-s, -> *m* ❶ MATH unité *f* ❷ SPORT skif[f] *m*
einerlei ['aɪnɐ'laɪ] *adj inv* **~ sein** être égal
einerseits ['aɪnɐ'zaɪts] *adv* **~ ... andererseits ...** d'un côté ..., de l'autre [côté] ...
eines *pron s.* **eine**
einfach ['aɪnfax] **I.** *adj* ❶ facile; **es sich** (*dat*) **mit etw zu ~ machen** s'en tirer un peu vite avec qc ❷ (*Faden*) simple; (*Ausfertigung*) en un exemplaire ❸ (*nicht hin und zurück*) **eine ~e Fahrkarte** un aller simple **II.** *adv* ❶ (*erklären*) simplement ❷ (*geradezu*) vraiment ❸ (*weggehen*) tout bonnement ❹ (*verstärkend*) **es will ~ nichts werden** ça ne veut pas marcher
Einfachheit <-> *f* simplicité *f*
ein|fädeln ['aɪnfɛːdəln] **I.** *vt* ❶ enfiler; **einen Faden ~** faire passer un fil ❷ *fam* (*Intrige*) manigancer **II.** *vr* **sich ~** (*Autofahrer*) s'insérer
ein|fahren *irr* **I.** *vi + sein* ❶ (*Rennfahrer*) faire son entrée; **in den Bahnhof/Hafen ~** entrer en gare/dans le port ❷ MIN descendre **II.** *vt + haben* ❶ (*Mauer*) défoncer ❷ (*Antenne*) rentrer ❸ (*Auto*) roder
Einfahrt *f* ❶ *kein Pl* (*des Zuges*) entrée *f* en gare; (*des Schiffes*) arrivée *f* au port; **~ haben** (*Zug*) entrer en gare ❷ (*Zufahrt*) voie *f* d'accès; **~ freihalten!** sortie de véhicules!
Einfall *m* ❶ idée *f* ❷ MIL invasion *f* ❸ *kein Pl* (*des Lichtes*) pénétration *f*
ein|fallen *vi irr + sein* ❶ **jdm ~** venir à l'esprit de qn; **sich** (*dat*) **etwas ~ lassen** trouver quelque chose ❷ (*in Erinnerung kommen*) retrouver ❸ (*einstürzen*) s'écrouler ❹ (*eindringen*) **in etw** (*akk*) **~** envahir qc ❺ (*Licht*) rentrer
einfallslos *adj, adv* sans imagination

einfallsreich **I.** *adj* qui fait preuve d'imagination **II.** *adv* de façon ingénieuse; (*originell*) de manière originale

einfältig ['ainfɛltɪç] *adj* (*Person*) naïf(-ïve); (*Gemüt*) candide

Einfamilienhaus *nt* maison *f* individuelle

einfarbig **I.** *adj* d'une seule couleur; (*Stoff*) uni(e) **II.** *adv* d'une seule couleur

ein|fetten *vt* graisser

ein|finden *vr irr form* **sich ~** (*Gäste*) arriver

ein|flößen *vt* ❶ **jdm Arznei ~** faire prendre des médicaments à qn ❷ (*erwecken*) **jdm Ehrfurcht ~** inspirer du respect à qn

Einfluss[RR] *m* ❶ (*einer Person*) influence *f;* (*der Witterung*) action *f;* **auf etw** (*akk*) **~ nehmen** peser sur qc ❷ (*Beziehungen*) **seinen ~ geltend machen** faire jouer son crédit

einflussreich[RR] *adj* influent(e)

einförmig ['ainfœrmɪç] *adj* uniforme

ein|frieden ['ainfri:dən] *vt geh* enclore

ein|frieren *irr* **I.** *vi + sein* (*Wasserleitung*) geler; **im See ~** être pris dans les glaces du lac **II.** *vt + haben* ❶ (*Lebensmittel*) congeler ❷ (*Projekt*) geler

ein|fügen **I.** *vt* rajouter **II.** *vr* ❶ **sich in eine Gemeinschaft ~** s'adapter à une communauté ❷ (*hineinpassen*) **sich [gut] in die Landschaft ~** (*Bauwerk*) [bien] s'intégrer dans l'environnement

Einfügetaste *f* INFORM touche *f* Insertion

ein|fühlen *vr* **sich in jdn ~** se mettre à la place de qn

einfühlsam ['ainfy:lza:m] **I.** *adj* compréhensif(-ive) **II.** *adv* (*sich verhalten*) avec tact

Einfühlungsvermögen *nt* (*gegenüber Menschen*) faculté *f* d'identification

Einfuhr ['ainfu:ɐ] <-, -en> *f* importation *f*

ein|führen **I.** *vt* ❶ importer ❷ (*bekannt machen*) introduire; (*Sitte*) établir; (*Artikel*) lancer ❸ (*einweisen*) **jdn in seine Arbeit ~** initier qn à son travail ❹ (*hineinschieben*) introduire **II.** *vr* **sich gut ~** (*Person*) faire bonne impression **III.** *vi* **in etw** (*akk*) **~** (*Vortrag*) initier à qc; **~de Worte** paroles d'introduction

Einführung *f* ❶ (*Einweisung*) initiation *f;* **die ~ in ein Amt** l'installation *f* dans une fonction ❷ (*Einleitung*) introduction *f*

Einfuhrzoll *m* taxe *f* à l'importation

Eingabe *f* ❶ ADMIN pétition *f* ❷ INFORM entrée *f*

Eingabegerät *nt* INFORM périphérique *m* d'entrée-sortie **Eingabetaste** *f* INFORM touche *f* Entrée

Eingang <-gänge> *m* ❶ entrée *f;* **kein ~!** entrée interdite! ❷ *Pl* (*~spost im Büro*) courrier *m* ❸ *kein Pl* (*Erhalt*) réception *f*

ein|geben *vt irr* ❶ (*verabreichen*) administrer ❷ INFORM **etw in den Computer ~** entrer qc dans l'ordinateur

eingebildet *adj* ❶ *pej* (*hochmütig*) prétentieux(-euse) ❷ (*imaginär*) imaginaire

eingeboren *adj* autochtone

Eingebung <-, -en> *f* inspiration *f*

eingefallen *adj* (*Gesicht*) émacié(e); (*Wangen*) creux(-euse)

eingefleischt ['aingəflaiʃt] *adj attr* (*Demokrat*) convaincu(e)

ein|gehen *irr* **I.** *vi + sein* ❶ (*ankommen*) **im Sekretariat ~** (*Post*) arriver au secrétariat ❷ FIN (*Geld*) être viré ❸ (*sterben*) mourir ❹ (*sich auseinander setzen*) **auf jdn/etw ~** s'occuper de qn/aborder qc ❺ (*zustimmen*) accepter ❻ (*Aufnahme finden*) **in die Geschichte ~** entrer dans l'histoire **II.** *vt + sein* (*Kompromiss*) accepter; (*Risiko*) courir; (*Wette*) faire; (*Bündnis*) conclure

eingehend **I.** *adj* détaillé(e) **II.** *adv* à fond

Eingemachte(s) *nt dekl wie adj* conserves *fpl*

eingeschränkt ['aingəʃrɛnkt] *adj* (*Möglichkeiten*) limité(e)

eingeschrieben **I.** *adj* (*Mitglied*) inscrit(e); (*Brief*) recommandé(e) **II.** *adv* en recommandé

eingespielt *adj* bien rodé(e); **gut aufeinander ~ sein** former une bonne équipe

Eingeständnis *nt* aveu *m*

ein|gestehen* *irr* **I.** *vt* (*Irrtum*) admettre **II.** *vr* **sich** (*dat*) **~, dass ...** s'avouer que ...

eingetragen *adj* (*Verein*) déclaré(e); (*Warenzeichen*) déposé(e)

Eingeweide <-s, -> *nt meist Pl* viscères *mpl*

Eingeweihte(r) *f(m) dekl wie adj* (*Experte*) initié(e) *m(f)*

eingleisig *adj* (*Strecke*) à voie unique

ein|gliedern **I.** *vt* ❶ réinsérer ❷ ADMIN, POL incorporer **II.** *vr* **sich ~** s'intégrer

ein|gravieren* *vt* graver

ein|greifen *vi irr* intervenir

ein|grenzen *vt* ❶ (*Grundstück, Gebiet*) délimiter ❷ *fig* limiter

Eingriff *m* ❶ MED intervention *f* ❷ (*Übergriff*)

E

ein ~ in etw (*akk*) une atteinte à qc

ein|haken **I.** *vt* accrocher **II.** *vi fam* **an einem Punkt ~** réagir aussitôt sur un point **III.** *vr* **sich bei jdm ~** prendre le bras à qn

Einhalt *m geh* **~ gebieten** arrêter

ein|halten *irr* **I.** *vt* ❶ (*Abmachung*) respecter; (*Diät*) suivre ❷ (*Geschwindigkeit*) maintenir **II.** *vi geh* s'interrompre

einhändig ['a̯inhɛndɪç] **I.** *adj* manchot(e) **II.** *adv* d'une [seule] main

ein|hängen **I.** *vt* ❶ (*Tür*) accrocher ❷ (*Hörer*) raccrocher **II.** *vi* raccrocher **III.** *vr* **sich bei jdm ~** prendre le bras à qn

ein|heben *vt irr* A encaisser

ein|heften *vt* classer

einheimisch ['a̯inha̯imɪʃ] *adj* ❶ local(e); (*in der Gegend ansässig*) indigène ❷ (*opp: ausländisch*) national(e); (*Mannschaft*) local(e)

Einheimische(r) *f(m) dekl wie adj* habitant(e) *m(f)*; (*Inländer*) personne *f* du pays; **die ~n** les gens *mpl* du coin; (*Inländer*) les gens *mpl* du pays

Einheit <-, -en> *f* ❶ *a.* MIL unité *f* ❷ (*Einigkeit*) union *f*

einheitlich *adj* ❶ uniforme ❷ (*Werk*) homogène

Einheitspreis *m* prix *m* unique

einhellig *adj* unanime

ein|holen *vt* ❶ (*Netz*) [r]amener; (*Fahne*) amener ❷ (*Gutachten*) demander ❸ (*erreichen*) rattraper

Einhorn *nt* licorne *f*

ein|hüllen **I.** *vt geh* envelopper **II.** *vr geh* **sich ~** s'envelopper

einhundert *num* cent

einig ['a̯inɪç] *adj* ❶ (*geeint*) uni(e) ❷ (*einer Meinung*) **sich** (*dat*) **über etw** (*akk*) **~ sein/werden** être/se mettre d'accord sur qc; **sich** (*dat*) **[darüber] ~ sein, dass** être d'accord pour que + *subj*

einige(r, s) ['a̯inɪgə, -gɐ, -gəs] *pron indef* ❶ (*ziemlich viel/groß*) **~s Geld** pas mal d'argent; **in ~r Entfernung** à une certaine distance; **das kostet aber ~s!** ça n'est pas donné! ❷ (*mehrere*) plusieurs; **in/vor ~n Tagen** dans/il y a quelques jours; **~ Mal** plusieurs fois; **~ von euch** quelques-uns d'entre vous

einigemal[ALT] *s.* **einige(r, s) 2.**

einigen **I.** *vr* **sich auf/über etw** (*akk*) **~** se mettre d'accord sur qc **II.** *vt* **ein Volk ~** unifier un peuple

einiger *pron s.* **einige(r, s)**

einigermaßen **I.** *adv* ❶ (*ziemlich*) relativement ❷ (*leidlich*) moyennement **II.** *adj fam* **der Film war ~** le film n'était pas trop mal

einiges *s.* **einige(r, s)**

Einigkeit <-> *f* ❶ (*Eintracht*) union *f* ❷ (*Übereinstimmung*) entente *f*

Einigung <-, -en> *f* ❶ *kein Pl* (*von Staaten*) unification *f*; **die ~ Europas** l'union *f* de l'Europe ❷ (*Übereinstimmung*) accord *m*

ein|jagen *vt* **jdm Angst ~** faire peur à qn

einjährig ['a̯injɛːrɪç] *adj* ❶ (*Kind*) [âgé(e)] d'un an ❷ BOT annuel(le) ❸ (*ein Jahr dauernd*) d'un an

ein|kalkulieren* *vt* (*mit einrechnen*) inclure

ein|kassieren* *vt* ❶ (*kassieren*) encaisser ❷ *fam* (*wegnehmen*) embarquer

Einkauf *m* achat *m*

ein|kaufen **I.** *vt* acheter **II.** *vi* **~ gehen** aller faire des/les courses **III.** *vr* (*einen Anteil erwerben*) **sich in etw** (*akk*) **~** acheter des parts dans qc

Einkaufsbummel *m* lèche-vitrines *m* **Einkaufspreis** *m* prix *m* coûtant; **zum ~** à prix coûtant **Einkaufswagen** *m* chariot *m* **Einkaufszentrum** *nt* centre *m* commercia[l]

ein|kehren *vi + sein geh* [**bei jdm**] **~** (*Ruhe*) s'installer

ein|klagen *vt* (*Anspruch, Zusage*) opposer juridiquement; (*Schulden*) poursuivre le recouvrement de

ein|klammern *vt* **etw ~** (*mit runden/eckigen Klammern*) mettre qc entre parenthèses/crochets

Einklang *m geh* harmonie *f*

ein|kleben *vt* coller

ein|kleiden **I.** *vt* (*Rekruten*) habiller **II.** *v[r]* **sich neu ~** renouveler sa garde-robe

ein|klemmen *vt* coincer

ein|kochen **I.** *vt + haben* mettre en conserv[e] **II.** *vi + sein* réduire

Einkommen <-s, -> *nt* revenu *m*

Einkommensgrenze *f* (*obere Grenze*) pla[fond] *m* de ressources; (*untere Grenze*) seu[il] *m* de revenus **einkommensschwach** *adj* faibles revenus **Einkommen[s]steuer** *f* impôt *m* sur le revenu

ein|kreisen *vt* ❶ (*kennzeichnen*) entourer ❷ (*umschließen*) encercler ❸ (*eingrenzen*) cerner

Einkünfte ['a̯inkʏnftə] *Pl* revenus *mpl*

ein|laden[1] *vt irr* ❶ inviter ❷ CH (*aufforder[n]*

jdn ~ etw zu tun inviter qn à faire qc

ein|laden² *vt irr* charger

einladend **I.** *adj* ❶ (*Geste*) engageant(e); (*Blick, Lächeln*) enjôleur(-euse) ❷ (*Essen*) appétissant(e); (*Lokal*) attrayant(e) **II.** *adv* (*dekorieren, Tisch decken*) de façon charmante

Einladung *f* invitation *f*

Einlage <-, -n> *f* ❶ (*Schuheinlage*) semelle *f* [intérieure] ❷ THEAT intermède *m* ❸ FIN dépôt *m*

ein|lagern *vt* (*Vorräte*) faire [sa] provision de; (*Brennstäbe*) entreposer; **eingelagert** stocké(e)

ein|langen ['ainlaŋən] *vi* A arriver

EinlassRR <-es, Einlässe>, **Einlaß**ALT ['ainlas] <-sses, Einlässe> *m* ❶ *kein Pl* **~ ab 19 Uhr** ouverture *f* des portes à partir de 19 heures; **~ finden** être admis ❷ TECH admission *f*

ein|lassen *irr* **I.** *vt* ❶ faire entrer ❷ (*einlaufen lassen*) [**sich** (*dat*)] **ein Bad ~** [se] faire couler un bain ❸ A (*Boden*) cirer **II.** *vr* ❶ (*eingehen auf*) **sich auf eine Diskussion ~** s'embarquer dans une discussion ❷ *pej* (*Kontakt aufnehmen*) **sich mit jdm ~** s'acoquiner avec qn ❸ JUR **sich zu etw ~** déposer des conclusions concernant qc

ein|laufen *irr* **I.** *vi + sein* ❶ (*Pullover*) rétrécir ❷ (*Badewasser*) couler ❸ (*hineinlaufen*) **ins Stadion ~** faire son entrée dans le stade ❹ (*einfahren*) **in den Hafen ~** entrer dans le port **II.** *vt + haben* **Schuhe ~** faire des chaussures [à son pied] **III.** *vr* **sich ~** (*Sprinter*) [courir pour] s'échauffer; (*Maschine*) se roder

ein|leben *vr* **sich bei jdm/in etw** (*akk o dat*) **~** s'intégrer chez qn/s'acclimater à qc

ein|legen *vt* ❶ (*Kassette*) introduire; (*Sohlen*) mettre ❷ GASTR faire mariner ❸ (*Pause*) faire ❹ (*Protest*) émettre ❺ (*Gelder*) déposer

ein|leiten *vt* ❶ (*Untersuchung*) ouvrir; (*Verfahren*) engager; **Schritte ~** entamer une action ❷ (*Geburt*) provoquer ❸ (*Buch*) introduire ❹ (*hineinleiten*) **Abwässer ~** déverser des eaux usées

einleitend **I.** *adj* préliminaire **II.** *adv* en [guise d']introduction

Einleitung *f* ❶ (*Beginn*) préface *f* ❷ *kein Pl* (*eines Verfahrens*) introduction *f* ❸ *kein Pl* (*von Abwasser*) déversement *m*

ein|lenken *vi* lâcher du lest

ein|lesen ['ainle:zən] *irr* **I.** *vt* **etw in den Rechner ~** entrer qc dans l'ordinateur par lecture directe **II.** *vr* **sich in ein Sachgebiet ~** se familiariser avec un domaine

ein|leuchten *vi* (*Argument*) être clair

einleuchtend **I.** *adj* (*Erklärung*) clair(e); (*Argument*) convaincant(e) **II.** *adv* (*erklären*) clairement

ein|liefern *vt* **jdn ins Krankenhaus/Gefängnis ~** hospitaliser/incarcérer qn

Einlieferung *f* (*eines Patienten*) hospitalisation *f*; (*eines Häftlings*) incarcération *f*; (*von Briefen, Paketen*) dépôt *m*

ein|loggen ['ainlɔgən] *vr* **sich ins Netz/ins Internet ~** se connecter au réseau/sur Internet

ein|lösen *vt* ❶ (*Scheck*) honorer ❷ (*Pfand*) retirer ❸ (*Versprechen*) honorer

ein|machen *vt* mettre en bocaux

Einmachglas *nt* (*für Obst, Gemüse*) bocal *m*

einmal *adv* ❶ (*ein einziges Mal*) une fois; **wieder ~** encore une fois; **~ mehr** une fois de plus; **~ vier ist vier** une fois quatre quatre ❷ (*mal*) un jour; **~ sagt er dies, ~ das** il dit tantôt blanc, tantôt noir; **nicht ~** [ne] ... même pas ❸ (*irgendwann in der Vergangenheit*) autrefois; **es war ~** il était une fois ❹ (*irgendwann in der Zukunft*) un jour ▶**auf ~** (*plötzlich*) tout d'un coup; (*an einem Stück*) d'un seul coup

Einmaleins ['ainma:l'ʔains] <-> *nt* table *f* de multiplication

einmalig **I.** *adj* unique **II.** *adv* extraordinairement

Einmarsch *m* ❶ MIL invasion *f* ❷ (*Einzug*) entrée *f*

ein|marschieren* *vi + sein a.* MIL **in ein Gebiet/Land ~** envahir un territoire/pays

Ein-Megabit-Chip [ainmega'baittʃɪp] *m* INFORM puce *f* de 128 Ko

ein|mischen *vr* **misch dich da nicht ein!** ne te mêle pas de ça!

Einmischung *f* **~ in fremde Angelegenheiten** ingérence *f* dans les affaires des autres

ein|münden *vi + sein* **in etw** (*akk*) **~** (*Straße*) déboucher sur qc; (*Fluss*) se jeter dans qc

Einmündung ['ainmʏndʊŋ] *f* **an der ~ dieser Straße** au débouché de cette rue

einmütig ['ainmy:tɪç] **I.** *adj* unanime **II.** *adv*

E

(*befürworten*) d'une seule voix

Einnahme ['ai̯nnaːmə] <-, -n> *f* ❶ (*eingenommenes Geld*) rentrée *f* [d'argent] ❷ *Pl* (*Einkünfte*) revenus *mpl* ❸ *kein Pl* (*eines Medikaments*) prise *f* ❹ *kein Pl* (*einer Stadt*) prise *f*

Einnahmequelle *f* source *f* de revenus

ein|nehmen *vt irr* ❶ (*Geld*) encaisser ❷ (*Steuern*) percevoir ❸ (*Medikament*) prendre ❹ (*Position*) occuper ❺ (*Standpunkt*) adopter ❻ MIL prendre

einnehmend *adj* plein(e) de séduction

ein|nicken *vi* + *sein fam* piquer du nez

ein|nisten *vr pej* **sich bei jdm ~** (*Person*) s'incruster chez qn (*fam*); (*Ungeziefer*) s'installer chez qn

Einöde *f* étendue *f* déserte

ein|ordnen **I.** *vt* ❶ (*Karteikarten*) classer ❷ (*klassifizieren*) déterminer **II.** *vr* (*Fahrspur wählen*) **sich** [**richtig**] **~** se mettre dans la bonne file

ein|packen **I.** *vt* ❶ (*verpacken*) emballer ❷ (*einstecken*) prendre **II.** *vi* faire sa valise ►**~ können** *fam* pouvoir remballer ses gaules **III.** *vr fam* **sich in etw** (*akk*) **~** s'emmitoufler dans qc

ein|parken ['ai̯nparkən] *vt, vi* [se] garer

ein|pendeln ['ai̯npɛndəln] *vr* **sich ~** se stabiliser

ein|pflanzen ['ai̯nplantsən] *vt* ❶ planter ❷ MED **jdm etw ~** implanter qc à qn

ein|prägen **I.** *vr* **sich leicht ~** être facile à retenir **II.** *vt* ❶ (*einschärfen*) **sich** (*dat*) **einen Namen ~** retenir un nom ❷ (*prägen*) **etw in Metall ~** graver qc dans du métal

einprägsam *adj* facile à retenir

ein|programmieren* *vt* INFORM installer

ein|quartieren* **I.** *vt* loger; MIL cantonner **II.** *vr* **sich bei jdm ~** (*Gast*) s'installer chez qn

ein|rahmen *vt a. fig* encadrer

ein|rasten *vi* + *sein* s'enclencher

ein|räumen *vt* ❶ ranger ❷ (*zugeben*) admettre ❸ (*Frist*) accorder ❹ (*Rechte*) reconnaître

ein|reden **I.** *vt* faire croire; **sich** (*dat*) **~, dass ...** se persuader que ... **II.** *vi* **auf jdn ~** harceler qn

ein|reiben *irr* **I.** *vt* frictionner **II.** *vr* **sich ~** se frictionner

ein|reichen *vt* ❶ (*Unterlagen*) déposer ❷ (*Entlassung*) remettre

ein|reihen **I.** *vt* classer **II.** *vr* **sich in eine Schlange ~** prendre place dans une file d'attente

Einreise *f* entrée *f*

ein|reisen *vi* + *sein form* **in die USA/nach Großbritannien ~** entrer aux États-Unis/en Grande-Bretagne

Einreisevisum *nt* visa *m* d'entrée

ein|reißen *irr* **I.** *vi* + *sein* ❶ (*Stoff, Papier*) se déchirer ❷ *fam* (*zur Gewohnheit werden*) devenir une [mauvaise] habitude **II.** *vt* + *haben* ❶ (*Mauer*) abattre ❷ (*Papier*) déchirer

ein|renken ['ai̯nrɛŋkən] *vt* MED remboîter

ein|richten **I.** *vt* ❶ (*Wohnung*) aménager ❷ (*Praxis*) installer ❸ (*Konto*) ouvrir ❹ (*Bruch*) réduire **II.** *vr* ❶ **sich neu ~** se meubler de neuf ❷ (*sich der Lage anpassen*) **sich ~** s'adapter

Einrichtung <-, -en> *f* ❶ (*Wohnungseinrichtung*) mobilier *m* ❷ (*Ausstattung*) aménagement *m* [intérieur] ❸ (*das Ausstatten*) équipement *m* ❹ *kein Pl* (*einer Behörde*) installation *f* ❺ *Pl* (*Anlage*) **sanitäre ~en** installations *fpl* sanitaires

ein|rollen **I.** *vt* rouler **II.** *vr* + *haben* **sich ~** (*Igel, Katze*) se rouler en boule **III.** *vi* + *sein* (*Zug*) entrer en gare

ein|rücken **I.** *vi* + *sein* ❶ (*eindringen*) **in ein Land ~** pénétrer dans un pays ❷ (*Soldat*) être incorporé ❸ (*Feuerwehr*) [**wieder**] **~** réintégrer ses quartiers **II.** *vt* + *haben* TYP **etw ~** mettre qc en retrait

eins [ai̯ns] **I.** *num* un; **es ist ~** il est une heure; *s. a.* **acht**[1] **II.** *adj* ❶ (*eine Einheit*) **~ sein** être une seule et même chose; **das ist alles ~** *fam* c'est du pareil au même ❷ *fam* (*egal*) **das ist mir ~** je m'en balance ❸ (*einig*) **mit jdm/etw ~ sein** être en harmonie avec qn/qc

Eins <-, -en> *f* ❶ un *m* ❷ (*Schulnote*) *excellente note entre dix-huit et vingt*

einsam ['ai̯nzaːm] **I.** *adj* ❶ (*Person*) seul(e); (*Leben*) solitaire ❷ (*Strand*) isolé(e) ❸ (*Entschluss*) unilatéral(e) **II.** *adv* à l'écart

Einsamkeit <-, -en> *f* solitude *f*

ein|sammeln *vt* (*Schulhefte*) ramasser; (*Spenden*) collecter

Einsatz <-es, Einsätze> *m* ❶ engagement *m* ❷ SPIEL mise *f* ❸ FIN mise *f* de fonds ❹ *kein Pl* (*von Truppen*) engagement *m* ❺ (*der Polizei*) intervention *f*; **im ~ sein** (*Feuerwehr*) être en action; (*Soldaten*) être en opération

einsatzbereit *adj* (*Truppen*) opérationnel(le); (*Feuerwehr*) prêt(e) à intervenir **Einsatzbereitschaft** *f* **in ~ sein** être à pied d'œuvre
ein|scannen ['ainskɛnən] *vt* scanner
ein|schalten I. *vt* ❶ allumer ❷ (*hinzuziehen*) **jdn in die Ermittlungen ~** avoir recours à qn pour l'enquête II. *vr* **sich ~** intervenir
Einschaltquote *f* audimat *m*, audience *f*
ein|schärfen *vt* recommander
ein|schätzen *vt* **jdn/etw falsch ~** se tromper sur qn/qc
Einschätzung ['ainʃɛtsʊŋ] *f* jugement *m* porté
ein|schenken *vt* verser
ein|schicken *vt* envoyer
ein|schieben *vt irr* ❶ introduire ❷ (*Sonderzug*) ajouter ❸ *fam* (*zwischendurch drannehmen*) **einen Patienten ~** prendre un patient en plus
ein|schiffen I. *vt* embarquer II. *vr* **sich ~** [s']embarquer
ein|schlafen *vi irr + sein* ❶ s'endormir ❷ (*gefühllos werden*) s'engourdir
ein|schläfern ['ainʃlɛːfɐn] *vt euph* (*töten*) piquer
einschläfernd *adj a.* MED soporifique
Einschlag *m* ❶ **der ~ des Blitzes** la foudre ❷ (*Schussloch*) [point *m* d']impact *m*
ein|schlagen *irr* I. *vt + haben* ❶ (*Nagel*) planter ❷ (*Tür*) défoncer; (*Fenster*) fracasser ❸ (*einwickeln*) emballer ❹ (*Richtung*) prendre II. *vi* ❶ *+ haben o sein* (*Blitz*) tomber ❷ *+ haben o sein fam* (*Nachricht*) faire grand bruit ❸ *+ haben* (*einprügeln*) **auf jdn/etw ~** taper comme un sourd sur qn/qc ❹ *+ haben* (*seinen Handschlag geben*) **schlag ein!** tope là!
einschlägig ['ainʃlɛgɪç] I. *adj* s'y rapportant II. *adv* JUR à ce titre
ein|schleichen *vr irr* ❶ se glisser ❷ *fig* **sich ~** (*Verdacht*) s'insinuer
ein|schließen *vt irr* ❶ enfermer ❷ (*inbegriffen sein*) **im Preis eingeschlossen sein** être compris dans le prix
einschließlich I. *präp + gen* **~ aller Ausgaben** y compris toutes les dépenses II. *adv* inclus(e)
ein|schmeicheln *vr* **sich bei jdm ~** s'insinuer dans les bonnes grâces de qn
einschmeichelnd *adj* (*Stimme*) enjôleur (-euse); (*Musik*) langoureux(-euse)
ein|schnappen *vi + sein* ❶ (*Tür, Türschloss*) se [re]fermer ❷ *fam* (*beleidigt sein*) **eingeschnappt sein** faire la gueule
ein|schneiden *irr* I. *vt* ❶ (*Papier, Stoff*) entailler ❷ (*hineinschneiden*) **einen Namen/ein Zeichen in etw** (*akk*) **~** graver un nom/un signe dans qc II. *vi* **[in die Haut] ~** rentrer dans la peau
einschneidend *adj* (*Bedeutung*) décisif(ive); (*Wirkung*) radical(e)
Einschnitt *m* ❶ GEO entaille *f* ❷ (*Schnitt*) coupure *f* [accidentelle] ❸ MED incision *f*
ein|schränken ['ainʃrɛŋkən] I. *vt* restreindre II. *vr* **sich ~** se restreindre
Einschränkung <-, -en> *f* ❶ restriction *f* ❷ *kein Pl* (*das Reduzieren*) réduction *f*
ein|schreiben *irr* I. *vt* **eingeschrieben** (*Brief*) recommandé(e) II. *vr* **sich ~** s'inscrire
Einschreiben *nt* [envoi *m*] recommandé *m*; **~ mit Rückschein** [envoi] recommandé avec accusé de réception
Einschreibung *f* inscription *f*
ein|schreiten *vi irr + sein* **gegen jdn ~** intervenir contre qn
Einschub *m* rajout *m*
ein|schüchtern *vt* intimider
ein|schulen *vt* **eingeschult werden** être scolarisé
Einschulung *f* scolarisation *f*
Einschuss[RR] *m* (*in einem Gebäude*) impact *m*; (*im Körper*) blessure *f* par balle
einsehbar *adj inv* (*Gelände, Raum*) visible
ein|sehen *vt irr* ❶ reconnaître; **das sehe ich nicht ein!** je ne suis pas d'accord! ❷ (*prüfen*) examiner; (*flüchtig*) prendre connaissance de
ein|seifen *vt* savonner
einseitig I. *adj* ❶ (*Absicht*) unilatéral(e) ❷ MED localisé(e) d'un côté ❸ (*Ausbildung*) trop spécialisé(e); (*Ernährung*) peu varié(e) ❹ (*voreingenommen*) partial(e) II. *adv* ❶ (*auf einer Seite*) d'un [seul] côté ❷ (*unausgewogen*) **sich ~ ernähren** avoir une alimentation peu variée ❸ (*parteiisch*) avec partialité
Einseitigkeit <-, -en> *f* ❶ (*Voreingenommenheit*) partialité *f* ❷ (*der Ausbildung*) manque *m* de diversité; (*der Ernährung*) déséquilibre *m*
ein|senden *vt irr* envoyer

E

Einsendeschluss[RR] *m* date *f* limite d'envoi

ein|setzen I. *vt* ① (*Ersatzteil*) poser ② (*Flicken*) mettre ③ (*Komitee*) instituer ④ (*Waffen*) avoir recours à; (*Sonderzug*) mettre en service ⑤ (*Mittel*) mettre en œuvre; (*Leben*) mettre en jeu II. *vi* commencer; (*Sturm*) se mettre à souffler; (*Regen*) se mettre à tomber III. *vr* ① **sich ~** s'investir ② (*sich verwenden für*) **sich für jdn/etw ~** intervenir en faveur de qn/œuvrer pour qc

Einsicht *f* ① (*Vernunft*) raison *f* ② (*Erkenntnis*) révélation *f* ③ (*Durchsicht*) **jdm etw zur ~ vorlegen** présenter qc à qn pour examen

einsichtig *adj* (*vernünftig*) sensé(e); **~ sein** se montrer raisonnable

Einsiedler(in) *m(f) a. fig* ermite *m*

einsilbig ['ainzɪlbɪç] *adj* ① monosyllabique ② (*Antwort*) laconique

ein|sinken *vi irr + sein* [s']enfoncer; **in etw** (*akk o dat*) **~** [s']enfoncer dans qc

ein|spannen *vt* ① (*Ochsen*) atteler ② (*Briefbogen*) placer

ein|sparen *vt* ① ÖKOL économiser ② FIN économiser sur

Einsparung <-, -en> *f* ÖKOL (*von Energie, Strom, Wasser*) économie *f*

ein|speichern *vt* **Daten in den Rechner ~** entrer des données dans l'ordinateur

ein|speisen *vt* ① **Strom in das Netz ~** alimenter le réseau en courant [électrique] ② INFORM entrer

ein|sperren *vt* enfermer

ein|spielen I. *vr* ① **sich ~** (*Zusammenarbeit*) se roder ② (*sich aneinander gewöhnen*) **sich aufeinander ~** (*Kollegen*) apprendre à travailler ensemble ③ SPORT **sich ~** (*Spieler*) s'échauffer II. *vt* (*Kosten*) couvrir

Einsprache CH *s.* **Einspruch**

einsprachig ['ainʃpra:xɪç] *adj* (*Wörterbuch*) monolingue

ein|springen *vi irr + sein* ① (*vertreten*) venir à la rescousse; **für jdn ~** remplacer qn au pied levé ② (*finanziell aushelfen*) mettre la main au porte-monnaie

Einspruch *m* ① (*Einwand*) objection *f* ② (*Rechtsmittel*) recours *m*

einspurig ['ainʃpu:rɪç] I. *adj* à une voie II. *adv* sur une [seule] voie

einst [ainst] *adv* ① (*früher*) autrefois ② *geh* (*in Zukunft*) un jour

Einstand *m* ① (*Arbeitsanfang*) entrée *f* en fonction ② *kein Pl* SPORT égalité *f*

ein|stecken *vt* ① **etw ~** mettre qc dans sa poche ② *fam* (*einwerfen*) **einen Brief ~** mettre une lettre à la boîte ③ *fam* (*hinnehmen*) encaisser ④ (*Stecker*) brancher

ein|stehen *vi irr + sein* répondre; **mit seinem Wort dafür ~, dass ...** donner sa parole que ...

ein|steigen *vi irr + sein* ① (*besteigen*) monter ② *fam* (*sich beteiligen*) **in ein Geschäft ~** entrer dans une affaire

ein|stellen I. *vt* ① embaucher ② (*beenden*) cesser ③ (*regulieren*) régler ④ (*Rekord*) égaler II. *vr* ① **sich ~** (*Zweifel*) se manifester; (*Beschwerden*) survenir; (*Schmerzen*) se faire sentir ② (*sich einfinden*) **sich ~** (*Person*) paraître III. *vi* (*Firma*) embaucher

einstellig *adj* à un chiffre; **~ sein** avoir un seul chiffre

Einstellung *f* ① (*von Mitarbeitern*) embauche *f* ② (*Beendigung*) interruption *f* ③ (*Justierung*) réglage *m* ④ *meist Pl* INFORM paramètre *m* ⑤ (*Meinung*) **die richtige ~ mitbringen** faire preuve du bon état d'esprit; **das ist die falsche ~** c'est la mauvaise attitude

Einstich *m* piqûre *f*

Einstieg ['ainʃti:k] <-[e]s, -e> *m* ① *kein Pl* (*das Einsteigen*) **der ~ ist hinten** la montée se fait à l'arrière ② (*Zugang*) **der ~ in die Materie** l'initiation *f* à cette matière ③ *kein Pl* (*Übernahme, Anwendung*) **~ in die Marktwirtschaft** entrée *f* dans l'économie de marché

ein|stimmen I. *vi* ① (*mitsingen*) se mettre également à chanter ② (*sich anschließen*) **in etw** (*akk*) **~** s'associer à qc II. *vt* **sich auf ein Fest ~** se mettre dans l'ambiance de la fête

einstimmig I. *adj* ① (*Lied*) à une [seule] voix ② (*Beschluss*) unanime II. *adv* ① (*singen*) à l'unisson ② (*beschließen*) à l'unanimité

einstöckig ['ainʃtœkɪç] *adj* à un étage

ein|streuen *vt* (*Bemerkung*) glisser

ein|studieren* *vt* (*Rolle*) répéter; **einstudiert** (*Antwort*) tout(e) prêt(e)

ein|stufen *vt* (*Person*) [re]classer; (*Produkt*) classer

einstündig ['ainʃtʏndɪç] *adj attr* d'une heure

Einsturz *m* (*eines Gebäudes*) écroulement *m*; (*einer Decke*) effondrement *m*; (*einer Mauer*) éboulement *m*

ein|stürzen *vi* + *sein* ❶ (*Gebäude*) s'écrouler; (*Decke*) s'effondrer; (*Mauer*) s'ébouler ❷ (*eindringen*) **auf jdn ~** (*Ereignisse*) s'abattre sur qn

Einsturzgefahr *f* risque *m* d'écroulement

eintägig ['aintɛːgɪç] *adj attr* d'une [seule] journée

Eintagsfliege *f* ❶ ZOOL éphémère *m o f* ❷ *fig* chose *f* éphémère

ein|tauchen I. *vt* + *haben* tremper II. *vi* + *sein* plonger

ein|tauschen *vt* ❶ échanger ❷ (*Devisen*) changer

ein|tausend *num form* mille

ein|teilen *vt* ❶ (*Vorräte, Urlaub*) répartir ❷ (*verpflichten*) **jdn zu etw ~** affecter qn à qc ❸ (*Skala*) subdiviser

einteilig ['aintailɪç] *adj* une pièce

Einteilung *f* (*der Vorräte, Zeit, des Geldes*) répartition *f*

eintönig ['aintøːnɪç] *adj* monotone; (*Stimme*) monocorde

Eintopf *m* potée *f*

einträchtig I. *adj* (*Stimmung*) cordial(e) II. *adv* dans la concorde(*soutenu*)

Eintrag ['aintraːk, *Pl:* 'aintrɛːgə] <-[e]s, Einträge> *m* ❶ note *f* ❷ JUR inscription *f* ❸ SCHULE avertissement *m*

ein|tragen *vt irr* inscrire

einträglich ['aintrɛːklɪç] *adj* lucratif(-ive)

Eintragung *s.* **Eintrag 1., 2., 3.**

ein|treffen *vi irr* + *sein* ❶ (*ankommen*) **am Ziel ~** arriver au but ❷ (*Prophezeiung*) s'accomplir; (*Katastrophe*) se produire

ein|treiben *vt irr* ❶ (*Vieh*) rentrer ❷ (*Geld*) recouvrer

ein|treten *irr* I. *vi* ❶ + *sein* entrer ❷ + *sein* (*sich ereignen*) se produire ❸ + *sein* (*Stille*) se faire ❹ + *sein* (*gelangen*) **in die Umlaufbahn ~** se mettre sur orbite ❺ + *sein* (*sich einsetzen*) **für jdn/etw ~** prendre fait et cause pour qn/défendre qc II. *vt* + *haben* ❶ (*zerstören*) défoncer [à coups de pied] ❷ (*sich eindrücken*) **sich** (*dat*) **einen Dorn ~** s'enfoncer une épine dans le pied

ein|trichtern *vt fam* seriner

Eintritt *m* (*das Betreten, ~sgeld*) entrée *f*; **~ frei** entrée libre

Eintrittsgeld *nt* prix *m* d'entrée **Eintrittskarte** *f* ticket *m* d'entrée

ein|trudeln ['aintruːdəln] *vi* + *sein fam* se pointer

ein|üben *vt* répéter

Einvernehmen <-s> *nt* accord *m*; **in gutem ~** en bonne intelligence

einverstanden *adj* **mit jdm/etw ~ sein** être d'accord avec qn/sur qc; **~!** d'accord!

Einverständnis <-ses, -se> *nt* accord *m*

Einwand ['ainvant, *Pl:* 'ainvɛndə] <-[e]s, Einwände> *m* objection *f*

Einwanderer *m*, **Einwanderin** *f* immigrant(e) *m(f)*

ein|wandern *vi* + *sein* immigrer

Einwanderung ['ainvandərʊŋ] *f* immigration *f*

Einwanderungspolitik *f kein pl* politique *f* de l'immigration

einwandfrei I. *adj* ❶ impeccable ❷ (*Tatsache*) incontestable II. *adv* (*zeigen*) formellement; (*beweisen*) de façon irréfutable

Einwegflasche *f* bouteille *f* non consignée **Einwegverpackung** *f* emballage *m* perdu

ein|weichen *vt* (*Wäsche*) faire tremper

ein|weihen *vt* ❶ inaugurer ❷ (*vertraut machen*) **jdn in etw** (*akk*) **~** mettre qn au courant de qc

Einweihung <-, -en> *f* inauguration *f*

ein|weisen *vt irr* ❶ MED **[in ein Krankenhaus] ~** hospitaliser ❷ (*unterweisen*) mettre au courant

ein|wenden *vt irr* **etw gegen jdn ~** reprocher qc à qn

ein|werfen *irr* I. *vt* ❶ poster; **etw in den Postkasten ~** mettre qc à la boîte aux lettres ❷ (*Fensterscheibe*) [fra]casser II. *vi* (*Spieler*) faire la remise en jeu

ein|wickeln I. *vt* envelopper II. *vr* **sich ~** s'enrouler

ein|willigen *vi* **in etw** (*akk*) **~** donner son accord pour qc

Einwilligung <-, -en> *f* accord *m*

ein|wirken *vi* (*beeinflussen*) exercer une influence

Einwirkung *f* ❶ influence *f* ❷ (*eines Mittels*) action *f*

Einwohner(in) <-s, -> *m(f)* habitant(e) *m(f)*

Einwohnermeldeamt *nt: administration locale où chaque changement de domicile doit être déclaré*

Einwurf *m* ❶ *kein Pl* (*eines Briefs*) postage *m* ❷ (*eines Briefkastens*) fente *f* ❸ SPORT [re]mise *f* en jeu ❹ (*Bemerkung*) remarque *f*

Einzahl *f kein Pl* LING singulier *m*

ein|zahlen *vt* **Geld auf ein Konto ~** verser

E

de l'argent sur un compte
Einzahlung *f* versement *m*
ein|zäunen ['aintsɔynən] *vt* clôturer
Einzel ['aintsəl] <-s, -> *nt* SPORT simple *m*
Einzelblatteinzug *m* alimentation *f* feuille à feuille **Einzelfahrschein** *m* ticket *m* à l'unité **Einzelfall** *m* cas *m* isolé **Einzelgänger(in)** ['aintsəlgɛŋɐ] <-s, -> *m(f)* solitaire *mf* **Einzelhaft** *f* isolement *m* cellulaire **Einzelhandel** *m* commerce *m* de détail **Einzelhändler(in)** *m(f)* détaillant(e) *m(f)* **Einzelheit** <-, -en> *f* détail *m* **Einzelkind** *nt* enfant *m* unique
einzeln I. *adj* ❶ seul(e) ❷ (*abgesondert*) isolé(e) ❸ *substantivisch* (*Mensch*) **der Einzelne** l'individu *m* ▶**im Einzelnen** en détail **II.** *adv* séparément; **bitte ~ eintreten!** une seule personne à la fois, s.v.p.!
Einzelperson *f* personne *f* seule **Einzelstück** *nt* pièce *f* unique **Einzelteil** *nt* pièce *f* **Einzelzimmer** *nt* chambre *f* individuelle
ein|ziehen *irr* **I.** *vt* + *haben* ❶ rentrer ❷ (*Geldschein*) accepter ❸ (*Steuern*) prélever ❹ (*beschlagnahmen*) confisquer ❺ (*aus dem Umlauf nehmen*) retirer de la circulation ❻ (*einberufen*) incorporer **II.** *vi* + *sein* ❶ (*in eine Wohnung ziehen*) emménager ❷ (*aufgesogen werden*) pénétrer ❸ (*einmarschieren*) entrer
einzig I. *adj* ❶ (*alleinig*) seul(e); **etw als Einziger/Einzige tun** être le seul/la seule à faire qc; **kein** [*o* [**o nicht ein**]] **~er Schüler** pas le moindre/la moindre élève ❷ *substantivisch* (*~es Kind*) **unser Einziger/unsere Einzige** notre fils/fille unique ❸ (*völlig*) **eine ~e Qual** une vraie torture **II.** *adv* **die ~ mögliche Lösung** la seule et unique solution possible; **das ~ Richtige** la seule chose de correcte
einzigartig I. *adj* unique en son genre **II.** *adv* extraordinairement; **~ schön sein** être d'une beauté sans nom
Einzug *m* ❶ emménagement *m* ❷ (*Einmarsch*) entrée *f*
Eis [ais] <-es> *nt* ❶ glace *f* ❷ (*Speiseeis*) glace *f*; **~ am Stiel** esquimau® *m*
Eisbahn *f* patinoire *f* **Eisbär** *m* ours *m* blanc **Eisbecher** *m* coupe *f* de glace **Eisberg** *m* iceberg *m* **Eisbrecher** *m* brise-glace *m* **Eiscafé** *nt s.* **Eisdiele**
Eischnee *m* (*von einem Ei/mehreren Eiern*) blanc *m* [battu]/blancs [battus] en neige
Eiscreme *f* crème *f* glacée **Eisdiele** *f* glacier *m*
Eisen ['aizən] <-s, -> *nt* ❶ *kein Pl a.* MED fer *m* ❷ (*~beschlag*) ferrure *f*
Eisenbahn *f* train *m* **Eisenbahner(in)** <-s, -> *m(f) fam* cheminot(e) *m(f)* **Eisenbahnnetz** *nt* réseau *m* ferroviaire **Eisenbahnwagen** *m* wagon *m*
eisenhaltig *adj* (*Erz*) ferreux(-euse); (*Nahrungsmittel*) riche en fer **Eisenmangel** *m* carence *f* en fer **Eisen- und Stahlindustrie** *f* sidérurgie *f* **Eisenwaren** *Pl* articles *mpl* de quincaillerie **Eisenwarenhandlung** *f* quincaillerie *f*
eisern I. *adj a. fig* de fer **II.** *adv* ❶ (*schweigen*) obstinément; (*einhalten*) résolument ❷ (*durchgreifen*) d'une façon implacable
eisgekühlt *adj* glacé(e) **Eishockey** *nt* hockey *m* sur glace
eisig ['aiziç] *adj a. fig* glacial(e)
Eiskaffee *m: café froid avec une boule de glace à la vanille et de la chantilly* **eiskalt I.** *adj* glacé(e); (*Wohnung*) glacial(e) **II.** *adv* (*handeln*) de sang froid **Eiskunstlauf** *m* patinage *m* artistique
eislaufen *vi irr* faire du patin à glace
Eisprung *m* ovulation *f*
Eisschnelllauf *m* patinage *m* de vitesse **Eisschrank** *m* réfrigérateur *m*; *s.* **Kühlschrank** **Eiswürfel** *m* glaçon *m* **Eiszapfen** *m* stalactite *f* de glace **Eiszeit** *f* période *f* glaciaire
eitel ['aitəl] *pej adj* vaniteux(-euse)
Eitelkeit <-> *f pej* (*Selbstgefälligkeit*) vanité *f*; (*in Bezug auf das Äußere*) coquetterie *f*
Eiter ['aitɐ] <-s> *m* pus *m*
eiterig *s.* **eitrig**
eitern *vi* suppurer
eitrig *adj* (*Wunde*) purulent(e)
Eiweiß *nt* ❶ protéine *f* ❷ GASTR blanc *m* d'œuf **Eizelle** *f* ovule *m*
Ejakulation <-, -en> *f* éjaculation *f*
Ekel[1] ['eːkəl] <-s> *m* (*Abscheu*) dégoût *m*; **~erregend** répugnant(e)
Ekel[2] <-s, -> *nt pej fam* (*Mensch*) salaud *m*/salope *f*
ekelerregend[ALT] *s.* **Ekel**[1]
ekelhaft I. *adj* ❶ répugnant(e) ❷ *fam* (*Schmerzen*) affreux(-euse) **II.** *adv* (*stinken*) de façon dégoûtante (*fam*)
ekeln I. *vt* dégoûter **II.** *vt unpers* **mich ekelt**

es vor jdm/etw je suis dégoûté(e) par qn/qc **III.** *vr* **sich vor jdm/etw ~** éprouver de la répulsion pour qn/qc

EKG [eːkaːˈgeː] <-s, -s> *nt Abk von* **Elektrokardiogramm** électrocardiogramme *m*

eklig [ˈeːklɪç] *s.* **ekelhaft**

Ekstase [ɛkˈstaːzə] <-, -n> *f* extase *f*

Ekzem [ɛkˈtseːm] <-s, -e> *nt* eczéma *m*

Elan <-s> *m geh* entrain *m*

elastisch [eˈlastɪʃ] *adj* élastique; (*Gelenk*) mobile

Elastizität [elastitsiˈtɛːt] <-, -en> *f a. fig* élasticité *f*

Elbe [ˈɛlbə] <-> *f* **die ~** l'Elbe *f*

Elch [ɛlç] <-[e]s, -e> *m* élan *m*

Electronic Banking [elɛkˈtrɔnɪkˈbɛŋkɪŋ] <- -s> *nt* règlement *m* électronique des opérations bancaires

Elefant [eleˈfant] <-en, -en> *m* éléphant *m*

elegant [eleˈgant] **I.** *adj* élégant(e) **II.** *adv* avec élégance

Eleganz [eleˈgants] <-> *f* élégance *f*

elektrifizieren* [elɛktrifiˈtsiːrən] *vt* électrifier

Elektrik [eˈlɛktrɪk] <-, -en> *f* installation *f* électrique

Elektriker(in) [eˈlɛktrikɐ] <-s, -> *m(f)* électricien(ne) *m(f)*

elektrisch [eˈlɛktrɪʃ] **I.** *adj* électrique **II.** *adv* (*funktionieren*) à l'électricité

elektrisieren* [elɛktriˈsiːrən] *vt* électriser

Elektrizität [elɛktritsiˈtɛːt] <-> *f* électricité *f*

Elektrizitätswerk *nt* centrale *f* électrique

Elektrode [elɛkˈtroːdə] <-, -n> *f* électrode *f*

Elektrogerät *nt* appareil *m* électrique **Elektroherd** *m* cuisinière *f* électrique **Elektroingenieur(in)** *m(f)* ingénieur *mf* électricien **Elektromagnet** *m* électroaimant *m* **Elektromotor** *m* moteur *m* électrique

Elektron [ˈeːlɛktrɔn] <-s, -tronen> *nt* électron *m*

Elektronenmikroskop *nt* microscope *m* électronique

Elektronik <-> *f* électronique *f*

elektronisch [elɛkˈtroːnɪʃ] *adj* électronique

Elektroschock *m* électrochoc *m* **Elektrotechnik** *f kein Pl* électrotechnique *f* **Elektrotechniker(in)** *m(f)* électrotechnicien(ne) *m(f)*

Element [eleˈmɛnt] <-[e]s, -e> *nt* élément *m*

elementar [elemɛnˈtaːɐ̯] *adj* élémentaire

elend [ˈeːlɛnt] *adj* ❶ misérable ❷ (*Aussehen*) pitoyable ❸ *pej fam* (*gemein*) misérable

Elend <-[e]s> *nt* misère *f*

Elendsviertel *nt* quartier *m* miséreux

elf [ɛlf] *num* onze; *s. a.* **acht** [1]

Elf <-, -en> *f* (*Zahl, Fußballmannschaft*) onze *m*

Elfe <-, -n> *f* sylphide *f*

Elfenbein [ˈɛlfənbaɪ̯n] *nt* ivoire *m* **Elfenbeinküste** *f* **die [Republik] ~** la [République de] Côte-d'Ivoire

Elfmeter [ɛlfˈmeːtɐ] *m* penalty *m* **Elfmeterschießen** <-s> *nt* tir *m* au but

elfte(r, s) *adj* ❶ onzième ❷ (*bei Datumsangaben*) **der ~ März** le onze mars; *s. a.* **achte(r, s)**

eliminieren* [elimiˈniːrən] *vt* (*Gegner*) éliminer; (*Fehler*) supprimer

elitär [eliˈtɛːɐ̯] *adj* (*Einstellung*) élitiste; (*Gruppe*) élitaire

Elite [eˈliːtə] <-, -n> *f* élite *f*

Eliteschule *f* école *f* prestigieuse

Ellbogen <-bogen>, **Ellenbogen** *m* coude *m*

Ellbogengesellschaft *f* société *f* d'arrivistes

Ellipse [ɛˈlɪpsə] <-, -n> *f* ellipse *f*

elliptisch [ɛˈlɪptɪʃ] *adj* elliptique

Elsass[RR] <- *o* -es>, **Elsaß**[ALT] [ˈɛlzas] <- *o* -sses> *nt* **das ~** l'Alsace *f*

Elsässer(in) [ˈɛlzɛsɐ] <-s, -> *m(f)* Alsacien(ne) *m(f)*

elsässisch [ˈɛlzɛsɪʃ] *adj* alsacien(ne)

Elsässisch <-[s]> *nt* l'alsacien *m*; *s. a.* **Deutsch**

Elsass-Lothringen[RR] [ˈɛlzas ˈloːtrɪŋən] *nt* HIST l'Alsace-Lorraine *f*

Elster [ˈɛlstɐ] <-, -n> *f* pie *f*

elterlich [ˈɛltɐlɪç] *adj* **~e Sorge** autorité *f* parentale

Eltern [ˈɛltɐn] *Pl* parents *mpl*

Elternabend *m* réunion *f* parents-professeurs **Elternhaus** *nt* ❶ (*Gebäude*) maison *f* familiale ❷ (*familiäres Umfeld*) milieu *m* familial

Email [eˈmaɪ̯] <-s, -s> *nt* émail *m*

E-Mail [ˈiːmeɪl] <-, -s> *f o nt* courrier *m* électronique

E-Mail-Adresse [ˈiːmeɪlaˈdrɛsə] *f* adresse *f* électronique

Emaille [eˈmaljə] <-, -n> *s.* **Email**

Emanze [eˈmantsə] <-, -n> *f pej fam* féministe *f*

Emanzipation <-, -en> *f* émancipation *f*

emanzipieren* [emantsi'pi:rən] *vr* **sich von etw ~** s'émanciper de qc
Embargo [ɛm'bargo] <-s, -s> *nt* embargo *m*
Embryo ['ɛmbryo] <-s, -s> *m o* A*nt* MED embryon *m*
Emigrant(in) [emi'grant] <-en, -en> *m(f)* émigré(e) *m(f)*
Emigration [emigra'tsi̯o:n] <-, -en> *f* émigration *f*
emigrieren* [emi'gri:rən] *vi + sein* **nach Frankreich/in die USA ~** émigrer en France/aux Etats-Unis
Emission [emɪ'si̯o:n] <-, -en> *f* ÖKOL, FIN émission *f*
Emotion [emo'tsi̯o:n] <-, -en> *f* émotion *f*
emotional *adj* émotif(-ive)
Empfang [ɛm'pfaŋ, *Pl:* ɛm'pfɛŋə] <-[e]s, Empfänge> *m* ❶ réception *f* ❷ *kein Pl* (*Begrüßung*) accueil *m*
empfangen <empfängt, empfing, empfangen> *vt* ❶ *geh* (*erhalten*) recevoir ❷ *geh* (*begrüßen*) accueillir ❸ TV, RADIO capter
Empfänger(in)[1] [ɛm'pfɛŋɐ] <-s, -> *m(f)* (*eines Briefs*) destinataire *mf;* (*einer Zahlung*) bénéficiaire *mf*
Empfänger[2] <-s, -> *m* (*Empfangsgerät*) récepteur *m*
empfänglich [ɛm'pfɛŋlɪç] *adj* ❶ (*anfällig*) sensible ❷ (*aufgeschlossen*) réceptif(-ive)
empfängnisverhütend *adj* (*Mittel*) contraceptif(-ive) **Empfängnisverhütung** *f* contraception *f*
Empfangschef(in) *m(f)* chef *mf* de la réception
empfehlen [ɛm'pfe:lən] <empfiehlt, empfahl, empfohlen> **I.** *vt* recommander **II.** *vr unpers* **es empfiehlt sich etw zu tun** il est recommandé de faire qc **III.** *vr* ❶ **sich jdm als Sachverständiger ~** se présenter à qn comme expert ❷ *iron geh* (*sich verabschieden*) **sich ~** tirer sa révérence
empfehlenswert *adj* ❶ préférable ❷ (*Hotel*) recommandable
Empfehlung <-, -en> *f* recommandation *f*
Empfehlungsschreiben *nt* lettre *f* de recommandation
empfinden [ɛm'pfɪndən] <empfand, empfunden> *vt* ❶ (*Gefühl*) éprouver ❷ (*auffassen*) ressentir
Empfinden <-s> *nt* impression *f;* **für mein ~** à mon sens
empfindlich **I.** *adj* ❶ (*leicht reizbar*) susceptible ❷ (*leicht zu beschädigen*) fragile; **hoch ~** (*Material*) très fragile ❸ (*spürbar*) sévère; (*Kälte*) vif(vive) ❹ (*Messgerät*) sensible **II.** *adv* **~ reagieren** réagir vivement
Empfindlichkeit <-, -en> *f* ❶ (*Reizbarkeit*) susceptibilité *f* ❷ *kein Pl* (*Beschaffenheit: eines Materials*) fragilité *f;* TECH, PHOT sensibilité *f*
empfindsam *adj* sensible
Empfindung <-, -en> *f* ❶ sentiment *m* ❷ (*sinnliche Wahrnehmung*) sensation *f*
Empore <-, -n> *f* galerie *f;* (*Orgelempore*) tribune *f*
empören* [ɛm'pø:rən] **I.** *vt* indigner **II.** *vr* **sich ~** s'indigner
empörend *adj* révoltant(e)
Emporkömmling [ɛm'po:ɐ̯kœmlɪŋ] <-s, -e> *m pej* parvenu(e) *m(f)*
empor\|ragen [ɛm'po:ɐ̯ra:gən] *vi geh* **über etw** (*akk*) **~** se dresser au dessus de qc
empört [ɛm'pø:ɐ̯t] **I.** *adj* indigné(e) **II.** *adv* avec indignation
Empörung <-, -en> *f* ❶ *kein Pl* indignation *f* ❷ (*Rebellion*) révolte *f*
emsig ['ɛmzɪç] **I.** *adj* (*Person*) travailleur (-euse); (*Ameise*) laborieux(-euse) **II.** *adv* (*lernen*) avec assiduité; (*sammeln*) infatigablement
Ende ['ɛndə] <-s, -n> *nt* ❶ *kein Pl* fin *f;* **etw zu ~ bringen** mener qc à son terme ❷ *kein Pl* (*bei Zeit-, Altersangaben*) **~ Januar** fin janvier; **~ 1950** à la fin de l'année 1950; **er ist ~ zwanzig** il approche de la trentaine ❸ (*räumlicher Abschluss*) bout *m* ❹ *kein Pl geh* (*Tod*) fin *f* ▸**letzten ~s** au bout du compte; (*schließlich*) en fin de compte; **am ~ sein** *fam* (*erschöpft sein*) être vidé; (*ruiniert*) être raide
Endeffekt *m* résultat *m;* **im ~** en fin de compte
enden *vi* ❶ (*Urlaub*) se terminer ❷ (*Weg*) s'arrêter
Endergebnis *nt* résultat *m* définitif; **im ~** en fin de compte **endgültig** *adj* définitif(-ive)
Endhaltestelle *f* terminus *m*
Endivie [ɛn'di:vi̯ə] <-, -n> *f* chicorée *f*
endlich **I.** *adv* enfin; **na ~!** *fam* c'est pas trop tôt! **II.** *adj* MATH, PHILOS fini(e)
endlos **I.** *adj* ❶ (*Ärger*) sans fin ❷ (*sehr lang*) interminable; (*Weite*) infini(e) **II.** *adv* indéfiniment
Endphase *f* phase *f* finale **Endspiel** *nt* SPORT

finale *f* **Endspurt** *m* SPORT sprint *m* **Endstadium** *nt* (*einer Krankheit*) stade *m* terminal **Endstation** *f* AUT *a. fig* terminus *m*
Endung <-, -en> *f* terminaison *f*
Energie [enɛr'giː] <-, -n> *f* énergie *f;* **viel/wenig ~ haben** être très/peu dynamique
Energiebedarf *m* besoins *mpl* énergétiques **Energiequelle** *f* source *f* d'énergie **Energiesparen** *nt* économies *fpl* d'énergie **Energieverbrauch** *m* consommation *f* d'énergie **Energieversorgung** *f* approvisionnement *m* en énergie
energisch [e'nɛrgɪʃ] *adj* énergique
eng [ɛŋ] **I.** *adj* ❶ étroit(e) ❷ (*Raum*) exigu(ë) ❸ (*Kleidung*) étroit(e) ❹ (*Horizont*) limité(e); (*Rahmen*) strict(e) ❺ (*eingeschränkt*) **im ~eren Sinne** dans un sens plus strict ❻ (*Verwandtschaft*) proche ❼ *fam* (*schwierig*) **das wird ~** *fam* ça va être dur **II.** *adv* ❶ **einen Rock ~er machen** ajuster une jupe ❷ (*dicht*) **~ nebeneinander sitzen/stehen** être serrés l'un contre l'autre ❸ (*liiert*) étroitement ❹ *fam* (*kleinlich*) **etw [zu] ~ sehen** être trop à cheval sur qc
Engagement [ãgaʒə'mãː] <-s, -s> *nt* ❶ *geh* engagement *m* ❷ (*Verpflichtung: eines Künstlers*) engagement *m*
engagieren* [ãga'ʒiːrən] **I.** *vt* engager **II.** *vr* **sich für jdn/etw ~** s'engager pour qn/qc
engagiert [ãga'ʒiːɐt] *adj geh* (*Person, Kunstwerk*) engagé(e)
Enge ['ɛŋə] <-> *f* (*einer Kurve*) étroitesse *f;* (*eines Raums*) exiguïté *f*
Engel ['ɛŋəl] <-s, -> *m* ange *m*
England ['ɛŋlant] *nt* l'Angleterre *f*
Engländer(in) <-s, -> *m(f)* Anglais(e) *m(f)*
englisch ['ɛŋlɪʃ] **I.** *adj* anglais(e) **II.** *adv* **~ miteinander sprechen** discuter en anglais
Englisch <-[s]> *nt kein art* anglais *m; s. a.* **Deutsch**
Engpass[RR] *m* ❶ GEO défilé *m* ❷ (*Fahrbahnverengung*) rétrécissement *m* ❸ ÖKON goulot *m* d'étranglement
engstirnig *pej* **I.** *adj* (*Person*) borné(e); (*Denken*) étroit(e) **II.** *adv* (*handeln*) à courte vue
Enkel(in) ['ɛŋkəl] <-s, -> *m(f)* petit-fils *m*/petite-fille *f;* **die ~** les petits-enfants *mpl*
Enkelkind *s.* **Enkel(in)**
enorm [e'nɔrm] **I.** *adj* ❶ (*Belastung*) énorme; (*Hitze*) terrible ❷ *fam* (*beeindruckend*) **das ist ja ~!** ça, c'est vraiment super! **II.** *adv fam* vachement

Ensemble [ã'sãːbəl] <-s, -s> *nt* ❶ THEAT troupe *f* ❷ MUS, COUT ensemble *m*
entarten* [ɛnt'ʔartən] *vi + sein* dégénérer
entbehren* [ɛnt'beːrən] *vt* **etw ~ können** pouvoir se passer de qc
entbehrlich [ɛnt'beːɐlɪç] *adj* superflu(e)
Entbehrung <-, -en> *f* privation *f*
entbinden* *irr* **I.** *vt* **von seinem Versprechen ~** délier de sa promesse **II.** *vi* MED accoucher
Entbindung *f* MED accouchement *m*
entblößen* [ɛnt'bløːsən] *geh* **I.** *vt* dénuder **II.** *vr* **sich ~** se découvrir; (*Exhibitionist*) s'exhiber
entdecken* *vt* ❶ (*Person*) dénicher; (*Fehler*) trouver ❷ (*herausfinden*) **wieder ~** redécouvrir ❸ (*Virus*) découvrir
Entdecker(in) <-s, -> *m(f)* explorateur (-trice) *m(f)*
Entdeckung *f* découverte *f;* (*talentierter Mensch*) révélation *f*
Entdeckungsreise *f* voyage *m* d'exploration
Ente ['ɛntə] <-, -n> *f* ❶ canard *m;* (*weibliches Tier*) cane *f* ❷ *fam* (*Auto*) deuche *f*
entehren* [ɛnt'ʔeːrən] *vt* déshonorer
enteignen* [ɛnt'ʔaignən] *vt* exproprier
enterben* *vt* déshériter
Enterich ['ɛntərɪç] <-s, -e> *m* canard *m* [mâle]
Entertainer(in) ['ɛntɐteːnɐ] <-s, -> *m(f)* animateur(-trice) *m(f)*
Enter-Taste *f* INFORM touche *f* Entrée
entfachen* [ɛnt'faxən] *vt geh* ❶ (*Feuer*) déclencher ❷ (*Leidenschaft*) attiser
entfallen* *vi irr + sein* ❶ sortir de l'esprit ❷ (*Punkt*) être laissé de côté; (*Veranstaltung*) être annulé ❸ (*Anteil*) revenir
entfalten* **I.** *vt* ❶ déplier ❷ (*Fähigkeiten*) épanouir ❸ (*Pracht*) déployer **II.** *vr* **sich ~** ❶ (*Fallschirm*) s'ouvrir ❷ (*Talent*) s'épanouir
Entfaltung <-, -en> *f* ❶ (*eines Fallschirms*) ouverture *f* ❷ (*der Persönlichkeit*) épanouissement *m* ❸ (*von Pracht*) déploiement *m*
entfärben* *vt, vr* **[sich] ~** [se] décolorer
entfernen* [ɛnt'fɛrnən] **I.** *vt* ❶ enlever ❷ (*fortbringen*) exclure **II.** *vr* **sich von/aus etw ~** s'éloigner de qc
Entfernen-Taste *f* INFORM touche *f* Effacement
entfernt **I.** *adj* ❶ reculé(e); **von etw ~ sein**

E

être loin de qc; **fünf Kilometer ~ sein** être à cinq kilomètres ❷ (*Verwandtschaft*) éloigné(e) **II.** *adv* ❶ de loin; (*erinnern*) vaguement ❷ (*weitläufig*) ~ **verwandt sein mit ...** être parent éloigné de ...

Entfernung <-, -en> *f* ❶ distance *f;* **aus der ~** de loin ❷ *kein Pl* (*eines Flecks*) élimination *f*

entfesseln* *vt* déclencher

entflammen* *geh vi + sein* (*Streit*) éclater; (*Liebe*) s'enflammer

entfliehen* *vi irr + sein* s'enfuir; **aus der Haft ~** s'évader de prison

entfremden* **I.** *vt* ❶ **zwei Menschen einander ~** rendre deux personnes étrangères l'une à l'autre ❷ (*zweckentfremden*) **etw seinem Zweck ~** détourner qc de son usage **II.** *vr* **sich jdm ~** se détacher de qn

Entfremdung <-, -en> *f* détachement *m*

entführen* *vt* ❶ (*Geisel*) enlever; (*Flugzeug*) détourner ❷ *iron fam* (*wegnehmen*) emprunter

Entführer(in) *m(f)* ravisseur(-euse) *m(f);* (*Luftpirat*) pirate *mf* de l'air

Entführung *f* (*einer Geisel*) enlèvement *m;* (*eines Flugzeugs*) détournement *m*

entgegen [ɛnt'geːgən] **I.** *adv* **dem Ziel ~** au devant du but; **dem Sommer ~** vers l'été **II.** *präp + dat* ❶ (*zuwider*) **~ unserer Abmachung** contrairement à notre accord ❷ (*im Gegensatz zu*) **~ allen Erwartungen** contre toute attente

entgegen|bringen *vt irr* **jdm Achtung ~** faire preuve de respect à l'égard de qn; **einer S.** (*dat*) **Interesse ~** manifester de l'intérêt pour qc **entgegen|gehen** *vi irr + sein* **jdm ~** aller à la rencontre de qn **entgegengesetzt** **I.** *adj* opposé(e) **II.** *adv* **~ handeln** faire le contraire **entgegen|halten** *vt irr* ❶ (*hinhalten*) tendre ❷ (*Einwand*) présenter **entgegen|kommen** *vi irr + sein* ❶ venir à la rencontre de qn; (*fahrend*) arriver en sens inverse de qn ❷ (*Zugeständnisse machen*) faire une concession ❸ (*entsprechen*) **jds Interessen** (*dat*) **~** aller dans le sens des intérêts de qc

Entgegenkommen <-s> *nt* ❶ (*gefällige Haltung*) compréhension *f* ❷ (*Zugeständnis*) concession *f*

entgegenkommend *adj* bienveillant(e) **entgegen|nehmen** *vt irr* accepter; (*Geldbetrag*) encaisser

entgegnen* [ɛnt'geːgnən] *vt* rétorquer

entgehen* *vi irr + sein* échapper

entgeistert [ɛnt'gaistɐt] **I.** *adj* hébété(e) **II.** *adv* (*anstarren*) l'air hébété

Entgelt [ɛnt'gɛlt] <-[e]s, -e> *nt form* rétribution *f;* **gegen ~** moyennant finances

entgiften* *vt* épurer

entgleisen* [ɛnt'glaizən] *vi + sein* dérailler

entgleiten* *vi irr + sein* **jds Händen ~** glisser des mains de qn

enthaaren* [ɛnt'haːrən] *vt* épiler

enthalten* *irr* **I.** *vt* ❶ contenir ❷ (*einschließen*) **im Preis ~ sein** être compris dans le prix **II.** *vr* (*nicht abstimmen*) **sich ~** s'abstenir

enthaltsam [ɛnt'haltzaːm] **I.** *adj* (*Person*) modéré(e); (*Leben*) d'abstinence **II.** *adv* **~ leben** vivre dans l'abstinence

Enthaltsamkeit <-> *f* abstinence *f;* (*sexuelle Abstinenz*) chasteté *f*

Enthaltung [ɛnt'haltʊŋ] *f* (*Stimmenthaltung*) abstention *f*

enthaupten* [ɛnt'hauptən] *vt* décapiter

entheben* *vt irr geh* ❶ **jdn seines Amtes ~** relever qn de ses fonctions (*form*) ❷ (*entbinden*) **aller Verpflichtungen ~** dégager de toute obligation

enthüllen* **I.** *vt* dévoiler **II.** *vr* **sich jdm ~** se révéler à qn

Enthüllung <-, -en> *f* ❶ (*eines Denkmals*) dévoilement *m* ❷ (*Aufdeckung*) révélation *f*

enthusiastisch [ɛntuzi'astɪʃ] **I.** *adj* enthousiaste **II.** *adv* avec enthousiasme

entjungfern* *vt* dépuceler

entkalken* *vt* (*Kaffeemaschine*) détartrer (*Wasser*) adoucir

entkommen* *vi irr + sein* s'échapper; **jdm ~** échapper à qn

entkorken* *vt* déboucher

entkräften* [ɛnt'krɛftən] *vt* ❶ épuiser ❷ (*Verdacht*) réfuter

entladen* *irr* **I.** *vt* décharger **II.** *vr* **sich ~** ❶ (*Gewitter*) éclater ❷ ELEC se décharger ❸ (*ausbrechen: Emotionen*) éclater

entlang [ɛnt'laŋ] **I.** *präp + dat o gen* le long de **II.** *präp + akk* le long de **III.** *adv* **hier ~** par ici

entlang|gehen *vi irr + sein* **eine Straße ~** longer une route

entlarven* [ɛnt'larfən] **I.** *vt* ❶ démasquer ❷ (*aufdecken*) découvrir **II.** *vr* **sich selbst**

~ se démasquer soi-même

entlassen* *vt irr* ❶ (*Mitarbeiter*) licencier ❷ (*Patienten*) laisser sortir; (*Häftling*) libérer

Entlassung <-, -en> *f* licenciement *m*

entlasten* *vt* ❶ JUR décharger ❷ (*Person*) soulager; (*Verkehr*) délester

Entlastung <-, -en> *f* ❶ JUR décharge *f* ❷ (*Hilfe*) soulagement *m*; **zu deiner ~** pour te soulager

entlaufen* *vi irr + sein* ❶ (*fliehen: Häftling, Sklave*) s'évader; (*Heimkind*) faire une fugue ❷ (*fortlaufen*) **Hund/Katze ~!** perdu chien/chat!

entledigen* [ɛnt'le:dɪgən] *vr geh* ❶ se débarrasser ❷ (*erfüllen*) **sich eines Auftrags ~** s'acquitter d'une mission

entleeren* *vt* (*Behälter, Darm*) vider; (*Grube, Becken*) vidanger

entlegen [ɛnt'le:gən] *adj* ❶ isolé(e) ❷ (*Gedanke*) saugrenu(e)

entlocken* *vt* soutirer; **Töne ~** tirer des sons

entlohnen* *vt* CH rétribuer

entmachten* [ɛnt'maxtən] *vt* renverser

entmilitarisieren* [ɛntmilitari'zi:rən] *vt* démilitariser

entmündigen* [ɛnt'mʏndɪgən] *vt* mettre sous tutelle

entmutigen* [ɛnt'mu:tɪgən] *vt* décourager

Entmutigung <-, -en> *f* découragement *m*

Entnahme [ɛnt'na:mə] <-, -n> *f* prélèvement *m*

entnehmen* *vt irr* ❶ (*herausnehmen*) **etw [aus] der Schublade ~** retirer qc du tiroir ❷ (*schlussfolgern*) **einem Artikel ~, dass …** déduire d'un article que …

entpuppen* [ɛnt'pʊpən] *vr* **sich ~** se révéler

entreißen* *vt irr* arracher

entrinnen* *vi irr + sein geh* échapper

entrümpeln* [ɛnt'rʏmpəln] *vt* débarrasser

entrüsten* [ɛnt'rʏstən] *vr* **sich über jdn ~** être scandalisé par qn; **sich über etw ~** s'indigner de qc

entrüstet I. *adj* indigné(e) **II.** *adv* d'un air outré; (*rufen, sagen*) d'un ton outré

Entrüstung *f* indignation *f*

entschädigen* *vt a.* JUR dédommager

Entschädigung *f* indemnité *f*

entschärfen* *vt* ❶ (*Bombe*) désamorcer ❷ (*Konflikt*) décrisper

Entscheid [ɛnt'ʃait] *m s.* **Entscheidung**

entscheiden* *irr* **I.** *vt* ❶ décider ❷ (*Fall*) trancher ❸ (*gewinnen*) **das Spiel ist entschieden** le match est joué **II.** *vi* décider **III.** *vr* (*beschließen*) **sich ~** se décider

entscheidend *adj* décisif(-ive); (*Fehler*) grave

Entscheidung *f* ❶ décision *f* ❷ JUR verdict *m* ❸ SPORT résultat *m*

entschieden [ɛnt'ʃi:dən] **I.** *PP von* **entscheiden II.** *adj* ❶ (*Befürworter*) résolu(e) ❷ (*Ablehnung*) catégorique **III.** *adv* ❶ (*ablehnen*) catégoriquement ❷ (*eindeutig*) incontestablement

Entschiedenheit <-> *f* détermination *f*; **mit [aller] ~** catégoriquement

entschließen* *vr irr* **sich ~** se décider; **sich für/zu etw ~** opter pour qc

entschlossen [ɛnt'ʃlɔsən] **I.** *PP von* **entschließen II.** *adj* décidé(e); **fest ~** déterminé(e) **III.** *adv* avec détermination

Entschlossenheit <-> *f* détermination *f*

Entschluss[RR] *m* décision *f*; **einen ~ fassen** prendre une décision

entschlüsseln* *vt* décoder

entschuldigen* [ɛnt'ʃʊldɪgən] **I.** *vi* **~ Sie, können Sie mir sagen, …** s'il vous plaît, pouvez-vous me dire …; **Sie müssen [schon] ~, …** excusez-moi, … **II.** *vr* ❶ **sich bei jdm ~** s'excuser auprès de qn ❷ (*sich abwesend melden*) **sich ~** (*Schüler*) s'excuser **III.** *vt* ❶ excuser ❷ (*als abwesend melden*) **jdn/etw bei jdm ~** excuser qn/qc auprès de qn

Entschuldigung <-, -en> *f* ❶ excuses *fpl*; **~!** pardon!; **~, wie spät ist es bitte?** excusez-moi, vous avez l'heure s'il vous plaît? ❷ (*Rechtfertigung*) excuse *f*; **als ~ für etw** pour excuser qc; **zu meiner/deiner ~** à ma/ta décharge ❸ (*~sschreiben*) mot *m* d'excuse

entsenden* *vt irr o reg geh* (*offiziell*) déléguer

entsetzen* **I.** *vt* effarer **II.** *vr* **sich über etw ~** être horrifié par qc; (*fassungslos sein*) être effaré par qc

Entsetzen <-s> *nt* horreur *f*

entsetzlich *adj* horrible

entsichern* *vt* (*Pistole*) enlever le cran de sûreté de

entsinnen* *vr irr geh* se souvenir; **wenn ich mich recht entsinne** si mes souvenirs sont exacts

entsorgen* *vt* ① évacuer ② (*Stadt*) éliminer les déchets de
Entsorgung <-, -en> *f* évacuation *f*
entspannen* **I.** *vr* **sich** ~ se détendre **II.** *vt* détendre
Entspannung *f* détente *f;* **zur** ~ pour se détendre
entsprechen* *vi irr* ① correspondre ② (*genügen*) **den Anforderungen** ~ satisfaire aux exigences
entsprechend **I.** *adj* ① (*Gehalt*) correspondant(e) ② (*Kleidung*) approprié(e) **II.** *adv* en conséquence **III.** *präp* + *dat* ~ **Ihrem Vorschlag** conformément à votre proposition
Entsprechung <-, -en> *f* ① pendant *m* ② (*Übereinstimmung*) point *m* commun
entspringen* *vi irr* + *sein* **in den Bergen** ~ (*Fluss*) prendre sa source dans les montagnes
entstehen* *vi irr* + *sein* ① (*zu existieren beginnen*) se constituer; (*Stadtteil*) naître ② (*Unruhe*) se déclencher ③ CHEM se former
Entstehung <-, -en> *f* ① (*des Lebens*) origine *f;* (*eines Kunstwerkes*) création *f;* (*eines Gebäudes*) construction *f* ② CHEM formation *f*
entstellen* *vt* ① (*Gesicht*) défigurer ② (*verzerren*) déformer
enttäuschen* **I.** *vt* décevoir **II.** *vi* (*Sportler*) être décevant; (*Auto*) se révéler décevant(e)
enttäuscht [ɛnt'tɔyʃt] **I.** *adj* déçu(e) **II.** *adv* (*dreinschauen*) d'un air déçu
Enttäuschung *f* déception *f;* **jdm eine ~ bereiten** décevoir [les espérances de] qn
entthronen* *vt geh* détrôner
entwaffnen* [ɛnt'vafnən] *vt a. fig* désarmer
entwässern* [ɛnt'vɛsɐn] *vt* drainer
entweder ['ɛntveːdɐ] *konj* ~ **..., oder ...** ou [bien] ..., ou [bien] ... ▶~ **oder!** [c'est] l'un ou l'autre!
entweichen* *vi irr* + *sein* ① (*Gas*) fuir [de qc] ② *geh* (*fliehen*) s'échapper
entweihen* *vt* profaner
entwenden* *vt geh* dérober
entwerfen* *vt irr* ① concevoir; (*Gebäude*) faire les plans de ② (*ausarbeiten*) élaborer
entwerten* *vt* ① (*Fahrschein*) valider; (*Briefmarke*) oblitérer ② (*Banknoten*) dévaluer
Entwertung *f* ① validation *f;* (*von Briefmarken*) oblitération *f* ② (*von Banknoten*) dévaluation *f*
entwickeln* **I.** *vt* ① développer ② (*am Bildschirm entwerfen*) concevoir ③ (*Energie*) déployer ④ (*Gas*) dégager **II.** *vr* **sich** ~ ① se développer ② (*Verhandlungen*) évoluer ③ (*Gase*) se former
Entwicklung <-, -en> *f* ① développement *m;* (*das Entwickeln*) mise *f* au point ② (*das Entwerfen*) élaboration *f* ③ (*von Kräften*) déploiement *m* ④ (*das Vorankommen*) évolution *f*
Entwicklungshelfer(in) *m(f)* coopérant(e) *m(f)* **Entwicklungshilfe** *f* POL aide *f* au développement **Entwicklungsland** *nt* pays *m* en voie de développement
entwischen* [ɛnt'vɪʃən] *vi* + *sein* **aus etw** ~ se sauver de qc; **jdm** ~ échapper à qn
entwürdigend [ɛnt'vʏrdɪgənt] *adj* dégradant(e)
Entwurf *m* ① projet *m;* (*eines Modemachers*) dessin *m* ② (*Konzept*) ébauche *f*
entwurzeln* *vt* déraciner
entziehen* *irr* **I.** *vt* ① retirer ② (*entnehmen*) **einer S.** (*dat*) **das Wasser** ~ extraire l'eau de qc **II.** *vr* **sich jdm/einer S.** ~ se dérober à qn/qc
Entziehungskur *f* cure *f* de désintoxication
entziffern* [ɛnt'tsɪfɐn] *vt* déchiffrer
entzücken* [ɛnt'tsʏkən] *vt* ravir
Entzücken [ɛn'tsʏkən] <-s> *nt* ravissement *m*
entzückend *adj* ravissant(e)
Entzug <-[e]s> *m* ① ADMIN (*eines Führerscheins, einer Lizenz*) retrait *m* ② MED désaccoutumance *f* ③ *fam* (*Entziehungskur*) cure *f* de désintoxication
Entzugserscheinung *f* syndrome *m* de manque
entzündbar [ɛnt'tsʏndbaːɐ̯] *adj* inflammable
entzünden* **I.** *vt geh* allumer; (*Streichholz*) [faire] craquer **II.** *vr* (*erkranken, in Brand geraten*) **sich** ~ s'enflammer
Entzündung *f* inflammation *f*
entzwei [ɛnt'tsvai̯] *adj* ~ **sein** être cassé
Enzyklopädie [ɛntsyklopɛ'diː] <-, -n> *f* encyclopédie *f*
enzyklopädisch [ɛntsyklo'pɛːdɪʃ] *adj* encyclopédique
Enzym [ɛn'tsyːm] <-s, -e> *nt* MED, BIO enzyme *f*
Epidemie [epide'miː] <-, -n> *f* MED épidémie *f*
Epilepsie [epilɛ'psiː] <-, -n> *f* MED épilepsie *f*
epileptisch MED **I.** *adj* épileptique **II.** *adv* ~

veranlagt sein être prédisposé à l'épilepsie
episch ['e:pɪʃ] *adj* (*Gedicht*) épique
Episode [epi'zo:də] <-, -n> *f* épisode *m*
Epizentrum [epi'tsɛntrʊm] *nt* GEO épicentre *m*
Epoche [e'pɔxə] <-, -n> *f* époque *f*
Epos ['e:pɔs] <-, Epen> *nt* épopée *f*
er [e:ɐ̯] *pron pers, 3. Pers Sing, nom* ❶ (*auf eine Person, ein männliches Tier bezogen*) il; (*betont*) lui; **da kommt ~!** le voilà qui arrive!; **~ ist es [wirklich]!** c'est bien lui! ❷ (*allgemein auf ein Tier, eine Sache bezogen*) **einem Storch zuschauen, wie ~ fliegt** regarder voler une cigogne
erachten* [ɛɐ'ʔaxtən] *vt geh* considérer
Erachten <-s> *nt* **meines ~s** à mon avis
erahnen* *vt geh* entrevoir
erarbeiten* *vt* (*Wissen*) acquérir
Erbanlage ['ɛrpʔanla:gə] *f meist Pl* caractère *m* héréditaire
erbarmen* [ɛɐ'barmən] **I.** *vt* faire pitié à **II.** *vr* **sich ~** avoir pitié
Erbarmen <-s> *nt* pitié *f*; **~ mit jdm haben** avoir de la pitié pour qn
erbärmlich [ɛɐ'bɛrmlɪç] **I.** *adj* ❶ (*gemein*) infâme ❷ (*jämmerlich*) lamentable **II.** *adv pej* ❶ (*wehtun*) terriblement ❷ (*schluchzen*) à fendre l'âme
erbarmungslos *adj* impitoyable
erbauen* **I.** *vt* ❶ (*Gebäude*) bâtir ❷ *geh* (*seelisch bereichern*) enrichir spirituellement **II.** *vr geh* **sich an etw** (*dat*) **~** savourer spirituellement qc
erbaulich *adj* édifiant(e)
Erbauung <-, -en> *f* construction *f*
Erbe ['ɛrbə] <-s> *nt* JUR *a. fig* héritage *m*
Erbe <-n, -n> *m*, **Erbin** *f* héritier(-ière) *m(f)*
erbeben* *vi + sein geh* trembler
erben ['ɛrbən] *vt, vi* hériter
erbeuten* [ɛɐ'bɔytən] *vt* (*Tier*) capturer; (*Verbrecher*) s'emparer
Erbfaktor *m* MED facteur *m* héréditaire **Erbfolge** *f* [ordre *m* de] succession *f* **Erbgut** *nt kein Pl* MED patrimoine *m* héréditaire
erbittert *adj* acharné(e)
Erbkrankheit *f* MED maladie *f* héréditaire
erblassen* [ɛɐ'blasən] *vi + sein* blêmir
erblich ['ɛrplɪç] *adj* héréditaire
erblicken* *vt geh* apercevoir
erblinden* *vi + sein* perdre la vue
Erblindung <-, -en> *f* cécité *f*
erblühen* *vi + sein geh* fleurir
erbrechen *vt, vi irr* vomir
Erbrecht *nt* droit *m* de succession
erbringen* [ɛɐ'brɪŋən] *vt irr* ❶ (*Summe*) régler; (*Leistung*) réaliser ❷ (*Gewinn*) rapporter ❸ (*Ergebnisse*) aboutir à ❹ (*Beweis*) apporter; (*Alibi*) produire
Erbschaft <-, -en> *f* héritage *m*
Erbse ['ɛrpsə] <-, -n> *f* pois *m*
Erbsünde *f* péché *m* originel
Erdachse ['e:ɐ̯tʔaksə] *f* axe *m* terrestre
Erdapfel *m* A pomme *f* de terre **Erdatmosphäre** *f* atmosphère *f* terrestre **Erdball** *s.* **Erdkugel** **Erdbeben** *nt* tremblement *m* de terre **Erdbeere** *f* fraise *f* **Erdboden** *m* sol *m*
Erde ['e:ɐ̯də] <-, -n> *f* ❶ *kein Pl* terre *f*; **auf der ganzen ~** au monde ❷ (*Planet*) Terre *f* ❸ (*Erdboden*) terre *f*; **auf der ~** par terre
erdenklich *adj attr* imaginable
Erdgas *nt* gaz *m* naturel **Erdgeschoss**[RR] *nt* rez-de-chaussée *m*
erdichten* *vt geh* inventer
Erdkugel *f* globe *m* terrestre **Erdkunde** *f* géographie *f* **Erdnuss**[RR] *f* cacah[o]uète *f* **Erdoberfläche** *f* surface *f* terrestre **Erdöl** *nt* pétrole *m*
erdolchen* *vt geh* poignarder
Erdreich *nt* terre *f*
erdrosseln* *vt* étrangler
erdrücken* *vt* ❶ écraser ❷ *fig* étouffer
Erdrutsch ['e:ɐ̯trʊtʃ] *m* glissement *m* de terrain **Erdstoß** *m* secousse *f* sismique **Erdteil** *m* continent *m*
erdulden* *vt* endurer
ereignen* [ɛɐ'ʔaignən] *vr* **sich ~** se produire
Ereignis <-ses, -se> *nt* événement *m*
ereignisreich *adj* mouvementé(e)
Erektion [erɛk'tsi̯o:n] <-, -en> *f* érection *f*
Eremit(in) [ere'mi:t] <-en, -en> *m(f)* ermite *m*
erfahren[1] *irr* **I.** *vt* ❶ (*Neuigkeit*) apprendre ❷ (*Liebe*) faire l'expérience de **II.** *vi* **von etw/über etw** (*akk*) **~** être informé de qc
erfahren[2] *adj* expérimenté(e)
Erfahrung <-, -en> *f* expérience *f*
erfassen* *vt* ❶ (*mitreißen*) happer ❷ (*befallen*) saisir ❸ (*begreifen*) comprendre ❹ INFORM saisir
Erfassung *f* ❶ ADMIN recensement *m* ❷ INFORM saisie *f*
erfinden* *vt irr* inventer
Erfinder(in) *m(f)* inventeur(-trice) *m(f)*

erfinderisch *adj* ingénieux(-euse)
Erfolg [ɛɐ'fɔlk] <-[e]s, -e> *m* succès *m;* **viel ~!** bonne chance!
erfolgen* *vi + sein form* avoir lieu
erfolglos I. *adj* (*Person*) malchanceux (-euse); **~ bleiben** rester vain(e) **II.** *adv* sans succès
Erfolglosigkeit <-> *f* ❶ insuccès *m* ❷ (*Vergeblichkeit*) inutilité *f*
erfolgreich I. *adj* **~ sein** réussir **II.** *adv* avec succès
Erfolgserlebnis *nt* réussite *f*
erfolgversprechend *adj* prometteur(-euse)
erforderlich [ɛɐ'fɔrdɐlɪç] *adj* **es ist ~, dass** il est nécessaire que + *subj*
erfordern* *vt* exiger; (*Zeit*) demander
Erfordernis <-ses, -se> *nt* exigence *f*
erforschen* *vt* explorer; (*Verhalten*) étudier; (*Hintergründe*) rechercher
Erforschung *f* (*einer Gegend*) exploration *f;* (*eines Verhaltens*) étude *f;* (*der Wahrheit*) recherche *f*
erfreuen* I. *vt* **jdn ~** faire plaisir à qn **II.** *vr geh* (*genießen*) **sich großer Beliebtheit ~** jouir d'une grande popularité
erfreulich I. *adj* qui fait plaisir; **es wäre ~, wenn Sie mir ...** cela me ferait plaisir si vous ... + *subj* **II.** *adv* remarquablement
erfrieren* *vi irr + sein* ❶ geler ❷ (*absterben*) **ihm sind die Finger/Zehen erfroren** il a les doigts/orteils gelés ❸ (*sterben*) mourir de froid
erfrischen* I. *vt* ❶ rafraîchir ❷ (*beleben*) **jdn ~** faire du bien à qn **II.** *vi* rafraîchir **III.** *vr* **sich ~** se rafraîchir
erfrischend I. *adj* rafraîchissant(e) **II.** *adv* **~ kühl** rafraîchissant(e)
Erfrischung <-, -en> *f* ❶ (*Getränk*) rafraîchissement *m* ❷ (*Abkühlung*) **eine ~ brauchen** avoir besoin de se rafraîchir
erfüllen* I. *vt* ❶ (*Forderung*) satisfaire; (*Aufgabe*) accomplir; **sich** (*dat*) **einen Wunsch ~** se faire [un petit] plaisir ❷ (*Gefühl*) envahir **II.** *vr* **sich ~** (*Wunsch*) se réaliser
Erfüllung *f* ❶ satisfaction *f;* (*einer Pflicht*) respect *m;* **in ~ gehen** se réaliser ❷ (*Befriedigung*) épanouissement *m*
ergänzen* [ɛɐ'gɛntsən] **I.** *vt* compléter **II.** *vr* **sich ~** *geh* se compléter
Ergänzung <-, -en> *f* ❶ [r]ajout *m* ❷ (*einer Sammlung*) enrichissement *m* ❸ LING complément *m*
ergattern* [ɛɐ'gatɐn] *vt fam* dégot[t]er
ergeben*¹ *irr* **I.** *vt* ❶ montrer ❷ (*reichen für*) correspondre à ❸ MATH donner **II.** *vr* ❶ MIL **sich jdm ~** se rendre à qn ❷ (*sich fügen*) **sich in sein Schicksal ~** se résigner à son sort ❸ (*folgen*) **sich aus etw ~** résulter de qc
ergeben² *adj* ❶ (*Blick*) résigné(e) ❷ (*Person*) dévoué(e)
Ergebenheit <-> *f* ❶ (*Demut*) résignation *f* ❷ (*Treue*) dévouement *m*
Ergebnis [ɛɐ'ge:pnɪs] <-ses, -se> *nt* résultat *m;* **zu dem ~ führen, dass ...** avoir pour conséquence que ...
ergebnislos *adj, adv* sans résultat
ergehen* *irr* **I.** *vi + sein form* **an jdn ~** (*Bescheid*) être adressé à qn ▸**etw über sich** (*akk*) **~ lassen** supporter qc **II.** *vr + haben* (*sich auslassen*) **sich in Schmähungen gegen jdn/etw ~** se répandre en invectives contre qn/qc
ergiebig [ɛɐ'gi:bɪç] *adj* (*Waschmittel*) économique
ergreifen* *vt irr* ❶ saisir ❷ (*Maßnahmen*) prendre
ergreifend *adj* bouleversant(e)
ergriffen [ɛɐ'grɪfən] *adj* bouleversé(e)
ergründen* *vt* (*Phänomen*) étudier; (*Sinn*) pénétrer
Erguss[RR] [ɛɐ'gʊs] *m* ❶ (*Bluterguss*) hématome *m* ❷ (*Samenerguss*) éjaculation *f*
erhaben [ɛɐ'ha:bən] *adj* sublime; (*Gedanke*) noble
Erhalt *m* ❶ *form* (*einer Lieferung, Zahlung*) réception *f;* **den ~ einer S.** (*gen*) **bestätigen** accuser réception de qc ❷ (*das Bewahren*) **~ der Macht** maintien *m* au pouvoir
erhalten* *irr* **I.** *vt* ❶ recevoir ❷ (*Bauwerk*) sauvegarder; (*Leistungsfähigkeit*) maintenir; (*Gesundheit*) conserver **II.** *vr* **sich ~** (*Brauch*) se maintenir
erhältlich [ɛɐ'hɛltlɪç] *adj* disponible; **kaum noch ~** pratiquement introuvable
Erhaltung *f* (*einer Fassade*) sauvegarde *f;* (*Gesundheit*) préservation *f;* (*des Friedens*) maintien *m*
erhängen* I. *vt* pendre *f* **II.** *vr* **sich ~** se pendre
erhärten* I. *vt* (*Zeuge*) confirmer; (*Aussage, Beweis*) renforcer **II.** *vr* **sich ~** (*Verdacht*) se confirmer
erheben* *irr* **I.** *vt* ❶ (*Glas*) lever ❷ (*Steuern*

percevoir **II.** *vr* ❶ **sich ~** se lever ❷ (*sich auflehnen*) **sich ~** se révolter ❸ (*aufragen*) **sich über etw** (*akk*) **~** s'élever au-dessus de qc

erheblich [ɛɐ'heːplɪç] **I.** *adj* considérable; (*Nachteil*) sérieux(-euse) **II.** *adv* ❶ (*stören*) considérablement; (*beeinträchtigen*) sérieusement ❷ (*deutlich*) nettement

Erhebung *f* ❶ (*von Steuern*) levée *f*; (*von Abgaben*) perception *f* ❷ (*von Daten*) relevé *m* ❸ GEO hauteur *f*

erheitern* [ɛɐ'haitɐn] *vt* dérider

erhellen* **I.** *vt* éclairer **II.** *vr* **sich ~** (*Himmel*) s'éclaircir

erhitzen* [ɛɐ'hɪtsən] **I.** *vt* ❶ faire chauffer ❷ (*zum Schwitzen bringen*) donner chaud **II.** *vr* **sich an etw** (*dat*) **~** s'échauffer à propos de qc

erhoffen* *vr* **sich** (*dat*) **etw ~** espérer qc

erhöhen* [ɛɐ'høːən] **I.** *vt* ❶ rehausser ❷ (*Zahl*) accroître ❸ (*Wirkung*) intensifier; (*Spannung*) faire monter ❹ MUS hausser **II.** *vr* ❶ FIN **sich um drei Prozent ~** augmenter de trois pour cent; **sich auf hundert Euro ~** s'élever à cent euros ❷ (*sich verstärken*) **sich ~** (*Blutdruck*) augmenter; (*Wirkung*) s'intensifier

erhöht [ɛɐ'høːt] *adj* ❶ (*Blutdruck*) élevé(e); (*Wert*) en augmentation; (*Puls*) accéléré(e) ❷ (*Aufmerksamkeit*) accru(e)

Erhöhung <-, -en> *f* ❶ augmentation *f* ❷ (*Zunahme*) renforcement *m*; (*einer Wirkung*) intensification *f*

erholen* *vr* ❶ **sich von einer Krankheit ~** se remettre d'une maladie ❷ (*ausspannen*) **sich ~** se reposer

erholsam [ɛɐ'hoːlzaːm] *adj* reposant(e); (*Schlaf*) réparateur(-trice)

Erholung <-> *f* repos *m*

Erholungsort *m* lieu *m* de repos

erhören* *vt geh* (*Bitte*) exaucer; (*Flehen*) accéder à

erinnern* [ɛɐ'ʔɪnɐn] **I.** *vt* **jdn an etw** (*akk*) **~** rappeler qc à qn **II.** *vr* **sich an jdn/etw ~** se souvenir de qn/qc **III.** *vi* ❶ **daran ~, dass ...** rappeler que ... ❷ (*denken lassen an*) **an jdn/etw ~** faire penser à qn/qc

Erinnerung <-, -en> *f* ❶ (*Gedächtnis*) mémoire *f* ❷ *meist Pl* (*Eindruck*) souvenir *m*

erkälten* [ɛɐ'kɛltən] *vr* **sich ~** prendre froid

erkältet [ɛr'kɛltət] *adj* enrhumé(e)

Erkältung <-, -en> *f* rhume *m*

erkennen* *irr* **I.** *vt* ❶ (*Details*) distinguer; (*Fehler*) s'apercevoir de ❷ (*identifizieren*) [**wieder**] **~** reconnaître **II.** *vi* ❶ JUR **auf Freispruch ~** prononcer un non-lieu ❷ SPORT **auf Elfmeter** (*akk*) **~** accorder un penalty

erkenntlich [ɛɐ'kɛntlɪç] *adj* **sich für etw ~ zeigen** témoigner sa reconnaissance pour qc

Erkenntnis *f* connaissance *f*; **zu der ~ kommen, dass ...** arriver à la conclusion que ...

Erkennungszeichen *nt* signe *m* de reconnaissance

erklärbar [ɛɐ'klɛːɐ̯baːɐ̯] *adj* explicable

erklären* **I.** *vt* ❶ expliquer ❷ (*Bild*) interpréter ❸ (*Rücktritt*) annoncer; (*Einverständnis*) exprimer ❹ (*deklarieren*) déclarer **II.** *vr* ❶ **sich ~** (*Vorfall*) s'expliquer ❷ (*sich bezeichnen*) **sich solidarisch ~** se déclarer solidaire

erklärt *adj attr* déclaré(e)

Erklärung *f* ❶ explication *f* ❷ (*öffentliche Stellungnahme*) déclaration *f*

erklingen* *vi irr + sein geh* retentir

erkranken* *vi + sein* tomber malade; **an etw** (*dat*) **~** attraper qc

Erkrankung <-, -en> *f* maladie *f*

erkunden* [ɛɐ'kʊndən] *vt* ❶ MIL reconnaître ❷ (*sondieren*) sonder

erkundigen* [ɛɐ'kʊndɪgən] *vr* (*fragen nach*) **sich bei jdm nach jdm/etw ~** se renseigner auprès de qn sur qn/qc

Erkundung <-, -en> *f* MIL reconnaissance *f*

erlangen* [ɛɐ'laŋən] *vt geh* obtenir

Erlass[RR] <-es, -e *o* A Erlässe>, **Erlaß**[ALT] [ɛɐ'las] <-sses, -sse *o* A Erlässe> *m* ❶ (*Verordnung*) arrêté *m* ❷ *kein Pl* (*einer Strafe*) remise *f*; (*von Sünden*) rémission *f*

erlassen* *vt irr* ❶ **jdm seine Strafe ~** gracier qn; **jdm die Schulden ~** remettre les dettes à qn ❷ (*Befehl*) édicter

erlauben* [ɛɐ'laubən] **I.** *vt* ❶ permettre; **~ Sie/erlaubst du, dass** vous permettez/tu permets que + *subj* ❷ *form* **jdm etw ~** (*Mittel*) permettre qc à qn **II.** *vr* (*sich leisten*) **sich** (*dat*) **etw ~** s'offrir qc

Erlaubnis <-, -se> *f* ❶ permission *f* ❷ (*Schriftstück*) autorisation *f*

erläutern* [ɛɐ'lɔytɐn] *vt* expliquer

Erläuterung <-, -en> *f* explication *f*

Erle ['ɛrlə] <-, -n> *f* aulne *m*

erleben* *vt* ❶ (*Ereignis*) vivre; (*Urlaub*) passer ② (*Schlimmes*) endurer; (*Enttäuschung*) connaître ③ (*Herrscher*) connaître

Erlebnis <-ses, -se> *nt* expérience *f* [vécue]

erledigen* [ɛɐ'le:dɪgən] **I.** *vt* ① (*Aufgabe*) accomplir; (*Besorgung*) effectuer ② *fam* (*erschöpfen*) crever ③ *fam* (*umbringen*) liquider **II.** *vr* **sich von selbst ~** s'arranger tout(e) seul(e)

Erledigung <-, -en> *f* ① (*Ausführung*) exécution *f;* **für die ~ der Korrespondenz zuständig sein** être responsable de la correspondance ② (*Besorgung*) **~en machen müssen** avoir des choses à faire

erlegen* [ɛɐ'le:gən] *vt* ① (*Tier*) abattre ② A (*bezahlen*) acquitter

erleichtern* [ɛɐ'laiçtɐn] **I.** *vt* ① (*einfacher machen*) faciliter ② (*leichter machen*) alléger ③ *iron fam* (*bestehlen*) soulager **II.** *vr euph geh* **sich ~** se soulager

Erleichterung <-, -en> *f* soulagement *m*

erleiden* *vt irr* subir; (*Schmerzen*) endurer

erlernen* *vt* apprendre

erlesen *adj* (*Geschmack*) raffiné(e); (*Kunstwerk*) de qualité

erleuchten* *vt* éclairer

Erleuchtung <-, -en> *f* illumination *f*

erliegen* *vi irr + sein* **einem Irrtum ~** être dans l'erreur; **der Krankheit ~** succomber à la maladie

erlöschen <erlischt, erlosch, erloschen> *vi + sein* s'éteindre

erlösen* *vt* délivrer

Erlösung *f* ① soulagement *m* ② REL Rédemption *f*

ermächtigen* [ɛɐ'mɛçtɪgən] *vt* habiliter

Ermächtigung <-, -en> *f* autorisation *f*

ermahnen* *vt* rappeler

Ermahnung *f* rappel *m* à l'ordre

ermäßigen* [ɛɐ'mɛ:sɪgən] *vt* **etw um drei Prozent ~** faire une réduction sur qc de trois pour cent

Ermäßigung <-, -en> *f* réduction *f*

ermessen* *vt irr* concevoir

Ermessen <-s> *nt* appréciation *f;* **nach freiem ~** en toute liberté

ermitteln* [ɛɐ'mɪtəln] **I.** *vt* ① (*Täter*) identifier; (*Versteck*) découvrir ② (*feststellen*) déterminer; (*Sieger*) désigner ③ (*Wert*) calculer **II.** *vi* JUR **gegen jdn wegen etw ~** enquêter sur qn pour qc

Ermittlung <-, -en> *f* ① *kein Pl* (*eines Siegers*) désignation *f* ② JUR **~en durchführen** mener une enquête

ermöglichen* [ɛɐ'mø:klɪçən] *vt* **jdm etw ~** permettre qc à qn

ermorden* *vt* assassiner

ermüden* [ɛɐ'my:dən] **I.** *vt + haben* (*Person*) fatiguer **II.** *vi + sein* ① (*müde werden*) se fatiguer ② TECH fatiguer

ermüdend *adj* fatigant(e)

Ermüdung <-, -en> *f* ① fatigue *f* ② TECH usure *f*

ermuntern* [ɛɐ'mʊntɐn] *vt* (*ermutigen*) encourager

Ermunterung <-, -en> *f* encouragement *m*

ermutigen* [ɛɐ'mu:tɪgən] *vt* encourager

ernähren* **I.** *vt* ① (*Person*) nourrir; (*Tier*) donner à manger à ② (*unterhalten*) **jdn ~** (*Person*) entretenir qn **II.** *vr* ① **sich von etw ~** se nourrir de qc ② (*seinen Unterhalt bestreiten*) **sich von etw ~** vivre de qc

Ernährer(in) <-s, -> *m(f)* **der ~/die ~in sein** être celui/celle qui entretient la famille

Ernährung <-> *f* ① (*Art des Ernährens*) alimentation *f* ② (*Nahrung*) nourriture *f*

Ernährungswissenschaft *f* diététique *f*

ernennen* *vt irr* nommer

Ernennung *f* nomination *f*

erneuern* [ɛɐ'nɔyɐn] *vt* ① (*Reifen*) changer; (*Pass*) renouveler ② (*renovieren*) rénover

erneut [ɛɐ'nɔyt] **I.** *adj attr* nouveau(-velle) *antéposé* **II.** *adv* de nouveau

erniedrigen* [ɛɐ'ni:drɪgən] **I.** *vt* ① humilier ② MUS [a]baisser **II.** *vr* **sich ~** s'abaisser

Erniedrigung <-, -en> *f* humiliation *f*

ernst [ɛrnst] *adj* ① (*Lage*) grave; (*Zustand*) sérieux(-euse) ② (*Person*) sérieux(-euse); (*Miene*) austère ③ (*Anlass*) grave; **jdn/etw ~ nehmen** prendre qn/qc au sérieux

Ernst [ɛrnst] <-[e]s> *m* ① (*eines Blicks*) gravité *f;* (*von Worten*) sérieux *m* ② (*Entschlossenheit*) détermination *f*

Ernstfall *m* situation *f* de crise; **im ~** en cas de coup dur

ernsthaft **I.** *adj* ① sérieux(-euse) ② (*Worte*) grave; (*Miene*) sévère ③ MED grave **II.** *adv* ① sérieusement ② (*erkranken*) gravement

Ernsthaftigkeit <-> *f* sérieux *m*

ernstlich **I.** *adj attr* (*Absicht*) ferme *antéposé*, (*Bedenken*) sérieux(-euse) **II.** *adv s.* **ernsthaft II.2.**

Ernte ['ɛrntə] <-, -n> *f* ① (*Ertrag*) récolte ② *kein Pl* (*Getreideernte*) moisson *f;* (*Obst* *ernte*) cueillette *f*

ernten ['ɛrntən] *vt* ❶ récolter; (*Getreide*) moissonner; (*Obst*) cueillir ❷ (*erlangen*) **etw ~** récolter qc

ernüchtern* [ɛɐ'nʏçtɐn] *vt* **jdn ~** (*Alltag*) ramener qn à la réalité; **~d** (*Vorfall*) qui fait l'effet d'une douche froide

Ernüchterung <-, -en> *f* désillusion *f*

Eroberer [ɛɐ'ʔoːbərɐ] <-s, -> *m*, **Eroberin** *f* conquérant(e) *m(f)*

erobern* [ɛr'ʔoːbɐn] *vt* MIL *a. fig* conquérir

Eroberung <-, -en> *f* conquête *f*

eröffnen* **I.** *vt* ❶ (*Geschäft*) ouvrir; (*Ausstellung*) inaugurer ❷ JUR engager ❸ (*beginnen*) ouvrir ❹ (*mitteilen*) révéler **II.** *vr* **sich jdm durch etw ~** (*Wege*) s'ouvrir à qn grâce à qc **III.** *vi* FIN **ruhig/hektisch ~** débuter calmement/très vite

Eröffnung *f* ❶ (*eines Geschäfts*) ouverture *f*; (*einer Ausstellung*) inauguration *f* ❷ *a.* JUR, MIL (*Beginn*) ouverture *f*

erörtern* [ɛɐ'ʔœrtɐn] *vt* discuter

Erörterung <-, -en> *f* ❶ (*~saufsatz*) dissertation *f* ❷ *kein Pl* (*das Erörtern*) discussion *f*

Erosion [ero'zi̯oːn] <-, -en> *f* érosion *f*

Erotik [e'roːtɪk] <-> *f* érotisme *m*

erotisch *adj* érotique

erpressen* *vt* ❶ (*nötigen*) faire chanter ❷ (*abpressen*) **Geld von jdm ~** extorquer de l'argent à qn

Erpresser(in) <-s, -> *m(f)* maître chanteur (-euse) *m(f)*

Erpressung <-, -en> *f* ❶ (*einer Person*) chantage *m* ❷ (*von Geld*) extorsion *f*

erproben* *vt* tester

erprobt [ɛɐ'proːbt] *adj* ❶ (*Person*) chevronné(e) ❷ (*Gerät*) fiable; (*Verfahren*) éprouvé(e)

erquicken* [ɛɐ'kvɪkən] *vt* **jdn ~** (*Schlaf*) revigorer qn

erraten* [ɛɐ'raːtən] *vt irr* deviner

errechnen* *vt* calculer

erregbar [ɛɐ'reːkbaːɐ̯] *adj* (*leicht aufzuregen*) susceptible

erregen* [ɛɐ'reːgən] **I.** *vt* ❶ (*aufregen*) **jdn ~** (*Streit*) irriter qn ❷ (*sexuell anregen*) exciter ❸ (*hervorrufen*) **Aufsehen/Anstoß ~** faire sensation/scandale **II.** *vr* **sich über jdn/etw ~** être énervé par qn/qc

Erreger <-s, -> *m* agent *m* pathogène

Erregung *f* ❶ irritation *f* ❷ (*Aufgewühltsein*) énervement *m* ❸ (*sexuelle ~*) excitation *f* ❹ *kein Pl* **~ öffentlichen Ärgernisses** outrage *m* à la pudeur publique

erreichbar *adj* ❶ **~ sein** (*Person*) être joignable; (*Ort*) être accessible ❷ (*nicht abgelegen*) **der Bahnhof ist zu Fuß ~** on peut rejoindre la gare à pied

erreichen* *vt* ❶ (*reichen an*) **etw mit der Hand ~** attraper qc avec la main ❷ (*Alter*) atteindre ❸ (*antreffen*) **jdn ~** (*Person*) joindre qn; (*Nachricht*) parvenir à qn ❹ (*eintreffen*) **den Bahnhof ~** (*Zug*) atteindre la gare; **sein Ziel ~** arriver à destination ❺ (*hingelangen*) arriver à

errichten* *vt* ❶ (*Haus*) construire ❷ (*aufstellen*) dresser ❸ (*Reich*) fonder

erringen* *vt irr* ❶ (*Sieg*) remporter ❷ (*Vertrauen*) gagner

erröten* [ɛɐ'røːtən] *vi + sein* rougir

Errungenschaft [ɛɐ'rʊŋənʃaft] <-, -en> *f* ❶ (*Erfolg*) conquête *f* ❷ *iron* (*Anschaffung*) acquisition *f*

Ersatz [ɛɐ'zats] <-es> *m* ❶ (*Mensch*) remplaçant(e) *m(f)*; (*Gerät*) appareil *m* de remplacement ❷ (*Entschädigung*) dédommagement *m*

Ersatzdienst *m* service *m* civil **Ersatzmann** <-männer *o* -leute> *m* remplaçant(e) *m(f)* **Ersatzteil** *nt* pièce *f* de rechange **ersatzweise** *adv* en remplacement

erschaffen *vt irr a.* REL créer

Erschaffung *f a.* REL création *f*

erscheinen* *vi irr + sein* ❶ (*sichtbar werden*) apparaître ❷ (*veröffentlicht werden*) sortir ❸ (*scheinen*) paraître ❹ (*sich einfinden*) **zum Dienst ~** prendre son service

Erscheinen <-s> *nt* ❶ (*von Gästen*) arrivée *f* ❷ (*Veröffentlichung*) sortie *f* ❸ (*Vision*) apparition *f*

Erscheinung <-, -en> *f* ❶ (*Phänomen*) phénomène *m*; **in ~ treten** se manifester; **persönlich in ~ treten** apparaître en personne ❷ (*Persönlichkeit*) **eine elegante ~** une figure élégante

Erscheinungsbild *nt* (*einer Person*) apparence *f* [extérieure]; (*einer Stadt*) aspect *m* extérieur

erschießen* *irr* **I.** *vt* abattre **II.** *vr* **sich ~** se tuer

Erschießung <-, -en> *f* exécution *f*

erschlaffen* [ɛɐ'ʃlafən] *vi + sein* (*Muskeln*) se relâcher; **etw ~ lassen** relâcher qc

erschlagen*[1] *vt irr* ❶ (*töten*) tuer; **von einem Baum ~ werden** être écrasé par un arbre ❷ *fig* **von den Informationen ~ werden** être submergé d'informations

erschlagen[2] *adj fam* **~ sein** être crevé

erschließen* *vt irr* ❶ (*Baugebiet*) viabiliser ❷ (*Gebiet*) ouvrir; (*Einnahmequelle*) dégager

erschöpfen* **I.** *vt* épuiser **II.** *vr* **sich ~** s'épuiser

Erschöpfung <-, -en> *f* épuisement *m*

erschossen I. *PP von* **erschießen II.** *adj fam* [**völlig**] **~ sein** être [complètement] vidé

erschrecken[1] <erschreckte, erschreckt> *vt + haben* (*in Schrecken versetzen*) faire peur à

erschrecken[2] <erschrickt, erschrak, erschrocken> *vi + sein* **vor jdm/etw ~** avoir peur de qn/qc; **sie erschrak bei dem Gedanken, dass** elle a été effrayée à l'idée que *+ subj*

erschrecken[3] <erschrickt, erschreckte, erschreckt> *vr + haben fam* **sich über eine Nachricht ~** être effrayé par un message

erschreckend I. *adj* effrayant(e) **II.** *adv* ❶ (*schrecklich*) de façon épouvantable ❷ (*wenig*) vraiment

erschrocken I. *PP von* **erschrecken**[2], **erschrecken**[3] **II.** *adj* effrayé(e)

erschüttern* [ɛɐ'ʃʏtɐn] *vt* ❶ (*zum Beben bringen*) **etw ~** (*Erdstoß, Explosion*) secouer qc ❷ (*tief bewegen*) **jdn ~** (*Nachricht*) bouleverser qn

erschütternd *adj* (*Nachricht, Szene*) bouleversant(e); (*Umstand*) dramatique

erschüttert *adj* (*Person*) bouleversé(e); **über etw** (*akk*) **~ sein** être consterné par qc

Erschütterung <-, -en> *f* ❶ (*Bewegung*) secousse *f* ❷ (*Beeinträchtigung*) affaiblissement *m* ❸ (*Ergriffenheit*) consternation *f*

erschweren* [ɛɐ'ʃveːrən] *vt* **jdm etw ~** compliquer qc à qn

erschwinglich [ɛɐ'ʃvɪŋlɪç] *adj* (*Preis*) abordable; (*Lebensstandard*) accessible

ersehen* *vt irr* **aus etw ~, dass ...** voir d'après qc que ...

ersetzen* *vt* ❶ (*Unkosten*) rembourser ❷ (*austauschen*) **etw durch etw ~** remplacer qc par qc

ersichtlich [ɛɐ'zɪçtlɪç] *adj* (*Ursache*) apparent(e); **aus etw ist ~, dass ...** il ressort de qc que ...

ersparen* *vt* ❶ **jdm etw ~** épargner qc à qn ❷ FIN [**sich** (*dat*)] **ein Vermögen ~** mettre une fortune de côté

Ersparnis [ɛɐ'ʃpaːɐ̯nɪs] <-, -se> *f*, <-ses, -se> *nt* A ❶ *kein Pl* (*Einsparung*) **eine ~ an Kosten** une économie de frais; **eine ~ von einer Stunde** un gain d'une heure ❷ *meist Pl* FIN économies *fpl*

erst [eːɐ̯st] *adv* ❶ (*zuerst*) d'abord ❷ (*nicht früher, jünger als*) **~ jetzt** seulement maintenant; **~ als ich dich sah** ce n'est que lorsque je t'ai vu(e) ❸ (*schon*) seulement ❹ (*gerade, unlängst*) **gerade ~** à l'instant; **er hat eben ~ das Büro verlassen** il vient de quitter son travail; **~ vor kurzem** tout récemment ▶**jetzt ~ recht** eh bien, raison de plus

erstarren* *vi + sein* ❶ (*fest werden*) se solidifier; **bei 0 °C erstarrt Wasser zu Eis** l'eau gèle à 0° C ❷ (*steif werden*) **vor Kälte** (*dat*) **~** (*Person*) être transi de froid; (*Finger, Hände*) s'engourdir de froid ❸ *fig* se figer; **vor Schrecken** (*dat*) **~** être paralysé par la peur

erstatten* [ɛɐ'ʃtatən] *vt* ❶ (*Unkosten*) rembourser ❷ *form* (*mitteilen*) signaliser qc; **gegen jdn Anzeige ~** déposer plainte contre qn

Erstattung <-, -en> *f* (*Vergütung*) remboursement *m*

Erstaufführung *f* première *f*

erstaunen* **I.** *vt + haben* **jdn ~** étonner qn **II.** *vi + sein* **über etw** (*akk*) **erstaunt sein** être étonné par qc

Erstaunen *nt* étonnement *m*

erstaunlich I. *adj* étonnant(e); **es ist ~, dass/wie** c'est étonnant que *+ subj*/de voir comment **II.** *adv* (*gut, wenig*) étonnamment

erstbeste(r, s) ['eːɐ̯st'bɛstə, -tɐ, -təs] *adj attr* **der ~ Mann** le premier homme venu; **das ~ Auto** la première voiture venue

erste(r, s) ['eːɐ̯stə, -tɐ, -təs] *adj* ❶ premier (-ière) *antéposé;* **die ~n drei Häuser** les trois premières maisons; **das ~ Mal/beim ~n Mal** la première fois; **zum ~n Mal** pour la première fois ❷ (*bei Datumsangaben*) **am ~n September** le premier septembre ❸ (*führend*) **das ~ Hotel am Ort** le premier hôtel de la ville ▶**der/die/das ~ beste ...** le premier ... venu/la première ...

venue; fürs Erste, als Erstes pour commencer; *s. a.* **achte(r, s)**

erstechen* *vt irr* **jdn mit etw ~** poignarder qn avec qc

Erste-Hilfe-Kurs *m* cours *m* de secourisme

ersteigern* *vt* ÖKON acquérir aux enchères

erstellen* *vt* ① **etw in Beton** (*dat*) **~** construire qc en béton ② (*Gutachten, Liste*) dresser

erstemalALT *s.* **erste(r, s) 1.**

erstenmalALT *s.* **erste(r, s) 1.**

erstens ['eːɐstəns] *adv* premièrement

ersticken* [ɛɐ'ʃtɪkən] **I.** *vi + sein* ① **am Rauch/Gas ~** s'étouffer avec de la fumée/asphyxier par le gaz; **an einer Fischgräte ~** s'étrangler avec une arête ② (*Feuer*) s'éteindre ③ *fig* **im Geld ~** crouler sous l'or **II.** *vt + haben* étouffer

Erstickung <-> *f* étouffement *m*

erstklassig ['eːɐ̯stklasɪç] **I.** *adj* ① excellent(e); (*Service*) de première qualité; (*Ware*) de premier choix ② (*sehr: Chirurg, Anwalt*) de premier plan **II.** *adv* à la perfection; (*sich kleiden*) impeccablement; **~ schmecken** être excellent

erstmalig I. *adj* premier(-ière) *antéposé* **II.** *adv form* pour la première fois

erstmals *adv* pour la première fois

erstrangig ['eːɐ̯straŋɪç] *adj* ① primordial(e) ② FIN de premier rang

erstreben* *vt geh* aspirer à

erstrebenswert *adj* tentant(e)

erstrecken* **I.** *vr* ① **sich in beide Richtungen ~** s'étendre des deux côtés ② (*beziehen*) **sich auf Details ~** s'étendre aux détails **II.** *vt* CH **eine Frist/einen Abgabetermin um eine Woche ~** prolonger un délai/une date limite de remise d'une semaine

ertappen* **I.** *vt* **jdn ~** prendre qn sur le fait **II.** *vr* **sich bei dem Gedanken an jdn/etw ~** se surprendre à penser à qn/qc

erteilen* *vt form* ① (*Auftrag*) donner; (*Genehmigung*) accorder ② SCHULE **jdm Unterricht ~** donner un cours à qn

ertönen* [ɛɐ'tøːnən] *vi + sein* se faire entendre

Ertrag [ɛɐ'traːk] <-[e]s, Erträge> *m* AGR rendement *m;* FIN revenu *m*

ertragen* *vt irr* supporter

erträglich [ɛɐ'trɛːklɪç] *adj* supportable

ertränken* **I.** *vt* noyer **II.** *vr* **sich ~** se noyer

erträumen* *vr* **sich** (*dat*) **jdn/etw ~** rêver de qn/qc

ertrinken* *vi irr + sein* **in etw** (*dat*) **~** se noyer dans qc

erübrigen* [ɛɐ'ʔyːbrɪgən] **I.** *vr* **sich ~** être superflu **II.** *vt* **etw ~ können** ne plus avoir besoin de qc

erwachen* *vi + sein geh* ① se réveiller; **aus einem Traum ~** sortir d'un rêve; **vom Lärm ~** être réveillé par le bruit ② (*Gefühle*) s'éveiller ▸**ein böses Erwachen** un réveil douloureux

erwachsen [ɛɐ̯vaksn] *adj* (*Person*) adulte; **eine ~e Tochter haben** avoir une grande fille

Erwachsene(r) *f(m) dekl wie adj* adulte *mf*

erwägen* [ɛɐ'vɛːgən] *vt irr* (*Möglichkeit*) envisager; (*Schritt*) réfléchir

Erwägung <-, -en> *f* réflexion *f;* **etw in ~ ziehen** envisager qc

erwähnen* [ɛɐ'vɛːnən] *vt* ① (*Person*) citer; (*Angebot*) mentionner ② (*bemerken*) **jdm gegenüber ~, dass ...** évoquer devant qn le fait que ...

Erwähnung <-, -en> *f* mention *f*

erwärmen* **I.** *vt* (*Essen*) faire chauffer; (*Luft*) réchauffer; **auf 30 °C erwärmt werden** être chauffé à 30° C **II.** *vr* **sich ~** se réchauffer; **sich auf 30 °C ~** atteindre 30° C [en se réchauffant]

erwarten* *vt* ① attendre ② (*voraussetzen*) **von jdm ~, dass** attendre [de qn] que + *subj*

Erwartung <-, -en> *f* ① *Pl* attentes *fpl;* **den ~en entsprechen** (*Person*) répondre aux espoirs; (*Leistung*) être conforme aux espérances ② *kein Pl* (*Anspannung*) **voller ~** rendu(e) fébrile par l'attente

erwecken* *vt* ① (*Eindruck*) donner ② *geh* (*aufwecken*) réveiller

erweisen* [ɛɐ'vaɪ̯zən] *irr* **I.** *vt* ① **jdm einen Gefallen ~** rendre un service [à qn] ② (*Schuld*) établir; **es ist erwiesen, dass ...** il est prouvé que ... **II.** *vr* ① **sich als richtig/falsch ~** se révéler [être] juste/faux ② (*sich zeigen*) **sich jdm gegenüber dankbar ~** se montrer reconnaissant(e) envers qn

erweitern* [ɛɐ'vaɪ̯tɐn] **I.** *vt* ① (*Öffnung*) élargir ② (*Flughafen*) agrandir ③ (*Angebot*) élargir; (*Kapazität*) augmenter **II.** *vr* ① **sich auf etw** (*akk*)**/um etw ~** (*Straße*) s'élargir à/de

E

qc ❷ ANAT **sich ~** (*Gefäß*) se dilater
Erweiterung <-, -en> *f* ❶ (*einer Straße*) élargissement *m* ❷ (*eines Flughafens*) extension *f* ❸ (*eines Angebots*) élargissement *m;* (*der Kapazität*) accroissement *m*
Erwerb [ɛɐ'vɛrp] <-[e]s, -e> *m form* ❶ *kein Pl* acquisition *f* ❷ (*~stätigkeit*) gagne-pain *m*
erwerben* *vt irr* ❶ (*Besitz, Titel*) acquérir; (*Vertrauen*) gagner ❷ (*kaufen*) faire l'acquisition de
erwerbsfähig *adj form* apte à exercer un emploi **erwerbslos** *adj form* sans-emploi
erwidern* [ɛɐ'viːdɐn] *vt* ❶ répliquer ❷ (*Gruß, Kuss*) rendre; (*Kompliment*) retourner
erwirtschaften* *vt* (*Gewinn*) réaliser; (*Verlust*) enregistrer
erwischen* *vt fam* ❶ **jdn beim Stehlen ~** pincer qn en train de voler ❷ (*Person, Tier*) choper ❸ (*Bus, Bahn*) réussir à avoir
erworben [ɛɐ'vɔrbən] *adj* MED acquis(e)
erwünscht [ɛɐ'vʏnʃt] *adj* ❶ souhaité(e) ❷ (*Gelegenheit*) attendu(e); **Rauchen nicht ~!** prière de ne pas fumer!
erwürgen* [ɛɐ'vʏrgən] *vt* étrangler
Erz [eːɐ̯ts] <-es, -e> *nt* minerai *m*
erzählen* *vt, vi* raconter
Erzähler(in) *m(f)* ❶ conteur(-euse) *m(f)* ❷ (*im Roman*) narrateur(-trice) *m(f)*
Erzählung *f* ❶ (*Prosawerk*) conte *m* ❷ *kein Pl* (*das Erzählen*) récit *m*
Erzbischof ['ɛrtsbɪʃɔf] *m,* **-bischöfin** *f* archevêque *m* **Erzengel** *m* archange *m*
erzeugen* *vt* ❶ produire ❷ (*Ärger*) provoquer
Erzeuger(in) <-s, -> *m(f)* ❶ (*landwirtschaftlicher Produkte*) producteur(-trice) *m(f)* ❷ *iron fam* (*Vater*) géniteur *m*
Erzeugnis <-ses, -se> *nt* produit *m*
Erzgebirge ['eːɐ̯tsgəbɪrgə] *nt* **das ~** les monts Métallifères
Erzherzog(in) *m(f)* archiduc *m/*archiduchesse *f*
erziehen* *vt irr* ❶ (*Kind*) élever ❷ (*anleiten*) **jdn zur Ordnung/Selbständigkeit ~** apprendre l'ordre/l'indépendance à qn
Erzieher(in) <-s, -> *m(f)* éducateur(-trice) *m(f)*
erzieherisch *adj* éducatif(-ive)
Erziehung *f* éducation *f*
erzielen* *vt* ❶ (*Einigung*) parvenir à; (*Ergebnis*) obtenir; (*Gewinn*) remporter; (*Treffer*) tirer ❷ (*Jahresbestzeit*) réaliser; (*Punkt*) marquer
erzürnen* [ɛɐ'tsʏrnən] *geh* **I.** *vt* **jdn ~** mettre qn en colère **II.** *vr* **sich über jdn/etw ~** se mettre en colère contre qn/à propos de qc
erzwingen* *vt irr* (*Entscheidung*) forcer
es [ɛs] **I.** *pron pers, 3. Pers Sing, nom* ❶ (*Person, Tier, Sache*) il/elle ❷ (*das*) **~ ist Onkel Paul** c'est l'oncle Paul; **ich bin ~** c'est moi; **hoffentlich macht ~ Ihnen nichts aus** j'espère que cela ne vous gêne pas ❸ (*einem Subjektsatz vorausgehend*) **~ gefällt ihr, dass** ça lui plaît que + *subj* ❹ (*in unpersönlichen Ausdrücken*) **~ regnet** il pleut; **~ geht ihnen gut** ils vont bien; **jetzt reicht ~!** cela suffit maintenant! ❺ (*in reflexiven Ausdrücken*) **hier lebt ~ sich angenehm** ici, la vie est agréable ❻ (*als Einleitewort mit folgendem Subjekt*) **~ meldete sich niemand** personne ne se manifesta **II.** *pron pers, 3. Pers Sing, akk* ❶ (*Person, Tier, Sache*) le/la ❷ (*das*) le; **ich glaube ~ nicht** je ne le crois pas ❸ (*einem Objektsatz vorausgehend*) **~ nicht mögen, dass/wenn** ne pas aimer que + *subj*
ESA ['eːzaː] <-> *f Abk von* **European Space Agency** ASE *f*
Escape-Taste [ɪ'skeɪp'tastə] *f* INFORM touche *f* Echappement
Esche ['ɛʃə] <-, -n> *f* (*Baum, Holz*) frêne *m*
Esel ['ezəl] <-s, -> *m* ❶ âne *m* ❷ *fam* (*Dummkopf*) **ich ~!** ce que je suis bête!
Eselsbrücke *f fam* moyen *m* mnémotechnique **Eselsohr** *nt fam* corne *f*
eskalieren* [ɛska'liːrən] **I.** *vi* **zu etw ~** dégénérer en qc **II.** *vt* (*Spannungen*) accroître
Eskimo ['ɛskimo] <-s, -s> *m,* **-frau** *f* Esquimau(de) *m(f)*
Eskorte [ɛs'kɔrtə] <-, -n> *f* escorte *f*
Esoterik [ezo'teːrɪk] <-> *f* ésotérisme *m*
esoterisch [ezo'teːrɪʃ] *adj* ésotérique
Espresso [ɛs'prɛso] <-[s], -s> *m* [café *m*] express *m*
Esprit [ɛs'priː] <-s> *m geh* esprit *m*
Essay ['ɛse] <-s, -s> *m o nt* essai *m*
essbar[RR], **eßbar**[ALT] ['ɛsbaːɐ̯] *adj* (*Pilz*) comestible
essen ['ɛsən] <isst, aß, gegessen> **I.** *vt* manger **II.** *vi* ❶ manger; **gut/warm ~** manger bien/chaud; **[chinesisch] ~ gehen** aller manger [chinois]; **von einem Teller ~** manger dans une assiette ❷ (*probieren*

von etw ~ prendre de qc

Essen <-s, -> *nt* ❶ (*Mahlzeit*) repas *m;* **das ~ kochen** faire à manger ❷ (*Festessen*) banquet *m* ❸ (*Nahrung*) nourriture *f*

Essen[s]marke *f* ticket *m* [de] repas **Essenszeit** *f* heure *f* du repas

Essenz [ɛ'sɛnts] <-, -en> *f a. fig* essence *f*

Essig ['ɛsɪç] <-s, -e> *m* vinaigre *m*

Essiggurke *f* cornichon *m* à la russe

Esskastanie[RR], **Eßkastanie**[ALT] *f* châtaigne *f*

Esslöffel[RR], **Eßlöffel**[ALT] *m* cuillère *f* à soupe

Esszimmer[RR], **Eßzimmer**[ALT] *nt* salle *f* à manger

Este ['e:stə] <-n, -n> *m,* **Estin** *f* Estonien(ne) *m(f)*

Estland ['e:stlant] *nt* l'Estonie *f*

estnisch ['ɛstnɪʃ] **I.** *adj* estonien **II.** *adv* **~ miteinander sprechen** discuter en estonien

Estnisch <-[s]> *nt kein art* estonien *m; s. a.* **Deutsch**

Estragon ['ɛstragɔn] <-s> *m* estragon *m*

ESZB [e:ʔɛstsɛt'be:] <-> *nt Abk von* **Europäisches System der Zentralbanken** SEBC *m*

etablieren* [eta'bli:rən] **I.** *vt* établir **II.** *vr* **sich als Arzt ~** s'établir comme médecin

etabliert *adj geh* établi(e)

Etage [e'ta:ʒə] <-, -n> *f* étage *m;* **in der obersten ~** au dernier étage

Etagenbett *nt* lits *mpl* superposés

Etappe [e'tapə] <-, -n> *f a.* SPORT étape *f;* **in ~n** par étapes

Etat [e'ta:] <-s, -s> *m a.* POL budget *m*

etc. [ɛt'tse:tera] *Abk von* **et cetera** etc.

Ethik ['e:tɪk] <-> *f* éthique *f*

ethisch *adj* éthique

ethnisch ['ɛtnɪʃ] *adj* ethnique

Ethnologie [ɛtnolo'gi:] <-, -n> *f* ethnologie *f*

Etikett [eti'kɛt] <-[e]s, -e[n]> *nt* étiquette *f*

Etikette [eti'kɛtə] <-> *f* étiquette *f*

etikettieren* [etikɛ'ti:rən] *vt* étiqueter

etliche(r, s) ['ɛtlɪçə, -çɐ, -çəs] *pron indef* ❶ *attr* pas mal de ❷ (*zahlreiche Personen*) **~ waren zum ersten Mal da** [un] bon nombre d'entre eux étaient là pour la première fois ❸ (*einiges*) **~s** pas mal de choses; **um ~s älter/größer sein** être bien plus âgé/grand

Etui [ɛt'vi:] <-s, -s> *nt* étui *m*

etwa ['ɛtva] *adv* ❶ **[in] ~** à peu près ❷ (*zum Beispiel*) par exemple ❸ (*womöglich*) par hasard; **willst du ~ hierbleiben?** tu veux vraiment rester ici?; **oder ~ nicht?** ou [bien] non?

etwas ['ɛtvas] *pron indef* ❶ quelque chose; **kannst du mir ~ davon abgeben?** peux-tu m'en donner?; **hast du ~ von ihr gehört?** as-tu eu de ses nouvelles? ❷ *attr* **~ Nettes** quelque chose de gentil; **~ anderes wäre es, wenn ...** ce serait [tout] autre chose si ...; **so ~ Dummes!** que c'est bête! ❸ (*ein wenig*) un peu

Etymologie [etymolo'gi:] <-, -n> *f* étymologie *f*

etymologisch [etymo'lo:gɪʃ] *adj* étymologique

EU [e:'u:] <-> *f Abk von* **Europäische Union** UE *f*

euch [ɔyç] **I.** *pron pers, dat von* **ihr**[1] ❶ vous; **eine Bekannte von ~** une de vos connaissances ❷ *refl* vous **II.** *pron pers, akk von* **ihr**[1] ❶ vous ❷ *refl* **beeilt ~!** dépêchez-vous!

euer ['ɔyɐ] *pron poss* ❶ votre; **eure Bücher** vos livres; **dieser Koffer ist eurer** cette valise est à vous; **alles Liebe, eure Petra** affectueusement, Petra ❷ *substantivisch geh* **der/die/das eure** le/la vôtre

EU-Kommission *f* Commission *f* européenne **EU-Länder** *Pl* pays *mpl* membres de l'UE

Eule ['ɔylə] <-, -n> *f* chouette *f;* (*mit Ohrfedern*) hibou *m*

EU-Ministerrat *m* Conseil *m* européen **EU-Mitgliedstaaten** *Pl* Etats *mpl* membres de l'UE

Eunuch [ɔy'nu:x] <-en, -en> *m* eunuque *m*

Euphorie [ɔyfo'ri:] <-, -n> *f* euphorie *f*

euphorisch [ɔy'fo:rɪʃ] *adj* euphorique

EUR *Abk von* **Euro** EUR

Euratom [ɔyra'to:m] <-> *f Abk von* **Europäische Atomgemeinschaft** Euratom *m*

eurerseits ['ɔyrɐ'zaits] *adv* ❶ de votre côté ❷ (*was euch betrifft*) pour votre part

eures ['ɔyrəs] *s.* **euer**

euresgleichen ['ɔyrəs'glaiçən] *pron inv* ❶ *pej* (*Menschen eures Schlags*) **[ihr und] ~** [vous et] vos semblables *mpl* ❷ (*Menschen wie ihr*) **ihr verkehrt nur mit ~** vous ne fréquentez que les gens de votre sorte

euretwegen ['ɔyrət've:gən] *adv* (*wegen euch*) à cause de vous; (*euch zuliebe*) pour vous

E

Euro ['ɔyro] <-[s], -[s]> *m* euro *m;* **der Übergang zum ~** le passage à l'euro; **auf ~ lauten** être libellé en euros

Euro-Banknoten *Pl* billets *mpl* [en] euro **Eurocheque** *s.* **Euroscheck** **Eurocity** <-s, -s> *m* Eurocity *m* **Eurodollars** *Pl* eurodollars *mpl* **Euromarkt** *m* marché *m* européen **Euro-Münzen** *Pl* pièces *fpl* [en] euro

Europa [ɔy'ro:pa] <-s> *nt* l'Europe *f*

Europäer(in) [ɔyro'pɛ:ɐ] <-s, -> *m(f)* Européen(ne) *m(f)*

europäisch *adj* européen(ne)

Europameister(in) *m(f)* champion(ne) *m(f)* d'Europe **Europapokal** *m* coupe *f* d'Europe **Europarat** *m kein Pl* Conseil *m* de l'Europe **Europawahl** *f* élections *fpl* européennes

Euroscheck ['ɔyroʃɛk] *m* eurochèque *m* **Eurotunnel** *m* tunnel *m* sous la manche **Eurovision** *f* eurovision *f* **Eurowährung** *f* eurodevise *f* **Euro-Währungsgebiet** *nt*, **Euro-Zone** *f* zone *f* euro

Euthanasie [ɔytana'zi:] <-> *f* euthanasie *f*

ev. *Abk von* **evangelisch** protestant(e)

e.V., E.V. [e:'fau] *Abk von* **eingetragener Verein** association *f* déclarée

evakuieren* [evaku'i:rən] *vt* (*Bewohner*) évacuer

Evakuierung <-, -en> *f* évacuation *f*

evangelisch [evaŋ'ge:lɪʃ] *adj* protestant(e)

Evangelium [evaŋ'ge:liʊm] <-s, -lien> *nt* évangile *m*

Eventualität [evɛntuali'tɛ:t] <-, -en> *f* éventualité *f*

eventuell [evɛn'tuɛl] *adj* éventuel(le)

Evolution [evolu'tsi̯o:n] <-, -en> *f* évolution *f*

evtl. *adj, adv Abk von* **eventuell**

E-Werk ['e:vɛrk] *nt Abk von* **Elektrizitätswerk** centrale *f* électrique

EWG [e:ve:'ge:] <-> *f* HIST *Abk von* **Europäische Wirtschaftsgemeinschaft** C.E.E. *f*

EWI [e:ve:ʔ'i:] <-> *nt Abk von* **Europäisches Währungsinstitut** IME *m*

ewig ['e:vɪç] **I.** *adj* éternel(le) **II.** *adv* ❶ (*bestehen*) de toute éternité ❷ (*für immer*) **auf ~** pour toujours ❸ *fam* (*ständig*) toujours

Ewigkeit <-, -en> *f* éternité *f*

EWS [e:ve:'ʔɛs] <-> *nt Abk von* **Europäisches Währungssystem** S.M.E. *m*

EWU [e:ve:'ʔu:] <-> *f Abk von* **Europäische Währungsunion** U.M.E. *f*

ex *adv fam* ▶**etw** [**auf**] **~ trinken** boire qc cul sec

Examen [ɛ'ksa:mən] <-s, -> *nt* examen *m;* **~ machen** passer ses examens

Exekution [ɛkseku'tsi̯o:n] <-, -en> *f* ❶ exécution *f* ❷ A (*Pfändung*) saisie *f*

Exekutive [ɛkseku'ti:və] <-, -n> *f* exécutif *m*

Exemplar [ɛksɛm'pla:ɐ] <-s, -e> *nt* exemplaire *m*

exemplarisch [ɛksɛm'pla:rɪʃ] *adj* exemplaire

exerzieren* [ɛksɛr'tsi:rən] *vi* MIL faire l'exercice

Exhibitionismus [ɛkshibitsi̯o'nɪsmʊs] <-> *m* exhibitionnisme *m*

Exhibitionist(in) [ɛkshibitsi̯o'nɪst] <-en, -en> *m(f)* exhibitionniste *mf*

Exil [ɛ'ksi:l] <-s, -e> *nt* exil *m*

Existentialismus [ɛksɪstɛntsi̯a'lɪsmʊs] *s.* **Existenzialismus**

existentiell [ɛksɪstɛn'tsi̯ɛl] *s.* **existenziell**

Existenz [ɛksɪs'tɛnts] <-> *f kein Pl* existence *f* **Existenzberechtigung** *f kein Pl* (*einer Person*) droit *m* à l'existence; (*einer Sache*) raison *f* d'être

Existenzialismus[RR] [ɛksɪstɛntsi̯a'lɪsmʊs] <-> *m* existentialisme *m*

existenziell[RR] [ɛksɪstɛn'tsi̯ɛl] *adj* vital(e)

Existenzminimum *nt* minimum *m* vital

existieren* [ɛksɪs'ti:rən] *vi* exister

exklusiv [ɛksklu'zi:f] *adj* raffiné(e)

exkommunizieren* [ɛkskɔmuni'tsi:rən] *v*[t] excommunier

Exkrement <-[e]s, -e> *nt meist Pl geh* excrément *m*

Exkursion <-, -en> *f* excursion *f*

exmatrikulieren* [ɛksmatriku'li:rən] *vt* **sich ~** se faire radier de la liste des étudiants

Exot [ɛ'kso:t] <-en, -en> *m* (*Pflanze*) plante *f* exotique; (*Tier*) animal *m* exotique

exotisch [ɛ'kso:tɪʃ] *adj* ❶ (*Pflanze*) exotique ❷ *fam* (*Hobby*) insolite

expandieren* *vi* (*Firma*) s'agrandir

Expansion [ɛkspan'zi̯o:n] <-, -en> *f* POL COM expansion *f*

Expedition [ɛkspedi'tsi̯o:n] <-, -en> *f* expédition *f*

Experiment [ɛksperi'mɛnt] <-[e]s, -e> *n*[t] expérience *f;* (*wissenschaftlicher Versuch*) expérimentation *f*

experimentell [ɛksperimɛn'tɛl] **I.** *adj* expé

rimental(e) **II.** *adv* ~ **vorgehen** expérimenter

experimentieren* [ɛksperimɛn'tiːrən] *vi* **mit etw** ~ faire des expériences avec qc

Experte [ɛks'pɛrtə] <-n, -n> *m*, **Expertin** *f* expert(e) *m(f)*

explizit [ɛkspli'tsiːt] *geh adj* explicite

explodieren* [ɛksplo'diːrən] *vi* + *sein* exploser

Explorer [ɪk'splɔːrɐ] <-s, -> *m* INFORM explorateur *m*

Explosion [ɛksplo'zi̯oːn] <-, -en> *f* explosion *f*

explosionsartig **I.** *adj* ❶ **ein ~es Geräusch** un bruit d'explosion ❷ (*Zunahme*) explosif(-ive) **II.** *adv* à une vitesse fulgurante

explosiv [ɛksplo'ziːf] *adj* explosif(-ive)

Exponat [ɛkspo'naːt] <-[e]s, -e> *nt* pièce *f* d'exposition

Exponent [ɛkspo'nɛnt] <-en, -en> *m* MATH exposant *m*

Export [ɛks'pɔrt] <-[e]s, -e> *m* exportation *f*

Exporteur(in) [ɛkspɔr'tøːɐ̯] <-s, -e> *m(f)* exportateur(-trice) *m(f)*

exportieren* [ɛkspɔr'tiːrən] *vt* **etw nach Australien** ~ exporter qc vers l'Australie

ExpressRR <-es>, **Expreß**ALT [ɛks'prɛs] <-sses> *m* **per** ~ par exprès

exquisit [ɛkskvi'ziːt] **I.** *adj* (*Lokal*) excellent(e) **II.** *adv* ~ **schmecken** être exquis

extern [ɛks'tɛrn] *adj* (*Kandidat*) venu(e) de l'extérieur

extra ['ɛkstra] *adv* ❶ (*besonders*) extra[-] ❷ (*zusätzlich*) en plus ❸ (*gesondert*) à part

Extra <-s, -s> *nt* accessoire *m* [optionnel]

Extrablatt *nt* édition *f* spéciale

Extrakt [ɛks'trakt] <-[e]s, -e> *m* extrait *m*

extravagant [ɛkstrava'gant] *adj* extravagant(e)

Extrazug *m* CH train *m* spécial

extrem [ɛks'treːm] **I.** *adj* extrême **II.** *adv* ~ **links stehen** (*Politiker*) être d'extrême gauche

Extrem <-s, -e> *nt* extrême *m*

Extremist(in) [ɛkstre'mɪst] <-en, -en> *m(f)* extrémiste *mf*

Extremitäten [ɛkstremi'tɛːtən] *Pl* extrémités *fpl*

exzellent [ɛkstsɛ'lɛnt] **I.** *adj* excellent(e) **II.** *adv* (*speisen*) extrêmement bien

Exzellenz [ɛkstse'lɛnts] <-, -en> *f* Excellence *f*

exzentrisch [ɛks'tsɛntrɪʃ] *adj* excentrique

ExzessRR <-es, -e>, **Exzeß**ALT [ɛks'tsɛs] <-sses, -sse> *m meist Pl* excès *m*

exzessiv [ɛkstsɛ'siːf] *adj* excessif(-ive)

Eyeliner ['aɪlaɪnɐ] <-s, -> *m* eye-liner *m*

EZB [eːtsɛt?'beː] <-> *f Abk von* **Europäische Zentralbank** BCE *f*

Ff

F, f [ɛf] <-, -> *nt* ❶ F *m*/f *m* ❷ MUS fa *m*

Fa. *Abk von* **Firma** Sté

Fabel ['faːbəl] <-, -n> *f* fable *f*

fabelhaft *adj* **das ist ja ~!** c'est vraiment sensationnel!

Fabelwesen *nt* être *m* fabuleux

Fabrik [fa'briːk] <-, -en> *f* usine *f*

Fabrikant(in) [fabri'kant] <-en, -en> *m(f)* fabricant(e) *m(f)*

Fabrikarbeiter(in) *m(f)* ouvrier(-ière) *m(f)* d'usine

Fabrikat [fabri'kaːt] <-[e]s, -e> *nt* ❶ produit *m* ❷ (*Marke*) marque *f*

Fabrikation [fabrika'tsi̯oːn] <-, -en> *f* fabrication *f*

fabrizieren* [fabri'tsiːrən] *vt* fabriquer

fabulieren* *vi* raconter des histoires

Facette [fa'sɛtə] <-, -n> *f* facette *f*

Fach [fax, *Pl:* 'fɛçɐ] <-[e]s, Fächer> *nt* ❶ (*einer Tasche*) compartiment *m* ❷ (*Schubfach*) tiroir *m* ❸ (*Schulfach*) matière *f*

Facharbeiter(in) *m(f)* ouvrier(-ière) *m(f)* qualifié(e) **Facharzt** *m*, **-ärztin** *f* [médecin *mf*] spécialiste *mf* **Fachausdruck** <-ausdrücke> *m* terme *m* technique **Fachbereich** *m* (*einer Universität*) ≈ unité *f* de formation et de recherche **Fachbuch** *nt* ouvrage *m* spécialisé

fächeln ['fɛçəln] *vi* **mit etw** ~ agiter qc pour produire un courant d'air

Fächer ['fɛçɐ] <-s, -> *m* éventail *m*

Fachfrau *f* spécialiste *f* **Fachgebiet** *nt* spécialité *f* **fachgerecht** *adj* approprié(e); (*Ausbildung*) spécialisé(e) **Fachhochschule** *f: école supérieure spécialisée où on peut faire des études techniques ou artistiques*

F

Les **Fachhochschulen** sont des universités d'enseignement technique ou artistique qui correspondent globalement aux I.U.T. (Instituts Universitaires Techniques) en France. L'enseignement y est particulièrement axé sur la pratique et dure trois ans au lieu de deux dans les I.U.T. Pour pouvoir étudier dans une **Fachhochschule**, il faut posséder un diplôme de baccalauréat d'enseignement général ou d'enseignement professionnel.

Fachkenntnisse *Pl* connaissances *fpl* professionnelles **Fachkraft** *f* spécialiste *mf* **fachkundig** *adj* compétent(e)

fachlich **I.** *adj* (*Qualifikation*) professionnel(le) **II.** *adv* sur le plan professionnel

Fachliteratur *f* littérature *f* spécialisée **Fachmann** <-leute> *m* spécialiste *m* **fachmännisch** **I.** *adj* de spécialiste **II.** *adv* (*prüfen*) en connaisseur **Fachrichtung** *f* branche *f* **Fachschule** *f* école *f* professionnelle **fachsimpeln** *vi fam* **mit jdm ~** parler boutique avec qn **Fachsprache** *f* jargon *m* **Fachwerk** *nt kein Pl* colombage *m* **Fachwerkhaus** *nt* maison *f* à colombages **Fachwissen** *nt* savoir *m* technique **Fachwort** *nt* terme *m* technique

Fackel ['fakəl] <-, -n> *f* torche *f*

fad(e) [fa:t ('fa:də)] **I.** *adj* (*Geschmack*) fade **II.** *adv* **~ schmecken** être fade

Faden ['fa:dən, *Pl:* 'fɛ:dən] <-s, Fäden> *m* fil *m*

fadenscheinig *adj pej* cousu(e) de fil blanc

Fagott [fa'gɔt] <-[e]s, -e> *nt* basson *m*

fähig ['fɛ:ɪç] *adj* capable

Fähigkeit <-, -en> *f* ❶ *kein Pl* faculté *f* ❷ (*Begabung*) aptitude *f*

fahl [fa:l] *adj* blafard(e)

Fähnchen <-s, -> *nt Dim von* **Fahne** petit drapeau *m*

fahnden ['fa:ndən] *vi* **nach jdm/etw ~** rechercher qn/qc

Fahndung <-, -en> *f* recherches *fpl*

Fahne ['fa:nə] <-, -n> *f* ❶ drapeau *m* ❷ *fam* (*Alkoholfahne*) **eine ~ haben** puer l'alcool

Fahnenflucht *f kein Pl* désertion *f* **Fahnenmast** *m* mât *m*

Fahrausweis *m* ❶ titre *m* de transport ❷ CH (*Führerschein*) permis *m* de conduire **Fahrbahn** *f* (*Fahrspur*) voie *f* [de circulation]

Fähre ['fɛ:rə] <-, -n> *f* bac *m*

fahren ['fa:rən] <fährt, fuhr, gefahren> **I.** *vi* ❶ + *sein* **nach Frankreich ~** aller en France ❷ + *sein* (*Fahrzeug*) rouler; **nach oben/unten ~** (*Fahrstuhl*) monter/descendre ❸ + *sein* (*ein Fahrzeug lenken*) conduire ❹ + *sein* (*los~*) partir ❺ + *sein* (*verkehren*) passer ❻ + *sein fam* (*zurechtkommen*) **mit jdm/etw gut ~** être satisfait de qn/qc ►**einen ~ lassen** *fam* lâcher un pet **II.** *vt* ❶ + *haben* (*Auto*) conduire; (*Fahrrad*) rouler sur ❷ + *haben* (*Personen*) conduire; (*Sachen*) transporter ❸ + *sein* (*als Geschwindigkeit haben*) **90 km/h ~** rouler à 90 km/h ❹ + *haben o sein* (*Rennen*) effectuer

Fahrenheit Fahrenheit

Fahrer(in) ['fa:rɐ] <-s, -> *m(f)* ❶ conducteur (-trice) *m(f)* ❷ (*Chauffeur*) chauffeur *m*

Fahrerflucht *f* délit *m* de fuite

Fahrerlaubnis *f form* permis *m* de conduire **Fahrgast** *m* passager(-ère) *m(f)*

fahrig ['fa:rɪç] *adj* (*Person*) surexcité(e)

Fahrkarte *f* ticket *m;* (*für den Zug*) billet *m* **Fahrkartenautomat** *m* distributeur *m* [automatique] de tickets **Fahrkartenschalter** *m* guichet *m* [de vente] des billets

fahrlässig ['fa:ɐlɛsɪç] *adj* imprudent(e)

Fahrlässigkeit <-, -en> *f* imprudence *f*

Fahrlehrer(in) *m(f)* moniteur(-trice) *m(f)* d'auto-école **Fahrplan** *m* [indicateur *m*] horaire *m* **fahrplanmäßig** *adj* prévu(e) [selon l'horaire] **Fahrpreis** *m* prix *m* du transport **Fahrprüfung** *f* examen *m* du permis de conduire

Fahrrad *nt* vélo *m* **Fahrradfahrer(in)** *m(f)* cycliste *mf* **Fahrradständer** *m* (*am Fahrrad*) béquille *f;* (*Gestell für Fahrräder*) support *m* pour vélos **Fahrradweg** *m* piste cyclable

Fahrschein *s.* **Fahrkarte**

Fahrscheinautomat *m* distributeur *m* automatique [de tickets]

Fahrschule *f* auto-école *f* **Fahrschüler(in)** *m(f)* élève *mf* d'auto-école **Fahrspur** *f* voie *f* [de circulation] **Fahrstuhl** *m* ascenseur *m* **Fahrstunde** *f* leçon *f* de conduite

Fahrt [fa:ɐt] <-, -en> *f* ❶ trajet *m;* **gute ~** bonne route! ❷ (*Reise*) voyage *m* ►**in ~ kommen** *fam* (*in Schwung kommen*) trouver la forme

fährt [fɛːɐ̯t] *3. Pers Präs von* **fahren**
Fährte ['fɛːɐ̯tə] <-, -n> *f* trace *f*
Fahrtenschreiber *m* tachygraphe *m*
Fahrtkosten *Pl* frais *mpl* de transport **Fahrtrichtung** *f* destination *f*
fahrtüchtig *adj* (*Kraftfahrzeug*) en [bon] état de marche
Fahrtwind *m* déplacement *m* d'air
Fahrverbot *nt* (*generelles ~*) interdiction *f* de circuler **Fahrzeit** *f* durée *f* du trajet **Fahrzeug** <-, -e> *nt* véhicule *m*
Fahrzeugbrief *m: titre de propriété du véhicule* **Fahrzeughalter(in)** *m(f)* propriétaire *mf* du véhicule **Fahrzeugpapiere** *Pl* papiers *mpl* du véhicule **Fahrzeugschein** *m* ≈ carte *f* grise
Faible ['fɛːbl] <-s, -s> *nt* faible *m*
fair [fɛːɐ̯] **I.** *adj* (*Spiel*) correct(e) **II.** *adv* (*spielen*) avec fair-play
Fairness[RR], **Fairneß**[ALT] ['fɛːɐnɛs] <-> *f* fair-play *m*
Fäkalien [-liən] *Pl* matières *fpl* fécales
Fakir [fa:'kiːɐ] <-s, -e> *m* fakir *m*
Faksimile [fak'ziːmile] <-s, -s> *nt* fac-similé *m*
faktisch ['faktɪʃ] **I.** *adj attr* effectif(-ive) **II.** *adv* en fait
Faktor ['faktoːɐ̯] <-s, -toren> *m* facteur *m*
Faktum ['faktʊm] <-s, Fakten> *nt geh* fait *m*
Fakultät [fakʊl'tɛːt] <-, -en> *f* faculté *f*
Falke ['falkə] <-n, -n> *m* faucon *m*
Fall [fal, *Pl:* 'fɛlə] <-[e]s, Fälle> *m* ❶ cas *m;* **gesetzt den ~** à supposer que + *subj* ❷ *kein Pl a. fig* (*das Fallen*) chute *f* ▶**sein/mein/... ~ sein** *fam* (*Person*) être son/mon/... genre; (*Sache*) être son/mon/... truc
Fallbeil *nt* guillotine *f*
Falle ['falə] <-, -n> *f* piège *m*
fallen ['falən] <fällt, fiel, gefallen> *vi* + *sein* ❶ **auf den Boden ~** tomber par terre ❷ (*stolpern*) **über etw** (*akk*) **~** buter sur qc ❸ *fam* (*nicht bestehen*) **durch die Prüfung ~** être recalé à l'examen ❹ (*Preise*) baisser; **die Aktien sind gefallen** les actions ont connu une baisse ❺ (*Soldat*) tomber à la guerre ❻ (*treffen*) **auf jdn ~** (*Verdacht*) se porter sur qn; **auf einen Dienstag ~** tomber un mardi ❼ (*Schuss*) être tiré ▶**~ lassen** (*Bemerkung*) laisser échapper
fällen ['fɛlən] *vt* ❶ (*Baum*) abattre ❷ (*Entscheidung*) prendre; (*Urteil*) rendre
fallen|lassen* *s.* **fallen** ▶
fällig ['fɛlɪç] *adj* ❶ (*Rechnung*) parvenu(e) à échéance ❷ (*Entschuldigung*) dû(e)
Fälligkeit <-, -en> *f* échéance *f*
Fallobst *nt* fruits *mpl* tombés
falls [fals] *konj* au cas où + *cond*
Fallschirm *m* parachute *m*
Fallschirmjäger(in) *m(f)* MIL parachutiste *mf* **Fallschirmspringer(in)** *m(f)* parachutiste *mf*
fällt [fɛlt] *3. Pers Präs von* **fallen**
Falltür *f* trappe *f*
falsch [falʃ] **I.** *adj* faux(fausse); (*Schlüssel*) mauvais(e) **II.** *adv* mal; (*singen*) faux
Falschaussage *f* faux témoignage *m*
fälschen ['fɛlʃən] *vt* (*Urkunde*) falsifier; (*Banknoten, Unterschrift*) contrefaire
Fälscher(in) <-s, -> *m(f)* faussaire *mf*
Falschfahrer(in) *m(f)* automobiliste *mf* circulant à contresens **Falschgeld** *nt* fausse monnaie *f*
fälschlich ['fɛlʃlɪç] *adj* (*Annahme*) erroné(e)
Falschmeldung *f* fausse nouvelle *f* **Falschmünzer(in)** ['falʃmʏntsɐ] <-s, -> *m(f)* faux-monnayeur *m*/fausse-monnayeuse *f* **Falschspieler(in)** *m(f)* tricheur(-euse) *m(f)*
Fälschung ['fɛlʃʊŋ] <-, -en> *f* ❶ *kein Pl* falsification *f* ❷ (*das Gefälschte*) faux *m*
fälschungssicher *adj* infalsifiable
Faltblatt *nt* dépliant *m*
Falte ['faltə] <-, -n> *f* ❶ (*eines Kleidungsstücks*) pli *m* ❷ (*Hautfalte*) ride *f*
falten ['faltən] *vt* (*Papier*) plier; (*Hände*) joindre
Faltenrock *m* jupe *f* plissée
Falter ['faltɐ] <-s, -> *m* papillon *m*
faltig *adj* ❶ froissé(e) ❷ (*Haut*) ridé(e)
Falz [falts] <-es, -e> *m* TECH rainure *f*
falzen ['faltsən] *vt* plier
Fam. *Abk von* **Familie** famille *f*
familiär [fami'li̯ɛːɐ̯] *adj* ❶ familial(e) ❷ (*Atmosphäre*) décontracté(e)
Familie [fa'miːli̯ə] <-, -n> *f* famille *f*
Familienangehörige(r) *f(m) dekl wie adj* membre *m* de la famille **Familienfeier** *f* réunion *f* familiale **Familienleben** *nt* vie *f* de famille **Familienname** *m* nom *m* de famille **Familienstand** *m* situation *f* de famille **Familienvater** *m* père *m* de famille

F

Familienverhältnisse *Pl* situation *f* familiale
Fan [fɛn] <-s, -s> *m* fan *mf*
Fanatiker(in) [fa'na:tɪkɐ] <-s, -> *m(f)* fanatique *mf*
fanatisch [fa'na:tɪʃ] *adj* (*Person*) fanatique
Fanatismus [fana'tɪsmʊs] <-> *m* fanatisme *m*
Fanclub ['fɛnklʊb] *m* fan-club *m*
fand [fant] *Imp von* **finden**
Fang [faŋ, *Pl:* 'fɛŋə] <-[e]s, Fänge> *m* (*einer Person*) prise *f;* (*eines Tiers*) proie *f*
Fangarm *m* tentacule *m*
fangen [faŋən] <fängt, fing, gefangen> **I.** *vt* ❶ (*Ball*) attraper ❷ (*Verbrecher*) arrêter ❸ (*Fisch*) prendre **II.** *vr* ❶ (*nicht stürzen*) **sich ~** reprendre l'équilibre ❷ (*sich seelisch beruhigen*) **sich wieder ~** se ressaisir
Fangen <-s> *nt* **~ spielen** jouer au chat
Fangfrage *f* question *f* piège
fängt [fɛŋt] *3. Pers Präs von* **fangen**
Fanklub *s.* **Fanclub**
Fantasie [fanta'zi:] <-, -n> *f* ❶ *kein Pl* imagination *f* ❷ *meist Pl* (*Träumerei*) fantasme *m*
fantasielos[RR] *adj* (*Person*) dépourvu(e) d'imagination; (*Sache*) banal(e)
fantasieren*[RR] [fanta'zi:rən] *vi* MED délirer
fantasievoll[RR] *adj* (*Person*) imaginatif(-ive); (*Darstellung*) plein(e) d'imagination
Fantast[RR]**(in)** [fan'tast] <-en, -en> *m(f) pej* rêveur(-euse) *m(f)*
fantastisch[RR] **I.** *adj* ❶ *fam* formidable ❷ *geh* (*Geschichte*) fantastique **II.** *adv fam* (*großartig*) merveilleusement [bien]
Farbband <-bänder> *nt* ruban *m* **Farbbild** *nt* photo *f* en couleurs **Farbdruck** *m* (*Erzeugnis*) imprimé *m* en couleurs **Farbdrucker** *m* imprimante *f* couleur
Farbe ['farbə] <-, -n> *f* ❶ couleur *f* ❷ (*Gesichtsfarbe*) teint *m* ❸ (*Malfarbe*) peinture *f*
farbecht *adj* grand teint *inv*
färben ['fɛrbən] **I.** *vt* teindre **II.** *vr* **sich ~** (*Laub*) se colorer
farbenblind *adj* daltonien(ne) **farbenfroh** *adj* très coloré(e)
Färber(in) ['fɛrbɐ] <-s, -> *m(f)* teinturier(-ière) *m(f)*
Färberei [fɛrbə'rai] <-, -en> *f* teinturerie *f*
Farbfernsehen *nt* télévision *f* en couleur **Farbfernseher** *m fam* télé *f* couleur **Farbfilm** *m* film *m* couleur **Farbfoto** *s.* **Farbbild**
farbig ['farbɪç] **I.** *adj* ❶ coloré(e) ❷ (*Foto*) en couleur **II.** *adv* en couleur
Farbige(r) *f(m) dekl wie adj* homme *m*/femme *f* de couleur
Farbkasten *m* boîte *f* de couleurs **Farbkopierer** *m* [photo]copieur *m* couleur
farblich *adj* de couleurs
farblos *adj* ❶ incolore ❷ (*unauffällig*) terne
Farbmonitor *m* moniteur *m* couleur **Farbscanner** *m* scanne[u]r *m* couleur **Farbstift** *m* crayon *m* de couleur **Farbstoff** *m* (*Färbemittel*) colorant *m* **Farbton** <-töne> *m* ❶ ton *m* ❷ (*Nuance*) teinte *f*
Färbung ['fɛrbʊŋ] <-, -en> *f* ❶ *kein Pl* (*von Textilien*) teinture *f* ❷ (*Tönung*) couleur *f*
Farce [fars] <-, -n> *f* farce *f*
Farm [farm] <-, -en> *f* ranch *m*
Farmer(in) <-s, -> *m(f)* exploitant(e) *m(f)* agricole
Farn [farn] <-[e]s, -e> *m* fougère *f*
Fasan [fa'za:n] <-s, -e[n]> *m* faisan *m*
Fasching ['faʃɪŋ] <-s, -e> *m* carnaval *m*
Faschismus [fa'ʃɪsmʊs] <-> *m* fascisme *m*
Faschist(in) [fa'ʃɪst] <-en, -en> *m(f)* fasciste *mf*
faschistisch *adj* fasciste
faseln ['fa:zəln] *pej fam* **I.** *vi* débloquer **II.** *vt* radoter
Faser ['fa:zɐ] <-, -n> *f* fibre *f*
faserig *adj* fibreux(-euse); (*Fleisch*) filandreux(-euse)
Fasnacht CH *s.* **Fastnacht**
Fass[RR] [fas] <-es, Fässer>, **Faß**[ALT] <-sses, Fässer> *nt* (*Holzfass*) tonneau *m* ►**ein ~ ohne Boden** un vrai gouffre
Fassade [fa'sa:də] <-, -n> *f* façade *f*
fassbar[RR], **faßbar**[ALT] *adj* concret(-ète)
Fassbier[RR] *nt* bière *f* [à la] pression
fassen ['fasən] **I.** *vt* ❶ saisir; **jdn an der Hand ~** prendre qn par la main; **fass!** mords! ❷ (*festnehmen*) arrêter ❸ (*Entschluss*) prendre **II.** *vr* **sich wieder ~** se ressaisir
Fassung ['fasʊŋ] <-, -en> *f* ❶ (*einer Glühbirne*) douille *f;* (*einer Brille*) monture *f* ❷ (*Version*) version *f* ❸ *kein Pl* (*Selbstbeherrschung*) maîtrise *f* de soi/de lui-même/d'elle-même/...
fassungslos *adj* décontenancé(e)
Fassungslosigkeit <-> *f* stupeur *f*
Fassungsvermögen *nt* contenance *f*
fast [fast] *adv* presque; **er wäre ~ gestürzt**

il a failli tomber
fasten ['fastən] *vi* être à la diète; REL jeûner
Fastenzeit *f* carême *m*
FastfoodRR, **Fast Food**RR ['fa:stfu:d] <-[s]> *nt* restauration *f* rapide
Fastnacht *f kein Pl* carnaval *m*
Faszination <-, -en> *f* fascination *f*
faszinieren* [fastsi'ni:rən] *vt* fasciner
faszinierend *adj* fascinant(e)
fatal [fa'ta:l] *adj geh* fatal(e)
Fatalismus [fata'lɪsmʊs] <-> *m geh* fatalisme *m*
Fata Morgana <- -, - Morganen *o* -s> *f* mirage *m*
fauchen ['fauxən] *vi* (*Tier*) feuler; (*Person*) grogner
faul [faul] *adj* ❶ paresseux(-euse) ❷ (*Lebensmittel*) avarié(e); (*Obst*) pourri(e); (*Zahn*) gâté(e)
faulen ['faulən] *vi + haben o sein* pourrir
faulenzen ['faulɛntsən] *vi* fainéanter
Faulenzer(in) <-s, -> *m(f) pej* fainéant(e) *m(f)*
Faulheit <-> *f* paresse *f*
faulig *s.* **faul 2.**
Fäulnis ['fɔylnɪs] <-> *f* (*von Fleisch*) décomposition *f*
Faulpelz *m pej fam* feignant(e) *m(f)* **Faultier** *nt* ZOOL paresseux *m*
Fauna ['fauna] <-, Faunen> *f* faune *f*
Faust [faust, *Pl:* 'fɔystə] <-, Fäuste> *f* poing *m*
Fäustchen ['fɔystçən] <-s, -> *nt* ▶**sich** (*dat*) **ins ~ lachen** rire dans sa barbe (*fam*)
faustdick ['faust'dɪk] *adj fam* (*Lüge*) grossier(-ière) **faustgroß** *adj* gros(se) comme le poing **Fausthandschuh** *m* moufle *f* **Faustregel** *f* règle *f* générale **Faustschlag** *m* coup *m* de poing
Favorit(in) [favo'ri:t] <-en, -en> *m(f)* favori(te) *m(f)*
Fax ['faks] <-, -e> *nt* fax *m*
faxen **I.** *vi* envoyer un fax **II.** *vt* faxer
Faxgerät *nt* [télé]fax *m*
Fazit ['fa:tsɪt] <-s, -s> *nt* bilan *m;* (*Ergebnis*) résultat *m*
FCKW [ɛftse:ka:'ve:] <-s, -s> *m Abk von* **Fluorchlorkohlenwasserstoff** C.F.C. *m*
FCKW-frei *adj* sans C.F.C.
Februar ['fe:brua:ɐ] <-[s] -e> *m* février *m; s. a.* **April**
fechten ['fɛçtən] <ficht, focht, gefochten> *vi* faire de l'escrime
Fechter(in) <-s, -> *m(f)* escrimeur(-euse) *m(f)*
Feder ['fe:dɐ] <-, -n> *f* ❶ plume *f* ❷ TECH ressort *m* ❸ (*Schreibfeder*) plume *f*
Federball *m* ❶ volant *m* ❷ *kein Pl* (*Spiel*) badminton *m* **Federbett** *nt* couette *f* **federleicht** *adj* ultra-léger(-ère)
federn ['fe:dɐn] **I.** *vi* faire ressort **II.** *vt* **gut/schlecht gefedert sein** avoir une bonne/mauvaise suspension
Federung <-, -en> *f* suspension *f*
Federvieh *nt fam* volailles *fpl*
Fee [fe:] <-, -n> *f* fée *f*
Feedback, **Feed-back**RR ['fi:dbɛk] <-s, -s> *nt* réactions *fpl*
Fegefeuer ['fe:gəfɔyɐ] *nt* purgatoire *m*
fegen ['fe:gən] **I.** *vt + haben* ❶ (*Straße*) balayer ❷ CH (*feucht wischen*) laver **II.** *vi* ❶ *+ haben* (*aus~*) balayer ❷ *+ haben* CH (*feucht wischen*) passer la serpillière ❸ *+ sein fam* (*jagen*) **über die Dächer ~** balayer les toits
Fehde ['fe:də] <-, -n> *f geh* querelle *f*
Fehlanzeige *f* **~!** *fam* le bide complet! **Fehlbetrag** *m* déficit *m* **Fehldiagnose** *f* erreur *f* de diagnostic
fehlen ['fe:lən] **I.** *vi* ❶ manquer ❷ (*abwesend sein*) **im Unterricht ~** être absent du cours **II.** *vi unpers* **es fehlt etw** il manque qc
Fehler ['fe:lɐ] <-s, -> *m* ❶ faute *f* ❷ (*Mangel*) défaut *m*
fehlerfrei *s.* **fehlerlos**
fehlerhaft **I.** *adj* (*Arbeit*) incorrect(e); (*Ware*) défectueux(-euse) **II.** *adv* mal
fehlerlos *adj* impeccable
Fehlgeburt *f* fausse couche *f* **Fehlgriff** *m* erreur *f* **Fehlschlag** *m* échec *m* **fehl|schlagen** *vi irr + sein* échouer **Fehlstart** *m* SPORT faux départ *m;* TECH lancement *m* raté **Fehltritt** *m* ❶ faux pas *m* ❷ *geh* (*Verstoß gegen die Moral*) écart *m* de conduite **Fehlzündung** *f* AUT raté *m* [d'allumage]
Feier ['faiɐ] <-, -n> *f* fête *f;* (*Festakt*) cérémonie *f* ▶**zur ~ des Tages** en cet honneur
Feierabend *m* (*Arbeitsschluss*) fin *f* de la journée de travail; (*Geschäftsschluss*) heure *f* de fermeture
feierlich *adj* solennel(le)
Feierlichkeit <-, -en> *f* festivité *f; kein Pl* (*eines Augenblicks*) solennité *f*

feiern ['fajɐn] **I.** *vt* fêter **II.** *vi* faire la fête
Feiertag *m* jour *m* férié
feig[e] *adj* lâche
Feige ['fajgə] <-, -n> *f* figue *f*
Feigenbaum *m* figuier *m*
Feigheit <-> *f* lâcheté *f*
Feigling ['fajklɪŋ] <-s, -e> *m* lâche *mf*
Feile ['fajlə] <-, -n> *f* lime *f*
feilen ['fajlən] *vt* limer
feilschen ['fajlʃən] *vi pej* **um etw ~** marchander qc
fein [fajn] *adj* ❶ fin(e) ❷ *fam* (*Charakter*) sympathique ❸ (*vornehm*) distingué(e) ❹ (*sehr gut*) **~!** super! (*fam*)
Feind(in) [fajnt] <-[e]s, -e> *m(f)* ennemi(e) *m(f)*
Feindbild *nt* spectre *m*
feindlich *adj* ❶ ennemi(e) ❷ (*feindselig*) hostile
Feindschaft <-, -en> *f* (*Haltung*) hostilité *f*; (*Verhältnis*) haine *f*
feindselig *adj* hostile
Feindseligkeit <-, -en> *f* hostilité *f*
feinfühlig ['fajnfy:lɪç] *adj* sensible; (*taktvoll*) qui a du tact
Feingefühl *nt kein Pl* sensibilité *f*
feinglied[e]rig *adj* gracile(*soutenu*)
Feinheit <-, -en> *f* finesse *f*
feinkörnig *adj* fin(e) **Feinkost** *f* épicerie *f* fine **Feinkostgeschäft** *nt* épicerie *f* fine **Feinschmecker(in)** <-s, -> *m(f)* gourmet *m*
Feld [fɛlt] <-[e]s, -er> *nt* ❶ *kein Pl* (*offenes Gelände*) campagne *f* ❷ (*Acker*) champ *m* ❸ (*eines Formulars*) cadre *m*; (*eines Spielbretts*) case *f* ❹ SPORT terrain *m* ❺ PHYS champ *m* ▶**das ~ räumen** libérer le terrain
Feldherr *m* général *m* en chef **Feldmarschall(in)** *m(f)* feld-maréchal(e) *m(f)* **Feldmaus** *f* campagnol *m* **Feldsalat** *m* mâche *f* **Feldstecher** <-s, -> *m* jumelles *fpl* **Feldwebel(in)** ['fɛltve:bəl] <-s, -> *m(f)* feldwebel *m*; (*in der französischen Armee*) adjudant(e) *m(f)* **Feldweg** *m* chemin *m* de terre **Feldzug** *m* campagne *f*
Felge ['fɛlgə] <-, -n> *f* jante *f*
Fell [fɛl] <-[e]s, -e> *nt* pelage *m*
Fels [fɛls] <-ens, -en> *m* ❶ rocher *m* ❷ (*~gestein*) roche *f*
Felsblock <-blöcke> *m* bloc *m* de pierre
Felsen ['fɛlzən] <-s, -> *m* rocher *m*
felsenfest **I.** *adj* inébranlable **II.** *adv* (*überzeugt sein*) absolument
felsig ['fɛlzɪç] *adj* (*Küste*) rocheux(-euse)
Felsspalte *f* crevasse *f* **Felswand** *f* paroi *f* rocheuse
feminin [femi'ni:n] *adj* féminin(e)
Femininum <-s, Feminina> *nt* féminin *m*
Feminismus [femi'nɪsmʊs] <-> *m* féminisme *m*
Feminist(in) [femi'nɪst] <-en, -en> *m(f)* féministe *mf*
feministisch *adj* féministe
Fenchel ['fɛnçəl] <-s> *m* fenouil *m*
Fenster ['fɛnstɐ] <-s, -> *nt* fenêtre *f* ▶**weg vom ~ sein** *fam* être hors circuit
Fensterbank <-bänke> *f* tablette *f* d'appui **Fensterladen** *m* volet *m*
fensterln ['fɛnstɐln] *vi* A *passer par la fenêtre pour rejoindre sa bien-aimée*
Fensterplatz *m* place *f* côté fenêtre **Fensterputzer(in)** <-s, -> *m(f)* laveur(-euse) *m(f)* de carreaux **Fensterrahmen** *m* châssis *m* de fenêtre **Fensterscheibe** *f* vitre *f*
Ferien ['fe:riən] *Pl* vacances *fpl*
Ferienhaus *nt* maison *f* de vacances **Ferienkurs** *m* cours *m* de vacances **Ferientag** *m* jour *m* de vacances **Ferienwohnung** *f* appartement *m* de vacances **Ferienzeit** *f* [période *f* des] vacances *fpl*
Ferkel ['fɛrkəl] <-s, -> *nt* ❶ ZOOL porcelet *m* ❷ *pej fam* (*unsauberer Mensch*) cochon(ne) *m(f)*
Ferkelei <-, -en> *f pej fam* cochonnerie *f*
fern [fɛrn] **I.** *adj* ❶ (*räumlich*) lointain(e) ❷ (*zeitlich*) loin *attr* **II.** *adv* (*räumlich*) loin
Fernbedienung *f* télécommande *f*
fern|bleiben *vi irr + sein geh* **dem Unterricht ~** ne pas venir au cours
Ferne <-> *f* lointain *m*; **in der ~** au loin
ferner **I.** *adv* encore et toujours **II.** *konj* de plus
Fernfahrer(in) *m(f)* routier(-ière) *m(f)* **Fernflug** *m* vol *m* long-courrier **Ferngespräch** *nt* communication *f* à moyenne et grande distance **Fernglas** *nt* [paire *f* de] jumelles *fpl* **fern|halten** *vr* **sich von etw ~** ne pas s'approcher de qc **Fernlenkung** *f* téléguidage *m*; **mit ~** téléguidé **Fernlicht** *nt* phares *mpl* **fern|liegen** *vt fig* **jdm ~** ne pas venir à l'esprit de qn
Fernmeldeamt *nt* centre *m* télécoms (*fam*)

Fernmeldetechnik *f kein Pl* télécommunications *fpl*
Fernost *kein art* **in/nach ~** en Extrême-Orient **fernöstlich** *adj* d'Extrême-Orient
Fernrohr *nt* télescope *m* **Fernschreiber** *m* téléscripteur *m*
Fernsehansager(in) *m(f)* speaker(ine) *m(f)*
Fernsehantenne *f* antenne *f* de télévision
Fernsehapparat *m form* poste *m* de télévision
fern|sehen *vi irr* regarder la télévision
Fernsehen <-s> *nt* télévision *f*
Fernseher <-s, -> *m fam* télé *f*
Fernsehgerät *nt form* téléviseur *m* **Fernsehprogramm** *nt* 1 programme *m* de télévision 2 (*Kanal*) chaîne *f* de télévision **Fernsehsender** *m* émetteur *m* de télévision **Fernsehsendung** *f* émission *f* de télévision **Fernsehturm** *m* tour *f* de télévision **Fernsehzuschauer(in)** *m(f)* téléspectateur(-trice) *m(f)*
Fernsicht *f* vue *f*
Fernsprecher <-s, -> *m form* téléphone *m*
Fernsprechteilnehmer(in) *m(f)* abonné(e) *m(f)* du téléphone
Fernsteuerung *f* télécommande *f*
Fernstraße *f* grande route *f* **Fernstudium** *nt* cours *m* universitaire à distance **Fernverkehr** *m* trafic *m* routier sur les grands axes; EISENBAHN trafic grandes lignes **Fernwärme** *f* chauffage *m* urbain
Ferse ['fɛrzə] <-, -n> *f* talon *m*
fertig ['fɛrtɪç] *adj* 1 (*Arbeit*) terminé(e) **~ werden** finir 2 (*Speise*) prêt(e) ►**~ sein** *fam* (*erschöpft*) être crevé
Fertigbau <-bauten> *m* 1 *kein Pl* (*Bauweise*) préfabriqué *m* 2 (*Gebäude*) construction *f* préfabriquée **fertig|bringen** *vt* **etw ~** arriver à faire qc
fertigen ['fɛrtɪgən] *vt form* fabriquer
Fertiggericht *nt* plat *m* cuisiné **Fertighaus** *nt* maison *f* préfabriquée
Fertigkeit <-, -en> *f* 1 *kein Pl* (*Geschicklichkeit*) adresse *f* 2 *Pl* (*Fähigkeiten*) aptitudes *fpl*
fertig|machen I. *vt* **jdn ~** *fam* démolir qn II. *vr* **sich für etw ~** se préparer pour qc **Fertigprodukt** *nt* produit *m* fini **fertig|stellen** *vt* finir
Fertigung <-, -en> *f* fabrication *f*
fesch [fɛʃ] *adj* A *fam* 1 joli(e) 2 (*nett*) **sei ~!** sois sympa!
Fessel ['fɛsəl] <-, -n> *f* 1 lien *m* 2 (*eines Pferds*) paturon *m* (*soutenu*)
fesseln ['fɛsəln] *vt* 1 **jdn mit etw an etw ~** attacher qn avec qc à qc 2 (*Buch*) captiver
fesselnd *adj* (*Bericht*) passionnant(e)
fest [fɛst] I. *adj* 1 solide 2 (*Händedruck*) ferme; (*Knoten*) serré(e) 3 (*Anstellung*) définitif(-ive); (*Wohnsitz*) permanent(e); (*Einkommen*) fixe II. *adv* 1 fort 2 (*zudrehen*) à fond 3 (*zusagen*) formellement; (*glauben*) fermement 4 (*dauernd*) **~ angestellt** sous contrat à durée indéterminée 5 (*schlafen*) profondément
Fest [fɛst] <-[e]s, -e> *nt* fête *f*
Festakt *m* cérémonie *f*
festangestellt *s.* **fest II.4.**
fest|binden *vt irr* **etw an etw** (*dat*) **~** attacher qc à qc
Festessen *nt* banquet *m*
fest|fahren *vr irr* **sich ~** s'enliser
Festgeld *nt* dépôt *m* à terme fixe
fest|halten *irr* I. *vt* 1 retenir 2 (*konstatieren*) mettre en exergue; (*schriftlich*) consigner par écrit II. *vi* **an jdm/etw ~** être fidèle à qn/qc III. *vr* **sich an jdm/etw ~** s'accrocher à qn/qc
festigen ['fɛstɪgən] *vt, vr* [**sich**] **~** [se] consolider
Festiger <-s, -> *m* fixateur *m*
Festigkeit <-> *f* (*Stabilität*) résistance *f*
Festival ['fɛstivəl] <-s, -s> *nt* festival *m*
fest|kleben I. *vt + haben* coller II. *vi + sein* **an etw** (*dat*) **~** coller à qc
Festland *nt* (*Landmasse*) continent *m*
fest|legen I. *vt* fixer II. *vr* **sich auf etw** (*akk*) **~** s'engager à propos de qc
festlich ['fɛstlɪç] I. *adj* (*Stimmung*) de fête; (*Beleuchtung*) des grands jours II. *adv* **~ begehen** *geh* célébrer
Festlichkeit <-, -en> *f* **die ~en** les festivités *fpl*
fest|liegen *vi irr* 1 être fixé 2 (*nicht weiterkönnen*) être bloqué **fest|machen** I. *vt* 1 fixer 2 (*Termin*) fixer II. *vi* NAUT **an etw** (*dat*) **~** accoster qc **fest|nageln** *vt* 1 clouer 2 *fam* (*festlegen*) **jdn auf etw** (*akk*) **~** coincer qn sur qc
Festnahme ['fɛstnaːmə] <-, -n> *f* arrestation *f*
fest|nehmen *vt irr* arrêter
Festplatte *f* INFORM disque *m* dur

F

Festrede *f* discours *m* officiel **Festsaal** *m* salle *f* des fêtes
fest|schrauben *vt* serrer
fest|setzen I. *vt* (*Preis*) fixer; (*Wert*) déterminer II. *vr* **sich** ~ (*Schmutz*) s'incruster
fest|sitzen *vi irr* ❶ ne plus bouger; (*halten*) tenir bien ❷ (*Fahrzeug*) être enlisé
Festspiele *Pl* festival *m*
Festspielhaus *nt* palais *m* des festivals
fest|stehen *vi irr* ❶ être fixé ❷ (*Entschluss*) être irrévocable; **es steht fest, dass ...** il est clair que ...
feststehend *adj attr* (*Redewendung*) tout(e) fait(e); (*Reihenfolge*) déterminé(e)
fest|stellen *vt* ❶ (*Sachverhalt*) établir ❷ (*Veränderung*) constater ❸ (*arretieren*) bloquer
Feststellung *f* ❶ (*Bemerkung*) remarque *f* ❷ (*eines Täters*) identification *f*; (*eines Sachverhalts*) établissement *m* ❸ (*Beobachtung*) observation *f*
Festtag *m* jour *m* de fête
Festung ['fɛstʊŋ] <-, -en> *f* forteresse *f*
Festzug *m* cortège *m*
Fete ['fe:tə, 'fɛ:tə] <-, -n> *f* fête *f*
Fetischist(in) <-en, -en> *m(f)* fétichiste *mf*
fett [fɛt] I. *adj* ❶ gras(se) ❷ *pej* (*Person*) gros(se) *antéposé* ❸ TYP gras(se) II. *adv* ❶ (*essen*) gras ❷ TYP ~ **gedruckt** [imprimé(e)] en caractères gras
Fett <-[e]s, -e> *nt* graisse *f*
fettarm I. *adj* allégé(e) II. *adv* (*kochen*) léger
Fettauge *nt* rond *m* de graisse **Fettdruck** *m* [caractères *mpl*] gras *m*
fetten I. *vt* graisser II. *vi* (*Haut*) être gras
Fettfleck *m* tache *f* de graisse **fettgedruckt** *s.* **fett II.2. Fettgehalt** *m* teneur *f* en matières grasses
fettig *adj* gras(se)
fettleibig *adj geh* obèse
fettlöslich *adj* liposoluble **Fettnäpfchen** <-s, -> *nt fam* ▸**ins** ~ **treten** faire une gaffe **Fettsäure** *f* acide *m* gras **Fettschicht** *f* couche *f* de graisse **Fettwanst** *m pej* tas *m* de graisse (*fam*)
fetzen ['fɛtsən] I. *vt fam* arracher II. *vi* + *haben fam* (*mitreißen*) déménager
Fetzen ['fɛtsən] <-s, -> *m* (*von Papier, Stoff*) lambeau *m*; (*der Haut*) morceau *m*; (*eines Gesprächs*) bribe *f*
fetzig *adj fam* (*Musik*) qui déménage

feucht [fɔyçt] *adj* humide
Feuchtigkeit <-> *f* humidité *f*
Feuchtigkeitsgehalt *m* (*der Luft*) taux *m* d'humidité
feudal [fɔy'da:l] *adj* ❶ HIST féodal(e) ❷ *fam* (*Essen*) royal(e)
Feudalismus <-> *m* régime *m* féodal
Feuer ['fɔyɐ] <-s, -> *nt* ❶ feu *m* ❷ (*Brand*) incendie *m* ❸ *kein Pl* MIL tir *m*
Feueralarm *m* alerte *f* au feu **Feuerbestattung** *f* incinération *f* **Feuereifer** *m* ardeur *f* **feuerfest** *adj* (*Glas*) résistant(e) aux températures élevées; (*Porzellan*) à feu **Feuergefahr** *f* danger *m* d'incendie **Feuerleiter** *f* (*eines Gebäudes*) échelle *f* de secours **Feuerlöscher** *m* extincteur *m* **Feuermelder** <-s, -> *m* avertisseur *m* d'incendie
feuern I. *vi* (*schießen*) faire feu II. *vt fam* (*entlassen*) virer
feuerrot *adj* rouge vif *inv* **Feuerstelle** *f* foyer *m*
Feuerwehr <-, -en> *f* [sapeurs-]pompiers *mpl* **Feuerwehrauto** *nt* camion *m* de pompiers **Feuerwehrmann** <-leute *o* -männer> *m* [sapeur-]pompier *m*
Feuerwerk *nt* feu *m* d'artifice **Feuerzeug** <-[e]s, -e> *nt* briquet *m*
Feuilleton [fœjə'tõ:] <-s, -s> *nt* pages *fpl* culturelles
feurig ['fɔyrɪç] *adj* (*Liebhaber*) ardent(e)
ff. *Abk von* **folgende Seiten** ss.
Fiaker ['fiakɐ] <-s, -> *m* A (*Kutsche*) fiacre *m*
Fiasko ['fiasko] <-s, -s> *nt* fiasco *m*
ficht [fɪçt] *3. Pers Präs von* **fechten**
Fichte ['fɪçtə] <-, -n> *f* épicéa *m*; (*Holz*) sapin *m*
ficken ['fɪkən] *vt, vi vulg* baiser
fidel [fi'de:l] *adj fam* joyeux(-euse)
Fieber ['fi:bɐ] <-s> *nt* fièvre *f*
fieberfrei *adj* ~/**wieder** ~ **sein** ne pas/ne plus avoir de fièvre
fieberhaft *adj* (*Eile*) fébrile
Fieberkurve *f* courbe *f* de température
fiebern *vi* **nach etw** ~ attendre fébrilement qc
Fieberthermometer *nt* thermomètre *m* médical
fiebrig ['fi:b(ə)rɪç] *adj* (*aufgeregt*) fébrile
Fiedel ['fi:dəl] <-, -n> *f hum fam* violon *m*
fiedeln *vt, vi iron* violoner (*fam*)
fiel [fi:l] *Imp von* **fallen**

fies [fiːs] *fam adj* (*Verhalten*) vache; **ein ~er Kerl** un type infect
Figur [fiˈguːɐ̯] <-, -en> *f* ❶ silhouette *f*; **auf seine ~ achten** faire attention à sa ligne ❷ (*Schachfigur*) pièce *f* ❸ LITER personnage *m*
Fiktion [fɪkˈtsi̯oːn] <-, -en> *f geh* fiction *f*
fiktiv [fɪkˈtiːf] *adj geh* fictif(-ive)
Filet [fiˈleː] <-s, -s> *nt* filet *m*
Filiale [fiˈli̯aːlə] <-, -n> *f* succursale *f*; (*einer Bank*) agence *f*
Filialleiter(in) *m(f)* gérant(e) *m(f)* de succursale; (*einer Bank*) responsable *mf* d'agence
Film [fɪlm] <-[e]s, -e> *m* ❶ film *m* ❷ PHOT pellicule *f*
Filmarchiv *nt* (*für Spielfilme*) cinémathèque *f* **Filmemacher(in)** *m(f)* cinéaste *mf*
filmen [ˈfɪlmən] **I.** *vt* filmer **II.** *vi* tourner
Filmfestspiele *Pl* festival *m* du film
filmisch *adj* cinématographique
Filmkamera *f* caméra *f* **Filmmusik** *f* musique *f* de film **Filmproduzent(in)** *m(f)* producteur(-trice) *m(f)* de cinéma **Filmprojektor** *m* projecteur *m* de film **Filmregisseur(in)** *m(f)* réalisateur(-trice) *m(f)* **Filmschauspieler(in)** *m(f)* acteur(-trice) *m(f)* de cinéma **Filmstar** *m* vedette *f* de cinéma
Filter [ˈfɪltɐ] <-s, -> *nt o m* filtre *m*
Filterkaffee *m* café-filtre *m*
filtern *vt* filtrer
Filtertüte *f* filtre *m* **Filterzigarette** *f* cigarette *f* [à bout] filtre
filtrieren* *vt* filtrer
Filz [fɪlts] <-es, -e> *m* ❶ (*Wollmaterial*) feutre *m* ❷ POL *pej* magouille *f* (*fam*)
filzen [ˈfɪltsən] **I.** *vi* (*Wolle*) feutrer **II.** *vt fam* (*Person*) fouiller
Filzhut *m* feutre *m* **Filzlaus** *f* ZOOL pou *m* du pubis **Filzstift** *m* [crayon-]feutre *m*
Fimmel [ˈfɪməl] <-s, -> *m pej fam* marotte *f*
Finale [fiˈnaːlə] <-s, -> *nt* finale *f*
Finalist(in) *m(f)* finaliste *mf*
Finanzamt *nt* fisc *m*; (*Gebäude*) perception *f* **Finanzbeamte(r)** *m*, **-beamtin** *f* fonctionnaire *mf* aux finances
Finanzen [fiˈnantsən] *Pl* finances *fpl*
finanziell [finanˈtsi̯ɛl] *adj* financier(-ière)
finanzierbar *adj* financièrement réalisable
finanzieren* [finanˈtsiːrən] *vt* financer
Finanzierung <-, -en> *f* financement *m*
Finanzkrise *f* crise *f* budgétaire **Finanzminister(in)** *m(f)* ministre *mf* des Finances
Findelkind [ˈfɪndəlkɪnt] *nt* enfant *mf* trouvé(e)
finden [ˈfɪndən] <fand, gefunden> **I.** *vt* ❶ trouver; **wieder ~** retrouver ❷ (*einschätzen*) **etw gut ~** trouver qc bon(ne) **II.** *vi* ❶ **nach Hause ~** trouver son chemin pour rentrer chez soi ❷ (*meinen*) **~, [dass] ...** trouver que ... **III.** *vr* (*wieder auftauchen*) **sich wieder ~** refaire surface
Finder <-s, -> *m* **der [ehrliche] ~** la personne qui le/la rapportera
Finderlohn *m* récompense *f*
findig *adj* futé(e)
Finesse [fiˈnɛsə] <-, -n> *f geh Pl* (*Detail*) détails *mpl* sophistiqués
fing [fɪŋ] *Imp von* **fangen**
Finger [ˈfɪŋɐ] <-s, -> *m* doigt *m* ▸**die ~ von etw lassen** *fam* laisser tomber qc; **jdn um den kleinen ~ wickeln** *fam* mener qn par le bout du nez
Fingerabdruck <-abdrücke> *m* empreinte *f* digitale **Fingerbreit** <-, -> *m* ▸**keinen ~ nachgeben** ne pas céder d'un pouce **Fingerfertigkeit** *f* dextérité *f* **Fingerhandschuh** *m* gant *m* **Fingerhut** *m* (*Nähutensil*) dé *m* [à coudre]
fingern *vi* **an etw** (*dat*) **~** tripoter qc (*fam*)
Fingernagel *m* ongle *m* **Fingerspitze** *f* bout *m* du doigt **Fingerspitzengefühl** *nt kein Pl* doigté *m*; (*Takt*) tact *m*
fingieren* [fɪŋˈgiːrən] *vt* simuler
Fink [fɪŋk] <-en, -en> *m* pinson *m*
Finne [ˈfɪnə] <-n, -n> *m*, **Finnin** *f* Finlandais(e) *m(f)*
finnisch [ˈfɪnɪʃ] **I.** *adj* finlandais(e); (*Kultur, Literatur, Sprache*) finnois(e) **II.** *adv* **~ miteinander sprechen** discuter en finnois
Finnisch <-[s]> *nt kein art* finnois *m*; *s. a.* **Deutsch**
Finnland [ˈfɪnlant] *nt* la Finlande
finster [ˈfɪnstɐ] *adj* ❶ sombre; **im Finstern** dans le noir ❷ (*Gedanken*) sinistre; (*Gestalt*) lugubre
Finsternis <-, -se> *f* ❶ obscurité *f* ❷ ASTRO éclipse *f*
Finte [ˈfɪntə] <-, -n> *f* feinte *f*
Firlefanz <-es> *m fam* (*überflüssige Dinge*) gadgets *mpl*
Firma [ˈfɪrma] <-, Firmen> *f* entreprise *f*
Firmament [fɪrmaˈmɛnt] <-s> *nt* firmament *m*
Firmen *Pl von* **Firma**
Firmenname *m* raison *f* sociale

F

Firmenwagen *m* voiture *f* d'entreprise **Firmenzeichen** *nt* emblème *m* de l'entreprise

Firmling ['fɪrmlɪŋ] <-s, -e> *m* confirmand(e) *m(f)*

Firmung ['fɪrmʊŋ] <-, -en> *f* confirmation *f*

Firnis ['fɪrnɪs] <-ses, -se> *m* vernis *m*

Fisch [fɪʃ] <-[e]s, -e> *m* ❶ poisson *m* ❷ ASTRO **er ist ~** il est Poissons

fischen *vt, vi* pêcher

Fischer(in) <-s, -> *m(f)* pêcheur(-euse) *m(f)*

Fischerei [fɪʃə'raj] <-> *f kein Pl* pêche *f*

Fischereihafen *m* port *m* de pêche

Fischfabrik *f* conserverie *f* de poisson **Fischfang** *m kein Pl* pêche *f* **Fischfilet** *nt* filet *m* de poisson **Fischkutter** *m* chalutier *m* **Fischmarkt** *m* marché *m* aux poissons **Fischsterben** *nt* hécatombe *f* de poissons **Fischzucht** *f kein Pl* (*Tätigkeit*) pisciculture *f*

Fiskus ['fɪskʊs] <-, -se> *m* fisc *m*

fit [fɪt] *adj* en forme

Fitness[RR], **Fitneß**[ALT] ['fɪtnɛs] <-> *f* [bonne] condition *f* physique

Fitnesscenter[RR] ['fɪtnɛssɛntɐ] *nt* centre *m* de culturisme

fix [fɪks] *adj* ❶ (*feststehend*) fixe ❷ *fam* (*flink*) rapide ▸**jdn ~ und fertig machen** *fam* (*demütigen*) passer un savon à qn; (*erschöpfen*) crever qn

fixen ['fɪksən] *vi fam* se shooter

Fixer(in) <-s, -> *m(f) fam* camé(e) *m(f)*

fixieren* [fɪ'ksiːrən] *vt* ❶ *geh* (*schriftlich festhalten*) fixer ❷ (*anstarren*) **jdn ~** fixer qn [du regard]

Fixierung <-, -en> *f a.* PSYCH fixation *f* **Fixstern** *m* étoile *f* fixe

Fjord [fjɔrt] <-[e]s, -e> *m* fjord *m*

FKK [ɛfkak'aː] <-> *Abk von* **Freikörperkultur** nudisme *m*

FKK-Strand *m* plage *f* de nudistes

flach [flax] **I.** *adj* ❶ (*Land*) plat(e); (*Dach*) en terrasse ❷ (*Absatz*) plat(e); (*Teller*) plat(e) ❸ (*Küste*) peu escarpé(e) ❹ (*Unterhaltung*) superficiel(le) **II.** *adv* (*liegen*) à plat; (*atmen*) faiblement

Flachdach *nt* toit *m* en terrasse

Fläche ['flɛçə] <-, -n> *f* ❶ (*Ebene*) surface *f* ❷ (*messbare Oberfläche*) superficie *f*

flächendeckend *adj* généralisé(e); (*Maßnahmen*) sur une grande échelle **Flächeninhalt** *m* MATH superficie *f*

Flachland *nt* pays *m* plat **flach|liegen** *vi irr fam* (*krank sein*) être sur le flanc

Flachs [flaks] <-es> *m* lin *m*

flackern ['flakɐn] *vi* (*Feuer*) vaciller; (*Licht*) clignoter

Fladen ['flaːdən] <-s, -> *m* ❶ GASTR galette *f* ❷ (*Kuhfladen*) bouse *f*

Fladenbrot *nt: pain plat en forme de galette*

Flagge ['flagə] <-, -n> *f* drapeau *m;* NAUT pavillon *m*

flaggen *vi* hisser le drapeau

Flaggschiff *nt* vaisseau *m* amiral

Flair [flɛːɐ̯] <-s> *nt o geh m* (*einer Person*) aura *f;* (*einer Stadt*) charme *m*

Flakon [fla'kõː] <-s, -s> *nt o m* flacon *m*

flambieren* [flam'biːrən] *vt* flamber

Flame ['flaːmə] <-n, -n> *m,* **Flamin** *o* **Flämin** *f* Flamand(e) *m(f)*

Flamingo [fla'mɪŋgo] <-s, -s> *m* flamant *m* rose

flämisch ['flɛːmɪʃ] **I.** *adj* flamand(e) **II.** *adv* **~ miteinander sprechen** discuter en flamand

Flämisch <-[s]> *nt kein art* flamand *m; s. a.* **Deutsch**

Flamme ['flamə] <-, -n> *f* flamme *f*

Flandern ['flandɐn] <-s> *nt* la Flandre

flandrisch *adj* flamand(e)

Flanell [fla'nɛl] <-s, -e> *m* flanelle *f*

flanieren* *vi + haben o sein* flâner

Flanke ['flaŋkə] <-, -n> *f* ❶ flanc *m* ❷ SPORT tir *m* au centre

flapsig ['flapsɪç] *fam* **I.** *adj* désinvolte **II.** *adv* avec impertinence

Fläschchen <-s, -> *nt* (*eines Säuglings*) biberon *m*

Flasche ['flaʃə] <-, -n> *f* ❶ bouteille *f* ❷ (*Säuglingsflasche*) biberon *m* ❸ *fam* (*Versager*) minable *mf*

Flaschenhals *m* goulot *m* [de bouteille] **Flaschenöffner** *m* ouvre-bouteille[s] *m* **Flaschenpfand** *nt* consigne *f* [pour bouteilles] **Flaschenpost** *f* bouteille *f* à la mer **Flaschenzug** *m* palan *m*

Flaschner(in) ['flaʃnɐ] <-s, -> *m(f)* CH plombier *m*

flatterhaft *adj pej* inconstant(e)

flattern ['flatɐn] *vi* ❶ + *haben* (*Tier*) battre des ailes; (*Fahne*) flotter ❷ + *sein* (*Schmetterling*) papillonner

flau [flau̯] *adj* ❶ **mir ist ~** je me sens mal ❷ (*Börse*) morose

Flaum [flau̯m] <-[e]s> *m* duvet *m*

lauschig *adj* moelleux(-euse)

Flausen ['flauzən] *Pl fam* (*Unsinn*) sottises *fpl*

Flaute ['flautə] <-, -n> *f* COM marasme *m;* (*nicht sehr betriebsame Zeit*) période *f* creuse

Flechte ['flɛçtə] <-, -n> *f* ❶ BOT lichen *m* ❷ MED dartre *m*

lechten ['flɛçtən] <flicht, flocht, geflochten> *vt* tresser

leck [flɛk] <-[e]s, -e> *m* ❶ (*Schmutzfleck*) tache *f;* **blauer** ~ bleu *m* ❷ (*Stelle*) endroit *m;* (*Stück Land*) bout *m* de terrain

leckenentferner, **Fleckentferner** <-s, -> *m* détachant *m*

eckig ['flɛkɪç] *adj* (*Kleidungsstück*) taché(e); (*Haut*) tacheté(e)

ledermaus ['fle:dɐmaus] *f* chauve-souris *f*

legel ['fle:gəl] <-s, -> *m pej* (*Kind*) garnement *m;* (*Mann*) mufle *m*

egelhaft *adj pej* sans-gêne

ehen ['fle:ən] *vi geh* supplier

ehentlich ['fle:əntlɪç] *geh* **I.** *adj* (*Blick*) implorant(e) **II.** *adv* en suppliant; (*bitten*) instamment

leisch [flaiʃ] <-[e]s> *nt* ❶ viande *f;* ~ **fressend** carnivore ❷ ANAT chair *f* ▸**sich** (*akk o dat*) **ins eigene** ~ **schneiden** se nuire à soi-même [par qc]

leischbrühe *f* bouillon *m* de viande; (*Kraftbrühe*) consommé *m*

leischer(in) <-s, -> *m(f)* boucher(-ère) *m(f)*

leischerei [flaiʃə'rai] <-, -en> *f* boucherie *f*

leischhauer(in) *m(f)* A boucher(-ère) *m(f)*

eischig *adj* (*Frucht*) charnu(e)

leischkloß *m* GASTR boulette *f* de viande

eischlich *adj attr* (*Kost*) à base de viande

eischlos *adj* (*Kost*) sans viande

leischtomate *f* tomate *f* charnue [à farcir]

Fleischvergiftung *f* intoxication *f* alimentaire causée par de la viande avariée

Fleischwolf *m* hache-viande *m* **Fleischwunde** *f* lésion *f* profonde

eiß [flais] <-[e]s> *m kein Pl* application *f*

eißig **I.** *adj* (*Mitarbeiter*) travailleur(-euse); (*Schüler*) appliqué(e) **II.** *adv* avec application

ennen ['flɛnən] *vi pej fam* pleurnicher

etschen ['flɛtʃən] *vt* **die Zähne** ~ montrer es dents

exibel [flɛ'ksi:bəl] *adj* flexible

exibilität [flɛksibili'tɛ:t] <-> *f* (*Anpassungsfähigkeit*) flexibilité *f*

Flexion [flɛ'ksio:n] <-, -en> *f* (*eines Substantivs, Adjektivs*) déclinaison *f;* (*eines Verbs*) conjugaison *f*

flicht [flɪçt] *3. Pers Präs von* **flechten**

flicken ['flɪkən] *vt* (*Kleidung*) rapiécer; (*Fahrradschlauch*) réparer

Flicken <-s, -> *m* (*Stück Stoff*) pièce *f*

Flieder ['fli:dɐ] <-s, -> *m* lilas *m*

Fliege ['fli:gə] <-, -n> *f* ❶ ZOOL mouche *f* ❷ COUT nœud *m* papillon ▸**die** ~ **machen** *fam* se casser

fliegen ['fli:gən] <flog, geflogen> **I.** *vi* + *sein* ❶ voler ❷ *fam* (*hinausgeworfen werden*) se faire virer ❸ *fam* (*durchfallen*) **durch eine Prüfung** ~ se ramasser à un examen ❹ *fam* (*angezogen werden*) **auf jdn/etw** ~ craquer pour qn/qc **II.** *vt* ❶ + *haben o sein* (*Flugzeug*) piloter ❷ + *haben* (*Passagiere*) transporter par avion ❸ + *haben o sein* (*Route*) faire

fliegend *adj attr* ❶ volant(e) ❷ (*Händler*) ambulant(e)

Fliegengewicht *nt* SPORT poids *m* mouche **Fliegengitter** *nt* moustiquaire *f* **Fliegenklatsche** <-, -n> *f* tapette *f* **Fliegenpilz** *m* amanite *f* tue-mouche

Flieger ['fli:gɐ] <-s, -> *m* ❶ (*Pilot*) aviateur *m* ❷ *fam* (*Flugzeug*) avion *m*

Fliegeralarm *m* alerte *f* aérienne

Fliegerin <-, -nen> *f* aviatrice *f*

fliehen ['fli:ən] <floh, geflohen> *vi* + *sein* s'enfuir

fliehend *adj* (*Kinn*) fuyant(e)

Fliehkraft *f* force *f* centrifuge

Fliese ['fli:zə] <-, -n> *f* carreau *m* [de céramique]

fliesen *vt* carreler

Fliesenleger(in) <-s, -> *m(f)* carreleur(-euse) *m(f)*

Fließband <-bänder> *nt* chaîne *f* [de montage]

fließen ['fli:sən] <floss, geflossen> *vi* + *sein* ❶ couler; **durch Paris** ~ (*Fluss*) traverser Paris ❷ (*elektrischer Strom*) passer

fließend **I.** *adj* (*Übergang*) flou(e) **II.** *adv* (*sprechen*) couramment

flimmerfrei *adj* (*Bildschirm*) avec une stabilité parfaite de l'image **Flimmerkiste** *f pej fam* télé *f*

flimmern ['flɪmɐn] *vi* (*Bild*) trembler; (*Luft*) vibrer

F

flink [flɪŋk] **I.** *adj* (*Person*) agile; (*Finger*) agile **II.** *adv* (*arbeiten*) avec adresse
Flinte ['flɪntə] <-, -n> *f* fusil *m* [de chasse] ▸**die ~ ins Korn werfen** *fam* jeter le manche après la cognée
Flipper ['flɪpɐ] <-s, -> *m* flipper *m*
flippern *vi* jouer au flipper
Flirt [flœrt] <-s, -s> *m* flirt *m*
flirten [flœrtən] *vi* flirter
Flitterwochen *Pl* lune *f* de miel
flitzen ['flɪtsən] *vi + sein fam* filer
flocht [flɔxt] *Imp von* **flechten**
Flocke ['flɔkə] <-, -n> *f* (*Schneeflocke*) flocon *m*
flog [flo:k] *Imp von* **fliegen**
floh [flo:] *Imp von* **fliehen**
Floh [flo:, *Pl:* 'flø:ə] <-[e]s, Flöhe> *m* puce *f* ▸**jdm einen ~ ins Ohr setzen** *fam* fourrer une idée dans le crâne de qn
Flohmarkt *m* marché *m* aux puces
Flop [flɔp] <-s, -s> *m fam* bide *m*
Flora ['flo:ra] <-, Floren> *f* flore *f*
Florenz [flo'rɛnts] <-> *nt* Florence
florieren* [flo'ri:rən] *vi* (*Geschäft*) prospérer; (*Wirtschaft*) être florissant
Florist(in) [flo'rɪst] <-en, -en> *m(f)* fleuriste *mf*
Floskel ['flɔskəl] <-, -n> *f* figure *f* de rhétorique
floss[RR], **floß**[ALT] *Imp von* **fließen**
Floß [flo:s, *Pl:* 'flø:sə] <-es, Flöße> *nt* radeau *m*
Flosse ['flɔsə] <-, -n> *f* ❶ ZOOL nageoire *f* ❷ *fam* (*Hand*) patte *f*
Flöte ['flø:tə] <-, -n> *f* flûte *f*
flöten I. *vi* ❶ MUS jouer de la flûte ❷ (*zwitschern*) siffler ▸**~ gehen** *fam* s'envoler en fumée **II.** *vt* jouer à la flûte
flöten|gehen [ALT] *s.* **flöten I. Flötenspieler(in)** *m(f)* joueur(-euse) *m(f)* de flûte
Flötist(in) [flø'tɪst] <-en, -en> *m(f)* flûtiste *mf*
flott [flɔt] *fam* **I.** *adj* ❶ (*Bedienung*) dégourdi(e); (*Musik*) entraînant(e) ❷ (*Person*) smart(e); (*Auto*) fringant(e) **II.** *adv* ❶ (*zügig*) vite ❷ (*schick*) chic
Flotte ['flɔtə] <-, -n> *f* MIL flotte *f*
Fluch [flu:x, *Pl:* 'fly:çə] <-[e]s, Flüche> *m* ❶ (*Schimpfwort*) juron *m* ❷ *kein Pl* (*Verwünschung*) malédiction *f*
fluchen ['flu:xən] *vi* jurer
Flucht [flʊxt] <-, -en> *f* fuite *f*; (*aus dem Gefängnis*) évasion *f*
fluchtartig I. *adj* précipité(e) **II.** *adv* avec précipitation
flüchten ['flʏçtən] **I.** *vi + sein* [s'en]fuir **II.** *vr + haben* **sich in den Alkohol ~** se réfugier dans l'alcool
flüchtig ['flʏçtɪç] **I.** *adj* ❶ (*Person*) fugitif(-ive) ❷ (*Berührung*) fugitif(-ive); (*Bekanntschaft*) vague **II.** *adv* (*kennen*) superficiellement
Flüchtigkeitsfehler *m* faute *f* d'inattention
Flüchtling ['flʏçtlɪŋ] <-s, -e> *m* réfugié(e) *m(f)*
Flüchtlingslager *nt* camp *m* de réfugiés
Fluchtversuch *m* tentative *f* de fuite; (*Ausbruchsversuch*) tentative *f* d'évasion
Flug [flu:k, *Pl:* 'fly:gə] <-[e]s, Flüge> *m* vol *m* ▸**wie im ~[e] vergehen** filer à toute allure
Flugangst *f* peur *f* de monter en avion **Flugbahn** *f* trajectoire *f* **Flugbegleiter(in)** *m(f)* AVIAT steward *m*/hôtesse *f* de l'air **Flugblatt** *nt* tract *m*
Flügel ['fly:gəl] <-s, -> *m* ❶ aile *f* ❷ MUS piano *m* à queue
Flügeltür *f* porte *f* à deux battants
Fluggast *m* passager(-ère) *m(f)*
flügge ['flʏgə] *adj* **~ sein** (*Vogel*) savoir voler; (*Kind*) voler de ses propres ailes
Fluggesellschaft *f* compagnie *f* aérienne **Flughafen** *m* aéroport *m* **Flughöhe** *f* altitude *f* [de vol] **Flugkapitän(in)** *m(f)* commandant(e) *m(f)* de bord **Fluglärm** *m* bruit *m* [du trafic] aérien **Fluglehrer(in)** *m(f)* moniteur(-trice) *m(f)* d'aviation **Fluglotse** *m*, **-lotsin** *f* contrôleur(-euse) *m(f)* de la navigation aérienne **Flugplan** *m* horaire *m* des vols **Flugplatz** *m* aérodrome *m* **Flugschein** *m* (*Pilotenschein*) brevet *m* de pilote **Flugschreiber** *m* boîte *f* noire **Flugticket** *nt* billet *m* d'avion **Flugverkehr** *m* trafic *m* aérien **Flugzeit** *f* durée *f* de vol
Flugzeug ['flu:ktsɔʏk] <-[e]s, -e> *nt* avion *m*
Flugzeugabsturz *m* crash *m* **Flugzeugbau** *m kein Pl* construction *f* aéronautique **Flugzeugbesatzung** *f* équipage *m* [de l'avion] **Flugzeugentführung** *f* détournement *m* d'avion **Flugzeugträger** *m* porte-avions *m* **Flugzeugunglück** *nt* accident *m* d'avion
Fluidum <-s, Fluida> *nt* fluide *m*
Fluktuation [flʊktua'tsio:n] <-, -en> *f* geh fluctuations *fpl*

fluktuieren* [flʊktu'iːrən] *vi geh* fluctuer
Flunder ['flʊndɐ] <-, -n> *f* flétan *m*
flunkern ['flʊŋkɐn] *vi fam* raconter des bobards
Fluor ['fluːoɐ] <-s> *nt* CHEM fluor *m*
Fluorchlorkohlenwasserstoff ['fluːoɐkloːɐ'vasɐʃtɔf] *m* CHEM chlorofluorocarbone *m*
Fluorid <-[e]s, -e> *nt* CHEM fluorure *m*
Flur [fluːɐ̯] <-[e]s, -e> *m* (*Korridor*) couloir *m;* (*Diele*) vestibule *m*
Fluss[RR] [flʊs] <-es, Flüsse>, **Fluß**[ALT] <-sses, Flüsse> *m* fleuve *m;* (*Nebenfluss*) rivière *f*
flussabwärts[RR] [flʊs'ʔapvɛrts] *adv* en aval **Flussarm**[RR] *m* bras *m* [de rivière] **flussaufwärts**[RR] *adv* en amont **Flussbett**[RR] *nt* lit *m* du fleuve/de la rivière **Flussdiagramm**[RR] *nt* INFORM ordinogramme *m*
flüssig ['flʏsɪç] **I.** *adj* ❶ liquide; (*Wachs*) fondu(e) ❷ (*Verkehr, Stil*) fluide ❸ (*Mittel*) disponible **II.** *adv* (*lesen*) aisément; (*schreiben*) avec aisance
Flüssigkeit <-, -en> *f* liquide *m*
Flusslauf[RR] *m* cours *m* du fleuve/de la rivière **Flussmündung**[RR] *f* embouchure *f* du fleuve **Flusspferd**[RR] *nt* hippopotame *m*
lüstern ['flʏstɐn] *vi, vt* chuchoter
Flut [fluːt] <-, -en> *f* ❶ *kein Pl* (*opp: Ebbe*) marée *f* montante/haute ❷ *meist Pl geh* (*Wassermassen*) flots *mpl* ❸ (*große Menge*) **eine ~ von Briefen** un déferlement de lettres
luten **I.** *vi + sein geh* (*Hochwasser*) couler à flots **II.** *vt + haben* (*voll laufen lassen*) remplir d'eau; (*unter Wasser setzen*) submerger
lutlicht *nt kein Pl* projecteurs *mpl* **Flutwelle** *f* raz *m* de marée
ocht [fɔxt] *Imp von* **fechten**
ock [fɔk] <-, -en> *f* NAUT [voile *f* de] misaine *f*
öderal *adj* fédéral(e)
öderalismus [fødera'lɪsmʊs] <-> *m* fédéralisme *m*
öderalistisch [fødera'lɪstɪʃ] *adj* (*Verfassung*) fédéral(e)
ohlen ['foːlən] <-s, -> *nt* poulain *m*
öhn [føːn] <-[e]s, -e> *m* ❶ METEO fœhn *m* ❷ (*Haartrockner*) sèche-cheveux *m*
öhnen[RR] ['føːnən] *vt* **sich** (*dat*) **die Haare ~** se sécher les cheveux au séchoir
olge ['fɔlgə] <-, -n> *f* ❶ (*Auswirkung*) conséquence *f* ❷ (*von Eindrücken, Zahlen*) série *f;* INFORM (*von Befehlen*) séquence *f* ❸ RADIO, TV épisode *m*
folgen ['fɔlgən] *vi* ❶ *+ sein* **jdm/einer S. ~** suivre qn/qc ❷ *+ sein* (*als Nächstes kommen*) venir ensuite ❸ *+ haben* (*gehorchen*) **jdm ~** obéir à qn ❹ *+ sein* (*resultieren*) **aus etw ~** résulter de qc
folgend *adj* (*Seite*) suivant(e); **im Folgenden** comme suit
folgendermaßen *adv* de la manière suivante
folgenlos *adj* **~ bleiben** ne pas tirer à conséquence
folgenschwer *adj* lourd(e) de conséquences
folgerichtig *adj* logique
folgern ['fɔlgɐn] **I.** *vt* conclure **II.** *vi* déduire
Folgerung <-, -en> *f* conclusion *f*
folglich ['fɔlklɪç] *adv* par conséquent
folgsam ['fɔlkzaːm] **I.** *adj* docile **II.** *adv* bravement
Folie ['foːli̯ə] <-, -n> *f* (*Plastikfolie*) film *m* plastique; (*Aluminiumfolie*) feuille *f* d'alu[minium]
Folklore [fɔlk'loːrə] <-> *f* folklore *m*
folkloristisch [fɔlkloː'rɪstɪʃ] *adj* folklorique
Folter ['fɔltɐ] <-, -n> *f* torture *f* ▶**jdn auf die ~ spannen** faire languir qn
Folterkammer *f* chambre *f* de torture
foltern *vt* torturer
Fonds [fõː(s)] <-, -> *m* fonds *m*
Fondue [fõ'dyː] <-s, -s> *nt,* <-, -s> *f* fondue *f*
fönen[ALT] *s.* **föhnen**
Fontäne [fɔn'tɛːnə] <-, -n> *f* jet *m* [d'eau]
Fön® <-[e]s, -e> *m* sèche-cheveux *m*
forcieren* [fɔr'siːrən] *vt geh* (*Anstrengungen*) redoubler
Förderband <-bänder> *nt* tapis *m* roulant; MIN convoyeur *m* **Fördermittel** *Pl* aide[s] *f* financière[s]
fordern ['fɔrdɐn] **I.** *vt* ❶ (*Rechte*) revendiquer ❷ (*abverlangen*) exiger; **viel von jdm ~** (*Person*) exiger beaucoup de qn; (*Sache*) demander beaucoup de qn ❸ (*kosten*) **zehn Menschenleben ~** coûter la vie à dix personnes **II.** *vi* **~, dass** exiger que + *subj*
fördern ['fœrdɐn] *vt* ❶ (*Personen*) aider; (*Projekt, Talent*) encourager ❷ (*finanzieren*) financer ❸ MIN extraire
fordernd *adj* exigeant(e)
Forderung <-, -en> *f* ❶ (*von Rechten*) re-

F

vendication *f* ❷ (*Erwartung*) exigence *f* ❸ FIN créance *f*

Förderung <-, -en> *f* ❶ encouragement *m;* (*von Künstlern, Sportlern*) aide *f* ❷ (*finanzielle Hilfe*) aide *f* financière ❸ MIN extraction *f*

Forelle [fo'rɛlə] <-, -n> *f* truite *f*

Foren *Pl von* **Forum**

Form [fɔrm] <-, -en> *f* ❶ forme *f* ❷ *Pl* (*Umgangsform*) manières *fpl* ❸ *kein Pl* (*Kondition*) forme *f* ❹ (*Backfolie*) moule *m*

formal [fɔr'ma:l] *adj* formel(le)

Formaldehyd <-s> *m* CHEM formaldéhyde *m*

Formalität [fɔrmali'tɛ:t] <-, -en> *f* formalité *f*

Format [fɔr'ma:t] <-[e]s, -e> *nt* ❶ (*Größe*) format *m* ❷ (*einer Person*) carrure *f*

formatieren* *vt* INFORM formater

Formatierung <-, -en> *f* INFORM formatage *m*

Formation [fɔrma'tsi̯o:n] <-, -en> *f* formation *f*

Formel ['fɔrməl] <-, -n> *f* formule *f*

formell [fɔr'mɛl] *adj* ❶ (*offiziell*) officiel(le) ❷ (*förmlich*) formaliste

formen ['fɔrmən] *vt* former

formieren* [fɔr'mi:rən] *vt, vr* [**sich**] ~ [se] former

förmlich ['fœrmlɪç] **I.** *adj* ❶ (*Bitte*) dans les formes ❷ (*Person*) formaliste **II.** *adv* vraiment

Förmlichkeit <-, -en> *f* ❶ *kein Pl* (*Steifheit*) formalisme *m* ❷ *meist Pl* formes *fpl*

formlos *adj* ❶ (*gestaltlos*) informe ❷ (*zwanglos*) sans cérémonie ❸ ADMIN **ein ~er Antrag** une demande sur papier libre

Formsache *f* formalité *f;* **eine reine ~ sein** n'être qu'une simple formalité

Formular [fɔrmu'la:ɐ̯] <-s, -e> *nt* formulaire *m*

formulieren* [fɔrmu'li:rən] **I.** *vt* formuler **II.** *vi* s'exprimer

Formulierung <-, -en> *f* ❶ *kein Pl* (*das Formulieren*) formulation *f* ❷ (*Ausdruck*) expression *f*

forsch [fɔrʃ] *adj* (*Auftreten*) fringant(e)

forschen ['fɔrʃən] *vi* ❶ faire de la recherche ❷ (*suchen*) **nach etw ~** chercher qc

Forscher(in) <-s, -> *m(f)* chercheur(-euse) *m(f)*

Forschung <-, -en> *f* recherche *f* scientifique

Forschungsergebnis *nt* résultat *m* de la recherche scientifique **Forschungsreise** *f* voyage *m* d'exploration **Forschungszentrum** *nt* centre *m* de recherches

Forst [fɔrst] <-[e]s, -e[n]> *m* bois *m*

Förster(in) ['fœrstɐ] <-s, -> *m(f)* garde *m* forestier

Forsythie [fɔr'zy:tsiə] <-, -n> *f* forsythia *m*

fort [fɔrt] *adv* ~ **sein** (*Schlüssel*) avoir disparu; (*Person*) être parti ►**und so** ~ et ainsi de suite

Fort [fo:ɐ̯] <-s, -s> *nt* fort *m*

Fortbestand ['fɔrtbəʃtant] *m kein Pl* (*einer Institution*) maintien *m;* (*einer Tierart*) subsistance *f*

fort|bestehen* *vi irr* (*Institution*) se maintenir; (*Tradition*) persister

fort|bewegen* *vt, vr* [se] déplacer

Fortbewegung *f kein Pl* locomotion *f*

fort|bilden I. *vr* **sich ~** se perfectionner **II.** *vt* donner des cours de formation [continue] à

Fortbildung *f kein Pl* formation *f* continue

Fortdauer *f* persistance *f*

fort|dauern *vi* persister

forte *adv* MUS forte

fort|fahren I. *vi* ❶ + *sein* partir ❷ + *haben o sein* (*weitermachen*) poursuivre **II.** *vt* + *haben* (*Person*) emmener; (*Gegenstand*) emporter

fort|führen *vt* ❶ continuer ❷ (*wegführen*) emmener

Fortgang *m kein Pl* (*weiterer Verlauf*) poursuite *f*

fort|gehen *vi* + *sein* ❶ partir ❷ (*sich fortsetzen*) se poursuivre

fortgeschritten ['fɔrtgəʃrɪtən] *adj* avancé(e)

fortgesetzt ['fɔrtgəsɛtst] **I.** *adj* permanent(e) **II.** *adv* continuellement

fort|jagen *vt* + *haben* chasser

fort|laufen *vi irr* + *sein* (*Person*) s'échapper; (*Tier*) se sauver

fortlaufend I. *adj* continu(e) **II.** *adv* (*nummerieren*) dans l'ordre

fort|pflanzen *vr* **sich ~** se reproduire

Fortpflanzung *f kein Pl* reproduction *f*

fort|schicken *vt* renvoyer

fort|schreiten *vi irr* + *sein* progresser

Fortschritt *m* progrès *m*

fortschrittlich *adj* (*Einstellung*) progressiste (*Methode*) avancé(e)

fort|setzen I. *vt* poursuivre **II.** *vr* **sich ~** se poursuivre

Fortsetzung <-, -en> *f* ❶ *kein Pl* (*das Fort*

setzen) poursuite *f* ❷ (*folgender Teil*) suite *f*; ~ **folgt** à suivre

Fortsetzungsroman *m* roman-feuilleton *m*

fortwährend *adj attr* perpétuel(le)

Forum ['fo:rʊm] <-s, Foren> *nt* ❶ (*Diskussionsforum*) forum *m* ❷ (*Personenkreis*) cercle *m*

fossil [fɔ'si:l] *adj* fossile

Fossil <-s, -ien> *nt* fossile *m*

Föten *Pl von* **Fötus**

Foto ['fo:to] <-s, -s> *nt* photo[graphie] *f*

Fotoalbum *nt* album *m* de photos **Fotoapparat** *m* appareil *m* photo[graphique]

fotogen [foto'ge:n] *adj* photogénique

Fotograf(in) [foto'gra:f] <-en, -en> *m(f)* photographe *mf*

Fotografie [fotogra'fi:] <-, -n> *f* photo[graphie] *f*

fotografieren* [fotogra'fi:rən] **I.** *vt* prendre une photo de **II.** *vi* prendre des photos

Fotokopie [fotoko'pi:] *f* photocopie *f* **fotokopieren*** *vt* photocopier **Fotokopiergerät** *nt* photocopieur *m* **Fotolabor** *nt* laboratoire *m* photo **Fotomodell** *nt* modèle *m* **Fotomontage** *f* montage-photos *m*

Fötus ['fø:tʊs] <-[ses], Föten> *m* MED fœtus *m*

Foul [faul] <-s, -s> *nt* SPORT faute *f*

foulen ['faulən] SPORT *vt, vi* [**jdn**] ~ commettre une faute [sur qn]

Foxtrott <-s, -e *o* -s> *m* fox-trot *m*

Foyer [foa'je:] <-s, -s> *nt* foyer *m*

Fr. *Abk von* **Frau** Mme

Fracht [fraxt] <-, -en> *f* ❶ (*eines Schiffs*) cargaison *f*; (*eines Flugzeugs*) fret *m* aérien ❷ (*Gebühr*) fret *m*

Frachter <-s, -> *m* cargo *m*

Frachtgut *nt* marchandise *f* en petite vitesse **Frachtkosten** *Pl* frais *mpl* de transport **Frachtschiff** *nt* cargo *m* **Frachtverkehr** *m* trafic *m* de marchandises

Frack [frak, *Pl:* 'frɛkə] <-[e]s, Fräcke> *m* frac *m*

Frage ['fra:gə] <-, -n> *f* question *f* ►**in ~ kommen** entrer en ligne de compte

Fragebogen *m* questionnaire *m*

fragen ['fra:gən] **I.** *vi* ❶ poser des questions/une question ❷ (*verlangen*) **nach jdm ~** demander [à parler à] qn; **nach etw ~** demander qc **II.** *vr* **sich ~, ob ...** se demander si ... **III.** *vt* **jdn etw ~** demander qc à qn

fragend **I.** *adj* interrogateur(-trice) **II.** *adv* d'une manière interrogative

Fragesatz *m* phrase *f* interrogative **Fragestellung** *f* ❶ (*Formulierung*) façon *f* de formuler une question ❷ (*Problem*) problème *m* **Fragewort** <-wörter> *nt* [pronom *m*] interrogatif *m* **Fragezeichen** *nt* point *m* d'interrogation

fraglich ['fra:klɪç] *adj* ❶ (*unsicher*) douteux(-euse) ❷ *attr* (*betreffend*) en question

fraglos *adv* incontestablement

Fragment [fra'gmɛnt] <-[e]s, -e> *nt* fragment *m*

fragmentarisch [fragmɛn'ta:rɪʃ] *adj* fragmentaire

fragwürdig *adj* (*zweifelhaft*) douteux(-euse); *pej* (*anrüchig*) louche

Fraktion [frak'tsi̯o:n] <-, -en> *f* POL groupe *m* parlementaire

Fraktionsvorsitzende(r) *f(m) dekl wie adj* président(e) *m(f)* du groupe parlementaire

Franc [frã:] <-, -s> *m* HIST franc *m*

Franke ['fraŋkə] <-n, -n> *m*, **Fränkin** *f* GEO Franconien(ne) *m(f)*

Franken[1] <-s> *nt* GEO Franconie *f*

Franken[2] <-s, -> *m* franc *m* suisse

Frankfurt ['fraŋkfʊrt] <-s> *nt* Francfort

frankieren* [fraŋ'ki:rən] *vt* affranchir

Frankierung <-, -en> *f* affranchissement *m*

Frankokanadier(in) [fraŋkoka'na:di̯ɐ] *m(f)* Franco-Canadien(ne) *m(f)* **frankokanadisch** *adj* franco-canadien(ne) **frankophon** *adj geh* francophone

Frankreich ['fraŋkraiç] <-s> *nt* la France

Franse ['franzə] <-, -n> *f* frange *f*

fransig *adj* effrangé(e)

Franziskaner(in) <-s, -> *m(f)* franciscain(e) *m(f)*

Franzose [fran'tso:zə] <-n, -n> *m*, **Französin** *f* Français(e) *m(f)*

französisch [fran'tsø:zɪʃ] **I.** *adj* français(e) **II.** *adv* ~ **miteinander sprechen** discuter en français

Französisch <-[s]> *nt kein art* français *m*; *s. a.* **Deutsch**

französischsprachig *adj* francophone

fräsen ['frɛ:zən] *vt* fraiser

fraß [fra:s] *Imp von* **fressen**

Fraß [fra:s] <-es, -e> *m* ❶ *pej fam* tambouille *f* ❷ (*für Tiere*) pâture *f*

Fratz [frats] <-es, -e *o* A -en, -en> *m fam* petit chou *m*/petite choute *f*

F

Fratze ['fratsə] <-, -n> *f* ❶ *pej* (*Gesicht*) face *f* hideuse ❷ (*Grimasse*) grimace *f*

frau [frau̯] *pron* on (*formation féministe par opposition au* \(*man*\) *soi-disant masculin*)

Frau [frau̯] <-, -en> *f* ❶ femme *f* ❷ (*in der Anrede*) ~ **Müller** madame Müller

Frauenarzt *m*, **-ärztin** *f* gynécologue *mf* **Frauenbeauftragte(r)** *f(m) dekl wie adj* délégué(e) *m(f)* à la condition féminine **Frauenbewegung** *f kein Pl* mouvement *m* féministe **frauenfeindlich** *adj* misogyne **Frauenhaus** *nt* foyer *m* pour femmes **Frauenheilkunde** *f* gynécologie *f* **Frauenheld** *m* tombeur *m* **Frauenquote** *f* quota *m* féminin **Frauenwahlrecht** *nt* [droit *m* de] vote *m* des femmes

Fräulein ['frɔylain] <-s, -> *nt* ~ **Schmidt** mademoiselle Schmidt

Autrefois, on s'adressait à une femme non mariée en utilisant le terme de **Fräulein** qui signifie littéralement "petite femme". Mais, à partir des années 70, le mouvement féministe a lutté contre cette appellation qu'il jugeait discriminatoire. Alors qu'en France le terme de "Mademoiselle" est toujours en usage pour s'adresser à une jeune fille ou à une femme non mariée, il a été remplacé en Allemagne par **Frau**, c'est-à-dire "Madame".

fraulich *adj* féminin(e)

Freak [fri:k] <-s, -s> *m fam* mordu(e) *m(f)*

frech [frɛç] *adj* ❶ (*Person*) effronté(e); ~ **sein** (*in den Äußerungen*) être insolent; (*im Benehmen*) être impudent ❷ (*Kleidung*) osé(e)

Frechdachs *m fam* galopin(e) *m(f)*

Frechheit <-, -en> *f* effronterie *f*

Fregatte [fre'gatə] <-, -n> *f* NAUT frégate *f*

frei [frai] **I.** *adj* ❶ libre; (*Mitarbeiter*) indépendant(e); (*Tag*) de congé; **sich von etw ~ machen** s'affranchir de qc ❷ (*Wohnung*) [de] libre; (*Stelle*) vacant(e) ❸ (*unverheiratet*) libre ❹ (*Seite*) blanche; **eine Seite ~ lassen** laisser une page ❺ (*Natur*) plein(e) ❻ (*Rede*) sans notes; (*Übersetzung*) libre; *s. a.* **Freie II.** *adv* ❶ librement; ~ **laufend** (*Huhn*) en liberté; ~ **stehend** (*Gebäude*) isolé(e) ❷ (*ungezwungen*) de manière décontractée ❸ (*improvisiert*) librement

Freibad *nt* piscine *f* en plein air

frei|bekommen* *irr vi fam* (*Schüler*) avoir un jour de libre

Freiberufler(in) <-s, -> *m(f)* travailleur *m* indépendant/travailleuse *f* indépendante

freiberuflich **I.** *adj* indépendant(e) **II.** *adv* à son compte

Freibetrag *m* montant *m* exonéré

Freibier *nt* bière *f* gratuite

Freie(s) *nt dekl wie adj* **im ~n** (*stattfinden*) en plein air; (*übernachten*) à la belle étoile

Freier ['fraie] <-s, -> *m* client *m*

Freiexemplar *nt* exemplaire *m* gratuit

Freigabe *f* (*des Wechselkurses*) libération *f*

frei|geben *irr* **I.** *vt* (*Preise*) débloquer; (*Film*) autoriser la sortie de; (*Strecke*) ouvrir à la circulation **II.** *vi* **jdm zwei Stunden ~** donner deux heures de libre à qn

freigebig *adj* généreux(-euse)

Freigebigkeit <-> *f* générosité *f*

frei|haben *vi irr fam* être en congé; (*Schüler*) ne pas avoir cours

Freihafen *m* port *m* franc

frei|halten *vt irr* ❶ (*Einfahrt*) ne pas stationner devant ❷ (*Platz*) garder

Freihandelszone *f* zone *f* de libre-échange

freihändig ['fraihɛndɪç] *adj, adv* (*Rad fahren*) sans les mains

Freiheit ['fraihait] <-, -en> *f* liberté *f*

freiheitlich **I.** *adj* libéral(e) **II.** *adv* (*gesinnt*) de tendance libérale

Freiheitsberaubung *f* atteinte *f* à la liberté [individuelle] **Freiheitskampf** *m* lutte *f* pour la liberté **Freiheitsstatue** *f* statue *f* de la Liberté **Freiheitsstrafe** *f* peine *f* de prison

Freikarte *f* place *f* gratuite

frei|kommen *vi irr + sein* être remis en liberté

Freikörperkultur *f kein Pl* nudisme *m*

Freiland *nt kein Pl* AGR pleine terre *f*

frei|lassen *vt irr* (*Verhafteten*) relaxer; (*Geisel*) relâcher

Freilassung <-, -en> *f* (*einer Geisel*) libération *f*

Freilauf *m* roue *f* libre

freilaufend[ALT] *s.* **frei II.1.**

frei|legen *vt* mettre à jour

freilich ['frailɪç] *adv* ❶ (*allerdings*) toutefois ❷ (*natürlich*) bien sûr

Freilichtbühne *f* théâtre *m* de plein air

frei|machen **I.** *vt* ❶ POST affranchir ❷ (*Brust*) dénuder; **den Oberkörper ~** enlever le haut

II. *vi fam* prendre un repos III. *vr* **sich ~** se déshabiller
Freimaurer *m* franc-maçon *m*
freimütig ['fraimy:tɪç] *adj* franc(franche)
Freimütigkeit <-> *f* franchise *f*
Freiraum *m* liberté *f* d'action
freischaffend *adj attr* indépendant(e)
Freischaffende(r) *f(m) dekl wie adj* free-lance *mf*
frei|setzen *vt* libérer
frei|sprechen *vt irr* JUR **jdn ~** déclarer qn non coupable
Freispruch *m* JUR non-lieu *m*
Freistaat *m* État *m* libre
frei|stehen *irr* I. *vi unpers* **es steht ihr frei das zu tun** elle est libre de faire cela II. *vi* (*Gebäude*) être inoccupé
frei|stellen *vt* ❶ **es jdm ~, ob ...** laisser à qn le choix de décider si ... ❷ (*Beamten*) suspendre
Freistoß *m* coup *m* franc
Freistunde *f* heure *f* de libre
Freitag ['fraita:k] *m* vendredi *m*; *s. a.* **Dienstag**
Freitagabend *m* vendredi *m* soir **Freitagmorgen** *m* vendredi *m* matin
freitags *adv* le vendredi
Freitod *m euph* suicide *m*
Freitreppe *f* perron *m*
Freiwild *nt* ❶ gibier *m* ❷ *fig* proie *f* facile
freiwillig I. *adj* (*Helfer*) bénévole; (*Versicherung*) facultatif(-ive) II. *adv* de son plein gré
Freiwillige(r) *f(m) dekl wie adj* volontaire *mf*
Freiwilligkeit <-> *f* volontariat *m*
Freiwurf *m* coup *m* franc
Freizeichen *nt* tonalité *f*
Freizeit *f kein Pl* loisirs *mpl*
Freizeitangebot *nt* liste *f* des loisirs **Freizeitbeschäftigung** *f* occupation *f* **Freizeitgestaltung** *f* organisation *f* des loisirs **Freizeitindustrie** *f* industrie *f* des loisirs **Freizeitkleidung** *f* tenue *f* décontractée **Freizeitpark** *m* parc *m* de loisirs
freizügig ['fraitsy:gɪç] *adj* (*Moral*) libéral(e); (*Kleidung*) audacieux(-euse)
fremd [frɛmt] *adj* ❶ étranger(-ère) ❷ (*opp: eigen*) de quelqu'un d'autre; (*Angelegenheiten*) autre; (*Eigentum*) d'autrui
fremdartig *adj* étrange; (*exotisch*) exotique
fremdbestimmt *adj* dépendant(e)
Fremde ['frɛmdə] <-> *f geh* **in die/der ~** à l'étranger *m*
Fremde(r) *f(m) dekl wie adj* (*Unbekannter*) inconnu(e) *m(f)*; (*Ausländer*) étranger(-ère) *m(f)*
fremdenfeindlich *adj* xénophobe **Fremdenführer(in)** *m(f)* guide *mf* **Fremdenverkehrsverein** *m* syndicat *m* d'initiative **Fremdenzimmer** *nt* chambre *f* d'hôte
fremd|gehen *vi irr + sein fam* être infidèle
Fremdherrschaft *f kein Pl* domination *f* étrangère **Fremdkörper** *m* MED corps *m* étranger **fremdländisch** *adj* exotique **Fremdsprache** *f* langue *f* étrangère **Fremdsprachenkorrespondent(in)** *m(f)* secrétaire *mf* bilingue/trilingue **fremdsprachig** *adj* en langue étrangère; (*Besucher*) parlant une langue étrangère **Fremdwort** <-wörter> *nt* mot *m* étranger
frequentieren* *vt geh* fréquenter
Frequenz [fre'kvɛnts] <-, -en> *f* fréquence *f*
Fresko ['frɛsko] <-s, Fresken> *nt* KUNST fresque *f*
Fressalien [frɛ'sa:liən] *Pl fam* bouffe *f*
Fresse ['frɛsə] <-, -n> *f vulg* gueule *f* (*fam*)
fressen ['frɛsən] <frisst, fraß, gefressen> I. *vt, vi* ❶ **aus etw ~** (*Tier*) manger dans qc ❷ *pej fam* (*essen*) bouffer II. *vr* (*eindringen*) **sich in etw** (*akk*) **~** (*Bohrer*) s'enfoncer dans qc; (*Säure*) ronger qc
Fressen <-s> *nt* ❶ (*Futter*) nourriture *f* ❷ *pej fam* (*Essen*) bouffe *f*
Fressnapf[RR], **Freßnapf**[ALT] *m* gamelle *f*
Fresssack[RR], **Freßsack**[ALT] *m pej fam* goinfre *mf*
Frettchen ['frɛtçən] <-s, -> *nt* furet *m*
Freude ['frɔydə] <-> *f kein Pl* joie *f*; **jdm eine ~ machen** faire plaisir à qn
Freudengeschrei *nt* cris *mpl* de joie **Freudenhaus** *nt* maison *f* close **Freudensprung** *m* saut *m* de joie **Freudentränen** *Pl* larmes *fpl* de joie
freudestrahlend *adj* rayonnant(e) [de joie]
freudig ['frɔydɪç] I. *adj* ❶ (*voller Freude*) joyeux(-euse) ❷ (*erfreulich*) heureux(-euse) II. *adv* joyeusement
freudlos ['frɔytlo:s] *adj* sans joie
freuen ['frɔyən] I. *vr* **sich über jdn/etw ~** être content de qn/qc; **sich auf jdn/etw ~** se réjouir [d'avance] de qn/qc II. *vt* **jdn ~** réjouir qn
Freund(in) [frɔynt] <-[e]s, -e> *m(f)* ❶ ami(e) *m(f)* ❷ (*Anhänger*) amateur *m*
Freundeskreis ['frɔyndəskrais] *m* cercle *m* d'amis

F

freundlich ['frɔyntlɪç] **I.** *adj* ① aimable ② (*Wetter*) agréable; (*Zimmer*) accueillant(e) **II.** *adv* de façon amicale
freundlicherweise ['frɔyntlɪçɐ'vaizə] *adv* aimablement
Freundlichkeit <-> *f kein Pl* (*Liebenswürdigkeit*) amabilité *f*
Freundschaft <-, -en> *f* amitié *f*
freundschaftlich **I.** *adj* amical(e) **II.** *adv* amicalement
Freundschaftsdienst *m* service *m* d'ami **Freundschaftspreis** *m* prix *m* d'ami **Freundschaftsspiel** *nt* rencontre *f* amicale
Frevel ['fre:fəl] <-s, -> *m geh* ignominie *f;* REL sacrilège *m*
frevelhaft *adj geh* ignominieux(-euse)
Friede ['fri:də] <-ns, -n> *m* REL ~ **sei mit euch!** la paix soit avec vous!
Frieden <-s, -> *m* paix *f*
Friedensbewegung *f* mouvement *m* pacifiste **Friedenskonferenz** *f* conférence *f* de paix **Friedensnobelpreis** *m* prix *m* Nobel de la paix **Friedenspfeife** *f* calumet *m* de la paix **Friedenspolitik** *f* politique *f* de paix **Friedensrichter(in)** *m(f)* ① juge *m* de paix ② CH (*Laienrichter*) arbitre *m* **Friedenstaube** *f* colombe *f* de la paix **Friedenstruppe** *f* force *f* d'interposition **Friedensverhandlungen** *Pl* négociations *fpl* de paix **Friedensvertrag** *m* traité *m* de paix **Friedenszeit** *f* **in ~en** en temps de paix
friedfertig ['fri:tfɛrtɪç] *adj* pacifique
Friedfertigkeit *f* caractère *m* conciliant
Friedhof ['fri:tho:f] *m* cimetière *m*
friedlich **I.** *adj* pacifique **II.** *adv* (*sterben*) en paix
friedliebend ['fri:tli:bənt] *adj* pacifique
frieren ['fri:rən] <fror, gefroren> **I.** *vi* ① + *haben* **an den Händen** ~ avoir froid aux mains ② + *sein* (*gefrieren*) geler **II.** *vi unpers* + *haben* **es friert** il gèle **III.** *vt unpers* + *haben* **es friert mich** je suis gelé(e)
Fries [fri:s] <-es, -e> *m* ARCHIT frise *f*
Friese ['fri:zə] <-n, -n> *m,* **Friesin** *f* Frison(ne) *m(f)*
friesisch *adj* frison(ne)
frigid[e] *adj* frigide
Frikadelle [frika'dɛlə] <-, -n> *f* boulette *f* [de viande]
Frikassee [frika'se:] <-s, -s> *nt* fricassée *f*
frisch [frɪʃ] **I.** *adj* ① (*Lebensmittel, Luft*) frais(fraîche) ② (*sauber*) propre ③ (*kühl*) frais(fraîche) **II.** *adv* fraîchement
Frische ['frɪʃə] <-> *f* fraîcheur *f*
Frischfleisch *nt* viande *f* fraîche **Frischkäse** *m* fromage *m* frais
Frischling ['frɪʃlɪŋ] <-s, -e> *m* marcassin *m*
Friseur(in) [fri'zø:ɐ̯] <-s, -e> *m(f)* coiffeur (-euse) *m(f)*
Friseursalon [fri'zø:ɐzalõ:, -zalɔŋ] *m* salon *m* de coiffure
Friseuse [fri'zø:zə] <-, -n> *f* coiffeuse *f*
frisieren* [fri'zi:rən] *vt* ① coiffer ② *fam* (*Auto*) trafiquer
Frisör *s.* **Friseur**
Frisöse *s.* **Friseuse**
frisst[RR], **frißt**[ALT] [frɪst] *3. Pers Präs von* **fressen**
Frist [frɪst] <-, -en> *f* délai *m*
fristen ['frɪstən] *vt* **sein Dasein** ~ mener sa vie
fristgerecht *adj, adv* dans les délais [impartis]
fristlos *adj, adv* sans préavis
Frisur [fri'zu:ɐ̯] <-, -en> *f* coiffure *f*
fritieren [ALT] *s.* **frittieren**
Fritten *Pl fam* frites *fpl*
frittieren*[RR] *vt* faire frire
frivol [fri'vo:l] *adj* déplacé(e)
Frl. *Abk von* **Fräulein** Mlle
froh [fro:] *adj* ① (*glücklich*) joyeux(-euse) ② *fam* (*zufrieden*) **über etw** (*akk*) ~ **sein** être content de qc ③ (*Botschaft*) heureux (-euse)
fröhlich ['frø:lɪç] **I.** *adj* joyeux(-euse) **II.** *adv* allègrement
Fröhlichkeit <-> *f* gaieté *f*
fromm [frɔm] <frömmer, frömmste> *adj* pieux(-euse)
Frömmelei [frœmə'lai̯] <-, -en> *f pej* bigoterie *f*
Frömmigkeit ['frœmɪçkai̯t] <-> *f* piété *f*
Fronarbeit *f* ① CH travail *m* d'intérêt général (*bénévole*) ② HIST corvée *f*
frönen ['frø:nən] *vi geh* **einer S.** (*dat*) ~ s'adonner à qc
Fronleichnam [fro:n'lai̯çna:m] *kein Pl, kein art* la Fête-Dieu
Front [frɔnt] <-, -en> *f* ① (*Vorderseite*) devant *m* ② MIL, POL, METEO front *m*
frontal [frɔn'ta:l] **I.** *adj attr* frontal(e) **II.** *adv* de front
Frontalzusammenstoß *m* collision *f* frontale

Frontantrieb *m* traction *f* avant
fror [froːɐ̯] *Imp von* **frieren**
Frosch [frɔʃ, *Pl:* 'frœʃə] <-[e]s, Frösche> *m* grenouille *f*
Froschmann <-männer> *m* homme-grenouille *m*
Frost [frɔst, *Pl:* 'frœstə] <-[e]s, Fröste> *m* gel *m*
Frostbeule *f* engelure *f*
frösteln ['frœstəln] **I.** *vi* grelotter **II.** *vt unpers* **es fröstelt ihn** il a des frissons
frostig **I.** *adj* glacial(e) **II.** *adv* avec froideur
Frostschutzmittel *nt* antigel *m*
Frottee [frɔ'teː] <-s, -s> *nt o m* tissu *m* éponge
Frotteehandtuch *nt* serviette *f* éponge
frottieren* [frɔ'tiːrən] *vt, vr* [se] frictionner
frotzeln ['frɔtsəln] *vi fam* se moquer
Frucht [frʊxt, *Pl:* 'frʏçtə] <-, Früchte> *f* fruit *m*
fruchtbar *adj* fécond(e); (*Erde*) fertile; (*Gespräch*) fructueux(-euse)
Fruchtbarkeit <-> *f* fécondité *f*
Fruchtblase *f* poche *f* des eaux
Früchtchen <-s, -> *nt fam* chenapan *m*
Fruchteis *nt* glace *f* aux fruits **Fruchtfleisch** *nt* pulpe *f*
fruchtig *adj* fruité(e)
fruchtlos *adj* (*Bemühungen*) infructueux(-euse)
Fruchtsaft *m* jus *m* de fruit **Fruchtwasser** *nt* liquide *m* amniotique
früh [fryː] **I.** *adj* ① **es ist [noch]** ~ il est [encore] tôt ② (*Tod*) prématuré(e) **II.** *adv* (*aufbrechen*) de bonne heure; **heute** ~ ce matin
Frühaufsteher(in) <-s,-> *m(f)* lève-tôt *mf* (*fam*) **Frühdienst** *m* service *m* du matin
Frühe ['fryːə] <-> *f* **in aller** ~ de bon matin
früher ['fryːɐ̯] **I.** *adj* ① (*vergangen*) passé(e) ② (*ehemalig*) ancien(ne) **II.** *adv* autrefois
Früherkennung *f* dépistage *m* précoce
frühestens ['fryːəstəns] *adv* au plus tôt
frühestmöglich *adj attr* **zum ~en Zeitpunkt** le plus tôt possible
Frühgeburt *f* ① naissance *f* avant terme ② (*Kind*) prématuré(e) *m(f)*
Frühjahr *nt* printemps *m* **Frühjahrsmüdigkeit** *f: fatigue intervenant au printemps*
frühkindlich *adj* infantile
Frühling ['fryːlɪŋ] <-s, -e> *m* printemps *m*
Frühlingsanfang *m* début *m* du printemps
frühmorgens [fryː'mɔrgəns] *adv* de bon matin **frühreif** *adj* précoce **Frühschicht** *f* équipe *f* du matin **Frühsport** *m* gymnastique *f* matinale **Frühstadium** *nt* stade *m* précoce
Frühstück <-stücke> *nt* petit-déjeuner *m*

> Le **Frühstück** allemand est généralement copieux, et plus encore si vous le prenez à l'hôtel. Les Allemands boivent du thé, du café au lait ou du chocolat dans une tasse et non pas dans un bol. Ils mangent de la charcuterie et du fromage – *Wurst und Käse* avec des petits pains – *Brötchen* accompagnés parfois d'un verre de jus de fruits. Les Allemands posent rarement leur pain sur la table mais dans une petite assiette à côté de leur tasse.

frühstücken *vi* prendre son petit-déjeuner
Frühstückspause *f* pause *f* petit-déjeuner (*fam*)
Frühwerk *nt* œuvre *f* de jeunesse **frühzeitig** **I.** *adj* précoce; (*Tod*) prématuré(e) **II.** *adv* [suffisamment] tôt; (*vorzeitig*) prématurément
Frust [frʊst] <-[e]s> *m fam* frustration *f*
Frustration [frʊstra'tsi̯oːn] <-, -en> *f* frustration *f*
frustrieren* [frʊs'triːrən] *vt fam* frustrer
Fuchs [fʊks, *Pl:* 'fʏksə] <-es, Füchse> *m* ① renard *m* ② *fam* (*Mensch*) **ein schlauer** ~ un vieux renard
Fuchsbau <-baue> *m* renardière *f*
fuchsen [-ks-] *vt fam* **jdn** ~ foutre qn en rogne
Fuchsie ['fʊksiə] <-, -n> *f* fuchsia *m*
Füchsin ['fʏksɪn] <-, -nen> *f* renarde *f*
fuchsteufelswild *adj fam* furax
Fuchtel ['fʊxtəl] ▸**unter jds** ~ (*dat*) *fam* sous la coupe de qn
fuchteln *vi fam* gesticuler
Fuge ['fuːgə] <-, -n> *f* ▸**aus den ~n geraten** *geh* s'en aller à vau-l'eau
fügen ['fyːgən] **I.** *vr* **sich** ~ (*sich unterordnen*) se soumettre; (*sich ergeben*) s'arranger **II.** *vt geh* **etw an/auf etw** ~ (*akk*) ajouter qc à/sur qc
fügsam *adj geh* docile
Fügung <-, -en> *f* effet *m* de la Providence
fühlbar *adj* ① (*merklich*) sensible ② (*tastbar*) palpable

fühlen ['fyːlən] **I.** *vt* ❶ sentir; (*Schmerz*) ressentir ❷ (*ertasten*) toucher **II.** *vi* **nach etw ~** porter la main à qc **III.** *vr* ❶ **wie ~ Sie sich?** comment vous sentez-vous? ❷ (*sich einschätzen*) se considérer comme

Fühler <-s, -> *m* ❶ (*eines Insekts*) antenne *f* ❷ (*Temperaturfühler*) sonde *f*

fuhr [fuːɐ̯] *Imp von* **fahren**

Fuhre ['fuːrə] <-, -n> *f* ❶ (*Ladung*) chargement *m* ❷ (*Fahrt*) course *f*

führen ['fyːrən] **I.** *vt* ❶ guider; (*hin~*) conduire; **jdn über die Straße ~** faire traverser la rue à qn ❷ (*bringen*) **was führt Sie zu mir?** *form* qu'est-ce qui vous amène? ❸ (*Betrieb*) diriger ❹ *form* (*Namen*) porter; **mit sich ~** (*Papiere*) avoir avec soi ❺ (*Artikel*) vendre **II.** *vi* ❶ (*in Führung liegen*) mener ❷ (*verlaufen*) **durch den Tunnel ~** traverser le tunnel ❸ (*als Ergebnis haben*) **zu etw ~** conduire à qc **III.** *vr form* (*sich benehmen*) se conduire

führend *adj* de premier plan

Führer(in) ['fyːrɐ] <-s, -> *m(f)* ❶ (*Leiter*) dirigeant(e) *m(f)* ❷ (*Reiseführer*) guide *mf* ❸ CH (*Lenker*) conducteur(-trice) *m(f)*

Führerschein *m* permis *m* [de conduire] **Führerscheinentzug** *m* retrait *m* du permis [de conduire]

Fuhrpark *m* parc *m* automobile

Führung ['fyːrʊŋ] <-, -en> *f* ❶ (*Besichtigung*) visite *f* guidée ❷ *kein Pl* (*Betragen*) conduite *f* ❸ *kein Pl* (*leitende Gruppe*) direction *f* ❹ *kein Pl* SPORT avance *f*

Führungsebene *f* **auf ~** au niveau de la direction **Führungskraft** *f* cadre *m* supérieur **Führungszeugnis** *nt* certificat *m* de bonne conduite

Fuhrunternehmen *nt* société *f* de transports **Fuhrwerk** *nt* charrette *f*

Fülle ['fʏlə] <-> *f* ❶ (*des Haares*) volume *m* ❷ (*Körperfülle*) embonpoint *m* ❸ (*Menge*) **eine ~ von etw** une foule de qc

füllen ['fʏlən] **I.** *vt* ❶ (*Gefäß*) remplir ❷ GASTR farcir ❸ (*ein~*) **etw in einen Behälter ~** verser qc dans un récipient **II.** *vr* **sich ~** se remplir

Füller ['fʏlɐ] <-s, -> *m* stylo *m*

Füllfederhalter *m* stylo-plume *m*

füllig *adj* (*Haar*) volumineux(-euse)

Füllung <-, -en> *f* ❶ (*eines Polsters*) rembourrage *m;* (*eines Zahns*) plombage *m* ❷ GASTR farce *f*

Fummel <-s, -> *m fam* fringues *fpl*

fummeln ['fʊməln] *vi fam* ❶ (*hantieren*) **an etw** (*dat*) **~** tripatouiller qc ❷ (*sexuell*) se peloter

Fund [fʊnt] <-[e]s, -e> *m* ❶ *kein Pl form* (*das Entdecken*) découverte *f* ❷ (*etwas Gefundenes*) trouvaille *f*

Fundament [fʊnda'mɛnt] <-[e]s, -e> *nt* ❶ fondations *fpl* ❷ (*Grundlage*) base *f*

fundamental [fʊndamɛn'taːl] *adj* fondamental(e)

Fundamentalismus [fʊndamɛnta'lɪsmʊs] <-> *m* fondamentalisme *m;* REL intégrisme *m*

Fundamentalist(in) <-en, -en> *m(f)* intégriste *mf*

Fundbüro *nt* bureau *m* des objets trouvés **Fundgrube** *f* mine *f*

fundiert *adj* (*Untersuchung*) approfondi(e)

fündig ['fʏndɪç] *adj* **~ werden** trouver quelque chose

Fundsache *f* objet *m* trouvé

fünf [fʏnf] *num* cinq; *s. a.* **acht**[1]

Fünf <-, -en> *f* (*Schulnote*) ≈ huit *m* [sur vingt]

Fünfeck *nt* pentagone *m* **fünfeckig** *adj* pentagonal(e)

fünfeinhalb *num* **~ Meter** cinq mètres et demi; *s. a.* **achteinhalb**

fünferlei *adj inv* **~ Sorten Brot** cinq sortes de pain; *s. a.* **achterlei**

Fünfeuroschein *m* billet *m* de cinq euros

fünffach **I.** *adj* **die ~e Menge nehmen** prendre cinq fois la dose **II.** *adv* (*falten*) cinq fois; *s. a.* **achtfach**

fünfhundert *num* cinq cents

Fünfjahresplan *m* plan *m* quinquennal

Fünfkampf *m* pentathlon *m*

fünfmal *adv* cinq fois; *s. a.* **achtmal**

Fünfprozentklausel *f* clause *f* des cinq pour cent

fünft *adv* **zu ~ sein** être cinq; *s. a.* **acht** [2]

Fünftagewoche [fʏnf'taːgəvɔxə] *f* semaine *f* de cinq jours

fünftausend *num* cinq mille

fünfte(r, s) *adj* ❶ cinquième ❷ (*bei Datumsangabe*) **der ~ März** le cinq mars; *s. a.* **achte(r, s)**

fünftel *adj* cinquième; *s. a.* **achtel**

Fünftel <-s, -> *nt* cinquième *m*

fünfzehn *num* quinze; *s. a.* **acht**[1]

fünfzig ['fʏnftsɪç] *num* cinquante; *s. a.* **achtzig**

Fünfzig <-, -en> *f* cinquante *m*
fünfziger *adj inv* **die ~ Jahre** les années *fpl* cinquante; *s. a.* **achtziger**
Fünfzigeuroschein *m* billet *m* de cinquante euros
fünfzigjährig *adj attr* de cinquante ans; *s. a.* **achtzigjährig**
fünfzigste(r, s) *adj* cinquantième; *s. a.* **achtzigste(r, s)**
fungieren* [fʊŋ'giːrən] *vi* **als etw ~** (*Person*) faire fonction de qc; (*Gegenstand*) faire office de qc
Funk [fʊŋk] <-s> *m* radio *f*
Funkamateur(in) [-amatøːɐ] *m(f)* radioamateur *m*
Funke ['fʊŋkə] <-ns, -n> *m* étincelle *f*
funkeln ['fʊŋkəln] *vi* étinceler
funkelnagelneu ['fʊŋkəl'naːgəl'nɔy] *adj fam* flambant neuf(neuve)
funken ['fʊŋkən] **I.** *vt* **eine Nachricht ~** transmettre une nouvelle par radio **II.** *vi* (*Funken sprühen*) faire des étincelles **III.** *vi unpers fam* (*verstehen*) **es hat bei ihm gefunkt** il a pigé
Funker(in) <-s, -> *m(f)* [opérateur(-trice) *m(f)*] radio *m*
Funkgerät *nt* appareil *m* de radio **Funkhaus** *nt* studios *mpl* **Funksprechgerät** *nt* talkie-walkie *m* **Funkspruch** *m* message *m* radio **Funkstreife** *f* ronde *f* de police [en voiture radio] **Funktaxi** *nt* radio-taxi *m* **Funktelefon** *nt* radiotéléphone *m*
Funktion [fʊŋk'tsi̯oːn] <-, -en> *f* fonction *f*
funktional [fʊŋktsi̯o'naːl] *s.* **funktionell**
Funktionär(in) [fʊŋtsi̯o'nɛːɐ̯] <-s, -e> *m(f)* permanent(e) *m(f)*
funktionell *adj* fonctionnel(le)
funktionieren* [fʊŋtsi̯o'niːrən] *vi* fonctionner
Funktionstaste *f* INFORM touche *f* [de] Fonction **funktionstüchtig** *adj* en état de marche
Funkturm *m* tour *f* hertzienne **Funkverbindung** *f* liaison *f* radio **Funkverkehr** *m* radiocommunication *f*
für [fyːɐ̯] *präp + akk* ❶ pour ❷ (*wiederholend*) **Tag ~ Tag** jour après jour ❸ *mit Fragepronomen* **was ~ ...** quel(le)s ...; **was ~ ein ...** quelle sorte de ...
Für <-> *nt* ▶**das ~ und Wider** le pour et le contre
Fürbitte *f* prière *f* [d'intercession]
Furche ['fʊrçə] <-, -n> *f* sillon *m*
Furcht [fʊrçt] <-> *f* peur *f*; **~ erregend** effrayant(e)
furchtbar *adj* terrible
fürchten ['fʏrçtən] **I.** *vt* ❶ redouter ❷ (*be~*) craindre **II.** *vr* **sich vor jdm/etw ~** avoir peur de qn/qc **III.** *vi* **um jdn/etw ~** craindre pour qn/qc
fürchterlich ['fʏrçtɐlɪç] *s.* **furchtbar**
furchterregend[ALT] *s.* **Furcht**
furchtlos *adj* (*Person*) hardi(e)
furchtsam *adj geh* craintif(-ive)
füreinander [fyːɐ̯ʔai̯'nandɐ] *adv* l'un(e) pour l'autre/les un(e)s pour les autres
Furie ['fuːriə] <-, -n> *f pej* (*Frau*) furie *f*
Furnier [fʊr'niːɐ̯] <-s, -e> *nt* placage *m*
Furore [fu'roːrə] <-> *f*, <-s> *nt* ▶**~ machen** *fam* faire un malheur
Fürsorge ['fyːɐ̯zɔrgə] *f kein Pl* ❶ soins *mpl* ❷ *fam* (*Sozialhilfe*) aide *f* sociale
Fürsorgepflicht *f* devoir *m* d'assistance [sociale]
fürsorglich **I.** *adj* attentionné(e) **II.** *adv* avec soin
Fürsprache *f* intervention *f*
Fürsprecher(in) *m(f)* avocat(e) *m(f)*
Fürst(in) ['fʏrst] <-en, -en> *m(f)* prince(-esse) *m(f)*
Fürstentum <-[e]s, -tümer> *nt* principauté *f*
fürstlich *adj* princier(-ière); (*Trinkgeld*) royal(e)
Furt [fʊrt] <-, -en> *f* gué *m*
Furunkel [fu'rʊŋkəl] <-s, -> *nt o m* furoncle *m*
Furz [fʊrts, *Pl:* 'fʏrtsə] <-es, Fürze> *m fam* pet *m*
furzen *vi fam* péter
Fusel ['fuːzəl] <-s, -> *m pej fam* tord-boyaux *m*
Fusion [fu'zi̯oːn] <-, -en> *f* fusion *f*
fusionieren* [fuzi̯o'niːrən] *vi* fusionner
Fuß [fuːs, *Pl:* 'fyːsə] <-es, Füsse> *m* (*a. Längenmaß*) pied *m*
Fußball *m* ❶ *kein Pl* football *m* ❷ (*Ball*) ballon *m* [de football]
Fußballer(in) <-s, -> *m(f) fam* footballeur(-euse) *m(f)*
Fußballfan *m* fan *mf* de foot **Fußballmannschaft** *f* équipe *f* de football **Fußballplatz** *m* terrain *m* de football **Fußballspiel** *nt* match *m* de football **Fußballspieler(in)**

F

m(f) joueur(-euse) *m(f)* de football **Fußballverein** *m* club *m* de football
Fußboden *m* sol *m* **Fußbreit** <-> *m kein Pl* pied *m* **Fußbremse** *f* pédale *f* de frein
Fussel ['fʊsəl] <-, -n> *f*, <-s, -> *m* peluche *f*
fusselig *adj* qui peluche
fusseln *vi* pelucher
fußen ['fu:sən] *vi* **auf etw** ~ (*dat*) reposer sur qc
Fußende *nt* pied *m*
Fußgänger(in) ['fu:sgɛŋɐ] <-s, -> *m(f)* piéton(ne) *m(f)*
Fußgängerampel *f* feu *m* pour piétons **Fußgängerüberweg** *m* passage *m* pour piétons **Fußgängerzone** *f* zone *f* piétonne
Fußgelenk *nt* cheville *f*
fusslig[RR], **fußlig**[ALT] ['fʊsliç] *s.* **fusselig**
Fußmarsch *m* marche *f* à pied **Fußmatte** *f* paillasson *m* **Fußnote** *f* note *f* [de bas de page] **Fußpilz** *m* mycose *f* [du pied] **Fußsohle** *f* plante *f* du pied **Fußspitze** *f* pointe *f* du pied **Fußspur** *f* trace *f* de pas **Fußstapfen** *m* ▸**in jds ~ treten** (*akk*) marcher sur les traces de qn **Fußtritt** *m* coup *m* de pied **Fußvolk** *nt pej fam* **das** ~ le petit peuple **Fußweg** *m* (*Pfad*) sentier *m* **Fußzeile** *f* pied *m* de page
futsch [fʊtʃ] *adj fam* ~ **sein** être fichu
Futter ['fʊtɐ] <-s, -> *nt* ❶ *kein Pl* nourriture *f* ❷ (*eines Mantels*) doublure *f*
Futteral [fʊtə'ra:l] <-s, -e> *nt* étui *m*
futtern ['fʊtɐn] *vt, vi fam* bouffer
füttern ['fʏtɐn] *vt* ❶ (*Säugling, Tier*) nourrir ❷ COUT doubler
Futternapf *m* écuelle *f* **Futterpflanze** *f* plante *f* fourragère
Fütterung ['fʏtərʊŋ] <-, -en> *f* alimentation *f*
Futur [fu'tu:ɐ̯] <-s, -e> *nt* LING futur *m*
futuristisch [futu'rɪstɪʃ] *adj* futuriste

Gg

G, g [ge:] <-, -> *nt* ❶ G *m*/g *m* ❷ MUS sol *m*
g *Abk von* **Gramm** g
gab [ga:p] *Imp von* **geben**
Gabe ['ga:bə] <-, -n> *f* ❶ *geh* (*Geschenk*) présent *m* ❷ (*Spende*) **eine milde ~** une aumône ❸ (*Begabung*) don *m*
Gabel ['ga:bəl] <-, -n> *f* ❶ fourchette *f* ❷ (*Heugabel*) fourche *f*
gabeln ['ga:bəln] *vr* **sich** ~ (*Straße*) bifurquer
Gabelstapler ['ga:bəlʃta:plɐ] <-s, -> *m* chariot *m* élévateur [à fourche]
Gabelung <-, -en> *f* bifurcation *f*
Gabentisch *m: table où sont disposés les cadeaux à Noël ou pour un anniversaire*
gackern ['gakɐn] *vi* glousser(*péj*)
gaffen ['gafən] *vi pej* **nach jdm/etw** ~ reluquer qn/qc (*fam*)
Gag [gɛk] <-s, -s> *m* gag *m*
Gage ['ga:ʒə] <-, -n> *f* cachet *m*
gähnen ['gɛ:nən] *vi* bâiller
Gala ['ga(:)la] <-> *f* tenue *f* de gala
galaktisch [ga'laktɪʃ] *adj* galactique
galant [ga'lant] *adj* galant(e)
Galeere [ga'le:rə] <-, -n> *f* galère *f*
Galerie [galə'ri:] <-, -n> *f* ❶ (*Kunstgalerie*) galerie *f* [d'art] ❷ A, CH (*Tunnel*) tunnel *m*
Galgen ['galgən] <-s, -> *m* potence *f*
Galgenfrist *f fam* ultime délai *m* **Galgenhumor** *m* humour *m* noir
Galionsfigur *f a. fig* figure *f* de proue
Galle ['galə] <-, -n> *f* ❶ (*Organ*) vésicule biliaire ❷ (*Sekret*) bile *f*
Gallenblase *f* vésicule *f* biliaire **Gallenstein** *m* calcul *m* biliaire
gallertartig [ga'lɛrt'a:ɐ̯tɪç] *adj* gélatineux (-euse)
Gallien ['galiən] <-s> *nt* Gaule *f*
Gallier(in) ['galiɐ] <-s, -> *m(f)* Gaulois(e) *m(f)*
gallisch ['galɪʃ] *adj* gaulois(e)
Galopp [ga'lɔp] <-s, -s> *m* galop *m*
galoppieren* [galɔ'pi:rən] *vi + haben o sein* galoper
galt [galt] *Imp von* **gelten**
galvanisieren* [galvani'zi:rən] *vt* TECH galvaniser
Gamepad ['geɪ:mpɛd] <-s, -s> *nt* INFORM gamepad *m*
Gameshow ['geɪ:mʃoʊ] <-, -s> *f* jeu *m* télévisé
Gammastrahlen ['gamaʃtra:lən] *Pl* PHYS rayons *mpl* gamma
gammelig *adj fam* (*Obst*) pourri(e)
gammeln ['gaməln] *vi pej fam* gland[ouill]er
Gämse[RR] ['gɛmzə] <-, -n> *f* chamois *m*

gang [gaŋ] ▸~ **und gäbe sein** être monnaie courante

Gang [gaŋ, *Pl:* 'gɛŋə] <-[e]s, Gänge> *m* ① *kein Pl* (*~art*) démarche *f* ② (*Behördengang*) démarche *f* ③ GASTR plat *m* ④ TECH vitesse *f*; **im dritten ~** en troisième ⑤ (*Korridor*) couloir *m*

gangbar *adj* **ein ~er Weg** un chemin praticable; *fig* une voie envisageable

gängeln ['gɛŋəln] *vt pej* tenir en laisse

gängig ['gɛŋɪç] *adj* courant(e); (*Artikel*) demandé(e)

Gangschaltung *f* changement *m* de vitesse; (*beim Fahrrad*) dérailleur *m*

Gangster ['gɛŋstɐ] <-s, -> *m pej* gangster *m*

Gangway ['gæŋweɪ] <-, -s> *f* passerelle *f* [d'embarquement]

Ganove [ga'no:və] <-n, -n> *m pej fam* truand *m*

Gans [gans, *Pl:* 'gɛnzə] <-, Gänse> *f* ① oie *f* ② *pej fam* [**du**] **dumme ~!** espèce d'âne!

Gänseblümchen ['gɛnzəbly:mçən] *nt* pâquerette *f* **Gänsebraten** *m* oie *f* rôtie **Gänsefüßchen** *Pl fam* guillemets *mpl* **Gänsehaut** *f* chair *f* de poule **Gänseleberpastete** *f* foie *m* gras [d'oie] **Gänsemarsch** *m* **im ~** à la queue leu leu

Gänserich ['gɛnzərɪç] <-s, -e> *m* jars *m*

Gänseschmalz *nt* graisse *f* d'oie

ganz [gants] **I.** *adj* ① complet(-ète); **die ~e Nachbarschaft** tous les voisins; **den ~en Tag** [**über**] toute la journée ② *fam* (*all der/die/das ...*) **dieses ~e Gerede** tous ces discours ③ *fam* (*unbeschädigt*) intact(e) ④ *fam* (*nur*) **~e zwei Euro spenden** donner tout juste deux euros ⑤ *fam* (*ziemlich viel*) **eine ~e Menge Geld** une sacrée somme [d'argent] **II.** *adv* ① (*kalt*) très; (*allein*) tout; (*ruhig*) parfaitement; (*vorne*) tout [à fait]; (*überarbeiten*) complètement ② *fam* (*ziemlich*) assez ▸~ **und gar** totalement

Ganze(s) *nt dekl wie adj* ① (*Ganzheit*) ensemble *m* ② (*alle Sachen*) **das ~** le tout; (*die ganze Angelegenheit*) tout cela (*fam*)

ganzheitlich *adj* global(e) **ganzjährig** *adj, adv* [durant] toute l'année

gänzlich ['gɛntslɪç] **I.** *adj* (*Fehlen*) total(e) **II.** *adv* totalement

ganztägig ['gantstɛ:gɪç] **I.** *adj* (*Ausflug*) d'une journée **II.** *adv* toute la journée

Ganztagsschule *f: type d'école et de scolarité où les cours ont lieu toute la journée*

gar[1] [ga:ɐ̯] *adv* ① **~ nichts** absolument rien; **~ nicht teuer** pas cher(chère) du tout ② (*geschweige*) **100 oder ~ 200 Euro sind einfach zu viel** 100 euros voire 200 euros sont bien trop

gar[2] *adj* **~ sein** être bien cuit

Garage [ga'ra:ʒə] <-, -n> *f* garage *m*

Garant(in) [ga'rant] <-en, -en> *m(f)* garant(e) *m(f)*

Garantie [garan'ti:] <-, -n> *f* garantie *f*

garantieren* [garan'ti:rən] **I.** *vt* garantir **II.** *vi* **für etw ~** (*Person*) se porter garant(e) pour qc

garantiert *adv fam* **er hat das ~ vergessen!** à coup sûr, il l'a oublié!

Garantieschein *m* bon *m* de garantie

Garaus ▸**jdm den ~ machen** *fam* achever qn

Garbe ['garbə] <-, -n> *f* (*Getreidegarbe*) gerbe *f*

Garde ['gardə] <-, -n> *f* garde *f*

Garderobe [gardə'ro:bə] <-, -n> *f* ① (*Ständer*) portemanteau *m*; (*Aufbewahrungsraum*) vestiaire *m* ② *geh* (*Kleidung*) garde-robe *f*

Garderobenständer *m* portemanteau *m*

Gardine [gar'di:nə] <-, -n> *f* rideau *m*

Gardinenstange *f* tringle *f* à rideau

garen ['ga:rən] *vt* [faire] cuire

gären ['gɛ:rən] <gärte, gegärt> *vi + haben o sein* fermenter

Garn [garn] <-[e]s, -e> *nt* fil *m*

Garnele [gar'ne:lə] <-, -n> *f* crevette *f* [rose]

garnieren* [gar'ni:rən] *vt* (*Kuchen*) décorer

Garnison [garni'zo:n] <-, -en> *f* garnison *f*

Garnitur [garni'tu:ɐ̯] <-, -en> *f* **eine ~ Bettwäsche** une parure de draps

garstig ['garstɪç] *adj geh* ① (*ungezogen*) vilain(e) ② (*abscheulich*) répugnant(e)

Garten ['gartən, *Pl:* 'gɛrtən] <-s, Gärten> *m* jardin *m*

Gartenarbeit *f* jardinage *m* **Gartenarchitekt(in)** *m(f)* [architecte *mf*] paysagiste *mf* **Gartenbau** *m kein Pl* horticulture *f* **Gartenfest** *nt* garden-party *f* **Gartenhaus** *nt* pavillon *m* **Gartenlaube** *f* gloriette *f* **Gartenschere** *f* sécateur *m* **Gartenzaun** *m* clôture *f* de jardin **Gartenzwerg** *m* nain *m* de jardin

Gärtner(in) ['gɛrtnɐ] <-s, -> *m(f)* jardinier (-ière) *m(f)*

Gärtnerei [gɛrtnə'rai] <-, -en> *f* établissement *m* horticole

G

gärtnern *vi* jardiner
Gärung ['gɛːrʊŋ] <-, -en> *f* fermentation *f*
Gas [gaːs] <-es, -e> *nt* ❶ gaz *m* ❷ *fam* (*~pedal*) accélérateur *m* ❸ (*Treibstoff*) ~ **geben** accélérer
Gasflasche *f* bouteille *f* de gaz **gasförmig** *adj* gazeux(-euse) **Gashahn** *m* robinet *m* du gaz **Gasherd** *m* cuisinière *f* à gaz **Gaskocher** *m* réchaud *m* à gaz **Gasleitung** *f* conduite *f* de gaz **Gasmaske** *f* masque *m* à gaz **Gaspedal** *nt* pédale *f* d'accélérateur
Gässchen[RR], **Gäßchen**[ALT] <-s, -> *nt Dim von* **Gasse** [petite] ruelle *f*
Gasse ['gasə] <-, -n> *f* ❶ ruelle *f* ❷ A (*Straße*) rue *f*
Gassi ▶~ **gehen** *fam* faire sortir le chien
Gast [gast, *Pl:* 'gɛstə] <-es, Gäste> *m* ❶ invité(e) *m(f)* ❷ (*Hotelgast*) pensionnaire *mf* ❸ (*Besucher*) hôte *m*
Gastarbeiter(in) *m(f)* travailleur immigré *m*/travailleuse immigrée *f*
Gästebuch *nt* livre *m* d'hôtes **Gästezimmer** *nt* chambre *f* d'amis
gastfreundlich *adj* hospitalier(-ière) **Gastfreundschaft** *f* hospitalité *f* **Gastgeber(in)** *m(f)* hôte(-esse) *m(f)* **Gasthof** *m* auberge *f* **Gasthörer(in)** *m(f)* auditeur(-trice) *m(f)* libre
gastieren* [gas'tiːrən] *vi* se produire en tournée
Gastland *nt* pays *m* d'accueil
gastlich *adj geh* (*Bewirtung*) prévenant(e)
Gastronomie [gastrono'miː] <-, -n> *f form* restauration *f*
gastronomisch [gastro'noːmɪʃ] *adj* gastronomique
Gastspiel *nt* ❶ **ein ~ geben** se produire en tournée ❷ SPORT match *m* [à l'] extérieur
Gaststätte *f* café-restaurant *m*
Gaststube *f* salle *f* de restaurant **Gastwirt(in)** *m(f)* cafetier-restaurateur *m*/cafetière-restauratrice *f* **Gastwirtschaft** *s.* **Gaststätte**
Gasuhr *s.* **Gaszähler** **Gasvergiftung** *f* intoxication *f* par le gaz **Gaszähler** *m* compteur *m* à gaz
Gatte ['gatə] <-n, -n> *m*, **Gattin** *f form* époux *m*/épouse *f* (*soutenu*)
Gatter ['gatɐ] <-s, -> *nt* barrière *f*
Gattung ['gatʊŋ] <-, -en> *f* ❶ BIO ordre *m* ❷ (*Kunstgattung*) genre *m*
GAU [gau̯] <-s, -s> *m Abk von* **größter anzunehmender Unfall** accident *f* maximal hypothétique
Gaudi ['gau̯di] <-> *f* A, SDEUTSCH *fam* **das war vielleicht eine ~!** ce qu'on a pu se marrer!
Gaukler(in) ['gau̯klɐ] <-s, -> *m(f)* HIST bateleur(-euse) *m(f)* [de foire]
Gaul [gau̯l, *Pl:* 'gɔy̯lə] <-[e]s, Gäule> *m pej* canasson *m* (*fam*)
Gaumen ['gau̯mən] <-s, -> *m* palais *m*
Gauner(in) ['gau̯nɐ] <-s, -> *m(f) pej* ❶ (*Betrüger*) escroc *m* ❷ *fam* (*schlaue Person*) filou *m*
Gaze ['gaːzə] <-, -n> *f* gaze *f*
Gazelle [ga'tsɛlə] <-, -n> *f* gazelle *f*
G-Dur ['geːduːɐ] <-> *nt* sol *m* majeur
geädert *adj* (*Blatt*) nervuré(e)
geartet *adj* **ein anders ~er Fall** un cas d'[une] autre nature
Geäst [gə'ʔɛst] <-[e]s> *nt kein Pl* branchage *m*
geb. *Abk von* **geborene(r)** né(e)
Gebäck [gə'bɛk] <-[e]s> *nt* ❶ pâtisseries *fpl* ❷ A (*Brötchen*) [petit] pain *m*
Gebälk [gə'bɛlk] <-[e]s> *nt* charpente *f*
geballt [gə'balt] *adj* **mit ~er Kraft** de toutes mes/ses/... forces
gebannt [gə'bant] *adj* fasciné(e)
gebar [gə'baːɐ̯] *Imp von* **gebären**
Gebärde [gə'bɛːɐ̯də] <-, -n> *f* geste *m*
Gebaren <-s> *nt* comportement *m*
gebären [gə'bɛːrən] <gebiert, gebar, geboren> *vt* (*Kind*) mettre au monde
Gebärmutter <-mütter> *f* utérus *m*
Gebäude [gə'bɔy̯də] <-s, -> *nt* bâtiment *m*
gebaut *adj* **gut ~ sein** être bien bâti
Gebeine [gə'bai̯nə] *Pl geh* ossements *mpl*
Gebell [gə'bɛl] <-s> *nt pej* aboiements *mpl* [continuels]
geben ['geːbən] <gibt, gab, gegeben> **I.** *vt* ❶ donner; (*Rabatt*) faire; **gibst du mir mal das Salz?** tu peux me passer le sel?; **jdm ein Zeichen ~** faire signe à qn ❷ (*produzieren*) **Milch ~** donner du lait ❸ (*verbinden mit*) passer ❹ (*äußern*) **von sich ~** (*Laute*) émettre **II.** *vi a.* SPIEL donner **III.** *vt unpers* ❶ **es gibt ...** il y a ... ❷ (*sein*) **was gibt's?** qu'est-ce qu'il y a? **IV.** *vr* **sich ~** se calmer
Gebet [gə'beːt] <-[e]s, -e> *nt* prière *f*
Gebetbuch *nt* livre *m* de prières
gebeugt **I.** *adj* (*Haltung*) courbé(e) **II.** *adv* voûté(e)

gebiert [gə'biːɐ̯t] *3. Pers Präs von* **gebären**
Gebiet [gə'biːt] <-[e]s, -e> *nt* ❶ *(Region)* région *f* ❷ *(Sachgebiet)* domaine *m*
gebieten* [gə'biːtən] *irr geh vt (befehlen)* ordonner
gebieterisch *geh* **I.** *adj* impérieux(-euse) **II.** *adv* d'un air impérieux
gebietsweise *adv* par endroits
Gebilde [gə'bɪldə] <-s, -> *nt* chose *f*; *(Formation)* formation *f*
gebildet [gə'bɪldət] *adj* cultivé(e)
Gebirge [gə'bɪrgə] <-s, -> *nt* montagnes *fpl*
gebirgig *adj* montagneux(-euse)
Gebirgsbach *m* torrent *m*
Gebiss[RR] <-es, -e>, **Gebiß**[ALT] [gə'bɪs] <-sses, -sse> *nt* dentition *f*; *(Zahnprothese)* dentier *m*
Gebläse [gə'blɛːzə] <-s, -> *nt* ventilateur *m*
geblümt *adj (Kleid)* à fleurs
gebogen [gə'boːgən] *adj (Schnabel)* recourbé(e)
geboren [gə'boːrən] *adj* ❶ **Anne Lauer, ~e Klein** Anne Lauer, née Klein ❷ *(perfekt)* **die ~e Schauspielerin sein** être la parfaite actrice
geborgen [gə'bɔrgən] *adj* à l'abri
Geborgenheit <-> *f* [sentiment *m* de] sécurité *f*
Gebot [gə'boːt] <-[e]s, -e> *nt* ❶ règle *f* ❷ *geh (Erfordernis)* exigence *f* ❸ *(bei Auktionen)* enchère *f* ❹ REL commandement *m*
geboten [gə'boːtən] *adj geh* **besondere Vorsicht ist ~** une prudence extrême s'impose
Gebräu [gə'brɔy] <-[e]s, -e> *nt pej* breuvage *m* infâme
Gebrauch [gə'braux, *Pl:* gə'brɔyçə] <-[e]s, Gebräuche> *m* ❶ *kein Pl* usage *m*; *(eines Worts)* emploi *m* ❷ *meist Pl (Brauch)* usage *m*
gebrauchen* *vt (Werkzeug)* utiliser; *(Wort)* employer
gebräuchlich [gə'brɔyçlɪç] *adj (Wort)* usité(e)
Gebrauchsanweisung *f* mode *m* d'emploi **Gebrauchsgegenstand** *m* objet *m* d'usage courant
gebraucht [gə'brauxt] *adj, adv* d'occasion
Gebrauchtwagen *m* voiture *f* d'occasion
Gebrechen [gə'brɛçən] <-s, -> *nt geh* déficience *f* [fonctionnelle]
gebrechlich [gə'brɛçlɪç] *adj* sénile
gebrochen [gə'brɔxən] **I.** *adj* ❶ *(Person)* brisé(e) ❷ *(fehlerhaft)* **in ~em Deutsch** en mauvais allemand **II.** *adv* **~ Französisch sprechen** parler un mauvais français
Gebrüder [gə'bryːdɐ] *Pl* frères *mpl*
Gebrüll [gə'brʏl] <-[e]s> *nt (Geschrei)* hurlements *mpl*
gebückt **I.** *adj* voûté(e) **II.** *adv* le dos courbé
Gebühr [gə'byːɐ̯] <-, -en> *f* taxe *f*; *(Rundfunkgebühr)* redevance *f*
gebühren* [gə'byːrən] *geh vi* **ihr gebührt Respekt** elle mérite le respect *(fam)*
gebührend **I.** *adj* ❶ *(Respekt)* dû(due) ❷ *(Abstand)* approprié(e) **II.** *adv* **sein Erfolg wurde ~ gefeiert** son succès fut dûment fêté
Gebühreneinheit *f* unité *f* **gebührenfrei** *adj* gratuit(e) **gebührenpflichtig** *adj* payant(e)
gebunden [gə'bʊndən] *adj* **vertraglich ~ sein** être lié par contrat
Geburt [gə'buːɐ̯t] <-, -en> *f* ❶ *kein Pl* naissance *f* ❷ *(Entbindung)* accouchement *m*
Geburtenkontrolle *f kein Pl* contrôle *m* des naissances **Geburtenregelung** *f kein Pl* régulation *f* des naissances **geburtenschwach** *adj* **~er Jahrgang** classe *f* d'âge creuse **geburtenstark** *adj* **~er Jahrgang** année *f* à forte natalité **Geburtenziffer** *f* taux *m* de natalité
gebürtig [gə'bʏrtɪç] *adj* de naissance
Geburtsdatum *nt* date *f* de naissance **Geburtshaus** *nt* maison *f* natale **Geburtshilfe** *f kein Pl* obstétrique *f* **Geburtsjahr** *nt* année *f* de naissance **Geburtsort** *m* lieu *m* de naissance **Geburtstag** *m* ❶ anniversaire *m* ❷ *(Geburtsdatum)* date *f* de naissance **Geburtstagsfeier** *f* fête *f* d'anniversaire **Geburtstagskind** *nt iron* **das ~** ≈ celui/celle qui est à l'honneur du jour **Geburtsurkunde** *f* acte *m* de naissance
Gebüsch [gə'bʏʃ] <-[e]s, -e> *nt* buissons *mpl*
Gedächtnis [gə'dɛçtnɪs] <-ses, -se> *nt* ❶ mémoire *f* ❷ *(Andenken)* souvenir *m*
Gedächtnislücke *f* trou *m* de mémoire **Gedächtnisschwund** *m* MED perte *f* de la mémoire
Gedanke [gə'daŋkə] <-ns, -n> *m* ❶ pensée *f* ❷ *(Vorstellung)* idée *f* ▸**auf dumme ~n kommen** *fam* faire des bêtises
Gedankenaustausch *m* échange *m* de

G

points de vue **Gedankenfreiheit** *f kein Pl* liberté *f* de pensée **gedankenlos** I. *adj* inconsidéré(e) II. *adv* sans réfléchir **Gedankenstrich** *m* tiret *m* **Gedankenübertragung** *f* transmission *f* de pensée

gedanklich *adj* intellectuel(le)

Gedärm [gə'dɛrm] <-[e]s, -e> *nt* intestins *mpl*

Gedeck [gə'dɛk] <-[e]s, -e> *nt* couvert *m*

gedeckt *adj* ❶ (*Farben*) neutre ❷ (*Scheck*) approvisionné(e)

gedeihen [gə'daiən] <gedieh, gediehen> *vi + sein* ❶ bien pousser ❷ (*Verhandlungen*) prendre une bonne tournure

gedenken* *vi irr* ❶ *geh* **jds/einer S.** ~ commémorer qn/qc ❷ (*beabsichtigen*) ~ **etw zu tun** avoir l'intention de faire qc

Gedenken <-s> *nt* souvenir *m*

Gedenkfeier *f* fête *f* commémorative **Gedenkminute** *f* minute *f* de silence **Gedenkstätte** *f* mémorial *m* **Gedenkstunde** *f* cérémonie *f* commémorative **Gedenktafel** *f* plaque *f* commémorative

Gedicht [gə'dɪçt] <-[e]s, -e> *nt* poème *m*

gediegen [gə'di:gən] *adj* solide

gedieh [gə'di:] *Imp von* **gedeihen**

Gedränge [gə'drɛŋə] <-s> *nt* cohue *f*

gedruckt *adj* imprimé(e); **klein** ~ (*Text*) écrit(e) en petits caractères

gedrungen [gə'drʊŋən] *adj* (*Gestalt*) trapu(e)

Geduld [gə'dʊlt] <-> *f* patience *f*

gedulden* [gə'dʊldən] *vr* **sich** ~ patienter

geduldig I. *adj* patient(e) II. *adv* patiemment

Geduldsfaden ▸**jdm reißt der** ~ *fam* qn est à bout de patience

gedunsen *adj* boursouflé(e)

geehrt [gə'ʔe:ɐ̯t] *adj* (*bei schriftlicher Anrede*) **Sehr ~e Damen und Herren, ...** Madame, Monsieur, ...

geeignet [gə'ʔaignət] *adj* (*Bewerber*) qui convient; (*Moment*) approprié(e)

Gefahr [gə'fa:ɐ̯] <-, -en> *f* danger *m*

gefährden* [gə'fɛ:ɐ̯dən] *vt* ❶ mettre en danger [la vie de] ❷ (*in Frage stellen*) compromettre

Gefährdung <-, -en> *f* ~ **der öffentlichen Sicherheit** atteinte *f* à la sécurité publique

Gefahrenzone *f* zone *f* dangereuse

gefährlich [gə'fɛ:ɐ̯lɪç] I. *adj* dangereux(-euse) II. *adv* (*aussehen*) menaçant(e)

gefahrlos *adj, adv* sans danger

Gefährte [gə'fɛ:ɐ̯tə] <-n, -n> *m*, **Gefährtin** *f geh* compagnon *m*/compagne *f*

Gefälle [gə'fɛlə] <-s, -> *nt* ❶ pente *f* ❷ (*Unterschied*) écart *m*

gefallen [gə'falən] <gefällt, gefiel, gefallen> *vi* **jdm** ~ plaire à qn

Gefallen[1] <-s> *nt geh* plaisir *m*

Gefallen[2] <-s, -> *m* service *m*

Gefallene(r) *f(m) dekl wie adj* soldat *m* mort à la guerre

gefällig [gə'fɛlɪç] *adj* ❶ (*Person*) serviable ❷ (*ansprechend*) charmant(e)

Gefälligkeit <-, -en> *f* ❶ (*Gefallen*) service *m* ❷ *kein Pl* (*das Entgegenkommen*) complaisance *f*

gefälligst *adv fam* **das soll er ~ selbst machen!** il n'a qu'à le faire lui-même!

gefangen [gə'faŋən] *adj* **jdn ~ nehmen** faire qn prisonnier(-ère)

Gefangene(r) *f(m) dekl wie adj* ❶ détenu(e) *m(f)* ❷ (*Kriegsgefangener*) prisonnier(-ière) *m(f)*

Gefangennahme <-, -n> *f* (*eines Soldaten*) capture *f*

gefangen|nehmen *s.* **gefangen**

Gefangenschaft <-, -en> *f* captivité *f*

Gefängnis [gə'fɛŋnɪs] <-ses, -se> *nt* prison *f*

Gefängnisstrafe *f* peine *f* de prison **Gefängniswärter(in)** *m(f)* gardien(ne) *m(f)* de [la] prison **Gefängniszelle** *f* cellule *f*

Gefäß [gə'fɛ:s] <-es, -e> *nt* ❶ récipient *m* ❷ ANAT vaisseau *m*

Gefäßkrankheit *f* maladie *f* vasculaire

gefasst[RR], **gefaßt**[ALT] [gə'fast] I. *adj* ❶ (*Person*) calme ❷ (*eingestellt*) **sich auf etw** (*akk*) ~ **machen** s'attendre à qc II. *adv* avec calme

Gefecht [gə'fɛçt] <-[e]s, -e> *nt* combat *m*

gefeiert *adj* très populaire

gefeit [gə'fait] *adj geh* **gegen etw ~ sein** être à l'abri de qc

gefestigt *adj* solide

Gefieder [gə'fi:dɐ] <-s, -> *nt* plumage *m*

gefiedert *adj* à plumes

gefiel *Imp von* **gefallen**

Geflecht [gə'flɛçt] <-[e]s, -e> *nt* ❶ lacis *m* ❷ (*Gewirr*) entrelacs *m*

gefleckt [gə'flɛkt] *adj* tacheté(e)

geflissentlich *adv geh* à dessein

Geflügel [gə'fly:gəl] <-s> *nt* volaille *f*

geflügelt [gə'fly:gəlt] *adj* ailé(e)

Geflüster [gəˈflʏstɐ] <-s> *nt* chuchotements *mpl*
Gefolge [gəˈfɔlgə] <-s, -> *nt* cortège *m*
Gefolgschaft <-, -en> *f* 1 partisans *mpl* 2 (*Gehorsam*) **jdm die ~ verweigern** refuser de suivre qn
gefragt [gəˈfraːkt] *adj* en vogue; (*Produkt*) demandé(e)
gefräßig [gəˈfrɛːsɪç] *adj pej* vorace; (*Person*) glouton(ne)
Gefreite(r) *f(m) dekl wie adj* (*in der Artillerie*) brigadier *m*
gefrieren* [gəˈfriːrən] *vi irr + sein* geler
Gefrierfach *nt* freezer *m* **gefriergetrocknet** *adj* lyophilisé(e) **Gefrierpunkt** *m* point *m* de congélation **Gefrierschrank** *m* congélateur *m* armoire **Gefriertruhe** *f* congélateur *m* [coffre]
Gefüge [gəˈfyːgə] <-s, -> *nt geh* structure *f*
gefügig *adj* docile
Gefühl [gəˈfyːl] <-[e]s, -e> *nt* 1 sensation *f* 2 (*seelische Empfindung*) sentiment *m* 3 (*Gespür*) intuition *f* 4 (*Ahnung*) pressentiment *m*
gefühllos *adj* insensible
Gefühlsausbruch *m* réaction *f* passionnée **gefühlskalt** *adj* 1 de glace 2 (*frigide*) frigide
gefühlsmäßig *adv* intuitivement
Gefühlsregung *f* émotion *f*
gefühlvoll **I.** *adj* sensible **II.** *adv* avec beaucoup de sensibilité
gefüllt *adj* farci(e); (*Gebäck*) fourré(e)
gegeben [gəˈgeːbən] *adj* 1 présent(e); **aus ~em Anlass** puisque l'occasion en est donnée 2 (*geeignet*) **zu ~er Zeit** en temps voulu
gegebenenfalls *adv* le cas échéant
Gegebenheit <-, -en> *f meist Pl* réalité *f*
gegen [ˈgeːgən] *präp + akk* 1 contre 2 (*wider*) **das ist ~ unsere Abmachung** c'est contraire à notre accord 3 (*an*) **~ einen Baum prallen** (*Auto*) heurter un arbre 4 (*für*) **~ bar** [au] comptant 5 (*ungefähr*) **~ acht Uhr** vers huit heures
Gegenangriff *m* contre-attaque *f* **Gegenanzeige** *f* contre-indication *f* **Gegenargument** *nt* objection *f* **Gegenbeispiel** *nt* contre-exemple *m* **Gegenbewegung** *f* réaction *f* **Gegenbeweis** *m* preuve *f* du contraire
Gegend [ˈgeːgənt] <-, -en> *f* 1 région *f* 2 (*nähere Umgebung*) **das muss in der ~ sein** ça ne doit pas être loin 3 (*Wohngegend*) quartier *m*
Gegendarstellung *f* 1 version *f* contradictoire 2 (*Presseartikel*) réponse *f*
gegeneinander [geːgənʔaiˈnandɐ] *adv* 1 **~ spielen** (*Sportler*) entrer en lice [l'un(e) contre l'autre] 2 (*nebeneinander*) **zwei Fotos ~ halten** mettre deux photos en regard
gegeneinander|halten^ALT *s.* **gegeneinander 2.**
Gegenfahrbahn *f* voie *f* opposée **Gegengewicht** *nt* 1 (*Gewicht*) contrepoids *m* 2 *fig* **ein ~ zu etw schaffen** faire contrepoids à qc **Gegengift** *nt* contrepoison *m*
gegenläufig *adj* opposé(e); (*Tendenz*) contraire
Gegenleistung *f* contrepartie *f* **Gegenlicht** *nt* contre-jour *m* **Gegenliebe** *f* **auf wenig ~ stoßen** ne pas avoir beaucoup de succès **Gegenmaßnahme** *f* (*vorbeugende Maßnahme*) mesure *f* préventive; (*Maßnahme zur Bekämpfung*) mesure *f* énergique **Gegenmittel** *nt* antidote *m* **Gegenreformation** *f* contre-réforme *f* **Gegenrichtung** *f* direction *f* opposée **Gegensatz** *m* 1 (*Gegenteil*) contraire *m* 2 *Pl* (*Unterschiedlichkeit*) différences *fpl*
gegensätzlich [ˈgeːgənzɛtslɪç] *adj* opposé(e)
Gegenseite *f* 1 autre côté *m* 2 JUR partie *f* adverse
gegenseitig [ˈgeːgənzaitɪç] *adj* mutuel(le)
Gegenseitigkeit *f* **auf ~ beruhen** être [tout à fait] réciproque
Gegenspieler(in) *m(f)* adversaire *mf*
Gegenstand <-[e]s, Gegenstände> *m* 1 objet *m* 2 (*Thema*) sujet *m*
gegenständlich [ˈgeːgənʃtɛntlɪç] *adj* (*Malerei*) figuratif(-ive)
gegenstandslos *adj* sans objet
Gegenstimme *f* POL voix *f* contre **Gegenstück** *nt* pendant *m* **Gegenteil** *nt* contraire *m*
gegenteilig *adj* contraire
gegenüber [geːgənˈʔyːbɐ] **I.** *präp + dat* 1 **~ dem Bahnhof** en face de la gare 2 (*zu*) **mir ~ hat er das nicht geäußert** il ne me l'a pas dit en face 3 (*im Vergleich zu*) **jdm ~ im Vorteil sein** avoir un avantage par rapport à qn **II.** *adv* en face
Gegenüber <-s, -> *nt* vis-à-vis *m*

G

gegenüberliegend *adj attr* d'en face **gegenüber|sitzen** *vi irr* **sich** (*dat*) ~ être assis l'un/l'une en face de l'autre **gegenüber|stehen** *vi irr* **jdm misstrauisch** ~ être méfiant à l'égard de qn **gegenüber|stellen** *vt* confronter **Gegenüberstellung** *f* confrontation *f*

Gegenverkehr *m* circulation *f* en sens inverse **Gegenvorschlag** *m* contre-proposition *f*

Gegenwart ['ge:gənvart] <-> *f* ❶ présent *m* ❷ (*heutige Zeit*) époque *f* actuelle ❸ (*Anwesenheit*) présence *f*

gegenwärtig ['ge:gənvɛrtɪç] **I.** *adj* ❶ *attr* actuel(le) ❷ *geh* (*erinnerlich*) **etw ist jdm** ~ qn a qc présent à l'esprit **II.** *adv* à l'heure actuelle

Gegenwind *m* vent *m* contraire

gegen|zeichnen *vt* contresigner

Gegner(in) ['ge:gnɐ] <-s, -> *m(f)* ❶ MIL ennemi(e) *m(f)* ❷ SPORT adversaire *mf* ❸ (*opp: Befürworter*) opposant(e) *m(f)*

gegnerisch *adj attr* ❶ MIL ennemi(e) ❷ SPORT, JUR adverse

Gegnerschaft <-, -en> *f* ~ **gegen etw** opposition *f* à qc

Gehabe [gə'ha:bə] <-s> *nt pej fam* manières *fpl*

Gehackte(s) *nt dekl wie adj* viande *f* hachée

Gehalt[1] [gə'halt, *Pl:* gə'hɛltɐ] <-[e]s, Gehälter> *nt o A m* salaire *m*

Gehalt[2] <-[e]s, -e> *m* ~ **an Kalzium** teneur *f* en calcium

gehaltlos *adj* peu nutritif(-ive)

Gehaltsabrechnung *f* bulletin *m* de paye **Gehaltserhöhung** *f* augmentation *f* de salaire **Gehaltsvorstellung** *f meist Pl* prétentions *fpl* salariales

gehaltvoll *adj* (*nahrhaft*) nutritif(-ive)

gehandikapt [gə'hɛndikɛpt] *adj fam* handicapé(e)

gehässig [gə'hɛsɪç] **I.** *adj* venimeux(-euse) **II.** *adv* avec malveillance

Gehässigkeit <-> *f kein Pl* hargne *f*

gehäuft [gə'hɔyft] **I.** *adj* ❶ (*Löffel*) bon(ne) ❷ (*Auftreten*) répété(e) **II.** *adv* fréquemment

Gehäuse [gə'hɔyzə] <-s, -> *nt* ❶ (*eines Geräts*) boîtier *m* ❷ (*Kerngehäuse*) trognon *m*

gehbehindert ['ge:bəhɪndɐt] *adj* ~ **sein** avoir du mal à se déplacer

Gehege [gə'he:gə] <-s, -> *nt* enclos *m*

geheim [gə'haim] **I.** *adj* secret(-ète) **II.** *adv* (*abstimmen*) à bulletins secrets

Geheimdienst *m* services *mpl* secrets

Geheimnis [gə'haimnɪs] <-ses, -se> *nt* secret *m*

geheimnisvoll *adj* mystérieux(-euse)

Geheimnummer *f* ❶ (*Telefonnummer*) numéro *m* sur la liste rouge ❷ (*Geheimzahl*) numéro *m* secret **Geheimpolizei** *f* police *f* secrète **Geheimtipp**[RR] *m* tuyau *m* (*fam*) **Geheimtür** *f* porte *f* dérobée **Geheimzahl** *f* code *m* confidentiel

Geheiß [gə'hais] <-es> *nt geh* **auf sein** ~ sur son ordre

gehemmt *adj* inhibé(e)

gehen ['ge:ən] <ging, gegangen> **I.** *vi* + *sein* ❶ aller; **über die Straße** ~ traverser la rue ❷ (*zu Fuß* ~) marcher ❸ (*besuchen*) **ins Kino** ~ aller au cinéma ❹ (*weg~*) partir ❺ (*eine Tätigkeit aufnehmen*) **in die Politik** ~ entrer dans la politique ❻ (*zeigen nach*) **auf den Garten** ~ (*Fenster*) donner sur le jardin ❼ (*Uhr, Geschäft*) marcher ❽ *fam* (*verlaufen*) **gut** ~ bien se passer ❾ (*sich unterbringen lassen*) **durch die Tür** ~ (*Schrank*) passer par la porte ❿ (*dauern*) durer ⓫ (*reichen*) **das Wasser geht ihm bis zur Hüfte** l'eau lui monte jusqu'aux hanches ⓬ (*auf~: Teig*) lever ⓭ *fam* (*sich verkleiden*) **als Fee** ~ se déguiser en fée ⓮ (*möglich sein*) **ja, das geht** oui, c'est possible ⓯ *fam* (*liiert sein*) **mit jdm** ~ sortir avec qn ⓰ (*urteilen*) **nach dem Gefühl** ~ se fier à son intuition ⓱ (*abhängen von*) **wenn es nach mir ginge** si ça ne tenait qu'à moi ⓲ (*geschehen*) **vor sich** ~ se passer ►**es geht nichts über ...** il n'y a rien de tel que ... **II.** *vi unpers* + *sein* ❶ **ihm/ihr geht es gut** il/elle va bien ❷ (*ergehen*) **mir geht es genauso** pour moi, c'est la même chose ❸ (*zu schaffen sein*) **geht es, oder soll ich dir tragen helfen?** ça va, ou faut-il que je t'aide à porter? ❹ (*sich drehen um*) **es geht um viel Geld** beaucoup d'argent est en jeu ❺ (*sich begeben*) **jetzt geht es nach Hause!** c'est l'heure de rentrer! **III.** *vt* + *sein* **Weg**) prendre

gehetzt *adj* ❶ (*verfolgt*) traqué(e) ❷ (*gestresst*) stressé(e)

geheuer [gə'hɔyɐ] *adj* **das ist mir nicht**

ganz ~ ça ne me paraît pas très net
Gehilfe [gəˈhɪlfə] <-n, -n> *m,* **Gehilfin** *f* ❶ aide *mf* ❷ (*Komplize*) complice *mf*
Gehirn [gəˈhɪrn] <-[e]s, -e> *nt* cerveau *m*
Gehirnerschütterung *f* commotion *f* cérébrale **Gehirnschlag** *m* attaque *f* [d'apoplexie] **Gehirnwäsche** *f* lavage *m* de cerveau
gehoben [gəˈhoːbən] *adj* (*Stellung*) élevé(e); (*Stilebene*) soutenu(e)
Gehöft [gəˈhøːft] <-[e]s, -e> *nt* ferme *f*
Gehölz <-es, -e> *nt geh* bosquet *m*
Gehör [gəˈhøːɐ̯] <-[e]s, -e> *nt* ouïe *f*
gehorchen* *vi* **jdm** ~ obéir à qn
gehören* **I.** *vi* ❶ **jdm** ~ appartenir à qn; **jdm/einer S.** ~ *fig* (*Sympathie*) aller à qn/qc ❷ (*dazu~*) **zur Familie** ~ faire partie de la famille ❸ (*hin~*) **du gehörst ins Bett** tu devrais être au lit ❹ (*nötig sein*) **dazu gehört viel Mut** il faut beaucoup de courage pour faire ça **II.** *vr* **das gehört sich nicht** ça ne se fait pas
Gehörgang <-gänge> *m* conduit *m* auditif
gehörig *adj* ❶ *attr* (*Benehmen*) convenable ❷ *geh* (*gehörend*) **zu etw** ~ afférent(e) à qc ❸ *attr fam* (*beträchtlich*) sacré(e) *antéposé*
gehörlos *adj form* sourd(e)
Gehörlose(r) *f(m) dekl wie adj form* sourd(e) *m(f)*
gehorsam [gəˈhoːɐ̯zaːm] **I.** *adj* obéissant(e) **II.** *adv* docilement
Gehorsam <-s> *m* obéissance *f*
Gehsteig [ˈgeːʃtai̯k] *m,* **Gehweg** [ˈgeːveːk] *m* trottoir *m*
Geier [ˈgai̯ɐ] <-s, -> *m* vautour *m*
Geifer <-s> *m* bave *f*
geifern *vi pej* (*sich gehässig äußern*) bavasser (*fam*)
Geige [ˈgai̯gə] <-, -n> *f* violon *m*
geigen *vi* jouer du violon
Geigenbauer(in) <-s, -> *m(f)* luthier(-ière) *m(f)*
Geiger(in) <-s, -> *m(f)* violoniste *mf*
Geigerzähler [ˈgai̯gɐtsɛːlɐ] *m* compteur *m* Geiger
geil [gai̯l] **I.** *adj* ❶ vicieux(-euse) ❷ *fam* (*Musik*) génial(e) **II.** *adv* ❶ de façon lubrique ❷ *fam* (*sehr gut*) super bien
Geisel [ˈgai̯zəl] <-, -n> *f* otage *mf*
Geiselnahme [ˈgai̯zəlnaːmə] <-, -n> *f* prise *f* d'otage[s] **Geiselnehmer(in)** <-s, -> *m(f)* preneur(-euse) *m(f)* d'otage[s]
Geiß [gai̯s] <-, -en> *f* A, CH, SDEUTSCH chèvre *f*
Geißbock *m* A, CH, SDEUTSCH bouc *m*
Geißel [ˈgai̯səl] <-, -n> *f* ❶ fouet *m* ❷ *geh* (*Plage*) fléau *m*
geißeln *vt* (*schlagen*) flageller
Geist [gai̯st] <-[e]s, -er> *m* ❶ *kein Pl* intelligence *f* ❷ (*geistige Wesenheit*) esprit *m* ❸ (*Gespenst*) spectre *m* ▶**jdm auf den ~ gehen** *fam* taper sur le système à qn
Geisterbahn *f* train *m* fantôme **Geisterfahrer(in)** *m(f) fam chauffard circulant à contre-sens sur l'autoroute*
geisterhaft *adj, adv* fantomatique
Geisterhand ▶**wie von** ~ comme par magie **Geisterstunde** *f* douze coups *mpl* de minuit
geistesabwesend **I.** *adj* absent(e) **II.** *adv* l'air absent **Geistesblitz** *m fam* trait *m* de génie **Geistesgegenwart** *f* présence *f* d'esprit **geistesgegenwärtig** *adj* (*Tat*) qui témoigne de présence d'esprit **geistesgestört** *adj* souffrant de troubles mentaux **geisteskrank** *adj* malade mental(e) **Geisteskranke(r)** *f(m) dekl wie adj* malade *mf* mental(e) **Geisteskrankheit** *f* maladie *f* mentale **Geisteswissenschaften** *Pl* sciences *fpl* humaines **Geisteswissenschaftler(in)** *m(f)* spécialiste *mf* des sciences humaines **geisteswissenschaftlich** *adj* de sciences humaines **Geisteszustand** *m* état *m* mental
geistig [ˈgai̯stɪç] **I.** *adj* ❶ intellectuel(le) ❷ (*spirituell*) spirituel(le) **II.** *adv* MED ~ **behindert** handicapé(e) mental(e)
geistlich [ˈgai̯stlɪç] *adj* religieux(-euse); (*Amt*) ecclésiastique
Geistliche(r) *f(m) dekl wie adj* ecclésiastique *mf*
geistlos *adj* stupide
geistreich *adj* (*Person*) spirituel(le); (*Unterhaltung*) enrichissant(e)
Geiz [gai̯ts] <-es> *m* avarice *f*
geizen *vi* **mit etw** ~ lésiner sur qc
Geizhals *m pej* grippe-sou *m*
geizig *adj* avare
Geizkragen *s.* **Geizhals**
Gejammer [gəˈjamɐ] <-s> *nt pej fam* jérémiades *mpl*
Gekicher [gəˈkɪçɐ] <-s> *nt pej fam* ricanements *mpl*
Geklapper <-s> *nt pej fam* tintamarre *m*

G

Geklimper <-s> *nt pej fam* (*Klaviergeklimper*) pianotage *m*
geknickt [gəˈknɪkt] *adj fam* déprimé(e)
Geknister <-s> *nt* froissement *m*
gekonnt [gəˈkɔnt] *adj* techniquement parfait(e)
Gekritzel [gəˈkrɪtsəl] <-s> *nt pej* pattes *fpl* de mouche
gekünstelt [gəˈkʏnstəlt] *pej* **I.** *adj* affecté(e) **II.** *adv* avec affectation
Gel [geːl] <-s, -e> *nt* gel *m*
Gelächter [gəˈlɛçtɐ] <-s, -> *nt* rires *mpl*
geladen [gəˈlaːdən] *adj fam* ~ **sein** être furax
Gelage [gəˈlaːgə] <-s, -> *nt* orgie *f*
gelähmt [gəˈlɛːmt] *adj* paralysé(e)
Gelähmte(r) *f(m) dekl wie adj* paralysé(e) *m(f)*
Gelände [gəˈlɛndə] <-s, -> *nt* terrain *m*
Geländelauf *m* cross *m*
Geländer [gəˈlɛndɐ] <-s, -> *nt* (*Treppengeländer*) rampe *f*
Geländewagen *m* véhicule *m* tout-terrain
gelang [gəˈlaŋ] *Imp von* **gelingen**
gelangen* [gəˈlaŋən] *vi + sein* **ans Ziel** ~ arriver au but; **an die Öffentlichkeit** ~ être rendu public
gelangweilt **I.** *adj* (*Person*) qui s'ennuie; (*Blick*) d'ennui **II.** *adv* l'air ennuyé
gelassen [gəˈlasən] *adj* placide
Gelassenheit <-> *f* flegme *m*
Gelatine [ʒelaˈtiːnə] <-> *f* gélatine *f*
geläufig [gəˈlɔyfɪç] *adj* courant(e)
gelaunt [gəˈlaunt] *adj* **gut/schlecht** ~ **sein** être de bonne/mauvaise humeur
gelb [gɛlp] *adj* jaune
Gelb <-s, -> *nt* ❶ jaune *m* ❷ (*gelbes Ampellicht*) [feu *m*] orange *m*
Gelbfieber *nt* fièvre *f* jaune
gelblich *adj* jaune pâle
Gelbsucht *f* MED jaunisse *f*
Geld [gɛlt] <-[e]s, -er> *nt* ❶ *kein Pl* argent *m* ❷ *Pl* (*Mittel*) fonds *mpl* ▶**ins** ~ **gehen** *fam* finir par chiffrer
Geldangelegenheit *f* question *f* d'argent **Geldanlage** *f* placement *m* financier **Geldautomat** *m* distributeur *m* de billets **Geldbeutel** *m* porte-monnaie *m* **Geldbuße** *f* amende *f* **Geldgeber(in)** *m(f)* bailleur (-esse) *m(f)* de fonds **Geldgeschäft** *nt* opération *f* financière **geldgierig** *adj* cupide **Geldinstitut** *nt* établissement *m* financier **Geldschein** *m* billet *m* de banque **Geldschrank** *m* coffre-fort *m* **Geldsorgen** *Pl* soucis *mpl* d'argent **Geldstrafe** *f* amende *f* **Geldstück** *nt* pièce *f* de monnaie **Geldtransporter** *m* convoyeur *m* de fonds **Geldwäsche** *f* blanchiment *m* d'argent **Geldwechsel** *m* change *m*
Gelee [ʒeˈleː] <-s, -s> *m o nt* gelée *f*
Gelege <-s, -> *nt* couvée *f*
gelegen [gəˈleːgən] *adj* ❶ (*Zeitpunkt*) opportun(e); **der Besuch kommt mir** ~ la visite tombe à propos ❷ (*von Wichtigkeit*) **ihr ist daran** ~**, dass …** il lui importe que … ❸ (*befindlich*) **einsam** ~ **sein** (*Haus*) être isolé
Gelegenheit <-, -en> *f* occasion *f*
Gelegenheitsarbeit *f* petit boulot *m* (*fam*)
gelegentlich [gəˈleːgəntlɪç] **I.** *adj* (*Aufheiterungen*) passager(-ère) **II.** *adv* ❶ de temps en temps ❷ (*bei Gelegenheit*) à l'occasion
gelehrig *adj* éveillé(e); (*Tier*) intelligent(e)
gelehrt [gəˈleːɐ̯t] *adj* érudit(e)
Gelehrte(r) *f(m) dekl wie adj* érudit(e) *m(f)*
Geleise [gəˈlaizə] <-s, -> *nt* A, CH voie *f*; **s. Gleis**
Geleit [gəˈlait] <-[e]s, -e> *nt* ❶ (*Eskorte*) escorte *f* ❷ *kein Pl* JUR *geh* **freies** ~ sauf-conduit *m*
geleiten* *vt geh* accompagner
Geleitschutz *m* escorte *f*
Gelenk [gəˈlɛŋk] <-[e]s, -e> *nt* ❶ articulation *f* ❷ TECH joint *m*
Gelenkentzündung *f* arthrite *f*
gelenkig *adj* souple
gelernt *adj* (*Bäcker*) qualifié(e)
geliebt [gəˈliːpt] *adj* bien-aimé(e)
Geliebte(r) *f(m) dekl wie adj* amant *m*/maîtresse *f*
geliefert [gəˈliːfɐt] *adj fam* ~ **sein** être fichu
gelind[e] *adv* ~ **gesagt** c'est le moins que l'on puisse dire
gelingen [gəˈlɪŋən] <gelang, gelungen> *vi + sein* (*Werk*) réussir; **nicht gelungen sein** (*Essen*) être raté
Gelingen <-s> *nt* réussite *f*
gell[e] *interj* CH, SDEUTSCH *s.* **gelt**
gellen [ˈgɛlən] *vi* retentir
gellend *adj* strident(e)
geloben* *vt geh* **jdm etw** ~ promettre solennellement qc à qn
Gelöbnis [gəˈløːpnɪs] <-ses, -se> *nt* ❶ *geh* promesse *f* solennelle ❷ MIL serment *m*

gelockt *adj* (*Haare*) bouclé(e)
gelöst *adj* (*Person, Atmosphäre*) détendu(e)
gelten ['gɛltən] <gilt, galt, gegolten> **I.** *vi* ❶ être valable; (*Gesetz*) être en vigueur; **Einwände ~ lassen** admettre des objections ❷ (*bestimmt sein*) **jdm/einer S. ~** (*Attentat*) être dirigé contre qn/qc ❸ (*sich beziehen*) **das gilt auch für dich** c'est aussi valable pour toi ❹ (*angesehen werden*) **als zuverlässig ~** (*Person*) passer pour [être] fiable **II.** *vt* **viel/wenig ~** (*Meinung*) avoir un certain poids/n'avoir aucune valeur
gelt *interj* A, CH, SDEUTSCH hein
geltend *adj attr* en vigueur
Geltung <-, -en> *f* ❶ validité *f* ❷ (*Ansehen*) considération *f* ❸ (*Wirkung*) **zur ~ kommen** être mis en valeur
Geltungsbedürfnis *nt kein Pl* besoin *m* de se faire valoir
Gelübde [gə'lʏpdə] <-s, -> *nt* vœu *m*
gelungen [gə'lʊŋən] *adj attr* (*Abend*) [très] réussi(e)
GEMA ['geːma] <-> *f Abk von* **Gesellschaft für musikalische Aufführungs- und mechanische Vervielfältigungsrechte** ≈ S.A.C.E.M. *f*
gemächlich [gə'mɛːçlɪç] *adj* tranquille
Gemahl(in) [gə'maːl] <-s, -e> *m(f) geh* époux *m*/épouse *f*
Gemälde [gə'mɛːldə] <-s, -> *nt* tableau *m*
Gemäldegalerie *f* galerie *f* de peinture[s]
gemasert *adj* veiné(e)
gemäß [gə'mɛːs] **I.** *präp* +*dat* conformément à **II.** *adj* **jdm/einer S. ~ sein** être adapté à qn/qc
gemäßigt [gə'mɛːsɪçt] *adj* ❶ (*Klima*) tempéré(e) ❷ (*moderat*) modéré(e)
Gemäuer [gə'mɔyɐ] <-s, -> *nt* murailles *fpl*
Gemecker [gə'mɛkɐ] <-s> *nt* ❶ (*einer Ziege*) bêlement *m gén pl* ❷ *pej fam* (*Nörgelei*) rouspétances *fpl*
gemein [gə'main] *adj* ❶ (*Person*) infâme ❷ *fam* (*unfair*) vache ❸ (*Lüge*) odieux(-euse) ❹ (*gemeinsam*) **etw mit jdm/etw ~ haben** avoir qc en commun avec qn/qc
Gemeinde [gə'maində] <-, -n> *f* ❶ commune *f* ❷ (*Pfarrgemeinde*) paroisse *f*
Gemeindemitglied *nt* paroissien(ne) *m(f)* **Gemeinderat** *m* conseil *m* municipal **Gemeindeversammlung** *f* CH assemblée *f* municipale **Gemeindezentrum** *nt* foyer *m* socioculturel
gemeingefährlich *adj* représentant un danger public **Gemeingut** *nt* bien *m* commun
Gemeinheit <-, -en> *f* méchanceté *f*
Gemeinnutz *m* intérêt *m* général
gemeinnützig *adj* (*Einrichtung*) d'utilité publique
Gemeinplatz *m* lieu *m* commun
gemeinsam **I.** *adj* ❶ commun(e) ❷ (*verbindend*) **sie haben vieles ~** ils/elles ont beaucoup de choses en commun **II.** *adv* ensemble
Gemeinsamkeit <-, -en> *f* point *m* commun
Gemeinschaft <-, -en> *f* communauté *f*; **die Europäische ~** la Communauté européenne
gemeinschaftlich **I.** *adj* (*Projekt*) en coopération; (*Nutzung*) [en] commun **II.** *adv* (*nutzen*) en commun
Gemeinschaftsarbeit *f* travail *m* collectif **Gemeinschaftskunde** *f kein Pl* instruction *f* civique **Gemeinschaftspraxis** *f* cabinet *m* de groupe **Gemeinschaftsproduktion** *f* coproduction *f* **Gemeinschaftsraum** *m* salle *f* commune
Gemeinwohl *nt* intérêt *m* commun
Gemenge [gə'mɛŋə] <-s, -> *nt* ❶ mélange *m* ❷ (*Durcheinander*) fouillis *m*
gemessen [gə'mɛsən] *adj* (*Höflichkeit*) réservé(e)
Gemetzel [gə'mɛtsəl] <-s, -> *nt* carnage *m*
Gemisch [gə'mɪʃ] <-[e]s, -e> *nt* mélange *m*
gemischt [gə'mɪʃt] *adj* mélangé(e); (*Klasse*) mixte
Gemse^ALT *s.* **Gämse**
Gemurmel [gə'mʊrməl] <-s> *nt* murmures *mpl*
Gemüse [gə'myːzə] <-s, -> *nt* légumes *mpl*
Gemüseanbau *m* culture *f* maraîchère **Gemüsegarten** *m* [jardin *m*] potager *m* **Gemüsehändler(in)** *m(f)* marchand(e) *m(f)* de légumes **Gemüsesuppe** *f* soupe *f* de légumes
gemustert [gə'mʊstɐt] *adj* imprimé(e)
Gemüt [gə'myːt] <-[e]s, -er> *nt* **ein zartes ~** un cœur tendre; **die ~er bewegen** émouvoir les esprits
gemütlich **I.** *adj* ❶ (*Wohnung*) douillet(te); **es sich ~ machen** se mettre à son aise ❷ (*Abend*) agréable; (*Beisammensein*) sympathique **II.** *adv* ❶ (*gemächlich*) tranquillement ❷ (*behaglich*) confortablement

Gemütlichkeit <-> *f* ❶ (*einer Wohnung*) confort *m* [douillet] ❷ (*Gemächlichkeit*) **etw in aller ~ tun** faire qc bien tranquillement

Gemütsbewegung *f* émotion *f* **Gemütsmensch** *m fam* bonne pâte *f* **Gemütsruhe** *f* quiétude *f* **Gemütsverfassung** *f* état *m* d'âme

Gen [ge:n] <-s, -e> *nt* BIO gène *m*

genas [gə'na:s] *Imp von* **genesen**

genau [gə'nau̯] **I.** *adj* ❶ précis(e) ❷ (*gewissenhaft*) **in etw** (*dat*) **~ sein** être rigoureux dans qc **II.** *adv* ❶ exactement; (*passen*) juste; **auf die Sekunde ~** à la seconde près ❷ (*gerade*) justement ▶**~ genommen** strictement parlant

genaugenommenALT *s.* **genau II.**▶

Genauigkeit <-> *f* précision *f*

genauso [gə'nau̯zo:] *adv* de même

Genbank *f* BIO banque *f* d'informations génétiques

Gendarm [ʒan'darm] <-en, -en> *m* A gendarme *m*

Gendarmerie [ʒandarmə'ri:] <-, -n> *f* A gendarmerie *f*

Genealogie [-'gi:ən] <-, -n> *f* généalogie *f*

genehm [gə'ne:m] *adj geh* **jdm ~ sein** (*Person*) plaire à qn; (*Termin*) agréer à qn

genehmigen* [gə'ne:mɪgən] **I.** *vt* **einen Antrag ~** (*Behörde*) autoriser une demande **II.** *vr* **sich** (*dat*) **etw ~** *fam* s'offrir qc

Genehmigung <-, -en> *f* autorisation *f*; (*eines Antrags*) acceptation *f*

geneigt [gə'nai̯kt] *adj geh* **~ sein etw zu tun** être disposé à faire qc

Genera *Pl von* **Genus**

General [genə'ra:l] <-[e]s, -e> *m* général *m*

Generaldirektor(in) *m(f)* directeur *m* général/directrice *f* générale

Generalin <-, -nen> *f* général *m*; (*Frau eines Generals*) générale *f*

Generalkonsul(in) *m(f)* consul *m* général **Generalkonsulat** *nt* consulat *m* général **Generalprobe** *f* [répétition *f*] générale *f* **Generalsekretär(in)** *m(f)* secrétaire *mf* général(e) **Generalstab** *m* état-major *m* **Generalstreik** *m* grève *f* générale **generalüberholen*** *vt nur Infin und PP* **einen Wagen ~ lassen** faire faire une révision complète d'une voiture **Generalversammlung** *f* assemblée *f* générale

Generation [genəra'tsi̯o:n] <-, -en> *f* génération *f*

Generationenvertrag *m* pacte *m* de solidarité entre générations

Generationskonflikt *m* conflit *m* des générations **Generationswechsel** [-ks-] *m* (*bei Menschen*) renouvellement *m* des générations

Generator [genə'ra:to:ɐ̯] <-s, -toren> *m* génératrice *f*

generell [genə'rɛl] *adj* général(e)

generieren* *vt* INFORM produire

genesen [gə'ne:zən] <genas, -> *vi + sein geh* **von einer Operation ~** se remettre d'une opération

Genesung [gə'ne:zʊŋ] <-, -en> *f* guérison *f*

Genetik [ge'ne:tɪk] <-> *f* génétique *f*

genetisch [ge'ne:tɪʃ] *adj* génétique

Genf [gɛnf] <-s> *nt* Genève

Genfer See <- -s> *m* **der ~** le lac Léman

Genforscher(in) *m(f)* généticien(ne) *m(f)* **Genforschung** *f* génétique *f*

genial [ge'ni̯a:l] *adj* génial(e)

Genialität [geni̯ali'tɛ:t] <-> *f* (*einer Person*) génie *m*; (*eines Plans*) caractère *m* génial

Genick [gə'nɪk] <-[e]s, -e> *nt* nuque *f*

GenickschussRR *m* balle *f* dans la nuque

Genie [ʒe'ni:] <-s, -s> *nt* génie *m*

genieren* [ʒe'ni:rən] *vr* **sich vor jdm ~** être gêné devant qn

genießbar *adj* consommable

genießen [gə'ni:sən] <genoss, genossen> *vt* ❶ (*Leben, Urlaub*) profiter de ❷ (*Speise*) savourer ❸ *geh* (*Erziehung*) recevoir

Genießer(in) <-s, -> *m(f)* bon vivant *m*

genießerisch **I.** *adj* épicurien(ne) **II.** *adv* voluptueusement

Genitalbereich *m* zone *f* des parties génitales

Genitalien [geni'ta:liən] *Pl* les parties génitales

Genitiv ['ge:niti:f] <-s, -e> *m* LING génitif *m*

Genius ['ge:niən] <-, Genien> *m* génie *m*

Genmanipulation *f* manipulation *f* génétique

Genom [ge'no:m] <-s, -e> *nt* BIO génome *m*

genossRR, **genoß**ALT [gə'nɔs] *Imp von* **genießen**

Genosse [gə'nɔsə] <-n, -n> *m*, **Genossin** camarade *mf*

Genossenschaft <-, -en> *f* coopérative *f*

genossenschaftlich **I.** *adj* coopératif(-ive) **II.** *adv* en coopérative

Genre ['ʒɑ̃:rə] <-s, -s> *nt* KUNST genre *m*
Gentechnik *f* génétique *f* **gentechnisch** *adj* génétique **Gentechnologie** *f* génie *m* génétique
genug [gə'nu:k] *adv* assez
Genüge [gə'ny:gə] <-> *f* ▶**zur** ~ suffisamment; (*bis zum Überdruss*) à satiété
genügen* [gə'ny:gən] *vi* 1 **jdm** ~ suffire à qn 2 (*gerecht werden*) **den Ansprüchen** ~ satisfaire aux exigences
genügend *adv* suffisamment
genügsam I. *adj* peu exigeant(e) II. *adv* frugalement
Genugtuung [gə'nu:ktu:ʊŋ] <-> *f* satisfaction *f*
Genus ['gɛnʊs] <-, Genera> *nt* LING genre *m*
Genuss[RR] <-es, Genüsse>, **Genuß**[ALT] [gə'nʊs, *Pl:* gə'nʏsə] <-sses, Genüsse> *m* 1 régal *m* 2 (*Freude*) **es ist ein ~!** c'est un [vrai] plaisir!
genüsslich[RR] [gə'nʏslɪç], **genüßlich**[ALT] I. *adj* de délectation II. *adv* avec délectation
Genussmittel[RR] *nt* stimulant *m*
Geograf[RR]**(in)** *s.* **Geograph(in)**
Geografie[RR] *s.* **Geographie**
geografisch[RR] *s.* **geographisch**
Geograph(in) [geo'gra:f] <-en, -en> *m(f)* géographe *mf*
Geographie [geogra'fi:] <-> *f* géographie *f*
geographisch I. *adj* géographique II. *adv* géographiquement
Geologe [geo'lo:gə] <-n, -n> *m*, **Geologin** *f* géologue *mf*
Geologie [geolo'gi:] <-> *f* géologie *f*
geologisch [geo'lo:gɪʃ] *adj* géologique
Geometrie [geome'tri:] <-> *f* géométrie *f*
geometrisch [geo'me:trɪʃ] *adj* géométrique
Geophysik [geofy'zi:k] *f* géophysique *f*
Gepäck [gə'pɛk] <-[e]s> *nt* bagages *mpl*
Gepäckabfertigung *f*, **Gepäckannahme** *f* guichet *m* d'enregistrement des bagages **Gepäckablage** *f* porte-bagages *m* **Gepäckaufbewahrung** *f* consigne *f* **Gepäckausgabe** *f* guichet *m* de retrait des bagages **Gepäckkontrolle** *f* contrôle *m* des bagages **Gepäcknetz** *nt* filet *m* à bagages **Gepäckstück** *nt* bagage *m* **Gepäckträger** *m* 1 (*Person*) porteur *m* 2 (*Vorrichtung*) porte-bagages *m* **Gepäckwagen** *m* fourgon *m*
Gepard ['ge:part] <-s, -e> *m* guépard *m*
gepfeffert [gə'pfɛfɐt] *adj fam* (*sehr teuer*) salé(e)
gepflegt [gə'pfle:kt] *adj* (*Person*) soigné(e); (*Ausdrucksweise*) raffiné(e)
Gepflogenheit [gə'pflo:gənhait] <-, -en> *f geh* habitude *f*
Geplapper [gə'plapɐ] <-s> *nt pej fam* bavardages *mpl;* (*eines Kindes*) babillage *m*
Geplätscher [gə'plɛtʃɐ] <-s> *nt* clapotis *m*
Gepolter [gə'pɔltɐ] <-s> *nt* vacarme *m*
Gepräge [gə'prɛ:gə] <-s> *nt geh* cachet *m*
gepunktet *adj* 1 (*Linie*) pointillé(e) 2 (*Stoff*) **blau** ~ à pois bleus
gequält [gə'kvɛ:lt] I. *adj* (*Lächeln*) forcé(e) II. *adv* (*lächeln*) d'un air contraint
gerade [gə'ra:də] I. *adj* 1 droit(e) 2 (*Zahl*) pair(e) 3 (*aufrichtig*) franc(franche) II. *adv* 1 ~ **stehen** se tenir droit(e) 2 (*im Augenblick*) justement; ~ **arbeiten** (*Person*) être en train de travailler 3 (*knapp*) **die Prüfung ~ so bestehen** réussir son examen de justesse 4 (*genau*) ~ **deswegen habe ich das gesagt** c'est justement pour cette raison que j'ai dit ça 5 (*ausgerechnet*) **nicht ~ hübsch** pas spécialement beau
Gerade [gə'ra:də] <-n, -n> *f* 1 MATH droite *f* 2 SPORT ligne *f* droite
geradeaus [gəra:də'ʔaus] *adv* tout droit **geradeheraus** *fam* I. *adj* ~ **sein** être franc II. *adv* franco
gerade|stehen *vi irr* **für jdn/etw** ~ répondre de qn/qc
geradewegs [gə'ra:dəve:ks] *adv* directement
geradezu [gə'ra:dətsu:] *adv* tout simplement
geradlinig [gə'ra:tli:nɪç] I. *adj* 1 rectiligne 2 (*aufrichtig*) droit(e) II. *adv* (*verlaufen*) en ligne droite
Geranie [ge'ra:niə] <-, -n> *f* géranium *m*
gerann *Imp von* **gerinnen**
Gerät [gə'rɛ:t] <-[e]s, -e> *nt* 1 (*Haushaltsgerät*) ustensile *m* 2 (*Gartengerät*) outil *m* [de jardin] 3 (*Elektrogerät*) appareil *m* 4 (*Turngerät*) agrès *mpl* 5 *kein Pl* (*Ausrüstung*) outils *mpl*
geraten [gə'ra:tən] <gerät, geriet, ~> *vi* + *sein* 1 **in einen Sturm** ~ être surpris par la tempête; **unter einen Zug** ~ passer sous un train 2 (*einen Zustand erlangen*) **in Panik** ~ être pris de panique; **ins Stocken** ~ (*Verkehr*) se ralentir 3 (*ähnlich wer-*

G

den) **nach jdm** ~ ressembler à qn

Geräteschuppen *m* remise *f* à outils **Geräteturnen** *nt* exercices *mpl* aux agrès

Geratewohl [gəra:tə'vo:l] *nt* ►**aufs** ~ *fam* au petit bonheur [la chance]

geräumig [gə'rɔymɪç] *adj* spacieux(-euse)

Geräusch [gə'rɔyʃ] <-[e]s, -e> *nt* bruit *m*

geräuscharm *adj* silencieux(-euse) **geräuschempfindlich** *adj* sensible au[x] bruit[s] **Geräuschkulisse** *f* bruit *m* de fond **geräuschlos** **I.** *adj* silencieux(-euse) **II.** *adv* sans bruit **geräuschvoll** **I.** *adj* bruyant(e) **II.** *adv* bruyamment

gerben ['gɛrbən] *vt* tanner

Gerber(in) <-s, -> *m(f)* tanneur(-euse) *m(f)*

Gerberei [gɛrbə'raj] <-, -en> *f* tannerie *f*

gerecht [gə'rɛçt] **I.** *adj* juste; (*Zorn*) justifié(e) **II.** *adv* équitablement

gerechtfertigt *adj* justifié(e)

Gerechtigkeit <-> *f* justice *f*

Gerede [gə're:də] <-s> *nt* ❶ (*Klatsch*) racontars *mpl* ❷ (*leeres Gerede*) histoires *fpl*

geregelt *adj* (*regelmäßig*) régulier(-ière)

gereizt [gə'rajtst] **I.** *adj* (*Person*) agacé(e) **II.** *adv* avec irritation

Gericht [gə'rɪçt] <-[e]s, -e> *nt* ❶ GASTR plat *m* ❷ (*Institution*) tribunal *m* ❸ (*Gebäude*) palais *m* de justice ❹ REL **das Jüngste** ~ le Jugement dernier

gerichtlich **I.** *adj attr* judiciaire **II.** *adv* en justice

Gerichtsakte *f* dossier *m* **Gerichtsbeschluss**[RR] *m* décision *f* de justice **Gerichtsgebäude** *nt* palais *m* de justice **Gerichtshof** *m* cour *f* de justice; **der Europäische** ~ la Cour de justice des Communautés européennes **Gerichtskosten** *Pl* frais *mpl* de justice **Gerichtsmedizin** *f* médecine *f* légale **Gerichtssaal** *m* salle *f* d'audience **Gerichtsstand** *m* juridiction *f* **Gerichtsverfahren** *nt* procédure *f* judiciaire **Gerichtsverhandlung** *f* audience *f* **Gerichtsvollzieher(in)** <-s, -> *m(f)* huissier *m*

gerieben [gə'ri:bən] *adj fam* roublard(e)

geriet *Imp von* **geraten**[1]

gering [gə'rɪŋ] *adj* faible; (*Menge*) petit(e); (*Temperatur*) bas(se); (*Kenntnisse*) médiocre ►**nicht im Geringsten** pas le moins du monde

geringelt *adj* (*Socken*) à rayures horizontales

geringfügig [gə'rɪŋfy:gɪç] **I.** *adj* insignifiant(e) **II.** *adv* légèrement

geringschätzig [gə'rɪŋʃɛtsɪç] **I.** *adj* méprisant(e) **II.** *adv* avec mépris

gerinnen [gə'rɪnən] <gerann, geronnen> *vi + sein* (*Blut*) coaguler; (*Milch*) cailler

Gerinnsel [gə'rɪnzəl] <-s, -> *nt* MED caillot *m*

Gerinnung <-, -en> *f* coagulation *f*

Gerippe [gə'rɪpə] <-s, -> *nt* squelette *m*

gerissen [gə'rɪsən] *adj fam* (*Person*) roublard(e)

Germ [gɛrm] <-> *f* A levure *f*

Germane [gɛr'ma:nə] <-n, -n> *m*, **Germanin** *f* Germain(e) *m(f)*

germanisch *adj* germanique

Germanist(in) <-en, -en> *m(f)* germaniste *mf*

Germanistik [gɛrma'nɪstɪk] <-> *f* langue *f* et littérature *f* allemandes

gern[e] <lieber, am liebsten> *adv* ❶ **jdn** ~ **haben** aimer [bien] qn; **etw** ~ **tun** aimer bien faire qc ❷ (*ohne weiteres*) sans problème ❸ (*oft*) volontiers

Geröll [gə'rœl] <-[e]s, -e> *nt* éboulis *m*

Gerste ['gɛrstə] <-, -n> *f* orge *f*

Gerstenkorn *nt* ❶ grain *m* d'orge ❷ MED orgelet *m*

Gerte ['gɛrtə] <-, -n> *f* verge *f*

Geruch [gə'rʊx, *Pl:* gə'rʏçə] <-[e]s, Gerüche> *m* odeur *f*

geruchlos *adj* inodore

Geruchssinn *m* odorat *m*

Gerücht [gə'rʏçt] <-[e]s, -e> *nt* rumeur *f*

geruhsam [gə'ru:za:m] *adj* tranquille

Gerümpel [gə'rʏmpəl] <-s> *nt pej* bric-à-brac *m*

Gerundium [ge'rʊndiʊm] <-s, -dien> *nt* LING gérondif *m*

Gerüst [gə'rʏst] <-[e]s, -e> *nt* échafaudage *m*

Ges <-, -> *nt* MUS sol *m* bémol

gesalzen [gə'zaltsən] *adj fam* (*Preis*) exorbitant(e)

gesamt [gə'zamt] *adj attr* **die ~e Familie** toute la famille

Gesamtansicht *f* vue générale *f* **Gesamtauflage** *f* tirage *m* global **Gesamtausgabe** *f* [édition *f* des] œuvres *fpl* complètes **Gesamtbetrag** *m* montant *m* global **gesamtdeutsch** *adj* panallemand(e) **Gesamteindruck** *m* impression *f* d'ensemble **Gesamtergebnis** *nt* résultat *m* global

gesamteuropäisch *adj* paneuropéen(ne)

Gesamtheit <-> *f* (*von Personen*) ensemble *m;* (*von Tieren, Pflanzen*) totalité *f*

Gesamtschule *f* collège *m* (*regroupant les trois filières du premier et second cycle en Allemagne*) **Gesamtumsatz** *m* chiffre d'affaires *m* total **Gesamtwert** *m* valeur *f* totale

Gesandte(r) *f(m) dekl wie adj* POL ministre *mf* plénipotentiaire

Gesandtschaft <-, -en> *f* légation *f*

Gesang [gəˈzaŋ, *Pl:* gəˈzɛŋə] <-[e]s, Gesänge> *m* chant *m*

Gesangbuch *nt* livre *m* de cantiques **Gesangverein** *m* chorale *f*

Gesäß [gəˈzɛːs] <-es, -e> *nt* derrière *m*

gesättigt I. *PP von* **sättigen** II. *adj* CHEM saturé(e)

Geschäft [gəˈʃɛft] <-[e]s, -e> *nt* ❶ magasin *m* ❷ (*Unternehmen*) affaire *f* ❸ (*Handel*) commerce *m* ❹ *Kinderspr. fam* **sein ~ verrichten** faire ses besoins

geschäftig I. *adj* affairé(e) II. *adv* de façon affairée

geschäftlich I. *adj* (*Verabredung*) d'affaires II. *adv* pour affaires

GeschäftsabschlussRR *m* conclusion d'une affaire *f* **Geschäftsbedingungen** *Pl* **die allgemeinen ~** les conditions *fpl* générales **Geschäftsbericht** *m* rapport *m* d'activité **Geschäftsbrief** *m* lettre *f* d'affaires **Geschäftsbuch** *nt* livre *m* de commerce **geschäftsfähig** *adj* JUR apte à accomplir un acte juridique **Geschäftsfrau** *f* femme *f* d'affaires **Geschäftsfreund(in)** *m(f)* relation *f* d'affaires **geschäftsführend** *adj* ❶ (*Direktor*) général(e) ❷ (*Regierung*) en place **Geschäftsführer(in)** *m(f)* (*einer Firma*) gérant(e) *m(f);* (*einer Partei*) secrétaire *mf* général(e) **Geschäftsführung** *f* direction *f* **Geschäftsjahr** *nt* exercice *m* **Geschäftskosten** *Pl* **auf ~** aux frais de la société **Geschäftsleitung** *s.* **Geschäftsführung** **Geschäftsleute** *Pl von* **Geschäftsmann** **Geschäftsmann** <-leute> *m* homme *m* d'affaires **Geschäftsordnung** *f* règlement *m* intérieur

Geschäftspartner(in) *m(f)* ❶ partenaire *mf* commercial(e) ❷ (*Kompagnon*) associé(e) *m(f)* **Geschäftsreise** *f* voyage *m* d'affaires **geschäftsschädigend** *adj* préjudiciable à l'entreprise **Geschäftsschluss**RR *m* fermeture *f* des magasins **Geschäftsstelle** *f* (*Filiale*) agence *f* **geschäftstüchtig** *adj* doué(e) en affaires **Geschäftszeit** *f* heures *fpl* d'ouverture

geschah [gəˈʃaː] *Imp von* **geschehen**

gescheckt *adj* (*Fell*) tacheté(e)

geschehen [gəˈʃeːən] <geschieht, geschah, ~> *vi + sein* ❶ se passer; (*Unfall*) arriver ❷ (*getan werden*) **es muss etwas ~!** il faut faire quelque chose! ❸ (*Verbrechen*) se produire ❹ (*widerfahren*) **er weiß nicht, wie ihm geschieht** il ne sait pas ce qui lui arrive

Geschehen <-s, -> *nt geh* événements *mpl*

gescheit [gəˈʃait] *adj* ❶ (*klug*) intelligent(e) ❷ (*vernünftig*) raisonnable

Geschenk [gəˈʃɛŋk] <-[e]s, -e> *nt* cadeau *m*

Geschenkartikel *m* article-cadeau *m* **Geschenkpapier** *nt* papier cadeau *m*

Geschichte [gəˈʃɪçtə] <-, -n> *f* histoire *f*

geschichtlich *adj* historique

Geschichtsbuch *nt* livre *m* d'histoire **Geschichtsschreibung** *f* historiographie *f*

Geschick[1] [gəˈʃɪk] <-s> *nt* habileté *f*

Geschick[2] <-[e]s, -e> *nt geh* (*Schicksal*) destin *m*

Geschicklichkeit <-> *f* habileté *f*

geschickt *adj* adroit(e)

geschieden [gəˈʃiːdən] *adj* divorcé(e)

geschieht [gəˈʃiːt] *3. Pers Präs von* **geschehen**

Geschirr [gəˈʃɪr] <-[e]s, -e> *nt* ❶ vaisselle *f* ❷ (*von Zugtieren*) harnais *m*

Geschirrspülmaschine *f* lave-vaisselle *m* **Geschirrspülmittel** *nt* produit *m* [pour la] vaisselle **Geschirrtuch** <-tücher> *nt* torchon *m*

Geschlecht [gəˈʃlɛçt] <-[e]s, -er> *nt* ❶ *kein Pl* sexe *m* ❷ LING genre *m* ❸ (*Sippe*) famille *f*

geschlechtlich *adj* sexuel(le)

Geschlechtsakt *m* acte *m* sexuel **Geschlechtshormon** *nt* hormone *f* sexuelle **Geschlechtskrankheit** *f* maladie *f* vénérienne **Geschlechtsmerkmal** *nt* caractères *mpl* sexuels **Geschlechtsorgan** *nt* organe *m* génital **geschlechtsreif** *adj* formé(e); (*Mädchen*) nubile **Geschlechtsreife** *f* maturité *f* sexuelle **Geschlechtsverkehr** *m* rapports *mpl* sexuels

geschlossen [gəˈʃlɔsən] I. *adj* (*Front*) uni(e); (*Schneedecke*) homogène II. *adv* **~ hinter jdm stehen** faire bloc derrière qn

Geschmack [gəˈʃmak, *Pl:* gəˈʃmɛkə] <-[e]s, Geschmäcke> *m* goût *m*
geschmacklos *adj* (*Bemerkung*) de mauvais goût
Geschmacklosigkeit <-> *f kein Pl* (*Mangel an Takt*) mauvais goût *m*
Geschmacksfrage *f* question *f* de goût **Geschmackssache** *f* **das ist [reine] ~** c'est [une] affaire de goût **Geschmackssinn** *m kein Pl* sens *m* du goût
geschmackvoll **I.** *adj* de bon goût *mpl* **II.** *adv* avec goût
geschmeidig [gəˈʃmaidɪç] **I.** *adj* souple; (*Masse*) malléable **II.** *adv* avec souplesse
Geschöpf [gəˈʃœpf] <-[e]s, -e> *nt* créature *f*
Geschoss[RR] [gəˈʃɔs] <-es, -e>, **Geschoß**[ALT] <-sses, -sse> *nt* ① étage *m* ② MIL projectile *m*
geschraubt *pej* **I.** *adj* (*Stil*) tarabiscoté(e) **II.** *adv* (*reden*) de manière tarabiscotée
Geschrei <-s> *nt* cris *mpl*
Geschütz [gəˈʃʏts] <-es, -e> *nt* pièce *f* d'artillerie
geschützt *adj* (*Art*) protégé(e); (*Marke*) déposé(e)
Geschwätz [gəˈʃvɛts] <-es> *nt pej fam* ① (*dummes Gerede*) conneries *fpl* ② (*Klatsch*) ragots *mpl* [de bonnes femmes]
geschwätzig *adj pej* bavard(e)
geschweige [gəˈʃvaigə] *konj* **~ [denn]** et encore [bien] moins
Geschwindigkeit [gəˈʃvɪndɪçkait] <-, -en> *f* vitesse *f*
Geschwindigkeitsbeschränkung *f* limitation *f* de vitesse **Geschwindigkeitsüberschreitung** *f* excès *m* de vitesse
Geschwister [gəˈʃvɪstɐ] *Pl* frères et sœurs *mpl*
geschwollen [gəˈʃvɔlən] *adj pej* (*Ausdrucksweise*) ronflant(e)
Geschworene(r) *f(m) dekl wie adj* juré(e) *m(f)*
Geschwulst [gəˈʃvʊlst, *Pl:* gəˈʃvʏlstə] <-, Geschwülste> *f* tumeur *f*
geschwungen [gəˈʃvʊŋən] *adj* (*Linie*) courbe
Geschwür [gəˈʃvyːɐ̯] <-s, -e> *nt* abcès *m*
Geselle [gəˈzɛlə] <-n, -n> *m* ① (*Handwerksgeselle*) compagnon *m* ② (*Kerl*) gaillard *m*
gesellen* [gəˈzɛlən] *vr geh* **sich zu jdm ~** se joindre à qn
Gesellenbrief *m* brevet *m* d'apprentissage **Gesellenprüfung** *f* [examen *m* du] certificat *m* d'aptitude professionnelle
gesellig **I.** *adj* (*Person*) sociable; (*Runde*) entre amis **II.** *adv* entre amis
Geselligkeit <-> *f* convivialité *f*
Gesellin [gəˈzɛlɪn] <-, -nen> *f* compagnon *m*
Gesellschaft [gəˈzɛlʃaft] <-, -en> *f* ① SOZIOL, ÖKON société *f* ② (*Fest*) réception *f* ③ *kein Pl* (*Begleitung*) compagnie *f*
Gesellschafter(in) <-s, -> *m(f)* (*Teilhaber*) associé(e) *m(f)*
gesellschaftlich *adj* social(e)
gesellschaftsfähig *adj* (*Person*) sortable; (*Benehmen*) convenable **Gesellschaftsordnung** *f* ordre *m* social **gesellschaftspolitisch** *adj* en matière de politique sociale **Gesellschaftsschicht** *f* couche *f* sociale **Gesellschaftsspiel** *nt* jeu *m* de société
Gesetz [gəˈzɛts] <-es, -e> *nt* loi *f*
Gesetzbuch *nt* code *m* **Gesetzentwurf** *m* projet *m* de loi **Gesetzesvorlage** *f* projet *m* de loi
gesetzgebend *adj* législatif(-ive)
Gesetzgeber(in) *m(f)* législateur(-trice) *m(f)*
Gesetzgebung <-, -en> *f* législatif *m*
gesetzlich **I.** *adj* légal(e) **II.** *adv* par la loi
gesetzlos *adj* anarchique
gesetzmäßig *adj* légal(e); (*rechtmäßig*) légitime
Gesetzmäßigkeit <-, -en> *f* légalité *f*
gesetzt [gəˈzɛtst] *adj* posé(e)
gesetzwidrig *adj* illégal(e)
Gesicht [gəˈzɪçt] <-[e]s, -er> *nt* ① visage *m* ② (*einer Stadt*) physionomie *f* ▶**jdm etw ins ~ sagen** dire qc à qn en face
Gesichtsausdruck <-ausdrücke> *m* expression *f* [du visage] **Gesichtsfarbe** *f* teint *m* **Gesichtspunkt** *m* point *m* de vue **Gesichtswasser** *nt* lotion *f* pour le visage **Gesichtszüge** *Pl* traits *mpl* [du visage]
Gesindel [gəˈzɪndəl] <-s> *nt pej* racaille *f*
gesinnt [gəˈzɪnt] *adj* **gleich ~** sympathisant(e)
Gesinnung [gəˈzɪnʊŋ] <-, -en> *f* opinions *fpl*
Gesinnungswandel *m* revirement *m* [d'opinion]
gesittet [gəˈzɪtət] *adj* (*Person*) bien élevé(e)
gesondert [gəˈzɔndɐt] *adj* séparé(e)

Gespann [gəˈʃpan] <-[e]s, -e> *nt* ❶ (*Zugtiere*) attelage *m* ❷ (*Wagen und Zugtiere*) équipage *m* ❸ (*Paar*) paire *f*
gespannt [gəˈʃpant] **I.** *adj* (*Zuschauer*) captivé(e); (*Erwartung*) curieux(-euse); (*Lage*) tendu(e) **II.** *adv* attentivement
Gespenst [gəˈʃpɛnst] <-[e]s, -er> *nt* fantôme *m*
gespenstisch **I.** *adj* fantomatique; (*Ruhe*) sinistre **II.** *adv* ~ **aussehen** avoir un aspect sinistre
Gespött [gəˈʃpœt] <-[e]s> *nt* raillerie *f*
Gespräch [gəˈʃprɛːç] <-[e]s, -e> *nt* ❶ conversation *f* ❷ (*förmliche Unterredung*) entretien *m* ❸ *Pl* (*politische Verhandlung*) pourparlers *mpl* ❹ (*Telefongespräch*) communication *f* [téléphonique]
gesprächig *adj* loquace
gesprächsbereit *adj* ouvert(e) à la discussion **Gesprächspartner(in)** *m(f)* interlocuteur(-trice) *m(f)* **Gesprächsstoff** *m* sujet *m* de conversation
gesprenkelt [gəˈʃprɛŋkəlt] *adj* tacheté(e)
Gespür [gəˈʃpyːɐ̯] <-s> *nt* flair *m*
Gestalt [gəˈʃtalt] <-, -en> *f* ❶ (*Mensch*) créature *f* ❷ *pej* (*fragwürdiges Individuum*) individu *m* ❸ (*Wuchs*) silhouette *f* ❹ (*äußere Form*) forme *f*
gestalten* **I.** *vt* ❶ (*Freizeit*) organiser; (*Unterricht*) présenter ❷ *a.* ARCHIT, KUNST concevoir; (*konstruieren*) agencer **II.** *vr* **sich schwierig** ~ s'avérer difficile
gestalterisch *adj* de design; (*Talent*) de créateur
Gestaltung <-, -en> *f* ❶ (*der Freizeit*) organisation *f*; (*des Unterrichts*) présentation *f* ❷ *a.* ARCHIT, KUNST conception *f*; (*Einrichtung*) aménagement *m*
gestand *Imp von* **gestehen**
geständig [gəˈʃtɛndɪç] *adj* ~ **sein** avouer
Geständnis [gəˈʃtɛntnɪs] <-ses, -se> *nt* JUR aveux *mpl*
Gestank [gəˈʃtaŋk] <-[e]s> *m* puanteur *f*
Gestapo <-> *f* NS *Abk von* **Geheime Staatspolizei** Gestapo *f*
gestatten* [gəˈʃtatən] *vt form* **jdm etw** ~ permettre qc à qn
Geste [ˈgɛstə] <-, -n> *f* geste *m*
Gesteck [gəˈʃtɛk] <-[e]s, -e> *nt* composition *f* florale
gestehen <gestand, gestanden> *vt* avouer
Gestein [gəˈʃtain] <-[e]s, -e> *nt* roche *f*
Gestell [gəˈʃtɛl] <-[e]s, -e> *nt* ❶ (*Regalgestell*) étagère *f* ❷ (*Brillengestell*) monture *f* ❸ TECH (*Unterbau*) châssis *m*; (*Stütze*) support *m*
gestern [ˈgɛstɐn] *adv* hier ►**er ist nicht von** ~ *fam* il n'est pas né de la dernière pluie
gestiefelt ►~ **und gespornt** *hum fam* fin prêt(e)
Gestik [ˈgɛstɪk, ˈgeːstɪk] <-> *f* gestes *mpl*
gestikulieren* [gɛstikuˈliːrən] *vi* gesticuler
Gestirn [gəˈʃtɪrn] <-[e]s, -e> *nt geh* constellation *f*
gestört [gəˈʃtøːɐ̯t] *adj* ❶ (*nicht harmonisch*) en crise ❷ (*verwirrt*) caractériel(le)
Gestotter [gəˈʃtɔtɐ] <-s> *nt pej fam* bégaiements *mpl*
gestreift [gəˈʃtraift] *adj* rayé(e); **quer** ~ à rayures horizontales
gestrichen [gəˈʃtrɪçən] *adj* **ein ~er Esslöffel Zucker** une cuillère rase de sucre
gestrig [ˈgɛstrɪç] *adj* (*Zeitung*) d'hier
Gestrüpp [gəˈʃtrʏp] <-[e]s, -e> *nt* broussailles *fpl*
Gestüt [gəˈʃtyːt] <-[e]s, -e> *nt* haras *m*
Gesuch [gəˈzuːx] <-[e]s, -e> *nt* requête *f*
gesucht [gəˈzuːxt] *adj* (*begehrt*) recherché(e)
gesund [gəˈzʊnt] <gesünder, gesündeste> **I.** *adj* ❶ (*Person*) en bonne santé; (*Wirtschaft, Lebensweise, Ernährung*) sain(e); (*Gesichtsfarbe*) frais(fraîche); (*Appetit*) bon(ne) *antéposé* ❷ (*Misstrauen*) de bon aloi **II.** *adv* sainement
gesunden* [gəˈzʊndən] *vi + sein geh* (*Person*) recouvrir la santé
Gesundheit <-> *f* santé *f*
gesundheitlich **I.** *adj* de santé **II.** *adv* **wie geht es Ihnen ~?** comment va la santé?
Gesundheitsamt *nt* services *mpl* d'hygiène **gesundheitsschädlich** *adj* dangereux(-euse) pour la santé **Gesundheitswesen** *nt* santé *f* [publique] **Gesundheitszeugnis** *nt* certificat *m* médical **Gesundheitszustand** *m kein Pl* état *m* de santé
getigert *adj* tigré(e)
Getöse [gəˈtøːzə] <-s> *nt* fracas *m*
getragen [gəˈtraːgən] *adj* (*Melodie*) assez lent(e)
Getrampel <-s> *nt pej fam* piétinement *m*
Getränk [gəˈtrɛŋk] <-[e]s, -e> *nt* boisson *f*
Getränkeautomat *m* distributeur *m* de boissons

getrauen* *vr* **sich ~ etw zu tun** oser faire qc
Getreide [gə'traidə] <-s, -> *nt* céréales *fpl*
getrennt [gə'trɛnt] **I.** *adj* séparé(e) **II.** *adv* (*leben*) séparément; (*schreiben*) en deux mots
getreu [gə'trɔy] **I.** *adj geh* fidèle **II.** *präp + dat* **~ unserer Abmachung** conformément à notre convention
Getriebe [gə'tri:bə] <-s, -> *nt* TECH boîte *f* de vitesses
getrost [gə'tro:st] *adv* **sich ~ auf jdn verlassen können** pouvoir compter sur qn en toute tranquillité
Getto ['gɛto] <-s, -s> *nt* ghetto *m*
Getue [gə'tu:ə] <-s> *nt pej fam* chiqué *m*
Getümmel <-s> *nt* cohue *f*
getüpfelt [gə'tʏpfəlt] *adj*, **getupft** [gə'tupft] *adj* à pois
Getuschel <-s> *nt pej fam* messes *fpl* basses
geübt [gə'ʔy:pt] *adj* expert(e)
Gewächs [gə'vɛks] <-es, -e> *nt* ❶ plante *f* ❷ MED excroissance *f*
gewachsen [gə'vaksən] *adj* **einer S.** (*dat*) **~ sein** être à la hauteur de qc
Gewächshaus *nt* serre *f*
gewagt [gə'va:kt] *adj* osé(e)
gewählt [gə'vɛ:lt] **I.** *adj* (*Ausdrucksweise*) choisi(e) **II.** *adv* en termes choisis
Gewähr [gə'vɛ:ɐ̯] <-> *f* garantie *f;* **ohne ~** sous réserve d'erreur
gewähren* [gə'vɛ:rən] **I.** *vt* (*Kredit, Rabatt*) accorder **II.** *vi geh* **jdn ~ lassen** laisser faire qn
gewährleisten* *vt* **jdm etw ~** garantir qc à qn
Gewährleistung *f* garantie *f*
Gewahrsam [gə'va:ɐ̯za:m] <-s> *m* ❶ **etw in ~ nehmen** prendre qc en garde ❷ (*Haft*) garde *f*
Gewährung <-, -en> *f* octroi *m*
Gewalt [gə'valt] <-, -en> *f* ❶ pouvoir *m;* **jdn in seiner ~ haben** tenir qn à sa merci ❷ *kein Pl* (*gewaltsames Vorgehen*) violence *f* ▶[**das ist**] **höhere ~** [c'est un] cas de force majeure
Gewaltenteilung *f* séparation *f* des pouvoirs
gewaltfrei *adj* non-violent(e) **Gewaltherrschaft** *f kein Pl* despotisme *m*
gewaltig **I.** *adj* ❶ (*heftig*) violent(e) ❷ (*Bauwerk*) énorme; (*Anblick*) impressionnant(e) **II.** *adv fam* drôlement
gewaltlos **I.** *adj* non-violent(e) **II.** *adv* sans violence
Gewaltlosigkeit <-> *f* non-violence *f*
gewaltsam **I.** *adj* (*Tod*) violent(e) **II.** *adv* par la force
Gewalttat *f* acte *m* de violence **Gewalttäter(in)** *m(f)* criminel(le) *m(f)* **gewalttätig** *adj* violent(e) **Gewalttätigkeit** *f* violence *f* **Gewaltverbrechen** *nt* crime *m*
Gewand [gə'vant, *Pl:* gə'vɛndɐ] <-[e]s, Gewänder> *nt geh* robe *f*
gewandt [gə'vant] **I.** *adj* (*Redner*) habile; (*Auftreten*) aisé(e) **II.** *adv* avec aisance
Gewandtheit <-> *f* (*von Bewegungen*) souplesse *f*
gewann [gə'van] *Imp von* **gewinnen**
Gewässer [gə'vɛsɐ] <-s, -> *nt* eaux *fpl*
Gewässerschutz *m* protection *f* des eaux
Gewebe [gə've:bə] <-s, -> *nt* tissu *m*
Gewehr [gə've:ɐ̯] <-[e]s, -e> *nt* fusil *m*
Gewehrlauf *m* canon *m* de fusil
Geweih [gə'vai] <-[e]s, -e> *nt* bois *mpl*
Gewerbe [gə'vɛrbə] <-s, -> *nt* (*Handwerk*) activité *f* artisanale; (*Handel*) activité commerciale
Gewerbeaufsicht *f* inspection *f* du travail **Gewerbegebiet** *nt* zone *f* industrielle **Gewerbeordnung** *f* (*Vorschriften für Handwerk/Handel/Industrie*) réglementation *f* de l'artisanat/du commerce/de l'industrie **Gewerbeschein** *m* licence *f* **Gewerbesteuer** *f* taxe *f* professionnelle **Gewerbetreibende(r)** *f(m) dekl wie adj* (*Handwerker*) artisan(e) *m(f);* (*Kaufmann*) commerçant(e) *m(f)*
gewerblich [gə'vɛrplɪç] *adj, adv* à des fins professionnelles
Gewerkschaft [gə'vɛrkʃaft] <-, -en> *f* syndicat *m*
Gewerkschaft[l]er(in) <-s, -> *m(f)* syndicaliste *mf*
gewerkschaftlich **I.** *adj* syndical(e) **II.** *adv* au niveau syndical
Gewerkschaftsbund *m* confédération *f* syndicale **Gewerkschaftsmitglied** *nt* syndiqué(e) *m(f)*
Gewicht [gə'vɪçt] <-[e]s, -e> *nt* ❶ *kein Pl* poids *m* ❷ (*Metallstück*) poids *m;* SPORT haltères *fpl* ▶**ins ~ fallen** avoir de l'importance
gewichten* *vt* évaluer
Gewichtheben <-s> *nt* SPORT haltérophilie *f*

Gewichtheber(in) <-s, -> *m(f)* haltérophile *mf*
gewichtig *adj* (*Grund*) important(e)
Gewichtsverlust *m* perte *f* de poids **Gewichtszunahme** *f* prise *f* de poids
gewieft [gəˈviːft] *fam adj* roublard(e)
gewillt [gəˈvɪlt] *adj* ~ **sein etw zu tun** être disposé à faire qc
Gewimmel [gəˈvɪməl] <-s> *nt* grouillement *m*
Gewinde [gəˈvɪndə] <-s, -> *nt* filetage *m*
Gewinn [gəˈvɪn] <-[e]s, -e> *m* ❶ bénéfice *m* ❷ (*Preis*) gain *m* ❸ *kein Pl* (*Vorteil*) enrichissement *m*
Gewinnbeteiligung *f* participation *f* aux bénéfices **gewinnbringend** **I.** *adj* lucratif (-ive) **II.** *adv* lucrativement
gewinnen [gəˈvɪnən] <gewann, gewonnen> **I.** *vt* ❶ gagner; (*Meisterschaft*) remporter ❷ (*überreden*) **jdn für eine Idee** ~ gagner qn à une idée ❸ (*erzeugen*) **Kohle** ~ extraire du charbon **II.** *vi* ❶ gagner ❷ (*Los*) être gagnant
gewinnend *adj* engageant(e)
Gewinner(in) <-s, -> *m(f)* gagnant(e) *m(f)*; MIL vainqueur *m*
Gewinnzahl *f* numéro *m* gagnant
Gewinsel [gəˈvɪnzəl] <-s> *nt* (*eines Tieres*) gémissements *mpl*; (*einer Person*) geignements *mpl*
Gewirr [gəˈvɪr] <-[e]s> *nt* ❶ enchevêtrement *m* ❷ (*Stimmengewirr*) brouhaha *m*
gewiss[RR], **gewiß**[ALT] [gəˈvɪs] **I.** *adj* ❶ *attr* (*nicht näher benannt*) certain(e) *antéposé* ❷ (*sicher*) sûr(e) **II.** *adv* certainement
Gewissen [gəˈvɪsən] <-s> *nt* conscience *f*
gewissenhaft *adj* consciencieux(-euse)
gewissenlos **I.** *adj* sans scrupule **II.** *adv* sans aucun scrupule
Gewissensbisse *Pl* remords *mpl* **Gewissensfrage** *f* cas *m* de conscience **Gewissensfreiheit** *f* liberté *f* de conscience **Gewissenskonflikt** *m* débat *m* de conscience
gewissermaßen *adv* en quelque sorte
Gewissheit[RR], **Gewißheit**[ALT] *f* certitude *f*
Gewitter [gəˈvɪtɐ] <-s, -> *nt* orage *m*
gewitterig *s.* **gewittrig**
gewittern* *vi unpers* **es gewittert** il fait de l'orage
Gewitterregen *m* averse *f* orageuse **Gewitterwolke** *f* nuage *m* orageux
gewittrig *adj* orageux(-euse)
gewitzt [gəˈvɪtst] *adj* roué(e)
gewöhnen* [gəˈvøːnən] **I.** *vt* **an jdn/etw gewöhnt sein** être habitué à qn/qc **II.** *vr* **sich an jdn/etw** ~ s'habituer à qn/qc
Gewohnheit [gəˈvoːnhait] <-, -en> *f* habitude *f*
gewohnheitsmäßig *adv* par habitude **Gewohnheitsrecht** *nt* (*Recht*) droit *m* d'usage
gewöhnlich [gəˈvøːnlɪç] **I.** *adj* ❶ habituel(le) ❷ (*Arbeitstag*) ordinaire ❸ *pej* (*ordinär*) vulgaire **II.** *adv* **wie** ~ comme d'habitude
gewohnt [gəˈvoːnt] *adj* (*Zeit*) habituel(le); **etw** ~ **sein** être habitué à qc
Gewöhnung [gəˈvøːnʊŋ] <-> *f* ~ **an etw** (*akk*) accoutumance *f* à qc
gewöhnungsbedürftig *adj* à quoi il faut s'habituer
Gewölbe [gəˈvœlbə] <-s, -> *nt* ❶ (*~decke*) voûte *f* ❷ (*Raum*) cave *f* voûtée
gewollt **I.** *adj* intentionnel(le) **II.** *adv* délibérément
Gewühl [gəˈvyːl] <-[e]s> *nt* cohue *f*
gewunden [gəˈvʊndən] *adj* sinueux(-euse)
Gewürz [gəˈvʏrts] <-es, -e> *nt* épice *f*
Gewürzgurke *f* cornichon *m* à la russe
gez. *adj Abk von* **gezeichnet** *s.* **zeichnen**
gezackt [gəˈtsakt] *adj* (*Blatt*) crénelé(e); (*Hahnenkamm*) dentelé(e)
Gezeiten [gəˈtsaitən] *Pl* marées *fpl*
Gezeitenwechsel *m* changement *m* de marée
Gezeter [gəˈtseːtɐ] <-s> *nt fam* braillements *mpl*
gezielt [gəˈtsiːlt] *adj* ciblé(e)
geziemen* [gəˈtsiːmən] *vr geh* **es geziemt sich für jdn** il sied à qn
geziert [gəˈtsiːɐt] *pej* **I.** *adj* affecté(e) **II.** *adv* avec affectation
Gezwitscher [gəˈtsvɪtʃɐ] <-s> *nt* gazouillement *m*
gezwungen [gəˈtsvʊŋən] *adj* contraint(e); (*Lachen*) forcé(e)
gezwungenermaßen *adv* contraint(e) et forcé(e)
ggf. *adv Abk von* **gegebenenfalls**
Ghetto *s.* **Getto**
gibt [giːpt] *3. Pers Präs von* **geben**
Gicht [gɪçt] <-> *f* goutte *f*
Giebel [ˈgiːbəl] <-s, -> *m* pignon *m*
Giebeldach *nt* toit *m* à pignon

Gier [giːɐ̯] <-> *f* ❶ avidité *f* ❷ (*Geldgier*) cupidité *f*

gieren ['giːrən] *vi* **nach etw ~** avoir une envie folle de qc

gierig **I.** *adj* avide **II.** *adv* avec avidité

gießen ['giːsən] <goss, gegossen> **I.** *vt* ❶ arroser ❷ (*schütten*) **Wasser auf/über etw** (*akk*) **~** verser de l'eau dans/sur qc ❸ (*formen*) **etw in Bronze ~** couler qc en bronze **II.** *vi unpers fam* **es gießt** il tombe des cordes

Gießerei [giːsə'rai̯] <-, -en> *f* fonderie *f*

Gießkanne *f* arrosoir *m*

Gift [gɪft] <-[e]s, -e> *nt* poison *m;* (*einer Schlange*) venin *m*

Giftgas *nt* gaz *m* toxique **giftgrün** *adj* d'un vert criard

giftig *adj* (*Schlange, Person, Bemerkung*) venimeux(-euse); (*Pflanze*) vénéneux(-euse); (*Stoff*) toxique

Giftmischer(in) <-s, -> *m(f)* empoisonneur (-euse) *m(f)* **Giftmüll** *m* déchets *mpl* toxiques **Giftpilz** *m* champignon *m* vénéneux **Giftschlange** *f* serpent *m* venimeux **Giftstoff** *m* substance *f* toxique **Giftzwerg(in)** *m(f) pej fam* nabot(e) *m(f)* malfaisant(e)

Gigabyte ['giːgabaɪt] *nt* INFORM giga-octet *m*

Gigant(in) [gi'gant] <-en, -en> *m(f)* géant(e) *m(f)*

gigantisch *adj* gigantesque

Gigolo ['ʒiːgolo, 'ʒɪgolo] <-s, -s> *m* gigolo *m* (*fam*)

Gilde ['gɪldə] <-, -n> *f* HIST guilde *f*

gilt [gɪlt] *3. Pers Präs von* **gelten**

Gin [dʒɪn] <-s, -s> *m* gin *m*

ging [gɪŋ] *Imp von* **gehen**

Ginster ['gɪnstɐ] <-s, -> *m* genêt *m*

Gipfel ['gɪpfəl] <-s, -> *m* sommet *m*

Gipfelkonferenz *f* conférence *f* au sommet

gipfeln *vi* **in etw** (*dat*) **~** atteindre son apogée dans qc

Gipfeltreffen *nt* rencontre *f* au sommet

Gips [gɪps] <-es, -e> *m* plâtre *m*

Gipsabdruck <-abdrücke> *m* empreinte *f* **Gipsbein** *nt fam* jambe plâtrée *f*

gipsen *vt* MED *fam* plâtrer

Gipser(in) <-s, -> *m(f)* plâtrier(-ière) *m(f)*

Giraffe [gi'rafə] <-, -n> *f* girafe *f*

Girlande [gɪr'landə] <-, -n> *f* guirlande *f*

Girlie ['gœrli] <-s, -s> *nt* girlie *f*

Giro ['ʒiːro] <-s, -s *o* A Giri> *nt* virement *m*

Girokonto *nt* compte *m* courant

Gis [gɪs] <-, -> *nt* sol *m* dièse

Gischt [gɪʃt] <-[e]s, -e> *m,* <-, -en> *f* écume *f*

Gitarre [gi'tarə] <-, -n> *f* guitare *f*

Gitarrist(in) <-en, -en> *m(f)* guitariste *mf*

Gitter ['gɪtɐ] <-s, -> *nt* (*Metallgitter*) grille *f;* (*Holzgitter*) treillage *m*

Gitterrost *m* grille *f*

Glaceehandschuh[RR], **Glacéhandschuh** [gla'seːhantʃuː] *m* gant *m* en chevreau glacé

Gladiole <-, -n> *f* glaïeul *m*

Glamour ['glɛmɐ] *m o nt kein pl* glamour *m;* **einer Sache ~ verleihen** glamouriser qc

Glanz [glants] <-es> *m* ❶ (*von Haaren, Augen*) brillant *m;* (*einer Fläche*) éclat *m* ❷ (*Pracht*) magnificence *f*

glänzen ['glɛntsən] *vi* ❶ briller; (*Möbel*) reluire; (*Fläche*) miroiter ❷ (*sich hervortun*) **durch Wissen ~** briller par son savoir

glänzend **I.** *adj* brillant(e); (*Fläche*) miroitant(e) **II.** *adv* (*spielen*) superbement

Glanzleistung *f* brillante performance *f* **glanzlos** *adj* (*Haare*) terne; (*Oberfläche*) mat(e) **glanzvoll** *adj* (*Auftritt*) brillant(e); (*Fest*) somptueux(-euse) **Glanzzeit** *f* **seine ~** l'époque *f* de sa splendeur

Glas [glaːs, *Pl:* 'glɛːzɐ] <-es, Gläser> *nt* ❶ verre *m* ❷ (*Konservenglas*) bocal *m*

Glasbläser(in) *m(f)* souffleur(-euse) *m(f)* de verre

Gläschen ['glɛːsçən] <-s, -> *nt Dim von* **Glas** petit verre *m*

Glascontainer *m* container *m* à verre

Glaser(in) ['glaːzɐ] <-s, -> *m(f)* vitrier(-ière) *m(f)*

Glaserei [glaːzə'rai̯] <-, -en> *f* vitrerie *f*

gläsern ['glɛːzɐn] *adj* (*aus Glas*) de verre

Glasfaser *f meist Pl* fibre *f* de verre **Glasfaserkabel** *nt* TELEC câble *m* à fibres optiques **Glashütte** *f* verrerie *f*

glasieren* [gla'ziːrən] *vt* ❶ (*Kacheln*) émailler ❷ (*Kuchen*) napper

glasig ['glaːzɪç] *adj* (*Blick*) vitreux(-euse)

glasklar **I.** *adj* limpide **II.** *adv fam* [très] clairement **Glasmalerei** *f* peinture *f* sur verre **Glasscheibe** *f* verre *m* **Glasscherbe** *f* morceau *m* de verre **Glastür** *f* porte *f* vitrée

Glasur [gla'zuːɐ̯] <-, -en> *f* ❶ TECH glaçure *f* ❷ GASTR glaçage *m*

Glaswolle *f* laine *f* de verre

glatt [glat] <-er, -este> **I.** *adj* ❶ (*Fläche*)

plan(e) ❷ (*Haut, Stoff*) lisse ❸ (*Haare*) raide ❹ (*Fußboden*) glissant(e) ❺ (*Landung*) en douceur ❻ *attr fam* (*Lüge*) pur(e) *antéposé;* **ein ~er Betrag** un compte tout rond **II.** *adv* ❶ (*problemlos*) sans accroc ❷ *fam* (*vergessen*) carrément

glatt|bügelnALT *s.* **bügeln**

Glätte ['glɛtə] <-> *f* ❶ (*der Haut*) douceur *f;* (*der Haare*) raideur *f* ❷ (*Straßenglätte*) **aufgrund der ~ der Straße** en raison de la chaussée glissante

Glatteis *nt* verglas *m*

glätten ['glɛtən] **I.** *vt* ❶ (*Haar*) lisser; (*Banknote*) défroisser ❷ (*besänftigen*) apaiser **II.** *vr* **sich ~** (*Wogen*) s'apaiser

glattrasiertALT *s.* **rasieren I. glatt|streichen**ALT *s.* **streichen I.3.**

Glatze ['glatsə] <-, -n> *f* calvitie *f*

Glatzkopf *m fam* ❶ (*Kopf*) boule *f* de billard ❷ (*Mensch*) crâne *m* d'œuf

glatzköpfig ['glatskœpfɪç] *adj* chauve; (*kahl geschoren*) à la tête rasée

Glaube ['glaubə] <-ns> *m* ❶ REL croyance *f* ❷ (*Überzeugung*) foi *f*

glauben ['glaubən] **I.** *vt* ❶ **jdm etw ~** croire qc de qn ❷ (*vermuten*) **jdn in New York ~** croire qn à New York **II.** *vi* ❶ **jdm ~** croire qn ❷ *a.* REL **an jdn/etw ~** croire en qn/à qc

Glauben *s.* **Glaube**

Glaubensbekenntnis *nt* confession *f* **Glaubensfreiheit** *f* liberté *f* de religion **Glaubensgemeinschaft** *f* communauté *f* religieuse

glaubhaft **I.** *adj* digne de foi **II.** *adv* de façon convaincante

Glaubhaftigkeit <-> *f* crédibilité *f*

gläubig ['glɔybɪç] *adj* REL croyant(e)

Gläubige(r) *f(m) dekl wie adj* croyant(e) *m(f)*

Gläubiger(in) <-s, -> *m(f)* créancier(-ière) *m(f)*

glaubwürdig *adj* crédible

gleich [glaiç] **I.** *adj* ❶ même *antéposé* ❷ MATH **zwei mal zwei ~ vier** deux fois deux [égalent] quatre ❸ (*~gültig*) **das ist ihm/ihr ~** cela lui est égal **II.** *adv* ❶ (*behandeln*) de la même façon; **~ groß sein** être de même taille ❷ (*unmittelbar*) **~ neben der Kirche** juste à côté de l'église ❸ (*in Kürze*) tout de suite; **es ist ~ sechs Uhr** il est bientôt six heures ❹ (*ohnehin*) **habe ich es nicht ~ gesagt!** c'est bien ce que j'avais dit!

gleichaltrig ['glaiçaltrɪç] *adj* du même âge

gleichartig *adj* de même nature

gleichbedeutend *adj* **mit etw ~ sein** équivaloir à qc

gleichberechtigt *adj* égal(e) en droits

Gleichberechtigung *f* égalité *f* des droits

gleich|bleibenALT *s.* **bleiben I.2.**

gleichbleibendALT *s.* **bleibend 2.**

gleichen ['glaiçən] <glich, geglichen> *vi* **jdm/einer S. ~** ressembler à qn/qc

gleichermaßen *adv* de la même façon

gleichfalls *adv* également

gleichförmig ['glaiçfœrmɪç] **I.** *adj* (*Verlauf*) uniforme; (*Struktur*) homogène **II.** *adv* (*verlaufen*) uniformément; (*strukturiert*) de façon homogène

gleichgeschlechtlich *adj* ❶ (*homosexuell*) homosexuel(le) ❷ (*gleichgeschlechtig*) de même sexe

gleichgesinntALT *s.* **gesinnt**

Gleichgewicht *nt kein Pl* équilibre *m*

Gleichgewichtsstörung *f* trouble *m* de l'équilibre

gleichgültig *adj* ❶ (*Person*) indifférent(e) ❷ (*belanglos*) sans intérêt ❸ (*egal*) **jdm ~ sein** être indifférent à qn

Gleichgültigkeit *f* indifférence *f*

Gleichheit <-, -en> *f* ❶ similitude *f* ❷ (*gleiche Stellung*) **die ~ von Mann und Frau** l'égalité *f* de l'homme et de la femme

Gleichheitszeichen *nt* signe *m* d'égalité

gleich|kommen *vi irr + sein* ❶ **jdm/einer S. ~** égaler qn/qc ❷ (*gleichbedeutend sein*) **einer S.** (*dat*) **~** revenir à qc

gleichlautendALT *s.* **lauten 1.**

gleich|machen *vt* niveler

gleichmäßig **I.** *adj* régulier(-ière) **II.** *adv* (*atmen*) régulièrement; (*auftragen*) uniformément

gleichmütig ['glaiçmyːtɪç] *adj* impassible

Gleichnis <-ses, -se> *nt* parabole *f*

gleichsam *adv geh* pour ainsi dire

Gleichschritt *m kein Pl* pas *m* cadencé

gleichseitig *adj* équilatéral(e)

gleich|setzen *vt* ❶ **Unsicherheit mit Unwissenheit ~** confondre manque d'assurance et ignorance ❷ (*als gleichwertig ansehen*) **die Jungen mit den Alten ~** mettre les jeunes et les vieux au même rang

Gleichstand *m kein Pl* égalité *f* de score

gleich|stellen *vt* **die Frauen den Männern**

G

~ mettre les femmes et les hommes sur un pied d'égalité
Gleichstellung *f kein Pl* **die ~ der Frauen** l'égalité *f* des femmes
Gleichstrom *m* courant *m* continu
gleich|tun *vt irr, unpers* **es jdm in etw** (*dat*) ~ égaler qn en qc
Gleichung <-, -en> *f* équation *f*
gleichwertig *adj* (*Ersatz*) équivalent(e); (*Gegner*) de force égale
gleichwohl [glaiç'vo:l] *adv geh* néanmoins
gleichzeitig I. *adj* (*Vorgänge*) simultané(e); (*Ereignisse*) contemporain(e) **II.** *adv* en même temps
Gleis [glais] <-es, -e> *nt* voie *f*
gleißend ['glaisnd] *adj geh* éblouissant(e)
gleiten ['glaitən] <glitt, geglitten> *vi + sein* **1** (*Vogel, Segelflugzeug*) planer **2** (*rutschen*) **ins Wasser ~** glisser dans l'eau
Gleitmittel *nt* lubrifiant *m* **Gleitschirm** *m* parapente *m* **Gleitschirmfliegen** *nt* parapente *m* **Gleitzeit** *f* heures *fpl* mobiles
Gletscher ['glɛtʃɐ] <-s, -> *m* glacier *m*
Gletscherspalte *f* crevasse *f*
glich [glɪç] *Imp von* **gleichen**
Glied [gli:t] <-[e]s, -er> *nt* **1** *a. fig* membre *m* **2** (*Kettenglied*) maillon *m* **3** (*Penis*) membre *m* [viril]
gliedern ['gli:dɐn] **I.** *vt* **etw in verschiedene Abschnitte ~** diviser qc en plusieurs parties **II.** *vr* **sich in etw** (*akk*) ~ se diviser en qc
Gliederung <-, -en> *f* **1** *kein Pl* (*das Gliedern: eines Aufsatzes*) division *f* **2** (*Aufbau: eines Aufsatzes*) plan *m*
Gliedmaßen ['gli:tma:sən] *Pl* membres *mpl*
glimmen ['glɪmən] <glomm, geglommen> *vi* rougeoyer
Glimmstängel[RR], **Glimmstengel**[ALT] *m hum fam* tige *f*
glimpflich ['glɪmpflɪç] *adj* (*Ausgang*) bénin (-igne)
glitschig ['glɪtʃɪç] *adj fam* glissant(e)
glitt [glɪt] *Imp von* **gleiten**
glitzern [glɪtsɐn] *vi* scintiller
global [glo'ba:l] **I.** *adj* (*weltweit*) général(e) **II.** *adv* (*weltweit*) universellement
Globalisierung <-> *f* mondialisation *f*
Globen *Pl von* **Globus**
Globus ['glo:bʊs] <-, Globen> *m* globe *m* [terrestre]
Glöckchen <-s, -> *nt Dim von* **Glocke** clochette *f*
Glocke ['glɔkə] <-, -n> *f* **1** (*Kirchenglocke*) cloche *f* **2** (*Läutwerk*) sonnerie *f*; (*Ladenglocke*) sonnette *f*
Glockenblume *f* campanule *f* [des murailles] **glockenförmig** *adj* en forme de clochette **Glockengeläut[e]** *nt* carillon *m* **Glockenschlag** *m* ▶**mit dem ~** à l'heure sonnante **Glockenspiel** *nt* carillon *m* **Glockenturm** *m* clocher *m*
glomm [glɔm] *Imp von* **glimmen**
Glorie ['glo:riə] <-> *f geh* gloire *f*
glorifizieren* [glorifi'tsi:rən] *vt* **jdn als Helden ~** célébrer qn comme un héros
glorreich ['glo:ɐraiç] *adj* glorieux(-euse)
Glossar <-s, -e> *nt* glossaire *m*
Glosse ['glɔsə] <-, -n> *f* commentaire *m* [succinct]
glotzen ['glɔtsən] *vi pej fam* reluquer
Glück [glʏk] <-[e]s> *nt* **1** chance *f* **2** (*Freude, Zufriedenheit*) bonheur *m*
Glucke ['glʊkə] <-, -n> *f* (*Henne mit Küken*) poule *f*; (*brütende Henne*) couveuse *f*
glücken ['glʏkən] *vi + sein* réussir
gluckern ['glʊkɐn] *vi + haben* glouglouter (*fam*)
glücklich I. *adj* **1** heureux(-euse); (*Gesicht*) ravi(e) **2** (*vom Glück begünstigt*) heureux (-euse) *antéposé* **II.** *adv* (*leben*) heureux (-euse)
glücklicherweise *adv* par chance
Glücksbringer <-s, -> *m* porte-bonheur *m*
glückselig *adj* (*Person*) pleinement heureux(-euse)
Glücksfall *m* coup *m* de chance **Glücksgriff** *m* coup *m* de maître **Glückspilz** *m fam* **du ~!** quel(le) veinard(e)! **Glücksrad** *nt* roue *f* de la fortune **Glückssache** ▶**[reine] ~ sein** être une [pure] question de chance **Glücksspiel** *nt* jeu *m* de hasard **Glückssträhne** *f* **eine ~ haben** avoir la baraka (*fam*) **Glückstag** *m* jour *m* de chance **Glückszahl** *f* chiffre *m* porte-bonheur
Glückwunsch *m* félicitation *f*
Glückwunschkarte *f* carte *f* de félicitations
Glucose [glu'ko:zə] <-> *f* CHEM glucose *m*
Glühbirne *f* ampoule *f*
glühen ['gly:ən] *vi* **1** être incandescent (*Docht, Zigarette*) rougeoyer **2** (*sehr heiß sein*) être brûlant
glühend I. *adj* **1** (*Metall*) incandescent(e); (*Kohle*) ardent(e) **2** (*Wangen*) brûlant(e)

❸ (*leidenschaftlich*) enflammé(e) **II.** *adv* terriblement

Glühlampe *f* ampoule *f* électrique

Glühwein *m* vin *m* chaud

Glühwürmchen ['gly:vʏrmçən] *nt fam* ver *m* luisant

Glukose *s.* **Glucose**

Glut [glu:t] <-, -en> *f* braise *f*

Glyzerin [glytse'ri:n] <-s> *nt* glycérine *f*

GmbH [ge:ʔɛmbe:'ha:] <-, -s> *f Abk von* **Gesellschaft mit beschränkter Haftung** S.A.R.L. *f*

g-Moll ['e:mɔl] <-> *nt* sol *m* mineur

Gnade ['gna:də] <-, -n> *f* ❶ (*Gunst*) faveurs *fpl* ❷ (*Milde*) grâce *f*

Gnadenfrist *f* délai *m* de grâce

gnadenlos *adj* impitoyable

Gnadenstoß *m* coup *m* de grâce

gnädig ['gnɛ:dɪç] **I.** *adj* ❶ (*herablassend*) condescendant(e) ❷ (*milde*) clément(e) **II.** *adv* ❶ (*herablassend*) d'un air condescendant ❷ (*milde*) avec clémence

Gnom [gno:m] <-en, -en> *m* ❶ gnome *m* ❷ *pej fam* (*kleiner Mensch*) nabot *m*

Goal [go:l] <-s, -s> *nt* A, CH but *m*

Gockel ['gɔkəl] <-s, -> *m bes.* SDEUTSCH coq *m*

Gokart[RR] <-[s], -s> *m* kart *m*

Gold [gɔlt] <-[e]s> *nt* ❶ or *m* ❷ *fam* (*~medaille*) médaille *f* d'or

Goldader *f* filon *m* d'or **Goldbarren** *m* lingot *m* d'or

golden ['gɔldən] **I.** *adj attr* en or **II.** *adv* d'un éclat doré

goldfarben *adj* doré(e) **Goldfisch** *m* poisson *m* rouge **goldgelb** *adj* jaune d'or **Goldgräber(in)** *m(f)* chercheur(-euse) *m(f)* d'or **Goldgrube** *f* mine *f* d'or **Goldhamster** *m* hamster *m* [doré]

goldig *adj fam* chou(te)

Goldmedaille *f* médaille *f* d'or **Goldmine** *f* mine *f* d'or **Goldregen** *m* BOT cytise *m* **goldrichtig** *fam adj* ~ **sein** (*Entscheidung*) être impeccable **Goldschmied(in)** *m(f)* orfèvre *mf* **Goldschmiedekunst** *f* orfèvrerie *f* **Goldstück** *nt* (*Goldmünze*) pièce *f* d'or **Goldwaage** *f* trébuchet *m*

Golf[1] [gɔlf] <-[e]s, -e> *m* GEO golfe *m*

Golf[2] <-s> *nt* golf *m*

Golfplatz *m* terrain *m* de golf **Golfschläger** *m* club *m* **Golfspieler(in)** *m(f)* joueur(-euse) *m(f)* de golf **Golfstrom** *m* GEO **der** ~ le Gulf Stream

Gondel ['gɔndəl] <-, -n> *f* gondole *f*; (*einer Seilbahn*) [télé]cabine *f*

Gong [gɔŋ] <-s, -s> *m* gong *m*

gönnen ['gœnən] *vt* ❶ (*neidlos zugestehen*) **jdm etw** ~ se réjouir pour qn de qc ❷ (*gewähren*) **sich** (*dat*) **etw** ~ s'offrir qc

Gönner(in) <-s, -> *m(f)* bienfaiteur(-trice) *m(f)*; (*eines Künstlers*) mécène *m*

gönnerhaft *pej* **I.** *adj* condescendant(e) **II.** *adv* avec condescendance

gor [go:ɐ̯] *Imp von* **gären**

Gör [gø:ɐ̯] <-[e]s, -en> *nt*, **Göre** <-, -n> *f fam* (*Kind*) gosse *mf*; (*Mädchen*) gamine *f*

Gorilla [go'rɪla] <-s, -s> *m* gorille *m*

Gospel ['gɔspl] <-s, -s> *nt o m*, **Gospelsong** ['gɔsplzɔŋ] *m* gospel *m*

goss[RR] [gɔs], **goß**[ALT] *Imp von* **gießen**

Gosse ['gɔsə] <-, -n> *f* ❶ caniveau *m* ❷ *pej fam* ruisseau *m*

Gotik ['go:tɪk] <-> *f* gothique *m*

gotisch *adj* got[h]ique

Gott [gɔt] <-es, Götter> *m*, **Göttin** *f* ❶ dieu *m*/déesse *f* ❷ (*~ der Christen*) Dieu *m*; **grüß ~!** A, SDEUTSCH bonjour!

Götterspeise *f* GASTR dessert *m* gélifié

Gottesdienst *m* office *m* [religieux]; (*katholisch*) messe *f* **gottesfürchtig** *adj* pieux(-euse) **Gotteshaus** *nt* maison *f* du Seigneur; (*katholisch*) église *f*; (*evangelisch*) temple *m* **Gotteslästerung** <-, -en> *f* blasphème *m*

Gottheit <-, -en> *f* divinité *f*

Göttin ['gœtɪn] *s.* **Gott**

göttlich ['gœtlɪç] *adj* ❶ divin(e) ❷ (*Humor*) sublime

gottlob [gɔt'lo:p] *adv geh* Dieu merci

gottlos *adj* (*Person*) athée; (*Leben*) païen(ne); (*Gesinnung*) irréligieux(-euse)

Gottvater *m* Dieu *m* le père

gottverlassen ['gɔtfɛɐ'lasən] *adj fam* perdu(e)

Götze ['gœtsə] <-n, -n> *m*, **Götzenbild** *nt* idole *f*

Gouvernante [guvɛr'nantə] <-, -n> *f* gouvernante *f*

Gouverneur(in) [guvɛr'nø:ɐ] <-s, -e> *m(f)* gouverneur *m*

Grab [gra:p, *Pl:* 'grɛ:bɐ] <-[e]s, Gräber> *nt* tombe *f*

graben ['gra:bən] <gräbt, grub, gegraben> **I.** *vt, vi* creuser **II.** *vr fig* **sich jdm ins Gedächtnis** ~ se graver dans la mé-

G

moire de qn

Graben ['gra:bən, *Pl:* 'grɛ:bən] <-s, Gräben> *m* ❶ fossé *m* ❷ (*Schützengraben*) tranchée *f*

Grabinschrift *f* inscription *f* tombale **Grabkammer** *f* chambre *f* funéraire **Grabmal** <-s, -mäler *o geh* -e> *nt* tombeau *m* **Grabschändung** *f* violation *f* de sépulture **Grabstein** *m* pierre *f* tombale

gräbt [grɛ:pt] *3. Pers Präs von* **graben**

Grabung <-, -en> *f* fouilles *fpl*

Grad [gra:t] <-[e]s, -e> *m* ❶ degré *m;* **Verbrennung ersten ~es** brûlure *f* au premier degré ❷ (*Rang*) grade *m* ❸ (*Ausmaß*) **bis zu einem gewissen ~[e]** jusqu'à un certain point

Gradeinteilung *f* graduation *f* **Gradmesser** <-s, -> *m* ~ indicateur *m*

graduell *adj* (*Veränderung*) progressif(-ive)

Graf [gra:f] <-en, -en> *m,* **Gräfin** *f* comte *m*/comtesse *f*

Graffiti [gra'fi:ti] *Pl* graffitis *mpl*

Grafik ['gra:fɪk] <-, -en> *f* ❶ (*Kunstwerk*) œuvre *f* graphique ❷ *kein Pl* (*Technik*) arts *mpl* graphiques ❸ (*Schaubild*) graphique *m*

Grafikchip *m* INFORM puce *f* graphique

Grafiker(in) ['gra:fikɐ] <-s, -> *m(f)* graphiste *mf;* (*Werbegrafiker*) dessinateur(-trice) *m(f)* publicitaire

Grafikkarte *f* INFORM carte *f* graphique **Grafikmodus** *m* INFORM mode *m* graphique **Grafikprogramm** *nt* INFORM grapheur *m*

Gräfin ['grɛ:fɪn] *s.* **Graf**

grafisch *adj* graphique

Grafit[RR] [gra'fi:t] *s.* **Graphit**

Grafologe[RR] *s.* **Graphologe**

Grafschaft <-, -en> *f* comté *m*

Gram [gra:m] <-[e]s> *m geh* affliction *f*

grämen ['grɛ:mən] *geh vr* **sich über jdn/etw ~** s'affliger à cause de qn/qc

Gramm [gram] <-s, -e> *nt* gramme *m*

Grammatik [gra'matɪk] <-, -en> *f* grammaire *f*

grammatikalisch [gramati'ka:lɪʃ], **grammatisch** *adj* grammatical(e)

Grammofon®[RR], **Grammophon®** [gramo'fo:n] <-s, -e> *nt* gramophone *m*

Granat [gra'na:t] <-[e]s, -e *o* A -en> *m* MINER grenat *m*

Granatapfel *m* grenade *f*

Granate [gra'na:tə] <-, -n> *f* obus *m*

grandios [gran'di̯o:s] **I.** *adj* (*Idee*) génial(e); (*Erfolg*) triomphal(e) **II.** *adv* remarquablement bien

Granit [gra'ni:t] <-s, -e> *m* granit[e] *m*

grantig *fam adj* de mauvais poil

Granulat [granu'la:t] <-[e]s, -e> *nt* (*Streumaterial*) granulat *m*

Grapefruit ['gre:pfru:t] <-, -s> *f* pamplemousse *m*

Graphik *s.* **Grafik**

Graphit <-s, -e> *m* graphite *m*

Graphologe <-n, -n> *m,* **Graphologin** *f* graphologue *mf*

grapschen *fam vt, vi* choper

Gras [gra:s] <-es> *nt kein Pl* herbe *f* ▶**ins ~ beißen** *fam* manger les pissenlits par la racine

grasen ['gra:zən] *vi* brouter

grasgrün ['gra:s'gry:n] *adj* vert pomme *inv* **Grashalm** *m* brin *m* d'herbe **Grashüpfer** <-s, -> *m fam* sauterelle *f*

grassieren* [gra'si:rən] *vi* sévir

grässlich[RR], **gräßlich**[ALT] ['grɛslɪç] *adj* horrible

Grat [gra:t] <-[e]s, -e> *m* crête *f*

Gräte ['grɛ:tə] <-, -n> *f* arête *f*

Gratifikation <-, -en> *f* gratification *f*

gratinieren* [grati'ni:rən] *vt* [faire] gratiner

gratis ['gra:tɪs] *adj* ~ **sein** être gratuit

Gratisprobe *f* échantillon *m* gratuit

Grätsche ['grɛ:tʃə] <-, -n> *f* grand écart *m*

grätschen ['grɛ:tʃn] *vi + sein* SPORT sauter

Gratulant(in) [gratu'lant] <-en, -en> *m(f)* personne *f* qui félicite

Gratulation [gratula'tsi̯o:n] <-, -en> *f* félicitations *fpl*

gratulieren* [gratu'li:rən] *vi* féliciter

Gratwanderung *f* (*schwieriges Unterfangen*) exercice *m* sur la corde raide

grau [grau̯] *adj* ❶ gris(e) ❷ (*trostlos*) morne

Grau <-s, - *o fam* -s> *nt* gris *m*

grauäugig *adj* aux yeux gris

Graubünden [grau̯'bʏndən] <-s> *nt* [canton *m* des] Grisons *mpl*

Gräuel[RR] ['grɔyəl] <-s, -> *m geh* atrocité *f*

Gräueltat[RR] *f* atrocité *f*

grauen[1] ['grau̯ən] *vi geh* (*Morgen*) poindre

grauen[2] *vi unpers* **mir graut vor jdm/etw** qn/qc m'épouvante

Grauen <-s, -> *nt* ❶ *kein Pl* (*Entsetzen*) épouvante *f;* ~ **erregend** horrible ❷ (*Ereignis*) horreur *f*

grauenerregend[ALT] *s.* **Grauen 1.**

grauenhaft, **grauenvoll** *adj* horrible
grauhaarig *adj* aux cheveux gris
gräulich[1] ['grɔylɪç] *adj* grisâtre
gräulich[RR2] *adj* atroce
Graupel ['graupəl] <-, -n> *f meist Pl* grésil *m*
Graupelschauer *m* giboulée *f*
Graus [graus] <-es> *m fam* **für jdn ein ~ sein** être un cauchemar pour qn
grausam ['grauza:m] *adj* cruel(le)
Grausamkeit <-, -en> *f* ❶ *kein Pl* (*Verhalten*) cruauté *f* ❷ (*Tat*) atrocité *f*
grausen ['grauzən] *s.* **grauen**[2]
Grausen <-s> *nt* épouvante *f*
grausig *s.* **grauenhaft**
Grauzone *f* zone *f* d'ombre
Graveur(in) [gra'vø:ɐ] <-s, -e> *m(f)* graveur (-euse) *m(f)*
gravieren* [gra'vi:rən] *vt* graver
gravierend *adj* (*Unterschied*) grand(e); (*Fehler*) grave
Gravierung <-, -en> *f* gravure *f*
Gravitation [gravita'tsio:n] <-> *f* gravitation *f*
Gravur [gra'vu:ɐ] <-, -en> *f* gravure *f*
Grazie ['gra:tsiə] <-> *f kein Pl* (*Anmut*) grâce *f*
grazil [gra'tsi:l] *adj* gracile
graziös [gra'tsiø:s] *adj* gracieux(-euse)
greifbar I. *adj* ❶ disponible ❷ (*Vorteil*) concret(-ète) II. *adv* **~ nahe** *fig* à portée de main
greifen ['graifən] <**griff, gegriffen**> I. *vt* attraper II. *vi* ❶ **nach etw ~** saisir qc ❷ (*benutzen*) **zu einem Buch ~** prendre un livre ❸ (*Reifen*) adhérer ❹ (*Wirkung haben*) faire effet
Greifvogel *m* rapace *m*
Greis(in) [grais] <-es, -e> *m(f)* vieillard *m*/ vieille *f*
grell [grɛl] I. *adj* ❶ (*Licht, Farbe*) cru(e) ❷ (*Stimme*) perçant(e) II. *adv* ❶ **~ leuchten** (*Farben*) être cru ❷ (*schrill*) **~ klingen** émettre des sons perçants
Gremium ['gre:miʊm] <-s, **Gremien**> *nt* commission *f*
Grenzbereich *m kein Pl* (*Umkreis der Landesgrenze*) secteur *m* frontalier
Grenze ['grɛntsə] <-, -n> *f* ❶ frontière *f* ❷ (*Abgrenzung*) limite *f*; **die ober[st]e/unter[st]e ~** le maximum/minimum
grenzen *vi* ❶ **an ein Land ~** confiner à un pays ❷ *fig* **an ein Wunder ~** être à la limite du miracle
grenzenlos I. *adj* ❶ illimité(e) ❷ (*Vertrauen*) infini(e) II. *adv* infiniment
Grenzfall *m* cas *m* limite **Grenzgänger(in)** ['grɛntsgɛŋɐ] <-s, -> *m(f)* frontalier(-ière) *m(f)* **Grenzgebiet** *nt* zone *f* frontalière **Grenzkonflikt** *m* conflit *m* de frontière **Grenzkontrolle** *f* contrôle *m* douanier **Grenzlinie** *f* SPORT ligne *f* **Grenzposten** *m* poste *m* frontière **Grenzschutz** *m fam* (*Truppe*) [unité *f* de] garde-frontière *f* **Grenzstein** *m* borne *f* **Grenzübergang** *m* poste *m* frontière **grenzüberschreitend** *adj* transfrontalier(-ière) **Grenzwert** *m* valeur *f* limite
Greuel[ALT] *s.* **Gräuel**
Greueltat[ALT] *s.* **Gräueltat**
greulich[ALT] *s.* **gräulich**[2]
Griebe ['gri:bə] <-, -n> *f meist Pl* petits lardons *mpl* frits
Grieche ['gri:çə] <-n, -n> *m* Grec *m*
Griechenland *nt* la Grèce
Griechin ['gri:çɪn] <-, -nen> *f* Grecque *f*
griechisch ['gri:çɪʃ] I. *adj* grec(grecque) II. *adv* **~ miteinander sprechen** discuter en grec
Griechisch <-[s]> *nt kein art* grec *m*; *s. a.* **Deutsch**
Griesgram ['gri:sgra:m] <-[e]s, -e> *m pej* grincheux(-euse) *m(f)*
griesgrämig ['gri:sgrɛ:mɪç] *adj* grincheux (-euse)
Grieß [gri:s] <-es, -e> *m* semoule *f*
Grießbrei *m* [bouillie *f* de] semoule *f*
griff [grɪf] *Imp von* **greifen**
Griff [grɪf] <-[e]s, -e> *m* ❶ poignée *f*; (*eines Schirms*) manche *m* ❷ (*Handgriff*) geste *m* ❸ *a.* SPORT prise *f*
griffbereit *adj* **~ sein** être à portée de [la] main
Griffel ['grɪfəl] <-s, -> *m* crayon *m* d'ardoise
griffig *adj* (*Untergrund*) qui accroche
Grill [grɪl] <-s, -s> *m* barbecue *m*
Grille ['grɪlə] <-, -n> *f* grillon *m*
grillen ['grɪlən] I. *vi* faire un barbecue II. *vt* **etw ~** faire griller qc [au barbecue]
Grillparty *f* barbecue *m*
Grimasse [gri'masə] <-, -n> *f* grimace *f*
grimmig ['grɪmɪç] I. *adj* ❶ furibond(e) ❷ (*Kälte*) terrible II. *adv* furieusement
grinsen ['grɪnzən] *vi* ricaner
Grinsen <-s> *nt* ricanement *m*

G

grippal [grɪ'paːl] *adj* grippal(e)

Grippe ['grɪpə] <-, -n> *f* grippe *f; fam* (*fiebrige Erkältung*) rhume *m*

Grippewelle *f* épidémie *f* de grippe

Grips [grɪps] <-es, -e> *m fam* jugeote *f*

Grislibär[RR], **Grizzlybär** ['grɪsli-] *m* grizzli *m*

grob [groːp] <gröber, gröbste> **I.** *adj* ❶ grossier(-ière); (*Sieb*) gros(se) ❷ (*ungefähr*) sommaire **II.** *adv* grossièrement

Grobheit <-, -en> *f* grossièreté *f*

Grobian ['groːbiaːn] <-[e]s, -e> *m pej* mufle *m*

grobkörnig *adj* ❶ (*Sand*) gros(se) ❷ PHOT à gros grains

Grog [grɔk] <-s, -s> *m* grog *m*

groggy ['grɔgi] *adj fam* groggy *inv*

grölen ['grøːlən] *pej fam vt, vi* brailler

Groll [grɔl] <-[e]s> *m geh* ressentiment *m*

grollen *vi* ❶ *geh* ruminer ❷ (*Donner*) gronder

Grönland ['grøːnlant] <-s> *nt* le Groenland

Grönländer(in) ['grøːnlɛndɐ] <-s, -> *m(f)* Groenlandais(e) *m(f)*

grönländisch *adj* groenlandais(e)

Gros [groː] <-, -> *nt* gros *m*

Groschen ['grɔʃən] <-s, -> *m* A groschen *m*

Groschenroman *m pej* roman *m* de quatre sous

groß [groːs] <größer, größte> **I.** *adj* ❶ grand(e) *antéposé;* (*Erfolg*) gros(se); (*Pause*) long(ue) *antéposé* ❷ (*älter*) **meine ~e Schwester** ma grande sœur ❸ (*Buchstabe*) majuscule ❹ (*als Namenszusatz*) **der Große** le Grand; **Karl der Große** Charlemagne ▸**im Großen und Ganzen** dans l'ensemble **II.** *adv* (*feiern*) en grande pompe

großartig **I.** *adj* (*Person*) génial(e) (*fam*); (*Bauwerk*) grandiose **II.** *adv* magnifiquement

Großaufnahme *f* gros plan *m*

Großbritannien [groːsbri'tani̯ən] <-s> *nt* la Grande-Bretagne

Großbuchstabe *m* majuscule *f*

Größe ['grøːsə] <-, -n> *f* ❶ (*einer Fläche*) superficie *f* ❷ (*Körper-, Kleidergröße, Höhe, Länge*) taille *f;* (*Schuhgröße*) pointure *f* ❸ MATH, PHYS grandeur *f;* **unbekannte ~** inconnue *f* ❹ *kein Pl* (*Bedeutsamkeit: einer Person*) grandeur *f*

Großeinkauf *m* grosses courses *fpl* (*fam*) **Großeinsatz** *m* (*der Polizei*) intervention *f* massive **Großeltern** *Pl* grands-parents *mpl* **Großenkel(in)** *m(f)* arrière-petit-fils *m*/arrière-petite-fille *f*

Größenordnung *f* ordre *m* de grandeur

großenteils ['groːsən'tai̯ls] *adv* en grande partie

Größenunterschied *m* différence *f* de taille **Größenverhältnis** *nt* (*Proportion*) proportions *fpl* **Größenwahn** *m pej* mégalomanie *f* **größenwahnsinnig** *adj* mégalomane

größer *Komp von* **groß**

Großfamilie *f* grande famille *f* **Großgrundbesitzer(in)** *m(f)* grand propriétaire *m* [terrien] **Großhandel** *m* commerce de *m* gros **Großhändler(in)** *m(f)* grossiste *mf* **großherzig** *geh* **I.** *adj* magnanime **II.** *adv* généreusement **Großherzog(in)** *m(f)* grand-duc *m*/grande-duchesse *f* **Großherzogtum** *nt* grand-duché *m* **Großhirn** *nt* cerveau *m* **Großhirnrinde** *f* cortex *m* [cérébral] **großkotzig** *pej fam* **I.** *adj* vantard(e) **II.** *adv* avec vantardise **Großküche** *f* cuisine *f* industrielle **Großmacht** *f* grande puissance *f* **Großmarkt** *m* marché *m* de gros **Großmaul** *nt pej fam* grande gueule *f* **Großmut** <-> *f geh* magnanimité *f* **großmütig** *s.* **großherzig** **Großmutter** *f* grand-mère *f* **Großneffe** *m* petit-neveu *m* **Großnichte** *f* petite-nièce *f* **Großonkel** *m* grand-oncle *m* **Großraum** *m* agglomération *f* **Großraumabteil** *nt* compartiment *m* à grande capacité **Großraumbüro** *nt* bureau *m* en espace ouvert **großräumig** *adv* (*absperren*) dans un large rayon; (*umfahren*) largement **Großraumwagen** *m* [wagon-]salle *m* **Großrechner** *m* macroordinateur *m* **groß|schreiben**[RR] *vt irr* **etw ~** écrire qc en majuscules **Großschreibung** *f* écriture *f* majuscule **großspurig** *pej adj* vantard(e) **Großstadt** *f* grande ville *f* **Großstädter(in)** *m(f)* habitant(e) *m(f)* d'une grande ville **großstädtisch** *adj* de grande ville **Großtante** *f* grand-tante *f*

größte(r, s) *Superl von* **groß**

Großteil *m* ❶ **der ~** la majeure partie ❷ (*erheblicher Teil*) grande partie *f*

größtenteils ['grøːstən'tai̯ls] *adv* pour la plupart

größtmöglich *adj* **der ~e ...** le plus grand/la plus grande ... possible

Großvater *m* grand-père *m* **Großveranstaltung** *f* grande manifestation *f*

groß|ziehen *vt irr* élever **großzügig I.** *adj* ❶ généreux(-euse) ❷ (*Planung*) de grande envergure; (*Wohnung*) vaste **II.** *adv* ❶ généreusement ❷ (*weiträumig*) en grand **Großzügigkeit** <-> *f* générosité *f*

grotesk [gro'tɛsk] *adj* grotesque

Grotte ['grɔtə] <-, -n> *f* grotte *f*

grub [gruːp] *Imp von* **graben**

Grübchen ['gryːpçən] <-s, -> *nt* fossette *f*

Grube ['gruːbə] <-, -n> *f* ❶ fosse *f* ❷ (*Baugrube*) tranchée *f* ❸ (*Bergwerk*) mine *f*

Grübelei [gryːbə'lai] <-, -en> *f* ruminations *fpl*

grübeln ['gryːbəln] *vi* ruminer

Grubenarbeiter *m* mineur *m* **Grubenunglück** *nt* accident *m* de mine

Grübler(in) <-s, -> *m(f)* méditatif(-ive) *m(f)*

grüezi ['gryːɛtsi] *interj* CH bonjour

Gruft [grʊft, *Pl:* 'grʏftə] <-, Grüfte> *f* caveau *m*

grün [gryːn] *adj* vert(e); (*Politik*) écologiste

Grün <-s, -> *nt* ❶ vert *m;* **im ~n** dans la nature ❷ (*~fläche*) espace *m* vert ❸ (*~pflanzen*) verdure *f*

grün-alternativ ['gryːnaltɛrna'tiːf] *adj* écologiste et alternatif(-ive)

Grünanlage *f* espace *m* vert

Grund [grʊnt, *Pl:* 'grʏndə] <-[e]s, Gründe> *m* ❶ raison *f* ❷ (*Ursache*) cause *f* ❸ *kein Pl* (*Erdboden*) sol *m* ❹ A (*~besitz*) **~ und Boden besitzen** posséder du terrain ❺ *kein Pl* (*eines Gewässers*) fond *m* ▸**zu ~e gehen** (*Person*) se perdre

Grundausbildung *f* formation *f* de base **Grundausstattung** *f* équipement *m* de base **Grundbedingung** *f* condition *f* de base **Grundbegriff** *m* notion *f* élémentaire **Grundbesitz** *m* propriété *f* foncière *mpl* **Grundbesitzer(in)** *m(f)* propriétaire *mf* foncier(-ière) **Grundbuch** *nt* cadastre *m*

gründen ['grʏndən] **I.** *vt* (*Firma, Verein*) fonder; **seine Hoffnungen auf etw** (*akk*) **~** fonder ses espoirs sur qc **II.** *vi, vr* [**sich**] **auf etw** (*akk*) **~** [se] baser sur qc

Gründer(in) <-s, -> *m(f)* fondateur(-trice) *m(f)*

Grundfläche *f* superficie *f*

Grundform *f* ❶ forme primitive *f* ❷ LING forme *f* de base; (*eines Verbs*) infinitif *m* **Grundgebühr** *f* taxe *f* de base **Grundgedanke** *m* idée *f* fondamentale **Grundgesetz** *nt* **das ~** la constitution allemande **Grundhaltung** *f* position *f*

grundieren* [grʊn'diːrən] *vt* appliquer une sous-couche sur

Grundierung <-, -en> *f* sous-couche *f*

Grundkapital *nt* capital *m* engagé **Grundkurs** *m* SCHULE cours *m* de base; UNIV [cours d']initiation *f* **Grundlage** *f* base *f* **grundlegend I.** *adj* essentiel(le) **II.** *adv* fondamentalement

gründlich ['grʏntlɪç] **I.** *adj* rigoureux(-euse); (*Kenntnisse*) approfondi(e) **II.** *adv* ❶ rigoureusement ❷ *fam* (*sich irren*) lourdement

Gründlichkeit <-> *f* rigueur *f*

grundlos I. *adj* infondé(e) **II.** *adv* sans raison **Grundnahrungsmittel** *nt* denrée *f* alimentaire de base

Gründonnerstag [gryːn'dɔnɐstaːk] *m* jeudi *m* saint

Grundpfeiler *m* pilier *m* **Grundrechenart** *f* opération *f* [élémentaire] **Grundrecht** *nt* droit *m* fondamental **Grundriss**[RR] *m* ❶ (*Zeichnung*) plan *m* ❷ (*Kurzfassung*) abrégé *m* **Grundsatz** *m* principe *m*

grundsätzlich I. *adj* ❶ (*Problem, Unterschied*) fondamental(e) ❷ *attr* (*Bereitschaft*) de principe **II.** *adv* ❶ (*völlig*) fondamentalement ❷ (*prinzipiell*) au fond ❸ (*ablehnen*) strictement

Grundschule *f* ≈ école *f* primaire

> Les enfants vont à la **Grundschule** de l'âge de 6 à 10 ans. C'est l'école primaire obligatoire qui compte 4 années de scolarité au lieu de 5 en France. Ils s'y rendent du lundi au vendredi sans interruption mais, à la différence de l'école primaire française, aucun cours n'y est dispensé l'après-midi.

Grundschullehrer(in) *m(f)* instituteur (-trice) *m(f),* professeur *mf* des écoles **Grundstein** *m* ▸**den ~ zu etw legen** poser la première pierre de qc **Grundsteuer** *f* impôt *m* foncier **Grundstock** *m* base *f* **Grundstoff** *m* ❶ (*Rohstoff*) matière *f* première ❷ CHEM corps *m* simple **Grundstück** *nt* propriété *f*

Gründung ['grʏndʊŋ] <-, -en> *f* fondation *f*

grundverschieden *adj* radicalement différent(e) **Grundwasser** *nt* nappe *f* phréatique **Grundwasserspiegel** *m* niveau *m* de la nappe phréatique **Grundwortschatz** *m* vocabulaire *m* de base

Grüne(r) *f(m) dekl wie adj* POL écolo *mf* (*fam*); **die ~n** les verts
grünen *vi geh* verdir
Grünfink *m* verdier *m* **Grünfläche** *f* espace *m* vert **Grünfutter** *nt* fourrage *m* vert **Grünkern** *m* grain *m* vert d'épeautre **Grünkohl** *m* chou *m* de Milan
grünlich *adj* verdâtre
Grünschnabel *m fam* blanc-bec *m* **Grünspan** *m* vert-de-gris *m* **Grünstreifen** *m* (*Mittelstreifen*) terre-plein *m* central; (*Seitenstreifen*) terre-plein [aménagé]
grunzen ['grʊntsən] *vi* (*Schwein*) grogner
Grünzeug <-s> *nt* A (*Suppengrün*) herbes *fpl* potagères
Gruppe ['grʊpə] <-, -n> *f* groupe *m*
Gruppenarbeit *f kein Pl* (*in der Schule*) travail *m* de groupe; (*in der Arbeitswelt*) travail en équipe **Gruppenbild** *nt* photo *f* de groupe **Gruppendynamik** *f* dynamique *f* de groupe **Gruppenleiter(in)** *m(f)* chef *mf* d'équipe **Gruppenreise** *f* voyage *m* organisé **Gruppensex** *m* rapports *mpl* sexuels en groupe **gruppenweise** *adv* par groupes
gruppieren* [grʊ'pi:rən] **I.** *vt* **die Gäste um den Tisch ~** rassembler les invités autour de la table **II.** *vr* **sich um jdn/etw ~** se rassembler autour de qn/qc
Gruppierung <-, -en> *f* ❶ POL groupuscule *m*; (*innerhalb einer Partei*) fraction *f* ❷ (*Anordnung*) disposition *f*
Gruselfilm *m* film *m* d'épouvante
gruselig ['gru:zəlɪç] *adj* épouvantable
gruseln ['gru:zəln] **I.** *vt, vi unpers* **ihn** [*o* **ihm**] **gruselt es** il a le frisson **II.** *vr* **sich ~** avoir le frisson
gruslig *s.* **gruselig**
Gruß [gru:s, *Pl:* 'gry:sə] <-es, Grüße> *m* ❶ (*Begrüßung*) salut *m* ❷ (*übermittelter ~*) salutations *fpl*; **einen** [**schönen**] **~ an die Kinder** bien le bonjour aux enfants ❸ (*schriftliche ~formel*) **mit freundlichen Grüßen** reçois/recevez mes sincères salutations
grüßen ['gry:sən] **I.** *vt* ❶ (*be~*) saluer ❷ (*Grüße übermitteln*) **jdn von jdm ~** saluer qn de la part de qn **II.** *vr* **sich ~** se saluer
grußlos *adv* sans dire bonjour **Grußwort** <-worte> *nt* discours *m* de bienvenue
Grütze ['grʏtsə] <-, -n> *f* ▶**rote ~** *compote refroidie de fruits rouges, épaissie avec de la fécule*
gucken ['gʊkən] *vi fam* (*sehen*) regarder
Guckloch *nt* judas *m*
Guerilla [ge'rɪlja] <-, -s> *f* (*~krieg*) guérilla *f*
Gugelhupf ['gu:gəlhʊpf] <-s, -e> *m* A, SDEUTSCH kouglof *m*
Guillotine [gɪljo'ti:nə] <-, -n> *f* guillotine *f*
Gulasch ['gʊlaʃ] <-[e]s, -e> *nt o m* goulache *m o f*
Gulden ['gʊldən] <-s, -> *m* florin *m*
Gülle ['gʏlə] <-> *f* lisier *m*
Gully ['gʊli] <-s, -s> *m o nt* bouche *f* d'égout
gültig ['gʏltɪç] *adj* ❶ valable; (*Pass*) valide ❷ (*Gesetz*) en vigueur ❸ (*Zahlungsmittel*) légal(e)
Gültigkeit <-> *f* validité *f*
Gummi[1] ['gʊmi] <-s, -[s]> *m o nt* ❶ caoutchouc *m* ❷ <-s> *fam* (*Kondom*) capote *f* [anglaise]
Gummi[2] <-s, -s> *nt fam* (*~band*) élastique *m*
Gummiband <-bänder> *nt* élastique *m* **Gummibärchen** *nt* ourson *m* [gélifié] **Gummibaum** *m* caoutchouc *m*
gummieren* *vt* gommer
Gummihandschuh *m* gant *m* en caoutchouc **Gummiknüppel** *m fam* matraque *f* [en caoutchouc] **Gummistiefel** *m* botte *f* en caoutchouc **Gummizelle** *f* cellule *f* capitonnée
Gunst [gʊnst] <-> *f* ❶ (*Wohlwollen*) bienveillance *f* ❷ *fig* **die ~ der Stunde** l'opportunité du moment
günstig ['gʏnstɪç] **I.** *adj* ❶ (*Zeit*) favorable; (*Zugverbindung*) commode ❷ (*preis~*) avantageux(-euse) **II.** *adv* ❶ (*kaufen*) à un prix avantageux ❷ (*gut*) **im ~sten Fall** dans le meilleur des cas
Günstling ['gʏnstlɪŋ] <-s, -e> *m pej* (*eines Herrschers*) favori(te) *m(f)*
Gurgel ['gʊrgəl] <-, -n> *f* gorge *f*
gurgeln *vi* **mit etw ~** faire un gargarisme avec qc
Gurke ['gʊrkə] <-, -n> *f* (*Salatgurke*) concombre *m*; (*eingelegt*) cornichon *m*
Gurkensalat *m* salade *f* de concombre
gurren ['gʊrən] *vi* roucouler
Gurt [gʊrt] <-[e]s, -e> *m* ❶ sangle *f* ❷ (*Sicherheitsgurt*) ceinture *f* de sécurité
Gürtel ['gʏrtəl] <-s, -> *m* ceinture *f*
Gürtellinie *f* ▶**unter die ~ zielen** viser en dessous de la ceinture **Gürtelrose** *f* MED zona *m* **Gürtelschnalle** *f* boucle *f* de ceinture **Gürteltier** *nt* tatou *m*

Gurtpflicht *f* port *m* obligatoire de la ceinture de sécurité

Guru ['gu:ru] <-s, -s> *m* REL gourou *m*

GUS [gus, ge:ʔu:'ʔɛs] <-> *f Abk von* **Gemeinschaft Unabhängiger Staaten: die** ~ la C.E.I.

GussRR <-es, Güsse>, **Guß**ALT [gʊs] <Gusses, Güsse> *m* ❶ *kein Pl* METAL fonte *f* ❷ (*Zuckerguss*) couche *f* de sucre ❸ *fam* (*Regenguss*) saucée *f*

GusseisenRR *nt* fonte *f* **gusseisern**RR *adj* en fonte **Gussform**RR *f* moule *m*

gut [gu:t] **I.** <besser, beste> *adj* ❶ bon(ne) *antéposé;* (*Mann, Frau*) bon(ne) *postposé;* **etw ~ finden** trouver bien qc ❷ (*körperlich wohl*) **ihm ist nicht ~** il ne se sent pas bien ❸ (*gelungen*) **~ werden** (*Foto*) être réussi ❹ (*richtig*) **~ so!** c'est bien comme ça! ❺ (*Schulnote*) *bonne note située entre quatorze et seize sur vingt* ❻ (*reichlich*) **eine ~e Stunde Zeit haben** avoir une bonne heure ►**alles wird** [**wieder**] **~** tout va s'arranger **II.** <besser, am besten> *adv* ❶ bien; **~ gelaunt sein** être de bonne humeur ❷ (*reichlich, erfolgreich*) bien ❸ (*angenehm*) **~ riechen** sentir bon; **das schmeckt ~** c'est bon ► **mach's ~!** *fam* salut!; **so ~ wie ...** *fam* pratiquement ...

Gut <-[e]s, Güter> *nt* ❶ (*Ware*) bien *m* ❷ (*Landgut*) domaine *m* ❸ JUR **unbewegliche Güter** biens *mpl* immobiliers

Gutachten ['gu:tʔaxtən] <-s, -> *nt* expertise *f*

Gutachter(in) <-s, -> *m(f)* expert(e) *m(f)*

gutartig *adj* MED bénin(-igne) **gutaussehend**ALT *s.* **aussehen I.1.** **gutbezahlt**ALT *s.* **bezahlt**

Güte ['gy:tə] <-> *f* bonté *f*

Gute(s) *nt dekl wie adj* ❶ (*qualitativ Hochwertiges*) **etwas ~s** quelque chose de bon ❷ (*Positives*) **das ~ daran ist, dass ...** l'avantage, c'est que ...; **alles ~!** bonne chance! ❸ (*gute Tat*) **~s tun** faire le bien

Güteklasse *f* catégorie *f*

Gutenachtgeschichte [gʊtə'naxtgəʃɪçtə] *f* histoire *f* pour dormir **Gutenachtkuss**RR *m* bisou *m* (*fam*)

Güterbahnhof *m* gare *f* de marchandises **Gütergemeinschaft** *f* communauté *f* de biens **Gütertrennung** *f* séparation *f* des biens **Güterverkehr** *m* transport *m* [de] marchandises

Güterwagen *m* wagon *m* de marchandises

Güterzug *m* train *m* de marchandises

Gütezeichen *nt* marque *f* de qualité

gut|gehenALT **I.** *vi unpers s.* **gehen II.1.** **II.** *vi s.* **gehen I.8.** **gutgelaunt**ALT *s.* **gelaunt** **gutgemeint**ALT *s.* **meinen I.4.** **gutgläubig** *adj* crédule

Guthaben <-s, -> *nt* avoir *m*

gut|heißen *vt irr* accepter **gutherzig** *adj geh* généreux(-euse)

gütig ['gy:tɪç] *adj* ❶ bienveillant(e) ❷ (*freundlich*) **würden Sie so ~ sein ...** *geh* voudriez-vous avoir l'obligeance de ...

gütlich ['gy:tlɪç] *adj, adv* à l'amiable

gut|machen *vt* [**wieder**] **~** (*Fehler*) réparer

gutmütig ['gu:tmy:tɪç] *adj* d'un bon naturel

Gutmütigkeit <-> *f* complaisance *f*

Gutsbesitzer(in) *m(f)* propriétaire *mf* d'un domaine

Gutschein *m* bon *m* **gut|schreiben** *vt irr* **jdm etw ~** inscrire qc au crédit de qn **Gutschrift** *f* ❶ (*gebuchter Betrag*) crédit *m* ❷ (*Beleg*) avis *m* de crédit **Gutshof** *m* ferme *f* domaniale

gutsituiertALT *s.* **situiert**

Gutsverwalter(in) *m(f)* gérant(e) *m(f)* de propriété

gut|tunALT *s.* **tun III.2.**

gutwillig **I.** *adj* plein(e) de bonne volonté **II.** *adv* de plein gré

Gymnasiallehrer(in) *m(f)* professeur *mf* de Gymnasium

Gymnasiast(in) [gʏmnazi'ast] <-en, -en> *m(f)* élève *mf* de Gymnasium

Gymnasium [gʏm'na:ziʊm] <-s, -ien> *nt: établissement scolaire comprenant les classes entre l'école primaire et le baccalauréat*

> Si les résultats le permettent, les élèves peuvent rentrer au **Gymnasium** directement après l'école primaire. Il comprend 9 classes, de la cinquième à la treizième. Les trois dernières années sont appelées *Oberstufe*. A la fin de la treizième classe, les élèves passent leur *Abitur*. Dans certains länder, les lycéens passent leur *Abitur* à la fin de la douzième classe.

Gymnastik [gʏm'nastɪk] <-> *f* gymnastique *f*

Gynäkologe [gynɛko'lo:gə] <-n, -n> *m,* **Gynäkologin** *f* gynécologue *mf*

Gynäkologie <-> *f* gynécologie *f*

gynäkologisch [gynɛko'lo:gɪʃ] *adj* gynécologique

G

H h

H, h [haː] <-, -> *nt* ❶ H *m*/h *m* ❷ MUS si *m*

ha *Abk von* **Hektar** ha

Haar [haːɐ̯] <-[e]s, -e> *nt* ❶ (*einzelnes Kopfhaar*) cheveu *m;* (*gesamtes Kopfhaar*) cheveux *mpl* ❷ (*Körper-, Tierhaar*) poil *m*

Haaransatz *m* naissance *f* des cheveux **Haarausfall** *m* chute *f* des cheveux **Haarbürste** *f* brosse *f* à cheveux

haaren *vi* perdre ses poils

Haarfarbe *f* couleur *f* de[s] cheveux **Haarfestiger** *m* fixateur *m* [pour les cheveux] **Haarklammer** *f* pince *f* [à cheveux] **haarklein** *adv* par le menu **Haarnadel** *f* épingle *f* à cheveux **Haarpflege** *f* soins *mpl* capillaires **Haarreif** *m* serre-tête *m* **Haarschnitt** *m* coupe *f* de cheveux **Haarspalterei** <-, -en> *f pej* ergotage *m* **Haarspange** *f* grosse barrette *f* [à cheveux] **Haarspray** *nt o m* laque *f* **haarsträubend** *adj* scandaleux (-euse) **Haartrockner** *m* sèche-cheveux *m* **Haarwaschmittel** *nt* shampo[o]ing *m* **Haarwasser** *nt* lotion *f* capillaire **Haarwurzel** *f* racine *f* du cheveu

Hab ▸**sein/ihr ganzes ~ und Gut** *geh* tous ses biens *mpl*

Habe ['haːbə] <-> *f geh* **seine ganze ~** tous ses biens *mpl*

haben ['haːbən] <hat, hatte, gehabt> **I.** *vt* ❶ (*alle Bedeutungen*) avoir; **Angst ~** avoir peur; **eine Größe/Fläche von ... ~** avoir une grandeur/surface de ... ❷ MED **es am Herzen ~** *fam* être malade du cœur ❸ (*ausstehen*) **ich kann es nicht ~, wenn** je ne supporte pas que + *subj* **II.** *vr fam* **er hat sich immer so** il est drôlement maniaque **III.** *vr unpers* ▸**und damit hat es sich!** *fam* et après basta! **IV.** *vi modal* **du hast zu gehorchen** tu dois obéir **V.** *aux* **er hat/hatte den Brief geschrieben** il a/avait écrit la lettre; **ihr habt euch getäuscht** vous vous êtes trompé(e)s

Haben <-s> *nt* FIN avoir *m*

Habgier *f* rapacité *f*

habgierig *adj* rapace

habhaft *adj geh* **eines Menschen/einer S. ~ werden** s'emparer d'une personne/de qc

Habicht ['haːbɪçt] <-s, -e> *m* autour *m*

habilitieren* *vr* **sich ~** se qualifier pour l'enseignement supérieur

Habseligkeiten *Pl* affaires *fpl*

Hackbeil *nt* couperet *m* **Hackbraten** *m* rôti *m* de viande hachée

Hacke ['hakə] <-, -n> *f* ❶ (*Ferse, Absatz*) talon *m* ❷ (*Werkzeug*) houe *f* ❸ A hache *f*

hacken ['hakən] **I.** *vt* ❶ hacher; **Holz ~** fendre du bois ❷ (*auflockern*) biner; (*von Unkraut befreien*) sarcler **II.** *vi* ❶ **nach jdm/etw ~** (*Vogel*) donner des coups de bec à qn/dans qc ❷ (*den Boden bearbeiten*) sarcler ❸ INFORM *fam* pirater; **das Hacken** le piratage [informatique]

Hacker(in) ['hakɐ] <-s, -> *m(f) fam* (*Computerpirat*) pirate *mf* [informatique]

Hackfleisch *nt* viande *f* hachée **Hackordnung** *f* ordre *m* hiérarchique **Hacksteak** *nt* steak *m* haché

Hafen ['haːfən, *Pl:* 'hɛːfən] <-s, Häfen> *m* ❶ port *m* ❷ *geh* (*Zufluchtsort*) havre *m*

Hafenanlagen *Pl* installations *fpl* portuaires **Hafenarbeiter(in)** *m(f)* docker *m* **Hafenrundfahrt** *f* visite *f* du port en bateau **Hafenstadt** *f* ville *f* portuaire

Hafer ['haːfɐ] <-s, -> *m* avoine *f*

Haferbrei *m* bouillie *f* d'avoine **Haferflocken** *Pl* flocons *mpl* d'avoine

Häferl ['hɛːfɐl] <-s, -n> *nt* A *fam* tasse *f*

Haft [haft] <-> *f* détention *f*

haftbar *adj* **für etw ~ sein** être responsable de qc

Haftbefehl *m* mandat *m* d'arrêt

haften ['haftən] *vi* ❶ **für jdn/etw ~** (*Person*) être responsable de qn/qc ❷ COM **mit seinem Vermögen ~** être responsable sur son capital ❸ (*festkleben*) **an/auf etw** (*dat*) **~** adhérer sur qc ❹ (*sich festsetzen*) **auf/an etw** (*dat*) **~ bleiben** (*Geruch*) rester imprégné(e) dans qc

haften|bleiben *s.* **haften 4.**

Häftling ['hɛftlɪŋ] <-s, -e> *m* détenu(e) *m(f)*

Haftpflicht *f* ❶ *fam* (*~versicherung*) assurance *f* responsabilité civile ❷ (*Schadenersatzpflicht*) responsabilité *f* civile **haftpflichtig** *adj* civilement responsable **haftpflichtversichert** *adj* **~ sein** être assuré en responsabilité civile **Haftpflichtversicherung** *f* assurance *f* responsabilité civile **Haftstrafe** *f* peine *f* de prison

Haftung <-, -en> *f* ❶ JUR responsabilité *f;* (*einer Versicherung*) garantie *f* ❷ *kein Pl* TECH

PHYS adhérence *f*

Hagebutte ['haːgəbʊtə] <-, -n> *f* cynor[r]hodon *m*

Hagebuttentee *m* tisane *f* de cynor[r]hodon

Hagel ['haːgəl] <-s> *m* grêle *f*

Hagelkorn <-körner> *nt* grêlon *m*

hageln ['haːgəln] **I.** *vi unpers* grêler **II.** *vt unpers fam* **es hagelt Geschosse** il tombe une grêle de balles

hager ['haːgɐ] *adj* maigre

Hahn [haːn, *Pl:* 'hɛːnə] <-[e]s, Hähne> *m* ❶ coq *m* ❷ (*Wasserhahn*) robinet *m* ❸ (*Zapfhahn*) chantepleure *f*

Hähnchen ['hɛːnçən] *nt* poulet *m*

Hai [hai̯] <-[e]s, -e> *m* requin *m*

häkeln ['hɛːkəln] **I.** *vi* faire du crochet **II.** *vt* **etw ~** faire qc au crochet

Häkelnadel *f* crochet *m*

Haken ['haːkən] <-s, -> *m* ❶ [clou *m* à] crochet *m;* (*Kleiderhaken*) patère *f* ❷ (*Angelhaken*) hameçon *m* ❸ (*Zeichen*) coche *f* ❹ *fam* (*Schwierigkeit*) hic *m*

hakenförmig *adj* en forme de crochet **Hakenkreuz** *nt* croix *f* gammée **Hakennase** *f* nez *m* crochu

halb [halp] **I.** *adj* ❶ **ein ~er Meter** un demi mètre ❷ (*bei der Angabe der Uhrzeit*) **~ sieben** six heures et demie ❸ *fam* (*ein Großteil von*) **~ Frankreich** presque toute la France ❹ (*~herzig*) **~e Reformen** des demi-réformes **II.** *adv* ❶ (*zur Hälfte*) à moitié; **~ so viel** moitié moins ❷ (*~wegs*) à moitié *antéposé* ❸ (*teilweise*) **etw nur ~ verstehen** ne comprendre qc qu'à moitié

halbamtlich *adj* semi-officiel(le) **Halbbruder** *m* demi-frère *m* **Halbdunkel** *nt* pénombre *f* **Halbedelstein** *m* pierre *f* semi-précieuse

halber ['halbɐ] *präp + gen geh* **der Form ~** pour la forme

halbfett **I.** *adj* ❶ TYP [de]mi-gras(se) ❷ GASTR allégé(e) **II.** *adv* TYP en demi-gras **Halbfinale** *nt* demi-finale *f*

halbherzig **I.** *adj* (*Reform*) timide **II.** *adv* sans conviction; (*zustimmen*) du bout des lèvres

halbieren* [hal'biːrən] **I.** *vt* ❶ **etw ~** partager qc en deux; (*schneiden*) couper qc en deux ❷ (*vermindern*) réduire de moitié **II.** *vr* **sich ~** diminuer de moitié

Halbinsel *f* presqu'île *f;* (*groß*) péninsule *f*

Halbjahr *nt* semestre *m* **halbjährlich** **I.** *adj* semestriel(le) **II.** *adv* tous les six mois **Halbkanton** *m* CH demi-canton *m* **Halbkreis** *m* demi-cercle *m* **Halbkugel** *f* hémisphère *m* **halblaut** *adj* [prononcé(e)] à mi-voix **Halbleiter** *m* TECH semi-conducteur *m* **halbmast** *adv* **auf ~** en berne **Halbmond** *m* ❶ demi-lune *f* ❷ (*Symbol*) croissant *m* **halbmondförmig** *adj* en demi-lune **halboffen** *s.* **offen I.1. Halbpension** *f* demi-pension *f* **Halbschatten** *m* clair-obscur *m* **Halbschlaf** *m* **im ~ sein** être à moitié endormi **Halbschuh** *m* chaussure *f* basse **Halbschwester** *f* demi-sœur *f* **halbstündig** *adj attr* d'une demi-heure **halbstündlich** *adj, adv* toutes les demi-heures **halbtags** *adv* à mi-temps **Halbtagsbeschäftigung** *f* emploi *m* à mi-temps **Halbwaise** *f* orphelin(e) *m(f)* [de père/mère]

halbwegs *adv* ❶ (*einigermaßen*) à peu près ❷ (*nahezu*) pratiquement

Halbwertszeit *f* PHYS période *f* **halbwüchsig** *adj* adolescent(e) **Halbzeit** *f* mi-temps *f*

Halde ['haldə] <-, -n> *f* ❶ (*Müllhalde*) montagne *f* d'ordures ❷ MIN (*Kohlenhalde*) dépôt *m* de charbon

half [half] *Imp von* **helfen**

Hälfte ['hɛlftə] <-, -n> *f* moitié *f*

Halfter ['hakftɐ] <-s, -> *m o nt* licou *m*

Hall [hal] <-[e]s, -e> *m* ❶ *geh* (*Schall*) résonance *f* ❷ (*Widerhall*) écho *m*

Halle ['halə] <-, -n> *f* ❶ hall *m* ❷ (*großer Saal*) [grande] salle *f* ❸ (*Sporthalle*) salle *f* [de sport]

hallen ['halən] *vi* résonner

Hallenbad *nt* piscine *f* couverte

Hallig <-, -en> *f: île plate du Schleswig-Holstein recouverte en partie ou en totalité par la mer lors des grosses marées*

hallo [ha'loː] *interj* ❶ salut ❷ (*Gruß am Telefon*) allo ❸ (*Anrede*) **~[, Sie]!** hé[, vous]!

Halluzination [halutsina'tsi̯oːn] *f* hallucination *f*

Halm [halm] <-[e]s, -e> *m* ❶ (*Grashalm*) brin *m;* (*Getreidehalm*) tige *f* ❷ (*Trinkhalm*) paille *f*

Halogen [halo'geːn] <-s, -e> *nt* CHEM halogène *m*

Halogenlampe *f* [lampe *f* à] halogène *m*

Hals [hals, *Pl:* 'hɛlzə] <-es, Hälse> *m* ❶ cou *m* ❷ (*Rachen*) gorge *f* ❸ (*Flaschenhals*) col *m* ▸**jdn am ~ haben** *fam* avoir qn sur le dos

Halsband <-bänder> *nt* ❶ collier *m* ❷ (*Schmuckband aus Samt*) ruban *m* [de velours]
halsbrecherisch ['halsbrɛçərɪʃ] **I.** *adj* (*Tempo*) fou(folle) **II.** *adv* (*herumturnen*) au risque de se casser le cou
Halsentzündung *f* inflammation *f* de la gorge **Halskette** *f* chaîne *f* [de cou]; (*mit Steinen besetzt*) collier *m* **Hals-Nasen-Ohren-Arzt** ['hals'na:zən'ʔo:rənartst] *m*, **-Ärztin** *f* oto-rhino-laryngologiste *mf* **Halsschlagader** *f* [artère *f*] carotide *f* **Halsschmerzen** *Pl* mal *m* de gorge **Halstuch** *nt* foulard *m* **Halsweh** *s.* **Halsschmerzen** **Halswirbel** *m* vertèbre *f* cervicale
halt [halt] *interj* halte[-là]
Halt <-[e]s, -e> *m* ❶ (*Stütze*) appui *m* ❷ (*Greif-, Trittstelle beim Bergsteigen*) prise *f* ❸ (*Gleichgewicht*) **den ~ verlieren** perdre l'équilibre ❹ (*inneres Gleichgewicht*) équilibre *m* [moral/psychologique] ❺ (*Stopp*) arrêt *m*; ~ **machen** s'arrêter
hält [hɛlt] *3. Pers Präs von* **halten**
haltbar *adj* ❶ (*Lebensmittel*) [de] longue conservation ❷ (*strapazierfähig*) résistant(e) ❸ (*Vorwurf*) qui tient debout
Haltbarkeit <-, -en> *f* ❶ (*von Lebensmitteln*) durée *f* de conservation ❷ (*Widerstandsfähigkeit*) résistance *f*
Haltbarkeitsdatum *nt* date *f* limite [de consommation]
halten ['haltən] <hält, hielt, gehalten> **I.** *vt* ❶ (*fest~*) tenir ❷ (*zum Bleiben veranlassen*) retenir ❸ (*strecken*) **die Beine ins Wasser ~** garder les jambes dans l'eau ❹ (*tragen*) **etw ~** (*Haken*) maintenir qc ❺ (*Brücke*) soutenir ❻ (*zurück~*) **etw ~** (*Ventil*) contenir qc ❼ SPORT (*Ball*) arrêter ❽ (*haben*) [**sich** (*dat*)] **ein Tier ~** avoir un animal ❾ (*Tabellenplatz*) conserver ❿ MIL (*Stadt*) défendre ⓫ (*Theorie*) maintenir ⓬ (*Rede*) prononcer; (*Vortrag*) faire ⓭ (*Versprechen*) tenir ⓮ (*ansehen als*) **jdn für einen Journalisten ~** prendre qn pour un journaliste ⓯ (*denken*) **etwas/nichts von jdm/etw ~** faire cas/ne faire aucun cas de qn/qc **II.** *vi* ❶ (*fest~*) tenir ❷ (*Lebensmittel*) se conserver ❸ (*Fahrzeug*) s'arrêter ❹ SPORT arrêter ❺ (*stehen zu*) **zu jdm ~** prendre le parti de qn **III.** *vr* ❶ (*sich festhalten*) **sich an etw** (*dat*) ~ se tenir à qc ❷ (*nicht verderben*) **sich ~** se garder ❸ METEO **sich ~** se maintenir ❹ (*eine Richtung verfolgen*) **sich rechts ~** tenir sa droite ❺ (*sich richten nach*) **sich an die Regeln ~** respecter les règles ❻ (*sich orientieren an*) **sich an jdn ~** s'en tenir à qn ❼ (*haften*) **sich ~** (*Giftstoff*) se maintenir ❽ (*sich behaupten*) **sich ~** (*Regierung*) tenir ❾ (*eine bestimmte Haltung haben*) **sich aufrecht/im Gleichgewicht ~** se tenir droit/en équilibre ❿ (*einschätzen*) **sich für einen Künstler ~** se considérer comme artiste
Halter(in) <-s, -> *m(f)* ❶ (*eines Fahrzeugs*) utilisateur *m* habituel; (*Versicherter*) assuré *m* ❷ (*eines Haustiers*) propriétaire *m*
Halterung <-, -en> *f* support *m*
Haltestelle *f* station *f*; (*von Bussen*) arrêt *m* **Halteverbot** *nt kein Pl* interdiction *f* de s'arrêter; **im ~ parken** se garer en zone d'arrêt interdit **Halteverbotsschild** *nt* panneau *m* d'arrêt interdit
haltlos *adj* (*Vorwurf*) inconsistant(e)
halt|machen *s.* **Halt 5.**
Haltung <-, -en> *f* ❶ (*Körperhaltung*) attitude *f* ❷ SPORT style *m* ❸ (*Meinung*) position *f* ❹ *kein Pl* (*Verhalten*) attitude *f* ❺ *kein Pl* (*Beherrschtheit*) contenance *f*
Haltungsfehler *m* malformation *f* du squelette
Halunke [ha'lʊŋkə] <-n, -n> *m* ❶ *pej* (*Gauner*) fripouille *f* (*fam*) ❷ *iron* (*Schlingel*) fripon *m*
Hamburg ['hambʊrk] <-s> *nt* Hambourg
Hamburger(in) <-s, -> *m(f)* Hambourgeois(e) *m(f)*
Hamburger[1] ['hambʊrgɐ] <-s, -> *m* hamburger *m*
Hamburger[2] *adj attr* de Hambourg
hämisch ['hɛ:mɪʃ] **I.** *adj* (*Bemerkung*) hargneux(-euse); (*Grinsen*) sardonique **II.** *adv* (*bemerken*) hargneusement; (*grinsen*) sardoniquement
Hammel ['haməl] <-s, -> *m* mouton *m*
Hammelfleisch *nt* [viande *f* de] mouton *m* **Hammelkeule** *f* gigot *m* de mouton
Hammer ['hamɐ, *Pl:* 'hɛmɐ] <-s, Hämmer> *m* ❶ marteau *m* ❷ *fam* (*Fehler*) connerie *f*; (*Unverschämtheit*) insolence *f*
hämmern ['hɛmɐn] *vi* ❶ donner des coups de marteau ❷ (*klopfen*) **gegen die Tür ~** marteler la porte ❸ (*Herz*) battre très fort
Hammerwerfen <-s> *nt* lancer *m* du marteau

Hämorrhoide, **Hämorride**[RR] [hɛmɔr'iːdən] *f* MED *meist Pl* hémorroïde *f*

Hampelmann ['hampəlman] <-männer> *m* pantin *m*

hampeln *vi fam* gigoter

Hamster ['hamstɐ] <-s, -> *m* hamster *m*

hamstern **I.** *vi* se constituer des provisions **II.** *vt* faire des provisions de

Hand [hant, *Pl:* 'hɛndə] <-, Hände> *f* ① main *f*; **linker/rechter ~** à [main] gauche/droite ② (*Obhut*) **bei jdm in guten Händen sein** être en de bonnes mains avec qn; **zu Händen [von]** à l'attention de ③ (*Gewalt*) **jdm in die Hände fallen** (*Person*) tomber aux mains de qn ►**~ und Fuß haben** se tenir; **eine ~ voll** une poignée; **an ~ einer S.** (*gen*) à l'aide de qc; **unter der ~** (*anbieten, verkaufen*) sous le manteau

Handarbeit *f* ① *kein Pl* (*Arbeit mit den Händen*) travail *m* manuel ② (*Gegenstand*) ouvrage *m* fait à la main ③ (*Näh-, Strickarbeit*) travaux *mpl* d'aiguille **Handball** *m* ① *kein Pl* (*Spiel*) handball *m* ② (*Ball*) balle *f* **Handballspieler(in)** *m(f)* handballeur(-euse) *m(f)* **Handbesen** *s.* **Handfeger** **Handbewegung** *f* geste *m* de la main **handbreit** **I.** *adj* large comme la main **II.** *adv* **~ offen stehen** (*Fenster*) être ouvert d'une largeur de main **Handbremse** *f* frein *m* à main; (*eines Fahrrads*) frein **Handbuch** *nt* manuel *m* **Handcreme** *f* crème *f* pour les mains

Händedruck ['hɛndədrʊk] <-drücke> *m* poignée *f* de main

Handel ['handəl] <-s> *m kein Pl* ① commerce *m* ② (*Abmachung, Geschäft*) marché *m*

handeln ['handəln] **I.** *vi* ① **mit etw ~** faire le commerce de qc ② (*feilschen*) **um den Preis ~** marchander le prix ③ (*tätig sein*) agir ④ (*vorgehen*) **richtig ~** agir de manière correcte ⑤ (*zum Thema haben*) **von jdm/etw ~** traiter de qn/qc **II.** *vr unpers* **es handelt sich um ...** il s'agit de ... **III.** *vt* **an der Börse gehandelt werden** se négocier à la Bourse

Handeln <-s> *nt* ① **das ~ mit Büchern** le commerce des livres ② (*Feilschen*) marchandage *m* ③ (*Tätigwerden*) réaction *f* ④ (*Vorgehen*) attitude *f*

Handelsabkommen *nt* accord *m* commercial **Handelsakademie** *f* A ≈ école *f* supérieure de commerce **Handelsbilanz** *f* (*einer Firma*) bilan *m* commercial; (*eines Staates*) balance *f* commerciale **Handelsembargo** *nt* embargo *m* [commercial] **Handelsklasse** *f* [catégorie *f* de] qualité *f* **Handelsschule** *f* ≈ école *f* de commerce **handelsüblich** *adj* conforme aux usages commerciaux; (*Größe*) courant(e) **Handelsvertreter(in)** *m(f)* représentant(e) *m(f)* de commerce **Handelsware** *f* marchandise *f*

händeringend ['ɛndərɪŋənd] **I.** *adj* désespéré(e) **II.** *adv* ① (*bitten*) en suppliant ② *fam* (*benötigen*) absolument

Handfeger ['hantfeːgɐ] *m* balayette *f* **Handfertigkeit** *f* dextérité *f* **handfest** *adj* (*Beweis*) solide **Handfläche** *f* paume *f* de la main **Handgelenk** *nt* poignet *m* **handgemacht** *adj* fait(e) à la main **Handgemenge** *nt* bagarre *f* **Handgepäck** *nt* bagages *mpl* à main **handgeschrieben** *adj* manuscrit(e) **Handgranate** *f* grenade *f* [à main]

handgreiflich *adj* **gegen jdn ~ werden** en venir aux mains avec qn

Handgriff *m* ① (*Aktion*) geste *m* ② (*Griff*) poignée *f*

handhaben ['hanthaːbən] *vt* (*Gerät*) manier; (*Vorschrift*) appliquer

Handhabung <-> *f* ① (*eines Geräts*) utilisation *m* ② (*von Gesetzen*) application *f*

Handicap ['hɛndikɛp] <-s, -s> *nt* handicap *m*

händisch ['hɛndɪʃ] *adj* A *s.* **manuell**

Handkuss[RR] *m* baisemain *m* **Handlanger(in)** ['hantlaŋɐ] <-s, -> *m(f)* ① (*ungelernter Helfer*) manœuvre *m* ② *pej* (*Erfüllungsgehilfe*) larbin *m*

Händler(in) ['hɛndlɐ] <-s, -> *m(f)* ① commerçant(e) *m(f)*; (*Großhändler*) négociant(e) *m(f)* ② (*Vertragshändler*) concessionnaire *mf*

handlich ['hantlɪç] *adj* pratique

Handlung ['handlʊŋ] <-, -en> *f* ① acte *m* ② (*eines Buchs, Films*) action *f*

Handlungsbevollmächtigte(r) *f(m) dekl wie adj* JUR fondé(e) *m(f)* de pouvoir **handlungsfähig** *adj* JUR ayant capacité **Handlungsfreiheit** *f kein Pl* liberté *f* d'action **Handlungsspielraum** *m* marge *f* de manœuvre **Handlungsvollmacht** *f* procuration *f* commerciale **Handlungsweise** *f* (*Verhalten*) comportement *m*

H

Handpflege *f* manucure *f* **Handrücken** *m* dos *m* de la main **Handscanner** *m* INFORM scanne[u]r *m* à main **Handschelle** *f meist Pl* menottes *fpl* **Handschlag** *m* poignée *f* de main **Handschrift** *f* ❶ (*Schrift*) écriture *f* ❷ (*Text*) manuscrit *m* **handschriftlich** **I.** *adj* manuscrit(e) **II.** *adv* (*einfügen*) à la main **Handschuh** *m* gant *m* **Handstand** *m* poirier *m* **Handtasche** *f* sac *m* à main **Handtuch** <-tücher> *nt* serviette *f* [de toilette]; (*Frotteehandtuch*) serviette éponge **Handumdrehen** ▸**im** ~ en un tour de main **Handvoll** *s.* **Hand** ▸ **Handwäsche** *f* (*Waschvorgang*) lavage *m* à la main **Handwerk** *nt* ❶ (*Beruf*) métier *m* [manuel] ❷ *kein Pl* (*Berufsstand*) artisanat *m* **Handwerker(in)** <-s, -> *m(f)* artisan(e) *m(f)* **handwerklich** *adj* artisanal(e) **Handwerksbetrieb** *m* entreprise *f* artisanale **Handwerkskammer** *f* chambre *f* des métiers **Handwerkszeug** *nt* outils *mpl*

Handy ['hɛndi] <-s, -s> *nt* portable *m*

Handzeichen *nt* signe *m* de la main **Handzettel** *m* tract *m*

Hanf [hanf] <-[e]s> *m* chanvre *m*

Hang [haŋ, *Pl:* 'hɛŋə] <-[e]s, Hänge> *m* ❶ versant *m;* (*eines Weinbergs*) coteau *m* ❷ *kein Pl* (*Vorliebe*) penchant *m*

Hängebrücke *f* pont *m* suspendu **Hängelampe** *f* lustre *m*

hangeln *vi + haben o sein* avancer à la force des bras

Hängematte *f* hamac *m*

hängen[1] ['hɛŋən] <hing, gehangen> *vi* ❶ (*Bild, Vorhang*) être accroché; **an etw** (*dat*) ~ être accroché à qc; **im Schrank** ~ être pendu dans l'armoire ❷ (*Zweige*) pendre; **voller Kirschen** ~ être chargé de cerises ❸ (*sich verbunden fühlen*) **an jdm/etw** ~ tenir à qn/qc ❹ (*sich neigen*) **nach rechts/links** ~ pencher vers la droite/vers la gauche ❺ (*fest~*) **mit dem Ärmel an etw** (*dat*) ~ être accroché à qc par sa manche ❻ (*haften*) **an etw** (*dat*) ~ (*Schmutz*) adhérer à qc ❼ *fam* (*sitzen*) **vor dem Fernseher** ~ être collé devant la télé ❽ (*gehenkt werden*) être pendu

hängen[2] <hängte, gehängt> *vt* ❶ **etw an die Wand** ~ accrocher qc au mur; **etw in den Schrank** ~ mettre qc dans l'armoire ❷ (*herunter~ lassen*) **die Arme ~ lassen** laisser pendre les bras ❸ (*an~*) **den Wohnwagen ans Auto** ~ atteler la caravane à la voiture ❹ (*er~*) pendre

hängen|bleiben *vi* (*in der Erinnerung bleiben*) **an jdm** ~ peser sur qn

hängen|lassen <*PP* hängen[ge]lassen> *vr* **sich** ~ se laisser aller

Hanglage *f* **ein Haus in** ~ une maison située sur un terrain en pente

Hannover [ha'no:fɐ] <-s> *nt* Hanovre

Hanse ['hanzə] <-> *f* Hanse *f*

Hanseat(in) <-en, -en> *m(f)* HIST hanséate *mf*

hänseln ['hɛnzəln] *vt* **jdn wegen etw** ~ se moquer de qn à cause de qc

Hansestadt *f* ville *f* hanséatique

> À l'origine, la *Hanse* était le regroupement de villes qui se trouvaient sur les grands axes commerciaux. Le but des **Hansestädte** était de mieux réguler le commerce des marchandises. La *Hanse* allemande a détenu pendant 200 ans environ le monopole de l'activité commerciale sur la Baltique. De nos jours, sept villes du nord de l'Allemagne ont toujours, en plus de leur nom, l'appellation de ville hanséatique. Il s'agit de Brême, Hambourg, Lübeck, Rostock, Stralsund, Wismar et Greifswald.

Hanswurst <-e *o* -würste> ['hansvʊrst] *m* (*dummer Mensch*) guignol *m*

Hantel ['hantəl] <-, -n> *f* haltère *m*

hantieren* [han'ti:rən] *vi* **in der Küche** ~ s'affairer dans la cuisine

hapern *vi unpers fam* (*nicht gut klappen*) **in Mathe hapert es bei dir** tu cafouilles en maths

Häppchen <-s, -> *nt Dim von* **Happen** (*Kleinigkeit*) bricole *f* (*fam*)

Happen ['hapən] <-s, -> *m fam* morceau *m*

happig ['hapɪç] *adj fam* salé(e)

happy ['hɛpi] *adj fam* tout(e) content(e)

Happyend[RR] <-s, -s>, **Happy End[RR]** ['hɛpi'ʔɛnt] <- -s, - -s> *nt* happy end *m*

Hardware ['ha:tvɛ:ɐ̯] <-, -s> *f* matériel *m*

Harem ['ha:rɛm] <-s, -s> *m* harem *m*

Harfe ['harfə] <-, -n> *f* harpe *f*

Harke ['harkə] <-, -n> *f bes.* NDEUTSCH râteau *m*

harmlos ['harmlo:s] *adj* ❶ (*Person, Tier*) inoffensif(-ive); (*Krankheit*) bénin(-igne) ❷ (*arglos*) anodin(e)

Harmonie [harmo'ni:] <-, -n> *f* harmonie *f*

harmonieren* [harmo'niːrən] *vi* ❶ MUS s'accorder ❷ (*zueinander passen*) **miteinander ~** aller bien ensemble; (*miteinander auskommen*) s'entendre bien

harmonisch [har'moːnɪʃ] **I.** *adj* harmonieux(-euse) **II.** *adv* harmonieusement; (*verlaufen*) dans l'harmonie

harmonisieren* *vt* harmoniser

Harmonium [-niən] <-s, -nien> *nt* harmonium *m*

Harn [harn] <-[e]s, -e> *m* urine *f*

Harnblase *f* vessie *f* **Harnleiter** *m* uretère *m* **Harnstoff** *m* urée *f*

Harpune [har'puːnə] <-, -n> *f* harpon *m*

harren ['harən] *vi geh* attendre

hart [hart] <härter, härteste> **I.** *adj* ❶ dur(e); (*Matratze*) ferme; (*Kontaktlinsen*) rigide ❷ (*heftig*) brutal(e) ❸ (*Akzent*) rude ❹ (*Pornografie*) hard ❺ (*abgehärtet: Person*) endurci(e) ❻ (*Währung*) fort(e) **II.** *adv* ❶ **~ durchgreifen** sévir ❷ (*streng*) durement ❸ (*arbeiten*) dur ❹ (*unmittelbar*) **~ an der Grenze des Erlaubten** à la limite de la légalité

Härte ['hɛrtə] <-, -n> *f* ❶ (*eines Metalls*) trempe *f* ❷ (*Kalkgehalt*) dureté *f* ❸ *kein Pl* (*Wucht*) force *f* ❹ *kein Pl* (*eines Gesetzes*) dureté *f*

Härtefall *m* cas *m* social extrême

härten *vt* (*Metall*) tremper

Härtetest *m* test *m* [de résistance]

hartgekocht *s.* **kochen II.1.** **Hartgeld** *nt* pièces *fpl* [de monnaie] **hartherzig** *adj* insensible **Hartkäse** *m* fromage *m* à pâte dure **hartnäckig** **I.** *adj* ❶ (*Person*) persévérant(e) ❷ (*Erkältung*) tenace **II.** *adv* avec persévérance **Hartnäckigkeit** <-> *f* ❶ persévérance *f* ❷ (*Langwierigkeit*) ténacité *f*

Hartwurst *f* saucisson *m*

Harz[1] [haːɐ̯ts] <-es, -e> *nt* résine *f*

Harz[2] <-es> *m* GEO **der ~** le Harz

harzig *adj* résineux(-euse)

Hasch [haʃ] <-[s]> *nt fam* hasch *m*

Haschisch ['haʃɪʃ] <-[s]> *nt o m* hachich *m*

Hase ['haːzə] <-n, -n> *m* lièvre *m*

Haselnuss[RR] *f* noisette *f*

Hasenfuß *m fam* poule *f* mouillée **Hasenscharte** *f* bec-de-lièvre *m*

Hass[RR] <-es>, **Haß**[ALT] [has] <-sses> *m* haine *f*

hassen ['hasən] *vt* **jdn ~** haïr qn; **etw ~** détester qc

hasserfüllt[RR] *adj* haineux(-euse)

hässlich[RR], **häßlich**[ALT] ['hɛslɪç] **I.** *adj* laid(e); (*Wort*) méchant(e); (*Streit*) désagréable **II.** *adv* ❶ (*angezogen*) mal ❷ (*gemein*) mal

Hässlichkeit[RR], **Häßlichkeit**[ALT] <-> *f* laideur *f*

Hassliebe[RR] *f* mélange *m* d'amour et de haine

hast *2. Pers Präs von* **haben**

Hast [hast] <-> *f* hâte *f*

hasten ['hastən] *vi + sein geh* se hâter

hastig **I.** *adj* (*Essen*) rapide **II.** *adv* précipitamment

hat [hat] *3. Pers Präs von* **haben**

hatschi *interj* atchoum

hatte ['hatə] *Imp von* **haben**

Haube ['hau̯bə] <-, -n> *f* ❶ coiffe *f* ❷ (*Trockenhaube*) casque *m* ❸ (*Motorhaube*) capot *m*

Hauch [hau̯x] <-[e]s, -e> *m geh* ❶ souffle *m*; **ein ~ von Flieder** des effluves de lilas ❷ (*Anflug*) **ein ~ von Ironie** un soupçon d'ironie

hauchdünn ['hau̯x'dʏn] **I.** *adj* (*Scheibe*) mince; (*Mehrheit*) [très] juste **II.** *adv* (*schneiden*) en tranche[s] très fine[s]

hauchen ['hau̯xən] *vi* **gegen/in etw** (*akk*) **~** souffler contre/dans qc

Haue ['hau̯ə] <-, -n> *f* ❶ *kein Pl fam* raclée *f* ❷ A, CH, SDEUTSCH (*Hacke*) houe *f*

hauen[1] ['hau̯ən] <haute, gehauen> *vt, vi + haben* cogner

hauen[2] <haute, gehauen> **I.** *vt + haben* ❶ **einen Nagel in die Wand ~** enfoncer un clou dans le mur ❷ (*herstellen*) **eine Statue in Marmor ~** tailler une statue dans le marbre **II.** *vi + sein fam* **mit dem Kopf gegen etw ~** se cogner la tête contre qc **III.** *vr + haben fam* **sich ~** se tabasser

Haufen ['hau̯fən] <-s, -> *m* ❶ tas *m* ❷ *fam* (*Gruppe*) bande *f*

häufen ['hɔy̯fən] **I.** *vt* (*Vorräte*) entasser; (*Ämter*) cumuler **II.** *vr* **sich ~** (*Müll*) s'entasser; (*Vorkommnisse*) se répéter

haufenweise *adv* ❶ en tas ❷ *fam* (*in großer Zahl*) en masse

häufig ['hɔy̯fɪç] **I.** *adj* fréquent(e) **II.** *adv* souvent

Häufigkeit <-, -en> *f* fréquence *f*

Häufung <-, -en> *f* (*von Ämtern*) cumul *m*

Haupt [hau̯pt, *Pl:* 'hɔy̯ptə] <-[e]s, Häupter> *nt geh* tête *f*

hauptamtlich *adj* (*Tätigkeit*) professionnel(le) **Hauptausgang** *m* sortie *f* principale **Hauptbahnhof** *m* gare *f* centrale **Hauptberuf** *m* activité *f* [professionnelle] principale **hauptberuflich** **I.** *adj* (*Tätigkeit*) principal(e) **II.** *adv* **was machen Sie ~?** que faites-vous comme métier? **Hauptdarsteller(in)** *m(f)* premier rôle *m* **Haupteingang** *m* entrée *f* principale

Häuptel ['hɔyptəl] <-s, -[n]> *nt* A tête *f*

Häuptelsalat *m* A laitue *f*

Hauptfach *nt* matière *f* principale **Hauptfigur** *f* figure *m* de proue **Hauptgebäude** *nt* bâtiment *m* central **Hauptgericht** *nt* plat *m* de résistance **Hauptgeschäftszeit** *f* heures *fpl* d'affluence **Hauptgewinn** *m* gros lot *m* **Hauptlast** *f* charge *f* principale

Häuptling ['hɔyptlɪŋ] <-s, -e> *m* chef *m* de tribu

Hauptmahlzeit *f* repas *m* principal **Hauptmann** <-leute> *m* MIL capitaine *m* **Hauptmenü** *nt* INFORM menu *m* principal **Hauptperson** *f* ❶ THEAT personnage *m* principal ❷ (*wichtigste Person*) personnage *m* central **Hauptpost** *f* poste *f* centrale **Hauptquartier** *nt* quartier *m* général **Hauptrolle** *f* premier rôle *m* **Hauptsache** *f* **die ~** le principal **hauptsächlich** *adv* surtout **Hauptsaison** *f* haute saison *f* **Hauptsatz** *m* (*übergeordneter Satz*) proposition *f* principale **Hauptschalter** *m* ❶ guichet *m* principal ❷ ELEC commutateur *m* central **Hauptschlagader** *f* aorte *f* **Hauptschulabschluss**RR *m: brevet sanctionnant la Hauptschule* **Hauptschuldige(r)** *f(m) dekl wie adj* principal fautif *m*/principale fautive *f* **Hauptschule** *f: établissement scolaire entre l'école primaire et la formation professionnelle, surtout artisanale, qui propose des cours plus simples que la Realschule*

> En Allemagne, la **Hauptschule** accueille les élèves dont la moyenne des résultats à la fin de l'école primaire ne permet pas l'entrée à la *Realschule* ou au *Gymnasium*. Sa valeur est faiblement reconnue si bien que les jeunes qui obtiennent leur *Hauptschulabschluss* n'ont souvent que très peu de chance de trouver une place d'apprenti. En Autriche, on peut, suivant ses résultats, passer de la *Hauptschule* au *Gymnasium*.

Hauptschüler(in) *m(f): élève de Hauptschule* **Hauptschullehrer(in)** *m(f): professeur de Hauptschule* **Hauptstadt** *f* capitale *f* **Hauptstraße** *f* rue *f* principale **Hauptteil** *m* majeure partie *f* **Hauptverhandlung** *f* audience *f* principale **Hauptverkehrsstraße** *f* (*innerhalb/außerhalb einer Ortschaft*) rue *f*/route *f* à grande circulation **Hauptverkehrszeit** *f* heures *fpl* de pointe **Hauptwaschgang** *m* [cycle *m* de] lavage *m* **Hauptwohnsitz** *m* résidence *f* principale **Hauptwort** <-wörter> *nt* nom *m*

Haus [haus, *Pl:* 'hɔyzɐ] <-es, Häuser> *nt* ❶ maison *f*; (*mehrstöckiges Wohnhaus*) immeuble *m*; **nach ~e gehen/kommen** rentrer [à la maison]; **außer ~[e] sein** être à l'extérieur ❷ (*Familie*) **die Dame des ~es** la maîtresse de maison ❸ (*Dynastie*) **das ~ Habsburg** la maison des Habsbourg ❹ *geh* (*Firma*) maison *f* ❺ (*Schneckenhaus*) coquille *f* ❻ *fam* (*Freund*) **na, altes ~!** alors, vieille branche!

Hausangestellte(r) *f(m)* employé(e) *m(f)* de maison **Hausarbeit** *f* (*Arbeit im Haushalt*) travaux *mpl* ménagers **Hausarrest** *m* (*Strafe für ein Kind*) privation *f* de sortie **Hausarzt** *m*, **-ärztin** *f* médecin *mf* de famille **Hausaufgaben** *Pl* devoirs *mpl* **Hausbau** <-bauten> *m* construction *f* de la maison/de l'immeuble **Hausbesetzer(in)** *m(f)* squatte[u]r *m* **Hausbesetzung** *f* squat *m* **Hausbesitzer(in)** *m(f)* propriétaire *mf* [de la maison/de l'immeuble] **Hausbesorger(in)** [hausbəzɔrgɐ] A *s.* **Hausmeister(in)**

Häuschen ['hɔysçən] <-s, -> *nt Dim von* **Haus** petite maison *f*

hausen ['hauzən] *vi pej fam* (*wohnen*) crécher

Häuserblock ['hɔyzɐblɔk] *m* pâté *m* de maisons

Hausflur *m* vestibule *m* **Hausfrau** *f* ❶ femme *f* au foyer ❷ A, SDEUTSCH (*Zimmerwirtin*) logeuse *f* **Hausfriedensbruch** *m* violation *f* de domicile **hausgemacht** *adj* [fait(e) à la] maison **Haushalt** <-[e]s, -e> *m* ❶ foyer *m*; **jdm den ~ führen** tenir la maison de qn ❷ (*Etat*) budget *m* **Haushälter(in)** <-s, -> *m(f)* intendant(e) *m(f)*

Haushaltsartikel *m* article *m* ménager **Haushaltsdebatte** *f* débat *m* budgétaire **Haushaltsgeld** *nt* argent *m* du ménage

Haushaltsgerät *nt* ustensile *m* ménager **Haushaltsjahr** *nt* année *f* budgétaire **Haushaltsplan** *m* état *m* prévisionnel **Haushaltswaren** *Pl* articles *mpl* ménagers

Hausherr(in) *m(f)* maître(-esse) *m(f)* de maison

haushoch ['haus'ho:x] **I.** *adj* ❶ (*Flammen*) immense ❷ (*Sieger*) grandissime (*fam*); (*Sieg*) écrasant(e) **II.** *adv* de façon écrasante; (*gewinnen*) haut la main

hausieren* *vi* colporter

Hausierer(in) <-s, -> *m(f)* colporteur(-euse) *m(f)*

Hauslehrer(in) *m(f)* précepteur(-trice) *m(f)*

häuslich ['hɔyslɪç] *adj* (*Person*) casanier (-ière); (*Frieden*) familial(e)

Hausmann <-männer> *m* homme *m* au foyer **Hausmeister(in)** *m(f)* concierge *mf* **Hausmittel** *nt* remède *m* de grand-mère **Hausmüll** *m* ordures *fpl* ménagères **Hausmusik** *f* concert *m* en famille **Hausnummer** *f* numéro *m* **Hausordnung** *f* règlement *m* intérieur **Hausrat** <-[e]s> *m* biens *mpl* mobiliers **Hausratversicherung** *f* assurance *f* mobilière **Hausschuh** *m* chausson *m*

Hausse ['ho:sə] <-, -n> *f* FIN hausse *f*

Haustelefon *nt* interphone *m* **Haustier** *nt* animal *m* domestique **Haustür** *f* porte *f* d'entrée **Hausverwaltung** *f* (*Institution*) gérance *f* de l'immeuble **Hauswirt(in)** *m(f)* logeur(-euse) *m(f)* **Hauswirtschaft** *f* (*~slehre*) enseignement *m* ménager

Haut [haut, *Pl:* 'hɔytə] <-, Häute> *f* peau *f* ▸**aus der ~ fahren** *fam* sortir de ses gonds

Hautabschürfung *f* éraflure *f* **Hautarzt** *m*, **-ärztin** *f* dermatologue *mf* **Hautcreme** *f* crème *f*

häuten ['hɔytən] **I.** *vt* (*Fisch*) retirer la peau de; (*Hasen*) écorcher **II.** *vr* **sich ~** muer

hauteng ['hautɛŋ] **I.** *adj* moulant(e) **II.** *adv* **~ anliegen** coller à la peau **Hautfarbe** *f* couleur *f* de peau **Hautkrankheit** *f* maladie *f* de peau **Hautkrebs** *m* cancer *m* de la peau **hautnah** **I.** *adj* (*Kontakt*) corps contre corps **II.** *adv* ❶ (*sehr nah*) collé(e)s l'un(e) à l'autre ❷ *fam* (*miterleben*) de tout près **Hautpflege** *f* soins *mpl* de peau

Haxe ['haksə] <-, -n> *f* SDEUTSCH (*eines Kalbs*) jarret *m*; (*eines Schweins*) jambonneau *m*

Hbf. *Abk von* **Hauptbahnhof** gare *f* centrale

H-Bombe ['ha:'bɔmbə] *f* bombe *f* H

HD-Diskette [ha:'de:dɪs'kɛtə] *f* INFORM disquette *f* haute densité

Hebamme ['he:pʔamə] <-, -n> *f* sage-femme *f*

Hebebühne *f* pont *m* élévateur

Hebel ['he:bəl] <-s, -> *m* levier *m*

heben ['he:bən] <hob, gehoben> **I.** *vt* ❶ (*Arm, Kopf*) lever ❷ (*hoch~*) soulever ❸ (*Niveau*) relever ❹ *fam* (*trinken*) **einen ~** boire un coup **II.** *vr* **sich ~** (*Vorhang, Schranke*) se lever; (*Brust*) se soulever

Hebräer(in) [he'brɛ:ɐ] <-s, -> *m(f)* Hébreu *m*/Juive *f*

hebräisch [he'brɛ:ɪʃ] **I.** *adj* hébraïque **II.** *adv* **~ miteinander sprechen** discuter en hébreu

Hebräisch <-[s]> *nt kein art* hébreu *m*; *s. a.* **Deutsch**

hecheln ['hɛçəln] *vi* haleter

Hecht [hɛçt] <-[e]s, -e> *m* brochet *m*

Hechtsprung *m* saut *m* en extension

Heck [hɛk] <-[e]s, -e> *nt* (*eines Schiffs*) poupe *f*; (*eines Flugzeugs*) queue *f*

Hecke ['hɛkə] <-, -n> *f* haie *f*

Heckenrose *f* (*Busch*) églantier *m*

Heckmotor *m* moteur *m* [à l']arrière **Heckscheibe** *f* vitre *f* arrière

Heer [he:ɐ] <-[e]s, -e> *nt* ❶ MIL armée *f*; (*Bodenstreitkräfte*) armée de terre ❷ (*große Anzahl*) **ein ~ von Touristen** une armée de touristes

Hefe ['he:fə] <-, -n> *f* levure *f*

Hefeteig *m* pâte *f* levée

Heft [hɛft] <-[e]s, -e> *nt* ❶ (*Schreibheft*) cahier *m* ❷ (*Zeitschrift*) revue *f*; (*einzelne Ausgabe*) numéro *m*

heften ['hɛftən] **I.** *vt* ❶ **etw an die Wand ~** fixer qc au mur ❷ (*nähen*) faufiler; (*mit Nadeln feststecken*) épingler **II.** *vr* **sich auf jdn/etw ~** (*Blick*) se fixer sur qn/qc

Hefter <-s, -> *m* (*Mappe*) classeur *m*

heftig ['hɛftɪç] **I.** *adj* (*Schmerz, Schlag*) violent(e); (*Schneefall*) fort(e) **II.** *adv* (*sich streiten*) violemment; (*schneien*) fortement

Heftigkeit <-> *f* (*Intensität*) violence *f*

Heftklammer *f* ❶ agrafe *f* ❷ (*Büroklammer*) trombone *m* **Heftpflaster** *nt* sparadrap *m*

Heftzwecke <-, -n> *f* punaise *f*

Hegemonie [hegemo'ni:] <-, -n> *f* hégémonie *f*

H

hegen ['he:gən] *vt* ❶ (*Garten*) prendre soin de ❷ *geh* (*Wunsch, Hoffnung*) avoir

Hehl [he:l] *nt o m* ▸**kein[en] ~ aus etw machen** ne pas faire mystère de qc

Hehler(in) ['he:lɐ] <-s, -> *m(f)* receleur (-euse) *m(f)*

Heide ['haidə] <-, -n> *f* lande *f*

Heide <-n, -n> *m*, **Heidin** *f* païen(ne) *m(f)*

Heidekraut *nt* bruyère *f*

Heidelbeere ['haidəlbe:rə] *f* myrtille *f*

Heidenangst *f kein Pl fam* peur *f* bleue **Heidengeld** *nt kein Pl fam* argent *m* fou **Heidenspaß** *m fam* **das war ein ~!** c'était le pied!

Heidentum <-s> *nt* paganisme *m*

heidnisch ['haidnɪʃ] **I.** *adj* païen(ne) **II.** *adv* en païen(ne)

heikel ['haikəl] *adj* délicat(e)

heil [hail] *adj* (*Gegenstand*) intact(e)

Heil <-s> *nt* (*Wohlergehen*) bien-être *m;* (*Glück*) bonheur *m;* (*seelisches ~*) salut *m*

Heiland ['hailant] <-[e]s, -e> *m* **der/unser ~** le/notre Sauveur

Heilbad *nt* station *f* thermale

heilbar *adj* curable

heilen ['hailən] *vi, vt* guérir

heilfroh *adj fam* **~ sein** être vachement content

heilig ['hailɪç] *adj* ❶ (*Stätte, Pflicht*) sacré(e); (*Sakrament*) saint(e) ❷ (*unantastbar*) **jdm ~ sein** être sacré pour qn

Heiligabend [hailɪç'ʔa:bənt] *m* (*Abend des 24. Dezembers*) soir *m* de Noël; (*Feier*) réveillon *m* de Noël

Heilige(r) *f(m) dekl wie adj* saint(e) *m(f)*

heiligen ['hailɪgən] *vt* ❶ consacrer; **geheiligt** sacré(e) ❷ (*Feiertag*) sanctifier

Heiligenbild *nt* portrait *m* de saint(e) **Heiligenschein** *m* auréole *f*

heilig|sprechen *vt* canoniser

Heiligtum <-s, -tümer> *nt* sanctuaire *m*

Heilkraft *f* vertus *fpl* curatives

heillos *adj* terrible

Heilmittel *nt* remède *m* **Heilpflanze** *f* plante *f* officinale **Heilpraktiker(in)** *m(f)* guérisseur(-euse) *m(f)* [reconnu(e) par l'État] **Heilquelle** *f* source *f* thermale

heilsam *adj* salutaire

Heilsarmee *f kein Pl* Armée *f* du Salut

Heilung <-, -en> *f* (*eines Kranken, einer Krankheit*) guérison *f;* (*einer Wunde*) cicatrisation *f*

heim [haim] *adv* à la maison

Heim <-[e]s, -e> *nt* ❶ (*Zuhause*) domicile *m* ❷ (*Seniorenheim*) foyer *m* de personnes âgées ❸ (*Erziehungsheim*) foyer *m* [éducatif] ❹ (*Erholungsheim*) maison *f* de repos

Heimat ['haima:t] <-, -en> *f* ❶ pays *m* [natal] ❷ (*eines Tiers, einer Pflanze*) pays *m* d'origine

Heimatfilm *m* film *m* régionaliste (*sur les mœurs villageoises*) **Heimatland** *nt* pays *m* [natal]

heimatlich *adj* du pays

heimatlos *adj* apatride

Heimatmuseum *nt* musée *m* local **Heimatort** *m* lieu *m* d'origine

heim|bringen *vt irr* **jdn ~** ramener qn chez lui/elle

Heimcomputer *m* ordinateur *m* familial

heim|fahren *irr* **I.** *vi + sein* rentrer à la maison **II.** *vt + haben* **jdn ~** reconduire qn à la maison **heim|gehen** *vi irr + sein* rentrer chez soi

heimisch *adj* ❶ local(e); (*Bevölkerung*) autochtone ❷ (*vertraut*) **sich ~ fühlen** se sentir chez soi

Heimkehr ['haimke:ɐ̯] <-> *f* ❶ retour *m* [à la maison] ❷ (*~ ins Heimatland*) retour *m* au pays

heim|kehren *vi + sein* ❶ rentrer ❷ (*in das Heimatland ~*) retourner dans son pays

heimlich ['haimlɪç] **I.** *adj* ❶ secret(-ète) ❷ (*Blick*) furtif(-ive) ❸ (*inoffiziell*) occulte **II.** *adv* ❶ en cachette; (*zusagen*) en secret ❷ (*ansehen*) furtivement

Heimlichkeit <-, -en> *f* ❶ *kein Pl* (*heimliche Art*) caractère *m* secret ❷ (*Geheimnis*) secret *m*

Heimreise *f* [trajet *m* du] retour *m* **Heimspiel** *nt* match *m* à domicile **heim|suchen** *vt* s'abattre sur

heimtückisch *adj* perfide; (*Krankheit, Erreger*) insidieux(-euse)

Heimweg *m* [trajet *m* du] retour *m* **Heimweh** <-[e]s> *nt* mal *m* du pays **Heimwerker(in)** <-s, -> *m(f)* bricoleur(-euse) *m(f)*

heim|zahlen *vt* **jdm etw ~** faire payer qc à qn

Heinzelmännchen *nt:* *lutin* [*qui fait le travail pendant la nuit*]

Heirat ['haira:t] <-, -en> *f* mariage *m*

heiraten ['haira:tən] **I.** *vt* épouser **II.** *vi* se

marier
Heiratsantrag *m* demande *f* en mariage **Heiratsanzeige** *f* ❶ annonce *f* matrimoniale ❷ (*Bekanntmachung*) faire-part *m* de mariage **Heiratsurkunde** *f* acte *m* de mariage
heiser ['haizɐ] I. *adj* enroué(e) II. *adv* **sich ~ reden** parler à en perdre la voix
heiß [hais] I. *adj* ❶ (*sehr warm*) [très] chaud(e); (*zu warm*) brûlant(e); (*Flüssigkeit*) bouillant(e); (*Klima*) torride; **jdm etw ~ machen** chauffer qc à qn ❷ (*heftig, innig*) ardent(e) ❸ (*Thema*) brûlant(e) ❹ *attr fam* (*Tipp*) tout(e) premier(-ière) *antéposé;* (*Spur*) très sérieux(-euse) II. *adv* ❶ (*essen, duschen*) très chaud ❷ (*ersehnen, lieben*) ardemment
heißblütig ['haisbly:tɪç] *adj* ❶ (*impulsiv*) fougueux(-euse) ❷ (*leidenschaftlich*) passionné(e)
heißen ['haisən] <hieß, geheißen> I. *vi* ❶ **ich heiße Karin** je m'appelle Karin ❷ (*bedeuten*) **das heißt, dass ...** cela veut dire que ... ❸ (*lauten*) **„ja" heißt auf Japanisch „hai"** "oui" se dit "hai" en japonais ►**das heißt** (*in anderen Worten*) c'est-à-dire; (*beziehungsweise*) ou plutôt II. *vi unpers* ❶ *geh* (*nötig sein*) **nun heißt es handeln!** maintenant, il faut agir! ❷ (*behauptet werden*) **es heißt, dass ...** on dit que ...
Heißhunger *m* **~ auf etw** (*akk*) **haben** avoir une fringale de qc (*fam*)
heiß|laufen *vi irr + sein* ❶ (*Motor*) chauffer ❷ *fam* (*Telefon*) ne pas arrêter de sonner
Heißluft *f* air *m* chaud
heiter ['haitɐ] *adj* ❶ gai(e) ❷ (*Wetter*) clair(e) ►**das kann ja ~ werden!** *iron* ça promet!
Heiterkeit <-> *f* ❶ (*Stimmung*) gaieté *f* ❷ (*Belustigung*) hilarité *f*
heizbar *adj* (*Haus*) chauffable
heizen ['haitsən] *vi, vt* chauffer
Heizkessel *m* chaudière *f* **Heizkörper** *m* radiateur *m* **Heizkosten** *Pl* frais *mpl* de chauffage **Heizlüfter** <-s, -> *m* radiateur *m* soufflant **Heizofen** *m* radiateur *m* d'appoint **Heizöl** *nt* mazout *m*
Heizung <-, -en> *f* ❶ (*Zentralheizung*) chauffage *m* [central] ❷ *fam* (*Heizkörper*) radiateur *m*
Hektar ['hɛkta:ɐ̯] <-s, -e> *nt o m* hectare *m*
Hektik ['hɛktɪk] <-> *f* agitation *f*
hektisch ['hɛktɪʃ] I. *adj* (*Person, Zeit*) agité(e) II. *adv* (*essen*) avec précipitation; (*reagieren*) nerveusement
Hektoliter [hɛkto'li:tɐ] *m o nt* hectolitre *m*
Held(in) ['hɛlt] <-en, -en> *m(f)* héros *m*/héroïne *f*
heldenhaft *adj* héroïque
Heldentat *f* exploit *m*
Heldentum <-s> *nt* héroïsme *m*
helfen ['hɛlfən] <hilft, half, geholfen> *vi* ❶ **jdm ~** aider qn ❷ (*nützen*) **jdm ~** rendre service à qn; (*Medikament*) faire de l'effet à qn
Helfer(in) <-s, -> *m(f)* ❶ assistant(e) *m(f)* ❷ (*Komplize*) complice *mf*
Helgoland <-s> Helgoland
Helikopter <-s, -> *m* hélicoptère *m*
Helium ['he:liʊm] <-s> *nt* CHEM hélium *m*
hell [hɛl] *adj* ❶ clair(e); (*Licht*) vif(vive); **es wird ~** il commence à faire jour ❷ (*aufgeweckt*) futé(e) (*fam*)
hellblau *adj* bleu clair *inv* **hellblond** *adj* (*Person*) aux cheveux blond clair; (*Haare*) blond clair *inv* **hellbraun** *adj* marron clair *inv;* (*Haare*) châtain clair *inv*
Helle(s) *nt dekl wie adj* [bière *f*] blonde *f*
hellhäutig ['hɛlhɔytɪç] *adj* clair(e) de peau **hellhörig** *adj* sonore ►**~ werden** dresser l'oreille
Helligkeit <-, -en> *f* clarté *f*
hellsehen *vi nur Infin* **~ können** avoir le don de double vue
Hellseher(in) *m(f)* voyant(e) *m(f)*
hellwach *adj* **~ sein** être bien réveillé
Helm [hɛlm] <-[e]s, -e> *m* casque *m*
Hemd [hɛmt] <-[e]s, -en> *nt* chemise *f*
Hemisphäre *f* hémisphère *m*
hemmen ['hɛmən] *vt* ❶ (*ein Hemmnis sein*) entraver ❷ PSYCH **sehr gehemmt sein** être très complexé
Hemmnis <-ses, -se> *nt* obstacle *m*
Hemmschwelle *f* blocage *m*
Hemmung <-, -en> *f meist Pl* inhibition *f*
hemmungslos *adj* ❶ (*zügellos*) dépourvu(e) de retenue ❷ (*skrupellos*) sans scrupules
Hendl ['hɛnd(ə)l] <-s, -[n]> *nt* A poulet *m* rôti
Hengst [hɛŋst] <-[e]s, -e> *m* étalon *m*
Henkel ['hɛŋkəl] <-s, -> *m* anse *f*
Henker ['hɛnkɐ] <-s, -> *m* bourreau *m*
Henna ['hɛna] <-> *f,* <-[s]> *nt* henné *m*
Henne ['hɛnə] <-, -n> *f* ❶ (*Haushuhn*) [poule

H

f] pondeuse *f* ❷ (*weiblicher Hühnervogel*) poule *f*

Hepatitis [hepa'ti:tɪs, *Pl:* hepati'ti:dən] <-, -titiden> *f* hépatite *f*

her [he:ɐ̯] *adv* ❶ *fam* ~ **damit!** file/filez-moi ça! ❷ (*zeitlich*) **das ist schon lange** ~ ça fait déjà longtemps ❸ (*räumlich*) **hinter jdm/etw** ~ **sein** être à la poursuite de qn/qc; *fig* courir après qn/chercher qc

herab [hɛ'rap] *adv geh* **von den Bergen** ~ du haut des montagnes

herab|blicken *s.* **herabsehen** **herab|lassen** *irr vr* (*gnädigerweise tun*) **sich** [**dazu**] ~ **etw zu tun** condescendre à faire qc

herablassend **I.** *adj* condescendant(e) **II.** *adv* avec condescendance

herab|sehen *vi irr* ❶ (*abschätzig betrachten*) **auf jdn/etw** ~ regarder qn/qc de haut ❷ *geh* (*heruntersehen*) **auf jdn/etw** ~ abaisser son regard sur qn/qc **herab|setzen** *vt* ❶ (*Preis*) baisser; (*Kosten*) réduire ❷ (*herabmindern*) déprécier **herab|steigen** *vi irr + sein geh* descendre **herab|würdigen** **I.** *vt* rabaisser **II.** *vr* **sich** ~ s'abaisser

heran [hɛ'ran] *adv* **links** ~**!** serre/serrez à gauche!

heran|kommen *vi irr + sein* ❶ **an jdn/etw** ~ [s']approcher de qn/qc; **an jdn** ~ (*in Kontakt kommen*) pouvoir approcher qn; (*gleichwertig sein*) arriver au niveau de qn ❷ (*heranreichen*) **an etw** (*akk*) ~ pouvoir atteindre qc; **an das Geld** ~ pouvoir disposer de l'argent **heran|machen** *vr fam* **sich an jdn** ~ accoster qn **heran|reifen** *vi + sein geh* (*Person, Plan*) mûrir **heran|tasten** *vr* (*sich nähern*) **sich an jdn/etw** ~ avancer à tâtons jusqu'à qn/qc **heran|wachsen** [-ks-] *vi irr + sein geh* **zum Mann/zur Frau** ~ devenir un homme/une femme **Heranwachsende** [-ks-] *Pl* jeunes gens *mpl* (*entre 18 et 21 ans*) **heran|wagen** *vr* ❶ **sich an jdn** ~ oser s'approcher de qn ❷ (*sich zu beschäftigen wagen*) **sich an etw** (*akk*) ~ oser s'attaquer à qc **heran|ziehen** *vt irr + haben* ❶ **jdn zu sich** ~ attirer qn vers soi; **etw zu sich** ~ rapprocher qc de soi ❷ (*einsetzen*) **einen Sachverständigen zu etw** ~ faire appel à un expert pour qc ❸ (*Paragraphen*) alléguer

herauf [hɛ'raʊ̯f] **I.** *adv* **von unten** ~ depuis le bas **II.** *präp + akk* **den Berg/die Treppe** ~ en gravissant la montagne/en montant les escaliers

herauf|beschwören* *vt irr* ❶ (*Erinnerung*) évoquer ❷ (*Unglück*) provoquer **herauf|setzen** *vt* (*Gebühren, Preis, Mindestalter*) relever

heraus [hɛ'raʊ̯s] **I.** *adj* ❶ ~ **sein** (*Blinddarm, Splitter*) être retiré ❷ (*entschieden sein*) **ist eigentlich schon** ~**, wann ...?** sait-on déjà quand ...? ❸ (*entwachsen*) **aus dem Alter** ~ **sein...** avoir passé l'âge de... ❹ (*gesagt*) ~ **sein** être dit **II.** *adv* ❶ ~**!** dehors! ❷ (*aufgrund*) **aus Neugier** ~ par curiosité

heraus|arbeiten *vt* (*Unterschiede*) faire ressortir **heraus|bekommen*** *vt irr* ❶ (*Fleck*) réussir à enlever ❷ (*herausfinden*) réussir à trouver ❸ (*ausgezahlt bekommen*) **Sie bekommen noch drei Euro heraus** je dois vous rendre trois euros **heraus|bilden** *vr* **sich** ~ prendre forme **heraus|bringen** *vt irr* ❶ **jdm etw** ~ apporter qc dehors à qn ❷ (*Buch, Ware*) sortir ❸ *fam* (*Wort*) sortir; (*Ton*) émettre **heraus|finden** *irr* **I.** *vt* ❶ découvrir ❷ (*herauslesen*) **einen Gegenstand aus etw** ~ retrouver un objet parmi qc **II.** *vi* **aus dem Museum** ~ trouver la sortie du musée

Herausforderer <-s, -> *m*, **Herausforderin** *f* adversaire *mf*

heraus|fordern **I.** *vt* ❶ provoquer; (*Gefahr*) défier ❷ SPORT défier **II.** *vi* **zu etw** ~ provoquer qc

Herausforderung *f* ❶ *kein Pl* SPORT challenge *m* ❷ (*Provokation*) provocation *f* ❸ (*Bewährungsprobe*) défi *m* **Herausgabe** *f* (*von Konfisziertem*) restitution *f*

heraus|geben *irr* **I.** *vt* ❶ (*Gefangenen*) libérer; (*Konfisziertes*) restituer; (*Wechselgeld*) rendre ❷ (*veröffentlichen*) publier; (*edieren*) éditer ❸ (*Banknoten*) émettre **II.** *vi* rendre la monnaie

Herausgeber(in) *m(f)* ❶ directeur(-trice) *m(f)* de [la] publication ❷ (*Verleger*) éditeur (-trice) *m(f)*

heraus|gehen *vi irr + sein* ❶ **aus dem Haus** ~ sortir de la maison ❷ (*sich entfernen lassen*) **aus etw** ~ (*Fleck*) partir de qc; (*Dorn*) s'enlever de qc ►**aus sich** ~ s'extérioriser **heraus|halten** *irr* **I.** *vt* **etw** ~ passer qc dehors **II.** *vr* **sich aus etw** ~ se tenir en dehors de qc **heraus|holen** *vt* ❶ **etw aus dem Schrank** ~ sortir qc de l'armoire ❷ (*Erdbebenopfer*) extraire ❸ *fam* (*errei* *chen*) **das Letzte aus sich ~** donner tout ce qu'on a dans le bide **heraus|kommen** *vi irr + sein* ❶ **aus etw ~** (*zum Vorschein kommen*) sortir de qc; (*verlassen können*) quitter qc; **aus dem Staunen nicht ~** ne pas cesser de s'étonner ❷ *fam* (*sich ergeben*) **das kommt aufs Gleiche heraus** c'est du pareil au même ❸ (*Buch*) sortir [sur le marché] ❹ (*Gesetz*) être publié ❺ *fam* (*Schwindel*) être découvert ❻ *fam* (*Publicity haben*) **mit etw groß ~** faire un malheur avec qc ❼ (*aus der Übung kommen*) perdre la main **heraus|kriegen** *s.* **herausbekommen, rauskriegen heraus|nehmen** *vt irr* ❶ **etw aus dem Schrank ~** retirer qc de l'armoire ❷ *fam* (*operativ entfernen*) **jdm den Blinddarm ~** enlever l'appendice à qn ❸ (*aussondern*) **jdn aus der Klasse ~** retirer qn de la classe ❹ *fam* (*erlauben*) **sich** (*dat*) **etw ~** se permettre qc **heraus|putzen** *vr* **sich ~** s'endimancher **heraus|ragen** *vi* ❶ (*Erker*) faire saillie; (*Felsen*) être en surplomb ❷ (*sich auszeichnen*) **durch etw ~** se distinguer par qc **heraus|reden** *vr* **sich ~** chercher des excuses **heraus|reißen** *vt irr* ❶ arracher; **jdn aus seiner Arbeit ~** arracher qn à son travail ❷ *fam* (*wettmachen*) relever le niveau de **heraus|rücken** I. *vt fam* filer II. *vi + sein fam* **mit etw ~** accoucher de qc **heraus|rutschen** *vi + sein* ❶ **jdm aus der Tasche ~** glisser de la poche de qn ❷ *fam* (*ungewollt aussprechen*) **jdm ~** (*Bemerkung*) échapper à qn **heraus|sein**ALT *s.* **heraus I.1-4**

heraußen [hɛˈrausən] *adv* A, SDEUTSCH dehors

heraus|springen *vi irr + sein* sauter dehors; (*Sicherung*) sauter; **was springt dabei heraus?** qu'est-ce qu'il y a à en tirer? (*fam*) **heraus|stehen** *vi irr* **aus etw ~** dépasser de qc **heraus|stellen** I. *vt* ❶ (*ins Freie stellen*) sortir ❷ (*hervorheben*) **etw ~** mettre qc en évidence II. *vr* **sich ~** (*Wahrheit*) éclater; **es stellte sich heraus, dass ...** il s'avéra que ... **heraus|suchen** *vt* ❶ (*auswählen*) **etw aus etw ~** choisir qc parmi qc ❷ (*Textstelle*) rechercher **heraus|ziehen** *vt irr* (*Schublade*) tirer

herb [hɛrp] I. *adj* ❶ (*Geschmack*) âpre ❷ (*Enttäuschung*) amer(-ère) ❸ (*Kritik*) acerbe II. *adv* **~ riechen** avoir une odeur épicée

Herbarium [-riən] <-s, -ien> *nt* herbier *m*

herbei [hɛɐˈbai] *adv geh* par ici **herbei|bringen** *vt irr* ❶ **jdn/etw ~** amener qn/apporter qc ❷ (*Zeugen, Unterlagen*) produire **herbei|eilen** *vi + sein* arriver en toute hâte **herbei|führen** *vt* ❶ (*Einigung, Entscheidung*) aboutir à ❷ (*Infektion, Tod*) provoquer **herbei|rufen** *vt irr* appeler

Herberge [ˈhɛrbɛrgə] <-, -n> *f* (*Jugendherberge*) auberge *f* de jeunesse

her|bringen *vt irr* **jdn ~ lassen** faire venir qn

Herbst [hɛrpst] <-[e]s, -e> *m* automne *m*

Herbstferien [-riən] *Pl* vacances *fpl* d'automne

herbstlich I. *adj* (*Witterung*) d'automne; (*Farben*) automnal(e) II. *adv* (*sich kleiden*) pour l'automne

Herbstwetter *nt* temps *m* automnal

Herd [heːɐ̯t] <-[e]s, -e> *m* (*Küchenherd*) cuisinière *f;* (*Backofen*) four *m*

Herde [ˈheːɐ̯də] <-, -n> *f* troupeau *m*

Herdentier *nt* ❶ bête *f* de troupeau ❷ *pej* (*unselbständiger Mensch*) mouton *m* de Panurge **Herdentrieb** *m pej* (*von Personen*) esprit *m* moutonnier

Herdplatte *f* plaque *f* [de cuisson]

herein [hɛˈrain] *adv* **hier/dort ~** par ici/là; [**nur**] **~!** entrez! **herein|brechen** *vi irr + sein* ❶ (*Flut*) déferler ❷ (*Gewitter, Krieg*) éclater; (*Unheil*) survenir ❸ (*Nacht*) tomber; (*Winter*) arriver **herein|fallen** *vi irr + sein* ❶ tomber à l'intérieur ❷ (*Licht*) entrer ❸ *fam* (*betrogen werden*) **auf jdn/etw ~** se faire avoir par qn/avec qc **herein|kommen** *vi irr + sein* ❶ **in etw** (*akk*) **~** entrer dans qc ❷ (*Ware, Geld*) rentrer **herein|lassen** *vt irr* (*Person*) laisser entrer **herein|legen** *vt* ❶ *fam* (*betrügen*) **jdn mit etw ~** arnaquer qn avec qc ❷ (*hereinbringen*) **etw ~** déposer qc à l'intérieur **herein|rufen** *vt irr* dire d'entrer; **rufen Sie ihn bitte** [**zu mir**] **herein!** dites-lui d'entrer, s'il vous plaît! **herein|spazieren*** *vi + sein fam* entrer; [**immer nur**] **hereinspaziert!** entrez donc!

Herfahrt *f* trajet *m*

her|fallen *vi irr + sein* ❶ **über jdn ~** assaillir qn ❷ (*kritisieren*) **über die Politiker ~** prendre les hommes politiques pour cible ❸ (*sich stürzen auf*) **über das Buffet ~** se jeter sur le buffet

her|geben *irr* I. *vt* (*weggeben*) donner II. *vr*

H

sich für etw ~ se prêter à qc
her|gehen *irr* **I.** *vi + sein* ❶ **neben jdm ~** marcher à côté de qn; **hinter jdm ~** suivre qn ❷ A, SDEUTSCH *s.* **herkommen II.** *vi unpers + sein fam* **es geht heiß her** ça chauffe **her|hören** *vi fam* écouter
Hering ['heːrɪŋ] <-s, -e> *m* ❶ hareng *m* ❷ (*Zeltpflock*) sardine *f*
Heringsbrötchen *nt* sandwich *m* au hareng
her|kommen *vi irr + sein* ❶ venir ❷ (*herstammen*) **wo kommst du her?** tu es d'où?
herkömmlich ['heːɐ̯kœmlɪç] *adj* traditionnel(le)
Herkunft ['heːɐ̯kʊnft, *Pl:* 'heːɐ̯kʏnftə] <-> *f* origine *f;* (*eines Gegenstands*) provenance *f*
Herkunftsland *nt* pays *m* d'origine
her|machen I. *vr fam* ❶ **sich über das Essen ~** se jeter sur le repas ❷ (*an sich nehmen*) **sich über etw** (*akk*) **~** rafler qc **II.** *vt* **nichts ~** *fam* ne pas casser des briques
Hermelin <-s, -e> *nt* hermine *f*
hermetisch [hɛr'meːtɪʃ] *geh adj* hermétique
Heroin [hero'iːn] <-s> *nt* héroïne *f*
heroisch [he'roːɪʃ] *geh adj* héroïque
Herpes ['hɛrpɛs] <-> *m* herpès *m*
Herr [hɛr] <-n, -en> *m* ❶ monsieur *m* ❷ *form* (*als Anrede ohne Namen*) **mein ~/meine ~en** Monsieur/Messieurs; **sehr geehrte ~en, ...** (*briefliche Anrede*) Messieurs, ... ❸ (*Tanzpartner*) cavalier *m* ❹ (*Mann*) homme *m* ❺ (*Dienstherr*) seigneur *m;* (*Hundehalter*) maître *m* ❻ REL **Gott der ~** le Seigneur
Herrchen <-s, -> *nt fam* maître *m*
Herrenbegleitung *f geh* cavalier *m* **Herrenfriseur** *m,* **-friseuse** *f* coiffeur(-euse) *m(f)* pour hommes
herrenlos *adj* abandonné(e)
Herrentoilette *f* toilettes *fpl* pour hommes
Herrgott *m* **~ [noch mal]!** *fam* sacredieu!
her|richten *vt* ❶ (*Bett*) faire ❷ (*ausbessern*) **etw ~** remettre qc en état
Herrin <-, -nen> *f* (*Gebieterin*) maîtresse *f*
herrisch *adj* autoritaire
herrlich I. *adj* ❶ (*prächtig*) magnifique ❷ (*Essen, Witz*) excellent(e) **II.** *adv* (*sich amüsieren*) drôlement [bien]
Herrlichkeit <-, -en> *f* (*Pracht*) splendeur *f*
Herrschaft <-, -en> *f* ❶ *kein Pl* pouvoir *m;* **unter seiner ~** sous sa domination ❷ (*Kontrolle*) **die ~ über etw** le contrôle de qc ❸ *Pl* (*Damen und Herren*) **die ~en** ces Messieurs [et ces] Dames
herrschaftlich *adj* (*Park*) majestueux(-euse)
herrschen ['hɛrʃən] **I.** *vi* ❶ **über jdn/etw ~** régner sur qn/qc ❷ (*Not*) sévir **II.** *vi unpers* **es herrscht Ruhe** le calme règne
herrschend *adj* ❶ au pouvoir ❷ (*Meinungen*) régnant(e); (*Verhältnisse*) présent(e)
Herrscher(in) <-s, -> *m(f)* souverain(e) *m(f)*
Herrschsucht *f* despotisme *m*
herrschsüchtig *adj* despotique
her|rühren *vi geh* **von etw ~** [pro]venir de qc
her|sehen *vi irr* regarder par ici
her|stellen *vt* fabriquer; (*Beziehung, Kontakt*) établir
Hersteller(in) <-s, -> *m(f)* ❶ fabricant(e) *m(f)* ❷ (*Zeitschriften-, Buchhersteller*) responsable *mf* de la fabrication
Herstellung *f kein Pl* ❶ IND fabrication *f* ❷ (*~sabteilung*) fabrication *f*
Herstellungsland *nt* pays *m* producteur
Hertz [hɛrts] <-, -> *nt* hertz *m*
herüben [hɛ'ryːbən] *adv* A, SDEUTSCH de ce côté-ci
herüber [hɛ'ryːbɐ] *adv* de ce côté-ci
herum [hɛ'rʊm] *adv* ❶ **um jdn/etw ~** autour de qn/qc ❷ (*ungefähr*) **um die hundert Leute ~** aux environs de cent personnes ❸ (*beendet*) **~ sein** (*Zeit*) être écoulé
herum|bummeln *vi fam* ❶ *+ haben* (*trödeln*) glander ❷ *+ sein* (*herumspazieren*) **in der Stadt ~** se balader en ville **herum|drehen I.** *vt* ❶ (*Schlüssel*) tourner ❷ (*Decke*) retourner **II.** *vr* **sich zu jdm ~** se retourner vers qn **herum|fahren** *vi irr + sein* ❶ *fam* **in der Stadt ~** faire un tour en ville ❷ (*umkreisen*) **um jdn/etw ~** tourner autour de qn/qc ❸ (*sich rasch umdrehen*) faire volte-face **herum|geben** *vt irr* faire passer **herum|gehen** *vi irr + sein* ❶ **um jdn/etw ~** faire le tour de qn/qc ❷ *fam* (*umhergehen*) **im Zimmer ~** faire les cent pas dans la pièce ❸ *fam* (*Liste, Buch*) circuler **herum|hängen** *vi irr + sein fam* ❶ traîner ❷ (*untätig sein*) glander **herum|kommandieren** *fam* **I.** *vt* mener à la baguette **II.** *vi* **gern ~** aimer jouer au petit chef **herum|kommen** *vi irr + sein fam* ❶ (*umfahren können*) **um etw ~** pouvoir contourner qc ❷ (*daherkommen*) **um die Ecke ~** tourner au coin de la rue ❸ (*vermeiden können*) pouvoir éviter ❹ (*reisen*) **viel ~** voyager beaucoup

herum|laufen *vi irr + sein* ❶ **um einen Baum ~** courir autour d'un arbre ❷ *fam* (*umherlaufen*) se trimbal[l]er **herum|liegen** *vi irr fam* (*Gegenstand*) traîner **herum|lungern** *vi fam* glander **herum|reisen** *vi + sein* voyager **herum|schnüffeln** *vi* ❶ **an etw** (*dat*) **~** renifler qc ❷ *pej fam* (*spionieren*) fouiner **herum|sein**[ALT] *s.* **herum 1., 3.** **herum|sitzen** *vi irr + sein* ❶ **um jdn/etw ~** être assis autour de qn/qc ❷ *fam* (*dasitzen*) rester là à ne rien faire **herum|sprechen** *vr irr* **sich ~** se répandre **herum|stehen** *vi irr + sein* ❶ **um jdn/etw ~** entourer qn/qc ❷ *fam* (*dastehen: Person*) rester planté(e); (*Gegenstand*) être là **herum|treiben** *vr irr pej fam* **sich mit jdm/in der Stadt ~** traînasser avec qn/en ville **herum|trödeln** *vi fam* traînasser

herunten [hɛ'rʊntən] *adv* A, SDEUTSCH [ici] en bas

herunter [hɛ'rʊntɐ] **I.** *adv* ❶ **bis auf die Erde ~** jusqu'au sol ❷ *fam* (*~geklettert*) **von etw ~ sein** être descendu de qc ❸ *fam* (*~gelassen*) **~ sein** (*Rollladen*) être baissé **II.** *präp + akk* **den Berg ~ ...** pour descendre de la montagne, ...

herunter|fahren *irr* **I.** *vi + sein* **zu jdm ~** descendre vers qn **II.** *vt + haben* (*transportieren*) descendre **herunter|fallen** *vi irr + sein* **von etw ~** tomber de qc **herunter|gehen** *vi, vt irr + sein* ❶ **[die Straße] ~** descendre [la rue] ❷ (*sich wegbewegen*) **vom Teppich ~** se pousser du tapis ❸ (*sinken*) baisser; (*Währung*) tomber ❹ (*reduzieren*) **mit dem Preis ~** réduire le prix **heruntergekommen** *adj pej* (*Person*) négligé(e); (*Haus*) délabré(e) **herunter|handeln** *vt fam* **den Preis ~** marchander le prix à la baisse **herunter|hängen** *vi irr* pendre **herunter|hauen** *vt irr fam* **jdm eine ~** en flanquer une à qn **herunter|klappen** *vt* rabattre **herunter|kommen** *vi, vt irr + sein* **[die Treppe] ~** descendre [les escaliers] **herunter|laden** *vt irr* INFORM télécharger **herunter|lassen** *irr vt* (*Person, Korb*) faire descendre; (*Rolladen*) baisser **herunter|schlucken** *s.* **hinunterschlucken** **herunter|sein**[ALT] *s.* **herunter I.2.-I.3.** **herunter|spielen** *vt* (*Problem*) minimiser

hervor *interj* **~ mit dir/euch!** *geh* montre-toi/montrez-vous!

hervor|bringen *vt irr* **jdn/etw ~** (*Land*) donner naissance à qn/qc; (*Epoche*) produire qn/qc **hervor|gehen** *vi irr + sein* ❶ *geh* **aus einer Ehe ~** être issu d'un mariage ❷ (*zu folgern sein*) **aus etw ~** ressortir de qc **hervor|heben** *vt irr* ❶ (*betonen*) souligner ❷ (*kennzeichnen*) faire ressortir **hervor|holen** *vt* **etw aus etw ~** sortir qc de qc **hervor|kommen** *vi irr + sein* apparaître; **hinter etw** (*dat*) **~** sortir de derrière qc

hervor|ragen *vi* (*Felsen*) être en surplomb

hervorragend I. *adj* excellent(e) **II.** *adv* à la perfection

hervor|rufen *vt irr* **bei jdm Bewunderung/Mitleid ~** susciter de l'admiration/la compassion chez qn **hervor|treten** *vi irr + sein* ❶ (*nach vorne treten*) s'avancer ❷ (*Wangenknochen*) ressortir **hervor|tun** *vr irr fam* (*sich auszeichnen*) **sich ~** se faire remarquer; **sich mit etw ~** se faire remarquer par qc

Herz [hɛrts] <-ens, -en> *nt* ❶ cœur *m;* **ein gutes ~ haben** avoir bon cœur; **jemand mit ~ sein** être quelqu'un qui a du cœur ❷ (*Zuneigung*) **sein ~ an jdn/etw hängen** s'attacher à qn/se consacrer à qc ❸ (*Leidenschaft*) **sein ~ für jdn/etw entdecken** se découvrir un penchant pour qn/qc ▶**ein ~ und eine Seele sein** être unis comme les [deux] doigts de la main

Herzanfall *m* crise *f* cardiaque **Herzbeschwerden** *Pl* troubles *mpl* cardiaques

Herzensbrecher(in) *m(f)* bourreau *m* des cœurs/[grande] séductrice *f* **Herzenslust** *f* **nach ~** à cœur joie **Herzenswunsch** *m* plus cher désir *m*

Herzfehler *m* déficience *f* cardiaque

herzhaft I. *adj* ❶ (*Frühstück*) copieux(-euse) ❷ (*Eintopf*) relevé(e) **II.** *adv* ❶ **~ schmecken** avoir un goût épicé ❷ (*lachen*) de bon cœur

Herzinfarkt *m* MED infarctus *m* [du myocarde] **Herzkammer** *f* ANAT **[linke] ~** ventricule *m* [gauche] **Herzklopfen** <-s> *nt* palpitations *fpl;* **mit ~** le cœur battant

herzkrank *adj* cardiaque

herzlich *adj* (*Begrüßung, Worte*) chaleureux(-euse)

Herzlichkeit <-> *f* cordialité *f*

herzlos *adj* sans cœur

Herzlosigkeit <-> *f* manque *m* de cœur

Herzog(in) ['hɛrtso:k] <-s, Herzöge> *m(f)* duc *m/* duchesse *f*

H

Herzogtum <-s, -tümer> *nt* duché *m*
Herzschlag *m* ❶ (*Herztätigkeit*) pulsations *fpl* cardiaques ❷ (*Kontraktion des Herzmuskels*) systole *f* ❸ (*Herzstillstand*) syncope *f* **Herzschrittmacher** *m* MED pacemaker *m* **Herzstillstand** *m* arrêt *m* cardiaque **Herzstück** *nt* pièce *f* maîtresse **herzzerreißend** *adj* déchirant(e)
Hesse ['hɛsə] <-n, -n> *m*, **Hessin** *f* Hessois(e) *m(f)*
Hessen ['hɛsən] <-s> *nt* la Hesse
hessisch *adj* hessois(e)
heterogen *adj geh* hétérogène
heterosexuell [heterozɛksu'ɛl] *adj* hétérosexuel(le)
Hetze ['hɛtsə] <-, -n> *f pej* (*Aufhetzung*) campagne *f* de dénigrement
hetzen ['hɛtsən] **I.** *vi* ❶ + *haben* (*sich beeilen*) se démener ❷ + *sein* (*eilen*) **zum Bahnhof ~** courir à la gare ❸ + *haben pej* (*Hass schüren*) **gegen jdn/etw ~** s'acharner sur qn/qc **II.** *vt* + *haben* ❶ (*Hasen*) pourchasser; **jdn/einen Hund auf jdn ~** mettre qn/lâcher un chien aux trousses de qn ❷ *fam* (*antreiben*) harceler
Heu [hɔy] <-[e]s> *nt* foin *m*
Heuboden *m* fenil *m*
Heuchelei [hɔyçə'lai] <-, -en> *f* hypocrisie *f*
heucheln ['hɔyçəln] **I.** *vi* faire l'hypocrite **II.** *vt* feindre
Heuchler(in) ['hɔyçlɐ] <-s, -> *m(f)* hypocrite *mf*
heuchlerisch *adj* hypocrite
heuer ['hɔyɐ] *adv* A, CH, SDEUTSCH cette année
Heuer <-, -n> *f* solde *f*
Heuernte *f* (*das Einbringen*) fenaison *f*
heulen ['hɔylən] *vi* ❶ *fam* chialer ❷ (*Wolf*) hurler ❸ (*Motor, Sirene*) rugir
Heulsuse <-, -n> *f pej fam* chialeuse *f*
Heuschnupfen *m* rhume *m* des foins **Heuschrecke** ['hɔyʃrɛkə] <-, -n> *f* sauterelle *f*
heute ['hɔytə] *adv* ❶ aujourd'hui; **~ Abend** ce soir ❷ (*heutzutage*) de nos jours
heutig ['hɔytɪç] *adj attr* (*Zeitung*) d'aujourd'hui; (*Abend*) présent(e) *antéposé*
heutzutage ['hɔyttsuta:gə] *adv* de nos jours
Hexe ['hɛksə] <-, -n> *f* ❶ sorcière *f* ❷ *pej fam* (*bösartige Frau*) mégère *f*
hexen ['hɛksən] *vi* pratiquer la magie
Hexenjagd *f* chasse *f* aux sorcières **Hexenschuss**[RR] *m kein Pl* tour *m* de reins
Hexerei [hɛksə'rai] <-, -en> *f* sorcellerie *f*
hieb [hi:p] *Imp von* **hauen**
Hieb [hi:p] <-[e]s, -e> *m* ❶ coup *m* ❷ *Pl fam* (*Prügel*) raclée *f* ❸ (*Seitenhieb*) pique *f*
hieb- und stichfest *adj* (*Alibi*) en béton; (*Beweise*) irréfutable
hielt [hi:lt] *Imp von* **halten**
hier [hi:ɐ] *adv* ❶ ici; **~ drinnen/unten** dedans/en bas; **Martin Lang! — Hier!** Martin Lang! — Présent! ❷ (*da*) voilà; **~, nimm das!** tiens, prends ça! ❸ (*in diesem Moment*) ici ►**~ und da** (*stellenweise*) ici ou là; (*ab und zu*) de temps à autre
hieran ['hi:'ran] *adv* ici; (*vorübergehen*) devant; **kannst du dich ~ erinnern?** t'en souviens-tu?; **~ erkennt man ...** à cela, on reconnaît ...
Hierarchie [hierar'çi:, -'çi:ən] <-, -n> *f* hiérarchie *f*
hierarchisch [hie'rarçɪʃ] *adj* hiérarchique
hierauf ['hi:'rauf] *adv* ❶ là-dessus ❷ (*daraufhin*) à la suite de quoi **hieraus** *adv* ❶ d'ici ❷ (*aus diesem Material*) **Beton besteht ~: ...** le béton se compose de la matière suivante: ... ❸ (*aus dem Genannten*) **~ folgt, dass ...** il s'ensuit que ... **hierbei** *adv* ❶ à cette occasion ❷ (*währenddessen*) pendant ce temps ❸ (*gleichzeitig*) en même temps ❹ (*dabei*) ici; **~ handelt es sich um ...** il s'agit en l'occurrence de **hierdurch** *adv* ❶ par ici ❷ (*aus diesem Grund*) de cette façon **hierfür** *adv* ❶ (*im Austausch*) en échange ❷ (*für das hier*) **wenn er sich ~ interessiert** s'il s'intéresse à cela **hierher** *adv* [par] ici; **~ holen** aller chercher **hierherauf** *adv* en haut
hierher|holen[ALT] *s.* **hierher**
hierherum *adv* ❶ de ce côté-ci ❷ *fam* (*etwa an dieser Stelle*) dans ce coin-là **hierhin** *adv* **jdn ~ bringen** amener qn ici **hierhinein** *adv* par ici **hierin** *adv* ❶ là-dedans ❷ (*in dieser Hinsicht*) sur ce point
hiermit ['hi:ɐ'mɪt] *adv* ❶ *form* **~ erkläre ich ...** (*in schriftlicher Form*) par la présente, je déclare que ... ❷ (*mit diesem Gegenstand*) avec cela ❸ (*mit dieser Angelegenheit*) **~ bin ich einverstanden** je consens à cela
hiernach *adv* ❶ (*danach*) après cela ❷ (*demgemäß*) d'après cela
Hieroglyphe [hiero'gly:fə] <-, -n> *f* hiéroglyphe *m*
hierüber ['hi:'ry:bɐ] *adv* ❶ par-dessus ❷ *geh* (*über diese Angelegenheit*) là-dessus

hierunter *adv* ❶ **stell den Karton ~!** mets le carton là-dessous! ❷ *fig* **... zehn Personen, ~ befanden sich drei Kinder ...** dix personnes, dont trois enfants **hiervon** *adv* ❶ **fünf Kilometer ~ entfernt** à cinq kilomètres d'ici ❷ (*von diesem, diesen*) **~ kannst du etwas haben** tu peux en prendre ❸ (*hierüber*) **~ weiß ich nichts** j'en sais rien **hierzu** *adv* ❶ **~ gehören** en faire partie ❷ (*zu dieser Kategorie*) **~ gehören auch Pferde** les chevaux entrent aussi dans cette catégorie ❸ (*zu diesem Punkt*) sur ce point; **~ habe ich nichts mehr zu sagen** je n'ai rien à rajouter à cela **hierzulande** *adv* (*in dieser Gegend*) dans cette région; (*in diesem Land*) dans ce pays

hiesig ['hi:zɪç] *adj attr* d'ici; (*Verhältnisse*) local(e)

hieß [hi:s] *Imp von* **heißen**

Hi-Fi-Anlage ['haifi'anla:gə] *f* chaîne *f* hi-fi

high [hai] *adj fam* (*von Drogen berauscht*) **~ sein** être défoncé

Highlife ['hailaif] <-s> *nt fam* **bei ihm ist ~** il fait la bringue

Highsociety[RR] ['haisə'saiəti] <-> *f* haute société *f*

Hightech[RR] ['hai'tɛk] <-[s]> *nt* high-tech *m*

Hilfe ['hɪlfə] <-, -n> *f* ❶ *kein Pl* aide *f*; **~ suchend** (*Person*) qui cherche de l'aide; (*Blick*) implorant(e); **[zu] ~!** au secours! ❷ *fig* **mit ~ eines Seils** à l'aide d'une corde ❸ (*Haushaltshilfe*) aide *mf* ❹ (*finanzielle Unterstützung*) aide *f* [financière] ►**erste ~** les premiers soins *mpl*

Hilfeleistung *f geh* aide *f* **Hilferuf** *m* appel *m* au secours **Hilfestellung** *f* SPORT parade *f*

hilflos **I.** *adj* (*Person*) sans défense; (*ratlos*) désemparé(e) **II.** *adv* sans défense; (*ratlos*) avec embarras

Hilflosigkeit <-> *f* ❶ détresse *f*; (*eines Kranken*) dépendance *f* ❷ (*Ratlosigkeit*) impuissance *f*

hilfreich *adj* ❶ (*Person*) serviable ❷ (*Hinweis*) utile

Hilfsaktion *f* action *f* humanitaire **Hilfsarbeiter(in)** *m(f)* ouvrier(-ière) *m(f)* [non spécialisé(e)] **hilfsbedürftig** *adj* ❶ (*auf Hilfe angewiesen*) qui a besoin d'aide ❷ (*bedürftig*) dans le besoin **hilfsbereit** *adj* serviable **Hilfsbereitschaft** *f* serviabilité *f* **Hilfskraft** *f* aide *mf* **Hilfsmittel** *nt* ❶ (*Arbeitsmittel*) outil *m* de travail ❷ MED adjuvant *m* ❸ *Pl* (*finanzielle Mittel*) aides *fpl* financières **Hilfsorganisation** *f* organisation *f* humanitaire **Hilfsprogramm** *nt* programme *m* d'aide **Hilfsverb** *nt* LING [verbe *m*] auxiliaire *m*

hilft [hɪlft] *3. Pers Präs von* **helfen**

Himbeere ['hɪmbe:rə] *f* framboise *f*

Himmel ['hɪməl] <-s, *geh* -> *m* ciel *m*; **unter freiem ~ schlafen** coucher à la belle étoile ►**aus heiterem ~** *fam* tout d'un coup

Himmelbett *nt* lit *m* à baldaquin **himmelblau** *adj* bleu ciel *inv* **Himmelfahrt** *f* l'Ascension *f* **Himmelreich** *nt kein Pl* royaume *m* des cieux **himmelschreiend** *adj* (*Unrecht*) criant(e)

Himmelskörper *m* corps *m* céleste **Himmelsrichtung** *f* direction *f* [géographique]

himmelweit *fam adj* énorme

himmlisch ['hɪmlɪʃ] **I.** *adj* ❶ *attr* (*Vorsehung*) céleste ❷ (*Wetter, Essen*) divin(e) **II.** *adv* merveilleusement

hin [hɪn] **I.** *adv* ❶ **bis zum Garten ~** jusqu'au jardin; **zur Straße ~ liegen** donner sur la rue ❷ (*den Hinweg betreffend*) **~ und zurück** aller et retour ❸ (*zeitlich*) **das ist noch lange ~** c'est encore loin ❹ (*hinsichtlich*) **etw auf Spuren** (*akk*) **~ untersuchen** examiner qc en vue de rechercher des traces ❺ (*infolge*) **auf sein Drängen ~** sur ses insistances ❻ (*trotz*) **auf die Gefahr ~ ...** au risque de ... ►**das Hin und Her** (*das Kommen und Gehen*) le va-et-vient; (*der Wechsel*) les fluctuations *fpl*; **~ und wieder** de temps en temps **II.** *adj* ❶ (*kaputt*) **~ sein** être fichu (*fam*) ❷ (*verloren*) **die Ruhe ist ~** c'en est fini du calme

hinab [hɪ'nap] *s.* **hinunter**

hinauf [hɪ'nauf] **I.** *adv* vers le haut; **immer weiter ~** toujours plus haut **II.** *präp + akk* **den Berg ~...** pour monter au sommet de la montagne...

hinauf|fahren *irr* **I.** *vi + sein* monter **II.** *vt + haben o sein* **jdn mit dem Auto ~** emmener qn en voiture jusqu'en haut **hinauf|führen** **I.** *vi* (*Treppe*) monter jusqu'en haut; (*Weg*) conduire jusqu'en haut **II.** *vt geh* **jdn ~** conduire qn en haut **hinauf|gehen** *irr* **I.** *vi + sein* ❶ **auf den Dachboden ~** monter au grenier ❷ *fig* **mit dem Preis ~** augmenter le prix ❸ (*steigen*) augmenter; (*Preis, Fieber*) grimper **II.** *vt + sein* (*Treppe*) monter **hinauf|klettern** *vi + sein* grimper

H

hinauf|laufen *irr* **I.** *vi + sein* **zu jdm ~** monter chez qn en courant **II.** *vt + sein* (*Berg*) escalader **hinauf|schauen**, **hinauf|sehen** *vi irr* lever les yeux **hinauf|steigen** *irr* **I.** *vi + sein* monter **II.** *vt + sein* (*Leiter*) monter en haut de

hinaus [hɪ'naʊs] *adv* ❶ **~ sein** être sorti; **~ [mit dir/euch]!** dehors! ❷ (*später als*) **über eine Frist ~** au-delà d'un délai ❸ (*mehr als*) **über diesen Betrag ~** plus que cette somme ❹ (*weiter als*) **über dieses Alter bin ich ~** j'ai passé l'âge

hinaus|bringen *vt irr* ❶ (*Person*) reconduire ❷ (*Müll*) sortir **hinaus|fliegen** *vi irr + sein* ❶ (*Vogel*) s'envoler ❷ *fam* (*hinausgeworfen werden*) être viré **hinaus|gehen** *irr* **I.** *vi + sein* ❶ (*Person*) sortir ❷ (*abgeschickt werden*) **zu jdm ~** (*Brief, Lieferung*) être envoyé chez qn ❸ (*gerichtet sein*) **auf den Hof ~** (*Fenster, Zimmer*) donner sur la cour **II.** *vi unpers + sein* **wo geht es hinaus?** par où est la sortie? **hinaus|jagen** *vt + haben* **jdn ~** mettre qn dehors **hinaus|laufen** *vi irr + sein* ❶ sortir [en courant] ❷ (*gleichbedeutend sein*) **auf etw** (*akk*) **~** équivaloir à qc; **das läuft auf dasselbe hinaus** ça revient au même **hinaus|lehnen** *vr* **sich ~** se pencher [au-]dehors **hinaus|schicken** *vt* (*Kinder*) envoyer dehors **hinaus|sein**^ALT *s.* **hinaus 1., 4.** **hinaus|werfen** *vt irr* ❶ **etw ~** jeter qc dehors ❷ *fam* **jdn ~** flanquer qn dehors **hinaus|zögern** **I.** *vt* retarder **II.** *vr* **sich ~** être retardé

hin|bekommen* *s.* **hinkriegen**

Hinblick *m* ▸**im** [*o* **in**] **~ auf etw** (*akk*) (*hinsichtlich*) compte tenu de qc; (*wegen*) par considération pour qc

hin|bringen *vt irr* ❶ **jdm etw ~** apporter qc à qn ❷ (*begleiten*) y emmener

hinderlich ['hɪndɐlɪç] *geh* **I.** *adj* gênant(e); **für jdn/etw ~ sein** (*Umstand, Vorfall*) être un handicap pour qn/qc **II.** *adv* **sich ~ auf etw** (*akk*) **auswirken** constituer un handicap pour la suite de qc

hindern ['hɪndɐn] *vt* ❶ **jdn [daran] ~ etw zu tun** empêcher qn de faire qc ❷ (*stören*) **jdn beim Gehen ~** gêner qn pour marcher

Hindernis ['hɪndɐnɪs] <-ses, -se> *nt* obstacle *m*

Hindernislauf *m* course *f* d'obstacles

Hinderungsgrund *m* empêchement *m*

hin|deuten *vi* ❶ **mit dem Finger auf etw** (*akk*) **~** montrer qc du doigt ❷ (*vermuten lassen*) **darauf ~, dass** indiquer que

Hindi ['hɪndi] <-> *nt kein art* hindi *m; s. a.* **Deutsch**

Hindu ['hɪndu] <-[s], -[s]> *m* hindou(e) *m(f)*

Hinduismus [hɪndu'ɪsmʊs] <-> *m* hindouisme *m*

hinduistisch **I.** *adj* hindou(e) **II.** *adv* (*prägen*) par l'hindouisme

hindurch [hɪn'dʊrç] *adv* ❶ **hier ~** par ici; **durch die Wand ~** à travers le mur ❷ (*zeitlich*) **die ganze Nacht ~** toute la nuit

hindurch|drängen *vr* **sich ~** se frayer un passage **hindurch|gehen** *vi irr + sein* ❶ **durch etw ~** passer par qc ❷ (*durchdringen*) **durch jdn/etw ~** (*Strahlen, Geschoss*) traverser qn/qc

hinein [hɪ'naɪn] *adv* **dort/hier ~!** il faut entrer là-bas/ici!

hinein|denken *vr irr* **sich in jdn ~** se mettre à la place de qn **hinein|gehen** *vi irr + sein* **in etw** (*akk*) **~** entrer dans qc **hinein|knien** [-kniːn, -kniːən] *vr fam* **sich ~** se donner à fond; **sich in etw** (*akk*) **~** se donner à fond dans qc **hinein|legen** **I.** *vt* **etw ~** mettre qc dedans **II.** *vr* **sich in etw** (*akk*) **~** se coucher dans qc **hinein|steigern** *vr* **sich in etw** (*akk*) **~** se laisser emporter par qc **hinein|versetzen*** *vr* **sich in jdn ~** se mettre à la place de qn **hinein|ziehen** *vt + haben* **jdn in etw** (*akk*) **[mit] ~** entraîner qn dans qc

hin|fahren *irr* **I.** *vi + sein* y aller **II.** *vt + haben* **jdn ~** y conduire qn; **etw ~** y apporter qc [en voiture]

Hinfahrt *f* trajet *m* [pour y aller]

hin|fallen *vi irr + sein* tomber

hinfällig *adj* (*Rechnung*) caduc(-uque); (*Argument*) sans valeur

Hinflug *m* vol *m* [pour y aller]

hin|führen **I.** *vt* **jdn ~** y conduire qn **II.** *vi* **zu etw ~** conduire à qc

hing [hɪŋ] *Imp von* **hängen**

Hingabe *f kein Pl* ardeur *f*

hin|geben *vr irr* ❶ **sich dem Nichtstun ~** s'abandonner au farniente ❷ *euph geh* (*sich nicht verweigern*) **sich jdm ~** se donner à qn

Hingebung *s.* **Hingabe**

hingebungsvoll **I.** *adj* (*Blick*) passionné(e); (*Pflege*) plein(e) de dévouement **II.** *adv* (*sich widmen*) passionnément; (*pflegen*) avec dévouement

hingegen [hɪnˈgeːgən] *konj geh* en revanche

hin|gehen *vi irr + sein* (*dorthin gehen*) y aller

hingerissen [ˈhɪngərɪsən] **I.** *adj* ravi(e) **II.** *adv* avec ravissement

hin|halten *vt irr* ❶ **jdm etw ~** tendre qc à qn ❷ (*warten lassen*) abuser

hin|hören *vi* écouter

hinken [ˈhɪŋkən] *vi + haben* boiter

hin|knien *vr + haben* **sich ~** s'agenouiller

hin|kommen *vi irr + sein* ❶ (*gelangen*) y arriver ❷ (*hingehören*) **die Gläser kommen hier hin** les verres se mettent ici

hin|kriegen *vt fam* ❶ (*reparieren*) **etw [wieder] ~** rafistoler qc ❷ (*fertig bringen*) arranger

hinlänglich *adj* suffisant(e)

hin|laufen *vi irr + sein* **zu jdm ~** courir chez qn

hin|legen **I.** *vt* ❶ (*Buch*) déposer ❷ (*Person*) allonger ❸ (*bereitlegen*) **wo soll ich dir die Handtücher ~?** où dois-je te mettre les serviettes? ❹ *fam* (*bezahlen: Geld*) devoir allonger **II.** *vr* **sich ~** s'allonger

hin|nehmen *vt irr* accepter; (*Niederlage*) essuyer

Hinreise *f* trajet *m* [pour y] aller

hin|reißen *vt irr* ❶ **von jdm/etw hingerissen sein** être émerveillé par qn/qc ❷ (*verleiten*) **sich ~ lassen** s'emporter

hinreißend **I.** *adj* ravissant(e) **II.** *adv* merveilleusement [bien]; **~ aussehen** être ravissant

hin|richten *vt* exécuter

Hinrichtung *f* exécution *f*

hin|schauen *s.* **hinsehen**

hin|schmeißen *fam s.* **hinwerfen**

hin|sehen *vi irr* regarder

hin|sein[ALT] *s.* **hin I.3., II.**

hin|setzen *vr* **sich ~** s'asseoir

Hinsicht *f kein Pl* point *m* de vue; **in mancher ~** à maints égards

hinsichtlich *präp + gen form* en ce qui concerne

hinsitzen *vr* CH, SDEUTSCH **sich ~** s'asseoir

Hinspiel *nt* match *m* aller

hin|stehen CH, SDEUTSCH *s.* **hinstellen II.**

hin|stellen **I.** *vt* ❶ **etw da/dort ~** mettre qc là ❷ (*Fahrrad*) déposer; (*Auto*) garer ❸ (*charakterisieren*) **jdn als Angeber ~** faire passer qn pour un frimeur **II.** *vr* **sich ~** se mettre debout; (*sich aufrichten*) se mettre droit(e)

hinten [ˈhɪntən] *adv* derrière; **~ bleiben** rester en arrière; **~ im Bus** au fond du bus; **[ganz] ~ sitzen** être assis [tout] au fond; **von ~ anfangen** commencer par la fin

hintenherum *adv*, **hintenrum** *adv fam* ❶ (*gehen*) par derrière ❷ *fam* (*auf Umwegen*) par la bande

hinter [ˈhɪntɐ] **I.** *präp + dat* ❶ **~ jdm/etw stehen** être derrière qn/qc; **zwei Kilometer ~ der Grenze** deux kilomètres après la frontière ❷ (*nach*) **~ jdm/etw** après qn/qc; **die Tür ~ sich schließen** fermer la porte sur soi **II.** *präp + akk* **sich ~ jdn/etw stellen** se mettre derrière qn/qc

Hinterachse *f* essieu *m* arrière **Hinterausgang** *m* sortie *f* de derrière **Hinterbacke** *f meist Pl fam* fesse *f* **Hinterbein** *nt* patte *f* de derrière

Hinterbliebene(r) *f(m) dekl wie adj* parent(e) *m(f)* survivant(e); **die ~n** la famille

hintere(r, s) *adj* (*Haus, Tür*) de derrière; (*Reihen*) du fond

hintereinander *adv* ❶ l'un(e) derrière l'autre; **~ hergehen** marcher en file indienne ❷ (*zeitlich*) **etw ~ tun** (*wiederholt*) faire qc de suite; (*an einem Stück*) faire qc d'affilée

hintereinanderher *adv* l'un(e) derrière l'autre

Hintereingang *m* entrée *f* de derrière

hinterfragen* [hɪntɐˈfraːgən] *vt geh* **etw ~** remettre qc en question

Hintergedanke *m* arrière-pensée *f*

hintergehen* [hɪntɐˈgeːən] *vt irr* tromper

Hintergrund *m* ❶ (*einer Bühne, eines Gemäldes*) fond *m* ❷ (*Umstände*) toile *f* de fond; **vor dem ~ dieser Ereignisse** au vu de ces événements ❸ *Pl* (*verborgene Zusammenhänge*) dessous *mpl*

Hintergrunddatei *f* INFORM fichier *m* d'arrière-plan **Hintergrundspeicher** *m* INFORM mémoire *f* à arrière-plan **Hintergrundverarbeitung** *f* INFORM traitement *m* de fond **Hintergrundwissen** *nt* connaissances *fpl* générales

Hinterhalt *m* cachette *f* [pour une embuscade]

hinterhältig [ˈhɪntɐhɛltɪç] *adj* sournois(e)

hinterher [hɪtɐˈheːɐ̯] *adv* ❶ après; (*im Nachhinein*) après coup ❷ (*räumlich*) derrière; **los, schnell ~!** vite, courons après!

H

hinterher|laufen *vi irr + sein* courir derrière; **jdm ~** courir après qn **hinterher|schicken** *vt* **jdm jdn/etw ~** envoyer qn/qc à la suite de qn

Hinterhof *m* arrière-cour *f* **Hinterkopf** *m* arrière *m* de la tête **Hinterland** *nt kein Pl* arrière-pays *m*

hinter|lassen* [hɪntɐ'lasən] *vt irr* ❶ (*zurücklassen*) laisser ❷ (*vermachen*) léguer

Hinterlassenschaft <-, -en> *f* héritage *m*

hinterlegen* [hɪntɐ'le:gən] *vt* déposer

Hinterlist *f kein Pl* ruse *f*

hinterlistig *adj* sournois(e)

hinterm ['hɪntɐm] = *fam Abk von* **hinter dem** *s.* **hinter**

Hintermann <-männer> *m* ❶ **dein ~** ton voisin de derrière; (*Auto, Autofahrer*) le conducteur [qui est] derrière toi ❷ *Pl pej fam* (*Drahtzieher*) instigateurs *mpl*

hintern ['hɪntɐn] = *fam Abk von* **hinter den** *s.* **hinter**

Hintern ['hɪntɐn] <-s, -> *m fam* postérieur *m;* **jdm den ~ versohlen** flanquer une fessée à qn

Hinterrad *nt* roue *f* arrière

hinterrücks ['hɪntɐrʏks] *adv* par derrière

hinters ['hɪntɐs] = *fam Abk von* **hinter das** *s.* **hinter**

Hinterseite *f* (*eines Gebäudes*) arrière *m*

hinterste(r, s) *adj Superl von* **hintere(r, s)** **in der ~n Reihe** au [tout] dernier rang

Hinterteil *nt fam* (*Gesäß*) arrière-train *m*

Hintertreffen *nt kein Pl* ▸**gegenüber jdm ins ~ geraten** perdre du terrain par rapport à qn

Hintertreppe *f* escalier *m* de service

Hintertür *f* ❶ porte *f* de derrière ❷ *fam* (*Ausweg*) porte *f* de sortie

hinterziehen* [hɪntɐ'tsi:ən] *vt irr* frauder sur

Hinterzimmer *nt* chambre *f* donnant sur l'arrière; (*einer Gaststätte*) arrière-salle *f*

hin|tun *vt irr fam* **etw da/dort ~** mettre qc là

hinüber [hɪ'ny:bɐ] **I.** *adv* de l'autre côté **II.** *adj fam* ❶ (*verdorben, defekt*) **~ sein** (*Lebensmittel, Motor*) être fichu ❷ (*~gegangen*) **zu jdm/ins Büro ~ sein** être parti chez qn/au bureau

hinüber|blicken *vi* regarder de l'autre côté **hinüber|führen** *vt, vi* [**jdn**] ~ conduire [qn] de l'autre côté **hinüber|kommen** *vi irr + sein* ❶ **er ist über die Brücke hinübergekommen** il a traversé par le pont ❷ *fam* (*besuchen*) **ich komme zu dir/euch ... hinüber** je viens chez toi/vous ... **hinüber|schauen** *s.* **hinüberblicken** **hinüber|sein**[ALT] *s.* **hinüber II.**

Hin- und Rückfahrt *f* aller *m* [et] retour

hinunter [hɪ'nʊntɐ] *adv* **die Treppe ~ ...** descendre l'escalier ...

hinunter|fahren *irr* **I.** *vi + sein* **ins Tal ~** descendre dans la vallée **II.** *vt + haben* **jdn ins Tal ~** descendre qn dans la vallée **hinunter|fallen** *vi irr + sein* tomber; **die Treppe ~** dégringoler dans l'escalier **hinunter|gehen** *irr vi + sein* descendre **hinunter|schalten** *vi* **in den zweiten Gang ~** rétrograder en seconde **hinunter|schlucken** *vt* ❶ avaler ❷ *fam* (*Ärger*) ravaler **hinunter|schütten** *vt* ❶ **etw ~** jeter qc en bas ❷ *fam* (*hastig trinken*) siffler **hinunter|spülen** *vt* ❶ **etw den Ausguss ~** faire disparaître qc dans l'évier ❷ *fig fam* **etw ~** essayer d'oublier qc [en buvant] **hinunter|stürzen** **I.** *vi + sein* (*hinunterfallen*) tomber **II.** *vt + haben* **jdn ~** précipiter qn dans le vide **III.** *vr + haben* **sich ~** se précipiter dans le vide **hinunter|werfen** *vt irr* **etw ~** lancer qc en bas **hinunter|würgen** *vt* faire descendre

hinweg [hɪn'vɛk] *adv geh* ❶ **über jdn/etw ~** par-dessus qn/qc ❷ (*zeitlich*) **über drei Monate ~** pendant trois mois ❸ (*fort*) **~ mit dir/euch!** disparais/disparaissez!

Hinweg ['hɪnve:k] *m* trajet *m*

hinweg|gehen *vi irr + sein* **über etw** (*akk*) **~** (*nicht beachten*) ne pas tenir compte de qc **hinweg|helfen** *vi irr* **jdm über etw** (*akk*) **~** aider qn à surmonter qc **hinweg|raffen** *vt geh* **jdn ~** (*Seuche*) emporter qn **hinweg|sehen** *vi irr* ❶ **über jdn/etw ~** regarder par-dessus qn/qc ❷ (*nicht beachten*) **über etw** (*akk*) **~** ne pas tenir compte de qc ❸ (*ignorieren*) **über jdn ~** ignorer qn **hinweg|setzen** *vr* **sich über etw** (*akk*) **~** passer outre à qc

Hinweis ['hɪnvajs] <-es, -e> *m* remarque *f*

hin|weisen *irr* **I.** *vt* **jdn auf etw** (*akk*) **~** attirer l'attention de qn sur qc **II.** *vi* ❶ **darauf ~, dass ...** attirer l'attention sur le fait que ... ❷ (*schließen lassen*) **darauf ~, dass ...** (*Umstand*) laisser penser que ...

Hinweisschild <-schilder> *nt* panonceau *m* **Hinweistafel** *f* panneau *m* d'information

hin|wenden *irr vr* **sich zu jdm/etw ~** se tourner vers qn/qc **hin|werfen** *irr* **I.** *vt* ❶ **jdm etw ~** jeter qc à qn ❷ *fam* (*aufgeben*) envoyer promener **II.** *vr* **sich vor jdn/etw ~** se jeter aux pieds de qn/qc **hin|wollen** *vi fam* vouloir y aller **hin|ziehen** *irr* **I.** *vt + haben* ❶ **jdn/etw zu sich ~** attirer qn à soi/tirer qc vers soi ❷ (*anziehen*) **es zieht sie zu ihm hin** elle se sent attirée par lui **II.** *vr + haben* **sich ~** traîner; (*sich örtlich ausdehnen*) s'étendre

hinzu [hɪnˈtsuː] *adv* en plus

hinzu|fügen *vt* **einer S.** (*dat*) **etw ~** ajouter qc à qc **hinzu|kommen** *vi irr + sein* ❶ (*eintreffen*) arriver ❷ (*zu berücksichtigen sein*) **es kommt hinzu, dass ...** à cela, il faut ajouter que ...

hinzu|ziehen *vt irr* s'adjoindre les services de

Hiobsbotschaft [ˈhiːɔpsboːtʃaft] *f* mauvaise nouvelle *f*

Hip-Hop <-s> *m* MUS hip-hop *m*

Hippie [ˈhɪpi] <-s, -s> *m* hippie *m*

Hirn [hɪrn] <-[e]s, -e> *nt* ❶ cerveau *m* ❷ GASTR cervelle *f*

Hirngespinst [ˈhɪrngəʃpɪnst] *nt* chimère *f* **Hirnhautentzündung** *f* MED méningite *f* **hirnrissig**, **hirnverbrannt** *adj pej fam* débile

Hirsch [hɪrʃ] <-es, -e> *m* cerf *m*

Hirschkalb *nt* faon *m* [de cerf] **Hirschkuh** *f* biche *f*

Hirse [ˈhɪrzə] <-, -n> *f* mil[let] *m*

Hirt, **Hirte** [ˈhɪrtə] <-n, -n> *m*, **Hirtin** *f* gardien(ne) *m(f)* [de troupeau]; (*Schafhirte*) berger(-ère) *m(f)*

Hirtenbrief *m* lettre *f* pastorale

his <-, -> *nt* MUS si *m* dièse

hissen [ˈhɪsən] *vt* hisser

Historiker(in) [hɪsˈtoːrɪkɐ] <-s, -> *m(f)* historien(ne) *m(f)*

historisch [hɪsˈtoːrɪʃ] **I.** *adj* historique **II.** *adv* (*korrekt*) historiquement; (*betrachtet*) d'un point de vue historique

Hit [hɪt] <-s, -s> *m fam* ❶ tube *m* ❷ (*modisches Muss*) must *m*

Hitliste *f* hit-parade *m* **Hitparade** *f* hit-parade *m*

Hitze [ˈhɪtsə] <-, -n> *f* chaleur *f* ▶**in der ~ des Gefechts** dans le feu de l'action

hitzebeständig *adj* résistant(e) à la chaleur **hitzefrei** *adj* **~ haben** ne pas avoir classe en raison de la canicule

Hitzewallung *f meist Pl* bouffée *f* de chaleur **Hitzewelle** *f* vague *f* de chaleur

hitzig [ˈhɪtsɪç] **I.** *adj* ❶ (*Person, Temperament*) irascible ❷ (*Debatte*) enflammé(e) **II.** *adv* (*debattieren*) dans un climat passionné

Hitzkopf *m fam* soupe *f* au lait **Hitzschlag** *m* insolation *f*

HIV [haːʔiːˈfau] <-[s], -[s]> *nt Abk von* **Human Immunodeficiency Virus** HIV *m*, V.I.H. *m*

HIV-infiziert *adj* infecté(e) par le virus V.I.H. **HIV-negativ** *adj* séronégatif(-ive) **HIV-positiv** *adj* séropositif(-ive) **HIV-Test** *m* test *m* de dépistage du sida

Hiwi [ˈhiːvi] <-s, -s> *m fam* (*wissenschaftliche Hilfskraft*) *étudiant(e) aidant un professeur d'université dans ses recherches*

hl *Abk von* **Hektoliter** hl

hl. *Abk von* **heilige(r)** St(e)

H-Milch [ˈhaːmɪlç] *f* lait *m* U.H.T.

h-Moll [ˈhaːˈmɔl] *nt* si *m* mineur

HNO-Arzt [haːʔɛnˈʔoːartst] *m*, **-ärztin** *f* O.R.L. *mf*

hob [hoːp] *Imp von* **heben**

Hobby [ˈhɔbi] <-s, -s> *nt* passe-temps *m*

Hobbykoch *m*, **-köchin** *f* cuisinier(-ière) *m(f)* amateur

Hobel [ˈhoːbəl] <-s, -> *m* ❶ (*Werkzeug*) rabot *m* ❷ (*Küchengerät*) râpe *f*

hobeln [ˈhoːbəln] *vt* ❶ TECH **[glatt] ~** raboter ❷ GASTR **etw ~** émincer qc [avec une râpe]

hoch [hoːx] < *attr* hohe(r, s), höher, höchste> **I.** *adj* ❶ haut(e) *antéposé;* (*Schneedecke*) épais(se); **das Dach ist sieben Meter ~** le toit a sept mètres de hauteur ❷ (*Stimme, Ton*) aigu(ë) ❸ MATH **zwei ~ drei ist acht** deux [à la] puissance trois égale huit ❹ (*Temperatur, Ansprüche*) élevé(e); (*Sachschaden*) gros(se) *antéposé;* (*Strafe*) sévère ❺ (*Besuch*) important(e); (*Offizier*) supérieur(e); (*Feiertag*) solennel(le) ▶**jdm zu ~ sein** *fam* dépasser qn **II.** <höher, am höchsten> *adv* ❶ **es geht sieben Treppen ~** il faut monter sept étages; **wie ~ kannst du den Ball werfen?** à quelle hauteur peux-tu lancer le ballon? ❷ (*fliegen*) haut; **das Wasser steht drei Zentimeter ~** il y a trois centimètres d'eau ❸ (*nicht tief*) **[zu] ~ singen** chanter [trop] haut ❹ (*verehrt, verschuldet*) très ▶ **wenn es ~ kommt** *fam* tout au plus

H

Hoch <-s, -s> *nt* ❶ (*~ruf*) ovation *f* ❷ METEO anticyclone *m*
Hochachtung *f* considération *f*; **meine ~!** toutes mes félicitations!
hochachtungsvoll *adv form* avec l'expression de ma considération distinguée
hochaktuell *adj* d'une actualité brûlante
hoch|arbeiten *vr* **sich bis zu etw ~** s'élever dans la hiérarchie et devenir qc à la force du poignet
hochauflösend *adj* INFORM, TV [à] haute définition
Hochbahn *f* métro *m* aérien
Hochbau *m kein Pl* bâtiment *m*
hochbegabtALT *s.* **begabt**
Hochbetrieb *m* activité *f* intense
Hochburg *f* (*einer Partei*) fief *m*
hochdeutsch *adj* (*nicht umgangssprachlich*) en allemand standard
Hochdeutsch <-[s]> *nt* ❶ l'allemand *m* standard ❷ LING le haut allemand
Hochdruck *m kein Pl* TECH, METEO haute pression *f*
Hochdruckgebiet *nt* anticyclone *m*
Hochebene *f* haut plateau *m*
hocherfreut *adj* ~ **sein** [être] très heureux
hochexplosiv *adj* très explosif(-ive)
hoch|fahren *vi irr + sein* ❶ *fam* (*nach oben fahren*) monter ❷ (*sich plötzlich aufrichten*) **aus dem Schlaf ~** se réveiller en sursaut
Hochform *f* **in ~ sein** être en pleine forme
Hochformat *nt* format *m* en hauteur; INFORM format portrait
Hochgebirge *nt* haute montagne *f*
Hochgefühl *nt* euphorie *f*, exaltation *f*
hoch|gehen *vi irr + sein* ❶ *fam* (*nach oben gehen*) monter ❷ *fam* (*in die Luft gehen*) exploser ❸ (*steigen*) grimper
Hochglanz *m* **etw auf ~ bringen** faire briller qc
Hochglanzpapier *nt* papier *m* glacé
hochgradig **I.** *adj* extrême **II.** *adv* extrêmement
hochhackig ['ho:xhakɪç] *adj* à hauts talons
hoch|halten *vt irr* (*Hand*) lever
Hochhaus *nt* tour *f*
hoch|heben *vt irr* (*Kind*) soulever; (*Hand*) lever
hochintelligent *adj* très intelligent(e)
hochinteressant *adj* d'un grand intérêt
hoch|klappen *vt + haben* (*Klappe, Schrankbett*) relever
hoch|klettern *vi + sein* grimper
Hochkonjunktur *f* haute conjoncture *f*
hoch|krempeln *vt* retrousser
hoch|laden *vt* INFORM charger; **etw ~** (*im Internet*) télécharger qc vers l'amont
Hochland *nt* haut plateau *m*
hoch|leben *vi* **jdn ~ lassen** porter un toast à qn; **hoch lebe die Königin!** vive la Reine!
Hochleistungssport *m* sport *m* de haut niveau
hochmodern **I.** *adj* ~ **sein** être du dernier cri **II.** *adv* (*gekleidet*) à la dernière mode
Hochmoor *nt* tourbière *f* de montagne
Hochmut *m* arrogance *f*
hochmütig ['ho:xmy:tɪç] *adj* arrogant(e)
hochnäsig ['ho:xnɛ:zɪç] *pej adj* (*Art, Person*) hautain(e)
hoch|nehmen *vt irr* (*hochheben: Person*) porter; (*Gegenstand*) soulever
Hochofen *m* haut fourneau *m*
hochprozentig *adj* (*Schnaps*) fortement alcoolisé(e)
hoch|rechnen *vt* faire une estimation de
Hochrechnung *f meist Pl* estimation *f*
hochrot *adj* (*Gesicht, Wangen*) écarlate
Hochruf *m* vivat *m*
Hochsaison *f* TOUR haute saison *f*
hoch|schlagen *irr* **I.** *vt + haben* (*Kragen*) relever **II.** *vi + sein* (*Brecher, Wellen*) déferler
HochschulabschlussRR *m* diplôme *m* de fin d'études universitaires
Hochschule *f* ❶ (*Universität*) université *f* ❷ (*Fachhochschule*) école *f* supérieure spécialisée
Hochschullehrer(in) *m(f)* professeur *mf* d'université **Hochschulreife** *f* baccalauréat *m permission d'accès aux études supérieures* **Hochschulstudium** *nt* études *fpl* universitaires
Hochsitz *m* affût *m* perché
Hochsommer *m* plein été *m*
hochsommerlich *adj* estival(e)
Hochspannung *f* ELEC haute tension *f*
Hochspannungsleitung *f* ligne *f* [à] haute tension **Hochspannungsmast** *m* pylône *m* [pour lignes] à haute tension
Hochsprache *f* langue *f* standard
hoch|springen *vi irr + sein* (*nach oben springen*) sauter
Hochsprung *m* saut *m* en hauteur
Hochstapler(in) ['ho:xʃta:plɐ] <-s, -> *m(f)*

imposteur *m*

Höchstbetrag *m* traite *f* maximale

höchste(r, s) ['hø:kstə, -tɐ, -təs] *adj Superl von* **hoch** ❶ (*Berg, Summe*) le plus haut (la plus haute); (*Schaden*) le plus important (la plus importante); (*Strafe*) le(la) plus sévère; **das Höchste, was** (*die äußerste Summe*) le maximum que + *subj* ❷ (*von größter Intensität: Nervosität*) extrême; **es ist ~e Zeit!** il est grand temps!

höchstens ['hø:kstəns] *adv* au maximum

Höchstgeschwindigkeit *f* vitesse *f* maximale **Höchstgrenze** *f* limite *f* **Höchstleistung** *f* performance *f* extrême **Höchstmaß** *nt* maximum *m* **höchstpersönlich** *adv* en personne **Höchststrafe** *f* peine *f* maximale **höchstwahrscheinlich** *adv* selon toute vraisemblance

Hochtechnologie *f* technologie *f* de pointe

hochverehrt *adj attr* très honoré(e) *antéposé*

Hochverrat *m* haute trahison *f*

hochverschuldet *adj attr* surendetté(e)

Hochwasser *nt* ❶ **~ führen** être en crue *f* ❷ (*Überschwemmung*) inondation *f* ❸ (*Höchststand der Flut*) marée *f* haute

hoch|werfen *vt irr* **etw ~** lancer qc en l'air

hochwertig *adj* de grande qualité

Hochzahl *f* exposant *m*

Hochzeit¹ ['hɔxtsait] <-, -en> *f* mariage *m;* **~ feiern** célébrer des noces *fpl;* **die silberne/goldene ~** les noces d'argent/d'or

Hochzeit² <-, -en> *f* (*Blütezeit*) apogée *m*

Hochzeitskleid *nt* robe *f* de mariée **Hochzeitsnacht** *f* nuit *f* de noces **Hochzeitsreise** *f* voyage *m* de noces **Hochzeitstag** *m* ❶ (*Tag der Hochzeit*) jour *m* du mariage ❷ (*Jahrestag*) anniversaire *m* de mariage

hoch|ziehen *irr* **I.** *vt* (*Jalousie*) ouvrir; (*Socke*) remonter **II.** *vr* (*sich nach oben ziehen*) **sich an etw** (*dat*) **~** se relever en se tenant à qc

Hocke ['hɔkə] <-, -n> *f* ❶ (*Körperhaltung*) position *f* accroupie ❷ SPORT saut *m* fléchi groupé

hocken ['hɔkən] *vi + haben* (*kauern*) être accroupi

Hocker ['hɔkɐ] <-s, -> *m* tabouret *m*

Höcker ['hœkɐ] <-s, -> *m* bosse *f*

Hockey ['hɔki] <-s> *nt* hockey *m* [sur gazon]

Hockeyschläger *m* crosse *f* de hockey

Hoden <-s, -> *m* ANAT testicule *m*

Hodensack *m* ANAT bourses *fpl*

Hof [ho:f, *Pl:* 'hø:fə] <-[e]s, Höfe> *m* ❶ cour *f;* **auf den/dem ~** dans la cour ❷ (*Bauernhof*) ferme *f* ▸**jdm den ~ machen** faire la cour à qn

hoffen ['hɔfən] **I.** *vi* ❶ espérer ❷ (*bauen auf*) **auf etw/jdn ~** compter sur qc/qn **II.** *vt* **ich hoffe, [dass] er kommt** j'espère qu'il viendra; **das wollen wir ~!** nous espérons bien!

hoffentlich ['hɔfəntlɪç] *adv* espérons que ...; **~ haben wir bald Frühling!** j'espère que c'est bientôt le printemps! (*fam*)*;* **~!** j'espère/nous espérons bien!

Hoffnung ['hɔfnʊŋ] <-, -en> *f* espoir *m;* **~ auf etw** (*akk*) espérance *f* de qc; **jdm ~ auf etw** (*akk*) **machen** laisser espérer qc à qn; **sich** (*dat*) **~en/keine ~en machen** nourrir certains espoirs/ne pas se faire d'illusions; **die ~ aufgeben** abandonner tout espoir

hoffnungslos *adj* désespéré(e)

Hoffnungslosigkeit <-> *f* désespoir *m* **Hoffnungsschimmer** *m* lueur *f* d'espoir **hoffnungsvoll** **I.** *adj* (*viel versprechend*) prometteur(-euse) **II.** *adv* (*ansehen*) plein(e) d'espoir

höfisch ['hø:fɪʃ] *adj* (*Manieren*) en usage à la cour; (*Leben*) à la cour; (*Dichtung*) courtois(e)

höflich ['hø:flɪç] *adj* poli(e)

Höflichkeit <-, -en> *f* politesse *f*

Höfling ['hø:flɪŋ] <-s, -e> *m* courtisan *m*

Hofnarr *m* fou *m* [du roi]

Hofrat *m*, **-rätin** *f* A conseiller(-ère) *m(f)* de la cour

Höhe ['hø:ə] <-, -n> *f* ❶ (*eines Baums, Gebäudes*) hauteur *f;* (*eines Bergs*) altitude *f* ❷ (*Entfernung über dem Boden*) **aus der ~** d'en haut; **in der ~** dans les airs; **auf halber ~** à mi-hauteur ❸ (*Flughöhe*) altitude *f* ❹ (*eines Gehalts*) montant *m;* (*von Kosten*) niveau *m;* (*von Schäden*) ampleur *f;* **in ~ von hundert Euro** d'un montant de cent euros; **in die ~ gehen** (*Kosten*) augmenter ❺ (*geographische Breite*) **auf gleicher ~ liegen** être à la même latitude *f* ▸**das ist doch die ~!** *fam* c'est le bouquet!

hohe(r, s) ['ho:ə, -ɐ, -əs] *s.* **hoch**

Hoheit <-, -en> *f* ❶ altesse *f;* **Seine/Ihre Königliche ~** Son/Votre Altesse Royale ❷ *kein Pl* POL souveraineté *f*

Hoheitsgebiet *nt* territoire *m* national

Hoheitsgewässer *Pl* eaux *fpl* territoriales **Höhenangst** *f* acrophobie *f* **Höhenflug** *m fig* grandes envolées *fpl* **Höhensonne®** *f* lampe *f* à ultraviolets **Höhenunterschied** *m* GEO dénivellation *f*

Höhepunkt *m* ❶ (*wichtigstes Ereignis*) grand moment *m* ❷ (*Gipfel: einer Krise*) paroxysme *m;* (*der Macht*) apogée *m*

höher **I.** *adj Komp von* **hoch** plus haut(e) **II.** *adv Komp von* **hoch** plus haut; **etw ~ bewerten** apprécier mieux qc

höherstufen *vt fig* promouvoir

hohl [hoːl] *adj* ❶ creux(-euse) ❷ *pej* (*nichts sagend*) **~e Worte** de belles paroles

Höhle ['høːlə] <-, -n> *f* ❶ (*im Felsen*) grotte *f;* (*im Baum*) creux *m* ❷ (*Bärenhöhle*) tanière *f*

Höhlenmalerei *f* peinture *f* rupestre **Höhlenmensch** *m* troglodyte *m*

Hohlkreuz *nt* MED forte cambrure *f* des reins **Hohlmaß** *nt* (*Maßeinheit*) mesure *f* de capacité **Hohlraum** *m* cavité *f*

Höhlung <-, -en> *f* cavité *f,* creux *m*

Hohn [hoːn] <-[e]s> *m* sarcasmes *mpl;* **das ist der reine ~!** c'est une plaisanterie!

höhnen ['høːnən] *vi* ricaner

höhnisch ['høːnɪʃ] *adj* sarcastique

Hokuspokus [hoːkʊs'poːkʊs] <-> *m* **~!** abracadabra!

Holder ['hɔldɐ] CH, SDEUTSCH *s.* **Holunder**

Holding ['hɔʊldɪŋ] <-, -s> *f* holding *m*

holen ['hoːlən] **I.** *vt* aller chercher ▶**bei jdm ist nichts zu ~** *fam* on ne peut rien tirer de qn **II.** *vr fam* ❶ (*sich nehmen*) prendre ❷ (*sich ungewollt zuziehen*) attraper

Holland ['hɔlant] *nt* la Hollande

Holländer(in) ['hɔlɛndɐ] <-s, -> *m(f)* Hollandais(e) *m(f)*

holländisch ['hɔlɛndiʃ] **I.** *adj* hollandais(e) **II.** *adv fam* **~ miteinander sprechen** discuter en hollandais

Holländisch <-[s]> *nt kein art fam* hollandais *m; s. a.* **Deutsch**

Hölle ['hœlə] <-, -n> *f* REL enfer *m;* HIST enfers *mpl;* **in der ~** en enfer; **fahr zur ~!** tu peux aller au diable! ▶**es ist die ~ los** *fam* c'est l'horreur

Höllenlärm ['hœlən'lɛrm] *m fam* bruit *m* infernal **Höllenqual** *f meist Pl fam* supplice *m* infernal

höllisch *adj* ❶ *attr* REL, HIST de l'enfer ❷ *fam* (*furchtbar*) infernal(e)

Holocaust ['hoːlokaust] <-s> *m* holocauste *m*

Hologramm [holo'gram] <-gramme> *nt* hologramme *m*

Holographie [hologra'fiː] <-, -n> *f* holographie *f*

holperig *s.* **holprig**

holpern ['hɔlpɐn] *vi* (*Wagen*) cahoter

holprig *adj* ❶ (*Weg*) cahoteux(-euse); (*Pflaster*) irrégulier(-ière) ❷ (*Versmaß*) hésitant(e)

Holunder [ho'lʊndɐ] <-s, -> *m* sureau *m*

Holz [hɔlts,] <-es> *nt kein Pl* bois *m*

Holzblasinstrument *nt* instrument *m* à vent en bois

hölzern ['hœltsɐn] *adj* (*aus Holz*) en bois

Holzfäller(in) ['hɔltsfɛlɐ] <-s, -> *m(f)* bûcheron(ne) *m(f)* **Holzhacker(in)** A *s.* **Holzfäller**

holzig ['hɔltsɪç] *adj* (*Spargel, Kohlrabi*) filandreux(-euse)

Holzkohle *f* charbon *m* de bois **Holzschnitt** *m* gravure *f* sur bois **Holzschuh** *m* sabot *m* **Holzschutzmittel** *nt* produit *m* de traitement du bois **Holzweg** *m* ▶**auf dem ~ sein** *fam* se fourrer le doigt dans l'œil **Holzwolle** *f* copeaux *mpl* **Holzwurm** *m* ver *m* du bois

Homepage [hɔʊmpəɪdʒ] *f* INFORM page *f* d'accueil

Homo *s.* **Homosexuelle(r)**

homogen [homo'geːn] *adj geh* homogène

homogenisieren* [homogeni'ziːrən] *vt* homogénéiser

Homöopath(in) [homøo'paːt] <-en, -en> *m(f)* homéopathe *mf*

Homöopathie [homøopa'tiː] <-> *f* homéopathie *f*

homöopathisch [homøo'paːtɪʃ] *adj* (*Mittel*) homéopathique

Homosexualität [homozɛksualɪ'tɛt] *f* homosexualité *f*

homosexuell *adj* homosexuel(le)

Homosexuelle(r) *f(m) dekl wie adj* homosexuel(le) *m(f)*

Honig ['hoːnɪç] <-s, -e> *m* miel *m* ▶**jdm ~ um den Bart schmieren** *fam* passer de la pommade à qn

Honigmelone *f* melon *m*

Honorar [hono'raːɐ̯] <-s, -e> *nt* honoraires *mpl*

honorieren* [hono'riːrən] *vt* ❶ (*würdigen*) **jdn ~** apprécier qn à sa juste valeur ❷ (*bezahlen: Arbeit*) rétribuer; **jdn mit etw ~** donner qc à qn comme rétribution

Hooligan ['hu:ligən] <-s, -s> *m* houligan *m*
Hopfen ['hɔpfən] <-s, -> *m* houblon *m*
hopp [hɔp] *interj fam* (*los*) allez, hop
hoppeln ['hɔpəln] *vi + sein* faire des bonds
hoppla ['hɔpla] *interj* ❶ (*Vorsicht*) ouh, là [là] ❷ (*Moment mal*) attends/attendez voir!
hopsen ['hɔpsən] *vi + sein fam* sauter
hörbar ['hø:ɐ̯ba:ɐ̯] *adj* audible
horchen ['hɔrçən] *vi* (*lauschen*) écouter
Horde ['hɔrdə] <-, -n> *f* horde *f*
hören ['hø:rən] **I.** *vt* ❶ (*wahrnehmen, vernehmen*) entendre; **jdn lachen/reden ~** entendre qn rire/parler ❷ (*an~: Sendung, Konzert*) écouter; **hast du diesen Pianisten schon mal gehört?** tu as déjà entendu ce pianiste? ❸ (*feststellen*) **am Tonfall ~, dass ...** percevoir à l'intonation que ... ❹ (*erfahren*) **etw über jdn/etw ~** entendre dire qc de qn/qc; **~, dass ...** entendre dire que ...; **von wem hast du das denn gehört?** tu l'as appris par qui?; **etwas von sich ~ lassen** donner de ses nouvelles; **nichts [davon] ~ wollen** ne pas vouloir le savoir; **wie man hört/wie ich höre, ...** à ce qu'on dit ... **II.** *vi* ❶ (*zu~*) écouter; **hör mal/~ Sie mal!** *fam* écoute/écoutez! ❷ (*vernehmen*) **gut/schlecht ~** entendre bien/mal ❸ (*erfahren*) **von jdm/etw gehört haben** avoir entendu parler de qn/qc ❹ *fam* (*sich richten nach*) **auf jdn/etw ~** écouter qn/qc ▸**ihm vergeht Hören und Sehen** il ne sait plus où il en est; **man höre und staune!** tiens-toi/tenez-vous bien!
Hörensagen ['hø:rənza:gən] *nt* ▸**vom ~** par ouï-dire
Hörer <-s, -> *m* ❶ (*Zuhörer*) auditeur *m* ❷ (*Telefonhörer*) combiné *m*
Hörerin <-, -nen> *f* auditrice *f*
Hörfunk *m form* radio *f* **Hörgerät** *nt* appareil *m* auditif
hörig *adj* **jdm ~ sein** être [entièrement] soumis à qn
Horizont [hori'tsɔnt] <-[e]s, -e> *m* horizon *m* ▸**das geht über seinen ~** cela le dépasse
horizontal [horitsɔn'ta:l] *adj* horizontal(e)
Horizontale *f dekl wie adj* droite *f* horizontale
Hormon [hɔr'mo:n] <-s, -e> *nt* hormone *f*
hormonal [hɔrmo'na:l] *adj* hormonal(e)
Horn [hɔrn, *Pl:* 'hœrnɐ] <-[e]s, Hörner> *nt* ❶ (*eines Tiers*) corne *f* ❷ MUS cor *m*
Hornbrille *f* lunettes *fpl* de corne
Hörnchen ['hœrnçən] <-s, -> *nt* (*Croissant*) croissant *m*
Hornhaut *f* ❶ (*des Auges*) cornée *f* ❷ (*Hautschicht*) corne *f*
Hornisse [hɔr'nɪsə] <-, -n> *f* frelon *m*
Hornochs[e] *m fam* bourrique *f*
Horoskop [horo'sko:p] <-s, -e> *nt* horoscope *m*
horrend *adj* exorbitant(e)
Horror ['hɔro:ɐ̯] <-s> *m* horreur *f*
Horrorfilm *m* film *m* d'horreur
Hörsaal *m* amphithéâtre *m* **Hörspiel** *nt* pièce *f* radiophonique **Hörsturz** *m* MED surdité *f* brusque
Hort [hɔrt] <-[e]s, -e> *m* (*Kinderhort*) ≈ garderie *f*
horten ['hɔrtən] *vt* (*Waren*) stocker; (*Geld*) entasser
Hortensie [hɔr'tɛnzi̯ə] <-, -n> *f* hortensia *m*
Hörweite *f* **in/außer ~ sein** être à/hors de portée de voix
Hose ['ho:zə] <-, -n> *f* **ein Paar ~n** un pantalon; **eine kurze ~** un short ▸**da ist tote ~** *fam* c'est mort ici; **in die ~ gehen** *fam* foirer; **sich** (*dat*) **[vor Angst] in die ~ machen** *fam* chier dans son froc de peur
Hosenanzug *m* tailleur-pantalon *m* **Hosenbein** *nt* jambe *f* de pantalon **Hosenboden** *m* fond *m* de culotte ▸**sich auf den ~ setzen** *fam* en mettre un coup **Hosenbund** *m* taille *f* du pantalon **Hosenrock** *m* jupe-culotte *f* **Hosenschlitz** *m* braguette *f* **Hosenträger** *Pl* bretelles *fpl*
Hospital [hɔspi'ta:l, *Pl:* hɔspi'tɛ:lɐ] <-s, -e> *nt* hôpital *m*
Host [hoʊst] <-s, -s> *m* hôte *m*
Hostess[RR], **Hosteß**[ALT] [hɔs'tɛs] <-, Hostessen> *f* hôtesse *f*
Hostie ['hɔsti̯ə] <-, -n> *f* hostie *f*
Hotdog[RR] ['hɔt'dɔk] <-s, -s> *nt o m* hot-dog *m*
Hotel [ho'tɛl] <-s, -s> *nt* hôtel *m*
Hotelführer *m* guide *m* des hôtels **Hotelgewerbe** *nt* hôtellerie *f* **Hotelzimmer** *nt* chambre *f* d'hôtel
Hotline ['hɔtlai̯n] <-, -s> *f* hotline *f*; INFORM service *m* en ligne
Hr. *Abk von* **Herr** M.
Hrn. *Abk von* **Herrn** M.
hrsg. *Abk von* **herausgegeben** éd.
hu *interj* (*Ausdruck des Frierens*) brrr

Hubraum ['hu:pra̯um] *m* cylindrée *f*
hübsch [hʏpʃ] **I.** *adj* ❶ joli(e) *antéposé;* **sich ~ machen** se faire beau(belle) ❷ *fam* (*Sümmchen*) coquet(te) **II.** *adv* ❶ (*sich kleiden*) bien ❷ *fam* (*annehmbar*) **ganz ~ singen** ne pas chanter si mal que ça
Hubschrauber ['hu:pʃra̯ubɐ] <-s, -> *m* hélicoptère *m*
Hubschrauberlandeplatz *m* héliport *m*
huch [hʊx] *interj* oh
huckepack ['hʊkəpak] *adv* **jdn ~ tragen** *fam* porter qn sur son dos
hudeln ['hu:dəln] *vi bes.* A, SDEUTSCH *fam* ❶ (*nachlässig arbeiten*) bâcler le boulot ❷ (*hektisch sein*) **nur nicht ~!** pas d'affolement!
Huf [hu:f] <-[e]s, -e> *m* sabot *m*
Hufeisen *nt* fer *m* à cheval
Hüferl <-s, -n> *nt* A rumsteck *m*
Hufschmied(in) *m(f)* maréchal-ferrant *m*
Hüfte ['hʏftə] <-, -n> *f* hanche *f*
Hüftgelenk *nt* [articulation *f* de la] hanche *f* **Hüfthalter** *m* gaine *f*
Huftier *nt* ongulé *m*
Hügel ['hy:gəl] <-s, -> *m* colline *f*
hügelig *adj* vallonné(e)
Huhn [hu:n, *Pl:* 'hy:nɐ] <-[e]s, Hühner> *nt* ❶ poule *f* ❷ GASTR poulet *m;* (*Suppenhuhn*) poule *f* ▸**da lachen ja die Hühner!** *fam* laisse-moi rigoler!
Hühnchen ['hy:nçən] <-s, -> *nt Dim von* **Huhn** poulet *m* ▸**mit jdm ein ~ zu rupfen haben** *fam* avoir un compte à régler avec qn
Hühnerauge *nt* cor *m* [au pied] **Hühnerbrühe** *f* bouillon *m* de poule **Hühnerbrust** *f* GASTR blanc *m* de poulet **Hühnerei** *nt* œuf *m* de poule **Hühnerfarm** *f* ferme *f* avicole **Hühnerfleisch** *nt* viande *f* de poulet **Hühnerfrikassee** *nt* fricassée *f* de poule **Hühnerhof** *m* basse-cour *f* **Hühnerstall** *m* poulailler *m*
Hülle ['hʏlə] <-, -n> *f* ❶ (*Schutzhülle*) housse *f* ❷ (*Buchhülle*) couverture *f* ❸ (*Plattenhülle*) pochette *f* ❹ (*Ausweishülle*) étui *m* ▸**in ~ und Fülle** *geh* à profusion
hüllen ['hʏlən] *geh vt* **jdn/sich in eine Decke ~** envelopper qn/s'envelopper dans une couverture
Hülse ['hʏlzə] <-, -n> *f* (*Patronenhülse*) douille *f*
Hülsenfrucht ['hʏlzənfrʊxt] *f meist Pl* légume *m* sec
human [hu'ma:n] *adj* humain(e)
Humanismus [huma'nɪsmʊs] <-> *m* humanisme *m*
Humanist(in) [huma'nɪst] <-en, -en> *m(f)* humaniste *mf*
humanistisch *adj* ❶ humaniste ❷ (*altsprachlich: Bildung, Gymnasium*) classique
humanitär [humani'tɛ:ɐ̯] *adj* humanitaire
Humanität [humani'tɛ:t] <-> *f* humanité *f*
Humanmedizin *f kein Pl* médecine *f* [humaine]
Humbug ['hʊmbu:k] <-s> *m pej fam* (*Schwindel*) fumisterie *f*
Hummel ['hʊməl] <-, -n> *f* bourdon *m*
Hummer ['hʊmɐ] <-s, -> *m* homard *m*
Humor [hu'mo:ɐ̯] <-s> *m* humour *m*
Humorist(in) <-en, -en> *m(f)* comique *mf;* (*Schriftsteller*) humoriste *mf*
humoristisch [humo'rɪstɪʃ] *adj* humoristique
humorlos *adj* dépourvu(e) d'humour
Humorlosigkeit <-> *f* manque *m* d'humour
humorvoll *adj* plein(e) d'humour
humpeln ['hʊmpəln] *vi* boitiller
Humpen ['hʊmpən] <-s, -> *m* chope *f* [munie d'un couvercle]
Humus ['hu:mʊs] <-> *m* humus *m*
Hund [hʊnt] <-[e]s, -e> *m* ❶ chien *m;* **Vorsicht, bissiger ~!** [attention,] chien méchant! ❷ *fam* (*Mensch*) **ein armer ~** un pauvre bougre ❸ *pej fam* (*Schuft*) salaud *m* ▸**bekannt sein wie ein bunter ~** *fam* être connu comme le loup blanc; **vor die ~e gehen** *fam* se retrouver dans le pétrin
Hundefutter *nt* nourriture *f* pour chiens **Hundegebell** *nt* aboiements *mpl* **Hundehütte** *f* niche *f* **Hundeleben** *nt pej fam* vie *f* de chien **Hundeleine** *f* laisse *f* **Hundemarke** *f* plaque *f* de chien (*attestant le paiement de la taxe sur les chiens*) **hundemüde** *adj fam* **~ sein** être [complètement] crevé **Hunderasse** *f* race *f* de chiens
hundert ['hʊndɐt] *num* ❶ cent; **einige ~ Menschen** quelques centaines de personnes; *s. a.* **achtzig** ❷ *fam* (*viele*) **~ Einzelheiten** trente-six détails
Hundert[1] ['hʊndɐt] <-, -en> *f* cent *m*
Hundert[2] <-s, -e> *nt* centaine *f;* **~e von Fliegen** des centaines de mouches
hunderteins *num* cent un
Hunderter <-s, -> *m fam* (*Banknote*) billet *m* de cent
hundertfach *adj* cent fois; *s. a.* **achtfach**

Hundertjahrfeier *f* centenaire *m* **hundertjährig** *adj* ① (*Person, Baum*) centenaire ② (*Entwicklung*) de cent années **hundertmal** *adv* cent fois; *s. a.* **achtmal** **Hundertmeterlauf** *m* cent mètres *m* [plat] **hundertprozentig** *adj fam* (*total*) cent pour cent

hundertste(r, s) ['hʊndɐstə, -tɐ, -təs] *adj* centième; **jeder Hundertste** une personne sur cent; *s. a.* **achte(r, s)** ▸**vom Hundertsten ins Tausendste kommen** *fam* passer du coq à l'âne

hundertstel *num* **auf ein ~ Millimeter genau** au centième de millimètre près

Hundertstel <-s, -> *nt* centième *m*

hunderttausend ['hʊndɐt'taʊzənt] *num* ① cent mille ② *fam* (*unzählige*) des milliers de

Hundesteuer *f* taxe *f* sur les chiens **Hundewetter** *nt fam kein Pl* temps *m* de chien

Hündin ['hʏndɪn] *f* chienne *f*

hundsgemein *fam adj* (*Kerl, Lüge*) sale *antéposé* **Hundstage** *Pl* canicule *f*

Hüne ['hy:nə] <-n, -n> *m* géant *m*

Hunger ['hʊŋɐ] <-s> *m* ① faim *f*; **~ haben/bekommen** avoir/commencer à avoir faim; **~ auf etw** (*akk*) **haben** avoir faim de qc; **vor ~** [**fast**] **umkommen** *fam* crever de faim ② *geh* (*Verlangen*) soif *f*

Hungerlohn *m pej* salaire *m* de famine

hungern ['hʊŋɐn] *vi* ① souffrir de la faim ② (*zum Abnehmen*) faire un régime

Hungersnot *f* famine *f*

Hungerstreik *m* grève *f* de la faim **Hungertuch** ▸**am ~ nagen** *iron fam* manger de la vache enragée

hungrig ['hʊŋrɪç] *adj* affamé(e)

Hupe ['hu:pə] <-, -n> *f* klaxon® *m*

hupen ['hu:pən] *vi* klaxonner

hüpfen ['hʏpfən] *vi + sein* (*Person*) sauter; (*Vogel*) sautiller

Hürde ['hʏrdə] <-, -n> *f* (*beim Hürdenlauf*) haie *f*; (*im Reitsport*) obstacle *m*

Hure ['hu:rə] <-, -n> *f pej* putain *f* (*vulg*)

hurra [hʊ'ra:] *interj* hourra

Hurra <-s, -s> *nt* hourra *m*

Hurrikan ['hʊrikan] <-s, -e> *m* ouragan *m*

husch *interj fam* (*schnell*) ~! et hop!

huschen ['hʊʃən] *vi + sein* **über jds Gesicht ~** (*Lächeln*) glisser furtivement sur le visage de qn; **aus der Tür ~** (*schnell/verstohlen*) sortir vivement/furtivement

hüsteln ['hy:stəln] *vi* toussoter

husten ['hu:stən] *vi* tousser

Husten <-s> *m* toux *f*; **~ haben** tousser

Hustenanfall *m* quinte *f* de toux **Hustenbonbon** *m o nt* bonbon *m* contre la toux **Hustensaft** *m* sirop *m* contre la toux

Hut[1] [hu:t, *Pl:* 'hy:tə] <-[e]s, Hüte> *m* chapeau *m* ▸**~ ab vor jdm/etw!** *fam* chapeau à qn/qc!

Hut[2] [hu:t] *f geh* ▸**auf der ~ sein** se tenir sur ses gardes

hüten ['hy:tən] **I.** *vt* (*Geheimnis, Bett*) garder **II.** *vr* **sich vor jdm/etw ~** se méfier de qn/se garder de qc; **sich ~ etw zu tun** se garder de faire qc

Hüter ▸**die ~ des Gesetzes** *hum* les représentants de l'ordre

Hutmacher(in) *m(f)* chapelier(-ière) *m(f)*; (*für Frauenhüte*) modiste *mf*

Hutsche <-, -n> A balançoire *f*

hutschen *vi* A faire de la balançoire

Hütte ['hʏtə] <-, -n> *f* ① cabane *f* ② (*Stahlhütte*) aciérie *f*

Hüttenkäse *m* cottage® *m* (*fromage blanc à gros caillots*)

Hyäne ['hyɛ:nə] <-, -n> *f* hyène *f*

Hyazinthe [hya'tsɪntə] <-, -n> *f* jacinthe *f*

Hydrant [hy'drant] <-en, -en> *m* bouche *f* d'incendie

Hydraulik [hy'draulɪk] <-> *f* hydraulique *f*

hydraulisch *adj* hydraulique

Hydrokultur [hydrokʊl'tu:ɐ] *f* culture *f* hydroponique

Hygiene [hy'gie:nə] <-> *f* hygiène *f*

hygienisch *adj* hygiénique

Hymne ['hʏmnə] <-, -n> *f* hymne *m*

Hyperlink ['haɪpɐlɪŋk] *m* INFORM hyperlien *m*

Hypertext ['haɪpɐtɛkst] *m* INFORM hypertexte *m*

Hypnose [hʏp'no:zə] <-, -n> *f* hypnose *f*; **jdn in ~** (*akk*) **versetzen** hypnotiser qn

hypnotisch [hʏp'no:tɪʃ] *adj* hypnotique

hypnotisieren* [hʏpnoti'zi:rən] *vt* hypnotiser

Hypochonder [hypo'xɔndɐ] <-s, -> *m* PSYCH hypocondriaque *mf*

Hypotenuse [hypote'nu:zə] <-, -n> *f* MATH hypoténuse *f*

Hypothek [hypo'te:k] <-, -en> *f* hypothèque *f*

Hypothese [hypo'te:zə] <-, -n> *f* hypothèse *f*; **eine ~ aufstellen** émettre une hypothèse

hypothetisch [hypo'te:tɪʃ] *adj* hypothétique

Hysterie [hʏste'ri:] <-, -n> *f* hystérie *f*

hysterisch [hʏs'te:rɪʃ] *adj* hystérique

Hz *Abk von* **Hertz** Hz

H

I

I, i [iː] <-, -> *nt* I *m*/i *m*

i *interj fam* be[u]rk ▶~ **wo!** penses-tu/pensez-vous!

i. A. *Abk von* **im Auftrag** p.o.

iberisch [iˈbeːrɪʃ] *adj* ibérique

IC [iːˈtseː] <-s, -s> *m Abk von* **Intercity** IC *m*

ICE [iːtseːʔˈeː] <-s, -s> *m Abk von* **Intercity Express** ≈ T.G.V. *m*

ich [ɪç] *pron pers* je; (*betont, allein stehend*) moi; **hier bin ~!** me voici!

Ich <-[s], -s> *nt a.* PSYCH moi *m;* **mein zweites ~** mon autre moi

Ich-Erzählung *f* récit *m* à la première personne **Ichform** *f* première personne *f*

Icon [ˈaɪkən] <-s, -s> *nt* INFORM icône *f*

IC-Zuschlag [iːˈtseːˈtsuːʃlaːk] *m* supplément *m* IC

ideal [ideˈaːl] *adj* idéal(e)

Ideal <-s, -e> *nt* idéal *m*

Idealfall *m* cas *m* idéal **Idealgewicht** [ideˈaːlgəvɪçt] *nt* poids *m* idéal

idealisieren* [idealiˈziːrən] *vt* idéaliser

Idealismus [ideaˈlɪsmʊs] <-> *m* idéalisme *m*

Idealist(in) [ideaˈlɪst] <-en, -en> *m(f)* idéaliste *mf*

idealistisch *adj* idéaliste

Idee [iˈdeː] <-, -n> *f* ❶ idée *f;* **eine ~ haben** avoir une idée; **jdn auf eine ~ bringen** donner une idée à qn; **wie kommst du denn auf die ~?** où vas-tu chercher une idée pareille? ❷ *fam* (*Kleinigkeit*) **eine ~ zu kalt** un soupçon trop froid

ideell [ideˈɛl] *adj* (*Werte*) spirituel(le); (*Gesichtspunkte*) intellectuel(le)

ideenreich [iˈdeːənraiç] *adj* inventif(-ive)

Identifikation [idɛntifikaˈtsioːn] <-, -en> *f* identification *f*

Identifikationsfigur *f* modèle *m* identificatoire

identifizieren* [idɛntifiˈtsiːrən] **I.** *vt* identifier **II.** *vr* **sich mit jdm/etw ~** s'identifier à qn/qc

Identifizierung <-, -en> *f* identification *f*

identisch [iˈdɛntɪʃ] *adj* identique

Identität [idɛntiˈtɛːt] <-> *f* identité *f*

Identitätskarte *f bes.* A, CH carte *f* d'identité

Ideologe [ideoˈloːgə] <-n, -n> *m,* **Ideologin** *f* idéologue *mf*

Ideologie [ideoloˈgiː] <-, -n> *f* idéologie *f*

ideologisch [ideoˈloːgɪʃ] *adj* idéologique

idiomatisch [idioˈmaːtɪʃ] *adj* idiomatique

Idiot(in) [iˈdioːt] <-en, -en> *m(f) pej fam* idiot(e) *m(f)*

idiotensicher *iron fam adj* simple comme bonjour

Idiotie [idioˈtiː] <-, -n> *f pej fam* connerie *f*

idiotisch *adj pej fam* débile

Idol [iˈdoːl] <-s, -e> *nt* idole *f*

Idylle [iˈdʏlə] <-, -n> *f* idylle *f*

idyllisch *adj* idyllique

Igel [ˈiːgəl] <-s, -> *m* hérisson *m*

igitt[igitt] *interj fam* be[u]rk

Iglu <-s, -s> *m o nt* igloo *m*

ignorant *adj pej geh* inculte

Ignorant(in) [ɪgnoˈrant] <-en, -en> *m(f) pej geh* inculte *mf*

Ignoranz [ɪgnoˈrants] <-> *f pej geh* ignorance *f*

ignorieren* [ɪgnoˈriːrən] *vt* (*Person*) ignorer; (*Sache*) ne pas prendre en considération

ihm[1] [iːm] *pron pers, dat von* **er** lui; **sie glaubt ~** elle le croit; **es geht ~ gut** il va bien

ihm[2] *pron pers, dat von* **es: er hilft ~** il l'aide; **das gefällt ~** cela lui plaît; **~ ist langweilig** il s'ennuie; **um das Kalb zu fotografieren, näherte sie sich ~** pour photographier le veau, elle s'en approcha

ihn [iːn] *pron pers, akk von* **er: ohne ~** sans lui; **ich kenne ~** je le connais; **er fragt ~** il lui demande; **wo ist mein Schlüssel, siehst du ~?** où est ma clé, est-ce que tu la vois?

ihnen [ˈiːnən] *pron pers, dat von* **sie**[2]**: bei ~** chez eux/elles; **das gefällt ~** cela leur plaît; **sie glaubt ~** elle les croit; **es geht ~ gut** ils/elles vont bien

Ihnen *pron pers, dat von* **Sie**[1] vous; **wie geht es ~?** comment allez-vous?

ihr[1] [iːɐ̯] *pron pers* vous; **~ seid an der Reihe!** c'est votre tour!

ihr[2] *pron pers, dat von* **sie**[1]**: bei ~** chez elle; **das gefällt ~** cela lui plaît; **sie hilft ~** elle l'aide; **es geht ~ gut** elle va bien; **um die Katze zu fotografieren, näherte er sich ~** pour photographier le chat, il s'en approcha

ihr[3] *pron poss zu* **sie**[1] ❶ **~ Bruder** son frère; **~e Schwester** sa sœur; **~e Eltern** ses parents; **dieses Feuerzeug ist ~[e]s** ce briquet est à elle ② *substantivisch* **der/die/das ~e** le sien/la sienne; **die Ihren** les siens

ihr[4] *pron poss zu* **sie**[2] ① ~ **Bruder** leur frère; **~e Brüder** leurs frères ② *substantivisch* **der/die/das ~e** le/la leur; **die Ihren** les leurs

Ihr *pron poss zu* **Sie**[1] ① votre; **~e Kinder** vos enfants; **herzlichst ~ Peter Braun** cordialement, Peter Braun ② *substantivisch* **der/die/das ~e** le/la vôtre; **die ~en** les vôtres

ihrer[1] *pron pers, gen von* **sie**[1] *geh* **er erbarmt sich ~** il a pitié d'elle

ihrer[2] *pron pers, gen von* **sie**[2] *geh* **es waren ~ sechs** ils/elles étaient six; **wir werden ~ gedenken** nous nous souviendrons d'eux/d'elles

ihrerseits ['iːrɐzaits] *adv* ① (*auf eine Person bezogen*) de son côté ② (*auf mehrere Personen bezogen*) de leur côté

Ihrerseits *adv* de votre côté

ihresgleichen ['iːrəs'glaiçən] *pron inv* **sie verkehrt nur mit ~** elle ne fréquente que les gens de sa sorte; **sie verkehren nur mit ~** ils ne fréquentent que les gens de leur sorte; **unter ~** entre eux/elles

Ihresgleichen *pron inv* des gens *mpl* comme vous

ihretwegen ['iːrət'veːgən] *adv* ① (*ihr zuliebe*) pour elle; (*von ihr aus*) si cela ne tenait/n'avait tenu qu'à elle ② (*ihnen zuliebe*) pour eux/pour elles; (*von ihnen aus*) si cela ne tenait/n'avait tenu qu'à eux/elles

Ihretwegen *adv* (*Ihnen zuliebe*) pour vous; (*von Ihnen aus*) si cela ne tenait/n'avait tenu qu'à vous

Ikone [i'koːnə] <-, -n> *f* icône *f*

illegal ['ɪlegaːl] *adj* illégal(e)

Illegalität [ɪlegali'tɛːt] <-> *f* illégalité *f*

illegitim ['ɪlegitiːm] *adj* illégitime

Illusion [ɪlu'zi̯oːn] <-, -en> *f* illusion *f*; **sich** (*dat*) **über jdn/etw ~en machen** se faire des illusions sur qn/qc

illusorisch [ɪlu'zoːrɪʃ] *adj* illusoire

Illustration [ɪlʊstra'tsi̯oːn] <-, -en> *f* illustration *f*

illustrieren* [ɪlʊs'triːrən] *vt* illustrer

Illustrierte <-n, -n> *f* illustré *m*

Iltis ['ɪltɪs] <-ses, -se> *m* putois *m*

im [ɪm] = **in dem** *s.* **in**

Image ['ɪmɪtʃ] <-[s], -s> *nt* image *f* de marque

imaginär [imagi'nɛːɐ̯] *adj geh* imaginaire

Imbiss[RR] ['ɪmbɪs] <-es, -e>, **Imbiß**[ALT] <-sses, -sse> *m* ① (*Häppchen*) collation *f* ② (*~stand*) friterie *f*

Imbissstube[RR] *f* snack[-bar] *m*

> Dans une **Imbissstube** allemande, on peut avant tout consommer des boissons fraîches, des saucisses grillées, des frites, mais également du poulet rôti et différents petits pains garnis avec de la charcuterie ou du poisson. On y trouve également de plus en plus de sandwichs turcs (kebabs) et grecs (gyros).

Imitation [imita'tsi̯oːn] <-, -en> *f* imitation *f*

Imitator [imi'taːtoːɐ̯] <-s, -toren> *m*, **Imitatorin** *f* imitateur(-trice) *m(f)*

imitieren* [imi'tiːrən] *vt* imiter

Imker(in) ['ɪmkɐ] <-s, -> *m(f)* apiculteur (-trice) *m(f)*

Immatrikulation [ɪmatrikula'tsi̯oːn] <-, -en> *f* UNIV inscription *f*

immatrikulieren* [ɪmatriku'liːrən] *vr* UNIV **sich ~** s'inscrire

immens [ɪ'mɛns] *geh* **I.** *adj* énorme **II.** *adv* énormément

immer ['ɪmɐ] *adv* ① toujours; **~ wieder** sans cesse; **~ noch** toujours [et encore]; **~ mal [wieder]** *fam* comme ça, à l'occasion ② (*zunehmend*) **~ mehr** de plus en plus; **~ größer** de plus en plus grand(e) ③ (*jedes Mal*) **~, wenn ich lese** chaque fois que je lis ④ (*auch*) **wann ~ das sein wird** peu importe quand ce sera; **wo ~ er sein mag** où qu'il soit

immerhin ['ɪmɐ'hɪn] *adv* tout de même

immerzu *adv* continuellement

Immigrant(in) [ɪmi'grant] <-en, -en> *m(f)* immigrant(e) *m(f)*

Immigration [ɪmigra'tsi̯oːn] <-, -en> *f* immigration *f*

immigrieren* [ɪmi'griːrən] *vi + sein* immigrer

Immission <-, -en> *f* ÖKOL nuisance *f*

Immobilie [ɪmo'biːli̯ə] <-, -n> *f* propriété *f* immobilière; **~n** des biens *mpl* immobiliers

immun [ɪ'muːn] *adj* MED **gegen eine Krankheit ~ werden/sein** s'immuniser/être immunisé contre une maladie

Immunität [ɪmuni'tɛːt] <-, -en> *f* MED, JUR immunité *f*

Immunschwäche *f* MED immunodéficience *f*

Immunsystem *nt* MED système *m* immu-

I

nitaire

Imperativ ['ɪmperatiːf] <-s, -e> *m* LING impératif *m*

Imperfekt ['ɪmpɛrfɛkt] <-s, -e> *nt* LING imparfait *m*

Imperialismus [ɪmperia'lɪsmʊs] <-, -lismen> *m* impérialisme *m*

imperialistisch [ɪmperia'lɪstɪʃ] *adj pej* impérialiste

Imperium [ɪm'peːriʊm, *Pl:* ɪm'peːriən] <-s, -rien> *nt* empire *m*

impfen ['ɪmpfən] *vt* MED vacciner

Impfpass[RR] ['ɪmpfpas] *m* carnet *m* de vaccination **Impfstoff** *m* vaccin *m*

Impfung <-, -en> *f* vaccination *f*

Implantat [ɪmplan'taːt] <-[e]s, -e> *nt* implant *m*

implantieren *vt* **jdm etw ~** implanter qc à qn

implizieren* *vt geh* impliquer

imponieren* [ɪmpo'niːrən] *vi* **jdm ~** (*Person, Leistung*) en imposer à qn

imponierend *adj* imposant(e)

Imponiergehabe *nt* (*eines Tiers*) parade *f*; *pej* (*einer Person*) simagrées *fpl*

Import [ɪm'pɔrt] <-[e]s, -e> *m* ❶ (*Einfuhr*) importation *f* ❷ (*~artikel*) article *m* d'importation

Importeur(in) [ɪmpɔr'tøːɐ] <-s, -e> *m(f)* importateur(-trice) *m(f)*

importieren* [ɪmpɔr'tiːrən] *vt* importer

imposant *adj* impressionnant(e)

impotent ['ɪmpotɛnt] *adj* impuissant(e)

Impotenz ['ɪmpotɛnts] <-> *f* impuissance *f*

imprägnieren* [ɪmprɛ'gniːrən] *vt* imperméabiliser

Impressionismus [ɪmprɛsi̯o'nɪsmʊs] <-> *m* impressionnisme *m*

Impressionist(in) [ɪmprɛsi̯o'nɪst] <-en, -en> *m(f)* impressionniste *mf*

impressionistisch [ɪmprɛsi̯o'nɪstɪʃ] *adj* impressionniste

Impressum [ɪm'prɛsʊm] <-s, Impressen> *nt* adresse *f* bibliographique; (*einer Zeitung*) mentions *fpl* obligatoires

Improvisation [ɪmproviza'tsi̯oːn] <-, -en> *f* improvisation *f*

improvisieren* [ɪmprovi'ziːrən] *vt, vi* improviser

Impuls [ɪm'pʊls] <-es, -e> *m* impulsion *f*

impulsiv [ɪmpʊl'ziːf] *adj* impulsif(-ive)

imstande [ɪm'ʃtandə] *adj* **~ sein etw zu tun** être capable de faire qc

in[1] [ɪn] **I.** *präp + dat* ❶ (*bei Ortsangaben*) **~ der Tasche** dans le sac; **im Bett/Büro** au lit/bureau; **im Keller/ersten Stock** à la cave/au premier étage; **~ der Stadt** en ville; **~ Frankreich/Portugal** en France/au Portugal; **im Gebirge/~ den Alpen leben** vivre en montagne/dans les Alpes; **im Norden Deutschlands wohnen** habiter dans le nord de l'Allemagne ❷ (*bei Zeitangaben*) **~ fünf Minuten** (*innerhalb von*) en cinq minutes; (*nach Ablauf von*) dans cinq minutes; **~ diesem Jahr** cette année; **im Mai** en mai; **im Frühling/Sommer** au printemps/en été; **im letzten Augenblick** au dernier moment; **im Krieg** pendant la guerre ❸ (*bei Umstandsangaben*) **~ der Sonne/Kälte** au soleil/dans le froid; **im Regen** sous la pluie; **im Badeanzug** en maillot de bain ❹ (*in Bezug auf*) **~ Physik** en physique; **~ dieser Sprache** dans cette langue **II.** *präp + akk;* (*bei Richtungsangaben*) **~ den Garten/die Stadt gehen** aller au jardin/en ville; **~ die Schweiz/den Libanon fahren** aller en Suisse/au Liban; **~s Gebirge/~ die Alpen fahren** aller à la montagne/dans les Alpes; **~ den Süden fahren** aller dans le sud; **~ die Schule gehen** aller à l'école

in[2] *adj fam* **~ sein** être in

inakzeptabel [ɪnʔaktsɛp'taːbəl] *adj geh* inacceptable

Inbegriff ['ɪnbəgrɪf] *m* incarnation *f*

inbegriffen ['ɪnbəgrɪfən] *adj* inclus(e)

Inbetriebnahme [ɪnbə'triːpnaːmə] <-, -n> *form* (*einer Anlage*) mise *f* en service; (*eine Maschine*) mise en marche

Inbrunst ['ɪnbrʊnst] <-> *f geh* ferveur *f*

inbrünstig ['ɪnbrʏnstɪç] *geh adj* (*Gebet*) fervent(e); (*Bitte*) ardent(e)

indem [ɪn'deːm] *konj* ❶ (*dadurch, dass*) **etw bewirken, ~ man etw tut** obtenir qc en faisant qc ❷ (*während*) (*bei identischen Subjekten*) [tout] en; (*bei unterschiedlichen Subjekten*) tandis que

Inder(in) ['ɪndɐ] <-s, -> *m(f)* Indien(ne) *m(f)* (*de l'Inde*)

indes [ɪn'dɛs], **indessen** [ɪn'dɛsən] *adv geh* ❶ (*inzwischen*) pendant ce temps[-là] ❷ (*jedoch*) cependant

Index ['ɪndɛks] <-[es], -e> *m* ❶ (*Register*) index *m* ❷ (*Kennziffer*) indice *m*

Indianer(in) [ɪndi'aːnɐ] <-s, -> *m(f)* Indien(ne) *m(f)* (*d'Amérique*)
indianisch *adj* indien(ne)
Indien ['ɪndiən] <-s> *nt* l'Inde *f*
Indikativ ['ɪndikatiːf] <-s, -e> *m* LING indicatif *m*
Indikator <-s, -toren> *m* CHEM indicateur *m* [coloré]
Indio ['ɪndio] <-s, -s> *m*, **-frau** *f* Indien(ne) *m(f)* (*d'Amérique latine*)
indirekt ['ɪndirɛkt] *adj* indirect(e)
indisch ['ɪndɪʃ] *adj* indien(ne)
indiskret ['ɪndɪskreːt] *adj* indiscret(-ète)
Indiskretion <-, -en> *f* indiscrétion *f*
Individualismus <-> *m geh* individualisme *m*
Individualist(in) [ɪndividua'lɪst] <-en, -en> *m(f) geh* individualiste *mf*
individualistisch *adj geh* non-conformiste
individuell [ɪndivi'duɛl] *adj* personnel(le)
Individuum [ɪndi'viːduʊm] <-s, Individuen> *nt geh* individu *m*
Indiz [ɪn'diːts] <-es, -ien> *nt* indice *m*
Indizes *Pl von* **Index**
Indochina [ɪndo'çiːna] *nt* l'Indochine *f*
indoeuropäisch *adj* indo-européen(ne) **indogermanisch** *adj* indo-européen(ne)
indoktrinieren* *vt pej* endoctriner
Indonesien [ɪndo'neːziən] <-s> *nt* l'Indonésie *f*
Induktion [ɪndʊk'tsioːn] <-, -en> *f* ELEC induction *f*
industrialisieren* [ɪndʊstriali'ziːrən] *vt* industrialiser
Industrialisierung <-, -en> *f* industrialisation *f*
Industrie [ɪndʊs'triː] <-, -n> *f* industrie *f*
Industriebetrieb *m* entreprise *f* industrielle **Industriegebiet** *nt* zone *f* industrielle **Industriegesellschaft** *f* société *f* industrielle **Industriegewerkschaft** *f* syndicat *m* ouvrier **Industriekaufmann** *m*, **-kauffrau** *f* agent *m* technico-commercial
industriell [ɪndʊstri'ɛl] *adj* industriel(le)
Industrielle(r) *f(m) dekl wie adj* industriel(le) *m(f)*
Industriestaat *m* pays *m* industriel **Industrie- und Handelskammer** *f* chambre *f* de commerce et d'industrie **Industriezweig** *m* secteur *m* industriel
ineinander [ɪn?ai'nandɐ] *adv* ~ **übergehen** se confondre [l'un avec l'autre]; **sich ~ verlieben** tomber amoureux l'un de l'autre
infam [ɪn'faːm] *adj* ignoble
Infanterie ['ɪnfant(ə)riː] <-, -n> *f* infanterie *f*
infantil [ɪnfan'tiːl] *adj* puéril(e)
Infarkt [ɪn'farkt] <-[e]s, -e> *m* MED infarctus *m*
Infekt <-[e]s, -e> *m* infection *f*
Infektion [ɪnfɛk'tsi̯oːn] <-, -en> *f* infection *f*
Infektionsgefahr *f* danger *m* d'infection **Infektionskrankheit** *f* maladie *f* infectieuse
Inferno [ɪn'fɛrno] <-s> *nt geh* enfer *m*
Infinitiv ['ɪnfɪnitiːf] <-s, -e> *m* LING infinitif *m*
infizieren* [ɪnfi'tsiːrən] **I.** *vt* (*Person, Tier*) contaminer **II.** *vr* (*Wunde*) s'infecter; **sich bei jdm ~** être contaminé par qn
in flagranti [ɪn fla'granti] *adv geh* en flagrant délit
Inflation [ɪnfla'tsi̯oːn] <-, -en> *f* inflation *f*
Inflationsrate *f* taux *m* d'inflation
Info ['ɪnfo] <-, -s> *f fam Abk von* **Information** info *f*
infolge [ɪn'fɔlgə] *präp + gen* ~ **dieses Unfalls** à la suite de cet accident
infolgedessen [ɪnfɔlgə'dɛsən] *adv* en conséquence
Informatik [ɪnfɔr'maːtɪk] <-> *f* informatique *f*
Informatiker(in) <-s, -> *m(f)* informaticien(ne) *m(f)*
Information [ɪnfɔrma'tsi̯oːn] <-, -en> *f* information *f*
Informationsfluss[RR] *m* circulation *f* de l'information **Informationszeitalter** *nt* époque *f* de l'information
informativ [ɪnfɔrma'tiːf] *adj geh* informatif (-ive)
informell ['ɪnfɔrmɛl] *geh adj* informel(le)
informieren* [ɪnfɔr'miːrən] **I.** *vt* **jdn über etw** (*akk*) ~ informer qn sur qc **II.** *vr* **sich über etw** (*akk*) ~ s'informer sur qc
infrarot ['ɪnfraroːt] *adj* infrarouge
Infrarotlampe *f* lampe *f* à infrarouge[s]
Infrastruktur ['ɪnfraʃtrʊktuːɐ̯] *f* infrastructure *f gén pl*
Infusion [ɪnfu'zioːn] <-, -en> *f* perfusion *f*
Ing. *Abk von* **Ingenieur** ing.
Ingenieur(in) [ɪnʒe'ni̯øːɐ̯] <-s, -e> *m(f)* ingénieur *mf*
Ingwer ['ɪŋvɐ] <-s> *m* gingembre *m*
Inh. *Abk von* **Inhaber, Inhalt**
Inhaber(in) ['ɪnhaːbɐ] <-s, -> *m(f)* (*eines Ge-*

I

schäfts) propriétaire *mf;* (*von Wertpapieren*) détenteur(-trice) *m(f)*
inhaftieren* [ɪnhafˈtiːrən] *vt* emprisonner
inhalieren* [ɪnhaˈliːrən] *vt* inhaler
Inhalt [ˈɪnhalt] <-[e]s, -e> *m* ❶ (*einer Tasche*) contenu *m* ❷ (*eines Romans*) fond *m*
inhaltlich *adj* (*Frage*) de contenu
Inhaltsangabe *f* résumé *m* **inhaltslos** *adj* creux(-euse) **Inhaltsverzeichnis** *nt* table *f* des matières
inhuman *adj* inhumain(e)
Initiative [initsi̯aˈtiːvə] <-, -n> *f* (*Anstoß*) initiative *f*
Initiator [iniˈtsi̯aːtɔːr] <-s, -toren> *m,* **Initiatorin** *f* (*einer Aktion*) initiateur(-trice) *m(f)*
Injektion [ɪnjɛkˈtsi̯oːn] <-, -en> *f* injection *f*
injizieren* [ɪnjiˈtsiːrən] *vt* **jdm etw ~** injecter qc à qn
Inka [ˈiŋka] <-[s], -[s]> *m* Inca *m*
Inkasso [ɪnˈkaso] <-s, -s *o* A Inkassi> *nt* FIN recouvrement *m*
inkl. *Abk von* **inklusive**
inklusive [ɪnkluˈziːvə] *präp* + *gen* inclus(e) *postposé*
inkognito [ɪnˈkɔgnito] *adv* incognito
inkompetent [ˈɪnkɔmpetɛnt] *adj* incompétent(e)
Inkompetenz [ˈɪnkɔmpetɛnts] *f* incompétence *f*
inkonsequent *adj* inconséquent(e)
Inkonsequenz *f* inconséquence *f*
inkorrekt [ˈɪnkɔrɛkt] *adj* incorrect(e)
In-Kraft-Treten[RR] <-s> *nt form* (*eines Gesetzes*) entrée *f* en vigueur
Inkubationszeit *f* MED période *f* d'incubation
Inland [ˈɪnlant] *nt kein Pl* intérieur *m* du pays
inländisch [ˈɪnlɛndɪʃ] *adj* national(e)
Inlineskater[RR] [ˈinlaɪnskaɪtɐ] <-s, -> *m* patineur(-euse) *m(f)* en ligne
Inlineskates[RR] [ˈinlaɪnskɛɪts] <-> *Pl* rollers *mpl*
inmitten [ɪnˈmɪtən] *präp* + *gen* **~ der Leute/des Raumes** au milieu des gens/de la pièce
inne|haben [ˈɪnəhaːbən] *vt irr form* occuper
inne|halten *vi irr geh* s'interrompre
innen [ˈɪnən] *adv* à l'intérieur; **von ~** de l'intérieur
Innenarchitekt(in) *m(f)* architecte *mf* d'intérieur **Inneneinrichtung** *f* aménagement *m* intérieur **Innenhof** *m* cour *f* intérieure **Innenleben** *nt kein Pl* ❶ (*Seelenleben*) vie *f* intérieure ❷ *fam* (*das Innere: eines Geräts*) ventre *m* **Innenminister(in)** *m(f)* ministre *mf* de l'Intérieur **Innenministerium** *nt* ministère *m* de l'Intérieur **Innenpolitik** *f* politique *f* intérieure **innenpolitisch** *adj* concernant la politique intérieure **Innenraum** *m* ❶ (*eines Gebäudes*) intérieur *m* ❷ (*das Innere: eines Wagens*) habitacle *m* **Innenseite** *f* côté *m* intérieur **Innenstadt** *f* centre[-ville] *m*
innerbetrieblich [ˈɪnɐbətriːplɪç] *adj* interne à l'entreprise
innere(r, s) [ˈɪnərə, -rɐ, -rəs] *adj* ❶ intérieur(e) ❷ (*Verletzung, Aufbau, Ordnung*) interne ❸ (*Anteilnahme*) profond(e)
Innere(s) *nt dekl wie adj* ❶ (*innerer Teil*) intérieur *m* ❷ (*Innenleben*) moi *m* profond
Innereien *Pl* entrailles *fpl;* (*von Geflügel*) abats *mpl*
innerhalb [ˈɪnɐhalp] **I.** *adv* à l'intérieur **II.** *präp* + *gen* ❶ **~ Berlins/Deutschlands** dans Berlin/en Allemagne ❷ (*binnen*) **~ einer Stunde** en [l'espace d']une heure; **~ dieser Woche** dans le courant de cette semaine
innerlich *adj* (*Körperteil*) interne; (*Erregung*) profond(e); (*Anspannung*) intérieur(e)
innerorts *adv* A, CH en agglomération
innerste(r, s) [ˈɪnɐstə, -tɐ, -təs] *adj* ❶ (*Teil*) central(e) ❷ (*Überzeugung*) intime
inne|wohnen [ˈɪnəvoːnən] *vi geh* **jdm/einer S. ~** être inhérent à qn/qc
innig [ˈɪnɪç] *adj* ❶ (*tief gehend*) sincère ❷ (*sehr eng*) étroit(e)
Innovation [ɪnovaˈtsi̯oːn] <-, -en> *f* innovation *f*
innovativ [ɪnovaˈtiːf] *adj* innovateur(-trice)
Innung [ˈɪnʊŋ] <-, -en> *f* corporation *f*
inoffiziell [ˈɪnʔɔfitsi̯ɛl] *adj* (*Treffen*) non officiel(le); (*Information*) officieux(-euse)
Input <-s, -s> *m* INFORM input *m*
Inquisition <-> *f* HIST Inquisition *f*
ins [ɪns] = **in das** *s.* **in**
Insasse [ˈɪnzasə] <-n, -n> *m,* **Insassin** *f* (*eines Fahrzeugs*) passager(-ère) *m(f);* (*einer Anstalt*) patient(e) *m(f);* (*eines Gefängnisses*) détenu(e) *m(f)*
insbesondere [ɪnsbəˈzɔndərə] *adv* en particulier
Inschrift [ˈɪnʃrɪft] *f* inscription *f*
Insekt [ɪnˈzɛkt] <-[e]s, -en> *nt* insecte *m*

Insektenstich *m* piqûre *f* d'insecte
Insektizid [ɪnzɛkti'tsiːt] <-s, -e> *nt* insecticide *m*
Insel ['ɪnzəl] <-, -n> *f* île *f*
Inselgruppe *f* chapelet *m* d'îles
Inserat [ɪnze'raːt] <-[e]s, -e> *nt* [petite] annonce *f*
inserieren* [ɪnze'riːrən] *vi* **in etw** (*dat*) ~ passer une annonce dans qc
insgeheim [ɪnsgə'hai̯m] *adv* secrètement
insgesamt [ɪnsgə'zamt] *adv* ❶ (*alles zusammen*) en tout ❷ (*im Großen und Ganzen*) dans l'ensemble
Insider(in) ['ɪnsai̯dɐ] <-s, -> *m(f)* personne *f* bien informée
insofern[1] *adv* sur ce point; **dies ist ~ wichtig, als ...** c'est important dans la mesure où ...
insofern[2] *konj* si
insoweit *s.* **insofern**[1]
Inspektion [ɪnspɛk'tsi̯oːn] <-, -en> *f* inspection *f*; (*eines Fahrzeugs*) révision *f*
Inspektor [ɪn'spɛktoːɐ̯] <-s, -toren> *m,* **Inspektorin** *f* ADMIN inspecteur(-trice) *m(f)*
Inspiration [ɪnspira'tsi̯oːn] <-, -en> *f* inspiration *f*
inspirieren* [ɪnspi'riːrən] *vt* **sich von jdm/etw ~ lassen** s'inspirer de qn/qc
Inspizient(in) <-en, -en> *m(f)* chef *mf* de plateau
inspizieren* *vt* inspecter
instabil ['ɪnʃtabiːl] *adj* instable
Installateur(in) [ɪnstala'tøːɐ̯] <-s, -e> *m(f)* ❶ (*Klempner*) plombier *m* ❷ (*Elektroinstallateur*) électricien(ne) *m(f)*
Installation [ɪnstala'tsi̯oːn] <-, -en> *f* (*Leitungen*) installation *f* électrique; (*Rohre, Gasleitungen*) plomberie *f*
Installationsdiskette *f* INFORM disquette *f* d'installation
installieren* [ɪnsta'liːrən] *vt* ❶ (*einbauen*) installer ❷ INFORM **etw auf einem Rechner ~** installer qc sur un ordinateur
instand [ɪn'ʃtant] *adj* **~ setzen/halten** réparer/entretenir
Instandhaltung *f form* entretien *m* **Instandsetzung** <-, -en> *f* réparation *f*
Instanz [ɪn'stants] <-, -en> *f* ADMIN, JUR instance *f*
Instinkt [ɪn'stɪŋkt] <-[e]s, -e> *m* instinct *m*
instinktiv *adj* instinctif(-ive)
Institut [ɪnsti'tuːt] <-[e]s, -e> *nt* ADMIN, UNIV institut *m*
Institution [ɪnstitu'tsi̯oːn] <-, -en> *f* institution *f*
Instruktion [ɪnstrʊk'tsi̯oːn] <-, -en> *f* ❶ (*Anweisung*) instruction *f* ❷ (*Anleitung*) instructions *fpl*
Instrument [ɪnstru'mɛnt] <-[e]s, -e> *nt* ❶ (*Musikinstrument*) instrument *m* ❷ (*Messinstrument*) appareil *m*
instrumental [ɪnstrumɛnt'taːl] *adj* instrumental(e)
Insulin [ɪnzu'liːn] <-s> *nt* MED insuline *f*
inszenieren* [ɪnstse'niːrən] *vt* mettre en scène
Inszenierung <-, -en> *f a. fig* mise *f* en scène
intakt [ɪn'takt] *adj* (*unversehrt*) intact(e)
Integralrechnung *f kein Pl* MATH calcul *m* intégral
Integration [ɪntegra'tsi̯oːn] <-, -en> *f* intégration *f*
integrieren* [ɪnte'griːrən] *vt, vr* intégrer; **sich in etw** (*akk*) ~ s'intégrer dans qc
Intellekt [ɪntɛ'lɛkt] <-[e]s> *m* intellect *m*
intellektuell [ɪntɛlɛk'tuɛl] *adj* intellectuel(le)
Intellektuelle(r) *f(m) dekl wie adj* intellectuel(le) *m(f)*
intelligent [ɪntɛli'gɛnt] *adj* intelligent(e)
Intelligenz [ɪntɛli'gɛnts] <-> *f* intelligence *f*
Intelligenzquotient *m* quotient *m* intellectuel
Intendant(in) [ɪntɛn'dant] <-en, -en> *m(f)* (*eines Senders*) directeur(-trice) *m(f)*; (*eines Theaters*) administrateur(-trice) *m(f)*
Intensität [ɪntɛnzi'tɛːt] <-, -en> *f* intensité *f*
intensiv [ɪntɛn'ziːf] **I.** *adj* ❶ (*Duft, Gefühl*) intense ❷ (*angestrengt*) intensif(-ive) **II.** *adv* ❶ **~ duften** sentir fort ❷ (*arbeiten*) intensément
intensivieren* [ɪntɛnzi'viːrən] *vt* intensifier
Intensivkurs *m* cours *m* intensif **Intensivstation** *f* service *m* de réanimation
Intention [ɪntɛn'tsioːn] <-, -en> *f geh* intention *f*
interaktiv [ɪntɐʔak'tiːf] *adj* INFORM interactif(-ive)
Intercity [ɪntɐ'sɪti] <-s, -s> *m* ≈ train *m* Intercité; **~ Express** ≈ T.G.V. *m*
interdisziplinär *adj* pluridisciplinaire
interessant [ɪntərɛ'sant] *adj* intéressant(e)
interessanterweise [ɪnt(ə)rɛ'santɐ'vai̯zə] *adv* curieusement

I

Interesse [ɪntəˈrɛsə] <-s, -n> *nt* ❶ *kein Pl* (*Aufmerksamkeit*) intérêt *m;* ~ **an jdm/etw haben** être intéressé par qn/qc; **sie hat ~ daran mitzuarbeiten** cela l'intéresse de collaborer ❷ *Pl* (*Neigungen*) centres *mpl* d'intérêts ❸ (*Nutzen*) **im ~ unserer Zusammenarbeit** dans l'intérêt de notre collaboration

Interessenkonflikt *m* conflit *m* d'intérêts

Interessent(in) [ɪnt(ə)rɛˈsɛnt] <-en, -en> *m(f)* personne *f* intéressée

interessieren* [ɪnt(ə)rɛˈsiːrən] **I.** *vt* intéresser **II.** *vr* **sich für jdn/etw ~** s'intéresser à qn/qc

interessiert [ɪnt(ə)rɛˈsiːɐ̯t] **I.** *adj* ❶ intéressé(e); **kulturell ~ sein** s'intéresser à la culture ❷ (*erpicht*) **an jdm/etw ~ sein** s'intéresser à qn/être intéressé par qc **II.** *adv* (*zuhören*) avec [grand] intérêt

Interface [ˈɪntɐfeɪs] <-, -s> *nt* INFORM interface *f*

Interferenz [ˈɪntɐfeˈrɛnts] <-, -en> *f* interférence *f*

Interjektion [ɪntɐjɛkˈtsi̯oːn] <-, -en> *f* LING interjection *f*

Intermezzo [ɪntɐˈmɛtso] <-s, -s> *nt a.* MUS intermède *m*

intern [ɪnˈtɛrn] *adj* (*Angelegenheit*) interne; (*Schwierigkeiten*) intérieur(e)

Internat [ɪntɐˈnaːt] <-[e]s, -e> *nt* internat *m*

international [ɪntɐnatsi̯oˈnaːl] *adj* international(e)

Internet [ˈɪntɐnɛt] *nt* INFORM Internet *m;* **im ~ surfen** naviguer sur Internet

Internetadresse *f* INFORM adresse *f* Internet **Internetanschluss**[RR] *m* INFORM branchement *m* internet **Internet-Browser** *m* INFORM navigateur *m* Web **Internetcafé** *nt* INFORM cybercafé *m* **Internet-Provider** *m* fournisseur *m* d'accès Internet **Internet-Surfer(in)** *m(f)* INFORM internaute *mf* **Internetzugang** *m* accès *m* à l'internet

internieren* *vt* interner

Internierungslager *nt* camp *m* d'internement

Internist(in) [ɪntɐˈnɪst] <-en, -en> *m(f)* spécialiste *mf* des maladies organiques

Interpol [ˈɪntɐpoːl] <-> *f* Interpol *m*

Interpret(in) [ɪntɐˈpreːt] <-en, -en> *m(f)* interprète *mf*

Interpretation [ɪntɐpretaˈtsi̯oːn] <-, -en> *f* interprétation *f*

interpretieren* [ɪntɐpreˈtiːrən] *vt* interpréter

Interpunktion [ɪntɐpʊŋkˈtsi̯oːn] <-, -en> *f* ponctuation *f*

Intervall [ɪntɐˈval] <-s, -e> *nt a.* MUS intervalle *m*

intervenieren* [ɪntɐveˈniːrən] *vi* POL, MIL intervenir

Intervention [ɪntɐvɛnˈtsi̯oːn] <-, -en> *f* intervention *f*

Interview [ˈɪntɐvju] <-s, -s> *nt* interview *f*

interviewen* [ɪntɐˈvjuːən] *vt* interviewer

intim [ɪnˈtiːm] *adj* intime

Intimbereich *m* parties *fpl* intimes

Intimität [ɪntimiˈtɛːt] <-> *f geh kein Pl* (*Vertrautheit*) intimité *f*

Intimsphäre *f* intimité *f*

intolerant [ˈɪntolerant] *adj* intolérant(e)

Intoleranz [ˈɪntolerants] *f* intolérance *f*

Intonation [ɪntonaˈtsi̯oːn] <-, -en> *f* intonation *f*

intransitiv [ˈɪntranzitiːf] LING *adj* intransitif(-ive)

intrigant [ɪntriˈgant] *adj* (*Person*) intrigant(e)

Intrigant(in) <-en, -en> *m(f)* intrigant(e) *m(f)*

Intrige [ɪnˈtriːgə] <-, -n> *f* intrigue *f*

intrigieren* [ɪntriˈgiːrən] *vi* **gegen jdn ~** comploter contre qn

introvertiert [ɪntrovɛrˈtiːɐ̯t] *adj geh* introverti(e)

Intuition [ɪntuiˈtsi̯oːn] <-, -en> *f* intuition *f*

intuitiv [ɪntuiˈtiːf] *adj* intuitif(-ive)

Invalide [ɪnvaˈliːdə] <-n, -n> *m*, **Invalidin** invalide *mf*

Invasion [ɪnvaˈzi̯oːn] <-, -en> *f a. fig* invasion *f*

Inventar [ɪnvɛnˈtaːɐ̯] <-s, -e> *nt* inventaire *m*

Inventur [ɪnvɛnˈtuːɐ̯] <-, -en> *f* inventaire *m*

investieren* [ɪnvɛsˈtiːrən] *vt a. fig* investir

Investition [ɪvɛstiˈtsi̯oːn] <-, -en> *f* investissement *m*

Investmentfonds *m* FIN fonds *m* d'investissements

In-vitro-Fertilisation [-ˈviː-] <-, -en> *f* MED fécondation *f* in vitro

inwiefern *adv* dans quelle mesure

inwieweit *adv* jusqu'à quel point

Inzahlungnahme <-, -n> *f* COM reprise *f*

Inzest [ɪnˈtsɛst] <-[e]s, -e> *m* inceste *m*

Inzucht ['ɪntsʊxt] *f* union *f* consanguine

inzwischen [ɪn'tsvɪʃən] *adv* entre-temps

Ion [io:n] <-s, -en> *nt* CHEM, PHYS ion *m*

i-PunktRR ['i:pʊŋkt] *m* point *m* sur le i

IQ [i:'ku:] <-[s], -[s]> *m Abk von* **Intelligenzquotient** Q.I. *m*

Irak [i'ra:k] <-s> *m* [**der**] ~ l'Irak *m*

Iran [i'ra:n] <-s> *m* [**der**] ~ l'Iran *m*

irdisch ['ɪrdɪʃ] *adj* terrestre

Ire ['i:rə] <-n, -n> *m,* **Irin** *f* Irlandais(e) *m(f)*

irgend ['ɪrgənt] *adv* ❶ (*verstärkend*) **so vorsichtig wie ~ möglich** avec le plus de précautions possibles ❷ (*unbestimmt*) **~ so ein Spinner** encore un de ces con[n]ards

irgendein *pron indef* ❶ quelconque; **da ist wieder ~ Vertreter** c'est encore un de ces représentants; **~ anderer** quelqu'un d'autre ❷ (*beliebig*) **sich** (*dat*) **~ Buch aussuchen** choisir un livre au hasard; **das ist nicht ~ Film** ce n'est pas n'importe quel film **irgendetwas**RR *pron indef* quelque chose; **das ist nicht ~** ce n'est pas n'importe quoi **irgendjemand**RR *pron indef* quelqu'un; **sie ist nicht ~** elle n'est pas n'importe qui **irgendwann** *adv* un jour [ou l'autre] **irgendwas** *pron indef fam s.* **irgendetwas** **irgendwelche(r, s)** *pron indef* ❶ **~ Kerle** des types [quelconques] ❷ (*beliebig*) n'importe quel(le) **irgendwer** *pron indef fam s.* **irgendjemand** **irgendwie** *adv* ❶ d'une certaine manière ❷ (*egal wie*) n'importe comment ❸ (*wie auch immer*) d'une façon ou d'une autre **irgendwo** *adv* ❶ quelque part (*fam*) ❷ (*beliebig*) n'importe où **irgendwoher** *adv* ❶ **von ~** de quelque part ❷ (*egal woher*) n'importe où **irgendwohin** *adv* ❶ quelque part ❷ (*egal wohin*) n'importe où

Iris[1] ['i:rɪs] <-, -> *f* iris *m*

Iris[2] <-, -> *f* ANAT iris *m*

irisch ['i:rɪʃ] **I.** *adj* irlandais(e) **II.** *adv* **~ miteinander sprechen** discuter en irlandais

Irisch <-[s]> *nt kein art* irlandais *m; s. a.* **Deutsch**

Irland ['ɪrlant] *nt* l'Irlande *f*

Ironie [iro'ni:] <-, -n> *f* ironie *f*

ironisch [i'ro:nɪʃ] *adj* ironique

irr **I.** *adj* ❶ MED dément(e); (*Blick*) égaré(e) ❷ *fig* fou(folle) **II.** *adv fam* (*äußerst*) **~e teuer** super cher(chère)

irrational ['ɪratsi̯ona:l] *adj geh* irrationnel(le)

irre *s.* **irr**

Irre ['ɪrə] <-> *f* **jdn in die ~ führen** induire qn en erreur

Irre(r) *f(m) dekl wie adj* fou *m*/folle *f*

irreal ['ɪrea:l] *adj* irréel(le)

irre|führen ['ɪrəfy:rən] *vt* **jdn ~** induire qn en erreur **irreführend** *adj* trompeur(-euse) **Irreführung** *f* mystification *f*

irrelevant ['ɪrelevant] *adj* insignifiant(e)

irre|machen *vt* embrouiller

irren ['ɪrən] **I.** *vi + sein* (*sich fortbewegen*) errer **II.** *vr* **sich ~** se tromper

Irrenhaus *nt* ▶**das ist ja hier wie im ~!** *fam* on se croirait chez les fous ici!

irreparabel ['ɪrepara:bəl] *adj geh* (*nicht wieder gutzumachen*) irréversible

Irrfahrt ['ɪrfa:ɐ̯t] *f* odyssée *f* **Irrgarten** *m* labyrinthe *m* **Irrglaube[n]** *m* ❶ (*irrige Ansicht*) opinion *f* erronée ❷ REL hérésie *f*

irritieren* [ɪri'ti:rən] *vt* ❶ (*verwirren*) déconcerter ❷ (*verärgern*) irriter

Irrsinn *m kein Pl fam* dinguerie *f* **irrsinnig** **I.** *adj* ❶ *fam* (*völlig wirr*) complètement dingue ❷ *fam* (*Kopfschmerzen*) terrible **II.** *adv fam* vachement

Irrtum <-[e]s, Irrtümer> *m* erreur *f*

irrtümlich ['ɪrty:mlɪç] **I.** *adj attr* erroné(e) **II.** *adv* à tort

Irrweg *m geh* (*falsches Vorgehen*) fausse piste *f*

ISBN [i:ʔɛsbe:'ʔɛn] <-, -s> *f Abk von* **Internationale Standardbuchnummer** ISBN *m*

Ischias ['ɪʃias] <-> *m o nt* sciatique *f*

ISDN [i:ʔɛsde:'ʔɛn] <-s> *nt Abk von* **Integrated Services Digital Network** ≈ Numéris *m*

ISDN-AnschlussRR *m* ≈ prise *f* Numéris

Islam [ɪs'la:m] <-s> *m* islam *m*

islamisch *adj* islamique

Islamist(in) <-en, -en> *m(f)* islamiste *mf*

islamistisch *adj* islamiste

Island ['i:slant] *nt* l'Islande *f*

Isländer(in) ['i:slɛndɐ] <-s, -> *m(f)* Islandais(e) *m(f)*

isländisch **I.** *adj* islandais(e) **II.** *adv* **~ miteinander sprechen** discuter en islandais

Isländisch <-[s]> *nt kein art* islandais *m; s. a.* **Deutsch**

Isolation [izola'tsi̯o:n] <-, -en> *f* ❶ TECH isolation *f* ❷ (*einer Person*) isolement *m*

Isolierband <-bänder> *nt* chatterton *m*

isolieren* [izo'li:rən] **I.** *vt* isoler; **isoliert leben** vivre reclus(e) **II.** *vr* **sich von jdm/**

etw ~ s'isoler de qn/qc

Isolierschicht *f* revêtement *m* isolant

Isolierung *s.* **Isolation**

Isomatte *f* tapis *m* de sol [double enduction]

Isotop <-s, -e> *nt* isotope *m*

Israel ['ɪsrae:l] <-s> *nt* Israël *m*

Israeli [isra'e:li] <-[s], -[s]> *m*, <-, -s> *f* Israélien(ne) *m(f)*

israelisch [isra'e:lɪʃ] *adj* israélien(ne)

Italien [i'ta:liən] <-s> *nt* l'Italie *f*

Italiener(in) [ita'lie:nɐ] <-s, -> *m(f)* Italien(ne) *m(f)*

italienisch **I.** *adj* italien(ne) **II.** *adv* ~ **miteinander sprechen** discuter en italien

Italienisch <-[s]> *nt kein art* italien *m*; *s. a.* **Deutsch**

i-TüpfelchenRR ['i:typfelçən] <-s, -> *nt* fin *m* du fin; **bis aufs** ~ à la virgule près

IWF [i:ve:'ʔɛf] <-> *m Abk von* **Internationaler Währungsfonds** F.M.I. *m*

J j

J *nt*, **j** [jɔt] <-, -> *nt* J *m*/j *m*

ja [ja:] *adv* ❶ oui; **aber** ~ mais bien sûr; ~, **bitte?** oui, qu'y a-t-il?; ~, ~[, **schon gut**]! allez, allez! ❷ (*bloß*) bien; **geh ~ nicht dahin!** ne va surtout pas là-bas! ❸ (*schließlich, doch*) après tout; **du kannst es ~ mal versuchen** tu peux toujours essayer; **da ist er ~!** ah, le voilà! ❹ (*und zwar*) et même ❺ (*na*) eh bien; ~, **wenn das so ist** ben, si c'est comme ça

Ja <-s, -[s]> *nt* oui *m*

Jacht [jaxt] <-, -en> *f* yacht *m*

Jacke ['jakə] <-, -n> *f* veste *f*

Jackett [ʒa'kɛt] <-s, -s> *nt* veste *f*

Jade <-> *m o f* jade *m*

Jagd [ja:kt] <-, -en> *f* chasse *f*

Jagdflugzeug *nt* avion *m* de chasse **Jagdgründe** *Pl* ▸**in die ewigen ~ eingehen** *euph geh* rejoindre le pays de ses ancêtres **Jagdhund** *m* chien *m* de chasse

jagen ['ja:gən] **I.** *vt* + *haben* ❶ (*Hasen*) chasser ❷ (*verfolgen*) pourchasser ❸ *fam* (*scheuchen*) **jdn aus dem Bett ~** tirer qn du lit **II.** *vi* + *haben* chasser

Jäger(in) ['jɛ:gɐ] <-s, -> *m(f)* chasseur(-euse) *m(f)*

Jaguar ['ja:gua:ɐ] <-s, -e> *m* jaguar *m*

jäh [jɛ:] *geh adj* (*abrupt*) soudain(e)

Jahr [ja:ɐ̯] <-[e]s, -e> *nt* ❶ an *m*; (*in seinem Verlauf gesehen*) année *f*; **in diesem ~** cette année; **im ~[e] 1999** en 1999; **vor [vielen] ~en** il y a [bien] longtemps; **nach [vielen] ~en** [bien] des années après; **alle fünf ~e** tous les cinq ans; **~ für ~** tous les ans; **das neue ~** la nouvelle année ❷ (*Lebensjahr*) an *m*; **zwölf ~e alt sein** avoir douze ans; **mit zwanzig ~en** à vingt ans ▸**in den besten ~en [sein]** [être] dans la fleur de l'âge

Jahrbuch *nt* annales *fpl*

jahrelang ['ja:rəlaŋ] **I.** *adj attr* de longue haleine **II.** *adv* pendant des années

Jahresanfang *m* début *m* de l'année **Jahreseinkommen** *nt* revenu *m* annuel **Jahresende** *nt* fin *f* de l'année **Jahrestag** *m* anniversaire *m* **Jahreswechsel** *m* nouvel an *m* **Jahreszeit** *f* saison *f*

Jahrgang <-gänge> *m* ❶ MIL, SCHULE classe *f*; UNIV promotion *f* ❷ (*eines Weins, einer Zeitschrift*) année *f*

Jahrhundert [ja:ɐ̯'hʊndɐt] <-s, -e> *nt* siècle *m* **Jahrhundertwende** *f* changement *m* de siècle

jährlich ['jɛ:ɐ̯lɪç] **I.** *adj* annuel(le) **II.** *adv* tous les ans; **einmal/zweimal/... ~** une fois/deux fois/... par an

Jahrmarkt *m* foire *f* **Jahrtausend** <-s, -e> *nt* millénaire *m* **Jahrtausendwende** *f* changement *m* de millénaire **Jahrzehnt** <-[e]s, -e> *nt* décennie *f*

Jähzorn ['jɛ:tsɔrn] *m* tempérament *m* irascible **jähzornig** *adj* irascible

Jalousie [ʒalu'zi:] <-, -n> *f* jalousie *f*

Jammer ['jamɐ] <-s> *m* détresse *f*

jämmerlich ['jɛmɐlɪç] **I.** *adj attr* (*Zustand*) pitoyable; (*Klagen*) déchirant(e); (*Leistung*) lamentable **II.** *adv* (*umkommen*) bêtement

jammern ['jamɐn] *vi* **über etw** (*akk*) ~ se lamenter sur qc

Jänner ['jɛnɐ] <-s, -> *m* A janvier *m*; *s. a.* **April**

Januar ['janua:ɐ̯] <-[s], -e> *m* janvier *m*, *s. a.* **April**

Japan ['ja:pan] <-s> *nt* le Japon

Japaner(in) [ja'pa:nɐ] <-s, -> *m(f)* Japonais(e) *m(f)*

japanisch I. *adj* japonais(e) II. *adv* ~ **miteinander sprechen** discuter en japonais
Japanisch <-[s]> *nt kein art* japonais *m*; *s. a.* **Deutsch**
Jargon [ʒar'gõː, ʒar'gɔŋ] <-s, -s> *m* jargon *m*
jassen *vi* CH jouer au jass
Jastimme ['jaːʃtɪmə] *f* voix *f* pour
jäten ['jɛːtən] *vt* (*Unkraut*) arracher
Jauche ['jaʊxə] <-, -n> *f* purin *m*
jauchzen *vi geh* exulter
jaulen ['jaʊlən] *vi* (*Hund*) hurler à la mort
Jause ['jaʊzə] <-, -n> *f* A casse-croûte *m*
jawohl [ja'voːl] *interj* oui[, bien sûr]
Jawort ['jaːvɔrt] *nt* ►**jdm das ~ geben** donner son consentement à qn
Jazz [dʒæz] <-> *m* jazz *m*
je [jeː] I. *adv* ❶ (*jemals*) jamais ❷ (*jeweils*) chacun(e) II. *konj* ❶ **~ ..., desto ...** plus ..., mieux ... ❷ (*entsprechend*) **~ nach Belieben** selon la volonté; **~ nachdem** ça dépend
Jeans [dʒiːnz] <-, -> *f meist Pl* jean *m*
jede(r, s) ['jeːdə, -dɐ, -dəs] *pron indef* ❶ chaque; **~ Minute** d'une minute à l'autre; **zu ~r Zeit/Stunde** à n'importe quel moment; **~r zweite Franzose** un Français sur deux ❷ (*jegliche*) **ihm ist ~s Mittel recht** pour lui, tous les moyens sont bons ❸ *substantivisch* **~r, der sich dafür interessiert** quiconque s'y intéresse; **~r von uns** chacun d'entre nous; **~r gegen ~n** tous contre tous
jedenfalls *adv* en tout cas
jedermann *pron indef* tout le monde **jederzeit** *adv* ❶ (*zu jeder Zeit*) à tout moment ❷ (*jeden Augenblick*) d'un moment à l'autre
jedesmal ['jeːdəs'maːl] *adv* **~[, wenn ...]** chaque fois [que ...]
jedoch [je'dɔx] *konj, adv* pourtant
Jeep® [dʒiːp] <-s, -s> *m* jeep® *f*
jegliche(r, s) ['jeːklɪçə, -çɐ, -çəs] *pron indef* tout(e)
jemals ['jeːmaːls] *adv* jamais
jemand ['jeːmant] *pron indef* quelqu'un; **~ anders** *fam* quelqu'un d'autre
jene(r, s) ['jeːnə, -nɐ, -nəs] *pron dem, geh* (*dieser*) **~r Mann/~ Frau dort** cet homme-là/cette femme-là
jenseits ['jeːnzaɪts] I. *präp + gen* **~ des Flusses** de l'autre côté de la rivière II. *adv* **~ von Raum und Zeit** au-delà de l'univers spatiotemporel
Jenseits <-> *nt* au-delà *m*
Jesuit [jezu'iːt] <-en, -en> *m* jésuite *m*
Jesus <Jesu[s]> *m* Jésus *m*; **~ Christus** Jésus Christ
Jetlag ['dʒɛtlɛg] <-s, -s> *m* troubles *mpl* dus au décalage horaire
Jeton [ʒə'tõ] <-s, -s> *m* jeton *m*
jetzig *adj attr* (*Situation*) actuel(le)
jetzt [jɛtst] *adv* maintenant; **bis ~** jusqu'à présent; **~ gleich** tout de suite
jeweilig ['jeː'vaɪlɪç] *adj attr* (*Währung*) correspondant(e)
jeweils ['jeː'vaɪls] *adv* ❶ (*jedes Mal*) chaque fois ❷ (*im Einzelnen*) **die ~ Betroffenen** les personnes concernées ❸ (*je*) **~ drei Kinder gehen zusammen** les enfants vont par groupes de trois
Jh. *Abk von* **Jahrhundert** siècle *m*
JH *Abk von* **Jugendherberge** AJ *f*
jiddisch *adj* yiddish *inv*
Jiddisch <-[s]> *nt* le yiddish
Job [dʒɔp] <-s, -s> *m fam* ❶ (*Anstellung*) job *m* ❷ (*Beschäftigung*) boulot *m*
jobben ['dʒɔbən] *vi fam* faire des petits boulots
Jobsharing[RR] [dʒɔpʃɛːrɪŋ] <-s> *nt* partage *m* du travail
Joch [jɔx] <-[e]s, -e> *nt* AGR joug *m*
Jockei ['dʒɔke] <-s, -s> *m*, **Jockey** <-s, -s> *m* jockey *m*
Jod [joːt] <-s> *nt* CHEM iode *m*
jodeln ['joːdəln] *vi* iodler
Jodler(in) ['joːdlɐ] <-s, -> *m(f)* chanteur (-euse) *m(f)* de tyrolienne
Joga ['joːga] <-[s]> *m o nt* yoga *m*
joggen ['dʒɔgən] *vi + haben* faire du jogging, jogger
Jogger(in) ['dʒɔgɐ] <-s, -> *m(f)* joggeur (-euse) *m(f)*
Jogging ['dʒɔgɪŋ] <-s> *nt* jogging *m*
Jogginganzug ['dʒɔgɪŋantsuːk] *m* jogging *m*
Joghurt ['joːgʊrt], **Jogurt**[RR] <-[s], -[s]> *m o nt* yaourt *m*
Johannisbeere [jo'hanɪsbeːrə] *f* (*Frucht*) [**rote**] ~ groseille *f* [rouge]; **schwarze ~** cassis *m*
Joint [dʒɔynt] <-s, -s> *m fam* joint *m*
Jointventure[RR] [dʒɔɪnt'vɛntʃə] <-s, -s> *nt* COM joint[-]venture *f*
Jo-Jo <-s, -s> *nt* yoyo® *m*

J

Jongleur(in) [ʒɔ̃'gløːʁ] <-s, -e> *m(f)* jongleur(-euse) *m(f)*
jonglieren* [ʒɔ̃'gliːrən] *vi a. fig* jongler
Jordanien [jɔr'daːniən] <-s> *nt* la Jordanie
Joule [ʒuːl] <-[s], -> *nt* PHYS joule *m*
Journal [ʒʊr'naːl] <-s, -e> *nt* ❶ COM journal *m* ❷ *geh* (*Zeitschrift*) revue *f*
Journalismus [ʒʊrna'lɪsmʊs] <-> *m* journalisme *m*
Journalist(in) [ʒʊrna'lɪst] <-en, -en> *m(f)* journaliste *mf*
journalistisch [ʒʊrna'lɪstɪʃ] **I.** *adj* (*Ausbildung*) de journaliste **II.** *adv* (*arbeiten*) comme journaliste
Joystick ['dʒɔɪstɪk] <-s, -s> *m* INFORM manette *f* de jeu
jr. *Abk von* **junior** junior
Jubel ['juːbəl] <-s> *m* cris *mpl* de joie
jubeln ['juːbəln] *vi* **über etw** (*akk*) ~ jubiler à cause de qc
Jubiläum [jubi'lɛːʊm] <-s, Jubiläen> *nt* [fête *f*] anniversaire *m;* **sein 50-jähriges ~** son jubilé
jucken ['jʊkən] **I.** *vt, vi* (*Hand*) démanger; (*Pullover*) piquer **II.** *vt unpers* **es juckt mich am Kopf** ça me démange à la tête
Juckreiz *m* démangeaison *f*
Jude ['juːdə] <-n, -n> *m,* **Jüdin** *f* juif *m*/ juive *f*
Judenstern *m* étoile *f* jaune
Judentum <-s> *nt* judaïsme *m*
Judenverfolgung *f* persécution *f* des juifs
jüdisch ['jyːdɪʃ] *adj* ❶ juif(juive) ❷ (*das Judentum betreffend*) judaïque
Judo ['juːdo] <-s> *nt* judo *m*
Jugend ['juːgənt] <-> *f* jeunesse *f;* **von ~ an** depuis l'enfance; **die ~ von heute** les jeunes *mpl* d'aujourd'hui **Jugendbuch** *nt* livre *m* pour la jeunesse **jugendfrei** *adj* pour tout public; **nicht ~ sein** (*Film*) être interdit aux moins de 18 ans **jugendgefährdend** *adj* dangereux(-euse) pour la jeunesse **Jugendgruppe** *f* groupe *m* de jeunes

En Allemagne, le **Jugendhaus** est une institution de type associatif qui, dans chaque commune, propose aux jeunes et aux jeunes adultes un programme pédagogique, de nombreuses activités de groupe ainsi que des projets en relation avec la formation, la communication, l'émancipation et l'organisation du temps libre. Des éducateurs apportent un soutien social à chacun des participants de ces groupes, afin qu'ils puissent développer aussi bien leur personnalité que leur identité. Le **Jugendhaus** travaille souvent en coopération avec d'autres institutions, telles que l'office pour la protection des jeunes, les écoles et les associations sportives.

Jugendherberge *f* auberge *f* de jeunesse **Jugendkriminalität** *f* délinquance *f* juvénile
jugendlich *adj* (*Person, Erscheinung*) jeune; (*Leichtsinn*) juvénile
Jugendliche(r) *f(m) dekl wie adj* jeune *mf*
Jugendliebe *f* amour *m* de jeunesse **Jugendschutz** *m* protection *f* des mineurs **Jugendstil** *m* Art *m* nouveau **Jugendtraum** *m* rêve *m* de jeunesse
Jugoslawe [jugo'slaːvə] <-n, -n> *m,* **Jugoslawin** *f* HIST Yougoslave *mf*
Jugoslawien [jugo'slaːviən] <-s> *nt* HIST la Yougoslavie
jugoslawisch *adj* HIST yougoslave
Juli ['juːli] <-[s], -s> *m* juillet *m; s. a.* **April**
jun. *adj Abk von* **junior**
jung [jʊŋ] <jünger, jüngste> **I.** *adj* ❶ jeune; (*Sportart*) nouveau(-velle) ❷ (*später geboren*) **der jüngere Bruder** le frère cadet **der/die Jüngste** le/la benjamin(e) **II.** *adv* (*heiraten, sterben*) jeune
Junge <-n, -n> *m* ❶ (*junger Mann*) garçon *m* ❷ *fam* (*Bursche*) **hallo, Jungs!** salut, les gars! *mpl* ►**~, ~!** *fam* eh ben, dis donc!
Junge(s) *nt dekl wie adj* (*Jungtier*) petit *m*
jünger ['jʏŋɐ] *adj Komp von* **jung** plus jeune (*Mitarbeiter*) plutôt jeune; (*Datum*) récent(e)
Jünger(in) <-s, -> *m(f)* disciple *mf*
Jungfernfahrt *f* première traversée *f* **Jungfrau** *f* ❶ [fille *f*] vierge *f* ❷ ASTRO Vierge *f*
jungfräulich *adj a. fig geh* vierge
Jungfräulichkeit ['jʊŋfrɔylɪçkait] <-> *f* virginité *f*
Junggeselle *m,* **-gesellin** *f* célibataire *mf*
jüngste(r, s) ['jʏŋstə, -tɐ, -təs] *adj* ❶ *Superl von* **jung** ❷ (*nicht lange zurückliegend*) **in ~r Zeit** dernièrement; **aus ~r Vergangenheit** d'un passé très récent ❸ (*neueste*) tout(e) dernier(-ière)
Jungtier *nt* jeune *m*

Juni ['ju:ni] <-[s], -s> *m* juin *m*; *s. a.* **April**
junior ['ju:nio:ɐ] *adj* **Hans Müller** ~ Hans Müller junior
Junior ['ju:nio:ɐ] <-s, -en> *m Pl* (*Sportler*) juniors *mpl*
Junkie ['ʤaŋki] <-s, -s> *m fam* junkie *mf*
Junta ['xʊnta, 'jʊnta] <-, Junten> *f* junte *f*
Jupiter ['ju:pitɐ] <-s> *m* [la planète] Jupiter *f*
Jura[1] ['ju:ra] <-s> *m* ❶ GEO jurassique *m* ❷ (*Gebirge*) Jura *m* ❸ (*Kanton*) canton *m* du Jura
Jura[2] *kein art* (*Rechtswissenschaft*) droit *m*
Jurist(in) [ju'rɪst] <-en, -en> *m(f)* juriste *mf*
juristisch [ju'rɪstɪʃ] *adj* (*Ausbildung*) en droit; (*Problem*) juridique
Jury [ʒy'ri:] <-, -s> *f* jury *m*
Jus[1] [ju:s] *nt* A droit *m*
Jus[2] [ʒy:] <-> *f o m o nt* CH jus *m* de fruit
Justiz [jʊs'ti:ʦ] <-> *f* justice *f*
Justizirrtum *m* erreur *f* judiciaire **Justizminister(in)** *m(f)* ministre *mf* de la Justice; (*in Frankreich*) garde *m* des Sceaux **Justizministerium** *nt* ministère *m* de la Justice **Justizvollzugsanstalt** *f form* établissement *m* pénitentiaire
Jute ['ju:tə] <-> *f* jute *m*
Juwel [ju've:l] <-s, -en> *m o nt* joyau *m*
Juwelier(in) [juve'li:ɐ] <-s, -e> *m(f)* bijoutier(-ière) *m(f)*
Juweliergeschäft *nt* bijouterie *f*
Jux [jʊks] <-es, -e> *m fam* blague *f* ▸**aus** [**lauter**] ~ **und Tollerei** *fam* pour rigoler

Kk

K, k [ka:] <-, -> *nt* K *m*/k *m*
Kabarett [kaba'rɛt] <-s> *nt kein Pl* (*Kleinkunst*) spectacle *m* satirique
Kabarettist(in) [kabarɛ'tɪst] <-en, -en> *m(f)* chansonnier(-ière) *m(f)*
Kabel ['ka:bəl] <-s, -> *nt* câble *m*
Kabelanschluss[RR] *m* accès *m* au réseau câblé **Kabelfernsehen** *nt* télévision *f* par câbles
Kabeljau <-s, -e *o* -s> *m* cabillaud *m*
Kabelkanal *m* chaîne *f* câblée
Kabine [ka'bi:nə] <-, -n> *f* cabine *f*
Kabinett [kabi'nɛt] <-s, -e> *nt* POL gouvernement *m*
Kabrio ['ka:brio] <-[s], -s> *nt* cabriolet *m*
Kachel ['kaxəl] <-, -n> *f* carreau *m* [de faïence]
kacheln *vt* carreler
Kachelofen *m* poêle *m* en faïence
Kadaver [ka'da:vɐ] <-s, -> *m* cadavre *m* d'animal
Kadmium ['katmiʊm] <-s> *nt* CHEM cadmium *m*
Käfer ['kɛ:fɐ] <-s, -> *m* coléoptère *m*
Kaff [kaf] <-s, -s> *nt pej fam* trou *m*
Kaffee ['kafe] <-s, -s> *m* café *m*

> En Allemagne, en Autriche et en Suisse germanophone, il est habituel de manger des gâteaux lors du traditionnel café de l'après-midi. Comme on invite les amis à l'apéritif en France, on les invite en Allemagne **zum Kaffee**.

Kaffeeautomat *m* distributeur *m* [automatique] de café **Kaffeebohne** *f* grain *m* de café **Kaffeefilter** *m* filtre *m* à café **Kaffeehaus** *nt* A salon *m* de thé

> Dans un **Kaffeehaus** viennois, on peut consommer par exemple un petit *Braunen*, c'est-à-dire un café express avec du lait ou un *Melange* - un café au lait.

Kaffeekanne *f* cafetière *f* **Kaffeemaschine** *f* cafetière *f* [électrique] **Kaffeemühle** *f* moulin *m* à café **Kaffeepause** *f* pause *f* café **Kaffeetasse** *f* tasse *f* à café
Käfig ['kɛ:fɪç] <-s, -e> *m* cage *f*
kahl [ka:l] *adj* chauve; ~ **geschoren** rasé(e)
Kahn [ka:n, *Pl:* 'kɛ:nə] <-[e]s, Kähne> *m* barque *f*; (*Schleppkahn*) péniche *f*
Kai [kai] <-s, -e> *m* quai *m*
Kaiser(in) ['kaizɐ] <-s, -> *m(f)* empereur *m*/impératrice *f*
kaiserlich *adj* impérial(e)
Kaiserreich *nt* empire *m*
Kaiserschmarr[e]n *m* A *crêpes déchirées en morceaux auxquels on ajoute des raisins secs et que l'on saupoudre de sucre*
Kaiserschnitt *m* césarienne *f*
Kajak ['ka:jak] <-s, -s> *m o nt* kayak *m*

K

Kajüte [ka'jy:tə] <-, -n> *f* cabine *f*

Kakao [ka'kau̯] <-s, -s> *m* cacao *m* ▸**jdn durch den ~ ziehen** *fam* se foutre [gentiment] de la gueule de qn

Kakaopulver [-fɐ, -vɐ] *nt* poudre *f* de cacao

Kakerlake <-, -n> *f* cafard *m*

Kaktus ['kaktʊs, *Pl:* 'kakte:ən] <-, Kakteen> *m* cactus *m*

Kalauer ['ka:lau̯ɐ] <-s, -> *m* (*Wortspiel*) calembour *m*

Kalb [kalp, *Pl:* 'kɛlbɐ] <-[e]s, Kälber> *nt* veau *m*

Kalbfleisch *nt* [viande *f* de] veau *m*

Kalender [ka'lɛndɐ] <-s, -> *m* (*Wandkalender*) calendrier *m* [mural]; (*Terminkalender*) agenda *m*

Kaliber [ka'li:bɐ] <-s, -> *nt* TECH calibre *m*

Kalium ['ka:liʊm] <-s> *nt* CHEM potassium *m*

Kalk [kalk] <-[e]s, -e> *m* ❶ (*Baumaterial*) chaux *f* ❷ (*Kalziumkarbonat*) calcaire *m* ❸ (*Kalzium*) calcium *m*

Kalkstein *m* pierre *f* à chaux

kalkulieren* **I.** *vi* (*schätzen*) calculer **II.** *vt* (*Kosten*) calculer

Kalorie [kalo'ri:] <-, -n> *f* calorie *f*

kalorienarm *adj* peu calorique **kalorienreich I.** *adj* calorique **II.** *adv* **~ essen** avoir une alimentation riche en calories

kalt [kalt] <kälter, kälteste> **I.** *adj a. fig* froid(e); **ihr ist ~** elle a froid **II.** *adv* (*sich waschen*) à l'eau froide; **etw ~ stellen** mettre qc au frais

Kaltblüter <-s, -> *m* animal *m* à sang froid

kaltblütig ['kaltbly:tɪç] *adj* ❶ qui garde son sang-froid ❷ (*skrupellos: Person*) qui agit de sang-froid

Kaltblütigkeit <-> *f* sang-froid *m*

Kälte ['kɛltə] <-> *f* froid *m;* (*des Windes*) fraîcheur *f*

Kaltfront *f* METEO front *m* froid **Kaltmiete** ['kaltmi:tə] *f* loyer *m* sans [les] charges **kaltschnäuzig** *fam adj* culotté(e)

Kalzium ['kaltsiʊm] <-s> *nt* calcium *m*

kam [ka:m] *Imp von* **kommen**

Kamcorder *s.* **Camcorder**

Kamel [ka'me:l] <-[e]s, -e> *nt* ❶ chameau *m* ❷ *pej fam* (*Dummkopf*) andouille *f*

Kamera ['kamәra] <-, -s> *f* ❶ (*Filmkamera*) caméra *f* ❷ (*Fotoapparat*) appareil *m* photo

Kamerad(in) [kamə'ra:t] <-en, -en> *m(f)* camarade *mf*

Kameradschaft <-, -en> *f* camaraderie *f*

kameradschaftlich *adj* (*Beziehung*) de bonne camaraderie; (*Zusammenleben*) en [bons] camarades

Kameramann <-männer> *m,* **-frau** *f* caméraman *m*

Kamille [ka'mɪlə] <-, -n> *f* camomille *f*

Kamillentee *m* [infusion *f* de] camomille *f*

Kamin [ka'mi:n] <-s, -e> *m o* CH *nt* cheminée *f*

Kamm [kam, *Pl:* 'kɛmə] <-[e]s, Kämme> *m* ❶ peigne *m* ❷ ZOOL, GEO crête *f*

kämmen ['kɛmən] *vt* **jdn/sich ~** coiffer qn/se coiffer

Kammer ['kamɐ] <-, -n> *f* chambre *f*

Kammerkonzert *nt* concert *m* de musique de chambre

Kampagne [kam'panjə] <-, -n> *f* campagne *f*

Kampf [kampf, *Pl:* 'kɛmpfə] <-[e]s, Kämpfe> *m* ❶ MIL, SPORT combat *m;* **den ~ aufnehmen** se lancer dans la bataille ❷ (*Schlägerei*) lutte *f;* **ein ~ auf Leben und Tod** un combat à mort ❸ *fig* **~ für/gegen etw** lutte *f* pour/contre qc

kämpfen ['kɛmpfən] *vi* ❶ MIL, SPORT **für jdn/etw ~** se battre pour qn/qc ❷ *fig* **für/gegen etw ~** lutter pour/contre qc; **mit sich ~** mener un combat intérieur

Kämpfer(in) <-s, -> *m(f)* ❶ (*im Heer*) combattant(e) *m(f)* ❷ (*Streiter*) lutteur (-euse) *m(f)*

kämpferisch *adj* (*Person, Natur*) combatif(-ive)

Kampfflugzeug *nt* avion *m* de combat **Kampfhund** *m* chien *m* de combat **Kampfrichter(in)** *m(f)* juge-arbitre *m* **Kampfsport** *m* sport *m* de combat *souvent pl*

kampieren* [kam'pi:rən] *vi* camper

Kanada ['kanada] <-s> *nt* le Canada

Kanadier(in) [ka'na:diɐ] <-s, -> *m(f)* Canadien(ne) *m(f)*

kanadisch *adj* canadien(ne)

Kanal [ka'na:l, *Pl:* ka'nɛ:lə] <-s, Kanäle> *m* ❶ canal *m* ❷ GEO **der ~** la Manche ❸ (*Abwasserkanal*) égout *m*

Kanalisation [kanaliza'tsi̯o:n] <-, -en> égouts *mpl*

kanalisieren* [kanali'zi:rən] *vt a. fig* canaliser

Kanarienvogel [ka'na:riənfo:gəl] *m* canari *m*

Kandidat(in) [kandi'da:t] <-en, -en> *m(f)* candidat(e) *m(f)*

Kandidatur [kandida'tu:ɐ̯] <-, -en> *f* candidature *f*

kandidieren* [kandi'di:rən] *vi* **für etw ~** se porter candidat(e) à qc

kandiert [kan'di:ɐ̯t] *adj* confit(e)

Kandiszucker *m* sucre *m* candi

Känguru[RR] ['kɛŋguru], **Känguruh**[ALT] <-s, -s> *nt* kangourou *m*

Kaninchen [ka'ni:nçən] <-s, -> *nt* lapin *m*

Kanister [ka'nɪstɐ] <-s, -> *m* (*Behälter*) bidon *m*

Kännchen ['kɛnçən] <-s, -> *nt* ❶ *Dim von* **Kanne** petit pot *m* ❷ (*Portion*) **ein ~ Kaffee** un grand café

Kanne ['kanə] <-, -n> *f* ❶ (*Kaffeekanne*) cafetière *f*; (*Teekanne*) théière *f* ❷ (*Gießkanne*) arrosoir *m*

Kannibale [kani'ba:lə] <-n, -n> *m*, **Kannibalin** *f* cannibale *mf*

kannte ['kantə] *Imp von* **kennen**

Kanon ['ka:nɔn] <-s, -s> *m* canon *m*

Kanone [ka'no:nə] <-, -n> *f* (*Geschütz*) canon *m*

Kante ['kantə] <-, -n> *f* (*Ecke*) bord *m*

kantig *adj* (*Felsblock*) équarri(e); (*Gesicht*) anguleux(-euse)

Kantine [kan'ti:nə] <-, -n> *f* cantine *f*

Kanton [kan'to:n] <-s, -e> *m* canton *m*

> La Suisse est divisée en 26 **Kantone** dont six sont des demi-cantons. Les cantons élisent 46 représentants au *Ständerat*, Conseil des États, l'une des deux chambres législatives suisses. Les plus grands cantons sont : *Graubünden* – canton des Grisons, *Bern* – canton de Berne, et *die Waadt* – canton de Vaud.

kantonal [kanto'na:l] *adj* cantonal(e)

Kanu ['ka:nu] <-s, -s> *nt* canoë *m*

Kanzel ['kantsəl] <-, -n> *f* REL chaire *f*

Kanzlei [kants'lai̯] <-, -en> *f* (*eines Anwalts*) cabinet *m*; (*eines Notars*) étude *f*

Kanzler(in) ['kantslɐ] <-s, -> *m(f)* chancelier(-ière) *m(f)*

Kanzleramt *nt* chancellerie *f*

Kap [kap] <-s, -s> *nt* cap *m*

Kapazität [kapatsi'tɛ:t] <-, -en> *f* capacité *f*

Kapelle [ka'pɛlə] <-, -n> *f* ❶ (*Kirche*) chapelle *f* ❷ MUS orchestre *m*

Kaper ['ka:pɐ] <-, -n> *f* câpre *f*

kapieren* [ka'pi:rən] *vt, vi fam* piger

Kapital [kapi'ta:l] <-s> *nt kein Pl* capital *m*

Kapitalismus [kapita'lɪsmʊs] <-> *m* capitalisme *m*

Kapitalist(in) [kapita'lɪst] <-en, -en> *m(f)* capitaliste *mf*

kapitalistisch *adj* capitaliste

Kapitän [kapi'tɛ:n] <-s, -e> *m* NAUT, SPORT capitaine *m*

Kapitel [ka'pɪtəl] <-s, -> *nt* chapitre *m*

Kapitulation [kapitula'tsi̯o:n] <-, -en> *f* capitulation *f*

kapitulieren* [kapitu'li:rən] *vi* capituler

Kaplan [ka'pla:n] <-s, Kapläne> *m* (*Hilfsgeistlicher*) vicaire *m*

Kappe ['kapə] <-, -n> *f* (*Mütze*) casquette *f*

Kapsel ['kapsəl] <-, -n> *f* capsule *f*

kaputt [ka'pʊt] *adj fam* ❶ (*defekt*) fichu(e) ❷ (*beschädigt*) cassé(e) ❸ (*erschöpft*) crevé(e) ❹ (*Ehe*) brisé(e); (*Gesundheit*) délabré(e)

kaputt|gehen *vi irr + sein fam* (*Gerät*) ne plus marcher; (*Spiegel*) se casser; (*Kleidung*) s'abîmer **kaputt|lachen** *vr fam* **sich ~** se tordre de rire; **ich lach' mich kaputt!** c'est à se tordre! **kaputt|machen I.** *vt fam* ❶ bousiller ❷ (*Ehe*) détruire; (*Gesundheit*) ruiner ❸ (*Person*) tuer **II.** *vr fam* **sich ~** s'esquinter

Kapuze [ka'pu:tsə] <-, -n> *f* capuchon *m*

Karabiner <-s, -> *m* (*Gewehr*) carabine *f*

Karaffe [ka'rafə] <-, -n> *f* carafe *f*

Karamel[ALT], **Karamell**[RR] [kara'mɛl] <-s> *m* caramel *m*

Karat [ka'ra:t] <-[e]s, -e> *nt* carat *m*

Karate [ka'ra:tə] <-[s]> *nt* karaté *m*

Karawane [kara'va:nə] <-, -n> *f* caravane *f*

Kardinal [kardi'na:l] <-s, Kardinäle> *m* REL, ZOOL cardinal *m*

Kardinalzahl *f* nombre *m* cardinal

Karfiol [kar'fi̯o:l] <-s> *m* A chou-fleur *m*

Karfreitag [ka:ɐ̯'frai̯ta:k] *m* Vendredi *m* saint

karg [kark] <karger, kargste> *adj* (*Boden*) pauvre; (*Ausstattung*) austère

Kargheit <-> *f* (*des Bodens*) pauvreté *f*; (*der Ausstattung*) austérité *f*

kariert [ka'ri:ɐ̯t] *adj* à carreaux

Karies ['ka:riɛs] <-> *f* carie *f*

Karikatur [karika'tu:ɐ̯] <-, -en> *f* caricature *f*

Karikaturist(in) [karikatu'rɪst] <-en, -en> *m(f)* caricaturiste *mf*

karikieren* *vt* caricaturer
Karneval ['karnəval] <-s, -e> *m* carnaval *m*
Kärnten ['kɛrntən] <-s> *nt* la Carinthie
Karo ['ka:ro] <-s, -s> *nt* carreau *m*
Karosserie [karɔsə'ri:] <-, -n> *f* carrosserie *f*
Karotte [ka'rɔtə] <-, -n> *f* carotte *f*
Karpfen ['karpfən] <-s, -> *m* carpe *f*
Karre ['karə] <-, -n> *f* ❶ *s.* **Karren** ❷ *fam* (*Auto*) bagnole *f*
Karren ['karən] <-s, -> *m* charrette *f*
Karriere [ka'rie:rə] <-, -n> *f* carrière *f*
Karte ['kartə] <-, -n> *f* carte *f*; **~n spielen** jouer aux cartes
Kartei [kar'tai] <-, -en> *f* fichier *m*
Karteikarte *f* fiche *f* **Karteikasten** *m* fichier *m*
Kartell [kar'tɛl] <-s, -e> *nt* cartel *m*
Kartellamt *nt* office *m* des cartels
Kartenhaus ►**wie ein ~ in sich zusammenfallen** s'effondrer comme un château de cartes **Kartenleger(in)** <-s, -> *m(f)* cartomancien(ne) *m(f)* **Kartenspiel** *nt* ❶ *kein Pl* (*das Spielen*) partie *f* de cartes ❷ (*Satz Karten*) jeu *m* de cartes **Kartentelefon** *nt* téléphone *m* à cartes **Kartenvorverkauf** *m* location *f* des billets
Kartoffel [kar'tɔfəl] <-, -n> *f* pomme *f* de terre
Kartoffelbrei *m* purée *f* [de pommes de terre] **Kartoffelchips** *Pl* chips *fpl* **Kartoffelpuffer** <-s, -> *m* galette *f* de pommes de terre [râpées] **Kartoffelpüree** *s.* **Kartoffelbrei** **Kartoffelsalat** *m* salade *f* de pommes de terre
Karton [kar'tɔŋ] <-s, -s> *m* carton *m*
Karussell [karʊ'sɛl] <-s, -s> *nt* manège *m*
Karwoche ['ka:ɐ̯vɔxə] *f* semaine *f* sainte
Kaschmir ['kaʃmi:ɐ] <-s, -e> *m* cachemire *m*
Käse ['kɛ:zə] <-s, -> *m* fromage *m*
Käseblatt *nt pej fam* feuille *f* de chou **Käsefondue** ['kɛ:zəfõdy:] *nt* fondue *f* au fromage **Käsekuchen** *m* gâteau *m* au fromage blanc
Kaserne [ka'zɛrnə] <-, -n> *f* caserne *f*
Kasino [ka'zi:no] <-s, -s> *nt* (*Spielkasino*) casino *m*
Kasper ['kaspɐ] <-s, -> *m* (*Puppe, Kind*) guignol *m*
Kaspertheater *nt* guignol *m*
Kassa ['kasa] <-, Kassen> *f bes.* A caisse *f*
Kasse ['kasə] <-, -n> *f* ❶ (*Metallkasten, Zahlstelle*) caisse *f* ❷ *fam* (*Krankenkasse*) caisse *f* d'assurance maladie; (*in Frankreich*) sécu *f*
Kassenarzt *m*, **-ärztin** *f* médecin *mf* conventionné **Kassenbon** ['kasənbɔŋ] *m* ticket *m* de caisse **Kassenpatient(in)** *m(f)*: *patient(e) affilié(e) à une caisse d'assurance maladie assurant une couverture de base* **Kassenwart(in)** <-s, -e> *m(f)* caissier (-ière) *m(f)* **Kassenzettel** *s.* **Kassenbon**
Kasserolle <-, -n> *f* casserole *f*
Kassette [ka'sɛtə] <-, -n> *f* ❶ (*Video-, Musikkassette*) cassette *f* ❷ (*Kästchen*) coffret *m* **Kassettenrecorder** *m* magnétophone *m* [à cassettes]
Kassier [ka'si:ɐ̯] A, CH, SDEUTSCH *s.* **Kassierer(in)**
kassieren* [ka'si:rən] **I.** *vt* ❶ (*einziehen*) **etw bei jdm ~** encaisser qc auprès de qn ❷ *fam* (*konfiszieren*) sucrer **II.** *vi* **bei jdm ~** (*Kellner*) encaisser l'addition de qn
Kassierer(in) <-s, -> *m(f)* caissier(-ière) *m(f)*
Kastagnette [kastan'jɛtə] <-, -n> *f* castagnette *f*
Kastanie [kas'ta:ni̯ə] <-, -n> *f* ❶ (*Rosskastanie*) marron *m* [d'Inde]; (*Esskastanie*) châtaigne *f* ❷ (*Rosskastanienbaum*) marronnier *m* [d'Inde]; (*Esskastanienbaum*) châtaignier *m*
Kastanienbaum *s.* **Kastanie 2.**
Kästchen <-s, -> *nt* ❶ *Dim von* **Kasten** coffret *m* ❷ (*Karo*) carreau *m*
Kaste <-, -n> *f* caste *f*
Kasten ['kastən, *Pl:* 'kɛstən] <-s, Kästen> *m* ❶ (*Behälter*) caisse *f*; (*für Schmuck*) coffret *m* ❷ A, CH (*Schrank*) armoire *f*
Kastenwagen *m* fourgonnette *f*
Kastration [kastra'tsi̯o:n] <-, -en> *f* castration *f*
kastrieren* [kas'tri:rən] *vt* châtrer
Kasus ['ka:zʊs] <-, -> *m* LING cas *m*
Kat [kat] <-s, -s> *m Abk von* **Katalysator** pot *m* catalytique
Katakombe [kata'kɔmbə] <-, -n> *f* catacombe *f*
Katalog [kata'lo:k] <-[e]s, -e> *m* ❶ (*Versandhauskatalog*) catalogue *m* ❷ (*Verzeichnis*) fichier *m*
katalogisieren* [katalogi'zi:rən] *vt* cataloguer
Katalysator [kataly'za:to:ɐ̯] <-s, -toren> *m* ❶ AUT pot *m* catalytique ❷ CHEM catalyseur *m*

Katamaran [katama'ra:n] <-s, -e> *m* catamaran *m*
Kataster [ka'tastɐ] <-s, -> *m o nt* cadastre *m*
katastrophal [katastro'fa:l] *adj* catastrophique
Katastrophe [katas'tro:fə] <-, -n> *f* catastrophe *f*
Katastrophengebiet *nt* zone *f* sinistrée
Katechismus [katɛ'çɪsmʊs] <-, Katechismen> *m* catéchisme *m*
Kategorie [katego'ri:] <-, -n> *f* catégorie *f*
kategorisch [kate'go:rɪʃ] *adj* catégorique
Kater ['ka:tɐ] <-s, -> *m* ❶ chat *m* ❷ *fam* (*nach Alkoholgenuss*) gueule *f* de bois
Kathedrale [kate'dra:lə] <-, -n> *f* cathédrale *f*
Katheter [ka'te:tɐ] <-s, -> *m* MED cathéter *m*
Kathode [ka'to:də] <-, -n> *f* PHYS cathode *f*
Katholik(in) [kato'li:k] <-en, -en> *m(f)* catholique *mf*
katholisch [ka'to:lɪʃ] **I.** *adj* catholique **II.** *adv* ~ **erzogen werden** recevoir une éducation catholique
Katholizismus [katoli'tsɪsmʊs] <-> *m* catholicisme *m*
Kätzchen <-s, -> *nt* chaton *m*
Katze ['katsə] <-, -n> *f* chat *m;* (*nur weiblich*) chatte *f*
Katzensprung *m fam* **das ist ein** ~ c'est la porte à côté **Katzenwäsche** *f hum fam* toilette *f* de chat; ~ **machen** se laver le bout du nez
Kauderwelsch <-[s]> *nt pej* (*unverständliche Sprache*) sabir *m*
kauen ['kaʊən] *vt* mâcher
kauern ['kaʊɐn] *vi + sein* **in einer Ecke** ~ être accroupi dans un coin
Kauf [kaʊf, *Pl:* 'kɔyfə] <-[e]s, Käufe> *m* achat *m;* **ein günstiger** ~ une bonne affaire
kaufen ['kaʊfən] *vt* **jdm/sich etw** ~ acheter qc à qn/[s']acheter qc
Käufer(in) ['kɔyfɐ] <-s, -> *m(f)* acheteur(-euse) *m(f)*
Kaufhaus *nt* grand magasin *m* **Kaufkraft** *f* pouvoir *m* d'achat
käuflich **I.** *adj pej* (*bestechlich*) vénal(e) **II.** *adv form* (*erwerben*) à titre onéreux
Kaufmann <-leute> *m,* **-frau** *f* ❶ **gelernter ~/gelernte Kauffrau** commercial(e) *m(f)* ❷ (*Lebensmittelhändler*) épicier(-ière) *m(f)*
kaufmännisch ['kaʊfmɛnɪʃ] *adj* commercial(e); **~er Angestellter** employé *m* de commerce
Kaufpreis *m* prix *m* d'achat **Kaufvertrag** *m* contrat *m* de vente
Kaugummi *m* chewing-gum *m*
Kaulquappe <-, -n> *f* têtard *m*
kaum [kaʊm] *adv* ❶ (*wahrscheinlich nicht*) difficilement; [**wohl**] **~!** sûrement pas! ❷ (*fast nicht*) à peine; **es ~ erwarten können** brûler d'impatience; **~ jemand** pratiquement personne
Kautabak *m* tabac *m* à chiquer
Kaution [kaʊ'tsi̯o:n] <-, -en> *f* caution *f*
Kautschuk <-s, -e> *m* caoutchouc *m*
Kavalier [kava'li:ɐ̯] <-s, -e> *m* gentleman *m*
Kavallerie [-'ri:ən] <-, -n> *f* cavalerie *f*
Kaviar ['ka:via:ɐ̯] <-s, -e> *m* caviar *m*
KB [ka:'be:] *nt Abk von* **Kilobyte** Ko *m*
Kefir ['ke:fɪr] <-s> *m* képhir *m*
Kegel ['ke:gəl] <-s, -> *m* ❶ (*Spielgerät*) quille *f* ❷ MATH, GEO cône *m*
Kegelbahn *f* piste *f* de bowling **kegelförmig** *adj* conique
kegeln ['ke:gəln] *vi* jouer au bowling
Kehle ['ke:lə] <-, -n> *f* gorge *f*
Kehlkopf *m* larynx *m*
kehren ['ke:rən] *vt* (*wenden*) tourner
Kehricht ['ke:rɪçt] <-s> *m o nt* CH (*Müll*) ordures *fpl* [ménagères]
Kehrseite ▸**die ~ der Medaille** le revers de la médaille
kehrt|machen ['ke:ɐ̯tmaxən] *vi fam* ❶ (*umkehren*) faire demi-tour ❷ MIL faire un demi-tour **Kehrtwendung** *f* ❶ MIL demi-tour *m* ❷ *fig* volte-face *f*
keifen ['kaɪfən] *vi pej* brailler
Keil [kaɪl] <-[e]s, -e> *m* (*Unterlegkeil*) cale *f*
Keilriemen *m* courroie *f* [trapézoïdale]
Keim [kaɪm] <-[e]s, -e> *m* germe *m*
keimen *vi a. fig* germer
keimfrei *adj* stérilisé(e); (*Umgebung*) stérile
Keimzelle *f* ❶ BIO gamète *m* ❷ *fig* ferment *m*
kein **I.** *pron indef, adjektivisch* ❶ **~ Wort sagen** ne pas dire un mot; **~e Lust/Zeit haben** ne pas avoir envie/le temps; **~ Auto haben** ne pas avoir de voiture; **~e andere als Brigitte** nulle autre que Brigitte ❷ (*nicht einmal*) **~e drei Stunden dauern** ne même pas durer trois heures **II.** *pron indef, substantivisch* ❶ (*auf eine Person bezogen*) **das weiß ~er** personne ne le sait; **sie hat ~en von beiden geheiratet** elle n'en a épousé aucun des deux ❷ (*auf Dinge*

K

bezogen) **von den Pullovern gefiel mir ~er** aucun des pull-overs ne m'a plu; **Saft habe ich ~en da** du jus, je n'en ai pas

keinerlei *adj unv, attr* ~ **Interesse zeigen** ne montrer vraiment aucun intérêt

keinesfalls *adv* **ich möchte dich ~ beunruhigen** je ne veux en aucun cas te causer du souci

keineswegs *adv* **sie ist ~ zufrieden** elle n'est absolument pas satisfaite

keins *s.* **kein**

Keks [ke:ks] <-es, -e> *m* gâteau *m* sec

Kelch [kɛlç] <-[e]s, -e> *m* ❶ (*Blüten-, Abendmahlskelch*) calice *m* ❷ (*Sektkelch*) flûte *f*

Kelle ['kɛlə] <-, -n> *f* (*Schöpflöffel*) louche *f*

Keller ['kɛlɐ] <-s, -> *m* cave *f*

Kellerfenster *nt* soupirail *m* **Kellergeschoss**[RR] *nt* sous-sol *m*

Kellner(in) ['kɛlnɐ] <-s, -> *m(f)* serveur (-euse) *m(f)*

Kelte ['kɛltə] <-n, -n> *m*, **Keltin** *f* Celte *mf*

keltisch ['kɛltɪʃ] *adj* celt[iqu]e

kennen ['kɛnən] <kannte, gekannt> **I.** *vt* connaître; ~ **lernen** apprendre à connaître; **jdn ~ lernen** faire la connaissance de qn ▸**der wird mich noch ~ lernen!** *fam* il va voir de quel bois je me chauffe! **II.** *vr* **sich ~** se connaître; **sich ~ lernen** (*Bekanntschaft machen*) faire connaissance; (*vertraut werden*) apprendre à se connaître

kennen|lernen *s.* **kennen**

Kenner(in) <-s, -> *m(f)* (*der Materie*) expert(e) *m(f)*; (*guter Weine*) connaisseur (-euse) *m(f)*

kenntlich ['kɛntlɪç] *adj* **etw ~ machen** marquer qc

Kenntnis ['kɛntnɪs] <-, -se> *f* connaissance *f*; **jdn davon in ~ setzen, dass ...** porter à la connaissance de qn [le fait] que ...; **etw zur ~ nehmen** prendre acte de qc

Kennwort <-wörter> *nt* ❶ (*Codewort*) code *m* ❷ (*Losungswort*) mot *m* de passe **Kennzahl** *f* ❶ (*Ortsnetzkennzahl*) indicatif *m* ❷ (*Zahlenwert*) indice *m* **Kennzeichen** *nt* ❶ (*Autokennzeichen*) **amtliches ~** numéro *m* d'immatriculation ❷ (*Merkmal*) signe *m* distinctif; **unveränderliches ~** signe *m* particulier ❸ (*Markierung*) signe *m* de reconnaissance **kennzeichnen** **I.** *vt* ❶ (*markieren*) marquer; (*Weg, Behälter*) signaler ❷ (*charakterisieren*) caractériser **II.** *vr* **sich durch etw ~** se caractériser par qc **Kennziffer** *f* référence *f*

kentern ['kɛntɐn] *vi* + *sein* chavirer

Keramik [ke'ra:mɪk] <-, -en> *f* céramique *f*

Kerbe ['kɛrbə] <-, -n> *f* encoche *f*

Kerbel ['kɛrbəl] <-s> *m* cerfeuil *m*

Kerbholz ▸**etwas auf dem ~ haben** *fam* avoir qc à cacher

Kerker ['kɛrkɐ] <-s, -> *m* (*Verlies*) cachot *m*

Kerl [kɛrl] <-s, -e> *m fam* type *m*

Kern [kɛrn] <-[e]s, -e> *m* ❶ noyau *m*; (*Apfel-, Birnenkern*) pépin *m* ❷ (*eines Problems*) fond *m* ❸ (*einer Stadt*) cœur *m*

Kernenergie *s.* **Kernkraft** **Kernfusion** *f* fusion *f* nucléaire **Kerngehäuse** *nt* trognon *m* **kerngesund** *adj* en pleine santé **Kernkraft** *f* énergie *f* nucléaire **Kernkraftwerk** *nt* centrale *f* nucléaire

kernlos *adj* sans pépins

Kernphysik *f* physique *f* nucléaire **Kernpunkt** *s.* **Kern** **Kernreaktor** *m* réacteur *m* nucléaire **Kernschmelze** *f* fusion *f* du cœur du réacteur **Kernseife** *f* ≈ savon *m* de Marseille **Kernwaffe** *f* arme *f* nucléaire **kernwaffenfrei** ['kɛrnvafənfraj] *adj* dénucléarisé(e) **Kernzeit** *f* plage *f* fixe [de travail]

Kerosin [kero'zi:n] <-s, -e> *nt* kérosène *m*

Kerze ['kɛrtsə] <-, -n> *f* ❶ bougie *f*; REL cierge *m* ❷ (*Gymnastikübung*) chandelle *f*

kerzengerade ['kɛrtsəngə'ra:də] *adj, adv* droit(e) comme un i **Kerzenhalter** *m* (*klein*) bougeoir *m*; (*groß*) chandelier *m* **Kerzenleuchter** *m* candélabre *m* **Kerzenlicht** *nt* lumière *f* des bougies

kess[RR] [kɛs], **keß**[ALT] **I.** *adj* ❶ (*Person*) effronté(e); (*Antwort*) audacieux(-euse) ❷ (*Hut*) affriolant(e) **II.** *adv* avec aplomb

Kessel ['kɛsəl] <-s, -> *m* ❶ (*Wasserkessel*) bouilloire *f* ❷ (*Heizkessel*) chaudière *f* ❸ GEO cuvette *f*

Kesselstein *m* tartre *m*

Ketchup, Ketschup[RR] ['kɛtʃap] <-[s], -s> *m o nt* ketchup *m*

Kette ['kɛtə] <-, -n> *f* ❶ *a.* COM, TEXTIL chaîne *f* ❷ (*Halskette*) collier *m* ❸ (*von Ereignissen*) série *f*

Kettenbrief *m* lettre *f* en chaîne **Kettenkarussell** *nt* chaises *fpl* volantes **Kettenraucher(in)** *m(f)* grand fumeur *m*/grande fumeuse *f* **Kettenreaktion** *f* réaction *f* en chaîne **Kettenschaltung** *f* dérailleur *m*

Ketzer(in) ['kɛtsɐ] <-s, -> *m(f)* hérétique *mf*

Ketzerei <-, -en> *f* hérésie *f*
ketzerisch *adj* hérétique
keuchen ['kɔyçən] *vi + haben* (*schwer atmen*) haleter
Keuchhusten *m* coqueluche *f*
Keule ['kɔylə] <-, -n> *f* (*Waffe*) massue *f*
keusch [kɔyʃ] *adj* chaste
Keusche <-, -n> *f* A *pej* (*Bruchbude*) taudis *m*
Keuschheit <-> *f* chasteté *f*
Keyboard ['kiːbɔːt] <-s, -s> *nt* orgue *m* électronique
Kfz [kaːʔɛf'tsɛt] <-[s], -[s]> *nt Abk von* **Kraftfahrzeug** automobile *f*
Kfz-Werkstatt *f* garage *m* **Kfz-Zulassungsstelle** *f* service *m* des immatriculations
kg *Abk von* **Kilogramm** kg
KG [kaː'geː] <-, -s> *f Abk von* **Kommanditgesellschaft** SCS *f*
khakifarben *adj* kaki *inv*
Kibbuz [kɪ'buːts] <-, Kibbuzim *o* -e> *m* kibboutz *m*
Kiberer <-s, -> *m* A *pej fam* flic *m*
Kichererbse *f* pois *m* chiche
kichern ['kɪçɐn] *vi* ricaner
kicken ['kɪkən] *vi fam* ❶ (*Fußball spielen*) jouer au foot ❷ (*Ball*) taper dans; **den Ball ins Aus ~** botter en touche
kidnappen ['kɪtnɛpən] *vt* kidnapper
Kidnapper(in) ['kɪtnɛpɐ] <-s, -> *m(f)* kidnappeur(-euse) *m(f)*
Kids <-> *Pl fam* (*Kinder*) mômes *mpl;* (*Jugendliche*) ados *mpl*
kiefeln *vi* A ❶ (*kauen*) **an etw** (*dat*) **~** mordiller qc ❷ *fig* **an einem Problem ~** remâcher un problème
Kiefer[1] ['kiːfɐ] <-, -n> *f* (*Baum, Holz*) pin *m*
Kiefer[2] <-s, -> *m* ANAT mâchoire *f*
Kiefernzapfen *m* pomme *f* de pin
Kieme ['kiːmə] <-, -n> *f* branchie *f*
Kies [kiːs] <-es, -e> *m* (*kleine Steine*) gravier *m*
Kieselstein ['kiːzəlʃtain] *m* gravier *m*
Kiesgrube *f* gravière *f*
kikeriki [kikəri'kiː] *interj* cocorico
Killer(in) ['kɪlɐ] <-s, -> *m(f) fam* tueur(-euse) *m(f)* [à gages]
Kilo ['kiːlo] <-s, -[s]> *nt Abk von* **Kilogramm** kilo *m*
Kilobyte ['kiːlobait] *nt* kilo-octet *m* **Kilogramm** *nt* kilogramme *m* **Kilohertz** *nt* kilohertz *m* **Kilojoule** *nt* kilojoule *m* **Kilokalorie** *f* kilocalorie *f*
Kilometer *m* ❶ kilomètre *m* ❷ *fam* (*Stundenkilometer*) **er fuhr höchstens 50 ~** il roulait à 50 maxi
Kilometerstand *m* kilométrage *m* **Kilometerzähler** *m* compteur *m* kilométrique
Kilowatt *nt* kilowatt *m* **Kilowattstunde** *f* kilowattheure *m*
Kind [kɪnt] <-[e]s, -er> *nt* enfant *m;* **sie kriegt ein ~** *fam* elle va avoir un gosse; **~er, ~er!** *fam* (*Leute*) ah, mes enfants! ▸**das ~ mit dem Bade ausschütten** jeter le bébé avec l'eau du bain; **mit ~ und Kegel** *iron fam* avec toute la smala; **das ~ beim Namen nennen** appeler un chat un chat; **wir werden das ~ schon schaukeln** *fam* on va goupiller ça; **das weiß doch jedes ~!** *fam* un gosse sait ça!
Kinderarbeit ['kɪndɐarbait] *f* travail *m* des mineurs **Kinderarzt** *m*, **-ärztin** *f* pédiatre *mf* **Kinderbuch** *nt* livre *m* d'enfant
Kinderei <-, -en> *f* enfantillage *m*
Kindererziehung *f* éducation *f* des enfants **kinderfeindlich** *adj* (*Gesellschaft*) qui ne fait rien pour les enfants **kinderfreundlich** *adj* (*Person*) qui aime les enfants; (*Gesellschaft*) ouvert(e) aux enfants **Kindergarten** *m* ≈ école *f* maternelle **Kindergärtner(in)** *m(f)* ≈ éducateur(-trice) *m(f)* d'école maternelle **Kindergeburtstag** *m* anniversaire *m* d'enfant **Kindergeld** *nt* ≈ allocations *fpl* familiales **Kinderheim** *nt* ≈ foyer *m* de la DDASS **Kinderhort** *m* garderie *f* **Kinderklinik** *f* hôpital *m* d'enfants **Kinderkrankheit** *f* maladie *f* infantile **Kinderkrippe** *f* crèche *f* **Kinderladen** *m* jardin *m* d'enfants alternatif (*utilisant des méthodes non-directives*) **Kinderlähmung** *f* poliomyélite *f* **kinderleicht** *adj* enfantin(e); **~ sein** être un jeu d'enfant **kinderlieb** *adj* qui aime les enfants **Kinderlied** *nt* chanson *f* enfantine
kinderlos *adj* sans enfants
Kindermädchen *nt* bonne *f* d'enfants **kinderreich** *adj* (*Paar*) qui a beaucoup d'enfants; (*Familie*) nombreux(-euse) **Kinderschänder(in)** <-s, -> *m(f)* violeur(-euse) *m(f)* d'enfants **Kinderschuh** *m* chaussure *f* d'enfant ▸**noch in den ~en stecken** être encore aux [premiers] balbutiements **kindersicher** I. *adj* (*Spielzeug*) adapté(e) aux

enfants **II.** *adv* (*aufbewahren*) hors de portée des enfants **Kindersicherung** *f* sécurité *f* enfants **Kindersitz** *m* siège *m* pour enfant **Kinderspiel** *nt* jeu *m* pour enfants ▸**für jdn ein ~ sein** être un jeu d'enfant pour qn **Kinderspielplatz** *m* terrain *m* de jeu **Kindersterblichkeit** *f* mortalité *f* infantile **Kinderstube** ▸**eine/keine gute ~ gehabt haben** avoir reçu une bonne/mauvaise éducation **Kindertagesstätte** *s.* **Kinderhort Kinderwagen** *m* landau *m;* (*Sportwagen*) poussette *f* **Kinderzimmer** *nt* chambre *f* d'enfant

Kindesalter *nt* bas âge *m* **Kindesbeine** ▸**etw von ~n an lernen** apprendre qc dès sa plus tendre enfance **Kindesmissbrauch**[RR] *m* abus *m* [sexuel] sur des enfants **Kindesmisshandlung**[RR] *f* maltraitance *f* des enfants

kindgemäß *adj* adapté(e) aux enfants

Kindheit <-> *f* enfance *f*

kindisch *pej adj* puéril(e)

kindlich I. *adj* d'enfant; ~ **sein** (*Person*) être très jeune **II.** *adv* (*sich verhalten*) comme un enfant

Kindstod *m* **plötzlicher ~** mort *f* subite du nourrisson

kinetisch [ki'neːtɪʃ] *adj* cinétique

Kinn [kɪn] <-[e]s, -e> *nt* menton *m*

Kinnhaken *m* uppercut *m*

Kino ['kiːno] <-s, -s> *nt* cinéma *m*

Kinobesuch *m* séance *f* de cinéma **Kinobesucher(in)** *m(f)* spectateur(-trice) *m(f)* **Kinofilm** *m* film *m* [grand écran] **Kinoprogramm** *nt* ❶ (*gezeigte Filme*) affiche *f* ❷ (*gedrucktes Programm*) programme *m* des films

Kiosk ['kiːɔsk] <-[e]s, -e> *m* kiosque *m*

Kipfe[r]l <-s, -[n]> *nt* A croissant *m*

Kippe ['kɪpə] <-, -n> *f fam* ❶ (*Mülldeponie*) décharge *f* ❷ (*Zigarettenstummel*) mégot *m* ▸**auf der ~ stehen** (*Entscheidung*) être en suspens

kippen ['kɪpən] **I.** *vt + haben* ❶ (*schütten: Sand*) renverser; (*Flüssigkeit*) déverser ❷ (*schräg stellen*) basculer ▸**einen ~** *fam* s'en jeter un **II.** *vi + sein* (*umfallen*) basculer

Kirche ['kɪrçə] <-, -n> *f* ❶ église *f* ❷ (*Institution*) Église *f*

Kirchenbuch *nt* registre *m* paroissial **Kirchenchor** *m* chorale *f* paroissiale **Kirchengemeinde** *f* paroisse *f* **Kirchenlied** *nt* cantique *m* **Kirchenmusik** *f* musique *f* religieuse **Kirchenrecht** *nt* droit *m* canon **Kirchenschiff** *nt* (*Längsschiff*) [grande] nef *f;* (*Querschiff*) nef latérale **Kirchenstaat** *m* HIST États *mpl* pontificaux **Kirchensteuer** *f* ≈ impôt *m* au bénéfice des Églises

> Le **Kirchensteuer** s'élève à environ 8% du montant des impôts sur le revenu. On doit le payer si l'on est de confession catholique ou protestante. On le paye en règle générale au fisc qui reverse ensuite l'argent aux différentes Églises. En Autriche, la somme allouée au culte, qui varie suivant les personnes, est directement prélevée par les Églises. En Suisse, l'impôt au bénéfice des Églises est fixé suivant le droit des différents cantons.

kirchlich I. *adj* de l'Église; (*Feiertag, Trauung*) religieux(-euse) **II.** *adv* (*heiraten*) à l'église

Kirchturm *m* clocher *m*

Kirschbaum *m* (*Baum, Holz*) cerisier *m*

Kirsche ['kɪrʃə] <-, -n> *f* ❶ cerise *f* ❷ (*Baum, Holz*) cerisier *m* ▸**mit jdm ist nicht gut ~n essen** *fam* qn n'est pas à prendre avec des pincettes

Kirschtorte *f* tarte *f* aux cerises; **Schwarzwälder ~** forêt-noire *f* **Kirschwasser** *nt* kirsch *m*

Kissen ['kɪsən] <-s, -> *nt* (*Kopfkissen*) oreiller *m;* (*Sofakissen*) coussin *m*

Kissenbezug *m* (*Kopfkissenbezug*) taie *f* [d'oreiller]; (*Sofakissenbezug*) housse *f* [de coussin]

Kiste ['kɪstə] <-, -n> *f* caisse *f;* (*klein*) boîte *f*

kistenweise *adv* (*in großen Mengen*) ~ **Spielsachen wegwerfen** jeter des pleines caisses de jouets

Kitsch [kɪtʃ] <-es> *m* kit[s]ch *m*

kitschig *adj* kit[s]ch *inv*

Kitt [kɪt] <-[e]s, -e> *m* mastic *m*

Kittchen ['kɪtçən] <-s, -> *nt fam* taule *f*

Kittel ['kɪtəl] <-s, -> *m* (*Arbeitskittel*) blouse *f*

kitten ['kɪtən] *vt* (*Riss*) mastiquer; (*Vase*) recoller; (*Partnerschaft*) cimenter

Kitz [kɪts] <-es, -e> *nt* (*eines Rehs*) faon *m;* (*einer Ziege*) chevreau *m*

kitzelig *s.* **kitzlig**

kitzeln ['kɪtsəln] *vt, vi* chatouiller

kitzlig *adj* chatouilleux(-euse)

Kiwi ['ki:vi] <-, -s> *f* kiwi *m*

KKW [ka:ka:'ve:] <-s, -s> *nt Abk von* **Kernkraftwerk** centrale *f* nucléaire

klacks *interj* vlan

klaffen ['klafən] *vi* (*Abgrund*) bâiller; **auseinander ~** (*Meinungen*) différer

kläffen ['klɛfən] *vi* glapir

Klage ['kla:gə] <-, -n> *f* plainte *f;* **keinen Grund zur ~ haben** n'avoir aucune raison de se plaindre; **~ gegen jdn erheben** JUR porter plainte contre qn

klagen ['kla:gən] **I.** *vi* ❶ (*jammern*) **über etw** (*akk*) **~** se lamenter sur qc ❷ (*sich beklagen*) **über etw** (*akk*) **~** se plaindre de qc ❸ JUR **gegen jdn ~** porter plainte contre qn **II.** *vt* ❶ **jdm sein Leid ~** se plaindre de sa souffrance auprès de qn ❷ A *s.* **verklagen**

klagend **I.** *adj* ❶ (*Stimme*) plaintif(-ive) ❷ JUR (*Partei*) plaignant(e) **II.** *adv* en geignant

Kläger(in) ['klɛ:gɐ] <-s, -> *m(f)* plaignant(e) *m(f)*

Klageschrift *f* plainte *f* **Klageweib** *nt* pleureuse *f*

kläglich ['klɛ:klɪç] **I.** *adj* ❶ *pej* lamentable ❷ (*dürftig*) misérable ❸ (*jammervoll*) pitoyable **II.** *adv pej* (*scheitern*) lamentablement

klaglos *adv* sans rechigner

klamm [klam] *adj* (*Wäsche*) humide et froid(e)

Klammer ['klamɐ] <-, -n> *f* ❶ (*Wäscheklammer*) pince *f* [à linge] ❷ (*Heftklammer*) agrafe *f;* (*Büroklammer*) trombone *m* ❸ (*Haarklammer*) épingle *f* [à cheveux] ❹ (*Textsymbol*) [**runde**] **~** parenthèse *f;* **eckige/spitze ~** crochet *m*/chevron *m*; **in ~n** entre parenthèses

Klammeraffe *m* INFORM *fam* ar[r]obas *m*

klammern ['klamɐn] **I.** *vt* (*zusammenheften*) agrafer **II.** *vr* **sich an jdn/etw ~** (*festhalten*) s'accrocher à qn/qc; *fig* se raccrocher à qn/qc

klammheimlich *fam adv* en douce

Klamotten [kla'mɔtə] *Pl fam* fringues *fpl*

klang [klaŋ] *Imp von* **klingen**

Klang [klaŋ, *Pl:* 'klɛŋə] <-[e]s, Klänge> *m* (*Ton*) son *m;* (*einer Stimme*) timbre *m*

klanglos ['klaŋlo:s] *adj* (*Stimme*) sans timbre **klangvoll** *adj* (*volltönend*) sonore; (*Name*) qui sonne bien

Klappe ['klapə] <-, -n> *f* ❶ (*eines Mülleimers*) couvercle *m;* (*einer Tasche*) rabat *m;* (*eines Ofens*) clapet *m* ❷ *fam* (*Mund*) clapet *m;* **eine große ~ haben** avoir une grande gueule; [**halt die**] **~!** la ferme!

klappen ['klapən] **I.** *vt + haben* **etw nach oben/hinten ~** rabattre qc vers le haut/en arrière **II.** *vi + haben fam* (*funktionieren*) marcher

klapperig *s.* **klapprig**

klappern ['klapɐn] *vi* (*Fensterflügel*) claquer; **mit den Zähnen ~** claquer des dents; **mit dem Geschirr ~** faire cliqueter la vaisselle

Klappfahrrad *nt* vélo *m* pliant **Klappmesser** *nt* canif *m*

klapprig *adj fam* ❶ (*gebrechlich*) décati(e) ❷ (*instabil*) déglingué(e)

Klappstuhl *m* chaise *f* pliante **Klapptisch** *m* table *f* pliante

Klaps [klaps] <-es, -e> *m* tape *f*

klar [kla:ɐ̯] **I.** *adj* ❶ clair(e); (*Ergebnis*) évident(e); (*Vorsprung*) net(te) ❷ *fam* (*verständlich*) **alles ~?/!** c'est clair?/!; **na ~!** mais bien sûr! ❸ (*bewusst*) **jdm ist etw ~** qn comprend qc; **sich über seine Gefühle ~ werden** prendre conscience de ses sentiments; **sich darüber ~ werden, dass ...** commencer à réaliser que ... **II.** *adv* (*erkennen*) clairement ►**~ und deutlich** de façon claire et nette

Kläranlage ['klɛ:ɐ̯anla:gə] *f* station *f* d'épuration

klären ['klɛ:rən] **I.** *vt* (*Problem*) élucider; (*Abwasser*) épurer **II.** *vr* **sich ~** (*Problem*) se résoudre; (*Wasser*) se décanter

Klarheit <-, -en> *f a. fig* clarté *f;* **sich** (*dat*) **~ über etw** (*akk*) **verschaffen** obtenir des précisions sur qc

Klarinette [klari'nɛtə] <-, -n> *f* clarinette *f*

klar|kommen *vi irr + sein fam* **mit jdm/etw ~** s'en sortir avec qn/qc **klar|machen** **I.** *vt* **jdm etw ~** faire comprendre qc à qn; **jdm ~, dass ...** expliquer à qn que ... **II.** *vr* **sich** (*dat*) **etw ~** se rendre compte de qc; **sich** (*dat*) **~, dass ...** réaliser que ... **klar|sehen** *vi* **in etw** (*dat*) **~** y voir clair dans qc (*fam*) **Klarsichtfolie** *f* film *m* transparent [étirable] **Klarsichthülle** *f* chemise *f* transparente; (*zum Einheften*) pochette *f* perforée **klar|stellen** *vt* clarifier; **ich möchte ~, dass ...** je tiens à préciser que ... **Klarstellung** *f* clarification *f*

Klärung <-, -en> *f* ❶ (*von Problemen*) élucidation *f* ❷ (*von Abwässern*) épuration *f*

klar|werden *s.* **klar I.4.**
klasse *adj inv fam* super
Klasse ['klasə] <-, -n> *f* classe *f;* **erster/zweiter ~ fahren/fliegen** voyager en première/ seconde [classe]
Klassenarbeit *f* devoir *m* sur table **Klassenbeste(r)** *f(m) dekl wie adj* premier(-ière) *m(f)* [de la classe] **Klassenbuch** *nt* cahier *m* de présence **Klassenkamerad(in)** *m(f)* camarade *mf* de classe **Klassenkampf** *m* lutte *f* des classes **Klassenlehrer(in)** *m(f)* professeur *mf* principal **Klassenraum** *s.* **Klassenzimmer** **Klassensprecher(in)** *m(f)* délégué(e) *m(f)* de classe **Klassentreffen** *nt* réunion *f* d'anciens [camarades de classe] **Klassenzimmer** *nt* salle *f* de classe
klassifizieren* [klasifi'tsi:rən] *vt* classifier
Klassifizierung <-, -en> *f* classification *f*
Klassik ['klasɪk] <-> *f* ❶ (*Epoche*) classicisme *m* ❷ (*Altertum*) Antiquité *f* ❸ *fam* (*klassische Musik*) classique *m*
Klassiker(in) <-s, -> *m(f)* (*Schriftsteller, Künstler*) classique *m;* (*Komponist*) musicien(ne) *m(f)* classique
klassisch *adj* classique
Klassizismus [klasi'tsɪsmʊs] <-, -smen> *m* classicisme *m*
klassizistisch [klasi'tsɪstɪʃ] *adj* classique
Klatsch [klatʃ] <-[e]s> *m kein Pl pej fam* ragots *mpl*
klatschen ['klatʃən] **I.** *vi* ❶ + *haben* applaudir; **in die Hände ~** taper dans les mains; **sich** (*dat*) **auf die Schenkel ~** se taper sur les cuisses ❷ + *sein* (*auftreffen*) **auf/gegen etw** (*akk*) **~** s'écraser sur/contre qc ❸ + *haben pej fam* (*tratschen*) **über jdn ~** taper sur qn; **über etw** (*akk*) **~** jaser sur qc **II.** *vt* + *haben* **den Takt ~** battre la mesure [des mains]
Klatschmohn *m* coquelicot *m* **klatschnass**[RR] *adj fam* (*Kleidung, Haare*) tout(e) trempé(e); **~ sein** (*Person*) être trempé comme une soupe
Klaue ['klaʊə] <-, -n> *f* ❶ (*eines Raubvogels*) serres *fpl;* (*eines Raubtiers*) griffe *f* ❷ *pej fam* (*Handschrift*) écriture *f* de cochon
klauen ['klaʊən] **I.** *vt fam* piquer **II.** *vi fam* faucher
Klausel ['klaʊzəl] <-, -n> *f* clause *f*
Klausur [klaʊ'zu:ɐ̯] <-, -en> *f* ❶ UNIV [examen *m*] partiel *m* ❷ SCHULE devoir *m* surveillé
Klavier [kla'vi:ɐ̯] <-s, -e> *nt* piano *m;* **~ spielen** jouer du piano
Klavierhocker *m* tabouret *m* de piano **Klavierkonzert** *nt* concerto *m* pour piano; (*Veranstaltung*) récital *m* de piano **Klaviersonate** *f* sonate *f* pour piano **Klavierspieler(in)** *m(f)* pianiste *mf* **Klavierstimmer(in)** *m(f)* accordeur(-euse) *m(f)* de pianos
Klebeband ['kle:bəbant] <-bänder> *nt* ruban *m* adhésif
kleben ['kle:bən] **I.** *vi* ❶ coller; **an etw** (*dat*) **~** (*haften*) être collé à qc ❷ *fam* **an etw** (*dat*) **~** suivre fidèlement qc **II.** *vt* ❶ (*befestigen, zusammen~*) coller ❷ (*reparieren*) recoller
Kleber <-s, -> *m fam* colle *f*
klebrig ['kle:brɪç] *adj* collant(e)
Klebstoff *m* colle *f*
kleckern ['klɛkən] **I.** *vt* + *haben* **Soße auf etw** (*akk*) **~** faire des taches de sauce sur qc **II.** *vi* + *haben* **mit etw ~** faire des taches de qc (*fam*) **III.** *vr fam* **sich voll ~** se faire des taches partout
Klecks [klɛks] <-es, -e> *m* (*Fleck*) [grosse] tache *f;* (*Farbklecks*) éclaboussure *f;* (*Tintenklecks*) pâté *m*
klecksen *vi* + *haben* (*Person*) barbouiller (*fam*) (*Füller*) baver
Klee [kle:] <-s> *m* trèfle *m*
Kleeblatt *nt* [feuille *f* de] trèfle *m;* **vierblättriges ~** trèfle *m* à quatre feuilles
Kleid [klaɪt] <-[e]s, -er> *nt* ❶ robe *f* ❷ *Pl* (*Kleidungsstück*) vêtements *mpl*
kleiden ['klaɪdən] *vt, vr* [**sich**] **~** [s']habiller
Kleiderbügel *m* cintre *m* **Kleiderkasten** *m* A, CH, SDEUTSCH *s.* **Kleiderschrank** **Kleiderschrank** *m* armoire[-penderie] *f*
Kleidung <-, -en> *f* vêtements *mpl*
Kleidungsstück *nt* vêtement *m*
Kleie ['klaɪə] <-, -n> *f* son *m*
klein [klaɪn] **I.** *adj* ❶ petit(e); **sich ~ machen** se faire tout(e) petit(e) ❷ (*~geschrieben: Buchstabe*) minuscule; **ein ~es a** un a minuscule; (*in mathematischen Gleichungen*) un petit a ❸ (*gering, geringfügig*) **ein ~[es] bisschen** un [tout] petit peu; **die ~ste Bewegung** le moindre mouvement ▶**bis ins Kleinste** jusque dans le moindre détail; **von ~ auf** dès ma/sa/... plus tendre enfance **II.** *adv* **~ anfangen** *fam* partir de quasiment zéro; **~ beigeben** baisser le ton
Kleinbuchstabe *m* [lettre *f*] minuscule *f*

kleinbürgerlich *adj pej* (*spießbürgerlich*) petit(e)-bourgeois(e)

Kleine(r) *f(m) dekl wie adj* (*Kind*) petit(e) *m(f)*; **na, ~/~r!** alors, ma petite/mon petit!

Kleine(s) *nt dekl wie adj* ❶ (*Kind*) petit(e) *m(f)* ❷ (*Jungtier*) petit *m*

kleingedruckt[ALT] *s.* **gedruckt** **Kleingedruckte(s)** *nt dekl wie adj* clauses *fpl* en petits caractères; (*eines Bestellformulars*) conditions *fpl* de vente en petits caractères **Kleingeld** *nt* monnaie *f* **klein|hacken** *s.* **hacken I.1.** **Kleinhirn** *nt* ANAT cervelet *m*

Kleinigkeit ['klaɪnɪçkaɪt] <-, -en> *f* ❶ (*Bagatelle*) bricole *f*; **wegen jeder ~** pour la moindre broutille ❷ (*Einzelheit*) [petit] détail *m* ❸ (*kleine Menge*) **eine ~ essen** manger un petit quelque chose

kleinkariert *adj pej fam* (*engstirnig*) borné(e) **Kleinkind** *nt* jeune enfant *m* **Kleinkram** *m fam* (*Kleinigkeiten*) broutilles *fpl* **klein|kriegen** *vt fam* (*kaputtmachen*) **nicht kleinzukriegen sein** être increvable **Kleinkunstbühne** *f* café-théâtre *m* **kleinlaut** **I.** *adj* (*Antwort*) embarrassé(e) **II.** *adv* (*fragen*) d'une [toute] petite voix

kleinlich *adj pej* ❶ (*geizig*) pingre ❷ (*engstirnig*) mesquin(e)

Kleinlichkeit <-, -en> *f pej* mesquinerie *f*

Kleinod ['klaɪnoːt] <-[e]s, -odien> *nt a. fig geh* joyau *m*

klein|schneiden *s.* **schneiden I.1.** **Kleinschreibung** *f* écriture *f* sans majuscules **Kleinstadt** *f* petite ville *f*; (*mit mehr als 20.000 Einwohnern*) ville *f* moyenne **Kleinvieh** *nt* [animaux *mpl* de] basse-cour *f* **Kleinwagen** *m* petite voiture *f*

Kleister ['klaɪstɐ] <-s, -> *m* colle *f* [d'amidon]

Klementine [klemɛn'tiːnə] <-, -n> *f* clémentine *f*

Klemme ['klɛmə] <-, -n> *f* ❶ (*Haarklemme*) barrette *f* ❷ ELEC serre-fils *m*; (*eines Starthilfekabels*) pince *f* ❸ *fam* **in der ~ sitzen** être dans le pétrin

klemmen **I.** *vt* **etw in etw** (*akk*) **~** coincer qc dans qc; **etw unter etw** (*akk*) **~** glisser qc sous qc **II.** *vr* ❶ (*sich quetschen*) **sich** (*dat*) **den Daumen ~** se coincer le pouce ❷ *fam* (*sich kümmern um*) **sich hinter etw** (*akk*) **~** s'attaquer à qc **III.** *vi* (*Tür*) coincer (*fam*) (*Schloss*) être bloqué

Klempner(in) ['klɛmpnɐ] <-s, -> *m(f)* plombier *m*

Kleptomane <-n, -n> *m*, **Kleptomanin** *f* cleptomane *mf*

klerikal [kleri'kaːl] *adj geh* clérical(e)

Klerus ['kleːrʊs] <-> *m* clergé *m*

Klette ['klɛtə] <-, -n> *f* ❶ bardane *f* ❷ *pej fam* (*Mensch*) pot *m* de colle

Kletterer <-s, -> *m*, **Kletterin** *f* (*Bergsteiger*) alpiniste *mf*; (*Freikletterer*) varappeur(-euse) *m(f)*

klettern ['klɛtɐn] *vi + sein* ❶ faire de l'escalade; **auf einen Berg ~** escalader une montagne; **auf einen Baum ~** grimper sur un arbre; **aufs Dach ~** monter sur le toit ❷ *fam* (*ansteigen: Temperatur*) grimper

Kletterpflanze *f* plante *f* grimpante

Klettverschluss[RR] *m* fermeture *f* velcro®

klicken ['klɪkən] *vi* ❶ cliqueter ❷ INFORM **mit der Maus auf etw** (*akk*) **~** cliquer avec la souris sur qc; **doppelt ~** double-cliquer

Klient(in) [kli'ɛnt] <-en, -en> *m(f)* client(e) *m(f)*

Klientel [kliɛn'teːl] <-, -en> *f* clientèle *f*

Kliff [klɪf] <-[e]s, -e> *nt* falaise *f*

Klima ['kliːma] <-s, -s> *nt* climat *m*

Klimaanlage *f* climatisation *f*

klimatisch [kli'maːtɪʃ] *adj attr* climatique

Klimawechsel *m* changement *m* d'air

Klimmzug *m* SPORT traction *f* [à la barre fixe]

klimpern ['klɪmpɐn] *vi* ❶ (*Münzen*) tinter ❷ *fam* (*spielen*) **auf der Gitarre/dem Klavier ~** gratter de la guitare/pianoter

Klinge ['klɪŋə] <-, -n> *f* lame *f*

Klingel ['klɪŋəl] <-, -n> *f* sonnette *f*

Klingelknopf *m* [bouton *m* de] sonnette *f*

klingeln **I.** *vi* (*Radfahrer*) tirer la sonnette; (*Wecker*) sonner; **an der Tür ~** sonner à la porte; **nach jdm ~** sonner qn **II.** *vi unpers* **es klingelt** (*an der Tür*) on sonne; (*in der Schule*) ça sonne

klingen ['klɪŋən] <klang, geklungen> *vi* ❶ sonner; (*Gläser*) tinter ❷ (*sich anhören*) **gut ~** avoir l'air bien

Klinik ['kliːnɪk] <-, -en> *f* hôpital *m*; (*Privatklinik*) clinique *f*

klinisch **I.** *adj* (*Test*) clinique **II.** *adv* (*behandeln*) en milieu hospitalier; (*getestet*) en laboratoire; (*tot*) cliniquement

Klinke ['klɪŋkə] <-, -n> *f* poignée *f* [de porte]

Klippe ['klɪpə] <-, -n> *f* écueil *m*

klirren ['klɪrən] *vi* (*Gläser*) tinter; (*Fensterscheibe*) vibrer; (*beim Zerbrechen*) faire un bruit de verre brisé

klirrend *adj* (*Kälte*) glacial(e)

Klischee [kli'ʃeː] <-s, -s> *nt* ❶ (*~vorstellung*) stéréotype *m* ❷ *pej geh* (*Redensart*) lieu *m* commun ❸ TYP cliché *m*

klischeehaft [kli'ʃeːhaft] *adj pej geh* stéréotypé(e)

Klitoris ['kliːtorɪs] <-, -> *f* clitoris *m*

klitschnass[RR] *s.* **klatschnass**

Klo [kloː] <-s, -s> *nt fam* chiottes *fpl*

klobig ['kloːbɪç] *adj* (*Schuhe*) épais(se)

Klobrille ['kloːbrɪlə] *f fam* lunette *f* de/des W.-C. **Klobürste** *f fam* brosse *f* à W.-C.

Klon [kloːn] <-s, -e> *m* BIO clone *m*

klonen [kloːnən] *vt* BIO cloner; **das Klonen** le clonage

Klopapier *nt fam* P.Q. *m*

klopfen ['klɔpfən] **I.** *vi* ❶ **an die Tür ~** frapper à la porte; **mit dem Besen an die Decke ~** taper du balai contre le plafond ❷ (*schlagen*) **jdm auf die Schulter ~** taper qn sur l'épaule ❸ (*Herz*) battre **II.** *vi unpers* **es klopft an der Tür** on frappe à la porte **III.** *vt* ❶ (*Teppich*) battre ❷ (*Schnitzel*) attendrir

Klopfer <-s, -> *m* ❶ (*Türklopfer*) heurtoir *m* ❷ (*Teppichklopfer*) tapette *f*

Klöppel ['klœpəl] <-s, -> *m* (*einer Glocke*) battant *m*

klöppeln *vi* faire de la dentelle [au fuseau]

Klops [klɔps] <-es, -e> *m* (*Fleischkloß*) boulette *f* [de viande]

Klospülung *f fam* chasse *f* d'eau

Kloß [kloːs, *Pl:* 'kløːsə] <-es, Klöße> *m* boulette *f* ▸**einen ~ im Hals haben** *fam* avoir une boule dans la gorge

Kloster ['kloːstɐ, *Pl:* 'kløːstɐ] <-s, Klöster> *nt* (*Mönchskloster*) monastère *m;* (*Nonnenkloster*) couvent *m*

Klotz [klɔts, *Pl:* 'klœtsə] <-es, Klötze> *m* (*Holzklotz*) bloc *m* de bois

Klötzchen <-s, -> *nt* (*Bauklotz*) cube *m* [d'un jeu de construction]

Klub [klʊp] <-s, -s> *m* club *m*

Klubmitglied *nt* membre *m* du club **Klubobmann** *m,* **-frau** *f* A POL (*Fraktionsvorsitzender*) président *m* du groupe parlementaire

Kluft [klʊft, *Pl:* klʏftə] <-, Klüfte> *f fig* fossé *m*

klug [kluːk] <klüger, klügste> **I.** *adj* (*Person, Handlungsweise*) avisé(e); (*Antwort*) habile; (*Rat*) judicieux(-euse); **~ sein** (*Person*) faire preuve de bon sens; **es ist ~/klüger, abzuwarten** il vaut/vaudrait mieux patienter; **es wird das Klügste sein ...** le plus sage serait de ... **II.** *adv* (*handeln*) intelligemment

Klugheit <-> *f kein Pl* (*Vernunft*) bon sens *m*

Klümpchen <-s, -> *nt Dim von* **Klumpen** grumeau *m*

klumpen *vi* (*Soße*) faire des grumeaux

Klumpen ['klʊmpən] <-s, -> *m* (*Mehlklumpen*) grumeau *m;* (*Butterklumpen*) motte *f;* (*Tonklumpen*) bloc *m*

klumpig ['klʊmpɪç] *adj* grumeleux(-euse)

Klunker ['klʊŋkɐ] <-s, -> *m fam* (*Edelstein*) caillou *m*

km/h *m Abk von* **Kilometer pro Stunde** km/h

knabbern ['knabɐn] *vt, vi* grignoter

Knabe ['knaːbə] <-n, -n> *m fam* (*Kerl*) **na, alter ~!** alors, mon vieux!

knabenhaft *adj* (*Mädchen*) à l'allure garçonnière; (*Junge*) à l'allure puérile

Knäckebrot ['knɛkəbroːt] *nt* pain *m* suédois

knacken ['knakən] **I.** *vt* ❶ (*Nuss*) casser ❷ *fam* (*Code*) déchiffrer; (*Auto*) forcer **II.** *vi* (*Holz*) craquer **III.** *vi unpers* **es knackt** il y a des craquements

knackig ['knakɪç] *adj* ❶ (*Salat*) croquant(e) ❷ *fam* craquant(e)

Knacks [knaks] <-es, -e> *m* ❶ *fam* (*Riss*) fêlure *f* ❷ *fam* (*Störung*) petit grain; **einen ~ haben** (*Person*) être un peu fêlé

Knall [knal] <-[e]s, -e> *m* détonation *f*

knallen **I.** *vi* ❶ + *haben* (*Tür, Peitsche*) claquer; (*Korken*) sauter; (*Schuss*) retentir; **mit der Peitsche ~** faire claquer le fouet ❷ + *sein fam* (*prallen*) **gegen die Wand ~** cogner contre le mur; **auf den Boden ~** tomber par terre **II.** *vi unpers* + *haben* **es knallt** (*ein Unfall passiert*) ça cartonne (*fam*); (*ein Schuss fällt*) il y a une détonation **III.** *vt* + *haben* ❶ (*Tür*) claquer ❷ *fam* (*werfen*) **das Päckchen in die Ecke ~** balancer le colis dans le coin ▸**jdm eine ~** *fam* balancer une baffe à qn

Knaller <-s, -> *m fam* (*Sensation*) bombe

Knallfrosch ['knalfrɔʃ] *m* pétard *m* à répétition **knallhart** **I.** *adj fam* (*Geschäftsmann*) impitoyable; (*Vorgehen*) brutal(e) **II.** *adv fam* (*sagen*) sans prendre de gants

knallig *adj fam* (*Farbe*) qui flashe

Knallkörper ['knalkœrpɐ] *m* pétard *m*

knallrot *adj fam* rouge vif

knapp [knap] **I.** *adj* ❶ (*gering: Vorräte*) maigre *antéposé;* (*Stellen*) rare *antéposé;* ~ **sein** (*Vorräte*) être juste; (*Stellen*) être rare ❷ (*eng: T-Shirt*) un peu juste ❸ (*kaum ausreichend: Sieg*) serré(e); (*Mehrheit*) petit(e) *antéposé;* **das wird** [**zeitlich**] **zu** ~ ce sera trop juste ❹ (*nicht ganz*) **ein ~er Meter** un petit mètre ❺ (*kurz: Antwort*) concis(e) ▸**und nicht zu ~!** *fam* et pas qu'un peu! **II.** *adv* ❶ (*mäßig*) **sehr ~ bemessen sein** être très juste ❷ (*nicht ganz*) ~ **zwei Jahre alt sein** être âgé d'un peu moins de deux ans ❸ (*haarscharf: verlieren*) de justesse ❹ (*eng*) ~ **sitzen** être juste

Knappheit <-> *f* ❶ (*Mangel*) pénurie *f* ❷ (*Kürze*) concision *f*

Knarre <-, -n> *f fam* (*Schusswaffe*) flingue *m*

knarren ['knarən] *vi* (*Diele*) craquer; (*Bett*) grincer

Knast [knast, *Pl:* 'knɛstə] <-[e]s, Knäste> *m fam* taule *f*

knattern ['knatɐn] *vi* (*Moped*) pétarader; (*Maschinengewehr*) crépiter

Knäuel ['knɔyəl] <-s, -> *m o nt* pelote *f*

Knauf [knauf, *Pl:* 'knɔyfə] <-[e]s, Knäufe> *m* (*Türknauf*) bouton *m*

knauserig *adj pej fam* radin(e)

knausern *vi pej fam* radiner

knautschen ['knautʃən] *vt fam* chiffonner

Knautschzone *f* zone *f* de déformation

Knebel ['kne:bəl] <-s, -> *m* bâillon *m*

knebeln *vt a. fig* bâillonner

Knecht [knɛçt] <-[e]s, -e> *m* valet *m* de ferme ▸~ **Ruprecht** père *m* Fouettard

Knechtschaft <-, -en> *f* esclavage *m*

kneifen ['knaifən] <kniff, gekniffen> **I.** *vt* pincer **II.** *vi fam* **vor jdm** ~ se dégonfler devant qn; **vor etw** ~ se défiler face à qc

Kneifzange *f* tenailles *fpl*

Kneipe ['knaipə] <-, -n> *f fam* bistro[t] *m*

Knete <-> *f* ❶ *fam* (*Knetmasse*) pâte *f* à modeler ❷ *fam* (*Geld*) fric *m*

kneten ['kne:tən] *vt* ❶ (*Teig*) pétrir ❷ (*formen*) modeler

Knetmasse *f* pâte *f* à modeler

Knick [knɪk] <-[e]s, -e> *m* ❶ (*Krümmung*) coude *m* ❷ (*Falte*) pli *m*

knicken **I.** *vt + haben* ❶ plier; (*Buchseite*) faire un pli à; **bitte nicht ~!** ne pas plier, S.V.P.! ❷ (*brechen: Streichholz*) casser; (*Bäume*) briser [net] **II.** *vi + sein* (*Papier*) se plier

Knicks [knɪks] <-es, -e> *m* révérence *f*

knicksen *vi* faire la révérence

Knie [kni:] <-s, -> *nt* ❶ genou *m;* **ihm zittern die ~** il [en] a les jambes qui flageolent ❷ (*eines Rohrs*) coude *m*

Kniebeuge *f* flexion *f* des genoux **Kniebundhose** *f* knickers *mpl* **Kniegelenk** *nt* articulation *f* du genou **Kniekehle** *f* jarret *m* **knielang** *adj* (*Rock*) s'arrêtant au genou

knien [kni:n] **I.** *vi* être à genoux **II.** *vr* **sich auf den Boden ~** s'agenouiller par terre

Kniescheibe *f* rotule *f* **Kniestrumpf** *m* (*Damenkniestrumpf*) mi-bas *m;* (*Herrenkniestrumpf*) chaussette *f* montante

kniff [knɪf] *Imp von* **kneifen**

Kniff <-[e]s, -e> *m* (*Kunstgriff*) truc *m*

knipsen ['knɪpsən] *fam* **I.** *vt* ❶ photographier ❷ (*Fahrkarte*) poinçonner **II.** *vi* prendre des photos

Knirps [knɪrps] <-es, -e> *m fam* (*kleiner Junge*) petit bonhomme *m*

knirschen ['knɪrʃən] *vi* (*Schnee*) crisser; **mit den Zähnen ~** grincer des dents

knistern ['knɪstɐn] **I.** *vi* (*Papier*) faire du bruit en se froissant; (*Feuer*) crépiter; **mit etw ~** froisser qc **II.** *vi unpers* **es knistert** ça grésille

knittern ['knɪtɐn] *vi* se froisser

knobeln ['kno:bəln] *vi* ❶ (*würfeln*) **um etw ~** jouer qc aux dés ❷ *fam* (*tüfteln*) cogiter

Knoblauch ['kno:plaux] <-[e]s> *m* ail *m*

Knoblauchknolle *f* tête *f* d'ail **Knoblauchzehe** *f* gousse *f* d'ail

Knöchel ['knœçəl] <-s, -> *m* ❶ (*Fußknöchel*) cheville *f* ❷ (*Fingerknöchel*) articulation *f* [du doigt/des doigts]

Knochen ['knɔxən] <-s, -> *m* ❶ os *m* ❷ *Pl* (*Gliedmaßen*) membres *mpl;* **mir tun alle ~ weh** j'ai mal partout

Knochenbruch *m* fracture *f* **Knochenmark** *nt* moelle *f* [osseuse]

knochig *adj* osseux(-euse)

Knockout, **Knock-out**[RR] [nɔk'ʔaut] <-[s], -s> *m* knock-out *m*

Knödel ['knø:dəl] <-s, -> *m: boule à base de pomme de terre ou de pain trempé dans du lait, cuite à l'eau et servie en accompagnement*

Knolle ['knɔlə] <-, -n> *f* BOT tubercule *m*

Knopf [knɔpf, *Pl:* 'knœpfə] <-[e]s, Knöpfe> *m* bouton *m*

knöpfen ['knœpfən] *vt* boutonner

Knopfloch *nt* boutonnière *f* **Knopfzelle** *f* pile *f* bouton
Knorpel ['knɔrpəl] <-s, -> *m* cartilage *m*
knorpelig *adj* cartilagineux(-euse)
Knospe ['knɔspə] <-, -n> *f* bourgeon *m;* (*Blütenknospe*) bouton *m;* **~n treiben** bourgeonner
knoten ['kno:tən] *vt* faire un nœud à
Knoten ['kno:tən] <-s, -> *m* ❶ nœud *m* ❷ MED (*im Gelenk*) nodosité *f;* (*in der Brust*) nodule *f* ❸ (*Haarknoten*) chignon *m*
Knotenpunkt *m* (*Verkehrsknotenpunkt*) nœud *m* de communication
Know-how [nɔʊ'hau̯] <-s> *nt* savoir-faire *m*
knüllen *vt* chiffonner
Knüller ['knʏlɐ] <-s, -> *m fam* ❶ (*Produkt*) truc *m* qui fait fureur ❷ (*Nachricht*) scoop *m*
knüpfen ['knʏpfən] **I.** *vt* (*Netz*) nouer **II.** *vr* **sich an etw** (*akk*) ~ (*Erinnerungen*) être lié à qc
Knüppel ['knʏpəl] <-s, -> *m* (*Stock*) gourdin *m;* (*Gummiknüppel*) matraque *f* ▶**jdm ~ zwischen die Beine werfen** *fam* mettre des bâtons dans les roues à qn
knurren ['knʊrən] **I.** *vi* ❶ (*Hund*) gronder ❷ (*murren*) grogner **II.** *vt* (*Antwort*) grommeler
Knurren <-s> *nt* (*eines Hundes*) grondement *m*
knuspern ['knʊspɐn] *vi* grignoter
knusprig *adj* croustillant(e)
knutschen ['knu:tʃən] *fam vt* bécoter
Knutschfleck *m fam* suçon *m*
Koala [ko'a:la] <-s, -s> *m* koala *m*
Koalition [koali'tsi̯o:n] <-, -en> *f* coalition *f*
Koalitionspartner(in) *m(f)* partenaire *mf* de la/de coalition
Kobold ['ko:bɔlt] <-[e]s, -e> *m* lutin *m*
Kobra ['ko:bra] <-, -s> *f* cobra *m*
Koch [kɔx, *Pl:* 'kœçə] <-s, Köche> *m,* **Köchin** *f* cuisinier(-ière) *m(f)*
Kochbuch *nt* livre *m* de cuisine
köcheln ['kœçəln] *vi* (*Suppe, Soße*) mijoter; **etw ~ lassen** laisser mijoter qc
kochen ['kɔxən] **I.** *vi* ❶ bouillir; **etw zum Kochen bringen** porter qc à ébullition; **~d** bouillant(e) ❷ (*Speisen zubereiten*) faire la cuisine; **gut ~** cuisiner bien ❸ (*aufgebracht sein*) **vor Wut ~** bouillir de colère **II.** *vt* ❶ (*zubereiten*) **das Essen ~** préparer le repas; **Reis ~** faire du riz; **hart gekocht** (*Ei*) dur(e); **weich gekocht** (*Ei*) à la coque; (*Gemüse*) bien cuit(e) ❷ (*Wäsche*) faire bouillir
Kocher <-s, -> *m* réchaud *m*
kochfest *adj* (*Wäsche*) lavable à 95° **Kochgelegenheit** *f* kitchenette *f* **Kochkunst** *f* ❶ *kein Pl* (*Gastronomie*) art *m* culinaire ❷ *Pl* (*Fähigkeit*) dons *mpl* culinaires **Kochlöffel** *m* cuillère *f* en bois **Kochplatte** *f* plaque *f* électrique **Kochrezept** *nt* recette *f* [de cuisine] **Kochsalz** *nt kein Pl* sel *m* de cuisine **Kochtopf** *m* casserole *f;* (*aus Gusseisen*) cocotte *f* **Kochwäsche** *f* linge *m* à bouillir
Kode [ko:t] <-s, -s> *m* code *m*
Köder ['kø:dɐ] <-s, -> *m* appât *m*
ködern ['kø:dɐn] *vt a. fig* appâter
kodieren* *vt* coder
Koffein [kɔfe'i:n] <-s> *nt* caféine *f*
koffeinfrei *adj* décaféiné(e)
Koffer ['kɔfɐ] <-s, -> *m* (*Reisekoffer*) valise *f;* **den ~ packen** faire sa valise
Kofferradio *nt* transistor *m* **Kofferraum** *m* coffre *m* [à bagages]
Kognak ['kɔnjak] <-s, -s> *m* cognac *m*
Kohl [ko:l] <-[e]s, -e> *m* chou *m*
Kohldampf *m fam* **~ haben** avoir la dalle
Kohle ['ko:lə] <-, -n> *f* ❶ (*Brennstoff*) charbon *m;* (*Steinkohle*) houille *f;* (*Braunkohle*) lignite *f* ❷ (*Zeichenkohle*) fusain *m* ❸ *fam* (*Geld*) fric *m*
Kohlehydrat *s.* **Kohlenhydrat** **Kohlekraftwerk** *nt* centrale *f* thermique au charbon
Kohlendioxid [ko:lən'di:ʔɔksi:t] *nt kein Pl* dioxyde *m* de carbone **Kohlenhydrat** *nt* glucide *m* **Kohlenmonoxid** *nt* [mon]oxyde *m* de carbone **Kohlensäure** *f* acide *m* carbonique; (*Kohlendioxid*) gaz *m* carbonique; **Mineralwasser mit/ohne ~** eau *f* [minérale] gazeuse/non gazeuse **Kohlenstoff** *m* CHEM carbone *m* **Kohlenwasserstoff** *m* hydrocarbure *m*
Kohlestift *m* fusain *m* **Kohlezeichnung** *f* fusain *m*
kohlrabenschwarz *adj* de jais
Kohlrabi [ko:l'ra:bi] <-[s], -[s]> *m* chou-rave *m*
Kohlroulade [ko:lrula:də] *f* chou *m* farci
Kohlsprosse *f* A (*Rosenkohl*) chou *m* de Bruxelles
Kohorte [ko'hɔrtə] <-, -n> *f* cohorte *f*

Koitus ['ko:itʊs] <-, -> *m form* acte *m* sexuel
Koje ['ko:jə] <-, -n> *f* NAUT couchette *f*
Kokain [koka'i:n] <-s> *nt* cocaïne *f*
kokett [ko'kɛt] *adj* coquet(te)
kokettieren* [kokɛ'ti:rən] *vi* **mit jdm** ~ faire du charme à qn
Kokon [ko'kõ:] <-s, -s> *m* cocon *m*
KokosnussRR *f* noix *f* de coco **Kokospalme** *f* cocotier *m*
Koks[1] [ko:ks] <-es> *m* coke *m*
Koks[2] <-es> *m o nt fam* (*Kokain*) coke *f*
Kolben ['kɔlbən] <-s, -> *m* ❶ (*eines Motors*) piston *m* ❷ (*Gewehrkolben*) crosse *f* ❸ (*Destilliergefäß*) ballon *m* ❹ (*Maiskolben*) épi *m*
Kolibri ['ko:libri] <-s, -s> *m* colibri *m*
Kolik ['ko:lɪk] <-, -en> *f* colique *f*
Kollaborateur(in) [kɔlabora'tø:ɐ̯] <-s, -e> *m(f) pej* collaborateur(-trice) *m(f)*
Kollaboration [kɔlabora'tsi̯o:n] <-, -en> *f pej* collaboration *f*
Kollaps ['kɔlaps] <-es, -e> *m* ❶ (*Kreislaufkollaps*) collapsus *m* [cardiovasculaire] ❷ *geh* (*Zusammenbruch*) effondrement *m*
Kollege [kɔ'le:gə] <-n, -n> *m,* **Kollegin** *f* collègue *mf*
kollegial [kɔle'gi̯a:l] *adj* (*Mitarbeiter*) respectueux(-euse) de ses collègues; ~ **sein** être bon collègue
Kollegium [kɔ'le:giʊm] <-s, -gien> *nt* (*Lehrerkollegium*) corps *m* enseignant
Kollekte [kɔ'lɛktə] <-, -n> *f* quête *f*
Kollektion [kɔlɛk'tsi̯o:n] <-, -en> *f* (*Sortiment*) collection *f*
kollektiv [kɔlɛk'ti:f] *geh adj* collectif(-ive)
kollidieren* [kɔli'di:rən] *vi geh + sein* **mit etw** ~ (*Fahrzeug*) entrer en collision avec qc
Kollision [kɔli'zi̯o:n] <-, -en> *f geh* collision *f*
Kolloquium [kɔ'lo:kviʊm] <-s, -ien> *nt* ❶ UNIV séminaire *m* ❷ (*Symposium*) colloque *m*
Köln [kœln] <-s> *nt* Cologne
Kolonialismus [koloni̯a'lɪsmʊs] <-> *m* colonialisme *m*
Kolonie [-'ni:ən] <-, -n> *f* colonie *f*
Kolonisation [koloniza'tsi̯o:n] <-, -en> *f* colonisation *f*
kolonisieren* [koloni'zi:rən] *vt* coloniser
Kolonne [ko'lɔnə] <-, -n> *f* (*Fahrzeugkolonne*) file *f;* **in** [**einer**] ~ **fahren** rouler les uns derrière les autres
kolorieren* [kolo'ri:rən] *vt* colorier; (*Film*) coloriser
KolossRR [ko'lɔs] <-es, -e>, **Koloß**ALT <-sses, -sse> *m fam* (*Mensch*) colosse *m*
kolossal [kolɔ'sa:l] *adj* ❶ (*Bauwerk*) colossal(e) ❷ *fam* (*Fehler*) monumental(e)
Kolumne [ko'lʊmnə] <-, -n> *f* ❶ PRESSE chronique *f* ❷ TYP colonne *f*
Koma ['ko:ma] <-s, -s> *nt* coma *m*
Kombination [kɔmbina'tsi̯o:n] <-, -en> *f* combinaison *f*
kombinieren* [kɔmbi'ni:rən] **I.** *vt* (*Kleidungsstücke*) assortir; (*Farben*) associer **II.** *vi* faire une déduction/des déductions
Kombitherapie *f* (*gegen Aids*) trithérapie *f* **Kombizange** *f* pince *f* universelle
Komet [ko'me:t] <-en, -en> *m* comète *f*
Komfort [kɔm'fo:ɐ̯] <-s> *m* confort *m*
komfortabel [kɔmfɔr'ta:bəl] *adj* confortable
Komik ['ko:mɪk] <-> *f* comique *m*
Komiker(in) ['ko:mikɐ] <-s, -> *m(f)* comique *mf*
komisch **I.** *adj* ❶ (*lustig*) comique ❷ (*sonderbar*) bizarre; ~ **riechen/schmecken** avoir une drôle d'odeur/un drôle de goût ❸ *fam* (*unwohl*) drôle **II.** *adv* ❶ (*lustig*) bizarrement ❷ (*sonderbar*) **sich** ~ **fühlen** se sentir tout drôle (*fam*)
Komitee [komi'te:] <-s, -s> *nt* comité *m*
Komma ['kɔma] <-s, -s> *nt* virgule *f*
Kommandant(in) <-en, -en> *m(f)* commandant(e) *m(f)*
kommandieren* [kɔman'di:rən] *vt, vi* commander; **jdn an die Front** ~ (*ab~*) affecter qn au front
Kommando [kɔ'mando] <-s, -s> *nt* ❶ *a.* MIL ordre *m;* **auf** ~ (*handeln*) sur ordre; (*lachen*) sur commande ❷ *kein Pl* (*Befehlsgewalt*) commandement *m* ❸ (*abkommandierte Gruppe*) détachement *m*
kommen ['kɔmən] <kam, gekommen> **I.** *vi + sein* ❶ venir; **nach unten/oben** ~ descendre/monter; **nach draußen** ~ sortir; **ich komme ja schon!** j'arrive!; **komm!** viens [ici]!; **wie komme ich bitte zur Post?** pour aller à la poste, s'il vous plaît?; **kommst du auch?** est-ce que tu y vas aussi? ❷ (*an~*) arriver ❸ (*stammen*) **von weit her** ~ venir de loin; **aus ärmlichen Verhältnissen** ~ être issu d'un milieu modeste; **vom Rauchen** ~ (*Husten*) [pro]venir de la cigarette ❹ (*gezeigt werden*) **im Fernsehen** ~ passer à la télévision ❺ (*sich ver-*

K

schaffen) **billig an Bücher** ~ se procurer des livres bon marché ❻ (*Einfall haben*) **wie kommst du denn darauf?** qu'est-ce qui te fait croire ça? ❼ (*Zeit finden*) **nicht zum Abwaschen** ~ ne pas trouver le temps de faire la vaisselle ▸**komme, was wolle** quoi qu'il advienne; [**wieder**] **zu sich** ~ revenir à soi; (*sich beruhigen*) se remettre **II.** *vi unpers* + *sein* **es kam zu einer Auseinandersetzung** on en vint à une querelle; **und so kam es, dass ...** et c'est ainsi que ...; **wie kommt es, dass ...?** comment se fait-il que ...? ▸ **es kam, wie es** ~ **musste** il est arrivé ce qui devait arriver

Kommen <-s> *nt* venue *f*

Kommentar [kɔmɛn'taːɐ̯] <-s, -e> *m* commentaire *m*

Kommentator <-s, -toren> *m*, **Kommentatorin** *f* commentateur(-trice) *m(f)*

kommentieren* [kɔmɛn'tiːrən] *vt* commenter

kommerziell [kɔmɛr'tsi̯ɛl] *adj* commercial(e)

Kommilitone [kɔmili'toːnə] <-n, -n> *m*, **Kommilitonin** *f* camarade *mf* d'études

Kommissar(in) [kɔmɪ'saːɐ̯] <-s, -e> *m(f)* commissaire *m*

Kommissariat [kɔmɪsari'aːt] <-s, -e> *nt* commissariat *m*

Kommission [kɔmɪ'si̯oːn] <-, -en> *f* (*Ausschuss*) commission *f*; **die Europäische** ~ la Commission européenne

Kommode <-, -n> *f* commode *f*

kommunal [kɔmu'naːl] *adj* municipal(e); (*Abgaben*) local(e)

Kommunalpolitik *f* politique *f* municipale **Kommunalwahlen** *Pl* élections *fpl* municipales

Kommune <-, -n> *f* ❶ ADMIN commune *f* ❷ HIST **die Pariser** ~ la Commune de Paris

Kommunikation [kɔmunika'tsi̯oːn] <-, -en> *f* communication *f*

Kommunion [kɔmu'ni̯oːn] <-, -en> *f* communion *f*

Kommuniqué [kɔmyni'keː] *nt* communiqué *m*

Kommunismus [kɔmu'nɪsmʊs] <-> *m* communisme *m*

Kommunist(in) [kɔmu'nɪst] <-en, -en> *m(f)* communiste *mf*

kommunistisch *adj* communiste

kommunizieren* *vi geh* (*sich verständigen*) communiquer

Komödie [ko'møːdi̯ə] <-, -n> *f a. fig* comédie *f*

Kompagnon [kɔmpan'jõː] <-s, -s> *m* associé(e) *m(f)*

kompakt [kɔm'pakt] *adj* compact(e)

Kompanie [-'niːən] <-, -n> *f* compagnie *f*

Komparativ ['kɔmparatiːf] <-s, -e> *m* comparatif *m*

Kompass[RR] ['kɔmpas] <-es, -e>, **Kompaß**[ALT] <-sses, -sse> *m* boussole *f*; NAUT compas *m*

kompatibel [kɔmpa'tiːbəl] *adj* compatible

Kompatibilität [kɔmpatibili'tɛːt] <-, -en> *f* compatibilité *f*

kompensieren* [kɔmpɛn'ziːrən] *vt a.* PSYCH compenser

kompetent [kɔmpe'tɛnt] *adj* compétent(e)

Kompetenz [kɔmpe'tɛnts] <-, -en> *f* compétence *f*

komplett [kɔm'plɛt] *adj* complet(-ète); **sind wir ~?** *fam* sommes-nous au complet?

komplex [kɔm'plɛks] *adj* complexe

Komplex [kɔm'plɛks] <-es, -e> *m* ARCHIT, PSYCH complexe *m*

Komplikation [kɔmplika'tsi̯oːn] <-, -en> *f* complication *f*

Kompliment [kɔmpli'mɛnt] <-[e]s, -e> *nt* compliment *m*

Komplize [kɔm'pliːtsə] <-n, -n> *m*, **Komplizin** *f* complice *mf*

komplizieren* *vt* compliquer

kompliziert *adj* compliqué(e)

Komplott [kɔm'plɔt] <-[e]s, -e> *nt* complot *m* ▸**ein** ~ **schmieden** tramer un complot (*soutenu*)

komponieren* [kɔmpo'niːrən] *vt, vi* composer

Komponist(in) [kɔmpo'nɪst] <-en, -en> *m(f)* compositeur(-trice) *m(f)*

Komposition <-, -en> *f* composition *f*

Kompositum <-s, Komposita> *nt* LING [mot *m*] composé *m*

Kompost [kɔm'pɔst] <-[e]s, -e> *m* compost *m*

Komposthaufen [kɔm'pɔsthau̯fən] *m* tas *m* de compost

kompostieren* *vt* **etw** ~ faire du compost avec qc; **das Kompostieren** le compostage

Kompott [kɔm'pɔt] <-[e]s, -e> *nt* compote *f*

Kompresse [kɔm'prɛsə] <-, -n> *f* compresse *f*

Kompressor [kɔm'prɛsoːɐ̯] <-s, -pressoren> *m* compresseur *m*

komprimieren* *vt* comprimer

KompromissRR [kɔmpro'mɪs] <-es, -e>, **Kompromiß**ALT <-sses, -sse> *m* compromis *m*

kompromittieren* **I.** *vt* compromettre **II.** *vr* **sich** ~ se discréditer

Kondensation <-, -en> *f* condensation *f*

kondensieren* [kɔndɛn'ziːrən] **I.** *vi + haben o sein* se condenser **II.** *vt + haben* (*Milch*) concentrer

Kondensmilch [kɔn'dɛnsmɪlç] *f* lait *m* concentré

Kondition [kɔndi'tsi̯oːn] <-, -en> *f* condition *f*; [**eine gute**] ~ **haben** être en [bonne] condition

Konditionalsatz [kɔnditsi̯o'naːlzats] *m* LING proposition *f* conditionnelle

Konditionstraining [-treːnɪŋ, -trɛː-] *nt* mise *f* en condition

Konditor [kɔn'diːtoːɐ̯] <-s, -toren> *m*, **Konditorin** *f* pâtissier *m* [confiseur]/pâtissière *f* [confiseuse]

Konditorei [kɔndito'rai̯] <-, -en> *f* pâtisserie *f* [confiserie]

Kondom [kɔn'doːm] <-s, -e> *m o nt* préservatif *m*

Konfekt [kɔn'fɛkt] <-[e]s, -e> *nt* ❶ (*Pralinen*) chocolats *mpl* ❷ A, CH (*Gebäck*) petits-fours *mpl*

Konferenz [kɔnfe'rɛnts] <-, -en> *f* ❶ conférence *f*; ~ **über Sicherheit und Zusammenarbeit in Europa** Conférence sur la sécurité et la coopération en Europe ❷ (*Lehrerkonferenz*) conseil *m* de classe

Konfession [kɔnfɛ'si̯oːn] <-, -en> *f* confession *f*

konfessionslos *adj* sans confession

Konfetti [kɔn'fɛti] <-[s]> *nt* confetti *m*

Konfiguration <-, -en> *f* INFORM configuration *f*

konfigurieren* *vt* INFORM configurer

Konfirmand(in) [kɔnfɪr'mant] <-en, -en> *m(f)* confirmand(e) *m(f)*

Konfirmation [kɔnfɪrma'tsi̯oːn] <-, -en> *f* confirmation *f*

konfirmieren* [kɔnfɪr'miːrən] *vt* confirmer

konfiszieren* *vt* ❶ (*beschlagnahmen*) saisir ❷ *hum* (*wegnehmen*) confisquer

Konfitüre [kɔnfi'tyːrə] <-, -n> *f* confiture *f*

Konflikt [kɔn'flɪkt] <-s, -e> *m* conflit *m*

Konföderation <-, -en> *f* confédération *f*

Konfrontation [kɔnfrɔnta'tsi̯oːn] <-, -en> *f* ❶ (*Gegenüberstellung*) confrontation *f* ❷ (*Auseinandersetzung*) affrontement *m*

konfrontieren* [kɔnfrɔn'tiːrən] *vt* **jdn mit jdm/etw** ~ confronter qn avec qn/qc; **mit etw konfrontiert werden** être confronté à qc

konfus [kɔn'fuːs] *adj* confus(e); **jdn ~ machen** embrouiller qn

KongressRR [kɔn'grɛs] <-es, -e>, **Kongreß**ALT <-sses, -sse> *m* congrès *m*; **der** ~ (*US-Parlament*) le Congrès

KongresshalleRR *f* salle *f* des congrès **Kongresszentrum**RR *nt* palais *m* des congrès

kongruent [kɔngru'ɛnt] *adj* coïncident(e); ~ **sein** coïncider

König ['køːnɪç] <-s, -e> *m* roi *m*; **die Heiligen Drei ~e** les Rois mages

Königin <-, -nen> *f* reine *f*

königlich ['køːnɪklɪç] *adj a. fig* royal(e)

Königreich ['køːnɪkrai̯ç] *nt* royaume *m*; **das Vereinigte** ~ le Royaume-Uni

Konjugation [kɔnjuga'tsi̯oːn] <-, -en> *f* conjugaison *f*

konjugieren* [kɔnju'giːrən] *vt* conjuguer

Konjunktion [kɔnjʊŋk'tsi̯oːn] <-, -en> *f* conjonction *f*

Konjunktionalsatz *m* LING [proposition *f*] conjonctive *f*

Konjunktiv ['kɔnjʊŋktiːf] <-s, -e> *m* LING subjonctif *m*

Konjunktur [kɔnjʊŋk'tuːɐ̯] <-, -en> *f* conjoncture *f*

konjunkturell [kɔnjʊŋktu'rɛl] *adj* conjoncturel(le)

konkret [kɔn'kreːt] *adj* ❶ (*Vorstellung*) concret(-ète) ❷ KUNST figuratif(-ive)

Konkurrent(in) [kɔnkʊ'rɛnt] <-en, -en> *m(f)* rival(e) *m(f)*; COM concurrent(e) *m(f)*

Konkurrenz [kɔnkʊ'rɛnts] <-, -en> *f* ❶ *kein Pl* concurrence *f* ❷ (*Wettkampf*) compétition *f*; **außer** ~ hors compétition

konkurrenzfähig *adj* compétitif(-ive) **Konkurrenzkampf** *m* concurrence *f*

konkurrieren* [kɔnkʊ'riːrən] *vi* COM être en concurrence

Konkurs [kɔn'kʊrs] <-es, -e> *m* ❶ (*Zahlungsunfähigkeit*) faillite *f* ❷ (*Verfahren*) procédure *f* de faillite

K

können ['kœnən] **I.** **<konnte, gekonnt>** *vt* (*Fremdsprache*) parler; **was ~ Sie?** qu'est-ce que vous savez faire? ▸**[et]was/nichts für etw ~** être/ne pas être responsable de qc; **der kann mich mal!** *fam* il peut aller se faire foutre! **II.** **<konnte, gekonnt>** *vi* pouvoir; **nicht mehr ~** *fam* (*erschöpft sein*) n'en pouvoir plus; (*satt sein*) ne plus pouvoir rien avaler **III.** **<konnte, ~>** *aux modal* ❶ (*vermögen, dürfen*) **etw tun ~** pouvoir faire qc; **~ Sie mir sagen, wo/wie ...?** pourriez-vous me dire où/comment ...?; **kann ich Ihnen weiterhelfen?** puis-je vous aider? ❷ (*eine Fertigkeit haben*) **laufen/lesen ~** savoir courir/lire ▸ **man kann nie wissen** on ne sait jamais

Können <-s> *nt* (*geistig*) compétence *f;* (*manuell*) savoir-faire *m*

Könner(in) <-s, -> *m(f)* expert(e) *m(f)*

konnte ['kɔntə] *Imp von* **können**

Konsekutivsatz [kɔnzeku'ti:fzats] *m* [proposition *f* subordonnée] consécutive *f*

Konsens [kɔn'zɛns] <-es, -e> *m geh* (*Übereinstimmung*) consensus *m*

konsequent [kɔnze'kvɛnt] *adj* ❶ (*folgerichtig*) cohérent(e) ❷ (*unbeirrbar*) résolu(e)

Konsequenz [kɔnze'kvɛnts] <-, -en> *f* ❶ conséquence *f;* **aus etw die ~en ziehen** tirer les conséquences de qc ❷ *kein Pl* (*Folgerichtigkeit*) cohérence *f;* (*Unbeirrbarkeit*) détermination *f*

konservativ [kɔnzɛrva'ti:f] POL *adj* conservateur(-trice)

Konservative(r) *f(m) dekl wie adj* conservateur(-trice) *m(f)*

Konservatorium [kɔnzɛrva'to:rium] <-s, -rien> *nt* conservatoire *m*

Konserve [-və] <-, -n> *f* conserve *f*

Konservendose *f* boîte *f* de conserve

konservieren* [kɔnzɛr'vi:rən] *vt* conserver

Konservierung <-, -en> *f* (*von Lebensmitteln*) conservation *f*

Konsistenz <-> *f geh* consistance *f*

Konsole [kɔn'zo:lə] <-, -n> *f* console *f*

Konsonant [kɔnzo'nant] <-en, -en> *m* consonne *f*

konspirativ *adj geh* (*Tätigkeit*) conspirateur (-trice)

konstant [kɔn'stant] *adj* constant(e)

Konstellation [kɔnstɛla'tsio:n] <-, -en> *f* ❶ *geh* (*Gesamtlage*) configuration *f* ❷ ASTRO constellation *f*

konstituieren* *geh* **I.** *vt* constituer **II.** *vr* **sich als etw ~** se constituer en qc

Konstitution [kɔnstitu'tsio:n] <-, -en> *f* (*körperliche Verfassung*) condition *f;* (*Körperbau*) constitution *f*

konstruieren* [kɔnstru'i:rən] *vt a.* LING construire

Konstrukteur(in) [kɔnstrʊk'tø:ɐ] <-s, -e> *m(f)* constructeur(-trice) *m(f)*

Konstruktion [kɔnstrʊk'tsio:n] <-, -en> *f* construction *f*

konstruktiv [kɔnstrʊk'ti:f] *geh adj* constructif(-ive)

Konsul ['kɔnzʊl] <-s, -n> *m,* **Konsulin** *f* consul *m*

Konsulat [kɔnzu'la:t] <-[e]s, -e> *nt* consulat *m*

konsultieren* [kɔnzʊl'ti:rən] *vt form* consulter

Konsum [kɔn'zu:m] <-s> *m* consommation *f*

Konsument(in) [kɔnzu'mɛnt] <-en, -en> *m(f)* consommateur(-trice) *m(f)*

Konsumgut *nt meist Pl* bien *m* de consommation

konsumieren* [kɔnzu'mi:rən] *vt geh* (*verbrauchen*) consommer

Kontakt [kɔn'takt] <-[e]s, -e> *m* contact *m;* **private/berufliche ~e** des relations *fpl* personnelles/d'affaires; **mit jdm ~ aufnehmen** prendre contact avec qn

kontaktfreudig *adj* sociable **Kontaktlinse** *f* lentille *f* [de contact]

Konten *Pl von* **Konto**

kontern *vi* (*antworten*) riposter

Kontext ['kɔntɛkst] <-[e]s, -e> *m* contexte *m*

Kontinent [kɔnti'nɛnt] <-[e]s, -e> *m* continent *m*

kontinental [kɔntinɛn'ta:l] *adj* continental(e)

kontinuierlich [kɔntinu'i:ɐlɪç] *geh adj* continu(e)

Konto ['kɔnto] <-s, Konten> *nt* compte *m*

Kontoauszug *m* extrait *m* de compte **Kontonummer** *f* numéro *m* de/du compte **Kontostand** *m* situation *f* de compte

Kontrabass[RR] *m* contrebasse *f*

Kontrahent(in) [kɔntra'hɛnt] <-en, -en> *m(f) geh* adversaire *mf*

Kontrast [kɔn'trast] <-[e]s, -e> *m a.* CINE, PHOT, TV contraste *m*

Kontrolle [kɔn'trɔlə] <-, -n> *f* contrôle *m,*

unter ~ haben (*Brand, Fahrzeug*) maîtriser
Kontrolleur(in) [kɔntrɔ'løːɐ] <-s, -e> *m(f)* contrôleur(-euse) *m(f)*
kontrollieren* [kɔntrɔ'liːrən] *vt* ❶ (*überprüfen*) contrôler ❷ (*überwachen*) exercer un contrôle sur
Kontrolllampe[RR] *f* voyant *m* lumineux
kontrovers [-'vɛrs] *geh adj* (*umstritten*) controversé(e)
Konvention [-vɛn-] <-, -en> *f meist Pl* (*Verhaltensnorm*) convention *f*
konventionell [kɔnvɛntsi̯o'nɛl] *adj* conventionnel(le)
Konversation [kɔnvɛrza'tsi̯oːn] <-, -en> *f geh* conversation *f*
konvertibel [kɔnvɛr'tiːbəl] *adj*, **konvertierbar** *adj* FIN convertible
konvertieren* [kɔnvɛr'tiːrən] **I.** *vi + haben o sein* **zum Christentum** ~ se convertir au christianisme **II.** *vt* (*Datei*) convertir
Konvoi ['kɔnvɔɪ, kɔn'vɔɪ] <-s, -s> *m* convoi *m*
Konzentrat [kɔntsɛn'traːt] <-[e]s, -e> *nt* concentré *m*
Konzentration [kɔntsɛntra'tsi̯oːn] <-, -en> *f* concentration *f*
Konzentrationsfähigkeit *f kein Pl* pouvoir *m* de concentration **Konzentrationslager** *nt* camp *m* de concentration **Konzentrationsschwäche** *f* difficultés *fpl* de concentration
konzentrieren* [kɔntsɛn'triːrən] *vr* **sich auf etw** (*akk*) ~ se concentrer sur qc
konzentriert [kɔntsɛn'triːɐ̯t] **I.** *adj* (*Saft*) concentré(e); (*Nachdenken*) approfondi(e); (*Aufmerksamkeit*) soutenu(e) **II.** *adv* (*nachdenken*) en se concentrant
Konzept [kɔn'tsɛpt] <-[e]s, -e> *nt* ❶ (*Entwurf*) brouillon *m* ❷ (*Plan*) projet *m*
Konzeption <-, -en> *f geh* concept *m*
Konzern [kɔn'tsɛrn] <-s, -e> *m* groupe *m*
Konzert [kɔn'tsɛrt] <-[e]s, -e> *nt* ❶ (*Komposition*) concerto *m* ❷ (*Aufführung*) concert *m*
Konzertabend *m* soirée *f* musicale **Konzertagentur** *f* agence *f* de spectacles **Konzertflügel** *m* piano *m* de concert **Konzertsaal** *m* salle *f* de concert
Konzession [kɔntsɛ'si̯oːn] <-, -en> *f* (*Gewerbeerlaubnis*) licence *f*
Konzessivsatz [kɔntsɛ'siːfzats] *m* [proposition *f*] concessive *f*
konzipieren* *vt* concevoir
Kooperation [koʔopera'tsi̯oːn] <-, -en> *f* coopération *f*
kooperieren* [koʔope'riːrən] *vi* coopérer
Koordinate [koʔɔrdi'naːtə] <-, -en> *f* coordonnée *f*
Koordination [koʔɔrdina'tsi̯oːn] <-, -en> *f geh* coordination *f*
koordinieren* [koʔɔrdi'niːrən] *vt geh* coordonner
Kopf [kɔpf, *Pl:* 'kœpfə] <-[e]s, Köpfe> *m* ❶ tête *f*; **den ~ schütteln** secouer la tête; **pro ~** par tête; **ein ~ Salat** la tête d'une salade ❷ (*Rückseite einer Münze*) **~ oder Zahl?** pile ou face? ▶**von ~ bis Fuß** de la tête aux pieds; **den ~ in den Sand stecken** pratiquer la politique de l'autruche; **mit dem ~ durch die Wand wollen** *fam* faire du forcing; **nicht auf den ~ gefallen sein** *fam* ne pas être tombé sur la tête; **für jdn/etw den ~ hinhalten** *fam* aller au casse-pipe pour qn/qc; **etw auf den ~ hauen** *fam* dilapider qc; **sich** (*dat*) **etw aus dem ~ schlagen** s'ôter qc de la tête; **sich** (*dat*) **in den ~ setzen ...** se mettre en tête de ...; **jdm den ~ verdrehen** *fam* tourner la tête à qn; **jdm den ~ waschen** passer un savon à qn; **jdm etw an den ~ werfen** jeter qc à la figure de qn; **~ an ~** (*rennen*) au coude à coude
Kopfbahnhof *m* gare *f* terminus **Kopfball** *m* tête *f* **Kopfbedeckung** *f* couvre-chef *m*
Köpfchen ['kœpfçən] <-s, -> *nt* ❶ *Dim von* **Kopf** [petite] tête *f* ❷ *fam* (*Cleverness*) **~ haben** être futé
köpfen ['kœpfən] *vt* ❶ (*enthaupten*) décapiter ❷ (*Ball*) mettre de la tête
Kopfende *nt* (*eines Bettes*) tête *f* **Kopfgeld** *nt* prime *f* de capture **Kopfgeldjäger** *m* chasseur *m* de prime **Kopfhaut** *f* cuir *m* chevelu **Kopfhörer** *m* casque *m* **Kopfkissen** *nt* oreiller *m* **Kopfkissenbezug** *m* taie *f* d'oreiller
kopflos *adj* (*verwirrt*) affolé(e)
Kopfnicken <-s> *nt* signe *m* de tête **kopfrechnen** *vi* calculer de tête **Kopfrechnen** *nt* calcul *m* mental **Kopfsalat** *m* laitue *f* **Kopfschmerz** *m meist Pl* mal *m* de tête; **~en haben** avoir mal à la tête **Kopfschmerztablette** *f* cachet *m* contre le mal de tête **Kopfschütteln** <-s> *nt* hochement *m* de tête **Kopfsprung** *m* plongeon *m*

K

Kopfstand *m* poirier *m* **Kopfstütze** *f* appuie-tête *m* **Kopftuch** <-tücher> *nt* foulard *m* **kopfüber** *adv* la tête la première **Kopfweh** *s.* **Kopfschmerz** **Kopfzerbrechen** *nt* **jdm ~ bereiten** causer du tracas à qn

Kopie [ko'pi:] <-, -n> *f* copie *f*

kopieren* [ko'pi:rən] *vt* ❶ (*foto~*) [photo]copier; **sich** (*dat*) **etw ~** se faire une copie de qc ❷ *a.* INFORM faire une copie de

Kopierer <-s, -> *m fam*, **Kopiergerät** [ko'pi:ɐgərɛ:t] *nt* photocopieuse *f* **Kopierschutz** *m* INFORM verrouillage *m*

Kopilot(in) ['ko:pilo:t] *m(f)* copilote *mf*

Koppel <-, -n> *f* (*Pferdekoppel*) enclos *m*

koppeln ['kɔpəln] *vt* ❶ TELEC brancher ❷ AUT, EISENBAHN accrocher; AVIAT, NAUT amarrer

Kopp[e]lung <-, -en> *f* ❶ TELEC branchement *m* ❷ AUT, EISENBAHN accrochage *m* ❸ AVIAT, NAUT amarrage *m*

Koproduktion ['ko:prodʊktsi̯o:n] *f* coproduction *f*

Koralle [ko'ralə] <-, -n> *f* corail *m*

Koran [ko'ra:n] <-s, -e> *m* Coran *m*

Koranschule *f* école *f* coranique

Korb [kɔrp, *Pl:* 'kœrbə] <-[e]s, Körbe> *m* ❶ (*mit Henkeln*) panier *m*; (*ohne Henkel*) corbeille *f* ❷ SPORT panier *m* ❸ *fam* (*Abfuhr*) rebuffade *f*; **jdm einen ~ geben** envoyer promener qn

Körbchen ['kœrpçən] <-s, -> *nt Dim von* **Korb** corbeille *f*

Kord *s.* **Cord**

Kordel <-, -n> *f* cordon *m*

Koriander [kori'andɐ] <-s, -> *m* coriandre *f*

Kork [kɔrk] <-[e]s, -e> *m* liège *m*

Korken ['kɔrkən] <-s, -> *m* bouchon *m*

Korkenzieher <-s, -> *m* tire-bouchon *m*

Kormoran [kɔrmo'ra:n] <-s, -e> *m* cormoran *m*

Korn¹ [kɔrn, *Pl:* 'kœrnɐ] <-[e]s, Körner> *nt* ❶ (*Samenkorn*) graine *f* ❷ *kein Pl* (*Getreide*) céréales *fpl*

Korn² [kɔrn] <-s> *kein Pl m* (*Getränk*) eau-de-vie *f*

Kornblume *f* bleuet *m* **Kornfeld** *nt* champ *m* de céréales

körnig *adj* (*Oberfläche*) rugueux(-euse)

Körper ['kœrpɐ] <-s, -> *m* corps *m*

körperbehindert *adj form* handicapé(e) physique **Körperbehinderte(r)** *f(m) dekl wie adj form* handicapé(e) *m(f)* physique **Körpergewicht** *nt* poids *m* **Körpergröße** *f* taille *f*

körperlich **I.** *adj* (*Anstrengung*) physique; (*Gebrechen*) corporel(le) **II.** *adv* physiquement

Körperpflege *f* hygiène *f* corporelle

Körperschaft <-, -en> *f* **~ des öffentlichen Rechts** personne *f* morale de droit public

Körperteil *m* partie *f* du corps

Körpertemperatur *f* température *f* [du corps] **Körperverletzung** *f* blessure *f* corporelle; **schwere ~** blessure grave; **wegen ~** pour coups et blessures

korpulent [kɔrpu'lɛnt] *adj* corpulent(e)

korrekt [kɔ'rɛkt] *adj* correct(e)

Korrektor <-s, -toren> *m*, **Korrektorin** *f* (*bei Prüfungen*) correcteur(-trice) *m(f)*

Korrektur [kɔrɛk'tu:ɐ] <-, -en> *f* ❶ correction *f* ❷ *geh* (*Veränderung*) rectification *f*; JUR amendement *m*

Korrespondent(in) [kɔrɛspɔn'dɛnt] <-en, -en> *m(f)* ❶ MEDIA correspondant(e) *m(f)* ❷ (*Handelskorrespondent*) correspondancier(-ière) *m(f)*

Korrespondenz [kɔrɛspɔn'dɛnts] <-, -en> *f* correspondance *f*

korrespondieren* [kɔrɛspɔn'di:rən] *vi* **mit jdm ~** correspondre avec qn

Korridor ['kɔrido:ɐ] <-s, -e> *m* corridor *m*

korrigieren* [kɔri'gi:rən] *vt* corriger

Korrosion [kɔro'zi̯o:n] <-, -en> *f* (*das Korrodieren*) corrosion *f*

korrupt [kɔ'rʊpt] *adj pej* corrompu(e)

Korruption [kɔrʊp'tsi̯o:n] <-, -en> *f pej* corruption *f*

Korse ['kɔrzə] <-n, -n> *m*, **Korsin** *f* Corse *mf*

Korsett [kɔr'zɛt] <-s, -s *o* -e> *nt* corset *m*

Korsika ['kɔrzika] <-s> *nt* la Corse

korsisch *adj* corse

Kortison [kɔrti'zo:n] <-s, -e> *nt* cortisone *f*

koscher ['ko:ʃɐ] *adj* ❶ REL casher *inv* ❷ *fam* (*einwandfrei*) réglo; **nicht [ganz] ~ sein** ne pas être très catholique

Kosename *m* petit nom *m* **Kosewort** *nt* ❶ <-wörter> (*Kosename*) petit nom *m* ❷ <-worte> (*zärtliches Wort*) mot *m* tendre

Kosinus ['ko:zinʊs] <-, -> *m* cosinus *m*

Kosmetik [kɔs'me:tɪk] <-> *f* soins *mpl* de beauté

Kosmetiker(in) [kɔs'me:tikɐ] <-s, -> *m(f)*

esthéticien(ne) *m(f)*
kosmetisch *adj* cosmétique
kosmisch *adj* (*Dimension*) planétaire
Kosmonaut(in) [kɔsmoˈnaut] <-en, -en> *m(f)* cosmonaute *mf*
Kosmos [ˈkɔsmɔs] <-> *m* cosmos *m*
Kost [kɔst] <-> *f a. fig* nourriture *f*
kostbar *adj* précieux(-euse)
Kostbarkeit <-, -en> *f* objet *m* précieux
kosten [ˈkɔstən] *vt* coûter; **was** [*o* **wie viel**] **kostet das?** ça coûte combien?; **viel** ~ coûter cher ▸**koste es, was es wolle** coûte que coûte
Kosten [ˈkɔstən] *Pl* coût *m;* (*Auslagen*) frais *mpl* ▸**auf seine** ~ **kommen** en avoir pour son argent
kostendeckend *adv* en couvrant les frais **Kostenerstattung** *f* remboursement *m* des frais
kostenlos *adj* gratuit(e)
kostenpflichtig *adj* payant(e) **Kostenvoranschlag** *m* devis *m*
köstlich [ˈkœstlɪç] *adj* délicieux(-euse)
Köstlichkeit <-, -en> *f* (*Delikatesse*) délice *m*
Kostprobe *f* ❶ GASTR dégustation *f* ❷ (*Probe: des Könnens*) échantillon *m*
kostspielig *adj* onéreux(-euse); ~ **sein** coûter cher
Kostüm [kɔsˈtyːm] <-s, -e> *nt* ❶ (*Damenkostüm*) tailleur *m* ❷ (*Tracht, Verkleidung*) costume *m*
Kostümball *m* bal *m* costumé
Kot [koːt] <-[e]s> *m* excréments *mpl*
Kotelett [kotəˈlɛt] <-[e]s, -s> *nt* côtelette *f*
Kotelette <-, -n> *f meist Pl* favoris *mpl*
Köter [ˈkøːtɐ] <-s, -> *m pej fam* cabot *m*
Kotflügel *m* aile *f*
kotzen [ˈkɔtsən] *vi vulg* dégueuler
KP [kaːˈpeː] <-, -s> *f Abk von* **Kommunistische Partei** P.C. *m*
Krabbe [ˈkrabə] <-, -n> *f* crabe *m;* (*Garnele*) crevette *f*
krabbeln [ˈkrabəln] *vi + sein* (*Kind*) marcher à quatre pattes; (*Spinne*) se promener
Krach [krax, *Pl:* ˈkrɛçə] <-[e]s, Kräche> *m* ❶ *kein Pl* (*Lärm*) vacarme *m* ❷ *fam* (*Streit*) engueulade *f*
krachen *vi + haben* (*laut knallen: Tür, Schuss*) claquer; (*Donner*) éclater (*fam*)
Kracherl <-s, -n> *nt* A, SDEUTSCH *fam* (*Limonade*) soda *m*
krächzen [ˈkrɛçtsən] *vi* ❶ (*Krähe*) croasser ❷ *fam* (*heiser sprechen*) parler d'une voix enrouée
Kräcker <-s, -> *m* cracker *m*
kraft *präp + gen form* ~ **Gesetzes** au nom de la loi
Kraft [kraft, *Pl:* ˈkrɛftə] <-, Kräfte> *f* ❶ force *f;* **mit aller** ~ de toutes ses/mes/... forces; **aus eigener** ~ par ses/mes/... propres moyens; **über jds Kräfte** (*akk*) **gehen** être au-dessus des forces de qn ❷ (*starke Wirkung*) pouvoir *m* ❸ PHYS énergie *f* ▸**volle** ~ **voraus!** machine avant, toutes!; **in** ~ **sein/treten** être/entrer en vigueur
Kraftakt *m* tour *m* de force
Kraftfahrzeug *nt form* véhicule *m* automobile **Kraftfahrzeugbrief** *m: titre de propriéte du véhicule* **Kraftfahrzeugmechaniker(in)** *m(f)* mécanicien(ne) *m(f)* [automobile] **Kraftfahrzeugschein** *m* carte *f* grise **Kraftfahrzeugsteuer** *f* ≈ vignette *f*
kräftig [ˈkrɛftɪç] **I.** *adj* (*Person*) fort(e); (*Strömung*) puissant(e); (*Händedruck*) vigoureux(-euse); (*Farbton*) soutenu(e) **II.** *adv* (*drücken*) vigoureusement; (*einatmen*) profondément
kräftigen *vt geh* (*Kur*) revigorer
kraftlos *adj* (*Person*) sans force; (*Händedruck*) mou(molle)
Kraftprobe *f* épreuve *f* de force **Kraftstoff** *m form* carburant *m* **kraftvoll I.** *adj geh* (*Körper*) vigoureux(-euse); (*Stimme*) puissant(e) **II.** *adv* (*zuschlagen*) violemment **Kraftwerk** *nt* centrale *f* [électrique]
Kragen [ˈkraːgən, *Pl:* ˈkrɛːgən] <-s, - *o* CH, SDEUTSCH Krägen> *m* col *m* ▸**ihm platzt der** ~ *fam* il explose
Kragenweite ▸**das ist nicht meine** ~ *fam* ce n'est pas mon truc
Krähe [ˈkrɛːə] <-, -n> *f* corneille *f*
krähen [ˈkrɛːən] *vi* (*Hahn*) chanter
Krake [ˈkraːkə] <-n, -n> *m* pieuvre *f*
Kralle [ˈkralə] <-, -n> *f* (*einer Katze*) griffe *f;* (*eines Raubvogels*) serre *f*
Kram [kraːm] <-[e]s> *m fam* ❶ (*Zeug*) bazar *m* ❷ (*Angelegenheit*) fourbi *m;* **kümmere dich um deinen eigenen** ~! mêle-toi de tes oignons!
kramen *vi* fouiller
Krampf [krampf, *Pl:* ˈkrɛmpfə] <-[e]s, Krämpfe> *m* ❶ (*Muskelkrampf*) crampe *f* ❷ (*Kolik*) spasme *m*

K

Krampfader *f* varice *f*

krampfhaft *adj* (*Nachdenken*) obstiné(e); (*Versuch*) désespéré(e); (*Lachen*) convulsif (-ive)

Kran [kra:n, *Pl:* 'krɛ:nə] <-[e]s, Kräne> *m* TECH grue *f*

Kranich ['kra:nɪç] <-s, -e> *m* grue *f*

krank [kraŋk] <kränker, kränkste> *adj a. fig* malade; ~ **werden** tomber malade; **jdn ~ machen** rendre qn malade

Kranke(r) *f(m) dekl wie adj* malade *mf*

kränkeln *vi* (*Branche*) être chancelant

kränken ['krɛŋkən] *vt* blesser

Krankenbett *nt* (*Krankenlager*) chevet *m* du malade **Krankengeld** *nt* prestations *fpl* maladie **Krankengymnast(in)** <-en, -en> *m(f)* kinésithérapeute *mf* **Krankengymnastik** *f* kinésithérapie *f* **Krankenhaus** *nt* hôpital *m*; **ins ~ kommen** être hospitalisé **Krankenkasse** *f* caisse *f* d'assurance-maladie **Krankenpflege** *f* soins *mpl* [donnés aux malades] **Krankenpfleger(in)** *m(f)* infirmier(-ière) *m(f)* **Krankenschwester** *f* infirmière *f* **Krankenversichertenkarte** *f* ≈ carte *f* d'assuré social **Krankenversicherung** *f* assurance-maladie *f*; **gesetzliche ~** ≈ Sécurité *f* sociale; **private ~** ≈ caisse *f* d'assurance maladie **Krankenwagen** *m* ambulance *f*

krankhaft *adj* ❶ MED pathologique ❷ (*unnormal*) maladif(-ive)

Krankheit <-, -en> *f* maladie *f*

Krankheitserreger *m* agent *m* pathogène

krank|lachen *vr fam* **sich ~** se marrer

kränklich *adj* maladif(-ive)

krank|melden[RR] *vr* **sich ~** se faire porter malade **Krankmeldung** *f* déclaration *f* de maladie **krank|schreiben**[RR] *vt* **jdn ~** prescrire un arrêt de travail à qn

Kränkung ['krɛnkʊŋ] <-, -en> *f* offense *f*

Kranz [krants, *Pl:* 'krɛntsə] <-es, Kränze> *m* (*aus Pflanzen*) gerbe *f*

Kranzniederlegung *f* dépôt *m* de gerbe

krass[RR], **kraß**[ALT] *adj* (*Außenseiter*) manifeste; (*Gegensatz*) flagrant(e)

Krater ['kra:tɐ] <-s, -> *m* cratère *m*

Krätze <-> *f* MED gale *f*

kratzen ['kratsən] **I.** *vt* ❶ **jdn am Rücken ~** gratter le dos à qn ❷ (*Katze*) griffer **II.** *vr* **sich ~** se gratter **III.** *vi* ❶ gratter ❷ (*mit den Fingernägeln*) griffer **IV.** *vt unpers fam* **es kratzt ihn am Rücken** il a le dos qui le gratte

Kratzer <-s, -> *m* éraflure *f*

kraulen[1] ['kraulən] + *haben o sein* **I.** *vi* SPORT nager le crawl **II.** *vt* **hundert Meter ~** faire cent mètres en crawl

kraulen[2] *vt* (*liebkosen*) grat[t]ouiller

kraus [kraus] *adj* ❶ (*Haar*) [tout(e)] frisé(e) ❷ (*faltig*) froissé(e)

kräuseln ['krɔyzəln] **I.** *vt* (*Haare*) fris[ott]er; (*Stoff*) froncer **II.** *vr* **sich ~** (*Haare*) frisotter; (*Wasser*) se rider

Kraut [kraut, *Pl:* 'krɔytɐ] <-[e]s, Kräuter> *nt* ❶ (*Pflanze*) herbe *f souvent pl* ❷ *kein Pl* (*von Karotten*) fanes *fpl* ❸ *kein Pl* (*Kohl*) chou *m* ►**wie ~ und Rüben** *fam* sens dessus dessous

Kräuterbutter *f* beurre *m* persillé **Kräutertee** *m* tisane *f*

Krautsalat *m* salade *f* de chou

Krawall [kra'val] <-s, -e> *m* (*Tumult*) bagarre *f*

Krawatte [kra'vatə] <-, -n> *f* cravate *f*

Kreation [krea'tsio:n] <-, -en> *f* création *f*

kreativ [krea'ti:f] *adj* créatif(-ive)

Kreativität [kreativi'tɛ:t] <-> *f* créativité *f*

Kreatur [krea'tu:ɐ̯] <-, -en> *f* créature *f*

Krebs [kre:ps] <-es, -e> *m* ❶ ZOOL crustacé *m*; (*Flusskrebs*) écrevisse *f* ❷ *kein Pl* GASTR crabe *m* ❸ *kein Pl* ASTRO Cancer *m* ❹ MED cancer *m*; **~ haben** avoir un cancer

krebskrank *adj* cancéreux(-euse) **Krebskranke(r)** *f(m) dekl wie adj* cancéreux (-euse) *m(f)* **Krebsvorsorge** *f* dépistage *m* du cancer

Kredit [kre'di:t] <-[e]s, -e> *m* crédit *m*

Kreditinstitut *nt* établissement *m* de crédit **Kreditkarte** *f* carte *f* de crédit **kreditwürdig** *adj* solvable

Kreide ['kraidə] <-, -n> *f* craie *f*

kreidebleich, **kreideweiß** *adj* blanc(blanche) comme un linge

kreieren* *vt* créer

Kreis [krais] <-es, -e> *m* ❶ cercle *m*; **im ~e der Familie** au sein de la famille ❷ *Pl* (*gesellschaftliche Schicht*) milieux *mpl*

kreischen ['kraiʃən] *vi* ❶ (*Person*) pousser des cris stridents ❷ (*Bremsen*) crier

Kreisel ['kraizəl] <-s, -> *m* (*Spielzeug*) toupie *f*

kreisen ['kraizən] *vi* + *haben o sein* ❶ *a.* ASTRO, AVIAT **um etw ~** tourner autour de qc ❷ (*fliegen*) **über etw** (*dat*) **~** tournoyer au-dessus de qc ❸ (*bewegen*) **den Arm ~**

lassen effectuer des cercles avec le bras
kreisförmig ['kraisfœrmɪç] **I.** *adj* circulaire **II.** *adv* en cercle **Kreislauf** *m* ❶ (*des Lebens, der Natur*) cycle *m;* (*des Geldes*) circulation *f* ❷ (*Blutkreislauf*) circulation *f* **Kreislaufkollaps** *m* collapsus *m* cardiovasculaire **Kreislaufstörungen** *Pl* troubles *mpl* circulatoires **kreisrund** *adj* tout(e) rond(e) **Kreissäge** *f* scie *f* circulaire
Kreißsaal ['kraisza:l] *m* salle *f* d'accouchement
Kreisstadt *f* ≈ chef-lieu *m* de district; (*in Frankreich*) ≈ chef-lieu de canton **Kreisumfang** *m* MATH circonférence *f* du cercle **Kreisverkehr** *m* rond-point *m*
Krematorium [krema'to:riʊm] <-s, -rien> *nt* crématorium *m*
kremig ['kre:mɪç] *adj* onctueux(-euse)
Kreml ['kre:m(ə)l] <-s> *m* **der** ~ le Kremlin
Krempe ['krɛmpə] <-, -n> *f* bord *m*
Krempel ['krɛmpəl] <-s> *m pej fam* camelote *f*
Kren [kre:n] <-s> *m* A raifort *m*
krepieren* [kre'pi:rən] *vi + sein fam* crever
Krepp [krɛp] <-s, -e> *m* crêpe *m*
Kresse ['krɛsə] <-, -en> *f* cresson *m*
kreuz [krɔyts] ▸~ **und quer** dans tous les sens
Kreuz [krɔyts] <-es, -e> *nt* ❶ *a.* REL croix *f* ❷ (*Rücken*) reins *mpl* ❸ (*Autobahnkreuz*) échangeur *m* ❹ SPIEL trèfle *m* ❺ MUS dièse *m* ▸**drei** ~**e machen** *fam* pousser un ouf de soulagement; **das Rote** ~ la Croix-Rouge
kreuzen I. *vt + haben* croiser **II.** *vi + haben o sein* (*Segelschiff*) louvoyer; (*Flugzeug, Schiff*) croiser
Kreuzfahrt *f* croisière *f* **Kreuzgang** <-gänge> *m* cloître *m*
kreuzigen ['krɔytsɪgən] *vt* crucifier
Kreuzigung <-, -en> *f* crucifixion *f*
Kreuzotter *f* vipère *f* péliade
Kreuzschmerzen *Pl fam* maux *mpl* de reins
Kreuzung <-, -en> *f* ❶ (*Straßenkreuzung*) carrefour *m* ❷ (*das Kreuzen*) croisement *m* ❸ (*gekreuzte Tierrasse*) bâtard(e) *m(f)*
Kreuzverhör *nt* interrogatoire *m* contradictoire **Kreuzworträtsel** *nt* mots *mpl* croisés **Kreuzzug** *m* HIST *a. fig* croisade *f*
kribbelig *adj fam* (*unruhig*) fébrile; **ich bin ganz** ~ je n'y tiens plus
kribbeln ['krɪbəln] *vt, vi unpers* **es kribbelt jdm** [*o* [**o jdn**]] **in der Nase** qn a des picotements dans le nez
kribblig *s.* **kribbelig**
kriechen ['kri:çən] <kroch, gekrochen> *vi + sein* ❶ *a. fig* ramper ❷ (*langsam fahren*) se traîner (*fam*)
Krieg [kri:k] <-[e]s, -e> *m* guerre *f;* **jdm den** ~ **erklären** déclarer la guerre à qn; [**einen**] ~ **gegen jdn führen** faire la guerre à qn
kriegen ['kri:gən] **I.** *vt fam* ❶ (*bekommen*) recevoir; **etw zu essen** ~ pouvoir manger qc; **Prügel von jdm** ~ ramasser une volée de qn ❷ (*in Verbindung mit dem Partizip Präteritum*) **etw geregelt** ~ arriver à régler qc; **er kriegt das Auto geliehen** on lui prête la voiture ❸ (*Bus, Zug*) attraper; (*Taxi*) dénicher ❹ (*Strafzettel*) récolter ❺ (*erwischen*) **jdn** ~ mettre la main sur qn ❻ (*Grippe*) choper ❼ (*Kind*) aller avoir ▸**es mit jdm zu tun** ~ avoir affaire à qn **II.** *vr fam* **sich** ~ être enfin réunis
kriegerisch ['kri:gərɪʃ] *adj* ❶ (*Volk*) guerrier(-ière); (*Einstellung*) belliqueux(-euse) ❷ (*militärisch*) militaire
Kriegsbeil *nt* hache *f* de guerre **Kriegsdienstverweigerer** <-s, -> *m* objecteur *m* de conscience **Kriegserklärung** *f* déclaration *f* de guerre **Kriegsfuß** ▸**mit etw auf** ~ **stehen** *fam* être brouillé avec qc **Kriegsgebiet** *nt* zone *f* en guerre **Kriegsgefangene(r)** *f(m) dekl wie adj* prisonnier(-ière) *m(f)* de guerre **Kriegsgefangenschaft** *f* captivité *f* **Kriegspfad** ▸**auf dem** ~ **sein** *iron* être sur le sentier de la guerre **Kriegsverbrechen** *nt* crime *m* de guerre **Kriegsverbrecher(in)** *m(f)* criminel(le) *m(f)* de guerre **Kriegszustand** *m* guerre *f;* **sich im** ~ **befinden** être en guerre
Krimi ['kri:mi] <-s, -s> *m fam* polar *m*
Kriminalbeamte(r) *m,* **-beamtin** *f form* fonctionnaire *mf* de la police judiciaire
Kriminalist(in) <-en, -en> *m(f)* spécialiste *mf* des affaires criminelles; (*bei der Polizei*) agent *m* de la P.J.
kriminalistisch *adj* de détective
Kriminalität [kriminali'tɛ:t] <-> *f* criminalité *f;* **organisierte** ~ crime *m* organisé
Kriminalkommissar(in) *m(f)* commissaire *mf* de police judiciaire **Kriminalpolizei** *f* police *f* judiciaire **Kriminalroman** *m* roman *m* policier
kriminell [krimi'nɛl] *adj* ❶ criminel(le); ~ **sein** être délinquant ❷ *fam* (*gefährlich*)

K

casse-gueule
Krimskrams <-es> *m fam* fourbi *m*
Kringel ['krɪŋəl] <-s, -> *m* (*Schnörkel*) petit rond *m*
kringeln *vr* ❶ **sich ~** (*Haarsträhne*) frisotter; (*Schwanz*) tire-bouchonner ❷ *fam* **sich vor Lachen ~** se tordre de rire
Kripo ['kri:po] <-, -s> *f fam Abk von* **Kriminalpolizei** P.J. *f*
Krippe ['krɪpə] <-, -n> *f* ❶ (*Futterkrippe*) mangeoire *f* ❷ (*Weihnachts-, Kinderkrippe*) crèche *f*
Krise ['kri:zə] <-, -n> *f* crise *f*
kriseln ['kri:zəln] *vi unpers fam* **es kriselt** ça va mal
Krisengebiet *nt* région *f* instable **Krisenherd** *m* poudrière *f* **Krisenstab** *m* cellule *f* de crise
Kristall[1] [krɪs'tal] <-s, -e> *m* MINER cristal *m*
Kristall[2] <-s> *nt* ❶ (*~glas*) cristal *m* ❷ (*Gegenstände*) cristaux *mpl*
Kristallnacht *f* **die ~** NS la nuit de cristal **Kristallzucker** *m* sucre *m* cristallisé
Kriterium [kri'te:riʊm] <-s, -rien> *nt* critère *m*
Kritik [kri'ti:k] <-> *f kein Pl* critique *f*; **an jdm/etw ~ üben** critiquer qn/qc
Kritiker(in) ['kri:tikɐ] <-s, -> *m(f)* ❶ (*Rezensent*) critique *mf* ❷ (*Gegner*) détracteur (-trice) *m(f)*
kritisch ['kri:tɪʃ] *adj* critique
kritisieren* [kriti'zi:rən] *vt, vi* critiquer
kritzeln ['krɪtsəln] *vt, vi* griffonner
Kroate <-n, -n> *m*, **Kroatin** *f* Croate *mf*
Kroatien [kro'ʔa:tsiən] <-s> *nt* la Croatie
kroatisch [kro'ʔa:tiʃ] **I.** *adj* croate **II.** *adv* **~ miteinander sprechen** discuter en croate
Kroatisch <-[s]> *nt kein art* croate *m*; *s. a.* **Deutsch**
kroch [krɔx] *Imp von* **kriechen**
Krokant [kro'kant] <-s> *m* (*Masse*) nougatine *f*
Krokette [kro'kɛtə] <-, -n> *f* croquette *f*
Krokodil [kroko'di:l] <-s, -e> *nt* crocodile *m*
Krokus ['kro:kʊs] <-, -> *m* crocus *m*
Krone ['kro:nə] <-, -n> *f* couronne *f*
krönen ['krø:nən] *vt* **jdn zum König ~** couronner qn roi
Kron[en]korken *m* capsule *f*
Kronleuchter *m* lustre *m* **Kronprinz** *m*, **-prinzessin** *f* prince *m* héritier/princesse *f* héritière
Krönung ['krø:nʊŋ] <-, -en> *f* couronnement *m*
Kropf [krɔpf, *Pl:* 'krœpfə] <-[e]s, Kröpfe> *m* MED goitre *m*
kross[RR] [krɔs], **kroß**[ALT] *adj* croustillant(e)
Kröte ['krø:tə] <-, -n> *f* ❶ ZOOL crapaud *m* ❷ *Pl fam* (*Geld*) fric *m*
Krücke ['krʏkə] <-, -n> *f* béquille *f*
Krug ['kru:k, *Pl:* 'kry:gə] <-[e]s, Krüge> *m* ❶ (*Wasserkrug*) cruche *f* ❷ (*Bierkrug*) chope *f*
Krümel ['kry:məl] <-s, -> *m* (*Brösel*) miette *f*
krümeln *vi* ❶ (*Person*) faire des miettes ❷ (*Kuchen*) s'émietter
krumm [krʊm] **I.** *adj* (*nicht gerade*) tordu(e); (*Nase*) crochu(e); (*Rücken*) voûté(e) **II.** *adv* (*gehen*) le dos voûté; (*wachsen*) de travers
krümmen ['krʏmən] **I.** *vt* ❶ (*biegen: Rücken*) courber; (*Finger*) plier ❷ MATH, PHYS **gekrümmt** (*Fläche*) incurvé(e) **II.** *vr* ❶ **sich ~** (*Straße*) faire une courbe; (*Fluss*) faire un coude; (*Ast*) se courber ❷ *fig* **sich ~ vor Lachen** se tordre de rire
krumm|lachen *vr fam* **sich ~** se tordre [de rire] **krumm|nehmen** *vi fam* **jdm ~, dass** en vouloir à qn de ce que + *subj*
Krümmung ['krʏmʊŋ] <-, -en> *f* ❶ (*einer Straße*) courbe *f*; (*eines Flusses*) coude *m* ❷ MED, PHYS courbure *f*
Krüppel ['krʏpəl] <-s, -> *m* estropié(e) *m(f)*
Kruste ['krʊstə] <-, -n> *f* croûte *f*
Kruzifix [krutsi'fɪks] <-es, -e> *nt* crucifix *m*
Krypta ['krʏpta] <-, Krypten> *f* crypte *f*
KSZE [ka:ʔɛstsɛt'ʔe:] <-> *f Abk von* **Konferenz über Sicherheit und Zusammenarbeit in Europa** C.S.C.E. *f*
Kuba ['ku:ba] <-s> *nt* Cuba; **auf ~** à Cuba
Kübel ['ky:bəl] <-s, -> *m* (*Pflanzkübel*) jardinière *f*
Kubikmeter [ku'bi:kme:tɐ] *m o nt* mètre *m* cube **Kubikwurzel** *f* MATH racine *f* cubique **Kubikzahl** *f* MATH cube *m*
kubisch ['ku:bɪʃ] *adj* cubique
Kubismus [ku'bɪsmʊs] <-> *m* cubisme *m*
kubistisch *adj* cubiste
Küche ['kʏçə] <-, -n> *f* cuisine *f*
Kuchen ['ku:xən] <-s, -> *m* gâteau *m*; **einen ~ backen** faire un gâteau
Küchenabfälle *Pl* épluchures *fpl*
Kuchenblech *nt* plaque *f* [à pâtisserie] **Kuchenform** *f* moule *m* à gâteau[x] **Kuchengabel** *f* fourchette *f* à gâteaux

Küchenhandtuch *nt* essuie-mains *m* **Küchenmaschine** *f* robot *m* **Küchenpapier** *nt* essuie-tout *m inv* **Küchenrolle** *f* rouleau *m* essuie-tout **Küchenuhr** *f* (*Wanduhr*) pendule *f* de cuisine

Kücken ['kʏkən] <-s, -> *nt* A *s.* **Küken**

kuckuck ['kʊkʊk] *interj* coucou

Kuckuck ['kʊkʊk] <-s, -e> *m* coucou *m* ▸**weiß der ~[, ...]!** *fam* [...,] mystère et boule de gomme!

Kuckucksei *nt* ZOOL œuf *m* de coucou

Kuckucksuhr *f* coucou *m*

Kufe ['ku:fə] <-, -n> *f* (*eines Schlittens*) patin *m;* (*eines Schlittschuhs*) lame *f*

Kugel ['ku:gəl] <-, -n> *f* ❶ (*runder Gegenstand*) boule *f* ❷ MATH sphère *f* ❸ SPORT poids *m;* (*Kegelkugel*) boule *f* ❹ (*Geschoss*) balle *f*

kugelförmig ['ku:gəlfœrmɪç] *adj* sphérique **Kugelgelenk** *nt* ANAT énarthrose *f*

kugeln *vi* + *sein* rouler

kugelrund ['ku:gəl'rʊnt] *adj fam* (*dick*) rondouillard(e) **Kugelschreiber** *m* stylo *m* [à] bille **kugelsicher** *adj* pare-balles; **~ sein** être à l'épreuve des balles **Kugelstoßen** <-s> *nt* lancer *m* du poids

Kuh [ku:, *Pl:* 'ky:ə] <-, Kühe> *f* ❶ vache *f* ❷ *fam* **eine blöde ~** une connasse

Kuhfladen *m* bouse *f* de vache **Kuhhaut** *f* ▸**das geht auf keine ~** *fam* c'est pas croyable

kühl [ky:l] **I.** *adj* ❶ (*kalt*) frais(fraîche); **es wird/ist ~** ça se rafraîchit/il fait frais ❷ (*reserviert*) froid(e) **II.** *adv* ❶ (*kalt: lagern*) au frais; (*servieren*) frais(fraîche) ❷ (*reserviert*) avec froideur; (*empfangen*) fraîchement

Kühlbox *f* (*Kühltasche*) glacière *f*

Kühle <-> *f* (*Kälte*) fraîcheur *f*

kühlen ['ky:lən] **I.** *vt* (*Getränk*) rafraîchir; (*Fisch*) réfrigérer; **gekühlte Getränke** des boissons *fpl* fraîches **II.** *vi* rafraîchir

Kühler <-s, -> *m* ❶ (*eines Fahrzeugs*) radiateur *m;* (*~haube*) capot *m* ❷ (*Sektkühler*) seau *m* à champagne

Kühlerhaube *f* capot *m*

Kühlraum *m* chambre *f* froide **Kühlschrank** *m* réfrigérateur *m* **Kühltasche** *f* glacière *f* **Kühltruhe** *f* congélateur *m* bahut

Kühlung <-, -en> *f kein Pl* (*eines Motors*) refroidissement *m*

Kühlwasser *nt kein Pl* eau *f* de refroidissement

kühn [ky:n] *adj* (*Held*) téméraire; (*Tat*) audacieux(-euse)

Kühnheit <-, -en> *f* ❶ *kein Pl* (*Wagemut*) audace *f* ❷ (*Tat*) témérité *f*

Kuhstall *m* étable *f*

Küken ['ky:kən] <-s, -> *nt* poussin *m*

Kukuruz ['kʊkurʊts] <-[es]> *m* A maïs *m*

kulant [ku'lant] *adj* (*Geschäftsmann*) arrangeant(e); (*Verhalten*) accommodant(e)

Kulanz <-> *f* obligeance *f;* **aus ~** gracieusement

Kuli ['ku:li] <-s, -s> *m fam* (*Stift*) stylo *m*

kulinarisch [kuli'na:rɪʃ] *adj* culinaire **Kulisse** [ku'lɪsə] <-, -n> *f* décor *m* ▸**hinter den ~n** dans les coulisses

kullern ['kʊlɐn] *vi* + *sein fam* rouler

Kult [kʊlt] <-[e]s, -e> *m* culte *m*

Kultfigur *f* personnage-culte *m* **Kultfilm** *m* film-culte *m*

kultivieren* [-'vi:-] *vt* cultiver

kultiviert [kʊlti'vi:ɐ̯t] *adj* raffiné(e); (*Benehmen*) distingué(e)

Kultur [kʊl'tu:ɐ̯] <-, -en> *f* ❶ (*Zivilisationsform*) civilisation *f;* **die ~ der Antike** la culture gréco-latine ❷ *kein Pl* (*kulturelles Niveau*) degré *m* de civilisation ❸ BOT plantation *f*

Kulturaustausch *m* échange *m* culturel **Kulturbeutel** *m* trousse *f* de toilette

kulturell [kʊltu'rɛl] *adj* culturel(le)

Kulturgeschichte *f kein Pl* histoire *f* de la civilisation **Kulturpolitik** *f* politique *f* culturelle

Kultusminister(in) ['kʊltʊsminɪstɐ] *m(f)* ≈ ministre *mf* de l'Éducation et des Affaires culturelles [d'un land] **Kultusministerium** *nt* ≈ ministère *m* de l'Éducation et de la Culture [d'un land]

Kümmel ['kʏməl] <-s, -> *m* cumin *m*

Kummer ['kʊmɐ] <-s> *m* ❶ (*Betrübtheit*) chagrin *m* ❷ (*Unannehmlichkeiten*) soucis *mpl*

kümmerlich *adj* (*Rest*) maigre *antéposé*

kümmern ['kʏmɐn] **I.** *vt* concerner; **was kümmert ihn das?** en quoi ça le regarde? **II.** *vr* ❶ **sich um jdn/etw ~** s'occuper de qn/qc; **sich darum ~, dass** veiller à ce que + *subj* ❷ (*achten auf*) **sich nicht darum ~, was ...** ne pas se [pré]occuper de savoir ce qui ...

Kumpel ['kʊmpəl] <-s, -> *m* ❶ MIN gueule *f* noire ❷ *fam* (*Kamerad*) pote *mf*

kumulieren *vr* **sich ~** (*Schadstoffe, Gifte*) s'accumuler

Kunde ['kʊndə] <-n, -n> *m*, **Kundin** *f* client(e) *m(f)*

Kundendienst *m* service *m* après-vente

Kundgebung <-, -en> *f* manifestation *f*

kundig *adj geh* compétent(e)

kündigen ['kʏndɪgən] **I.** *vt* (*Job*) démissionner de; (*Mitarbeiter*) licencier; (*Vertrag*) résilier **II.** *vi* ① (*Arbeitnehmer*) démissionner ② (*das Arbeits-, Mietverhältnis beenden*) **jdm ~** (*Arbeitgeber*) licencier qn; (*Vermieter*) donner congé à qn

Kündigung <-, -en> *f* ① (*eines Vertrags*) résiliation *f* ② (*Entlassung*) licenciement *m* ③ (*Weggang*) démission *f*

Kündigungsfrist *f* (*eines Arbeits-, Mietvertrags*) délai *m* de préavis; (*eines Abonnements*) délai *m* de résiliation **Kündigungsschutz** *m* protection *f* contre les licenciements abusifs

Kundschaft <-, -en> *f* ① (*Kundenkreis*) clientèle *f* ② (*Kunden*) clients *mpl*

künftig ['kʏnftɪç] **I.** *adj* futur(e) *antéposé* **II.** *adv* à l'avenir

Kunst [kʊnst, *Pl:* 'kʏnstə] <-, Künste> *f* ① KUNST art *m;* **die bildende ~** les arts plastiques; **die schönen Künste** les beaux-arts ② *kein Pl* (*Schulfach*) arts *mpl* plastiques

Kunstakademie *f* école *f* des beaux-arts **Kunstausstellung** *f* exposition *f* d'art **Kunstbanause** *m*, **-banausin** *f pej* béotien(ne) *m(f)* **Kunstdünger** *m* engrais *m* chimique **Kunstfaser** *f* fibre *f* synthétique **Kunstgeschichte** *f* histoire *f* de l'art **kunsthistorisch** *adj* (*Museum*) d'histoire de l'art; (*Bedeutung*) historico-culturel(le) **Kunstleder** *nt* similicuir *m*

Künstler(in) ['kʏnstlɐ] <-s, -> *m(f)* artiste *mf*

künstlerisch *adj* (*Arbeit*) d'artiste; (*Begabung*) artistique

Künstlername *m* nom *m* d'artiste

künstlich ['kʏnstlɪç] **I.** *adj* (*Beleuchtung, See*) artificiel(le); (*Diamant*) faux(fausse); (*Heiterkeit*) factice **II.** *adv* artificiellement; (*herstellen*) industriellement

Kunstsammlung *f* collection *f* d'objets d'art **Kunststoff** *m* plastique *m* **Kunststück** *nt* ① (*artistische Leistung*) tour *m* d'adresse ② (*schwierige Leistung*) tour *m* de force **Kunstwerk** *nt* ① œuvre *f* d'art ② (*Meisterleistung*) chef-d'œuvre *m*

Kupfer ['kʊpfɐ] <-s, -> *nt* cuivre *m*

Kupferstich *m* gravure *f* sur cuivre

Kupon [ku'põː] *s.* **Coupon**

Kuppel ['kʊpəl] <-, -n> *f* (*Innenkuppel*) coupole *f;* (*Außenkuppel*) dôme *m*

kuppeln *vi* (*Fahrer*) débrayer

Kupplung ['kʊplʊŋ] <-, -en> *f* ① embrayage *m;* **die ~ [durch]treten** débrayer; **die ~ kommen lassen** embrayer ② (*Anhänger-~*) attelage *m*

Kur [kuːɐ̯] <-, -en> *f* cure *f*

Kür [kyːɐ̯] <-, -en> *f* figures *fpl* libres

Kurbel ['kʊrbəl] <-, -n> *f* manivelle *f*

kurbeln *vi* tourner la manivelle

Kurbelwelle *f* vilebrequin *m*

Kürbis ['kʏrbɪs] <-ses, -se> *m* potiron *m*

küren [kyːɐ̯ən] <kürte, gekürt> *vt geh* élire

Kurfürst *m* HIST prince *m* électeur

Kurgast *m* curiste *mf*

Kurier [ku'riːɐ̯] <-s, -e> *m* coursier *m*

Kurierdienst *m* ① (*Service*) service *m* de messageries ② (*Firma*) entreprise *f* de messagerie express

kurieren* [ku'riːrən] *vt* guérir

kurios *geh adj* singulier(-ière)

Kurort *m* station *f* thermale

Kurs [kʊrs] <-es, -e> *m* ① (*Fahrtrichtung*) cap *m;* **vom ~ abkommen** dériver ② (*politische Linie*) ligne *f* [politique] ③ (*Wechselkurs*) taux *m* de change ④ (*~wert: von Aktien*) cours *m* ⑤ (*Lehrgang*) cours *m;* **einen ~ besuchen** suivre un cours

Kursgewinn *m* FIN plus-value *f* boursière

kursieren* [kʊr'ziːrən] *vi* circuler

kursiv [kʊr'ziːf] **I.** *adj* italique **II.** *adv* en italique

Kursivschrift *f* italique *m*

Kursus ['kʊrzʊs] *s.* **Kurs 5.**

Kurtaxe *f* taxe *f* de séjour

Kurve ['kʊrvə] <-, -n> *f* ① virage *m* ② MATH courbe *f*

kurvenreich *adj* sinueux(-euse)

kurz [kʊrts] <kürzer, kürzeste> **I.** *adj* ① (*räumlich und zeitlich*) court(e); (*Blick*) bref(brève) *antéposé;* (*Pause*) petit(e) *antéposé;* **in ~er Zeit** en peu de temps ② (*knapp: Artikel*) court(e); (*Antwort, Silbe*) bref(brève) **II.** *adv* ① **etw ~ schneiden** couper qc court; **kürzer machen** (*Kleid*) raccourcir ② (*nicht lange: bleiben*) peu de temps; (*sprechen*) brièvement; **~ gesagt, ...** bref, ...; **vor ~em** il y a encore peu de temps; **seit ~em** depuis peu ❸ (*wenig*) **es ist ~ vor acht** il n'est pas loin de huit heures; **~ hintereinander** à brefs intervalles ►**~ angebunden sein** être bourru; **~ und bündig** sans détour; **~ und gut** pour tout dire; **über ~ oder lang** tôt ou tard; **sich ~ fassen** être bref; **bei etw zu ~ kommen** être lésé lors de qc; **es ~ machen** être bref

Kụrzarbeit *f* chômage *m* partiel **kụrzärm[e]lig** *adj* à manches courtes

Kụ̈rze ['kʏrtsə] <-> *f kein Pl* ❶ (*geringe Länge*) **angesichts der ~ der Strecke** vu le court trajet ❷ (*kurze Dauer*) brièveté *f;* **in ~** sous peu ❸ (*Knappheit: einer Antwort*) brièveté *f;* (*eines Artikels*) concision *f*

kụ̈rzen *vt* ❶ **etw um drei Zentimeter ~** raccourcir qc de trois centimètres ❷ (*Text*) raccourcir ❸ (*Sozialhilfe*) diminuer

Kụrzfilm *m* court métrage *m* **kụrzfristig** **I.** *adj* (*Vertrag*) à court terme; (*Zusage*) rapide; (*Programmänderung*) impromptu(e) **II.** *adv* ❶ (*informieren*) en dernière minute ❷ (*unterbrechen*) momentanément; (*gelten*) temporairement **Kụrzgeschichte** *f* nouvelle *f* **kụrzhaarig** *adj* (*Mensch*) aux cheveux courts **kụrzlebig** *adj* (*Modeerscheinung*) éphémère; (*Produkt*) peu durable

kụ̈rzlich *adv* récemment

Kụrzmeldung *f* RADIO flash *m* [d'information] **Kụrznachrichten** *Pl* nouvelles *fpl* brèves **Kụrzschluss**[RR] *m* ❶ ELEC court-circuit *m* ❷ PSYCH impulsion *f* irréfléchie **kụrzsichtig** *adj* (*Person*) *a. fig* myope; (*Politik*) à courte vue **Kụrzsichtigkeit** <-> *f* (*einer Person*) *a. fig* myopie *f* **Kụrzstreckenrakete** *f* missile *m* [à] courte portée

Kụ̈rzung <-, -en> *f* ❶ FIN diminution *f* ❷ (*eines Textes*) abrégement *m*

Kụrzurlaub *m* bref congé *m* **Kụrzwelle** *f* onde *f* courte; **auf ~** sur ondes courtes **Kụrzzeitgedächtnis** *nt* mémoire *f* à court terme

kụschelig *adj fam* (*Bett*) douillet(te)

kụscheln **I.** *vr fam* **sich an jdn ~** se blottir contre qn **II.** *vi* faire des câlins

Kusine [ku'zi:nə] <-, -n> *f* cousine *f*

Kụss[RR] [kʊs, *Pl:* 'kʏsə], **Kụß**[ALT] <-sses, Küsse> *m* baiser *m*

kụ̈ssen ['kʏsən] **I.** *vt, vi* embrasser; **jdm die Hand ~** baiser la main à qn **II.** *vr* **sich ~** s'embrasser

Kụ̈ste ['kʏstə] <-, -n> *f* ❶ (*Meeresufer*) côte *f* ❷ (*Gegend*) littoral *m*

Kụ̈stengebiet *nt* littoral *m* **Kụ̈stenwacht** *f* service *m* de surveillance côtière

Kụ̈ster(in) ['kʏstɐ] <-s, -> *m(f)* sacristain(e) *m(f)*

Kụtsche ['kʊtʃə] <-, -n> *f* (*geschlossen*) carrosse *m;* (*offen*) calèche *f*

Kụtscher(in) <-s, -> *m(f)* cocher *m*

kutschieren* *fam vt + haben* (*Person*) voiturer

Kụtte ['kʊtə] <-, -n> *f* REL [robe *f* de] bure *f*

Kụtter ['kʊtɐ] <-s, -> *m* cotre *m*

Kuvert [ku've:ɐ̯] <-s, -s> *nt* enveloppe *f*

Kuvertüre [-vɛr-] <-, -n> *f* chocolat *m* à napper

kW <-, -> *nt Abk von* **Kilowatt** kW *m*

kWh <-, -> *f Abk von* **Kilowattstunde** kWh *m*

Kybernetik [kybɛr'ne:tɪk] <-> *f* cybernétique *f*

kybernetisch *adj* cybernétique

kyrịllisch [ky'rɪlɪʃ] **I.** *adj* cyrillique **II.** *adv* en caractères cyrilliques

KZ [ka:'tsɛt] <-s, -s> *nt Abk von* **Konzentrationslager** camp *m* de concentration

L

L, l [ɛl] <-, -> *nt* L *m*/l *m*

l *Abk von* **Liter** l

labern ['la:bɐn] *fam vi, vt* dégoiser

labil [la'bi:l] *adj* (*Person*) instable; (*System*) fragile

Labor [la'bo:ɐ̯] <-s, -s> *nt* laboratoire *m*

Laborạnt(in) [labo'rant] <-en, -en> *m(f)* laborantin(e) *m(f)*

Laboratorium [labora'to:riʊm] *s.* **Labor**

Labyrịnth [laby'rɪnt] <-[e]s, -e> *nt* labyrinthe *m*

Lache ['la:xə], **Lạche**[1] <-, -n> *f* (*Pfütze*) flaque *f*

Lạche[2] <-> *f pej fam* [façon *f* de] rire *m*

lạ̈cheln ['lɛçəln] *vi* **über jdn/etw ~** sourire de qn/qc

Lạ̈cheln <-s> *nt* sourire *m*

lạchen ['laxən] *vi* **über jdn/etw ~** rire de

L

qn/qc; **jdn zum Lachen bringen** faire rire qn ▸**du hast gut ~!** tu as beau jeu de te moquer [de moi]!; **das wäre doch gelacht!** *fam* ça fait pas un pli!; **dass ich nicht lache!** *fam* laisse-moi rigoler!

Lachen <-s> *nt* rire *m*

Lacher(in) <-s, -> *m(f)* ▸**die ~ auf seiner Seite haben** avoir les rieurs de son côté

lächerlich ['lɛçɐlɪç] *adj* ridicule; **~ machen** ridiculiser

Lächerlichkeit <-, -en> *f* ridicule *m*

lachhaft *adj* ridicule

Lachs [laks] <-es, -e> *m* saumon *m*

lachsfarben *adj* saumon *inv* **Lachsschinken** *m* filet *m* de porc fumé

Lack [lak] <-[e]s, -e> *m* laque *f*

lackieren* [la'kiːrən] *vt* (*Holz*) laquer; **sich** (*dat*) **die Fingernägel ~** se vernir les ongles

Lackierung <-, -en> *f* ❶ *kein Pl* (*das Lackieren*) laquage *m* ❷ (*Lack*) laque *f*

Lackleder *nt* cuir *m* verni

Lackschuh *m* chaussure *f* vernie

laden ['laːdən] <lädt, lud, geladen> *vt* ❶ **etw auf den Lkw ~** charger qc sur le camion; **etw aus dem Auto ~** décharger qc de la voiture; **voll geladen** en pleine charge ❷ *geh* (*ein~*) inviter ❸ (*Zeugen*) citer ❹ (*Programm, Datei, Batterie, Pistole*) charger

Laden ['laːdən, *Pl:* 'lɛːdən] <-s, Läden> *m* ❶ (*Geschäft*) magasin *m;* (*klein*) boutique *f* ❷ *fam* (*Betrieb*) boîte *f*

Ladendieb(in) *m(f)* voleur(-euse) *m(f)* à l'étalage **Ladendiebstahl** *m* vol *m* à l'étalage **Ladenhüter** *m* rossignol *m* **Ladenpreis** *m* prix *m* marqué **Ladenschluss**[RR] *m kein Pl* fermeture *f* des magasins **Ladenschlussgesetz**[RR] *nt* loi *f* sur la fermeture des magasins

lädieren* *vt* abîmer

lädt [lɛːt] *3. Pers Präs von* **laden**

Ladung <-, -en> *f* ❶ (*Fracht*) chargement *m* ❷ (*notwendige Menge*) **eine ~ Dynamit** une charge de dynamite ❸ ELEC, PHYS charge *f*

lag [laːk] *Imp von* **liegen**

Lage ['laːgə] <-, -n> *f* ❶ (*eines Orts*) site *m;* (*eines Hauses*) situation *f* ❷ (*Liegeposition*) position *f* ❸ (*Situation*) situation *f;* **sich in die ~ eines anderen versetzen** se mettre à la place d'autrui ❹ *fig* **in der ~ sein ...** être en mesure de ... ❺ (*Schicht*) couche *f*

Lagebericht *m* compte *m* rendu de la situation **Lageplan** *m* plan *m*

Lager ['laːgɐ] <-s, -> *nt* ❶ dépôt *m* ❷ (*Unterkunft*) camp *m* ▸**etw auf ~ haben** *fam* avoir qc en réserve

Lagerfeuer *nt* feu *m* de camp **Lagerhalle** *f* hangar *m*

lagern **I.** *vt* (*aufbewahren*) stocker; **kühl ~!** garder au frais! **II.** *vi* (*sich niederlassen*) camper

Lagerung <-, -en> *f* (*von Vorräten*) stockage *m*

Lagune [la'guːnə] <-, -n> *f* lagune *f*

lahm [laːm] *adj* MED paralysé(e)

lahmen *vi* boiter

lähmen ['lɛːmən] *vt* paralyser

lahm|legen *vt fig* (*Verkehr*) paralyser

Lähmung <-, -en> *f* MED paralysie *f*

Laib [laip] <-[e]s, -e> *m bes.* SDEUTSCH **ein ~ Brot** une miche de pain

Laich [laiç] <-[e]s, -e> *m* frai *m*

laichen *vi* frayer

Laie ['laiə] <-n, -n> *m,* **Laiin** *f* ❶ (*Nichtfachmann*) profane *mf* ❷ REL laïc *m,* laïque *mf*

laienhaft *adj* de profane

Lakai [la'kai] <-en, -en> *m* HIST laquais *m*

Laken ['laːkən] <-s, -> *nt* drap *m* [de lit]

lakonisch [la'koːnɪʃ] *adj* laconique

Lakritze [la'krɪtsə] <-, -n> *f* réglisse *m o f*

lallen ['lalən] *vt, vi* balbutier

Lama ['laːma] <-s, -s> *nt* lama *m*

Lamelle [la'mɛlə] <-, -n> *f* lamelle *f*

Lametta [la'mɛta] <-s> *nt* lamelles *fpl* argentées/dorées

Lamm [lam, *Pl:* 'lɛmɐ] <-[e]s, Lämmer> *nt* agneau *m*

Lammfell *nt* fourrure *f* d'agneau **Lammfleisch** *nt* viande *f* d'agneau **lammfromm** *adj* **~ sein** être doux comme un agneau **Lammkeule** *f* gigot *m* d'agneau

Lampe ['lampə] <-, -n> *f* lampe *f*

Lampenfieber *nt* trac *m* **Lampenschirm** *m* abat-jour *m inv*

Lampion [lam'pi̯õ] <-s, -s> *m* lampion *m*

Land [lant, *Pl:* 'lɛndɐ] <-[e]s, Länder> *nt* ❶ (*Staat*) pays *m* ❷ *kein Pl* (*Festland*) terre *f* ❸ (*Bundesland*) Land *m;* **die 16 Länder** les 16 Länder ❹ *kein Pl* (*Acker*) terrain *m;* **das ~ bebauen** cultiver la terre ❺ *kein Pl* (*ländliche Gegend*) campagne *f* ▸**andere**

Länder, andere Sitten autres pays, autres mœurs; **das Gelobte** ~ la Terre promise

Landammann *m* CH président(e) *m(f)* de gouvernement cantonal **Landarbeiter(in)** *m(f)* ouvrier(-ière) *m(f)* agricole **Landbesitz** *m* domaine *m* **Landbevölkerung** *f* population *f* rurale

Landebahn *f* piste *f* d'atterrissage **Landeerlaubnis** *f* autorisation *f* d'atterrir

landeinwärts *adv* à l'intérieur des terres

landen ['landən] *vi + sein* ❶ (*Flugzeug*) atterrir; (*Schiff*) aborder ❷ *fam* (*ankommen*) **im Papierkorb** ~ atterrir dans la corbeille à papier

Landeplatz *m* AVIAT terrain *m* d'atterrissage

Ländereien [lɛndə'rajən] *Pl* terres *fpl*

Landesebene *f* **auf** ~ au niveau des Länder **Landesgrenze** *f* (*eines Staats*) frontière *f;* (*eines Bundeslandes*) limite *f* **Landeshauptmann** *m*, **-frau** *f* A chef *mf* de gouvernement (*d'un Etat fédéré*) **Landeshauptstadt** *f* capitale *f* [d'un Land] **Landesinnere(s)** *nt dekl wie adj* intérieur *m* du pays; (*hinter der Küste*) arrière-pays *m* **Landeskunde** *f kein Pl* civilisation *f* **Landesrat** *m*, **-rätin** *f* A membre *m* d'un gouvernement provincial **Landesregierung** *f* gouvernement *m* du Land **Landessprache** *f* langue *f* nationale **Landesteil** *m* région *f* **landesüblich** *adj* d'usage [dans le pays] **Landesverrat** *m* haute trahison *f* **Landeswährung** *f* monnaie *f* nationale

Landeverbot *nt* interdiction *f* d'atterrir

Landflucht *f* exode *m* rural **Landfriedensbruch** *m* JUR atteinte *f* à l'ordre public **Landgericht** *nt* JUR ≈ tribunal *m* de grande instance **Landgut** *nt* domaine *m* [rural] **Landhaus** *nt* maison *f* de campagne **Landkarte** *f* carte *f* géographique **Landkreis** *m* ≈ district *m* **Landleben** *nt* vie *f* à la campagne

ländlich ['lɛntlɪç] *adj* (*Brauch*) paysan(ne); (*Stille*) de la campagne

Landluft *f* air *m* de la campagne **Landrat** *m* CH Parlement *m* cantonal **Landrat** *m*, **-rätin** *f* chef *mf* [administratif] de district (*sous-préfet en France*) CH parlementaire *mf* cantonal(e)

Landschaft <-, -en> *f* paysage *m;* GEO région *f*

landschaftlich *adv* ~ **reizvoll sein** offrir un paysage attrayant

Landschaftsschutzgebiet *nt* site *m* protégé

Landsitz *m* domaine *m*

Landsmann ['lantsman] <-leute> *m*, **-männin** *f* compatriote *mf*

Landstraße *f* ≈ [route *f*] départementale *f;* (*untergeordnete Straße*) route *f* secondaire **Landstreicher(in)** <-s, -> *m(f)* vagabond(e) *m(f)* **Landtag** *m* (*Parlament*) landtag *m*

> Les chambres qui représentent le peuple dans les länder allemands et autrichiens s'appellent toutes des **Landtage**, sauf à Hambourg et à Brême où l'on parle de la *Bürgerschaft*, à Berlin du *Abgeordnetenhaus* et à Vienne du *Gemeinderat*. Les chambres régionales en Suisse s'appellent, selon les cantons : *Kantonsrat*, *Großer Rat* ou encore *Landrat*.

Landung <-, -en> *f* ❶ (*eines Flugzeugs*) atterrissage *m* ❷ MIL (*von Truppen*) largage *m;* (*per Schiff*) débarquement *m*

Landweg *m* **auf dem** ~ par voie *f* terrestre **Landwein** *m* vin *m* de pays **Landwirt(in)** *m(f)* agriculteur(-trice) *m(f)* **Landwirtschaft** *f kein Pl* (*Erwerbstätigkeit*) agriculture *f* **landwirtschaftlich** *adj* agricole

lang [laŋ] <länger, längste> **I.** *adj* ❶ (*räumlich und zeitlich*) long(longue); **zwei Meter** ~ **sein** avoir deux mètres de long; **seit ~em** depuis longtemps ❷ *fam* (*groß gewachsen*) grand(e) **II.** *adv* ❶ longtemps; ~ **aufbleiben** veiller tard; **viele Jahre** ~ pendant de nombreuses années; **schon ~[e]** depuis longtemps ❷ (*räumlich ausgedehnt*) ~ **gestreckt** (*Gebäude*) allongé(e) ❸ (*bei weitem*) **~[e] nicht so schlimm sein wie ...** être loin d'être aussi grave que ... ▸~ **und breit** en long et en large

langärm[e]lig *adj* à manches longues **langatmig** *adj pej* qui traîne en longueur

lange ['laŋə] <länger, längste> *s.* **lang**

Länge ['lɛŋə] <-, -n> *f* ❶ longueur *f;* **ein Seil von zwei Metern** ~ une corde d'une longueur de deux mètres; **der** ~ **nach** en long ❷ (*Dauer*) durée *f;* **in voller** ~ (*zeigen*) en version intégrale; (*erscheinen*) en édition intégrale ❸ GEO longitude *f*

langen **I.** *vi fam* ❶ (*ausreichen*) **jdm** ~ suffire à qn ❷ (*sich erstrecken*) **bis zum Bo-**

den ~ (*Vorhang*) arriver jusqu'au sol ▶**mir langt es** j'en ai marre (*fam*) **II.** *vt fam* **jdm eine** ~ en allonger une à qn

Längengrad *m* degré *m* de longitude **Längenmaß** *nt* mesure *f* de longueur

länger ['lɛŋɐ] *Komp von* **lang**

Langeweile <-> *f* ennui *m;* ~ **haben** s'ennuyer

Langfinger *m hum fam* voleur(-euse) *m(f)* à la tire

langfristig *adj, adv* à long terme **langhaarig** *adj* (*Person*) aux longs cheveux; (*Tier*) à poil long **langjährig** *adj* (*Mitarbeiter, Freundschaft*) de longue date; (*Verhandlungen*) de plusieurs années **Langlauf** *m kein Pl* ski *m* de fond **Langlaufski** *m* ski *m* de fond

langlebig *adj* qui vit longtemps

länglich ['lɛŋlɪç] *adj* oblong(-longue)

längs [lɛŋs] **I.** *präp* + *gen* ~ **des Kanals** le long du canal **II.** *adv* longitudinalement

langsam I. *adj* ❶ (*Person, Bewegung*) lent(e) ❷ (*allmählich*) progressif(-ive) **II.** *adv* ❶ (*nicht schnell*) lentement ❷ *fam* (*allmählich*) petit à petit; **es ist** ~ **an der Zeit, dass** il serait [bientôt] temps de + *infin*/ que + *subj* ▶~, **aber sicher** lentement mais sûrement

Langsamkeit <-> *f* lenteur *f*

Langschläfer(in) *m(f)* lève-tard *mf*

Langspielplatte *f* trente-trois tours *m*

Längsschnitt *m* coupe *f* longitudinale

längst [lɛŋst] *adv* ❶ (*seit langem*) depuis longtemps ❷ (*bei weitem*) **das ist** ~ **nicht alles** c'est loin d'être tout

längste(r, s) *Superl von* **lang**

Langstreckenflug *m* vol *m* long-courrier **Langstreckenlauf** *m* course *f* de fond

Languste [laŋ'gʊstə] <-, -n> *f* langouste *f*

langweilen I. *vt* ennuyer **II.** *vr* **sich** ~ s'ennuyer

langweilig *adj* ennuyeux(-euse)

Langwelle *f* grandes ondes *fpl*

langwierig ['laŋviːrɪç] *adj* de longue haleine

Langzeitarbeitslose(r) *f(m) dekl wie adj* chômeur(-euse) *m(f)* de longue durée **Langzeitgedächtnis** *nt* mémoire *f* longue

Lanze ['lantsə] <-, -n> *f* lance *f*

lapidar [lapi'daːɐ̯] *geh adj* lapidaire

Lappalie [la'paːliə] <-, -n> *f* broutille *f*

Lappen ['lapən] <-s, -> *m* chiffon *m* ▶**jdm durch die** ~ **gehen** *fam* (*Auftrag*) passer sous le nez de qn

läppisch ['lɛpɪʃ] *pej adj* (*gering*) ridicule

Laptop ['lɛptɔp] <-s, -s> *m* [ordinateur *m*] portable *m*

Lärche ['lɛrçə] <-, -n> *f* mélèze *m*

Lärm [lɛrm] <-[e]s> *m* bruit *m* ▶**viel** ~ **um nichts machen** faire beaucoup de bruit pour rien

lärmen *vi* faire du bruit; ~**d** bruyant(e)

Lärmpegel *m* niveau *m* sonore **Lärmschutz** *m* protection *f* antibruit

Larve ['larfə] <-, -n> *f* larve *f*

las [laːs] *Imp von* **lesen**

Lasagne [la'zanjə] *Pl* lasagne[s] *fpl*

lasch [laʃ] *fam adj* (*Händedruck*) mou (molle); (*Erziehung*) relâché(e)

Lasche ['laʃə] <-, -n> *f* (*einer Tasche*) rabat *m*

Laser ['leɪzɐ] <-s, -> *m* laser *m*

Laserdrucker *m* imprimante *f* [à] laser **Laserstrahl** *m* rayon *m* laser

lassen ['lasən] **I.** <lässt, ließ, gelassen> *vt* ❶ (*unter~*) arrêter; **lass das!** arrête! ❷ (*zurück~*) **die Kinder allein** ~ laisser les enfants seuls; **die Tür offen** ~ laisser la porte ouvert(e) ❸ (*zugestehen*) **jdm seinen Freiraum** ~ laisser à qn sa liberté d'action; **jdn** ~ (*nicht stören*) laisser qn [tranquille]; (*gewähren* ~) laisser faire qn ❹ (*irgendwohin* ~) **jdn ins Haus** ~ laisser qn entrer dans la maison ❺ (*nicht anrühren*) **stehen** ~ (*Essen*) ne pas toucher à; (*Wagen*) ne pas prendre ▶**alles stehen und liegen** ~ laisser tout en plan (*fam*)*;* **das muss man ihr** ~ il faut lui rendre cette justice **II.** <lässt, ließ, ~> *aux modal* ❶ (*dulden, zu~*) permettre; **ich lasse mich nicht zwingen!** on ne me forcera pas! ❷ (*veranlassen*) **jdn warten** ~ faire attendre qn; **sich scheiden** ~ divorcer ❸ (*Möglichkeit*) **das Fenster lässt sich öffnen** on peut ouvrir la fenêtre; **das lässt sich machen** c'est faisable; **es wird sich kaum vermeiden** ~, **dass** il est pratiquement inévitable que + *subj* ❹ (*Aufforderung*) **lass uns/lasst uns gehen!** allons-nous en! **III.** <lässt, ließ, gelassen> *vi* **von jdm/etw** ~ renoncer à qn/qc; **lass/lasst mal!** laisse/laissez donc!

lässig ['lɛsɪç] **I.** *adj* décontracté(e) **II.** *adv* ❶ (*ungezwungen*) en toute décontraction ❷ *fam* (*mit Leichtigkeit*) les doigts dans le nez

Lässigkeit <-> *f* ❶ (*Ungezwungenheit*) décontraction *f* ❷ (*Leichtigkeit*) facilité *f*

lässtRR [lɛst], **läßt**ALT *3. Pers Präs von* **lassen**

Last [last] <-, -en> *f* charge *f*; **jdm zur ~ fallen** devenir une charge pour qn ▸**jdm etw zur ~ legen** mettre qc sur le dos de qn

lasten *vi* **auf jdm ~** (*Verantwortung*) reposer sur [les épaules de] qn; (*Sorgen*) peser sur qn

Laster[1] ['lastɐ] <-s, -> *m fam* (*Lkw*) gros-cul *m*

Laster[2] <-s, -> *nt* vice *m*

lasterhaft *adj geh* débauché(e); (*Leben*) dissolu(e)

lästern ['lɛstɐn] *vi* **über jdn/etw ~** dénigrer qn/qc

lästig ['lɛstɪç] *adj* (*Person*) importun(e) (*soutenu*); (*Schmerzen*) pénible; (*Fliegen*) agaçant(e)

Lastkraftwagen *s.* **Lastwagen**

Last-Minute-Reise [la:st'mɪnɪt'raizə] *f* voyage *m* en last minute

Lastschrift *f* avis *m* de débit **Lastwagen** *m* camion *m*

Lasur [la'zu:ɐ̯] <-, -en> *f* lasure *f*

lasziv [las'tsi:f] *adj* lascif(-ive)

Latein [la'tain] <-s> *nt kein art* latin *m*; *s. a.* **Deutsch**

Lateinamerika *nt* l'Amérique *f* latine **lateinamerikanisch** *adj* latino-américain(e)

lateinisch **I.** *adj* latin(e); (*Vokabeln*) de latin; (*Inschrift*) en latin **II.** *adv* **~ miteinander sprechen** discuter en latin

Lateinisch *nt kein art* latin *m*; *s. a.* **Deutsch**

latent [la'tɛnt] *adj* latent

Laterne [la'tɛrnə] <-, -n> *f* ❶ (*Straßenlaterne*) réverbère *m* ❷ (*Außenleuchte*) lanterne *f*

Latex ['la:tɛks, *Pl:* 'la:titse:s] <-, Latizes> *m* latex *m*

Latinum <-s> *nt: diplôme d'étude du latin*

latschen ['la:tʃən] *vi + sein fam* **über die Straße ~** traverser la rue en traînassant

Latschen <-s, -> *m fam* ❶ (*Hausschuh*) savate *f* ❷ *pej* (*Schuh*) grolle *f*

Latte ['latə] <-, -n> *f* ❶ (*Holzleiste*) latte *f* ❷ SPORT barre *f*

Lattenrost *m* sommier *m* à lattes **Lattenzaun** *m* palissade *f*

Latz [lats, *Pl:* 'lɛtsə] <-es, Lätze *o* A -e> *m* bavette *f*

Lätzchen <-s, -> *nt* bavette *f*

Latzhose *f* salopette *f*

lau [lau] *adj* tiède

Laub [laup] <-[e]s> *nt* (*Belaubung*) feuillage *m*; (*abgefallene Blätter*) feuilles *fpl* mortes

Laubbaum *m* arbre *m* feuillu

Laube ['laubə] <-, -n> *f* tonnelle *f*

Laubfrosch *m* rainette *f* [verte] **Laubsäge** *f* scie *f* à chantourner **Laubwald** *m* forêt *f* de feuillus

Lauch [laux] <-[e]s, -e> *m* poireau *m*

Lauer ['lauɐ] ▸**auf der ~ liegen** être à l'affût

lauern *vi* **auf jdn/etw ~** guetter qn/qc

Lauf [lauf, *Pl:* 'lɔyfə] <-[e]s, Läufe> *m* ❶ *kein Pl* (*das Laufen*) course *f* ❷ *kein Pl* (*Flusslauf*) cours *m* ❸ (*Gewehrlauf*) canon *m* ❹ (*Verlauf*) cours *m*; **im ~e der Jahre** au fil des ans

Laufbahn *f* carrière *f* **Laufband** *nt* SPORT tapis *m* de course

laufen ['laufən] <läuft, lief, gelaufen> **I.** *vi + sein* ❶ (*rennen*) courir; (*zu Fuß gehen*) marcher ❷ (*fließen*) couler; (*auslaufen*) s'écouler ❸ (*funktionieren: Motor*) tourner; (*Gerät*) marcher; (*eingeschaltet sein*) être en marche ❹ (*gezeigt werden*) passer ❺ (*Vertrag*) être valable ❻ (*ablaufen*) **gut ~** se passer bien ▸**jdn ~ lassen** *fam* laisser filer qn; **gelaufen sein** *fam* être fini **II.** *vt + haben o sein* (*Rekord*) établir; (*hundert Meter*) courir; **Schlittschuh/Ski ~** faire du patin à glace/du ski

laufend **I.** *adj attr* ❶ (*gegenwärtig*) en cours ❷ (*anfallend: Ausgaben*) courant(e) ▸**jdn auf dem Laufenden halten** tenir qn au courant; **mit etw auf dem Laufenden sein** être à jour dans qc **II.** *adv* sans arrêt

laufen|lassen *s.* **laufen I.**

Läufer ['lɔyfɐ] <-s, -> *m* ❶ coureur *m* ❷ (*Schachfigur*) fou *m* ❸ (*Teppich*) tapis *m* de couloir

Läuferin <-, -nen> *f* coureuse *f*

Lauffeuer ▸**sich wie ein ~ verbreiten** *fam* se répandre comme une traînée de poudre

läufig ['lɔyfɪç] *adj* en chaleur

Laufmasche *f* maille *f* filée **Laufpass**RR ▸**jdm den ~ geben** *fam* plaquer qn **Laufschritt** *m* **im ~** au pas de gymnastique **Laufstall** *m* parc *m* **Laufsteg** *m* podium *m*

läuft [lɔyft] *3. Pers Präs von* **laufen**

Laufwerk *nt* INFORM (*Diskettenlaufwerk*) lecteur *m* de disquettes; (*CD-ROM-~*) lecteur

de CD-ROM **Laufzeit** *f* (*eines Vertrags*) durée *f* de validité; (*eines Kredits*) durée
Lauge ['laugə] <-, -n> *f* ❶ (*Seifenlauge*) lessive *f* ❷ CHEM solution *f* alcaline
Laugenbrezel *f* bretzel *m*
Laune ['launə] <-, -n> *f* ❶ (*Stimmung*) humeur *f*; **gute/schlechte ~ haben** être de bonne/de mauvaise humeur; **jdn bei ~ halten** *fam* entretenir qn dans de bonnes dispositions ❷ (*abwegige Idee*) lubie *f*
launenhaft, **launisch** *adj* (*Person*) lunatique; (*Wetter*) instable
Laus [laus, *Pl:* 'lɔyzə] <-, Läuse> *f* ❶ (*Kopflaus*) pou *m* ❷ (*Blattlaus*) puceron *m*
Lauschangriff *m* écoute *f* sauvage
lauschen ['lauʃən] *vi* écouter
lauschig *adj* cosy
lausig *fam adj* (*Arbeit*) minable; (*Kälte*) de canard; (*Geldsumme*) misérable
laut[1] [laut] *adj* fort(e); (*Straße*) [très] bruyant(e); **~ werden** (*Person*) hausser le ton; (*aufbrausen*) monter sur ses grands chevaux; (*Vermutung*) s'ébruiter; (*Verdacht*) transpirer
laut[2] *präp + gen o dat* selon
Laut <-[e]s, -e> *m* (*Ton*) son *m*; **keinen ~ von sich geben** ne pas faire le moindre bruit
Laute <-, -n> *f* luth *m*
lauten *vi* **der Titel lautet ...** le titre est ...; **auf seinen Namen ~** être établi à son nom
läuten ['lɔytən] *vi* sonner; **es läutet** on sonne; SCHULE ça sonne
lauter ['lautɐ] *adv* (*nichts als*) rien d'autre que
läutern ['lɔytɐn] *vt geh* **jdn ~** (*Schicksal*) amender qn
lauthals ['lauthals] *adv* haut et fort **lautlos** **I.** *adj* silencieux(-euse) **II.** *adv* sans bruit **Lautschrift** *f* écriture *f* phonétique **Lautsprecher** *m* haut-parleur *m*; (*~anlage*) enceintes *fpl* **lautstark** *adj* bruyant(e) **Lautstärke** *f* son *m*, volume *m* [sonore]; **bei voller ~** à fond
lauwarm *adj* tiède
Lava ['la:va] <-, Laven> *f* lave *f*
Lavendel [la'vɛndəl] <-s, -> *m* lavande *f*
Lawine [la'vi:nə] <-, -n> *f* avalanche *f*
Lawinengefahr *f* danger *m* d'avalanche
Layout, **Lay-out**[RR] ['le:ʔaut] <-s, -s> *nt* mise *f* en page
Lazarett [latsa'rɛt] <-[e]s, -e> *nt* hôpital *m* militaire
leasen ['li:zən] *vt* **etw ~** acheter qc en leasing
Leasing ['li:zɪŋ] <-s, -s> *nt* leasing *m*
leben ['le:bən] *vi* vivre; (*lebendig sein*) être en vie; **lang lebe ...!** longue vie à ...! ▶**leb[e] wohl!** adieu!; **mit etw ~ können** s'accommoder de qc
Leben <-s, -> *nt* vie *f*; **am ~ sein** être en vie; **jdm das ~ retten** sauver la vie à qn; **mit dem ~ davonkommen** s'en tirer; **bei etw ums ~ kommen** trouver la mort lors de/pendant qc; **jdm/sich das ~ schwermachen** mener la vie dure à qn/se compliquer la vie; **zeit meines/seines/... ~s** toute ma/sa/... vie ▶**das ewige ~** la vie éternelle; **nie im ~** jamais de la vie; **um sein ~ laufen** courir avec la mort à ses trousses; **etw ins ~ rufen** donner naissance à qc
lebend **I.** *adj* vivant(e); (*Virus*) actif(-ive) **II.** *adv* vif(vive)
lebendig [le'bɛndɪç] *adj* (*lebend*) vivant(e); (*gegenwärtig*) vivace
Lebendigkeit <-> *f* vivacité *f*
Lebensabschnitt *m* période *f* de la vie **Lebensaufgabe** *f* tâche *f* de toute une vie **Lebensbedingungen** *Pl* conditions *fpl* de vie **Lebensdauer** *f* longévité *f*; (*eines Geräts*) durée *f* de vie **Lebensende** *nt kein Pl* fin *f*; **bis ans ~** jusqu'à ma/sa/... mort **Lebenserfahrung** *f* expérience *f* de la vie **Lebenserwartung** *f* espérance *f* de vie **lebensfähig** *adj* viable **Lebensfreude** *f kein Pl* joie *f* de vivre **lebensfroh** *adj* **~ sein** respirer la joie de vivre **Lebensgefahr** *f* **~!** danger de mort! **lebensgefährlich** *adj* (*Erkrankung*) pouvant être mortel(le); (*Verletzung*) présentant des risques vitaux **Lebensgefährte** *m*, **-gefährtin** *f* compagnon *m*/compagne *f* **Lebensgefühl** *nt kein Pl* façon *f* d'aborder l'existence **Lebensgemeinschaft** *f* ❶ (*Zusammenleben*) communauté *f* de vie ❷ BIO, ZOOL biocénose *f* **Lebenshaltungskosten** *Pl* coût *m* de la vie **Lebensjahr** *nt* année *f* de vie; **vor/nach Vollendung des sechsten ~s** avant d'avoir six ans/à six ans révolus **Lebenskünstler(in)** *m(f)* bon vivant *m* **Lebenslage** *f* circonstance *f* [de la vie]; **in allen ~n** en toutes circonstances **lebenslang** **I.** *adj* (*Verpflichtung*) à vie; (*Haft*) à perpétuité **II.** *adv* toute sa/ma/... vie **lebenslänglich**

adj, adv à vie **Lebenslauf** *m* curriculum *m* [vitæ] **lebenslustig** *s.* **lebensfroh**
Lebensmittel *nt meist Pl* denrées *fpl* alimentaires
Lebensmittelgeschäft *nt* épicerie *f* **Lebensmittelvergiftung** *f* intoxication *f* alimentaire
lebensmüde *adj* suicidaire **Lebensraum** *m* ❶ *kein Pl* espace *m* vital ❷ ÖKOL biotope *m* **Lebensretter(in)** *m(f)* sauveteur(-euse) *m(f)* **Lebensstandard** *m kein Pl* niveau *m* de vie **Lebensstil** *m* style *m* de vie **Lebensunterhalt** *m kein Pl* subsistance *f* **Lebensversicherung** *f* assurance *f* [sur la] vie **Lebenswandel** *m kein Pl* mode *m* de vie **Lebensweise** *f* mode *m* de vie **lebenswichtig** *adj* vital(e); (*Nahrungsmittel*) de première nécessité **Lebenszeichen** *nt* signe *m* de vie **Lebenszeit** *f kein Pl* durée *f* de vie
Leber ['le:bɐ] <-, -n> *f* foie *m*
Leberfleck *m* grain *m* de beauté **Leberkäs[e]** *m: préparation de chair à saucisse traditionnelle dans le Sud de l'Allemagne* **Leberpastete** *f* pâté *m* de foie **Lebertran** *m* huile *f* de foie de morue **Leberwert** *m* taux *m* hépatique **Leberwurst** *f* pâté *m* de foie (*sous forme de saucisson*)
Lebewesen *nt* être *m* vivant; BIO organisme *m* **Lebewohl** <-[e]s, -s> *nt geh* adieu *m*
lebhaft I. *adj* (*angeregt*) vif(vive); (*Person*) plein(e) de vie; (*Treiben*) intense; (*Erinnerung*) vivace II. *adv* (*bedauern*) vivement; (*sich vorstellen*) très clairement
Lebhaftigkeit <-> *f* vivacité *f*
Lebkuchen ['le:pku:xən] *m* pain *m* d'épice **leblos** *adj* sans vie; (*Augen, Gesicht*) dépourvu(e) d'expression **Lebzeiten** ▶**zu** ~ de son/leur/... vivant
lechzen ['lɛçtsən] *vi geh* **nach Anerkennung** ~ être assoiffé de reconnaissance
leck [lɛk] *adj* (*Boot*) qui fait eau; (*Behälter, Leitung*) qui fuit
Leck <-[e]s, -s> *nt* (*eines Schiffs*) voie *f* d'eau; (*eines Behälters*) fuite *f*
lecken ['lɛkən] I. *vi* **an jdm/etw** ~ lécher qn/qc II. *vt* lécher; (*Eis*) sucer III. *vr* **sich** ~ se lécher
lecker ['lɛkɐ] *adj* délicieux(-euse)
Leckerbissen *m a. fig* régal *m*
Leder ['le:dɐ] <-s, -> *nt* ❶ (*Tierhaut*) cuir *m* ❷ (*~tuch*) peau *f*

Lederhose *f* pantalon *m* de cuir; (*Trachtenhose*) culotte *f* de peau **Lederjacke** *f* veste *f* en cuir **Lederwaren** *Pl* articles *mpl* de maroquinerie
ledig ['le:dɪç] *adj* (*unverheiratet*) célibataire
lediglich ['le:dɪklɪç] *adv geh* juste
leer [le:ɐ̯] I. *adj* vide; (*Seite*) blanc(blanche) II. *adv* ~ **stehend** (*Wohnung*) inoccupé(e) ▶**bei etw** ~ **ausgehen** repartir les mains vides lors de qc
Leere ['le:rə] <-> *f* vide *m*
leeren *vt* (*leer machen*) vider; (*Briefkasten*) faire la levée de
Leergut *nt kein Pl* bouteilles *fpl* consignées **Leerlauf** *m* ❶ (*eines Motors*) point *m* mort ❷ *fig* temps *mpl* morts **leerstehend** *s.* **leer II.** **Leerstelle** *f* TYP, INFORM espace *m* **Leertaste** *f* touche *f* Espace
Leerung <-, -en> *f* (*eines Briefkastens*) levée *f*
Leerzeichen *nt* espace *f*
legal [le'ga:l] *adj* légal(e)
legalisieren* [legali'zi:rən] *vt* légaliser
Legalität [legali'tɛ:t] <-> *f* légalité *f*
Legastheniker(in) [legas'te:nɪkɐ] <-s, -> *m(f)* dyslexique *mf*
legen ['le:gən] I. *vt* ❶ (*hin~*) **etw auf den Tisch** ~ [dé]poser qc sur la table ❷ (*betten*) **jdn ins Bett** ~ allonger qn dans le lit ❸ (*ver~*) poser II. *vr* ❶ (*hin~*) **sich ins Bett** ~ se mettre au lit ❷ (*sich senken auf*) **sich auf etw** (*akk*) ~ (*Staub*) se déposer sur qc ❸ (*nachlassen*) **sich** ~ (*Sturm*) s'apaiser; (*Wind*) tomber; (*Wut*) retomber
legendär [legɛn'dɛ:ɐ̯] *adj* légendaire
Legende [le'gɛndə] <-, -n> *f* ❶ légende *f* ❷ (*Lügenmärchen*) mythe *m*
leger [le'ʒe:ɐ̯] *adj* décontracté(e)
Leggings ['lɛgɪŋs] *Pl* caleçon *m;* SPORT collant *m*
legieren* *vt* allier
Legierung <-, -en> *f* alliage *m*
Legion [le'gi̯o:n] <-, -en> *f* HIST légion *f*
Legislative [legɪsla'ti:və] <-n, -n> *f* [pouvoir *m*] législatif *m*
Legislaturperiode [legɪsla'tu:ɐ̯peri'o:də] *f* législature *f*
legitim [legi'ti:m] *adj* légitime; (*Mittel*) légal(e)
Legitimation [legitima'tsi̯o:n] <-, -en> *f* autorisation *f*

legitimieren* [legiti'mi:rən] *vt* ❶ (*berechtigen*) **jdn zu etw ~** habiliter qn à faire qc ❷ (*Kind*) reconnaître; (*Beziehung*) légitimer

Legitimität [legitimi'tɛ:t] <-> *f geh* légalité *f*

Lehm [le:m] <-[e]s, -e> *m* [terre *f*] glaise *f*

lehmig *adj* glaiseux(-euse)

Lehne ['le:nə] <-, -n> *f* (*Armlehne*) accoudoir *m;* (*Rückenlehne*) dossier *m*

lehnen I. *vt* **etw an/gegen etw** (*akk*) **~** appuyer qc contre qc **II.** *vi* **an etw** (*dat*) **~** être appuyé contre qc **III.** *vr* **sich an** [*o* **gegen**] **jdn/etw ~** s'appuyer contre qn/qc; **sich aus dem Fenster ~** se pencher par la fenêtre

Lehnstuhl *m* fauteuil *m*

Lehramt *nt form* enseignement *m* **Lehrbuch** *nt* ❶ SCHULE manuel *m* scolaire ❷ UNIV traité *m*

Lehre ['le:rə] <-, -n> *f* ❶ (*Theorie*) théorie *f* ❷ (*Ideologie*) idéologie *f* ❸ (*Religion*) doctrine *f* ❹ (*Ausbildung*) apprentissage *m* ❺ (*Erfahrung*) leçon *f*

lehren ['le:rən] **I.** *vt* enseigner; **jdn ~ etw zu tun** apprendre à qn à faire qc **II.** *vi* **die Erfahrung lehrt, dass ...** l'expérience nous enseigne que ...

Lehrer(in) <-s, -> *m(f)* ❶ enseignant(e) *m(f);* (*Grundschullehrer*) instituteur(-trice) *m(f),* maître(-esse) *m(f);* (*Fach-, Gymnasiallehrer*) professeur *mf* ❷ (*Reit-, Tennislehrer*) moniteur(-trice) *m(f)* ❸ (*Lehrmeister*) maître *m*

Lehrerkollegium *nt* personnel *m* enseignant **Lehrerzimmer** *nt* salle *f* des professeurs

Lehrgang <-gänge> *m* stage *m* [de formation] **Lehrjahr** *nt* année *f* d'apprentissage **Lehrkörper** *m form* ❶ SCHULE corps *m* enseignant ❷ UNIV enseignants *mpl* du supérieur **Lehrkraft** *f form* enseignant(e) *m(f)*

Lehrling ['le:glɪŋ] <-s, -e> *m* A apprenti(e) *m(f)*

Lehrmittel *nt* matériel *m* pédagogique **Lehrplan** *m* programme *m* scolaire **lehrreich** *adj* instructif(-ive) **Lehrsatz** *m* théorème *m* **Lehrstelle** *f* place *f* d'apprenti(e) **Lehrstuhl** *m* chaire *f*

Leib [laip] <-[e]s, -er> *m* ❶ (*Körper*) corps *m;* **bei lebendigem ~** vif(vive) ❷ (*Bauch*) ventre *m* ▶**etw mit ~ und Seele tun** faire qc corps et âme; **sich** (*dat*) **jdn/etw vom ~e halten** éviter qn/rester à l'écart de qc

Leibeskräfte *Pl* ▶**aus ~n schreien** crier de toutes ses forces **Leibesübungen** *Pl form* éducation *f* physique et sportive

Leibgericht *nt* plat *m* préféré

leibhaftig ['laip'haftɪç] *adj attr* en chair et en os ▶**der Leibhaftige** *euph* le malin

leiblich *adj* ❶ (*körperlich*) physique ❷ (*Erben*) du sang; **mein ~er Vater** mon propre père

Leibwache *f* garde *f* personnelle **Leibwächter(in)** *m(f)* garde *mf* du corps

Leiche ['laiçə] <-, -n> *f* cadavre *m* ▶**über ~n gehen** *fam* être prêt à tuer père et mère

leichenblass[RR] ['laiçən'blas] *adj* pâle comme la mort **Leichenhalle** *f* salle *f* mortuaire **Leichenschändung** *f* violation *f* de sépulture; (*sexuelles Vergehen*) nécrophilie *f* **Leichenschauhaus** *nt* institut *m* médico-légal **Leichenstarre** *f* rigidité *f* cadavérique **Leichenwagen** *m* corbillard *m*

Leichnam ['laiçna:m] <-s, -e> *m geh* dépouille *f* [mortelle]

leicht [laiçt] **I.** *adj* léger(-ère); (*Frage*) facile; (*Operation*) petit(e) **II.** *adv* ❶ (*bekleidet, würzen*) légèrement ❷ (*einfach*) facilement; **~ zu erklären sein** être facile à expliquer ▶**das ist ~er gesagt als getan** c'est plus facile à dire qu'à faire

Leichtathlet(in) *m(f)* athlète *mf* **Leichtathletik** *f* athlétisme *m* **leicht|fallen** *vi* **jdm ~** être facile pour qn **leichtfertig I.** *adj* irréfléchi(e) **II.** *adv* inconsidérément **leichtgläubig** *adj* crédule

Leichtigkeit <-> *f* ❶ facilité *f* ❷ (*Gewicht*) légèreté *f*

leicht|machen *vr* **es sich** (*dat*) **~** ne pas se compliquer la vie **Leichtmetall** *nt* métal *m* léger **Leichtsinn** *m kein Pl* inconscience *f;* **aus [purem] ~** simplement par négligence **leichtsinnig I.** *adj* (*Person*) inconscient(e); (*Handlung*) inconsidéré(e) **II.** *adv* étourdiment

leid [lait] *adj* ❶ (*als Ausdruck des Bedauerns*) **es tut jdm ~, dass** qn regrette que + *subj;* **tut mir ~!** *fam* désolé(e)!; **jdn/etw ~ sein** en avoir assez de qn/qc ❷ (*als Ausdruck des Mitleids*) **jdm ~ tun** faire pitié à qn

Leid <-[e]s> *nt* souffrance *f;* **jdm sein ~ klagen** confier ses chagrins à qn ▶**jdm nichts zu ~e tun** ne pas faire de mal à qn

leiden ['laidən] <litt, gelitten> **I.** *vi* **an einer Krankheit ~** souffrir d'une maladie

II. *vt* ❶ (*erdulden*) **Not ~** endurer la misère ❷ (*mögen*) **jdn/etw [gut]/nicht [gut] ~ können** aimer [bien]/ne pas pouvoir souffrir qn/qc

Leiden <-s, -> *nt Pl* souffrances *fpl*

Leidenschaft <-, -en> *f* passion *f;* **eine ~ für klassische Musik haben** être passionné de musique classique

leidenschaftlich **I.** *adj* passionné(e) **II.** *adv* ❶ passionnément; (*verteidigen*) avec ferveur; (*ablehnen*) énergiquement ❷ (*sehr*) **etw ~ gern tun** adorer faire qc

Leidensgefährte *m,* **-gefährtin** *f* compagnon *m* d'infortune **Leidensmiene** *f iron* airs *mpl* de martyr

leider ['laɪ̯dɐ] *adv* malheureusement; **~ ja/nein** hélas oui/non

leidvoll *adj* douloureux(-euse) **Leidwesen** *nt kein Pl* **zu seinem/ihrem ~** à son grand regret

Leier ['laɪ̯ɐ] <-, -n> *f* ❶ (*Drehleier*) vielle *f* ❷ (*Kithara*) lyre *f* ❸ ASTRO Lyre *f*

Leihbücherei *f* bibliothèque *f* de prêt

leihen ['laɪ̯ən] <lieh, geliehen> *vt* **jdm etw ~** prêter qc à qn; **sich** (*dat*) **etw von jdm ~** emprunter qc à qn

Leihgabe *f* prêt *m* **Leihgebühr** *f* frais *mpl* de location **Leihmutter** *f* mère *f* porteuse **Leihwagen** *m* voiture *f* de location **leihweise** *adv* en prêt

Leim [laɪ̯m] <-[e]s, -e> *m* colle *f* forte

leimen *vt* (*kleben*) coller

Leine ['laɪ̯nə] <-, -n> *f* corde *f;* (*Hundeleine*) laisse *f*

Leinen <-s, -> *nt* lin *m*

Leinsamen *m* linette *f* **Leintuch** <-tücher> *nt* A, CH, SDEUTSCH drap *m* **Leinwand** *f* ❶ (*Kinoleinwand*) écran *m* ❷ *kein Pl* (*Gewebe*) toile *f*

leise ['laɪ̯zə] **I.** *adj* (*Stimme*) bas(se); (*Musik*) doux(douce); (*Weinen*) étouffé(e); (*Geräusch, Zweifel*) léger(-ère); (*Ahnung*) vague; **~r stellen** (*Fernseher*) baisser le son de **II.** *adv* doucement

Leiste ['laɪ̯stə] <-, -n> *f* ❶ (*Rahmenleiste*) baguette *f;* (*Fußleiste*) plinthe *f* ❷ ANAT aine *f*

leisten ['laɪ̯stən] *vt* ❶ (*arbeiten*) **viel ~** avoir du rendement ❷ (*Batterie*) produire; (*Motor*) développer ❸ *fam* **sich** (*dat*) **etw ~** (*gönnen*) s'accorder qc; (*sich anschaffen*) s'offrir qc; (*erlauben*) se permettre qc

Leistenbruch *m* MED hernie *f* inguinale

Leistung <-, -en> *f* ❶ rendement *m;* (*eines Sportlers*) prestation *f;* (*eines Schülers*) résultat *m* ❷ TECH réalisation *f* ❸ (*einer Batterie*) capacité *f;* (*eines Motors*) puissance *f* mécanique ❹ *form* (*Zahlung*) versement *m*

Leistungsdruck *m kein Pl* compétitivité *f* **leistungsfähig** *adj* performant(e) **Leistungsgesellschaft** *f* société *f* fondée sur le rendement individuel **Leistungskurs** *m* option *f* renforcée **leistungsorientiert** *adj* axé(e) sur le rendement [individuel] **Leistungssport** *m* sport *m* de compétition

Leitartikel *m* éditorial *m* **Leitbild** *nt* modèle *m*

leiten ['laɪ̯tən] *vt* ❶ diriger ❷ *fig* **sich von Gefühlen ~ lassen** se laisser guider par son intuition ❸ ELEC, PHYS conduire; **Strom in die Stadt ~** acheminer du courant dans la ville

leitend *adj* (*Position*) dirigeant(e); **~er Angestellter** cadre *m* [supérieur]

Leiter(in) ['laɪ̯tɐ] <-s, -> *m(f)* (*einer Firma, Schule*) directeur(-trice) *m(f);* (*einer Arbeitsgruppe*) chef *mf*

Leiter[1] ['laɪ̯tɐ] <-, -n> *f* (*Sprossenleiter*) échelle *f;* (*Stehleiter*) escabeau *m*

Leiter[2] <-s, -> *m* ELEC, PHYS conducteur *m*

Leitfähigkeit *f* conductibilité *f* **Leitgedanke** *m* idée *f* directrice **Leitmotiv** *nt a.* MUS, LITER leitmotiv *m* **Leitplanke** *f* glissière *f* de sécurité

Leitung <-, -en> *f* ❶ *kein Pl* direction *f;* (*einer Diskussion*) conduite *f* ❷ (*Rohrleitung*) conduite *f* ❸ (*Strom-, Telefonleitung*) ligne *f*

Leitungsmast *m* poteau *m* électrique **Leitungsnetz** *nt* réseau *m* **Leitungsrohr** *nt* conduite *f* **Leitungswasser** *nt* eau *f* du robinet

Leitzins *m* taux *m* directeur

Lektion [lɛk'tsi̯oːn] <-, -en> *f* leçon *f*

Lektor ['lɛktoːɐ̯] <-s, -toren> *m,* **Lektorin** *f* UNIV, MEDIA lecteur(-trice) *m(f)*

Lektorat [lɛkto'raːt] <-[e]s, -e> *nt* ❶ (*Verlagsabteilung*) comité *m* de lecture ❷ (*Posten an der Universität*) poste *m* de lecteur(-trice)

Lektüre [lɛk'tyːrə] <-, -n> *f* lecture *f*

Lemming ['lɛmɪŋ] <-s, -e> *m* lemming *m*

Lende ['lɛndə] <-, -n> *f* ❶ ANAT reins *mpl* ❷ GASTR aloyau *m*

Lendenwirbel *m* ANAT vertèbre *f* lombaire

lenkbar *adj* (*Fahrzeug*) manœuvrable; (*Räder*) dirigeable

lẹnken ['lɛŋkən] **I.** *vt* ❶ (*Fahrzeug*) conduire ❷ (*Menschen*) manipuler; (*Wirtschaft*) diriger ❸ (*richten: Blick*) poser; **jds Aufmerksamkeit auf etw** (*akk*) ~ attirer l'attention de qn sur qc **II.** *vi* (*Fahrer*) conduire; **nach links/rechts** ~ prendre à gauche/droite
Lẹnker <-s, -> *m* (*Fahrradlenker*) guidon *m*
Lẹnkrad *nt* volant *m* **Lẹnkstange** *f* guidon *m*
Lẹnkung <-, -en> *f* ❶ direction *f* ❷ *kein Pl* (*Beeinflussung: der Medien*) orientation *f*
Lẹnz [lɛnts] <-es, -e> *m* ❶ *geh* (*Frühling*) saison *f* printanière ❷ *Pl iron* (*Lebensjahre*) printemps *mpl*
Leopạrd [leo'part] <-en, -en> *m* léopard *m*
Lepra ['le:pra] <-> *f* MED lèpre *f*
Lẹrche ['lɛrçə] <-, -n> *f* alouette *f*
lẹrnbehindert *adj* inadapté(e)
lẹrnen ['lɛrnən] **I.** *vt* ❶ apprendre; **Mathe/lesen** ~ apprendre les maths/à lire; **etw bei/von jdm** ~ apprendre qc de qn; ~ **sich zu beherrschen** apprendre à se maîtriser ❷ (*eine Ausbildung machen*) **Friseur** ~ faire une formation de coiffeur ►**der wird es nie** ~ il ne le saura jamais **II.** *vi* étudier; **für die Prüfung** ~ travailler pour l'examen
lẹrnfähig *adj* ~ **sein** être capable de retenir **Lẹrnprogramm** *nt* INFORM didacticiel *m* **Lẹrnprozess**[RR] *m* apprentissage *m* **Lẹrnsoftware** *f* didacticiel *m* **Lẹrnziel** *nt* objectif *m* éducatif
lesbar *adj* lisible
Lẹsbe ['lɛsbə] <-, -n> *f*, **Lesbierin** ['lɛsbiərɪn] <-, -nen> *f* lesbienne *f*
lẹsbisch *adj* lesbien(ne)
Lesebrille *f* lunettes *fpl* pour lire **Lesebuch** *nt* livre *m* de lecture **Lesegerät** *nt* INFORM lecteur *m* **Lesekopf** *m* INFORM tête de lecture *m* **Leselampe** *f* lampe *f* [de lecture]
lesen ['le:zən] <liest, las, gelesen> *vt, vi* lire; (*Erbsen*) trier
Leser(in) <-s, -> *m(f)* lecteur(-trice) *m(f)*
Leseratte *f iron fam* bouquineur(-euse) *m(f)*
Leserbrief *m* lettre *f* de lecteur
leserlich *adj* lisible
Lesesaal *m* salle *f* de lecture **Lese-Schreib-Kopf** *m* INFORM tête *f* lectrice-imprimante **Lesestift** *m* INFORM crayon *m* optique **Lesezeichen** *nt* marque-page *m*
Lesung <-, -en> *f a.* POL lecture *f*
Lẹtte ['lɛtə] <-n, -n> *m*, **Lẹttin** *f* Letton(e) *m(f)*
Lẹtter ['lɛtɐ] <-, -n> *f* (*Druckbuchstabe*) lettre *f*
lẹttisch **I.** *adj* letton(e) **II.** *adv* ~ **miteinander sprechen** discuter en letton
Lẹttisch <-[s]> *nt kein art* letton *m; s. a.* **Deutsch**
Lẹttland ['lɛtlant] *nt* la Lettonie
Lẹtzt [lɛtst] ►**zu guter** ~ en fin de compte
lẹtzte(r, s) ['lɛtstə, -tɐ, -təs] *adj* ❶ dernier (-ière) *antéposé;* **die** ~ **Gelegenheit** l'ultime occasion; **sein ~s Geld** l'argent qui lui reste; **beim ~n Mal** la dernière fois; **als Letzter/Letzte ankommen** arriver le dernier/la dernière ❷ (*vorige*) dernier(-ière) *postposé;* **~s Jahr** l'an dernier ❸ *pej* (*sehr schlimm*) **der** ~ **Schuft** *fam* la dernière des fripouilles
Lẹtzte(s) *nt dekl wie adj* **ein ~s** une dernière chose; **das ist ja wohl das ~!** *pej fam* ça, c'est le bouquet!
lẹtztemal[ALT] *s.* **Mal**
letztẹndlich *adv* en fin de compte
lẹtztens *adv* ❶ (*kürzlich*) dernièrement ❷ (*abschließend*) pour finir
lẹtztlich *adv* en fin de compte
Leuchte ['lɔyçtə] <-, -n> *f* lampe *f*
leuchten ['lɔyçtən] *vi* (*Lampe*) éclairer; (*Licht, Stern*) briller; (*Zeiger*) être lumineux
leuchtend *adj* (*Farbe*) vif(vive); (*Vorbild*) éclatant(e)
Leuchter <-s, -> *m* chandelier *m*
Leuchtfarbe *f* peinture *f* fluorescente **Leuchtfeuer** *nt* feu *m* **Leuchtkäfer** *m* insecte *m* luisant **Leuchtkraft** *f kein Pl* (*eines Sterns, einer Farbe*) luminosité *f* **Leuchtschrift** *f* lettres *fpl* lumineuses **Leuchtturm** *m* phare *m*
leugnen ['lɔygnən] *vt, vi* nier
Leukämie [lɔykɛ'mi:] <-, -n> *f* leucémie *f*
Leute ['lɔytə] *Pl* ❶ (*Mehrzahl von Person*) **hundert** ~ cent personnes *fpl;* **es waren kaum** ~ **da** il n'y avait presque personne ❷ (*Mitmenschen*) gens *mpl;* **alle** ~ tout le monde ►**die kleinen** ~ les petites gens *fpl* (*fam*)
Leutnant ['lɔytnant] <-s, -s> *m* sous-lieutenant *m*
Level ['lɛvl] <-s, -s> *m* niveau *m*
Lẹxikon ['lɛksikɔn] <-s, Lẹxika> *nt* encyclopédie *f*
Liaison [li̯ɛ'zõ:] <-, -s> *f geh* liaison *f*
Liane [li'a:nə] <-, -n> *f* liane *f*

Libanon ['li:banɔn] <-[s]> *m* **der** ~ le Liban
Libelle [li'bɛlə] <-, -n> *f* libellule *f*
liberal [libe'ra:l] *adj* libéral(e)
liberalisieren* [liberali'zi:rən] *vt* libéraliser
Liberalisierung <-, -en> *f* libéralisation *f*
Libero ['li:bero] <-s, -s> *m* libéro *m*
Libido [li'bi:do] <-> *f* libido *f*
Libyen ['li:byən] <-s> *nt* la Libye
Licht [lɪçt] <-[e]s, -er> *nt kein Pl* lumière *f* ▸**das ~ der Welt erblicken** *geh* voir le jour; **jdn hinters ~ führen** duper qn; **jdm geht ein ~ auf** *fam* qn commence à piger; **ans ~ kommen** éclater au grand jour
Lichtbild *nt form* photo *f* d'identité **Lichtblick** *m* éclaircie *f*, embellie *f* **lichtdurchlässig** *adj* translucide **lichtempfindlich** *adj* sensible au soleil; (*Film*) sensible
lichten I. *vt* (*Gestrüpp, Wald*) éclaircir II. *vr* **sich ~** (*Haare*) s'éclaircir; (*Vorräte*) se raréfier; (*Bestände*) diminuer; (*Angelegenheit*) se clarifier
Lichterkette *f* guirlande *f* lumineuse
Lichtgeschwindigkeit <-> *f* PHYS vitesse *f* de la lumière **Lichthupe** *f* avertisseur *m* lumineux **Lichtjahr** *nt* ASTRO année-lumière *f* **Lichtquelle** *f* source *f* lumineuse **Lichtschalter** *m* interrupteur *m* **Lichtschranke** *f* barrage *m* optique **Lichtschutzfaktor** *m* indice *m* de protection **Lichtstrahl** *m* rayon *m* lumineux
Lichtung <-, -en> *f* clairière *f*
Lid [li:t] <-[e]s, -er> *nt* paupière *f*
Lidschatten *m* fard *m* à paupières
lieb [li:p] I. *adj* ❶ **~ zu jdm sein** être gentil avec qn ❷ (*brav*) sage ❸ (*in Briefen*) **~er Paul/~e Paula** cher Paul/chère Paula ❹ (*Gast*) agréable II. *adv* ❶ (*liebenswürdig*) gentiment ❷ (*artig*) sagement ❸ (*gern*) **jdn/etw ~ haben** aimer bien qn/qc; **jdn/etw am ~sten mögen** préférer qn/qc
liebäugeln ['li:pʔɔygəln] *vi* **mit etw ~** lorgner qc
Liebe ['li:bə] <-, -n> *f* amour *m* ▸**die ~ auf den ersten Blick** le coup de foudre
lieben I. *vt* aimer II. *vr* **sich ~** s'aimer; (*sexuell*) faire l'amour
Liebende(r) *f(m) dekl wie adj* **zwei ~** deux amants *mpl*
liebenswert *adj* sympathique **liebenswürdig** *adj* aimable **Liebenswürdigkeit** <-, -en> *f* amabilité *f*
lieber ['li:bɐ] I. *adj Komp von* **lieb: ihr wäre es ~, wenn du gehst** elle préférerait que tu partes II. *adv* ❶ *Komp von* **gern: ~ schwimmen als joggen** préférer nager que de faire du footing; **nichts ~ als das!** je ne demande que ça! ❷ (*besser*) **ich schweige ~** il vaut mieux que je me taise **Liebesbeziehung** *f* relation *f* amoureuse **Liebesbrief** *m* lettre *f* d'amour **Liebeserklärung** *f* déclaration *f* d'amour **Liebesgedicht** *nt* poème *m* d'amour **Liebesgeschichte** *f* histoire *f* d'amour **Liebeskummer** *m* chagrin *m* d'amour **Liebesleben** *nt* vie *f* amoureuse **Liebeslied** *nt* chanson *f* d'amour **Liebespaar** *nt* couple *m* d'amoureux **Liebesroman** *m* roman *m* d'amour
liebevoll *adj* affectueux(-euse); (*Zuwendung*) tendre; (*Vorbereitung*) gentil(le)
lieb|haben *s.* **lieb II.3.**
Liebhaber(in) <-s, -> *m(f)* ❶ amant *m*/maîtresse *f* ❷ (*Anhänger*) amateur(-trice) *m(f)*
liebkosen* [li:p'ko:zən] *vt geh* cajoler
lieblich *adj* (*Duft*) suave; (*Wein*) moelleux (-euse); (*Anblick*) charmant(e)
Liebling ['li:plɪŋ] <-s, -e> *m* ❶ chéri(e) *m(f)* ❷ (*Favorit*) préféré(e) *m(f)*
Lieblingsbeschäftigung *f* activité *f* préférée **Lieblingsgericht** *nt* plat *m* préféré
lieblos I. *adj* (*Person*) dépourvu(e) de tendresse II. *adv* **jdn/etw ~ behandeln** traiter qn/qc sans soin
Liebste(r) *f(m) dekl wie adj* **seine ~** sa bien-aimée; **ihr ~r** son bien-aimé
Liebstöckel <-s, -> *nt o m* livèche *f*
Liechtenstein ['lɪçtənʃtai̯n] <-s> *nt* le Liechtenstein
Liechtensteiner(in) <-s, -> *m(f)* habitant(e) *m(f)* du Liechtenstein
Lied [li:t] <-[e]s, -er> *nt* chanson *f*; (*Kirchenlied*) chant *m*; (*Kunstlied*) lied *m*
Liederbuch *nt* recueil *m* de chansons; (*mit Kirchenliedern*) recueil *m* de chants
Liedermacher(in) *m(f)* auteur-compositeur [-interprète] *mf*
lief [li:f] *Imp von* **laufen**
Lieferant(in) [lifə'rant] <-en, -en> *m(f)* fournisseur(-euse) *m(f)*
lieferbar *adj* disponible
Lieferbedingungen *Pl* conditions *fpl* de livraison **Lieferfrist** *f* délai *m* de livraison
liefern ['li:fɐn] I. *vt* ❶ (*Ware*) livrer ❷ (*Beweis, Rohstoff*) fournir II. *vi* livrer
Lieferschein *m* bon *m* de livraison

L

Lieferung <-, -en> *f* livraison *f*
Lieferwagen *m* camionnette *f* de livraison
Liege ['li:gə] <-, -n> *f* ❶ (*Bett*) divan *m* ❷ (*~stuhl*) chaise *f* longue
liegen ['li:gən] <lag, gelegen> *vi + haben o* A, CH, SDEUTSCH *sein* ❶ (*Person*) être couché; **auf dem Bett ~** être allongé sur le lit; [**noch**] **im Bett ~** être [encore] au lit ❷ (*herum~*) **auf dem Tisch liegt ein Buch** il y a un livre sur la table; **ganz hinten ~** être placé loin derrière ❸ (*sich befinden*) **zur Straße ~** (*Zimmer*) donner sur la rue; **in Frankreich ~** être situé en France ❹ (*begraben sein*) **im Grab/in Weimar ~** reposer dans une tombe/à Weimar ❺ NAUT **am Kai ~** rester à quai; **im Hafen ~** mouiller dans le port ❻ (*zurückgehen auf*) **das liegt daran, dass ...** cela tient au fait que ... ❼ (*wichtig sein*) **mir liegt viel daran, dass** il m'importe beaucoup que *+ subj;* **Sprachen ~ ihm** il est porté sur les langues ❽ (*zufallen*) **bei jdm ~** (*Verantwortung*) reposer sur qn; (*Schuld*) peser sur qn; **die Entscheidung liegt bei Ihnen** à vous de décider
liegen|bleiben *s.* **bleiben I.3., I.7.**
liegend *adj, adv* couché
liegen|lassen *s.* **lassen I.▸**
Liegestuhl *m* chaise *f* longue **Liegestütz** <-es, -e> *m* traction *f* **Liegewagen** *m* voiture-couchettes *f*
lieh [li:] *Imp von* **leihen**
ließ [li:s] *Imp von* **lassen**
liest [li:st] *3. Pers Präs von* **lesen**
Lift [lɪft] <-[e]s, -e> *m* ❶ (*Aufzug*) ascenseur *m* ❷ (*Skilift*) téléski *m*
liften ['lɪftən] *vt* faire un lifting à
Liga ['li:ga] <-, Ligen> *f* ❶ ligue *f* ❷ SPORT division *f*
light [lait] *adj* (*Limonade*) light; (*Zigarette*) léger(-ère)
Likör [li'kø:ɐ̯] <-s, -e> *m* liqueur *f*
lila ['li:la] *adj inv* [couleur] lilas
Lila <-s, -> *fam nt* mauve *m*
Lilie ['li:liə] <-, -n> *f* lys *m*
Liliputaner(in) [lilipu'ta:nɐ] <-s, -> *m(f)* lilliputien(ne) *m(f)*
Limit ['lɪmɪt] <-s, -s> *nt* (*Preisgrenze*) plafond *m*
limitieren* [limi'ti:rən] *vt* limiter
Limonade [limo'na:də] <-, -n> *f* limonade *f*
Linde ['lɪndə] <-, -n> *f* tilleul *m*
Lindenblütentee *m* [infusion *f* de] tilleul *m*
lindern ['lɪndɐn] *vt* (*Schmerzen*) soulager; (*Not*) atténuer
Linderung <-> *f kein Pl* soulagement *m*
lindgrün *adj* tilleul
Lineal [line'a:l] <-s, -e> *nt* règle *f*
linear [line'a:ɐ̯] *adj* linéaire
Linguistik [lɪŋgu'ɪstɪk] <-> *f* linguistique *f*
linguistisch *adj* linguistique
Linie ['li:niə] <-, -n> *f* ligne *f* ▸**in erster ~** en premier lieu
Linienflug *m* vol *m* de ligne **Linienrichter(in)** *m(f)* juge *mf* de ligne
linieren* *vt*, **liniieren*** *vt* ligner
Link [lɪŋk] <-s, -s> *m* INFORM lien *m*
Linke <-n, -n> *f* ❶ (*Hand*) main *f* gauche ❷ SPORT gauche *m* ❸ POL **die ~** la gauche
linke(r, s) ['lɪŋkə, -kɐ, -kəs] *adj attr* ❶ gauche; (*Straßenseite*) de gauche; **die ~ Seite** (*eines Kleidungsstücks*) l'envers *m* ❷ POL (*Person*) de gauche
linken *vt fam* entuber
links ['lɪŋks] **I.** *adv* ❶ (*auf der linken Seite*) à gauche; **~ oben** en haut à gauche; **~ von dir/hinter mir** à ta gauche/à gauche derrière moi; **von ~ nach rechts** de gauche à droite; **~ stricken** tricoter à l'envers ❷ POL **~ wählen** voter à gauche ▸**jdn ~ liegen lassen** *fam* ne pas prêter attention à qn; **etw mit ~ machen** *fam* faire qc les doigts dans le nez **II.** *präp + gen* **~ des Rheins** à gauche du Rhin
Linksabbieger(in) <-s, -> *m(f)* chauffeur *m* tournant à gauche **Linksaußen** [lɪŋks'ʔausən] <-, -> *m* SPORT ailier *m* gauche **Linksextremist(in)** *m(f)* extrémiste *mf* de gauche **linksextremistisch** *adj* d'extrême gauche **linksgerichtet** *adj* POL orienté(e) à gauche **Linkshänder(in)** ['lɪŋkshɛndɐ] <-s, -> *m(f)* gaucher(-ère) *m(f)* **linkshändig** *adj* gaucher(-ère) **linksradikal** *adj* d'extrême gauche **linksrheinisch** *adj* [situé(e)] à l'ouest du Rhin **linksseitig** *adj* du côté gauche **Linksverkehr** *m* conduite *f* à gauche
Linoleum [li'no:leʊm] <-s> *nt* linoléum *m*
Linse ['lɪnzə] <-, -n> *f* ❶ GASTR, OPT lentille *f* ❷ ANAT cristallin *m*
Lipgloss[RR] <-, -> *nt* brillant *m* à lèvres
Lippe ['lɪpə] <-, -n> *f* lèvre *f*
Lippenstift *m* [bâton *m* de] rouge *m* à lèvres
Liquidität [likvidi'tɛ:t] <-> *f* solvabilité *f*

Lira ['li:ra] <-, Lire> *f* **italienische** ~ HIST lire *f* [italienne]; **türkische** ~ livre *f* turque
lispeln ['lɪspəln] *vi* zézayer
Lissabon ['lɪsabɔn] <-s> *nt* Lisbonne
List [lɪst] <-, -en> *f* ruse *f*
Liste ['lɪstə] <-, -n> *f* liste *f*
listig *adj* (*Person*) rusé(e); (*Plan*) astucieux (-euse)
Litauen ['li:tauən] <-s> *nt* la Lituanie
Litauer(in) <-s, -> *m(f)* Lituanien(ne) *m(f)*
litauisch **I.** *adj* lituanien(ne) **II.** *adv* ~ **miteinander sprechen** parler en lituanien
Litauisch <-[s]> *nt kein art* lituanien *m; s. a.* **Deutsch**
Liter ['li:tɐ] <-s, -> *m o nt* litre *m*
literarisch [lɪtə'ra:rɪʃ] *adj* littéraire
Literatur [lɪtəra'tu:ɐ̯] <-, -en> *f* littérature *f*
Literaturkritik *f* critique *f* littéraire **Literaturpreis** *m* prix *m* littéraire **Literaturwissenschaft** *f* lettres *fpl*
literweise *adv* au litre
Litfaßsäule *f* colonne *f* Morris
Lithografie[RR], **Lithographie** [litogra'fi:] <-, -n> *f* lithographie *f*
litt [lɪt] *Imp von* **leiden**
Liturgie [litʊr'gi:] <-, -n> *f* liturgie *f*
liturgisch [li'tʊrgɪʃ] *adj* liturgique
live [laif] *adj, adv* en direct
Livesendung[RR] *f* émission *f* en direct
Lizenz [li'tsɛnts] <-, -en> *f* licence *f;* **jdm eine** ~ **erteilen** délivrer une licence à qn
Lizenzgebühr *f* royalties *fpl*
Lizenziat[RR] [litsɛn'tsi̯a:t] <-[e]s, -e> *nt* UNIV ≈ licence *f* de théologie CH ≈ licence de lettres et sciences humaines
Lkw, LKW [ɛlka:'ve:] <-[s], -[s]> *m Abk von* **Lastkraftwagen** poids *m* lourd
Lob [lo:p] <-[e]s> *nt* félicitations *fpl*
Lobby ['lɔbi] <-, -s> *f* lobby *m*
loben ['lo:bən] **I.** *vt* ❶ féliciter; **jds Arbeit** ~ louer qn pour son travail ❷ REL **Gott** ~ louer Dieu **II.** *vi* complimenter
lobenswert *adj* digne d'éloges
Loblied *nt* ►**ein** ~ **auf jdn/etw singen** chanter les louanges de qn/qc **Lobrede** *f* panégyrique *m*
Loch [lɔx, *Pl:* 'lœçɐ] <-[e]s, Löcher> *nt* trou *m* ►**jdm ein** ~ **in den Bauch fragen** *fam* cribler qn de questions
lochen *vt* perforer; (*Fahrkarte*) poinçonner
Locher <-s, -> *m* (*für Papier*) perforeuse *f*
löcherig *adj* troué(e)
löchern *vt fam* gonfler
Locke ['lɔkə] <-, -n> *f* boucle *f* [de cheveux]
locken ['lɔkən] **I.** *vt* ❶ (*verlockend sein*) attirer ❷ (*Tier*) appeler **II.** *vr* **sich** ~ (*Haare*) boucler
lockend *adj* alléchant(e)
Lockenwickler <-s, -> *m* bigoudi *m*
locker ['lɔkɐ] *adj* ❶ (*Schraube*) desserré(e); (*Zahn*) branlant(e); (*Muskel*) relâché(e); (*Boden*) poreux(-euse); (*Teig*) léger(-ère) ❷ *fam* (*Haltung*) détendu(e); (*Bekanntschaft*) vague
locker|lassen *vi irr fam* **nicht** ~ ne pas lâcher prise
lockern **I.** *vt* ❶ (*Schraube*) desserrer; (*Zügel*) relâcher ❷ (*Muskeln*) décontracter ❸ (*Gesetz*) assouplir **II.** *vr* **sich** ~ ❶ (*Schraube*) se desserrer ❷ (*sich entspannen*) se décontracter
lockig *adj* bouclé(e)
Lockvogel *m a. fig* appât *m*
Loden <-s, -> *m* loden *m*
lodern ['lo:dɐn] *vi + haben* (*Feuer*) flamboyer; ~**d** flamboyant(e)
Löffel ['lœfəl] <-s, -> *m* ❶ cuillère *f;* **ein** ~ **Mehl** une cuillérée de farine ❷ (*Hasen-, Kaninchenohr*) oreille *f*
löffeln *vt* **seine Suppe** ~ manger sa soupe à la cuillère
löffelweise *adv* (*essen, füttern*) à la cuillère; (*hinzugeben*) par cuillérées
log [lo:k] *Imp von* **lügen**
Logarithmus [loga'rɪtmʊs] <-, -rithmen> *m* MATH logarithme *m*
Logbuch *nt* NAUT journal *m* de bord
Loge ['lo:ʒə] <-, -n> *f* loge *f*
Logik ['lo:gɪk] <-> *f* logique *f*
Login ['logɪŋ] <-s> *nt* INFORM ouverture *f* d'une session
Logis [lo'ʒi:] <-> *nt* logement *m*
logisch ['lo:gɪʃ] *adj* logique
Logistik [lo'gɪstɪk] <-> *f* logistique *f*
logistisch *adj* logistique
Logo ['lo:go] <-s, -s> *nt* logo *m*
Logoff <-s> *nt* INFORM clôture *f* d'une session
Logopäde [logo'pɛ:də] <-n, -n> *m,* **Logopädin** *f* orthophoniste *mf*
Lohn [lo:n, *Pl:* 'lø:nə] <-[e]s, Löhne> *m* ❶ (*Arbeitslohn*) salaire *m* ❷ *kein Pl* (*Belohnung*) récompense *f*
Lohnempfänger(in) *m(f)* salarié(e) *m(f)*
lohnen ['lo:nən] **I.** *vr* **sich für jdn** ~ **etw zu**

L

tun valoir la peine pour qn de faire qc **II.** *vt* (*wert sein*) **einen Besuch ~** mériter une visite

löhnen ['løːnən] *vi fam* casquer

lohnend *adj* profitable

Lohnerhöhung *f* hausse *f* des salaires; (*einer Einzelperson*) augmentation *f* [de salaire] **Lohnforderung** *f* revendication *f* salariale **Lohnfortzahlung** *f* maintien *m* du salaire **Lohnkosten** *Pl* coûts *mpl* salariaux **Lohnnebenkosten** *Pl* charges *fpl* annexes [au salaire]

Lohnsteuer *f* impôt *m* sur le salaire

Lohnsteuerjahresausgleich *m* ❶ (*Antrag*) *demande de régularisation annuelle du trop-perçu d'impôt sur le salaire* ❷ (*Rückzahlung*) *remboursement du trop-perçu d'impôt sur le salaire* **Lohnsteuerkarte** *f* fiche *f* fiscale (*sur laquelle figure la catégorie d'imposition d'un employé*)

Loipe ['lɔypə] <-, -n> *f* piste *f* de ski de fond

lokal [lo'kaːl] *adj* local(e)

Lokal <-s, -e> *nt* (*Kneipe*) bistro[t] *m;* (*Speiselokal*) restaurant *m;* (*Vereinslokal*) cafétéria *f*

lokalisieren* [lokali'ziːrən] *vt* localiser

Lokalnachricht *f meist Pl* **~en** nouvelles *fpl* locales **Lokalpatriotismus** *m* esprit *m* de clocher

Lokomotive [lokomo'tiːvə] <-, -n> *f* locomotive *f*

Lokomotivführer(in) *m(f)* conducteur (-trice) *m(f)* de locomotive

Lokus ['loːkʊs] <-, -> *m fam* petit coin *m*

Lolli ['lɔli] <-s, -s> *m fam* sucette *f*

London ['lɔndɔn] <-> *nt* Londres

Londoner(in) <-s, -> *m(f)* Londonien(ne) *m(f)*

Look [lʊk] <-s, -s> *m* look *m*

Looping ['luːpɪŋ] <-s, -s> *m o nt* looping *m*

Lorbeer ['lɔrbeːɐ̯] <-s, -en> *m* laurier *m* ▶**sich auf seinen ~en ausruhen** *fam* se reposer sur ses lauriers

Lorbeerblatt *nt* feuille *f* de laurier **Lorbeerkranz** *m* couronne *f* de laurier

los [loːs] **I.** *adj* ❶ (*abgetrennt*) défait(e) ❷ *fam* (*befreit*) **jdn/etw ~ sein** être débarrassé de qn/qc ❸ (*im Gange*) **dort ist viel ~** [il] y a la grosse ambiance là-bas; **was ist ~?** qu'est-ce qu'[il] y a? (*fam*) ▶**mit ihm ist nichts ~** *fam* (*er ist erschöpft*) il n'est pas dans son assiette **II.** *adv* ❶ **~!** partez! ❷ *fam* (*fort*) **sie ist schon ~** elle s'est déjà tirée

Los [loːs] <-es, -e> *nt* ❶ **etw durch das ~ entscheiden** décider qc au sort ❷ (*Lotterielos*) billet *m* ❸ *kein Pl geh* (*Schicksal*) sort *m* ▶**mit jdm/etw das große ~ gezogen haben** avoir tiré le gros lot avec qn/qc

lösbar *adj* ❶ (*Aufgabe*) résoluble ❷ CHEM soluble

los|binden *vt irr* **etw/jdn von etw ~** détacher qc/qn de qc

Löschblatt *nt* buvard *m*

löschen ['lœʃən] *vt* ❶ (*Feuer, Licht*) éteindre; **seinen Durst ~** se désaltérer ❷ (*tilgen*) effacer ❸ NAUT décharger

Löschen <-s> *nt* extinction *f*

Löschfahrzeug *nt* voiture *f* de pompiers **Löschpapier** *nt* [papier *m*] buvard *m* **Löschtaste** *f* INFORM touche *f* effacement

lose ['loːzə] *adj* ❶ (*Knopf*) qui bouge; (*Halterung*) branlant(e); (*Blatt*) volant(e) ❷ (*unverpackt*) **etw ~ verkaufen** vendre qc en vrac

Lösegeld *nt* rançon *f* **Lösemittel** *nt* solvant *m*

losen ['loːzən] *vi* **um etw ~** tirer qc au sort

lösen ['løːzən] **I.** *vt* ❶ (*Schicht*) enlever ❷ (*Knoten*) défaire; (*Handbremse*) desserrer ❸ (*Husten*) calmer ❹ (*Aufgabe*) résoudre ❺ (*Verlobung*) annuler; (*Vertrag*) résilier ❻ CHEM dissoudre ❼ (*Fahrschein*) prendre **II.** *vr* ❶ **sich von etw ~** (*Schicht*) s'enlever de qc; (*Stein*) se détacher de qc ❷ (*sich auf~*) **sich in etw** (*dat*) **~** se dissoudre dans qc ❸ (*sich aufklären*) **sich ~** se résoudre ❹ (*sich befreien*) **sich von jdm ~** se détacher de qn; **sich von etw ~** se dégager de qc

los|fahren *vi irr + sein* **von etw ~** partir de qc

los|gehen *vi irr + sein* ❶ s'en aller ❷ *fam* (*beginnen*) commencer ❸ (*angreifen*) **mit etw auf jdn ~** s'élancer sur qn avec qc

los|kommen *vi irr + sein fam* ❶ (*gehen können*) pouvoir partir ❷ (*sich befreien*) **von jdm ~** se sortir des pattes de qn

los|lassen *vt irr* lâcher; **jdn nicht ~** (*Vorstellung*) ne pas quitter qn

los|legen *vi fam* (*anfangen*) **mit der Arbeit ~** s'attaquer au travail

löslich ['lœːslɪç] *adj* soluble

los|machen **I.** *vt* (*losbinden*) détacher **II.** *vr fam* **sich von etw ~** (*sich losreißen*) se dégager de qc; (*sich befreien*) se libérer de qc

los|reißen *irr* **I.** *vt* arracher **II.** *vr* ❶ (*sich entwinden*) **sich von jdm ~** se dégager de qn ❷ *fam* (*sich innerlich lösen*) **sich ~** s'arrêter; **er konnte sich von dem Anblick nicht ~** il ne pouvait détourner son regard
los|schicken *vt* envoyer
Losung ['lo:zʊŋ] <-, -en> *f* (*Wahlspruch*) mot *m* d'ordre
Lösung ['lø:zʊŋ] <-, -en> *f* ❶ (*das Lösen*) résolution *f* ❷ (*Ergebnis*) solution *f* ❸ (*Aufhebung: einer Verlobung*) annulation *f*; (*eines Vertrags*) résiliation *f* ❹ CHEM solution *f*
Lösungsmittel *nt* solvant *m*
los|werden *vt irr + sein* ❶ (*Person*) se débarrasser de; (*Gefühl*) se défaire de ❷ *fam* (*verkaufen*) fourguer
Lot [lo:t] <-[e]s, -e> *nt* ❶ (*Senkblei*) fil *m* à plomb ❷ NAUT sonde *f*
loten *vt* sonder
löten ['lø:tən] *vt* **etw an etw** (*akk*) **~** souder qc à qc
Lothringen <-s> *nt* la Lorraine
Lotion [lo'tsi̯o:n] <-, -en> *f* lotion *f*
Lötkolben *m* fer *m* à souder
Lotse ['lo:tsə] <-n, -n> *m*, **Lotsin** *f* ❶ NAUT pilote *m* ❷ (*Fluglotse*) aiguilleur(-euse) *m(f)* du ciel
lotsen *vt* (*Schiff*) piloter
Lotterie [lɔtə'ri:] <-, -n> *f* loterie *f*
Lotto ['lɔto] <-s, -s> *nt* loto *m*; **~ spielen** jouer au loto
Lottogewinn *m* gain *m* au loto **Lottoschein** *m* bulletin *m* de loto
Löwe ['lø:və] <-n, -n> *m* ❶ lion *m* ❷ ASTRO Lion *m*
Löwenzahn *m kein Pl* pissenlit *m*
Löwin ['lø:vɪn] *f* lionne *f*
loyal [lo̯a'ja:l] *geh adj* loyal(e)
Loyalität [lo̯ajali'tɛ:t] <-> *f* loyauté *f*
LP [ɛl'pe:] <-, -s> *f Abk von* **Langspielplatte** 33 tours *m*
Luchs [lʊks] <-es, -e> *m* lynx *m*
Lücke ['lʏkə] <-, -n> *f* ❶ (*Zwischenraum*) trou *m* ❷ (*Unvollständigkeit*) lacune *f*
Lückenbüßer(in) <-s, -> *m(f)* **der ~ sein** *fam* jouer les bouche-trous
lückenhaft *adj* incomplet(-ète); (*Erinnerung*) défaillant(e)
lückenlos *adj* complet(-ète); (*Beweis*) irréfutable
lud [lu:t] *Imp von* **laden**
Luder ['lu:dɐ] <-s, -> *nt fam* (*durchtriebene Frau*) bougresse *f*; (*kokette Frau*) garce *f*
Luft [lʊft, *Pl:* 'lʏftə] <-, Lüfte> *f* ❶ *kein Pl* air *m*; **an die [frische] ~ gehen** aller prendre l'air ❷ *kein Pl* (*Atem*) **die ~ anhalten** retenir son souffle; **keine ~ mehr bekommen** étouffer; **~ holen** inspirer ❸ *fam* (*Platz*) espace *m* ▸**von ~ und Liebe leben** *iron fam* vivre d'amour et d'eau fraîche; **es herrscht dicke ~** *fam* il y a de l'orage dans l'air; **die ~ ist rein** *fam* pas de danger à l'horizon; **sich in ~ auflösen** se volatiliser; **jdn wie ~ behandeln** faire comme si qn n'existait pas; **es liegt etwas in der ~** il y a quelque chose qui se prépare
Luftabwehr *f* défense *f* antiaérienne **Luftangriff** *m* attaque *f* aérienne **Luftballon** *m* ballon *m* [de baudruche] **Luftblase** *f* bulle *f* [d'air] **Luftbrücke** *f* pont *m* aérien **luftdicht** *adj* hermétique **Luftdruck** *m kein Pl* METEO pression *f* atmosphérique
lüften ['lʏftən] **I.** *vt* (*Raum*) aérer; (*Geheimnis*) dévoiler **II.** *vi* aérer
Luftfahrt *f kein Pl form* aviation *f* **Luftfeuchtigkeit** *f* humidité *f* de l'air
luftig *adj* (*Kleidung*) léger(-ère)
Luftkurort *m* station *f* climatique **luftleer** *adj* vide d'air **Luftlinie** *f* ligne *f* droite **Luftmatratze** *f* matelas *m* pneumatique **Luftpost** *f* **mit ~** par avion **Luftpumpe** *f* pompe *f* [à air]; (*für Fahrrad*) pompe à vélo **Luftröhre** *f* ANAT trachée **Luftschiff** *nt* dirigeable *m* **Luftschlange** *f* serpentin *m* **Luftschloss**[RR] *nt meist Pl* **Luftschlösser bauen** construire des châteaux en Espagne **Luftsprung** *m* bond *m* en l'air **Luftstützpunkt** *m* base *f* aérienne
Lüftung <-, -en> *f* (*~ssystem*) ventilation *f*
Luftveränderung *f* changement *m* d'air **Luftverkehr** *m* trafic *m* aérien **Luftverschmutzung** *f* pollution *f* de l'air **Luftwaffe** *f* armée *f* de l'air **Luftweg** *m kein Pl* AVIAT voie *f* aérienne **Luftzufuhr** *f kein Pl* arrivée *f* d'air **Luftzug** *m* courant *m* d'air
Lüge ['ly:gə] <-, -n> *f* mensonge *m*
lügen <log, gelogen> *vi* mentir; **das ist gelogen!** c'est faux!
Lügner(in) ['ly:gnɐ] <-s, -> *m(f) pej* menteur(-euse) *m(f)*
lügnerisch *adj pej* ❶ (*verlogen*) menteur(-euse) ❷ (*erlogen*) mensonger(-ère)
Luke ['lu:kə] <-, -n> *f* ❶ (*Dachluke*) lucarne *f* ❷ (*Schiffsluke*) écoutille *f*
lukrativ [lukra'ti:f] *adj geh* lucratif(-ive)

L

Lümmel ['lʏməl] <-s, -> *m* ❶ *pej* (*Flegel*) malotru *m* ❷ *fam* (*Bürschchen*) bonhomme *m,* coco *m*
Lump [lʊmp] <-en, -en> *m pej* crapule *f*
lumpen ['lʊmpən] ▶**sich nicht ~ lassen** *fam* [ne] pas mégoter
Lumpen <-s, -> *m meist Pl* (*Kleidung*) haillon *m souvent pl*
Lunch [lanʧ] <-[e]s, -[e]s> *m* lunch *m*
Lunge ['lʊŋə] <-, -n> *f* poumons *mpl*
Lungenbläschen ['lʊŋənblɛːsçən] *nt* ANAT alvéole *f* pulmonaire **Lungenentzündung** *f* MED pneumonie *f* **Lungenflügel** *m* poumon *m*
lungern ['lʊŋɐn] *vi fam* glandouiller
Lunte ['lʊntə] <-, -n> *f* mèche *f* ▶**~ riechen** flairer quelque chose
Lupe ['luːpə] <-, -n> *f* loupe *f* ▶**jdn/etw unter die ~ nehmen** *fam* examiner qn/qc sous toutes les coutures
Lurch [lʊrç] <-[e]s, -e> *m* amphibien *m*
Lust [lʊst, *Pl:* 'lʏstə] <-, Lüste> *f* ❶ *kein Pl* (*Freude*) plaisir *m;* (*Neigung*) envie *f* ❷ (*sexuelle Begierde*) désir *m*
lüstern ['lʏstɐn] *adj* (*sexuell erregt*) lubrique
lustig ['lʊstɪç] *adj* ❶ (*fröhlich*) gai(e); **sich über jdn/etw ~ machen** se moquer de qn/qc ❷ (*spaßig*) drôle
lustlos I. *adj* morose II. *adv* sans entrain
Lustspiel *nt* comédie *f*
lutschen ['lʊtʃən] I. *vt* (*Bonbon*) sucer; (*Eis*) manger II. *vi* **an etw** (*dat*) **~** sucer qc
Lutscher <-s, -> *m* sucette *f*
lütt *adj* NDEUTSCH petit(e)
Lüttich <-s> *nt* Liège
Luxemburg ['lʊksəmbʊrk] <-s> *nt* (*Stadt*) Luxembourg; (*Land*) le Luxembourg
Luxemburger(in) <-s, -> *m(f)* Luxembourgeois(e) *m(f)*
luxemburgisch *adj* luxembourgeois(e)
luxuriös [lʊksuri'øːs] *adj* luxueux(-euse)
Luxus ['lʊksʊs] <-> *m kein Pl* luxe *m*
Luxushotel *nt* hôtel *m* de luxe
Luzern [lu'tsɛrn] <-s> *nt* Lucerne
Luzifer ['luːtsifɐ] <-s> *m* Lucifer *m*
Lymphe ['lʏmfə] <-, -n> *f* lymphe *f*
Lymphknoten *m* ANAT ganglion *m* lymphatique
lynchen ['lʏnçən] *vt* lyncher
Lynchjustiz *f* justice *f* expéditive
Lyrik ['lyːrɪk] <-> *f* poésie *f* lyrique
lyrisch *adj* lyrique

Mm

M, m [ɛm] <-, -> *nt* M *m*/m *m*
m *Abk von* **Meter** m
MA. *Abk von* **Mittelalter**
machbar *adj* (*Projekt*) réalisable; (*Gehaltserhöhung*) possible
machen ['maxən] I. *vt* ❶ (*tun*) faire; **Sport/Musik ~** faire du sport/de la musique; **gut gemacht!** bien joué!; **so etwas macht man nicht** ça ne se fait pas; **nichts zu ~!** rien à faire!; **ich mache das schon!** (*ich erledige das*) je m'en charge[rai]!; (*ich bringe das in Ordnung*) je vais arranger ça!; **du lässt ja alles mit dir ~!** tu te laisses complètement faire!; **etw mit Wasser voll ~** *fam* remplir qc d'eau ❷ (*fertigen*) **jdm etw ~** faire qc à qn; **selbst gemacht** de sa fabrication; (*Kuchen*) fait(e) maison ❸ (*Fleck*) faire; **Unordnung ~** mettre le désordre ❹ (*bereiten: Mut, Durst*) donner; **jdm Angst ~** faire peur à qn; **jdm Probleme ~** poser des problèmes à qn ❺ *fam* (*ausbreiten*) **auseinander ~** (*Karte*) déplier; (*Beine*) écarter ❻ (*Führerschein*) passer; (*Preis*) obtenir; (*Kurs*) suivre ❼ (*Party, Reise*) faire ❽ *fam* (*ergeben*) **wie viel macht drei mal sieben?** combien font trois fois sept? ❾ (*kosten*) **was macht das?** combien ça fait? ❿ *fam* (*verdienen: Gewinn*) réaliser ⓫ (*werden lassen*) **jdn glücklich/wütend ~** rendre qn heureux(-euse)/mettre qn en colère; **sich** (*dat*) **Feinde ~** se faire des ennemis; **jdn schlank ~** (*Kleidung*) amincir qn ⓬ (*ziehen*) **was machst du denn für ein Gesicht?** tu en fais une tête! ⓭ (*bewirken*) **der Stress macht, dass …** le stress a pour effet que … ⓮ *fam* (*sich beeilen*) **macht, dass ihr verschwindet!** arrangez-vous pour disparaître! ⓯ (*aus~*) **macht nichts!** ça ne fait rien!; **mach dir nichts daraus!** ne t'en fais pas! ⓰ (*mögen*) **sich** (*dat*) **etwas aus jdm/etw ~** s'intéresser à qn/qc ⓱ *fam* (*beschmutzen*) **die Hose[n] voll ~** faire dans sa culotte ⓲ (*schaffen*) **für etw wie gemacht sein** être fait pour qc ⓳ *fam* (*stehen mit*) **was macht Paul?** que devient Paul?; (*beruflich*) que fait Paul?
II. *vt unpers* ❶ **es macht mich traurig,**

dass ça me rend triste que *+subj;* **es macht mich glücklich zu hören, dass ...** je suis heureux(-euse) d'entendre que ... ② *fam* (*ein Geräusch erzeugen*) **es macht bumm** ça fait boum **III.** *vi* ① **dumm ~** (*Fernsehen*) rendre débile ② *fam* (*seine Notdurft verrichten*) **ins Bett ~** faire [ses besoins] au lit ③ (*erscheinen lassen*) **dick ~** (*Hose*) grossir ④ *fam* (*sich beeilen*) **schnell ~** se grouiller ⑤ *fam* (*sich geben*) **auf Experte ~** jouer les experts ⑥ (*handeln*) **lass ihn** [**nur**] **~** laisse-le [donc] faire **IV.** *vr* ① **sich bei jdm beliebt ~** s'attirer les sympathies de qn ② (*sich entwickeln*) **sich** [**gut**] **~** (*Kind*) pousser ③ *fam* (*sich gut entwickeln*) **sich ~** avoir le vent en poupe ④ (*sich begeben*) **sich an die Arbeit ~** se mettre au travail ⑤ (*bereiten*) **sich Sorgen ~** se faire du souci; **~ Sie sich wegen mir keine Umstände!** ne vous dérangez pas pour moi!

Machenschaften *Pl pej* machinations *fpl*

Macho ['matʃo] <-s, -s> *m fam* macho *m*

Macht [maxt, *Pl:* 'mɛçtə] <-, Mächte> *f* ① *kein Pl* (*Befugnis, Staatsgewalt*) pouvoir *m;* **die ~ ausüben** exercer le pouvoir; **an die ~ kommen** accéder au pouvoir ② (*mächtiger Staat*) puissance *f* ③ *kein Pl* (*Einfluss*) **die ~ der Gewohnheit** la force de l'habitude

Machtergreifung *f* prise *f* du pouvoir **Machthaber(in)** <-s, -> *m(f) pej* dirigeant(e) *m(f)*

mächtig ['mɛçtɪç] **I.** *adj* ① (*einflussreich*) puissant(e) ② (*Schlag*) violent(e) ③ *fam* (*Hitze*) sacré(e) *antéposé* ④ *geh* (*kundig*) **des Französischen ~ sein** maîtriser le français **II.** *adv fam* (*sich ärgern*) drôlement

Machtkampf *m* lutte *f* pour le pouvoir

machtlos I. *adj* ① (*Politiker, Staat*) impuissant(e) ② (*hilflos*) **gegen etw ~ sein** être désarmé devant qc **II.** *adv* **einer S.** (*dat*) **~ gegenüberstehen** faire face à qc avec un sentiment d'impuissance

Machtlosigkeit <-> *f* impuissance *f*

Machtmissbrauch[RR] *m* abus *m* de pouvoir **Machtpolitik** *f* politique *f* d'hégémonie **Machtwechsel** *m* changement *m* de gouvernement **Machtwort** <-worte> *nt* **ein ~ sprechen** faire acte d'autorité

Macke ['makə] <-, -n> *f fam* (*Tick*) tic *m;* **eine ~ haben** *fam* avoir le cerveau fêlé

Macker ['makɐ] <-s, -> *m fam* mec *m*

Mädchen ['mɛːtçən] <-s, -> *nt* ① fille *f* ② (*jugendliche Frau*) [jeune] fille *f*

mädchenhaft *adj* de jeune fille

Mädchenname *m* ① (*weiblicher Vorname*) prénom *m* féminin ② (*Geburtsname*) nom *m* de jeune fille

Made ['maːdə] <-, -n> *f* asticot *m*

madig *adj* véreux(-euse)

Mafia ['mafi̯a] <-> *f a. fig, pej* maf[f]ia *f*

Magazin [maga'tsiːn] <-s, -e> *nt* ① (*Lager*) magasin *m* ② (*Zeitschrift*) magazine *m* ③ TECH (*einer Schusswaffe*) chargeur *m*

Magdeburg ['makdəbʊrk] *nt* Magdebourg

Magen ['maːgən, *Pl:* 'mɛːgən] <-s, Mägen> *m* estomac *m;* **auf nüchternen ~** à jeun

Magenbeschwerden *Pl* troubles *mpl* gastriques **Magengeschwür** *nt* ulcère *m* à l'estomac **Magensäure** *f* acidité *f* gastrique **Magenschmerzen** *Pl* maux *mpl* d'estomac; **~ haben** avoir mal à l'estomac **Magenverstimmung** *f* indigestion *f*

mager ['maːgɐ] *adj* (*Person, Käse*) maigre; (*Ernte*) médiocre

Magermilch *f* lait *m* écrémé **Magersucht** *f kein Pl* anorexie *f*

Magie [ma'giː] <-> *f* magie *f*

Magier(in) ['maːgiɐ] <-s, -> *m(f)* ① (*Zauberkünstler*) prestidigitateur(-trice) *m(f)* ② (*Zauberer*) magicien(ne) *m(f)*

magisch I. *adj* magique **II.** *adv* comme par magie

Magister [ma'gɪstɐ] <-s, -> *m* ① (*Universitätsgrad*) **~ Artium** ≈ maîtrise *f* de sciences humaines ② (*Inhaber des Universitätsgrades*) ≈ titulaire *mf* d'une maîtrise

Le niveau **Magister**, ou plus exactement Magister Artium (M.A.), correspond à un diplôme qui est décerné, en Allemagne, à la fin des études de sciences humaines. En Autriche, il sanctionne aussi des études de pharmacie.

Magnesium [ma'gneːziʊm] <-s> *nt* magnésium *m*

Magnet [ma'gneːt] <-[e]s, -e[n]> *m* aimant *m*

Magnetband *nt* bande *f* magnétique **Magnetfeld** *nt* champ *m* magnétique

magnetisch *adj* magnétique

Magnolie [ma'gno:liə] <-, -n> *f* magnolia *m*

Mahagoni [maha'go:ni] <-s> *nt* acajou *m*

mähen ['mɛ:ən] *vt* (*Wiese*) faucher; (*Getreide*) moissonner; (*Rasen*) tondre

Mahl [ma:l] <-[e]s, -e> *nt geh* repas *m*

mahlen ['ma:lən] <mahlte, gemahlen> *vt* moudre

Mahlzeit *f* repas *m*

Mähne ['mɛ:nə] <-, -n> *f a. pej* crinière *f*

mahnen ['ma:nən] **I.** *vt* ① **jdn zur Vorsicht ~** inviter qn à la prudence ② (*zur Zahlung auffordern*) envoyer un rappel à **II.** *vi* ① (*an~*) **zur Ruhe ~** inviter au calme ② (*zur Zahlung auffordern*) envoyer un rappel

Mahnmal <-[e]s, -e> *nt* mémorial *m*

Mahnung <-, -en> *f* ① (*Ermahnung*) avertissement *m* ② (*Mahnbrief*) lettre *f* de rappel

Mahnwache *f* commémoration *f* silencieuse

Mai [mai] <-[e]s, -e> *m* mai *m*; *s. a.* **April**

> Dans la nuit du 30 avril au 1er mai, les Allemands s'amusent à jouer des tours à leurs concitoyens, un peu comme les Français, le 1er avril. Pour le **1. Mai**, la tradition veut que l'on fasse une grande randonnée en famille et entre amis. La journée se termine généralement par un barbecue.

Maiglöckchen ['maiglœkçən] *nt* muguet *m*

Maikäfer *m* hanneton *m*

Mail ['mɛɪl] <-, -s> *f fam* INFORM [e-]mail *m*

Mailbox ['mɛɪlbɔks] <-, -en> *f* INFORM boîte *f* aux lettres électronique

mailen ['mɛɪlən] *vt fam* INFORM **etw ~** envoyer qc par [e-]mail

Main [main] <-s> *m* **der ~** le Main

Mainz [maints] <-> *nt* Mayence

Mais [mais] <-es, -e> *m* maïs *m*

Maiskolben *m* épi *m* de maïs

Majestät [majɛs'tɛ:t] <-> *f kein Pl* Majesté *f*

majestätisch *adj* majestueux(-euse)

Majo [ma:jo] <-, -s> *f Abk von* **Majonäse** *fam* mayo *f*

MajonäseRR [majo'nɛ:zə] <-, -n> *f* mayonnaise *f*

Major(in) [ma'jo:ɐ̯] <-s, -e> *m(f)* commandant(e) *m(f)*

Majoran ['ma:joran] <-s, -e> *m* ① (*Pflanze*) marjolaine *f* ② (*Gewürz*) origan *m*

makaber [ma'ka:bɐ] *adj* macabre

Makel ['ma:kəl] <-s, -> *m* ① (*Schandfleck*) tare *f* ② (*Fehler*) défaut *m*

makellos *adj* ① (*untadelig*) irréprochable ② (*fehlerlos*) impeccable

mäkeln ['mɛ:kəln] *vi pej* critiquer

Make-up [me:k'ʔap] <-s, -s> *nt* maquillage *m*

Make-up-Entferner <-s, -> *m* démaquillant *m*

Makkaroni *Pl* macaroni *mpl*

Makler(in) ['ma:klɐ] <-s, -> *m(f)* courtier (-ière) *m(f)*; (*Immobilienmakler*) agent *m* immobilier

Makrele [ma'kre:lə] <-, -n> *f* maquereau *m*

Makro ['ma:kro] <-s, -s> *nt o m* INFORM macro *m*

Makrone [ma'kro:nə] <-, -n> *f* macaron *m*

mal [ma:l] *adv* ① *fam* (*einmal*) **wieder ~** une fois de plus; **das ist nun ~ so** c'est comme ça; **warst du schon ~ in Kanada?** tu as déjà été au Canada? ② *fam* (*eben*) **komm ~ her!** viens ici! ③ MATH **drei ~ vier ist zwölf** trois fois quatre [font] douze

Mal <-[e]s, -e> *nt* fois *f*; **das erste/letzte ~** la première/dernière fois; **das eine oder andere ~** de temps en temps; **von ~ zu ~** [à] chaque fois; **ein für alle ~** une fois pour toutes ▸**mit einem ~** tout d'un coup

Malaria [ma'la:ria] <-> *f* paludisme *m*

malen ['ma:lən] **I.** *vt* (*Gemälde*) peindre; (*Baum*) dessiner **II.** *vi* peindre

Maler(in) <-s, -> *m(f)* ① (*Kunstmaler*) peintre *m* ② (*Anstreicher*) peintre *m* [en bâtiment]

Malerei [ma:lə'rai] <-> *f kein Pl* peinture *f*

malerisch *adj* pittoresque

Malheur [ma'lø:ɐ̯] <-s, -s> *nt fam* [petit] accident *m*

mal\|nehmen *vt irr* multiplier

Malta ['malta] <-s> *nt* Malte

malträtieren* *vt* rudoyer

Malve ['malvə] <-, -n> *f* mauve *f*

Malz [malts] <-es> *nt* malt *m*

Malzbier *nt* bière *f* de malt

Mama [ma'ma:] <-, -s> *f*, **Mami** [ma'mi <-, -s> *f fam* maman *f*

Mammut ['mamʊt] <-s, -s> *nt* mammout *m*

mampfen ['mampfən] *fam* **I.** *vi* se goinfre **II.** *vt* bouffer

man [man] *pron indef* on; **~ hat festgestellt, dass ...** il a été établi que ...

Management ['mɛnɪdʒmənt] <-s, -s>

management *m*

managen ['mɛnɪdʒən] *vt* (*Firma, Problem*) gérer; (*Künstler*) servir d'imprésario à; (*Sportler*) manager

Manager(in) ['mɛnɛdʒɐ] <-s, -> *m(f)* manager *mf*

manch *pron indef* ① ~ **eine Frau** plus d'une femme; ~**e Menschen** bien des hommes ② *substantivisch* ~**e lernen es nie** certains ne l'apprendront jamais; ~**e von denen, die ...** beaucoup de ceux/celles qui ...

mancherlei ['mançɐ'lai] *adj inv* toutes sortes de

manchmal *adv* quelquefois

Mandant(in) [man'dant] <-en, -en> *m(f)* mandant(e) *m(f)*

Mandarine [manda'ri:nə] <-, -n> *f* mandarine *f*

Mandat [man'da:t] <-[e]s, -e> *nt* POL, JUR mandat *m*

Mandel ['mandəl] <-, -n> *f* ① amande *f* ② ANAT amygdale *f*

Mandelentzündung *f* amygdalite *f*

Mandoline [mando'li:nə] <-, -n> *f* mandoline *f*

Manege [ma'ne:ʒə] <-, -n> *f* piste *f*

Mangel[1] ['maŋəl, *Pl:* 'mɛŋəl] <-s, Mängel> *m* ① (*Fehler*) défaut *m* ② *kein Pl* (*Knappheit*) manque *m* ③ *kein Pl* (*Defizit*) ~ **an Vitaminen** carence *f* en vitamines; **aus ~ an Beweisen** faute de preuves

Mangel[2] <-, -n> *f* TECH repasseuse *f*

mangelhaft **I.** *adj* ① défectueux(-euse) ② (*Note*) médiocre **II.** *adv* (*vorbereitet*) insuffisamment

mangeln *vi unpers* **es mangelt ihm an ...** il manque de ...

mangelnd *adj* insuffisant(e); **das ~e Interesse** le manque d'intérêt

mangels *präp* + *gen form* ~ **eines Hammers** faute d'un marteau

Mango ['maŋgo] <-, -s> *f* mangue *f*

Mangold ['maŋgɔlt] <-[e]s, -e> *m* bette *f*

Manie [ma'ni:] <-, -n> *f* manie *f*

Manier [ma'ni:ɐ̯] <-, -en> *f Pl* (*Umgangsformen*) manières *fpl*

manierlich *adj* convenable

Manifest [mani'fɛst] <-[e]s, -e> *nt* manifeste *m*

Maniküre [mani'ky:rə] <-, -n> *f* (*Person, Pflege*) manucure *f*

Manipulation [manipula'tsi̯o:n] <-, -en> *f* *geh* manipulation *f*

manipulieren* [manipu'li:rən] *geh vt* manipuler

manisch ['ma:nɪʃ] *adj* PSYCH maniaque

manisch-depressiv ['ma:nɪʃdeprɛ'si:f] *adj* PSYCH maniacodépressif(-ive)

Manko ['maŋko] <-s, -s> *nt* ① (*Mangel*) défaut *m* ② COM trou *m*

Mann [man, *Pl:* 'mɛnɐ] <-[e]s, Männer> *m* ① (*männliche Person*) homme *m* ② (*Ehemann*) mari *m* ③ (*einzelne Person*) **pro ~** par personne ▸**der kleine ~** le simple citoyen; **o ~** *fam* purée!; **~, o ~!** *fam* eh ben, mon vieux!; **selbst ist der ~!** on n'est jamais si bien servi que par soi-même

Männchen ['mɛnçən] <-s, -> *nt* ① *Dim von* **Mann** petit homme *m* ② (*männliches Tier*) mâle *m* ▸~ **machen** (*Hund*) faire le beau

Mannequin ['manəkɛ̃] <-s, -s> *nt* mannequin *m*

Männerfreundschaft *f* amitié *f* entre hommes **Männersache** *f* affaire *f* d'hommes

männlich ['mɛnlɪç] *adj a.* LING masculin(e); (*Kind*) du sexe masculin; (*Tier, Hormon*) mâle; (*Geschlechtsteil*) de l'homme; (*Auftreten*) résolu(e)

Männlichkeit <-> *f* virilité *f*

Mannschaft <-, -en> *f* (*von Sportlern, Mitarbeitern*) équipe *f*

Mannschaftssport *m* sport *m* d'équipe

Manöver [ma'nø:vɐ] <-s, -> *nt* MIL *a. fig* manœuvre *f*

manövrieren* [manø:'vri:rən] **I.** *vi* **mit etw ~** manœuvrer qc **II.** *vt* **das Bett durch die Tür ~** faire passer le lit par la porte

Mansarde [man'zardə] <-, -n> *f* mansarde *f*

Manschette [man'ʃɛtə] <-, -n> *f* ① (*Ärmelabschluss*) poignet *m* ② MED (*Halskrause*) manchon *m*

Manschettenknopf *m* bouton *m* de manchette

Mantel ['mantəl, *Pl:* 'mɛntəl] <-s, Mäntel> *m* ① manteau *m* ② (*Radmantel*) chape *f*

manuell [manu'ɛl] *adj* manuel(le)

Manuskript [manu'skrɪpt] <-[e]s, -e> *nt* manuscrit *m*

Mäppchen <-s, -> *nt* trousse *f* d'écolier

Mappe ['mapə] <-, -n> *f* ① (*Dokumentenhülle*) chemise *f* ② (*Zeichenmappe*) carton *m* à dessin ③ (*Aktentasche*) serviette *f*

Marathon ['maratɔn] <-s, -s> *m* marathon *m*

M

Marathonlauf *m* marathon *m* **Marathonläufer(in)** *m(f)* marathonien(ne) *m(f)*
Märchen ['mɛːɐ̯çən] <-s, -> *nt* ❶ LITER conte *m* ❷ *fam* (*erfundene Geschichte*) histoire *f* à dormir debout
Märchenbuch *nt* livre *m* de contes
märchenhaft *adj* fabuleux(-euse)
Märchenprinz *m*, **-prinzessin** *f* prince *m* charmant/princesse *f*
Marder ['mardɐ] <-s, -> *m* martre *f*
Margarine [marga'riːnə] <-, -n> *f* margarine *f*
Margerite [margə'riːtə] <-, -n> *f* marguerite *f*
marginalisieren* *vt geh* marginaliser
Maria <-s> *f* (*Mutter Gottes*) Marie *f*; **die heilige** ~ la Sainte Vierge
Marienbild *nt* Madone *f* **Marienkäfer** *m* coccinelle *f*
Marihuana [marihu'aːna] <-s> *nt* marijuana *f*
Marille [ma'rɪlə] <-, -n> *f* A abricot *m*
Marinade [mari'naːdə] <-, -n> *f* marinade *f*
Marine [ma'riːnə] <-, -n> *f* marine *f*
marineblau *adj* bleu marine *inv*
marinieren* [mari'niːrən] *vt* mariner
Marionette [mari̯o'nɛtə] <-, -n> *f a. fig, pej* marionnette *f*
Mark[1] [mark] <-, -> *f* HIST (*deutsche Währung*) mark *m*
Mark[2] <-[e]s> *nt* ❶ (*Knochenmark*) moelle *f* ❷ (*Fruchtmark*) pulpe *f*
markant [mar'kant] *adj* (*Kinn*) prononcé(e); (*Schrift*) ferme
Marke ['markə] <-, -n> *f* ❶ marque *f* ❷ (*Briefmarke*) timbre *m* ❸ (*Essensmarke*) ticket *m* ❹ (*Dienstmarke*) plaque *f*
Markenartikel *m* article *m* de marque **Markenname** *m* [nom *m* de] marque *f* **Markenzeichen** *nt* ❶ (*Warenzeichen*) logo *m* ❷ (*Merkmal*) image *f* de marque
Marker *m* surligneur *m*
markerschütternd *adj* perçant(e)
Marketing ['markətɪŋ] <-s> *nt* marketing *m*
markieren* [mar'kiːrən] *vt* ❶ (*Textstelle, Tier*) marquer; (*Fahrbahn*) signaliser ❷ INFORM surligner
Markierung <-, -en> *f* (*einer Fahrbahn*) marquage *m*
Markise [mar'kiːzə] <-, -n> *f* store *m*
Markstück *nt* HIST pièce *f* d'un mark
Markt [markt, *Pl:* 'mɛrktə] <-[e]s, Märkte> *m* marché *m*
Marktanalyse *f* analyse *f* de marché **Marktanteil** *m* part *f* de marché **marktbeherrschend** *adj attr* (*Firma*) qui contrôle le marché; (*Stellung*) dominant(e) sur le marché **Marktforschung** *f kein Pl* étude *f* de marché **Marktfrau** *f* marchande *f* [ambulante] **Marktführer** *m* leader *m* **Markthalle** *f* marché *m* couvert **Marktlücke** *f* créneau *m* [commercial] **Marktplatz** *m* place *f* du marché **Marktwert** *m* valeur *f* marchande **Marktwirtschaft** *f kein Pl* économie *f* de marché
Marmelade [marmə'laːdə] <-, -n> *f* confiture *f*
Marmor ['marmoːɐ̯] <-s, -e> *m* marbre *m*
marmoriert [marmo'riːɐ̯t] *adj* marbré(e)
Marmorkuchen *m* gâteau *m* marbré
marode [ma'roːdə] *adj* épuisé(e); ~ **sein** être en piteux état
Marokkaner(in) [marɔ'kaːnɐ] <-s, -> *m(f)* Marocain(e) *m(f)*
marokkanisch *adj* marocain(e)
Marokko [ma'rɔko] <-s> *nt* le Maroc
Marone [ma'roːnə] <-, -n> *f* (*Kastanie*) marron *m*
Marotte [ma'rɔtə] <-, -n> *f* marotte *f*
Mars [mars] <-> *m* ASTRO [**der**] ~ [la planète] Mars *f*
marsch [marʃ] *interj fam* [**los,**] **~!** [allez,] oust[e]!
Marsch [marʃ, *Pl:* 'mɛrʃə] <-[e]s, Märsche> *m* (*Fußmarsch, ~musik*) marche *f*
Marschall(in) ['marʃal] <-s, Marschälle> *m(f)* maréchal(e) *m(f)*
marschieren* [mar'ʃiːrən] *vi + sein* ❶ MIL **durch eine Stadt** ~ défiler dans une ville ❷ (*zu Fuß gehen*) marcher
Marschmusik *f* musique *f* militaire
Marschroute *f* itinéraire *m*
Marsmensch *m* Martien(ne) *m(f)*
Marter ['martɐ] <-, -n> *f* supplice *m*
Marterl ['martɐl] <-s, -n> *nt* A calvaire *m*
martern *vt geh* supplicier
Marterpfahl *m* poteau *m* de torture
martialisch [mar'tsi̯aːlɪʃ] *adj* martial
Märtyrer(in) ['mɛrtyrɐ] <-s, -> *m(f)* ❶ REL martyr(e) *m(f)* ❷ *fig geh* victime *f*
Martyrium [mar'tyːriʊm] <-s, -rien> *nt* martyre *m*
Marxismus [mar'ksɪsmʊs] <-> *m* marxisme *m*

marxistisch *adj* marxiste
März [mɛrts] <-[es], -e> *m* mars *m*; *s. a.* **April**
Marzipan [martsi'pa:n] <-s, -e> *nt o m* pâte *f* d'amandes
Masche ['maʃə] <-, -n> *f* ❶ (*Schlaufe*) maille *f* ❷ A, CH (*Schleife*) nœud *m* ❸ *fam* (*Trick*) combine *f*
Maschendraht *m* grillage *m*
Mascherl ['maʃɐl] <-s, -n> *nt* A (*Fliege*) papillon *m*
Maschine [ma'ʃi:nə] <-, -n> *f* ❶ machine *f* ❷ (*Flugzeug*) appareil *m* ❸ *fam* (*Motorrad*) bécane *f*
maschinell [maʃi'nɛl] *adj* mécanique
Maschinenbau *m kein Pl* ❶ IND construction *f* mécanique ❷ (*Lehrfach*) mécanique *f* **Maschinengewehr** *nt* mitrailleuse *f* **maschinenlesbar** *adj* exploitable par ordinateur **Maschinenpistole** *f* mitraillette *f* **Maschinenschrift** *f* dactylographie *f*
Masern ['ma:zɐn] *Pl* rougeole *f*
Maserung <-, -en> *f* veinure *f*
Maske ['maskə] <-, -n> *f* ❶ *a. fig* masque *m* ❷ THEAT maquillage *m* ❸ INFORM grille *f* d'écran
Maskenball *m* bal *m* masqué **Maskenbildner(in)** ['maskənbɪldnɐ] <-s, -> *m(f)* maquilleur(-euse) *m(f)*
maskieren* [mas'ki:rən] **I.** *vt* masquer **II.** *vr* **sich als Clown** ~ se déguiser en clown
Maskottchen [mas'kɔtçən] <-s, -> *nt* mascotte *f*
maskulin [masku'li:n] *adj* masculin(e)
Masochist(in) [mazɔ'çɪst] <-en, -en> *m(f)* masochiste *mf*
masochistisch *adj* masochiste
Maß[1] [ma:s] <-es, -e> *nt* ❶ (*~einheit*) mesure *f* ❷ (*Bandmaß*) mètre *m* ❸ *Pl* (*Körpermaße*) mesures *fpl* ❹ (*Ausmaß*) **in zunehmendem ~e** de plus en plus; **in dem ~[e], wie ...** dans la mesure où ... ▶**in ~en** avec mesure
Maß[2] <-, -> *f* A, SDEUTSCH chope *f* (*d'un litre*)
Massage [ma'sa:ʒə] <-, -n> *f* massage *m*
Massaker [ma'sa:kɐ] <-s, -> *nt* massacre *m*
massakrieren* [masa'kri:rən] *vt* massacrer
Maßanzug *m* costume *m* sur mesure **Maßarbeit** *f* travail *m* sur mesure
Masse ['masə] <-, -n> *f* ❶ *a.* PHYS masse *f* ❷ (*Teigmasse*) mélange *m* ❸ (*große Menge*) foule *f*; **in ~n** en masse; **die breite ~** le grand public
Maßeinheit *f* unité *f* de mesure
Massenandrang *m* affluence *f* **Massenarbeitslosigkeit** *f* chômage *m* généralisé **Massengrab** *nt* fosse *f* commune
massenhaft *adj* massif(-ive)
Massenmedien [-me:diən] *Pl* média *mpl* **Massenmord** *m* massacre *m* collectif **Massentierhaltung** *f* élevage *m* en batterie **massenweise** *s.* **massenhaft**
Masseur(in) [ma'sø:ɐ] <-s, -e> *m(f)* masseur(-euse)[-kinésithérapeute] *m*
Masseuse [ma'sø:zə] <-, -n> *f* masseuse *f*
maßgeblich *adj* (*Kreise*) autorisé(e); (*Urteil*) déterminant(e)
maßgeschneidert *adj* (*Kleidung*) sur mesure
massieren* [ma'si:rən] *vt* masser
massig ['masɪç] *adj* (*Gestalt*) massif(-ive)
mäßig ['mɛ:sɪç] **I.** *adj* ❶ (*maßvoll*) modéré(e) ❷ (*Qualität*) médiocre; (*Verdienst*) modeste **II.** *adv* (*essen*) modérément
mäßigen *vt, vr* [**sich**] ~ [se] modérer
Mäßigung <-> *f* modération *f*
massiv [ma'si:f] *adj* massif(-ive); (*Bau*) en dur; (*Kritik*) vif(vive)
Massiv [ma'si:f] <-s, -e> *nt* massif *m*
maßlos **I.** *adj* démesuré(e) **II.** *adv* excessivement
Maßnahme ['ma:sna:mə] <-, -n> *f* mesure *f*; **~n gegen etw ergreifen** prendre des mesures contre qc
Maßstab *m* ❶ (*einer Karte*) échelle *f* ❷ (*Kriterium*) critère *m*
maßstab[s]getreu *adj, adv* à l'échelle **maßvoll** **I.** *adj* modéré(e) **II.** *adv* avec modération
Mast [mast] <-[e]s, -en> *m* ❶ *a.* NAUT mât *m* ❷ (*Telefonmast*) poteau *m* ❸ (*Hochspannungsmast*) pylône *m*
mästen ['mɛstən] *vt* engraisser
masturbieren* *vi* se masturber
Matchball ['mɛtʃbal] *m* balle *f* de match
Material [materi'a:l] <-s, -ien> *nt* ❶ (*Rohstoff*) matériau *m* ❷ (*Ausrüstung*) matériel *m pas de pl* ❸ (*Unterlagen*) matériaux *mpl*
Materialismus [materia'lɪsmʊs] <-> *m* matérialisme *m*
materialistisch *adj* matérialiste
Materie [ma'te:riə] <-, -n> *f* ❶ *kein Pl* matière *f* ❷ (*Thema*) sujet *m*
materiell [materi'ɛl] *adj* matériel(le)

M

Mathe ['matə] <-> *f fam* math[s] *fpl*
Mathematik [matema'ti:k] <-> *f* mathématiques *fpl*
mathematisch [mate'ma:tɪʃ] *adj* mathématique
Matjes ['matiəs] <-, -> *m: jeune hareng mariné dans du sel*
Matratze [ma'tratsə] <-, -n> *f* matelas *m*
Mätresse [mɛ'trɛsə] <-, -n> *f* maîtresse *f*
Matriarchat [matriar'ça:t] <-[e]s, -e> *nt* matriarcat *m*
Matrix ['ma:trɪks, *Pl:* ma'tri:tsən] <-, Matrizen> *f* matrice *f*
Matrixdrucker *m* INFORM imprimante *f* matricielle
Matrize [ma'tri:tsə] <-, -n> *f* stencil *m*
Matrose [ma'tro:zə] <-n, -n> *m* matelot *m*
Matsch [matʃ] <-[e]s> *m* ❶ (*Schlamm*) gadoue *f* ❷ (*Schneematsch*) soupe *f* ❸ (*breiige Masse*) bouillie *f*
matschig *adj fam* ❶ (*schlammig*) boueux (-euse) ❷ (*Frucht*) écrabouillé(e)
matt [mat] *adj* ❶ (*Person*) las(se); (*Glieder*) fatigué(e); (*Augen*) terne; (*Foto*) mat(e); (*Licht*) faible; (*Glas*) dépoli(e) ❷ SPIEL ~ **sein** être mat *inv*
Matt [mat] <-s, -s> *nt* SPIEL mat *m*
Matte ['matə] <-, -n> *f* ❶ natte *f;* SPORT tapis *m* ❷ (*Fußmatte*) paillasson *m;* (*im Auto*) tapis *m* de sol ❸ A, CH (*Bergwiese*) alpage *m*
Mattigkeit <-> *f* lassitude *f*
Matura [ma'tu:ra] <-> *f* A, CH baccalauréat *m*
Mauer ['maʊɐ] <-, -n> *f* ❶ mur *m* ❷ (*Stadtmauer*) enceinte *f*
Mauerblümchen ['maʊɐbly:mçən] *nt fam* jeune fille *f* qui fait tapisserie
mauern *vt* maçonner
Maul [maʊl, *Pl:* 'mɔylɐ] <-[e]s, Mäuler> *nt* gueule *f;* **halt's ~!** [ferme] ta gueule!
maulen *vi fam* râler
Maulesel *m* mulet *m* **Maulheld(in)** *m(f) pej* grande gueule *f* (*fam*) **Maulkorb** *m* (*eines Hundes*) muselière *f* **Maultasche** *f: raviole souabe* **Maultier** *s.* **Maulesel** **Maulwurf** <-[e]s, -würfe> *m* taupe *f* **Maulwurfshügel** *m* taupinière *f*
Maurer(in) ['maʊrɐ] <-s, -> *m(f)* maçon(ne) *m(f)*
Maus [maʊs, *Pl:* 'mɔyzə] <-, Mäuse> *f* ❶ *a.* INFORM souris *f* ❷ *Pl fam* (*Geld*) pèze *m*
mauscheln *vi fam* magouiller
Mausefalle *f* souricière *f* **Mauseloch** *nt* trou *m* de souris
Mauser ['maʊzɐ] <-> *f* mue *f*
mausern *vr* **sich** ~ ❶ (*Vogel*) muer ❷ *fam* se métamorphoser
Mausklick *m* INFORM **per** ~ en cliquant
Mausoleum [maʊzo'le:ʊm] <-s, Mausoleen> *nt* mausolée *m*
Mauspad ['maʊzpɛt] <-s, -s> *nt* INFORM tapis *m* de souris **Maustreiber** *m* INFORM drive[u]r *m* de la souris
Maut [maʊt] <-, -en> *f bes.* A péage *m*
Mautstelle *f bes.* A péage *m*
maximal [maksi'ma:l] **I.** *adj* maximal(e) **II.** *adv* au maximum
Maximum ['maksimʊm] <-s, Maxima> *nt* maximum *m*
Mayonnaise [majo'nɛ:zə] *s.* **Majonäse**
mazedonisch *adj* macédonien
Mäzen [mɛ'tse:n] <-s, -e> *m* mécène *m*
MB [ɛm'be:] *nt Abk von* **Megabyte** Mo *m*
m. E. *Abk von* **meines Erachtens** à mon avis
Mechanik [me'ça:nɪk] <-> *f* mécanique *f*
Mechaniker(in) <-s, -> *m(f)* mécanicien(ne) *m(f)*
mechanisch *adj* mécanique
Mechanismus [meça'nɪsmʊs] <-, -nismen> *m* mécanisme *m*
meckern ['mɛkɐn] *vi* ❶ (*Ziege*) bêler ❷ *fam* (*nörgeln*) râler
Mecklenburg-Vorpommern ['mɛklənbʊrg'fo:ɐ̯pɔmɐn] <-s> *nt* le Mecklembourg-Poméranie-Antérieure
Medaille [me'daljə] <-, -n> *f* médaille *f*
Medaillon [medal'jõ:] <-s, -s> *nt* médaillon *m*
Medien ['me:diən] *Pl* ❶ *Pl von* **Medium** ❷ (*Informationsmittel*) média *mpl*
medienwirksam *adj* médiatique
Medikament [medika'mɛnt] <-[e]s, -e> *nt* médicament *m*
medikamentös [medikamɛn'tø:s] **I.** *adj* médicamenteux(-euse) **II.** *adv* avec des médicaments
Meditation [medita'tsi̯o:n] <-, -en> *f* méditation *f*
meditieren* [medi'ti:rən] *vi* méditer
Medium ['me:diʊm] <-s, -dien> *nt* ❶ (*Mensch*) médium *m* ❷ PHYS milieu *m*
Medizin [medi'tsi:n] <-, -en> *f* ❶ *kein Pl* (*Heilkunde*) médecine *f* ❷ *fam* (*Medikament*) médicament *m*

Mediziner(in) <-s, -> *m(f)* médecin *mf*

medizinisch *adj* (*Ausbildung*) médical(e); (*Fakultät*) de médecine; (*Bad*) traitant(e)

Medizinmann <-männer> *m* guérisseur *m*

Meer [meːɐ̯] <-[e]s, -e> *nt* mer *f*; **am ~** au bord de la mer

Meerenge <-, -n> *f* détroit *m*

Meeresforschung *f* océanographie *f* **Meeresfrüchte** *Pl* fruits *mpl* de mer **Meereskunde** *s.* **Meeresforschung** **Meeresspiegel** *m* niveau *m* de la mer

Meerrettich *m* raifort *m* **Meerschweinchen** *nt* cochon *m* d'Inde **Meerwasser** *nt* eau *f* de mer

Meeting ['miːtɪŋ] <-s, -s> *nt* réunion *f*

Megabyte [mega'bait] *nt* mégaoctet *m*

MegafonRR [mega'foːn] <-s, -e> *nt* mégaphone *m*

Megahertz ['megahɛrts] *nt* méga-hertz *m*

Megaphon [mega'foːn] <-s, -e> *nt s.* **Megafon**

Mehl [meːl] <-[e]s, -e> *nt* farine *f*

mehlig *adj* (*Kartoffel*) farineux(-euse)

Mehlschwitze ['meːlʃvɪtsə] *f* roux *m*

mehr [meːɐ̯] **I.** *pron indef, inv Komp von* **viel** plus; **~ Brot** plus de pain **II.** *adv* ① (*in größerem Maße*) davantage; **sich noch ~ ärgern** se fâcher encore plus ② (*in Verbindung mit Verneinungen*) **nicht ~ rauchen** ne plus fumer; **nichts ~ sagen** ne ... plus rien dire; **nie ~** ne ... plus jamais; **niemand/keiner ~** ne ... plus personne; **kein Geld/keine Zeit ~ haben** ne plus avoir d'argent/le temps

Mehr <-[s]> *nt* CH (*Stimmenmehrheit*) majorité *f*

mehrbändig ['meːɐ̯bɛndɪç] *adj* en plusieurs volumes

mehrdeutig ['meːɐ̯dɔytɪç] *adj* ambigu(ë)

Mehrdeutigkeit <-> *f* ambiguïté *f*

mehrere ['meːrərə] *pron indef* plusieurs; **~s** plusieurs choses *fpl*

mehrfach **I.** *adj* ① (*vielfach*) multiple ② (*wiederholt*) réitéré(e) **II.** *adv* à plusieurs reprises

Mehrfamilienhaus *nt* immeuble *m* **mehrfarbig** *adj* multicolore

Mehrheit <-, -en> *f* majorité *f*; **in der ~ sein** être majoritaire

mehrheitlich *adv* majoritairement

Mehrheitswahlrecht *nt kein Pl* scrutin *m* majoritaire

mehrjährig *adj* pluriannuel

mehrmals *adv* plusieurs fois

mehrsprachig **I.** *adj* (*Person*) polyglotte; (*Land*) plurilingue **II.** *adv* en plusieurs langues **mehrstimmig** *adj, adv* à plusieurs voix **mehrstöckig** ['meːɐ̯ʃtœkɪç] **I.** *adj* de plusieurs étages **II.** *adv* sur plusieurs étages **mehrtägig** *adj* de plusieurs jours **Mehrwegverpackung** *f* emballage *m* réutilisable **Mehrwertsteuer** *f* taxe *f* à la valeur ajoutée **Mehrzahl** <-> *f* ① **die ~ der Besucher** la plupart des visiteurs ② (*Überzahl*) **in der ~ sein** être plus nombreux ③ LING pluriel *m*

meiden ['majdən] <mied, gemieden> *vt geh* éviter

Meile ['majlə] <-, -n> *f* (*1,609 km*) mil[l]e *m*

Meilenstein *m* borne *f* **meilenweit** *adv* (*sich erstrecken*) sur des kilomètres

mein [majn] *pron poss* ① **~ Bruder** mon frère; **~e Schwester/Freundin** ma sœur/mon amie; **~e Eltern** mes parents; **dieses Buch ist ~[e]s** ce livre est à moi ② *substantivisch* **der/die/das ~e** le mien/la mienne; **das sind die ~en** ce sont les miens/miennes

Meineid ['majnʔajt] *m* parjure *m*

meinen ['majnən] **I.** *vt* ① (*denken*) **~, dass ...** penser que ... ② (*sagen*) **~[, dass ...]** dire [que ...]; **was meinst du damit?** qu'est-ce que tu entends par là? ③ (*im Sinn haben*) **meinst du sie?** tu parles d'elle? ④ (*beabsichtigen*) **es gut mit jdm ~** vouloir du bien à qn; **so war das nicht gemeint** ce n'est pas ce que j'ai voulu dire **II.** *vi* **~ Sie?** vous croyez?; **wenn Sie ~!** si vous voulez!

meiner *pron pers gen von* **ich** *geh* **wer erbarmt sich ~?** qui a pitié de moi?

meinerseits ['majnɐ'zajts] *adv* (*was mich betrifft*) pour ma part ▸**ganz ~** de même pour moi

meines *s.* **mein 1.**

meinesgleichen ['majnəs'glajçən] *pron inv* **ich verkehre nur mit ~** je ne fréquente que mes semblables

meinetwegen ['majnət'veːgən] *adv* ① (*wegen mir*) à cause de moi ② (*mir zuliebe*) pour moi ③ (*wenn es nach mir ginge*) s'il n'en tient qu'à moi

Meinung <-, -en> *f* avis *m*; **der ~ sein, dass ...** être d'avis que ...; **meiner ~ nach** à mon avis; **seine ~ ändern** changer d'avis

Meinungsaustausch *m* échange *m* de vues **Meinungsforschung** *f* sondage *m* d'opinion **Meinungsfreiheit** *f kein Pl* liberté *f* d'expression **Meinungsumfrage** *f* sondage *m* [d'opinion] **Meinungsverschiedenheit** *f euph* (*Auseinandersetzung*) différend *m*

Meise ['maizə] <-, -n> *f* mésange *f*

Meißel ['maisəl] <-s, -> *m* ciseau *m*

meißeln *vt* ① (*Inschrift*) ciseler; (*Skulptur*) sculpter ② (*ein*~) graver

meist [maist] *s.* **meistens**

meistbietend *adv* **etw ~ verkaufen** vendre qc au plus offrant

meiste *pron indef Superl von* **viel** ① (*der überwiegende Teil*) **die ~n Leute** la plupart des gens; **die ~ Zeit** la majeure partie de son/mon/... temps; **das ~** la plus grande partie ② (*die größte Gesamtmenge*) **die ~n Probleme macht mir diese Frage** c'est cette question qui me pose le plus de problèmes; **das ~** le plus

meistens *adv* le plus souvent

Meister(in) ['maiste] <-s, -> *m(f)* ① (*Handwerksmeister*) contremaître(-esse) *m(f)*; (*Chef*) patron(ne) *m(f)*; **den ~ machen** *fam* passer sa maîtrise ② SPORT champion(ne) *m(f)* ③ KUNST, MUS maître *m*

Meisterbrief *m* brevet *m* de maîtrise

meisterhaft *adv* admirablement [bien]

meisterlich *s.* **meisterhaft**

meistern *vt* venir à bout de

Meisterprüfung *f* brevet *m* professionnel

Meisterschaft <-, -en> *f* SPORT championnat *m*

Meisterwerk *nt* chef-d'œuvre *m*

Melancholie [melaŋko'li:] <-, -n> *f* mélancolie *f*

melancholisch [melaŋ'ko:lɪʃ] *adj* mélancolique

Melange [me'lɑ̃ʒə] <-, -n> *f* A café *m* au lait

Melanzani [melan'tsa:ni] <-, -> *f* A aubergine *m*

melden ['mɛldən] **I.** *vt* ① (*Vorfall*) signaler; (*Todesfall*) faire la déclaration de ② MEDIA (*veröffentlichen*) rapporter ③ (*denunzieren*) **jdn bei jdm ~** dénoncer qn à qn ④ (*an~*) **wen darf ich ~?** qui dois-je annoncer? **II.** *vr* ① (*die Hand heben*) **sich ~** lever le doigt ② (*sich zur Verfügung stellen*) **sich zu etw ~** se porter volontaire pour qc ③ (*am Telefon*) **sich ~** répondre ④ (*von sich hören lassen*) **sich bei jdm ~** se manifester auprès de qn

Meldepflicht *f* (*Pflicht zur An- und Abmeldung*) *obligation de déclarer tout changement de domicile au service administratif compétent*

meldepflichtig *adj* **~ sein** devoir être obligatoirement déclaré

Meldung <-, -en> *f* ① MEDIA information *f*; **~en vom Sport** nouvelles *fpl* sportives ② (*offizielle Mitteilung*) déclaration *f* [officielle]

meliert [me'li:ɐt] *adj* (*Wolle, Teppich*) chiné(e); [**grau**] **~e Haare** des cheveux poivre et sel

Melisse [me'lɪsə] <-, -n> *f* mélisse *f*

melken ['mɛlkən] <melkte, gemolken> **I.** *vt* traire **II.** *vi* faire la traite

Melkmaschine *f* trayeuse *f*

Melodie [melo'di:] <-, -n> *f* mélodie *f*

melodisch [me'lo:dɪʃ] *adj* mélodieux(-euse)

Melodram <-s, -en> *nt* mélodrame *m*

melodramatisch [melodra'ma:tɪʃ] *adj* mélodramatique

Melone [me'lo:nə] <-, -n> *f* ① (*Honigmelone*) melon *m*; (*Wassermelone*) pastèque *f* ② *fam* (*Hut*) [chapeau *m*] melon *m*

Membran [mɛm'bra:n] <-, -en>, **Membrane** [mɛm'bra:nə] <-, -n> *f* membrane *f*

Memoiren [memo'a:rən] *Pl* mémoires *mpl*

Menge ['mɛŋə] <-, -n> *f* ① quantité *f*; **eine kleine ~ Zucker** une petite quantité de sucre; **eine ~ Arbeit** *fam* un tas de travail; **eine ganze ~ Äpfel** *fam* pas mal de pommes ② (*Menschenmenge*) foule *f* ③ MATH ensemble *m*

mengen **I.** *vt* mélanger **II.** *vr fam* **sich unter die Besucher ~** se mêler aux visiteurs

Mengenlehre *f kein Pl* théorie *f* des ensembles **Mengenrabatt** *m* remise *f* sur achat en quantité

Meniskus [me'nɪskʊs] <-, Menisken> *m* ANAT ménisque *m*

Mensa ['mɛnza] <-, Mensen> *f* restaurant *m* universitaire

Mensch [mɛnʃ] <-en, -en> *m* ① (*Person*) personne *f*; **ein höflicher ~** quelqu'un de poli; **viele ~en meinen, dass ...** beaucoup de gens sont d'avis que ...; **viel unter ~en kommen** voir du monde ② (*Gattung*) homme *m* ③ *fam* (*Ausruf*) **~!** putain!

Menschenaffe *m* singe *m* anthropoïde **menschenfeindlich** *adj* (*Person, Haltung*)

misanthrope; (*Klima*) hostile **Menschenfresser(in)** <-s, -> *m(f) fam* cannibale *mf* **Menschenhandel** *m* traite *f* des esclaves **Menschenkenntnis** *f kein Pl* connaissance *f* du genre humain **Menschenkette** *f* chaîne *f* humaine **Menschenleben** *nt* ① **zwei ~ fordern** (*Unfall*) coûter la vie à deux personnes ② (*Leben eines Menschen*) vie *f* d'un homme **menschenleer** *adj* désert(e) **Menschenmenge** *f* foule *f* **Menschenrechte** *Pl* droits *mpl* de l'homme **menschenscheu** *adj* insociable

Menschenskind *interj fam* ① (*Ausdruck der Freude, des Erstaunens*) nom de Dieu ② (*Ausdruck des Vorwurfs, Ärgers*) bon Dieu

menschenunwürdig I. *adj* indigne d'un être humain II. *adv* de façon inhumaine **menschenverachtend** *adj* méprisant(e) pour le genre humain **Menschenverstand** ▶**der gesunde ~** le bon sens **Menschenwürde** *f* dignité *f* humaine

Menschheit <-> *f* humanité *f*

menschlich I. *adj* humain(e) II. *adv* humainement

Menschlichkeit <-> *f* humanité *f*

Mensen *Pl von* **Mensa**

Menstruation [mɛnstrua'tsi̯o:n] <-, -en> *f* règles *fpl*

mental [mɛn'ta:l] *adj* mental(e)

Mentalität [mɛntali'tɛ:t] <-, -en> *f* mentalité *f*

Menthol [mɛn'to:l] <-s> *nt* menthol *m*

Menü [me'ny:] <-s, -s> *nt* GASTR, INFORM menu *m*

menügesteuert *adj* INFORM commandé(e) par menu

Menüleiste *f* INFORM barre *f* de menu

Meridian [meri'di̯a:n] <-s, -e> *m* méridien *m*

Merkblatt *nt* notice *f*

merken ['mɛrkən] *vt* ① (*erkennen*) voir; **jdn etw nicht ~ lassen** ne pas montrer qc à qn ② (*im Gedächtnis behalten*) **sich** (*dat*) **etw ~** retenir qc; **merk dir das!** *fam* rentre-toi ça dans le crâne!

merklich *adv* sensiblement; **sich ~ verändern** changer beaucoup

Merkmal <-s, -e> *nt* caractéristique *f*; **besondere ~e** signes *mpl* particuliers

Merkur [mɛr'ku:ɐ̯] <-s> *m* [**der**] **~** [la planète] Mercure

merkwürdig I. *adj* étrange II. *adv* étrangement

merkwürdigerweise *adv* curieusement

messbar^RR, **meßbar**^ALT *adj* mesurable

Messbecher^RR, **Meßbecher**^ALT *m* verre *m* mesureur

Messdiener^RR**(in)**, **Meßdiener**^ALT**(in)** *m(f)* enfant *mf* de chœur

Messe ['mɛsə] <-, -n> *f* ① (*Gottesdienst*) messe *f* ② (*Ausstellung*) foire[-exposition] *f*

Messegelände *nt* parc *m* des expositions **Messehalle** *f* hall *m* des expositions

messen ['mɛsən] <misst, maß, gemessen> I. *vt* mesurer; **Fieber ~** prendre la température II. *vr geh* **sich nicht mit jdm ~ können** ne pas être de taille à rivaliser avec qn

Messer ['mɛsɐ] <-s, -> *nt* couteau *m*

messerscharf *adj* (*Kante*) coupant(e); (*Verstand*) aigu(ë) **Messerspitze** *f* pointe *f* du couteau; **eine ~ Salz** une pointe de sel **Messerstecherei** <-, -en> *f* bagarre *f* au couteau

Messestand *m* stand *m* de foire

Messgerät^RR *nt* **~ für die Einschaltquote** audimat *m*

Messias [mɛ'si:as] <-> *m* REL **der ~** le Messie

Messing ['mɛsɪŋ] <-s> *nt* laiton *m*

Messinstrument^RR, **Meßinstrument**^ALT *nt* instrument *m* de mesure

Messung, **Messwert**^RR, **Meßwert**^ALT *m* mesure *f*

Metall [me'tal] <-s, -e> *nt* métal *m*

metallic [me'talɪk] *adj inv* métallisé(e)

Metallindustrie *f* industrie *f* métallurgique

metallisch I. *adj* (*aus Metall, metallartig*) métallique II. *adv* **~ glänzen** avoir des reflets métalliques

Metapher [me'tafɐ] <-, -n> *f* métaphore *f*

Metastase [meta'sta:zə] <-, -n> *f* métastase *f*

Meteor [mete'o:ɐ̯] <-s, -e> *m* météore *m*

Meteorit [meteo'ri:t] <-en, -e[n]> *m* météorite *m*

Meteorologe [meteoro'lo:gə] <-n, -n> *m*, **Meteorologin** *f* météorologiste *mf*

Meteorologie [meteorolo'gi:] <-> *f* météorologie *f*

meteorologisch [meteoro'lo:gɪʃ] *adj* météorologique

Meter ['me:tɐ] <-s, -> *m o nt* mètre *m*; **zwei ~ hoch sein** faire deux mètres de haut[eur]

Metermaß *nt* ① (*Bandmaß*) mètre *m* [à] ruban ② (*Zollstock*) mètre *m* pliant

Methode [me'to:də] <-, -n> *f* méthode *f*

methodisch *adj* méthodique

Metro ['me:tro] <-, -s> *f* métro *m*

Metronom [metro'no:m] <-s, -e> *nt* métronome *m*

Metropole [metro'po:lə] <-, -n> *f* (*Zentrum*) métropole *f*

Meute ['mɔytə] <-, -n> *f* meute *f*

Meuterei [mɔytə'rai̯] <-, -en> *f* mutinerie *f*

meutern ['mɔytɐn] *vi* se mutiner

Mexiko ['mɛksiko] <-s> *nt* le Mexique

MEZ [ɛmʔe:'tsɛt] *Abk von* **mitteleuropäische Zeit** heure *f* d'Europe centrale

MfS [ɛmʔɛf'ɛs] *nt: services de Sécurité de l'ex-R.D.A.*

MHz *Abk von* **Megahertz** MHz

miauen* *vi* miauler

mich [mɪç] **I.** *pron pers, akk von* **ich: ohne ~** sans moi; **er sieht ~** il me voit **II.** *pron refl* **ich wasche ~** je me lave; **ich schäme ~** j'ai honte

mick[e]rig *adj pej fam* (*Kerl*) maigrichon(ne); (*Pflanze*) rabougri(e)

Mief [mi:f] <-[e]s> *m pej fam* ① (*Geruch von verbrauchter Luft*) odeur *f* de renfermé; (*Geruch von Abgasen*) air *m* vicié ② (*einer Kleinstadt*) la vie étriquée

miefen *vi pej fam* [s]chlinguer

Miene ['mi:nə] <-, -n> *f* mine *f*; **mit freundlicher ~** d'un air sympathique

mies [mi:s] *adj fam* (*Wetter*) dégueulasse; (*Unterkunft*) minable

Miese *Pl fam* ▸**in den ~n sein** être dans le rouge

Miesmuschel ['mi:smʊʃəl] *f* moule *f*

Miete ['mi:tə] <-, -n> *f* (*Wohnungsmiete*) loyer *m*

mieten *vt* louer

Mieter(in) <-s, -> *m(f)* locataire *mf*

Mieterhöhung *f* hausse *f* de loyer **Mietrecht** *nt* droit *m* locatif

Mietshaus *nt* immeuble *m* locatif

Mietvertrag *m* contrat *m* de location **Mietwagen** *m* voiture *f* de location **Mietwohnung** *f* [logement *m* en] location *f*

Migräne [mi'grɛ:nə] <-, -n> *f* migraine *f*; **~ haben** avoir la migraine

Mikro ['mikro] <-s, -s> *nt fam Abk von* **Mikrofon** micro *m*

Mikrobe [mi'kro:bə] <-, -n> *f* microbe *m*

Mikrochip ['mi:krotʃɪp] <-s, -s> *m* INFORM puce *f* **Mikroelektronik** *f* microélectronique *f* **Mikrofaser** *f* microfibre *f* **Mikrofiche** <-s, -s> *m o nt* microfiche *f* **Mikrofilm** *m* microfilm *m* **Mikrofon** <-s, -e> *nt* microphone *m* **Mikroorganismus** *m* micro[-]organisme *m* **Mikrophon** *s.* **Mikrofon** **Mikroprozessor** *m* INFORM microprocesseur *m* **Mikroskop** <-s, -e> *nt* microscope *m* **Mikrowelle** *f fam* (*Herd*) micro-ondes *m* **Mikrowellenherd** *m* four *m* à micro-ondes

Milbe ['mɪlbə] <-, -n> *f* acarien *m*

Milch [mɪlç] <-> *f* lait *m*

Milcheis *nt* glace *f* au lait **Milchflasche** *f* ① (*Flasche für Milch*) bouteille *f* à lait ② (*Babyfläschchen*) biberon *m*

milchig ['mɪlçɪç] *adj* (*Glas*) opale; (*Flüssigkeit*) laiteux(-euse)

Milchkaffee *m* café *m* au lait **Milchprodukt** *nt* produit *m* laitier **Milchpulver** *nt* lait *m* en poudre **Milchreis** *m* riz *m* au lait **Milchshake** [-ʃe:k] <-s, -s> *m* milk-shake *m* **Milchstraße** *f* **die ~** la Voie lactée **Milchzahn** *m* dent *f* de lait

mild[e] **I.** *adj* (*Klima, Geschmack*) doux (douce); (*Richter, Worte*) indulgent(e); (*Urteil*) clément(e) **II.** *adv* **~ gewürzt** peu épicé(e)

Milde ['mɪldə] <-> *f* (*des Klimas, Geschmacks*) douceur *f*; (*eines Richters*) clémence *f*

mildern ['mɪldɐn] *vt* (*Geschmack*) adoucir; (*Strafmaß*) commuer; (*Not*) atténuer

mildtätig *adj geh* (*Person*) charitable; (*Organisation*) caritatif(-ive)

Milieu [mɪ'li̯ø:] <-s, -s> *nt* milieu *m*

militant [mili'tant] *adj* (*Demonstrant*) combatif(-ive); (*Gruppe*) activiste

Militär [mili'tɛ:ɐ̯] <-s> *nt* (*Armee*) armée *f*

Militärdienst *m kein Pl* service *m* militaire

militärisch *adj* militaire

Militarist(in) <-en, -en> *m(f)* militariste *mf*

Militärstützpunkt *m* position *f* stratégique de défense

Miliz [mi'li:ts] <-, -en> *f* milice *f*

Milliardär(in) [mɪli̯ar'dɛ:ɐ̯] <-s, -e> *m(f)* milliardaire *mf*

Milliarde [mɪ'li̯ardə] <-, -n> *f* milliard *m*

Milligramm [mɪli'gram] *nt* milligramme *m* **Milliliter** *m* millilitre *m* **Millimeter** *m o nt* millimètre *m*

Millimeterpapier *nt* papier *m* millimétré

Million [mɪ'li̯o:n] <-, -en> *f* million *m*

Millionär(in) [mɪli̯o'nɛːɐ̯] <-s, -e> *m(f)* millionnaire *mf*

Millionstel <-s, -> *nt* millionième *m*

Milz [mɪlʦ] <-, -en> *f* rate *f*

Milzbrand *m* MED maladie *f* du charbon

mimen *vt fam* simuler

Mimik ['miːmɪk] <-> *f* mimique *f*

Mimose [mi'moːzə] <-, -n> *f* ❶ BOT mimosa *m* ❷ *pej* (*Mensch*) **eine ~ sein** être d'une sensibilité exacerbée

min., Min. *Abk von* **Minute**[**n**] mn

minder *adv* moins

mindere(r, s) ['mɪndərə, -rɐ, -rəs] *adj attr* moindre

Minderheit <-, -en> *f* minorité *f*; **in der ~ sein** être minoritaire

minderjährig *adj* mineur(e) **Minderjährige(r)** *f(m) dekl wie adj* mineur(e) *m(f)*

mindern *vt* réduire

minderwertig *adj* ❶ (*Produkt*) de moindre qualité ❷ *fig* **sich ~ fühlen** se sentir inférieur(e) **Minderwertigkeit** <-> *f* mauvaise qualité *f* **Minderwertigkeitskomplex** *m* complexe *m* d'infériorité

Mindestalter *nt* âge *m* minimum

mindeste(r, s) ['mɪndəstə, -tɐ, -təs] *adj* **der/die/das ~ ...** le/la moindre ...

mindestens *adv* au moins

Mindesthaltbarkeitsdatum *nt* date *f* limite de conservation **Mindestlohn** *m* salaire *m* minimum **Mindestmaß** *nt* strict minimum *m*

Mine ['miːnə] <-, -n> *f* mine *f*

Mineral [mine'raːl] <-s, -e> *nt* minéral *m*

Mineralöl *nt* huile *f* minérale **Mineralölsteuer** *f* taxe *f* sur les produits pétroliers **Mineralstoffe** *Pl* sels *mpl* minéraux **Mineralwasser** *nt* eau *f* minérale

> En Autriche, il est courant de boire de l'eau du robinet. En Allemagne et en Suisse, c'est plutôt rare : on achète dans des magasins spécialisés dans la vente de boissons de la **Mineralwasser** en bouteille. Cette eau contient différents sels minéraux et est, en général, gazeuse.

Miniatur [minia'tuːɐ̯] <-, -en> *f* miniature *f*

Minigolf *nt* minigolf *m*

minimal [mini'maːl] *adj* minime

Minimum ['miːnimʊm] <-s, Minima> *nt geh* [strict] minimum *m*

Minirock *m* minijupe *f*

Minister(in) [mi'nɪstɐ] <-s, -> *m(f)* ministre *mf*

Ministerium [minɪs'teːriʊm] <-s, -rien> *nt* ministère *m*

Ministerpräsident(in) *m(f)* ministre-président(e) *m(f)*

> Le **Ministerpräsident** est le chef du gouvernement d'un *Land* allemand. En Autriche, c'est le *Landeshauptmann*. Le chef du gouvernement d'un canton suisse s'appelle le *Kantonalpräsident*.

Ministerrat *m* Conseil *m* des ministres

Ministrant(in) [minɪs'trant] <-en, -en> *m(f)* REL enfant *mf* de chœur

Minnesänger *m* ≈ troubadour *m*

minus ['miːnʊs] **I.** *präp + gen* **tausend Euro ~ Mehrwertsteuer** mille euros moins la TVA **II.** *konj* MATH moins **III.** *adv* (*unter Null*) moins; **einige Grad ~** quelques degrés en dessous de zéro

Minus <-> *nt* déficit *m*

Minuspol *m* ❶ ELEC pôle *m* négatif ❷ PHYS pôle *m* magnétique négatif **Minuspunkt** *m* ❶ (*Strafpunkt*) pénalité *f* ❷ (*Manko*) point *m* négatif **Minuszeichen** *nt* signe *m* moins

Minute [mi'nuːtə] <-, -n> *f* minute *f*; **es ist zehn ~n nach/vor acht** il est huit heures dix/moins dix

Minutenzeiger *m* grande aiguille *f*

Minze ['mɪnʦə] <-, -n> *f* menthe *f*

Mio. *Abk von* **Million[en]** million[s]

mir [miːɐ̯] **I.** *pron pers, dat von* **ich mit ~** avec moi; **er folgt ~** il me suit; **er ist ein Freund von ~** il est un de mes amis; **es geht ~ heute besser** je vais mieux aujourd'hui; **das ist ~ egal** ça m'est égal; **sag es ~!** dis-le-moi! ▸**von ~ aus!** *fam* j'ai rien contre! **II.** *pron refl* **ich wasche ~ die Haare** je me lave les cheveux; **ich werde ~ einen Pulli anziehen** je vais mettre un pull

Mirabelle [mira'bɛlə] <-, -n> *f* (*Frucht*) mirabelle *f*

Mischbrot *nt* pain *m* bis

mischen ['mɪʃən] **I.** *vt* mélanger **II.** *vr* **sich ~** (*Flüssigkeiten*) se mélanger; **sich unter die Menge ~** se mêler à la foule

Mischling ['mɪʃlɪŋ] <-s, -e> *m* ❶ (*Mensch*) métis(se) *m(f)* ❷ ZOOL bâtard *m*

Mischmaschine *f* bétonnière *f* **Mischpult** *nt* pupitre *m* de mixage

Mischung <-, -en> *f* mélange *m*

Mischwald *m* forêt *f* d'essences mixtes

miserabel [mizə'ra:bəl] **I.** *adj* (*Zustand, Film*) lamentable; (*Wetter, Essen*) exécrable **II.** *adv* (*sehr schlecht*) lamentablement

Misere [mi'ze:rə] <-, -n> *f geh* situation *f* désastreuse

missachten*RR [mɪs'ʔaxtən], **mißachten***ALT *vt* ❶ (*Vorschrift*) ne pas respecter; (*Warnung*) ne pas tenir compte de ❷ (*Person*) mésestimer

MissachtungRR, **Mißachtung**ALT *f* ❶ (*Geringschätzung*) mépris *m* ❷ (*Ignorierung: einer Vorschrift*) non-respect *m;* (*eines Ratschlags, einer Warnung*) non-prise *f* en compte

MissbildungRR, **Mißbildung**ALT <-, -en> *f* malformation *f*

missbilligen*RR [mɪs'bɪlɪgən], **mißbilligen***ALT *vt* désapprouver

missbilligendRR, **mißbilligend**ALT **I.** *adj* (*Blick*) désapprobateur(-trice) **II.** *adv* d'un air réprobateur

MissbilligungRR, **Mißbilligung**ALT <-> *f* désapprobation *f*

MissbrauchRR [mɪs'braʊx], **Mißbrauch**ALT *m* (*von Drogen*) abus *m;* (*einer Notbremse*) emploi *m* abusif; **sexueller ~** abus sexuel

missbrauchen*RR [mɪs'braʊxən], **mißbrauchen***ALT *vt* (*Vertrauen*) abuser de; (*Medikament*) faire un usage abusif de; **jdn** [**sexuell**] **~** abuser [sexuellement] de qn

MisserfolgRR, **Mißerfolg**ALT *m* (*einer Person*) échec *m;* (*eines Stücks*) fiasco *m*

MissernteRR, **Mißernte**ALT *f* mauvaise récolte *f*

Missetat ['mɪsəta:t] *f hum* sale tour *m*

missfallen*RR [mɪs'falən], **mißfallen***ALT *vi irr geh* **jdm ~** déplaire à qn

MissgeburtRR, **Mißgeburt**ALT *f* enfant *mf* mal formé(e)

MissgeschickRR, **Mißgeschick**ALT *nt* malheur *m*

missglücken*RR [mɪs'glʏkən], **mißglücken***ALT *vi* + *sein* échouer

MissgriffRR, **Mißgriff**ALT *m* mauvais choix *m*

MissgunstRR, **Mißgunst**ALT *f* jalousie *f*

missgünstigRR, **mißgünstig**ALT *adj* jaloux(-ouse)

misshandeln*RR [mɪs'handəln], **mißhandeln***ALT *vt* maltraiter

MisshandlungRR [mɪs'handlʊŋ], **Mißhandlung**ALT *f* mauvais traitements *mpl*

Mission [mɪ'si̯o:n] <-, -en> *f* mission *f*

Missionar(in) [mɪsi̯o'na:ɐ̯] <-s, -e> *m(f)*, **Missionär(in)** [mɪsi̯o'nɛ:ɐ̯] <-s, -e> *m(f)* A missionnaire *mf*

missionarisch [mɪsi̯o'na:rɪʃ] *adj* missionnaire

MissklangRR, **Mißklang**ALT *m* ❶ MUS dissonance *f* ❷ (*Unstimmigkeit*) désaccord *m*

MisskreditRR, **Mißkredit**ALT *m kein Pl* **jdn in ~ bringen** discréditer qn; **in ~ geraten** se discréditer

misslingenRR [mɪs'lɪŋən] <misslang, misslungen>, **mißlingen**ALT <mißlang, mißlungen> *vi* + *sein* échouer

MisslingenRR, **Mißlingen**ALT <-s> *nt* échec *m*

MissmutRR, **Mißmut**ALT *m* mauvaise humeur *f*

missmutigRR, **mißmutig**ALT *adj, adv* de mauvaise humeur

missraten*RR [mɪs'ra:tən], **mißraten***ALT *vi irr* + *sein* rater; **ein ~es Kind** un enfant mal élevé

MissstandRR, **Mißstand**ALT *m* anomalie *f*

misstrauen*RR [mɪs'traʊən], **mißtrauen***ALT *vi* **jdm/einer S. ~** se méfier de qn/qc

MisstrauenRR ['mɪstraʊən], **Mißtrauen**ALT <-s> *nt* méfiance *f*

MisstrauensantragRR, **Mißtrauensantrag**ALT *m* POL motion *f* de censure **Misstrauensvotum**RR, **Mißtrauensvotum**ALT [mɪs'traʊənsvo:tʊm] *nt* POL vote *m* de défiance

misstrauischRR, **mißtrauisch**ALT *adj* méfiant(e)

MissverhältnisRR, **Mißverhältnis**ALT *nt* disproportion *f*

missverständlichRR, **mißverständlich**ALT *adj* qui prête à équivoque

MissverständnisRR, **Mißverständnis**ALT <-ses, -se> *nt* malentendu *m*

missverstehen*RR, **mißverstehen***ALT *vt irr* **jdn/etw ~** mal comprendre qn/qc; **sich missverstanden fühlen** se sentir mal compris(e)

MisswirtschaftRR, **Mißwirtschaft**ALT *f* mauvaise gestion *f*

Mist [mɪst] <-[e]s> *m* ❶ (*Dung*) fumier *m* ❷ *fam* (*Unsinn*) conneries *fpl* ❸ *fam* (*Ärger*) [**so ein**] **~!** merde!

Mistel ['mɪstəl] <-, -n> *f* gui *m*
Mistgabel *f* fourche *f* à fumier **Misthaufen** *m* tas *m* de fumier **Mistkäfer** *m* bousier *m* **Miststück** *nt pej fam* (*gemeine Frau*) salope *f* (*vulg*)
mit [mɪt] **I.** *präp + dat* ❶ (*zur Angabe der Art und Weise*) avec; ~ **großen Schritten** à grands pas ❷ (*per*) ~ **dem Fahrrad** à vélo; ~ **dem Auto/Flugzeug** en voiture/avion; ~ **dem Lkw** par camion; ~ **der Post/Bahn** par la poste/le train ❸ (*in Begleitung von, versehen ~*) avec; **Tee ~ Rum** du thé au rhum ❹ (*zur Angabe des Zeitpunkts*) ~ **18 [Jahren]** à 18 ans ❺ *fam* (*und dazu*) **du ~ deiner Arroganz!** toi et ton arrogance! ❻ (*hinsichtlich*) ~ **dem Rauchen aufhören** arrêter de fumer **II.** *adv* **bist du ~ dabei gewesen?** est-ce que tu y étais aussi?
Mitarbeit *f* ❶ (*Mitwirkung*) collaboration *f* ❷ SCHULE, UNIV participation *f*
mit|arbeiten *vi* ❶ collaborer ❷ SCHULE, UNIV participer
Mitarbeiter(in) *m(f)* collaborateur *m*/collaboratrice *f*
mit|bekommen* *vt irr* ❶ (*bekommen*) recevoir ❷ (*hören*) entendre ❸ (*verstehen*) comprendre
mit|benutzen* *vt* utiliser aussi
mit|bestimmen* **I.** *vi* avoir voix au chapitre; (*Arbeitnehmer*) prendre part à la gestion **II.** *vt* (*Verfahrensweise*) influer sur
Mitbestimmung *f* ❶ participation *f* ❷ (*im Betrieb*) [**betriebliche**] ~ cogestion *f* [d'entreprise]
Mitbestimmungsrecht *nt* droit *m* de cogestion
Mitbewohner(in) *m(f)* colocataire *mf*
mit|bringen *vt irr* (*Sachen*) apporter; (*Personen*) amener
Mitbringsel ['mɪtbrɪŋzəl] <-s, -> *nt fam* petit quelque chose *m*
Mitbürger(in) *m(f)* concitoyen(ne) *m(f)*
mit|denken *vi irr* (*überlegt handeln*) réfléchir
mit|dürfen *vi irr fam* **mit jdm ~** pouvoir venir avec qn
Miteigentümer(in) *m(f)* copropriétaire *mf*
miteinander [mɪtʔaiˈnandɐ] *adv* ❶ (*gemeinsam*) ensemble ❷ (*untereinander*) **gut ~ auskommen** s'entendre bien
Miteinander [mɪtʔaiˈnandɐ] <-s> *nt* coopération *f*
Mitesser <-s, -> *m* point *m* noir
mit|fahren *vi irr + sein* **mit jdm ~** faire le voyage avec qn
Mitfahrgelegenheit *f* possibilité *f* de faire le voyage avec qn **Mitfahrzentrale** *f* société *f* de covoiturage
mit|fühlen *vi* **mit jdm ~** avoir de la compassion pour qn
mitfühlend **I.** *adj* compatissant(e) **II.** *adv* avec compassion
mit|führen *vt form* **etw ~** avoir qc [avec soi]
mit|geben *vt irr* (*auf den Weg geben*) donner
Mitgefühl *nt kein Pl* sympathie *f*
mit|gehen *vi irr + sein* ❶ (*begleiten*) **mit jdm ~** accompagner qn ❷ (*sich mitreißen lassen*) se laisser emporter ▶**etw ~ lassen** *fam* piquer qc
Mitgift <-, -en> *f* dot *f*
Mitglied *nt* membre *m*
Mitgliederversammlung *f* assemblée *f* générale
Mitgliedsausweis *m* carte *f* de membre **Mitgliedsbeitrag** *m* cotisation *f*
Mitgliedschaft <-, -en> *f* appartenance *f*
Mitgliedsstaat *m* État *m* membre
mit|haben *vt irr fam* **etw ~** avoir qc sur soi
mit|halten *vi irr* (*nicht unterliegen*) tenir tête
mit|helfen *vi irr* aider
Mithilfe *f kein Pl* aide *f*
mit|hören *vt* surprendre
mit|kommen *vi irr + sein* ❶ **mit jdm ~** venir avec qn ❷ *fam* (*mithalten*) suivre
mit|kriegen *s.* **mitbekommen**
mit|laufen *vi irr + sein* ❶ (*ebenfalls laufen*) courir [aussi] ❷ (*Tonband*) tourner
Mitläufer(in) *m(f) pej* suiveur(-euse) *m(f)*
Mitlaut *m* consonne *f*
Mitleid *nt* pitié *f*; ~ **mit jdm haben** avoir pitié de qn
mitleidig **I.** *adj* (*mitfühlend*) compatissant(e) **II.** *adv* (*voller Mitgefühl*) avec compassion
mit|machen **I.** *vi* ❶ **bei etw ~** participer à qc; **machst du mit?** tu es partant(e)? ❷ *fam* (*Herz*) tenir le coup; (*Wetter*) être de la partie **II.** *vt* ❶ (*sich beteiligen*) participer à ❷ *fam* **viel mitgemacht haben** en avoir vu des vertes et des pas mûres
Mitmensch *m* semblable *mf*
mit|müssen *vi irr fam* (*mitgehen müssen*) être obligé d'y aller
mit|nehmen *vt irr* ❶ (*mit sich nehmen*) prendre ❷ (*körperlich erschöpfen*) épuiser

M

3 (*psychisch belasten*) bouleverser

mit|reden *vi* **bei etw ~** avoir son mot à dire dans qc

mit|reißen *vt irr* 1 (*mit sich reißen*) emporter 2 (*begeistern*) enthousiasmer

mitreißend *adj* enthousiasmant(e)

mitsamt [mɪt'zamt] *präp + dat* avec

mit|schreiben *irr* **I.** *vt* **etw ~** prendre qc en note **II.** *vi* prendre des notes

Mitschuld *f* complicité *f;* **seine/ihre ~ an etw** (*dat*) (*Mitverantwortung*) sa part *f* de responsabilité dans qc

Mitschüler(in) *m(f)* camarade *mf* d'école

mit|spielen *vi* 1 **bei etw ~** jouer aussi à qc 2 SPORT jouer 3 CINE, THEAT faire partie de la distribution ▶**jdm übel ~** jouer un sale tour à qn

Mitspracherecht *nt kein Pl* droit *m* de regard

Mittag ['mɪta:k] <-[e]s, -e> *m* (*~szeit*) midi *m;* **zu ~ essen** déjeuner; **einen Salat zu ~ essen** manger une salade à midi

Mittagessen *nt* déjeuner *m,* dîner *m* (BELG, CH); **was gibt es heute zum ~?** qu'est-ce qu'on mange à midi?

mittags *adv* à midi

Mittagspause *f* pause *f* de midi **Mittagsruhe** *f* repos *m* de midi; **die ~ einhalten** respecter le repos de midi **Mittagsschlaf** *m* sieste *f* **Mittagszeit** *f* heure *f* du déjeuner

Mitte ['mɪtə] <-, -n> *f* 1 milieu *m;* (*Mittelpunkt*) centre *m;* **~ des Jahres** au milieu de l'année; **~ Januar** à la mi-janvier; **~ zwanzig sein** avoir environ vingt-cinq ans; **sie nahmen ihn in die ~** ils l'ont pris entre eux 2 POL centre *m*

mit|teilen *vt* **jdm etw ~** annoncer qc à qn

mitteilsam *adj* communicatif(-ive)

Mitteilung *f* communication *f;* **die ~ bekommen, dass ...** être informé que ...

Mittel ['mɪtəl] <-s, -> *nt* 1 (*Medikament*) médicament *m;* (*Hausmittel*) remède *m* 2 (*Methode*) moyen *m* 3 *Pl* (*Geldmittel*) moyens *mpl* 4 (*Durchschnitt*) moyenne *f*

Mittelalter *nt* **das ~** le Moyen Âge **mittelalterlich** *adj* médiéval(e) **Mittelamerika** *nt* l'Amérique *f* centrale **Mitteleuropa** *nt* l'Europe *f* centrale **mitteleuropäisch** *adj* d'Europe centrale **Mittelfeld** *nt* 1 *kein Pl* (*Teil des Spielfelds*) centre *m* du terrain 2 (*Gruppe*) [gros *m* du] peloton *m* **Mittelfinger** *m* majeur *m* **mittelfristig** *adj, adv* à moyen terme **Mittelklassewagen** *m* voiture *f* [de] milieu de gamme **Mittellinie** *f a.* SPORT ligne *f* médiane **mittellos** *adj* sans ressources **Mittelmaß** *nt kein Pl* [petite] moyenne *f* **mittelmäßig** *adj* médiocre **Mittelmeer** *nt* **das ~** la [mer] Méditerranée **Mittelpunkt** *m* 1 (*Punkt*) centre *m;* (*einer Geraden*) milieu *m* 2 (*Zentrum*) centre *m* 3 (*Hauptperson*) personnage *m* central

mittels *geh präp + gen Sing* au moyen de

Mittelschule *f* 1 *s.* **Realschule** 2 CH (*höhere Schule*) *établissement d'enseignement du second degré*

Mittelstand *m* classe *f* moyenne **mittelständisch** *adj* des classes moyennes; **die ~en Betriebe** les petites et moyennes entreprises **Mittelstreckenrakete** *f* missile *m* [de] moyenne portée **Mittelstreifen** *m* terre-plein *m* **Mittelstufe** *f: classes de quatrième, troisième et seconde* **Mittelstürmer(in)** *m(f)* avant-centre *mf* **Mittelwelle** *f* RADIO onde *f* moyenne **Mittelwert** *m* valeur *f* moyenne

mitten ['mɪtən] *adv* **~ im Wald** au milieu de la forêt; **~ in der Nacht** au beau milieu de la nuit

mittendrin ['mɪtən'drɪn] *adv fam* **~ sein** être en plein milieu **mittendurch** *adv* (*führen*) à travers

Mitternacht ['mɪtɐnaxt] *f kein Pl* minuit *f*

mittlere(r, s) ['mɪtlərə, -rɐ, -rəs] *adj attr* 1 (*Qualität*) moyen(ne); (*Katastrophe*) aux conséquences limitées; (*Verbrauch*) moyen(ne) 2 (*Balkon*) du milieu 3 (*Bruder*) deuxième; **~n Alters** d'un certain âge

mittlerweile ['mɪtlɐ'vailə] *adv* (*währenddessen*) entre-temps; (*im Gegensatz zu früher*) maintenant

Mittwoch ['mɪtvɔx] <-s, -e> *m* mercredi *m; s. a.* **Dienstag**

Mittwochabend *m* mercredi *m* soir **Mittwochmorgen** *m* mercredi *m* matin

mittwochs *adv* le mercredi

mitunter [mɪt'ʔʊntɐ] *adv* parfois

mitverantwortlich *adj* **~ sein** être coresponsable

mit|wirken *vi* 1 **bei/an etw** (*dat*) **~** participer à qc 2 CINE, THEAT *form* faire partie de la distribution

Mitwohnzentrale *f* centrale *f* immobilière

mixen ['mɪksən] *vt* mixer

Mixer <-s, -> *m* mixe[u]r *m*
Mixtur [mɪks'tuːɐ̯] <-, -en> *f* mixture *f*
mm *Abk von* **Millimeter** mm
Mob [mɔp] <-s> *m* populace *f*
Mobbing <-s> *nt* harcèlement *m* moral (*exercé sur le lieu de travail*)
Möbel ['møːbəl] <-s, -> *nt* meuble *m*
Möbelwagen *m* camion *m* de déménagement
mobil [mo'biːl] *adj* ① ~ **sein** être mobile ② MIL ~ **machen** mobiliser
Mobile <-s, -s> *nt* mobile *m*
Mobilfunk *m* téléphonie *f* numérique mobile
mobilisieren* [mobili'ziːrən] *vt* mobiliser
Mobilität [mobili'tɛːt] <-> *f* mobilité *f*
Mobiltelefon *nt* téléphone *m* sans fil
möblieren* [mø'bliːrən] *vt* meubler
Mode ['moːdə] <-, -n> *f* mode *f*
Modehaus *nt* maison *f* de mode
Model ['mɔdəl] <-s, -s> *nt* modèle *m*
Modell [mo'dɛl] <-s, -e> *nt* ① (*verkleinerte Ausgabe*) modèle *m* réduit ② *a.* KUNST (*Ausführung*) modèle *m* ③ (*Kleidungsstück*) création *f*
Modelleisenbahn *f* train *m* électrique
modellieren* [modɛ'liːrən] *vt* modeler
Modem ['moːdɛm] <-s, -s> *nt o m* INFORM modem *m*
Modenschau *f* défilé *m* de mode
Moderation [modera'tsi̯oːn] <-, -en> *f* présentation *f*
Moderator [mode'raːtoːɐ̯] <-s, -toren> *m*, **Moderatorin** *f* RADIO, TV présentateur (-trice) *m(f)*; (*einer Spielshow*) animateur (-trice) *m(f)*
moderieren* *vt* présenter
modern[1] ['moːdɐn] *vi* + *haben o sein* moisir
modern[2] [mo'dɛrn] **I.** *adj* moderne; (*Person*) de son temps; (*Kleidung*) [à la] mode **II.** *adv* (*sich kleiden*) [à la] mode
Moderne [mo'dɛrnə] <-> *f* **die** ~ (*Epoche*) l'époque *f* moderne; (*Kunstrichtung*) l'école *f* moderne
modernisieren* [modɛrni'ziːrən] *vt* moderniser
Modeschmuck *m* bijou *m* fantaisie **Modeschöpfer(in)** *m(f)* créateur(-trice) *m(f)* [de mode] **Modewort** *nt* LING mot *m* à la mode
Modi *Pl von* **Modus**
modisch *adj* à la mode
Modul [mo'duːl] <-s, -e> *nt* INFORM module *m*
Modus ['mɔdʊs] <-, Modi> *m* mode *m*
Mofa ['moːfa] <-s, -s> *nt* mobylette® *f*
mogeln ['moːgəln] *vi fam* tricher
mögen[1] ['møːgən] <mag, mochte, gemocht> *vt* ① (*gernhaben*) aimer ② (*haben wollen*) **was möchten Sie, bitte?** vous désirez?; **ich möchte [gern] ...** je voudrais ... ③ (*erwarten*) **sie möchte, dass** elle voudrait que + *subj*
mögen[2] <mochte, gemocht> *vi* (*wollen*) vouloir [bien]; **sie möchte nach Hause** *fam* elle voudrait rentrer
mögen[3] <mochte, ~> *aux modal, mit Infin* ① (*wollen*) **sie möchte hierbleiben** elle voudrait rester ici ② *geh* (*als Ausdruck des Zugestehens*) **mag sein, dass** il est possible que + *subj* ③ (*sollen*) **Sie möchten ihn bitte zurückrufen** vous êtes prié(e) de le rappeler ④ *geh* (*als Ausdruck eines Wunschs*) ~ **sie miteinander glücklich werden!** qu'ils soient heureux ensemble! ⑤ (*geneigt sein*) **man möchte meinen, dass ...** on pourrait croire que ..
möglich ['møːklɪç] *adj* ① (*durchführbar*) possible; **es ist ~, dass** il est possible que + *subj* ② (*denkbar*) **alle ~en Länder** tous les pays possibles; **alles Mögliche** toutes sortes de choses ③ *attr* (*potenziell*) potentiel(le)
möglicherweise *adv* peut-être
Möglichkeit <-, -en> *f* possibilité *f*
möglichst *adv* ① ~ **groß** le plus grand possible ② (*wenn möglich*) si possible
Mohn [moːn] <-[e]s, -e> *m* pavot *m*; (*Klatschmohn*) coquelicot *m*
Möhre ['møːrə] <-, -n> *f* carotte *f*
mokieren* [mo'kiːrən] *vr geh* **sich über jdn/etw** ~ se moquer de qn/qc
Mokka ['mɔka] <-s, -s> *m* moka *m*
Mole ['moːlə] <-, -n> *f* môle *m*
Molekül [mole'kyːl] <-s, -e> *nt* molécule *f*
Molke ['mɔlkə] <-> *f* petit-lait *m*
Molkerei [mɔlkə'raj] <-, -en> *f* laiterie *f*
Moll [mɔl] <-> *nt* mineur *m*
mollig ['mɔlɪç] *adj* rondelet(te) (*fam*)
Molotowcocktail ['moːlotɔfkɔkteɪl] *m* cocktail *m* Molotov
Moment [mo'mɛnt] <-[e]s, -e> *m* (*Augenblick*) moment *m*; (*kurze Zeitspanne*) instant *m*; **im** ~ pour le moment; ~ **mal!** eh, minute! (*fam*)
momentan [momɛn'taːn] *adj* ① (*derzeitig*)

actuel(le) ② (*vorübergehend*) momentané(e)

Monaco ['mo:nako] <-s> *nt* [la Principauté de] Monaco

Monarch(in) [mo'narç] <-en, -en> *m(f)* monarque *m*

Monarchie [monar'çi:] <-, -n> *f* monarchie *f*

monarchistisch *adj* monarchiste

Monat ['mo:nat] <-[e]s, -e> *m* mois *m;* **diesen ~** ce mois-ci; **im nächsten ~** le mois prochain

monatelang I. *adj attr* de plusieurs mois **II.** *adv* pendant des mois

monatlich *adj* mensuel(le)

Monatsblutung *s.* **Menstruation** **Monatseinkommen** *nt* revenu *m* mensuel **Monatskarte** *f* (*Fahrkarte*) abonnement *m* [mensuel] **Monatsrate** *f* mensualité *f*

Mönch [mœnç] <-[e]s, -e> *m* moine *m*

Mond [mo:nt] <-[e]s, -e> *m* ① *kein Pl* (*Erdsatellit*) lune *f* ② (*Trabant*) satellite *m*

Mondfinsternis *f* éclipse *f* de Lune **Mondlandung** *f* atterrissage *m* sur la Lune **Mondlicht** *nt* clarté *f* de la lune **Mondschein** *m* clair *m* de lune **Mondsichel** *f* croissant *m* **mondsüchtig** *adj* somnambule

Monegasse [mone'gasə] <-n, -n> *m*, **Monegassin** *f* Monégasque *mf*

Moneten [mo'ne:tən] *Pl fam* pognon *m*

Mongole [mɔŋ'go:lə] <-n, -n> *m*, **Mongolin** *f* Mongol(e) *m(f)*

Mongolei [mɔŋgo'lai̯] <-> *f* **die ~** la Mongolie

Mongolismus [mɔŋgo'lɪsmʊs] <-> *m* MED mongolisme *m*

mongoloid [mɔŋgolo'i:t] *adj* MED mongoloïde

Monitor ['mo:nito:ɐ̯] <-s, -toren> *m* moniteur *m*

Monogamie [monoga'mi:] <-> *f* monogamie *f*

Monogramm [mono'gram] <-s, -e> *nt* monogramme *m*

Monokultur ['mo:nokʊltu:ɐ̯] *f* monoculture *f*

Monolog [mono'lo:k] <-[e]s, -e> *m* monologue *m*

Monopol [mono'po:l] <-s, -e> *nt* monopole *m*

Monopolstellung *f* situation *f* de monopole

monoton [mono'to:n] *adj* monotone

Monotonie [monoto'ni:] <-, -n> *f* monotonie *f*

Monoxid <-[e]s, -e> *nt* monoxyde *m*

Monster ['mɔnstɐ] <-s, -> *nt* monstre *m*

monströs [mɔn'strø:s] *adj geh* monstrueux (-euse); (*riesig*) énorme

Monstrum ['mɔnstrʊm] <-s, Monstren> *nt* monstre *m*

Monsun [mɔn'zu:n] <-s, -e> *m* mousson *f*

Montag ['mo:nta:k] <-s, -e> *m* lundi *m; s. a.* **Dienstag**

Montagabend *m* lundi *m* soir

Montage [mɔn'ta:ʒə] <-, -n> *f* montage *m*

Montagmorgen *m* lundi *m* matin

montags *adv* le lundi

Monteur(in) [mɔn'tø:ɐ̯] <-s, -e> *m(f)* installateur(-trice) *m(f)*

montieren* *vt* ① (*zusammenbauen*) monter ② (*anbringen*) installer

Monument [monu'mɛnt] <-[e]s, -e> *nt* monument *m*

monumental [monumɛn'ta:l] *adj* colossal(e)

Monumentalfilm *m* superproduction *f*

Moor [mo:ɐ̯] <-[e]s, -e> *nt* marais *m*

Moos [mo:s] <-es, -e> *nt* ① BOT mousse *f* ② *kein Pl fam* (*Geld*) pognon *m*

Moped ['mo:pɛt] <-s, -s> *nt* vélomoteur *m*

Mopedfahrer(in) *m(f)* motocycliste *mf*

Mopp[RR] [mɔp] <-s, -s> *m* balai *m* à franges

Mops [mɔps, *Pl:* 'mœpsə] <-es, Möpse> *m* ZOOL carlin *m*

Moral [mo'ra:l] <-> *f* (*Ethik*) morale *f*

moralisch *adj* moral(e)

Moralpredigt *f* sermon *m*

Morast [mo'rast] <-[e]s, -e *o* Moräste> *m* ① (*sumpfiges Gelände*) marécage *m* ② *kein Pl* (*Schlamm*) boue *f*

Morchel ['mɔrçəl] <-, -n> *f* morille *f*

Mord [mɔrt] <-[e]s, -e> *m* meurtre *m*

Mordanschlag *m* attentat *m* **Morddrohung** *f* menace *f* de mort

morden ['mɔrdən] *vi* assassiner; (*Massenmord begehen*) massacrer

Mörder(in) ['mœrdɐ] <-s, -> *m(f)* meurtrier(-ière) *m(f)*

mörderisch *adj fam* ① (*schrecklich*) atroce ② (*Hunger*) terrible; (*Tempo*) infernal(e)

Mordshunger ['mɔrts'hʊŋɐ] *m fam* faim *f* de loup

Mordwaffe *f* arme *f* du crime

morgen ['mɔrgən] *adv* demain; **~ früh** demain matin

Morgen[1] <-s> *nt* demain *m*

Morgen[2] <-s, -> *m* ❶ matin *m;* (*in seinem Verlauf*) matinée *f;* **am ~** le matin; **heute/Montag ~** ce/lundi matin; **am nächsten ~** le lendemain matin; [**guten**] **~!** bonjour! ❷ (*Flächenmaß*) ≈ arpent *m*

morgendlich ['mɔrgəntlɪç] *adj* (*Stille*) matinal(e); (*Hektik*) du matin

Morgengrauen <-s, -> *nt* aube *f* **Morgenmantel** *m*, **Morgenrock** *m* robe *f* de chambre **Morgenmuffel** <-s, -> *m fam* **ich bin ein ~** le matin, je ne suis pas à prendre avec des pincettes

morgens *adv* le matin; **von ~ bis abends** du matin au soir

morgig *adj attr* de demain

Mormone [mɔr'mo:nə] <-n, -n> *m*, **Mormonin** *f* mormon(e) *m(f)*

Morphium ['mɔrfiʊm] <-s> *nt* morphine *f*

morsch [mɔrʃ] *adj* (*Holz*) pourri(e)

Morsealphabet *nt* alphabet *m* morse

morsen ['mɔrzən] *vt, vi* télégraphier en morse

Mörser ['mœrzɐ] <-s, -> *m* mortier *m*

Mörtel ['mœrtəl] <-s, -> *m* mortier *m*

Mosaik [moza'i:k] <-s, -e[n]> *nt* mosaïque *f*

Moschee [mɔ'ʃe:] <-, -n> *f* mosquée *f*

Moschus ['mɔʃʊs] <-> *m* musc *m*

Möse ['mø:zə] <-, -n> *f vulg* con *m*

Mosel ['mo:zəl] <-> *f* **die ~** la Moselle

Moskau ['mɔskaʊ] <-s> *nt* Moscou

Moskito [mɔs'ki:to] <-s, -s> *m* moustique *m*

Moslem ['mɔslɛm] <-s, -s> *m*, **Moslime** *f* musulman(e) *m(f)*

moslemisch [mɔs'le:mɪʃ] *adj* musulman(e)

Most [mɔst] <-[e]s> *m* moût *m*

Motel ['mo:təl] <-s, -s> *nt* motel *m*

Motiv [mo'ti:f] <-s, -e> *nt* motif *m*

Motivation [motiva'tsi̯o:n] <-, -en> *f* motivation *f*

motivieren* [moti'vi:rən] *vt* motiver

Motor ['mo:tɔr] <-s, -toren> *m* moteur *m*

Motorboot *nt* bateau *m* à moteur **Motorhaube** *f* capot *m*

motorisiert *adj* motorisé(e) (*fam*)

Motorrad ['motorat] *nt* moto *f* **Motorradfahrer(in)** *m(f)* motocycliste *mf* **Motorroller** *m* scooter *m* **Motorsäge** *f* tronçonneuse *f*

Motte ['mɔtə] <-, -n> *f* mite *f*

Mottenkugel *f* boule *f* antimite

Motto ['mɔto] <-s, -s> *nt* devise *f*

motzen ['mɔtsən] *vi fam* râler

Mountainbike ['maʊntənbai̯k] <-s, -s> *nt* vélo *m* tout-terrain, V.T.T. *m*

Möwe ['mø:və] <-, -n> *f* mouette *f*

Mrd. *Abk von* **Milliarde[n]** Mrd.

MS [ɛm'ʔɛs] *Abk von* **Multiple Sklerose** sclérose *f* en plaques

Mücke ['mʏkə] <-, -n> *f* moustique *m*

Mückenstich *m* piqûre *f* de moustique

Mucks [mʊks] <-es, -e> *m fam* (*Wort*) mot *m;* **ohne einen ~** sans moufter

mucksmäuschenstill ['mʊks'mɔɪsçən'ʃtɪl] *fam* **I.** *adj* silencieux(-euse); **seid ~!** pas de bruit! **II.** *adv* sans faire de bruit

müde ['my:də] **I.** *adj* fatigué(e); (*gelangweilt*) lassé(e); **einer S.** (*gen*) **~ werden/sein** se lasser/être fatigué de qc **II.** *adv* **da kann ich nur ~ lächeln** je ne trouve pas cela très original

Müdigkeit <-> *f* fatigue *f*

Müesli ['my:ɛsli] <-s, -s> *nt* CH mu[e]sli *m*

Mühe ['my:ə] <-, -n> *f* peine *f;* **sich** (*dat*) **~ geben** se donner du mal; **sich** (*dat*) **die ~ machen etw zu tun** se donner la peine de faire qc; **machen Sie sich** (*dat*) **keine ~!** ne vous dérangez pas! ▸**mit Müh und Not** *fam* avec bien du mal

mühelos **I.** *adj* facile **II.** *adv* sans peine

muhen ['mu:ən] *vi* meugler

mühevoll *s.* **mühsam**

Mühle ['my:lə] <-, -n> *f* ❶ moulin *m* ❷ (*~spiel*) marelle *f* [assise]

Mühlrad *nt* roue *f* du moulin

mühsam *adj* pénible

Mulde ['mʊldə] <-, -n> *f* GEO cuvette *f*

Mull [mʊl] <-[e]s, -e> *m* MED gaze *f*

Müll [mʏl] <-s> *m* déchets *mpl;* (*Hausmüll*) ordures *fpl* ménagères

Müllabfuhr <-, -en> *f* (*das Abfahren*) ramassage *m* des ordures ménagères **Müllberg** *m fam* (*große Menge Müll*) montagne *f* d'ordures ménagères

Mullbinde *f* bande *f* de gaze

Müllcontainer *m* benne *f* à ordures **Mülldeponie** *f* décharge *f* **Mülleimer** *m* poubelle *f*

Müller(in) ['mʏlɐ] <-s, -> *m(f)* meunier(-ière) *m(f)*

Müllhalde *f* dépotoir *m* **Müllkippe** *f* décharge *f* **Müllmann** <-männer *o* Mülleute> *m fam* éboueur *m* **Müllschlucker** <-s, -> *m* vide-ordures *m inv* **Mülltonne** *f* poubelle *f* **Mülltrennung** *f* triage *m* des déchets

M

En Allemagne, on pratique la **Mülltrennung**. C'est-à-dire que les déchets ménagers sont triés directement par les ménages. On sépare les déchets organiques et matières minérales que l'on met dans une *Biotonne*. Le plastique et les emballages sont récupérés dans un grand sac jaune, le *gelber Sack* et ce qui ne peut pas être recyclé va dans la poubelle noire. Le papier et le carton sont placés dans un conteneur à part que la municipalité vient vider tous les quinze jours. Seul le verre doit être amené aux conteneurs publics.

Müllverbrennung *f* incinération *f* des ordures **Müllverbrennungsanlage** *f* usine *f* d'incinération des déchets **Müllwagen** *m* camion *m* de ramassage des ordures ménagères

mulmig ['mʊlmɪç] *adj fam* (*Gefühl*) étrange

multikulturell [mʊltikʊltu'rɛl] *adj* multiculturel(le) **Multimedia** <-[s]> *kein Pl* ~ le multimédia **multinational** *adj* multinational(e)

Multiplikation [mʊltiplika'ts̯ioːn] <-, -en> *f* multiplication *f*

multiplizieren* [mʊltipli'tsiːrən] *vt* **etw mit etw** ~ multiplier qc par qc

Multitasking <-s> *nt* INFORM multiprogrammation *f*

Mumie ['muːmiə] <-, -n> *f* momie *f*

mumifizieren* [mumifi'tsiːrən] *vt* momifier

Mumps [mʊmps] <-> *m* MED oreillons *mpl*

München ['mʏnçən] <-s> *nt* Munich

Mund [mʊnt, *Pl:* 'mʏndɐ] <-[e]s, Münder> *m* bouche *f;* **halt den ~!** *fam* boucle-la!

Mundart *f* patois *m*

münden ['mʏndən] *vi + haben o sein* **in etw** (*akk*) ~ (*Fluss*) se jeter dans qc; (*Diskussion*) aboutir à qc

Mundgeruch *m* mauvaise haleine *f* **Mundharmonika** *f* harmonica *m*

mündig ['mʏndɪç] *adj* ❶ (*Bürger*) responsable ❷ (*volljährig*) ~ **sein** avoir la majorité

mündlich ['mʏntlɪç] *adj* (*Prüfung*) oral(e); (*Vereinbarung*) verbal(e)

Mundpropaganda *f* bouche *m* à oreille **Mundschutz** *m* masque *m*

Mündung <-, -en> *f* ❶ (*eines Flusses*) embouchure *f* ❷ (*einer Kanone*) gueule *f;* (*eines Gewehrs*) extrémité *f*

Mundwasser *nt* bain *m* de bouche **Mundwerk** *nt* **ein freches ~ haben** *fam* avoir la langue bien pendue **Mund-zu-Mund-Beatmung** *f* bouche-à-bouche *m*

Munition [muni'ts̯ioːn] <-> *f* munitions *fpl*

Münster ['mʏnstɐ] <-s, -> *nt* cathédrale *f*

munter ['mʊntɐ] *adj* ❶ (*heiter*) gai(e) ❷ (*wach*) réveillé(e)

Münze ['mʏntsə] <-, -n> *f* pièce *f* de monnaie

Münzfernsprecher *m form* téléphone *m* à pièces

mürb[e] *adj* (*Fleisch*) tendre

Mürbeteig *m* pâte *f* brisée

Murmel ['mʊrməl] <-, -n> *f* bille *f*

murmeln ['mʊrməln] **I.** *vi* marmonner **II.** *vt* murmurer

Murmeltier *nt* marmotte *f* ►**schlafen wie ein ~** dormir comme un loir

murren ['mʊrən] *vi* **über etw** (*akk*) ~ maugréer au sujet de qc

mürrisch ['mʏrɪʃ] *adj* (*Person*) grincheux (-euse); (*Gesicht*) renfrogné(e)

Mus [muːs] <-es, -e> *nt o m* compote *f*

Muschel ['mʊʃəl] <-, -n> *f* coquillage *m;* (*Miesmuschel*) moule *f*

Muschi <-, -s> *f fam* chatte *f*

Muse ['muːzə] <-, -n> *f* muse *f*

Museum [mu'zeːʊm] <-s, Museen> *nt* musée *m*

Musical ['mjuːzikəl] <-s, -s> *nt* comédie *f* musicale

Musik [mu'ziːk] <-, -en> *f* musique *f*

En Allemagne, la transcription des notes de musique n'est pas la même qu'en France : à do, ré, mi, fa, sol, la, si correspondent C, D, E, F, G, A, H.

musikalisch [muzi'kaːlɪʃ] *adj* ❶ (*die Musik betreffend*) musical(e) ❷ (*musikbegabt*) musicien(ne)

Musikant(in) [muzi'kant] <-en, -en> *m(f)* musicien(ne) *m(f)*

Musikbox *f* juke-box *m inv*

Musiker(in) ['muːzikɐ] <-s, -> *m(f)* musicien(ne) *m(f)*

Musikhochschule *f* ≈ conservatoire *m* [de musique] **Musikinstrument** *nt* instrument *m* de musique **Musikkassette** *f* cassette *f* audio

musisch ['muːzɪʃ] *adj* (*Person*) doué(e) pour les arts; (*Begabung*) d'artiste

musizieren* [muzi'tsiːrən] *vi* faire de la musique
Muskat <-[e]s, -e> *m* muscade *f*
Muskel ['mʊskəl] <-s, -n> *m* muscle *m*
Muskelkater *m* courbatures *fpl* **Muskelprotz** ['mʊskəlprɔts] <-es, -e> *m fam* paquet *m* de muscles (*hum*)
Musketier <-s, -e> *m* mousquetaire *m*
muskulös [mʊsku'løːs] *adj* musclé(e)
Müsli ['myːsli] <-s, -> *nt* mu[e]sli *m*
Muslim ['mʊslɪm] <-[s], -e> *m*, **Muslime** *f* musulman(e) *m(f)*
Muss[RR] [mʊs], **Muß**[ALT] <-> *nt* **ein ~ sein** être obligatoire
Muße ['muːsə] <-> *f* loisirs *mpl*
müssen ['mʏsən] **I.** <muss, musste, müssen> *vt modal* ❶ **er muss arbeiten** il doit travailler; **lachen ~** ne pas pouvoir s'empêcher de rire; **das muss sein** c'est absolument nécessaire; **man müsste ...** il faudrait ... ❷ (*brauchen*) **du musst mir nicht helfen** tu n'as pas besoin de m'aider; **das muss nicht heißen, dass ...** cela ne veut pas forcément dire que ... ❸ (*Ausdruck der Wahrscheinlichkeit*) **er muss krank sein** il doit être malade **II.** <musste, gemusst> *vi* **ich muss zum Arzt** je dois aller chez le médecin; **du musst!** tu dois le faire!; [**mal**] **~** *fam* avoir besoin d'aller aux W.-C.
müßig *adj* oiseux
Muster ['mʊstɐ] <-s, -> *nt* ❶ (*von Stoffen*) motif *m* ❷ (*Warenprobe*) échantillon *m* ❸ (*Vorlage*) modèle *m* ❹ (*Schnittmuster*) patron *m*
Musterbeispiel *nt* **ein ~ für etw** l'exemple *m* type de qc **Musterexemplar** *nt* échantillon *m*; (*Buch*) spécimen *m* **mustergültig** *adj*, **musterhaft** *adj* (*Person*) modèle; (*Verhalten*) exemplaire
mustern ['mʊstɐn] *vt* ❶ examiner ❷ MIL **gemustert werden** passer les tests de sélection militaire
Musterprozess[RR] *m* procès *m* exemplaire **Musterschüler(in)** *m(f)* élève *mf* modèle
Musterung <-, -en> *f* MIL tests *mpl* de sélection militaire
Mut [muːt] <-[e]s> *m* courage *m*; **den ~ verlieren** perdre courage
Mutation [muta'tsi̯oːn] <-, -en> *f* mutation *f*
mutieren* *vi* BIO muter
mutig ['muːtɪç] *adj* courageux(-euse)
mutlos *adj* découragé(e)
mutmaßlich *adj attr* (*Täter*) présumé(e)
Mutprobe *f* épreuve *f* de courage
Mutter[1] ['mʊtɐ, *Pl:* 'mʏtɐ] <-, Mütter> *f* mère *f*; **~ sein** être mère de famille
Mutter[2] <-, -n> *f* TECH écrou *m*
Muttergesellschaft *f* société *f* mère **Mutterleib** *m* **im ~** dans le ventre maternel
mütterlich ['mʏtɐlɪç] *adj* maternel(le)
mütterlicherseits *adv* du côté maternel
Mutterliebe *f* amour *m* maternel **Muttermal** *nt* tache *f* de naissance **Muttermilch** *f* lait *m* maternel **Muttermund** *m* ANAT col *m* de l'utérus
Mutterschaft <-> *f* maternité *f*
Mutterschaftsurlaub *m* congé *m* de maternité
Mutterschutz *m* protection *f* sociale de la femme enceinte **mutterseelenallein** ['mʊtɐ'zeːlən?a'lai̯n] *adj* **~ sein** être tout seul **Muttersöhnchen** <-s, -> *nt pej fam* petit garçon *m* à sa maman **Muttersprache** *f* langue *f* maternelle **Muttersprachler(in)** <-s, -> *m(f)* locuteur *m* natif **Muttertag** *m* fête *f* des Mères **Muttertier** *nt* AGR, ZOOL mère *f*
Mutti ['mʊti] <-, -s> *f fam* maman *f*
mutwillig **I.** *adj* causé(e) par un vandale/des vandales **II.** *adv* par vandalisme
Mütze ['mʏtsə] <-, -n> *f* (*Pudelmütze*) bonnet *m*; (*Schirmmütze*) casquette *f*; (*Baskenmütze*) béret *m*
MwSt. *Abk von* **Mehrwertsteuer** T.V.A.
Myrr[h]e[RR] ['mʏrə] <-, -n> *f* myrrhe *f*
mysteriös [mʏsteri'øːs] *adj* mystérieux(-euse)
Mystik ['mʏstɪk] <-> *f* mysticisme *m*
mythisch *adj* mythique
Mythologie [mytolo'giː] <-, -n> *f* mythologie *f*
Mythos ['myːtɔs] <-, Mythen> *m* mythe *m*

Nn

N, n [ɛn] <-, -> *nt* N *m*/n *m*
N *Abk von* **Norden** N
na [na] *interj fam* ❶ (*Ausdruck des Zweifels*)

ben ❷ (*Ausruf der Entrüstung*) hé; ~ **warte!** eh là, pas si vite! ▶ ~ **gut** bon, allez; ~ **also!** tu vois/vous voyez!; ~ **und?** et [puis] alors?

Nabel ['na:bəl] <-s, -> *m* nombril *m*

Nabelschnur *f* cordon *m* ombilical

nach [na:x] **I.** *präp* + *dat* ❶ (*räumlich*) ~ **Nizza fahren** aller à Nice; ~ **Frankreich** en France; ~ **Dänemark** au Danemark; ~ **Norden** vers le nord; **der Zug ~ Bordeaux** le train pour Bordeaux; ~ **Hause gehen** aller à la maison ❷ (*zeitlich*) après; **fünf [Minuten] ~ drei** trois heures cinq [minutes]; ~ **drei Tagen** trois jours plus tard ❸ (*entsprechend*) selon; **meiner Meinung ~** à mon avis; ~ **Autoren geordnet sein** (*Katalog*) être classé par auteurs; ~ **den Vorschriften** conformément au règlement **II.** *adv* ▶ ~ **und** ~ peu à peu; ~ **wie vor** toujours

nach|ahmen ['na:xʔa:mən] *vt* imiter

Nachahmung <-, -en> *f* imitation *f*

Nachbar(in) ['naxba:ɐ̯] <-n, -n> *m(f)* voisin(e) *m(f)*

Nachbarschaft <-> *f* voisinage *m*

Nachbarstaat *m* [État *m*] voisin *m*

nach|bestellen* *vt* **zwei Kisten ~** commander deux autres caisses

Nachbildung *f* copie *f*

nachdem [na:x'de:m] *konj* ❶ (*zeitlich*) **kurz ~ wir zurückgekommen waren** peu après notre retour; ~ **er umgezogen war, ...** après avoir déménagé, ... ❷ (*da, weil*) comme

nach|denken *vi irr* **über etw ~** réfléchir sur qc; (*eine Entscheidung suchen*) réfléchir à qc

nachdenklich *adj* pensif(-ive)

Nachdruck <-s> *m* insistance *f*; **mit [allem] ~** (*verlangen*) expressément; (*ablehnen*) catégoriquement

nach|drucken *vt* réimprimer

nachdrücklich ['na:xdrʏklɪç] **I.** *adj* insistant(e); (*Forderung*) ferme; (*Warnung*) appuyé(e) **II.** *adv* (*fordern*) fermement; (*warnen*) expressément; (*ablehnen*) catégoriquement

nach|eifern *vi* **jdm ~** prendre modèle sur qn

nacheinander [na:xʔai̯'nandɐ] *adv* ~ **den Raum verlassen** quitter la salle l'un(e) après l'autre; **etw zweimal ~ tun** faire qc deux fois de suite

Nacherzählung *f* compte *m* rendu de lecture

nach|fahren *vi irr + sein* ❶ (*verfolgen*) **jdm ~** suivre qn ❷ (*später nachkommen*) **jdm ~** rejoindre qn [en voiture/par le train]

nach|feiern *vt* **etw ~** fêter qc après coup

Nachfolge *f* succession *f*

nachfolgend *geh* **I.** *adj* suivant(e); **im Nachfolgenden** ci-après **II.** *adv* ensuite

Nachfolger(in) <-s, -> *m(f)* successeur *mf*

nach|fordern *vt* demander après coup; **etw ~** (*nachträglich fordern*) demander qc après coup; (*zusätzlich fordern*) demander qc en plus

nach|forschen *vi* ~ faire des recherches

Nachforschung *f* recherches *fpl*

Nachfrage *f* ~ **nach etw** demande *f* de qc

nach|fragen *vi* **bei jdm ~, ob/wie ...** se renseigner auprès de qn pour savoir si/comment ...

nach|fühlen *vt* **er wird [mir] sicher ~ können, ...** il comprendra fort bien que + *subj*

nach|füllen *vt* (*Glas*) remplir de nouveau

Nachfüllpackung *f* [éco]recharge *f*

nach|geben *vi irr* ❶ céder; (*Boden*) s'enfoncer ❷ FIN, ÖKON reculer

nach|gehen *vi irr + sein* ❶ **jdm ~** suivre qn; **einem Hinweis ~** vérifier un indice ❷ (*Uhr*) retarder

nachgemacht *adj* (*Unterschrift*) imité(e)

Nachgeschmack *m* arrière-goût *m*

nachgiebig ['na:xgi:bɪç] *adj* (*Person*) [trop] accommodant(e)

Nachgiebigkeit <-> *f* (*Wesensart*) manque *m* de fermeté

nach|gießen *vt, vi irr* resservir

nachhaltig ['na:xhaltɪç] *adj* durable

nachhause[RR] *adv* A, CH ~ **gehen** aller à la maison

nach|helfen *vi irr* donner un coup de pouce

nachher, nachher [na:x'he:ɐ̯] *adv* ❶ (*danach*) après ❷ (*gleich*) tout à l'heure

Nachhilfe *f*, **Nachhilfeunterricht** *m* cours *m* particulier

Nachhinein[RR] ['na:xhɪnai̯n] **im ~** après coup

Nachholbedarf *m* ~ **an Bildung** retard *m* à combler en matière de culture

nach|holen *vt* ❶ (*Jugend*) rattraper ❷ (*nachkommen lassen*) faire venir

nach|jagen *vi + sein* **jdm/dem Geld ~** courir après qn/l'argent

nach|kaufen *vt* **etw ~** racheter qc [par la

suite]

Nachkomme ['na:xkɔmə] <-n, -n> *m* descendant(e) *m(f)*; **die ~n** la descendance

nach|kommen *vi irr + sein* ❶ **jdn ~ lassen** faire venir qn ❷ (*Schritt halten*) suivre

Nachkommenschaft <-> *f* descendance *f*

Nachkriegszeit *f* après-guerre *m*

nach|laden *vi, vt irr* recharger

Nachlass[RR] <-es, -e>, **Nachlaß**[ALT] ['na:xlas] <-lasses, -lasse> *m* ❶ (*eines Verstorbenen*) succession *f*; (*Werke*) œuvres *fpl* posthumes ❷ (*Preisnachlass*) réduction *f*

nach|lassen *vi irr* (*Sturm*) se calmer; (*Sehkraft*) faiblir; (*Schmerz*) s'atténuer

nachlässig **I.** *adj* (*Personal*) négligent(e); (*Arbeit, Äußeres*) négligé(e) **II.** *adv* **~ arbeiten** être négligent dans son travail

Nachlässigkeit <-, -en> *f* négligence *f*

nach|laufen *vi irr + sein* **jdm ~** ❶ (*hinterherlaufen*) poursuivre qn ❷ *fam* (*erobern wollen*) courir après qn

nach|lesen *vt irr* **etw ~** vérifier qc

nach|lösen *vt* acheter dans le train; **die Fahrkarte ~** acheter son billet dans le train

nach|machen *vt* ❶ (*nachahmen*) imiter ❷ (*fälschen*) contrefaire

nach|messen *vt, vi irr* vérifier les mesures

Nachmieter(in) *m(f)* locataire *m* suivant

Nachmittag *m* après-midi *m o f inv*; **am ~** l'après-midi; **heute ~** cet après-midi; **am frühen ~** tôt dans l'après-midi

nachmittags *adv* l'après-midi

Nachnahme ['na:xna:mə] <-, -n> *f* **etw per ~ schicken** envoyer qc contre remboursement

Nachname *m* nom *m* [de famille]

nachprüfbar *adj* vérifiable; **nicht ~** invérifiable

nach|prüfen *vt, vi* vérifier

nach|rechnen **I.** *vi* refaire les calculs **II.** *vt* [re]vérifier

nach|reichen *vt* **jdm etw ~** faire parvenir qc à qn ultérieurement

nach|reisen *vi + sein* **jdm nach Italien ~** rejoindre qn en Italie

Nachricht ['na:xrɪçt] <-, -en> *f* ❶ information *f* ❷ (*Mitteilung*) nouvelle *f*

Nachrichtensprecher(in) *m(f)* présentateur(-trice) *m(f)* [du journal] **Nachrichtentechnik** *f* télécommunications *fpl*

nach|rücken *vi + sein* ❶ prendre la place ❷ MIL **jdm ~** suivre qn

Nachruf *m* nécrologie *f*

nach|rüsten **I.** *vi* MIL augmenter son potentiel militaire **II.** *vt* (*Computer*) compléter l'équipement de

nach|sagen *vt* (*behaupten*) **jdm Gutes ~** dire du bien de qn

Nachsaison *f* basse saison *f*

nach|schauen **I.** *vt* vérifier **II.** *vi* ❶ **~, ob ...** aller voir si ...; **im Wörterbuch ~** regarder dans le dictionnaire ❷ (*nachblicken*) **jdm/einer S. ~** suivre qn/qc des yeux

nach|schenken *geh* **I.** *vt* **jdm Wasser ~** resservir de l'eau à qn **II.** *vi* **jdm ~** resservir à boire à qn

nach|schicken *vt* réexpédier

Nachschlag *m* portion *f* supplémentaire

nach|schlagen *irr + haben* **I.** *vt* ❶ (*suchen*) chercher ❷ (*überprüfen*) vérifier **II.** *vi* **in einem Lexikon ~** consulter une encyclopédie

Nachschub <-[e]s, -schübe> *m* ravitaillement *m*

nach|sehen *irr* **I.** *vi* ❶ **~, ob/wo/...** aller voir si/où/... ❷ (*nachschlagen*) **in einem Lexikon ~** consulter une encyclopédie ❸ (*nachblicken*) **jdm/einer S. ~** suivre qn/qc des yeux **II.** *vt* ❶ **etw im Wörterbuch ~** chercher qc dans le dictionnaire ❷ (*kontrollieren*) vérifier ❸ (*verzeihen*) **jdm etw ~** pardonner qc à qn

nach|senden *vt irr* **jdm etw ~** réexpédier qc à qn

Nachsicht <-> *f* indulgence *f*

nachsichtig **I.** *adj* indulgent(e) **II.** *adv* avec indulgence

nach|sitzen *vi irr* **~ müssen** être en retenue

Nachspeise *f* dessert *m*

nach|sprechen *vt, vi irr* répéter

nächstbeste(r, s) ['nɛ:çst'bɛstə, -tɐ, -təs] *adj attr* **der/die Nächstbeste** le premier venu/la première venue

nächste(r, s) ['nɛ:çstə, -tɐ, -təs] *adj Superl von* **nah[e]** ❶ (*in größter Nähe gelegen*) **die ~ Tankstelle** la station d'essence la plus proche; **am ~n** le plus près ❷ (*bevorstehend*) **in der ~n Woche** la semaine prochaine; **am ~n Tag** le lendemain; **bei der ~n Gelegenheit** à la première occasion [qui se présente] ❸ (*in Bezug auf eine Reihenfolge*) **der Nächste, bitte!** au suivant, s'il vous plaît! ❹ (*sehr vertraut*) **die ~n Verwandten/Angehörigen** les proches *mpl*

N

Nächste(r) *m* **mein ~r** mon prochain
nachstehend *adj* qui suit
nach|stellen *vt* (*Uhr*) retarder; (*Szene*) jouer
Nächstenliebe *f* amour *m* du prochain
nächstens *adv* (*bald*) prochainement
nächstgelegen *adj attr* **das ~e Dorf** le village le plus proche **nächstliegend** *adj attr* **das Nächstliegende** le plus simple **nächstmöglich** *adj attr* **zum ~en Termin** le plus tôt possible
nachtALT *s.* **Nacht**
Nacht [naxt, *Pl:* 'nɛçtə] <-, Nächte> *f* nuit *f*; **heute ~** cette nuit; **es wird ~** il commence à faire nuit; **bei ~** de nuit; **gute ~!** bonne nuit! ▸**über ~** du jour au lendemain
nachtaktiv *adj* ZOOL nocturne
Nachtarbeit *f* travail *m* de nuit
Nachteil <-[e]s, -e> *m* inconvénient *m*; **zum ~ der Steuerzahler** au détriment des contribuables; **im ~ sein** être désavantagé
nachteilig **I.** *adj* (*Auswirkungen*) préjudiciable **II.** *adv* **sich ~ auswirken** avoir des conséquences fâcheuses
nächtelang ['nɛçtə'laŋ] *adv* [pendant] des nuits entières
Nachthemd *nt* chemise *f* de nuit
Nachtigall ['naxtɪgal] <-, -en> *f* rossignol *m*
Nachtisch *m* dessert *m*
Nachtklub *m* boîte *f* [de nuit] **Nachtleben** *nt* vie *f* nocturne
nächtlich ['nɛçtlɪç] *adj attr* nocturne
Nachtlokal *nt* boîte *f*
Nachtrag <-[e]s, -träge> *m* annexe *f*
nach|tragen *vt irr* ❶ (*ergänzen*) ajouter ❷ *fig* **jdm etw ~** en vouloir à qn de qc
nachtragend *adj* rancunier(-ière)
nachträglich ['na:xtrɛ:klɪç] *adj* (*Hinweis*) ultérieur(e); (*Genehmigung*) donné(e) par la suite
nach|trauern *vi* **jdm ~** regretter qn
nachts *adv* la nuit; **spät ~** tard dans la nuit
Nachtschicht *f* ❶ (*Arbeit*) poste *m* de nuit ❷ (*Schichtarbeiter*) équipe *f* de nuit
Nachttisch *m* table *f* de chevet **Nachttischlampe** *f* lampe *f* de chevet **Nachtwache** *f* veillée *f*
nachvollziehbar *adj* compréhensible; **leicht ~ sein** être facile à comprendre
nach|vollziehen* *vt irr* suivre; (*verstehen*) comprendre
nach|wachsen *vi irr + sein* repousser
Nachweis ['na:xvais] <-es, -e> *m* preuve *f*; (*von Giftstoffen*) mise *f* en évidence
nachweisbar *adj* qui peut être prouvé
nach|weisen *vt irr* (*Wohnort*) prouver; (*Giftstoffe*) déceler la présence de; **jdm ~, dass ...** prouver à qn que ...
Nachwort <-worte> *nt* postface *f*
Nachwuchs *m* rejetons *mpl*
nach|zahlen **I.** *vt* **Steuern ~** payer un rappel d'impôts **II.** *vi* payer un supplément
nach|zählen *vt, vi* recompter
Nachzahlung *f* ❶ (*Gehaltsnachzahlung*) rappel *m* ❷ (*zu bezahlender Betrag*) supplément *m*
nach|ziehen *irr* **I.** *vt + haben* (*Schraube*) resserrer **II.** *vi* **mit etw ~** emboîter le pas en faisant qc
Nacken ['nakən] <-s, -> *m* nuque *f*
nackt [nakt] *adj* nu(e)
Nackte(r) *f(m) dekl wie adj* homme *m* nu/femme *f* nue
Nadel ['na:dəl] <-, -n> *f* aiguille *f*; (*Stecknadel*) épingle *f*
Nadelbaum *m* conifère *m* **Nadeldrucker** *m* INFORM imprimante *f* matricielle **Nadelholz** *nt kein Pl* (*Holz*) bois *m* de résineux
nadeln *vi* perdre ses aiguilles
Nadelöhr *nt* chas *m*; (*Engpass*) goulet *m* d'étranglement
Nagel ['na:gəl, *Pl:* 'nɛ:gəl] <-s, Nägel> *m* ❶ (*Metallstift*) clou *m* ❷ (*Finger-, Zehennagel*) ongle *m* ▸**den ~ auf den Kopf treffen** *fam* mettre le doigt dessus
Nagelfeile *f* lime *f* à ongles **Nagellack** *m* vernis *m* à ongles **Nagellackentferner** <-s, -> *m* dissolvant *m*
nageln *vt* **etw vor das Fenster ~** clouer qc devant la fenêtre
Nagelschere *f* ciseaux *mpl* à ongles
nagen ['na:gən] *vi* ❶ **an einem Knochen ~** ronger un os ❷ *fig* **an jdm ~** (*Schuldgefühle*) ronger qn
Nager ['na:gɐ] <-s, -> *m*, **Nagetier** *nt* rongeur *m*
nah [na:] <näher, nächste> **I.** *adj* ❶ (*räumlich/zeitlich*) **~ sein** être proche ❷ *fig* **den Tränen ~[e] sein** être au bord des larmes; **~[e] daran sein etw zu tun** être sur le point de faire qc **II.** *adv* ❶ (*räumlich: gelegen sein*) [tout] près; **von ~em** de près ❷ (*eng*) **ich bin ~ mit ihm verwandt** nous sommes proches parents
nahe ['na:ə] **I.** *präp + dat* **~ dem Brunnen** près du puits **II.** *adj s.* **nah**

Nähe ['nɛːə] <-> *f* ① proximité *f*; **in der ~** à proximité ② (*Anwesenheit: einer Person*) présence *f*

nahe|gehen *vi* **jdm ~** toucher profondément qn

nahe|kommen *vr* **sich ~** (*Personen*) devenir très proche

nahe|legen *vt* **jdn ~ etw zu tun** suggérer à qn de faire qc

naheliegend *adj* facile à comprendre

nahen *vi + sein geh* approcher

nähen ['nɛːən] **I.** *vt* (*Kleid*) coudre; (*Wunde*) recoudre **II.** *vi* faire de la couture

näher ['nɛːɐ] **I.** *adj Komp von* **nahe** ① (*räumlich*) plus près; **in der ~en Umgebung des Bauernhofs** à proximité de la ferme ② (*zeitlich*) plus rapproché(e); **in ~er Zukunft** dans un proche avenir ③ (*detaillierter*) plus précis(e) ④ (*Bekannter*) assez proche; (*Zusammenarbeit*) assez étroit(e) **II.** *adv* ① (*räumlich*) plus près; **~ an etw** (*akk*) **herantreten** se rapprocher [plus] de qc; **treten Sie ~!** veuillez vous approcher! ② (*zeitlich*) **~ rücken** approcher ③ (*detaillierter*) de façon plus précise

nähern *vr* ① (*räumlich*) **sich jdm/einer S. ~** [s']approcher de qn/qc ② (*zeitlich*) **sich einer S.** (*dat*) **~** approcher de qc

nahe|stehen *vi* **jdm ~** être proche de qn

nahezu ['naːə'tsuː] *adv* presque

Nähgarn *nt* fil *m* à coudre

nahm [naːm] *Imp von* **nehmen**

Nähmaschine *f* machine *f* à coudre **Nähnadel** *f* aiguille *f* à coudre

Nahost ['naː'ɔst] *kein art* **aus/in ~** du/au Proche-Orient

nahrhaft ['naːɐ̯haft] *adj* nourrissant(e)

Nährstoff *m* substance *f* nutritive

Nahrung ['naːrʊŋ] <-,> *f* nourriture *f*; **feste ~** des aliments *mpl* solides

Nahrungsaufnahme *f kein Pl form* absorption *f* de nourriture; **die ~ verweigern** refuser la nourriture **Nahrungsmittel** *nt* produits *mpl* alimentaires

Nährwert *m* valeur *f* nutritive

Naht [naːt, *Pl:* 'nɛːtə] <-, Nähte> *f* ① couture *f* ② MED [points *mpl* de] suture *f*

nahtlos **I.** *adj* (*lückenlos*) immédiat(e) **II.** *adv* sans pause

Nahverkehr *m* trafic *m* urbain; **der öffentliche ~** les transports *mpl* en commun

Nahverkehrszug *m* train *m* de banlieue

naiv [na'iːf] *adj* naïf(-ïve)

Naivität [naivi'tɛːt] <-> *f* naïveté *f*

Name ['naːmə] <-ns, -n> *m*, **Namen** <-s, -> *m* nom *m* ▶**im ~n des Gesetzes/des Volkes** au nom de la loi/du peuple

namenlos *adj* (*anonym*) anonyme

namens *adv* **ein Herr ~ Dietz** un monsieur du nom de Dietz

Namenstag *m* fête *f* **Namensvetter** *m* homonyme *m*

namentlich ['naːməntlɪç] **I.** *adj* nominal(e) **II.** *adv* ① nommément ② (*insbesondere*) particulièrement

namhaft *adj* (*berühmt*) renommé(e)

nämlich ['nɛːmlɪç] *adv* ① (*und zwar*) et ce; (*genauer gesagt*) à savoir ② (*denn*) en effet

nannte ['nantə] *Imp von* **nennen**

nanu [na'nuː] *interj* ça alors

Napf [napf, *Pl:* 'nɛpfə] <-[e]s, Näpfe> *m* gamelle *f*

Narbe ['narbə] <-, -n> *f* cicatrice *f*

Narkose [nar'koːzə] <-, -n> *f* anesthésie *f* générale

Narkosearzt *m*, **-ärztin** *f* anesthésiste *mf*

Narr [nar] <-en, -en> *m* ① (*Dummkopf*) imbécile *m* ② (*Hofnarr*) fou *m* ▶**jdn zum ~en halten** se moquer de qn

Närrin ['nɛrɪn] <-, -nen> *f* imbécile *f*

Narzisse [nar'tsɪsə] <-, -n> *f* narcisse *m*

nasal [na'zaːl] *adj* nasal(e)

naschen ['naʃən] **I.** *vi* grignoter des friandises; **von etw ~** (*heimlich kosten*) goûter [en cachette] à qc **II.** *vt* grignoter

Nase ['naːzə] <-, -n> *f* ① nez *m*; **sich** (*dat*) **die ~ putzen** se moucher ② (*Schnauze*) truffe *f* ▶**die ~ voll haben** *fam* en avoir plein le dos; **auf die ~ fallen** *fam* se casser le nez; **jdm auf der ~ herumtanzen** *fam* mener qn par le bout du nez; **vor seiner/deiner/... ~** *fam* sous son/ton nez

näseln ['nɛːzəln] *vi* parler du nez

Nasenbluten <-s> *nt kein Pl* saignement *m* de nez; **~ haben** saigner du nez **Nasenloch** *nt* narine *f* **Nasenspitze** *f* bout *m* du nez **Nasentropfen** *Pl* gouttes *fpl* pour le nez

Nashorn *nt* rhinocéros *m*

nass[RR], **naß**[ALT] [nas] <nasser, nasseste> *adj* ① mouillé(e); **ganz ~** trempé(e) ② (*regnerisch*) humide

Nässe ['nɛsə] <-> *f* humidité *f*

nasskalt[RR] *adj* froid(e) et humide

Nation [na'tsi̯oːn] <-, -en> *f* nation *f*; **die**

N

Vereinten ~en les Nations Unies

national [natsi̯o'naːl] *adj* national(e)

Nationalhymne *f* hymne *m* national

Nationalismus [natsi̯ona'lɪsmʊs] <-> *m* nationalisme *m*

Nationalist(in) [natsi̯ona'lɪst] <-en, -en> *m(f)* nationaliste *mf*

nationalistisch **I.** *adj* nationaliste **II.** *adv* en nationaliste

Nationalität [natsi̯onali'tɛːt] <-, -en> *f* nationalité *f*

Nationalmannschaft *f* équipe *f* nationale **Nationalrat** *m kein Pl* A, CH Conseil *m* national **Nationalrat** <-räte> *m*, **-rätin** *f* A, CH membre *m* du Conseil national **Nationalsozialismus** *m* national-socialisme *m* **Nationalsozialist(in)** *m(f)* national-socialiste *mf* **nationalsozialistisch** *adj* national-socialiste **Nationalversammlung** *f* (*französisches Parlament*) **die ~** l'Assemblée *f* nationale

NATO ['naːto] *f Abk von* **North Atlantic Treaty Organization** O.T.A.N. *f*

Natrium ['naːtriʊm] <-s> *nt* CHEM sodium *m*

Natron ['naːtrɔn] <-s> *nt* CHEM natron *m*

Natter ['natɐ] <-, -n> *f* couleuvre *f*

Natur [na'tuːɐ̯] <-> *f* (*a. Wesen*) nature *f*

Naturalien [natu'raːliən] *Pl* produits *mpl* de la terre

Naturalismus [natura'lɪsmʊs] <-> *m* naturalisme *m*

Naturereignis *nt* phénomène *m* naturel **Naturforscher(in)** *m(f)* naturaliste *mf* **naturgemäß** *adj* naturel(le) **Naturgesetz** *nt* loi *f* de la nature **naturgetreu** *adj* fidèle [à la réalité] **Naturheilkunde** *f* médecine *f* douce **Naturkatastrophe** *f* catastrophe *f* naturelle **Naturkost** *f* aliments *mpl* naturels **Naturkundemuseum** *nt* musée *m* d'histoire naturelle

natürlich [na'tyːɐ̯lɪç] **I.** *adj* ❶ naturel(le); (*Gebiss*) vrai(e) ❷ (*menschlich*) **es ist [nur] ~, dass/wenn** il est tout naturel que + *subj* **II.** *adv* (*selbstverständlich*) naturellement

Natürlichkeit <-> *f* naturel *m*

Naturschutz *m* protection *f* de la nature; **unter ~ stehen** être protégé **Naturschutzgebiet** *nt* réserve *f* naturelle **Naturtalent** *nt* **du musst ein echtes ~ sein** tu dois être vraiment doué **naturverbunden** *adj* proche de la nature **Naturvolk** *nt* peuple *m* primitif **Naturwissenschaft** *f* **die ~en** les sciences naturelles **Naturwissenschaftler(in)** *m(f)* scientifique *mf* **naturwissenschaftlich** *adj* scientifique

Navigation [naviga'tsi̯oːn] <-> *f* navigation *f*

navigieren* [navi'giːrən] **I.** *vi* naviguer **II.** *vt* piloter

Nazi ['naːtsi] <-s, -s> *m*, <-, -s> *f* nazi(e) *m(f)*

NC <-> *m* numerus *m* clausus

n. Chr. *Abk von* **nach Christus** apr. J.-C.

'ne [nə] *art indef fam Abk von* **eine** une

Neandertaler [ne'andɐtaːlɐ] <-s, -> *m* homme *m* de Neandertal

Nebel ['neːbəl] <-s, -> *m* ❶ brouillard *m*; (*leicht*) brume *f* ❷ ASTRO nébuleuse *f*

nebelig *adj* brumeux(-euse)

Nebelscheinwerfer *m* phare *m* antibrouillard

neben ['neːbən] **I.** *präp* + *dat* **~ jdm/einer S.** à côté de qn/qc; **rechts ~ dem Eingang** à droite de l'entrée **II.** *präp* + *akk* **sich ~ jdn/etw setzen** s'asseoir à côté de qn/qc; **sich links ~ jdn/etw stellen** se mettre à gauche de qn/qc

nebenan [neːbən'ʔan] *adv* à côté

nebenbei [neːbən'bai̯] *adv* ❶ (*nebenher*) en plus [du reste] ❷ (*beiläufig*) **~ [bemerkt]** soit dit en passant

nebenberuflich **I.** *adj* extra-professionnel(le) **II.** *adv* à titre d'activité annexe

Nebenbeschäftigung *f* activité *f* annexe

Nebenbuhler(in) <-s, -> *m(f)* rival(e) *m(f)*

Nebeneffekt *m* effet *m* secondaire

nebeneinander ['neːbənʔai̯nandɐ] *adv* ❶ (*räumlich*) côte à côte ❷ (*zeitlich*) conjointement

Nebeneinander <-s> *nt* coexistence *f*

Nebeneingang *m* entrée *f* latérale

Nebenfach *nt* matière *f* secondaire

Nebenfluss[RR] *m* affluent *m*

nebenher ['neːbən'heːɐ̯] *adv* (*zusätzlich*) en plus

Nebenjob *m fam* boulot *m* d'appoint

Nebenkosten *Pl* ❶ (*zusätzliche Kosten*) frais *mpl* supplémentaires ❷ (*für Wohnung*) charges *fpl*

Nebenprodukt *nt* sous-produit *m*

Nebenrolle *f* rôle *m* secondaire

Nebensache *f* **~ sein** être accessoire

nebensächlich *adj* accessoire

Nebensaison *f* basse saison *f*

Nebensatz *m* LING [proposition *f*] subordonnée *f*

Nebenstraße *f* route *f* secondaire

Nebenverdienst *m* revenu *m* supplémentaire

Nebenwirkung *f* effet *m* secondaire

Nebenzimmer *nt* chambre *f* voisine

neblig *s.* **nebelig**

necken ['nɛkən] *vt, vr* [**sich**] ~ [se] taquiner

neckisch *adj* malicieux

nee [ne:] *adv fam* non

Neffe ['nɛfə] <-n, -n> *m* neveu *m*

negativ ['ne:gati:f] *adj* ① *a.* MED négatif(-ive) ② (*Folge*) défavorable

Negativ <-s, -e> *nt* négatif *m*

Neger(in) ['ne:gɐ] <-s, -> *m(f) pej* nègre *m*/négresse *f*

negieren* [ne'gi:rən] *vt* LING **einen Satz ~** mettre une phrase à la forme négative

Negligé[ALT], **Negligee**[RR] [negli'ʒe:] <-s, -s> *nt* CH déshabillé *m*

nehmen ['ne:mən] <nimmt, nahm, genommen> *vt* prendre; (*Schmerzen*) supprimer; [**sich** (*dat*)] **etw ~** prendre qc; **jdm die Sicht ~** boucher la vue à qn; **jdm die Lust an etw ~** gâcher l'envie à qn; **jdm etw übel ~** en vouloir à qn de qc; **sie nahm ihm die Angst** elle dissipa son angoisse

Neid [nait] <-[e]s> *m kein Pl* envie *f* ▶**vor ~ erblassen** crever de jalousie

Neider(in) <-s, -> *m(f)* envieux(-euse) *m(f)*

neidisch I. *adj* (*Person*) envieux(-euse); **auf jdn ~ sein** envier qn **II.** *adv* (*betrachten*) avec envie

neidlos I. *adj* sincère **II.** *adv* sans arrière-pensée

neigen I. *vi* **zu Übergewicht ~** avoir une tendance à l'embonpoint **II.** *vr* **sich ~** (*Person*) se pencher; (*Hang*) être en pente; (*Schiff*) pencher **III.** *vt* (*Kopf*) pencher

Neigung <-, -en> *f* ① (*Schräge*) inclinaison *f* ② (*Vorliebe*) penchant *m*

nein [nain] *adv* non; **leider ~** malheureusement pas

Nein <-s> *nt* non *m*

Neinstimme *f* voix *f* contre

Nektarine [nɛkta'ri:nə] <-, -n> *f* nectarine *f*

Nelke ['nɛlkə] <-, -n> *f* ① (*Blume*) œillet *m* ② (*Gewürz*) clou *m* de girofle

'nem [nəm] *art indef fam Abk von* **einem** [à] un(e)

'nen [nən] *art indef fam Abk von* **einen** un(e)

nennen ['nɛnən] <nannte, genannt> **I.** *vt* ① (*anreden*) appeler; **Katharina II., genannt die Große** Catherine II, dite la Grande ② (*bezeichnen*) **wie nennt man das?** comment appelle-t-on ça? ③ (*angeben*) indiquer **II.** *vr* **sich Maler ~** se dire peintre

nennenswert *adj* notable

Nenner <-s, -> *m* MATH dénominateur *m*

Neon ['ne:ɔn] <-s> *nt* néon *m*

Neonazi ['ne:ona:tsi] *m* néonazi(e) *m(f)*

Neonlicht *nt* néon *m* **Neonröhre** *f* [tube *m* au] néon *m*

neppen ['nɛpn] *vt fam* arnaquer

Neptun [nɛp'tu:n] <-s> *m* ① HIST Neptune *m* ② ASTRO [**der**] ~ [la planète] Neptune

'ner [nɐ] *art indef fam Abk von* **einer** un(e)

Nerv [nɛrf] <-s, -en> *m* ① ANAT nerf *m* ② *Pl* **gute ~en haben** avoir les nerfs solides; **die ~en verlieren** perdre le contrôle de soi-même ▶**jdm auf die ~en gehen** *fam* taper sur les nerfs de qn

nerven *fam* **I.** *vt* **jdn ~** casser les pieds à qn; **genervt sein** être énervé **II.** *vi* (*Person*) être casse-pieds; (*Sache*) être horripilant

nervenaufreibend *adj* nerveusement éprouvant(e) **Nervenbündel** *nt* paquet *m* de nerfs **Nervengift** *nt* neurotoxine *f* **Nervenkitzel** <-s, -> *m fam* petit frisson *m* **Nervensäge** *f fam* casse-pieds *mf inv* **Nervensystem** *nt* système *m* nerveux **Nervenzentrum** *nt* centre *m* nerveux **Nervenzusammenbruch** *m* dépression *f* nerveuse; **einen ~ haben** craquer nerveusement

nervig ['nɛrfɪç] *adj* tuant

nervlich ['nɛrflɪç] *adj* nerveux(-euse)

nervös [nɛr'vø:s] *adj* (*Person*) nerveux (-euse); (*Stimmung*) agité(e)

Nervosität [nɛrvozi'tɛ:t] <-> *f* nervosité *f*

nervtötend *adj fam* tuant(e)

Nerz [nɛrts] <-es, -e> *m* vison *m*

Nessel <-, -n> *f* (*Brenn~*) ortie *f*

Nest [nɛst] <-[e]s, -er> *nt* ① nid *m* ② *fam* (*Kaff*) patelin *m*

nett [nɛt] *adj* (*Person*) gentil(le); (*Abend*) sympathique; **~ zu jdm sein** être gentil avec qn

netto ['nɛto] *adv* net

Netz [nɛts] <-es, -e> *nt* ① (*Stromnetz, System*) réseau *m* ② (*Fischer-, Einkaufsnetz*) *a.*

N

SPORT filet *m* ③ (*Spinnennetz*) toile *f*

Netzhaut *f* rétine *f* **Netzteil** *nt* transformateur *m*

neu [nɔy] **I.** *adj* ① (*noch nicht gebraucht*) neuf(neuve); (*soeben hergestellt, gekauft*) nouveau(-velle) *antéposé* ② (*aktuell*) récent(e); **die ~esten Nachrichten** les [toutes] dernières nouvelles ③ (*erneut*) nouveau(-velle) *antéposé* ④ (*noch nicht da gewesen*) nouveau(-velle) ⑤ (*unbekannt*) **das war mir ~** je n'en savais rien ▶**seit ~[e]stem** depuis peu; **von ~em** de nouveau **II.** *adv* ① (*von vorn*) **wieder ganz ~ anfangen müssen** devoir repartir à zéro ② (*erneut*) **~ bearbeiten** remanier ③ (*soeben*) **~ eröffnet** qui vient d'ouvrir

Neuankömmling ['nɔyʔankœmlɪŋ] <-s, -e> *m* nouveau venu *m*/nouvelle venue *f*

neuartig *adj* (*Technologie*) inédit(e); (*Wörterbuch*) de conception nouvelle

Neuauflage *f kein Pl* nouveau tirage *m*

Neubau <-bauten> *m* nouvel immeuble *m*

Neubaugebiet *nt* ≈ Z.U.P. *f* **Neubausiedlung** *f* nouveau lotissement *m*

Neubearbeitung *f* ① *kein Pl* (*das Bearbeiten*) refonte *f* ② (*neue Ausgabe*) nouvelle édition *f* ③ MUS, THEAT nouvelle adaptation *f*

Neubeginn *m* nouveau départ *m*

Neue(s) *nt dekl wie adj* ① **das ~ an etw** (*dat*) la nouveauté dans qc; **Altes und ~s** le vieux et le neuf ② (*neue Sache*) **etwas ~s** quelque chose de nouveau ③ (*Neuigkeit*) **was gibt's ~s?** *fam* quoi de neuf?

Neuentwicklung *f* innovation *f*

neuerdings ['nɔyɐ'dɪŋs] *adv* depuis peu [de temps]

neueröffnet *s.* **neu II.3.**

Neuerung <-, -en> *f* innovation *f*

Neueste(s) *nt dekl wie adj* **das ~** (*neue Nachricht*) la dernière [nouvelle]; (*neues Produkt*) ce qui vient de sortir

neugeboren *adj* nouveau-né ▶**wie ~** tout revigoré

Neugeborene(s) *nt dekl wie adj* nouveau-né(e) *m(f)*

Neugier[de] <-> *f* curiosité *f*

neugierig **I.** *adj* (*Person*) curieux(-euse); (*Frage*) indiscret(-ète); **~ sein, ob/wie ...** être curieux de savoir si/comment ... **II.** *adv* avec curiosité

Neugriechisch <-[s]> *nt kein art* le grec moderne; *s. a.* **Deutsch**

Neuheit <-, -en> *f* nouveauté *f*

Neuigkeit <-, -en> *f* nouvelle *f*

Neujahr *nt kein Pl* nouvel an *m* ▶**prost ~!** bonne année!

Neujahrstag *m* jour *m* de l'an

Neuland *nt* terres *fpl* nouvelles

neulich *adv* récemment; **~ abends** l'autre soir

Neuling ['nɔylɪŋ] <-s, -e> *m* novice *mf*

Neumond *m kein Pl* nouvelle lune *f*

neun [nɔyn] *num* neuf ▶**alle ~[e]!** strike!; *s. a.* **acht**[1]

Neun <-, -en> *f* neuf *m*

neuneinhalb *num* **~ Meter** neuf mètres et demi; *s. a.* **achteinhalb**

neunerlei *adj inv* **~ Sorten Brot** neuf sortes de pain; *s. a.* **achterlei**

neunfach *adj* **die ~e Menge** neuf fois la quantité; *s. a.* **achtfach** **Neunfache(s)** *nt dekl wie adj* **das ~ verdienen** gagner neuf fois plus; *s. a.* **Achtfache(s)** **neunhundert** *num* neuf cents **Neunjährige(r)** *f(m) dekl wie adj* fille *f*/garçon *m* de neuf ans **neunmal** *adv* neuf fois; *s. a.* **achtmal**

neunt *adv* **zu ~ sein** être [à] neuf; *s. a.* **acht**[2]

neuntausend ['nɔyn'taʊzənt] *num* neuf mille

neunte(r, s) *adj* ① neuvième ② (*bei Datumsangaben*) **der ~ Mai** le neuf mai ③ SCHULE **die ~ Klasse** ≈ la seconde; *s. a.* **achte(r, s)**

neuntel *adj* neuvième; *s. a.* **achtel**

Neuntel <-s, -> *nt a.* MATH neuvième *m*

neuntens *adv* neuvièmement

neunzehn *num* dix-neuf; *s. a.* **acht**[1] **neunzehnte(r, s)** *adj* dix-neuvième; *s. a.* **achte(r, s)**

neunzig ['nɔyntsɪç] *num* quatre-vingt-dix, nonante (BELG, CH) *s. a.* **achtzig**

Neunzig <-, -en> *f* quatre-vingt-dix *m*, nonante *m* (BELG, CH)

neunziger *adj* **die ~ Jahre** les années *fpl* quatre-vingt-dix; *s. a.* **achtziger**

neunzigjährig *adj attr* de quatre-vingt-dix ans, de nonante ans (BELG, CH) *s. a.* **achtzigjährig**

neunzigste(r, s) *adj* quatre-vingt-dixième, nonantième (BELG, CH) *s. a.* **achtzigste(r, s)**

Neuordnung *f* réorganisation *f*

Neuregelung *f* nouvelle réglementation *f*

neureich *adj* parvenu(e)

Neurodermitis [nɔyrodɛr'miːtɪs] *f* MED névrodermite *f*

Neurologe [nɔyro'lo:gə] <-n, -n> *m*, **Neurologin** *f* neurologue *mf*

neurologisch *adj* neurologique

Neurose [nɔy'ro:zə] <-, -n> *f* névrose *f*

neurotisch *adj* (*Person*) névrosé(e); (*Verhalten*) névrotique

Neuschnee *m* neige *f* fraîche

Neuseeland [nɔy'ze:lant] *nt* la Nouvelle-Zélande

Neuseeländer(in) <-s, -> *m(f)* Néo-Zélandais(e) *m(f)*

neuseeländisch *adj* néo-zélandais(e)

neusprachlich *adj* (*Unterricht*) de langues vivantes

Neuste(s) *s.* **Neueste(s)**

neustens *s.* **neuerdings**

neutral [nɔy'tra:l] **I.** *adj* neutre **II.** *adv* ① (*sich verhalten*) de façon impartiale ② CHEM ~ **reagieren** avoir une réaction neutre

neutralisieren* [nɔytrali'zi:rən] *vt* neutraliser

Neutralität [nɔytrali'tɛ:t] <-> *f* ① POL neutralité *f* ② *geh* (*Unparteilichkeit*) impartialité *f*

Neutron ['nɔytro:n] <-s, -tronen> *nt* neutron *m*

Neutrum ['nɔytrʊm] <-s, Neutra> *nt* LING neutre *m*

Neuverschuldung *f* nouvel endettement *m*

Neuwahl *f* nouvelle élection *f*

neuwertig *adj* comme neuf(neuve)

Neuzeit *f kein Pl* **die** ~ les temps *mpl* modernes

Newcomer ['nju:kamɐ] <-s, -> *m* nouveau venu *m*/nouvelle venue *f*

Newsgroup ['nju:zgru:p] <-, -s> *f* INFORM infogroupe *m*

nicht [nɪçt] *adv* ① ne ... pas; **um sich ~ zu erkälten** pour ne pas attraper froid; ~ **schlecht/möglich** pas mauvais/possible; ~ **sehr** pas très; ~ **mehr** ne ... plus; **warum ~?** pourquoi pas?; **bitte ~!** non, s'il te/vous plaît!; ~ **eine(r)** [ne ...] pas un(e) [seul(e)]; **er ~!** pas lui! ② (*stimmt's*) **~?** non?

Nichtbeachtung *f form* non-respect *m*

Nichte ['nɪçtə] <-, -n> *f* nièce *f*

nichtig ['nɪçtɪç] *adj* JUR nul(le)

Nichtigkeit <-> *f kein Pl* JUR nullité *f*

Nichtraucher(in) *m(f)* non-fumeur(-euse) *m(f)* **Nichtraucherabteil** *nt* compartiment *m* [réservé aux] non-fumeurs

nichts [nɪçts] *pron indef* ne ... rien; **gar ~** rien du tout; ~ **mehr** [ne ...] plus rien; **das geht Sie ~ an!** ça ne vous regarde en rien!; **es ist ~** ce n'est rien; **das macht ~** ça ne fait rien ▸**für ~ und wieder ~** *fam* pour des clopinettes; ~ **wie weg!** tirons-nous! (*fam*)

Nichts <-, -e> *nt kein Pl* PHILOS **das ~** le néant ▸**vor dem ~ stehen** avoir tout perdu; **aus dem ~** (*von irgendwoher*) comme tombé(e) du ciel

nichtsahnend *s.* **ahnen**

Nichtschwimmer(in) *m(f)* ~ **sein** ne pas savoir nager

nichtsdestotrotz *adv* néanmoins

nichtsdestoweniger [nɪçtsdɛsto've:nɪgɐ] *adv* néanmoins

Nichtsnutz ['nɪçtsnʊts] <-es, -e> *m pej* vaurien(ne) *m(f)* **nichtssagend** *s.* **sagen I.4.**

Nichtstuer(in) ['nɪçtstu:ɐ] <-s, -> *m(f) pej* fainéant(e) *m(f)* **Nichtstun** *nt* ① (*Faulenzen*) oisiveté *f* ② (*Untätigkeit*) inaction *f*

Nichtwähler(in) *m(f)* POL abstentionniste *mf*

Nickel ['nɪkəl] <-s> *nt* nickel *m*

Nickelbrille *f* lunettes *fpl* cerclées

nicken ['nɪkən] *vi* hocher la tête; (*Zustimmung signalisieren*) faire un signe d'approbation

Nickerchen ['nɪkɐçən] <-s> *nt fam* roupillon *m*

nie [ni:] *adv* ① (*zu keinem Zeitpunkt*) ne ... jamais; **er hat ~ davon gesprochen** il n'en a jamais parlé; ~ **wieder** ne ... plus jamais ② (*bestimmt nicht*) **das werden sie ~ schaffen** ils/elles n'y arriveront jamais

nieder ['ni:dɐ] *adv* ~ **mit dem Feind!** à bas l'ennemi!

nieder|brennen *vi irr + sein* se réduire en cendres

niederdeutsch *adj* LING bas allemand *inv*

Niederdeutsch <-[s]> *nt kein art* le bas allemand

nieder|drücken *vt* ① (*Türklinke, Taste*) appuyer sur ② *geh* (*deprimieren*) démoraliser; **~d** démoralisant(e)

niedere(r, s) *adj attr* (*Stand*) bas(se) *antéposé;* (*Beamte*) petit(e) *antéposé*

Niedergang *m kein Pl* déclin *m*

nieder|gehen *vi irr + sein* (*Lawine*) s'abattre

niedergelassen *adj* CH (*Schweizer*) établi(e)

niedergeschlagen *adj* abattu(e)

nieder|knien *vi + sein* s'agenouiller

Niederlage *f* ① MIL, SPORT, POL défaite *f* ② (*Misserfolg*) échec *m*

Niederlande ['niːdɐlandə] <-> *Pl* **die** ~ les Pays-Bas *mpl*

Niederländer(in) ['niːdɐlɛndɐ] <-s, -> *m(f)* Néerlandais(e) *m(f)*

niederländisch **I.** *adj* néerlandais(e) **II.** *adv* ~ **miteinander sprechen** discuter en néerlandais

Niederländisch <-[s]> *nt kein art* néerlandais *m; s. a.* **Deutsch**

nieder|lassen *vr irr* ① **sich in einer Stadt** ~ s'établir dans une ville ② *geh* (*sich setzen*) prendre place

Niederlassung <-, -en> *f* (*Zweigstelle*) succursale *f*

nieder|legen *vt* ① (*Amt*) se démettre de; (*Arbeit*) cesser; (*Mandat*) démissionner de ② *geh* (*Kranz*) déposer

Niederlegung <-, -en> *f* ① (*eines Kranzes*) dépôt *m* ② (*einer Aufgabe*) démission *f;* (*der Arbeit*) cessation *f*

nieder|machen *vt fam* descendre

nieder|metzeln ['niːdɐmɛtsəln] *vt* massacrer

Niederösterreich *nt* la Basse-Autriche

nieder|prasseln *vi + sein a. fig* s'abattre

Niedersachsen ['niːdɐzaksn] *nt* la Basse-Saxe

Niederschlag *m* METEO précipitation *fpl;* CHEM précipité *m*

nieder|schlagen *irr* **I.** *vt* ① **jdn** ~ frapper qn à terre ② (*Aufstand*) réprimer ③ (*Augen*) baisser **II.** *vr fig* **sich in etw** (*dat*) ~ s'exprimer dans qc

niederschmetternd *adj* (*Nachricht*) bouleversant(e); (*Resultat*) catastrophique

nieder|schreiben *vt irr* mettre par écrit

Niedertracht <-> *f* bassesse *f*

niederträchtig ['niːdɐtrɛçtɪç] *adj* infâme

Niederträchtigkeit <-, -en> *f* ① *kein Pl* (*Charaktereigenschaft*) bassesse *f* ② (*Tat*) infamie *f*

niedlich ['niːtlɪç] *adj* adorable

niedrig ['niːdrɪç] **I.** *adj* ① bas(se) ② (*gering*) peu élevé(e); (*Trinkgeld*) maigre *antéposé;* (*Geschwindigkeit*) réduite ③ (*gemein*) bas(se) *antéposé* **II.** *adv* bas

Niedriglohn *m meist Pl* bas salaires *mpl*

Niedrigwasser *nt* étiage *m*

niemals ['niːmaːls] *adv* ne ... jamais; (*auf keinen Fall*) ne ... jamais [de la vie]

niemand ['niːmant] *pron indef* ne ... personne; **das geht ~[en] von euch etwas an** cela ne regarde aucun de vous

Niemand <-s, -e> *m* rien du tout *mf*

Niere ['niːrə] <-, -n> *f* ① ANAT rein *m* ② *meist Pl* GASTR rognon

Nierenentzündung *f* néphrite *f*

nieseln ['niːzəln] *vi unpers* **es nieselt** il bruine

Nieselregen *m* bruine *f*

niesen ['niːzən] *vi* éternuer

Niesen <-s> *nt* éternuement *m*

Niete ['niːtə] <-, -n> *f* ① (*Los*) billet *m* perdant ② *fam* (*Versager*) minable *mf* ③ TECH, COUT rivet *m*

nieten *vt* river

Nikolaus <-, -e> *m* ① (*Gestalt*) [**der**] ~ Saint Nicolas *m* ② *kein Pl* (*~tag*) la Saint-Nicolas

> Le **Nikolaus** est un personnage de la période de Noël. Il arrive le soir du 5 décembre dans toutes les villes allemandes et apporte aux enfants des petits cadeaux (mandarines, noix et sucreries). D'après ce qu'on dit, il sait très exactement si les enfants ont été sages pendant l'année, car il a tout noté dans son livre d'or. Il est accompagné de *Knecht Ruprecht*, un personnage que craignent les enfants qui n'ont pas été sages et qui vient, avec son fouet à la main, leur rappeler qu'ils doivent s'assagir l'année suivante.

Nikotin [niko'tiːn] <-s> *nt* nicotine *f*

Nilpferd *nt* hippopotame *m*

nimmer ['nɪmɐ] *adv* A, SDEUTSCH (*nicht mehr*) ne ... plus

nimmt [nɪmt] *3. Pers Präs von* **nehmen**

nippen ['nɪpən] *vi* **an einem Glas** ~ siroter un verre

nirgends, **nirgendwo** ['nɪrgəntvoː] *adv* ne ... nulle part

nirgendwohin *adv* ne ... nulle part

Nische ['niːʃə] <-, -n> *f* ① ARCHIT, BIO niche *f* ② (*Marktnische*) créneau *m*

nisten ['nɪstən] *vi* nicher

Nitrat [ni'traːt] <-[e]s, -e> *nt* nitrate *m*

Niveau [ni'voː] <-s, -s> *nt* niveau *m;* ~ **haben** (*Person*) être cultivé

nix [nɪks] *pron indef fam* rien

Nizza ['nɪtsa] <-s> *nt* Nice

NO *Abk von* **Nordosten** N.-E.

nobel ['noːbəl] **I.** *adj* ① (*edel*) noble ② (*luxuriös*) chic **II.** *adv* (*edel*) avec noblesse

Nobelpreis [no'bɛlprais] *m* prix *m* Nobel

noch [nɔx] *adv* ❶ encore; ~ **besser** encore mieux; **er ist immer ~ krank** il est toujours malade; **er hat ~ nicht angerufen** il n'a pas encore téléphoné; **bringen Sie mir ~ ein Bier!** apportez-moi une autre bière! ❷ (*verstärkend*) ~ **heute** aujourd'hui même ❸ (*eigentlich*) **wie war das ~?** comment c'était déjà? ❹ (*knapp*) **den Zug gerade ~ erreichen können** pouvoir tout juste attraper le train

nochmals *adv* encore une fois

Nockerl ['nɔkɐl] <-s, -n> *nt* A (*kleiner Kloß*) quenelle *f*

Nominativ ['noːminatiːf] <-[e]s, -e> *m* LING nominatif *m*

nominieren* [nomi'niːrən] *vt* **jdn für ein Amt ~** désigner qn à une fonction

Nonne ['nɔnə] <-, -n> *f* religieuse *f*

Nordamerika ['nɔrtʔa'meːrika] *nt* l'Amérique *f* du Nord **norddeutsch** *adj* de l'Allemagne du Nord **Norddeutschland** *nt* l'Allemagne *f* du nord

> Comme d'autres pays, l'Allemagne est "virtuellement" séparée en deux parties – l'Allemagne du Nord et l'Allemagne du Sud – qui se différencient par leur géographie, leurs traditions et coutumes, leurs dialectes et leurs spécialités culinaires. La **Norddeutschland**, de majorité protestante, est une région plate et bordée par la mer. On y trouve deux très grandes métropoles : Hambourg et Berlin.

Norden ['nɔrdən] <-s> *m* ❶ (*Himmelsrichtung*) nord *m;* **nach ~** vers le nord; **von ~** du nord ❷ (*nördliche Gegend*) Nord *m* ▶**im hohen ~** dans le Grand Nord

Nordfrankreich *nt* le nord de la France

Nordkap *nt* **das ~** le cap Nord **Nordküste** *f* côte *f* septentrionale

nördlich ['nœrtlɪç] **I.** *adj* [situé(e) au] nord **II.** *präp* + *gen* ~ **des Polarkreises** au nord du cercle polaire

Nordlicht *nt* aurore *f* boréale **Nordosten** *m* nord-est *m; s. a.* **Norden** **nordöstlich** **I.** *adj* [situé(e) au] nord-est **II.** *präp* + *gen* ~ **der Stadt** au nord-est de la ville **Nord-Ostsee-Kanal** *m* **der ~** le canal de la mer du Nord à la Baltique **Nordpol** *m* **der ~** le pôle Nord

Nordrhein-Westfalen ['nɔrtraɪnvɛst'faːlən] *nt* la Rhénanie-du-Nord-Westphalie

Nordsee *f* **die ~** la mer du Nord **Nordseite** *f* côté *m* nord **nordwärts** *adv* vers le nord **Nordwesten** *m* nord-ouest *m; s. a.* **Norden** **nordwestlich** **I.** *adj* [situé(e) au] nord-ouest **II.** *präp* + *gen* ~ **der Stadt** au nord-ouest de la ville

nörgeln ['nœrgəln] *vi* **über etw** (*akk*) ~ râler à cause de qc

Nörgler(in) <-s, -> *m(f)* râleur(-euse) *m(f)*

Norm [nɔrm] <-, -en> *f* norme *f*

normal [nɔr'maːl] *adj* normal(e); **es ist [ganz] ~, dass** il est [tout à fait] normal que + *subj*

Normalbenzin *nt* [essence *f*] ordinaire *m*

normalerweise *adv* normalement

normalisieren* [nɔrmali'ziːrən] **I.** *vt* normaliser **II.** *vr* **sich ~** revenir à la normale

Normalität [nɔrmali'tɛːt] <-> *f* normalité *f*

Normalzustand *m kein Pl* état *m* normal

Normandie [nɔrman'diː] <-> *f* **die ~** la Normandie

normannisch *adj a.* HIST normand(e)

normen *vt* standardiser

normieren* [nɔr'miːrən] *vt geh* (*Maße*) standardiser

Norwegen ['nɔrveːgən] <-s> *nt* la Norvège

Norweger(in) ['nɔrveːgɐ] <-s, -> *m(f)* Norvégien(ne) *m(f)*

norwegisch ['nɔrveːgɪʃ] **I.** *adj* norvégien(ne) **II.** *adv* ~ **miteinander sprechen** discuter en norvégien

Norwegisch <-[s]> *nt kein art* norvégien *m; s. a.* **Deutsch**

Nostalgie [nɔstal'giː] <-> *f geh* nostalgie *f*

nostalgisch [nɔs'talgɪʃ] *adj geh* nostalgique

notALT *s.* **Not**

Not [noːt, *Pl:* 'nœːtə] <-, Nöte> *f* ❶ *kein Pl* (*Armut*) misère *f* ❷ (*Bedrängnis*) détresse *f;* **in ~ sein** être dans le besoin ▶**zur ~** au besoin

Notar(in) [no'taːɐ] <-s, -e> *m(f)* notaire *m*

notariell [notari'ɛl] **I.** *adj* notarié(e) **II.** *adv* devant notaire; ~ **beglaubigt werden** être notarié

Notarzt *m,* **-ärztin** *f* médecin *mf* d'urgence; (*in Frankreich*) médecin *mf* du SAMU **Notarztwagen** *m* voiture *f* du SAMU **Notaufnahme** *f* (*eines Krankenhauses*) urgences *fpl* **Notausgang** *m* sortie *f* de secours **Notbremse** *f* AUT signal *m* d'alarme

notdürftig *adj* (*Reparatur*) provisoire

Note ['noːtə] <-, -n> *f* ❶ MUS note *f; Pl*

N

(~*ntext*) partition *f;* **ganze/halbe** ~ ronde *f*/blanche *f* ② SCHULE, UNIV, SPORT note *f* ③ (*Banknote*) billet *m*

> Six est en Allemagne la plus mauvaise note. Elle signifie *insuffisant*. La meilleure **Note** est un. En Suisse, c'est le contraire : six est la meilleure note et un la plus mauvaise. En Autriche, la plus mauvaise note est cinq et la meilleure un.

Notebook ['noʊtbʊk] <-s, -s> *nt* [ordinateur *m*] portable *m*

Notenschlüssel *m* clé *f* **Notenständer** *m* pupitre *m*

Notepad-Computer ['noʊtpɛdkɔm'pjuːtɐ] *m* bloc-notes *m* électronique

Notfall *m* ① (*Zwangslage*) situation *f* d'urgence ② MED [cas *m* d']urgence *f*

notfalls *adv* au besoin

notgedrungen *adv* bon gré mal gré

notieren* [no'tiːrən] **I.** *vt* ① (*aufschreiben*) [**sich** (*dat*)] **etw** ~ noter qc ② FIN **notiert werden** être coté **II.** *vi* ① (*schreiben*) noter ② FIN **mit 60 Euro** ~ coter à 60 euros

nötig ['nøːtɪç] *adj* nécessaire; **mit der ~en Vorsicht** avec la prudence qui s'impose; **etw ~/nicht ~ haben** (*Person*) avoir besoin de qc/pouvoir se passer de qc

nötigen *vt* **jdn zu etw** ~ forcer qn à faire qc

Nötigung <-, -en> *f* coercition *f*

Notiz [no'tiːts] <-, -en> *f* ① note *f* ② (*Pressenotiz*) entrefilet *m*

Notizblock <-blöcke> *m* bloc-notes *m* **Notizbuch** *nt* carnet *m*

Notlage *f* situation *f* critique **notlanden** <notlandete, notgelandet> *vi + sein* faire un atterrissage forcé **Notlösung** *f* solution *f* provisoire **Notlüge** *f* pieux mensonge *m*

notorisch [no'toːrɪʃ] *adj* **ein ~er Lügner** un fieffé menteur

Notruf *m* (*Anruf*) appel *m* d'urgence **Notrufnummer** *f* numéro *m* d'appel d'urgence **Notstand** *m* [cas *m* d'] urgence *f* **Notwehr** <-> *f* légitime défense *f*

notwendig ['noːtvɛndɪç] *adj* nécessaire

Notwendigkeit <-, -en> *f* nécessité *f*

Nougat ['nuːgat] <-s, -s> *m o nt* praliné *m*

November [no'vɛmbɐ] <-s, -> *m* novembre *m; s. a.* **April**

Novize [no'viːtsə] <-n, -n> *m,* **Novizin** *f* novice *mf*

Nr. *Abk von* **Nummer** n°

NS [ɛn'ʔɛs] **I.** *Abk von* **Nationalsozialismus** national-socialisme *m* **II.** *Abk von* **nationalsozialistisch** national-socialiste

NSDAP [ɛnʔɛsdeːaː'peː] *f* HIST *parti ouvrier allemand national-socialiste*

NS-Regime *nt* nazisme *m*

N.T. *nt Abk von* **Neues Testament** N.T.

Nu [nuː] ▶**im** ~ en un clin d'œil

Nuance [ny'ãːsə] <-, -n> *f* nuance *f*

nüchtern ['nʏçtɐn] *adj* ① (*mit leerem Magen*) ~ **sein** être à jeun ② (*nicht betrunken*) sobre ③ (*realitätsbewusst*) lucide ④ (*sachlich: Tatsachen*) concret(-ète); (*Stil*) sobre

nuckeln ['nʊkəln] *vi fam* **an etw** (*dat*) ~ téter qc

Nudel ['nuːdəl] <-, -n> *f meist Pl* pâtes *fpl*

Nudelholz *nt* rouleau *m* à pâtisserie **Nudelsuppe** *f* soupe *f* au vermicelle

Nugat ['nuːgat] *s.* **Nougat**

nuklear [nukle'aːɐ̯] *adj attr* nucléaire

Nuklearmacht *f* puissance *f* nucléaire

null [nʊl] *num* zéro; ~ **Fehler** un sans faute; **um ~ Uhr** à minuit ▶~ **und nichtig sein** être nul et non avenu

Null <-, -en> *f* ① zéro *m* ② *fam* (*Versager*) nullard *m*

Nullpunkt *m kein Pl* zéro *m* ▶**auf dem ~ ankommen** (*Stimmung*) être à zéro **Nulltarif** *m kein Pl* **zum** ~ gratuitement

numerieren*ALT *s.* **nummerieren**

numerisch [nu'meːrɪʃ] *adj* numérique

Nummer ['nʊmɐ] <-, -n> *f* ① (*Ziffer, Zahl*) numéro *m* ② (*Größe: Stiefel*) pointure *f;* (*Bluse*) taille *f* ③ (*Autonummer*) numéro *m* [d'immatriculation]

nummerieren*RR [nume'riːrən] *vt* numéroter

Nummernschild *nt* plaque *f* d'immatriculation

> La **Nummernschild** est en Allemagne blanche et les inscriptions noires. À gauche, on indique d'une, deux ou trois lettres la ville où le véhicule est immatriculé. Ensuite, on peut voir le blason en couleur du Land. Au dessus de ce même blason, il y a la vignette du contrôle technique et du contrôle antipollution. Suivent ensuite des lettres et des chiffres que l'on peut, en payant un supplément, choisir soi-même. Exemples : S AC 113, B MA 1975

nun [nuːn] *adv* ① maintenant; **von ~ an** désormais ② (*einlenkend*) **~ gut** eh bien, soit; **~ ja** ma foi ③ (*auffordernd*) alors; **~ mach schon!** allez, vas-y!

nur [nuːɐ̯] *adv* ① (*lediglich*) seulement; **ich wollte ~ fragen, ob ...** je voulais juste demander si ...; **nicht ~ ..., sondern auch ...** non seulement ..., mais aussi ... ② (*ausschließlich*) **~ Wasser trinken** ne boire que de l'eau ③ (*bloß*) **wie konnte ich das ~ vergessen!** comment ai-je pu oublier!; **machen Sie sich ~ keine Umstände!** surtout, ne vous dérangez pas!; **er soll ~ kommen!** il n'a qu'à venir! ►**~ Mut!** [du] courage, voyons!

Nürnberg ['nʏrnbɛrk] <-s> *nt* Nuremberg

nuscheln ['nʊʃəln] *vt, vi fam* parler dans sa barbe

Nuss[RR] <-, Nüsse>, **Nuß**[ALT] [nʊs, *Pl:* 'nʏsə] <-, Nüsse> *f* (*Haselnuss*) noisette *f;* (*Walnuss*) noix *f*

Nussbaum[RR] *m* noyer *m* **Nussknacker**[RR] *m* casse-noisettes *m inv*

Nutte ['nʊtə] <-, -n> *f fam* pute *f* (*vulg*)

Nutz[RR] ►**sich** (*dat*) **etw zu ~e machen** tirer profit de qc

nutzbar *adj* (*Energie*) utilisable

nütze ['nʏtsə] ►**zu nichts ~ sein** n'être bon à rien

nutzen *vt* ① (*Gegenstand*) se servir de; (*Gelegenheit*) profiter de ② *s.* **nützen II.**

Nutzen ['nʊtsən] <-s> *m* avantage *m;* **von ~ sein** être utile

nützen I. *vi* **jdm ~** servir à qn **II.** *vt* **jdm nichts ~** ne servir à rien à qn

nützlich *adj* utile ►**sich ~ machen** se rendre utile

Nützlichkeit <-> *f* utilité *f*

nutzlos *adj* inutile

Nutzung <-, -en> *f* utilisation *f*

NW *Abk von* **Nordwesten** N.-O.

Nylonstrumpf ['nailɔnʃtrʊpf] *m* bas *m* nylon®

O o

O, o [oː] <-, -> *nt* O *m*/o *m*

O *Abk von* **Osten** E

Oase [o'aːzə] <-, -n> *f* oasis *f*

ob [ɔp] *konj* si; **nicht wissen, ~ ...** ne pas savoir si ...; **~ Reich, ~ Arm** [qu'on soit] riche ou pauvre ►**und ~!** mais si!

obdachlos *adj* sans abri

Obdachlose(r) *f(m)* sans-abri *mf*

Obduktion [ɔpdʊk'tsi̯oːn] <-, -en> *f* autopsie *f*

obduzieren* [ɔpdu'tsiːrən] **I.** *vt* autopsier **II.** *vi* faire une autopsie

oben ['oːbən] *adv* ① (*opp: unten*) en haut; **~ im Schrank** en haut de l'armoire; **~ auf der Liste** en tête de liste; **dort ~** là-haut; **bis ~ [hin] voll sein** être plein jusqu'à ras bord; **jdn von ~ bis unten mustern** examiner qn de la tête aux pieds ② (*an der Oberseite*) **[hier] ~!** haut! ③ (*in einem oberen Stockwerk*) **nach ~ gehen** aller en haut; **das Klavier nach ~ tragen** monter le piano ④ *fam* (*auf höherer Ebene*) en haut; **nach ~ wollen** vouloir faire carrière ⑤ (*vorher*) plus haut; **siehe ~** voir ci-dessus ►**~ ohne** *fam* seins nus; **von ~ herab** de haut

obendrauf *adv fam* dessus **obendrein** *adv* par-dessus le marché

Ober ['oːbɐ] <-s, -> *m* (*Kellner*) **Herr ~!** garçon *m* [, s'il vous plaît]!

Oberarm ['oːbɐarm] *m* bras *m* **Oberarzt** *m,* **-ärztin** *f* médecin *mf* en chef **Oberbegriff** *m* terme *m* générique **Oberbürgermeister(in)** *m(f)* maire *m* (*d'une grande ville*)

obere(r, s) ['oːbərə, -rɐ, -rəs] *adj attr a.* GEO supérieur(e); (*Abschnitt*) précédent(e)

Oberfläche *f* surface *f* ►**[wieder] an die ~ kommen** (*Verdrängtes*) refaire surface

oberflächlich *adj* superficiel(le)

Oberflächlichkeit <-> *f* caractère *m* superficiel

Obergeschoss[RR] *nt* étage *m* supérieur

oberhalb I. *präp* + *gen* **~ des Dorfes** au-dessus du village **II.** *adv* **~ von etw** au-dessus de qc

oberirdisch *adj, adv* à la surface **Oberkiefer** *m* mâchoire *f* supérieure **Oberkörper** *m* (*Brustkorb*) buste *m*

Oberösterreich *nt* la Haute-Autriche

Oberschenkel *m* cuisse *f* **Oberschicht** *f* classe *f* supérieure **Oberschwester** *f* infirmière *f* [en] chef

Oberst ['oːbɐst] <-en, -e[n]> *m* colonel *m*

O

oberste(r, s) *adj* ① (*ganz oben befindlich*) supérieur(e); (*Stockwerk*) dernier(-ière); (*Schublade*) du haut ② (*rangmäßig*) plus élevé(e)

Oberstufe *f* SCHULE *les trois années avant le baccalauréat* **Oberteil** *nt* (*eines Kleidungsstücks*) haut *m*

obgleich [ɔp'glaiç] *konj* bien que + *subj*

Obhut ['ɔphu:t] <-> *f geh* garde *f;* **unter seiner/ihrer ~** sous sa protection

Objekt [ɔp'jɛkt] <-[e]s, -e> *nt* ① (*Gegenstand*) objet *m* ② (*Immobilie*) bien-fonds *m* ③ LING complément *m* d'objet

objektiv [ɔpjɛk'ti:f] *adj* (*sachlich*) objectif (-ive); (*unvoreingenommen*) impartial(e)

Objektiv <-s, -e> *nt* (*eines Fotoapparats*) objectif *m*

obligatorisch [obliga'to:rɪʃ] *adj geh* obligatoire

Oboe [o'bo:ə] <-, -n> *f* hautbois *m*

Observatorium [ɔpzɛrva'to:riʊm] *nt* observatoire *m*

Obsorge <-> *f* A (*Fürsorge*) soins *mpl*

Obst [o:pst] <-[e]s> *nt* fruits *mpl*

Obstbaum *m* arbre *m* fruitier **Obstgarten** *m* verger *m* **Obstkuchen** *m* tarte *f* aux fruits

obszön [ɔps'tsø:n] *adj* obscène

obwohl [ɔp'vo:l] *konj* bien que + *subj*

Occasion [ɔka'zio:n] <-, -en> *f* CH occasion *f*

Ochse ['ɔksə] <-n, -n> *m* ① bœuf *m* ② *fam* (*Dummkopf*) tête *f* d'âne

Ocker ['ɔkɐ] <-s, -> *m o nt* (*Farbe*) ocre *m*

öde ['ø:də] *adj* ① (*verlassen*) désert(e) ② (*fade*) ennuyeux(-euse)

oder ['o:dɐ] *konj* ① ou; **~ aber** ou alors ② (*nicht wahr*) **das schmeckt gut, ~?** c'est bon, n'est-ce pas?

Oder <-> *f* **die ~** l'Oder *m*

Ofen ['o:fən, *Pl:* 'ø:fən] <-s, Öfen> *m* ① (*Heizofen*) poêle *m* ② (*Backofen*) four *m* ③ TECH fourneau *m*

ofenfrisch *adj* qui sort du four

offen ['ɔfən] **I.** *adj* ① ouvert(e); (*Haare*) détaché(e); (*Flasche*) entamé(e); (*Rechnung*) en souffrance; (*Gesellschaft*) libéral(e); (*Protest*) déclaré(e); **~ haben** (*Geschäft*) être ouvert ② (*unentschieden*) **noch ist alles ~** tout est encore possible ③ (*freimütig*) franc(franche) ④ (*aufgeschlossen*) **jdm gegenüber ~ sein** être ouvert envers qn **II.** *adv* franchement ▸**~ gesagt** pour être franc

offenbar ['ɔfənba:ɐ̯] **I.** *adj* évident(e) **II.** *adv* manifestement

Offenbarung <-, -en> *f* révélation *f*

Offenheit <-> *f* franchise *f*

offenherzig *adj* (*freimütig*) franc(franche)

offenkundig *adj* manifeste

offen|lassen *s.* **lassen I.2.**

offensichtlich **I.** *adj* évident(e); **~ sein** sauter aux yeux **II.** *adv* de toute évidence

offensiv [ɔfɛn'zi:f] *adj* offensif(-ive); (*Werbung*) agressif(-ive)

Offensive [ɔfɛn'zi:və] <-, -n> *f* offensive *f* ▸**in die ~ gehen** passer à l'offensive

offen|stehen *vi* (*Rechnung*) être en souffrance

öffentlich *adj* public

Öffentlichkeit <-> *f* (*Allgemeinheit*) public *m;* **in aller ~** devant tout le monde

Öffentlichkeitsarbeit *f* relations *fpl* publiques

öffentlich-rechtlich *adj attr* (*Sender*) public(-ique)

offiziell [ɔfi'tsiɛl] *adj* (*Schreiben, Anlass*) officiel(le); (*Feier*) solennel(le)

Offizier(in) [ɔfi'tsi:ɐ̯] <-s, -e> *m(f)* officier *m*

offline[RR] ['ɔ:flain] *adv* INFORM hors ligne; (*im Internet*) autonome

offline ['ɔ:flain] *adv* INFORM hors ligne

Offlinebetrieb[RR] *m* INFORM mode *m* autonome

öffnen ['œfnən] **I.** *vt, vi a.* INFORM ouvrir **II.** *vr* **sich ~** s'ouvrir

Öffnung <-, -en> *f* ① (*offene Stelle*) orifice *m* ② *kein Pl a.* POL (*das Öffnen*) ouverture *f*

Öffnungszeiten *Pl* heures *fpl* d'ouverture

oft [ɔft] <öfter> *adv* souvent

öfter[s] *adv* assez souvent

oh [o:] *interj* oh

ohne ['o:nə] **I.** *präp* + *akk* sans ▸**nicht ~ sein** *fam* avoir de la ressource **II.** *konj* **~ zu überlegen** sans réfléchir

ohnegleichen *adj* sans pareil

Ohnmacht ['o:nmaxt] <-, -en> *f* ① syncope *f;* **in ~ fallen** tomber en syncope ② *geh* (*Machtlosigkeit*) impuissance *f*

ohnmächtig ['o:nmɛçtɪç] *adj* ① évanoui(e); **~ werden** s'évanouir ② *geh* (*Wut*) impuissant(e)

Ohr [o:ɐ̯] <-[e]s, -en> *nt* oreille *f* ▸**ganz ~ sein** *iron fam* être tout ouïe; **jdm die ~en**

lang ziehen *fam* tirer les oreilles à qn; **halt die ~en steif!** *fam* tiens le coup!; **viel um die ~en haben** *fam* ne pas/plus savoir où donner de la tête; **jdn übers ~ hauen** se payer la tête de qn (*fam*); **sich** (*dat*) **etw hinter die ~en schreiben** *fam* se mettre qc dans le crâne; **bis über beide ~en verliebt sein** être fou amoureux

Öhr <-[e]s, -e> *nt* chas *m*

ohrenbetäubend *adj* assourdissant(e)

Ohrfeige <-, -n> *f* gifle *f*

ohrfeigen *vt* gifler

Ohrring *m* boucle *f* d'oreille

oje [o'je:] *interj* bon sang

Ökobauer ['ø:kobaʊɐ] *m*, **-bäuerin** *f* agriculteur(-trice) *m(f)* biologique **Ökoladen** *m* magasin *m* vert

Ökologe [øko'lo:gə] <-n, -n> *m*, **Ökologin** *f* écologiste *mf*

Ökologie [økolo'gi:] <-> *f* écologie *f*

ökologisch [øko'lo:gɪʃ] **I.** *adj* écologique **II.** *adv* sur le plan écologique

Ökonomie [økono'mi:] <-, -n> *f* économie *f*

ökonomisch [œko'no:mɪʃ] *adj* ❶ (*Problem*) économique ❷ (*sparsam*) économe

Ökosteuer *f* écotaxe *f* **Ökosystem** *nt* écosystème *m*

Oktave [ɔk'ta:və] <-, -n> *f* octave *f*

Oktober [ɔk'to:bɐ] <-s, -> *m* octobre *m*; *s. a.* **April**

> Le 3 octobre 1990, la R.D.A. a été rattachée à la République fédérale d'Allemagne. Le 12 septembre déjà, “le traité sur la régulation finale concernant l'Allemagne” avait été signé, à Moscou, par les quatre pays vainqueurs, la République fédérale d'Allemagne et le ministre-président de la R.D.A. Depuis, le **3. Oktober**, *Tag der deutschen Einheit*, le jour de l'unité allemande est la fête nationale.

Oktoberfest *nt* **das ~** *la fête de la bière à Munich*

Ökumene [øku'me:nə] <-> *f* œcuménisme *m*

ökumenisch *adj* œcuménique

Öl [ø:l] <-[e]s, -e> *nt* huile *f*; (*Erdöl*) pétrole *m*; (*Heizöl*) mazout *m*

Ölbild *nt* peinture *f* à l'huile

Oldtimer ['oʊltaimɐ] <-s, -> *m* (*Auto*) voiture *f* ancienne

ölen *vt* huiler

Ölfarbe *f* peinture *f* à l'huile

Olive [o'li:və] <-, -n> *f* olive *f*

Olivenbaum *m* olivier *m* **Olivenöl** *nt* huile *f* d'olive

olivgrün *adj* vert olive *inv*

Ölkrise *f* crise *f* du pétrole **Ölpest** *f* marée *f* noire **Ölquelle** *f* puits *m* de pétrole **Ölscheich** *m pej* prince *m* du pétrole

Ölung <-, -en> *f* ❶ huilage *m* ❷ REL **die Letzte ~** l'extrême-onction *f*

Ölwechsel *m* vidange *f*

Olympiade [olʏm'pja:də] <-, -n> *f* olympiades *fpl*

olympisch [o'lʏmpɪʃ] *adj* olympique

Oma ['o:ma] <-, -s> *f* ❶ *fam* mamie *f* ❷ *pej fam* (*alte Frau*) mémère *f*

Omelett [ɔm(ə)'lɛt] <-[e]s, -e> *nt*, **Omelette** <-, -n> *f* A, CH omelette *f*

Omnibus ['ɔmnibʊs] *m* bus *m*

onanieren* [ona'ni:rən] *vi* se masturber

Onkel ['ɔŋkəl] <-s, -> *m* oncle *m*

online ['ɔnlain] *adj* INFORM en ligne

Onlinebetrieb[RR] *m* INFORM mode *m* connecté

OP [o:'pe:] <-s, -s> *m Abk von* **Operationssaal** salle *f* d'opération

Opa ['o:pa] <-s, -s> *m* ❶ *fam* papi *m* ❷ *pej fam* (*alter Mann*) pépère *m*

OPEC ['o:pɛk] <-> *f* O.P.E.P. *f*

Openair[RR] ['oʊpn'ɛɐ] *nt* concert *m* en plein air

Oper ['o:pɐ] <-, -n> *f* opéra *m*

Operation [opəra'tsjo:n] <-, -en> *f* opération *f*

operativ [opəra'ti:f] *adj* ❶ MED chirurgical(e) ❷ MIL opérationnel(le)

Operator [opə'ra:tɔr] <-s, -oren> *m*, **Operatorin** *f* INFORM opérateur(-trice) *m(f)*

Operette [opə'rɛtə] <-, -n> *f* opérette *f*

operieren* [opə'ri:rən] **I.** *vt* **jdn am Magen ~** opérer qn de l'estomac **II.** *vi* ❶ MED opérer ❷ MIL mener une opération/des opérations

Operglas *nt* jumelles *fpl* de théâtre **Opernsänger(in)** *m(f)* chanteur *m* d'opéra/cantatrice *f*

Opfer ['ɔpfɐ] <-s, -> *nt* ❶ (*Menschenleben*) victime *f* ❷ *a.* REL sacrifice *m*

opfern **I.** *vt* REL sacrifier; **jdm etw ~** donner qc en offrande à qn **II.** *vr* **sich ~** se sacrifier

Opferung <-, -en> *f* sacrifice *m*

O

Opium ['o:piʊm] <-s> *nt* opium *m*

opportun [ɔpɔr'tu:n] *adj geh* ① (*angepasst*) opportuniste ② (*vorteilhaft*) ~ **sein** être opportun

Opportunismus [ɔpɔrtu'nɪsmʊs] <-> *m* opportunisme *m*

Opportunist(in) *m(f)* opportuniste *mf*

opportunistisch **I.** *adj* opportuniste **II.** *adv* en opportuniste

Opposition [ɔpozi'tsi̯o:n] <-, -en> *f a.* POL opposition *f*; **in ~ zu jdm/etw stehen** être opposé à qn/qc

oppositionell [ɔpozitsi̯o'nɛl] *adj* POL de l'opposition

Optik ['ɔptɪk] <-, -en> *f* PHYS, PHOT optique *f*

Optiker(in) <-s, -> *m(f)* opticien(ne) *m(f)*

optimal [ɔpti'ma:l] *geh adj* optimal(e); (*Partner*) idéal(e)

Optimismus [ɔpti'mɪsmʊs] <-> *m* optimisme *m*

Optimist(in) <-en, -en> *m(f)* optimiste *mf*

optimistisch *adj* optimiste

optisch ['ɔptɪʃ] *adj* (*Linsen*) optique; (*Instrumente*) d'optique

Opus ['o:pʊs, *Pl:* 'o:pəra] <-, Opera> *nt* ① (*Gesamtwerk*) œuvre *f* ② MUS opus *m*

Orakel [o'ra:kəl] <-s, -> *nt* oracle *m*

oral [o'ra:l] *adj* oral(e); (*Einnahme*) par voie orale

orange [o'rã:ʒə] *adj inv* orange *inv*

Orange[1] [o'rã:ʒə] <-, -n> *f* (*Frucht*) orange *f*

Orange[2] <-, -> *nt* (*Farbe*) orange *m*

Orangenbaum *m* oranger *m*

Orang-Utan ['o:raŋ'ʔu:tan] <-s, -s> *m* orang-outan[g] *m*

Orchester [ɔr'kɛstɐ] <-s, -> *nt* (*Ensemble*) orchestre *m*

Orden ['ɔrdən] <-s, -> *m* ① MIL décoration *f* ② REL ordre *m*

ordentlich ['ɔrdəntlɪç] **I.** *adj* ① (*aufgeräumt*) rangé(e) ② (*Ordnung liebend*) ordonné(e) ③ (*Benehmen*) correct(e) ④ *fam* (*Portion*) bon(ne) *antéposé* **II.** *adv* ① *fam* (*tüchtig*) bien ② (*arbeiten*) sérieusement

ordern *vt, vi* commander

Ordinalzahl [ɔrdi'na:ltsa:l] *f* nombre *m* ordinal

ordinär [ɔrdi'nɛ:ɐ] *adj* ① (*vulgär*) vulgaire ② (*gewöhnlich*) simple *antéposé*

ordnen ['ɔrdnən] *vt* ① (*sortieren*) classer ② (*in Ordnung bringen*) mettre de l'ordre dans

Ordner <-s, -> *m* (*Aktenordner*) classeur *m*

Ordnerin <-, -nen> *f* membre *m* du service d'ordre

Ordnung <-, -en> *f* ① *kein Pl* (*das Sortieren*) classement *m* ② (*Aufgeräumtheit*) ordre *m* ③ *kein Pl* (*ordentliches Verhalten*) **jdn zur ~ rufen** rappeler qn à l'ordre *m* ④ (*Vorschrift*) règlement *m* ▶**in ~ sein** [bien] marcher; [**das ist**] **in ~!** *fam* d'accord!

ordnungsgemäß **I.** *adj* réglementaire **II.** *adv* en bonne et due forme **Ordnungsstrafe** *f* contravention *f* **Ordnungswidrigkeit** *f* infraction *f* **Ordnungszahl** *s.* **Ordinalzahl**

Organ [ɔr'ga:n] <-s, -e> *nt a. fig* organe *m*

Organisation [ɔrganiza'tsi̯o:n] <-, -en> *f* organisation *f*

Organisator [ɔrgani'za:to:ɐ] <-s, -toren> *m*, **Organisatorin** *f* organisateur(-trice) *m(f)*

organisatorisch [ɔrganiza'to:rɪʃ] *adj* (*Leistung*) organisationnel(le)

organisch [ɔr'ga:nɪʃ] *adj* organique

organisieren* [ɔrgani'zi:rən] **I.** *vt* organiser **II.** *vi* s'occuper de l'organisation **III.** *vr* **sich ~** (*Arbeitnehmer*) s'organiser

Organismus [ɔrga'nɪsmʊs] <-, -nismen> *m* organisme *m*

Organizer ['ɔ:gənaɪzɐ] <-s, -> *m* INFORM agenda *m* électronique

Organspender(in) *m(f)* donneur(-euse) *m(f)* d'organes

Orgasmus [ɔr'gasmʊs] <-, Orgasmen> *m* orgasme *m*

Orgel ['ɔrgəl] <-, -n> *f* orgue *m*

Orgie ['ɔrgiə] <-, -n> *f* orgie *f*

Orient ['o:riɛnt] <-s> *m* **der ~** l'Orient *m*

orientalisch [oriɛn'ta:lɪʃ] *adj* oriental(e)

orientieren* [oriɛn'ti:rən] *vr* ① (*sich zurechtfinden*) **sich an etw** (*dat*) **~** s'orienter à qc ② (*sich ausrichten nach*) **sich an jdm/etw ~** agir en fonction de qn/qc

Orientierung [oriɛn'ti:rʊŋ] <-, -en> *f* orientation *f*

Orientierungssinn *m kein Pl* sens *m* de l'orientation

original [origi'na:l] *adj* original(e); (*Zustand*) d'origine

Original <-s, -e> *nt* original *m*

Originalfassung *f* version *f* originale **originalgetreu** *adj* fidèle [à l'original]

Originalität [originali'tɛ:t] <-> *f* ① (*Echt-

heit) authenticité *f* ② (*Einfallsreichtum*) originalité *f*

originell [origi'nɛl] *adj* original(e)

Orkan [ɔr'ka:n] <-[e]s, -e> *m* ouragan *m*

Ornament [ɔrna'mɛnt] <-[e]s, -e> *nt* ornement *m*

Ort [ɔrt] <-[e]s, -e> *m* ① (*Stelle*) lieu *m* ② (*~schaft*) localité *f* ③ (*Belegstelle*) **am angegebenen ~** à l'endroit cité ▶**an ~ und Stelle** sur place

Örtchen <-s, -> *nt* ▶**das [stille] ~** *fam* le petit coin

orten *vt* localiser

orthodox [ɔrto'dɔks] *adj* orthodoxe

OrthografieRR [ɔrtogra'fi:] <-, -en> *f* orthographe *f*

orthografischRR *adj* (*Regel*) d'orthographe

OrthographieALT [ɔrtogra'fi:] *s.* **Orthografie**

orthographischALT [ɔrto'gra:fɪʃ] *s.* **orthografisch**

Orthopäde [ɔrto'pɛ:də] <-n, -n> *m*, **Orthopädin** *f* orthopédiste *mf*

orthopädisch *adj* orthopédique

örtlich ['œrtlɪç] *adj* local(e)

ortsansässig *adj* (*Firma*) local(e); **die ~en Bewohner** les autochtones

Ortschaft <-, -en> *f* localité *f*; **geschlossene ~** agglomération *f*

Ortsgespräch *nt* communication *f* locale **ortskundig** *adj* qui connaît l'endroit **Ortsname** *m* nom *m* de lieu **Ortsnetz** *nt* réseau *m* local **Ortsschild** <-schilder> *nt* (*am Ortseingang*) panneau *m* d'entrée en agglomération; (*am Ortsausgang*) panneau de fin d'agglomération **Ortstarif** *m* tarif *m* de la communication locale **Ortszeit** *f* heure *f* locale

Öse ['ø:zə] <-, -n> *f* (*eines Schuhs*) œillet *m*

Oslo ['ɔslo] <-s> *nt* Oslo

Ossi ['ɔsi] <-s, -s> *m*, <-, -s> *f fam surnom des habitants de l'ex-R.D.A.*

Ost [ɔst] <-[e]s> *m* ▶**aus ~ und West** de l'Est *m* et de l'Ouest *m*

Ostasien *nt* l'Asie *f* orientale **ostdeutsch** *adj* d'Allemagne de l'Est **Ostdeutschland** *nt* l'Allemagne *f* de l'Est

Osten ['ɔstən] <-s> *m* ① est *m* ② (*Osteuropa*) **der ~** l'Est *m* ③ (*Kleinasien, Asien*) **der Nahe ~** le Proche-Orient; **der Mittlere ~** le Moyen-Orient; **der Ferne ~** l'Extrême-Orient *m*; *s. a.* **Norden**

Osterei *nt* œuf *m* de Pâques **Osterhase** *m* lapin *m* de Pâques **Osterlamm** *nt* agneau *m* pascal **Ostermontag** *m* lundi *m* de Pâques

Ostern ['o:stən] <-, -> *nt* Pâques *fpl*; **frohe ~!** joyeuses Pâques!

Österreich ['ø:stəraiç] <-s> *nt* l'Autriche *f*

Österreicher(in) <-s, -> *m(f)* Autrichien(ne) *m(f)*

österreichisch *adj* autrichien(ne)

Ostersonntag ['o:ste'zɔnta:k] *m* dimanche *m* de Pâques **Osterwoche** *f* semaine *f* sainte

Osteuropa *nt* l'Europe *f* de l'Est **Ostküste** *f* côte *f* orientale

östlich ['œstlɪç] **I.** *adj* GEO, METEO de l'est; (*Gebiet*) oriental(e) **II.** *präp* + *gen* **~ der Autobahn** à l'est de l'autoroute

ostpreußisch *adj* de la Prusse-Orientale

Östrogen [œstro'ge:n] <-s, -e> *nt* œstrogène *m*

Ostsee *f* **die ~** la [mer] Baltique **Ostwind** *m* vent *m* d'est

ÖTV [ø:te:'fau] <-> *f Abk von* **Gewerkschaft Öffentliche Dienste, Transport und Verkehr** *syndicat allemand des services publics, des transports et de la circulation*

out [aut] *adj fam* **~ sein** être out

outen ['autən] *vr* **sich ~** se déclarer

Outfit ['autfɪt] <-s, -s> *nt* touche *f* (*fam*)

oval [o'va:l] *adj* ovale

Oval [o'va:l] <-s, -e> *nt* ovale *m*

Overall ['oʊvərɔ:l] <-s, -s> *m* combinaison *f*

Overheadprojektor ['o:və(r)hɛdpro'jɛkto:ɐ̯] *m* rétroprojecteur *m*

ÖVP [ø:fau'pe:] <-> *f Abk von* **Österreichische Volkspartei** *parti populaire autrichien*

Oxid [ɔ'ksi:t] <-[e]s, -e> *nt* oxyde *m*

oxidieren* **I.** *vi* + *haben o sein* s'oxyder **II.** *vt* + *haben* oxyder

Ozean ['o:tsea:n] <-s, -e> *m* océan *m*

Ozeandampfer *m* paquebot *m*; (*im Atlantischen Ozean*) transatlantique *m*

Ozon [o'tso:n] <-s> *nt* ozone *m*

Ozonalarm *m* alerte *f* à la pollution par l'ozone **Ozonloch** *nt* trou *m* dans la couche d'ozone **Ozonwert** *m* taux *m* d'ozone

P p

P, p [peː] <-, -> *nt* P *m*/p *m*

paar [paːɐ̯] *adj inv* (*wenige*) **ein ~ Minuten** quelques minutes

Paar <-s, -e> *nt* ❶ (*Menschen*) couple *m* ❷ (*Dinge*) paire *f*

paaren ['paːrən] *vr* **sich ~** s'accoupler

Paarung <-, -en> *f* accouplement *m*

Paarungszeit *f* saison *f* des amours

paarweise *adv* ❶ (*sich aufstellen*) par couples ❷ (*verkaufen*) par paire[s]

Pacht [paxt] <-, -en> *f* fermage *m*

pachten *vt* louer

Pächter(in) ['pɛçtɐ] <-s, -> *m(f)* preneur (-euse) *m(f)* [à bail]

Pachtvertrag *m* bail *m*

Päckchen ['pɛkçən] <-s, -> *nt* ❶ POST petit paquet *m* ❷ (*Packung*) paquet *m*

Packeis *nt* banquise *f*

packen ['pakən] **I.** *vt* ❶ (*Koffer*) faire; **jdn ~** (*Wut*) saisir qn; (*Buch*) captiver qn ❷ (*ergreifen*) saisir ❸ *fam* (*schaffen*) réussir **II.** *vi* faire ses valises

Packen <-s, -> *m* **ein ~ Bücher** une pile de livres

packend *adj* captivant(e)

Packesel *m* âne *m* de bât **Packpapier** *nt* papier *m* kraft

Packung <-, -en> *f* (*Schachtel*) paquet *m*; (*Geschenkpackung*) boîte *f*

Pädagoge [pɛda'goːgə] <-n, -n> *m*, **Pädagogin** *f* pédagogue *mf*

Pädagogik [pɛda'goːgɪk] <-> *f* pédagogie *f*

pädagogisch *adj* pédagogique

Paddel ['padəl] <-s, -> *nt* pagaie *f*

Paddelboot *nt* kayak *m*

paddeln ['padəln] *vi + haben o sein* pagayer

paffen ['pafən] *fam* **I.** *vi* fumer **II.** *vt* (*Zigarette*) tirer sur

Paket [pa'keːt] <-[e]s, -e> *nt* ❶ POST colis *m* ❷ *a. fig* paquet *m*

Pakistan ['paːkɪstaːn] <-s> *nt* le Pakistan

Pakistani [pakɪs'taːni] <-[s], -[s]> *m*, <-, -[s]> *f* Pakistanais(e) *m(f)*

Pakt [pakt] <-[e]s, -e> *m* pacte *m*

Palast [pa'last, *Pl:* pa'lɛstə] <-[e]s, Paläste> *m* palais *m*

Palästina [palɛs'tiːna] <-s> *nt* la Palestine

Palästinenser(in) [palɛsti'nɛnzɐ] <-s, -> *m(f)* Palestinien(ne) *m(f)*

Palette [pa'lɛtə] <-, -n> *f* ❶ KUNST, IND palette *f* ❷ *geh* (*Vielfalt*) gamme *f*

Palme ['palmə] <-, -n> *f* palmier *m* ▶**jdn auf die ~ bringen** *fam* hérisser le poil à qn

Palmsonntag ['palm'zɔntaːk] *m* [**der**] ~ les Rameaux *mpl*

Pamphlet [pam'fleːt] <-[e]s, -e> *nt geh* pamphlet *m*

pampig *adj fam* (*frech*) malotru(e)

Panda ['panda] <-s, -s> *m* panda *m*

panieren* [pa'niːrən] *vt* paner

Paniermehl *nt* chapelure *f*

Panik ['paːnɪk] <-, -en> *f* panique *f*

panisch **I.** *adj attr* panique **II.** *adv* (*reagieren*) par la panique

Panne ['panə] <-, -n> *f* ❶ (*Defekt*) panne *f* ❷ *fam* (*Missgeschick*) boulette *f*

Panorama [pano'raːma] <-s, Panoramen> *nt* panorama *m*

panschen **I.** *vt* (*Wein*) couper **II.** *vi* ❶ (*Winzer*) couper le vin ❷ *fam* (*planschen*) barboter

Panter[RR], **Panther** ['pantɐ] <-s, -> *m* panthère *f*

Pantoffel [pan'tɔfəl] <-s, -n> *m* pantoufle *f* ▶**unter dem ~ stehen** *fam* être mené par le bout du nez [par sa femme]

Pantomime [panto'miːmə] <-, -n> *f* pantomime *f*

pantomimisch **I.** *adj* mimé(e) **II.** *adv* en mimant

Panzer ['pantsɐ] <-s, -> *m* ❶ MIL (*Fahrzeug*) char *m* [d'assaut] ❷ ZOOL carapace *f*

panzern *vt* blinder

Panzerschrank *m* coffre-fort *m*

Papa ['papa] <-s, -s> *m fam* papa *m*

Papagei [papa'gai] <-s, -en> *m* perroquet *m*

Papi ['papi] <-s, -s> *m fam* papa *m*

Papier [pa'piːɐ̯] <-s, -e> *nt* ❶ papier *m* ❷ (*Wertpapier*) titre *m*

Papierkorb *m* corbeille *f* [à papier]; INFORM corbeille *f* **Papierkram** *m fam* paperasse *f* (*péj*) **Papierkrieg** *m fam* guerre *f* bureaucratique **Papierstau** *m* bourrage *m* de papier **Papiertaschentuch** *nt* mouchoir *m* en papier

Pappe ['papə] <-, -n> *f* carton *m*

Pappel ['papəl] <-, -n> *f* peuplier *m*

Pappkarton *m* (*Schachtel*) boîte *f* en carton **Pappmaché**, **Pappmaschee**[RR] ['papmaʃeː] <-s, -s> *nt* papier *m* mâché

Paprika ['paprika] <-s, -[s]> *m* ① (*Schote*) poivron *m* ② *kein Pl* (*Gewürz*) paprika *m*
Paprikaschote *f* poivron *m*
Papst [pa:pst, *Pl:* 'pɛ:pstə] <-[e]s, Päpste> *m* pape *m*
päpstlich ['pɛ:pstlɪç] *adj* papal(e)
Papyrus [pa'py:rʊs] <-, Papyri> *m* papyrus *m*
Parabel [pa'ra:bəl] <-, -n> *f* parabole *f*
Parabolantenne *f* antenne *f* parabolique
Parade [pa'ra:də] <-, -n> *f* ① MIL défilé *m* ② SPORT parade *f*
Paradebeispiel *nt* exemple *m* révélateur
Paradeiser [para'daɪzɐ] <-s, -> *m* A tomate *f*
Paradies [para'di:s] <-es, -e> *nt a. fig* paradis *m*
paradiesisch *adj* paradisiaque
paradox [para'dɔks] *adj* paradoxal(e)
Paradox <-es, -e> *nt geh* paradoxe *m*
paradoxerweise [para'dɔksɐ'vaɪzə] *adv* paradoxalement
Paragliding ['pa:raglaɪdɪŋ] <-s> *nt* parapente *m*
ParagrafRR, **Paragraph** [para'gra:f] <-en, -en> *m* article *m*
parallel [para'le:l] *adj* ① (*räumlich*) parallèle ② (*zeitlich*) simultané(e)
Parallelcomputer *m* INFORM ordinateur *m* parallèle
Parallele <-, -n> *f* ① MATH parallèle *f* ② *fig* parallèle *m*
Parallelklasse *f* classe *f* parallèle
Parallelogramm [paralelo'gram] <-s, -e> *nt* parallélogramme *m*
Paranoia [para'nɔya] <-> *f* paranoïa *f*
paranoid MED, PSYCH **I.** *adj* paranoïde **II.** *adv* (*reagieren*) comme un(e) paranoïaque
Parasit [para'zi:t] <-en, -en> *m* BIO *a. fig* parasite *m*
parat [pa'ra:t] *adj* **eine Antwort ~ haben** avoir une réponse toute prête
Pärchen ['pɛ:ɐçən] <-s, -> *nt* ① (*Liebespaar*) couple *m* [d'amoureux] ② (*Tierpärchen*) couple *m*
Pardon [par'dõ:] <-s> *m o nt* (*Verzeihung*) pardon *m*
Parfüm [par'fy:m] <-s, -e> *nt* parfum *m*
Parfümerie [parfymə'ri:] <-, -en> *f* parfumerie *f*
parfümieren* [parfy'mi:rən] *vt, vr* [**sich**] ~ [se] parfumer
parieren* [pa'ri:rən] *vi* obéir
Paris [pa'ri:s] <-> *nt* Paris *m*
Pariser1 [pa'ri:zɐ] *adj attr* (*Innenstadt*) de Paris; (*Akzent*) parisien(ne)
Pariser2 <-s, -> *m* ① Parisien *m* ② *fam* (*Kondom*) capote *f* [anglaise]
Pariserin <-, -nen> *f* Parisienne *f*
Park [park] <-s, -s> *m* parc *m*
Parka ['parka] <-s, -s> *m*, <-, -s> *f* parka *m o f*
parken ['parkən] **I.** *vi* (*Person*) se garer; (*Fahrzeug*) être garé **II.** *vt* (*Fahrzeug*) garer
Parkett [par'kɛt] <-s, -e> *nt* ① (*~boden*) parquet *m* ② (*Tanzfläche*) piste *f* [de danse] ③ THEAT orchestre *m*
Parkett[fuß]boden *m* parquet *m*
Parkgebühr *f* taxe *f* de stationnement **Parkhaus** *nt* parking *m* à étages
Parklücke *f* place *f* libre **Parkplatz** *m* parking *m*; (*Parklücke*) place *f* de parking **Parkscheibe** *f* disque *m* de stationnement **Parkschein** *m* ticket *m* de parking **Parkscheinautomat** *m* parcmètre *m* **Parkuhr** *f* parcmètre *m* **Parkverbot** *nt* ① (*Verbot*) défense *f* de stationner ② (*Bereich*) stationnement *m* interdit
Parlament [parla'mɛnt] <-[e]s, -e> *nt* (*Institution*) Parlement *m*; **das Europäische ~** le Parlement européen
Parlamentarier(in) [parlamɛn'ta:riɐ] <-s, -> *m(f)* parlementaire *mf*
parlamentarisch *adj* parlementaire
Parlamentswahl *f* élections *fpl* législatives
Parmesan [parme'za:n] <-s> *m* parmesan *m*
Parodie [paro'di:] <-, -n> *f* parodie *f*
parodieren* [paro'di:rən] *vt* parodier
Parodontose <-, -n> *f* parodontose *f*
Parole [pa'ro:lə] <-, -n> *f* ① MIL mot *m* de passe ② (*Losung*) slogan *m*
Partei [par'taɪ] <-, -en> *f* ① parti *m* ② JUR partie *f* ▶**für jdn ~ ergreifen** prendre parti pour qn
parteiisch **I.** *adj* partial(e) **II.** *adv* avec partialité
parteilos *adj* sans étiquette; (*Abgeordneter*) non-inscrit(e) **Parteipolitik** *f* politique *f* de parti **parteipolitisch** *adj* qui relève de la politique de parti **Parteiprogramm** *nt* programme *m* de parti **Parteitag** *m* (*Konferenz*) congrès *m* de/du parti **Parteivorsitzende(r)** *f(m) dekl wie adj* chef *mf* de/du parti

P

parterre [par'tɛr] *adv* au rez-de-chaussée

Parterre [par'tɛr(ə)] <-s, -s> *nt* rez-de-chaussée *m;* THEAT orchestre *m*

Partie [par'tiː] <-, -n> *f* partie *f*

partiell [par'tsi̯ɛl] *geh adj* partiel(le)

Partikel [par'tiːkl] <-s, -> *nt,* <-, -n> *f* particule *f*

Partisan(in) [parti'zaːn] <-s, -en> *m(f)* partisan(e) *m(f)*

Partition <-, -en> *f* INFORM partition *f*

Partitur [parti'tuːɐ̯] <-, -en> *f* MUS partition *f*

Partizip [parti'tsiːp] <-s, -ien> *nt* LING participe *m*

Partner(in) ['partnɐ] <-s, -> *m(f)* ① partenaire *mf;* (*Lebensgefährte*) compagnon *m/* compagne *f* ② (*Geschäftspartner*) associé(e) *m(f)*

Partnerschaft <-, -en> *f* ① (*Lebensgemeinschaft*) vie *f* en couple ② (*Städtepartnerschaft*) jumelage *m*

Partnerstadt *f* ville *f* jumelée

partout [par'tuː] *adv* (*wollen*) à tout prix

Party ['paːɐ̯ti] <-, -s> *f* soirée *f;* (*für Jugendliche*) boum *f*

Parzelle <-, -n> *f* parcelle *f*

Pascha ['paʃa] <-s, -s> *m* pacha *m*

Pass[RR] <-es, Pässe>, **Paß**[ALT] [pas, *Pl:* 'pɛsə] <-sses, Pässe> *m* ① (*Reisepass*) passeport *m* ② (*Gebirgspass*) col *m* ③ SPORT passe *f*

passabel [pa'saːbəl] *adj* correct(e)

Passage [pa'saːʒə] <-, -n> *f* passage *m*

Passagier(in) [pasa'ʒiːɐ̯] <-s, -e> *m(f)* passager(-ère) *m(f)*

Passagierflugzeug *nt* avion *m* de ligne

Passant(in) [pa'sant] <-en, -en> *m(f)* passant(e) *m(f)*

Passat <-[e]s, -e> *m* alizé *m*

Passbild[RR] *nt* photo *f* d'identité

passen ['pasən] *vi* ① (*gut sitzen: Hose*) être à la bonne taille; (*Schuhe*) être à la bonne pointure ② (*harmonieren*) **zu jdm/etw ~** aller [bien] avec qn/qc ③ (*sich einrichten lassen*) **jdm ~** (*Termin*) convenir à qn ④ (*gefallen*) **jdm nicht ~** ne pas plaire à qn ⑤ SPIEL passer

passend *adj* ① (*Hose*) à la bonne taille; (*Schuhe*) à la bonne pointure ② (*Farbe*) assorti(e); (*Kleidung*) convenable ③ (*Worte*) approprié(e); (*Termin*) qui convient

Passfoto[RR] *s.* **Passbild**

passieren* [pa'siːrən] **I.** *vi + sein* ① (*sich ereignen*) se passer ② (*vorkommen*) arriver; **jdm ~** arriver à qn ③ (*zustoßen*) **ihm ist etwas passiert** il lui est arrivé quelque chose **II.** *vt + haben* (*Grenze*) passer

Passion [pa'si̯oːn] <-, -en> *f* REL **die ~ [Jesu]** la Passion [de Jésus]

passioniert [pasi̯o'niːɐ̯t] *adj* passionné(e)

passiv ['pasiːf] *adj* (*Art*) passif(-ive)

Passiv <-s, -e> *nt* LING passif *m*

Passivität [pasivi'tɛːt] <-> *f* passivité *f*

Passivrauchen ['pasiːfrau̯xən] *nt* tabagisme *m* passif

Passkontrolle[RR] *f* contrôle *m* des passeports

Passwort[RR] ['pasvɔrt] <-wörter> *nt* code *m* [d'accès]

Paste ['pastə] <-, -n> *f* pâte *f*

Pastell [pas'tɛl] <-s, -e> *nt* (*Technik, Bild*) pastel *m*

Pastete [pas'teːtə] <-, -n> *f* ① (*Fleischpastete*) pâté *m* ② (*Blätterteigpastete*) vol-au-vent *m*

pasteurisieren* [pastøri'ziːrən] *vt* pasteuriser

Pate ['paːtə] <-n, -n> *m,* **Patin** *f* parrain *m/* marraine *f*

Patenkind *nt* filleul(e) *m(f)* **Patenonkel** *m* parrain *m*

Patenschaft <-, -en> *f* parrainage *m*

patent [pa'tɛnt] *adj fam* **ein ~er Kerl** un type bien

Patent [pa'tɛnt] <-[e]s, -e> *nt* brevet *m*

Patentamt *nt* ≈ office *m* des brevets [d'inventions]

Patentante *f* marraine *f*

patentieren* [patɛn'tiːrən] *vt* breveter

Patentrezept *nt* remède *m* miracle

Pater ['paːtɐ] <-s, -> *m* père *m*

pathetisch [pa'teːtɪʃ] **I.** *adj* pathétique **II.** *adv* (*sich ausdrücken*) avec pathos

pathologisch [pato'loːgɪʃ] *adj* (*Institut*) de pathologie

Pathos ['paːtɔs] <-> *nt* pathos *m*

Patience [pa'si̯ãːs] <-, -n> *f* patience *f*

Patient(in) [pa'tsi̯ɛnt] <-en, -en> *m(f)* patient(e) *m(f)*

Patin ['paːtɪn] *s.* **Pate**

Patres *Pl von* **Pater**

Patriarch [patri'arç] <-en, -en> *m* REL patriarche *m*

patriarchalisch [patriar'çaːlɪʃ] *adj* patriarcal(e)

Patriarchat <-[e]s, -e> *nt* patriarcat *m*

Patriot(in) [patri'o:t] <-en, -en> *m(f)* patriote *mf*
patriotisch *adj* patriotique
Patriotismus [patrio'tɪsmʊs] <-> *m* patriotisme *m*
Patrone [pa'tro:nə] <-, -n> *f* ❶ MIL cartouche *f* ❷ (*Tintenpatrone*) cartouche *f*
Patrouille [pa'trʊljə] <-, -n> *f* MIL patrouille *f*
patrouillieren* [patrʊl'ji:rən] *vi* patrouiller
patsch [patʃ] *interj* paf
Patsche ['patʃə] <-, -n> *f fam* ▸**jdm aus der ~ helfen** tirer qn du pétrin
patzig *adj fam* (*Antwort*) culotté(e)
Pauke ['paukə] <-, -n> *f* timbale *f*
pauken I. *vi fam* (*Schüler*) bûcher II. *vt fam* (*Vokabeln*) potasser
Pauker(in) <-s, -> *m(f) fam* prof *mf*
pausbäckig ['pausbɛkɪç] *adj* joufflu(e)
pauschal [pau'ʃa:l] *adj* ❶ (*undifferenziert*) global(e) ❷ FIN forfaitaire
Pauschale [pau'ʃa:lə] <-, -n> *f* forfait *m*
Pauschalreise *f* voyage *m* à prix forfaitaire
Pause ['pauzə] <-, -n> *f* ❶ *a.* MUS pause *f* ❷ SCHULE **die große ~** la récréation; **die kleine ~** l'interclasse *m*
pausenlos I. *adj attr* incessant(e) II. *adv* sans répit
pausieren* [pau'zi:rən] *vi* prendre du repos
Pauspapier *nt* ❶ (*dünnes Papier*) [papier *m*] calque *m* ❷ (*Kohlepapier*) [papier *m*] carbone *m*
Pavian ['pa:via:n] <-s, -e> *m* babouin *m*
Pavillon ['pavɪljõ] <-s, -s> *m* ❶ (*Gartenhaus*) pavillon *m* ❷ (*Musikpavillon*) kiosque *m* [à musique]
Pay-TV ['pɛɪti:vi:] <-s, -s> *nt* chaîne *f* à péage
Pazifik [pa'tsi:fɪk] <-s> *m* **der ~** le Pacifique
Pazifist(in) [patsi'fɪst] <-en, -en> *m(f)* pacifiste *mf*
pazifistisch *adj* pacifiste
PC [pe:'tse:] <-s, -s> *m Abk von* **Personalcomputer** P.C. *m*
PDS [pe:de:'ʔɛs] <-> *f Abk von* **Partei des Demokratischen Sozialismus** *parti issu du S.E.D. de l'ex-RDA*
Pech [pɛç] <-[e]s> *nt* ❶ (*Teer*) poix *f* ❷ *kein Pl fam* (*Missgeschick*) poisse *f*; **~ gehabt!** *fam* tant pis pour toi/lui/elle/...!
pechschwarz ['pɛç'ʃvarts] *adj fam* (*Haare*) de jais
Pechvogel *m fam* malchanceux(-euse) *m(f)*
Pedal [pe'da:l] <-s, -e> *nt* pédale *f*
Pedant(in) [pe'dant] <-en, -en> *m(f)* maniaque *mf*
pedantisch I. *adj* tatillon(ne) II. *adv* (*vorgehen*) minutieusement
Peeling ['pi:lɪŋ] <-s, -s> *nt* peeling *m*
Peepshow[RR] ['pi:pʃo:] <-, -s> *f* peep-show *m*
Pegel ['pe:gəl] <-s, ->, **Pegelstand** *m* niveau *m* des eaux
peilen ['pailən] I. *vt* NAUT prendre le relèvement de II. *vi fam* zieuter
peinigen *vt geh* tourmenter
Peiniger(in) <-s, -> *m(f) geh* tortionnaire *mf*
peinlich I. *adj* (*Frage*) gênant(e); (*Genauigkeit*) minutieux(-euse) II. *adv* (*genau*) extrêmement
Peitsche ['paitʃə] <-, -n> *f* fouet *m*
peitschen I. *vt + haben* fouetter II. *vi + sein* **gegen etw ~** (*Regen*) fouetter qc
Peking ['pe:kɪŋ] <-s> *nt* Pékin
Pelikan ['pe:lika:n] <-s, -e> *m* pélican *m*
Pelle ['pɛlə] ▸**jdm auf die ~ rücken** *fam* coller à qn
pellen *vt fam* peler
Pellkartoffel *f* pomme *f* de terre en robe des champs
Pelz [pɛlts] <-es, -e> *m* fourrure *f*
pelzig *adj* (*Haut*) velouté(e); (*Baumblatt*) velu(e)
Pendant [pã'dã:] <-s, -s> *nt geh* **das ~ zu etw** le pendant de qc
Pendel ['pɛndəl] <-s, -> *nt* pendule *m*
pendeln *vi* ❶ *+ haben* (*Gegenstand*) osciller ❷ *+ sein* (*Person, Bus*) faire la navette
Pendler(in) <-s, -> *m(f): personne qui fait tous les jours la navette entre son domicile et son lieu de travail*
penetrant [pene'trant] I. *adj* (*Geruch*) pénétrant(e); (*Person*) importun(e) II. *adv* (*riechen*) fort
peng [pɛŋ] *interj* pan
penibel [pe'ni:bəl] *adj geh* (*in Bezug auf Sauberkeit*) méticuleux(-euse)
Penis ['pe:nɪs] <-, -se> *m* pénis *m*
Penizillin [penitsɪ'li:n] <-s, -e> *nt* pénicilline *f*
Penne <-, -n> *f* bahut *m*
pennen ['pɛnən] *vi fam* (*schlafen*) roupiller
Penner(in) <-s, -> *m(f) pej fam* (*Stadtstreicher*) clodo *mf*

P

Pension [pã'zio:n] <-, -en> *f* ❶ (*Unterkunft*) pension *f* de famille ❷ (*Ruhegehalt*) pension *f* [de retraite] ❸ (*Ruhestand*) retraite *f*

Pensionär(in) [pãzio'nɛ:ɐ] <-s, -e> *m(f)* retraité *m*

pensionieren* [pãzio'ni:rən] *vt* **pensioniert werden** (*Beamter*) être mis à la retraite

pensioniert [pɛnzio'ni:ɐt] *adj* retraité(e)

Pensionierung [pãzio'ni:rʊŋ] <-, -en> *f* mise *f* à la retraite

Pensionsgast *m* pensionnaire *mf*

Pensum [pɛnzʊm] <-s, Pensa> *nt* tâche *f*

Penthouse ['pɛnthaus] <-, -s> *nt* penthouse *m*

Peperoni [pepe'ro:ni] <-, -> *f* piment *m*

peppig ['pɛpɪç] *fam adj* (*Aufmachung*) tape-à-l'œil

per [pɛr] *präp + akk* ❶ (*durch*) ~ **Luftpost** par avion; ~ **Einschreiben** en recommandé ❷ (*pro*) pour

perfekt [pɛr'fɛkt] *adj* ❶ (*vollkommen*) parfait(e) ❷ *fam* (*abgeschlossen*) **etw ~ machen** conclure qc

Perfekt ['pɛrfɛkt] <-s, -e> *nt* LING passé *m* composé

Perfektion [pɛrfɛk'tsio:n] <-> *f* perfection *f*

perfektionieren* *vt* perfectionner

Perfektionist(in) [pɛrfɛktsio'nɪst] <-en, -en> *m(f)* perfectionniste *mf*

Pergament [pɛrga'mɛnt] <-[e]s, -e> *nt* parchemin *m*

Pergamentpapier *nt* papier-parchemin *m*; (*Butterbrotpapier*) papier *m* sulfurisé

Periode [peri'o:də] <-, -n> *f* ❶ *a.* MATH période *f* ❷ (*Menstruation*) règles *fpl*

Periodensystem *nt* (*Tafel*) système *m* périodique des éléments

periodisch *adj* périodique

Peripherie [perife'ri:] <-, -n> *f* ❶ *a.* MATH périphérie *f* ❷ INFORM périphérique *m*

Perle ['pɛrlə] <-, -n> *f* ❶ (*Schmuckperle*) perle *f* ❷ (*Wasserperle*) goutte *f*

perlen *vi* ❶ (*sprudeln*) pétiller ❷ (*sichtbar sein*) **auf etw** (*dat*) ~ (*Regentropfen, Schweiß*) perler sur qc

Perlmutt ['pɛrlmʊt] <-s> *nt* nacre *f*

Perlon® ['pɛrlɔn] <-s> *nt* perlon® *m*

permanent [pɛrma'nɛnt] **I.** *adj* permanent(e) **II.** *adv* (*streiten*) constamment

perplex [pɛr'plɛks] *adj* perplexe

Perron [pɛ'rõ:] <-s, -s> *m* A, CH quai *m*

Perser ['pɛrzɐ] <-s, -> *m* ❶ HIST Persan *m* ❷ *fam* (*Teppich*) tapis *m* persan

Perserin <-, -nen> *f* HIST Persane *f*

Perserteppich *m* tapis *m* persan

Persien ['pɛrziən] <-s> *nt* HIST la Perse

persisch **I.** *adj* HIST persan(e) **II.** *adv* ~ **miteinander sprechen** discuter en persan

Persisch <-[s]> *nt kein art* persan *m*; *s. a.* **Deutsch**

Person [pɛr'zo:n] <-, -en> *f* ❶ personne *f*; **juristische/natürliche** ~ JUR personne *f* morale/physique ❷ LITER personnage *m*

Personal [pɛrzo'na:l] <-s> *nt* personnel *m*

Personalabbau *m* réduction *f* du personnel **Personalabteilung** *f* service *m* du personnel **Personalausweis** *m* carte *f* d'identité **Personalcomputer** *m* micro-ordinateur *m*

Personalien [pɛrzo'na:liən] *Pl* identité *f*

Personalpronomen *nt* LING pronom *m* personnel **Personalrat** *m* (*Gremium*) délégation *f* du personnel **Personalrat** *m*, **-rätin** *f* délégué(e) *m(f)* du personnel

personell [pɛrzo'nɛl] *adj* de/du personnel

Personenbeschreibung *f* signalement *m* **Personenschaden** *m* dommage *m* corporel **Personenstand** *m form* état *m* civil

personifizieren* [pɛrzonifi'tsi:rən] *vt* personnifier

persönlich [pɛr'zø:nlɪç] **I.** *adj* ❶ personnel(le); (*Freiraum*) individuel(le) ❷ (*anzüglich*) ~ **werden** devenir vexant(e) **II.** *adv* (*erscheinen*) en personne

Persönlichkeit <-, -en> *f* personnalité *f*

Perspektive [pɛrspɛk'ti:və] <-, -n> *f* perspective *f*

perspektivisch [pɛrspɛk'ti:vɪʃ] *adv* en perspective

Peru [pe'ru:] <-s> *nt* le Pérou

Perücke [pe'rʏkə] <-, -n> *f* perruque *f*

pervers [pɛr'vɛrs] *adj* pervers(e)

Peseta [pe'ze:ta] <-, -ten> *f* HIST peseta *f*

Pessar [pɛ'sa:ɐ] <-s, -e> *nt* diaphragme *m*

Pessimismus [pɛsi'mɪsmʊs] <-> *m* pessimisme *m*

Pessimist(in) [pɛsi'mɪst] <-en, -en> *m(f)* pessimiste *mf*

pessimistisch **I.** *adj* pessimiste **II.** *adv* avec pessimisme

Pest [pɛst] <-> *f* peste *f*

Pestizid [pɛsti'tsi:t] <-s, -e> *nt* pesticide *m*

Peter ►**jdm den schwarzen ~ zuschieben** *fam* faire porter le chapeau à qn

Petersilie [pete'zi:li̯ə] <-, -n> *f* persil *m*

Petition [peti'tsi̯o:n] <-, -en> *f* pétition *f*

Petroleum [pe'tro:leʊm] <-s> *nt* pétrole *m;* (*für ~lampen*) pétrole lampant

Petrus <-> *m* Saint Pierre

Petting ['pɛtɪŋ] <-s, -s> *nt* attouchements *mpl*

petzen ['pɛtsən] *vt, vi pej fam* rapporter

peu à peu [pøɑ'pø] *adv* peu à peu

Pf *Abk von* **Pfennig** pfennig *m*

Pfad [pfa:t] <-[e]s, -e> *m* ① sentier *m* ② INFORM chemin *m*

Pfadfinder(in) <-s, -> *m(f)* scout *m*/guide *f*

Pfahl [pfa:l, *Pl:* pfɛ:lə] <-[e]s, Pfähle> *m* (*Zaunpfahl*) pieu *m*

Pfalz [pfalts] <-, -en> *f* GEO **die ~** le Palatinat

Pfand [pfant, *Pl:* 'pfɛndɐ] <-[e]s, Pfänder> *nt* ① *kein Pl* (*für Leergut*) consigne *f* ② *a.* SPIEL gage *m*

pfänden ['pfɛndən] *vt* saisir

Pfandflasche *f* bouteille *f* consignée

Pfändung <-, -en> *f* saisie *f*

Pfanne ['pfanə] <-, -n> *f* ① (*Bratpfanne*) poêle *f* ② CH (*Topf*) casserole *f*

Pfannkuchen ['pfanku:xən] *m* crêpe *f* [épaisse]

Pfarrei [pfa'rai̯] <-, -en> *f* (*Gemeinde*) paroisse *f*

Pfarrer(in) ['pfarɐ] <-s, -> *m(f)* (*evangelisch*) pasteur *m;* (*katholisch*) curé *m*

Pfarrgemeinde *f* paroisse *f* **Pfarrhaus** *nt* presbytère *m*

Pfau [pfau̯] <-[e]s, -en> *m* paon *m*

Pfauenauge *nt* paon *m* de jour

Pfeffer ['pfɛfɐ] <-s, -> *m* poivre *m* ▶**der soll bleiben, wo der ~ wächst!** il peut rester où il est!

Pfefferminz <-es> *nt* menthe *f*

Pfefferminze <-> *f* menthe *f* [poivrée] **Pfeffermühle** *f* moulin *m* à poivre

pfeffern ['pfɛfɐn] *vt* poivrer

Pfefferstreuer <-s, -> *m* poivrier *m*

Pfeife ['pfai̯fə] <-, -n> *f* ① (*Tabakspfeife*) pipe *f* ② (*Trillerpfeife*) sifflet *m* ③ *fam* (*Nichtskönner*) nullard(e) *m(f)* ▶**nach jds ~ tanzen** *fam* se laisser mener [par le bout du nez] par qn

pfeifen ['pfai̯fən] <pfiff, gepfiffen> **I.** *vi* siffler; **auf etw** (*akk*) **~** *fam* se ficher de qc **II.** *vt* (*Lied*) siffler

Pfeifton *m* signal *m*

Pfeil [pfai̯l] <-s, -e> *m* flèche *f*

Pfeiler ['pfai̯lɐ] <-s, -> *m* pilier *m*

Pfennig ['pfɛnɪç] <-s, -e> *m* pfennig *m*

Pfennigabsatz *m fam* talon *m* aiguille **Pfennigfuchser(in)** ['pfɛnɪçfʊksɐ] <-s, -> *m(f) fam* grippe-sou *mf*

Pferd [pfe:ɐ̯t] <-[e]s, -e> *nt* ① cheval *m;* **auf einem ~ reiten** chevaucher ② (*Turngerät*) cheval *m* d'arçons ③ SPIEL cavalier *m* ▶**keine zehn ~e** *fam* rien au monde

Pferdeapfel *m* crottin *m* **Pferderennsport** *m* hippisme *m* **Pferdeschwanz** *m* queue *f* de cheval **Pferdestall** *m* écurie *f*

pfiff [pfɪf] *Imp von* **pfeifen**

Pfiff [pfɪf] <-s, -e> *m* (*Pfeifton*) sifflement *m*

Pfifferling ['pfɪfɐlɪŋ] <-[e]s, -e> *m* girolle *f*

pfiffig ['pfɪfɪç] **I.** *adj* malin(-igne) **II.** *adv* avec finesse

Pfingsten ['pfɪŋstən] <-, -> *nt meist ohne art* la Pentecôte

Pfingstmontag *m* lundi *m* de Pentecôte

Pfingstsonntag [pfɪŋst'zɔnta:k] *m* dimanche *m* de [la] Pentecôte

Pfirsich ['pfɪrzɪç] <-s, -e> *m* pêche *f*

Pfirsichbaum *m* pêcher *m*

Pflanze ['pflantsə] <-, -n> *f* plante *f*

pflanzen *vt* (*setzen*) planter

Pflanzenfett *nt* graisse *f* végétale **Pflanzenfresser** *m* herbivore *m* **Pflanzenschutzmittel** *nt* produit *m* phytosanitaire

pflanzlich *adj attr* ① (*aus Pflanzen gewonnen*) végétal(e) ② (*Nahrung*) végétarien(ne)

Pflaster ['pflastɐ] <-s, -> *nt* ① (*Heftpflaster*) sparadrap *m* ② (*Straßenbelag*) chaussée *f;* (*Kopfsteinpflaster*) pavé *m*

pflastern *vt, vi* paver

Pflasterstein *m* pavé *m*

Pflaume ['pflau̯mə] <-, -n> *f* (*Frucht*) prune *f*

Pflaumenbaum *m* prunier *m*

Pflege ['pfle:gə] <-> *f* ① (*Körper-, Krankenpflege*) soins *mpl* ② (*Obhut*) **jdn bei jdm in ~ geben** mettre qn en pension chez qn ③ (*von Anlagen*) entretien *m* ④ *geh* (*Aufrechterhaltung*) maintien *m*

pflegebedürftig *adj* (*Person*) dépendant(e) **Pflegeeltern** *Pl* parents *mpl* adoptifs **Pflegefall** *m* personne *f* qui réclame des soins constants **Pflegeheim** *nt* maison *f* médicalisée **Pflegekind** *nt* enfant *m* placé dans une famille **pflegeleicht** *adj* ① (*Kleidung*) facile à entretenir; (*Pflanze*) facile à soigner

❷ *fig, iron* (*Person*) facile à vivre

pflegen **I.** *vt* ❶ (*Kranken, Tier, Pflanze*) soigner; (*Denkmal*) entretenir ❷ (*Beziehungen*) cultiver ❸ (*gewöhnlich tun*) **er pflegt zu schwimmen** il a l'habitude de nager **II.** *vr* **sich ~** soigner son apparence; (*sich schonen*) se ménager

Pfleger(in) <-s, -> *m(f)* infirmier(-ière) *m(f)*

Pflegeversicherung *f* assurance *f* dépendance

Pflicht [pflɪçt] <-, -en> *f* devoir *m*

pflichtbewusst[RR] *adj* conscient(e) de ses devoirs **Pflichtbewusstsein**[RR] *nt*, **Pflichtgefühl** *nt* sens *m* du devoir **Pflichtfach** *nt* matière *f* obligatoire **Pflichtversicherung** *f* assurance *f* obligatoire **Pflichtverteidiger(in)** *m(f)* avocat(e) *m(f)* commis(e) d'office

Pflock [pflɔk, *Pl:* 'plœkə] <-[e]s, Pflöcke> *m* piquet *m*

pflücken ['pflʏkən] *vt* cueillir

Pflug [pflu:k, *Pl:* 'pfly:gə] <-es, Pflüge> *m* charrue *f*

pflügen ['pfly:gən] *vt* (*Acker*) labourer

Pforte ['pfɔrtə] <-, -n> *f* porte *f*

Pförtner(in) ['pfœrtnɐ] <-s, -> *m(f)* gardien(ne) *m(f)*

Pfosten ['pfɔstən] <-s, -> *m* poteau *m*

Pfote ['pfo:tə] <-, -n> *f* patte *f*; **~n weg!** *fam* bas les pattes!

Pfropfen <-s, -> *m* bouchon *m*

pfui [pfʊɪ] *interj* be[u]rk

Pfund [pfʊnt] <-[e]s, -e> *nt* livre *f*

pfuschen ['pfʊʃən] *vi fam* bâcler le travail

Pfütze ['pfʏtsə] <-, -n> *f* flaque *f*

Phänomen [fɛno'me:n] <-s, -e> *nt* phénomène *m*

Phantasie [fanta'zi:] <-> *f kein Pl* imagination *f*

phantasieren* *s.* **fantasieren**

phantastisch *s.* **fantastisch**

Phantom [fan'to:m] <-s, -e> *nt* fantôme *m*

Phantombild *nt* portrait-robot *m*

Pharao ['fa:rao] <-s, Pharaonen> *m*, **Pharaonin** *f* pharaon(ne) *m(f)*

Pharisäer [fari'zɛ:ɐ] <-s, -> *m* ❶ REL pharisien *m* ❷ (*Getränk*) *café avec du rhum, couronné de crème Chantilly*

Pharmakonzern *m* groupe *m* pharmaceutique

pharmazeutisch [farma'tsɔytɪʃ] *adj* pharmaceutique

Pharmazie [farma'tsi:] <-> *f* pharmacie *f*

Phase ['fa:zə] <-, -n> *f a.* ELEC phase *f*

Philharmonie [fɪlharmo'ni:] <-, -n> *f* philharmonie *f*

Philharmoniker(in) [fɪlhar'mo:nikɐ] <-s, -> *m(f)* *Pl* (*Orchester*) **die Wiener ~** l'orchestre *m* philharmonique de Vienne

Philippinen [filɪ'pi:nən] *Pl* **die ~** les Philippines *fpl*

Philologie [filolo'gi:] <-, -n> *f* philologie *f*

philologisch *adj* de philologie

Philosoph(in) [filo'zo:f] <-en, -en> *m(f)* philosophe *mf*

Philosophie [filozo'fi:] <-, -n> *f* philosophie *f*

philosophieren* [filozo'fi:rən] *vi* philosopher

philosophisch *adj* philosophique

phlegmatisch *adj geh* indolent(e)

Phobie [fo'bi:] <-, -n> *f* phobie *f*

Phonetik <-> *f* phonétique *f*

phonetisch *adj* phonétique

Phosphat [fɔs'fa:t] <-[e]s, -e> *nt* phosphate *m*

Phosphor ['fɔsfo:ɐ] <-s> *m* phosphore *m*

Photo *s.* **Foto**

Photosynthese *f* BIO photosynthèse *f*

Phrase ['fra:zə] <-, -n> *f pej* formule *f* [toute faite]

pH-Wert [pe:'ha:ve:ɐt] *m* pH *m*

Physik [fʏ'zi:k] <-> *f* physique *f*

physikalisch [fyzi'ka:lɪʃ] *adj* (*Formel*) de physique; (*Gesetz*) physique

Physiker(in) ['fy:zikɐ] <-s, -> *m(f)* physicien(ne) *m(f)*

physiologisch [fyzio'lo:gɪʃ] *adj* physiologique

physisch ['fy:zɪʃ] *adj* physique

Pi [pi:] <-[s]> *nt* [**die Zahl**] ~ [le nombre] pi *m*

Pianist(in) [pia'nɪst] <-en, -en> *m(f)* pianiste *mf*

piano *adv* piano

Pickel ['pɪkəl] <-s, -> *m* ❶ bouton *m* ❷ (*Eispickel*) piolet *m*

pick[e]lig *adj* (*Gesicht*) boutonneux(-euse)

picken ['pɪkən] *vt* (*Körner*) picorer

Picknick ['pɪknɪk] <-s, -s> *nt* pique-nique *m*

picknicken *vi* pique-niquer

picobello ['pi:ko'bɛlo] *adv fam* impec

Piep ▶**keinen ~ sagen** *fam* ne pas piper [mot]

piepen ['pi:pən] **I.** *vi* (*Vogel*) pépier; (*Maus*) couiner (*fam*) (*Funkgerät*) faire bip[-bip] **II.** *vi unpers fam* **bei ihm piept's** il déraille

piepsen ['pi:psən] *vi s.* **piepen I.**

Piepser <-s, -> *m fam* ❶ (*Piepton*) signal *m* sonore ❷ (*Personenrufgerät*) bip *m*

piesacken ['pi:zakən] *vt fam* **jdn ~** (*Person*) embêter qn; (*Tier*) enquiquiner qn

pietätlos [pie'tɛ:t-] *geh adj* irrespectueux

Pigment [pɪ'gmɛnt] <-s, -e> *nt* pigment *m*

Pik [pi:k] <-s, -> *nt* SPIEL pique *m*

pikant [pi'kant] **I.** *adj* ❶ relevé(e); (*Soße*) piquant(e) ❷ (*frivol: Witz*) piquant(e) **II.** *adv* **~ schmecken** être relevé

piken ['pi:kən] *fam vt, vi* piquer

pikiert [pi'ki:ɐ̯t] *geh* **I.** *adj* offusqué(e) **II.** *adv* (*reagieren*) avec indignation

Pikkolo ['pɪkolo] <-s, -s> *m* ≈ quart *m* de mousseux

piksen *s.* **piken**

Pilger(in) ['pɪlgɐ] <-s, -> *m(f)* pèlerin(e) *m(f)*

Pilgerfahrt *f* pèlerinage *m*

pilgern *vi + sein* **nach Mekka ~** se rendre en pèlerinage à la Mecque

Pille ['pɪlə] <-, -n> *f* (*Tablette, Antibabypille*) pilule *f*

Pilot(in) [pi'lo:t] <-en, -en> *m(f)* pilote *mf*

Pilotfilm *m* film-pilote *m*

Pils [pɪls] <-, -> *nt* pils *f*

Pilz [pɪlʦ] <-es, -e> *m a.* MED champignon *m*

Pilzvergiftung *f* intoxication *f* par des champignons

Pimmel ['pɪməl] <-s, -> *m fam* zizi *m*

pingelig ['pɪŋəlɪç] *adj fam* maniaque

Pinguin ['pɪŋgui:n] <-s, -e> *m* pingouin *m*

Pinie ['pi:niə] <-, -n> *f* pin *m* parasol

Pink <-s, -s> *nt* rose *m* vif

pinkeln ['pɪŋkəln] *vi fam* pisser

pinkfarben *adj* rose vif

Pinnwand ['pɪnvant] *f* tableau *m* aide-mémoire

Pinsel ['pɪnzəl] <-s, -> *m* pinceau *m*

pinseln *vt fam* (*schreiben*) **einen Spruch an die Wand ~** barbouiller une inscription au mur

Pinzette [pɪn'ʦɛtə] <-, -n> *f* pincette *f*; (*Kosmetikpinzette*) pince *f* à épiler

Pionier(in) [pio'ni:ɐ̯] <-s, -e> *m(f) geh* pionnier(-ière) *m(f)*

Pipeline ['paiplain] <-, -s> *f* pipeline *m*

Pipette [pi'pɛtə] <-, -n> *f* pipette *f*

Pipi ['pɪpi] <-s> *nt Kinderspr.* **~ machen** faire pipi

Piranha [pi'ranja] <-[s], -s> *m* piranha *m*

Pirat(in) [pi'ra:t] <-en, -en> *m(f)* pirate *m*

Pirouette [pi'ruɛtə] <-n> *f* pirouette *f*

pissen ['pɪsən] *vi vulg* pisser (*fam*)

Pissoir [pɪ'soa:ɐ] <-s, -s> *nt* urinoir *m*

Pistazie [pɪs'ta:ʦiə] <-, -n> *f* pistache *f*

Piste ['pɪstə] <-, -n> *f* piste *f*

Pistole [pɪs'to:lə] <-, -n> *f* pistolet *m* ▶**wie aus der ~ geschossen** *fam* du tac au tac

Pizza ['pɪʦa] <-, -s> *f* pizza *f*

Pizzeria <-, -s o -ien> *f* pizzeria *f*

Pkw ['pe:ka:ve:] <-s, -s> *m Abk von* **Personenkraftwagen** voiture *f* [particulière]

Placebo [pla'ʦe:bo] <-s, -s> *nt* MED placebo *m*

Plackerei [plakə'rai̯] <-, -en> *f fam* galère *f*

plädieren* [plɛ'di:rən] *vi* plaider

Plädoyer [plɛdo̯a'je:] <-s, -s> *nt* ❶ JUR (*eines Rechtsanwalts*) plaidoirie *f*; (*eines Staatsanwalts*) réquisitoire *m* ❷ *geh* (*Eintreten*) plaidoyer *m*

Plage ['pla:gə] <-, -n> *f* plaie *f*; (*Schädlingsplage*) fléau *m*

plagen **I.** *vt* **jdn ~** (*Gewissen*) tourmenter qn; (*Hunger*) tenailler qn **II.** *vr* **sich ~** s'esquinter (*fam*)

Plakat [pla'ka:t] <-[e]s, -e> *nt* affiche *f*

Plakette [pla'kɛtə] <-, -n> *f* badge *m*

Plan [pla:n, *Pl:* 'plɛ:nə] <-[e]s, Pläne> *m* ❶ plan *m* ❷ *meist Pl* (*Planung*) projet *m*

Plane ['pla:nə] <-, -n> *f* bâche *f*

planen *vt* (*Projekt*) planifier; (*Bauwerk*) dessiner les plans de

Planet [pla'ne:t] <-en, -en> *m* planète *f*

Planetarium [plane'ta:riʊm] <-s, -tarien> *nt* planétarium *m*

Planke ['plaŋkə] <-, -n> *f* planche *f*

Plankton ['plaŋktɔn] <-s> *nt* plancton *m*

planlos **I.** *adj* désordonné(e) **II.** *adv* au hasard

planmäßig **I.** *adj* (*Ankunft*) normal(e); (*Vorgehen*) méthodique **II.** *adv* (*stattfinden*) comme prévu

Planquadrat *nt* quadrilatère *m* [du plan]

Planschbecken *nt* pataugeoire *f*

planschen ['planʃən] *vi* barboter

Plantage [plan'ta:ʒə] <-, -n> *f* plantation *f*

Planung <-, -en> *f* plan *m*

plappern ['plapɐn] *fam* **I.** *vi* bavarder **II.** *vt* marmonner

Plasma ['plasma] <-s, Plasmen> *nt* plasma *m*

Plastik[1] ['plastɪk] <-s> *nt* (*Kunststoff*) plastique *m*

Plastik[2] <-, -en> *f* KUNST sculpture *f*

Plastikmüll *m* déchets *mpl* plastiques **Plastiktüte** *f* sac *m* en plastique

plastisch *adj* (*Wirkung*) en relief; (*Schilderung*) clairement réalisé(e); (*Chirurgie*) plastique

Platane [pla'taːnə] <-, -n> *f* platane *m*

Plateau [pla'toː] <-s, -s> *nt* plateau *m*

Platin ['plaːtiːn] <-s> *nt* platine *m*

platonisch [pla'toːnɪʃ] *geh adj* (*Liebe*) platonique

platsch [platʃ] *interj* vlan; (*beim Aufprall auf Wasser*) plouf

plätschern ['plɛtʃɐn] *vi* ① + *haben* (*Wasser*) clapoter ② + *sein* (*Bach*) s'écouler en clapotant

platt [plat] **I.** *adj* ① (*flach*) plat(e); (*Nase*) aplati(e); (*Reifen*) à plat ② (*geistlos*) banal(e) ③ *fam* (*verblüfft*) ~ **sein** [en] être baba **II.** *adv* ~ **drücken** écraser

Platt *s.* **Plattdeutsch**

plattdeutsch **I.** *adj* (*Dialekt*) bas allemand(e); (*Wort*) de bas allemand **II.** *adv* ~ **miteinander sprechen** discuter en bas allemand

Plattdeutsch *nt kein art* bas allemand *m; s. a.* **Deutsch**

Platte ['platə] <-, -n> *f* ① (*Stein-, Keramikplatte*) (*klein*) carreau *m;* (*groß*) dalle *f* ② (*Metallplatte*) plaque *f* ③ (*Servierplatte*) plateau *m* ④ (*Speisenplatte*) **kalte** ~ assiette *f* anglaise ⑤ (*Schallplatte*) disque *m* ⑥ (*Kochplatte*) plaque *f* [électrique]

Plattenspieler *m* platine *f* [disques]

Plattform *f* plate-forme *f* **Plattfuß** *m* pied *m* plat

Platz [plats, *Pl:* 'plɛtsə] <-es, Plätze> *m* ① place *f* ② (*Sportplatz*) terrain *m* ▶**fehl am** ~[e] **sein** (*Person*) ne pas être à sa place; (*Sache*) être déplacé

Platzangst *f fam* (*Klaustrophobie*) claustrophobie *f* **Platzanweiser(in)** <-s, -> *m(f)* ouvreur(-euse) *m(f)*

Plätzchen ['plɛtsçən] <-s, -> *nt* ① *Dim von* **Platz** petite place *f* ② (*Gebäck*) ≈ petit gâteau *m* sec

platzen ['platsən] *vi* + *sein* ① (*Tüte*) éclater; (*Reifen*) crever; (*Naht*) craquer; **vor Neugier** (*dat*) ~ crever de curiosité ② *fam* (*Termin*) foirer

platzieren*[RR] [pla'tsiːrən] *vt a.* SPORT placer

Platzierung[RR] <-, -en> *f* (*Rangfolge*) classement *m*

Platzkarte *f* [billet *m* de] réservation *f* **Platzverweis** *m* expulsion *f* [du terrain] **Platzwunde** *f* plaie *f* ouverte

Plauderei <-, -en> *f* causerie *f*

plaudern ['plaudɐn] *vi* bavarder

plausibel [plau'ziːbəl] *adj* plausible

Playback, Play-back[RR] ['pleːbɛk] <-s, -s> *nt* play-back *m*

Playboy ['pleːbɔy] <-s, -s> *m* play-boy *m*

Plazenta [pla'tsɛnta] <-, -s> *f* MED placenta *m*

plazieren*[ALT] *s.* **platzieren**

Plazierung[ALT] *s.* **Platzierung**

pleite ['plaitə] *adj fam* ~ **sein** (*Person*) être fauché; (*Firma*) être en déconfiture

Pleite <-, -n> *f fam* ① faillite *f* ② (*Reinfall*) fiasco *m*

plemplem [plɛm'plɛm] *adj fam* ~ **sein** être zinzin

Plenarsaal [ple'naːɐ̯zaːl] *m* ≈ hémicycle *m*

Plenum ['pleːnʊm] <-s, Plena> *nt* assemblée *f* plénière

PLO [peːʔɛl'ʔoː] <-> *f Abk von* **Palestine Liberation Organization** OLP *f*

Plombe ['plɔmbə] <-, -n> *f* (*Zahnplombe*) plombage *m*

plombieren* [plɔm'biːrən] *vt* plomber

Plotter ['plɔtɐ] <-s, -> *m* INFORM traceur *m*

plötzlich ['plœtslɪç] **I.** *adj* soudain(e); (*Tod*) subit(e) **II.** *adv* soudain

Plug-in [plʌg'ʔɪn] <-s, -s> *nt* INFORM plugiciel *m*

plump [plʊmp] *adj* ① (*Bewegungen*) gauche ② (*dummdreist*) primitif(-ive)

plumpsen ['plʊmpsən] *vi* + *sein fam* **ins Wasser** ~ tomber dans l'eau en faisant un grand plouf

Plumpsklo[sett] *nt fam* latrines *fpl*

Plunder <-s> *m fam* bric-à-brac *m*

Plünderer <-s, -> *m,* **Plünderin** *f* pillard *m*

plündern ['plʏndɐn] **I.** *vt* piller **II.** *vi* se livrer au pillage

Plünderung <-, -en> *f* pillage *m*

Plural ['pluːraːl] <-s, -e> *m* pluriel *m*

pluralistisch [plura'lɪstɪʃ] *adj geh* pluraliste

plus [plʊs] **I.** *präp* + *gen* plus **II.** *konj* plus **III.** *adv* (*über null Grad*) **drei Grad** ~ plus trois degrés

Plus *nt* ❶ plus *m* ❷ (*Überschuss*) excédent *m*
Plüsch [plyːʃ] <-[e]s, -e> *m* peluche *f*
Plüschtier *nt* animal *m* en peluche
Pluspol *m* pôle *m* positif **Pluspunkt** *m* (*Vorzug*) plus *m*
Plusquamperfekt ['plʊskvampɛrfɛkt] <-s, -e> *nt* LING plus-que-parfait *m*
plustern ['pluːstɐn] *vt, vr* [**sich**] ~ [se] hérisser
Pluszeichen *nt* signe *m* plus
Pluto ['pluːto] <-s> *m* [la planète] Pluton *f*
Plutonium [plu'toːniʊm] <-s> *nt* plutonium *m*
PLZ *Abk von* **Postleitzahl** code *m* postal
Po [poː] <-s, -s> *m fam* fesses *fpl*
Pöbel ['pøːbəl] <-s> *m pej* populace *f*
pöbeln *vi fam* faire du barouf
pochen ['pɔxən] *vi geh* ❶ (*klopfen*) **gegen/an etw** (*akk*) ~ frapper contre/à qc ❷ (*Herz*) battre
Pocken ['pɔkən] *Pl* variole *f*
Podest [po'dɛst] <-[e]s, -e> *nt o m* estrade *f*
Podium ['poːdiʊm] <-s, Podien> *nt* podium *m*
Podiumsdiskussion *f* débat *m* public
Poesie [poe'ziː] <-> *f geh* poésie *f*
Poesiealbum *nt* ≈ album *m* souvenir (*petit album d'enfant rempli par les parents et amis*)
poetisch *adj geh* poétique
Pogrom [po'groːm] <-s, -e> *m o nt* pogrom[e] *m*
Pointe ['po̯ɛ̃ːtə] <-, -n> *f* chute *f*
Pokal [po'kaːl] <-s, -e> *m* coupe *f*
Pokalspiel *nt* match *m* de coupe
pökeln ['pøːkəln] *vt* saler
Poker ['poːkɐ] <-s> *nt o m* poker *m*
pokern *vi* jouer au poker
Pol [poːl] <-s, -e> *m* pôle *m*
polar [po'laːɐ̯] *adj* polaire
Polarkreis *m* cercle *m* polaire **Polarstern** *m* étoile *f* polaire
Pole ['poːlə] <-n, -n> *m*, **Polin** *f* Polonais(e) *m(f)*
polemisch [po'leːmɪʃ] *adj* polémique
polemisieren* [polemi'ziːrən] *vi* polémiquer
Polen ['poːlən] <-s> *nt* la Pologne
Police [po'liːsə] <-, -n> *f* police *f* [d'assurance]
Polier(in) <-s, -e> *m(f)* contremaître *m*
polieren* [po'liːrən] *vt* (*Schuhe*) lustrer; (*Auto*) briquer; **glatt** ~ polir
Polio ['poːlio] <-> *f* MED polio[myélite] *f*
Politesse [poli'tɛsə] <-, -n> *f* contractuelle *f*
Politik [poli'tiːk] <-> *f* politique *f*
Politiker(in) [po'liːtikɐ] <-s, -> *m(f)* homme *m*/femme *f* politique
Politikverdrossenheit *f* ras-le-bol *m* de la politique
politisch *adj* politique
politisieren* [politi'ziːrən] *vi* parler politique
Politologie [politolo'giː] <-> *f* science(s) *f(pl)* politique(s)
Polizei [poli'tsai̯] <-, -en> *f* ❶ police *f* ❷ *kein Pl* (*Dienstgebäude*) poste *m* de police
Polizeidirektion *f* direction *f* de la police **Polizeieinsatz** *m* intervention *f* de la police
polizeilich **I.** *adj* (*Ermittlung*) policier(-ière) **II.** *adv* (*überwachen*) par mesure de police
Polizeipräsidium *nt* préfecture *f* de police **Polizeirevier** *nt* poste *m* **Polizeischutz** *m* protection *f* policière **Polizeistaat** *m* État *m* policier **Polizeistreife** *f* patrouille *f* de police **Polizeiwache** *f* poste *m* de police
Polizist(in) [poli'tsɪst] <-en, -en> *m(f)* policier(-ière) *m(f)*
Polka ['pɔlka] <-, -s> *f* polka *f*
Pollen ['pɔlən] <-s, -> *m* pollen *m*
Pollenallergie *f* allergie *f* au pollen
polnisch ['pɔlnɪʃ] **I.** *adj* polonais(e) **II.** *adv* ~ **miteinander sprechen** discuter en polonais
Polnisch <-[s]> *nt kein art* polonais *m*; *s. a.* **Deutsch**
Polo ['poːlo] <-s, -s> *nt* polo *m*
Polohemd ['poːlohɛmt] *nt* polo *m*
Polonaise [polo'nɛːzə] <-, -n> *f* polonaise *f*
Polster ['pɔlstɐ] <-s, -> *nt o* A *m* ❶ (*eines Möbelstücks*) coussin *m*; (*Polsterung*) rembourrage *m* ❷ (*Schulterpolster*) épaulette *f* ❸ *fam* (*Rücklage*) pécule *m*
Polstermöbel *nt* meuble *m* rembourré
polstern *vt* (*Möbel*) capitonner
Polterabend *m* ≈ veille *f* des noces (*soirée au cours de laquelle on casse de la vaisselle pour porter bonheur aux futurs jeunes mariés*)
poltern ['pɔltɐn] *vi* ❶ + *haben* (*lärmen*) faire du vacarme ❷ + *sein* (*sich ~d bewegen*) **durch etw** ~ faire du vacarme dans qc
Polyester [poly'ɛstɐ] <-s, -> *m* polyester *m*
polygam [poly'gaːm] *adj* polygame
Polygamie [polyga'miː] <-> *f* polygamie *f*

Polynesien [poly'ne:ziən] <-s> *nt* la Polynésie

Polyp [po'ly:p] <-en, -en> *m* ZOOL, MED polype *m*

Pomade [po'ma:də] <-, -n> *f* pommade *f*

Pommes frites [pɔm'frɪt] *Pl* [pommes *fpl*] frites *fpl*

Pomp [pɔmp] <-[e]s> *m* faste *m*

pompös [pɔm'pø:s] *adj* somptueux(-euse); (*Ausstattung*) fastueux(-euse)

Poncho ['pɔntʃo] <-s, -s> *m* poncho *m*

Pony[1] ['pɔni] <-s, -s> *nt* poney *m*

Pony[2] <-s, -s> *m* (*Stirnfransen*) frange *f*

Pool [pu:l] <-s, -s> *m* piscine *f*

Pop [pɔp] <-s> *m* pop *f*

Popcorn ['pɔpkɔrn] <-s> *nt* pop-corn *m*

Popel ['po:pəl] <-s, -> *m fam* crotte *f* de nez

popeln ['po:pəln] *vi fam* se curer le nez

Popkonzert *nt* concert *m* [de musique] pop **Popmusik** *f* musique *f* pop

Popo [po'po:] <-s, -s> *m Kinderspr. fam* fesses *fpl*

populär [popu'lɛ:ɐ̯] *adj* populaire

Popularität [populari'tɛ:t] <-> *f* popularité *f*

Pore ['po:rə] <-, -n> *f* pore *m*

Porno ['pɔrno] <-s, -s> *m fam* porno *m*

Pornografie[RR] [pɔrnogra'fi:] <-> *f* pornographie *f*

pornografisch[RR] [pɔrno'gra:fɪʃ] *adj* pornographique

Pornographie *s.* **Pornografie**

pornographisch *s.* **pornografisch**

Pornoheft *nt fam* revue *f* porno

porös [po'rø:s] *adj* poreux(-euse)

Porree ['pɔre] <-s, -s> *m* poireau *m*

Portal [pɔr'ta:l] <-s, -e> *nt* portail *m*

Portemonnaie [pɔrtmɔ'ne:] <-s, -s> *nt* porte-monnaie *m*

Portier [pɔr'ti̯e:] <-s, -s> *m* portier *m*

Portion [pɔr'tsi̯o:n] <-, -en> *f* portion *f*; (*zugeteilte Menge*) part *f*

Portmonee[RR] [pɔrtmɔ'ne:] *s.* **Portemonnaie**

Porto ['pɔrto] <-s, -s> *nt* port *m*

Porträt [pɔr'trɛ:] <-s, -s> *nt* portrait *m*

porträtieren* *vt* **jdn porträtieren** (*Maler*) faire le portrait de qn; (*Autor*) représenter qn

Portugal ['pɔrtugal] <-s> *nt* le Portugal

Portugiese [pɔrtu'gi:zə] <-n, -n> *m*, **Portugiesin** *f* Portugais(e) *m(f)*

portugiesisch **I.** *adj* portugais(e) **II.** *adv* **~ miteinander sprechen** discuter en portugais

Portugiesisch <-[s]> *nt kein art* portugais *m*; *s. a.* **Deutsch**

Portwein ['pɔrtvai̯n] *m* porto *m*

Porzellan [pɔrtsɛ'la:n] <-s, -e> *nt* porcelaine *f*

Posaune [po'zau̯nə] <-, -n> *f* trombone *m*

Posaunist(in) *m(f)* tromboniste *mf* (*form*)

Pose ['po:zə] <-, -n> *f* pose *f*

posieren* [po'zi:rən] *vi geh* poser

Position [pozi'tsi̯o:n] <-, -en> *f* ❶ *a.* MIL position *f* ❷ (*beruflich*) situation *f*

positiv ['po:ziti:f] *adj a.* MED, PHYS positif (-ive); **~ sein** *fam* (*HIV-~ sein*) être [séro]positif

Posse ['pɔsə] <-, -n> *f* farce *f*

Possessivpronomen ['pɔsɛsi:fprono:mən] *nt* LING [pronom *m*] possessif *m*; (*adjektivisches ~*) [adjectif *m*] possessif *m*

Post [pɔst] <-> *f* ❶ (*Unternehmen*) poste *f* ❷ (*~sendung*) courrier *m*; **elektronische ~** courrier électronique

Postamt *nt* bureau *m* de poste **Postanweisung** *f* mandat *m* **Postbote** *m*, **-botin** *f* facteur(-trice) *m(f)*

Posten ['pɔstən] <-s, -> *m* ❶ (*Amt*) poste *m* ❷ (*Wachmann*) sentinelle *f* ▶**nicht ganz auf dem ~ sein** *fam* être mal fichu

Poster ['po:stɐ] <-s, -[s]> *nt* poster *m*

Postfach *nt* (*bei der Post*) boîte *f* postale; (*im Hotel, Büro*) casier *m* [à courrier] **Postgeheimnis** *nt* secret *m* postal

posthum *s.* **postum**

postieren* [pɔs'ti:rən] *vt* poster

Postkarte *f* carte *f* postale **postlagernd** *adj, adv* poste[-]restante **Postleitzahl** *f* code *m* postal

> Après la réunification, il a été nécessaire de mettre en place un nouveau système de code postal. Ainsi, depuis juillet 1993, le **Postleitzahl** est à cinq chiffres. Les deux premiers chiffres désignent la région et les trois autres la localité, la boîte postale ou une grande entreprise. En Autriche et en Suisse, quatre chiffres suffisent jusqu'à présent et désignent une localité. Les deux derniers chiffres des grandes villes suisses correspondent au quartier de la localité désignée par les deux premiers.

postmodern [pɔstmo'dɛrn] *adj* postmoderne

Postsendung *f* envoi *m* postal **Postsparbuch** *nt* livret *m* d'épargne de la poste **Poststempel** *m* cachet *m* de la poste

postum [pɔs'tu:m] *geh* **I.** *adj* posthume **II.** *adv* à titre posthume

postwendend ['pɔst'vɛndənt] *adv* par retour du courrier **Postwertzeichen** *nt form* timbre-poste *m* **Postwurfsendung** *f* publicité *f* distribuée par la poste

potent [po'tɛnt] *adj* (*Person*) sexuellement puissant(e)

Potential [potɛn'tsia:l] *s.* **Potenzial**

potentiell [potɛn'tsiɛl] *s.* **potenziell**

Potenz [po'tɛnts] <-, -en> *f* ① MATH puissance *f* ② (*sexuelle* ~) virilité *f*

Potenzial[RR] [potɛn'tsia:l] <-s, -e> *nt a.* PHYS potentiel *m*

potenziell[RR] [potɛn'tsiɛl] *geh adj* potentiel(le)

potenzieren* [potɛn'tsi:rən] *vt* MATH **eine Zahl mit fünf** ~ élever un nombre à la puissance cinq

Power ['paʊɐ] <-> *f fam* (*einer Person*) punch *m*

PR [pe:'ʔɛr] <-> *f Abk von* **Public Relations** relations *fpl* publiques

Präambel [prɛ'ambəl] <-, -n> *f* préambule *m*

Pracht [praxt] <-> *f* splendeur *f*

Prachtexemplar *nt* belle pièce *f*

prächtig ['prɛçtɪç] **I.** *adj* (*Raum*) somptueux(-euse); (*Wetter*) splendide **II.** *adv* (*sich verstehen*) à merveille

prachtvoll *s.* **prächtig**

Prädikat [prɛdi'ka:t] <-[e]s, -e> *nt* ① LING prédicat *m* ② COM label *m* [de qualité]

Präferenz [prɛfe'rɛnts] <-, -en> *f* préférence *f*

Präfix <-es, -e> *nt* préfixe *m*

Prag [pra:k] <-s> *nt* Prague

prägen ['prɛ:gən] *vt* (*Münzen*) frapper; (*Landschaft*) caractériser; (*Begriff*) forger; **jdn** ~ (*Erlebnis*) marquer qn

pragmatisch **I.** *adj* pragmatique **II.** *adv* avec pragmatisme

Prägung <-, -en> *f* (*Aufdruck*) gravure *f*

prähistorisch [prɛhɪs'to:rɪʃ] *adj* préhistorique

prahlen ['pra:lən] *vi* [**mit etw**] ~ se vanter [de qc]

Prahlerei [pra:lə'rai] <-, -en> *f* vantardise *f*

Praktik ['praktɪk] <-, -en> *f meist Pl* pratique *f*

praktikabel [prakti'ka:bəl] *adj* praticable

Praktikant(in) [prakti'kant] <-en, -en> *m(f)* stagiaire *mf*

Praktikum ['praktɪkʊm] <-s, Praktika> *nt* stage *m*

praktisch **I.** *adj* pratique **II.** *adv* ① (*in der Praxis*) dans la pratique ② (*so gut wie*) pratiquement

praktizieren* [prakti'tsi:rən] *vi* (*Arzt*) exercer

Praline [pra'li:nə] <-, -n> *f* A chocolat *m*

prall [pral] **I.** *adj* (*Ballon*) bien gonflé(e) **II.** *adv* ~ **gefüllt** bien rempli(e)

prallen ['pralən] *vi* + *sein* **gegen jdn/etw** ~ heurter qn/qc

Prämie ['prɛ:mi̯ə] <-, -n> *f* prime *f*

prämieren* *vt* primer

Prämisse [prɛ'mɪsə] <-, -n> *f geh* prémisse *f*

prangen ['praŋən] *vi geh* **am Himmel** ~ (*Sterne*) resplendir dans le ciel

Pranger ['praŋɐ] <-s, -> *m* pilori *m*

Pranke ['praŋkə] <-, -n> *f* patte *f*

Präparat [prɛpa'ra:t] <-[e]s, -e> *nt* préparation *f*

präparieren* [prɛpa'ri:rən] *vt* ① (*konservieren*) naturaliser ② (*sezieren*) disséquer

Präposition [prɛpozi'tsi̯o:n] <-, -en> *f* LING préposition *f*

Prärie [prɛ'ri:] <-, -n> *f* **die** ~ la Prairie

Präsens ['prɛ:zɛns] <-, Präsenzien> *nt* LING présent *m*

präsent *adj geh* présent(e)

präsentieren* [prɛzɛn'ti:rən] *vt* présenter

Präservativ [prɛzɛrva'ti:f] <-s, -e> *nt* préservatif *m*

Präsident(in) [prɛzi'dɛnt] <-en, -en> *m(f)* président(e) *m(f)*

Präsidentschaft <-, -en> *f* présidence *f*

Präsidentschaftswahlen *Pl* [élections *fpl*] présidentielles *fpl*

Präsidium [prɛ'zi:diʊm] <-s, Präsidien> *nt* (*Polizeipräsidium*) commissariat *m*

prasseln ['prasəln] *vi* + *sein* **gegen/auf etw** (*akk*) ~ crépiter contre/sur qc

präventiv [prɛvɛn'ti:f] *adj* préventif(-ive)

Praxis ['praksɪs] <-, Praxen> *f* ① (*Arztpraxis*) cabinet *m* ② (*Anwendung*) pratique *f*

Präzedenzfall [prɛtse'dɛntsfal] *m* précédent *m*

präzis[e] *geh* **I.** *adj* précis(e) **II.** *adv* avec précision
präzisieren* [prɛtsiˈziːrən] *vt geh* préciser
Präzision [prɛtsiˈzi̯oːn] <-> *f geh* précision *f*
predigen [ˈpreːdɪgən] **I.** *vi* prêcher **II.** *vt* (*Toleranz*) recommander
Prediger(in) <-s, -> *m(f)* prédicateur(-trice) *m(f)*
Predigt <-, -en> *f* (*Ermahnung*) sermon *m*
Preis [prai̯s] <-es, -e> *m* prix *m*; **einen ~ auf etw** (*akk*) **aussetzen** offrir une récompense pour qc
Preisanstieg *m* hausse *f* des prix **Preisausschreiben** *nt* [jeu-]concours *m*
Preiselbeere [ˈprai̯zəlbeːrə] *f* airelle *f*
preisen [ˈprai̯zən] <pries, gepriesen> *vt geh* (*Gott*) louer
preis|geben *vt irr geh* ❶ (*aufgeben*) abandonner ❷ (*verraten*) révéler **preisgekrönt** *adj* primé(e) **preisgünstig** *adj* (*Artikel*) bon marché **Preislage** *f* gamme *f* de prix **Preis-Leistungs-Verhältnis** *nt* rapport *m* qualité-prix **Preisliste** *f* tarif *m* **Preisnachlass**[RR] *m* remise *f* **Preisschild** *nt* étiquette *f* **Preisträger(in)** *m(f)* lauréat(e) *m(f)*; SPORT vainqueur *mf* **Preisverleihung** *f* remise *f* des prix
preiswert *s.* **preisgünstig**
Prellbock *m* butoir *m*
prellen [ˈprɛlən] **I.** *vt* ❶ **sich** (*dat*) **etw ~** se contusionner qc ❷ (*betrügen*) **jdn um etw ~** escroquer qn de qc **II.** *vr* **sich an etw** (*dat*) **~** se contusionner qc
Prellung <-, -en> *f* contusion *f*
Premiere [prəˈmi̯eːrə] <-, -n> *f* première *f*
Premierminister(in) *m(f)* premier ministre *mf*
Presse [ˈprɛsə] <-, -n> *f* presse *f*
Pressefreiheit *f* liberté *f* de la presse **Pressekonferenz** *f* conférence *f* de presse
pressen [ˈprɛsən] **I.** *vt* ❶ (*Blatt*) presser ❷ TECH presser **II.** *vi* pousser
pressieren* [prɛˈsiːrən] A, CH, SDEUTSCH **I.** *vi* être pressant **II.** *vi unpers* **es pressiert nicht** ça ne presse pas
Prestige [prɛsˈtiːʒ(ə)] <-s> *nt geh* prestige *m*
Preuße [ˈprɔy̯sə] <-n, -n> *m*, **Preußin** *f* Prussien(ne) *m(f)*
Preußen [ˈprɔy̯sən] <-s> *nt* la Prusse
preußisch *adj* prussien(ne)
prickeln [ˈprɪkəln] *vi* ❶ (*kribbeln*) picoter ❷ (*Sekt*) pétiller
Priel [priːl] <-[e]s, -e> *m* petit chenal *m*
pries [priːs] *Imp von* **preisen**
Priester(in) [ˈpriːstɐ] <-s, -> *m(f)* prêtre (-esse) *m(f)*
prima [ˈpriːma] *fam* **I.** *adj inv* super **II.** *adv* super-bien
primär [priˈmɛːɐ̯] *geh* **I.** *adj* premier(-ière) *antéposé* **II.** *adv* en premier lieu
Primarschule [priˈmaːɐ̯ʃuːlə] CH école *f* primaire
Primel [ˈpriːməl] <-, -n> *f* primevère *f*
primitiv [primiˈtiːf] *adj* ❶ (*urtümlich*) primitif(-ive) ❷ (*simpel*) rudimentaire
Primzahl [ˈpriːmtsaːl] *f* MATH nombre *m* premier
Prinz [prɪnts] <-en, -en> *m*, **Prinzessin** *f* prince *m*/princesse *f*
Prinzip [prɪnˈtsiːp] <-s, -ien> *nt* principe *m*
prinzipiell [prɪntsiˈpi̯ɛl] **I.** *adj* de principe **II.** *adv* par principe
Priorität [prioriˈtɛːt] <-, -en> *f geh* priorité *f*
Prise [ˈpriːzə] <-, -n> *f* pincée *f*
Pritsche [ˈprɪtʃə] <-, -n> *f* lit *m* rudimentaire
pritscheln [prɪtʃln] *vi* A patauger
privat [priˈvaːt] **I.** *adj* privé(e); (*Unterlagen*) personnel(le) **II.** *adv* (*sprechen*) en privé
Privatangelegenheit *f* affaire *f* privée **Privatdetektiv(in)** *m(f)* détective *mf* privé(e) **Privateigentum** *nt* propriété *f* privée
privatisieren* [privatiˈziːrən] *vt* privatiser
Privatleben *nt* vie *f* privée **Privatperson** *f* particulier *m* **Privatvergnügen** *nt fam* **ich mache das nicht zu meinem ~** je ne le fais pas pour mon plaisir
Privileg [priviˈleːk] <-[e]s, -ien> *nt geh* privilège *m*
privilegiert *adj geh* privilégié(e)
pro [proː] **I.** *präp + akk* par **II.** *adv* pour
Pro <-> *nt* [**das**] **~ und** [**das**] **Kontra** *geh* le pour et le contre
Probe [ˈproːbə] <-, -n> *f* ❶ (*eines Gesteins*) échantillon *m* ❷ MUS, THEAT répétition *f* ❸ (*Prüfung*) épreuve *f*
Probealarm *m* simulation *f* d'alarme **Probeexemplar** *nt* spécimen *m* **Probefahrt** *f* essai *m* [sur route]
proben *vt, vi* répéter
probeweise *adv* (*einstellen*) à l'essai **Probezeit** *f* période *f* d'essai
probieren* [proˈbiːrən] **I.** *vt* essayer; (*Brot*) goûter; (*Wein*) déguster **II.** *vi* ❶ essayer

2 (*kosten*) goûter

Problem [pro'ble:m] <-s, -e> *nt* problème *m*

Problematik [proble'ma:tɪk] <-> *f geh* difficultés *fpl*

problematisch *adj* problématique

Problemfall *m* 1 (*Angelegenheit*) cas *m* problématique 2 (*problematischer Mensch*) problème *m* **problemlos** I. *adj* sans problème[s] II. *adv* sans [aucun] problème

Produkt [pro'dʊkt] <-[e]s, -e> *nt* produit *m*

Produktion [produk'tsi̯o:n] <-, -en> *f* production *f*

produktiv [produk'ti:f] *adj* productif(-ive)

Produktivität [produktivi'tɛ:t] <-> *f* productivité *f*

Produzent(in) [produ'tsɛnt] <-en, -en> *m(f)* producteur(-trice) *m(f)*

produzieren* [produ'tsi:rən] I. *vt, vi* produire II. *vr pej fam* **sich vor jdm ~** faire l'intéressant(e) devant qn

profan [pro'fa:n] *adj geh* (*nicht sakral*) profane

professionell [profɛsi̯o'nɛl] I. *adj* professionnel(le) II. *adv* avec professionnalisme

Professor [pro'fɛso:ɐ̯] <-s, -soren> *m*, **Professorin** *f* professeur *mf*

Professur [profɛ'su:ɐ̯] <-, -en> *f* chaire *f* [de professeur]

Profi ['pro:fi] <-s, -s> *m fam* (*Sportler*) pro *mf*

Profil [pro'fi:l] <-s, -e> *nt* profil *m;* (*eines Reifens*) sculptures *fpl*

Profit [pro'fi:t] <-[e]s, -e> *m* profit *m*

profitieren* [profi'ti:rən] *vi* 1 faire du profit 2 (*Nutzen haben*) **bei/von etw ~** profiter de qc

Prognose [pro'gno:zə] <-, -n> *f* 1 *geh* prévision *f* 2 MED pronostic *m*

Programm [pro'gram] <-s, -e> *nt* 1 programme *m* 2 INFORM logiciel *m*

Programmaufruf *m* INFORM appel *m* de programme **Programmfehler** *m* INFORM erreur *f* dans le programme

programmieren* [progra'mi:rən] *vt* INFORM programmer

Programmierer(in) <-s, -> *m(f)* INFORM programmeur(-euse) *m(f)*

Programmiersprache *f* INFORM langage *m* de programmation

Programmierung <-, -en> *f* INFORM programmation *f*

progressiv [progrɛ'si:f] *adj geh* progressiste

Projekt [pro'jɛkt] <-[e]s, -e> *nt* projet *m*

Projektor [pro'jɛkto:ɐ̯] <-s, -toren> *m* projecteur *m*

projizieren* [proji'tsi:rən] *vt* projeter

Proletariat [proletari'a:t] <-[e]s, -e> *nt* prolétariat *m*

Prolog [pro'lo:k] <-[e]s, -e> *m* prologue *m*

Promenade [promə'na:də] <-, -n> *f* promenade *f*

Promenadenmischung *f hum fam* bâtard *m*

Promille [pro'mɪlə] <-[s], -> *nt* 1 **elf ~** onze pour mille 2 *fam* (*Blutalkohol*) **0,5 ~ haben** avoir 0,5 gramme

prominent [promi'nɛnt] *adj* éminent(e)

Prominente(r) *f(m) dekl wie adj* personnalité *f*

Promotion [promo'tsi̯o:n] <-, -en> *f* UNIV doctorat *m*

promovieren* [promo'vi:rən] *vi* 1 (*eine Doktorarbeit schreiben*) **über jdn/etw ~** préparer une thèse [de doctorat] sur qn/qc 2 (*den Doktorgrad erwerben*) **in Philosophie** (*dat*) **~** soutenir une thèse de philosophie

prompt [prɔmpt] I. *adj* rapide II. *adv fam* (*erwartungsgemäß*) aussi sec

Pronomen [pro'no:mən] <-s, -> *nt* LING pronom *m*

Propaganda [propa'ganda] <-> *f* propagande *f*

propagandistisch *adj* à des fins de propagande; (*Material*) de propagande

Propeller [pro'pɛlɐ] <-s, -> *m* hélice *f*

proper ['prɔpɐ] *adj* clean

Prophet(in) [pro'fe:t] <-en, -en> *m(f)* prophète *m*/prophétesse *f*

prophezeien* [profe'tsai̯ən] *vt* prophétiser

Prophezeiung <-, -en> *f* prophétie *f*

prophylaktisch [profy'laktɪʃ] I. *adj* prophylactique II. *adv* préventivement

Prophylaxe [profy'laksə] <-, -n> *f* prophylaxie *f*

Proportion [propɔr'tsi̯o:n] <-, -en> *f* proportion *f*

proportional [propɔrtsi̯o'na:l] *geh adj* proportionnel(le)

Prosa ['pro:za] <-> *f* prose *f*

prosit ['pro:zɪt] *s.* **prost**

Prosit <-s, -s> *nt* toast *m*

Prospekt [pro'spɛkt] <-[e]s, -e> *m* prospectus *m*

P

prost *interj* à la tienne/vôtre
Prostata ['prɔstata] <-> *f* ANAT prostate *f*
prostituieren* [prostitu'i:rən] *vr* **sich ~** se prostituer
Prostituierte(r) *f(m) dekl wie adj* prostitué(e) *m(f)*
Prostitution [prostitu'tsi̯o:n] <-> *f* prostitution *f*
Protein [prote'i:n] <-s, -e> *nt* protéine *f*
Protest [pro'tɛst] <-[e]s, -e> *m* protestation *f*
Protestant(in) [protɛs'tant] <-en, -en> *m(f)* protestant(e) *m(f)*
protestantisch *adj* protestant(e)
protestieren* [protɛs'ti:rən] *vi* protester
Protestwähler(in) *m(f)* électeur(-trice) *m(f)* protestataire
Prothese [pro'te:zə] <-, -n> *f* ❶ (*Ersatzgliedmaße*) prothèse *f* ❷ (*Zahnersatz*) dentier *m*
Protokoll [proto'kɔl] <-s, -e> *nt* ❶ protocole *m;* (*Sitzungsprotokoll*) compte *m* rendu ❷ (*Vernehmungsprotokoll*) procès-verbal *m*
protokollieren* [protokɔ'li:rən] **I.** *vt* (*Zeugenaussage*) enregistrer **II.** *vi* établir le procès-verbal
Proton ['pro:tɔn] <-s, Protonen> *nt* PHYS proton *m*
Prototyp [pro:to'ty:p] *m* prototype *m*
protzig *fam adj* tape-à-l'œil
Proviant [provi'ant] <-s> *m* provisions *fpl*
Provinz [pro'vɪnts] <-, -en> *f* province *f*
provinziell [provɪn'tsi̯ɛl] *adj pej* provincial(e)
Provision [provi'zi̯o:n] <-, -en> *f* commission *f*
provisorisch [provi'zo:rɪʃ] **I.** *adj* provisoire; (*Unterkunft*) précaire **II.** *adv* provisoirement
provokant [provo'kant] *geh adj* provocant(e)
Provokation [provoka'tsi̯o:n] <-, -en> *f geh* provocation *f*
provozieren* [provo'tsi:rən] *vt* provoquer
Prozent [pro'tsɛnt] <-[e]s, -e> *nt* ❶ **zehn ~** dix pour cent ❷ (*Alkoholgehalt*) degré *m* [d'alcool]
Prozentsatz *m* pourcentage *m*
prozentual [protsɛntu'a:l] **I.** *adj* exprimé(e) en pourcentage[s] **II.** *adv* au pourcentage
Prozess[RR] [pro'tsɛs] <-es, -e>, **Prozeß**[ALT] <-sses, -sse> *m* ❶ procès *m* ❷ (*Vorgang*) processus *m*
prozessieren* [protsɛ'si:rən] *vi* **gegen jdn ~** intenter un procès à qn
Prozession [protsɛ'si̯o:n] <-, -en> *f* procession *f*
Prozesskosten[RR] *Pl* frais *mpl* de justice
Prozessor [pro'tsɛso:ɐ̯] <-s, -soren> *m* INFORM processeur *m*
prüde ['pry:də] *adj* prude
prüfen ['pry:fən] *vt* ❶ **jdn ~** faire passer un examen à qn; **geprüft** (*Krankenschwester*) diplômé(e) ❷ (*Gerät*) vérifier; (*Antrag*) examiner
Prüfer(in) <-s, -> *m(f)* examinateur(-trice) *m(f)*
Prüfung <-, -en> *f* examen *m;* (*in einem Fach*) épreuve *f*
Prüfungsangst *f* trac *m* [de l'examen]
Prügel ['pry:gəl] <-s, -> *m Pl* (*Schläge*) coups *mpl*
Prügelei [pry:gə'lai̯] <-, -en> *f fam* bagarre *f*
Prügelknabe *m* souffre-douleur *m inv*
prügeln **I.** *vt* battre **II.** *vr* **sich mit jdm ~** se battre avec qn
Prunk [prʊŋk] <-s> *m* luxe *m* ostentatoire
prunkvoll **I.** *adj* somptueux(-euse) **II.** *adv* fastueusement
prusten ['pru:stən] *vi* s'ébrouer; **vor Lachen ~** pouffer de rire
PS [pe:'ʔɛs] <-, -> *nt* ❶ *Abk von* **Pferdestärke** ch *m* ❷ *Abk von* **Postskript[um]** P.-S. *m*
Psalm [psalm] <-s, -en> *m* psaume *m*
Pseudonym <-s, -e> *nt* pseudonyme *m*
pst [pst] *interj* chut
Psychiater(in) [psy'çi̯a:tɐ] <-s, -> *m(f)* psychiatre *mf*
Psychiatrie [psyçi̯a'tri:] <-, -n> *f* psychiatrie *f*
psychiatrisch [psy'çi̯a:trɪʃ] **I.** *adj* psychiatrique; (*Abteilung*) de psychiatrie **II.** *adv* **jdn ~ behandeln** soumettre qn à un traitement psychiatrique
psychisch ['psy:çɪʃ] *adj* psychique
Psychoanalyse [psyço?ana'ly:zə] *f* psychanalyse *f* **Psychoanalytiker(in)** [psyçoana'ly:tikɐ] *m(f)* psychanalyste *mf*
Psychologe [psyço'lo:gə] <-n -n> *m,* **Psychologin** *f* psychologue *mf*
Psychologie [psyçolo'gi:] <-> *f* psychologie *f*
psychologisch [psyço'lo:gɪʃ] **I.** *adj* psychologique **II.** *adv* **~ ausgebildet sein** avoir une formation en psychologie
Psychopharmakon [psy:ço'farmakɔn] <-s,

-phạrmaka> *nt meist Pl* médicament *m* psychopharmacologique

psychosomatisch [psyçozo'ma:tɪʃ] *adj* psychosomatique

Psychoterror ['psy:çotɛro:ɐ̯] *m fam* terrorisme *m* intellectuel **Psychotherapie** *f kein Pl* psychothérapie *f*

Pubertät [pubɛr'tɛ:t] <-> *f* puberté *f*

pubertieren* *vi geh* faire sa puberté

Publicity [pʌ'blɪsətɪ] <-> *f* médiatisation *f*

publik [pu'bli:k] *adj* ~ **werden** être rendu public

Publikation [publika'tsi̯o:n] <-, -en> *f* publication *f*

Publikum ['pu:blikʊm] <-s> *nt* ① (*Besucher*) public *m* ② (*Zuhörerschaft*) auditoire *m*

publizieren* [publi'tsi:rən] *vt* publier

Pudding ['pʊdɪŋ] <-s, -s> *m* pudding *m*

Puddingpulver [-fɐ, -vɐ] *nt* préparation *f* pour pudding

Pudel ['pu:dəl] <-s, -> *m* caniche *m*

Pudelmütze *f* bonnet *m* [à pompon] **pudelwohl** ['pu:dəl'vo:l] *adj* ▶**sich ~ fühlen** *fam* prendre son pied

Puder ['pu:dɐ] <-s, -> *m o fam nt* poudre *f*

Puderdose *f* poudrier *m*

pudern **I.** *vt* poudrer **II.** *vr* **sich ~** se poudrer

Puderzucker *m* sucre *m* glace

Puff [pʊf] <-[e]s, -e> *m fam* (*Bordell*) bordel *m* (*vulg*)

Puffer <-s, -> *m*, **Pufferspeicher** *m* INFORM mémoire *f* tampon

Pull-down-Menü [pʊl'daunmeny:] *nt* INFORM menu *m* déroulant

Pulli ['pʊli] <-s, -s> *m fam* pull *m*

Pullover [pʊ'lo:vɐ] <-s, -> *m* pull-over *m*

Puls [pʊls] <-es, -e> *m* pouls *m*

Pulsader *f* veine *f* du poignet

pulsieren* [pʊl'zi:rən] *vi* (*Schlagader*) battre; (*Blut*) circuler

Pult [pʊlt] <-[e]s, -e> *nt* pupitre *m*

Pulver ['pʊlvɐ] <-s, -> *nt* poudre *f*

Pulverkaffee ['pʊlfɐ-] *m* café *m* en poudre

Pulverschnee *m* poudreuse *f*

Puma ['pu:ma] <-s, -s> *m* puma *m*

pumm[e]lig ['pʊm(ə)lɪç] *adj fam* dodu(e)

Pump ▶**auf ~** *fam* à crédit

Pumpe ['pʊmpə] <-, -n> *f* ① TECH pompe *f* ② *fam* (*Herz*) palpitant *m*

pumpen **I.** *vt* ① pomper ② *fam* (*leihen*) **jdm etw ~** filer qc à qn **II.** *vi* (*Herz*) battre; (*Maschine*) pomper

Pumps [pœmps] <-, -> *m* escarpin *m*

Punker(in) ['paŋkɐ] <-s, -> *m(f)* punk *mf*

Punkt [pʊŋkt] <-[e]s, -e> *m* ① point *m* ② (*Tupfen*) pois *m* ③ (*Stelle*) endroit *m* ④ (*bei Zeitangaben*) ~ **drei** [**Uhr**] à trois heures précises

pünktlich ['pʏŋktlɪç] **I.** *adj* ~ **sein** être ponctuel **II.** *adv* à l'heure

Pünktlichkeit <-> *f* ponctualité *f*

Punsch [pʊnʃ] <-es, -e> *m* punch *m*

Pupille [pu'pɪlə] <-, -n> *f* pupille *f*

Puppe ['pʊpə] <-, -n> *f* (*Spielzeug*) poupée *f*

Puppentheater *nt* théâtre *m* de marionnettes **Puppenwagen** *m* landau *m* de poupée

pupsen *vi fam* péter

pur [pu:ɐ̯] *adj, adv* pur(e)

Püree [py're:] <-s, -s> *nt* purée *f*

Pürierstab *m* GASTR presse-purée *m*

Puritaner(in) [puri'ta:nɐ] <-s, -> *m(f)* puritain(e) *m(f)*

Purpur ['pʊrpʊr] <-s> *m* (*Farbe*) pourpre *m*

Purzelbaum *m fam* galipette *f*

purzeln ['pʊrtsəln] *vi + sein* **von der Bank ~** dégringoler du banc

Pusteblume *f fam* aigrette *f* de pissenlit

Pustel ['pʊstəl] <-, -n> *f* pustule *f*

pusten ['pu:stən] *vi fam* souffler

Pute ['pu:tə] <-, -n> *f* dinde *f*

Puter ['pu:tɐ] <-s, -> *m* dindon *m*

Putsch [pʊtʃ] <-[e]s, -e> *m* putsch *m*

Putz [pʊts] <-es, -e> *m* crépi *m*

putzen ['pʊtsən] **I.** *vt* nettoyer **II.** *vr* **sich ~** (*Tier*) faire sa toilette

Putzfrau *f* femme *f* de ménage

putzig ['pʊtsɪç] *adj fam* (*niedlich*) trognon

Putzlappen *m* lavette *f*; (*Wischlappen*) serpillière *f* **putzmunter** ['pʊts'mʊntɐ] *adj fam* frais(fraîche) comme un gardon

Puzzle ['pazəl] <-s, -s> *nt* puzzle *m*

PVC [pe:fau'tse:] <-, -s> *nt Abk von* **Polyvinylchlorid** P.V.C. *m*

Pyjama [py'(d)ʒa:ma] <-s, -s> *m o* A, CH, SDEUTSCH *nt* pyjama *m*

Pyramide [pyra'mi:də] <-, -n> *f* pyramide *f*

Pyrenäen [pyre'nɛ:ən] *Pl* **die ~** les Pyrénées *fpl*

Python ['py:tɔn] <-, -s> *f* python *m*

P

Qq

Q, q [kuː] <-, -> *nt* Q *m*/q *m*

Quacksalber ['kvakzalbɐ] <-s, -> *m pej* charlatan *m*

Quader ['kvaːdɐ] <-s, -> *m* ❶ (*Baustein*) pierre *f* de taille ❷ MATH parallélépipède *m* rectangle

Quadrat [kva'draːt] <-[e]s, -e> *nt* MATH carré *m*

quadratisch *adj* carré(e)

quaken ['kvaːkən] *vi* (*Frosch*) coasser; (*Ente*) cancaner

Qual [kvaːl] <-, -en> *f* ❶ supplice *m* ❷ *meist Pl* (*Leid*) souffrance *f*

quälen ['kvɛːlən] **I.** *vt* ❶ (*Person*) torturer; (*Tier*) martyriser ❷ *fig* **jdn ~** (*Person, Gedanke*) tourmenter qn **II.** *vr* ❶ **sich ~** souffrir ❷ (*sich herum~*) **sich mit etw ~** se tourmenter avec qc

quälend *adj attr* (*Schmerzen*) pénible; (*Ungewissheit*) cruel(le)

Quälerei [kvɛlə'raj] <-, -en> *f* ❶ *kein Pl fam* (*Anstrengung*) calvaire *m* ❷ (*das Zusetzen*) harcèlement *m*

Quälgeist *m fam* enquiquineur(-euse) *m(f)*

Qualifikation [kvalifika'tsjoːn] <-, -en> *f* qualification *f*

qualifizieren* [kvalifi'tsiːrən] *vt, vr* [**sich**] ~ [se] qualifier

qualifiziert *adj* qualifié(e)

Qualität [kvali'tɛːt] <-, -en> *f* qualité *f*

qualitativ [kvalita'tiːf] *adj* qualitatif(-ive)

Qualle ['kvalə] <-, -n> *f* méduse *f*

Qualm [kvalm] <-[e]s> *m* [épaisse] fumée *f*

qualmen *vi* ❶ (*Schornstein*) fumer ❷ *fam* (*rauchen*) fumer

qualvoll *adj* (*Tod*) atroce; (*Ungewissheit*) [très] pénible

Quäntchen[RR] <-s, -> *nt* **ein ~ Salz** une once de sel

Quantität [kvanti'tɛːt] <-, -en> *f* quantité *f*

Quarantäne [karan'tɛːnə] <-, -n> *f* quarantaine *f*

Quark [kvark] <-s> *m* ❶ ≈ fromage *m* blanc ❷ *fam* (*Unsinn*) conneries *fpl*

Quartal [kvar'taːl] <-s, -e> *nt* trimestre *m*

Quarte <-, -n> *f* quarte *f*

Quartett [kvar'tɛt] <-[e]s, -e> *nt* MUS quatuor *m*

Quartier [kvar'tiːɐ̯] <-s, -e> *nt* (*Unterkunft*) logement *m*; (*Ferienquartier*) location *f*

Quarz [kvaːɐ̯ts] <-es, -e> *m* quartz *m*

Quarzuhr *f* montre *f* à quartz

quasi ['kvaːzi] *adv* quasiment

quasseln ['kvasəln] *fam* **I.** *vi* papoter **II.** *vt* **Blödsinn ~** débiter des conneries

Quatsch <-[e]s> *m fam* ❶ (*dummes Gerede*) conneries *fpl*; [**so ein**] **~!** n'importe quoi! ❷ (*Unfug*) connerie *f*

quatschen *fam* **I.** *vt* **dummes Zeug ~** sortir des conneries **II.** *vi* **mit jdm ~** tailler une bavette avec qn

Quatschkopf *m pej fam* radoteur(-euse) *m(f)*

Quebec [ke'bɛk] <-s> *nt* Québec

Quecksilber ['kvɛkzɪlbɐ] *nt* mercure *m*

Quelle ['kvɛlə] <-, -n> *f* source *f*

quellen ['kvɛlən] <quillt, quoll, gequollen> *vi + sein* ❶ (*herausfließen*) **aus etw ~** couler de qc ❷ (*auf~*) gonfler

Quellenangabe *f* indication *f* des sources

Quellensteuer *f* FIN retenue *f* à la source

Quengelei [kvɛŋə'laj] <-, -en> *f fam* pleurnicheries *fpl*

quengelig *adj fam* (*Kind*) pleurnicheur(-euse)

quengeln ['kvɛŋəln] *vi fam* pleurnicher

quenglig *s.* **quengelig**

quer [kveːɐ̯] *adv* en travers

Quere ['kveːrə] ▶**jdm in die ~ kommen** se mettre en travers de son/mon/... chemin

querfeldein [kveːɐ̯fɛlt'ʔajn] *adv* à travers champs

Querflöte *f* flûte *f* traversière **Querformat** *nt* format *m* oblong **quer|legen** *vr* **sich bei etw ~** *fam* se mettre en travers de qc **Querschiff** *nt* ARCHIT transept *m* **Querschnitt** *m* ❶ (*Schnitt*) coupe *f* transversale ❷ (*Überblick*) aperçu *m*

querschnitt[s]gelähmt *adj* paraplégique

Querstraße *f* rue *f* transversale **Querstreifen** *m* rayure *f* horizontale

Querulant(in) [kveru'lant] <-en, -en> *m(f)* *geh* chicaneur(-euse) *m(f)*

Querverbindung *f* (*Beziehung*) connexion *f*

quetschen ['kvɛtʃən] **I.** *vt* ❶ (*zwängen*) entasser ❷ (*verletzen*) **sich** (*dat*) **einen Finger ~** se coincer un doigt **II.** *vr* ❶ *fam* **sich durch** (*akk*) **~** se forcer un passage à travers ❷ (*sich verletzen*) **sich ~** se pincer

Quetschung <-, -en> *f* (*Verletzung*) contusion

sion *f*

Queue [køː] <-s, -s> *nt o m* queue *f*

quicklebendig ['kvɪkle'bɛndɪç] *adj fam* fringant(e)

quieken ['kviːkən] *vi* (*Ferkel, Maus*) couiner (*fam*)

quietschen ['kviːtʃən] *vi* (*Bremsen*) grincer; (*Reifen*) crisser

quillt [kvɪlt] *3. Pers Präs von* **quellen**

Quinte ['kvɪntə] <-, -n> *f* dominante *f*

Quintessenz ['kvɪntɛsɛnts] *f geh* quintessence *f*

Quintett [kvɪn'tɛt] <-[e]s, -e> *nt* quintette *m*

Quirl [kvɪrl] <-s, -e> *m* batteur *m*

quirlen *vt* (*Zutaten*) battre

quirlig *adj fam* remuant(e); (*Kind*) turbulent(e)

quitt [kvɪt] *adj* quitte

Quitte ['kvɪtə] <-, -n> *f* (*Frucht*) coing *m*

quittieren* [kvɪ'tiːrən] *vt* (*Rechnung*) acquitter

Quittung ['kvɪtʊŋ] <-, -en> *f* (*Zahlungsbeleg*) reçu *m*

Quiz [kvɪs] <-, -> *nt* quiz *m*; (*Fernsehsendung*) jeu *m* télévisé

quoll [kvol] *Imp von* **quellen**

Quote ['kvoːtə] <-, -n> *f* (*Anteil*) taux *m*

Quotenregelung *f* règles *f* d'attribution de postes par fixation de quotas

Quotient [kvo'tsi̯ɛnt] <-en, -en> *m* MATH quotient *m*

Rr

R, r [ɛr] <-, -> *nt* R *m*/r *m*

Rabatt [ra'bat] <-[e]s, -e> *m* remise *f*

Rabe ['raːbə] <-n, -n> *m* corbeau *m*

rabiat [rabi'aːt] *adj* ① (*grob*) brutal(e) ② (*aufgebracht*) ~ **werden** voir rouge

Rache ['raxə] <-> *f* vengeance *f*; **aus** ~ par vengeance

Racheakt *m* acte *m* de vengeance

Rachen ['raxən] <-s, -> *m* gorge *f*

rächen ['rɛçən] **I.** *vt* (*Person, Tat*) venger **II.** *vr* ① (*Rache nehmen*) **sich an jdm für etw** ~ se venger de qc sur qn ② (*sich nachteilig auswirken*) **sich** ~ (*Leichtsinn*) se payer

Rächer(in) <-s, -> *m(f)* vengeur *m*/vengeresse *f*

Rachsucht *f kein Pl* soif *f* de vengeance

Raclette <-, -s> *f*, ['raklɛt, ra'klɛt] <-s, -s> *nt* raclette *f*

Rad [raːt, *Pl:* 'rɛːdɐ] <-[e]s, Räder> *nt* ① roue *f* ② (*Fahrrad*) bicyclette *f*; ~ **fahren** aller à vélo; SPORT faire du vélo

Radar [ra'daːɐ̯] <-s> *m o nt* [système *m*] radar *m*

Radarfalle *f fam* contrôle-radar *m* **Radargerät** *nt* radar *m* **Radarkontrolle** *f* contrôle-radar *m*

Radau [ra'dau̯] <-s> *m fam* raffut *m*

radeln ['raːdəln] *vi + sein fam* faire du vélo

Räderwerk ['rɛːdɐvɛrk] *nt* rouages *mpl*

rad|fahrenALT *s.* **Rad 2.** **Radfahrer(in)** *m(f)* cycliste *mf* **Radfahrweg** *s.* **Radweg**

Radiator [ra'diaːtor] <-s, -toren> *m* radiateur *m*

radieren* [ra'diːrən] *vt, vi* gommer

Radiergummi *m* gomme *f*

Radierung <-, -en> *f* gravure *f* [sur métal]; (*Ätzung*) [gravure à l']eau-forte *f*

Radieschen [ra'diːsçən] <-s, -> *nt* radis *m*

radikal [radi'kaːl] *adj* ① POL extrémiste ② (*Bruch*) radical(e); (*Ablehnung*) catégorique

Radikale(r) *f(m) dekl wie adj* extrémiste *mf*

radikalisieren* *vt* radicaliser

Radikalismus [radika'lɪsmʊs] <-> *m* extrémisme *m*

Radio ['raːdio] <-s, -s> *nt o* CH, SDEUTSCH *m* radio *f*; ~ **hören** écouter la radio; **im** ~ à la radio

radioaktiv [radioʔak'tiːf] **I.** *adj* radioactif (-ive) **II.** *adv* ~ **verseucht/verstrahlt** contaminé(e)/irradié(e) **Radioaktivität** *f kein Pl* radioactivité *f*

Radiologie [radiolo'giː] <-> *f* radiologie *f*

Radiorecorder [raːdiore'kɔrdɐ] *m* radiocassette *f* **Radiowecker** *m* radio-réveil *m*

Radius ['raːdiʊs] <-, Radien> *m* rayon *m*

Radler ['raːdlɐ] <-s, -> *m fam* ① cycliste *m* ② SDEUTSCH (*Getränk*) panaché *m*

Radlerin <-, -nen> *f* cycliste *f*

Radrennbahn *f* vélodrome *m* **Radrennen** *nt* course *f* cycliste **Radtour** *f* randonnée *f* à vélo **Radweg** *m* piste *f* cyclable

RAF [ɛrʔaː'ʔɛf] <-> *f Abk von* **Rote Armee Fraktion** HIST fraction *f* armée rouge

raffen ['rafən] *vt* ① (*einsammeln*) rafler

(*fam*) ② (*Stoff*) plisser ③ (*kürzen*) abréger; **gerafft** (*Form*) condensé(e)

Raffinerie [-'riːən] <-, -n> *f* raffinerie *f*

Raffinesse [rafi'nɛsə] <-, -n> *f* (*luxuriöses Detail*) **mit allen ~n [ausgestattet]** hyper-équipé(e)

raffiniert **I.** *adj* ① (*durchtrieben*) rusé(e) ② (*Plan*) astucieux(-euse) ③ (*Speise*) raffiné(e) **II.** *adv* (*durchtrieben*) astucieusement

Rafting ['raːftɪŋ] <-s> *nt* rafting *m*

Rage ['raːʒə] <-> *f fam* ① (*Wut*) rogne *f* ② (*Erregung*) énervement *m*

ragen ['raːgən] *vi* **in die Luft ~** s'élever en l'air; **aus dem Wasser ~** se dresser au-dessus de l'eau; **über das Gelände ~** dépasser du terrain

Ragout [ra'guː] <-s, -s> *nt* ragoût *m*

Rahm [raːm] <-[e]s> *m* crème *f*

rahmen ['raːmən] *vt* encadrer

Rahmen <-s, -> *m* ① cadre *m* ② (*Türrahmen*) encadrement *m* ③ (*Bereich*) **im ~ des Möglichen** dans les limites de mes/ses/... moyens

Rakete [ra'keːtə] <-, -n> *f* ① (*Flugkörper*) fusée *f* ② (*Waffe*) missile *m*

Rallye ['rali] <-, -s> *f* rallye *m*

RAM [ram] <-[s], -[s]> *nt Abk von* **random access memory** INFORM RAM *f*

rammen ['ramən] *vt* ① (*Fahrzeug*) emboutir ② (*stoßen*) enfoncer

Rampe ['rampə] <-, -n> *f* rampe *f*

ramponieren* [rampo'niːrən] *vt fam* esquinter; **ramponiert** (*Gegenstand*) en piteux état

Ramsch [ramʃ] <-[e]s> *m fam* camelote *f*

ran [ran] *adv fam* **[jetzt aber] ~!** allez[, on y va]!

Rand [rant, *Pl:* 'rɛndɐ] <-es, Ränder> *m* ① bord *m;* (*einer Stadt*) périphérie *f* ② (*Stoffrand*) bordure *f* ③ (*unbeschriebener Teil*) marge *f*

randalieren* [randa'liːrən] *vi* faire du grabuge (*fam*)

Randbemerkung *f* (*Bemerkung*) remarque *f* accessoire **randlos** *adj* (*Brille*) sans cercle

rang [raŋ] *Imp von* **ringen**

Rang [raŋ, *Pl:* 'rɛŋə] <-[e]s, Ränge> *m* ① (*Stellung*) rang *m* [social] ② *kein Pl* (*Kategorie*) valeur *f;* **ersten ~es** de premier ordre ③ (*Dienstgrad*) grade *m* ④ (*Zuschauerraum*) balcon *m;* (*Sportstadion*) gradin *m*

ran|gehen ['rangeːən] *vi irr + sein fam* ① (*sich nähern*) **an etw** (*akk*) **~** se rapprocher de qc ② (*offensiv sein*) attaquer

rangieren* [raŋ'ʒiːrən] *vt* (*Waggon*) aiguiller

Rangordnung *f* hiérarchie *f*

ranken ['raŋkən] *vr + haben* **sich nach oben ~** (*Pflanze*) grimper

rann [ran] *Imp von* **rinnen**

rannte ['rantə] *Imp von* **rennen**

Ranzen ['rantsən] <-s, -> *m* SCHULE cartable *m*

ranzig ['rantsɪç] *adj* rance; **~ werden** rancir

Rap [rɛp] <-> *m* MUS rap *m*

rapide *adj* rapide

Rappen ['rapən] <-s, -> *m* centime *m*

Rapper(in) ['rɛpɐ] <-s, -> *m(f)* rap[p]eur(-euse) *m(f)*

Raps [raps] <-es, -e> *m* colza *m*

rar [raːɐ̯] *adj* rare; **~ werden** se raréfier

Rarität <-, -en> *f* rareté *f*

rasant [ra'zant] **I.** *adj* (*Fahrer*) rapide; (*Tempo*) infernal(e) **II.** *adv* (*schnell*) à toute vitesse

rasch [raʃ] **I.** *adj* rapide **II.** *adv* vite

rascheln ['raʃəln] *vi* (*Papier*) faire entendre un froissement; (*Laub*) frémir

rasen ['raːzən] *vi* ① *+ sein* (*schnell fahren*) rouler à toute allure ② *+ sein* (*Zeit*) filer à toute allure ③ *+ haben* (*toben*) être déchaîné

Rasen ['raːzən] <-s, -> *m* ① gazon *m* ② SPORT pelouse *f*

rasend *adj* (*Geschwindigkeit*) fou(folle); (*Person*) furieux(-euse); (*Menge*) déchaîné(e); (*Schmerz*) atroce

Rasenmäher <-s, -> *m* tondeuse *f* à gazon

Raserei [raːzə'rai] <-, -en> *f* ① *fam* (*schnelles Fahren*) vitesse *f* excessive ② *kein Pl* (*Wutanfall*) fureur *f*

Rasierapparat *m* rasoir *m*

rasieren* [ra'ziːrən] *vt, vr* **[sich] ~** [se] raser

Rasierer <-s, -> *m fam* (*Elektrorasierer*) rasoir *m*

Rasierklinge *f* lame *f* de rasoir **Rasierpinsel** *m* blaireau *m* **Rasierschaum** *m* mousse *f* à raser **Rasierwasser** *nt* après-rasage *m*

raspeln ['raspəln] *vt* râper

Rasse ['rasə] <-, -n> *f* race *f*

Rassel ['rasəl] <-, -n> *f* (*Babyspielzeug*) hochet *m*

rasseln *vi* ① *+ haben* (*Schlüssel*) cliqueter ② *+ sein fam* **durch die Prüfung ~** louper l'examen

Rassendiskriminierung *f* discrimination *f* raciale **Rassentrennung** *f kein Pl* ségrégation *f* raciale

Rassismus [ra'sɪsmʊs] <-> *m* racisme *m*

Rassist(in) [ra'sɪst] <-en, -en> *m(f)* raciste *mf*

rassistisch *adj* raciste

Rast [rast] <-, -en> *f* pause *f;* ~ **machen** faire une halte

rastlos I. *adj* ① (*unermüdlich*) sans relâche ② (*Person*) agité(e); (*Leben*) mouvementé(e) **II.** *adv* inlassablement

Rastlosigkeit <-> *f* (*Unermüdlichkeit*) activité *f* inlassable

Rastplatz *m* aire *f* de repos équipée **Raststätte** *f* restoroute® *m*

Rasur [ra'zuːɐ̯] <-, -en> *f* rasage *m*

Rat[1] <-[e]s> *m* conseil *m;* **jdn um ~ fragen** demander conseil à qn; **auf seinen ~ [hin]** sur son conseil

Rat[2] [raːt, *Pl:* rɛːtə] <-[e]s, Räte> *m* ① (*Person*) conseiller *m* municipal ② (*Institution*) conseil *m* [municipal]; **der ~ der Europäischen Union** le Conseil de l'Union européenne; **Großer ~** CH Grand Conseil

rät [rɛːt] *3. Pers Präs von* **raten**

Rate ['raːtə] <-, -n> *f* (*Monatsrate*) mensualité *f;* **auf ~n** à crédit; **in ~n** à tempérament

raten ['raːtən] <rät, riet, geraten> *vi, vt* ① (*einen Rat geben*) conseiller ② (*erraten*) deviner

Ratenzahlung *f kein Pl* paiement *m* à crédit

Ratgeber <-s, -> *m* conseiller *m;* (*Buch*) guide *m*

Ratgeberin <-, -nen> *f* conseillère *f*

Rathaus *nt* hôtel *m* de ville; (*in kleineren Orten*) mairie *f*

ratifizieren* *vt* ratifier

Rätin ['rɛːtɪn] <-, -nen> *f* (*Stadträtin*) conseillère *f* [municipale]

Ration [ra'tsi̯oːn] <-, -en> *f* ration *f*

rational [ratsi̯o'naːl] *geh adj* rationnel(le)

rationalisieren* [ratsi̯onali'ziːrən] *vt* (*Ablauf*) rationaliser

rationieren* [ratsi̯o'niːrən] *vt* rationner

ratlos I. *adj* perplexe; **völlig ~ sein** être désemparé **II.** *adv* avec perplexité

Ratlosigkeit <-> *f* perplexité *f*

rätoromanisch I. *adj* rhéto-roman(e) **II.** *adv* **~ miteinander sprechen** discuter en rhéto-roman; *s. a.* **deutsch**

ratsam *adj* opportun(e)

Ratschlag ['raːtʃlaːk] *m* conseil *m*

Rätsel ['rɛːtsəl] <-s, -> *nt* énigme *f*

rätselhaft *adj* (*Person, Lächeln*) énigmatique; (*Umstände*) mystérieux(-euse)

rätseln *vi* chercher

Ratsherr(in) *m(f)* conseiller(-ère) *m(f)* municipal(e)

Ratte ['ratə] <-, -n> *f* rat *m*

rattern ['ratɐn] *vi + haben* (*Blechteile*) vibrer [bruyamment]; (*Maschine*) pétarader

rau[RR] [rau̯] *adj* ① (*Haut, Putz*) rugueux(-euse); (*Oberfläche*) raboteux(-euse) ② (*Stimme*) rauque ③ (*Gegend*) rude; (*Klima*) rigoureux(-euse) ④ (*Umgangston*) grossier(-ière)

Raub [rau̯p] <-[e]s> *m* (*das Rauben*) vol *m* [à main armée]; (*Menschenraub*) rapt *m*

Raubbau *m kein Pl* exploitation *f* effrénée; **~ an etw** (*dat*) exploitation effrénée de qc

rauben ['rau̯bən] **I.** *vt* ① **jdm etw ~** dérober qc à qn ② (*entführen*) enlever **II.** *vi* voler

Räuber(in) ['rɔy̯bɐ] <-s, -> *m(f)* brigand *m*

räuberisch *adj* ① (*Unternehmung*) criminel(le) ② ZOOL (*Tier*) rapace

Raubkatze *f* félin *m* **Raubkopie** *f* copie *f* pirate **Raubmord** *m* crime *m* crapuleux **Raubtier** *nt* carnassier *m* **Raubüberfall** *m* attaque *f* à main armée **Raubvogel** *m* oiseau *m* de proie

Rauch [rau̯x] <-[e]s> *m* fumée *f*

rauchen ['rau̯xən] *vt, vi* fumer

Raucher(in) <-s, -> *m(f)* fumeur(-euse) *m(f)*

Raucherabteil *nt* compartiment *m* fumeurs

räuchern ['rɔy̯çɐn] *vt* fumer

rauchig *adj* enfumé(e); (*Stimme*) rauque

räudig *adj* galeux(-euse)

rauf [rau̯f] *s.* **herauf, hinauf**

Raufasertapete[RR] *f* ≈ papier peint *m* d'apprêt

raufen ['rau̯fən] **I.** *vi* **mit jdm ~** se battre avec qn **II.** *vr* **sich ~** se battre

Rauferei [rau̯fə'rai̯] <-, -en> *f* rixe *f*

rauh[ALT] *s.* **rau**

Raum [rau̯m, *Pl:* 'rɔy̯mə] <-[e]s, Räume> *m* ① (*Zimmer*) pièce *f* ② *kein Pl* (*Platz*) espace *m;* **~ für etw schaffen** faire de la place pour qc

räumen ['rɔy̯mən] *vt* (*Wohnung*) libérer; (*entfernen*) **etw in das Regal ~** ranger qc sur les étagères; **etw aus dem Weg ~** enlever qc du passage

Raumfahrt *f kein Pl* navigation *f* spatiale

R

Rauminhalt *m* volume *m*
räumlich ['rɔymlɪç] *adv* ❶ **~ eingeengt sein** être à l'étroit ❷ (*dreidimensional*) **~ sehen** avoir une vue stéréoscopique
Raumschiff *nt* vaisseau *m* spatial
Räumung ['rɔymʊŋ] <-, -en> *f* évacuation *f*
Räumungsverkauf *m* liquidation [totale] *f*
raunen ['raunən] *vt, vi geh* susurrer
Raupe ['raupə] <-, -n> *f* chenille *f*
Raupenfahrzeug *nt* véhicule *m* à chenilles
RaureifRR *m kein Pl* gelée *f* blanche
raus [raus] *adv fam s. a.* **heraus, hinaus**
Rausch [rauʃ, *Pl:* 'rɔyʃə] <-[e]s, Räusche> *m* ❶ ivresse *f;* **einen ~ haben** être ivre ❷ *geh* (*Ekstase*) griserie *f*
rauschen ['rauʃən] *vi + haben* (*Wind*) mugir; (*Bach*) gronder; (*Blätter*) bruire; (*Lautsprecherbox*) grésiller
rauschend *adj* (*Beifall*) retentissant(-e)
Rauschgift *nt* drogue *f* **Rauschgifthandel** *m* trafic *m* de drogue **rauschgiftsüchtig** *adj* toxicomane
raus|kriegen *vt fam* (*Lösung*) finir par trouver
räuspern ['rɔyspɐn] *vr* **sich ~** se racler la gorge
raus|schmeißen ['rausʃmaisən] *vt irr fam* ❶ (*entlassen*) virer ❷ (*wegwerfen*) balancer
Raute ['rautə] <-, -n> *f* losange *m*
Razzia ['ratsia] <-, Razzien> *f* descente *f* [de police]
Reagenzglas *nt* éprouvette *f*
reagieren* [rea'giːrən] *vi a.* CHEM, PHYS réagir; **mit etw ~** réagir à qc
Reaktion [reak'tsioːn] <-, -en> *f* réaction *f*
reaktionär *adj* réactionnaire
reaktivieren* [-'viː-] *vt* (*Person*) rappeler
Reaktor [re'aktoːɐ̯] <-s, -toren> *m* réacteur *m*
real [re'aːl] **I.** *adj* réel(le) **II.** *adv* ❶ *geh* (*tatsächlich*) réellement ❷ ÖKON en valeur réelle
realisierbar *adj* réalisable
realisieren* [reali'ziːrən] *vt* réaliser
Realisierung <-, -en> *f* réalisation *f*
Realismus <-> *m* réalisme *m*
Realist(in) [rea'lɪst] <-en, -en> *m(f)* réaliste *mf*
realistisch [rea'lɪstɪʃ] **I.** *adj* réaliste **II.** *adv* ❶ (*betrachten*) avec réalisme ❷ KUNST de manière réaliste
Realität [reali'tɛːt] <-, -en> *f* ❶ réalité *f* ❷ *Pl* A (*Immobilien*) immeubles *mpl*
Reality-TV <[-s]> *nt kein pl* télé-réalité *f*
RealschulabschlussRR *m* ≈ brevet *m* des collèges
Realschule *f* ≈ collège *m*

> En Allemagne, la **Realschule** correspond plus ou moins au collège français. Elle est sanctionnée à l'issue de la dixième classe par un examen, la *Mittlere Reife*. Les élèves quittent alors l'école et suivent une formation professionnelle de trois ans.

Realschüler(in) *m(f)* ≈ collégien(ne) *m(f)*
Rebell(in) [re'bɛl] <-en, -en> *m(f)* rebelle *mf*
rebellieren* [rebɛ'liːrən] *vi* se rebeller
Rebellion [rebɛ'lioːn] <-, -en> *f* rébellion *f*
rebellisch *adj* ❶ (*Truppen*) rebelle ❷ *geh* (*aufbegehrend*) insurgé(e)
Rechen ['rɛçən] <-s, -> *m bes.* SDEUTSCH râteau *m*
Rechenaufgabe *f* (*Rechenübung*) exercice *m* de calcul; (*Hausaufgabe*) calcul *m*
Rechenschaft <-> *f* **~ über etw** (*akk*) **ablegen** rendre des comptes au sujet de qc; **jdn für etw zur ~ ziehen** demander des comptes à qn au sujet de qc
Rechenzentrum *nt* centre *m* informatique
Recherche [re'ʃɛrʃə] <-, -n> *f* recherche *f*
recherchieren* [reʃɛr'ʃiːrən] **I.** *vi* faire des recherches **II.** *vt* (*Fall*) enquêter sur
rechnen ['rɛçnən] **I.** *vt* ❶ MATH (*Aufgabe*) calculer ❷ (*veranschlagen*) compter ❸ (*einstufen*) **jdn zu den Besten ~** compter qn parmi les meilleurs **II.** *vi* ❶ calculer ❷ (*erwarten*) compter; **damit ~, dass** s'attendre à ce que + *subj* **III.** *vr* **sich ~** être rentable
Rechner <-s, -> *m* (*Computer*) ordinateur *m*
Rechner(in) <-s, -> *m(f)* calculateur(-trice) *m(f)*
rechnergesteuert *adj* informatisé(e)
rechnerisch *adj* arithmétique
Rechnerleistung *f* capacité *f* [de l'ordinateur] **rechnerunterstützt** *adj* assisté(e) par ordinateur
Rechnung <-, -en> *f* ❶ facture *f;* (*im Restaurant*) addition *f;* (*im Hotel*) note *f;* **jdm etw auf die ~ setzen** mettre qc sur le compte de qn ❷ (*das Rechnen*) calcul *m*
Rechnungshof *m* ≈ Cour *f* des comptes; **der Europäische ~** la Cour des Comptes Européenne

recht [rɛçt] **I.** *adj* 1 (*Ort*) bon(ne); (*Augenblick*) opportun(e) 2 (*richtig*) **ganz ~!** très juste! 3 (*angenehm*) **jdm ~ sein** convenir à qn **II.** *adv* 1 (*richtig*) bien; **ich weiß nicht ~** je ne sais pas trop 2 (*ziemlich*) assez ▶**das geschieht ihm ~!** c'est bien fait pour lui/elle!

Recht <-[e]s, -e> *nt* 1 droit *m* 2 (*Anspruch*) **ein ~ auf etw** (*akk*) **haben** avoir droit à qc; **zu ~** à juste titre ▶**das ist dein gutes ~** c'est ton bon droit

Rechte <-n, -n> *f a.* SPORT, POL droite *f*

rechte(r, s) ['rɛçtə, -tɐ, -təs] *adj attr* 1 (*opp: linke*) droit(e); (*Straßenseite*) de droite 2 POL de droite; (*Flügel*) droit(e)

Rechte(r) *f(m) dekl wie adj* homme *m*/femme *f* de droite

Rechteck <-[e]s, -e> *nt* rectangle *m* **rechteckig** *adj* rectangulaire

rechtfertigen **I.** *vt* justifier **II.** *vr* **sich vor jdm für etw ~** se justifier de qc devant qn

Rechtfertigung *f* justification *f*

rechthaberisch *adj pej* **~ sein** vouloir toujours avoir raison

rechtlich *adj* juridique

rechtmäßig *adj* 1 (*legitim*) légitime 2 (*legal*) légal(e)

Rechtmäßigkeit <-> *f* 1 (*Legitimität*) légitimité *f* 2 (*Legalität*) légalité *f*

rechts [rɛçts] *adv* 1 à droite; **~ oben** en haut à droite; **~ von dir** à ta droite; **sich ~ einordnen** se mettre sur la voie de droite; **nach ~** à droite 2 (*auf, von der Außenseite*) **etw von ~ bügeln** repasser qc sur l'endroit

Rechtsabbieger <-s, -> *m* véhicule *m* qui tourne à droite

Rechtsanwalt *m*, **-anwältin** *f* avocat(e) *m(f)*

Rechtsaußen <-, -> *m* SPORT ailier *m* droit

rechtschaffen **I.** *adj* (*Person*) honnête **II.** *adv* avec honnêteté

Rechtschreibfehler *m* faute *f* d'orthographe **Rechtschreibung** *f* orthographe *f*

Rechtsextremist(in) *m(f)* extrémiste *mf* de droite **rechtsextremistisch** *adj* d'extrême droite **rechtsgültig** *adj* valide

Rechtshänder(in) ['rɛçtshɛndɐ] <-s, -> *m(f)* droitier(-ière) *m(f)*

rechtshändig **I.** *adj* droitier(-ière) **II.** *adv* de la main droite

rechtsherum *adv* (*fahren*) à droite; (*sich drehen*) de gauche à droite

rechtskräftig *adj* (*Beschluss*) qui a force de loi; (*Urteil*) exécutoire **Rechtslage** *f* situation *f* juridique **Rechtsmittel** *nt* recours *m* **Rechtsordnung** *f* législation *f*

Rechtsprechung <-, -en> *f* justice *f*

rechtsradikal *adj* d'extrême droite **Rechtsradikale(r)** *f(m)* extrémiste *mf* de droite **rechtsrheinisch** *adj* [situé(e)] sur la rive droite du Rhin **rechtsrum** *s.* **rechtsherum**

Rechtsstaat *m* État *m* de droit **rechtsstaatlich** *adj* (*Grundsatz*) fondé(e) sur le droit

Rechtsverkehr *m* conduite *f* à droite

Rechtsweg *m kein Pl* procédure *f* **rechtswidrig** *adj* illégal(e) **Rechtswissenschaft** *f kein Pl* droit *m*

rechtwinklig *adj* (*Dreieck*) rectangle

rechtzeitig **I.** *adj* (*Ankunft*) à l'heure; (*Anmeldung*) en temps voulu **II.** *adv* (*dasein*) à l'heure [fixée]; (*erfolgen*) en temps voulu

Reck [rɛk] <-[e]s, -e> *nt* barre *f* fixe

recken **I.** *vt* (*Hals, Faust*) tendre **II.** *vr* **sich ~** s'étirer

Recorder <-s, -> *m* 1 (*Kassettenrecorder*) magnéto[phone] *m* 2 (*Videorecorder*) magnétoscope *m*

recyceln* [ri'saikln] *vt* recycler

Recycling [ri'saiklɪŋ] <-s> *nt* recyclage *m*

Recyclingpapier *nt* papier *m* recyclé

Redakteur(in) [redak'tøːɐ̯] <-s, -e> *m(f)* rédacteur(-trice) *m(f)*

Redaktion [redak'tsi̯oːn] <-, -en> *f* rédaction *f*

Redaktor [re'daktoːɐ̯] <-s, -toren> *m*, **Redaktorin** *f* CH rédacteur(-trice) *m(f)*

Rede ['reːdə] <-, -n> *f* discours *m*; **die ~ ist von ...** il est question de ...

Redefreiheit *f kein Pl* liberté *f* d'expression

reden **I.** *vi* **über jdn/etw ~** parler de qn/qc; **mit sich selbst ~** parler tout(e) seul(e) **II.** *vt* (*Unsinn*) dire

Redewendung *f* tournure *f*

redlich ['reːtlɪç] **I.** *adj* honnête **II.** *adv* (*sich bemühen*) considérablement

Redner(in) ['reːdnɐ] <-s, -> *m(f)* orateur(-trice) *m(f)*

redselig ['reːtzeːlɪç] *adj* bavard(e)

reduzieren* [redu'tsiːrən] *vt* réduire

Reederei [reːdə'rai̯] <-, -en> *f* compagnie *f* maritime

reell [re'ɛl] *adj* (*Chance*) véritable

R

Referat [refe'raːt] <-[e]s, -e> *nt* SCHULE, UNIV exposé *m*
Referendar(in) [referɛn'daːɐ̯] <-s, -e> *m(f)* stagiaire *mf*
Referendariat [referɛndari'aːt] <-[e]s, -e> *nt* stage *m*
Referent(in) [refe'rɛnt] <-en, -en> *m(f)* (*Redner*) conférencier(-ière) *m(f)*
referieren* [refe'riːrən] *vi* **über jdn/etw ~** faire un exposé sur qn/qc
Reflektor [re'flɛktoːɐ] <-s, -toren> *m* (*am Fahrrad*) cataphote® *m*
Reflex [re'flɛks] <-es, -e> *m* ❶ ANAT réflexe *m* ❷ (*Lichtreflex*) reflet *m*
reflexiv LING *adj* (*Verb*) pronominal(e)
Reflexivpronomen *nt* pronom *m* réfléchi
Reform [re'fɔrm] <-, -en> *f* réforme *f*
Reformation [refɔrma'tsi̯oːn] <-> *f* HIST **die ~** la Réforme
Reformer(in) [re'fɔrmɐ] <-s, -> *m(f)* ❶ (*wer Reformen durchführt*) réformateur(-trice) *m(f)* ❷ (*wer Reformen anstrebt*) réformiste *mf*
reformieren* [refɔr'miːrən] *vt* réformer
Refrain [rə'frɛ̃ː] <-s, -s> *m* refrain *m*
Regal [re'gaːl] <-s, -e> *nt* étagère *f*
Regatta [re'gata] <-, Regatten> *f* régate *f*
rege ['reːgə] *adj* (*Anteilnahme*) vif(vive); (*Beteiligung*) actif(-ive)
Regel ['reːgəl] <-, -n> *f* ❶ (*Norm*) règle *f* ❷ (*Menstruation*) règles *fpl*
regelmäßig **I.** *adj* régulier(-ière); (*Verstöße*) répété(e) **II.** *adv* régulièrement
Regelmäßigkeit <-> *f* régularité *f*
regeln **I.** *vt* ❶ (*erledigen*) régler ❷ (*Bestimmungen*) réglementer **II.** *vr* **sich ~** se régler
regelrecht *fam* **I.** *adj* véritable **II.** *adv* carrément
Regelung <-, -en> *f* ❶ (*Vereinbarung*) convention *f* ❷ *kein Pl* (*das Regulieren*) régulation *f*
regelwidrig SPORT *adv* **sich ~ verhalten** faire une faute
Regelwidrigkeit *f* SPORT faute *f*
regen ['reːgən] *vr* **sich ~** (*Lebewesen*) bouger; (*Gefühle*) s'éveiller
Regen ['reːgən] <-s, -> *m* pluie *f*; **saurer ~** pluies acides
Regenbogen *m* arc *m* en ciel
Regeneration [regenera'tsi̯oːn] *f a.* BIO, MED régénération *f*
regenerieren* *vt, vr* [**sich**] ~ [se] régénérer
Regenmantel *m* imperméable *m* **Regenschirm** *m* parapluie *m* **Regentropfen** *m* goutte *f* de pluie **Regenwald** *m* [**tropischer**] ~ forêt *f* équatoriale **Regenwetter** *nt* temps *m* pluvieux **Regenzeit** *f* saison *f* des pluies
Reggae ['rɛgeː] *m* reggae *m*
Regie [re'ʒiː] <-, -n> *f* ❶ THEAT mise *f* en scène; CINE, RADIO, TV réalisation *f* ❷ (*Verantwortung*) **in eigener ~** tout(e) seul(e)
regieren* [re'giːrən] *vt, vi* [**ein Land**] ~ gouverner [un pays]; (*Herrscher*) régner sur [un pays]
Regierung <-, -en> *f* ❶ (*Kabinett*) gouvernement *m* ❷ (*~sgewalt*) pouvoir *m*; **an der ~ sein** être au pouvoir
Regierungschef(in) *m(f)* chef *mf* de/du gouvernement **Regierungspartei** *f* parti *m* au pouvoir **Regierungsrat** *m kein Pl* CH Conseil *m* d'État **Regierungsrat** *m*, **-rätin** *f* CH (*Mitglied der Kantonsregierung*) membre du Conseil d'État *m* **Regierungssprecher(in)** *m(f)* porte-parole *m* gouvernemental
Regime [re'ʒiːm] <-s, -s> *nt pej* régime *m*
Regiment [regi'mɛnt] <-[e]s, -er> *nt* MIL régiment *m*
Region [re'gi̯oːn] <-, -en> *f* région *f*
regional [regi̯o'naːl] **I.** *adj* régional(e) **II.** *adv* selon les régions
Regisseur(in) [reʒɪ'søːɐ̯] <-s, -e> *m(f)* THEAT metteur(-euse) *m(f)* en scène; CINE, RADIO, TV réalisateur(-trice) *m(f)*
Register [re'gɪstɐ] <-s, -> *nt* ❶ (*Index*) index *m* ❷ ADMIN registre *m*
registrieren* [regɪs'triːrən] *vt* enregistrer
Regler ['reːglɐ] <-s, -> *m* régulateur *m*
reglos ['reːkloːs] *adj, adv* immobile
regnen ['reːgnən] *vi unpers* pleuvoir; **es regnet** il pleut
regnerisch *adj* pluvieux(-euse)
regulär [regu'lɛːɐ̯] **I.** *adj* (*Preis*) réglementaire **II.** *adv* normalement
regulieren* [regu'liːrən] *vt* (*einstellen*) régler
Regulierung <-, -en> *f* (*der Heizung*) réglage *m*
Regung ['reːgʊŋ] <-, -en> *f* ❶ (*Bewegung*) mouvement *m* ❷ (*Empfindung*) émotion *f*
regungslos *adj, adv* immobile
Reh [reː] <-[e]s, -e> *nt* chevreuil *m*
Rehabilitation [rehabilita'tsi̯oːn] <-, -en> *f*

MED rééducation *f*

rehabilitieren* [rehabili'tiːrən] **I.** *vt* (*Kranken*) rééduquer; (*Behinderten*) réinsérer **II.** *vr geh* **sich** ~ se réhabiliter

Rehbock *m* chevreuil *m* [mâle]

Reibe ['raibə] <-, -n> *f* râpe *f*

Reibekuchen *m* galette *f* de pommes de terre [râpées]

reiben ['raibən] <rieb, gerieben> **I.** *vt* frotter; (*Möhre, Käse*) râper **II.** *vi* frotter

Reibereien *Pl fam* frictions *fpl*

Reibung <-> *f kein Pl* PHYS frottement *m*

reibungslos *adj, adv* sans problème

reich [raiç] **I.** *adj* riche; ~ **an Vitaminen sein** être riche en vitamines **II.** *adv* (*beschenken*) richement

Reich [raiç] <-[e]s, -e> *nt* ❶ empire *m;* **das Dritte** ~ le IIIe Reich ❷ (*Königreich*) royaume *m*

Reiche(r) *f(m) dekl wie adj* riche *mf*

reichen ['raiçən] **I.** *vi* (*Vorräte*) suffire; **weit ~d** (*Geschütz*) à longue portée; **vom Sofa bis zur Wand** ~ aller du canapé jusqu'au mur **II.** *vi unpers* **es reicht [mir], wenn ...** ça [me] suffit si ... **III.** *vt geh* ❶ (*geben*) **jdm etw** ~ passer qc à qn ❷ (*servieren*) **jdm etw** ~ servir qc à qn

reichhaltig *adj* (*Angebot*) varié(e); (*Mahlzeit*) copieux(-euse)

reichlich **I.** *adj* (*Niederschläge*) abondant(e) **II.** *adv* (*vorhanden sein*) en quantité; (*jung*) plutôt

Reichtum <-[e]s> *m kein Pl* richesse *f;* **zu ~ kommen** faire fortune

Reichweite *f* ❶ (*eines Senders*) portée *f* ❷ (*greifbare Nähe*) **in ~ sein** être à portée de [la] main; **außer ~ sein** être hors de portée

reif [raif] *adj* mûr(e)

Reif [raif] <-[e]s, -e> *m* (*Armreif*) bracelet *m*

Reife <-> *f* maturité *f* ►**mittlere** ~ ≈ brevet *m* des collèges

reifen *vi + sein a. fig* mûrir

Reifen ['raifən] <-s, -> *m* pneu *m;* **den ~ wechseln** changer de roue

Reifenpanne *f* crevaison *f*

reiflich *adj* (*Überlegung*) mûr(e) *antéposé*

Reihe ['raiə] <-, -n> *f* ❶ (*von Personen*) rang *m;* (*von Stühlen*) rangée *f;* (*von Ziffern*) série *f;* **eine ~ von Fragen** un nombre important de questions ❷ (*Sitzreihe*) rang *m* ❸ (*~nfolge*) **der ~ nach** l'un(e) après l'autre ►**du bist an der** ~ c'est ton tour

Reihenfolge *f* ordre *m* **Reihenhaus** *nt* maison *f* mitoyenne

Reiher <-s, -> *m* héron *m*

reihum [rai'ʔʊm] *adv* à tour de rôle; ~ **gehen** faire le tour

Reim [raim] <-[e]s, -e> *m* ❶ rime *f* ❷ *Pl* (*Verse*) vers *mpl*

reimen *vr* **sich mit etw/auf etw** (*akk*) ~ rimer avec qc

rein[1] [rain] *s.* **herein, hinein**

rein[2] **I.** *adj* ❶ (*Zufall*) pur(e) *antéposé;* **eine ~e Wohngegend** un quartier purement résidentiel ❷ (*Gold*) pur(e) ❸ (*Hemd*) propre **II.** *adv* ❶ (*symbolisch*) purement ❷ *fam* (*ganz und gar*) ~ **gar nichts** absolument rien

Reinerlös *m* produit *m* net

Reinfall *m* bide *m* (*fam*)

rein|fallen ['rainfalən] *vi irr + sein fam* (*enttäuscht werden*) tomber dans le piège; **auf jdn/etw** ~ se faire avoir par qn/avec qc

Reingewinn *m* bénéfice *m* net

Reinheit <-> *f* (*der Luft, des Edelsteins*) pureté *f*

reinigen ['rainɪgən] *vt* (*Kleider*) nettoyer

Reinigung <-, -en> *f* ❶ *kein Pl* nettoyage *m* ❷ (*~sbetrieb*) pressing *m;* **chemische** ~ nettoyage *m* à sec

rein|legen *vt fam* (*hintergehen*) **jdn** ~ rouler qn

reinrassig *adj* de [pure] race

Reis [rais] <-es> *m* riz *m*

Reise ['raizə] <-, -n> *f* voyage *m;* **auf ~n gehen** partir en voyage; **gute ~!** bon voyage!

Reiseandenken *nt* souvenirs *mpl* de voyage **Reisebüro** *nt* agence *f* de voyages **Reisebus** *m* autocar *m* de tourisme **Reiseführer(in)** *m(f)* guide *mf* **Reisekosten** *Pl* frais *mpl* de voyage **Reiseleiter(in)** *m(f)* guide *mf* **reiselustig** *adj* ~ **sein** aimer voyager

reisen *vi + sein* voyager

Reisende(r) *f(m) dekl wie adj* voyageur (-euse) *m(f)*

Reiseproviant *m* provisions *fpl* de route **Reiseroute** *f* itinéraire *m* **Reisezeit** *f* saison *f* touristique

Reisig ['raizɪç] <-s> *nt* bois *m* mort

reißen ['raisən] <riss, gerissen> **I.** *vi + sein* (*Papier*) se déchirer; (*Faden*) casser **II.** *vt + haben* ❶ (*Stoff, Karton*) déchirer; [**sich** (*dat*)] **ein Loch in die Hose** ~ [se] faire un trou dans le pantalon ❷ (*gewaltsam an*

R

sich nehmen) **jdm etw aus den Händen** ~ arracher qc des mains à qn; **an sich** (*akk*) ~ (*Herrschaft, Macht*) s'emparer de **III.** *vr* + *haben fam* **sich um jdn/etw** ~ se battre pour avoir qn/qc

reißend *adj* ① (*mit starker Strömung*) déchaîné(e) ② *fam* **~en Absatz finden** se vendre comme des petits pains (*fig*)

reißfest *adj* indéchirable **Reißverschluss**[RR] *m* fermeture *f* éclair®

reiten ['raitən] <ritt, geritten> *vi* + *sein* faire du cheval

Reiter(in) <-s, -> *m(f)* cavalier(-ière) *m(f)*

Reithose *f* culotte *f* de cheval **Reitkappe** *f* bombe *f* **Reitpferd** *nt* cheval *m* de selle **Reitsport** *m* sport *m* hippique **Reitstall** *m* (*Gebäude*) écurie *f* **Reitstiefel** *m* botte *f* de cheval

Reiz ['raits] <-es, -e> *m* ① charme *m* ② ANAT stimulus *m*

reizbar *adj* irritable

Reizbarkeit <-> *f* irritabilité *f*

reizen I. *vt* ① (*verlocken*) attirer ② MED irriter ③ (*provozieren*) provoquer **II.** *vi* ① **zum Lachen/Weinen** ~ provoquer le rire/les larmes ② SPIEL surenchérir

reizend *adj* (*Mensch*) charmant(e); (*Anblick*) ravissant(e)

Reizung <-, -en> *f* MED irritation *f*

reizvoll *adj* attrayant(e); (*Angebot*) alléchant(e)

Reklamation [reklama'tsi̯oːn] <-, -en> *f* réclamation *f*

Reklame [re'klaːmə] <-, -n> *f* ① (*Werbematerial*) publicité *f* ② (*Werbung*) réclame *f*

reklamieren* [rekla'miːrən] *vt, vi* réclamer; [**etw**] ~ réclamer [au sujet de qc]

rekonstruieren* [rekɔnstru'iːrən] *vt* reconstituer

Rekonstruktion [rekɔnstrʊk'tsi̯oːn] *f* reconstitution *f*

Rekord [re'kɔrt] <-s, -e> *m* record *m*

Rekordzeit *f* temps *m* record; **in** ~ en un temps record

Rekrut(in) [re'kruːt] <-en, -en> *m(f)* recrue *f*

rekrutieren* [rekru'tiːrən] *vt* recruter

Rekrutierung <-, -en> *f* recrutement *m*

Rektor ['rɛktoːɐ̯] <-s, -toren> *m*, **Rektorin** *f* ① UNIV recteur *m* ② SCHULE directeur(-trice) *m(f)*

Rektorat [rɛkto'raːt] <-[e]s, -e> *nt* UNIV rectorat *m*; SCHULE bureau *m* du directeur

Relation [rela'tsi̯oːn] <-, -en> *f geh* relation *f*

relativ [rela'tiːf] *adj* relatif(-ive)

relativieren* [relati'viːrən] *vt geh* relativiser

Relativpronomen *nt* pronom *m* relatif **Relativsatz** *m* [proposition *f*] relative *f*

Relevanz [rele'vants] <-> *f geh* pertinence *f*

Relief [re'li̯ɛf] <-s, -s> *nt* relief *m*

Religion [reli'gi̯oːn] <-, -en> *f* ① religion *f* ② SCHULE instruction *f* religieuse

En Allemagne, le catéchisme fait partie du programme scolaire. C'est un cours obligatoire de deux heures, appelé **Religionsunterricht**, qui a lieu dans l'enceinte des établissements scolaires. Il est possible d'en dispenser son enfant en l'inscrivant au cours de *Ethik*. Les élèves y apprennent à réfléchir sur des questions concernant la vie en communauté, la vie en société et sur des questions de solidarité et de civisme.

Religionsfreiheit *f* liberté *f* religieuse **Religionsgemeinschaft** *f form* communauté *f* religieuse

religiös [reli'gi̯øːs] **I.** *adj* ① (*opp: weltlich*) religieux(-euse) ② (*fromm*) pieux(-euse) **II.** *adv* (*prägen*) par la religion; (*erziehen*) religieusement

Reling ['reːlɪŋ] <-, -s *o* -e> *f* bastingage *m*

Reliquie [re'liːkvi̯ə] <-, -n> *f* relique *f*

Renaissance [rənɛ'sɑ̃ːs] <-> *f kein Pl* HIST Renaissance *f*

Rendezvous [rɑ̃de'vuː] <-, -> *nt* rendez-vous *m* [galant]

Rennbahn *f* (*beim Pferdesport*) hippodrome *m*; (*beim Motorsport*) circuit *m*; (*beim Radsport*) vélodrome *m*

rennen ['rɛnən] <rannte, gerannt> *vi* + *sein* (*schnell laufen*) courir

Rennen <-s, -> *nt* (*Autorennen*) course *f* automobile; (*Pferderennen*) course *f* de chevaux

Rennfahrer(in) *m(f)* ① AUT pilote *m* de course ② (*Fahrradrennfahrer*) coureur(-euse) *m(f)* cycliste **Rennpferd** *nt* cheval *m* de course **Rennstrecke** *f* circuit *m* **Rennwagen** *m* voiture *f* de course

Renommee <-s, -s> *nt geh* renommée *f*

renommiert *adj geh* renommé(e)

renovieren* [reno'viːrən] *vt* rénover; (*Fassade*) ravaler

Renovierung <-, -en> *f* rénovation *f;* (*der Fassade*) ravalement *m*

rentabel [rɛn'ta:bəl] **I.** *adj* rentable **II.** *adv* de façon rentable

Rentabilität <-> *f* rentabilité *f*

Rente ['rɛntə] <-, -n> *f* (*Altersruhegeld*) [pension *f* de] retraite *f;* **in ~ gehen** prendre sa retraite

Rentenversicherung *f* assurance retraite *f*

rentieren* [rɛn'ti:rən] *vr* **sich für jdn ~** être rentable pour qn

Rentner(in) ['rɛntnɐ] <-s, -> *m(f)* retraité(e) *m(f)*

reparabel *adj geh* réparable

Reparatur [repara'tu:ɐ̯] <-, -en> *f* réparation *f*

Reparaturwerkstatt *f* (*Autowerkstatt*) garage *m*

reparieren* [repa'ri:rən] *vt* **jdm etw ~** réparer qc à qn

Repertoire [repɛr'toa:ɐ̯] <-s, -s> *nt* répertoire *m*

Reportage [repɔr'ta:ʒə] <-, -n> *f* reportage *m*

Reporter(in) <-s, -> *m(f)* reporter *m*

Repräsentation [reprɛzɛnta'tsi̯o:n] <-, -en> *f* représentation *f*

repräsentativ [reprɛzɛnta'ti:f] *adj* représentatif(-ive)

repräsentieren* [reprɛzɛn'ti:rən] *vt, vi geh* représenter

Reproduktion [reprodʊk'tsi̯o:n] <-, -en> *f* TYP, KUNST reproduction *f*

reproduzieren* [reprodu'tsi:rən] *vt* reproduire

Reptil [rɛp'ti:l] <-s, -ien> *nt* reptile *m*

Republik [repu'bli:k] <-, -en> *f* république *f*

Republikaner(in) [republi'ka:nɐ] <-s, -> *m(f)* ❶ (*in den USA*) républicain(e) *m(f)* ❷ (*in Deutschland*) *membre ou militant(e) d'un parti d'extrême droite en Allemagne*

republikanisch *adj* républicain(e)

Requiem ['re:kviɛm] <-s, Requien> *nt* requiem *m*

Requisit [rekvi'zi:t] <-s, -en> *nt a.* THEAT accessoire *m*

Reserve [re'zɛrvə] <-, -n> *f* réserve *f*

Reservekanister *m* bidon *m* de réserve **Reserverad** *nt* roue *f* de secours **Reservereifen** *m* pneu *m* de rechange

reservieren* [rezɛr'vi:rən] *vt* réserver

Reservierung <-, -en> *f* réservation *f*

Reset-Taste ['ri:sɛtastə] *f* touche *f* reset

Residenz [rezi'dɛnts] <-, -en> *f* résidence *f*

resignieren* [rezɪ'gni:rən] *vi geh* se résigner; **wegen etw ~** se résigner à cause de qc

resolut [rezo'lu:t] **I.** *adj* résolu(e) **II.** *adv* résolument

Resonanz [rezo'nants] <-, -en> *f* ❶ *geh* (*Reaktion*) écho *m* ❷ MUS résonance *f*

Respekt [re'spɛkt] <-s> *m* respect *m;* **vor jdm/etw ~ haben** avoir du respect pour qn/qc; **sich** (*dat*) **~ verschaffen** se faire respecter

respektabel *adj geh* respectable

respektieren* [respɛk'ti:rən] *vt* respecter

respektlos **I.** *adj* irrespectueux(-euse) **II.** *adv* avec irrespect

respektvoll *adj* respectueux(-euse)

Ressort [rɛ'so:ɐ̯] <-s, -s> *nt* ❶ (*Zuständigkeitsbereich*) **jds ~** le ressort de qn ❷ (*Abteilung*) département *m*

Ressource [rɛ'sʊrsə] <-, -n> *f meist Pl a.* FIN ressources *fpl*

Rest [rɛst] <-[e]s, -e *o* CH -en> *m* reste *m*

Restaurant [rɛsto'rã:] <-s, -s> *nt* restaurant *m*

restaurieren* [restau̯'ri:rən] *vt* restaurer

Restaurierung <-, -en> *f* restauration *f*

restlich *adj* (*Betrag*) restant(e); (*Leute*) autre

restlos *adj* total(e)

Restposten *m* fin *f* de série

Resultat [rezʊl'ta:t] <-[e]s, -e> *nt* résultat *m*

Resümee [rezy'me:] <-s, -s> *nt geh* ❶ (*Schlussfolgerung*) conclusion *f* ❷ (*Zusammenfassung*) résumé *m*

Retorte [re'tɔrtə] <-, -n> *f* cornue *f*

Retortenbaby [ret'tɔrtənbe:bi] *nt* bébé-éprouvette *m*

retour [re'tu:ɐ̯] *adv* A, CH **etw ~ gehen lassen** renvoyer qc; **eine Fahrkarte nach Basel und** [**wieder**] **~!** un aller [et] retour pour Bâle!

Retourspiel *nt* A, CH match *m* retour

retten ['rɛtən] **I.** *vt* sauver; (*Gebäude*) sauvegarder **II.** *vr* **sich ~** se sauver

Retter(in) <-s, -> *m(f)* sauveur(-euse) *m(f)*

Rettich <-s, -e> *m* radis *m*

Rettung <-, -en> *f* sauvetage *m;* (*des Gebäudes*) sauvegarde *f*

Rettungsboot *nt* bateau *m* de sauvetage **Rettungsdienst** *m* service *m* de secours

rettungslos *adv* sans espoir [de secours]; **wir sind ~ verloren** tout espoir est perdu

Rettungsring *m* bouée *f* de sauvetage **Rettungsschwimmer(in)** *m(f)* maître nageur *m* **Rettungswagen** *m* ambulance *f*

Return-Taste [rɪ'tœːntastə] *f* INFORM touche *f* Entrée

Reue ['rɔyə] <-> *f* **~ über etw** (*akk*) regret *m* de qc

reuen *vt unpers* **es reut jdn, etw getan zu haben** qn regrette d'avoir fait qc

Revanche [re'vãːʃ(ə)] <-, -n> *f* revanche *f*

revanchieren* [revã'ʃiːrən] *vr* ❶ (*sich erkenntlich zeigen*) **sich ~** rendre la pareille ❷ (*sich rächen*) **sich für etw ~** se venger de qc

revidieren* [revi'diːrən] *vt* ❶ (*rückgängig machen: Entscheidung*) revenir sur ❷ CH *geh* (*Maschine*) réviser

Revier [re'viːɐ̯] <-s, -e> *nt* ❶ (*Polizeidienststelle*) commissariat *m* ❷ (*Bezirk*) district *m* ❸ (*Jagdrevier*) territoire *m* de chasse ❹ ZOOL territoire *m*

Revision [revi'zi̯oːn] <-, -en> *f* ❶ FIN vérification *f* ❷ JUR cassation *f*; **~ einlegen** se pourvoir en cassation ❸ TYP révision *f* [des épreuves]

Revolte [re'vɔltə] <-, -n> *f* révolte *f*

Revolution [revolu'tsi̯oːn] <-, -en> *f* révolution *f*; **die Französische ~** la Révolution française

revolutionär [revolutsi̯o'nɛːɐ̯] *adj* révolutionnaire

Revolutionär(in) <-s, -e> *m(f)* révolutionnaire *mf*

Revolver [re'vɔlvɐ] <-s, -> *m* revolver *m*

rezensieren* [retsɛn'ziːrən] *vt* critiquer

Rezension [retsɛn'zi̯oːn] <-, -en> *f* critique *f*

Rezept [re'tsɛpt] <-[e]s, -e> *nt* ❶ recette *f* ❷ MED ordonnance *f*

rezeptfrei *adj* en vente libre

Rezeption [retsɛp'tsi̯oːn] <-, -en> *f* réception *f*

rezeptpflichtig *adj* délivré(e) uniquement sur ordonnance

Rezession [retsɛ'si̯oːn] <-, -en> *f* récession *f*

rezitieren* [retsi'tiːrən] *vt, vi* réciter

Rhabarber [ra'barbɐ] <-s, -> *m* rhubarbe *f*

Rhein [rai̯n] <-s> *m* **der ~** le Rhin; **Kehl am ~** Kehl sur Rhin

rheinisch *adj attr* rhénan(e)

Rheinländer(in) <-s, -> *m(f)* Rhénan(e) *m(f)*

Rheinland-Pfalz [rai̯nlant'pfalts] *f* la Rhénanie-Palatinat

Rhesusfaktor ['reːzʊsfaktoːɐ̯] *m* ~ [facteur *m*] rhésus *m*

Rhetorik [re'toːrɪk] <-> *f* rhétorique *f*

rhetorisch **I.** *adj* rhétorique; (*Figur*) de rhétorique **II.** *adv* **~ begabt** doué(e) en matière de rhétorique

Rheuma ['rɔyma] <-s> *nt fam* rhumatisme *m souvent pl*

rheumatisch *adj* rhumatismal(e)

Rheumatismus [rɔyma'tɪsmʊs] <-> *m form* rhumatisme *m*

Rhinozeros [ri'noːtserɔs] <-[ses], -se> *n* rhinocéros *m*

rhythmisch ['rʏtmɪʃ] *adj* (*Bewegungen*) rythmé(e); (*Gymnastik*) rythmique

Rhythmus ['rʏtmʊs] <-, Rhythmen> *m* rythme *m*

richten ['rɪçtən] **I.** *vr* ❶ (*sich orientieren*) **sich nach jdm/etw ~** se conformer à qn/qc ❷ (*abhängen von*) **sich nach etw ~** dépendre de qc **II.** *vt* ❶ (*Brief*) adresser; (*Blick*) diriger; (*Finger*) pointer ❷ (*Heizung*) réparer **III.** *vi geh* (*urteilen*) **über jdn/etw ~** juger qn/qc

Richter(in) ['rɪçtɐ] <-s, -> *m(f)* JUR juge *mf*

richterlich *adj attr* judiciaire

Richtfest *nt* fête *f* pour l'achèvement du gros œuvre (*à laquelle le propriétaire convie les artisans et éventuellement des voisins*)

Richtgeschwindigkeit *f* vitesse *f* conseillée

richtig ['rɪçtɪç] **I.** *adj* ❶ (*Antwort, Haus, Haltung*) bon(ne) *antéposé;* **das ist ~** c'est juste; **etw ~ stellen** rectifier qc; **zur ~en Zeit** au bon moment; **es ist ~ gewesen dass** c'était bien que + *subj* ❷ (*Eltern, Name, Idiot*) vrai(e) *antéposé* **II.** *adv* ❶ (*schreiben*) correctement; (*verstehen*) bien; **~ gehen** (*Uhr*) donner l'heure exacte ❷ (*vorgehen*) judicieusement; **sehr ~!** très juste ❸ (*stehen*) à la bonne place ❹ *fam* (*wütend*) vraiment

Richtige(r) *f(m) dekl wie adj* ❶ (*Partner*) bon(ne) partenaire *mf* ❷ (*Treffer*) **sechs ~ im Lotto** six bons numéros *mpl* au loto

Richtige(s) *nt dekl wie adj* (*Zusagendes*) **das ~/etwas ~s** ce qu'il me/te/... faut

Richtigkeit <-> *f* (*der Lösung*) justesse *f*; (*der Schreibung*) exactitude *f*; **mit etw hat es seine ~** qc est justifié(e)

richtig|stellen *s.* **richtig I.1. Richtigstellung** *f* rectification *f*
Richtlinie *f meist Pl* directive *f*
Richtung <-, -en> *f* ① (*Himmelsrichtung*) direction *f;* **aus östlicher ~** de l'est; **in ~ Bahnhof** en direction de la gare ② (*Tendenz*) **politische ~** tendance *f* politique
Richtwert *m* valeur *f* indicative
rieb [riːp] *Imp von* **reiben**
riechen ['riːçən] <roch, gerochen> **I.** *vi* (*Geruch verströmen*) **gut/schlecht ~** sentir bon/mauvais; **nach Parfüm ~** sentir le parfum **II.** *vt* (*als Geruch wahrnehmen*) sentir **III.** *vi unpers* **es riecht nach Zitrone** ça sent le citron
rief [riːf] *Imp von* **rufen**
Riegel ['riːgəl] <-s, -> *m* ① (*Verschluss*) verrou *m;* **den ~ vorlegen** mettre le verrou ② (*Schokoladenriegel*) barre *f*
Riemen ['riːmən] <-s, -> *m* (*der Tasche*) courroie *f*
Riese ['riːzə] <-n, -n> *m,* **Riesin** *f* géant(e) *m(f)*
rieseln ['riːzəln] *vi + sein* (*Körner*) s'écouler; (*Putz*) se détacher des murs
Riesenerfolg *m* succès *m* formidable **riesengroß** *adj fam* ① (*sehr groß*) géant(e) ② (*Enttäuschung*) énorme *antéposé* (*fig*)
riesig **I.** *adj* (*Gebäude*) gigantesque; **ein ~er Kerl** un géant; (*Anstrengung*) immense; (*Überraschung*) sacré(e) *antéposé* (*fam*) **II.** *adv* (*sich freuen*) énormément
riet [riːt] *Imp von* **raten**
rigoros [rigo'roːs] *adj* (*Maßnahme*) rigoureux(-euse)
Rikscha ['rɪkʃa] <-, -s> *f* pousse-pousse *m*
Rille ['rɪlə] <-, -n> *f* rainure *f*
Rind [rɪnt] <-[e]s, -er> *nt* bovin *m*
Rinde ['rɪndə] <-, -n> *f* ① (*Baumrinde*) écorce *f* ② (*Brot-, Käserinde*) croûte *f*
Rinderwahnsinn *m* maladie *f* de la vache folle
Rindfleisch *nt* [viande *f* de] bœuf *m*
Rindvieh <-viecher> *nt fam* (*Dummkopf*) andouille *f*
Ring [rɪŋ] <-[e]s, -e> *m* ① (*ringförmiger Gegenstand*) anneau *m* ② (*Fingerring*) bague *f;* (*Ehering*) alliance *f* ③ (*von Personen*) cercle *m* ④ (*~straße*) périphérique *m* ⑤ SPORT ring *m* ⑥ *Pl* (*Turngerät*) anneaux *mpl*
Ringbuch *nt* classeur *m*
ringeln **I.** *vt* (*Schwanz*) enrouler **II.** *vr* **sich ~** (*Haare*) s'enrouler
ringen ['rɪŋən] <rang, gerungen> *vi* **mit jdm/sich ~** lutter contre qn/soi-même; **um Fassung ~** essayer de se reprendre
Ringfinger *m* annulaire *m* **ringförmig** *adj* circulaire **Ringkampf** *m a. fig* combat *m* [de lutte]
rings [rɪŋs] *adv* **~ um das Haus** autour de la maison; **~ um jdn/etw stehen** se tenir autour de qn/qc
ringsherum, ringsum, ringsumher *adv* [tout] autour
Rinne ['rɪnə] <-, -n> *f* ① (*Vertiefung*) cavité *f* ② (*Dachrinne*) gouttière *f*
rinnen ['rɪnən] <rann, geronnen> *vi + sein* ① (*fließen, rieseln*) couler ② (*herausfließen, -rieseln*) *a. fig* s'écouler
Rinnstein *m* ① (*Gosse*) caniveau *m* ② (*Bordstein*) bordure *f* de trottoir
Rippchen ['rɪpçən] <-s, -> *nt* côtelette *f*
Rippe ['rɪpə] <-, -n> *f* ANAT côte *f*
Risiko ['riːziko] <-s, -s> *nt* risque *m;* **kein ~ eingehen** ne prendre aucun risque; **auf dein [eigenes] ~** à tes risques et périls
riskant [rɪs'kant] *adj* risqué(e)
riskieren* [rɪs'kiːrən] *vt* (*Leben*) risquer; **es ~ etw zu tun** se risquer à faire qc
riss[RR] [rɪs], **riß**[ALT] *Imp von* **reißen**
Riss[RR] [rɪs] <-es, -e>, **Riß**[ALT] <Risses, Risse> *m* ① (*rissige Stelle*) fissure *f* ② (*beschädigte Stelle*) déchirure *f*
rissig *adj* crevassé(e)
ritt [rɪt] *Imp von* **reiten**
Ritt [rɪt] <-[e]s, -e> *m* promenade *f* à cheval
Ritter ['rɪtɐ] <-s, -> *m* chevalier *m*
rittlings ['rɪtlɪŋs] *adv* à califourchon
Ritual [ritu'aːl] <-s, -e> *nt* rituel *m*
rituell [ritu'ɛl] *adj* rituel(le)
Ritus ['riːtʊs] <-, Riten> *m* rite *m*
Ritze ['rɪtsə] <-, -n> *f* fissure *f*
ritzen **I.** *vt* graver **II.** *vr* **sich an etw** (*dat*) **~** s'égratigner à qc
Rivale [ri'vaːlə] <-n, -n> *m,* **Rivalin** *f* rival(e) *m(f)*
rivalisieren* [rivali'ziːrən] *vi geh* rivaliser
Riviera [ri'vieːra] <-> *f* **die ~** la Riviera
RNS [ɛrʔɛnʔɛs] <-> *f Abk von* **Ribonukleinsäure** A.R.N. *m*
Roastbeef ['roːstbiːf] <-s, -s> *nt* rosbif *m*
Robbe ['rɔbə] <-, -n> *f* phoque *m*
Roboter ['rɔbɔtɐ] <-s, -> *m* robot *m*
robust [ro'bʊst] *adj* robuste

roch [rɔx] *Imp von* **riechen**
röcheln ['rœçəln] *vi* râler
Rock[1] [rɔk, *Pl:* 'rœkə] <-[e]s, Röcke> *m* 1 jupe *f* 2 CH (*Kleid*) robe *f;* (*Jackett*) veste *f*
Rock[2] <-[s]> *m* MUS rock *m*
Rockband ['rɔkbɛnt], **Rockgruppe** *f* groupe *m* de rock
Rocker(in) ['rɔkɐ] <-s, -> *m(f)* (*Halbstarker*) blouson *m* noir
Rodel[1] ['ro:dəl] <-s, -> *m* CH, SDEUTSCH fichier *m*
Rodel[2] <-s, -> *m,* <-, -n> *f* A, SDEUTSCH luge *f*
rodeln ['ro:dəln] *vi + haben o sein* (*Schlitten fahren*) faire de la luge
roden ['ro:dən] *vt* (*Bäume*) enlever; (*Land*) défricher
Roggen ['rɔgən] <-s> *m* seigle *m*
roh [ro:] *adj* 1 (*Fleisch, Gemüse*) cru(e) 2 (*Holz, Diamant*) brut(e) 3 (*Person*) brutal(e) 4 (*rau, grob*) grossier(-ière)
Rohbau *m kein Pl* (*Bauabschnitt*) gros œuvre *m*
Roheit[ALT], **Rohheit**[RR] <-> *f kein Pl* (*brutale Art*) rudesse *f*
Rohkost *f* crudités *fpl*
Rohling <-s, -e> *m* TECH pièce *f* brute
Rohr [ro:ɐ̯] <-[e]s, -e> *nt* 1 TECH tube *m;* (*groß*) tuyau *m* 2 (*Teil eines Geschützes*) canon *m* 3 A, SDEUTSCH (*Backofen*) four *m*
Rohrbruch *m* rupture *f* de canalisation
Röhrchen <-s, -> *nt Dim von* **Röhre** 1 MED tube *m* 2 (*Alkoholtest~*) embout *m*
Röhre ['rø:rə] <-, -n> *f* 1 TECH tuyau *m* 2 ELEC tube *m* 3 (*Backofen*) four *m*
röhren *vi* 1 (*Hirsch, Elch*) bramer 2 (*dröhnen: Auspuff, Motorrad*) vrombir
Rohrleitung *f* canalisation *f* **Rohrzucker** *m* sucre *m* de canne
Rohstoff *m* matière *f* première
Rokoko ['rɔkoko] <-[s]> *nt* rococo *m*
Rolladen[ALT] *s.* **Rollladen**
Rollbalken <-s, -> *m* A (*Rollladen*) volet *m* roulant
Rolle ['rɔlə] <-, -n> *f* 1 rouleau *m;* (*Garnrolle*) bobine *f* 2 (*eines Möbelstücks*) roulette *f* 3 CINE, THEAT, SOZIOL rôle *m* ►**es <u>spielt</u> keine ~, ob** ça n'a pas d'importance que + *subj*
rollen ['rɔlən] **I.** *vi + sein* rouler **II.** *vt + haben* 1 rouler 2 (*fortbewegen*) faire rouler
Rollenspiel *nt* jeu *m* de rôle
Roller ['rɔlɐ] <-s, -> *m* 1 (*Kinderroller*) trottinette *f* 2 (*Motorroller*) scooter *m* 3 A *s.* **Rollo**
Rollerskates ['ro:lɐske:ʦ] *Pl* patins *mpl* à roulettes
Rollfeld *nt* AVIAT piste *f* [de décollage/d'atterrissage] **Rollkragen** *m* col *m* roulé **Rollladen**[RR] <-s, -läden> *m* volet *m* roulant
Rollo ['rɔlo] <-s, -s> *nt* store *m*
Rollschuh *m* patin *m* à roulettes **Rollschuhläufer(in)** *m(f)* patineur(-euse) *m(f)* à roulettes **Rollsplitt** *m* gravillon *m* **Rollstuhl** *m* fauteuil *m* roulant **Rollstuhlfahrer(in)** *m(f)* handicapé(e) *m(f)* en fauteuil roulant **rollstuhlgerecht** *adj* adapté(e) aux fauteuils roulants **Rolltreppe** *f* escalator *m*
Rom [ro:m] <-s> *nt* Rome
ROM [rɔm] <-[s], -[s]> *nt Abk von* **Read Only Memory** INFORM ROM *f*
Roma ['ro:ma] *Pl* Rom *mpl*
Roman [ro'ma:n] <-s, -e> *m* roman *m*
Romanik [ro'ma:nɪk] <-> *f* ARCHIT, KUNST [style *m*] roman *m*
romanisch *adj* 1 LING, ARCHIT, KUNST roman(e) 2 GEO latin(e)
Romanistik [roma'nɪstɪk] <-> *f* étude *f* des langues et littératures romanes
Romanschriftsteller(in) *m(f)* romancier (-ière) *m(f)*
Romantik [ro'mantɪk] <-> *f* 1 LITER romantisme *m* 2 (*eines Abends*) romanesque *m*
Romantiker(in) [ro'mantikɐ] <-s, -> *m(f)* romantique *mf*
romantisch *adj* (*Stimmung*) romantique; (*Altstadt*) pittoresque
Romanze [ro'manʦə] <-, -n> *f* idylle *f*
Römer(in) <-s, -> *m(f)* Romain(e) *m(f)*
römisch *adj* romain(e)
römisch-katholisch *adj* catholique romain(e)
ROM-Speicher *m* mémoire *f* morte
röntgen ['rœntgən] *vt* radiographier; **sich ~ lassen** passer une radio
Röntgen <-s> *nt* radio[graphie] *f*
Röntgenaufnahme *f* radio[graphie] *f*
Röntgenstrahlen *Pl* rayons *mpl* X
rosa ['ro:za] *adj inv* rose
Rosa <-s, - *o fam* -s> *nt* rose *m*
Rose ['ro:zə] <-, -n> *f* 1 (*Blüte*) rose *f* 2 (*Strauch*) rosier *m*
Rosé <-s, -s> *m* rosé *m*
Rosenkohl *m* chou *m* de Bruxelles **Rosenkranz** *m* chapelet *m* **Rosenmontag** *m:*

lundi précédant le Mardi gras **Rosenstock** *m* rosier *m*
Roséwein *m* rosé *m*
rosig ['ro:zɪç] *adj a. fig* rose
Rosine [ro'zi:nə] <-, -n> *f* raisin *m* sec
Rosmarin ['ro:smari:n] <-s> *m* romarin *m*
Ross[RR] [rɔs] <-es, -e>, **Roß**[ALT] <Rosses, Rosse> *nt* A, CH, SDEUTSCH (*Pferd*) cheval *m*
Rosskastanie[RR] *f* ❶ (*Frucht*) marron *m* d'Inde ❷ (*Baum*) marronnier *m* d'Inde
Rost [rɔst] <-[e]s, -e> *m* ❶ (*Gitter*) grille *f* ❷ (*Grillrost*) gril *m* ❸ *kein Pl* (*Eisenoxyd*) rouille *f*
rostbraun *adj* cuivré(e)
rosten ['rɔstən] *vi + haben o sein* rouiller
rösten ['rœstən] *vt* (*Brot*) faire griller; (*Kaffee*) torréfier; (*Kartoffeln*) faire sauter
rostfrei *adj* inoxydable
Rösti ['rœsti] *Pl* CH *s.* **Röstkartoffeln**
rostig *adj* rouillé(e)
Röstkartoffeln *Pl* pommes *fpl* [de terre] sautées
Rostschutz *m* protection *f* contre la rouille
rot [ro:t] <-er, -este> *adj* rouge; (*Haare*) roux(rousse); ~ **werden** rougir
Rot <-s, -> *nt* rouge *m*
rotbraun *adj* cuivré(e)
Röte ['røːtə] <-, -n> *f* rouge *m*
Röteln ['røːtəln] *Pl* rubéole *f*
röten I. *vr* **sich** ~ (*Haut*) rougir; (*Himmel*) devenir rouge II. *vt* faire rougir
Rotfuchs *m* ❶ (*Fuchs*) renard *m* roux ❷ (*Pferd*) alezan *m* **rothaarig** *adj* roux (rousse)
rotieren* [ro'ti:rən] *vi + haben* (*sich drehen, den Posten tauschen*) tourner
Rotkäppchen ['ro:tkɛpçən] <-s> *nt* [**das**] ~ le Petit Chaperon rouge **Rotkehlchen** <-s, -> *nt* rouge-gorge *m* **Rotkohl** *m*, **Rotkraut** *nt* A, SDEUTSCH chou *m* rouge
rötlich *adj* rougeâtre; (*Haare*) tirant sur le roux
Rotlicht *nt kein Pl* lumière *f* rouge **rot|sehen** *vi irr fam* voir rouge
Rötung <-, -en> *f* rougeur *f*
Rotwein *m* vin *m* rouge **Rotwild** *nt* cerfs *mpl*
Rotz [rɔts] <-es> *m fam* (*Nasenschleim*) morve *f*
Rotznase *f vulg* (*Nase*) nez *m* qui coule
Rouge [ru:ʒ] <-s, -s> *nt* rouge *m*
Roulade [ru'la:də] <-, -n> *f* roulade *f*
Roulett [ru'lɛt] <-[e]s, -e *o* -s>, **Roulette** [ru'lɛt] <-s, -s> *nt* roulette *f*
Route ['ru:tə] <-, -n> *f* itinéraire *m*
Routine [ru'ti:nə] <-> *f* ❶ (*Erfahrung*) savoir-faire *m* ❷ (*Gewohnheit*) routine *f*
routiniert [ruti'ni:ɐt] I. *adj* expérimenté(e) II. *adv* avec savoir-faire
Rowdy ['raudi] <-s, -s> *m pej* voyou *m*
rubbeln ['rʊbəln] *vt fam* (*Körper*) frotter
Rübe ['ry:bə] <-, -n> *f* betterave *f*; [**Gelbe**] ~ CH, SDEUTSCH (*Möhre*) carotte *f*
Rubel ['ru:bəl] <-s, -> *m* rouble *m*
rüber ['ry:bɐ] *adv fam s.* **herüber, hinüber**
Rubin [ru'bi:n] <-s, -e> *m* rubis *m*
Rubrik [ru'bri:k] <-, -en> *f* rubrique *f*
Ruck [rʊk] <-[e]s, -e> *m* (*Stoß*) secousse *f*; **mit einem** ~ d'un [seul] coup
ruckartig *adj* brusque
Rückblende *f* flash-back *m* **Rückblick** *m* retour *m* en arrière **rückblickend** *adj* rétrospectif(-ive)
rucken *vi* avancer par à-coups
rücken ['rʏkən] I. *vi + sein* ❶ (*weg~*) se pousser ❷ (*gelangen*) *fig* **in den Mittelpunkt** ~ devenir le point de mire II. *vt + haben* (*Möbelstück*) pousser
Rücken ['rʏkən] <-s, -> *m* (*einer Person*) dos *m* ▶**jdm in den** ~ **fallen** poignarder qn dans le dos
Rückendeckung *f* ❶ MIL couverture *f* de l'arrière ❷ *fig* soutien *m* **Rückenlehne** *f* dossier *m* **Rückenmark** *nt* moelle *f* épinière **Rückenschmerzen** *Pl* ~ **haben** avoir mal au dos **Rückenschwimmen** *nt* nage *f* sur le dos **Rückenwind** *m* vent *m* favorable
rück|erstatten* *vt nur Infin und PP* rembourser **Rückfahrkarte** *f* [billet *m*] aller retour *m* **Rückfahrt** *f* [voyage *m*]retour *m*; **auf der** ~ au retour **Rückfall** *m* ❶ MED rechute *f* ❷ JUR récidive *f* **Rückflug** *m* vol *m* retour; **auf dem** ~ au retour **Rückgabe** *f* (*Umtausch einer Ware*) retour *m* **Rückgang** *m* recul *m* **rückgängig** *adj* (*Entwicklung*) en recul ▶**etw** ~ **machen** annuler qc **Rückgewinnung** *f* TECH recyclage *m* **Rückgrat** <-[e]s, -e> *nt* ❶ colonne *f* vertébrale ❷ *kein Pl geh* (*Stehvermögen*) force *f* d'âme **Rückhalt** *m* soutien *m* **Rückhand** *f kein Pl* SPORT revers *m*
Rückkehr ['rʏkke:ɐ] <-> *f* retour *m*
rückläufig *adj* à la baisse **Rücklicht** *nt* feu *m* arrière

R

rücklings ['rʏklɪŋs] *adv* (*sitzen*) à l'envers; (*überfallen*) par derrière

Rückmeldung *f* ❶ UNIV réinscription *f* ❷ (*Reaktion*) réaction *f* **Rückreise** *f* retour *m;* **auf der ~** au retour **Rückruf** *m* (*Anruf*) rappel *m*

Rucksack ['rʊkzak] *m* sac *m* à dos

Rückschlag *m* (*Verschlechterung*) revers *m* **Rückschritt** *m* régression *f* **Rückseite** *f* ❶ (*einer Seite*) verso *m* ❷ (*eines Gebäudes*) derrière *m* **Rücksendung** *f* retour *m* **Rücksicht** <-, -en> *f* (*Schonung*) égard *m;* **auf etw** (*akk*) **~ nehmen** tenir compte de qc **rücksichtslos** I. *adj* (*Verhalten*) sans scrupules; **~ sein** ne manifester aucun égard II. *adv* (*ohne Nachsicht*) sans scrupules **rücksichtsvoll** I. *adj* prévenant(e) II. *adv* avec prévenance **Rücksitz** *m* siège *m* arrière **Rückspiegel** *m* rétroviseur *m* **Rückspiel** *nt* match *m* retour **Rücksprache** *f* entretien *m;* **nach ~ mit Frau Braun** après avoir consulté Mme Braun **Rückstand** *m* ❶ (*der Abstand*) retard *m* ❷ (*Bodensatz*) résidu *m* **rückständig** *adj* arriéré(e) **Rückständigkeit** <-> *f* retard *m* **Rücktritt** *m* ❶ (*Amtsniederlegung*) démission *f* ❷ (*von einem Vertrag*) résiliation *f* **Rücktrittbremse** *f* frein *m* à rétropédalage

rückwärts ['rʏkvɛrts] *adv* ❶ (*blicken*) en arrière; (*gehen*) à reculons; (*fahren*) en marche arrière ❷ A (*hinten*) à l'arrière; **von ~** par derrière

Rückwärtsgang *m* marche *f* arrière

Rückweg *m* [chemin *m* du] retour *m* **Rückzahlung** *f* remboursement *m*

Rückzug *m* MIL retraite *f;* **den ~ antreten** battre en retraite

Rüde <-n, -n> *m* mâle *m*

Rudel ['ru:dəl] <-s, -> *nt* harde *f*

Ruder ['ru:dɐ] <-s, -> *nt* ❶ (*Paddel*) rame *f* ❷ (*Steuerruder*) gouvernail *m*

Ruderboot *nt* barque *f;* SPORT canoë *m*

rudern I. *vi* + *haben o sein* ramer II. *vt* + *haben* **jdn/etw über den Fluss ~** ramener qn/qc de l'autre côté de la rive à la rame

Rudersport *m* aviron *m*

Ruf [ru:f] <-[e]s, -e> *m* ❶ (*Ausruf*) appel *m* ❷ (*eines Vogels*) cri *m* ❸ *kein Pl* (*Ansehen*) réputation *f*

rufen ['ru:fən] <rief, gerufen> I. *vi* appeler; (*laut schreien*) crier; **nach jdm/etw ~** appeler qn/à qc II. *vt* ❶ (*aus~*) crier; **Hilfe ~** appeler à l'aide ❷ (*herbestellen*) **jdn/ein Taxi ~** appeler qn/un taxi

Rüffel <-s, -> *m fam* savon *m*

Rufname *m* prénom *m* usuel **Rufnummer** *f* numéro *m* de téléphone

Rüge ['rʏ:gə] <-, -n> *f* réprimande *f*

rügen *vt* (*Verhalten*) condamner; (*Person*) réprimander

Ruhe ['ru:ə] <-> *f* ❶ (*Stille*) silence *m* ❷ (*Erholung*) repos *m* ❸ (*Gelassenheit*) calme *m;* **jdn aus der ~ bringen** faire perdre son calme à qn; **immer mit der ~!** *fam* on se calme! ▶**die letzte ~ finden** *geh* trouver le repos éternel

ruhelos *adj* anxieux(-euse)

ruhen *vi* ❶ (*aus~*) se reposer ❷ *fig geh* (*Verantwortung*) reposer sur qn/qc ❸ (*liegen, verweilen*) **auf jdm/etw ~** (*Blick*) être posé sur qn/qc

Ruhepause *f* pause *f* **Ruhestand** *m kein Pl* retraite *f;* **im ~** en retraite **Ruhestörung** *f* atteinte *f* à la tranquillité **Ruhetag** *m* **dienstags ~** fermeture *f* hebdomadaire le mardi

ruhig ['ru:ɪç] I. *adj* calme; **Sie können ganz ~ sein** vous pouvez être rassuré II. *adv* ❶ (*untätig*) tranquillement ❷ *fam* **wir können ~ darüber reden** on peut bien en parler

Ruhm [ru:m] <-es> *m* gloire *f*

rühmen ['ry:mən] I. *vt* **jdn wegen etw ~** féliciter qn pour qc; **etw ~** célébrer qc II. *vr* **ohne mich ~ zu wollen** sans vouloir me vanter

rühmlich *adj* glorieux(-euse)

ruhmreich *adj* glorieux(-euse)

Ruhr <-> *f* ❶ GEO **die ~** la Ruhr ❷ MED dysenterie *f*

Rührei *nt* œufs *mpl* brouillés

rühren ['ry:rən] I. *vt* ❶ (*Teig*) remuer ❷ (*unter~*) mélanger ❸ (*erweichen*) toucher II. *vi* ❶ (*um~*) remuer ❷ (*erwähnen*) **an etw** (*akk*) **~** évoquer qc III. *vr* **sich ~** (*sich bewegen*) bouger

rührend *adj* touchant(e)

Ruhrgebiet *nt* **das ~** le bassin de la Ruhr

Rührung <-> *f* émotion *f*

Ruin [ru'i:n] <-s> *m* ruine *f*

Ruine [ru'i:nə] <-, -n> *f* ruines *fpl*

ruinieren* [rui'ni:rən] *vt* (*Person*) ruiner; (*Gegenstand*) abîmer

rülpsen ['rʏlpsən] *vi fam* roter

Rum [rʊm] <-s, -s> *m* rhum *m*

Rumäne [ru'mɛːnə] <-n, -n> *m*, **Rumänin** *f* Roumain(e) *m(f)*

Rumänien [ru'mɛːniən] <-s> *nt* la Roumanie

rumänisch **I.** *adj* roumain(e) **II.** *adv* ~ **miteinander sprechen** discuter en roumain

Rumänisch <-[s]> *nt kein art* roumain *m*; *s. a.* **Deutsch**

Rummel ['rʊməl] <-s> *m fam* foire *f*

Rumpf [rʊmpf, *Pl:* 'rʏmpfə] <-[e]s, Rümpfe> *m* ANAT tronc *m*

rümpfen ['rʏmpfən] *vt* **über etw** (*akk*) **die Nase** ~ faire la moue à qc

Rumpsteak ['rʊmpsteːk, -ʃteːk] *nt* rumsteck *m*

Run [ran] <-s, -s> *m* ~ **auf etw** (*akk*) ruée *f* sur qc

rund [rʊnt] **I.** *adj* ❶ rond(e) ❷ (*Zahl*) arrondi(e) **II.** *adv* ❶ ~ **um etw führen/gehen** faire le tour de qc ❷ *fam* (*kosten*) en gros

Rundblick *m* panorama *m* **Rundbrief** *m* circulaire *f*

Runde ['rʊndə] <-, -n> *f* ❶ (*Gesellschaft*) assemblée *f* ❷ (*Rundgang, -fahrt, -flug*) tour *m* ❸ SPORT round *m* ❹ SPIEL partie *f*

runden *vt* (*auf~, ab~*) arrondir

Rundfahrt *f* circuit *m* [touristique] **Rundfunk** *m* radio *f* **Rundfunkgerät** *nt form* [poste *m* de] radio *f* **Rundfunksprecher(in)** *m(f)* animateur(-trice) *m(f)* radio **Rundgang** *m* tour *m* [à pied]; (*eines Wachmanns*) ronde *f* **rundherum** *adv* ❶ (*ringsherum*) tout autour ❷ *s.* **rundum**

rundlich *adj* (*Person*) rondelet(te); (*Gesicht*) rond(e)

Rundreise *f* circuit *m* **Rundschreiben** *s.* **Rundbrief** **rundum** *adv* ❶ (*ringsum*) à la ronde ❷ (*zufrieden*) tout à fait

Rundung <-, -en> *f* (*Wölbung*) arrondi *m*

runter *interj fam* dégage; ~ **von dem Balkon!** (*komm herein*) dégage du balcon!

runter|fallen *vi irr + sein fam* tomber **runter|kommen** *vi irr + sein fam* (*herunterkommen*) descendre **runter|laufen** *vi irr + sein fam* (*Straße, Treppe*) descendre

runzeln *vt* (*Stirn*) plisser

Rüpel <-s, -> *m pej* mufle *m*

rupfen ['rʊpfən] *vt* (*Geflügel*) plumer; (*Unkraut*) arracher

ruppig ['rʊpɪç] *pej adj* grossier(-ière)

Ruß [ruːs] <-es> *m* suie *f*

Russe ['rʊsə] <-n, -n> *m*, **Russin** *f* Russe *mf*

Rüssel ['rʏsəl] <-s, -> *m* (*eines Elefanten*) trompe *f*; (*eines Schweins*) groin *m*

rußen ['ruːsən] *vi* (*Kerze*) fumer; (*Ofen*) faire de la suie

rußig *adj* couvert(e) de suie

russisch **I.** *adj* russe **II.** *adv* ~ **miteinander sprechen** discuter en russe

Russisch <-[s]> *nt kein art* russe *m*; *s. a.* **Deutsch**

Russland[RR] ['rʊslant], **Rußland**[ALT] *nt* la Russie

Russlanddeutsche(r)[RR] *f(m) dekl wie adj* Russe d'origine allemande

rüsten ['rʏstən] *vi* MIL **zum Krieg** ~ se lancer dans des préparatifs de guerre

rüstig ['rʏstɪç] *adj* vigoureux(-euse)

rustikal [rʊsti'kaːl] *adj* rustique

Rüstung ['rʏstʊŋ] <-, -en> *f* ❶ *kein Pl* (*das Rüsten*) armement *m* ❷ (*Ritterrüstung*) armure *f*

Rute ['ruːtə] <-, -n> *f* ❶ (*Gerte*) baguette *f* ❷ (*Angelrute*) canne *f*

Rutsch [rʊtʃ] <-es, -e> *m* glissement *m* [de terrain] ▶**guten** ~! *fam* bonne année!

Rutschbahn *f* ❶ (*Rutsche*) toboggan *m* ❷ *fam* (*Eisbahn*) patinoire *f*

Rutsche <-, -n> *f a.* TECH toboggan *m*

rutschen ['rʊtʃən] *vi + sein* ❶ (*ausrutschen*) glisser ❷ *fam* (*rücken*) se pousser ❸ (*herunter~: Brille*) tomber; **vom Stuhl** ~ (*Person*) glisser de la chaise ❹ (*die Rutschbahn benutzen*) faire du toboggan

Rutschgefahr *f* (*für Fahrzeuge*) risque *m* de dérapage

rutschig *adj* glissant(e)

rütteln ['rʏtəln] **I.** *vt* secouer **II.** *vi* **an der Tür** ~ secouer la porte

S s

S, s [ɛs] <-, -> *nt* S *m*/s *m*

s. *Abk von* **siehe** cf.

S *Abk von* **Süden** S

S. *Abk von* **Seite** p.

Saal ['zaːl, *Pl:* 'zɛːlə] <-[e]s, Säle> *m* salle *f*

Saar [zaːɐ] <-> *f* **die ~** la Sarre

Saarbrücken *nt* Sarrebruck

Saarland *nt* **das ~** la Sarre

Saat [zaːt] <-, -en> *f* ❶ *kein Pl* (*das Säen*) semailles *fpl* ❷ (*~gut*) semence *f*

Saatgut *nt* semences *fpl*

Sabbat ['zabat] <-s, -e> *m* sabbat *m*

sabbern ['zabɐn] *fam vi* baver

Säbel ['zɛːbəl] <-s, -> *m* sabre *m*

Sabotage [zabo'taːʒə] <-, -n> *f* sabotage *m*

Saboteur(in) [zabo'tøːɐ] <-s, -e> *m(f)* saboteur(-euse) *m(f)*

sabotieren* [zabo'tiːrən] *vt* saboter

Sa[c]charin [zaxa'riːn] <-s> *nt* saccharine® *f*

Sachbearbeiter(in) *m(f)* personne *f* chargée du dossier **Sachbeschädigung** *f* déprédation *f* **Sachbuch** *nt* livre *m* spécialisé **sachdienlich** *adj form* (*Hinweis*) utile

Sache ['zaxə] <-, -n> *f* ❶ (*Angelegenheit*) chose *f*; **das ist seine ~** c'est son affaire ❷ (*Zweck*) cause *f* ❸ (*Thema*) **zur ~ kommen** en venir au fait; **bei der ~ sein** être attentif ❹ (*Arbeit*) **seine ~ gut machen** faire bien son travail ❺ *Pl* (*Kleidungsstück*) **warme/leichte ~n** vêtements *mpl* chauds/légers ❻ *Pl* (*Dummheit*) **was machst du bloß für ~n!** *fam* [mais] qu'est-ce que tu fabriques! ❼ JUR affaire *f*

Sachgebiet *nt* domaine *m* **sachgemäß** **I.** *adj* adéquat(e) **II.** *adv* correctement **Sachkenntnis** *f* compétences *fpl* **sachkundig** **I.** *adj* (*Person*) expert(e); (*Information*) documenté(e) **II.** *adv* avec compétence

Sachlage *f* situation *f*

sachlich **I.** *adj* ❶ (*objektiv*) objectif(-ive) ❷ (*die Sache betreffend*) conforme aux faits ❸ (*schmucklos*) sobre **II.** *adv* (*objektiv*) avec objectivité

sächlich ['zɛçlɪç] *adj* neutre

Sachlichkeit <-> *f* objectivité *f*

Sachschaden *m* dégâts *mpl* matériels

Sachse ['zaksə] <-n, -n> *m*, **Sächsin** *f* Saxon(ne) *m(f)*

Sachsen ['zaksən] <-s> *nt* la Saxe

Sachsen-Anhalt ['zaksən'ʔanhalt] <-s> *nt* la Saxe-Anhalt

sächsisch [-ks-] *adj* saxon(ne)

Sächsisch ['zɛksɪʃ] *nt* le saxon

sacht[e] **I.** *adj* (*Berührung, Gefälle*) léger(-ère); (*Streicheln*) doux(douce) **II.** *adv* ❶ (*berühren*) délicatement ❷ (*ansteigen*) légèrement

Sachverhalt <-[e]s, -e> *m* faits *mpl*

Sachverständige(r) *f(m) dekl wie adj* expert(e) *m(f)*

Sack [zak, *Pl:* 'zɛkə] <-[e]s, Säcke> *m* ❶ (*Beutel*) sac *m* ❷ A, CH, SDEUTSCH (*Hosentasche*) poche *f* [de pantalon]

sacken ['zakən] *vi + sein* (*Gebäude*) s'affaisser

Sackgasse *f* ❶ cul-de-sac *m* ❷ (*fig*) impasse *f*

Sadismus [za'dɪsmʊs] <-, Sadismen> *m* sadisme *m*

Sadist(in) [za'dɪst] <-en, -en> *m(f)* sadique *mf*

sadistisch *adj* sadique

säen ['zɛːən] *vt, vi a. fig* semer

Safari [za'faːri] <-, -s> *f* safari *m*

Safe [seɪf] <-s, -s> *m* coffre-fort *m*

Safer Sex [seːfer] <-es> *m* rapports *mpl* protégés

Safran ['zafran] <-s, -e> *m* safran *m*

Saft [zaft, *Pl:* 'zɛftə] <-[e]s, Säfte> *m* ❶ (*Fruchtsaft*) jus *m* ❷ (*Pflanzensaft*) sève *f*

saftig *adj* ❶ (*Frucht*) juteux(-euse) ❷ *fam* (*Rechnung*) salé(e)

Saftpresse *f* presse-fruits *m inv*

Sage ['zaːgə] <-, -n> *f* légende *f*

Säge ['zɛːgə] <-, -n> *f* ❶ (*Werkzeug*) scie *f* ❷ A (*Sägewerk*) scierie *f*

Sägemehl *nt* sciure *f*

sagen ['zaːgən] **I.** *vt* ❶ **jdm etw ~** dire qc à qn; **was ich noch ~ wollte** à propos ❷ (*befehlen*) **jdm ~, dass er warten soll** dire à qn d'attendre; **sich** (*dat*) **nichts ~ lassen** ne vouloir écouter personne ❸ (*meinen*) **was soll ich dazu ~?** qu'est-ce que tu veux/vous voulez que je réponde à ça? ❹ (*bedeuten*) **nichts zu ~ haben** ne pas avoir d'importance; **nichts ~d** creux(-euse); **viel ~d** (*Blick*) qui en dit long **II.** *vi* **wie gesagt** comme je viens de le dire; **genauer gesagt** plus précisément

sägen ['zɛːgən] *vt, vi* scier

sagenhaft *adj* ❶ *fam* fabuleux(-euse) ❷ *geh* (*Gestalt*) légendaire

Sägespäne *Pl* sciure *f* [de bois] **Sägewerk** *nt* scierie *f*

sah [zaː] *Imp von* **sehen**

Sahara [za'haːra] <-> *f* **die ~** le Sahara

Sahne ['zaːnə] <-> *f* crème *f*

sahnig *adj* crémeux(-euse)

Saison [zɛ'zõː] <-, -s A -en> *f* saison *f*

saisonbedingt *adj* saisonnier(-ière)
Saite ['zaitə] <-, -n> *f* corde *f*
Saiteninstrument *nt* instrument *m* à cordes
Sakko ['zako] <-s, -s> *m o nt* veston *m*
sakral [za'kra:l] *adj geh* sacré(e)
Sakrament [zakra'mɛnt] <-[e]s, -e> *nt* sacrement *m*
Sakristei [zakrɪs'tai] <-, -en> *f* sacristie *f*
Salamander [zala'mandɐ] <-s, -> *m* salamandre *f*
Salami [za'la:mi] <-, -s> *f* salami *m*
Salat [za'la:t] <-[e]s, -e> *m* salade *f*
Salatschüssel *f* saladier *m*
Salbe ['zalbə] <-, -n> *f* crème *f;* (*fettig*) pommade *f*
Salbei ['zalbai] <-s> *m* sauge *f*
Salbung <-, -en> *f* onction *f*
salbungsvoll *adj pej* (*Predigt*) onctueux (-euse)(*iron*); (*Worte*) mielleux(-euse)(*iron*)
Saldo ['zaldo] <-s, -s> *m* solde *m*
Säle ['zɛ:lə] *Pl von* **Saal**
Salmiak [zal'miak] <-s> *m o nt* chlorure *m* d'ammonium
Salmonelle [zalmo'nɛlə] *f meist Pl* salmonelle *f*
Salon [za'lõ:] *m geh* salon *m*
salonfähig *adj* (*Person*) présentable
salopp [za'lɔp] *adj* (*Kleidung*) décontracté(e); (*Redeweise*) léger(-ère)
Salpetersäure *f* acide *m* nitrique
Salto ['zalto] <-s, -s> *m* saut *m* périlleux
salutieren* [zalu'ti:rən] *vi* faire le salut militaire
Salz [zalts] <-es, -e> *nt* sel *m*
Salzburg ['zaltsbʊrk] <-s, -> *nt* ❶ (*Stadt*) Salzbourg ❷ (*Bundesland*) la province de Salzbourg
salzen *vt, vi* saler
salzig *adj* (*Essen*) salé(e)
Salzkartoffel *f meist Pl* pomme *f* de terre [cuite] à l'eau **Salzsäure** *f* acide *m* chlorhydrique **Salzstange** *f* stick *m* [salé] **Salzstreuer** <-s, -> *m* salière *f* **Salzwasser** *nt* eau *f* salée
Samariter [zama'ri:tɐ] <-s, -> *m* ►**ein barmherziger** ~ *geh* un bon Samaritain
Samen ['za:mən] <-s, -> *m* ❶ BOT semence *f* ❷ *kein Pl* (*Sperma*) sperme *m*
Samenerguss[RR] *m* éjaculation *f* **Samenkorn** <-körner> *nt* graine *f*
sämig *adj* (*Soße, Suppe*) velouté(e)
Sammelband <-bände> *m* recueil *m* **Sammelbegriff** *m* terme *m* générique **Sammelbestellung** *f* commande *f* groupée
sammeln ['zaməln] **I.** *vt* ❶ (*Beeren*) cueillir; (*Pilze*) ramasser ❷ (*Briefmarken*) collectionner ❸ (*Altkleider*) collecter ❹ (*Informationen, Eindrücke*) recueillir **II.** *vr* **sich** ~ (*sich versammeln*) se rassembler; (*sich konzentrieren*) se concentrer
Sammeltaxi *nt* taxi *m* collectif
Sammler(in) <-s, -> *m(f)* collectionneur (-euse) *m(f)*
Sammlung <-, -en> *f* (*von Gegenständen*) collection *f*
Sampler ['sa:mplɐ, 'zamplɐ] <-s, -> *m* best-of *m*
Samstag ['zamsta:k] <-[e]s, -e> *m* samedi *m; s. a.* **Dienstag**
Samstagabend *m* samedi *m* soir **Samstagmorgen** *m* samedi *m* matin
samstags *adv* le samedi
Samt [zamt] <-[e]s, -e> *m* velours *m*
sämtlich ['zɛmtlɪç] *adj* **~e Freunde** tous les amis
samtweich *adj* velouté(e)
Sanatorium [zana'to:riʊm] <-s, -rien> *nt* sanatorium *m*
Sand [zant] <-[e]s, -e> *m* sable *m*
Sandale [zan'da:lə] <-, -n> *f* sandale *f*
Sandalette [zanda'lɛtə] <-, -n> *f* sandalette *f*
sandig *adj* (*Boden*) sablonneux(-euse); (*Schuhe*) plein(e) de sable
Sandkasten *m* bac *m* à sable **Sandkorn** <-körner> *nt* grain *m* de sable **Sandmännchen** *nt* marchand *m* de sable **Sandstrand** *m* plage *f* de sable **Sandsturm** *m* tempête *f* de sable
sandte ['zantə] *Imp von* **senden**[2]
Sanduhr *f* sablier *m*
Sandwich ['sɛntvɪtʃ] <-[s], -[e]s> *nt o m* sandwich *m*
sanft [zanft] **I.** *adj* (*Händedruck, Brise*) léger(-ère); (*Musik, Person*) doux(douce); (*Tourismus*) respectueux(-euse) de l'environnement **II.** *adv* ❶ (*sacht*) doucement ❷ (*abfallen*) légèrement
Sänfte ['zɛnftə] <-, -n> *f* chaise *f* à porteurs
sanftmütig ['zanftmy:tɪç] *adj geh* débonnaire
sang [zaŋ] *Imp von* **singen**
Sänger(in) ['zɛŋɐ] <-s, -> *m(f)* chanteur (-euse) *m(f)*

sanieren* [za'ni:rən] *vt a.* ÖKON assainir
Sanierung <-, -en> *f a.* ÖKON assainissement *m*
sanitär [zani'tɛ:ɐ̯] *adj attr* sanitaire
Sanität [zani'tɛ:t] <-, -en> *f* ❶ *kein Pl* A (*Gesundheitsdienst*) service *m* de santé publique ❷ CH (*Ambulanz*) SAMU *m* ❸ A, CH (*Sanitätstruppe*) service *m* de santé
Sanitäter(in) [zani'tɛ:tɐ] <-s, -> *m(f)* MED secouriste *mf*
sank [zaŋk] *Imp von* **sinken**
Sankt [zaŋkt] *adj inv* ~ **Peter** saint Pierre
Sanktion [zaŋk'tsi̯o:n] <-, -en> *f* sanction *f*
sanktionieren* [zaŋktsi̯o'ni:rən] *vt* ❶ *geh* (*Maßnahme*) cautionner ❷ JUR (*Besetzung*) entériner
sann [zan] *Imp von* **sinnen**
Saphir ['za:fiɐ] <-s, -e> *m* saphir *m*
Sarde ['zardə] <-n, -n> *m,* **Sardin** *f* Sarde *mf*
Sardelle [zar'dɛlə] <-, -n> *f* anchois *m*
Sardine [zar'di:nə] <-, -n> *f* sardine *f*
Sardinien [zar'di:niən] <-s> *nt* la Sardaigne
Sarg [zark, *Pl:* 'zɛrgə] <-[e]s, Särge> *m* cercueil *m*
Sarkasmus [zar'kasmʊs] <-, -men> *m* sarcasme *m*
sarkastisch [zar'kastɪʃ] *adj* sarcastique
Sarkophag [zarko'fa:k] <-[e]s, -e> *m* sarcophage *m*
saß [za:s] *Imp von* **sitzen**
Satan ['za:tan] <-s> *m kein Pl* REL **der** ~ Satan *m*
satanisch [za'ta:nɪʃ] *adj attr* satanique; (*Plan*) diabolique
Satellit [zatɛ'li:t] <-en, -en> *m* satellite *m*
Satellitenschüssel *f* antenne *f* parabolique **Satellitenstadt** *f* cité-satellite *f*
Satin [za'tɛ̃:] <-s, -s> *m* satin *m*
Satire [za'ti:rə] <-, -n> *f* satire *f*
satirisch *adj* satirique
satt [zat] *adj* ❶ rassasié(e); **sich ~ essen** manger à sa faim ❷ (*Farbton*) soutenu(e)
Sattel ['zatəl, *Pl:* 'zɛtəl] <-s, Sättel> *m* ❶ selle *f* ❷ (*Bergrücken*) croupe *f*
satteln *vt* seller
satt|haben *vt* **jdn/etw** ~ *fam* en avoir marre de qn/qc
sättigen ['zɛtɪgən] **I.** *vt* ❶ *geh* (*Person*) rassasier ❷ CHEM saturer **II.** *vi* (*Suppe*) rassasier
sättigend *adj* consistant(e)
Saturn [za'tʊrn] <-s> *m* [**der**] ~ [la planète] Saturne
Satz [zats, *Pl:* 'zɛtsə] <-es, Sätze> *m* ❶ phrase *f* ❷ MUS mouvement *m* ❸ TYP composition *f* ❹ (*festgelegter Betrag*) tarif *m* ❺ SPORT set *m* ❻ MATH **der ~ des Pythagoras** le théorème de Pythagore ❼ (*Sprung*) bond *m* ❽ (*Kaffeesatz*) marc *m*
Satzung ['zatsʊŋ] <-, -en> *f* statuts *mpl*
Satzzeichen *nt* signe *m* de ponctuation
Sau [zau̯, *Pl:* 'zɔyə] <-, -en> *f* ❶ (*weibliches Schwein*) truie *f* ❷ *pej fam* (*schmutziger Mensch*) gros porc *m*
sauber ['zau̯bɐ] **I.** *adj* ❶ (*rein*) propre; (*Luft*) pur(e); (*Umwelt*) sain(e); **jdn/etw ~ machen** laver qn/nettoyer qc ❷ (*Arbeit*) soigné(e) **II.** *adv* (*sorgfältig*) soigneusement; ~ **machen** faire le ménage
Sauberkeit <-> *f* propreté *f*
sauber|machen *s.* **sauber I.1., II.**
säubern ['zɔybɐn] *vt* ❶ *geh* (*reinigen*) nettoyer ❷ *euph* (*befreien*) épurer
Saudi-Arabien [-biən] <-s> *nt* l'Arabie *f* Saoudite
saudumm ['zau̯'dʊm] *adj fam* débile
sauer ['zau̯ɐ] **I.** *adj* ❶ (*Frucht*) acide; (*Wein*) aigre; (*Drops*) acidulé(e) ❷ (*geronnen*) tourné(e) ❸ (*Gurke*) au vinaigre; (*Hering*) mariné(e) ❹ CHEM acide ❺ *fam* ~ **sein** être de mauvais poil; **auf jdn ~ sein** être en rogne contre qn **II.** *adv fam* (*reagieren*) avec mauvaise humeur
Sauerbraten *m* rôti *m* de bœuf mariné [dans du vinaigre]
Sauerei [zau̯ə'rai̯] <-, -en> *f fam* saloperie *f*
Sauerkirsche *f* ❶ (*Frucht*) griotte *f* ❷ (*Baum*) cerisier *m* **Sauerkraut** *nt* choucroute *f*
säuerlich ['zɔyɐlɪç] *adj* (*Geschmack*) aigrelet(te); (*Wein*) vert(e)
säuern **I.** *vt* acidifier **II.** *vi* donner des aigreurs
Sauerstoff *m kein Pl* oxygène *m* **Sauerstoffgerät** *nt* (*Atemgerät*) masque *m* à oxygène **Sauerteig** *m* levain *m*
saufen ['zau̯fən] <säuft, soff, gesoffen> **I.** *vt* boire **II.** *vi* ❶ (*Tier*) s'abreuver ❷ *fam* (*Alkoholiker sein*) picoler
Säufer(in) ['zɔyfɐ] <-s, -> *m(f) fam* pochard(e) *m(f)*
säuft [zɔyft] *3. Pers Präs von* **saufen**
saugen ['zau̯gən] <sog, gesogen> **I.** *vi* **an der Brust** ~ (*Baby*) téter le sein **II.** *vt* (*Tep-*

pich) passer l'aspirateur sur; (*Flüssigkeit*) aspirer **III.** *vr* **sich voll ~** (*Schwamm*) s'imbiber complètement

säugen ['zɔygən] *vt* allaiter

Sauger <-s, -> *m* (*auf einer Flasche*) tétine *f*

Säugetier *nt* mammifère *m*

saugfähig *adj* absorbant(e)

Säugling ['zɔyklɪŋ] <-s, -e> *m* nourrisson *m*

Saugnapf *m* ventouse *f*

saukalt *adj fam* **es ist ~** il fait un froid de canard

Säule ['zɔylə] <-, -n> *f* ❶ colonne *f* ❷ *fig geh* pilier *m*

Säulengang *m* colonnade *f*

Saum [zaum, *Pl:* 'zɔymə] <-[e]s, Säume> *m* (*umgenähter Rand*) ourlet *m*

säumen ['zɔymən] *vt* (*Stoff*) ourler

Sauna ['zauna] <-, -s> *f* sauna *m*

Säure ['zɔyrə] <-, -n> *f* ❶ CHEM acide *m* ❷ (*Geschmack*) acidité *f*

Saurier ['zaurie] <-s, -> *m* saurien *m*

säuseln ['zɔyzəln] *vi* ❶ (*Wind*) murmurer ❷ *geh* (*sprechen*) susurrer

sausen ['zauzən] *vi* ❶ + *haben* (*Sturm*) mugir ❷ + *sein* (*sich bewegen*) **durch die Luft ~** (*Pfeil*) fendre l'air en sifflant

Saustall *m fam* bordel *m* **Sauwetter** *nt fam* temps *m* de cochon **sauwohl** ['zau'vo:l] *adv fam* **sich ~ fühlen** se sentir vachement bien

Savanne [za'vanə] <-, -n> *f* savane *f*

Saxofon[RR], **Saxophon** [zakso'fo:n] <-[e]s, -e> *nt* saxophone *m*

SB [ɛs'be:] *Abk von* **Selbstbedienung** libre-service *m*

S-Bahn ['ɛsba:n] *f* train *m* de banlieue; (*in Paris*) R.E.R. *m*

SBB ['ɛsbe:be:] *f Abk von* **Schweizerische Bundesbahn** *sigle de la société des chemins de fers suisses*

scannen ['skɛnən] *vt* scanner

Scanner ['skɛne] <-s, -> *m* INFORM scanne[u]r *m*

Schabe ['ʃa:bə] <-, -n> *f* cafard *m*

Schabernack ['ʃa:benak] <-[e]s, -e> *m* farce *f*

schäbig ['ʃɛ:bɪç] *adj* miteux(-euse); (*Verhalten*) mesquin(e)

Schablone [ʃa'blo:nə] <-, -n> *f* (*Vorlage*) modèle *m;* (*Malschablone*) pochoir *m*

Schach [ʃax] <-s> *nt* échecs *mpl;* **~ spielen** jouer aux échecs; **~ und matt!** échec et mat!

Schachbrett *nt* échiquier *m*

schachern ['ʃaxen] *vi pej* marchander

Schachfigur *f* ❶ pièce *f* d'échecs ❷ *fig* pion *m* **schachmatt** *adj* **jdn ~ setzen** mettre qn échec et mat **Schachspiel** *nt* jeu *m* d'échecs

Schacht [ʃaxt, *Pl:* 'ʃɛçtə] <-[e]s, Schächte> *m a.* MIN puits *m;* (*eines Fahrstuhls*) cage *f*

Schachtel ['ʃaxtəl] <-, -n> *f* boîte *f*

Schachzug *m* ❶ coup *m* ❷ (*Manöver*) manœuvre *f*

schade ['ʃa:də] *adj* [**das ist**] **~!** [c'est] dommage!; **es ist wirklich ~, dass** c'est vraiment dommage que + *subj;* **zu ~ für jdn sein** (*Person*) être trop bien pour qn; (*Geschenk*) être trop beau pour qn; **sich** (*dat*) **für nichts zu ~ sein** ne reculer devant rien

Schädel ['ʃɛ:dəl] <-s, -> *m* crâne *m*

schaden ['ʃa:dən] *vi* ❶ **jdm/sich mit etw ~** nuire à qn/se nuire en faisant qc ❷ *fam* (*verkehrt sein*) **es kann nichts ~, wenn ...** ça peut pas faire de mal si ...; **das schadet nichts** ça fait rien

Schaden <-s, Schäden> *m* ❶ (*Sachschaden*) dommage *m;* (*Verwüstung*) dégâts *mpl* ❷ (*Beeinträchtigung*) **jdm/einer S. ~ zufügen** faire du tort à qn/qc ❸ (*Verletzung*) lésion *f*

Schadenersatz *s.* **Schadensersatz** **Schadenfreude** *f* malin plaisir *m* **schadenfroh** *adj* **~ sein** (*Person*) se réjouir du malheur des autres

Schadensersatz *m* dommages et intérêts *mpl;* (*Schmerzensgeld*) pretium *m* doloris

schadhaft *adj* défectueux(-euse)

schädigen ['ʃɛ:dɪgən] *vt* ❶ **jdn/etw ~** nuire à qn/qc ❷ (*beschädigen*) endommager

schädlich ['ʃɛ:tlɪç] *adj* nocif(-ive)

Schädling ['ʃɛ:tlɪŋ] <-s, -e> *m* parasite *m*

Schädlingsbekämpfung *f* destruction *f* des parasites

Schadstoff *m* polluant *m* **schadstoffarm** *adj* peu polluant(e) **schadstofffrei** *adj* biologique

Schaf [ʃa:f] <-[e]s, -e> *nt* ❶ mouton *m* ❷ *fam* (*Dummkopf*) andouille *f*

Schafbock *m* bélier *m*

Schäfchenwolken *Pl* nuages *mpl* moutonnés

Schäfer(in) ['ʃɛ:fe] <-s, -> *m(f)* berger(-ère) *m(f)*

Schäferhund *m* berger *m* allemand
schaffen¹ [ˈʃafən] <schaffte, geschafft> **I.** *vt* ① (*Examen*) réussir; **es ~** y arriver; **ich schaffe es nicht mehr** je n'en peux plus ② (*bekümmern*) **jdm zu ~ machen** causer [bien] du souci à qn **II.** *vi* CH, SDEUTSCH (*arbeiten*) travailler
schaffen² <schuf, geschaffen> *vt* créer; (*Frieden*) faire
Schaffner(in) [ˈʃafnɐ] <-s, -> *m(f)* contrôleur(-euse) *m(f)*
Schafskäse *m* fromage *m* de brebis
Schaft [ʃaft, *Pl:* ˈʃɛftə] <-[e]s, Schäfte> *m* (*einer Axt*) manche *m;* (*einer Lanze*) corps *m;* (*eines Baums*) fût *m;* (*einer Pflanze, eines Stiefels*) tige *f*
Schakal [ʃaˈkaːl] <-s, -e> *m* chacal *m*
schäkern [ˈʃɛːkɐn] *vi* flirter
schal [ʃaːl] *adj* (*abgestanden*) éventé(e)
Schal [ʃaːl] <-s, -s> *m* écharpe *f;* (*aus Seide*) foulard *m*
Schale [ˈʃaːlə] <-, -n> *f* ① (*Eierschale*) coquille *f* ② (*Haut von Obst, Gemüse*) peau *f;* (*von Orangen, Zitronen*) écorce *f;* (*abgeschält*) pelure *f* ③ (*Gefäß*) coupe *f*
schälen [ˈʃɛːlən] **I.** *vt* (*Obst, Kartoffel*) éplucher; (*Nuss, Ei*) écaler **II.** *vr* **sich ~** (*Haut*) peler
Schalk [ʃalk] <-[e]s, -e *o* Schälke> *m* ▶**jdm sitzt der ~ im Nacken** qn est très farceur (-euse)
Schall [ʃal] <-s, -e> *m* ① *geh* (*Klang*) bruit *m* ② *kein Pl* PHYS son *m*
schalldämmend *adj* isolant(e) **Schalldämpfer** *m* silencieux *m* **schalldicht** *adj* (*Fenster*) insonore; (*Raum*) insonorisé(e)
schallen *vi* résonner
schallend **I.** *adj* retentissant(e) **II.** *adv* (*lachen*) aux éclats
Schallgeschwindigkeit *f kein Pl* vitesse *f* [de propagation] du son **Schallmauer** *f kein Pl* mur *m* du son **Schallplatte** *f* disque *m* **Schallwelle** *f* onde *f* sonore
Schalotte [ʃaˈlɔtə] <-, -n> *f* échalote *f*
schalt [ʃalt] *Imp von* **schelten**
schalten [ˈʃaltən] **I.** *vt* ① (*einstellen*) **etw auf „ein" ~** allumer qc ② ELEC, TELEC **eine Leitung ~** mettre une ligne en service **II.** *vi* ① (*Gang einlegen*) changer de vitesse; **in den zweiten Gang ~** passer la seconde ② *fam* (*begreifen*) piger
Schalter <-s, -> *m* ① (*Theke*) guichet *m* ② ELEC, TECH interrupteur *m*
Schalterstunden *Pl* heures *fpl* d'ouverture des guichets
Schalthebel *m* ① (*einer Gangschaltung*) levier *m* de vitesse ② ELEC [levier *m* de] commande *f* **Schaltjahr** *nt* année *f* bissextile **Schaltplan** *m* schéma *m* de connexion **Schalttag** *m* jour *m* intercalaire
Schaltung <-, -en> *f* ① (*Gangschaltung*) changement *m* de vitesse ② ELEC circuit *m*
Scham [ʃaːm] <-> *f* honte *f*
Schambein *nt* pubis *m*
schämen [ˈʃɛːmən] *vr* **sich für jdn/wegen etw ~** avoir honte pour qn/de qc
Schamgefühl *nt kein Pl* pudeur *f* **Schamhaar** *nt* (*einzelnes Haar*) poil *m* du pubis
schamhaft *adj* pudique
Schamlippen *Pl* grandes lèvres *fpl*
schamlos *adj* (*unverschämt*) impudent(e)
Schande [ˈʃandə] <-> *f* honte *f*
schänden [ˈʃɛndən] *vt* (*entweihen*) profaner
Schandfleck *m* souillure *f*
schändlich [ˈʃɛntlɪç] *adj* (*niederträchtig*) ignoble
Schank <-, -en> *f* A (*Tresen*) comptoir *m*
Schänke^RR [ˈʃɛŋkə] *s.* **Schenke**
Schanze [ˈʃantsə] <-, -n> *f* (*Sprungschanze*) tremplin *m*
Schar [ʃaːɐ̯] <-, -en> *f* (*große Menge*) bande *f;* **in ~en** en masse
scharen [ˈʃaːrən] *vr* **sich um jdn/etw ~** se rassembler autour de qn/qc
scharf [ʃarf] <schärfer, schärfste> **I.** *adj* ① (*Messer*) coupant(e) ② (*Kante*) aigu(ë) ③ (*stark gewürzt*) épicé(e) ④ (*Beobachter*) perspicace; (*Kontrolle*) strict(e) ⑤ (*Hund*) méchant(e) ⑥ (*Munition*) à balles [réelles]; (*Bombe*) amorcé(e) ⑦ (*Augen*) perçant(e) ⑧ (*präzise*) précis(e) ⑨ (*Kurve*) serré(e) ⑩ *fam* (*versessen*) **auf jdn/etw ~ sein** être dingue de qn/avoir vachement envie de qc ⑪ *fam* (*Typ, Auto*) d'enfer **II.** *adv* ① (*kräftig*) **etw ~ würzen** bien épicer qc ② (*kritisieren*) énergiquement ③ (*ansehen*) fixement ④ (*nachdenken*) bien ④ (*sehen*) nettement ⑤ (*bremsen*) soudainement
Scharfblick *m kein Pl* perspicacité *f*
Schärfe [ˈʃɛrfə] <-, -n> *f* ① (*eines Messers*) tranchant *m* ② (*starke Würze*) goût *m* très épicé ③ (*Heftigkeit*) **in aller ~** (*kritisieren*) très sévèrement; (*zurückweisen*) avec force ④ (*des Verstandes*) acuité *f*

schärfen ['ʃɛrfən] *vt* aiguiser

Scharfschütze *m*, **-schützin** *f* tireur(-euse) *m(f)* d'élite **Scharfsinn** *m kein Pl* sagacité *f* **scharfsinnig** **I.** *adj* (*Person*) sagace; (*Bemerkung*) pertinent(e) **II.** *adv* avec sagacité

Scharlach ['ʃarlax] <-s> *m* MED scarlatine *f*

Scharlatan ['ʃarlatan] <-s, -e> *m* charlatan *m*

Scharnier [ʃar'niːɐ̯] <-s, -e> *nt* charnière *f*

Schärpe ['ʃɛrpə] <-, -n> *f* écharpe *f*

scharren ['ʃarən] **I.** *vi* gratter **II.** *vt* (*Loch*) creuser

Scharte ['ʃartə] <-, -n> *f* (*Einkerbung*) brèche *f*

Schaschlik ['ʃaʃlɪk] <-s, -s> *nt* brochette *f*

Schatten ['ʃatən] <-s, -> *m* ombre *f*

Schattenmorelle *f* (*Frucht*) griotte *f* **Schattenseite** *f* (*Kehrseite*) revers *m* de la médaille

schattieren* [ʃa'tiːrən] *vt* ombrer

Schattierung <-, -en> *f geh* (*Nuance*) tendance *f*

schattig *adj* ombragé(e)

Schatz [ʃats, *Pl:* 'ʃɛtsə] <-es, Schätze> *m* ❶ trésor *m* ❷ *fam* (*Liebling*) chéri(e) *m(f)*

schätzen ['ʃɛtsən] **I.** *vt* ❶ (*ein~*) estimer; **etw auf tausend Euro** (*akk*) ~ évaluer qc à mille euros ❷ (*würdigen*) estimer **II.** *vi* **ich schätze, dass ...** je pense que ...

Schatzmeister(in) *m(f)* trésorier(-ière) *m(f)*

Schätzung <-, -en> *f* estimation *f*

schätzungsweise *adv* approximativement

Schau [ʃau̯] <-, -en> *f* show *m*

Schaubild *nt* graphique *m*

Schauder ['ʃaudɐ] <-s, -> *m geh* (*Gefühl*) frémissement *m*

schauderhaft *adj* ❶ (*Szene*) d'horreur; (*Gestank*) horrible ❷ *fam* (*sehr schlecht*) épouvantable

schaudern *vt unpers* **ihm schaudert es bei dem Gedanken, dass** il frémit à l'idée que + *subj*

schauen ['ʃau̯ən] *vi* (*blicken*) regarder

Schauer ['ʃau̯ɐ] <-s, -> *m* ❶ (*Regenschauer*) averse *f* ❷ (*Frösteln*) frisson *m*

Schaufel ['ʃau̯fəl] <-, -n> *f* (*Werkzeug*) pelle *f*

schaufeln *vt, vi* pelleter; (*Loch*) creuser [à la pelle]

Schaufenster *nt* vitrine *f* **Schaufensterbummel** *m fam* **einen ~ machen** faire du lèche-vitrine **Schaufensterpuppe** *f* mannequin *m*

Schaukel ['ʃau̯kəl] <-, -n> *f* balançoire *f*

schaukeln *vi* ❶ (*auf einer Schaukel*) faire de la balançoire ❷ (*wippen*) se balancer

Schaukelpferd *nt* cheval *m* à bascule **Schaukelstuhl** *m* rocking-chair *m*

Schaulustige(r) *f(m) dekl wie adj* badaud(e) *m(f)*

Schaum [ʃau̯m, *Pl:* 'ʃɔymə] <-s, Schäume> *m* ❶ (*Seifenschaum*) mousse *f*; (*Wellenschaum, Geifer*) écume *f* ❷ GASTR mousse *f*

schäumen ['ʃɔymən] *vi* ❶ mousser ❷ *geh* (*in Rage sein*) écumer

Schaumfestiger *m* mousse *f* fixante **Schaumgummi** *m* caoutchouc *m* mousse

schaumig *adj* mousseux(-euse); (*Gewässer*) écumeux(-euse)

Schaumkrone *f* (*von Wellen*) mouton *m* d'écume **Schaumstoff** *m* mousse *f* **Schaumwein** *m form* vin *m* mousseux

Schauplatz *m* théâtre *m*

schaurig ['ʃau̯rɪç] *adj* (*Geschichte*) macabre; (*Ort*) lugubre

Schauspiel *nt* ❶ THEAT pièce *f* de théâtre ❷ *geh* (*Anblick*) spectacle *m* **Schauspieler(in)** *m(f)* ❶ THEAT comédien(ne) *m(f)* ❷ TV acteur(-trice) *m(f)* **schauspielern** *vi* ❶ faire du théâtre ❷ (*sich verstellen*) jouer la comédie **Schauspielhaus** *nt* théâtre *m* **Schauspielschule** *f* conservatoire *m* d'art dramatique

Schausteller(in) <-s, -> *m(f)* forain(e) *m(f)*

Scheck [ʃɛk] <-s, -s> *m* chèque *m*

Scheckkarte *f* carte *f* bancaire

scheffeln ['ʃɛfəln] *vt* **Geld** ~ amasser de l'argent

Scheibe ['ʃai̯bə] <-, -n> *f* ❶ (*große Glasscheibe*) verre *m*; (*Fensterscheibe*) vitre *f*; (*Windschutzscheibe*) parebrise *f* ❷ (*Brotscheibe*) tranche *f* ❸ (*runder Gegenstand*) disque *m*

Scheibenwaschanlage *f* lave-glace *m* **Scheibenwischer** <-s, -> *m* essuie-glace *m*

Scheich [ʃai̯ç] <-s, -e> *m* cheik *m*

Scheide ['ʃai̯də] <-, -n> *f* ❶ (*eines Schwerts*) fourreau *m* ❷ ANAT vagin *m*

scheiden ['ʃai̯dən] <schied, geschieden> **I.** *vt* + *haben* (*Ehe*) dissoudre; **sich von jdm ~ lassen** divorcer de qn **II.** *vi geh* + *sein* **aus einem Amt ~** quitter un poste

Scheideweg *m* ▸**am ~ stehen** être à la croisée des chemins

Scheidung <-, -en> *f* divorce *m*

Schein [ʃain] <-[e]s, -e> *m* ❶ *kein Pl* (*einer Lampe*) lumière *f* ❷ *kein Pl* (*Anschein*) apparence *f* ❸ (*Banknote*) billet *m* ❹ *fam* (*Bescheinigung*) attestation *f* ❺ UNIV *fam* unité *f* de valeur

scheinbar *adj* apparent(e)

scheinen ['ʃainən] <schien, geschienen> **I.** *vi* ❶ (*Sonne, Mond*) briller ❷ (*den Anschein haben*) **er scheint zu schlafen** il a l'air de dormir; **das scheint schwierig zu sein** cela semble être difficile **II.** *vi unpers* **es scheint, dass ...** il semble que ...

Scheinfirma *f* société *f* fictive **scheinheilig** *pej adj* hypocrite **Scheinwerfer** *m* projecteur *m;* (*Autoscheinwerfer*) phare *m*

Scheiß <-> *m pej fam* conneries *fpl*

Scheiße ['ʃaisə] <-> *f fam* merde *f*

scheißen <schiss, geschissen> *vi* ❶ *fam* chier ❷ *fam* (*nichts geben auf*) **ich scheiße drauf!** j'en ai rien à foutre!

Scheißkerl *m fam* sale con *m*

Scheit [ʃait] <-[e]s, -e *o* A, CH -er> *nt* bûche *f*

Scheitel ['ʃaitəl] <-s, -> *m* raie *f*

Scheiterhaufen ['ʃaitɐhaufən] *m* bûcher *m*

Scheitern <-s> *nt* échec *m*

Schelle ['ʃɛlə] <-, -n> *f* ❶ TECH collier *m* [de serrage] ❷ (*Klingel*) sonnette *f*

Schelm [ʃɛlm] <-[e]s, -e> *m* farceur *m*

schelmisch *adj* malicieux(-euse)

schelten <schilt, schalt, gescholten> *geh vt* (*ausschimpfen*) **jdn wegen etw ~** réprimander qn pour qc

Schema ['ʃeːma] <-s, -s> *nt* schéma *m*

schematisch [ʃe'maːtɪʃ] **I.** *adj* (*Darstellung*) schématique **II.** *adv* (*darstellen*) schématiquement

Schemel ['ʃeːməl] <-s, -> *m* tabouret *m*

Schemen *Pl von* **Schema**

Schenke ['ʃɛŋkə] <-, -n> *f* auberge *f*

Schenkel ['ʃɛŋkəl] <-s, -> *m* ❶ cuisse *f* ❷ MATH (*eines Winkels*) côté *m*

schenken ['ʃɛnkən] *vt* (*Blumen*) faire cadeau de; **jdm etw ~** offrir qc à qn; **etw geschenkt bekommen** recevoir qc en cadeau; **jdm Beachtung ~** accorder de l'attention à qn

Schenkung <-, -en> *f* JUR donation *f*

Scherbe ['ʃɛrbə] <-, -n> *f* débris *m*

Schere ['ʃeːrə] <-, -n> *f* ❶ [paire *f* de] ciseaux *mpl* ❷ (*eines Krebses*) pince *f*

scheren[1] ['ʃeːrən] <schor, geschoren> *vt* (*Tier*) tondre; (*Hecke*) tailler

scheren[2] <scherte, geschert> **I.** *vr* **sich nicht um jdn/etw ~** ne pas s'occuper de qn/qc **II.** *vt* **was schert mich das?** qu'est-ce que ça peut bien me faire?

Schererei <-, -en> *f meist Pl fam* embêtement *m*

Scherz [ʃɛrts] <-es, -e> *m* plaisanterie *f*

Scherzartikel *m meist Pl* farces *fpl* et attrapes

scherzen *vi* plaisanter

scherzhaft **I.** *adj* pour plaisanter **II.** *adv* en plaisantant

scheu [ʃɔy] *adj* ❶ (*Verhalten*) timide; (*Blick*) craintif(-ive) ❷ (*menschen~*) farouche

Scheu <-> *f* (*Hemmung*) timidité *f*

scheuchen ['ʃɔyçən] *vt* chasser

scheuen ['ʃɔyən] **I.** *vt* (*Arbeit*) reculer devant; **keine Kosten ~** ne pas regarder à la dépense **II.** *vr* **sich vor etw** (*dat*) **~** reculer devant qc **III.** *vi* (*Pferd*) se dérober

scheuern ['ʃɔyɐn] **I.** *vt* (*Topf*) récurer; (*Fußboden*) frotter **II.** *vi* (*Kragen*) gratter

Scheuklappe *f* œillère *f*

Scheune ['ʃɔynə] <-, -n> *f* grange *f*

Scheusal ['ʃɔyzaːl] <-s, -e> *nt* monstre *m*

scheußlich ['ʃɔyslɪç] **I.** *adj* ❶ (*Anblick*) monstrueux(-euse); (*Film*) horrible ❷ *fam* (*Schmerzen*) atroce **II.** *adv* **~ riechen** avoir une odeur infecte

Schi *s.* **Ski**

Schicht [ʃɪçt] <-, -en> *f* ❶ (*Lage*) couche *f* ❷ SOZIOL couche *f* [sociale] ❸ (*Arbeitsgruppe*) équipe *f;* **~ arbeiten** être travailleur posté

Schichtarbeit *f kein Pl* travail *m* posté

schichten ['ʃɪçtən] *vt* empiler

Schichtwechsel *m* relève *f*

schick [ʃɪk] *adj, adv* chic

Schick <-s> *m* (*eines Kleidungsstücks*) chic *m*

schicken ['ʃɪkən] **I.** *vt* (*senden*) **jdm etw ~** envoyer qc à qn **II.** *vi geh* **nach jdm ~** faire venir qn **III.** *vr* **das schickt sich nicht** cela ne se fait pas

Schickeria [ʃɪkə'riːa] <-> *f pej fam* gratin *m*

Schicksal ['ʃɪkzaːl] <-s, -e> *nt* destin *m*

schicksalhaft *adj* ❶ (*Ereignis*) lourd(e) de conséquences; (*Tag*) fatidique ❷ (*unabwendbar*) fatal(e)

Schicksalsschlag *m* coup *m* du destin
Schiebedach *nt* toit *m* ouvrant
schieben ['ʃiːbən] <schob, geschoben> **I.** *vt* pousser; **sich** (*dat*) **etw in den Mund ~** se fourrer qc dans la bouche; **die Schuld auf jdn ~** rejeter la culpabilité sur qn **II.** *vi* pousser
Schieber <-s, -> *m fam* (*Schwarzhändler*) trafiquant *m*
Schiebetür *f* porte *f* coulissante
schied [ʃiːt] *Imp von* **scheiden**
Schiedsrichter(in) *m(f)* arbitre *mf* **Schiedsspruch** *m* sentence *f* arbitrale
schief [ʃiːf] **I.** *adj* ① (*Wand*) penché(e); (*Ebene*) incliné(e) ② (*Bild*) faux(fausse) **II.** *adv* (*aufsetzen*) de travers
Schiefer ['ʃiːfɐ] <-s, -> *m* ardoise *f*
schief|gehen *vi fam* foirer **schief|lachen** *vr fam* **sich ~** se tordre [de rire]
schielen ['ʃiːlən] *vi* ① loucher ② *fam* **nach jdm/etw ~** reluquer qn/qc
schien [ʃiːn] *Imp von* **scheinen**
Schienbein *nt* tibia *m*
Schiene ['ʃiːnə] <-, -n> *f* ① (*Zug-, Führungsschiene*) rail *m* ② MED éclisse *f*
schienen *vt* MED éclisser
Schienennetz *nt* (*Bahnnetz*) réseau *m* ferroviaire
Schießbude *f* baraque *f* de tir
schießen ['ʃiːsən] <schoss, geschossen> **I.** *vi* ① + *haben* **mit dem Gewehr ~** tirer au fusil ② + *sein fam* **um die Ecke ~** débouler au coin **II.** *vt* + *haben* tirer
Schießerei [ʃiːsə'rai] <-, -en> *f pej* fusillade *f*
Schiff [ʃɪf] <-[e]s, -e> *nt* ① bateau *m*; **mit dem ~ fahren** prendre le bateau ② (*Kirchenschiff*) nef *f*
Schiffahrt[ALT] *s.* **Schifffahrt**
schiffbar *adj* navigable
Schiffbau *m kein Pl* construction *f* navale **Schiffbruch** *m* naufrage *m* **Schiffbrüchige(r)** *f(m) dekl wie adj* naufragé(e) *m(f)* **Schifffahrt**[RR] *f kein Pl* navigation *f*
Schiffsjunge *m* mousse *m* **Schiffsverkehr** *m* trafic *m* maritime
Schikane [ʃi'kaːnə] <-, -n> *f* chicane *f*
schikanieren* [ʃika'niːrən] *vt* chicaner
Schikoree[RR] [ʃiko'reː] *s.* **Chicorée**
Schild[1] [ʃɪlt] <-[e]s, -er> *nt* ① (*Verkehrsschild*) panneau *m* ② (*Hinweisschild*) écriteau *m* ③ *fam* (*Preisschild*) étiquette *f*
Schild[2] <-[e]s, -e> *m* (*Schutzschild*) bouclier *m*
Schilddrüse *f* [glande *f*] thyroïde *f*
schildern ['ʃɪldɐn] *vt* décrire
Schildkröte *f* tortue *f*
Schilf [ʃɪlf] <-[e]s, -e> *nt* (*Pflanze*) roseau *m*
schillern ['ʃɪlɐn] *vi* chatoyer
schillernd *adj* (*Seide*) chatoyant(e)
Schilling ['ʃɪlɪŋ] <-s, -e> *m* schilling *m*
schilt [ʃɪlt] *3. Pers Präs von* **schelten**
Schimmel ['ʃiməl] <-s> *m kein Pl* (*~pilz*) moisissure *f*
schimmelig *adj* moisi(e)
schimmeln *vi + haben o sein* moisir
Schimmer ['ʃɪmɐ] <-s> *m* (*Glanz*) reflet *m*; **ein ~ von Hoffnung** une lueur d'espoir
schimmern *vi* reluire
Schimpanse [ʃɪm'panzə] <-n, -n> *m* chimpanzé *m*
Schimpf <-[e]s> *m* ▸**mit ~ und Schande** avec ignominie
schimpfen ['ʃɪmpfən] *vi* ① (*wettern*) **auf jdn/etw ~** pester contre qn/qc ② (*zurechtweisen*) **mit jdm ~** gronder qn
schimpflich *geh adj* ignominieux(-euse)
Schimpfwort <-wörter> *nt* gros mot *m*
Schindel ['ʃɪndəl] <-, -n> *f* bardeau *m*
schinden ['ʃɪndən] <schindete, geschunden> **I.** *vr* **sich ~** s'échiner **II.** *vt* ① (*Arbeiter*) épuiser ② *fam* **bei jdm Eindruck ~ wollen** vouloir épater qn
Schinken ['ʃɪŋkən] <-s, -> *m* ① jambon *m* ② *pej fam* (*Buch*) pavé *m*
Schinkenspeck *m* lard *m* maigre
Schippe ['ʃɪpə] <-, -n> *f* NDEUTSCH pelle *f*
Schirm [ʃɪrm] <-[e]s, -e> *m* ① (*Regenschirm*) parapluie *m* ② (*Sonnenschirm*) parasol *m* ③ (*Lampenschirm*) abat-jour *m*
Schirmherr(in) *m(f)* parrain *m*/marraine *f* **Schirmherrschaft** *f* parrainage *m* **Schirmmütze** *f* casquette *f* à visière **Schirmständer** *m* porte-parapluies *m*
schiss[RR] [ʃɪs], **schiß**[ALT] *Imp von* **scheißen**
Schiss[RR], **Schiß**[ALT] ▸**vor jdm/etw ~ haben** *fam* avoir la trouille de qn/qc
schizophren [ʃitso'freːn] *adj* MED schizophrène
schlabberig *adj fam pej* (*wässerig*) clairet(te); **dieses ~e Bier/dieser ~e Kaffee** cette bibine/lavasse
schlabbern ['ʃlabɐn] **I.** *vi fam* ① (*sabbern*) baver ② (*Kleidung*) pendouiller **II.** *vt fam*

S

(*Katze*) (*Milch*) laper

Schlacht [ʃlaxt] <-, -en> *f* bataille *f*

Schlachtbank *f* table *f* d'équarrissage

schlachten ['ʃlaxtən] *vt* abattre

Schlachter(in) <-s, -> *m(f)* NDEUTSCH boucher(-ère) *m(f)*

Schlachtfeld *nt* champ *m* de bataille **Schlachthof** *m* abattoirs *mpl*

Schlacke ['ʃlakə] <-, -n> *f* scories *fpl*

Schlaf [ʃla:f] <-[e]s> *m* sommeil *m*

Schlafanzug *m* pyjama *m*

Schläfchen <-s, -> *nt* [petit] somme *m*

Schläfe ['ʃlɛ:fə] <-, -n> *f* tempe *f*

schlafen ['ʃla:fən] <schläft, schlief, geschlafen> *vi* ① dormir; ~ **gehen** aller se coucher ② *fam* **mit jdm** ~ coucher avec qn

Schläfer(in) <-s, -> *m(f)* dormeur(-euse) *m(f)*

schlaff [ʃlaf] *adj* (*Segel*) qui pend [mollement]; (*Seil*) lâche

Schlafgelegenheit *f* (*in einer Stadt*) endroit *m* où dormir **Schlaflied** *nt* berceuse *f* **schlaflos** *adj* (*Nacht*) blanc(blanche) **Schlaflosigkeit** <-> *f* insomnie *f* **Schlafmittel** *nt* somnifère *m* **Schlafmütze** *f fam* (*Mensch*) endormi(e) *m(f)*

schläfrig ['ʃlɛ:frɪç] *adj* somnolent(e); ~ **sein** avoir sommeil

Schlafsaal *m* dortoir *m* **Schlafsack** *m* sac *m* de couchage **Schlafstörungen** *Pl* troubles *mpl* du sommeil

schläft [ʃlɛ:ft] *3. Pers Präs von* **schlafen**

Schlaftablette *f* somnifère *m* **Schlafwagen** *m* wagon-lit *m* **schlafwandeln** *vi + haben o sein* être somnambule **Schlafwandler(in)** <-s, -> *m(f)* somnambule *mf* **Schlafzimmer** *nt* chambre *f* à coucher

Schlag [ʃla:k, *Pl:* 'ʃlɛ:gə] <-[e]s, Schläge> *m* ① (*Hieb*) coup *m* ② (*Hall*) bruit *m* [de choc]; (*einer Uhr*) coup *m* ③ (*Schicksalsschlag*) coup *m* dur ④ (*Stromschlag*) électrocution *f* ▸**mich trifft der ~!** *fam* je vais avoir une attaque!

Schlagabtausch <-[e]s> *m* (*Rededuell*) prise *f* de bec **Schlagader** *f* artère *f* **Schlaganfall** *m* attaque *f* [d'apoplexie]

schlagartig *adj* brusque

Schlagbaum *m* barrière *f* **Schlagbohrer** *m* perceuse *f* à percussion

schlagen ['ʃla:gən] <schlägt, schlug, geschlagen> **I.** *vt + haben* ① **jdn ins Gesicht** ~ frapper qn au visage ② (*besiegen*) battre ③ (*Baum*) abattre ④ (*Nagel*) enfoncer ⑤ (*läuten*) sonner **II.** *vi + haben* ① **mit etw auf etw** (*akk*)/**gegen etw** ~ frapper avec qc sur/contre qc ② (*zu~*) **um sich** ~ se débattre ③ (*Herz*) battre **III.** *vr* **sich mit jdm** ~ se battre avec qn; **sich gut** ~ bien se défendre

Schlager ['ʃla:gɐ] <-s, -> *m* ① (*Lied*) tube *m* (*fam*) ② *fam* (*Verkaufsschlager*) article *m* qu'on s'arrache

Schläger ['ʃlɛ:gɐ] <-s, -> *m* (*Tennisschläger*) raquette *f*; (*Hockeyschläger*) crosse *f*; (*Golfschläger*) club *m*; (*Baseballschläger*) batte *f*

Schlägerei [ʃlɛ:gə'rai] <-, -en> *f* bagarre *f*

Schlagersänger(in) *m(f)* chanteur(-euse) *m(f)* de variété

schlagfertig **I.** *adj* (*Person*) qui a de la répartie **II.** *adv* du tac au tac **Schlagfertigkeit** <-> *f* sens *m* de la répartie **Schlaginstrument** *nt* instrument *m* à percussion **Schlagkraft** <-> *f* (*Wirksamkeit: eines Arguments, Beweises*) force *f* de persuasion **schlagkräftig** *adj* ① (*Armee*) puissante ② (*Argument*) persuasif(-ive) **Schlagloch** *nt* nid-de-poule *m* **Schlagsahne** *f* (*flüssig*) crème *f* fleurette; (*geschlagen*) [crème *f*] chantilly *f*

schlägt [ʃlɛ:kt] *3. Pers Präs von* **schlagen**

Schlagwort <-worte> *nt pej* (*Parole*) formule *f* [toute faite] **Schlagzeile** *f* gros titre *m* **Schlagzeug** <-[e]s, -e> *nt* batterie *f* **Schlagzeuger(in)** <-s, -> *m(f)* batteur(-euse) *m(f)*

schlaksig ['ʃlaksɪç] *adj fam* (*Bewegungen*) désarticulé(e)

Schlamassel <-s, -> *m o nt fam* (*Durcheinander*) bordel *m*

Schlamm [ʃlam] <-[e]s, -e> *m* boue *f*

schlammig *adj* boueux(-euse)

Schlammschlacht *f* foire *f* d'empoigne

Schlampe ['ʃlampə] <-, -n> *f pej fam* (*liederliche Frau*) traînée *f*

Schlamperei [ʃlampə'rai] <-, -en> *f fam* (*Nachlässigkeit*) bâclage *m*

schlampig *fam* **I.** *adj* (*Arbeit*) bâclé(e); (*Äußeres*) débraillé(e) **II.** *adv* ① (*nachlässig*) à la va comme je te pousse ② (*ungepflegt*) en débraillé

schlang [ʃlaŋ] *Imp von* **schlingen**

Schlange ['ʃlaŋə] <-, -n> *f* ① ZOOL serpent *m* ② (*Warteschlange*) queue *f*; ~ **stehen** faire la queue

schlängeln ['ʃlɛŋəln] *vr* **sich durch etw**

(*akk*) ~ (*Schlange*) ramper à travers qc; (*Straße*) serpenter à travers qc

schlank [ʃlaŋk] *adj* (*Person*) mince

Schlankheitskur *f* cure *f* d'amaigrissement

schlapp [ʃlap] *adj fam* ~ **sein** être flagada

Schlappe <-, -n> *f fam* veste *f*

schlapp|machen *vi fam* craquer

Schlaraffenland [ʃla'rafənlant] *nt* pays *m* de cocagne

schlau [ʃlau̯] *adj* ① astucieux(-euse) ② *fam* **aus jdm/etw nicht ~ werden** ne pas comprendre qn/ne rien comprendre à qc

Schlauberger ['ʃlau̯bɛrgɐ] <-s, -> *m fam iron* (*Besserwisser*) Monsieur *m* Je-sais-tout

Schlauch [ʃlau̯x, *Pl:* 'ʃlɔyçə] <-[e]s, Schläuche> *m* ① tuyau *m* ② (*Reifenschlauch*) chambre *f* à air

Schlauchboot *nt* bateau *m* pneumatique

schlauchen ['ʃlau̯xən] *vt, vi fam* pomper

Schlaufe ['ʃlau̯fə] <-, -n> *f* ① (*Gürtelschlaufe*) passant *m;* (*an einer Jacke*) bride *f* ② (*Halteband*) dragonne *f*

Schlaumeier ['ʃlau̯mai̯ɐ] *s.* **Schlauberger**

schlecht [ʃlɛçt] **I.** *adj* ① (*nicht gut*) mauvais(e) *antéposé;* (*Material*) de mauvaise qualité; **ein ~es Benehmen haben** se tenir mal ② (*Bezahlung*) médiocre ③ (*verdorben*) ~ **werden/sein** s'abîmer/être avarié ④ (*übel*) **jdm wird/ist ~** qn se sent mal **II.** *adv* ① mal; ~ **gelaunt sein** être de mauvaise humeur ② (*negativ*) ~ **über jdn denken** penser du mal de qn

schlecht|machen *vt* dénigrer

schlecken ['ʃlɛkən] **I.** *vt* lécher **II.** *vi* (*naschen*) manger des sucreries

Schlegel <-s, -> *m* A, CH, SDEUTSCH (*Geflügel-, Hasenkeule*) cuisse *f;* (*Reh-, Wildschweinkeule*) cuissot *m*

schleichen ['ʃlai̯çən] <schlich, geschlichen> **I.** *vi* + *sein* ① se déplacer furtivement ② *fam* (*langsam fahren*) se traîner **II.** *vr* **sich aus dem Haus ~** sortir de la maison furtivement

schleichend MED *adj attr* insidieux(-euse)

Schleichwerbung *f* publicité *f* déguisée

Schleier ['ʃlai̯ɐ] <-s, -> *m* voile *m*

schleierhaft *adj fam* **jdm ~ sein** être un mystère pour qn

Schleife ['ʃlai̯fə] <-, -n> *f* ① (*Knoten*) nœud *m* ② (*Kurve*) méandre *m*

schleifen[1] ['ʃlai̯fən] **I.** *vt* + *haben* traîner **II.** *vi* + *haben o sein* **an etw** (*dat*) ~ (*Fahrradkette*) frotter contre qc

schleifen[2] <schliff, geschliffen> *vt* (*Messer*) aiguiser; (*Edelstein*) tailler

Schleifpapier *nt* papier *m* de verre

Schleim [ʃlai̯m] <-[e]s, -e> *m* ① MED mucus *m* ② (*einer Schnecke*) bave *f*

schleimen *vi fam* faire de la lèche

Schleimhaut *f* muqueuse *f*

schleimig ['ʃlai̯mɪç] *adj* ① MED muqueux(-euse) ② (*Schnecke*) baveux(-euse)

schlemmen ['ʃlɛmən] **I.** *vi* faire bombance **II.** *vt* déguster

Schlemmer(in) <-s, -> *m(f)* fine bouche *f*

schlendern ['ʃlɛndɐn] *vi* + *sein* **durch die Stadt ~** flâner en ville

schlenkern ['ʃlɛŋkɐn] **I.** *vi* (*Arme*) ballotter; **mit den Armen ~** balancer les bras **II.** *vt* (*Handtasche*) balancer

Schleppe ['ʃlɛpə] <-, -n> *f* traîne *f*

schleppen ['ʃlɛpən] **I.** *vt* (*schwer tragen*) traîner avec peine **II.** *vr* (*sich fortbewegen*) **sich zum Telefon ~** se traîner jusqu'au téléphone

schleppend **I.** *adj* (*Gang*) traînant(e); (*Bearbeitung*) lent(e) **II.** *adv* (*vorangehen*) lentement

Schlepper <-s, -> *m* ① (*Schleppschiff*) remorqueur *m* ② *fam* (*Schleuser*) passeur *m*

Schlepplift *m* remonte-pente *m*

Schlesien ['ʃleːzi̯ən] <-s> *nt* la Silésie

schlesisch *adj* silésien(ne)

Schleswig-Holstein ['ʃleːsvɪç'hɔlʃtai̯n] <-s> *nt* le Schleswig-Holstein

Schleuder ['ʃlɔydɐ] <-, -n> *f* ① (*Waffe*) fronde *f* ② (*Wäscheschleuder*) essoreuse *f*

schleudern **I.** *vt* + *haben* ① **etw ~** (*Person*) lancer qc ② (*Wäsche*) essorer **II.** *vi* + *sein* (*Fahrzeug*) déraper

Schleudersitz *m* siège *m* éjectable

schleunigst *adv* dans les plus brefs délais

Schleuse ['ʃlɔyzə] <-, -n> *f* NAUT écluse *f*

schleusen *vt* (*heimlich bringen*) **jdn über die Grenze ~** faire passer en douce la frontière à qn

schlich [ʃlɪç] *Imp von* **schleichen**

Schliche ['ʃlɪçə] *Pl* **jdm auf die ~ kommen** découvrir les combines de qn (*fam*)

schlicht [ʃlɪçt] **I.** *adj* (*Person*) simple **II.** *adv* ① (*einrichten*) sobrement ② (*glattweg*) tout simplement

schlichten ['ʃlɪçtən] *vt* régler

Schlick [ʃlɪk] <-[e]s, -e> *m* vase *f*
schlief [ʃliːf] *Imp von* **schlafen**
Schliere ['ʃliːrə] <-, -n> *f* traînée *f* [grasse]
schließen ['ʃliːsən] <schloss, geschlossen> **I.** *vi* ❶ fermer ❷ (*Schlüssel*) tourner [dans la serrure]; **schlecht ~** (*Fenster*) fermer mal ❸ (*enden*) terminer ❹ FIN (*Börse*) clôturer ❺ (*schlussfolgern*) **auf etw** (*akk*) **~** conclure qc; **von sich auf andere ~** généraliser [son cas] **II.** *vt* (*Fenster, Augen*) fermer; (*Konferenz*) clôturer; (*Abkommen*) conclure; (*Lücke*) combler; **etw aus seinen Beobachtungen ~** conclure qc de ses observations **III.** *vr* **sich ~** se fermer
Schließfach *nt* (*Gepäckschließfach*) consigne *f* automatique
schließlich *adv* ❶ finalement ❷ (*immerhin*) après tout
Schließmuskel *m* ANAT muscle *m* constricteur
Schließung <-, -en> *f* fermeture *f*
schliff [ʃlɪf] *Imp von* **schleifen²**
schlimm [ʃlɪm] **I.** *adj* (*Nachricht*) grave; (*Zeit*) difficile; **es ist ~, dass** c'est grave que + *subj;* **es gibt Schlimmeres** il y a pire **II.** *adv* mal; **~ dran sein** *fam* être dans de beaux draps
schlimmstenfalls *adv* dans le pire des cas
Schlinge ['ʃlɪŋə] <-, -n> *f* ❶ (*Schlaufe*) nœud *m* coulant ❷ (*Armbinde*) écharpe *f*
Schlingel ['ʃlɪŋəl] <-s, -> *m fam* affreux jojo *m*
schlingen ['ʃlɪŋən] <schlang, geschlungen> **I.** *vt* ❶ **seine Arme um jdn ~** prendre qn dans ses bras ❷ (*Essen*) engloutir **II.** *vi* (*Person, Tier*) dévorer
schlingern ['ʃlɪŋɐn] *vi* NAUT rouler
Schlingpflanze *f* plante *f* grimpante
Schlips [ʃlɪps] <-es, -e> *m* cravate *f*
Schlitten ['ʃlɪtən] <-s, -> *m* (*Rodelschlitten*) luge *f;* **~ fahren** faire de la luge
schlittern ['ʃlɪtɐn] *vi + sein* ❶ glisser ❷ *fam* (*ungewollt geraten*) **in etw** (*akk*) **~** se retrouver dans qc
Schlittschuh *m* patin *m* à glace; **~ laufen** faire du patin à glace **Schlittschuhlaufen** <-s> *nt* patinage *m*
Schlitz [ʃlɪts] <-es, -e> *m* ❶ (*Einsteckschlitz*) fente *f* ❷ (*Spalt*) interstice *m* ❸ *fam* (*Hosenschlitz*) braguette *f*
Schlitzauge *nt* œil *m* bridé **Schlitzohr** *nt fam* roublard *m*
Schlögel <-s, -> *m* A (*Keule*) gigot *m*
schloss^RR [ʃlɔs], **schloß**^ALT *Imp von* **schließen**
Schloss^RR [ʃlɔs] <-es, Schlösser>, **Schloß**^ALT <-sses, Schlösser> *nt* ❶ (*Palast*) château *m* ❷ (*Türschloss*) serrure *f*
Schlosser(in) ['ʃlɔsɐ] <-s, -> *m(f)* serrurier (-ière) *m(f)*
Schlosserei [ʃlɔsə'raj] <-, -en> *f* serrurerie *f*
Schlot [ʃloːt, *Pl:* 'ʃloːtə] <-[e]s, -e> *m* (*Schornstein*) cheminée *f* [d'usine]
schlottern ['ʃlɔtɐn] *vi* trembler
Schlucht [ʃlʊxt] <-, -en> *f* gorge *f*
schluchzen ['ʃlʊxtsən] *vi* sangloter
Schluck [ʃlʊk, *Pl:* 'ʃlʊkə] <-[e]s, -e> *m* gorgée *f;* **ein kleiner ~** une goutte
Schluckauf <-s> *m* hoquet *m*
schlucken [ʃlʊkən] **I.** *vt* ❶ (*hinunter~*) avaler ❷ *fam* (*Ausrede*) gober ❸ (*Geräusche*) assourdir **II.** *vi* avaler
Schlucker <-s, -> *m* **armer ~** *fam* pauvre type *m*
Schluckimpfung *f* vaccination *f* orale
schludrig *s.* **schlampig**
schlug [ʃluːk] *Imp von* **schlagen**
schlummern *vi geh* sommeiller
Schlund [ʃlʊnt, *Pl:* 'ʃlʏndə] <-[e]s, Schlünde> *m* ❶ ANAT gosier *m* ❷ *geh* (*Abgrund*) abîme *m*
schlüpfen ['ʃlʏpfən] *vi + sein* ❶ **aus dem Ei ~** sortir de l'œuf ❷ (*hinein~*) **in etw** (*akk*) **~** enfiler qc
Schlüpfer <-s, -> *m* [petite] culotte *f*
Schlupfloch *nt* (*Öffnung*) trou *m* pour passer
schlüpfrig ['ʃlʏpfrɪç] *adj* (*anstößig*) scabreux(-euse)
Schlupfwinkel *m* repaire *m*
schlurfen ['ʃlʊrfən] *vi + sein* marcher en traînant les pieds
schlürfen ['ʃlʏrfən] *vt, vi* aspirer bruyamment
Schluss^RR [ʃlʊs] <-es, Schlüsse>, **Schluß**^ALT <Schlusses, Schlüsse> *m* (*Ende*) fin *f;* **zum ~** pour terminer; **~ damit!** ça suffit!
Schlüssel ['ʃlʏsəl] <-s, -> *m* ❶ clé *f; a. fig* **der ~ zum Erfolg** la clé du succès ❷ (*Verteilungsschema*) barème *m*
Schlüsselanhänger *m* porte-clés *m* **Schlüsselbein** *nt* clavicule *f* **Schlüsselbund** <-bunde> *m o nt* trousseau *m* de clés **schlüsselfertig** *adj, adv*

clés en main **Schlüsselloch** *nt* trou *m* de serrure

schlussfolgernRR *vt* déduire **Schlussfolgerung**RR <-, -en> *f* déduction *f*; **seine ~en ziehen** tirer ses conclusions

schlüssig ['ʃlʏsɪç] *adj* (*folgerichtig*) concluant(e)

SchlusslichtRR *nt* ① (*eines Fahrzeugs*) feu *m* [rouge] arrière ② *fam* (*Letzter*) **das ~ sein** être la lanterne rouge **Schlussstrich**RR *m* ▸**einen ~ unter etw** (*akk*) **ziehen** tirer un trait sur qc **Schlussverkauf**RR *m* soldes *mpl*

Schmach [ʃma:x] <-> *f geh* ignominie *f*

schmachten ['ʃmaxtən] *vi geh* languir

schmachtend *adj* langoureux(-euse)

schmächtig ['ʃmɛçtɪç] *adj* fluet(te)

schmackhaft ['ʃmakhaft] *adj geh* (*Speise*) savoureux(-euse)

Schmäh [ʃmɛ:] <-s, -s> *m* A (*Scherz*) plaisanterie *f*

schmal [ʃma:l] <-er, -ste> *adj* (*Hüften, Straße*) étroit(e); (*Taille*) mince

schmälern ['ʃmɛ:lɐn] *vt* dénigrer

Schmalz [ʃmalts] <-es, -e> *nt* GASTR saindoux *m*

schmalzig *adj pej fam* à l'eau de rose

schmarotzen* *vi* ① *pej* faire le/la pique-assiette ② BIO croître en parasite

Schmarotzer [ʃma'rɔtsɐ] <-s, -> *m* ① *pej* (*Mensch*) pique-assiette *m* ② BIO parasite *m*

Schmarr[e]n <-s, -> *m* ① GASTR A, SDEUTSCH *spécialité à base de lambeaux de crêpe* ② *kein Pl fam* (*Unsinn*) conneries *fpl*

schmatzen ['ʃmatsən] *vi* (*beim Essen*) faire du bruit en mâchant

schmecken ['ʃmɛkən] **I.** *vi* ① (*munden*) **etw schmeckt** qc est bon(ne); **es schmeckt [ihr]** [elle trouve que] c'est bon ② (*Geschmack haben*) **sauer ~** avoir un goût acide **II.** *vt* goûter

Schmeichelei [ʃmaiçə'lai] <-, -en> *f* flatterie *f*

schmeichelhaft *adj* flatteur(-euse)

schmeicheln ['ʃmaiçəln] *vi* **jdm ~** flatter qn

Schmeichler(in) <-s, -> *m(f)* flatteur(-euse) *m(f)*

schmeißen ['ʃmaisən] <schmiss, geschmissen> *fam* **I.** *vt* ① (*werfen*) balancer; **jdn aus dem Haus ~** foutre qn dehors ② (*Laden*) faire tourner **II.** *vi* **mit Geld um sich ~** (*fig*) dépenser sans compter

Schmeißfliege ['ʃmaisfli:gə] *f* mouche *f* bleue

schmelzen ['ʃmɛ:ltsən] <schmilzt, schmolz, geschmolzen> **I.** *vi* + *sein* fondre **II.** *vt* + *haben* (*Metall*) fondre; (*Eis*) faire fondre

Schmelzpunkt *m* point *m* de fusion

Schmerz [ʃmɛrts] <-es, -en> *m* MED, PSYCH douleur *f*

schmerzempfindlich *adj* (*Person*) douillet(te)

schmerzen **I.** *vi* faire mal; **mir schmerzen die Füße** j'ai mal aux pieds **II.** *vt* affecter

Schmerzensgeld *nt* pretium *m* doloris

Schmerzgrenze *f* limite *f* du supportable

schmerzhaft *adj* douloureux(-euse)

schmerzlich **I.** *adj* douloureux(-euse) **II.** *adv* (*vermissen*) amèrement

schmerzlos *adj* (*Eingriff*) indolore **schmerzstillend** *adj* analgésique **Schmerztablette** *f* comprimé *m* contre la douleur

Schmetterball *m* smash *m*

Schmetterling ['ʃmɛtɐlɪŋ] <-s, -e> *m* papillon *m*

schmettern ['ʃmɛtɐn] **I.** *vt* + *haben* ① (*schleudern*) **etw an die Wand ~** envoyer qc contre le mur ② SPORT (*Ball*) smasher ③ (*Lied*) entonner **II.** *vi* + *sein* (*aufprallen*) **gegen etw ~** s'écraser contre qc

Schmied(in) [ʃmi:t] <-[e]s, -e> *m(f)* forgeron *m*

Schmiede ['ʃmi:də] <-, -n> *f* forge *f*

schmieden ['ʃmi:dən] *vt* forger

schmiegen ['ʃmi:gən] *vr* ① (*sich kuscheln*) **sich an jdn ~** se blottir contre qn ② (*eng anliegen*) **sich an etw** (*akk*) **~** mouler qc

Schmiere ['ʃmi:rə] <-, -n> *f* (*Fett*) cambouis *m*

schmieren ['ʃmi:rən] **I.** *vt* ① (*Brot*) tartiner ② (*Scharnier*) graisser ③ *pej fam* (*bestechen*) graisser la patte à ▸**jdm eine ~** *fam* en coller une à qn **II.** *vi fam* (*Kugelschreiber*) baver

Schmierfett *nt* graisse *f* **Schmierfink** *m fam pej* (*Journalist*) pisseur *m* de copie **Schmiergeld** *nt fam* bakchich *m* **Schmieröl** *nt* huile *f* lubrifiante **Schmierseife** *f* savon *m* noir **Schmierzettel** *m* bout *m* de papier

schmilzt [ʃmɪltst] *3. Pers Präs von* **schmelzen**

S

Schminke ['ʃmɪŋkə] <-, -n> *f* maquillage *m*

schminken *vt, vr* [**sich**] ~ [se] maquiller

schmirgeln ['ʃmɪrgəln] *vt, vi* poncer

Schmirgelpapier *nt* papier *m* [d']émeri

schmissRR [ʃmɪs], **schmiß**ALT *Imp von* **schmeißen**

Schmöker ['ʃmøːkɐ] <-s, -> *m fam* roman *m* de gare

schmökern ['ʃmøːkɐn] *vi fam* **in etw** (*dat*) ~ bouquiner qc

schmollen ['ʃmɔlən] *vi* bouder

schmolz [ʃmɔlʦ] *Imp von* **schmelzen**

Schmorbraten *m* bœuf *m* braisé

schmoren ['ʃmoːrən] **I.** *vt* (*Braten*) faire braiser **II.** *vi* ❶ (*Braten*) cuire à petit feu ❷ *fam* (*warten*) **jdn ~ lassen** laisser mariner qn

Schmuck [ʃmʊk] <-[e]s> *m* ❶ bijoux *mpl* ❷ (*Verzierung*) décoration *f*

schmücken ['ʃmʏkən] *vt* (*Raum*) décorer

Schmuckkästchen *nt* coffret *m* à bijoux **Schmuckstück** *nt* bijou *m*

schmudd[e]lig *adj* sale, crasseux(-euse)

Schmuggel ['ʃmʊgəl] <-s> *m* contrebande *f*

schmuggeln **I.** *vt* (*Waren*) faire de la contrebande de; (*Drogen, Waffen*) faire du trafic de **II.** *vi* faire de la contrebande

Schmuggler(in) <-s, -> *m(f)* contrebandier (-ière) *m(f)*

schmunzeln ['ʃmʊnʦəln] *vi* sourire

schmusen ['ʃmuːzən] *vi fam* **mit jdm ~** faire des mamours à qn

Schmutz [ʃmʊʦ] <-es> *m* saleté *f*

Schmutzfink *m fam* [petit] cochon *m*

schmutzig *adj* ❶ sale; **sich ~ machen** se salir ❷ *pej* (*anrüchig*) sale

Schnabel ['ʃnaːbəl, *Pl:* 'ʃnɛːbəl] <-s, Schnäbel> *m* bec *m*

Schnake ['ʃnaːkə] <-, -n> *f* (*nicht stechende Mücke*) cousin *m*

Schnalle ['ʃnalə] <-, -n> *f* boucle *f*

schnallen *vt* ❶ **etw enger ~** serrer qc ❷ *fam* (*begreifen*) piger

schnalzen ['ʃnalʦən] *vi* **mit den Fingern ~** faire claquer ses doigts

Schnäppchen ['ʃnɛpçən] <-s, -> *nt fam* [bonne] affaire *f*

schnappen ['ʃnapən] **I.** *vi* ❶ + *haben* **nach etw ~** essayer d'attraper qc; **nach jdm ~** (*Hund*) chercher à mordre qn ❷ + *sein* **ins Schloss ~** s'enclencher dans la serrure **II.** *vt* + *haben fam* (*ergreifen*) **sich** (*dat*) **jdn ~** harponner qn; **sich** (*dat*) **etw ~** se choper qc

SchnappschlossRR *nt* serrure *f* à ressort **Schnappschuss**RR *m* instantané *m*

Schnaps [ʃnaps, *Pl:* 'ʃnɛpsə] <-es, Schnäpse> *m* eau-de-vie *f* **Schnapsidee** *f fam* idée *f* loufoque

schnarchen ['ʃnarçən] *vi* ronfler

schnattern ['ʃnatɐn] *vi* (*Ente*) cancaner; (*Gans*) criailler

schnauben ['ʃnaubən] *vi* (*Pferd*) s'ébrouer

schnaufen ['ʃnaufən] *vi* ❶ + *haben* (*angestrengt atmen*) haleter ❷ + *haben* SDEUTSCH (*atmen*) respirer

Schnauzbart *m* moustache *f*

Schnauze ['ʃnauʦə] <-, -n> *f* gueule *f* ▶**die ~ voll haben** *fam* en avoir ras le bol

schnauzen *vi fam* gueuler

schnäuzenRR ['ʃnɔyʦən] *vr* **sich die Nase ~** se moucher le nez

Schnauzer <-s, -> *m* (*Hundeart*) schnauzer *m*

Schnecke ['ʃnɛkə] <-, -n> *f* escargot *m*

Schneckenhaus *nt* coquille *f* [d'escargot] **Schneckentempo** *nt fam* **im ~** comme un escargot/des escargots

Schnee [ʃneː] <-s> *m* neige *f*

Schneeball *m a.* BOT boule *f* de neige **Schneeballschlacht** *f* bataille *f* de boules de neige **Schneebesen** *m* fouet *m* **Schneefall** *m* chute *f* de neige **Schneeflocke** *f* flocon *m* [de neige] **Schneeglöckchen** <-s, -> *nt* perce-neige *m o f* **Schneekette** *f meist Pl* chaîne *f* [à neige] **Schneemann** <-männer> *m* bonhomme *m* de neige **Schneematsch** *m* neige *f* fondante **Schneepflug** *m* chasse-neige *m* **Schneeregen** *m* neige *f* fondue **schneeweiß** *adj* (*Haare*) blanc(blanche) comme la neige; (*Haut*) laiteux(-euse)

Schneewittchen [ʃneː'vɪtçən] <-s> *nt* Blanche-Neige *f*

Schneid [ʃnait] <-[e]s> *m fam* **~ haben** avoir du cran

Schneide ['ʃnaidə] <-, -n> *f* fil *m*, tranchant *m*

schneiden ['ʃnaidən] <schnitt, geschnitten> **I.** *vt* ❶ (*mit dem Messer*) couper; (*mit der Schere*) découper; **klein ~** (*Zwiebel*) hacher finement ❷ (*Fingernägel, Haare*) couper; (*Bart*) tailler ❸ (*Fahrzeug*) faire une queue de poisson à ❹ (*Film*) monter

5 (*meiden*) fuir **II.** *vr* 1 **sich** (*akk o dat*) **in den Finger ~** se couper au doigt 2 (*sich kreuzen*) **sich ~** (*Straßen*) se couper

schneidend *adj* (*Kälte*) mordant(e)

Schneider ['ʃnaidɐ] <-s, -> *m* tailleur *m*

Schneiderei [ʃnaidə'rai] <-, -en> *f* atelier *m* de couture

Schneiderin <-, -nen> *f* couturière *f*

schneidern *vi* (*als Beruf*) être tailleur/couturière; (*als Hobby*) faire de la couture

Schneidersitz *m* **im ~** en tailleur

Schneidezahn *m* incisive *f*

schneien ['ʃnaiən] *vi unpers* neiger; **es schneit** il neige

Schneise ['ʃnaizə] <-, -n> *f* tranchée *f*

schnell [ʃnɛl] **I.** *adj* rapide **II.** *adv* (*gehen*) vite; (*arbeiten*) rapidement

Schnelle *f* (*Strom~*) rapide *m* ▶**auf die ~** *fam* vite fait

schnellen *vi + sein* **in die Höhe ~** faire un bond

Schnellhefter *m* chemise *f* **Schnellimbiss**[RR] *m* snack *m* **Schnellkochtopf** *m* autocuiseur *m*, cocotte-minute® *f*

schnellstens *adv* au plus vite

Schnellstraße *f* voie *f* rapide **Schnellzug** *m* train *m* express

schneuzen[ALT] *s.* **schnäuzen**

schniefen ['ʃni:fən] *vi* renifler

Schnippchen ▶**jdm ein ~ schlagen** *fam* faire un pied de nez à qn

schnippen ['ʃnɪpən] *vi* **mit den Fingern ~** claquer des doigts

schnippisch ['ʃnɪpɪʃ] *pej adj* impertinent(e)

Schnipsel ['ʃnɪpsəl] <-s, -> *m o nt* petit morceau *m*

schnitt [ʃnɪt] *Imp von* **schneiden**

Schnitt [ʃnɪt] <-[e]s, -e> *m* 1 *a.* MED (*Einschnitt*) incision *f* 2 (*~wunde*) coupure *f* 3 CINE montage *m* 4 (*von Kleidung*) coupe *f*

Schnitte <-, -n> *f* tranche *f*; (*belegt*) tartine *f*

Schnittfläche *f* coupe *f* **Schnittkäse** *m: fromage vendu en tranches* **Schnittlauch** *m kein Pl* ciboulette *f* **Schnittmuster** *nt* patron *m* **Schnittpunkt** *m* (*von Linien*) point *m* d'intersection **Schnittstelle** *f* INFORM interface *f* **Schnittwunde** *f* coupure *f*; (*tief*) entaille *f*

Schnitzel ['ʃnɪtsəl] <-s, -> *nt* GASTR escalope *f*

schnitzen ['ʃnɪtsən] *vt, vi* sculpter

Schnitzer <-s, -> *m fam* (*Fehler*) **einen ~ machen** *fam* faire une gaffe

schnöde ['ʃnø:də] *pej geh adj* (*Geiz, Motiv, Tat*) sordide

Schnorchel ['ʃnɔrçəl] <-s, -> *m* tuba *m*

Schnörkel ['ʃnœrkəl] <-s, -> *m* (*Ornament*) fioriture *f*

schnorren ['ʃnɔrən] *fam* **I.** *vi* faire la manche **II.** *vt* taxer

Schnorrer(in) <-s, -> *m(f) fam* tapeur(-euse) *m(f)*

Schnösel ['ʃnø:zəl] <-s, -> *m pej fam* morveux *m*

schnüffeln ['ʃnʏfəln] *vi* **an jdm/etw ~** flairer qn/qc

Schnüffler(in) <-s, -> *m(f) pej fam* (*Detektiv*) privé(e) *m(f)*

Schnuller ['ʃnʊlɐ] <-s, -> *m* sucette *f*

Schnulze ['ʃnʊltsə] <-, -n> *f pej fam* (*Lied*) chanson *f* sentimentale

schnulzig *adj fam* sentimental

schnupfen ['ʃnʊpfən] *vt* (*Schnupftabak*) priser; (*Kokain*) sniffer

Schnupfen <-s, -> *m* rhume *m*; **~ haben/bekommen** avoir un rhume/s'enrhumer

schnuppern ['ʃnʊpɐn] *vi* **an etw ~** renifler qc

Schnur [ʃnu:ɐ̯, *Pl:* 'ʃny:rə] <-, Schnüre> *f* 1 ficelle *f*; (*einer Angel*) fil *m* 2 ELEC *fam* fil *m*

schnüren ['ʃny:rən] *vt* (*Paket*) ficeler; **sich** (*dat*) **die Schuhe ~** lacer ses chaussures

schnurgerade ['ʃnu:ɐ̯gə'ra:də] **I.** *adj* rectiligne **II.** *adv* (*verlaufen*) en ligne droite

schnurlos *adj* (*Telefon*) sans fil

Schnurrbart *m* moustache *f*

schnurren ['ʃnʊrən] *vi* ronronner

Schnurrhaare *Pl* moustaches *fpl*

Schnürsenkel ['ʃny:ɐ̯zɛŋkəl] *m* lacet *m*

schnurstracks ['ʃnu:ɐ̯'ʃtraks] *adv fam* (*geradewegs*) tout droit

Schnute ['ʃnu:tə] <-, -n> *f fam* petite bouche *f*

schob [ʃo:p] *Imp von* **schieben**

Schock [ʃɔk] <-[e]s, -s> *m* choc *m*

schocken *vt fam* choquer

schockieren* [ʃɔ'ki:rən] *vt* choquer

Schöffe ['ʃœfə] <-n, -n> *m*, **Schöffin** *f* assesseur *m* (*non-professionnel*)

Schokolade [ʃoko'la:də] <-, -n> *f* chocolat *m*

Schokoriegel *m* barre *f* de chocolat

scholl *Imp von* **schallen**

S

Scholle ['ʃɔlə] <-, -n> *f* ❶ (*Fisch*) carrelet *m* ❷ (*Erdscholle*) motte *f* ❸ (*Eisscholle*) bloc *m* de glace

schon [ʃo:n] *adv* ❶ (*bereits*) déjà; ~ **jetzt** dès maintenant; ~ **immer** depuis toujours; ~ **wieder?** encore? ❷ (*irgendwann*) **er wird es ~ noch lernen** il apprendra bien ça un jour ❸ (*allein*) ~ **deshalb** rien que pour cela ❹ (*durchaus*) plutôt ❺ (*denn*) **was macht das ~?** qu'est-ce que ça peut bien faire? ❻ (*irgendwie*) **es wird ~ klappen** ça va bien marcher ❼ *fam* (*endlich*) **sag ~!** allez, dis!

schön [ʃø:n] **I.** *adj* ❶ beau(belle); **etwas Schönes** quelque chose de beau ❷ (*Abend, Urlaub*) bon(ne); **bei ihnen ist es ~** c'est bien chez eux ❸ *fam* (*gut*) **na ~!** c'est bon ❹ *iron fam* (*Geschichte*) beau(belle) **II.** *adv* (*angenehm*) bien

schonen ['ʃo:nən] *vt* (*Person, Gegenstand*) ménager

schonend **I.** *adj* (*Behandlung*) soigneux (-euse); (*Waschmittel*) doux(douce) **II.** *adv* (*pfleglich*) avec précaution; (*rücksichtsvoll*) avec ménagements

schöngeistig *adj* esthétique

Schönheit <-, -en> *f* (*Eigenschaft*) beauté *f*

Schönheitschirurgie *f* chirurgie *f* esthétique **Schönheitsfehler** *m* (*eines Menschen*) imperfection *f* [esthétique] **Schönheitsoperation** *f* opération *f* de chirurgie esthétique

Schonkost *f* nourriture *f* diététique

schön|machen *vr fam* **sich ~** se faire beau (belle)

Schönschrift *f* (*in Reinschrift*) au propre

schonungslos *adj* (*Offenheit*) impitoyable

Schonzeit *f* période *f* de fermeture de la chasse

Schopf [ʃɔpf, *Pl:* 'ʃœpfə] <-[e]s, Schöpfe> *m* ❶ toupet *m* ❷ ZOOL aigrette *f*

schöpfen ['ʃœpfən] *vt* ❶ (*Suppe*) prendre ❷ (*Mut*) reprendre

Schöpfer(in) <-s, -> *m(f)* ❶ (*eines Kunstwerks*) créateur(-trice) *m(f)* ❷ (*Gott*) **der ~** le Créateur

schöpferisch **I.** *adj* (*Person, Talent*) créateur(-trice) **II.** *adv* ~ **tätig** travailler dans le domaine créatif

Schöpfkelle *f* louche *f*

Schöpfung <-, -en> *f* ❶ *geh* (*das Geschaffene*) création *f* ❷ *kein Pl* REL (*Welt*) Création *f*

Schöpfungsgeschichte *f kein Pl* Genèse *f*

Schoppen ['ʃɔpən] <-s, -> *m* (*Viertelliter*) quart *m;* **ein ~ Wein** un quart de vin

schor [ʃo:ɐ̯] *Imp von* **scheren**[1]

Schorf [ʃɔrf] <-[e]s, -e> *m* croûte *f*

Schorle <-, -n> *f* SDEUTSCH (*Weinschorle*) *mélange de vin et d'eau minérale gazeuse*

> Dans le sud de l'Allemagne, on boit souvent des boissons mélangées à de l'eau minérale gazeuse, afin d'atténuer leur goût sucré ou leur degré d'alcool. On appelle ces boissons des **Schorlen**. On boit une **Apfelsaftschorle**, une **Orangensaftschorle**, mais aussi la **Weinschorle** qui se fait parfois avec les meilleurs vins.

Schornstein ['ʃɔrnʃtain] *m* cheminée *f*

Schornsteinfeger(in) <-s, -> *m(f)* ramoneur(-euse) *m(f)*

schoss[RR] [ʃɔs], **schoß**[ALT] *Imp von* **schießen**

Schoß [ʃo:s, *Pl:* 'ʃø:sə] <-es, Schöße> *m* **auf dem/den ~** sur les genoux

Schoßhund *m* bichon *m*

Schote ['ʃo:tə] <-, -n> *f* cosse *f*

Schotte ['ʃɔtə] <-n, -n> *m,* **Schottin** *f* Écossais(e) *m(f)*

Schotter ['ʃɔtɐ] <-s, -> *m* gravier *m*

schottisch *adj* écossais(e)

Schottland ['ʃɔtlant] *nt* l'Écosse *f*

schraffieren* [ʃra'fi:rən] *vt* hachurer

schräg [ʃrɛ:k] **I.** *adj* (*Wand*) incliné(e); (*Linie*) oblique; (*Stellung*) penché(e) **II.** *adv* (*halten*) de travers; (*verlaufen*) en biais

Schräge <-, -n> *f* ❶ (*schräge Fläche*) plan *m* incliné ❷ (*einer Wand*) inclinaison *f;* (*eines Dachs*) pente *f*

Schrägstrich *m* barre *f* oblique

Schramme ['ʃramə] <-, -n> *f* (*Verletzung*) éraflure *f*

schrammen **I.** *vi + sein* faire des rayures **II.** *vr + haben* **sich** (*dat*) **das Knie ~** s'érafler le genou

Schrank [ʃraŋk, *Pl:* 'ʃrɛŋkə] <-[e]s, Schränke> *m* (*Wandschrank*) placard *m;* (*Kleiderschrank*) armoire *f*

Schranke ['ʃraŋkə] <-, -n> *f* barrière *f*

schrankenlos *adj* (*Vertrauen*) sans bornes

Schrankwand *f* bibliothèque *f* (*composée d'éléments modulables*)

Schraube ['ʃraubə] <-, -n> *f* ❶ TECH vis ❷ NAUT hélice *f* ►**bei ihm ist eine ~ lo**

cker *fam* il ne tourne pas rond

schrauben *vt* (*anbringen*) **etw an/auf etw** (*akk*) ~ visser qc à/sur qc

Schraubenschlüssel *m* clé *f* **Schraubenzieher** <-s, -> *m* tournevis *m*

Schraubstock *m* étau *m* **Schraubverschluss**[RR] *m* fermeture *f* à vis

Schrebergarten ['ʃreːbɐgartən] *m* jardin *m* ouvrier

Schreck [ʃrɛk] <-s> *m* peur *f*; **jdm einen ~ einjagen** faire peur à qn; **einen ~ bekommen** *fam* avoir peur

schrecken[1] <schreckte, geschreckt> *vt* + *haben geh* (*Person*) effrayer

schrecken[2] <schrak, geschrocken> *vi* + *sein geh* **aus dem Schlaf ~** être tiré brutalement de son sommeil

Schrecken <-s, -> *m* peur *f*; **mit dem ~ davonkommen** en être quitte pour la peur

Schreckensherrschaft *f* régime *m* de terreur

Schreckgespenst *nt* spectre *m*

schreckhaft *adj* peureux(-euse)

schrecklich **I.** *adj* ❶ terrible ❷ *pej fam* (*Mensch*) affreux(-euse) **II.** *adv* ❶ (*furchtbar*) horriblement ❷ *fam* (*heiß, einsam*) affreusement; (*gernhaben*) terriblement

Schreckschusspistole[RR] *f* pistolet *m* d'alarme

Schrei [ʃrai] <-[e]s, -e> *m* cri *m*

Schreibblock <-blöcke> *m* bloc-notes *m*

schreiben ['ʃraibən] <schrieb, geschrieben> **I.** *vt* ❶ (*Text*) écrire; (*Klassenarbeit*) faire; (*Rechnung*) établir ❷ (*füllen*) **voll ~** (*Blatt*) noircir **II.** *vi* écrire **III.** *vr* (*korrespondieren*) **sich** (*dat*) ~ s'écrire

Schreiben <-s, -> *nt* lettre *f*

Schreiber(in) ['ʃraibɐ] <-s, -> *m(f)* auteur *mf*

schreibfaul *adj* trop paresseux(-euse) pour écrire **Schreibfehler** *m* faute *f* d'orthographe **Schreibheft** *nt* cahier *m* **Schreibkraft** *f* dactylo *mf* **Schreibmaschine** *f* machine *f* à écrire **Schreibschrift** *f a.* TYP écriture *f* cursive **Schreibschutz** *m* INFORM protection *f* en écriture **Schreibtisch** *m* bureau *m* **Schreibunterlage** *f* sous-main *m* **Schreibwaren** *Pl* [articles *mpl* de] papeterie *f* **Schreibwarenhandlung** *f* papeterie *f* **Schreibweise** *f* (*Schreibung*) orthographe *f*

schreien ['ʃraiən] <schrie, geschrie[e]n> **I.** *vi* (*Mensch*) crier; (*Baby*) pleurer **II.** *vt* crier

schreiend *adj* (*Farbe*) criard(e); (*Unrecht*) criant(e)

Schreihals *m fam* braillard(e) *m(f)*

Schreiner(in) ['ʃrainɐ] <-s -> *m(f)* SDEUTSCH menuisier(-ière) *m(f)*

schreiten ['ʃraitən] <schritt, geschritten> *vi* + *sein geh* s'avancer; **zur Tat ~** *fig* passer à l'acte

schrie [ʃriː] *Imp von* **schreien**

schrieb [ʃriːp] *Imp von* **schreiben**

Schrift [ʃrɪft] <-, -en> *f* ❶ (*Handschrift*) écriture *f* ❷ TYP caractères *mpl* ❸ (*Abhandlung*) écrit *m* ❹ REL **die Heilige ~** les Saintes Écritures *fpl*

Schriftdeutsch *nt* allemand *m* écrit **Schriftgröße** *f* INFORM taille *f* des caractères

schriftlich **I.** *adj* écrit(e) **II.** *adv* par écrit

Schriftsprache *f* langue *f* écrite

Schriftsteller(in) <-s, -> *m(f)* écrivain *m*

Schriftstück *nt* document *m* **Schriftzeichen** *nt* caractère *m*

schrill [ʃrɪl] *adj* (*Ton*) strident(e)

schritt [ʃrɪt] *Imp von* **schreiten**

Schritt [ʃrɪt] <-[e]s, -e> *m* ❶ pas *m*; **mit leisen ~en** à pas de loup ❷ *kein Pl* (*Tempo*) pas *m*; **mit jdm ~ halten** suivre l'allure de qn ❸ (*Maßnahme*) mesure *f* ❹ COUT entrejambe *m*

Schrittempo[ALT] *s.* **Schritttempo** **Schrittmacher** *m* MED stimulateur *m* cardiaque **Schritttempo**[RR] *nt* vitesse *f* réduite **schrittweise** *adv* (*vorankommen*) progressivement

schroff [ʃrɔf] **I.** *adj* ❶ (*steil*) abrupt(e) ❷ (*barsch*) sec(sèche); (*Verhalten*) cassant(e) **II.** *adv* (*abfallen*) à pic

schröpfen ['ʃrœpfən] *vt fam* (*ausnehmen*) plumer

Schrot [ʃroːt] <-[e]s, -e> *m o nt* ❶ *kein Pl* (*gemahlenes Getreide*) farine *f* grossière ❷ JAGD plomb *m* [de chasse]

Schrotflinte *f* carabine *f* à plombs

Schrott [ʃrɔt] <-[e]s> *m* ❶ ferraille *f* ❷ (*wertloses Zeug*) camelote *f*

Schrotthändler(in) *m(f)* ferrailleur(-euse) *m(f)* **Schrottplatz** *m* (*Autoschrottplatz*) casse *f* **schrottreif** *adj* bon(ne) pour la casse

schrubben ['ʃrʊbən] *fam vt* (*Boden*) frotter

Schrubber <-s, -> *m* balai-brosse *m*

S

schrullig *adj fam* lunatique
schrumpelig ['ʃrʊmpəlɪç] *s.* **schrumplig**
schrumpfen ['ʃrʊmpfən] *vi + sein* (*Muskeln*) fondre; (*Frucht*) se ratatiner; (*Vorräte*) se réduire
schrumplig *adj fam* (*Schale, Haut*) ratatiné(e)
Schub [ʃuːp, *Pl:* 'ʃyːbə] <-[e]s, Schübe> *m* PHYS poussée *f;* MED crise *f*
Schubkarre *f* brouette *f* **Schubkarren** *m* brouette *f* **Schubkraft** *f* poussée *f* **Schublade** <-, -n> *f* tiroir *m*
schubsen ['ʃʊpsən] *vt fam* bousculer
schüchtern ['ʃʏçtɐn] *adj* timide
Schüchternheit <-> *f* timidité *f*
schuf [ʃuːf] *Imp von* **schaffen²**
Schuft [ʃʊft] <-[e]s, -e> *m pej* crapule *f*
schuften ['ʃʊftən] *vi fam* trimer
Schufterei [ʃʊftə'rai] <-, -en> *f fam* boulot *m* de forçat
Schuh [ʃuː] <-[e]s, -e> *m* chaussure *f*
Schuhbändel CH, SDEUTSCH *s.* **Schnürsenkel** **Schuhcreme** *f* cirage *m* **Schuhgeschäft** *nt* magasin *m* de chaussures **Schuhgröße** *f* pointure *f;* **ich habe ~ 40** je fais du 40 **Schuhlöffel** *m* chausse-pied *m* **Schuhmacher(in)** *m(f)* cordonnier(-ière) *m(f)* **Schuhsohle** *f* semelle *f* [de chaussure] **Schulanfang** *m* (*Schulbeginn nach den Ferien*) rentrée *f* [scolaire] **Schularbeiten** *Pl* devoirs *mpl* [à la maison] **Schulbank** <-bänke> *f* banc *m* d'école **Schulbesuch** *m* scolarisation *f* **Schulbildung** *f kein Pl* formation *f* scolaire **Schulbuch** *nt* livre *m* [scolaire] **Schulbus** *m* car *m* de ramassage [scolaire]
schuld [ʃʊlt] ►**an etw** (*dat*) **~ sein** (*Person*) être responsable de qc; (*Sache*) être à l'origine de qc
Schuld [ʃʊlt] <-, -en> *f* ❶ *kein Pl* (*Verschulden*) culpabilité *f* ❷ (*Verantwortung*) **an etw** (*dat*) **~ haben** être responsable de qc; **jdm ~ geben** donner la faute à qn ❸ *a.* FIN (*Verpflichtung*) dette *f;* **~en machen** s'endetter
schuldbewusst[RR] *adj* (*Miene*) coupable
schulden ['ʃʊldən] *vt* **jdm Geld ~** devoir de l'argent à qn
Schuldgefühl *nt* sentiment *m* de culpabilité
schuldig *adj* ❶ responsable ❷ JUR coupable ❸ (*verpflichtet*) **jdm Geld ~ sein** devoir de l'argent à qn
Schuldige(r) *f(m) dekl wie adj* coupable *mf*
Schuldirektor(in) *m(f)* directeur(-trice) *m(f)* de l'école
schuldlos I. *adj* non responsable **II.** *adv* (*unverschuldet*) sans y être pour rien
Schuldner(in) ['ʃʊldnɐ] <-s, -> *m(f)* débiteur(-trice) *m(f)*
Schuldzuweisung *f* accusation *f*
Schule ['ʃuːlə] <-, -n> *f* ❶ école *f;* **zur ~ gehen** aller à l'école/au collège/au lycée ❷ *kein Pl* (*Unterricht*) **die ~ ist aus** l'école *f* est finie; **am Samstag ist ~** il y a classe le samedi
schulen *vt* (*Person*) former; (*Gedächtnis*) exercer
Schüler(in) ['ʃyːlɐ] <-s, -> *m(f)* ❶ élève *mf* ❷ (*eines Philosophen*) disciple *mf*
Schüleraustausch *m* échange *m* scolaire **Schülerausweis** *m* ≈ carte *f* de lycéen(ne) **Schülerzeitung** *f* journal *m* scolaire
Schulfach *nt* matière *f* **Schulferien** *Pl* vacances *fpl* scolaires

En Allemagne et en Suisse, les **Schulferien** ne commencent pas au même moment dans tout le pays car ce sont les Länder et les cantons qui en fixent les dates. En Autriche, les vacances ont lieu presque en même temps. Les élèves allemands et autrichiens ont environ 12 semaines de vacances par an, à Noël, au printemps (à Pâques), à Pentecôte et en été. En Allemagne, il y a en plus les vacances d'automne. En Suisse, il y a 14 semaines de vacances, en automne, à Noël, pour le carnaval, à Pâques et en été. Les vacances d'été durent environ 6 semaines en Allemagne, en Suisse entre 5 et 9 semaines, et en Autriche environ 2 mois.

schulfrei *adj* (*Samstag*) sans école; **~ haben** ne pas avoir classe **Schulfreund(in)** *m(f)* camarade *mf* d'école/de collège/lycée **Schulgeld** *nt* frais *mpl* de scolarité **Schulheft** *nt* cahier *m* **Schulhof** *m* cour *f* [de l'école]
schulisch *adj* scolaire
Schuljahr *nt* année *f* scolaire **Schulkamerad(in)** *m(f)* *s.* **Schulfreund** **Schulklasse** *f* classe *f* **Schulleiter(in)** *m(f)* chef *mf* d'éta-

blissement **Schulpflicht** *f kein Pl* obligation *f* scolaire **schulpflichtig** *adj* (*Kind*) d'âge scolaire **Schulranzen** *m* cartable *m* [à bretelles] **Schulschluss**^RR *m kein Pl* fin *f* des cours **Schulsprecher(in)** *m(f)* délégué(e) *m(f)* des élèves **Schulsystem** *nt* système *m* scolaire **Schultag** *m* jour *m* de classe

Schulter ['ʃʊltɐ] <-, -n> *f* épaule *f*

Schulterblatt *nt* omoplate *f* **schulterfrei** *adj* (*Kleid*) à épaules nues **schulterlang** *adj* arrivant aux épaules

schultern *vt* mettre sur l'épaule

Schulterpolster *nt* épaulette *f*

Schulung <-, -en> *f* ① (*Kurs*) formation *f* ② (*des Gedächtnisses*) entraînement *m*

Schulunterricht *m* cours *mpl* **Schulweg** *m* chemin *m* de l'école **Schulzeit** *f* scolarité *f* **Schulzeugnis** *nt* bulletin *m* scolaire

schummeln ['ʃʊməln] *vi fam* tricher

schumm[e]rig *adj fam* (*Beleuchtung*) tamisé(e)

Schund [ʃʊnt] <-[e]s> *m pej fam* (*wertlose Ware*) camelote *f*

Schuppe ['ʃʊpə] <-, -n> *f* ① ZOOL écaille *f* ② *Pl* (*Kopfschuppe*) pellicules *fpl*

Schuppen ['ʃʊpən] <-s, -> *m* hangar *m*; (*klein*) appentis *m*

schuppig *adj* (*Fisch, Haut*) écailleux(-euse); (*Haar*) pelliculeux(-euse)

schüren ['ʃyːrən] *vt* attiser

schürfen ['ʃʏrfən] **I.** *vi* **nach Gold ~** prospecter pour trouver de l'or **II.** *vt* **sich** (*dat*) **das Knie ~** s'érafler le genou

Schürfwunde *f* écorchure *f*

Schürhaken *m* tisonnier *m*

Schurke ['ʃʊrkə] <-n, -n> *m* crapule *f*

Schurwolle *f* laine *f* vierge

Schürze ['ʃʏrtsə] <-, -n> *f* tablier *m*

Schürzenjäger *m pej fam* dragueur *m*

Schuss^RR <-es, Schüsse>, **Schuß**^ALT [ʃʊs] <-sses, Schüsse> *m* ① coup *m* de feu ② (*Munition*) balle *f* ③ (*Spritzer*) **ein ~ Essig** un filet de vinaigre ④ SPORT tir *m*

Schussel <-s, -> *m fam* (*ungeschickter Mensch*) manchot(e) *m(f)*

Schüssel ['ʃʏsəl] <-, -n> *f* ① plat *m* creux; (*Salatschüssel*) saladier *m* ② (*Waschschüssel*) cuvette *f*

schusselig *adj fam* (*ungeschickt*) manchot(e)

Schusslinie^RR *f* ligne *f* de tir **Schusswaffe**^RR *f* arme *f* à feu

Schuster(in) ['ʃuːstɐ] <-s, -> *m(f)* cordonnier(-ière) *m(f)*

Schutt [ʃʊt] <-[e]s> *m* gravats *mpl*; (*Gebäudetrümmer*) décombres *mpl*

Schuttabladeplatz *m* décharge *f* de déblais

Schüttelfrost *m* frissons *mpl*

schütteln ['ʃʏtəln] **I.** *vt, vi* [**jdn/etw**] **~** secouer [qn/qc] **II.** *vr* **sich ~** s'ébrouer

schütten ['ʃʏtən] **I.** *vt* (*Wasser, Mehl*) verser **II.** *vi unpers fam* **es schüttet** il pleut comme vache qui pisse

Schutz [ʃʊts] <-es> *m* ① **~ vor/gegen etw** protection *f* contre qc ② (*Sicherheit*) **~ vor etw suchen** chercher à se mettre à l'abri de qc ▸**jdn vor jdm in ~ nehmen** protéger qn contre qn

Schutzanzug *m* combinaison *f* protectrice **Schutzblech** *nt* (*eines Fahrrads*) gardeboue *m* **Schutzbrille** *f* lunettes *fpl* de protection

Schütze ['ʃʏtsə] <-n, -n> *m*, **Schützin** *f* ① SPORT, JAGD tireur(-euse) *m(f)* ② ASTRO Sagittaire *m*

schützen ['ʃʏtsən] **I.** *vt* **etw vor Nässe ~** protéger qc contre l'humidité **II.** *vi* **gegen die Kälte ~** protéger contre le froid **III.** *vr* **sich vor etw** (*dat*) **~** se protéger contre qc

schützend *adj* protecteur(-trice)

Schützenfest *nt* fête *f* de la société de tir

Schutzengel *m* ange *m* gardien

Schützengraben *m* tranchée *f*

Schutzgeld *nt* taxe *f* (*extorquée par des racketteurs*) **Schutzhelm** *m* casque *m* de sécurité **Schutzhütte** *f* refuge *m* **Schutzimpfung** *f* vaccination *f* préventive **schutzlos** *adj, adv* sans défense **Schutzmarke** *f* marque *f* déposée **Schutzmaßnahme** *f* mesure *f* protectrice **Schutzumschlag** *m* jaquette *f*

Schwabe ['ʃvaːbə] <-n, -n> *m*, **Schwäbin** *f* Souabe *mf*

Schwaben ['ʃvaːbən] <-s> *nt* la Souabe

schwäbisch *adj* souabe

schwach [ʃvax] <schwächer, schwächste> **I.** *adj* (*Person, Schüler, Argument*) faible; (*Herz*) fragile **II.** *adv* (*duften*) légèrement; (*besucht*) peu

Schwäche ['ʃvɛçə] <-> *f kein Pl* ① (*geringe Kraft*) faiblesse *f* ② (*Vorliebe*) **eine ~ für jdn/etw haben** avoir un faible pour qn/qc

Schwächeanfall *m* malaise *m*

schwächen *vt, vi* affaiblir

Schwachkopf *m fam* débile *mf*
schwächlich *adj* (*Person*) chétif(-ive)
Schwächling [ˈʃvɛçlɪŋ] <-s, -e> *m* gringalet *m*
Schwachsinn *m kein Pl* MED débilité *f* mentale **schwachsinnig** *adj* ❶ MED débile [mental(e)] ❷ *fam* (*unsinnig*) débile **Schwachstelle** *f* point *m* faible
Schwächung <-, -en> *f a. fig* affaiblissement *m*
Schwaden [ˈʃvaːdən] <-s, -> *m meist Pl* (*Rauchschwaden*) nuage *m;* (*Nebelschwaden*) nappe *f*
schwafeln [ˈʃvaːfəln] *fam* **I.** *vi* (*lange reden*) radoter **II.** *vt* sortir
Schwager [ˈʃvaːgɐ, *Pl:* ˈʃvɛːgɐ] <-s, Schwäger> *m,* **Schwägerin** *f* beau-frère *m*/belle-sœur *f*
Schwalbe [ˈʃvalbə] <-, -n> *f* hirondelle *f*
Schwall [ʃval] <-[e]s, -e> *m* (*von Wasser, Worten*) flot *m*
schwamm [ʃvam] *Imp von* **schwimmen**
Schwamm [ʃvam, *Pl:* ˈʃvɛmə] <-[e]s, Schwämme> *m* ❶ *a.* ZOOL éponge *f* ❷ A, CH (*Pilz*) champignon *m* [comestible]
schwammig *adj* (*vage*) évasif(-ive)
Schwan [ʃvaːn, *Pl:* ˈʃvɛːnə] <-[e]s, Schwäne> *m* cygne *m*
schwand [ʃvant] *Imp von* **schwinden**
schwang [ʃvaŋ] *Imp von* **schwingen**
schwanger [ˈʃvaŋɐ] *adj* (*Frau*) enceinte
Schwangere *f dekl wie adj* femme *f* enceinte
Schwangerschaft <-, -en> *f* grossesse *f*
Schwangerschaftsabbruch *m* interruption *f* [volontaire] de grossesse **Schwangerschaftstest** *m* test *m* de grossesse
schwanken [ˈʃvaŋkən] *vi* ❶ + *haben* (*Gerüst*) osciller; (*Preis*) fluctuer ❷ + *sein* (*Mensch*) tituber
Schwankung <-, -en> *f* variation *f*
Schwanz [ʃvants, *Pl:* ˈʃvɛntsə] <-es, Schwänze> *m* queue *f*
schwänzen [ˈʃvɛntsən] *vt, vi fam* sécher
schwappen [ˈʃvapən] *vi* ❶ + *sein* **über den Rand ~** déborder ❷ + *haben* (*sich hin und her bewegen*) clapoter
Schwarm [ʃvarm, *Pl:* ˈʃvɛrmə] <-[e]s, Schwärme> *m* ❶ **ein ~ Bienen/Heuschrecken/Fische** un essaim d'abeilles/une nuée de sauterelles/un banc de poissons ❷ *kein Pl fam* (*verehrter Mensch*) idole *f*
schwärmen [ˈʃvɛrmən] *vi* + *haben* (*begeistert reden*) **von etw ~** parler avec enthousiasme de qc
Schwärmerei [ʃvɛrməˈrai] <-, -en> *f* (*Begeisterung*) engouement *m*
schwärmerisch I. *adj* (*Person*) passionné(e) **II.** *adv* avec emballement
Schwarte [ˈʃvartə] <-, -n> *f* GASTR couenne *f*
schwarz [ʃvarts] <schwärzer, schwärzeste> **I.** *adj* ❶ noir(e); **für jdn/etw ~ sehen** voir qn mal parti/être pessimiste sur qc ❷ *fam* (*Liste*) noir(e); (*Benutzung*) illégal(e); (*Erwerb*) au noir **II.** *adv* ❶ (*gekleidet*) en noir ❷ *fam* (*illegal*) au noir
Schwarzafrika *nt* l'Afrique *f* noire **Schwarzarbeit** *f kein Pl* travail *m* au noir **Schwarzarbeiter(in)** *m(f)* travailleur (-euse) *m(f)* au noir **Schwarzbrot** *nt* pain *m* noir
Schwarze(r) *f(m) dekl wie adj* Noir(e) *m(f)*
schwärzen *vt* noircir
schwarz|fahren [ˈʃvartsfaːrən] *vi irr* + *sein* voyager sans billet **Schwarzfahrer(in)** *m(f)* (*Mensch ohne Fahrausweis*) voyageur(-euse) *m(f)* sans billet **schwarzhaarig** *adj* aux cheveux noirs; **~ sein** avoir les cheveux noirs **Schwarzhandel** *m kein Pl,* **Schwarzmarkt** *m* marché *m* noir **Schwarzwald** *m* **der ~** la Forêt-Noire **schwarzweiß** [ˈʃvartsˈvais], **schwarzweiß**[RR] *adj* ❶ (*Zeichnung*) noir et blanc *inv* ❷ CINE, PHOT [en] noir et blanc **Schwarzweißfilm** *m* PHOT pellicule *f* noir et blanc; CINE film *m* [en] noir et blanc **Schwarzweißfoto** *f* photo *f* [en] noir et blanc **Schwarzwurzel** *f* salsifis *m*
Schwatz [ʃvats] <-es, -e> *m fam* causette
schwatzen *vi* (*tratschen*) bavarder
Schwätzer(in) <-s, -> *m(f) pej* bavard(e) *m(f)*
schwatzhaft *adj* bavard(e)
Schwebe [ˈʃveːbə] **in der ~ sein** (*Entscheidung*) être en suspens
Schwebebahn *f* chemin *m* de fer suspendu
schweben *vi* ❶ + *haben* (*Mensch*) planer; (*Verfahren*) être en suspens ❷ + *sein* (*herabsinken*) **zu Boden ~** descendre lentement
Schwede [ˈʃveːdə] <-n, -n> *m,* **Schwedin** *f* Suédois(e) *m(f)*
Schweden [ˈʃveːdən] <-s> *nt* la Suède
schwedisch I. *adj* suédois(e) **II.** *adv* **~ miteinander sprechen** parler en suédois

Schwedisch <-[s]> *nt kein art* suédois *m*; *s. a.* **Deutsch**

Schwefel ['ʃveːfəl] <-s> *m* soufre *m*

Schwefelsäure *f* CHEM acide *m* sulfurique

Schweif [ʃvaif] <-[e]s, -e> *m* queue *f*

schweifen ['ʃvaifən] *vi + sein geh* (*Gedanken, Blick*) vagabonder

Schweigemarsch *m* marche *f* silencieuse

schweigen ['ʃvaigən] <schwieg, geschwiegen> *vi* (*Person*) garder le silence; **schweig!** silence! ►**ganz zu ~ von ...** sans parler de ...

Schweigen <-s> *nt* silence *m*; (*absichtliches Nichtreden*) mutisme *m* ►**jdn zum ~ bringen** faire taire qn

schweigend **I.** *adj* silencieux(-euse) **II.** *adv* sans dire un mot

Schweigepflicht *f* **ärztliche ~** secret médical

schweigsam *adj* (*Person*) taciturne

Schwein [ʃvain] <-s, -e> *nt* ① cochon *m* ② *fam* (*~efleisch*) porc *m* ③ *fam* (*Mensch*) salaud *m*; **ein armes ~** un pauvre mec

Schweinebraten *m* rôti *m* de porc **Schweinefleisch** *nt* [viande *f* de] porc *m*

Schweinerei [ʃvainə'rai] <-, -en> *f fam* ① (*Unordnung*) cochonnerie *f* ② (*Gemeinheit*) vacherie *f*

Schweineschmalz *nt* saindoux *m* **Schweinestall** *m fam* porcherie *f*

schweinisch *fam* **I.** *adj* cochon(ne) **II.** *adv* (*sich verhalten*) comme un cochon/des cochons

Schweiß [ʃvais] <-es> *m kein Pl* sueur *f*

Schweißausbruch *m* accès *m* de transpiration

Schweißbrenner *m* chalumeau *m*

schweißen ['ʃvaisən] *vt, vi* souder

schweißgebadet ['ʃvaisgə'baːdət] *adj* en nage

Schweißnaht *f* soudure *f*

schweißnass[RR] *adj* trempé(e) de sueur **Schweißtropfen** *m* goutte *f* de sueur

Schweiz [ʃvaits] <-> *f* **die ~** la Suisse; **die deutschsprachige/französische/italienische ~** la Suisse alémanique/romande/italienne

Schweizer *adj attr* suisse; (*Hauptstadt*) de la Suisse

Schweizer(in) <-s, -> *m(f)* Suisse(-esse) *m(f)*

schweizerdeutsch **I.** *adj* suisse-allemand(e) **II.** *adv* **~ miteinander sprechen** discuter en suisse-allemand

Schweizerdeutsch *nt kein art* suisse-allemand *m*; *s. a.* **Deutsch**

schweizerisch *s.* **Schweizer**

schwelgen ['ʃvɛlgən] *vi* ① (*sich gütlich tun*) se régaler, se délecter ② *geh* (*sich gehen lassen*) **in Erinnerungen ~** plonger dans ses souvenirs

Schwelle ['ʃvɛlə] <-, -n> *f* ① (*Tür-, Reizschwelle*) seuil *m* ② (*Bahnschwelle*) traverse *f*

schwellen ['ʃvɛlən] <schwillt, schwoll, geschwollen> *vi + sein* MED enfler

Schwellenangst *f* appréhension *f* (*à aborder une situation nouvelle*) **Schwellenland** *nt* nouveau pays *m* industrialisé

Schwellung <-, -en> *f* enflure *f*

schwenkbar *adj* orientable

schwenken ['ʃvɛŋkən] *vt + haben* ① (*Brief*) agiter ② (*Kamera*) diriger ③ GASTR **etw in Butter** (*dat*) **~** remuer qc dans du beurre

schwer [ʃveːɐ̯] **I.** *adj* ① lourd(e); **fünf Kilo ~ sein** peser cinq kilos ② (*Verletzung*) grave ③ (*Bedenken*) grave *antéposé*; (*Irrtum*) lourd(e) *antéposé* ④ (*hart*) dur(e) ⑤ (*Krankheit*) grave ⑥ (*schwierig*) difficile ⑦ *attr* (*Sturm, Lkw*) gros(se) *antéposé* ⑧ (*Essen, Wein*) lourd(e) **II.** *adv* ① (*beladen*) lourdement; (*wiegen*) lourd ② (*arbeiten*) durement ③ (*enttäuschen*) profondément; (*treffen*) durement ④ (*atmen*) difficilement; (*hören*) mal ⑤ (*sich verletzen*) gravement ⑥ (*bestrafen*) sévèrement ⑦ (*nicht leicht*) **es ~ haben** avoir la vie dure

Schwerarbeit *f kein Pl* travail *m* de force **schwerbehindert** *s.* **behindern** **Schwerbehinderte(r)** *f(m) dekl wie adj* handicapé(e) *m(f)* sévère

Schwere <-> *f* JUR, MED gravité *f*

schwerelos *adj* (*Gegenstand, Körper*) en apesanteur; (*Zustand*) d'apesanteur

Schwerelosigkeit <-> *f* apesanteur *f*

schwerfällig *adj* (*Person, Tier*) lourdaud(e); (*Bewegung*) pataud(e); (*Stil*) gauche

Schwergewicht *nt* ① (*Gewichtsklasse*) catégorie *f* [des] poids lourds ② (*Sportler*) poids *m* lourd **schwerhörig** *adj* malentendant(e) **Schwerhörigkeit** *f kein Pl* surdité *f* partielle **Schwerindustrie** *f* industrie *f* lourde **Schwerkraft** *f kein Pl* pesanteur *f* **Schwerkranke(r)** *f(m) dekl wie adj* malade *mf* grave **Schwermetall** *nt* métal *m* lourd

S

schwermütig *adj* mélancolique **Schwerpunkt** *m* ❶ **den ~ auf etw** (*akk*) **legen** mettre l'accent sur qc ❷ PHYS centre *m* de gravité
Schwert [ʃveːɐ̯t] <-[e]s, -er> *nt* (*Waffe*) épée *f*
schwer|tun *vr* **sich** (*akk o dat*) ~ avoir bien du mal
Schwerverbrecher(in) *m(f)* grand(e) criminel(le) *m(f)* **Schwerverletzte(r)** *f(m) dekl wie adj* blessé(e) *m(f)* grave **schwerwiegend** *adj* grave; (*Bedenken*) sérieux(-euse)
Schwester [ˈʃvɛstɐ] <-, -n> *f* ❶ *a.* REL sœur *f* ❷ (*Krankenschwester*) infirmière *f*
schwesterlich **I.** *adj* de sœur; (*Liebe*) d'une sœur **II.** *adv* comme des sœurs
schwieg [ʃviːk] *Imp von* **schweigen**
Schwiegereltern [ˈʃviːgɐʔɛltɐn] *Pl* beaux-parents *mpl* **Schwiegermutter** *f* belle-mère *f* **Schwiegersohn** *m* gendre *m* **Schwiegertochter** *f* belle-fille *f* **Schwiegervater** *m* beau-père *m*
Schwiele [ˈʃviːlə] <-, -n> *f* cal *m*
schwierig [ˈʃviːrɪç] *adj* difficile
Schwierigkeit <-, -en> *f* difficulté *f;* **jdn in ~en bringen** mettre qn en difficulté
schwillt [ʃvɪlt] *3. Pers Präs von* **schwellen**
Schwimmbad *nt* piscine *f*
schwimmen [ˈʃvɪmən] <schwamm, geschwommen> **I.** *vi + sein* ❶ nager ❷ (*treiben*) **auf dem/im Wasser ~** (*Gegenstand*) flotter sur/surnager dans l'eau **II.** *vt + haben o sein* **hundert Meter ~** nager un cent mètres
Schwimmer(in) [ˈʃvɪmɐ] <-s, -> *m(f)* nageur(-euse) *m(f)*
Schwimmhalle *f* piscine *f* couverte **Schwimmweste** *f* gilet *m* de sauvetage
Schwindel [ˈʃvɪndəl] <-s> *m* ❶ (*Betrug*) escroquerie *f* ❷ (*benommener Zustand*) vertige *m*
Schwindelanfall *m* étourdissement *m*
Schwindelei <-, -en> *f fam* bobard *m*
schwindelfrei *adj* **~ sein** ne pas avoir le vertige
schwindelig *s.* **schwindlig**
schwindeln *vi fam* raconter des bobards
schwinden [ˈʃvɪndən] <schwand, geschwunden> *vi + sein geh* (*Ressourcen*) s'amenuiser; (*Interesse*) tomber
Schwindler(in) <-s, -> *m(f)* (*Betrüger*) escroc *m*
schwindlig *adj* **jdm ist ~** qn a le vertige
schwingen [ˈʃvɪŋən] <schwang, geschwungen> **I.** *vt + haben* (*Fähnchen*) agiter; (*Schwert*) brandir **II.** *vi + haben o sein* (*Membran, Saite*) vibrer; (*Brücke*) osciller **III.** *vr + haben* **sich aufs Motorrad ~** sauter sur sa moto
Schwingung <-, -en> *f* (*Pendelbewegung*) oscillation *f*
Schwips [ʃvɪps] <-es, -e> *m fam* **einen ~ haben** être pompette
schwirren [ˈʃvɪrən] *vi + sein* **durch die Luft ~** (*Vögel*) voler dans un bruissement d'ailes
schwitzen [ˈʃvɪtsən] *vi* suer
Schwitzen <-s> *nt* transpiration *f;* **ins ~ kommen** se mettre à transpirer
schwoll [ʃvɔl] *Imp von* **schwellen**
schwören [ˈʃvøːrən] <schwor, geschworen> **I.** *vi* jurer **II.** *vt* ❶ **einen Eid ~** prêter serment ❷ (*geloben*) **jdm etw ~** jurer à qn qc ❸ (*fest versichern*) **jdm ~ etw zu tun** jurer à qn de faire qc
schwul [ʃvuːl] *adj fam* homo
schwül [ʃvyːl] *adj* lourd(e); **es ist ~** il fait lourd
Schwule(r) *m dekl wie adj fam* homo *m,* pédé *m*
schwulstig [ˈʃvʊlstɪç] *adj* A *s.* **schwülstig**
schwülstig [ˈʃvʏlstɪç] *adj* (*Stil*) ampoulé(e)
Schwund [ʃvʊnt] <-[e]s> *m* (*Verlust*) perte *f*
Schwung [ʃvʊŋ, *Pl:* ˈʃvʏŋə] <-[e]s, Schwünge> *m* (*Bewegung*) élan *m;* **~ holen** prendre son élan
schwunghaft *adj* florissant(e) **schwungvoll** **I.** *adj* (*Bewegung*) impétueux(-euse); (*Handschrift*) vigoureux(-euse) **II.** *adv* (*mit Schwung*) avec vivacité; (*mit Elan*) avec entrain
Schwur [ʃvuːɐ̯, *Pl:* ˈʃvyːrə] <-[e]s, Schwüre> *m* serment *m*
Schwurgericht *nt* cour *f* d'assises
Sciencefiction[RR] [ˈsaɪənsˈfɪkʃən] <-, -s> *f* science-fiction *f*
sechs [zɛks] *num* six; *s. a.* **acht**[1]
Sechs <-, -en> *f* ❶ (*Zahl, Spielkarte, Augenzahl*) six *m* ❷ (*Schulnote*) ≈ zéro *m;* CH ≈ vingt *m*
Sechseck *nt* hexagone *m* **sechseckig** *adj* hexagonal(e)
sechseinhalb *num* **~ Meter** six mètres et demi; *s. a.* **achteinhalb**
Sechser <-s, -> *m fam* ❶ (*Schulnote*) bulle *f* ❷ (*Lottogewinn*) six bons numéros *mpl* ❸ CH (*Schulnote*) ≈ vingt *m*

sechserlei *adj inv* ~ **Sorten Brot** six sortes de pain; *s. a.* **achterlei**

Sechserpack *m* pack *m* de six

sechsfach **I.** *adj* **die ~e Menge nehmen** prendre six fois la quantité **II.** *adv* (*falten*) en six; *s. a.* **achtfach** **sechshundert** *num* six cents **sechsmal** *adv* six fois; *s. a.* **achtmal**

sechst *adv* **zu ~ sein** être six; *s. a.* **acht**[2] **sechstausend** *num* six mille

sechste(r, s) *adj* (1) sixième (2) (*bei Datumsangaben*) **der ~ März** le six mars; *s. a.* **achte(e, r)**

sechstel *adj* sixième; *s. a.* **achtel**

Sechstel <-s, -> *nt* sixième *m*

sechstens *adv* sixièmement

sechzehn ['zɛçtse:n] *num* seize; *s. a.* **acht**[1] **Sechzehntel** *nt a.* MATH seizième *m*

sechzig ['zɛçtsɪç] *num* soixante; *s. a.* **achtzig**

Sechzig <-, -en> *f* soixante *m*

sechziger *adj inv* **die ~ Jahre** les années *fpl* soixante; *s. a.* **achtziger**

sechzigste(r, s) *adj* soixantième; *s. a.* **achtzigste(r, s)**

Secondhandladen ['sɛkəndhɛndla:dn] *m* friperie *f*

SED [ɛsʔe:'de:] <-> *f* HIST *Abk von* **Sozialistische Einheitspartei Deutschlands** *parti socialiste unifié de l'ex-R.D.A.*

See[1] [ze:] <-s, -n> *m* lac *m*

See[2] <-> *f kein Pl* (*Meer, ~gang*) mer *f*

Seebad *nt* station *f* balnéaire **Seegang** *m kein Pl* houle *f*; **starker ~** mer forte *f* **Seehund** *m* phoque *m* **Seeigel** *m* oursin *m* **seekrank** *adj* **~ sein** avoir le mal de mer **Seekrankheit** *f kein Pl* mal *m* de mer **Seelachs** *m* colin *m*

Seele ['ze:lə] <-, -n> *f* (1) REL âme *f* (2) (*Psyche*) psychisme *m* (3) (*Herz*) **aus tiefster ~** de tout cœur

Seelenheil *nt* salut *m* [de l'âme] **Seelenruhe** *f* **in aller ~** en toute tranquillité **seelenruhig** *adv* tranquillement

Seeleute *Pl von* **Seemann**

seelisch **I.** *adj* psychique **II.** *adv* **~ bedingt** (*Krankheit*) psychosomatique

Seelsorge *f kein Pl* direction *f* de conscience **Seelsorger(in)** <-s, -> *m(f)* directeur (-trice) *m(f)* de conscience

Seeluft *f kein Pl* air *m* marin **Seemann** <-leute> *m* marin *m* **Seemeile** *f* mille *m* marin **Seenot** *f kein Pl* **in ~ geraten** se retrouver en [situation de] détresse **Seepferdchen** ['ze:pfe:ɐ̯tçən] *nt* hippocampe *m* **Seeräuber** *m* pirate *m* **Seereise** *f* croisière *f* **Seerose** *f* (1) BOT nénuphar *m* (2) ZOOL anémone *f* de mer **Seestern** *m* étoile *f* de mer **Seetang** *m* fucus *m* **Seeweg** *m* voie *f* maritime **Seezunge** *f* sole *f*

Segel ['ze:gəl] <-s, -> *nt* voile *f*

Segelboot *nt* voilier *m* **segelfliegen** *vi nur Infin* faire du vol à voile **Segelfliegen** *nt* vol *m* à voile **Segelflugzeug** *nt* planeur *m* **Segeljacht** *f* yacht *m* à voiles

segeln *vi + sein* (1) (*fahren*) naviguer [à la voile] (2) (*den Segelsport betreiben*) faire de la voile

Segelschiff *nt* voilier *m* **Segeltuch** <-tuche> *nt* toile *f* [à voile]

Segen ['ze:gən] <-s, -> *m* bénédiction *f*

segensreich *adj geh* salutaire

Segler <-s, -> *m* (1) navigateur *m* (2) (*Segelschiff*) voilier *m*

segnen ['ze:gnən] *vt* bénir

sehbehindert *adj* malvoyant(e)

sehen ['ze:ən] <sieht, sah, gesehen> **I.** *vt* (1) voir; **sich ~ lassen** se manifester (2) (*an~: Fernsehfilm*) regarder; (*Theaterstück, Kinofilm*) voir (3) (*betrachten*) **so gesehen** vu sous cet angle (4) (*erleben, ertragen*) **etw nicht ~ können** ne pas supporter la vue de qc **II.** *vi* (1) voir (2) (*hinschauen*) **darf ich mal ~?** puis-je regarder?; **siehe oben/unten** (*Verweis*) voir plus haut/ci-dessous **III.** *vr* **sich ~** se voir

Sehen <-s> *nt* **jdn vom ~ kennen** connaître qn de vue

Sehenswürdigkeit <-, -en> *f* curiosité *f*

Sehkraft *f kein Pl* vue *f*

Sehne ['ze:nə] <-, -n> *f* (1) ANAT tendon *m* (2) *a.* MATH corde *f*

sehnen ['ze:nən] *vr* **sich nach jdm/etw ~** rêver d'avoir qn/désirer [ardemment] qc

Sehnenscheidenentzündung *f* MED inflammation *f* du tendon

Sehnerv *m* nerf *m* optique

sehnig *adj* (*Person*) nerveux(-euse)

sehnlich **I.** *adj* (*Hoffnung, Wunsch*) ardent(e); (*Erwartung*) éperdu(e) **II.** *adv* ardemment

Sehnsucht <-, Sehnsüchte> *f* nostalgie *f*; **~ nach jdm haben** se languir de qn

S

sehnsüchtig **I.** *adj attr* (*Blick*) nostalgique; (*Erwartung*) éperdu(e); (*Hoffnung*) ardent(e) **II.** *adv* ardemment

sehr [ze:ɐ̯] <mehr, am meisten> *adv* ❶ *mit Verb* beaucoup; **jdn ~ lieben** aimer beaucoup qn ❷ *mit adj, adv* très; **~ groß** très grand; **~ viel** énormément

Sehtest *m* test *m* visuel **Sehvermögen** *nt kein Pl* vue *f*

seicht [zaiçt] *adj* (*Gewässer*) peu profond(e); (*Unterhaltung*) insipide

seid [zait] *2. Pers Pl Präs von* **sein**[1]

Seide ['zaidə] <-, -n> *f* soie *f*

Seidenpapier *nt* papier *m* de soie **Seidenraupe** *f* ver *m* à soie

seidig *adj* soyeux(-euse)

Seife ['zaifə] <-, -n> *f* savon *m*

Seifenblase *f* bulle *f* de savon **Seifenoper** *f* soap-opéra *m*

Seil [zail] <-[e]s, -e> *nt* corde *f;* (*Drahtseil*) câble *m*

Seilbahn *f* (*auf Schienen*) funiculaire *m;* (*Drahtseilbahn*) téléphérique *m* **seil|springen** *vi irr, nur Infin und PP + sein* sauter à la corde **Seiltänzer(in)** *m(f)* funambule *mf*

sein[1] [zain] <bin, bist, ist, sind, seid, war, gewesen> **I.** *vi + sein* ❶ être; **so nett ~ etw zu tun** être assez gentil pour faire qc ❷ *mit nom* **Angestellter ~** être employé ❸ (*existieren*) exister; **hallo, ist da jemand?** ohé! il y a quelqu'un? ❹ (*herstammen*) **aus Frankreich ~** être [originaire] de France ❺ (*empfunden werden*) **jdm peinlich ~** gêner qn ❻ (*ergeben*) **2 und 2 ist 4** 2 et 2 font 4; **wie viel ist das?** ça fait combien? ❼ (*geschehen*) **was ist?** qu'est-ce qu'il y a? ❽ *mit modalem Hilfsverb* **~ können/dürfen** être possible; **das muss ~** c'est indispensable ❾ *mit zu und Infin* **das ist schwer zu sagen** c'est difficile à dire ▶**das wär's!** c'est tout! **II.** *vi unpers + sein* ❶ *mit adj* **es ist schön, dass** c'est bien que *+ subj* ❷ (*die betreffende Person sein*) **ich bin's!** *fam* c'est moi! ❸ (*bei Zeitangaben*) **es ist Montag** c'est lundi; **es ist Januar** on est en janvier; **es ist sieben Uhr** il est sept heures ❹ METEO **es ist warm** il fait chaud ❺ (*empfunden werden*) **jdm ist kalt** qn a froid ▶ **es sei denn ...** à moins que ... **III.** *aux mit PP* ❶ *zur Bildung des Zustandspassivs* **fotografiert worden ~** avoir été photographié(e) ❷ *zur Bildung des Perfekts* **gefahren/gesprungen ~** être allé/avoir sauté; **krank gewesen ~** avoir été malade

sein[2] *pron poss* ❶ **~ Bruder** son frère; **~e Schwester/Freundin** sa sœur/son amie; **~e Eltern** ses parents ❷ *substantivisch* **der/die/das ~e** le sien/la sienne; **das sind nicht meine Socken, sondern die ~en** ce ne sont pas mes chaussettes, mais les siennes

Sein <-s> *nt* être *m*

seiner *geh pron pers, gen von* **er: ich werde ~ gedenken** je me souviendrai de lui

seinerseits ['zainɐ'zaits] *adv* ❶ (*er wiederum*) de son côté ❷ (*was ihn betrifft*) pour sa part

seinerzeit *adv* à l'époque

seinesgleichen ['zainəs'glaiçən] *pron inv* ❶ *pej* (*Menschen seines Schlags*) **[er und] ~** [lui et] ses semblables ❷ (*Menschen wie er*) **nur mit ~ verkehren** n'avoir affaire qu'à ses semblables

seinetwegen ['zainət've:gən] *adv* ❶ (*wegen ihm*) à cause de lui ❷ (*ihm zuliebe*) pour lui

seinetwillen ['zainət'vɪlən] *adv* **um ~** [par amour] pour lui

Seismograf[RR] [zaismo'gra:f], **Seismograph** <-en, -en> *m* s[é]ismographe *m*

seit [zait] **I.** *präp + dat* depuis **II.** *konj s.* **seitdem II.**

seitdem [zait'de:m] **I.** *adv* depuis [ce moment-là] **II.** *konj* depuis que

Seite ['zaitə] <-, -n> *f* ❶ côté *m;* (*eines Würfels*) face *f;* **etw auf die ~ legen** mettre qc de côté ❷ (*Buchseite*) page *f* ❸ (*beteiligte Partei*) **auf jds ~** (*dat*) **sein** être du côté de qn ❹ (*Richtung*) **nach allen ~n** dans toutes les directions; **zur ~ gehen** s'écarter ▶**auf der einen ~ ..., auf der anderen ~ ...** d'un côté ..., de l'autre ...; **~ an ~** côte à côte

Seitenansicht *f* vue *f* latérale **Seitenhieb** *m fig* coup *m* de griffe **Seitenlage** *f* position *f* latérale

seitens *präp + gen form* du côté de

Seitensprung *m fam* infidélité *f* **Seitenstechen** *nt kein Pl* point *m* de côté **Seitenstraße** *f* rue *f* latérale **Seitenstreifen** *m* (*der Straße*) bas-côté *m;* (*der Autobahn*) bande *f* d'arrêt d'urgence **seitenverkehrt** *adj, adv* à l'envers **Seitenzahl** *f* ❶ numéro *m* de page ❷ (*Anzahl der Seiten*) nombre *m* de pages

seither [zaitˈheːɐ̯] *adv* depuis [ce moment-là]
seitlich I. *adj* latéral(e) II. *präp* + *gen* à côté de III. *adv* sur le côté
seitwärts [ˈzaitvɛrts] *adv* sur le côté
sek., Sek. *Abk von* **Sekunde** s
Sekret [zeˈkreːt] <-[e]s, -e> *nt* sécrétion *f*
Sekretär [zekreˈtɛːɐ̯] <-s, -e> *m* secrétaire *m*
Sekretär(in) [zekreˈtɛːɐ̯] <-s, -e> *m(f)* secrétaire *mf*
Sekretariat [zekretariˈaːt] <-[e]s, -e> *nt* secrétariat *m*
Sekt [zɛkt] <-[e]s, -e> *m* [vin *m*] mousseux *m*
Sekte [ˈzɛktə] <-, -n> *f* secte *f*
Sektflasche *f* bouteille *f* à champagne **Sektglas** *nt* verre *m* à champagne
Sektor [ˈzɛktoːɐ̯] <-s, -toren> *m* secteur *m*
sekundär [zekʊnˈdɛːɐ̯] *adj geh* secondaire
Sekundarschule *f* CH ≈ collège *m*, ≈ C.E.S. *m* **Sekundarstufe** *f* ≈ secondaire *m*; ~ **I/II** ≈ premier/second cycle *m*
Sekunde [zeˈkʊndə] <-, -n> *f* seconde *f*
Sekundenzeiger *m* trotteuse *f*
selbe(r, s) [ˈzɛlbə, -bɐ, -bəs] *pron* même; **am ~n Tag** le même jour
selber *s.* **selbst**
selbig *s.* **selbe(r, s)**
selbst [zɛlbst] I. *pron dem* ❶ (*an sich*) **der Film/die Ferien ~** le film en lui-même/les vacances en elles-mêmes ❷ (*in eigener Person*) **der Direktor ~** le directeur en personne ❸ (*persönlich*) **sie ist nicht mehr sie ~** elle n'est plus elle-même ❹ (*ohne fremde Hilfe*) tout seul; **er macht das ~** il le fait lui-même II. *adv* **~ du würdest ihm Recht geben** même toi, tu lui donnerais raison
Selbstachtung *f* amour-propre *m*
selbständig [ˈzɛlpʃtɛndɪç] *s.* **selbstständig**
Selbständige(r) *s.* **Selbstständige(r)**
Selbstbedienung *f* libre-service *m* **Selbstbefriedigung** *f* masturbation *f* **Selbstbeherrschung** *f* sang-froid *m* **Selbstbestimmung** *f kein Pl* autodétermination *f* **Selbstbeteiligung** *f* franchise *f*; (*bei Krankenkassen*) ticket *m* modérateur **selbstbewusst**[RR] *adj* sûr(e) de soi **Selbstbewusstsein**[RR] *nt* conscience *f* de sa propre valeur **Selbstdarstellung** *f* présentation *f* de soi **Selbsterkenntnis** *f kein Pl* ▶**~ ist der erste Schritt zur Besserung** *prov* la connaissance de soi est la première condition du progrès **selbstgefällig** *adj* imbu(e) de sa personne **Selbstgespräch** *nt* soliloque *m*; **~e führen** soliloquer **Selbsthilfe** *f kein Pl* **zur ~ greifen** s'organiser par ses propres moyens **Selbsthilfegruppe** *f* association *f* d'entraide **selbstklebend** *adj* autocollant(e) **Selbstkostenpreis** *m* **zum ~** à prix coûtant **selbstkritisch** *adj* (*Person*) critique envers soi-même **selbstlos** *adj* désintéressé(e) **Selbstmitleid** *nt* apitoiement *m* sur soi-même
Selbstmord *m* suicide *m*; **~ begehen** se suicider **Selbstmörder(in)** *m(f)* suicidé(e) *m(f)* **selbstmörderisch** *adj* suicidaire **Selbstmordversuch** *m* tentative *f* de suicide
selbstsicher I. *adj* (*Person*) sûr(e) de soi; (*Art*) plein(e) d'assurance II. *adv* avec assurance **Selbstsicherheit** *f kein Pl* assurance *f*
selbstständig[RR] I. *adj* (*Person, Handeln*) autonome; (*Tätigkeit*) indépendant(e); **sich als Übersetzer ~ machen** se mettre traducteur à son compte II. *adv* (*handeln*) de façon autonome
Selbstständige(r)[RR] *f(m) dekl wie adj* travailleur(-euse) *m(f)* indépendant(e)
selbsttätig *adj* automatique **selbstverständlich** I. *adj* tout(e) naturel(le); **das ist doch ~!** ça va de soi! II. *adv* [bien] évidemment; [**aber**] **~!** [mais] bien entendu! **Selbstverständlichkeit** <-, -en> *f* évidence *f* **Selbstverteidigung** *f* autodéfense *f* **Selbstvertrauen** *nt* confiance *f* en soi **Selbstverwaltung** *f* gestion *f* autonome **Selbstverwirklichung** *f* épanouissement *m* personnel **Selbstwertgefühl** *nt* amour-propre *m* **Selbstzweck** *m kein Pl* fin *f* en soi
selektieren* *vt geh* sélectionner
Selen [zeˈleːn] <-s> *nt* CHEM sélénium *m*
selig [ˈzeːlɪç] *adj* ❶ (*Gefühl*) de bonheur ❷ (*~gesprochen*) bienheureux(-euse) *antéposé*
Seligkeit <-> *f* ❶ (*Glücksgefühl*) [sentiment *m* de] béatitude *f* ❷ REL bonheur *m* éternel
selig|sprechen *vt* béatifier
Sellerie [ˈzɛləri] <-s, -[s]> *m*, <-, -> *f* A céleri *m*
selten [ˈzɛltən] I. *adj* rare II. *adv* rarement
Seltenheit <-> *f kein Pl* rareté *f*; **es ist eine ~, dass** il est rare que + *subj*

S

seltsam **I.** *adj* (*Person*) curieux(-euse); (*Aussehen*) bizarre **II.** *adv* (*sich benehmen*) bizarrement; ~ **schmecken** avoir un drôle de goût

seltsamerweise *adv* curieusement

Semantik [ze'mantɪk] <-> *f* LING sémantique *f*

Semester [ze'mɛstɐ] <-s, -> *nt* UNIV semestre *m* (*unité de temps utilisée pour le décompte des années d'études dans les universités allemandes*)

Semesterferien *Pl* vacances *fpl* semestrielles

Semikolon [zemi'ko:lɔn] <-s, -s> *nt geh* point-virgule *m*

Seminar [zemi'na:ɐ̯] <-s, -e *o* A -ien> *nt* ❶ (*Lehrveranstaltung*) séminaire *m* ❷ (*Universitätsinstitut*) institut *m*

Semit(in) [ze'mi:t] <-en, -en> *m(f)* Sémite *mf*

semitisch *adj* sémite; (*Sprache*) sémitique

Semmel ['zɛməl] <-, -n> *f* A, SDEUTSCH petit pain *m*

Semmelknödel *m* A, SDEUTSCH boulette *f* à base de pain

Senat [ze'na:t] <-[e]s, -e> *m* ❶ POL (*in Berlin, Bremen und Hamburg*) sénat *m* (*nom donné au gouvernement régional*); (*in Frankreich und den USA*) Sénat *m* ❷ JUR cour *f* ❸ UNIV conseil *m* d'administration [de l'université]

Senator(in) [ze'na:to:ɐ̯] <-s, -toren> *m(f)* HIST, POL sénateur(-trice) *m(f)*

senden[1] ['zɛndən] <sendete, hat gesendet *o* CH sandte, hat gesandt> **I.** *vt* (*Film*) diffuser; (*Botschaft*) envoyer **II.** *vi* émettre

senden[2] <sandte, gesandt> *vt* (*Brief, Paket*) envoyer; **jdm etw** ~ adresser qc à qn

Sendepause *f* intermède *m;* (*zwischen Sendeschluss und Sendebeginn*) arrêt *m* des émissions

Sender <-s, -> *m* ❶ (*Sendeanstalt*) station *f* ❷ (*Sendegerät*) [poste *m*] émetteur *m*

Sendereihe *f* série *f* d'émissions **Sendeschluss**[RR] *m* fin *f* des programmes **Sendezeit** *f* temps *m* d'antenne

Sendung <-, -en> *f* ❶ (*Rundfunk-, Fernsehsendung*) émission *f* ❷ *kein Pl* **auf** ~ **sein** être à l'antenne ❸ (*Warensendung*) envoi *m*

Senf [zɛnf] <-[e]s, -e> *m* moutarde *f*

sengend *adj* (*Sonne*) brûlant(e); (*Hitze*) torride

senil [ze'ni:l] *adj* sénile

senior ['ze:ni̯ɔ:ɐ̯] *adj inv* **Gustav Müller** ~ Gustav Müller père

Senior(in) ['ze:ni̯o:ɐ̯] <-s, Senioren> *m(f)* ❶ (*ältere Person*) personne *f* âgée ❷ *Pl* SPORT **die ~en** les seniors *mpl*

Senke ['zɛŋkə] <-, -n> *f* dépression *f* [de terrain]

senken ['zɛŋkən] **I.** *vt* (*Arm, Kopf*) baisser; (*Wasserstand*) abaisser; (*Steuern*) réduire; (*Fieber*) faire baisser **II.** *vr* **sich** ~ (*Grundwasserspiegel*) baisser

senkrecht *adj* vertical(e)

Senkrechte <-n, -n> *f dekl wie adj* perpendiculaire *f*

Senkung <-, -en> *f* ❶ (*des Erdbodens*) affaissement *m* ❷ *kein Pl* (*Verringerung*) réduction *f*

Sensation [zɛnza'tsi̯o:n] <-, -en> *f* sensation *f*

sensationell [zɛnzatsi̯o'nɛl] *adj* sensationnel(le)

Sense ['zɛnzə] <-, -n> *f* faux *f*

sensibel [zɛn'zi:bəl] **I.** *adj* sensible **II.** *adv* avec sensibilité

sensibilisieren* [zɛnzibili'zi:rən] *vt geh* **jdn für etw** ~ sensibiliser qn à qc

Sensibilität [zɛnzibili'tɛ:t] <-, -en> *f geh* sensibilité *f*

Sensor ['zɛnzo:ɐ] <-s, -soren> *m* capteur *m*

sentimental [zɛntimɛn'ta:l] *adj* sentimental(e)

Sentimentalität [zɛntimɛntali'tɛ:t] <-, -en> *f* sentimentalité *f*

separat [zepa'ra:t] *adj* séparé(e)

separatistisch *adj* séparatiste

September [zɛp'tɛmbɐ] <-[s], -> *m* septembre *m; s. a.* **April**

Sequenz [ze'kvɛnts] <-, -en> *f* séquence *f*

Sera *Pl von* **Serum**

Serbe <-n, -n> *m,* **Serbin** *f* Serbe *mf*

Serbien ['zɛrbiən] <-s> *nt* la Serbie

serbisch ['zɛrbɪʃ] *adj* serbe

serbokroatisch [zɛrbokro'a:tɪʃ] *adj* serbo-croate

Seren *Pl von* **Serum**

Serie ['ze:riə] <-, -n> *f* série *f*

seriell *adj* (*Schnittstelle*) séquentiel(le)

serienmäßig **I.** *adj* (*Herstellung*) en série; (*Ausstattung*) de série **II.** *adv* (*herstellen*) en série

serienweise ['ze:riən-] *adv* COM en série
seriös [zeri'øːs] *adj* sérieux(-euse)
Serpentine [zɛrpɛn'tiːnə] <-, -n> *f* route *f* en lacets
Serum ['zeːrʊm] <-s, Seren> *nt* sérum *m*
Server ['sœːvɐ] <-s, -> *m* INFORM serveur *m*
Service[1] ['sœrvɪs] <-> *m* service *m*
Service[2] [zɛr'viːs] <-[s], -> *nt* (*Geschirr*) service *m*
servieren* [zɛr'viːrən] **I.** *vt* **jdm etw** ~ servir qc à qn **II.** *vi* faire le service
Serviette [zɛr'vi̯ɛtə] <-, -n> *f* serviette *f* [de table]
Servolenkung *f* direction *f* assistée
servus ['zɛrvʊs] *interj* A, SDEUTSCH salut (*fam*)
Sesam ['zeːzam] <-s, -s> *m* sésame *m*
Sesambrot *nt* pain *m* de sésame
Sessel ['zɛsəl] <-s, -> *m* ❶ fauteuil *m* ❷ A (*Stuhl*) chaise *f*
Sessellift *m* télésiège *m*
sesshaftRR ['zɛshaft], **seßhaft**ALT *adj* sédentaire
Set [sɛt] <-s, -s> *m o nt* ❶ lot *m* ❷ (*Platzdeckchen*) set *m* [de table]
setzen ['zɛtsən] **I.** *vt* + *haben* ❶ **das Kind auf den Stuhl** ~ mettre l'enfant sur la chaise; **den Hut auf den Kopf** ~ mettre son chapeau ❷ (*Pflanze*) planter ❸ (*Denkmal*) élever ❹ (*Frist*) fixer ❺ (*Geldsumme*) miser **II.** *vr* + *haben* ❶ **sich** ~ (*Person, Tier*) s'asseoir; (*Vogel*) se poser; **sich aufs Fahrrad** ~ monter sur le vélo; **sitz!** assis! ❷ (*sich senken*) **sich** ~ (*Erdreich*) s'affaisser **III.** *vi* + *haben* (*wetten*) **auf jdn/etw** ~ miser sur qn/qc
Setzerei [zɛtsə'rai̯] <-, -en> *f* TYP atelier *m* de composition
Seuche ['zɔyçə] <-, -n> *f* épidémie *f*
seufzen ['zɔyftsən] *vt, vi* soupirer
Seufzer <-s, -> *m* soupir *m*
Sex [zɛks] <-[es]> *m* sexe *m*
Sexfilm *m* film *m* érotique
Sexist(in) [zɛ'ksɪst] <-en, -en> *m(f)* sexiste *mf*
sexistisch *adj* sexiste
Sexshop [zɛksʃɔp] <-s, -s> *m* sex-shop *m*
Sextourismus *m* tourisme *m* sexuel
Sexualität [zɛksuali'tɛːt] <-> *f* sexualité *f*
Sexualkunde *f kein Pl* éducation *f* sexuelle
Sexualtäter(in) *m(f)* auteur *mf* de délit sexuel
sexuell [zɛ'ksuɛl] *adj* sexuel(le)
sexy ['zɛksi] *adj inv fam* sexy
sezieren* [ze'tsiːrən] *vt* (*Leiche*) disséquer
Shampoo ['ʃampu] <-s, -s> *nt* shampo[o]ing *m*
Shareware ['ʃɛːɐvɛːɐ] <-, -s> *f* INFORM logiciel *m* contributif, partagiciel *m* (CAN)
Sherry ['ʃɛrɪ] <-s, -s> *m* sherry *m*
Shift-Taste ['ʃɪftastə] *f* INFORM touche *f* Majuscule
Shirt [ʃœrt] <-s, -s> *nt* t[ee]-shirt *m*
Shortcut ['ʃɔːtkʌt] *m* INFORM raccourci *m* clavier
Shorts [ʃɔrts] *Pl* short *m*
Show [ʃɔʊ] <-, -s> *f* show *m*
ShowbusinessRR ['ʃoː'bɪznɪs], **Showbusineß**ALT *nt kein Pl* show-business *m* **Showgeschäft** *s.* **Showbusiness**
siamesisch [zia'meːzɪʃ] *adj* siamois(e)
Siamkatze *f* chat *m* siamois
Sibirien [zi'biːriən] <-s> *nt* la Sibérie
sibirisch *adj* sibérien(ne); (*Hauptstadt*) de la Sibérie
sich [zɪç] **I.** *pron refl, akk* se; (*Höflichkeitsform*) vous; ~ **waschen** se laver; **stolz auf** ~ **sein** être fier de soi **II.** *pron refl, dat* se; (*Höflichkeitsform*) vous; ~ **die Haare waschen** se laver les cheveux
Sichel ['zɪçəl] <-, -n> *f* faucille *f*; (*des Mondes*) croissant *m*
sicher ['zɪçɐ] **I.** *adj* ❶ (*gewiss*) certain(e); **jdm** ~ **sein** (*Sieg*) être assuré pour qn ❷ (*Arbeitsplatz, Zufluchtsort*) sûr(e); (*Abstand*) de sécurité; **vor jdm/etw** ~ **sein** (*Person*) être à l'abri de qn/qc ❸ (*Zusage*) ferme ►~ **ist** ~ deux précautions valent mieux qu'une **II.** *adv* ❶ (*höchstwahrscheinlich*) certainement ❷ (*aufbewahren*) en sécurité ❸ (*fahren*) avec sûreté
sicher|gehen *vi irr* + *sein* prendre ses précautions
Sicherheit <-, -en> *f* ❶ *kein Pl* sécurité *f*; **soziale** ~ protection *f* sociale ❷ *kein Pl* (*Gewissheit*) certitude *f* ❸ *kein Pl* (*einer Methode*) fiabilité *f* ❹ (*Kaution*) caution *f*; FIN garantie *f*
Sicherheitsabstand *m* distance *f* de sécurité **Sicherheitsgurt** *m* ceinture *f* de sécurité **sicherheitshalber** *adv* par [mesure de] précaution **Sicherheitskopie** *f* INFORM [copie *f* de] sauvegarde *f* **Sicherheitsnadel** *f* épingle *f* de sûreté

S

sicherlich *adv* sûrement
sichern *vt* ❶ (*schützen*) protéger; (*Frieden*) assurer; (*Spuren*) relever; (*Daten*) sauvegarder ❷ (*Schusswaffe*) mettre le cran de sûreté à
sicher|stellen *vt* (*Diebesgut*) saisir
Sicherung <-, -en> *f* ❶ *kein Pl* INFORM sauvegarde *f* ❷ ELEC fusible *m*
Sicherungskopie *f* INFORM sauvegarde *f*
Sicht [zɪçt] <-> *f* ❶ vue *f* ❷ (*Betrachtungsweise*) vision *f*; **aus heutiger ~** du point de vue actuel ▸**auf lange ~** à long terme
sichtbar I. *adj* ❶ visible ❷ (*Fortschritt*) sensible II. *adv* (*altern*) nettement; (*sich verschlechtern*) sensiblement
sichten *vt* ❶ NAUT apercevoir ❷ (*Korrespondenz*) passer en revue
sichtlich *adj* visible
Sichtverhältnisse *Pl* [conditions *fpl* de] visibilité *f* **Sichtweite** *f* visibilité *f*; **außer/in ~ sein** être hors de/en vue
sickern ['zɪkɐn] *vi + sein* suinter; **in den Erdboden ~** s'infiltrer dans la terre
sie[1] [ziː] I. *pron pers, 3. Pers Sing, nom* ❶ elle; **da kommt ~!** la voilà qui arrive! ❷ **eine Katze fotografieren, während ~ frisst** photographier un chat pendant qu'il mange II. *pron pers, 3. Pers Sing, akk* ❶ la; **ich werde ~ anrufen** je lui téléphonerai ❷ **da drüben ist eine Katze, siehst du ~?** là-bas, il y a un chat, tu le vois?
sie[2] I. *pron pers, 3. Pers Pl, nom* ❶ ils/elles; (*allein stehend*) eux; **da kommen ~!** les voilà qui arrivent! ❷ **den Katzen zuschauen, während ~ fressen** observer les chats pendant qu'ils mangent II. *pron pers, 3. Pers Pl, akk* ❶ **er begleitet ~** il les accompagne; **ich werde ~ fragen** je leur demanderai; **ohne ~** sans eux; (*auf ausschließlich weibliche Personen, Tiere bezogen*) sans elles ❷ (*allgemein auf Tiere und Sachen bezogen*) les
Sie[1] *pron pers, Höflichkeitsform* vous; **kommen ~ schnell!** venez vite!
Sie[2] <-> *nt* **jdn mit ~ anreden** vouvoyer qn
Sie[3] <-, -s> *f fam* **eine ~** une nana; (*weibliches Tier*) une femelle; **Er sucht sportliche ~** Homme cherche femme sportive
Sieb [ziːp] <-[e]s, -e> *nt* (*Küchensieb*) passoire *f*; (*für Sand*) tamis *m*
sieben[1] *num* sept; *s. a.* **acht**[1]
sieben[2] *vt* ❶ tamiser ❷ *fam* (*Bewerber*) faire une sélection de
Sieben <-, - *o* -en> *f* sept *m*
siebenarmig *adj* à sept branches
siebeneinhalb *num* **~ Meter** sept mètres et demi; *s. a.* **achteinhalb**
siebenerlei *adj inv* **~ Sorten Brot** sept sortes de pain; *s. a.* **achterlei**
siebenfach I. *adj* **die ~e Menge nehmen** prendre sept fois plus II. *adv* (*falten*) sept fois; *s. a.* **achtfach** **siebenhundert** ['ziːbən'hʊndɐt] *num* sept cents **siebenjährig** *adj* (*Kind, Amtszeit*) de sept ans **siebenmal** *adv* sept fois; *s. a.* **achtmal** **Siebensachen** *Pl fam* **seine ~ packen** prendre ses cliques et ses claques **Siebenschläfer** *m* loir *m*
siebentägig *adj* de sept jours
siebentausend ['ziːbən'taʊzənt] *num* sept mille
siebt *adj* **zu ~ sein** être [à] sept; *s. a.* **acht**[2]
siebte(r, s) *adj* ❶ septième ❷ (*bei Datumsangaben*) **der ~ Mai** le sept mai; *s. a.* **achte(r, s)**
siebtel *adj* septième; *s. a.* **achtel**
Siebtel <-s, -> *nt a.* MATH septième *m*
siebtens *adv* septièmement
siebzehn *num* dix-sept; *s. a.* **acht**[1]
siebzig ['ziːptsɪç] *num* soixante-dix, septante (BELG, CH) *s. a.* **achtzig**
Siebzig <-> *f* soixante-dix *m*, septante *m* (BELG, CH)
siebziger *adj inv* **die ~ Jahre** les années *fpl* soixante-dix; *s. a.* **achtziger**
Siebzigjährige(r) *f(m) dekl wie adj* homme *m*/femme *f* de soixante-dix ans
siedeln ['ziːdəln] *vi* s'établir
sieden ['ziːdən] *vi* bouillir
Siedepunkt *m* température *f* d'ébullition
Siedler(in) ['ziːdlɐ] <-s, -> *m(f)* colon *m*
Siedlung <-, -en> *f* (*Wohnhausgruppe*) lotissement *m*
Sieg [ziːk] <-[e]s, -e> *m* victoire *f*
Siegel ['ziːgəl] <-s, -> *nt* ❶ (*Abdruck*) sceau *m* ❷ (*Stempel*) cachet *m*
siegen ['ziːgən] *vi* ❶ MIL être vainqueur ❷ SPORT gagner
Sieger(in) <-s, -> *m(f)* vainqueur *mf*
Siegerehrung *f* remise *f* des prix
siegessicher *adj* (*Person*) sûr(e) de la victoire
siegreich I. *adj* victorieux(-euse) II. *adv* en vainqueur

sieht [ziːt] *3. Pers Präs von* **sehen**
siezen ['ziːtsən] *vt* vouvoyer
Signal [zɪ'gnaːl] <-s, -e> *nt* signal *m*
signalisieren* [zɪgnali'ziːrən] *vt* **jdm etw ~** laisser entendre qc à qn
Signatur [zɪgna'tuːɐ̯] <-, -en> *f* ① (*Buchsignatur*) cote *f* ② *geh* (*Unterschrift*) signature *f*
signieren* [zɪ'gniːrən] *vt* **etw ~** signer qc; (*Schriftsteller*) dédicacer qc
Silbe ['zɪlbə] <-, -n> *f* syllabe *f*
Silbentrennung *f* division *f* en syllabes
Silber ['zɪlbɐ] <-s> *nt* ① (*Edelmetall*) argent *m* ② (*Tafelsilber*) argenterie *f*
Silberbesteck *nt* argenterie *f* **Silberhochzeit** *f* noces *fpl* d'argent **Silbermedaille** *f* médaille *f* d'argent
silbern *adj* (*aus Silber*) en argent
Silhouette [zi'luɛtə] <-, -n> *f* silhouette *f*
Silikon [zili'koːn] <-s, -e> *nt* CHEM silicone *f*
Silo ['ziːlo] <-s, -s> *m* silo *m*
Silvester [zɪl'vɛstɐ] <-s, -> *m o nt* Saint-Sylvestre *f*

> On passe la plupart du temps **Silvester** entre amis ou en famille. Après avoir mangé une fondue ou une raclette, on trinque à minuit avec du mousseux et on se souhaite “ein frohes neues Jahr„. Puis on allume des fusées et des feux d'artifice et les jeunes font claquer des pétards. Certains organisent ensuite un *Bleigießen* : on jette du plomb fondu dans de l'eau froide et on essaie de lire l'avenir dans les figures ainsi obtenues.

simpel ['zɪmpəl] *adj* simple
Sims [zɪms] <-es, -e> *m o nt* (*Fenstersims*) rebord *m;* (*Kaminsims*) corniche *f*
Simulant(in) [zimu'lant] <-en, -en> *m(f)* simulateur(-trice) *m(f)*
Simulation <-, -en> *f* simulation *f*
simulieren* [zimu'liːrən] *vt, vi* simuler
simultan [zimʊl'taːn] *geh adj* simultané(e)
sind [zɪnt] *1. und 3. Pers Pl Präs von* **sein**[1]
Sinfonie [zɪnfo'niː] <-, -n> *f* symphonie *f*
Sinfonieorchester *nt* orchestre *m* symphonique
Singapur ['zɪŋgapuːɐ] <-s> *nt* Singapour
singen ['zɪŋən] <sang, gesungen> *vi, vt* chanter
Single[1] [sɪŋgl] <-, -s> *f* 45 tours *m*
Single[2] <-s, -s> *m* célibataire *mf*
Singular ['zɪŋgulaːɐ̯] <-s, -e> *m* LING singulier *m*
Singvogel *m* [oiseau *m*] chanteur *m*
sinken ['zɪŋkən] <sank, gesunken> *vi + sein* ① (*versinken*) couler ② (*Ballon*) descendre ③ (*nieder~*) tomber ④ (*Kurs, Fieber*) baisser
Sinn [zɪn] <-[e]s, -e> *m* ① *kein Pl* sens *m;* **das macht keinen ~** *fam* c'est n'importe quoi ② (*Verstand*) **bist du noch bei ~en?** tu as encore toute ta tête?
Sinnbild *nt* symbole *m* **sinnbildlich** *adj* symbolique
sinnen ['zɪnən] <sann, gesonnen> *vi geh* (*grübeln*) **über etw** (*akk*) **~** méditer sur qc; (*nachdenken*) réfléchir à qc
Sinnesorgan *nt* organe *m* sensoriel **Sinnestäuschung** *f* illusion *f* des sens **Sinneswandel** *m* revirement *m*
sinngemäß *adj, adv* en substance
sinnig *adj* sensé(e)
sinnlich I. *adj* (*Wahrnehmung*) sensoriel(le); (*Begierde*) sensuel(le) **II.** *adv* (*wahrnehmen*) au niveau sensoriel
Sinnlichkeit <-> *f* sensualité *f*
sinnlos I. *adj* ① (*Handlung*) absurde ② (*Anstrengung*) vain(e) **II.** *adv* ① (*nutzlos*) sans raison ② (*sich anstrengen*) en vain ③ (*hemmungslos*) complètement
Sinnlosigkeit <-, -en> *f* ① (*Nutzlosigkeit*) absurdité *f* ② (*Vergeblichkeit*) vanité *f*
sinnvoll *adj* ① (*zweckmäßig*) sensé(e) ② (*erfüllend*) intéressant(e)
Sintflut ['zɪntfluːt] *f* déluge *m*
Sinti ['zɪnti] *Pl* Sinté *mpl*
Sinus ['ziːnʊs] <-, -> *m* MATH sinus *m*
Sippe ['zɪpə] <-, -n> *f fam* tribu *f*
Sirene [zi'reːnə] <-, -n> *f* sirène *f*
Sirup ['ziːrʊp] <-s, -e> *m* (*Fruchtsirup*) sirop *m*
Sisal ['ziːzal] <-s> *m* sisal *m*
Site [saɪt] <-, -s> *f* INFORM site *m*
Sitte ['zɪtə] <-, -n> *f* ① (*Gepflogenheit*) coutume *f* ② *meist Pl* (*Benehmen*) manières *fpl*
Sittich ['zɪtɪç] <-s, -e> *m* perruche *f*
sittlich *adj form* moral(e)
Situation [zitua'tsi̯oːn] <-, -en> *f* situation *f*
situiert *adj* **gut ~ sein** avoir une bonne situation
Sitz [zɪts] <-es, -e> *m* (*~gelegenheit, Amtssitz*) siège *m*
Sitzblockade *f* sit-in *m*

S

sitzen ['zɪtsən] <saß, gesessen> *vi* + *haben o* A, CH, SDEUTSCH *sein* ① (*a. Tiere*) être assis; **beim Friseur/Essen** ~ être chez le coiffeur/à table ② *fam* (*inhaftiert sein*) être en taule ③ (*angebracht sein*) **schief** ~ (*Krawatte*) être de travers; **gut** ~ (*Hose*) tomber bien ④ (*Bemerkung*) faire mouche ►~ **bleiben** rester assis(e)

sitzen|bleiben *vi* (*Schüler*) redoubler **sitzen|lassen** *vt fam* (*versetzen*) poser un lapin à

Sitzordnung *f* ① (*Übersicht*) plan *m* des places assises ② (*Sitzanordnung*) répartition *f* des sièges **Sitzplatz** *m* place *f* assise **Sitzstreik** *m* sit-in *m*

Sitzung <-, -en> *f* ① (*Besprechung*) réunion *f* ② (*Kabinettssitzung*) session *f*

sizilianisch *adj* sicilien(ne)

Sizilien [zi'tsiːliən] <-s> *nt* la Sicile

Skala ['skaːla] <-, Skalen> *f* (*Gradeinteilung*) échelle *f* graduée

Skalp [skalp] <-s, -e> *m* scalp *m*

Skalpell [skal'pɛl] <-s, -e> *nt* scalpel *m*

Skandal [skan'daːl] <-s, -e> *m* scandale *m*

skandalös [skanda'løːs] *adj* scandaleux (-euse)

Skandinavien [skandi'naːviən] <-s> *nt* la Scandinavie

Skandinavier(in) <-s, -> *m(f)* Scandinave *mf*

skandinavisch [-'naːvɪʃ] *adj* scandinave

Skat [skaːt] <-[e]s, -e> *m* skat *m* (*jeu de cartes à trois joueurs*)

Skateboard ['skɛɪtbɔːt] <-s, -s> *nt* skate [-board] *m*

skaten ['skeːtn] *vi fam* faire du roller

Skelett [ske'lɛt] <-[e]s, -e> *nt* squelette *m*

Skepsis ['skɛpsɪs] <-> *f* scepticisme *m*

skeptisch **I.** *adj* sceptique **II.** *adv* avec scepticisme

Sketch [skɛtʃ] <-[es], -e[s]> *m* sketch *m*, saynète *f*

Ski [ʃiː] <-s, - *o* er> *m* ski *m*

Skier ['ʃiːɐ] *Pl von* **Ski**

Skifahren *nt* ski *m* **Skigebiet** *nt* domaine *m* skiable **Skiläufer(in)** *m(f)* skieur(-euse) *m(f)* **Skilehrer(in)** *m(f)* moniteur(-trice) *m(f)* de ski **Skilift** *m* téléski *m*

Skinhead ['skɪnhɛt] <-s, -s> *m* skin[head] *mf*

Skipass[RR] *m* forfait *m* de ski **Skisport** *m* ski *m* **Skispringen** *nt* saut *m* à skis

Skizze ['skɪtsə] <-, -n> *f* (*Zeichnung*) esquisse *f*

skizzieren* [skɪ'tsiːrən] *vt* (*zeichnen*) esquisser

Sklave ['sklaːvə] <-n, -n> *m*, **Sklavin** *f a. fig* esclave *mf*

Sklavenhandel *m* commerce *m* des esclaves; (*mit Schwarzen*) traite *f* des noirs

Sklaverei [sklaːvə'raj] <-, -en> *f* esclavage *m*

Sklerose [skle'roːzə] <-, -n> *f* MED **multiple** ~ sclérose en plaques

Skonto ['skɔnto] <-s, -s> *nt o m* escompte *m*

Skorpion [skɔr'pi̯oːn] <-s, -e> *m* ① scorpion *m* ② ASTRO Scorpion *m*

Skript [skrɪpt] <-[e]s, -en> *nt* UNIV notes *fpl* [de cours]

Skrupel ['skruːpəl] <-s, -> *m meist Pl* scrupule *m*

skrupellos *adj, adv* sans scrupules

Skrupellosigkeit <-> *f* absence *f* de scrupules

Skulptur [skʊlp'tuːɐ̯] <-, -en> *f* sculpture *f*

skurril [skʊ'riːl] *adj geh* (*Person*) bizarre

Slalom ['slaːlɔm] <-s, -s> *m a.* SPORT slalom *m*

Slang [slɛŋ] <-s> *m* (*saloppe Sprache*) argot *m*

Slawe ['slaːvə] <-n, -n> *m*, **Slawin** *f* Slave *mf*

slawisch *adj* slave

Slip [slɪp] <-s, -s> *m* slip *m*

Slipeinlage *f* protège-slip *m*

Slogan ['slɔʊgən] <-s, -s> *m* slogan *m*

Slowake [slo'vaːkə] <-n, -n> *m*, **Slowakin** *f* Slovaque *mf*

Slowakei [slova'kai̯] <-> *f* **die** ~ la Slovaquie

slowakisch **I.** *adj* slovaque **II.** *adv* ~ **miteinander sprechen** discuter en slovaque

Slowakisch <-[s]> *nt kein art* slovaque *m*; *s. a.* **Deutsch**

Slowene [slo'veːnə] <-n, -n> *m*, **Slowenin** *f* Slovène *mf*

Slowenien [slo'veːniən] <-s> *nt* la Slovénie

slowenisch **I.** *adj* slovène **II.** *adv* ~ **miteinander sprechen** discuter en slovène

Slowenisch <-[s]> *nt kein art* slovène *m*; *s. a.* **Deutsch**

Slum [slam] <-s, -s> *m* bidonville *m*

Small talk ['smɔːltɔːk] <- -s> *m* brin *m* de causette

Smaragd [sma'rakt] <-[e]s, -e> *m* émeraude *f*

Smog [smɔk] <-[s], -s> *m* smog *m*

Smogalarm *m* alerte *f* au smog

Smoking ['smo:kɪŋ] <-s, -s> *m* smoking *m*
SMS *f* texto *m*
Snob [snɔp] <-s, -s> *m* snob *mf*
snobistisch [sno'bɪstɪʃ] *adj* snob
Snowboard ['snɔʊbɔ:t] <-s, -s> *nt* snowboard *m*
so [zo:] **I.** *adv* ❶ *mit adj, adv* si; ~ **groß wie ein Pferd** aussi grand(e) qu'un cheval; **es war ~ kalt, dass ...** il faisait tellement froid que ... ❷ *mit Verb* ~ [**sehr**] **lieben** aimer tellement ❸ (*auf diese Weise*) comme ça ❹ (*solch*) ~ **eine Gelegenheit** une occasion comme celle-là ❺ (*solchermaßen*) ~ **genannt** soi-disant *inv;* **es ist ~, wie du sagst** c'est comme tu dis ❻ (*gleichsam*) **~, als ob ...** comme si ... ❼ (*etwa*) à peu près; ~ **gegen acht Uhr** aux environs de huit heures ▶~ **oder** ~ d'une manière ou d'une autre **II.** *konj* ❶ ~ **dass ...** à tel point que ... ❷ (*wie ... auch*) même si **III.** *interj* (*zusammenfassend*) bon; (*auffordernd*) allez
s.o. *Abk von* **siehe oben** voir plus haut
sobald [zo'balt] *konj* dès que ...
Söckchen <-s, -> *nt Dim von* **Socke** socquette *f*
Socke ['zɔkə] <-, -n> *f* chaussette *f*
Sockel ['zɔkəl] <-s, -> *m* ❶ (*eines Denkmals*) socle *m* ❷ ARCHIT soubassement *m*
sodass[RR], **sodaß**[ALT] [zo'das] *konj* à tel point que ...
Sodbrennen ['zo:tbrɛnən] *nt* brûlures *fpl* d'estomac
soeben [zo'ʔe:bən] *adv* (*gerade eben*) juste; **er ist ~ gegangen** il vient de partir
Sofa ['zo:fa] <-s, -s> *nt* canapé *m*
sofern [zo'fɛrn] *konj* si; ~ **nicht** à moins que + *subj*
soff [zɔf] *Imp von* **saufen**
sofort [zo'fɔrt] *adv* tout de suite
sofortig *adj* immédiat(e)
Software ['sɔftwɛ:ɐ̯] <-> *f* INFORM logiciel *m*
Softwarepaket *nt* INFORM progiciel *m*
sog [zo:k] *Imp von* **saugen**
sog. *adj Abk von* **so genannt**
Sog [zo:k] <-[e]s, -e> *m* (*eines Strudels*) remous *mpl*
sogar [zo'ga:ɐ̯] *adv* même
sogenannt[ALT] *s.* **so I.5.**
Sohle ['zo:lə] <-, -n> *f* ❶ (*Schuhsohle*) semelle *f* ❷ (*Fußsohle*) plante *f* du pied
Sohn [zo:n, *Pl:* 'zø:nə] <-[e]s, Söhne> *m* fils *m*
Sojabohne *f* soja *m*
solang[e] *konj* tant que ...
Solarenergie *f* énergie *f* solaire
Solarium [zo'la:riʊm] <-s, -ien> *nt* solarium *m*
Solarzelle *f* photopile *f*
solch *adj inv* ~ **eine Frage** une question pareille
solche(r, s) *adj* ~ **Leute** de telles personnes
Sold [zɔlt] <-[e]s> *m* solde *f*
Soldat(in) [zɔl'da:t] <-en, -en> *m(f)* soldat(e) *m(f)*
Söldner(in) ['zœldnɐ] <-s, -> *m(f)* mercenaire *mf*
Soli *Pl von* **Solo**
solidarisch [soli'da:rɪʃ] *adj* solidaire
solidarisieren* *vr* **sich mit jdm/etw** ~ se solidariser avec qn/qc
Solidarität [zolidari'tɛ:t] <-> *f* solidarité *f*
Solidaritätsbeitrag *m* impôt *m* [de] solidarité
solid[e] *adj* ❶ (*stabil*) solide ❷ (*Lebenswandel*) sérieux(-euse)
Solist(in) [zo'lɪst] <-en, -en> *m(f)* soliste *mf*
Soll [zɔl] <-[s], -[s]> *nt* doit *m*
sollen[1] ['zɔlən] <sollte, ~> *aux modal* ❶ (*müssen*) **er soll zuhören** il doit écouter ❷ (*brauchen*) **du sollst dir deswegen keine Gedanken machen** tu n'as pas à te faire de souci pour ça ❸ (*können*) **man sollte annehmen, dass ...** on pourrait supposer que ... ❹ (*möglich sein*) **sollte ich vor dir sterben ...** si je venais à mourir avant toi ...; **was soll das heißen?** qu'est-ce que ça veut dire? ❺ (*vermuten*) **er soll abgereist sein** il paraît qu'il est parti ❻ (*dürfen*) **das hättest du nicht tun** ~ tu n'aurais pas dû faire ça
sollen[2] <sollte, gesollt> *vi* ❶ (*gehen/kommen müssen*) **du solltest besser ins Bett** tu ferais mieux d'aller te coucher ❷ *fam* (*bedeuten*) **was soll diese Frage?** que veut dire cette question? ▶**was soll's?** *fam* et alors?
solo ['zo:lo] *adj inv fam* (*ohne Partner*) ~ **sein** être seul
Solo ['zo:lo] <-s, Soli> *nt* solo *m*
somit [zo'mɪt] *adv* par conséquent
Sommer ['zɔmɐ] <-s, -> *m* été *m*
Sommeranfang *m* début *m* de l'été **Sommerferien** *Pl* SCHULE grandes vacances *fpl*
sommerlich *adj* estival(e)

Sommerloch *nt fam* creux *m* estival **Sommerschlussverkauf**[RR] *m* soldes *mpl* d'été **Sommersemester** *nt* semestre *m* d'été **Sommersprosse** *f meist Pl* tache *f* de rousseur **Sommerzeit** *f* (*Uhrzeit*) heure *f* d'été
Sonate [zo'na:tə] <-, -n> *f* sonate *f*
Sonde ['zɔndə] <-, -n> *f* MED, AVIAT sonde *f*
Sonderangebot *nt* offre *f* spéciale
sonderbar *adj* (*Person*) curieux(-euse); (*Verhalten*) étrange
Sonderfall *m* cas *m* particulier **Sondergenehmigung** *f* autorisation *f* spéciale
sonderlich **I.** *adj attr* particulier(-ière) **II.** *adv* particulièrement
Sondermarke *f* timbre *m* de collection **Sondermüll** *m* déchets *mpl* spéciaux
sondern ['zɔndɐn] *konj* mais
Sonderschule *f* école *f* spécialisée (*pour enfants déficients ou inadaptés*)

La **Sonderschule** est un établissement scolaire pour les enfants et jeunes adolescents présentant des troubles sociaux ou un handicap mental ou physique. Elle fait partie de l'ensemble du système éducatif public. Les professeurs qui y enseignent ont suivi une formation pédagogique spéciale.

sondieren* *vt, vi geh* sonder
Sonett [zo'nɛt] <-[e]s, -e> *nt* sonnet *m*
Song [sɔŋ] <-s, -s> *m fam* tube *m*
Sonnabend ['zɔnʔa:bənt] *m* NDEUTSCH samedi *m*
Sonne ['zɔnə] <-> *f* ❶ soleil *m* ❷ ASTRO Soleil *m*
sonnen *vr* **sich ~** prendre un bain de soleil
Sonnenaufgang *m* lever *m* du soleil **Sonnenblume** *f* tournesol *m* **Sonnenbrand** *m* coup *m* de soleil **Sonnenbrille** *f* lunettes *fpl* de soleil **Sonnenenergie** *f* énergie *f* solaire **Sonnenfinsternis** *f* éclipse *f* de Soleil **Sonnenlicht** *nt kein Pl* lumière *f* du soleil **Sonnenschein** *m* soleil *m* **Sonnenschirm** *m* parasol *m* **Sonnenschutzcreme** *f* crème *f* de protection solaire **Sonnenstich** *m* insolation *f* **Sonnenstrahl** *m* rayon *m* de soleil **Sonnensystem** *nt* système *m* solaire **Sonnenuhr** *f* cadran *m* solaire **Sonnenuntergang** *m* coucher *m* de soleil
sonnig *adj* ensoleillé(e)
Sonntag ['zɔnta:k] *m* dimanche *m*; *s. a.* **Dienstag**
Sonntagabend *m* dimanche *m* soir
sonntäglich *adj* dominical(e)
Sonntagmorgen *m* dimanche *m* matin
sonntags *adv* le dimanche
sonn- und feiertags *adv* les dimanches et jours fériés
sonst [zɔnst] *adv* ❶ (*andernfalls*) sinon ❷ (*gewöhnlich*) d'habitude ❸ (*außerdem*) à part ça; [**darf es**] **~ noch etwas** [**sein**]? et avec ça? ❹ *indef fam* **~ was** n'importe quoi; **~ wohin** quelque part ailleurs ❺ *fam* (*anders*) **wer** [**denn**] **~?** qui d'autre?
sonstig *adj attr* autre *antéposé*
sonstwas[ALT] *s.* **sonst 4.** **sonstwohin**[ALT] *s.* **sonst 4.**
sooft [zo'ʔɔft] *konj* tant que ...
Sopran [zo'pra:n] <-s, -e> *m* (*Stimme*) soprano *m*
Sopranist(in) [zopra'nɪst] <-en, -en> *m(f)* soprano *mf*
Sorge ['zɔrgə] <-, -n> *f* souci *m*; **mit ~** avec inquiétude ►**lass das meine ~ sein!** laisse-moi faire!
sorgen **I.** *vi* **für jdn ~** s'occuper de qn; **dafür ~, dass** veiller à ce que + *subj*; **für Aufsehen ~** faire du bruit **II.** *vr* **sich um jdn ~** se faire du souci pour qn
sorgenfrei *adj, adv* sans souci **sorgenvoll** **I.** *adj* (*Gesicht*) soucieux(-euse) **II.** *adv* avec inquiétude
Sorgerecht *nt kein Pl* droit *m* de garde des enfants
Sorgfalt ['zɔrkfalt] <-> *f* soin *m*
sorgfältig ['zɔrkfɛltɪç] *adj* (*Arbeit*) soigné(e)
sorglos *adj* (*achtlos*) négligent(e)
Sorglosigkeit <-> *f* insouciance *f*
sorgsam *adj geh s.* **sorgfältig**
Sorte ['zɔrtə] <-, -n> *f* ❶ (*Art*) sorte *f* ❷ *Pl* FIN devises *fpl*
sortieren* [zɔr'ti:rən] *vt* (*ordnen*) trier
Sortiment [zɔrti'mɛnt] <-[e]s, -e> *nt* assortiment *m*
SOS [ɛso:'ɛs] <-, -> *nt* S.O.S. *m*
sosehr [zo'ze:ɐ̯] *konj* **~ ...** [**auch**] bien que + *subj*
Soße ['zo:sə] <-, -n> *f* sauce *f*
sott [zɔt] *Imp von* **sieden**
Souffleur [zu'flø:ɐ] <-s, -e> *m*, **Souffleuse** *f* souffleur(-euse) *m(f)*
soufflieren* [zu'fli:rən] *vi* **jdm ~** souffler à qn

Sound [saund] <-s, -s> *m fam* son *m*

Soundkarte *f* INFORM carte *f* son

Souvenir [zuvəˈniːɐ̯] <-s, -s> *nt* souvenir *m*

souverän [zuvəˈrɛːn] **I.** *adj* ① POL souverain(e) ② *(überlegen)* supérieur(e) **II.** *adv* *(überlegen)* suprêmement

Souveränität [zuvərɛniˈtɛːt] <-> *f* souveraineté *f*

soviel[ALT1] [zoˈfiːl] *adv s.* **viel I.1.**

soviel[2] *konj* [pour] autant que + *subj;* ~ **ich weiß** à ce que je sais

soweit[ALT1] [zoˈvait] *adv s.* **weit II.2., II.▸**

soweit[2] *konj* pour autant que + *subj*

sowenig *konj* ~ **mir das auch gefällt** même si ça ne me plaît pas beaucoup

sowie [zoˈviː] *konj* ① *(sobald)* aussitôt que … ② *form (und)* ainsi que

sowieso [zoviˈzoː] *adv* en tout cas

sowjetisch *adj* soviétique

Sowjetunion *f* HIST **die** ~ l'Union *f* soviétique

sowohl [zoˈvoːl] *konj* ~ **… als auch …** non seulement …, mais [encore] …

sozial [zoˈtsi̯aːl] *adj* social(e)

Sozialabgaben *Pl* charges *fpl* sociales **Sozialamt** *nt* bureau *m* d'aide sociale **Sozialdemokrat(in)** *m(f)* social(e)-démocrate *m(f)* **sozialdemokratisch** *adj* social(e)-démocrate **Sozialhilfe** *f kein Pl* ≈ R.M.I. *m*

Sozialismus [zotsi̯aˈlɪsmʊs] <-> *m* socialisme *m*

Sozialist(in) [zotsi̯aˈlɪst] <-en, -en> *m(f)* socialiste *mf*

sozialistisch *adj* socialiste

Sozialleistungen *Pl* prestations *fpl* sociales **Sozialstaat** *m* État *m* social **Sozialversicherung** *f* assurance *f* sociale; *(in Frankreich)* Sécurité *f* sociale **Sozialwohnung** *f* ≈ H.L.M. *m o f*

Soziologe [zotsi̯oˈloːgə] <-n, -n> *m*, **Soziologin** *f* sociologue *mf*

Soziologie [zotsi̯oloˈgiː] <-> *f* sociologie *f*

soziologisch [zotsi̯oˈloːgɪʃ] *adj* sociologique

sozusagen [zoːtsuˈzaːgən] *adv* pour ainsi dire

Spachtel [ˈʃpaxtəl] <-s, -> *m* *(Werkzeug)* spatule *f*

spachteln **I.** *vt* mastiquer à la spatule **II.** *vi* mastiquer

Spagat [ʃpaˈgaːt] <-[e]s, -e> *m o nt* SPORT grand écart *m*

Spaghetti [ʃpaˈgɛti] *Pl* spaghetti *mpl*

spähen [ˈʃpɛːən] *vi* *(blicken)* guetter

Spalier [ʃpaˈliːɐ̯] <-s, -e> *nt fig* haie *f*

Spalt [ʃpalt] <-[e]s, -e> *m* ① *(Schlitz)* fente *f* ② *(Felsspalt)* fissure *f* ③ *(~breit)* entrebâillement *m*

Spalte [ˈʃpaltə] <-, -n> *f* ① *(breiter Riss)* fissure *f;* *(eines Gletschers)* crevasse *f* ② TYP colonne *f*

spalten **I.** *vt* ① < *PP* **gespalten**> *(Holz)* fendre ② PHYS diviser **II.** *vr* *(Fraktionen bilden)* **sich in zwei Lager** ~ se diviser en deux camps

Spaltung <-, -en> *f* ① PHYS fission *f* ② PSYCH ~ **der Persönlichkeit** dédoublement *m* de la personnalité

Span [ʃpaːn, *Pl:* ˈʃpɛːnə] <-[e]s, Späne> *m* copeau *m*

Spanferkel [ˈʃpaːnfɛrkəl] *nt* cochon *m* de lait

Spange [ˈʃpaŋə] <-, -n> *f* ① *(Haarspange)* barrette *f* ② *(Zahnspange)* appareil *m* [de correction] dentaire

Spanien [ˈʃpaːniən] <-s> *nt* l'Espagne *f*

Spanier(in) <-s, -> *m(f)* Espagnol(e) *m(f)*

spanisch **I.** *adj* espagnol(e) **II.** *adv* ~ **miteinander sprechen** discuter en espagnol ▸**etw kommt jdm ~ vor** *fam* qc ne paraît pas [très] catholique à qn

Spanisch <-[s]> *nt kein art* espagnol *m; s. a.* **Deutsch**

spann [ʃpan] *Imp von* **spinnen**

Spanne [ˈʃpanə] <-, -n> *f* *(Gewinnspanne)* marge *f*

spannen [ˈʃpanən] **I.** *vt* ① *(straffen)* tendre; *(Muskel)* contracter ② *(auf~)* **etw über etw** *(akk)* ~ tendre qc au-dessus de qc **II.** *vi* *(Kleidungsstück)* serrer trop; *(Haut)* tirer

spannend *adj* *(Film)* captivant(e)

Spanner <-s, -> *m fam* *(Voyeur)* voyeur *m*

Spannkraft *f kein Pl* vigueur *f*

Spannung <-, -en> *f* ① *kein Pl* *(fesselnde Art)* suspense *m;* *(gespannte Erwartung)* tension *f* [nerveuse] ② ELEC tension *f*

Spannweite *f* *(der Flügel)* envergure *f*

Sparbuch *nt* livret *m* [de caisse] d'épargne

Sparbüchse *f* tirelire *f*

sparen [ˈʃpaːrən] **I.** *vt* ① *(Betrag)* épargner ② *(Zeit)* économiser ③ *(unterlassen)* **sich** *(dat)* **einen Ratschlag** ~ garder un conseil pour soi **II.** *vi* ① épargner ② *(sparsam sein)* se montrer économe; **an etw** *(dat)* ~ rogner sur qc

Sparer(in) <-s, -> *m(f)* épargnant(e) *m(f)*
Sparflamme *f* petite flamme *f* ▸**auf ~ arbeiten** *fam* bosser au ralenti
Spargel ['ʃpargəl] <-s, -> *m* asperge *f*
Sparkasse *f* caisse *f* d'épargne
spärlich ['ʃpɛːɐ̯lɪç] **I.** *adj* (*Haarwuchs*) clairsemé(e) **II.** *adv* peu
sparsam **I.** *adj* (*Person*) économe; (*Motor*) économique **II.** *adv* (*verwenden*) avec parcimonie
Sparsamkeit <-> *f* [sens *m* de l']économie *f*
Sparschwein *nt* tirelire *f*
spartanisch *adj* (*Leben*) de Spartiate
Sparte ['ʃpartə] <-, -n> *f* ❶ (*Branche*) branche *f* ❷ (*Spezialbereich*) spécialité *f* ❸ (*Rubrik*) rubrique *f*
Spaß [ʃpaːs, *Pl:* 'ʃpɛːsə] <-es, Späße> *m* ❶ *kein Pl* (*Vergnügung*) divertissement *m;* (*Freude*) plaisir *m;* **viel ~!** amuse-toi/amusez-vous bien! ❷ (*Scherz*) plaisanterie *f*
spaßen *vi* plaisanter
spaßig *adj* **eine ~e Geschichte** une drôle d'histoire
Spaßverderber(in) <-s, -> *m(f)* rabat-joie *m*
Spaßvogel *m* plaisantin *m*
spastisch ['ʃpastɪʃ] *adj* spastique
spät [ʃpɛːt] **I.** *adj* ❶ **es ist ~** il est tard; **wie ~ ist es?** quelle heure est-il? ❷ (*die Spätphase betreffend*) tardif(-ive) **II.** *adv* [**zu**] **~** [trop] tard
spätabends *adv* tard dans la soirée
Spatel ['ʃpaːtəl] <-s, -> *m* MED spatule *f*
Spaten ['ʃpaːtən] <-s, -> *m* bêche *f*
später ['ʃpɛːtɐ] **I.** *adj* (*Generation*) futur(e) **II.** *adv* plus tard
spätestens *adv* au plus tard
Spätfolgen *Pl* (*einer Krankheit*) séquelles *fpl* tardives **Spätschicht** *f* équipe *f* du soir **Spätsommer** *m* fin *f* de l'été
Spatz [ʃpats] <-en, -en> *m* moineau *m*
Spätzle ['ʃpɛtslə] *Pl* GASTR spaetzle *fpl* (*spécialité de pâtes alsacienne et souabe*)
spazieren* [ʃpa'tsiːrən] *vi* + *sein* **mit jdm ~ gehen** aller se promener avec qn
spazieren|gehen[ALT] *s.* **spazieren**
Spaziergang <-gänge> *m* promenade *f* [à pied] **Spaziergänger(in)** [ʃpa'tsiːrgɛŋɐ] <-s, -> *m(f)* promeneur(-euse) *m(f)*
SPD [ɛspeː'deː] <-> *f Abk von* **Sozialdemokratische Partei Deutschlands** *parti social-démocrate allemand*
Specht [ʃpɛçt] <-[e]s, -e> *m* pic *m*
Speck [ʃpɛk] <-[e]s, -e> *m* lard *m*
Spediteur(in) [ʃpedi'tøːɐ̯] <-s, -e> *m(f)* transporteur *m*
Spedition [ʃpedi'tsi̯oːn] <-, -en> *f* entreprise *f* de transport
Speer [ʃpeːɐ̯] <-[e]s, -e> *m* javelot *m*
Speiche ['ʃpaiçə] <-, -n> *f* (*eines Rads*) rayon *m*
Speichel ['ʃpaiçəl] <-s> *m* salive *f*
Speicher ['ʃpaiçɐ] <-s, -> *m* INFORM mémoire *f*
Speicherchip *m* INFORM puce *f* à mémoire **Speicherkapazität** *f* INFORM capacité *f* de mémoire
speichern *vt, vi* INFORM sauvegarder
Speicherung <-, -en> *f* INFORM sauvegarde *f*
speien ['ʃpaiən] <**spie, gespien**> *vt geh* (*Lava*) cracher; (*Blut*) vomir
Speise ['ʃpaizə] <-, -n> *f* ❶ *meist Pl geh* (*Gericht*) repas *m* ❷ (*Nahrung*) nourriture *f*
Speisekammer *f* cellier *m* **Speisekarte** *f* carte *f*
speisen **I.** *vi geh* se restaurer **II.** *vt* ❶ *geh* (*essen*) consommer ❷ (*Stromnetz*) alimenter
Speiseröhre *f* œsophage *m* **Speisesaal** *m* salle *f* à manger **Speisewagen** *m* wagon-restaurant *m*
Spektakel[1] [ʃpɛk'taːkəl] <-s, -> *m fam* tintouin *m*
Spektakel[2] <-s, -> *nt* (*Schauspiel*) spectacle *m*
spektakulär [ʃpɛktaku'lɛːɐ̯] *adj* spectaculaire
Spektrum ['ʃpɛktrʊm] <-s, Spektren> *nt* PHYS spectre *m*
Spekulation [ʃpekula'tsi̯oːn] <-, -en> *f* spéculation *f*
spekulativ *adj geh* spéculatif(-ive)
spekulieren* [ʃpeku'liːrən] *vi* ❶ *fam* (*rechnen*) **auf etw** (*akk*) **~** spéculer sur qc ❷ (*Spekulant sein*) **an der Börse ~** spéculer à la bourse
Spelunke [ʃpe'lʊŋkə] <-, -n> *f pej fam* boui[-]boui *m*
spendabel [ʃpɛn'daːbəl] *adj fam* généreux(-euse)
Spende ['ʃpɛndə] <-, -n> *f* don *m*
spenden **I.** *vt a.* MED donner **II.** *vi* **für jdn/etw ~** faire un don pour qn/qc
Spender(in) <-s, -> *m(f)* (*Person*) donateur *m*/donatrice *f;* MED donneur *m*/donneuse *f*

spendieren* [ʃpɛn'diːrən] *vt fam* **jdm etw ~** payer qc à qn
Sperber <-s, -> *m* épervier *m*
Sperling ['ʃpɛrlɪŋ] <-s, -e> *m* moineau *m*
Sperma ['ʃpɛrma] <-s, Spermen> *nt* sperme *m*
sperrangelweit [ʃpɛr'ʔaŋəl'vait] *adv fam* **~ offen** grand ouvert(e)
Sperre ['ʃpɛrə] <-, -n> *f* ❶ (*der Polizei*) barrage *m* ❷ (*Barrikade*) barricade *f* ❸ (*Spielverbot*) suspension *f*
sperren ['ʃpɛrən] **I.** *vt* ❶ (*Grenze*) fermer; (*Gebiet*) interdire ❷ (*Kredit*) bloquer; (*Telefon*) couper ❸ (*ein~*) enfermer ❹ SPORT suspendre **II.** *vr* **sich ~** se braquer
Sperrgebiet *nt* zone *f* interdite
sperrig *adj* (*Gegenstand*) encombrant(e)
Sperrmüll *m* ❶ (*Müll*) *vieux objets encombrants dont on veut se débarrasser* ❷ (*~abfuhr*) *collecte de vieux objets encombrants*

Afin de se débarrasser des vieux meubles qui s'entassent dans leurs greniers ou dans leurs caves, on dispose en Allemagne, une ou deux fois par an, selon les municipalités, du **Sperrmüll**. Il s'agit d'un ramassage municipal et collectif des objets encombrants dont on ne veut plus et que l'on dépose tout simplement sur le trottoir devant sa maison à une date fixe.

Sperrung <-, -en> *f* ❶ (*Schließung*) fermeture *f* ❷ (*eines Kontos, Kredits*) blocage *m*
Spesen ['ʃpeːzən] *Pl* frais *mpl* [de gestion]
Spezialgebiet [ʃpe'tsi̯aːlgəbiːt] *nt* spécialité *f*
spezialisieren* [ʃpetsi̯ali'ziːrən] *vr* **sich auf etw** (*akk*) **~** se spécialiser dans qc
Spezialist(in) [ʃpetsi̯a'lɪst] <-en, -en> *m(f)* spécialiste *mf*
Spezialität [ʃpetsi̯ali'tɛːt] <-, -en> *f* spécialité *f*
speziell [ʃpe'tsi̯ɛl] *adj* spécial(e)
Spezies ['ʃpeːtsiɛs, 'sp-] <-, -> *f* espèce *f*
spezifisch [ʃpe'tsiːfɪʃ] *adj* spécifique
spezifizieren* *vt* préciser
Sphäre ['sfɛːrə] <-, -n> *f* sphère *f*
Sphinx [sfɪŋks] <-, -e> *f* sphinx *m*
spie [ʃpiː] *Imp von* **speien**
Spiegel ['ʃpiːgəl] <-s, -> *m* miroir *m*
Spiegelbild *nt* reflet *m* **spiegelglatt** *adj* (*Straße*) très glissant(e)
spiegeln **I.** *vi* ❶ (*spiegelblank sein*) briller ❷ (*reflektieren*) miroiter **II.** *vr* **sich in etw** (*dat*) **~** se refléter dans qc
Spiegelreflexkamera *f* [appareil *m*] reflex *m*
Spiel [ʃpiːl] <-[e]s, -e> *nt* ❶ jeu *m* ❷ SPORT match *m*; **die Olympischen ~e** les Jeux olympiques ❸ SPIEL (*Partie*) partie *f* ▸**jdn/etw aus dem ~ lassen** laisser qn/qc en dehors de ça
Spielautomat *m* machine *f* à sous
spielen **I.** *vt* ❶ **Domino/Fußball ~** jouer aux dominos/au football ❷ MUS **Klavier ~** jouer du piano ❸ (*Rolle*) jouer **II.** *vi* jouer; **gegen jdn ~** SPORT jouer contre qn
spielend *adv* facilement
Spieler(in) <-s, -> *m(f)* joueur(-euse) *m(f)*
Spielerei [ʃpiːlə'rai] <-, -en> *f kein Pl* (*Kinderspiel*) rigolade *f* (*fam*)
spielerisch **I.** *adj* (*Eleganz*) désinvolte; (*Leistung*) technique **II.** *adv* (*bewältigen*) avec désinvolture
Spielfeld *nt* terrain *m*; (*Tennisplatz*) court *m* **Spielfilm** *m* film *m* **Spielkasino** *nt* casino *m* **Spielplatz** *m* terrain *m* de jeux **Spielraum** *m* marge *f* de manœuvre **Spielregel** *f meist Pl* règle *f* du jeu **Spielsachen** *Pl* jouets *mpl* **Spielstand** *m* score *m* **Spielverderber(in)** <-s, -> *m(f)* rabat-joie *mf inv* **Spielwaren** *Pl* jouets *mpl* **Spielzeit** *f* ❶ SPORT temps *m* réglementaire ❷ (*Theatersaison*) saison *f* **Spielzeug** *nt* jouet *m*
Spieß [ʃpiːs] <-es, -e> *m* (*Bratenspieß*) broche *f*; (*klein*) brochette *f*
Spießer(in) <-s, -> *m(f) fam* petit(e)-bourge *m*
spießig *adj fam* petit(e)-bourgeois(e)
Spikes [ʃpaiks] *Pl* (*an Sportschuhen*) crampons *mpl*
Spinat [ʃpi'naːt] <-[e]s> *m* ❶ BOT épinard *m* ❷ GASTR épinards *mpl*
Spind [ʃpɪnt] <-[e]s, -e> *m* armoire *f* métallique
Spindel ['ʃpɪndəl] <-, -n> *f* (*eines Spinnrads*) fuseau *m*
spindeldürr ['ʃpɪndəl'dʏr] *adj fam* (*Person*) maigre comme un clou
Spinne ['ʃpɪnə] <-, -n> *f* araignée *f*
spinnen ['ʃpɪnən] <spann, gesponnen> **I.** *vt* (*Netz*) filer **II.** *vi* ❶ (*am Spinnrad*) filer ❷ *fam* (*verrückt sein*) débloquer
Spinnennetz *nt* toile *f* d'araignée

S

Spinner(in) <-s, -> *m(f) fam* (*verrückter Mensch*) cinglé(e) *m(f)*

Spinnerei [ʃpɪnəˈrai] <-, -en> *f* ❶ (*Textilbetrieb*) filature *f* ❷ *kein Pl pej fam* (*Blödsinn*) connerie *f*

Spinnrad *nt* rouet *m*

Spion [ʃpiˈoːn] <-s, -e> *m* ❶ (*Kundschafter*) espion *m* ❷ *fam* (*Türspion*) judas *m*

Spionage [ʃpioˈnaːʒə] <-> *f* espionnage *m*

spionieren* [ʃpioˈniːrən] *vi* ❶ (*als Spion tätig sein*) faire de l'espionnage ❷ *fam* (*heimlich lauschen*) espionner

Spionin <-, -nen> *f* espionne *f*

Spirale [ʃpiˈraːlə] <-, -n> *f* ❶ spirale *f* ❷ MED stérilet *m*

Spirituosen *Pl* GASTR *form* spiritueux *mpl*

Spiritus [ˈʃpiːritʊs] <-> *m* alcool [à brûler] *m*

Spital [ʃpiˈtaːl, *Pl:* ʃpiˈtɛːlɐ] <-s, Spitäler> *nt* A, CH hôpital *m*

spitz [ʃpɪts] **I.** *adj* pointu(e); (*Winkel, Schrei*) aigu(ë); (*Bemerkung*) acéré(e) **II.** *adv* (*~züngig*) d'un ton piquant

Spitzbart *m* (*Bart*) bouc *m* **Spitzbube** [ˈʃpɪtsbuːbə] *m fam* galopin *m* **spitzbübisch** [ˈʃpɪtsbyːbɪʃ] *adj* (*Grinsen*) malicieux(-euse)

Spitze [ˈʃpɪtsə] <-, -n> *f* ❶ (*spitzes Ende*) pointe *f* ❷ (*eines Zugs*) tête *f* ❸ TEXTIL dentelle *f*

Spitzel [ˈʃpɪtsəl] <-s, -> *m* indicateur *m*

spitzeln *vi* être un indicateur

spitzen *vt* ❶ (*Bleistift*) tailler ❷ (*aufstellen*) **die Ohren ~** tendre l'oreille

Spitzenkandidat(in) *m(f)* tête *f* de liste **Spitzenleistung** *f* prouesse *f* **Spitzenreiter(in)** *m(f)* (*Mensch*) leader *m* **Spitzensportler(in)** *m(f)* sportif(-ive) *m(f)* de haut niveau **Spitzentechnologie** *f* technologie *f* de pointe

spitzfindig **I.** *adj* (*haarspalterisch*) pointilleux(-euse) **II.** *adv* en ergotant **Spitzfindigkeit** <-, -en> *f* (*Äußerung*) ergoterie *f* **Spitzname** *m* sobriquet *m*

Spleen [ʃpliːn] <-s, -s> *m fam* dada *m*

Spliss[RR] [ʃplɪs] <-es>, **Spliß**[ALT] <-sses> *m* (*Haarspliss*) fourches *fpl*

splitten [ˈʃplɪtn] *vt* répartir

Splitter [ˈʃplɪtɐ] <-s, -> *m* éclat *m;* (*Glassplitter*) éclat de verre

splittern *vi* ❶ + *sein* (*Glas*) voler en éclats ❷ + *haben* (*Splitter bilden*) se fragmenter

splitternackt *adj, adv fam* [complètement] à poil

SPÖ [ɛspeːˈʔøː] <-> *f Abk von* **Sozialistische Partei Österreichs** *parti social-démocrate autrichien*

Spoiler [ˈʃpɔylɐ] <-s, -> *m* spoiler *m*

sponsern [ˈʃpɔnzɐn] *vt* sponsoriser

Sponsor [ˈʃpɔnzɐ] <-s, -soren> *m,* **Sponsorin** *f* sponsor *m*

spontan [ʃpɔnˈtaːn] *adj* spontané(e)

Spontaneität [ʃpɔntaneiˈtɛːt] <-> *f geh* spontanéité *f*

sporadisch [ʃpoˈraːdɪʃ] *adj* sporadique

Sporn [ʃpɔrn, *Pl:* ˈʃpoːrən] <-[e]s, Sporen> *m meist Pl* éperon *m*

Sport [ʃpɔrt] <-[e]s> *m* sport *m*

Sportart *f* discipline *f* [sportive] **Sporthalle** *f* gymnase *m;* (*für Sportveranstaltungen*) salle *f* de sport **Sportlehrer(in)** *m(f)* professeur *mf* d'éducation physique et sportive

Sportler(in) <-s, -> *m(f)* sportif(-ive) *m(f)*

sportlich **I.** *adj* (*Person*) sportif(-ive); (*Kleidung*) de sport *inv* **II.** *adv* **sich ~ betätigen** faire du sport

Sportplatz *m* terrain *m* de sport

Sportverein *m* club *m* sportif **Sportwagen** *m* ❶ (*Auto*) voiture *f* de sport ❷ (*Kinderwagen*) poussette *f*

Spot [spɔt] <-s, -s> *m* spot *m*

Spott [ʃpɔt] <-[e]s> *m* moquerie *f*

spottbillig [ˈʃpɔtˈbɪlɪç] *fam* **I.** *adj* vraiment donné(e) **II.** *adv* pour que dalle

spötteln [ˈʃpœtəln] *s.* **spotten**

spotten [ˈʃpɔtən] *vi* **über jdn/etw ~** se moquer de qn/qc

Spötter(in) [ˈʃpœtɐ] <-s, -> *m(f)* moqueur(-euse) *m(f)*

spöttisch *adj* moqueur(-euse)

Spottpreis *m* prix *m* ridicule

sprach [ʃpraːx] *Imp von* **sprechen**

Sprache [ˈʃpraːxə] <-, -n> *f* ❶ langue *f* ❷ *kein Pl* (*Ausdrucksweise, Sprachfähigkeit*) langage *m;* **hast du die ~ verloren?** tu as perdu ta langue?

Sprachfehler *m* défaut *m* de prononciation **Sprachführer** *m* guide *m* de conversation **Sprachgefühl** *nt kein Pl* sens *m* de la langue **Sprachkenntnisse** *Pl* (*einer Sprache/mehrerer Sprachen*) connaissances *fpl* de la langue/des langues **Sprachkurs** *m* cours *m* de langue **Sprachlabor** *nt* laboratoire *m* de langues

sprachlich *adj* linguistique

sprachlos *adj* muet(te) **Sprachrohr** ►**sich**

zum ~ einer S. machen se faire le porte-parole de qc **Sprachwissenschaft** *f* linguistique *f*

sprang [ʃpraŋ] *Imp von* **springen**

Spray [ʃpreː] <-s, -s> *m o nt* aérosol *m;* (*Kosmetikspray*) spray *m*

Spraydose [ˈʃpreː-, ˈspreː-] *f* (*Kosmetikspraydose*) spray *m*

sprayen [ˈʃprɛɪən] **I.** *vi* peindre à la bombe **II.** *vt* (*Parole*) bomber (*fam*)

Sprechanlage *f* interphone *m* **Sprechblase** *f* bulle *f*

sprechen [ˈʃprɛçən] <spricht, sprach, gesprochen> **I.** *vi* ① (*reden*) parler ② (*telefonieren*) **mit jdm ~** parler à qn [au téléphone] ③ (*empfangen*) **für niemanden zu ~ sein** n'être là pour personne ④ (*tratschen*) **über jdn ~** raconter des choses sur qn ⑤ (*eintreten*) **für jdn ~** plaider en faveur de qn **II.** *vt* ① (*Wort*) dire; (*Nachrichten*) présenter ② (*beherrschen*) **~ Sie Chinesisch?** parlez-vous [le] chinois? ③ (*sich unterreden mit*) parler à

Sprechen <-s> *nt* (*das Reden*) **beim ~** en parlant

Sprecher(in) <-s, -> *m(f)* ① (*Wortführer*) porte-parole *m inv* ② (*Rundfunksprecher*) présentateur(-trice) *m(f)*

Sprechstunde *f* consultation *f* **Sprechzimmer** *nt* cabinet *m*

spreizen [ˈʃpraitsən] *vt* (*Beine*) écarter; (*Flügel*) déployer

sprengen [ˈʃprɛŋən] *vt* ① (*mit Sprengstoff zerstören*) faire sauter ② (*Versammlung*) disperser ③ (*Rasen*) arroser

Sprengkopf *m* tête *f* explosive **Sprengstoff** *m* ① explosif *m* ② *fig* dynamite *f*

Spreu [ʃprɔy] <-> *f* bal[l]e *f*

spricht [ʃprɪçt] *3. Pers Präs von* **sprechen**

Sprichwort [ˈʃprɪçvɔrt] *nt* proverbe *m*

sprichwörtlich *adj* proverbial(e)

sprießen [ˈʃpriːsən] <spross, gesprossen> *vi + sein* (*Knospe*) éclore; (*Haare*) pousser

Springbrunnen *m* fontaine *f*

springen [ˈʃprɪŋən] <sprang, gesprungen> **I.** *vi + sein* ① (*hüpfen*) sauter ② (*Vase*) se fendre **II.** *vt + haben o sein* (*vier Meter*) sauter

Springer <-s, -> *m* (*beim Schach*) cavalier *m* **Springform** *f* moule *m* au bord amovible

Sprint [ʃprɪnt] <-s, -s> *m* sprint *m*

sprinten [ˈʃprɪntən] *vi + sein* ① SPORT sprinter ② *fam* (*schnell laufen*) **über die Straße ~** traverser la rue au sprint

Sprinter(in) <-s, -> *m(f)* sprinte[u]r(-euse) *m(f)*

Sprit [ʃprɪt] <-[e]s> *m fam* (*Benzin*) essence *f*

Spritze [ˈʃprɪtsə] <-, -n> *f* ① (*Injektionsspritze*) seringue *f* ② (*Injektion*) piqûre *f*

spritzen [ˈʃprɪtsn] **I.** *vi* ① *+ haben o sein* (*Fett, Wasser*) gicler ② *+ haben* MED faire une piqûre/des piqûres **II.** *vt + haben* ① (*Auto*) peindre au pistolet ② (*Rasen*) arroser ③ MED **jdm Insulin ~** injecter de l'insuline à qn

Spritzer <-s, -> *m* ① (*Tropfen*) éclaboussure *f* ② (*kleine Menge*) giclée *f*

spritzig *adj* (*Dialog*) pétulant(e)

Spritztour *f fam* virée *f* [en voiture]

spröde [ˈʃprøːdə] *adj* ① (*unelastisch*) cassant(e) ② (*Person*) revêche

spross[RR] [ʃprɔs], **sproß**[ALT] *Imp von* **sprießen**

Spross[RR] [ʃprɔs] <-es, -e>, **Sproß**[ALT] <-sses, -sse> *m* BOT jeune pousse *f*

Sprosse [ˈʃprɔsə] <-, -n> *f* (*Leitersprosse*) échelon *m*

Sprössling[RR], **Sprößling**[ALT] [ˈʃprœslɪŋ] <-s, -e> *m iron* rejeton *m*

Spruch [ʃprʊx, *Pl:* ˈʃprʏçə] <-[e]s, Sprüche> *m* ① (*~weisheit*) dicton *m* ② (*Bibelspruch*) verset *m; pej* formule *f* toute faite

Spruchband <-bänder> *nt* banderole *f* **spruchreif** *adj fam* **~ sein** être mûr

Sprudel [ˈʃpruːdəl] <-s, -> *m* eau *f* gazeuse

sprudeln *vi* ① *+ haben* (*aufkochen*) bouillonner ② *+ sein* **aus dem Boden ~** (*Quelle*) jaillir du sol

sprühen [ˈʃpryːən] **I.** *vt + haben* (*Flüssigkeit*) pulvériser; (*Parfüm*) vaporiser **II.** *vi* ① *+ sein* (*Funken*) jaillir ② *+ haben* **vor Lebenslust ~** pétiller de joie de vivre

Sprühregen *m* bruine *f*

Sprung [ʃprʊŋ, *Pl:* ˈʃprʏŋə] <-[e]s, Sprünge> *m* ① (*einer Person, eines Tiers*) saut *m* ② (*feiner Riss*) craquelure *f* ③ *fam* (*kurze Entfernung*) **es ist nur ein ~** ce n'est qu'à deux pas

Sprungbrett *nt* SPORT tremplin *m*

sprunghaft *adj* ① (*Anstieg*) brutal(e) ② (*unstet*) versatile

Sprungschanze *f* tremplin *m* [de saut à skis] **Sprungtuch** <-tücher> *nt* toile *f* de sauvetage

S

Spucke ['ʃpʊkə] <-> *f fam* salive *f*

spucken *vi, vt* cracher

Spuk [ʃpu:k] <-[e]s, -e> *m* ❶ (*Geistererscheinung*) apparition *f* de fantômes ❷ (*Albtraum*) cauchemar *m*

spuken *vi unpers* **hier spukt es** il y a des fantômes ici

Spule ['ʃpu:lə] <-, -n> *f a.* ELEC bobine *f*

Spüle ['ʃpy:lə] <-, -n> *f* évier *m*

spulen ['ʃpu:lən] *vt* (*Film*) embobiner

spülen ['ʃpy:lən] **I.** *vi* ❶ (*Toilette*) tirer la chasse [d'eau] ❷ SDEUTSCH (*abwaschen*) laver la vaisselle **II.** *vt* ❶ (*ab~*) laver ❷ (*schwemmen*) **etw ans Ufer ~** rejeter qc sur la rive ❸ (*Geschirr*) rincer

Spülmaschine *f* lave-vaisselle *m* **spülmaschinenfest** *adj* garanti(e) lave-vaisselle **Spülmittel** *nt* produit *m* [pour la] vaisselle

Spülung <-, -en> *f* (*Wasserspülung*) chasse *f* d'eau

Spur [ʃpu:ɐ̯] <-, -en> *f* ❶ trace *f*; **von ihr fehlt jede ~** elle n'a plus donné signe de vie ❷ (*Fußspur*) trace *f* [de pas] ❸ (*Fahrbahn*) voie *f*

spürbar *adj* sensible

spüren ['ʃpy:rən] *vt* (*bemerken, fühlen*) sentir; (*Schmerz*) ressentir

Spurenelement *nt* oligoélément *m*

spurlos *adv* (*verschwinden*) sans laisser de traces

Spürsinn *m kein Pl* flair *m*

Squash ['skvɔʃ] <-> *nt* squash *m*

Sri Lanka ['sri: 'laŋka] <-s> *nt* le Sri Lanka

St. ❶ *Abk von* **Stück** pièce *f* ❷ *Abk von* **Sankt** St/Ste

Staat [ʃta:t] <-[e]s, -en> *m* POL État *m*

Staatenbund <-bünde> *m* confédération *f* [d'États]

staatlich **I.** *adj* (*Förderung*) de l'État; (*Einrichtung*) public(-ique) **II.** *adv* (*anerkannt*) par l'État

Staatsangehörige(r) *f(m) dekl wie adj* ressortissant(e) *m(f)* **Staatsangehörigkeit** <-, -en> *f* nationalité *f* **Staatsanwalt** *m*, **-anwältin** *f* avocat *m* général/avocate *f* générale **Staatsbegräbnis** *nt* obsèques *fpl* nationales **Staatsbesuch** *m* visite *f* officielle **Staatsbürger(in)** *m(f) form* citoyen(ne) *m(f)* **staatsbürgerlich** *adj attr form* civique **Staatsbürgerschaft** *f form s.* **Staatsangehörigkeit** **Staatsexamen** *nt* examen *m* d'État (*sanctionnant les études de droit, de médecine et de pharmacie et obligatoire aussi pour la titularisation des enseignants*) **Staatskasse** *f* Trésor *m* [public], caisses *fpl* de l'État **Staatsmann** <-männer> *m geh* homme *m* d'État **Staatsministerium** *nt* ministère *m* d'État **Staatsoberhaupt** *nt* chef *mf* d'État/de l'État **Staatssekretär(in)** *m(f)* secrétaire *mf* d'État **Staatssicherheitsdienst** *m* HIST *services de Sécurité de l'État de l'ex-R.D.A.*

Stab [ʃta:p, *Pl:* 'ʃtɛ:bə] <-[e]s, Stäbe> *m* ❶ (*Holzstab*) baguette *f* ❷ (*Gitterstab*) barreau *m* ❸ (*Gruppe*) équipe *f* ❹ MIL état-major *m*

Stäbchen <-s, -> *nt* baguette *f*

Stabhochsprung *m* saut *m* à la perche

stabil [ʃta'bi:l] *adj* (*Möbel*) solide; (*Wetterlage*) stable; (*Beziehung*) durable

stabilisieren* [ʃtabili'zi:rən] **I.** *vt* (*Regal*) consolider; (*Kreislauf*) stabiliser **II.** *vr a.* MED **sich ~** se stabiliser

Stabilität [ʃtabili'tɛ:t] <-> *f* stabilité *f*

stach [ʃta:x] *Imp von* **stechen**

Stachel [ʃtaxəl] <-s, -n> *m* (*eines Igels*) piquant *m*; (*eines Insekts*) dard *m*; (*einer Pflanze*) épine *f*

Stachelbeere *f* groseille *f* à maquereau **Stacheldraht** *m* [fil *m* de fer] barbelé *m*

stach[e]lig *adj* (*Tier*) hérissé(e) [de piquants]; (*Pflanze*) épineux(-euse)

Stachelschwein *nt* porc-épic *m*

Stadion ['ʃta:diɔn] <-s, Stadien> *nt* stade *m*

Stadium ['ʃta:diʊm] <-s, Stadien> *nt* ❶ (*einer Entwicklung*) phase *f* ❷ MED stade *m*

Stadt [ʃtat, *Pl:* 'ʃtɛ(:)tə] <-, Städte> *f* ❶ ville *f* ❷ (*Stadtverwaltung*) municipalité *f*

Stadtbezirk *m* arrondissement *m* **Stadtbücherei** *f* bibliothèque *f* municipale **Stadtbummel** *m* promenade *f* en ville

städtebaulich *adj* d'urbanisme

stadteinwärts *adv* **~ fahren** entrer dans la ville

Städtepartnerschaft *f* jumelage *m*

Städter(in) <-s, -> *m(f)* citadin(e) *m(f)*

städtisch ['ʃtɛtɪʃ] *adj* ❶ municipal(e) ❷ *geh* (*urban*) urbain(e)

Stadtmauer *f* rempart *m* **Stadtmitte** *f* centre-ville *m* **Stadtplan** *m* plan *m* de la ville **Stadtrand** *m* périphérie *f* de la ville **Stadtrat** *m* (*Verwaltungsorgan*) conseil *m* municipal **Stadtrat** *m*, **-rätin** *f* (*Person*) conseiller *m* municipal/conseillère *f* municipale

Stadtrundfahrt *f* visite *f* guidée de la ville **Stadtstaat** *m* ville-État *f* **Stadtstreicher(in)** <-s, -> *m(f)* clochard(e) *m(f)* **Stadtteil** *m* quartier *m* **Stadtverwaltung** *f* administration *f* municipale **Stadtwerke** *Pl* services *mpl* techniques [de la ville]

Staffel ['ʃtafəl] <-, -n> *f* ❶ (*beim ~lauf*) équipe *f* de relais ❷ (*Fliegerstaffel*) escadrille *f*

Staffelei [ʃtafə'lai̯] <-, -en> *f* chevalet *m*

Staffellauf *m* course *f* de relais

staffeln *vt* (*Preise, Gebühren*) échelonner

Stagnation [ʃtagna'tsi̯o:n] <-, -en> *f* stagnation *f*

stagnieren* [ʃta'gni:rən] *vi* stagner

stahl [ʃta:l] *Imp von* **stehlen**

Stahl [ʃta:l, *Pl:* 'ʃtɛ:lə] <-[e]s, Stähle> *m* acier *m*

Stahlindustrie *f* industrie *f* sidérurgique

stak *Imp von* **stecken**

Stalinismus [ʃtali'nɪsmʊs] <-> *m* stalinisme *m*

stalinistisch [ʃtali'nɪstɪʃ] *adj* stalinien(ne)

Stall [ʃtal, *Pl:* 'ʃtɛlə] <-[e]s, Ställe> *m* (*Kuhstall*) étable *f;* (*Pferdestall*) écurie *f;* (*Schweinestall*) porcherie *f;* (*Kaninchenstall*) clapier *m;* (*Hühnerstall*) poulailler *m*

Stamm [ʃtam, *Pl:* 'ʃtɛmə] <-[e]s, Stämme> *m* ❶ (*eines Baums*) tronc *m* ❷ (*Volksstamm*) tribu *f* ❸ (*Kundenstamm*) clientèle *f*

Stammbaum *m* arbre *m* généalogique **Stammbuch** *nt* livret *m* de famille **Stammdaten** *Pl* INFORM données *fpl* de base

stammeln ['ʃtaməln] *vt, vi* bredouiller

stammen ['ʃtamən] *vi* ❶ **aus Spanien** ~ être originaire d'Espagne; **aus sehr einfachen Verhältnissen** ~ être d'origine très modeste ❷ (*herrühren*) **von jdm** ~ (*Werk*) être de qn; **aus dem 16. Jahrhundert** ~ dater du 16ième siècle

Stammgast *m* habitué(e) *m(f)*

stämmig ['ʃtɛmɪç] *adj* trapu(e)

Stammkneipe *f fam* café *m* habituel **Stammkunde** *m,* **-kundin** *f* client *m* habituel/cliente *f* habituelle **Stammtisch** *m* ❶ (*Tisch*) table *f* des habitués ❷ (*Stammgäste*) tablée *f* d'habitués

stampfen ['ʃtampfən] **I.** *vi + haben* (*mit den Füßen*) trépigner; (*mit den Hufen*) piaffer **II.** *vt + haben* (*Kartoffeln*) écraser

stand [ʃtant] *Imp von* **stehen**

Stand [ʃtant, *Pl:* 'ʃtɛndə] <-[e]s, Stände> *m* ❶ (*eines Zählers*) niveau *m* ❷ *kein Pl* (*Zustand*) état *m* ❸ (*Spielstand*) score *m* ❹ (*Verkaufsstand*) étal *m;* (*Messestand*) stand *m* ❺ (*gesellschaftliche Schicht*) catégorie *f* ▸**zu etw im ~e sein** être capable de qc

Standard ['ʃtandart] <-s, -s> *m* standard *m*

standardisieren* [ʃtandardi'zi:rən] *vt* standardiser

Standbild *nt* ❶ KUNST statue *f* ❷ TV arrêt *m* sur image

Ständchen ['ʃtɛntçən] <-s, -> *nt* chanson *f* en son/mon/… honneur

Ständer ['ʃtɛndɐ] <-s, -> *m* ❶ (*Gestell*) support *m* ❷ (*Kleiderständer*) portemanteau *m* ❸ (*Notenständer*) pupitre *m*

Standesamt *nt* [bureau *m* de l']état *m* civil **standesamtlich** *adj* (*Trauung*) civil(e) **Standesbeamte(r)** *m dekl wie adj,* **Standesbeamtin** *f* officier *m* d'état civil **standesgemäß** *adj* conforme à ma/sa/… position [sociale]

standhaft *adj* ferme

Standhaftigkeit <-> *f* fermeté *f*

stand|halten *vi irr* tenir le coup; **einer S.** (*dat*) ~ résister à qc

ständig ['ʃtɛndɪç] **I.** *adj* ❶ (*dauernd*) permanent(e) ❷ (*Wohnsitz*) fixe **II.** *adv* (*dauernd*) continuellement

Standlicht *nt kein Pl* feux *mpl* de position **Standort** *m* (*eines Unternehmens*) lieu *m* d'implantation; (*Produktionsstätte*) site *m* de production **Standpauke** *f fam* savon *m* **Standpunkt** *m* point *m* de vue **standrechtlich** *adj, adv* par décision de la cour martiale **Standspur** *f* bande *f* d'arrêt d'urgence

Stange ['ʃtaŋə] <-, -n> *f* ❶ barre *f* ❷ (*Fahnenstange*) hampe *f*

Stängel[RR] ['ʃtɛŋəl] <-s, -> *m* tige *f*

stank [ʃtaŋk] *Imp von* **stinken**

stanzen ['ʃtantsən] *vt* ❶ (*Blech*) emboutir ❷ (*ein~*) poinçonner

Stapel ['ʃta:pəl] <-s, -> *m* (*Haufen*) pile *f*

stapeln *vt, vr* [**sich**] ~ [s']empiler

stapfen ['ʃtapfən] *vi + sein* **durch den Schnee** ~ marcher en s'enfonçant dans la neige

Star[1] [ʃta:ɐ̯] <-[e]s, -e> *m* ZOOL étourneau *m*

Star[2] [ʃta:ɐ̯] <-[e]s> *m* MED **grauer** ~ cataracte *f;* **grüner** ~ glaucome *m*

Star[3] [sta:ɐ̯] <-s, -s> *m* ❶ (*Filmstar*) star *f*

2 *fig* vedette *f*

starb [ʃtarb] *Imp von* **sterben**

stark [ʃtark] <stärker, stärkste> **I.** *adj* 1 fort(e) 2 (*Schulklasse, Ast*) gros(se) *antéposé;* (*Balken*) épais(se); **tausend Mann ~ sein** compter mille personnes 3 (*Nerven*) solide 4 (*Ab-, Zuneigung*) grand(e); (*Gefühl*) profond(e) 5 (*Motor*) puissant(e) 6 *fam* (*hervorragend*) super **II.** *adv* 1 (*sehr*) très; (*übertreiben*) beaucoup; (*hoffen*) bien; (*beeindruckt*) fortement 2 (*intensiv*) ~ **duften** sentir fort 3 *fam* (*hervorragend*) vachement bien

Stärke [ˈʃtɛrkə] <-, -n> *f* 1 force *f* 2 (*Dicke*) épaisseur *f* 3 (*des Winds*) force *f;* (*der Schmerzen*) intensité *f* 4 (*einer Brille*) puissance *f* 5 (*zahlenmäßige Größe*) nombre *m;* (*einer Armee*) effectif *m* 6 (*pflanzliche Substanz*) amidon *m*

stärken I. *vt* 1 (*Kreislauf*) régulariser; (*Widerstandskraft*) augmenter 2 (*verbessern*) renforcer 3 (*Wäsche*) amidonner **II.** *vr* **sich** ~ se restaurer

Starkstrom *m* courant *m* haute tension

Stärkung <-, -en> *f* (*Mahlzeit*) collation *f*

starr [ʃtar] *adj* (*Haltung*) rigide; ~ **vor Schreck** paralysé(e) par la peur

Starre [ˈʃtarə] <-> *f* torpeur *f;* (*einer Leiche*) rigidité *f*

starren [ˈʃtarən] *vi* (*starr blicken*) avoir le regard fixe; **an die Decke ~** regarder fixement le plafond

Starrsinn *m* entêtement *m* **starrsinnig I.** *adj* entêté(e) **II.** *adv* obstinément

Start [ʃtart] <-s, -s> *m* 1 (*eines Flugzeugs*) décollage *m* 2 SPORT départ *m* 3 (*Beginn*) démarrage *m*

Startbahn *f* piste *f* d'envol **startbereit** *adj* ~ **sein** (*Sportler*) être prêt au départ; (*Flugzeug*) être prêt à décoller

starten I. *vi + sein* 1 (*Flugzeug*) décoller 2 SPORT prendre le départ 3 (*Tournee*) démarrer **II.** *vt + haben* 1 (*Auto*) mettre en route; (*Computer*) mettre en marche 2 (*Kampagne*) lancer 3 INFORM (*Programm*) démarrer

Startkapital *nt* capital *m* initial **Startmenü** *nt* INFORM menu *m* démarrer **Startschuss**[RR] *m* signal *m* du départ ▶**den ~ für etw geben** donner le feu vert à qc

Stasi [ˈʃtaːzi] <-> *f Abk von* **Staatssicherheit[sdienst]** *abréviation familière pour services de Sécurité de l'État de l'ex-R.D.A.*

Statement [ˈsteːtmənt] <-s, -s> *nt* déclaration *f* publique; (*eines Pressesprechers*) communiqué *m* officiel

Statik [ˈʃtaːtɪk] <-, -en> *f* statique *f*

Station [ʃtaˈtsi̯oːn] <-, -en> *f* 1 (*Haltestelle*) station *f* 2 (*einer Reise*) étape *f* 3 MED service *m*

stationär [ʃtatsi̯oˈnɛːɐ̯] **I.** *adj* (*Behandlung*) à l'hôpital **II.** *adv* **jdn ~ behandeln** hospitaliser qn

stationieren* [ʃtatsi̯oˈniːrən] *vt* 1 **Truppen ~** mettre des troupes en place 2 (*Raketen*) déployer

Stationsarzt *m*, **-ärztin** *f* [médecin-]chef *mf* du/de service

statisch [ˈʃtaːtɪʃ] *adj* statique

Statist(in) [ʃtaˈtɪst] <-en, -en> *m(f)* figurant(e) *m(f)*

Statistik [ʃtaˈtɪstɪk] <-, -en> *f* statistique *f*

statistisch [ʃtaˈtɪstɪʃ] *adj* statistique

Stativ [ʃtaˈtiːf] <-s, -e> *nt* pied *m*

statt [ʃtat] **I.** *präp + gen* à la place de **II.** *konj* ~ **zu warten** au lieu d'attendre

stattdessen[RR] *adv* au lieu de cela

Stätte [ˈʃtɛtə] <-, -n> *f geh* lieu *m*

statt|finden *vi irr* avoir lieu

stattlich [ˈʃtatlɪç] *adj* 1 (*Erscheinung*) imposant(e) 2 (*beträchtlich*) considérable

Statue [ˈʃtaːtuə] <-, -n> *f* statue *f*

Statur [ʃtaˈtuːɐ̯] <-, -en> *f geh* stature *f*

Status [ˈʃtaːtʊs] <-, -> *m geh* statut *m*

Status quo <- -> *m geh* statu quo *m*

Statussymbol *nt* symbole *m* de réussite sociale

Statut [ʃtaˈtuːt] <-[e]s, -en> *nt meist Pl* statut *m*

Stau [ʃtau̯] <-[e]s, -e> *m* bouchon *m*

Staub [ʃtau̯p] <-[e]s, -e> *m* poussière *f;* ~ **saugen** passer l'aspirateur ▶**sich aus dem ~ machen** *fam* prendre la poudre d'escampette

stauben [ˈʃtau̯bən] *vi unpers* **es staubt** ça fait de la poussière

staubig *adj* poussiéreux(-euse)

Staubkorn <-körner> *nt* grain *m* de poussière **staubsaugen** < *PP* staubgesaugt> **I.** *vi* passer l'aspirateur **II.** *vt* (*Zimmer*) passer l'aspirateur dans **Staubsauger** *m* aspirateur *m*

Staudamm *m* barrage *m*

Staude [ˈʃtau̯də] <-, -n> *f* plante *f* vivace

stauen [ˈʃtauən] **I.** *vt* (*Wasser*) retenir; (*Bach*) endiguer **II.** *vr* **sich ~** (*Wasser*) s'accumuler; (*Bach*) stagner; (*Autos*) former un bouchon (*fam*)

staunen [ˈʃtaunən] *vi* **über jdn/etw ~** être étonné par qn/de qc

Staunen <-s> *nt* étonnement *m;* **jdn in ~ versetzen** étonner qn

Stausee *m* lac *m* de barrage

Stauung <-, -en> *f* (*Verkehrsstau*) embouteillage *m*

Steak [steːk] <-s, -s> *nt* steak *m*

stechen [ˈʃtɛçən] <sticht, stach, gestochen> **I.** *vi* ❶ (*Insekt, Kaktus*) piquer; (*Sonne*) taper ❷ (*hinein~*) **mit einer Nadel in etw** (*akk*) **~** enfoncer une aiguille dans qc ❸ SPIEL **mit etw ~** couper avec qc **II.** *vt* ❶ piquer ❷ SPIEL **die Zehn mit dem As ~** prendre le dix avec l'as ❸ (*gravieren*) **etw in etw** (*akk*) **~** graver qc sur qc ❹ (*Spargel*) ramasser **III.** *vr* **sich an den Dornen ~** se piquer avec les épines

Stechen <-s, -> *nt* (*Schmerz*) élancement *m*

stechend *adj* (*Blick*) perçant(e); (*Schmerz*) lancinant(e)

Stechmücke *f* moustique *m* **Stechpalme** *f* houx *m* **Stechuhr** *f* pointeuse *f*

Steckbrief *m* avis *m* de recherche **Steckdose** *f* prise *f* [de courant]

stecken [ˈʃtɛkən] **I.** *vi* ❶ **in etw** (*dat*) **~** (*Dorn, Splitter*) être enfoncé(e) dans qc; **im Schnee ~** être bloqué(e) dans la neige ❷ (*sich befinden*) **im Schloss ~** (*Schlüssel*) être sur la porte; **in Schwierigkeiten** (*dat*) **~** (*Person*) avoir de gros problèmes ❸ (*verantwortlich sein*) **hinter einer Sache ~** être pour quelque chose dans une affaire **II.** *vt* ❶ **etw in eine Schublade ~** mettre qc dans un tiroir; **er steckte ihr den Ring an den Finger** il lui passa la bague au doigt ❷ *fam* **jdn ins Gefängnis ~** fourrer qn en prison ❸ *fam* **viel Geld in etw** (*akk*) **~** investir beaucoup d'argent dans qc

Steckenpferd *nt* violon *m* d'Ingres

Stecker <-s, -> *m* fiche *f* [d'alimentation]

Stecknadel *f* épingle *f*

Steg [ʃteːk] <-[e]s, -e> *m* ❶ (*kleine Brücke*) passerelle *f* ❷ (*Bootssteg*) appontement *m*

Stegreif [ˈʃteːkraif] ▸**aus dem ~** au pied levé

stehen [ˈʃteːən] <stand, gestanden> **I.** *vi* + *haben o* A, CH, SDEUTSCH *sein* ❶ (*Person*) être debout; **am Fenster ~** être à la fenêtre; **auf einer Liste ~** être inscrit(e) sur une liste ❷ (*Maschine, Uhr*) être arrêté(e) ❸ (*beeinflusst sein*) **unter Schock ~** être sous le choc ❹ (*konfrontiert sein*) **vor dem Ruin ~** être au bord de la ruine ❺ LING **im Futur ~** être au futur ❻ (*kleidsam sein*) **jdm [gut] ~** (*Frisur*) aller [bien] à qn ❼ SPORT, SPIEL **es steht unentschieden** le score est nul ❽ *fam* (*Vortrag*) être prêt(e); (*Mannschaft*) être formé(e) ❾ (*unterstützen*) **zu/hinter jdm ~** soutenir qn; **zu einer Abmachung ~** s'en tenir à un accord ❿ (*gleichbedeutend sein mit*) **für etw ~** (*Abkürzung*) signifier qc; (*Symbol*) représenter qc ⓫ (*stecken*) **jd steht hinter etw** *dat* il y a qn derrière qc ⓬ *fam* (*gut finden*) **auf jdn/etw ~** craquer pour qn/être fana de qc ⓭ (*unanfechtbar sein*) **über etw** *dat* **~** être au-dessus de qc ⓮ (*sein*) **offen ~** (*Fenster*) être ouvert(e) **II.** *vi unpers* **es steht schlecht um ihn** il va mal

Stehen <-s> *nt* **etw im ~ tun** faire qc debout; **zum ~ kommen** (*Auto*) s'arrêter

stehen|bleiben *vi* (*Uhr*) être arrêté

stehend *adj attr* (*Gewässer*) stagnant(e)

Stehkragen *m* col *m* droit **Stehlampe** *f* lampadaire *m*

stehlen [ˈʃteːlən] <stiehlt, stahl, gestohlen> **I.** *vt* voler **II.** *vr* **sich aus dem Haus ~** s'esquiver de la maison

Stehplatz *m* place *f* debout

Steiermark [ˈʃtaiɐmark] <-, -> *f* Styrie *f*

steif [ʃtaif] **I.** *adj* ❶ (*starr*) rigide ❷ (*Bein*) raide; (*Gelenk*) ankylosé(e) ❸ (*förmlich*) guindé(e) **II.** *adv* (*förmlich*) froidement

Steigbügel *m a.* ANAT étrier *m*

Steige [ˈʃtaigə] <-, -n> *f* A (*Obstkiste*) boîte *f* à fruit

steigen [ˈʃtaigən] <stieg, gestiegen> **I.** *vi* + *sein* ❶ (*klettern*) **auf eine Leiter/einen Berg ~** monter sur une échelle/escalader une montagne ❷ (*aufsitzen, absitzen*) **aufs Fahrrad ~** monter à vélo; **vom Fahrrad ~** descendre de vélo ❸ (*ein~, aus~*) **in den Zug ~** monter dans le train; **aus dem Auto ~** descendre de la voiture ❹ (*Ballon, Spannung*) monter ❺ (*sich erhöhen*) **um drei Prozent ~** augmenter de trois pour cent

S

II. *vt + sein* (*Treppen*) monter

steigern ['ʃtaigɐn] **I.** *vt* ❶ augmenter; (*Spannung*) faire monter; (*Qualität*) améliorer ❷ LING **ein Adjektiv ~** mettre un adjectif au comparatif/superlatif **II.** *vr* **sich ~** s'améliorer; (*Geschwindigkeit*) augmenter

Steigerung <-, -en> *f* ❶ (*der Geschwindigkeit*) augmentation *f*; (*der Leistung, Qualität*) amélioration *f* ❷ LING comparaison *f*

Steigung <-, -en> *f* ❶ (*steile Strecke*) côte *f* ❷ (*Neigung*) pente *f*

steil [ʃtail] **I.** *adj* ❶ (*Abhang*) escarpé(e); (*Straße*) raide ❷ *fig* (*Karriere*) fulgurant(e) **II.** *adv* (*ansteigen*) abruptement; (*abfallen*) à pic

Steilhang *m* escarpement *m* **Steilküste** *f* falaise *f*

Stein [ʃtain] <-[e]s, -e> *m* ❶ pierre *f* ❷ (*Kieselstein*) caillou *m* ❸ (*Pflasterstein*) pavé *m* ▶**ihm/ihr fällt ein ~ vom Herzen** ça lui ôte un grand poids

steinalt ['ʃtain'ʔalt] *adj* très vieux(vieille) **Steinbock** *m* ❶ bouquetin *m* ❷ ASTRO Capricorne *m* **Steinbruch** *m* carrière *f* [de pierres]

steinern *adj* en pierre

steinhart *adj* dur(e) comme pierre

steinig *adj* (*mit Steinen bedeckt*) pierreux(-euse)

steinigen *vt* lapider

Steinkohle *f kein Pl* houille *f*

Steinmetz(in) ['ʃtainmɛts] <-en, -en> *m(f)* tailleur(-euse) *m(f)* de pierres

Steinpilz *m* cèpe *m* **steinreich** *adj fam* richissime **Steinschlag** *m* chute *f* de pierres **Steinzeit** *f kein Pl* âge *m* de pierre

Steiß [ʃtais] <-es, -e> *m* ❶ ANAT coccyx *m* ❷ *fam* (*Hintern*) postérieur *m*

Steißbein *nt* ANAT coccyx *m*

Stelle ['ʃtɛlə] <-, -n> *f* ❶ endroit *m* ❷ (*Fleck*) tache *f* ❸ (*Textstelle*) passage *m* ❹ MATH chiffre *m* ❺ (*Arbeitsplatz*) emploi *m*; (*im öffentlichen Dienst*) poste *m* ❻ (*Abteilung*) service *m* ❼ (*Rang*) **an erster ~ stehen** occuper la première place ▶**an deiner/seiner ~** (*dat*) à ta/sa place

stellen ['ʃtɛlən] **I.** *vt* ❶ poser ❷ (*aufrecht hin~*) mettre debout ❸ (*ein~: Wecker*) régler; **leiser ~** baisser [le son de] ❹ (*Frage*) poser; (*Antrag*) présenter ❺ (*Aufgabe*) donner ❻ (*Täter*) arrêter ❼ (*Prognose*) faire; (*Diagnose*) établir ❽ (*bereit~*) fournir **II.** *vr* ❶ **sich hinter etw** (*akk*) **~** se mettre derrière qc; **sich den Journalisten ~** faire face aux journalistes; **sich jdm ~** (*Täter*) se livrer à qn ❷ (*sich ausgeben*) **sich schlafend ~** faire semblant de dormir ❸ (*sich aufdrängen*) **es stellt sich die Frage, ob ...** la question se pose de savoir si ...

Stellenangebot *nt* offre *f* d'emploi **Stellenausschreibung** *f* avis *m* de recrutement **Stellengesuch** *nt* recherche *f* d'emploi **stellenweise** *adv* par endroits **Stellenwert** *m* importance *f*

Stellplatz *m* place *f* de stationnement

Stellung <-, -en> *f* ❶ position *f* ❷ (*Arbeitsplatz*) emploi *m* ❸ (*Rang*) rang *m*

Stellungnahme ['ʃtɛlʊŋnaːmə] <-, -n> *f* ❶ *kein Pl* (*das Äußern*) prise *f* de position ❷ (*geäußerte Meinung*) position *f*

stellvertretend *adj* suppléant(e) **Stellvertreter(in)** *m(f)* suppléant(e) *m(f)* **Stellvertretung** *f* suppléance *f*

Stelze ['ʃtɛltsə] <-, -n> *f* échasse *f*

stelzen *vi + sein* (*Vogel*) se déplacer sur ses pattes d'échassier

stemmen ['ʃtɛmən] **I.** *vt* (*schwerer Gegenstand*) soulever; **die Arme in die Seiten ~** mettre les poings sur les hanches **II.** *vr* **sich gegen etw ~** s'appuyer contre qc

Stempel ['ʃtɛmpəl] <-s, -> *m* (*Gerät, ~abdruck*) tampon *m*

Stempelkissen *nt* tampon *m* encreur

stempeln **I.** *vt* (*Formular*) tamponner; (*Briefmarke*) oblitérer **II.** *vi* tamponner

Stengel[ALT] *s.* **Stängel**

Steno [ʃteːno] <-> *f fam Abk von* **Stenographie** sténo *f*

Stenographie [ʃtenogra'fiː] <-> *f* sténographie *f*

stenographieren* *vt, vi* sténographier

Stenotypist(in) [ʃtenoty'pɪst] <-en, -en> *m(f)* sténotypiste *mf*

Steppdecke *f* couette *f*

Steppe ['ʃtɛpə] <-, -n> *f* steppe *f*

steppen ['ʃtɛpən] *vi* faire des claquettes

Stepptanz[RR] *m* claquettes *fpl*

Sterbebett *nt* lit *m* de mort **Sterbehilfe** *f kein Pl* euthanasie *f*

sterben ['ʃtɛrbən] <stirbt, starb, gestorben> *vi + sein* ❶ **an Krebs** (*dat*) **~** mourir d'un cancer ❷ *fam* (*vergehen*) **ich bin vor Angst fast gestorben** j'ai failli mourir de peur ▶**gestorben sein** *fam* (*Sache*) être à l'eau

sterbenslangweilig *adj fam* à mourir d'ennui **Sterbenswörtchen** ['ʃtɛrbənsˈvœrtçən] ▶**kein ~ verraten** ne pas dire un [traître] mot
Sterbesakramente *Pl* derniers sacrements *mpl* **Sterbeurkunde** *f* acte *m* de décès
sterblich *adj geh* mortel(le)
Sterblichkeit <-> *f* mortalité *f*
stereo ['ʃteːreo, 'steːreo] *adv* en stéréo
Stereo ['ʃteːreo] <-> *nt* stéréo *f*
Stereoanlage *f* chaîne *f* stéréo
stereotyp [ʃtereo'tyːp] *adj* stéréotypé(e)
steril [ʃte'riːl] *adj* stérile
Sterilisation [ʃteriliza'tsi̯oːn] <-, -en> *f* stérilisation *f*
sterilisieren* [ʃterili'ziːrən] *vt* stériliser
Stern [ʃtɛrn] <-[e]s, -e> *m* étoile *f*
Sternbild *nt* constellation *f*
sternhagelvoll ['ʃtɛrn'haːgəl'fɔl] *adj fam* pinté(e)
sternklar *adj* étoilé(e) **Sternschnuppe** <-, -n> *f* étoile *f* filante **Sternstunde** *f geh* moment *m* fort **Sternzeichen** *nt* signe *m* astrologique
Stethoskop [ʃteto'skoːp] <-s, -e> *nt* stéthoscope *m*
stetig *adj* permanent(e)
stets [ʃteːts] *adv* constamment
Steuer[1] ['ʃtɔyɐ] <-s, -> *nt* ❶ (*Lenkrad*) volant *m* ❷ (*Ruder*) gouvernail *m*
Steuer[2] <-, -n> *f* impôt *m*
Steuerberater(in) *m(f)* conseiller *m* fiscal/conseillère *f* fiscale
steuerbord *adv* à tribord
Steuererklärung *f* déclaration *f* d'impôt[s] **Steuergelder** *Pl* deniers *mpl* publics **Steuerhinterziehung** *f* fraude *f* fiscale **Steuerklasse** *f* tranche *f* d'imposition
Steuerknüppel *m* levier *m* de commande
steuerlich *adj* fiscal(e)
Steuermann <-männer *o* -leute> *m* ❶ (*Offizier*) second *m* ❷ (*Steuerer eines Ruderboots*) barreur(-euse) *m(f)*
steuern I. *vt + haben* ❶ (*Fahrzeug*) conduire; (*Schiff*) piloter ❷ (*regulieren*) régler ❸ (*Entwicklung*) orienter **II.** *vi + haben* **nach rechts ~** (*Fahrer*) diriger la voiture à droite; (*Steuermann*) diriger le bateau à droite
steuerpflichtig *adj* imposable
Steuerrad *nt* ❶ (*Lenkrad*) volant *m* ❷ NAUT barre *f*
Steuerreform *f* réforme *f* fiscale
Steuerung <-, -en> *f* (*eines Flugzeugs*) système *m* de pilotage; (*eines Schiffs*) gouverne *f*
Steuerzahler(in) *m(f)* contribuable *mf*
Steward ['stjuːɐt] <-s, -s> *m* steward *m*
Stewardess[RR] ['stjuːɐdɛs] <-, -en> *f*, **Stewardeß**[ALT] <-, -ssen> *f* hôtesse *f* de l'air
StGB [ɛsteːgeː'beː] <-[s]> *nt Abk von* **Strafgesetzbuch** ≈ code *m* pénal
stibitzen* [ʃti'bɪtsən] *vt hum fam* piquer
Stich [ʃtɪç] <-[e]s, -e> *m* ❶ (*Insektenstich*) piqûre *f* ❷ (*~verletzung*) coup *m* de couteau ❸ (*Schmerz*) élancement *m* ❹ (*Nähstich*) point *m* ❺ (*Farbnuance*) **ein [leichter] ~ ins Bläuliche** une pointe de bleu ❻ (*Radierung*) gravure *f* ❼ SPIEL pli *m*
sticheln ['ʃtɪçəln] *vi* lancer des piques (*fam*)
stichhaltig *adj* (*Beweis*) concluant(e)
Stichprobe *f* prélèvement *m*
sticht [ʃtɪçt] *3. Pers Präs von* **stechen**
Stichtag *m* jour *m* fixé **Stichwahl** *f* scrutin *m* de ballottage **Stichwort** *nt* ❶ <-wörter> (*in Nachschlagewerken*) entrée *f*; (*in Registern*) mot-clé *m* ❷ <-worte> (*Äußerung*) mot *m* repère; (*Gedächtnisstütze*) mot-clé *m* **Stichwunde** *f* coup *m* de couteau
sticken ['ʃtɪkən] *vt, vi* broder
Stickerei [ʃtɪkə'rai̯] <-, -en> *f* broderie *f*
stickig ['ʃtɪkɪç] *adj* (*Luft*) confiné(e)
Stickstoff ['ʃtɪkʃtɔf] *m kein Pl* CHEM azote *m*
Stiefbruder ['ʃtiːfbruːdɐ] *m* demi-frère *m*
Stiefel ['ʃtiːfəl] <-s, -> *m* botte *f*
Stiefeltern *Pl* beaux-parents *mpl* **Stiefkind** *nt* enfant *mf* d'un autre lit **Stiefmutter** *f* belle-mère *f* **Stiefmütterchen** *nt* pensée *f* **Stiefschwester** *f* demi-sœur *f* **Stiefsohn** *m* beau-fils *m* **Stieftochter** *f* belle-fille *f* **Stiefvater** *m* beau-père *m*
stieg [ʃtiːk] *Imp von* **steigen**
stiehlt [ʃtiːlt] *3. Pers Präs von* **stehlen**
Stiel [ʃtiːl] <-[e]s, -e> *m* ❶ (*Griff*) manche *m*; (*eines Glases*) pied *m* ❷ (*einer Blume*) tige *f*; (*eines Apfels*) queue *f*
Stier [ʃtiːɐ] <-[e]s, -e> *m* ❶ taureau *m* ❷ ASTRO Taureau *m*
stieren ['ʃtiːrən] *vi* **vor sich hin ~** regarder fixement devant soi
Stierkampf *m* corrida *f*
stieß [ʃtiːs] *Imp von* **stoßen**
Stift[1] [ʃtɪft] <-[e]s, -e> *m* ❶ (*Schreibgerät*) crayon *m* ❷ (*Nagel*) clou *m*

Stift² <-[e]s, -e> *nt* (*christliche Institution*) fondation *f*

stiften ['ʃtɪftən] *vt* ❶ (*Preis*) offrir; **jdm etw ~** faire don de qc à qn ❷ (*Unfrieden*) provoquer

Stiftung <-, -en> *f* fondation *f*; (*Schenkung*) don *m*

Stil [ʃtiːl] <-[e]s, -e> *m* ❶ style *m* ❷ (*Verhaltensweise*) genre *m*

stilecht *adj* de style

stilisiert *adj* stylisé(e)

stilistisch *adj* stylistique

still [ʃtɪl] **I.** *adj* ❶ calme; **sei ~!** tais-toi! ❷ (*Leben*) tranquille; (*Hoffnung*) secret (-ète); (*Einvernehmen*) tacite **II.** *adv* ❶ (*lautlos*) silencieusement ❷ (*bewegungslos*) tranquillement; **den Kopf ~ halten** ne pas bouger la tête

Stille [ʃtɪlə] <-> *f* (*Laut-/Bewegungslosigkeit*) calme *m*

Stilleben^ALT *s.* **Stillleben**

stil|legen^ALT *s.* **stilllegen**

stillen **I.** *vt* ❶ (*Baby*) allaiter ❷ (*Durst*) étancher; (*Hunger*) calmer; (*Verlangen*) assouvir ❸ (*Blutung*) arrêter **II.** *vi* (*Mutter*) allaiter

still|halten *vi irr* se tenir tranquille

Stillleben^RR *nt* nature *f* morte

still|legen^RR *vt* fermer; **stillgelegt** abandonné(e)

Stilllegung^RR <-, -en> *f* fermeture *f*

still|liegen^RR *vi irr + haben* (*Fabrik*) être fermé

stillos **I.** *adj* (*Einrichtung, Architektur*) dépourvu(e) de style **II.** *adv* sans style

Stillschweigen *nt* silence *m* **stillschweigend** **I.** *adj* tacite **II.** *adv* en silence; (*billigen*) tacitement **Stillstand** *m kein Pl* arrêt *m* **still|stehen** *vi irr* (*Maschine*) être arrêté

stilvoll **I.** *adj* de bon goût **II.** *adv* avec goût

Stimmband <-bänder> *nt meist Pl* corde *f* vocale **Stimmberechtigte(r)** *f(m) dekl wie adj* votant(e) *m(f)* **Stimmbruch** *m* mue *f*

Stimme ['ʃtɪmə] <-, -n> *f a. fig* voix *f*

stimmen ['ʃtɪmən] **I.** *vi* ❶ (*zutreffen*) être juste; (*Rechnung*) être bon ❷ (*votieren*) **für jdn ~** voter pour qn **II.** *vt* ❶ MUS accorder ❷ (*machen*) **jdn traurig ~** rendre qn triste

Stimmenthaltung *f* vote *m* blanc **Stimmgabel** *f* diapason *m*

stimmhaft *adj* sonore

stimmlos *adj* LING sourd(e) **Stimmrecht** *nt* droit *m* de vote

Stimmung <-, -en> *f* ❶ (*Laune*) humeur *f* ❷ *fam* (*gute Laune*) bonne humeur *f*; (*gute Atmosphäre*) ambiance *f*

Stimmungskanone *f fam* boute-en-train *m* **stimmungsvoll** *adj* (*Gedicht*) évocateur (-trice); (*Lied*) sentimental(e)

Stimmzettel *m* bulletin *m* de vote

Stimulation [ʃtimula'tsi̯oːn] <-, -en> *f geh* stimulation *f*

Stinkbombe *f* boule *f* puante

stinken ['ʃtɪŋkən] <stank, gestunken> *vi* ❶ **nach Schweiß ~** puer la sueur ❷ *fam* (*Sache*) être louche

stinklangweilig ['ʃtɪnk'laŋvai̯lɪç] *adj fam* barbant(e), chiant(e) **stinksauer** ['ʃtɪŋk'zau̯ɐ] *adj fam* furax **Stinktier** *nt* mouffette *f*

Stipendiat(in) <-en, -en> *m(f)* boursier (-ière) *m(f)*

Stipendium [ʃti'pɛndiʊm] <-s, -dien> *nt* bourse *f* [d'études]

stirbt [ʃtɪrpt] *3. Pers Präs von* **sterben**

Stirn [ʃtɪrn] <-, -en> *f* front *m*; **die ~ runzeln** plisser le front

Stirnband <-bänder> *nt* bandeau *m*

stöbern ['ʃtøːbɐn] *vi* **in etw** (*dat*) **~** fouiller dans qc

stochern ['ʃtɔxɐn] *vi* **im Essen ~** picorer dans son assiette; **sich** (*dat*) **in den Zähnen ~** se curer les dents

Stock¹ [ʃtɔk, *Pl:* 'ʃtœkə] <-[e]s, Stöcke> *m* ❶ bâton *m* ❷ (*Spazierstock*) canne *f*

Stock² <-[e]s> *m* étage *m*

stockdunkel *adj fam* **eine stockdunkle Nacht** une nuit d'encre

stocken ['ʃtɔkən] *vi* (*innehalten*) s'interrompre; (*Gespräch*) être interrompu; (*Verkehr*) être bloqué

Stockholm ['ʃtɔkhɔlm] <-s> *nt* Stockholm

Stockwerk *nt* étage *m*

Stoff [ʃtɔf] <-[e]s, -e> *m* ❶ (*Textilmaterial*) tissu *m* ❷ (*Substanz*) substance *f* ❸ *kein Pl* (*Thema*) matière *f* ❹ *kein Pl fam* (*Rauschgift*) came *f*

Stofftier *nt* [animal *m* en] peluche *f* **Stoffwechsel** *m* métabolisme *m*

stöhnen ['ʃtøːnən] *vi* gémir

Stöhnen <-s> *nt* gémissement *m*

Stola ['ʃtoːla] <-, Stolen> *f* étole *f*

Stollen ['ʃtɔlən] <-s, -> *m* ❶ MIN galerie *f* ❷ (*Gebäck*) stollen *m* (*gâteau brioché de Noël*)

stolpern ['ʃtɔlpɐn] *vi + sein* **über etw** (*akk*)

~ trébucher sur qc

stolz [ʃtɔlts] *adj* ❶ fier(fière) ❷ *fam* (*Preis*) substantiel(le)

Stolz <-es> *m* fierté *f*

stolzieren* [ʃtɔlˈtsiːrən] *vi + sein* se pavaner

stopfen [ˈʃtɔpfən] **I.** *vt* ❶ **voll ~** (*Koffer*) bourrer; **etw in die Tasche ~** enfoncer qc dans le sac ❷ (*Socken*) raccommoder ❸ (*Ritze*) boucher ❹ (*Kissen*) bourrer **II.** *vi* ❶ (*ausbessern*) faire du raccommodage ❷ (*Verstopfung verursachen*) constiper

stopp [ʃtɔp] *interj* stop

Stopp <-s, -s> *m* (*Halt*) arrêt *m*

Stoppel [ˈʃtɔpəl] <-, -n> *f meist Pl* ❶ (*Getreidestoppel*) chaume *m* ❷ (*Bartstoppel*) poil *m* dru

stoppen **I.** *vt* ❶ (*anhalten*) stopper ❷ (*Zeit*) chronométrer **II.** *vi* **vor etw** (*dat*) **~** s'arrêter devant qc

Stoppschild <-schilder> *nt* [panneau *m*] stop *m* **Stoppuhr** *f* chronomètre *m*

Stöpsel [ˈʃtœpsəl] <-s, -> *m* ❶ (*Pfropfen*) bouchon *m* ❷ *hum fam* (*Knirps*) moutard *m*

Storch [ʃtɔrç, *Pl:* ˈʃtœrçə] <-[e]s, Störche> *m* cigogne *f*

stören [ˈʃtøːrən] **I.** *vt* ❶ (*belästigen*) déranger ❷ (*Veranstaltung*) troubler ❸ (*Leitung*) perturber **II.** *vi* (*lästig sein*) déranger

Störenfried [ˈʃtøːrənfriːt] <-[e]s, -e> *m* trouble-fête *m* (*fam*)

Störfall *m* incident *m*

stornieren* *vt* (*Auftrag*) annuler; (*Betrag*) rectifier

Storno [ˈʃtɔrno] <-s, Storni> *m o nt* (*einer Reise, eines Auftrags*) annulation *f;* (*eines Betrags*) rectification *f*

störrisch [ˈʃtœrɪʃ] *adj* (*Mensch, Esel*) têtu(e)

Störung <-, -en> *f* ❶ (*Unterbrechung*) dérangement *m* ❷ (*Störgeräusch*) perturbation *f* ❸ (*technischer Defekt*) incident *m* ❹ MED dysfonctionnement *m*

Störungsstelle *f* [service *m* des] dérangements *mpl*

Stoß [ʃtoːs, *Pl:* ˈʃtøːsə] <-es, Stöße> *m* ❶ (*Schubs*) poussée *f* ❷ (*Aufprall*) choc *m* ❸ (*Erschütterung*) secousse *f* ❹ (*Stapel*) pile *f*

Stoßdämpfer *m* amortisseur *m*

stoßen [ˈʃtoːsən] <stößt, stieß, gestoßen> **I.** *vt + haben* ❶ (*schubsen*) pousser ❷ (*Messer*) flanquer un coup de ❸ (*Kugel*) lancer **II.** *vr + haben* ❶ (*sich verletzen*) **sich ~** se cogner ❷ (*Anstoß nehmen*) **sich an etw** (*dat*) **~** s'offusquer de qc **III.** *vi + sein* ❶ **gegen jdn/etw ~** heurter qn/qc ❷ (*finden*) **auf jdn/etw ~** tomber sur qn/qc; **auf Ablehnung** (*akk*) **~** se heurter à un refus

Stoßgebet *nt* oraison *f* jaculatoire **Stoßstange** *f* pare-chocs *m*

stößt [ʃtøːst] *3. Pers Präs von* **stoßen**

stoßweise *adv* ❶ (*ruckartig*) par saccades ❷ (*in Stapeln*) en tas **Stoßzahn** *m* défense *f* **Stoßzeit** *f* (*Hauptverkehrszeit*) heures *fpl* de pointe

stottern [ˈʃtɔtɐn] **I.** *vi* bégayer **II.** *vt* (*Antwort*) bredouiller

Stövchen [ˈʃtøːfçən] <-s, -> *nt* réchaud *m*

Str. *Abk von* **Straße** r[ue]

Strafanzeige *f* plainte *f* **Strafarbeit** *f* punition *f*

strafbar *adj* répréhensible; **sich ~ machen** être passible d'une sanction

Strafe [ˈʃtraːfə] <-, -n> *f* ❶ (*Bestrafung*) punition *f* ❷ JUR (*Haftstrafe*) peine *f;* (*Geldstrafe*) amende *f*

strafen *vt* **jdn für etw ~** punir qn pour qc; **jdn mit Verachtung ~** *fig* répondre à qn par le mépris

strafend *adj* (*Blick*) réprobateur(-trice)

straff [ʃtraf] **I.** *adj* (*Seil*) tendu(e); (*Haut*) ferme; (*Organisation*) sévère **II.** *adv* ❶ (*fest*) étroitement ❷ (*organisieren*) rigoureusement

straffällig *adj* JUR délinquant(e); **~ werden** tomber dans la délinquance

straffen *vt* ❶ (*anziehen*) tendre ❷ (*Text*) condenser

Strafgefangene(r) *f(m) dekl wie adj* prisonnier(-ière) *m(f)* **Strafgesetzbuch** *nt* ≈ code *m* pénal

sträflich [ˈʃtrɛːflɪç] **I.** *adj* inadmissible **II.** *adv* **jdn/etw ~ vernachlässigen** délaisser éhontément qn/qc

Sträfling [ˈʃtrɛːflɪŋ] <-s, -e> *m* détenu(e) *m(f)*

strafmildernd *adj* favorable **Strafprozess**[RR] *m* procès *m* pénal **strafrechtlich** **I.** *adj* pénal(e) **II.** *adv* **jdn ~ verfolgen** poursuivre qn pour délit **Straftat** *f* délit *m* **Straftäter(in)** *m(f)* délinquant(e) *m(f)* **Strafverfahren** *nt* procédure *f* pénale **Strafzettel** *m fam* P.-V. *m*

Strahl [ʃtraːl] <-[e]s, -en> *m* ❶ (*Lichtstrahl*) rayon *m* ❷ (*Flüssigkeitsstrahl*) jet *m* ❸ *Pl* PHYS **radioaktive ~en** radiations *fpl*

S

strahlen *vi* ❶ (*leuchten*) briller ❷ (*erfreut sein*) **vor Freude** (*dat*) ~ rayonner de joie ❸ (*radioaktiv sein*) irradier

Strahlenbelastung *f* irradiation *f*

strahlend **I.** *adj* ❶ (*Wetter*) radieux(-euse); (*Sonnenschein*) éclatant(e) ❷ (*radioaktiv*) radioactif(-ive) **II.** *adv* ❶ (*leuchtend*) ~ **weiß sein** être d'un blanc éclatant ❷ (*freudig: ansehen*) d'un air radieux

Strahlung <-, -en> *f* rayonnement *m;* (*radioaktiv*) radiations *fpl*

Strähne ['ʃtrɛːnə] <-, -n> *f* mèche *f*

stramm [ʃtram] *adj* ❶ (*straff*) tendu(e) ❷ (*Bursche*) robuste ❸ (*Waden*) potelé(e)

strampeln ['ʃtrampəln] *vi + haben* **mit den Beinen** ~ gigoter les jambes

Strand [ʃtrant, *Pl:* 'ʃtrɛndə] <-[e]s, Strände> *m* plage *f*

stranden ['ʃtrandən] *vi + sein* (*auf Grund laufen*) [s']échouer

Strandkorb *m* fauteuil-cabine *m* en osier

> Les **Strandkörbe** sont typiques des plages de la mer du Nord et de la mer Baltique. Ce sont de grands fauteuils solides en osier pour deux personnes. Ils protègent les vacanciers du vent du nord, frais et parfois violent, de la pluie, mais aussi des rayons du soleil.

Strandpromenade *f* promenade *f*

Strang [ʃtraŋ, *Pl:* 'ʃtrɛŋə] <-[e]s, Stränge> *m* ❶ (*Strick*) corde *f* ❷ (*Muskelstrang*) cordon *m*

strangulieren* [ʃtraŋgu'liːrən] *vr, vt* [**sich**] ~ [s']étrangler

Strapaze [ʃtra'paːtsə] <-, -n> *f* fatigue *f*

strapazieren* [ʃtrapa'tsiːrən] *vt* (*Schuhe*) fatiguer; (*Sitzmöbel*) malmener; **jds Geduld** ~ mettre la patience de qn à rude épreuve

strapaziös [ʃtrapa'tsi̯øːs] *adj* épuisant(e)

Straps [ʃtraps] <-es, -e> *m* (*Strumpfhalter*) jarretelle *f*

Straßburg ['ʃtraːsbʊrk] <-s> *nt* Strasbourg

Straße ['ʃtraːsə] <-, -n> *f* ❶ (*in Ortschaften*) rue *f;* (*Landstraße*) route *f* ❷ (*Meerenge*) détroit *m*

Straßenbahn *f* tram[way] *m* **Straßenbau** *m kein Pl* construction *f* de routes **Straßenglätte** *f* verglas *m* **Straßengraben** *m* fossé *m* **Straßenkarte** *f* carte *f* routière **Straßenkreuzung** *f* (*im Ort*) carrefour *m* **Straßenrand** *m* bas-côté *m* **Straßenschild** <-schilder> *nt* plaque *f* de rue **Straßenverkehr** *m* circulation *f* routière **Straßenverkehrsordnung** *f* code *m* de la route

Strategie [ʃtrate'giː] <-, -en> *f* stratégie *f*

strategisch [ʃtra'teːgɪʃ] *adj* stratégique

sträuben [ʃtrɔ͜ybən] **I.** *vr* **sich** ~ ❶ (*sich widersetzen*) regimber; **sich gegen etw** ~ s'opposer à qc ❷ (*Fell, Gefieder*) se hérisser **II.** *vt* **das Fell/Gefieder** ~ hérisser ses poils/plumes

Strauch [ʃtra͜ux, *Pl:* 'ʃtrɔ͜yçɐ] <-[e]s, Sträucher> *m* arbuste *m*

straucheln ['ʃtra͜uxəln] *vi + sein geh* ❶ (*stolpern*) trébucher ❷ (*straffällig werden*) mal tourner

Strauß[1] [ʃtra͜us, *Pl:* 'ʃtrɔ͜ysə] <-es, Sträuße> *m* (*Gebinde*) bouquet *m*

Strauß[2] [ʃtra͜us] <-es, -e> *m* autruche *f*

streben ['ʃtreːbən] *vi + haben* **nach Anerkennung** ~ aspirer à être reconnu; **danach** ~ **etw zu tun** ambitionner de faire qc

Streber(in) <-s, -> *m(f) pej fam* (*Schüler*) fayot(e) *m(f);* (*Berufstätiger*) arriviste *mf*

strebsam *adj* (*Schüler*) assidu(e)

Strecke ['ʃtrɛkə] <-, -n> *f* ❶ (*Wegstrecke*) route *f;* **auf halber** ~ à mi-chemin ❷ (*Entfernung*) distance *f* ❸ (*Eisenbahnstrecke*) ligne *f* [de chemin de fer] ❹ (*zurückgelegter Weg*) trajet *m*

strecken ['ʃtrɛkən] **I.** *vt* ❶ (*Arm, Bein*) tendre ❷ *fam* (*Suppe*) allonger **II.** *vr* **sich** ~ s'étirer

Streich [ʃtra͜iç] <-[e]s, -e> *m* plaisanterie *f*

streicheln ['ʃtra͜içəln] *vt* caresser

streichen ['ʃtra͜içən] <strich, gestrichen> **I.** *vt + haben* ❶ (*an~*) peindre ❷ (*schmieren*) **Butter aufs Brötchen** ~ tartiner du beurre sur le petit pain ❸ (*glätten*) **glatt** ~ (*Haar*) lisser; (*Zettel*) défroisser ❹ (*Namen*) rayer; (*Wort*) barrer ❺ (*Zuschuss*) supprimer **II.** *vi* ❶ *+ haben* **mit der Hand über etw** (*akk*) ~ passer la main sur qc ❷ *+ sein* (*streifen*) **ums Haus** ~ rôder autour de la maison

Streicher(in) <-s, -> *m(f)* MUS **die** ~ les cordes *fpl*

Streichholz *nt* allumette *f* **Streichinstrument** *nt* instrument *m* à cordes

Streichung <-, -en> *f* (*gestrichener Text*) passage *m* supprimé

Streife ['ʃtra͜ifə] <-, -n> *f* patrouille *f*

streifen ['ʃtra͜ifən] **I.** *vt + haben* ❶ (*flüchtig berühren*) frôler ❷ (*flüchtig erwähnen*) effleurer ③ (*überziehen*) **sich** (*dat*) **den Pullover über den Kopf ~** enfiler le pull **II.** *vi geh + sein* **durch den Wald ~** errer dans la forêt

Streifen <-s, -> *m* ① (*schmale Linie*) rayure *f*; (*breite Linie*) bande *f* ② (*Striemen*) marque *f* ③ (*Stoffstreifen*) bande *f* ④ *fam* (*Film*) film *m*

Streifenwagen *m* voiture *f* de police

Streifzug *m* ① (*Bummel*) balade *f* ② (*Exkurs*) tour *m* d'horizon

Streik [ʃtraik] <-[e]s, -s> *m* grève *f*

Streikbrecher(in) *m(f)* briseur(-euse) *m(f)* de grève

streiken *vi* ① **für etw ~** faire grève pour qc ② *iron fam* (*sich weigern*) faire grève

Streikende(r) *f(m) dekl wie adj* gréviste *mf*

Streikposten *m* piquet *m* de grève

Streit [ʃtrait] <-[e]s, -e> *m* ① (*privater Konflikt*) dispute *f*; (*öffentlich*) altercation *f*; (*mit Handgreiflichkeiten*) rixe *f* ② (*Kontroverse*) polémique *f*; (*Meinungsverschiedenheit*) différend *m*

streiten ['ʃtraitən] <stritt, gestritten> **I.** *vi* ① **mit jdm ~** se disputer avec qn ② (*diskutieren*) **mit jdm über etw** (*akk*) **~** débattre de qc avec qn **II.** *vr* ① (*zanken*) **sich ~** se disputer ② (*diskutieren*) **sich [darüber] ~, wer/wie ...** débattre pour savoir qui/comment ...

Streiterei [ʃtaitə'rai] <-, -en> *f fam* chamaillerie *f*

Streitgespräch *nt* débat *m*

streitig *adj* **jdm den Vorrang ~ machen** disputer la vedette à qn

Streitigkeiten *Pl* querelles *fpl*

Streitkräfte *Pl* forces *fpl* armées **streitsüchtig** *adj* querelleur(-euse)

streng [ʃtrɛŋ] **I.** *adj* ① (*unnachsichtig*) sévère ② (*Anweisung, Winter*) rigoureux (-euse); (*Diät*) draconien(ne); (*Bettruhe*) absolu(e); (*Geruch*) pénétrant(e) **II.** *adv* ① (*bestrafen*) sévèrement ② (*strikt*) strictement ③ (*genau*) **~ genommen** à proprement parler

Strenge ['ʃtrɛŋə] <-> *f* sévérité *f*

strenggenommen *s.* **streng II.3.** **strenggläubig** *adj* très croyant(e)

Stress[RR] [ʃtrɛs] <-es, -e>, **Streß**[ALT] <-sses, -sse> *m meist Sing* stress *m*

stressen *vt fam* stresser

stressig *adj fam* stressant(e)

Streu [ʃtrɔy] <-> *f* litière *f*

streuen ['ʃtrɔyən] *vt* ① (*Dünger*) épandre; (*Mehl*) saupoudrer ② (*gegen Glätte schützen*) **die Straße ~** (*mit Sand/Salz*) sabler/saler la rue

streunen ['ʃtrɔynən] *vi + sein* (*Person*) vagabonder; **~de Hunde** des chiens errants

Streuselkuchen ['ʃtrɔyzəlku:xn] *m* tarte *f* fleurie (*avec des boules de farine et beurre*)

strich [ʃtrɪç] *Imp von* **streichen**

Strich [ʃtrɪç] <-[e]s, -e> *m* ① (*Linie*) trait *m*; (*schräg, senkrecht*) barre *f* ② (*Teilstrich einer Skala*) division *f* ③ *fam* (*Straßenstrich*) quartier *m* chaud; **auf den ~ gehen** faire le trottoir ▶**unterm ~** *fam* au bout du compte

Strichcode *m* code-barres *m* **Strichpunkt** *m* point-virgule *m*

Strick [ʃtrɪk] <-[e]s, -e> *m* corde *f*

stricken ['ʃtrɪkən] *vt, vi* tricoter

Strickjacke *f* gilet *m* **Strickleiter** *f* échelle *f* de corde **Stricknadel** *f* aiguille *f* à tricoter

striegeln *vt* étriller

Striemen ['ʃtri:mən] <-s, -> *m* marque *f* de coup de fouet/ceinture

strikt [ʃtrɪkt] *adj* (*Weigerung*) catégorique

strippen ['strɪpən] *vi fam* faire du strip[-]tease

Striptease ['strɪpti:s] <-> *m o nt* strip[-]tease *m*

stritt [ʃtrɪt] *Imp von* **streiten**

strittig ['ʃtrɪtɪç] *adj* (*Frage*) controversé(e); (*Fall*) litigieux(-euse)

Stroh [ʃtro:] <-[e]s> *nt* paille *f*

Strohhalm *m* ① (*Getreidehalm*) brin *m* de paille ② (*Trinkhalm*) paille *f* **Strohhut** *m* chapeau *m* de paille **Strohmann** <-männer> *m* homme *m* de paille (*péj*)

Strom [ʃtro:m, *Pl:* 'ʃtrœ:mə] <-[e]s, Ströme> *m* ① *kein Pl* **[elektrischer] ~** courant *m* [électrique] ② (*breiter Fluss*) fleuve *m* ③ *fig* (*von Besuchern*) flot *m*

stromabwärts *adv* en aval **stromaufwärts** *adv* en amont

Stromausfall *m* panne *f* de courant

strömen ['ʃtrø:mən] *vi + sein* ① **in das Becken ~** se déverser en grande quantité dans le bassin; **aus etw ~** (*Wasser, Gas*) s'échapper en grande quantité de qc ② (*eilen*) **ins Freie ~** affluer vers la sortie

Stromkabel *nt* câble *m* électrique **Stromkreis** *m* circuit *m* électrique **Stromleitung** *f* ligne *f* électrique **Stromnetz** *nt* réseau *m* électrique **Stromschnelle** *f meist Pl*

S

rapides *mpl* **Stromstärke** *f* intensité *f* du courant

Strömung <-, -en> *f* courant *m*

Stromzähler *m* compteur *m* électrique

Strophe ['ʃtro:fə] <-, -n> *f* strophe *f*

strubb[e]lig ['ʃtrʊbəlɪç] *adj* (*Haar*) ébouriffé(e); (*Fell*) hérissé(e)

Strudel ['ʃtru:dəl] <-s, -> *m* ❶ (*Wirbel*) tourbillon *m* ❷ GASTR strudel *m*

strudeln *vi* faire des tourbillons

Struktur [ʃtrʊk'tu:ɐ̯] *f* ❶ (*Gliederung*) structure *f* ❷ TEXTIL texture *f*

strukturieren* [ʃtrʊktu'ri:rən] *vt* structurer

Strukturierung <-, -en> *f* (*Struktur*) texture *f*

Strumpf [ʃtrʊmp͡f, *Pl:* 'ʃtrʏmp͡fə] <-[e]s, Strümpfe> *m* ❶ (*Kniestrumpf*) chaussette *f* ❷ (*Damenstrumpf*) bas *m*

Strumpfhose *f* collant *m*

Strunk <-[e]s, Strünke> *m* trognon *m*

struppig ['ʃtrʊpɪç] *adj* (*Haare*) hérissé(e); (*Fell*) dur(e)

Stube ['ʃtu:bə] <-, -n> *f* pièce *f* commune; **die gute ~** le salon

Stubenarrest *m fam* **~ bekommen/haben** être privé de sortie **stubenrein** *adj* (*Katze, Hund*) propre

Stuck [ʃtʊk] <-[e]s> *m* stuc *m*

Stück [ʃtʏk] <-[e]s, -e> *nt* ❶ morceau *m;* **etw in ~e reißen** déchirer qc en mille morceaux ❷ (*einer Schnur, Straße*) bout *m* ❸ (*eines Textes*) partie *f* ❹ (*wertvoller Gegenstand, Theaterstück*) pièce *f* ▶**aus freien ~en** de mon/ton/... propre chef; **das ist ein starkes ~!** *fam* c'est le bouquet!

Stückpreis *m* prix *m* à l'unité **stückweise** *adv* à la pièce **Stückzahl** *f* nombre *m* de pièces

Student(in) [ʃtu'dɛnt] <-en, -en> *m(f)* étudiant(e) *m(f)*

Studentenausweis *m* carte *f* d'étudiant **Studentenwohnheim** *nt* foyer *m* d'étudiants

studentisch *adj attr* (*Selbstverwaltung*) des étudiants

Studie ['ʃtu:diə] <-, -n> *f* étude *f*

Studien ['ʃtu:diən] *Pl von* **Studium**

Studienabschluss[RR] *m* diplôme *m* universitaire **Studiengang** *m* filière *f* universitaire **Studienplatz** *m* place *f* à l'université **Studienrat** *m*, **-rätin** *f* ≈ professeur *mf* certifié (*premier échelon des professeurs du secondaire*) **Studienreise** *f* voyage *f* d'études

studieren* [ʃtu'di:rən] **I.** *vi* faire des études [supérieures] **II.** *vt* ❶ **Philosophie ~** faire des études de philosophie ❷ (*genau betrachten*) étudier

Studio ['ʃtu:dio] <-s, -s> *nt* ❶ (*Aufnahmestudio, Wohnung*) studio *m* ❷ (*Atelier*) atelier *m*

Studium ['ʃtu:diʊm] <-s, Studien> *nt* ❶ études *fpl* [supérieures] ❷ *kein Pl* (*genaues Lesen*) étude *f*

Stufe ['ʃtu:fə] <-, -n> *f* ❶ (*einer Treppe*) marche *f;* (*einer Entwicklung*) phase *f;* (*eines Geräts*) vitesse *f* ❷ (*Niveau*) niveau *m*

Stufenschnitt *m* dégradé *m*

stufenweise *adv* par étapes

Stuhl [ʃtu:l, *Pl:* 'ʃty:lə] <-[e]s, Stühle> *m* ❶ chaise *f* ❷ (*Behandlungsstuhl*) fauteuil *m* ❸ REL **der Heilige ~** le Saint-Siège ❹ *form* (*~gang*) selles *fpl*

Stuhlbein *nt* pied *m* de chaise **Stuhlgang** *m kein Pl form* transit *m* intestinal **Stuhllehne** *f* dossier *m* de chaise

stülpen ['ʃtʏlpən] *vt* **eine Haube über etw** (*akk*) **~** recouvrir qc d'une housse

stumm [ʃtʊm] **I.** *adj* ❶ [**von Geburt an**] **~** muet(te) [de naissance] ❷ (*schweigsam*) **~ werden/sein** se taire/être silencieux ❸ (*Vorwurf, Konsonant*) muet(te); (*Blick*) taciturne **II.** *adv* silencieusement

Stummel ['ʃtʊməl] <-s, -> *m* (*Kerzenstummel*) lumignon *m;* (*Bleistiftstummel*) bout *m;* (*Gliedstummel*) moignon *m*

Stummfilm *m* film *m* muet

Stümper(in) ['ʃtʏmpɐ] <-s, -> *m(f) pej* branquignol *m* (*fam*)

Stümperei <-, -en> *f pej* (*stümperhafte Leistung*) travail *m* bâclé

stumpf [ʃtʊmp͡f] *adj* ❶ (*Klinge*) émoussé(e) ❷ (*Bleistift*) usé(e) ❸ (*Haare*) terne ❹ MATH (*Winkel*) obtus

Stumpf [ʃtʊmp͡f, *Pl:* 'ʃtʏmp͡fə] <-[e]s, Stümpfe> *m* (*Körperglied*) moignon *m*

Stumpfsinn *m kein Pl* ❶ (*geistige Trägheit*) hébétude *f* ❷ (*Stupidität*) stupidité *f* **stumpfsinnig** *adj* ❶ (*geistig träge*) hébété(e) ❷ (*Arbeit*) abrutissant(e)

Stunde ['ʃtʊndə] <-, -n> *f* ❶ heure *f;* **bis zur ~** à l'heure qu'il est; **~n geben** (*unterrichten*) donner des cours ❷ *meist Pl* (*Moment*) moment *m*

Stundengeschwindigkeit *f* vitesse *f* [horaire] **Stundenkilometer** *Pl* kilomètres-heure *mpl* **stundenlang** I. *adj* (*Verhandlung*) qui dure/durent des heures II. *adv* (*warten, herumlaufen*) [pendant] des heures **Stundenlohn** *m* salaire *m* horaire **Stundenplan** *m* emploi *m* du temps **stundenweise** *adv* (*arbeiten*) quelques heures

stündlich ['ʃtʏntlɪç] *adj, adv* toutes les heures

Stunk [ʃtʊŋk] <-s> *m fam* grabuge *m*

Stuntman ['stantmɛn, -wumən] <-s, -men> *m*, **-woman** *f* cascadeur(-euse) *m(f)*

Stupsnase *f* nez *m* retroussé

stur [ʃtuːɐ̯] I. *adj* ❶ (*dickköpfig*) entêté(e) ❷ (*Haltung*) borné(e) II. *adv* (*uneinsichtig*) obstinément

Sturheit <-> *f* obstination *f*

Sturm [ʃtʊrm, *Pl:* 'ʃtʏrmə] <-[e]s, Stürme> *m* ❶ (*starker Wind*) tempête *f* ❷ SPORT attaque *f*

stürmen ['ʃtʏrmən] I. *vi unpers + haben* **es stürmt** la tempête fait rage II. *vi + sein* (*rennen*) **zum Eingang** ~ se précipiter vers l'entrée III. *vt + haben* **etw** ~ prendre d'assaut qc

Stürmer(in) <-s, -> *m(f)* attaquant(e) *m(f)*

Sturmflut *f* raz[-]de[-]marée *m*

stürmisch ['ʃtʏrmɪʃ] I. *adj* (*Tag*) de tempête; (*Meer*) déchaîné(e); (*Begrüßung*) frénétique; **nicht so ~!** doucement! II. *adv* (*begrüßen*) frénétiquement

Sturmschaden *m meist Pl* dégâts *mpl* causés par la tempête

Sturz [ʃtʊrts, *Pl:* 'ʃtʏrtsə] <-es, Stürze> *m* ❶ chute *f* ❷ (*Fenstersturz*) linteau *m*

stürzen ['ʃtʏrtsən] I. *vi + sein* ❶ (*fallen*) tomber ❷ (*rennen*) **nach draußen** ~ bondir dehors ❸ POL **über etw** (*akk*) ~ (*Regierung*) être renversé à la suite de qc II. *vt + haben* ❶ **jdn aus dem Fenster** ~ précipiter qn par la fenêtre ❷ (*Regierung, Backform*) renverser III. *vr* ❶ **sich aus dem Fenster** ~ se jeter par la fenêtre ❷ *fig* **sich auf jdn/etw** ~ se précipiter sur qn/qc; **sich in Unkosten** (*akk*) ~ se lancer dans les dépenses

Sturzflug *m* vol *m* en piqué; **im** ~ en piqué **Sturzhelm** *m* casque *m* [de moto]

Stuss[RR] [ʃtʊs] <-es>, **Stuß**[ALT] <-sses> *m fam* connerie *f*

Stute ['ʃtuːtə] <-, -n> *f* jument *f*

Stütze ['ʃtʏtsə] <-, -n> *f* ❶ (*Gebäudeteil*) étai *m* ❷ (*Halt*) appui *m* ❸ (*seelischer Beistand*) soutien *m*

stutzen ['ʃtʊtsən] I. *vi* (*Person*) rester coi(te) II. *vt* (*Hecke, Bart*) tailler; (*Flügel*) couper

stützen ['ʃtʏtsən] I. *vt* ❶ (*physischen Halt geben*) **jdn** ~ (*Person*) soutenir qn; **etw** ~ (*Vorrichtung*) [servir à] maintenir qc ❷ (*Gebäude, Währung*) soutenir ❸ (*auf~*) **den Arm auf etw** (*akk*) ~ appuyer son bras sur qc ❹ (*Theorie*) étayer II. *vr* **sich auf jdn/etw** ~ *a. fig* s'appuyer sur qn/qc

stutzig *adj* ~ **werden** avoir des soupçons

Stützpunkt *m* MIL base *f* militaire

stylen ['stailən] *vt* (*Haare*) sculpter

s.u. *Abk von* **siehe unten** voir ci-dessous

Subjekt [zʊp'jɛkt] <-[e]s, -e> *nt* ❶ LING sujet *m* ❷ *pej* (*übler Mensch*) individu *m*

subjektiv [zʊpjɛk'tiːf] *adj* subjectif(-ive)

Subjektivität [zʊpjɛktivi'tɛːt] <-> *f* subjectivité *f*

Substantiv ['zʊpstantiːf] <-s, -e> *nt* substantif *m*

Substanz [zʊp'stants] <-, -en> *f* substance *f*

subtil [zʊp'tiːl] *adj geh* ❶ (*nuanciert*) subtil(e) ❷ (*kompliziert*) complexe

subtrahieren* [zʊptra'hiːrən] *vt, vi* soustraire

Subtraktion [zʊptrak'tsi̯oːn] <-, -en> *f* soustraction *f*

Subtropen ['zʊptroːpən] *Pl* GEO **die** ~ la zone subtropicale

subtropisch ['zʊptroːpɪʃ] *adj* subtropical(e)

Subvention [zʊpvɛn'tsi̯oːn] <-, -en> *f* subvention *f*

subventionieren* [zʊpvɛntsi̯o'niːrən] *vt* subventionner

subversiv [zʊpvɛr'ziːf] *geh adj* subversif(-ive)

Suchaktion *f* recherches *fpl*

Suche ['zuːxə] <-, -en> *f* **auf der** ~ **nach einer Wohnung sein** être à la recherche d'un logement

suchen ['zuːxən] I. *vt* chercher; **bei jdm Schutz** ~ chercher protection auprès de qn ►**er hat hier nichts zu ~!** *fam* il n'a rien à foutre ici! II. *vi* chercher; **nach jdm/etw** ~ être à la recherche de qn/qc

Sucher <-s, -> *m* viseur *m*

Suchmaschine *f* INFORM outil *m* de recherche

Sucht [zʊxt, *Pl:* 'zʏçtə] <-, Süchte> *f* ❶ MED dépendance *f*; (*Rauschgiftsucht*) toxicoma-

S

nie *f* ❷ (*starkes Verlangen*) manie *f*

süchtig ['zʏçtɪç] *adj* ❶ MED dépendant(e); (*rauschgift~*) toxicomane ❷ (*versessen*) ~ **nach etw sein** être avide de qc

Süchtige(r) *f(m) dekl wie adj* toxicomane *mf*

Südafrika *nt* l'Afrique *f* du Sud **Südafrikaner(in)** *m(f)* Sud-Africain(e) *m(f)* **südafrikanisch** *adj* sud-africain(e) **Südamerika** *nt* l'Amérique *f* du Sud **Südamerikaner(in)** *m(f)* Sud-Américain(e) *m(f)* **südamerikanisch** *adj* sud-américain(e) **süddeutsch** *adj* de l'Allemagne du Sud **Süddeutschland** *nt* l'Allemagne *f* du Sud

Le sud de l'Allemagne, **Süddeutschland**, est vallonné et bordé au sud par les Alpes. C'est une région à majorité catholique dont les deux plus grandes villes sont Munich et Stuttgart.

Süden ['zyːdən] <-s> *m* sud *m*; *s. a.* **Norden**

Südeuropa *nt* l'Europe *f* du Sud **Südeuropäer(in)** *m(f)* Européen(ne) *m(f)* du Sud **Südfrankreich** *nt* Midi *m* **südfranzösisch** *adj* du sud de la France **Südfrüchte** *Pl* fruits *mpl* exotiques **Südhalbkugel** *f* hémisphère *m* sud **Südkorea** ['zyːtkoreːa] <-s> *nt* la Corée du Sud **Südkoreaner(in)** ['zyːtkoreaːnɐ] *m(f)* Sud-Coréen(ne) *m(f)* **südkoreanisch** ['zyːtkoreaːnɪʃ] *adj* sud-coréen(ne) **Südküste** *f* côte *f* méridionale **Südländer(in)** <-s, -> *m(f)* Méditerranéen(ne) *m(f)* **südländisch** *adj* méditerranéen(ne)

südlich **I.** *adj* du sud *inv* **II.** *präp + gen* ~ **des Polarkreises** au sud du cercle polaire

Südosten *m* sud-est *m*; *s. a.* **Norden** **südöstlich** **I.** *adj* [situé(e) au] sud-est; **in ~er Richtung** en direction du sud-est **II.** *präp + gen* ~ **des Dorfs** au sud-est du village **Südpol** *m* **der** ~ le pôle Sud **Südsee** *f* **die** ~ les mers *fpl* du Sud **Südseite** *f* face *f* sud **Südtirol** *nt* le Tyrol du Sud **Südwesten** *m* sud-ouest *m*; *s. a.* **Norden** **südwestlich** **I.** *adj* [situé(e) au] sud-ouest; **in ~er Richtung** en direction du sud-ouest **II.** *präp + gen* ~ **des Flusses** au sud-ouest du fleuve **Südwind** *m* vent *m* du sud

Suff [zʊf] <-[e]s> *m fam* ivrognerie *f*

süffig ['zʏfɪç] *adj* agréable en bouche

Suffix ['zʊfɪks] <-es, -e> *nt* LING suffixe *m*

suggerieren* [zʊge'riːrən] *vt geh* **jdm etw** ~ suggérer qc à qn

Sühne ['syːnə] <-, -n> *f geh* expiation *f*

Suite ['sviːtə, zu'iːtə] <-, -n> *f a.* MUS suite *f*

Sulfat [zʊl'faːt] <-[e]s, -e> *nt* CHEM sulfate *m*

Sultan(in) ['zʊltaːn] <-s, -e> *m(f)* sultan(e) *m(f)*

Sülze ['zʏltsə] <-, -n> *f* ❶ (*Aspik*) gelée *f* ❷ (*Speise in Aspik*) aspic *m*

Summe ['zʊmə] <-, -n> *f* ❶ MATH total *m* ❷ FIN somme *f*

summen ['zʊmən] **I.** *vi* (*Person*) fredonner; (*Biene*) bourdonner **II.** *vt* (*Melodie*) fredonner

summieren* [zʊ'miːrən] *vr* **sich** ~ s'additionner

Sumpf [zʊmpf, *Pl:* 'zʏmpfə] <-[e]s, Sümpfe> *m* (*Morast*) marais *m*

sumpfig *adj* marécageux(-euse)

Sünde ['zʏndə] <-, -n> *f* ❶ REL péché *m* ❷ (*Fehltritt*) faute *f*

Sündenbock *m* bouc *m* émissaire **Sündenfall** *m kein Pl* **der** ~ la chute [originelle]

Sünder(in) <-s, -> *m(f)* pécheur(-eresse) *m(f)*

sündhaft *adj* ❶ REL (*Leben*) de péchés; (*Tat*) infâme ❷ *fam* (*Preis*) exorbitant(e)

sündig *adj* ❶ REL (*Leben*) de péchés; (*Tat*) infâme ❷ (*Blick*) vicieux(-euse)

sündigen *vi* REL pécher

super ['zuːpɐ] *fam* **I.** *adj inv* **ein ~ Film** un film super **II.** *adv* (*klingen*) super bien; ~ **schmecken** être super bon

Super <-s> *nt* super *m*

Superlativ ['zuːpɐlatiːf] <-[e]s, -e> *m* LING superlatif *m*

Supermarkt *m* supermarché *m*

Suppe ['zʊpə] <-, -n> *f* soupe *f*; **klare** ~ bouillon *m*

Suppengrün *nt* herbes *fpl* potagères **Suppenschüssel** *f* soupière *f* **Suppenteller** *m* assiette *f* creuse

Surfbrett *nt* surf *m*; (*Windsurfbrett*) planche *f* à voile

surfen ['sœːɐ̯fən] *vi a.* INFORM surfer; (*wind~*) faire de la planche à voile

Surfer(in) ['sœrfɐ] <-s, -> *m(f)* surfeur(-euse) *m(f)*; (*Windsurfer*) [véli]planchiste *mf*

Surrealismus [zʊrea'lɪsmʊs] <-> *m* surréalisme *m*

surren ['zʊrən] *vi + haben* (*Insekt, Stromleitung*) bourdonner; (*Ventilator*) ronronner

suspekt [zʊs'pɛkt] *adj geh* suspect(e)

suspendieren* [zʊspɛn'di:rən] *vt* **jdn vom Dienst ~** suspendre qn de service
süß [zy:s] *adj* ❶ (*Gericht, Getränk*) sucré(e); (*Wein*) doux(douce) ❷ (*Duft*) suave ❸ (*Kind*) mignon(ne)
Süße(r) *f(m) dekl wie adj* [**mein**] **~r**/[**meine**] **~** [mon] chéri/[ma] chérie
süßen *vt, vi* sucrer
Süßholz ▶**~ raspeln** *fam* passer de la pommade à qn
Süßigkeit <-, -en> *f meist Pl* sucrerie *f*
süßlich *adj* (*Geschmack*) douceâtre
süßsauer[RR] ['zy:s'zaʊɐ] *adj* (*Speise*) aigre-doux(douce) **Süßspeise** *f* entremets *m* [sucré] **Süßstoff** *m* aspartam[e] *m* **Süßwasser** *nt* eau *f* douce
Sweatshirt ['swɛtʃœ:t] <-s, -s> *nt* sweat-shirt *m*
Swimmingpool ['svɪmɪŋpu:l] <-s, -s> *m* piscine *f*
Symbiose [zʏmbi'o:zə] <-, -n> *f* symbiose *f*
Symbol [zʏm'bɔ:l] <-s, -e> *nt* symbole *m*
symbolisch *adj* symbolique
symbolisieren* [zʏmbolizi:rən] *vt* symboliser
Symmetrie [zʏme'tri:] <-, -n> *f* symétrie *f*
symmetrisch [zʏ'me:trɪʃ] *adj* symétrique
Sympathie [zʏmpa'ti:] <-, -en> *f* sympathie *f*
sympathisch [zʏm'pa:tɪʃ] *adj* ❶ (*Mensch*) sympathique ❷ (*Vorstellung*) réjouissant(e)
sympathisieren* [zʏmpati'zi:rən] *vi* **mit jdm ~** sympathiser avec qn
Symphonie [zʏmfo'ni:] *s.* **Sinfonie**
Symposium [zʏm'po:ziʊm] <-s, Symposien> *nt* symposium *m*
Symptom [zʏmp'to:m] <-s, -e> *nt* symptôme *m*
symptomatisch [zʏmpto'ma:tɪʃ] *adj geh* symptomatique
Synagoge [zyna'go:gə] <-, -n> *f* synagogue *f*
synchron [zʏn'kro:n] *geh* **I.** *adj* (*Übersetzung*) simultané(e); (*Bewegung*) synchrone **II.** *adv* **~ zu etw verlaufen** se dérouler parallèlement à qc
Synchronisation [zʏnkroniza'tsi̯o:n] <-, -en> *f* doublage *m*
synchronisieren* [zʏnkroni'zi:rən] *vt* (*Film*) doubler
Syndrom [zʏn'dro:m] <-s, -e> *nt* syndrome *m*
Synode [zy'no:də] <-, -n> *f* synode *m*
Synonym <-s, -e> *nt* synonyme *m*
syntaktisch [zʏn'taktɪʃ] *adj* syntaxique
Syntax <-, -en> *f* LING syntaxe *f*
Synthese [zʏn'te:zə] <-, -n> *f* synthèse *f*
Synthesizer ['zʏntəsaizɐ] <-s, -> *m* synthétiseur *m*
Synthetik [zʏn'te:tɪk] <-s> *nt* synthétique *m*
synthetisch [zʏn'te:tɪʃ] *adj* CHEM, MED synthétique
Syphilis ['zy:filɪs] <-> *f* syphilis *f*
Syrer(in) ['zy:rɐ] <-s, -> *m(f)* Syrien(ne) *m(f)*
Syrien ['zy:riən] <-s> *nt* la Syrie
syrisch *adj* syrien(ne)
System [zʏs'te:m] <-s, -e> *nt* ❶ système *m* ❷ ÖKOL **duales ~** *système de recyclage*
systematisch [zʏste'ma:tɪʃ] **I.** *adj* (*Arbeit*) méthodique; (*Beeinflussung*) systématique **II.** *adv* systématiquement
systematisieren* [zʏstemati'zi:rən] *vt* systématiser
Szene ['stse:nə] <-, -n> *f* ❶ (*Theaterszene*) scène *f* ❷ (*Bereich*) milieux *mpl*

Tt

T, t [te:] <-, -> *nt* T *m*/t *m*
Tabak ['tabak] <-s, -e> *m* tabac *m*
tabellarisch [tabɛ'la:rɪʃ] *adj, adv* sous forme de tableau
Tabelle [ta'bɛlə] <-, -n> *f* tableau *m*
Tabellenkalkulationsprogramm *nt* INFORM tableur *m*
Tablett [ta'blɛt] <-[e]s, -s> *nt* plateau *m*
Tablette [ta'blɛtə] <-, -n> *f* comprimé *m*
tablettensüchtig *adj* pharmacodépendant(e)
tabu [ta'bu:] *adj inv* **~ sein** être tabou *inv*
Tabu <-s, -s> *nt geh* tabou *m*
tabuisieren* [tabui'zi:rən] *vt* tabouiser
Tabulator [tabu'la:tɔr] <-s, -toren> *m* tabulateur *m*
Tabulator-Taste *f* touche *f* Tabulation
Tacho ['taxo] <-s, -s> *m fam*, **Tachometer** *m o nt* compteur *m* de vitesse
Tadel ['ta:dəl] <-s, -> *m* réprimande *f*
tadellos *adj* impeccable

tadeln *vt* blâmer; **jdn für etw ~** réprimander qn pour qc
Tafel ['ta:fəl] <-, -n> *f* ❶ (*Wandtafel*) tableau *m* ❷ (*Gedenktafel*) plaque *f* ❸ (*rechteckiges Stück*) **eine ~ Schokolade** une tablette de chocolat ❹ *form* (*Tisch*) table *f*
Taft [taft] <-[e]s, -e> *m* taffetas *m*
Tag [ta:k] <-[e]s, -e> *m* ❶ jour *m;* **der ~ X** le jour J; **der Jüngste ~** REL le Jugement dernier; **guten ~!** bonjour!; **es ist ~** il fait jour; **bei ~[e]** de jour; **auf den ~ [genau]** au jour près ❷ (*~esverlauf*) journée *f;* **am ~** dans la journée; **den ganzen ~ [lang]** toute la journée ▸**an den ~ kommen** éclater au grand jour
tagaus [ta:k'ʔaus] *adv* ▸**~, tagein** jour après jour
Tagebau <-baue> *m* mine *f* à ciel ouvert **Tagebuch** *nt* journal *m* [intime]
tagelang **I.** *adj* qui dure des jours entiers **II.** *adv* [pendant] des journées entières
tagen ['ta:gən] **I.** *vi unpers geh* **es tagt** le jour point **II.** *vi* (*konferieren*) siéger
Tagesanbruch *m* lever *m* du jour **Tageskarte** *f* GASTR menu *m* du jour **Tageslicht** *nt kein Pl* lumière *f* du jour **Tagesmutter** *f* nourrice *f* **Tagesordnung** *f* ordre *m* du jour

> Le **Tagesschau** est le journal d'informations nationales. Il est diffusé tous les soirs à 20 heures sur la première chaîne de télévision nationale allemande, *ARD*, depuis 1952.

Tageszeit *f* moment *m* de la journée **Tageszeitung** *f* quotidien *m*
tageweise *adv* à la journée
täglich ['tɛ:klɪç] *adj* quotidien(ne)
tagsüber *adv* pendant la journée
tagtäglich ['ta:k'tɛ:klɪç] **I.** *adj* quotidien(ne) **II.** *adv* tous les jours [sans exception]
Tagung <-, -en> *f* congrès *m*
Taifun [tai'fu:n] <-s, -e> *m* typhon *m*
Taille ['taljə] <-, -n> *f* taille *f*
Takelage [takə'la:ʒə] <-, -n> *f* gréement *m*
Takt [takt] <-[e]s, -e> *m* ❶ MUS mesure *f;* **im ~** en mesure ❷ *kein Pl* (*Feingefühl*) tact *m*
Taktgefühl *nt* tact *m,* délicatesse *f*
taktieren* *vi* user de tactique; **geschickt ~** user d'une habile tactique
Taktik ['taktɪk] <-, -en> *f* tactique *f*
Taktiker(in) <-s, -> *m(f)* tacticien(ne) *m(f)*
taktisch **I.** *adj* tactique **II.** *adv* (*vorgehen*) tactiquement; (*klug*) d'un point de vue tactique
taktlos **I.** *adj* dénué(e) de tact **II.** *adv* sans [le moindre] tact
Taktstock *m* baguette *f* [de chef d'orchestre]
taktvoll **I.** *adj* plein(e) de tact **II.** *adv* avec tact
Tal [ta:l, *Pl:* 'tɛ:lɐ] <-[e]s, Täler> *nt* vallée *f*
Talar [ta'la:ɐ̯] <-s, -e> *m* toge *f*
Talent [ta'lɛnt] <-[e]s, -e> *nt* talent *m*
talentiert [talɛn'ti:ɐ̯t] *adj* (*Person*) qui a du talent
Talg [talk] <-[e]s, -e> *m* ❶ BIO sébum *m* ❷ GASTR suif *m*
Talisman ['ta:lɪsman] <-s, -e> *m* talisman *m*
Talkshow[RR] ['tɔ:kʃo:] <-, -s> *f* talk-show *m*
Talsperre *f* barrage *m*
Tamburin ['tamburi:n] <-s, -e> *nt* tambourin *m*
Tampon ['tampɔn] <-s, -s> *m* tampon *m*
Tandem ['tandɛm] <-s, -s> *nt* tandem *m;* **~ fahren** faire du tandem
Tang [taŋ] <-[e]s, -e> *m* varech *m*
Tangente [taŋ'gɛntə] <-, -n> *f* ❶ MATH tangente *f* ❷ (*Straße*) rocade *f*
tangieren* [taŋ'gi:rən] *vt geh* ❶ (*streifen*) effleurer ❷ (*betreffen*) toucher
Tango ['taŋgo] <-s, -s> *m* tango *m*
Tank [taŋk] <-s, -s> *m* ❶ (*Benzintank*) réservoir *m* ❷ (*Flüssigkeitsbehälter*) citerne *f*
tanken **I.** *vi* prendre de l'essence **II.** *vt* ❶ **zehn Liter/bleifrei ~** prendre dix litres [d'essence]/du sans plomb; **voll ~** (*Auto*) faire le plein de ❷ *fig fam* **frische Luft ~** faire le plein d'air frais
Tanker <-s, -> *m* pétrolier *m*
Tankfüllung *f* plein *m* **Tankstelle** *f* station-service *f* **Tankwart(in)** *m(f)* pompiste *mf*
Tanne ['tanə] <-, -n> *f* sapin *m*
Tannenbaum *m* sapin *m* [de Noël] **Tannennadel** *f* aiguille *f* de sapin **Tannenzapfen** *m* pomme *f* de pin
Tante ['tantə] <-, -n> *f* tante *f*
Tante-Emma-Laden [tantə'ɛmala:dən] *m fam* petite épicerie *f* [du coin]
Tantieme [tã'tie:mə, tã'tiɛ:me] <-, -n> *f meist Pl* ❶ (*Gewinnbeteiligung*) tantième *m* ❷ (*Autorenhonorar*) droits *mpl* d'auteur
Tanz [tants, *Pl:* 'tɛntsə] <-es, Tänze> *m*

❶ danse *f*; **jdn zum ~ auffordern** inviter qn à danser ❷ (*~veranstaltung*) bal *m*

Tanzabend *m* soirée *f* dansante

tänzeln ['tɛntsəln] *vi* + *haben o sein* (*Boxer*) sautiller; (*Pferd*) piaffer

tanzen [tantsən] *vt, vi* danser

Tänzer(in) ['tɛntsɐ] <-s, -> *m(f)* danseur (-euse) *m(f)*

Tanzfläche *f* piste *f* [de danse] **Tanzkurs** *m* cours *m* de danse **Tanzpartner(in)** *m(f)* cavalier(-ière) *m(f)* **Tanzschule** *f* école *f* de danse

Tapete [ta'pe:tə] <-, -n> *f* papier *m* peint

Tapetenwechsel *m fam* changement *m* d'air

tapezieren* [tape'tsi:rən] *vt* tapisser

tapfer ['tapfɐ] **I.** *adj* (*Person*) brave; (*Verhalten*) courageux(-euse) **II.** *adv* avec bravoure

Tapferkeit <-> *f* bravoure *f*

tappen ['tapən] *vi*, **tapsen** ['tapsən] *vi fam* + *sein* avancer à tâtons

tapsig *fam adj* pataud(e)

Tarantel <-, -n> *f* tarentule *f*

Tarif [ta'ri:f] <-[e]s, -e> *m* ❶ accord *m* salarial ❷ (*Gebühr*) tarif *m*

Tarifgruppe *f* groupe *m* tarifaire **Tariflohn** *m* salaire *m* contractuel **Tarifverhandlungen** *Pl* négociations *fpl* sur la convention collective **Tarifvertrag** *m* convention *f* collective

tarnen ['tarnən] **I.** *vt* camoufler **II.** *vr* **sich als etw ~** se camoufler en qc

Tarnfarbe *f* peinture *f* de camouflage

Tarnung <-> *f kein Pl* camouflage *m*

Tasche ['taʃə] <-, -n> *f* ❶ (*an der Kleidung*) poche *f* ❷ (*Tragetasche*) sac *m*

Taschenbuch *nt* livre *m* de poche **Taschendieb(in)** *m(f)* pickpocket *mf* **Taschengeld** *nt* argent *m* de poche **Taschenlampe** *f* lampe *f* de poche **Taschenmesser** *nt* canif *m* **Taschenrechner** *m* calculette *f* **Taschentuch** *nt* mouchoir *m*

Tasse ['tasə] <-, -n> *f* tasse *f*

Tastatur [tasta'tu:ɐ] <-, -en> *f* clavier *m*

Taste ['tastə] <-, -n> *f* touche *f*

tasten ['tastən] **I.** *vi* **nach etw ~** chercher qc à tâtons **II.** *vr* **sich zur Tür ~** avancer en tâtonnant vers la porte **III.** *vt* (*Schwellung*) sentir en palpant

Tasteninstrument *nt* instrument *m* à clavier **Tastentelefon** *nt* téléphone *m* à touches

Tastsinn *m kein Pl* toucher *m*

tat [ta:t] *Imp von* **tun**

Tat [ta:t] <-, -en> *f* ❶ acte *m* ❷ (*Straftat*) délit *m* ▶**in der ~!** effectivement!

Tatbestand *m* état *m* de fait

tatenlos **I.** *adj* inactif(-ive) **II.** *adv* sans rien faire

Täter(in) ['tɛ:tɐ] <-s, -> *m(f)* coupable *mf*

tätig ['tɛ:tɪç] *adj* ❶ (*berufs~*) **als etw ~ sein** être employé comme qc ❷ (*Person*) actif (-ive)

tätigen *vt form* (*Einkäufe*) effectuer; (*Anruf*) passer

Tätigkeit <-, -en> *f* activité *f*

Tatkraft *f kein Pl* dynamisme *m* **tatkräftig** **I.** *adj* dynamique, énergique **II.** *adv* activement **Tatort** *m* lieu *m* du crime

tätowieren* [tɛto'vi:rən] *vt* tatouer

Tätowierung <-, -en> *f* tatouage *m*

Tatsache *f* fait *m*

tatsächlich **I.** *adj attr* (*Ereignis*) réel(le); (*Grund*) véritable **II.** *adv* ❶ (*in Wirklichkeit*) en réalité ❷ (*wirklich*) réellement

tätscheln ['tɛtʃəln] *vt* tapoter [affectueusement]

Tatze ['tatsə] <-, -n> *f* ZOOL patte *f*

Tau[1] [taʊ] <-[e]s> *m* METEO rosée *f*

Tau[2] <-[e]s, -e> *nt* NAUT cordage *m*

taub [taʊp] *adj* ❶ sourd(e) ❷ (*Körperteil*) insensible

Taube ['taʊbə] <-, -n> *f* pigeon *m*

Taubenschlag *m* pigeonnier *m*

Taubheit <-> *f* ❶ surdité *f* ❷ (*von Gliedmaßen*) insensibilité *f*

taubstumm *adj* sourd(e)-muet(te) **Taubstumme(r)** *f(m) dekl wie adj* sourd-muet (sourde-muette) *m(f)*

tauchen ['taʊxən] **I.** *vi* + *haben o sein* plonger **II.** *vt* + *haben* **jdn/etw in etw** (*akk*) **~** plonger qn/qc dans qc

Taucher(in) <-s, -> *m(f)* plongeur(-euse) *m(f)*

Taucherbrille *f* lunettes *fpl* de plongée

tauen ['taʊən] **I.** *vi unpers* + *haben* dégeler **II.** *vi* + *sein* fondre

Taufe ['taʊfə] <-, -n> *f* baptême *m*

taufen *vt* **jdn ~** baptiser qn

Taufpate *m*, **-patin** *f* parrain *m*/marraine *f*

taufrisch *adj* humide de rosée

taugen ['taʊgən] *vi* **etwas ~** (*Person*) être bon à quelque chose; (*Sache*) valoir quelque chose

Taugenichts <-[es], -e> *m pej* propre *mf* à rien
tauglich *adj* ❶ ~ **sein** convenir ❷ MIL apte [au service militaire]
Taumel ['taumәl] <-s> *m* ❶ vertige *m* ❷ (*Überschwang*) ivresse *f*
taumeln *vi + sein* chanceler
Tausch [tauʃ] <-[e]s, -e> *m* échange *m*
tauschen **I.** *vt* échanger **II.** *vi* faire un échange
täuschen ['tɔyʃәn] *vt, vi, vr* [**sich**] **täuschen** [se] tromper
täuschend **I.** *adj* trompeur(-euse) **II.** *adv* **jdm ~ ähnlich sehen** ressembler à s'y méprendre à qn
Tauschhandel *m kein Pl* (*das Handeln*) [commerce *m* de] troc *m*
Täuschung <-, -en> *f* ❶ tromperie *f;* (*beim Examen*) fraude *f* ❷ (*Irrtum*) erreur *f;* **optische ~** illusion *f* d'optique
Täuschungsmanöver *nt* feinte *f*
tausend ['tauzәnt] *num* ❶ mille; *s. a.* **acht** ❷ *fam* (*viele*) [tout] un tas de
Tausend <-, -en> *f* (*die Zahl 1000*) mille *m*
Tausender <-s, -> *m* ❶ *fam* (*Geldschein*) billet *m* de mille ❷ MATH millier *m*
Tausendfüßler ['tauzәntfy:slɐ] <-s, -> *m* mille-pattes *m*
tausendjährig *adj attr* ❶ (*tausend Jahre alt*) millénaire ❷ (*tausend Jahre dauernd*) de mille ans **tausendmal** *adv* ❶ mille fois; *s. a.* **achtmal** ❷ *fam* (*vielmals*) des tas et des tas de fois
tausendste(r, s) *adj* millième; *s. a.* **achte (r, s)**
tausendstel *adj* millième *m; s. a.* **achtel**
Tautropfen *m* goutte *f* de rosée **Tauwetter** *nt a. fig* dégel *m*
Tauziehen *nt* tir *m* à la corde
Taxe ['taksә] <-, -n> *f* ❶ (*Kurtaxe*) taxe *f* de séjour ❷ (*Schätzwert*) estimation *f*
Taxi ['taksi] <-s, -s> *nt* taxi *m*
Taxifahrer(in) *m(f)* chauffeur *m* de taxi **Taxistand** *m* station *f* de taxis
Team [ti:m] <-s, -s> *nt* équipe *f*
Teamarbeit *f* travail *m* d'équipe
Technik ['tɛçnɪk] <-> *f kein Pl* ❶ technique *f* ❷ (*einer Maschine*) technologie *f*
Techniker(in) <-s, -> *m(f)* technicien(ne) *m(f)*
technisch **I.** *adj* technique **II.** *adv* sur le plan technique
Techno ['tɛkno] <-(s)> *m o nt* MUS techno *m*
Technologie <-, -n> *f* technologie *f*
technologisch *adj* technologique
Teddybär ['tɛdibɛ:ɐ̯] *m* ours *m* en peluche
Tee [te:] <-s, -s> *m* ❶ [**schwarzer**] ~ thé *m* [noir] ❷ (*Kräutertee*) tisane *f* ❸ (*~strauch*) thé[ier] *m*
Teebeutel *m* sachet *m* de thé **Teekanne** *f* théière *f* **Teelicht** *nt* bougie *f* à chauffe-plat **Teelöffel** *m* ❶ petite cuillère *f* ❷ (*Menge*) **ein ~ Zucker** une cuillerée à café de sucre
Teenager ['ti:nɛɪdʒɐ] <-s, -> *m* teenager *mf*
Teenie ['ti:ni] <-s, -s> *m fam* ado *mf*
Teer [te:ɐ̯] <-[e]s, -e> *m* goudron *m*
teeren ['te:rәn] *vt* goudronner
Teestube *f* salon *m* de thé **Teetasse** *f* tasse *f* à thé
Teich [taiç] <-[e]s, -e> *m* étang *m*
Teig [taik] <-[e]s, -e> *m* pâte *f*
Teigwaren *Pl* pâtes *fpl* [alimentaires]
Teil[1] [tail] <-[e]s, -e> *m o nt* ❶ partie *f* ❷ (*An~*) part *f;* **ich für meinen ~** en ce qui me concerne
Teil[2] <-[e]s, -e> *nt* (*eines Geräts*) pièce *f*
teilbar *adj* **durch zehn ~** divisible par dix
Teilchen ['tailçәn] <-s, -> *nt* PHYS particule *f*
teilen **I.** *vt* ❶ (*auf~*) **sich** (*dat*) **etw ~** se partager qc ❷ MATH **durch vier ~** diviser par quatre ❸ (*mitfühlen*) **Freude mit jdm ~** prendre part à la joie de qn; **jds Schicksal ~** subir le même sort que qn **II.** *vr* **sich ~** se séparer **III.** *vi* partager
teil|haben *vi irr* prendre part **Teilhaber(in)** <-s, -> *m(f)* associé(e) *m(f)*
Teilnahme ['tailna:mә] <-, -n> *f* participation *f*
teilnahmslos **I.** *adj* indifférent(e) **II.** *adv* avec indifférence
teil|nehmen *vi irr* participer
Teilnehmer(in) <-s, -> *m(f)* ❶ participant(e) *m(f)* ❷ TELEC abonné(e) *m(f)*
teils *adv* en partie; **~, ~** *fam* oui et non
Teilstrecke *f* section *f*
Teilung <-, -en> *f* ❶ *kein Pl* partage *m* ❷ (*das Geteiltsein*) division *f*
teilweise **I.** *adv* partiellement **II.** *adj attr* partiel(le)
Teilzahlung *f* **auf ~** à crédit
Teilzeitarbeit *f* travail *m* à temps partiel **teilzeitbeschäftigt** *adj* employé(e) à temps partiel
Teint [tɛ̃:] <-s, -s> *m* teint *m*

Telearbeit *f* télétravail *m*
Telefax ['te:lefaks] *nt* fax *m*
Telefon [tele'fo:n] <-s, -e> *nt* téléphone *m*
Telefonanlage *f* installation *f* téléphonique **Telefonanruf** *m* appel *m* téléphonique **Telefonanschluss**RR *m* ligne *f* téléphonique
Telefonat [telefo'na:t] <-[e]s, -e> *nt form* communication *f* téléphonique
Telefonbuch *nt* annuaire *m* [téléphonique] **Telefongespräch** *nt* conversation *f* téléphonique
telefonieren* [telefo'ni:rən] *vi* **mit jdm ~** téléphoner à qn
telefonisch [tele'fo:nɪʃ] **I.** *adj* téléphonique **II.** *adv* par téléphone
Telefonkarte *f* carte *f* de téléphone **Telefonkonferenz** *f* multiplexe *m* **Telefonleitung** *f* ligne *f* [téléphonique] **Telefonnummer** *f* numéro *m* de téléphone **Telefonsex** *m fam* amour *m* au téléphone **Telefonverbindung** *f* liaison *f* [téléphonique] **Telefonzelle** *f* cabine *f* téléphonique
Telegraf [tele'gra:f] <-en, -en> *m* télégraphe *m*
telegrafieren* [telegra'fi:rən] **I.** *vi* envoyer un télégramme **II.** *vt* télégraphier
telegrafisch [tele'gra:fɪʃ] *adj* télégraphique, par télégramme
Telegramm [tele'gram] <-gramme> *nt* télégramme *m*
Telekommunikation *f* télécommunications *fpl*
Teleobjektiv ['te:leʔɔpjɛkti:f] *nt* téléobjectif *m*
Teleshopping ['te:leʃɔpɪŋ] <-s> *nt* téléachat *m*
Teleskop [tele'sko:p] <-s, -e> *nt* télescope *m*
Telespiel ['te:leʃpi:l] *nt* jeu *m* vidéo
Telex ['te:lɛks] <-, -e> *nt* télex *m*
Teller ['tɛlɐ] <-s, -> *m* assiette *f*
Tellerwäscher(in) *m(f)* plongeur(-euse) *m(f)*
Tempel ['tɛmpəl] <-s, -> *m* temple *m*
Temperament [tɛmp(ə)ra'mɛnt] <-[e]s, -e> *nt* tempérament *m*
temperamentvoll **I.** *adj* plein(e) de tempérament **II.** *adv* avec ferveur
Temperatur [tɛmpəra'tu:ɐ̯] <-, -en> *f a.* MED température *f*
Tempo ['tɛmpo] <-s, -s> *nt* ❶ vitesse *f* ❷ MUS tempo *m*
Tempolimit *nt* limitation *f* de vitesse

> Dans les centres-villes allemands, la vitesse est limitée à 50 km/h, comme en France, mais dans toutes les zones résidentielles et semi-piétonnes, elle est limitée à 30 km/h. C'est ce que l'on appelle la *Dreißiger Zone*. Sur les autoroutes, la vitesse n'est pas limitée, sauf sur certaines portions à problème où la **Tempolimit** se situe entre 110 et 120 km/h. Afin de contrôler la vitesse, des radars fixes sont installés aux endroits les plus dangereux pour les automobilistes. Mais il y a aussi des radars mobiles et certaines stations de radio signalent leur emplacement régulièrement.

Tendenz [tɛn'dɛnts] <-, -en> *f* tendance *f*
tendenziell [tɛndɛn'tsi̯ɛl] *adj* **eine ~e Verbesserung** une tendance à l'amélioration
tendenziös *pej adj* tendancieux(-euse)
tendieren* [tɛn'di:rən] *vi* **zu etw ~** avoir tendance à qc; **dazu ~ etw zu tun** être enclin à faire qc
Tennis ['tɛnɪs] <-> *nt* tennis *m*
Tennisball *m* balle *f* de tennis **Tennisplatz** *m* court *m* de tennis **Tennisschläger** *m* raquette *f* de tennis
Tenor1 ['te:nɔr] <-s> *m* fond *m*
Tenor2 [te'no:ɐ̯] <-s, Tenöre> *m* MUS ténor *m*
Teppich ['tɛpɪç] <-s, -e> *m* tapis *m*
Teppichboden *m* moquette *f* **Teppichklopfer** <-s, -> *m* tapette *f* [à tapis]
Termin [tɛr'mi:n] <-s, -e> *m* ❶ (*Uhrzeit*) rendez-vous *m*; **sich** (*dat*) **einen ~ geben lassen** prendre rendez-vous ❷ (*Datum*) date *f*
Terminal1 ['tœ:minəl] <-s, -s> *nt* INFORM terminal *m*
Terminal2 <-s, -s> *nt o m* AVIAT, NAUT terminal *m*
termingerecht *adj, adv* dans les délais **Terminkalender** *m* agenda *m*
Terminologie [tɛrminolo'gi:] <-, -n> *f* terminologie *f*
Terminplan *m* planning *m*
Terpentin [tɛrpɛn'ti:n] <-s, -e> *nt o* A *m* térébenthine *f*
Terrakotta [tɛra'kɔta] <-, -kotten> *f* terre *f* cuite
Terrasse [tɛ'rasə] <-, -n> *f* terrasse *f*

T

territorial [tɛritori'aːl] *adj* territorial(e)
Territorium [tɛri'toːriʊm] <-s, -rien> *nt* territoire *m*
Terror ['tɛroːɐ̯] <-s> *m* terrorisme *m*
Terroranschlag *m* attentat *m* terroriste
terrorisieren* [tɛrori'ziːrən] *vt* terroriser
Terrorismus [tɛro'rɪsmʊs] <-> *m* terrorisme *m*
Terrorist(in) [tɛro'rɪst] <-en, -en> *m(f)* terroriste *mf*
terroristisch *adj* terroriste
Terz [tɛrts] <-, -en> *f* tierce *f*
Tesafilm® ['teːzafɪlm] *m* scotch® *m*
Test [tɛst] <-[e]s, -s> *m* test *m*
Testament [tɛsta'mɛnt] <-[e]s, -e> *nt* ① testament *m* ② REL **das Alte/Neue ~** l'Ancien/le Nouveau Testament
testamentarisch [tɛstamɛn'taːrɪʃ] **I.** *adj* testamentaire **II.** *adv* par testament
testen ['tɛstən] *vt* tester
Tetanus ['tɛtanʊs] <-> *m* tétanos *m*
teuer ['tɔyɐ] **I.** *adj* cher(chère) **II.** *adv* cher ▸**jdn ~ zu stehen kommen** coûter cher à qn
Teufel ['tɔyfəl] <-s, -> *m* ① *kein Pl* diable *m* ② (*böser Mensch*) démon *m* ▸**weiß der ~, ...!** *fam* ..., Dieu seul le sait!
Teufelskreis *m* cercle *m* vicieux
teuflisch ['tɔyflɪʃ] *adj* diabolique
Text [tɛkst] <-[e]s, -e> *m* texte *m*
Textdatei *f* INFORM fichier-texte *m*
texten ['tɛkstən] *vt* (*Schlager*) composer; (*Slogan*) écrire
Textilien [tɛks'tiːliən] *Pl* [matières *fpl*] textiles *mpl*
Textilindustrie *f* industrie *f* textile
Textmarker *m* surligneur *m* **Textverarbeitungsprogramm** *nt* [programme *m* de] traitement *m* de texte
Thailand ['taɪ̯lant] *nt* la Thaïlande
Thailänder(in) ['taɪ̯lɛndɐ] <-s, -> *m(f)* Thaïlandais(e) *m(f)*
thailändisch **I.** *adj* thaïlandais(e) **II.** *adv* **~ miteinander sprechen** discuter en thaïlandais
Thailändisch <-[s]> *nt kein art* thaïlandais *m; s. a.* **Deutsch**
Theater [te'aːtɐ] <-s, -> *nt* théâtre *m;* **~ spielen** faire du théâtre
Theateraufführung *f* représentation *f* théâtrale **Theaterstück** *nt* pièce *f* de théâtre
theatralisch [tea'traːlɪʃ] *adj* théâtral(e)
Theke ['teːkə] <-, -n> *f* bar *m;* (*Ladentisch*) comptoir *m*
Thema ['teːma] <-s, Themen> *nt* sujet *m* ▸**für jdn kein ~ sein** être hors de question pour qn
Themen *Pl von* **Thema**
Themse ['tɛmzə] <-> *f* **die ~** la Tamise
Theologe [teo'loːgə] <-n, -n> *m,* **Theologin** *f* théologien(ne) *m(f)*
Theologie [teolo'giː] <-, -n> *f* théologie *f*
theoretisch [teo'reːtɪʃ] *adj* théorique
Theorie [teo'riː] <-, -n> *f* théorie *f*
Therapeut(in) [tera'pɔyt] <-en, -en> *m(f)* thérapeute *mf*
Therapie [tera'piː] <-, -n> *f* thérapie *f*
Thermalbad [tɛr'maːlbaːt] *nt* bain *m* thermal
Thermometer [tɛrmo'meːtɐ] <-s, -> *nt* thermomètre *m*
Thermosflasche® ['tɛrmɔsflaʃe] *f* [bouteille *f*] thermos® *f*
Thermostat [tɛrmo'staːt] <-es, -e[n]> *m* thermostat *m*
These ['teːzə] <-, -n> *f geh* thèse *f*
Thriller ['θrɪlɐ] <-s, -> *m* thriller *m*
Thrombose [trɔm'boːzə] <-, -n> *f* thrombose *f*
Thron [troːn] <-[e]s, -e> *m* trône *m*
thronen *vi* trôner
Thronfolger(in) <-s, -> *m(f)* prétendant(e) *m(f)* au trône
ThunfischALT *s.* **Tunfisch**
Thüringen ['tyːrɪŋən] <-s> *nt* la Thuringe
Thymian ['tyːmiaːn] <-s, -e> *m* thym *m*
Tick [tɪk] <-[e]s, -s> *m fam* MED tic *m* nerveux
ticken ['tɪkən] *vi* faire tic-tac
Ticket ['tɪkət] <-s, -s> *nt* billet *m*
tief [tiːf] **I.** *adj* ① profond(e); (*Schnee*) épais(se); **hundert Meter ~** de cent mètres de profondeur ② (*Temperatur*) bas(se) ③ (*Stimme*) grave ④ (*Schlaf*) profond(e); (*Blau*) foncé(e) **II.** *adv* ① (*tauchen*) profondément; (*bohren*) en profondeur; **~ fallen** tomber de haut ② (*hängen*) bas ③ (*sitzen*) en profondeur ④ (*empfinden, atmen*) profondément
Tief <-[e]s, -e> *nt a.* METEO dépression *f*
Tiefbau *m kein Pl* travaux *mpl* publics [en sous-sol] **Tiefdruck** *m kein Pl* ① METEO basses pressions *fpl* ② TYP impression *f* en creux, hélio[gravure] *f* **Tiefdruckgebiet** *nt*

zone *f* de basse pression
Tiefe ['ti:fə] <-, -n> *f* profondeur *f*
Tiefenschärfe *f* profondeur *f* de champ
Tiefgang *m kein Pl* ❶ NAUT tirant *m* d'eau ❷ *fig* profondeur *f* **Tiefgarage** [-gara:ʒə] *f* parking *m* souterrain **tiefgekühlt** *adj* congelé(e) **tiefgründig** *adj* profond(e) **Tiefkühlkost** *f* [produits *mpl*] surgelés *mpl* **Tiefkühlschrank** *m* congélateur *m* [armoire] **Tiefkühltruhe** *f* congélateur *m* [bahut] **Tiefpunkt** *m* niveau *m* zéro **Tiefschlag** *m* SPORT coup *m* bas **tiefschwarz** *adj* noir(e) d'ébène **Tiefsee** *f* grands fonds *mpl*
Tiegel ['ti:gəl] <-s, -> *m* poêlon *m*
Tier [ti:ɐ̯] <-[e]s, -e> *nt* animal *m*, bête *f*
Tierarzt *m*, **-ärztin** *f* vétérinaire *mf*
Tierhaltung *f* entretien *m* d'animaux **Tierheim** *nt* refuge *m* [pour animaux]
tierisch **I.** *adj* ❶ animal(e) ❷ *fam* (*sehr*) terrible **II.** *adv fam* comme une bête; (*wehtun*) vachement
Tierkreiszeichen *nt* signe *m* du zodiaque **tierlieb** *adj* ami(e) des animaux **Tierpark** *m* parc *m* zoologique **Tierquälerei** *f* cruauté *f* envers les animaux **Tierversuch** *m* expérience *f* sur des animaux **Tierzucht** *f kein Pl* élevage *m*
Tiger(in) ['ti:gɐ] <-s, -> *m(f)* tigre(sse) *m(f)*
Tilde ['tɪldə] <-, -n> *f* tilde *m*
tilgen ['tɪlgən] *vt geh* ❶ (*Kredit*) rembourser; (*Schuld*) éteindre ❷ (*Spuren*) éliminer
timen ['taimən] *vt* **etw ~** prévoir le timing de qc
Timesharing[RR] ['taimʃɛːrɪŋ] <-s> *nt* INFORM temps *m* partagé
Timing ['taimɪŋ] <-s> *nt* timing *m*
tingeln *vi + sein fam* **durch die Kneipen ~** se produire dans les cafés
Tinktur [tɪŋk'tu:ɐ̯] <-, -en> *f* teinture *f*
Tinte ['tɪntə] <-, -n> *f* encre *f*
Tintenfass[RR] *nt* encrier *m* **Tintenfisch** *m* seiche *f* **Tintenstrahldrucker** *m* imprimante *f* à jet d'encre
Tipp[RR] [tɪp] <-s, -s> *m fam* ❶ (*Hinweis*) tuyau *m* ❷ (*beim Wetten*) pronostic *m*
tippen ['tɪpən] **I.** *vi* ❶ *fam* (*Schreibmaschine schreiben*) taper [à la machine] ❷ (*Lotto spielen*) jouer [au loto] ❸ *fam* (*vorhersagen*) **auf jdn/etw ~** parier sur qn/qc **II.** *vt fam* ❶ (*Text*) taper ❷ (*wetten*) **die 15 ~** jouer le 15
Tippfehler *m* faute *f* de frappe
tipptopp ['tɪp'tɔp] *adj fam* impeccable
Tirol [ti'ro:l] <-s> *nt* le Tyrol
Tiroler(in) <-s, -> *m(f)* Tyrolien(ne) *m(f)*
Tisch [tɪʃ] <-[e]s, -e> *m* table *f*; **sich an den ~ setzen** se mettre à table
Tischbein *nt* pied *m* de table **Tischdecke** *f* nappe *f*
Tischler(in) ['tɪʃlɐ] <-s -> *m(f)* menuisier (-ière) *m(f)*
Tischlerei <-, -en> *f* menuiserie *f*
tischlern *vt fam* menuiser
Tischplatte *f* dessus *m* de table **Tischrede** *f* discours *m* de banquet **Tischtennis** *nt* tennis *m* de table **Tischtennisplatte** *f* table *f* de ping-pong **Tischtennisschläger** *m* raquette *f* de ping-pong
Titel ['ti:təl] <-s, -> *m a.* SPORT titre *m*

En Allemagne et surtout en Autriche, quand on a obtenu un titre universitaire tel que celui de *Doktor* ou de *Professor*, il est très important que ce titre soit mentionné lorsqu'on décline son identité. On ne parle pas de *Herr Berger* ou *Frau Maier*, mais de *Herr Doktor Berger* ou *Frau Doktor Maier*. Cet **akademischer Titel** est inscrit sur les boîtes aux lettres des personnes qui en sont titulaires et il est plutôt impoli de l'omettre lorsqu'on s'adresse à elles.

Titelbild *nt* photo *f* de couverture **Titelblatt** *nt* (*eines Buches*) page *f* de titre **Titelrolle** *f* rôle-titre *m* **Titelseite** *f* couverture *f* **Titelverteidiger(in)** *m(f)* tenant(e) *m(f)* du titre
Titte ['tɪtə] <-, -n> *f vulg meist Pl* nichon *m* (*fam*)
Toast [to:st] <-[e]s, -e> *m* ❶ pain *m* grillé ❷ (*Trinkspruch*) toast *m*
Toastbrot ['to:st-] *nt* (*Brot zum Toasten*) pain *m* de mie
toasten ['to:stn] *vt* faire griller
Toaster ['to:stɐ] <-s, -> *m* grille-pain *m*
toben ['to:bən] *vi* ❶ + *haben* (*wütend*) fulminer; (*begeistert*) être déchaîné ❷ + *haben* (*Kinder*) se défouler; (*Sturm*) faire rage
Tobsucht *f kein Pl* rage *f* **tobsüchtig** *adj* furieux(-euse)
Tochter ['tɔxtɐ, *Pl:* 'tœçtɐ] <-, Töchter> *f* fille *f*
Tochtergesellschaft *f* filiale *f*

Tod [to:t] <-[e]s, -e> *m* mort *f* ▶**sich zu ~e langweilen** s'ennuyer à mourir
todernst ['to:t'ʔɛrnst] **I.** *adj* [très] sérieux (-euse); (*Miene*) d'enterrement **II.** *adv* avec une extrême gravité
Todesangst *f* angoisse *f* de la mort **Todesfall** *m* décès *m* **Todeskampf** *m* agonie *f* **Todesopfer** *nt* mort *m* **Todesstrafe** *f* peine *f* de mort **Todesursache** *f* cause *f* de la mort **Todesurteil** *nt* condamnation *f* à mort
todkrank ['to:t'kraŋk] *adj* très gravement malade; (*sterbend*) moribond(e)
tödlich ['tø:tlɪç] **I.** *adj* mortel(le); (*Gefahr*) de mort **II.** *adv* ❶ ~ **verunglücken** avoir un accident mortel ❷ *fam* (*beleidigen*) à mort
todmüde ['to:t'my:də] *adj* mort(e) de fatigue **todschick** *adj fam* très classe **todsicher** *adj fam* (*Angelegenheit*) totalement fiable **Todsünde** *f* péché *m* mortel
Tohuwabohu [to:huva'bo:hu] <-[s], -s> *nt* pagaille *f* (*fam*)
Toilette [toa'lɛtə] <-, -n> *f* toilettes *fpl*, W.C. *mpl*
Toilettenpapier *nt* papier *m* hygiénique
Tokio ['to:kio] <-s> *nt* Tokyo
tolerant [tole'rant] *adj* tolérant(e)
Toleranz [tole'rants] <-> *f kein Pl* tolérance *f*
tolerieren* [tole'ri:rən] *vt* tolérer
toll [tɔl] **I.** *adj fam* extra; (*Idee*) super **II.** *adv fam* (*wild*) de façon débridée
tollen *vi* ❶ + *haben* **im Kinderzimmer ~** faire le fou(la folle) dans la chambre ❷ + *sein* (*laufen*) **durch das Haus ~** courir comme un fou(une folle) dans la maison
tollkühn *adj* intrépide; (*Plan*) très audacieux(-euse) **Tollpatsch**[RR] <-es, -e> *m* empoté(e) *m(f)* **tollpatschig**[RR] *adj* empoté(e) (*fam*) **Tollwut** *f* rage *f* **tollwütig** *adj* enragé(e)
Tölpel ['tœlpəl] <-s, -> *m* empoté(e) *m(f)* (*fam*)
Tomate [to'ma:tə] <-, -n> *f* tomate *f*
Tomatenketchup, **Tomatenketschup**[RR] *m o nt* ketchup *m* **Tomatenmark** *nt* concentré *m* de tomates **Tomatensoße** *f* sauce *f* tomate
Tombola ['tɔmbola] <-, -s> *f* tombola *f*
Tomographie [tomogra'fi:] <-, -n> *f* tomographie *f*
Ton[1] <-[e]s, -e> *m* MINER argile *f*
Ton[2] [to:n, *Pl:* 'tø:nə] <-[e]s, Töne> *m* ❶ son *m* ❷ *fam* (*Wort*) **keinen ~ herausbringen** ne pas arriver à sortir un mot ▶**der gute ~** la bienséance
Tonart *f a. fig* ton *m* **Tonband** <-bänder> *nt* bande *f* magnétique **Tonbandgerät** *nt* magnétophone *m*
tönen ['tø:nən] **I.** *vi* (*Stimme*) sonner **II.** *vt* (*Haare*) teindre
Toner <-s, -> *m* (*eines Fotokopierers*) encre *f*; (*eines Laserdruckers*) toner *m*
tönern ['tø:nɐn] *adj* en terre [cuite]
Tonfall *m* ton *m* **Tonkopf** *m* tête *f* [de lecture] **Tonleiter** *f* gamme *f*
Tonne ['tɔnə] <-, -n> *f* ❶ fût *m*; (*Mülltonne*) poubelle *f* ❷ (*Maßeinheit*) tonne *f*
Tontechniker(in) *m(f)* ingénieur *mf* du son
Tönung <-, -en> *f* ❶ *kein Pl* (*das Tönen*) teinture *f* ❷ (*Farbton*) teinte *f*
Tool [tu:l] <-s, -s> *nt* INFORM outil *m*
Top [tɔp] <-s, -s> *nt* COUT débardeur *m*
Topf [tɔpf, *Pl:* 'tœpfə] <-[e]s, Töpfe> *m* ❶ (*Kochtopf*) casserole *f* ❷ (*Blumen-, Nachttopf*) pot *m*
Töpfer(in) ['tœpfɐ] <-s, -> *m(f)* potier(-ière) *m(f)*
Töpferei [tœpfə'rai] <-, -en> *f* [atelier *m* de] poterie *f*
töpfern ['tœpfɐn] *vi* faire de la poterie
Topflappen *m* manique *f* **Topfpflanze** *f* plante *f* en pot
Tor [to:ɐ] <-[e]s, -e> *nt* ❶ porte *f* ❷ SPORT buts *mpl*; **ein ~ schießen** marquer un but
Torf [tɔrf] <-[e]s, -e> *m* tourbe *f*
Torheit <-> *f geh kein Pl* folie *f*
töricht ['tø:rɪçt] *adj geh* insensé(e)
torkeln ['tɔrkəln] *vi* + *sein* tituber
Tornado [tɔr'na:do] <-s, -s> *m* tornade *f*
torpedieren* [tɔrpe'di:rən] *vt a. fig* torpiller
Torpedo [tɔr'pe:do] <-s, -s> *m* torpille *f*
Torschütze *m*, **-schützin** *f* buteur *m*
Torso ['tɔrzo] <-s, -s *o* Torsi> *m* KUNST torse *m*
Torte ['tɔrtə] <-, -n> *f* (*Obsttorte*) tarte *f*; (*Cremetorte*) gâteau *m*
Tortenboden *m* fond *m* de tarte **Tortenheber** <-s, -> *m* pelle *f* à tarte
Tortur [tɔr'tu:ɐ] <-, -en> *f geh* torture *f*
Torwart ['to:ɐvart] *m*, **-frau** *f* gardien(ne) *m(f)* [de but]
tosen ['to:zən] *vi* + *haben* mugir; (*Sturm*) faire rage

tot [toːt] *adj* mort(e)
total [to'taːl] **I.** *adj* complet(-ète) **II.** *adv fam* totalement
totalitär [totali'tɛːɐ̯] *adj* totalitaire
Totalschaden *m* destruction *f* totale
Tote(r) *f(m) dekl wie adj* mort(e) *m(f)*; (*Unfallopfer*) tué(e) *m(f)*
töten ['tøːtən] *vt* tuer
Totenkopf *m* crâne *m*; (*Symbol*) tête *f* de mort **Totensonntag** *m* Fête *f* des morts (*dans la liturgie protestante*) **totenstill** *adj* **es ist ~** il règne un silence de mort **Totenstille** *f* silence *m* de mort
tot|fahren *vt irr* écraser **Totgeburt** *f* enfant *m* mort-né **tot|lachen** *vr fam* **zum Totlachen sein** être à mourir de rire
Toto ['toːto] <-s, -s> *nt o m* loto *m* sportif
Totschlag *m kein Pl* homicide *m* involontaire **tot|schweigen** *vt irr* passer sous silence
Touchscreen ['tatʃskriːn] <-, -s> *f* INFORM écran *m* tactile
Toupet [tu'peː] <-s, -s> *nt* postiche *m*
Tour [tuːɐ̯] <-, -en> *f* ❶ (*Reise*) excursion *f* ❷ (*Fahrt*) tournée *f* ❸ *Pl* (*Umdrehung*) tour *m* ❹ *fam* (*Vorgehen*) magouille *f*
Tourismus [tu'rɪsmʊs] <-> *m* tourisme *m*
Tourist(in) [tu'rɪst] <-en, -en> *m(f)* touriste *mf*
Tournee [tʊr'neː] <-, -n *o* -s> *f* tournée *f*; **auf ~ gehen** partir en tournée
Tower ['tauɐ] <-s, -> *m* INFORM tour *f*
toxisch ['tɔksɪʃ] *adj* toxique
Trab [traːp] <-[e]s> *m* trot *m*
Trabant [tra'bant] <-en, -en> *m* satellite *m*
traben ['traːbən] *vi + sein* trotter
Trabi <-s, -s> *m: surnom donné à la voiture de la marque "Trabant" fabriquée en R.D.A.*
Tracht [traxt] <-, -en> *f* costume *m*
trachten ['traxtən] *vi geh* **nach etw ~** aspirer à qc
trächtig ['trɛçtɪç] *adj* plein(e)
Trackball ['trɛkbɔːl] <-s, -s> *m* INFORM trackball *m*
Tradition [tradi'tsi̯oːn] <-, -en> *f* tradition *f*
traditionell [traditsi̯o'nɛl] *adj* traditionnel(le)
traf [traːf] *Imp von* **treffen**
Trafo ['traːfo] <-[s], -s> *m fam Abk von* **Transformator** transfo *m*
Tragbahre *f* brancard *m*
tragbar *adj* ❶ portable ❷ (*akzeptabel*) acceptable
träge *adj* ❶ (*körperlich ~*) mou(molle) ❷ (*geistig ~*) indolent(e) ❸ PHYS, CHEM inerte
tragen ['traːgən] <trägt, trug, getragen> **I.** *vt* ❶ porter; **bei sich ~** porter sur soi; **das Haar offen ~** ne pas attacher ses cheveux ❷ (*Früchte*) donner ❸ (*Folgen*) subir; (*Schicksal*) supporter **II.** *vi* ❶ (*Baum*) donner ❷ (*trächtig sein*) être en gestation ❸ (*begehbar sein*) tenir ►**zum Tragen kommen** entrer en vigueur **III.** *vr* ❶ **sich angenehm ~** se porter agréablement ❷ *geh* **sich mit dem Gedanken ~ auszuwandern** caresser l'idée d'émigrer ❸ (*finanziell*) **sich ~** s'autofinancer
Träger ['trɛːgɐ] <-s, -> *m* ❶ [autorité *f*] responsable *m* ❷ *meist Pl* COUT bretelles *fpl* ❸ TECH poutrelle *f*
Träger(in) <-s, -> *m(f)* ❶ (*Lastenträger*) porteur(-euse) *m(f)* ❷ (*eines Titels*) détenteur(-trice) *m(f)*
Tragetasche *f* sac *m*
tragfähig *adj* ❶ résistant(e) ❷ *fig geh* acceptable **Tragfläche** *f* surface *f* portante
Trägheit <-, -en> *f* ❶ indolence *f*; (*Schwerfälligkeit*) paresse *f* ❷ PHYS inertie *f*
Tragik ['traːgɪk] <-> *f* tragique *m*
tragisch *adj* tragique
Traglast *f form* chargement *m*
Tragödie [tra'gøːdi̯ə] <-, -n> *f* tragédie *f*
trägt [trɛːkt] *3. Pers Präs von* **tragen**
Tragweite *f* portée *f*
Trainer ['trɛːnɐ] <-s, -> *m* CH survêtement *m*
Trainer(in) <-s, -> *m(f)* entraîneur(-euse) *m(f)*
trainieren* [trɛ'niːrən] **I.** *vt* ❶ (*Sportler*) entraîner ❷ (*Sportart*) s'entraîner à **II.** *vi* s'entraîner
Training ['trɛːnɪŋ] <-s, -s> *nt* entraînement *m*
Trainingsanzug *m* survêtement *m*
traktieren* [trak'tiːrən] *vt fam* malmener
Traktor ['traktoːɐ̯] <-s, -toren> *m* tracteur *m*
trällern ['trɛlɐn] *vt, vi* fredonner
Tram [tram] <-s, -s> *nt* tram *m*
Trampel ['trampəl] <-s, -> *m o nt fam* lourdaud(e) *m(f)*
trampeln ['trampəln] *vi + haben o sein* piétiner
Trampelpfad *m* piste *f* battue **Trampeltier** *nt* chameau *m* [à deux bosses]
trampen ['trɛmpən] *vi + sein* faire du stop

T

Tramper(in) ['trɛmpɐ] <-s, -> *m(f)* autostoppeur(-euse) *m(f)*

Trampolin ['trampoliːn] <-s, -e> *nt* trampoline *m*

Tramway ['tramvai] <-, -s> *f* A tramway *m*

Trance ['trɑ̃s(ə)] <-, -n> *f* transe *f*

tranchieren* [trɑ̃'ʃiːrən] *vt* découper

Träne ['trɛːnə] <-, -n> *f* larme *f*

tränen *vi* larmoyer

Tränengas *nt* gaz *m* lacrymogène

tranig *adj* ❶ (*Fett, Geschmack*) rance ❷ *fam* (*träge*) flemmard(e)

trank [traŋk] *Imp von* **trinken**

Trank [traŋk, *Pl:* 'trɛŋkə] <-[e]s, Tränke> *m* *geh* breuvage *m*

Tränke ['trɛŋkə] <-, -n> *f* abreuvoir *m*

tränken *vt* ❶ abreuver ❷ (*durchnässen*) **etw ~** imbiber qc

Transaktion [trans?ak'tsi̯oːn] *f* transaction *f*

Transfer [trans'fɛːɐ̯] <-s, -s> *m* transfert *m*

transferieren* [transfe'riːrən] *vt* transférer

Transformator [transfɔr'maːtoːɐ̯] <-s, -toren> *m* transformateur *m*

Transfusion [transfu'zi̯oːn] <-, -en> *f* transfusion *f*

Transistor [tran'zɪstoːɐ̯] <-s, -toren> *m* transistor *m*

Transit [tran'ziːt] <-s, -s> *m* transit *m*

transitiv ['tranzitiːf] *adj* transitif(-ive)

Transitverkehr *m* trafic *m* de transit

transparent [transpa'rɛnt] *adj* transparent(e)

Transparent <-[e]s, -e> *nt* banderole *f*

Transparenz [transpa'rɛnts] <-> *f* *geh* transparence *f*

transpirieren* [transpi'riːrən] *vi* *geh* transpirer

Transplantation [transplanta'tsi̯oːn] <-, -en> *f* transplantation *f*

transplantieren* [transplan'tiːrən] *vt* transplanter

Transport [trans'pɔrt] <-[e]s, -e> *m* ❶ *kein Pl* (*das Transportieren*) transport *m* ❷ (*Wagenladung*) convoi *m*

transportabel [transpɔr'taːbəl] *adj* transportable

transportfähig *adj* transportable

transportieren [transpɔr'tiːrən] *vt* transporter

Transportkosten *Pl* frais *mpl* de transport

transsexuell *adj* transsexuel(le)

Transvestit [transvɛs'tiːt] <-en, -en> *m* travesti *m*

Trapez [tra'peːts] <-es, -e> *nt a.* MATH trapèze *m*

Trasse ['trasə] <-, -n> *f* tracé *m*

trat [traːt] *Imp von* **treten**

Tratsch [traːtʃ] <-[e]s> *m* *fam* ragot *m*

tratschen *vi* *fam* cancaner

Traualtar *m* **eine Frau zum ~ führen** *geh* mener une femme à l'autel

Traube ['trau̯bə] <-, -n> *f* ❶ (*einzelne ~*) grain *m* ❷ *Pl* (*Weintrauben*) raisins *mpl* ❸ BOT grappe *f*

Traubensaft *m* jus *m* de raisin **Traubenzucker** *m* glucose *m*

trauen ['trau̯ən] **I.** *vi* **jdm ~** faire confiance à qn; **einer S.** (*dat*) **~** croire à qc **II.** *vt* (*Paar*) marier **III.** *vr* **sich ~ etw zu tun** oser faire qc

Trauer ['trau̯ɐ] <-> *f* tristesse *f*; **~ tragen** porter le deuil

Trauerfall *m* décès *m* **Trauerkleidung** *f* vêtements *mpl* de deuil **Trauermarsch** *m* marche *f* funèbre

trauern *vi* **um jdn ~** porter le deuil de qn

Trauerweide *f* saule *m* pleureur **Trauerzug** *m* cortège *m* funèbre

träufeln ['trɔy̯fəln] *vt* **etw in/auf etw** (*akk*) **~** instiller des gouttes de qc dans qc

Traum [trau̯m, *Pl:* 'trɔy̯mə] <-[e]s, Träume> *m* rêve *m* ▶**das wäre mir nicht im ~ eingefallen** cela ne me viendrait même pas à l'esprit

Trauma ['trau̯ma] <-s, Traumen> *nt* traumatisme *m*

träumen ['trɔy̯mən] *vt, vi a. fig* rêver; **etwas Schönes ~** faire de beaux rêves

Träumer(in) <-s, -> *m(f)* rêveur(-euse) *m(f)*, utopiste *mf*

träumerisch *adj* rêveur(-euse)

traurig ['trau̯rɪç] *adj* ❶ (*Person*) affligé(e); (*Blick*) triste; **über jdn/etw ~ sein** avoir de la peine au sujet de qn/être attristé par qc ❷ (*Sache*) affligeant(e); [**es ist**] **~, dass** [il est] triste que + *subj*

Traurigkeit <-> *f* tristesse *f*

Trauring *m* alliance *f*

Trauung <-, -en> *f* mariage *m*

Trauzeuge *m*, **-zeugin** *f* témoin *m* [de mariage]

Trecker ['trɛkɐ] <-s, -> *m* *fam* tracteur *m*

Treff <-s, -s> *m* *fam* ❶ (*Treffen*) rencontre *f* ❷ (*~punkt*) rendez-vous *m*

treffen ['trɛfən] <trifft, traf, getroffen> **I.** *vt* + *haben* ① (*begegnen*) rencontrer ② (*vorfinden*) trouver ③ (*Ziel*) atteindre; **getroffen!** touché! ④ (*innerlich berühren*) toucher ⑤ (*Maßnahmen*) prendre; (*Vorbereitungen*) faire ►**es mit etw gut/schlecht getroffen haben** être bien/mal tombé avec qc **II.** *vi* + *haben* **das Ziel** ~ (*Person*) atteindre son objectif; (*Schuss*) toucher sa cible **III.** *vr* + *haben* ① **sich** ~ (*Personen*) se rencontrer; **sich mit jdm** ~ rencontrer qn ② (*sich fügen*) **das trifft sich** [**gut**] ça tombe bien

Treffen <-s, -> *nt* rencontre *f*

treffend *adj* pertinent(e)

Treffer <-s, -> *m* ① (*Schuss*) coup *m* réussi ② SPORT (*Tor*) but *m;* (*Boxhieb*) coup *m* de poing ③ (*Erfolg*) coup *m* heureux

Treffpunkt *m* [lieu *m* de] rendez-vous *m*

Treibeis *nt* glaces *fpl* flottantes

treiben ['traibən] <trieb, getrieben> **I.** *vt* + *haben* ① *a. fig* pousser; **jdn zur Eile** ~ presser qn de se dépêcher ② (*an~: Maschine*) mouvoir ③ (*be~: Handel*) faire ►**es mit jdm** ~ *fam* baiser avec qn **II.** *vi* ① + *sein* **auf dem Wasser** ~ dériver dans l'eau ② + *haben* BOT bourgeonner ③ + *haben* (*harntreibend wirken*) être diurétique ► **sich** ~ **lassen** se laisser porter par les événements

Treiben <-s> *nt* agitation *f*

Treiber <-s, -> *m* INFORM pilote *m*

Treibgas *nt* gaz *m* propulseur **Treibhaus** *nt* serre *f* **Treibhauseffekt** *m kein Pl* effet *m* de serre **Treibjagd** *f* battue *f* **Treibstoff** *m* carburant *m*

Trekking [trɛkɪŋ] <-s, -s> *nt* trekking *m*

Trend [trɛnt] <-s, -s> *m* tendance *f*

trennen ['trɛnən] **I.** *vt* ① séparer ② COUT découdre ③ (*Wort*) couper **II.** *vr* **sich** ~ se séparer **III.** *vi* (*unterscheiden*) faire la différence

Trennung <-, -en> *f* ① séparation *f* ② (*Unterscheidung*) distinction *f*

Trennungsstrich *m* LING trait *m* d'union

Trennwand *f* cloison *f*

treppauf *adv* **~, treppab gehen** monter et descendre les escaliers

Treppe ['trɛpə] <-, -n> *f* escalier *m*

Treppenabsatz *m* palier *m* **Treppenhaus** *nt* cage *f* d'escalier **Treppenstufe** *f* marche *f* [d'escalier]

Tresen ['tre:zən] <-s, -> *m* (*Theke*) bar *m;* (*Ladentisch*) comptoir *m*

Tresor [tre'zo:ɐ] <-s, -e> *m* coffre-fort *m*

Tretboot *nt* pédalo *m*

treten ['tre:tən] <tritt, trat, getreten> **I.** *vt* + *haben* ① donner un coup de pied à ② (*Pedal*) appuyer sur **II.** *vi* ① + *haben* (*Person*) donner des coups de pieds ② + *sein* (*gehen*) **in/auf etw** (*akk*) ~ (*Person*) marcher dans/sur qc ③ + *haben o sein* (*betätigen*) **auf etw** (*akk*) ~ appuyer sur qc ④ + *sein* **aus etw** ~ (*Sache*) sortir de qc

treu [trɔy] *adj* fidèle

Treue <-> *f* fidélité *f*

treuherzig *adj* (*Blick*) candide

treulos *adj* infidèle

Triangel ['tri:aŋəl] <-s, -> *m o* A *nt* triangle *m*

Triathlon ['tri:atlɔn] <-s, -s> *nt* triathlon *m*

Tribüne [tri'by:nə] <-, -n> *f* tribune *f*

Tribut [tri'bu:t] <-[e]s, -e> *m* tribut *m pas de pl*

Trichter ['trɪçtɐ] <-s, -> *m* ① entonnoir *m* ② (*Bombentrichter*) cratère *m*

Trick [trɪk] <-s, -s> *m* truc *m*

Trickfilm *m* dessin *m* animé

trieb [tri:p] *Imp von* **treiben**

Trieb [tri:p] <-[e]s, -e> *m* ① impulsion *f* ② BOT pousse *f*

Triebtäter(in) *m(f)* maniaque *mf* [sexuel(le)] **Triebwerk** *nt* réacteur *m*

triefen ['tri:fən] <triefte, getrieft> *vi* ① + *haben* (*nass sein*) dégouliner ② + *sein* (*rinnen*) **aus/von etw** ~ ruisseler de qc

Trier [tri:ɐ] <-s> *nt* Trèves

trifft [trɪft] *3. Pers Präs von* **treffen**

triftig ['trɪftɪç] *adj* pertinent(e); (*Argument*) solide

Trikolore [triko'lo:rə] <-, -n> *f* drapeau *m* tricolore

Trikot [tri'ko:] <-s, -s> *nt* maillot *m*

trillern ['trɪlɐn] *vi* faire des trilles

Trillerpfeife *f* sifflet *m* à roulette

Trilogie [trilo'gi:] <-, -n> *f* trilogie *f*

Trimester <-s, -> *nt* trimestre *m*

Trimm-dich-Pfad ['trɪmdɪçpfa:t] *m* parcours *m* de santé

trinkbar *adj* (*Wasser*) potable

trinken ['trɪŋkən] <trank, getrunken> *vt, vi* boire; **auf jdn** ~ boire à la santé de qn

Trinker(in) <-s, -> *m(f)* ivrogne *mf*

trinkfest *adj* ~ **sein** bien tenir l'alcool

Trinkgeld *nt* pourboire *m* **Trinkspruch** *m* toast *m;* **einen ~ auf jdm/etw halten** porter un toast à qn/qc **Trinkwasser** *nt* eau *f* potable

Trio ['triːo] <-s, -s> *nt* trio *m*

trippeln ['trɪpəln] *vi* trottiner

Tripper ['trɪpɐ] <-s, -> *m* MED blennorragie *f*

trist [trɪst] *adj geh* sinistre

tritt [trɪt] *3. Pers Präs von* **treten**

Tritt [trɪt] <-[e]s, -e> *m* ❶ coup *m* de pied ❷ (*Laufrhythmus*) **aus dem ~ kommen** perdre le rythme

Trittbrett *nt* marchepied *m*

Triumph [tri'ʊmf] <-[e]s, -e> *m* triomphe *m*

Triumphbogen *m* arc *m* de triomphe

triumphieren* [triʊm'fiːrən] *vi geh* **über jdn/etw ~** triompher de qn/qc

triumphierend *adj* triomphant(e)

trivial [tri'vi̯aːl] *adj* banal(e)

trocken ['trɔkən] *adj* sec(sèche); (*Sekt*) brut(e)

Trockenhaube *f* casque *m*

Trockenheit <-, -en> *f* aridité *f;* (*einer Jahreszeit*) sécheresse *f*

trocken|legen *vt* ❶ (*Baby*) changer ❷ (*Sumpf*) assécher **Trockenmilch** *f* lait *m* en poudre **Trockenzeit** *f* saison *f* sèche

trocknen ['trɔknən] **I.** *vi + sein* sécher **II.** *vt + haben* ❶ sécher; **sich** (*dat*) **die Haare ~** se sécher les cheveux ❷ (*dörren*) dessécher

Trockner <-s, -> *m* sèche-linge *m*

Trödel ['trøːdəl] <-s> *m fam* bric-à-brac *m*

Trödelmarkt *m* foire *f* à la brocante

trödeln ['trøːdəln] *vi + haben* traîner (*fam*)

Trödler(in) <-s, -> *m(f)* brocanteur(-euse) *m(f)*

troff [trɔf] *Imp von* **triefen**

trog [troːk] *Imp von* **trügen**

Trog [troːk, *Pl:* 'trøːgə] <-[e]s, Tröge> *m* auge *f;* (*Backtrog*) pétrin *m*

Trommel ['trɔməl] <-, -n> *f* tambour *m;* (*eines Revolvers*) barillet *m*

Trommelfell *nt* tympan *m*

trommeln **I.** *vi* ❶ jouer du tambour ❷ (*klopfen: Person*) tambouriner; (*Regen*) frapper **II.** *vt* (*Marsch*) tambouriner; (*Takt*) battre

Trompete [trɔm'peːtə] <-, -n> *f* trompette *f*

trompeten* *vi* jouer de la trompette

Trompeter(in) <-s, -> *m(f)* trompettiste *mf*

Tropen ['troːpən] *Pl* **die ~** les tropiques *mpl*

Tropenholz *nt* bois *m* exotique **Tropenwald** *m* forêt *f* tropicale

Tropf [trɔpf] <-[e]s, -e> *m* goutte-à-goutte *m*

tröpfeln ['trœpfəln] **I.** *vi + haben* goutter **II.** *vi unpers* **es tröpfelt** il tombe des gouttes **III.** *vt* **etw auf/in etw** (*akk*) **~** verser des gouttes de qc sur/dans qc

tropfen ['trɔpfən] *vi* goutter

Tropfen <-s, -> *m* goutte *f;* **ein edler ~** *fig* une bonne bouteille (*fam*)

Trophäe [tro'fɛːə] <-, -n> *f* trophée *m*

tropisch *adj* tropical(e)

Trost [troːst] <-[e]s> *m* consolation *f* ▸**nicht ganz bei ~ sein** *fam* dérailler

trösten ['trøːstən] *vr, vt* [**sich**] ~ [se] consoler

tröstlich *adj* réconfortant(e)

trostlos *adj* (*Wetter*) démoralisant(e); (*Gegend*) sinistre **Trostpreis** *m* lot *m* de consolation

Trott [trɔt] <-s> *m* **der alte ~** le train-train

Trottel ['trɔtəl] <-s, -> *m fam* gourde *f*

trotz [trɔts] *präp + gen* malgré

Trotz [trɔts] <-es> *m* rébellion *f;* **aus ~** par bravade; **jdm/einer S. zum ~** en dépit de qn/qc

trotzdem *adv* tout de même

trotzen *vi* **der Gefahr ~** braver le danger

trotzig **I.** *adj* rétif(-ive) **II.** *adv* avec entêtement

trübe *adj* ❶ (*Flüssigkeit*) trouble; (*Fensterscheibe*) terne ❷ (*Wetter*) maussade ❸ (*Stimmung*) sombre

Trubel ['truːbəl] <-s> *m* tumulte *m*

trüben *vr, vt* [**sich**] ~ [se] troubler

Trübsal ['tryːpzaːl] <-> *f geh* ▸**~ blasen** *fam* broyer du noir

trübselig *adj* morose

trübsinnig *adj* sombre

trudeln ['truːdəln] *vi + haben o sein* (*Flugzeug*) tomber en vrille

Trüffel ['trʏfəl] <-, -n> *f* truffe *f*

trug [truːk] *Imp von* **tragen**

trügen ['tryːgən] <trog, getrogen> **I.** *vt* tromper **II.** *vi* être trompeur

trügerisch *adj* illusoire

Trugschluss[RR] *m* jugement *m* fallacieux

Truhe ['truːə] <-, -n> *f* coffre *m*

Trümmer ['trʏmɐ] *Pl* ruines *fpl*

Trumpf [trʊmpf, *Pl:* 'trʏmpfə] <-[e]s, Trümpfe> *m* atout *m*

Trunkenbold ['trʊŋkənbɔlt] <-[e]s, -e> *m pej fam* buveur *m*

Trunkenheit <-> *f* ivresse *f*

Trunksucht *f geh kein Pl* alcoolisme *m* [chronique]

Truppe ['trʊpə] <-, -n> *f* ① *kein Pl* MIL unité *f* ② THEAT troupe *f*

Truppenabzug *m* retrait *m* des troupes

Truthahn ['tru:tha:n] *m* dindon *m* **Truthenne** *f* dinde *f*

Tscheche ['tʃɛçə] <-n, -n> *m*, **Tschechin** *f* Tchèque *mf*

Tschechien ['tʃɛçiən] <-s> *nt* la République tchèque

tschechisch **I.** *adj* tchèque **II.** *adv* ~ **miteinander sprechen** discuter en tchèque

Tschechisch <-[s]> *nt kein art* tchèque *m*; *s. a.* **Deutsch**

Tschechoslowakei <-> *f* HIST **die** ~ la Tchécoslovaquie

tschüs, **tschüss**RR [tʃʏs] *interj fam* salut

T-Shirt ['ti:ʃœ:t] <-s, -s> *nt* t[ee]-shirt *m*

TU [te:'ʔu:] <-, -s> *f Abk von* **Technische Universität** ≈ I.U.T. *m*

Tuba ['tu:ba] <-, Tuben> *f* tuba *m*

Tube ['tu:bə] <-, -n> *f* tube *m*

Tuberkulose [tubɛrku'lo:zə] <-, -n> *f* tuberculose *f*

Tuch1 [tu:x] <-[e]s, Tücher> *nt* ① COUT foulard *m* ② (*Putztuch*) chiffon *m*

Tuch2 <-[e]s, -e> *nt* (*Stoff*) tissu *m*

tüchtig ['tʏçtɪç] **I.** *adj* capable *antéposé* (*Schüler*) bon(ne) **II.** *adv* ① (*helfen*) beaucoup ② *fam* (*viel*) pas mal

Tüchtigkeit <-> *f* compétence *f*

Tücke ['tʏkə] <-> *f kein Pl* perfidie *f*

tückisch *adj* perfide; (*Kurve*) traître

tüfteln ['tʏftəln] *vi fam* bricoler

Tugend ['tu:gənt] <-, -en> *f* vertu *f*

tugendhaft *adj* vertueux(-euse)

Tülle ['tʏlə] <-, -n> *f* (*einer Kanne*) bec *m* verseur

Tulpe ['tʊlpə] <-, -n> *f* tulipe *f*

tummeln ['tʊməln] *vr* **sich** ~ s'ébattre

Tumor ['tu:mo:ɐ̯] <-s, Tumoren> *m* tumeur *f*

Tümpel ['tʏmpəl] <-s, -> *m* mare *f*

Tumult [tu'mʊlt] <-[e]s, -e> *m meist Pl* émeute *f*

tun [tu:n] <tut, tat, getan> **I.** *vt* ① (*machen*) faire; **wieder** ~ refaire ② *fam* (*legen, stellen*) **irgendwohin** ~ mettre quelque part ③ (*antun*) **jdm etwas** ~ faire quelque chose à qn ④ *fam* (*ausreichen*) **damit ist es nicht getan** cela ne suffit pas ▸**es mit jdm zu** ~ **kriegen** *fam* aller avoir affaire à qn **II.** *vr* **es tut sich etwas** il se passe quelque chose **III.** *vi* ① **zu** ~ **haben** avoir à faire ② (*wirken*) **gut** ~ faire du bien; ▸**tu doch nicht so!** *fam* ne fais pas semblant!

Tünche ['tʏnçə] <-, -n> *f* badigeon *m*

tünchen *vt* badigeonner

tunen ['tju:nən] *vt* (*Motor*) trafiquer (*fam*)

Tuner ['tju:nɐ] <-s, -> *m* tuner *m*

Tunesien [tu'ne:ziən] <-s> *nt* la Tunisie

Tunesier(in) [tu'ne:ziɐ] <-s, -> *m(f)* Tunisien(ne) *m(f)*

tunesisch *adj* tunisien(ne)

TunfischRR ['tu:nfɪʃ] *m* thon *m*

Tunke ['tʊŋkə] <-, -n> *f* sauce *f* [froide]

tunken *vt* tremper

tunlichst ['tu:nlɪçst] *adv* si possible

Tunnel ['tʊnəl] <-s, -> *m* tunnel *m*

Tunte ['tʊntə] <-, -n> *f fam* folle *f*

tupfen ['tʊpfən] *vt* **sich** (*dat*) **etw von etw** ~ s'essuyer qc sur qc

Tupfen <-s, -> *m* pois *m*

Tupfer <-s, -> *m* MED compresse *f*

Tür [ty:ɐ̯] <-, -en> *f* ① porte *f* ② (*Fahrzeugtür*) portière *f* ▸**mit der** ~ **ins Haus fallen** *fam* annoncer tout de but en blanc

Turban ['tʊrba:n] <-s, -e> *m* turban *m*

Turbine [tʊr'bi:nə] <-, -n> *f* turbine *f*

turbulent [tʊrbu'lɛnt] *adj* agité(e)

Turbulenz [tʊrbu'lɛnts] <-, -en> *f* METEO, PHYS turbulence *f*

Türke ['tʏrkə] <-n, -n> *m*, **Türkin** *f* Turc (Turque) *m(f)*

Türkei [tʏr'kai] <-> *f* **die** ~ la Turquie

türkis [tʏr'ki:s] *adj* turquoise *inv*

türkisch ['tʏrkɪʃ] **I.** *adj* turc(turque) **II.** *adv* ~ **miteinander sprechen** discuter en turc

Türkisch <-[s]> *nt kein art* turc *m*; *s. a.* **Deutsch**

Türklinke *f* poignée *f* de porte

Turm [tʊrm, *Pl:* 'tʏrmə] <-[e]s, Türme> *m* ① *a.* SPIEL tour *f* ② (*Glockenturm*) clocher *m* ③ (*Sprungturm*) [grand] plongeoir *m*

türmen ['tʏrmən] **I.** *vt* + *haben* empiler **II.** *vr* + *haben* **sich** ~ s'entasser **III.** *vi* + *sein fam* se casser

Turmuhr *f* horloge *f*

turnen ['tʊrnən] *vi* faire de la gymnastique

Turnen <-s> *nt* gymnastique *f*; (*Sportunterricht*) E.P.S. *f*

Turner(in) <-s, -> *m(f)* gymnaste *mf*

Turnhalle *f* gymnase *m*
Turnier [tʊrˈniːɐ̯] <-s, -e> *nt* tournoi *m*
Turnschuh *m* chaussure *f* de sport
Turnus [ˈtʊrnʊs] <-, -se> *m* roulement *m*
Türrahmen *m* chambranle *m* **Türschild** *nt* plaque *f* **Türschloss**RR *nt* serrure *f* **Türspalt** *m* entrebâillement *m*
turteln [ˈtʊrtəln] *vi* roucouler
Turteltaube *f* tourterelle *f*
Tusch [tʊʃ] <-es, -e> *m* fanfare *f*
Tusche [ˈtʊʃə] <-, -n> *f* encre *f* de Chine
tuscheln [ˈtʊʃəln] *vi* murmurer
Tussi [ˈtʊsi] <-, -s> *f fam* nana *f*
tut *3. Pers Präs von* **tun**
Tüte [ˈtyːtə] <-, -n> *f* sac *m;* (*klein*) sachet *m* ►[**das**] **kommt nicht in die ~!** *fam* pas question!
tuten [ˈtuːtən] *vi* corner
Tutor [ˈtuːtoːɐ̯] <-s, Tutoren> *m*, **Tutorin** *f* ❶ UNIV moniteur(-trice) *m(f)* ❷ SCHULE tuteur(-trice) *m(f)*
TÜV [tʏf] <-, -[s]> *m Abk von* **Technischer Überwachungs-Verein** centre *m* de contrôle technique

> Tous les véhicules motorisés qui veulent être autorisés à circuler sur la voie publique, doivent d'abord subir un contrôle technique et aller au **TÜV**. Si lors du contrôle aucun défaut n'est à signaler, une vignette attestant du bon fonctionnement du véhicule est collée sur la plaque d'immatriculation arrière. Cette vignette est alors valable deux ans.

TV-Serie [teːˈfauzeːriə] *f* feuilleton *m* télévisé
Typ [tyːp] <-s, -en> *m* ❶ individu *m;* **ein bestimmter ~ von Männern/Frauen** un certain type d'hommes/de femmes ❷ *fam* (*Kerl*) mec *m*
Typhus [ˈtyːfʊs] <-> *m* typhus *m*
typisch [ˈtyːpɪʃ] **I.** *adj* typique **II.** *adv* typiquement
TypografieRR [typograˈfiː] <-, -n> *f* typographie *f*
Typographie *s.* **Typografie**
Typus [ˈtyːpʊs] <-, Typen> *m* type *m*
Tyrann(in) [tyˈran] <-en, -en> *m(f)* tyran *m*
Tyrannei [tyraˈnai] <-, -en> *f* tyrannie *f*
tyrannisch *adj* tyrannique
tyrannisieren* [tyraniˈziːrən] *vt* tyranniser

U u

U, u [uː] <-, -> *nt* U *m*/u *m*
u. *Abk von* **und**
u.a. *Abk von* **unter anderem/anderen**
U-Bahn [ˈuːbaːn] *f* métro *m* **U-Bahnhof** *m* station *f* de métro
übel [ˈyːbəl] **I.** *adj* ❶ (*Geruch*) mauvais(e); (*Gefühl*) pénible ❷ (*schlimm*) sale *antéposé* ❸ (*verkommen*) mal famé(e) ❹ (*schlecht*) **jdm ist/wird ~** qn a mal au cœur **II.** *adv* ❶ mal ❷ (*unangenehm*) **~ riechen/schmecken** sentir/être mauvais
Übel <-s, -> *nt* mal *m*
Übelkeit <-, -en> *f* nausée *f*
Übeltäter(in) *m(f)* malfaiteur(-trice) *m(f)*
üben [ˈyːbən] **I.** *vt* ❶ s'exercer à ❷ (*Lied*) travailler **II.** *vr fig* **sich in Geduld ~** s'armer de patience **III.** *vi* **mit jdm ~** (*für die Schule*) travailler avec qn; (*trainieren*) s'entraîner avec qn
über [ˈyːbɐ] **I.** *präp + dat* ❶ **~ dem Sofa** au-dessus du canapé ❷ (*zusätzlich zu*) **~ dem Hemd einen Pulli tragen** porter un pull par-dessus la chemise **II.** *präp + akk* ❶ **ein Poster ~ das Sofa hängen** accrocher un poster au-dessus du canapé ❷ (*auf, entlang*) **den Mantel ~ den Stuhl legen** poser le manteau sur la chaise; **sie strich ihm ~ die Wange** elle lui caressa la joue ❸ (*quer hinüber*) **~ die Straße gehen** traverser la rue; **~ den Zaun schauen** regarder par-dessus la clôture; **der Blick ~ das Tal** la vue sur la vallée ❹ (*betreffend*) **~ jdn/etw sprechen** parler de qn/discuter de qc; **ein Buch ~ Schiller** un livre sur Schiller ❺ (*in Höhe von*) **ein Scheck ~ hundert Euro** un chèque de cent euros ❻ (*durch, mittels*) **~ jdn erfahren, dass ...** apprendre par qn que ...; **~ Satellit** par satellite; **etw ~ den Rundfunk bekannt geben** annoncer qc à la radio ❼ (*via*) **~ Dijon nach Lyon fahren** aller à Lyon en passant par Dijon ❽ (*zur Angabe der Dauer*) **den ganzen Tag ~** toute la journée; **~ Ostern verreisen** partir pour Pâques **III.** *adv* ❶ (*mehr als*) plus de; **bei ~ 40° C** au-dessus de 40 °C ❷ (*älter als*) de plus de
überall [yːbɐˈʔal] *adv* ❶ partout ❷ (*immer*)

~ **mitreden** avoir toujours quelque chose à dire
Überalterung <-> *f* sur-vieillissement *m*
Überangebot *nt* suroffre *f*
überanstrengen* [y:bɐˈʔanʃtrɛŋən] **I.** *vr* **sich** ~ se surmener **II.** *vt* **seine Augen durch etw** ~ s'esquinter les yeux avec qc (*fam*)
Überanstrengung *f* surmenage *m*
überarbeiten* [y:bɐˈʔarbaitən] **I.** *vt* remanier **II.** *vr* **sich** ~ se surmener
überaus [ˈy:bɐʔaus] *adv geh* extrêmement
überbacken* *vt irr* **etw** ~ faire gratiner qc
überbeanspruchen* <überzubeanspruchen> *vt* (*Person*) épuiser; (*Kräfte*) présumer de; (*Bandscheiben, Gelenke*) surmener; (*Motor, Reifen*) malmener
überbelichten* <überzubelichten> *vt* surexposer
Überbevölkerung *f kein Pl* surpopulation *f*
überbezahlen* <überzubezahlen> *f* surpayer
überbieten* [y:bɐˈbi:tən] *irr* **I.** *vt* ❶ SPORT améliorer ❷ (*übertreffen*) **nicht zu ~ sein** être inégalable **II.** *vr* **sich [gegenseitig] an Mut** ~ rivaliser de courage
Überblick *m* ❶ (*Sicht*) ~ **über etw** (*akk*) vue *f* d'ensemble de qc ❷ *fig* **ein kurzer ~ über etw** (*akk*) un bref aperçu de qc ❸ (*Übersicht*) **den ~ verlieren** ne plus savoir où on en est
überblicken* [y:bɐˈblɪkən] *vt* ❶ **etw ~ können** pouvoir embrasser qc du regard ❷ (*Aktivitäten*) se faire une idée globale de
überbringen* [y:bɐˈbrɪŋən] *vt irr* remettre; (*Nachricht*) transmettre
überbrücken* [y:bɐˈbrʏkən] *vt* ❶ pallier ❷ (*Differenzen*) concilier
überdachen* [y:bɐˈdaxən] *vt* couvrir
überdenken* [y:bɐˈdɛŋkən] *vt irr* reconsidérer
überdimensional [y:bɐdimɛnzionaːl] *adj* démesuré(e)
Überdosis *f* surdose *f*; (*bei Drogen*) overdose *f*
überdreht *adj fam* surexcité(e)
Überdruck <-drücke> *m* surpression *f*
ÜberdrussRR [ˈy:bɐdrʊs] <-es>, **Überdruß**ALT <-sses> *m* saturation *f*
überdrüssig [ˈy:bɐdrʏsɪç] *adj* **einer S. ~ sein** en avoir [plus qu']assez de qc
überdurchschnittlich **I.** *adj* supérieur(e) à la moyenne **II.** *adv* ~ **gut sein** être meilleur que la moyenne
übereifrig *adj* trop zélé(e)
übereilt *adj* précipité(e)
übereinander *adv* ~ **reden** parler l'un sur l'autre
übereinander|legen *vt* entasser **übereinander|liegen** *vi* être posés l'un sur l'autre **übereinander|schlagen** *vt* (*Beine*) croiser
Übereinkunft <-, -künfte> *f* accord *m*
überein|stimmen *vi* ❶ convenir ❷ (*sich gleichen*) être conforme
übereinstimmend **I.** *adj* (*Aussage*) concordant(e); (*Ansicht*) unanime **II.** *adv* ~ **erklären, dass ...** déclarer à l'unanimité que ...
Übereinstimmung *f* ❶ accord *m* ❷ (*Gleichheit*) unanimité *f*
überempfindlich **I.** *adj* MED hypersensible **II.** *adv* MED ~ **auf etw** (*akk*) **reagieren** avoir une réaction allergique à qc
überfahren* [y:bɐˈfa:rən] *vt irr* ❶ écraser ❷ (*Ampel*) brûler; (*Linie*) dépasser ❸ *fam* (*übertölpeln*) embobiner
Überfahrt *f* traversée *f*
Überfall *m* **der ~ auf jdn/etw** l'agression *f* de qn/l'attaque *f* de qc
überfallen* [y:bɐˈfalən] *vt irr* ❶ (*Person*) agresser; (*Bank*) attaquer ❷ (*bestürmen*) **jdn mit etw** ~ assaillir qn de qc
überfällig *adj* (*Schiff*) en retard; (*Zahlung*) en souffrance
überfliegen* [y:bɐˈfli:gən] *vt irr* ❶ (*Gebiet*) survoler ❷ (*Buch*) parcourir
ÜberflussRR *m kein Pl* [sur]abondance *f* ▶**zu allem** ~ pour couronner le tout
überflüssig *adj* **es ist ~, dass** il est superflu que + *subj*
überfluten* [y:bɐˈflu:tən] *vt* (*Gebiet*) inonder
überfordern* [y:bɐˈfɔrdɐn] *vt* **jdn** ~ en demander trop à qn; **überfordert sein** être dépassé
Überforderung *f kein Pl* (*körperlich*) surmenage *m*; (*geistig*) exigences *fpl* trop grandes
überführen* [y:bɐˈfy:rən] *vt* ❶ JUR **jdn** ~ convaincre qn ❷ (*Patienten*) transférer; (*Fahrzeug*) convoyer
Überführung *f* passage *m* supérieur
überfüllt [y:bɐˈfʏlt] *adj* surchargé(e); (*Gebäude*) bondé(e)
Übergabe *f* remise *f*

U

Übergang <-gänge> *m* ❶ passage *m* ❷ (*Überweg*) passage *m* clouté
übergeben* [yːbɐˈgeːbən] *irr* **I.** *vt* ❶ (*überreichen*) remettre ❷ MIL livrer **II.** *vr* **sich** ~ vomir
über|gehen[1] [ˈyːbɐgeːən] *vi irr + sein* ❶ (*überwechseln*) **zu etw** ~ passer à qc ❷ (*übertragen werden*) **in jds Besitz** (*akk*) ~ devenir propriété de qn
übergehen*[2] [yːbɐˈgeːən] *vt irr* ❶ **jdn** ~ oublier qn ❷ (*Einwand*) passer outre ❸ (*Abschnitt*) sauter
übergeschnappt [ˈyːbɐgəʃnapt] *adj fam* maboul(e)
Übergewicht *nt kein Pl* excès *m* de poids
überglücklich *adj* comblé(e) de bonheur
Übergriff *m* acte *m* de violence
überhand|nehmen[RR] [yːbɐˈhant-] *vi* prendre des proportions démesurées
überhäufen* [yːbɐˈhɔyfən] *vt* ❶ **jdn mit etw** ~ accabler qn de qc ❷ (*bedecken*) **etw mit etw** ~ couvrir qc de qc
überhaupt [yːbɐˈhaupt] *adv* ❶ (*eigentlich*) **was fällt dir ~ ein?** qu'est-ce qui te prend? ❷ (*abgesehen davon, zudem*) vraiment ❸ *verstärkend* (*ganz und gar*) ~ **nicht** [pas] du tout
überheblich *adj* arrogant(e)
überhöht [yːbɐˈhøːt] *adj* excessif(-ive)
überholen* [yːbɐˈhoːlən] **I.** *vt* ❶ (*vorbeifahren*) doubler ❷ (*instand setzen*) réviser **II.** *vi* doubler
Überholspur *f* voie *f* de gauche
überholt *adj* (*Ansichten, Moral*) dépassé(e)
Überholverbot *nt* interdiction *f* de dépasser
überhören* [yːbɐˈhøːrən] *vt* ❶ ne pas entendre ❷ (*nicht hören wollen*) ignorer
überirdisch *adj* surnaturel(le)
über|kochen *vi + sein* déborder
überkommen* [yːbɐˈkɔmən] *irr vt* s'emparer de; **jdn** ~ (*Gefühl*) s'emparer de qn
überladen* [yːbɐˈlaːdən] *vt irr* surcharger
Überlänge *f* **ein Film mit** ~ un film très long
überlassen* [yːbɐˈlasən] *vt irr* **jdm etw** ~ laisser qc à qn
überlasten* [yːbɐˈlastən] *vt* ❶ surcharger; (*Organ*) trop solliciter ❷ (*Telefonnetz*) encombrer
Überlastung <-, -en> *f* ❶ (*überlasteter Zustand: einer Person*) exténuation *f*; **nervliche** ~ stress *m* ❷ ELEC, TELEC (*des Stromnetzes*) surcharge *f*
überlaufen*[1] [ˈyːbɐlaufən] *vt irr* SPORT passer
über|laufen[2] [yːbɐˈlaufən] *vi irr + sein* ❶ (*Flüssigkeit*) déborder ❷ (*Soldat*) passer à l'ennemi
Überläufer(in) *m(f)* transfuge *m*
überleben* [yːbɐˈleːbən] **I.** *vt, vi* survivre **II.** *vr* **sich** ~ passer
Überlebende(r) *f(m) dekl wie adj* survivant(e) *m(f)*
überlegen*[1] [yːbɐˈleːgən] **I.** *vi* réfléchir **II.** *vt* [**sich** (*dat*)] **etw** ~ réfléchir à qc; [**sich** (*dat*)] **~, ob ...** réfléchir si ...
über|legen[2] [ˈyːbɐleːgən] *vt* **jdm etw** ~ couvrir qn avec qc
überlegen[3] *adj* **jdm ~ sein** être supérieur à qn
Überlegenheit <-> *f* ❶ (*überlegener Status*) supériorité *f*; ~ **gegenüber jdm** supériorité par rapport à qn ❷ (*Herablassung*) condescendance *f*
Überlegung <-, -en> *f Pl* (*Erwägungen*) réflexions *fpl*
überliefern* [yːbɐˈliːfɐn] *vt* **jdm etw** ~ transmettre qc à qn
Überlieferung *f* ❶ *kein Pl* transmission *f* ❷ (*Brauchtum*) tradition *f*
überlisten* [yːbɐˈlɪstən] *vt* (*Person*) berner; (*System*) déjouer
überm [ˈyːbɐm] = **über dem** *s.* **über**
Übermacht *f kein Pl* supériorité *f*
übermäßig **I.** *adj* extrême **II.** *adv* ❶ (*sich anstrengen*) trop ❷ (*trinken*) sans modération
Übermensch *m* surhomme *m*
übermenschlich *adj* surhumain(e)
übermitteln* [yːbɐˈmɪtəln] *vt* transmettre; **jdm etw** ~ transmettre qc à qn
übermorgen *adv* après-demain; ~ **früh/Abend** après-demain matin/soir
übermüdet [yːbɐˈmyːdət] *adj* épuisé(e)
Übermut *m* (*Leichtsinn*) exubérance *f*; **aus** ~ par malice ▶~ **tut selten gut** *prov* ≈ prudence est mère de sûreté
übermütig [ˈyːbɐmyːtɪç] **I.** *adj* ❶ exubérant(e) ❷ (*aufgeregt*) turbulent(e) **II.** *adv* **sich ~ aufführen** être turbulent
übern [ˈyːbɐn] = **über den** *s.* **über**
übernachten* [yːbɐˈnaxtən] *vi* **im Hotel/bei Freunden** ~ passer la nuit à l'hôtel/chez des amis
Übernachtung <-, -en> *f* ~ **mit Frühstück** nuit[ée] *f* avec petit-déjeuner
Übernahme [ˈyːbɐnaːmə] <-, -n> *f* ❶ (*der

Verantwortung) prise *f* en charge ❷ (*einer Firma*) reprise *f*

übernatürlich *adj* surnaturel(le)

übernehmen* [y:bɐ'ne:mən] *irr* **I.** *vt* ❶ reprendre ❷ (*Verantwortung*) assumer; (*Kosten*) se charger de ❸ (*Auftrag*) accepter ❹ (*Mitarbeiter*) garder **II.** *vr* **sich ~** vouloir trop en faire **III.** *vi* prendre le relais

Überproduktion *f* surproduction *f*

überprüfen* [y:bɐ'pry:fən] *vt* ❶ contrôler; (*Bewerber*) examiner ❷ (*Angabe*) vérifier l'exactitude de ❸ (*Motor*) réviser

Überprüfung *f kein Pl* ❶ (*eines Bewerbers*) examen *m* ❷ (*einer Aussage*) vérification *f* ❸ (*eines Motors, Wagens*) révision *f* ❹ (*einer Haltung*) révision *f*

überqueren* [y:bɐ'kve:rən] *vt* traverser

überragen* [y:bɐ'ra:gən] *vt* **jdn ~** dépasser qn; **etw um zwei Meter ~** dominer qc de deux mètres

überragend [y:bɐ'ra:gənt] *adj* excellent(e)

überraschen* [y:bɐ'raʃən] *vt* surprendre

überraschend **I.** *adj* inattendu(e) **II.** *adv* (*besuchen*) à l'improviste; (*sterben*) subitement

Überraschung <-, -en> *f* surprise *f*

Überreaktion *f* réaction *f* excessive

überreden* [y:bɐ're:dən] *vt* convaincre

überregional *adj* interrégional(e)

überreichen* [y:bɐ'raiçən] *vt* remettre

Überrest *m meist Pl* vestiges *mpl*

überrumpeln* [y:bɐ'rʊmpəln] *vt* **den Gegner ~** prendre l'adversaire par surprise

übers ['y:bɐs] = **über das** *s.* **über**

Überschall *m* fréquence supersonique *f*

überschatten* [y:bɐ'ʃatən] *vt* jeter une ombre sur

überschätzen* [y:bɐ'ʃɛtsən] *vr, vt* **[sich] ~** [se] surestimer

überschaubar [y:bɐ'ʃauba:ɐ̯] *adj* dont on garde une bonne vue d'ensemble

Überschlag *m* SPORT roue *f*

überschlagen*[1] [y:bɐ'ʃla:gən] *irr* **I.** *vt* ❶ (*auslassen*) sauter ❷ (*berechnen*) **die Kosten ~** évaluer les coûts [approximativement] **II.** *vr* **sich ~** ❶ (*Akrobat*) faire une culbute; (*Fahrzeug*) faire un tonneau ❷ (*Ereignisse*) se précipiter; (*Nachrichten*) affluer ❸ *fam* (*übereifrig sein*) faire du zèle ❹ (*Stimme*) devenir strident(e)

über|schlagen[2] ['y:bɐʃla:gən] *irr vt + haben* (*Beine*) croiser

über|schnappen *vi + sein fam* débloquer

überschneiden* [y:bɐ'ʃnaidən] *vr irr* **sich ~** se chevaucher

überschreiben* [y:bɐ'ʃraibən] *vt irr* ❶ INFORM (*Datei*) réécrire sur ❷ (*übertragen*) **seinen Besitz jdm ~** transférer ses biens à qn

überschreiten* [y:bɐ'ʃraitən] *vt irr* ❶ (*Grenze*) franchir ❷ *fig* (*Fähigkeiten*) dépasser ❸ (*Befugnisse*) outrepasser

Überschrift *f* titre *m*

Überschuss[RR] *m* excédent *m*; **ein ~ an Arbeitskräften** un sureffectif

überschütten* [y:bɐ'ʃʏtən] *vt fig* **mit Geschenken ~** couvrir de cadeaux; **mit Vorwürfen ~** accabler de reproches

überschwänglich[RR] ['y:bɐʃvɛŋlɪç] **I.** *adj* débordant(e) **II.** *adv* **sich ~ bedanken** se confondre en remerciements

überschwemmen* [y:bɐ'ʃvɛmən] *vt a.* COM inonder

Überschwemmung <-, -en> *f* inondation *f*

überschwenglich[ALT] *s.* **überschwänglich**

Übersee ▶**in ~** outre-mer; **nach ~** outre-mer

übersehen* [y:bɐ'ze:ən] *vt irr* ❶ (*nicht sehen*) ne pas voir ❷ (*abschätzen*) **etw ~** mesurer l'ampleur de qc ❸ (*überblicken*) **etw ~** avoir une vue d'ensemble de qc

übersetzen*[1] ['y:bɐzɛtsən] **I.** *vt* traduire **II.** *vi* faire une traduction

über|setzen[2] [y:bɐ'zɛtsən] **I.** *vt + haben* **jdn ~** [faire] passer qn sur l'autre rive **II.** *vi + sein* **mit der Fähre ~** passer avec le ferry

Übersetzer(in) *m(f)* traducteur(-trice) *m(f)*

Übersetzung <-, -en> *f* ❶ traduction *f* ❷ (*eines Getriebes*) transmission *f*

Übersicht <-, -en> *f* ❶ *kein Pl* (*Überblick*) vue *f* d'ensemble ❷ (*knappe Darstellung*) aperçu *m* [général]

übersichtlich *adj* ❶ (*Form*) clair(e) ❷ (*Platz*) dégagé(e)

Übersiedler(in) *m(f): immigré(e) [politique] de la RDA en RFA*

übersinnlich *adj* surnaturel(le)

überspielen* [y:bɐ'ʃpi:lən] *vt* ❶ MEDIA copier ❷ (*kaschieren*) dissimuler

überspringen*[1] ['y:bɐʃprɪŋən] *vt irr* ❶ franchir ❷ (*Lektion*) sauter

über|springen[2] [y:bɐ'ʃprɪŋən] *vi irr + sein* **auf jdn/etw ~** gagner qn/qc

überstehen*[1] [y:bɐ'ʃte:ən] *vt irr* (*Belastung*)

U

surmonter

über|stehen[2] ['y:bɐʃte:ən] *vi irr + haben* (*Ladung*) dépasser

übersteigen* [y:bɐ'ʃtaigən] *vt irr* ❶ (*klettern über*) passer par-dessus ❷ (*Fähigkeiten*) dépasser; (*Kräfte*) être au-dessus de

überstimmen* [y:bɐ'ʃtɪmən] *vt* **jdn ~** mettre qn en minorité

Überstunde *f* heure *f* supplémentaire

überstürzen* [y:bɐ'ʃtʏrtsən] *vr, vt* [**sich**] ~ [se] précipiter

überstürzt *adj* précipité(e)

überteuert *adj* (*Preis*) exorbitant(e)

übertönen* *vt* **etw/jdn ~** couvrir qc/la voix de qn

Übertrag ['y:bɐtra:k, *Pl:* 'y:bɐtrɛ:gə] <-[e]s, Überträge> *m* report *m*

übertragbar [y:bɐ'tra:kba:ɐ̯] *adj* ❶ MED contagieux(-euse) ❷ (*Methode*) applicable ❸ (*Ausweis*) transmissible

übertragen*[1] [y:bɐ'tra:gən] *irr* **I.** *vt* ❶ RADIO, TV diffuser ❷ MED **etw auf jdn ~** transmettre qc à qn ❸ (*übernehmen*) **etw auf eine neue Seite ~** reporter qc sur une nouvelle page ❹ (*übergeben*) **jdm die Verantwortung ~** déléguer la responsabilité à qn ❺ JUR **jdm etw ~** transférer qc à qn ❻ (*Methode*) appliquer **II.** *vr* ❶ MED **sich ~** être contagieux; **sich auf jdn ~** se transmettre à qn ❷ (*beeinflussen*) **sich auf jdn ~** (*Nervosität*) gagner qn

übertragen[2] **I.** *adj* (*Bedeutung*) figuré(e) **II.** *adv* au [sens] figuré

Übertragung <-, -en> *f* ❶ *kein Pl* (*das Senden*) diffusion *f* ❷ (*Sendung*) retransmission *f* ❸ *kein Pl* (*einer Krankheit*) transmission *f* ❹ *kein Pl* (*von Befugnissen*) délégation *f* ❺ *kein Pl* (*von Besitz*) transfert *m* ❻ *kein Pl* (*einer Methode*) application *f*

übertreffen* [y:bɐ'trɛfən] *irr* **I.** *vt* ❶ (*besser sein*) **jdn ~** surpasser qn ❷ (*hinausgehen über*) **alle Erwartungen ~** dépasser toutes les attentes **II.** *vr* **sich selbst ~** se surpasser

übertreiben* [y:bɐ'traibən] *vt, vi irr* exagérer

Übertreibung <-, -en> *f* exagération *f*

über|treten[1] ['y:bɐtre:tən] *vi irr + sein* ❶ REL se convertir ❷ SPORT mordre sur la ligne

übertreten*[2] [y:bɐ'tre:tən] *vt irr* (*Vorschrift*) enfreindre

übertrieben [y:bɐ'tri:bən] *adj* exagéré(e)

Übertritt *m* conversion *f*

überwachen* [y:bɐ'vaxən] *vt* ❶ surveiller ❷ (*Ablauf*) superviser; (*Qualität*) contrôler

überwältigen* [y:bɐ'vɛltɪgən] *vt* maîtriser

überwältigend [y:bɐ'vɛltɪgənt] *adj* ❶ grandiose; (*Gefühl*) renversant(e) ❷ (*Mehrheit*) écrasant(e)

überweisen* [y:bɐ'vaizən] *vt irr* ❶ **Geld ~** virer de l'argent ❷ MED **jdn zu einem Facharzt ~** adresser qn à un spécialiste

Überweisung <-, -en> *f* ❶ (*Geldüberweisung*) virement *m* ❷ (*eines Patienten*) transfert *m*

überwiegen* [y:bɐ'vi:gən] *irr* **I.** *vi* prédominer **II.** *vt* **etw ~** (*Neugier*) l'emporter sur qc

überwiegend **I.** *adj* large *antéposé* **II.** *adv* plutôt

überwinden* [y:bɐ'vɪndən] *irr* **I.** *vt* ❶ (*Bedenken*) surmonter; (*Problem*) venir à bout de ❷ (*Gegner*) vaincre ❸ (*Mauer*) franchir **II.** *vr* **sich ~** faire un effort sur soi-même

Überwindung <-> *f* (*Selbstüberwindung*) effort *m* sur soi-même

überwintern* [y:bɐ'vɪntɐn] *vi* ❶ passer l'hiver ❷ (*Bär*) hiberner

Überzahl *f kein Pl* **in der ~ sein** être supérieur en nombre

überzeugen* [y:bɐ'tsɔygən] **I.** *vt* convaincre; **jdn davon ~, dass ...** persuader qn que ... **II.** *vi* (*Person*) être convaincant **III.** *vr* **sich von etw ~** s'assurer de qc

überzeugend *adj* convaincant(e)

überzeugt *adj* convaincu(e)

Überzeugung <-, -en> *f* conviction *f*

überziehen*[1] ['y:bɐtsi:ən] *irr* **I.** *vt* ❶ (*bedecken*) recouvrir ❷ (*belasten*) **das Konto um hundert Euro ~** mettre son compte à découvert de cent euros **II.** *vi* (*Person*) dépasser son temps d'antenne

über|ziehen[2] [y:bɐ'tsi:ən] *vr, vt irr* [**sich**] **etw ~** [se] passer qc

Überzug *m* ❶ (*Schicht*) couche *f* ❷ (*Hülle*) housse *f*

üblich ['y:plɪç] *adj* usuel(le); **wie ~** comme d'habitude

U-Boot ['u:bo:t] *nt* sous-marin *m*

übrig ['y:brɪç] **I.** *adj* ❶ *attr* (*restlich*) **die ~en Teilnehmer** les autres participants; **die ~en Bücher** les livres restants ❷ (*~ bleibend*) **~ sein** rester ►**im Übrigen** du reste **II.** *adv* **~ bleiben** rester

übrig|bleiben[ALT] *s.* **übrig II.**

übrigens ['y:brɪgəns] *adv* ① (*nebenbei bemerkt*) au fait ② (*außerdem*) d'ailleurs
Übung ['y:bʊŋ] <-, -en> *f* exercice *m*
UEFA-Cup [u'e:fakap] <-s, -s> *m*, **UEFA-Pokal** *m* coupe *f* de l'U.E.F.A.
Ufer ['u:fɐ] <-s, -> *nt* rive *f;* (*Meeresufer*) côte *f;* **am ~ stehen** être au bord de l'eau
Ufo <-[s], -s> *nt Abk von* **unbekanntes Flugobjekt** OVNI *m*
Uganda [u'ganda] <-s> *nt* l'Ouganda *m*
U-Haft ['u:haft] *f fam* détention *f* préventive
Uhr [u:ɐ̯] <-, -en> *f* ① (*öffentliche ~*) horloge *f;* (*Armbanduhr*) montre *f;* (*Wanduhr*) pendule *f* ② (*bei Zeitangaben*) **um drei ~** à trois heures; **um zwölf ~ mittags** à midi; **es ist fünf ~ früh** il est cinq heures du matin; **um wie viel ~?** à quelle heure?; **wie viel ~ ist es?** quelle heure est-il? ►**rund um die ~** vingt-quatre heures sur vingt-quatre
Uhrmacher(in) *m(f)* horloger(-ère) *m(f)* **Uhrzeiger** *m* aiguille *f* [d'une horloge/montre] **Uhrzeit** *f* heure *f*
Uhu ['u:hu] <-s, -s> *m* grand duc *m*
Ukraine [ukra'i:nə] <-> *f* l'Ukraine *f*
Ukrainer(in) [ukra'i:nɐ] <-s, -> *m(f)* Ukrainien(ne) *m(f)*
ukrainisch [ukra'i:nɪʃ] **I.** *adj* ukrainien(ne) **II.** *adv* **~ miteinander sprechen** discuter en ukrainien
Ukrainisch [ukra'i:nɪʃ] <-[s]> *nt kein art* ukrainien *m; s. a.* **Deutsch**
UKW [u:ka:'ve:] <-> *Abk von* **Ultrakurzwelle** FM *f*
ulkig *adj fam* marrant(e)
Ulme ['ʊlmə] <-, -n> *f* orme *m*
Ultimatum [ʊltɪ'ma:tʊm] <-s, -s> *nt* ultimatum *m*
Ultrakurzwelle [ʊltra'kʊrtsvɛlə] *f* modulation *f* de fréquence **Ultraschall** *m* ① PHYS ultrason *m* ② MED échographie *f* **Ultraschalluntersuchung** *f* [examen *m* par] échographie *f* **ultraviolett** *adj* ultraviolet(te)
um [ʊm] **I.** *präp + akk* ① (*örtlich*) **~ die Ecke** au coin de la rue; **~ den Park herum** autour du parc; **~ sich schlagen/treten** se débattre ② (*bei Zeitangaben*) **~ fünf Uhr/Mitternacht** à cinq heures/minuit ③ (*ungefähr*) environ; **~ die fünfzig Euro kosten** coûter dans les cinquante euros ④ (*hinsichtlich, wegen*) **~ deinetwillen** [par égard] pour toi; **~ der Freundschaft willen** par amitié ⑤ (*zur Angabe des Ausmaßes*) **~ zehn Zentimeter größer sein** être plus long de dix centimètres **II.** *konj* **er kam ~ zu siegen** il vint pour vaincre **III.** *adv* **~ sein** être passé
umarmen* [ʊm'ʔarmən] *vt* **jdn ~** serrer qn dans ses bras
Umarmung <-, -en> *f* accolade *f*
Umbau <-[e]s> *m kein Pl* (*eines Gebäudes*) transformations *fpl;* **sich im ~ befinden** être en travaux
um|bauen[1] ['ʊmbaʊən] **I.** *vt* (*Gebäude*) transformer **II.** *vi* faire des transformations
umbauen*[2] [ʊm'baʊən] *vt* entourer de constructions
um|benennen* *vt irr* rebaptiser
um|bilden *vt* POL remanier
um|binden *vt irr* [**sich** (*dat*)] **etw ~** [se] mettre qc
um|blättern *vi* tourner la page
um|bringen *irr* **I.** *vt* tuer **II.** *vr* **sich ~** se suicider
um|buchen *vt, vi* modifier une réservation
um|denken *vi irr* réviser son opinion
umdrehen **I.** *vt + haben* ① **jdn/etw ~** retourner qn/qc ② (*Schlüssel*) tourner **II.** *vr + haben* **sich nach jdm/etw ~** se retourner en direction de qn/qc **III.** *vi + haben o sein* faire demi-tour
umeinander [ʊmʔaɪ̯'nandɐ] *adv* **sich ~ kümmern** s'occuper l'un(e) de l'autre
um|fahren[1] ['ʊmfa:rən] *vt irr fam* renverser
umfahren*[2] [ʊm'fa:rən] *vt irr* (*Hindernis*) contourner; (*Stau*) éviter
um|fallen *vi irr + sein* ① (*Figur*) se renverser; (*Baum*) se coucher ② (*zu Boden fallen*) **tot ~** tomber raide mort(e) (*fam*)
Umfang <-[e]s, Umfänge> *m* ① (*einer Kugel*) circonférence *f* ② (*eines Gebiets*) superficie *f;* (*eines Verlusts*) étendue *f*
umfangreich *adj* (*Werk*) riche et varié(e); (*Studien*) dans des domaines divers
umfassen* [ʊm'fasən] *vt* ① **jdn ~** prendre qn dans ses bras; **etw ~** prendre qc dans ses mains ② (*enthalten*) comprendre
umfassend **I.** *adj* ① (*Vollmachten*) étendu(e) ② (*alles enthaltend*) complet(-ète) **II.** *adv* **~ berichten** faire un rapport détaillé
Umfeld *nt* milieu *m*
um|formen *vt* modifier
Umfrage *f* sondage *m*
um|füllen *vt* transvaser
um|funktionieren* *vt* transformer

U

Umgang *kein Pl m* ❶ (*Kontakt*) **im ~ mit Kindern** avec les enfants ❷ (*Freunde*) fréquentations *fpl*
umgänglich *adj* conciliant(e)
Umgangssprache *f* (*im täglichen Umgang verwendet*) langage *m* courant; (*nachlässige Sprache*) langage familier
umgeben* [ʊmˈgeːbən] *vr, vt irr* [**sich**] ~ [s']entourer
Umgebung <-, -en> *f* environs *mpl*
um|gehen[1] [ʊmˈgeːən] *vi irr + sein* ❶ (*behandeln*) traiter ❷ (*Gerücht*) circuler
umgehen*[2] [ˈʊmgeːən] *vt irr* ❶ (*vermeiden*) esquiver; **etw ist nicht zu ~** qc ne peut pas être évité ❷ (*Embargo*) contourner
umgehend [ˈʊmgeːənt] **I.** *adj* immédiat(e) **II.** *adv* dans les plus brefs délais
Umgehungsstraße [ʊmˈgeːʊŋsʃtraːsə] *f* contournement *m*
umgekehrt **I.** *adj* inverse; **genau ~!** tout le contraire! **II.** *adv* (*andersherum*) dans l'autre sens
um|graben *vt irr* bêcher
Umhang <-[e]s, Umhänge> *m* cape *f*
um|hängen *vt* **sich** (*dat*) **eine Jacke ~** se mettre une veste sur les épaules
Umhängetasche *f* sac *m* à bandoulière
um|hauen *vt irr fam* (*verblüffen*) souffler
umher [ʊmˈheːɐ̯] *adv* **weit ~** tout le pays à la ronde
umher|irren *vi + sein* errer
umkämpft [ʊmˈkɛmpft] *adj* assiégé(e)
Umkehr <-> *f* retour *m*
umkehrbar *adj* réversible
um|kehren **I.** *vi + sein* faire demi-tour **II.** *vt + haben geh* (*Mandatsverteilung*) renverser
um|kippen **I.** *vi + sein* ❶ (*Person*) tomber; (*Gegenstand*) se renverser ❷ *fam* (*bewusstlos werden*) tourner de l'œil ❸ *fam* (*die Meinung ändern*) retourner sa veste ❹ ÖKOL s'asphyxier **II.** *vt + haben* renverser
umklammern* *vt* se cramponner à
Umkleideraum *m* vestiaire *m*
um|kommen *vi irr + sein* **bei etw/in etw** (*dat*) ~ mourir dans qc
Umkreis *m* **im ~ der Stadt** à la périphérie de la ville; **im ~ von zehn Kilometern** dans un rayon de dix kilomètres
umkreisen* *vt* tourner autour de
um|krempeln *vt* ❶ retrousser; [**sich** (*dat*)] **die Ärmel ~** retrousser ses manches ❷ *fam* (*Person*) tourner la boule à; (*Firma, Leben*) chambouler
Umland *nt kein Pl* périphérie *f*
Umlauf *m* ❶ circulaire *f* ❷ (*Zirkulation*) **im ~ sein** (*Münze*) être en circulation
Umlaufbahn *f* ASTRO orbite *f*
Umlaut *m* voyelle *f* infléchie
um|legen *vt* ❶ **jdm einen Schal ~** mettre une écharpe à qn ❷ *fam* (*umbringen*) zigouiller ❸ (*Kabel*) changer de position
um|leiten *vt* (*Verkehr*) dévier; (*Fluss*) détourner
Umleitung *f* déviation *f*
um|lernen *vi* changer son comportement; (*einen anderen Beruf erlernen*) se reconvertir
umliegend *adj* alentour *inv*
Umnachtung *f geh* **geistige ~** démence *f*
um|organisieren* *vt* réorganiser
umranden* *vt* entourer
um|räumen **I.** *vi* changer les meubles de place **II.** *vt* changer de place
um|rechnen *vt* convertir
umreißen* [ˈʊmrajsən] *vt irr* (*Situation*) esquisser
um|rennen *vt irr* renverser [en courant]
Umriss[RR] *m* (*einer Person*) silhouette *f*; (*eines Gegenstands*) contours *mpl*
um|rühren *vt, vi* remuer
ums [ʊms] = **um das** *s.* **um**
Umsatz *m* chiffre *m* d'affaires
um|schalten **I.** *vi* ❶ (*Ampel*) changer; **auf Grün ~** passer au vert ❷ (*den Fernsehsender wechseln*) changer de chaîne **II.** *vt* **ein Gerät auf Wechselstrom ~** brancher un appareil sur le courant alternatif
Umschlag *m* ❶ (*Briefumschlag*) enveloppe *f* ❷ (*eines Buchs*) jaquette *f* ❸ MED compresse *f* ❹ *kein Pl* (*von Waren*) transbordement *m*
um|schlagen *irr* **I.** *vt + haben* ❶ (*Ärmel*) rabattre ❷ (*Güter*) transborder **II.** *vi + sein* changer; (*Wind*) tourner
umschlingen* *vt irr* ❶ enlacer ❷ (*sich herumschlingen*) **einen Baum ~** (*Pflanze*) enlacer un arbre
umschlungen *adj* **sich ~ halten** se tenir enlacé(e)s
um|schreiben[1] [ˈʊmʃrajbən] *vt irr* ❶ (*Text*) ré[é]crire ❷ JUR **auf jdn ~** mettre au nom de qn
umschreiben*[2] [ʊmˈʃrajbən] *vt irr* (*mit anderen Worten ausdrücken*) périphraser
um|schulen *vt* ❶ (*beruflich*) **jdn ~** reconver-

tir qn; **sich ~ lassen** se reconvertir ② SCHULE **sein Kind ~** changer son enfant d'école

Umschulung *f* (*beruflich*) reconversion *f*

Umschweife ['ʊmʃvaifə] *Pl* circonlocutions *fpl*; **ohne ~ zur Sache kommen** ne pas y aller par quatre chemins

um|schwenken *vi* + *sein* ① (*zur Seite schwenken*) changer de direction ② *pej* (*die Meinung ändern*) retourner sa veste

Umschwung *m* ① revirement *m* ② SPORT soleil *m* ③ CH (*Gelände*) terrain *m*

um|sehen *vr irr* ① (*sich informieren*) **sich ~** regarder ② (*suchen*) **sich nach jdm/etw ~** chercher qn/qc du regard

um|seinALT *s.* **um III.**

um|setzen **I.** *vt* ① **jdn ~** faire changer de place à qn ② (*Erfahrungen*) appliquer; **etw in die Praxis ~** mettre qc en pratique **II.** *vr* **sich ~** changer de place

umsichtig **I.** *adj* circonspect(e) **II.** *adv* avec circonspection

um|siedeln **I.** *vt* + *haben* déplacer **II.** *vi* + *sein* **nach Köln ~** aller s'installer à Cologne

umsoRR ['ʊmzo] *konj* **~ mehr/weniger** d'autant plus/moins; **~ besser** tant mieux

umsonst *adv* ① (*kostenlos*) gratuitement ② (*vergebens*) inutilement

Umstand <-[e]s, Umstände> *m* ① (*Tatsache*) fait *m*; (*Bedingung*) circonstance *f*; **unter allen Umständen** quoi qu'il arrive ② *Pl* (*Schwierigkeiten*) complications *fpl*; **jdm Umstände machen** causer des problèmes à qn

umständlich *adj* (*Person*) compliqué(e)

um|steigen *vi irr* + *sein* (*den Zug/Bus wechseln*) changer de train/bus; **in den Zug nach Frankfurt ~** prendre la correspondance pour Francfort

um|stellen ['ʊmʃtɛlən] **I.** *vt* ① (*Möbelstück*) déplacer ② (*Schalter*) modifier le réglage de **II.** *vi* **auf Gas ~** passer au gaz **III.** *vr* **sich auf etw** (*akk*) **~** s'adapter à qc

Umstellung *f* changement *m*

um|stimmen *vt* **jdn ~** faire changer qn d'avis

um|stoßen *vt irr* ① faire tomber ② (*Entschluss*) revenir sur

umstritten [ʊm'ʃtrɪtən] *adj* controversé(e)

um|strukturieren* *vt* restructurer

Umsturz *m* coup *m* d'état

um|stürzen **I.** *vi* + *sein* se renverser **II.** *vt* + *haben* ① (*Säule*) faire tomber ② *fig* (*Regime*) renverser

Umtausch *m* ① (*von Waren*) échange *m* ② FIN **~ von Euro in Dollar** change *m* d'euros en dollars

um|tauschen *vt* ① échanger; **jdm etw ~** reprendre qc à qn ② FIN **Geld ~** changer de l'argent

um|topfen *vt* (*Pflanze*) rempoter

Umtrunk *m* pot *m* (*fam*)

Umverpackung *f* [sur]emballage *m*

um|verteilen* *vt* redistribuer

um|wandeln *vt* transformer

Umwandlung *f* transformation *f*

Umweg *m* détour *m*

Umwelt *f kein Pl* ① ÖKOL environnement *m* ② (*Mitmenschen*) entourage *m*

Umweltbelastung *f* pollution *f* **umweltbewusst**RR *adj, adv* écologique **umweltfreundlich** *adj* écologique **Umweltkriminalität** *f* délits *mpl* en matière d'environnement **Umweltpapier** *nt* papier *m* recyclé **Umweltpolitik** *f* politique *f* de l'environnement **Umweltschützer(in)** *m(f)* écologiste *mf* **Umweltverschmutzer(in)** <-s, -> *m(f)* pollueur(-euse) *m(f)*

um|werfen *vt irr* ① (*Glas*) renverser; (*Plan*) bouleverser ② *fam* (*verblüffen*) **jdn ~** renverser qn

umwerfend **I.** *adj* renversant(e) **II.** *adv* incroyablement

umwickeln* [ʊm'vɪkəln] *vt* **etw mit Papier ~** entourer qc de papier

um|ziehen *irr* **I.** *vi* + *sein* déménager **II.** *vr* + *haben* **sich ~** se changer

umzingeln* [ʊm'tsɪŋəln] *vt* encercler

Umzug *m* ① déménagement *m* ② (*Festzug*) défilé *m*

UN [uː'ʔɛn] <-> *Pl Abk von* **United Nations die ~** les Nations *fpl* Unies

unabhängig *adj* indépendant(e)

Unabhängigkeit *f kein Pl* indépendance *f*

unabsehbar [ʊnʔap'zeːbaːɐ̯] *adj* imprévisible

unabsichtlich *adj* involontaire

unabwendbar *adj* inéluctable

Unachtsamkeit *f* inattention *f*

unanfechtbar [ʊnʔan'fɛçtbaːɐ̯] *adj* incontestable

unangefochten *adj* incontesté(e)

unangemeldet **I.** *adj* (*Besucher*) qui n'a pas

annoncé sa venue; (*Patient*) qui n'a pas pris rendez-vous **II.** *adv* ~ **kommen** venir à l'improviste; (*ohne Terminabsprache kommen*) sans [prendre] rendez-vous

unangemessen *adj* inconvenant(e)

unangenehm I. *adj* désagréable; **das ist mir** ~ ça m'est pénible **II.** *adv* (*riechen*) mauvais; ~ **schmecken** avoir mauvais goût

unangreifbar *adj* inattaquable

Unannehmlichkeit *f meist Pl* désagrément *m;* ~**en bekommen/haben** s'attirer/connaître des ennuis

unansehnlich *adj* insignifiant(e)

unanständig *adj* indécent(e)

unantastbar *adj* intangible

unappetitlich *adj* dégoûtant(e)

Unart *f* mauvaise habitude *f*

unartig *adj* mal élevé(e)

unauffällig I. *adj* discret(-ète) **II.** *adv* discrètement

unauffindbar *adj* introuvable

unaufhaltsam [ʊnʔaʊ̯fˈhaltzaːm] *adj* inexorable

unaufhörlich [ʊnʔaʊ̯fˈhøːɐ̯lɪç] **I.** *adj* continuel(le) **II.** *adv* **es regnet** ~ il n'arrête pas de pleuvoir

unaufmerksam *adj* ❶ (*Schüler*) inattentif(-ive); ~ **werden** relâcher son attention ❷ (*Begleiter*) peu prévenant(e)

Unaufmerksamkeit *f kein Pl* inattention *f*

unaufrichtig *adj* ~ **sein** ne pas être franc

unausgeglichen *adj* ❶ pas très équilibré(e) ❷ ÖKON en déséquilibre

unaussprechlich [ʊnʔaʊ̯sˈʃprɛçlɪç] *adj* indicible

unausstehlich [ʊnʔaʊ̯sˈʃteːlɪç] *adj* insupportable

unausweichlich [ʊnʔaʊ̯sˈvaɪ̯çlɪç] *adj* inéluctable

unbändig [ˈʊnbɛndɪç] **I.** *adj* ❶ turbulent(e) ❷ (*Verlangen*) irrépressible **II.** *adv* (*lachen*) à gorge déployée; (*weinen*) à chaudes larmes

unbarmherzig *adj* impitoyable

unbeabsichtigt I. *adj* involontaire **II.** *adv* sans faire exprès

unbedenklich I. *adj* ~ **sein** (*Aktion*) être sans risques **II.** *adv* en toute tranquillité

unbedeutend I. *adj* ❶ (*Ereignis*) insignifiant(e) ❷ (*Menge*) négligeable **II.** *adv* à peine

unbedingt I. *adj attr* absolu(e) **II.** *adv* **nicht** ~ pas forcément; ~**!** absolument!

unbefangen I. *adj* ❶ (*Zeuge*) impartial(e) ❷ (*Kind*) spontané(e) **II.** *adv* ❶ (*unvoreingenommen*) sans préjugés ❷ (*nicht gehemmt*) sans complexe

unbefriedigend I. *adj* insatisfaisant(e) **II.** *adv* de façon peu satisfaisante

unbefristet I. *adj* à durée indéterminée; (*Aufenthaltserlaubnis*) permanent(e) **II.** *adv* sans limitation de durée

unbegreiflich [ʊnbəˈgraɪ̯flɪç] *adj* incompréhensible

unbegrenzt *adj* ❶ (*Zeit, Dauer*) indéterminé(e) ❷ (*grenzenlos*) sans limites

unbegründet *adj* infondé(e)

Unbehagen *nt* gêne *f*

unbehaglich I. *adj* qui met mal à l'aise **II.** *adv* **sich** ~ **fühlen** se sentir mal à l'aise

unbeholfen [ˈʊnbəhɔlfən] **I.** *adj* gauche **II.** *adv* maladroitement

unbekannt *adj* inconnu(e); ~ **verzogen** parti(e) sans laisser d'adresse

Unbekannte <-n, -n> *f a.* MATH inconnue *f*

unbekümmert [ˈʊnbəkʏmɐt] **I.** *adj* insouciant(e) **II.** *adv* avec insouciance

unbelastet I. *adj* ❶ (*frei*) libre ❷ POL (*schuldlos*) correct(e) ❸ ÖKOL naturel(le) **II.** *adv* l'esprit libre

unbelehrbar [ʊnbəˈleːɐ̯baːɐ̯] *adj* incorrigible

unbeliebt *adj* peu apprécié(e)

unbemannt *adj* ~**e Raumfahrt** navigation *f* spatiale inhabitée

unbemerkt I. *adj* inaperçu(e) **II.** *adv* sans être aperçu

unbenutzt I. *adj* inutilisé(e) **II.** *adv* sans l'avoir utilisé(e)

unbeobachtet *adj* **in einem** ~**en Moment** dans un moment d'inattention

unbequem *adj* inconfortable

unberechenbar [ʊnbəˈrɛçənbaːɐ̯] *adj* imprévisible

unberücksichtigt *adj* ~ **bleiben** ne pas être pris en compte

unberührt *adj* ❶ (*Natur*) sauvage ❷ (*Bett*) non défait(e) ❸ (*unbeeindruckt*) ~ **bleiben** rester impassible

unbeschreiblich [ˈʊnbəʃraɪ̯plɪç] **I.** *adj* indescriptible **II.** *adv* (*schnell*) infiniment; (*dumm*) extrêmement

unbeschrieben *adj* (*Blatt, Seite*) blanc(blanche)

unbesonnen I. *adj* irréfléchi(e) II. *adv* sans réfléchir

unbesorgt I. *adj* ~ **sein** ne pas se faire de souci II. *adv* **etw ~ tun können** pouvoir sans crainte faire qc

unbeständig *adj* instable

unbestechlich [ʊnbəˈʃtɛçlɪç] *adj* incorruptible

unbestimmt *adj* ❶ vague; (*Gefühl*) confus(e) ❷ LING indéfini(e)

unbestritten [ʊnbəˈʃtrɪtən] I. *adj* incontesté(e); **es ist ~, dass er lügt** il ment, sans conteste II. *adv* sans conteste

unbeteiligt [ʊnbəˈtailɪçt] *adj* ❶ **an einem Unfall ~ sein** ne pas être impliqué dans un accident ❷ (*desinteressiert*) peu intéressé(e)

unbewaffnet *adj* sans arme; **~ sein** ne pas être armé

unbeweglich [ʊnbəˈveklɪç] *adj* ❶ immobile; (*Miene*) impassible ❷ (*Feiertag*) fixe

unbewegt *adj* ❶ immobile ❷ (*Miene*) impassible

unbewohnbar *adj* inhabitable

unbewohnt *adj* inoccupé(e); (*Planet*) inhabité(e)

unbewusst[RR] I. *adj* inconscient(e) II. *adv* inconsciemment

unbezahlbar [ʊnbəˈtsaːlbaːɐ̯] *adj* ❶ exorbitant(e) ❷ *iron fam* (*Tipp*) précieux(-euse)

unbezahlt *adj* ❶ (*Rechnung*) impayé(e) ❷ (*Überstunde*) non payé(e)

unbezähmbar *adj* irrépressible

unbezwingbar *adj* ❶ (*Festung*) imprenable ❷ (*Verlangen*) irrésistible

unblutig I. *adj* sans effusion de sang II. *adv* **~ verlaufen** se dérouler sans effusion de sang

unbrauchbar *adj* inutilisable; **als Chef ~ sein** ne pas convenir comme chef

unbürokratisch I. *adj* qui ne passe pas par la bureaucratie II. *adv* sans passer par la bureaucratie

und [ʊnt] *konj* ❶ et; **du ~ ich** toi et moi ❷ (*als Ausdruck der Intensivierung*) **sie redet ~ redet** elle n'arrête pas de parler ❸ (*selbst wenn*) **~ sei es noch so spät** aussi tard soit-il; **~ wenn du noch so schreist** même si tu cries autant

Undank *m geh* ingratitude *f*

undankbar *adj* ingrat(e)

undefinierbar [ʊndefiˈniːɐ̯baːɐ̯] *adj* indéfinissable

undenkbar [ʊnˈdɛŋkbaːɐ̯] *adj* impensable

undeutlich I. *adj* ❶ (*Schrift*) illisible; (*Aussprache*) indistinct(e) ❷ (*Vorstellung*) vague II. *adv* ❶ (*erkennen*) indistinctement ❷ (*formulieren*) en termes vagues

undicht *adj* non étanche; (*Rohr, Ventil*) qui fuit

Unding *nt* **es ist ein ~ das zu tun** c'est une aberration de faire cela

undiszipliniert *adj* indiscipliné(e)

undurchlässig *adj* (*Stoff*) imperméable; (*Beton*) étanche

undurchschaubar *adj* (*Person*) difficile à cerner; (*Plan*) mystérieux(-euse)

undurchsichtig *adj* ❶ (*Fenster*) opaque ❷ (*Person*) louche

uneben *adj* inégal(e); (*Gelände*) accidenté(e)

Unebenheit <-, -en> *f* ❶ *kein Pl* (*unebene Beschaffenheit*) inégalité *f* ❷ (*unebene Stelle*) aspérité *f*

unecht *adj* faux(fausse)

unehelich *adj* naturel(le)

unehrlich *adj* (*Person, Charakter*) pas franc (franche); (*Mitarbeiter, Absicht*) malhonnête

uneigennützig I. *adj* désintéressé(e) II. *adv* **~ denken** avoir des pensées désintéressées

uneingeschränkt *adj, adv* sans réserve

uneinig *adj* en désaccord

unempfindlich *adj* ❶ insensible ❷ (*Material*) résistant(e)

unendlich [ʊnˈʔɛntlɪç] I. *adj* infini(e) II. *adv* *fam* vachement; **~ viele Leute** un monde pas possible

Unendlichkeit *f* ❶ *kein Pl* (*das Unendlichsein*) infinité *f* ❷ *fam* (*sehr lange Zeit*) éternité *f*

unentbehrlich [ʊnʔɛntˈbeːɐ̯lɪç] *adj* indispensable

unentgeltlich *adj* (*Benutzung*) gratuit(e); (*Arbeit, Einsatz*) bénévole

unentschieden I. *adj* ❶ SPORT nul(le) ❷ (*unentschlossen*) indécis(e) II. *adv* SPORT **~ spielen** faire match nul

Unentschieden <-s, -> *nt* match *m* nul

unentschlossen I. *adj* indécis(e) II. *adv* sans parvenir à se décider

unentschuldigt I. *adj* non excusé(e) II. *adv* sans excuse; (*in der Schule*) sans mot d'excuse

unerbittlich [ʊnʔɛɐ̯ˈbɪtlɪç] I. *adj* impitoyable II. *adv* impitoyablement

U

unerfahren *adj* inexpérimenté(e)
unerfreulich I. *adj* fâcheux(-euse) II. *adv* mal
unerhört ['ʊnʔɛɐhøːɐ̯t] I. *adj* ❶ *pej* (*Benehmen*) inouï(e) ❷ (*Summe*) exorbitant(e) II. *adv* ❶ (*empörend*) **sich ~ aufführen** se comporter comme un malotru ❷ (*fleißig*) incroyablement
unerklärlich [ʊnʔɛɐ'klɛːɐ̯lɪç] *adj* inexplicable
unerlässlich[RR] [ʊnʔɛɐ'lɛslɪç], **unerläßlich**[ALT] *adj* indispensable
unermesslich[RR] *geh* I. *adj* (*Ausdehnung, Dimensionen*) incommensurable; (*Elend, Verwüstungen*) énorme II. *adv* (*reich*) immensément; **~ wertvoll** d'une valeur inestimable
unermüdlich [ʊnʔɛɐ'myːtlɪç] I. *adj* infatigable II. *adv* inlassablement
unerreichbar [ʊnʔɛɐ'raiçbaːɐ̯] *adj* ❶ inaccessible ❷ (*telefonisch nicht zu erreichen*) **~ sein** ne pas être joignable
unersättlich *adj* insatiable
unerschöpflich *adj* inépuisable
unerschütterlich [ʊnʔɛɐ'ʃʏtɐlɪç] I. *adj* inébranlable II. *adv* (*festhalten, glauben*) de façon inébranlable
unerschwinglich [ʊnʔɛɐ'ʃvɪŋlɪç] *adj* inabordable
unersetzlich *adj* (*Mitarbeiter*) irremplaçable; (*Schaden*) irréparable
unerträglich [ʊnʔɛɐ'trɛːklɪç] *adj, adv* insupportable
unerwartet I. *adj* imprévu(e) II. *adv* (*besuchen*) inopinément
unerwünscht *adj* indésirable
UNESCO [u'nɛsko] <-> *f Abk von* **United Nations Educational, Scientific and Cultural Organization** Unesco *f*
unfähig *adj* incapable
Unfähigkeit *f kein Pl* incapacité *f*
unfair *adj* **das ist ~!** *fam* ce n'est pas juste!
Unfall *m* accident *m;* **bei einem ~** dans un accident
Unfallflucht *f* délit *m* de fuite **Unfallgefahr** *f* risque *m* d'accident **Unfallopfer** *nt* accidenté(e) *m(f)* **Unfallversicherung** *f* assurance-accidents *f*
unfassbar[RR] *adj* ❶ (*Wunder*) inconcevable ❷ (*unvorstellbar*) inimaginable
unfehlbar I. *adj* (*Person*) infaillible II. *adv* immanquablement
unförmig ['ʊnfœrmɪç] *adj* informe
unfreiwillig I. *adj* ❶ contre son/mon/... gré ❷ (*Witz*) involontaire II. *adv* contre son/mon/... gré
unfreundlich I. *adj* ❶ peu aimable; **~ zu jdm sein** ne pas être aimable avec qn ❷ (*Klima*) désagréable II. *adv* **sich jdm gegenüber ~ benehmen** se montrer désagréable avec qn
unfruchtbar *adj* stérile
Unfug ['ʊnfuːk] <-s> *m* bêtises *fpl*
Ungar(in) ['ʊŋgar] <-n, -n> *m(f)* Hongrois(e) *m(f)*
ungarisch ['ʊŋgarɪʃ] I. *adj* hongrois(e) II. *adv* **~ miteinander sprechen** discuter en hongrois
Ungarisch <-[s]> *nt kein art* hongrois *m; s. a.* **Deutsch**
Ungarn ['ʊŋgarn] <-s> *nt* la Hongrie
ungastlich I. *adj* inhospitalier(-ère) II. *adv* de façon inhospitalière
ungeachtet [ʊngə'ʔaxtət] *präp + gen geh* **~ dieser Tatsache** en dépit de ce fait; **~ dessen, dass** bien que *+ subj*
ungebeten I. *adj* indésirable II. *adv* **~ kommen** venir à l'improviste
ungebildet *adj* inculte
ungebräuchlich *adj* inusité(e); (*Methode*) inhabituel(le)
ungebunden *adj* ❶ (*Buch*) non relié(e) ❷ (*ohne Verpflichtungen*) indépendant(e); **~ sein** ne pas avoir d'attaches familiales
ungedeckt *adj* ❶ (*Tisch*) qui n'est pas mis(e) ❷ (*Scheck*) sans provision ❸ (*Spieler*) qui n'est pas marqué(e)
Ungeduld *f* impatience *f*
ungeduldig I. *adj* impatient(e); **~ werden** s'impatienter II. *adv* impatiemment
ungeeignet *adj* (*Bewerber*) incompétent(e); (*Mittel*) inadapté(e)
ungefähr [ʊngə'fɛːɐ̯] I. *adv* à peu près; **~ um acht Uhr** aux environs de huit heures; **~ ein Pfund Mehl** environ une livre de farine; **das könnte ~ stimmen** c'est à peu près ça II. *adj* approximatif(-ive)
ungefährlich *adj* pas dangereux(-euse); (*Erkrankung*) bénin(-igne)
ungeheuer [ʊngə'hɔyɐ] I. *adj* énorme; (*Schätze*) immense II. *adv* extrêmement
Ungeheuer <-s, -> *nt* monstre *m*
ungehobelt *adj* ❶ (*Brett*) non raboté(e) ❷ *pej* (*unhöflich*) mal dégrossi(e)

ungehörig *adj* inconvenant(e)
ungehorsam *adj* désobéissant(e); **jdm gegenüber ~ sein** désobéir à qn
ungeklärt I. *adj* ❶ non élucidé(e) ❷ (*Abwässer*) non épuré(e) II. *adv* (*ungereinigt*) sans épuration
ungekürzt I. *adj* intégral(e) II. *adv* intégralement
ungelegen I. *adj* gênant(e); (*Zeitpunkt*) mal choisi(e) II. *adv* **jdm ~ kommen** déranger qn
ungelernt *adj* non qualifié(e)
ungelöst *adj* (*Problem*) non résolu(e); (*Fall*) non éclairci(e); (*Frage*) sans réponse
ungemein [ʊngəˈmain] I. *adj* considérable II. *adv* énormément
ungemütlich I. *adj* inconfortable II. *adv* (*eingerichtet*) sans confort
ungenau I. *adj* imprécis(e); (*Messung*) inexact(e) II. *adv* avec imprécision
Ungenauigkeit <-, -en> *f Pl* (*Fehler*) **eine Arbeit voller ~en** un travail plein d'inexactitudes
ungeniert [ʊnʒeˈniːɐ̯t] I. *adj* désinvolte II. *adv* sans se gêner
ungenießbar [ʊngəˈniːsbaːɐ̯] *adj* ❶ (*Pilz*) non comestible; (*Essen*) immangeable; (*Getränk*) imbuvable ❷ *iron fam* (*Person*) invivable
ungenügend *adj* insuffisant(e)
ungenutzt I. *adj* (*Raum*) inutilisé(e); (*Gelegenheit*) qu'on a laissé passer; (*Ressourcen*) inexploité(e)
ungepflegt *adj* (*Hände, Haare*) mal soigné(e); (*Garten, Park*) mal entretenu(e)
ungerade *adj* impair(e)
ungerecht *adj a.* JUR injuste
Ungerechtigkeit <-, -en> *f* injustice *f*
ungereimt I. *adj* ❶ (*verworren*) absurde, inepte ❷ (*reimlos*) non rimé(e) II. *adv* **~ klingen** avoir l'air absurde
ungern *adv* ❶ (*nicht gerade gern*) **etw ~ tun** ne pas faire qc volontiers ❷ (*widerwillig*) à contrecœur
ungeschickt I. *adj* maladroit(e) II. *adv* **sich ~ anstellen** *fam* être empoté
ungeschliffen *adj* ❶ (*Edelstein*) brut(e) ❷ (*Benehmen, Manieren*) grossier(-ière), fruste
ungeschminkt I. *adj* ❶ non maquillé(e) ❷ (*ohne Beschönigung*) sans fard II. *adv* ❶ sans être maquillé ❷ (*unverblümt*) sans fard; **~ die Wahrheit sagen** dire la vérité toute nue
ungesetzlich *adj* illégal(e)
ungestört I. *adj* tranquille II. *adv* en paix
ungesund I. *adj* ❶ malsain(e) ❷ (*Aussehen*) maladif(-ive) II. *adv* **~ leben** avoir un mode de vie mauvais pour la santé
ungewiss[RR] *adj* ❶ (*Ausgang*) incertain(e); **es ist noch ~, ob/wie ...** on ne sait toujours pas si/comment ... ❷ (*unklar*) **jdn über etw** (*akk*) **im Ungewissen lassen** laisser qn dans l'incertitude quant à qc
Ungewissheit[RR] <-, -en> *f* incertitude *f*
ungewöhnlich *adj* ❶ inhabituel(le) ❷ (*außergewöhnlich*) exceptionnel(le)
ungewohnt *adj* inhabituel(le)
ungewollt I. *adj* involontaire; **das war ~** ce n'était pas intentionnel II. *adv* **~ grinsen müssen** ne pas pouvoir s'empêcher de ricaner
Ungeziefer <-s> *nt* vermine *f*
ungezogen *adj* mal élevé(e); (*Benehmen*) impoli(e)
ungezwungen *adj* décontracté(e) (*fam*)
ungläubig I. *adj* ❶ incrédule ❷ (*gottlos*) **ein ~er Mensch** un incroyant II. *adv* d'un air incrédule
unglaublich [ˈʊnglauplɪç] *adj* incroyable
unglaubwürdig I. *adj* invraisemblable; **er ist ~** il n'est pas crédible II. *adv* **~ wirken** avoir l'air peu crédible
ungleich I. *adj* inégal(e) II. *adv* (*weitaus*) **~ größer** largement plus grand
ungleichmäßig *adj* ❶ (*Puls*) irrégulier(-ière) ❷ (*Verteilung*) inégal(e)
Unglück <-e> *nt* ❶ malheur *m*; (*Zugunglück*) catastrophe *f* ❷ *kein Pl* (*Pech*) malchance *f*
unglücklich I. *adj* malheureux(-euse) II. *adv* ❶ **~ aussehen** avoir l'air malheureux ❷ (*ungeschickt*) **~ stürzen** faire une mauvaise chute
unglücklicherweise *adv* malheureusement
ungültig *adj* ❶ (*Ausweis*) périmé(e); (*Eintrittskarte*) non valable; **~ werden** (*Ausweis*) expirer ❷ (*Wahl*) nul(le)
ungünstig I. *adj* (*Zeitpunkt*) mal choisi(e); (*Wetter*) défavorable II. *adv* **sich ~ auswirken** avoir un effet défavorable
unhandlich *adj* peu pratique
Unheil *nt geh* malheur *m*; **~ anrichten** *fam* (*Person*) faire un désastre

U

unheilbar [ʊnˈhailbaːɐ̯] *adj* incurable
unheimlich I. *adj* ❶ (*Geschichte*) macabre; (*Haus*) lugubre; (*Erlebnis*) inquiétant(e) ❷ *fam* (*Zufall*) pas croyable ❸ *fam* (*Angst*) terrible; **es hat uns ~en Spaß gemacht** cela nous a énormément plu II. *adv* ❶ (*Grauen erregend*) ~ **aussehen** être à faire peur ❷ *fam* (*sehr*) vachement
unhöflich *adj* impoli(e)
uni [yˈniː] *adj inv* uni(e)
Uni <-, -s> *f fam Abk von* **Universität** fac *f*
UNICEF [ˈuːnitsɛf] <-> *f Abk von* **United Nations International Children's Emergency Fund** UNICEF *f*
Uniform [uniˈfɔrm] <-, -en> *f* uniforme *m*
uninteressant *adj* inintéressant(e)
Union [uˈnioːn] <-, -en> *f* union *f*; **Europäische** ~ Union européenne
universell [univɛrˈzɛl] I. *adj* universel(le) II. *adv* (*begabt*) en tout
Universität [univɛrziˈtɛːt] <-, -en> *f* université *f*
Universitätsklinik *f* centre *m* hospitalo-universitaire, C.H.U. *m*
Universum [uniˈvɛrzʊm] <-s> *nt* univers *m*
unkenntlich *adj* méconnaissable; (*Kennzeichen*) indéchiffrable
Unkenntnis *f kein Pl* ignorance *f*; **aus** ~ par ignorance
unklar I. *adj* ❶ peu clair(e); (*Text*) confus(e) ❷ (*Situation*) confus(e) ▶**jdn im Unklaren lassen** laisser qn dans l'incertitude II. *adv* de manière ambiguë
Unklarheit <-, -en> *f* ❶ *kein Pl* (*Ungewissheit*) confusion *f* ❷ (*ungeklärter Tatbestand*) ambiguïté *f*
unklug *adj* imprudent(e)
unkompliziert *adj* (*Person, Fall*) simple, qui n'est pas compliqué(e)
unkontrollierbar [ˈʊnkɔntrɔliːɐ̯baːɐ̯] *adj* incontrôlable
unkonventionell I. *adj* peu conventionnel(le) II. *adv* de manière peu conventionnelle
Unkosten *Pl* frais *mpl*
Unkraut *nt* mauvaise herbe *f*
unkritisch I. *adj* qui n'est pas critique II. *adv* avec un manque de sens critique
unlauter *adj* déloyal(e)
unleserlich [ʊnˈleːzɐlɪç] I. *adj* illisible II. *adv* illisiblement
unlogisch *adj* illogique
unlösbar [ʊnˈløːsbaːɐ̯] *adj* insoluble
unmäßig I. *adj* immodéré(e); **~es Rauchen** l'abus de tabac; **~es Essen** l'alimentation excessive II. *adv* sans modération
Unmenge *f* **eine ~ von Fragen** une quantité énorme de questions; **~n von Touristen** une foule de touristes
Unmensch *m* monstre *m*
unmenschlich [ʊnˈmɛnʃlɪç] *adj* ❶ inhumain(e) ❷ *fam* (*Schmerzen*) épouvantable
unmerklich [ʊnˈmɛrklɪç] *adj* imperceptible
unmissverständlich[RR] [ʊnmɪsfɛɐ̯ˈʃtɛntlɪç] I. *adj* sans équivoque; (*Weigerung*) catégorique II. *adv* sans équivoque
unmittelbar I. *adj* immédiat(e) II. *adv* ~ **bevorstehen** être imminent
unmodern I. *adj* démodé(e) II. *adv* **sich ~ kleiden** porter des vêtements démodés
unmöglich [ʊnˈmøːklɪç] I. *adj* impossible; **es ist ihm/ihr ~ das zu tun** il/elle est dans l'impossibilité de faire cela II. *adv* ❶ (*keinesfalls*) **er kann ~ der Täter sein** il est impossible que ce soit lui le coupable ❷ *pej fam* ~ **aussehen** avoir un air pas possible
Unmöglichkeit *f kein Pl* impossibilité *f*
unmoralisch *adj* immoral(e)
unmotiviert [-viː-] I. *adj* (*Frage*) gratuit(e); (*Lachen*) immotivé(e); (*Wutanfall*) irraisonné(e) II. *adv* sans motif, sans raison
unmündig *adj* ❶ mineur(e) ❷ (*geistig unselbstständig*) irresponsable
unnachahmlich *adj* inimitable
unnachgiebig *adj* intransigeant(e)
unnahbar *adj* inaccessible
unnatürlich I. *adj* peu naturel(le); (*Bedingungen*) artificiel(le) II. *adv* de manière contrainte
unnötig *adj* superflu(e); **es ist ~ etw zu tun** ce n'est pas la peine de faire qc
unnütz [ˈʊnnʏts] *adj* inutile
UNO [ˈuːno] <-> *f kein Pl Abk von* **United Nations Organization** O.N.U. *f*
UNO-Friedenstruppen *Pl* casques *mpl* bleus
unordentlich I. *adj* (*Person*) désordonné(e); (*Zimmer*) en désordre II. *adv* ❶ (*arbeiten*) négligemment ❷ (*unaufgeräumt*) en désordre
Unordnung *f kein Pl* désordre *m*
unparteiisch I. *adj* impartial(e) II. *adv* en toute impartialité

unpassend *adj* ❶ (*unangebracht*) déplacé(e) ❷ (*ungelegen*) mal venu(e)
unpersönlich *adj* (*Person*) froid(e); (*Art*) impersonnel(le)
unpolitisch *adj* apolitique
unpraktisch *adj* ❶ (*Methode*) pas pratique ❷ (*Person*) maladroit(e) [de ses mains]
unproblematisch **I.** *adj* qui ne pose aucun problème **II.** *adv* sans problème
unpünktlich **I.** *adj* ❶ **~ sein** ne pas être ponctuel; **du bist immer ~!** tu n'es jamais à l'heure! ❷ (*verspätet*) **~ sein** avoir du retard **II.** *adv* en retard
unrealistisch *adj* irréaliste
unrecht *adj* ❶ *geh* (*Weise*) injuste ❷ (*unpassend*) **das ist mir gar nicht so ~!** cela ne tombe pas si mal!
Unrecht *nt kein Pl* tort *m;* **zu ~** à tort
unrechtmäßig *adj* illégal(e)
unregelmäßig **I.** *adj* irrégulier(-ière) **II.** *adv* **~ konjugiert werden** avoir une conjugaison irrégulière
unrein *adj* impur(e); (*Haut*) peu sain(e)
unrichtig *adj* inexact(e)
Unruhe *f* ❶ agitation *f;* (*Sorge*) inquiétude *f* ❷ *Pl* (*Tumulte*) troubles *mpl*
unruhig **I.** *adj* ❶ agité(e) ❷ (*besorgt*) inquiet(-iète) ❸ (*Herzschlag*) irrégulier(-ière) **II.** *adv* **~ schlafen** avoir un sommeil agité
uns [ʊns] **I.** *pron pers, dat von* **wir** ❶ nous; **wem hat er es gegeben? — Uns!** à qui l'a-t-il donné? — À nous! ❷ *refl* nous; **wir haben ~ gedacht, dass** nous avons pensé que **II.** *pron pers, akk von* **wir** ❶ nous; **er wollte ~ sprechen** il voulait nous parler ❷ *refl* nous; **wir haben ~ umgedreht** nous nous sommes retournés
unsachlich *adj* (*Person*) partial(e); (*Bemerkung*) subjectif(-ive)
unsauber **I.** *adj* sale **II.** *adv* mal
unscharf *adj* ❶ (*Umrisse*) flou(e) ❷ (*Einstellung*) imprécis(e)
unschätzbar [ʊnˈʃɛtsbaːɐ̯] *adj* (*Mitarbeiter*) très précieux(-euse); (*Wert*) inestimable
unscheinbar *adj* (*Aussehen*) insignifiant(e); (*Pflanze*) qui n'a l'air de rien
unschlagbar *adj* imbattable
unschlüssig **I.** *adj* indécis(e) **II.** *adv* d'un air indécis
unschön *adj* ❶ (*hässlich*) laid(e) ❷ (*unerfreulich*) déplaisant(e)
Unschuld *f* innocence *f*
unschuldig **I.** *adj* innocent(e); **an etw** (*dat*) **~ sein** ne pas être responsable de qc **II.** *adv* ❶ à tort ❷ (*arglos*) d'un air innocent
unselbständig[ALT], **unselbstständig**[RR] *adj* ❶ dépendant(e) des autres ❷ (*Tätigkeit*) salarié(e)
unser [ˈʊnzɐ] *pron poss* ❶ notre; **~e Eltern** nos parents; **das ist alles ~es** c'est tout à nous; **ist das dein Ball oder ~er?** est-ce ton ballon ou le nôtre? ❷ *substantivisch* **der/die/das ~e** le/la nôtre; **das sind die ~en** ce sont les nôtres
unsereiner, **unsereins** *pron indef fam* nous [autres]; **~ ist immer hilfsbereit** (*wir*) nous, nous sommes toujours serviables; (*ich*) moi, je suis toujours serviable
unsererseits *adv* ❶ (*wir wiederum*) de notre côté ❷ (*was uns betrifft*) de notre part
unseresgleichen *pron inv* ❶ (*Menschen unseres Schlags*) nos semblables; **wir sind unter ~** nous sommes entre gens du même monde ❷ (*Menschen wie wir*) **das kann sich ~ nicht leisten** nous autres, nous ne pouvons pas nous le permettre
unseretwegen *adv* ❶ (*wegen uns*) à cause de nous ❷ (*uns zuliebe*) pour nous ❸ (*von uns aus*) en ce qui nous concerne
unseretwillen [ˈʊnzərətˈvɪlən] *adv* **um ~** pour nous faire plaisir
unsers *s.* **unser**
unsicher **I.** *adj* ❶ peu sûr(e) ❷ (*Person*) qui manque d'assurance; **jdn ~ machen** ébranler qn ❸ (*Zukunft*) incertain(e) ❹ (*Schritte*) mal assuré(e) **II.** *adv* ❶ (*sich bewegen*) en chancelant ❷ (*fragen*) d'une voix hésitante
Unsicherheit *f* ❶ *kein Pl* manque *m* d'assurance ❷ *kein Pl* (*mangelnde Verlässlichkeit*) manque *m* de fiabilité
unsichtbar *adj* invisible ▸**sich ~ machen** *fam* se déguiser en courant d'air
Unsinn *m kein Pl* absurdité *f*
unsinnig *adj* insensé(e)
Unsitte *f* mauvaise habitude *f*
unsittlich **I.** *adj* indécent(e) **II.** *adv* **~ berührt werden** être victime d'attouchements
unsportlich *adj* ❶ (*Person*) pas sportif(-ive) ❷ (*Verhalten*) antisportif(-ive)
unsre *s.* **unser**
unsrerseits *s.* **unsererseits**
unsresgleichen *s.* **unseresgleichen**

U

unsrige(r, s) *pron poss geh* **der/die/das ~** le/la nôtre; **die Unsrigen** les nôtres
unsterblich ['ʊnʃtɛrplɪç] **I.** *adj* immortel(le) **II.** *adv fam* **sich ~ verlieben** tomber éperdument amoureux(-euse)
Unsterblichkeit *f* immortalité *f*
unstet *adj geh* instable, inconstant(e)
unstillbar *adj geh* (*Sehnsucht*) insatiable
Unstimmigkeit <-, -en> *f* ❶ (*Ungenauigkeit*) inexactitude *f* ❷ *meist Pl* (*Differenzen*) dissension *f*
unsympathisch *adj* (*Vorstellung*) désagréable; **jdm ~ sein** être antipathique à qn
untätig **I.** *adj* inactif(-ive) **II.** *adv* les bras croisés
untauglich *adj* ❶ (*Methode*) inapproprié(e) ❷ *a.* MIL (*Person*) **für etw ~ sein** être inapte à qc
unteilbar *adj* indivisible
unten ['ʊntən] *adv* ❶ (*opp: oben*) en bas; **~ im Koffer** au fond de la valise; **weiter ~** plus bas ❷ (*an der Unterseite*) **das Auto ist ~ durchgerostet** le dessous de la voiture est rouillé; **wo ist denn ~?** où est le bas? ❸ (*in einem unteren Stockwerk*) **~ im Keller** en bas à la cave; **nach ~ gehen** descendre; **von ~ kommen** venir d'en bas ❹ (*nachher*) **siehe ~** voir ci-dessous
unter ['ʊntɐ] **I.** *präp + dat* ❶ sous; **einen Meter ~ der Decke hängen** pendre à un mètre du plafond; **er wohnt ~ ihm** il habite au-dessous de lui ❷ (*schlechter als*) **~ dem Durchschnitt** en dessous de la moyenne ❸ (*inmitten, zwischen*) parmi; **mitten ~ uns** parmi nous; **~ anderem** entre autres [choses] ❹ (*untergeordnet*) **jdn ~ sich haben** avoir qn sous ses ordres; **~ seiner Leitung** sous sa direction **II.** *präp + akk* sous **III.** *adv* ❶ (*weniger als*) **Einkommen ~ tausend Euro** des revenus de moins de mille euros; **bei ~ 25 Grad** en dessous de 25 degrés ❷ (*jünger als*) **etwas ~ dreißig sein** avoir un peu moins de trente ans
Unterarm *m* avant-bras *m*
unterbelichten* *vt* sous-exposer
unterbewusst[RR] *adj* subconscient(e)
Unterbewusstsein[RR] *nt* subconscient *m*
unterbieten* [ʊntɐ'biːtən] *vt irr* ❶ (*billiger sein*) **jdn ~** vendre moins cher que qn ❷ (*Rekord*) battre; (*Zeit*) améliorer
unterbinden* [ʊntɐ'bɪndən] *vt irr* (*Belästigung*) mettre un terme à; (*Diskussion*) couper court à
unterbrechen* [ʊntɐ'brɛçən] *vt irr* ❶ (*Person*) couper la parole à; (*Arbeit*) interrompre ❷ (*Leitung*) couper
Unterbrechung <-, -en> *f* (*vorübergehende Aufhebung*) interruption *f*
unter|bringen *vt irr* ❶ (*Person*) loger; (*Verwaltung*) installer ❷ (*Möbel*) caser
unterderhand[ALT] [ʊntɐdeːɐ̯'hant] *s.* **Hand** ▸
unterdessen *adv geh* pendant ce temps[-là]
unterdrücken* [ʊntɐ'drʏkən] *vt* (*Person*) opprimer; (*Gefühl, Unruhen*) réprimer
Unterdrückung <-, -en> *f* (*eines Volks*) oppression *f*
unterdurchschnittlich **I.** *adj* inférieur(e) à la moyenne **II.** *adv* (*verdienen*) au-dessous de la moyenne
untere(r, s) ['ʊntərə, -rɐ, -rəs] *adj attr* inférieur(e); (*Wohnung*) d'en bas
untereinander *adv* ❶ (*besprechen*) entre eux/elles/nous/... ❷ (*sich helfen*) mutuellement ❸ (*stellen*) l'un(e) au-dessous de l'autre
unterentwickelt *adj* ❶ (*Organ*) atrophié(e); **~ sein** être insuffisamment développé ❷ ÖKON sous-développé(e)
unterernährt *adj* sous-alimenté(e)
Unterführung [ʊntɐ'fyːrʊŋ] *f* passage *m* souterrain
Untergang <-gänge> *m* ❶ (*eines Schiffs*) naufrage *m* ❷ ASTRO coucher *m* ❸ (*eines Reiches*) chute *f*; (*einer Kultur*) disparition *f*
Untergebene(r) *f(m) dekl wie adj* subalterne *mf*
unter|gehen *vi irr + sein* ❶ couler ❷ ASTRO se coucher ❸ (*Kultur, Reich*) disparaître
untergeordnet *adj* ❶ (*zweitrangig*) secondaire ❷ (*subaltern*) subalterne
Untergeschoss[RR] *nt* sous-sol *m*
untergewichtig *adj* **~ sein** avoir un poids insuffisant
untergliedern* *vt* structurer
Untergrund *m* ❶ GEO sous-sol *m* ❷ *kein Pl* POL clandestinité *f*
Untergrundbahn *f form* métropolitain *m*
unterhalb **I.** *präp + gen* **~ des Dorfes** au-dessous du village **II.** *adv* **~ von der Burg** au-dessous du château fort
Unterhalt <-[e]s> *m kein Pl* **~ zahlen** verser une pension alimentaire
unterhalten*[1] [ʊntɐ'haltən] *vt irr* ❶ (*Fami-

lie) subvenir aux besoins de ② (*Kraftfahrzeug*) entretenir; (*Firma*) diriger

unterhalten² *irr* **I.** *vt* (*Publikum*) divertir **II.** *vr* ① (*sich vergnügen*) **sich ~** s'amuser ② (*sprechen*) **sich mit jdm ~** s'entretenir avec qn

unterhaltsam *adj* divertissant(e)

Unterhaltspflicht *f* obligation *f* alimentaire

Unterhaltung [ʊntɐ'haltʊŋ] <-, -en> *f* ① entretien *m* ② *kein Pl* (*Zeitvertreib*) distraction *f*

Unterhaltungsindustrie *f* industrie *f* des loisirs

Unterhändler(in) ['ʊntɐhɛndlɐ] *m(f)* négociateur(-trice) *m(f)*

Unterhemd *nt* (*Herrenunterhemd*) tricot *m* de corps; (*Damenunterhemd*) chemise *f* américaine

Unterhose *f* (*Boxershorts*) caleçon *m;* [**kurze**] **~**[**n**] slip *m*

unterirdisch **I.** *adj* souterrain(e) **II.** *adv* sous terre

Unterkiefer *m* mâchoire *f* inférieure

unter|kommen *vi irr + sein* ① (*Unterkunft finden*) trouver à se loger ② *fam* (*Arbeit finden*) **in einer Firma ~** trouver un boulot dans une entreprise ③ *fam* (*begegnen*) **so etwas/jemand ist mir noch nicht untergekommen** je n'ai encore jamais vu cela/quelqu'un comme ça

Unterkunft ['ʊntɐkʊnft, *Pl:* 'ʊntɐkʏnftə] <-, -künfte> *f* gîte *m;* (*für längere Zeit*) logement *m*

Unterlage *f* ① support *m* ② *meist Pl* (*Dokument*) document *m*

unterlassen* *vt irr* ① (*nicht ausführen*) omettre [de faire] ② (*bleiben lassen*) se dispenser de

Unterlauf *m* cours *m* inférieur

unterlaufen* [ʊntɐ'laufən] *irr* **I.** *vi + sein* échapper **II.** *vt + haben* (*Bestimmungen*) contourner

unter|legen¹ ['ʊntɐle:gən] *vt* (*darunter legen*) **etw ~** mettre qc dessous; **jdm etw ~** mettre qc sous qn

unterlegen² *adj* inférieur(e)

Unterleib *m* bas-ventre *m*

unterliegen* [ʊntɐ'li:gən] *vi irr + sein* ① (*verlieren*) perdre ② (*unterworfen sein*) **der Kontrolle ~** être soumis à un contrôle; **einem Irrtum ~** être victime d'une erreur

Unterlippe *f* lèvre *f* inférieure

Untermiete *f* **in/zur ~ wohnen** sous-louer une chambre

Untermieter(in) *m(f)* sous-locataire *mf*

unternehmen* [ʊntɐ'ne:mən] *vt irr* entreprendre

Unternehmen <-s, -> *nt* entreprise *f*

Unternehmer(in) <-s, -> *m(f)* entrepreneur (-euse) *m(f)*

unternehmungslustig *adj* entreprenant(e)

Unteroffizier(in) *m(f)* (*Dienstgrad*) sous-officier *m*

unter|ordnen **I.** *vt* ① (*zurückstellen*) **seine Bedürfnisse einer S.** (*dat*) **~** subordonner ses besoins à qc ② (*unterstellen*) **jdm/einer Institution untergeordnet sein** être soumis à qn/à une institution **II.** *vr* **sich jdm ~** se soumettre à qn

Unterredung [ʊntɐ're:dʊŋ] <-, -en> *f* entrevue *f*

Unterricht ['ʊntɐrɪçt] <-[e]s> *m* (*Unterrichtsstunde*) cours *m;* (*in der Grundschule*) classe *f*

unterrichten* [ʊntə'rɪçtən] **I.** *vt* ① enseigner ② *form* (*informieren*) instruire **II.** *vi* enseigner **III.** *vr* **sich über etw** (*akk*) **~** s'informer de qc

Unterrichtsfach *nt* matière *f*

Unterrock *m* combinaison *f*

untersagen* [ʊntɐ'za:gən] *vt* interdire

unterschätzen* [ʊntɐ'ʃɛtsən] *vt* sous-estimer

unterscheiden* [ʊntɐ'ʃaidən] *irr* **I.** *vt* ① différencier ② (*auseinander halten*) distinguer **II.** *vi* **zwischen verschiedenen Dingen ~** faire la différence entre différentes choses **III.** *vr* **sich ~** différer

Unterscheidung *f* distinction *f*

Unterschenkel *m* jambe *f*

Unterschied ['ʊntɐʃi:t] <-[e]s, -e> *m* ① différence *f* ② (*Unterscheidung*) distinction *f*

unterschiedlich *adj* différent(e)

unterschlagen* ['ʊntɐʃla:gən] *vt irr* ① JUR soustraire; **Geld ~** détourner de l'argent ② (*Informationen*) dissimuler

Unterschlagung <-, -en> *f* détournement *m*, soustraction *f*

Unterschlupf ['ʊntɐʃlʊpf] <-[e]s, -e> *m* refuge *m*

unterschreiben* [ʊntɐ'ʃraibən] *vt, vi irr* signer

Unterschrift *f* signature *f*

unterschwellig *adj* subliminal(e)

U

Unterseeboot *nt* sous-marin *m*
Unterseite *f* (*eines Geräts, Tellers*) dessous *m;* (*einer Decke, Matratze*) envers *m*
Unterstand *m* abri *m*
unterste(r, s) ['ʊntɐstə, -tɐ, -təs] *adj Superl von* **untere(r, s)**
unterstehen* *irr* **I.** *vi* **jdm/einer S. ~** dépendre de qn/qc **II.** *vr* **was ~ Sie sich?** pour qui vous prenez-vous?
unterstellen*[1] *vt* ① **ihm sind vier Mitarbeiter unterstellt** il a quatre collaborateurs sous ses ordres ② (*vorwerfen*) **jdm Nachlässigkeit ~** taxer qn de négligence ③ (*annehmen*) **~ wir einmal, dass** supposons que + *subj*
unter|stellen[2] **I.** *vt* (*Fahrrad*) rentrer **II.** *vr* **sich ~** s'abriter
Unterstellung *f* allégation *f* [mensongère]
unterstreichen* [ʊntɐ'ʃtraɪçən] *vt irr* souligner
Unterstufe *f* premier cycle *m*
unterstützen* [ʊntɐ'ʃtʏtsən] *vt* ① soutenir ② (*Projekt*) subventionner
Unterstützung *f* ① *kein Pl* (*Hilfe*) soutien *m* ② FIN aide *f* financière
untersuchen* [ʊntɐ'zu:xən] *vt* ① examiner; (*Blut*) analyser ② (*durchsuchen*) fouiller
Untersuchung <-, -en> *f* ① MED (*eines Patienten*) examen *m* ② (*Studie, Analyse*) étude *f* ③ (*durch die Polizei*) enquête *f*
Untersuchungsausschuss[RR] *m* commission *f* d'enquête **Untersuchungshaft** *f* détention *f* provisoire
Untertan(in) <-en, -en> *m(f)* sujet(te) *m(f)*
Untertasse *f* soucoupe *f*
unter|tauchen *vi + sein* ① (*tauchen*) plonger ② (*sich verstecken*) **im Ausland ~** se réfugier à l'étranger ③ (*verschwinden*) **in der Menge** (*dat*) **~** se fondre dans la foule
Unterteil *nt o m* partie *f* inférieure, bas *m*
unterteilen* [ʊntɐ'taɪlən] *vt* diviser; **etw noch einmal/weiter ~** [encore] subdiviser qc
Untertitel *m* sous-titre *m*
Unterwalden ['ʊntɐvaldən] <-s> *nt* l'Unterwald *m*
Unterwäsche *f* sous-vêtements *mpl;* (*Damenunterwäsche*) lingerie *f*
unterwegs [ʊntɐ've:ks] *adv* ① **~ nach Berlin sein** être en route pour Berlin ② (*auf, während der Reise*) en cours de route
unterweisen* [ʊntɐ'vaɪzən] *vt irr geh* instruire
Unterwelt *f kein Pl* ① (*Kriminellenmilieu*) pègre *f* ② HIST enfers *mpl*
unterwerfen* [ʊntɐ'vɛrfən] *vr, vt irr* [**sich**] **~** [se] soumettre
unterwürfig ['ʊntɐ'vʏrfɪç] *adj pej* (*Person*) obséquieux(-euse); (*Verhalten*) servile
unterzeichnen* [ʊntɐ'tsaɪçnən] *vt form* signer
unterziehen*[1] ['ʊntɐtsi:ən] *irr* **I.** *vr* **sich einer S.** (*dat*) **~** se soumettre à qc; **sich einer Operation ~** subir une opération **II.** *vt* **jdn/etw einer S.** (*dat*) **~** soumettre qn/qc à qc
unter|ziehen[2] [ʊntɐ'tsi:ən] *vt irr* [**sich** (*dat*)] **ein T-Shirt ~** mettre un tee-shirt dessous
Untiefe *f* (*seichte Stelle*) bas-fond *m*
untragbar *adj* (*Zustand*) insupportable
untrennbar [ʊn'trɛnba:ɐ̯] *adj* inséparable; (*Wort*) insécable
untreu *adj* infidèle; **jdm ~ sein** tromper qn
Untreue *f* infidélité *f*
untröstlich [ʊn'trø:stlɪç] *adj* ① inconsolable ② (*voller Bedauern*) **ich bin ~, dass ich es vergessen habe** je suis désolé(e) de l'avoir oublié
untrüglich *adj* qui ne trompe pas
untypisch *adj* inhabituel(le)
unüberlegt **I.** *adj* inconsidéré(e) **II.** *adv* sans réfléchir
unübersichtlich *adj* ① (*Kurve*) sans visibilité; (*Gelände*) sans vue dégagée ② (*nicht einschätzbar*) confus(e)
unüblich *adj* inhabituel(le)
unumgänglich *adj* inévitable
unumstritten [ʊnʔʊm'ʃtrɪtən] **I.** *adj* incontesté(e); **es ist ~, dass ...** il est incontestable que ... **II.** *adv* **von ~ guter Qualität** d'une qualité incontestable
ununterbrochen [ʊnʔʊntɐ'brɔxən] **I.** *adj* ininterrompu(e) **II.** *adv* sans arrêt
unveränderlich [ʊnfɛɐ̯'ʔɛndɐlɪç] *adj* invariable
unverändert [ʊnfɛɐ̯'ʔɛndɐt] **I.** *adj* ① (*Gesundheit*) stable; (*Einsatz*) constant(e) ② (*ohne Änderung*) intégral(e) **II.** *adv* toujours; **morgen ist es wieder ~ kalt** pas de changement pour demain, il fera froid
unverantwortlich [ʊnfɛɐ̯'ʔantvɔrtlɪç] **I.** *adj* irresponsable **II.** *adv* en personne irresponsable

unverbesserlich *adj* incorrigible
unverbindlich *adj* ❶ (*Auskunft*) sans engagement ❷ (*Art*) peu amène
unverbleit *adj* sans plomb
unverblümt *adj* direct(e), sans détour
unvereinbar *adj* incompatible; **mit etw ~ sein** être incompatible avec qc
unverfälscht [ʊnfɛɐ̯'fɛlʃt] *adj* non trafiqué(e)
unverfroren [ʊnfɛɐ̯'fro:rən] *adj* **~ sein** être effronté
unvergesslich[RR] [ʊnfɛɐ̯'gɛslɪç] *adj* inoubliable
unvergleichlich [ʊnfɛɐ̯'glaiçlɪç] **I.** *adj* sans pareil(le) **II.** *adv* extrêmement
unverhältnismäßig *adv* excessivement
unverheiratet *adj* non marié(e)
unverhofft [ʊnfɛɐ̯'hɔft] **I.** *adj* inespéré(e); (*Besuch*) inattendu(e) **II.** *adv* (*besuchen*) à l'improviste ▶**~ kommt oft** il faut s'attendre à tout
unverkäuflich [ʊnfɛɐ̯'kɔyflɪç] *adj* **~es Muster** échantillon *m* gratuit
unvermeidbar [ʊnfɛɐ̯'maitba:ɐ̯] *adj*, **unvermeidlich** [ʊnfɛɐ̯'maitlɪç] *adj* inévitable
unvernünftig **I.** *adj* déraisonnable; **es ist ~ etw zu tun** ce n'est pas raisonnable de faire qc **II.** *adv* **~ handeln** ne pas agir en personne raisonnable
unveröffentlicht *adj* inédit(e)
unverschämt **I.** *adj* ❶ impertinent(e); **~es Benehmen** impertinence *f* ❷ (*Frechheit*) qui dépasse les bornes; (*Preis*) exorbitant(e) **II.** *adv* ❶ (*grinsen*) avec insolence ❷ (*teuer*) **~ teure Preise** des prix exorbitants
Unverschämtheit <-, -en> *f* (*unverschämte Art*) impertinence *f*
unverschuldet [ʊnfɛɐ̯'ʃʊldət] *adv* sans en être responsable
unversehrt *adj* (*Person*) indemne
unversöhnlich [ʊnfɛɐ̯'zø:nlɪç] *adj* irréconciliable; (*Gegner*) irréductible
unverstanden *adj* incompris(e)
unverständlich *adj* incompréhensible
Unverständnis *nt* incompréhension *f*
unverträglich *adj* ❶ (*Person*) peu sociable, insociable ❷ (*Lebensmittel*) indigeste
unverwechselbar ['ʊnfɛɐ̯vɛksəlba:ɐ̯] *adj* unique; (*Gegenstand*) très caractéristique
unverwüstlich [ʊnfɛɐ̯'vy:stlɪç] *adj* très résistant(e)
unverzeihlich [ʊnfɛɐ̯'tsailɪç] *adj* impardonnable
unverzüglich **I.** *adj* immédiat(e) **II.** *adv* sans attendre
unvollendet *adj* inachevé(e)
unvollständig [ʊnfɔl'ʃtɛndɪç] *adj* incomplet(-ète)
unvorbereitet **I.** *adj* improvisé(e); (*Prüfung*) non préparé(e) **II.** *adv* ❶ (*unterrichten*) sans préparation; **~ eine Rede halten** improviser un discours ❷ (*unerwartet*) de façon inattendue
unvoreingenommen *adj, adv* sans prévention
unvorhergesehen **I.** *adj* imprévu(e) **II.** *adv* (*passieren*) de façon imprévue; (*besuchen*) à l'improviste
unvorsichtig *adj* imprudent(e); (*Bemerkung*) inconsidéré(e)
unvorstellbar [ʊnfo:ɐ̯'ʃtɛlba:ɐ̯] *adj* inimaginable; **es ist ~, dass** il est inimaginable que + *subj*
unwahr *adj* contraire à la vérité, faux(fausse)
Unwahrheit *f* **die ~ sagen** mentir
unwahrscheinlich *adj* ❶ invraisemblable; **es ist ~, dass** il est peu vraisemblable que + *subj* ❷ *fam* (*unerhört*) incroyable
unweigerlich [ʊn'vaigɐlɪç] *adj attr* inévitable
unwesentlich **I.** *adj* minime **II.** *adv* à peine
Unwetter *nt* tempête *f*
unwichtig *adj* insignifiant(e)
unwiderruflich [ʊnvi:dɐ'ru:flɪç] *adj* irrévocable
unwiderstehlich [ʊnvi:dɐ'ʃte:lɪç] *adj* irrésistible
unwillig **I.** *adj* maussade **II.** *adv* (*widerwillig*) à contrecœur
unwillkürlich **I.** *adj* involontaire **II.** *adv* (*lachen*) sans le faire exprès
unwirklich *adj* irréel(le)
unwirksam *adj* ❶ inefficace ❷ (*Vertrag*) nul(le)
unwirtlich *adj* inhospitalier(-ière)
unwirtschaftlich *adj* (*Fahrweise*) peu économique; (*Verfahren*) peu rentable
unwissend *adj* ❶ ignorant(e) ❷ (*ahnungslos*) **~ sein** ne pas être au courant
Unwissenheit <-> *f* ignorance *f*
unwohl *adj* **sich ~ fühlen** (*schlecht*) ne pas se sentir bien; (*unbehaglich*) être mal à l'aise
Unwohlsein *nt* indisposition *f*
unwürdig *adj* indigne

unzählig [ʊn'tsɛːlɪç] *adj* **~e Freunde** d'innombrables amis
unzerbrechlich [ʊntsɛɐ'brɛçlɪç] *adj* incassable
unzertrennlich [ʊntsɛɐ'trɛnlɪç] *adj* inséparable
unzüchtig *adj* obscène
unzufrieden *adj* **mit jdm/etw ~ sein** être mécontent de qn/qc
Unzufriedenheit *f* mécontentement *m*
Unzukömmlichkeit *f* CH *s.* **Unzulänglichkeit** **Unzulänglichkeit** <-, -en> *f* insuffisance *f*
unzulässig *adj* inadmissible
unzumutbar *adj* (*Belastung*) intolérable
unzurechnungsfähig *adj* irresponsable
unzutreffend *adj* inexact(e)
unzuverlässig *adj* ❶ **er/sie ist ~** il/elle n'est pas fiable ❷ (*Zeuge*) peu crédible
Update ['apdɛɪt] <-s, -s> *nt* INFORM dernière version *f*
üppig ['ʏpɪç] *adj* ❶ (*Mahlzeit*) copieux (-euse) ❷ (*Vegetation*) luxuriant(e) ❸ (*Formen*) opulent(e)
Ural [u'raːl] <-s> *m* **der ~** l'Oural *m*
uralt *adj* ❶ (*Baum*) très vieux(vieille); (*Brauch*) très ancien(ne) ❷ *fam* (*Trick*) archiconnu(e)
Uran [u'raːn] <-s> *nt* CHEM uranium *m*
Uraufführung *f* première représentation *f*
urban *adj geh* urbain(e)
urchig CH *s.* **urig**
Ureinwohner(in) *m(f)* aborigène *mf*
Urenkel(in) *m(f)* arrière-petit-fils *m*/arrière-petite-fille *f*
urgieren *vt* A faire avancer
Urgroßeltern *Pl* arrière-grands-parents *mpl* **Urgroßvater** *m* arrière-grand-père *m*
Urheberrecht *nt* ❶ (*eines Autors*) droit *m* d'auteur, copyright *m* ❷ (*Gesetz*) loi *f* sur la propriété littéraire et artistique
urheberrechtlich **I.** *adj* concernant le droit d'auteur **II.** *adv* **~ geschützt sein** être protégé [par un copyright]
Uri ['uːri] <-s> *nt* l'Uri *m*
urig ['uːrɪç] *adj fam* ❶ (*Kauz*) folklo ❷ (*Weinkeller*) très couleur locale
Urin [u'riːn] <-s, -e> *m* urine *f*
urinieren* *vi form* uriner
Urkunde ['uːɐ̯kʊndə] <-, -n> *f* ❶ document *m* ❷ (*Ernennungsurkunde*) arrêté *m* de nomination
Urkundenfälschung *f* faux *m* en écriture
Urlaub ['uːɐ̯laup] <-[e]s, -e> *m* congé *m*; **~ haben** être en congé
Urlauber(in) <-s, -> *m(f)* vacancier(-ère) *m(f)*
Urlaubsgeld *nt* prime *f* de vacances **Urlaubszeit** *f* (*Ferienzeit*) période *f* des vacances
Urne ['ʊrnə] <-, -n> *f* urne *f*
urplötzlich ['uːɐ̯'plœtslɪç] **I.** *adj attr* (*Auftreten*) soudain(e); (*Einfall*) subit(e) **II.** *adv* subitement
Ursache *f* cause *f*; **~ und Wirkung** la cause et l'effet ▶**keine ~!** [il n'y a] pas de quoi!
Ursprung <-s, Ursprünge> *m* (*einer Zivilisation*) origines *fpl*; (*eines Wortes*) origine *f*
ursprünglich ['uːɐ̯ʃprʏŋlɪç] **I.** *adj* ❶ *attr* (*Projekt*) initial(e); (*Haltung*) premier(-ière); (*Absicht*) à l'origine ❷ (*Landschaft*) à l'état sauvage **II.** *adv* au début
Urteil ['ʊrtail] <-s, -e> *nt* ❶ JUR **ein ~ fällen** rendre un jugement ❷ (*Meinung*) opinion *f*
urteilen *vi* **über jdn/etw ~** juger qn/qc
Urteilsspruch *m* verdict *m* **Urteilsvermögen** *nt* [faculté *f* de] jugement *m*
Urwald *m* forêt *f* vierge **urwüchsig** ['uːɐ̯vyːksɪç] *adj* primitif(-ive) **Urzeit** *f* **die ~** l'ère *f* primaire
USA [uːʔɛs'ʔaː] *Pl Abk von* **United States of America: die ~** les USA *mpl*
User(in) ['juːsɐ] <-s, -> *m(f)* INFORM utilisateur(-trice) *m(f)*
usw. *Abk von* **und so weiter** etc.
Utensil [utɛn'ziːl] <-s, -ien> *nt meist Pl* ustensile *m*
Utility [ju'tɪlɪti] <-s, -s> *nt* INFORM utilitaire *f*
Utopie [uto'piː] <-, -n> *f* utopie *f*
utopisch [u'toːpɪʃ] *adj* utopique; (*Roman*) d'anticipation
u.v.a.[m.] *Abk von* **und vieles andere [mehr]** etc.

V v

V, v [fau] <-, -> *nt* V *m*/v *m*
Vagabund(in) [vaga'bʊnt] <-en, -en> *m(f)* vagabond(e) *m(f)*

vage ['vaːgə] *adj* vague
vaginal [vagi'naːl] *adj* vaginal(e)
Vakuum ['vaːkuʊm] <-s, Vakuen> *nt a. fig* vide *m*
vakuumverpackt *adj* [conditionné(e)] sous vide
Vamp [vɛmp] <-s, -s> *m* vamp *f*
Vampir ['vampiːɐ] <-s, -e> *m* vampire *m*
Vanille [va'nɪljə] <-, -en> *f* vanille *f*
Vanilleeis *nt* glace *f* à la vanille **Vanillezucker** *m* sucre *m* vanillé
variabel [va-] *adj* variable
Variante [vari'antə] <-, -n> *f* variante *f*
Variation [varia'tsioːn] <-, -en> *f* MUS variation *f*
Varieté, Varietee[RR] [varie'teː] <-s, -s> *nt* ❶ (*Vorführung*) spectacle *m* de variétés ❷ (*Gebäude*) music-hall *m*
variieren* [vari'iːrən] *vi* varier
Vasall [va'zal] <-en, -en> *m* vassal *m*
Vase ['vaːzə] <-, -n> *f* vase *m*
Vaseline [va-] <-> *f* vaseline *f*
Vater ['faːtɐ, *Pl:* 'fɛːtɐ] <-s, Väter> *m* père *m*
Vaterland *nt* patrie *f*
väterlich ['fɛːtɐlɪç] **I.** *adj* paternel(le) **II.** *adv* comme un père
Vaterschaft <-, -en> *f* paternité *f*
Vatertag *m* fête *f* des pères **Vaterunser** <-s, -> *nt* **das/ein** ~ le/un Notre Père
Vatikan [vati'kaːn] <-s> *m* **der** ~ le Vatican
V-Ausschnitt ['faʊaʊsʃnɪt] *m* encolure *f* en V
v. Chr. *Abk von* **vor Christus** av. J.-C.
Vegetarier(in) [vege'taːriɐ] <-s, -> *m(f)* végétarien(ne) *m(f)*
vegetarisch [vegetaːriʃ] *adj* végétarien(ne)
Vegetation [vegeta'tsioːn] <-, -en> *f* végétation *f*
vegetativ [ve-] *adj* ❶ BIO végétatif(-ive) ❷ MED **das ~e Nervensystem** le système neurovégétatif
vegetieren* [vege'tiːrən] *vi* végéter
Veilchen ['faɪlçən] <-s, -> *nt* violette *f*
Vektor ['vɛ-] <-s, -toren> *m* MATH, PHYS vecteur *m*
Velo ['veːlo] <-s, -s> *nt* CH vélo *m*
Vene ['veːnə] <-, -n> *f* veine *f*
Venedig [ve'neːdɪç] <-s> *nt* Venise
Venezolaner(in) [venetso'laːnɐ] <-s, -> *m(f)* Vénézuélien(ne) *m(f)*
Venezuela [venetsu̯eːla] <-s> *nt* le Venezuela
Ventil [vɛn'tiːl] <-s, -e> *nt* ❶ (*Schlauchventil*) valve *f* ❷ AUT soupape *f* ❸ MUS piston *m*
Ventilator [vɛnti'laːtoːɐ] <-s, -toren> *m* ventilateur *m*
Venus ['veː-] <-> *f* ASTRO Vénus *f*; **die** ~ la planète Vénus
verabreden* [fɛɐ'ʔapreːdən] **I.** *vr* **sich** ~ prendre rendez-vous **II.** *vt* **einen Ort/Termin** ~ fixer un endroit/rendez-vous; **wie verabredet** comme convenu
Verabredung <-, -en> *f* ❶ rendez-vous *m* ❷ (*Vereinbarung*) accord *m*
verabreichen* *vt form* **jdm ein Medikament** ~ administrer un médicament à qn
verabscheuen* *vt* détester
verabschieden* **I.** *vr* **sich von jdm** ~ dire au revoir à qn **II.** *vt* (*Gesetz*) voter; (*Haushalt*) adopter
verachten* *vt* mépriser
verächtlich [fɛɐ'ʔɛçtlɪç] **I.** *adj* ❶ (*Verachtung zeigend*) méprisant(e) ❷ (*zu verabscheuen*) méprisable **II.** *adv* avec mépris
Verachtung *f* mépris *m*
verallgemeinern* *vt, vi* généraliser
Verallgemeinerung <-, -en> *f* généralisation *f*
veralten* *vi + sein* vieillir
veraltet *adj* (*Ansichten*) suranné(e); (*Gerät*) dépassé(e)
Veranda [ve'randa] <-, Veranden> *f* véranda *f*
veränderlich *adj a.* METEO variable
verändern* **I.** *vt* changer; (*Ablauf*) modifier **II.** *vr* **sich** ~ changer
Veränderung *f* ❶ (*Wandel*) changement *m*; (*Änderung*) modification *f* ❷ (*beruflich*) changement *m* d'emploi
verängstigen* *vt* effrayer
veranlagt *adj* **künstlerisch ~ sein** être doué pour les arts; **praktisch ~ sein** avoir le sens pratique
veranlassen* *vt* ❶ (*in die Wege leiten*) faire le nécessaire pour; **~, dass** faire en sorte que *+ subj* ❷ (*dazu bringen*) **jdn dazu ~ etw zu tun** amener qn à faire qc
Veranlassung <-, -en> *f* ❶ **auf seine/ihre ~ [hin]** à son instigation ❷ (*Grund*) raison *f*
veranschaulichen* *vt* **jdm etw** ~ illustrer qc pour qn
veranschlagen* *vt* estimer
veranstalten* *vt* organiser
Veranstaltung <-, -en> *f* ❶ *kein Pl* (*das*

V

Durchführen) organisation *f* ❷ (*Ereignis*) manifestation *f*

verantworten* **I.** *vt* **etw vor jdm ~** assumer la responsabilité de qc devant qn **II.** *vr* **sich für etw vor jdm ~** se justifier de qc auprès de qn

verantwortlich *adj* ❶ **~ dafür sein, dass** être responsable du fait que + *subj* ❷ (*schuldig*) **jdn für etw ~ machen** rendre qn responsable de qc

Verantwortung <-, -en> *f* responsabilité *f*

verantwortungsbewusst[RR] *adj* conscient(e) de ses responsabilités **verantwortungslos** **I.** *adj* irresponsable **II.** *adv* **~ handeln** être irresponsable [dans ses actes] **verantwortungsvoll** *adj* à responsabilité

verarbeiten* *vt* ❶ (*Rohstoff*) traiter ❷ (*Zement*) utiliser ❸ (*Eindrücke*) assimiler; (*Scheidung*) assumer

Verarbeitung <-, -en> *f* ❶ (*das Verarbeiten*) transformation *f* ❷ (*Fertigungsqualität*) finition *f*

verärgern* *vt* fâcher

Verärgerung <-, -en> *f* irritation *f*

verarzten* *vt fam* soigner

verausgaben* *vr* **sich ~** (*physisch*) se donner à fond; (*finanziell*) se ruiner

veräußern* *vt form* céder

Verb [vɛrp] <-s, -en> *nt* verbe *m*

Verband <-[e]s, Verbände> *m* ❶ MED bandage *m* ❷ (*Bund*) association *f* ❸ MIL unité *f*

Verband[s]material *nt*, **Verband[s]zeug** *nt* pansements *mpl*

verbannen* *vt geh* bannir

Verbannung <-, -en> *f* exil *m*

verbarrikadieren* [fɛɐbarika'diːrən] *vr, vt* **[sich] ~** [se] barricader

verbergen* *vr, vt irr* **[sich] ~** [se] cacher

verbessern* **I.** *vt* ❶ améliorer ❷ (*Text*) corriger **II.** *vr* ❶ (*besser werden*) **sich in etw** (*dat*) **~** s'améliorer dans qc ❷ (*beruflich vorwärts kommen*) **sich ~** trouver une meilleure situation

Verbesserung <-, -en> *f* amélioration *f*

verbeugen* *vr* **sich ~** s'incliner

Verbeugung *f* révérence *f*

verbeulen* *vt* cabosser

verbiegen* *vr, vt irr* **[sich] ~** [se] tordre

verbieten <verbot, verboten> *vt* interdire

verbinden* *irr* **I.** *vt* ❶ (*Person*) faire un bandage à; (*Wunde, Arm*) bander ❷ (*zusammenfügen*) raccorder ❸ TELEC **jdn mit jdm ~** passer qn à qn; **[Sie sind] falsch verbunden!** vous avez fait un faux numéro! ❹ AUT **Berlin mit Bonn ~** (*Straße*) relier Berlin à Bonn ❺ (*assoziieren*) **einen Namen mit etw ~** associer un nom à qc ❻ (*zusammengehörig machen*) **[miteinander] verbunden sein** être unis; **uns ~ gemeinsame Erinnerungen** nous sommes lié(e)s par des souvenirs communs **II.** *vi* ❶ (*zusammenhängen*) **mit Kosten verbunden sein** impliquer des frais ❷ (*Zusammengehörigkeit schaffen: Erlebnisse*) créer des liens **III.** *vr* ❶ CHEM **sich mit etw ~** se combiner à qc ❷ (*sich zusammenschließen*) **sich mit jdm/etw ~** s'associer à qn/qc

verbindlich **I.** *adj* sûr(e); (*Vereinbarung*) contractuel(le) **II.** *adv* de façon ferme

Verbindlichkeit <-> *f kein Pl* ❶ (*bindender Charakter*) fiabilité *f* ❷ (*entgegenkommende Art*) amabilité *f*

Verbindung *f* ❶ rapport *m*; **in ~ mit etw** associé(e) à qc ❷ (*gedankliche Verknüpfung*) combinaison *f* ❸ ([*persönliche*] *Beziehung*) relation *f* ❹ (*Kontakt*) **sich mit jdm in ~ setzen** contacter qn; **mit jdm/etw in ~ stehen** être en relation avec qn/qc ❺ TELEC, AUT **~ nach Paris** liaison *f* avec Paris ❻ (*Telefongespräch*) communication *f* ❼ CHEM composé *m*

verbissen [fɛɐ'bɪsən] **I.** *adj* ❶ acharné(e) ❷ (*Miene*) crispé(e) **II.** *adv* avec acharnement

Verbissenheit <-> *f* (*eines Gegners*) acharnement *m*

verbitten* *vt irr* **sich** (*dat*) **etw ~** ne pas tolérer qc

verbittern* *vt* rendre amer(amère)

verbittert *adj* aigri(e), amer(amère)

verblassen* *vi + sein* ❶ (*Farbe*) passer ❷ *geh* (*Eindruck*) s'estomper

verbleiben* *vi irr + sein* rester

verbleit [fɛɐ'blaɪt] *adj* contenant du plomb

verblöden* *fam* **I.** *vi + sein* devenir abruti(e) **II.** *vt + haben* abrutir

verblüffen* *vt* épater

verblüfft **I.** *adj* stupéfait(e) **II.** *adv* **~ schauen** avoir l'air stupéfait

verblühen* *vi + sein* faner

verbohrt *adj pej fam* borné(e)

verborgen* [fɛɐ'bɔrgən] *s.* **verleihen**

verbot [fɛɐ'boːt] *Imp von* **verbieten**

Verbot <-[e]s, -e> *nt* interdiction *f*

verboten [fɛɐ'bo:tən] **I.** *PP von* **verbieten II.** *adj* ❶ interdit(e); **es ist ~ etw zu tun** il est interdit de faire qc ❷ *fam* (*Aussehen*) pas possible

verbrach *Imp von* **verbrechen**

Verbrauch <-> *m* consommation *f*

verbrauchen* *vt* ❶ (*Vorräte*) consommer ❷ (*Energien, Geld*) dépenser

Verbraucher(in) <-s, -> *m(f)* consommateur(-trice) *m(f)*

verbrechen <verbricht, verbrach, verbrochen> *vt fam* commettre

Verbrechen <-s, -> *nt* crime *m*

Verbrecher(in) <-s, -> *m(f)* criminel(le) *m(f)*

verbrecherisch *adj* criminel(le)

verbreiten* **I.** *vt* ❶ (*Gerücht, Krankheit*) propager; **weit verbreitet** commun(e); (*Ansicht*) [très] répandu(e) ❷ (*Entsetzen*) semer **II.** *vr a.* MED **sich ~** se propager

verbreitern* *vt, vr* [**sich**] **~** [s']élargir

verbreitet *adj* répandu(e)

Verbreitung <-, -en> *f* ❶ *kein Pl* (*einer Lüge*) propagation *f* ❷ (*Vertrieb*) diffusion *f* ❸ MED, BOT (*einer Krankheit*) propagation *f*

verbrennen* *irr* **I.** *vt + haben* ❶ (*Holz*) brûler; (*Müll*) incinérer ❷ *fam* (*Toten*) incinérer **II.** *vr + haben* **sich ~** se brûler **III.** *vi + sein* brûler

Verbrennung <-, -en> *f* ❶ *kein Pl* incinération *f* ❷ TECH combustion *f*

verbringen* *vt irr* **den Tag mit Lesen ~** passer la journée à lire

verbrochen [fɛɐ'brɔxən] *PP von* **verbrechen**

verbrüdern* [fɛɐ'bry:dɐn] *vr* **sich ~** fraterniser

verbrühen* *vr* **sich ~** s'ébouillanter

verbuchen* *vt* COM **etw ~** enregistrer qc

verbummeln* *vt fam* ❶ **den Nachmittag ~** passer l'après-midi à gland[ouill]er ❷ (*verlieren*) paumer

Verbund <-bunde> *m* groupement *m*

verbünden* [fɛɐ'bʏndən] *vr a.* POL **sich mit jdm ~** s'allier à qn

Verbündete(r) *f(m)* allié(e) *m(f)*

verbürgen* *vr* **sich für jdn/etw ~** se porter garant(e) de qn/qc

verbüßen* *vt* purger

Verdacht [fɛɐ'daxt] <-[e]s> *m* soupçon *m souvent pl* ►**auf ~** *fam* à tout hasard

verdächtig [fɛɐ'dɛçtɪç] **I.** *adj* suspect(e) **II.** *adv* **im Haus ist es ~ ruhig** il règne un silence suspect dans la maison

verdächtigen* *vt* **jdn einer S.** (*gen*) **~** soupçonner qn de qc

verdammen* *vt* ❶ (*verfluchen*) maudire ❷ (*verurteilen*) condamner

verdammt **I.** *adj* ❶ *fam* (*widerwärtig*) foutu(e) *antéposé* ❷ *fam* (*sehr groß*) **er hat ~es Glück gehabt!** il a eu une de ces chances! ❸ REL **~ sein** être damné **II.** *adv fam* (*ärgerlich*) vachement

verdampfen* *vi + sein* s'évaporer

verdanken* *vt* ❶ **jdm/einer S. etw ~** devoir qc à qn/qc; **es ist ihm zu ~, dass ich noch lebe** si je suis encore en vie, c'est grâce à lui ❷ CH *form* (*Dank aussprechen*) **jdm etw ~** remercier qn pour qc

verdarb [fɛɐ'darp] *Imp von* **verderben**

verdauen* [fɛɐ'daʊən] *vt, vi a. fig* digérer

verdaulich *adj* digeste; **schwer ~** difficile à digérer

Verdauung <-> *f* digestion *f*

Verdeck <-[e]s, -e> *nt* capote *f*

verdecken* *vt* cacher

verdeckt *adj* secret(-ète)

verdenken* *vt irr geh* **jdm etw ~** tenir rigueur à qn de qc; **das kann Ihnen keiner ~** personne ne peut vous en vouloir

verderben [fɛɐ'dɛrbən] <verdirbt, verdarb, verdorben> **I.** *vt + haben* ❶ (*Charakter*) corrompre ❷ (*zunichtemachen*) **jdm das Fest ~** gâcher la fête à qn ❸ (*verscherzen*) **es sich** (*dat*) **mit niemandem ~ wollen** vouloir ménager la chèvre et le chou **II.** *vi + sein* (*Lebensmittel*) s'avarier; (*Sahne*) tourner

verderblich *adj* périssable

verdeutlichen* *vt* clarifier

verdichten* *vr* **sich ~** ❶ (*Bewölkung*) s'amonceler; (*Nebel*) s'épaissir ❷ (*Eindruck*) s'accentuer

verdienen* **I.** *vt* ❶ gagner ❷ (*finanzieren*) **sich** (*dat*) **sein Studium selbst ~** financer ses études soi-même ❸ (*Lob*) mériter **II.** *vi* ❶ **gut/schlecht ~** gagner bien/mal sa vie ❷ (*Gewinn machen*) **an etw** (*dat*) **~** faire des bénéfices sur qc

Verdienst <-[e]s, -e> *m* revenu *m*

verdient **I.** *adj* ❶ mérité(e) ❷ (*Person*) émérite **II.** *adv* **~ siegen** remporter une victoire méritée

verdirbt [fɛɐ'dɪrpt] *3. Pers Präs von* **verderben**

V

verdoppeln* **I.** *vt* ❶ doubler ❷ (*Anstrengungen*) redoubler **II.** *vr* **sich** ~ doubler

verdorben [fɛɐ'dɔrbən] **I.** *PP von* **verderben** **II.** *adj* ❶ (*Fleisch*) avarié(e); (*Käse*) moisi(e) ❷ (*moralisch*) dépravé(e)

verdorren* [fɛɐ'dɔrən] *vi + sein* se dessécher

verdrängen* *vt* **jdn von seinem Platz** ~ prendre la place de qn

Verdrängung <-, -en> *f* ❶ PHYS déplacement *m* ❷ (*das Ersetzen*) remplacement *m* ❸ PSYCH refoulement *m*

verdrehen* *vt* ❶ (*Hals*) tourner; **die Augen** ~ rouler des yeux ❷ *fam* (*Sachverhalt*) déformer

verdreifachen* *vt, vr* [**sich**] ~ tripler

verdrossen [fɛɐ'drɔsən] *adj* renfrogné(e); (*Gesicht*) maussade

verdrücken* *fam* **I.** *vt* **etw** ~ s'envoyer qc **II.** *vr* **sich** ~ se tirer

verduften* *vi + sein fam* se barrer

verdunkeln* **I.** *vt* ❶ (*Fenster*) masquer ❷ (*verdüstern*) **etw** ~ (*Wolke*) obscurcir qc **II.** *vr* **sich** ~ (*Himmel*) s'assombrir

verdünnen* *vt* **etw** ~ diluer qc

verdunsten* *vi + sein* s'évaporer

verdursten* *vi + sein* mourir de soif

verdüstern* *geh* **I.** *vr* **sich** ~ (*Himmel*) s'obscurcir; (*Miene*) s'assombrir **II.** *vt* **etw** ~ (*Wolke*) obscurcir qc

verdutzt [fɛɐ'dʊtst] **I.** *adj* déconcerté(e) **II.** *adv* **jdn** ~ **ansehen** regarder qn l'air ahuri(e)

verehren* *vt a.* REL vénérer

Verehrer(in) <-s, -> *m(f)* ❶ admirateur(-trice) *m(f)* ❷ *iron* (*Flirt*) soupirant *m*

Verehrung *f kein Pl* (*Bewunderung*) admiration *f*

vereidigen* *vt* ❶ assermenter ❷ (*verpflichten*) **jdn auf etw** (*akk*) ~ faire prêter serment à qn sur qc

Verein [fɛɐ'ʔaɪn] <-[e]s, -e> *m* association *f*; (*Sportverein*) club *m*

vereinbar *adj* compatible

vereinbaren* *vt* convenir

Vereinbarung <-, -en> *f* (*Abmachung*) accord *m*; **laut** ~ comme convenu

vereinen* *vt* ❶ regrouper ❷ (*vereinbaren*) **etw mit etw** ~ **können** pouvoir concilier qc avec qc

vereinfachen* *vt* simplifier

Vereinfachung <-, -en> *f* simplification *f*

vereinheitlichen* *vt* uniformiser

vereinigen* **I.** *vt* (*Firmen*) fusionner; (*Organisationen*) réunir **II.** *vr* ❶ **sich** ~ s'associer; **sich wieder** ~ (*Land*) se réunifier ❷ (*bekommen*) **hundert Stimmen auf sich** (*akk*) ~ cumuler cent voix [électorales]

vereinigt *adj* associé(e); **das wieder ~e Deutschland** l'Allemagne réunifiée

Vereinigung <-, -en> *f* (*Organisation*) association *f*

vereinsamen* *vi + sein* s'isoler

vereinzelt **I.** *adj* (*Rufe*) sporadique; (*Fälle*) isolé(e) **II.** *adv* METEO ~ **Schauer** des averses par endroits

vereisen* *vi + sein* (*Fahrbahn*) devenir verglacé(e); (*Fensterscheibe*) se givrer

verenden* *vi + sein* être en train de crever

verengen* *vr* **sich** ~ (*Gefäße*) se contracter; (*Straße*) se rétrécir

vererben* *vt* ❶ JUR léguer ❷ BIO transmettre héréditairement

verewigen* **I.** *vr* **sich** ~ s'immortaliser **II.** *vt* perpétuer

verfahren*[1] *irr* **I.** *vi + sein* procéder **II.** *vr* **sich** ~ se tromper de route **III.** *vt* (*Kraftstoff*) consommer

verfahren[2] *adj* sans issue

Verfahren <-s, -> *nt* ❶ procédé *m* ❷ JUR procédure *f*

Verfall *m kein Pl* ❶ (*eines Gebäudes*) délabrement *m*; (*der Kräfte*) déclin *m*; (*des Körpers*) dégradation *f* ❷ *geh* (*Niedergang*) déclin *m* ❸ (*das Ungültigwerden*) expiration *f*

verfallen* *vi irr + sein* ❶ (*Gebäude*) se délabrer; (*Mensch*) décliner ❷ (*Fahrkarte*) être périmé; (*Anspruch*) être déchu ❸ (*erliegen*) **jdm** ~ tomber sous l'emprise de qn; **dem Alkohol** ~ sombrer dans l'alcool

Verfallsdatum *nt* date *f* de péremption

verfälschen* *vt* déformer

Verfälschung *f* bidonnage *m*

verfärben* **I.** *vr* **sich** ~ changer de couleur **II.** *vt* (*Wäsche*) déteindre sur

verfassen* *vt* (*Artikel*) rédiger; (*Buch*) écrire

Verfasser(in) <-s, -> *m(f)* auteur(-trice) *m(f)*

Verfassung *f* ❶ *kein Pl* (*Befinden*) état *m* ❷ POL constitution *f*

Verfassungsschutz *m fam* (*Bundesamt für* ~) ≈ Direction *f* de la sécurité du territoire

verfaulen* *vi + sein* ❶ (*Gemüse, Obst*) se gâter; (*Fleisch*) s'avarier ❷ (*verwesen*) pourrir

verfehlen* *vt* ① (*danebentreffen*) manquer ② (*Person, Bus*) rater ③ (*nicht erreichen*) **das Thema ~** s'éloigner du sujet
verfeinden* *vr* **sich ~** se brouiller
verfeinern* *vt* améliorer
verfilmen* *vt* porter à l'écran
Verfilmung <-, -en> *f* adaptation *f* cinématographique
verfilzen* *vi + sein* (*Wollpullover*) [se] feutrer; (*Haare*) s'emmêler
verfilzt *adj fam* embrouillé(e)
verfinstern* *vr* **sich ~** s'obscurcir; (*Miene*) s'assombrir
Verflechtung <-, -en> *f* ÖKON interdépendance *f*
verfliegen* *vi irr + sein* s'évaporer; (*Kummer*) s'envoler
verflixt [fɛɐ'flɪkst] **I.** *adj fam* **dieser ~e Kerl!** ce con de type! **II.** *adv fam* foutrement **III.** *interj fam* **~!** la vache!
verflossen [fɛɐ'flɔsən] *adj geh* (*Jahre*) écoulé(e)
verfluchen* *vt* maudire
verflucht *fam* **I.** *adj* (*Kerl*) sale *antéposé;* (*Auto*) foutu(e) *antéposé* **II.** *adv* vachement **III.** *interj* **~!** nom d'un chien!
verflüchtigen* *vr* **sich ~** s'évaporer
verflüssigen* *vt* liquéfier
verfolgen* *vt* ① (*nachsetzen*) **jdn ~** poursuivre qn ② (*Spur*) suivre ③ (*drangsalieren*) persécuter
Verfolgung <-, -en> *f* ① poursuite *f* ② (*Drangsalierung*) persécution *f*
Verfolgungswahn *m* délire de [la] persécution *m*
verformen* *vt, vr* [**sich**] **~** se déformer
verfrachten* *vt fam* **jdn ins Bett ~** expédier qn au lit
verfremden *vt* distancier (*pour créer l'effet de distanciation*)
verfressen* *adj fam* morfal(e)
verfrüht *adj* prématuré(e)
verfügbar *adj* disponible
verfügen* **I.** *vi* **über etw** (*akk*) **~** disposer de qc **II.** *vt* **~, dass** ordonner que + *subj*
Verfügung <-, -en> *f* **jdm zur ~ stehen** être à la disposition de qn
verführen* *vt* ① **jdn zu etw ~** entraîner qn à faire qc ② (*Mann, Frau*) séduire
Verführer(in) *m(f)* séducteur(-trice) *m(f)*
verführerisch *adj* séduisant(e)
vergammeln* *fam* **I.** *vi + sein* moisir **II.** *vt + haben* **den Tag ~** passer la journée à glander
vergangen [fɛɐ'gaŋən] *adj* passé(e)
Vergangenheit <-> *f* passé *m*
Vergangenheitsbewältigung *f* fait d'assumer son passé *m*
vergänglich *adj* éphémère
vergasen* *vt* ① (*töten*) gazer ② TECH gazéifier
vergaß [fɛɐ'gaːs] *Imp von* **vergessen**
vergeben* *irr* **I.** *vi* **jdm ~** pardonner à qn **II.** *vt* ① *geh* (*verzeihen*) **etw ~** pardonner qc ② (*Auftrag*) attribuer; **Eintrittskarten zu ~ für ...** billets à donner pour ...
vergeblich **I.** *adj* vain(e) **II.** *adv* en vain
Vergebung <-, -en> *f* pardon *m*
vergegenwärtigen *vr* **sich** (*dat*) **etw ~** réaliser qc
vergehen* *irr* **I.** *vi + sein* ① (*Zeit*) passer ② (*Schmerz*) disparaître; **jdm vergeht die Lust** qn [en] perd l'envie ③ (*fast umkommen*) **vor Angst ~** mourir de peur **II.** *vr + haben* **sich an jdm ~** abuser de qn
Vergehen <-s, -> *nt* délit *m*
vergelten *vt irr* récompenser
vergessen [fɛɐ'gɛsən] <vergisst, vergaß, vergessen> **I.** *vt* oublier ▶**das werde ich dir/ihr nie** [*o* **nicht**] **~!** je m'en souviendrai! **II.** *vr* **sich ~** perdre son sang-froid
vergesslich[RR], **vergeßlich**[ALT] *adj* étourdi(e)
vergeuden* [fɛɐ'gɔɪdən] *vt* gaspiller
Vergeudung <-, -en> *f* gaspillage *m*
vergewaltigen* *vt* violer
Vergewaltigung <-, -en> *f* viol *m*
vergewissern* *vr* **sich ~, dass ...** s'assurer que ...
vergießen* *vt irr* verser
vergiften* **I.** *vt* empoisonner **II.** *vr* ① **sich durch verdorbenen Fisch ~** s'intoxiquer en mangeant du poisson avarié ② (*Selbstmord begehen*) **sich ~** s'empoisonner
Vergiftung <-> *f kein Pl* empoisonnement *m*, intoxication *f*
vergilben* *vi + sein* jaunir
Vergissmeinnicht[RR] <-[e]s, -[e]> *nt* myosotis *m*
vergisst[RR], **vergißt**[ALT] [fɛɐ'gɪst] *3. Pers Präs von* **vergessen**
verglasen* *vt* vitrer
Vergleich [fɛɐ'glaɪç] <-[e]s, -e> *m* comparaison *f*; **im ~ zu den anderen** en comparaison des autres

vergleichbar *adj* comparable
vergleichen* *irr* **I.** *vt* comparer; **vergleiche S. 20** voir p. 20 **II.** *vr* **sich mit jdm ~** se comparer à qn
vergleichsweise *adv* relativement
vergnügen* [fɛɐ'gnyːgən] **I.** *vr* **sich mit etw ~** s'amuser en faisant qc; **sich mit jdm ~** se divertir avec qn **II.** *vt* amuser
Vergnügen <-s, -> *nt* plaisir *m;* **viel ~!** amuse-toi/amusez-vous bien!; **mit ~!** avec plaisir! ▸**hinein ins ~!** *fam* allez, on va s'éclater!
vergnügt **I.** *adj* réjoui(e) **II.** *adv* joyeusement
Vergnügung <-, -en> *f* divertissement *m*
Vergnügungspark *m* parc *m* d'attractions
vergolden* *vt* dorer
vergraben* *irr* **I.** *vt* (*Leiche*) enterrer; (*Schatz*) enfouir **II.** *vr* (*sich beschäftigen mit*) **sich in etw** (*akk*) **~** se plonger dans qc
vergraulen* *vt fam* faire ficher le camp
vergreifen* *vr irr* **sich an jdm ~** s'en prendre à qn
vergriffen [fɛɐ'grɪfən] *adj* épuisé(e)
vergrößern [fɛɐ'grøːsɐn] **I.** *vt* ❶ *a.* PHOT agrandir ❷ (*Abstand*) augmenter **II.** *vr* MED **sich ~** grossir **III.** *vi* OPT **stark ~** grossir énormément
Vergrößerung <-, -en> *f* PHOT agrandissement *m*
Vergünstigung <-, -en> *f* ❶ avantage *m* ❷ (*Ermäßigung*) réduction *f*
verhaften* *vt* arrêter
Verhaftung <-, -en> *f* arrestation *f*
verhalten*[1] *vr irr* **sich ~** ❶ se comporter ❷ CHEM réagir
verhalten[2] *adj* ❶ (*Fahrweise*) modéré(e) ❷ (*Ärger*) retenu(e)
verhaltensgestört *adj* perturbé(e)
Verhältnis [fɛɐ'hɛltnɪs] <-ses, -se> *nt* ❶ **im ~ zu jdm/etw** par rapport à qn/qc ❷ (*Proportion*) proportion *f* ❸ (*Beziehung*) **ein gutes ~ zu jdm haben** avoir de bons rapports avec qn ❹ (*Liebesverhältnis*) liaison *f* ❺ *Pl* (*Zustand*) situation *f* ❻ *Pl* (*Lebensumstand*) conditions *fpl* ▸**er lebt über seine ~se** il vit au-dessus de ses moyens; **in keinem ~ zu etw stehen** être disproportionné à qc
verhältnismäßig *adv* relativement
Verhältniswahlrecht *nt* proportionnelle *f*
verhandeln* **I.** *vi* **über etw** (*akk*) **~** négocier qc **II.** *vt* JUR juger
Verhandlung *f* ❶ *meist Pl* négociation *f* ❷ JUR audience *f*
verhängen* *vt* masquer
verhängnisvoll *adj* fatal(e)
verharmlosen* *vt* minimiser
verhärten* *vr* **sich ~** ❶ se durcir ❷ MED s'indurer
verhasst[RR] *adj* détesté(e)
verhauen* <verhaute, verhauen> **I.** *vt fam* ❶ tabasser ❷ (*Klassenarbeit*) louper **II.** *vr fam* **sich um zwanzig Euro ~** se planter de vingt euros
verheerend **I.** *adj* dévastateur(-trice) **II.** *adv* affreusement
verheilen* *vi + sein* cicatriser
verheimlichen* *vt* **etw ~** cacher qc
verheiraten* *vr* **sich ~** se marier; **sich wieder ~** se remarier
verheiratet *adj* marié(e); **glücklich ~ sein** être heureux en ménage
verhelfen* *vi irr* **jdm zu seinem Recht ~** aider qn à obtenir son bon droit
verherrlichen* *vt* exalter
verhexen* *vt* ensorceler
verhindern* *vt* **~, dass** empêcher que ... [ne] + *subj*
verhöhnen* *vt* se moquer de
Verhör <-[e]s, -e> *nt* interrogatoire *m;* (*eines Zeugen*) audition *f*
verhören* **I.** *vt* interroger **II.** *vr* **sich ~** entendre de travers
verhüllen* **I.** *vt* **das Gesicht mit einem Schleier ~** se voiler le visage **II.** *vr* **sich mit etw ~** se couvrir de qc
verhungern* *vi + sein* mourir de faim
verhunzen* *vt fam* défigurer
verhüten* *vt* (*Empfängnis*) empêcher; (*Schwangerschaft*) éviter
Verhütungsmittel *nt* contraceptif *m*
verinnerlichen* *vt* assimiler
verirren* *vr* **sich ~** s'égarer
verjagen* *vt* chasser
verjähren* *vi + sein* se prescrire
verjüngen* **I.** *vi* rajeunir **II.** *vt* **jdn ~** [faire] rajeunir qn **III.** *vr* **sich ~** (*schmaler werden*) se rétrécir
verkabeln* *vt* câbler
verkalken* *vi + sein* ❶ TECH s'entartrer ❷ (*Arterien*) se scléroser
Verkalkung <-, -en> *f* ❶ TECH entartrage *m* ❷ MED (*der Gefäße*) calcification *f* ❸ *fam* (*Vergreisung*) ramollissement *m*

verkannt *adj* méconnu(e)

Verkauf *m* vente *f*

verkaufen* **I.** *vt* ① vendre; **zu ~** à vendre ② *fam* (*weismachen*) **jdm etw ~** faire gober qc à qn **II.** *vr* **sich gut/schlecht ~** (*Ware*) se vendre bien/mal; (*Person*) savoir/ne pas savoir se vendre

Verkäufer(in) *m(f)* vendeur(-euse) *m(f)*

verkäuflich *adj* **~ sein** être à vendre

Verkehr [fɛɐ̯ˈkeːɐ̯] <-[e]s> *m* ① circulation *f* ② (*Transportverkehr*) trafic *m* ③ *geh* (*Geschlechtsverkehr*) rapports *mpl*

verkehren* *vi* ① + *haben o sein* circuler ② + *haben* (*Gast sein*) **bei jdm/in etw** (*dat*) **~** fréquenter qn/qc

Verkehrsampel *f* feux *mpl* de signalisation **verkehrsberuhigt** *adj* à circulation réduite et vitesse limitée **verkehrsgünstig** *adj* **in ~er Lage wohnen** habiter un quartier bien desservi **Verkehrsmittel** *nt* moyen *m* de transport **Verkehrsregel** *f* règle *f* de conduite **Verkehrsschild** *nt* panneau *m* de signalisation **Verkehrsteilnehmer(in)** *m(f) form* usager(-ère) *m(f)* de la route **Verkehrszeichen** *s.* **Verkehrsschild**

verkehrt **I.** *adj* **der ~e Schlüssel** la mauvaise clé; **in die ~e Richtung gehen** aller dans la direction inverse **II.** *adv* ① (*erzählen*) de travers ② (*aufmachen*) du mauvais côté; **~ herum** à l'envers

verkennen* *vt irr* méconnaître

Verkettung <-, -en> *f* (*von Misserfolgen*) enchaînement *m*

verklagen* *vt* **jdn ~** porter plainte contre qn

verklären* **I.** *vr* **sich ~** ① (*Blick*) s'illuminer; **verklärt** radieux(-euse) ② (*zu schön erscheinen: Vergangenheit*) s'enjoliver **II.** *vt* (*Vergangenheit*) enjoliver

verkleiden* *vt* ① (*kostümieren*) déguiser ② (*Heizkörper*) recouvrir; (*Wand*) revêtir

Verkleidung *f* ① (*Kostümierung*) déguisement *m* ② (*einer Wand*) revêtement *m*

verkleinern* **I.** *vt* ① rapetisser ② (*Format*) réduire **II.** *vr* **sich ~** ① rapetisser ② (*Tumor*) diminuer de volume

Verkleinerungsform *f* diminutif *m*

verklemmen* *vr* **sich ~** se coincer

verklemmt *adj* coincé(e) (*fam*)

verkneifen* *vr irr fam* **sich** (*dat*) **eine Bemerkung ~** se retenir de faire une remarque

verkniffen *pej* **I.** *adj* pincé(e) **II.** *adv* d'un air pincé

verknoten* **I.** *vt* nouer **II.** *vr* **sich ~** s'emmêler

verknüpfen* *vt* ① **etw mit der Bedingung ~, dass** associer qc à la condition que + *subj* ② INFORM **eine Datei mit einem Programm ~** associer un fichier à un programme

verkommen* *vi irr* + *sein* (*Person*) tourner mal; (*Gebäude*) se délabrer

verkörpern* *vt* incarner

verkraften* *vt* supporter

verkrampfen* *vr* **sich ~** se contracter

verkriechen* *vr irr* ① **sich ~** se terrer ② *fam* **sich unter der Decke ~** se fourrer sous les draps

verkrüppelt *adj* estropié(e)

verkünden* [fɛɐ̯ˈkʏndən] *vt* ① *geh* annoncer ② JUR prononcer

verkürzen* **I.** *vt* ① (*Schnur*) raccourcir ② (*Dauer*) réduire **II.** *vr* **sich ~** (*Abstand*) diminuer

verladen* *vt irr* charger

Verlag [fɛɐ̯ˈlaːk, *Pl:* fɛɐ̯ˈlaːgə] <-[e]s, -e> *m* maison *f* d'édition

verlagern* *vt* ① déplacer ② (*verlegen*) **etw ins Ausland ~** transférer qc à l'étranger

verlangen* **I.** *vt* ① (*Geld*) réclamer ② (*erfordern*) **Mut ~** exiger du courage ▶**das ist ein bisschen <u>viel</u> verlangt!** c'est demander beaucoup! **II.** *vi geh* **nach jdm/etw ~** réclamer qn/qc

Verlangen <-s> *nt* ① (*Wunsch*) désir *m* ② (*Forderung*) exigence *f*

verlängern* [fɛɐ̯ˈlɛŋɐn] **I.** *vt* ① **etw ~** [r]allonger qc ② (*andauern lassen*) prolonger **II.** *vr* **sich ~** se prolonger

Verlängerung <-> *f kein Pl* (*einer Frist*) prolongation *f*

Verlängerungskabel *nt* rallonge *f*

verlangsamen* [fɛɐ̯ˈlaŋzaːmən] **I.** *vt* ① ralentir ② (*Entwicklung*) freiner **II.** *vr* **sich ~** se ralentir

verlassen* *irr* **I.** *vt* ① quitter ② (*verloren gehen*) **jdn ~** (*Hoffnung*) abandonner qn **II.** *vr* **sich auf jdn/etw ~** compter sur qn/qc

Verlassenschaft <-, -en> *f* A succession *f*

verlässlichRR *adj* (*Freund*) sur lequel on peut compter; (*Zeuge*) digne de foi

Verlauf *m* ① tracé *m*; (*eines Flusses*) cours *m* ② (*Entwicklung*) déroulement *m*

verlaufen* *irr* **I.** *vi* + *sein* ① (*sich erstrecken*) am Seeufer ~ passer au bord du lac ❷ (*ablaufen*) se dérouler **II.** *vr* + *haben* **sich ~** ❶ (*sich verirren*) s'égarer ❷ (*auseinander gehen*) se disperser

verlegen*[1] *vt* ❶ (*Schlüssel*) égarer ❷ (*verschieben*) reporter ❸ (*legen*) poser ❹ (*publizieren*) éditer ❺ (*Behörde*) transférer

verlegen[2] *adj* embarrassé(e); **~ werden** être gagné par l'embarras

Verlegenheit <-> *f kein Pl* (*Betretenheit*) gêne *f*

Verlegung <-> *f* ❶ (*Verschiebung*) report *m* ❷ (*das Legen*) pose *f* ❸ (*von Patienten, Behörden*) transfert *m*

Verleih <-[e]s> *m kein Pl* (*das Verleihen*) location *f*

verleihen* *vt irr* ❶ prêter; (*gegen Entgelt*) louer ❷ (*Orden*) décerner ❸ (*geben*) **jdm Kraft ~** donner de la force à qn

verleiten* *vt* inciter

verlernen* *vt* oublier

verlesen* *irr* **I.** *vt* (*Namen*) donner lecture de **II.** *vr* **sich ~** se tromper en lisant

verletzbar *adj* susceptible

verletzen* [fɛɐ'lɛtsən] **I.** *vt* ❶ blesser ❷ (*Vorschrift*) enfreindre **II.** *vr* **sich ~** se blesser

Verletzte(r) *f(m) dekl wie adj* blessé(e) *m(f)*

Verletzung <-, -en> *f* ❶ (*Wunde*) blessure *f* ❷ *kein Pl* (*das Nichtbefolgen*) **die ~ der Bestimmungen** la violation du règlement

verleugnen* *vt* renier; **nicht ~ können, dass ...** ne [pas] pouvoir nier que ...

Verleumdung <-, -en> *f* calomnie *f*

verlieben* *vr* **sich in jdn ~** tomber amoureux(-euse) de qn

verliebt *adj* (*Person, Blick*) amoureux(-euse)

verlieren [fɛɐ'liːrən] <verlor, verloren> **I.** *vt* ❶ perdre ❷ (*Öl*) laisser s'échapper; **Luft ~** fuir **II.** *vr* **sich ~** passer **III.** *vi* **an Bedeutung** (*dat*) **~** perdre en signification

Verlierer(in) <-s, -> *m(f)* perdant(e) *m(f)*; (*eines Kriegs*) vaincu(e) *m(f)*

Verlies <-es, -e> *nt* oubliettes *fpl*

verloben* *vr* se fiancer

verlobt *adj* **mit jdm ~ sein** être fiancé à qn

Verlobte(r) *f(m) dekl wie adj* fiancé(e) *m(f)*

verlockend *adj* attrayant(e)

verlogen [fɛɐ'loːgən] *adj* menteur(-euse)

verlor [fɛɐ'loːɐ] *Imp von* **verlieren**

verloren [fɛɐ'loːrən] **I.** *PP von* **verlieren** **II.** *adj* perdu(e) **III.** *adv* **~ gehen** se perdre

verloren|gehen *s.* **verloren III.**

verlosen* *vt* tirer au sort

Verlust [fɛɐ'lʊst] <-[e]s, -e> *m* perte *f*

vermachen* *vt* ❶ JUR **jdm etw ~** léguer qc à qn ❷ *fam* (*schenken*) **jdm etw ~** faire cadeau de qc à qn

vermarkten* *vt* **ein Produkt ~** commercialiser un produit

vermasseln* *vt fam* **jdm das Geschäft ~** foutre en l'air l'affaire de qn

vermehren* **I.** *vr* **sich ~** ❶ se reproduire ❷ (*zunehmen*) augmenter **II.** *vt* ❶ multiplier ❷ (*Besitz*) accroître

vermeidbar *adj* évitable

vermeiden* *vt irr* éviter

vermelden* *vt* annoncer

Vermerk <-[e]s, -e> *m* note *f*

vermessen*[1] *irr* **I.** *vt* mesurer **II.** *vr* **sich ~** se tromper en mesurant

vermessen[2] *adj geh* présomptueux(-euse)

Vermessung *f* mesurage *m*

vermieten* *vt, vi* louer

Vermieter(in) *m(f)* ❶ (*Hauswirt*) propriétaire *mf* ❷ (*Verleiher*) loueur(-euse) *m(f)*

Vermietung <-, -en> *f* location *f*

vermindern* **I.** *vt* réduire **II.** *vr* **sich ~** diminuer

verminen* *vt* miner

vermissen* *vt* ❶ **ich vermisse dich** tu me manques ❷ (*als abwesend feststellen*) **vermisst werden** être porté disparu ❸ (*Schlüssel*) ne plus retrouver

vermitteln* **I.** *vt* ❶ (*Stelle*) fournir; (*Arbeitskräfte*) recruter ❷ (*Lehrstoff*) transmettre **II.** *vi* **in etw** (*dat*) **~** servir d'intermédiaire dans qc

Vermittler(in) <-s, -> *m(f)* ❶ (*Schlichter*) médiateur(-trice) *m(f)* ❷ (*Makler*) intermédiaire *mf*

Vermittlung <-> *f kein Pl* ❶ (*das Vermitteln*) **die ~ von Arbeitskräften** le placement de la main-d'œuvre ❷ (*Schlichtung*) médiation *f* ❸ TELEC (*das Schalten*) **die ~ eines Gesprächs** l'établissement *m* d'une communication

vermöbeln* *vt fam* tabasser

Vermögen <-s, -> *nt* ❶ fortune *f* ❷ *kein Pl geh* **sein ~ etw zu tun** sa capacité à faire qc

vermögend *adj geh* fortuné(e); **~ sein** avoir des biens

vermummen* *vr* **sich ~** dissimuler son visage

vermuten* [fɛɐ'muːtən] *vt* ~, **dass ...** supposer que ...

vermutlich *adj attr* probable

Vermutung <-, -en> *f* supposition *f*, présomption *f*

vernachlässigen* **I.** *vt* (*Kind*) délaisser; (*Kleidung*) négliger **II.** *vr* **sich** ~ se laisser aller

vernageln* *vt* (*Kiste, Sarg*) clouer; **das Fenster mit Brettern** ~ condamner la fenêtre en clouant des planches

vernarben* *vi* + *sein* se cicatriser

vernehmen* *vt irr* ① (*Zeugen*) entendre; (*Beschuldigten*) interroger ② *geh* (*hören*) percevoir ③ *geh* (*erfahren*) apprendre

vernehmlich *adj geh* audible; (*Stimme*) clair(e)

Vernehmung <-, -en> *f* (*eines Zeugen*) audition *f*; (*Verhör*) interrogatoire *m*

verneigen* *vr geh* **sich** ~ s'incliner

verneinen* *vt* ① (*Frage*) donner une réponse négative à ② (*leugnen*) nier

Verneinung <-, -en> *f* ① (*einer Frage*) réponse *f* négative ② (*Leugnung*) négation *f*

vernetzen *vt* INFORM **Rechner** [**miteinander**] ~ mettre des ordinateurs en réseau

Vernetzung <-, -en> *f* ① INFORM mise *f* en réseau, interconnexion *f* ② (*Verbindung*) imbrication *f*

vernichten* [fɛɐ̯'nɪçtn] *vt* détruire; (*Arbeitsplätze*) supprimer

vernichtend **I.** *adj* écrasant(e) **II.** *adv* **jdn** ~ **schlagen** battre qn à plate[s] couture[s]

Vernichtung <-, -en> *f* (*von Beweisen, einer Ernte*) destruction *f*; (*von Arbeitsplätzen*) suppression *f*

Vernunft [fɛɐ'nʊnft] <-> *f* raison *f*

vernünftig [fɛɐ'nʏnftɪç] **I.** *adj* ① (*Person*) raisonnable ② (*Argument*) sensé(e) **II.** *adv fam* (*akzeptabel*) convenablement

veröffentlichen* [fɛɐ̯'œfntlɪçn] *vt* publier

Veröffentlichung <-, -en> *f* publication *f*

verordnen* *vt* prescrire

Verordnung <-, -en> *f* ① *kein Pl* (*das Verschreiben*) prescription *f* ② *form* (*Verfügung*) disposition *f*

verpachten* *vt* (*Bauernhof*) affermer; **ein Lokal** ~ donner un établissement à bail

verpacken* *vt* emballer

Verpackungsmüll *m* emballages *mpl* usagés

verpassen* *vt* (*Bus*) rater; (*Chance*) laisser passer

verpatzen* *vt fam* gâcher

verpesten* *vt* polluer

verpfeifen* *vt irr fam* balancer

verpflegen* *vr, vt* [**sich**] ~ [se] nourrir

Verpflegung *f* alimentation *f*

verpflichten* **I.** *vt* obliger **II.** *vi* **nicht zum Kauf** ~ être sans obligation d'achat **III.** *vr* **sich zu etw** ~ s'engager à qc

Verpflichtung <-, -en> *f meist Pl* (*Pflicht*) engagement *m*

verpfuschen* *vt a. fig fam* bousiller

verplanen* *vt* ① (*Summe*) prévoir; (*Zeit*) programmer ② *fam* (*ausbuchen*) **verplant sein** être pris

verprassen* *vt* **etw** ~ dilapider qc

verprügeln* *vt* **jdn** ~ rouer qn de coups

verputzen* *vt* ① (*Haus*) crépir; (*Wand*) enduire ② *fam* (*aufessen*) avaler

Verrat <-[e]s> *m* ~ **begehen** commettre une trahison

verraten <verrät, verriet, verraten> **I.** *vt* ① trahir ② *iron fam* (*sagen*) **sie hat mir nicht** ~ **wollen, wer ...** elle n'a pas voulu me dire qui ... **II.** *vr* **sich** ~ se trahir

Verräter(in) <-s, -> *m(f)* traître(-esse) *m(f)*

verräterisch **I.** *adj* (*Handbewegung*) qui trahit **II.** *adv* **jdm** ~ **zuzwinkern** faire un clin d'œil traître à qn

verrauchen* **I.** *vi* + *sein* (*Ärger*) se dissiper **II.** *vt* + *haben* **ein verrauchtes Lokal** un bistro[t] enfumé

verrechnen* **I.** *vr* ① **sich um zehn Euro** ~ se tromper de dix euros en comptant ② (*sich irren*) **sich** ~ faire une erreur [dans ses calculs] **II.** *vt* **die Anzahlung mit dem Gesamtbetrag** ~ déduire l'acompte du montant total

Verrechnungsscheck *m* chèque *m* barré

verregnet *adj* très pluvieux(-euse)

verreisen* *vi* + *sein* **mit dem Zug** ~ partir en voyage par le train

verrenken* [fɛɐ'rɛŋkən] *vr* **sich** (*dat*) **den Hals** ~ se tordre le cou

verrichten* *vt* accomplir

verriegeln* *vt* verrouiller

verringern* [fɛɐ'rɪŋɐn] **I.** *vt* réduire **II.** *vr* **sich** ~ ① diminuer ② (*sich verschlechtern*) s'amenuiser

Verriss[RR] *m* mauvaise critique *f*

verrosten* *vi* + *sein* rouiller

verrotten* [fɛɐ'rɔtən] *vi* + *sein* pourrir

verrückt *adj fam* ① fou(folle); **jdn** ~ **ma-**

chen *fam* rendre qn cinglé(e); **bist du ~?** *fam* t'es malade [ou quoi]? ② (*Kleidung*) dingue ③ (*versessen*) **nach jdm ~ sein** être dingue de qn; **auf etw** (*akk*)/**nach etw ~ sein** raffoler de qc ▶**wie** ~ *fam* comme un fou/une folle

Verrückte(r) *f(m) dekl wie adj fam* fou (folle) *m(f)*

Verruf *m* **in ~ kommen** compromettre sa réputation

verrufen *adj* mal famé(e)

Vers [fɛrs] <-es, -e> *m* ① vers *m* ② (*Bibelvers*) verset *m*

versagen* **I.** *vi* ① échouer; **aus Angst zu ~** par peur de l'échec ② (*Erziehung*) être un échec ③ (*Alarmanlage*) ne pas fonctionner; **seine Stimme versagte** sa voix lui fit défaut **II.** *vt geh* **jdm etw ~** refuser qc à qn

Versagen <-s> *nt* ① échec *m* ② (*eines Herzens*) arrêt *m* ③ (*Fehlverhalten*) **menschliches ~** défaillance *f* humaine

Versager(in) <-s, -> *m(f)* raté(e) *m(f)*

versalzen* *vt irr* ① (*Essen*) trop saler ② *fam* (*verderben*) **diese Freude werde ich ihm ~!** je vais lui gâcher ce plaisir!

versammeln* *vt, vr* [**sich**] ~ [se] rassembler

Versammlung *f* ① réunion *f* ② (*die versammelten Menschen*) assemblée *f*

Versand <-[e]s> *m* (*das Versenden*) envoi *m*

Versandhaus *nt* entreprise *f* de vente par correspondance

versauen* *vt fam* (*Boden*) dégueulasser

versäumen* *vt* ① (*Termin*) manquer; (*Gelegenheit*) laisser passer ② (*unterlassen*) [**es**] ~ **etw zu tun** omettre de faire qc

Versäumnis [fɛɐ̯'zɔymnɪs] <-ses, -se> *nt geh* omission *f*

verschaffen* **I.** *vt* **das wird dir Respekt ~** ainsi, tu te feras respecter **II.** *vr* **sich** (*dat*) **Geld ~** se procurer de l'argent; **sich** (*dat*) **Respekt ~** s'attirer le respect

verschämt **I.** *adj* gêné(e) **II.** *adv* timidement

verschärfen* **I.** *vr* **sich ~** s'aggraver **II.** *vt* ① (*Bestimmung*) renforcer; (*Strafe*) alourdir ② (*zuspitzen*) aggraver

verschätzen* *vr* (*sich täuschen*) **sich ~** se tromper

verschenken* *vt* (*Kleider, Geld*) donner; (*Besitz*) faire don de

verscherzen* *vr* **sich** (*dat*) **jds Freundschaft ~** perdre l'amitié de qn par sa faute

verschicken* *vt* envoyer

verschieben* *irr* **I.** *vt* ① (*verrücken*) **etw ~** déplacer qc ② (*verlegen*) reporter; **etw auf die nächste Woche ~** remettre qc à la semaine prochaine **II.** *vr* ① **sich auf die nächste Woche ~** être reporté à la semaine prochaine ② (*verrutschen*) **sich ~** glisser

Verschiebung *f* report *m*

verschieden [fɛɐ̯'ʃiːdən] **I.** *adj* ① différent(e) ② *attr* (*einige*) **~e Leute** plusieurs personnes **II.** *adv* **~ breit/hoch sein** être de largeurs/hauteurs différentes

verschiedenartig *adj* de différentes sortes

verschiedentlich [fɛɐ̯'ʃiːdɛntlɪç] *adv* à diverses reprises

verschimmeln* *vi + sein* moisir

verschlafen*[1] *irr* **I.** *vi* se réveiller trop tard **II.** *vt fam* (*vergessen*) oublier carrément

verschlafen[2] *adj* (*Person*) encore [tout(e)] endormi(e)

verschlagen* *vt irr* ① (*schlagen*) battre ② (*Ball*) rater

verschlampen* *vt fam* paumer

verschlechtern* **I.** *vt* aggraver **II.** *vr* **sich ~** ① (*Lage*) s'aggraver ② (*beruflich*) être bien moins loti

Verschlechterung <-, -en> *f* (*einer Lage*) aggravation *f*; (*des Wetters*) dégradation

verschleiern* [fɛɐ̯'ʃlaɪɐ̯n] **I.** *vt* ① *a. fig* voiler ② (*Sachverhalt*) dissimuler **II.** *vr* **sich ~** se voiler

verschleißen [fɛɐ̯'ʃlais] <verschliss, verschlissen> **I.** *vi + sein* s'user **II.** *vt, vr + haben* [**sich**] ~ [s']user

verschleppen* *vt* ① déplacer ② (*Krankheit*) traîner

verschleudern* *vt* dilapider

verschließen* *irr* **I.** *vt* ① fermer [à clé] ② (*Flasche*) boucher **II.** *vr* **sich einer Überlegung ~** se fermer à une réflexion

verschlimmern* *vr, vt* [**sich**] ~ [s']aggraver

verschlingen* *vt irr* dévorer

verschlissen [fɛɐ̯'ʃlɪsən] **I.** *PP von* **verschleißen** **II.** *adj* usé(e)

verschlossen [fɛɐ̯'ʃlɔsən] *adj* ① (*Person*) renfermé(e) ② (*unverständlich*) **jdm ~ bleiben** rester un mystère pour qn

verschlucken* **I.** *vt* ① avaler ② (*dämpfen*) étouffer **II.** *vr* **sich an etw** (*dat*) **~** avaler qc de travers

Verschluss[RR] *m* (*eines Glases*) couvercle *m*; (*einer Flasche*) bouchon *m* ▶**etw unter ~**

<u>halten</u> garder qc sous clé

verschlüsseln* *vt* coder; **das Programm verschlüsselt senden** diffuser le programme crypté

verschmelzen* *vi irr + sein* **mit etw ~** fondre et se mélanger à qc

verschmerzen* *vt* se consoler de

verschmitzt **I.** *adj* malicieux(-euse) **II.** *adv* **~ lächeln** arborer un sourire malicieux

verschmutzen* **I.** *vt + haben* ❶ salir ❷ (*Umwelt*) polluer **II.** *vi + sein* **schnell ~** se salir facilement

verschnaufen* *vi, vr fam* [**sich**] **~** reprendre son souffle

Verschnaufpause *f* ►**eine ~** <u>**einlegen**</u> souffler un peu

verschneit *adj* enneigé(e)

verschnupft *adj* ❶ enrhumé(e) ❷ *fam* (*verärgert*) en rogne

verschollen [fɛɐ'ʃɔlən] *adj* [porté(e)] disparu(e)

verschonen* *vt* épargner qn/qc

verschönern* [fɛɐ'ʃøːnɐn] *vt* embellir

verschränken* [fɛɐ'ʃrɛŋkən] *vt* (*Arme, Beine*) croiser

verschreiben* *irr* **I.** *vt* **jdm etw ~** prescrire qc à qn **II.** *vr* ❶ (*falsch schreiben*) **sich ~** faire une faute [d'orthographe] ❷ (*sich widmen*) **sich einer S.** (*dat*) **~** se vouer à qc

verschreibungspflichtig *adj* délivré(e) sur ordonnance

verschroben *adj* extravagant(e)

verschrotten* *vt* **etw ~** mettre qc à la ferraille

verschüchtert [fɛɐ'ʃʏçtɐt] *adj, adv* effarouché(e)

verschulden* **I.** *vt + haben* (*Unfall*) être responsable de **II.** *vi + sein* s'endetter **III.** *vr + haben* **sich bei jdm ~** s'endetter auprès de qn

Verschuldung <-, -en> *f* endettement *m*

verschütten* *vt* ❶ renverser ❷ (*begraben*) ensevelir

verschweigen* *vt irr* **etw ~** taire qc; **jdm etw ~** cacher qc à qn

verschwenden* *vt* ❶ **Geld ~** gaspiller de l'argent ❷ *fig* **keinen einzigen Gedanken an jdn/etw ~** ne pas accorder la moindre pensée à qn/qc

verschwenderisch **I.** *adj* ❶ (*Person*) gaspilleur(-euse) ❷ (*Pracht*) opulent(e) **II.** *adv* **mit Energie ~ umgehen** gaspiller l'énergie

Verschwendung <-, -en> *f* gaspillage *m*

verschwiegen [fɛɐ'ʃviːgən] *adj* discret(-ète)

Verschwiegenheit <-> *f* discrétion *f*

verschwimmen* *vi irr + sein* s'estomper

verschwinden* *vi irr + sein* ❶ disparaître ❷ (*sich davonmachen*) **rasch ~** s'esquiver

verschwitzen* *vt* ❶ **etw ~** mouiller qc de sueur ❷ *fam* (*vergessen*) **einen Termin ~** foirer un rendez-vous

verschwommen [fɛɐ'ʃvɔmən] *adj* flou(e)

verschwören* *vr irr* conspirer

Verschwörer(in) <-s, -> *m(f)* conspirateur (-trice) *m(f)*

Verschwörung <-, -en> *f* conspiration *f*

versehen* *irr* **I.** *vt form* **jdn mit etw ~** munir qn de qc; **etw mit einem Stempel ~** apposer un tampon sur qc **II.** *vr* **sich mit etw ~** se munir de qc

Versehen <-s, -> *nt* méprise *f*; **aus ~** par mégarde

versehentlich [fɛɐ'zeːəntlɪç] **I.** *adj attr* accidentel(le) **II.** *adv* par erreur

versenden* *vt irr o reg* expédier

versenken* *vt* ❶ (*Schiff*) couler ❷ (*Verdeck*) escamoter

Versenkung *f* ►**aus der ~** <u>**auftauchen**</u> *fam* refaire surface

versetzen* **I.** *vt* ❶ ADMIN **jdn ~** muter qn ❷ SCHULE **jdn in die höhere Klasse ~** faire passer qn dans la classe supérieure ❸ (*Spielfigur*) déplacer ❹ (*verpfänden*) **etw ~** mettre qc en gage ❺ *fam* (*umsonst warten lassen*) **jdn ~** poser un lapin à qn ❻ (*geben*) **jdm einen Stoß ~** donner un coup à qn **II.** *vi geh* (*erwidern*) rétorquer **III.** *vr* (*sich einfühlen*) **sich in die Lage seines Freundes ~** se mettre à la place de son ami

Versetzung <-, -en> *f* ❶ ADMIN mutation *f* ❷ (*eines Schülers*) passage *m*

verseuchen* *vt* ❶ contaminer; (*Umwelt*) polluer ❷ INFORM **etw ~** (*Virus*) contaminer qc

versichern* **I.** *vt* ❶ **jdn/etw ~** assurer qn/qc ❷ (*beteuern*) **jdm ~, dass ...** donner l'assurance à qn que ... ❸ *geh* (*zusichern*) **jdn seiner Freundschaft** (*gen*) **~** répondre de son amitié à qn **II.** *vr* **sich gegen etw ~** s'assurer contre qc

Versicherung *f* assurance *f*

Versicherungsgesellschaft *f* compagnie *f* d'assurances

versicherungspflichtig *adj* obligé(e) de s'assurer

versiegeln* *vt* (*Brief*) cacheter; (*Wohnung*) sceller; (*Parkett*) vitrifier
versinken *vi irr + sein* ① **im Meer ~** (*Schiff*) sombrer au fond de la mer; **versunken** (*Schatz*) englouti(e) ② (*einsinken*) s'enfoncer
versinnbildlichen* *vt* symboliser
Version [vɛr'zio:n] <-, -en> *f* version *f*
versklaven* [fɛɐ̯'skla:vn] *vt* **jdn ~** réduire qn en esclavage
versnobt *adj* snob
versöhnen* [fɛɐ'zø:nən] *vt, vr* [**sich**] **~** [se] réconcilier
versöhnlich *adj* conciliant(e)
versorgen* **I.** *vt* ① (*Person, Tier*) s'occuper de ② (*versehen*) **jdn mit etw ~** fournir qc à qn **II.** *vr* **sich mit Reiseproviant ~** faire des provisions pour le voyage
Versorgung <-> *f* ① (*das Versorgen*) **sich um die ~ der Tiere/Pflanzen kümmern** s'occuper des animaux/soigner les plantes ② (*das Ausstatten*) l'approvisionnement *m*
verspäten* *vr* **sich ~** (*Person*) se mettre en retard; (*Flugzeug*) être en retard
verspätet *adj, adv* en retard
Verspätung <-, -en> *f* retard *m*
verspeisen* *vt geh* ingurgiter
versperren* *vt* ① (*Straße*) couper; (*Weg*) barrer ② (*Aussicht*) boucher
verspielen* *vt* ① (*Geld*) perdre au jeu ② (*Chance*) gâcher ▶**bei jdm verspielt haben** être discrédité auprès de qn
verspielt *adj* ① **~ sein** (*Kind, Hund*) être joueur ② (*Dekor*) fantaisie *inv*
verspotten* *vt* se moquer de
versprechen* *irr* **I.** *vt* promettre **II.** *vr* ① (*erwarten*) **sich** (*dat*) **von einer Reise viel ~** attendre beaucoup d'un voyage ② (*sich beim Sprechen vertun*) **sich ~** faire un lapsus
Versprechen <-s, -> *nt* promesse *f*
verspritzen* *vt* ① (*versprengen*) **Wasser ~** faire gicler de l'eau; **etw über jdn/etw ~** asperger qn/qc de qc ② (*Farbe, Tinte*) pulvériser ③ (*ausstoßen*) cracher
verspüren* *vt geh* ressentir, éprouver
verstaatlichen* *vt* nationaliser
Verstand [fɛɐ'ʃtant] <-[e]s> *m* raison *f*
verstanden [fɛɐ'ʃtandən] *PP von* **verstehen**
verständigen* **I.** *vt* informer **II.** *vr* ① (*sich verständlich machen*) **sich ~** se faire comprendre ② (*sich einigen*) **sich ~** s'entendre
verständlich [fɛɐ'ʃtɛntlɪç] *adj* ① (*begreiflich*) compréhensible; **leicht ~** facile à comprendre ② (*hörbar*) intelligible
verständnislos **I.** *adj* d'incompréhension **II.** *adv* avec un air d'incompréhension
verstärken* **I.** *vt* ① (*Mauer*) consolider ② (*vergrößern*) **die Belegschaft ~** renforcer les effectifs ③ MEDIA amplifier **II.** *vr* **sich ~** se renforcer
Verstärker <-s, -> *m* amplificateur *m*
Verstärkung *f kein Pl* ① (*einer Mauer*) consolidation *f* ② (*eines Teams*) renforcement *m* ③ (*der Anstrengungen*) intensification *f*
verstauben* *vi + sein* se [re]couvrir de poussière; **verstaubt sein** être empoussiéré
verstaubt *adj* (*Ansichten*) poussiéreux (-euse)
verstauchen* *vt* **sich** (*dat*) **etw ~** se fouler qc
Verstauchung <-, -en> *f* foulure *f*
verstauen* *vt* **etw im Auto ~** mettre qc dans la voiture
Versteck <-[e]s, -e> *nt* cachette *f*
verstecken* **I.** *vt* cacher **II.** *vr* **sich ~** se cacher
Verstecken ▶**~ spielen** jouer à cache-cache
versteckt *adj* ① (*verborgen*) caché(e) ② (*abgelegen*) très à l'écart ③ (*unausgesprochen*) voilé(e)
verstehen <verstand verstanden> **I.** *vt* ① (*akustisch wahrnehmen*) comprendre; **kaum zu ~ sein** être presque inintelligible ② (*begreifen*) comprendre; **jdn richtig/falsch ~** comprendre qn bien/mal **II.** *vr* ① (*auskommen*) **sich mit jdm ~** s'entendre avec qn ② (*sich einschätzen*) **sich als Künstler ~** se considérer comme artiste ▶**sich von selbst ~** aller de soi **III.** *vi* comprendre; **verstanden?** compris?
versteigern* *vt* vendre aux enchères
Versteigerung *f* vente aux enchères *f*
versteinern *vi + sein* ① GEO se fossiliser ② *fig* **er saß mit versteinertem Gesicht da** il était là, le visage pétrifié
Versteinerung <-, -en> *f* fossile *m*
verstellbar *adj* réglable
verstellen* **I.** *vt* ① (*Höhe*) régler ② (*woandershin stellen*) déplacer ③ (*Weg*) barrer ④ (*Stimme*) contrefaire **II.** *vr* **sich ~** simuler

versteuern* *vt* payer des impôts sur

verstimmen* *vt* **jdn ~** (*Person*) fâcher qn

Verstimmung *f* mauvaise humeur *f*

verstohlen I. *adj* furtif(-ive) II. *adv* (*winken*) en cachette

verstopft *adj* (*Rohr, Nase*) bouché(e); (*Straße*) encombré(e)

Verstopfung <-, -en> *f* MED constipation *f*

verstorben [fɛɐ'ʃtɔrbən] *adj geh* défunt(e); **~ sein** être décédé (*form*)

Verstorbene(r) *f(m) dekl wie adj* défunt(e) *m(f)*

verstört *adj, adv* bouleversé(e)

Verstoß *m* infraction *f*

verstoßen* *irr* I. *vi* **gegen ein Gesetz ~** transgresser une loi; **gegen die Disziplin ~** manquer à la discipline II. *vt* **jdn ~** rejeter qn

verstrahlen *vt* irradier

verstreichen* *irr* I. *vt + haben* **Creme ~** (*dat*) étaler de la crème II. *vi + sein* (*Ultimatum*) expirer; (*Zeit*) s'écouler; **etw ~ lassen** laisser passer qc

verstreuen* *vt* ❶ (*ausstreuen*) répandre ❷ (*achtlos hinwerfen*) **etw auf dem Boden ~** éparpiller qc par terre

verstreut [fɛɐ'ʃtrɔɪt] *adj* disséminé(e)

verstricken* I. *vt* entraîner II. *vr* **sich in etw** (*akk*) **~** s'empêtrer dans qc

verströmen* *vt geh* (*Duft, Aroma*) exhaler

verstümmeln* [fɛɐ'ʃtʏməln] *vt* ❶ (*verletzen*) **jdn/sich ~** mutiler qn/se mutiler ❷ (*Text*) tronquer

Versuch [fɛɐ'zu:x] <-[e]s, -e> *m* ❶ essai *m* ❷ (*Experiment*) expérience *f*

versuchen* I. *vt* ❶ (*einen Versuch unternehmen*) tenter ❷ (*ausprobieren*) essayer ❸ (*Kuchen*) goûter II. *vr* **sich in der Malerei ~** s'essayer à faire de la peinture

Versuchskaninchen *nt fam* cobaye *m* **Versuchstier** *nt* animal *m* de laboratoire

Versuchung <-, -en> *f* tentation *f*

versunken [fɛɐ'zʊŋkən] I. *PP von* **versinken** II. *adj* ❶ (*Kultur*) disparu(e) ❷ (*vertieft*) **in etw** (*akk*) **~ sein** être plongé dans qc

versüßen* *vt fig* **jdm den Abschied ~** rendre les adieux moins amers à qn

vertagen* I. *vt* ajourner II. *vr* **sich ~** ajourner sa session

vertauschen* *vt* ❶ (*verwechseln*) **etw ~** prendre qc pour le sien/la sienne ❷ (*austauschen*) échanger

verteidigen* [fɛɐ'taɪdɪgən] I. *vt* ❶ défendre ❷ (*Vorsprung*) maintenir II. *vr* **sich ~** se défendre

Verteidiger(in) <-s, -> *m(f)* ❶ JUR avocat(e) *m(f)* de la défense ❷ SPORT défenseur(-euse) *m(f)*

Verteidigung <-, -en> *f* défense *f*

Verteidigungsminister(in) *m(f)* ministre *mf* de la Défense; (*in Frankreich*) ministre de la Défense nationale **Verteidigungsministerium** *nt* ministère *m* de la Défense; (*in Frankreich*) ministère de la Défense nationale **Verteidigungspolitik** *f* politique *f* de défense

verteilen* I. *vt* ❶ distribuer ❷ (*platzieren*) disposer ❸ (*Blumenerde*) répandre II. *vr* **sich ~** se répartir

Verteilung *f* ❶ (*Austeilung*) distribution *f* ❷ (*das Ausstreuen: von Dünger*) épandage *m*

verteuern* *vr, vt* [**sich**] **~** augmenter

vertiefen* I. *vt* approfondir II. *vr* **sich in etw** (*akk*) **~** se plonger dans qc

Vertiefung <-, -en> *f* ❶ creux *m* ❷ (*von Kenntnissen*) approfondissement *m*

vertikal [vɛrti'ka:l] I. *adj* vertical(e) II. *adv* à la verticale

vertilgen* *vt* ❶ (*Unkraut*) détruire; (*Ungeziefer*) exterminer ❷ *fam* (*aufessen*) liquider

Vertrag [fɛɐ'tra:k, *Pl:* fɛɐ'trɛ:gə] <-[e]s, Verträge> *m* ❶ JUR contrat *m* ❷ POL traité *m*

vertragen* *irr* I. *vt* supporter II. *vr* (*auskommen*) **sich mit jdm ~** s'entendre avec qn

verträglich [fɛɐ'trɛ:klɪç] *adj* ❶ (*umgänglich*) accommodant(e) ❷ (*Essen*) digeste

Vertragsabschluss[RR] *m* signature *f* du contrat **vertragsbrüchig** *adj* qui rompt un contrat **Vertragshändler(in)** *m(f)* concessionnaire *mf* **vertragswidrig** I. *adj* non conforme aux termes du contrat II. *adv* contrairement au contrat

vertrauen* *vi* ❶ (*glauben*) **jdm ~** faire confiance à qn ❷ (*sich verlassen auf*) **auf etw** (*akk*) **~** se fier à qc

Vertrauen <-s> *nt* ❶ confiance *f* ❷ POL **jdm das ~ aussprechen/entziehen** accorder/retirer sa confiance à qn ►**im ~** tout à fait confidentiellement

Vertrauensbruch *m* abus *m* de confiance **vertrauensselig** *adj* crédule **vertrauensvoll** I. *adj* basé(e) sur la confiance II. *adv*

en toute confiance **vertrauenswürdig** *adj* digne de confiance

vertraulich *adj* confidentiel(le)

verträumt *adj* ❶ (*idyllisch*) idyllique ❷ (*realitätsfern*) rêveur(-euse)

vertraut *adj* ❶ familier(-ière); (*Umgang*) intime ❷ (*bekannt*) **sich mit etw ~ machen** se familiariser avec qc

vertreiben* *vt irr* ❶ chasser ❷ (*Minderheit*) expulser

vertretbar *adj* ❶ (*Argument*) défendable; (*Haltung*) justifiable ❷ (*Zeitraum*) acceptable

vertreten* *vt irr* ❶ (*Kollegen*) remplacer ❷ (*Angeklagten*) défendre [les intérêts de] ❸ (*repräsentieren*) représenter ❹ (*verfechten*) soutenir

Vertreter(in) <-s, -> *m(f)* ❶ (*Stellvertreter*) remplaçant(e) *m(f)* ❷ (*Handelsvertreter*) représentant(e) *m(f)*

Vertretung <-, -en> *f* ❶ *kein Pl* (*das Vertreten*) remplacement *m* ❷ (*Stellvertreter*) remplaçant(e) *m(f)* ❸ (*Mission*) **diplomatische ~** représentation *f* diplomatique

Vertrieb <-[e]s> *m* COM ❶ (*das Vertreiben*) distribution *f* ❷ (*~sabteilung*) service commercial *m*

Vertriebene(r) *f(m) dekl wie adj* expatrié(e) *m(f)*

Vertriebsgesellschaft *f* société *f* de distribution **Vertriebsleitung** *f* direction *f* des ventes

vertrocknen* *vi + sein* sécher; (*Brot*) rassir; **vertrocknet** sec(sèche)

vertrösten* *vt* faire patienter

vertun* *irr* **I.** *vr fam* **sich ~** se gourer **II.** *vt* (*ungenutzt lassen*) laisser passer

vertuschen* *vt* dissimuler

verübeln* *vt* **jdm eine Bemerkung ~** en vouloir à qn d'une remarque

verüben* *vt* commettre

verunfallen* *vi + sein* CH avoir un accident

verunglücken* *vi + sein* **mit dem Auto ~** avoir un accident de voiture; **verunglückt** accidenté(e)

verunsichern* *vt* **jdn ~** (*Person*) inquiéter qn; (*Situation*) ébranler qn

verunstalten* [fɛɐˈʔʊnʃtaltən] *vt* défigurer

veruntreuen* *vt* détourner

verursachen* *vt* provoquer

Verursacher(in) <-s, -> *m(f)* responsable *mf*

verurteilen* *vt* ❶ JUR condamner ❷ (*bestimmen*) **zum Scheitern verurteilt sein** être voué à l'échec

Verurteilung <-, -en> *f* condamnation *f*

vervielfachen* *vr, vt* [**sich**] ~ [se] multiplier

vervollkommnen* [fɛɐˈfɔlkɔmnən] **I.** *vt* (*Methode*) perfectionner; (*Werk*) parfaire **II.** *vr* **sich ~** se perfectionner

vervollständigen* *vt* compléter

verwahren* **I.** *vt* garder **II.** *vr geh* **sich gegen etw ~** s'indigner contre qc

verwahrlosen* *vi + sein* (*Person*) tomber bien bas; (*Gebäude*) se délabrer

verwalten* *vt* ❶ ADMIN administrer ❷ AGR, FIN, INFORM gérer

Verwalter(in) <-s, -> *m(f)* FIN administrateur(-trice) *m(f)*

verwandeln* *vr, vt* [**sich**] ~ [se] transformer

Verwandlung *f* métamorphose *f*

verwandt[1] [fɛɐˈvant] *adj* ❶ **mit jdm ~ sein** être parent avec qn ❷ (*artverwandt*) de la même famille ❸ *fig* (*Sprachen*) apparenté(e)

verwandt[2] *PP von* **verwenden**

verwandte *Imp von* **verwenden**

Verwandte(r) *f(m) dekl wie adj* parent(e) *m(f)*

Verwandtschaft <-, -en> *f* (*die Verwandten*) **die** [**nähere**] **~** les [proches] parents *mpl;* **meine ~** ma famille

verwarnen* *vt* ❶ avertir ❷ (*gebührenpflichtig*) **jdn ~** mettre une contravention à qn

Verwarnung *f* ❶ *kein Pl* (*das Verwarnen*) avertissement *m* ❷ (*Strafmandat*) **gebührenpflichtige ~** contravention *f* payable sur place

verwaschen *adj* (*Farbe*) délavé(e)

verwässern* *vt* ❶ (*Wein*) couper ❷ (*abschwächen: Gesetz*) édulcorer

verwechseln* [fɛɐˈvɛksln] *vt* confondre

Verwechslung [-ˈvɛks-] <-, -en> *f* confusion *f*

verwegen [fɛɐˈveːgən] *adj* audacieux(-euse)

verwehren* *vt geh* **jdm etw ~** proscrire qc à qn

verweichlichen* **I.** *vi + sein* s'amollir; **verweichlicht** amolli(e) **II.** *vt + haben* **jdn ~** amollir qn

verweigern* *vt* refuser

Verweis [fɛɐˈvaɪs] <-es, -e> *m* blâme *m*

verweisen* *irr* **I.** *vt* ❶ renvoyer ❷ SPORT **jdn vom Platz ~** expulser qn du terrain **II.** *vi* **auf etw** (*akk*) **~** renvoyer à qc

verwelken* *vi + sein* se faner

verwenden <verwendete, verwendet> *vt*

utiliser; **wieder** ~ réutiliser

Verwendung <-, -en> *f* utilisation *f*, emploi *m*

verwerfen* *vt irr* rejeter

verwerflich *adj geh* blâmable

verwerten* *vt* (*Faserstoffe*) assimiler; (*Abfälle*) utiliser; **wieder** ~ recycler

verwesen* [fɛɐ'veːzən] *vi + sein* se décomposer

Verwesung <-> *f* décomposition *f*

verwickeln* **I.** *vt* **jdn in einen Skandal** ~ impliquer qn dans un scandale **II.** *vr* **sich in Widersprüche** ~ s'emmêler dans des contradictions

verwildern* *vi + sein* ❶ (*Park*) tomber en friche ❷ (*zum Wildtier werden*) redevenir sauvage ❸ (*Umgangsformen*) se dégrader

verwinkelt *adj* (*Gebäude*) tout(e) en coins et recoins; (*Gasse*) tortueux(-euse)

verwirklichen* **I.** *vt* (*Traum*) réaliser; (*Gedanken*) concrétiser **II.** *vr* **sich** ~ se réaliser

Verwirklichung <-, -en> *f* (*eines Traums*) réalisation *f*; (*einer Idee*) concrétisation *f*

verwirren* *vt* déconcerter

Verwirrung <-, -en> *f* désarroi *m*

verwischen* **I.** *vt* ❶ étaler ❷ (*Spur*) effacer **II.** *vr* **sich** ~ s'estomper

Verwitterung *f* érosion *m*

verwitwet *adj* veuf(veuve)

verwöhnen* [fɛɐ'vøːnən] **I.** *vt* gâter **II.** *vr* **sich** ~ s'accorder une petite gâterie

verwöhnt [fɛɐ'vøːnt] *adj* exigeant(e); (*Kind*) gâté(e)

verworren [fɛɐ'vɔrən] *adj* embrouillé(e)

verwundbar *adj* vulnérable

verwunden* *vt* blesser

verwunderlich *adj* **es ist ~, dass** il est surprenant que + *subj*

verwundern* **I.** *vt* étonner; **es verwundert mich, dass** je suis étonné(e) que + *subj* **II.** *vr* **sich über etw** (*akk*) ~ s'étonner de qc

Verwunderung <-> *f* étonnement *m*; **voller** ~ avec stupéfaction

verwünschen* *vt* ❶ (*verfluchen*) maudire ❷ (*verzaubern*) **jdn/etw** ~ jeter un sort à qn/ensorceler qc

verwüsten* *vt* **etw** ~ (*Armee*) ravager qc; (*Sturm*) dévaster qc

Verwüstung <-, -en> *f meist Pl* ravages *mpl*

verzählen* *vr* **sich** ~ se tromper en comptant

verzapfen* *vt fam* **Blödsinn** ~ débiter des bêtises

verzaubern* *vt* ❶ (*verhexen*) ensorceler ❷ (*bezaubern*) envoûter

Verzehr [fɛɐ'tseːɐ̯] <-[e]s> *m form* consommation *f*

verzeichnen* *vt* répertorier

Verzeichnis <-ses, -se> *nt* INFORM répertoire *m*

verzeigen* *vt* CH porter plainte contre

verzeihen [fɛɐ'tsaɪən] <verzieh, verziehen> *vt, vi* pardonner

verzeihlich *adj* pardonnable

verzerren* **I.** *vt* ❶ (*Mund*) tordre; **das Gesicht vor Wut** ~ grimacer de colère ❷ (*entstellen*) **jds Gesicht** ~ déformer le visage de qn ❸ (*Tatsachen*) déformer; (*Wettbewerb*) fausser; **etw verzerrt wiedergeben** donner une version déformée de qc **II.** *vr* **sich zu einer Grimasse** ~ se déformer en grimace

Verzicht <-[e]s, -e> *m* renoncement *m*

verzichten* *vi* **auf etw** (*akk*) ~ renoncer à qc

verzieh [fɛɐ'tsiː] *Imp von* **verzeihen**

verziehen*[1] [fɛɐ'tsiːən] *irr* **I.** *vt + haben* ❶ (*Mund*) tordre; **das Gesicht** ~ faire une grimace ❷ (*Kind*) élever mal **II.** *vi + sein* **sie sind ins Ausland verzogen** ils sont partis à l'étranger **III.** *vr + haben* **sich** ~ disparaître

verziehen[2] *PP von* **verzeihen**

verzieren* *vt* décorer

verzinsen* **I.** *vt* payer des intérêts sur **II.** *vr* **sich gut/schlecht** ~ rapporter des intérêts élevés/bas

verzögern* **I.** *vt* retarder **II.** *vr* **sich um eine Stunde** ~ être retardé d'une heure

Verzögerung <-, -en> *f* retard *m*

verzollen* *vt* dédouaner; **haben Sie etwas zu ~?** avez-vous quelque chose à déclarer?

Verzug <-[e]s> *m* retard *m*; **in ~ kommen** prendre du retard

verzweifeln* *vi + sein* désespérer

verzweifelt *adj* désespéré(e)

Verzweiflung <-> *f* désespoir *m*

verzweigen* *vr* **sich** ~ se ramifier

verzwickt [fɛɐ'tsvɪkt] *adj fam* inextricable

Veto ['veːto] <-s, -s> *nt* veto *m*

Vetter ['fɛtɐ] <-s, -n> *m* cousin *m*

vgl. *Abk von* **vergleiche** cf.

Viadukt [via-] <-[e]s, -e> *m o nt* viaduc *m*

vibrieren* [vi'bri:rən] *vi* vibrer
Video ['vi:deo] <-s, -s> *nt* ❶ (*~film*) [film *m*] vidéo *f;* (*~clip*) clip *m;* (*~kassette*) cassette *f* vidéo ❷ *kein Pl* (*Medium*) vidéo *f*
Videofilm *m* film *m* vidéo **Videokamera** *f* caméscope *m* **Videorecorder** <-s, -> *m* magnétoscope *m* **Videospiel** *nt* jeu *m* vidéo **Videotext** *m kein Pl* Télétex® *m* **Videothek** [video'te:k] <-, -en> *f* vidéoclub *m*
Vieh [fi:] <-[e]s> *nt* ❶ (*Rinder*) bétail *m* ❷ *fam* (*Tier*) bestiau *m*
Viehzucht *f* élevage *m*
viel [fi:l] **I.** <mehr, meiste> *pron indef* ❶ **~ Salz** beaucoup de sel; **so ~ Arbeit** tellement de travail; **so ~ Salz wie nötig** autant de sel que nécessaire; **zu ~ Arbeit** trop de travail ❷ *substantivisch* **~es** beaucoup de choses; **~es [von dem], was ...** beaucoup de ce qui/que ... **II.** *adj* ❶ **~e Leute** beaucoup de gens ❷ (*diese große Menge*) **die ~e Arbeit** tout ce travail **III.** <mehr, am meisten> *adv* beaucoup
vielbeschäftigt[ALT] *s.* **beschäftigt 1. vieldeutig I.** *adj* ambigu(ë) **II.** *adv* avec ambiguïté
vielerlei ['fi:lɐ'laɪ] *adj inv* **~ Sorten Käse** toutes sortes de fromages
vielfach I. *adj* ❶ **die ~e Menge** une quantité bien plus grande ❷ (*Hinsicht*) multiple **II.** *adv* (*häufig*) très souvent **Vielfalt** <-, -en> *f* diversité *f* **vielfältig** *adj* varié(e) **Vielfraß** <-es, -e> *m* ❶ *fam* (*Mensch*) morfal(e) *m(f)* ❷ ZOOL glouton *m*
vielleicht [fi'laɪçt] *adv* ❶ (*eventuell*) peut-être ❷ (*ungefähr*) à peu près ❸ *fam* (*etwa*) par hasard ❹ *fam* (*wirklich*) **das ist ~ schwierig!** que c'est difficile!
vielmals *adv geh* de nombreuses fois
vielmehr [fi:l'me:ɐ̯] **I.** *adv* ❶ (*im Gegenteil*) au contraire ❷ (*genauer gesagt*) plutôt **II.** *konj* mais
vielsagend[ALT] *s.* **sagen I.4.**
vielseitig I. *adj* ❶ (*Person*) polyvalent(e) ❷ (*Interessen*) varié(e) ❸ (*Gerät*) à fonctions multiples **II.** *adv* ❶ **~ interessiert sein** avoir des intérêts variés ❷ (*für unterschiedliche Zwecke*) **~ verwendbar sein** servir à de multiples usages
vielversprechend I. *adj* prometteur(-euse); (*Nachricht*) encourageant(e) **II.** *adv* **sich ~ anhören** paraître prometteur(-euse) **Vielzahl** *f kein Pl* multitude *f*
vier [fi:ɐ] *num* quatre; *s. a.* **acht**[1] ►**auf allen ~en** *fam* à quatre pattes
Vier <-, -en> *f* quatre *m;* (*Schulnote*) ≈ dix *m* sur vingt
Vieraugengespräch [fi:ɐ'aʊgəngəʃprɛ:ç] *nt* tête-à-tête *m* **vierbeinig** *adj* (*Tisch*) à quatre pieds; (*Tier*) quadrupède **Viereck** *nt* quadrilatère *m* **viereckig** *adj* rectangulaire **viereinhalb** *num* **~ Kilometer** quatre kilomètres et demi; *s. a.* **achteinhalb**
viererlei *adj inv* **~ Sorten Käse** quatre sortes de fromages; *s. a.* **achterlei**
vierfach I. *adj* **das ~e Gewicht** quatre fois le poids **II.** *adv* (*falten*) par quatre; *s. a.* **achtfach vierhändig** *adj, adv* MUS à quatre mains **vierhundert** ['fi:ɐ'hʊndɐt] *num* quatre cents **Vierkantschlüssel** *m* clé *f* à quatre pans **viermal** *adv* quatre fois; *s. a.* **achtmal Vierradantrieb** *m* quatre roues *fpl* motrices **vierspurig** *adj, adv* à quatre voies **vierstimmig** *adj, adv* à quatre voix
viert *adv* **zu ~ sein** être quatre; *s. a.* **acht**[2]
viertausend ['fi:ɐ'taʊzənt] *num* quatre mille
vierte(r, s) *adj* ❶ quatrième ❷ (*bei Datumsangaben*) **der ~ Mai** le quatre mai
viertel ['fɪrtl] *num* **ein/drei ~ Liter** un quart/trois quarts de litre; *s. a.* **achtel**
Viertel ['fɪrtl] <-s, -> *nt* ❶ *a.* MATH quart *m;* **ein ~ Wein** un quart de vin ❷ (*15 Minuten*) **es ist ~ vor elf** il est onze heures moins le quart ❸ (*Stadtbezirk*) quartier *m*
Viertelfinale *nt* quart *m* de finale **Vierteljahr** *nt* trimestre *m* **vierteljährlich** *adj* trimestriel(le)
vierteln ['fɪrtln] *vt* couper en quatre
Viertelnote *f* noire *f* **Viertelpause** *f* soupir *m* **Viertelstunde** *f* quart *m* d'heure
viertens *adv* quatrièmement
Viervierteltakt *m* mesure *f* à quatre temps
Vierwaldstätter See [fɪ:ɐ'valtʃtɛtɐ 'ze:] *m* **der ~** le lac des Quatre-Cantons
vierzehn ['fɪ:ɐtse:n] *num* quatorze; **~ Tage dauern** durer quinze jours; *s. a.* **acht**[1]
vierzehntägig ['fɪ:ɐtse:ntɛ:gɪç] *adj* de quinze jours
Vierzeiler <-s, -> *m* quatrain *m*
vierzig ['fɪrtsɪç] *num* quarante; *s. a.* **achtzig**
Vierzig ['fɪrtsɪç] <-, -en> *f* ❶ (*Zahl*) quarante *m* ❷ (*Alter*) quarantaine *f;* **auf die ~ zugehen** aller sur ses quarante ans
vierziger ['fɪrtsɪgɐ] *adj inv* **die ~ Jahre** les années *fpl* quarante; *s. a.* **achtziger**

Vierzigerjahre ['fɪrtsɪgɐ-] *Pl* **die ~** les années *fpl* quarante

vierzigste(r, s) ['fɪrtsɪgstə] *adj* quarantième; *s. a.* **achtzigste(r, s)**

Vierzigstundenwoche [fɪrtsɪç-] *f* semaine *f* de quarante heures

Vierzimmerwohnung ['fiːɐ'tsɪmɐvoːnʊŋ] *f* quatre-pièces *m*

Vietnam [viɛt'nam] <-s> *nt* le Viêt-nam

Vietnamese [viɛtna'meːzə] <-n, -n> *m*, **Vietnamesin** *f* Vietnamien(ne) *m(f)*

vietnamesisch [viɛtna'meːzɪʃ] **I.** *adj* vietnamien(ne) **II.** *adv* **~ miteinander sprechen** discuter en vietnamien

Vietnamesisch [viɛtna'meːzɪʃ] <-[s]> *nt kein art* vietnamien *m; s. a.* **Deutsch**

Vikar(in) [vi-] <-s, -e> *m(f)* vicaire *m*

Villa ['vɪla] <-, Villen> *f* villa *f*

violett [vio'lɛt] *adj* violet(te)

Violine [vio'liːnə] <-, -n> *f* violon *m*

Violinkonzert [vio-] *nt* concert *m* pour violon[s] **Violinschlüssel** *m* clé *f* de sol

VIP [viːʔai'piː, vɪp] <-, -s> *m Abk von* **very important person** V.I.P. *mf (fam)*

Viper ['viːpɐ] <-, -n> *f* vipère *f*

Viren ['viːrən] *Pl von* **Virus**

Virensuchprogramm *nt* [programme *m*] antivirus *m*

virtuell [vɪrtu'ɛl] *adj* virtuel(le)

virtuos [vɪrtu'oːs] **I.** *adj geh (Musiker)* virtuose; *(Leistung, Spiel)* brillant(e) **II.** *adv geh* avec virtuosité

Virtuose [vɪrtu'oːzə] <-n, -n> *m*, **Virtuosin** *f* virtuose *mf*

Virus ['viːrʊs] <-, Viren> *nt o m* virus *m*

Virusinfektion *f* infection *f* virale

Visa ['viːza], **Visen** ['viːzen] *Pl von* **Visum**

Visage [vi'zaːʒə] <-, -n> *f pej fam* tronche *f*

Visier [vi'ziːɐ] <-s, -e> *nt (einer Schusswaffe)* viseur *m; (eines Helms)* visière *f*

Vision [vi'zioːn] <-, -en> *f geh* vision *f*

Visite [vi'ziːtə] <-, -n> *f a.* MED visite *f*

Visitenkarte [vi-] *f* carte *f* de visite

visuell [vi'zuɛl] *adj geh* visuel(le)

Visum ['viːzʊm] <-s, Visa> *nt* visa *m*

vital [vi'taːl] *adj geh* ❶ *(Person)* plein(e) de vitalité ❷ *(Bedeutung)* vital(e)

Vitamin [vita'miːn] <-s, -e> *nt* vitamine *f*

Vitaminmangel *m* carence *f* en vitamines

Vitrine [vi'triːnə] <-, -n> *f* vitrine *f*

Vizepräsident(in) *m(f)* vice-président(e) *m(f)*

Vogel ['foːgəl, *Pl:* 'føːgəl] <-s, Vögel> *m* oiseau *m*

Vogelfutter *nt* graines *fpl* pour les oiseaux **Vogelkäfig** *m* cage *f* **Vogelnest** *nt* nid *m* d'oiseau **Vogelperspektive** *f* perspective *f* à vol d'oiseau; **aus der ~** à vue d'oiseau; PHOT en plongée **Vogelscheuche** <-, -n> *f a. fig* épouvantail *m*

Vogerlsalat *m* A mâche *f*

Vogesen [vo'geːzən] <-> *Pl* **die ~** les Vosges *fpl*

Vokabel [vo'kaːbəl] <-, -n> *f* ❶ mot *m* de vocabulaire ❷ *geh (Begriff)* terme[-clé] *m*

Vokabular [vo-] <-s, -e> *nt geh (Wortschatz)* vocabulaire *m*

Vokal [vo'kaːl] <-s, -e> *m* voyelle *f*

Volk [fɔlk, *Pl:* 'fœlkɐ] <-[e]s, Völker> *nt* ❶ *(Nation)* peuple *m* ❷ *kein Pl (die Menschen)* **das ~** le peuple ▸**sich unters ~ mischen** *fam* prendre un bain de foule

Völkermord *m* génocide *m* **Völkerrecht** *nt kein Pl* droit *m* international public **Völkerwanderung** *f* **die ~** les grandes invasions *fpl*

Volksabstimmung *f* référendum *m* **Volksbegehren** *nt* initiative *f* populaire **Volksfest** *nt* fête *f* populaire

La **Volksfest** est une fête traditionnelle qui a lieu en plein air et souvent durant plusieurs jours. Elle propose différentes attractions comme une grande roue, des montagnes russes et des tentes sous lesquelles on peut boire de la bière. L'une des plus célèbres **Volksfeste** est la *Münchner Oktoberfest* c'est-à-dire la "Fête de la bière" à Munich.

Volkshochschule *f* université *f* populaire

La **Volkshochschule** est un centre public de formation continue en Allemagne. Les cours sont ouverts, indépendamment du statut social, à toutes les classes d'âge de la population. Les cours sont reconnus comme cours de formation professionnelle continue.

Volksinitiative CH *s.* **Volksbegehren** **Volkslied** *nt* chanson *f* populaire **Volksmehr** <-s> *nt* CH majorité *f* confédérale **Volksmund** *m* langage *m* populaire **Volksmusik** *f* musique *f* folklorique **Volksrepublik** *f* république *f* populaire **Volksschule** *f*

A (*Grundschule*) ≈ école *f* primaire **Volkstanz** *m* danse *f* folklorique
volkstümlich ['fɔlksty:mlɪç] *adj* traditionnel(le); (*Fest*) populaire
Volksvertretung *f* représentation *f* nationale **Volkswirt(in)** *m(f)* économiste *mf* **Volkswirtschaft** *f* (*Nationalökonomie*) économie *f* [nationale] **Volkszählung** *f* recensement *m*
voll [fɔl] **I.** *adj* ❶ plein(e); ~ **werden** se remplir ❷ (*bedeckt*) ~[**er**] **Schnee sein** être recouvert de neige ❸ (*Jahr, Monat*) entier (-ière) ❹ (*vollständig*) **die ~e Summe** la totalité de la somme ❺ (*Gewissheit*) total(e) ❻ *fam* (*satt*) ~ **sein** être gavé ❼ *fam* (*betrunken*) ~ **sein** être plein **II.** *adv* ❶ (*ausnutzen*) pleinement; (*sperren*) totalement ❷ (*treffen*) très violemment ❸ *fam* (*gut*) vachement; ~ **doof sein** être complètement nul
volladenALT *s.* **laden 1.**
Vollbart *m* barbe *f*
Vollbeschäftigung *f kein Pl* plein emploi *m*
Vollblüter <-s, -> *m* pur-sang *m*
Vollbremsung *f* freinage *m* brusque
vollbringen* [fɔl'brɪŋən] *vt irr geh* accomplir
vollenden* [fɔl'ʔɛndən] *vt geh* achever
vollendet [fɔl'ʔɛndət] *adj* ❶ (*Kunstwerk*) parfait(e) ❷ (*Gastgeber*) accompli(e)
vollends ['fɔlɛnts] *adv* complètement
voller *adj mit gen* **eine Schachtel ~ Kekse** une boîte pleine de petits gâteaux
Volleyball ['vɔlibal] *m kein Pl* volley[-ball] *m*
Vollgas *nt* ~ **geben** accélérer à fond
völlig ['fœlɪç] **I.** *adj* total(e) **II.** *adv* parfaitement
volljährig *adj* majeur(e); ~ **werden** atteindre sa majorité
Volljährigkeit <-> *f* majorité *f*
vollkommen ['fɔlkɔmən] **I.** *adj* ❶ parfait(e) ❷ (*Übereinstimmung*) total(e); (*Katastrophe*) complet(-ète) **II.** *adv* (*unmöglich*) complètement
Vollkornbrot *nt* pain *m* complet
voll|machenALT *s.* **machen I.1., I.17.**
Vollmacht <-, -en> *f* procuration *f*
Vollmilch *f* lait *m* entier
Vollmilchschokolade *f* chocolat *m* au lait
Vollmond *m kein Pl* pleine lune *f*
Vollpension *f* pension *f* complète
voll|saugen *s.* **saugen III.**
vollschlank *adj* rondelet(te)
voll|schreibenALT *s.* **schreiben I.2.**
vollständig **I.** *adj* complet(-ète) **II.** *adv* (*besiegen*) à plate couture
Vollständigkeit <-> *f* intégrité *f*; (*von Angaben*) caractère *m* complet
voll|stopfen *s.* **stopfen I.1.**
vollstrecken* [fɔl'ʃtrɛkən] *vt* exécuter
voll|tanken *vt, vi s.* **tanken II.1.**
Volltreffer *m* ❶ (*Treffer*) coup *m* dans le mille ❷ *fam* (*Erfolg*) coup *m* de maître
Vollversammlung *f* assemblée *f* générale
vollwertig *adj* ❶ (*Ernährung*) complet(-ète) ❷ (*Ersatz*) **kein ~er Ersatz für jdn sein** ne pas remplacer totalement qn
vollzählig **I.** *adj* complet(-ète) **II.** *adv* ~ **erschienen sein** être apparus au complet; ~ **anwesend sein** être tous présents/toutes présentes
vollziehen* [fɔl'tsi:ən] *irr* **I.** *vt geh* (*Befehl*) exécuter; (*Ehe*) consommer **II.** *vr geh* **sich** ~ s'accomplir
Vollzug *m kein Pl form* ❶ (*eines Befehls*) exécution *f* ❷ (*Strafvollzug*) détention *f*; **offener** ~ régime *m* de semi-liberté
Volontär(in) [volɔn'tɛ:ɐ] <-s, -e> *m(f)* stagiaire *mf*
Volontariat [vo-] <-[e]s, -e> *nt* ❶ (*Ausbildungszeit bei einer Zeitung*) stage *m* de journalisme ❷ (*Stelle*) stage *m*
Volt [vɔlt] <-[e]s, -> *nt* volt *m*
Volumen [vo'lu:mən] <-s, -> *nt* volume *m*
vom [fɔm] = **von dem** *s.* **von**
von [fɔn] *präp + dat* ❶ (*räumlich*) ~ **der Leiter steigen** descendre de l'échelle; **das Glas vom Tisch nehmen** prendre le verre sur la table; **links ~ ihm** à gauche de lui; ~ **Paris nach Brüssel** de Paris à Bruxelles ❷ (*zeitlich*) **die Zeitung ~ gestern** le journal d'hier; ~ **morgen an** à partir de demain ❸ (*Urheberschaft*) **ein Brief ~ den Eltern** une lettre des parents ❹ (*über, wegen*) ~ **etw erzählen/träumen** raconter qc/rêver de qc ❺ (*zur Angabe der handelnden Person*) par; ~ **allen abgelehnt werden** être refusé de tous ❻ (*in Bezug auf*) ~ **Beruf ist sie Ärztin** elle est médecin de profession ❼ (*als Adelsprädikat*) **der Prinz ~ Wales** le Prince de Galles ►**etw ~ sich aus tun** faire qc de son plein gré; ~ **wegen!** *fam* des clous!
voneinander [fɔnʔaɪ'nandɐ] *adv* ~ **lernen** (*zwei Personen*) apprendre l'un(e) de l'autre; (*mehrere Personen*) apprendre les

un(e)s des autres

vor [foːɐ] **I.** *präp + dat* ❶ (*räumlich*) **~ mir/dem Haus** devant moi/la maison ❷ (*zeitlich*) **~ einer Woche** il y a une semaine; **das war schon ~ Jahren** ça remonte à loin ❸ (*in Bezug auf eine Reihenfolge*) **~ dem Urlaub** avant les vacances ❹ (*bedingt durch*) **~ Angst zittern** trembler de peur **II.** *präp + akk* **~ das Haus gehen** aller devant la maison ▶**~ sich hin gehen** marcher tranquillement **III.** *adv* **~ und zurück** d'avant en arrière

vorab [foːɐˈʔap] *adv* au préalable

Vorabend *m* veille *f*

Vorahnung *f* pressentiment *m*

voran [foˈran] *adv* ❶ (*vorwärts*) en avant ❷ (*vorn befindlich*) en tête

voran|gehen *irr* **I.** *vi + sein* ❶ **jdm ~** précéder qn ❷ (*Arbeit*) avancer **II.** *vi unpers + sein* **es geht voran** ça avance

voran|kommen *vi irr + sein* ❶ (*vorwärts kommen*) progresser ❷ (*Fortschritte machen*) avancer

Vorarbeiter(in) *m(f)* contremaître(-esse) *m(f)*

Vorarlberg [ˈfoːɐʔarlbɛrk] <-s> le Vorarlberg

voraus [foˈraʊs, *aber:* ɪm ˈfoːraʊs] *adv* devant ▶**jdm ~ sein** avoir de l'avance sur qn; **im Voraus** (*bezahlen*) d'avance; (*wissen*) à l'avance

voraus|sagen *vt* prédire

vorausschauend **I.** *adj* prévoyant(e) **II.** *adv* en anticipant

voraus|sehen *vt irr* prévoir; **nicht vorauszusehen sein** être imprévisible

voraus|setzen *vt* ❶ **etw als selbstverständlich ~** considérer qc comme une évidence; **vorausgesetzt, dass** à supposer que *+ subj* ❷ (*erfordern*) **Geduld ~** supposer de la patience

Voraussetzung <-, -en> *f* ❶ (*Vorbedingung*) condition *f* préalable; **unter der ~, dass** à condition que *+ subj* ❷ (*Prämisse*) hypothèse *f*

voraussichtlich **I.** *adj* prévu(e) **II.** *adv* probablement

Vorbau <-bauten> *m* avancée *f*

Vorbehalt [ˈfoːɐbəhalt] <-[e]s, -e> *m* réserve *f*; **unter ~** sous réserve

vorbei [foːɐˈbaɪ] *adv* ❶ (*räumlich*) **an jdm/etw ~** à côté de qn/le long de qc ❷ (*zeitlich*) **~ sein** être fini

vorbei|fahren *irr vi + sein* ❶ (*vorüberfahren*) passer; **im Vorbeifahren** en passant [devant] ❷ (*aufsuchen*) **bei jdm ~** passer chez qn

vorbei|gehen *vi irr + sein* ❶ (*vorübergehen*) **an jdm/etw ~** passer devant qn/qc ❷ *fam* (*aufsuchen*) **bei jdm ~** passer chez qn

vorbei|kommen *vi irr + sein* ❶ *fam* (*kurz besuchen*) passer ❷ (*vorbeigehen können*) **kommst du hier vorbei?** tu peux passer?

vorbei|lassen *vt irr* laisser passer

vorbei|marschieren *vi + sein* MIL défiler

vorbei|reden *vi* **aneinander ~** avoir un dialogue de sourds

vorbei|ziehen *vi irr + sein* ❶ (*vorüberziehen*) défiler ❷ (*überholen*) **an jdm ~** (*Fahrzeug*) doubler qn

vorbelastet *adj* **~ sein** être désavantagé

vor|bereiten* *vr, vt* **[sich] ~** [se] préparer

Vorbereitung <-, -en> *f* préparation *f*

vor|bestellen* *vt* réserver

Vorbestellung *f* réservation *f*

vorbestraft *adj* ayant des antécédents judiciaires

vor|beugen **I.** *vi* ❶ MED prévenir le mal ❷ (*unterbinden*) **einer S.** (*dat*) **~** prévenir qc **II.** *vt* **sich ~** se pencher en avant

vorbeugend *adj* préventif(-ive)

Vorbild *nt* modèle *m*

vorbildlich *adj* modèle; (*Verhalten*) exemplaire

vor|bringen *vt irr* (*Fakten*) présenter; (*Frage*) formuler

vordere(r, s) [ˈfɔrdərə, -rɐ, -rəs] *adj* de devant; **der ~ Teil** la partie avant

Vordergrund *m* **im ~** au premier plan ▶**im ~ stehen** occuper le devant de la scène

Vordermann <-männer> *m* **mein ~** mon voisin de devant **Vorderpfote** *f* patte avant *f* **Vorderrad** *nt* roue *f* avant **Vordersitz** *m* siège *m* avant

vorderste(r, s) *adj Superl von* **vordere(r, s)** le plus avancé/la plus avancée; **der ~ Platz** la toute première place

Vorderteil *m o nt* devant *m*

vor|drängen *vr* **sich ~** ❶ passer devant ❷ *fig* se mettre en avant

vor|dringen *vi irr + sein* ❶ gagner du terrain ❷ (*gelangen*) **bis zu jdm ~** arriver jusqu'à qn

voreilig *adj* (*Entschluss, Urteil*) hâtif(-ive), précipité(e)

V

voreinander [foːɐʔaɪ'nandɐ] *adv* ~ **Angst haben** (*zwei Personen*) avoir peur l'un/l'une de l'autre; (*zwei Gruppen*) avoir peur les uns/les unes des autres
Vorentscheidung *f* ❶ décision *f* préliminaire ❷ SPORT **die ~ war gefallen** la partie était jouée d'avance
vorerst ['foːɐʔeːɐst] *adv* dans un premier temps
Vorfahr(in) <-en, -en> *m(f)* ancêtre *mf*
vor|fahren *irr* **I.** *vi + sein* ❶ se présenter; **mit einem Taxi ~** arriver en taxi ❷ (*weiterfahren*) **etwas ~** avancer un peu **II.** *vt + haben* avancer
Vorfahrt *f* priorité *f*
Vorfahrtsstraße *f* route *f* prioritaire
vor|finden *vt irr* trouver
Vorfreude *f* **seine ~ auf die Party** sa joie à la perspective de la fête
vor|führen *vt* ❶ (*Film*) projeter; (*Modell*) présenter ❷ (*Häftling*) amener
Vorführung *f* (*eines Films*) projection *f;* (*von Kleidern*) présentation *f*
Vorgänger(in) ['foːɐgɛŋɐ] <-s, -> *m(f)* prédécesseur *m*
vor|geben *vt irr* ❶ (*vorschützen*) prétexter ❷ *fam* (*nach vorn geben*) **etw ~** faire passer qc [devant]
vorgefasst[RR], **vorgefaßt**[ALT] *adj* **eine ~e Meinung** une opinion toute faite
vor|gehen *vi irr + sein* ❶ (*vorausgehen*) partir devant ❷ (*zu schnell gehen*) **fünf Minuten ~** avancer de cinq minutes ❸ (*Priorität haben*) passer avant ❹ (*vorrücken*) **gegen jdn/etw ~** (*Polizei*) avancer sur qn/qc
Vorgehen *nt* ❶ (*Einschreiten*) intervention *f* ❷ (*Verfahrensweise*) manière d'agir *f*
Vorgeschichte *f* ❶ antécédents *mpl* ❷ *kein Pl* (*Prähistorie*) préhistoire *f*
vorgeschichtlich *adj* préhistorique
Vorgeschmack *m* ▸**einen kleinen ~ von etw bekommen** avoir un petit avant-goût de qc
Vorgesetzte(r) *f(m) dekl wie adj* supérieur(e) *m(f)* [hiérarchique]
vorgestern *adv* avant-hier; **~ Abend** avant-hier soir; **~ Nacht** dans la nuit d'avant-hier
vor|greifen *vi irr* **jdm ~** devancer qn; **dem Ergebnis ~** anticiper sur le résultat
vor|haben *vt irr* **~ zu verreisen** avoir l'intention de partir en voyage; **ich habe morgen Abend schon etwas vor** j'ai déjà prévu quelque chose pour demain soir
Vorhaben <-s, -> *nt* projet *m*
vorhanden [foːɐ'handən] *adj* ❶ (*verfügbar*) disponible ❷ (*existierend*) existant(e)
Vorhang <-s, Vorhänge> *m* rideau *m*
Vorhängeschloss[RR] *nt* cadenas *m*
vorher ['foːɐheːɐ] *adv* auparavant; **kurz ~** peu de temps avant
vorher|bestimmen* *vt* **etw ~** déterminer qc à l'avance
vorhergehend *adj* précédent(e)
vor|herrschen *vi* (*Meinung*) prévaloir; (*Steppe*) être prédominant
vorherrschend **I.** *adj* dominant(e) **II.** *adv* **morgen ~ Regen** demain prédominance des pluies
Vorhersage *f* ❶ METEO prévisions *fpl* [météo] ❷ (*Voraussage*) prédiction *f*
vorher|sehen *vt irr* prévoir
vorhin [foːɐ'hɪn] *adv* à l'instant; **Stefan hat ~ angerufen** Stefan vient d'appeler
Vorhof *m* ❶ ARCHIT avant-cour *f* ❷ ANAT (*des Herzens*) oreillette *f*
vorig *adj attr* ❶ (*Jahr*) dernier(-ière); (*Mal*) dernier(-ière) *antéposé* ❷ (*Wohnsitz*) précédent(e)
Vorjahr *nt* année *f* dernière
Vorkehrung <-, -en> *f* mesure *f* [préventive]
Vorkenntnis *f meist Pl* connaissance *f* préalable
vor|kommen *irr* **I.** *vi + sein* ❶ (*Fehler*) se produire; (*Zwischenfall*) arriver; **es kommt vor, dass** il arrive que + *subj* ❷ (*anzutreffen sein*) **diese Pflanze kommt nur in Asien vor** on ne trouve cette plante qu'en Asie ❸ (*erscheinen*) **das kommt mir komisch vor** cela me semble bizarre ❹ (*nach vorn kommen*) venir devant **II.** *vr* **sich** (*dat*) **dumm ~** se sentir bête
Vorkommen <-s, -> *nt* ❶ *meist Pl* MIN, MINER gisement *m* ❷ (*das Auftreten: von Erregern*) apparition *f*
Vorkommnis <-ses, -se> *nt* événement *m;* (*unangenehm*) incident *m*
Vorkriegszeit *f* avant-guerre *m o f;* **in der ~** avant la guerre
vor|laden *vt irr* citer
Vorladung *f kein Pl* (*das Vorladen*) citation *f*
Vorlage *f* ❶ (*Zeichenvorlage*) modèle *m* ❷ *kein Pl* (*das Vorlegen*) présentation *f* ❸ (*Gesetzesvorlage*) projet *m* de loi
vor|lassen *vt irr* ❶ *fam* (*Vortritt lassen*) **jdn**

~ laisser passer qn devant ❷ (*Zutritt gewähren*) laisser passer

Vorläufer(in) *m(f)* précurseur *m*

vorläufig I. *adj* provisoire II. *adv* (*ausreichen*) pour l'instant

vorlaut *adj* impertinent(e)

vor|legen *vt* ❶ (*Beweis*) produire; **jdm etw ~** présenter qc à qn ❷ (*Kette*) mettre

vor|lesen *irr* I. *vt* lire II. *vi* lire à haute voix; **jdm aus einem Buch ~** lire tout haut un livre à qn

Vorlesung *f* UNIV cours *m*

vorletzte(r, s) *adj* avant-dernier(-ière)

Vorliebe *f* prédilection *f;* **eine ~ haben** avoir une préférence

vor|liegen *vi irr* **es liegt eine Beschwerde gegen Sie vor** une plainte a été déposée contre vous; **sobald uns Ihre Bewerbung vorliegt, ...** dès que votre candidature nous sera parvenue, ...

vor|machen *vt* montrer; **jdm etwas ~** jouer la comédie à qn; **sich** (*dat*) **etwas ~** se faire des idées

Vormarsch *m* avance *f*

vormittagALT *s.* **Vormittag**

Vormittag *m* matinée *f;* **am ~** dans la matinée; **heute/Samstag ~** ce/samedi matin

vormittags *adv* le matin

Vormund <-[e]s, -e *o* Vormünder> *m* (*eines Minderjährigen*) tuteur *m;* (*eines Entmündigten*) curateur *m*

Vormundschaft <-, -en> *f* tutelle *f*

vorn [fɔrn] *adv* ❶ (*im vorderen Bereich*) devant; **~ im Bus** à l'avant du bus; **nach ~ gehen** s'avancer ❷ (*auf der Vorderseite*) devant; **etw von ~ betrachten** regarder qc de face ❸ (*zu Beginn*) **~ im Buch** au début du livre ❹ (*an der Vorderfront*) devant

Vorname *m* prénom *m*

vorne *s.* **vorn**

vornehm ['foːɐneːm] *adj* ❶ distingué(e) ❷ (*Gegend*) chic; (*Limousine*) élégant(e) ❸ (*Familie*) aristocratique

vor|nehmen *vt irr* ❶ **sich** (*dat*) **~ etw zu tun** prévoir de faire qc ❷ *fam* (*zur Rede stellen*) **sich** (*dat*) **jdn ~** faire sa fête à qn (*iron*) ❸ (*Überprüfung*) effectuer

Vorort *m* faubourg *m;* **die ~e** la banlieue

vorrangig I. *adj* prioritaire II. *adv* en priorité

Vorrat <-[e]s, Vorräte> *m* réserves *fpl meist Pl* (*Lebensmittel*) provisions *fpl;* **solange der ~ reicht** jusqu'à épuisement des stocks

vorrätig *adj* en stock

vor|rechnen *vt* faire le compte

Vorrichtung <-, -en> *f* dispositif *m*

vor|rücken I. *vi + sein* ❶ avancer ❷ MIL progresser ❸ SPORT remonter au classement II. *vt + haben* (*Stuhl*) avancer

vor|sagen *vt, vi* souffler

Vorsaison *f* avant-saison *f*

Vorsatz <-es, Vorsätze> *m* ❶ (*Absicht*) résolution *f* ❷ TYP (*eines Buchs*) gardes *fpl*

vorsätzlich ['foːɐzɛtslɪç] *adj* intentionnel(le); (*Körperverletzung*) volontaire

Vorschein *m* ▸**etw zum ~ bringen** faire apparaître qc; (*Hass*) se manifester

vor|schieben *vt irr* ❶ (*nach vorn schieben*) avancer ❷ (*Riegel*) pousser ❸ (*Verhinderung*) prétexter

Vorschlag *m* proposition *f*

vor|schlagen *vt irr* **jdm ~ etw zu tun** proposer à qn de faire qc

vor|schreiben *vt irr* ❶ (*niederschreiben*) **etw ~** écrire qc en modèle ❷ (*befehlen*) prescrire

Vorschrift *f* consigne *f;* **das ist ~** c'est le règlement; **nach ~** conformément au règlement

vorschriftsmäßig I. *adj* réglementaire II. *adv* réglementairement

Vorschulalter *nt* âge *m* préscolaire (*avant six ans*)

VorschussRR *m* avance *f*

vor|sehen *irr* I. *vr* **sich vor jdm/etw ~** prendre garde à qn/qc; **sich ~, dass** prendre garde que + *subj* II. *vt* prévoir; **für etw vorgesehen sein** être destiné à qc; **es ist vorgesehen, dass/etw zu tun** il est prévu que + *subj*/de faire qc

vor|setzen I. *vt* ❶ (*anbieten*) servir ❷ (*nach vorn setzen*) **jdn ~** faire asseoir qn devant II. *vr* **sich ~** aller s'asseoir devant

Vorsicht <-> *f* prudence *f;* **~!** attention!

vorsichtig I. *adj* prudent(e) II. *adv* ❶ (*vorgehen*) prudemment; (*transportieren*) avec précaution ❷ (*schätzen*) raisonnablement

vorsichtshalber *adv* par [mesure de] précaution **Vorsichtsmaßnahme** *f* [mesure *f* de] précaution *f*

Vorsilbe *f* préfixe *m*

vor|singen *irr* I. *vt* **jdm etw ~** chanter qc à qn II. *vi* **jdm ~** auditionner devant qn

Vorsitz *m* présidence *f;* **den ~ bei etw haben** présider qc

V

Vorsitzende(r) *f(m) dekl wie adj* président(e) *m(f)*

Vorsorge *f* ❶ prévoyance *f* ❷ (*Altersversicherung*) **private ~** assurance *f* vieillesse complémentaire

vor|sorgen *vi* prendre des précautions; **fürs Alter ~** préparer sa retraite

Vorsorgeuntersuchung *f* examen *m* de dépistage

vorsorglich **I.** *adj* préventif(-ive) **II.** *adv* à titre préventif

Vorspann <-[e]s, -e> *m* générique *m* [de début]

Vorspeise *f* (*erster Gang*) hors-d'œuvre *m;* (*Eingangsgericht*) entrée *f*

vor|spielen **I.** *vt* MUS **jdm etw ~** jouer qc à qn **II.** *vi* **jdm ~** auditionner devant qn

vor|sprechen *irr* **I.** *vt* **[jdm] etw ~** montrer [à qn] comment on prononce qc **II.** *vi* THEAT **jdm ~** auditionner devant qn

Vorsprung *m* ❶ avance *f* ❷ ARCHIT saillie *f*

Vorstand *m* ❶ comité *m* directeur, conseil *m* d'administration ❷ (*~smitglied*) membre *m* du comité directeur

vorstellbar *adj* concevable; **kaum ~ sein** être à peine imaginable

vor|stellen **I.** *vr* ❶ (*sich bekannt machen*) **sich jdm ~** se présenter à qn ❷ (*vergegenwärtigen*) **sich** (*dat*) **etw ~** [s']imaginer qc; **darunter kann ich mir nichts ~** ça ne me dit rien **II.** *vt* ❶ présenter ❷ (*Uhr*) avancer

Vorstellung *f* ❶ *kein Pl* **die ~ der neuen Kollegin übernehmen** se charger de présenter la nouvelle collègue ❷ (*gedankliches Bild*) idée *f* ❸ (*Theateraufführung*) représentation *f* ❹ (*eines Produkts*) présentation *f*

Vorstellungsgespräch *nt* entretien *m* [d'embauche]

vor|strecken *vt* ❶ (*leihen*) **etwas Geld ~** avancer un peu d'argent ❷ (*Hand*) tendre; (*Kopf*) avancer

Vorstufe *f* stade *m* préliminaire

Vortag *m* **die Zeitung vom ~** le journal de la veille

vor|täuschen *vt* simuler; **Interesse ~** faire semblant d'être intéressé

Vorteil <-s, -e> *m* ❶ (*Vorzug*) avantage *m* ❷ (*Nutzen*) intérêt *m* ▸**jdm gegenüber im ~ sein** être avantagé par rapport à qn

vorteilhaft **I.** *adj* (*günstig*) avantageux(-euse) **II.** *adv* (*erwerben, kaufen*) à des conditions avantageuses

Vortrag ['foːɐtraːk, *Pl:* 'foːɐtrɛːgə] <-[e]s, Vorträge> *m* (*längeres Referat*) conférence *f;* (*auf einem Kongress*) communication *f*

vor|tragen *vt irr* ❶ réciter, interpréter ❷ (*Bitte*) exposer

vor|treten *vi irr + sein* ❶ [s']avancer ❷ *fam* (*Augen*) ressortir; (*Ader*) saillir

Vortritt *m kein Pl* CH *s.* **Vorfahrt**

vorüber [fo'ryːbə] *adv* ❶ (*räumlich*) **der Läufer ist schon ~** le coureur est déjà passé; **wir sind an dem Geschäft schon ~** nous avons déjà dépassé le magasin ❷ (*zeitlich*) **~ sein** (*Veranstaltung*) être terminé

vorüber|gehen *vi irr + sein* ❶ (*vorbeigehen*) **an jdm/etw ~** passer devant qn/qc; **im Vorübergehen** en passant ❷ (*ein Ende finden: Kummer*) [se] passer

vorübergehend **I.** *adj* (*Erscheinung*) passager(-ère), temporaire; (*Abwesenheit*) momentané(e) **II.** *adv* (*abwesend*) momentanément; (*sich bessern*) provisoirement

Vorurteil *nt* préjugé *m*

Vorverkauf *m* location *f*

vor|verlegen* *vt* (*Termin*) avancer

Vorwahl *f* ❶ POL [élection *f*] primaire *f* ❷ (*~nummer*) indicatif *m*

Vorwand ['foːɐvant, *Pl:* 'foːɐvɛndə] <-[e]s, Vorwände> *m* prétexte *m;* **unter dem ~ etw tun zu müssen** sous prétexte de faire qc

vorwärts ['foːɐvɛrts] *adv* (*nach vorn*) en avant

vorwärts|bringen *vt* **jdn ~** faire avancer qn

Vorwärtsgang <-gänge> *m* marche *f* avant

vorwärts|gehen *vi* **es geht vorwärts** ça avance **vorwärts|kommen** *vi* progresser

vorweg|nehmen *vt irr* **die Pointe ~** trahir la chute de l'histoire

vor|werfen *vt irr* reprocher

vorwiegend *adv* ❶ principalement ❷ METEO le plus souvent

vorwitzig *adj* hardi(e)

Vorwort <-worte> *nt* préface *f*

Vorwurf <-[e]s, Vorwürfe> *m* reproche *m;* **das kann mir niemand zum ~ machen** personne ne peut me le reprocher

vorwurfsvoll **I.** *adj* réprobateur(-trice) **II.** *adv* d'un air réprobateur

Vorzeichen *nt* ❶ signe *m* avant-coureur

❷ MUS altération *f*

vor|zeigen *vt* présenter

vorzeitig **I.** *adj* prématuré(e) **II.** *adv* ~ **in den Ruhestand treten** prendre une retraite anticipée

vor|ziehen *vt irr* ❶ préférer ❷ (*früher erfolgen lassen*) avancer; **vorgezogener Ruhestand** retraite *f* anticipée

Vorzimmer *nt* secrétariat *m*

Vorzug <-[e]s, Vorzüge> *m* ❶ (*Vorteil*) avantage *m* ❷ (*gute Eigenschaft*) qualité *f* ❸ *form* (*Vorrang*) **jdm/einer S. den ~ geben** donner la préférence à qn/qc

vorzüglich [foːɐ'tsyːklɪç] **I.** *adj* (*Qualität*) excellent(e); (*Gericht*) délicieux(-euse) **II.** *adv* ❶ (*speisen*) merveilleusement ❷ (*hauptsächlich*) en premier lieu

vorzugsweise *adv* de préférence

Votum ['voːtʊm] <-s, Voten> *nt geh* ❶ POL vote *m* ❷ (*Entscheidung*) verdict *m*

Voyeur(in) [voa'jøːɐ] <-s, -e> *m(f)* voyeur(-euse) *m(f)*

vulgär [vʊl'gɛːɐ] **I.** *adj pej geh* (*Wort*) grossier(-ière); (*Pose*) vulgaire **II.** *adv* ~ **aussehen** avoir l'air vulgaire

Vulkan [vʊl'kaːn] <-[e]s, -e> *m* volcan *m*

vulkanisch [vʊlkaːnɪʃ] *adj* volcanique

W w

W, w [veː] <-, -> *nt* W *m*/w *m*

W *Abk von* **Westen** O

Waage ['vaːgə] <-, -n> *f* balance *f*

waag[e]recht *adj* horizontal(e)

Waagschale *f* plateau *m* de [la] balance ►**etw in die ~ werfen** *geh* mettre qc dans la balance

Wabe ['vaːbə] <-, -n> *f* rayon *m* [de miel]

wach [vax] *adj* (*Person*) éveillé(e); ~ **werden** se réveiller

Wache ['vaxə] <-, -n> *f* ❶ *kein Pl* (*Wachdienst*) [service *m* de] garde *f* ❷ MIL sentinelle *f* ❸ (*Polizeiwache*) poste *m* [de police]

wachen *vi* ❶ veiller ❷ (*beaufsichtigen*) surveiller

Wachhund *m* chien *m* de garde **Wachmann** <-leute *o* -männer> *m* gardien(ne) *m(f)*

Wacholder [va'xɔldɐ] <-s, -> *m* genévrier *m*

wach|rufen *vt irr* réveiller; **etw in jdm ~** réveiller qc en qn **wach|rütteln** *vt* **jdn ~** secouer qn pour le réveiller

Wachs [vaks] <-es, -e> *nt* cire *f*

wachsam **I.** *adj* vigilant(e) **II.** *adv* attentivement

wachsen[1] ['vaksən] <wächst, wuchs, gewachsen> *vi* + *sein* ❶ (*Kind*) grandir; (*Pflanze, Haare*) pousser ❷ (*Begeisterung*) augmenter

wachsen[2] *vt* (*Boden*) cirer; (*Ski*) farter

wächst [vɛkst] *3. Pers Präs von* **wachsen**[1]

Wachstum ['vakstuːm] <-[e]s> *nt kein Pl* croissance *f*; (*einer Geschwulst*) développement *m*

Wachtel ['vaxtəl] <-, -n> *f* caille *f*

Wächter(in) ['vɛçtɐ] <-s, -> *m(f)* surveillant(e) *m(f)*

Wachtmeister(in) ['vaxtmaɪstɐ] *m(f)* agent *m* de police

wackelig *adj* (*Stuhl*) bancal(e); (*Konstruktion*) branlant(e)

Wackelkontakt *m* faux *m* contact

wackeln ['vakəln] *vi* ❶ + *haben* (*Stuhl*) être bancal ❷ + *haben* (*sich bewegen*) vaciller

wacklig *s.* **wackelig**

Wade ['vaːdə] <-, -n> *f* mollet *m*

Wadenbein *nt* péroné *m* **Wadenkrampf** *m* crampe *f* au mollet

Waffe ['vafə] <-, -n> *f* arme *f*

Waffel ['vafəl] <-, -n> *f* gaufre *f*; (*Eistüte*) cornet *f*

Waffeleisen *nt* gaufrier *m*

Waffenruhe *f* cessez-le-feu *m* **Waffenschein** *m* permis *m* de port d'armes **Waffenstillstand** *m* armistice *m*

wagemutig **I.** *adj* audacieux(-euse) **II.** *adv* de manière audacieuse

wagen ['vaːgən] **I.** *vt* ❶ risquer ❷ (*sich getrauen*) oser **II.** *vr* **sich an ein Projekt ~** oser entreprendre un projet

Wagen ['vaːgən] <-, - *o* A Wägen> *m* ❶ voiture *f*; **mit dem ~** en voiture ❷ ASTRO **der Große ~** la Grande Ourse

Wagenheber <-s, -> *m* cric *m*

Waggon [va'gõː] <-s, -s> *m* wagon *m*

waghalsig **I.** *adj* intrépide **II.** *adv* (*fahren*) de manière risquée

Wagnis ['vaːknɪs] <-ses, -se> *nt* entreprise *f*

hasardeuse

WagonRR [va'gõː] *s.* **Waggon**

Wahl [vaːl] <-, -en> *f* ❶ choix *m* ❷ (*Abstimmung*) élection *f souvent pl;* **zur ~ gehen** aller voter ❸ (*Ergebnis*) **die ~ annehmen** accepter le verdict des urnes

wählbar *adj* POL éligible

Wahlbenachrichtigung *f* ≈ carte *f* d'électeur (*qui tient lieu de convocation pour une élection précise*) **wahlberechtigt** *adj* qui a le droit de vote **Wahlbeteiligung** *f* participation *f* [électorale]

wählen ['vɛːlən] **I.** *vt* ❶ (*Partei*) voter pour; **jdn zum Kanzler ~** élire qn chancelier ❷ (*Telefonnummer*) faire ❸ (*aussuchen*) choisir **II.** *vi* ❶ POL voter ❷ (*auswählen*) **unter etw** (*dat*) **~** choisir parmi qc

Wähler(in) <-s, -> *m(f)* électeur(-trice) *m(f)*

Wahlergebnis *nt* résultat *m* des élections

wählerisch *adj* difficile

Wählerschaft <-, -en> *f form* électorat *m*

Wahlfach *nt* option *f* **Wahlgang** <-gänge> *m* tour *m* [de scrutin] **Wahlkampf** *m* campagne *f* électorale **Wahllokal** *nt* bureau *m* de vote **wahllos** *adv* au hasard **Wahlrecht** *nt kein Pl* ❶ (*Recht*) droit *m* de vote ❷ (*Gesetze*) loi *f* électorale **Wahlsieg** *m* victoire *f* électorale **Wahlurne** *f* urne *f* **wahlweise** *adv* au choix

Wahn [vaːn] <-[e]s> *m a.* MED folie *f*

Wahnsinn *m kein Pl* ❶ *fam* (*Unsinn*) folie *f* ❷ MED aliénation *f* mentale ►**etw ist heller ~** *fam* qc est complètement dingue

wahnsinnig **I.** *adj* ❶ MED fou(folle) ❷ *attr fam* (*Hitze*) sacré(e) *antéposé;* (*Sturm*) terrible ❸ *fam* (*herrlich*) super **II.** *adv fam* vachement

Wahnsinnige(r) *f(m) dekl wie adj* fou *m*/folle *f*

wahr [vaːɐ̯] *adj* ❶ (*Geschichte*) vrai(e); (*Aussage*) véridique; **nicht ~?** n'est-ce pas? ❷ *attr* (*Freund*) véritable *antéposé;* (*Glück*) vrai(e) *antéposé*

wahren ['vaːrən] *vt* ❶ (*Interessen*) préserver ❷ (*Ruf*) conserver; (*Geheimnis*) garder

währen *vi* ►**was lange währt, wird endlich gut** *prov* tout vient à point à qui sait attendre

während ['vɛːrənt] **I.** *präp* + *gen* pendant **II.** *konj* ❶ (*wohingegen*) alors que ... ❷ (*in der Zeit als*) pendant que ...

währenddessen [vɛːrənt'dɛsən] *adv* pendant ce temps[-là]

wahrhaben *vt irr* **etw nicht ~ wollen** ne pas vouloir admettre qc

Wahrheit <-, -en> *f* vérité *f;* **in ~** en réalité ►**um die ~ zu sagen** à vrai dire

Wahrheitsgehalt *m* véracité *f* **wahrheitsgetreu** *adj* fidèle

wahrnehmbar *adj* perceptible

wahr|nehmen *vt irr* ❶ (*Geräusch*) percevoir ❷ (*Gelegenheit*) profiter de ❸ (*Interessen*) défendre

Wahrnehmung <-, -en> *f* ❶ (*eines Geräuschs*) perception *f* ❷ (*von Interessen*) défense *f;* (*von Angelegenheiten*) prise *f* en charge

wahr|sagen **I.** *vi* prédire l'avenir **II.** *vt* **jdm etw ~** prédire qc à qn

Wahrsager(in) <-s, -> *m(f)* voyant(e) *m(f)*

wahrscheinlich [vaːɐ̯'ʃainlɪç] *adj* probable; **es ist [nicht] ~, dass** il est [peu] probable que + *subj*

Wahrscheinlichkeit <-, -en> *f* probabilité *f;* **mit hoher ~** très probablement

Wahrung <-> *f* préservation *f*

Währung ['vɛːrʊŋ] <-, -en> *f* monnaie *f*

Währungseinheit *f* unité *f* monétaire **Währungsinstitut** *nt* **das Europäische ~** l'Institut *m* monétaire européen **Währungsreform** *f* réforme *f* monétaire **Währungssystem** *nt* système *m* monétaire; **das Europäische ~** le Système monétaire européen **Währungsunion** *f* union *f* monétaire; **die Europäische ~** l'union monétaire européenne

Wahrzeichen *nt* emblème *m*

Waise ['vaizə] <-, -n> *f* orphelin(e) *m(f)*

Waisenhaus *nt* orphelinat *m* **Waisenkind** *nt* [petit] orphelin *m*/[petite] orpheline *f*

Wal [vaːl] <-[e]s, -e> *m* baleine *f*

Wald [valt, *Pl:* 'vɛldə] <-[e]s, Wälder> *m* forêt *f;* (*kleiner*) bois *m*

waldig *adj* boisé(e)

Waldlauf *m* footing *m* en forêt **Waldsterben** *nt* dépérissement *m* des forêts

Wales [wɛɪls] <-> *nt* le pays de Galles

Walkie-TalkieRR ['wɔːkɪ'tɔːkɪ] <-[s], -s> *nt* talkie-walkie *m*

Walkman® ['wɔːkmən] <-s, -men> *m* baladeur *m*

Wall [val, *Pl:* 'vɛlə] <-[e]s, Wälle> *m* talus *m*

Wallfahrer(in) *m(f)* pèlerin *m* **Wallfahrtsort** *m* [lieu *m* de] pèlerinage *m*

Wallis ['valɪs] <-> *nt* **das** ~ le Valais

Wallone <-n, -n> *m,* **Wallonin** *f* Wallon(ne) *m(f)*

WalnussRR ['valnʊs], **Walnuß**ALT *f* ❶ noix *f* ❷ *(Baum)* noyer *m*

Walpurgisnacht *f* nuit *f* de Walpurgis

WalrossRR ['valrɔs], **Walroß**ALT *nt* morse *m*

walten ['valtən] *vi geh* ❶ *(Geist)* régner; *(Kräfte)* se manifester ❷ *(üben)* **Gnade ~ lassen** faire preuve de grâce

Walze ['valtsə] <-, -n> *f* ❶ MATH, TECH cylindre *m* ❷ *(Straßenwalze)* rouleau *m* compresseur

walzen ['valtsən] *vt* ❶ *(Piste)* damer ❷ *(Stahl)* laminer

wälzen ['vɛltsən] **I.** *vt* ❶ **jdn auf die Seite ~** tourner qn sur le côté ❷ GASTR **etw in Mehl ~** rouler qc dans la farine ❸ *fam (Buch)* compulser ❹ *fam (Probleme)* ruminer **II.** *vr* **sich im Schlamm ~** se vautrer dans la boue

Walzer ['valtsɐ] <-s, -> *m* valse *f*

Wampe ['vampə] <-, -n> *f fam* brioche *f*

wand [vant] *Imp von* **winden**[1]

Wand [vant, *Pl:* 'vɛndə] <-, Wände> *f* ❶ *(Mauer)* mur *m;* **~ an ~** porte à porte ❷ *(~schirm)* **spanische ~** paravent *m*

Wandalismus [vanda'lɪsmʊs] <-> *m* vandalisme *m*

Wandel ['vandəl] <-s> *m geh* changement *m*

wandeln ['vandəln] *geh* **I.** *vt* modifier **II.** *vr* **sich ~** changer **III.** *vi + sein* **auf und ab ~** déambuler

Wanderausstellung *f* exposition *f* itinérante

Wanderer <-s, -> *m,* **Wanderin** *f* randonneur(-euse) *m(f)*

Wanderkarte *f* guide *m* des sentiers de grande randonnée

wandern ['vandɐn] *vi + sein* ❶ faire de la randonnée; **das Wandern** la marche ❷ *(Gletscher)* se déplacer ❸ *(Völker)* migrer

Wanderung <-, -en> *f* ❶ randonnée *f* ❷ *(von Völkern)* migration *f*

Wanderweg *m* sentier *m* de [grande] randonnée

Wandlampe *f* applique *f*

Wandlung ['vandlʊŋ] <-, -en> *f geh* transformation *f*

Wandschrank *m* placard *m*

wandte ['vantə] *Imp von* **wenden**

Wandteppich *m* tapis *m* mural; *(gewebt)* tapisserie *f*

Wange ['vaŋə] <-, -n> *f geh* joue *f;* **~ an ~** joue contre joue

wankelmütig ['vaŋkəlmyːtɪç] *adj geh* versatile

wanken ['vaŋkən] *vi* ❶ *+ haben (Person)* chanceler; *(Turm)* vaciller ❷ *+ sein* **nach Hause ~** tituber jusqu'à la maison

wann [van] *adv interrog* quand; **seit ~** depuis quand; **von ~ an** à partir de quand; **~ [auch] immer** n'importe quand

Wanne ['vanə] <-, -n> *f (Badewanne)* baignoire *f;* **in die ~ gehen** prendre un bain

Wanze ['vantsə] <-, -n> *f* ❶ punaise *f* ❷ *fam (Abhörgerät)* micro *m*

Wappen ['vapən] <-s, -> *nt* armoiries *fpl*

wappnen ['vapnən] *vr geh* **sich ~** se mettre sur ses gardes; **gewappnet sein** être paré

war [vaːɐ̯] *Imp von* **sein**[1]

warb [varp] *Imp von* **werben**

Ware ['vaːrə] <-, -n> *f* ❶ marchandise *f* ❷ *(Lebensmittel)* denrées *fpl*

Warenhaus *nt* grand magasin *m* **Warenzeichen** *nt* marque *f* déposée

warf [varf] *Imp von* **werfen**

warm [varm] <wärmer, wärmste> **I.** *adj* ❶ chaud(e); **es ist ~ hier** il fait chaud ici; **jdm ist ~** qn a chaud ❷ SPORT **sich ~ laufen** s'échauffer ❸ TECH **~ laufen** *(Motor)* chauffer **II.** *adv* ❶ **~ duschen** prendre une douche chaude ❷ *(nachdrücklich)* **jdn wärmstens empfehlen** recommander très chaleureusement qn

Warmblüter <-s, -> *m* animal *m* à sang chaud

Wärme ['vɛrmə] <-> *f* chaleur *f*

Wärmedämmung *f* isolation *f* [thermique]

wärmen **I.** *vt, vi* chauffer **II.** *vr* **sich ~** se réchauffer

Wärmflasche *f* bouillotte *f*

Warmfront *f* METEO front *m* chaud **Warmhalteplatte** *f* chauffe-plat *m* **warmherzig** *adj* chaleureux(-euse) **warm\|laufen**ALT *s.* **warm I.2., I.3.** **Warmluft** *f* air *m* chaud **Warmmiete** *f* loyer *m* charges comprises **Warmstart** *m* INFORM démarrage *m* à chaud **Warmwasserversorgung** *f* approvisionnement *m* en eau chaude

Warnblinkanlage *f* feux *mpl* de détresse **Warndreieck** *nt* triangle *m* de signalisation

warnen ['varnən] **I.** *vt* prévenir **II.** *vi* mettre en garde

Wạrnschild <-schilder> *nt* panneau *m* avertisseur; (*Verkehrsschild*) panneau de danger **Wạrnschuss**[RR] *m* tir *m* de sommation **Wạrnsignal** *nt* (*optisches Zeichen*) signal *m* lumineux; (*akustisches Zeichen*) signal sonore **Wạrnstreik** *m* grève *f* d'avertissement

Wạrnung <-, -en> *f* avertissement *m*

Wạrnzeichen *nt* ① (*Warnschild*) signal *m* ② (*Anzeichen*) avertissement *m*

Wạrschau ['varʃau̯] <-s> *nt* Varsovie

Wạrtehalle *f* hall *m* d'attente **Wạrteliste** *f* liste *f* d'attente

wạrten ['vartən] **I.** *vi* **auf jdn/etw** ~ attendre qn/qc; **auf sich** (*akk*) ~ **lassen** se faire attendre; **warte mal!** attends voir! **II.** *vt* TECH (*Auto*) réviser

Wạrtesaal *m* (*in Bahnhöfen*) salle *f* d'attente **Wạrtezeit** *f* attente *f* **Wạrtezimmer** *nt* salle *f* d'attente

Wạrtung <-, -en> *f* (*eines Autos*) entretien *m*; (*eines Geräts*) maintenance *f*

warụm [va'rʊm] *adv interrog* pourquoi; ~ **nicht?** pourquoi pas?

Wạrze ['vartsə] <-, -n> *f* verrue *f*

wạs [vas] **I.** *pron interrog* ① ~ **ist** [**denn**] **das?** qu'est-ce que c'est [que ça]?; ~ **ist?** qu'est-ce qu'il y a?; ~ **für ein Glück!** quelle chance! ② *fam* (*wie viel*) ~ **kostet das?** qu'est-ce que ça coûte? ③ *fam* (*wie bitte*) ~**?** quoi? ④ *fam* (*woran, worauf*) **an** ~ **denkst du?** à quoi penses-tu? ⑤ *fam* (*nicht wahr*) **schmeckt gut,** ~**?** c'est bon, hein? **II.** *pron rel* **sie bekommt immer** [**das**], ~ **sie will** elle obtient toujours ce qu'elle veut **III.** *pron indef fam* (*etwas*) quelque chose

wạschbar *adj* lavable **Wạschbär** *m* raton *m* laveur **Wạschbecken** *nt* lavabo *m*

Wạ̈sche ['vɛʃə] <-> *f kein Pl* ① lessive *f*; ~ **waschen** faire la lessive ② (*Textilien*) linge *m*; (*Unterwäsche*) sous-vêtements *mpl*; (*für Frauen*) dessous *mpl*

wạschecht *adj* grand teint

Wạ̈scheklammer *f* pince *f* à linge **Wạ̈scheleine** *f* corde *f* à linge

wạschen ['vaʃən] <wạ̈scht, wusch, gewạschen> **I.** *vt* ① laver ② *fam* (*Geld*) blanchir **II.** *vi* faire une lessive

Wäscherei [vɛʃə'rai̯] <-, -en> *f* blanchisserie *f*

Wạ̈scheständer *m* séchoir *m* [à linge] **Wạ̈schetrockner** *m* sèche-linge *m*

Wạschküche *f* buanderie *f* **Wạschlappen** *m* gant *m* de toilette **Wạschmaschine** *f* machine *f* à laver **Wạschmittel** *nt* lessive *f* **Wạschpulver** *nt* lessive *f* [en poudre] **Wạschsalon** *m* laverie *f* [automatique] **Wạschstraße** *f* tunnel *m* de lavage

wạ̈scht [vɛʃt] *3. Pers Präs von* **waschen**

Wạsser ['vasɐ] <-s, -> *nt* ① *kein Pl* eau *f*; **fließend** ~ eau courante ② *euph* (*Urin*) ~ **lassen** uriner ▸**jdm steht das** ~ **bis zum Hals** *fam* qn est dans la panade; **jdm läuft das** ~ **im Mund**[**e**] **zusammen** qn en a l'eau à la bouche; **sich über** ~ **halten** garder la tête hors de l'eau

Wạsserbad *nt* bain-marie *m* **Wạsserball** *m* ① *kein Pl* (*Sportart*) water-polo *m* ② (*Ball*) ballon *m* **Wạsserdampf** *m* vapeur *f* d'eau **wạsserdicht** *adj* (*Uhr*) étanche; (*Stoff*) imperméable **Wạsserfall** *m* cascade *f* **Wạsserfarbe** *f* peinture *f* à l'eau **wạsserfest** *adj* ① (*Farbe*) lavable ② *s.* **wasserdicht** **Wạsserflugzeug** *nt* hydravion *m* **Wạsserglas** *nt* verre *m* à eau **Wạsserhahn** *m* robinet *m*

wạ̈sserig ['vɛsərɪç] *s.* **wässrig**

Wạsserkessel *m* bouilloire *f* **Wạsserkraftwerk** *nt* centrale *f* hydroélectrique **Wạsserlauf** *m* cours *m* d'eau **Wạsserleitung** *f* conduite *f* d'eau **wạsserlöslich** *adj* soluble **Wạssermann** <-männer> *m* ASTRO Verseau *m* **Wạssermelone** *f* pastèque *f*

wạssern *vi + haben o sein* amerrir

wạ̈ssern ['vɛsɐn] *vt* arroser

Wạsseroberfläche *f* surface *f* de l'eau **Wạsserpflanze** *f* plante *f* aquatique **Wạsserpistole** *f* pistolet *m* à eau **Wạsserratte** *f* rat *m* d'eau **wạsserscheu** *adj* qui a peur de l'eau **Wạsserspiegel** *m* ① (*Wasseroberfläche*) surface *f* de l'eau ② (*Wasserstand*) niveau *m* d'eau **Wạssersport** *m* sport *m* aquatique **Wạsserspülung** *f* chasse *f* d'eau **Wạsserstand** *m* niveau *m* d'eau **Wạsserstoff** *m* hydrogène *m* **Wạsserstoffbombe** *f* bombe *f* à hydrogène **Wạsserstrahl** *m* jet *m* d'eau **Wạsserstraße** *f* voie *f* navigable **Wạssertropfen** *m* goutte *f* d'eau **Wạsserturm** *m* château *m* d'eau **Wạsserverbrauch** *m* consommation *f* d'eau **Wạsserverschmutzung** *f* pollution *f* des eaux **Wạsserversorgung** *f* approvisionnement *m* en eau **Wasservogel** *m* oiseau *m* aquatique **Wasserwerfer** *m* canon *m* à eau **Wasserwerk** *nt* centre *m* de distribution des eaux **Wasserzeichen** *nt* filigrane *m*

wässrig[RR] ['vɛsrɪç], **wäßrig**[ALT] *adj* ❶ (*Kaffee*) clairet(te) ❷ (*Lösung*) aqueux(-euse) ❸ (*Farbe*) glauque

waten ['va:tən] *vi* + *sein* **durch das Wasser ~** passer l'eau à gué

Watschen <-, -> *f* A *fam* baffe *f*

Watt [vat] <-s, -> *nt* PHYS watt *m*

Watte ['vatə] <-, -n> *f* coton *m*

Wattebausch *m* [morceau *m* de] coton *m*

Wattenmeer *nt kein Pl* **das ~** le Wattenmeer (*eaux qui recouvrent le Watt à marée haute*)

Wattestäbchen ['vatəʃtɛ:pçən] *nt* coton-tige® *m*

wattieren* [va'ti:rən] *vt* (*Jacke*) ouatiner; **wattiert** molletonné(e)

WC [ve:'tse:] <-s, -s> *nt* W.-C. *mpl*

weben ['ve:bən] **I.** *vt* tisser **II.** *vi* faire du tissage

Weber(in) <-s, -> *m(f)* tisserand(e) *m(f)*

Weberei [ve:bə'raj] <-, -en> *f* [usine *f* de] tissage *m*

Webseite *f* INFORM site *m* sur Internet

Webstuhl *m* métier *m* à tisser

Wechsel ['vɛksəl] <-s, -> *m* ❶ changement *m* ❷ (*Geldwechsel*) change *m* ❸ FIN lettre *f* de change

Wechselgeld *nt* monnaie *f*

wechselhaft *adj* instable

Wechseljahre *Pl* ménopause *f* **Wechselkurs** *m* taux *m* de change

wechseln ['vɛksln] **I.** *vt* + *haben* ❶ changer ❷ (*Briefe, Ringe*) échanger **II.** *vi* ❶ + *haben* **jdm ~** faire le change à qn ❷ + *haben* (*eine neue Stelle antreten*) changer d'employeur ❸ + *sein* **auf die andere Spur ~** changer de voie

wechselseitig **I.** *adj* réciproque **II.** *adv* mutuellement

Wechselstrom *m* courant *m* alternatif **Wechselstube** *f* bureau *m* de change

wechselweise *adv* en alternance; (*in Bezug auf Menschen*) à tour de rôle

Wechselwirkung *f* interaction *f*

wecken ['vɛkən] *vt* ❶ réveiller ❷ (*Interesse*) susciter

Wecken <-s, -> *m* A petit pain *m*

Wecker <-s, -> *m* réveil *m*

wedeln *vi* + *haben* **mit etw ~** remuer qc

weder ['ve:dɐ] *konj* **~ ... noch ...** ni ... ni

weg [vɛk] *adv* **~ sein** (*abwesend sein*) ne pas être là; (*weggegangen sein*) être parti; (*verschwunden sein*) avoir disparu

Weg [ve:k] <-[e]s, -e> *m* ❶ chemin *m*; (*Route*) itinéraire *m*; **auf dem ~ ins Kino sein** être en route pour le ciné; **sich auf den ~ zu jdm machen** partir chez qn; **das liegt auf dem ~** c'est sur le chemin; **aus dem ~!** dégage/dégagez le passage! ❷ (*Methode*) moyen *m* ❸ (*Art, Weise*) **auf diesem ~e** de cette façon; **auf illegalem ~e** par des moyens illégaux ▸**jdm/einer S. aus dem ~ gehen** éviter qn/qc; **etw in die ~e leiten** engager qc; **jdm/einer S. im ~ stehen** faire obstacle à qn/qc

weg|bleiben *vi irr* + *sein* ne pas venir; **lange ~** s'absenter longtemps

weg|bringen *vt irr* (*Person*) emmener

wegen ['ve:gən] *präp* + *gen* ❶ (*aufgrund von*) **~ des Regens** à cause de la pluie ❷ (*bezüglich*) **~ einer S.** à propos de qc ❸ (*um ... willen*) à cause de

weg|fahren *irr* **I.** *vi* + *sein* ❶ (*verreisen*) partir [en voyage] ❷ (*abfahren*) partir **II.** *vt* + *haben* (*Fahrzeug*) déplacer

weg|fallen *vi irr* + *sein* devenir caduc (-uque); **etw ~ lassen** supprimer qc

weg|fliegen *vi irr* + *sein* (*Flugzeug*) s'envoler

weg|geben *vt irr* se débarrasser de

weg|gehen *vi irr* + *sein* ❶ (*fortgehen*) partir; **geh weg!** va-t'en! ❷ *fam* (*Fleck*) s'en aller

weg|gießen *vt irr* jeter

weg|jagen *vt* chasser

weg|kommen *vi irr* + *sein fam* ❶ (*loskommen*) se défaire de ❷ (*abhandenkommen*) disparaître ❸ (*abschneiden*) **gut/schlecht ~** bien/mal s'en sortir

weg|lassen *vt irr* ❶ *fam* (*auslassen*) laisser tomber; (*versehentlich*) omettre ❷ (*fortgehen lassen*) laisser partir

weg|laufen *vi irr* + *sein* ❶ (*fortlaufen*) se sauver; **vor jdm ~** fuir devant qn ❷ *fam* **von zu Hause ~** faire une fugue

weg|legen *vt* poser

weg|machen *vt fam* enlever

weg|nehmen *vt irr* enlever

Wegrand *m* bord *m* du chemin

weg|räumen *vt* évacuer

weg|rennen *vi irr* + *sein* (*Reißaus nehmen*)

décamper

weg|schauen *s.* **wegsehen**

weg|schicken *vt* (*Brief*) envoyer; (*Person*) renvoyer

weg|schmeißen *vt irr fam* balancer

weg|schnappen *vt fam* **jdm etw ~** souffler qc à qn

weg|sehen *vi irr* ❶ (*nicht hinsehen*) détourner les yeux ❷ *fam* (*hinwegsehen*) [**über etw** (*akk*)] ~ fermer les yeux [sur qc]

weg|setzen *vt, vr* [**sich**] ~ changer de place

weg|stecken *vt fam* ❶ (*einstecken*) ranger ❷ (*verkraften*) encaisser

weg|stellen *vt* déplacer

weg|tragen *vt irr* emporter

weg|treten *vi irr + sein* MIL rompre les rangs; **weggetreten!** rompez!

weg|tun *vt irr* ❶ (*weglegen*) enlever ❷ (*wegwerfen*) jeter

wegweisend ['ve:kvai̯zənt] *adj* porteur (-euse) d'avenir; ~ **sein** ouvrir des perspectives

Wegweiser <-s, -> *m* poteau *m* indicateur

weg|werfen *vt irr* jeter

Wegwerfgesellschaft *f pej* société *f* de gaspillage

weg|ziehen *irr* **I.** *vi + sein* ❶ (*fortziehen*) déménager ❷ (*Vögel*) migrer **II.** *vt + haben* (*Hand*) retirer

weh [ve:] *adj* douloureux(-euse)

wehe ['ve:ə] *interj* malheureux(-euse)!; ~ [**dir**], **wenn ...!** gare à toi si ...!

Wehe ['ve:ə] <-, -n> *f* ❶ (*Schneewehe*) congère *f* ❷ *meist Pl* (*Geburtswehe*) contraction *f*

wehen ['ve:ən] *vi* ❶ + *haben* (*Wind*) souffler ❷ + *haben* **im Wind** ~ (*Haare*) flotter au vent

wehklagen *vi geh* se lamenter

wehleidig *adj* douillet(te)

Wehmut ['ve:mu:t] <-> *f geh* nostalgie *f*

wehmütig ['ve:my:tɪç] *geh adj* nostalgique

Wehr[1] [ve:ɐ̯] *f* ▸**sich zur ~ setzen** se défendre

Wehr[2] <-[e]s, -e> *nt* (*Stauanlage*) digue *f*

Wehrdienst *m kein Pl* service *m* militaire **Wehrdienstverweigerer** <-s, -> *m*, **-verweigerin** *f* objecteur *m* de conscience **Wehrdienstverweigerung** *f* objection *f* de conscience

wehren ['ve:rən] *vr* ❶ **sich** ~ (*sich verteidigen*) se défendre ❷ (*sich sträuben*) **sich dagegen ~ etw zu tun** se refuser à faire qc

Wehrersatzdienst *m* service *m* civil

wehrlos *adj, adv* sans défense

Wehrmacht *f* HIST **die** ~ la Wehrmacht **Wehrpflicht** *f kein Pl* [**allgemeine**] ~ service *m* militaire obligatoire **wehrpflichtig** *adj* astreint(e) au service militaire

weh|tun[RR] *vi* **jdm** ~ faire mal à qn; **mir tut der Rücken weh** j'ai mal au dos

Weib [vai̯p] <-[e]s, -er> *nt fam* bonne femme *f*

Weibchen ['vai̯pçən] <-s, -> *nt* ZOOL femelle *f*

weibisch *adj* efféminé(e)

weiblich *adj* ❶ *a.* LING féminin(e) ❷ BOT femelle

Weiblichkeit <-> *f* féminité *f*

weich [vai̯ç] *adj* ❶ doux(douce); (*Boden*) mou (molle); (*Bett*) moelleux(-euse) ❷ (*Fleisch*) tendre ❸ FIN faible

Weiche ['vai̯çə] <-, -n> *f* aiguillage *m*

weichen ['vai̯çən] <wich, gewichen> *vi + sein* ❶ (*Spannung*) s'apaiser ❷ (*nachgeben*) **einer S.** (*dat*) ~ céder à qc ❸ (*weggehen*) **zur Seite** ~ s'écarter

weichgekocht *s.* **kochen II.1.**

Weichkäse *m* fromage *m* à pâte molle

weichlich *adj* mou(molle)

Weichling <-s, -e> *m pej* mollasse *mf*

Weichsel [-ks-] <-> *f* **die** ~ la Vistule

Weichspüler <-s, -> *m* assouplissant *m* **Weichteile** *Pl* ❶ (*Eingeweide*) parties *fpl* molles ❷ *fam* (*Geschlechtsteile*) parties *fpl* **Weichtier** *nt* mollusque *m*

Weide ['vai̯də] <-, -n> *f* ❶ (*Baum*) saule *m* ❷ (*Viehweide*) pâturage *m*

Weideland *nt* pâturages *mpl*

weiden **I.** *vi* paître **II.** *vt* faire paître **III.** *vr* (*sich erfreuen*) **sich an etw** (*dat*) ~ se délecter de qc

Weidenkorb *m* panier *m* d'osier

weigern ['vai̯gɐn] *vr* **sich** ~ refuser

Weigerung <-, -en> *f* refus *m*

Weihe ['vai̯ə] <-, -n> *f* REL ❶ *kein Pl* (*das Weihen*) consécration *f* ❷ (*eines Priesters*) ordination *f*

weihen *vt* ❶ consacrer ❷ (*die Weihe erteilen*) **jdn zum Priester** ~ ordonner qn prêtre

Weiher ['vai̯ɐ] <-s, -> *m* étang *m*

Weihnachten <-, -> *nt* Noël *m*; **fröhliche ~!** joyeux Noël!

En Allemagne, on fête **Weihnachten** du 24 au 26 décembre. Le jour du réveillon, les gens travaillent jusqu'à midi. La plupart du temps, on installe le sapin de Noël et on le décore l'après-midi. Les deux jours de Noël (le 25 et le 26 décembre) sont fériés.

weihnachtlich **I.** *adj* de Noël **II.** *adv* pour Noël

Weihnachtsbaum *m* arbre *m* de Noël **Weihnachtsfest** *nt kein Pl* jour *m* de Noël **Weihnachtsgeld** *nt* prime *f* de Noël **Weihnachtsgeschenk** *nt* cadeau *m* de Noël **Weihnachtslied** *nt* chant *m* de Noël **Weihnachtsmann** <-männer> *m* père *m* Noël **Weihnachtsmarkt** *m* marché *m* de Noël

En Allemagne, de fin novembre ou début décembre à Noël, les villes organisent des marchés de Noël autour des mairies. Ce sont de véritables marchés avec des cabanes en bois en guise de stands, joliment décorées et illuminées. On peut y acheter toutes sortes de produits artisanaux : jouets en bois, décorations de Noël, gants, chapeaux, etc. On y respire un mélange d'odeurs de vin sucré, de cannelle, de chocolat, de noisettes et d'épices qui parfument également les traditionnels biscuits de Noël, incontournables sur les marchés comme l'immense sapin érigé en leur centre. Les **Weihnachtsmärkte** sont un rendez-vous à ne pas manquer.

Weihnachtszeit *f* **die ~** la période de Noël

Weihrauch *m* encens *m* **Weihwasser** *nt* eau *f* bénite

weil [vail] *konj* ❶ (*da*) parce que ❷ (*da ... nun*) comme

Weilchen ['vailçən] <-s> *nt* **ein ~** un petit moment

Weile ['vailə] <-> *f* moment *m*; **vor einer ~** il y a un moment; **eine [ganze] ~** un [bon] moment

Weiler ['vailɐ] <-s, -> *m geh* hameau *m*

Wein [vain] <-[e]s, -e> *m* ❶ (*Getränk*) vin *m* ❷ *kein Pl* (*~rebe*) vigne *f* ❸ *kein Pl* (*~trauben*) **der ~ wird im Oktober geerntet** les vendanges se font en octobre

Weinbau *m kein Pl* viticulture *f* **Weinbeere** *f* ❶ (*einzelne Beere*) grain *m* de raisin ❷ A, CH *s.* **Rosine** **Weinberg** *m* vignoble *m* **Weinbrand** *m* cognac *m*

weinen ['vainən] *vt, vi* pleurer

weinerlich ['vainɐlɪç] *adj* (*Person*) pleurnichard(e) (*fam*); (*Stimme*) pleurnicheur(-euse)

WeinfassRR *nt* tonneau *m* de vin **Weingeist** *m kein Pl* esprit-de-vin *m* **Weingut** *nt* domaine *m* viticole **Weinkarte** *f* carte *f* des vins **Weinkeller** *m* cave *f* à vins

Weinkrampf *m* crise *f* de larmes

Weinlese *f* vendanges *fpl* **Weinprobe** *f* dégustation *f* [de vins] **Weinrebe** *f* vigne *f* **weinrot** *adj* bordeaux *inv* **Weinstube** *f* bar *m* à vin[s] **Weintraube** *f* (*einzelne Beere*) grain *m* de raisin; **blaue ~n kaufen** acheter du raisin noir

weise *adj geh* sage

Weise ['vaizə] <-, -n> *f* ❶ (*Art*) manière *f*; **auf diese ~** de cette manière; **in der ~, dass ...** (*auf diese Art*) de telle manière que ...; (*so dass*) de manière que + *subj* ❷ *geh* (*Melodie*) air *m*

Weise(r) *f(m) dekl wie adj* sage *m*/femme *f* sage

weisen ['vaizən] <wies, gewiesen> *vt geh* ❶ (*Weg*) indiquer ❷ (*fortschicken*) **jdn aus dem Haus ~** chasser qn de la maison ▶**etw [weit] von sich ~** rejeter qc

Weisheit <-, -en> *f* ❶ *kein Pl* sagesse *f* ❷ *meist Pl* (*Erkenntnis*) conseil *m* de bon sens

Weisheitszahn *m* dent *f* de sagesse

weis|machen *vt fam* **jdm ~, dass ...** faire gober à qn que ...

weiß[1] [vais] *1. und 3. Pers Präs von* **wissen**

weiß[2] *adj* blanc(blanche); **~ werden** (*Haare*) blanchir; (*Gesicht*) pâlir

Weiß <-[es]> *nt* blanc *m*

weissagen *vt* prédire

Weissagung <-, -en> *f* prédiction *f*

Weißbier *nt* bière *f* blanche **Weißblech** *nt* fer-blanc *m* **Weißbrot** *nt* pain *m* blanc **Weißdorn** *m* aubépine *f*

Weiße(r) *f(m) dekl wie adj* Blanc *m*/Blanche *f*

Weißglut *f kein Pl* incandescence *f* ▶**jdn zur ~ treiben** échauffer les oreilles à qn **Weißgold** *nt* or *m* blanc **weißhaarig** *adj* aux cheveux blancs **Weißkohl** *m*, **Weißkraut** *nt* A chou *m* blanc

weißlich *adj* blanchâtre

W

WeißrusslandRR *nt* la Biélorussie **Weißwein** *m* vin *m* blanc **Weißwurst** *f* boudin *m* blanc

Weisung <-, -en> *f* directive *f*

weit [vait] **I.** *adj* ❶ (*Schuhe*) large; **etw ~er machen** élargir qc ❷ (*Strecke*) long(longue) *antéposé;* **ist es noch ~ bis zum Hotel?** c'est encore loin jusqu'à l'hôtel? ❸ (*zeitlich entfernt*) **es ist noch ~ bis zum Sommer?** l'été, c'est encore loin? **II.** *adv* ❶ (*gehen*) loin; **~ offen [stehend]** grand(e) ouvert(e); **fünf Meter ~ springen** sauter à cinq mètres; **haben Sie es noch sehr ~?** vous allez encore loin? ❷ (*in zeitlicher Hinsicht*) **so ~ sein** être prêt; **~ nach zehn Uhr** bien après dix heures; **~ zurückliegen** être il y a longtemps ❸ *fig* **es ~ gebracht haben** avoir réussi; **das geht [entschieden] zu ~!** c'en est trop!; **wie ~ bist du [gekommen]?** où en es-tu? ❹ (*schlechter*) bien [plus]; (*übertreffen*) de beaucoup ▸**so ~, so gut** bon, jusque là, tout va; **so ~ kommt es [noch]!** *fam* et puis quoi encore!

weitab ['vait'ʔap] *adv* loin [de tout]

weitaus ['vait'ʔaus] *adv* ❶ (*schöner*) bien [plus] ❷ (*eindeutig*) **er ist der ~ beste Schüler** il est de loin le meilleur élève **Weitblick** *m kein Pl* clairvoyance *f*

Weite <-, -n> *f* ❶ étendue *f* ❷ (*Breite*) largeur *f*

weiten *vt* élargir

weiter ['vaitɐ] *adv* ❶ *Komp von:* **weit ~ oben** plus haut; **~!** on continue! ❷ (*sonst*) **das hat ~ nichts zu sagen** ça ne veut rien dire; **und ~?** et après? ▸**und so ~ [und so fort]** et cætera

weiter|arbeiten *vi* continuer son/le travail **weiter|bilden** *vr* **sich ~** compléter sa formation **Weiterbildung** *f* formation *f* continue **weiter|bringen** *vt irr* faire avancer

weitere(r, s) *adj* autre *antéposé;* **alles Weitere besprechen wir morgen** on discutera des détails demain ▸**bis auf ~s** momentanément; **ohne ~s** sans problèmes

weiter|empfehlen* *vt irr* recommander **weiter|entwickeln*** **I.** *vt* (*Gerät*) perfectionner; (*Idee*) développer **II.** *vr* **sich ~** évoluer **weiter|erzählen*** **I.** *vt* (*Neuigkeit*) répéter **II.** *vi* continuer à raconter **weiter|fahren** *vi irr + sein* **nach Basel ~** continuer sa route vers Bâle **weiter|führen** *vt* ❶ (*Projekt*) poursuivre ❷ (*weiterbringen*) **jdn ~** (*Vorschlag*) faire avancer qn **Weitergabe** *f* (*von Unterlagen*) transmission *f* **weiter|geben** *vt irr* (*weiterreichen*) faire passer; (*mitteilen*) transmettre **weiter|gehen** *vi irr + sein* ❶ poursuivre son chemin ❷ (*seinen Fortgang nehmen*) continuer; **wie soll es nun ~?** qu'est-ce qu'on va faire? **weiter|helfen** *vi irr* aider; **jdm in einer Angelegenheit ~** aider qn dans une affaire **weiterhin** *adv* ❶ (*immer noch*) encore ❷ (*auch zukünftig*) dans l'avenir ❸ (*außerdem*) en outre **weiter|kommen** *vi irr + sein* avancer **weiter|laufen** *vi irr + sein* (*Person, Kosten*) continuer à courir **weiter|leiten** *vt* (*Information*) transmettre; (*Brief*) faire suivre **weiter|machen** *vi fam* continuer **weiter|sagen** *vt* répéter; **nicht ~!** motus et bouche cousue!

weitgehend <weitgehender *o* A weitergehend>, weitestgehend> **I.** *adj* étendu(e) **II.** *adv* à quelques détails près

weither *adv geh* de loin

weithin *adv geh* (*hörbar*) alentour

weitläufig **I.** *adj* ❶ vaste *antéposé* ❷ (*Verwandtschaft*) éloigné(e) **II.** *adv* **~ [miteinander] verwandt sein** être parents éloignés

weitreichend *s.* **reichen I.**

weitschweifig *adj* diffus(e)

Weitsicht *s.* **Weitblick**

weitsichtig *adj* MED presbyte

Weitsprung *m* ❶ *kein Pl* (*Disziplin*) saut *m* en longueur ❷ (*Sprung*) saut *m*

weitverbreitet *s.* **verbreiten I.1.**

Weizen ['vaitsən] <-s> *m* blé *m*

Weizenmehl *nt* farine *f* de froment

welch *pron interrog geh* **~ eine Enttäuschung!** quelle déception!

welche(r, s) ['vɛlçə, -çɐ, -çəs] **I.** *pron interrog* quel(le) **II.** *pron rel* **das Programm, mit ~m sie arbeitet** le logiciel avec lequel elle travaille **III.** *pron indef* ❶ en; **brauchst du Streichhölzer? Hier sind ~!** tu as besoin d'allumettes? En voici! ❷ *Pl fam* (*einige Leute*) **es gibt ~, die ...** il y en a qui ...

welk [vɛlk] *adj* flétri(e)

welken *vi + sein geh* se flétrir

Wellblech *nt* tôle *f* ondulée

Welle ['vɛlə] <-, -n> *f* ❶ *a. fig* vague *f* ❷ (*Locke*) ondulation *f* ❸ PHYS, RADIO onde *f*

wellen *vr* **sich ~** onduler

Wellenbrecher <-s, -> *m* brise-lame[s] *m*

Wellenlänge *f* longueur *f* d'onde **Wellenlinie** *f* ligne *f* ondulée **Wellenreiten** *nt* surf *m* **Wellensittich** *m* perruche *f*

wellig *adj* ondulé(e)

Wellpappe *f* carton *m* ondulé

Welpe ['vɛlpə] <-n, -n> *m* chiot *m*

Welt [vɛlt] <-, -en> *f* ❶ *kein Pl* (*die Erde*) **die ~** le monde; **in aller ~** dans le monde entier ❷ *kein Pl fam* (*die Menschen*) **alle ~** tout le monde ❸ (*politische Sphäre*) **die westliche ~** l'Occident *m;* **die Dritte ~** le tiers-monde ▶**etw aus der ~ schaffen** mettre fin à qc

Weltall *nt* univers *m* **Weltanschauung** *f* conception *f* du monde **weltberühmt** *adj* célèbre dans le monde entier **Weltbild** *nt* vision *f* du monde **weltfremd** *adj* irréaliste **Weltgeschichte** *f kein Pl* histoire *f* universelle ▶**in der ~ herumfahren** *hum fam* rouler sa bosse **weltgeschichtlich** *adj* (*Ereignis*) qui fait date **Weltkrieg** *m* guerre *f* mondiale; **der Erste/Zweite ~** la Première/Seconde Guerre mondiale **Weltliteratur** *f kein Pl* littérature *f* mondiale **Weltmacht** *f* grande puissance *f* **Weltmarkt** *m* marché *m* international **Weltmeister(in)** *m(f)* champion(ne) *m(f)* du monde **Weltmeisterschaft** *f* championnat *m* du monde **Weltraum** *m kein Pl* espace *m* **Weltreich** *nt* empire *m* **Weltreise** *f* tour *m* du monde **Weltrekord** *m* record *m* du monde **Weltsicherheitsrat** *m* Conseil *m* de sécurité de l'O.N.U. **Weltstadt** *f* grande ville *f* de renommée mondiale **Weltuntergang** *m* fin *f* du monde **weltweit** **I.** *adj* mondial(e) **II.** *adv* (*tätig sein*) dans le monde entier; (*bedeutsam sein*) pour le monde entier **Weltwirtschaft** *f* économie *f* mondiale **Weltwunder** *nt* **die sieben ~** les Sept Merveilles *fpl* du monde

wem [veːm] **I.** *pron interrog, dat von* **wer: ~ gehört ...?** à qui appartient ...?; **mit ~** avec qui; **von ~** de qui **II.** *pron rel, dat von* **wer** celui à qui

wen [veːn] **I.** *pron interrog, akk von* **wer: durch/für ~** par/pour qui **II.** *pron rel, akk von* **wer: ~** celui que

Wende ['vɛndə] <-, -n> *f* ❶ tournant *m* ❷ HIST **die ~** le tournant (*désigne la réunification allemande*)

Wendekreis *m* ❶ (*eines Autos*) rayon *m* de braquage ❷ GEO **der nördliche ~** le tropique du Cancer; **der südliche ~** le tropique du Capricorne

Wendeltreppe ['vɛndəltrɛpə] *f* escalier *m* en colimaçon

wenden[1] ['vɛndən] *vr* ❶ (*sich drehen*) se tourner ❷ (*sich richten an*) **sich an jdn ~** s'adresser à qn ❸ (*entgegentreten*) **sich gegen jdn ~** se retourner contre qn; **sich gegen etw ~** réfuter qc

wenden[2] **I.** *vt* (*Blatt*) retourner; **bitte ~!** tournez, s'il vous plaît! **II.** *vi* faire demi-tour

Wendepunkt *m* tournant *m*

wendig *adj* (*Person*) souple d'esprit; (*Auto*) manœuvrable

Wendung <-, -en> *f* ❶ retournement *m* ❷ LING tournure *f*

wenig ['veːnɪç] **I.** *adj, pron indef* ❶ **~ Zeit** peu de temps; **zu ~** trop peu ❷ (*nicht viele*) **es kamen nur ~e** peu de gens sont venus ❸ (*etwas*) **ein ~ Zucker** un peu de sucre **II.** *adv* ❶ (*kaum, nicht sehr*) **~ hilfreich** guère secourable; **nicht ~ überrascht sein** ne pas être peu surpris ❷ (*selten*) **~ ausgehen** sortir peu ❸ (*etwas*) **ein ~ verärgert** un peu irrité(e)

weniger ['veːnɪɡɐ] **I.** *adj, pron indef, Komp von* **wenig ~ Zeit** moins de temps; **er verdient ~ als ich** il gagne moins que moi; **etwas ~** un peu moins; **~ werden** (*Vorräte*) diminuer; (*Vermögen*) s'amenuiser ▶**~ wäre mehr gewesen** le mieux est l'ennemi du bien **II.** *adv Komp von* **wenig** moins **III.** *konj* moins; **21 ~ 4 ist 17** 21 moins 4 égale 17

wenigste(r, s) **I.** *adj, pron Superl von* **wenig: das ~ Geld** le moins d'argent **II.** *adv Superl von* **wenig** le moins

wenigstens ['veːnɪçstns] *adv* ❶ (*mindestens*) au moins ❷ (*zumindest*) du moins

wenn [vɛn] *konj* ❶ (*falls*) si ❷ (*sobald*) dès que ❸ (*obwohl*) **~ sie auch Recht hat** même si elle a raison ❹ (*in Wunschsätzen*) **~ es morgen bloß nicht regnet!** si seulement il ne pleuvait pas demain!

wenngleich [vɛn'ɡlaɪ̯ç] *konj geh* bien que + *subj*

wer [veːɐ̯] **I.** *pron interrog* qui [est-ce qui] **II.** *pron rel* [celui] qui **III.** *pron indef fam* **wenn ~ anruft** s'il y a quelqu'un qui téléphone ▶**er/sie ist ~** il/elle n'est pas n'importe qui

Werbeagentur *f* agence *f* de publicité **Werbefernsehen** *nt* publicité *f* à la télévision

Werbegeschenk *nt* cadeau *m* publicitaire
werben ['vɛrbən] <wirbt, warb, geworben> **I.** *vt* (*Kunden*) parrainer **II.** *vi* ❶ (*Reklame machen*) **für etw ~** faire de la publicité pour qc ❷ (*zu erhalten suchen*) **um Vertrauen ~** chercher à gagner la confiance
Werbespot ['vɛrbəspɔt] *m* spot *m* publicitaire **werbewirksam** *adj* **ein ~er Slogan** un slogan publicitaire qui fait de l'effet
Werbung <-> *f* ❶ publicité *f* ❷ (*das Anwerben*) parrainage *m*
Werdegang <-gänge> *m* ❶ **beruflicher/künstlerischer ~** parcours *m* professionnel/artistique ❷ (*Lebenslauf*) curriculum *m* vitæ
werden ['veːɐ̯dən] **I.** <wird, wurde, geworden> *vi + sein* ❶ (*seinen Zustand, Status verändern*) devenir; **krank ~** tomber malade; **schlimmer ~** empirer ❷ (*seine Befindlichkeit verändern*) **jdm wird besser** qn se sent mieux; **jdm wird schwindlig** qn a des vertiges ❸ (*sich entwickeln*) **aus diesem Jungen wird noch etwas** ce garçon ira loin; **was soll nur aus ihm ~?** que va-t-il devenir? ❹ (*ein Alter erreichen*) **er wird zehn [Jahre alt]** il va avoir dix ans **II.** <*PP* worden> *aux* ❶ (*zur Bildung des Futurs*) **sie wird ihm bald schreiben** elle va lui écrire bientôt ❷ (*zur Bildung des Passivs*) **gesehen ~** être vu ❸ (*zur Bildung des Konjunktivs*) **würdest du mir kurz helfen?** tu pourrais m'aider un instant?
werfen ['vɛrfən] <wirft, warf, geworfen> **I.** *vt* ❶ lancer ❷ (*tun*) jeter ❸ (*bilden: Falten*) faire ❹ (*gebären*) **Junge ~** faire des petits **II.** *vi* ❶ lancer ❷ (*Junge bekommen*) mettre bas **III.** *vr* (*sich stürzen*) **sich auf den Boden ~** se jeter par terre
Werft [vɛrft] <-, -en> *f* chantier *m* naval
Werk [vɛrk] <-[e]s, -e> *nt* ❶ (*Fabrik*) usine *f* ❷ (*eines Künstlers*) œuvre *f* ❸ (*Buch*) ouvrage *m* ❹ *kein Pl geh* (*Arbeit*) ouvrage *m;* **sich ans ~ machen** se mettre à l'œuvre
Werkbank <-bänke> *f* établi *m* **Werkstatt** *f* (*Schreinerwerkstatt*) atelier *m;* (*Autowerkstatt*) garage *m* **Werktag** *m* jour *m* ouvrable **werktags** *adv* en semaine **Werkzeug** <-[e]s, -e> *nt* outil *m* **Werkzeugkasten** *m* caisse *f* à outils
Wermut ['veːɐ̯muːt] <-[e]s> *m* ❶ BOT absinthe *f* ❷ (*Wein*) vermout[h] *m*
wert [veːɐ̯t] *adj* ❶ **viel ~ sein** valoir beaucoup ❷ *fig* **das ist nicht der Mühe** (*gen*) **~** ça ne vaut pas la peine
Wert <-[e]s, -e> *m* ❶ (*Preis*) valeur *f* ❷ *Pl* (*Untersuchungsergebnis*) résultats *mpl* ❸ (*wertvolle Eigenschaft*) qualité *f* ❹ (*Bedeutung*) valeur *f;* **einer S.** (*dat*) **viel ~ beimessen** *geh* attacher beaucoup d'importance à qc ►**das hat keinen ~** *fam* c'est pas la peine
wertbeständig *adj* à valeur stable **Wertbrief** *m* lettre *f* chargée
werten *vt* ❶ noter ❷ (*Aussage*) considérer; (*Sachverhalt*) juger
Wertgegenstand *m* objet *m* de valeur **wertlos** *adj* sans valeur; **für jdn ~ sein** ne servir à rien à qn **Wertpapier** *nt* valeur *f* **Wertsache** *f meist Pl* objet *m* de valeur **Wertstoff** *m* matériau *m* recyclable
Wertung <-> *f kein Pl* ❶ notation *f* ❷ (*von Sachverhalten*) appréciation *f*
wertvoll *adj* de grande valeur
Wesen ['veːzən] <-s, -> *nt* ❶ (*Geschöpf*) créature *f;* **menschliches ~** être *m* humain ❷ *kein Pl* (*einer Ideologie*) essence *f*
Wesensart *f* nature *f* **Wesenszug** *m* trait *m* de caractère
wesentlich ['veːzəntlɪç] **I.** *adj* essentiel(le); (*Bedeutung*) fondamental(e) **II.** *adv* bien plus
weshalb [vɛs'halp] **I.** *adv interrog* pourquoi **II.** *adv rel* **der Grund, ~ ...** la raison pour laquelle ...
Wespe ['vɛspə] <-, -n> *f* guêpe *f*
Wespennest *nt* nid *m* de guêpes ►**in ein ~ stechen** *fam* [sou]lever un lièvre
wessen ['vɛsən] **I.** *pron interrog, gen von* **wer: ~ Geldbörse ist das?** à qui appartient ce porte-monnaie? **II.** *pron interrog, gen von* **was: ~ klagt man ihn an?** de quoi l'accuse-t-on?
Wessi ['vɛsi] <-s, -s> *m,* <-, -s> *f fam surnom des habitants de l'ex-Allemagne de l'Ouest*
westdeutsch *adj* de l'Allemagne de l'Ouest; HIST (*Regierung*) ouest-allemand(e) **Westdeutschland** *nt* GEO l'Allemagne *f* occidentale; HIST l'Allemagne *f* de l'Ouest
Weste ['vɛstə] <-, -n> *f* gilet *m*
Westen ['vɛstən] <-s> *m* ❶ ouest *m* ❷ POL **der ~** l'Occident *m;* *s. a.* **Norden** ►**der Wilde ~** le Far West

Western ['vɛstɐn] <-[s], -> *m* western *m*
Westeuropa *nt* GEO l'Europe *f* occidentale; POL l'Europe *f* de l'Ouest
Westfale [vɛst'faːlə] <-n, -n> *m*, **Westfälin** *f* Westphalien(ne) *m(f)*
Westfalen [vɛst'faːlən] <-s> *nt* la Westphalie
westfälisch [vɛst'fɛːlɪʃ] *adj* de Westphalie
Westküste *f* côte *f* ouest
westlich I. *adj* ❶ (*Land*) [situé(e)] à l'ouest; (*Wind*) [en provenance] de l'ouest; **in ~er Richtung** en direction de l'ouest ❷ POL occidental(e) **II.** *adv* à l'ouest **III.** *präp* + *gen* à l'ouest de
Westmächte *Pl* puissances *fpl* occidentales **Westwind** *m* vent *m* d'ouest
weswegen [vɛs'veːgən] *s.* **weshalb**
Wettbewerb ['vɛtbəvɛrp] <-[e]s, -e> *m* ❶ *kein Pl* concurrence *f* ❷ (*Veranstaltung*) concours *m*; **sportlicher ~** compétition *f* sportive
Wette ['vɛtə] <-, -n> *f* pari *m*; **eine ~ abschließen** faire un pari
wetteifern *vi geh* **mit jdm um etw ~** rivaliser avec qn pour qc
wetten I. *vi* parier; **mit jdm um zehn Euro ~** parier dix euros avec qn; **~, dass ...?** *fam* on parie que ...? **II.** *vt* (*Geld*) parier
Wetter ['vɛtɐ] <-s> *nt kein Pl* temps *m*; **es ist schönes/schlechtes ~** il fait beau/mauvais
Wetterbericht *m* bulletin *m* météo[rologique] **wetterfest** *adj* résistant(e) aux intempéries **wetterfühlig** *adj* sensible aux changements de temps **Wetterkarte** *f* carte *f* météo[rologique] **Wettervorhersage** *f* prévisions *fpl* météo[rologiques]
Wettkampf *m* compétition *f* **Wettlauf** *m* course *f* à pied **wett\|machen** *vt* (*Zeit*) rattraper; (*Versäumnis*) réparer **Wettrennen** *nt* course *f* **Wettrüsten** *nt* course *f* aux armements
wetzen ['vɛtsən] **I.** *vt* + *haben* aiguiser **II.** *vi* + *sein fam* **nach Hause ~** filer à la maison
WG [veː'geː] <-, -s> *f Abk von* **Wohngemeinschaft** communauté *f* (*personnes partageant un appartement*)
Whisky ['wɪski] <-s, -s> *m* whisky *m*
wich [vɪç] *Imp von* **weichen**
wichtig ['vɪçtɪç] *adj* important(e)
Wichtigkeit <-> *f* importance *f*
wichtig\|machen *vr* **sich ~** *fam* faire l'important(e)
Wickel ['vɪkəl] <-s, -> *m* MED compresse *f*
wickeln I. *vt* ❶ (*herumbinden*) **sich** (*dat*) **einen Schal um den Hals ~** s'enrouler une écharpe autour du cou ❷ (*ein~*) envelopper ❸ (*Baby*) langer **II.** *vr* **sich um etw ~** s'enrouler autour de qc
Wickeltisch *m* table *f* à langer
Widder ['vɪdɐ] <-s, -> *m a.* ASTRO bélier *m*
wider ['viːdɐ] *präp* + *akk geh* contre
widerfahren* [viːdɐ'faːrən] *vi irr* + *sein geh* **jdm ~** arriver à qn **Widerhall** *m geh* écho *m* **wider\|hallen** *vi* résonner, retentir **widerlegen*** *vt* réfuter
widerlich *adj* répugnant(e)
widerrechtlich *adj* illégal(e) **Widerrede** *f* objection *f*; **keine ~!** pas de discussion! **Widerruf** *m* révocation *f*; **bis auf ~** jusqu'à nouvel ordre **widerrufen*** *vt irr* (*Genehmigung*) révoquer; (*Aussage*) revenir sur **Widersacher(in)** ['viːdɐzaxɐ] <-s, -> *m(f)* adversaire *mf* **widersetzen*** *vr* **sich jdm ~** résister à qn; **sich einer S.** (*dat*) **~** s'opposer à qc **widersinnig** *adj* absurde **widerspenstig** *adj* rebelle; (*Kind*) rétif(-ive) **wider\|spiegeln** *geh* **I.** *vt* renvoyer l'image de **II.** *vr* **sich in etw ~** (*dat*) se refléter dans qc **widersprechen*** *vi irr* contredire **Widerspruch** *m kein Pl* contradiction *f* **widersprüchlich** *adj* contradictoire **widerspruchslos I.** *adj* exempt(e) de protestations **II.** *adv* sans protester
Widerstand *m* résistance *f* **widerstandsfähig** *adj* robuste; (*Material*) résistant(e) **Widerstandskämpfer(in)** *m(f)* résistant(e) *m(f)* **widerstandslos** *adj* sans résistance
widerstehen* *vi irr* résister **widerstreben*** *vi geh* **es widerstrebt ihm dorthin zu gehen** ça le répugne d'y aller **widerwärtig** *adj* répugnant(e) **Widerwille** *m* répugnance *f*; **mit ~n** à contrecœur **widerwillig** *adj, adv* à contrecœur
widmen ['vɪtmən] **I.** *vt* **jdm etw ~** dédier qc à qn **II.** *vr* **sich jdm/einer S. ~** se consacrer à qn/qc
Widmung <-, -en> *f* dédicace *f*
widrig ['viːdrɪç] *adj geh* défavorable
wie [viː] **I.** *adv interrog* ❶ comment; **~ heißt du?** comment t'appelles-tu?; **~ geht es dir?** comment vas-tu?; **~ bitte?** comment? ❷ (*auf welche Weise*) comment ❸ (*in welchem Maße*) **~ alt bist du?** quel âge as-tu?; **~ groß bist du?** combien mesures-tu?; ~

W

spät ist es? quelle heure est-il?; ~ **oft ...** combien de fois ... ④ (*welche Menge*) ~ **viel** combien ⑤ (*in Ausrufen*) ~ **schön!** que c'est beau!; ~ **schade!** comme c'est dommage! **II.** *adv rel* **die Art, ~ ...** la façon dont ... **III.** *konj* ① (*vergleichend*) **weiß ~ Schnee** blanc comme neige; **so groß ~ ein Fass** aussi grand(e) qu'un tonneau; **er ist so alt ~ ich** il a le même âge que moi ② (*beispielsweise*) comme ③ (*entsprechend dem, was*) ~ **ich höre** d'après ce que j'entends dire ④ (*dass*) **er sah, ~ der Krug umkippte** il a vu la cruche basculer

wieder ['vi:dɐ] *adv* ① (*erneut*) de nouveau; **es regnet schon ~** il pleut encore; **nie ~** plus jamais ② (*allerdings*) en tout cas

Wiederaufbau [vi:dɐ'ʔaufbau] *m kein Pl* reconstruction *f*

wieder|auf|bauen [vi:dɐ'ʔaufbauən] *s.* **aufbauen I.2.**

wieder|auf|bereiten* *s.* **aufbereiten**

Wiederaufbereitung [vi:dɐ'ʔaufbərajtʊŋ] <-, -en> *f* ÖKOL retraitement *m*

Wiederaufbereitungsanlage *f* ÖKOL usine *f* de traitement des déchets radioactifs

Wiederaufnahme [vi:dɐ'ʔaufna:mə] *f* reprise *f*

wieder|bekommen* *vt irr* récupérer

wieder|beleben* *vt* (*Person*) r[é]animer

Wiederbelebung *f* renaissance *f*

wieder|entdecken* *s.* **entdecken 2.**

wieder|erkennen* *s.* **erkennen I.2.**

Wiedereröffnung *f* réouverture *f*

wieder|finden *s.* **finden I.1.**

Wiedergabe *f* ① reproduction *f* ② (*Schilderung*) description *f*

wieder|geben *vt irr* rendre

Wiedergeburt *f* réincarnation *f*

wieder|gewinnen* *vt irr* ① ÖKOL **etw aus Abfällen ~** obtenir qc en retraitant des déchets ② (*Eigentum*) récupérer

Wiedergewinnung <-> *f* récupération *f* [après traitement]

wieder|gut|machen [vi:dɐ'ʔgu:tmaxən] *s.* **gutmachen 1.**

Wiedergutmachung <-, -en> *f* réparation *f*

wieder|haben *vt irr fam* récupérer

wieder|her|stellen [vi:dɐ'ʔhe:ɐ̯ʃtɛlən] *vt* ① rétablir ② (*restaurieren*) **etw ~** remettre qc en état

wiederholen*[1] ['vi:dɐho:lən] **I.** *vt* ① (*Satz*) répéter ② (*Film*) rediffuser ③ (*Klasse*) redoubler ④ (*Lektion*) réviser **II.** *vr* **sich ~** se répéter

wieder|holen[2] [vi:dɐ'ho:lən] *vt* **sich** (*dat*) **etw ~** récupérer qc

wiederholt [vi:dɐ'ho:lt] **I.** *adj* répété(e) **II.** *adv* à plusieurs reprises

Wiederholung [vi:dɐ'ho:lʊŋ] <-, -en> *f* ① (*eines Worts*) répétition *f* ② (*eines Films*) rediffusion *f* ③ (*einer Klasse*) redoublement *m*

Wiederhören [**auf**] **~!** au revoir!

wieder|käuen ['vi:dɐkɔyən] **I.** *vt* ① (*Gras*) ruminer ② *pej* (*ständig wiederholen*) rabâcher **II.** *vi* ruminer

Wiederkäuer <-s, -> *m* ruminant *m*

wieder|kommen *vi irr + sein* ① revenir ② (*Gelegenheit*) se représenter

wieder|sehen *vt, vr irr* revoir

Wiedersehen <-s, -> *nt* [**auf**] **~!** au revoir!

wieder|tun[ALT] *s.* **tun I.1.**

wiederum ['vi:dərʊm] *adv* ① (*abermals*) de nouveau ② (*dagegen*) en revanche

wieder|vereinigen* *s.* **vereinigen II.1.**

Wiedervereinigung *f* réunification *f*

> Après la guerre froide, qui avait vu la séparation de l'Allemagne en deux États (avec la RFA – république fédérale allemande – à l'ouest et la RDA – république démocratique allemande – à l'est) et la construction du mur de Berlin, une politique de détente s'est amorcée. Le 9 novembre 1989 a vu la chute du mur de Berlin et le début de grands changements qui ont abouti, le 3 octobre 1990, à la signature d'un traité d'union et à la **Wiedervereinigung**, c'est-à-dire la réunification. Après la chute de l'État de la RDA, l'ancien territoire de l'Allemagne de l'Est a été intégré à la RFA.

wieder|verheiraten*[ALT] *s.* **verheiraten**

wieder|verwenden*[ALT] *s.* **verwenden**

Wiederverwendung *f* réutilisation *f*

wieder|verwerten*[ALT] *s.* **verwerten**

Wiederverwertung *f* recyclage *m*

Wiederwahl *f* réélection *f*

Wiege ['vi:gə] <-, -n> *f geh* berceau *m*

Wiegemesser *nt* hachoir *m*

wiegen[1] ['vi:gən] <wog, gewogen> *vt, vr* [**sich**] ~ [se] peser

wiegen[2] **I.** *vt* (*Kind*) bercer **II.** *vr* (*sich bewe-*

gen) **sich** ~ se balancer
Wiegenlied *nt* berceuse *f*
wiehern ['viːɐn] *vi* hennir
Wien [viːn] <-s> *nt* Vienne
Wiener(in) <-s, -> *m(f)* Viennois(e) *m(f)*
Wiese ['viːzə] <-, -n> *f* pré *m*
Wiesel ['viːzəl] <-s, -> *nt* belette *f*
wieso [vi'zoː] *adv interrog* pourquoi
wievielALT *s.* **wie I.4.**
wievielte(r, s) *adj interrog* **zum ~n Mal ...?** combien de fois ...?; **der Wievielte ist heute?** le combien sommes-nous aujourd'hui? (*fam*)
Wikinger(in) <-s, -> *m(f)* HIST Viking *mf*
wild [vɪlt] **I.** *adj* ❶ sauvage ❷ (*Spekulation*) fou(folle) *antéposé* ❸ *fam* (*wütend*) furieux(-euse) ▶**wie** ~ comme un(e) enragé(e) **II.** *adv* ❶ (*in freier Natur*) à l'état sauvage ❷ (*unkontrolliert*) sauvagement
Wild <-[e]s> *nt* gibier *m*
Wildbahn *f* **in freier** ~ en liberté
Wilde(r) *f(m) dekl wie adj* sauvage *mf*
Wilderer <-s, -> *m* braconnier *m*
wildern ['vɪldɐn] *vi* ❶ (*Person*) braconner ❷ (*Tier*) chasser
wildfremd ['vɪlt'frɛmt] *adj fam* totalement inconnu(e)
Wildheit <-, -en> *f* ❶ sauvagerie *f* ❷ (*eines Kampfs*) violence *f*
Wildkatze *f* chat *m* sauvage **Wildleder** *nt* daim *m*
Wildnis <-, -se> *f* contrée *f* sauvage
Wildschwein *nt* sanglier *m*
Wille ['vɪlə] <-ns, -n> *m* ❶ volonté *f*; **etw aus freiem ~n tun** faire qc de sa propre initiative; **etw wider ~n tun** faire qc sans le vouloir ❷ (*Absicht*) volonté *f*; **das war kein böser** ~ ce n'était pas intentionnel ▶**sein/ihr letzter** ~ *geh* ses dernières volontés
willen *präp* + *gen* **um seiner/deiner** ~ pour l'amour de lui/de toi
willenlos *adj* sans la moindre volonté
willens *adj geh* ~ **sein etw zu tun** être disposé à faire qc
Willenskraft *f kein Pl* volonté *f* **willensschwach** *adj* sans volonté
willig *adj* [qui fait preuve] de bonne volonté; (*Kind*) docile
willkommen [vɪl'kɔmən] *adj* ❶ bienvenu(e) ❷ (*Gelegenheit*) opportun(e)
Willkommen <-s, -> *nt* bienvenue *f*
Willkür ['vɪlkyːɐ] <-> *f* arbitraire *m*
willkürlich *adj* arbitraire
wimmeln ['vɪməln] *vi unpers* grouiller
wimmern ['vɪmɐn] *vi* geindre; (*Baby*) vagir
Wimpel ['vɪmpəl] <-s, -> *m* fanion *m*
Wimper ['vɪmpɐ] <-, -n> *f* cil *m* ▶**ohne mit der ~ zu zucken** sans sourciller
Wimperntusche *f* mascara *m*
Wind [vɪnt] <-[e]s, -e> *m* vent *m*
Windbeutel *m* chou *m* à la crème
Winde ['vɪndə] <-, -n> *f* ❶ TECH treuil *m* ❷ BOT liseron *m*
Windel ['vɪndəl] <-, -n> *f* couche *f*
windelweich ['vɪndəl'vaiç] *adj* ▶**jdn ~ schlagen** *fam* tabasser qn
winden ['vɪndən] <wand, gewunden> **I.** *vr* ❶ **sich vor Schmerzen** ~ se tordre de douleur ❷ (*sich vorwärts bewegen*) **sich** ~ (*Schlange, Wurm*) se faufiler ❸ (*in Kurven verlaufen*) **sich** ~ serpenter **II.** *vt* (*herumschlingen*) **etw um etw** ~ enrouler qc autour de qc
Windenergie *f* énergie *f* éolienne
windgeschützt *adj, adv* à l'abri du vent **Windhund** *m* lévrier *m*
windig *adj* ❶ (*mit viel Wind*) venteux(-euse); **es ist** ~ il y a du vent ❷ *fam* (*Vertreter*) pas sérieux(-euse); (*Sache*) foireux(-euse)
Windjacke *f* blouson *m* **Windkraftanlage** *f* éolienne *f* **Windmühle** *f* moulin *m* à vent **Windpocken** *Pl* varicelle *f* **Windrichtung** *f* direction *f* du vent **Windschatten** *m* côté *m* abrité du vent **windschief** *adj* tout(e) tordu(e) **Windschutzscheibe** *f* pare-brise *m* **Windstärke** *f* force *f* du vent **windstill** *adj* sans vent **Windstille** *f* calme *m* plat **Windstoß** *m* bourrasque *f* **Windsurfer(in)** *m(f)* [véli]planchiste *mf* **Windsurfing** *nt* planche *f* à voile
Windung <-, -en> *f* (*eines Wasserlaufs*) méandre *m*; (*einer Straße*) lacet *m*
Wink [vɪŋk] <-[e]s, -e> *m* ❶ indication *f* ❷ (*Bewegung*) signe *m*
Winkel ['vɪŋkəl] <-s, -> *m* ❶ MATH angle *m* ❷ (*Ecke*) coin *m* ❸ (*~maß*) équerre *f*
winken ['vɪŋkən] **I.** *vi* ❶ faire signe ❷ (*in Aussicht stehen*) **jdm winkt etw** qc attend qn **II.** *vt* **sie winkte ihn zu sich** elle lui fit signe de s'approcher d'elle
winseln ['vɪnzəln] *vi* gémir
Winter ['vɪntɐ] <-s, -> *m* hiver *m*
Winteranfang *m* début *m* de l'hiver

Wintereinbruch *m* irruption *f* de l'hiver **Wintergarten** *m* jardin *m* d'hiver

winterlich **I.** *adj* d'hiver **II.** *adv* pour affronter l'hiver

Wintermantel *m* manteau *m* d'hiver **Winterreifen** *m* pneu *m* neige **Winterschlaf** *m* hibernation *f;* ~ **halten** hiberner **Winterschlussverkauf**[RR] *m* soldes *mpl* d'hiver **Wintersemester** *nt* semestre *m* d'hiver **Wintersport** *m* sports *mpl* d'hiver

Winzer(in) ['vɪntsɐ] <-s, -> *m(f)* vigneron(ne) *m(f)*

winzig ['vɪntsɪç] *adj* ① minuscule ② (*Menge*) infime

Wipfel ['vɪpfəl] <-s, -> *m* cime *f*

Wippe ['vɪpə] <-, -n> *f* bascule *f*

wippen *vi* se balancer

wir [viːɐ̯] *pron pers* nous; **wer ist draußen? — Wir!** qui est là? — C'est nous!

Wirbel ['vɪrbəl] <-s, -> *m* ① ANAT vertèbre *f* ② *fam* (*Trubel*) remue-ménage *m* ③ (*Wasserwirbel*) remous *m;* (*Luftwirbel*) tourbillon *m* ④ (*Haarwirbel*) épi *m*

wirbeln **I.** *vi* ① + *sein* (*geweht werden*) tourbillonner ② + *haben fam* (*geschäftig sein*) s'activer **II.** *vt* + *haben* **die Unterlagen durcheinander** ~ (*Wind*) faire virevolter les documents

Wirbelsäule *f* colonne *f* vertébrale **Wirbelsturm** *m* cyclone *m* **Wirbeltier** *nt* vertébré *m*

wirbt [vɪrpt] *3. Pers Präs von* **werben**

wird [vɪrt] *3. Pers Präs von* **werden**

wirft [vɪrft] *3. Pers Präs von* **werfen**

wirken ['vɪrkən] **I.** *vi* ① (*Substanz*) agir; **gut/nicht** ~ être efficace/inefficace ② (*Drohung*) faire effet ③ (*erscheinen*) **müde** ~ avoir l'air fatigué(e); **lächerlich** ~ être ridicule ④ (*zur Geltung kommen*) **gut** ~ rendre bien **II.** *vt* **Wunder** ~ faire des miracles

wirklich ['vɪrklɪç] **I.** *adj* ① (*Begebenheit*) véritable; **sein ~er Name** son vrai nom ② (*Hilfe*) réel(le) **II.** *adv* ① (*tatsächlich*) réellement; **~?** c'est vrai?; ~ **nicht?** vraiment pas? ② (*aufrichtig, sehr*) vraiment

Wirklichkeit <-, -en> *f* réalité *f;* **in** ~ en réalité

wirksam *adj* ① efficace ② (*rechtskräftig*) ~ **werden** entrer en vigueur

Wirksamkeit <-> *f* efficacité *f*

Wirkstoff *m* substance *f* active

Wirkung <-, -en> *f* ① effet *m* ② (*Rechtskraft*) **mit ~ vom 15. Oktober** avec effet au 15 octobre

wirkungslos *adj* inefficace **wirkungsvoll** *adj* efficace

wirr [vɪr] **I.** *adj* ① emmêlé(e) ② (*Traum*) confus(e) **II.** *adv* en désordre

Wirren ['vɪrən] *Pl* troubles *mpl*

Wirrkopf *m pej* esprit *m* confus

Wirrwarr ['vɪrvar] <-s> *m* fouillis *m;* (*von Stimmen*) mélange *m* confus

Wirsing <-s> *m* chou *m* frisé

Wirt(in) ['vɪrt] <-[e]s, -e> *m(f)* patron(ne) *m(f)*

Wirtschaft ['vɪrtʃaft] <-, -en> *f* ① économie *f* ② (*~szweig*) **die freie** ~ le secteur privé ③ (*Gastwirtschaft*) bistro[t] *m*

wirtschaften *vi* ① (*Geld, Mittel verwalten*) gérer son budget; **eine Firma/ein Land zugrunde** ~ ruiner une entreprise/mener un pays à la ruine ② (*sich betätigen*) **in der Küche** ~ être occupé à la cuisine

wirtschaftlich *adj* ① économique; **seine ~en Verhältnisse** sa situation financière ② (*Hausfrau*) économe; (*Denken*) en termes d'économie

Wirtschaftlichkeit <-> *f* ① fonctionnement *m* économique ② (*Rentabilität*) rentabilité *f*

Wirtschaftsgymnasium *nt* lycée *m* à dominante économique **Wirtschaftskriminalität** *f* criminalité *f* économique **Wirtschaftskrise** *f* crise *f* économique **Wirtschaftslage** *f* situation *f* économique **Wirtschaftspolitik** *f* politique *f* économique **Wirtschaftsprüfer(in)** *m(f)* expert-comptable(experte-comptable) *m(f)* **Wirtschafts- und Währungsunion** *f* union *f* économique et monétaire **Wirtschaftswachstum** *nt* croissance *f* économique **Wirtschaftswissenschaft** *f meist Pl* sciences *fpl* économiques

Wirtshaus *nt* auberge *f*

Wisch [vɪʃ] <-[e]s, -e> *m pej fam* papelard *m*

wischen ['vɪʃən] *vt* ① (*Fußboden*) passer la serpillière sur ② (*entfernen*) **sich** (*dat*) **den Schweiß von der Stirn** ~ essuyer la sueur sur son front

wispern ['vɪspɐn] **I.** *vt* chuchoter **II.** *vi* parler en chuchotant

Wissbegier[de][RR], **Wißbegier[de]**[ALT] *f kein Pl* besoin *m* de savoir **wissbegierig**[RR], **wißbegierig**[ALT] *adj* extrêmement curieux(-euse)

wissen ['vɪsən] <weiß, wusste, gewusst> I. *vt* ❶ (*als Kenntnisse besitzen*) savoir; (*Fakten*) connaître; **viel ~** avoir beaucoup de connaissances; **davon weiß ich nichts** je ne suis absolument pas au courant ❷ (*können*) **sich** (*dat*) **zu helfen ~** savoir se débrouiller ❸ (*erfahren*) **jdn etw ~ lassen** faire savoir qc à qn II. *vi* ❶ **von etw ~** *geh* avoir connaissance de qc; **soviel ich weiß** autant que je sache ❷ (*sich erinnern*) **weißt du/~ Sie noch?** tu te rappelles/vous vous rappelez? ▸**nicht mehr ein noch aus ~** ne plus savoir quoi faire

Wissen <-s> *nt* connaissances *fpl*

Wissenschaft <-, -en> *f* science *f*

Wissenschaftler(in) <-s, -> *m(f)* scientifique *mf*

wissenschaftlich *adj* scientifique

Wissensdurst *m geh* soif *f* de savoir **Wissenslücke** *f* lacune *f*

wissentlich ['vɪsəntlɪç] I. *adj* délibéré(e) II. *adv* délibérément

wittern ['vɪtɐn] *vt* flairer

Witterung <-, -en> *f* ❶ METEO temps *m* ❷ JAGD flair *m*

Witwe ['vɪtvə] <-, -n> *f* veuve *f*

Witwer ['vɪtvɐ] <-s, -> *m* veuf *m*

Witz [vɪts] <-es, -e> *m* ❶ plaisanterie *f* ❷ *kein Pl geh* (*Esprit*) esprit *m* ▸**mach keine ~e!** *fam* allez, arrête tes conneries!; **das soll wohl ein ~ sein!** *fam* c'est une blague ou quoi?

Witzbold ['vɪtsbɔlt] <-[e]s, -e> *m* plaisantin *m*

witzig *adj* amusant(e)

witzlos *adj fam* (*sinnlos*) **~ sein** ne servir à rien

WM [veː'ʔɛm] <-, -s> *f Abk von* **Weltmeisterschaft**

wo [voː] I. *adv interrog* où; **~ bist du?** où es-tu? II. *adv rel* **die Stelle, ~ es passierte** l'endroit où c'est arrivé III. *konj* ❶ (*zumal*) d'autant que ... ❷ (*obwohl*) alors que ...

woanders [vo'ʔandɐs] *adv* ailleurs

wob [voːp] *Imp von* **weben**

wobei [vo'bai] I. *adv interrog* comment II. *adv rel* ❶ (*bei welcher Sache*) au cours duquel/de laquelle ❷ (*während welcher Sache*) pendant lequel/laquelle ❸ (*aber, jedoch*) cependant

Woche ['vɔxə] <-, -n> *f* semaine *f;* **nächste ~** la semaine prochaine; **pro ~** par semaine

Wochenarbeitszeit *f* durée *f* hebdomadaire du travail **Wochenende** *nt* week-end *m;* **am ~** le week-end; **schönes ~!** bon week-end! **Wochenendhaus** *nt* résidence *f* secondaire (*surtout pour le week-end*) **wochenlang** I. *adj* de plusieurs semaines II. *adv* pendant plusieurs semaines **Wochenmarkt** *m* marché *m* **Wochentag** *m* jour *m* de la semaine; **an ~en** en semaine

wochentags *adv* en semaine

wöchentlich ['vœçəntlɪç] I. *adj* hebdomadaire II. *adv* chaque semaine; **zweimal ~** deux fois par semaine

Wochenzeitschrift *f* [revue *f*] hebdomadaire *m*

Wodka ['vɔtka] <-s, -s> *m* vodka *f*

wodurch [vo'dʊrç] I. *adv interrog* comment II. *adv rel* ce qui explique que + *subj*

wofür [vo'fyːɐ̯] I. *adv interrog* pour quoi; **~ halten Sie mich eigentlich?** pour qui me prenez-vous?; **~ interessieren Sie sich?** à quoi vous intéressez-vous? II. *adv rel* **das Match, ~ sie trainiert** le match pour lequel elle s'entraîne

wog [voːk] *Imp von* **wiegen**[1]

Woge ['voːgə] <-, -n> *f geh* vague *f;* **die ~n** les flots *mpl*

wogegen [vo'geːgən] I. *adv interrog* contre quoi II. *adv rel* contre lequel/laquelle III. *konj* alors que; *s. a.* **wohingegen**

wogen ['voːgən] *vi geh* ❶ (*Meer*) rouler des vagues ❷ (*Kampf*) faire rage

woher [vo'heːɐ̯] *adv interrog, rel* d'où

wohin [vo'hɪn] I. *adv interrog* où; **~ gehst du?** où vas-tu? II. *adv rel* où; **geh, ~ du willst!** va où tu veux!

wohingegen *konj geh* alors que

wohl [voːl] *adv* ❶ **sich ~ fühlen** se sentir bien ❷ (*gut*) **jdm ist nicht ~ bei etw** qc met qn mal à l'aise ❸ (*wahrscheinlich*) vraisemblablement ❹ (*doch, schon*) tout à fait; **das kann man ~ sagen!** ça, tu peux/vous pouvez le dire! ❺ (*überhaupt*) **ob das ~ genügt?** ça suffira, vraiment? ❻ (*endlich*) **willst du ~ gehorchen!** alors, tu te décides à obéir! ▸**~ oder übel** bon gré mal gré; **leb ~!** adieu!

Wohl <-[e]s> *nt* ❶ bien *m* ❷ (*~befinden*) bien-être *m;* **zum ~!** à ta/votre santé!

wohlauf [voːl'ʔauf] *adj geh* **~ sein** se porter bien

Wohlbefinden <-s> *nt geh* bien-être *m*

wohlbehalten *adv* ❶ en bon état ❷ (*unverletzt*) sain(e) et sauf(sauve)
wohlbekannt *s.* **bekannt 1.**
wohlerzogen ['vo:lʔɛɐtso:gən] <besser erzogen, besterzogen> *adj geh* bien élevé(e)
Wohlfahrtsstaat *m pej* État[-]providence *m*
wohlgemerkt *adv* il faut le souligner
wohlhabend <wohlhabender, wohlhabendste> *adj* fortuné(e)
wohlig *adj* agréable
wohlklingend <wohlklingender, wohlklingendste> *adj geh* (*Stimme*) mélodieux(-euse)
wohlschmeckend <wohlschmeckender, wohlschmeckendste> *adj geh* savoureux(-euse)
Wohlstand *m kein Pl* aisance *f*
Wohlstandsgesellschaft *f* société *f* d'abondance
Wohltat *f kein Pl* délice *m*
Wohltäter(in) *m(f)* bienfaiteur(-trice) *m(f)*
wohltätig *adj* charitable; **ein ~er Zweck** un but caritatif
Wohltätigkeitsbasar *m* vente *f* de charité
wohltuend [vo:ltu:ənt] <wohltuender, wohltuendste> *adj* bienfaisant(e)
wohlverdient *adj geh* bien mérité(e)
wohlweislich ['vo:lvajslɪç] *adv* en toute connaissance de cause
Wohlwollen <-s> *nt* bienveillance *f*
wohlwollend <wohlwollender, wohlwollendste> **I.** *adj* bienveillant(e) **II.** *adv* avec bienveillance
wohnen ['vo:nən] *vi* habiter
Wohnfläche *f* surface *f* habitable **Wohngebiet** *nt* zone *f* résidentielle **Wohngegend** *f* zone *f* résidentielle **Wohngemeinschaft** *f* communauté *f* (*personnes partageant un appartement ou une maison*)
wohnhaft *adj form* **in Berlin ~ sein** être domicilié à Berlin
Wohnhaus *nt* immeuble *m* d'habitation **Wohnheim** *nt* (*Studentenwohnheim*) foyer *m* pour étudiants **Wohnlage** *f* quartier *m*
wohnlich **I.** *adj* agréable à habiter **II.** *adv* avec confort
Wohnmobil ['vo:nmobi:l] <-s, -e> *nt* camping-car *m* **Wohnort** *m* domicile *m* **Wohnraum** *m* ❶ (*Raum*) pièce *f* d'habitation ❷ *kein Pl* (*Wohnungen*) [parc *m* de] logements *mpl* **Wohnsitz** *m* domicile *m*
Wohnung <-, -en> *f* appartement *m*
Wohnungsbau *m kein Pl* construction *f* de logements **Wohnungsmarkt** *m* marché *m* du logement **Wohnungssuche** *f* recherche *f* d'un logement [à louer] **Wohnungstür** *f* porte *f* de l'appartement
Wohnviertel *nt* quartier *m* résidentiel **Wohnwagen** *m* caravane *f* **Wohnzimmer** *nt* [salle *f* de] séjour *m*
Wok [vɔk] <-, -s> *m* wok *m*
wölben ['vœlbən] *vr* ❶ (*sich biegen*) **sich ~** bomber ❷ (*überspannen*) **sich über etw** (*akk*) **~** (*Dach*) former une voûte au-dessus de qc
Wölbung <-, -en> *f* ARCHIT voûte *f*
Wolf [vɔlf, *Pl:* 'vœlfə] <-[e]s, Wölfe> *m* ❶ loup *m* ❷ (*Fleischwolf*) hachoir *m*
Wölfin ['vœlfɪn] <-, -nen> *f* louve *f*
Wolke ['vɔlkə] <-, -n> *f* nuage *m*
Wolkenbruch *m* pluie *f* torrentielle **Wolkenkratzer** *m* gratte-ciel *m* **wolkenlos** *adj* sans nuages
wolkig *adj* couvert(e)
Wolldecke *f* couverture *f* en laine
Wolle ['vɔlə] <-, -n> *f* laine *f*
wollen ['vɔlən] <will, wollte, wollen> **I.** *aux modal* ❶ **arbeiten ~** vouloir travailler; **ich wollte Sie fragen, ob ...** (*Höflichkeitsfloskel*) je voulais vous demander si ...; **willst du lieber eine Kassette oder eine CD haben?** tu préfères avoir une cassette ou un CD? ❷ (*in Aufforderungssätzen*) **~ Sie einen Moment Platz nehmen?** auriez-vous l'obligeance de prendre place un instant? ❸ (*werden*) **es sieht aus, als wolle es gleich ein Gewitter geben** on dirait qu'il va bientôt faire de l'orage **II.** <will, wollte, gewollt> *vi* ❶ vouloir ❷ (*gehen, reisen ~*) **zu jdm ~** vouloir voir qn ❸ (*wünschen*) **wie du willst** c'est comme tu veux; **ich wollte, ...** j'aimerais que ... ▶**dann ~ wir mal!** eh bien allons-y! **III.** *vt* ❶ (*haben ~, wünschen*) vouloir; **willst du lieber Kaffee oder Tee?** tu préfères du café ou du thé?; **ohne es zu ~** sans le vouloir ❷ (*bezwecken*) **was willst du mit dem Hammer?** que veux-tu faire avec ce marteau? ▶ **da ist nichts zu ~** *fam* y a pas moyen; **was will man mehr!** que demande le peuple!
Wollknäuel *nt* pelote *f* de laine
Wollust ['vɔlʊst] <-> *f geh* volupté *f*
womit [vo'mɪt] *adv* ❶ **~ sollen wir anfan-**

gen? par quoi devons-nous commencer? ② (*mit welchem Gegenstand*) ~ **waren sie bewaffnet?** de quoi étaient-ils armés? ③ (*wie, mit welchem Mittel*) ~ **kann man diesen Fleck entfernen?** comment peut-on enlever cette tache? ④ (*mit dem, mit der*) **das, ~ alle einverstanden sind** ce avec quoi tous sont d'accord

womöglich [vo'mœːklɪç] *adv* peut-être [même]

wonach [vo'naːx] *adv* ① ~ **suchst du?** qu'est-ce que tu cherches? ② (*nach dem, nach denen*) **es gibt Gerüchte, ~ er ein Spieler sein soll** il y a un bruit qui court qui dit qu'il serait un joueur

Wonne ['vɔnə] <-, -n> *f geh* exaltation *f*

woran [vo'ran] *adv* ① ~ **denkst du gerade?** à quoi penses-tu en ce moment? ② (*an welchem Gegenstand*) ~ **kann ich mich festhalten?** à quoi est-ce que je peux me tenir? ③ (*aus welchem Grund, Anlass*) ~ **ist er gestorben?** de quoi est-il mort? ④ (*an dem, an der*) **das Einzige, ~ ich mich erinnere** la seule chose dont je me souviens

worauf [vo'rauf] *adv* ① ~ **wartest du?** qu'est-ce que tu attends?; **ich habe nicht verstanden, ~ er sich bezieht** je n'ai pas compris ce à quoi il se réfère ② (*auf was*) ~ **kann ich mich setzen?** je peux m'asseoir sur quoi? ③ (*auf den, auf die, auf das*) **etwas, ~ ich nicht gefasst war** ce à quoi je ne m'attendais pas

woraus [vo'raus] *adv* ① (*aus welchem Material*) ~ **besteht diese Legierung?** de quoi est fait cet alliage? ② (*aus welchen Anzeichen*) ~ **schließen Sie das?** d'où tirez-vous cette conclusion?

worden *PP von* **werden**

worin [vo'rɪn] *adv* ① ~ **liegt das Problem?** où est le problème? ② (*in welchem Raum*) où ③ (*in dem, in der*) **etwas, ~ sich die Angebote unterscheiden** ce en quoi les offres diffèrent

Workaholic [wœːkə'hɔlɪk] <-s, -s> *m fam* stakhano *mf*

Workshop ['wɔːkʃɔp] <-s, -s> *m* atelier *m*

World Wide Web [wœrldwaɪd'wɛp] <-> *nt* World Wide Web *m*

Wort [vɔrt] <-[e]s, -e> *nt* ① <Wörter o -e> mot *m;* **mit anderen ~en** en d'autres termes ② (*Begriff*) **etw in ~e fassen** rendre qc par des mots ③ (*Äußerung*) parole *f* ④ *kein Pl* (*Versprechen*) **jdm sein ~ geben** donner sa parole à qn; **jdn beim ~ nehmen** prendre qn au mot ⑤ *kein Pl* (*Rede*) **jdm ins ~ fallen** couper la parole à qn ►**ein ernstes ~ mit jdm reden** dire deux mots à qn; **mit einem ~** en un mot

Wortart *f* catégorie *f* grammaticale

wortbrüchig *adj geh* parjure

Wörterbuch ['vœrtɐbuːx] *nt* dictionnaire *m*

Wortfetzen *Pl* bribes *fpl* de conversation

wortgetreu *adj* (*Übersetzung*) littéral(e); (*Wiedergabe*) textuel(le) **wortgewandt** I. *adj* éloquent(e) II. *adv* avec éloquence **wortkarg** *adj* peu loquace **Wortlaut** *m kein Pl* contenu *m;* (*eines Vertrages*) termes *mpl*

wörtlich ['vœrtlɪç] I. *adj* ① littéral(e) ② LING **~e Rede** discours *m* direct II. *adv* **etw ~ nehmen** prendre qc au pied de la lettre

wortlos I. *adj* muet(te) II. *adv* sans mot dire

Wortschatz *m kein Pl* vocabulaire *m* **Wortspiel** *nt* jeu *m* de mots **Wortwechsel** *m* altercation *f* **wortwörtlich** I. *adj* textuel(le) II. *adv* mot pour mot

worüber [vo'ryːbɐ] *adv* ① ~ **habt ihr gesprochen?** de quoi avez-vous parlé? ② (*über welchen/welchem Gegenstand*) ~ **bist du gestolpert?** sur quoi as-tu trébuché? ③ (*über dem, über das*) **etwas, ~ wir sprechen müssen** quelque chose dont nous devons parler

worum [vo'rʊm] *adv* ① **ich habe keine Ahnung, ~ es geht** je n'ai aucune idée de quoi il s'agit ② (*um den, um das*) **alles, ~ du mich bittest** tout ce que tu me demandes

worunter [vo'rʊntɐ] *adv* ① ~ **leidet er?** de quoi souffre-t-il? ② (*unter den, unter die*) **der Schrank, ~ sie den Karton gestellt hatte** l'armoire sous laquelle elle avait mis la boîte ③ (*unter dem, unter der*) **ein Bündel Geldscheine, ~ auch Falschgeld war** une liasse de billets parmi lesquels il y avait des faux billets

wovon [vo'fɔn] *adv* ① ~ **ist sie aufgewacht?** qu'est-ce qui l'a réveillée?; **ich weiß nicht, ~ du sprichst** je ne sais pas de quoi tu parles ② (*von dem, von der*) dont ③ (*wodurch*) **er redete viel, ~ er Halsschmerzen bekam** il parla beaucoup ce qui lui donna des maux de gorge

wovor [vo'foːɐ̯] *adv* ① ~ **hat er Angst?** de quoi a-t-il peur? ② (*vor dem*) **das Einzige,**

~ **sie sich fürchtet** la seule chose qui lui fait peur

wozu [vo'tsuː] *adv* ❶ (*warum, wofür*) ~ **brauchst du das Geld?** tu as besoin de l'argent pour quoi faire?; **ich weiß nicht, ~ das gut ist** je ne sais pas à quoi ça sert ❷ (*zu dem, zu der*) **die Miete, ~ noch die Heizkosten kommen** le loyer auquel s'ajoutent les frais de chauffage

Wrack [vrak] <-s, -s> *nt* épave *f*

wringen ['vrɪŋən] <wrang, gewrungen> *vt* tordre; **das Wasser aus etw ~** essorer qc

Wucher ['vuːxɐ] <-s> *m pej* (*zu hoher Preis*) prix *mpl* exorbitants; (*zu hohe Zinsen*) usure *f*

wucherisch *adj* (*Zinsen*) usuraire; (*Preis*) exorbitant(e)

wuchern ['vuːxɐn] *vi + haben o sein* (*Pflanzen*) proliférer; (*Geschwulst*) grossir

Wucherpreis *m pej* prix *m* exorbitant

Wucherung <-, -en> *f* néoplasme *m*

wuchs [vuːks] *Imp von* **wachsen**[1]

Wuchs [vuːks] <-es> *m* ❶ croissance *f* ❷ (*Gestalt*) taille *f*

Wucht [vʊxt] <-> *f* violence *f*

wuchtig *adj* ❶ (*mit Wucht*) violent(e) ❷ (*Gegenstand*) imposant(e)

wühlen ['vyːlən] **I.** *vi* (*kramen*) **in etw** (*dat*) **~** fouiller dans qc **II.** *vr* ❶ (*sich bewegen*) **sich in die Erde ~** s'enfouir dans la terre ❷ *fam* (*arbeiten*) **sich durch etw ~** liquider qc

Wühlmaus *f* campagnol *m*

Wulst [vʊlst, *Pl:* 'vʏlstə] <-es, Wülste> *m* bourrelet *m*

wulstig *adj* (*Lippen*) épais(se)

wund [vʊnt] *adj* (*Ferse*) écorché(e); **das Baby ist am Po ~** le bébé a les fesses irritées

Wunde ['vʊndə] <-, -n> *f* plaie *f*

Wunder ['vʊndɐ] <-s, -> *nt* miracle *m;* **es ist kein ~, dass** *fam* c'est pas étonnant que *+ subj* ►**sein blaues ~ erleben** *fam* avoir une drôle de surprise; **an ein ~ grenzen** tenir du miracle; **~ wirken** faire des miracles

wunderbar **I.** *adj* (*Person*) fantastique; (*Abend*) merveilleux(-euse) **II.** *adv* tellement

Wunderkerze *f* cierge *m* magique **Wunderkind** *nt* enfant *m* prodige

wunderlich *adj* bizarre

Wundermittel *nt* remède *m* miracle

wundern **I.** *vt* étonner **II.** *vr* **sich über etw** (*akk*) ~ s'étonner de qc

wunderschön ['vʊndɐ'ʃøːn] *adj* superbe

wundervoll *adj* merveilleux(-euse)

Wundsalbe *f* pommade *f* cicatrisante

Wundstarrkrampf *m* MED tétanos *m*

Wunsch [vʊnʃ, *Pl:* 'vʏnʃə] <-[e]s, Wünsche> *m* ❶ souhait *m;* **haben Sie sonst noch einen ~?** vous désirez autre chose?; **auf ~** sur demande ❷ (*Glückwunsch*) vœux *mpl*

wünschen ['vʏnʃən] **I.** *vr* **sich** (*dat*) **etw ~** vouloir qc **II.** *vt* ❶ **jdm Glück ~** souhaiter bonne chance à qn ❷ (*erhoffen*) **~, dass** souhaiter que *+ subj* ❸ (*Erklärung*) demander; **was ~ Sie?** que désirez-vous?; **wie gewünscht** comme souhaité **III.** *vi* **Sie ~?** vous désirez?; **[ganz] wie Sie ~** comme vous voulez

wünschenswert *adj* souhaitable

Wunschzettel *m* liste *f* de cadeaux

wurde ['vʊrdə] *Imp von* **werden**

Würde ['vʏrdə] <-> *f kein Pl* dignité *f*

würdelos *adj* indigne

Würdenträger(in) *m(f) geh* dignitaire *m*

würdevoll **I.** *adj geh* digne **II.** *adv* avec dignité

würdig **I.** *adj* ❶ digne ❷ (*Rahmen*) adéquat(e) **II.** *adv* ❶ (*mit Würde*) avec dignité ❷ (*gebührend*) dignement

würdigen *vt* ❶ (*Person*) rendre hommage à ❷ (*schätzen*) **etw zu ~ wissen** savoir apprécier qc à sa juste valeur ❸ *geh* **jdn keines Blickes ~** ne pas daigner jeter un seul regard à qn

Würdigung <-, -en> *f* (*einer Person, Sache*) reconnaissance *f*

Wurf [vʊrf, *Pl:* 'vʏrfə] <-[e]s, Würfe> *m* ❶ (*mit einem Ball*) lancer *m;* (*mit einem Stein*) jet *m* ❷ SPORT lancer *m* ❸ (*beim Würfeln*) coup *m* ❹ (*Jungtiere*) portée *f*

Würfel ['vʏrfəl] <-s, -> *m* ❶ dé *m* ❷ MATH cube *m*

würfeln **I.** *vi* **um etw ~** jouer qc aux dés **II.** *vt* ❶ **eine Fünf ~** faire un cinq ❷ (*in Würfel schneiden*) **den Speck ~** couper le lard en dés

Würfelspiel *nt* jeu *m* de dés **Würfelzucker** *m kein Pl* sucre *m* en morceaux

würgen ['vʏrgən] **I.** *vt* étrangler **II.** *vi* (*Brechreiz haben*) être pris de nausée[s]

Wurm [vʊrm, *Pl:* 'vʏrmɐ] <-[e]s, Würmer> *m* ver *m* ►**da ist der ~ drin** *fam* c'est un sac de nœuds

Wurmfortsatz *m* appendice *m*

wurmstichig *adj* (*Apfel*) véreux(-euse); (*Holz*) vermoulu(e)

Wurst [vʊrst, *Pl:* 'vʏrstə] <-, Würste> *f* ❶ *kein Pl* (*Wurstwaren*) charcuterie *f* ❷ (*Würstchen*) saucisse *f*; (*geräuchert*) saucisson *m* ▶**das ist mir/ihm ~** *fam* j'en ai/il en a rien à cirer

Wurstbrot *nt* sandwich *m* au saucisson

Würstchen ['vʏrstçən] <-s, -> *nt* ❶ saucisse *f* ❷ *pej fam* (*Mensch*) mauviette *m*

Würzburg <-s> *nt* Wurtzbourg

Würze ['vʏrtsə] <-, -n> *f* saveur *f*

Wurzel ['vʊrtsəl] <-, -n> *f* ❶ *a.* MATH racine *f* ❷ *geh* (*Ursprung*) origine *f*

wurzeln *vi geh* **in etw** (*dat*) ~ avoir son origine dans qc

Wurzelzeichen *nt* MATH radical *m*

würzen ['vʏrtsən] *vt* assaisonner

würzig *adj* épicé(e)

wusch [vuːʃ] *Imp von* **waschen**

Wuschelkopf *m fam* frisettes *fpl*

wusste[RR] ['vʊstə], **wußte**[ALT] *Imp von* **wissen**

Wust [vuːst] <-[e]s> *m fam* **ein ~ von Akten** un tas *m* de dossiers

wüst [vyːst] *adj* désert(e)

Wüste ['vyːstə] <-, -n> *f* désert *m*

Wut [vuːt] <-> *f* rage *f*

Wutanfall *m* accès *m* de fureur

wüten ['vyːtən] *vi* ❶ se déchaîner ❷ (*Zerstörung verursachen: Sturm*) faire des ravages

wütend *adj* furieux(-euse)

wutentbrannt ['vuːtʔɛnt'brant] **I.** *adj* saisi(e) de furie **II.** *adv* comme une furie

WWW [veːveː'veː] *nt Abk von* **World Wide Web** WWW *m*

Xx

X, x [ɪks] <-, -> *nt* ❶ X *m*/x *m* ❷ *fam* (*unzählige*) **x Briefe schreiben** écrire trente-six lettres

X-Beine ['ɪksbainə] *Pl* jambes *fpl* en [forme de] x

x-beliebig ['ɪksbə'liːbɪç] **I.** *adj fam* **ein ~er Käse** n'importe quel fromage **II.** *adv fam* de n'importe quelle façon

X-Chromosom ['ɪkskromozoːm] *nt* chromosome *m* X

x-fach ['ɪksfax] **I.** *adj fam* multiple **II.** *adv fam* trente-six fois

x-mal ['ɪksmaːl] *adv fam* x fois plus une

x-te(r, s)[RR] ['ɪkstə, -tɐ] *adj fam* **das ~ Mal** la ixième fois

x-temal[ALT] ['ɪkstəmaːl] *s.* **x-te(r, s)**

Xylophon [ksylo'foːn] <-s, -e> *nt* xylophone *m*

Yy

Y, y ['ʏpsilɔn] <-, -> *nt* Y *m*/y *m*

Yacht [jaxt] <-, -en> *f* yacht *m*

Yeti ['jeːti] <-s, -s> *m* yéti *m*

Yoga ['joːga] <-[s]> *m o nt* yoga *m*

Ypsilon ['ʏpsilɔn] <-[s], -s> *nt* i grec *m*

Yuppie ['jʊpi] <-s, -s> *m*, <-, -s> *f* yuppie *mf*

Zz

Z, z [tsɛt] <-, -> *nt* Z *m*/z *m*

Zack [tsak] ▶**auf ~ sein** *fam* avoir la pêche

Zacke ['tsakə] <-, -n> *f* dent *f*

zackig **I.** *adj* ❶ déchiqueté(e) ❷ *fam* (*Marsch*) qui chauffe **II.** *adv* crânement

zaghaft *adj* timide

zäh [tsɛː] **I.** *adj* ❶ (*Fleisch*) dur(e) ❷ (*~flüssig*) visqueux(-euse) ❸ (*schleppend*) ardu(e) ❹ (*Mensch*) résistant(e) ❺ (*hartnäckig*) obstiné(e) **II.** *adv* ❶ (*schleppend*) péniblement ❷ (*hartnäckig*) obstinément

zähflüssig *adj* dense

Zahl [tsaːl] <-, -en> *f* ❶ nombre *m* ❷ (*Ziffer*) chiffre *m*

zahlbar *adj* payable
zahlen ['tsa:lən] *vi, vt* payer
zählen ['tsɛ:lən] **I.** *vi* ❶ compter ❷ (*zugerechnet werden*) **zu den beliebtesten Kollegen ~** faire partie des collègues les plus appréciés ❸ (*sich verlassen*) **auf jdn/etw ~** compter sur qn/qc **II.** *vt* ❶ (*Besucher*) compter ❷ *geh* (*dazurechnen*) **jdn zu seinen Freunden ~** compter qn au nombre de ses amis
zahlenmäßig I. *adj* numérique **II.** *adv* (*in Zahlen*) par des chiffres
Zahlenschloss[RR] *nt* cadenas *m* à chiffres
Zähler <-s, -> *m* compteur *m*
Zählerstand *m* consommation *f* compteur
zahllos *adj* innombrable
zahlreich I. *adj* **~e Briefe** de nombreuses lettres **II.** *adv* en grand nombre **Zahltag** *m* jour *m* de paie
Zahlung <-, -en> *f* versement *m*
Zählung <-, -en> *f* (*Volkszählung*) recensement *m*
zahlungsfähig *adj* solvable **Zahlungsmittel** *nt* moyen *m* de paiement **Zahlungsmoral** *f kein pl* morale *f* de paiement **zahlungsunfähig** *adj* insolvable **Zahlungsverkehr** *m* **elektronischer ~** monétique *f*
Zahlwort <-wörter> *nt* numéral *m*
zahm [tsa:m] *adj* apprivoisé(e)
zähmen ['tsɛ:mən] *vt* ❶ (*Tier*) apprivoiser ❷ (*Neugier*) refréner
Zähmung <-, -en> *f* apprivoisement *m*
Zahn [tsa:n, *Pl:* 'tsɛ:nə] <-[e]s, Zähne> *m* dent *f*
Zahnarzt *m*, **-ärztin** *f* [chirurgien *m*] dentiste *mf* **Zahnarzthelfer(in)** *m(f)* assistant(e) *m(f)* dentaire **Zahnarztpraxis** *f* cabinet *m* dentaire **Zahnbelag** *m* plaque *f* dentaire **Zahnbürste** *f* brosse *f* à dents **Zahncreme** *f* dentifrice *m*
zähneklappernd *adj attr* claquant des dents
Zahnersatz *m* dentier *m* **Zahnfleisch** *nt* gencive *f* **zahnlos** *adj* édenté(e) **Zahnpasta** *s.* **Zahncreme** **Zahnpflege** *f* soins *mpl* dentaires **Zahnrad** *nt* roue *f* dentée **Zahnradbahn** *f* chemin *m* de fer à crémaillère **Zahnschmelz** *m* émail *m* **Zahnschmerzen** *Pl* mal *m* de dents **Zahnseide** *f* fil *m* dentaire **Zahnspange** *f* appareil *m* [dentaire] **Zahnstein** *m kein Pl* tartre *m* **Zahnstocher** <-s, -> *m* cure-dent *m* **Zahnweh** *s.* **Zahnschmerzen**
Zander ['tsandɐ] <-s, -> *m* sandre *m*
Zange ['tsaŋə] <-, -n> *f* pince *f*
Zank <-[e]s> *m* dispute *f*
zanken I. *vi* se disputer; (*Kinder*) se chamailler **II.** *vr* **sich ~** se disputer; (*Kinder*) se chamailler
Zäpfchen ['tsɛpfçən] <-s, -> *nt* ❶ MED suppositoire *m* ❷ ANAT luette *f*
Zapfen ['tsapfən] <-s, -> *m* ❶ (*von Nadelbäumen*) pomme *f* de pin ❷ (*Eiszapfen*) stalactite *f*
Zapfenstreich *m* MIL couvre-feu *m*
Zapfsäule *f* pompe *f* à essence
zappelig *adj* (*Kind*) agité(e)
zappeln ['tsapəln] *vi* **mit den Beinen ~** gigoter des jambes (*fam*)
zappen ['tsɛpn] *vi fam* zapper
Zar(in) [tsa:ɐ̯] <-en, -en> *m(f)* tsar *m*/tsarine *f*
zart [tsa:ɐ̯t] **I.** *adj* ❶ doux(douce) ❷ (*Gesundheit*) délicat(e) ❸ (*Fleisch*) tendre **II.** *adv* tendrement ►**~ besaitet** délicat(e)
Zartbitterschokolade *f* chocolat *m* noir
Zartheit <-> *f* ❶ (*der Haut*) douceur *f* ❷ (*von Fleisch*) tendreté *f*
zärtlich ['tsɛ:ɐ̯tlɪç] *adj* tendre
Zärtlichkeit <-, -en> *f* ❶ *kein Pl* tendresse *f* ❷ *Pl* (*Liebkosung*) caresses *fpl*
Zauber ['tsaubɐ] <-s, -> *m* ❶ *kein Pl* (*das Zaubern*) sortilège *m* ❷ (*~wirkung*) sort *m* ❸ *kein Pl* (*Faszination*) charme *m*
Zauberei [tsaubə'rai] <-> *f kein Pl* magie *f*
Zauberer <-s, -> *m*, **Zauberin** *f* ❶ (*Hexer*) magicien(ne) *m(f)* ❷ (*Zauberkünstler*) prestidigitateur(-trice) *m(f)*
Zauberformel *f* (*Formel*) formule *f* magique
zauberhaft *adj* merveilleux(-euse)
Zauberkünstler(in) *m(f)* prestidigitateur (-trice) *m(f)* **Zauberkunststück** *nt* tour *m* de magie
zaubern I. *vi* ❶ (*Fee*) faire de la magie ❷ (*Zauberkunststücke vorführen*) faire des tours de prestidigitation **II.** *vt* ❶ (*erscheinen lassen*) **etw aus dem Zylinder ~** faire sortir qc du chapeau comme par enchantement ❷ *fam* (*kochen*) mitonner
Zauberspruch *s.* **Zauberformel** **Zauberstab** *m* baguette *f* magique **Zaubertrick** *s.* **Zauberkunststück**
zaudern ['tsaudɐn] *vi* hésiter
Zaum [tsaum, *Pl:* 'tsɔymə] <-[e]s, Zäume> *m* bride *f* ►**etw in ~ halten** mettre un frein à qc

zäumen ['tsɔymən] *vt* brider

Zaun [tsaun, *Pl:* 'tsɔynə] <-[e]s, Zäune> *m* clôture *f*

z.B. *Abk von* **zum Beispiel** par ex.

ZDF [tsɛtdeː'ʔɛf] <-s> *nt Abk von* **Zweites Deutsches Fernsehen** *deuxième chaîne de la télévision allemande*

Zebra ['tseːbra] <-s, -s> *nt* zèbre *m*

Zebrastreifen *m* passage *m* clouté

Zeche ['tsɛçə] <-, -n> *f* ❶ MIN mine *f* [de charbon] ❷ *fam* (*Rechnung*) addition *f*

zechen ['tsɛçən] *vi iron* biberonner (*fam*)

Zecke ['tsɛkə] <-, -n> *f* tique *f*

Zeder ['tseːdɐ] <-, -n> *f* cèdre *m*

Zeh [tseː] <-s, -en> *m*, **Zehe** ['tseːə] <-, -n> *f* ❶ ANAT orteil *m* ❷ BOT gousse *f*

Zehenspitze *f* pointe *f* de/du pied

zehn [tseːn] *num* dix; *s. a.* **acht** [1]

Zehn <-, -en> *f* dix *m*; *s. a.* **Acht** [1]

Zehner <-s, -> *m fam* (*Zehneuroschein*) billet *m* de dix euros

Zehnerkarte *f* carnet *m* de dix

zehnerlei *adj inv* ~ **Sorten Brot** dix sortes de pain; *s. a.* **achterlei**

Zehneuroschein *m* billet *m* de dix euros

zehnfach I. *adj* **die ~e Menge nehmen** [en] prendre dix fois plus II. *adv* (*kopieren*) en dix exemplaires; *s. a.* **achtfach** **zehnjährig** *adj* (*Amtszeit*) de dix ans **Zehnkampf** *m* décathlon *m*

zehnmal *adv* dix fois; *s. a.* **achtmal**

zehnt *adv* **zu ~ sein** être dix; *s. a.* **acht** [2]

zehntausend ['tseːn'tauzənt] *num* dix mille

zehnte(r, s) *adj* ❶ dixième ❷ (*bei Datumsangaben*) **der ~ März** le dix mars; *s. a.* **achte(r,s)**

zehntel *adj* dixième; *s. a.* **achtel**

Zehntel <-s, -> *nt* dixième

zehntens *adv* dixièmement

Zeichen ['tsaiçən] <-s, -> *nt* ❶ signe *m* ❷ (*Markierung*) marque *f* ❸ CHEM symbole *m* ❹ INFORM caractère *m*

Zeichenblock <-blöcke *o* -blocks> *m* bloc *m* à dessin **Zeichensetzung** <-> *f* ponctuation *f* **Zeichensprache** *f* langage *m* des signes **Zeichentrickfilm** *m* dessin *m* animé

zeichnen ['tsaiçnən] I. *vt* ❶ dessiner ❷ (*erkennbar prägen*) marquer ❸ (*unter~*) signer II. *vi* **mit Tusche ~** dessiner à l'encre de Chine

Zeichner(in) <-s, -> *m(f)* (*Beruf*) **technischer ~/technische ~in** dessinateur industriel/dessinatrice industrielle

Zeichnung <-, -en> *f* dessin *m*

Zeigefinger *m* index *m*

zeigen ['tsaigən] I. *vt* ❶ **jdm etw ~** montrer qc à qn ❷ (*im Fernsehen bringen*) passer ❸ (*zum Ausdruck bringen*) **Interesse ~** montrer de l'intérêt ❹ (*anzeigen*) **10° C ~** indiquer 10° C ❺ (*erkennen lassen*) **~, dass ...** (*Vorfall*) [dé]montrer que ... II. *vi* ❶ (*deuten*) montrer ❷ (*weisen*) **nach Norden ~** (*Nadel*) indiquer le nord III. *vr* ❶ (*sich sehen lassen*) **sich ~** (*Person*) se montrer ❷ (*sich herausstellen*) **es zeigt sich, dass ...** il s'avère que ...

Zeiger <-s, -> *m* aiguille *f*

Zeile ['tsailə] <-, -n> *f* ligne *f*

Zeilenabstand *m* interligne *m*

Zeisig ['tsaizɪç] <-s, -e> *m* serin *m*

Zeit [tsait] <-, -en> *f* ❶ temps *m* ❷ (*Uhrzeit*) heure *f* ❸ (*~raum*) **in letzter ~** ces derniers temps; **eine ~ lang** un certain temps ❹ (*Epoche*) époque *f* ❺ (*Normalzeit*) temps *m*; **mitteleuropäische ~** heure *f* de l'Europe centrale ▸**zur ~** actuellement

Zeitabschnitt *m* période *f* **Zeitalter** *nt* époque *f* **Zeitansage** *f* heure *f* [exacte] **zeitaufwändig**[RR], **zeitaufwendig** *adj* qui nécessite beaucoup de temps **Zeitbombe** *f* bombe *f* à retardement **Zeitdruck** *m kein Pl* course *f* contre la montre **Zeiteinteilung** *f* organisation *f* du temps **Zeitgeist** *m kein Pl* esprit *m* du temps **Zeitgenosse** *m*, **-genossin** *f* contemporain(e) *m(f)* **zeitgenössisch** *adj* ❶ (*heutig*) contemporain(e) ❷ (*der damaligen Epoche*) de l'époque **Zeitgeschehen** *nt kein Pl* actualité *f* **Zeitgeschichte** *f kein Pl* histoire *f* contemporaine

zeitig *adv* de bonne heure

zeitlich I. *adj* chronologique II. *adv* au niveau de l'heure/du jour

zeitlos *adj* classique

Zeitlupe *f kein Pl* ralenti *m* **Zeitnot** *f kein Pl* manque *m* extrême de temps **Zeitplan** *m* calendrier *m* **Zeitpunkt** *m* (*Termin*) date *f*; (*Stunde*) heure *f*

zeitraubend *adj* qui prend beaucoup de temps

Zeitraum *m* période *f* **Zeitrechnung** *f kein Pl* ère *f* **Zeitschrift** *f* magazine *m* **Zeitspanne** *f* laps *m* de temps **Zeitumstellung** *f* changement *m* d'heure

Zeitung ['tsaitʊŋ] <-, -en> *f* journal *m*
Zeitungsabonnement *nt* abonnement *m* à un journal **Zeitungsannonce** *f* petite annonce *f* **Zeitungsartikel** *m* article *m* de journal **Zeitungsausschnitt** *m* coupure *f* de presse **Zeitungspapier** *nt* papier *m* journal
Zeitverschiebung *f* décalage *m* horaire **Zeitverschwendung** *f kein Pl* gaspillage *m* de temps **Zeitvertreib** <-[e]s, -e> *m* passe-temps *m*
zeitweilig ['tsaitvailɪç] **I.** *adj* ❶ temporaire ❷ (*Schneefall*) passager(-ère) **II.** *adv s.* **zeitweise**
zeitweise *adv* ❶ par intermittence ❷ (*eine Zeit lang*) par moments
zelebrieren* [tsele'bri:rən] *vt* ❶ REL célébrer ❷ *geh* (*feierlich gestalten*) solenniser
Zelle ['tsɛlə] <-, -n> *f* ❶ *a.* BIO cellule *f* ❷ (*Telefonzelle*) cabine *f*
Zellkern *m* BIO noyau *m* cellulaire **Zellteilung** *f* BIO division *f* cellulaire
Zelluloid [tsɛlu'lɔyt] <-s> *nt* celluloïd *m*
Zelt [tsɛlt] <-[e]s, -e> *nt* tente *f*
zelten *vi* camper
Zeltlager *nt* campement *m*
Zement [tse'mɛnt] <-[e]s, -e> *m* ciment *m*
zementieren* [tsemɛn'ti:rən] *vt* cimenter
Zenit [tse'ni:t] <-[e]s> *m* zénith *m*
zensieren* [tsɛn'zi:rən] *vt* ❶ noter ❷ (*der Zensur unterwerfen*) censurer
Zensur [tsɛn'zu:ɐ̯] <-, -en> *f* ❶ note *f* ❷ *kein Pl* (*Kontrolle*) censure *f*
Zentiliter *m o nt* centilitre *m*
Zentimeter [tsɛnti'me:tɐ] *m o nt* centimètre *m*
Zentimetermaß *nt* mètre *m*
Zentner ['tsɛntnɐ] <-s, -> *m* demi-quintal *m*
zentral [tsɛn'tra:l] **I.** *adj* central(e) **II.** *adv* (*liegen*) au centre; (*erfassen*) de manière centralisée
Zentralafrika *nt* l'Afrique *f* centrale **Zentralbank** <-banken> *f* banque *f* centrale; **die Europäische ~** la banque centrale européenne; **Europäisches System der ~en** Système *m* européen des banques centrales
Zentrale <-, -n> *f* ❶ siège *m* ❷ (*Telefonzentrale*) standard *m*
Zentralheizung *f* chauffage *m* central
zentralisieren* [tsɛntrali'zi:rən] *vt* centraliser
Zentralmassiv *nt* GEO **das ~** le Massif central **Zentralverriegelung** <-, -en> *f* verrouillage *m* central[isé]
Zentren *Pl von* **Zentrum**
Zentrifugalkraft *f* force *f* centrifuge
Zentrum ['tsɛntrʊm] <-s, Zentren> *nt* centre *m*
Zeppelin ['tsɛpəli:n] <-s, -e> *m* dirigeable *m*
Zepter ['tsɛptɐ] <-s, -> *nt* sceptre *m*
zerbeißen* *vt irr* ❶ (*Bonbon*) croquer ❷ (*Schuh*) mordiller ❸ *fam* (*stechen*) **jdn ~** (*Floh*) dévorer qn
zerbrechen* *irr* **I.** *vt + haben* casser **II.** *vi + sein* ❶ se casser ❷ *fig* se briser
zerbrechlich *adj* fragile
zerbröckeln* **I.** *vt + haben* (*Brot*) émietter; (*Erde*) effriter **II.** *vi + sein* (*Kuchen*) s'émietter
zerdrücken* *vt* ❶ écraser ❷ *s.* **zerknittern**
Zeremonie [tseremo'ni:] <-, -n> *f* cérémonie *f*
Zerfall *m kein Pl* ❶ dégradation *f* ❷ (*Niedergang*) décadence *f* ❸ PHYS désintégration *f*
zerfallen* *vi irr + sein* ❶ tomber en ruine ❷ PHYS se désintégrer ❸ (*sich gliedern*) **in etw** (*akk*) **~** se diviser en qc
zerfetzen* *vt* ❶ déchirer ❷ (*verstümmeln*) déchiqueter
zerfleddern* *vt fam* esquinter
zerfleischen* **I.** *vt* déchiqueter **II.** *vr* **sich ~** se torturer
zerfließen* *vi irr + sein* ❶ (*Butter*) fondre; (*Make-up*) couler ❷ *fig* **vor Mitleid ~** se confondre en apitoiements
zerkleinern* *vt* **etw ~** couper qc en petits morceaux
zerklüftet *adj* (*Berg, Felsen*) crevassé(e)
zerknirscht *adj, adv* contrit(e)
zerknittern* *vt* chiffonner
zerknüllen* *vt* froisser
zerkratzen* *vt* ❶ rayer ❷ (*verletzen*) griffer
zerlassen* *vt irr* faire fondre
zerlegen* *vt* ❶ démonter ❷ (*Gans*) découper
zerlumpt [tsɛɐ'lʊmpt] *adj* déguenillé(e)
zermahlen* *vt* moudre
zermürben* *vt* épuiser; **~d sein** être usant
zerplatzen* *vi + sein* éclater
zerquetschen* *vt* écraser
zerreiben* *vt irr* piler
zerreißen* *irr* **I.** *vt + haben* déchirer **II.** *vi + sein* se déchirer
Zerreißprobe *f* épreuve *f* de vérité

zerren ['tsɛrən] **I.** *vt* **jdn ins Zimmer ~** tirer qn dans la pièce **II.** *vi* **an etw** (*dat*) **~** tirer sur qc **III.** *vr* **sich** (*dat*) **einen Muskel ~** se froisser un muscle

zerrinnen* *vi irr + sein geh* (*Träume*) partir en fumée

zerrissen [tsɛɐ'rɪsən] *adj fig* déchiré(e)

Zerrung <-, -en> *f* élongation *f*

zerrütten* [tsɛɐ'rʏtən] *vt* (*Nerven*) démolir; (*Ehe*) briser

zersägen* *vt* scier

zerschellen* *vi + sein* s'écraser

zerschlagen*[1] *irr* **I.** *vt* casser **II.** *vr* **sich ~** tomber à l'eau

zerschlagen[2] *adj* **~ sein** être fourbu

zerschmettern* *vt* (*Schädel*) fracasser; (*Kiefer*) briser

zerschneiden* **I.** *vt irr* découper **II.** *vr* **sich** (*dat*) **die Hand ~** se couper la main

zersetzen* *vt, vr* [**sich**] **~** [se] décomposer

Zersetzung <-> *f* ① décomposition *f* ② (*Untergrabung*) dégradation *f*

zersplittern* **I.** *vt + haben* faire éclater **II.** *vi + sein* voler en éclats

zerspringen* *vi irr + sein* éclater

zerstampfen* *vt* écraser

zerstäuben* [tsɛɐ'ʃtɔybən] *vt* (*Parfüm*) vaporiser

Zerstäuber <-s, -> *m* vaporisateur *m*

zerstören* *vt* détruire

zerstörerisch *adj* destructeur(-trice)

Zerstörung <-, -en> *f* ① *kein Pl* (*das Zerstören*) destruction *f* ② (*Verwüstung*) dévastation *f*

zerstoßen* *vt irr* concasser

zerstreiten* *vr irr* **sich ~** se brouiller

zerstreuen* **I.** *vt* ① (*auseinander treiben*) disperser ② (*Truppen*) disséminer; (*Papiere*) éparpiller **II.** *vr* **sich ~** ① (*sich amüsieren*) se distraire ② (*Menschenmenge*) se disperser ③ (*Sorgen*) s'envoler

zerstreut *adj* ① (*unkonzentriert*) distrait(e) ② (*verstreut*) éparpillé(e)

Zerstreuung <-, -en> *f* distraction *f*

zerstückeln* *vt* dépecer

zerteilen* *vt* découper

Zertifikat [tsɛrtifi'ka:t] <-[e]s, -e> *nt* certificat *m*

zertrampeln* *vt* piétiner

zertreten* *vt irr* (*Käfer*) écraser; (*Gras*) piétiner

zertrümmern* *vt* ① (*Fensterscheibe*) défoncer ② (*Schädel*) fracasser ③ (*Nierenstein*) détruire

zerwühlen* *vt* ① (*Boden*) labourer ② (*Bett*) défaire

zetern ['tse:tɐn] *vi pej* brailler

Zettel ['tsɛtəl] <-s, -> *m* ① [bout *m* de] papier *m*; (*mit einer Notiz*) note *f* ② (*Einkaufszettel*) liste *f*

Zeug [tsɔyk] <-[e]s> *nt fam* ① bazar *m* ② (*Nahrungsmittel*) truc *m* ③ (*Unsinn*) **dummes ~ reden** raconter des conneries

Zeuge ['tsɔygə] <-n, -n> *m*, **Zeugin** *f* témoin *m*

zeugen[1] ['tsɔygən] *vt geh* (*Kind*) engendrer

zeugen[2] *vi* **von großer Erfahrung ~** témoigner d'une grande expérience

Zeugenaussage *f* témoignage *m* **Zeugenstand** *m* **jdn in den ~ rufen** appeler qn à la barre [des témoins]

Zeugnis ['tsɔyknɪs] <-ses, -se> *nt* ① (*Schulzeugnis*) bulletin *m* [scolaire] ② (*Arbeitszeugnis*) certificat *m* de travail

Zeugung <-, -en> *f geh* procréation *f*

zeugungsunfähig *adj form* inapte à procréer

z.H[d]. *Abk von* **zu Händen** à l'attention de

Zicke ['tsɪkə] <-, -n> *f pej fam* chiante *f*

Zickzack ['tsɪktsak] *m* **im ~** en zigzag

Ziege ['tsi:gə] <-, -n> *f* ① chèvre *f* ② *pej fam* (*Schimpfwort*) **diese** [**blöde**] **~!** cette conne!

Ziegel ['tsi:gəl] <-s, -> *m* ① (*~stein*) brique *f* ② (*Dachziegel*) tuile *f*

Ziegeldach *nt* toit *m* de tuiles

Ziegelei [tsi:gə'lai] <-, -en> *f* briqueterie *f*; (*für Dachziegel*) tuilerie *f*

Ziegelstein *s.* **Ziegel**

Ziegenbock *m* bouc *m* **Ziegenkäse** *m* [fromage *m* de] chèvre *m* **Ziegenmilch** *f* lait *m* de chèvre

ziehen ['tsi:ən] <zog, gezogen> **I.** *vt + haben* ① tirer ② (*bewegen*) **die Rollläden nach oben ~** monter des volets roulants ③ (*zerren*) **jdn an den Haaren ~** tirer qn par les cheveux ④ (*Fäden*) retirer; (*Zahn*) arracher ⑤ (*Degen*) sortir ⑥ (*Zaun*) installer ⑦ (*Pflanzen*) cultiver ⑧ (*an~*) **alle Blicke auf sich** (*akk*) **~** attirer tous les regards sur soi ⑨ (*zur Folge haben*) **Veränderungen nach sich** (*akk*) **~** entraîner des changements **II.** *vi* ① *+ haben* (*zerren*) **an etw** (*dat*) **~** tirer sur qc ② *+ sein* (*um~*) **nach**

Z

Berlin ~ déménager à Berlin ❸ + *sein* (*unterwegs sein*) **durch die Stadt** ~ traverser la ville ❹ + *sein* ZOOL (*Vögel*) migrer ❺ (*sich bewegen*) **nach rechts/links** ~ (*Fahrzeug*) tirer à droite/gauche ❻ + *haben* (*beim Rauchen*) **an etw** (*dat*) ~ tirer sur qc ❼ + *sein* (*dringen*) **durchs Haus** ~ (*Duft*) se répandre dans la maison ❽ + *haben* (*Tee*) infuser **III.** *vi unpers* + *haben* ❶ **es zieht!** il y a un courant d'air! ❷ (*schmerzen*) **es zieht [mir] in den Beinen** ça [me] tire dans les jambes; **ein ~der Schmerz** une douleur lancinante **IV.** *vt unpers* + *haben* **jdn zieht es in die Ferne** qn est attiré(e) par les contrées lointaines **V.** *vr* + *haben* ❶ **sich** ~ (*Verhandlungen*) traîner en longueur ❷ (*sich erstrecken*) **sich durch das Tal** ~ (*Straße*) s'étendre à travers la vallée ❸ (*sich hoch~*) **sich in die Höhe** ~ se hisser en haut

Ziehharmonika *f* accordéon *m*

Ziehung <-, -en> *f* tirage *m*

Ziel [tsiːl] <-[e]s, -e> *nt* ❶ (*Reiseziel*) destination *f* ❷ (*opp: Start*) [ligne *f* d']arrivée *f* ❸ (*~scheibe*) cible *f* ❹ *fig* but *m*

zielen *vi* ❶ viser ❷ (*gerichtet sein*) **auf jdn/etw** ~ (*Waffe*) être pointé sur qn/qc

Zielgruppe *f* [groupe *m*] cible *f* **Ziellinie** *f* ligne *f* d'arrivée

ziellos *adj, adv* sans but [précis]

Zielscheibe *f* cible *f* **zielsicher** **I.** *adj* **ein ~er Schütze** un fin tireur **II.** *adv* ~ **auf jdn/etw zugehen** se diriger sans hésiter vers qn/qc

zielstrebig **I.** *adj* déterminé(e) **II.** *adv* avec détermination

ziemlich **I.** *adj fam* **eine ~e Entfernung** une bonne petite distance **II.** *adv* assez; **er musste sich ~ beeilen** il a dû pas mal se dépêcher

Zierde ['tsiːɐ̯də] <-, -n> *f* parure *f*; **zur ~** comme décoration

zieren ['tsiːrən] **I.** *vt* orner **II.** *vr* **sich** ~ faire des manières

Zierfisch *m* poisson *m* [exotique] d'aquarium

zierlich *adj* menu(e)

Ziffer ['tsɪfɐ] <-, -n> *f* chiffre *m*

Zifferblatt *nt* cadran *m*

zig [tsɪç] *adj fam* trente-six

Zigarette [tsiga'rɛtə] <-, -n> *f* cigarette *f*

Zigarettenautomat *m* distributeur *m* de cigarettes **Zigarettenschachtel** *f* paquet *m* de cigarettes

Zigarre [tsi'garə] <-, -n> *f* cigare *m*

Zigeuner(in) [tsi'gɔynɐ] <-s, -> *m(f)* tzigane *mf*; (*in Südfrankreich, Spanien lebend*) gitan(e) *m(f)*

zigmal ['tsɪçmaːl] *adv fam* trente-six fois

Zikade [tsi'kaːdə] <-, -n> *f* cigale *f*

Zimmer ['tsɪmɐ] <-s, -> *nt* ❶ pièce *f* ❷ (*zum Schlafen*) chambre *f*

Zimmerdecke *f* plafond *m* **Zimmerlautstärke** *f* **etw auf ~** (*akk*) **stellen** mettre qc en sourdine **Zimmermädchen** *nt* femme *f* de chambre **Zimmermann** <-leute> *m* charpentier *m*

zimmern ['tsɪmɐn] **I.** *vt* fabriquer **II.** *vi* **an etw** (*dat*) ~ bricoler qc

Zimmerpflanze *f* plante *f* d'appartement **Zimmersuche** *f* recherche d'une chambre *f* **Zimmertemperatur** *f* température *f* ambiante

zimperlich ['tsɪmpɐlɪç] *adj* douillet(te)

Zimt [tsɪmt] <-[e]s> *m* cannelle *f*

Zink [tsɪŋk] <-[e]s> *nt* zinc *m*

zinken *vt* biseauter

Zinn [tsɪn] <-[e]s> *nt* étain *m*

Zinne ['tsɪnə] <-, -n> *f* créneau *m*

Zins [tsɪns] <-es, -en> *m* intérêt *m*

Zinseszins *m* intérêts *mpl* composés

zinslos *adj, adv* sans intérêts

Zinssatz *m* taux *m* d'intérêt

Zipfel ['tsɪpfəl] <-s, -> *m* (*eines Kissens*) coin *m*; (*einer Wurst*) entame *f*

Zipfelmütze *f* bonnet *m* à pointe

zirka ['tsɪrka] *adv* environ

Zirkel ['tsɪrkəl] <-s, -> *m* compas *m*

zirkulieren* [tsɪrku'liːrən] *vi* circuler

Zirkus ['tsɪrkʊs] <-, -se> *m* cirque *m*

Zirkuszelt *nt* chapiteau *m*

zirpen ['tsɪrpən] *vi* chanter

zischen ['tsɪʃən] *vi* ❶ + *haben* (*Schlange*) siffler; (*Fett*) grésiller ❷ + *sein* **aus etw** ~ (*Dampf*) chuinter en sortant de qc; (*Bier*) jaillir de qc ❸ + *haben* (*Unmut äußern*) siffler

ziselieren* *vt* ciseler

Zisterne <-, -n> *f* citerne *f*

Zitat [tsi'taːt] <-[e]s, -e> *nt* citation *f*

zitieren* [tsi'tiːrən] *vt* citer

Zitronat [tsitro'naːt] <-[e]s, -e> *nt* citron *m* confit

Zitrone [tsi'troːnə] <-, -n> *f* citron *m*

Zitronenlimonade *f* citronnade *f* **Zitronensaft** *m* jus *m* de citron
Zitrusfrucht ['tsiːtrʊsfrʊxt] *f* agrume *m*
zittern ['tsɪtɐn] *vi* ❶ trembler ❷ *fam* (*Angst haben*) **vor jdm ~** avoir la frousse de qn
Zitze ['tsɪtsə] <-, -n> *f* (*einer Kuh, Sau*) mamelle *f;* (*einer Katze, Hündin*) tétine *f*
Zivi ['tsiːvi] <-s, -s> *m fam Abk von* **Zivildienstleistende(r)** *objecteur de conscience qui effectue son service civil*
zivil [tsi'viːl] *adj* ❶ civil(e) ❷ *fam* (*akzeptabel*) **~e Preise** des prix potables
Zivil <-s> *nt* tenue *f* civile; **in ~** en civil
Zivilbevölkerung *f* population *f* civile **Zivilcourage** *f* courage *m* de ses opinions; (*politisch*) courage civique **Zivildienst** *m kein Pl* service *m* civil
Zivildienstleistende(r) *f(m) dekl wie adj: objecteur de conscience qui effectue son service civil*
Zivilisation [tsiviliza'tsi̯oːn] <-, -en> *f* civilisation *f*
Zivilisationskrankheit *f: maladie liée au mode de vie dans les pays industrialisés*
zivilisieren* [tsivili'ziːrən] *vt* civiliser
zivilisiert [tsivili'ziːɐ̯t] **I.** *adj* civilisé(e) **II.** *adv* **sich ~ benehmen** se comporter en personne civilisée
Zivilist(in) [tsivi'lɪst] <-en, -en> *m(f)* civil(e) *m(f)*
Zivilprozess[RR] *m* procès *m* civil **Zivilrecht** *nt* droit *m* civil **Zivilschutz** *m* sécurité civile *f*
zocken ['tsɔkən] *vi fam* jouer; (*um hohe Beträge spielen*) flamber
Zoff ['tsɔf] <-s> *m fam* engueulade *f*
zögerlich ['tsøːgɐlɪç] *adj* hésitant(e)
zögern ['tsøːgɐn] *vi* hésiter
Zögern <-s> *nt* hésitation *f*
zögernd **I.** *adj* hésitant(e) **II.** *adv* en hésitant
Zölibat [tsøli'baːt] <-[e]s, -e> *nt o m* célibat *m*
Zoll[1] [tsɔl, *Pl:* 'tsœlə] <-[e]s, Zölle> *m* ❶ (*Einfuhrabgabe*) droits *mpl* de douane ❷ *kein Pl* (*~verwaltung*) **der ~** la Douane ❸ *kein Pl fam* (*~kontrolle*) **durch den ~ müssen** devoir passer la douane
Zoll[2] <-[e]s, -> *m* pouce *m;* **17-~-Monitor** écran *m* 17 pouces
Zollbeamte(r) *m,* **-beamtin** *f* douanier *m/* douanière *f* **zollfrei** *adj, adv* en franchise **Zollkontrolle** *f* contrôle douanier *m* **zollpflichtig** *adj* à déclarer **Zollstock** *m* mètre *m* [pliant]
Zombie ['tsɔmbi] <-[s], -s> *m* zombie *m*
Zone ['tsoːnə] <-, -n> *f* zone *f*
Zoo [tsoː] <-s, -s> *m* zoo *m*
Zoologie [tsoolo'giː] <-> *f* zoologie *f*
zoologisch [tsoo-] *adj* zoologique
Zoom [zuːm] *nt* zoom *m*
Zopf [tsɔp͡f, *Pl:* 'tsœp͡fə] <-[e]s, Zöpfe> *m* ❶ (*Haarzopf*) natte *f;* (*klein*) tresse *f* ❷ (*Hefezopf*) brioche *f* tressée
Zopfmuster *nt* torsades *fpl*
Zorn [tsɔrn] <-[e]s> *m* colère *f;* (*heftig*) fureur *f*
zornig *adj* en colère
zottelig *adj fam* (*Haar*) hirsute; (*Fell*) touffu(e)
z.T. *Abk von* **zum Teil**
zu [tsuː] **I.** *präp + dat* ❶ (*bei Richtungsangaben*) **~m Arzt gehen** aller chez le médecin ❷ *fig* **sich ~ jdm hingezogen fühlen** se sentir attiré(e) par qn ❸ (*bei Entfernungs-, Fristangaben*) **ich habe bis ~m 10. März Zeit um das fertig zu machen** j'ai jusqu'au 10 mars pour finir ça; (*die Frist einhalten müssen*) je dois finir ça pour le 10 mars ❹ (*in Eigennamen*) **das Gasthaus zur Sonne** l'Auberge *f* du Soleil ❺ (*bei Zeitangaben*) **~ Ostern** à Pâques ❻ (*anlässlich*) **jdm ~m Geburtstag gratulieren** souhaiter l'anniversaire à qn ❼ (*gemeinsam*) **gut ~ etw passen** (*Bluse*) aller bien avec qc ❽ (*bezüglich*) **jdn ~ etw befragen** questionner qn au sujet de qc ❾ (*bei Angaben des Zwecks*) **hast du etwas ~m Schreiben?** tu as quelque chose pour écrire? ❿ (*eine Veränderung ausdrückend*) **jdn ~m Sprecher wählen** élire qn porte-parole ⓫ (*eine Relation ausdrückend*) **es steht zwei ~ zwei** il y a deux à deux; **~ zweit spielen** jouer à deux **II.** *adv* ❶ (*all~*) trop; **ich würde ja ~ gern abreisen** j'aimerais tant partir ❷ (*geschlossen*) **~ sein** (*Tür*) être fermé ❸ *fam* (*betrunken*) **~ sein** être raide ❹ (*bei Richtungsangaben*) **nach Süden ~** vers le sud **III.** *konj* ❶ **sie hat vor ~ kommen** elle a l'intention de venir ❷ (*als Ausdruck des Könnens*) **er ist nicht ~ sprechen** il ne peut pas recevoir ❸ (*als Ausdruck des Müssens*) **ich habe viel ~ tun** j'ai beaucoup à faire
zuallererst [tsu'ʔalɐ'ʔeːɐ̯st] *adv* avant toute

chose

zuallerletzt [tsu'ʔalɐ'lɛtst] *adv* en tout dernier lieu

Zubehör ['tsu:bəhø:ɐ̯] <-[e]s> *nt o m* accessoires *mpl*

zu|beißen *vi irr* mordre

zu|bereiten* *vt* préparer

Zubereitung <-, -en> *f* préparation *f*

zu|billigen *vt* accorder

zu|binden *vt irr* (*Sack*) fermer; (*Schuh*) lacer; (*Schürze, Senkel*) nouer

zu|blinzeln **I.** *vi* **jdm ~** faire un clin d'œil à qn **II.** *vr* **sich** (*dat*) **~** se faire un clin d'œil

Zucchini [tsʊ'ki:ni] *f* courgette *f*

Zucht [tsʊxt] <-, -en> *f* ❶ (*Tiere*) race *f*; (*Pflanzen*) variété *f* ❷ *kein Pl* (*Disziplin*) discipline *f*

züchten ['tsʏçtən] *vt* (*Tiere*) faire l'élevage de; (*Pflanzen*) cultiver

Züchter(in) <-s, -> *m(f)* (*von Tieren*) éleveur(-euse) *m(f)*; (*von Pflanzen*) cultivateur (-trice) *m(f)*

Zuchthengst *m* étalon *m*

züchtigen ['tsʏçtɪgən] *vt geh* châtier

Zuchtperle *f* perle *f* de culture

Züchtung <-, -en> *f* (*Tiere*) race *f*; (*Pflanzen*) variété *f*

zucken ['tsʊkən] *vi* ❶ + *haben* (*Augenlid*) tressaillir; (*Mundwinkel*) frémir ❷ + *sein* **über den Himmel ~** (*Blitz*) sillonner le ciel

zücken ['tsʏkən] *vt geh* (*Messer*) sortir; (*Degen*) dégainer

Zucker ['tsʊkɐ] <-s, -> *m* ❶ sucre *m* ❷ *fam* (*~krankheit*) diabète *m*

Zuckerdose *f* sucrier *m* **Zuckerguss**[RR] *m* glaçage *m* **zuckerkrank** *adj* diabétique

zuckern *vt* sucrer

Zuckerrohr *nt* canne *f* à sucre **Zuckerrübe** *f* betterave *f* à sucre

Zuckung <-, -en> *f meist Pl* convulsion *f*; **nervöse ~en** des tics *mpl*

zu|decken *vt* couvrir

zudem [tsu'de:m] *adv geh* de surcroît

zu|drehen *vt* ❶ fermer ❷ (*zuwenden*) **jdm den Rücken ~** tourner le dos à qn

zudringlich *adj* collant(e) (*fam*)

Zudringlichkeit <-, -en> *f* ❶ *kein Pl* (*zudringliche Art*) insistance *f* [déplacée] ❷ *meist Pl* (*Handlung*) avance *f*

zu|drücken **I.** *vt* fermer **II.** *vi* **ziemlich fest ~** (*beim Händeschütteln*) serrer assez fort [ement]

zueinander [tsuʔaɪ̯'nandɐ] *adv* **nicht ~ passen** ne pas aller ensemble

zuerst [tsu'ʔe:ɐ̯st] *adv* ❶ (*als Erster*) **~ durchs Ziel gehen** franchir le premier la ligne d'arrivée ❷ (*erledigen*) en premier ❸ (*anfangs*) d'abord

Zufahrt *f* accès *m*

Zufahrtsstraße *f* voie d'accès *f*

Zufall *m* hasard *m*

zu|fallen *vi irr + sein* ❶ (*Tür*) se refermer [brusquement] ❷ (*zuteil werden*) **jdm ~** (*Erbe*) revenir à qn

zufällig **I.** *adj* fortuit(e) **II.** *adv* par hasard

zu|fliegen *vi irr + sein* ❶ **auf jdn/etw ~** (*Flugzeug*) voler en direction de qn/qc; (*Vogel, Ball*) se diriger sur qn/qc ❷ (*geflogen kommen*) **jdm ~** (*Vogel*) venir s'installer chez qn ❸ *fam* (*zufallen: Tür*) se refermer [brusquement]

Zuflucht <-, -en> *f* refuge *m*

Zufluchtsort *m* refuge *m*

Zufluss[RR] *m* ❶ *kein Pl* (*das Zufließen*) afflux *m* ❷ (*Gewässer*) affluent *m*

zu|flüstern *vt* chuchoter

zufolge [tsu'fɔlgə] *präp + dat* d'après

zufrieden [tsu'fri:dən] **I.** *adj* satisfait(e) **II.** *adv* (*lächeln*) d'un air satisfait

zufrieden|geben *vr* **sich mit etw ~** se contenter de qc

Zufriedenheit <-> *f* [sentiment *m* de] satisfaction *f*

zufrieden|lassen *vt* laisser tranquille **zufrieden|stellen** *vt* satisfaire

zu|frieren *vi irr + sein* geler complètement

zu|fügen *vt* ❶ **jdm etw ~** infliger qc à qn ❷ *geh* (*hinzufügen*) additionner

Zufuhr ['tsu:fu:ɐ̯] <-, -en> *f* ❶ (*Versorgung*) approvisionnement *m* ❷ (*von Frischluft*) arrivée *f*

zu|führen *vi* mener

Zug [tsu:k, *Pl:* 'tsy:gə] <-[e]s, Züge> *m* ❶ train *m* ❷ (*Lastzug*) semi-remorque *m* ❸ (*Inhalieren des Rauchs*) bouffée *f* ❹ (*Schluck*) gorgée *f* ❺ *kein Pl* (*Luftzug*) courant *m* d'air ❻ (*Spielzug*) coup *m* ❼ (*lange Kolonne*) cortège *m* ❽ (*Gesichtszug*) trait *m*

Zugabe *f* ❶ MUS bis *m* ❷ (*Dreingabe*) cadeau *m* [publicitaire]

Zugabteil *nt* compartiment *m*

Zugang <-gänge> *m* ❶ (*Eingang*) accès *m*

❷ *kein Pl* (*Zutritt*) ~ **zu etw** accès *m* à qc ❸ *kein Pl* (*Zugriff*) ~ **zu allen Daten haben** avoir accès à toutes les données

zugänglich ['tsu:gɛŋlɪç] *adj* ❶ **leicht ~ sein** être facilement accessible ❷ (*verfügbar*) **etw ist allen ~** tout le monde a accès à qc ❸ (*Person*) d'un abord facile

Zugbrücke *f* pont-levis *m*

zu|geben *vt irr* admettre

zugegen [tsu'ge:gən] *adj geh* présent(e)

zu|gehen *irr* **I.** *vi + sein* ❶ (*sich schließen lassen*) fermer; (*Klappe*) se [re]fermer ❷ (*sich schließen*) [**von allein**] ~ se fermer [automatiquement] ❸ (*zusteuern*) **auf jdn/etw ~** s'avancer vers qn/qc ❹ (*sich nähern*) **auf die vierzig ~** approcher de la quarantaine **II.** *vi unpers + sein* **hier geht es lustig zu** on s'amuse bien ici

zugehörig *adj* ❶ *attr* (*Unterlagen*) qui vont avec ❷ (*nicht ausgeschlossen*) **sich ~ fühlen** se sentir bien intégré(e)

Zugehörigkeit <-> *f* appartenance *f*

zugeknöpft *adj fam* **ziemlich ~ sein** ne pas être très causant

Zügel ['tsy:gəl] <-s, -> *m* rêne *f*

zügellos *adj* (*Person*) excessif(-ive)

zügeln ['tsy:gəln] **I.** *vt + haben* ❶ (*Pferd*) tenir la bride courte à ❷ (*Neugierde*) refréner **II.** *vr + haben* **sich ~** se refréner

Zugeständnis *nt* concession *f*

Zugfahrplan *m* horaire *m* des trains

zügig ['tsy:gɪç] *adj* rapide

zugleich [tsu'glaiç] *adv* en même temps

Zugluft *f kein Pl* courant *m* d'air

zu|greifen *vi irr* ❶ (*zupacken*) [s']agripper ❷ (*sich bedienen*) se servir ❸ (*ein Angebot wahrnehmen*) **sofort ~** sauter sur l'occasion (*fam*) ❹ INFORM **auf etw** (*akk*) **~** avoir accès à qc

Zugrestaurant *nt* wagon-restaurant *m*

Zugriff *m* INFORM ~ **auf etw** (*akk*) accès *m* à qc

Zugriffsgeschwindigkeit *f*, **Zugriffszeit** *f* INFORM vitesse *f* d'accès

zugrunde [tsu'grʊndə] *adv* **~ gehen** (*Person*) se perdre; **dieser Politik** (*dat*) **liegt das Prinzip ~, dass** cette politique est fondée sur le principe que

Zugunglück *nt* accident *m* de chemin de fer

zugunsten, zu Gunsten[RR] [tsu'gʊnstən] *präp + gen o dat* **~ seines Kindes** en faveur de son enfant

zugute|kommen [tsu'gu:tə-] *vi* **jdm ~** (*Erfahrung*) se révéler être un avantage pour qn

Zugverbindung *f* liaison *f* [ferroviaire] **Zugverkehr** *m* trafic *m* ferroviaire **Zugvogel** *m* oiseau *m* migrateur **Zugzwang** *m* **in ~ geraten** se retrouver au pied du mur

zu|haben *irr* **I.** *vi* (*Geschäft*) être fermé **II.** *vt* (*Koffer*) avoir fermé

zu|halten *vt irr fam* **sich** (*dat*) **die Ohren ~** se boucher les oreilles

Zuhälter(in) ['tsu:hɛltɐ] <-s, -> *m(f)* proxénète *mf*

zu|hauen *irr* **I.** *vt fam* (*Tür*) claquer **II.** *s.* **zuschlagen**

Zuhause [tsu'hauzə] <-s> *nt* maison *f*

zu|heilen *vi + sein* se refermer

zu|hören *vi* **jdm ~** écouter qn

Zuhörer(in) *m(f)* auditeur(-trice) *m(f)*

zu|jubeln *vi* **jdm ~** acclamer qn

zu|klappen **I.** *vt + haben* [re]fermer **II.** *vi + sein* se [re]fermer

zu|kleben *vt* cacheter

zu|knallen *fam* **I.** *vt + haben* (*Tür*) claquer **II.** *vi + sein* se fermer en claquant

zu|knöpfen *vt* boutonner

zu|kommen *vi irr + sein* ❶ **auf jdn/etw ~** venir vers qn/qc ❷ *fig* **alles auf sich** (*akk*) **~ lassen** laisser faire les choses ❸ (*bevorstehen*) **auf jdn ~** (*Aufgabe*) attendre qn ❹ (*gebühren*) **jdm ~** revenir à qn ❺ *geh* (*zuteil werden*) **jdm etw ~ lassen** (*übermitteln*) faire parvenir qc à qn; (*gewähren*) accorder qc à qn

Zukunft ['tsu:kʊnft] <-> *f* ❶ avenir *m*; **in ~** à l'avenir ❷ LING futur *m*

zukünftig **I.** *adj* futur(e) **II.** *adv* à l'avenir

Zukunftsperspektive *f* perspective *f* d'avenir

zu|lächeln *vi* **jdm ~** sourire à qn

Zulage <-, -n> *f* prime *f*

zu|langen *vi fam* ❶ **kräftig ~** se servir copieusement ❷ (*in Bezug auf Geld*) matraquer le client ❸ (*zuschlagen*) cogner

zu|lassen *vt irr* ❶ (*dulden*) tolérer ❷ (*ermöglichen*) **wenn die Situation es zulässt** si la situation le permet ❸ (*Deutung*) autoriser ❹ (*amtliche Erlaubnis erteilen*) **jdn zur Prüfung ~** autoriser qn à passer un examen ❺ (*Kraftfahrzeug*) faire immatriculer ❻ *fam* (*geschlossen lassen*) **etw ~** laisser qc fermé(e); (*nicht aufknöpfen*) garder qc boutonné(e)

zulässig *adj* autorisé(e); (*Abweichung*) tolé-

Z

ré(e)

Zulassung <-, -en> *f fam* (*Fahrzeugschein*) carte *f* grise

Zulauf *m* ❶ (*Rohr, Schlauch*) arrivée *f* [d'eau] ❷ (*Zuspruch*) ~ **haben** (*Arzt*) avoir une grosse clientèle

zu|laufen *vi irr + sein* ❶ (*sich nähern*) **auf jdn/etw** ~ courir vers qn/qc ❷ (*enden*) **spitz** ~ (*Schere*) se terminer en pointe ❸ (*gelaufen kommen*) **jdm** ~ (*Katze*) trouver refuge chez qn

zu|legen I. *vt fam* (*zunehmen*) **fünf Kilo** ~ prendre cinq kilos **II.** *vi fam* (*zunehmen*) prendre du poids **III.** *vr fam* **sich** (*dat*) **ein Fahrrad** ~ se payer un vélo

zuleide [tsu'laidə] *adv* **jdm etwas** ~ **tun** faire du mal à qn

zuletzt [tsu'lɛtst] *adv* ❶ (*als Letzter*) ~ **ins Ziel kommen** passer la ligne d'arrivée le dernier/la dernière ❷ (*zum Schluss*) [**ganz**] ~ [tout] à la fin ❸ *fam* (*sehen*) pour la dernière fois ▸**nicht** ~ notamment; **nicht ~, weil wir ein Zeichen setzen wollen** d'autant plus que nous voulons donner l'exemple

zuliebe [tsu'li:bə] *adv* **etw jdm** ~ **tun** faire qc pour [faire plaisir à] qn

Zulieferer <-s, -> *m*, **Zulieferin** *f* sous-traitant(e) *m(f)*

zum [tsʊm] = **zu dem** *s.* **zu**

zu|machen I. *vt* fermer; (*Flasche*) [re]fermer; (*Schuh*) lacer **II.** *vi* fermer

zumal [tsu'ma:l] **I.** *konj* d'autant plus que **II.** *adv* surtout

zu|mauern *vt* murer

zumeist [tsu'maist] *adv* la plupart du temps

zumindest [tsu'mɪndəst] *adv* ❶ du moins; (*wenigstens*) au moins ❷ (*jedenfalls*) en tout cas

zumutbar *adj* tolérable

Zumutbarkeit <-, -en> *f* **die Grenzen der** ~ les limites *fpl* du tolérable

zumute [tsu'mu:tə] *adv* **jdm ist zum Weinen** ~ qn a envie de pleurer

zu|muten ['tsu:mu:tən] **I.** *vt* **jdm viel** ~ exiger beaucoup de qn **II.** *vr* **sich zu viel** ~ présumer de ses forces

Zumutung *f* **eine** ~ **sein** être plus qu'on ne peut en supporter

zunächst [tsu'nɛ:çst] *adv* ❶ (*anfangs*) [tout] d'abord ❷ (*vorläufig*) pour l'instant

Zunahme ['tsu:na:mə] <-, -n> *f* augmentation *f*

Zuname *m* nom *m* patronymique (*form*)

zündeln ['tsʏndəln] *vi* A jouer avec des allumettes

zünden ['tsʏndən] *vt* (*Triebwerk*) procéder à la mise à feu de

zündend *adj* (*Idee*) de génie, lumineux (-euse); (*Rede*) enflammé(e)

Zünder <-s, -> *m* détonateur *m*

Zündkerze *f* bougie *f* **Zündschloss**[RR] *nt* contact *m* **Zündschlüssel** *m* clé *f* de contact **Zündschnur** *f* mèche *f*

Zündung <-, -en> *f* allumage *m*

zu|nehmen *irr* **I.** *vi* ❶ (*Person*) grossir ❷ (*Spannung*) grandir; (*Umweltverschmutzung*) augmenter ❸ (*stärker werden*) gagner en intensité **II.** *vt* [**wieder**] **zehn Kilo** ~ [re]prendre dix kilos

zunehmend I. *adj* croissant(e) **II.** *adv* constamment

zu|neigen *vr* **sich dem Ende** ~ toucher à sa fin

Zuneigung *f* penchant *m*

Zunft [tsʊnft, *Pl:* 'tsʏnftə] <-, Zünfte> *f* corporation *f*

Zunge ['tsʊŋə] <-, -n> *f* langue *f*

züngeln ['tsʏŋəln] *vi* ❶ darder sa langue ❷ (*Flammen*) jaillir

Zungenbrecher <-s, -> *m* (*schwer auszusprechender Satz*) phrase *f* difficile à prononcer **Zungenspitze** *f* bout *m* de la langue

zunichte|machen [tsu'nɪçtə-] *vt* réduire à néant

zu|nicken *vi* **jdm** ~ faire un signe de tête à qn

zunutze [tsu'nʊtsə] *adv* **sich** (*dat*) **etw** ~ **machen** tirer profit de qc

zu|ordnen *vt* **jdn einer politischen Richtung** (*dat*) ~ classer qn dans un courant politique

zu|packen *vi* ❶ serrer ❷ (*mithelfen*) donner un coup de main

zupfen ['tsʊpfən] *vt* **jdn am Ärmel** ~ tirer qn par la manche

zur [tsu:ɐ̯] = **zu der** *s.* **zu**

Zürcher *adj* de Zurich

Zürcher(in) <-s, -> *m(f)* Zurichois(e) *m(f)*

zu|rechnen *vt s.* **zuordnen**

zurechnungsfähig *adj* responsable de ses actes

zurecht|finden [tsu'rɛçtfɪndən] *vr irr* s'y retrouver **zurecht|kommen** *vi irr + sein* ❶ **mit den Kollegen ~** s'entendre avec les collègues ❷ (*klarkommen*) **mit einem Gerät nicht ~** ne pas s'en sortir avec un appareil **zurecht|machen** *vt fam* ❶ **das Bett ~** faire le lit ❷ (*schminken*) **sich ~** se faire une beauté **zurecht|rücken** *vt* (*Krawatte*) rajuster; (*Stuhl*) remettre en place **zurecht|weisen** *vt irr* réprimander **Zurechtweisung** *f* réprimande *f*

zu|reden *vi* **jdm gut ~** essayer de raisonner qn

Zürich ['tsy:rɪç] <-s> *nt* Zurich

Züricher(in) *s.* **Zürcher(in)**

zu|richten *vt* ❶ **jdn furchtbar ~** mettre qn dans un état effrayant ❷ (*beschädigen*) **etw schlimm ~** mettre qc dans un état pitoyable

zurück [tsu'rʏk] *adv* ❶ (*~gekehrt*) **~ sein** être de retour ❷ (*in Bezug auf den Rückweg*) **einmal Stuttgart-Nancy und ~, bitte!** un aller et retour Stuttgart-Nancy, s'il vous plaît!; **~!** demi-tour! ❸ (*rückwärts*) **drei Schritte ~!** trois pas en arrière!

Zurück <-s> *nt* **es gibt kein ~** il n'est pas possible de faire machine arrière

zurück|blicken *vi* ❶ (*sich umsehen*) jeter un regard en arrière ❷ (*betrachten*) **auf etw** (*akk*) **~** jeter un regard rétrospectif sur qc **zurück|behalten*** *vt irr* (*Narbe, Schaden*) garder **zurück|bekommen*** *vt irr* récupérer **zurück|bilden** *vr* **sich ~** se résorber **zurück|bleiben** *vi irr + sein* ❶ rester ❷ (*langsam sein*) rester en arrière **zurück|blicken** *vi* ❶ (*sich umsehen*) jeter un regard en arrière ❷ (*betrachten*) **auf etw** (*akk*) **~** jeter un regard rétrospectif sur qc **zurück|bringen** *vt irr* (*Person*) ramener; (*Gegenstand*) rapporter **zurück|datieren*** *vt* antidater **zurück|denken** *vi irr* repenser **zurück|drängen** *vt* repousser **zurück|erhalten*** *s.* **zurückbekommen** **zurück|erobern*** *vt* (*Region, Fans*) reconquérir **zurück|fahren** *irr* **I.** *vi + sein* ❶ repartir ❷ (*zurückweichen*) **vor jdm/etw ~** reculer brusquement devant qn/pour éviter qc **II.** *vt + haben* ❶ (*Fahrzeug*) reculer ❷ (*Person*) reconduire; (*Gegenstand*) rapporter **zurück|fallen** *vi irr + sein* ❶ (*fallen*) **sich ~ lassen** s'affaler ❷ (*Läufer*) être distancé ❸ (*absteigen*) **auf den vierten Platz ~** (*Sportler*) retomber au quatrième rang ❹ (*angelastet werden*) **auf jdn ~** (*Verhalten*) retomber sur qn **zurück|finden** *vi irr* retrouver le chemin **zurück|fliegen** *irr* **I.** *vi + sein* (*Person*) repartir [par avion]; (*Flugzeug*) repartir **II.** *vt + haben* **jdn/etw ~** ramener qn/qc [en avion] **zurück|fordern** *vt* exiger la restitution **zurück|führen** **I.** *vt* ❶ **der Unfall ist auf einen technischen Fehler zurückzuführen** l'accident est dû à une erreur technique ❷ (*zurückbringen*) **jdn ins Zimmer ~** reconduire qn dans la pièce **II.** *vi* **zur Hauptstraße ~** (*Weg*) revenir à la route principale **zurück|geben** *vt irr* ❶ (*wiedergeben*) rendre ❷ (*Waren*) rendre ❸ (*erneut verleihen*) **jdm sein Selbstvertrauen ~** redonner de l'assurance à qn **zurückgeblieben** *adj* (*Kind*) retardé(e) **zurück|gehen** *vi irr + sein* ❶ retourner ❷ (*Umsatz*) reculer; (*Fieber*) baisser ❸ (*Schwellung*) se résorber **zurückgezogen** *adj* retiré(e) **zurück|greifen** *vi irr* **auf etw** (*akk*) **~** recourir à qc **zurück|halten** *irr* **I.** *vr* ❶ (*sich beherrschen*) **sich ~** se contenir ❷ (*sich vorsichtig äußern*) **sich mit seiner Kritik ~** rester mesuré(e) dans sa critique **II.** *vt* ❶ (*Person*) retenir ❷ (*Beweise*) faire de la rétention de **zurückhaltend** **I.** *adj* ❶ (*reserviert*) réservé(e) ❷ (*vorsichtig*) mesuré(e) **II.** *adv* (*vorsichtig*) avec circonspection

Zurückhaltung *f kein Pl* retenue *f*, réserve *f*

zurück|holen *vt* **jdn ~** ramener qn [ici]; [**sich** (*dat*)] **etw ~** récupérer qc **zurück|kehren** *vi + sein geh* revenir; **zu jdm ~** retourner vivre avec qn **zurück|kommen** *vi irr + sein* revenir **zurück|lassen** *vt irr* abandonner; (*Adresse*) laisser **zurück|legen** *vt* ❶ (*legen*) reposer; **etw auf den Tisch ~** remettre qc sur la table ❷ (*reservieren*) **jdm etw ~** mettre qc de côté pour qn ❸ (*Strecke*) parcourir; (*Entfernung*) couvrir ❹ (*sparen*) [**sich** (*dat*)] **Geld ~** mettre de l'argent de côté **zurück|lehnen** *vr* **sich ~** se pencher en arrière **zurück|melden** *vr* MIL **sich bei jdm ~** se faire porter rentrant(e) auprès de qn **zurück|nehmen** *vt irr* ❶ reprendre ❷ (*Vorwurf*) retirer **zurück|rollen** *vi + sein* (*Fahrzeug*) se mettre à reculer; (*Ball*) rouler en arrière **zurück|rufen** *vt, vi irr a.* TELEC rappeler **zurück|schalten** *vi* **in den zweiten Gang ~** rétrograder en deuxième **zurück|schauen** *s.* **zurückblicken**

Z

zurück|schicken *vt* ① (*Brief*) renvoyer ② (*nicht einreisen lassen*) refouler **zurück|schieben** *vt irr* **etw ~** pousser qc en arrière **zurück|schlagen** *irr* **I.** *vt* ① (*Ball*) renvoyer ② (*Bettdecke*) rejeter **II.** *vi a.* MIL riposter **zurück|schrauben** *vt fam* (*Erwartungen*) réduire **zurück|schrecken** *vi irr + haben o sein* reculer **zurück|spulen** *vt, vi* rembobiner **zurück|stecken I.** *vt* remettre; **etw in die Hosentasche ~** remettre qc dans sa poche **II.** *vi* ① (*nachgeben*) céder ② (*sich bescheiden*) se montrer moins exigeant **zurück|stellen** *vt* ① (*wegräumen*) remettre; **etw ins Regal ~** remettre qc dans l'étagère ② (*Möbelstück, Zeiger*) reculer ③ (*Kind*) retarder la scolarisation de; (*Plan*) repousser **zurück|stufen** *vt* (*Kfz-Versicherten*) appliquer un malus à **zurück|tragen** *vt irr* **jdn/etw ~** ramener qn/remporter qc **zurück|treten** *vi irr + sein* ① (*zurückgehen*) reculer ② (*seinen Rücktritt erklären*) démissionner ③ (*rückgängig machen*) **von einem Vertrag ~** résilier un contrat **zurück|verfolgen*** *vt* remonter **zurück|weichen** *vi irr + sein* reculer **zurück|weisen** *vt irr* récuser **zurück|werfen** *vt irr* renvoyer **zurück|zahlen** *vt* rembourser **zurück|ziehen** *irr* **I.** *vt + haben* ① (*Hand*) retirer; (*Vorhang*) rouvrir ② (*Kandidatur*) retirer; (*Angebot*) annuler **II.** *vr + haben* **sich ~** se retirer

Zuruf *m* appel *m;* (*eines Zuschauers*) acclamation *f*

zu|rufen *vt irr* **jdm einen Gruß ~** crier bonjour à qn

zurzeit *adv* A, CH pour le moment

Zusage *f* réponse *f* positive

zu|sagen I. *vt* **jdm Hilfe ~** promettre de l'aide à qn **II.** *vi* ① (*bestätigen*) répondre positivement; **sie will noch nicht ~** elle ne veut pas encore s'engager ② (*gefallen*) **jdm ~** (*Angebot*) plaire à qn; (*Essen*) être au goût de qn

zusammen [tsu'zamən] *adv* ① ensemble; **mit jdm ~ sein** (*befreundet sein*) être avec qn ② (*zusammengerechnet*) au total

Zusammenarbeit *f kein Pl* collaboration *f;* POL coopération *f*

zusammen|arbeiten *vi* travailler ensemble **zusammen|bauen** *vt* monter **zusammen|bekommen*** *vt irr fam* ① (*Geld*) arriver à dégoter ② (*Puzzle*) arriver à monter; (*Geschichte*) arriver à reconstituer **zusammen|binden** *vt irr* [**sich** (*dat*)] **die Haare ~** se nouer les cheveux **zusammen|brechen** *vi irr + sein* ① (*Person*) s'écrouler; (*Brücke*) s'effondrer ② (*Verkehr*) s'immobiliser; (*Rechnernetz*) se planter

Zusammenbruch *m* ① (*eines Systems*) effondrement *m* ② (*Kollaps*) syncope *f;* (*Nervenzusammenbruch*) dépression *f* nerveuse

zusammen|drängen I. *vt* (*Menschenmenge*) entasser **II.** *vr* **sich auf dem Marktplatz ~** s'entasser sur la place du marché **zusammen|drücken** *vt* ① comprimer ② (*aneinander drücken*) **die Hände ~** presser les mains l'une contre l'autre **zusammen|fahren** *irr* **I.** *vi + sein* (*erschrecken*) sursauter **II.** *vt + haben fam* (*Auto*) esquinter **zusammen|fallen** *vi irr + sein* (*sich ereignen*) coïncider **zusammen|falten** *vt* plier **zusammen|fassen I.** *vt* ① résumer ② (*vereinigen*) **Verschiedenes unter einem Oberbegriff ~** regrouper diverses choses sous un terme générique **II.** *vi* résumer **zusammenfassend I.** *adj* récapitulatif(-ive) **II.** *adv* en résumé

Zusammenfassung *f* résumé *m* **zusammen|flicken** *vt fam* rafistoler

zusammen|fließen *vi irr + sein* confluer **zusammen|fügen** *vt geh* assembler **zusammen|gehören*** *vi* (*Ehepartner*) être faits l'un pour l'autre; (*Teile*) aller ensemble **zusammengehörig I.** *adj* (*Teile*) qui vont ensemble **II.** *adv* **sich ~ fühlen** se sentir uni(e)s

Zusammengehörigkeitsgefühl *nt* sentiment *m* d'union

zusammengewürfelt *adj* (*Gruppe, Mobiliar*) hétéroclite

Zusammenhalt *m kein Pl* cohésion *f*

zusammen|halten *irr* **I.** *vi* ① tenir ensemble ② (*zueinander halten*) être solidaire(s) **II.** *vt* **seine Ersparnisse ~** être assis sur ses économies

Zusammenhang <-[e]s, -hänge> *m* ① (*Verbindung*) rapport *m;* **jdn mit einem Vorfall in ~ bringen** établir un lien entre qn et un incident ② (*Kontext*) contexte *m*

zusammen|hängen *vi irr* ① **mit etw ~** être en rapport avec qc ② (*Teile*) être collés **zusammenhängend** *adj* cohérent(e)

zusammenhang[s]los *adj* incohérent(e)

zusammen|heften *vt* agrafer **zusammen|kehren** *vt* balayer **zusammenklappbar**

adj pliant(e) **zusammen|klappen** **I.** *vt* + *haben* (*Taschenmesser*) [re]fermer; (*Klappstuhl*) [re]plier **II.** *vi* + *sein* ❶ se replier ❷ *fam* (*kollabieren*) tomber dans les pommes **zusammen|kleben** *vt, vi* coller **zusammen|kneifen** *vt irr* (*Augen*) plisser **zusammen|kommen** *vi irr* + *sein* ❶ se retrouver; **mit jdm ~** rencontrer qn ❷ (*sich anhäufen*) s'accumuler **zusammen|kriegen** *s.* **zusammenbekommen**

Zusammenkunft [tsu'zamənkʊnft] <-, -künfte> *f* rencontre *f*

zusammen|laufen *vi irr* + *sein* ❶ (*Straßen*) se rencontrer ❷ (*Neugierige*) s'attrouper **zusammen|leben** *vi* vivre ensemble; **mit jdm ~** vivre avec qn **zusammen|legen** **I.** *vt* ❶ (*Wolldecke*) [re]plier ❷ (*Häftlinge*) mettre ensemble **II.** *vi* se cotiser **zusammen|nähen** *vt* coudre [ensemble] **zusammen|nehmen** *irr* **I.** *vt* **seinen ganzen Mut ~** prendre son courage à deux mains **II.** *vr* **sich ~** se maîtriser **zusammen|packen** *vt* emballer **zusammen|passen** *vi* ❶ (*Einzelteile*) s'accorder ❷ (*Personen, Farben*) aller bien ensemble **zusammen|pferchen** *vt* parquer

Zusammenprall *m* collision *f*

zusammen|prallen *vi* + *sein* entrer en collision; **mit den Köpfen ~** se cogner la tête **zusammen|pressen** *vt* (*Lippen*) serrer **zusammen|raufen** *vr fam* **sich ~** trouver un terrain d'entente **zusammen|rechnen** *vt* faire le total de **zusammen|reißen** *vr irr fam* **sich ~** se ressaisir **zusammen|rollen** **I.** *vt* [en]rouler **II.** *vr* **sich ~** (*Person*) se pelotonner; (*Katze*) se mettre en boule **zusammen|rücken** **I.** *vi* + *sein* se rapprocher **II.** *vt* + *haben* (*Gegenstände*) rapprocher **zusammen|schlagen** *irr* **I.** *vt* + *haben* ❶ (*Person*) rouer de coups ❷ (*Einrichtung*) mettre en pièces **II.** *vi* + *sein* **über jdm ~** s'abattre sur qn **zusammen|schließen** *vr irr* **sich ~** ❶ s'associer ❷ (*fusionieren*) fusionner

Zusammenschluss[RR] *m* fusion *f*

zusammen|sein[ALT] *s.* **zusammen 1.** **zusammen|setzen** **I.** *vt* ❶ (*Stücke*) assembler ❷ (*nebeneinander setzen*) mettre l'un(e) à côté de l'autre **II.** *vr* ❶ **sich aus einzelnen Teilen ~** se composer de différentes pièces ❷ (*sich zueinander setzen*) **sich ~** s'asseoir l'un(e) à côté de l'autre

Zusammensetzung <-, -en> *f* composition *f*

zusammen|stauchen *vt fam* **jdn ~** engueuler qn **zusammen|stehen** *vi irr* se trouver ensemble **zusammen|stellen** *vt* (*Möbel*) rassembler; (*Liste*) établir

Zusammenstellung *f* liste *f* [par écrit]

Zusammenstoß *m* ❶ collision *f* ❷ *fam* (*Auseinandersetzung*) échauffourée *f*

zusammen|stoßen *vi irr* + *sein* (*Fahrzeuge*) entrer en collision; (*Personen*) se heurter **zusammen|strömen** *vi* + *sein* (*Demonstranten, Zuschauer*) affluer **zusammen|stürzen** *vi* + *sein* s'écrouler **zusammen|tragen** *vt irr* recueillir **zusammen|treffen** *vi irr* + *sein* ❶ (*Personen*) se rencontrer ❷ (*Umstände*) coïncider

Zusammentreffen *nt* ❶ rencontre *f* ❷ (*gleichzeitiges Eintreten*) coïncidence *f*

zusammen|treten *vi irr* + *sein* (*Versammlung*) se réunir **zusammen|trommeln** *vt fam* rameuter **zusammen|tun** *vr irr fam* **sich ~** se mettre ensemble **zusammen|wachsen** [-ks-] *vi irr* + *sein* ❶ se souder; **wieder ~** (*Knochen*) se ressouder ❷ *fig* (*Ortsteile*) finir par ne faire qu'un **zusammen|wirken** *vi geh* être concomitants **zusammen|zählen** *vt* additionner **zusammen|ziehen** *irr* **I.** *vt* + *haben* ❶ (*Netz*) [res]serrer ❷ (*Truppen*) amasser; (*Polizeiaufgebot*) concentrer **II.** *vr* + *haben* **sich ~** ❶ (*Pupillen*) [se] rétrécir; (*Muskel*) se contracter ❷ (*Gewitter*) se préparer **III.** *vi* + *sein* s'installer ensemble **zusammen|zucken** *vi* + *sein* tressaillir

Zusatz *m* ❶ ajout *m* ❷ (*~stoff*) additif *m* ❸ *kein Pl* (*das Hinzufügen*) addition *f*

Zusatzinformation *f* information *f* complémentaire

zusätzlich ['tsuːzɛtslɪç] **I.** *adj* (*Kosten*) supplémentaire; (*Versicherung*) complémentaire **II.** *adv* en plus

Zusatzzahl *f* numéro *m* complémentaire

zu|schauen *s.* **zusehen**

Zuschauer(in) <-s, -> *m(f)* spectateur(-trice) *m(f)*

Zuschauerraum *m* salle *f* **Zuschauertribüne** *f* tribune *f*

zu|schieben *vt irr* ❶ **jdm etw ~** passer qc à qn ❷ (*zur Last legen*) **jdm die Verantwortung ~** faire endosser la responsabilité à qn ❸ (*Schiebetür*) fermer

Zuschlag *m* (*zum Lohn*) majoration *f*; (*zum*

Z

Fahrpreis) supplément *m*

zu|schlagen *irr* **I.** *vt + haben* (*Tür*) claquer; (*Buch*) refermer **II.** *vi* ❶ *+ sein* (*zufallen: Tür*) claquer ❷ *+ haben* **mit einem Knüppel ~** donner un coup/des coups de matraque ❸ *+ haben* (*Schicksal*) frapper ❹ *+ haben fam* (*ein Angebot nutzen*) saisir l'occasion ❺ *+ haben fam* (*viel essen*) **beim kalten Büfett kräftig ~** vraiment faire honneur au buffet froid

zuschlagpflichtig *adj* à supplément

zu|schließen *vt, vi irr* fermer à clé

zu|schnappen *vi* ❶ *+ haben* (*Hund*) happer ❷ *+ sein* (*Tür*) se refermer

zu|schneiden *vt irr* (*Stoff*) couper; (*Brett*) découper

zu|schnüren *vt* (*Schuhe, Korsett*) lacer; (*Paket*) ficeler

zu|schrauben *vt* [**wieder**] ~ [re]visser

Zuschrift *f* lettre *f*

zuschulden [tsuˈʃʊldən] **sich** (*dat*) **etwas ~ kommen lassen** avoir quelque chose à se reprocher

Zuschuss[RR] *m* aide *f* financière; (*aus öffentlichen Kassen*) subvention *f*

zu|sehen *vi irr* ❶ regarder ❷ (*tatenlos bleiben*) **einem Unrecht tatenlos ~** assister à une injustice sans rien faire ❸ (*dafür sorgen*) **~, dass alles rechtzeitig fertig wird** veiller à ce que tout soit terminé à temps

zusehends [ˈtsuːzeːənts] *adv* à vue d'œil

zu|sein[ALT] *s.* **zu II.2., II.3.**

zu|senden *vt* envoyer

zu|setzen *vi* ❶ (*Krankheit*) éprouver ❷ (*bedrängen*) harceler

zu|sichern *vt* assurer

Zusicherung *f* ❶ *kein Pl* (*das Zusichern*) assurance *f* ❷ (*das Zugesicherte*) promesse *f*

zu|sperren *vt* A **die Tür ~** fermer la porte à clé

zu|spielen *vt* **jdm den Ball ~** passer le ballon à qn

zu|spitzen *vr* **sich ~** s'aggraver

zu|sprechen *vt irr* ❶ **jdm Trost ~** prodiguer des paroles de consolations à qn (*soutenu*) ❷ JUR **das Kind wurde der Mutter zugesprochen** la garde de l'enfant a été confiée à la mère

Zuspruch *m kein Pl geh* ❶ (*Trost*) paroles *fpl* de réconfort ❷ (*Interesse*) **~ finden** avoir du succès ❸ (*Zustimmung*) approbation *f*

Zustand <-[e]s, -stände> *m* ❶ état *m* ❷ *Pl pej* (*Gegebenheit*) **katastrophale Zustände** des conditions *fpl* de vie catastrophiques

zustande [tsuˈʃtandə] *adv* **eine Einigung ~ bringen** parvenir à un accord; **nichts ~ bringen** n'arriver à rien; **~ kommen** (*Vertrag*) être conclu

zuständig *adj* compétent(e)

Zuständigkeit <-, -en> *f* compétence *f*

zu|stecken *vt* glisser

zu|stehen *vi irr* ❶ **jdm ~** (*Erbschaft*) revenir [de droit] à qn ❷ (*zukommen*) **eine solche Äußerung steht Ihnen nicht zu** il ne vous appartient pas de tenir de tels propos

zu|steigen *vi irr + sein* monter [en cours de voyage]

zu|stellen *vt* ❶ *form* (*bringen*) distribuer ❷ (*Eingang*) encombrer

Zusteller(in) <-s, -> *m(f) form* préposé(e) *m(f)*

Zustellung *f form* (*eines Briefs*) distribution *f;* (*eines Urteils*) notification *f*

zu|steuern *vi + sein* ❶ **auf jdn/etw ~** se diriger vers qn/qc ❷ *fig* **auf eine Katastrophe ~** aller au-devant d'une catastrophe

zu|stimmen *vi* ❶ (*gleicher Meinung sein*) être du même avis ❷ (*einverstanden sein*) être d'accord

zustimmend I. *adj* approbateur(-trice) **II.** *adv* d'un air approbateur

Zustimmung *f* approbation *f*

zu|stoßen *irr* **I.** *vi* ❶ *+ haben* frapper ❷ *+ sein* (*Unglück*) arriver **II.** *vt + haben* **etw mit dem Fuß ~** fermer qc d'un coup de pied

Zustrom *m kein Pl a. fig* afflux *m*

zutage [tsuˈtaːgə] **~ fördern** étaler au grand jour

Zutat <-, -en> *f meist Pl* ingrédient *m*

zuteil [tsuˈtail] *geh* **jdm ~ werden** (*Ehre*) être imparti à qn

zu|teilen *vt* (*Portion*) distribuer; (*Mitarbeiter*) attribuer

Zuteilung *f* ❶ (*eines Anteils*) distribution *f;* (*einer Arbeit*) attribution *f* ❷ (*zugeteilte Portion*) rationnement *m*

zutiefst [tsuˈtiːfst] *adv* au plus haut point

zu|tragen *irr geh vr* **sich ~** se passer

zuträglich *adj geh* sain(e); **jdm/einer S. ~ sein** convenir à qn/qc; **der Gesundheit** (*dat*) **nicht ~ sein** être insalubre

zu|trauen *vt* **jdm etw ~** croire qn capable de qc

Zutrauen <-s> *nt* confiance *f*

zutraulich *adj* (*Kind*) confiant(e); (*Hund*) familier(-ière)
zu|treffen *vi irr* être juste; **auf jdn/etw ~** (*Beschreibung*) correspondre à qn/s'appliquer à qc
zutreffend *adj* exact(e)
Zutritt *m kein Pl* accès *m*
Zutun *nt* **das geschah ohne mein ~** je n'y suis pour rien
zuunterst [tsu'ʔʊntɐst] *adv* tout en dessous
zuverlässig ['tsu:fɛɐ̯lɛsɪç] *adj* fiable
Zuverlässigkeit <-> *f* fiabilité *f*
Zuversicht ['tsu:fɛɐ̯zɪçt] <-> *f* confiance *f*
zuversichtlich *adj* confiant(e)
zuviel[ALT] *s.* **viel I.1.**
zuvor [tsu'fo:ɐ̯] *adv* ① (*früher*) auparavant; **am Tag ~** la veille ② (*zunächst*) au préalable
zuvor|kommen *vi irr + sein* devancer
zuvorkommend **I.** *adj* prévenant(e) **II.** *adv* avec prévenance
Zuwachs ['tsu:vaks] <-es, Zuwächse> *m* ① accroissement *m* ② *iron fam* (*Kind*) **die Familie bekommt ~** il va y avoir une naissance dans la famille
Zuwanderer *m*, **Zuwanderin** *f* immigrant(e) *m(f)*
Zuwanderung *f* immigration *f*
zuwege [tsu've:gə] *adv* **etw ~ bringen** mener qc à bien
zuweilen [tsu'vailən] *adv geh* de temps à autre
zu|weisen *vt irr* (*Aufgabe*) assigner; (*Arbeitsplatz*) attribuer
zu|wenden *irr* **I.** *vt* **jdm den Rücken ~** tourner le dos à qn **II.** *vr* ① **sich jdm ~** se tourner vers qn ② (*sich widmen*) **sich einer S. ~** se consacrer à qc
Zuwendung *f* ① *kein Pl* attention *f* ② (*finanzielle Unterstützung: seitens des Staats*) allocation *f*; (*seitens einer Privatperson*) aide *f*
zuwenig[ALT] [tsu've:nɪç] *pron s.* **wenig I.1.**
zu|werfen *vt irr* lancer
zuwider [tsu'vi:dɐ] *adj* **jdm ~ sein** inspirer de la répugnance à qn
zuwider|handeln *vi* contrevenir **Zuwiderhandlung** *f form* infraction *f*; (*gegen ein Verbot*) transgression *f*
zu|winken *vi* faire un signe [de la main]
zu|zahlen **I.** *vt* payer en supplément **II.** *vi* payer un supplément
zu|ziehen *irr* **I.** *vt + haben* (*Schlinge*) serrer; (*Vorhang*) tirer **II.** *vr + haben* **sich ~** ① (*auf sich ziehen*) s'attirer ② (*Verletzung*) se faire **III.** *vi + sein* (*Einwohner*) [venir] s'installer
zuzüglich ['tsu:tsy:klɪç] *präp + gen* **hundert Euro ~ Mehrwertsteuer** cent euros, la T.V.A. en sus
zu|zwinkern *vi* faire un clin/des clins d'œil
ZVS [tsɛtfau'ʔɛs] <-> *f Abk von* **Zentralstelle für die Vergabe von Studienplätzen** *centre de répartition des inscriptions dans les universités allemandes*
Zwang [tsvaŋ, *Pl:* 'tsvɛŋə] <-[e]s, Zwänge> *m* contrainte *f*
zwängen ['tsvɛŋən] **I.** *vt* **etw in den Koffer ~** bourrer qc dans la valise **II.** *vr* **sich durch die Tür ~** se faufiler à travers la porte
zwanghaft *adj* (*Verhalten*) maladif(-ive)
zwanglos **I.** *adj* sans cérémonie **II.** *adv* librement
Zwangsarbeit *f* travaux *mpl* forcés **Zwangsjacke** *f* camisole *f* [de force] **Zwangslage** *f* situation *f* [très] embarrassante **zwangsläufig** *adj* inévitable **zwangsversteigern*** *vt* **zwangsversteigert werden** être vendu aux enchères publiques **Zwangsversteigerung** *f* vente *f* judiciaire
zwanzig ['tsvantsɪç] *num* vingt; *s. a.* **achtzig**
Zwanzig <-, -en> *f* vingt *m*
zwanziger *adj inv* **die ~ Jahre** les années *fpl* vingt; *s. a.* **achtziger**
Zwanziger[1] <-s, -> *m fam* (*Zwanzigeuroschein*) billet *m* de vingt euros
Zwanziger[2] <-, -> *f* HIST *fam* (*Briefmarke*) timbre *m* à vingt pfennigs
Zwanzigerjahre *Pl* **die ~** les années *fpl* vingt
Zwanzigeuroschein *m* billet *m* de vingt euros
zwanzigste(r, s) *adj* vingtième; *s. a.* **achtzigste(r, s)**
zwar [tsva:ɐ̯] *adv* ① (*einschränkend*) certes ② (*präzisierend*) **und ~** à savoir
Zweck [tsvɛk] <-[e]s, -e> *m* ① (*Ziel*) objectif *m*, but *m*; **für einen guten ~** pour une bonne cause ② (*Sinn*) raison *f* d'être ③ (*Verwendungszweck*) fonction *f*
zweckdienlich *adj* utile **zweckentfremden*** *vt* **etw ~** détourner qc de sa fonction **zwecklos** *adj* (*Unterfangen*) inutile
zwecks *präp + gen form* en vue de
zwei [tsvai] *num* deux; *s. a.* **acht**[1]

Zwei <-, -en> *f* ① (*Zahl, Augenzahl*) deux *m* ② (*Schulnote*) *bonne note située entre quatorze et seize sur vingt* CH *mauvaise note située entre trois et six sur vingt* ③ *kein Pl* (*U-Bahn-Linie*) deux *m*

Zweibeiner <-s, -> *m hum fam* bipède *m*

Zweibettzimmer *nt* chambre *f* double; (*im Krankenhaus*) chambre à deux lits **zweideutig** *adj* ① ambigu(ë) ② (*Bemerkung*) équivoque **zweidimensional** **I.** *adj* bidimensionnel(le) **II.** *adv* en deux dimensions **Zweidrittelmehrheit** *f* majorité *f* des deux tiers

zweierlei *adj inv* ~ **Sorten Wein** deux sortes de vin; *s. a.* **achterlei**

Zweierreihe *f* double rangée *f*

zweifach **I.** *adj* double; **die ~e Summe** deux fois la somme **II.** *adv* (*falten*) deux fois; *s. a.* **achtfach**

Zweifamilienhaus [-liən-] *nt* maison *f* de deux appartements

Zweifel ['tsvaifəl] <-s, -> *m meist Pl* doute *m*

zweifelhaft *adj* (*a. péj*) douteux(-euse)

zweifellos *adv* incontestablement

zweifeln *vi* douter

Zweifelsfall *m* ►**im** ~ dans le doute

Zweig [tsvaik] <-[e]s, -e> *m* ① *a.* COM branche *f* ② (*Fachrichtung*) option *f*

zweigeteilt *adj* coupé(e) en deux **zweigleisig** *adj* ① (*Strecke*) à double voie ② *fig* **~e Verhandlungen** des négociations sur deux fronts

Zweigstelle *f* succursale *f*; (*der Post*) bureau *m*

zweihundert ['tsvai'hʊndɐt] *num* deux cents **zweijährig** *adj* (*Kind*) de deux ans **Zweijährige(r)** *f(m) dekl wie adj* garçon *m*/fille *f* de deux ans **zweimal** *adv* deux fois; *s. a.* **achtmal** **Zweirad** *nt form meist Pl* deux-roues *m* **zweiseitig** *adj* (*Brief*) de deux pages **zweispaltig** *adj, adv* sur deux colonnes **zweisprachig** **I.** *adj* bilingue **II.** *adv* ~ **aufwachsen** avoir une éducation bilingue **zweispurig** *adj* à deux voies **zweistellig** *adj* à deux chiffres **zweistimmig** *adj, adv* à deux voix **zweistöckig** ['tsvaiʃtœkɪç] *adj* de deux étages **zweistündig** *adj attr* de deux heures

zweit *adv* **zu ~ sein** être [à] deux; *s. a.* **acht** [2]

Zweitakter <-s, -> *m* véhicule *m* deux-temps

zweitälteste(r, s) ['tsvait'ʔɛltəstə, -tɐ, -təs] *adj* ① (*Einwohner*) second(e) [par rang d'âge] ② (*Kind*) cadet(te)

zweitausend ['tsvai'tauzənt] *num* deux mille

Zweitausender <-s, -> *m* sommet *m* de [plus de] deux mille mètres

zweitbeste(r, s) ['tsvait'bɛstə, -tɐ, -təs] *adj* deuxième meilleur(e)

zweite(r, s) *adj* ① deuxième ② (*bei Datumsangaben*) **der ~ März** le deux mars; *s. a.* **achte(r, s)**

zweiteilig *adj* en deux parties

zweitens *adv* deuxièmement

zweitgrößte(r, s) *adj* (*Person*) deuxième en taille; (*Stadt*) deuxième **zweithöchste(r, s)** *adj* ① (*Berg*) deuxième [plus haut(e)] ② (*Stellung*) deuxième dans la hiérarchie **zweitklassig** *adj pej* de deuxième catégorie **zweitletzte(r, s)** *adj* avant-dernier(-ière) **zweitrangig** *adj* ① (*Problem*) de second ordre ② *s.* **zweitklassig** **Zweitschlüssel** *m* double *m* **Zweitstimme** *f* POL deuxième voix *f* (*accordée à une liste nationale lors des élections au Bundestag ou au Landtag*)

Zweitürer <-s, -> *m fam* deux portes *f* **zweitürig** *adj* [à] deux portes

Zweitwagen *m* deuxième voiture *f* **Zweitwohnung** *f* résidence *f* secondaire

Zweizimmerwohnung [tsvai'tsɪmɐvoːnʊŋ] *f* deux-pièces *m*

Zwerchfell ['tsvɛrçfɛl] *nt* ANAT diaphragme *m*

Zwerg(in) [tsvɛrk] <-[e]s, -e> *m(f) a. fig, pej* nain(e) *m(f)*

Zwetschge <-, -n> *f* quetsche *f*

zwicken ['tsvɪkən] A **I.** *vi* (*Hose*) serrer **II.** *vt* pincer

Zwicker <-s, -> *m* A pince-nez *m*

Zwickmühle *f* ►**in der ~ sein** *fam* être coincé

Zwieback ['tsviːbak] <-[e]s, -e> *m* biscotte *f*

Zwiebel ['tsviːbəl] <-, -n> *f* oignon *m*

Zwiebelkuchen *m* tarte *f* à l'oignon **Zwiebelsuppe** *f* soupe *f* à l'oignon

Zwiegespräch ['tsviːgəʃprɛːç] *nt geh* tête-à-tête *m* **Zwielicht** *nt kein Pl* pénombre *f* ►**ins ~ geraten** être entraîné dans une affaire douteuse **zwielichtig** *adj pej* louche **Zwiespalt** *m kein Pl* tiraillement *m* [intérieur] **zwiespältig** *adj geh* partagé(e) **Zwietracht** <-> *f geh* discorde *f*

Zwilling ['tsvɪlɪŋ] <-s, -e> *m* ① jumeau *m*/jumelle *f* ② ASTRO **die ~e** les Gémeaux *mpl*

Zwillingsbruder *m* [frère *m*] jumeau *m*
Zwillingsschwester *f* [sœur *f*] jumelle *f*

zwingen ['ʦvɪŋən] <zwang, gezwungen> **I.** *vt* ① forcer ② *geh* (*drängen*) **zu Boden ~** faire toucher le sol **II.** *vr* **sich zu einer Arbeit ~** (*sich überwinden*) se forcer à [faire] un travail

zwingend I. *adj* impérieux(-euse) **II.** *adv* forcément

Zwinger <-s, -> *m* chenil *m*

zwinkern ['ʦvɪŋkɐn] *vi* cligner des yeux/de l'œil

zwirbeln ['ʦvɪrbəln] *vt* (*Bart*) tortiller

Zwirn [ʦvɪrn] <-s, -e> *m* fil *m* [retors]

zwischen ['ʦvɪʃən] **I.** *präp* + *dat* entre **II.** *präp* + *akk* entre

Zwischenbemerkung *f* parenthèse *f* **Zwischending** *nt fam* **ein ~ zwischen Stock und Krücke** quelque chose entre la canne et la béquille **zwischendurch** *adv* ① (*gelegentlich*) de temps en temps; (*inzwischen*) entre-temps ② (*außer der Reihe*) **nichts ~ essen** ne rien manger entre les repas ③ (*örtlich*) au milieu **Zwischenfall** *m* incident *m* **Zwischenfrage** *f* question *f* [incidente] **Zwischenlager** *nt* **atomares ~** lieu de stockage provisoire des déchets nucléaires **zwischen|lagern** *vt* stocker provisoirement **zwischen|landen** *vi* + *sein* faire escale **Zwischenlandung** *f* escale *f* **Zwischenmahlzeit** *f* collation *f* **zwischenmenschlich** *adj* entre les personnes; **~e Beziehungen** des relations avec les autres **Zwischenraum** *m* ① (*räumlicher Abstand*) intervalle *m*; (*eng*) interstice *m* ② (*Zeilenabstand*) interligne *m* **Zwischenruf** *m* interpellation *f* **Zwischenstation** *f* halte *f* **Zwischenzeit** *f* **in der ~** dans l'intervalle **Zwischenzeugnis** *nt* (*Schulzeugnis*) bulletin *m* intermédiaire; (*in Frankreich*) bulletin trimestriel

Zwist [ʦvɪst] <-es, -e> *m geh* dissension *f*

zwitschern ['ʦvɪʧɐn] *vi* gazouiller

Zwitter ['ʦvɪtɐ] <-s, -> *m* hermaphrodite *m*

zwo [ʦvo:] *num fam* deux

zwölf [ʦvœlf] *num* douze; *s. a.* **acht** [1]

zwölffach I. *adj* **die ~e Menge nehmen** prendre douze fois plus **II.** *adv* (*falten*) douze fois; *s. a.* **achtfach** **Zwölffingerdarm** *m* ANAT duodénum *m* **zwölfmal** *adv* douze fois; *s. a.* **achtmal**

zwölft *adv* **zu ~ sein** être douze; *s. a.* **acht** [2]

zwölfte(r, s) *adj* ① douzième ② (*bei Datumsangaben*) **der ~ März** le douze mars; *s. a.* **achte(r, s)**

zwölftel *adj* douzième; *s. a.* **achtel**

Zwölftel <-s, -> *nt* douzième *m*

Zyankali [ʦyan'ka:li] <-s> *nt* CHEM cyanure *m* de potassium; (*Gift*) cyanure

zyklisch ['ʦy:klɪʃ] *adj a.* CHEM cyclique

Zyklon [ʦy'klo:n] <-s, -e> *m* cyclone *m*

Zyklus ['ʦy:klʊs] <-, Zyklen> *m* ① *a.* BIO cycle *m* ② (*von Gedichten*) série *f*

Zylinder [ʦi'lɪndɐ] <-s, -> *m* ① MATH, TECH cylindre *m* ② (*Hut*) haut-de-forme *m*

zylindrisch [ʦʏ'lɪndrɪʃ] *adj* cylindrique

Zyniker(in) ['ʦy:nɪkɐ] <-s, -> *m(f)* cynique *mf*

zynisch I. *adj* cynique **II.** *adv* avec cynisme

Zynismus [ʦy'nɪsmʊs] <-, -ismen> *m* ① *kein Pl* cynisme *m* ② (*Bemerkung*) remarque *f* cynique

Zypern ['ʦy:pɐn] <-s> *nt* Chypre *f*

Zypresse [ʦy'prɛsə] <-, -n> *f* cyprès *m*

zypriotisch *adj* cypriote, chypriote

z.Z[t]. *Abk von* **zur Zeit**

Französische Kurzgrammatik
Précis de grammaire française

1 Der Artikel

1.1 Der bestimmte Artikel

Die Formen des bestimmten Artikels

		vor Konsonant		vor stummem h		vor Vokal	
männliche Formen	**Singular**	**le**	train	**l'**	hôtel	**l'**	arbre
	Plural	**les**	trains	**les**	hôtels	**les**	arbres
weibliche Formen	**Singular**	**la**	ville	**l'**	heure	**l'**	autoroute
	Plural	**les**	villes	**les**	heures	**les**	autoroutes

Die Präpositionen *à* und *de* und der bestimmte Artikel

à + le	=	au	de + le	=	du
à + les	=	aux	de + les	=	des

Der Gebrauch des bestimmten Artikels
Der bestimmte Artikel wird verwendet bei:
- der Gesamtheit einer Menge:

  J'aime **les** livres.

- Eigennamen:

  Les Noblet habitent à Paris.

- Titeln:

  Le docteur Lacroix est parti en vacances.

- Körperteilen:

  Géraldine a **les** yeux verts.

- festen Wendungen:

  J'apprends **le** français.

1.2 Der unbestimmte Artikel

	männlich		weiblich	
Singular	**un**	livre	**une**	voiture
Plural	**des**	livres	**des**	voitures

1.3 Der Teilungsartikel

Die Formen des Teilungsartikels

Der Teilungsartikel besteht aus der Präposition **de** und dem bestimmten Artikel.

Der Gebrauch des Teilungsartikels

1. Der Teilungsartikel wird verwendet, wenn man eine **unbestimmte Menge**, d.h. unzählbare Dinge, bezeichnen möchte. Er gibt einen Teil eines Ganzen an.
2. Nach **sans** und **de** steht kein Teilungsartikel. Sollte jedoch eine bestimmte Menge gemeint sein, dann steht bei ***de*** der bestimmte Artikel:

   Jean a besoin **de l'**argent **qu'il a gagné**.

3. Nach **avec** wird der Teilungsartikel verwendet:

   Jean prend son pain **avec de la** confiture.

4. Außerdem steht der Teilungsartikel bei einigen festen Wendungen, z.B.:

faire **du** volley/**du** sport	Volleyball spielen/Sport treiben
jouer **du** piano	Klavier spielen
avoir **de** la chance	Glück haben

5. Die Verneinung wird beim Teilungsartikel mit **ne ... pas de** gebildet.

Mengenangaben mit *de*

An Mengenangaben wird das nachfolgende Substantiv nur mit der Präposition **de** angeschlossen:

Il faut acheter un litre **de** vin, un kilo **de** tomates, une bouteille **d'**eau minérale, beaucoup **de** fruits, un peu **de** fromage, assez **de** limonade.

2 Das Substantiv

2.1 Das Geschlecht der Substantive

2.1.1 Das Geschlecht bei Lebewesen

1. Bei Personen oder Tieren gibt es in der Regel für jedes Geschlecht eine Form.

männlich	→	**weiblich**			
un ami	→	une ami**e**	-	→	**-e**
un employ**é**	→	une employ**ée**	**-é**	→	**-ée**
un ac**teur**	→	une ac**trice**	**-teur**	→	**-trice**
			Ausnahme:		
			un chant**eur**	→	une chant**euse**
un vend**eur**	→	une vend**euse**	**-eur**	→	**-euse**
			Ausnahme:		
			un péch**eur**	→	une péch**eresse**

männlich	→	weiblich			
un boulang**er**	→	une boulang**ère**	**-er**	→	**-ère**
un vois**in**	→	une vois**ine**	**-in**	→	**-ine**
			Ausnahme:		
			un cop**ain**	→	une cop**ine**
un pays**an**	→	une pays**anne**	**-an**	→	**-anne**
un espi**on**	→	une espi**onne**	**-on**	→	**-onne**
un Ital**ien**	→	une Ital**ienne**	**-ien**	→	**-ienne**
un veu**f**	→	une veu**ve**	**-f**	→	**-ve**
un tigr**e**	→	une tigr**esse**	**-e**	→	**-esse**

2. Bei einigen Substantiven kann man das Geschlecht nur am **Artikel** erkennen, da die **männlichen** und die **weiblichen** Formen **identisch** sind:

un/une élève, **un/une** enfant, **un/une** journaliste, **un/une** secrétaire

3. Aber es gibt auch Bezeichnungen, bei denen die **männliche** und **weibliche** Form aus zwei verschiedenen Substantiven bestehen:

un homme – **une** femme, **un** frère – **une** sœur, **un** coq – **une** poule

2.1.2 Das Geschlecht bei Sachen und Dingen

Das Geschlecht von Wortgruppen

Männlich sind	– Wochentage:	**le** lundi, **le** vendredi;		
	– Jahreszeiten:	**le** printemps, **l'**automne;		
	– Himmelsrichtungen:	**le** sud, **le** nord;		
	– Sprachen:	**le** portugais, **l'**italien;		
	– Bäume:	**le** chêne, **le** sapin;		
	– Metalle:	**l'**or, **le** platine;		
	– chemische Elemente:	**le** mercure, **le** soufre, **l'**uranium;		
	– Transportmittel:	**le** bus, **le** train, **l'**avion.		
Weiblich sind	– Länder:	**la** France, **la** Pologne,	*aber:*	**le** Portugal, **le** Danemark, **le** Luxembourg;
	– Flüsse:	**la** Saône, **la** Moselle,	*aber:*	**le** Rhône, **le** Danube;
	– Wissenschaften:	**la** géographie, **la** médecine,	*aber:*	**le** droit;
	– Autonamen:	**la** BMW, **la** Citroën.		

2.2 Der Plural der Substantive

Singular		Plural	Ausnahmen		
le train	→	les train**s**			
la voiture	→	les voiture**s**			
le pri**x**	→	les pri**x**			
le ne**z**	→	les ne**z**			
le Françai**s**	→	les Françai**s**			
le gât**eau**	→	les gâteau**x**			
le **jeu**	→	les jeu**x**	le pneu	→	les pneu**s**
le bij**ou**	→	les bijou**x**	le cou	→	les cou**s**
le journ**al**	→	les journ**aux**	le bal	→	les bal**s**
le trav**ail**	→	les trav**aux**	le détail	→	les détail**s**

3 Das Adjektiv

3.1 Die Stellung des Adjektivs

Das Adjektiv als Attribut

1. Die meisten Adjektive, insbesondere mehrsilbige Adjektive, stehen in der Regel **hinter** dem Substantiv.
2. Kurze und häufig gebrauchte Adjektive stehen **vor** dem Substantiv, z. B.

grand, gros, petit, jeune, vieux, bon, mauvais, beau und *joli.*

3. Bei einigen Adjektiven ändert sich die Bedeutung je nachdem, ob sie **vor** oder **hinter** dem Substantiv stehen, z. B.:

un pauvre homme (ein **bedauernswerter** Mann)
un homme pauvre (ein **armer** Mann)

3.2 Das Adjektiv im Singular und im Plural

	männlich	weiblich
Singular	le petit jardin le jardin est petit	la petit**e** maison la maison est petit**e**
Plural	les petit**s** jardins les jardins sont petit**s**	les petit**es** maisons les maisons sont petit**es**

Die weibliche Form des Adjektivs bildet man, indem man an die männliche Form ein *-e* anhängt. Endet die männliche Form bereits auf *-e,* so bleibt die weibliche Form unverändert, z. B.:

le livre roug**e**   la voiture roug**e.**

Der Plural wird durch Anhängen von ***-s*** an die jeweilige Form des Singulars gebildet.

Es gibt einige wenige Adjektive, die **nicht verändert** werden, so zum Beispiel ***bon marché, orange*** und ***chic.***

3.3 Sonderfälle bei den Femininformen

Regel			männlich		weiblich	Ausnahme		
-er	→	**-ère**	cher	→	chère			
-et	→	**-ète**	complet	→	complète	muet	→	muette
-c	→	**-que**	turc	→	turque	blanc	→	blanche
						sec	→	sèche
						grec	→	grecque
-f	→	**-ve**	actif	→	active			
-g	→	**-gue**	long	→	longue			
-eux	→	**-euse**	heureux	→	heureuse			
-el	→	**-elle**	naturel	→	naturelle			
-il	→	**-ille**	gentil	→	gentille			
-en	→	**-enne**	européen	→	européenne			
-on	→	**-onne**	bon	→	bonne			
-os	→	**-osse**	gros	→	grosse			
-teur	→	**-teuse**	menteur	→	menteuse			
	→	**-trice**	conservateur	→	conservatrice			
-eur	→	**-eure**	meilleur	→	meilleure			
	→	**-euse**	rieur	→	rieuse			

3.4 Sonderfälle bei der Pluralbildung

	männlich			weiblich		
Singular	un homme		brut**al**	une femme		brut**ale**
Plural	des hommes		brut**aux**	des femmes		brut**ales**
Singular	un un	beau gros	jour sac	une une	belle grosse	surprise valise
Plural	de(s) de(s)	beau**x** gro**s**	jours sacs	de(s) de(s)	belle**s** grosse**s**	surprises valises

3.5 Die Adjektive *beau, nouveau* und *vieux*

beau, nouveau, vieux vor männlichen Substantiven, die mit **Konsonant** beginnen.

bel, nouvel, vieil vor männlichen Substantiven, die mit **Vokal** oder **stummem h** beginnen.

Bei prädikativem Gebrauch stehen im Singular männlicher Substantive nur die Formen ***beau, nouveau*** und ***vieux*** zur Verfügung stehen, z.B:

L'**h**ôtel est **beau.**
L'ordinateur est **nouveau.**
L'ordinateur est **vieux.**

3.6 Die Steigerung der Adjektive

Der Positiv und der Komparativ

Positiv:	Pierre est	**grand.** *(Pierre ist groß.)*	
Komparativ:	Pierre est	**plus grand que**	moi. *(Pierre ist größer als ich.)*
	Pierre est	**moins grand que**	moi. *(Pierre ist kleiner als ich.)*
	Pierre est	**aussi grand que**	moi. *(Pierre ist genauso groß wie ich.)*

Der Superlativ

Quel est	le	fleuve	**le**	**plus**	**long**	**d'**Europe?
Quelle est	la	ville	**la**	**plus**	**grande**	**du** monde?
Quels sont	les	trains	**les**	**moins**	**rapides**	**de** France?

Unregelmäßige Steigerungsformen:

bon, bonne *(gut)*	meilleur, e *(besser)*	le/la meilleur, e *(der/die/das beste)*
mauvais, e *(schlecht)*	pire *(schlechter)*	le/la pire *(der/die/das schlechteste)*

4 Das Adverb

4.1 Die Formen

Die abgeleiteten Adverbien

Adjektiv		**Adverb**
männlich	weiblich	
fort	fort**e**	fort**ement**
sérieux	séri**euse**	séri**eusement**
terrib**le**	terrible	terrib**lement**
pratique	pratique	pratique**ment**

Bei Adjektiven, die auf einem **hörbaren Vokal**, aber nicht auf **-e** enden, wird **-ment** an die männliche Form angehängt, z. B.:

Adjektiv		**Adverb**
männlich	weiblich	
vra**i**	vraie	vra**iment**
absol**u**	absolue	absol**ument**

Ausnahmen sind z. B.:

gai, gaie → gai**ement**
nouveau, nouv**elle** → nouv**ellement**
fou, **folle** → fol**lement**

Adjektive, die auf -***ant*** oder -***ent*** enden, bilden ihr Adverb auf -***amment*** und -***emment.***

Adjektiv		Adverb
männlich	weiblich	
éleg**ant**	élégante	élég**amment**
évid**ent**	évidente	évid**emment**

Es gibt außerdem unregelmäßige Adverbformen, z. B.:

précis – précise – **précisément**
gentil – gentille – **gentiment**
bref – brève – **brièvement**
bon – bonne – **bien**
meilleur – meilleure – **mieux**
mauvais – mauvaise – **mal**

4.2 Die Stellung der Adverbien

Die Adverbien des Ortes und der bestimmten Zeit stehen am **Satzanfang** oder am **Satzende.**

Aujourd'hui il fait beau. *oder:* Il fait beau **aujourd'hui.**

Die meisten anderen Adverbien stehen direkt **hinter** dem konjugierten Verb.

Philippe regarde **toujours** la télé.
Hier, il a **beaucoup** travaillé.
Aujourd'hui, il ne fait **pratiquement** rien.

Tôt, tard und ***ensemble*** stehen in zusammengesetzten Zeiten immer **hinter** dem *Participe passé* und bei Infinitivkonstruktionen **hinter** dem Infinitiv.

Nous sommes arrivés **tôt**. Nous voulons manger **ensemble**.

Adverbien, die sich auf den ganzen Satz beziehen, stehen in der Regel am **Anfang** oder am **Ende** des Satzes. Sie werden durch ein Komma vom restlichen Satz getrennt.

Malheureusement, je n'ai pas trouvé l'hôtel.

4.3 Die Steigerung der Adverbien

Positiv	Elle court	**vite.**		(*Sie rennt schnell.*)
Komparativ	Elle court	**plus vite que**	son mari.	(*Sie rennt schneller als ihr Mann.*)
	Elle court	**moins vite que**	son mari.	(*Sie rennt langsamer als ihr Mann.*)
	Elle court	**aussi vite que**	son mari.	(*Sie läuft genauso schnell wir ihr Mann.*)
Superlativ	Elle court	**le plus vite de**	tous.	(*Sie rennt von allen am schnellsten.*)
	Elle court	**le moins vite de**	tous.	(*Sie rennt von allen am langsamsten.*)

Unregelmäßige Steigerungsformen:

bien (gut)	mieux (besser)	le mieux (am besten),
beaucoup (viel)	plus (mehr)	le plus (am meisten),
peu (wenig)	moins (weniger)	le moins (am wenigsten)

5 Die Pronomen

5.1 Die verbundenen Personalpronomen

Singular	1. Person	**je/j'** (vor Vokal und stummem h)	*ich*
	2. Person	**tu**	*du*
	3. Person	**il/elle**	*er/sie*
Plural	1. Person	**nous**	*wir*
	2. Person	**vous**	*ihr, Sie*
	3. Person	**ils** (männlich)**/elles** (weiblich)	*sie*

Der Gebrauch der verbundenen Personalpronomen *il(s), elle(s)*

männlich	**weiblich**
Monsieur Pasquali est d'où ? **Il** est de Montpellier.	**Madame Pasquali** est d'où ? **Elle** est aussi de Montpellier.
Le livre est où ? **Il** est sur la table.	**La clé** est où ? **Elle** est sur la table.
Les garçons sont d'où ? **Ils** sont de Lyon.	**Les filles** sont d'où ? **Elles** sont de Paris.
Les livres sont où ? **Ils** sont sur la table.	**Les clés** sont où ? **Elles** sont sur la table.

Les filles et les garçons sont où ? – **Ils** sont dans le jardin.

Die Höflichkeitsform *vous*

Monsieur Noblet, **vous** êtes fatigué ?	*Sind Sie müde, Herr Noblet?*
Voulez-**vous** entrer, Madame ?	*Wollen Sie eintreten, meine Dame?*
Mesdames et Messieurs, voulez-**vous** entrer ?	*Meine Damen und Herren wollen Sie eintreten?*

5.2 Die unverbundenen Personalpronomen

Die Formen der unverbundenen Personalpronomen

Singular	**1. Person**	**moi**	*ich*
	2. Person	**toi**	*du*
	3. Person	**lui/elle**	*er/sie*
Plural	**1. Person**	**nous**	*wir*
	2. Person	**vous**	*ihr, Sie*
	3. Person	**eux** (männlich)**/elles** (weiblich)	*sie*

Der Gebrauch der unverbundenen Personalpronomen

Die unverbundenen oder betonten Personalpronomen werden verwendet

– nach einer Präposition:

Est-ce que tu sors **avec moi**, ce soir ? – Non, je préfère sortir **sans toi.**

– zur Hervorhebung eines Subjekts:

Qu'est-ce-que vous faites dans la vie ? – **Moi**, je suis pharmacienne.

– allein:

Qui veut apprendre le français ? – **Moi** !

– nach *c'est* und *ce sont:*

Qui est-ce qui a pris les photos ? – **C'est lui** qui a pris les photos.

– beim bejahten Imperativ:

Donnez-**moi** le livre, s'il vous plaît.

5.3 Die direkten Objektpronomen

Die Formen der direkten Objektpronomen

Singular	1. Person	**me/m'**	(vor Vokal und stummem h)	*mich*
	2. Person	**te/t'**	(vor Vokal und stummem h)	*dich*
	3. Person	**le/l'**	(vor Vokal und stummem h)	*ihn, es*
		la/l'	(vor Vokal und stummem h)	*sie*
Plural	1. Person	**nous**		*uns*
	2. Person	**vous**		*euch, Sie*
	3. Person	**les**		*sie*

Der Gebrauch der direkten Objektpronomen

Die direkten Objektpronomen ersetzen ein **Akkusativobjekt** und stimmen in Zahl und Geschlecht mit ihm überein, z. B.:

männlich	**weiblich**
Est-ce que tu as vu **Jean**?	Est-ce que tu as vu **Brigitte**?
Oui, je **l'**ai vu.	Oui, je **l'**ai vue.
Est-ce que tu as vu **les garçons**?	Est-ce que tu as vu **les filles**?
Oui, je **les** ai vus.	Oui, je **les** ai vues.
Est-ce que Eric lit **ce livre**?	Est-ce que vous lisez **cette revue**?
Oui, il **le** lit.	Non, nous ne **la** lisons pas.
Est-ce que Eric lit **ces livres**?	Est-ce que vous lisez **ces revues**?
Oui, il **les** lit.	Non, nous ne **les** lisons pas.

Die Stellung der direkten Objektpronomen

1. Die direkten Objektpronomen stehen **vor dem konjugierten Verb**. Wird der Satz verneint, so umschließt die Verneinung das Objektpronomen und das konjugierte Verb. Steht der Satz im *Passé composé* oder im Plusquamperfekt, dann stehen die Objektpronomen vor dem konjugierten Hilfsverb:

La télé t'intéresse?	– Oui, elle **m'**intéresse. – Non, elle ne **m'**intéresse pas.
Est-ce que vous avez acheté les journaux?	– Oui, nous **les** avons achetés. – Non, nous ne **les** avons pas achetés.

2. Bei Verben, die einen Infinitiv bei sich haben, steht das direkte Objektpronomen **vor dem Infinitiv**:

Est-ce que tu vas écouter la radio?	– Oui, je vais **l'**écouter. – Non, je ne vais pas **l'**écouter.
Est-ce que tu peux ranger ta chambre?	– Oui, je peux **la** ranger. – Non, je ne peux pas **la** ranger.

3. Bei Imperativen wird das Objektpronomen **an den bejahten Imperativ** mit Hilfe eines Bindestrichs angehängt:

Maman, est-ce que je peux inviter mes amis ? – Oui, invite-**les**.

5.4 Die indirekten Objektpronomen

Die Formen der indirekten Objektpronomen

Singular	1. Person	**me/m'**	(vor Vokal und stummem h)	*mir*
	2. Person	**te/t'**	(vor Vokal und stummem h)	*dir*
	3. Person	**lui**		*ihm, ihr*
Plural	1. Person	**nous**		*uns*
	2. Person	**vous**		*euch, Ihnen*
	3. Person	**leur**		*ihnen*

Der Gebrauch der indirekten Objektpronomen

Die indirekten Objektpronomen ersetzen Dativobjekte, die in der Zahl mit dem Dativobjekt übereinstimmen.

männlich	**weiblich**
Tu donnes ton adresse **à Jean** ?	Tu vas répondre **à Sandra** ?
Oui, je **lui** donne mon adresse.	Non, je ne vais pas **lui répondre.**
Vous écrivez **à vos amis** ?	Vous pouvez téléphoner **à mes amies** ?
Oui, nous **leur** écrivons.	Oui, nous pouvons **leur** téléphoner.

Die Stellung der indirekten Objektpronomen

1. Die indirekten Objektpronomen stehen **vor dem konjugierten Verb.** Wird der Satz verneint, so umschließt die Verneinung das Objektpronomen und das konjugierte Verb. Steht der Satz im *Passé composé* oder im Plusquamperfekt, dann steht das Objektpronomen vor dem konjugierten Hilfsverb:

Brigitte, tu téléphones à tes amies ?	– Oui, je **leur** téléphone. – Non, je ne **leur** téléphone pas.
Est-ce que tu as montré les photos à ton copain ?	– Oui, je **lui** ai montré les photos. – Non, je ne **lui** ai pas montré les photos.

2. Bei Verben, die einen Infinitiv bei sich haben, steht das indirekte Objektpronomen **vor dem Infinitiv**:

Est-ce que tu vas écrire à ta grand-mère ?	– Oui, je vais **lui** écrire. – Non, je ne vais pas **lui** écrire.

5.5 Die Reflexivpronomen

Je	**m'**	appelle Annie.
Tu	**t'**	appelles Jean.
Il/Elle	**se**	promène en ville.
Nous	**nous**	lavons les mains.
Vous	**vous**	douchez ce soir.
Ils/Elles	**s'**	habillent.

5.6 Das Adverbialpronomen en

Der Gebrauch von *en*

1. ***En*** ist ein Pronomen, das bestimmte Ergänzungen, meist Mengen, vertritt und in diesem Zusammenhang oft mit *davon* übersetzt wird. Es vertritt

– *des* + Substantiv:

Est-ce que tu achètes **des fruits**?
Oui, j'**en** achète.

– den Teilungsartikel + Substantiv:

Est-ce que tu prends **de la limonade**?
Oui, j'**en** prends.

– Mengenangabe + Substantiv:

Tu veux **une bouteille de coca**?
Oui, j'**en** veux **une.**

– Zahlwort + Substantiv:

Tu prends **dix pommes**?
Non, j'**en** prends seulement **six.**

– *un/une* + Substantiv:

Est-ce que tu prends **une pomme**?
Oui, j'**en** prends **une.**

2. ***En*** vertritt auch andere Ergänzungen mit ***de.*** In diesen Fällen wird ***en*** oft mit *davon, darüber, von dort* und *dorther* übersetzt:

Tu es déjà rentré **du Portugal**? Oui, j'**en** suis rentré hier, mais j'**en** rêve encore.

Folgt jedoch auf die Präposition ***de*** ein Personensubstantiv, so übernehmen die betonten Personalpronomen seine Vertretung, z. B.:

Tu te souviens **d'Annette**? Non, je ne me souviens pas **d'elle.**

Die Stellung von *en*

1. Das Pronomen ***en*** steht **vor dem konjugierten Verb.** Wird der Satz verneint, so umschließt die Verneinung ***en*** und das konjugierte Verb. Steht der Satz im *Passé composé* oder im Plusquamperfekt, dann steht ***en*** vor dem konjugierten Hilfsverb:

Est-ce que tu prends du beurre?	Oui, j'**en** prends.
Est-ce que Martin a acheté du beurre hier?	Oui, il **en** a acheté./ Non, il n'**en** a pas acheté.

2. Bei Verben, die einen Infinitiv bei sich haben, steht ***en* vor dem Infinitiv**:

Il me manque du café. Alors je vais **en** acheter tout de suite.

3. Bei Imperativen wird ***en* an den bejahten Imperativ** mit Hilfe eines Bindestrichs angehängt:

Est-ce que je peux prendre du fromage? – Oui, prends-**en.**

5.7 Das Adverbialpronomen *y*

Der Gebrauch von *y*

Das Pronomen ***y*** vertritt

- Ortsbestimmungen, die durch Präpositionen wie *à, dans, en, chez, sur* und *sous* eingeleitet werden:

Est-ce que vous habitez **à Paris**? – Oui, nous **y** habitons.

- Ergänzungen mit à + Sachsubstantiven:

Est-ce que tu penses **à Noël**? – Oui, j'**y** pense toujours.

Die Stellung von *y*

1. Das Pronomen ***y*** steht **vor dem konjugierten Verb.** Wird der Satz verneint, so umschließt die Verneinung ***y*** und das konjugierte Verb. Steht der Satz im *Passé composé* oder im Plusquamperfekt, dann steht ***y*** vor dem konjugierten Hilfsverb:

Est-ce que vous allez en France?	Oui, nous **y** allons./ Non, nous n'**y** allons pas.

2. Bei Verben, die einen Infinitiv bei sich haben, steht ***y* vor dem Infinitiv**:

J'ai oublié mon porte-monnaie à la boulangerie. Alors je vais **y** aller tout de suite.

3. Bei Imperativen wird ***y* an den bejahten Imperativ** mit Hilfe eines Bindestrichs angehängt. Bei den Verben auf *-er* sowie bei dem unregelmäßigen Verb *aller* wird an den Imperativ Singular jedoch ein *-s* angehängt:

Va**s-y.**

5.8 Die Stellung der Pronomen bei mehreren Pronomen im Satz

me					
te	le	lui			
se	la		y	en	+ konjugierte Verbform oder Infinitiv
nous	les	leur			
vous					

Es können bis zu zwei Pronomen vor dem konjugierten Verb oder Infinitiv, wie folgt, stehen:

Maman, est-ce que tu me racontes l'histoire?	– Oui, je **te la** raconte tout de suite.
Est-ce que vous lui avez donné le livre?	– Non, je ne **le lui** ai pas encore donné.
Est-ce que tu peux nous parler des vacances?	– Oui, je vais **vous en** parler tout de suite.
Il y a encore du café?	– Oui, il **y en** a encore.

5.9 Die Demonstrativpronomen

Die Formen der Demonstrativpronomen

	vor Konsonant		vor Vokal		vor stummem h	
männlich						
Singular	**ce**	train	**cet**	arbre	**cet**	hôtel
Plural	**ces**	trains	**ces**	arbres	**ces**	hôtels
weiblich						
Singular	**cette**	ville	**cette**	information	**cette**	histoire
Plural	**ces**	villes	**ces**	informations	**ces**	histoires

Der Gebrauch der Demonstrativpronomen

Die Demonstrativpronomen werden benutzt, um auf bestimmte Gegenstände oder Personen hinzuweisen:

Il faut lire **ce** livre.	*Dieses Buch muss man lesen.*

Die Demonstrativpronomen gebraucht man auch in folgenden Wendungen:

ce matin	***heute*** *Morgen*
cet après-midi	***heute*** *Nachmittag*
ce soir	***heute*** *Abend*

5.10 Die Possessivpronomen

Die Formen der Possessivpronomen

	Singular		Plural
	männlich	**weiblich**	**männlich + weiblich**
Ein Besitzer			
1. Person	**mon** frère	**ma** sœur	**mes** frères/amis
	mon ami	**mon** amie	**mes** sœurs/amies
2. Person	**ton** frère	**ta** sœur	**tes** frères/amis
	ton ami	**ton** amie	**tes** sœurs/amies
3. Person	**son** frère	**sa** sœur	**ses** frères/amis
	son ami	**son** amie	**ses** sœurs/amies
Mehrere Besitzer			
1. Person	**notre** frère	**notre** sœur	**nos** frères/sœurs
2. Person	**votre** frère	**votre** sœur	**vos** frères/sœurs
3. Person	**leur** frère	**leur** sœur	**leurs** frères/sœurs

Der Gebrauch der Possessivpronomen

Die Possessivpronomen werden verwendet, um ein Besitz- oder ein Zugehörigkeitsverhältnis zum Ausdruck zu bringen:

Sur la table, il y a **mon** livre.	*Auf dem Tisch befindet sich mein Buch.*
Je vais passer les vacances avec **mes** parents.	*Ich werde die Ferien mit meinen Eltern verbringen.*

5.11 Die Indefinitpronomen

5.11.1 *aucun*

Aucun stimmt im Genus mit seinem Bezugselement überein. Es wird in **verneinten** Sätzen von der Negation ***ne*** begleitet und mit **kein** übersetzt:

Est-ce qu'il y a un problème?	*Gibt es ein Problem?*
Non, nous n'avons **aucun** problème.	*Nein, wir haben **kein** Problem.*

5.11.2 *certain*

certain als Begleiter des Substantivs

		männlich		weiblich	
Singular	Il y a	**un certain**	problème avec	**une certaine**	personne.
Plural	Il y a	**certains**	problèmes avec	**certaines**	personnes.

Wenn ***certain*** als Begleiter des Substantivs verwendet wird, so gleicht es sich in Zahl und Geschlecht dem Substantiv an, auf das es sich bezieht. Im Singular steht vor *certain, certaine* der unbestimmte Artikel ***un*** oder ***une***, der im Plural entfällt.

certains als Stellvertreter des Substantivs

Wenn ***certains*** als Stellvertreter des Substantivs gebraucht wird, ist es unveränderlich. Das Verb wird dann in der 3. Person Plural angeschlossen:

Tous mes amis veulent faire une fête, mais **certains** ne veulent pas m'aider à la préparer.

5.11.3 *chaque, chacun*

Chaque ist unveränderlicher Begleiter des Substantivs:

Le chef du supermarché parle aux employés :	On a besoin de **chaque** client et de **chaque** cliente *Wir brauchen **jeden** Kunden und **jede** Kundin.*

Chacun und ***chacune*** ersetzen ein Substantiv. Sie werden nur im Singular gebraucht. **Chacun** steht für männliche Substantive. ***Chacune*** ersetzt weibliche Substantive:

Il dit bonjour à **chacun** et à **chacune**.	*Er sagt **jedem** und jeder guten Tag.*

5.11.4 Das unpersönliche *on*

On wird in der Umgangssprache häufig für ***nous*** verwendet und wird mit **wir** übersetzt:

Vous êtes où ?	**Nous** sommes ici.	***Wir*** *sind hier.*
	On est ici.	***Wir*** *sind hier.*

On kann auch für das deutsche **man** stehen:

On dit que …	***Man*** *sagt, dass …*

5.11.5 *plusieurs*

Plusieurs in der Bedeutung von **mehrere** ist unveränderlich und steht als

- Begleiter des Substantivs:

On a vendu **plusieurs** jupes et pantalons.

- Stellvertreter des Substantivs:

Plusieurs sont bon marché.

5.11.6 *quelqu'un/quelque chose – personne/rien*

Quelqu'un est venu. *(**Jemand** ist gekommen.)*	**Personne n'**est venu. *(**Niemand** ist gekommen.)*
Quelque chose me fait plaisir. *(**Etwas** macht mir Spaß.)*	**Rien** ne me fait plaisir. *(**Nichts** macht mir Spaß.)*
J'ai vu **quelqu'un**. *(Ich habe **jemanden** gesehen.)*	Je **n'**ai vu **personne**. *(Ich habe **niemanden** gesehen.)*
J'ai trouvé **quelque chose**. *(Ich habe **etwas** gefunden.)*	Je **n'**ai **rien** trouvé. *(Ich habe **nichts** gefunden.)*

5.11.7 *quelque(s)*

Il me faut **quelque** temps pour terminer le livre.	*Ich benötige **einige** Zeit, um das Buch zu beenden.*
Je vais acheter **quelques** livres.	*Ich werde **einige** Bücher kaufen.*
Plus tard, je vais acheter aussi **quelques** pommes.	*Später werde ich auch **einige** Äpfel kaufen.*

5.11.8 *tout*

Die Formen von *tout* als Begleiter des Substantivs

	männlich		**weiblich**	
(Singular)	**tout**	le monde	**toute**	ma famille
(Plural)	**tous**	ces quartiers	**toutes**	les capitales

Der Gebrauch von *tout* als Begleiter des Substantivs

***Tout* + bestimmter Artikel** wird gebraucht, um **der/die/das ganze** oder **alle** zum Ausdruck zu bringen.

Das unveränderliche *tout*

Tout ist in der Bedeutung von **alles** unveränderlich:

Est-ce que tu as **tout** mangé?	*Hast du alles gegessen?*

6 Das Verb

6.1 Die Bildung der Verben auf *-er* im Präsens

Die regelmäßigen Verben auf *-er*

parler	je	parl**e**	nous	parl**ons**
	tu	parl**es**	vous	parl**ez**
	il/elle	parl**e**	ils/elles	parl**ent**

Die Verben auf *-er* mit Besonderheiten in der Schreibweise

commencer				**manger**			
je	commence	nous	commen**ç**ons	je	mange	nous	man**ge**ons
tu	commences	vous	commencez	tu	manges	vous	mangez
il/elle	commence	ils/elles	commencent	il/elle	mange	ils/elles	mangent

Damit die Aussprache des Stammes immer erhalten bleibt, wird bei den Verben:
- auf *-**cer*** in der 1. Person Plural ***-c-*** zu ***-ç-***.
- auf *-**ger*** in der 1. Person Plural *-**g**-* zu *-**ge**-*.

Die Verben auf *-ayer*, *-oyer* und *-uyer*

payer	je	pa**i**e/pa**y**e	nous	pa**y**ons
	tu	pa**i**es/pa**y**es	vous	pa**y**ez
	il/elle	pa**i**e/pa**y**e	ils/elles	pa**i**ent/pa**y**ent

nettoyer				**essuyer**			
je	netto**i**e	nous	netto**y**ons	j'	essu**i**e	nous	essu**y**ons
tu	netto**i**es	vous	netto**y**ez	tu	essu**i**es	vous	essu**y**ez
il/elle	netto**i**e	ils/elles	netto**i**ent	il/elle	essu**i**e	ils/elles	essu**i**ent

Verben auf *-er* mit stamm- und endungsbetonten Formen

Bei Verben mit stammbetonten und endungsbetonten Formen sind immer die 1., 2. und 3. Person Singular sowie die 3. Person Plural stammbetont und die 1. und 2. Person Plural endungsbetont.

acheter				**jeter**			
j'	ach**è**te	nous	ach**e**tons	je	je**tt**e	nous	je **t** ons
tu	ach**è**tes	vous	ach**e**tez	tu	je**tt**es	vous	je **t** ez
il/elle	ach**è**te	ils/elles	ach**è**tent	il/elle	je**tt**e	ils/elles	je**tt**ent

préférer	je	préf**è**re	nous	préf**é**rons
	tu	préf**è**res	vous	préf**é**rez
	il/elle	préf**è**re	ils/elles	préf**è**rent

6.2 Die Bildung der Verben auf *-ir* im Präsens

ohne Stammerweiterung				mit Stammerweiterung			
partir				**finir**			
je	par**s**	nous	part**ons**	je	fini**s**	nous	fini**ssons**
tu	par**s**	vous	part**ez**	tu	fini**s**	vous	fini**ssez**
il/elle	par**t**	ils/elles	part**ent**	il/elle	fini**t**	ils/elles	fini**ssent**

6.3 Die Bildung der Verben auf *-re* im Präsens

lire	je	li**s**	nous	lis**ons**
	tu	li**s**	vous	lis**ez**
	il/elle	li**t**	ils/elles	lis**ent**

Die Verben auf *-dre* im Präsens

attendre	j'	attend**s**	nous	attend**ons**
	tu	attend**s**	vous	attend**ez**
	il/elle	attend	ils/elles	attend**ent**

6.4 Die Bildung der reflexiven Verben

s'habiller			**se laver**		
je	**m'**	habille	je	**me**	lave
tu	**t'**	habilles	tu	**te**	laves
il/elle	**s'**	habille	il/elle	**se**	lave
nous	**nous**	habillons	nous	**nous**	lavons
vous	**vous**	habillez	vous	**vous**	lavez
ils/elles	**s'**	habillent	ils/elles	**se**	lavent

6.5 Die Bildung des Imperfekts

regarder	je	regard**ais**	nous	regard**ions**
	tu	regard**ais**	vous	regard**iez**
	il/elle	regard**ait**	ils/elles	regard**aient**

Das Imperfekt wird gebildet, indem man an den Stamm der 1. Person Plural Präsens die Imperfektendungen ***-ais, -ais, -ait, -ions, -iez*** und -***aient*** anhängt.

Im Imperfekt ist nur ***être*** unregelmäßig.

Damit die Aussprache des Stammes immer erhalten bleibt, wird bei den Verben:

- auf -***cer*** bei *je, tu, il, elle, on, ils* und *elles* **-c-** zu **-ç-**.
- auf -***ger*** bei *je, tu, il, elle, on, ils* und *elles* **-g-** zu -***ge-***.

6.6 Die Bildung des Passé composé

6.6.1 Die Formen des Passé composé mit *avoir* und *être*

parler	j'	**ai**	**parlé**	nous	**avons**	**parlé**
	tu	**as**	**parlé**	vous	**avez**	**parlé**
	il/elle	**a**	**parlé**	ils/elles	**ont**	**parlé**

arriver	je	**suis**	**arrivé(e)**	nous	**sommes**	**arrivé(e)s**
	tu	**es**	**arrivé(e)**	vous	**êtes**	**arrivé(e)s**
	il	**est**	**arrivé**	ils	**sont**	**arrivés**
	elle	**est**	**arrivée**	elles	**sont**	**arrivées**
	on	**est**	**arrivé(e)(s)**			

Bei der Bildung des *Passé composé* mit ***avoir*** bleibt das Partizip Perfekt in der Regel unveränderlich.

Wird das *Passé composé* jedoch mit ***être*** gebildet, so gleicht sich das Partizip Perfekt in Geschlecht und Zahl dem Subjekt des Satzes an. Bezieht sich das Partizip Perfekt auf ein Subjekt, das aus unterschiedlichem Genus besteht, so richtet es sich nach dem Männlichen, z. B.:

> **Marc et Marie** sont all**és** à la piscine.

6.6.2 Die Bildung des Passé composé mit *avoir* oder *être*

Die meisten Verben bilden das *Passé composé* mit ***avoir***.

> Hier, Pierre **a** préparé le repas. Puis, il **a** mangé.

Einige wenige Verben bilden das *Passé composé* mit ***être:*** dazu gehören einige Verben der Bewegungsrichtung oder des Verweilens, z. B. ***aller, arriver, entrer, partir, rester, rentrer, tomber, venir*** und ***revenir***.

> Hier, je **suis** allé(e) à Paris. Je **suis** arrivé(e) vers dix heures.

Die Verben ***naître, devenir, mourir*** und ***décéder*** bilden das *Passé composé* mit ***être***:

> Il **est** né en 1960.

Die **reflexiven Verben** bilden das *Passé composé* stets mit ***être***:

> Elle s'**est** réveillée. Puis, elle s'**est** levée.

6.6.3 Besonderheiten beim Partizip Perfekt im Passé composé mit *avoir*

Geht dem *Passé composé* ein **direktes Objekt** voraus, so wird das Partizip Perfekt in Geschlecht und Zahl dem direkten Objekt angeglichen. Das direkte Objekt kann ein **direktes Objektpronomen**, z. B. ***me, te, le, la, nous, vous*** oder ***les***, sein. Es kann aber auch in Form des Relativpronomens ***que*** vorausgehen:

> Est-ce que vous avez **vu Julie** ? Oui, nous **l'**avons **vue**. C'est **Julie que** nous avons **vue.**
>
> J'ai acheté **les** livres. Je **les** ai achet**és**. Ce sont **les** livres **que** j'ai achet**és**.

6.7 Die Bildung des Plusquamperfekts

lire			rester		
j'	**avais**	**lu**	j'	**étais**	**resté/restée**
tu	**avais**	**lu**	tu	**étais**	**resté/restée**
il			il	**était**	**resté**
elle	**avait**	**lu**	elle	**était**	**restée**
on			on	**était**	**resté(s)/restée(s)**
nous	**avions**	**lu**	nous	**étions**	**restés/restées**
vous	**aviez**	**lu**	vous	**étiez**	**restés/restées**
ils			ils	**étaient**	**restés**
elles	**avaient**	**lu**	elles	**étaient**	**restées**

6.8 Die Bildung des Passé simple

	parler	attendre	choisir	croire
je/j'	parl**ai**	attend**is**	chois**is**	cr**us**
tu	parl**as**	attend**is**	chois**is**	cr**us**
il/elle/on	parl**a**	attend**it**	chois**it**	cr**ut**
nous	parl**âmes**	attend**îmes**	chois**îmes**	cr**ûmes**
vous	parl**âtes**	attend**îtes**	chois**îtes**	cr**ûtes**
ils/elles	parl**èrent**	attend**irent**	chois**irent**	cr**urent**

6.9 Die Bildung des Futur composé

je	**vais**	**aller**	**nous**	**allons**	**rester**
tu	**vas**	**chercher**	**vous**	**allez**	**boire**
il/elle	**va**	**prendre**	**ils/elles**	**vont**	**faire**

6.10 Die Bildung des Futurs I

regarder		attendre		écrire	
je	regarde**rai**	j'	attend**rai**	j'	écri**rai**
tu	regarde**ras**	tu	attend**ras**	tu	écri**ras**
il/elle/on	regarde**ra**	il/elle/on	attend**ra**	il/elle/on	écri**ra**
nous	regarde**rons**	nous	attend**rons**	nous	écri**rons**
vous	regarde**rez**	vous	attend**rez**	vous	écri**rez**
ils/elles	regarde**ront**	ils/elles	attend**ront**	ils/elles	écri**ront**

6.11 Die Bildung des Futurs II

parler			**arriver**		
j'	**aurai**	**parlé**	je	**serai**	**arrivé/arrivée**
tu	**auras**	**parlé**	tu	**seras**	**arrivé/arrivée**
il elle on	**aura**	**parlé**	il	**sera**	**arrivé**
			elle	**sera**	**arrivée**
			on	**sera**	**arrivé(s)/arrivée(s)**
nous	**aurons**	**parlé**	nous	**serons**	**arrivés/arrivées**
vous	**aurez**	**parlé**	vous	**serez**	**arrivés/arrivées**
ils elles	**auront**	**parlé**	ils	**seront**	**arrivés**
			elles	**seront**	**arrivées**

6.12 Die Bildung des Konditionals I

regarder		**attendre**		**écrire**	
je	regarde**rais**	j'	attend**rais**	j'	écri**rais**
tu	regarde**rais**	tu	attend**rais**	tu	écri**rais**
ils/elle/on	regarde**rait**	ils/elle/on	attend**rait**	ils/elle/on	écri**rait**
nous	regarde**rions**	nous	attend**rions**	nous	écri**rions**
vous	regarde**riez**	vous	attend**riez**	vous	écri**riez**
ils/elles	regarde**raient**	ils/elles	attend**raient**	ils/elles	écri**raient**

6.13 Die Bildung des Konditionals II

parler			**arriver**		
j'	**aurais**	**parlé**	je	**serais**	**arrivé/arrivée**
tu	**aurais**	**parlé**	tu	**serais**	**arrivé/arrivée**
il elle on	**aurait**	**parlé**	il	**serait**	**arrivé**
			elle	**serait**	**arrivée**
			on	**serait**	**arrivé(e)(s)**
nous	**aurions**	**parlé**	nous	**serions**	**arrivés/arrivées**
vous	**auriez**	**parlé**	vous	**seriez**	**arrivés/arrivées**
ils elles	**auraient**	**parlé**	ils	**seraient**	**arrivés**
			elles	**seraient**	**arrivées**

6.14 Die Bildung des Partizips Perfekt

Das Partizip Perfekt der Verben auf -***er*** wird gebildet, indem die Endung des Infinitivs, -***er***, durch -***é*** ersetzt wird:

parl**er** – parl**é**

Das Partizip Perfekt der Verben auf -***ir*** wird gebildet, indem die Endung des Infinitivs, -***ir***, durch -***i*** ersetzt wird:

dorm**ir** – dorm**i**,
chois**ir** – chois**i**

Das Partizip Perfekt der Verben auf -***re*** wird gebildet, indem die Endung des Infinitivs, -***re***, durch -***u*** ersetzt wird:

attend**re** – attend**u**

6.15 Die Bildung des Partizips Präsens

Infinitiv	**1. Person Plural Präsens**			**Partizip Präsens**
parler	nous	**parl**	ons	**parlant**
dormir	nous	**dorm**	ons	**dormant**
choisir	nous	**choisiss**	ons	**choisissant**
attendre	nous	**attend**	ons	**attendant**

Es gibt nur ganz wenige unregelmäßige Formen:

avoir – **ayant,**
être – **étant,**
savoir – **sachant**

6.16 Die Bildung des Gerundiums

Infinitiv	**Gerundium**	**Infinitiv**	**Gerundium**
être	**en étant**	dormir	**en dormant**
avoir	**en ayant**	finir	**en finissant**
attendre	**en attendant**	regarder	**en regardant**

6.17 Die Bildung des Imperativs

Infinitiv	**Du-Form**	**Wir-Form**	**Sie-Form/Ihr-Form**
parler	parle	parlons	parlez
descendre	descends	descendons	descendez
dormir	dors	dormons	dormez
choisir	choisis	choisissons	choisissez
faire	fais	faisons	faites

Der Imperativ verfügt nur über wenige unregelmäßige Formen:

Infinitiv	**Du-Form**	**Wir-Form**	**Sie-Form/Ihr-Form**
avoir	aie	ayons	ayez
être	sois	soyons	soyez
savoir	sache	sachons	sachez

6.18 Die Bildung des Subjonctif

Die *Subjonctif*-Endungen

Il veut que j'	attende.	Il veut que nous	attendions.
Il veut que tu	attendes.	Il veut que vous	attendiez.
Il veut qu'il/elle	attende.	Il veut qu'ils/elles	attendent.

Die Ableitung des *Subjonctif*

Infinitiv	**3. Person Plural Präsens**			***Subjonctif***		
parler	ils	**parl**	ent	que je	**parl**	e
mettre	ils	**mett**	ent	que tu	**mett**	es
partir	ils	**part**	ent	qu'il/elle/on	**part**	e
connaître	ils	**connaiss**	ent	que nous	**connaiss**	ions
plaire	ils	**plais**	ent	que vous	**plais**	iez
vivre	ils	**viv**	ent	qu'ils/elles	**viv**	ent

6.19 Die Bildung des Subjonctif passé

	travailler			**sortir**	
Il faut	que j'/je	**aie**	**travaillé.**	**sois**	**sorti/sortie.**
	que tu	**aies**	**travaillé.**	**sois**	**sorti/sortie.**
	qu'il			**soit**	**sorti.**
	qu'elle	**ait**	**travaillé.**	**soit**	**sortie.**
	qu'on			**soit**	**sorti(s)/sortie(s).**
	que nous	**ayons**	**travaillé.**	**soyons**	**sortis/sorties.**
	que vous	**ayez**	**travaillé.**	**soyez**	**sortis/sorties.**
	qu'ils/qu'elles	**aient**	**travaillé.**	**soient**	**sortis/sorties.**

6.20 Die Bildung des Passivs

Die Passivformen im Präsens

je	**suis**	**interrogé/interrogée**	nous	**sommes**	**interrogé(e)s**
tu	**es**	**interrogé/interrogée**	vous	**êtes**	**interrogé(e)s**
il	**est**	**interrogé**	ils	**sont**	**interrogés**
elle	**est**	**interrogée**	elles	**sont**	**interrogées**
on	**est**	**interrogé(s)/interrogée(s)**			

Das Passiv in anderen Zeiten und Modi

Il	**a été**	interrogé.	*Passé composé*	Il	**sera**	interrogé	Futur I
Il	**était**	interrogé.	Imperfekt	Il	**serait**	interrogé.	Konditional I
Il	**fut**	interrogé.	*Passé simple*	Il faut qu'il	**soit**	interrogé.	*Subjonctif*

Die Nennung des Urhebers im Passiv

Der **Urheber** der Handlung wird einfach mit der Präposition ***par*** als präpositionale Ergänzung angeschlossen:

Il sera interrogé **par** la police.	*Er wird von der Polizei verhört.*

7 Satzarten

7.1 Der Aussagesatz

Adverbiale Bestimmung Zeit/Ort	Subjekt	Prädikat	direktes Objekt	indirektes Objekt	Adverbiale Bestimmung Zeit/Ort
	J'	achète	un livre.		
	Je	donne	un livre	à Jean.	
Hier,	j'	ai donné	un livre	à Jean.	
Hier, à l'école,	j'	ai donné	un livre	à Jean.	
	Il	habite			en France.

7.2 Der Fragesatz

7.2.1 Die Intonationsfrage

Die Intonationsfrage wird im gesprochenen Französisch als Gesamtfrage häufig benutzt. Sie behält die Stellung der Satzglieder des Aussagesatzes bei, wird aber mit steigender Intonation gesprochen, z. B.:

Luc va au bureau ?	*Geht Luc ins Büro?*

7.2.2 Die Frage mit *est-ce que* als Gesamtfrage

Est-ce que	**Aussagesatz**	
Est-ce que	tu vas au bureau ?	*Gehst du ins Büro?*
Est-ce qu'	on va au cinéma ce soir ?	*Gehen wir heute Abend ins Kino?*

7.2.3 Die Frage mit Fragepronomen

Die Frage mit *est-ce que* + Fragepronomen

Fragewort	**est-ce que**	**Subjekt**	**Prädikat**	**Objekte**	**Adverbiale Bestimmungen**
Quand	**est-ce que**	tu	ranges	ta chambre ?	
Où	**est-ce que**	tu	as trouvé	ton sac ?	
Pourquoi	**est-ce que**	vous	étudiez	le français ?	
Qu'	**est-ce qu'**	il	fait		demain ?

Die Frage mit nachgestelltem Fragepronomen

Aussagesatz	Fragepronomen
Tu t'appelles	**comment?**
Tu pars	**quand?**
Tu arrives	**d'où?**

7.2.4 Die Frage mit *qui*

Die Frage nach dem Subjekt

Qui habite à Paris?	*Wer wohnt in Paris?*
Qui est-ce qui habite à Paris?	*Wer wohnt in Paris?*

Die Frage nach dem Objekt

Wird ***qui*** mit einer **Präposition** verbunden, ist ***est-ce que*** immer notwendig, z. B.:

A qui est-ce que tu donnes le livre?	*Wem gibst du das Buch?*

Die Frage – nach dem direkten Objekt lautet:

Qui est-ce que vous cherchez?

– nach dem indirekten Objekt lautet:

A qui est-ce que tu penses?

7.2.5 Die Frage mit *que*

Die Frage nach dem Objekt

Que fait Paul?	*Was macht Paul?*

Mit ***que*** können Sachen erfragt werden. Wenn nach dem direkten Objekt gefragt werden soll, verwendet man ***que*** oder ***qu'est-ce que:***

Qu'est-ce que tu cherches?	*Was suchst du?*
Que cherches-tu?	*Was suchst du?*

Bei der Frage nach dem indirekten Objekt wird ***à quoi*** verwendet, z. B.:

A quoi est-ce qu'il pense?	*Woran denkt er?*

7.2.6 Die Inversionsfrage

Die Inversionsfrage wird im gesprochenen Französisch nicht sehr häufig verwendet. Man trifft sie hauptsächlich in schriftlich fixierten Texten an, z. B. in Briefen usw.

Fragewort	Verb + Subjektpronomen	Ergänzungen
Quand	**pars-tu**	en vacances ?
Comment	**vas-tu**	en vacances ?
Comment	**va-t-il ?**	
Où	**habite-t-elle ?**	
	Veux-tu	prendre le train ?

Bei der Inversionsfrage steht das **Subjektpronomen hinter dem Verb**. Zwischen Verb und Subjekt wird ein **Bindestrich** eingefügt. In der 3. Person Singular bei ***il, elle*** oder ***on*** tritt zwischen Verb und Subjektpronomen ein ***-t-***, wenn die Verbform auf ***-e*** oder ***-a*** endet. Die **Fragewörter** stehen bei Inversionsfragen **vor dem Verb.**

7.3 Der Relativsatz

7.3.1 Der Relativsatz mit *qui*

Das Relativpronomen ***qui*** leitet einen Relativsatz ein, bei dem ***qui*** gleichzeitig **Subjekt** des Relativsatzes ist. ***Qui*** ist unveränderlich und kann sich im Singular und Plural

– auf Personen beziehen:

J'ai **une amie**	**qui**	m'aide toujours.

– auf Sachen beziehen:

J'ai reçu **un livre**	**qui**	me plaît beaucoup.

7.3.2 Der Relativsatz mit *que*

Das Relativpronomen ***que*** leitet einen Relativsatz ein, bei dem ***que*** gleichzeitig **direktes Objekt** des Relativsatzes ist. ***Que***, das sich vor Vokal und stummem h in ***qu'*** verwandelt, kann sich im Singular und Plural

– auf Personen beziehen:

J'ai **une amie**	**que**	j'aime beaucoup.

– auf Sachen beziehen:

J'ai reçu **un livre**	**que**	j'aime beaucoup.

7.3.3 Der Relativsatz mit *dont*

Das Relativpronomen ***dont*** vertritt **Ergänzungen mit *de*** in einem Relativsatz. ***Dont*** bezieht sich im Singular und Plural

– auf Personen:

C'est Paul	**dont**	Marie est amoureuse.

– auf Sachen:

Il cherche la maison	**dont**	il a besoin.

7.3.4 Der Relativsatz mit *lequel, laquelle, lesquels, lesquelles*

	männlich	weiblich
Singular	**lequel**	**laquelle**
Plural	**lesquels**	**lesquelles**

Der Gebrauch von *lequel* im Relativsatz

Die Relativpronomen ***lequel, laquelle, lesquels*** und ***lesquelles*** vertreten in der Regel in einem Relativsatz **Sachen** oder **Personen**, die nach

– Präpositionen stehen:

C'était un hiver	**pendant lequel**	il neigeait.
C'était la raison	**pour laquelle**	il y avait beaucoup d'accidents.

– präpositionalen Ausdrücken stehen:

Il a une maison	**à côté de**	**laquelle** se trouve la gare.

à + lequel	= **auquel**	de + lequel	= **duquel**
à + laquelle	= **à laquelle**	de + laquelle	= **de laquelle**
à + lesquels	= **auxquels**	de + lesquels	= **desquels**
à + lesquelles	= **auxquelles**	de + lesquelles	= **desquelles**

Die Formen ***duquel, de laquelle*** usw. finden nur dann Verwendung, wenn ihnen eine **Präposition**, z. B. *près de,* vorausgeht. Einfache **Ergänzungen mit *de*** werden im Relativsatz durch ***dont*** vertreten.

7.3.5 Der Relativsatz mit *où*

Das Relativpronomen ***où*** vertritt **Ortsbestimmungen** im Relativsatz:

Montpellier est la ville **où** Jean fait ses études.

7.3.6 Der Relativsatz mit *ce qui, ce que*

Die Relativpronomen ***ce qui*** und ***ce que*** haben kein direktes Bezugswort:

Ce qui ist Subjekt:

Je sais bien	**ce qui**	m'intéresse.

Ce que ist Objekt:

Je sais bien	**ce que**	Julien a dit.

7.4 Der Bedingungssatz

7.4.1 Der reale Bedingungssatz

Der Gebrauch des realen Bedingungssatzes

Der reale Bedingungssatz wird verwendet, wenn es sich um eine **Bedingung** handelt, die **tatsächlich** erfüllt werden kann, z. B.:

Si j'ai le temps, je lirai un livre.	*Wenn ich Zeit habe, lese ich ein Buch.*

Die Bildung des realen Bedingungssatzes

***Si*-Satz im Präsens**	**Hauptsatz im Futur I/Präsens**
Si tu **as** le temps,	nous **ferons** les courses.
S'il **fait** beau,	je **vais** à la piscine.

7.4.2 Der irreale Bedingungssatz

Der Gebrauch des irrealen Bedingungssatzes

Der irreale Bedingungssatz wird verwendet, wenn eine Bedingung der Wirklichkeit nicht entspricht und ihre Erfüllung fraglich oder unmöglich ist, z. B.:

Si j'étais riche, je ferais le tour du monde.	*Wenn ich reich wäre, würde ich eine Weltreise machen.*

Die Bildung des irrealen Bedingungssatzes

Im ***si*-Satz** darf **nie** das **Konditional** verwendet werden, sondern nur das **Imperfekt**.

***Si*-Satz im Imperfekt**	**Hauptsatz im Konditional**
S'il **avait** plus d'argent	il **achèterait** une maison.
Si je **faisais** le tour du monde	je **ferais** beaucoup de connaissances.

7.5 Die indirekte Rede

7.5.1 Die Bildung der indirekten Rede/Frage

Die indirekte Rede

Die indirekte Rede wird durch *que* eingeleitet; vor Vokal wird *que* zu *qu'*:

Elle dit	**que**	la jupe est bon marché.
Elle dit	**qu'**	il a raison.

Die indirekte Frage

Die indirekte Frage wird durch
– ***si*** eingeleitet:

Elle demande	**si**	Luc veut aller au cinéma.

– ***s'*** vor Vokal eingeleitet:

Elle demande	**s'**	il veut aller au cinéma.

– das entsprechende **Fragewort** eingeleitet:

Paul veut savoir	**où**	son copain travaille.
Elle veut savoir	**pourquoi**	Nicole habite à Lyon.
Il me demande	**quand**	j'ai commencé à travailler.

7.5.2 Die Zeitenfolge in der indirekten Rede/Frage

Die Zeitenfolge in der Gegenwart

Steht das redeeinleitende Verb im **Präsens**, so steht das Verb im Nebensatz, d. h. in der indirekten Rede/Frage, in der gleichen Zeit wie in der direkten Rede/Frage.

Direkte Rede:	Marie dit : « Je **vais partir** en vacances. »
Indirekte Rede:	Marie dit qu'elle **va partir** en vacances.

Die Zeitenfolge in der Vergangenheit

Bei der indirekten Rede in der **Vergangenheit** gilt es einige Besonderheiten im Hinblick auf die Verwendung der Zeiten zu beachten.

1. Zeit in der	**– direkten Rede:**	**Präsens**		
	Il a dit :	« Elle	**va**	au cinéma. »
	– indirekten Rede:	**Imperfekt**		
	Il a dit	qu'elle	**allait**	au cinéma.
2. Zeit in der	**– direkten Rede:**	**Perfekt**		
	Il avait dit :	« Elle	**est allée**	au cinéma. »
	– indirekten Rede:	**Plusquamperfekt**		
	Il avait dit	qu'elle	**était allée**	au cinéma.
3. Zeit in der	**– direkten Rede:**	**Imperfekt**		
	Il disait :	« Elle	**allait**	au cinéma. »
	– indirekten Rede:	**Imperfekt**		
	Il disait	qu'elle	**allait**	au cinéma.
4. Zeit in der	**– direkten Rede:**	**Plusquamperfekt**		
	Il a dit :	« Elle	**était allée**	au cinéma. »
	– indirekten Rede:	**Plusquamperfekt**		
	Il a dit	qu'elle	**était allée**	au cinéma.
5. Zeit in der	**– direkten Rede:**	**Futur I**		
	Il disait :	« Elle	**ira**	au cinéma. »
	– indirekten Rede:	**Konditional I**		
	Il disait	qu'elle	**irait**	au cinéma.
6. Zeit in der	**– direkten Rede:**	**Futur II**		
	Il a dit :	« Elle	**sera allée**	au cinéma. »

	– indirekten Rede:	**Konditional II**		
	Il a dit	qu'elle	**serait allée**	au cinéma.
7. Zeit in der	**– direkten Rede:**	**Konditional I**		
	Il disait :	« Elle	**irait**	au cinéma. »
	– indirekten Rede:	**Konditional I**		
	Il disait	qu'elle	**irait**	au cinéma.
8. Zeit in der	**– direkten Rede:**	**Konditional II**		
	Il a dit :	« Elle	**serait allée**	au cinéma. »
	– indirekten Rede:	**Konditional II**		
	Il a dit	qu'elle	**serait allée**	au cinéma.

Diese Zeitenverschiebung gilt nicht nur in der indirekten Rede/Frage, sondern auch in anderen Nebensätzen, z. B.:

Präsens	Je crois	que tu	**es**	en vacances.
Imperfekt	Je croyais	que tu	**étais**	en vacances.

Französische Verben

Innerhalb der Konjugationsmuster für die Verbendungen -**er**, -**ir** und -**re** gibt es wiederkehrende Besonderheiten, die im folgenden an 14 Musterverben dargestellt werden. Aus Platzgründen wurden die Verben im Wörterbuchteil mit Ziffern in Spitzklammern versehen; diese Ziffern zeigen den Konjugationstyp des betreffenden Verbs an und verweisen auf diese Musterverben hier. Verben, die sehr viele Besonderheiten aufweisen, sind im Wörterbuchteil mit *<irr>* gekennzeichnet. Diese Verben sind im Anschluss an die 14 Musterverben in alphabetischer Reihenfolge aufgeführt.

Verbes français

La conjugaison des verbes terminés en -**er**, -**ir** et -**re** présente des particularités qui se répètent. Le tableau ci-dessous résume ces particularités à l'exemple de 14 verbes modèles. Pour des raisons d'économie de place, les verbes sont suivis dans la partie dictionnaire de chiffres entre chevrons ; ces chiffres indiquent le type de conjugaison du verbe et renvoient à l'un des verbes de référence ci-dessous. Les verbes présentant de nombreuses irrégularités sont annotés dans le dictionnaire du symbole *<irr>*. Vous trouverez ces verbes ordonnés alphabétiquement dans une liste à la suite des 14 verbes exemples.

1 chanter

	INDICATIF				SUBJONCTIF
	Présent	**Imparfait**	**Futur simple**	**Passé composé**	**Présent**
(que) je/j'	chante	chantais	chanterai	ai chanté	chante
(que) tu	chantes	chantais	chanteras	as chanté	chantes
(qu')il/elle	chante	chantait	chantera	a chanté	chante
(que) nous	chantons	chantions	chanterons	avons chanté	chantions
(que) vous	chantez	chantiez	chanterez	avez chanté	chantiez
(qu')ils/elles	chantent	chantaient	chanteront	ont chanté	chantent

2 commencer

	INDICATIF				SUBJONCTIF
	Présent	**Imparfait**	**Futur simple**	**Passé composé**	**Présent**
(que) je/j'	commence	commençais	commencerai	ai commencé …	commence
(que) tu	commences	commençais	…		commences
(qu')il/elle	commence	commençait			commence
(que) nous	commençons	commencions			commencions
(que) vous	commencez	commenciez			commenciez
(qu')ils/elles	commencent	commençaient			commencent

2a changer

	INDICATIF				SUBJONCTIF
	Présent	**Imparfait**	**Futur simple**	**Passé composé**	**Présent**
(que) je/j'	change	changeais	changerai …	ai changé …	change
(que) tu	changes	changeais			changes
(qu')il/elle	change	changeait			change
(que) nous	changeons	changions			changions
(que) vous	changez	changiez			changiez
(qu')ils/elles	changent	changeaient			changent

3 rejeter

	INDICATIF				SUBJONCTIF
	Présent	Imparfait	Futur simple	Passé composé	Présent
(que) je/j'	rejette	rejetais …	rejetterai …	ai rejeté …	rejette
(que) tu	rejettes				rejettes
(qu')il/elle	rejette				rejette
(que) nous	rejetons				rejetions
(que) vous	rejetez				rejetiez
(qu')ils/elles	rejettent				rejettent

4 peler

	INDICATIF				SUBJONCTIF
	Présent	Imparfait	Futur simple	Passé composé	Présent
(que) je/j'	pèle	pelais …	pèlerai	ai pelé …	pèle
(que) tu	pèles		pèleras		pèles
(qu')il/elle	pèle		pèlera		pèle
(que) nous	pelons		pèlerons		pelions
(que) vous	pelez		pèlerez		peliez
(qu')ils/elles	pèlent		pèleront		pèlent

5 préférer

	INDICATIF				SUBJONCTIF
	Présent	Imparfait	Futur simple	Passé composé	Présent
(que) je/j'	préfère	préférais …	préférerai …	ai préféré …	préfère
(que) tu	préfères				préfères
(qu')il/elle	préfère				préfère
(que) nous	préférons				préférions
(que) vous	préférez				préfériez
(qu')ils/elles	préfèrent				préfèrent

6 appuyer

	INDICATIF				SUBJONCTIF
	Présent	Imparfait	Futur simple	Passé composé	Présent
(que) je/j'	appuie	appuyais …	appuierai …	ai appuyé …	appuie
(que) tu	appuies				appuies
(qu')il/elle	appuie				appuie
(que) nous	appuyons				appuyions
(que) vous	appuyez				appuyiez
(qu')ils/elles	appuient				appuient

7 essayer

	INDICATIF				SUBJONCTIF
	Présent	Imparfait	Futur simple	Passé composé	Présent
(que) je/j'	essaie/essaye	essayais …	essaierai/ essayerai …	ai essayé …	essaie/essaye
(que) tu	essaies/essayes				essaies/essayes
(qu')il/elle	essaie/essaye				essaie/essaye
(que) nous	essayons				essayions
(que) vous	essayez				essayiez
(qu')ils/elles	essaient/ essayent				essaient/ essayent

8 agir

	INDICATIF Présent	Imparfait	Futur simple	Passé composé	SUBJONCTIF Présent
(que) je/j'	agis	agissais	agirai	ai agi …	agisse
(que) tu	agis	agissais	agiras		agisses
(qu')il/elle	agit	agissait	agira		agisse
(que) nous	agissons	agissions	agirons		agissions
(que) vous	agissez	agissiez	agirez		agissiez
(qu')ils/elles	agissent	agissaient	agiront		agissent

9 devenir

	INDICATIF Présent	Imparfait	Futur simple	Passé composé	SUBJONCTIF Présent
(que) je/j'	deviens	devenais …	deviendrai	suis devenu (e) …	devienne
(que) tu	deviens		deviendras		deviennes
(qu')il/elle	devient		deviendra		devienne
(que) nous	devenons		deviendrons		devenions
(que) vous	devenez		deviendrez		deveniez
(qu')ils/elles	deviennent		deviendront		deviennent

10 sortir

	INDICATIF Présent	Imparfait	Futur simple	Passé composé	SUBJONCTIF Présent
(que) je/j'	sors	sortais …	sortirai …	suis sorti (e) …	sorte
(que) tu	sors				sortes
(qu')il/elle	sort				sorte
(que) nous	sortons				sortions
(que) vous	sortez				sortiez
(qu')ils/elles	sortent				sortent

11 ouvrir

	INDICATIF Présent	Imparfait	Futur simple	Passé composé	SUBJONCTIF Présent
(que) je/j'	ouvre	ouvrais …	ouvrirai …	ai ouvert …	ouvre
(que) tu	ouvres				ouvres
(qu')il/elle	ouvre				ouvre
(que) nous	ouvrons				ouvrions
(que) vous	ouvrez				ouvriez
(qu')ils/elles	ouvrent				ouvrent

12 apercevoir

	INDICATIF Présent	Imparfait	Futur simple	Passé composé	SUBJONCTIF Présent
(que) je/j'	aperçois	apercevais …	apercevrai …	ai aperçu …	aperçoive
(que) tu	aperçois				aperçoives
(qu')il/elle	aperçoit				aperçoive
(que) nous	apercevons				apercevions
(que) vous	apercevez				aperceviez
(qu')ils/elles	aperçoivent				aperçoivent

13 comprendre

	INDICATIF				SUBJONCTIF
	Présent	**Imparfait**	**Futur simple**	**Passé composé**	**Présent**
(que) je/j'	comprends	comprenais	comprendrai	ai compris …	comprenne
(que) tu	comprends	comprenais	comprendras		comprennes
(qu')il/elle	comprend	comprenait	comprendra		comprenne
(que) nous	comprenons	comprenions	comprendrons		comprenions
(que) vous	comprenez	compreniez	comprendrez		compreniez
(qu')ils/elles	comprennent	comprenaient	comprendront		comprennent

14 vendre

	INDICATIF				SUBJONCTIF
	Présent	**Imparfait**	**Futur simple**	**Passé composé**	**Présent**
(que) je/j'	vends	vendais	vendrai …	ai vendu …	vende
(que) tu	vends	vendais			vendes
(qu')il/elle	vend	vendait			vende
(que) nous	vendons	vendions			vendions
(que) vous	vendez	vendiez			vendiez
(qu')ils/elles	vendent	vendaient			vendent

Französische unregelmäßige Verben – Verbes français irréguliers

Infinitif	Présent	Imparfait	Futur	Participe passé	Subjonctif présent
abattre *siehe battre,* **abstraire** *siehe extraire,* **accourir** *siehe courir*					
accroître	j'accrois	j'accroissais	j'accroîtrai	accru, e	que j'accroisse
	il accroît	il accroît	il accroîtra		qu'il accroisse
	nous accroissons	nous accroissions	nous accroîtrons		que nous accroissions
	ils accroissent	ils accroissaient	ils accroîtront		qu'ils accroissent
accueillir *siehe cueillir*					
acquérir	j'acquiers	j'acquérais	j'acquerrai	acquis, e	que j'acquière
	il acquiert	il acquérait	il acquerra		qu'il acquière
	nous acquérons	nous acquérions	nous acquerrons		que nous acquérions
	ils acquièrent	ils acquéraient	ils acquerront		qu'ils acquièrent
admettre *siehe mettre*					
aller	je vais	j'allais	j'irai	allé, e	que j'aille
	tu vas	tu allais	tu iras		que tu ailles
	il va	il allait	il ira		qu'il aille
	nous allons	nous allions	nous irons		que nous allions
	vous allez	vous alliez	vous irez		que vous alliez
	ils vont	ils allaient	ils iront		qu'ils aillent
apparaître *siehe paraître*					

Infinitif	Présent	Imparfait	Futur	Participe passé	Subjonctif présent
asseoir	j'assieds	j'asseyais	j'assiérai	assis, e	que j'asseye
	il assied	il asseyait	il assiéra		qu'il asseye
	nous asseyons	nous asseyions	nous assiérons		que nous asseyions
	ils asseyent *o* j'assois	ils asseyaient *o* j'assoyais	ils assiéront *o* j'assoirai		qu'ils asseyent *o* que j'assoie
	il assoit	il assoyait	il assoira		qu'il assoie
	nous assoyons	nous assoyions	nous assoirons		que nous assoyions
	ils assoient	ils assoyaient	ils assoiront		qu'ils assoient
atteindre *siehe peindre*					
avoir	j'ai	j'avais	j'aurai	eu, e	que j'aie
	tu as	tu avais	tu auras		que tu aies
	il a	il avait	il aura		qu'il ait
	nous avons	nous avions	nous aurons		que nous ayons
	vous avez	vous aviez	vous aurez		que vous ayez
	ils ont	ils avaient	ils auront		qu'ils aient
battre	je bats	je battais	je battrai	battu, e	que je batte
	il bat	il battait	il battra		qu'il batte
	nous battons	nous battions	nous battrons		que nous battions
	ils battent	ils battaient	ils battront		qu'ils battent
boire	je bois	je buvais	je boirai	bu, e	que je boive
	il boit	il buvait	il boira		qu'il boive
	nous buvons	nous buvions	nous boirons		que nous buvions
	ils boivent	ils buvaient	ils boiront		qu'ils boivent

Infinitif	Présent	Imparfait	Futur	Participe passé	Subjonctif présent
bouillir	je bous	je bouillais	je bouillirai	bouilli, e	que je bouille
	nous bouillons	nous bouillions	nous bouillirons		que nous bouillions
	ils bouillent	ils bouillaient	ils bouilliront		qu'ils bouillent

circonscrire *siehe écrire,* **combattre** *siehe battre,* **commettre** *siehe mettre,* **comparaître** *siehe paraître*
compromettre *siehe mettre*

Infinitif	Présent	Imparfait	Futur	Participe passé	Subjonctif présent
conclure	je conclus	je concluais	je conclurai	conclu, e	que je conclue

concourir *siehe courir*

Infinitif	Présent	Imparfait	Futur	Participe passé	Subjonctif présent
conduire	je conduis	je conduisais	je conduirai	conduit, e	que je conduise

connaître *siehe paraître,* **conquérir** *siehe acquérir,* **construire** *siehe conduire,* **contraindre** *siehe craindre*
contredire *siehe dire,* **contrefaire** *siehe faire,* **convaincre** *siehe vaincre,* **corrompre** *siehe rompre*

Infinitif	Présent	Imparfait	Futur	Participe passé	Subjonctif présent
coudre	je couds	je cousais	je coudrai	cousu, e	que je couse
	il coud	il cousait	il coudra		qu'il couse
	nous cousons	nous cousions	nous coudrons		que nous cousions
	ils cousent	ils cousaient	ils coudront		qu'ils cousent
courir	je cours	je courais	je courrai	couru, e	que je coure
	il court	il courait	il courra		qu'il coure
	nous courons	nous courions	nous courrons		que nous courions
	ils courent	ils couraient	ils courront		qu'ils courent

Infinitif	Présent	Imparfait	Futur	Participe passé	Subjonctif présent
craindre	je crains	je craignais	je craindrai	craint, e	que je craigne
	nous craignons	nous craignions	nous craindrons		que nous craignions
	ils craignent	ils craignaient	ils craindront		qu'ils craignent
croire	je crois	je croyais	je croirai	cru, e	que je croie
	il croit	il croyait	il croira		qu'il croie
	nous croyons	nous croyions	nous croirons		que nous croyions
	ils croient	ils croyaient	ils croiront		qu'ils croient
croître	je croîs	je croissais	je croîtrai	crû, crue, cru (e)s	que je croisse
	nous croissons	nous croissions	nous croîtrons		que nous croissions
	ils croissent	ils croissaient	ils croîtront		qu'ils croissent
cueillir	je cueille	je cueillais	je cueillerai	cueilli, e	que je cueille
	il cueille	il cueillait	il cueillera		qu'il cueille
	nous cueillons	nous cueillions	nous cueillerons		que nous cueillions
	ils cueillent	ils cueillaient	ils cueilleront		qu'ils cueillent

cuire *siehe conduire*, **débattre** *siehe battre*, **décrire** *siehe écrire*, **décroître** *siehe accroître*, **déduire** *siehe conduire*
défaire *siehe faire*, **démettre** *siehe mettre*, **dépeindre** *siehe peindre*, **déplaire** *siehe plaire*, **desservir** *siehe servir*
détruire *siehe conduire*, **dévêtir** *siehe vêtir*

Infinitif	Présent	Imparfait	Futur	Participe passé	Subjonctif présent
devoir	je dois	je devais	je devrai	dû, due, du (e)s	que je doive
	il doit	il devait	il devra		qu'il doive
	nous devons	nous devions	nous devrons		que nous devions
	ils doivent	ils devaient	ils devront		qu'ils doivent

Infinitif	Présent	Imparfait	Futur	Participe passé	Subjonctif présent
dire	je dis	je disais	je dirai	dit, e	que je dise
	nous disons	nous disions	nous dirons		que nous disions
	vous dites	vous disiez	vous direz		que vous disiez
	ils disent	ils disaient	ils diront		qu'ils disent

disparaître *siehe paraître,* **dissoudre** *siehe absoudre,* **distraire** *siehe extraire*

Infinitif	Présent	Imparfait	Futur	Participe passé	Subjonctif présent
dormir	je dors	je dormais	je dormirai	dormi	que je dorme
	nous dormons	nous dormions	nous dormirons		que nous dormions
	ils dorment	ils dormaient	ils dormiront		qu'ils dorment
écrire	j'écris	j'écrivais	j'écrirai	écrit, e	que j'écrive
	il écrit	il écrivait	il écrira		qu'il écrive
	nous écrivons	nous écrivions	nous écrirons		que nous écrivions
	ils écrivent	ils écrivaient	ils écriront		qu'ils écrivent

élire *siehe lire,* **émettre** *siehe mettre,* **émouvoir** *wie mouvoir, Ausnahme:* ému, e, **endormir** *siehe dormir*
enduire *siehe conduire,* **enfreindre** *siehe peindre,* **enfuir** *siehe fuir,* **ensuivre** *siehe suivre,* **entrevoir** *siehe voir*

Infinitif	Présent	Imparfait	Futur	Participe passé	Subjonctif présent
envoyer	j'envoie	j'envoyais	j'enverrai	envoyé, e	que j'envoie
	nous envoyons	nous envoyions	nous enverrons		que nous envoyions
	ils envoient	ils envoyaient	ils enverront		qu'ils envoient

équivaloir *siehe valoir,* **éteindre** *siehe peindre*

Infinitif	Présent	Imparfait	Futur	Participe passé	Subjonctif présent
être	je suis	j'étais	je serai	été	que je sois
	tu es	tu étais	tu seras		que tu sois
	il est	il était	il sera		qu'il soit
	nous sommes	nous étions	nous serons		que nous soyons
	vous êtes	vous étiez	vous serez		que vous soyez
	ils sont	ils étaient	ils seront		qu'ils soient
exclure	j'exclus	j'excluais	j'exclurai	exclu, e	que j'exclue
	il exclut	il excluait	il exclura		qu'il exclue
	nous excluons	nous excluions	nous exclurons		que nous excluions
	ils excluent	ils excluaient	ils excluront		qu'ils excluent
extraire	j'extrais	j'extrayais	j'extrairai	extrait, e	que j'extraie
	nous extrayons	nous extrayions	nous extrairons		que nous extrayions
	ils extraient	ils extrayaient	ils extrairont		qu'ils extraient
faillir	je faillis	je faillissais	je faillirai	failli	que je faillisse
	nous faillissons	nous faillissions	nous faillirons		que nous faillissions
	ils faillissent	ils faillissaient *o* je faillais	ils failliront *o* je faudrai		qu'ils faillissent *o* que je faille
		nous faillions	nous faudrons		que nous faillions
		ils faillaient	ils faudront		qu'ils faillent

Infinitif	Présent	Imparfait	Futur	Participe passé	Subjonctif présent
faire	je fais	je faisais	je ferai	fait, e	que je fasse
	tu fais	tu faisais	tu feras		que tu fasses
	il fait	il faisait	il fera		qu'il fasse
	nous faisons	nous faisions	nous ferons		que nous fassions
	vous faites	vous faisiez	vous ferez		que vous fassiez
	ils font	ils faisaient	ils feront		qu'ils fassent
falloir	il faut	il fallait	il faudra	fallu	qu'il faille
frire	je fris	*fehlt*	je frirai	frit, e	*fehlt*
	nous/vous/ils *fehlt*		nous frirons		
			ils friront		
fuir	je fuis	je fuyais	je fuirai	fui, e	que je fuie
	il fuit	il fuyait	il fuira		qu'il fuie
	nous fuyons	nous fuyions	nous fuirons		que nous fuyions
	ils fuient	ils fuyaient	ils fuiront		qu'ils fuient
haïr	je hais	je haïssais	je haïrai	haï, e	que je haïsse
	il hait	il haïssait	il haïra		qu'il haïsse
	nous haïssons	nous haïssions	nous haïrons		que nous haïssions
	ils haïssent	ils haïssaient	ils haïront		qu'ils haïssent

inscrire *siehe écrire*, **interdire** *siehe contredire*, **interrompre** *siehe rompre*, **introduire** *siehe conduire*

Infinitif	Présent	Imparfait	Futur	Participe passé	Subjonctif présent
joindre	je joins	je joignais	je joindrai	joint, e	que je joigne
	il joint	il joignait	il joindra		qu'il joigne
	nous joignons	nous joignions	nous joindrons		que nous joignions
	ils joignent	ils joignaient	ils joindront		qu'ils joignent
lire	je lis	je lisais	je lirai	lu, e	que je lise
	il lit	il lisait	il lira		qu'il lise
	nous lisons	nous lisions	nous lirons		que nous lisions
	ils lisent	ils lisaient	ils liront		qu'ils lisent
luire *siehe nuire*					
mettre	je mets	je mettais	je mettrai	mis, e	que je mette
	il met	il mettait	il mettra		qu'il mette
	nous mettons	nous mettions	nous mettrons		que nous mettions
	ils mettent	ils mettaient	ils mettront		qu'ils mettent
moudre	je mouds	je moulais	je moudrai	moulu, e	que je moule
	il moud	il moulait	il moudra		qu'il moule
	nous moulons	nous moulions	nous moudrons		que nous moulions
	ils moulent	ils moulaient	ils moudront		qu'ils moulent
mourir	je meurs	je mourais	je mourrai	mort, e	que je meure
	il meurt	il mourait	il mourra		qu'il meure
	nous mourons	nous mourions	nous mourrons		que nous mourions
	ils meurent	ils mouraient	ils mourront		qu'ils meurent

Infinitif	Présent	Imparfait	Futur	Participe passé	Subjonctif présent
naître	je nais	je naissais	je naîtrai	né, e	que je naisse
	il naît	il naissait	il naîtra		qu'il naisse
	nous naissons	nous naissions	nous naîtrons		que nous naissions
	ils naissent	ils naissaient	ils naîtront		qu'ils naissent
nuire	je nuis	je nuisais	je nuirai	nui	que je nuise
	nous nuisons	nous nuisions	nous nuirons		que nous nuisions
	ils nuisent	ils nuisaient	ils nuiront		qu'ils nuisent
paraître	je parais	je paraissais	je paraîtrai	paru, e	que je paraisse
	il paraît	il paraissait	il paraîtra		qu'il paraisse
	nous paraissons	nous paraissions	nous paraîtrons		que nous paraissions
	ils paraissent	ils paraissaient	ils paraîtront		qu'ils paraissent
parcourir *siehe courir*					
peindre	je peins	je peignais	je peindrai	peint, e	que je peigne
	nous peignons	nous peignions	nous peindrons		que nous peignions
	ils peignent	ils peignaient	ils peindront		qu'ils peignent
permettre *siehe mettre*					
plaindre	je plains	je plaignais	je plaindrai	plaint, e	que je plaigne
	il plaint	il plaignait	il plaindra		qu'il plaigne
	nous plaignons	nous plaignions	nous plaindrons		que nous plaignions
	ils plaignent	ils plaignaient	ils plaindront		qu'ils plaignent

Infinitif	Présent	Imparfait	Futur	Participe passé	Subjonctif présent
plaire	je plais	je plaisais	je plairai	plu	que je plaise
	il plaît	il plaisait	il plaira		qu'il plaise
pleuvoir	il pleut	il pleuvait	il pleuvra	plu	qu'il pleuve
fig	ils pleuvent	ils pleuvaient	ils pleuvront		qu'ils pleuvent

poursuivre *siehe suivre*

Infinitif	Présent	Imparfait	Futur	Participe passé	Subjonctif présent
pouvoir	je peux	je pouvais	je pourrai	pu	que je puisse
	il peut	il pouvait	il pourra		qu'il puisse
	nous pouvons	nous pouvions	nous pourrons		que nous puissions
	ils peuvent	ils pouvaient	ils pourront		qu'ils puissent
prédire	je prédis	je prédisais	je prédirai	prédit, e	que je prédise
	il prédit	il prédisait	il prédira		qu'il prédise
	nous prédisons	nous prédisions	nous prédirons		que nous prédisions

prévoir *wie voir, Ausnahme:* je prévoirai, **produire** *siehe conduire,* **promettre** *siehe mettre,* **rasseoir** *siehe asseoir* **réapparaître** *siehe paraître,* **reconduire** *siehe conduire,* **reconnaître** *siehe paraître,* **reconstruire** *siehe conduire* **recoudre** *siehe coudre,* **récrire** *siehe écrire,* **recueillir** *siehe cueillir,* **recuire** *siehe conduire,* **redire** *siehe dire* **redormir** *siehe dormir,* **réduire** *siehe conduire,* **refaire** *siehe faire,* **réinscrire** *siehe écrire,* **rejoindre** *siehe joindre* **relire** *siehe lire,* **remettre** *siehe mettre,* **reparaître** *siehe paraître,* **reproduire** *siehe conduire*

Infinitif	Présent	Imparfait	Futur	Participe passé	Subjonctif présent
résoudre	je résous	je résolvais	je résoudrai	résolu, e	que je résolve
	il résout	il résolvait	il résoudra		qu'il résolve
	nous résolvons	nous résolvions	nous résoudrons		que nous résolvions
	ils résolvent	ils résolvaient	ils résoudront		qu'ils résolvent

Infinitif	Présent	Imparfait	Futur	Participe passé	Subjonctif présent
resservir *siehe servir,* **retransmettre** *siehe mettre,* **revaloir** *siehe valoir,* **revivre** *siehe vivre,* **revoir** *siehe voir* **revouloir** *siehe vouloir*					
rire	je ris	je riais	je rirai	ri	que je rie
	il rit	il riait	il rira		qu'il rie
	nous rions	nous riions	nous rirons		que nous riions
	ils rient	ils riaient	ils riront		qu'ils rient
rompre	je romps	je rompais	je romprai	rompu, e	que je rompe
	il rompt	il rompait	il rompra		qu'il rompe
	nous rompons	nous rompions	nous romprons		que nous rompions
	ils rompent	ils rompaient	ils rompront		qu'ils rompent
satisfaire *siehe faire*					
savoir	je sais	je savais	je saurai	su, e	que je sache
	il sait	il savait	ils saura		qu'il sache
	nous savons	nous savions	nous saurons		que nous sachions
	ils savent	ils savaient	ils sauront		qu'ils sachent
secourir *siehe courir,* **séduire** *siehe conduire*					
servir	je sers	je servais	je servirai	servi, e	que je serve
	il sert	il servait	il servira		qu'il serve
	nous servons	nous servions	nous servirons		que nous servions
	ils servent	ils servaient	ils serviront		qu'ils servent

Infinitif	Présent	Imparfait	Futur	Participe passé	Subjonctif présent
soumettre *siehe mettre*, **sourire** *siehe rire*, **soustraire** *siehe extraire*					
suffire	je suffis	je suffisais	je suffirai	suffi	que je suffise
	nous suffisons	nous suffisions	nous suffirons		que nous suffisions
	ils suffisent	ils suffisaient	ils suffiront		qu'ils suffisent
suivre	je suis	je suivais	je suivrai	suivi, e	que je suive
	il suit	il suivait	il suivra		qu'il suive
	nous suivons	nous suivions	nous suivrons		que nous suivions
	ils suivent	ils suivaient	ils suivront		qu'ils suivent
survivre *siehe vivre*					
taire	je tais	je taisais	je tairai	tu, e	que je taise
	il tait	il taisait	il taira		qu'il taise
	nous taisons	nous taisions	nous tairons		que nous taisions
	ils taisent	ils taisaient	ils tairont		qu'ils taisent
traduire	je traduis	je traduisais	je traduirai	traduit, e	que je traduise
	il traduit	il traduisait	il traduira		qu'il traduise
	nous traduisons	nous traduisions	nous traduirons		que nous traduisions
	ils traduisent	ils traduisaient	ils traduiront		qu'ils traduisent

Infinitif	Présent	Imparfait	Futur	Participe passé	Subjonctif présent
traire	je trais	je trayais	je trairai	trait, e	que je traie
	il trait	il trayait	il traira		qu'il traie
	nous trayons	nous trayions	nous trairons		que nous trayions
	ils traient	ils trayaient	ils trairont		qu'ils traient

transcrire *siehe écrire*, **transmettre** *siehe mettre*, **transparaître** *siehe paraître*, **tressaillir** *siehe défaillir*

Infinitif	Présent	Imparfait	Futur	Participe passé	Subjonctif présent
vaincre	je vaincs	je vainquais	je vaincrai	vaincu, e	que je vainque
	il vainc	il vainquait	il vaincra		qu'il vainque
	nous vainquons	nous vainquions	nous vaincrons		que nous vainquions
	ils vainquent	ils vainquaient	ils vaincront		qu'ils vainquent
valoir	je vaux	je valais	je vaudrai	valu, e	que je vaille
	il vaut	il valait	il vaudra		qu'il vaille
	nous valons	nous valions	nous vaudrons		que nous valions
	ils valent	ils valaient	ils vaudront		qu'ils vaillent
vêtir	je vêts	je vêtais	je vêtirai	vêtu, e	que je vête
	il vêt	il vêtait	il vêtira		qu'il vête
	nous vêtons	nous vêtions	nous vêtirons		que nous vêtions
	ils vêtent	ils vêtaient	ils vêtiront		qu'ils vêtent
vivre	je vis	je vivais	je vivrai	vécu, e	que je vive
	il vit	il vivait	il vivra		qu'il vive
	nous vivons	nous vivions	nous vivrons		que nous vivions
	ils vivent	ils vivaient	ils vivront		qu'ils vivent

Infinitif	Présent	Imparfait	Futur	Participe passé	Subjonctif présent
voir	je vois	je voyais	je verrai	vu, e	que je voie
	il voit	il voyait	il verra		qu'il voie
	nous voyons	nous voyions	nous verrons		que nous voyions
	ils voient	ils voyaient	ils verront		qu'ils voient
vouloir	je veux	je voulais	je voudrai	voulu, e	que je veuille
	il veut	il voulait	il voudra		qu'il veuille
	nous voulons	nous voulions	nous voudrons		que nous voulions
	ils veulent	ils voulaient	ils voudront		qu'ils veuillent

Deutsche Kurzgrammatik
Précis de grammaire allemande

L'article

Un substantif allemand peut être **masculin**, **féminin** ou **neutre**.
C'est grâce aux articles suivants (*der*, *die* ou *das*) que l'on reconnaît le **genre** du substantif.

	article défini				**article indéfini**			
	m	**f**	**nt**	**pl**	**m**	**f**	**nt**	**pl**
nom.	der	die	das	die	ein	eine	ein	*il n'existe pas de forme du pluriel en allemand*
acc.	den	die	das	die	einen	eine	ein	
gén.	des	der	des	der	eines	einer	eines	
datif	dem	der	dem	den	einem	einer	einem	

Le substantif

Il existe en allemand trois types de déclinaison du substantif: la déclinaison faible, la déclinaison forte et la déclinaison mixte (voir aussi la déclinaison des adjectifs).

On reconnaît les substantifs forts à leur terminaison en *-s*, *-sch*, *ß* et *z*. Ils prennent au génitif singulier la terminaison *-es*.

Hals – Halses, Busch – Busches, Fuß – Fußes, Reiz – Reizes, Kuss – Kusses

1. Déclinaison forte : masculin et neutre

	pluriel en ~e	**pluriel en ¨~e**	**pluriel en ~er**	**pluriel en ¨~er**
singulier				
nominatif	der Tag	der Traum	das Kind	das Dach
accusatif	den Tag	den Traum	das Kind	das Dach
génitif	des Tag(e)s	des Traum(e)s	des Kind(e)s	des Dach(e)s
datif	dem Tag(e)	dem Traum(e)	dem Kind(e)	dem Dach(e)
pluriel				
nominatif	die Tage	die Träume	die Kinder	die Dächer
accusatif	die Tage	die Träume	die Kinder	die Dächer
génitif	der Tage	der Träume	der Kinder	der Dächer
datif	den Tagen	den Träumen	den Kindern	den Dächern

	pluriel en ~s	**pluriel sans terminaison ¨~**	**pluriel sans terminaison**	**pluriel sans terminaison**
singulier				
nominatif	das Auto	der Vogel	der Tischler	der Lappen
accusatif	das Auto	den Vogel	den Tischler	den Lappen
génitif	des Autos	des Vogels	des Tischlers	des Lappens
datif	dem Auto	dem Vogel	dem Tischler	dem Lappen
pluriel				
nominatif	die Autos	die Vögel	die Tischler	die Lappen
accusatif	die Autos	die Vögel	die Tischler	die Lappen
génitif	der Autos	der Vögel	der Tischler	der Lappen
datif	den Autos	den Vögeln	den Tischlern	den Lappen

2. Déclinaison forte : féminin

	puriel en ¨~e	**pluriel sans terminaison ¨~**	**pluriel en ~s**
singulier			
nominatif	die Wand	die Mutter	die Bar
accusatif	die Wand	die Mutter	die Bar
génitif	der Wand	der Mutter	der Bar
datif	der Wand	der Mutter	der Bar
pluriel			
nominatif	die Wände	die Mütter	die Bars
accusatif	die Wände	die Mütter	die Bars
génitif	der Wände	der Mütter	der Bars
datif	den Wänden	den Müttern	den Bars

3. Déclinaison faible : masculin

	pluriel en ~n	**pluriel en ~en**	**pluriel en ~n**
singulier			
nominatif	der Bauer	der Bär	der Hase
accusatif	den Bauern	den Bären	den Hasen
génitif	des Bauern	des Bären	des Hasen
datif	dem Bauern	dem Bären	dem Hasen

pluriel			
nominatif	die Bauern	die Bären	die Hasen
accusatif	die Bauern	die Bären	die Hasen
génitif	der Bauern	der Bären	der Hasen
datif	den Bauern	den Bären	den Hasen

4. Déclinaison faible : féminin

	pluriel en ~en	**pluriel en ~n**	**pluriel en ~n**	**pluriel en ~nen**
singulier				
nominatif	die Uhr	die Feder	die Gabe	die Ärztin
accusatif	die Uhr	die Feder	die Gabe	die Ärztin
génitif	der Uhr	der Feder	der Gabe	der Ärztin
datif	der Uhr	der Feder	der Gabe	der Ärztin
pluriel				
nominatif	die Uhren	die Federn	die Gaben	die Ärztinnen
accusatif	die Uhren	die Federn	die Gaben	die Ärztinnen
génitif	der Uhren	der Federn	der Gaben	der Ärztinnen
datif	den Uhren	den Federn	den Gaben	den Ärztinnen

5. Déclinaison mixte : masculin et féminin

Ils se déclinent au singulier comme des substantifs *forts*, au pluriel comme des substantifs *faibles*.

	pluriel en ~n	**pluriel en ~en**	**pluriel en ~n**	**pluriel en ~en**
singulier				
nominatif	das Auge	das Ohr	der Name	das Herz
accusatif	das Auge	das Ohr	den Namen	das Herz
génitif	des Auges	des Ohr(e)s	der Namens	des Herzens
datif	dem Auge	dem Ohr(e)	dem Namen	dem Herzen
pluriel				
nominatif	die Augen	die Ohren	die Namen	die Herzen
accusatif	die Augen	die Ohren	die Namen	die Herzen
génitif	der Augen	der Ohren	der Namen	der Herzen
datif	den Augen	den Ohren	den Namen	den Herzen

6. Déclinaison des adjectifs substantivés

masculin

singulier

nominatif	der Reisende	ein Reisender
accusatif	den Reisenden	einen Reisenden
génitif	des Reisenden	eines Reisenden
datif	dem Reisenden	einem Reisenden

pluriel

nominatif	die Reisenden	Reisende
accusatif	die Reisenden	Reisende
génitif	der Reisenden	Reisender
datif	den Reisenden	Reisenden

féminin

singulier

nominatif	die Reisende	eine Reisende
accusatif	die Reisende	eine Reisende
génitif	der Reisenden	einer Reisenden
datif	der Reisenden	einer Reisenden

pluriel

nominatif	die Reisenden	Reisende
accusatif	die Reisenden	Reisende
génitif	der Reisenden	Reisender
datif	den Reisenden	Reisenden

neutre

singulier

nominatif	das Neugeborene	ein Neugeborenes
accusatif	das Neugeborene	ein Neugeborenes
génitif	des Neugeborenen	eines Neugeborenen
datif	dem Neugeborenen	einem Neugeborenen

pluriel

nominatif	die Neugeborenen	Neugeborene
accusatif	die Neugeborenen	Neugeborene
génitif	der Neugeborenen	Neugeborener
datif	den Neugeborenen	Neugeborenen

7. Déclinaison des noms propres

Les noms propres forment leur forme génitive selon les règles suivantes:

nom propre avec article	**nom propre sans article**	**nom propre qui se termine en *-s, -ß, -x, -z***	**plusieurs noms propres qui se suivent**	**nom propre avec apposition**
est invariable	**prend un *-s***	**prend une apostrophe**	**le dernier nom prend un *-s***	**est décliné comme un substantif**
des Aristoteles	Marias Auto	Aristoteles' (Schriften)	Johann Sebastian Bachs (Musik)	**nominatif** Karl der Große **accusatif** Karl den Großen **génitif** Karls des Großen **datif** Karl dem Großen
des (schönen) Berlin	die Straßen Berlins	die Straßen Calais'		

Les noms de famille prennent un *-s* au pluriel.

die Schneider**s**.

S'ils se terminent par *-s*, *-ß*, *-x* ou *-z*, ils peuvent avoir un pluriel en *-ens*.

die Schmitz**ens**.

Les noms propres de rues, d'édifices, d'entreprises, de bateaux, de journaux et d'organisations sont toujours déclinés.

Les adjectifs

Lorsqu'un adjectif se situe devant un substantif, il s'accorde en **cas**, en **genre** et en **nombre** avec ce substantif. Ainsi l'adjectif est décliné. Et comme pour le substantif, l'adjectif connaît une déclinaison *forte*, une déclinaison *faible* et une déclinaison *mixte*.

1. La déclinaison forte

- lorsque l'adjectif est relié à un substantif sans article,
- lorsque l'adjectif est précédé d'un mot qui ne donne aucune indication de genre,

mehrere liebe Kinder, manch guter Wein

- après des nombres cardinaux et après *ein paar, ein bisschen,*

Sie hörte zwei laute Schritte.
Wir machen eine Reise mit ein paar guten Freunden.
Mit einem bisschen guten Willen schaffst du das.

	m	f	nt
singulier			
nominatif	guter Wein	schöne Frau	liebes Kind
accusatif	guten Wein	schöne Frau	liebes Kind
génitif	guten Wein(e)s	schönen Frau	lieben Kindes
datif	gutem Wein(e)	schönen Frau	liebem Kind(e)
pluriel			
nominatif	gute Weine	schöne Frauen	liebe Kinder
accusatif	gute Weine	schöne Frauen	liebe Kinder
génitif	guter Weine	schöner Frauen	lieber Kinder
datif	guten Weinen	schönen Frauen	lieben Kindern

2. La forme faible

- est appliquée lorsque l'adjectif est relié au substantif avec l'article défini *der, die, das,*
- avec des pronoms qui donnent une indication de genre du substantif, par ex. *diese(r), folgende(r), jede(r), welche(r, s).*

	m	f	nt
singulier			
nominatif	der gute Wein	die schöne Frau	das liebe Kind
accusatif	den guten Wein	die schöne Frau	das liebe Kind
génitif	des guten Wein(e)s	der schönen Frau	des lieben Kindes
datif	dem guten Wein	der schönen Frau	dem lieben Kind
pluriel			
nominatif	die guten Weine	die schönen Frauen	die lieben Kinder
accusatif	die guten Weine	die schönen Frauen	die lieben Kinder
génitif	der guten Weine	der schönen Frauen	der lieben Kinder
datif	den guten Weinen	den schönen Frauen	den lieben Kindern

3. La forme mixte

- est appliquée lorsque l'adjectif est relié à un substantif avec l'article indéfini *ein, kein* (au singulier pour les substantifs masculins et neutres),
- avec les pronoms possessifs *mein, dein, sein, unser, euer, ihr.*

	m	nt
singulier		
nominatif	ein guter Wein	ein liebes Kind
accusatif	einen guten Wein	ein liebes Kind
génitif	eines guten Wein(e)s	eines lieben Kindes
datif	einem guten Wein(e)	einem lieben Kind

4. Les adjectifs en *-abel, -ibel, -el*

Déclinés, ces adjectifs perdent le *-e* de la syllabe finale.

	miserabel	**penibel**	**heikel**
singulier			
nominatif	ein miserabler Stil	eine penible Frau	ein heikles Problem
accusatif	einen miserablen Stil	eine penible Frau	ein heikles Problem
génitif	eines miserablen Stils	einer peniblen Frau	eines heiklen Problems
datif	einem miserablen Stil	einer peniblen Frau	einem heiklen Problem
pluriel			
nominatif	miserable Stile	penible Frauen	heikle Probleme
accusatif	miserable Stile	penible Frauen	heikle Probleme
génitif	miserabler Stile	penibler Frauen	heikler Probleme
datif	miserablen Stilen	peniblen Frauen	heiklen Problemen

5. Les adjectifs en *-er, -en*

En règle générale, déclinés, ces adjectifs conservent le *-e* de la syllabe finale, sauf dans le style littéraire.

finster	seine finstren Züge

L'exception concerne aussi les adjectifs d'origine étrangère.

makaber	eine makabre Geschichte
integer	ein integrer Beamter

6. Les adjectifs en *-auer, -euer*

En règle générale, déclinés, ils perdent le *-e* de la syllabe finale.

teuer	ein teures Geschenk
sauer	saure Gurken

7. Les degrés de l'adjectif

Les qualités peuvent être soumises à des comparaisons. On distingue alors trois formes ou trois degrés de comparaison :

	m	**f**	**nt**
positif	schön	schöne	schönes
comparatif	schöner	schönere	schöneres
superlatif	der schönste	die schönste	das schönste

1063

Si l'on veut mettre l'une des formes de la comparaison au génitif, au datif ou à l'accusatif, alors les mêmes règles de déclinaison doivent être appliquées que pour un adjectif positif accompagné d'un substantif.

Der Garten mit den schönsten Blumen. (datif, pluriel)

Particularités:

1. Les adjectifs et les adverbes prennent un *e* devant la terminaison du superlatif.

- lorsqu'ils sont monosyllabiques,
- si l'accent tombe sur la dernière syllabe,
- s'ils se terminent en *-s, -ß, -st, -x, -z* (toujours),
- s'ils se terminent en *-d, -t, -sch* (presque toujours).

spitz	adj. adv.	spitze(r, s) am spitzesten
beliebt	adj. adv.	beliebteste(r, s) am beliebtesten

La même règle est valable pour les adjectifs et les adverbes composés et ceux qui détiennent un préfixe, sans tenir compte de la syllabe sur laquelle l'accent tombe.

unsanft	adj. adv.	unsanfteste(r, s) am unsanftesten

2. Les adjectifs monosyllabiques qui ont au radical un *a, o* ou un *u* prennent au comparatif et au superlatif une inflexion (*Umlaut*).

arm	ärmer	ärmste(r, s)
groß	größer	größte(r, s)
klug	klüger	klügste(r, s)

3. Les groupes des adjectifs suivants ne prennent jamais d'inflexion (*Umlaut*) au superlatif et au comparatif.

- avec une **diphtongue** (par ex. *au*),

faul	fauler	faulste(r, s)

- avec les **suffixes** *-bar, -haft, -ig, -lich, -sam,*

dankbar	dankbarer	dankbarste(r, s)
schwatzhaft	schwatzhafter	schwatzhafteste(r, s)
schattig	schattiger	schattigste(r, s)
stattlich	stattlicher	stattlichste(r, s)
sorgsam	sorgsamer	sorgsamste(r, s)

- lorsqu'ils sont employés comme des **participes**,

überrascht	überraschter	überraschteste(r, s)

– lorsqu'ils sont **d'origine étrangère**.

banal	banaler	banalste(r, s)
interessant	interessanter	interessanteste(r, s)
grandios	grandioser	grandioseste(r, s)

4. Formes irrégulières du comparatif et du superlatif de certains adjectifs et adverbes

gut	besser	beste(r, s)
viel	mehr	meiste(r, s)
gern	lieber	am liebsten
bald	eher	am ehesten

L'adverbe

Lorsque les adjectifs ont un emploi adverbial, ils sont invariables.

Er singt gut.
Sie schreibt schön.
Er läuft schnell.

Les adverbes employés à la forme comparative suivent les mêmes règles que pour l'adjectif.

Er singt besser.
Sie schreibt schöner.
Er läuft schneller.

La plupart des adverbes forment leur superlatif selon la structure suivante: *am.......sten.*

Er singt am besten.
Sie schreibt am schönsten.
Er läuft am schnellsten.

Les verbes

Le présent

Le présent permet d'exprimer en allemand **une action qui est en train de se dérouler au moment de l'énonciation, un fait établi** ou **un déroulement avenir**.

Was machst du? Ich lese.
Die Erde dreht sich um die Sonne.
Morgen habe ich frei.

1. Les verbes réguliers (verbes faibles)

	machen	**legen**	**sagen**	**sammeln**
ich	mache	lege	sage	sammle
du	machst	legst	sagst	sammelst
er sie es	macht	legt	sagt	sammelt
wir	machen	legen	sagen	sammeln
ihr	macht	legt	sagt	sammelt
sie	machen	legen	sagen	sammeln

Les verbes dont le radical se termine en *s, ss, ß* und *z.*

	rasen	**passen**	**küssen**	**grüßen**	**reizen**
ich	rase	passe	küsse	grüße	reize
du	rast	passt	küsst	grüßt	reizt
er sie es	rast	passt	küsst	grüßt	reizt
wir	rasen	passen	küssen	grüßen	reizen
ihr	rast	passt	küsst	grüßt	reizt
sie	rasen	passen	küssen	grüßen	reizen

Les verbes dont le radical se termine en *d* ou *t*, avec une consonne + *m*, ou une consonne + *n*, prennent un *-e* à la deuxième personne du singulier.

	reden	**wetten**	**atmen**	**trocknen**
ich	rede	wette	atme	trockne
du	redest	wettest	atmest	trocknest
er sie es	redet	wettet	atmet	trocknet
wir	reden	wetten	atmen	trocknen
ihr	redet	wettet	atmet	trocknet
sie	reden	wetten	atmen	trocknen

Les verbes dont le radical se termine par *e* oder *er* atone perdent le *e* à la première personne du singulier.

angeln	ich angle
zittern	ich zittre

2. En ce qui concerne les verbes irréguliers (verbes forts), ils changent pour la plupart leur voyelle du radical.

	tragen	**blasen**	**laufen**	**essen**
ich	trage	blase	laufe	esse
du	trägst	bläst	läufst	isst
er sie es	trägt	bläst	läuft	isst
wir	tragen	blasen	laufen	essen
ihr	tragt	blast	lauft	esst
sie	tragen	blasen	laufen	essen

→Se reporter dans le dictionnaire aux verbes irréguliers et à la liste en annexe.

Le préterit

Le prétérit exprime une **action passée**.

Letztes Jahr reisten wir nach Spanien.

1. Les verbes réguliers

	machen	**sammeln**	**küssen**	**grüßen**	**reizen**
ich	machte	sammelte	küsste	grüßte	reizte
du	machtest	sammeltest	küsstest	grüßtest	reiztest
er sie es	machte	sammelte	küsste	grüßte	reizte
wir	machten	sammelten	küssten	grüßten	reizten
ihr	machtet	sammeltet	küsstet	grüßtet	reiztet
sie	machten	sammelten	küssten	grüßten	reizten

Les verbes dont le radical se termine par *d*, *t*, une consonne + *m* ou une consonne + *n*

	reden	**wetten**	**atmen**	**trocknen**
ich	redete	wettete	atmete	trocknete
du	redetest	wettetest	atmetest	trocknetest
er sie es	redete	wettete	atmete	trocknete
wir	redeten	wetteten	atmeten	trockneten
ihr	redetet	wettetet	atmetet	trocknetet
sie	redeten	wetteten	atmeten	trockneten

2. Les verbes irréguliers

	tragen	**blasen**	**laufen**	**essen**
ich	trug	blies	lief	aß
du	trugst	bliest	liefst	aßt
er sie es	trug	blies	lief	aß
wir	trugen	bliesen	liefen	aßen
ihr	trugt	bliest	lieft	aßt
sie	trugen	bliesen	liefen	aßen

→ Se reporter dans le dictionnaire aux verbes irréguliers et à la liste en annexe.

Le passé composé

Le passé composé exprime une **action totalement révolue** ou **un état,**

Der Zug ist abgefahren.
Heute Nacht hat es geregnet.

Le passé composé est formé des formes du présent des auxiliaires *haben* ou *sein* et du participe passé du verbe conjugué.

1. **Les verbes qui expriment un mouvement ou un changement d'état forment le passé composé avec l'auxiliaire *sein.***

	radeln	**fahren**	**verstummen**	**sterben**
ich	bin geradelt	bin gefahren	bin verstummt	bin gestorben
du	bist geradelt	bist gefahren	bist verstummt	bist gestorben
er sie es	ist geradelt	ist gefahren	ist verstummt	ist gestorben
wir	sind geradelt	sind gefahren	sind verstummt	sind gestorben
ihr	seid geradelt	seid gefahren	seid verstummt	seid gestorben
sie	sind geradelt	sind gefahren	sind verstummt	sind gestorben

2. Les verbes transitifs, réfléchis et impersonnels forment le passé composé avec l'auxiliaire *avoir*; alors que la plupart des verbes intransitifs qui expriment un état qui dure, forment le passé composé avec l'auxiliaire *être*.

	legen	**sich freuen**	**regnen**	**leben**
ich	habe gelegt	habe mich gefreut		habe gelebt
du	hast gelegt	hast dich gefreut		hast gelebt
er sie es	hat gelegt	hat sich gefreut	es hat geregnet	hat gelebt
wir	haben gelegt	haben uns gefreut		haben gelebt
ihr	habt gelegt	habt euch gefreut		habt gelebt
sie	haben gelegt	haben sich gefreut		haben gelebt

Pour les verbes auxiliaires, les mêmes règles que pour le passé composé sont valables.

Le plus-que-parfait

Le plus-que-parfait exprime **une action accomplie et antérieure à une autre action passée**.

Als er im Kino ankam, hatte der Film schon begonnen.

Il est constitué des formes du prétérit des auxiliaires *haben* ou *sein* et du participe passé du verbe conjugué.

Les règles concernant l'emploi des auxiliaires sont les mêmes que pour le prétérit.

	fahren	**sterben**	**legen**	**leben**
ich	war gefahren	war gestorben	hatte gelegt	hatte gelebt
du	warst gefahren	warst gestorben	hattest gelegt	hattest gelebt
er sie es	war gefahren	war gestorben	hatte gelegt	hatte gelebt
wir	waren gefahren	waren gestorben	hatten gelegt	hatten gelebt
ihr	wart gefahren	wart gestorben	hattet gelegt	hattet gelebt
sie	waren gefahren	waren gestorben	hatten gelegt	hatten gelebt

Les verbes auxiliaires *haben, sein* et *werden*

On les appelle verbes auxiliaires, car ils permettent de construire certaines formes de temps des verbes (par ex. le passé composé, le plus-que-parfait, le futur) ainsi que le passif.

Présent

	sein	**haben**	**werden**
ich	bin	habe	werde
du	bist	hast	wirst
er sie es	ist	hat	wird
wir	sind	haben	werden
ihr	seid	habt	werdet
sie	sind	haben	werden

Prétérit et participe

	sein	**haben**	**werden**
ich	war	hatte	wurde
du	warst	hattest	wurdest
er sie es	war	hatte	wurde
wir	waren	hatten	wurden
ihr	wart	hattet	wurdet
sie	waren	hatten	wurden
Participe	gewesen	gehabt	geworden

Les verbes modaux

Présent

	können	**dürfen**	**mögen**	**müssen**	**sollen**	**wollen**
ich	kann	darf	mag	muss	soll	will
du	kannst	darfst	magst	musst	sollst	willst
er sie es	kann	darf	mag	muss	soll	will
wir	können	dürfen	mögen	müssen	sollen	wollen
ihr	könnt	dürft	mögt	müsst	sollt	wollt
sie	können	dürfen	mögen	müssen	sollen	wollen

Prétérit

	können	**dürfen**	**mögen**	**müssen**	**sollen**	**wollen**
ich	konnte	durfte	mochte	musste	sollte	wollte
du	konntest	durftest	mochtest	musstest	solltest	wolltest
er sie es	konnte	durfte	mochte	musste	sollte	wollte
wir	konnten	durften	mochten	mussten	sollten	wollten
ihr	konntet	durftet	mochtet	musstet	solltet	wolltet
sie	konnten	durften	mochten	mussten	sollten	wollten

Passé composé

können	ich habe gekonnt
dürfen	ich habe gedurft
mögen	ich habe gemocht
müssen	ich habe gemusst
sollen	ich habe gesollt
wollen	ich habe gewollt

Le participe passé des verbes modaux (par ex. *gekonnt*) est remplacé par l'infinitif (*können*) s'il est précédé par un autre verbe à l'infinitif.

Ich habe gehen können.
Ich habe fragen dürfen.

Participe I (participe présent)

On forme le participe I ou participe présent en ajoutant un *-d* à l'infinitif du verbe.

singen**d**, lachen**d**, etc.

Il exprime de manière brève une proposition subordonnée.

Er saß in der Badewanne und sang.	– Er saß singen**d** in der Badewanne.
Sie öffnete die Tür und lachte.	– Sie öffnete lachen**d** die Tür.

Participe II (participe passé)

Le participe passé des verbes réguliers est formé selon les règles suivantes :

	préfixe	**+ radical**	**+ terminaison**
machen	– ge	+ mach	+ t

legen	– **ge**leg**t**
sagen	– **ge**sag**t**
vierteln	– **ge**viertel**t**
rasen	– **ge**ras**t**
hassen	– **ge**hass**t**
küssen	– **ge**küss**t**
rußen	– **ge**ruß**t**
reizen	– **ge**reiz**t**
reden	– **ge**red**et**
wetten	– **ge**wett**et**
trocknen	– **ge**trockn**et**

Aux verbes qui se terminent en *-ieren* ainsi qu'aux verbes qui commencent par *be-*, *em-*, *ent-*, *er-*, *ge-*, *miss*, *ver-*, et *zer-* on ne rajoute pas le préfixe *ge-*. Ils sont marqués d'un * dans la partie allemand-français du dictionnaire. Ils suivent les règles suivantes :

	radical	**+ terminaison**
manövrieren*	– manövrier	+ t

empören*	– empör**t**
entgiften*	– entgift**et**
ersetzen*	– ersetz**t**
vertrösten*	– vertröst**et**
zerreden*	– zerred**et**

Le préfixe *ge-* tombe aussi pour les verbes composés à particule inséparable. Ces verbes sont aussi marqués d'un *.

übersetzen*	– übersetz**t**
durchwaten*	– durchwat**et**
unterlegen*	– unterleg**t**
umarmen*	– umarm**t**

Le participe passé des verbes composés à particule séparable (par ex. *durchmachen*) se forme selon les règles suivantes :

préfixe verbe	**+ Préfixe ppII ge-**	**+ radical du verbe**	**+ terminaison *t***
durch	+ ge	+ mach	+ t

anbeten	– an**ge**bete**t**
überschnappen	– über**ge**schnapp**t**
umdeuten	– um**ge**deute**t**

Tous les verbes composés à particule séparable sont marqués dans le dictionnaire du signe |. Les formes irrégulières sont données à l'infinitif. Les verbes composés dont les formes correspondent à celles du verbe de base irrégulier sont signalés par la mention *irr.* Les verbes allemands irréguliers les plus courants sont à consulter dans la liste en annexe.

Futur

Avec le futur on exprime des **états de choses qui se rapportent au futur**, par ex. des déclarations, des intentions, des suppositions ou des promesses.

Il est constitué des formes du présent de l'auxiliaire *werden* et de l'infinitif du verbe conjugué.

Morgen wird es schneien.	(indication de date)
Er wird noch im Urlaub sein.	(supposition)
Ich werde dich immer lieben.	(promesse, intention)

	legen	**fahren**	**sein**	**haben**	**können**
ich	werde legen	werde fahren	werde sein	werde haben	werde können
du	wirst legen	wirst fahren	wirst sein	wirst haben	wirst können
er sie es	wird legen	wird fahren	wird sein	wird haben	wird können
wir	werden legen	werden fahren	werden sein	werden haben	werden können
ihr	werdet legen	werdet fahren	werdet sein	werdet haben	werdet können
sie	werden legen	werden fahren	werden sein	werden haben	werden können

Le *Konjunktiv I* (mode du potentiel)

Le *Konjunktif I* se forme à partir du radical du verbe au présent auquel on ajoute les terminaisons *-e*, *-est*, *-e*, *-en*, *-et*, *-en*. Le *Konjunktiv I* permet de s'exprimer au **discours indirect.**

Kannst du mir helfen?	(discours direct)
Er fragt sie, ob sie ihm helfen könne.	(discours indirect)

Certains verbes irréguliers changent leur inflexion (*Umlaut*) ou leur voyelle à l'indicatif (mode du réel) mais pas au *Konjunktiv I.*

infinitif	**présent de l'indicatif**	***Konjunktiv I***
fallen	du fällst	du fallest
geben	du gibst	du gebest

Le *Konjunktiv I* est non seulement employé dans le discours indirect mais aussi dans certaines locutions figées.

> Er lebe hoch!
> Gott sei Dank!
> Man nehme Salz, Mehl und Butter …

	legen	**hassen**	**küssen**	**reden**
ich	lege	hasse	küsse	rede
du	legst	hassest	küssest	redest
er sie es	lege	hasse	küsse	rede
wir	legen	hassen	küssen	reden
ihr	leget	hasset	küsset	redet
sie	legen	hassen	küssen	reden

Le *Konjunktiv I* des auxiliaires sein, haben et werden

	sein	**haben**	**werden**
ich	sei	habe	werde
du	seist	habest	werdest
er sie es	sei	habe	werde
wir	seien	haben	werden
ihr	seiet	habet	werdet
sie	seien	haben	werden

Le *Konjunktiv I* des verbes modaux

	können	**dürfen**	**mögen**	**müssen**	**sollen**	**wollen**
ich	könne	dürfe	möge	müsse	solle	wolle
du	könnest	dürfest	mögest	müssest	sollest	wollest
er sie es	könne	dürfe	möge	müsse	solle	wolle
wir	können	dürfen	mögen	müssen	sollen	wollen
ihr	könn(e)t	dürf(e)t	mög(e)t	müss(e)t	soll(e)t	woll(e)t
sie	können	dürfen	mögen	müssen	sollen	wollen

Le *Konjunktiv II*

Le *Konjunktiv II* est formé à partir du radical du verbe au prétérit auquel on ajoute les terminaisons *-e*, *-(e)st*, *-e*, *-en*, *-(e)t*, *-en*. Pour les verbes réguliers, les formes du *Konjunktiv II* et du prétérit de l'indicatif sont identiques. En ce qui concerne les verbes irréguliers en *i* ou *ie* dans leur forme du prétérit, ils conservent le *i* et *ie* dans les formes du *Konjunktiv II*.

Le *Konjunktiv II* est le mode du **discours irréel**, il est aussi employé dans les **comparaisons** et dans **les formules de politesse**.

Wenn ich Zeit hätte, ginge ich heute mit dir ins Kino.	(irréel)
Die Leiter schwankte so, als fiele sie gleich um.	(comparaison)
Können Sie uns bitte eine Auskunft geben?	(politesse)

	gehen/ging	**rufen/rief**	**greifen/griff**
ich	ginge	riefe	griffe
du	ging(e)st	rief(e)st	griff(e)st
er sie es	ginge	riefe	griffe
wir	gingen	riefen	griffen
ihr	gin(e)t	rief(e)t	griff(e)t
sie	gingen	riefen	griffen

Les verbes qui ont la voyelle *a*, *o* ou *u* au prétérit de l'indicatif prennent au *Konjunktiv II* une inflexion (*Umlaut*).

	singen/ sang	**fliegen/ flog**	**fahren/ fuhr**	**sein/war**	**haben/ hatte**	**werden/ wurde**
ich	sänge	flöge	führe	wäre	hätte	würde
du	säng(e)st	flög(e)st	führ(e)st	wär(e)st	hättest	würdest
er sie es	sänge	flöge	führe	wäre	hätte	würde
wir	sängen	flögen	führen	wären	hätten	würden
ihr	säng(e)t	flög(e)t	führ(e)t	wär(e)t	hättet	würdet
sie	sängen	flögen	führen	wären	hätten	würden

1075

Les formes les plus importantes du *Konjunktiv II*

befehlen	- beföhle	**haben**	- hätte	**sehen**	- sähe
beginnen	- begänne	**heben**	- höbe	**sein**	- wäre
bergen	- bärge	**helfen**	- hülfe	**singen**	- sänge
bersten	- bärste	**klingen**	- klänge	**sinken**	- sänke
bewegen	- bewöge	**kommen**	- käme	**sinnen**	- sänne
biegen	- böge	**können**	- könne	**sitzen**	- säße
bieten	- böte	**kriechen**	- kröche	**spinnen**	- spänne
binden	- bände	**laden**	- lüde	**sprechen**	- spräche
bitten	- bäte	**lesen**	- läse	**sprießen**	- sprösse
brechen	- bräche	**liegen**	- läge	**springen**	- spränge
brennen	- brennte	**löschen**	- lösche	**stechen**	- stäche
bringen	- brächte	**lügen**	- löge	**stehen**	- stände/stünde
denken	- dächte	**melken**	- mölke	**stehlen**	- stähle
dreschen	- drösche	**messen**	- mäße	**sterben**	- stürbe
dringen	- dränge	**misslingen**	- misslänge	**stinken**	- stänke
dürfen	- dürfte	**mögen**	- möchte	**tragen**	- trüge
empfehlen	- empföhle	**müssen**	- müsste	**treffen**	- träfe
empfinden	- empfände	**nehmen**	- nähme	**treten**	- träte
essen	- äße	**quellen**	- quölle	**trinken**	- tränke
fahren	- führe	**riechen**	- röche	**trügen**	- tröge
finden	- fände	**ringen**	- ränge	**tun**	- täte
flechten	- flöchte	**rinnen**	- ränne	**verderben**	- verdürbe
fliegen	- flöge	**saufen**	- söffe	**vergessen**	- vergäße
fliehen	- flöhe	**schaffen**	- schüfe	**verlieren**	- verlöre
fließen	- flösse	**schelten**	- schölte	**wachsen**	- wüchse
fressen	- fräße	**scheren**	- schöre	**wiegen**	- wöge
frieren	- fröre	**schieben**	- schöbe	**waschen**	- wüsche
gären	- gäre	**schießen**	- schösse	**werben**	- würbe
gebären	- gebäre	**schinden**	- schünde	**werden**	- würde
geben	- gäbe	**schlagen**	- schlüge	**werfen**	- würfe
gelingen	- gelänge	**schließen**	- schlösse	**wiegen**	- wörfe
gelten	- gälte	**schlingen**	- schlänge	**winden**	- wände
genießen	- genösse	**schmelzen**	- schmölze	**wissen**	- wüsste
geschehen	- geschähe	**schwellen**	- schwölle	**ziehen**	- zöge
gewinnen	- gewönne	**schwimmen**	- schwömme	**zwingen**	- zwänge
gießen	- gösse	**schwinden**	- schwände		
glimmen	- glömme	**schwingen**	- schwänge		
graben	- grübe	**schwören**	- schwüre		

La phrase au conditionnel

Le *Konjunktiv II* de *werden* ajouté à l'*infinitif* du verbe conjugué exprime **un état de chose** subordonné à quelque condition ou éventualité. Il est donc le mode de l'hypothétique.

Wenn ihr uns einladen würdet, würden wir fahren (au lieu de: *führen*).

Certaines formes du *Konjunktiv II* particulièrement inusitées ou vieillies sont remplacées aujourd'hui par l'emploi de la structure suivante: *werden* au *Konjunktiv II* + infinitif du verbe.

Wenn Flugzeuge nicht umweltfreundlicher fliegen würden (au lieu de: *flögen*), würde es bald keine saubere Luft mehr geben (au lieu de: *gäbe*).

	legen	**fahren**
ich	würde legen	würde fahren
du	würdest legen	würdest fahren
er sie es	würde legen	würde fahren
wir	würden legen	würden fahren
ihr	würdet legen	würdet fahren
sie	würden legen	würden fahren

L'impératif

L'impératif sert à exprimer **une sommation, une requête, un avertissement**, etc. ou une **interdiction**. Il ne connaît que deux formes: la deuxième personne du singulier et celle du pluriel.

1. **Pour les verbes réguliers, on ajoute au singulier un *e* et au pluriel un *t* au radical du verbe. La forme du pluriel de l'impératif est identique à la deuxième personne du pluriel de l'indicatif présent.**

Dans la forme de politesse avec *Sie* on a un phénomène **d'inversion** (c'est-à-dire que le prédicat est placé avant le sujet). L'ordre normal des mots est inversé.

Sie schreiben einen Brief.	(constat/indicatif)
Schreiben Sie einen Brief!	(sommation/impératif)

infinitif	**singulier**	**pluriel**	**forme de politesse**
schreiben	schreibe	schreibt	schreiben Sie
singen	singe	singt	singen Sie
trinken	trinke	trinkt	trinken Sie
atmen	atme	atmet	atmen Sie
reden	rede	redet	reden Sie

Particularités :

Les verbes qui se terminent en *-eln*, *-ern* peuvent perdre le *-e* au singulier.

infinitif	singulier	pluriel	forme de politesse
sammeln	samm(e)le	sammelt	sammeln Sie
fördern	förd(e)re	fördert	fördern Sie
handeln	hand(e)le	handelt	handeln Sie

Si le radical du verbe se termine en *m* ou *n* précédé *d'un m, n, r, l, h,* il peut perdre le *-e* final au singulier.

infinitiv	singulier	pluriel	forme de politesse
kämmen	kämm(e)	kämmt	kämmen Sie
rennen	renn(e)	rennt	rennen Sie
lernen	lern(e)	lernt	lernen Sie
qualmen	qualm(e)	qualmt	qualmen Sie
rühmen	rühm(e)	rühmt	rühmen Sie

Exceptions :

Si on trouve une autre consonne devant le *-m* ou le *-n*, alors la terminaison *-e* doit absolument être conservée.

atme, rechne

2. Les verbes irréguliers qui ne changent pas leur voyelle en *-i* ou *-ie* au présent suivent à l'impératif les mêmes règles que les verbes réguliers.

→ Les formes de l'impératif sont indiquées dans la liste des verbes allemands irréguliers en annexe.

Changement vocalique en *-i* ou *-ie*

infinitif	singulier	pluriel
lesen	lies	lest
werfen	wirf	werft
sterben	stirb	sterbt
essen	iss	esst
sehen	sieh	seht

Les auxiliaires *sein*, *haben* et *werden*

infinitif	singulier	pluriel
sein	sei	seid
haben	habe	habt
werden	werde	werdet

La voix active et la voix passive

La voix active **décrit un déroulement qui est vu du point de vue du sujet agissant**. Au passif **c'est le déroulement même qui est au centre de l'énoncé**, sans que le sujet agissant n'ai besoin d'être nommé.

Die Parlamentarier wählen den Präsidenten.	(voix active)
Der Präsident wird von den Parlamentariern gewählt.	(voix passive)

Le passif est formé de l'auxiliaire *werden* et du participe passé du verbe conjugué.

	lieben	**schlagen**
présent	ich werde geliebt	ich werde geschlagen
prétérit	ich wurde geliebt	ich wurde geschlagen

Le pronom

Les pronoms en allemand sont déclinés comme les articles, les substantifs, les adjectifs et les adverbes.

1. Le pronom personnel

Il désigne la personne qui parle ou dont il est question dans la phrase.

nominatif	**accusatif**	**génitif**	**datif**
ich	mich	meiner	mir
du	dich	deiner	dir
er	ihn	seiner	ihm
sie	sie	ihrer	ihr
es	es	seiner	ihm
wir	uns	unser	uns
ihr	euch	euer	euch
sie	sie	ihrer	ihnen

2. Le pronom réfléchi

Il se rapporte au sujet de la phrase et doit s'accorder en **personne** et en **nombre** avec lui.

Ich wasche mich.
Du wäschst dich.
Er/Sie/Es wäscht sich.
Wir waschen uns.
Ihr wascht euch.
Sie waschen sich.

3. Le pronom possessif

Il indique **une relation d'appartenance** ou un **rapport de possession** et s'accorde en **cas**, en **genre** et en **nombre** avec le substantif auquel il se rapporte.

Il peut se trouver comme un adjectif devant le substantif ou remplacer le substantif.

a) Emploi adjectival

	m	**f**	**nt**	**pl**
1ère personne du singulier				
nominatif	mein	meine	mein	meine
accusatif	meinen	meine	mein	meine
génitif	meines	meiner	meines	meiner
datif	meinem	meiner	meinem	meinen
2e personne du singulier (décliné comme *mein*)				
nominatif	dein	deine	dein	deine
3e Personne du singulier (m) (décliné comme *mein*)				
nominatif	sein	seine	sein	seine
3e personne du singulier (f) (décliné comme *mein*)				
nominatif	ihr	ihre	ihr	ihre
3e personne du singulier (nt) (décliné comme *mein*)				
nominatif	sein	seine	sein	seine
1ère personne du pluriel				
nominatif	unser	uns(e)re	unser	uns(e)re
accusatif	uns(e)ren	uns(e)re	unser	uns(e)re
génitif	uns(e)res	uns(e)rer	uns(e)res	uns(e)rer
datif	uns(e)rem unserm	uns(e)rer	uns(e)rem unserm	uns(e)ren unsern
2e personne du pluriel				
nominatif	euer	eure	euer	eure
accusatif	euren	eure	euer	eure
génitif	eures	eurer	eures	eurer
datif	eurem	eurer	eurem	euren
3e personne du pluriel				
nominatif	ihr	ihre	ihr	ihre
accusatif	ihren	ihre	ihr	ihre
génitif	ihres	ihrer	ihres	ihrer
datif	ihrem	ihrer	ihrem	ihren

b) Employé à la place du substantif

se référant à	**m**	**f**	**nt**	**pl**
1ère p. du sing.	meiner	meine	mein(e)s	meine
2e p. du sing.	deiner	deine	dein(e)s	deine
3e p. du sing. m, nt	seiner	seine	sein(e)s	seine
3e pers. du sing. f	ihrer	ihre	ihr(e)s	ihre
1ère pers. du pl.	uns(e)rer	uns(e)re	uns(e)res	uns(e)re
2e pers. du pl.	eurer	eure	eures, euers	eure
3e pers. du pl.	ihrer	ihre	ihr(e)s	ihre

4. Le pronom démonstratif

Il reprend ou désigne un élément dont il vient d'être question dans l'énoncé.

	m	**f**	**nt**	**pl**
nominatif	dieser	diese	dieses	diese
accusatif	diesen	diese	dieses	diese
génitif	dieses	dieser	dieses	dieser
datif	diesem	dieser	diesem	diesen
nominatif	jener	jene	jenes	jene
accusatif	jenen	jene	jenes	jene
génitif	jenes	jener	jenes	jener
datif	jenem	jener	jenem	jenen
nominatif	derjenige	diejenige	dasjenige	diejenigen
accusatif	denjenigen	diejenige	dasjenige	diejenigen
génitif	desjenigen	derjenigen	desjenigen	derjenigen
datif	demjenigen	derjenigen	demjenigen	denjenigen
nominatif	derselbe	dieselbe	dasselbe	dieselben
accusatif	denselben	dieselben	dasselbe	dieselben
génitif	desselben	derselben	desselben	derselben
datif	demselben	derselben	demselben	denselben

Dieser renvoie à un élément **proche** ; *jener* à un élément **éloigné**. L'article défini *der, die, das* peut être employé aussi comme un pronom démonstratif.

5. Le pronom relatif

Les pronoms relatifs les plus usités sont *der, die, das*; moins courants sont *welcher, welche, welches*. Tous introduisent une proposition subordonnée dans laquelle est donné un nouvel énoncé qui complète celui de la phrase principale. Le pronom relatif s'accorde en **genre** et en **nombre** avec le mot de la principale auquel il se rapporte,

Par ex.	Er putzt sein neues Auto, das/welches er sich gekauft hat.

	m	f	nt	pl
nominatif	welcher	welche	welches	welche
accusatif	welchen	welche	welches	welche
génitif	dessen	deren	dessen	deren
datif	welchem	welcher	welchem	welchen

Wer et *was* peuvent aussi être employés comme des pronoms relatifs.

Wer das behauptet, lügt.
Mach doch, was du willst!

6. Le pronom interrogatif

Le pronom interrogatif se distingue selon qu'il se rapporte à une **personne** *(Wer?)* ou à une **chose** *(Was?)*. Il ne possède que des formes du singulier.

	personne	chose
nominatif	*Wer* spielt mit?	*Was* ist das?
accusatif	*Wen* liebst du?	*Was* höre ich da?
génitif	*Wessen* Haus ist das?	
datif	*Wem* gehört das Haus?	

Le génitif du pronom interrogatif *wessen* est de plus en plus remplacé par le datif *wem*.

Wem gehört das Haus?

Par l'expression *was für ein(er)* la question porte sur les caractéristiques d'une personne ou d'une chose.

Was für ein Mensch ist Peter eigentlich?
Was für einen Anzug möchten Sie?

Avec les pronoms interrogatifs *welcher, welche* et *welches* la question porte sur une personne ou une chose concrète parmi un ensemble ou groupe.

Welche Schuhe soll ich nehmen?	(Die braunen oder die schwarzen?)
Mit welchem Bus kommst du?	(Mit dem um 16 oder um 17 Uhr?)
Welches Eis schmeckt dir besser?	(Erdbeer- oder Schokoladeneis?)

	m	f	nt	pl
nominatif	welcher	welche	welches	welche
accusatif	welchen	welche	welches	welche
génitif	welches	welcher	welches	welcher
datif	welchem	welcher	welchem	welchen

Les prépositions

Des prépositions qui régissent

– l'**accusatif**:	bis	wider
	durch	für
	gegen	je
	ohne	pro
	um	
– le **datif**:	ab	aus
	außer	bei
	binnen	entgegen
	entsprechend	gegenüber
	gemäß	mit
	nach	nächst
	nahe	nebst
	samt	seit
	von	zu
	zufolge	zuwider
– l'**accusatif** ou le **datif** *:	an	auf
	entlang	hinter
	in	neben
	über	unter
	vor	zwischen

* Lorsqu'elles décrivent un mouvement ou un changement de direction *(Wohin?)* elles régissent l'accusatif;
Lorsqu'elles donnent une indication de lieu *(Wo?)* elles régissent le datif.

Er hängt die Uhr an die Wand.	*(Wohin?)*
Die Uhr hängt an der Wand.	*(Wo?)*

→ Dans le dictionnaire on trouve pour chaque préposition une indication concernant leur rection.

Certaines prépositions peuvent s'agglutiner à certaines formes grammaticales de l'article pour former un seul mot.

an/in	+ dem	devient	am/im
bei	+ dem		beim
von	+ dem		vom
zu	+ dem/der		zum/zur
an/in	+ das		ans/ins

Deutsche unregelmäßige Verben

Die unregelmäßigen Formen der mit *auf-, ab-, be-, er-, zer-* usw. präfigierten Verben entsprechen denen ihrer Grundform. Neben dem Infinitiv wird zusätzlich die 2. Person Singular angegeben, wenn diese gegenüber der Grundform einen Umlaut aufweist oder eine Vokalveränderung erfährt. Ebenso wird zum Partizip Perfekt das Hilfsverb aufgeführt, mit welchem es gebildet wird.

Verbes allemands irréguliers

La conjugaison des verbes dérivés à partir des préfixes *auf-, ab-, be-, er-, zer-* etc. correspond à celle du verbe de base. En plus de la forme infinitive, la liste suivante donne la 2e personne du singulier du verbe si celui-ci prend une inflexion *(Umlaut)* ou change de voyelle. La liste indique aussi pour chaque participe passé l'auxiliaire avec lequel il est formé.

1. Infinitiv 1. Infinitif	2. Imperfekt 2. Prétérit	3. Partizip Perfekt 3. Participe passé	4. Imperativ – Sing/Pl 4. Impératif – sing/pl
backen bäckst, backst	backte	hat gebacken	back[e]/backt
befehlen befiehlst	befahl	hat befohlen	befiehl/befehlt
beginnen	begann	hat begonnen	beginn[e]/beginnt
beißen	biss	hat gebissen	beiß[e]/beißt
bergen birgst	barg	hat geborgen	birg/bergt
bersten birst	barst	ist geborsten	birst/berstet
bewegen	bewog	hat bewogen	beweg[e]/bewegt
biegen	bog	hat/ist gebogen	bieg[e]/biegt
bieten	bot	hat geboten	biet[e]/bietet
binden	band	hat gebunden	bind[e]/bindet
bitten	bat	hat gebeten	bitt[e]/bittet
blasen bläst	blies	hat geblasen	blas[e]/blast
bleiben	blieb	ist geblieben	bleib[e]/bleibt
bleichen	bleichte blich	hat gebleicht hat geblichen	bleich[e]/bleicht
braten brätst	briet	hat gebraten	brat[e]/bratet
brechen brichst	brach	hat/ist gebrochen	brich/brecht
brennen	brannte	hat gebrannt	brenn[e]/brennt
bringen	brachte	hat gebracht	bring/bringt
denken	dachte	hat gedacht	denk[e]/denkt
dreschen drischst	drosch	hat/ist gedroschen	drisch/drescht
dringen	drang	ist gedrungen	dring[e]/dringt
dürfen darfst	durfte	hat gedurft	

1. Infinitiv 1. Infinitif	2. Imperfekt 2. Prétérit	3. Partizip Perfekt 3. Participe passé	4. Imperativ – Sing/Pl 4. Impératif – sing/pl
empfangen empfängst	empfing	hat empfangen	empfang[e]/empfangt
empfehlen empfiehlst	empfahl	hat empfohlen	empfiehl/empfehlt
empfinden	empfand	hat empfunden	empfind[e]/empfindet
erlöschen erlischst	erlosch	hat erloschen	erlisch/erlöscht
erschrecken erschrickst	erschrak	ist erschrocken	erschrick/erschreckt
essen isst	aß	hat gegessen	iss/esst
fahren fährst	fuhr	hat/ist gefahren	fahr[e]/fahrt
fallen fällst	fiel	ist gefallen	fall[e]/fallt
fangen fängst	fing	hat gefangen	fang[e]/fangt
fechten fichtst	focht	hat gefochten	ficht/fechtet
finden	fand	hat gefunden	find[e]/findet
flechten flichtst	flocht	hat geflochten	flicht/flechtet
fliegen	flog	hat/ist geflogen	flieg[e]/fliegt
fliehen	floh	ist geflohen	flieh[e]/flieht
fließen	floss	ist geflossen	fließ[e]/fließt
fressen frisst	fraß	hat gefressen	friss/fresst
frieren	fror	hat gefroren	frier[e]/friert
gären	gor gärte	hat/ist gegoren hat/ist gegärt	gär[e]/gärt
gebären gebierst	gebar	ist geboren	gebier[e]/gebärt
geben gibst	gab	hat gegeben	gib/gebt
gedeihen	gedieh	ist gediehen	gedeih[e]/gedeiht
gefallen gefällst	gefiel	hat gefallen	gefall[e]/gefallt
gehen	ging	ist gegangen	geh[e]/geht
gelingen	gelang	ist gelungen	geling[e]/gelingt
gelten giltst	galt	hat gegolten	gilt/geltet
genesen	genas	ist genesen	genese/genest
genießen	genoss	hat genossen	genieß[e]/genießt
geraten gerätst	geriet	ist geraten	gerat[e]/geratet

1. Infinitiv 1. Infinitif	2. Imperfekt 2. Prétérit	3. Partizip Perfekt 3. Participe passé	4. Imperativ – Sing/Pl 4. Impératif – sing/pl
gerinnen	gerann	ist geronnen	gerinn[e]/gerinnt
geschehen geschieht	geschah	ist geschehen	geschieh/gescheht
gestehen	gestand	hat gestanden	gesteh[e]/gesteht
gewinnen	gewann	hat gewonnen	gewinn[e]/gewinnt
gießen	goss	hat gegossen	gieß[e]/gießt
gleichen	glich	hat geglichen	gleich[e]/gleicht
gleiten	glitt	ist geglitten	gleit[e]/gleitet
glimmen	glomm	hat geglommen	glimm[e]/glimmt
graben gräbst	grub	hat gegraben	grab[e]/grabt
greifen	griff	hat gegriffen	greif[e]/greift
haben hast	hatte	hat gehabt	hab[e]/habt
halten hältst	hielt	hat gehalten	halt[e]/haltet
hängen	hing	hat gehangen	häng[e]/hängt
hauen	haute hieb	hat gehauen	hau[e]/haut
heben	hob	hat gehoben	heb[e]/hebt
heißen	hieß	hat geheißen	heiß[e]/heißt
helfen hilfst	half	hat geholfen	hilf/helft
kennen	kannte	hat gekannt	kenn[e]/kennt
klingen	klang	hat geklungen	kling[e]/klingt
kneifen	kniff	hat gekniffen	kneif[e]/kneift
kommen	kam	ist gekommen	komm[e]/kommt
können kannst	konnte	hat gekonnt	
kriechen	kroch	ist gekrochen	kriech[e]/kriecht
küren	kürte	hat gekürt	kür[e]/kürt
laden lädst	lud	hat geladen	lad[e]/ladet
lassen lässt	ließ	hat gelassen	lass/lasst
laufen läufst	lief	ist gelaufen	lauf[e]/lauft
leiden	litt	hat gelitten	leid[e]/leidet
leihen	lieh	hat geliehen	leih[e]/leiht
lesen liest	las	hat gelesen	lies/lest
liegen	lag	hat gelegen	lieg[e]/liegt
lügen	log	hat gelogen	lüg[e]/lügt

1. Infinitiv 1. Infinitif	2. Imperfekt 2. Prétérit	3. Partizip Perfekt 3. Participe passé	4. Imperativ – Sing/Pl 4. Impératif – sing/pl
mahlen	mahlte	hat gemahlen	mahl[e]/mahlt
meiden	mied	hat gemieden	meid[e]/meidet
melken	molk melkte	hat gemolken hat gemelkt	melk[e], milk/melkt
messen misst	maß	hat gemessen	miss/messt
misslingen	misslang	ist misslungen	
mögen magst	mochte	hat gemocht	
müssen musst	musste	hat gemusst	
nehmen nimmst	nahm	hat genommen	nimm/nehmt
nennen	nannte	hat genannt	nenn[e]/nennt
pfeifen	pfiff	hat gepfiffen	pfeif[e]/pfeift
preisen	pries	hat gepriesen	preis[e]/preist
quellen quillst	quoll	ist gequollen	quill/quellt
raten rätst	riet	hat geraten	rat[e]/ratet
reiben	rieb	hat gerieben	reib[e]/reibt
reißen	riss	hat/ist gerissen	reiß/reißt
reiten	ritt	hat/ist geritten	reit[e]/reitet
rennen	rannte	ist gerannt	renn[e]/rennt
riechen	roch	hat gerochen	riech[e]/riecht
ringen	rang	hat gerungen	ring[e]/ringt
rinnen	rann	ist geronnen	rinn[e]/rinnt
rufen	rief	hat gerufen	ruf[e]/ruft
salzen	salzte	hat gesalzen hat gesalzt	salz[e]/salzt
saufen säufst	soff	hat gesoffen	sauf[e]/sauft
schaffen	schuf	hat geschaffen	schaff[e]/schafft
schallen	schallte scholl	hat geschallt	schall[e]/schallt
scheiden	schied	hat/ist geschieden	scheid[e]/scheidet
scheinen	schien	hat geschienen	schein[e]/scheint
scheißen	schiss	hat geschissen	scheiß[e]/scheißt
schelten schiltst	schalt	hat gescholten	schilt/scheltet
scheren	schor	hat geschoren hat geschert	scher[e]/schert
schieben	schob	hat geschoben	schieb[e]/schiebt

1. Infinitiv 1. Infinitif	2. Imperfekt 2. Prétérit	3. Partizip Perfekt 3. Participe passé	4. Imperativ – Sing/Pl 4. Impératif – sing/pl
schießen	schoss	hat geschossen	schieß[e]/schießt
schinden	schindete	hat geschunden	schind[e]/schindet
schlafen schläfst	schlief	hat geschlafen	schlaf[e]/schlaft
schlagen schlägst	schlug	hat geschlagen	schlag[e]/schlagt
schleichen	schlich	ist geschlichen	schleich[e]/schleicht
schleifen	schliff	hat geschliffen	schleif[e]/schleift
schließen	schloss	hat geschlossen	schließ[e]/schließt
schlingen	schlang	hat geschlungen	schling[e]/schlingt
schmeißen	schmiss	hat geschmissen	schmeiß[e]/schmeißt
schmelzen schmilzt	schmolz	ist geschmolzen	schmilz/schmelzt
schnauben	schnaubte	hat geschnaubt	schnaub[e]/schnaubt
	schnob	hat geschnoben	
schneiden	schnitt	hat geschnitten	schneid[e]/schneidet
schreiben	schrieb	hat geschrieben	schreib[e]/schreibt
schreien	schrie	hat geschrie[e]n	schrei[e]/schreit
schreiten	schritt	ist geschritten	schreit[e]/schreitet
schweigen	schwieg	hat geschwiegen	schweig[e]/schweigt
schwellen schwillst	schwoll	ist geschwollen	schwill/schwellt
schwimmen	schwamm	hat/ist geschwommen	schwimm[e]/schwimmt
schwinden	schwand	ist geschwunden	schwind[e]/schwindet
schwingen	schwang	hat geschwungen	schwing[e]/schwingt
schwören	schwor	hat geschworen	schwör[e]/schwört
sehen siehst	sah	hat gesehen	sieh/seht
sein *1. Präs Sing* bin *2. Präs Sing* bist *3. Präs Sing* ist *1. Präs Pl* sind *2. Präs Pl* seid *3. Präs Pl* sind	war	ist gewesen	sei/seid
senden	sendete CH sandte	hat gesendet CH hat gesandt	send[e]/sendet
sieden	siedete sott	hat gesiedet hat gesotten	sied[e]/siedet
singen	sang	hat gesungen	sing[e]/singt
sinken	sank	ist gesunken	sink[e]/sinkt
sinnen	sann	hat gesonnen	sinn[e]/sinnt
sitzen	saß	hat gesessen	sitz[e]/sitzt
sollen	sollte	hat gesollt	

1. Infinitiv 1. Infinitif	2. Imperfekt 2. Prétérit	3. Partizip Perfekt 3. Participe passé	4. Imperativ – Sing/Pl 4. Impératif – sing/pl
spalten	spaltete	hat gespalten hat gespaltet	spalt[e]/spaltet
speien	spie	hat gespie[e]n	spei[e]/speit
spinnen	spann	hat gesponnen	spinn[e]/spinnt
sprechen sprichst	sprach	hat gesprochen	sprich/sprecht
sprießen	spross sprießte	ist gesprossen ist gesprießt	sprieß[e]/sprießt
springen	sprang	ist gesprungen	spring[e]/springt
stechen stichst	stach	hat gestochen	stich/stecht
stecken	steckte stak	hat gesteckt	steck[e]/steckt
stehen	stand	hat gestanden	steh[e]/steh
stehlen stiehlst	stahl	hat gestohlen	stiehl/stehlt
steigen	stieg	ist gestiegen	steig[e]/steigt
sterben stirbst	starb	ist gestorben	stirb/sterbt
stinken	stank	hat gestunken	stink[e]/stinkt
stoßen stößt	stieß	hat gestoßen	stoß[e]/stoßt
streichen	strich	hat gestrichen	streich[e]/streicht
streiten	stritt	hat gestritten	streit[e]/streitet
tragen trägst	trug	hat getragen	trag[e]/tragt
treffen triffst	traf	hat getroffen	triff/trefft
treiben	trieb	hat getrieben	treib[e]/treibt
treten trittst	trat	hat getreten	tritt/tretet
triefen	triefte troff	hat getrieft hat getroffen	trief[e]/trieft
trinken	trank	hat getrunken	trink[e]/trinkt
trügen	trog	hat getrogen	trüg[e]/trügt
tun *1. Präs Sing* tue *2. Präs Sing* tust *3. Präs Sing* tut	tat	hat getan	tu[e]/tut
verbieten	verbot	hat verboten	verbiet[e]/verbietet
verbrechen verbrichst	verbrach	hat verbrochen	verbrich/verbrecht
verderben verdirbst	verdarb	hat verdorben	verdirb/verderbt

1. Infinitiv 1. Infinitif	2. Imperfekt 2. Prétérit	3. Partizip Perfekt 3. Participe passé	4. Imperativ – Sing/Pl 4. Impératif – sing/pl
vergessen vergisst	vergaß	hat vergessen	vergiss/vergesst
verlieren	verlor	hat verloren	verlier[e]/verliert
verraten verrätst	verriet	hat verraten	verrat[e]/verratet
verschleißen	verschliss	hat verschlissen	verschleiß[e]/verschleißt
verstehen	verstand	hat verstanden	versteh[e]/versteht
verwenden	verwendete verwandt	hat verwendet hat verwandt	verwend[e]/verwendet
verzeihen	verzieh	hat verziehen	verzeih[e]/verzeiht
wachsen wächst	wuchs	ist gewachsen	wachs[e]/wachst
waschen wäschst	wusch	hat gewaschen	wasch[e]/wascht
weben	wob webte	hat gewoben hat gewebt	web[e]/webt
weichen	wich	ist gewichen	weich[e]/weicht
weisen	wies	hat gewiesen	weis[e]/weist
wenden	wendete wandte	hat gewendet hat gewandt	wend[e]/wendet
werben wirbst	warb	hat geworben	wirb/werbt
werden wirst	wurde	ist geworden	werd[e]/werdet
werfen wirfst	warf	hat geworfen	wirf/werft
wiegen	wog	hat gewogen	wieg[e]/wiegt
winden	wand	hat gewunden	wind[e]/windet
wissen weißt	wusste	hat gewusst	wiss[e]/wisset
wollen willst	wollte	hat gewollt	woll[e]/wollt
ziehen	zog	hat/ist gezogen	zieh[e]/zieht
zwingen	zwang	hat gezwungen	zwing[e]/zwingt

Faux amis

Falsche Freunde

Die falschen Freunde sind alphabetisch geordnet. Ausschlaggebend ist dabei die französische Schreibung.

L'ordre alphabétique respecte l'orthographe française qui est la plupart du temps à l'origine des faux amis allemands correspondants.

Bedeutung des französischen Ausdrucks im Deutschen: **Signification de l'expression française en allemand :**	**français**	**deutsch**	**Französische Übersetzung des deutschen Ausdrucks:** **Traduction de l'expression allemande en français :**
Mitglied der Académie française	**académicien**	**Akademiker**	diplômé de l'enseignement supérieur
1) Attribut, Eigenschaft 2) prädikative Ergänzung zum Subjekt	**attribut**	**Attribut**	1) particularité 2) épithète
Waage	**balance**	**Balance**	équilibre
1) schaukeln 2) schwenken 3) (weg)schmeißen	**balancer**	**balancieren**	[se] tenir en équilibre
1) Streifen, Band 2) Binde 3) Gruppe, Schar	**bande**	**Band**	1) ruban 2) bande 3) volume 4) orchestre
1) [Auto]batterie 2) Schlagzeug 3) Reihe, Set	**batterie**	**Batterie**	1) pile, batterie (de voiture) 2) mélangeur
1) Tier, Vieh 2) Ungeziefer 3) dumm	**bête**	**Bestie**	1) bête féroce 2) monstre
1) tadeln 2) die Schuld geben 3) einen Verweis erteilen	**blâmer**	**blamieren**	1) ridiculiser 2) se couvrir de ridicule
1) weiß 2) leer 3) sauber 4) unschuldig 5) Schein-	**blanc**	**blank**	1) brillant(e), étincelant(e) 2) pur(e) 3) nu(e)
1) [Arbeits]kittel 2) Bluse	**blouse**	**Bluse**	chemisier
Feuerzeug	**briquet**	**Brikett**	briquette
1) Schnalle 2) Locke 3) Schleife, Windung	**boucle**	**Buckel**	bosse (dans le dos, du terrain)
1) Pilz 2) Gaspedal	**champignon**	**Champignon**	champignon de Paris

Bedeutung des französischen Ausdrucks im Deutschen: Signification de l'expression française en allemand:	français	deutsch	Französische Übersetzung des deutschen Ausdrucks: Traduction de l'expression allemande en français:
1) Endivie 2) Kaffee-Ersatz	**chicorée**	**Chicorée**	endive
1) Ziffer, Zahl 2) Betrag 3) Kode	**chiffre**	**Chiffre**	1) numéro d'identification 2) code secret
Tastatur	**clavier**	**Klavier**	piano
1) Truhe 2) Kofferraum 3) Safe	**coffre**	**Koffer**	valise, malle
1) Wettbewerb 2) Preisausschreiben	**concours**	**Konkurs**	faillite
1) [Herren]anzug 2) Tracht	**costume**	**Kostüm**	1) tailleur 2) costume
1) zugedeckt 2) versichert/ 1) Besteck 2) Gedeck	**couvert**	**Kuvert**	enveloppe (pour le courrier)
Daten	**dates**	**Daten**	1) dates (pluriel de: *Datum*) 2) données, informations
anständig	**décent**	**dezent**	discret(-ète)
1) Beweis 2) Beweisführung 3) Demonstration 4) Vorführung	**démonstration**	**Demonstration**	1) manifestation 2) démonstration
Schonkost, Diät	**diète**	**Diät**	régime (alimentaire)
führende Persönlichkeit, Führung	**dirigeant**	**Dirigent**	chef d'orchestre
Aufsatz	**dissertation**	**Dissertation**	thèse de doctorat
ausschließlich, alleinig, Exklusiv-	**exclusif**	**exklusiv**	raffiné(e)
1) Laune 2) Marotte 3) Einfallsreichtum	**fantaisie**	**Phantasie**	imagination
1) verhängnisvoll 2) tödlich 3) unabwendbar 4) schicksalhaft	**fatal**	**fatal**	fatal(e), affreux(-euse)

Bedeutung des französischen Ausdrucks im Deutschen: Signification de l'expression française en allemand:	français	deutsch	Französische Übersetzung des deutschen Ausdrucks: Traduction de l'expression allemande en français:
1) treu 2) wahrheitsgetreu/ Gläubige	**fidèle**	**fidel**	joyeux(-euse), gai(e)
1) Gesicht 2) Persönlichkeit 3) Figur, graphische Darstellung	**figure**	**Figur**	1) silhouette 2) pièce 3) personnage 4) figure
Geruchssinn	**flair**	**Flair**	1) aura 2) ambiance 3) charme
1) Flotte 2) Wasser 3) Regen	**flotte**	**flott**	1) rapide, dégourdi(e), entraînant(e) 2) smart(e), fringant(e) 3) dépensier(-ière)
1) Eis 2) Spiegel 3) Glasscheibe	**glace**	**Glas**	verre (matériau et ustensile)
dick, schwer, grob, groß	**gros(se)**	**groß**	grand(e), gros(e)
Turnhalle, Turnplatz	**gymnase**	**Gymnasium**	lycée
1) nicht kennen, nicht wissen 2) ignorieren	**ignorer**	**ignorieren**	ignorer, ne pas prendre en considération
1) Eifersucht 2) Neid	**jalousie**	**Jalousie**	jalousie, store
Heide(land)	**lande**	**Land**	pays, terre, terrain, campagne
1) leicht, dünn 2) mild, leise, schwach	**léger (légère)**	**leger**	décontracté(e)
Kompott, Marmelade	**marmelade**	**Marmelade**	confiture
Messe	**messe**	**Messe**	1) messe (catholique) 2) foire
1) Welt 2) Menschenmenge	**monde**	**Mond**	lune
1) sauber, ordentlich 2) klar, eindeutig	**net(te)**	**nett**	1) gentil 2) sympathique
1) alltäglich, üblich 2) einfach 3) gewöhnlich	**ordinaire**	**ordinär**	1) vulgaire 2) simple
1) Wort, Ausspruch, 2) Sprache	**parole**	**Parole**	slogan

Bedeutung des französischen Ausdrucks im Deutschen: Signification de l'expression française en allemand:	français	deutsch	Französische Übersetzung des deutschen Ausdrucks: Traduction de l'expression allemande en français:
auf dem Boden/ Parkett (im Theater), Gartenbeet	**par terre**	**Parterre**	1) rez-de-chaussée 2) orchestre
überall	**partout**	**partout**	absolument, à tout prix
1) Chef 2) Wirt 3) Boss	**patron(e)**	**Patrone**	cartouche
schulmeisterlich, besserwisserisch	**pédant**	**pedantisch**	tatillon(ne)
1) anstrengend, schwierig 2) traurig 3) unangenehm	**pénible**	**penibel**	1) méticuleux(-euse) 2) rigoureux(-euse)
Satz	**phrase**	**Phrase**	formule [toute faite]
1) Stapel 2) Batterie 3) [Münz]vorderseite 4) pünktlich	**pile**	**Pille**	pilule
1) Versteck 2) ruhiger Job 3) Unterschlupf	**planque**	**Planke**	planche
Höflichkeit	**politesse**	**Politesse**	contractuelle (de la police)
gebrannte Mandel	**praline**	**Praline**	(bonbon au/crotte de) chocolat
1) Lehrer 2) Professor, Dozent	**professeur**	**Professor**	professeur d'université
1) Beförderung 2) Aufstieg 3) Jahrgang 4) Sonderangebot	**promotion**	**Promotion**	doctorat
1) Schläger 2) Schneeschuh	**raquette**	**Rakete**	fusée, missile
Ratte	**rat(e)**	**Rat**	conseil
Milz	**rate**	**Rate**	traite, mensualité
1) Rezept (GASTR) 2) Einnahmen	**recette**	**Rezept**	1) recette (MED) 2) ordonnance
Genuss, Gaumenfreude	**régal**	**Regal**	étagère, rayon (de bibliothèque)
1) Termin, Verabredung 2) Rendezvous 3) Treffpunkt	**rendez-vous**	**Rendezvous**	rendez-vous galant

Bedeutung des französischen Ausdrucks im Deutschen: Signification de l'expression française en allemand:	français	deutsch	Französische Übersetzung des deutschen Ausdrucks: Traduction de l'expression allemande en français:
Fels	**roc**	**Rock**	1) jupe 2) rock (and roll)
1) Nutte 2) Miststück	**salope**	**salopp**	décontracté, léger, osé
1) Handtuch, Badetuch 2) Serviette 3) Aktentasche	**serviette**	**Serviette**	serviette de table
1) fest 2) stabil 3) fundiert	**solide**	**solide**	1) solide 2) sérieux 3) solvable
1) Anblick 2) Vorstellung	**spectacle**	**Spektakel**	1) tintouin 2) spectacle
1) Lutschtablette 2) Ablageplatte 3) Tafel (Schokolade)	**tablette**	**Tablett/ Tablette**	plateau/comprimé
1) Fleck 2) Makel 3) Klecks/ 1) Arbeit 2) Aufgabe	**tache/tâche**	**Tasche**	1) poche 2) sac
1) Klaps 2) Teppichklopfer, Fliegen-klappe 3) Falle	**tapette**	**Tapete**	papier peint, tapisserie
[schwarzer] Tee	**thé**	**Tee**	1) thé 2) infusion, tisane
1) Turm 2) Hochhaus	**(la) tour**	**Tour**	1) excursion 2) tournée 3) tour
1) (um)drehen 2) (zu)wenden 3) (um)rühren	**tourner**	**turnen**	faire de la gymnastique
1) Spur, Fährte 2) Pfad	**trace**	**Trasse**	tracé (d'une voie)
[Transparent]folie	**transparent**	**Transparent**	banderole
Schatz	**trésor**	**Tresor**	coffre-fort
1) Jacke 2) Jackett 3) Strickjacke	**veste**	**Weste**	gilet

Die Zahlwörter

Les nombres

die Grundzahlen

les nombres cardinaux

null	0	zéro
einer, eine, eins; ein, eine, ein	1	un, une
zwei	2	deux
drei	3	trois
vier	4	quatre
fünf	5	cinq
sechs	6	six
sieben	7	sept
acht	8	huit
neun	9	neuf
zehn	10	dix
elf	11	onze
zwölf	12	douze
dreizehn	13	treize
vierzehn	14	quatorze
fünfzehn	15	quinze
sechzehn	16	seize
siebzehn	17	dix-sept
achtzehn	18	dix-huit
neunzehn	19	dix-neuf
zwanzig	20	vingt
einundzwanzig	21	vingt et un
zweiundzwanzig	22	vingt-deux
dreiundzwanzig	23	vingt-trois
vierundzwanzig	24	vingt-quatre
fünfundzwanzig	25	vingt-cinq
dreißig	30	trente
einunddreißig	31	trente et un
zweiunddreißig	32	trente-deux
dreiunddreißig	33	trente-trois
vierzig	40	quarante
einundvierzig	41	quarante et un
zweiundvierzig	42	quarante-deux
fünfzig	50	cinquante
einundfünfzig	51	cinquante et un
zweiundfünfzig	52	cinquante-deux
sechzig	60	soixante
einundsechzig	61	soixante et un
zweiundsechzig	62	soixante-deux

siebzig	70	soixante-dix
einundsiebzig	71	soixante et onze
zweiundsiebzig	72	soixante-douze
fünfundsiebzig	75	soixante-quinze
neunundsiebzig	79	soixante-dix-neuf
achtzig	80	quatre-vingt(s)
einundachtzig	81	quatre-vingt-un
zweiundachtzig	82	quatre-vingt-deux
fünfundachtzig	85	quatre-vingt-cinq
neunzig	90	quatre-vingt-dix
einundneunzig	91	quatre-vingt-onze
zweiundneunzig	92	quatre-vingt-douze
neunundneunzig	99	quatre-vingt-dix-neuf
hundert	100	cent
hundert(und)eins	101	cent un
hundert(und)zwei	102	cent deux
hundert(und)zehn	110	cent dix
hundert(und)zwanzig	120	cent vingt
hundert(und)neunundneunzig	199	cent quatre-vingt-dix-neuf
zweihundert	200	deux cents
zweihundert(und)eins	201	deux cent un
zweihundert(und)zweiund-zwanzig	222	deux cent vingt-deux
dreihundert	300	trois cents
vierhundert	400	quatre cents
fünfhundert	500	cinq cents
sechshundert	600	six cents
siebenhundert	700	sept cents
achthundert	800	huit cents
neunhundert	900	neuf cents
tausend	1 000	mille (1.000)
tausend(und)eins	1 001	mille un
tausend(und)zehn	1 010	mille dix
tausend(und)einhundert	1 100	mille cent
zweitausend	2 000	deux mille
zehntausend	10 000	dix mille
hunderttausend	100 000	cent mille
eine Million	1 000 000	un million (1.000.000)
zwei Millionen	2 000 000	deux millions
zwei Millionen fünfhundert-tausend	2 500 000	deux millions cinq cent mille
eine Milliarde	1 000 000 000	un milliard
eine Billion	1 000 000 000 000	mille milliard

die Ordnungszahlen — les nombres ordinaux

(der, die, das)			
erste	1.	1er, 1ère	premier, première
zweite	2.	2nd, 2nde, 2^{e}	second, seconde deuxième
dritte	3.	3^{e}	troisième
vierte	4.	4^{e}	quatrième
fünfte	5.	5^{e}	cinquième
sechste	6.	6^{e}	sixième
siebte	7.	7^{e}	septième
achte	8.	8^{e}	huitième
neunte	9.	9^{e}	neuvième
zehnte	10.	10^{e}	dixième
elfte	11.	11^{e}	onzième
zwölfte	12.	12^{e}	douzième
dreizehnte	13.	13^{e}	treizième
vierzehnte	14.	14^{e}	quatorzième
fünfzehnte	15.	15^{e}	quinzième
sechzehnte	16.	16^{e}	seizième
siebzehnte	17.	17^{e}	dix-septième
achtzehnte	18.	18^{e}	dix-huitième
neunzehnte	19.	19^{e}	dix-neuvième
zwanzigste	20.	20^{e}	vingtième
einundzwanzigste	21.	21^{e}	vingt et unième
zweiundzwanzigste	22.	22^{e}	vingt-deuxième
dreiundzwanzigste	23.	23^{e}	vingt-troisième
dreißigste	30.	30^{e}	trentième
einunddreißigste	31.	31^{e}	trente et unième
zweiunddreißigste	32.	32^{e}	trente-deuxième
vierzigste	40.	40^{e}	quarantième
fünfzigste	50.	50^{e}	cinquantième
sechzigste	60.	60^{e}	soixantième
siebzigste	70.	70^{e}	soixante-dixième
einundsiebzigste	71.	71^{e}	soixante et onzième
zweiundsiebzigste	72.	72^{e}	soixante-douzième
neunundsiebzigste	79.	79^{e}	soixante-dix-neuvième
achtzigste	80.	80^{e}	quatre-vingtième
einundachtzigste	81.	81^{e}	quatre-vingt-unième
zweiundachtzigste	82.	82^{e}	quatre-vingt-deuxième
neunzigste	90.	90^{e}	quatre-vingt-dixième
einundneunzigste	91.	91^{e}	quatre-vingt-onzième
neunundneunzigste	99.	99^{e}	quatre-vingt-dix-neuvième

hundertste	100.	100^{e}	centième
hundertunderste	101.	101^{e}	cent unième
hundertundzehnte	110.	110^{e}	cent dixième
hundertundfünfund-neunzigste	195.	195^{e}	cent quatre-vingt-quinzième
zweihundertste	200.	200^{e}	deux(-)centième
dreihundertste	300.	300^{e}	trois(-)centième
fünfhundertste	500.	500^{e}	cinq(-)centième
tausendste	1 000.	1 000^{e}	millième (1.000^{e})
zweitausendste	2 000.	2 000^{e}	deux(-)millième
millionste	1 000 000.	1 000 000^{e}	millionième
zehnmillionste	10 000 000.	10 000 000^{e}	dix(-)millionième

die Bruchzahlen

les fractions

ein halb	$^{1}/_{2}$	un demi
ein Drittel	$^{1}/_{3}$	un tiers
ein Viertel	$^{1}/_{4}$	un quart
ein Fünftel	$^{1}/_{5}$	un cinquième
ein Zehntel	$^{1}/_{10}$	un dixième
ein Hundertstel	$^{1}/_{100}$	un centième
ein Tausendstel	$^{1}/_{1000}$	un millième
ein Millionstel	$^{1}/_{1\,000\,000}$	un millionième
zwei Drittel	$^{2}/_{3}$	deux tiers
drei Viertel	$^{3}/_{4}$	trois quarts
zwei Fünftel	$^{2}/_{5}$	deux cinquièmes
drei Zehntel	$^{3}/_{10}$	trois dixièmes
anderthalb, ein(und)einhalb	$1\,^{1}/_{2}$	un et demi
zwei(und)einhalb	$2\,^{1}/_{2}$	deux et demi
fünf drei Achtel	$5\,^{3}/_{8}$	cinq trois huitièmes
eins Komma eins	1,1	un virgule un

Poids et mesures

Maße und Gewichte

système décimal

Dezimalsystem

méga	1 000 000	M	Mega
hectokilo	100 000	hk	Hektokilo
myria	10 000	ma	Myria
kilo	1 000	k	Kilo
hecto	100	h	Hekto
déca	10	da	Deka
déci	0,1	d	Dezi
centi	0,01	c	Zenti
milli	0,001	m	Milli
décimilli	0,000 1	dm	Dezimilli
centimilli	0,000 01	cm	Zentimilli
micro	0,000 001	µ	Mikro

mesures de longueur

Längenmaße

mille marin	1 852 m	–	Seemeile
kilomètre	1 000 m	km	Kilometer
hectomètre	100 m	hm	Hektometer
décamètre	10 m	dam	Dekameter
mètre	1 m	m	Meter
décimètre	0,1 m	dm	Dezimeter
centimètre	0,01 m	cm	Zentimeter
millimètre	0,001 m	mm	Millimeter
micron	0,000 001 m	µ	Mikron, My
millimicron	0,000 000 001 m	mµ	Millimikron, -my
Angstrœm	0,000 000 000 1 m	Å	Ångströmeinheit

mesures de surface

Flächenmaße

kilomètre carré	1 000 000 m^2	km^2	Quadratkilometer
hectomètre carré hectare	10 000 m^2	hm^2 ha	Quadrathektometer Hektar
décamètre carré are	100 m^2	dam^2 a	Quadratdekameter Ar
mètre carré	1 m^2	m^2	Quadratmeter
décimètre carré	0,01 m^2	dm^2	Quadratdezimeter
centimètre carré	0,000 1 m^2	cm^2	Quadratzentimeter
millimètre carré	0,000 001 m^2	mm^2	Quadratmillimeter

mesures de volume | Kubik- und Hohlmaße

kilomètre cube	1 000 000 000 m^3	km^3	Kubikkilometer
mètre cube stère	1 m^3	m^3 st	Kubikmeter Ster
hectolitre	0,1 m^3	hl	Hektoliter
décalitre	0,01 m^3	dal	Dekaliter
décimètre cube litre	0,001 m^3	dm^3 l	Kubikdezimeter Liter
décilitre	0,000 1 m^3	dl	Deziliter
centilitre	0,000 01 m^3	cl	Zentiliter
centimètre cube	0,000 001 m^3	cm^3	Kubikzentimeter
millilitre	0,000 001 m^3	ml	Milliliter
millimètre cube	0,000 000 001 m^3	mm^3	Kubikmillimeter

poids | Gewichte

tonne	1 000 kg	t	Tonne
quintal	100 kg	q	Doppelzentner
kilogramme	1 000 g	kg	Kilogramm
hectogramme	100 g	hg	Hektogramm
décagramme	10 g	dag	Dekagramm
gramme	1 g	g	Gramm
carat	0,2 g	–	Karat
décigramme	0,1 g	dg	Dezigramm
centigramme	0,01 g	cg	Zentigramm
milligramme	0,001 g	mg	Milligramm
microgramme	0,000 001 g	µg, g	Mikrogramm

Deutschland / l'Allemagne

Länder (und Hauptstädte)	Länder (et capitales)
Baden-Württemberg (Stuttgart)	le Bade-Wurtemberg (Stuttgart)
Bayern (München)	la Bavière (Munich)
Berlin (Berlin)	Berlin (Berlin)
Brandenburg (Potsdam)	le Brandebourg (Potsdam)
Bremen (Bremen)	l'Etat de Brême (Brême)
Hamburg (Hamburg)	l'Etat de Hambourg (Hambourg)
Hessen (Wiesbaden)	la Hesse (Wiesbaden)
Mecklenburg-Vorpommern (Schwerin)	le Mecklembourg-Poméranie-Antérieure (Schwerin)
Niedersachsen (Hannover)	la Basse-Saxe (Hanovre)
Nordrhein-Westfalen (Düsseldorf)	la Rhénanie-du-Nord-Westphalie (Düsseldorf)
Rheinland-Pfalz (Mainz)	la Rhénanie-Palatinat (Mayence)
Saarland (Saarbrücken)	la Sarre (Sarrebruck)
Sachsen (Dresden)	la Saxe (Dresde)
Sachsen-Anhalt (Magdeburg)	la Saxe-Anhalt (Magdebourg)
Schleswig-Holstein (Kiel)	le Schleswig-Holstein (Kiel)
Thüringen (Erfurt)	la Thuringe (Erfurt)

Österreich | l'Autriche

Bundesländer (und Hauptstädte) | **provinces (et capitales)**

Bundesländer (und Hauptstädte)	provinces (et capitales)
Burgenland (Eisenstadt)	le Burgenland (Eisenstadt)
Kärnten (Klagenfurt)	la Carinthie (Klagenfurt)
Niederösterreich (St. Pölten)	la Basse-Autriche (St. Pölten)
Oberösterreich (Linz)	la Haute-Autriche (Linz)
Salzburg (Salzburg)	la province de Salzbourg (Salzbourg)
Steiermark (Graz)	la Styrie (Graz)
Tirol (Innsbruck)	le Tyrol (Innsbruck)
Vorarlberg (Bregenz)	le Vorarlberg (Bregenz)
Wien (Wien)	Vienne (Vienne)

die Schweiz | la Suisse

Kantone (und Hauptorte)	cantons (et chefs-lieux)
Aargau (Aarau)	l'Argovie (Aarau)
Appenzell Außerrhoden (Herisau)	le demi-canton d'Appenzell Rhodes-Extérieures (Herisau)
Appenzell Innerrhoden (Appenzell)	le demi-canton d'Appenzell Rhodes-Intérieures (Appenzell)
Basel-Land (Liestal)	le demi-canton de Bâle-Campagne (Liestal)
Basel-Stadt (Basel)	le demi-canton de Bâle-Ville (Bâle)
Bern (Bern)	le canton de Berne (Berne)
Freiburg (Freiburg)	le canton de Fribourg (Fribourg)
Genf (Genf)	le canton de Genève (Genève)
Glarus (Glarus)	le canton de Glaris (Glaris)
Graubünden (Chur)	le canton des Grisons (Coire)

Jura (Delsberg)	le canton du Jura (Delémont)
Luzern (Luzern)	le canton de Lucerne (Lucerne)
Neuenburg (Neuenburg)	le canton de Neuchâtel (Neuchâtel)
Sankt Gallen (Sankt Gallen)	le canton de Saint-Gall (Saint-Gall)
Schaffhausen (Schaffhausen)	le canton de Schaffhouse (Schaffhouse)
Schwyz (Schwyz)	le canton de Schwyz (Schwyz)
Solothurn (Solothurn)	le canton de Soleure (Soleure)
Tessin (Bellinzona)	le Tessin (Bellinzona)
Thurgau (Frauenfeld)	la Thurgovie (Frauenfeld)
Nidwalden (Stans)	le demi-canton de Nidwald Unterwald (Stans)
Obwalden (Sarnen)	le demi-canton d'Obwald Unterwald (Sarnen)
Uri (Altdorf)	le canton d'Uri (Altdorf)
Waadt (Lausanne)	le canton de Vaud (Lausanne)
Wallis (Sitten)	le Valais (Sion)
Zug (Zug)	le canton de Zoug (Zoug)
Zürich (Zürich)	le canton de Zurich (Zurich)

La France | Frankreich

régions (et préfectures)	Regionen (und Regierungsstädte)
l'Alsace (Strasbourg)	das Elsass (Straßburg)
l'Aquitaine (Bordeaux)	Aquitanien *nt* (Bordeaux)
l'Auvergne (Clermont-Ferrand)	die Auvergne (Clermont-Ferrand)
la Bourgogne (Dijon)	Burgund *nt* (Dijon)
la Bretagne (Rennes)	die Bretagne (Rennes)
le Centre (Orléans)	das Centre (Orleans)
la Champagne-Ardenne (Châlons-en-Champagne)	(die Region) Champagne-Ardennen (Châlons en Champagne)
la Corse (Ajaccio)	Korsika *nt* (Ajaccio)
la Franche-Comté (Besançon)	die Franche-Comté (Besançon)
l'Île-de-France (Paris)	die Ile de France (Paris)
le Languedoc-Roussillon (Montpellier)	das Languedoc-Roussillon (Montpellier)
le Limousin (Limoges)	das Limousin (Limoges)
la Lorraine (Metz)	Lothringen *nt* (Metz)
le Midi-Pyrénées (Toulouse)	(die Region) Midi-Pyrénées (Toulouse)
le Nord-Pas-de-Calais (Lille)	der Nord-Pas de Calais (Lille)
la Basse-Normandie (Caen)	die (westliche) Normandie (Caen)
la Haute-Normandie (Rouen)	die (östliche) Normandie (Rouen)
les Pays de la Loire (Nantes)	(die Region) Pays de la Loire (Nantes)
la Picardie (Amiens)	die Picardie (Amiens)
le Poitou-Charentes (Poitiers)	(die Region) Poitou-Charentes (Poitiers)
(la région) Provence-Alpes-Côte d'Azur (Marseille)	(die Region) Provence-Alpes-Côte d'Azur (Marseille)
(la région) Rhône-Alpes (Lyon)	(die Region) Rhône-Alpes (Lyon)

La Belgique / Belgien

régions / Regionen

la Flandre	Flandern *nt*
la Wallonie	Wallonien *nt*

provinces (et chefs-lieux) en Flandre / Provinzen (und Hauptstädte) in Flandern

(la province d') Anvers (Anvers)	(die Provinz) Antwerpen (Antwerpen)
le Brabant flamand (Bruxelles)	das flämische Brabant (Brüssel)
la Flandre occidentale (Bruges)	Westflandern *nt* (Brügge)
la Flandre orientale (Gand)	Ostflandern *nt* (Gent)
le Limbourg (Hasselt)	(die Provinz) Limburg (Hasselt)

provinces (et chefs-lieux) en Wallonie / Provinzen (und Hauptstädte) in Wallonien

le Brabant wallon (Bruxelles)	das wallonische Brabant (Brüssel)
le Hainaut (Mons)	der Hennegau (Bergen)
(la province de) Liège (Liège)	(die Provinz) Lüttich (Lüttich)
(la province de) Luxembourg (Arlon)	(die Provinz) Luxemburg (Arlon)
(la province de) Namur (Namur)	(die Provinz) Namur (Namur)

Le Québec / Quebec

province (et capitale) / Provinz (und Hauptstadt)

le Québec (Québec)	Quebec *nt* (Quebec)

Notizen

Notizen

Notizen

Notizen

Notizen

Notizen

Notizen

Notizen

Notizen

Notizen

Notizen

Notizen

Notizen

Structure des articles allemand-françai

Toutes les **entrées** sont présentées dans l'ordre alphabétique et imprimées en couleur.

m. E. *Abk von* **meines Era**
Mechanik [me'çaːnɪk] <->

Les exposants en chiffre arabe indiquent qu'il s'agit de mots identiques avec des sens différents (**homographes**).

grauen[1] ['grauən] *vi geh* (*I*
grauen[2] *vi unpers* **mir grau**

L'ancienne orthographe est marquée par le signe [ALT], la nouvelle par le signe [RR].

dabei|sein[ALT] *s.* **dabei 3.,**
Kokosnuss[RR] *f* noix *f* de c

Le **tilde** remplace l'entrée dans les exemples et tournures idiomatiques.

Internet ['ɪntɐnɛt] *nt* INFO
guer sur Internet

On montre les **terminaisons** des substantifs au génitif singulier et au nominatif pluriel.

Faktor ['faktoːɐ̯] <-s, -tore
Organisation [ɔrganiza'tsi̯

Les formes irrégulières au pluriel sont indiquées entre chevrons.

Epos ['eːpɔs] <-, Epen> *n*

Les chiffres romains subdivisent une entrée en différentes **catégories grammaticales.**
Les chiffres arabes subdivisent une entrée en ses différents **sens.**
Le signe ▶ introduit le **bloc des expressions figées**. Les mots soulignés permettent une meilleure orientation.

langsam I. *adj* 1 (*Person*
progressif(-ive) **II.** *adv* 1
mählich) petit à petit; **e**
[bientôt] temps de + infin
ment mais sûrement

De nombreuses **balises sémantiques** permettent de trouver la bonne traduction :

indication du **domaine**

Angreifer(in) <-s, -> *m(f)*
SPORT attaquant(e) *m(f)*

éfinitions et **synonymes**, **sujets** et **objets** typiques et
tres **explications**

harmlos ['harmloːs] *adj*
(*Krankheit*) bénin(-igne) 2

ication des **régionalismes**

Billett [bɪl'jɛt] <-[e]s, -e> *n*
te) billet *m*

ation du **niveau de langue**

Kamel [ka'meːl] <-[e]s, -
(*Dummkopf*) andouille *f*

Notizen

Notizen

Imprimé en Italie par «La Tipografica Varese S.p.A.»
307911-01/11016322 - Mai 2012